D1753288

Wirtschaftsrecht international

Kommentar
CMR

Übereinkommen über den Beförderungsvertrag
im internationalen Straßengüterverkehr

Herausgegeben von

Rechtsanwalt Dr. Karl-Heinz Thume, Nürnberg

Bearbeitet von
Rechtsanwalt Klaus Demuth, München
Rechtsanwalt Dr. Fritz Fremuth, Rosenheim
Rechtsanwalt Dr. Carsten Harms, Hamburg
Rechtsanwalt Dr. Jens-Berghe Riemer, Nürnberg
Rechtsanwalt Dr. Reinhard Th. Schmid, Stuttgart
Rechtsanwalt Dr. Jürgen Temme, Düsseldorf
Rechtsanwalt Christian Teutsch, Nürnberg
Rechtsanwalt Dr. Karl-Heinz Thume, Nürnberg

Länderberichte:
RA Vincent de Smet, LL.M., Brüssel (Belgien)
Avocat à la Cour Jean-Frédéric Mauro, Paris (Frankreich)
RA und Solicitor Jan Becher, Frankfurt (Großbritannien)
Solicitor Darren Kenny, Birmingham (Großbritannien)
RA Dr. Alessandro Pesce, Mailand (Italien)
RA W.M. van Rossenberg, Rotterdam (Niederlande)
ao. Univ.-Prof. Dr. Helga Jesser-Huß, Graz (Österreich)
RA Katarzyna Woroszylska, Warschau (Polen)
Prof. Dr. Andreas Furrer, Zürich/Zug (Schweiz)
Dozent Johan Schelin, Stockholm (Skandinavien und Finnland)
Abogado Carl Lubach, M.L.E., Barcelona (Spanien)
Dr. Christian Mayer, Zöbing/Prag (Tschechische Republik)
RAin Burcu Celikcapa-Bilgin, Istanbul (Türkei)
Associate Prof. Kerim Atamer, Istanbul (Türkei)

3., neu bearbeitete und erweiterte Auflage 2013

Deutscher Fachverlag GmbH
Fachmedien Recht und Wirtschaft

Zitiervorschlag:
Bearbeiter in: Thume, CMR-Kommentar, Art. ..., Rdnr. ...
oder
Bearbeiter in: Thume, CMR-Kommentar, Anh. ..., Rdnr. ...

1. Auflage 1995
2. Auflage 2007
3. Auflage 2013

Bibliografische Information Der Deutschen Nationalbibliothek

Die Deutsche Bibliothek verzeichnet diese Publikation in der Deutschen Nationalbibliografie; detaillierte bibliografische Daten sind im Internet über http://dnb.d-nb.de abrufbar.

ISBN 978-3-8005-1511-0

© 2013 Deutscher Fachverlag GmbH, Fachmedien Recht und Wirtschaft, Frankfurt am Main

Das Werk einschließlich aller seiner Teile ist urheberrechtlich geschützt. Jede Verwertung außerhalb der engen Grenzen des Urheberrechtsgesetzes ist ohne Zustimmung des Verlages unzulässig und strafbar. Das gilt insbesondere für Vervielfältigungen, Bearbeitungen, Übersetzungen, Mikroverfilmungen und die Einspeicherung und Verarbeitung in elektronischen Systemen.

Druckvorstufe: Lichtsatz Michael Glaese GmbH, 69502 Hemsbach

Druck und Verarbeitung: Kösel GmbH & Co. KG, 87452 Altusried-Krugzell

Gedruckt auf säurefreiem, alterungsbeständigem Papier, hergestellt aus chlorfrei gebleichtem Zellstoff (TCF-Norm)

Printed in Germany

Vorwort
zur 3. Auflage

Seit Erscheinen der 2. Auflage im Jahre 2007 ist die Bedeutung der CMR für den gesamten grenzüberschreitenden Straßengütertransport in Europa, Nordafrika und vorder- und mittelasiatischen Raum weiter gestiegen. Inzwischen gehören diesem Abkommen 55 Länder an. Österreich hatte schon 1990 die Anwendung der CMR auf innerstaatliche Transporte erstreckt, Belgien war dem im Jahre 1999 gefolgt. Auch andere europäische Staaten haben seither ihr nationales Straßentransportrecht an den Bestimmungen der CMR orientiert. So hat sich die schon im Vorwort zur 2. Auflage geschilderte Situation erfolgreich fortgesetzt.

In Deutschland ist die Entwicklung der Rechtsanwendung der CMR von besonderem Interesse, weil deren Bestimmungen mit der Transportrechtsreform des Jahres 1998 weitestgehend Eingang in das innerdeutsche Land- und Luftfrachtrecht gefunden haben. Das führte in der Rechtsprechung einerseits zu erwartungsgemäß eingetretenen Parallelen und nahezu gleichlautenden Entscheidungen in beiden Rechtsgebieten, hatte aber gelegentlich den Nachteil, dass einige zur CMR seit langem entwickelte Rechtsgrundsätze bei der Anwendung der innerdeutschen Frachtrechtsvorschriften vernachlässigt wurden.

Der Bundesgerichtshof hat in den letzten Jahren mehrfach zu einzelnen Bestimmungen des Abkommens Stellung genommen. So hat er inzwischen klargestellt, dass der Begriff des Beförderungsvertrages gem. Art. 1 CMR abweichend von nationalen Rechtsordnungen autonom auszulegen ist, dass ferner die CMR grundsätzlich nur bei unimodalem grenzüberschreitenden Straßengütertransporten zur Anwendung gelangt und dass andererseits die CMR nach Art. 2 im Ro-Ro-Verkehr auch bei Feuer an Bord eines Seeschiffes gilt. Außerdem hat der BGH die Rechtsprechung zu Art. 29 CMR wesentlich vertieft. Dabei wurde die bislang strenge Auffassung zum groben Verschulden des Frachtführers etwas gelockert, andererseits aber wird daran festgehalten, dass in diesen Fällen der Mitverschuldenseinwand möglich ist. Diese Rechtsprechung steht nach wie vor im Widerspruch zur Praxis anderer Vertragsstaaten.

Schließlich hatte der BGH Gelegenheit, bei Verlust und Beschädigung des Frachtgutes die Gedanken zur sekundären Beweislast der Vertragspartner zu vertiefen.

So war es an der Zeit für diese 3. Auflage, die sich mit all diesen Themen ausführlich auseinandersetzt. Nun steht dieses Werk auf dem Bearbeitungsstand vom Sommer 2012. Einige wichtige Entscheidungen und Literaturveröffentlichungen konnten noch berücksichtigt werden.

Auch die schon vorhandenen Länderberichte sind auf den neuesten Stand gebracht. Ferner ist es erfreulicherweise gelungen, weitere Autoren für die Entwicklung der CMR in anderen Staaten zu gewinnen. Erwähnt seien hier insbesondere für Belgien *Vincent De Smet*, für Frankreich Maitre *Jean-Frédéric*

Vorwort zur 3. Auflage

Mauro, für Polen Frau Rechtsanwältin *Katarzyna Woroszylska*, für Spanien Abogado *Carl Lubach*, für Tschechien *Dr. Christian Mayer*, für die Türkei *Dr. Kerim Atamer* mit seiner Kollegin *Burcu Celikcapa-Bilgin* und für die Schweiz Professor *Dr. Andreas Furrer*.

Allen Autoren sei an dieser Stelle wieder herzlich gedankt. Ferner möchte ich diese Neuauflage zum Anlass nehmen, dem im Januar 2011 verstorbenen langjährigen Freund und Mentor dieses Kommentars, Harald de la Motte, erneut zu gedenken und Dank zu sagen.

Schließlich sei Dank allen Sekretärinnen und Mitarbeiter/innen, die an dieser Neuauflage mitgewirkt haben, last not least meiner unermüdlichen Sekretärin, Frau Dienstl.

Nürnberg, im November 2012

Dr. Karl-Heinz Thume

Vorwort
zur 2. Auflage

Im Frühsommer des vergangenen Jahres wurde die CMR 50 Jahre alt. Am 19. 5. 1956 war dieses Übereinkommen nach jahrelangen mühsamen Vorbereitungen der von der Wirtschaftskommission der Vereinten Nationen (ECE) initiierten Arbeitsgruppe der maßgeblichen Internationalen Organisationen, nämlich des UNIDROIT-Instituts, der Internationalen Handelskammer (ICC) und des Internationalen Straßenverkehrsverbandes (IRU), verabschiedet worden. Deshalb sollte die jetzt vorliegende 2. Auflage dieses Kommentars eigentlich schon im vorigen Jahr erscheinen. Ganz rechtzeitig zum 50. Jubiläum ist dies also nicht gelungen. Herausgeber und Autoren bitten dies zu entschuldigen, hoffen jedoch auf interessierte und durchaus kritische Leser und sind für alle Anmerkungen, Anregungen und Hinweise dankbar.

Fünf Jahre nach ihrer Verabschiedung, nämlich am 2. 7. 1961, ist das Abkommen mit den erforderlichen Ratifikationen der fünf ersten Unterzeichnerstaaten, Frankreich, Italien, Jugoslawien, Niederlande und Österreich, in Kraft getreten. Seitdem hat sich die CMR zu einem der wichtigsten internationalen Abkommen auf dem Gebiet des Transportes entwickelt. Ihr Siegeszug durch Europa, Nordafrika und Westasien erfasst neben den europäischen Ländern auch solche wie Marokko, Tunesien, Zypern, Kasachstan, Kirgisistan, Tadschikistan, Turkmenistan und Usbekistan. Nahezu 50 europäische, vorderasiatische und nordafrikanische Staaten haben sich ihr inzwischen angeschlossen. Damit hat sie im grenzüberschreitenden Straßengüterverkehr eine immense und nicht mehr hinwegzudenkende Bedeutung erlangt. Als letzte Staaten sind der Libanon (am 20. 6. 2006), Armenien (am 7. 9. 2006), Albanien (am 18. 10. 2006) und Aserbaidschan (am 17. 12. 2006) beigetreten.

Die CMR steht damit gleichrangig an der Seite anderer internationaler Abkommen des grenzüberschreitenden Güterverkehrs, wie etwa dem Warschauer und dem Montrealer Übereinkommen des internationalen Luftverkehrs, der alten und der neuen CIM des internationalen Eisenbahnverkehrs und den internationalen Seerechtsabkommen.

Ferner haben inzwischen mehrere Vertragsstaaten die CMR in unterschiedlicher Weise auch auf ihre nationalen Transporte übertragen. So haben sich neben Belgien auch die Niederlande für den nationalen (Straßen-)Güterverkehr an der CMR orientiert. Finnland, Dänemark, Schweden und Norwegen haben die Vorschriften für innerstaatliche und grenzüberschreitende Straßengütertransporte jeweils in einem einheitlichen Gesetz zusammengefasst, und Österreich hat 1990 durch Ergänzung des Handelsgesetzbuches um eine einzige Verweisungsvorschrift die CMR auf innerstaatliche Transporte erstreckt.

Ganz herausragende Bedeutung hat die CMR in Deutschland erlangt, weil ihre Bestimmungen mit der Transportrechtsreform im Jahre 1998 weitestgehend Eingang in das gesamte innerdeutsche Frachtrecht für die Verkehrsträger Luft, Straße, Schiene und Binnenschifffahrt gefunden haben. So wurde sie – mit Ausnahme des Seerechts – zur Mutter des deutschen Frachtrechts gemäß §§ 407 ff. HGB. Deshalb kann und darf diese Neuauflage auch bei der Lösung innerdeutscher Frachtrechtsprobleme durchaus von Nutzen sein.

Die Autoren der einzelnen Artikel des Kommentars sind durchweg seit Jahrzehnten auf dem Gebiet des Transportrechts tätige und deshalb spezialisierte Anwälte, die ihr persönliches Wissen und ihre eigenen Erfahrungen in die jeweiligen Darstellungen eingebracht haben.

Darüber hinaus ist es gelungen, für einige wichtige europäische Länder namhafte ausländische Kollegen und Autoren von internationalem Rang zu gewinnen, die jeweils Berichte über die dortige Rechtsprechung beigetragen haben. Zu nennen sind hier insbesondere Frau Professorin *Jesser-Huss* (für Österreich) und die Herren Professoren *Clarce* (für England) und *Shelin* (für Skandinavien). Gerade diesen ausländischen Professoren und Kollegen sei an dieser Stelle ein besonderes Wort des Dankes gesagt.

Der Umfang der Werkes hat leider dazu geführt, dass die Anhänge der 1. Auflage über Container- und Palettenverkehre sowie über das Pfandrecht nicht mehr überarbeitet und abgedruckt werden konnten. Die diesbezüglichen Texte der Erstauflage sind jedoch nach wie vor weitgehend von gleichbleibender Bedeutung, weil sich auf diesen Gebieten weder vom Gesetzgeber noch in der Rechtsprechung erhebliche Änderungen ergeben haben. (Lediglich das Pfandrecht des Frachtführers wurde mit Einführung des neuen § 441 HGB auch auf unbestrittene inkonnexe Forderungen ausgedehnt und erfasst seitdem auch die Begleitpapiere.)

Die Kommentierung befindet sich auf dem Stand des Januars diesen Jahres. Einige später erschienene Aufsätze und ergangene wichtige höchstrichterliche Entscheidungen konnten noch eingearbeitet werden.

Besonderen Dank schuldet der Herausgeber seinem langjährigen Freund und Mentor, *Harald de la Motte*, dem diese 2. Auflage mit allen guten Wünschen für seine Zukunft gewidmet sein soll.

Ferner ist allen Sekretärinnen und MitarbeiterInnen zu danken, die mit Fleiß und Hingabe die Manuskripte geschrieben, die vorgenommenen Verbesserungen nachgearbeitet und bei den Korrekturen mitgeholfen haben; namentlich zu nennen ist an dieser Stelle die Sekretärin des Herausgebers, Frau *Dienstl*, die sich in ganz besonderer Weise verdient gemacht hat.

Nürnberg im Juli 2007

Der Herausgeber

Bearbeiterverzeichnis

RA Klaus Demuth:	Art. 20, 30–33
RA Dr. Fritz Fremuth:	Art. 2, 21
RA Dr. Carsten Harms:	Art. 29
RA Dr. Jens-Berghe Riemer:	Art. 23–27
RA Dr. Reinhard Th. Schmid:	Art. 3, 28, Vor Art. 34, Art. 34–41, Anh. II
RA Dr. Jürgen Temme:	Vor Art. 1, Art. 1, 10–16, 22
RA Christian Teutsch:	Art. 4–9
RA Dr. Karl-Heinz Thume:	Vor Art. 17, Art. 17–19, 23–27

Länderberichte:

Belgien:	RA Vincent de Smet, LL.M., Brüssel
Frankreich:	Avocat à la Cour Jean-Frédéric Mauro, Paris
Großbritannien:	RA und Solicitor (England & Wales) Jan Becher, Frankfurt Solicitor (England & Wales) Darren Kenny, Birmingham
Italien:	RA Dr. Alessandro Pesce, Mailand
Niederlande:	RA W.M. van Rossenberg, Rotterdam
Österreich:	ao. Univ.-Prof. Dr. Helga Jesser-Huß, Graz
Polen:	RA Katarzyna Woroszylska, Warschau
Schweiz:	Prof. Dr. Andreas Furrer, Zürich/Zug
Skandinavien und Finnland:	Dozent Johan Schelin, Stockholm
Spanien:	Abogado Carl Lubach, M.L.E., Barcelona
Tschechische Republik:	Dr. Christian Mayer, Zöbing/Prag
Türkei:	RAin Burcu Celikcapa-Bilgin, Istanbul Associate Professor Kerim Atamer, Istanbul

Inhaltsverzeichnis

	Seite
Abkürzungsverzeichnis	XI
Text der CMR (englisch-französisch-deutsch)	1

Kommentierung

Präambel Vor Art. 1		49
Kapitel I:	**Geltungsbereich**	83
Art. 1		83
Art. 1a		109
Art. 2		110
Kapitel II:	**Haftung des Frachtführers für andere Personen**	171
Art. 3		171
Kapitel III:	**Abschluss und Ausführung des Beförderungsvertrages**	193
Art. 4		193
Art. 5		207
Art. 6		218
Art. 7		235
Art. 8		245
Art. 9		263
Art. 10		270
Art. 11		284
Art. 12		297
Art. 13		318
Art. 14		332
Art. 15		339
Art. 16		346
Kapitel IV:	**Haftung des Frachtführers**	361
Vor Art. 17		361
Art. 17		376
Art. 18		499
Art. 19		545
Art. 20		560
Art. 21		575
Art. 22		634
Art. 23		651
Art. 24		685
Art. 25		691
Art. 26		707
Art. 27		714

Inhaltsverzeichnis

Art. 28	731
Art. 29	740
Kapitel V: Reklamationen und Klagen	815
Art. 30	815
Art. 31	845
Art. 32	879
Art. 33	940
Kapitel VI: Bestimmungen über die Beförderung durch aufeinanderfolgende Frachtführer	947
Vor Art. 34	947
Art. 34	956
Art. 35	962
Art. 36	964
Art. 37	967
Art. 38	971
Art. 39	972
Art. 40	977
Kapitel VII: Nichtigkeit von dem Übereinkommen widersprechenden Vereinbarungen	979
Art. 41	979
Kapitel VIII: Schlussbestimmungen	991
Art. 42–Art. 51 (nur deutscher Text)	991
Länderberichte	995
Belgien	995
Frankreich	1027
Großbritannien	1048
Italien	1060
Niederlande	1085
Österreich	1101
Polen	1141
Schweiz	1147
Skandinavien und Finnland	1162
Spanien	1182
Tschechien	1208
Türkei	1219
Anhang	1231
Anhang I: Muster CMR-Frachtbrief	1233
Anhang II: Ergänzung der CMR durch unvereinheitlichtes deutsches Recht	1235
Literaturverzeichnis	1257
Sachregister	1265

Abkürzungsverzeichnis

a. A.	anderer Ansicht
a. a. O.	am angegebenen Ort
ABGB	Allgemeines Bürgerliches Gesetzbuch
ABIU	Allg. Bedingungen für internationale Umzüge
Abs.	Absatz
Adekra, adekra	Arbeitsgemeinschaft Deutscher Kraftwagenspediteure e. V., siehe auch VKS
ADR	Europäische Übereinkommen über die internationale Beförderung gefährlicher Güter auf der Straße
ADS	Allgemeine Deutsche Seeversicherungsbedingungen v. 1919
ADSp	Allgemeine Deutsche Spediteurbedingungen
a. E.	am Ende
a. F.	alte Fassung
AGB	Allgemeine Geschäftsbedingungen
AGBG	Gesetz zur Regelung des Rechts der Allgemeinen Geschäftsbedingungen
AGNB	Allgemeine Beförderungsbedingungen für den gewerblichen Güternahverkehr mit Kraftfahrzeugen
AHB	Allgemeine Haftpflichtversicherungsbedingungen
Alt.	Alternative
a. M.	anderer Meinung
Anh.	Anhang
Anm.	Anmerkung
AnwBl.	Anwaltsblatt (deutsch wie österreichisch)
AÖSp	Allgemeine Österreichische Spediteurbedingungen
ARD	Europäisches Übereinkommen über die internationale Beförderung gefährlicher Güter auf der Straße v. 30. 9. 1957
Arg., arg.	Argumentum, argumentum aus ...
Art.	Artikel
ATP	Übereinkommen über Internationale Beförderungen leicht verderblicher Lebensmittel und über die besonderen Beförderungsmittel, die für diese Beförderungen zu verwenden sind, vom 1. 9. 1970
Auff.	Auffassung
Aufl.	Auflage
AVB	Allgemeine Versicherungsbedingungen
AWD	Außenwirtschaftsdienst des Betriebs-Berater (Jg. 4/1958–Jg. 20/1974, vorher und danach: Recht der Internationalen Wirtschaft, RIW)
BAG	Bundesanstalt für den Güterfernverkehr, ab dem 1. 1. 1994: Bundesamt für Güterverkehr
BAnz.	Bundesanzeiger

Abkürzungsverzeichnis

BAV	Bundesaufsichtsamt für das Versicherungswesen
BB	Betriebs-Berater (Jg. 1/1946 ff.)
BGB	Bürgerliches Gesetzbuch v. 18. 8. 1896 (RGBl., S. 195)
BGBl.	Bundesgesetzblatt (deutsch wie österreichisch)
BGH	Bundesgerichtshof
BGHZ	Entscheidungen des Bundesgerichtshofes in Zivilsachen
BinGüBefG	Binnengüterbeförderungsgesetz (österreichisch) (BGBl. 1990, S. 459)
BKartA	Bundeskartellamt
Bl.	Blatt
BZG	Bundeszentralgenossenschaft Straßenverkehr e. G.
bzw.	beziehungsweise
CCI	Internationale Handelskammer
c.i.c.	culpa in contrahendo
CIM	Internationales Übereinkommen über den Eisenbahnfrachtverkehr (siehe COTIF/ER CIM)
CMNI	Budapester Übereinkommen betr. den Vertrag über die Güterbeförderung in der Binnenschifffahrt
CMR	(Convention relative au Contrat de transport international de marchandises par route) Übereinkommen v. 19. 5. 1956 über den Beförderungsvertrag im internationalen Straßengüterverkehr (BGBl. 1961 II, S. 1120)
C.O.D.	Nachnahmeklausel *cash on delivery*
COTIF/ER CIM	Übereinkommen über den internationalen Eisenbahnverkehr v. 9. 5. 1980 / einheitliche Rechtsvorschriften für den Vertrag über die internationale Eisenbahnbeförderung von Gütern (CIM) (BGBl. 1985 II, S. 130)
DB	Der Betrieb
DH	Oberster Gerichtshof Dänemark
DIHT	Deutscher Industrie- und Handelstag
DKS	Deutsche Kraftwagenspedition GmbH, siehe auch VKS
DRK	Deutsches Rotes Kreuz
EBJ	Ebenroth/Boujong/Joost, Handelsgesetzbuch
ECE	Economic Commission for Europe, Wirtschaftsausschuss der UN für Europa
EGBGB	Einführungsgesetz zum Bürgerlichen Gesetzbuch
Einl.	Einleitung
EKHG	Eisenbahn- und Kraftfahrhaftpflichtgesetz (österreichisch) (BGBl. 1959, S. 48)
ERA	Einheitliche Richtlinien und Gebräuche für Dokumentenakkreditive
Erl.	Erläuterung
ETR	Europäisches Transportrecht

EuGÜb	siehe EuGVÜ
EuGVÜ	Europäisches Übereinkommen v. 27. 9. 1968 über die gerichtliche Zuständigkeit und die Vollstreckung gerichtlicher Entscheidungen in Zivil- und Handelssachen (BGBl. 1972 II, S. 773)
EUSt	Einfuhrumsatzsteuer
EvBl.	Evidenzblatt der Rechtsmittelentscheidungen in: Österreichische Juristen-Zeitung
EVO	Eisenbahn-Verkehrsordnung
EWR	Europäischer Wirtschaftsraum
FBL	FIATA Bill of Lading
FCR	Forwarders Certificate of Receipt (Spediteur-Übernahmebescheinigung)
f., ff.	folgende
FH	Oberster Gerichtshof (Finnland)
Fn.	Fußnote
FTC	Forwarders Certificate of Transport (Spediteurtransportbescheinigung)
GBefG	Güterbeförderungsgesetz (österreichisch) (BGBl. 1952, S. 63)
GFG	Gesetz über den Güterfernverkehr
GFT	Güterfernverkehrstarif
ggf.	gegebenenfalls
GGG	Gefahrgutgesetz
GGVE	Gefahrgutverordnung – Eisenbahn
GGVS	Gefahrgutverordnung – Straße
GGVSEB	Verordnung über die innerstaatliche und grenzüberschreitende Beförderung gefährlicher Güter auf der Straße, mit Eisenbahnen und auf Binnengewässern
GGVSee	Gefahrgutverordnung – Seeschifffahrt
GoA	Geschäftsführung ohne Auftrag
Großkomm.	Großkommentar zum HGB
GüKG	Güterkraftverkehrsgesetz
GüKUMB	Beförderungsbedingungen für den Umzugsverkehr und für die Beförderung von Handelsmöbeln in besonders für Möbelbeförderung eingerichteten Fahrzeugen im Güterfern- und Güternahverkehr
GüKUMT	Güterkraftverkehrstarif für den Umzugsverkehr und die Beförderung von Handelsmöbeln in besonders für die Möbelbeförderung eingerichteten Fahrzeugen im Güterfern- und Güternahverkehr
HGB	Handelsgesetzbuch v. 10. 5. 1897 (RGBl. S. 219)
h. M.	herrschende Meinung

Abkürzungsverzeichnis

ICC	Internationale Handelskammer
i.d.R.	in der Regel
INCOTERMS	International Commercial Terms of the International Chamber of Commerce (Handelsklauseln)
IPRG	Bundesgesetz über das internationale Privatrecht (österreichisch) (BGBl. 1978, S. 304)
i.R.d.	im Rahmen des/der
IRU	International Road Transport Union
i.S.d.	im Sinne des/der
i.V.m.	in Verbindung mit
IWF	Internationaler Währungsfonds
JBl.	Juristische Blätter (österreichisch)
JFT	Juridiska Föreningens Tidskrift (Finnland)
JN	Jurisdiktionsnorm
KFG	Kraftfahrgesetz, 1967 (österreichisch) (BGBl. 1967, S. 267; 1990, S. 720)
Kfz	Kraftfahrzeug
KG	Kammergericht
kg	Kilogramm
KSG	Kundenschutzgesetz (österreichisch)
KVO	Kraftverkehrsordnung
LG	Landgericht
lit.	Buchstabe
Lkw	Lastkraftwagen
LM	Nachschlagewerk des Bundesgerichtshofs, hrsg. v. Lindenmaier, Möhring u.a. (Losebl.-Slg.; 1951 ff.)
LMTV	deutsche Lebensmitteltransportmittel-Verordnung vom 13.4.1987
LS	Leitsatz
MDR	Monatsschrift für Deutsches Recht (1.1947)
MTO/CTO	Multimodal-(Combined-)Transport-Operator
MÜ	Montrealer Übereinkommen
m.w.N.	mit weiteren Nachweisen
ND	Nordiske Domme i Sjøfartsanliggender
NH	Oberster Gerichtshof Norwegen
NJA	Nytt Juridiskt Arkiv (Schweden)
NJW	Neue Juristische Wochenschrift
NJW-RR	NJW-Rechtsprechungs-Report Zivilrecht
NSAB	Nordiskt Speditörförbunds Allmänna Bestämmelser
OGH	Oberster Gerichtshof (österreichisch)
ÖJZ	Österreichische Juristen-Zeitung

OLG	Oberlandesgericht
OLGZ	Entscheidungen der Oberlandesgerichte in Zivilsachen einschließlich der freiwilligen Gerichtsbarkeit (1965 ff.)
ÖStGT	Österreichischer Straßen-Gütertarif
PKH	Prozesskostenhilfe
P.O.D.	Nachnahmeklausel *pay on delivery*
p.V.V.	positive Vertragsverletzung
RBerG	Rechtsberatungsgesetz
Rdn.	Randnummer
RDU	Revue de droit uniforme (Uniform Law Review)
RdW	Österreichisches Recht der Wirtschaft
RG	Reichsgericht
RGBl.	Reichsgesetzblatt
RGZ	Entscheidungen des Reichsgerichts in Zivilsachen
RICO	Anlage III ER/CIM 1980: Ordnung für internationale Eisenbahnbeförderung von Containern
RIEx	Anlage IV ER/CIM 1980: Ordnung für die internationale Eisenbahnbeförderung von Expressgut
RIP	Anlage II ER/CIM 1980: Ordnung für die internationale Eisenbahnbeförderung Privatwagen
RIW	Recht der Internationalen Wirtschaft
RKB	Reichskraftwagen-Betriebsverband
RVS	Rollfuhr-Versicherungs-Schein (österreichisch)
RZ	Österreichische Richterzeitung
S.	Seite
SÄG	Seerechtsänderungsgesetz
SGKV	Studiengesellschaft für den kombinierten Verkehr e.V.
SH	Oberster Gerichtshof (Schweden)
s.o.	siehe oben
sog.	so genannt
SøHa	See- und Handelsgericht (Dänemark)
SOU	Statens Offentliga Utredningar (Schweden)
str.	strittig
StVG	Straßenverkehrsgesetz
StVO	Straßenverkehrsordnung
StVZO	Straßenverkehrszulassungsordnung
SVG	Straßenverkehrsgenossenschaft
SVS	Speditions-Versicherungs-Schein (österreichisch)
SVS/RVS	Speditions- und Rollfuhrversicherungsschein (deutsch)
SZ	Entscheidungen des österreichischen Obersten Gerichtshofes in Zivil- (und Justizverwaltungs-)sachen, veröffentlicht von seinen Mitgliedern

Abkürzungsverzeichnis

SZR	Sonderziehungsrecht
TranspR	Transportrecht, Zeitschrift für das gesamte Recht der Güterbeförderung, der Spedition, der Versicherungen des Transports, der Personenbeförderung, der Reiseveranstaltung
TIR	Zollbegleitschein für grenzüberschreitenden Straßengüterverkehr
TRG	Transportrechtsreformgesetz
Übk.	Übereinkommen
UfR	Ugeskrift for Retsvæsen (Dänemark)
UGB	Unternehmensgesetzbuch (vor dem 1. 1. 2007 Handelsgesetzbuch) in Österreich
UNCTAD	Welthandelskonferenz 1979/80
unzutr.	unzutreffend
UStG	Umsatzsteuergesetz
VAG	Versicherungsaufsichtsgesetz
VerBAV	Veröffentlichungen des Bundesaufsichtsamts für das Versicherungswesen
Verkehr	Internationale Fachzeitung für Verkehrswirtschaft
VersR	Versicherungsrecht
VersVG	Versicherungsvertragsgesetz (österreichisch) (BGBl. 1959, S. 2)
vgl.	vergleiche
VKS	Vereinigung Deutscher Kraftwagenspediteure e.G., Fusion von Adekra und DKS
VL	Vestre Landsret (Oberlandesgericht) Dänemark
VO	Verordnung
VP	Die Versicherungs-Praxis (Feuerschutz)
VRS	Verkehrsrechtssammlung
VVG	Gesetz über den Versicherungsvertrag
VW	Versicherungswirtschaft
WA	Warschauer Abkommen zur Vereinheitlichung von Regeln über die Beförderung im internationalen Luftverkehr
WBl	Wirtschaftliche Blätter
WHG	Wasserhaushaltsgesetz
WM	Wertpapier-Mitteilungen
z.B.	zum Beispiel
ZfV	Zeitschrift für Versicherungswesen
Ziff.	Ziffer
ZÖR	Zeitschrift für öffentliches Recht
ZPO	Zivilprozessordnung v. 30. 1. 1877 (RGBl., S. 83)
ZVR	Zeitschrift für Verkehrsrecht

Convention on the Contract for the International Carriage of Goods by Road (CMR)

Convention relative au Contrat de transport international de marchandises par route (CMR)

Übereinkommen über den Beförderungsvertrag im internationalen Straßengüterverkehr (CMR)

PREAMBLE

THE CONTRACTING PARTIES, HAVING RECOGNIZED the desirability of standardizing the conditions governing the contract for the international carriage of goods by road, particularly with respect to the documents used for such carriage and to the carrier's liability,

HAVE AGREED AS FOLLOWS:

Chapter I
Scope of application

Article 1

1. This Convention shall apply to every contract for the carriage of goods by road in vehicles for reward, when the place of taking over of the goods and the place designated

PRÉAMBULE

LES PARTIES CONTRACTANTES, AYANT RECONNU l'utilité de régler d'une manière uniforme les conditions du contrat de transport international de marchandises par route, particulièrement en ce qui concerné les documents utilisés pour ce transport et la responsabilité du transporteur,

SONT CONVENUES DE CE QUI SUIT:

Chapitre Premier
Champ d'application

Article premier

1. La présente Convention s'applique à tout contrat de transport de marchandises par route à titre onéreux au moyen de véhicules, lorsque le lieu de la prise en charge de

PRÄAMBEL

DIE VERTRAGSPARTEIEN HABEN IN DER ERKENNTNIS, daß es sich empfiehlt, die Bedingungen für den Beförderungsvertrag im internationalen Straßengüterverkehr, insbesondere hinsichtlich der in diesem Verkehr verwendeten Urkunden und der Haftung des Frachtführers, einheitlich zu regeln,

FOLGENDES VEREINBART:

Kapitel I
Geltungsbereich

Artikel 1

1. Dieses Übereinkommen gilt für jeden Vertrag über die entgeltliche Beförderung von Gütern auf der Straße mittels Fahrzeugen, wenn der Ort der Übernahme des Gutes

Gesetzestext

for delivery, as specified in the contract, are situated in two different countries, of which at least one is a contracting country, irrespective of the place of residence and the nationality of the parties.

2. For the purposes of this Convention, "vehicles" means motor vehicles, articulated vehicles, trailers and semi-trailers as defined in article 4 of the Convention on Road Traffic dated 19 September 1949.

3. This Convention shall apply also where carriage coming within its scope is carried out by States or by governmental institutions or organizations.

4. This Convention shall not apply:

(a) To carriage performed under the terms of any international postal convention;

(b) To funeral consignments;

(c) To furniture removal.

5. The Contracting Parties agree not to vary any of the provisions of this Convention by special agreements between two or more of them, except to make it inapplicable to

la marchandise et le lieu prévu pour la livraison, tels qu'ils sont indiqués au contrat, sont situés dans deux pays différents dont l'un au moins est un pays contractant. Il en est ainsi quels que soient le domicile et la nationalité des parties.

2. Pour l'application de la présente Convention, il faut entendre par «véhicules» les automobiles, les véhicules articulés, les remorques et les semi-remorques, tels qu'ils sont définis par l'article 4 de la Convention sur la circulation routière en daté du 19 septembre 1949.

3. La présente Convention s'applique même si les transports rentrant dans son champ d'application sont effectués par des Etats ou par des institutions ou organisations gouvernementales.

4. La présente Convention ne s'applique pas:

(a) Aux transports effectués sous l'empire de conventions postales internationales;

(b) Aux transports funéraires;

(c) Aux transports de déménagement.

5. Les parties contractantes s'interdisent d'apporter par voie d'accords particuliers conclus entre deux ou plusieurs d'entre elles toute modification à la présente Convention,

und der für die Ablieferung vorgesehene Ort, wie sie im Vertrage angegeben sind, in zwei verschiedenen Staaten liegen, von denen mindestens einer ein Vertragstaat ist. Dies gilt ohne Rücksicht auf den Wohnsitz und die Staatsangehörigkeit der Parteien.

2. Im Sinne dieses Übereinkommens bedeuten „Fahrzeuge" Kraftfahrzeuge, Sattelkraftfahrzeuge, Anhänger und Sattelanhänger, wie sie in Artikel 4 des Abkommens über den Straßenverkehr vom 19. September 1949 umschrieben sind.

3. Dieses Übereinkommen gilt auch dann, wenn in seinen Geltungsbereich fallende Beförderungen von Staaten oder von staatlichen Einrichtungen oder Organisationen durchgeführt werden.

4. Dieses Übereinkommen gilt nicht

(a) für Beförderungen, die nach den Bestimmungen internationaler Postübereinkommen durchgeführt werden;

(b) für die Beförderung von Leichen;

(c) für die Beförderung von Umzugsgut.

5. Die Vertragsparteien werden untereinander keine zwei- oder mehrseitigen Sondervereinbarungen schließen, die Abweichungen von den Bestimmungen dieses Überein-

Gesetzestext

kommens enthalten; ausgenommen sind Sondervereinbarungen unter Vertragsparteien, nach denen dieses Übereinkommen nicht für ihren kleinen Grenzverkehr gilt, oder durch die für Beförderungen, die ausschließlich auf ihrem Staatsgebiet durchgeführt werden, die Verwendung eines das Gut vertretenden Frachtbriefes zugelassen wird.

Artikel 2

1. Wird das mit dem Gut beladene Fahrzeug auf einem Teil der Strecke zur See, mit der Eisenbahn, auf Binnenwasserstraßen oder auf dem Luftwege befördert und wird das Gut – abgesehen von Fällen des Artikels 14 – nicht umgeladen, so gilt dieses Übereinkommen trotzdem für die gesamte Beförderung. Soweit jedoch bewiesen wird, daß während der Beförderung durch das andere Verkehrsmittel eingetretene Verluste, Beschädigungen oder Überschreitungen der Lieferfrist nicht durch eine Handlung oder Unterlassung des Straßenfrachtführers, sondern durch ein Ereignis verursacht worden sind, das nur während und wegen der Beförderung durch das andere Beförderungsmittel eingetreten sein kann, bestimmt sich die Haftung des Straßenfrachtführers nicht nach diesem Übereinkommen, sondern danach, wie der Frachtführer des anderen Verkehrsmittels gehaftet hätte, wenn ein lediglich das Gut betreffender Beförderungsvertrag zwi-

sauf pour soustraire à son empire leur trafic frontalier ou pour autoriser dans les transports empruntant exclusivement leur territoire l'emploi de la lettre de voiture représentative de la marchandise.

Article 2

1. Si le véhicule contenant les marchandises est transporté par mer, chemin de fer, voie navigable intérieure ou air sur une partie du parcours, sans rupture de charge sauf, éventuellement, pour l'application des dispositions de l'article 14, la présente Convention s'applique, néanmoins, pour l'ensemble du transport. Cependant, dans la mesure où il est prouvé qu'une perte, une avarie ou un retard à la livraison de la marchandise qui est survenu au cours du transport par l'un des modes de transport autre que la route n'a pas été causé par un acte ou une omission du transporteur routier et qu'il provient d'un fait qui n'a pu se produire qu'au cours et en raison du transport non routier, la responsabilité du transporteur routier est déterminée non par la présente Convention, mais de la façon dont la responsabilité du transporteur non routier eut été déterminée si un contrat de transport avait été conclu entre l'expéditeur et le transporteur non routier

their frontier traffic or to authorize the use in transport operations entirely confined to their territory of consignment notes representing a title to the goods.

Article 2

1. Where the vehicle containing the goods is carried over part of the journey by sea, rail, inland waterways or air, and, except where the provisions of article 14 are applicable, the goods are not unloaded from the vehicle, this Convention shall nevertheless apply to the whole of the carriage. Provided that to the extent that it is proved that any loss, damage or delay in delivery of the goods which occurs during the carriage by the other means of transport was not caused by an act or omission of the carrier by road, but by some event which could only have occurred in the course of and by reason of the carriage by that other means of transport, the liability of the carrier by road shall be determined not by this Convention but in the manner in which the liability of the carrier by the other means of transport would have been determined if a contract for the carriage of the goods alone had been made by the sender with the carrier by the other means of

transport in accordance with the conditions prescribed by law for the carriage of goods by that means of transport. If, however, there are no such prescribed conditions, the liability of the carrier by road shall be determined by this Convention.

2. If the carrier by road is also himself the carrier by the other means of transport, his liability shall also be determined in accordance with the provisions of paragraph 1 of this article, but as if, in his capacities as carrier by road and as carrier by the other means of transport, he were two seperate persons.

Chapter II
Persons for whom the carrier is responsible

Article 3

For the purposes of this Convention the carrier shall be responsible for the acts and omissions of his agents and servants and of any other persons of whose services he makes use for the performance of the carriage, when such agents, servants or other persons are acting within the scope of their employment, as if such acts or omissions were his own.

pour le seul transport de la marchandise conformément aux dispositions impératives de la loi concernant le transport de marchandises par le mode de transport autre que la route. Toutefois, en l'absence de telles dispositions, la responsabilité du transporteur par route sera déterminée par la présente Convention.

2. Si le transporteur routier est en même temps transporteur non routier, sa responsabilité est également déterminée par le paragraphe 1 comme si sa fonction de transporteur routier et sa fonction de transporteur non routier étaient exercées par deux personnes différentes.

Chapitre II
Personnes dont répond le transporteur

Article 3

Pour l'application de la présente Convention, le transporteur répond, comme de ses propres actes et omissions, des actes et omissions de ses préposés et de toutes autres personnes aux services desquelles il recourt pour l'exécution du transport lorsque ces préposés ou ces personnes agissent dans l'exercice de leurs fonctions.

schen dem Absender und dem Frachtführer des anderen Verkehrsmittels nach den zwingenden Vorschriften des für die Beförderung durch das andere Verkehrsmittel geltenden Rechts geschlossen worden wäre. Bestehen jedoch keine solchen Vorschriften, so bestimmt sich die Haftung des Straßenfrachtführers nach diesem Übereinkommen.

2. Ist der Straßenfrachtführer zugleich der Frachtführer des anderen Verkehrsmittels, so haftet er ebenfalls nach Absatz 1, jedoch so, als ob seine Tätigkeit als Straßenfrachtführer und seine Tätigkeit als Frachtführer des anderen Verkehrsmittels von zwei verschiedenen Personen ausgeübt würden.

Kapitel II
Haftung des Frachtführers für andere Personen

Artikel 3

Der Frachtführer haftet, soweit dieses Übereinkommen anzuwenden ist, für Handlungen und Unterlassungen seiner Bediensteten und aller anderen Personen, deren er sich bei Ausführung der Beförderung bedient, wie für eigene Handlungen und Unterlassungen, wenn diese Bediensteten oder anderen Personen in Ausübung ihrer Verrichtungen handeln.

Chapter III
Conclusion and performance of the contract of carriage

Article 4

The contract of carriage shall be confirmed by the making out of consignment note. The absence, irregularity or loss of the consignment note shall not affect the existence or the validity of the contract of carriage which shall remain subject to the provisions of this Convention.

Article 5

1. The consignment note shall be made out in three original copies signed by the sender and by the carrier. These signatures may be printed or replaced by the stamps of the sender and the carrier if the law of the country in which the consignment note has been made out so permits. The first copy shall be handed to the sender, the second shall accompany the goods and the third shall be retained by the carrier.

2. When the goods which are to be carried have to be loaded in different vehicles, or are of different kinds or are divided into different lots, the sender or the carrier shall have the right to require a separate consignment

Chapitre III
Conclusion et exécution du contrat de transport

Article 4

Le contrat de transport est constaté par une lettre de voiture. L'absence, l'irrégularité ou la perte de la lettre de voiture n'affectent ni l'existence ni la validité du contrat de transport qui reste soumis aux dispositions de la présente Convention.

Article 5

1. La lettre de voiture est établie en trois exemplaires originaux signés par l'expéditeur et par le transporteur, ces signatures pouvant être imprimées ou remplacées par les timbres de l'expéditeur et du transporteur si la législation du pays où la lettre de voiture est établie le permet. Le premier exemplaire est remis à l'expéditeur, le deuxième accompagne la marchandise et le troisième est retenu par le transporteur.

2. Lorsque la marchandise à transporter doit être chargée dans des véhicules différents, ou lorsqu'il s'agit de différentes espèces de marchandises ou de lots distincts, l'expéditeur ou le transporteur a le droit

Kapitel III
Abschluß und Ausführung des Beförderungsvertrages

Artikel 4

Der Beförderungsvertrag wird in einem Frachtbrief festgehalten. Das Fehlen, die Mangelhaftigkeit oder der Verlust des Frachtbriefes berührt weder den Bestand noch die Gültigkeit des Beförderungsvertrages, der den Bestimmungen dieses Übereinkommens unterworfen bleibt.

Artikel 5

1. Der Frachtbrief wird in drei Originalausfertigungen ausgestellt, die vom Absender und vom Frachtführer unterzeichnet werden. Die Unterschriften können gedruckt oder durch den Stempel des Absenders oder des Frachtführers ersetzt werden, wenn dies nach dem Recht des Staates, in dem der Frachtbrief ausgestellt wird, zulässig ist. Die erste Ausfertigung erhält der Absender, die zweite begleitet das Gut, die dritte behält der Frachtführer.

2. Ist das zu befördernde Gut auf mehrere Fahrzeuge zu verladen oder handelt es sich um verschiedenartige oder um in verschiedene Posten aufgeteilte Güter, können sowohl der Absender als auch der Frachtführer ver-

Gesetzestext

note to be made out for each vehicle used, or for each kind or lot of goods.

Article 6

1. The consignment note shall contain the following particulars:

(a) The date of the consignment note and the place at which it is made out;

(b) The name and address of the sender;

(c) The name and address of the carrier;

(d) The place and the date of taking over of the goods and the place designated for delivery;

(e) The name and address of the consignee;

(f) The description in common use of the nature of the goods and the method of packing, and, in the case of dangerous goods, their generally recognized description;

(g) The number of packages and their special marks and numbers;

(h) The gross weight of the goods or their quantity otherwise expressed;

(i) Charges relating to the carriage (carriage charges, supplementary charges, customs duties and other charges incur-

d'exiger l'établissement d'autant de lettres de voiture qu'il doit être utilisé de véhicules ou qu'il y a d'espèces ou de lots de marchandises.

Article 6

1. La lettre de voiture doit contenir les indications suivantes:

(a) Le lieu et la daté de son établissement;

(b) Le nom et l'adresse de l'expéditeur;

(c) Le nom et l'adresse du transporteur;

(d) Le lieu et la daté de la prise en charge de la marchandise et le lieu prévu pour la livraison;

(e) Le nom et l'adresse du destinataire;

(f) La dénomination courante de la nature de la marchandise et le mode d'emballage, et, pour les marchandises dangereuses, leur dénomination généralement reconnue;

(g) Le nombre des colis, leurs marques particulières et leurs numéros;

(h) Le poids brut ou la quantité autrement exprimée de la marchandise;

(i) Les frais afférents au transport (prix de transport, frais accessoires, droits de douane et autres frais survenant à partir

langen, daß so viele Frachtbriefe ausgestellt werden, als Fahrzeuge zu verwenden oder Güterarten oder -posten vorhanden sind.

Artikel 6

1. Der Frachtbrief muß folgende Angaben enthalten:

(a) Ort und Tag der Ausstellung;

(b) Name und Anschrift des Absenders;

(c) Name und Anschrift des Frachtführers;

(d) Stelle und Tag der Übernahme des Gutes sowie die für die Ablieferung vorgesehene Stelle;

(e) Name und Anschrift des Empfängers;

(f) die übliche Bezeichnung der Art des Gutes und die Art der Verpackung, bei gefährlichen Gütern ihre allgemein anerkannte Bezeichnung;

(g) Anzahl, Zeichen und Nummern der Frachtstücke;

(h) Rohgewicht oder die anders angegebene Menge des Gutes;

(i) die mit der Beförderung verbundenen Kosten (Fracht, Nebengebühren, Zölle und andere Kosten, die vom Vertragsab-

Gesetzestext

red from the making of the contract to the time of delivery);

(j) The requisite instructions for Customs and other formalities;

(k) A statement that the carriage is subject, notwithstanding any clause to the contrary, to the provisions of this Convention.

2. Where applicable, the consignment note shall also contain the following particulars:

(a) A statement that trans-shipment is not allowed;

(b) The charges which the sender undertakes to pay;

(c) The amount of "cash on delivery" charges;

(d) A declaration of the value of the goods and the amount representing special interest in delivery;

(e) The sender's instructions to the carrier regarding insurance of the goods;

(f) The agreed time-limit within which the carriage is to be carried out;

(g) A list of the documents handed to the carrier.

de la conclusion du contrat jusqu'à la livraison);

(j) Les instructions requises pour les formalités de douane et autres;

(k) L'indication que le transport est soumis, nonobstant toute clause contraire, au régime établi par la présente Convention.

2. Le cas échéant, la lettre de voiture doit contenir, en outre, les indications suivantes:

(a) L'interdiction de transbordement;

(b) Les frais que l'expéditeur prend à sa charge;

(c) Le montant du remboursement à percevoir lors de la livraison de la marchandise;

(d) La valeur déclarée de la marchandise et la somme représentant l'intérêt spécial à la livraison;

(e) Les instructions de l'expéditeur au transporteur en ce qui concerne l'assurance de la marchandise;

(f) Le délai convenu dans lequel le transport doit être effectué;

(g) La liste des documents remis au transporteur.

schluß bis zur Ablieferung anfallen);

(j) Weisungen für die Zoll- und sonstige amtliche Behandlung;

(k) die Angabe, daß die Beförderung trotz einer gegenteiligen Abmachung den Bestimmungen dieses Übereinkommens unterliegt.

2. Zutreffendenfalls muß der Frachtbrief ferner folgende Angaben enthalten:

(a) das Verbot umzuladen;

(b) die Kosten, die der Absender übernimmt;

(c) den Betrag einer bei der Ablieferung des Gutes einzuziehenden Nachnahme;

(d) die Angabe des Wertes des Gutes und des Betrages des besonderen Interesses an der Lieferung;

(e) Weisungen des Absenders an den Frachtführer über die Versicherung des Gutes;

(f) die vereinbarte Frist, in der die Beförderung beendet sein muß;

(g) ein Verzeichnis der dem Frachtführer übergebenen Urkunden.

3. The parties may enter in the consignment note any other particulars which they may deem useful.

Article 7

1. The sender shall be responsible for all expenses, loss and damage sustained by the carrier by reason of the inaccuracy or inadequacy of:

(a) The particulars specified in article 6, paragraph 1 (b), (d), (e), (f), (g), (h) and (j);

(b) The particulars specified in article 6, paragraph 2;

(c) Any other particulars or instructions given by him to enable the consignment note to be made out or for the purpose of their being entered therein.

2. If, at the request of the sender, the carrier enters in the consignment note the particulars referred to in paragraph 1 of this article, he shall be deemed, unless the contrary is proved, to have done so on behalf of the sender.

3. If the consignment note does not contain the statement specified in article 6, paragraph 1 (k), the carrier shall be liable for all expenses, loss and damage sustained through such omission by the person entitled to dispose of the goods.

3. Les parties peuvent porter sur la lettre de voiture toute autre indication qu'elles jugent utile.

Article 7

1. L'expéditeur répond de tous frais et dommages que supporterait le transporteur en raison de l'inexactitude ou de l'insuffisance:

(a) Des indications mentionnées à l'article 6, paragraphe 1, b, d, e, f, g, h et j;

(b) Des indications mentionnées à l'article 6, paragraphe 2;

(c) De toutes autres indications ou instructions qu'il donné pour l'établissement de la lettre de voiture ou pour y être reportées.

2. Si, à la demande de l'expéditeur, le transporteur inscrit sur la lettre de voiture les mentions visées au paragraphe 1 du présent article, il est considéré, jusqu'à preuve du contraire, comme agissant pour le compte de l'expéditeur.

3. Si la lettre de voiture ne contient pas la mention prévue à l'article 6, paragraphe 1, k, le transporteur est responsable de tous frais et dommages que subirait l'ayant droit à la marchandise en raison de cette omission.

3. Die Parteien dürfen in den Frachtbrief noch andere Angaben eintragen, die sie für zweckmäßig halten.

Artikel 7

1. Der Absender haftet für alle Kosten und Schäden, die dem Frachtführer dadurch entstehen, daß folgende Angaben unrichtig oder unvollständig sind:

(a) die in Artikel 6 Absatz 1 Buchstabe b, d, e, f, g, h und j bezeichneten Angaben;

(b) die in Artikel 6 Absatz 2 bezeichneten Angaben;

(c) alle anderen Angaben oder Weisungen des Absenders für die Ausstellung des Frachtbriefes oder zum Zwecke der Eintragung in diesen.

2. Trägt der Frachtführer auf Verlangen des Absenders die in Absatz 1 bezeichneten Angaben in den Frachtbrief ein, wird bis zum Beweise des Gegenteils vermutet, daß der Frachtführer hierbei im Namen des Absenders gehandelt hat.

3. Enthält der Frachtbrief die in Artikel 6 Absatz 1 Buchstabe k bezeichnete Angabe nicht, so haftet der Frachtführer für alle Kosten und Schäden, die dem über das Gut Verfügungsberechtigten infolge dieser Unterlassung entstehen.

Article 8

1. On taking over the goods, the carrier shall check:

(a) The accuracy of the statements in the consignment note as to the number of packages and their marks and numbers; and

(b) The apparent condition of the goods and their packaging.

2. Where the carrier has no reasonable means of checking the accuracy of the statements referred to in paragraph 1 (a) of this article, he shall enter his reservations in the consignment note together with the grounds on which they are based. He shall likewise specify the grounds for any reservations which he makes with regard to the apparent condition of the goods and their packaging. Such reservations shall not bind the sender unless he has expressly agreed to be bound by them in the consignment note.

3. The sender shall be entitled to require the carrier to check the gross weight of the goods or their quantity otherwise expressed. He may also require the contents of the packages to be checked. The carrier shall be entitled to claim the cost of such checking. The result of the checks shall be entered in the consignment note.

Article 8

1. Lors de la prise en charge de la marchandise, le transporteur est tenu de vérifier:

(a) L'exactitude des mentions de la lettre de voiture relatives au nombre de colis, ainsi qu'à leurs marques et numéros;

(b) L'état apparent de la marchandise et de son emballage.

2. Si le transporteur n'a pas de moyens raisonnables de vérifier l'exactitude des mentions visées au paragraphe 1, a, du présent article, il inscrit sur la lettre de voiture des réserves qui doivent être motivées. Il doit de même motiver toutes les réserves qu'il fait au sujet de l'état apparent de la marchandise et de son emballage. Ces réserves n'engagent pas l'expéditeur, si celui-ci ne les a pas expressément acceptées sur la lettre de voiture.

3. L'expéditeur a le droit d'exiger la vérification par le transporteur du poids brut ou de la quantité autrement exprimée de la marchandise. Il peut aussi exiger la vérification du contenu des colis. Le transporteur peut réclamer le paiement des frais de vérification. Le résultat des vérifications est consigné sur la lettre de voiture.

Artikel 8

1. Der Frachtführer ist verpflichtet, bei der Übernahme des Gutes zu überprüfen

(a) die Richtigkeit der Angaben im Frachtbrief über die Anzahl der Frachtstücke und über ihre Zeichen und Nummern;

(b) den äußeren Zustand des Gutes und seiner Verpackung.

2. Stehen dem Frachtführer keine angemessenen Mittel zur Verfügung, um die Richtigkeit der in Absatz 1 Buchstabe a bezeichneten Angaben zu überprüfen, so trägt er im Frachtbrief Vorbehalte ein, die zu begründen sind. Desgleichen hat er Vorbehalte zu begründen, die er hinsichtlich des äußeren Zustandes des Gutes und seiner Verpackung macht. Die Vorbehalte sind für den Absender nicht verbindlich, es sei denn, daß er sie im Frachtbrief ausdrücklich anerkannt hat.

3. Der Absender kann vom Frachtführer verlangen, daß dieser das Rohgewicht oder die anders angegebene Menge des Gutes überprüft. Er kann auch verlangen, daß der Frachtführer den Inhalt der Frachtstücke überprüft. Der Frachtführer hat Anspruch auf Ersatz der Kosten der Überprüfung. Das Ergebnis der Überprüfung ist in den Frachtbrief einzutragen.

Artikel 9

1. Der Frachtbrief dient bis zum Beweis des Gegenteils als Nachweis für den Abschluß und Inhalt des Beförderungsvertrages sowie für die Übernahme des Gutes durch den Frachtführer.

2. Sofern der Frachtbrief keine mit Gründen versehenen Vorbehalte des Frachtführers aufweist, wird bis zum Beweise des Gegenteils vermutet, daß das Gut und seine Verpackung bei der Übernahme durch den Frachtführer äußerlich in gutem Zustande waren und daß die Anzahl der Frachtstücke und ihre Zeichen und Nummern mit den Angaben im Frachtbrief übereinstimmten.

Artikel 10

Der Absender haftet dem Frachtführer für alle durch mangelhafte Verpackung des Gutes verursachten Schäden an Personen, am Betriebsmaterial und an anderen Gütern sowie für alle durch mangelhafte Verpackung verursachten Kosten, es sei denn, daß der Mangel offensichtlich oder dem Frachtführer bei der Übernahme des Gutes bekannt war und er diesbezüglich keine Vorbehalte gemacht hat.

Artikel 11

1. Der Absender hat dem Frachtbrief die Urkunden beizugeben, die für die vor der

Article 9

1. La lettre de voiture fait foi, jusqu'à preuve du contraire, des conditions du contrat et de la réception de la marchandise par le transporteur.

2. En l'absence d'inscription sur la lettre de voiture de réserves motivées du transporteur, il y a présomption que la marchandise et son emballage étaient en bon état apparent au moment de la prise en charge par le transporteur et que le nombre des colis ainsi que leurs marques et numéros étaient conformes aux énonciations de la lettre de voiture.

Article 10

L'expéditeur est responsable envers le transporteur des dommages aux personnes, au matériel ou à d'autres marchandises, ainsi que des frais, qui auraient pour origine la défectuosité de l'emballage de la marchandise, à moins que, la défectuosité étant apparente ou connue du transporteur au moment de la prise en charge, le transporteur n'ait pas fait de réserves à son sujet.

Article 11

1. En vue de l'accomplissement des formalités de douane et autres à remplir avant la

Article 9

1. The consignment note shall be *prima facie* evidence of the making of the contract of carriage, the conditions of the contract and the receipt of the goods by the carrier.

2. If the consignment note contains no specific reservations by the carrier, it shall be presumed, unless the contrary is proved, that the goods and their packaging appeared to be in good condition when the carrier took them over and that the number of packages, their marks and numbers corresponded with the statements in the consignment note.

Article 10

The sender shall be liable to the carrier for damage to persons, equipment or other goods, and for any expenses due to defective packing of the goods, unless the defect was apparent or known to the carrier at the time when he took over the goods and he made no reservations concerning it.

Article 11

1. For the purposes of the Customs or other formalities which have to be comple-

ted before delivery of the goods, the sender shall attach the necessary documents to the consignment note or place them at the disposal of the carrier and shall furnish him with all the information which he requires.

2. The carrier shall not be under any duty to enquire into either the accuracy or the adequacy of such documents and information. The sender shall be liable to the carrier for any damage caused by the absence, inadequacy or irregularity of such documents and information, except in the case of some wrongful act or neglect on the part of the carrier.

3. The liability of the carrier for the consequences arising from the loss or incorrect use of the documents specified in and accompanying the consignment note or deposited with the carrier shall be that of an agent, provided that the compensation payable by the carrier shall not exceed that payable in the event of loss of the goods.

Article 12

1. The sender has the right to dispose of the goods, in particular by asking the carrier to stop the goods in transit, to change the place at which delivery is to take place or to deliver the goods to a consignee other than

livraison de la marchandise, l'expéditeur doit joindre à la lettre de voiture ou mettre à la disposition du transporteur les documents nécessaires et lui fournir tous renseignements voulus.

2. Le transporteur n'est pas tenu d'examiner si ces documents et renseignements sont exacts ou suffisants. L'expéditeur est responsable envers le transporteur de tous dommages qui pourraient résulter de l'absence, de l'insuffisance ou de l'irrégularité de ces documents et renseignements, sauf en cas de faute du transporteur.

3. Le transporteur est responsable au même titre qu'un commissionnaire des conséquences de la perte ou de l'utilisation inexacte des documents mentionnés sur la lettre de voiture et qui accompagnent celle-ci ou qui sont déposés entre ses mains; toutefois, l'indemnité à sa charge ne dépassera pas celle qui serait due en cas de perte de la marchandise.

Article 12

1. L'expéditeur a le droit de disposer de la marchandise, notamment en demandant au transporteur d'en arrêter le transport, de modifier le lieu prévu pour la livraison ou de livrer la marchandise à un destinataire diffé-

Ablieferung des Gutes zu erledigende Zoll- oder sonstige amtliche Behandlung notwendig sind, oder diese Urkunden dem Frachtführer zur Verfügung zu stellen und diesem alle erforderlichen Auskünfte zu erteilen.

2. Der Frachtführer ist nicht verpflichtet zu prüfen, ob diese Urkunden und Auskünfte richtig und ausreichend sind. Der Absender haftet dem Frachtführer für alle aus dem Fehlen, der Unvollständigkeit oder Unrichtigkeit der Urkunden und Angaben entstehenden Schäden, es sei denn, daß den Frachtführer ein Verschulden trifft.

3. Der Frachtführer haftet wie ein Kommissionär für die Folgen des Verlustes oder der unrichtigen Verwendung der im Frachtbrief bezeichneten und diesem beigegebenen oder dem Frachtführer ausgehändigten Urkunden; er hat jedoch keinen höheren Schadenersatz zu leisten als bei Verlust des Gutes.

Artikel 12

1. Der Absender ist berechtigt, über das Gut zu verfügen. Er kann insbesondere verlangen, daß der Frachtführer das Gut nicht weiterbefördert, den für die Ablieferung vorgesehenen Ort ändert oder das Gut einem an-

the consignee indicated in the consignment note.

2. This right shall cease to exist when the second copy of the consignment note is handed to the consignee or when the consignee exercises his right under article 13, paragraph 1; from that time onwards the carrier shall obey the orders of the consignee.

3. The consignee shall, however, have the right of disposal from the time when the consignment note is drawn up, if the sender makes an entry to that effect in the consignment note.

4. If in exercising his right of disposal the consignor has ordered the delivery of the goods to another person, that other person shall not be entitled to name other consignees.

5. The exercise of the right of disposal shall be subject to the following conditions:

(a) That the sender or, in the case referred to in paragraph 3 of this article, the consignee who wishes to exercise the right produces the first copy of the consignment note on which the new instructions to the carrier have been entered and indemnifies the carrier against all expenses, loss and damage involved in carrying out such instructions;

rent de celui indiqué sur la lettre de voiture.

2. Ce droit s'éteint lorsque le deuxième exemplaire de la lettre de voiture est remis au destinataire ou que celui-ci fait valoir le droit prévu à l'article 13, paragraphe 1; à partir de ce moment, le transporteur doit se conformer aux ordres du destinataire.

3. Le droit de disposition appartient toutefois au destinataire dès l'établissement de la lettre de voiture si une mention dans ce sens est faite par l'expéditeur sur cette lettre.

4. Si, en exerçant son droit de disposition, le destinataire ordonne de livrer la marchandise à une autre personne, celle-ci ne peut pas désigner d'autres destinataires.

5. L'exercise du droit de disposition est subordonné aux conditions suivantes:

(a) L'expéditeur ou, dans le cas visé au paragraphe 3 du présent article, le destinataire qui veut exercer ce droit doit présenter le premier exemplaire de la lettre de voiture, sur lequel doivent être inscrites les nouvelles instructions données au transporteurs, et dedommager le transporteur des frais et du préjudice qu'entraîne l'exécution de ces instructions;

deren als dem im Frachtbrief angegebenen Empfänger abliefert.

2. Dieses Recht erlischt, sobald die zweite Ausfertigung des Frachtbriefes dem Empfänger übergeben ist oder dieser sein Recht nach Artikel 13 Absatz 1 geltend macht. Von diesem Zeitpunkt an hat der Frachtführer den Weisungen des Empfängers nachzukommen.

3. Das Verfügungsrecht steht jedoch dem Empfänger bereits von der Ausstellung des Frachtbriefes an zu, wenn der Absender einen entsprechenden Vermerk in den Frachtbrief eingetragen hat.

4. Hat der Empfänger in Ausübung seines Verfügungsrechtes die Ablieferung des Gutes an einen Dritten angeordnet, so ist dieser nicht berechtigt, seinerseits andere Empfänger zu bestimmen.

5. Die Ausübung des Verfügungsrechtes unterliegt folgenden Bestimmungen:

(a) der Absender oder in dem in Absatz 3 bezeichneten Falle der Empfänger hat, wenn er sein Verfügungsrecht ausüben will, die erste Ausfertigung des Frachtbriefes vorzuweisen, worin die dem Frachtführer erteilten neuen Weisungen eingetragen sein müssen, und dem Frachtführer alle Kosten und Schäden zu ersetzen, die durch die Ausführung der Weisungen entstehen;

(b) That the carrying out of such instructions is possible at the time when the instructions reach the person who is to carry them out and does not either interfere with the normal working of the carrier's undertaking or prejudice the senders or consignees of other consignments;

(c) That the instructions do not result in a division of the consignment.

6. When, by reason of the provisions of paragraph 5 (b) of this article, the carrier cannot carry out the instructions which he receives, he shall immediately notify the person who gave him such instructions.

7. A carrier who has not carried out the instructions given under the conditions provided for in this article, or who has carried them out without requiring the first copy of the consignment note to be produced, shall be liable to the person entitled to make a claim for any loss or damage caused thereby.

Article 13

1. After arrival of the goods at the place designated for delivery, the consignee shall be entitled to require the carrier to deliver to him, against a receipt, the second copy of the consignment note and the goods. If the loss of the goods is established or if the goods

(b) Cette exécution doit être possible au moment où les instructions parviennent à la personne qui doit les exécuter et elle ne doit ni entraver l'exploitation normale de l'entreprise du transporteur, ni porter préjudice aux expéditeurs ou destinataires d'autres envois;

(c) Les instructions ne doivent jamais avoir pour effet de diviser l'envoi.

6. Lorsque, en raison des dispositions prévues au paragraphe 5, b, du présent article, le transporteur ne peut exécuter les instructions qu'il reçoit, il doit en aviser immédiatement la personne dont émanent ces instructions.

7. Le transporteur qui n'aura pas exécuté les instructions données dans les conditions prévues au présent article ou qui se sera conformé à de telles instructions sans avoir exigé la présentation du premier exemplaire de la lettre de voiture sera responsable envers l'ayant droit du préjudice causé par ce fait.

Article 13

1. Après l'arriveé de la marchandise au lieu prévu pour la livraison, le destinataire a le droit de demander que le deuxième exemplaire de la lettre de voiture lui soit remis et que la marchandise lui soit livrée, le tout contre décharge. Si la perte de la marchandi-

Gesetzestext

(b) die Ausführung der Weisungen muß zu dem Zeitpunkt, in dem sie die Person erreichen, die sie ausführen soll, möglich sein und darf weder den gewöhnlichen Betrieb des Unternehmens des Frachtführers hemmen noch die Absender oder Empfänger anderer Sendungen schädigen;

(c) die Weisungen dürfen nicht zu einer Teilung der Sendung führen.

6. Kann der Frachtführer auf Grund der Bestimmungen des Absatzes 5 Buchstabe b die erhaltenen Weisungen nicht durchführen, so hat er unverzüglich denjenigen zu benachrichtigen, der die Weisungen erteilt hat.

7. Ein Frachtführer, der Weisungen nicht ausführt, die ihm unter Beachtung der Bestimmungen dieses Artikels erteilt worden sind, oder der solche Weisungen ausführt, ohne die Vorlage der ersten Ausfertigung des Frachtbriefes verlangt zu haben, haftet dem Berechtigten für den daraus entstehenden Schaden.

Artikel 13

1. Nach Ankunft des Gutes an dem für die Ablieferung vorgesehenen Ort ist der Empfänger berechtigt, vom Frachtführer zu verlangen, daß ihm gegen Empfangsbestätigung die zweite Ausfertigung des Frachtbriefes übergeben und das Gut abgeliefert

wird. Ist der Verlust des Gutes festgestellt oder ist das Gut innerhalb der in Artikel 19 vorgesehenen Frist nicht angekommen, so kann der Empfänger die Rechte aus dem Beförderungsvertrage im eigenen Namen gegen den Frachtführer geltend machen.

2. Der Empfänger, der die ihm nach Absatz 1 zustehenden Rechte geltend macht, hat den Gesamtbetrag der aus dem Frachtbrief hervorgehenden Kosten zu zahlen. Bei Streitigkeiten hierüber ist der Frachtführer zur Ablieferung des Gutes nur verpflichtet, wenn ihm der Empfänger Sicherheit leistet.

Artikel 14

1. Wenn aus irgendeinem Grunde vor Ankunft des Gutes an dem für die Ablieferung vorgesehenen Ort die Erfüllung des Vertrages zu den im Frachtbrief festgelegten Bedingungen unmöglich ist oder unmöglich wird, hat der Frachtführer Weisungen des nach Artikel 12 über das Gut Verfügungsberechtigten einzuholen.

2. Gestatten die Umstände jedoch eine von den im Frachtbrief festgelegten Bedingungen abweichende Ausführung der Beförderung und konnte der Frachtführer Weisungen des nach Artikel 12 über das Gut Verfügungsberechtigten innerhalb angemessener Zeit nicht erhalten, so hat er die Maßnahmen

---

se est établie, ou si la marchandise n'est pas arrivée à l'expiration du délai prévu à l'article 19, le destinataire est autorisé à faire valoir en son propre nom vis-à-vis du transporteur les droits qui résultent du contrat de transport.

2. Le destinataire qui se prévaut des droits qui lui sont accordés aux termes du paragraphe 1 du présent article est tenu de payer le montant des créances résultant de la lettre de voiture. En cas de contestation à ce sujet, le transporteur n'est obligé d'effectuer la livraison de la marchandise que si une caution lui est fournie par le destinataire.

Article 14

1. Si, pour un motif quelconque, l'exécution du contrat dans les conditions prévues à la lettre de voiture est ou devient impossible avant l'arrivée de la marchandise au lieu prévu pour la livraison, le transporteur est tenu de demander des instructions à la personne qui a le droit de disposer de la marchandise conformément à l'article 12.

2. Toutefois, si les circonstances permettent l'exécution du transport dans des conditions différentes de celles prévues à la lettre de voiture et si le transporteur n'a pu obtenir en temps utile les instructions de la personne qui a le droit de disposer de la marchandise conformément à l'article 12, il prend les me-

---

have not arrived after the expiry of the period provided for in article 19, the consignee shall be entitled to enforce in his own name against the carrier any rights arising from the contract of carriage.

2. The consignee who avails himself of the rights granted to him under paragraph 1 of this article shall pay the charges shown to be due on the consignment note, but in the event of dispute on this matter the carrier shall not be required to deliver the goods unless security has been furnished by the consignee.

Article 14

1. If for any reason it is or becomes impossible to carry out the contract in accordance with the terms laid down in the consignment note before the goods reach the place designated for delivery, the carrier shall ask for instructions from the person entitled to dispose of the goods in accordance with the provisions of article 12.

2. Nevertheless, if circumstances are such as to allow the carriage to be carried out under conditions differing from those laid down in the consignment note and if the carrier has been unable to obtain instructions in reasonable time from the person entitled to dispose of the goods in accordance with the

Gesetzestext

provisions of article 12, he shall take such steps as seem to him to be in the best interests of the person entitled to dispose of the goods.

Article 15

1. Where circumstances prevent delivery of the goods after their arrival at the place designated for delivery, the carrier shall ask the sender for his instructions. If the consignee refuses the goods the sender shall be entitled to dispose of them without being obliged to produce the first copy of the consignment note.

2. Even if he has refused the goods, the consignee may nevertheless require delivery so long as the carrier has not received instructions to the contrary from the sender.

3. When circumstances preventing delivery of the goods arise after the consignee, in exercise of his rights under article 12, paragraph 3, has given an order for the goods to be delivered to another person, paragraphs 1 and 2 of this article shall apply as if the consignee were the sender and that other person were the consignee.

Article 16

1. The carrier shall be entitled to recover the cost of his request for instructions and

sures qui lui paraissent les meilleures dans l'intérêt de la personne ayant le droit de disposer de la marchandise.

Article 15

1. Lorsque, après l'arrivée de la marchandise au lieu de destination, il se présente des empêchements à la livraison, le transporteur demande des instructions à l'expéditeur. Si le destinataire refuse la marchandise, l'expéditeur a le droit de disposer de celle-ci sans avoir à produire le premier exemplaire de la lettre de voiture.

2. Même s'il a refusé la marchandise, le destinataire peut toujours en demander la livraison tant que le transporteur n'a pas reçu d'instructions contraires de l'expéditeur.

3. Si l'empêchement à la livraison se présente après que, conformément au droit qu'il détient en vertu de l'article 12, paragraphe 3, le destinataire a donné l'ordre de livrer la marchandise à une autre personne, le destinataire est substitué à l'expéditeur, et cette autre personne au destinataire, pour l'application des paragraphes 1 et 2 ci-dessus.

Article 16

1. Le transporteur a droit au remboursement des frais que lui cause sa demande

zu ergreifen, die ihm im Interesse des über das Gut Verfügungsberechtigten die besten zu sein scheinen.

Artikel 15

1. Treten nach Ankunft des Gutes am Bestimmungsort Ablieferungshindernisse ein, so hat der Frachtführer Weisungen des Absenders einzuholen. Wenn der Empfänger die Annahme des Gutes verweigert, ist der Absender berechtigt, über das Gut zu verfügen, ohne die erste Ausfertigung des Frachtbriefes vorweisen zu müssen.

2. Der Empfänger kann, auch wenn er die Annahme des Gutes verweigert hat, dessen Ablieferung noch so lange verlangen, als der Frachtführer keine dem widersprechenden Weisungen des Absenders erhalten hat.

3. Tritt das Ablieferungshindernis ein, nachdem der Empfänger auf Grund seiner Befugnisse nach Artikel 12 Absatz 3 Anweisung erteilt hat, das Gut an einen Dritten abzuliefern, so nimmt bei der Anwendung der Absätze 1 und 2 dieses Artikels der Empfänger die Stelle des Absenders und der Dritte die des Empfängers ein.

Artikel 16

1. Der Frachtführer hat Anspruch auf Erstattung der Kosten, die ihm dadurch entste-

hen, daß er Weisungen einholt oder ausführt, es sei denn, daß er diese Kosten verschuldet hat.

2. In den in Artikel 14 Absatz 1 und in Artikel 15 bezeichneten Fällen kann der Frachtführer das Gut sofort auf Kosten des Verfügungsberechtigten ausladen; nach dem Ausladen gilt die Beförderung als beendet. Der Frachtführer hat sodann das Gut für den Verfügungsberechtigten zu verwahren. Er kann es jedoch auch einem Dritten anvertrauen und haftet dann nur für die sorgfältige Auswahl des Dritten. Das Gut bleibt mit den aus dem Frachtbrief hervorgehenden Ansprüchen sowie mit allen anderen Kosten belastet.

3. Der Frachtführer kann, ohne Weisungen des Verfügungsberechtigten abzuwarten, den Verkauf des Gutes veranlassen, wenn es sich um verderbliche Waren handelt oder der Zustand des Gutes eine solche Maßnahme rechtfertigt oder wenn die Kosten der Verwahrung in keinem Verhältnis zum Wert des Gutes stehen. Er kann auch in anderen Fällen den Verkauf des Gutes veranlassen, wenn er innerhalb einer angemessenen Frist gegenteilige Weisungen des Verfügungsberechtigten, deren Ausführung ihm billigerweise zugemutet werden kann, nicht erhält.

d'instructions, ou qu'instructions reçues, à moins que ces frais ne soient la conséquence de sa faute.

2. Dans les cas visés à l'article 14, paragraphe 1, et à l'article 15, le transporteur peut décharger immédiatement la marchandise pour le compte de l'ayant droit; après ce déchargement, le transport est réputé terminé. Le transporteur assume alors la garde de la marchandise. Il peut toutefois confier la marchandise à un tiers et n'est alors responsable que du choix judicieux de ce tiers. La marchandise reste grevée des créances résultant de la lettre de voiture et de tous autres frais.

3. Le transporteur peut faire procéder à la vente de la marchandise sans attendre d'instructions de l'ayant droit lorsque la nature périssable ou l'état de la marchandise le justifie ou lorsque les frais de garde sont hors de proportion avec la valeur de la marchandise. Dans les autres cas, il peut également faire procéder à la vente lorsque, dans un délai raisonnable, il n'a pas reçu de l'ayant droit d'instructions contraires dont l'exécution puisse équitablement être exigée.

any expenses entailed in carrying out such instructions, unless such expenses were caused by the wrongful act or neglect of the carrier.

2. In the cases referred to in article 14, paragraph 1, and in article 15, the carrier may immediately unload the goods for account of the person entitled to dispose of them and thereupon the carriage shall be deemed to be at an end. The carrier shall then hold the goods on behalf of the person so entitled. He may, however, entrust them to a third party, and in that case he shall not be under any liability except for the exercise of reasonable care in the choice of such third party. The charges due under the consignment note and all other expenses shall remain chargeable against the goods.

3. The carrier may sell the goods, without awaiting instructions from the person entitled to dispose of them, if the goods are perishable or their condition warrants such a course, or when the storage expenses would be out of proportion to the value of the goods. He may also proceed to the sale of the goods in other cases if after the expiry of a reasonable period he has not received from the person entitled to dispose of the goods instructions to the contrary which he may reasonably be required to carry out.

Chapter IV
Liability of the carrier

Article 17

1. The carrier shall be liable for the total or partial loss of the goods and for damage thereto occurring between the time when he takes over the goods and the time of delivery, as well as for any delay in delivery.

2. The carrier shall however be relieved of liability if the loss, damage or delay was caused by the wrongful act or neglect of the claimant, by the instructions of the claimant given otherwise than as the result of a wrongful act or neglect on the part of the carrier, by inherent vice of the goods or through circumstances which the carrier

4. If the goods have been sold pursuant to this article, the proceeds of sale, after deduction of the expenses chargeable against the goods, shall be placed at the disposal of the person entitled to dispose of the goods. If these charges exceed the proceeds of sale, the carrier shall be entitled to the difference.

5. The procedure in the case of sale shall be determined by the law or custom of the place where the goods are situated.

Chapitre IV
Responsabilité du transporteur

Article 17

1. Le transporteur est responsable de la perte totale ou partielle, ou de l'avarie, qui se produit entre le moment de la prise en charge de la marchandise et celui de la livraison, ainsi que du retard à la livraison.

2. Le transporteur est déchargé de cette responsabilité si la perte, l'avarie ou le retard a eu pour cause une faute de l'ayant droit, un ordre de celui-ci ne résultant pas d'une faute du transporteur, un vice propre de la marchandise, ou des circonstances que le transporteur ne pouvait pas éviter et aux conséquences desquelles il ne pouvait pas obvier.

4. Si la marchandise a été vendue en application du présent article, le produit de la vente doit être mis à la disposition de l'ayant droit, déduction faite des frais grevant la marchandise. Si ces frais sont supérieurs au produit de la vente, le transporteur a droit à la différence.

5. La façon de procéder en cas de vente est déterminée par la loi ou les usages du lieu où se trouve la marchandise.

Kapitel IV
Haftung des Frachtführers

Artikel 17

1. Der Frachtführer haftet für gänzlichen oder teilweisen Verlust und für Beschädigung des Gutes, sofern der Verlust oder die Beschädigung zwischen dem Zeitpunkt der Übernahme des Gutes und dem seiner Ablieferung eintritt, sowie für Überschreitung der Lieferfrist.

2. Der Frachtführer ist von dieser Haftung befreit, wenn der Verlust, die Beschädigung oder die Überschreitung der Lieferfrist durch ein Verschulden des Verfügungsberechtigten, durch eine nicht vom Frachtführer verschuldete Weisung des Verfügungsberechtigten, durch besondere Mängel des Gutes oder durch Umstände verursacht worden

4. Wird das Gut auf Grund der Bestimmungen dieses Artikels verkauft, so ist der Erlös nach Abzug der auf dem Gut lastenden Kosten dem Verfügungsberechtigten zur Verfügung zu stellen. Wenn diese Kosten höher sind als der Erlös, kann der Frachtführer den Unterschied beanspruchen.

5. Art und Weise des Verkaufes bestimmen sich nach den Gesetzen oder Gebräuchen des Ortes, an dem sich das Gut befindet.

Gesetzestext

ist, die der Frachtführer nicht vermeiden und deren Folgen er nicht abwenden konnte.

3. Um sich von seiner Haftung zu befreien, kann sich der Frachtführer weder auf Mängel des für die Beförderung verwendeten Fahrzeuges noch gegebenenfalls auf ein Verschulden des Vermieters des Fahrzeuges oder der Bediensteten des Vermieters berufen.

4. Der Frachtführer ist vorbehaltlich des Artikels 18 Absatz 2 bis 5 von seiner Haftung befreit, wenn der Verlust oder die Beschädigung aus den mit einzelnen oder mehreren Umständen der folgenden Art verbundenen besonderen Gefahren entstanden ist:

(a) Verwendung von offenen, nicht mit Planen gedeckten Fahrzeugen, wenn diese Verwendung ausdrücklich vereinbart und im Frachtbrief vermerkt worden ist;

(b) Fehlen oder Mängel der Verpackung, wenn die Güter ihrer Natur nach bei fehlender oder mangelhafter Verpackung Verlusten oder Beschädigungen ausgesetzt sind;

(c) Behandlung, Verladen, Verstauen oder Ausladen des Gutes durch den Absender, den Empfänger oder Dritte, die für den Absender oder Empfänger handeln;

3. Le transporteur ne peut exciper, pour se décharger de sa responsabilité, ni des défectuosités du véhicule dont il se sert pour effectuer le transport, ni de fautes de la personne dont il aurait loué le véhicule ou des préposés de celle-ci.

4. Compte tenu de l'article 18, paragraphes 2 à 5, le transporteur est déchargé de sa responsabilité lorsque la perte ou l'avarie résulté des risques particuliers inhérents à l'un des faits suivants ou à plusieurs d'entre eux:

(a) Emploi de véhicules ouverts et non bâchés, lorsque cet emploi a été convenu d'une manière expresse et mentionné dans la lettre de voiture;

(b) Absence ou défectuosité de l'emballage pour les marchandises exposées par leur nature à des déchets ou avaries quand elles ne sont pas emballées ou sont mal emballées;

(c) Manutention, chargement, arrimage ou déchargement de la marchandise par l'expéditeur ou le destinataire ou des personnes agissant pour le compte de l'expéditeur ou du destinataire;

could not avoid and the conséquences of which he was unable to prevent.

3. The carrier shall not be relieved of liability by reason of the defective condition of the vehicle used by him in order to perform the carriage, or by reason of the wrongful act or neglect of the person from whom he may have hired the vehicle or of the agents or servants of the latter.

4. Subject to article 18, paragraphs 2 to 5, the carrier shall be relieved of liability when the loss or damage arises from the special risks inherent in one or more of the following circumstances:

(a) Use of open unsheeted vehicles, when their use has been expressly agreed and specified in the consignment note;

(b) The lack of, or defective condition of packing in the case of goods which, by their nature, are liable to wastage or to be damaged when not packed or when not properly packed;

(c) Handling, loading, stowage or unloading of the goods by the sender, the consignee or persons acting on behalf of the sender or the consignee;

(d) The nature of certain kinds of goods which particularly exposes them to total or partial loss or to damage, especially through breakage, rust, decay, desiccation, leakage, normal wastage, or the action of moth or vermin;

(e) Insufficiency or inadequacy of marks or numbers on the packages;

(f) The carriage of livestock.

5. Where under this article the carrier is not under any liability in respect of some of the factors causing the loss, damage or delay, he shall only be liable to the extent that those factors for which he is liable under this article have contributed to the loss, damage or delay.

Article 18

1. The burden of proving that loss, damage or delay was due to one of the causes specified in article 17, paragraph 2, shall rest upon the carrier.

2. When the carrier establishes that in the circumstances of the case, the loss or damage could be attributed to one or more of the special risks referred to in article 17, para-

(d) Nature de certaines marchandises exposées, par des causés inhérentes à cette nature même, soit à perte totale ou partielle, soit à avarie, notamment par bris, rouille, détérioration interne et spontanée, dessiccation, coulage, déchet normal ou action de la vermine et des rongeurs;

(e) Insuffisance ou imperfection des marques ou des numéros de colis;

(f) Transport d'animaux vivants.

5. Si, en vertu du présent article, le transporteur ne répond pas de certains des facteurs qui ont causé le dommage, sa responsabilité n'est engagée que dans la proportion où les facteurs dont il répond en vertu du présent article ont contribué au dommage.

Artikle 18

1. La preuve que la perte, l'avarie ou le retard a eu pour causé un des faits prévus à l'article 17, paragraphe 2, incombe au transporteur.

2. Lorsque le transporteur établit que, eu égard aux circonstances de fait, la perte ou l'avarie a pu résulter d'un ou de plusieurs des risques particuliers prévus à l'article 17,

(d) natürliche Beschaffenheit gewisser Güter, derzufolge sie gänzlichem oder teilweisem Verlust oder Beschädigung, insbesondere durch Bruch, Rost, inneren Verderb, Austrocknen, Auslaufen, normalen Schwund oder Einwirkung von Ungeziefer oder Nagetieren, ausgesetzt sind;

(e) ungenügende oder unzulängliche Bezeichnung oder Numerierung der Frachtstücke;

(f) Beförderung von lebenden Tieren.

5. Haftet der Frachtführer auf Grund dieses Artikels für einzelne Umstände, die einen Schaden verursacht haben, nicht, so haftet er nur in dem Umfange, in dem die Umstände, für die er auf Grund dieses Artikels haftet, zu dem Schaden beigetragen haben.

Artikel 18

1. Der Beweis, daß der Verlust, die Beschädigung oder die Überschreitung der Lieferfrist durch einen der in Artikel 17 Absatz 2 bezeichneten Umstände verursacht worden ist, obliegt dem Frachtführer.

2. Wenn der Frachtführer darlegt, daß nach den Umständen des Falles der Verlust oder die Beschädigung aus einer oder mehreren der in Artikel 17 Absatz 4 bezeich-

neten besonderen Gefahren entstehen konnte, wird vermutet, daß der Schaden hieraus entstanden ist. Der Verfügungsberechtigte kann jedoch beweisen, daß der Schaden nicht oder nicht ausschließlich aus einer dieser Gefahren entstanden ist.

3. Diese Vermutung gilt im Falle des Artikels 17 Absatz 4 Buchstabe a nicht bei außergewöhnlich großem Abgang oder bei Verlust von ganzen Frachtstücken.

4. Bei Beförderung mit einem Fahrzeug, das mit besonderen Einrichtungen zum Schutze des Gutes gegen die Einwirkung von Hitze, Kälte, Temperaturschwankungen oder Luftfeuchtigkeit versehen ist, kann sich der Frachtführer auf Artikel 17 Absatz 4 Buchstabe d nur berufen, wenn er beweist, daß er alle ihm nach den Umständen obliegenden Maßnahmen hinsichtlich der Auswahl, Instandhaltung und Verwendung der besonderen Einrichtungen getroffen und ihm erteilte besondere Weisungen beachtet hat.

5. Der Frachtführer kann sich auf Artikel 17 Absatz 4 Buchstabe f nur berufen, wenn er beweist, daß er alle ihm nach den Umständen üblicherweise obliegenden Maßnahmen getroffen und ihm erteilte besondere Weisungen beachtet hat.

paragraphe 4, il y a présomption qu'elle en résulté. L'ayant droit peut toutefois faire la preuve que le dommage n'a pas eu l'un de ces risques pour causé totale ou partielle.

3. La présomption visée ci-dessus n'est pas applicable dans le cas prévu à l'article 17, paragraphe 4, a, s'il y a manquant d'une importance anormale ou perte de colis.

4. Si le transport est effectué au moyen d'un véhicule aménagé en vue de soustraire les marchandises à l'influence de la chaleur, du froid, des variations de température ou de l'humidité de l'air, le transporteur ne peut invoquer le bénéfice de l'article 17, paragraphe 4, d, que s'il fournit la preuve que toutes les mesures lui incombant, compte tenu des circonstances, ont été prises en ce qui concerné le choix, l'entretien et l'emploi de ces aménagements, et qu'il s'est conformé aux instructions spéciales qui ont pu lui être données.

5. Le transporteur ne peut invoquer le bénéfice de l'article 17, paragraphe 4, f, que s'il fournit la preuve que toutes les mesures lui incombant normalement, compte tenu des circonstances, ont été prises et qu'il s'est conformé aux instructions spéciales qui ont pu lui être données.

graph 4, it shall be presumed that it was so caused. The claimant shall however be entitled to prove that the loss or damage was not, in fact, attributable either wholly or partly to one of these risks.

3. This presumption shall not apply in the circumstances set out in article 17, paragraph 4 (a), if there has been an abnormal shortage, or a loss of any package.

4. If the carriage is performed in vehicles specially equipped to protect the goods from the effects of heat, cold, variations in temperature or the humidity of the air, the carrier shall not be entitled to claim the benefit of article 17, paragraph 4 (d), unless he proves that all steps incumbent on him in the circumstances with respect to the choice, maintenance and use of such equipment were taken and that he complied with any special instructions issued to him.

5. The carrier shall not be entitled to claim the benefit of article 17, paragraph 4 (f), unless he proves that all steps normally incumbent on him in the circumstances were taken and that he complied with any special instructions issued to him.

Article 19

Delay in delivery shall be said to occur when the goods have not been delivered within the agreed time-limit, or when, failing an agreed time-limit, the actual duration of the carriage having regard to the circumstances of the case, and in particular, in the case of partial loads, the time required for making up a complete load in the normal way, exceeds the time it would be reasonable to allow a diligent carrier.

Article 20

1. The fact that goods have not been delivered within thirty days following the expiry of the agreed time-limit, or, if there is no agreed time-limit, within sixty days from the time when the carrier took over the goods, shall be conclusive evidence of the loss of the goods, and the person entitled to make a claim may thereupon treat them as lost.

2. The person so entitled may, on receipt of compensation for the missing goods, request in writing that he shall be notified immediately should the goods be recovered in the course of the year following the payment of compensation. He shall be given a written acknowledgement of such request.

Article 19

Il y a retard à la livraison lorsque la marchandise n'a pas été livrée dans le délai convenu ou, s'il n'a pas été convenu de délai, lorsque la durée effective du transport dépasse, compte tenu des circonstances et, notamment, dans le cas d'un chargement partiel, du temps voulu pour assembler un chargement complet dans des conditions normales, le temps qu'il est raisonnable d'allouer à des transporteurs diligents.

Article 20

1. L'ayant droit peut, sans avoir à fournir d'autres preuves, considérer la marchandise comme perdue quand elle n'a pas été livrée dans les trente jours qui suivent l'expiration du délai convenu ou, s'il n'a pas été convenu de délai, dans les soixante jours qui suivent la prise en charge de la marchandise par le transporteur.

2. L'ayant droit peut, en recevant le paiement de l'indemnité pour la marchandise perdue, demander, par écrit, à être avisé immédiatement dans le cas où la marchandise serait retrouvée au cours de l'année qui suivra le paiement de l'indemnité. Il lui est donné par écrit acte de cette demande.

Artikel 19

Eine Überschreitung der Lieferfrist liegt vor, wenn das Gut nicht innerhalb der vereinbarten Frist abgeliefert worden ist oder, falls keine Frist vereinbart worden ist, die tatsächliche Beförderungsdauer unter Berücksichtigung der Umstände, bei teilweiser Beladung insbesondere unter Berücksichtigung der unter gewöhnlichen Umständen für die Zusammenstellung von Gütern zwecks vollständiger Beladung benötigten Zeit, die Frist überschreitet, die vernünftigerweise einem sorgfältigen Frachtführer zuzubilligen ist.

Artikel 20

1. Der Verfügungsberechtigte kann das Gut, ohne weitere Beweise erbringen zu müssen, als verloren betrachten, wenn es nicht binnen dreißig Tagen nach Ablauf der vereinbarten Lieferfrist oder, falls keine Frist vereinbart worden ist, nicht binnen sechzig Tagen nach der Übernahme des Gutes durch den Frachtführer abgeliefert worden ist.

2. Der Verfügungsberechtigte kann bei Empfang der Entschädigung für das verlorene Gut schriftlich verlangen, daß er sofort benachrichtigt wird, wenn das Gut binnen einem Jahr nach Zahlung der Entschädigung wieder aufgefunden wird. Dieses Verlangen ist ihm schriftlich zu bestätigen.

3. Within the thirty days following receipt of such notification, the person entitled as aforesaid may require the goods to be delivered to him against payment of the charges shown to be due on the consignment note and also against refund of the compensation he received less any charges included therein but without prejudice to any claims to compensation for delay in delivery under article 23 and, where applicable, article 26.

4. In the absence of the request mentioned in paragraph 2 or of any instructions given within the period of thirty days specified in paragraph 3, or if the goods are not recovered until more than one year after the payment of compensation, the carrier shall be entitled to deal with them in accordance with the law of the place where the goods are situated.

Article 21

Should the goods have been delivered to the consignee without collection of the "cash on delivery" charge which should have been collected by the carrier under the terms of the contract of carriage, the carrier shall be liable to the sender for compensation not exceeding the amount of such charge without prejudice to his right of action against the consignee.

3. Dans les trente jours qui suivent la réception de cet avis, l'ayant droit peut exiger que la marchandise lui soit livrée contre paiement des créances résultant de la lettre de voiture et contre restitution de l'indemnité qu'il a reçue, déduction faite éventuellement des frais qui auraient été compris dans cette indemnité, et sous réserve de tous droits à l'indemnité pour retard à la livraison prévue à l'article 23 et, s'il y a lieu, à l'article 26.

4. A défaut soit de la demande prévue au paragraphe 2, soit d'instructions données dans le délai de trente jours prévu au paragraphe 3, ou encore si la marchandise n'a été retrouvée que plus d'un an après le paiement de l'indemnité, le transporteur en dispose conformément à la loi du lieu où se trouve la marchandise.

Article 21

Si la marchandise est livrée au destinataire sans encaissement du remboursement qui aurait dû être perçu par le transporteur en vertu des dispositions du contrat de transport, le transporteur est tenu d'indemniser l'expéditeur à concurrence du montant du remboursement, sauf son recours contre le destinataire.

3. Der Verfügungsberechtigte kann binnen dreißig Tagen nach Empfang einer solchen Benachrichtigung fordern, daß ihm das Gut gegen Befriedigung der aus dem Frachtbrief hervorgehenden Ansprüche und gegen Rückzahlung der erhaltenen Entschädigung, gegebenenfalls abzüglich der in der Entschädigung enthaltenen Kosten, abgeliefert wird; seine Ansprüche auf Schadenersatz wegen Überschreitung der Lieferfrist nach Artikel 23 und gegebenenfalls nach Artikel 26 bleiben vorbehalten.

4. Wird das in Absatz 2 bezeichnete Verlangen nicht gestellt oder ist keine Anweisung in der in Absatz 3 bestimmten Frist von dreißig Tagen erteilt worden oder wird das Gut später als ein Jahr nach Zahlung der Entschädigung wieder aufgefunden, so kann der Frachtführer über das Gut nach dem Recht des Ortes verfügen, an dem es sich befindet.

Artikel 21

Wird das Gut dem Empfänger ohne Einziehung der nach dem Beförderungsvertrag vom Frachtführer einzuziehenden Nachnahme abgeliefert, so hat der Frachtführer, vorbehaltlich seines Rückgriffsrechtes gegen den Empfänger, dem Absender bis zur Höhe des Nachnahmebetrages Schadenersatz zu leisten.

Article 22

1. When the sender hands goods of a dangerous nature to the carrier, he shall inform the carrier of the exact nature of the danger and indicate, if necessary, the precautions to be taken. If this information has not been entered in the consignment note, the burden of proving, by some other means, that the carrier knew the exact nature of the danger constituted by the carriage of the said goods shall rest upon the sender or the consignee.

2. Goods of a dangerous nature which, in the circumstances referred to in paragraph 1 of this article, the carrier did not know were dangerous, may, at any time or place, be unloaded, destroyed or rendered harmless by the carrier without compensation; further, the sender shall be liable for all expenses, loss or damage arising out of their handing over for carriage or of their carriage.

Article 23

1. When, under the provisions of this Convention, a carrier is liable for compensation in respect of total or partial loss of goods, such compensation shall be calculated by reference to the value of the goods at the place and time at which they were accepted for carriage.

Article 22

1. Si l'expéditeur remet au transporteur des marchandises dangereuses, il lui signale la nature exacte du danger qu'elles présentent et lui indique éventuellement les précautions à prendre. Au cas où cet avis n'a pas été consigné sur la lettre de voiture, il appartient à l'expéditeur ou au destinataire de faire la preuve, par tous autres moyens, que le transporteur a eu connaissance de la nature exacte du danger que présentait le transport des dites marchandises.

2. Les marchandises dangereuses qui n'auraient pas été connues comme telles par le transporteur dans les conditions prévues au pragraphe 1 du présent article peuvent à tout moment et en tout lieu être déchargées, détruites ou rendues inoffensives par le transporteur, et ce sans aucune indemnité; l'expéditeur est en outre responsable de tous frais et dommages résultant de leur remise au transport ou de leur transport.

Article 23

1. Qaund, en vertu des dispositions de la présente Convention, une indemnité pour perte totale ou partielle de la marchandise est mise à la charge du transporteur, cette indemnité est calculée d'après la valeur de la marchandise au lieu et à l'époque de la prise en charge.

Artikel 22

1. Der Absender hat den Frachtführer, wenn er ihm gefährliche Güter übergibt, auf die genaue Art der Gefahr aufmerksam zu machen und ihm gegebenenfalls die zu ergreifenden Vorsichtsmaßnahmen anzugeben. Ist diese Mitteilung im Frachtbrief nicht eingetragen worden, so obliegt es dem Absender oder dem Empfänger, mit anderen Mitteln zu beweisen, daß der Frachtführer die genaue Art der mit der Beförderung der Güter verbundenen Gefahren gekannt hat.

2. Gefährliche Güter, deren Gefährlichkeit der Frachtführer nicht im Sinne des Absatzes 1 gekannt hat, kann der Frachtführer jederzeit und überall ohne Schadenersatzpflicht ausladen, vernichten oder unschädlich machen; der Absender haftet darüber hinaus für alle durch die Übergabe dieser Güter zur Beförderung oder durch die Beförderung entstehenden Kosten und Schäden.

Artikel 23

1. Hat der Frachtführer auf Grund der Bestimmungen dieses Übereinkommens für gänzlichen oder teilweisen Verlust des Gutes Schadenersatz zu leisten, so wird die Entschädigung nach dem Wert des Gutes am Ort und zur Zeit der Übernahme zur Beförderung berechnet.

Gesetzestext

2. The value of the goods shall be fixed according to the commodity exchange price or, if there is no such price, according to the current market price or, if there is no commodity exchange price or current market price, by reference to the normal value of goods of the same kind and quality.

3. Compensation shall not, however, exceed 8.33 units of account per kilogram of gross weight short.

Altfassung des Abs. 3; vgl. dazu Art. 1 CMR Rdn. 6 und Art. 23 CMR Rdn. 14 ff.

3. Compensation shall not, however, exceed 25 francs per kilogram of gross weight short. "Franc" means the gold franc weighing 10/31 of a gramme and being of millesimal fineness 900.

4. In addition, the carriage charges, Customs duties and other charges incurred in respect of the carriage of the goods shall be refunded in full in case of total loss and in proportion to the loss sustained in case of partial loss, but no further damages shall be payable.

5. In the case of delay, if the claimant proves that damage has resulted therefrom the carrier shall pay compensation for such damage not exceeding the carriage charges.

2. La valeur de la marchandise est déterminée d'après le cours en bourse ou, à défaut, d'après le prix courant sur le marche ou, à défaut de l'un et de l'autre, d'après la valeur usuelle des marchandises de même nature et qualité.

3. Toutefois, l'indemnité ne peut dépasser 8,33 unités de compte par kilogramme du poids brut manquant.

3. Toutefois, l'indemnité ne peut dépasser 25 francs par kilogramme du poids brut manquant. Le franc s'entend du franc-or, d'un poids de 10/31 de gramme au titre de 0.900.

4. Sont en outre remboursés le prix du transport, les droits de douane et les autres frais encourus à l'occasion du transport de la marchandise, en totalité en cas de perte totale, et au prorata en cas de perte partielle; d'autres dommages-intérêts ne sont pas dus.

5. En cas de retard, si l'ayant droit prouvé qu'un préjudice en est résulté, le transporteur est tenu de payer pour ce préjudice une indemnité qui ne peut pas dépasser le prix du transport.

2. Der Wert des Gutes bestimmt sich nach dem Börsenpreis, mangels eines solchen nach dem Marktpreis oder mangels beider nach dem gemeinen Wert von Gütern gleicher Art und Beschaffenheit.

3. Die Entschädigung darf jedoch 8,33 Rechnungseinheiten für jedes fehlende Kilogramm des Rohgewichts nicht übersteigen.

3. Die Entschädigung darf jedoch 25 Franken für jedes fehlende Kilogramm des Rohgewichts nicht übersteigen. Unter Franken ist der Goldfranken im Gewicht von 10/31 Gramm und 0,900 Feingehalt zu verstehen.

4. Außerdem sind – ohne weiteren Schadensersatz – Fracht, Zölle und sonstige aus Anlaß der Beförderung des Gutes entstandene Kosten zurückzuerstatten, und zwar im Falle des gänzlichen Verlustes in voller Höhe, im Falle des teilweisen Verlustes anteilig.

5. Wenn die Lieferfrist überschritten ist und der Verfügungsberechtigte beweist, daß daraus ein Schaden entstanden ist, hat der Frachtführer dafür eine Entschädigung nur bis zur Höhe der Fracht zu leisten.

Gesetzestext

6. Höhere Entschädigungen können nur dann beansprucht werden, wenn der Wert des Gutes oder ein besonderes Interesse an der Lieferung nach den Artikeln 24 und 26 angegeben worden ist.

7. Die in diesem Übereinkommen genannte Rechnungseinheit ist das Sonderziehungsrecht des Internationalen Währungsfonds. Der in Absatz 3 genannte Betrag wird in die Landeswährung des Staates des angerufenen Gerichts umgerechnet; die Umrechnung erfolgt entsprechend dem Wert der betreffenden Währung am Tag des Urteils oder an dem von den Parteien vereinbarten Tag. Der in Sonderziehungsrechten ausgedrückte Wert der Landeswährung eines Staates, der Mitglied des Internationalen Währungsfonds ist, wird nach der vom Internationalen Währungsfonds angewendeten Bewertungsmethode errechnet, die an dem betreffenden Tag für seine Operationen und Transaktionen gilt. Der in Sonderziehungsrechten ausgedrückte Wert der Landeswährung eines Staates, der nicht Mitglied des Internationalen Währungsfonds ist, wird auf eine von diesem Staat bestimmte Weise errechnet.

8. Dessenungeachtet kann ein Staat, der nicht Mitglied des Internationalen Währungsfonds ist und dessen Recht die Anwendung des Absatzes 7 nicht zuläßt, bei der Ratifikation des Protokolls zur CMR oder dem

6. Des indemnités plus élevées ne peuvent être réclamées qu'en cas de déclaration de la valeur de la marchandise ou de déclaration d'intérêt spécial à la livraison, conformément aux articles 24 et 26.

7. L'unité de compte mentionnée dans la présente Convention est le Droit de tirage spécial tel que défini par le Fonds monétaire international. Le montant visé au paragraphe 3 du présent article est converti dans la monnaie nationale de l'Etat dont relève le tribunal saisi du litige sur la base de la valeur de cette monnaie à la date du jugement ou à la date adoptée d'un commun accord par les parties. La valeur, en Droit de tirage spécial, de la monnaie nationale d'un Etat qui est membre du Fonds monétaire international, est calculée selon la méthode d'évaluation appliquée par le Fonds monétaire international à la date en question pour ses propres opérations et transactions. La valeur, en Droit de tirage spécial, de la monnaie nationale d'un Etat qui n'est pas membre du Fonds monétaire international, est calculée de la façon déterminée par cet Etat.

8. Toutefois, un Etat qui n'est pas membre du Fonds monétaire international et dont la législation ne permet pas d'appliquer les dispositions du paragraphe 7 du présent article peut, au moment de la ratification du Proto-

6. Higher compensation may only be claimed where the value of the goods or a special interest in delivery has been declared in accordance with articles 24 and 26.

7. The unit of account mentioned in this Convention is the Special Drawing Right as defined by the International Monetary Fund. The amount mentioned in paragraph 3 of this article shall be converted into the national currency of the State of the Court seized of the case on the basis of the value of that currency on the date of the judgement or the date agreed upon by the parties. The value of the national currency, in terms of the Special Drawing Right, of a State which is a member of the International Monetary Fund, shall be calculated in accordance with the method of valuation applied by the International Monetary Fund in effect at the date in question for its operations and transactions. The value of the national currency, in terms of the Special Drawing Right, of a State which is not a member of the International Monetary Fund, shall be calculated in a manner determined by that State.

8. Nevertheless, a State which is not a member of the International Monetary Fund and whose law does not permit the application of the provisions of paragraph 7 of this article may, at the time of ratification of or

accession to the Protocol to the CMR or at any time thereafter, declare that the limit of liability provided for in paragraph 3 of this article to be applied in its territory shall be 25 monetary units. The monetary unit referred to in this paragraph corresponds to 10/31 gram of gold of millesimal fineness nine hundred. The conversion of the amount specified in this paragraph into the national currency shall be made according to the law of the State concerned.

9. The calculation mentioned in the last sentence of paragraph 7 of this article and the conversion mentioned in paragraph 8 of this article shall be made in such a manner as to express in the national currency of the State as far as possible the same real value for the amount in paragraph 3 of this article as is expressed there in units of account. States shall communicate to the Secretary-General of the United Nations the manner of calculation pursuant to paragraph 7 of this article or the result of the conversion in paragraph 8 of this article as the case may be, when depositing an instrument referred to in article 3 of the Protocol to the CMR and whenever there is a change in either.

Beitritt zu jenem Protokoll oder jederzeit danach erklären, daß sich der in seinem Hoheitsgebiet geltende Haftungshöchstbetrag des Absatzes 3 auf 25 Werteinheiten beläuft. Die in diesem Absatz genannte Werteinheit entspricht 10/31 Gramm Gold von 900/1000 Feingehalt. Die Umrechnung des Betrags nach diesem Absatz in die Landeswährung erfolgt nach dem Recht des betreffenden Staates.

9. Die in Absatz 7 letzter Satz genannte Berechnung und die in Absatz 8 genannte Umrechnung erfolgen in der Weise, daß der Betrag nach Absatz 3, in der Landeswährung des Staates ausgedrückt, soweit wie möglich dem dort in Rechnungseinheiten ausgedrückten tatsächlichen Wert entspricht. Die Staaten teilen dem Generalsekretär der Vereinten Nationen die Art der Berechnung nach Absatz 7 oder das Ergebnis der Umrechnung nach Absatz 8 bei der Hinterlegung einer der in Artikel 3 des Protokolls zur CMR genannten Urkunden sowie immer dann mit, wenn sich die Berechnungsart oder das Umrechnungsergebnis ändert.

cole à la CMR ou de l'adhésion à celui-ci, ou à tout moment ultérieur, déclarer que la limite de la responsabilité prévue au paragraphe 3 du présent article et applicable sur son territoire est fixée à 25 unités monétaires. L'unité monétaire dont il est question correspond à 10/31 de gramme d'or au titre de neuf cents millièmes de fin. La conversion en monnaie nationale du montant indiqué dans le présent paragraphe s'effectue conformément à la législation de l'Etat concerné.

9. Le calcul mentionné à la dernière phrase du paragraphe 7, et la conversion mentionnée au paragraphe 8, du présent article doivent être faits de façon à exprimer en monnaie nationale de l'Etat la même valeur réelle, dans la mesure du possible, que celle exprimée en unités de compte au paragraphe 3 du présent article. Lors du dépôt d'un instrument visé à l'article 3 du Protocole à la CMR et chaque fois qu'un changement se produit dans leur méthode de calcul ou dans la valeur de leur monnaie nationale par rapport à l'unité de compte ou à l'unité monétaire, les Etats communiquent au Secrétaire général de l'Organisation des Nations Unies leur méthode de calcul conformément au paragraphe 7, ou les résultats de la conversion conformément au paragraphe 8, du présent article, selon le cas.

Article 24

The sender may, against payment of a surcharge to be agreed upon, declare in the consignment note a value for the goods exceeding the limit laid down in article 23, paragraph 3, and in that case the amount of the declared value shall be substituted for that limit.

Article 25

1. In case of damage, the carrier shall be liable for the amount by which the goods have diminished in value, calculated by reference to the value of the goods fixed in accordance with article 23, paragraphs 1, 2 and 4.

2. The compensation may not, however, exceed:

(a) If the whole consignment has been damaged, the amount payable in the case of total loss;

(b) If part only of the consignment has been damaged, the amount payable in the case of loss of the part affected.

Article 26

1. The sender may, against payment of a surcharge to be agreed upon, fix the amount of a special interest in delivery in the case of

Article 24

L'expéditeur peut déclarer dans la lettre de voiture, contre paiement d'un supplément de prix à convenir, une valeur de la marchandise excédant la limite mentionnée au paragraphe 3 de l'article 23 et, dans ce cas, le montant déclaré se substitue à cette limite.

Article 25

1. En cas d'avarie, le transporteur paie le montant de la dépréciation calculée d'après la valeur de la marchandise fixée conformément à l'article 23, paragraphes 1, 2 et 4.

2. Toutefois, l'indemnité ne peut dépasser:

(a) Si la totalité de l'expédition est dépréciée par l'avarie, le chiffre qu'elle aurait atteint en cas de perte totale;

(b) Si une partie seulement de l'expédition est dépréciée par l'avarie, le chiffre qu'elle aurait atteint en cas de perte de la partie dépréciée.

Article 26

1. L'expéditeur peut fixer, en l'inscrivant à la lettre de voiture, et contre paiement d'un supplément de prix à convenir, le montant

Artikel 24

Der Absender kann gegen Zahlung eines zu vereinbarenden Zuschlages zur Fracht einen Wert des Gutes im Frachtbrief angeben, der den in Artikel 23 Absatz 3 bestimmten Höchstbetrag übersteigt; in diesem Fall tritt der angegebene Betrag an die Stelle des Höchstbetrages.

Artikel 25

1. Bei Beschädigung hat der Frachtführer den Betrag der Wertverminderung zu zahlen, die unter Zugrundelegung des nach Artikel 23 Absatz 1, 2 und 4 festgestellten Wertes des Gutes berechnet wird.

2. Die Entschädigung darf jedoch nicht übersteigen,

(a) wenn die ganze Sendung durch die Beschädigung entwertet ist, den Betrag der bei gänzlichem Verlust zu zahlen wäre;

(b) wenn nur ein Teil der Sendung durch die Beschädigung entwertet ist, den Betrag, der bei Verlust des entwerteten Teiles zu zahlen wäre.

Artikel 26

1. Der Absender kann gegen Zahlung eines zu vereinbarenden Zuschlages zur Fracht für den Fall des Verlustes oder der Beschädi-

gung und für den Fall der Überschreitung der vereinbarten Lieferfrist durch Eintragung in den Frachtbrief den Betrag eines besonderen Interesses an der Lieferung festlegen.

2. Ist ein besonderes Interesse an der Lieferung angegeben worden, so kann unabhängig von der Entschädigung nach den Artikeln 23, 24 und 25 der Ersatz des weiteren bewiesenen Schadens bis zur Höhe des als Interesse angegebenen Betrages beansprucht werden.

Artikel 27

1. Der Verfügungsberechtigte kann auf die ihm gewährte Entschädigung Zinsen in Höhe von 5 v.H. jährlich verlangen. Die Zinsen laufen von dem Tage der schriftlichen Reklamation gegenüber dem Frachtführer oder, wenn keine Reklamation vorausging, vom Tage der Klageerhebung an.

2. Wird die Entschädigung auf Grund von Rechnungsgrößen ermittelt, die nicht in der Währung des Landes ausgedrückt sind, in dem die Zahlung beansprucht wird, so ist die Umrechnung nach dem Tageskurs am Zahlungsort der Entschädigung vorzunehmen.

Artikel 28

1. Können Verluste, Beschädigungen oder Überschreitungen der Lieferfrist, die bei ei-

---

d'un intérêt spécial à la livraison, pour le cas de perte ou d'avarie et pour celui de dépassement du délai convenu.

2. S'il y a eu déclaration d'intérêt spécial à la livraison, il peut être réclamé, indépendamment des indemnités prévues aux articles 23, 24 et 25, et à concurrence du montant de l'intérêt déclaré, une indemnité égale au dommage supplémentaire dont la preuve est apportée.

Article 27

1. L'ayant droit peut demander les intérêts de l'indemnité. Ces intérêts, calculés à raison de 5 pour 100 l'an, courent du jour de la réclamation adressée par écrit au transporteur ou, s'il n'y a pas eu de réclamation, du jour de la demande en justice.

2. Lorsque les éléments qui servent de base au calcul de l'indemnité ne sont pas exprimés dans la monnaie du pays où le paiement est réclamé, la conversion est faite d'après le cours du jour et du lieu du paiement de l'indemnité.

Article 28

1. Lorsque, d'après la loi applicable, la perte, l'avarie ou le retard survenu au cours

---

loss or damage or of the agreed time-limit being exceeded, by entering such amount in the consignment note.

2. If a declaration of a special interest in delivery has been made, compensation for the additional loss or damage proved may be claimed, up to the total amount of the interest declared, independently of the compensation provided for in articles 23, 24 and 25.

Article 27

1. The claimant shall be entitled to claim interest on compensation payable. Such interest, calculated at five per centum per annum, shall accrue from the date on which the claim was sent in writing to the carrier or, if no such claim has been made, from the date on which legal proceedings were instituted.

2. When the amounts on which the calculation of the compensation is based are not expressed in the currency of the country in which payment is claimed, conversion shall be at the rate of exchange applicable on the day and at the place of payment of compensation.

Article 28

1. In cases where, under the law applicable, loss, damage or delay arising out of car-

Article 29

1. The carrier shall not be entitled to avail himself of the provisions of this chapter which exclude or limit his liability or which shift the burden of proof if the damage was caused by his wilful misconduct or by such default on his part as, in accordance with the law of the court or tribunal seized of the case, is considered as equivalent to wilful misconduct.

riage under this Convention gives rise to an extra-contractual claim, the carrier may avail himself of the provisions of this Convention which exclude his liability or which fix or limit the compensation due.

2. In cases where the extra-contractual liability for loss, damage or delay of one of the persons for whom the carrier is responsible under the terms of article 3 is in issue, such person may also avail himself of the provisions of this Convention which exclude the liability of the carrier or which fix or limit the compensation due.

Article 29

1. Le transporteur n'a pas le droit de se prévaloir des dispositions du présent chapitre qui excluent ou limitent sa responsabilité ou qui renversent le fardeau de la preuve, si le dommage provient de son dol ou d'une faute qui lui est imputable et qui, d'après la loi de la jurisdiction saisie, est considérée comme équivalente au dol.

d'un transport soumis à la présente Convention peut donner lieu à une réclamation extracontractuelle, le transporteur peut se prévaloir des dispositions de la présente Convention qui excluent sa responsabilité ou qui déterminent ou limitent les indemnités dues.

2. Lorsque la responsabilité extracontractuelle pour perte, avarie ou retard d'une des personnes dont le transporteur répond aux termes de l'article 3 est mise en cause, cette personne peut également se prévaloir des dispositions de la présente Convention qui excluent la responsabilité du transporteur ou qui déterminent ou limitent les indemnités dues.

Artikel 29

1. Der Frachtführer kann sich auf die Bestimmungen dieses Kapitels, die seine Haftung ausschließen oder begrenzen oder die Beweislast umkehren, nicht berufen, wenn er den Schaden vorsätzlich oder durch ein ihm zur Last fallendes Verschulden verursacht hat, das nach dem Recht des angerufenen Gerichtes dem Vorsatz gleichsteht.

ner diesem Übereinkommen unterliegenden Beförderung eingetreten sind, nach dem anzuwendenen Recht zur Erhebung außervertraglicher Ansprüche führen, so kann sich der Frachtführer demgegenüber auf die Bestimmungen dieses Übereinkommens berufen, die seine Haftung ausschließen oder den Umfang der zu leistenden Entschädigung bestimmen oder begrenzen.

2. Werden Ansprüche aus außervertraglicher Haftung für Verlust, Beschädigung oder Überschreitung der Lieferfrist gegen eine der Personen erhoben, für die der Frachtführer nach Artikel 3 haftet, so kann sich auch diese Person auf die Bestimmungen dieses Übereinkommens berufen, die die Haftung des Frachtführers ausschließen oder den Umfang der zu leistenden Entschädigung bestimmen oder begrenzen.

The same provision shall apply if the wilful misconduct or default is committed by the agents or servants of the carrier or by any other persons of whose services he makes use for the performance of the carriage, when such agents, servants or other persons are acting whithin the scope of their employment. Furthermore, in such a case such agents, servants or other persons shall not be entitled to avail themselves, with regard to their personal liability, of the provisions of this chapter referred to in paragraph 1.

Chapter V
Claims and actions

Article 30

1. If the consignee takes delivery of the goods without duly checking their condition with the carrier or without sending him reservations giving a general indication of the loss or damage, not later than the time of delivery in the case of apparent loss or damage and within seven days of delivery, Sundays and public holidays excepted, in the case of loss or damage which is not apparent, the fact of his taking delivery shall be *prima facie* evidence that he has received the goods in the condition described in the consignment note. In the case of loss or damage which is not appa-

2. Il en est de même si le dol ou la faute est le fait des préposés du transporteur ou de toutes autres personnes aux services desquelles il recourt pour l'exécution du transport lorsque ces préposés ou ces autres personnes agissent dans l'exercice de leurs fonctions. Dans ce cas, ces préposés ou ces autres personnes n'ont pas davantage le droit de se prévaloir, en ce qui concerne leur responsabilité personnelle, des dispositions du présent chapitre visées au paragraphe 1.

Chapitre V
Reclamations et actions

Article 30

1. Si le destinataire a pris livraison de la marchandise sans qu'il en ait constaté l'état contradictoirement avec le transporteur ou sans qu'il ait, au plus tard au moment de la livraison s'il s'agit de pertes ou avaries apparentes, ou dans les sept jours à dater de la livraison, dimanche et jours fériés non compris, lorsqu'il s'agit de pertes ou avaries non apparentes, adressé des réserves au transporteur indiquant la nature générale de la perte ou de l'avarie, il est présumé, jusqu'à preuve contraire, avoir reçu la marchandise dans l'état décrit dans la lettre de voiture. Les réserves visées ci-dessus doivent être

2. Das gleiche gilt, wenn Bedienstete des Frachtführers oder sonstigen Personen, deren er sich bei Ausführung der Beförderung bedient, Vorsatz oder ein dem Vorsatz gleichstehendes Verschulden zur Last fällt, wenn diese Bediensteten oder sonstigen Personen in Ausübung ihrer Verrichtungen handeln. In solchen Fällen können sich auch die Bediensteten oder sonstigen Personen hinsichtlich ihrer persönlichen Haftung nicht auf die in Absatz 1 bezeichneten Bestimmungen dieses Kapitels berufen.

Kapitel V
Reklamationen und Klagen

Artikel 30

1. Nimmt der Empfänger das Gut an, ohne dessen Zustand gemeinsam mit dem Frachtführer zu überprüfen und ohne unter Angaben allgemeiner Art über den Verlust oder die Beschädigung an den Frachtführer Vorbehalte zu richten, so wird bis zum Beweise des Gegenteils vermutet, daß der Empfänger das Gut in dem im Frachtbrief beschriebenen Zustand erhalten hat; die Vorbehalte müssen, wenn es sich um äußerlich erkennbare Verluste oder Beschädigungen handelt, spätestens bei der Ablieferung des Gutes oder, wenn es sich um äußerlich nicht erkennbare Verluste oder Beschädigungen handelt, spätestens

Gesetzestext

che Feiertage nicht mitgerechnet, nach der Ablieferung gemacht werden. Die Vorbehalte müssen schriftlich gemacht werden, wenn es sich um äußerlich nicht erkennbare Verluste oder Beschädigungen handelt.

2. Haben Empfänger und Frachtführer den Zustand des Gutes gemeinsam überprüft, so ist der Gegenbeweis gegen das Ergebnis der Überprüfung nur zulässig, wenn es sich um äußerlich nicht erkennbare Verluste oder Beschädigungen handelt und der Empfänger binnen sieben Tagen, Sonntage und gesetzliche Feiertage nicht mitgerechnet, nach der Überprüfung an den Frachtführer schriftliche Vorbehalte gerichtet hat.

3. Schadenersatz wegen Überschreitung der Lieferfrist kann nur gefordert werden, wenn binnen einundzwanzig Tagen nach dem Zeitpunkt, an dem das Gut dem Empfänger zur Verfügung gestellt worden ist, an den Frachtführer ein schriftlicher Vorbehalt gerichtet wird.

4. Bei der Berechnung der in diesem Artikel bestimmten Fristen wird jeweils der Tag der Ablieferung, der Tag der Überprüfung oder der Tag, an dem das Gut dem Empfänger zur Verfügung gestellt worden ist, nicht mitgerechnet.

5. Frachtführer und Empfänger haben sich gegenseitig jede angemessene Erleichterung

faites par écrit lorsqu'il s'agit de pertes ou avaries non apparentes.

2. Lorsque l'état de la marchandise a été constaté contradictoirement par le destinataire et le transporteur, la preuve contraire au résultat de cette constatation ne peut être faite que s'il s'agit de pertes ou avaries non apparentes et si le destinataire a adressé des réserves écrites au transporteur dans les sept jours, dimanche et jours fériés non compris, à dater de cette constatation.

3. Un retard à la livraison ne peut donner lieu à indemnité que si une réserve a été adressée par écrit dans le délai de 21 jours à dater de la mise de la marchandise à la disposition du destinataire.

4. La daté de livraison ou, selon le cas, celle de la constatation ou celle de la mise à disposition n'est pas comptée dans les délais prévus au présent article.

5. Le transporteur et le destinataire se donnent réciproquement toutes facilités rai-

rent the reservations referred to shall be made in writing.

2. When the condition of the goods has been duly checked by the consignee and the carrier, evidence contradicting the result of this checking shall only be admissible in the case of loss or damage which is not apparent and provided that the consignee has duly sent reservations in writing to the carrier within seven days, Sundays and public holidays excepted, from the date of checking.

3. No compensation shall be payable for delay in delivery unless a reservation has been sent in writing to the carrier, within twenty-one days from the time that the goods were placed at the disposal of the consignee.

4. In calculating the time-limits provided for in this article the date of delivery, or the date of checking, or the date when the goods were placed at the disposal of the consignee, as the case may be, shall not be included.

5. The carrier and the consignee shall give each other every reasonable facility

Article 31

1. In legal proceedings arising out of carriage under this Convention, the plaintiff may bring an action in any court or tribunal of a contracting country designated by agreement between the parties and, in addition, in the courts or tribunals of a country within whose territory:

(a) The defendant is ordinarily resident, or has his principal place of business, or the branch or agency through which the contract of carriage was made, or

(b) The place where the goods were taken over by the carrier or the place designated for delivery is situated,

and in no other courts or tribunals.

2. Where in respect of a claim referred to in paragraph 1 of this article an action is pending before a court or tribunal competent under that paragraph, or where in respect of such a claim a judgement has been entered by such an court or tribunal no new action shall be started between the same parties on the same grounds unless the judgement of

for making the requisite investigations and checks.

Article 31

1. Pour tous litiges auxquels donnent lieu les transports soumis à la présente Convention, le demandeur peut saisir, en dehors des juridictions des pays contractants désignées d'un commun accord par les parties, les juridictions du pays sur le territoire duquel:

(a) Le défendeur a sa résidence habituelle, son siège principal ou la succursale ou l'agence par l'intermédiare de laquelle le contrat de transport a été conclu, ou

(b) Le lieu de la prise en charge de la marchandise ou celui prévu pour la livraison est situé,

et ne peut saisir que ces juridictions.

2. Lorsque dans un litige visé au paragraphe 1 du présent article une action est en instance devant une juridiction compétente aux termes de ce paragraphe, ou lorsque dans un tel litige un jugement a été prononcé par une telle juridiction, il ne peut être intenté aucune nouvelle action pour la même cause entre les mêmes parties à moins que la dé-

sonnables pour les constatations et vérifications utiles.

Gesetzestext

Artikel 31

1. Wegen aller Streitigkeiten aus einer diesem Übereinkommen unterliegenden Beförderung kann der Kläger, außer durch Vereinbarung der Parteien bestimmte Gerichte von Vertragstaaten, die Gerichte eines Staates anrufen, auf dessen Gebiet

(a) der Beklagte seinen gewöhnlichen Aufenthalt, seine Hauptniederlassung oder die Zweigniederlassung oder Geschäftsstelle hat, durch deren Vermittlung der Beförderungsvertrag geschlossen worden ist, oder

(b) der Ort der Übernahme des Gutes oder der für die Ablieferung vorgesehene Ort liegt.

Andere Gerichte können nicht angerufen werden.

2. Ist ein Verfahren bei einem nach Absatz 1 zuständigen Gericht wegen einer Streitigkeit im Sinne des genannten Absatzes anhängig oder ist durch ein solches Gericht in einer solchen Streitsache ein Urteil erlassen worden, so kann eine neue Klage wegen derselben Sache zwischen denselben Parteien nicht erhoben werden, es sei denn, daß die

für alle erforderlichen Feststellungen und Überprüfungen zu gewähren.

Gesetzestext

the court or tribunal before which the first action was brought is not enforceable in the country in which the fresh proceedings are brought.

3. When a judgement entered by a court or tribunal of a contracting country in any such action as is referred to in paragraph 1 of this article has become enforceable in that country, it shall also become enforceable in each of the other contracting States, as soon as the formalities required in the country concerned have been complied with. These formalities shall not permit the merits of the case to be re-opened.

4. The provisions of paragraph 3 of this article shall apply to judgements after trial, judgements by default and settlements confirmed by an order of the court, but shall not apply to interim judgements or to awards of damages, in addition to costs against a plaintiff who wholly or partly fails in his action.

5. Security for costs shall not be required in proceedings arising out of carriage under this Convention from nationals of contracting countries resident or having their place of business in one of those countries.

cision de la juridiction devant laquelle la première action a été intentée ne soit pas susceptible d'être exécutée dans le pays où la nouvelle action est intentée.

3. Lorsque dans un litige visé au paragraphe 1 du présent article un jugement rendu par une juridiction d'un pays contractant est devenu exécutoire dans ce pays, il devient également exécutoire dans chacun des autres pays contractants aussitôt après accomplissement des formalités prescrites à cet effet dans le pays intéressé. Ces formalités ne peuvent comporter aucune revision de l'affaire.

4. Les dispositions du paragraphe 3 du présent article s'appliquent aux jugements contradictoires, aux jugements par défaut et aux transactions judiciaires, mais ne s'appliquent ni aux jugements qui ne sont exécutoires que par provision, ni aux condamnations en dommages et intérêts qui seraient prononcés en sus des dépens contre un demandeur en raison du rejet total ou partiel de sa demande.

5. Il ne peut être exigé de caution de ressortissants de pays contractants, ayant leur domicile ou un établissement dans un de ces pays, pour assurer le paiement des dépens à l'occasion des actions en justice auxquelles donnent lieu les transports soumis à la présente Convention.

Entscheidung des Gerichtes, bei dem die erste Klage erhoben worden ist, in dem Staat nicht vollstreckt werden kann, in dem die neue Klage erhoben wird.

3. Ist in einer Streitsache im Sinne des Absatzes 1 ein Urteil eines Gerichtes eines Vertragstaates in diesem Staat vollstreckbar geworden, so wird es auch in allen anderen Vertragstaaten vollstreckbar, sobald die in dem jeweils in Betracht kommenden Staat hierfür vorgeschriebenen Formerfordernisse erfüllt sind. Diese Formerfordernisse dürfen zu keiner sachlichen Nachprüfung führen.

4. Die Bestimmungen des Absatzes 3 gelten für Urteile im kontradiktorischen Verfahren, für Versäumnisurteile und für gerichtliche Vergleiche, jedoch nicht für vorläufig vollstreckbare Urteile sowie nicht für Verurteilungen, durch die dem Kläger bei vollständiger oder teilweiser Abweisung der Klage neben den Verfahrenskosten Schadenersatz und Zinsen auferlegt werden.

5. Angehörige der Vertragstaaten, die ihren Wohnsitz oder eine Niederlassung in einem dieser Staaten haben, sind nicht verpflichtet, Sicherheit für die Kosten eines gerichtlichen Verfahrens zu leisten, das wegen einer diesem Übereinkommen unterliegenden Beförderung eingeleitet wird.

Article 32

1. The period of limitation for an action arising out of carriage under this Convention shall be one year. Nevertheless, in the case of wilful misconduct, or such default as in accordance with the law of the court or tribunal seized of the case, is considered as equivalent to wilful misconduct, the period of limitation shall be three years. The period of limitation shall begin to run:

(a) In the case of partial loss, damage or delay in delivery, from the date of delivery;

(b) In the case of total loss, from the thirtieth day after the expiry of the agreed time-limit or where there is no agreed time-limit from the sixtieth day from the date on which the goods were taken over by the carrier;

(c) In all other cases, on the expiry of a period of three months after the making of the contract of carriage.

The day on which the period of limitation begins to run shall not be included in the period.

2. A written claim shall suspend the period of limitation until such date as the carrier rejects the claim by notification in writing and

Article 32

1. Les actions auxquelles peuvent donner lieu les transports soumis à la présente Convention sont prescrites dans le délai d'un an. Toutefois, dans le cas de dol ou de faute considérée, d'après la loi de la juridiction saisie, comme équivalente au dol, la prescription est de trois ans. La prescription court:

(a) Dans le cas de perte partielle, d'avarie ou de retard, à partir du jour où la marchandise a été livrée;

(b) Dans le cas de perte totale, à partir du trentième jour après l'expiration du délai convenu ou, s'il n'a pas été convenu de délai, à partir du soixantième jour après la prise en charge de la marchandise par le transporteur;

(c) Dans tous les autres cas, à partir de l'expiration d'un délai de trois mois à dater de la conclusion du contrat de transport.

Le jour indiqué ci-dessus comme point de départ de la prescription n'est pas compris dans le délai.

2. Une réclamation écrite suspend la prescription jusqu'au jour où le transporteur repousse la réclamation par écrit et restitue les

Artikel 32

1. Ansprüche aus einer diesem Übereinkommen unterliegenden Beförderung verjähren in einem Jahr. Bei Vorsatz oder bei einem Verschulden, das nach dem Recht des angerufenen Gerichtes dem Vorsatz gleichsteht, beträgt die Verjährungsfrist jedoch drei Jahre. Die Verjährungsfrist beginnt

(a) bei teilweisem Verlust, Beschädigung oder Überschreitung der Lieferfrist mit dem Tage der Ablieferung des Gutes;

(b) bei gänzlichem Verlust mit dem dreißigsten Tage nach Ablauf der vereinbarten Lieferfrist oder, wenn eine Lieferfrist nicht vereinbart worden ist, mit dem sechzigsten Tage nach der Übernahme des Gutes durch den Frachtführer;

(c) in allen anderen Fällen mit dem Ablauf einer Frist von drei Monaten nach dem Abschluß des Beförderungsvertrages.

Der Tag, an dem die Verjährung beginnt, wird bei der Berechnung der Frist nicht mitgerechnet.

2. Die Verjährung wird durch eine schriftliche Reklamation bis zu dem Tage gehemmt, an dem der Frachtführer die Rekla-

returns the documents attached thereto. If a part of the claim is admitted the period of limitation shall start to run again only in respect of that part of the claim still in dispute. The burden of proof of the receipt of the claim, or of the reply and of the return of the documents, shall rest with the party relying upon these facts. The running of the period of limitation shall not be suspended by further claims having the same object.

3. Subject to the provisions of paragraph 2 above, the extension of the period of limitation shall be governed by the law of the court or tribunal seized of the case. That law shall also govern the fresh accrual of rights of action.

4. A right of action which has become barred by lapse of time may not be exercised by way of counterclaim or set-off.

Article 33

The contract of carriage may contain a clause conferring compétence on an arbitration tribunal if the clause conferring competence on the tribunal provides that the tribunal shall apply this Convention.

pièces qui y étaient jointes. En cas d'acceptation partielle de la réclamation, la prescription ne reprend son cours que pour la partie de la réclamation qui reste litigieuse. La preuve de la réception de la réclamation ou de la réponse et de la restitution des pièces est à la charge de la partie qui invoque ce fait. Les réclamations ultérieures ayant le même objet ne suspendent pas la prescription.

3. Sous réserve des dispositions du paragraphe 2 ci-dessus, la suspension de la prescription est régie par la loi de la juridiction saisie. Il en est de même en ce qui concerné l'interruption de la prescription.

4. L'action prescrite ne peut plus être exercée, même sous forme de demande reconventionnelle ou d'exception.

Article 33

Le contrat de transport peut contenir une clause attribuant compétence à un tribunal arbitral à condition que cette clause prévoie que le tribunal arbitral appliquera la présente Convention.

mation schriftlich zurückweist und die beigefügten Belege zurücksendet. Wird die Reklamation teilweise anerkannt, so läuft die Verjährung nur für den noch streitigen Teil der Reklamation weiter. Der Beweis für den Empfang der Reklamation oder der Antwort sowie für die Rückgabe der Belege obliegt demjenigen, der sich darauf beruft. Weitere Reklamationen, die denselben Anspruch zum Gegenstand haben, hemmen die Verjährung nicht.

3. Unbeschadet der Bestimmungen des Absatzes 2 gilt für die Hemmung der Verjährung das Recht des angerufenen Gerichtes. Dieses Recht gilt auch für die Unterbrechung der Verjährung.

4. Verjährte Ansprüche können auch nicht im Wege der Widerklage oder der Einrede geltend gemacht werden.

Artikel 33

Der Beförderungsvertrag kann eine Bestimmung enthalten, durch die die Zuständigkeit eines Schiedsgerichtes begründet wird, jedoch nur, wenn die Bestimmung vorsieht, daß das Schiedsgericht dieses Übereinkommen anzuwenden hat.

Chapter VI
Provisions relating to carriage performed by successive carriers

Article 34

If carriage governed by a single contract is performed by successive road carriers, each of them shall be responsible for the performance of the whole operation, the second carrier and each succeeding carrier becoming a party to the contract of carriage, under the terms of the consignment note, by reason of his acceptance of the goods an the consignment note.

Article 35

1. A carrier accepting the goods from a previous carrier shall give the latter a dated and signed receipt. He shall enter his name and address on the second copy of the consignment note. Where applicable, he shall enter on the second copy of the consignment note and on the receipt reservations of the kind provided for in article 8, paragraph 2.

2. The provisions of article 9 shall apply to the relations between successive carriers.

Chapitre VI
Dispositions relatives au transport effectué par transporteurs successifs

Article 34

Si un transport régi par un contrat unique est exécuté par des transporteurs routiers successifs, chacun de ceux-ci assume la responsabilité de l'exécution du transport total, le second transporteur et chacun des transporteurs suivants devenant, de par leur acceptation de la marchandise et de la lettre de voiture, parties au contrat, aux conditions de la lettre de voiture.

Article 35

1. Le transporteur qui accepte la marchandise du transporteur précédent remet à celui-ci un reçu daté et signé. Il doit porter son nom et son adressé sur le deuxième exemplaire de la lettre de voiture. S'il y a lieu, il appose sur cet exemplaire, ainsi que sur le reçu, des réserves analogues à celles qui sont prévues à l'article 8, paragraphe 2.

2. Les dispositions de l'article 9 s'appliquent aux relations entre transporteurs successifs.

Kapitel VI
Bestimmungen über die Beförderung durch aufeinanderfolgende Frachtführer

Artikel 34

Wird eine Beförderung, die Gegenstand eines einzigen Vertrages ist, von aufeinanderfolgenden Straßenfrachtführern ausgeführt, so haftet jeder von ihnen für die Ausführung der gesamten Beförderung; der zweite und jeder folgende Frachtführer wird durch die Annahme des Gutes und des Frachtbriefes nach Maßgabe der Bedingungen des Frachtbriefes Vertragspartei.

Artikel 35

1. Ein Frachtführer, der das Gut von dem vorhergehenden Frachtführer übernimmt, hat diesem eine datierte und unterzeichnete Empfangsbestätigung auszuhändigen. Er hat seinen Namen und seine Anschrift auf der zweiten Ausfertigung des Frachtbriefes einzutragen. Gegebenenfalls trägt er Vorbehalte nach Artikel 8 Absatz 2 auf der zweiten Ausfertigung des Frachtbriefes sowie auf der Empfangsbestätigung ein.

2. Für die Beziehungen zwischen den aufeinanderfolgenden Frachtführern gilt Artikel 9.

Article 36

Except in the case of a counterclaim or a set-off raised in an action concerning a claim based on the same contract of carriage, legal proceedings in respect of liability for loss, damage or delay may only be brought against the first carrier, the last carrier or the carrier who was performing that portion of the carriage during which the event causing the loss, damage or delay occurred; an action may be brought at the same time against several of these carriers.

Article 37

A carrier who has paid compensation in compliance with the provisions of this Convention, shall be entitled to recover such compensation, together with interest thereon and all costs and expenses incurred by reason of the claim, from the other carriers who have taken part in the carriage, subject to the following provisions:

(a) The carrier responsible for the loss or damage shall be solely liable for the compensation whether paid by himself or by another carrier;

Article 36

A moins qu'il ne s'agisse d'une demande reconventionnelle ou d'une exception formulée dans une instance relative à une demande fondée sur le même contrat de transport, l'action en responsabilité pour perte, avarie ou retard ne peut être dirigée que contre le premier transporteur, le dernier transporteur ou le transporteur qui exécutait la partie du transport au cours de laquelle s'est produit le fait ayant causé la perte, l'avarie ou le retard; l'action peut être dirigée à la fois contre plusieurs de ces transporteurs.

Article 37

Le transporteur qui a payé une indemnité en vertu des dispositions de la présente Convention a le droit d'exercer un recours en principal, intérêts et frais contre les transporteurs qui ont participé à l'exécution du contrat de transport, conformément aux dispositions suivantes:

(a) Le transporteur par le fait duquel le dommage a été causé doit seul supporter l'indemnité, qu'il l'ait payée lui-même ou qu'elle ait été payée par un autre transporteur;

Artikel 36

Ersatzansprüche wegen eines Verlustes, einer Beschädigung oder einer Überschreitung der Lieferfrist können, außer im Wege der Widerklage oder der Einrede in einem Verfahren wegen eines auf Grund desselben Beförderungsvertrages erhobenen Anspruchs, nur gegen den ersten, den letzten oder denjenigen Frachtführer geltend gemacht werden, der den Teil der Beförderung ausgeführt hat, in dessen Verlauf das Ereignis eingetreten ist, das den Verlust, die Beschädigung oder die Überschreitung der Lieferfrist verursacht hat; ein und dieselbe Klage kann gegen mehrere Frachtführer gerichtet sein.

Artikel 37

Einem Frachtführer, der auf Grund der Bestimmungen dieses Übereinkommens eine Entschädigung gezahlt hat, steht der Rückgriff hinsichtlich der Entschädigung, der Zinsen und der Kosten gegen die an der Beförderung beteiligten Frachtführer nach folgenden Bestimmungen zu:

(a) der Frachtführer, der den Verlust oder die Beschädigung verursacht hat, hat die von ihm oder von einem anderen Frachtführer geleistete Entschädigung allein zu tragen;

(b) ist der Verlust oder die Beschädigung durch zwei oder mehrere Frachtführer verursacht worden, so hat jeder einen seinem Haftungsanteil entsprechenden Betrag zu zahlen; ist die Feststellung der einzelnen Haftungsanteile nicht möglich, so haftet jeder nach dem Verhältnis des ihm zustehenden Anteiles am Beförderungsentgelt;

(c) kann nicht festgestellt werden, welche der Frachtführer den Schaden zu tragen haben, so ist die zu leistende Entschädigung in dem unter Buchstabe b bestimmten Verhältnis zu Lasten aller Frachtführer aufzuteilen.

Artikel 38

Ist ein Frachtführer zahlungsunfähig, so ist der auf ihn entfallende, aber von ihm nicht gezahlte Anteil zu Lasten aller anderen Frachtführer nach dem Verhältnis ihrer Anteile an dem Beförderungsentgelt aufzuteilen.

Artikel 39

1. Ein Frachtführer, gegen den nach den Artikeln 37 und 38 Rückgriff genommen wird, kann nicht einwenden, daß der Rückgriff nehmende Frachtführer zu Unrecht gezahlt hat, wenn die Entschädigung durch eine gerichtliche Entscheidung festgesetzt

(b) Lorsque le dommage a été causé par le fait de deux ou plusieurs transporteurs, chacun d'eux doit payer un montant proportionnel à sa part de responsabilité; si l'évaluation des parts de responsabilité est impossible, chacun d'eux est responsable proportionnellement à la part de rémunération du transport qui lui revient;

(c) Si l'on ne peut déterminer quels sont ceux des transporteurs auxquels la responsabilité est imputable, la charge de l'indemnité due est répartie, dans la proportion fixée en b, entre tous les transporteurs.

Article 38

Si l'un des transporteurs est insolvable, la part lui incombant et qu'il n'a pas payée est répartie entre tous les autres transporteurs proportionnellement à leur rémunération.

Article 39

1. Le transporteur contre lequel est exercé un des recours prévus aux articles 37 et 38 n'est pas recevable à contester le bien-fondé du paiement effectué par le transporteur exerçant le recours, lorsque l'indemnité a été fixée par décision de justice, pourvu qu'il ait

(b) When the loss or damage has been caused by the action of two or more carriers, each of them shall pay an amount proportionate to his share of liability; should it be impossible to apportion the liability, each carrier shall be liable in proportion to the share of the payment for the carriage which is due to him;

(c) If it cannot be ascertained to which carriers liability is attributable for the loss or damage, the amount of the compensation shall be apportioned between all the carriers as laid down in (b) above.

Article 38

If one of the carriers is insolvent, the share of the compensation due from him and unpaid by him shall be divided among the other carriers in proportion to the share of the payment for the carriage due to them.

Article 39

1. No carrier against whom a claim is made under articles 37 and 38 shall be entitled to dispute the validity of the payment made by the carrier making the claim if the amount of the compensation was determined by judicial authority after the first mention-

ed carrier had been given due notice of the proceedings and afforded an opportunity of entering an appearance.

2. A carrier wishing to take proceedings to enforce his right of recovery may make his claim before the competent court or tribunal of the country in which one of the carriers concerned is ordinarily resident, or has his principal place of business or the branch or agency through which the contract of carriage was made. All the carriers concerned may be made defendants in the same action.

3. The provisions of article 31, paragraphs 3 and 4, shall apply to judgements entered in the proceedings referred to in articles 37 and 38.

4. The provisions of article 32 shall apply to claims between carriers. The period of limitation shall, however, begin to run either on the date of the final judicial decision fixing the amount of compensation payable under the provisions of this Convention, or, if there is no such judicial decision, from the actual date of payment.

été dûment informé du procès et qu'il ait été à même d'y intervenir.

2. Le transporteur qui veut exercer son recours peut le former devant le tribunal compétent du pays dans lequel l'un des transporteurs intéressés a sa résidence habituelle, son siège principal ou la succursale ou l'agence par l'entremise de laquelle le contrat de transport a été conclu. Le recours peut être dirigé dans une seule et même instance contre tous les transporteurs intéressés.

3. Les dispositions de l'article 31, paragraphes 3 et 4, s'appliquent aux jugements rendus sur les recours prévus aux articles 37 et 38.

4. Les dispositions de l'article 32 sont applicables aux recours entre transporteurs. La prescription court, toutefois, soit à partir du jour d'une décision de justice définitive fixant l'indemnité à payer en vertu des dispositions de la présente Convention, soit, au cas où il n'y aurait pas eu de telle décision, à partir du jour du paiement effectif.

worden war, sofern der im Wege des Rückgriffs in Anspruch genommene Frachtführer von dem gerichtlichen Verfahren ordnungsgemäß in Kenntnis gesetzt worden war und in der Lage war, sich daran zu beteiligen.

2. Ein Frachtführer, der sein Rückgriffsrecht gerichtlich geltend machen will, kann seinen Anspruch vor dem zuständigen Gericht des Staates erheben, in dem einer der beteiligten Frachtführer seinen gewöhnlichen Aufenthalt, seine Hauptniederlassung oder die Zweigniederlassung oder Geschäftsstelle hat, durch deren Vermittlung der Beförderungsvertrag abgeschlossen worden ist. Ein und dieselbe Rückgriffsklage kann gegen alle beteiligten Frachtführer gerichtet sein.

3. Die Bestimmungen des Artikels 31 Absatz 3 und 4 gelten auch für Urteile über die Rückgriffsansprüche nach den Artikeln 37 und 38.

4. Die Bestimmungen des Artikels 32 gelten auch für Rückgriffsansprüche zwischen Frachtführern. Die Verjährung beginnt jedoch entweder mit dem Tage des Eintrittes der Rechtskraft eines Urteils über die nach den Bestimmungen dieses Übereinkommens zu zahlende Entschädigung oder, wenn ein solches rechtskräftiges Urteil nicht vorliegt, mit dem Tage der tatsächlichen Zahlung.

Article 40

Carriers shall be free to agree among themselves on provisions other than those laid down in articles 37 and 38.

Chapter VII
Nullity of stipulations contrary to the Convention

Article 41

1. Subject to the provisions of article 40, any stipulation which would directly or indirectly derogate from the provisions of this Convention shall be null and void. The nullity of such a stipulation shall not involve the nullity of the other provisions of the contract.

2. In particular, a benefit of insurance in favour of the carrier or any other similar clause, or any clause shifting the burden of proof shall be null and void.

Chapter VIII
Final provisions

Article 42

1. This Convention is open for signature or accession by countries members of the

Article 40

Les transporteurs sont libres de convenir entre eux de dispositions dérogeant aux articles 37 et 38.

Chapitre VII
Nullité des stipulations contraires à la Convention

Article 41

1. Sous réserve des dispositions de l'article 40, est nulle et de nul effet toute stipulation qui, directement ou indirectement, dérogerait aux dispositions de la présente Convention. La nullité de telles stipulations n'entraîne pas la nullité des autres dispositions du contrat.

2. En particulier, seraient nulles toutes clause par laquelle le transporteur se ferait céder le bénéfice de l'assurance de la marchandise ou toute autre clause analogue, ainsi que toute clause déplaçant le fardeau de la preuve.

Chapitre VIII
Dispositions finales

Article 42

1. La présente Convention est ouverte à la signature ou à l'adhésion des pays membres

Artikel 40

Den Frachtführern steht es frei, untereinander Vereinbarungen zu treffen, die von den Artikeln 37 und 38 abweichen.

Kapitel VII
Nichtigkeit von dem Übereinkommen widersprechenden Vereinbarungen

Artikel 41

1. Unbeschadet der Bestimmungen des Artikels 40 ist jede Vereinbarung, die unmittelbar oder mittelbar von den Bestimmungen dieses Übereinkommens abweicht, nichtig und ohne Rechtswirkung. Die Nichtigkeit solcher Vereinbarungen hat nicht die Nichtigkeit der übrigen Vertragsbestimmungen zur Folge.

2. Nichtig ist insbesondere jede Abmachung, durch die sich der Frachtführer die Ansprüche aus der Versicherung des Gutes abtreten läßt, und jede andere ähnliche Abmachung sowie jede Abmachung, durch die die Beweislast verschoben wird.

Kapitel VIII
Schlußbestimmungen

Artikel 42

1. Dieses Übereinkommen steht den Mitgliedstaaten der Wirtschaftskommission für

Europa sowie den nach Absatz 8 des der Kommission erteilten Auftrages in beratender Eigenschaft zu der Kommission zugelassenen Staaten zur Unterzeichnung oder zum Beitritt offen.

2. Die Staaten, die nach Absatz 11 des der Wirtschaftskommission für Europa erteilten Auftrages berechtigt sind, an gewissen Arbeiten der Kommission teilzunehmen, können durch Beitritt Vertragsparteien des Übereinkommens nach seinem Inkrafttreten werden.

3. Das Übereinkommen liegt bis einschließlich 31. August 1956 zur Unterzeichnung auf. Nach diesem Tage steht es zum Beitritt offen.

4. Dieses Übereinkommen ist zu ratifizieren.

5. Die Ratifikation oder der Beitritt erfolgt durch Hinterlegung einer Urkunde beim Generalsekretär der Vereinten Nationen.

Artikel 43

1. Dieses Übereinkommen tritt am neunzigsten Tag nach Hinterlegung der Ratifikations- oder Beitrittsurkunden durch fünf der

de la Commission économique pour l'Europe et des pays admis à la Commission à titre consultatif conformément au paragraphe 8 du mandat de cette commission.

2. Les pays susceptibles de participer à certains travaux de la Commission économique pour l'Europe en application du paragraphe 11 du mandat de cette commission peuvent devenir parties contractantes à la présente Convention en y adhérant après son entrée en vigueur.

3. La Convention sera ouverte à la signature jusqu'au 31 août 1956 inclus. Après cette date, elle sera ouverte à l'adhésion.

4. La présente Convention sera ratifiée.

5. La ratification ou l'adhésion sera effectuée par le dépôt d'un instrument auprès du Secrétaire général de l'Organisation des Nations Unies.

Article 43

1. La présente Convention entrera en vigueur le quatre-vingt-dixième jour après que cinq des pays mentionnés au paragraphe 1

Economic Commission for Europe and countries admitted to the Commission in a consultative capacity under paragraph 8 of the Commission's terms of reference.

2. Such countries as may participate in certain activities of the Economic Commission for Europe in accordance with paragraph 11 of the Commission's terms of reference may become Contracting Parties to this Convention by acceding thereto after its entry into force.

3. The Convention shall be open for signature until 31 August 1956 inclusive. Thereafter, it shall be open for accession.

4. This Convention shall be ratified.

5. Ratification or accession shall be effected by the deposit of an instrument with the Secretary-General of the United Nations.

Article 43

1. This Convention shall come into force on the ninetieth day after five of the countries referred to in article 42, paragraph 1,

have deposited their instruments of ratification or accession.

2. For any country ratifying or acceding to it after five countries have deposited their instruments of ratification or accession, this Convention shall enter into force on the ninetieth day after the said country has deposited its instrument of ratification or accession.

Article 44

1. Any Contracting Party may denounce this Convention by so notifying the Secretary-General of the United Nations.

2. Denunciation shall take effect twelve months after the date of receipt by the Secretary-General of the notification of denunciation.

Article 45

If, after the entry into force of this Convention, the number of Contracting Parties is reduced, as a result of denunciations, to less than five, the Convention shall cease to be in force from the date on which the last of such denunciations takes effect.

de l'article 42 auront déposé leur instrument de ratification ou d'adhésion.

2. Pour chaque pays qui la ratifiera ou y adhérera après que cinq pays auront déposé leur instrument de ratification ou d'adhésion, la présente Convention entrera en vigueur le quatre-vingt-dixième jour qui suivra le dépôt de l'instrument de ratification ou d'adhésion dudit pays.

Article 44

1. Chaque partie contractante pourra dénoncer la présente Convention par notification adressée au Secrétaire général de l'Organisation des Nations Unies.

2. La dénonciation prendra effet douze mois après la date à laquelle le Secrétaire général en aura reçu notification.

Article 45

Si, après l'entrée en vigueur de la présente Convention, le nombre de parties contractantes se trouve, par suite de dénonciations, ramené à moins de cinq, la présente Convention cessera d'être en vigueur à partir de la date à laquelle la dernière de ces dénonciations prendra effet.

in Artikel 42 Absatz 1 bezeichneten Staaten in Kraft.

2. Dieses Übereinkommen tritt für jeden Staat, der nach Hinterlegung der Ratifikations- oder Beitrittsurkunden durch fünf Staaten ratifiziert oder beitritt, am neunzigsten Tage nach Hinterlegung seiner Ratifikations- oder Beitrittsurkunde in Kraft.

Artikel 44

1. Jede Vertragspartei kann dieses Übereinkommen durch Notifizierung an den Generalsekretär der Vereinten Nationen kündigen.

2. Die Kündigung wird zwölf Monate nach dem Eingang der Notifizierung beim Generalsekretär wirksam.

Artikel 45

Sinkt durch Kündigungen die Zahl der Vertragsparteien nach Inkrafttreten dieses Übereinkommens auf weniger als fünf, so tritt das Übereinkommen mit dem Tage außer Kraft, an dem die letzte dieser Kündigungen wirksam wird.

Article 46

1. Any country may, at the time of depositing its instrument of ratification or accession or at any time thereafter, declare by notification addressed to the Secretary-General of the United Nations that this Convention shall extend to all or any of the territories for the international relations of which it is responsible. The Convention shall extend to the territory or territories named in the notification as from the ninetieth day after its receipt by the Secretary-General or, if on that day the Convention has not yet entered into force, at the time of its entry into force.

2. Any country which has made a declaration under the preceding paragraph extending this Convention to any territory for whose international relations it is responsible may denounce the Convention separately in respect of that territory in accordance with the provisions of article 44.

Article 47

Any dispute between two or more Contracting Parties relating to the interpretation or application of this Convention, which the parties are unable to settle by negotiation or other means may, at the request of any one of the Contracting Parties concerned, be refer-

Article 46

1. Tout pays pourra, lors du dépôt de son instrument de ratification ou d'adhésion ou à tout moment ultérieur, déclarer, par notification adressée au Secrétaire général de l'Organisation des Nations Unies, que la présente Convention sera applicable à tout ou partie des territoires qu'il représente sur le plan international. La Convention sera applicable au territoire ou aux territoires mentionnés dans la notification à dater du quatre-vingt-dixième jour après réception de cette notification par le Secrétaire général ou, si à ce jour la Convention n'est pas encore entrée en vigueur, à dater de son entrée en vigueur.

2. Tout pays qui aura fait, conformément au paragraphe précédent, une déclaration ayant pour effet de rendre la présente Convention applicable à un territoire qu'il représente sur le plan international pourra, conformément à l'article 44, dénoncer la Convention en ce qui concerné ledit territoire.

Article 47

Toute différend entre deux ou plusieurs parties contractantes touchant l'interprétation ou l'application de la présente Convention que les parties n'auraient pu régler par voie de négociation ou par un autre mode de règlement pourra être porté, à la requête

Artikel 46

1. Jeder Staat kann bei Hinterlegung seiner Ratifikations- oder Beitrittsurkunde oder zu jedem späteren Zeitpunkt durch Notifizierung dem Generalsekretär der Vereinten Nationen gegenüber erklären, daß dieses Übereinkommen für alle oder für einen Teil der Hoheitsgebiete gelten soll, deren internationale Beziehungen er wahrnimmt. Das Übereinkommen wird für das Hoheitsgebiet oder die Hoheitsgebiete, die in der Notifizierung genannt sind, am neunzigsten Tage nach Eingang der Notifizierung beim Generalsekretär der Vereinten Nationen oder, falls das Übereinkommen noch nicht in Kraft getreten ist, mit seinem Inkrafttreten wirksam.

2. Jeder Staat, der nach Absatz 1 erklärt hat, daß dieses Übereinkommen auf ein Hoheitsgebiet Anwendung findet, dessen internationale Beziehungen er wahrnimmt, kann das Übereinkommen in bezug auf dieses Hoheitsgebiet gemäß Artikel 44 kündigen.

Artikel 47

Jede Meinungsverschiedenheit zwischen zwei oder mehreren Vertragsparteien über die Auslegung oder Anwendung dieses Übereinkommens, die von den Parteien durch Verhandlung oder auf anderem Wege nicht geregelt werden kann, wird auf Antrag

red for settlement to the International Court of Justice.

Article 48

1. Each Contracting Party may, at the time of signing, ratifying, or acceding to, this Convention, declare that it does not consider itself as bound by article 47 of the Convention. Other Contracting Parties shall not be bound by article 47 in respect of any Contracting Party which has entered such a reservation.

2. Any Contracting Party having entered a reservation as provided for in paragraph 1 may at any time withdraw such reservation by notifying the Secretary-General of the United Nations.

3. No other reservation to this Convention shall be permitted.

Article 49

1. After this Convention has been in force for three years, any Contracting Party may, by notification to the Secretary-General of the United Nations, request that a conference be convened for the purpose of reviewing the Convention. The Secretary-General shall notify all Contracting Parties of the request

d'une quelconque des parties contractantes intéressées, devant la Cour internationale de Justice, pour être tranché par elle.

Article 48

1. Chaque partie contractante pourra, au moment où elle signera ou ratifiera la présente Convention ou y adhérera, déclarer qu'elle ne se considère pas liée par l'article 47 de la Convention. Les autres parties contractantes ne seront pas liées par l'article 47 envers toute partie contractante qui aura formulé une telle réserve.

2. Toute partie contractante qui aura formulé une réserve conformément au paragraphe 1 pourra à tout moment lever cette réserve par une notification adressée au Secrétaire général de l'Organisation des Nations Unies.

3. Aucune autre réserve à la présente Convention ne sera admise.

Article 49

1. Après que la présente Convention aura été en vigueur pendant trois ans, toute partie contractante pourra, par notification adressée au Secrétaire général de l'Organisation des Nations Unies, demander la convocation d'une conférence à l'effet de réviser la présente Convention. Le Secrétaire général no-

einer der beteiligten Vertragsparteien dem Internationalen Gerichtshof zur Entscheidung vorgelegt.

Artikel 48

1. Jede Vertragspartei kann bei der Unterzeichnung, bei der Ratifikation oder bei dem Beitritt zu diesem Übereinkommen erklären, daß sie sich durch den Artikel 47 des Übereinkommens nicht als gebunden betrachtet. Die anderen Vertragsparteien sind gegenüber jeder Vertragspartei, die einen solchen Vorbehalt gemacht hat, durch den Artikel 47 nicht gebunden.

2. Jede Vertragspartei, die einen Vorbehalt nach Absatz 1 gemacht hat, kann diesen Vorbehalt jederzeit durch Notifizierung an den Generalsekretär der Vereinten Nationen zurückziehen.

3. Andere Vorbehalte zu diesem Übereinkommen sind nicht zulässig.

Artikel 49

1. Sobald dieses Übereinkommen drei Jahre lang in Kraft ist, kann jede Vertragspartei durch Notifizierung an den Generalsekretär der Vereinten Nationen die Einberufung einer Konferenz zur Revision des Übereinkommens verlangen. Der Generalsekretär wird dieses Verlangen allen Ver-

Gesetzestext

and a review conference shall be convened by the Secretary-General if, within a period of four months following the date of notification by the Secretary-General, not less than one-fourth of the Contracting Parties notify him of their concurrence with the request.

2. If a conference is convened in accordance with the preceding paragraph, the Secretary-General shall notify all the Contracting Parties and invite them to submit within a period of three months such proposals as they may wish the Conference to consider. The Secretary-General shall circulate to all Contracting Parties the provisional agenda for the conference together with the texts of such proposals at least three months before the date on which the conference is to meet.

3. The Secretary-General shall invite to any conference convened in accordance with this article all countries referred to in article 42, paragraph 1, and countries which have become Contracting Parties under article 42, paragraph 2.

Article 50

In addition to the notifications provided for in article 49, the Secretary-General of the United Nations shall notify the countries re-

tifiera cette demande à toutes les parties contractantes et convoquera une conférence de revision, si, dans un délai de quatre mois à dater de la notification adressée par lui, le quart au moins des parties contractantes lui signifient leur assentiment à cette demande.

2. Si une conférence est convoquée conformément au paragraphe précédent, le Secrétaire général en avisera toutes les parties contractantes et les invitera à présenter, dans un délai de trois mois, les propositions qu'elles souhaiteraient voir examiner par la conférence. Le Secrétaire général communiquera à toutes les parties contractantes l'ordre du jour provisoire de la conférence, ainsi que le texte de ces propositions, trois mois au moins avant la date d'ouverture de la conférence.

3. Le Secrétaire général invitera à toute conférence convoquée conformément au présent article tous les pays visés au paragraphe 1 de l'article 42, ainsi que les pays devenus parties contractantes en application du paragraphe 2 de l'article 42.

Article 50

Outre les notifications prévues à l'article 49, le Secrétaire général de l'Organisation des Nations Unies notifiera aux pays visés

tragsparteien mitteilen und eine Revisionskonferenz einberufen, wenn binnen vier Monaten nach seiner Mitteilung mindestens ein Viertel der Vertragsparteien ihm die Zustimmung zu dem Verlangen notifiziert.

2. Wenn eine Konferenz nach Absatz 1 einberufen wird, teilt der Generalsekretär dies allen Vertragsparteien mit und fordert sie auf, binnen drei Monaten die Vorschläge einzureichen, die sie durch die Konferenz geprüft haben wollen. Der Generalsekretär teilt allen Vertragsparteien die vorläufige Tagesordnung der Konferenz sowie den Wortlaut dieser Vorschläge mindestens drei Monate vor der Eröffnung der Konferenz mit.

3. Der Generalsekretär lädt zu jeder nach diesem Artikel einberufenen Konferenz alle in Artikel 42 Absatz 1 bezeichneten Staaten sowie die Staaten ein, die auf Grund des Artikels 42 Absatz 2 Vertragsparteien geworden sind.

Artikel 50

Außer den in Artikel 49 vorgesehenen Mitteilungen notifiziert der Generalsekretär der Vereinten Nationen den in Artikel 42

ferred to in article 42, paragraph 1, and the countries which have become Contracting Parties under article 42, paragraph 2, of:

(a) Ratifications and accessions under article 42;

(b) The dates of entry into force of this Convention in accordance with article 43;

(c) Denunciations under article 44;

(d) The termination of this Convention in accordance with article 45;

(e) Notifications received in accordance with article 46;

(f) Declarations and notifications received in accordance with article 48, paragraphs 1 and 2.

Article 51

After 31 August 1956, the original of this Convention shall be deposited with the Secretary-General of the United Nations, who shall transmit certified true copies to each of the countries mentioned in article 42, paragraphs 1 and 2.

au paragraphe 1 de l'article 42, ainsi qu'aux pays devenus parties contractantes en application du paragraphe 2 de l'article 42:

(a) Les ratifications et adhésions en vertu de l'article 42;

(b) Les dates auxquelles la présente Convention entrera en vigueur conformément à l'article 43;

(c) Les dénonciations en vertu de l'article 44;

(d) L'abrogation de la présente Convention conformément à l'article 45;

(e) Les notifications reçues conformément à l'article 46;

(f) Les déclarations et notifications reçues conformément aux paragraphes 1 et 2 de l'article 48.

Article 51

Après le 31 août 1956, l'original de la présente Convention sera déposé auprès du Secrétaire général de l'Organisation des Nations Unies, qui en transmettra des copies certifiées conformes à chacun des pays visés aux paragraphes 1 et 2 de l'article 42.

Absatz 1 bezeichneten Staaten sowie den Staaten, die auf Grund des Artikels 42 Absatz 2 Vertragsparteien geworden sind,

(a) die Ratifikationen und Beitritte nach Artikel 42;

(b) die Zeitpunkte, zu denen dieses Übereinkommen nach Artikel 43 in Kraft tritt;

(c) die Kündigung nach Artikel 44;

(d) das Außerkrafttreten dieses Übereinkommens nach Artikel 45;

(e) den Eingang der Notifizierungen nach Artikel 46;

(f) den Eingang der Erklärungen und Notifizierungen nach Artikel 48 Absatz 1 und 2.

Artikel 51

Nach dem 31. August 1956 wird die Urschrift dieses Übereinkommens beim Generalsekretär der Vereinten Nationen hinterlegt, der allen in Artikel 42 Absatz 1 und 2 bezeichneten Staaten beglaubigte Abschriften übersendet.

Gesetzestext

IN WITNESS WHEREOF, the undersigned, being duly authorized thereto, have signed this Convention.

DONE at Geneva, this nineteenth day of May one thousand nine hundred and fifty-six, in a single copy in the English and French languages, each text being equally authentic.

EN FOI DE QUOI, les soussignés, à ce dûment autorisés, ont signé la présente Convention.

FAIT à Genève, le dix-neuf mai mil neuf cent cinquante-six, en un seul exemplaire, en langues anglaise et française, les deux textes faisant également foi.

ZU URKUND DESSEN haben die hierzu gehörig bevollmächtigten Unterzeichneten dieses Übereinkommen unterschrieben.

GESCHEHEN zu Genf am neunzehnten Mai neunzehnhundertsechsundfünfzig in einer einzigen Urschrift in englischer und französischer Sprache, wobei jeder Wortlaut gleichermaßen verbindlich ist.

Vor Art. 1

bearbeitet von RA Harald de la Motte,[1] München;
aktualisiert von RA Dr. Jürgen Temme, Düsseldorf

Präambel

Die Vertragsparteien haben in der Erkenntnis, daß es sich empfiehlt, die Bedingungen für den Beförderungsvertrag im internationalen Straßengüterverkehr, insbesondere hinsichtlich der in diesem Verkehr verwendeten Urkunden und der Haftung des Frachtführers, einheitlich zu regeln, folgendes vereinbart:

Literatur: *Arnade*, Der Frachtführerbegriff der CMR als Problem der internationalen Zuständigkeit, TranspR 1992, 341 ff.; *Bönisch*, Kundensatzfibel, 6. Aufl. 1969; Denkschrift der Bundesregierung (Regierungsvorlage zur Ratifizierung der CMR), BT-Drucks. III/1144; *Koller*, Das Standgeld bei CMR-Transporten, TranspR 1988, 129; *Loewe*, Erläuterungen zum Übereinkommen vom 19. Mai 1956 über den Beförderungsvertrag im internationalen Straßengüterverkehr (CMR), ETR 1976, 503 ff.; *Loewe*, Hat sich die CMR bewährt?, CMR-Colloquium 1987, S. 12; *Valder*, Die ADSp '93: Einführung schadenverhütender Verhaltenspflichten, TranspR 1993, 81 ff.

Übersicht

	Rdn.		Rdn.
I. Entstehungsgeschichte der CMR	1	2. Vertrag überhaupt	24
II. Gegenstand des Übereinkommens	8	a) Konsens	24
1. Zivilrecht	9	b) Kein Formalvertrag	25
2. Ordnungsrecht außerhalb der CMR	11	c) Kein Realvertrag	26
3. Marktzugangsrecht außerhalb der CMR	13	3. Leistung: Beförderung, Ablieferung	27
a) Zuverlässigkeit des Unternehmers oder Geschäftsführers	14	a) Beförderung	27
		b) Ablieferung	28
b) Finanzielle Leistungsfähigkeit des Betriebs	15	c) Vertrag zugunsten Dritter	29
		4. Gegenleistung: Fracht	30
c) Fachliche Eignung des Unternehmers oder Geschäftsführers	16	a) Fracht	30
		b) Standgeld	32
III. Beförderungsvertrag	17	c) Tariffreiheit	33
1. Begriff	17	d) Nebenkosten	34
a) National	17	e) Fälligkeit der Fracht	42
b) International	18	f) Frachtüberweisung und Nachnahme	43
c) Ergebnis für CMR	19	5. Leistungsstörungen	47

---

[1] In der ersten Auflage mit einer Vielzahl von Ausblicken und Abgrenzungen zum damals geltenden Ordnungsrecht, dem damaligen GüKG und der KVO sowie der damals strittigen Abgrenzung zwischen ADSp und CMR. Die jetzige Fassung der Vorbemerkungen stellt die Rechtslage vor dem Hintergrund des geänderten GüKG und des HGB dar. Es soll jedoch nicht versäumt werden, auf die – jetzt rechtshistorischen – Ausführungen von *de la Motte* in der ersten Auflage ausdrücklich zu verweisen. Die damals vertretenen Ansichten haben im heutigen HGB für vielfältige Klarstellungen gesorgt.

Vor Art. 1 Präambel

a) Störungen der Beförderungsleistung 47
b) Störungen der Entgeltleistung 48
6. Einfluss von Störungen der Beförderungsleistung auf den Frachtanspruch: Art. 23 Abs. 4 CMR 49
   a) Wegfall des Frachtanspruchs 49
   b) Rückforderung des Vorausgezahlten als eigenständiger Anspruch aus internationalem Einheitsrecht 50
IV. **Abgrenzung gegenüber anderen Verkehrsverträgen** 56
1. Oberbegriff Verkehrsvertrag 56
2. Fracht- und verwandte Verträge 58

a) Frachtvertrag 58
b) Miete des Beförderungsmittels .. 59
c) Charter 60
d) Lohnfuhr 61
e) Schleppvertrag 62
f) Abfallbeseitigung, Entsorgung... 63
3. Abgrenzung Fracht-/ Speditionsvertrag 64
   a) Schwierigkeiten in der Praxis 64
   b) Zwei Spediteurbegriffe: HGB und ADSp 70
   c) ADSp-Vertrag 74
   d) Abgrenzung ADSp/CMR 77
V. **Auslegung und Lückenfüllung** 86

I. Entstehungsgeschichte der CMR

1 Heute sagt man Infrastruktur, das schlichte Wort Verkehr tut es aber auch – freilich mit allem, was dazugehört, wie Transportmitteln, Transportwegen, Umschlagseinrichtungen und Lagermöglichkeiten usw. Ohne (Güter-)Verkehr keine Wirtschaft, eins bedingt das andere. Mehr Güter als für den eigenen Bedarf werden nur dann gewonnen, hergestellt und verkauft, wenn sie an einen anderen Ort zum Ge- oder Verbrauch befördert werden können. Das Beförderungsmittel, das auf diese Weise die industrielle Revolution des vorigen Jahrhunderts ermöglicht hatte, war die Eisenbahn. 1835 begann die erste deutsche Eisenbahn zwischen Nürnberg und Fürth ihren Betrieb. Überall in Deutschland und in Europa wurden Eisenbahnen gebaut, und bald wuchs das Netz in Deutschland und unter den mitteleuropäischen Staaten zusammen. Am 14.10.1890 wurde das erste internationale Übereinkommen über den Eisenbahnfrachtverkehr (CIM) geschlossen, das das Güterbeförderungsrecht international vereinheitlichte. Am 15.8.1924 folgten das Brüsseler Übereinkommen zur Vereinheitlichung gewisser Regeln über Konnossementes, die sog. Haager Regeln, die der Seefahrt weltweit eine einheitliche Rechtsgrundlage verschafften, und am 12.10.1929 das Abkommen zur Vereinheitlichung von Regeln über die Beförderung im internationalen Luftverkehr (Warschauer Abkommen, WA).

Dem Straßenverkehr fehlte bis dahin noch die Infrastruktur, es gab noch nicht die für nennenswerte Güterbeförderung erforderlichen LKW und Landstraßen. Nach der Überlandverkehrsordnung von 1931, einer Notverordnung, regelten das Güterfernverkehrsgesetz von 1935 und die darauf 1936 erlassene Kraftverkehrsordnung (KVO) den Straßengüterfernverkehr in Deutschland ordnungs- und privatrechtlich. Eine internationale Rechtsvereinheitlichung verhinderte der Zweite Weltkrieg.

Präambel **Vor Art. 1**

Zur Entstehungsgeschichte der CMR:[2] 2

Am 29.3.1948 regte das Internationale Institut für die Vereinheitlichung des Privatrechts (Unidroit) Beratungen über Privatrechtsfragen im Zusammenhang mit der internationalen Straßengüterbeförderung an. Unter Vorsitz des schwedischen Delegierten *Bagge* tagte eine Arbeitsgruppe, die zunächst aus dem Institut Unidroit, der Internationalen Handelskammer und der Internationalen Straßentransport-Union (*International Road Transport Union*, IRU) bestand, später stieß noch der Internationale Transport-Versicherungs-Verband hinzu (*International Union of Marine Insurance*, IUMI). Diese Arbeiten griff bald die Wirtschaftskommission der Vereinten Nationen für Europa (*Economic Commission for Europe*, ECE) im Rahmen einer Arbeitsgruppe des Unterausschusses Straßenverkehr des Binnenverkehrsausschusses auf und setzte in ihrer fünften Tagung (4.–7.2.1952) ein engeres Komitee ein, das am 21.12.1953 einen Bericht samt Vorentwurf vorlegte; TRANS/WP9/22. Dieser Vorentwurf samt verschiedener Regierungsstellungnahmen bildete die Grundlage für die weiteren Tagungen einer besonderen Arbeitsgruppe der ECE, in denen der endgültige Wortlaut des Übereinkommens über den Beförderungsvertrag im grenzüberschreitenden Straßengüterverkehr (*Convention on the Contrat for the International Carriage of Goods by Road, Convention relative au Contrat de transport international de marchandises par route*, CMR) ausgearbeitet wurde.

Die Tagungen der besonderen Arbeitsgruppe vom 12.–28.4.1955 und vom 3
12.–19.5.1956 fanden unter Vorsitz des schwedischen Delegierten *von Sydow* statt (TRANS/152, TRANS/WP9/32 und TRANS/168, TRANS/WP9/35). Teilgenommen haben die Vertreter von 11 bzw. 15 Staaten sowie Beobachter internationaler Organisationen, wie z.B. Unidroit, Internationale Handelskammer, Internationale Straßentransport-Union. Am 19.5.1956 wurde das Übereinkommen in der Sondertagung des Binnenverkehrsausschusses der ECE zur Unterzeichnung aufgelegt und unterzeichnet durch die Bundesrepublik Deutschland, Frankreich, Jugoslawien, Luxemburg, Niederlande, Österreich, Polen, Schweden und Schweiz.

Die CMR ist in einer Urschrift in englischer und französischer Sprache verfaßt, 4
wobei jeder Wortlaut gleichermaßen verbindlich ist (Art. 51 Abs. 3 CMR). Die deutsche Fassung ist, wie bei solchen Staatsverträgen üblich, für die Staaten des deutschen Sprachraums – damals noch ohne DDR nur zwischen der Bundesrepublik Deutschland, Österreich und der Schweiz[3] – gemeinsam ausgearbeitet worden und insofern eine zwar nicht verbindliche, aber amtliche Übersetzung. Diese Arbeiten sind vom 17.–24.7.1956 in München und am 16. und 17.8.1956 in Bern verrichtet worden.[4]

Völkerrechtlich ist die CMR am 2.7.1961 in Kraft getreten nach Hinterlegung 5
der ersten fünf Ratifikationsurkunden von Frankreich, Italien, Jugoslawien, Nie-

---

2 Die hier (Rdn. 2–5) folgende Entstehungsgeschichte der CMR ist *Loewe*, ETR 1976, 503 ff., entnommen, ferner ist eine persönliche Zuschrift von Prof. *Loewe* vom 15.12.1992 verwertet.
3 Denkschrift, S. 34.
4 *Loewe*, Hat sich die CMR bewährt?, CMR-Colloquium 1987, S. 12.

Vor Art. 1 Präambel

derlande und Österreich. Die Bundesrepublik Deutschland hat die CMR durch Gesetz vom 16.8.1961 ratifiziert.[5] Für die Bundesrepublik Deutschland ist die CMR in Kraft getreten am 5.2.1962. Beide Daten des Inkrafttretens sind bekannt gegeben worden durch das Auswärtige Amt am 28.12.1961.[6]

6 Für Änderungen der CMR ist in Art. 49 ein Verfahren vereinbart worden, wie es bei solchen Staatsverträgen üblich ist.[7] Jede Vertragspartei kann die Einberufung einer Revisionskonferenz verlangen, der Generalsekretär der Vereinten Nationen teilt dieses Verlangen allen Vertragsparteien mit, und wenn binnen vier Monaten seit dieser Mitteilung mindestens ein Viertel der Vertragsparteien zustimmt, hat er die Revisionskonferenz einzuberufen. Eine solche Revisionskonferenz hat bis jetzt einmal stattgefunden. Durch Protokoll vom 5.7.1978 ist Art. 23 Abs. 3 geändert und sind die Abs. 7–9 hinzugefügt worden. Dadurch wurde die Bemessung der Höchsthaftung von bis dahin 25 Goldfranken (Gewicht 10/31 Gramm, Feingehalt 0,900) in 8,33 Sonderziehungsrechte (SZR) geändert. Das Protokoll ist für die Bundesrepublik Deutschland in Kraft getreten am 28.12.1980.[8] Das Goldfrankenumrechnungsgesetz vom 9.6.1980,[9] mit dem das Protokoll vom 5.7.1978 ratifiziert wurde, hat diese Änderungen des Art. 23 innerstaatlich aber schon vom 14.6.1980 an in Kraft gesetzt.[10]

7 Der Geltungsbereich des Übereinkommens vom 19.5.1956 über den Beförderungsvertrag im Internationale Straßengüterverkehr (CMR) und des Protokolls vom 5.7.1978 ist (in alphabetischer Reihenfolge) in folgenden Staaten in Kraft:[11]

Vertragsstaaten:	Übereinkommen in Kraft am:	Protokoll in Kraft am:
Albanien	18.10.2006	12.04.2007
Armenien	07.09.2006	07.09.2006
Aserbaidschan	17.12.2006	
Belarus	04.07.1993	27.10.2008
Belgien	17.12.1962	04.09.1983
Bosnien und Herzegowina	06.03.1992	
Bulgarien	18.01.1978	
Dänemark	26.09.1965	28.12.1980
Deutschland	05.02.1962	28.12.1980
Estland	01.08.1993	17.03.1994
Finnland	25.09.1973	28.12.1980

---

5 BGBl. 1961 II, S. 1119.
6 BGBl. 1962 II, S. 12; vgl. *Loewe*, ETR 1976, 503, 505; *Decker*, Anm. 2 und 3; *Glöckner*, CMR, Einleitung Rdn. 8. – Tabelle der Vertragsstaaten siehe Rdn. 7.
7 Zu den Reformansätzen vgl. MünchKommHGB/*Jesser-Huß*, Einleitung CMR Rdn. 33 und 34.
8 BGBl. 1980 II, S. 1443.
9 BGBl. 1980 II, S. 721.
10 Näheres siehe Art. 23 CMR Rdn. 12.
11 *Herber*, auf der Internetseite der Deutschen Gesellschaft für Transportrecht, in der jeweils aktuellsten Fassung: www.transportrecht.org; vgl. auch Fundstellennachweis B im Bundesgesetzblatt II jeweils am Jahresende.

Präambel **Vor Art. 1**

Vertragsstaaten:	Übereinkommen in Kraft am:	Protokoll in Kraft am:
Frankreich	02.07.1961	13.07.1982
Georgien	02.11.1999	02.11.1999
Griechenland	22.08.1977	14.08.1985
Iran	16.12.1998	16.12.1998
Irland	01.05.1991	01.05.1991
Italien	02.07.1961	16.12.1982
Jordanien	11.02.2009	11.02.2009
Jugoslawien, ehemaliges	02.07.1961	
Kasachstan	15.10.1995	
Kirgisistan	01.07.1998	01.07.1998
Kroatien	08.10.1991	
Lettland	14.04.1994	14.04.1994
Libanon	20.06.2006	20.06.2006
Litauen	15.06.1993	15.06.1993
Luxemburg	19.07.1964	28.12.1980
Malta	20.03.2008	20.03.2008
Marokko	24.05.1995	
Mazedonien, ehemalige jugoslawische Republik	17.09.1991	18.09.1997
Moldau, Republik	24.08.1993	29.08.2007
Mongolei	17.12.2003	
Montenegro	03.06.2006	
Niederlande	02.07.1961	28.04.1986
Norwegen	29.09.1969	28.11.1984
Österreich	02.07.1961	20.05.1981
Polen	11.09.1962	21.02.2011
Portugal	21.12.1969	20.11.1989
Rumänien	23.04.1973	02.08.1981
Russische Föderation	01.12.1983	
Schweden	01.07.1969	29.07.1985
Schweiz	28.05.1970	08.01.1984
Serbien	27.04.1992	
Slowakei	01.01.1993	20.05.2008
Slowenien	25.06.1991	
Sowjetunion, ehemalige	01.12.1983	
Spanien	13.05.1974	09.01.1983
Syrien	09.12.2008	
Tadschikistan	10.12.1996	
Tschechische Republik	01.01.1993	27.09.2006
Tschechoslowakei, ehemalige	03.12.1974	
Tunesien	24.04.1994	24.04.1994
Türkei	31.10.1995	31.10.1995
Turkmenistan	17.12.1996	17.12.1996
Ukraine	17.05.2007	
Ungarn	28.07.1970	16.09.1990
Usbekistan	27.12.1995	25.02.1997
Vereinigtes Königreich	19.10.1967	28.12.1980
Zypern	30.09.2003	30.09.2003

Vor Art. 1 Präambel

Besonders hinzuweisen ist auf die Tatsache, dass die CMR nicht gilt für Transporte zwischen Irland und dem Vereinigten Königreich.[12]

II. Gegenstand des Übereinkommens

8 Gegenstand des Übereinkommens sind einheitliche Regeln über den Beförderungsvertrag im internationalen Straßengüterverkehr. Das bedeutet:

1. Zivilrecht

9 Es handelt sich um Vertragsrecht, also um Bürgerliches oder Zivilrecht, nicht um Ordnungsrecht. Das innerdeutsche Straßengüterbeförderungsrecht hat einen anderen, nämlich in erster Linie ordnungsrechtlichen Ansatz. Das GüKG erfasst in § 1 den Tatbestand Straßengüterbeförderung als solchen und unterteilt dann in Beförderung für andere und in Beförderung für eigene Zwecke.

10 Die CMR hingegen setzt einen zivilrechtlich gültigen Vertragsschluss voraus und regelt dann bestimmte Teile des Vertragsinhalts (dazu näher unter Rdn. 24). Die Präambel betont, dass die CMR insbes. die in diesem Verkehr verwendeten Urkunden – das meint in erster Linie den Frachtbrief[13] – und die Haftung des Frachtführers regelt. Zwingend gelten indessen alle Vorschriften der CMR außer denen über das Innenverhältnis zwischen aufeinanderfolgenden Frachtführern.[14]

2. Ordnungsrecht außerhalb der CMR

11 Die CMR enthält kein Ordnungsrecht, regelt also nicht, wer unter welchen Voraussetzungen wie oft mit welchen Kraftfahrzeugen grenzüberschreitende Beförderungen ausführen darf.

12 Mit Inkrafttreten des Europäischen Binnenmarktes am 1.1.1993 sind alle quantitativen, also mengenmäßigen Beschränkungen weggefallen, insbes. die Konzessionierung (Genehmigung) und jede Kontingentierung (Höchstzahlen).[15] Nach Art. 3 dieser sog. Gemeinschaftslizenzverordnung vom 26.3.1992 unterliegt der grenzüberschreitende Straßengüterverkehr innerhalb der EWG einer Gemeinschaftslizenz. Diese wird von den Mitgliedstaaten jedem gewerblichen Güterkraftverkehrsunternehmer erteilt, der in einem Mitgliedstaat niedergelassen und

---

12 BGBl. 1970 II, S. 793, BGBl. 1972 II, S. 684; BGBl. 1982 II, S. 639; BGBl. 1987 II, S. 187; *Helm*, in: Großkomm. HGB, Art. 1 CMR Rdn. 15; *Boesche*, in: EBJS, Vor Art. 1 CMR Rdn. 3.
13 Art. 4ff. CMR.
14 Art. 40, 41 CMR.
15 Verordnung [EWG], Nr. 1841/88 des Rates, 21.6.1988 und Verordnung [EWG], Nr. 881/92 des Rates, 26.3.1992 und ABl. EG, Nr. L 95/1, 9.4.1992, abgedruckt bei *Hein/Eichhoff/Pukall/Krien*, Güterkraftverkehrsrecht, J 215.

in diesem Mitgliedstaat gem. den Vorschriften über den Marktzugang (Zugang zum Beruf des Verkehrsunternehmers) zur Durchführung grenzüberschreitenden Güterkraftverkehrs berechtigt ist. Die Gemeinschaftslizenz wird für fünf Jahre ausgestellt und kann erneuert werden.[16] Die Gemeinschaftslizenz wird in Deutschland von der Erlaubnisbehörde erteilt. Welche Behörde Erlaubnisbehörde ist, bestimmt die jeweils zuständige Landesregierung gem. § 3 Abs. 7 GüKG. Das Original der Gemeinschaftslizenz bewahrt der Unternehmer auf. Zur Mitführung auf jeder Fahrt werden dem Unternehmer so viele beglaubigte Abschriften der Gemeinschaftslizenz ausgestellt, wie ihm Fahrzeuge als volles Eigentum oder aufgrund bestimmten anderen Rechts zur Verfügung stehen (Art. 5 der Gemeinschaftslizenzverordnung). Wegen des Marktzugangs siehe Rdn. 13.

3. Marktzugangsrecht außerhalb der CMR

Vom Inkrafttreten des Europäischen Binnenmarktes am 1.1.1993 an gibt es nur noch eine auf qualitativen Kriterien beruhende Marktzugangsregelung.[17] Diese Kriterien sind Zuverlässigkeit, finanzielle Leistungsfähigkeit und fachliche Eignung.   13

a) Zuverlässigkeit des Unternehmers oder Geschäftsführers

Nach § 1 Berufszugangs-Verordnung für den Güterkraftverkehr muss davon ausgegangen werden können, dass Unternehmer oder Geschäftsführer das Unternehmen unter Beachtung der für den Straßengüterverkehr geltenden Vorschriften führen sowie die Allgemeinheit bei dem Betrieb des Unternehmens vor Schäden und Gefahren bewahren; sie dürfen nicht rechtskräftig verurteilt sein wegen schwerer Verstöße gegen strafrechtliche Vorschriften einschließlich des Wirtschaftsstrafrechts; sie dürfen keine schweren und wiederholten Verstöße begangen haben u.a. gegen arbeits- und sozialrechtliche Pflichten, insbes. über die Lenk- und Ruhezeiten des Fahrpersonals, gegen Vorschriften über Verkehrs- und Betriebssicherheit, gegen Vorschriften des GüKG oder auf diesem beruhenden Rechtsverordnungen, gegen steuerliche Pflichten, gegen umweltschützende Vorschriften, insbes. des Abfall- und Emissionsschutzrechts.   14

b) Finanzielle Leistungsfähigkeit des Betriebs

Nach § 2 Berufszugangs-Verordnung für den Güterkraftverkehr ist der Betrieb finanziell leistungsfähig, wenn die zur ordnungsmäßigen Betriebsführung erforderlichen finanziellen Mittel verfügbar sind. Geprüft wird das anhand des Jahresabschlusses, sonst einer Vermögensübersicht; dabei sind u.a. maßgebend die verfügbaren Finanzmittel einschließlich Bankguthaben, als Sicherheit verfügbare   15

---

16 Art. 6 der Gemeinschaftslizenzverordnung.
17 §§ 10, 83 GüKG i.V. m. der Berufszugangs-Verordnung GüKG, 3.5.1991 (BGBl. 1991 I, S. 1068), abgedruckt bei *Hein/Eichhoff/Pukall/Krien*, Güterkraftverkehrsrecht, C 138.

Mittel, Betriebskapital, Belastung des Betriebsvermögens. Die finanzielle Leistungsfähigkeit ist nicht gewährleistet, wenn erhebliche Steuerrückstände bestehen oder das Eigenkapital und die Reserven weniger betragen als 9000 Euro für das erste und 5000 Euro für jedes weitere der vom Unternehmen eingesetzten Fahrzeuge.[18]

c) Fachliche Eignung des Unternehmers oder Geschäftsführers

16 Nach §§ 3 ff. Berufszugangs-Verordnung für den Güterkraftverkehr ist fachlich geeignet, wer über die erforderlichen Kenntnisse verfügt, z. B. über in der Anlage 3 der Verordnung aufgeführte Prüfungsgegenstände, nämlich die Sachgebiete Recht, kaufmännische und finanzielle Verwaltung, technische Normen und technischer Betrieb, Straßenverkehrssicherheit, grenzüberschreitender Güterkraftverkehr. Die fachliche Eignung wird durch eine Prüfung oder durch mindestens fünf Jahre leitende Tätigkeit in Unternehmen des gewerblichen Güterkraftverkehrs oder in Speditionsunternehmen, welche gewerblichen Güterkraftverkehr betreiben, nachgewiesen.

III. Beförderungsvertrag

1. Begriff

a) National

17 Der Beförderungsvertrag ganz allgemein und als solcher ist heute einheitlich (mit Ausnahme des Seerechts) in § 407 HGB definiert worden.

b) International

18 International besteht die Zersplitterung fort. Je nach der Besonderheit des jeweiligen Beförderungsmittels und der Art seiner Verwendung bestehen international Sonderregelungen (Rdn. 1).

c) Ergebnis für CMR

19 Die rechtliche Regelung des Verkehrs insgesamt ist ganz bunt und vielgestaltig entsprechend den jeweiligen Bedürfnissen. Von der rechtlichen Regelung in ihrer Gesamtheit zu unterscheiden ist das einzelne Rechtsinstitut als solches. In den deutschen Rechtsregelungen kommen fast einheitlich die Wörter Frachtgeschäft, Frachtvertrag, Frachtführer vor, ggf. heißt es Luftfrachtführer oder Verfrachter, im Landfrachtrecht ist einheitlich vom Frachtvertrag und Frachtführer die Rede. Auch wenn der seerechtliche Verfrachter, der luftrechtliche Luftfrachtführer und

---

18 § 2 Abs. 1 Nr. 2 Berufszugangsverordnung Güterkraftverkehr.

der binnenrechtliche Frachtführer als Rechtsinstitute nebeneinanderstehen, kann man ihnen einen einheitlichen Begriff entnehmen, den man mit Frachtführer nicht falsch und nicht schlecht bezeichnet. Dasselbe gilt entsprechend vom Frachtvertrag. Der allgemeine Begriff Fracht- oder Beförderungsvertrag wäre dann eine zwischen zwei Partnern geschaffene Rechtsbeziehung, durch die jedenfalls der eine Partner (= Frachtführer) die Verpflichtung übernimmt, das Gut zum Bestimmungsort an den Empfänger zu befördern und ihm abzuliefern, und regelmäßig der andere Partner die Verpflichtung zur Frachtzahlung übernimmt.

Diese Begriffe von Fracht- oder Beförderungsvertrag und Frachtführer liegen auch der CMR zugrunde. Für den deutschen, allerdings nicht verbindlichen Wortlaut ergibt sich das nicht nur aus der Überschrift, dem Namen des Übereinkommens, sondern auch aus der Präambel und dem Inbegriff der Regelungen: **20**

– Es ist ein Vertrag
– zwischen zwei Personen,
– wodurch der eine, der Frachtführer, die Verpflichtung übernimmt, das Gut an den Bestimmungsort zu befördern und dort dem Empfänger abzuliefern;
– das geschieht gegen Entgelt, d.h. der andere Partner übernimmt durch den Vertrag die Verpflichtung zur Frachtzahlung.[19]

Arnade[20] geht aus von der Bestimmung „Vertrag über die Beförderung", glaubt indessen, darunter auch einen Speditionsvertrag im Sinne von § 453 HGB fassen zu können. Darin sieht er sich bestärkt dadurch, dass auch die englische und die französische Fassung „contract for the carriage of goods" und „contrat de transport de marchandises" in demselben Sinne doppeldeutig seien. Das ist jedoch nicht der Fall. Der französische Ausdruck „contrat de transport" ist eindeutig ein Vertrag über die Beförderung als Leistung, zu der – und nicht in Bezug auf welche – sich der eine Partner verpflichtet. Spedition ist im Französischen „commission", der Spediteur des § 453 HGB ist im Französischen der „commissionaire de transport". Auch der englische Wortlaut ist eindeutig. „Contract for the carriage" ist ein Vertrag, der die Beförderung zum Leistungsgegenstand hat. Wollte man unter Verwendung der Wörter *contract* und *carriage* den Speditionsvertrag im Sinne von § 453 HGB auf Englisch ausdrücken, müsste man sagen: *contract for the organization of carriage oder contract concerning carriage*. Tatsächlich hat die englische Sprache ein eindeutiges und weltweit benutztes Wort für den Spediteur: *forwarder* oder *forwarding agent*. Das bestätigt die Eindeutigkeit des Ausdrucks *contract for carriage* als Beförderungsvertrag. Nur das entspricht auch dem Inbegriff der rechtlichen Regelungen durch die CMR. **21**

Richtigerweise geht *Arnade* aus von dem Vertrag über die Beförderung, wie sich das aus Name und Überschrift der CMR ergibt. Wenn und weil das aber schon einen eindeutigen Begriff beschreibt, bedarf es nicht mehr des Ausweichens auf den Begriff des Frachtführers. Dieser Begriff ist sekundär. Der Frachtführer wird

---

19 Näheres unter Rdn. 27 ff. und 30 ff.
20 Der Frachtführerbegriff der CMR, TranspR 1992, 341, 342.

in § 425 HGB definiert durch den Typus des Vertrages, den er abschließt, nicht umgekehrt. Richtigerweise stellt auch die CMR den Begriff des Beförderungsvertrags in den Vordergrund, und dann leitet sie die Bezeichnung des einen Partners als Frachtführer daraus ab.

22 Der CMR liegt ein eindeutiger Begriff des Beförderungsvertrags zugrunde: Ein gegenseitiger Vertrag zwischen zwei Personen, durch den die eine sich verpflichtet, das Gut zum Bestimmungsort zu befördern und dort dem Empfänger abzuliefern, und durch den regelmäßig die andere sich verpflichtet, das Entgelt zu zahlen. Erklärtermaßen regelt die CMR aber nicht den Vertrag insgesamt, sondern nur Teile davon, insbes. hinsichtlich der verwendeten Urkunden und der Haftung des Frachtführers (siehe Rdn. 10).

23 Nicht in der CMR behandelt und folglich dem jeweils anwendbaren nationalen Recht überlassen bleiben z.B. Rechts- und Geschäftsfähigkeit der Vertragspartner, Willensmängel, Stellvertretung, Vollmacht, Fristenregelung[21] usw. Ebenfalls nicht in der CMR geregelt sind der Anspruch auf das Beförderungsentgelt (Fracht), das Pfand- und Zurückbehaltungsrecht und die Folgen der Nichterfüllung.[22]

2. Vertrag überhaupt

a) Konsens

24 Die CMR setzt einen Vertrag überhaupt und damit einen gültigen Vertragsschluss voraus. Rechts-, Geschäfts-, Handlungsfähigkeit (Vollmacht, Anscheins-, Duldungsvollmacht) usw. bleiben dem jeweils anwendbaren nationalen Recht überlassen. Jedenfalls setzt sowohl nach nationalem wie internationalem Recht ein gültiger Vertragsschluss zwei übereinstimmende, rechtserhebliche Willenserklärungen voraus. Der Wille muss nach deutschem Recht nicht ausdrücklich erklärt werden, ein Vertrag kann auch stillschweigend oder durch schlüssiges Handeln zustande kommen oder auch ohne Annahmeerklärung, wenn eine solche nach der Verkehrssitte nicht zu erwarten ist (§ 151 BGB).

b) Kein Formalvertrag

25 Nicht erforderlich ist die Einhaltung einer bestimmten Form, etwa der Ausstellung (und Begebung) des Frachtbriefs. Nach Art. 4 CMR ist die Ausstellung (und Begebung) eines Frachtbriefs für die Gültigkeit des Beförderungsvertrags nicht konstitutiv notwendig.[23]

---

21 Vgl. aber Art. 32 Abs. 1 letzter Satz CMR.
22 *Boesche*, in: EBJS, Vor Art. 1 CMR Rdn. 7.
23 Im Einzelnen siehe zu Art. 4 CMR Rdn. 1, 2, 10, 25 und Art. 5 CMR Rdn. 1.

c) Kein Realvertrag

Anders als im früheren Recht (§ 61 EVO und § 15 KVO) ist nach der CMR auch **26** die Übergabe des Gutes nicht konstitutiv erforderlich für den Abschluss des Beförderungsvertrags. Die CMR unterscheidet nicht zwischen Wagenstellungsvertrag (früher geregelt in § 14 KVO) und anschließendem Beförderungsvertrag, sondern begnügt sich mit dem auf Beförderung als Leistung des Auftragnehmers gerichteten Konsens. Was innerdeutsch Wagenstellungsvertrag war, war und ist nach CMR bereits Beförderungsvertrag.[24]

3. Leistung: Beförderung, Ablieferung

a) Beförderung

Beförderung ist Ortsveränderung von Personen oder Sachen, hier allerdings von **27** Gütern; wegen des Begriffs Güter siehe zu Art. 1 Rdn. 3. Richtung und Weite (Entfernung) der Ortsveränderung spielen keine Rolle. Den Begriff der Beförderung erfüllt auch das Tragen von Möbeln, Geräten, Maschinen o. Ä. von einem Raum in den daneben liegenden oder von einem Stockwerk in ein anderes; Beispiel: Trageumzug.[25] Auch mit welchen Mitteln die Ortsveränderung bewirkt wird, bleibt für den Begriff der Beförderung gleich, auch der Gepäckträger am Bahnhof oder Flughafen leistet Beförderung.[26] Im Rahmen der CMR ist allerdings das Beförderungsmittel nicht gleichgültig – die CMR regelt die Straßengüterbeförderung, d.h., die Beförderung mittels Kraftfahrzeugs (zu den Begriffen Fahrzeug und Kraftfahrzeug siehe Art. 1 CMR Rdn. 24, 25).

b) Ablieferung

Das Weiden einer Herde ist Ortsveränderung, aber nicht Beförderung; auch das **28** Treiben einer Herde zur Übernachtung in Stall oder Pferch ist Ortsveränderung, aber keine Beförderung. Zur Beförderung gehört die Ablieferung an den Empfänger. Die Ablieferung an den Empfänger am Bestimmungsort ist die eigentliche, die Hauptleistung des Frachtführers aufgrund des Beförderungsvertrags. Anders als das Weiden einer Herde kann deshalb das Treiben einer Herde, z.B. Rinder im Wilden Westen zur Bahnstation, Beförderung und Ablieferung an einen Empfänger sein, z.B. einen Viehhändler. Weil die Ablieferung an den Empfänger am Bestimmungsort die eigentliche Verpflichtung und Leistung des Frachtführers ist, gehört der Frachtvertrag zum Typus des Werkvertrags, die Ablieferung ist der geschuldete Erfolg.[27] Ergänzend finden deshalb, wenn deutsches

---

24 Zur Rechtsnatur des Beförderungsvertrags nach der CMR s. Anh. II Rdn. 11, 12; *Helm*, in: Großkomm. HGB, Art. 4 CMR Rdn. 2; *Koller*, Art. 4 CMR Rdn. 1; *Piper*, S. 151, Rdn. 316.
25 Vgl. *Bischof*, GüKUMT, S. 26, Anm. 21.
26 *Helm*, in: Großkomm. HGB, § 425 HGB Rdn. 33; Baumbach/Hopt/*Merkt*, § 425 HGB Rdn. 3.
27 *Helm*, in: Großkomm. HGB, § 425 HGB Rdn. 51; *Koller*, § 425 HGB Rdn. 15.

Vor Art. 1 Präambel

Recht gilt, die Vorschriften über den Werkvertrag Anwendung. Die Vorschriften über Gewährleistung, Mängel, Schadensersatz, Verspätung, Unternehmerpfandrecht werden zwar durch die frachtrechtlichen Sondervorschriften der CMR und des HGB verdrängt, Anwendung finden aber insbes. die Vorschriften der §§ 632, 641, 646, 644 BGB über den Werklohn, die Vergütung, die Gegenleistung des Absenders, weil CMR und HGB darüber keine Regelung enthalten.[28]

Die körperliche Ortsveränderung ist nicht möglich ohne körperliche Einwirkung auf das Gut: Jemand muss das Gut auf das Fahrzeug laden, jemand muss das Fahrzeug fahren, jemand muss das Gut entladen. Der Frachtführer oder Erfüllungsgehilfen müssen das Gut in Obhut nehmen.[29] Außerdem enthält der Frachtvertrag Geschäftsbesorgungselemente, z.B. Art. 14 Abs. 2, Art. 16 Abs. 2 und Abs. 3 CMR.[30]

c) Vertrag zugunsten Dritter

29 Weil regelmäßig, aber nicht notwendigerweise, der Empfänger eine andere Person als Absender und Frachtführer ist, ist er Dritter. Der Frachtvertrag ist deshalb Vertrag zugunsten Dritter, weil der Empfänger in bestimmter Weise begünstigt und berechtigt ist (vgl. dazu im Einzelnen Art. 12 Rdn. 29 ff. und Art. 13 Rdn. 12 ff.). Absender und Empfänger können ein und dieselbe Person sein, wenn nämlich bei einem Kauf ab Werk (Incoterms 1990 EXW) der Käufer den Frachtführer mit der Abholung beauftragt; der Käufer ist dann Absender und Empfänger zugleich. Er hat die Rechte und Pflichten beider gegenüber dem Frachtführer. Im Zweifel geht die jeweils stärkere Rechtsposition vor. Das ist meistens die des Absenders als des Vertragspartners (anders bei der Rüge des Empfängers, vgl. dazu Art. 30 Rdn. 13). Wenn der Absender/Empfänger dem Frachtführer einen anderen Empfänger (= Zweitempfänger) benannt hat, handelt er dabei im Zweifel in seiner Absenderfunktion, der benannte Zweitempfänger[31] wäre neuer vertragsmäßiger Empfänger und könnte als solcher nach Art. 12 Abs. 2 CMR einen abermals neuen Empfänger (= Drittempfänger) benennen, ohne daran durch Art. 12 Abs. 4 CMR gehindert zu sein.[32]

4. Gegenleistung: Fracht

a) Fracht

30 Der Frachtführer ist Kaufmann, denn er betreibt i.d.R. seine Geschäfte als Handelsgewerbe, § 1 HGB. Der Frachtvertrag ist gegenseitig, entgeltlich. Das Entgelt heißt Fracht, § 407 HGB, Art. 6 Abs. 1 lit. i) CMR. Die Fracht schuldet regelmä-

---

28 Vgl. dazu Rdn. 30 ff., insbes. Rdn. 37.
29 Vgl. dazu Rdn. 58 und Art. 17 CMR Rdn. 3, 4 ff., 9 ff., 12.
30 Vgl. die Erläuterungen dort und Rdn. 34 ff.
31 Art. 12 Abs. 1 CMR.
32 Vgl. Art. 12 Rdn. 38.

ßig der Vertragspartner des Frachtführers, er heißt Absender, § 407 Abs. 2 HGB, Art. 5 CMR.

Das schließt nicht aus, dass im Einzelfall ein anderer als der Absender und Vertragspartner des Frachtführers sich zur Frachtzahlung verpflichtet, sei es nach Abschluss des Frachtvertrags kumulativ – dann wohl regelmäßig gesamtschuldnerisch –, sei es privativ – ganz oder teilweise –, sei es ursprünglich bei Abschluss des Frachtvertrags unter den drei Beteiligten: Frachtführer, Absender (Auftraggeber und Leistungsberechtigter) und Frachtschuldner. Praktische Fälle solcher Art sind Diplomaten- oder Beamtenumzüge wie überhaupt der Umzug eines Mitarbeiters, wenn der Arbeitgeber die Umzugskosten übernimmt. Alle zivilrechtlichen Gestaltungsmöglichkeiten kommen vor und sind auch außerhalb von Umzügen bei normalem Kaufmannsgut denkbar. Notfalls muss durch Auslegung ermittelt werden, wer Absender, d.h. Vertragspartner des Frachtführers ist, wer Frachtschuldner und ob dieser dem Frachtführer gegenüber unmittelbar die Frachtschuld übernommen hatte.[33] 31

b) Standgeld

Art. 6 Abs. 1 lit. i) CMR spricht im Zusammenhang mit den Angaben, die der Frachtbrief enthalten muss, von den mit der Beförderung verbundenen Kosten, einem Oberbegriff, der, Fracht, Nebengebühren, Zölle und andere anfallende Kosten ausdrücklich umfasst. Der Begriff Kosten ist damit nicht auf den Aufwendungsersatz des Frachtführers nach § 420 Abs. 1 HGB und des Beauftragten nach §§ 675, 670 BGB beschränkt,[34] sondern betrifft ausdrücklich auch die Fracht als vom Absender geschuldete Gegenleistung. Der Begriff Standgeld selbst ist der CMR fremd.[35] 32

Er stammte früher aus dem deutschen Tarifrecht (vgl. z.B. § 14 Abs. 5–8 KVO – Vergütung für die Bereitstellung eines Fahrzeuges aufgrund Wagenstellungsvertrags, das unbenutzt zurückgegeben wird, VII Nebengebührentarif, Teil II/5 des GFT[36]). Standgeld war früher unter Tarifgeltung daher nicht etwa pauschalierter Schadensersatz für entgangene Fracht – es kam nicht darauf an, ob und welche Geschäfte mit welchem Gewinn dem Frachtführer entgangen waren –, sondern Entgelt für die Leistung des Frachtführers, die durch Warten zusätzlich zu der sonst vertragsmäßig geschuldeten Beförderungsleistung erbracht wird.

Heute ist der Begriff des Standgeldes in § 412 Abs. 3 HGB aufgenommen worden.[37] Es handelt sich dabei um die angemessene Vergütung, die der Frachtführer verlangen kann, wenn er über die vereinbarte und/oder angemessene Lade- oder

---

33 Vgl. *Bischof*, § 1 GüKUMT, Anm. 35; vgl. ferner Anh. I Rdn. 33.
34 Vgl. Rdn. 34 ff., insbes. 35.
35 *Koller*, Vor Art. 1 CMR Rdn. 14 verweist aber mit Recht auf die Regelungen in Art. 10, 11 Abs. 2, 14, 15 und 16 Abs. 1 CMR.
36 *Hein/Eichhoff/Pukall/Krien*, Güterkraftverkehrsrecht, C 525.
37 Begründung zum Regierungsentwurf des TRG, BR-Drucks. 368/97, S. 44.

Vor Art. 1 Präambel

Entladezeit hinaus an der Lade- oder Entladestelle warten muss.[38] In der Praxis werden Standgeldvereinbarungen bei Abschluss des Beförderungsvertrages weniger häufig zwischen gewerblichen Versendern und Spediteuren/Frachtführern geschlossen, häufiger jedoch zwischen Spediteuren/Frachtführern und Frachtführern.

c) Tariffreiheit

33 Die EWG-Tarifverordnung war zuletzt nochmals um ein Jahr über den 31.12.1988 hinaus verlängert worden, zugleich wurden die obligatorischen Tarife auf das Referenztarifsystem umgestellt. Seit dem 1.1.1989 gab es also nur noch Tarifempfehlungen.[39] Ein Jahr später hat der Rat sodann sämtliche Tarife im grenzüberschreitenden Straßengüterverkehr aufgehoben. Art. 2 der Verordnung (EWG) Nr. 4058/89 vom 21.12.1989, ABl. Nr. L 390/1 vom 30.12.1989[40] regelt: „Die Entgelte für Beförderungen gem. Art. 1 werden ab 1.1.1990 in freier Preisbildung zwischen den Vertragspartnern vereinbart." Art. 1 der Verordnung bestimmt, die Verordnung gelte für den gewerblichen Güterkraftverkehr zwischen den Mitgliedstaaten, und zwar auch dann, wenn die Beförderung auf einer Teilstrecke im Transitverkehr durch ein Drittland erfolge oder mit einem Straßenfahrzeug stattfinde, das ohne Umladung der Güter auf ein anderes Verkehrsmittel verladen werde.

Das Bundesverkehrsministerium hat dem durch Verordnung über die Beförderungsentgelte im grenzüberschreitenden Güterkraftverkehr vom 4.3.1991, BGBl. I, S. 616, entsprochen.[41]

Ist die Fracht nicht ausdrücklich vereinbart, so wird das übliche Entgelt geschuldet (§§ 354 HGB, 632 BGB), hilfsweise das angemessene Entgelt.[42]

d) Nebenkosten

34 Die frei vereinbarte Fracht ist die Gegenleistung für die Leistung des Frachtführers. Sofern nichts anderes vereinbart ist, gilt für die Fracht die vorhersehbare normale Beförderungsleistung des Frachtführers für dieses Gut auf dieser Reise zu dieser Zeit ab. Für Sonder- oder Nebenleistungen kann daneben möglicherweise gesondert eine Vergütung gefordert werden. Zum Teil ergibt sich das aus der CMR selbst, z. B.:

– Art. 7 Abs. 1 lit. a): Kosten infolge unrichtiger Bezeichnung der Empfängeranschrift oder der Ablieferungsstelle,
– Art. 8 Abs. 3: Kosten der Überprüfung von Gewicht oder Menge des Gutes,

---

38 Zur Berechnung vgl. näher *Koller*, § 412 HGB Rdn. 49 und § 415 HGB Rdn. 16.
39 Vgl. dazu *Pirk*, Deregulierung des Preisbildungssystems im grenzüberschreitenden Güterkraftverkehr, TranspR 1989, 54.
40 Abgedruckt bei *Hein/Eichhoff/Pukall/Krien*, Güterkraftverkehrsrecht, J 220.
41 Vgl. dazu *Helm*, Eine sonderbare Rechtsverordnung, TranspR 1992, 95.
42 BGHZ 94, 98, 104; *Koller*, § 407 HGB Rdn. 118.

– Art. 10: Kosten der Verbesserung anfänglich mangelhafter Verpackung des Gutes,
– Art. 12 Abs. 5: Kosten der Ausführung einer Weisung des Verfügungsberechtigten,
– Art. 16 i.V. m. Art. 14 und 15: Kosten der Einholung und Ausführung von Weisungen, der Ausladung und Einlagerung des Gutes im Falle von Beförderungs- oder Ablieferungshindernissen, Kosten des Verkaufs von verderblichem Gut,
– Art. 22 Abs. 2: Kosten der Ausladung und Vernichtung gefährlicher Güter.

Im Einzelnen siehe Erläuterung der vorstehenden Vorschriften.

Die zu vergütenden Sonder- oder Nebenleistungen können bestehen in eigenen Leistungen des Frachtführers – die Vergütung hätte dann Entgeltcharakter – oder in Auslagen oder sonstigen Aufwendungen, wozu auch Opfer und Schäden gehören können – dann handelte es sich um Aufwendungsersatz aus Geschäftsbesorgung. Rechtsgrundlage sind deshalb die Entgeltlichkeit des CMR-Beförderungsvertrags selbst,[43] ferner, soweit deutsches Recht Anwendung findet, § 354 HGB (Entgeltlichkeit handelsgewerblicher Geschäftsbesorgung) und § 420 Abs. 1 HGB (hilfsweise Aufwendungsersatz des Geschäftsbesorgers gem. §§ 675, 670 BGB). Es muss sich um Leistungen handeln, die nicht schon durch die Frachtvereinbarung abgegolten sind und die oder deren Anlass nicht der Frachtführer zu vertreten hat. Leistungen, die oder deren Anlass der verfügungsberechtigte Absender oder Empfänger zu vertreten haben, werden dagegen regelmäßig in Betracht kommen.

Im Einzelnen: Regelmäßig durch die Fracht abgegolten sind beispielsweise Fahrzeugausstattung mit Isolier-, Kühl- oder Tiefkühleinrichtung, mit Ladebordwand, Kran, Pumpe und Schläuchen bei Tankwagen, Gebläse und Schläuchen bei Silofahrzeugen, ferner die Stellung von Containern, Gitterboxen, Paletten und ähnlichen Gefäßen und Geräten sowie von Ladehilfsmitteln wie Ketten, Gurten, Keilen, Planen, Decken usw. – Es ist schwer vorstellbar, dass solche Leistungen vereinbart werden, ohne dass die Vergütung geregelt würde. Tritt der Fall dennoch ein, käme der Grundsatz zum Tragen, dass die vereinbarte Fracht alle vereinbarten und voraussehbaren Leistungen des Frachtführers abgilt, bis zur Grenze der Treuwidrigkeit, wenn es also gegen Treu und Glauben verstieße, dass sich der Absender darauf beruft.

Leistungen zur Transportbegleitung pflegt man besonders zu vereinbaren. Auch hier (vgl. Rdn. 36 am Ende) gilt, dass mangels besonderer Vereinbarung die Fracht alle vereinbarten und voraussehbaren Leistungen des Frachtführers bis zur Grenze der Treuwidrigkeit abgilt. Bei Transportbegleitung ist beispielsweise zu denken an Tierpfleger bei Tiertransporten, an Sicherheitskräfte ggf. mit Begleitfahrzeug bei Transporten in oder durch die GUS-Staaten, aber durchaus

---

43 Vgl. Art. 1 Rdn. 4

Vor Art. 1   Präambel

auch in Mitteleuropa, Begleitung von Großraum- oder Schwertransporten[44] durch Polizei oder auch durch privates Begleitpersonal, private Begleitfahrzeuge ohne oder mit Wechselverkehrszeichenanlage (WVA).[45]

38 Die Kosten für Einholung und Befolgung von Weisungen im Falle von Beförderungs- oder Ablieferungshindernissen kann der Frachtführer nach ausdrücklicher Regelung in Art. 16 Abs. 1 i.V. m. Art. 14 und 15 CMR neben der Fracht gesondert geltend machen.[46] Es genügt, dass für den Frachtführer objektiv ein Beförderungs- oder Ablieferungshindernis vorliegt. Auf Verschulden des verfügungsberechtigten Absenders oder Empfängers kommt es nicht an. Es darf nur der Frachtführer den Umstand, der zu solchen Kosten geführt hat, nicht verschuldet haben.

39 Führen in der CMR nicht geregelte Fälle dazu, dass der Frachtführer Sonder- oder Nebenleistungen erbringt, so hängt die Erstattung dieser Kosten (Eigenleistungen oder Aufwendungen), sofern sie nicht schon durch die Fracht abgegolten sind,[47] einmal davon ab, ob der verfügungsberechtigte Absender oder Empfänger Mitwirkungs-, also Vertragspflichten verletzt oder sonst den anlassgebenden Umstand zu vertreten hat. Zu denken wäre etwa an grundlose Verzögerung der Be- oder Entladung. Ist der Umstand dagegen nicht von Absender oder Empfänger zu vertreten, tritt er vielmehr zufällig von außen auf, so kommt es darauf an, ob der Frachtführer die Sonder- oder Nebenleistung für erforderlich halten durfte, um die Vollendung des Werks, nämlich den Ablauf der Beförderung und die Ablieferung an den Empfänger zu sichern. Hierfür kommen beispielsweise in Betracht Nachbesserung unterwegs mangelhaft gewordener Verpackung (anfängliche Mangelhaftigkeit fällt unter Art. 10 CMR, vgl. dort und oben Rdn. 34) oder unzureichender Befestigung des Gutes, sonstige unvorhersehbare, unterwegs erforderlich werdende Ladungsfürsorge (Nachbeeisung bei temperaturgeführten Transporten), Arbeitsleistung bei zoll-, polizei-, steuer- oder verwaltungsbehördlichen Überprüfungen (Öffnen und Verschließen der Packstücke, Sortieren des Inhalts, Probeentnahme usw.). Die dafür entstehenden Kosten darf der Frachtführer für erforderlich halten[48] und kann sie folglich ersetzt verlangen. Das gilt nur dann nicht, wenn der Aufwand unverhältnismäßig groß wäre und im Missverhältnis zum Wert des Gutes oder zum Betrag der Fracht stände. Wiederum darf der Frachtführer den Umstand, der zu solchen Kosten führt, nicht zu vertreten haben.

40 Etwas Besonderes gilt in Fällen, in denen es um Verzögerung geht, als Sonder- oder Nebenleistung des Frachtführers (z.B. Standgeld) für unvorhersehbaren Aufenthalt in Betracht kommen.[49] Bei Verzögerungen hat der Frachtführer nicht

---

44 § 29 Abs. 3 StVO.
45 § 39 Abs. 1 lit. a) StVO und Ziff. VI, Nr. 7 der Allgemeinen Verwaltungsvorschrift zur StVO; vgl. dazu Merkblatt des Bundesministers für Verkehr in Verkehrs-Blatt 1992, S. 217f. und 1993, S. 788.
46 Rdn. 34 und Erläuterungen zu Art. 14–16 CMR.
47 Vgl. Rdn. 35.
48 §§ 675, 670 BGB.
49 Zu Standgeld vgl. Rdn. 32 und Anh. II Rdn. 63.

nur Vorsatz und Fahrlässigkeit, also Verschulden, zu vertreten – so im Zweifel nach § 276 BGB –, sondern die gesteigerte Sorgfalt im Maßstab des Art. 17 Abs. 2 CMR: die äußerste persönlich und wirtschaftlich zumutbare Sorgfalt.[50] Wenn der Frachtführer für Verzögerungsschäden haftet, die deshalb eintreten, weil er nicht diese äußerste Sorgfalt angewandt hat, dann kann er sich diese Verzögerungen und Aufenthalte nicht als Leistung vergüten lassen.

Die Frachtvereinbarung bei originärem Frachtvertrag ist keine Fixkostenvereinbarung eines Spediteurs im Sinne von § 459 HGB. Diese umfasst nicht nur die Vergütung speditioneller Leistungen, sondern gilt auch die Beförderungsleistung ab, mag die Beförderung normal verlaufen oder auf Hindernisse oder Schwierigkeiten stoßen, deren Überwindung Kosten verursacht. Die Fixkostenvereinbarung deckt bis zur Grenze des „Üblichen" auch Unvorhersehbares ab (vgl. § 459 HGB letzter Halbsatz), die Fracht des CMR-Beförderungsvertrags dagegen „nur" die vereinbarten oder voraussehbaren Leistungen des Frachtführers.   41

e) Fälligkeit der Fracht

Die Fälligkeit der Fracht ist heute in § 420 Abs. 1 HGB geregelt; sie ist bei Ablieferung zu zahlen. Normalerweise ist die Beförderung vollendet mit der Ablieferung an den vertragsmäßigen Empfänger.[51] Ablieferung ist Bereitstellung im Einvernehmen mit dem Empfänger; insoweit hat der Frachtführer bei der Auslieferung des Gutes an den Empfänger mitzuwirken. Vollendet ist die Beförderung dann mit der Übergabe an den Empfänger, und damit ist der Frachtanspruch fällig.[52] Im Falle von Beförderungs- oder Ablieferungshindernissen tritt an die Stelle der Ablieferung das Ablieferungssurrogat Einlagerung. Art. 16 Abs. 2 CMR sagt ausdrücklich, dass damit die Beförderung als beendet gilt. Damit ist Fracht verdient. Freilich hat der Frachtführer nicht voll entsprechend dem Vertrag erfüllt, aber er hat im Sinne des Vertrages eine Teilleistung erbracht: Je näher er räumlich dem vereinbarten Ablieferungsort gekommen ist, einen desto größeren Anteil der vereinbarten Leistung hat er erbracht und folglich die Gegenleistung entsprechend verdient. Früher musste der Rechtsgedanke des § 641 Abs. 1 Satz 2 BGB bemüht werden. Das Werk ist teilweise vollendet, und entsprechend anteilig ist die Fracht verdient. Heute regelt § 420 Abs. 2 HGB, dass dem Frachtführer im Fall von Beförderungs- und Ablieferhindernissen die anteilige Fracht für den zurückgelegten Teil der Beförderung gebührt.   42

Zu vergüten ist also die sog. Distanzfracht, d.h. der der zurückgelegten Beförderungsstrecke im Verhältnis zur vertragsmäßigen Gesamtstrecke entsprechende Anteil. Hat beispielsweise die vertragsmäßige Gesamtstrecke 1200 km betragen und ist die Beförderung nach 800 km Fahrstrecke durch ein nicht vom Frachtführer zu vertretendes Beförderungs- oder Ablieferungshindernis endgültig unmög-

---

50 Vgl. Art. 17 Rdn. 11 und 217.
51 BGH, 27.10.1988 – I ZR 156/86, TranspR 1989, 60, 63; *Helm*, in: Großkomm. HGB, § 425 HGB Rdn. 81; *Koller*, § 425 HGB Rdn. 40; *Lenz*, Rdn. 341; *Alff*, § 425 HGB Rdn. 10.
52 Wegen Ablieferung im Einzelnen siehe Art. 17 CMR Rdn. 20 ff., insbes. 21 und 23.

lich geworden und lagert er dort ein, so hat er zwei Drittel der Vertragsfracht verdient. Lagert der Frachtführer bei sich selbst ein, gilt nun Verwahrungs-, d.h. Lagerrecht (siehe dazu im Einzelnen Art. 16 Rdn. 16).

f) Frachtüberweisung und Nachnahme

43 Der Ausdruck Frachtüberweisung stammt aus dem früheren deutschen Recht (§ 69 Abs. 1 EVO und § 21 Abs. 1 KVO). Danach hat der Absender die Wahl, ob er die Fracht bei Aufgabe des Gutes bezahlen oder auf den Empfänger überweisen will. Frachtüberweisung bedeutet nicht einen Vertrag zwischen Absender und Frachtführer zu Lasten des Empfängers, der die Fracht zahlen soll; einen Vertrag zu Lasten Dritter gibt es nicht.[53] Die Frachtüberweisung hat ihren Grund darin, dass der Frachtführer die Fracht mit Ablieferung an den Empfänger verdient hat (Rdn. 42), dass Gütertransport weithin der Erfüllung von Kaufgeschäften dient und sehr viele Kaufverträge – gerade als Versendungskauf gem. § 447 BGB – die Lieferung auf Rechnung und Gefahr des Käufers enthalten. Dann ist es kaufmännisch einfach und vernünftig, wenn der Käufer, der aufgrund des Kaufvertrages die Beförderung bezahlen soll, in seiner Eigenschaft als Empfänger die Fracht direkt an den Frachtführer zahlt. Gütertransport ist ein kaufmännisches Geschäft, und auf diese Weise wird es am einfachsten abgewickelt.[54]

44 Frachtüberweisung bedeutet daher, dass zwar der Absender als Vertragspartner Frachtschuldner ist und bleibt,[55] dass aber der Frachtführer sich mit der Sorgfalt eines ordentlichen Kaufmannes um Einziehung der Fracht vom Empfänger bemühen soll. Dazu dient ihm die Vorschrift, dass der Empfänger durch Annahme von Gut und Frachtbrief verpflichtet wird, dem Frachtführer nach Maßgabe des Frachtbriefes Zahlung zu leisten.[56] „Nach Maßgabe des Frachtbriefs" oder, wie es in Art. 13 Abs. 2 CMR heißt, „die aus dem Frachtbrief hervorgehenden Kosten" bedeutet nicht, dass der geschuldete Betrag ziffernmäßig im Frachtbrief genannt sein müsste. Es genügt vielmehr, wenn der Frachtbrief den Umfang der Zahlungspflicht des Empfängers durch Bezugnahme auf einen Tarif erkennen lässt.[57] Der zu zahlende Betrag muss sich überhaupt aus dem Frachtbrief ermitteln lassen.[58]

Versäumt der Frachtführer, sich um das Inkasso zu bemühen, kann das die Verletzung einer beförderungsvertraglichen Nebenpflicht sein,[59] die dem Absender

---

53 BGH, 7.12.1959 – II ZR 36/58, VersR 1960, 111; *Willenberg*, § 21 KVO Rdn. 1.
54 Zur Frachtüberweisung insgesamt vgl. *Valder*, Rechtsprobleme bei Unfrei-Sendungen, Der Spediteur 1994, 27.
55 *Helm*, in: Großkomm. HGB, Anm. zu § 21 KVO; *Lenz*, Rdn. 340, 994f.; *Willenberg*, § 21 KVO Rdn. 1f.
56 Art. 13 Abs. 2 CMR, § 25 Abs. 1f. KVO, § 436 HGB.
57 BGH, 13.1.1970 – I ZR 35/69, NJW 1970, 604 mit Literaturhinweisen.
58 Vgl. Art. 13 CMR Rdn. 36; *Helm*, in: Großkomm. HGB, Art. 13 CMR Rdn. 4 und § 436 HGB Rdn. 15; *Koller*, Art. 13 CMR Rdn. 11; *Lenz*, Rdn. 1013; BGH, 25.4.1991 – III ZR 74/90, VersR 1991, 1037, 1038: „die dem Frachtbrief zu entnehmenden Auslagen".
59 *Koller*, § 21 KVO Rdn. 2; *Willenberg*, § 21 KVO Rdn. 3.

jedenfalls ein Leistungsverweigerungsrecht bietet, wenn der Frachtführer von ihm Zahlung verlangt. Absender und Empfänger sind deshalb nicht echte Gesamtschuldner, der Frachtführer hat kein beliebiges Wahlrecht, wen er in Anspruch nehmen will. Untereinander sind Absender und Empfänger regelmäßig gerade nicht zu gleichen Anteilen zur Frachtzahlung verpflichtet, regelmäßig ist im Kaufvertrag etwas anderes bestimmt (vgl. § 426 Abs. 1 BGB). Und wenn einer durch Frachtzahlung den Frachtführer befriedigt, geht die Frachtforderung auch nicht auf ihn über (§ 426 Abs. 2 BGB).[60]

Die Grundsätze über die Frachtüberweisung gelten auch außerhalb der Tarife für Eisenbahn und Güterfernverkehr, also auch für die Beförderungsverträge nach CMR. Das ergibt sich aus dem Grundsatz der Vertragsfreiheit für den Beförderungspreis (Rdn. 33). Üblicherweise wird dafür die Vereinbarung „unfrei" verwandt. Durch die Vereinbarung „unfrei" wird der Frachtführer verpflichtet, sich mit der Sorgfalt eines ordentlichen Frachtführers um die Einziehung der Fracht – und der sonstigen Kosten – vom Empfänger zu bemühen. Er muss den Empfänger also bei Ablieferung vor Übergabe zur Zahlung auffordern. Er kann sein Pfandrecht ausüben und das Gut nur Zug um Zug gegen Frachtzahlung aushändigen (Art. 13 Abs. 2 CMR). Das muss er aber nicht tun. Befinden sich beispielsweise mehrere Partien auf dem LKW und würde das Verbleiben dieser Partie auf dem LKW die Ablieferung und Ausladung der anderen Partien an andere Empfänger behindern oder hat der CMR-Frachtführer bereits eine Rückladung in Aussicht, für deren Beförderung er seinen LKW frei und entladen braucht, so darf er abliefern und übergeben, ohne die Fracht sofort einzuziehen. Er muss dann aber nachträglich dem Empfänger eine Rechnung über die Fracht schicken und ihn zur Zahlung auffordern. Er muss nicht klagen oder einen Rechtsanwalt beauftragen. Misslingt das Inkasso beim Empfänger, so bleibt der Absender als Vertragspartner und Frachtschuldner zahlungspflichtig. **45**

Von der Frachtüberweisung zu unterscheiden ist die *Nachnahme*. Den Nachnahmebetrag *muss* der Frachtführer vom Empfänger *einziehen*, andernfalls darf er das Gut nicht abliefern, insbes. nicht dem Empfänger übergeben,[61] und hat den Wert des Nachnahmebetrages an den Absender auszukehren. Bei der *Frachtüberweisung* hat der Frachtführer sich mit der Sorgfalt eines ordentlichen Kaufmanns um das Inkasso der Fracht und etwaiger sonstiger Kosten beim Empfänger zu *bemühen* und behält alsdann den Betrag.[62] **46**

– Die Nachnahme dient dem – sofortigen – Inkasso zugunsten des Absenders; davon macht der Verkäufer beispielsweise Gebrauch, wenn er den Kaufpreis sofort bezahlt haben möchte. Die Frachtüberweisung dagegen dient der Ver-

---

60 Insoweit *Valder*, Rechtsprobleme bei Unfrei-Sendungen, Der Spediteur 1994, 27; vgl. oben Rdn. 43 a.E., unvollständig.
61 Vgl. zu Art. 21 Rdn. 104.
62 *Valder*, Rechtsprobleme bei Unfrei-Sendungen, Der Spediteur 1994, 27: Mit der Nachnahme zieht der Frachtführer eine fremde Forderung ein, bei Frachtüberweisung eine eigene.

Vor Art. 1 Präambel

einfachung der Abwicklung eines Versendungskaufs auf Rechnung des Käufers.
– Wert-(Kaufpreis-)Nachnahme und Frachtüberweisung können innerhalb desselben Vertrages vereinbart werden; Frachtnachnahme und Frachtüberweisung schließen sich jedoch gegenseitig aus.

5. Leistungsstörungen

a) Störungen der Beförderungsleistung

47 Wegen Totalverlust, Teilverlust, Beschädigung und Lieferfristüberschreitung siehe im Einzelnen Art. 17ff. Die CMR weist bewusst kein geschlossenes System der Leistungsstörungen auf.[63] Liegt eine sonstige Schlechterfüllung oder eine Nebenpflichtverletzung vor, die bei Anwendbarkeit des deutschen nationalen Rechts nach den Regeln der sog. positiven Vertragsverletzung (§ 280 Abs. 1 BGB) zu lösen sind, ist dies dann möglich, wenn die CMR bewusst keine Regelung enthält, wobei aber die Haftungsbegrenzung nach § 433 HGB zu beachten ist.[64] Die Frage, ob ein CMR-Vertrag als absolutes oder relatives Fixgeschäft wirksam geschlossen werden kann, wurde unter Verweis auf die abschließenden Regelungen über die Lieferfristüberschreitung verneint.[65]

b) Störungen der Entgeltleistung

48 Bei Unmöglichkeit, Unvermögen, Verzug der Frachtzahlung richten sich die Rechte und Pflichten der Vertragsparteien nach dem jeweils anwendbaren nationalen Recht. Nach deutschem Recht sind die §§ 420 und 421 HGB sowie die §§ 280ff. und 320ff. BGB zu beachten.[66]

6. Einfluss von Störungen der Beförderungsleistung auf den Frachtanspruch; Art. 23 Abs. 4 CMR

a) Wegfall des Frachtanspruchs

49 Bei Totalverlust des Gutes findet keine Ablieferung statt. Die Fracht ist nicht verdient.[67] Dem Totalverlust ist hier die Totalbeschädigung gleichzustellen, da der Transport für den Empfänger wertlos war. Das Werk-, hier also das Ablieferungsrisiko trägt der Frachtführer, § 644 BGB. Der Anspruch auf Fracht und Nebenkosten entfällt.

---

63 *Herber/Piper*, Vor Art. 1 CMR Rdn. 27; *Koller*, Vor Art. 1 CMR Rdn. 22ff.
64 *Boesche*, in: EBJS, Vor Art. 1 CMR Rdn. 14.
65 OLG Düsseldorf, 7.3.2007 – 18 U 115/06, TranspR 2007, 196.
66 Vgl. im Einzelnen *Boesche*, in: EBJS, Vor Art. 1 CMR Rdn. 20 m.w.N.
67 §§ 641, 646 BGB Rdn. 42.

b) Rückforderung des Vorausgezahlten als eigenständiger Anspruch aus internationalem Einheitsrecht

War die Fracht vorausbezahlt, muss sie folglich zurückerstattet werden. Das schreibt Art. 23 Abs. 4 CMR ausdrücklich vor. Nach deutschem Recht könnte der Anspruch auf Rückzahlung der vorausbezahlten Fracht ein Bereicherungsanspruch sein, und der Frachtführer könnte bei Rechtsfolgeverweisung auf §§ 812 ff. BGB den Einwand des Wegfalls der Bereicherung erheben, § 818 Abs. 3 BGB. Das berücksichtigte indessen nicht genügend den eigenständigen Charakter der Vorschrift des Art. 23 Abs. 4 CMR als internationales Einheitsrecht. Sie sagt ja nicht nur, dass bei Totalverlust der Frachtanspruch ganz und bei Teilverlust anteilig entfällt und vorausbezahlte Fracht zurückzuerstatten ist, sondern sie bestimmt i.V. m. Art. 25 Abs. 1 CMR, der ausdrücklich auch auf Art. 23 Abs. 4 CMR verweist, dass entsprechend anteilig dasselbe bei Beschädigung gilt: Auch bei Beschädigung mindert sich entsprechend der Höhe des Schadens, also der Wertminderung, der Anspruch auf Fracht, und vorausbezahlte Fracht ist dementsprechend anteilig zurückzuerstatten. Dies entspricht nun auch dem deutschen Recht, vgl. § 432 HGB. Der vollständige oder anteilige Rückforderungsanspruch aus Art. 23 Abs. 4 CMR im Falle vorausbezahlter Fracht ist ein auf internationalem Einheitsrecht beruhender, eigenständiger Anspruch, und deshalb kann ihm nicht mit Wegfall der Bereicherung begegnet werden.[68]

Bei Totalverlust ist die Fracht (mit Nebenkosten, siehe Rdn. 54) überhaupt nicht verdient, etwa Vorausbezahltes ist voll zurückzuerstatten, bei Teilverlust und bei Beschädigung anteilig. Bei Frachten, die üblicherweise nach Güterart, Gewicht und Entfernung aufgebaut sind, könnte man bei Teilverlust den zu erstattenden Anteil nach Gewicht rechnen. Weil aber bei Beschädigung das Ausmaß der Wertminderung nach Art. 25 Abs. 1 CMR entscheidend ist, sprechen Gründe einheitlicher Handhabung des Rückforderungsanspruchs dafür, auch bei Teilverlust den Rückforderungsanspruch nach der Wertminderung zu rechnen. Dafür spricht auch, dass der Verlust von Teilen die ganze Sendung entwerten kann.[69] Wenn man den Rückforderungsanspruch bei jeder Art von Güterschaden einheitlich nach dem Grad des Wertverlustes bemisst, gelangt man zu einheitlicher Handhabung. Dem widerspricht es nicht, dass der Rückforderungsanspruch kein Schadensersatzanspruch ist (Rdn. 55). Er wird nur der Höhe nach durch das Ausmaß des Güterschadens bestimmt. Dies entspricht insbes. § 432 HGB, letzter Halbsatz.

Auf den Rückforderungsanspruch finden Art. 31 CMR über den Gerichtsstand und Art. 32 CMR über die Verjährung Anwendung. Sofern nicht Vorsatz oder grobe Fahrlässigkeit vorliegen, beträgt die Verjährungsfrist ein Jahr. Ihr Beginn hängt nicht ab von Charakter und Inhalt des Anspruchs. Die Verjährungsvorschriften des Art. 32 CMR gelten nicht nur für Ansprüche, die ihren Rechtsgrund

---

68 BGH, 14.12.1988 – I ZR 235/86, TranspR 1989, 141 = VersR 1989, 309 = NJW-RR 1989, 481 = RIW 1989, 389.
69 Vgl. zu Art. 23 CMR Rdn. 19.

Vor Art. 1 Präambel

in der CMR oder einem CMR-Beförderungsvertrag haben, sondern für alle Ansprüche,[70] die tatbestandlich-tatsächlich aus einer Beförderung herrühren, wenn nur diese Beförderung der CMR unterliegt.[71] Deshalb fällt darunter auch der Rückforderungsanspruch zuviel gezahlter Fracht gem. Art. 23 Abs. 4 CMR. Und deshalb richtet sich der Beginn der Verjährungsfrist tatbestandlich-tatsächlich nach den in Art. 32 Abs. 1 lit. a) bis c) CMR genannten Tatumständen, mit denen der Frachtrückforderungsanspruch zu tun hat: Wird zuviel bezahlte Fracht zurückgefordert wegen Teilverlust oder Beschädigung, so beginnt die Verjährungsfrist mit der Ablieferung (lit. a), bei Totalverlust mit dem Ende der vereinbarten Lieferfrist oder mit Ablauf des 60. Tages nach Übernahme des Gutes durch den Frachtführer (lit. b). Andere Fälle als Totalverlust, Teilverlust oder Beschädigung gibt es nicht; insbes. besteht bei Lieferfristüberschreitung kein Frachtrückforderungsanspruch (vgl. Rdn. 53).

53 Im Falle der Lieferfristüberschreitung gilt der Verfall der Fracht nicht, hier gibt es keine Rückforderung. Art. 23 Abs. 4 CMR behandelt ausdrücklich nur Total- und Teilverlust, Art. 25 CMR die Beschädigung, beide gelten daher nicht für den reinen Vermögensschaden durch Lieferfristüberschreitung. Hier wird ja tatsächlich die vollständige Substanz abgeliefert, folglich ist die Fracht auch in voller Höhe verdient. Bei Überschreitung der Lieferfrist wird – anders als beim Güterschaden – nicht Wertersatz geschuldet, sondern Schadensersatz, Art. 23 Abs. 5 CMR. Die vielleicht vergebliche Aufwendung der Fracht kann im Einzelfall bei der Berechnung des erlittenen Schadens eine Rolle spielen und in die Schadenrechnung eingehen. Die Höhe der Fracht begrenzt jedenfalls die Entschädigungsleistung.[72]

54 Der Rückforderungsanspruch bezieht sich nicht nur auf die Fracht im engeren Sinne, sondern auch auf „Zölle und sonstige aus Anlass der Beförderung entstehende Kosten". Dieser Begriff erscheint nun in einem besonderen Licht.[73] Wenn und weil Art. 23 Abs. 4 CMR den Satz aufstellt, dass im Falle von Güterschaden der Frachtführer die Fracht nicht voll verdient und folglich etwa vorausbezahlte Fracht anteilig zurückzuerstatten hat, kann das nicht nur für die Fracht im engeren Sinne gelten, sondern auch für die Nebenkosten, die der Frachtführer neben der Fracht sonst verlangen könnte: Ersatz von Aufwendungen und Vergütung eigener Nebenleistungen, die der Frachtführer zum Zwecke der Beförderung dieses Gutes auf dieser Reise gemacht und erbracht hatte und die er für erforderlich hatte halten dürfen.[74] Der Rückforderungsanspruch des Art. 23 Abs. 4 CMR betrifft damit nicht nur die Fracht, sondern das Gesamtentgelt des Frachtführers.

55 Art. 23 Abs. 4 CMR behandelt also nicht Schadensersatz des Absenders oder Empfängers, sondern den Einfluss von Güterschaden auf das Entgelt des Fracht-

---

70 BGH, 14.5.2009 – I ZR 208/06, TranspR 2009, 477.
71 Vgl. Art. 32 Rdn. 1 ff., insbes. Rdn. 3.
72 Vgl. im Einzelnen dazu Art. 23 CMR Rdn. 42.
73 Vgl. dazu Art. 23 CMR Rdn. 24 ff.
74 Vgl. dazu oben Rdn. 34 ff., insbes. Rdn. 37–40, sowie zu Art. 16 CMR Rdn. 5.

führers, ob und in welcher Höhe er es verdient hat, wie viel er ggf. fordern kann und wie viel er folglich im Falle der Vorauszahlung zurückerstatten muss.

IV. Abgrenzung gegenüber anderen Verkehrsverträgen

1. Oberbegriff Verkehrsvertrag

Verkehrsvertrag ist der Oberbegriff aller Verträge über alle Leistungen, die mit Gütertransport zusammenhängen. Er stammt aus Ziff. 1.1 SVS/RVS und findet sich heute in Ziff. 2.1 ADSp. Danach sind Verkehrsverträge alle Speditions-, Fracht- und Lagerverträge einschließlich aller üblichen Nebenleistungen. Mit dem Begriff Verkehrsvertrag ziehen die ADSp eine Klammer um alle transportrelevanten Vertragstypen. Die ADSp gelten für alle Arten von Verkehrsverträgen. Der Begriff umfasst so den ganzen Arbeitsbereich des Spediteurs, nicht nur die reine Besorgung nach § 453 HGB (vgl. Rdn. 73). **56**

Zur Abgrenzung des CMR-Frachtvertrages von der Spedition siehe im Einzelnen Rdn. 64ff., insbes. Rdn. 77–89. **57**

Lagerung ist die stationäre Ruhe und Aufbewahrung von Gütern des Auftraggebers, dem Einlagerer; gewollt, verfügt, disponiert und folglich als Hauptleistung vereinbart.[75] Davon zu unterscheiden ist die verkehrsbedingte Lagerung, auch Vor-, Zwischen- oder Nachlagerung genannt.[76] Die verkehrsbedingte Zwischenlagerung ergibt sich aus dem Ablauf der Gesamtbeförderung, vergleichbar dem Zwischenaufenthalt im Wartesaal beim Umsteigen zwischen zwei Zügen.

2. Fracht- und verwandte Verträge

a) Frachtvertrag

Der Fracht- oder Beförderungsvertrag (zum Begriff vgl. oben Rdn. 17ff., insbes. Rdn. 22) hat als Hauptleistung zum Inhalt die körperliche Ortsveränderung des Gutes. Der Absender bestimmt das Ziel, den Empfänger, der Frachtführer bestimmt den Weg und hat Obhut über das Gut. Deshalb haftet er auch für Güterschäden, die während seiner Obhuts- oder Gewahrsamszeit eintreten. Besteht, wie nach Art. 17 CMR, Ladungshaftung auch ohne Verschulden, spricht man von Obhuts-, Gefährdungs- oder Gewährhaftung.[77] **58**

---

75 Vgl. §§ 467ff. HGB und Ziff. 15 §§ 43ff. ADSp.
76 Vgl. Ziff. 3. 3. 3 SVS/RVS.
77 Vgl. dazu Art. 17 CMR Rdn. 3, 4ff., 9ff., 12.

Vor Art. 1 Präambel

b) Miete des Beförderungsmittels

59 Es kommt vor, dass das Transportfahrzeug als Beförderungsmittel einem anderen zum Gebrauch überlassen, also vermietet wird. Der Mieter bestimmt den Einsatz des Fahrzeuges, führt Regie und hat das Beförderungsgut in seiner Obhut. Der reine Mietvertrag unterliegt natürlich nicht der CMR. Liegt eine Umgehung des GüKG vor, kann ein solcher Vertrag aber als CMR-Beförderungsvertrag angesehen werden.[78]

Wird nicht nur das Beförderungsmittel selbst, sondern einschließlich Kraftfahrer gemietet, wäre das eine Kombination von Miete mit Dienstverschaffung (Arbeitnehmerüberlassung); die Regie liegt wiederum beim Mieter.

c) Charter

60 Behält dagegen der Vermieter Beförderungsregie und Obhut, wäre das eine besondere Form eines Frachtvertrages. Man spricht von Charter, Frachtcharter oder Verfrachtung des Schiffes, vgl. §§ 556, 557 HGB. Der Vercharterer überlässt dem Charterer ganz oder teilweise das Schiff, und der Charterer benutzt den ihm zur Verfügung gestellten Schiffsraum mit den Gütern, die er befördern lassen möchte. Im Einzelfall kann die Abgrenzung schwierig sein, insbesondere wenn der Charterer nicht „eigenes" Gut in dem ihm zur Verfügung gestellten Schiffsraum befördern lässt, sondern seinerseits als Verfrachter konsensual einen See-Frachtvertrag abschließt und diesen dadurch erfüllt, dass er die zu befördernden Güter in den ihm zur Verfügung gestellten Schiffsraum lädt oder laden und befördern lässt.[79] Denkbar ist Charter auch im Straßengüterverkehr, müsste aber ausdrücklich vereinbart sein.

d) Lohnfuhr

61 Vom Begriff her ist Lohnfuhr eine Kombination von Miete und Dienstverschaffung ähnlich der Charter; von Lohnfuhr spricht man indessen nur im Straßengüterverkehr. In der Schiff- und Luftfahrt hat sich der Begriff Charter eingebürgert. Die Lohnfuhr war in § 25 AGNB, die seit dem 1.7.1998 nicht mehr gelten, als Sonderfall des Beförderungsvertrages im Straßengüternahverkehr erwähnt. Da die Unternehmereigenschaft im Straßengüterverkehr ordnungsrechtlich durch das GüKG reglementiert ist, kann ein Unternehmer diese seine ordnungsrechtliche Unternehmereigenschaft nicht vertragsrechtlich auf einen anderen übertragen, er hat die Obhut über das Gut und schuldet die Ablieferung.[80] Der Auftrag-

---

[78] OLG Hamm, 12.2.1987, TranspR 1988, 65; *Helm*, in: Großkomm. HGB, Art. 1 CMR Rdn. 29.
[79] Dazu und zu Rdn. 59 vgl. *Helm*, in: Großkomm. HGB, § 425 HGB Rdn. 44; *Koller*, § 425 HGB Rdn. 7; *Lenz*, Rdn. 160; ferner *Schaps/Abraham*, Vor § 556 HGB Anm. 17; *Prüßmann/Rabe*, § 556 HGB.
[80] OLG Hamm, 12.2.1987, TranspR 1988, 65; *Helm*, in: Großkomm. HGB, Art. 1 CMR Rdn. 29.

geber (= „Mieter" und „Dienstberechtigter") bestimmt den Einsatz des Fahrzeuges im Einzelnen.[81] Trotz dogmatischer Untiefen und arbeitsrechtlicher Probleme, die hier nicht erörtert werden sollen, kommen *Jesser-Huß*[82] und *Otte*[83] zu der praktisch einfachen Lösung, dass der Lohnfuhrunternehmer nach der CMR haftet, wenn der Zweck der Lohnfuhr die grenzüberschreitende Beförderung von Gütern ist.

Im Gegensatz zum BGH, der allerdings bisher nur nationale Lohnfuhr, also nicht grenzüberschreitende Lohnfuhr zu entscheiden hatte und dabei unter altem GüKG immer zu einer Haftung des Lohnfuhrunternehmers nach Frachtrecht gelangte,[84] hat der OGH entschieden, dass der Lohnfuhrvertrag nicht der CMR unterliegt und deshalb der Lohnfuhrunternehmer auch nicht nach der CMR haftet.[85] Diesen Rechtsstandpunkt hat der OGH drei Jahre später bestätigt.[86] Der OGH vertritt die Ansicht, der Lohnfuhrunternehmer habe nur für die durchschnittliche berufliche und fachliche Qualifikation und die Arbeitsbereitschaft der von ihm zur Verfügung gestellten Arbeitskräfte einzustehen.[87] In jüngerer Zeit hat das OLG Innsbruck diesen Standpunkt wiederholt.[88]

Tatsächlich kommt es auf die konkrete Ausgestaltung des Lohnfuhrvertrages an, nämlich ob ein ladungsbezogener (einzelner) Lohnfuhrvertrag vorliegt, der dem Beförderungsvertrag nahesteht – dann ist die CMR anwendbar – oder ein „überlassender" (andauernder) Lohnfuhrvertrag vorliegt, der dem Mietvertrag nahesteht, auf den die CMR nicht anwendbar ist.

e) Schleppvertrag

Von Schleppen spricht man, wenn ein Fahrzeug durch ein anderes gezogen wird. **62** Gebräuchlich ist das Schleppen in der Binnenschifffahrt, kommt aber auch auf der Straße vor. Den Charakter eines Frachtvertrages hat der Schleppvertrag dann, wenn der Schlepper Obhut am geschleppten Fahrzeug und ggf. dessen Ladung hat, wie das im Straßengüterverkehr z.B. beim Abschleppen liegen gebliebener Kraftfahrzeuge der Fall ist, aber auch dann, wenn ein Auflieger oder Anhänger mit oder ohne Ladung befördert wird, d.h., einem bestimmten Empfänger abgeliefert werden soll, und wenn der Schlepper Richtung und Geschwindigkeit (Kurs und Fahrt) bestimmt, also „eine Führungsrolle in Form der nautischen Lei-

---

81 Vgl. dazu BGH, 17.1.1975 – I ZR 119/73, NJW 1975, 780 = BB 1975, 857 = DB 1975, 781 = MDR 1975, 469 = VersR 1975, 369 = ETR 1976, 760 mit Hinweis auf frühere Urteile; ferner OLG Düsseldorf, 26.7.1984 – 18 U 240/83, VersR 1984, 935; *Helm*, in: Großkomm. HGB, § 425 HGB Rdn. 45; *Koller*, § 425 Rdn. 7; *Lenz*, Rdn. 161–163.
82 MünchKommHGB/*Jesser-Huß*, vor Art. 1 CMR Rdn. 9.
83 *Otte*, in; Ferrari/Kieninger/Mankowski et al., Art. 1 CMR Rdn. 8.
84 BGH, 22.4.1977 – I ZR 18/76, VersR 1977, 662; BGH, 17.1.1975 – I ZR 119/73.
85 OGH, 6.9.1980, ZfRV 1981, 44.
86 OGH, 8.9.1983, TranspR 1984, 281.
87 OGH, 8.9.1983, TranspR 1984, 281.
88 OLG Innsbruck, Beschluss vom 20.6.1995, TranspR 1997, 343.

Vor Art. 1 Präambel

tung übernimmt".[89] In der Binnenschifffahrt ist der Schleppkahn bemannt, er steuert eigenverantwortlich dem Schlepper nach, behält die Obhut über seine Ladung und schuldet frachtrechtlich die Ablieferung. Hier ist der Schleppvertrag kein Fracht-, sondern ein allgemeiner Werkvertrag.[90]

f) Abfallbeseitigung, Entsorgung

63 Ein Vertrag über die Beseitigung von Abfällen wurde früher zuweilen deshalb nicht als Frachtvertrag angesehen, weil es an einem bestimmten Ablieferungsort fehlte. Abfälle sollten ja nicht einem bestimmten Empfänger am Bestimmungsort abgeliefert, sondern nur „irgendwohin weg-"gebracht werden.[91] In aller Regel wird heute aber ein Auftrag zur Abfallbeseitigung mindestens stillschweigend den Inhalt haben, dass das Gut auf eine zugelassene Deponie verbracht werden soll.[92] Die Abfallbeseitigung ist dann Frachtvertrag.

3. Abgrenzung Fracht-/Speditionsvertrag

a) Schwierigkeiten in der Praxis

64 Im deutschen Recht sind die Begriffe Speditionsgeschäft und Fracht oder Spediteur und Frachtführer gesetzlich einfach und klar definiert durch § 453 HGB einerseits sowie durch § 407 HGB andererseits; der Spediteur besorgt, d.h., er organisiert die Beförderung (Schreibtisch- oder Sofaspediteur), der Frachtführer führt sie aus. Der Spediteur schuldet Dienstleistung, der Frachtführer den Erfolg der Ablieferung beim Empfänger (Rdn. 28). Dennoch bereitet die Abgrenzung in der Praxis immer wieder Schwierigkeiten. Das hängt einmal damit zusammen, dass die zur Beschreibung der Leistungen verwandten Begriffe unscharf und teils sogar synonym verwandt werden: transportieren, Transportauftrag, den Transport übernehmen, verbringen, übernehmen und bringen, liefern usw. Häufig sind die Beteiligten sich über die gesetzliche Bedeutung der verschiedenen Begriffe nicht klar, so wurden und werden immer wieder von Verladern und Verkehrsbetrieben Frachtbrief-Formulare für die Dokumentierung eines Vertrages verwandt, der kein Frachtvertrag sein soll, und das trotz jahrelanger und teils recht massiver Hinweise auf die fatalen Folgen solcher „Ungenauigkeiten".[93]

65 Aus der Gesamtheit aller tatsächlichen Umstände arbeitet man im Einzelfall die Bedeutung der verschiedenen Merkmale heraus und bewertet sie: Wortlaut des Auftrages, Vorbeziehungen der Parteien, Abwicklung früherer vergleichbarer

---

89 Vgl. BGH, 16.3.1956 – I ZR 132/54, VersR 1956, 367; OLG Hamburg, 31.12.1992 – 6 U 64/92, TranspR 1993, 194, 196.
90 Vgl. BGH, 14.3.1957 – II ZR 334/55, VersR 1956, 286.
91 Vgl. den Hinweis von *Helm*, in: Großkomm. HGB, § 425 HGB Rdn. 35 auf *Ratz* in der Voraufl.
92 *Helm*, in: Großkomm. HGB, § 425 HGB Rdn. 35; *Koller* § 425 HGB Rdn. 9.
93 Vgl. *Bönisch*, Kundensatzfibel, 6. Aufl. 1969, S. 70 ff.

Geschäfte, Vergütungs- und Abrechnungspraxis, Geschäftspapiere, Bezeichnung der Beteiligten in Begleitpapieren, eigener Fuhrpark des Auftragnehmers, Vorbehandlung des Gutes usw. (vgl. *Piper*, Rdn. 4). Die Rechtsprechung hatte häufig mit der Abgrenzung zwischen Fracht- und Speditionsvertrag zu tun und ist widersprüchlich.[94] Zusammenfassend kann gesagt werden:

1. Die Verwendung eines Formulares mit dem Aufdruck „Versandauftrag" spricht für sich gesehen weder für noch gegen einen Speditionsvertrag. **66**

2. Die Verwendung des Begriffes „Spediteur" lässt keinen sicheren Schluss daraufhin zu, dass ein Speditionsvertrag gewollt ist. Gleiches gilt für die Nichtausstellung eines Frachtbriefes. **67**

3. Gelernte Speditionskaufleute müssen wissen, dass deutsche Spediteure im Zweifel Speditionsverträge schließen wollen. **68**

Heute dürfte die Abgrenzung zwischen Fracht- und Speditionsvertrag angesichts der Neuregelung des Transportrechtes in den §§ 407 HGB einerseits und in den §§ 453 ff. HGB andererseits nicht mehr für eine derart kontroverse Auseinandersetzung führen wie in der Vergangenheit. Der Grund hierfür ist, dass die frachtähnlichen Betätigungsformen des Spediteurs, der Selbsteintritt sowie die Fixkosten- und Sammelladungsspedition (§§ 458–460 HGB) hinsichtlich der Beförderung bzw. dem Bewirken der Beförderung in Sammelladung dem Frachtrecht gleichgestellt sind und auch die Obhutsphase des (reinen) Spediteurs haftungsrechtlich dem nationalen Frachtrecht unterstellt wurde (§ 461 Abs. 1 HGB). Dieses ist bekanntlich inhaltlich der Haftung des CMR-Frachtführers nachgebildet worden (§§ 425 ff. HGB). **69**

b) Zwei Spediteurbegriffe: HGB und ADSp

Den besten Ansatz zur Lösung gewinnt man, indem man sich vergegenwärtigt, dass es im deutschen Recht zwei verschiedene Spediteurbegriffe gibt, folglich auch zwei verschiedene Arten von Speditionsverträgen. Gesetzlich wird der Spediteur durch § 453 HGB definiert als jemand, der sich verpflichtet, Güterversendungen zu besorgen. Dies bedeutet, der Spediteur verpflichtet sich gegenüber dem Versender, mit einem Frachtführer einen darauf abzielenden Vertrag zu schließen. Gesetzlich wird der Spediteur definiert durch den Typus des Vertrages, den er bei diesem Geschäft mit diesem Partner abschließt. Spediteur im Sin- **70**

---

94 BGH, 23.6.1978 – I ZR 170/76, VersR 1978, 946; BGH, 10.2.1983 – I ZR 84/81, VersR 1983, 551; BGH, 11.7.1985 – I ZR 36/83, TranspR 1985, 333 = VersR 1985, 1138; BGH, 6.12.1990 – I ZR 138/89, TranspR 1991, 114, 117 = VersR 1991, 480; LG Berlin, 4.5.1983 – 99 O 200/81, TranspR 1985, 134; LG Erlangen-Nürnberg, 21.6.1991 – 5 HKO 3646/90, TranspR 1992, 188, 189; OLG München, 5.7.1989 – 7 U 5947/88, TranspR 1990, 16 = NJW-RR 1989, 1434 = RIW 1989, 743; OLG München, 12.4.1990 – 23 U 3161/88, TranspR 1990, 280 = NJW-RR 1991, 230; OLG Düsseldorf, 7.12.1989 – 18 U 139/89, TranspR 1990, 188; OLG Hamburg, 14.5.1992 – 6 U 14/92, TranspR 1993, 28; OLG München, 21.2.1992 – 23 U 4651/91, TranspR 1992, 185; OLG München, 31.7.1992 – 23 U 6901/91, BB 1992, 1744; OLG Stuttgart, 25.5.1970 – 6 U 2/70, VersR 1972, 532.

ne des Gesetzes ist ein Betrieb daher immer nur bei dem konkreten Geschäft mit dem konkreten Kunden. Derselbe Betrieb kann zu derselben Zeit gegenüber einem anderen Kunden etwas anderes sein, z. B. Frachtführer oder Lagerhalter. Auch diese beiden Begriffe werden gesetzlich durch § 407 und § 467 HGB durch den Typus des Vertrages definiert, den die Person gerade für dieses Geschäft mit diesem Kunden abgeschlossen und sich verpflichtet hat: „das Gut zum Bestimmungsort zu befördern und dort an den Empfänger abzuliefern" oder „das Gut zu lagern und aufzubewahren".

71 Neben diesem gesetzlichen Spediteurbegriff gibt es in der deutschen Rechtswirklichkeit seit 1927 den ganz anderen Spediteurbegriff der ADSp. Diese definieren den Begriff nicht unmittelbar, sondern setzen ihn als vorgegeben voraus. Indirekt sagt allerdings Ziff. 2. 1 ADSp unzweideutig, wie die ADSp den Spediteurbegriff verstehen: „Die ADSp gelten für Verkehrsverträge über alle Arten von Tätigkeiten, gleichgültig ob sie Speditions-, Fracht-, Lager- oder sonstige üblicherweise zum Speditionsgewerbe gehörende Geschäfte betreffen". Hiermit wird der Spediteur berufsständisch definiert als ein Gewerbebetrieb und Kaufmann, der (grundsätzlich) alle mit dem Speditionsgewerbe zusammenhängenden Geschäfte zu verrichten bereit ist; ausdrücklich werden in diesem Zusammenhang beispielhaft aufgezählt Speditionsgeschäfte (im Sinne des Gesetzes), Frachtgeschäfte (im Sinne des Gesetzes), Lager- und Kommissionsgeschäfte (im Sinne des Gesetzes). So ist der Spediteur im Sinne der ADSp der Oberbegriff der gesetzlich vertragstypisch definierten Verkehrsträger.

72 Für alle seine Verrichtungen, soweit sie zum Speditionsgewerbe (im weitesten Sinne) gehören, gelten die ADSp. Gerade seit der Änderung des § 1 HGB[95] gebietet es sich in der Tat, von Speditionsgewerbe zu sprechen, denn § 1 HGB setzt nicht mehr an den Handelsgeschäften, sondern am Handelsgewerbe an.

73 Den Vertrag, den ein ADSp-Spediteur abschließt, nennt man Verkehrsvertrag, der damit der Oberbegriff der gesetzlich definierten Vertragstypen Spedition, Fracht, Lager, Kommission, Dienstleistung einschließlich ihrer Kombinationen und einschließlich aller Nebenleistungen ist. Der Begriff Verkehrsvertrag stammte aus dem früheren SVS/RVS, der in Ziff. 1. 1 den Gegenstand dieser Versicherung als im Speditionsgewerbe übliche Vereinbarungen beschreibt und dafür den Begriff Verkehrsvertrag prägte (vgl. Rdn. 56).

c) ADSp-Vertrag

74 Gilt nur das Gesetz, muss der Auftraggeber deutlich sagen, welche Leistungen der Auftragnehmer erbringen soll, denn Spediteur, Frachtführer, Lagerhalter ist der Auftragnehmer ja nicht von vornherein, wenn er ein Speditionsgewerbe betreibt, sondern er wird dazu erst mit Vertragsschluss. Gelten zusätzlich die ADSp, braucht der Auftraggeber nicht im Einzelnen die vom Auftragnehmer zu

---

95 Durch das Gesetz zur Reform des Handelsrechts, 22.6.1998, BGBl. I, S. 1474, drei Tage vor der Verkündung des TRG, 25.6.1998, BGBl. I, S. 1588.

erbringenden Leistungen zu beschreiben und zu vereinbaren, mit dem ADSp-Verkehrsvertrag verspricht der Spediteur, alle zum Speditionsgewerbe gehörenden Leistungen zu organisieren, d.h., erbringen zu lassen oder selbst zu erbringen, die erforderlich und zweckmäßig sind, das Ziel des Geschäfts zu erreichen, nämlich dass das Gut dorthin gelangt, wohin der Auftraggeber es haben will. Die CMR steht der Vereinbarkeit und der Anwendbarkeit der ADSp nicht im Wege.[96]

So ist es kein Zufall, dass in der Rechtswirklichkeit des Güterverkehrs die Parteien gerade nicht im Einzelnen festlegen, welche Leistungen der Spediteur erbringen soll. Über allem steht in Ziff. 1 ADSp die Interessenwahrungspflicht des Spediteurs, wie das in § 454 HGB auch für den gesetzlichen Spediteur vorgeschrieben ist. Güterverkehr weltweit erfordert so viel Kenntnis und Erfahrung, wie sie die verladende Wirtschaft in Produktion und Handel nicht, jedenfalls nicht immer und nicht zuverlässig besitzt. Deshalb überträgt der Versender die gesamte Operation dem Spediteur und überlässt ihm, was er durch andere zu verrichten organisiert und was er selbst tut. Selbstverständlich schließt das nicht aus, dass der Versender mit dem Spediteur vereinbaren kann und zuweilen tatsächlich vereinbart, welche Leistungen im Einzelfall überhaupt zu erbringen sind und wer das tun oder veranlassen soll; die Regel ist das indessen nicht. 75

Die ADSp waren als fertig bereit liegende Vertragsordnung des deutschen Speditionsgewerbes anerkannt.[97] Die jüngsten Änderungen der ADSp, insbes. zum 1.1.2003, sind jedoch von der Verladerseite nicht mehr mitgetragen worden. Darüber hinaus existieren neben den ADSp seit dem 1.7.1998 auch die VBGL. Die weitaus meisten deutschen Spediteure arbeiten zwar auf der Basis der ADSp. Jedoch kann wegen der Existenz der VBGL nicht mehr vermutet werden, dass ein deutscher Spediteur ausschließlich aufgrund der ADSp tätig ist. 76

Dennoch lautet die praktische Abgrenzungsfrage nicht „Speditions- oder Frachtvertrag?", sondern „Allein CMR oder auch ADSp?" oder – bezogen auf den jeweils entscheidenden Sachverhalt – „ADSp oder CMR?"

d) Abgrenzung ADSp/CMR

Ist der Auftragnehmer ADSp-Spediteur? 77
Zuerst ist zu fragen, ob der Auftragnehmer ein ADSp-Spediteur ist oder nicht. Ist er das nicht, müssen Typus und Inhalt des Verkehrsvertrages ermittelt werden, ggf. durch Auslegung.

Der Auftragnehmer ist ADSp-Spediteur: Gilt überhaupt die CMR? 78
Ist der Auftragnehmer ein ADSp-Spediteur, d.h. ein Verkehrsbetrieb, der im Markt so in Erscheinung tritt, dass er (grundsätzlich) alle zum Speditionsgewerbe gehörenden Geschäfte zu verrichten bereit und die ADSp anzuwenden gewillt ist, kommt es bei der Anwendung des Rechts darauf an, um was für eine Verrich-

---

96 LG Cottbus, 8.7.2008 – 11 O 37/07, TranspR 2008, 368.
97 Statt aller vgl. *Piper*, S. 36, Rdn. 55; BGH, 10.10.1985 – I ZR 124/83, BGHZ 96, 136 = TranspR 1986, 70 = VersR 1986, 285 = NJW 1986, 1434 (Mischpultverstärker).

Vor Art. 1 Präambel

tung es sich handelt. Grundsätzlich sind dann auch die ADSp vereinbart – es sei denn, beim Erstkontakt ohne Kenntnis der Briefbögen des Spediteurs – und gelten für alle Verrichtungen, wenn nicht für den zu entscheidenden Tatbestand die CMR als zwingendes Recht eingreift und deshalb vorgeht.[98] Bei einem ADSp-Spediteur kommt es also zuerst darauf an, ob überhaupt die CMR auf den konkreten Verkehrsvertrag Anwendung findet,[99] und dann darauf, ob die CMR den zu entscheidenden Tatbestand regelt.[100] Überhaupt Anwendung finden kann die CMR auf den Verkehrsvertrag eines ADSp-Spediteurs, wenn ein Frachtvertrag oder ein gemischter Speditions-/Frachtvertrag geschlossen worden ist, oder in den Fällen des Selbsteintritts, der Fixkosten- oder der Sammelladungsspedition;[101] dazu näher im Folgenden:

79 Frachtvertrag
Wird mit einem ADSp-Spediteur grenzüberschreitende Straßengüterbeförderung vereinbart, landläufig also ein Frachtvertrag geschlossen, so gelten auch für diese Verrichtungen die ADSp.[102] Gem. Ziff. 1 ADSp ist dann auch die Interessenwahrungspflicht vereinbart worden, die zusätzlich zu den Pflichten des Frachtführers tritt.[103] Es liegt also in Wirklichkeit ein Fracht- und Speditionsverrichtungen umfassender gemischter Vertrag vor. Wer auf die speditionellen Verrichtungen verzichten will, schließt entweder mit einem reinen Frachtführerbetrieb einen reinen Frachtvertrag ab – so verfährt ggf. die Praxis – oder, wenn er mit einem ADSp-Spediteur abschließen möchte, muss er die ADSp abbedingen. Hinsichtlich der frachtrechtlichen Rechte und Pflichten gilt die CMR zwingend (Art. 41), soweit die CMR reicht. Lücken und nicht geregelte Bereiche füllen die ADSp und ergänzend deutsches Zivilrecht. Art. 41 CMR blockiert aber nicht Vereinbarungen der Parteien darüber, welche Art von Gütern der Spediteur und/oder Frachtführer nicht befördern will.[104]

80 Gemischter Vertrag
Werden mit einem ADSp-Spediteur Beförderungs- und Speditionsleistungen vereinbart, so gilt für diesen gemischten Vertrag die CMR zwingend, soweit sie reicht (vgl. Art. 41 CMR Rdn. 5), im Übrigen gelten die ADSp und ergänzend deutsches Zivilrecht.

81 Selbsteintritt
Die CMR gilt *hinsichtlich der Beförderung* ferner, wenn der ADSp-Spediteur zwar zunächst einen reinen Speditionsauftrag geschlossen hat oder vom Versender nur mit der Besorgung der Versendung beauftragt wurde, dann aber den Speditionsvertrag dadurch erfüllte, dass er keinen Frachtvertrag mit einem Frachtführer schloss, sondern mit eigenem Fahrzeug selbst fährt (vgl. § 458 HGB).

---

98 Vgl. Rdn. 72 und Art. 41 CMR Rdn. 5.
99 Rdn. 79–82, 87.
100 Rdn. 88, 89.
101 §§ 412, 413 HGB.
102 Vgl. Rdn. 71, 72.
103 Vgl. § 408 Abs. 1 HGB.
104 BGH, 26.3.2009 – I ZR 120/07, MDR 2009, 1231.

Auch dies ist ein gemischter Vertrag, was sich aus dem Wort „hinsichtlich" in § 458 HGB ergibt. Denn der Speditionsvertrag wandelt sich nicht um in einen Frachtvertrag, sondern bleibt weiterhin bestehen. Hinsichtlich der Beförderung ergeben sich die Rechte und Pflichten aus der CMR, soweit diese reicht, im Übrigen aus den ADSp und dem ergänzend anwendbaren deutschen Recht.

Fixkosten 82
Fährt der ADSp-Spediteur nicht selbst, hat er aber mit dem Auftraggeber einen festen Satz der Beförderungskosten ausgemacht, so hat er als Fixkostenspediteur nach § 459 HGB *hinsichtlich der Beförderung* die Rechte und Pflichten eines Frachtführers, im Falle grenzüberschreitender Straßengüterbeförderung also nach CMR.[105] Räumlich und zeitlich gilt die CMR, soweit die Fixkostenvereinbarung und die Beförderung reichen. Sachlich gilt die CMR für alle durch sie (zwingend, vgl. Art. 41 CMR) geregelten Tatbestände, im Übrigen gelten die ADSp und das ergänzend anwendbare deutsche Recht.

Im Gegensatz zu § 413 Abs. 1 HGB, wonach der Spediteur „ausschließlich die 83 Rechte und Pflichten eines Frachtführers", hier also nach CMR, hatte, bestätigt § 459 HGB die Richtigkeit der hier bereits in erster Auflage vertretenen Ansicht, dass es nicht richtig sein könne, wenn dem Auftraggeber, der ja einen Vertrag mit den gesetzlichen Speditionselementen abgeschlossen hat, gerade die wichtigste Spediteurleistung, nämlich die Interessenwahrungspflicht des Spediteurs nach Ziff. 1 ADSp bzw. nach § 454 HGB genommen würde; und das allein durch Vereinbarung einer Kostenpauschalierung.

Sammelladung 84
Für die Sammelladungsspedition im Sinne von § 460 HGB gilt das zur Fixkostenspedition Ausgeführte (Rdn. 82f.) entsprechend mit der Besonderheit, dass die Geltung von Frachtrecht mit dem Bewirken der Versendung in Sammelladung beginnt, d.h., wenn der Frachtführer die Partie Sammelgut für den Hauptlauf übernimmt[106] und mit dem „Entwirken", also der Auflösung der Sammelladung endet.[107]

Konkreter Tatbestand 85
Findet danach die CMR überhaupt Anwendung auf einen ADSp-Spediteur, so kommt es für die Abgrenzung auf den zu entscheidenden Tatbestand an. Die CMR gilt zwingend und geht deshalb vor, soweit sie reicht (vgl. Rdn. 72, 78 und Art. 41 CMR Rdn. 5). Unter die ADSp können nur noch die Leistungen und Tat-

---

105 Seit Jahren allg. Ansicht in Rechtsprechung und Literatur, BGH, 21.11.1975 – I ZR 74/75, BGHZ 65, 340 = NJW 1976, 1029 = VersR 1976, 433 = BB 1976, 440; BGH, 5.6.1981 – I ZR 92/79, TranspR 1981, 130 = VersR 1981, 1030; BGH, 10.2.1982 – I ZR 80/80, BGHZ 83, 96 = NJW 1982, 1946 = TranspR 1982, 74 = VersR 1982, 543; BGH, 24.6.1987 – I ZR 127/85, BGHZ 101, 172 = NJW 1988, 640 = TranspR 1987, 447 = VersR 1987, 1212 = WM 1987, 1340; *Piper*, S. 21, Rdn. 27.
106 BGH, 13.1.1978 – I ZR 63/76, VersR 1978, 318 = NJW 1978, 1160; BB 1978, 682 (Leitsatz); BGH, 27.11.1981 – I ZR 167/79, VersR 1982, 339.
107 BGH, 13.1.1978 – I ZR 63/76, VersR 1978, 318 = NJW 1978, 1160; 9.3.1989, NJW-RR 1989, 992.

Vor Art. 1 Präambel

bestände fallen, die in der CMR *nicht* geregelt sind. Dazu gehören insbes. nach Ziff. 1 ADSp die Interessenwahrungspflicht, die zu spontanem Handeln verpflichten kann, und gem. Ziff. 5 ADSp die zollamtliche Abfertigung. Art. 6 Abs. 1 lit. j) CMR steht nicht entgegen. In der Leistungsverteilung sind die Parteien frei, sie können die zollamtliche Abfertigung dem Spediteur oder dem Frachtführer übertragen, folglich auch innerhalb ein und derselben Rechtsperson (Selbsteintritt, Fixkosten- und Sammelladungsspedition, §§ 458–460 HGB) entweder der Spediteurfunktion oder der Frachtführerfunktion. Im Zweifel ist Zollabfertigung eine typisch speditionelle Tätigkeit und obliegt deshalb der Spediteurfunktion.[108] Dennoch ist auch Art. 11 CMR zu beachten. Sind die ADSp vereinbart, wirken diese aber z.B. haftungsbegrenzend (vgl. Art. 11 Rdn. 26). Es gelten ferner für die Vertragsbeziehungen, in die die ADSp einbezogen wurden, gem. Ziff. 19 ADSp ein beschränktes Aufrechnungsverbot[109] und gem. Ziff. 30 ADSp rein nationale Gerichtsstandsregelungen.[110]

V. Auslegung und Lückenfüllung

86 Nach Art. 51 CMR ist die CMR in englischer und französischer Sprache verfasst worden, die beide gleichermaßen verbindlich sind.[111] Beide Sprachen sollen möglichst so interpretiert werden, dass sie den gleichen Sinn ergeben.[112] Dort, wo die CMR auslegungsbedürftig ist, sind die jeweils zuständigen nationalen Gerichte uneingeschränkt befugt, die CMR auszulegen.[113] Dabei ist die CMR aufgrund ihres Charakters als Einheitsrecht zunächst aus sich heraus auszulegen, wobei der Wille der Vertragsstaaten ermittelt werden muss.[114] Jedoch stehen hierfür im Wesentlichen nur der Wortlaut und der systematisch-logische Zusammenhang der Regelungen innerhalb der CMR zur Verfügung,[115] denn die offiziellen Beratungsdokumente sind nicht veröffentlicht worden.[116] Bei der Auslegung sind

---

108 Nach Ansicht von *Boesche*, in: EBJS, Vor Art. 1 CMR Rdn. 27, ist die Verzollung in jedem Fall Nebenpflicht auch des Frachtführers.
109 BGH, 7.3.1985 – I ZR 182/82, BGHZ 94, 71 = NJW 1985, 2091 = TranspR 1986, 68 = VersR 1985, 684 = RIW 1985, 655 = ETR 1985, 343; BGH, 14.12.1988 – I ZR 235/86, TranspR 1989, 141 = VersR 1989, 309 = NJW-RR 1989, 481 = RIW 1989, 389; *Koller*, Vor Art. 1 CMR Rdn. 17, der die Zulässigkeit des Aufrechnungsverbotes, auch wenn dieses durch AGB einbezogen wird, zu Recht bejaht.
110 Vgl. Art. 31 CMR Rdn. 46.
111 *Koller*, Vor Art. 1 CMR Rdn. 4, mit Hinweisen zur Interpretation der englischen und französischen Sprache.
112 BGH, 10.10.1991, BGHZ 115, 299 ff. = TranspR 1992, 100, 101 f. = VersR 1992, 383 ff.
113 BGH, 19.3.1976 – I ZR 75/74, NJW 1976, 1583, 1584; *Boesche*, in: EBJS, Vor Art. 1 CMR Rdn. 9.
114 BGH, 28.2.1975 – I ZR 40/74, NJW 1975, 1597, 1598; *Boesche*, in: EBJS, Vor Art. 1 CMR Rdn. 9.
115 BGH, 28.2.1975 – I ZR 40/74, NJW 1975, 1597, 1598; *Herber/Piper*, Vor Art. 1 CMR Rdn. 9; *Helm*, in: Großkomm. HGB, Art. 1 CMR Rdn. 68; *Boesche*, in: EBJS, Vor Art. 1 CMR Rdn. 9; *Koller*, Vor Art. 1 CMR Rdn. 4.
116 *Herber/Piper*, Einf. Rdn. 21 und Vor Art. 1 CMR Rdn. 10 m.w.N.

die internationalen Auslegungsregeln zu beachten, insbes. Art. 31–33 des Wiener Übereinkommens über das Recht der Verträge vom 23.5.1969.[117] Die Auslegung sollte zum Ziel haben, dass das Auslegungsergebnis auch für Gerichte anderer Vertragsstaaten nachvollziehbar ist[118] und möglichst einheitlich erfolgt.[119] Da die CMR im Wesentlichen der CIM entlehnt wurde, gebietet sich auch ein Blick in die CIM.[120]

Liegen unbeabsichtigte Lücken vor, sind diese durch Auslegung der CMR selbst oder durch die Heranziehung von anderen Regelungen in der CMR zu füllen.[121] Nur dort, wo die CMR bewusst eine Lücke gelassen hat, ist diese durch das national anwendbare Recht zu schließen.[122]

87

---

[117] Abgedruckt bei MünchKommHGB/*Jesser-Huß*, Einleitung CMR Rdn. 18.
[118] *Helm*, in: Großkomm. HGB, Art. 1 CMR Rdn. 68, der ebenso Ausführungen zur Auslegungstechnik macht wie MünchKommHGB/*Jesser-Huß*, Einleitung CMR Rdn. 19 ff.
[119] *Herber/Piper*, Vor Art. 1 CMR Rdn. 12 m.w.N.
[120] *Koller*, Vor Art. 1 CMR Rdn. 4.
[121] BGH, 28.2.1975 – I ZR 40/74, NJW 1975, 1597, 1598; *Herber/Piper*, Vor Art. 1 CMR Rdn. 16; *Boesche*, in: EBJS, Vor Art. 1 CMR Rdn. 9.
[122] *Herber/Piper*, Vor Art. 1 CMR Rdn. 17; MünchKommHGB/*Jesser-Huß*, Einl. Rdn. 37; *Koller*, Vor Art. 1 CMR Rdn. 5.

Kapitel I:
Geltungsbereich

Art. 1

bearbeitet von RA Harald de la Motte, München
aktualisiert von RA Dr. Jürgen Temme, Düsseldorf

1. Dieses Übereinkommen gilt für jeden Vertrag über die entgeltliche Beförderung von Gütern auf der Straße mittels Fahrzeugen, wenn der Ort der Übernahme des Gutes und der für die Ablieferung vorgesehene Ort, wie sie im Vertrage angegeben sind, in zwei verschiedenen Staaten liegen, von denen mindestens einer ein Vertragsstaat ist. Dies gilt ohne Rücksicht auf den Wohnsitz und die Staatsangehörigkeit der Parteien.

2. Im Sinne dieses Übereinkommens bedeuten „Fahrzeuge" Kraftfahrzeuge, Sattelkraftfahrzeuge, Anhänger und Sattelanhänger, wie sie in Art. 4 des Abkommens über den Straßenverkehr vom 19. September 1949 umschrieben sind.

3. Dieses Übereinkommen gilt auch dann, wenn in seinen Geltungsbereich fallende Beförderungen von Staaten oder von staatlichen Einrichtungen oder Organisationen durchgeführt werden.

4. Dieses Übereinkommen gilt nicht

   a) für Beförderungen, die nach den Bestimmungen internationaler Postübereinkommen durchgeführt werden;

   b) für die Beförderung von Leichen;

   c) für die Beförderung von Umzugsgut.

5. Die Vertragsparteien werden untereinander keine zwei- oder mehrseitigen Sondervereinbarungen schließen, die Abweichungen von den Bestimmungen dieses Übereinkommens enthalten; ausgenommen sind Sondervereinbarungen unter Vertragspartnern, nach denen dieses Übereinkommen nicht für ihren kleinen Grenzverkehr gilt, oder durch die für Beförderungen, die ausschließlich auf ihrem Staatsgebiet durchgeführt werden, die Verwendung eines das Gut vertretenden Frachtbriefes zugelassen wird.

Literatur: *Blaschczok*, Die Haftung beim Einsatz vertragswidriger Transportmittel, TranspR 1987, 401; *Brautlacht*, Die Anwendbarkeit des WA bei der Luftersatzbeförderung, TranspR 1988, 187; *Csoklich*, CMR gilt nun auch für innerösterreichische Straßengütertransporte, RdW 1990, 368; *Fischer*, Der „Güter"-Begriff der CMR, TranspR 1995, 326; *Horak*, § 439a HGB – Erweiterte Haftung des Spediteurs, AnwBl. 1990, 541; *Jesser*, Anmerkungen zum Binnen-Güterbeförderungsgesetz, ecolex 1990, 600; *Koller*, Die Haftung beim Transport mit vertragswidrigen Beförderungsmitteln, VersR 1988, 432; *Kraus/Müller/Pickerd-Busch*, Großes Handbuch für

Art. 1   Geltungsbereich

den Möbeltransport, Werner Brandeis Verlag, Neu-Isenburg; *Möller*, Der gegenwärtige Stand des überseeischen Container-Verkehrs, HANSA 1967, 1782; *Seltmann*, Neuregelung des österreichischen Frachtrechts durch das Binnen-Güterbeförderungsgesetz, TranspR 1990, 405; SGKV, Luftersatzverkehr, Fachtagung vom 29.6.1981, Schriftenreihe der SGKV Nr. 36; *Willenberg/Lucas*, Der Luftfrachtverkehr auf der Straße oder das Trucking und seine haftungsrechtlichen Folgen, TranspR 1989, 199.

Übersicht

	Rdn.		Rdn.
I. Geltungsbereich, Abs. 1	1	7. Grenzüberschreitung	21
1. Beförderungsvertrag	1	**II. Begriff des Fahrzeugs, Abs. 2**	24
2. Güter	3	1. Begriffe der CMR	24
3. Entgeltlichkeit	4	2. Andere Begriffe	27
4. Straße	8	a) Truck, Trucking	28
5. Mittels Fahrzeugen	9	b) Trailer	32
6. Anderes, insbes. vertrags- widriges Transportmittel	13	c) Wechselbrücke	33
a) Luftfrachtersatzverkehr	14	**III. Beförderung durch Hoheitsträger, Abs. 3**	40
b) Ursprünglicher CMR-Vertrag	15	**IV. Von der Geltung ausgenommene Beförderungen, Abs. 4**	42
aa) Vereinbartes oder gestattetes anderes Transportmittel	16	1. Post	42
bb) Einseitig redliche Abweichung	17	2. Leichen	46
cc) Einseitig fahrlässige Abweichung, Fehlverladung	19	3. Umzugsgut	49
dd) Einseitig unredliche Abweichung, Vertragsbruch	20	**V. Bindung der Vertragsstaaten, Abs. 5**	56
		VI. Vereinbarung der CMR	60

I. Geltungsbereich, Abs. 1

1. Beförderungsvertrag

1   Die CMR regelt den Beförderungsvertrag, nicht seinen Abschluss, aber Teile seines Inhalts, diese allerdings abschließend und zwingend.[1] Der wesentliche Inhalt des Beförderungsvertrages, die entscheidende Leistung des Frachtführers, der geschuldete Erfolg ist die Ablieferung des Gutes an den Empfänger am Bestimmungsort; darauf muss der Vertrag gerichtet sein.[2] Der Vertragswille der Parteien muss sich auf alle Elemente erstrecken: Gut, Entgeltlichkeit, Straße, Beförderung mittels Fahrzeugs und Grenzüberschreitung (dazu näher im Folgenden). Die Beförderung muss die prägende oder Hauptleistung des Vertrages sein.[3] Die Beförderung darf nicht nur Nebenleistung darstellen, wie z.B. bei der Lieferung von Heizöl in den Tank des Käufers; hier ist die Beförderung kaufrechtliche Neben-

---

[1] Vgl. Art. 41; vgl. ferner Vor Art. 1 Rdn. 10, 24; Art. 4 Rdn. 1 ff., 12 ff.
[2] Vgl. Vor Art. 1 Rdn. 27, 28.
[3] *Koller*, § 407 HGB Rdn. 45.

leistung.⁴ Auch die Tätigkeit von Arbeitsmaschinen, z.B. beim Planieren oder Schneeräumen, ist nicht Beförderung.⁵

Keine Beförderung liegt vor, wenn ein Gut „einfach nur weggebracht" werden soll ohne bestimmtes oder bestimmbares Ziel. Das wird heute selten der Fall sein, selbst beim Transport von Abfall oder Müll enthält der Auftrag mindestens stillschweigend die Weisung, das Gut an eine dafür zugelassene Stelle, z.B. eine Deponie zu bringen.⁶ Bestimmbarkeit in diesem Sinne genügt. Kein Beförderungsvertrag i.S.d. Art. 1 CMR liegt vor, wenn die Parteien einen Speditionsvertrag schließen.⁷ Anders wird dies bei Anwendbarkeit des deutschen nationalen Rechts nur dann, wenn ein Spediteur den Transport selbst ausführt (§ 458 HGB) sowie Fixkosten- oder Sammelladungsspedition vorliegt (§§ 459, 460 HGB). Denn dann hat der Spediteur hinsichtlich der Beförderung die Rechte und Pflichten eines Frachtführers, was als Rechtsverweisung auf die CMR wirkt, wenn Gegenstand des Vertrages auch der Grenzübertritt und der Einsatz von Kraftfahrzeugen ist.⁸ 2

2. Güter

Gegenstand der Beförderung müssen Güter sein. Das sind nicht notwendig Handelsgüter, obwohl der französische Ausdruck *marchandise* darauf hindeuten könnte. Auch der englische Ausdruck *good* wie das deutsche Wort Gut könnten anzeigen, dass die Sache – im Sinne von § 90 BGB – einen bestimmten Wert haben müsste. Rein tatsächlich handelt es sich im gewerblichen Güterverkehr mit Ausnahme des Umzugsverkehrs fast immer um Kaufmannsgut, und die Beförderung dient der Erfüllung eines Lieferversprechens, eines Verkaufs also. Für den Begriff des Beförderungsvertrages kommt es aber darauf nicht an. Auch auf den Wert kommt es nicht an.⁹ Ein Gut ohne Wert kann nicht entwertet werden, also keinen Schaden erleiden, wohl aber Gegenstand eines Beförderungsvertrags sein und befördert werden. Gut meint jede Sache, die Gegenstand eines Beförderungsvertrags sein und deren Ort verändert werden kann.¹⁰ Gut – *good* – *marchandise* – sind die üblichen Bezeichnungen des Vertragsgegenstandes in allen nationalen und internationalen Transportrechtsvorschriften.¹¹ Auch Tiere sind Güter im Sinne der CMR;¹² im deutschen Recht sind nach dem neuen § 90a BGB die für Sachen geltenden Vorschriften entsprechend anzuwenden. 3

---

4 MünchKommHGB/*Jesser-Huß*, Art. 1 CMR Rdn. 3.
5 *Koller*, § 407 HGB Rdn. 45.
6 Vgl. Vor Art. 1 Rdn. 63; *Koller*, Art. 1 CMR Rdn. 2; *Helm*, in: Großkomm. HGB, Art. 1 CMR Rdn. 18.
7 *Helm*, in: Großkomm. HGB, Art. 1 Rdn. 22 m.w.N.
8 *Helm*, in: Großkomm. HGB, Art. 1 Rdn. 23.
9 *Fischer*, TranspR 1995, 326, 328.
10 *Koller*, Art. 1 CMR Rdn. 4; *Helm*, in: Großkomm. HGB, Art. 1 CMR Rdn. 21; siehe auch *de la Motte*, CMR: Schaden-Entschädigung-Versicherung, VersR 1988, 317, 318 re. Sp.
11 Vgl. Vor Art. 1 Rdn. 1; ferner *Herber*, Transportgesetze.
12 Vgl. allein Art. 17 Abs. 4 lit. f) CMR.

Art. 1 Geltungsbereich

Das Gegenstück zum Gut als Vertragsgegenstand nach CMR wie nach allen anderen Transportvorschriften wäre die Person. Deshalb zählt Reisegepäck nicht zu dem Gut im Sinne der CMR,[13] doch gilt das nur, wenn das Gepäck die Person begleitet, nicht, wenn es als aufgegebenes Gepäck getrennt für sich befördert wird.[14]

3. Entgeltlichkeit

4 Der Beförderungsvertrag muss auf Entgeltlichkeit gerichtet sein. Gleichgültig ist, ob die Fracht hinterher wirklich berechnet, eingeklagt, gezahlt wird. Die Vereinbarung über das Entgelt muss nicht ausdrücklich getroffen werden. Eine Vergütung gilt als stillschweigend vereinbart, wenn die Leistung den Umständen nach nur gegen eine Vergütung zu erwarten ist, sowie für die Herstellung eines Werks, § 632 Abs. 1 BGB. Das gilt auch für den Frachtvertrag.[15] Frachtführer sind Kaufleute,[16] das Frachtgeschäft ist kaufmännisches Geschäft, die Auftraggeber von Frachtführern – zumal bei Grenzüberschreitung und unter Ausschluss des Umzugsverkehrs – sind nahezu ausnahmslos Kaufleute. Auch ohne ausdrückliche Vereinbarung ist deshalb im grenzüberschreitenden Straßengüterverkehr in aller Regel eine Vergütung, also die Entgeltlichkeit, mindestens stillschweigend vereinbart.[17] Die Entgeltlichkeit wird von der deutschen Rechtsprechung aus Art. 1 CMR autonom ausgelegt, also ohne Rückgriff auf das jeweils anwendbare nationale Privatrecht; dies gilt insbesondere für die Fixkostenspedition, bei der Entgeltlichkeit i.S.d. Art 1 CMR angenommen wird.[18]

5 Befördert das Deutsche Rote Kreuz (DRK) oder eine andere karitative Organisation Hilfsgüter in ein Notstands- oder Katastrophengebiet, ist das keine gewerbliche oder entgeltliche Beförderung für andere, sondern für eigene Zwecke, erst am Zielort verteilt das DRK die Güter an andere, bis dahin behält es selbst Obhut und Regie. Es gibt deshalb auch keinen Haftungstatbestand. Die Beförderung ist aber ordnungsrechtlich kein Werkverkehr i.S.v. § 3 GüKG, denn es ist keine Beförderung für unternehmerische Zwecke eines Unternehmens, es ist kein wirtschaftlicher Vorgang. Er liegt vielmehr außerhalb des GüKG und der CMR.

6 Beauftragt das DRK mit der Beförderung einen gewerblichen Frachtführer, ist das im Regelfall eine entgeltliche Beförderung nach CMR. Vereinbart das DRK mit dem Frachtführer, dass es nicht für die Kosten aufkommen wolle, verspricht aber ein Spender, die Frachtkosten zu übernehmen, so ist auch das entgeltliche Beförderung nach CMR. Nicht nur kann der tatsächliche Frachtzahler eine ande-

---

13 *Loewe*, ETR 1976, 503, 511.
14 A.A. MünchKommHGB/*Jesser-Huß*, Art. 1 CMR Rdn. 12.
15 Vgl. Vor Art. 1 CMR Rdn. 30, 33, 34.
16 § 1 Abs. 1 und Abs. 2 Nr. 5 HGB.
17 Vgl. *Piper*, S. 148, Rdn. 308; *Helm*, in: Großkomm. HGB, Art. 1 CMR Rdn. 6; *Koller*, Art. 1 CMR Rdn. 2.
18 BGH, 14.2.2008 – I ZR 183/05, VersR 2009, 284; OLG Köln, 27.9.2005 – 3 U 143/02, TranspR 2007, 316.

re Person sein als der auftraggebende Absender, sondern es kann auch vertraglich ein anderer die Frachtschuld übernehmen.[19]

Bringt dagegen der Frachtführer seine Beförderungsleistung als Spende ein, so fehlt es an der Entgeltlichkeit; die CMR findet keine Anwendung.[20] Es ist aber ein Beförderungsvertrag i.S.v. § 407 HGB, denn der Frachtführer handelt gewerbsmäßig. Die für den Begriff der Gewerbsmäßigkeit erforderliche Wiederholungs- und Gewinnerzielungsabsicht muss sich auf die Tätigkeit, den Betrieb richten;[21] dann schadet es nichts, wenn ein einzelnes „Geschäft" unentgeltlich verrichtet wird. Ob die Ladungshaftung sich nach §§ 425 ff. HGB bestimmt oder als stillschweigend abbedungen anzusehen ist oder ob nur für schwere Schuld gehaftet wird, hängt von den Umständen des Einzelfalls ab und ist Auslegungssache. Der Wille der Parteien wird im Allgemeinen wohl dahin gehen, dass der Verzicht auf Gegenleistung nicht die Leistung selbst mindern soll. Die Unentgeltlichkeit wird als Spende dankbar angenommen, der Frachtführer wird aber nicht aus seiner Verpflichtung entlassen, im Rahmen seines Gewerbebetriebs eine gehörige Leistung zu erbringen.[22] In aller Regel wird der Frachtführer seine Ladungshaftung auch aus einer unentgeltlichen HGB-Beförderung versichern können.

4. Straße

Auf den Zustand des Bodenbelags und der Pflasterung der zu durchfahrenden Strecke kommt es nicht an, auch nicht darauf, ob der Weg dem öffentlichen Verkehr gewidmet ist oder nicht. Gemeint ist Landweg – ohne Schiene – schlechthin. Auch die Fahrt „querfeldein" durch Wüste, Heide, Steppe oder sonst durch offenes Land ist Beförderung auf der Straße. Das ergibt sich aus den englischen und französischen verbindlichen[23] Ausdrücken Road und Route, die beide allgemeinere Bezeichnungen gegenüber Street und Rue darstellen. Insofern besteht kein Unterschied zu § 407 Abs. 3 Nr. 1 HGB – „zu Lande" –, da für die Beförderung auf dem Schienenweg Sondervorschriften gelten. Die CMR gilt aber nur für unimodale grenzüberschreitende Güterbeförderung, also nur bei einem Vertrag über die Beförderung des Gutes vom Übernahmeort bis zum Empfangsort auf der Straße im vorstehenden Sinne.[24]

---

19 Vgl. Vor Art. 1 CMR Rdn. 31.
20 *Bahnsen*, in: EBJS, Art. 1 CMR Rdn. 21.
21 Vgl. *Brüggemann*, Großkomm., § 1 HGB Rdn. 5f.; Baumbach/Hopt/*Hopt*, § 1 HGB Rdn. 11ff.
22 MünchKommBGB/*Grunsky*, § 254 BGB Rdn. 30.
23 Vgl. Unterzeichnungsprotokoll nach Art. 51 CMR, Denkschrift, S. 27.
24 BGH, 17.8.2008 – I ZR 181/05, TranspR 2008, 365; OLG Karlsruhe, 17.10.2008 – 15 U 159/07, TranspR 2008, 471.

Art. 1 Geltungsbereich

5. Mittels Fahrzeugen

9 Der Begriff des Fahrzeugs wird in Abs. 2 definiert (Rdn. 24 ff.). Der Vertrag muss sich auf eine Beförderung mittels eines solchen Straßenfahrzeugs richten. Das muss nicht unbedingt ausdrücklich geschehen, es ergibt sich meistens ganz von selbst und zwangsläufig aus den Gesamtumständen, insbes. aus Übernahme-, Belade-, Ablieferungs- und Entladestelle. Ist dem Frachtführer – nicht dem besorgenden Spediteur! – ausnahmsweise die Wahl des Beförderungsmittels freigestellt, so gilt Straßenfrachtrecht und damit die CMR, wenn ein Straßenfahrzeug eingesetzt wird.[25] *Koller* meint, der Frachtführer konkretisiere den Vertrag zum Beförderungsvertrag mit Kraftfahrzeug.[26] Das OLG Köln ist scheinbar anderer Ansicht, sagt aber in einer Nebenerwägung nur, es sei kein Vertrag über ein Straßenfahrzeug zustande gekommen.[27] Gründe gegen die Ansicht von *Koller* sind nicht vorgetragen, seiner Deutung, der Frachtführer konkretisiere den Vertrag, ist zuzustimmen. So wie die Leistung aufgrund eines Schuldverhältnisses, das *Was*, durch einen der Vertragschließenden bestimmt werden kann – §§ 315, 316 BGB –, muss dasselbe auch von Art und Weise der Ausführung, dem *Wie*, gelten.

10 Ob das Beförderungsgut auf die Ladefläche gestellt, seitlich oder hinten, außen oder unter der Ladefläche befestigt wird, in dafür vorgesehenen Behältnissen (z.B. Spiegelkästen zwischen den Achsen früherer Möbelwagen) oder lose, spielt keine Rolle. Auch das Ziehen von Anhängern, Baumaschinen, Gerätewagen, auch von Kraftfahrzeugen ist – sofern es überhaupt Beförderung für andere und mit Ablieferungsverpflichtung ist – Beförderung mittels Fahrzeugs.[28] Nur die Beförderung eines Fahrzeugs auf eigener Achse aus eigener Kraft ist nicht Beförderung mittels Fahrzeugs, hier ist das Beförderungsmittel zugleich das Beförderungsgut.[29] Wird allerdings das auf eigener Achse zu überführende Kraftfahrzeug mit Gütern beladen, so werden diese mittels Fahrzeugs befördert, und dieser Beförderungsvertrag fällt dann wieder unter die CMR.[30]

11 Fährt nun in einer einheitlichen Ortsveränderung der Überführungs-LKW mit seiner Ladung von einem gemeinsamen Absender zu einem gemeinsamen Empfänger, so liegen auf erste Sicht auch in diesem Fall dem einheitlichen Transportvorgang zwei verschiedene Verträge zugrunde, der LKW-Überführungsvertrag nach HGB (oder ADSp) und der Ladungsbeförderungsvertrag nach CMR.[31] Weil jedoch für die Überführung des LKWs Vertragsfreiheit besteht, kann die CMR dafür vereinbart werden, und so könnte dem einheitlichen Transportvorgang

---

25 MünchKommHGB/*Jesser-Huß*, Art. 1 CMR Rdn. 19.
26 Art. 1 CMR Rdn. 5; Art. 2 CMR Rdn. 2.
27 OLG Köln, 4.4.1986 – 19 U 116/85, TranspR 1986, 432.
28 Vgl. *Helm*, in: Großkomm. HGB, Art. 1 CMR Rdn. 35 ff.; *Koller*, Art. 1 CMR Rdn. 5; *Glöckner*, Art. 1 CMR Rdn. 1.
29 Vgl. die Vorigen, außerdem OLG Düsseldorf, 14.7.1986 – 18 U 88/86, TranspR 1987, 24.
30 OLG Düsseldorf, 14.7.1986 – 18 U 88/86, TranspR 1987, 24; *Helm*, in: Großkomm. HGB, Art. 1 CMR Rdn. 37; *Herber/Piper*, Art. 1 CMR Rdn. 23; MünchKommHGB/*Jesser-Huß*, Art. 1 CMR Rdn. 16.
31 OLG Düsseldorf, 26.10.1995, TranspR 1996, 152, 153.

auch ein einheitlicher CMR-Beförderungsvertrag zugrunde liegen. Ein Zeichen dafür wäre es, wenn der CMR-Frachtbrief auch den Überführungs-LKW als Beförderungsgut und damit als Vertragsgegenstand bezeichnet. Es ist aber wegen der Einheitlichkeit des Lebensvorgangs als mindestens stillschweigend vereinbart anzunehmen, wenn der Frachtbrief fehlt oder den LKW nicht als Beförderungsgut erwähnt; das Fehlen oder die Unvollständigkeit des Frachtbriefs stehen der Wirksamkeit der konsensualen Vereinbarung nicht entgegen; Art. 4 CMR. Es muss nur, wer sich darauf beruft, beweisen, dass die Überführung und Beförderung vom Absender zum Empfänger durch den Frachtführer von beiden Vertragspartnern als einheitlicher Gesamtvorgang gewollt war; die einheitliche Gesamtfracht wäre dafür ein Indiz.

Eine andere Variante, nämlich die Beförderung einer Wechselbrücke mit Ladung, behandelt das LG Regensburg: Eine Wechselbrücke sei kein Fahrzeug im Sinne der CMR, und deshalb falle der Transport nicht unter diese Rechtsordnung.[32] Wenn zutrifft, dass die Wechselbrücke kein Fahrzeug im Sinne der CMR ist, findet die CMR nicht unmittelbar und zwingend Anwendung. Der Vertrag über den Transport der Wechselbrücke mit Ladung ist dennoch ein Beförderungsvertrag, für den wegen der Vertragsfreiheit die CMR vereinbart werden kann (zur Güterbeförderung mittels Wechselbrücke siehe unten Rdn. 33–39). **12**

6. Anderes, insbes. vertragswidriges Transportmittel

Ist Beförderung von Gütern mittels Straßenfahrzeugen vereinbart, kann dennoch die Benutzung eines anderen Transportmittels als eines Kraftfahrzeugs zulässig, d.h. sie muss nicht vertragswidrig sein; es kommt auf die Vereinbarung, die Umstände und die Interessenlage an.[33] **13**

a) Luftfrachtersatzverkehr

Der praktisch wichtigste Fall des Einsatzes eines „anderen" Transportmittels ist der Luftfrachtersatzverkehr, das sog. Trucking durch oder für eine Fluggesellschaft.[34] Es kommt vor, dass ein Luftfrachtführer einen Luftfrachtvertrag ab Flughafen X abgeschlossen hat, dann aber das Gut mittels LKW zu einem anderen Flughafen befördert oder befördern lässt und dort erst die wirkliche Luftbeförderung beginnt. Ähnlich kann es umgekehrt bei einkommendem Gut sein. Dieses Verfahren wendet man beispielsweise an, wenn das in X abfliegende Flugzeug voll ist, also mehr Ladung auf den Abflug in X wartet, als an Kapazität zu dieser Zeit vorhanden ist. Damit das Gut dann nicht vielleicht sogar mehrere **14**

---

32 LG Regensburg, 28.11.1989 – S 206/89, TranspR 1990, 194; zustimmend *Koller*, Art. 1 CMR Rdn. 5.
33 Vgl. *Piper*, S. 24f., Rdn. 33.
34 Vgl. dazu immer noch anschaulich und aufschlussreich unter den verschiedensten praktischen und wirtschaftlichen Gesichtspunkten die Fachtagung der SGKV vom 29.6.1981, Schriftenreihe der SGKV, Nr. 36: Luftersatzverkehr.

Art. 1 Geltungsbereich

Tage bis zur nächsten Abfluggelegenheit in X warten muss, bringt man es auf dem Landweg zu dem größeren Flughafen Y, von wo öfter und mit größerer Kapazität der gewünschte Bestimmungsflughafen angeflogen wird. Es kann ferner seinen Grund in Start- und Landerechten der für den Endbestimmungsflughafen zweckmäßigen Fluggesellschaft haben oder im Flugplan je nach Eiligkeit der Sendung, ggf. in Tarifen, sowie schließlich auch in den Witterungsverhältnissen am Flughafen oder auf der zu durchfliegenden Strecke. Deshalb pflegen Fluggesellschaften im Luftfrachtvertrag zu vereinbaren, dass sie ggf. die Beförderung ganz oder teilweise auf dem Landweg durchführen können. Das wird teils im Luftfrachtbrief vermerkt, teilweise wird die Resolution 507 B der IATA[35] in den Luftfrachtvertrag einbezogen, teils wird auf die Resolution verwiesen.[36] Ist das Trucking gestattet, so liegt in der Gestattung zugleich das Einverständnis des Absenders mit dem Einsatz eines Straßenfahrzeugs und folglich der Konsens zum Straßenbeförderungsvertrag nach CMR.[37] Es liegt dann ein Vertrag über multimodalen Transport vor (ggf. konkretisiert er sich durch Einsatz des Straßenfahrzeugs dazu, vgl. Rdn. 9), und es gilt das Recht der jeweiligen Strecke; ist der Schaden nicht lokalisierbar, gilt in hier nicht näher auszuführender Weise „Meistbegünstigung", d.h. das dem Anspruchsteller jeweils günstigste in Betracht kommende Streckenrecht.[38] Ist dagegen das Trucking nicht wirksam gestattet, so gilt die CMR nicht unmittelbar, weil es am vertraglichen Einverständnis mit der Verwendung eines Straßenfahrzeugs fehlt,[39] darauf aber muss sich der Vertragswille richten, wenn ein CMR-Vertrag geschlossen werden soll.[40] Die CMR oder ihre Vorschriften können dann ggf. aus dem Gesichtspunkt der pVV (jetzt § 280 Abs. 1 BGB) des Luftbeförderungsvertrags auf die Haftung Anwendung finden.[41]

---

35 International Air Transport Association, Weltverband der Fluggesellschaften.
36 Vgl. BGH, 17.5.1989 – I ZR 211/87, TranspR 1990, 19 = VersR 1990, 331 = NJW 1990, 639 = ETR 1990, 76.
37 Vgl. OLG Hamburg, 14.10.1991 – 6 U 103/91, TranspR 1992, 66 = VersR 1992, 1543; MünchKommHGB/*Jesser-Huß*, Art. 1 CMR Rdn. 19.
38 Dazu grundlegend und im Einzelnen BGH, 24.6.1987 – I ZR 127/85, BGHZ 101, 172 = TranspR 1987, 447 = VersR 1987, 1212 = NJW 1988, 640 = WM 1987, 1340; MünchKommHGB/*Jesser-Huß*, Art. 1 CMR Rdn. 19.
39 OLG Köln, 6.3.2007 – 3 U 122/06, im Internet.
40 Vgl. Rdn. 9; *Glöckner*, Art. 1 Rdn. 5.
41 Anh. I Rdn. 15; BGH, 17.5.1989 – I ZR 211/87, TranspR 1990, 19 = VersR 1990, 331 = NJW 1990, 639 = ETR 1990, 76; OLG Hamburg, 30.8.1984 – 6 U 57/84, VersR 1985, 832; OLG Hamburg, 7.5.1987 – 6 U 12/87, VersR 1987, 1111; *Piper*, S. 24f., Rdn. 33; *Helm*, in: Großkomm. HGB, Art. 1 CMR Rdn. 43; *Koller*, Art. 1 CMR Rdn. 5; *Blaschczok*, Die Haftung beim Einsatz vertragswidriger Transportmittel, TranspR 1987, 401; *Brautlacht*, Die Anwendbarkeit des WA bei der Luftersatzbeförderung, TranspR 1988, 187; *Koller*, Die Haftung beim Transport mit vertragswidrigen Beförderungsmitteln, VersR 1988, 432; *Willenberg/Lucas*, Der Luftfrachtverkehr auf der Straße oder das Trucking und seine haftungsrechtlichen Folgen, TranspR 1989, 199.

b) Ursprünglicher CMR-Vertrag

aa) Vereinbartes oder gestattetes anderes Transportmittel

Ist ursprünglich ein Straßenbeförderungsvertrag vereinbart, dem die CMR zugrunde liegt, kommt der Einsatz eines anderen als eines Straßenfahrzeugs praktisch nur selten vor. Immerhin sind folgende Fälle denkbar: **15**

aa) Vereinbartes oder gestattetes anderes Transportmittel

Ist der Einsatz eines anderen Transportmittels als des Straßenfahrzeugs mit dem Absender vereinbart oder ist vereinbart, dass der Frachtführer von sich aus ein anderes Transportmittel einsetzen darf (Option), so liegt ähnlich wie beim Luftfrachtersatzverkehr (vgl. Rdn. 14) die Vereinbarung eines multimodalen Transports vor, eines Vertrages also zur Beförderung des Gutes bis zur Ablieferung an den Empfänger, aber unter Benutzung verschiedener Transportmittel. Mangels gegenteiliger Vereinbarung – und eine solche liegt hier nicht vor – richtet sich die Haftung des Frachtführers dann nach dem jeweiligen Streckenrecht.[42] **16**

bb) Einseitig redliche Abweichung

Im Falle eines Beförderungshindernisses hat der Frachtführer Weisung des Verfügungsberechtigten einzuholen und ist, wenn in angemessener Zeit keine Weisung zu erhalten ist, verpflichtet, die Maßnahmen zu ergreifen, die ihm im Interesse des über das Gut Verfügungsberechtigten die besten zu sein scheinen; Art. 14 Abs. 1 und 2 CMR (vgl. Art. 14 Rdn. 15). Zu den nach pflichtmäßigem Ermessen zu ergreifenden Maßnahmen kann die anderweitige Beförderung mit einem anderen Transportmittel gehören, der Frachtführer kann beispielsweise das Gut für den Rest der Strecke mit der Eisenbahn befördern lassen. Das ist kein vereinbarter oder gestatteter Einsatz eines anderen Transportmittels, sondern eine einseitige, freilich rechtmäßige und redliche Abweichung vom Vertrag. Es ist und bleibt ein CMR-Beförderungsvertrag, woraus der Frachtführer zur Beförderung und Ablieferung des Gutes an den Empfänger am Bestimmungsort verpflichtet ist. Die Ablieferung ist der Vertragszweck, das Straßenfahrzeug das dafür vorgesehene Mittel. Den Zweck des Vertrages kann der Frachtführer nicht einseitig ändern, bei begründetem Anlass darf er aber ein anderes als das ursprünglich vorgesehene Mittel anwenden; Rechtsgedanke aus § 665 BGB (vgl. dazu Art. 14 Rdn. 15). **17**

Außer Beförderungshindernissen sind andere Fälle, in denen der Einsatz eines anderen Transportmittels gerechtfertigt sein könnte, schwer vorstellbar. Tritt ein solcher Fall ein, wäre der Einsatz des anderen Transportmittels bei Anwendung deutschen Rechts nach § 665 BGB zulässig. Art. 14 CMR schließt auch i.V. m. **18**

---

[42] BGH, 24.6.1987 – I ZR 127/85, BGHZ 101, 172 = TranspR 1987, 447 = VersR 1987, 1212 = NJW 1988, 640 = WM 1987, 1340; MünchKommHGB/*Jesser-Huß*, Art. 1 CMR Rdn. 19.

Art. 1 Geltungsbereich

Art. 41 (Unabdingbarkeit der CMR) nicht aus, dass auf andere Tatbestände nationales Recht Anwendung findet, im Falle deutschen Rechts also § 665 BGB. Es ist und bleibt ein CMR-Beförderungsvertrag, und der Frachtführer haftet nach Art. 17 ff. CMR im geschilderten Sachverhalt auch für den Bahntransport. Falls ein Schaden von der Bahn zu vertreten ist, hat der CMR-Frachtführer Regressansprüche nach Bahnrecht, z. B. nach ER/CIM. Reichen Bahnansprüche weiter, hat der CMR-Frachtführer nicht insoweit vorzuleisten – seine Abweichung vom CMR-Vertrag war zwar einseitig, aber rechtmäßig, deshalb bleibt es bei seiner Haftung nach CMR –, wohl den Unterschiedsbetrag entweder selbst geltend zu machen (der CMR-Frachtführer ist gegenüber der Bahn Absender und verfügungs- und anspruchsberechtigt) oder den Anspruch an seinen Absender abzutreten.[43]

cc) Einseitig fahrlässige Abweichung, Fehlverladung

19 Dass ein Gut versehentlich falsch verschickt wird, kommt bei einem Spediteur vor, ist aber auch bei einem Frachtführer nicht unmöglich. Das Versehen kann darin bestehen, dass das Lager- oder Ladepersonal die Kiste auf einen falschen Platz in der Halle abgestellt hat, es kann auch auf einem Büroversehen beruhen, dass die Papiere falsch ausgestellt wurden. In jedem Falle liegt eine fahrlässige Verletzung des CMR-Beförderungsvertrags vor. Für die in der CMR geregelten Tatbestände gilt also weiterhin die CMR, d.h. der Frachtführer haftet für Güterschaden und für Lieferfristüberschreitung nach Art. 17 ff. CMR, nicht aber für Güterfolgeschäden. Die versehentliche Fehlverladung ist anders zu beurteilen als die bewusste Abweichung vom Vertrag. Der BGH hatte die bewusste Abweichung zu entscheiden und brauchte die Möglichkeit eines fahrlässigen Versehens nicht zu erörtern.[44] Auch *Piper* hat erkennbar die bewusste Vertragsabweichung bedacht.[45] Für andere Vermögensschäden als Lieferfristüberschreitung gelten wie auch sonst beim CMR-Beförderungsvertrag die Regeln des national anwendbaren Rechts, bei deutschem § 433 HGB.

dd) Einseitig unredliche Abweichung, Vertragsbruch

20 Setzt der Frachtführer eigenmächtig, d.h. ohne Vereinbarung mit dem Absender, ohne dessen Gestattung und ohne einen nach Art. 14 CMR, § 665 BGB hinreichenden Grund ein anderes Transportmittel ein, so bricht er den Vertrag. Das muss nicht böswillig oder arglistig sein, Vertragsbruch liegt bereits vor, wenn der Frachtführer aus eigenem Interesse wissentlich vom Vertrag abweicht. Das kann z.B. zutreffen, wenn er das Fahrzeug für einen anderen, ihm wichtigeren und lukrativeren Transport einsetzen möchte. Dann gilt: Der Frachtführer haftet auf je-

---

43 Vgl. den insoweit ähnlich liegenden Fall einer Sammelgutbeförderung bei *de la Motte*, CMR: Schaden – Entschädigung – Versicherung, VersR 1988, 317, 319.
44 BGH, 17.5.1989 – I ZR 211/87, TranspR 1990, 88 = VersR 1990, 331 = NJW 1990, 639 = ETR 1990, 76.
45 S. 24 f., Rdn. 33.

den Fall nach CMR als dem Recht des Vertrages.[46] Auf keinen Fall kann er, wenn das Recht des tatsächlich eingesetzten Transportmittels eine geringere oder niedrigere Haftung ergibt, den Geschädigten darauf verweisen; auf keinen Fall kann der Frachtführer aus seinem Vertragsbruch Nutzen und Gewinn ziehen. Ergibt das Recht des tatsächlich eingesetzten Transportmittels eine höhere Haftung als nach CMR, so kann der Geschädigte sie in Anspruch nehmen. Ist der Schaden noch höher, kann der Frachtführer sich auch nicht auf Beschränkungen aus dem Recht des tatsächlich eingesetzten Transportmittels berufen, sein Vertragsbruch führt als Vertragsverletzung vielmehr – je nach Anwendbarkeit des nationalen Rechts – zu voller Haftung in unbeschränkter Höhe.[47] Anderer Ansicht ist möglicherweise *Loewe*,[48] der allein auf die tatsächliche Abwicklung der Gesamtbeförderung abstellt und nicht nach Gestattung, wissentlicher und versehentlicher Abweichung unterscheidet. Immerhin will er unter dem Gesichtspunkt des Absenderschutzes den Frachtführer nach anwendbarem nationalen Recht haften lassen für die Strecke, die nicht mit Straßenfahrzeug bewältigt worden ist; im Ergebnis würde damit auch *Loewe* bei Anwendbarkeit deutschen Rechts im Falle eigenmächtiger Abweichung des Frachtführers zur Haftung aus § 433 HGB kommen. Gleicher Ansicht wie *Loewe* ist wohl auch *Lenz*,[49] allerdings ohne nähere Begründung und mit der Einschränkung, dass „grundsätzlich" das Recht des tatsächlich eingesetzten Transportmittels gelte.

7. Grenzüberschreitung

Der vertraglich vereinbarte Übernahme- und der vertraglich vereinbarte Ablieferungsort müssen in zwei verschiedenen Staaten liegen. Nicht entscheidend ist, ob ein Grenzübertritt tatsächlich erfolgt. Weist ein Absender den Frachtführer vor Grenzübertritt an, das Gut zum Ablieferungsort zurückzutransportieren, gilt für diesen Transport dennoch die CMR.[50] Eine Beförderung vom früheren Bundesgebiet nach Berlin-West und umgekehrt war keine Beförderung nach CMR, Berlin-West war kein eigener Staat. Wie oft welche Grenzen überschritten werden, bleibt gleich. So überschreitet zwar eine Fahrt von Aachen über die Hocheifel

21

---

46 BGH, Urt. v. 30.9.1993 – I ZR 258/91, TranspR 1994, 16, 17 = BGHZ 123, 303, 306; *Bahnsen*, in: EBJS, Art. 1 CMR Rdn. 10; *Herber/Piper*, Art. 1 CMR Rdn. 17.
47 Anh. I Rdn. 15; BGH, 17.5.1989 – I ZR 211/87, TranspR 1990, 88 = VersR 1990, 331 = NJW 1990, 639 = ETR 1990, 76; OLG Hamburg, 30.8.1984 – 6 U 57/84, VersR 1985, 832; OLG Hamburg, 7.5.1987 – 6 U 12/87, VersR 1987, 1111; *Piper*, S. 24f., Rdn. 33; *Helm*, in: Großkomm. HGB, § 425 HGB Rdn. 3; *Koller*, § 425 HGB Rdn. 2; *Blaschczok*, Die Haftung beim Einsatz vertragswidriger Transportmittel, TranspR 1987, 401; *Brautlacht*, Die Anwendbarkeit des WA bei der Luftersatzbeförderung, TranspR 1988, 187; *Koller*, Die Haftung beim Transport mit vertragswidrigen Beförderungsmitteln, VersR 1988, 432; *Willenberg-Lucas*, Der Luftfrachtverkehr auf der Straße oder das Trucking und seine haftungsrechtlichen Folgen, TranspR 1989, 199.
48 ETR 1976, 503, 512.
49 Rdn. 66.
50 *Bahnsen*, in: EBJS, Art. 1 CMR Rdn. 19; *Koller*, Art. 1 CMR Rdn. 6; *Herber/Piper*, Art. 1 CMR Rdn. 52.

Art. 1 Geltungsbereich

(Eupen-Malmedy in Belgien) nach Trier die deutsch-belgische Grenze zweimal, Abgangs- und Bestimmungsort liegen aber in demselben Staat Bundesrepublik Deutschland; es ist folglich kein Fall der CMR. Ähnlich ist es bei einer Fahrt von Salzburg über Berchtesgaden und Lofer nach Kufstein und Innsbruck. Hier wird die deutsch-österreichische Grenze zweimal überschritten, Abgangs- und Bestimmungsort liegen aber in demselben Staat Republik Österreich; es ist folglich kein Fall der CMR als der Rechtsordnung eines internationalen Straßengüterverkehrs. Dennoch finden die meisten Vorschriften der CMR auf diese innerösterreichische Beförderung Anwendung, aber das liegt daran, dass Österreich mit Wirkung vom 28.7.1990 die CMR in sein nationales Straßenbeförderungsrecht übernommen hat durch Einfügung des neuen § 439a in das HGB.[51] Mit Bundesgesetz vom 28.6.1990 wurden das Handelsgesetzbuch und das Binnenschifffahrtsgesetz hinsichtlich der innerstaatlichen Anwendung des Beförderungsvertrages im internationalen Straßengüterverkehr – CMR – geändert.[52]

22 Mindestens einer der Staaten von Übernahme- und Ablieferungsort muss ein Vertragsstaat der CMR sein, d.h. die CMR innerhalb der Unterzeichnungsfrist unterzeichnet haben oder ihr später beigetreten sein und in beiden Fällen die CMR ratifiziert haben. Anders ausgedrückt: Für mindestens einen der Staaten muss die CMR völkerrechtlich und innerstaatsrechtlich gültig sein (vgl. Übersicht Vor Art. 1 Rdn. 7). Wenn wenigstens in einem der beiden Staaten die CMR in dieser Weise Bestandteil der nationalen Rechtsordnung ist, so können sich Angehörige anderer Staaten darauf einlassen, sofern ihre eigene nationale Rechtsordnung nicht entgegensteht, wenn sie also Vertragsfreiheit haben. Damit wollte man erreichen, dass die CMR möglichst früh weite Verbreitung und Anwendung in der Praxis des Güterverkehrs fand, auch wenn die Ratifizierung durch die na-

---

51 Vgl. dazu *Jesser*, S. 17; *Seltmann*, Neuregelung des österreichischen Frachtrechts durch das Binnen-Güterbeförderungsgesetz, TranspR 1990, 405.
52 (Binnenbeförderungsgesetz für Österreich, BGBl. 1990/459) mit folgendem, wesentlichen Inhalt: Mit Art. I wurde in das Handelsgesetzbuch vom 10.5.1897, dRGBl., S. 219, zuletzt geändert durch Bundesgesetz BGBl. 1988/180, die Vorschrift des § 439a neu eingefügt: § 439a. (1) Auf den Abschluss und die Ausführung des Vertrages über die entgeltliche Beförderung von Gütern auf der Straße – ausgenommen Umzugsgut – mittels Fahrzeugen, die Haftung des Frachtführers, Reklamationen und das Rechtsverhältnis zwischen aufeinanderfolgenden Frachtführern sind die Art. 2–30 und 32–41 des Übereinkommens vom 19. Mai 1956, BGBl. 1961/138, über den Beförderungsvertrag im internationalen Straßengüterverkehr (CMR) in der Fassung des Protokolls vom 5. Juli 1978, BGBl. 1981/192, in der für Österreich jeweils geltenden Fassung auch dann anzuwenden, wenn der vertragliche Ort der Übernahme und der vertragliche Ort der Ablieferung des Gutes im Inland liegen. (2) Im Sinne des Abs. 1 sind unter Fahrzeugen Kraftfahrzeuge, Sattelkraftfahrzeuge, Anhänger und Sattelanhänger gem. Art. I lit. p, q, r und u des Übereinkommens über den Straßenverkehr, BGBl. 1982/289, zu verstehen. Art. II: Das Gesetz betreffend die privatrechtlichen Verhältnisse der Binnenschifffahrt (Binnenschifffahrtsgesetz) vom 20. Mai 1898, dRGBl. S. 868/1898, in der Fassung der Verordnung dRGBl. I 2394 (GblÖ, Nr. 1454/1939), wurde im § 26 geändert: „§ 26. Auf das Frachtgeschäft zur Beförderung von Gütern auf Flüssen und sonstigen Binnengewässern finden die Vorschriften der §§ 425–427, 430–436, 439, 440–443, 445–451 des Handelsgesetzbuchs Anwendung." Art. III: Dieses Bundesgesetz ist auf Frachtverträge, die vor seinem Inkrafttreten abgeschlossen worden sind, nicht anzuwenden.

tionale Gesetzgebung sich hinzog. Dem Ziel dient auch Art. 6 Abs. 1 lit. k) CMR.[53] Inzwischen hat die CMR sich in der Praxis durchgesetzt, Verladerschaft und Fuhrgewerbe wenden sie ganz selbstverständlich an, auch im Straßengüterverkehr nach und von Nah- und Mittelost, Nordafrika, Türkei. Noch spielt der Ro/Ro-Verkehr[54] über den Nordatlantik nach USA und Kanada keine nennenswerte Rolle, nach deutschem Recht würde dafür aber auch die CMR gelten. Dass US-amerikanische Gerichte das möglicherweise anders beurteilen, steht für unser Recht nicht entgegen.

Dass Wohnsitz und Staatsangehörigkeit der am Beförderungsvertrag oder seiner tatsächlichen Abwicklung Beteiligten keine Rolle spielen, dient nur der Klarstellung im internationalen Einheitsrecht CMR. Definition und Charakterisierung des CMR-Beförderungsvertrags sind nach deutschem Recht auch ohne das genügend. Wohl können Wohnsitz und Staatsangehörigkeit der Beteiligten wichtig werden bei der Bestimmung des ergänzend anwendbaren Rechts.[55] **23**

II. Begriff des Fahrzeugs, Abs. 2

1. Begriffe der CMR

Die CMR versteht unter Fahrzeugen Kraftfahrzeuge, Sattelkraftfahrzeuge, Anhänger und Sattelanhänger und verweist zur genaueren Umschreibung auf Art. 4 des Abkommens über den Straßenverkehr vom 19.9.1949.[56] Das Abkommen von 1949 ist durch Art. 48 des Übereinkommens über den Straßenverkehr vom 8.11.1968 aufgehoben und ersetzt worden.[57] Damit stellte und stellt sich die Frage, welches Abkommen gilt, solange nicht alle Staaten von 1949 auch das Abkommen von 1968 ratifiziert haben. *Loewe*[58] meint, dass die Frage bis zur endgültigen Identität der Zeichner- und Ratifizierungsstaaten offenbleiben und im Einzelfall von den Gerichten entschieden werden muss, dass aber für einen Staat, der zwar das Abkommen von 1968 ratifiziert hat, nicht aber das von 1949, von vornherein nur das Abkommen von 1968 gilt. Gleicher Ansicht ist anscheinend *Helm*,[59] der allerdings nur auf *Loewe* verweist. *Glöckner*[60] erwähnt nur, dass das Abkommen von 1949 ersetzt worden ist durch das Abkommen von 1968, ohne **24**

---

53 Siehe dort Rdn. 20, 21 ferner *Loewe*, ETR 1976, 503, 519.
54 Roll-on-Roll-off, eine Art des Huckepack-Verkehrs; der beladene LKW fährt mit eigener Kraft auf das Seeschiff und wird so mit Ladung über See befördert, um im Bestimmungshafen mit eigener Kraft an Land zu fahren und dann weiter ins Binnenland, vgl. dazu Art. 2 CMR Rdn. 88, 103.
55 Vgl. *Koller*, Art. 1 CMR Rdn. 7; vgl. auch Anh. II Rdn. 4.
56 Vgl. dazu *Loewe*, ETR 1976, 503, 513 ff.
57 BGBl. 1977 II, S. 811; C. H. Beck, Textausgabe Straßenverkehrsrecht, Nr. 13; vgl. auch *Loewe*, ETR 1976, 503, 513 ff.
58 *Loewe*, ETR 1976, 514–516.
59 *Helm*, in: Großkomm., Art. 1 CMR Rdn. 6.
60 Art. 1 CMR Rdn. 16.

Art. 1 Geltungsbereich

darauf einzugehen, was unter welchen Voraussetzungen gilt. *Koller*[61] hält unverändert das Abkommen von 1949 für maßgebend, auch wenn es inzwischen aufgehoben worden ist, denn Art. 1 Abs. 2 CMR sei keine dynamische Verweisung. *Jesser*[62] bezeichnet ebenfalls die Verweisung auf das Abkommen von 1949 als statisch, weshalb auf spätere Rechtsänderungen kein Bedacht zu nehmen sei. Das LG Regensburg[63] schließlich wendet ohne nähere Begründung unmittelbar das Abkommen von 1968 an.

25 Welches Abkommen bis oder ab wann zwischen welchen Staaten gültig ist, braucht nicht entschieden zu werden. Bis auf für den Straßengüterverkehr unwichtige Punkte stimmen die Definitionen beider Abkommen überein:

Kraftfahrzeug:

1949: Jedes mit mechanischem Antrieb und eigener Kraft auf der Strecke verkehrende Fahrzeug, das nicht an Schienen oder elektrische Leitungen gebunden ist und üblicherweise zur Beförderung von Personen oder Gütern dient.

1968: Mit Ausnahme von Schienenfahrzeugen jedes auf der Straße mit eigener Kraft verkehrende Fahrzeug mit Antriebsmotor (ausgenommen Motorfahrräder auf dem Gebiet der Vertragsstaaten, die sie nicht den Krafträdern gleichgestellt haben), das üblicherweise auf der Straße zur Beförderung von Personen oder Gütern oder zum Ziehen von Fahrzeugen, die für die Personen- oder Güterbeförderung benutzt werden, dient.

Anhänger:

1949: Jedes Fahrzeug, das dazu bestimmt ist, von einem Kraftfahrzeug gezogen zu werden.

1968: Jedes Fahrzeug, das dazu bestimmt ist, an ein Kraftfahrzeug angehängt zu werden.

Sattelkraftfahrzeug:

1949: Jedes Kraftfahrzeug mit einem Anhänger ohne Vorderachse, der so auf dem Zugfahrzeug aufliegt, dass ein wesentlicher Teil des Gewichts des Anhängers und seiner Ladung vom Zugfahrzeug getragen wird.

1968: Miteinander verbundene Fahrzeuge, die aus einem Kraftfahrzeug und einem damit verbundenen Sattelanhänger bestehen.

Sattelanhänger:

1949: Anhänger des Sattelkraftfahrzeugs.

1968: Jeder Anhänger, der dazu bestimmt ist, mit einem Kraftfahrzeug so verbunden zu werden, dass er teilweise auf diesem aufliegt und dass ein wesentlicher Teil seines Gewichts und des Gewichts seiner Ladung von diesem getragen

---

61 Art. 1 CMR Rdn. 5.
62 *Jesser*, S. 25.
63 Urt. v. 28.11.1989 – S 206/89, TranspR 1990, 194.

wird. Danach bestehen nur zwei unwichtige Unterschiede. Das Abkommen von 1968 nimmt teilweise Motorfahrräder aus und schließt entgegen dem Abkommen von 1949 Oberleitungsbusse ein; beides ist für die Praxis des grenzüberschreitenden Straßengüterverkehrs ohne Bedeutung. Dass die Definition des Kraftfahrzeugs im Abkommen von 1949 den mechanischen Antrieb betont, die Definition von 1968 dagegen nicht, ist unschädlich. Ein nichtmechanischer Antrieb ist augenblicklich nur vorstellbar bei einem Transportsystem wie der Magnetbahn; das aber ist an Schienen und Leitungen gebunden und fällt deshalb nicht unter die Definitionen von 1949 und 1968.

Unschädlich ist auch, dass der deutsche Wortlaut des Art. 1 Abs. 2 CMR von „Umschreibung im Abkommen 1949" spricht, während der verbindliche[64] englische und französische Wortlaut den strengeren Ausdruck *definition* verwendet. Wenn ein CMR-Staat keines der beiden Abkommen über den Straßenverkehr ratifiziert hat, dann sind die vier Fahrzeugbegriffe der CMR nicht deshalb undefiniert und inhaltslos, sondern bleiben als Begriffe der CMR nach mindestens nationalem Sprachgebrauch gültig. Der aber ist vollkommen eindeutig und genügt. **26**

2. Andere Begriffe

Es gibt in der Praxis des Güterverkehrs einige weitere „Fahrzeug-"Begriffe, die sich als Fachausdrücke des Güterverkehrs sprachlich erst gebildet haben. **27**

a) Truck, Trucking

Seit 1953 enthielten die Incoterms eine Klausel, deren Kurzbezeichnung FOR/FOT lautete. Das hieß *Free on Rail/Free on Truck*, und nach ausdrücklicher Erläuterung durch die Internationale Handelskammer in ihrem Vorspann zu der Klausel waren *Truck* und *Rail* synonyme Ausdrücke, weil *truck* Eisenbahnwaggon bedeutete – und nicht Fahrzeug allgemein oder Straßenfahrzeug im besonderen – und *rail* Schiene: „Die Klausel sollte nur benutzt werden, wenn die Ware per Eisenbahn transportiert wird." Die Klausel ist 1990 durch die für alle Transportmittel geltende Klausel *Free Carrier* (FCA) abgelöst worden, weil FOR/FOT schon in den letzten Jahren missverstanden wurde. Weiterhin hat man Truck als Gegensatz zu Rail gesehen, also als Straßenfahrzeug. Sprachlich war das frühere Verständnis als Eisenbahnwaggon eine Verengung, denn lateinisch *trahere* heißt ziehen. Der Begriff hat jetzt aber auch in Bezug auf Straßenfahrzeuge eine besondere Bedeutung, die sich dem ursprünglichen Sinn von ziehen, also Zugkraft annähert. Ein LKW-Anhänger und ein Sattelauflieger sind nicht Truck, ihnen fehlt eine eigene Motorkraft. Truck hat eigene Motorkraft, ist aber nicht LKW schlechthin, sondern Straßenfahrzeug mit eigener Motorkraft nur insofern, als die Motorkraft – mindestens auch – zum Ziehen verwandt wird. Klassischer Fall des Truck ist daher die Sattelzugmaschine oder der Sattelschlepper. **28**

---

64 Vgl. Unterzeichnungsprotokoll nach Art. 51 CMR, Denkschrift, S. 27.

Art. 1 Geltungsbereich

29 Das Entscheidende ist die bewegende und gegenüber der Ladung in gewisser Weise verselbstständigte Motorkraft. Mit dieser Bedeutung ist der Begriff aus den USA nach Europa gekommen, und zwar in der substantivierten Form des Verbums *trucking*. Große Überland-LKWs hatte es in den USA schon länger gegeben, hinderlich wirkte sich nur die Verschiedenheit der Zulassungsvorschriften der einzelnen Bundesstaaten aus. Manche Groß-LKWs konnten bestimmte Bundesländer nicht durchfahren, also musste umgeladen werden, das kostete entsprechende Umschlagseinrichtungen, Personal, also Geld, ferner Zeit und war schließlich der Ladung nicht zuträglich; erfahrungsgemäß ist das Umladen, der Umschlag, schadenträchtiger als das reine Fahren. Das brachte gegen Ende der 50er-Jahre den großen Überland-Frachtführer Sea-Land auf den Gedanken, die Ladung vom Fahrgestell zu trennen und die Karosserie mit dem Ladungsraum als eigenes Behältnis, das auf ein genormtes Fahrgestell gesetzt und so befördert werden konnte, zu verselbstständigen: Der Container war erfunden, damit der Container-Verkehr und damit die neue Tätigkeit des Trucking, der Einsatz genormter Fahrgestelle im Container-Verkehr.

30 Im Mai 1966 eröffnete Sea-Land den ersten überseeischen Container-Dienst über den Atlantik nach Europa (und zurück), andere Reedereien folgten bald nach.[65] Der Container als genormtes Behältnis kann auf genormte Fahrgestelle gesetzt und so mit jedem beliebigen Transportmittel befördert werden. Anders als die Wechselbrücke, die Teil eines Straßenfahrzeugs ist (vgl. Rdn. 33), ist der Container nicht einem bestimmten Transportmittel zugeordnet.

31 Beim reinen Straßentransport haben Container und Wechselbrücke dieselbe Funktion des Ladungsgefäßes, dem zum Straßenfahrzeug nur noch das Fahrgestell und die Motorkraft fehlen. Wer Fahrgestell und Motorkraft für die Straßenbeförderung eines Containers stellt, ist ebenso Trucker wie derjenige, der wechselnde Wechselbrücken befördert. Auch die Beförderung von Wechselbrücken nennt man deshalb Trucking. Trucking bedeutet somit, Motorkraft und Fahrgestell für die Beförderung von Ladegefäßen einzusetzen.[66]

b) Trailer

32 *Trailer* ist sprachlich eine Zusammenziehung von *truck* und *rail* und müsste nach früherem Sprachgebrauch eine Art Eisenbahnwaggon bedeuten.[67] Genau wie beim Ausdruck Truck (vgl. Rdn. 29, 31) hat sich jedoch die Bedeutung von Trailer auf den Straßengüterverkehr verlagert. Trailer ist nun aber nicht jedes Stra-

---

65 Vgl. *Möller*, Der gegenwärtige Stand des überseeischen Container-Verkehrs, HANSA 1967, 1782.
66 Vgl. Gutachten des BAG, 18.4.1988 und Gutachten des DIHT, 23.12.1988 in OLG München, 12.5.1989 – 23 U 2248/88, TranspR 1990, 427; *Heimes*, Handlexikon des Güterkraftverkehrs, 3. Aufl. 1989, S. 199: Trucking. Dazu, ob das Trucking eines Containers oder einer Wechselbrücke eine CMR-Beförderung mittels Straßenfahrzeugs ist oder sein kann, siehe Rdn. 33 ff.
67 Vgl. Incoterms 1953–1990, FOR/FOT, Rdn. 28.

ßengüterfahrzeug, wie LKW oder Anhänger, sondern ein Straßengüterfahrzeug, welches getruckt wird, also der Sattelauflieger, der von einem Sattelschlepper (= *Truck*) gezogen wird. Wie Truck die verselbstständigte Straßen-Motorkraft ist, so ist Trailer das dazugehörige selbstständige Ladegefäß für den Straßentransport. Truck und Trailer bilden zusammen die funktionale Einheit, das soll die sprachliche Alliteration „Tr" ausdrücken. *Fischer* hat überzeugend dargelegt, dass nicht nur der leere Trailer Gut i.S.d. CMR sein kann, sondern auch der vom Absender mit weiterem Gut beladene Trailer Gut i.S.d. CMR ist.[68] *Koller* hingegen vertritt die Ansicht, Trailer könnten kein Gut sein, ohne aber hierfür eine Begründung zu liefern.[69] *Jesser-Huß* weist demgegenüber zu Recht darauf hin, dass entscheidend der Inhalt des Beförderungsvertrages ist.[70] Wird der Frachtführer beauftragt, mittels eines Kraftfahrzeugs, nämlich der Zugmaschine, einen vom Absender beladenen Trailer grenzüberschreitend zu befördern, ist der gesamte Trailer Gut i.S.d. CMR.

c) Wechselbrücke

Eine Wechselbrücke ist eine LKW- oder Anhänger-Ladefläche mit Aufbau, wie ihn auch ein LKW oder Anhänger haben kann: Bordwand mit oder ohne Spriegel und Plane, geschlossener Raum (= Kofferaufbau), Kofferaufbau mit Wärmeisolierung, mit Heiz-, Kühl- oder Tiefkühleinrichtung usw. Die Wechselbrücke ist der Teil eines Kraftfahrzeugs, der übrig bleibt, wenn man das Fahrgestell wegnimmt: Fahrgestell + Wechselbrücke = LKW oder Anhänger. Diese bauliche und funktionale Trennung dient dem schnelleren Umschlag der Güter, weil der Fahrer nicht auf die Beladung warten muss, sondern erst eine beladene Wechselbrücke auf das Fahrzeug auflädt oder nicht auf Entladung warten muss, sondern die beladene Wechselbrücke beim Empfänger zu dessen Entladung abstellen kann. Die Wechselbrücke wird mit einem entsprechend genormten Fahrgestell auf der Straße zum Absender gefahren, wo das Fahrgestell die Wechselbrücke absetzt, die nun auf eigenen Stützbeinen an der Rampe des Absenders steht und beladen wird. Während dieser Zeit erledigt das Fahrgestell andere Fahrten. Ist die Wechselbrücke beladen und verschlossen, erscheint das Fahrgestell wieder – oder ein entsprechendes anderes –, nimmt die Wechselbrücke auf und fährt mit ihr los. Wie der Fall des Landgerichts Regensburg zeigt, kann die Wechselbrücke aber auch z.B. mit der Eisenbahn transportiert werden.[71] Die Ansicht aus der Vorauflage, die Wechselbrücke sei Teil eines Straßenfahrzeugs, kann daher nicht aufrechterhalten werden. *Thume* hat zu Recht die Wechselbrücke als einen „Container auf Stelzen" bezeichnet.[72]

33

---

68 *Fischer*, TranspR 1995, 326, 335.
69 *Koller*, Art. 1 CMR Rdn. 5.
70 MünchKommHGB/*Jesser-Huß*, Art. 1 CMR Rdn. 13; *Antwerpen*, ETR 1996, 579.
71 LG Regensburg, 28.11.1989 – S 206/89, TranspR 1990, 194.
72 *Thume*, in: Fremuth/Thume, Kommentar zum Transportrecht, Art. 1 CMR Rdn. 25.

Art. 1 Geltungsbereich

Von entscheidender Bedeutung wird die Einordnung bei der Frage, wie der Frachtführer haftet, wenn eine fremde Wechselbrücke von ihm beschädigt wird. Nicht entscheidend ist die Einordnung bei der Frage, ab oder bis wann der Frachtführer für Güter haftet, die sich auf einer Wechselbrücke befinden, bevor oder nachdem diese auf ein Kraftfahrzeug gesetzt wurde. Denn dies ist eine Frage der Übernahme oder der Ablieferung. Für die Frage der Haftung des Frachtführers ist nicht die tatsächliche Handhabung entscheidend, sondern der Inhalt des Vertrages. Wenn also vereinbart war, dass Güter grenzüberschreitend mit Kraftfahrzeugen befördert werden sollen, der Frachtführer dem Absender eine leere Wechselbrücke zur Verfügung stellt, und man kommt zur Überzeugung, eine Übernahme des Gutes liegt vor, so richtet sich die Haftung des Frachtführers nach der CMR. Haben die Parteien jedoch vereinbart, dass die Güter auf einer Wechselbrücke zunächst lagern sollen, bevor diese weiterbewegt wird, so richtet sich die Haftung nach Lagerrecht.

34 Die Verkehrsanschauung hat keine Schwierigkeit, im Einsatz von Wechselbrücken und in dem von Sattelaufliegern Straßengüterbeförderung, d.h. eine Beförderung von Gütern mit Kraftfahrzeugen, zu sehen, wie sie § 1 GüKG voraussetzt. Immerhin ist der Sattelauflieger eine besondere Art von Anhänger.

35 Erörterungswürdig ist der Einsatz einer Wechselbrücke deshalb, weil das Tatbestandsmerkmal „Beförderung mit Kraftfahrzeug oder Anhänger" zu der Frage zu führen scheint, ob die Wechselbrücke ein Straßenfahrzeug ist. Hierfür braucht die Wechselbrücke aber selbst kein Fahrzeug zu sein. Denn unstrittig wird die Wechselbrücke mit einem Kraftfahrzeug bewegt. Für die Annahme eines CMR-Beförderungsvertrags ist die Einordnung der Wechselbrücke als Fahrzeug überhaupt nicht notwendig. Die statische Frage nach dem, was ist, erweist sich damit als unergiebig. Es kommt auch nicht darauf an, ob überhaupt eine Wechselbrücke benutzt wird. Gibt beispielsweise der Absender eine beladene oder leere Wechselbrücke zur Beförderung in dem Sinne, dass sie dem Empfänger am Bestimmungsort abgeliefert werden soll, dann ist die Wechselbrücke – ggf. mit ihrem Ladungsinhalt – Gegenstand des Beförderungsvertrages, also Beförderungsgut, und wenn sie ihrer Bestimmung gem. auf ein Straßenfahrgestell gesetzt und zum Empfänger gefahren wird, so ist das Straßengüterbeförderung. Für das Merkmal „Beförderung mit Straßenfahrzeug" wichtig ist die Frage nach der Funktion der Wechselbrücke bei ihrem Einsatz, also nach der Regie. Die Frage muss deshalb dynamisch oder funktional gestellt werden: Wer hat die Regie der Wechselbrücke, wer setzt sie ein? Ein vertraglicher Straßen- oder ein Eisenbahnfrachtführer? Wenn dem Absender eine Wechselbrücke an die Rampe gestellt wird und, während er sie belädt, das Fahrgestell andere Fahrten erledigt, so weiß der Absender und stimmt zu (= vertraglicher Konsens), dass er ein Behältnis belädt, das später die vereinbarte Beförderung antritt.[73] Aus Art. 2 CMR wird erkennbar, dass die

---

73 OLG Hamburg, 13.3.1993 – 6 U 60/93, TranspR 1994, 195; *Helm*, in: Großkomm. HGB, Art. 2 CMR Rdn. 2 mit Hinweis auf *Hill*, ETR 1976, 183f.; *Koller*, Art. 2 CMR Rdn. 3; *Glöckner*, Art. 2 CMR Rdn. 2; *Lenz*, Rdn. 71.

CMR auch dann gelten will, wenn ein Straßenfahrzeug während eines Teils seiner Reise seinerseits befördert wird, sofern nur die Gesamtbeförderung einem einheitlichen konsensualen Straßenbeförderungsvertrag unterliegt und das Gut nicht aus dem Straßenfahrzeug aus- oder umgeladen wird; diese Voraussetzungen sind auch beim Einsatz einer Wechselbrücke erfüllt.

Irrelevant ist auch, ob die Wechselbrücke einem LKW oder einem Anhänger zugeordnet ist; das kann auch während der Gesamtreise wechseln, z.B. vom Absender zum Abgangsbahnhof mit Motorkraft als LKW, vom Bestimmungsbahnhof zum Empfänger ohne eigene Motorkraft als Anhänger oder umgekehrt. 36

Mit der herrschenden Meinung ist daher die Wechselbrücke selbst nicht als ein Fahrzeug oder als ein Anhänger i.S.d. der CMR einzuordnen, sondern als Ladegefäß.[74] 37

Mit dieser Einordnung ist es dann auch möglich, ohne Wertungswidersprüche den Transport einer Wechselbrücke mit anderen Verkehrsträgern wie der Eisenbahn zu erfassen und zu behandeln. 38

Eine Variante des Wechselbrückeneinsatzes ist der sog. Wechselbrückenbegegnungsverkehr von Frachtführern. Zwei Frachtführer organisieren ihre gegenseitigen Hin- und Rückfahrten so, dass jeder seine Ladung mittels Wechselbrücke zum anderen oder zu einem bestimmten Parkplatz, etwa auf der Mitte der Strecke zwischen ihnen, bringt, die Wechselbrücke zur Entladung abstellt und sofort oder später eine dort bereitgestellte andere Wechselbrücke aufnimmt und mit ihr zurückfährt. Jeder setzt seine Fahrgestelle mit Fahrpersonal ein, und beide benutzen ihre eigenen Wechselbrücken und stellen sie gegenseitig dem anderen zur Verfügung. Bei dieser Verkehrsabwicklung kann die Wechselbrücke mit Ladung Gegenstand des Beförderungsvertrages sein – für sie wird dann auch nach CMR gehaftet –, es kommt aber auch vor, dass die beiden Verkehrsträger sich gegenseitig unentgeltlich oder gegen irgendeine Art von Entgelt in dieser Weise die Wechselbrücken als Ladegefäße zur Verfügung stellen. Das wäre dann Leihe, Miete oder ein Ähnliches, vielleicht verschiedene Elemente enthaltendes Rechtsverhältnis. Die Wechselbrücken können auch ohne Fahrgestell für sich versichert werden, sei es als Kraft-Kasko, sei es als Container-Kasko.[75] – Im Zweifel ist beim Wechselbrückenbegegnungsverkehr unter Frachtführerkollegen anzunehmen, dass für die jeweils zur Verfügung gestellte Wechselbrücke keine Fracht geschuldet und gezahlt wird, sondern man sich gegenseitig in einem Mietverhältnis die Wechselbrücken zur Benutzung überlässt. Die Entgeltlichkeit liegt bereits in der Gegenseitigkeit.[76] 39

---

74 OLG Hamm, Urt. v. 2.2.1995 – 18 U 35/9, VersR 1996, 1304; LG Regensburg, 28.11.1989 – S 206/89, TranspR 1990, 194; *Jesser-Huß*, TranspR 1994, 338; *Herber*, TranspR 1994, 375; *Koller* Art. 1 CMR Rdn. 5; a.A. OLG Hamburg, 13.3.1993 – 6 U 60/93, TranspR 1994, 192, 194.
75 = Transport-Güter-Versicherung nach ADS mit ADS Güterversicherung 1973/84 und DTV-Zusatzklauseln für die Kaskoversicherung von Containern.
76 Vgl. OLG Düsseldorf, 27.2.1987, TranspR 1987, 187.

Art. 1 Geltungsbereich

III. Beförderung durch Hoheitsträger, Abs. 3

40 Die Person des Frachtführers spielt keine Rolle. Es wird meistens ein kaufmännischer Unternehmer sein, notwendig ist das aber nicht. Wenn alle Merkmale erfüllt sind, ist ein konsensualer „Vertrag über die entgeltliche Beförderung von Gütern auf der Straße mittels Fahrzeugen . . ." immer ein CMR-Vertrag. Abs. 3 stellt klar, dass sich daran auch dann nichts ändert, wenn der den konsensualen Vertrag abschließende Frachtführer (*contracting carrier*) nicht selbst fährt, sondern die Beförderung tatsächlich durchgeführt wird von einem Staat oder einer staatlichen Einrichtung oder Organisation (*actual carrier*).[77] Nach deutschem Recht wäre das ohnehin selbstverständlich. Charakter und Inhalt des konsensualen Hauptfrachtvertrags werden nach außen nicht berührt von Charakter, Inhalt usw. eines Unterfracht- oder sonstigen Vertrags im Innenverhältnis.

41 Abs. 3 stellt ferner klar, dass die Wirtschaftsstruktur der beteiligten Staaten keine Rolle spielt. Wenn alle sonstigen Merkmale erfüllt sind, gilt für einen Beförderungsvertrag die CMR auch dann, wenn in einem Land der Straßengüterverkehr verstaatlicht ist, wie in früheren Ostblock- oder in GUS-Staaten, oder wenn, wie früher in Großbritannien, der Straßenverkehr noch nicht denationalisiert war.[78]

IV. Von der Geltung ausgenommene Beförderungen, Abs. 4

1. Post

42 Die CMR gilt nicht für Beförderungen, die nach den Bestimmungen internationaler Postübereinkommen durchgeführt werden.[79] Dabei spielt die tatsächliche, wirtschaftliche und rechtliche Struktur der nationalen Posteinrichtungen keine Rolle, also auch nicht die der Deutsche Post AG. Auch der Rechtsstatus ihrer Tätigkeit als hoheitlich oder privatrechtlich ist ohne Bedeutung. Grund hierfür ist, dass der Weltpostvertrag von Postverwaltung spricht. Was eine Postverwaltung ist und vor allem wer dies in den einzelnen Ländern ist, richtet sich nach den jeweiligen nationalen Transformationsgesetzen (hierzu unten Rdn. 44).

43 Der Weltpostvertrag ist Völkerrecht und wird vom Weltpostverein (*United Postal Union* – UPU) verabschiedet. Der Weltpostverein ist eine Unterorganisation der UNO und veranstaltet alle fünf Jahre, zuletzt 2004 in Bukarest, davor 1999 in Peking, einen Weltpostkongress. Der Weltpostkongress verabschiedet als völkerrechtliches Abkommen den Weltpostvertrag alle fünf Jahre neu, die von den Mitgliedstaaten ratifiziert werden müssen. Die Fassung aus Bukarest 2004 ist noch

---

77 Vgl. *Loewe*, ETR 1976, 503, 516, Nr. 34.
78 Vgl. *Glöckner*, Art. 1 CMR Rdn. 19; Herber/Piper, Art. 1 CMR Rdn. 57.
79 *Koller*, Art. 1 CMR Rdn. 8; *Bahnsen*, in: EBJS, Art. 1 CMR Rdn. 22.

nicht ratifiziert; es gilt z. Zt. also die letzte ratifizierte Fassung des Weltpostvertrages vom Kongress in Peking 1999.[80]

Der deutsche Gesetzgeber hat zuletzt mit dem *Gesetz zu den Verträgen vom 15. September 1999 des Weltpostvereins*,[81] den Weltpostvertrag sowie die weiteren, damit zusammenhängenden Abkommen in deutsches nationales Privatrecht transformiert. Nach Art. 4 dieses deutschen Gesetzes nimmt in der Bundesrepublik Deutschland die Deutsche Post AG die Rechte und Pflichten einer Postverwaltung wahr. Nach Art. 4 Abs. 2 dieses Gesetzes kann auch jedes andere Unternehmen die Zulassung als Postverwaltung beantragen und erhalten. Art. 4 dieses Gesetzes unterwirft darüber hinaus jeden Absender und Empfänger einer grenzüberschreitenden Postsendung der Geltung der Regeln des Weltpostvertrages und des Postpaketübereinkommens.[82] Die Geltung und Wirksamkeit des Weltpostvertrages hat nichts zu tun mit einem Beförderungsmonopol oder dem sog. Postmonopol. **44**

Wegen des (ebenfalls) völkerrechtlichen Status des Weltpostvertrages, der als Völkerrecht schon seit über 160 Jahren besteht und als erstes internationales Transportübereinkommen überhaupt bezeichnet werden kann, das darüber hinaus auch noch unabhängig vom eingesetzten Verkehrsmittel, also multimodal einheitlich gilt, ist in der CMR in Art. 1 Abs. 4 lit. a) bewusst ein Vorrang für die Geltung des Weltpostvertrages und seiner darauf basierenden Abkommen geschaffen worden. Damit unterliegt die grenzüberschreitende Beförderung von Postsendungen, das sind Briefe und Pakete, die einer Postverwaltung übergeben werden, ausschließlich den Bestimmungen des Weltpostvertrages und nicht der CMR. Damit richten sich sowohl die Absenderrechte als auch die Rechte des Empfängers nach dem Weltpostvertrag, nicht nach der CMR. Wenn der Auftraggeber (Absender) sein Gut der Postverwaltung zur Beförderung übergibt, ist die Postverwaltung nach ihrem eigenen Organisationsrecht gehalten, die Beförderung nach dem Weltpostvertrag und seiner Abkommen durchzuführen. Auch der Auftrag der Postverwaltung an einen privaten Frachtführer, Postsendungen, also Briefe und Pakete, grenzüberschreitend zu transportieren, unterliegt nicht der CMR, sondern dem Weltpostvertrag oder dem Postpaketabkommen.[83] Die ausschließliche Geltung des Weltpostvertrages ist durch die Rechtsprechung inzwischen anerkannt.[84] **45**

---

80 Vgl. *Rode*, Haftungsrahmen nach dem Weltpostvertrag, TranspR 2005, 301, 302.
81 BGBl. 2002 II, S. 1446.
82 BGH, 28.1.2003 – X ZR 113/02, TranspR 2003, 238; BGH, 3.3.2005 – I ZR 273/04, TranspR 2005, 307.
83 BGH, 20.9.2005 – I ZR 67/03, TranspR 2006, 468.
84 BGH, 31.1.1980 – III ZR 152/78, NJW 1980, 1222; BGH, 28.1.2003 – X ZR 113/02, TranspR 2003, 238; BGH, 3.3.2005 – I ZR 273/04, TranspR 2005, 307; BGH, 20.9.2005 – I ZR 67/03, noch unveröffentlicht; OLG Karlsruhe, 25.7.2001 – 15 U 26/01, TranspR 2002, 210; OLG Köln, 12.8.2003 – 3 U 40/03, TranspR 2004, 312; OLG Oldenburg, 14.10.2002 – 13 U 69/02, TranspR 2003, 241; OLG Düsseldorf, 17.3.2002 – 18 U 158/01; OLG Köln, 15.10.2002 – 3 U 4/02, TranspR 2003, 159, 160.

Art. 1 Geltungsbereich

2. Leichen

46 Die CMR gilt nicht für die Beförderung von Leichen.[85] Damit ist der menschliche Leichnam gemeint als *res religiosa*, d.h. im Zusammenhang mit der Widmung zur Bestattung.[86] Der menschliche Leichnam ist zwar Sache i.S.v. § 90 BGB, aber nur beschränkt verkehrsfähig. Unter Berücksichtigung des Willens des Toten obliegt den Angehörigen die Totenfürsorge, d.h. in erster Linie die Entscheidung über Ort und Art der Bestattung oder die Überlassung des Leichnams an die Anatomie oder die Gestattung der Organentnahme. Andere Verfügungen sind ausgeschlossen, das ist Nachwirkung des Persönlichkeitsrechts des Verstorbenen. Die Beschränkung der Verkehrsfähigkeit dauert, solange die Überreste noch Gegenstand der Totenehrung sind, sei es durch die Angehörigen, sei es durch die Allgemeinheit (Kriegsgräber).[87] Danach werden die Überreste verkehrsfähig, das gilt z.B. für einen archäologischen Skelettfund, eine Moorleiche, eine Mumie.[88]

47 Die CMR gilt ebenfalls nicht für den die Leiche umgebenden Sarg und mitbeförderte Kränze, Blumen usw.[89] Wohl gilt die CMR für die Beförderung von Särgen vom Hersteller oder Händler zum Beerdigungsinstitut oder von dort zum Trauerhaus, ebenso für die Lieferung von Kränzen zur Friedhofskapelle oder in das Trauerhaus.

48 Für die Geltung der CMR spielt die Art des für eine Leichenüberführung eingesetzten Kraftfahrzeugs keine Rolle. Unmittelbar zwingend gilt die CMR nicht, was nicht ausschließt, dass sie vertraglich freiwillig vereinbart werden könnte (vgl. die Überführung von Kraftfahrzeugen auf eigener Achse aus eigener Kraft Rdn. 11).

3. Umzugsgut

49 Schließlich gilt die CMR nicht für die Beförderung von Umzugsgut.[90] Im Entwurf, der den letzten Beratungen zugrunde lag (vgl. Vor Art. 1 Rdn. 2), waren noch einige Bestimmungen über derartige Beförderungen enthalten. Es zeigte sich jedoch, dass die Behandlung dieser Fragen viel Zeit gekostet und die Fertigstellung des Übereinkommens erheblich verzögert hätte; es gelang nicht einmal, sich auf eine zufrieden stellende Definition des Begriffs „Umzugs- oder Übersiedlungstransport" oder auch nur des Gegenstandes dieser Transportart, nämlich „Umzugsgut" zu einigen.[91] Man hat diesen Punkt deshalb von der CMR ausge-

---

85 *Bahnsen*, in: EBJS, Art. 1 CMR Rdn. 23.
86 Vgl. Palandt/*Ellenberger*, § 90 BGB Rdn. 3.
87 Vgl. MünchKommBGB/*Holch*, § 90 BGB Rdn. 31.
88 Vgl. MünchKommBGB/*Holch*, § 90 BGB Rdn. 32.
89 Vgl. MünchKommBGB/*Holch*, § 90 BGB Rdn. 31; Palandt/*Ellenberger*, § 90 BGB Rdn. 3.
90 *Bahnsen*, in: EBJS, Art. 1 CMR Rdn. 24.
91 Vgl. *Loewe*, ETR 1976, 503, 517; *ders.*, Hat sich die CMR bewährt?, CMR-Colloquium 1987, S. 5.

nommen, ihn gleichsam vertagt und im Unterzeichnungsprotokoll vom 19.5.1956 vereinbart: „Die Unterzeichneten verpflichten sich, über ein Übereinkommen über den Beförderungsvertrag für Umzugsgut ... zu verhandeln".[92]

Das ist später geschehen. Eine Arbeitsgruppe der Europäischen Wirtschaftskommission kam bei ihren Beratungen vom 22.–26.2.1960 zu dem Ergebnis, auf ein staatsvertragliches Übereinkommen zu verzichten – vermutlich mangels eines entsprechenden Bedürfnisses – und nur ein Vertragsmuster auszuarbeiten, also Allgemeine Geschäftsbedingungen, die die Parteien zum Vertragsinhalt machen können. Ein solcher Text wurde in der zweiten Tagung der Arbeitsgruppe vom 4. bis 7.1.1961 ausgearbeitet.[93] Der Binnenverkehrsausschuss der Wirtschaftskommission für Europa hat unter Mitwirkung der FIDI[94] am 12.4.1962 die ABIU[95] aufgestellt (E/ECE/TRANS/525). **50**

Nach ganz allgemeiner Auffassung ist von der CMR ausgeschlossen die Beförderung bestimmter Güter, nämlich von Umzugsgut. Das Merkmal Umzug bedeutet, dass das Gut zunächst an einem Ort dem Lebensumkreis von Menschen gedient hat, sei es zum Wohnen, Arbeiten, Spielen, sei es zum Sport, kurz: zum Leben im weitesten Sinne, und dass das Gut an einen anderen Ort gebracht wird, um dort gleichen Zwecken zu dienen. Ein Umzug liegt also nicht vor, wenn Möbel o. Ä. von einem Hersteller, Händler usw. an eine Wohnung geliefert werden, wo sie alsdann als Wohnungseinrichtung benutzt werden sollen; das ist kein Umzug, das Gut ist folglich kein Umzugsgut; ggf. würde also die CMR gelten. Dies ist ganz allgemeine Auffassung.[96] **51**

Soweit ersichtlich, ist anderer Ansicht einzig die Rechtbank van Koophandel te Antwerpen:[97] Die CMR gelte nicht für Umzüge, von Umzug könne man nur sprechen, wenn alle charakteristischen Merkmale dafür vorhanden seien, namentlich das Auseinandernehmen der Umzugsmöbel, deren Ein- und Auspacken beim Ein- und Ausladen. Wenn der Frachtführer einen Auftrag auf die reine Beförderung eines Containers mit darin verpacktem Umzugsgut erhalte, bedeute das auf seiner Seite deshalb keinen Umzug, so dass die CMR anzuwenden sei. **52**

Hier wird ein wesentlicher Gesichtspunkt deutlich: Der Ausschluss der CMR betrifft zwar dem Buchstaben nach Beförderung/transport/removal, bezogen auf be- **53**

---

92 BGBl. 1961 II, S. 1146; abgedruckt bei *Glöckner*, CMR, S. 258; vgl. Denkschrift, S. 47.
93 Vgl. *Loewe*, ETR 1976, 503, 517.
94 Federation Internationale des Demenageurs Internationaux, Internationaler Möbelspediteurverband.
95 Allgemeine Bedingungen für internationale Umzüge. Der Text wurde vom Sekretariat in Genf im April 1962 veröffentlicht (TRANS/263), abgedruckt bei *Kraus/Müller/Pickerd-Busch*, Großes Handbuch für den Möbeltransport, B 3.
96 Vgl. *Helm*, in: Großkomm. HGB, Art. 1 CMR Rdn. 49; *Koller*, Art. 1 CMR Rdn. 10; *Lenz*, Rdn. 76; *Alff*, Art. 1, 2 CMR Rdn. 2; *Glöckner*, Art. 1 Rdn. 12; OLG Düsseldorf, 3.5.1984 – 18 U 41/84, VersR 1984, 1090; OLG Hamburg, 28.2.1985 – 6 U 65/84, VersR 1985, 1155: „Der Begriff setzt voraus, dass die transportierten Gegenstände Bestandteile einer einheitlichen Einrichtung von Räumen waren und nunmehr dem gleichen gemeinsamen Zweck in anderen Räumen dienen sollen"; vgl. auch *Bischof*, GüKUMT, Vorbem. S. 12, Anm. 13.
97 Urt. v. 1.4.1980, ETR 1980, 461.

Art. 1 Geltungsbereich

stimmte Güter. Diese Auslegung reißt die Bestimmung aber aus ihrem Zusammenhang. Was von der CMR ausgenommen und besonderen Beratungen überlassen wurde (vgl. Rdn. 49, 50), war der Umzugs- oder Übersiedlungstransport. Damit wird also nicht ein Vertrag über ein bestimmtes Gut bezeichnet, sondern ein Vertrag über bestimmte Leistungen: Das ist der Unterschied zwischen Beförderung und Umzug. Beförderung ist die reine Ortsveränderung einer Sache, Umzug dagegen umfasst die Herrichtung der Sache zur Beförderung, die Beförderung selbst und die Wiederherrichtung, damit die Sache danach ihre alte Funktion als Wohnung oder Büro am neuen Ort erfüllen kann. Zum Umzug gehört das Ausleeren der Schränke und sonstigen Behältnisse, das Verpacken des Inhalts in Kisten oder Kartons, Abnehmen der Lampen, der Bilder, des Herdes, der Spülmaschine, der Einbauküche, Auseinandernehmen der Schränke usw., Hinuntertragen in Möbelwagen, dort Einladen und sicher Verstauen, sodann Befördern und schließlich am Bestimmungsort Verrichtung aller früheren Arbeiten in umgekehrter Folge, das Wiedereinrichten der Wohnung, Anschließen von Geräten, Lampen, Befestigung von Wandschränken usw. Der Umzugsvertrag ist eine Mischform, die sehr viel Dienstleistung enthält, während die Beförderung „nur" die Ortsveränderung der Sache ist. Anders ausgedrückt: Für den Frachtführer ist eine große Kiste eine große Kiste. Wenn der Frachtführer einen Liftvan[98] oder einen Container (Rechtbank Antwerpen a.a.O.) zu befördern hat, macht es keinerlei Unterschied, welchen Inhalt der Behälter hat. Der Frachtführer muss in jedem Falle sorgfältig damit umgehen, seine Leistung aber beschränkt sich auf die reine Ortsveränderung. Das ist beim Umzugsvertrag ganz anders, hier stehen die zusätzlichen Leistungen über die reine Beförderung hinaus im Vordergrund.

54 Der Ausschluss des Umzugsguts von der CMR meint den Umzugsvertrag, so dass die reine Beförderung einer Kiste oder eines Containers unter die CMR fällt, auch wenn sie persönliche Effekten oder Teile einer Wohnungseinrichtung enthalten. Das Besondere und Charakteristische des Ausschlusses von Umzugsgut liegt nicht in der Art des Gutes, sondern in den mit seiner Beförderung verbundenen Leistungen, also in der Art des Vertrages; dafür sprechen auch folgende Überlegungen: Es liegt nahe, einen inneren Zusammenhang anzunehmen zwischen dem Ausschluss vom Umzugsgut und der Entschließung des „internationalen Gesetzgebers", der Europäischen Wirtschaftskommission (ECE) darüber, über bestimmte Leistungen im Zusammenhang mit Güterbeförderung eine neue, andere Vertragsform auszuarbeiten. Man hatte erkannt, dass es nicht damit getan ist, die Güterart Umzugsgut zu definieren – vgl. oben Rdn. 49 –, sondern dass man es mit anderen und über die reine Beförderung hinaus gehenden Leistungen zu tun hat. Tatsächlich regeln die ABIU – siehe Rdn. 50 – nicht den Begriff Umzugsgut, sondern Inhalt und Umfang des Umzugsvertrages. Es ist anzunehmen, dass die Verfasser der CMR und der ABIU keine Lücke zwischen beiden Regelungswerken lassen wollten, sondern nur das von der CMR ausschließen wollten, was Gegenstand der neuen ABIU wurde.

---

98 OLG Hamburg, 3.7.1980 – 6 U 160/79, VersR 1980, 1075.

Nimmt man mit der ganz allgemeinen Ansicht an, dass auch die reine Beförderung von Umzugsgut von der CMR ausgeschlossen ist, so gilt das doch nur für die unmittelbar zwingende Anwendbarkeit der CMR. Was in dieser Weise von der CMR ausgeschlossen ist, unterliegt der Vertragsfreiheit, die Parteien können also die CMR für einen solchen Beförderungsvertrag vereinbaren.[99]

V. Bindung der Vertragsstaaten, Abs. 5

Die Vertragsstaaten verpflichten sich, untereinander keine von der CMR abweichenden Sondervereinbarungen zu treffen. Ohnehin selbstverständlich und deshalb nicht erwähnenswert und regelungsbedürftig erschien dagegen bei den Beratungen, dass ein Vertragsstaat mit einem Nicht-Vertragsstaat keine abweichenden Vereinbarungen treffen darf. „Jeder Vertragsstaat hat Anspruch auf die vollständige Anwendung des Übereinkommens in jedem anderen Vertragsstaat".[100]

Ausnahmen wären zulässig für den sog. kleinen Grenzverkehr, d.h. für grenzüberschreitende Beförderungen innerhalb eines Streifens bestimmter Tiefe beiderseits der Grenze. Davon ist indessen, soweit bekannt, kein Gebrauch gemacht worden.

Ferner wäre zulässig, dass ein Vertragsstaat Bestimmungen über einen das Gut vertretenden Frachtbrief erlässt, etwa nach Art des seerechtlichen Konnossements (§ 642 HGB), oder den CMR-Frachtbrief entsprechend ergänzt.[101] Auch davon ist jedoch kein Gebrauch gemacht worden.

Die CMR hindert die Vertragsstaaten und deren Rechtsprechung nicht, den Anwendungsbereich der CMR zu vergrößern.[102] Dies hat der Bundesgesetzgeber mit den §§ 458, 459 und 460 HGB getan, in dem der Gesetzgeber erklärte, dass der Spediteur im Selbsteintritt sowie der Fixkosten- und Sammelladungsspediteur hinsichtlich der Beförderung die Rechte und Pflichten eines Frachtführers haben. Damit wird auch der Vertrag des Versenders mit dem Fixkostenspediteur hinsichtlich der Beförderung ein Frachtvertrag i.S.d. CMR, wenn er auf grenzüberschreitende Beförderung mit einem Kraftfahrzeug gerichtet ist. Sehr zweifelhaft ist es allerdings, wenn die Rechtsprechung trotz Anwendbarkeit fremden nationalen Privatrechts auf einen grenzüberschreitenden Transport mit Kraftfahrzeugen, also nicht deutschem, meint, dieses fremde, im entschiedenen Fall ita-

---

99 Vgl. *Loewe*, ETR 1976, 503, 517 Nr. 37; *ders.*, Hat sich die CMR bewährt?, CMR-Colloquium 1987, S. 5: „Einigen sich die Parteien auf die Anwendung der CMR, so ist klar, dass damit die CMR, ausgenommen jene Bestimmung, die die betreffende Vertragsart aus dem Anwendungsbereich ausschließt, gemeint ist."
100 *Loewe*, ETR 1976, 503, 522.
101 *Loewe*, ETR 1976, 503, 521.
102 *Helm*, in: Großkomm. HGB, Art. 1 Rdn. 3.

Art. 1   Geltungsbereich

lienische Recht, auszulegen und zu entscheiden, dass eine italienische Fixkostenspedition ebenfalls einen Beförderungsvertrag i.S.d. Art. 1 CMR darstelle.[103]

VI. Vereinbarung der CMR

60 Liegen die Voraussetzungen des Art. 1 CMR nicht vollständig vor, greift die CMR kraft Gesetzes nicht auf das zu untersuchende Rechtsverhältnis ein. Es stellt sich dann die Frage, ob dennoch die CMR vertraglich vereinbart werden kann, welche grundsätzlich mit ja beantwortet werden kann.[104] Nach deutschem Recht wird die CMR dann Bestandteil des Beförderungs-, Speditions- oder sonstigen Vertrages, wobei jedoch die einzelnen Bestimmungen nach Ansicht von *Helm* teilweise wieder abbedungen werden könnten.[105] Dies erscheint jedoch deshalb fraglich, weil mit der (pauschalen) Vereinbarung der CMR auch Art. 41 CMR vereinbart wäre. Nur dann, wenn die CMR ausschnittsweise vereinbart wird, wäre es denkbar, nur Teile der CMR vertraglich zu vereinbaren.

61 Sinnvoll kann die Vereinbarung der CMR z.B. sein, um Teiltransporte an Unterfrachtführer, die nur eine innerstaatliche Beförderung ausführen, dem gleichen Haftungsregime zu unterstellen wie dem des Hauptfrachtvertrages. Gleiches gilt, wenn Teiltransporte zwar grenzüberschreitend, aber nicht zwischen Vertragsstaaten stattfinden.[106]

---

103 OLG München, 23.7.1996, TranspR 1997, 33, 34.
104 *Helm*, in: Großkomm. HGB, Art. 1 Rdn. 4.
105 *Helm*, in: Großkomm. HGB, Art. 1 Rdn. 4.
106 *Helm*, in: Großkomm. HGB, Art. 1 Rdn. 6.

Art. 1a (Vertragsgesetz)

Für Rechtsstreitigkeiten aus einer dem Übereinkommen unterliegenden Beförderung ist auch das Gericht zuständig, in dessen Bezirk der Ort der Übernahme des Gutes oder der für die Ablieferung des Gutes vorgesehene Ort liegt.

Die Vorschrift ist nicht Bestandteil der CMR, sondern des deutschen CMR-Ratifizierungsgesetzes vom 16.8.1961[1] und durch das deutsche Gesetz vom 5.7. 1989[2] nachträglich in das Ratifizierungsgesetz eingefügt worden. Es hat sich in Deutschland aber eingebürgert, sie der Einfachheit halber kurzer Hand als „Art. 1 lit. a) CMR" zu bezeichnen[3] (zur Erläuterung s. Art. 31 CMR Rdn. 39). 1

Die Vorschrift gewährt in Deutschland einen örtlichen Gerichtsstand nach nationalem Recht, wenn und soweit die CMR einen internationalen Gerichtsstand gewährt. Der Gerichtsstand gilt zugunsten und zulasten auch ausländischer Parteien.[4] Die Vollstreckung richtet sich dann nach den jeweils international gültigen Vollstreckungsübereinkommen. 2

Maßgeblich ist der jeweilige, vertraglich vereinbarte Übernahme- und Empfangsort. Nicht entscheidend ist die tatsächliche Ablieferung, was aus dem Wortlaut der Vorschrift deutlich hervorgeht. Grund hierfür ist, dass ansonsten im Fall des Verlustes kein Gerichtsstand am Ablieferungsort bestünde. Handelt es sich um gebrochene Verkehrsketten, eventuell mit Umladungen, kann es im Verhältnis des Absenders zum Frachtführer andere Gerichtsstände geben als im Verhältnis zwischen Frachtführer und Unterfrachtführer; es kommt auf das jeweilige Vertragsverhältnis an.[5] 3

---

1 BGBl. 1961 II, S. 1119.
2 BGBl. 1989 II, S. 586.
3 Vgl. BGH, 18.12.2003 – I ZR 228/01, TranspR 2004, 169 (Rz. 16); OLG Karlsruhe, 24.1.2002 – 9 U 94/99, TranspR 2002, 410 (Rz. 29); OLG Düsseldorf, 21.6.1990 – 18 U 59/90, RIW 1990, 752; LG Hannover vom 4.9.1991 – 22 O 120/90 – TranspR 1992, 327, 328 f.
4 *Bahnsen*, in: EBJS, Art. 1 CMR Rdn. 3; *Koller*, Art. 1a CMR Vertragsgesetz, Rdn. 1.
5 *Bahnsen*, in: EBJS, Art. 1 CMR Rdn. 3.

Art. 2

bearbeitet von RA Dr. Fritz Fremuth, Rosenheim

1. Wird das mit dem Gut beladene Fahrzeug auf einem Teil der Strecke zur See, mit der Eisenbahn, auf Binnenwasserstraßen oder auf dem Luftwege befördert und wird das Gut – abgesehen von Fällen des Artikels 14 – nicht umgeladen, so gilt dieses Übereinkommen trotzdem für die gesamte Beförderung. Soweit jedoch bewiesen wird, dass während der Beförderung durch das andere Verkehrsmittel eingetretene Verluste, Beschädigungen oder Überschreitungen der Lieferfrist nicht durch eine Handlung oder Unterlassung des Straßenfrachtführers, sondern durch ein Ereignis verursacht worden ist, das nur während und wegen der Beförderung durch das andere Beförderungsmittel eingetreten sein kann, bestimmt sich die Haftung des Straßenfrachtführers nicht nach diesem Übereinkommen, sondern danach, wie der Frachtführer des anderen Verkehrsmittels gehaftet hätte, wenn ein lediglich das Gut betreffender Beförderungsvertrag zwischen dem Absender und dem Frachtführer des anderen Verkehrsmittels nach den zwingenden Vorschriften des für die Beförderung durch das andere Verkehrsmittel geltenden Rechts geschlossen worden wäre. Bestehen jedoch keine solchen Vorschriften, so bestimmt sich die Haftung des Straßenführers nach diesem Übereinkommen.

2. Ist der Straßenfrachtführer zugleich der Frachtführer des anderen Verkehrsmittels, so haftet er ebenfalls nach Absatz 1, jedoch so, als ob seine Tätigkeit als Straßenfrachtführer und seine Tätigkeit als Frachtführer des anderen Verkehrsmittels von zwei verschiedenen Personen ausgeübt würden.

Literatur: *Basedow*, Auslegungsgrenzen im Internationalen Einheitsrecht, TranspR 1994, 338. *Baunack*, Die Haftung der Eisenbahn bei der Beförderung von Gütern im kombinierten Ladungsverkehr, zweiter Teil: Huckepack-Verkehr, TranspR 1980, 109; *Boombeeck/Hamer/Verhaegen*, La responsabilité du transporteur routier dans le transport par car-ferries, ETR 1990,10; *Creon*, Die Haftung des CMR-Frachtführers beim Roll-on-/Roll-off-Verkehr, 1996; *Czapski*, Die Vertragshaftung beim Transport von Fahrzeugen durch Autofähren, Internationale Straßentransportunion (IRU) Heft Nr. 24 (1988); *ders.*, Responsabilité du transporteur routier lors du transroulage et du ferroutage, ETR 1990, 172 ff.; *Dauses*, Handbuch des EG-Wirtschaftsrechts, 1993 (zit. *Bearbeiter*, in: Dauses); *De Wit*, Mulitmodal Transport, 1965; *Delebecque*, La convention CMR, les transports supersosés et multimodaux, ULR 2006, 569; *Eickelbaum*, Lückenfüllung im Einheitstransportrecht in Deutschland, England und den USA, 2004; *Endrigkeit*, Zur Unternehmerhaftung für fremde Wechselaufbauten im Güterfernverkehr, VersR 1971, 999; *Fitzpatrick*, Combined Transport and the CMR Convention, JBL 1968, 311; *Freise*, Unimodale transportrechtliche Übereinkommen und multimodale Beförderungen, TranspR 2012, 1 ff.; *ders.*, Multimodaler Verkehr unter Beteiligung der Eisenbahn, TranspR 1986, 317; *Glass*, Article 2 of the CMR Convention – A Reappraisal, JBL 2000, 562; *Glöckner*, Übereinkommen über den Beförderungsvertrag im internationalen Straßengüterverkehr (CMR), 7. Aufl. 1991; *Haak*, Ro-Ro-Transport unter CMR Art. 2: The Dutch Resolution, LMCLQ 2005, 208; *Herber*, The European Legal Experience with Multimodale Tulan, L. Rev. 64 (1989), 611; *ders.*, Die CMR und der Roll-on/Roll-off-Verkehr, VersR 1988, 645; *ders.*, Haftung beim Ro/Ro-Verkehr, TranspR 1994, 375; *ders.*, Seehandelsrecht, 1999, S. 365 f.; *Kunz*, Das neue Übereinkommen über den Internationalen Eisenbahnverkehr, TranspR 2005, 329; *Lenz*, EG-Handbuch Recht im Binnenmarkt,

Geltungsbereich **Art. 2**

1991 (zit. *Bearbeiter*, in: Lenz, EG-Handbuch); *Putzeys*, L'article 2 C.M.R. – une autre interprétation, BTL 1991, 87; *Ramberg*, Deviation from the legal Regime of the CMR (Art. 2), in: Theunis, International Carriage of Goods by Road (CMR), 1987, S. 19; *Ramming*, Hamburger Handbuch Multimodaltransport, 2011; *Rodière*, Les transports combinés route/autre mode de locomotion, BT 1973, 458. *Ruitinga/de Haan*, Gabriele Wehr revisted, ETR 2001, 831; *Theunis*, Die Haftung des Straßenfrachtführers bei der Ro/Ro-Beförderung, TranspR 1990, 263; *van Beelen*, De aansprakelijkheid von de Wegvervoerder bij stapelvervoer conform Art. 2 CMR, ETR 1991, 743; *von Witzleben*, Die Praxis des Güterkraftverkehrs, 2 Bände 1974, Bearbeitungsstand: 39. Ergänzungslieferung 1.10.1993; *Zurimendi Isla*, Regimen de la pluralidad de porteadores en el CMR, Revista de Derecho del Transporte, 2008, S. 99 ff.

Übersicht

	Rdn.
I. Allgemeines	1
1. Normzweck	1
2. Begriff des Huckepack-Ro/Ro-Verkehrs	4
3. Praktische Bedeutung	11
4. Unterschied zu anderen verkehrspolitischen und ordnungsrechtlichen Regelungen	12
a) Verkehrspolitische Zielsetzung	12
b) Unterschied gegenüber Art. 2 CMR	15
c) Die wichtigsten öffentlich-rechtlichen Regelungen zur Förderung des kombinierten Verkehrs	19
aa) RL 92/106/EWG	19
(1) Zielsetzung	19
(2) Begriff des kombinierten Verkehrs	20
(3) Privilegierung des kombinierten Verkehrs	21
(4) Beförderungspapiere	22
(5) Ermäßigung der Kraftfahrzeugsteuer	23
bb) Grenz- und Kabotageverkehr GüKG	24
(1) Zielsetzung des kombinierten Verkehrs	24
(2) Begriff des kombinierten Verkehrs	25
(3) Privilegierung	26
II. Inhalt der Regelung (Art. 2 CMR)	30
1. Anwendungsbereich und Abgrenzungsfragen	30
(1) Vertraglich gestatteter Huckepack- bzw. Ro/Ro-Verkehr	31

	Rdn.
(2) Vertragswidriger Huckepack- bzw. Ro/Ro-Verkehr	32
(3) Vertragswidrige Umladung	33
(4) Vertraglich gestattete Umladung	34
(5) Umladung bei Beförderungshindernis	35a
2. Inhalt und Architektur	36
a) Grundtatbestand	37
b) Ausnahme: Haftungsregime des Trägerbeförderungsmittels	38
(1) Schadenseintritt während des Bahn- und Schiffstransports	39
(2) Keine Schadensverursachung durch den CMR-Frachtführer	40
(3) Schadenseintritt nur während und wegen der Huckepack-Beförderung	41
c) Geltung der CMR	43
d) Identität von CMR- und Huckepack-Beförderer	46
III. Voraussetzungen des Huckepack-Verkehrs	48
1. Durchgehender CMR-Beförderungsvertrag	49
a) Echter CMR-Frachtvertrag	49
aa) Vorrang des Art. 2 CMR vor den multimodalen Beförderungsregeln	51
bb) Artt. 34 ff. CMR sind unanwendbar	52
b) Frachtvertraglich gleichgestellte Fälle (§§ 458–460 HGB n. F.)	53
2. Huckepacktransport	58

Fremuth

Art. 2 Geltungsbereich

a) Huckepack- (bzw. Ro/Ro-) Voraussetzungen 58
b) Fahrzeug i. S. d. Art. 1 Abs. 2 CMR................................. 59
   aa) Der Fahrzeugbegriff........... 59
   bb) Container........................ 60
   cc) Wechselbrücken (Wechselaufbauten) 61
     (1) Begriff...................... 61
     (2) Das Problem............... 64
     (3) Streitstand................. 69
     (4) Analyse..................... 72
        (aa) Quellen............... 72
        (bb) Straßenverkehrsrechtliche Aspekte............... 73
     (5) Ergebnis.................... 78
3. Kein Umladungsverkehr 80
4. Umladung bei Beförderungshindernissen 83
   a) Grundsatz......................... 83
   b) Wortlaut des Art. 2 Abs. 1 S. 1 CMR................................. 84

IV. Das (fiktive) Teilstreckenrecht des Huckepack-Beförderers 88
1. Das Problem: Ermittlung des Rechts des Trägerbeförderungsmittels............................. 88
2. Zwingendes Haftungsregime des Trägerbeförderungsmittels........... 90
   a) Der englische und französische Wortlaut des Art. 2 CMR 90
   b) Praktische Bedeutung 94
   c) Entstehungsgeschichte des Art. 2 CMR 95
   d) Die noch (?) herrschende Meinung (franz. Fassung)......... 96
   e) Welches (zwingende) Teilstreckenrecht? 97

V. Huckepack-(Ro/Ro-)Fallgestaltungen 100
1. Ro/Ro-Verkehr Lkw/Binnenschiff.................................... 100
   a) Nationaler (Teilstrecken-) Binnenschiffsverkehr.............. 100
   b) Internationaler (Teilstrecken-) Binnenschiffstransport 103
2. Lufttransport........................ 106
   a) Innerstaatlicher (Teilstrecken-) Lufttransport...................... 106
   b) Internationaler (Teilstrecken-) Lufttransport...................... 108

     (1) Warschauer Abkommen 1955 108
     (2) Montrealer Übereinkommen 1999 110
3. Huckepack-Verkehr Lkw/Bahn................................... 111
   a) Vertragliche Beziehungen 111
   b) Obhutshaftung................... 115
     aa) Nationaler Eisenbahnverkehr 116
     bb) Internationaler Eisenbahnverkehr............ 117
   c) Fazit................................. 120
   d) Beweislast......................... 121
4. Ro/Ro-Verkehr Lkw/Seeschiff............................. 122
   a) Das Problem...................... 122
     (1) Engl. Interpretation des Art. 2 Abs. 1 S. 2 CMR 122
     (2) Franz. Interpretation des Art. 2 Abs. 1 S. 2 CMR 123
   b) Die Ermittlung zwingenden Seerechts........................... 125
   c) Lösungsversuche................. 131
     aa) Die Rspr. des OLG Hamburg (aufgegeben) und OLG Celle 132
     bb) Die neue Rspr. des OLG Hamburg und OLG Düsseldorf 133
     cc) Die neue Grundsatzentscheidung des BGH vom 15.12.2011 .... 133b
     dd) Der Oberste Gerichtshof der Niederlande (Hoge Raad) 134
     ee) Die Auffassung von Koller . 135
     ff) Die Auffassung von Bombeeck/Hamer/Verhaegen 136
     gg) Die Auffassung von Czapski/Herber............... 137
     hh) Eigene Auffassung........... 138
   d) Seerechtliche Haftung............ 139

VI. Beweislast................................ 145
VII. Rückgriff 151
VIII. Identität von CMR- und Huckepack-Beförderer 152
IX. Verjährung 155
X. Spezialregeln 156

I. Allgemeines

1. Normzweck

Art. 2 CMR regelt einen Sonderfall des kombinierten Verkehrs, nämlich den „Huckepack- bzw. Ro/Ro-Verkehr". 1

Gesetzgebungstechnisch bezweckt Art. 2 CMR im Grundsatz die Anwendung der CMR auf Streckenabschnitte, bei denen das mit dem Beförderungsgut beladene Straßenfahrzeug quasi „huckepack" per Eisenbahn, Schiff oder Flugzeug transportiert wird. 2

Die Regelung des Art. 2 CMR ist auf besonderen Wunsch Großbritanniens aufgenommen worden; sie trägt deren besonderer geographischer Lage Rechnung. Ohne diese Ausnahmeregelung wären grenzüberschreitende CMR-Kraftfahrzeug-Transporte von und nach Großbritannien unmöglich.[1] 3

2. Begriff des Huckepack-/Ro/Ro-Verkehrs

„Huckepack-Verkehr" i.S.d. Art. 2 CMR liegt nach dessen Legaldefinition vor, wenn „das mit dem Gut beladene Fahrzeug auf einem Teil der Strecke zur See, mit der Eisenbahn, auf Binnenwasserstraßen oder auf dem Luftwege befördert" und das Gut nicht umgeladen wird.[2] 4

Der Begriff des Huckepack-Verkehrs unterteilt sich wiederum in zwei Unterbegriffe, nämlich 5

(1) den Begriff des Huckepack-Verkehrs im engeren Sinne[3] und
(2) den Begriff des Roll-on-/Roll-off-(Ro/Ro-)Verkehrs.[4]

Unter Huckepack-Verkehr im engeren Sinne versteht man nur die Beförderung von Lkws mit Ladung auf der Eisenbahn.[5] 6

In diesem Sinne wird im Rahmen der Kommentierung zu Art. 2 CMR der Begriff des Huckepack-Verkehrs verwendet.

Demgegenüber versteht man unter Roll-on-/Roll-off-(Ro/Ro-)Verkehr eine Unterart des Huckepack-Verkehrs; nämlich, wenn ein Straßenfahrzeug samt Ladung auf ein Seeschiff oder ein Binnenschiff als Ganzes verladen wird.[6] 7

---

1 Rdn. 95, 122 ff.; Denkschrift, S. 35.
2 Art. 2 Abs. 1 S. 1 CMR.
3 Rdn. 6.
4 Rdn. 7.
5 *Fremuth*, in: Thume, 1. Aufl., Anh. II Multimodaler Transport, Rdn. 39 (zit. Anh. II); *Fremuth*, in: Fremuth/Thume, Vor § 452 HGB Rdn. 10; *Thume*, in: Fremuth/Thume, Art. 2 CMR Rdn. 4; *Ebenroth/Fischer/Sorek*, VersR 1988, 757, 758; *Gabler*, Wirtschaftslexikon, Stichwort „Huckepack-Verkehr"; *Bahnsen*, in: EBJS, Art. 2 CMR Rdn. 6.
6 *Fremuth*, in: Thume, 1. Aufl., Anh. II, Rdn. 46; *Fremuth*, in: Fremuth/Thume, Vor § 452 HGB Rdn. 10; *Thume* in: Fremuth/Thume, Art. 2 CMR Rdn. 4; *Herber*, VersR 1988, 645.

Art. 2 Geltungsbereich

In diesem Sinne wird die Bezeichnung Ro/Ro-Verkehr im Rahmen der Kommentierung des Art. 2 CMR verwendet.

8 Dagegen liegt weder Huckepack- noch Ro/Ro-Verkehr vor, wenn Container oder sonstige Güter vom Straßenfahrzeug auf die Bahn oder das Schiff umgeladen werden.[7]

9 Charakteristisch für den Huckepack- bzw. Ro/Ro-Verkehr ist, dass das Straßenfahrzeug[8] samt Ladung vom Huckepack-Beförderer (Eisenbahn, Schiff) übernommen wird.

In der Praxis wird häufig nur der Anhänger oder Sattelanhänger auf Bahn oder Schiff verladen, also das Fahrzeug ohne Motorteil. Dies genügt für die Annahme von Huckepack-Ro/Ro-Verkehr i.S.d. Art. 2 CMR (vgl. Rdn. 59 ff.).

10 Daher unterscheidet sich der Huckepack-Verkehr vom Ro/Ro-Verkehr nach dem Sprachgebrauch nur dadurch, dass als Huckepack-Verkehr der Transport von beladenen Straßenfahrzeugen[9] auf der Eisenbahn, dagegen unter dem Ro/Ro-Verkehr die Beförderung von Straßenfahrzeugen oder Eisenbahnwaggons auf Schiffen im Fährverkehr verstanden wird.[10]

3. Praktische Bedeutung

11 Die praktische Bedeutung des Huckepack-Ro/Ro-Verkehrs liegt im

(1) Fährverkehr über den Ärmelkanal von und nach Großbritannien, ferner
(2) im Fährverkehr mit den skandinavischen Ländern,
(3) neuerdings zunehmend im alpenquerenden Güterverkehr auf der Bahn.

4. Unterschied zu anderen verkehrspolitischen und ordnungsrechtlichen Regelungen

a) Verkehrspolitische Zielsetzung

12 Während Art. 2 CMR die Erweiterung des Anwendungsbereichs der CMR auf kombinierte Straßen/Bahn- bzw. Straßen/Schiffstransporte bezweckt, gibt es andere, dem Art. 2 CMR ähnliche, öffentlich-rechtliche Regelungen mit anderer Zweckbestimmung:

13 Sie verfolgen verkehrspolitisch die Integration der verschiedenen Verkehrsträger (Straßenfahrzeug/Bahn/Schiff) zu einem Gesamtverkehrssystem. Demzufolge

---

[7] *Fremuth*, in: Thume, 1. Aufl., Anh. II, Rdn. 48; *Fremuth*, in: Fremuth/Thume, Vor 452 HGB Rdn. 10; *Thume*, in: Fremuth/Thume, Art. 2 CMR Rdn. 6; *Herber*, VersR 1988, 645.
[8] Vgl. unten Rdn. 59 ff.
[9] Rdn. 59 ff.
[10] Rdn. 5–7; *Fremuth*, in: Thume, 1. Aufl., Anh. II, Rdn. 42, 49 f.; *Thume*, in: Fremuth/Thume, Art. 2 CMR Rdn. 6; *Herber*, VersR 1988, 645.

sollen Teilbeförderungen mit verschiedenen Verkehrsmitteln zu Langstreckentransporten kombiniert werden.

Forciert wird diese Entwicklung durch die zunehmenden Probleme im Zusammenhang mit der Überlastung der Straßen, dem Schutz der Umwelt und der Sicherheit im Straßenverkehr.[11] 14

b) Unterschied gegenüber Art. 2 CMR

Diese, unmittelbar verkehrspolitischen Zielen dienenden öffentlich-rechtlichen Bestimmungen beruhen auf einem inhaltlich anderen, nämlich verkehrstechnischen Begriff des kombinierten Verkehrs. Für diesen ist charakteristisch der Transport von Gütern mit zwei oder mehreren Verkehrsträgern ohne Wechsel des Transportgefäßes.[12] Die Existenz eines einheitlichen, auf die Gesamtstrecke bezogenen Beförderungsvertrages (Durchfrachtvertrages) ist keine zwingende Voraussetzung des kombinierten Transports im verkehrstechnischen, d.h. logistischen Sinne.[13] Das logistische Ziel des kombinierten Verkehrs ist durch Verknüpfung verschiedener Transportmittel durchgehende Transportketten ohne Wechsel des Transportgefäßes vom Versender zum Empfänger zu schaffen.[14] Die verkehrstechnische Abwicklung erfolgt mit 15

(1) austauschbaren Ladeeinheiten, z.B. Containern, Wechselaufbauten/Wechselpritschen,[15] oder
(2) selbstständigen Ladeeinheiten, z.B. Anhänger, Sattelauflieger, Lkws, oder sogar Eisenbahnwaggons zur Schiffsverladung.[16]

Aufgrund dieser verkehrspolitischen Zielsetzung erfasst der Begriff des kombinierten Verkehrs/Huckepack-Verkehrs in verkehrstechnischer Hinsicht im Gegensatz zu Art. 2 CMR auch die isolierte Beförderung von Wechselaufbauten/Wechselbehältern/Wechselbrücken oder Containern.[17] 16

Gegenüber diesen öffentlich-rechtlichen Bestimmungen ist Art. 2 CMR autonom. Denn Art. 2 CMR erfasst nur 17

(1) Beförderungen, die
(2) aufgrund eines einheitlichen CMR-(Durchfracht-)Vertrages,
(3) auf einem Teil der Strecke mittels Straßenfahrzeugen,
(4) auf einem anderen Teil der Strecke aber per Huckepack durch Bahn, Schiff oder Luftfahrzeug durchgeführt werden.

---

11 *Fremuth*, in: Thume, 1. Aufl., Anh. II, Rdn. 91; *Epinay*, in: Dauses, L Rdn. 424ff.; *Rogge*, in: Lenz, EG-Handbuch, S. 635.
12 *Fremuth*, in: Thume, 1. Aufl., Anh. II, Rdn. 63ff.
13 *Fremuth*, in: Thume, 1. Aufl., Anh. II, a.a.O.
14 *Fremuth*, a.a.O., Anh. II, Rdn. 64 („Haus-zu-Haus-Verkehr").
15 *Fremuth*, a.a.O., Anh. II, Rdn. 66, 67ff., 72ff.
16 *Fremuth*, a.a.O., Anh. II, Rdn. 72ff.
17 Vgl. Art. 1 RL 92/106/EWG (dazu Rdn. 19f.) und §§ 13ff. der Grenz- u. KabotageV GüKG (dazu Rdn. 24f.).

Art. 2 Geltungsbereich

18 Begriff, Inhalt und rechtliche Behandlung des Huckepack- bzw. Ro/Ro-Beförderungsvertrages i.S.d. Art. 2 CMR werden durch die öffentlich-rechtlichen Bestimmungen zur Förderung des kombinierten Verkehrs überhaupt nicht berührt.

c) Die wichtigsten öffentlich-rechtlichen Regelungen zur Förderung des kombinierten Verkehrs

aa) Die RL 92/106/EWG

(1) Zielsetzung

19 Diesem verkehrspolitischen Ziel[18] dient(e) zunächst die RL 75/130/EWG,[19] geändert durch die RL 91/224/EWG,[20] und gegenwärtig ihre Nachfolgebestimmung, die RL 92/106/EWG des Rates vom 7.12.1992 über die Festlegung gemeinsamer Regeln für bestimmte Beförderungen im kombinierten Güterverkehr zwischen den Mitgliedstaaten; sie fördert den kombinierten Verkehr durch Aufhebung aller Zugangsschranken (Kontingentierungen) und durch Steuervergünstigungen.[21]

(2) Begriff des kombinierten Verkehrs

20 Nach der RL 92/106/EWG gelten in Art. 1 als „kombinierter Verkehr" alle „Güterbeförderungen" zwischen Mitgliedstaaten, bei denen der Lastkraftwagen, der Anhänger, der Sattelanhänger mit oder ohne Zugmaschine, der Wechselaufbau oder der Container von mindestens 20 Fuß Länge die Zu- und Ablaufstrecke auf der Straße und den übrigen Teil der Strecke auf der Schiene oder auf einer Binnenwasserstraße oder auf See, sofern diese mehr als 100 km Luftlinie beträgt, zurücklegt, wobei der Straßenzu- oder -ablauf erfolgt:

– entweder – für die Zulaufstrecke – zwischen dem Ort, an dem die Güter geladen werden, und dem nächstgelegenen geeigneten Umschlagbahnhof bzw. – für die Ablaufstrecke – zwischen dem nächstgelegenen geeigneten Umschlagbahnhof und dem Ort, an dem die Güter entladen werden,
– oder in einem Umkreis von höchstens 150 km Luftlinie um den Binnen- oder Seehafen des Umschlags.

---

18 Rdn. 12 ff.
19 ABl. 1975, L 48/31.
20 ABl. 1991, L 103/1.
21 RL 92/106/EWG vom 7.12.1992 (ABl. EG Nr. L 368/38 vom 17.12.1992), geändert durch Inkrafttreten des EU-Beitrittsvertrages vom 14.4.2003 (ABl. EG Nr. L 236/452 vom 23.9.2003). Unter den Begriff des kombinierten Verkehrs i.S.d. RL 92/106/EWG fallen auch Beförderungen, die einen oder mehrere Drittstaaten durchqueren; vgl. für die Rechtslage vor Inkrafttreten der RL 92/106/EWG EuGHE 1985, 1127, Rdn. 16. Ebenso ist eine Umladung in einem Bahnhof oder auf einem Binnenwasserumschlagplatz des Drittstaates unschädlich, wenn die übrigen Voraussetzungen für das Vorliegen des kombinierten Verkehrs gegeben sind, EuGHE 1985, 1127, Rdn. 18 ff.; *Epinay*, in: Dauses, a.a.O., Rdn. 426 m.w.N.

Geltungsbereich **Art. 2**

(3) Privilegierung des kombinierten Verkehrs

Materiellrechtliche Privilegierungen des kombinierten Verkehrs ergeben sich insbesondere aus folgenden Bestimmungen der RL 92/106/EWG: **21**

- Nach Art. 2 befreit jeder Mitgliedstaat die Beförderungen im kombinierten Verkehr i.S.d. Art. 1 spätestens bis zum 1.7.1993 von jeder Kontingentierung und Genehmigungspflicht;
- nach Art. 4 dürfen alle in einem Mitgliedstaat niedergelassenen Verkehrsunternehmer, welche die Voraussetzungen für den Zugang zum Beruf und für den Zugang zum Markt für den Güterverkehr zwischen den Mitgliedstaaten erfüllen, im Rahmen des kombinierten Verkehrs zwischen Mitgliedstaaten innerstaatliche oder grenzüberschreitende Zu- und/oder Ablaufverkehre auf der Straße durchführen, die Bestandteil des kombinierten Verkehrs sind.

(4) Beförderungspapiere

Ein Beförderungspapier,[22] welches dem Art. 6 der Verordnung Nr. 11 EWG entspricht, ist mitzuführen.[23] **22**

(5) Ermäßigung der Kraftfahrzeugsteuer

Die Ermäßigung der Besteuerung der im kombinierten Verkehr eingesetzten Straßenfahrzeuge mit spezifischen Verkehrsabgaben – in der BRD der Kraftfahrzeugsteuer – pauschal oder anteilig nach Maßgabe der zurückgelegten Eisenbahnkilometer bezweckt Art. 6, RL 92/106/EWG im Hinblick auf die Entlastung der Straßen. **23**

bb) Grenz- u. KabotageV GüKG

(1) Zielsetzung

Der EG-Verkehrs-Konzeption gemäß RL 92/106/EWG[24] entspricht die Grenz- u. KabotageV GüKG.[25] **24**

---

22 Artt. 3, 7, RL 92/106/EWG.
23 VO Nr. 11 der EWG über die Beseitigung von Diskriminierungen auf dem Gebiet der Frachten und Beförderungsbedingungen gem. Art. 79, Abs. (3) des Vertrages zur Gründung der Europäischen Wirtschaftsgemeinschaft vom 27.6.1960 (ABl. Nr. 52 vom 16.8.1960, S. 1121/60) i.d.F. vom 19.12.1984 (ABl. Nr. 335 vom 22.12.1984, S. 4); vgl. *Hein/Eichhoff/Pukall/Krien*, Bd. 2, J 211; vgl. EuGHE 1985, 1127 (Erwägung Nr. 18).
24 Rdn. 19ff.
25 Verordnung über den grenzüberschreitenden Güterkraftverkehr und den Kabotageverkehr (Grenz- u. KabotageV GüKG) vom 22.12.1998 (BGBl. I S. 3976) i.d.F. vom 21.6.2000 (BGBl. I S. 918).

Art. 2 Geltungsbereich

(2) Begriff des kombinierten Verkehrs

25 Nach der Legaldefinition in § 13 dieser VO gelten als grenzüberschreitender gewerblicher kombinierter Verkehr Güterbeförderungen, bei denen

(a) das Kraftfahrzeug, der Anhänger, der Fahrzeugaufbau, der Wechselbehälter oder der Container von mindestens 6 Meter Länge einen Teil der Strecke auf der Straße und einen anderen Teil der Strecke mit der Eisenbahn oder dem Binnen- oder dem Seeschiff (mit einer Seestrecke von mehr als 100 Kilometern Luftlinie) zurücklegt,
(b) die Gesamtstrecke zum Teil im Inland und zum Teil im Ausland liegt und
(c) die Beförderung auf der Straße im Inland lediglich zwischen Be- und Entladestelle und
– dem nächstgelegenen geeigneten Bahnhof oder
– einem innerhalb eines Umkreises von höchstens 150 Kilometern Luftlinie gelegenen Binnen- oder Seehafen
durchgeführt wird (An- oder Abfuhr).

(3) Privilegierung

26 Die Marktzugangsregelung für in- und ausländische Unternehmer entspricht der RL 92/106/EWG.[26]

27–29 (entfallen)

II. Inhalt der Regelung (Art. 2 CMR)

1. Anwendungsbereich und Abgrenzungsfragen

30 Art. 2 CMR enthält lediglich eine Regelung für den vertragsgemäß durchgeführten Huckepack- bzw. Ro/Ro-Verkehr,[27] dagegen keine Ermächtigungsnorm für den Frachtführer, einen nicht gestatteten Huckepack- bzw. Ro/Ro-Verkehr durchzuführen.[28]

Für die Praxis sind folgende Fallgestaltungen zu unterscheiden:

(1) Vertraglich gestatteter Huckepack- bzw. Ro/Ro-Verkehr

31 Ist dem Frachtführer vertraglich die Durchführung des Huckepack- bzw. Ro/Ro-Verkehrs gestattet, gilt Art. 2 CMR; fraglich ist dann nur, ob und inwieweit im

---

26 Vgl. §§ 18f. der Grenz- u. KabotageV GüKG; *Hein/Eichhoff/Pukall/Krien*, Bd. 1, C 120; *Witzleben*, Bd. 1, S. 209f.
27 Vgl. zu den hier verwandten Begriffen Rdn. 6f.
28 Allg. Auff.; *Bahnsen*, in: EBJS, Art. 2 CMR Rdn. 4; *Herber*, VersR 1988, 654; *Herber/Piper*, Art. 2 CMR Rdn. 11; *Hill/Messent*, S. 17ff.; *Koller*, Art. 2 CMR Rdn. 4; *Loewe*, ETR 1976, 503, 522–524; Staub/*Helm*, Art. 2 CMR Rdn. 2; *Theunis*, TranspR 1990, 263, 275; *Thume*, in: Fremuth/Thume, Art. 2 CMR Rdn. 1.

Schadensfalle der Frachtführer nach Maßgabe der CMR[29] oder ausnahmsweise nach Maßgabe der Frachtrechtsordnung des Trägerbeförderungsmittels – Schiff/ Eisenbahn – haftet.[30]

(2) Vertragswidriger Huckepack- bzw. Ro/Ro-Verkehr

War von vorneherein vertraglich nur die Beförderung mit Straßenfahrzeugen nach Maßgabe der CMR vereinbart, Huckepack- (bzw. Ro/Ro-)Verkehr dagegen nicht gestattet, lässt aber der Frachtführer vertragswidrig per Huckepack befördern, so ist das bei ergänzender Anwendung deutschen Rechts eine Vertragsverletzung i.S.d. p.V.V. (§ 280 Abs. 1 BGB). Diese darf zu keiner haftungsrechtlichen Besserstellung des CMR-Frachtführers führen.[31] Der Frachtführer haftet nach den Regeln, die für das vertragsgemäß einzusetzende Transportmittel gelten (CMR); er kann den Absender nicht einseitig auf eine andere, eventuell ungünstigere Haftungsordnung festlegen.[32] **32**

Unterliegt jedoch das vertragswidrig per Huckepack (Ro/Ro) eingesetzte (Träger-)Beförderungsmittel einer zwingenden Frachtrechtsordnung, gilt primär diese.[33]

Außerdem haftet der Frachtführer nach p.V.V. (jetzt § 280 BGB), wenn er schuldhaft, eigenmächtig die Transportart geändert, insbesondere ein anderes als das vereinbarte Transportmittel eingesetzt hat. Das kann aus dem Gesichtspunkt der p.V.V. wie des schweren Verschuldens i.S.d. Art. 29 CMR i.V.m. § 435 HGB zur unbeschränkten Haftung führen mit der Folge, dass neben den Güterschäden[34] auch alle anderen kausalen Vermögensschäden zu ersetzen sind.[35]

Dass der Schaden auch bei Einsatz des vereinbarten Fahrzeugs eingetreten wäre, ist nicht zu vermuten.[36] Die Haftung entfiele nur, wenn der Frachtführer beweisen könnte (§ 286 ZPO), dass der Schaden in jedem Falle, auch bei vertragsgemäßer Beförderung eingetreten wäre; dann fehlte die Kausalität zwischen Vertragsverletzung und Schaden.[37]

---

29 Art. 2 Abs. 1 S. 1, 3.
30 Arg. Art. 2 Abs. 1 S. 2 CMR; dazu unten Rdn. 38 ff., 88 ff., 93 ff., 100 ff.
31 H.M.; vgl. *Herber/Piper,* Art. 2 CMR Rdn. 11; *Koller,* Art. 2 CMR Rdn. 4; Staub/*Helm,* Art. 2 CMR Rdn. 3. Zur Haftung bei auftragswidrigem Einsatz von Beförderungsmitteln nach deutschem Recht: *Fremuth,* in: Fremuth/Thume, § 407 HGB Rdn. 39 f. m.w.N.; BGH vom 13.10.1983 – I ZR 157/81, VersR 1984, 680, 681 (KVO).
32 OLG Düsseldorf vom 30.6.1983 – 18 U 53/83, TranspR 1984, 130.
33 BGH vom 17.5.1989 – I ZR 211/87, TranspR 1990, 331 (§ 429 HGB a.F.; § 29 KVO; Art. 17 CMR; § 44 LuftVG; Art. 18 WA); BGH vom 30.9.1993 – I ZR 258/91, BGHZ 123, 303 = TranspR 1984, 16 = VersR 1994, 19.
34 Art. 23, 25 CMR.
35 BGH, a.a.O.; OLG Hamm vom 30.4.1959 – 18 U 293/58, NJW 1960, 203 (§ 429 HGB a.F.; § 29 KVO).
36 OLG Hamm, a.a.O.
37 OLG Hamburg vom 31.12.1986 – 6 U 151/85, TranspR 1987, 142 (§ 44 LuftVG).

Art. 2 Geltungsbereich

(3) Vertragswidrige Umladung

33 Haben die Parteien dagegen ausdrücklich oder konkludent (Verkehrssitte) die Durchführung des Huckepack- (bzw. Ro/Ro-)Verkehrs vereinbart, hat der Frachtführer jedoch vertragswidrig das Gut vor Durchführung der Huckepack-Beförderung abgeladen, ist unklar, ob Art. 2 CMR anzuwenden ist.

Denn anders als Art. 1 CMR stellt Art. 2 Abs. 1 S. 1 CMR nicht nur auf den

(1) geschlossenen CMR-Beförderungsvertrag, sondern
(2) auch auf die Art der durchgeführten Beförderung ab.

Gleichwohl ist mit der h.M. davon auszugehen, dass sich der Frachtführer der Anwendbarkeit der CMR nicht dadurch entziehen[38] kann, dass er das Gut vertragswidrig umlädt.[39]

(4) Vertraglich gestattete Umladung

34 Ist vertraglich von Anfang an die Umladung auf ein anderes Verkehrsmittel vereinbart oder zumindest vorgesehen, so unterliegt der Beförderungsvertrag nur dann und insoweit der CMR, als er eine grenzüberschreitende Straßenbeförderung enthält. Der Anschlusstransport unterliegt dann der Frachtrechtsordnung des nachfolgend eingesetzten Beförderungsmittels

(a) entweder in der Form des „gebrochenen Verkehrs", d.h. der Weitertransport des Beförderungsgutes erfolgt aufgrund eines neuen Frachtvertrages, der entweder vom Absender direkt oder durch Vermittlung eines Spediteurs auf Rechnung des Absenders abgeschlossen wird,[40] oder
(b) im Rahmen eines Beförderungsvertrages mit unbenanntem Beförderungsmittel. Rechtlich ist dieser Vertrag dem Frachtvertrag gleichzustellen, bei dem von Anfang an die Verwendung verschiedenartiger Beförderungsmittel vereinbart oder vorgesehen war. Die Regeln des multimodalen Durchfrachtver-

---

38 *Glöckner*, Art. 2 CMR Rdn. 4; *Herber/Piper*, Art. 2 CMR Rdn. 13; *Hill-Messent*, S. 17ff.; *Koller*, Art. 2 CMR Rdn. 4, *Loewe*, ETR 1976, 503, 524 (Nr. 57); Staub/*Helm*, Art. 2 CMR Rdn. 7; *Thume*, in: Fremuth/Thume, Art. 2 CMR Rdn. 7; aus der Rspr. OLG Düsseldorf vom 30.9.1983 – 18 U 53/83, TranspR 1984, 130: Haftung nach der CMR auch bei gemischtem Transport Lkw/Seeschiff, wenn Umladung aus Lkw in das Seeschiff nicht gestattet war; LG Krefeld vom 15.12.1987 – 12 O 57/87, VersR 1988, 1021f.; vgl. den Fall bei Rechtbank van Koophandel, Antwerpen vom 9.12.1977, ETR 1978, 110, 116ff. bzw. ETR 1990, 204f.; derjenige, der einen CMR Straßentransport übernommen hat, kann die Anwendung der CMR nicht dadurch umgehen, dass er sich auf das Ausladen des Gutes aus dem Lkw beruft (Beförderung der Ladung als Stückgut über See mit anschließender Lkw-Beförderung).
39 Im Schadensfalle kommt u.U. unbeschränkte Haftung aus dem Gesichtspunkt bedingt-vorsätzlicher oder bewusster grober Fahrlässigkeit bei auftragswidrigem Einsatz von Beförderungsmitteln in Betracht. Vgl. zur Problematik bei Rdn. 32 (arg. Art. 29 CMR, § 435 HGB).
40 Vgl. *Fremuth*, Voraufl., Anh. III, Vor § 452 HGB Rdn. 9f.; *Fremuth*, 1. Aufl., Anh. II, Vor § 452 HGB Rdn. 50f.; *Fremuth*, in: Fremuth/Thume, Vor § 452 HGB Rdn. 7f., *Herber/Piper*, Art. 2 CMR Rdn. 14; MünchKommHGB/*Jesser-Huß*, Art. 2 CMR Rdn. 8; Staub/*Helm*, Art. 2 CMR Rdn. 7.

trages gelten hier ohne jede Einschränkung.⁴¹ Denn die übernommene Beförderungsverpflichtung wird erst durch die getroffene Abrede und – wenn das eingesetzte Beförderungsmittel einem zwingenden Frachtrechtregime unterliegt – durch das Beförderungsmittel bestimmt.⁴²

U. U. ist dann für den ganzen Transport die CMR unanwendbar, wenn kein grenzüberschreitender Kraftfahrzeugtransport erfolgt; so z. B., wenn das Gut die (einzige) Grenze in abgeladenem Zustand per Schiff überquert.⁴³ **35**

(5) Umladung bei Beförderungshindernis

Ist jedoch die Umladung des Gutes auf ein Beförderungshindernis i. S. d. Art. 14 CMR zurückzuführen, ist dies nach Art. 2 Abs. 1 S. 1 CMR unschädlich; denn es gilt weiterhin die CMR für die gesamte Beförderungsstrecke. Sowohl dann, wenn die Umladung zunächst auf ein anderes Straßenfahrzeug erfolgt, welches dann auf ein Trägerbeförderungsmittel geladen wird, als auch dann, wenn das beschädigte Straßenfahrzeug samt Ladung auf einem anderen Trägerbeförderungsmittel weitertransportiert wird.⁴⁴ **35a**

2. Inhalt und Architektur

Die auf den ersten Blick verwirrende, weil langatmige Regelung des Art. 2 CMR weist folgende Architektur auf: **36**

a) Grundtatbestand

Den Grundtatbestand bildet Art. 2 Abs. 1 S. 1 CMR. **37**

Danach unterliegt der Vertrag für die gesamte Beförderung⁴⁵ grundsätzlich den Bestimmungen der CMR, auch dann, wenn das mit dem Gut beladene Fahrzeug mit einem anderen Trägerbeförderungsmittel auf einem Teil der Strecke

(1) zur See, auf Binnenwasserstraßen (Ro/Ro-Verkehr) oder
(2) mit der Bahn (Huckepack-Verkehr) oder
(3) auf dem Luftwege

befördert wird.

---

41 Vgl. Voraufl., Anh. III, Vor § 452 HGB Rdn. 13 f.; *Fremuth*, in: Thume, 1. Aufl., Anh. II, Rdn. 34, 36; *Fremuth*, in: Thume, 2. Aufl. Anh. III, Vor § 452 HGB Rdn. 11 ff.
42 Vgl. Rdn. 34 (arg. § 315 BGB); *Fremuth*, in: Thume, 1. Aufl., Anh. II a.a.O., Rdn. 21 ff., 34 f.; *Fremuth*, in: Thume, Voraufl., Anh. III, Vor § 452 HGB Rdn. 11; § 452 HGB Rdn. 10 ff.
43 *Hill/Messent*, S. 16; *Koller*, Art. 2 CMR Rdn. 4; *Thume*, TranspR 1990, 41, 45.
44 Vgl. Rdn. 83 f.; *Koller*, Art. 2 CMR Rdn. 5; *Hill/Messent/Glass*, S. 44; Staub/*Helm*, Art. 2 CMR Rdn. 8; *Ramberg*, in: Theunis, International Carriage of Goods by Road, S. 25; *Thume*, in: Fremuth/Thume, Art. 2 CMR Rdn. 8.
45 Der sog. CMR-Durchfrachtvertrag (zum Begriff vgl. Rdn. 15, 49 ff.; vgl. *Fremuth*, in: Thume, 1. Aufl., Anh. II, Rdn. 14, 21 ff.).

Art. 2 Geltungsbereich

Der Umstand, dass das Gut nicht ausschließlich auf der Straße befördert wird, nimmt dem Frachtvertrag nicht den Charakter eines Straßengütertransportes, solange das Gut selbst auf dem Straßenfahrzeug verbleibt. Demzufolge gilt grundsätzlich für die Huckepack- bzw. Ro/Ro-Beförderung i. S. d. Art. 2 CMR[46] das Straßenfrachtrecht der CMR,[47] insbesondere über den Abschluss des Frachtvertrages, die Beweisvermutung des Frachtbriefs, die Haftung, die Schadensrüge, die Verjährung.

b) Ausnahme: Haftungsregime des Trägerbeförderungsmittels

38 Bei Schäden, die während des Transports auf dem Trägerbeförderungsmittel (Bahn, Flugzeug, Schiff) verursacht werden, gerät der CMR-Frachtführer zwischen verschiedene Haftungsordnungen, nämlich: Er selbst haftet gegenüber dem Absender nach der CMR, sein Regress dagegen beurteilt sich nach Eisenbahn- oder Luftrecht, nach See- oder Binnenschifffahrtsrecht. Den Schöpfern der CMR war es ein Anliegen, mögliche Diskrepanzen zwischen den verschiedenen Haftungsregimes im Außen- (CMR-) und Innenverhältnis (zum Trägerbeförderer) zu vermeiden.[48] Deshalb erfährt der Haftungsgrundsatz des Art. 2 Abs. 1 S. 1 CMR, wonach der CMR-Beförderer für sämtliche Güter- und/oder Lieferfristschäden während des CMR-Durchfrachtvertrages nach Maßgabe der Artt. 17 ff. CMR haften soll, in Art. 2 Abs. 1 S. 2 CMR eine Ausnahme; maßgebend für diese Ausnahmeregelung waren folgende Erwägungen:

Die zwingenden Bestimmungen der CMR über die Haftung des Straßenfrachtführers bei Güterschäden (Verlust, Beschädigung) sowie für Lieferfristüberschreitung stimmen nicht mit den zwingenden Bestimmungen des nationalen Rechts und der internationalen Übereinkommen überein, die das Frachtrecht für das jeweilige Trägerbeförderungsmittel regeln. Würde der Straßenfrachtführer eines unter Art. 2 CMR fallenden Frachtvertrages, der sich zur Beförderung des Straßenfahrzeugs nebst Ladung auf einem Teil der vertraglichen Beförderungsstrecke eines Eisenbahn-, See-, Binnenschifffahrts- oder Luftfahrtunternehmen als Unterfrachtführer bedient, dem Absender auch für die während und wegen der Beförderung durch den Unterfrachtführer eingetretenen Verluste, Beschädigungen oder Lieferfristüberschreitungen nach Maßgabe der CMR haften, könnten sich zum Vorteil oder zum Nachteil des Straßenfrachtführers Unterschiede zwischen seinen Verpflichtungen gegenüber dem Absender und seinen Regressansprüchen gegenüber dem Unterfrachtführer ergeben.[49]

Der Ausnahmeregelung des Art. 2 Abs. 1 S. 2 CMR liegt ferner die Erwägung zugrunde, dass der CMR-Beförderer bei bekanntem Schadensort gegenüber dem

---

46 Rdn. 4 ff.; vgl. *Ramming*, Hamburger Handbuch, Rdn. 38.
47 Denkschrift, S. 35; *Herber/Piper*, Art. 2 CMR Rdn. 15; *Koller*, Art. 2 CMR Rdn. 7; Staub/ Helm, Art. 2 CMR Rdn. 19 f.; *Thume*, in: Fremuth/Thume, Art. 2 CMR Rdn. 9 f.
48 Aus den Quellen: Denkschrift, S. 35; *Loewe*, ETR 1976, 523 f.; MünchKommHGB/*Jesser-Huß*, Art. 2 CMR Rdn. 2.
49 Denkschrift, S. 35; *Loewe*, ETR 1976, 523 f.

Geltungsbereich **Art. 2**

Absender nach demselben zwingenden[50] Frachtrechtsregime haften sollte wie der Huckepack-Beförderer für seinen Teilstreckenabschnitt gegenüber dem CMR-Frachtführer.[51] Damit aber die Haftung nach Maßgabe der CMR (Art. 2 Abs. 1 S. 1) auf dem Huckepack-Streckenabschnitt ausgeschlossen und stattdessen der CMR-Frachtführer gegenüber dem Absender nur nach dem zwingenden Teilstreckenrecht während der Huckepack-Beförderung haftet, müssen *drei Voraussetzungen kumulativ* erfüllt sein; nämlich:

(1) Schadenseintritt während des Bahn- und Schiffstransports[52]

Der Güter- und/oder Verspätungsschaden muss während der Beförderung durch das Trägerbeförderungsmittel eingetreten sein; d.h., dass Schadensursache bzw. Schadenseintritt sich innerhalb des Haftungszeitraums auf diesem Streckenabschnitt zugetragen haben. Nach dem jeweils maßgeblichen Haftungsrecht der betreffenden Teilstrecke wird sich dieser Haftungszeitraum regelmäßig mit dem Obhutszeitraum decken, d.h. von der Übergabe des Lkw durch den Straßenbeförderer bis zur Wiederablieferung des Lkws an den Straßenbeförderer andauern.[53]

39

Der Haftungszeitraum des Huckepack-Beförderers beginnt, wenn der Frachtführer des Eisenbahn- oder (Fähr-)Schiffstransports das Straßenfahrzeug in seine Obhut nimmt.[54] Wenn aber der Straßenbeförderer das beladene Straßenfahrzeug der Reederei schon an Land übergibt und auf deren Geheiß auf deren Parkplatz abstellt, treten alle späteren und insbesondere die während der Verladung des Lkw verursachten Schäden während des Schiffstransports ein.[55] Allerdings fehlt, soweit der Seetransport nicht den Hamburg Regeln unterliegt[56] – was *Basedow*[57]

---

50 Vgl. dazu eingehend unten Rdn. 88 ff., 90 ff.
51 Denkschrift, S. 35; *Loewe*, ETR 1976, 523 f.; MünchKommHGB/*Jesser-Huß*, Art. 2 CMR Rdn. 2.
52 Die Frage des Schadenseintritts während des (möglichen) Lufttransports kann hier vernachlässigt werden, denn der Einsatz des Flugzeugs als Trägerbeförderungsmittel hat keine praktische Bedeutung; vgl. dazu Rdn. 106.
53 *Herber/Piper*, Art. 2 CMR Rdn. 17 m.w.N.; *Koller*, Art. 2 CMR Rdn. 8; MünchKommHGB/ *Jesser-Huß*, Art. 2 CMR Rdn. 11; Staub/*Helm*, Art. 2 CMR Rdn. 24; *Thume*, in: Fremuth/ Thume, Art. 2 CMR Rdn. 12.
54 Vgl. Rdn. 121 ff.; LG Köln vom 28.5.1985 – 83 O 84/84, VersR 1985, 985; *Glöckner*, Art. 2 CMR Rdn. 7; *Herber/Piper*, Art. 2 CMR Rdn. 17; *Koller*, Art. 2 CMR Rdn. 8; MünchKommHGB/*Jesser-Huß*, Art. 2 CMR Rdn. 11; Staub/*Helm*, Art. 2 CMR Rdn. 24. Aus dem Ausland: *Queens-Bench-Division* vom 22.9.1982 – Thermo Engineers v. Ferrymasters, LLR (1981), Vol. 1, 200, 204 = ETR 1990, 194, 200 f.; ebenso *Clarke*, S. 73 f.; *Ramming*, Hamburger Handbuch, Rdn. 59.
55 Vgl. die vorhergehende Fn.; MünchKommHGB/*Jesser-Huß*, Art. 2 CMR Rdn. 11. Zu Beginn und Ende des Obhutszeitraums eingehend (allerdings nur bezogen auf Art. 17 CMR) *Thume*, Art. 17 CMR Rdn. 15 ff.
56 Nach Art. 5 HambR. ist der Haftungszeitraum gleich dem Obhutszeitraum; vgl. dessen Text im TranspR 1992, 436; dazu *Herber*, TranspR 1992, 389, 385 und *Basedow*, ZEuP 1993, 100, 109 f.
57 *Basedow*, ZEuP 1993, 100, 109 f. und MünchKommHGB/*Jesser-Huß*, Art. 2 CMR Rdn. 11.

Art. 2 Geltungsbereich

zutreffend hervorhebt – für Schäden an Land eine zwingende Regelung.[58] Daher tritt die CMR (mangels zwingenden Teilstreckenrechts) nur für die Zeit zurück, nachdem und bevor der Lkw die Bordwand passiert hat.[59]

Entscheidend ist also, wie das betreffende Teilstreckenrecht den zwingenden (Obhuts-)Haftungszeitraum der Huckepack-Beförderung eingrenzt.[60]

(2) Keine Schadensverursachung durch den CMR-Frachtführer

40 Die Formulierung in Art. 2 Abs. 1 S. 2 CMR, wonach der Schaden „nicht durch eine Handlung oder Unterlassung des Straßenfrachtführers" verursacht worden sein darf, ist missverständlich und irreführend. Denn im Rahmen der CMR-Haftung (gemäß Artt. 17 ff.) hat sich der Straßenbeförderer gegenüber dem Absender haftungsrechtlich das Verhalten des Bahn- oder Schiffsfrachtführers auf der Huckepackstrecke zuzurechnen (Art. 3 CMR).

Dagegen ist bei der Beurteilung der Frage, ob der CMR-Beförderer im Schadensfalle generell nach Maßgabe der CMR (arg. Artt. 2 Abs. 1 S. 1, 17 ff. CMR) oder ausnahmsweise (arg. Art. 2 Abs. 1 S. 2 CMR) nach dem zwingenden Teilstreckenrecht des Huckepack-Beförderers einzustehen hat, das Fehlverhalten des Huckepack-Beförderers und dessen Hilfspersonen auszuklammern.

Kurzum: Für die Frage, ob der CMR-Frachtführer nach dem zwingenden Huckepackrecht haftet, ist ein Fehlverhalten des Huckepack-Beförderers bzw. seiner Hilfspersonen erforderlich; denn im Anwendungsbereich des Art. 2 Abs. 1 S. 2 (Anwendung des Teilstreckenrechts Huckepack-Beförderung) ist haftungsrelevantes Verhalten des Trägerbeförderungsmittels und seiner Hilfspersonen dem CMR-Straßenfrachtführer haftungsrechtlich nicht zuzurechnen, da andernfalls Art. 2 Abs. 1 S. 2 CMR leerlaufen würde.[61]

Fazit: Die schadensverursachende Handlung oder Unterlassung muss daher außerhalb des Machtbereichs des Straßenfrachtführers liegen. Demzufolge verbleibt es bei der Haftung nach der CMR, wenn das Schadensereignis darauf zurückzuführen ist, dass der Straßenfrachtführer während der Huckepack-Beförderung die Bremsen des Fahrzeugs nicht angezogen hat oder ein Diebstahl infolge unverschlossenen oder nicht verschließbaren Fahrzeugs ermöglicht wurde

---

58 Vgl. § 683 Abs. 2, Nr. 2 HGB und Art. 1 lit. e) der Haager Regeln über Konnossemente vom 25.8.1924 (RGBl. 1939 II 1049).
59 Vgl. MünchKommHGB/*Jesser-Huß*, Art. 2 CMR Rdn. 11; *Herber*, VersR 1988, 646; *Queens-Bench-Division* (Thermo Engineers v. Ferrymasters), ETR 1990, 194, 200 f.; *Clarke*, S. 75; *Rodiére*, BullT 1973, 458, 461.
60 *Herber/Piper*, Art. 2 CMR Rdn. 17; MünchKommHGB/*Jesser-Huß* Art. 2 CMR Rdn. 11; Staub/*Helm*, Rdn. 24.
61 Allg. Auff.: *Bahnsen*, in: EBJS, Art. 2 CMR Rdn. 17; *Herber*, VersR 1988, 645, 647 und *Herber/Piper*, Art. 2 CMR Rdn. 19; *Hill/Messent/Glass*, S. 47; *Koller*, Art. 2 CMR Rdn. 9; MünchKommHGB/*Jesser-Huß*, Art. 2 CMR Rdn. 12; Staub/*Helm*, Art. 2 CMR Rdn. 23; *Ramberg*, in: Theunis, International Carriage of Goods by Road, S. 26; *Thume*, in: Fremuth/Thume, Art. 2 CMR Rdn. 10; *Ramming*, Hamburger Handbuch, Rdn. 57, 96.

Geltungsbereich **Art. 2**

oder weil infolge defekten Straßenfahrzeugs (insbesondere der Kühlanlage) ein Brand ausgebrochen ist;[62] ebenso, wenn der Straßenfrachtführer das Gut nicht entsprechend den Transportrisiken des Bahn- bzw. Seetransports gestaut hat.[63] Hat der CMR-Frachtführer ohne Absprache mit dem Absender einen Teil des Transportweges eigenmächtig per Huckepack ausgeführt und kommt es auf dem Huckepackabschnitt zum Schadensfall, haftet der Straßenfrachtführer nach Maßgabe der CMR und nicht nach Huckepackrecht.[64]

Streitig ist nach französischer Rspr., ob die Verladung eines Straßenfahrzeugs auf Deck eines Schiffes haftungsrechtlich dem Straßenfrachtführer nach Maßgabe der Artt. 17ff. CMR vorzuwerfen ist.[65] Die Vermutung dürfte für fehlende Verantwortung des Frachtführers sprechen,[66] sofern nicht besondere Umstände (z.B. nässeempfindliche Ladung) vorliegen; dann kann eine Abwägung der Verursachungsbeiträge in Betracht kommen.

Eine Abwägung der Verursachungsbeiträge von Straßen- und Huckepack-Beförderer ist nach Art. 2 Abs. 1 S. 2 nicht ausgeschlossen (arg. „...soweit...bewiesen wird...").[67] Die Berücksichtigung beiderseitiger Verursachungsbeiträge kann im Einzelfall praktisch bedeutsam sein, wenn z.B. ein Lkw mit nässeempfindlicher Ladung an einer Stelle des Schiffs gestaut wurde, an der mit überbordendem Seewasser gerechnet werden musste. Dann müsste die Haftung teils dem CMR-, teils dem Seebeförderer zugerechnet werden; ein schwieriges Problem – Rspr. dazu fehlt.

(3) Schadenseintritt nur während und wegen der Huckepack-Beförderung

Diese Formulierung lässt an die verkehrsmittelspezifischen Gefahren des Trägertransportmittels denken; z.B. auf der Seestrecke schwerer Seegang, Salzwasserkorrosion oder auf der Eisenbahnstrecke Schäden durch Rangierstöße oder dergleichen. Die Auslegung ist streitig. Maßgebend ist, ob das mit der Hucke- **41**

---

62 Dazu *Herber/Piper*, Art. 2 CMR Rdn. 19; *Koller*, Art. 2 CMR Rdn. 8; MünchKommHGB/*Jesser-Huß*, Art. 2, CMR Rdn. 12, 14; *Ramming*, Hamburger Handbuch, Rdn. 96.
63 Vgl. vorhergehende Fn. Denn der CMR-Frachtführer fungiert im Verhältnis zum Huckepack-Beförderer als Absender, ist daher für ordnungsgemäße Beladung und Stauung verantwortlich (arg. Art. 17 Abs. 4 lit. c) CMR; § 412 Abs. 1 HGB). Nach dem Cour d'Appel Paris vom 23.3.1988, ETR 1990, 215, ist es dem Frachtführer verwehrt, sich auf Haftungsfreiheit nach CMR zu berufen, wenn die Ladung auf dem Straßenfahrzeug bei einem Sturm (auf der Seestrecke) infolge schlechter Stauung verrutscht.
64 Cour d'Appel de Paris vom 15.2.1982, BullT Nr. 2011, 1982, S. 141f.; *Czapski*, IRU Heft, Nr. 24, S. 9, Fn. 14. Zum gleichen Ergebnis kommt man bei ergänzender Anwendung deutschen Rechts unter dem Gesichtspunkt der p.V.V. (auftragswidriger Einsatz von Beförderungsmitteln); vgl. oben Rdn. 32 m.w.N.; ferner *Fremuth*, in: Fremuth/Thume, § 407 HGB Rdn. 39f.
65 Vgl. Cour Aix-en-Provence, BullT 1991, 65.
66 Paris, BullT 1986, 689.
67 So *Herber/Piper*, Art. 2 CMR Rdn. 19.

Art. 2 Geltungsbereich

packbeförderung zusammenhängende Risiko konkret oder abstrakt gewürdigt wird.[68]

Fraglich ist daher, ob es für die Anwendung des Huckepackrechts ausschließlich darauf ankommt, dass die konkrete Schadensursache während der Bahn- bzw. Schiffsbeförderung eingetreten ist, weshalb dies haftungsrechtlich der Huckepack-Beförderung zuzurechnen ist.[69]

Vielmehr muss der Schaden auf eine Gefahr zurückzuführen sein, die ausschließlich der Beförderung mit dem Trägertransportmittel eigentümlich ist; d.h. dass das konkrete Schadensereignis nur während der See- bzw. Eisenbahnbeförderung eintreten konnte, weil es nur auf den mit dem jeweiligen Transportmittel verbundenen besonderen Gefahren beruhen darf.[70]

Die haftungsrechtliche Zuordnung zum CMR- oder Trägerbeförderungsregime kann im Einzelfall schwierig sein, je nachdem, ob das betreffende schadensverursachende Risiko konkret oder abstrakt dem Haftungsregime des Trägerbeförderungsmittels zugeordnet wird. Der Fähre bzw. dem Schiffstransport können zuzurechnen sein: Schäden bei Ladungsvorgängen.[71] Unzutreffend[72] aber Hof's-Gravenhage[73] (weil kein typisches Risiko der Seebeförderung), wenn der Verspätungsschaden darauf zurückzuführen ist, dass der Seebeförderer den beladenen Sattelauflieger nach Übernahme vom Straßenbeförderer auf dem Reedereiplatz des Verschiffungshafens vergessen hat; dagegen soll ein Schaden am beladenen Straßenfahrzeug beim Herausziehen aus dem Fährschiff durch eine reedereieigene Zugmaschine kein typisches Risiko des Huckepackabschnitts sein, da der Schaden auch bei einem gewöhnlichen Straßenmanöver hätte entstehen können – zweifelhaft!;[74] ferner Schäden infolge starken Seegangs, sofern diese nicht auf schlechter Verpackung oder mangelnder Sicherung des Straßenfahrzeugs beruhen.[75] Dagegen dürfte es beim Diebstahl während des Trägertransports i.d.R. an dem besonderen,

---

68 MünchKommHGB/*Jesser-Huß*, Art. 2 CMR Rdn. 13; *Koller*, Art. 2 CMR Rdn. 8; *Bahnsen*, in: EBJS, Art. 2 CMR Rdn. 16.
69 Unklar: *Koller*, Art. 2 CMR Rdn. 8; anders *Ramming*, Hamburger Handbuch, Rdn. 61 (es genügt, wenn die Huckepackbeförderung den Schadenseintritt erleichtert hat); ferner a.a.O., Rdn. 101.
70 *Queens-Bench-Division*, ETR 1990, 194, 204 – vgl. oben Rdn. 39; *Herber*, VersR 1988, 645, 646f.; MünchKommHGB/*Jesser-Huß*, Art. 2 CMR Rdn. 13; Staub/*Helm*, Art. 2 CMR Rdn. 26; ferner, in: Fremuth/Thume, Art. 2 CMR Rdn. 12; *Koller*, Art. 2 CMR Rdn. 8; *Bahnsen*, in: EBJS, Art. 2 CMR Rdn. 16. Jedoch ist das „Vergessen des LKW" auf dem Terminal bzw. Nichtverladen durch den Verfrachter kein Ereignis, das nur „während und wegen" der Seebeförderung eingetreten ist, ebenso *Ramming*, Hamburger Handbuch, Rdn. 133.
71 Vgl. oben Rdn. 39; *Queens-Bench-Division*, LLR 1981, vol. 1, 200ff. = ETR 1990, 194, 200ff. – beim Einschiffen in die Fähre kollidierte der Lkw-Aufbau mit dem Schiffsdeck; *Herber*, VersR 1988, 645, 646, und *Herber/Piper*, Art. 2 CMR Rdn. 18.
72 Vgl. oben Fn. 70 und *Ramming*, Hamburger Handbuch, Rdn. 133.
73 *Hof's-Gravenhage*, 8.4.1988, S. & S. 1989, Nr. 1.
74 *Hof's-Gravenhage*, 8.4.1988, S. & S. 1989, Nr. 1.
75 Zur Problematik vgl. Rdn. 40; ferner: *Herber*, VersR 1988, 645, 646, und *Herber/Piper*, Art. 2 CMR Rdn. 18; *Hill/Messent*, S. 23.

Geltungsbereich **Art. 2**

dem Eisenbahn- bzw. Schifftransport eigentümlichen Gefahrenmoment fehlen, auch dann, wenn der Fahrer während des Huckepacktransports das Fahrzeug verlassen musste.[76]

Feuer an Bord eines Seeschiffes *kann* nach OLG Hamburg[77] eine transportträgertypische Gefahr i. S. d. Art. 2 Abs. 1 S. 2 CMR sein; nach OLG München[78] und OLG Düsseldorf[79] jedoch ist Feuer an Bord eines Seeschiffs (stets? – offengelassen!) eine transportträgertypische Gefahr i. S. d. Art. 2 Abs. 1 S. 2 CMR. Unterschiedlich beurteilen die o. g. OLG jedoch die Frage, ob die Haager Regeln zwingende Vorschriften i. S. d. Art. 2 Abs. 1 S. 2 CMR enthalten. OLG Hamburg und OLG Düsseldorf (jeweils a. a. O.) bejahen diese Frage und damit die Haftung nach dem Regime des Trägerbeförderungsmittels. Anderer Auffassung ist demgegenüber das OLG München (a. a. O.), das zur Haftung nach Maßgabe der CMR kommt (arg. Art. 2 Abs. 1 S. 1, 3 CMR). Eine Entscheidung des BGH, die diese Frage grundsätzlich klären würde, fehlt noch.

Wird ein im Kombiverkehr transportierter Sattelzug nebst Auflieger durch Stromüberschlag beschädigt, weil ein gerissener Spanngurt gegen die Oberleitung schlägt, so hat sich eine durch den Transport im offenen (Eisenbahn-)Waggon bedingte Gefahr verwirklicht,[80] daher Haftungsbefreiung nach Art. 36 § 3 lit. a) CIM (a. F.), nunmehr Art. 23 § 3 lit. a) CIM (1999).

Soll dagegen ein Sattelauflieger von Nordenham nach Mailand befördert werden, wobei der Streckenabschnitt zwischen Bremen und Verona auf der Schiene zurückgelegt wird, haftet der CMR-Frachtführer grundsätzlich nach CMR, wenn nach Übernahme des Aufliegers in Verona durch einen italienischen (Unter-)Frachtführer dieser während seiner Obhut gestohlen wird.[81]

Zu den Beweislastfragen betr. die Gefahren im Eisenbahnbetrieb vgl. Rdn. 121, 145.

Kann dagegen nicht bewiesen werden, dass der Schaden nur während und wegen **42** der Beförderung durch den Huckepack-Beförderer entstanden ist (Rdn. 39–41), bleibt es beim Grundtatbestand der CMR-Haftung (arg. Art. 2 Abs. 1 S. 1 CMR).

Der Frachtführer haftet z. B. nach Art. 17 CMR für den Verlust des Gutes, wenn nicht aufklärbar ist, ob und aus welchen Gründen sich der Diebstahl während des Lkw-Transports oder während des Zeitraumes ereignet hat, in welchem der Auflieger mit der Eisenbahn befördert worden ist.[82] Ebenso bleibt es bei der Haftung nach CMR, wenn der Schaden des beladenen Trailers bei der Einschiffung auf

---

76 *Herber*, VersR 1988, 645, 647, und *Herber/Piper*, Art. 2 CMR Rdn. 18.
77 OLG Hamburg vom 14.4.2011 – 6 U 47/10, TranspR 2011, 228 m. zust. Anm. *Herber*.
78 OLG München vom 23.12.2010 – 23 U 2468/10, TranspR 2011, 158.
79 OLG Düsseldorf vom 12.1.2011 – I-18 U 87/10, TranspR 2011, 150.
80 LG Berlin vom 9.3.2000 – 95.O.249/97 (rechtskräftig), TranspR 2000, 311.
81 OLG Bremen vom 11.1.2001 – 2 U 100/00, TranspR 2001, 166.
82 OLG Hamburg vom 18.10.1990 – 6 U 253/89, TranspR 1991, 70 = VersR 1991, 446.

Art. 2 Geltungsbereich

die Fähre, die dabei auch eingerissene Plane und durch die Witterungseinflüsse während des Seetransports verursacht wurde.[83]

c) Geltung der CMR

43 Demnach gilt die CMR, wenn

(1) der Grundtatbestand des Art. 2 Abs. 1 S. 1 vorliegt oder
(2) zwingende[84] Haftungsbestimmungen des Huckepack- (bzw. Ro-Ro-)Beförderers fehlen oder
(3) wenn die Voraussetzungen der Ausnahmeregelung des Art. 2 Abs. 2 S. 2 (Haftung des Trägerbeförderungsmittels) nicht gegeben sind (vgl. Rdn. 39–41).

44 Damit wird ausdrücklich klargestellt, dass die Ausnahmeregelung des Art. 2 Abs. 1 S. 2 CMR (Haftungsregime des Trägerbeförderungsmittels) nur dann an die Stelle der CMR-Haftung tritt, wenn diese Bestimmungen zwingenden (Rdn. 88 ff.) Rechts sind.[85] Dadurch soll vermieden werden, dass der CMR-Frachtführer mit dem (Huckepack-)Beförderer „des anderen Verkehrsmittels zu Lasten des am Gut Berechtigten diesen schädigende Haftungsbefreiungen oder Haftungsbegrenzungen vereinbart" und damit vertragliche Haftungsbeschränkungen entgegenhalten kann.[86]

45 Zu den Beweislastfragen vgl. Rdn. 121, 145 ff.

d) Identität von CMR- und Huckepack-Beförderer

46 Art. 2 Abs. 2 CMR regelt, dass der Straßenfrachtführer auch dann nach Art. 2 Abs. 1 CMR haftet, wenn er zugleich der Frachtführer des Trägerbeförderungsmittels ist. Nach Art. 2 Abs. 2 CMR werden die Funktionen des CMR-Straßenbeförderers und die des Huckepack-Beförderers klarstellungshalber haftungsrechtlich auseinandergehalten. Ein ausdrücklicher Frachtvertrag über die Benutzung des Trägerbeförderungsmittels ist nicht erforderlich.[87]

47 Ob der Straßenfrachtführer im Prozess diese „doppelte" Frachtführerposition bestreiten und der geschädigte Anspruchsteller dementsprechend über diese Tatsache beweispflichtig wird, ist zweifelhaft, denn der Straßenfrachtführer haftet nach Art. 2 Abs. 1 CMR. Deshalb würde ihm ein Bestreiten seiner Doppelfunktion keine wesentlichen Vorteile bringen.[88]

---

83 Vgl. *Fremuth*, in: Thume, 1. Aufl., Anh. II, Rdn. 178; BGH vom 14.12.1988 – I ZR 235/86, TranspR 1989, 141 = VersR 1989, 309 = NJW-RR 1989, 481 = RIW 1989, 389.
84 H. M. – aber streitig; vgl. Rdn. 38, 90 ff., 125 ff.
85 Denkschrift, S. 35; vgl. Rdn. 40, 87 ff., 123 ff.
86 *Loewe*, ETR 1976, 503, 524 (Nr. 56).
87 *Herber/Piper*, Art. 2 CMR Rdn. 26; MünchKommHGB/*Jesser-Huß*, Art. 2 CMR Rdn. 23; Staub/*Helm*, Art. 2 CMR Rdn. 36; *Thume*, in: Fremuth/Thume, Art. 2 CMR Rdn. 18.
88 Baumgärtel/*Giemulla*, Art. 2 CMR Rdn. 3; *Heuer*, S. 177; *Loewe*, ETR 1976, 503, 524 f.; Precht/Endrigkeit, § 2 CMR, Anm. 13.

III. Voraussetzungen des Huckepack-Verkehrs

Die Tatbestandsvoraussetzungen für die Anwendung des Art. 2 Abs. 1 S. 1 CMR **48**
für den Huckepack- bzw. Ro/Ro-Verkehr sind:

(1) die Existenz eines einheitlichen (Durch-)Frachtvertrages vom Übernahme- bis zum Ablieferungsort, der auf eine grenzüberschreitende Beförderung mittels Kraftfahrzeugen gerichtet ist,[89]
(2) aufgrund dessen dem CMR-Frachtführer die Huckepack-Beförderung des mit dem Beförderungsgut beladenen Straßenfahrzeugs auf der Eisenbahn, einem See- oder Binnenschiff oder Luftfahrzeug auf einem Teilstreckenabschnitt gestattet ist,[90] und
(3) keine Umladung des Beförderungsgutes vom Straßenfahrzeug auf ein anderes Beförderungsmittel stattfindet,[91] und
(4) nur bei Auftreten von Beförderungshindernissen i.S.d. Art. 14 CMR eine Umladung zum Zwecke der Durchführung des Huckepacktransports erfolgt.[92]

Beachte: Zur grenzüberschreitenden (internationalen) Beförderung gefährlicher Güter, auf die das Europäische Übereinkommen über die internationale Beförderung gefährlicher Güter auf der Straße (ADR) anzuwenden ist, gehört auch der Transport der beladenen Wechselbrücke im Huckepackverkehr.[93]

1. Durchgehender CMR-Beförderungsvertrag

a) Echter CMR-Frachtvertrag

Der Transport des Beförderungsgutes muss aufgrund eines die Gesamt- (auch **49**
die Huckepack-Beförderungs-)Strecke erfassenden CMR-(Durchfracht-)Vertrages durchgeführt werden.[94]

---

[89] Rdn. 15, 49 ff.; *Fremuth*, in: Fremuth/Thume, § 452 HGB Rdn. 12. Den Begriff des Durchfrachtvertrages verwenden *Basedow*, Transportvertrag, S. 57 ff., 365 ff.; *Ebenroth/Fischer/Sorek*, VersR 1988, 757 ff. u. DB, 1990, 1073 ff.; *Freise*, Transportrecht 1986, 317 ff.; Staub/Helm, Anh. V., § 452 HGB (alt) Rdn. 10; *Herber*, TranspR 1981, 37, 41, u. TranspR 1990, 4 ff.; *Koller*, VersR 1989, 769, u. Prüßmann/Rabe, Anh. § 656 HGB Anm. C 1, 2.
[90] Rdn. 31 f.
[91] Rdn. 80 ff. (vgl. aber auch Rdn. 33, wonach Art. 2 CMR auch bei vertragswidriger Umladung anwendbar bleibt).
[92] Rdn. 35a, 83 f.
[93] OLG Celle vom 3.3.1993 – 2 Ss (OWi) 429/92, NZV 1993, 322.
[94] Rdn. 15; zum Begriff des Durchfrachtvertrages vgl. Rdn. 48 m.w.N.; *Fremuth*, in: Thume, Vorauft., Anh. III, Vor § 452 HGB Rdn. 3 u. § 452 HGB Rdn. 12; ferner *Ramming*, Hamburger Handbuch, Rdn. 3.

Art. 2 Geltungsbereich

Dabei muss der Ort der Übernahme des Gutes und der für die Ablieferung vorgesehene Ort, wie sie im Vertrage angegeben sind, in zwei verschiedenen Staaten liegen, von denen mindestens einer ein Vertragsstaat ist.[95]

50 Der Transport des mit dem Gut beladenen Straßenfahrzeugs[96] darf nur auf einem Teil der Strecke zur See, per Bahn, auf Binnenwasserstraßen oder auf dem Luftwege durchgeführt werden. Dabei ist gleichgültig, ob diese Teilstrecke am Anfang, in der Mitte oder am Ende der Gesamtstrecke steht und wie groß sie ist.[97]

aa) Vorrang des Art. 2 CMR vor den multimodalen Beförderungsregeln (lex specialis)

51 Die ganz h.M. räumt der CMR nicht schlechthin den Vorrang vor den Bestimmungen des multimodalen Verkehrs nach §§ 452 ff. HGB ein, sondern nur insoweit, als Art. 2 CMR einen (Spezial-)Fall einer multimodalen Beförderung regelt.[98]

Beim multimodalen Transport liegt beispielsweise ein Vertrag nach Art. 2 CMR vor, wenn die Parteien

(1) von vornherein die Ro/Ro-Beförderung auf der Seestrecke vereinbart haben, oder
(2) wenn der CMR-Frachtführer das Gut zunächst grenzüberschreitend mit dem Kraftfahrzeug und aufgrund späterer Abrede im Ro/Ro-Verkehr auf der Seestrecke befördert.[99]

Wird also das Beförderungsgut auf dem Straßenfahrzeug vertragsgemäß ohne Umladung auf einem Teil der Strecke auf einem Trägerbeförderungsmittel (Eisenbahn oder Schiff) befördert, gilt Art. 2 CMR; die Grundsätze des multimodalen Transports sind nicht anwendbar.

---

95 Arg. Art. 1 Nr. 1 S. 1 CMR; Vor Art. 1 CMR Rdn. 19 f., 27 f., 58, 64 ff., 77 ff., Art. 1 CMR Rdn. 1–12, 15 ff.; Art. 4 CMR Rdn. 12 ff., 20.
96 Art. 1 Abs. 2 CMR.
97 *Heuer*, S. 174; *Koller*, Art. 2 CMR Rdn. 2; *Loewe*, ETR 1976, 503, 523 (Nr. 54, 55); *Theunis*, TranspR 1990, 263, 269. Für die Anwendbarkeit der CMR ist es unerheblich, dass der Transport teilweise auf dem Seewege durchgeführt wird, sofern die Ladung über die gesamte Strecke auf demselben Straßenfahrzeug befördert wird (arg. Art. 2 Abs. 1 S. 2 CMR); vgl. OLG Hamm vom 23.9.1985 – 18 U 283/84, TranspR 1986, 18.
98 Vgl. *Fremuth*, in: Thume, Voraufl., Anh. III, zu § 452 HGB Rdn. 30 f., 33 u. *Fremuth*, in: Fremuth/Thume, 2000, § 452 HGB Rdn. 30 ff.; *Koller*, Art. 2 CMR Rdn. 2 u. § 452 HGB Rdn. 19; nach *Koller*, TranspR 2003, 45 ff., kann dem Court of Appeal London (zit. bei *Koller*, a.a.O.) nicht darin gefolgt werden, dass bei einem multimodalen Transport von Singapur über Paris nach Dublin auf den Straßenabschnitt (auch wenn Luftbeförderung vertraglich vereinbart war) die CMR anzuwenden sei, denn das Regelungssystem der CMR enthalte keine sachgerechte Lösungen für den Multimodaltransport.
99 *Koller*, Art. 2 CMR Rdn. 2; *Theunis*, TranspR 1990, 263, 268.

Geltungsbereich **Art. 2**

Im Schadensfalle ergibt sich daraus der Grundsatz des Vorranges des Art. 2 CMR gegenüber dem Frachtrechtsregime des bekannten Schadensortes; Art. 2 CMR geht dem Network-System vor.[100]

bb) Artt. 34 ff. CMR sind unanwendbar

Die Vorschriften über aufeinanderfolgende Frachtführer[101] gelten nicht für den Huckepack-Beförderer. Es liegt kein einheitlicher, durchgehender Beförderungsvertrag i.S.d. Art. 34 CMR vor. Der CMR-Beförderungsvertrag erfasst nur das Beförderungsgut, während der Huckepack-Beförderungsvertrag das Straßenfahrzeug und das darauf geladene Beförderungsgut betrifft.[102] 52

b) Frachtvertraglich gleichgestellte Fälle (§§ 458–460 HGB n.F.)

Dem Frachtführer wird gleichgestellt der selbsteintretende Spediteur[103] und der Fixkostenspediteur[104] bei einer Beförderung des Gutes mit Kraftfahrzeugen im grenzüberschreitenden Güterverkehr auf der Straße.[105] 53

Der Sammelladungsspediteur[106] wird wie ein Frachtführer behandelt, sobald er mit dem Bewirken der Versendung in Sammelladung beginnt, also, sobald der Spediteur-Frachtführer die Partie Sammelgut für den Hauptlauf übernimmt.[107] 54

Maßgebend ist nach der Rspr. des BGH die Erwägung, dass der Spediteur in den Fällen der (§§ 412, 413 HGB a.F. bzw. der) §§ 458 bis 460 HGB n.F. hinsichtlich seiner Rechtsstellung der des Frachtführers so weit angenähert ist, dass kein Grund besteht, ihn anders zu behandeln als einen Unternehmer, der als Haupt- 55

---

100 *Fremuth,* in: Thume, Voraufl., Anh. III, § 452 HGB Rdn. 57f., 60; ebenso *Koller,* Art. 2 CMR Rdn. 2; MünchKommHGB/*Jesser-Huß,* Art. 2 CMR Rdn. 2; Staub/*Helm,* Art. 2 CMR Rdn. 18; ebenso BGH vom 14.12.1988 – I ZR 235/86, TranspR 1989, 141, 143 = VersR 1989, 309, 311 = RIW 1989, 389 = NJW 1989, 481; vgl. auch BGH vom 8.7.2004 – I ZR 272/01, TranspR 2004, 357. Hier hatte der Beklagte Fixkostenspediteur ein FBL an Order, welches nicht indossiert war, ausgestellt; das Transportgut sollte per Lkw von Neustadt/Weinstraße nach Teheran befördert werden, auf dem CMR-Abschnitt kam es zum Güterschaden. Der BGH wandte im Regressprozess die Verjährungsvorschrift des Art. 32 CMR an; das FBL eröffnete mangels Indossament keine Anspruchsgrundlage, der BGH wies die Klage nach Art. 32 CMR ab; dazu *Ramming,* TranspR 2006, 195. Nach heutiger Rechtslage käme man über § 452a HGB zum gleichen Ergebnis.
101 Artt. 34 ff. CMR.
102 *Glöckner,* Art. 3 ff. CMR Rdn. 1; *Herber/Piper,* Art. 2 CMR Rdn. 5; *Heuer,* S. 173; *Koller,* Art. 34 CMR Rdn. 2; a.A. zu Unrecht Staub/*Helm,* Art. 34 CMR Rdn. 7. Denn die aufeinanderfolgenden Frachtführer müssen als Straßenfrachtführer (die nur das Gut befördern) und nicht als Huckepack-Beförderer (der das mit dem Gut beladene Straßenfahrzeug befördert) tätig sein. Deshalb kann der Huckepack-Beförderer im Verhältnis zum Absender-CMR-Straßenbeförderer nicht aufeinanderfolgender Frachtführer i.S.d. Artt. 34 ff. CMR sein (arg. „aufeinanderfolgende Straßenfrachtführer").
103 § 458 HGB.
104 § 459 HGB.
105 Dazu eingehend Vor Art. 1 CMR Rdn. 77 ff., 81 ff.
106 § 460 Abs. 2 HGB.
107 Vor Art. 1 CMR Rdn. 87; BGH vom 13.1.1978 – I ZR 63/76, VersR 1978, 318 = NJW 1978, 1160; BGH vom 27.11.1981 – I ZR 167/79, VersR 1982, 339.

Art. 2 Geltungsbereich

frachtführer die Beförderung übernimmt und mit der Durchführung des Transports einen Unterfrachtführer beauftragt.[108]

56 Der Spediteur-Frachtführer nach §§ 458 bis 460 HGB n. F. haftet zwingend nach Maßgabe der CMR; gleichgültig ist hierbei, ob er das Beförderungsgut mit eigenen Kraftfahrzeugen im Rahmen eines der CMR unterliegenden Speditions- bzw. Frachtvertrages befördert hat.[109]

57 Ist demnach die CMR über §§ 458 bis 460 HGB n. F. auf einen ADSp-Spediteur anwendbar, gilt sie zwingend[110] und verdrängt entgegenstehendes dispositives Recht, insbesondere die ADSp (arg. Nr. 2.2 ADSp i. d. F. 2003).[111]

2. Huckepacktransport

a) Huckepack- (bzw. Ro/Ro-)Voraussetzungen

58 Huckepack- (bzw. Ro/Ro-)Verkehr i. S. d. Art. 2 CMR[112] erfordert dreierlei, nämlich, dass

(1) das Beförderungsgut[113]
(2) auf einem Straßenfahrzeug i. S. d. Art. 1 Abs. 2 CMR[114]
(3) auf einem Teil der Strecke auf der Straße, auf einem anderen Streckenabschnitt zur See, per Eisenbahn, per Binnenschiff oder auf dem Luftwege befördert wird.[115]

b) Fahrzeug i. S. d. Art. 1 Abs. 2 CMR

aa) Der Fahrzeugbegriff

59 Fahrzeuge sind nach der Legaldefinition des Art. 1 Abs. 2 CMR

(1) Kraftfahrzeuge und Sattelkraftfahrzeuge bzw. Trucks;[116]
(2) Anhänger und Sattelanhänger[117] oder Trailer.[118]

---

108 Vor Art. 1 CMR Rdn. 81, 82; BGH vom 21.11.1975 – I ZR 74/75, BGHZ 65, 340, 343 = NJW 1976, 1029 = VersR 1976, 433 (§ 413 Abs. 1 HGB); BGH vom 5.6.1981 – I ZR 92/79, VersR 1981, 1030 = TranspR 1981, 130 (§ 413 Abs. 1 HGB); BGH vom 10.2.1982 – I ZR 80/80, BGHZ 83, 96, 98 f. = NJW 1982, 194 = VersR 1982, 543 = TranspR 1982, 74 (§ 413 Abs. 2 HGB); BGH vom 25.10.1962 – II ZR 39/61, BGHZ 38, 150, 154 = NJW 1963, 106 = VersR 1962, 1171 (§ 412 Abs. HGB).
109 *Piper*, RWS-Skript, Rdn. 28 m. w. N.
110 Art. 41 CMR.
111 Vgl. auch Vor Art. 1 CMR Rdn. 72, 81 ff., 88; OLG Düsseldorf vom 13.12.1990 – 18 U 142/90, TranspR 1991, 91, 92.
112 Rdn. 4 ff.
113 Art. 1 CMR Rdn. 3.
114 Rdn. 59 ff.; vgl. auch Art. 1 CMR Rdn. 24–33.
115 Rdn. 100 ff.
116 Art. 1 CMR Rdn. 25, 28 f.
117 Art. 1 CMR Rdn. 25.
118 Art. 1 CMR Rdn. 32.

Geltungsbereich **Art. 2**

bb) Container

Der Container (Behälter) ist ein genormtes, dauerhaftes Transportgefäß zur Beförderung von Gütern ohne Umladung des Inhalts.[119] **60**

Er ist daher weder Beförderungs- bzw. Verkehrsmittel und noch weniger ein Straßenfahrzeug.[120]

cc) Wechselbrücken (Wechselaufbauten)

(1) Begriff

Als Wechselbrücke/Wechselaufbau/Wechselbehälter/Wechselpritsche bezeichnet man einen Güterbehälter in seiner Funktion als Laderaum von Lastkraftwagen, der mit Inhalt (d.h. mit dem Beförderungsgut) vom Fahrgestell getrennt, meist auf ausklappbaren Stützen abgestellt und als Ladeeinheit auf andere Lastkraftwagen-Fahrgestelle oder Eisenbahnwagen wie ein Container[121] umgesetzt werden kann. Entsprechend ihrer Zweckbestimmung zum Einsatz im Straßengüterverkehr betragen die Außenmaße der Wechselbrücken bei Höhe und Breite maximal 260 und 250 cm. Größte Verbreitung hat der nach DIN 70013 genormte Aufbau mit Plane, 715 cm Länge, zulässigem Gesamtgewicht von 13.000 kg und Eckbeschlägen.[122] **61**

Ähnlich lautete die Definition in dem bis 31.12.1993 geltenden Güterfernverkehrstarif (GFT) Teil II/1.[123] **62**

Nach dem durch das Tarifaufhebungsgesetz zum 1.1.1994 außer Kraft getretenen GFT Teil II/1 in Nr. 18b Abs. 1 wurden nach Maßgabe der Frachtberechnungsvorschriften Container und Wechselaufbauten bezeichnet, als „wiederholt verwendbare Ladegefäße, die keiner besonderen Ladefläche auf dem Fahrzeug bedürfen, jedoch mit Einrichtungen zur Verriegelung auf dem Fahrzeug sowie zum mechanischen Umschlag versehen sind".[124] **63**

---

119 *Thume*, 1. Aufl, Anh. III, Rdn. 7 m.w.N.
120 Allg. Auff.; *Thume*, 1. Aufl., Anh. III (Container), Rdn. 19; ebenso die Quellen: *Loewe*, ETR 1971, 503, 512ff.; ETR 1976, 503, 512f.; ETR 1976, 503, 523; gleicher Auff. ist die Rspr.: BGH vom 24.6.1987 – I ZR 127/85, BGHZ 101, 172, 176 = TranspR 1987, 447, 449 = VersR 1987, 1212 = NJW 1988, 640; zustimmend die Lit.: *Dubischar*, S. 158; *Glöckner*, Art. 2 CMR Rdn. 2; *Herber/Piper*, Art. 2 CMR Rdn. 8; *Herber*, VersR 1981, 993 u. VersR 1988, 645; *Hill/Messent*, S. 15; *Koller*, Art. 2 CMR Rdn. 3; *Lenz*, S. 25; *Thume*, in: Fremuth/Thume, Art. 2 CMR Rdn. 5; *Ramming*, Hamburger Handbuch, Rdn. 34
121 Rdn. 60. Die Wechselbrücke fungiert quasi als „Container auf Stelzen".
122 Vgl. *Thume*, 1. Aufl., Anh. III, Rdn. 20; eingehend zum Begriff der Wechselbrücke: *Gabler*, Wirtschaftslexikon, Stichwort: „Wechselbehälter".
123 GFT Teil II/1 (früher RKT Teil II/1) vom 19.1.1958 in der Fassung der Neuausgabe durch VO TSF Nr. 4/91 vom 27.11.1991, abgedruckt bei *Hein/Eichhoff/Pukall/Krien*, Bd. 1, C 521 (außer Kraft getreten).
124 Zum Tarifaufhebungsgesetz vgl. Staub/*Helm*, 4. Aufl., Anh. I nach § 452; Vorbem. zum GüKG Rdn. 1ff.

Art. 2 Geltungsbereich

(2) Das Problem

64 Problematisch ist, ob die Wechselbrücke usw. als Transportbehälter (bzw. Ladehilfsmittel) oder als Fahrzeug i.S.d. Art. 1 Abs. 2 und Art. 2 Abs. 1 S. 1 CMR zu verstehen ist.

65 Die praktische Bedeutung des Problems besteht darin:

(1a) Ist die Wechselbrücke Fahrzeug, haftet der CMR-Straßenfrachtführer für Güterschäden, die auf Fahrzeugmängeln beruhen nach Art. 17 Abs. 3 CMR ohne jeden Entlastungsbeweis. Dies gilt auch beim Huckepack-Verkehr; die Ausnahmeregelung des Art. 2 Abs. 1 S. 2 CMR, die auf das zwingende Recht des Huckepack-Beförderers verweist, wenn der Schaden „durch ein Ereignis verursacht worden ist, das nur während und wegen der Beförderung durch das andere Beförderungsmittel eingetreten sein kann", greift nicht ein.

(1b) Ist dagegen die Wechselbrücke ein Transportbehältnis, steht dem Frachtführer der Entlastungsbeweis nach Art. 17 Abs. 4 lit. b CMR (Verpackungsmängel) oder der Unabwendbarkeitsbeweis[125] offen.

(2a) Ist die Wechselbrücke Fahrzeug i.S.d. Art. 2 CMR, bestimmt sich die Haftung des CMR-Frachtführers nach dem zwingenden Haftungsregime des Huckepack-Ro/Ro-Beförderers, wenn der Schaden „nur während und wegen" der Beförderung durch das von Letztgenanntem eingesetzte Trägerbeförderungsmittel eingetreten sein kann und ist.

(2b) Ist dagegen die ohne Fahrgestell beförderte Wechselbrücke während des Zeitraums der Huckepack- (bzw. Ro/Ro-)Beförderung kein Fahrzeug i.S.v. Art. 2 CMR, sondern haftungsrechtlich Beförderungsgut, verbleibt es bei der Haftung des Straßenfrachtführers nach Maßgabe der CMR. Art. 2 CMR ist mangels der erforderlichen Voraussetzungen nicht anwendbar. Der CMR-Frachtführer haftet für den Huckepack- (bzw. Ro/Ro-)Beförderer nach Art. 3 CMR.

66 Die Beantwortung dieser rein frachtvertraglich zu lösenden Streitfrage darf nicht durch einen Hinweis auf die anderen, nämlich verkehrspolitischen Zielen dienenden Regelungen[126] vermengt werden. Sie beruhen auf einem unterschiedlichen, verkehrstechnisch orientierten Begriff des kombinierten Verkehrs und privilegieren zur Entlastung des Straßenverkehrs auch den Container- und Wechselbrückentransport per Bahn und Schiff. Ein unmittelbar frachtvertraglicher Einfluss auf die Interpretation des Huckepack- bzw. Ro/Ro-Verkehrs i.S.d. Art. 2 CMR[127] besteht nicht.[128]

---

125 Art. 17 Abs. 2 CMR.
126 Vgl. Rdn. 19 ff., 24 ff.; RL 92/106/EWG oder Grenz- und KabotageV GüKG.
127 Rdn. 4 ff.
128 Rdn. 12 f., 15 ff., 19 ff., 23 ff.

Die Frage, ob die ohne Fahrgestell auf das Schiff oder die Bahn verladene Wechselbrücke Straßenfahrzeug i.S.d. Art. 2 CMR ist,[129] darf auch nicht mit der Fragestellung von *de la Motte*[130] vermengt werden. 67

Denn auch *de la Motte* gesteht der Wechselbrücke die Funktion des Ladungsgefäßes zu[131] und behandelt im Anschluss daran (nur!) die Frage, ob im Einsatz von Wechselbrücken Straßengüterbeförderung besteht, was er bejaht.[132]

Lediglich aufgrund der gegenüber Art. 2 CMR inhaltlich unterschiedlichen Regelung des § 3 Abs. 2 GüKG unterlag danach der Straßengüterfernverkehr auch dann der KVO, wenn auf einem Streckenabschnitt isoliert die Wechselbrücke und der Container befördert wurden.[133] Die Regelung des § 3 Abs. 2 GüKG basierte aber auf einem inhaltlich anderen (d.h. verkehrstechnischen) Begriff des kombinierten Verkehrs und verfolgte verkehrspolitische und ordnungsrechtliche Ziele.[134] Mit dem Tarifaufhebungsgesetz und dem Außerkrafttreten der KVO ist die von *de la Motte* behandelte Frage gegenstandslos geworden. 68

(3) Streitstand

In Anlehnung an *Hill*[135] haben sich Rechtsprechung und Teile der Literatur ohne nähere Begründung für die Behandlung der Wechselaufbauten als Fahrzeug i.S.d. Art. 1 CMR ausgesprochen.[136] 69

Gegen die Einordnung der Wechselaufbauten als Fahrzeug i.S.d. Art. 2 CMR ist die nunmehr h.M.; insbesondere *Thume*,[137] weil mangels dauerhaft befestigter bzw. verschweißter Verbindung die Wechselbrücke ähnlich dem Container kein Fahrzeug(-teil), vielmehr ein wiederholt verwendbares Ladegerät darstellt, das keiner besonderen Ladefläche auf dem Fahrzeug bedarf, jedoch mit Einrichtungen zur Verriegelung auf dem Fahrzeug sowie zum mechanischen Umschlag versehen ist.[138] Außerdem haben Wechselbrücken keine Achsen mit Rädern, daher 70

---

129 Rdn. 64ff.
130 Art. 1 CMR Rdn. 31, 33–39.
131 Art. 1 CMR Rdn. 31.
132 Art. 1 CMR Rdn. 34ff.
133 (Arg. § 3 Abs. 2 GüKG); *Hein/Eichhoff/Pukall/Krien*, Bd. 2, Teil N, § 3 GüKG Anm. 5; Staub/*Helm*, 3. Aufl., § 3 GüKG, Rdn. 1; *Willenberg*, § 1 KVO Rdn. 31; *Witzleben*, Bd. 1, S. 209ff.
134 Rdn. 12ff., 15ff., 19ff., 24ff.
135 ETR 1976, 183f.
136 OLG Hamburg vom 13.3.1993 – 6 U 60/93, TranspR 1994, 193, 194; *Dubischar*, a.a.O., S. 158; *Glöckner*, Art. 2 CMR Rdn. 2; Staub/*Helm*, 3. Aufl., Art. 2 CMR Rdn. 2; *Lenz*, Straßengütertransportrecht, Rdn. 71; dagegen ohne eigene Stellungnahme Staub/*Helm*, 4. Aufl., Art. 2 CMR Rdn. 5.
137 *Thume*, 1. Aufl., Anh. III, Rdn. 20, u. in Fremuth/*Thume*, Art. 2 CMR Rdn. 5.
138 Arg. GFT Teil II/1 Nr. 18b Abs. 1. (außer Kraft).

Art. 2 Geltungsbereich

kein Fahrgestell und damit keine Fahrzeugeigenschaft i. S. d. Art. 1 Abs. 2 CMR.[139]

71
(entfällt)

(4) Analyse

(aa) Quellen

72 Nach den Erläuterungen von *Loewe* zu Art. 2 CMR[140] wird dort ersichtlich der gleiche Fahrzeugbegriff zugrunde gelegt, wie er in Art. 1 Abs. 2 CMR definiert wird, nämlich als ein mit eigenem Fahrgestell, zur rollenden Fortbewegung auf Straßen geeignetes Fahrwerk.[141] Demzufolge kann der Fahrzeugbegriff i. S. v. Art. 1 und Art. 2 CMR nur ein identischer sein. Außerdem sollte mit dem in Art. 1 Abs. 2 CMR definierten Fahrzeugbegriff der Gleichklang zwischen den zivilrechtlichen und den verwaltungsrechtlichen Begriffen hergestellt werden.[142]

(bb) Straßenverkehrsrechtliche Aspekte

73 Nach § 42 Abs. 3 StVZO wird das Gewicht von austauschbaren Ladungsträgern („Behälter, die dazu bestimmt und geeignet sind, Ladungen aufzunehmen und auf oder an verschiedenen Trägerfahrzeugen verwendet zu werden, wie Container, Wechselbehälter") nicht zum Leergewicht des Fahrzeuges gerechnet.

74 Austauschbare Ladungsträger sind nach dem systematischen Verzeichnis der Fahrzeug- und Aufbauarten des Bundesministers für Verkehr: Container, Wechselbehälter, Wechselaufbauten und sonstige Behälter und Einrichtungen, die zum Zwecke der Aufnahme von Ladegütern vorübergehend mit geeigneten Trägerfahrzeugen mittels entsprechender Verbindungseinrichtungen gekoppelt werden.[143]

75 Wechselbehälter sind funktionsmäßig wie Container zu sehen, jedoch nicht an die genormte Konstruktion eines Containers gebunden. Die EG ist jedoch bestrebt, die Wechselbehälter einer Norm zu unterwerfen, die im Wesentlichen die Abmessungen, die Gewichte und die Spezifikation betrifft. Ein hierzu gegründeter Europäischer Normenausschuss „Wechselbehälter" müsste dann auch die für die derzeit gebräuchlichen Wechselbehälter von 7,15 m Größe (deutsche Norm)

---

139 *Gass*, in: EBJ, HGB, 1. Aufl., Art. 2 CMR Rdn. 8; *Herber/Piper*, Art. 2 CMR Rdn. 8; *Koller*, Art. 2 CMR Rdn. 3; MünchKommHGB/*Jesser-Huß*, Art. 2 CMR Rdn. 6 jeweils m. w. N.; LG Regensburg vom 28.11.1989 – S 206/89, TranspR 1990, 194.
140 ETR 1976, 503, 522, 523.
141 ETR 1976, 503, 513f.
142 ETR 1976, 503, 515 (Nr. 31).
143 Verkehrsblatt 1984, 501.

und von 12,30 m Größe (französische Norm) eine einheitliche europäische Norm schaffen.[144]

Wechselaufbauten entsprechen funktionsmäßig dem Begriff des Containers oder Wechselbehälters, unterscheiden sich aber verkehrs- und zulassungsrechtlich erheblich von diesem: Denn gemäß § 42 Abs. 3 S. 2 StVZO ist der Wechselaufbau, soweit er Fahrzeuge miteinander verbindet oder Zugkräfte überträgt, zulassungsrechtlich Bestandteil des Trägerfahrzeugs. Infolgedessen (1) erhöht das Leergewicht des Wechselaufbaus das Fahrzeuggewicht und verringert die Nutzlast; (2) außerdem unterliegt der Wechselaufbau der regelmäßigen Untersuchung nach § 29 StVZO.[145] 76

Dagegen sind Container und Wechselbehälter nicht Bestandteil des Fahrzeugs; sie sind Teil der Ladung, somit ist ihr Gewicht nicht dem Leergewicht des Fahrzeugs zuzurechnen.[146] 77

(5) Ergebnis

Geht aber die CMR in Artt. 1, 2 von einem identischen Fahrzeugbegriff[147] aus, fallen alle nach §§ 29, 42 Abs. 3 StVZO zulassungsrechtlich nicht erfassten Fahrzeugteile aus dem Fahrzeugbegriff heraus. 78

Demnach sind alle auswechselbaren Aufbauten, die man als Wechselbehälter – nach der EG-Bezeichnung: Wechselaufbau – bezeichnen kann, kein Fahrzeug i.S.d. Art. 1 CMR. Unter Wechselbehälter in diesem Sinne fallen Wechselpritschen, Wechselkoffer, Wechseltanks usw.

Soweit jedoch austauschbare Ladungsträger Fahrzeuge miteinander verbinden oder Zugkräfte übertragen, sind sie Fahrzeugteile nach § 42 Abs. 3 S. 2 StVZO. Aber auch diese fallen aus den gleichen Gründen[148] nicht unter den Fahrzeugbegriff des Art. 2 CMR. 79

Maßgebend ist auch hier, dass Materialien fehlen, ob und inwieweit einzelne Fahrzeugteile dem Fahrzeugbegriff nach Art. 2 CMR unterliegen. Dies ergibt sich auch aus dem – bei der Auslegung der CMR als eines internationalen Übereinkommens besondere Bedeutung zukommenden – Wortlaut der Vorschrift; dieser verlangt, dass das mit dem Gut beladene Fahrzeug auf einem Beförderungsabschnitt per Bahn, Schiff oder per Luftfahrzeug befördert wird, wobei das Gut nicht umgeladen wird.[149]

---

144 *Witzleben*, Bd. I, S. 126 a.
145 *Jagusch/Hentschel*, § 42 StVZO Rdn. 1, 5; *Witzleben*, Bd. I, S. 126 a, b.
146 *Jagusch/Hentschel*, § 42 StVZO Rdn. 1, 5; *Witzleben*, Bd. I, S. 126 a, b; *Ramming*, Hamburger Handbuch, Rdn. 34.
147 Rdn. 72.
148 Rdn. 78.
149 BGH vom 14.7.1993 – I ZR 204/91, VersR 1993, 1296, 1297 re. Spalte = NJW 1993, 2808 (zu Art. 26 CMR – vgl. Art. 21 CMR Rdn. 141) unter Hinweis auf BGH vom 10.10.1991 – I ZR 193/89, BGHZ 115, 299, 302 = TranspR 1992, 100, 102 = VersR 1992, 383 (zu Art. 21 CMR).

Art. 2 Geltungsbereich

Eine analoge Anwendung des Art. 2 CMR auf diese Wechselaufbauten scheidet angesichts des klaren Wortlauts dieser Bestimmung aus.

3. Kein Umladungsverkehr

80 Aus dem Begriff des Huckepack- (bzw. Ro/Ro-)Verkehrs als einer Transportart, bei der das mit dem Beförderungsgut beladene Straßenfahrzeug auf einem bestimmten Streckenabschnitt durch ein anderes Trägerbeförderungsmittel transportiert wird,[150] ergibt sich, dass sowohl eine vertraglich gestattete als auch eine vertragswidrige Umladung damit unvereinbar ist. Dies würde entweder zur Annahme des gebrochenen oder des multimodalen Verkehrs führen.[151]

81 Als Umladen oder Umschlagen bezeichnet man das Überwechseln von Gütern von einem Beförderungsmittel auf ein anderes (oder auf ein Lager) innerhalb einer Transportkette. Der Umschlag wird mit Hilfe eines weiteren Arbeitsmittels (Kran, Gabelstapler, Roboter) durchgeführt.[152]

82 Ebenso wie beim Containerumschlag bildet das im austauschbaren Wechselbehälter befindliche Gut eine Beförderungs- bzw. Verpackungseinheit. Der Umschlag vom Lkw-Fahrgestell auf den Eisenbahnwaggon oder das Schiff erfolgt mit Hilfe der oben[153] bezeichneten Arbeitsmittel.

Auch wenn im verkehrstechnischen Sinne ein kombinierter Verkehr ohne Wechsel des Transportgefäßes stattfindet,[154] wechselt doch das Beförderungsregime. Denn die austauschbaren Ladeeinheiten (Container, Wechselbehälter) werden nunmehr ohne das Straßenfahrzeug haftungsrechtlich Beförderungsgut von Eisenbahn/Schiff oder Luftfahrzeug.[155]

4. Umladung bei Beförderungshindernissen

a) Grundsatz

83 Liegt ein Beförderungshindernis i.S.d. Art. 14 CMR vor und muss deshalb das Beförderungsgut auf ein anderes Transportmittel umgeladen werden, ist dies grundsätzlich für die Fortgeltung der CMR unerheblich. Denn es kommt auf die ursprünglich beförderungsvertraglich verabredete (durch das Beförderungshindernis unausführbar gewordene) CMR-Straßenbeförderung an.[156]

---

150 Rdn. 4 ff.
151 Rdn. 33 f. m.w.N.
152 Vgl. *Fremuth*, in: Thume, 1. Aufl., Anh. II, Rdn. 86 ff., und a.a.O., Anh. III, Rdn. 39; *Gabler*, Wirtschaftslexikon, Stichwort: „Umschlag".
153 Vgl. Rdn. 81; dazu *Fremuth*, in: Thume, 1. Aufl., Anh. II, Rdn. 86 f.; *Fremuth*, in: Fremuth/Thume, § 452a HGB Rdn. 20.
154 *Fremuth*, in: Thume, 1. Aufl., Anh. II, Rdn. 63 f.
155 Rdn. 33 ff.
156 Vgl. Rdn. 35a m.w.N.

b) Wortlaut des Art. 2 Abs. 1 S. 1 CMR

Daher erklärt Art. 2 Abs. 1 S. 1 CMR die Fortgeltung der CMR auch für den Fall **84** der Umladung des Gutes infolge eines Beförderungshindernisses. „Gegenstand der Straßenbeförderung ist das beförderte Gut, Gegenstand der Beförderung mit dem anderen Verkehrsmittel hingegen das Straßenfahrzeug samt dem auf ihm befindlichen Gut. So erklärt sich auch das Verbot der Umladung. Diese Unterscheidung wird jedoch dann zur Fiktion, wenn für die Zwecke der Anwendung des Art. 14 CMR über Beförderungshindernisse tatsächlich eine Umladung erfolgen muss, sie aber rechtlich nicht in Betracht gezogen wird."[157]

Allerdings ist die Formulierung der CMR insoweit unklar, als offenbar Anwen- **85** dungsvoraussetzung des Art. 2 CMR bleibt, ob die Huckepack-(Ro/Ro-)Beförderung auch bei Vorliegen eines Beförderungshindernisses durchgeführt werden muss; (arg. „wird das mit dem Gut beladene Fahrzeug auf einem Teil der Strecke zur See ... befördert und wird das Gut – abgesehen von den Fällen des Art. 14 CMR – nicht umgeladen").

Bei der Auslegung eines internationalen Abkommens kommt aber dem Wortlaut **86** eine besondere Bedeutung zu; insbesondere dann, wenn ergänzende Hinweise aus Materialien dazu fehlen.[158]

Deshalb ist entsprechend seinem Wortlaut Art. 2 CMR gleichermaßen auf beide, **87** nachfolgend beschriebene Fallgruppen anzuwenden,

(1) wenn zunächst die Umladung auf ein anderes Straßenfahrzeug[159] erfolgt und dieses seinerseits auf ein Trägerbeförderungsmittel verladen wird;
(2) wenn das beschädigte Straßenfahrzeug mit Ladung auf einem anderen (Träger) Beförderungsmittel weiterbefördert wird.[160]

IV. Das (fiktive) Teilstreckenrecht des Huckepack-Beförderers

1. Das Problem: Ermittlung des Rechts des Trägerbeförderungsmittels

Nach der Architektur des Art. 2 Abs. 1 S. 1 CMR haftet bei Güter- und/oder Lie- **88** ferfristschäden im Rahmen eines Huckepack-(Ro/Ro-)Transportes der vom Absender (vertraglich beauftragte CMR-)Frachtführer grundsätzlich nach Maßgabe der CMR.[161]

---

157 *Loewe*, ETR 1976, 503, 522.
158 Arg. Art. 51 Abs. 3 CMR; Rdn. 90 ff., 95 m.w.N.
159 Rdn. 59 f. (zu Art. 1 Abs. 2 CMR); *Ramming*, Hamburger Handbuch, Rdn. 50.
160 Vgl. Rdn. 35 a m.w.N.; *Ramming*, Hamburger Handbuch, Rdn. 50.
161 Vgl. Rdn. 36 f.

Art. 2 Geltungsbereich

89 Ausnahme: Der (vertraglich beauftragte) CMR-Frachtführer haftet gem. Art. 2 Abs. 1 S. 2 CMR nur dann nach den Bestimmungen des Trägerbeförderungsmittels (Bahn/Schiff/Flugzeug), wenn bewiesen wird, dass der

(1) während der Beförderung durch das andere (erg. Träger-)Verkehrsmittel
(2) „eingetretene Schaden"
(3) nur „durch ein Ereignis verursacht worden ist, das *nur während und wegen der Beförderung* durch das andere (erg. Träger-)Beförderungsmittel eingetreten sein kann".[162]

2. Zwingendes Haftungsregime des Trägerbeförderungsmittels

a) Der englische und der französische Wortlaut des Art. 2 CMR

90 Nach Art. 51 Abs. 3 CMR sind der englische und französische Wortlaut der CMR gleichermaßen verbindlich. Die Möglichkeit für den CMR-Frachtführer, im Rahmen des Art. 2 Abs. 1 S. 2 CMR seine Haftung auf das für das Trägerbeförderungsmittel geltende Haftungsregime zu beschränken, wird in der französischen und englischen Version des Textes der CMR-Konvention nicht in der gleichen Art und Weise formuliert.

91 Die französische Fassung der CMR-Konvention lautet: „conformément aux dispositions impératives de la loi concernant le transport non routier", d.h. in Übereinstimmung mit den zwingenden Bestimmungen des auf den Nicht-Straßentransport anwendbaren Rechts (erg. des Trägerbeförderungsmittels).

Nach der gleichermaßen verbindlichen[163] französischen Fassung sind demzufolge im Rahmen des nach Art. 2 Abs. 1 S. 2 CMR maßgeblichen fiktiven Beförderungsvertrages zwischen dem Absender und dem (Unter-)Frachtführer des Trägerbeförderungsmittels nur zwingende frachtrechtliche Bestimmungen anwendbar. Fehlen aber zwingende Haftungsregeln des Trägerbeförderungsmittels, verbleibt es bei der Haftung des Straßenfrachtführers nach Maßgabe der CMR (arg. Art. 2 Abs. 1 S. 3 CMR).

92 Dem gegenüber lautet die englische Fassung der CMR-Konvention: „in accordance with the conditions prescribed by law for that means of (non-road) transport", also in Übereinstimmung mit den gesetzlich vorgeschriebenen Bedingungen für dieses Nicht-Straßentransportmittel.

93 Vergleicht man die englische und französische Fassung des Art. 2 CMR, kann kein Zweifel bestehen, dass der Ausdruck „the conditions prescribed by law" (d.h. die vom Gesetz vorgesehenen Bedingungen) inhaltlich weiter reicht als die Formulierung „dispositions impératives de la loi" (die zwingenden Bestimmungen des Rechts). Denn der englische Ausdruck erfasst nicht nur zwingende Be-

---

162 Vgl. Rdn. 38 ff.
163 Art. 51 Abs. 3 CMR.

Geltungsbereich **Art. 2**

stimmungen, sondern auch dispositive Normen des Frachtrechts.[164] Demzufolge wären nach Maßgabe der englischen Fassung im Rahmen des fiktiven Beförderungsvertrages zwischen dem Absender und dem Huckepack-Beförderer auch alle nichtzwingenden, d.h. auch dispositiven frachtrechtlichen Haftungsregeln anwendbar; zweifelnd jedoch *Jesser-Huß*.[165]

b) Praktische Bedeutung

Praktische Bedeutung kommt der unterschiedlichen Interpretation von englischer und französischer Textfassung dem Bereich des Seerechts[166] zu, wo primär zwingende[167] frachtrechtliche Bestimmungen fehlen. 94

c) Entstehungsgeschichte des Art. 2 CMR

Die Entstehungsgeschichte des Art. 2 CMR lässt die Schlussfolgerung zu, dass nicht der französische, sondern der englische Text des Art. 2 CMR den wirklichen Willen der Schöpfer dieses Übereinkommens wiedergeben könnte. 95

Untersucht man die Entstehungsgeschichte der CMR, stellt man fest, dass weder ein offizieller Bericht über die vorbereitenden Arbeiten für die CMR-Konvention besteht, der die Zustimmung der Vertragsstaaten besitzt, noch ein Bericht, der den Anwendungsbereich jedes Artikels der CMR erläutert.[168] Die Ausführungen von *Loewe*[169] geben keinen klaren Hinweis darauf, ob die englische oder französische Interpretation den wirklichen Willen der Schöpfer der CMR zum Ausdruck bringen sollte.

Art. 2 CMR wurde in der zweiten Sitzung der Sonderarbeitsgruppe für den Transportvertrag entworfen und angenommen.[170]

---

164 *Czapski*, IRU-Heft, Nr. 24, S. 6ff. u. ETR 1990, 172ff.; ebenso *Herber*, TranspR 1994, 375, 378 u. *Herber*, Seehandelsrecht, S. 365f. u. *Herber*, in: Herber/Piper, Art. 2 CMR Rdn. 22f.
165 MünchKommHGB/*Jesser-Huß*, Art. 2 CMR Rdn. 18, wonach „conditions prescribed by law" nach engl. Rechtsverständnis i.S.v. zwingenden Vorschriften zu verstehen sind; den Gegensatz dazu (i.S.v. dispositiven Vorschriften) bilden die „conditions permitted by law"; vgl. *Hill-Messent*, S. 25; *Clarke*, S. 86, Fn. 95.
166 Eingehend zur Problematik Rdn. 122f., 124ff.
167 Denn zwingende seefrachtrechtliche Bestimmungen setzen die Ausstellung eines Konnossements voraus; vgl. §§ 662, 642 HGB; ähnlich die Haager Regeln in Art. 1 lit. b), Art. 3, §§ 3, 8, Art. 6.
168 *Czapski*, IRU-Heft, Nr. 24, S. 6ff. u. ETR 1990, 172ff.; *Herber*, TranspR 1994, 375, 378f. u. *Herber*, Seehandelsrecht, S. 365f.; ders., in: Herber/Piper, Art. 2 CMR Rdn. 22f.
169 ETR 1976, 503, 509: „versuchen, auf die alten und neuen Fragen die Antworten zu finden, die sich aus den vorbereitenden Arbeiten, den persönlichen Aufzeichnungen und Erinnerungen von den Verhandlungen, der Logik und dem Geist des Übereinkommens ergeben".
170 Diese wurde eingesetzt vom Binnentransportausschuss der Wirtschaftskommission der Vereinten Nationen für Europa (ECE); sie tagte vom 12.–19.5.1956 und entwarf die geltende Fassung des Art. 2 CMR; die CMR-Konvention wurde am letzten Tage dieser Sitzung unterzeichnet, also am 19.5.1956 (*Czapski*, IRU-Heft, Nr. 24, S. 6ff. u. ETR 1990, 172ff.).

Art. 2 Geltungsbereich

Aus dem Protokoll dieser Sitzung[171] des Binnentransportausschusses geht hervor, dass der Text für Art. 2 CMR während dieser Sitzung vom Vertreter Großbritanniens entworfen wurde. Das Protokoll[172] bestätigt, dass der Vorschlag Großbritanniens[173] eine Diskussion anregte, die unterschiedliche Standpunkte zutage förderte. Infolge dieser Debatte unterbreitete der Vertreter Großbritanniens einen neuen Text, der von der Arbeitsgruppe angenommen wurde. Andernfalls – so vermutet *Herber* – wäre der Beitritt Großbritanniens zur CMR gefährdet gewesen.[174]

Nach eingehenden Untersuchungen der Materialien[175] zur Entstehungsgeschichte, kommen *Czapski*[176] und *Herber*[177] zu dem Ergebnis, dass die englische Fassung des Art. 2 CMR identisch sein muss mit jenem Text, der vom Vertreter Großbritanniens der Arbeitsgruppe in der Sitzung unterbreitet worden war; ferner, dass der französische Text eine ungenaue Übersetzung des englischen Textes darstellt. Daraus zieht *Herber*[178] den Schluss: Völkerrechtlich erscheint es deshalb nicht nur zulässig, sondern geboten, bei Verschiedenheit der Vertragstexte aus der Entstehungsgeschichte Hinweise darauf abzuleiten, dass eine (Arbeits-)Sprache den Willen der Konferenzteilnehmer am ehesten zum Ausdruck bringt. *Czapksi*[179] ergänzt diese Argumentation durch den Hinweis auf die Auslegung durch den Ständigen Internationalen Gerichtshof zur Problematik, wo eine der authentischen Interpretationen eines völkerrechtlichen Abkommens eine breitere Bedeutung hat als die andere; nach Auffassung des Internationalen Gerichtshofs sind beide Versionen bzw. Interpretationen in solcher Weise in Einklang zu bringen, dass man die Divergenzen dadurch eliminiert, dass man eine weiter gefasste Bedeutung bzw. Interpretation – hier: (bezogen auf Art. 2 CMR) die englische – in der Weise zulässt, in welcher die engere – hier: (bezogen auf Art. 2 CMR) die

---

171 Das Protokoll der 2. Sitzung, die in der Zeit vom 12.–19.5.1956 stattfand, datiert vom 6.6.1956.
172 TRANS/168, TRANS/WP.9/35, § 19.
173 WP/TRANS/210, Anh. 1 u. 2.
174 Vgl. Rdn. 3; *Herber*, TranspR 1994, 375, 378.
175 Die Materialien zur Ausarbeitung des Art. 2 CMR, die vor allem die amtl. Drucksachen der ECE umfassen, geben Aufschluss über die Entstehungsgeschichte; die Materialien sind sowohl beim Römischen Institut für die Vereinheitlichung des Privatrechts (UNIDROIT) als auch beim Bundesministerium der Justiz vorhanden und einsehbar; vgl. *Herber*, TranspR 1994, 375, 378 u. *Herber*, Seehandelsrecht, S. 365 f.
176 IRU-Heft Nr. 24, S. 6 ff. u. ETR 1990, 172 ff.
177 TranspR 1994, 375, 378 f. u. *Herber*, Seehandelsrecht, S. 365 f., unter Hinweis auf zwei Dokumente in den Materialien, nämlich: den im Auftrag der ECE von *Hostie*, dem Vertreter von UNIDROIT, zur Entstehungsgeschichte und Bedeutung von Art. 2 CMR verfassten Bericht; ferner den Bericht der ECE-Arbeitsgruppe über die Sitzung vom 12.2.1958, in welcher die britischen Revisionswünsche im Hinblick auf eine inhaltliche Änderung des Art. 2 CMR behandelt und abgelehnt wurden.
178 TranspR 1994, 375, 379, u. *Herber*, Seehandelsrecht, S. 365 f.
179 IRU-Heft Nr. 24, S. 7; ETR 1990, 172.

französische – enthalten ist.[180] *Czapski*[181] verweist ferner in diesem Zusammenhang auf die Wiener Vertragsrechtskonvention (WKV) vom 23.5.1968 und die dortige Auslegungsregel bei Verträgen mit zwei oder mehr authentischen Sprachen; danach wird „diejenige Bedeutung zugrunde gelegt, die unter Berücksichtigung von Ziel und Zweck des Vertrages die Wortlaute am besten miteinander in Einklang bringt".[182]

Demnach spricht die Entstehungsgeschichte für die englische Interpretation des Art. 2 CMR, was bisher in der Kommentarliteratur noch zu wenig berücksichtigt wurde.[183]

Fazit: Angesichts der Entstehungsgeschichte dürfte es vertretbar und sachgerecht sein, Art. 2 Abs. 1 S. 2 CMR entsprechend dem englischen Text[184] dahin auszulegen, dass die Haftung des Rechts des Trägertransportmittels (Huckepackrecht) dann auf die Haftung des CMR-Frachtführers anzuwenden ist, wenn das Huckepackrecht auf Internationalen Übereinkommen oder nationalem Gesetz beruht, ohne dass dieses zwingenden Charakter haben müsste.[185] Von einem solchen Verständnis des englischen Terminus[186] gehen die englischen Gerichte[187] und Autoren aus. Gleicher Auffassung ist der Holländische Oberste Gerichtshof;[188] danach entspreche der englische Wortlaut des Art. 2 Abs. 1 S. 2 CMR eher dem Zweck der Bestimmung. Das Haftungsprivileg des Art. 2 Abs. 1 S. 2 CMR zugunsten des CMR-Frachtführers sei auch dann anzuwenden, wenn ein Konnossement nicht ausgestellt ist oder ausgestellt worden wäre; dies soll selbst dann gelten, wenn der Lkw als Deckladung befördert worden ist und befördert werden durfte, so dass selbst bei Ausstellung eines Konnossements eine zwingende Haftung

---

180 *Czapski*, IRU-Heft, Nr. 24, S. 7, Fn. 9. unter Bezug auf eine Entscheidung des Ständigen Internationalen Gerichtshofs vom 5.12.1967, Serie A Nr. 2, S. 9f. ([„public control" und „controle public"], welche in den engl. u. franz. Texten von Art. 11, § 1 des Mandats für Palästina enthalten sind).
181 IRU-Heft, Nr. 24, S. 7, Fn. 8.
182 Die Wiener Konvention über das Recht der Verträge vom 23.5.1969, BGBl. 1985 II, S. 926; das Übereinkommen ist am 27.1.1980 in Kraft getreten, allerdings erst im Jahr 1987 durch die Bundesrepublik Deutschland ratifiziert; vgl. Bek. v. 26.11.1987, BGBl. 1987 II, S. 757. Die detaillierten Auslegungsregeln der Artt. 31 ff. WKV kodifizieren bereits zum Zeitpunkt des Inkrafttretens der CMR bzw. der CIM und des WA bestehendes allgemeines Völkergewohnheitsrecht. Deshalb können sie auch zur Auslegung völkerrechtlicher Verträge herangezogen werden, die – wie die CMR – vor dem Inkrafttreten des WVK abgeschlossen wurden; vgl. *Eickelberg*, Lückenfüllung im Einheitstransportrecht, S. 170f. m.w.N.
183 Vgl. *Bahnsen*, in: EBJS, Art. 2 CMR Rdn. 20; *Koller*, Art. 2 CMR Rdn. 8; MünchKommHGB/*Jesser-Huß*, Art. 2 CMR Rdn. 17f.; *Ramming*, Hamburger Handbuch, Rdn. 74.
184 Vgl. Art. 51, Abs. 3 CMR.
185 Vgl. die in folgenden Fn. zitierte Rspr. u. Lit.
186 Vgl. MünchKommHGB/*Jesser-Huß*, Art. 2 CMR Rdn. 18, wonach „conditions prescribed by law" nach engl. Rechtsverständnis i.S.v. zwingenden Vorschriften zu verstehen sind; vgl. dazu auch *Hill/Messent*, S. 25; *Clarke*, S. 86, Fn. 95.
187 Vgl. Queen's Bench Division vom 22.9.1980 „Thermo Engineers v. Ferrymasters Lloyd's", LR 1981, 200 ff.; *Clarke*, CMR, S. 83 ff.
188 Urteil des Hoge Raad vom 29.6.1960, TranspR 1991, 132 ff.

Art. 2 Geltungsbereich

nicht bestanden hätte. Gleicher Auffassung sind im Endergebnis *Czapski*,[189] *Herber*,[190] ferner *Bombeeck/Hamer/Verhaegen*[191] und der Verfasser (vgl. Rdn. 138).

Der BGH hat sich nunmehr unter eingehender Würdigung der Entstehungsgeschichte des Art. 2 CMR den o. g. Autoren und der Auffassung des Hoge Raad NL (Fn. 188) i.S.d. englischen Interpretation (Rdn. 92f.) angeschlossen (www.bundesgerichtshof.de vom 15.12.2011 – I ZR 12/11, TranspR 2012, 330 – dazu unten Rdn. 133b).

Die Instanzgerichte[192] und das einschlägige Schrifttum[193] waren zum Teil gegensätzlicher Auffassung. Zur Rechtslage in den einzelnen Vertragsstaaten wird auf die Länderberichte verwiesen.

Anzuwenden sind daher die gesetzlichen Bestimmungen, „wenn ein lediglich das Gut betreffender Beförderungsvertrag zwischen dem Absender und dem Huckepack-Beförderer ... geschlossen worden wäre" (arg. Art. 2 Abs. 1 S. 2 CMR). Es handelt sich hier um einen fiktiven Beförderungsvertrag, bei dem die vertragliche Haftung des Huckepack-Beförderers den Bestimmungen der Haager Regeln, der ER/CIM, dem WA bzw. MU oder den nationalen Rechten unterworfen ist.[194] Dies gilt unabhängig davon, ob die Haftung nach dem für das Träger-

---

[189] IRU-Heft, Nr. 24, S. 9 u. ETR 1990, 172, 179f.; a.A. *Ramberg*, in: Theunis, International Carriage of Goods by Road, S. 29; zweifelnd MünchKommHGB/*Jesser-Huß*, Art. 2 CMR Rdn. 18.

[190] TranspR 1994, S. 377, 380f.; *Herber*, Seehandelsrecht, S. 365f.; *Herber/Piper*, Art. 2 CMR Rdn. 22; a.A. *Ramberg*, in: Theunis, a.a.O.; zweifelnd: MünchKommHGB/*Jesser-Huß*, Art. 2 CMR Rdn. 18.

[191] ETR 1990, 110, 147f.

[192] Für die strikte Anwendung der französischen Interpretation („zwingende Bestimmungen"), daher für die Unanwendbarkeit der Haager- (bzw. Visby-)Regeln sind: OLG München vom 23.12.2010 – 23 U 2468/10, TranspR 2011/154, ferner OLG Hamburg vom 15.9.1983, TranspR 1983, 157 und OLG Celle vom 4.7.1986 – 2 U 187/85, TranspR 1987, 275 (vgl. dazu Rdn. 123).
Anderer Auff. (für Anwendung der Haager bzw. Visby-Regeln i.R.d. Art. 2 Abs. 1 S. 2 CMR) neuerdings: OLG Hamburg vom 14.4.2011 – 6 U 47/10, TranspR 2011, 228 mit zust. Anm. *Herber*; OLG Düsseldorf vom 12.1.2011 – I-18 U 87/10, TranspR 2011, 150 (mit hypothetischen Erwägungen, ob wohl ein Konnossement für den fiktiven [„as if"-] Trägerbeförderungsvertrag ausgestellt worden wäre).
Das OLG Hamburg setzt sich eingehend mit den Begründungen der OLG München und OLG Düsseldorf (a.a.O.) auseinander und folgt im Ergebnis der Grundsatzentscheidung des Hoge Raad der Niederlande (TranspR 1991, 132 [vgl. unten Rdn. 134]).

[193] Für die Anwendung der Haager- bzw. Visby-Regeln im Rahmen des Art. 2 Abs. 1 S. 2 CMR ist die neuere, im Vordringen befindliche Literatur, vgl. oben, Rdn. 90ff.; *Herber*, TranspR 1994, 375, 380ff. und TranspR 2011, 232, 233; *Bahnsen*, in: EBJS, Art. 2 CMR Rdn. 20; neuerdings *Ramming*, Hamburger Handbuch, Rdn. 74. Anderer Auff. *Koller*, Art. 2 CMR Rdn. 8; MünchKommHGB/*Jesser-Huß*, Art. 2 CMR Rdn. 17ff. Zum Streitstand vgl. unten Rdn. 122f.

[194] Vgl. den o.g. Bericht von *Hostie*, zit. bei *Herber*, TranspR 1994, 375, 379 u. *Herber*, Seehandelsrecht, S. 365f. Maßgebend ist, dass Freizeichnungsklauseln die Haftung des Huckepackbeförderers nicht reduzieren dürfen; ähnlich *Loewe*, ETR 1976, 503, 523f. (Nr. 56); es bestünde dann die Gefahr, dass der Frachtführer mit dem Beförderer des anderen Verkehrsmittels zu Lasten des am Gut Berechtigten diesen schädigende Haftungsbefreiungen oder Haftungsbegrenzungen vereinbart.

transportmittel maßgebenden Recht dem Haftungsgrunde wie der Haftungshöhe nach stärker oder schwächer ausgestaltet ist.[195]

Jedoch dürfen im Rahmen des Haftungsprivilegs nach Art. 2 Abs. 1 S. 2 keine von den gesetzlichen Bestimmungen abweichenden Parteiabreden, insbesondere keine AGB berücksichtigt werden.[196]

Im Rahmen des fiktiven („as if"-)Beförderungsvertrages zwischen Absender und Huckepack-Beförderer kommt es nicht darauf an, ob ein Konnossement ausgestellt wurde oder ausgestellt werden musste; unerheblich ist auch, ob das Straßenfahrzeug tatsächlich auf Deck verladen wurde oder ob dies mit Einverständnis des Straßenbeförderers geschah. Denn der hypothetische Vertrag des Absenders ist auf einen Transport unter Deck gerichtet, über den ein Konnossement ausgestellt wird, der folglich den zwingenden Haager- bzw. der Visby-Regeln unterliegt, wenn deren objektive Anwendungsvoraussetzungen erfüllt sind.[197]

d) Die (noch?) herrschende Meinung (franz. Fassung)

Dem gegenüber orientiert sich die (noch?) h.M. an der französischen Textfassung.[198]   96

Demzufolge haftet der CMR-Frachtführer – nur dann! – nach dem Recht des Trägerbeförderungsmittels, wenn

(1) für den betreffenden Gütertransport zwischen dem Absender und dem Trägerbeförderer ein (fiktiver) Frachtvertrag nach Maßgabe zwingenden Rechts des Trägerbeförderungsmittels bestehen[199] würde, und

---

195 *Herber/Piper*, Art. 2 CMR Rdn. 23.
196 Vgl. dazu *Herber*, a.a.O.; unzutreffend daher LG Köln vom 28.5.1985 – 83.0.84/84, VersR 1985, 985ff., u. Queen's Bench a.a.O.; Lloyd's LR 1981, 200ff.
197 MünchKommHGB/*Jesser-Huß*, Art. 2 CMR Rdn. 20f. u. Staub/*Helm*, Art. 2 CMR Rdn. 20f. zum Streitstand; denn nach §§ 662, 642 HGB und Art. 1 lit. b), Art. 3 §§ 3, 8, Art. 6 der Haager Regeln, gilt Seerecht nur dann zwingend, wenn ein Konnossement ausgestellt ist; vgl. dazu unten Rdn. 125ff.
198 Eingehend dazu *Bombeeck/Hamer/Verhaegen*, ETR 1990, 110, 129ff.; aus den Quellen: Denkschrift, S. 35; *Loewe*, ETR 1976, 503, 523f. Aus der Rspr.: OLG München vom 23.12.2010 – 23 U 2468/10, TranspR 2011, 154 (vgl. Rdn. 132); OLG Hamburg vom 15.9.1983 – 6 U 59/82, TranspR 1983, 157, 158 = VersR 1984, 534; OLG Celle vom 4.7.1986 – 2 U 187/85, TranspR 1987, 275. Ausl. Rspr.: Antwerpen, ETR 1989, 574; Paris, ETR 1990, 215; Cour Cass., ETR 1989, 49 u. 1990, 220; Amsterdam, ETR 1990, 251. Aus der deutschsprachigen Lit.: *Csoklich*, S. 223f.; *Dubischar*, S. 159; *Gass*, in: EBJ, HGB, 1. Aufl., Art. 2 CMR Rdn. 10; *Glöckner*, Art. 2 CMR Rdn. 5; *Heuer*, S. 175; *Jesser*, S. 26; *Koller*, Art. 2 CMR Rdn. 8; *Meyer-Rehfueß*, TranspR 1994, 326, 337; MünchKommHGB/*Jesser-Huß*, Art. 2 CMR Rdn. 17f. m.w.N.; Precht/*Endrigkeit*, Art. 2 CMR, Anm. 11; Staub/*Helm*, Art. 2 CMR Rdn. 29; *Thume*, in: Fremuth/Thume, Art. 2 CMR Rdn. 14; a.A. *Herber* u. *Czapski*, dazu eingehend Rdn. 92. Aus der ausl. Lit.: *Lamy*, I Nr. 508; *Putzeys*, S. 98; *Theunis*, TranspR 1990, 263, 270; kritisch: *Czapski*, ETR 1990, 172, 176; *Putzeys*, BullT 1992, 87, 88; ablehnend: NL Hoge Raad = Oberster Gerichtshof der NL, TranspR 1991, 134; für Dänemark: *Mikkelsen*, ETR 1995, 419, 424 m.w.N.
199 Vgl. oben Rdn. 39.

Art. 2 Geltungsbereich

(2) der Güterschaden oder der Lieferfristüberschreitungsschaden nicht durch eine Handlung oder Unterlassung des Straßenfrachtführers entstanden ist,[200]
(3) sondern durch ein Ereignis verursacht worden ist, das nur[201] während und wegen der Beförderung durch das Trägerbeförderungsmittel eingetreten sein kann und
(4) auch tatsächlich eingetreten ist.

Liegen alle diese vier Voraussetzungen nicht kumulativ vor, verbleibt es bei der Haftung nach Maßgabe der CMR.[202]

e) Welches (zwingende) Teilstreckenrecht?

97 Fraglich ist, ob – unter Zugrundelegung der von der (noch?) h.M. vertretenen franz. Interpretation – das für das Trägerbeförderungsmittel geltende Haftungsregime beiderseits[203] oder nur einseitig zugunsten des Absenders (hier des CMR-Frachtführers) zwingend ausgestaltet sein muss.[204]

Es sollte im Anwendungsbereich des Art. 2 Abs. 1 S. 2 CMR ausreichen, wenn das Teilstreckenrecht des Trägerbeförderungsmittels nur zum Schutz des Absenders zwingend wirkt; denn aus der Anordnung einseitig zwingender Wirkung ergibt sich, dass der Gesetzgeber eine bindende Ordnung aufstellen wollte, die eine nach seiner Auff. ausgewogene Verteilung der Risiken des Transports mit dem Trägerbeförderungsmittel darstellt.[205] Denn nach *Loewe* bezweckt das Merkmal der zwingenden Haftung (des Träger-)Beförderers den Schutz des Absenders, nämlich zu verhindern, dass der CMR-Frachtführer und der Trägerbeförderer zu Lasten des Absenders nachteilige Haftungsbefreiungen oder Haftungsbegrenzungen vereinbaren könnten.[206]

Deshalb wird im Anwendungsbereich des Art. 2 Abs. 1 S. 2 CMR abstrakt geprüft, ob der fiktive („as if"-)Vertrag zwischen dem Huckepack-Beförderer und dem Auftraggeber-Absender des CMR-Frachtführers einer internationalen Konvention unterworfen wäre, die als solche nicht abdingbar ist.[207] Wirkt dieses Abkommen zwingend,[208] ist das Haftungsregime dieses Übereinkommens ohne

---

200 Vgl. oben Rdn. 40.
201 Vgl. oben Rdn. 41 f.
202 Arg. Art. 2 Abs. 1 S. 3 CMR.
203 So OLG München vom 23.12.2010 – 23 U 2468/10, TranspR 2011, 158.
204 So aber ausdrücklich OLG Hamburg vom 14.4.2011 – 6 U 47/10, TranspR 2011, 228 mit zust. Anm. *Herber* (während OLG Hamburg vom 15.9.1983 – 6 U 59/82, TranspR 1983, 157, diese Frage noch offenlässt), ebenso OLG Düsseldorf vom 12.1.2011 – I-18 U 87/10, TranspR 2011, 150.
205 So NL Hoge Raad = Oberster Gerichtshof der Niederlande vom 29.6.1990, Nr. 13672, TranspR 1991, 132 = ETR 1990, 589; *Herber/Piper*, Art. 2 CMR Rdn. 21 f.; MünchKommHGB/*Jesser-Huß*, Art. 2 CMR Rdn. 17; Staub/*Helm*, Art. 2 CMR Rdn. 29; unklar: *Koller*, Art. 2 CMR Rdn. 8.
206 *Loewe*, ETR 1976, 503, 524; *Ramming*, Hamburger Handbuch, Rdn. 74.
207 *Theunis*, TranspR 1990, 263, 270 ff.; NL Hoge Raad, a.a.O., TranspR 1991, 132, 134; *Hill/Messent*, CMR S. 54; *Putzeys*, BullT 1992, 87, 88; a.A. *Gent*, ETR 1991, 377.
208 Z.B. ER/CIM, WA, MÜ.

Rücksicht darauf anzuwenden, wie der reale Teilstreckenvertrag zwischen Huckepack-Beförderer und CMR-Frachtführer im konkreten Fall ausgestaltet ist.

Fazit: Aus dem Blickwinkel der in der BRD (noch?) h.M. in Rspr. und Lit. angewendeten franz. Interpretation kommt daher im Rahmen des Art. 2 Abs. 1 S. 2 CMR nur solches (fiktives) Teilstreckenrecht in Betracht, das **98**

(1) entweder als nationales oder
(2) als in innerstaatliches Recht transportiertes internationales Übereinkommen

(zumindest einseitig) zwingende[209] Geltungskraft besitzt.[210]

Zur besonderen Problematik bei der Ermittlung (fiktiven) Teilstreckenrechts im Rahmen der Seebeförderung (vgl. Rdn. 125 ff.). **99**

V. Huckepack-(Ro/Ro-)Fallgestaltungen

1. Ro/Ro-Verkehr Lkw/Binnenschiff

a) Nationaler (Teilstrecken-)Binnenschiffsverkehr

Für die Beförderung mit Binnenschiffen gilt bei Anwendung deutschen Rechts[211] für Sachverhalte ab dem 1.7.1998[212] das Frachtrechtsregime der §§ 407 ff. HGB n.F.;[213] d.h. es sind die der CMR (die als Vorbild diente) nachgebildeten Haftungsregeln der §§ 425 ff. HGB anwendbar. Danach wird für jedes Kilogramm **100**

---

209 Rdn. 95, 96, 97 m.w.N.
210 Aus den Quellen: *Loewe*, ETR 1976, 502, 509, 523.
    Ausländische Rspr.: NL Hoge Raad vom 29.6.1990, Nr. 13672, TranspR 1991, 132 = ETR 1990, 589.
    Deutsche Rspr. grundlegend (dem Hoge Raad [Rdn. 134] folgend): BGH, TranspR 2012, 330 – vgl. Rdn. 95, 133b. OLG Hamburg vom 14.4.2011 – 6 U 47/10, TranspR 2011, 228 mit zust. Anm. *Herber*; ferner OLG Düsseldorf vom 12.1.2011 – I-18 U 87/10, TranspR 2011, 158. Anderer Auff. OLG München vom 23.12.2010 – 23 U 2468/10, TranspR 2011, 158.
    Aus der ält. Rspr.: OLG Hamburg vom 15.9.1983 – 6 U 59/82, TranspR 1983, 157 (nur, wenn i.R.d. fiktiven Trägerbeförderungsvertrages ein Konnossement ausgestellt worden wäre, zwingende seerechtliche Haftung gem. Art. 2 Abs. 1 S. 2 CMR gegeben); a.A. OLG Celle vom 4.7.1986 – 2 U 187/84, TranspR 1987, 275, 276; da bei Seebeförderung nicht notwendigerweise ein Konnossement ausgestellt werden muß, besteht keine absolut zwingende seerechtliche Haftung, daher Haftung nach Art. 2 Abs. 1 S. 1, 3 CMR.
    Aus der neueren Lit. (zustimmend) eingehend zur Problematik *Fremuth* oben/unten Rdn. 90 ff., 125 ff., 138; *Herber*, TranspR 1994, 375, 380 ff. u. TranspR 2011, 232, 233 u. SeehandelsR, S. 365 (ausreichend für Art. 2 CMR ist jedes dispositive nationale oder internationale Gesetzesrecht), ferner *Herber/Piper*, Art. 2 CMR Rdn. 22 f.; *Bahnsen*, in: EBJS, Art. 2 CMR Rdn. 20; *Ramming*, Hamburger Handbuch, Rdn. 74; a.A. (ablehnend) *Koller*, Art. 2 CMR Rdn. 8; MünchKommHGB/*Jesser-Huß*, Art. 2 CMR Rdn. 17 ff. (jeweils m.w.N.).
211 Artt. 27, 28 Abs. 4 EGBGB.
212 Vgl. Art. 12 Abs. 2 Transportrechtsreformgesetz (TRG) vom 25.6.1998 (BGBl. 1998 I, S. 1588); *Fremuth*, in: Fremuth/Thume, Vor § 407 HGB Rdn. 23.

Art. 2 Geltungsbereich

des Rohgewichts der verlorenen oder beschädigten Sendung bis zu 8,33 Rechnungseinheiten (§ 431 Abs. 1 HGB), für Lieferfristüberschreitungen bis zum dreifachen Betrag der Fracht (§ 431 Abs. 3 HGB) gehaftet.

Diese Haftungsregeln sind zugunsten des Absenders einseitig zwingend.[214]

Diese zugunsten des Absenders in § 449 Abs. 1, Abs. 2 S. 1 HGB verankerte einseitig zwingende Wirkung der Haftungsregeln nach Maßgabe der §§ 425 ff. HGB erfüllt die Voraussetzungen nach Art. 2 Abs. 1 S. 2 CMR für das fiktiv zu ermittelnde zwingende Teilstreckenrecht.[215]

Daraus ergibt sich:

101 Soweit das gesetzliche Leitbild der Frachtführerhaftung des Trägerbeförderungsmittels Binnenschiff nicht abweichend geregelt wird, haftet der CMR-Straßenfrachtführer für Güter- und Verspätungsschäden, die „nur während und wegen der Beförderung" auf der Binnenschifffahrtstrecke eingetreten sein können und sind, nach Art. 2 Abs. 1 S. 2 CMR i. V. m. §§ 425 ff. HGB.

102 Wird jedoch die einseitig zwingende Haftung des Trägerbeförderungsmittels Binnenschiff vertraglich abweichend geregelt, fehlt eine zwingende Teilstreckenregelung i. S. d. Art. 2 Abs. 1 CMR mit der Folge, dass nach Art. 2 Abs. 1 S. 3 CMR auch für die Teilstrecke Binnenschifffahrt generell nach Maßgabe der CMR gehaftet wird.

b) Internationaler (Teilstrecken-)Binnenschiffstransport (CMNI)

103 Das Budapester Übereinkommen betr. den Vertrag über die Güterbeförderung in der Binnenschifffahrt (CMNI)[216] gilt für alle Transporte auf Binnenschiffen, nach denen der Ladehafen oder Übernahmeort und der Löschhafen oder Ablieferungsort in zwei verschiedenen Staaten liegen, von denen mindestens einer Vertragspartei dieses Übereinkommens ist (Art. 2).

---

213 Arg. § 407 Abs. 3 Nr. 1 HGB i. V. m. § 26 BinSchG; *Fremuth*, in: Fremuth/Thume, § 407 HGB Rdn. 7 f.

214 Vgl. dazu oben Rdn. 95 ff., 98. Das Haftungsregime der §§ 425 ff. HGB ist gegenüber dem Verbraucher-Absender grundsätzlich (§ 449 Abs. 1 HGB), dem gewerblichen Absender gegenüber zum Haftungsgrund einseitig zwingend (§ 449 Abs. 2 S. 1 HGB) insofern, als Abweichungen zum Haftungsgrund nur durch Individualabrede zulässig sind. Dagegen kann im gewerblichen Verkehr der Haftungsumfang durch AGB gegenüber der gesetzlichen Leitbildfunktion innerhalb eines Korridors von 2 bis 40 Rechnungseinheiten abweichend geregelt werden (arg. § 449 Abs. 2 S. 2 HGB).

215 Rdn. 97 f.; vgl. *Bahnsen*, in: EBJS, Art. 2 CMR Rdn. 28; *Ramming*, Hamburger Handbuch, Rdn. 74.

216 Angenommen von der gemeinsam von der ZKR, der Donaukommission und der UN/ECE einberufenen diplomatischen Konferenz; die BRD hat das Übereinkommen am 14.12.2006 ratifiziert; BGBl. II, S. 298 ff. Das CMNI ist bei *Koller* und im MünchKommHGB, Bd. 7, kommentiert.

Das CMNI enthält beiderseits zwingende (Art. 25) Haftungsbestimmungen für **104** Güter- u. Verspätungsschäden (Art. 16).[217] Der Haftungshöchstbetrag beträgt bei Güterschäden zwei Rechnungseinheiten (RE) pro Kilogramm verlorener/beschädigter Güter, maximal aber 666,67 RE für jede Packung oder Ladungseinheit; für Verspätungsschäden nur bis zum einfachen Betrag der Fracht. Damit liegt bei der CMNI eine zwingende Teilstreckenregelung i.S.d. Art. 2 Abs. 1 S. 2 CMR vor.[218]

Damit gilt für den grenzüberschreitenden Ro/Ro-Verkehr auf dem Rhein für den **105** praktisch bedeutsamen Streckenabschnitt Mannheim/Rotterdam/Mannheim das Haftungsregime des CMNI.

2. Lufttransport

a) Innerstaatlicher (Teilstrecken-)Lufttransport

Hier gelten die Ausführungen zum nationalen Binnenschiffsverkehr entspre- **106** chend,[219] d.h. §§ 407ff. HGB (arg. § 407 Abs. 3 Nr. 1).

Diese Fallgestaltung ist ohne praktische Bedeutung, denn die zivile Luftfahrt ver- **107** fügt in der Regel nicht über (den militärischen Truppentransportern vergleichbare) Luftfahrzeuge, die beladene Lkws/Anhänger aufnehmen können. Außerdem würden die auf Kilogramm-Basis berechneten Frachtraten im Falle eines Huckepack-Verkehrs unerschwinglich werden.

b) Internationaler (Teilstrecken-)Lufttransport

(1) Warschauer Abkommen 1955 (WA)

Eine dem Art. 2 CMR entsprechende Bestimmung im Warschauer Abkommen **108** (WA 1955) fehlt.[220]

Es gibt in Art. 31 WA lediglich Regelungen für den gemischten Verkehr, der je- **109** doch den Einsatz von zwei verschiedenen Transportmitteln jeweils einzeln voraussetzt. „Bei gemischten Beförderungen, die zum Teil durch Luftfahrzeuge, zum Teil durch andere Verkehrsmittel ausgeführt werden, gelten die Bestimmungen dieses Abkommens (WA) nur für die Luftbeförderung." Dem entspricht

---

217 Nach Art. 25 CMNI ist jede Abrede über evtl. Haftungsausschluss (bzw. -beschränkung) und Beweislastverschiebung nichtig.
218 Der Text des CMNI ist in der Homepage der Deutschen Gesellschaft für Transportrecht unter www.transportrecht.org abzurufen.
219 Vgl. oben Rdn. 100f. Das WA ist kommentiert bei *Fremuth/Thume*, TranspR, und bei *Koller*.
220 Abkommen zur Vereinheitlichung von Regeln über die Beförderung im Internationalen Luftverkehr (Warschauer Abkommen i.d.F. des Haager Protokolls), abgeschlossen in Warschau am 12.10.1929 (RGBl. 1933 I, S. 1039), modifiziert in Den Haag am 28.9.1975 (BGBl. 1958 II, S. 291).

Art. 2 Geltungsbereich

Art. 18 Abs. 3 WA: „Der Zeitraum der Luftbeförderung umfasst keine Beförderung zu Lande, zur See oder auf Binnengewässern außerhalb eines Flughafens."[221] Die Haftung des Luftfrachtführers für Güterschäden (Art. 18 WA) und Lieferfristschäden (Art. 19 WA) ist zwingend; nach Art. 23 WA ist jede Bestimmung des Luftbeförderungsvertrages, durch welche die Haftung des Luftfrachtführers ganz oder teilweise ausgeschlossen oder die im WA bestimmte Haftsumme herabgesetzt werden soll, nichtig.[222]

Damit liegt beim WA eine zwingende Teilstreckenregelung i.S.d. Art. 2 Abs. 1 S. 2 CMR vor.[223]

(2) Montrealer Übereinkommen 1999 (MÜ)[224]

110 Gemäß Art. 55 MÜ geht das Montrealer Abkommen[225] dem Warschauer Abkommen vor.[226]

Nach Art. 18 MÜ haftet der Luftfrachtführer für Güter-, nach Art. 19 MÜ für Verspätungsschäden nach Maßgabe der in Art. 22 MÜ festgelegten Haftungshöchstbeträge; demnach wird für Güter- oder Verspätungsschäden bis zu einem Betrag von 17 Sonderziehungsrechten (SZR) pro Kilogramm des Gesamtgewichts der unmittelbar betroffenen Frachtstücke (Art. 22 Abs. 4 S. 1 MÜ)[227] gehaftet. Die Haftung des Luftfrachtführers ist zwingend. Denn nach Art. 26 MÜ ist jede Bestimmung des Beförderungsvertrages, durch welches die Haftung des Luftfrachtführers ausgeschlossen oder der in diesem Übereinkommen festgesetzte Haftungshöchstbetrag herabgesetzt werden soll, nichtig.

Damit enthält das MÜ eine zwingende Teilstreckenrechtsregelung i.S.d. Art. 2 Abs. 1 S. 2 CMR.[228]

3. Huckepack-Verkehr Lkw/Bahn

a) Vertragliche Beziehungen

111 Direkte vertragliche Beziehungen zwischen dem CMR-Frachtführer und der Eisenbahn (nunmehr nach der Bahnreform die Railion Deutschland AG) fehlen.

---

221 *Müller-Rostin*, in: Fremuth/Thume, Art. 31 WA Rdn. 1ff., Art. 18 WA Rdn. 10ff.; vgl. dazu *Ruhwedel*, S. 35ff.; *Giemulla/Schmid*, Art. 18 WA Rdn. 22ff.
222 Vgl. *Müller-Rostin*, in: Fremuth/Thume, Art. 23 WA Rdn. 1ff.
223 Vgl. Rdn. 95ff.
224 In Kraft für die BRD durch das Montreal-Übereinkommen-Durchführungsgesetz-MontÜG vom 6.4.2004 (BGBl. I, S. 550, 1027) geänd. durch Gesetz vom 19.4.2005 (BGBl. I, S. 1070).
225 Abgedruckt und kommentiert bei *Koller* u. im MünchKommHGB, Bd. 7.
226 Das gilt sowohl für die Fassung vom 12.10.1929 (Warschauer Abkommen) als auch für die Fassung vom 28.9.1955 (Haager Protokoll).
227 Vgl. die Erläuterungen bei *Koller*, zu Artt. 18, 19, 22, 26 MÜ.
228 Vgl. oben Rdn. 95f.

Zwischengeschaltet zwischen dem CMR-Frachtführer und der Eisenbahn ist die Firma Kombiverkehr Deutsche Gesellschaft für kombinierten Güterverkehr mbH und Co. Kommanditgesellschaft (Kombiverkehr).[229] Kombiverkehr ist eine vom Güterkraftverkehr, der Spedition und der früheren Deutschen Bundesbahn (DB) gegründete Verkaufsgesellschaft.

Die Beförderung von Gütern im Huckepack-Verkehr erfolgt aufgrund von drei voneinander unabhängigen Verträgen.[230]

(1) Der Absender schließt mit dem CMR-Frachtführer über die Gesamtstrecke einen Durchfrachtvertrag[231] ab; dieser bezweckt die grenzüberschreitende Beförderung mittels Straßenfahrzeugen; Beförderungspapier ist der CMR-Frachtbrief. **112**

(2) Für die Teilstrecke Eisenbahnbeförderung schließt der CMR-Frachtführer – jetzt in seiner Eigenschaft als Kombiteilnehmer und Absender – mit der Kombiverkehr bzw. im internationalen Eisenbahnverkehr mit einer UIRR-Gesellschaft[232] einen weiteren Vertrag über die Beförderung des beladenen Straßenfahrzeugs auf der Schiene i. S. d. Art. 2 Abs. 1 S. 1 CMR; Vertragsgrundlage sind die AGB-Kombiverkehr für Inlandsverkehre oder für internationale Verkehre, jeweils per Stand 1.1.2003; sie sind bei der Kombiverkehr erhältlich (vgl. Rdn. 111). Beförderungspapier ist im Inlandverkehr das vom CMR-Frachtführer und Kombiverkehr unterzeichnete Versandauftragsformular; es dient bis zum Beweis des Gegenteils als Nachweis für Abschluss und Inhalt des Speditionsvertrages sowie für die Übernahme der Ladeinheit in einem äußerlich für den Eisenbahntransport sicheren Zustand.[233] Im internationalen Huckepack-Verkehr beauftragt der CMR-Frachtführer die jeweilige „UIRR-Gesellschaft", das mit dem Gut beladene Straßenfahrzeug über eine Eisenbahnstrecke zu versenden.[234] Beförderungspapier ist das von beiden Vertragspartnern unterzeichnete Vertragsformular; es beweist (bis zum Beweis des Gegenteils) die Anerkennung der Übergabe der Ladeinheit (beladenes Straßenfahrzeug) an den Betreiber der Umschlagsanlage.[235] Zwischen dem Absender und der Kombiverkehr bzw. der UIRR-Gesellschaft kommen aufgrund verschiedenartig verwendeter Beförderungsdokumente keine unmittelbar frachtvertraglichen Beziehungen zustande; Artt. 34 ff. CMR sind nicht anwendbar.[236] **113**

---

229 Kombiverkehr Deutsche Gesellschaft für kombinierten Güterverkehr m.b.H. & Co.KG, Ludwig-Landmann-Straße 405, 60486 Frankfurt/Main.
230 *Baunack*, TranspR 1980, 109; *Finger*, § 2 EVO, S. 8 Anm. 7 c; *Freise*, TranspR 1986, 317, 322; *Goltermann-Konow*, Vorbem. 3 c bb vor § 53 EVO, S. 27.
231 Rdn. 15, 49 ff.
232 Zu den (int. Huckepack-)UIRR-Gesellschaften gehören: Die Deutsche Kombiverkehr, die Österr. Kombiverkehr Ö-Kombi u. Schweizer HUPAC. Die AGB-Int.-Verkehre sind erhältlich bei der Kombiverkehr (vgl. Rdn. 111).
233 Vgl. AGB-Kombiverkehr-Inlandverkehr § 3.
234 AGB-Kombiverkehr-Internationale Verkehre Nr. 1.1/1.3/1.5.
235 AGB-Kombiverkehr-Internationale Verkehre Nr. 3.3/3.5.
236 Rdn. 52.

Art. 2 Geltungsbereich

114 (3) Die Kombiverkehr bzw. UIRR-Gesellschaft erfüllt den von ihr als Spediteur-Frachtführer übernommenen Beförderungsauftrag durch Abschluss eines Frachtvertrages mit der Eisenbahn. Zum Inhalt dieses Frachtvertrages gehören – wenn die Deutsche Eisenbahn beauftragt wird – die Bestimmungen des zwischen der Kombiverkehr und der Railion Deutschland AG bestehenden Rahmenvertrages und der Allgemeinen Leistungsbedingungen (ALB) der Railion Deutschland AG.[237]

b) Obhutshaftung

115 Hinsichtlich der Obhutshaftung der Kombiverkehr (national) und der UIRR-Gesellschaft (international) ist zwischen nationalem und internationalem Huckepack-Verkehr zu unterscheiden.

aa) Nationaler Eisenbahnverkehr

116 Im Eisenbahn-Binnenverkehr haftet die Kombiverkehr dem CMR-Frachtführer für Güter- und Verspätungsschäden gemäß § 8 AGB-Inlandverkehre nach Maßgabe der §§ 425 ff. HGB, also für Güterschäden bis zu 8,33 Sonderziehungsrechte pro Kilogramm des Rohgewichts der beschädigten oder verlorenen Sendung, bei Lieferfristüberschreitung auf den dreifachen Betrag des Entgelts. Für Schadensanzeige und Verjährung gelten die §§ 438, 439 HGB.[238] Die Haftung für Güterschäden ist begrenzt auf 1 Million EUR je Schadensfall und 2 Millionen EUR je Schadensereignis oder auf zwei Sonderziehungsrechte für jedes Kilogramm der verlorenen und beschädigten Güter, je nachdem, welcher Betrag höher ist.

bb) Internationaler Eisenbahnverkehr

117 Im internationalen Huckepack-Verkehr gelten gegenüber den AGB-Inlandverkehre inhaltlich abweichende Geschäftsbedingungen, nämlich die allgemeinen Bedingungen für den Internationalen Huckepack-Verkehr (UIRR). Diese sind gemeinsam erarbeitet von den UIRR-Gesellschaften.[239]

118 Die UIRR-Gesellschaft übernimmt gegenüber dem Kunden (CMR-Frachtführer) die Haftung für Verlust oder Beschädigung der Ladeeinheit (Straßenfahrzeug) und des darin befindlichen Gutes sowie für Schäden infolge Lieferfristüberschreitung. Die Haftung UIRR-Gesellschaft beginnt am Versandtag mit der Übergabe der Ladeeinheit.[240]

---

237 Vgl. Allgemeine Leistungsbedingungen (ALB) der Railion Deutschland AG per Stand 1.1.2004, abgedruckt bei www.transportrecht.org.
238 Vgl. AGB-Inlandverkehre, §§ 9, 10.
239 Vgl. Rdn. 113 f.
240 AGB-Kombiverkehr-Internationale Verkehre Nr. 8.2.

Geltungsbereich **Art. 2**

Wenn festgestellt ist, dass der Verlust oder die Beschädigung zwischen Annahme und Auslieferung der Ladeeinheit durch die beteiligten Eisenbahnunternehmen eingetreten sind, finden auf die Haftung der UIRR-Gesellschaft die Bestimmungen des COTIF 1980 i.d.F. v. 3.6.1999 i.V. m. der ER/CIM 1999[241] Anwendung. Der Umfang der Obhutshaftung für Güterschäden liegt unverändert bei 17 Sonderziehungsrechten je betroffenes Kilogramm Bruttomasse (Art. 30 § 2 ER/CIM).[242] Die Haftungshöchstgrenze für Verspätungsschäden beträgt unverändert das Vierfache der Fracht.[243]

Außerhalb des eisenbahnrechtlichen Obhutszeitraums beträgt die Entschädigungspflicht der UIRR-Gesellschaft für Güterschäden 8,33 Sonderziehungsrechte je fehlendes oder beschädigtes Kilogramm Bruttogewicht.[244]

Am 1.7.2006 ist der COTIF 1999 in einer grundsätzlich überarbeiteten Fassung in Kraft getreten.[245]

Der Haftungsumfang der ER/CIM 1999 entspricht weitgehend der bisher geltenden Regelung; insbesondere: das Haftungslimit für Güterschäden liegt unverändert bei 17 Sonderziehungsrechten je betroffenes Kilogramm Bruttomasse (Art. 30 § 2 CIM). Neu und mit Art. 24 CMR vergleichbar ist die in Art. 34 ER/CIM 1999 vorgesehene Möglichkeit der Vereinbarung eines höheren Haftungslimits. Der vereinbarte Wert ersetzt die in Art. 30 § 2 ER/CIM 1999 vorgesehenen 17 Sonderziehungsrechte. Die Haftungshöchstgrenze für Verspätungsschäden beträgt nach wie vor das Vierfache der Fracht.

Die Verträge zwischen dem Straßen-Frachtführer über die Beförderung beladener Lkw im Kanaltunnel durch die franz. oder engl. Staatsbahn unterliegen (weil Schienenbeförderung) den ER/CIM, da diese Strecken in die Streckenliste des Int. Eisenbahnzentralamts aufgenommen worden sind. **119**

Dagegen unterliegen die von der privaten Betreibergesellschaft „Le Shuttle" ausgeführten Beförderungen nicht den ER/CIM, sondern der von dieser Betreibergesellschaft zugrunde gelegten AGB. Diese lehnen sich eng an die CMR an, enthalten jedoch eine Haftungsbeschränkung auf 70.000 SZR je Fahrzeug einschließlich Anhänger; bei einem Ladungsgewicht von mehr als 8,5 t verstößt

---

241 Einheitliche Rechtsvorschriften für den Vertrag über die internationale Eisenbahnbeförderung von Gütern (CIM), Anh. B zum Übereinkommen vom 9.5.1980 über den internationalen Eisenbahnverkehr – COTIF i.d.F. v. 3.6.1999, BGBl. 2002 II S. 2221.
242 AGB-Kombiverkehr-Internationale Verkehre Nr. 8.3 i.V. m. ER/CIM Art. 40 § 2 und Art. 42 §§ 1 ff.
243 ER/CIM Art. 43 § 1. Die ER/CIM 1999 sind kommentiert bei *Koller* und im Münch-KommHGB, Bd. 7.
244 AGB-Kombiverkehr-Internationale Verkehre Nr. 8.4.
245 Mitt. in TranspR 2006, 176; zu weiteren Einzelheiten: www.otif.org; ferner *Kunz*, Eisenbahnrecht, Loseblattsammlung, Stand: 2005, Signaturen D1 bis D1J. Einen instruktiven Überblick über den COTIF 1999 gibt *Kunz*, TranspR 2005, 329 ff.

Art. 2 Geltungsbereich

die Haftungsbeschränkung gegen Art. 23 Abs. 3 CMR und ist daher unwirksam.[246]

c) Fazit

120 Soweit die AGB Kombiverkehr-Inland (Rdn. 113f., 116f.) bzw. die AGB der UIRR-Gesellschaften (Rdn. 117f.) auf zwingendes Recht (§§ 425ff. HGB oder ER/CIM Artt. 40ff.) verweisen, ist im Rahmen des Art. 2 Abs. 1 S. 2 CMR von zwingendem, fiktivem Teilstreckenrecht auszugehen.[247]

d) Beweislast

121 Nach Art. 2 Abs. 1 S. 1 CMR verbleibt es grundsätzlich während der Eisenbahnbeförderung bei der Haftung des Straßenfrachtführers nach Maßgabe der CMR.

Eine Ausnahme, für die derjenige, der sich darauf beruft, beweispflichtig ist, gilt nur dann, wenn bewiesen wird, dass der Schaden „durch ein Ereignis verursacht worden ist, das nur während und wegen der Beförderung" durch die Eisenbahn eingetreten sein kann.[248] Dann tritt anstelle der CMR die Haftung nach dem Eisenbahnrecht[249] ein.

Misslingt aber dieser Beweis, weil beispielsweise nicht aufklärbar ist, ob sich der Diebstahl während des Lkw-Transportes oder während des Zeitraums ereignet hat, in welchem der Sattelauflieger mit der Eisenbahn befördert worden ist, verbleibt es bei der Haftung nach Maßgabe der CMR.[250]

Für die Beweisführung reichen allgemein gehaltene Erwägungen nicht aus. Es müssen konkrete Tatsachen vorgebracht[251] und der volle Beweis geführt werden.[252]

Allerdings kann aus der Art des Schadens unter Umständen auf einen typischen Eisenbahn-Transportschaden geschlossen werden. Beispiele: Rangieraufstöße haben etwa bestimmte Ladeverschiebungen zur Folge; oder das Schadensbild lässt eindeutig auf einen Schadenseintritt während des Eisenbahntransports schließen. Dann sind weitere Beweise nicht zu fordern. Ist beispielsweise das Gut im unbeschädigten Zustand bei der Bahn aufgeliefert worden und kommt es

---

246 Vgl Staub/*Helm*, Art. 2 CMR Rdn. 13, 21. Sowohl nach der engl. als auch nach der franz. Interpretation (Rdn. 90ff.) dürften die von der o. g. Betreibergesellschaft zugrunde gelegten AGB nicht die Erfordernisse des Haftungsprivilegs nach Art. 2 Abs. 1 S. 2 CMR erfüllen; zustimmend Staub/*Helm*, a.a.O., Rdn. 22.
247 Rdn. 90f., 97f.
248 Vgl. Rdn. 39ff.
249 §§ 425ff. HGB (national) und ER/CIM (international).
250 OLG Hamburg vom 18.10.1990 – 6 U 253/89, TranspR 1991, 70 = VersR 1991, 446.
251 RG vom 5.2.1921, EE 39, 38.
252 *Goltermann-Konow*, Vor § 82 EVO, S. 14ff.

beschädigt auf dem Empfangsbahnhof an, muss der Schaden während des Transports eingetreten sein.[253]

Zu den Beweislastfragen vgl. auch: Rdn. 39 ff. und 145 ff

4. Ro/Ro-Verkehr Lkw/Seeschiff

a) Das Problem

(1) Englische Interpretation des Art. 2 Abs. 1 S. 2 CMR

Nach der verbindlichen englischen[254] Fassung kommt das Haftungsprivileg des Art. 2 Abs. 1 S. 2 CMR zur Anwendung, wenn das Frachtrechtregime des Huckepack-Beförderers auf internationalem Übereinkommen oder nationalem Gesetz beruht, ohne dass dieses zwingenden Charakter haben müsste.[255] **122**

Dementsprechend wendet die englische Rspr.[256] und Literatur[257] zum Haftungsprivileg des Art. 2 Abs. 1 S. 2 CMR die englische Interpretation an. Dem folgt der Holländische Oberste Gerichtshof.[258] Danach ist das Haftungsprivileg des Art. 2 Abs. 1 S. 2 CMR zugunsten des Straßenfrachtführers auch dann anzuwenden, wenn ein Konnossement nicht ausgestellt worden ist oder ausgestellt worden wäre; dies soll selbst dann gelten, wenn der Lkw als Deckladung befördert worden ist und befördert werden durfte, so dass selbst bei Ausstellung eines Konnossements eine zwingende Haftung nicht bestanden hätte.[259] Dieser Auffassung folgen neuerdings das OLG Hamburg[260] und das OLG Düsseldorf,[261] ferner ein Teil der neueren Literatur[262]; gleicher Auffassung ist neuerdings der BGH (vgl. Urt. v. 15.12.2011 – I ZR 12/11, TranspR 2012, 330; vgl. Rdn. 95, 133b).

(2) Französische Interpretation des Art. 2 Abs. 1 S. 2 CMR

Teilweise wird in der BRD in der Rspr.[263] und der Literatur[264] noch die franz. Interpretation des Art. 2 Abs. 1 S. 2 CMR vertreten. Sie haben sich für das Erfor- **123**

---

253 *Goltermann-Konow*, Vor § 82 EVO, S. 22; im Übrigen wird auf Rdn. 39 f. verwiesen.
254 Nach Art. 51 Abs. 3 CMR sind der engl. und franz. Wortlaut gleichermaßen verbindlich, vgl. oben Rdn. 90 f.
255 Vgl. oben Rdn. 95 m.w.N.
256 Queen's Bench Division vom 22.9.1980 „Thermo Engineers v. Ferrymasters Lloyd's", LR 1981, 200 ff.; vgl. auch beim engl. Länderbericht.
257 *Clarke*, CMR, S. 83 ff.
258 Urteil des Hooge Raad vom 29.6.1990, TranspR 1991, 132 ff.
259 Vgl. oben Rdn. 95 ff. m.w.N.; namentlich Rdn. 99 m.w.N.
260 OLG Hamburg vom 14.4.2011 – 6 U 47/10, TranspR 2011, 228 mit zust. Anm. *Herber*; BGH, TranspR 2012, 330 (vgl. Rdn. 122, 133b).
261 OLG Düsseldorf vom 12.1.2011 – I-18 U 87/10, TranspR 2011, 150.
262 Vgl. zum Meinungsstand Rdn. 95 ff., 99 m.w.N. und *Herber*, TranspR 2011, 232, 233.
263 Neuerdings OLG München vom 23.12.2010 – 23 U 2468/10, TranspR 2011, 158 und früher OLG Hamburg vom 15.9.1983 – 6 U 59/83, TranspR 1983, 57; OLG Celle vom 4.7.1986 – 2 U 187/84, TranspR 1987, 275.
264 Namentlich *Koller*, Art. 2 CMR Rdn. 8; MünchKommHGB/*Jesser-Huß*, Art. 2 CMR Rdn. 17 ff. (jeweils m.w.N.).

Art. 2 Geltungsbereich

dernis zwingender Huckepack-(Ro/Ro-)Beförderungsrechts entschieden.[265] Im Schrifttum bestehen unterschiedliche Auffassungen.[266]

124 Im Rahmen des nach Art. 2 Abs. 1 S. 2 CMR anzuwendenden (fiktiven) zwingenden Seerechts ergibt sich aber das Problem, dass im Ro/Ro-Verkehr i. d. R. keine Konnossemente ausgestellt werden. Die Existenz zwingenden Seerechts sowohl nach HGB als auch nach den Haager Regeln erfordert aber gerade die Ausstellung eines Konnossements.[267] Daher könnte bei dieser Interpretation (Rdn. 90 f., 96) niemals zwingendes (fiktives Teilstrecken-)Seerecht, sondern nur das Haftungsregime der CMR zur Anwendung kommen.[268]

b) Die Ermittlung zwingenden Seerechts

125 Schwierig und umstritten ist, wie zu ermitteln ist, ob die Voraussetzungen der „zwingenden Vorschriften" des Seerechts i. S. d. Art. 2 Abs. 1 S. 2 CMR erfüllt sind. Nach Art. 2 Abs. 1 S. 2 CMR soll der CMR-Straßenfrachtführer so haften wie der Seebeförderer, „wenn ein lediglich das Gut betreffender Beförderungsvertrag zwischen dem Absender und dem Frachtführer des anderen Verkehrsmittels (also Verfrachter) nach den zwingenden Vorschriften des für die Beförderung durch das andere Verkehrsmittel (Seeschiff) geltenden Rechts geschlossen worden wäre".

---

265 A. A. nur LG Köln vom 28.5.1985 – 83 O 84/84, VersR 1985, 985 f.; danach kann sich der CMR-Frachtführer im Rahmen eines Straßentransports von Deutschland nach England im Falle der Beschädigung des Gutes im Obhutsbereich der Fährgesellschaft auf die in den Transportbedingungen der Fährgesellschaft enthaltenen Haftungsbeschränkungen gemäß Art. 2 CMR auch dann berufen, wenn kein Konnossement ausgestellt worden ist. Nach belgischem Recht kann sich der CMR-Frachtführer auf die Haftungsbefreiungen der Fährgesellschaft berufen – jedenfalls solange zugunsten des Empfängers kein Konnossement ausgestellt worden ist; Rechtbark van Koophandel, Antwerpen vom 28.1.1985, ETR 1990, 210.
266 Eingehend *Bombeeck/Hamer/Verhaegen*, ETR 1990, 110, 129 ff.
  Aus den Quellen: Denkschrift, S. 35; *Loewe*, ETR 1976, 503, 523 f.
  Aus der Rspr.: OLG Hamburg vom 15.9.1983 – 6 U 59/82, TranspR 1983, 157, 158 = VersR 1984, 534; OLG Celle vom 4.7.1986 – 2 U 187/85, TranspR 1987, 275.
  Ausl. Rspr.: Antwerpen, ETR 1990, 251.
  Aus der deutschsprachigen Lit.: *Csoklich*, S. 223 f.; *Dubischar*, S. 159; *Bahnsen*, in: EBJS, Art. 2 CMR Rdn. 10; *Glöckner*, Art. 2 CMR Rdn. 5; *Heuer*, S. 175; *Jesser*, S. 26; *Koller*, Art. 2 CMR Rdn. 8; *Meyer-Rehfueß*, TranspR 1994, 326, 337; MünchKommHGB/*Jesser-Huß*, Art. 2 CMR Rdn. 17 f. m. w. N.; *Precht/Endrigkeit*, Art. 2 CMR, Anm. 11; Staub/*Helm*, Art. 2 CMR Rdn. 29; *Thume*, in: Fremuth/Thume, Art. 2 CMR Rdn. 14; a. A. (für die engl. Auslegung) vgl. oben Rdn. 95 ff., 97 ff., ferner *Herber* u. *Czapski*, vgl. oben Rdn. 92, 95 ff., 99.
  Aus der ausl. Lit.: *Lamy*, I Nr. 508; *Putzeys*, S. 98; *Theunis*, TranspR 1990, 263, 270; kritisch: *Czapski*, ETR 1990, 172, 176; *Putzeys*, BullT 1992, 87, 88; grundsätzlich der engl. Interpretation zustimmend: NL Hoge Raad = Oberster Gerichtshof der NL, TranspR 1991, 134 (vgl. Rdn. 134); für Dänemark: *Mikkelsen*, ETR 1995, 419, 424 m. w. N.
267 §§ 662, 642 HGB; ähnlich die Haager Regeln in Art. 1 lit. b), Art. 3 §§ 3, 8, Art. 6.
268 Zutreffend *Herber*, TranspR 1994, 375, 377 u. Seehandelsrecht, S. 365; *Thume*, in: Fremuth/Thume, Art. 2 CMR Rdn. 15.

Geltungsbereich **Art. 2**

Die Haftung bestimmt sich also nach einem fiktiven unmittelbaren Vertrag zwischen dem Absender und dem Seebeförderer auf der Grundlage des zwingenden Seefrachtrechts.

Damit stößt man auf eine weitere Schwierigkeit, nämlich, dass das Seefrachtrecht „ipso iure" unter den Parteien nicht zwingend gilt.[269] **126**

Zwingend gilt Seerecht (sozusagen wertpapierrechtlich) nur bei Ausstellung eines Konnossements,[270] nicht jedoch, wenn die seerechtlichen Konventionen mit ihren zwingenden Normen aus anderen Gründen, nicht von Rechts wegen, sondern nur aufgrund besonderer Vereinbarung, Anwendung finden, etwa bei der Beförderung auf Deck.[271] Gleiches gilt, wenn im Verhältnis zwischen Straßen- und Seebeförderer (nur) kraft vertraglicher Vereinbarung die Haager- (oder Visby-)Regeln[272] gelten, z.B. weil sie durch Inkorporationsklausel in einen (nicht begebbaren) Seefrachtbrief (sea way bill) einbezogen wurden.[273]

Hinzu kommt, dass die zwingende seerechtliche Haftung nur im Verhältnis zwischen dem Verfrachter als Konnossementsaussteller und dem Empfänger der Güter gilt.[274] Nach § 656 Abs. 1 HGB ist das Konnossement für das Rechtsverhältnis zwischen dem Verfrachter und dem Empfänger der Güter maßgebend.

Für das Rechtsverhältnis zwischen dem Verfrachter und dem Befrachter bleiben dagegen die Bestimmungen des Frachtvertrages maßgebend.[275] Das gilt, einerlei, ob ein Konnossement ausgestellt ist oder nicht.[276]

Konnossement und Frachtvertrag stellen zwei völlig getrennte Rechtsverhältnisse dar.[277] Der Seefrachtvertrag zwischen Befrachter und Verfrachter selbst enthält keine zwingenden Bestimmungen.[278]

Zwar ist das Seefrachtrecht bei Ausstellung eines Konnossements (Rdn. 126) im **127** Gegensatz zur CMR (Art. 41) nur einseitig zwingend; denn der Verfrachter ist nicht gehindert, vertraglich eine höhere Haftung mit dem CMR-Frachtführer zu

---

269 Arg. §§ 662, 606 HGB; Haager Regeln (Art. 1 lit. b, Art. 3 §§ 3, 8, Art. 6).
270 §§ 662, 642 HGB; ähnlich die Haager Regeln in Art. 1 lit. b, Art. 3 §§ 3, 8, Art. 6.
271 §§ 566, 663 Abs. 2 Nr. 1 HGB; Art. 1 lit. c) Haager Regeln. Dazu Cour de Cassation Paris vom 5.7.1988, ETR 1990, 221; Rechtbank Amsterdam vom 18.11.1987, ETR 1990, 251; Rechtbank van Koophandel Gent vom 19.6.1990, ETR 1981, 377; offengelassen in OLG Celle vom 4.7.1986 – 2 U 187/84, TranspR 1987, 275, 276.
272 Die BRD hat das Protokoll vom 23.2.1968 zu dem Internationalen Abkommen zur Vereinheitlichung von Regeln über Konnossemente (Visby-Regeln) nicht ratifiziert.
273 Rechtbank Amsterdam vom 18.11.1987, ETR 1990, 252f.; ebenso noch *Herber*, VersR 1988, 648 – Auff. aufgegeben in TranspR 1994, 375, 379 u. *Herber*, Seehandelsrecht, S. 365f., nach eingehender Untersuchung der Entstehungsgeschichte zu Art. 2 CMR (vgl. Rdn. 95 m.w.N.).
274 (Arg. § 662 Abs. 1 HGB); *Prüßmann/Rabe*, § 662 HGB, Anm. B 2.
275 § 656 Abs. 4 HGB.
276 OLG Hamburg vom 5.11.1987 – 6 U 56/87, TranspR 1989, 371, 373.
277 OLG Hamburg vom 27.10.1988 – 6 U 114 und 115/88, TranspR 1989, 438, 439.
278 OLG Hamburg vom 17.1.1991 – 6 U 137/90, TranspR 1991, 185, 186; OLG Köln vom 15.8.1985 – 7 U 221/84, TranspR 1986, 74, 194.

Art. 2 Geltungsbereich

vereinbaren.[279] Die einseitig zwingende Haftung (arg. § 642 Abs. 1 HGB) hindert jedoch die Anwendbarkeit des Haftungsprivilegs nach Art. 2 Abs. 1 S. 2 CMR nicht (vgl. Rdn. 97).

Demzufolge besteht für den CMR-Frachtführer die Möglichkeit, eine der CMR entsprechende Haftung für die Seestrecke zu vereinbaren.[280] Diese Haftungserweiterungen bedürfen der Aufnahme in das Konnossement.[281] Dagegen kann eine haftungsrechtliche Regresslücke im Rahmen des Haftungsumfangs nach Maßgabe der CMR einerseits und des Seerechts andererseits durch den Straßenfrachtführer nur durch Abschluss einer entsprechenden CMR-Haftpflichtversicherung gedeckt werden.[282]

128 Zum Zeitpunkt der Schaffung der CMR war aber bekannt, dass die Seestrecken nur von den Haager Regeln erfasst sein konnten, diese aber nur bei Ausstellung eines Konnossements im Verhältnis Verfrachter zum Empfänger zwingende Haftungsregeln erzeugten.[283]

Art. 2 Abs. 1 S. 2 CMR verweist aber im Rahmen des „as if"-Beförderungsvertrages nur abstrakt-generell auf das Haftungsregime des Huckepack-Beförderers. Konkrete, Einzelfallbezogene Anwendungsvoraussetzungen (z. B. Ausstellung eines Konnossements, keine Dexverladung u. a.) werden nicht gefordert; solche Erwägungen wurden in den Beratungen zu Art. 2 CMR nicht getroffen. Die Entstehungsgeschichte des Art. 2 CMR rechtfertigt daher die Schlussfolgerung, dass es nur auf die abstrakt-generelle Verweisung auf das Leitbild des Haftungsregimes des Trägerbeförderungsmittels ankam. Andernfalls bestand die Gefahr, dass Großbritannien aufgrund seiner Insellage der CMR nicht beigetreten wäre.[284]

129 Ob und inwieweit sich daher der in Art. 2 Abs. 1 S. 2 CMR zur Anwendung kommende hypothetische Vertrag zwischen Absender und Huckepack-Beförderer (bzw. Reederei oder Fährgesellschaft) an dem wirklichen Vertrag zwischen Straßenbeförderer und Fährgesellschaft orientieren muss, ist zweifelhaft, nach der Entstehungsgeschichte zu Art. 2 CMR jedoch unerheblich.[285] Für die Konstruktion des in Art. 2 Abs. 1 S. 2 CMR geforderten hypothetischen Vertrages sind Erwägungen darüber, ob und unter welchen vertragsgestaltenden Bedingungen, insbesondere ob ein Konnossement oder nur ein Seefrachtbrief ausgestellt, Deckverladung vereinbart oder der Vertrag auf der Grundlage vorgegebener (For-

---

279 Arg. § 662 Abs. 3 HGB.
280 *Herber*, VersR 1988, 645, 647.
281 § 662 Abs. 3 HGB.
282 Vgl. Staub/*Helm*, Art. 2 CMR Rdn. 20.
283 Art. 1 lit. b, Art. 3 §§ 3, 8, Art. 6 der Haager Regeln.
284 Vgl. zur Entstehungsgeschichte Rdn. 2, 95, 122 ff. m. w. N.
285 Vgl. dazu eingehend: Rdn. 95, 128. Zur Problematik auch eingehend der Oberste Gerichtshof der Niederlande – vgl. unten Rdn. 134. Dagegen aber (weil konkrete Umstände maßgeblich): *Hof*, Antwerpen vom 15.3.1989, ETR 1989, 574; OLG Hamburg vom 15.9.1983 – 6 U 59/83, TranspR 1983, 157 = VersR 1984, 534; *Herber*, VersR 1988, 645, 647 – aufgegeben durch: TranspR 1994, 375, 378f. u. *Herber*, Seehandelsrecht, S. 365f. Vgl. neuerdings BGH, TranspR 2012, 330 (Rdn. 95, 122, 133b).

mular-)Beförderungsbedingungen abgeschlossen worden wäre, unerheblich. Art. 2 Abs. 1 S. 2 CMR verweist abstrakt-generell auf einen hypothetischen Seebeförderungsvertrag, der die objektiven Anwendungsvoraussetzungen internationaler Abkommen (Haager- bzw. Visby-Regeln) oder des Seefrachtrechts nach HGB erfüllt.[286] Abweichende Vertragsbedingungen, insbesondere Formularbedingungen (mit oder ohne Freizeichnungsklauseln) bleiben bei der inhaltlichen Qualifizierung des hypothetischen Vertrages unberücksichtigt.[287] Denn der von Art. 2 Abs. 1 S. 2 CMR geforderte hypothetische Vertrag zwischen Absender und Seebeförderer ist nicht gleichzusetzen mit dem real abgeschlossenen Frachtvertrag zwischen dem CMR-Frachtführer und dem Seebeförderer, der die Seebeförderung des Lkw und das darauf befindliche, nicht umgeladene Beförderungsgut betrifft.

130 Auch darf es für die Anwendbarkeit des Haftungsprivilegs nach Art. 2 Abs. 1 S. 2 CMR für den Streckenabschnitt CMR-Straße/Seebeförderungsstrecke keine Rolle spielen, ob dieser Streckenabschnitt Bestandteil einer multimodalen Beförderung darstellt, bei der ein FBL-Multimodaltransport-Durchkonnossement (bzw. Ladeschein gemäß §§ 452, 444, 363 Abs. 2 HGB) ausgestellt ist. Auch wenn – bezogen auf die Seestrecke – das FBL-Multimodaltransport-Durchkonnossement haftungsrechtlich einem Seekonnossement gleichsteht, ändert dies nichts. Denn der von Art. 2 CMR erfasste Vertrag ist ein unimodaler Vertrag, der einen Spezialfall gegenüber dem multimodalen Beförderungsvertrag regelt; Art. 2 CMR hat als Spezialregel Vorrang vor den Regeln des multimodalen Beförderungsvertrages.[288]

Außerdem regelt das FBL-Multimodal-Durchkonnossement den unmittelbaren, realen Durchfrachtvertrag zwischen Absender und Spediteur; demgegenüber kommt es im Rahmen des Art. 2 Abs. 1 S. 2 CMR lediglich auf den fiktiven Frachtvertrag zwischen dem Absender und dem Seebeförderer an.

c) Lösungsversuche

131 Eine Grundsatzentscheidung des BGH zu dieser Frage fehlt. Die Instanzrechtsprechung ist nicht einheitlich; es werden folgende Auffassungen vertreten:

---

286 *Bombeeck/Hamer/Verhaegen*, ETR 1990, 110, 146; MünchKommHGB/*Jesser-Huß*, Art. 2 CMR Rdn. 20.
287 Vgl. Rdn. 95, 128.
288 Vgl. oben Rdn. 51; *Ramming*, TranspR 2006, 195; vgl. BGH vom 8.7.2004 – I ZR 272/01, TranspR 2004, 357. Dort hatte der BGH im Falle einer Fixkostenspedition eines Transports von der BRD nach Teheran ein FBL an Order ausgestellt, aber nicht indossiert; das nicht indossierte FBL eröffnete keine Anspruchsgrundlage, weshalb der Güterschaden auf dem Straßenabschnitt nach CMR behandelt wurde; vgl. dazu *Ramming*, TranspR 2006, 195.

Art. 2 Geltungsbereich

(aa) Die Rspr. des OLG Hamburg (aufgegeben) und OLG Celle

132 Das OLG München[289] hat sich trotz eingehender Würdigung des Meinungsstreits in Lit. u. Rspr.,[290] insbesondere der Entstehungsgeschichte[291] des Art. 2 Abs. 1 S. 2 CMR für die franz. Interpretation[292] entschieden. Danach sind die Haager Regeln keine zwingenden Vorschriften i.S.d. Art. 2 Abs. 1 S. 2 CMR. Es folgt damit der Rspr. des OLG Celle[293] und des OLG Hamburg[294] – die durch dessen neuere Entscheidung vom 14.4.2011 aufgegeben wurde (vgl. dazu Rdn. 133).

Der BGH (vgl. Rdn. 133b) hat auf Revision das Urteil des OLG München aufgehoben und i.S.d. englischen Interpretation in Übereinstimmung mit der Auffassung des Hoge Raad NL (Rdn. 134) und der wohl h.M. im Schrifttum (vgl. Rdn. 90f., 137, 138) entschieden.

(bb) Die neue Rspr. des OLG Hamburg und OLG Düsseldorf

133 Das OLG Hamburg hat sich in seiner neuesten Entscheidung vom 14.4.2011[295] nach umfassender Prüfung der Entstehungsgeschichte[296] den oben (in Rdn. 122ff.) vorgetragenen Erwägungen, namentlich der Auffassung des Hoge Raad NL (dazu Rdn. 134) sowie *Herbers* (Rdn. 137) und des Verfassers (Rdn. 138) angeschlossen. Danach sind die Haager Regeln „zwingende Vorschriften" i.S.d. Art. 2 Abs. 1 S. 2 CMR. Gleicher Auffassung ist im Endergebnis (mit z.T. anderer Begründung) das OLG Düsseldorf,[297] neuerdings auch der BGH (Rdn. 133b).

133a Konsequenz: Würde nämlich im Seefährverkehr kein Konnossement, sondern nur ein als „way bill" überschriebenes Dokument mit AGB ausgestellt, fehlen zwingende seerechtliche Haftungsvorschriften mit der Folge, dass die CMR auch für die Seestrecke anwendbar wäre.[298]

Die Haager Regeln sollten auch dann gelten, wenn die Fährschiffgesellschaft in ihren AGB regelmäßig auf die Haager Regeln verweist.[299]

Nach *Glöckner*[300] soll der Schutzzweck des Art. 2 Abs. 1 S. 2 CMR dessen Anwendung auch in den Fällen geboten erscheinen lassen, in denen ein Schaden bei

---

289 OLG München vom 23.12.2010 – 23 U 2468/10, TranspR 2011, 158.
290 Vgl. oben Rdn. 91, 94, 122ff.
291 Vgl. oben Rdn. 95.
292 Vgl. oben Rdn. 95.
293 OLG Celle vom 4.7.1986 – 2 U 187/84, TranspR 1987, 275f.
294 OLG Hamburg vom 15.9.1983 – 6 U 59/83, TranspR 1983, 157.
295 OLG Hamburg vom 14.4.2011 – 6 U 47/10, TranspR 2011, 228 mit zust. Anm. *Herber* – Revision zugelassen.
296 Rdn. 95.
297 OLG Düsseldorf vom 12.1.2012 – I-18 U 87/10, TranspR 2011, 150.
298 Arg. Art. 2 Abs. 1 S. 3 CMR; OLG Hamburg vom 15.9.1983 – 6 U 59/83, TranspR 1983, 157 = VersR 1984, 534; *Herber*, VersR 1988, 645, 647.
299 OLG Hamburg, vom 14.4.2011 – 6 U 47/10, TranspR 2011, 228.
300 Art. 2 CMR Rdn. 6.

Geltungsbereich **Art. 2**

der Seebeförderung entsteht, die Ausstellung eines Konnossements nicht üblich ist und die AGB der Fährgesellschaften auf die Haager Regeln verweisen.

Denn im Fährverkehr über den Kanal zwischen dem Kontinent und England werden üblicherweise keine Konnossemente ausgestellt. Gleichwohl verweisen die Fährgesellschaften in ihren AGB regelmäßig auf die Haager Regeln. Um aber Güter im Fährverkehr nach England zu befördern, muss sich der Straßenfrachtführer den AGB der Fährgesellschaft unterwerfen, ohne die Möglichkeit zu haben, die darin enthaltenen Haftungsbeschränkungen abzuändern.

Da aber die Unterwerfung unter die AGB der Fährgesellschaft faktisch zwingend ist, im Fährverkehr in der Regel keine Konnossemente ausgestellt werden, würde die Anwendbarkeit des Art. 2 Abs. 1 S. 2 CMR in der überwiegenden Zahl der Fälle ins Leere gehen, wenn bei der Beförderung durch das Seeschiff ein Schaden entstanden ist.[301]

cc) Die neue Grundsatzentscheidung des BGH vom 15.12.2011

133b Erst kürzlich wurde die allgemein erwartete Grundsatzentscheidung des BGH[302] vom 15.12.2011 (zum Abdruck in BGHZ/BGHR und Nachschlagewerk vorgesehen) auf der Homepage des BGH veröffentlicht.

Der BGH kommt nach eingehender Würdigung der Entstehungsgeschichte, insbesondere der Darlegungen *Herbers* und des *Verfassers* (Rdn. 137f.) zu dem Ergebnis, dass die englische Interpretation (Rdn. 92f., 95) am ehesten dem Willen der Schöpfer des Art. 2 CMR entspricht. Demnach ist bei Ermittlung des fiktiven („as if"-)Beförderungsvertrags zwischen dem Absender und dem Frachtführer des Trägerbeförderungsmittels (z.B. Bahn/Schiff/Flugzeug) i.S.d. Art. 2 Abs. 1 S. 2 CMR im Wege objektiver, abstrakt-genereller Betrachtungsweise das Frachtrechtsregime des Trägerbeförderungsmittels zu ermitteln und anzuwenden.

Konkret bedeutet das (so der Leitsatz): „Bei den Haager Regeln von 1924 handelt es sich um zwingende Vorschriften i.S.v. Art. 2 Abs. 1 S. 2 CMR", mit der Folge, dass (auch) dem (CMR-)Frachtführer der Haftungsausschluss des Trägerbeförderungsregimes (z.B. Art. 4 § 2 lit. b) der Haager Regeln von 1924) zugutekommen kann („Feuer an Bord").

Fazit: Besteht ein international verbindliches Abkommen, ist dieses, andernfalls das betreffende, nach IPR-Grundsätzen zu ermittelnde innerstaatliche Frachtrechtsregime des Trägerbeförderungsmittels anzuwenden.

Der BGH befindet sich damit in Übereinstimmung mit der Rspr. des OLG Hamburg (Rdn. 133), des Hoge Raad NL (Rdn. 134) und der wohl h.M. im Schrifttum (Rdn. 90f., 137, 138).

---

301 *Glöckner*, Art. 2 CMR Rdn. 6.
302 BGH, Urt. v. 15.12.2011 – I ZR 12/11 u. TranspR 2012, 330), abrufbar im Internet unter www.bundesgerichtshof.de.

Art. 2 Geltungsbereich

(dd) Der Oberste Gerichtshof der Niederlande

134 Der Oberste Gerichtshof der Niederlande (Hoge Raad) prüft (entsprechend den Erwägungen Rdn. 126 ff.) abstrakt, ob der fiktive Vertrag zwischen dem Ro/Ro-Beförderer und dem Auftraggeber (Absender) des CMR-Straßenfrachtführers einer internationalen Konvention unterworfen wäre, die als solche nicht abdingbar ist.[303]

Demnach haftet der CMR-Straßenfrachtführer, sofern eine Seestrecke in den Geltungsbereich des Brüsseler Übereinkommens von 1924 über Konnossemente (Haager Regeln) fällt, auch dann nur nach Maßgabe des Seerechts, wenn ein Konnossement für die konkrete Seebeförderung nicht ausgestellt wurde. Daran ändert sich auch nichts durch eine Vereinbarung zwischen dem Straßenfrachtführer und Seebeförderer, die eine Verladung des Lkws an Deck des Seeschiffes erlaubt.[304]

Im Wege der Auslegung gelangt der Oberste Gerichtshof der Niederlande dazu, dass die CMR, die für den reinen Straßentransport objektives und zwingendes Recht vorsieht, auch für den Fall der Benutzung anderer Verkehrsmittel im Huckepack- bzw. Ro/Ro-Verkehr entsprechendes objektives und zwingendes Recht dieser anderen Trägerbeförderungsmittel angewendet wissen will, sofern der Schaden lokal und kausal mit diesem Trägerbeförderungsmittel zusammenhängt.

Objektiv ist das Recht, welches unabhängig von subjektiven oder individuellen Besonderheiten des Einzelfalles gilt, also unabhängig davon, ob unter der Geltung der Haager Regeln der Ablader ein Konnossement verlangen kann und ob der Befrachter Verladung im Raum oder an Deck verlangt oder duldet. Objektiv ist danach die Geltung der Haager oder der Haag-Visby-Regeln, je nach dem Recht des Staates, in dem die Beförderung beginnt.[305]

Gleicher Auffassung ist ein Teil der Literatur.[306]

(ee) Die Auffassung von Koller

135 Ausgangspunkt der Überlegungen *Kollers*[307] ist die „ratio" des Art. 2 Abs. 1 S. 3 CMR, nämlich, zu verhindern, dass CMR-Straßenfrachtführer und Huckepack-

---

303 Oberster Gerichtshof der Niederlande (Hoge Raad), 1. Kammer, vom 29.6.1990, Nr. 13.672, TranspR 1991, 132; dazu *van Beelen*, ETR 1991, 743 f. Nach Hoge Raad vom 14.6.1996, ETR 1996, 558, kann der CMR Frachtführer auf der Teilstrecke See die in den Haag-Visby-Regeln vorgesehene Einrede des Feuers geltend machen.
304 Hoge Raad, TranspR 1991, 132; vgl. zur Problematik auch Rdn. 95, 128 ff.
305 OGH Niederlande, a.a.O.
306 Vgl. oben Rdn. 90 ff., namentlich Rdn. 97 u. 126 ff., 137 f. (jeweils m.w.N.); *Herber*, TranspR 1994, 375, 380 ff. u. TranspR 2011, 232, 233; *Bahnsen*, in: EBJS, Art. 2 CMR Rdn. 20; *Ramming*, Hamburger Handbuch, Rdn. 74; *Theunis*, TranspR 1990, 263, 270 ff.; *Achard*, Droit maritime francaise 1989, 219, 224 f.; *Hill/Messent*, S. 25; *Putzeys*, BullT 1992, 87, 88.
307 Art. 2 CMR Rdn. 8.

bzw. Ro/Ro-Beförderer zu Lasten des Absenders ungünstige Haftungsregeln vereinbaren können.[308]

Deshalb soll der CMR-Frachtführer nach Maßgabe der CMR haften, wo derartige Freizeichnungsregeln zulässig seien,[309] dagegen nur nach Huckepackrecht, wo zwingendes Recht dem Huckepack-Beförderer die Vereinbarung von Haftungsausschlüssen bzw. Milderungen verbietet.[310]

Der tiefere Sinn der Verweisung auf die zwingenden Haftungsregeln des Trägerbeförderungsmittels[311] liege (nur) darin, dass diese einen besonders hohen Gerechtigkeitsgehalt aufweisen, hinter dem die zwingende CMR zurücktreten kann.[312]

Deshalb sei zu prüfen, ob das Haftungsregime des Trägerbeförderungsmittels, das auf den fiktiven Vertrag zwischen dem Huckepack- bzw. Ro/Ro-Beförderer und dem Auftraggeber des CMR-Straßenfrachtführers (Absender) anzuwenden ist, zur Disposition der Parteien gestanden hätte, und sei es auch nur deshalb, weil kein Konnossement ausgestellt wurde.[313]

Allein der Umstand, dass der Ro/Ro-Beförderer (mangels Ausstellung eines Konnossements) seine Haftung hätte abbedingen können, zeigt, dass der Gerechtigkeitswert der unabdingbaren CMR-Haftung[314] höher zu gewichten ist. Andererseits steht der Anwendung des Art. 2 Abs. 1 S. 2 CMR nicht der Umstand entgegen, dass der Ro/Ro-Beförderer von seinem Haftungsregime zugunsten seines Auftraggebers (CMR-Frachtführers) hätte abweichen können.[315]

(ff) Die Auffassung Bombeeck/Hamer/Verhaegen

Bombeeck/Hamer/Verhaegen[316] unterscheiden zwischen Anwendungsbereich und zwingender Wirkung der Haftungsnormen. **136**

Demzufolge müsse zunächst geprüft werden, ob die auf den fiktiven Vertrag zwischen dem Absender und dem Seebeförderer anwendbare gesetzliche Regelung zwingend sei, also die Haftungsnormen dieses Gesetzes nicht zu Lasten des Absenders abbedungen werden dürften. Enthalte das Seerecht – z.B. die Haager Regeln – eine zwingende Regelung, greife Art. 2 Abs. 1 S. 2 CMR ein.

---

308 Dazu vgl. oben Rdn. 44; *Loewe*, ETR 1976, 503, 524 (Nr. 56).
309 Arg. Art. 2 Abs. 1 S. 3 CMR.
310 *Loewe*, ETR 1976, 503, 524.
311 Art. 2 Abs. 1 S. 2 CMR.
312 *Koller*, Art. 2 CMR Rdn. 9; *Putzeys*, BullT, 1991, 87.
313 Arg. § 662, Abs. 1 HGB; *Koller*, Art. 2 CMR Rdn. 8.
314 Art. 41 CMR.
315 *Koller*, Art. 2 CMR Rdn. 8.
316 ETR 1990, 110, 147.

Art. 2 Geltungsbereich

Im Gegensatz zum französischen Cassationsgerichtshof[317] brauche dabei nicht berücksichtigt zu werden, ob ein Konnossement ausgestellt worden sei oder ob das Gut in dem Lkw auf Deck befördert worden sei.[318]

(gg) Die Auffassung von Czapski/Herber

137 Unter Berücksichtigung der Entstehungsgeschichte und der ratio des Haftungsprivilegs nach Art. 2 Abs. 1 S. 2 CMR verdient nach Auffassung von *Czapski* und *Herber* die englische Interpretation den Vorzug. Danach ergibt sich das im Rahmen des hypothetischen Vertrages zwischen Absender und Huckepack-Beförderer zu ermittelnde Huckepackrecht gemäß den einschlägigen internationalen Übereinkommen sowie der Leitbildfunktion innerstaatlichen Rechts, einerlei, ob dieses zwingender oder dispositiver Natur ist.[319]

Diese Auffassung entspricht im Wesentlichen der des Obersten Gerichtshofs der Niederlande.[320] Denn im Ro/Ro-Fährverkehr wird betreffend das mit dem Gut beladene Straßenfahrzeug i.d.R. kein Konnossement ausgestellt.[321] Hinzu kommt, dass die Verladung beladener Straßenfahrzeuge an Deck nicht ungewöhnlich ist.[322]

(hh) Eigene Auffassung

138 Aus der Entstehungsgeschichte ergibt sich, dass die englische Fassung des Art. 2 CMR identisch sein muss mit jenem Textvorschlag, der vom Vertreter Großbritanniens unterbreitet und von der Arbeitsgruppe als endgültige Fassung angenommen worden war.[323] Andernfalls wäre der Beitritt Großbritanniens zur CMR gefährdet gewesen.[324] Hinzu kam die Erwägung, dass im Rahmen des fiktiven Vertrages mit dem Seebeförderer (Art. 2 Abs. 1 S. 2 CMR) keine Freizeichnungsklauseln die Haftung des Verfrachters einschränken dürfen; andernfalls bestünde die Gefahr, dass der CMR-Frachtführer mit dem Ro/Ro-Beförderer zu Lasten des CMR-Absenders/Empfängers nachteilige Haftungsbefreiungen bzw.

---

317 Cour de Cassation vom 5.7.1988, Bull IVme 234 S. 161.
318 *Bombeeck/Hamer/Verhaegen*, ETR 1990, 110, 147; ebenso *Theunis*, TranspR 1990, 263, 270 ff.; *Ramberg*, in: Theunis, International Carriage of Goods by Road, S. 19, 28 ff.; *Hill/Messent*, S. 25; *Putzeys*, BullT, 1992, 87, 88 (1. Aufl.).
319 Vgl. oben eingehend zur Problematik Rdn. 95, 128 ff., 138 (unklar); *Basedow*, in: MünchKommHGB, 1. Aufl., Art. 2 CMR Rdn. 20 f.; eindeutig für die engl. Interpretation *Czapski*, IRU-Heft, Nr. 24, S. 6 ff. u. ETR 1990, 172 ff.; *Herber*, TranspR 2011, 232, 233 und TranspR 1994, 375, 378 f.; *Herber*, Seehandelsrecht, S. 365 f.; *ders.*, in: Herber/Piper, Art. 2 CMR Rdn. 2 f. jeweils m.w.N.
320 Vgl. Rdn. 134.
321 Anders dagegen, wenn das Stückgut isoliert befördert würde.
322 So zutreffend MünchKommHGB/*Jesser-Huß*, a.a.O.; *Czapski*, a.a.O. u. *Herber*, a.a.O. (Fn. 318).
323 Vgl. oben Rdn. 95, 122 f., 128 ff.
324 Rdn. 3, 95.

Haftungsbeschränkungen vereinbaren könnte.[325] Außerdem war zum Zeitpunkt der Schaffung der CMR bekannt, dass die Seestrecken nur von den Haager Regeln erfasst sein konnte, die aber nur bei Ausstellung eines Konnossements (und hier auch nur!) im Verhältnis Verfrachter zum Empfänger zwingende Haftungsregeln erzeugten.[326]

Danach wollten die Schöpfer des Art. 2 Abs. 1 S. 2 CMR durch die Konstruktion des fiktiven („as if"-)Vertrages lediglich abstrakt-generell auf die Leitbildfunktion der Frachtrechtsordnung des Trägerbeförderungsmittels verweisen, einerlei, ob ein Konnossement ausgestellt worden war oder werden sollte oder ob Verladung im Raum oder an Deck vorgesehen war.[327] Mit der Konstruktion des in Art. 2 Abs. 1 S. 2 CMR geforderten hypothetischen Vertrages sind Erwägungen darüber unvereinbar, ob und unter welchen vertragsgestaltenden Bedingungen möglicherweise im konkreten Einzelfalle abgeschlossen worden wäre; insbesondere ist unerheblich, ob ein Konnossement oder nur ein Seefrachtbrief ausgestellt, Deckverladung vereinbart oder der Vertrag auf der Grundlage vorgegebener (Formular-)Beförderungsbedingungen abgeschlossen worden wäre.

Art. 2 Abs. 1 S. 2 CMR verweist abstrakt-generell auf einen fiktiven (See-)Beförderungsvertrag, der (nur!) die objektiven Anwendungsvoraussetzungen internationaler Abkommen (Haager- bzw. Visby-Regeln) oder des Seefrachtrechts nach HGB erfüllen muss. Abweichende Vertragsbedingungen, insbesondere Formularbedingungen (mit oder ohne Freizeichnungsklauseln), bleiben bei der inhaltlichen Qualifizierung des fiktiven Beförderungsvertrages (Art. 2 Abs. 1 S. 2 CMR) unberücksichtigt. Denn der fiktive, zwischen dem CMR-Absender und dem Trägerbeförderer abgeschlossene Seebeförderungsvertrag ist nicht gleichzusetzen dem realen Huckepack-Vertrag zwischen dem CMR-Frachtführer und dem Seebeförderer.[328]

Diese Auffassung entspricht im Wesentlichen der Auffassung des Obersten Gerichtshofs der Niederlande[329] und neuerdings des OLG Hamburg[330] ferner der Auffassung von *Czapski* und *Herber*.[331]

---

325 Vgl. Rdn. 95 unter Hinweis auf den bei *Herber*, TranspR 1994, 375, 379 zitierten Bericht von *Hostie* und *Loewe*, ETR 1976, 503, 523f. (Nr. 56).
326 Rdn. 128 unter Hinweis auf Art. 1 lit. b), Art. 3 §§ 3, 8, Art. 6 der Haager Regeln; zustimmend *Ramming*, Hamburger Handbuch, Rdn. 107.
327 Rdn. 95 mit Hinweisen auf *Czapski*, a.a.O. (oben Fn. 318), und *Herber*, a.a.O. (Fn. 318); ferner Rdn. 128f. m.w.N.
328 Rdn. 129.
329 Rdn. 134.
330 Rdn. 133.
331 Rdn. 137.

Art. 2 Geltungsbereich

d) Seerechtliche Haftung

139 Die Haftung des Seebeförderers/Verfrachters ist eine Obhutshaftung; sie besteht für die Zeit von der Annahme des beladenen Straßenfahrzeugs (bzw. der Güter) bis zu deren Ablieferung (§ 606 S. 2 HGB).[332]

Im Schadensfalle kann die haftungsrechtliche Zuordnung zum CMR- oder Trägerbeförderungsregime im Einzelfall schwierig sein; je nachdem, ob das betreffende schadensverursachende Risiko konkret oder abstrakt dem Haftungsregime des Trägerbeförderungsmittels zugrunde gelegt wird (Arg. „nur während und wegen" der Huckepack-Beförderung).[333]

140 Der Bundesminister für Verkehr hat Richtlinien (RL) für Sicherungsvorkehrungen bei der Beförderung von Straßenfahrzeugen mit Ro/Ro-Schiffen erlassen.[334]

Diese RL beschreiben die Sicherungsvorkehrungen auf dem Schiff und an den Fahrzeugen sowie die anzuwendenden Sicherungsmethoden (Nr. 1. 1). Sie gelten für Ro/Ro-Schiffe, die regelmäßig Straßenfahrzeuge auf langen oder kurzen internationalen Reisen in ungeschützten Gewässern befördern (Nr. 2). Unabhängig vom Fahrgebiet, von den vorherrschenden Wetterbedingungen sowie von den Eigenschaften des Schiffes sollen die Straßenfahrzeuge so gestaut werden, dass ihre Fahrgestelle so feststehend wie möglich gehalten werden, indem freies Spiel in der Fahrzeugaufhängung verhindert wird. Dies kann z.B. durch starkes Zurren oder durch Aufbocken des Fahrgestells vor den Laschen des Fahrzeugs oder durch Ablassen der Luft im Luftfederungssystem erreicht werden (Nr. 7).

141 Bei Anwendung der hier vertretenen englischen Interpretation des fiktiven Beförderungsvertrages (i.S.d. Art. 2 Abs. 1 S. 2 CMR) ist es unerheblich, ob für den betreffenden Ro/Ro-Transport vom Verfrachter ein Konnossement ausgestellt wurde oder ob das beladene Straßenfahrzeug an Deck verladen wurde.[335]

Nach dieser Auffassung gelten bei Anwendung deutschen Rechts die Haftungsbestimmungen für See- und Ladungstüchtigkeit (§ 559 HGB), der Schadensersatzpflicht (§ 563 Abs. 2, §§ 606 bis 608 HGB), ferner für die Schadensermittlung (§§ 611, 612 HGB), der Wertersatzhaftung bei Verlust oder Beschädigung der Güter (§§ 658, 659 HGB) sowie der Höchsthaftung (§ 660 HGB), unabhängig davon, ob ein Konnossement ausgestellt wurde (§ 662 HGB). Denn nach diesseitiger Auffassung wird in Art. 2 Abs. 1 S. 2 CMR nur abstrakt-generell auf die Leitbildregelung des Seeverkehrs (insbesondere der Haager Regeln) verwiesen.[336]

Der Höchstbetrag der Güterschadenshaftung des Seebeförderers beträgt 666,67 Sonderziehungsrechte pro Stück oder Einheit oder zwei Sonderziehungsrechte

---

[332] Vgl. Rdn. 39f.; arg. § 606 HGB (Obhutszeitraum).
[333] Vgl. Rdn. 39f., m.w.N.
[334] RL vom 5.5.1988, See 19/26.40.01-07/12 VvA 88; abgedruckt im Bundesanzeiger Nr. 189 vom 7.10.1988, S. 4439.
[335] Vgl. oben Rdn. 122, 128f., 134, 137, 138.
[336] Vgl. oben Rdn. 95, 125f., 128f., 137, 138, jeweils m.w.N.

pro Kilogramm des Rohgewichts verlorener oder beschädigter Güter, je nachdem, welcher Betrag höher ist.

Seerechtliche Haftungsvorschriften bestehen für die Verspätung nicht; es gelten bei Anwendung deutschen Rechts die allgemeinen Vorschriften des BGB über den Verzug.[337] **142**

Auf die Beweisvermutung des § 656 HGB (des Konnossements) kommt es in diesem Zusammenhang nicht an. Entscheidend ist die Beweiskraft des CMR-Frachtbriefs im Verhältnis des Absenders zum Straßenfrachtführer; denn das Haftungsprivileg der Seerechtshaftung ändert an der frachtbrieflichen Vermutung des Straßenfrachtführers gegenüber dem Absender nichts. **143**

Die Bundesregierung hat am 9.5.2012 den Entwurf eines Gesetzes zur Reform des Seehandelsrechts beschlossen. Er sieht eine vollständige Neufassung des 5. Buches des HGB und passende Änderungen des 4. Buches (Fracht-, Speditions- und Lagervertrag) und anderer Gesetze vor (vgl. Regierungsentwurf mit Begründung, abgedruckt in TranspR 2012, 165–218). Ob, wann und mit welchen evtl. Änderungen dieser Regierungsentwurf in Gesetzeskraft tritt, bleibt abzuwarten. **143a**

Folgt man jedoch – entgegen der Rspr. des BGH (vgl. Rdn. 133b) – der französischen Interpretation zu den „zwingenden Vorschriften" des Trägerbeförderungsmittels,[338] haftet der Straßenfrachtführer stets nach Artt. 17ff. CMR, wenn entweder kein Konnossement ausgestellt wurde oder das mit dem Gut beladene Straßenfahrzeug auf Deck verladen wurde.[339] **144**

Diese denkgesetzlich mögliche (Alternativ-)Interpretation dürfte im Bereich der deutschen Rspr. angesichts der neuesten Grundsatzentscheidung des BGH (Rdn. 133b) keine praktische Bedeutung mehr erhalten.

VI. Beweislast

Der Anspruchsteller hat die Voraussetzungen des Art. 1 Abs. 1 CMR, ferner des Art. 2 Abs. 1 S. 1 CMR zu beweisen.[340] **145**

Demgegenüber obliegt im Rahmen der CMR-Haftung dem Frachtführer der Entlastungsbeweis.[341] **146**

Beansprucht der Kläger die Vorteile einer schärferen Haftung des Huckepack-Beförderers,[342] hat er die entsprechenden Voraussetzungen zu beweisen, insbe- **147**

---

337 *Herber*, Seehandelsrecht, S. 323.
338 Vgl. oben Rdn. 90ff., 96f., 125ff.
339 §§ 662, 642 HGB; ähnlich die Haager Regeln in Art. 1 lit. b), Art. 3 §§ 3, 8, Art. 6. Vgl. oben Rdn. 126.
340 Rdn. 30, 31, 33 (Anwendungsbereich); 49ff. (Durchfrachtvertrag); 58, 59 (Huckepack), 80ff. (kein Umladungsverkehr).
341 Vgl. Erl. zu Artt. 17 u. 18 CMR.
342 Z.B. der Eisenbahn (vgl. Rdn. 111ff., 121).

Art. 2 Geltungsbereich

sondere, dass der Güter- oder Lieferfristüberschreitungsschaden durch ein Ereignis verursacht wurde, das nur während und wegen der Beförderung durch den Huckepack-Beförderer eingetreten sein kann und ist[343] (z.B. nach ER/CIM).

Begehrt z.B. der Absender vom CMR-Frachtführer unter dem Blickwinkel einer im internationalen Eisenbahnverkehr durchgeführten Huckepack-Beförderung wegen Verlustes des Gutes entsprechend den eisenbahnrechtlichen Vorschriften[344] Schadensersatz von 17 Sonderziehungsrechten pro Kilogramm Sendungsgewicht, obliegt ihm der Beweis dafür, dass der Güterverlust nur während und wegen des Eisenbahntransportes eingetreten ist. Misslingt aber dieser Beweis, weil nicht aufklärbar ist, ob sich der Diebstahl während des Lkw-Transportes oder während des Zeitraumes ereignet hat, in welchem der Sattelauflieger mit der Eisenbahn befördert worden ist, verbleibt es bei der Haftung des Frachtführers nach Art. 17 CMR mit der Folge, dass nach Art. 23 Abs. 3 CMR Entschädigung für jedes fehlende Kilogramm bis zu 8,33 Sonderziehungsrechten zu gewähren ist.[345]

148 Umgekehrt trifft den CMR-Frachtführer in gleichem Umfang[346] die Beweislast dafür, dass er nach Maßgabe des Art. 2 Abs. 1 S. 2 CMR in Verbindung mit den (zwingenden)[347] Haftungsregeln des Ro/Ro-Beförderers geringer oder gar nicht haftet, z.B. wegen nautischen Verschuldens oder wegen typischer Seegefahren.[348]

149 Im Zusammenhang mit Art. 2 Abs. 1 S. 2 CMR ist jedoch zu beachten, dass pflichtwidrige bzw. schuldhafte Arbeitsfehler des Seebeförderers und seiner Gehilfen im Rahmen des Art. 2 Abs. 1 S. 2 CMR haftungsrechtlich nur dem Seebeförderer (bzw. dem Huckepack-Beförderer) zugerechnet werden.[349]

Misslingt aber dieser Beweis, haftet der CMR-Frachtführer für Güterschäden und Lieferfristüberschreitung nach Maßgabe des Art. 17 CMR. So hat beispielsweise der BGH einen Spediteur-(CMR-)Frachtführer, der Druckmaschinen im grenzüberschreitenden Straßengüterverkehr von Schwenningen nach Livorno auf der Straße und von dort per Ro/Ro auf dem Fährschiff nach Malta befördert hatte, für den eingetretenen Güterschaden nach Artt. 2 Abs. 1 S. 1; 17 CMR haften lassen. Der Einwand des Frachtführers, der Schaden sei bei der Einschiffung in Livorno aufgrund einer eingerissenen Plane und infolge der Witterungseinflüsse während des Seetransports geschehen, war unbehelflich.[350]

---

343 Rdn. 39ff., 121.
344 Art. 40, § 2 ER/CIM (Rdn. 117ff.).
345 Vgl. (Art. 23 CMR Rdn. 12ff.); OLG Hamburg vom 18.10.1990 – 6 U 253/89, TranspR 1991, 70 = VersR 1991, 446.
346 Rdn. 39f., 145.
347 Vgl. die Unterschiede gem. engl. u. franz. Interpretation – Rdn. 90ff., 122ff., 139f.
348 Vgl. dazu Rdn. 141; § 607 Abs. 2 HGB; Art. 4 § 2a der Haager Regeln (nautisches Verschulden); § 608 Abs. 1 Nr. 1 HGB, Art. 4 § 2 lit. c der Haager Regeln (Gefahren der See); dazu *Prüßmann/Rabe*, § 607 HGB Anm. C 1–4; § 608 HGB Anm. B 1.
349 Rdn. 40; *Herber*, VersR 1988, 645, 646; 1981, Lloyd's Rep. 200.
350 BGH vom 14.12.1988 – I ZR 235/86, TranspR 1989, 141, 143 = VersR 1989, 309, 311 = RIW 1989, 389 = NJW – RR 1989, 481.

Demgegenüber hat der Absender zu beweisen, dass die Voraussetzungen milde- **150** rer Haftung nach Maßgabe der Frachtrechtsordnung des Trägerbeförderungsmittels nicht gegeben sind[351] oder dass zwingende Haftungsregeln des Trägerbeförderungsmittels fehlen.[352]

VII. Rückgriff

Art. 2 CMR regelt weder den Frachtvertrag zwischen dem CMR-Frachtführer **151** und dem Huckepack- bzw. Ro/Ro-Beförderer, noch den Rückgriff des Ersteren gegenüber dem Letzteren. Der bestehende Huckepack- bzw. Ro/Ro-Vertrag ist nach dessen Regeln abzuwickeln.[353]

Demnach gilt bei Anwendung deutschen Rechts (vgl. VO (EG) 593/2008 „Rom I" Artt. 3, 5) im innerdeutschen Huckepack-Verkehr per Binnenschiff, Bahn oder Flugzeug das Frachtrechtsregime des HGB (§ 407 Abs. 3 HGB – i.V.m. § 8 Inlandsverkehre Kombiverkehr); vgl. dazu oben Rdn. 100 (Binnenschiff); Rdn. 106 (Luftverkehr) und Rdn. 111–116 (Bahn). Im internationalen Huckepack-Fährverkehr gilt das Budapester Abkommen (Rdn. 103 f.), im internationalen Luftverkehr das WA 1955 oder das MÜ (Rdn. 108 f.), im internationalen Bahnverkehr gelten die AGB der UIRR i.V.m. dem COTIF 1999 bzw. den ER/CIM 1999 (Rdn. 112–115, 117 ff.). Etwaige Regelungs- bzw. Regresslücken im Verhältnis CMR-Frachtführer zu Huckepack-Beförderer sind angesichts ausführlicher Regelung dieser Frachtrechtsregime kaum denkbar.

Zum Huckepacktransport durch die englische oder französische Staatsbahn durch den Kanaltunnel vgl. Rdn. 119.

Zur Haftung des Seebeförderers vgl. BGH (Rdn. 133b) und die Erläuterungen zu Rdn. 139 ff.

VIII. Identität von CMR- und Huckepack-Beförderer

Ist der CMR- und Huckepack- bzw. Ro/Ro-Beförderer identisch, gilt Art. 2 **152** Abs. 2 CMR. Dieser enthält allerdings nur eine Klarstellung, dass nicht notwendigerweise ein (gesonderter) Frachtvertrag des CMR-Beförderers mit sich als Huckepack-Beförderer über die Huckepack-Beförderung geschlossen werden muss.

---

351 Rdn. 39 ff.
352 Rdn. 103 f. insbesondere bei Anwendung der franz. Interpretation zu den „zwingenden Vorschriften" des Trägerbeförderungsmittels (Rdn. 90 ff., 96), insbesondere bei Huckepack-Beförderung ohne Ausstellung eines Konnossements oder bei Verladung auf Deck (Rdn. 125 ff.).
353 Rdn. 100 ff.

Art. 2 Geltungsbereich

153 Auch für diesen Fall bleibt die Haftung des CMR-Straßenbeförderers nach Maßgabe des Art. 2 Abs. 1 S. 1 (oder S. 2) CMR unverändert.[354]

154 Beweislastrechtlich ergibt sich aus der Identität von CMR- und Huckepack-Beförderer keine Besonderheit.[355]

IX. Verjährung

155 Soweit nach Art. 2 Abs. 1 S. 1 CMR für den Gesamttransport (einschließlich der Huckepackstrecke) die CMR gilt, verjähren Ersatzansprüche des Absenders wegen Güter- und Verspätungsschäden nach Art. 32 CMR. Beurteilt sich ausnahmsweise (Art. 2 Abs. 1 S. 2 CMR) die Haftung des CMR-Frachtführers nach Huckepackrecht, so gelten die Haftungs- und Verjährungsregeln des Trägerbeförderungsmittels (Bahn, Binnenschiff, Seefähre). Vgl. dazu die Erläuterungen zu Art. 32 CMR.

X. Spezialregeln

156 Spezialregeln enthalten Art. 2 § 2 COTIF i.V. m. Art. 48 ER/CIM; Art. 31 WA; Art. 38 MÜ.

---

354 Denkschrift, S. 35; *Glöckner*, Art. 2 CMR Rdn. 9; Staub/*Helm*, Art. 2 CMR Rdn. 6; *Heuer*, S. 177; *Loewe*, ETR 1976, 503, 525; *Precht-Endrigkeit*, Art. 2 CMR, Anm. 13.
355 Rdn. 46f.

Kapitel II:
Haftung des Frachtführers für andere Personen

Art. 3

bearbeitet von RA Dr. Reinhard Th. Schmid, Stuttgart

Der Frachtführer haftet, soweit dieses Übereinkommen anzuwenden ist, für Handlungen und Unterlassungen seiner Bediensteten und aller anderen Personen, deren er sich bei Ausführung der Beförderung bedient, wie für eigene Handlungen und Unterlassungen, wenn diese Bediensteten oder anderen Personen in Ausübung ihrer Verrichtungen handeln.

Übersicht

	Rdn.		Rdn.
I. Allgemeines	1	V. In Ausübung der Verrichtung	32
1. Regelungsgehalt	1	1. Die Definition des Begriffes	
2. Vergleichbare Vorschriften	2	„In Ausübung der Verrichtung"	32
II. Der Anwendungsbereich der		2. Stellungnahme	33
Bestimmung	5	3. Einzelfälle aus Rechtsprechung	
1. Frachtführertätigkeit	6	und Literatur	34
2. Unanwendbarkeit der		VI. Rechtsfolgen und Beweislast	39
Bestimmung	8	VII. Haftung außerhalb des	
III. Bedienstete und alle anderen		Anwendungsbereichs der	
Personen	15	CMR	41
1. Bedienstete	15	VIII. Eigenhaftung des Fahrers	42
2. Andere Personen	16	IX. Vertretungsmacht des	
IV. Bei Ausführung der		Fahrers	43
Beförderung	28		

I. Allgemeines

1. Regelungsgehalt

Art. 3 CMR ist keine Anspruchsgrundlage, sondern eine Zurechnungsnorm, die **1** den Personenkreis, für den der Frachtführer die Haftung aus den Vorschriften der CMR übernimmt, bestimmt.

2. Vergleichbare Vorschriften

Art. 3 CMR ist ähnlich konzipiert wie § 428 HGB und § 278 BGB, die ebenfalls **2** Zurechnungsnormen in ihrem jeweiligen Geltungsbereich darstellen. Gem. § 428

Art. 3 Haftung des Frachtführers für andere Personen

HGB hat der Frachtführer für ein Verschulden seiner Leute und ein Verschulden anderer Personen, deren er sich bei der Ausführung der Beförderung bedient, wie für eigenes Verschulden einzustehen. Art. 3 CMR und § 428 HGB sind von ihrem Regelungsgehalt vergleichbar; die frühere Bestimmung § 431 HGB a.F. war weiter gefasst, da Art. 3 CMR die Einschränkung enthielt, dass die genannten Personen gleichzeitig in Ausführung ihrer Verrichtung bei der schadenstiftenden Handlung gehandelt haben müssen.[1]

3 Im Gegensatz zu Art. 3 CMR ist die Haftung des Luftfrachtführers nach Art. 30 Abs. 1–3 MÜ i.V.m. Art. 43 MÜ erweitert: Art. 3 CMR bezweckt die Haftung zu erweitern, indem er das Verhalten der Hilfspersonen dem Transportunternehmer ohne Rücksicht darauf zurechnet, ob er das Verhalten der Hilfspersonen bei Anwendung äußerster Sorgfalt kontrollieren konnte. Bei Art. 30 Abs. 1 MÜ geht es dagegen um die Tragweite der Haftungsbeschränkung, denn gem. Art. 18 MÜ haftet der Luftfrachtführer unabhängig davon, ob sich seine Hilfspersonen im Kreis der ihnen zugewiesenen Verrichtungen bewegt haben.[2] Bei der Haftung des Luftfrachtführers unterliegt die sog. Leutehaftung nationalem Recht.[3] Nach Art. 3 CMR haftet der Frachtführer grundsätzlich auch für Bedienstete, deren er sich nicht bei Ausführung der Beförderung bedient. Der Landfrachtführer haftet somit gem. Art. 3 CMR für einen größeren Personenkreis, als der Luftfrachtführer. Die Zurechnungsnorm des § 278 BGB gilt nur für Erfüllungsgehilfen sowie gesetzliche Vertreter und setzt ein Handeln im Pflichtkreis des Schuldners voraus. Die schuldhafte Handlung muss dabei im inneren sachlichen Zusammenhang mit den Aufgaben stehen, die der Schuldner dem Erfüllungsgehilfen im Hinblick auf die Vertragserfüllung zugewiesen hatte.[4] Die Haftung gem. Art. 3 CMR ist gegenüber § 278 BGB weiter, da der Frachtführer als Schuldner nicht nur für Erfüllungsgehilfen und gesetzliche Vertreter haftet.[5]

4 Aktuelle und nennenswerte Änderungen in Rechtsprechung und Literatur sind im Hinblick auf Neuigkeiten bei der Auslegung des Art. 3 CMR nicht feststellbar;[6] dies gilt nach wie vor, selbst wenn Anlass dazu besteht, das Tatbestandsmerkmal „in Ausführung ihrer Verrichtungen" rechtsdogmatisch nicht mehr so weitgehend auszulegen bei Eingriffen vorsätzlich organisierter Kriminalität in die Transportkette. Dieses Drittverhalten (strafrechtlich relevanter Betrug, Unterschlagung, veruntreuende Unterschlagung oder Diebstahl) und die ungeprüfte Zurechnung führen bei vorsätzlichem Verhalten des strafrechtlich relevant agierenden Vertragspartners zu Wertungswidersprüchen.[7]

---

1 *Helm*, Haftung für Schäden an Frachtgütern, S. 37; *Lenz*, Straßengütertransportrecht, S. 202; *Piper*, VersR 1988, 201, 207.
2 *Koller*, TranspR 2005, 177ff., hier wörtlich zitiert Fn. 20.
3 *Reuschle*, Montrealer Übereinkommen, 2. Aufl. 2011, Art. 30 MÜ Rdn. 1.
4 Vgl. BGHZ 31, 366; statt vieler: Palandt/*Grüneberg*, 71. Aufl. 2012, § 278 Rdn. 7, 12f.
5 *Boesche*, in: EBJS, 2. Aufl., Art. 3 CMR Rdn. 1, 3.
6 *Schmid*, TranspR 2004, 351.
7 *Koller*, TranspR 2005, 177, 179; *Brinkmann*, TranspR 2006, 146ff.

II. Der Anwendungsbereich der Bestimmung

Der Frachtführer haftet für Handlungen und Unterlassungen seiner Bediensteten 5
und aller anderen Personen nur dann, wenn sich seine eigene Haftung aus den
Vorschriften der CMR ergibt. Art. 3 CMR gilt somit sowohl im Rahmen der Obhuts- und Verspätungshaftung (Art. 17ff. CMR), als auch für die Sonderhaftung des Frachtführers gem. Art. 7 Abs. 3, 11, Abs. 3, 12 Abs. 7 und 21 CMR.[8] Art. 3 CMR gilt jedoch nicht bei allen anderen nicht in der CMR geregelten Sachverhalten, wie z.B. bei Güterschäden außerhalb des Obhutszeitraums oder Schadenersatz wegen Nichterfüllung.[9] Es ist ganz unzweifelhaft, dass die Gehilfenhaftung des Beförderers nach Art. 3 CMR nur soweit bestimmt, wie „dieses Übereinkommen anzuwenden ist", also mit anderen Worten: Art. 3 CMR wird nur dann begründet angewendet, wenn die Voraussetzungen anderer Bestimmungen der CMR vorliegen, also Art. 3 zur Ausfüllung dieser anderen Vorschriften dient.[10]

1. Frachtführertätigkeit

Der Frachtführer nach Art. 3 ist der Vertragspartner eines CMR-Beförderungs- 6
vertrages nach Art. 1 CMR, d.h. es muss ein der CMR unterliegender Vertrag vorliegen.

Der Frachtführer haftet, wenn gem. 459 HGB ein bestimmter Satz der Beförderungskosten vereinbart ist und er somit als Fixkostenspediteur die Rechte und Pflichten eines Frachtführers übernommen hat. Es gilt dann ausschließlich die CMR, eingeschlossen Art. 3.[11]

Als Frachtführer im Sinne dieser Vorschrift haftet der Unternehmer auch dann, 7
wenn er als Sammelladungsspediteur gem. § 460 Abs. 1 HGB auftritt.[12] Den Spediteur, der eine Sammelversendung bewirkt, treffen vom Zeitpunkt der Übergabe des Gutes an den Sammelbeförderer[13] bis zur Ablieferung an den Empfänger,[14] gem. § 460 Abs. 2 HGB, die Pflichten eines Frachtführers. § 460 Abs. 1 und 2 HGB verweist auf das jeweilige Frachtrecht der konkret durchgeführten Transportart, im grenzüberschreitenden LKW-Transport somit auf die CMR.[15]

---

8 *Heuer*, Haftung 166ff.
9 BGH, VersR 1979, 445; *Demuth*, TranspR 1999, 100; vgl. ausführlich im Folgenden Rdn. 8ff.
10 MünchKommHGB/*Jesser-Huß*, CMR, Art. 3 Rdn. 8f.; *Ferrari*, in: Ferrari/Kieninger/Mankowski et al., Internationales Vertragsrecht, 2. Aufl. 2012, Rdn. 5.
11 BGH, VersR 1978, 946; OLG Wien, TranspR 1984, 180; OHG Wien, TranspR 1985, 265; OGH Wien, TranspR 1986, 377; OLG Hamm, TranspR 1986, 77.
12 BGH, VersR 1978, 946.
13 BGH, NJW-RR 1989, 992 = VersR 1989, 864.
14 BGH, TranspR 1986, 115 = VersR 1986, 84.
15 BGH, VersR 1985, 258f. = TranspR 1985, 182f.

Art. 3 Haftung des Frachtführers für andere Personen

Sofern der Spediteur von seinem Recht des Selbsteintrittes nach § 458 HGB Gebrauch macht, so ist der Spediteur ebenfalls dem Frachtführer gleichzustellen und ist Frachtführer im Sinne des Art. 3 CMR.[16]

Art. 3 CMR ist im gesamten Regelungsbereich der CMR anzuwenden, soweit ein Handeln des Frachtführers erforderlich ist.[17] Vor allem sind dies die Fälle von Zurechnung von Verschulden, so vor allem bei den Haftungsausschlüssen des Art. 17 Abs. 2, Abs. 4 c. und Abs. 5, Art. 11 Abs. 2 CMR, aber auch zahlreiche Fälle der Zurechnung schuldloser Handlungen, so in Art. 16 Abs. 1, Art. 21 CMR (Nachnahmefehler), sowie im Rahmen des Art. 29 Abs. 2 CMR.

2. Unanwendbarkeit der Bestimmung

8 Art. 3 CMR ist nach seinem Wortlaut („soweit dieses Übereinkommen anzuwenden ist") nur auf jene Haftungstatbestände anzuwenden, die zwingend und abschließend in der CMR geregelt sind (Art. 41 CMR). In folgenden Fällen ist die Bestimmung unanwendbar:

9 a) Nicht anwendbar ist Art. 3 CMR, wenn der Frachtführer – verzugsbedingt – auf Schadensersatz wegen Nichterfüllung in Anspruch genommen wird.[18] Art. 17 Abs. 1 i.V.m. Art. 19, 23, Abs. 5 CMR regelt den Anspruch auf Ersatz des Verzögerungsschadens, der neben dem Leistungsanspruch besteht und nicht wie der Anspruch auf Schadensersatz wegen Nichterfüllung an dessen Stelle tritt. Dieser Anspruch ist nach dem jeweils ergänzend anwendbaren nationalen Recht zu beurteilen, also bei Anwendbarkeit des deutschen Rechtes gem. § 278 BGB, weil die CMR die Problematik des Schadensersatzes wegen Nichterfüllung des Vertrages nicht regelt.[19]

10 b) Art. 3 CMR ist des Weiteren unanwendbar, wenn die Tatbestandsvoraussetzungen des Art. 21 CMR deshalb entfallen, weil der vom Kraftfahrer des Frachtführers eingezogene Betrag keinen Nachnahmebetrag darstellt.[20] Gem. Art. 21 CMR hat der Frachtführer – in der Praxis also der Fahrer – bei Ablieferung des Transportgutes die Nachnahme einzuziehen. Unter Nachnahme ist der Einzug von Geld gegen Auslieferung der Ware zu verstehen. Der Betrag ist für den Absender einzuziehen. Art. 21 CMR ist also nicht Anspruchsgrundlage für eine mit der Verzollung beauftragte Spedition, die nicht Absenderin des Gutes ist und vom Empfänger die Erstattung der Verzollungskosten verlangt. Der Anspruchssteller ist auf das subsidiär geltende nationale Recht zu verweisen,[21] weil dieser Sachverhalt in der CMR keine Regelung erfahren hat.

---

16 Umfassend: *Temme*, Die Haftung des selbsteintretenden Spediteurs im Straßengüterverkehr, 1988, S. 105 ff.
17 *Helm*, in: Großkomm. HGB, Art. 3 CMR Rdn. 6.
18 BGH, NJW 1979, 2470 = TranspR 1979, 15 = VersR 1979, 445 = RIW 1979, 339; *Loewe*, ETR 1976, 503, 507.
19 *Loewe*, ETR 1976, 503, 507.
20 OGH Wien, TranspR 1984, 42.
21 OGH Wien, TranspR 1984, 42; *Heuer*, Haftung, S. 166.

c) Art. 3 CMR gilt nicht, wenn Umzugsgut als Sammelladungsgut transportiert **11** wird.²² Wird Umzugsgut mit anderem Gut, das kein Umzugsgut ist, zu einer Sammelladung zusammengestellt, haftet der Sammelladungsspediteur als Frachtführer für das Umzugsgut nicht gem. Art. 17 und Art. 3 CMR, weil die CMR nicht für die Beförderung von Umzugsgut gilt (vgl. Art. 1 CMR). Unerheblich ist, dass das Umzugsgut nicht in einem besonderen Möbelfahrzeug transportiert wurde.²³

d) Befördert der Frachtführer Transportgüter, über die kein Beförderungsvertrag **12** zustande gekommen war, weil der Fahrer ohne vertragliche Absprache zusätzliche Ladung übernommen hat, entfällt die Anwendbarkeit des Art. 3 CMR ebenfalls.²⁴ Der Frachtführer ist nur schadensersatzpflichtig für „übernommenes Gut" i.S.d. Art. 17 CMR. Übernommenes Gut ist daher nur vertraglich vereinbartes Gut. Lädt der Fahrer weiteres Gut zu, über das zwischen Frachtführer und Auftraggeber keine vertragliche Absprache zustande gekommen ist, handelt es sich nicht um „übernommenes Gut". Der Fahrer hat keine Vollmacht zur Vertragsänderung. Schadenersatzansprüche wegen Verlust oder Beschädigung des ohne vertragliche Absprache transportierten Gutes bestehen daher weder aus Art. 17 CMR, positive Vertragsverletzung des Speditions-/Frachtvertrages, noch liegen die Voraussetzungen für Geschäftsführung ohne Auftrag oder eine unerlaubte Handlung vor.²⁵

e) Unanwendbar ist die CMR ebenfalls bei Vorliegen der Voraussetzungen einer **12a** sog. culpa in contrahendo, außerhalb des Regelungsbereiches Art. 41 CMR.²⁶

In all den vorgenannten Fällen, bei denen Art. 3 unanwendbar bleibt, gilt das allgemeine nationale Recht.²⁷ **13**

Die Vorschrift des Art. 3 CMR ist nicht abdingbar.²⁸ **14**

III. Bedienstete und alle anderen Personen

1. Bedienstete

Zu den Personen, deren Handlungen oder Unterlassungen sich der Frachtführer **15** zurechnen lassen muss, gehören zunächst seine „Bediensteten" Um diesen Personenkreis näher bestimmen zu können, ist ein Vergleich mit dem Originaltext erforderlich.

---

22 Vgl. Art. 1 Abs. 4c CMR; OLG Hamburg, VersR 1980, 1075.
23 *Helm*, in: Großkomm. HGB, Art. 3 CMR, Art. 1 Rdn. 8.
24 OLG Hamburg, TranspR 1985, 38.
25 OLG Hamburg, TranspR 1985, 38.
26 Hierzu auch MünchKommHGB/*Jesser-Huß*, CMR, Art. 3 Rdn. 12.
27 BGH, VersR 1979, 449 = TranspR 1979, 15.
28 BGH, VersR 1982, 486; OLG Hamm, TranspR 1986, 77; vgl. Art. 41 Rdn. 1ff.

Art. 3 Haftung des Frachtführers für andere Personen

Der englische Text spricht von „agents and servants". Hiermit sind sowohl Angestellte als auch Vertreter des Frachtführers gemeint, die nicht notwendig in einem ständigen Dienstverhältnis zu ihm stehen müssen.[29]

Im französischen Text heißt es nur „préposés". Gem. Art. 1384 Code Civil setzt dieser Begriff nicht voraus, dass der Arbeitnehmer in einem sozialen Abhängigkeitsverhältnis steht.[30] In Anlehnung an die Begriffe der französischen und englischen Rechtsordnung zählen also zu den Bediensteten des Art. 3 CMR nicht nur die abhängig Beschäftigten – fest in Diensten stehende Arbeitnehmer des Frachtführers –, sondern auch die nicht ständig in festen Diensten stehenden Personen, wie z.B. Aushilfskräfte oder freie Mitarbeiter. Voraussetzung ist jedoch, dass die Bediensteten i.S.d. Art. 3 CMR regelmäßig im Rahmen des Beförderungsunternehmen tätig werden[31] oder sich der Frachtführer der betreffenden Personen zur Aufrechterhaltung und zum Betrieb seines Fuhrunternehmens bedient.[32] Die Personen, die als Bedienstete bezeichnet werden können, müssen also eine Funktion innerhalb des Betriebes des Frachtführers haben, die sie nicht nur vorübergehend ausüben. Nicht erforderlich ist, dass sie konkret mit der Abwicklung des Transportes beschäftigt sind.

Zutreffend grenzt *Jesser-Huß*[33] in diesem Zusammenhang (Bedienstete) ab, ob der Beförderer auch für selbstständige Gehilfen haftet oder nur für Arbeitnehmer: Besteht für den Frachtführer noch eine gesteigerte, der arbeitsrechtlichen Weisungsbefugnis entsprechende Überwachungs- und Einwirkungsmöglichkeit, so ist sein Vertragspartner als préposé/als Bediensteter anzusehen und der Frachtführer auch für Handlungen haftbar zu machen, die der Vertragspartner nicht in Ausführung der konkreten Beförderung begangen hat. Ansonsten ist er „nur" eine Person, derer sich der Frachtführer bei Ausführung der konkreten Beförderung bedient hat.[34]

Der Begriff der Bediensteten ist somit weit auszulegen.[35] In der deutschen Rechtsprechung hat eine evtl. strittige Auslegung dieses Begriffes bislang keinerlei Bedeutung gehabt und bringt in der Praxis offenbar keine Schwierigkeiten mit sich.

---

29 *Heuer*, Haftung, S. 163.
30 *Heuer*, Haftung, S. 163; *Koller*, Art. 3 Rdn. 3, der zu dem Kreis der Bediensteten auch all diejenigen Personen zählt, welche nicht im Betrieb des Frachtführers tätig sind, sofern sie nur von diesem gemäß § 278 BGB eingeschaltet und weisungsabhängig sind. Dem tritt *Boesche*, in: EBJS, 2. Aufl., Art. 3 CMR Rdn. 3, mit dem Hinweis entgegen, dass die von *Koller* zitierte Entscheidung des BGH (TranspR 1989, 275, 277) das LuftVG zum Gegenstand habe, welches anders als die CMR eine Unterscheidung zwischen Bediensteten und sonstigen Personen nicht treffe.
31 *Koller*, Art. 3 Rdn. 3; *Loewe*, ETR 1976, 503, 525.
32 *Heuer*, Haftung, S. 163.
33 MünchKommHGB/*Jesser-Huß*, CMR, Art. 3 Rdn. 17.
34 MünchKommHGB/*Jesser-Huß*, CMR, Art. 3 Rdn. 18.
35 *Heuer*, Haftung, S. 113.

2. Andere Personen

Des Weiteren haftet der Frachtführer für alle anderen Personen, deren er sich bei Ausführung der Beförderung bedient. Hierzu gehören diejenigen Personen, die mit der Abwicklung der betreffenden Beförderung befasst waren, ohne als Bedienstete des Unternehmers tätig geworden zu sein. Die Person muss also zur Erfüllung der dem Frachtführer gegenüber dem Absender obliegenden Pflichten eingeschaltet[36] und somit als Erfüllungsgehilfe tätig geworden sein. 16

Zu dem Personenkreis, für den der Frachtführer haftet, gehören:

a) Der Unterfrachtführer und sein Personal sind Erfüllungsgehilfen des Frachtführers als Hauptfrachtführer, so dass gem. Art. 3 CMR der Hauptfrachtführer für Unterfrachtführer haftet.[37] Unterfrachtführer, die im Verhältnis zueinander nicht aufeinanderfolgende Frachtführer sind, gehören zu den „anderen Personen" nach Art. 3 CMR.[38] 17

b) Setzt der Unterfrachtführer seinerseits Unterfrachtführer (also: „Unterunterfrachtführer") ein, haftet der Frachtführer auch für diese, weil er sich ihrer mittelbar bedient.[39] Vertragswidrig ist der Einsatz von Unter- bzw. „Unterunterfrachtführern" nur dann, wenn im Hauptfrachtvertrag die Weitergabe der Beförderungspflichten an andere Unternehmer vom Auftraggeber verboten wurde (OLG Düsseldorf a.a.O.). 18

c) Personen, die die Be- oder Entladung des Fahrzeuges für den Frachtführer übernehmen. Grundsätzlich enthält die CMR keine Regelung, wer für das Be- und Entladen der Fahrzeuge verantwortlich ist. Lediglich ist in Zusammenhang mit dem Haftungsausschluss in Art. 17 Abs. 3c CMR geregelt, dass der Frachtführer nicht für den entstandenen Schaden haftet, wenn die Behandlung, das Verladen, Verstauen oder Ausladen des Gutes durch den Absender, den Empfänger oder Dritte, die für Absender oder Empfänger gehandelt haben, erfolgt ist. Die Vorschrift stellt somit allein darauf ab, wer tatsächlich die Behandlung des Gutes vorgenommen hat.[40] Für die Frage, ob der Frachtführer für den Schadenseintritt während des Beladevorganges oder während der Fahrt infolge von Lade- und Staufehlern einzustehen hat, ist entscheidend, wer die Verpflichtung zum Be- und Entladen übernommen hat.[41] Denn zunächst ist zu prüfen, ob der Schaden 19

---

36 *Koller*, Art. 3 Rdn. 3.
37 OLG Hamburg, VersR 1980, 584; OLG Schleswig, VersR 1979, 141; OLG Düsseldorf, TranspR 1990, 63 f. = VersR 1990, 1293 L.
38 OLG Düsseldorf, VersR 1986, 1069 = TranspR 1986, 56; *Loewe*, ETR 1976, 503, 525 ff.; *Helm*, VersR 1988, 548, 549; zur Unterscheidung der einzelnen Frachtführerbegriffe, vgl. vor Art. 34 ff. Rdn. 1 ff.
39 OLG Hamm, VersR 1987, 609 = TranspR 1986, 77 f.; OLG Düsseldorf, VersR 1986, 1069 = TranspR 1986, 56.
40 BGH, VersR 1979, 417; BGH, TranspR 1985, 261 = VersR 1985, 754; *Loewe*, ETR 1976, 503, 558; *Helm*, in: Großkomm. HGB, Art. 17 Rdn. 16.
41 MünchKommHGB/*Jesser-Huß*, CMR, Art. 3 Rdn. 26; *Boesche*, in: EBJS, 2. Aufl., Art. 3 CMR Rdn. 9; *Herber/Piper*, CMR-Kommentar, 1996, Art. 3 Rdn. 14 f.

Art. 3   Haftung des Frachtführers für andere Personen

im Obhutszeitraum des Art. 17 CMR entstanden ist. Haben Absender und Empfänger die Ladepflicht übernommen, haften diese, selbst wenn z.B. der Fahrer des Frachtführers aus Gefälligkeit oder aufgrund Anweisung mithilft.[42] Besteht die Ladeverpflichtung für den Frachtführer, gehören die in diesem Zusammenhang erforderlichen Tätigkeiten zu seinem Obhutszeitraum; er kann sich auf den Haftungsausschluss aufgrund des Art. 17 Abs. 4c CMR nicht berufen, da seine Bediensteten und andere Personen i.S.d. Art. 3 CMR keine „Dritten" i.S.d. Art. 17 Abs. 4c CMR sind.

20   d) Dritte, die bei einem Unfall des Lastzuges die Umladung des Transportgutes für den Frachtführer übernehmen.[43] Da es zum Pflichtenkreis des Frachtführers gehört, nach einem Unfall die Umladung des Gutes selbst vorzunehmen, und diese Dritten somit Aufgaben des Frachtführers übernehmen, handeln diese als Erfüllungsgehilfen.

21   e) Dritte, deren sich der Frachtführer zur Anzeige eines Beförderungshindernisses an den Empfänger bedient. Da der Frachtführer aus dem Auftragsverhältnis zur Aufgabe der Anzeige verpflichtet ist, handeln Dritte als Erfüllungsgehilfen.

22   f) Der Havariekommissar, der den Zustand oder den Inhalt der Frachtstücke etwa aus Beweissicherungsgründen untersucht.[44] Der Frachtführer ist gem. Art. 8 Abs. 3 CMR auf Verlangen des Absenders verpflichtet, das Gewicht des Transportgutes oder den Inhalt der Frachtstücke zu überprüfen. Setzt der Frachtführer hierzu einen Havariekommissar ein, der bei der Prüfung nicht mit der erforderlichen Sorgfalt handelt und infolgedessen einen Schaden verursacht, haftet der Frachtführer gem. Art. 3 CMR.

23   g) Der Lagerhalter, dem der Unternehmer das Gut nach dessen Übernahme bis zur Weiterbeförderung übergibt, weil er die Beförderung nicht sofort ausführen kann, sofern das Gut innerhalb des Obhutszeitraums des Art. 17 CMR vom Frachtführer eingelagert worden ist.

24   h) Der Spediteur, dem der Frachtführer die Verzollung überlässt.[45] Das OLG München bezeichnet die Zollspedition auch als Verzollungsgehilfen. Denn die Zollspedition ist in der Regel nicht Empfangsspedition (da im Frachtbrief nicht als Empfangsspedition bezeichnet). Die Zollspedition ist daher nicht Erfüllungsgehilfe des Empfängers. Mit Übergabe des Gutes an die Zollspedition ist auch keine Ablieferung i.S.d. Art. 17 CMR mangels Eintragung im Frachtbrief bewirkt.

---

42 OLG Hamm, NJW 1973, 2163; OLG Düsseldorf, TranspR 1987, 23 = VersR 1987, 712; LG Mönchengladbach, VersR 1971, 218; *Glöckner*, Art. 3 CMR Rdn. 4; *Heuer*, VersR 1988, 312, 315; *Koller*, Art. 3 Rdn. 3; *de la Motte*, TranspR 1988, 364.
43 *Loewe*, ETR 1976, 503, 526.
44 Vgl. *Heuer* Haftung, S. 164.
45 OLG München, VersR 1982, 264; *Groth*, Neuere Rechtsprechung zur CMR 1980–1982, VersR 1983, 1104.

Die Zollbehandlung ist vielmehr Sache des Frachtführers. Aus Art. 6, 1. j) CMR sowie Art. 11 CMR ergibt sich, dass der Frachtführer für die Verzollung zuständig ist.[46]

Nicht zu dem Personenkreis, für den der Frachtführer haftet, gehören:

a) Der Vermieter von Kraftfahrzeugen, die der Frachtführer in Gebrauch hat. Der Grund hierfür ergibt sich aus Art. 17 Abs. 3 CMR, der überflüssig gewesen wäre, wenn diese Personen unter die Aufzählung des Art. 3 CMR fielen.[47]

Dasselbe muss gelten, wenn der Auftraggeber dem Frachtführer mit Auftragserteilung die Anweisung zur Benutzung eines bestimmten Fahrzeugs einer Drittfirma gibt und es zu einem Schaden aufgrund des Defekts dieses Fahrzeugs kommt. Die Drittfirma ist dann nicht als Erfüllungsgehilfe des Frachtführers anzusehen.[48] Setzt der Frachtführer für die Wartung und Kontrolle seiner Fahrzeuge Unternehmer ein, sind diese ebenfalls keine Erfüllungsgehilfen. Kritisiert wird diese Auffassung von *Helm*.[49] Die Erfüllung der Pflicht, das benutzte Transportmittel in einem ordnungsgemäßen Zustand zu halten, könne nicht risikobegrenzend auf Dritte übertragen werden. Diese Problematik stellt sich jedoch im Zusammenhang mit dem Haftungsausschluss des Art. 17 Abs. 3 CMR nicht, wenn sich der Schaden während der Obhutszeit des Frachtführers ereignet, da der Frachtführer für das von ihm eingesetzte Fahrzeug – gleichgültig, wem es gehört – haftet.

b) Veterinärbeamte, die die Einführuntersuchung des Fleischtransportes vornehmen, sind keine Bedienstete im Sinne des Art. 3 CMR.[50] Werden z.B. die Feststellhaken eines Kühllastzuges durch Veterinäre anlässlich der Einfuhruntersuchung fehlerhaft arretiert, und rutschen deshalb die daran aufgehängten Schweinehälften im hinteren Laderaumteil zusammen mit der Folge der Beeinträchtigung des Kühlluftumlaufes, so haftet der CMR-Frachtführer für den hierdurch verursachten Schaden an dem Gut nicht. Denn das Verhalten der mit der Veterinäruntersuchung befassten Amtspersonen ist gem. Art. 17 Abs. 4 Ziff. c CMR dem Empfänger, nicht aber dem Frachtführer zuzurechnen.

c) Die Zollbeamten, die das Transportgut beschädigen.[51] Nach Auffassung des LG Hamburg setzt die Funktion eines Transportgehilfen i.S.d. Art. 3 CMR einen „Dienstnutzungswillen" voraus, der durch eine Leitungs- oder Anweisungsbefugnis gegenüber den Gehilfen zum Ausdruck kommt, mit der Folge, dass der Frachtführer eine Einwirkungs- und Einflussmöglichkeit auf die Tätigkeit der Gehilfen hat. Dies vor allem fehle – so das LG – bei der Tätigkeit der Zollbeamten. Der Rechtsauffassung des LG Hamburg ist zuzustimmen, da dem Frachtführer nicht pauschal jedes Verhalten aller Personen, die im Laufe des Transportgeschehens mit dem Transportgut in Berührung kommen, zuzurechnen sein kann.

---

46 *Koller*, Art. 13 Rdn. 12; *Lenz*, Straßengütertransportrecht, Rdn. 259, 446.
47 *Loewe*, ETR 1976, 503, 526; *Koller*, Art. 3 Rdn. 3.
48 OLG Hamburg, NJW-RR 1992, 1511 = VersR 1992, 1245 L = TranspR 1992, 16 f.
49 *Helm*, in: Großkomm. HGB, § 431 Anm. 4.
50 LG Bremen, TranspR 1989, 267; *Thume*, TranspR 1992, 1.
51 LG Hamburg, TranspR 1983, 47.

Art. 3 Haftung des Frachtführers für andere Personen

Vielmehr muss auf den Willen des Beförderers, die Mitwirkung der von ihm ausgesuchten Personen in Anspruch nehmen zu wollen, abgestellt werden.

IV. Bei Ausführung der Beförderung

28 Dem Text des Art. 3 CMR ist nicht ohne Weiteres zu entnehmen, ob sich der Relativsatz „deren er sich bei Ausführung der Beförderung bedient" nur auf „alle anderen Personen" oder auch auf die „Bediensteten" beziehen soll. Die Differenzierung hat folgende Bedeutung: Sofern sich der Relativsatz nicht auf die Bediensteten bezieht, haftet der Frachtführer auch für Handlungen dieser Person, die zwar noch in Ausübung der ihnen übertragenen Verrichtung, aber nicht bei Abwicklung des konkreten Transportauftrages erfolgen. Würde dieselbe schädigende Handlung durch „andere Personen" bei Ausübung der ihnen übertragenen Verrichtung vorgenommen werden, entfiele die Haftung des Frachtführers, da sie nicht „bei Ausführung der Beförderung" erfolgt ist.

Heuer geht davon aus, dass der Relativsatz nur „alle anderen Personen" betrifft.[52] Die in Art. 3 CMR getroffene Unterscheidung zwischen „Bediensteten" und anderen Personen, würde seines Erachtens jeglichen Sinnes entbehren, wenn allein die Bestellung des Gehilfen zur Abwicklung der im Einzelfall jeweils streitigen Beförderung darüber entscheidet, ob seine Handlungen und Unterlassungen dem Frachtführer zuzurechnen sind, ohne dass es darauf ankäme, ob es sich um „Bedienstete"oder nicht zu den „Bediensteten" gehörenden Gehilfen handelte. Seiner Auffassung nach hätte der Gesetzgeber eine dem § 6 KVO vergleichbare Fassung gewählt, wenn er nicht zwischen den beiden Personengruppen hätte differenzieren wollen.

Koller[53] argumentiert ähnlich, indem er die gesonderte Erwähnung des „Bediensteten" als sinnlos betrachtet, wenn diese bei Ausführung der Beförderung geschädigt haben müssten. Den Schutzpflichten des Frachtführers, die im Hinblick auf Arbeitnehmer und sonstige regelmäßig Beschäftigte besonders intensiv seien, sei auf diese Weise in differenzierter Form Rechnung getragen. *Koller* zieht des Weiteren den französischen Text mit der Formulierung „des quelles" (weiblich!) heran, welche sich nur auf „personnes" und nicht auf „préposés" beziehen kann.

Bereits *Loewe*[54] hat zwischen Bediensteten und allen anderen Personen differenziert. Er hat hinsichtlich der Haftung unterschieden, ob ein Fahrer des Frachtführers, der beim Manövrieren seines LKWs, der zur Beförderung Güter eines anderen Auftrages bestimmt ist, Güter des Berechtigten beschädigt, oder ein Fahrer, der zum Personal des Vermieters des LKWs gehört, der bei derselben Handlung Güter beschädigt.

---
52 *Heuer*, Haftung, S. 163.
53 *Koller*, Art. 3 Rdn. 4.
54 ETR 1976, 503, 526.

Piper[55] scheint zwischen Bediensteten und allen anderen Personen zu unterscheiden, also den Relativsatz nur auf alle anderen Personen zu beziehen, indem er formuliert, dass der Frachtführer für das Verhalten von Bediensteten oder solcher Nichtbediensteten, deren er sich bei Ausführung der Beförderung bedient, haftet. Die Betonung „solcher" Nichtbediensteter lässt auf eine solche Differenzierung schließen.

Jesser-Huß, a.a.O., stellt fest, dass sich der Relativsatz nur auf die anderen Personen bezieht, dass der Beförderer also für die Bediensteten auch haftet, wenn er sie nicht zur Ausführung des vertragsgemäßen Transportes eingesetzt hat. Nur so erhalte die besondere Nennung der Bediensteten überhaupt einen Sinn.

Diese Auffassung vertritt auch *Ferrari*.[56]

Anderer Auffassung sind *Precht/Endrigkeit*[57] und *Oeynhausen*.[58] Die vorgenannten Autoren beziehen den Relativsatz auch auf die Bediensteten, jedoch ohne nähere Begründung und ohne auf das Problem einzugehen.

Die herrschende Meinung trifft also zwischen Bediensteten und allen anderen Personen im Sinne von Art. 3 CMR eine Unterscheidung und bezieht den Relativsatz „deren er sich bei Ausführung der Beförderung bedient" nur auf die „anderen Personen".

Die herrschende Meinung ist nicht unumstritten. Zunächst ist festzuhalten, dass die Diskussion um den Relativsatz nur in dem Bereich der Verschuldenshaftung des Art. 29 CMR Bedeutung hat. Für die Obhutshaftung im Rahmen der beschränkten Haftung ist es ohne Belang, ob der betreffende „Bedienstete" bei Ausführung der konkreten Beförderung, geschädigt hat bzw. ob der Bedienstete überhaupt zur Ausführung der Beförderung angestellt ist, da der Frachtführer ohnehin von der Übernahme bis zur Ablieferung des Gutes haftet. Folgt man der überwiegenden Meinung, haftet der Frachtführer für jeden „Bediensteten" seines Betriebes in unbeschränkter Höhe, wenn dieser i.S.d. Art. 29 CMR/§ 435 HGB in Ausübung seiner Verrichtung Schäden am Transportgut anrichtet. Rammt z.B. der Büroangestellte mit seinem PKW auf dem Weg zur Bank die auf dem Hof stehende Palette i.S.d. Art. 29 CMR/§ 435 HGB, haftet der Frachtführer unbeschränkt für den entstandenen Schaden. In diesem Fall ist nicht einsichtig, weshalb der Frachtführer als Arbeitgeber für einen Angestellten, der mit der Abwicklung des Transportes in keiner Weise befasst ist und von seiner Tätigkeit her keinerlei Berührung mit dem Frachtgut hat, strenger haften soll als jeder andere Arbeitgeber. Hier ist der Frachtführer im Vergleich zu anderen Arbeitgebern anderer Branchen schlechter gestellt, die lediglich über § 831 BGB mit der Möglichkeit des Entlastungsbeweises haften.

29

---

55 Höchstrichterliche Rechtsprechung zum Speditions- und Frachtrecht, RWS-Skript 1990, 151 u. 184.
56 *Ferrari*, in: Ferrari/Kieninger/Mankowski et al., Internationales Vertragsrecht, 2. Aufl. 2012, Art. 3 CMR Rdn. 8.
57 Kommentar, Art. 3 Rdn. 1.
58 *Oeynhausen*, TranspR 1984, 57.

Art. 3 Haftung des Frachtführers für andere Personen

30 Letztendlich sind auch die wirtschaftlichen Folgen der Auslegung durch die herrschende Meinung zu berücksichtigen. Durch die Vergrößerung der Zahl der potentiellen Schädiger vervielfacht sich das Haftungsrisiko des Frachtführers, was die Gefahr der Existenzvernichtung begründet. Freilich besteht i.d.R. eine CMR-Haftpflichtversicherung, so dass der wirtschaftliche Ruin des Frachtführers durch Abschluss einer entsprechenden Versicherung abgewendet werden kann. Allein unter dem Gesichtspunkt, dass der (in der Regel) versicherte Frachtführer im Vergleich zum „Bediensteten" der finanziell bessergestellte Anspruchsgegner ist, ist die von der überwiegenden Meinung vertretene Auffassung in Bezug auf den Relativsatz gerechtfertigt und – bei bestehen bleibender Bedenken – vertretbar.

31 Die – nach h.M. – „andere Person" muss eine solche sein, deren sich der Frachtführer bei der Ausführung der Beförderung bedient; sie braucht selbst nicht zu handeln. Die „andere Person" wird im gesamten Pflichtenkreis des Hauptfrachtführers tätig, und zu diesen Pflichten gehört nicht nur die Transportpflicht, sondern auch die allgemeine Obhutspflicht, alles zu unterlassen, was zu einer Gefährdung des Frachtgutes führen kann.[59]

V. In Ausübung der Verrichtung

1. Die Definition des Begriffes „in Ausübung der Verrichtung"

32 Der Frachtführer haftet für die schadensstiftenden Handlungen der Bediensteten und aller anderen Personen, wenn diese „in Ausübung ihrer Verrichtungen" gehandelt haben.

Dieses Tatbestandsmerkmal setzt voraus, dass ein innerer sachlicher Zusammenhang zwischen der übertragenen Verrichtung (nach ihrer Art und ihrem Zweck) mit der schädigenden Handlung besteht; die Handlung muss noch zum allgemeinen Umkreis des zugewiesenen Aufgabenbereiches gehören und darf nicht nur bei Gelegenheit begangen worden sein;[60] der BGH vertritt die Auffassung, dass es zur Obhutspflicht gehört, alles zu unterlassen, was zur Gefährdung des Frachtgutes führen kann. Die Vorschrift reicht weiter als § 278 BGB, bei der es auf ein Handeln der Gehilfen gerade in Erfüllung der betreffenden Verbindlichkeit ankommt. Für das Merkmal „in Ausübung ihrer Verrichtungen" ist ein innerer sachlicher Zusammenhang zwischen der Vertragserfüllung und der schädigenden Handlung Voraussetzung. Diese muss noch in den allgemeinen Umkreis des zugewiesenen Aufgabenbereiches fallen und darf nicht nur bei Gelegenheit der Vertragserfüllung, z.B. im Rahmen einer selbstständigen unerlaubten Handlung

---

59 BGH, VersR 1985, 1060 = TranspR 1985, 338.
60 BGH, VersR 1985, 1060, 1061 = TranspR 1985, 338 = RIW 1986, 388, wobei der BGH in dieser Entscheidung Bezug zum nationalen Recht (§§ 278 und 831 BGB) nimmt; *Pokrant/Gran*, Transport- und Logistikrecht, 9. Aufl. 2009, Rdn. 294.

begangen worden sein.⁶¹ *Koller*, der grundsätzlich dem BGH zustimmt, verlangt für den inneren sachlichen Zusammenhang zusätzlich, dass die Zuweisung des Aufgabenbereiches das Risiko der schädigenden Handlung erheblich gesteigert hat und der Frachtführer mit dem Fehlverhalten im Zusammenhang mit der Ausübung der Verrichtung rechnen konnte.⁶² *Heuer*⁶³ dagegen will diejenigen Verrichtungen genügen lassen, die sich aus dem den Bediensteten in ihrer Eigenschaft als Angestellte oder selbständige Gehilfen des Frachtführers obliegenden Aufgaben- und Pflichtenkreis ergeben. Es soll ausreichen, dass der Schaden durch eine Handlung oder Unterlassung verursacht worden ist, zu der die Gehilfen aufgrund ihres Beschäftigungsverhältnisses allgemein berufen waren. Es sei weder erforderlich, dass die schädigende Handlung der Erfüllung einer frachtvertraglichen Verpflichtung diene, noch müssten die Bediensteten mit der Abwicklung der Beförderung gerade des Gutes befasst gewesen sein, das durch ihr Verhalten zu Schaden gekommen ist; denn der Relativsatz im ersten Teil der Vorschrift beziehe sich nicht auf die Bediensteten. *Glöckner*⁶⁴ setzt voraus, dass sich das Verhalten der Hilfspersonen in dem ihnen vom Schuldner zugewiesenen Aufgabenbereich hält. Nach Auffassung *Precht/Endrigkeit*⁶⁵ handeln die Erfüllungsgehilfen des Frachtführers immer dann in „Ausübung ihrer Verrichtung", wenn sie „handels- und gewerbliche Maßnahmen für ihren Prinzipal" treffen. *Loewe*⁶⁶ definiert den Begriff „in Ausübung der Verrichtung" nicht, sondern trifft lediglich eine Unterscheidung zwischen den angestellten Kraftfahrern des Frachtführers und den Fahrern des Vermieters des LKWs.

Zum Montrealer Übereinkommen (Art. 30 Abs. 1 MÜ) vertritt *Reuschle*⁶⁷ die Auffassung, dass Handlungen, die in Ausführung der Verrichtungen der Leute des Luftfrachtführers getätigt werden, weit zu fassen sind und auch das bewusste Zuwiderhandeln der Leute gegen Weisungen des Luftfrachtführers noch „in Ausführung der Verrichtung" erfolgt sein kann. Jenseits dieser Grenze – so *Reuschle*, a.a.O. – liegende Handlungen, die nur noch im äußerem Zusammenhang mit diesen Obliegenheiten stehen, sind dem Luftfrachtführer nicht mehr zurechenbar. Nach der von *Reuschle*, a.a.O., vertretenen Auffassung handelt ein Angestellter nicht mehr in Ausführung seiner Verrichtungen, wenn er den Diebstahl außerhalb seiner Arbeitszeit begeht oder wenn er während der Arbeitszeit den Diebstahl wie ein Dritter, der keine Verantwortung für die Obhut des Reisegepäcks innehat, begeht.⁶⁸

Jesser-Huß formuliert den Sinn und Zweck des Art. 3 CMR dahingehend, die Risiken der Arbeitsteilung demjenigen zuzuweisen, der den Nutzen aus ihr zieht

---

61 *Pokrant/Gran*, a.a.O.
62 *Koller*, Transportrecht, Art. 3 Rdn. 5.
63 *Heuer*, Haftung, S. 165.
64 *Glöckner*, TranspR 1988, 327.
65 *Precht/Endrigkeit*, Handbuch, Art. 3 Ziff. 3.
66 *Loewe*, ETR 1976, 503, 525 ff.
67 *Reuschle*, Montrealer Übereinkommen, 2. Aufl. 2011, Rdn. 9.
68 MünchKommHGB/*Jesser-Huß*, CMR, Art. 3 Rdn. 24.

Art. 3 Haftung des Frachtführers für andere Personen

und so die Gehilfenhaftung auch nur solche Handlungen der Gehilfen erfasst, die in einem inneren sachlichen Zusammenhang mit der übertragenen Verrichtung stehen. Entscheidend sei, dass die übertragene Verrichtung, aus der der Beförderer den wirtschaftlichen Nutzen zieht, den Gehilfen in die Lage versetzt, die schädigende Handlung zu begehen, das Risiko schädigender Handlungen erheblich steigert und der Beförderer mit dem Fehlverhalten im Zusammenhang mit der Ausübung der Verrichtungen rechnen konnte; fehle es daran, so handle der Gehilfe nicht in Ausübung, sondern allenfalls bei Gelegenheit der Verrichtung.[69]

2. Stellungnahme

33 Richtigerweise haben der BGH, *Koller* und *Heuer* bei der Beschreibung des Tatbestandsmerkmales in „Ausübung der Verrichtung" auf den Aufgabenbereich des Gehilfen abgestellt. Konsequenterweise müsste jedoch noch eine weitere Konkretisierung in Bezug auf den Aufgabenbereich des Bediensteten und der anderen Personen vorgenommen werden. Der Aufgabenbereich des Bediensteten ergibt sich aus dem zugrunde liegenden Beschäftigungsverhältnis und den darin genannten Aufgaben. Der Aufgabenbereich der anderen Personen ist konkret durch den Umfang, in welchem sich der Frachtführer dieser Personen bedient, genauer durch das Auftragsverhältnis, bestimmt.

Erschleichen sich im Rahmen organisierter Kriminalität Scheinunternehmen das Recht zur Auftragsdurchführung, so besteht kein innerer sachlicher Zusammenhang zwischen der nur zum Schein begründeten Vertragserfüllung und der schädigenden Handlung. Eingriffe organisierter Kriminalität in die Transportkette haben mit der Vertragserfüllung nichts zu tun und geschehen – nach juristischer Diktion – nur „bei Gelegenheit" und nicht in Ausübung der Verrichtung: Vorsätzliches, also doloses Verhalten, hat mit der Wahrung und Sicherung der Obhutspflicht zur Durchführung des Transportes nichts zu tun, sondern dieses vorsätzliche und dolose Verhalten verdrängt die Transport- und Obhutspflicht und ist deshalb dem Frachtführer nach Art. 3 CMR nicht zurechenbar.[70]

Erstmals formuliert *Haak*[71] die dogmatisch kluge Argumentation, dass Art. 3 CMR ein Spiegel der Haftungsbefreiung gem. Art. 17 Abs. 2 CMR ist. Anders formuliert bedeutet dies: Immer wenn für den Frachtführer etwas unvermeidbar ist, also mit größtmöglicher Sorgfalt gehandelt wurde, so ist dies nicht mehr unter die „Verrichtungen" nach Art. 3 CMR zu subsumieren. Als Probeüberlegung im Zusammenspiel zwischen Art. 3 und Art. 17 Abs. 2 CMR gilt: „In Ausübung der Verrichtung" ist nichts unvermeidbar, „bei Gelegenheit der Ausübung" liegt

---

69 So auch *Ferrari*, in: Ferrari/Kieninger/Mankowski et al., Internationales Vertragsrecht, 2. Aufl. 2012, Art. 3 CMR Rdn. 12.
70 A.A. OLG Hamburg, TranspR 1997, 100; OLG Düsseldorf, NRWE 14.7.2010 – I 18 U 221/09.
71 *Haak*, The liability of the carrier under the CMR, 1986, S. 178 (Hinweis: Die „Erstmaligkeit" dieser Argumentation ergibt sich nach den aktuellen Recherchen des Bearbeiters).

Unvermeidbarkeit vor. Diese Argumentation bietet eine sachgerechte und widerspruchsfreie Lösung[72] für die Fallgruppen, in denen der Frachtführer/Spediteur mit größtmöglicher Sorgfalt die weiteren Subunternehmer in der Transportkette auswählte und trotzdem Opfer von kriminell agierenden „Schein-Frachtführern" wurde.

Weiter ist argumentatorisch denkbar bei – bestrittener – Zurechnung des dolosen Verhaltens (des sich den Transport erschleichenden „Schein-Frachtführers" nach Art. 3 CMR), dass im Einzelfall der Unvermeidbarkeitsbeweis nach Art. 17 Abs. 2 CMR zu führen ist, falls der Hauptfrachtführer den Subunternehmer unter den Voraussetzungen des Art. 17 Abs. 2 CMR ausgewählt hat.

3. Einzelfälle aus der Rechtsprechung und Literatur

Der BGH[73] hat angenommen, dass ein geringfügiges Abweichen von der vorgegebenen Fahrtroute noch in Ausübung der Verrichtung geschieht. In dem der Entscheidung zugrundeliegenden Sachverhalt hatte der Fahrer, um eine Bekannte zu besuchen, einen Umweg von ca. 5 km gemacht und den LKW für die Dauer eines Abendessens unbewacht in der Innenstadt Mailands abgestellt.

Dem BGH ist zuzustimmen, dass ein geringfügiges Abweichen von der Fahrtroute noch in Ausübung der Verrichtung geschieht. Für die Beurteilung, ob eine Verrichtung im Sinne des Art. 3 CMR vorliegt, ist der dem Fahrer zugewiesene Aufgabenbereich heranzuziehen, welcher sich wiederum aus dem zugrundeliegenden Anstellungsverhältnis ergibt. Als Kraftfahrer hatte der betreffende Fahrer die allgemeine Aufgabe, die Güter des Auftraggebers von A nach B zu verbringen. Ob der Aufgabenbereich durch das Arbeitsverhältnis soweit konkretisiert ist, dass der Fahrer allein und ausschließlich die vorgegebene Fahrtroute zu wählen hat, ist Tatfrage.

Der BGH[74] hatte über einen Sachverhalt zu entscheiden, in welchem die Fahrer trotz ausdrücklicher Ermahnungen und Verbote des Frachtführers versuchten, Alkohol über die jordanisch-saudische Grenze zu schmuggeln, weshalb der LKW samt Ladung zunächst beschlagnahmt wurde und es hierdurch zu einer Lieferverzögerung kam. Der Frachtführer ließ sich vor Fahrtantritt ein Revers von den Fahrern unterschreiben, wonach sich diese verpflichteten, in Kenntnis der strengen Zollvorschriften jeglichen Alkoholschmuggel zu unterlassen. Der BGH sah den notwendigen inneren sachlichen Zusammenhang darin, dass der Schmuggelversuch während des eigentlichen Beförderungsvorganges und unter Verwendung desselben auch zum Transport verwendeten Fahrzeuges vorgenommen wur-

---

72 Z.T. a.A. MünchKommHGB/*Jesser-Huß*, CMR, Art. 3 Rdn. 23, die darauf hinweist, dass Art. 3 CMR multifunktional und deshalb nicht nur im Lichte einer einzigen Haftungsnorm der CMR zu interpretieren sei und darüber hinaus Fallgruppen denkbar seien, bei denen es keinen Gleichklang zwischen „Verrichtungen" und „Unvermeidbarkeit" gäbe.
73 VersR 1984, 551 = TranspR 1984, 182.
74 VersR 1984, 551 = TranspR 1984, 182.

Art. 3 Haftung des Frachtführers für andere Personen

de. Das Verhalten der Fahrer habe den unbehinderten Lauf des Frachtgutes unmittelbar gefährdet und stelle sich als eine Verletzung der vertraglichen Obhutspflicht über das Frachtgut dar. Diese neben der Transportpflicht bestehende Obhutspflicht, alles zu unterlassen, was zu einer Gefährdung des Frachtgutes führen kann, gehöre mit zum eigentlichen Aufgabenbereich der Fahrer; durch den Schmuggelversuch hätten sich die Fahrer gerade in diesem Bereich betätigt.

Kritik an dieser Entscheidung übte *Glöckner*.[75] Er sah den Tatbestand des Art. 3 CMR nicht als erfüllt an, weil der Frachtführer seinen Fahrern den Alkoholschmuggel ausdrücklich untersagt hatte. Er sah keinen Grund, die Gefährdungshaftung des Frachtführers durch Ausweitung des inneren sachlichen Zusammenhanges zu vergrößern. Mit dieser Begründung übersieht *Glöckner*, dass die Ausdehnung des inneren sachlichen Zusammenhanges nicht geeignet ist, die Gefährdungshaftung zu erweitern. Die Gefährdungshaftung des Frachtführers besteht – abgesehen von den gesetzlich vorgesehenen Haftungsausschlüssen – ohnehin von der Übernahme bis zur Ablieferung des Frachtgutes. Für die Gefährdungshaftung ist daher ohne Bedeutung, ob die schädigende Handlung des Fahrers in Ausübung der Verrichtung erfolgte oder nicht. Die Auslegung des Begriffes „in Ausführung der Verrichtung" wird erst für die der Höhe nach unbeschränkte Haftung des Frachtführers gem. Art. 29 CMR relevant. Diese ist jedoch Verschuldenshaftung und nicht Gefährdungshaftung. Der Argumentation *Glöckners* ist nicht zuzustimmen, vielmehr ist der Ansicht des BGH zu folgen.

36 Das OLG Koblenz[76] hat die Verletzung der Bewachungspflicht durch den Fahrer – der Fahrer war ca. 5 Minuten zur Toilette gegangen, während der LKW entwendet wurde – dem Frachtführer gem. Art. 3 CMR zugerechnet. Die Fahrer haben nach Ansicht des OLG Koblenz auch dann noch in Ausübung ihrer Verrichtung gehandelt, wenn sie gegen die Weisung des Frachtführers, den LKW nicht allein zu lassen, verstoßen haben.

Auch hier zunächst zu überprüfen, ob sich der betreffende Fahrer innerhalb seines ihm als Kraftfahrer zugewiesenen Aufgabenbereiches gehalten hat. Es wäre jedoch daran zu denken, dass die vom Frachtführer erteilte Weisung den Aufgabenbereich konkretisiert oder abgeändert hat in der Form, dass jedes weisungswidrige Verhalten nicht mehr innerhalb des zugewiesenen Aufgabenbereiches liegt. Es erscheint jedoch nicht interessengerecht, dass der Frachtführer durch Ausübung seines Direktionsrechtes die Arbeitspflicht des Bediensteten so gestaltet, dass für dessen Fehlleistungen die Haftung entfällt. Zu Recht wird man davon ausgehen müssen, dass auch Weisungen des Frachtführers als Arbeitgeber den Zusammenhang der schädigenden Handlung mit der Ausübung der Verrichtung nicht entfallen lassen können.

---

75 *Glöckner*, TranspR 1988, 327 ff.
76 VersR 1989, 279.

Groth[77] zitiert eine unveröffentlichte Entscheidung des OLG München, mit welcher das OLG den Frachtführer für den Schaden an einem transportierten PKW haften ließ, mit dem sein Fahrer eine Spritztour unternommen hatte. 37

Ein besonders in der Praxis häufig auftretendes Problem stellen die Diebstähle 38 durch das Personal des Frachtführers dar. Für Art. 3 CMR und auch für andere frachtrechtliche Vorschriften stellt sich daher die Frage, ob Diebstähle, begangen durch Personal, noch in Ausführung der Verrichtung erfolgen, oder lediglich bei Gelegenheit begangen werden.

Der BGH hat angenommen, dass Diebstähle von Gepäckstücken durch Gepäckarbeiter eine deliktische Haftung gem. §§ 823, 831 BGB der Eisenbahn begründen, ohne das Tatbestandsmerkmal „in Ausführung der Verrichtung" näher zu untersuchen.[78]

Das Reichsgericht[79] hat die Eisenbahn als Frachtführer für einen Diebstahl, der durch Beamte – Wagenputzer und Lampenputzer – begangen wurde, haften lassen.

Das Reichsgericht[80] nahm eine Haftung des Lagerhalters für Diebstähle an, die sein Lagermeister außerhalb der Dienststunden an eingelagerten Sachen beging.

Das OLG Hamburg[81] lässt den Rollfuhrunternehmer für Schäden haften, die vom Fahrer dadurch verursacht wurden, dass er für den Unternehmer von der Deutschen Bundesbahn zugewiesene Lagerplatzgüter dadurch entwendete, dass er diese mit verladen hat, ohne einen entsprechenden Frachtbrief in Händen zu halten. Der Diebstahl der Ware sei Ausdruck der Tätigkeit gewesen, zu der der Fahrer bestellt worden sei, d.h. Waren auszusortieren und zu transportieren. Dem Fahrer sei in bezug auf diese Tätigkeit eine Vertrauensstellung zugekommen, die er durch die Diebstähle in vertragswidriger Weise missbraucht hätte.

In dem der Entscheidung des OLG Düsseldorf[82] zugrunde liegenden Sachverhalt hatte der Absender dem Beförderungsunternehmen Geldsendungen übergeben, welche in Verlust gerieten. Das OLG entschied, dass selbst wenn das Beförderungsunternehmen nicht mehr für seine Mitarbeiter nach § 278 BGB einzustehen hätte, die Haftung aus § 831 BGB folgen würde. Das OLG nahm stillschweigend an, dass das Personal in Ausübung der Verrichtung bei der Diebstahlhandlung tätig geworden ist.

Helm[83] lässt den Frachtführer für Diebstähle seines Personals grundsätzlich haften, wenn die Beschäftigung der Leute im Betrieb des Frachtführers die Möglichkeit zur schädigenden Handlung ermöglicht hat. Nach Auffassung von *Heuer*[84]

---

77 Neuere Rechtsprechung zu CMR 1980–1982, VersR 1983, 1104.
78 BGHZ 24, 188.
79 RGZ 7, 125.
80 RGZ 110, 348.
81 VersR 1983, 352.
82 TranspR 1991, 235.
83 *Helm*, in: Großkomm. HGB, § 431 Rdn. 3.
84 Haftung, S. 166.

Art. 3   Haftung des Frachtführers für andere Personen

hat der Frachtführer dagegen den Diebstahl seiner Gehilfen regelmäßig nicht zu vertreten. Etwas anderes solle jedoch gelten, wenn der Gehilfe zur Überwachung des Gutes bestellt war. Die Abgrenzung soll im Einzelfall unter Berücksichtigung des Aufgaben- und Pflichtenkreises getroffen werden können, der dem Gehilfen mit der Bestellung zu einer Verrichtung übertragen worden ist.

Ruhwedel[85] und *Giemulla-Schmid*[86] halten den Luftfrachtführer für Diebstähle durch einen Bediensteten, der nicht mit der Abfertigung von Gepäck oder Frachtgütern zu tun hat, nicht für haftbar, da der Diebstahl außerhalb der übertragenen Verrichtung erfolgt.

In Rechtsprechung und Literatur lässt sich somit eine herrschende Meinung dahin feststellen, dass der Frachtführer für Personaldiebstähle haftet, soweit das Personal mit der Obhut von Transportgut betraut war. Dem ist zuzustimmen. Für Art. 3 CMR gilt jedoch wieder folgende Unterscheidung: Soweit es sich um Bedienstete des Frachtführers handelt, ist ausreichend, dass sie innerhalb des Betriebes einen Arbeitsplatz innehaben, der ihnen den Zugriff auf die Frachtgüter erlaubt, also bei Lagermeistern, Fahrern etc. Unerheblich bei diesen Personen ist, ob die konkrete Diebstahlshandlung außerhalb der Arbeitszeit erfolgt ist, da in der Regel die Diebstahlshandlung während der Arbeitszeit vorbereitet und während der Arbeitszeit die erforderlichen Kenntnisse gesammelt werden. Die Bediensteten missbrauchen somit die ihnen durch ihre Funktion gebotene Zugriffsmöglichkeit, Gegenstände zu stehlen.

Für alle anderen Personen, deren sich der Frachtführer zur Ausführung der Beförderung bedient, die sogleich Erfüllungsgehilfen des Frachtführers sind, gelten die vom BGH dargelegten Grundsätze, dass der Frachtführer und somit auch sein Erfüllungsgehilfe alles zu unterlassen haben, was zu einer Gefährdung des Gutes führen kann. Handlungen lediglich bei Gelegenheit der Ausführung und nicht in Verrichtung derselben sind nicht zurechenbar, da kein innerer sachlicher Zusammenhang mit der Primärleistungsverpflichtung besteht. Dies z.B. bei Lagermeistern, Fahrern, usw. unerheblich bei diesen Personen ist, ob die konkrete Diebstahlshandlung dann außerhalb der Arbeitszeit erfolgt ist, da in der Regel die Diebstahlshandlung während der Arbeitszeit vorbereitet oder während der Arbeitszeit die erforderlichen Kenntnisse gesammelt werden. Die Bediensteten missbrauchen somit die ihnen durch ihre Funktion gebotene Zugriffsmöglichkeit, Gegenstände zu stehlen.

Da alle andere Personen, deren sich der Frachtführer zur Ausführung der Beförderung bedient, zugleich Erfüllungsgehilfen des Frachtführers sind, gelten hier die vom BGH[87] dargelegten Grundsätze, dass der Frachtführer und somit auch seine Erfüllungsgehilfen alles zu unterlassen haben, was zu einer Gefährdung des Gutes führen kann. Der Erfüllungsgehilfe hat somit auch jegliche Diebstahlshandlungen zu unterlassen.

---

85 Der Luftbeförderungsvertrag, 3. Aufl., Rdn. 592.
86 *Giemulla/Schmid*, Warschauer Abkommen, Art. 20 WA Rdn. 42 f.
87 VersR 1985, 1060, 1061 = TranspR 1985, 338 = RIW 1986, 60.

VI. Rechtsfolgen und Beweislast

Der Frachtführer hat für Handlungen und Unterlassungen seiner Gehilfen „wie für eigene" einzustehen. Auf ein Eigenverschulden des Frachtführers kommt es somit nicht an. **39**

Die Beweislast für das Vorliegen der Tatbestandsmerkmale **40**
– Bedienstete oder eine andere Person, deren sich der Frachtführer bediente
– hat gehandelt oder unterlassen
– und zwar in Ausübung der Verrichtung

trägt der Geschädigte.[88] Da Art. 3 CMR nur eine Zurechnungsnorm ist, trägt der Geschädigte zusätzlich die Beweislast für die haftungsbegründende Norm.

Unter Umständen muss der Geschädigte nicht nur beweisen, welche Person sich schädigend verhalten hat, sondern auch, wem das Verhalten der Person zuzurechnen ist. Das kann dann der Fall sein, wenn ein beim Frachtführer angestellter Fahrer oder eine andere Person dem zur Beladung des Fahrzeugs verpflichteten Absender bei der Beladung geholfen hat.[89]

VII. Haftung außerhalb des Anwendungsbereiches der CMR

Soweit das Übereinkommen nicht anwendbar ist, kommt eine Haftung des Frachtführers für seine Gehilfen aus § 278 BGB oder § 831 BGB in Betracht; in diesem Falle wird jedoch die Haftung nach § 831 BGB durch Art. 28 CMR entsprechend eingeschränkt. **41**

Ob der Gehilfe die unerlaubte Handlung in Ausübung der Verrichtung ausgeübt hat, beurteilt sich entsprechend der Vorschrift des Art. 3 CMR, so dass auf die vorgenannten Ausführungen verwiesen werden kann. Im Gegensatz zu Art. 3 CMR kann sich der Beförderer als Arbeitgeber nach § 831 BGB jedoch entlasten.

Der Unternehmer muss sich z.B. bei der Einstellung des Fahrers davon überzeugt haben, dass dieser zur Erfüllung der ihm obliegenden Aufgaben befähigt ist,[90] insbesondere ist vor der Einstellung – dokumentiert – abzuklären, ob der Fahrer – und seit wann – einen Führerschein hat, ob in der Vergangenheit gegenüber dem Fahrer Fahrverbote verhängt wurden oder, ob die Fahrerlaubnis früher einmal entzogen wurde. Er sollte sich daher vergewissern, dass der Fahrer die nötige Sachkunde und technische Geschicklichkeit hat und über die notwendige Charakterstärke, Besonnenheit und Verantwortungsgefühl verfügt.[91] Bei Übertragung

---

88 *Baumgärtel*, Beweislast im Zivilprozess, Art. 3 Rdn. 1.
89 *Baumgärtel*, a.a.O.
90 BGH, VersR 1956, 349.
91 *Willenberg*, KVO § 6 Rdn. 33.

Art. 3 Haftung des Frachtführers für andere Personen

eines neuen Aufgabenbereiches ist der Fahrer entsprechend einzuweisen. Der Unternehmer hat nicht nur eine sorgfältige Auswahl seiner Mitarbeiter zu treffen, sondern er hat diese einer regelmäßigen Kontrolle zu unterziehen.[92]

VIII. Eigenhaftung des Fahrers

42 Zwischen Fahrer und Auftraggeber besteht keine vertragliche Beziehung, so dass der Fahrer, sofern die Tatbestandsvoraussetzungen vorliegen, dem Geschädigten aus §§ 823 ff. BGB haftet. Um den wirtschaftlichen Ruin des Fahrers zu verhindern, sieht Art. 28 Abs. 2 CMR vor, dass sich der Fahrer auf die haftungsbeschränkenden Vorschriften der CMR berufen kann. Voraussetzung ist allerdings, dass er nicht grob fahrlässig oder vorsätzlich im Sinne von Art. 29 CMR gehandelt hat und im Rechtsverhältnis zwischen Frachtführer als seinem Arbeitgeber und dem Geschädigten die Vorschriften der CMR zur Anwendung kommen. Hat der Fahrer bei Eintritt des Schadens grob fahrlässig oder vorsätzlich gehandelt, kann er sich gem. Art. 29 CMR nicht auf die Haftungsbeschränkungen berufen und haftet gem. § 823 i.V.m. § 249 BGB in unbeschränkter Höhe. In der Regel wird der Geschädigte jedoch den Frachtführer selbst in Anspruch nehmen, da zugleich die Voraussetzungen des Art. 3 CMR vorliegen. Soweit der Fahrer als Arbeitnehmer selbst verklagt wird, ist es ihm wegen der grob fahrlässigen oder vorsätzlichen Begehungsweise versagt, sich auf den arbeitsrechtlichen Freistellungsanspruch zu berufen, im Einzelnen Art. 28 Rdn. 1 ff.

Wird ein Anspruch außerhalb des Anwendungsbereichs der CMR gegen den Fahrer gerichtet, hat er die Rechtsposition wie jeder andere Arbeitnehmer inne. Auf die Haftungsbegrenzung der CMR kann er sich nicht berufen. Er kann jedoch die Haftung im Wege der Freistellung an seinen Arbeitgeber, den Frachtführer, weiterleiten, sofern er leicht fahrlässig gehandelt hat. Auch im Falle mittlerer Fahrlässigkeit steht ihm ein Anspruch auf teilweise Schadensabnahme zu. Dem Fahrer kommt dabei zugute, dass nunmehr seit Beschluss des großen Senates des BAG[93] die Haftungsverteilung nicht nur bei schadensgeneigter Arbeit, sondern grundsätzlich auf alle Tätigkeiten der Arbeitnehmer ausgedehnt werden soll.[94]

IX. Vertretungsmacht des Fahrers

43 Nicht in Art. 3 CMR geregelt ist die Vertretungsmacht des Fahrers, bzw. inwieweit der Fahrer berechtigt ist, den Frachtführer als seinen Geschäftsherrn rechtsgeschäftlich zu verpflichten. Grundsätzlich wird man davon ausgehen müssen, dass der Fahrer nicht bevollmächtigt ist, den Frachtführer bei Abschluss oder bei nachträglicher Abänderung des Beförderungsvertrages rechtsgeschäftlich zu vertreten, es sei denn, im Einzelfall wäre eine besondere Vereinbarung getroffen.

---

92 BGH, VersR 1970, 318.
93 ZIP 1992 A 71.
94 S. im Einzelnen Art. 28 Rdn. 1 ff.

Eine Abschlussvollmacht des Fahrers lässt sich nicht aus § 54 HGB herleiten, **44**
denn der Fahrer ist gewerblicher und nicht kaufmännischer Arbeitnehmer des
Frachtführers, so dass er nicht zum Personenkreis des § 54 HGB gehört. Der Fahrer wird auch dann nicht im Sinne des § 54 HGB im Handelsgewerbe des Frachtführers tätig, wenn er alltägliche Geschäfte, wie tanken, Erteilung von kleineren Reparaturaufträgen, vornimmt.

In der Regel wird auch keine Duldungs- oder Anscheinsvollmacht anzunehmen **45**
sein. Die Duldungsvollmacht setzt voraus, dass der Vertretene es wissentlich geschehen lässt, dass ein anderer für ihn wie ein Vertreter auftritt und der Geschäftsgegner dieses Dulden nach Treu und Glauben dahin verstehen darf, dass der als Vertreter Handelnde bevollmächtigt ist.[95] Nur in Ausnahmefällen wird der Frachtführer ein Auftreten des Fahrers als Vertreter wissentlich dulden, z.B. dann, wenn der Fahrer für die Rückfahrt Güter annimmt,[96] denn es ist insbesondere im Fern- und Auslandsverkehr Praxis, dass sich der Fahrer Rückfrachten besorgt. Wenn der Frachtführer dies – ohne ausdrücklich den Fahrer bevollmächtigt zu haben – stillschweigend duldet, ist eine Duldungsvollmacht anzunehmen.

Die Anscheinsvollmacht setzt voraus, dass das den Rechtsschein einer Bevoll- **46**
mächtigung erzeugende Verhalten von einer gewissen Häufigkeit und Dauer ist und der Vertretene das Handeln des angeblichen Vertreters hätte erkennen können. Sofern zwischen Absender und Frachtführer keine dauerhafte Geschäftsbeziehung besteht, wird eine Häufigkeit und Dauer in diesem Sinne nicht vorliegen, so dass auch eine Anscheinsvollmacht des Fahrers ausscheidet.

Das OLG Düsseldorf hat in seiner Entscheidung vom 28.10.1982[97] zwar ange- **47**
nommen, dass wenn der Frachtführer dem Fahrer mit seiner Unterschrift oder seinem Stempel versehene Frachtbriefblankette mitgibt, er den Anschein begründet, dass er den Fahrer bevollmächtigt hat. Der Anschein der Bevollmächtigung soll sich aus der Übergabe der Blankofrachtbriefe ergeben. Diese Auffassung hat *Thume* (vgl. Art. 24 Rdn. 4) zu Recht kritisiert. *Thume* hat die Annahme einer Anscheinsvollmacht für den Fall abgelehnt, dass die Vertragspartner in den Vorverhandlungen hierüber überhaupt nicht gesprochen hatten; der unterzeichnete Frachtbrief stellt eine Blankketturkunde dar, auf welche § 172 BGB entsprechend anwendbar ist. D.h., wer eine Blankketturkunde freiwillig aus der Hand gibt, muss den abredewidrig oder abredegemäß ausgefüllten Inhalt des Blanketts gegen sich gelten lassen.[98] Die Aushändigung einer Blankketturkunde ist daher nicht mit Anscheinsvollmacht zu verwechseln.

Somit steht fest, dass sich eine Fahrervollmacht weder aus dem Gesetz herleiten **48**
lässt, noch stillschweigend davon ausgegangen werden kann, dass der Frachtführer seine Fahrer zur Vornahme von Vertragsabschlüssen oder -änderungen bevollmächtigt hat.

---

95 BGH, NJW 1956, 460 (st. Rspr.).
96 *Heuer*, VersR 1988, 312, 316.
97 VersR 1983, 749.
98 BGHZ, 68, 304; BGHZ 113, 53.

Kapitel III:
Abschluss und Ausführung des Beförderungsvertrages

Art. 4

bearbeitet von RA Christian Teutsch, Düsseldorf

Der Beförderungsvertrag wird in einem Frachtbrief festgehalten. Das Fehlen, die Mangelhaftigkeit oder der Verlust des Frachtbriefs berührt weder den Bestand noch die Gültigkeit des Beförderungsvertrages, der den Bestimmungen dieses Übereinkommens unterworfen bleibt.

Literatur: *Blaschczok*, Die Haftung beim Einsatz vertragswidriger Transportmittel, TranspR 1987, 401; *Claringbould*, Das niederländische Gesetz über den Vertrag zur Beförderung auf der Straße: eine Übersicht, TranspR 1988, 403; *ders.*, Dokumentation zum Wet Overeenkomst Wegvervoer; TranspR 1988, 453; *Freise*, Das neue internationale Eisenbahnfrachtrecht (CIM 1999), TranspR 1999, 417; *Gröhe*, Der Transportvertrag als Vertrag zugunsten Dritter – Zum Problem der Passivlegitimation des Unterfrachtführers, ZEuP 1993, 141; *Helm*, Probleme der CMR: Geltungsbereich – ergänzendes Recht – Frachtbrief – Weisungsbefugnis – aufeinanderfolgende Frachtführer, VersR 1988, 548; *Koller*, Die Haftung des Unterfrachtführers gegenüber dem Empfänger, VersR 1988, 673; *ders.*, Die Haftung beim Transport mit vertragswidrigen Beförderungsmitteln, VersR 1988, 432; *Piper*, Probleme der CMR, TranspR 1990, 357; *Thume*, Keine Rechte des Empfängers nach Art. 13 Abs. 1 CMR und § 435 HGB gegen den Unterfrachtführer?, TranspR 1991, 85; *Willenberg/Lucas*, Der Luftfrachtverkehr auf der Straße oder das Trucking und seine haftungsrechtlichen Folgen, TranspR 1989, 201; *Wulfmeyer*, Der Gütertransportvertrag im niederländischen neuen Bürgerlichen Gesetzbuch, TranspR 1993, 261; *dies.*, Die Elemente des Transportvertrages im niederländischen Recht, TranspR 1993, 405.

Übersicht

	Rdn.		Rdn.
I. Der Beförderungsvertrag	1	4. Inhalt des Beförderungs-	
1. Keine Regelung in der CMR	1	vertrages	13
2. Vertragsschluss nach nationalem		a) Beförderung	14
Recht	2	b) Beförderung von Gütern	15
a) Internationales Privatrecht	4	c) Beförderung gegen Entgelt	16
b) Einheitsrecht	6	d) Beförderung mittels Fahrzeugen	17
c) Rechtliche Einordnung	7	e) Beförderung auf der Straße	18
d) Beteiligte des		aa) Unimodaler Transport	19
Beförderungsvertrages	8	bb) Multimodaler Transport	20
aa) Einfacher Frachtvertrag	8	f) Grenzüberschreitende Beförde-	
bb) Unterfrachtvertrag	9	rung	21
e) Abschlussfreiheit	10	5. Vertragsfreiheit	22
f) Formfreiheit	11	**II. Der Frachtbrief**	23
3. Abgrenzung	12	1. Rechtlicher Charakter	23

Art. 4 Abschluss und Ausführung des Beförderungsvertrages

a) Funktion.............................. 24
b) Innerdeutsches Recht.............. 25
2. Bedeutung in der CMR.............. 26
a) Keine konstitutive Wirkung...... 27
b) Beweiswirkung des Frachtbriefs. 28
c) Frachtbrief als „Rechtsgrundlage"................................. 29

I. Der Beförderungsvertrag

1. Keine Regelung in der CMR

1 Die CMR enthält keine Regelung über das Zustandekommen und den rechtlichen Inhalt des Beförderungsvertrages. Art. 4 CMR geht davon aus, dass ein Beförderungsvertrag abgeschlossen ist. Dieser Vertrag ist vorhanden und rechtswirksam unabhängig davon, ob der Frachtbrief fehlt, mangelhaft ist oder verloren gegangen ist. Der Frachtvertrag der CMR ist, wie in mittlerweile allen den Güterverkehr regelnden internationalen Übereinkommen,[1] kein Realvertrag oder gar Formalvertrag, sondern ein Konsensualvertrag. Dies entspricht allgemeiner Betrachtung.[2] S. auch Vor Art. 1 CMR Rdn. 24 ff.

2. Vertragsschluss nach nationalem Recht

2 Die Vereinheitlichung des internationalen Transportrechts umfasst nicht alle rechtlichen Aspekte des Vertragsverhältnisses. An einigen Stellen verweist die CMR selbst auf ergänzend anzuwendendes nationales Recht, wie in Art. 5 Abs. 1, Art. 16 Abs. 5, Art. 20 Abs. 4, Art. 29 Abs. 1, Art. 32 Abs. 1 und 3 CMR. Diese Verweisungen sind als Sachnormverweisungen zu verstehen; das nationale Recht soll insoweit zwingend anzuwenden sein.[3] Überall dort, wo die CMR schweigt und keine besonderen Regelungen enthält, wie beim Pfand- und Zurückbehaltungsrecht oder beim Standgeld, ist ergänzend das jeweilige nationale Recht heranzuziehen.[4] Dabei dürfen innerstaatliche Begriffe und Rechtsgrundsätze nicht ohne Weiteres übernommen werden, um das Ziel möglichst einheitlicher Rechtsanwendung nicht zu gefährden.[5] S. auch im Folgenden Rdn. 6.

---

[1] Die seit 1.7.2006 geltende Fassung der COTIF (Protokoll von Vilnius, 3.6.1999, verkündet 2.9.2002 als Anlage zu dem Gesetz vom 24.8.2002; BGBl. II, S. 2149) und deren Anh. CIM regelt in direkter Anlehnung an die CMR den Frachtvertrag als Konsensualvertrag, Art. 6 § 1 CIM; s. auch *Freise*, TranspR 1999, 417, 422.

[2] Denkschrift, S. 36; *Loewe*, ETR 1976, 503, 510; MünchKommHGB/*Jesser-Huß*, Art. 4 CMR Rdn. 5 f.; Staub/*Helm*, Art. 4 CMR Rdn. 3; *Koller*, Art. 4 CMR Rdn. 1; *Boesche*, in: EBJS, Art. 4 CMR Rdn. 1; *Clarke*, para. 22; BGH, 22.1.1971 – I ZR 108/69, BGHZ 55, 217, 222; OGH Wien, 9.6.1967 – 6 Ob 196/67; *Greiter*, Nr. 1.

[3] Staub/*Helm*, Art. 1 CMR Rdn. 77.

[4] Denkschrift, S. 34, 36; *Loewe*, ETR 1976, 503, 507; Staub/*Helm*, Art. 1 CMR Rdn. 75 ff.; *Hill & Messent*, Introd., S. 10; *Koller*, Vor Art. 1 CMR Rdn. 6.

[5] BGH, 28.2.1975 – I ZR 40/74, NJW 1975, 1597 = VersR 1975, 610; OLG Düsseldorf, 7.3.2007 – I–18 U 115/06, TranspR 2007, 196, wie BGH, 14.2.2008 – I ZR 183/05, TranspR 2008, 323 = VersR 2009, 284 ablehnend zur Fixkostenspedition wg. Art. 41 CMR.

Nach dem zum 1.7.1998 in Kraft getretenen Transportrechtsreformgesetz[6] ist das allgemeine Landfrachtrecht nach den §§ 407 ff. HGB zur ergänzenden Auslegung heranzuziehen. Systematisch wurde der Transport auf Straße, Schiene und Binnenwasserstraße einheitlich geregelt. Die Regelungen zum Frachtvertrag lehnen sich bewusst an die CMR an.[7] 3

a) Internationales Privatrecht

Das Kollisionsrecht entscheidet die Frage, welches nationale Recht zur Ergänzung der CMR anzuwenden ist. Trotz der Vereinheitlichung des Rechts des internationalen Gütertransports auf der Straße durch die CMR steht im grenzüberschreitenden Rechtsverkehr nicht a priori fest, nach welcher Rechtsordnung der Vertrag geschlossen ist. 4

Der deutsche Gesetzgeber hat zunächst durch die weitgehende Übernahme des EG-Übereinkommens vom 19.6.1980 in das IPRG vom 25.7.1986 die Bestimmung des Vertragsstatuts erleichtert. Der Vorrang der freien Rechtswahl der Parteien nach Art. 27 EGBGB und die Auffangregel des Art. 28 Abs. 4 EGBGB für *Güter*beförderungsverträge mindern für Verträge, die *vor* dem 17.12.2009 abgeschlossen wurden, die Gefahr einer Vertragsspaltung durch Anknüpfung an verschiedene Erfüllungsorte für die jeweils geschuldete Leistung. Für alle *nach* dem 17.12.2009 abgeschlossenen Verträge gilt die Rom-I-Verordnung.[8] Sie enthält den Grundsatz der freien Rechtswahl nach Art. 3 Rom-I-VO und die Sonderregelungen des Art. 5 Rom-I-VO für Beförderungsverträge, wenn die Parteien keine Vereinbarung über das anzuwendende Recht getroffen haben. Greifen diese Regelungen noch nicht ein, gilt der aus dem früheren Art. 28 Abs. 4 EGBGB bekannte Ort des engsten Anknüpfungspunktes: die Hauptniederlassung des Beförderers im Zeitpunkt des Vertragsabschlusses, *sofern* sich in diesem Staat entweder der Verladeort oder der Entladeort oder die Hauptniederlassung des Absenders befindet. Da die CMR dazu keine Regelung enthält, sind Parteivereinbarungen über das im Streitfall anzuwendende Recht bereits bei Vertragsabschluss möglich und wirksam. Das aufgrund zulässiger Vereinbarung deutschen Rechts angerufene deutsche Gericht muss die Rechtswahl berücksichtigen.[9] Zu der aus Art. 31 und 39 CMR nicht zu beantwortenden Frage nach dem Erfüllungsort s. Art. 31 Rdn. 39 und die Erläuterungen zu Art. 39. Für deutsche Vertragsparteien werden auf diesem Wege besonders die Rechtsgrundlagen für den Vergütungsanspruch, das Pfandrecht des Frachtführers sowie außer- und vorvertragliche Ansprüche wegen Leistungsstörungen ermittelt wie Unmöglichkeit, Schlechterfüllung, p.F.V., c.i.c. (§ 311 Abs. 2, 3 i.V.m. § 280 Abs. 1 i.V.m. § 241 5

---

6 BGBl. 1998 I, S. 1588.
7 BT-Drucks. 13/8445, S. 25.
8 Verordnung (EG) Nr. 593/2008 des Europäischen Parlaments und des Rates vom 17. Juni 2008 über das auf vertragliche Schuldverhältnisse anzuwendende Recht (Rom I), ABl. v. 4.7.2008 Nr. L 177/6.
9 BGH, 10.2.1982 – I ZR 80/80, BGHZ 83, 96, 101 = NJW 1982, 1946 = VersR 1982, 543 = TranspR 1982, 74; weiterhin anwendbar.

Art. 4 Abschluss und Ausführung des Beförderungsvertrages

Abs. 2 BGB) und Schutzpflichtverletzungen außerhalb der CMR.[10] Vgl. Vor Art. 1 Rdn. 47 ff.

b) Einheitsrecht

6 Soweit die CMR Regelungen über das Rechtsverhältnis der Vertragsparteien enthält, ist sie im internationalen Privatrecht *lex specialis* mit unbedingtem Vorrang. Nationales Recht ist demnach nur dann anzuwenden, wenn die Voraussetzungen des Art. 1 Abs. 1 CMR nicht erfüllt sind *oder* wenn die CMR nach Art. 1 Abs. 4 des Übereinkommens auf den Transport nicht anzuwenden ist *oder* wenn die Unterwerfungsklausel nach Art. 6 Abs. 1 lit. k) CMR nicht wirksam ist *oder* wenn in der CMR nicht geregelte Fragen zu entscheiden sind.[11]

Als völkerrechtliches Übereinkommen soll die CMR aus sich heraus und losgelöst von innerstaatlichen Rechtsbegriffen ausgelegt werden. Dabei ist im Interesse einer möglichst einheitlichen Anwendung im Wege der Rechtsvergleichung auch die Rechtsprechung anderer Vertragsstaaten zu berücksichtigen. Die unmittelbare Heranziehung der Art. 31–33 der Wiener Vertragskonvention[12] erscheint aus zwei Gründen problematisch: Zum einen regelt die Konvention anzuwendendes Völkerrecht zwischen Staaten als Vertragsparteien, Art. 1 und 2 der Konvention, nicht internationales Gesetzesrecht mit unmittelbarer zivilrechtlicher Wirkung für Rechtssubjekte wie die CMR. Zum anderen schließt Art. 4 der Konvention die Rückwirkung auf Verträge aus, die die betreffenden Staaten abgeschlossen hatten, bevor diese Konvention für sie in Kraft trat. Für Deutschland trat die CMR am 5.2.1962 in Kraft, 23 Jahre früher. Vermittelnd lässt sich argumentieren, dass die in Art. 31–33 der Konvention niedergelegten Grundsätze Völkergewohnheitsrecht darstellen, dessen Anwendung auf internationales Gesetzesrecht jedenfalls nicht ausgeschlossen ist.

Art. 41 CMR legt ausdrücklich fest, dass jede unmittelbar oder mittelbar von den Bestimmungen des Übereinkommens abweichende Parteivereinbarung nichtig und ohne Rechtswirkung ist, s. Art. 41 Rdn. 3 ff. Die Unabdingbarkeit der CMR bietet den Vertragsparteien gerade für den wesentlichen Bereich der Haftung des Frachtführers Sicherheit auf einer einheitlichen Rechtsgrundlage. Weitgehend unabhängig von nationalen Besonderheiten lassen sich die Risiken des internationalen Straßengütertransports abschätzen. Somit bringt das Einheitsrechts der CMR sowohl eine kollisionsrechtliche wie eine materiellrechtliche Vereinheitlichung.

---

10 *Koller*, Vor Art. 1 CMR Rdn. 30.
11 Vgl. Reithmann/Martiny/*Mankowski*, Rdn. 2720, 2722; BGH, 28.2.1975 – I ZR 40/74, NJW 1975, 1597, 1598 = MDR 1975, 554 = WM 1975, 521 = DB 1975, 1074; BGHZ 75, 92, 94.
12 BGBl. 1985 II, S. 926; so MünchKommHGB/*Jesser-Huß*, Einleitung CMR Rdn. 18 ff.

c) Rechtliche Einordnung

Anders als etwa in den Niederlanden[13] oder in der früheren DDR[14] kennt das Schuldrecht des BGB keinen kodifizierten Transportvertrag. Das HGB kennt in der Neufassung des § 407 den Frachtführer zu Lande, auf der Schiene und auf Binnengewässern und impliziert dabei, dass er seine Beförderungspflicht durch Abschluss eines Vertrages begründet. Eine Legaldefinition des Frachtführers wie in § 425 HGB a.F. gibt es nicht mehr, der Frachtführer unterfällt dem Kaufmannsbegriff des § 1 HGB in der Fassung des Handelsrechtsreformgesetzes,[15] mit dem Hinweis des § 407 Abs. 3 Nr. 2 HGB für Kleingewerbetreibende.

7

Die Begriffe *Frachtvertrag* in § 407 HGB und *Beförderungsvertrag*, vorliegend in der CMR, sind einander gleichzusetzen.[16] Nach der Systematik des BGB ist der Frachtvertrag eine Unterart des Werkvertrags, § 631 BGB, mit Elementen des Geschäftsbesorgungsvertrags, § 675 BGB. Schwerpunkt der vertraglichen Leistung ist ein geschuldeter Erfolg, nämlich die Verbringung des Gutes von Ort zu Ort; diese kann z.B. verbunden sein mit Einziehung der Fracht vom Empfänger oder der Verzollung des Gutes, also die Besorgung des Geschäfts Dritter.[17] In Einzelaspekten ist der Beförderungsvertrag ein echter Vertrag zugunsten Dritter, § 328 BGB, so gewähren die §§ 421 Abs. 1, 418 Abs. 2 HGB dem Empfänger eigene Rechte gegenüber dem Frachtführer. Gleiches gilt für den Beförderungsvertrag der CMR. Zu den Empfängerrechten s. die Erläuterungen bei Art. 12 Rdn. 36 ff., Art. 13 Rdn. 12 ff., Art. 14 Rdn. 10 ff., Art. 15 Rdn. 5 ff., Art. 20 Rdn. 3 ff.

d) Beteiligte des Beförderungsvertrags

aa) Einfacher Frachtvertrag

Die CMR führt die Parteien des Frachtvertrags und die anderen beteiligten Personen nicht gesondert auf. Sie erscheinen bei den einzelnen Regelungen als vorausgesetzt. Die britische *Carriage of Goods by Road Act* 1965, das Einführungsgesetz zur CMR im Vereinigten Königreich, führt einleitend unter section 14 (2 a–e) alle in Frage kommenden Personen auf: den Absender, den Empfänger, jeden auch unter Art. 34 CMR fallenden Frachtführer, jede Person, für die ein solcher Frachtführer nach Art. 3 CMR haftet, schließlich jeden, auf den Rechte und Pflichten eines der vier erstgenannten Beteiligten, gleich aus welchem Rechts-

8

---

13 *Claringbould*, TranspR 1988, 403; *ders.*, TranspR 1988, 453; *Wulfmeyer*, TranspR 1993, 261; *dies.*, TranspR 1993, 405; das 8. Buch des BWB ist seit 1991 in Kraft.
14 *Basedow*, S. 73, Fn. 30.
15 HRefG, 22.6.1998, BGBl. I, S. 1474.
16 Staub/*Helm*, Art. 4 CMR Rdn. 1; *Koller*, Art. 1 CMR Rdn. 2, lässt dies offen, subsumiert aber jeden Frachtvertrag des HGB unter Art. 1 CMR.
17 Seit RGZ 15, 74, 76; 25, 108, 110, 112; Staub/*Helm*, § 425 a.F. HGB Rdn. 51 ff.; *Koller*, § 407 HGB Rdn. 35.

Art. 4 Abschluss und Ausführung des Beförderungsvertrages

grund, übergangen sind.[18] Die Aufzählung ist auf deutsche Anwender unmittelbar übertragbar.

Die deutsche Fassung der CMR bezeichnet den Vertragsteil, der die Beförderung ausführt, wie das HGB als „Frachtführer". Dem Frachtführer steht bei Vertragsabschluss der „Absender" gegenüber, in dessen Auftrag das Gut dem „Empfänger" als dem dritten Beteiligten zuzuführen ist. Absender kann einmal der Urversender sein, der den Frachtvertrag unmittelbar mit dem Frachtführer schließt, oder der Spediteur, der in Erfüllung seines Speditionsvertrages den Frachtführer beauftragt. Der Empfänger ist selbst nicht Partei des Beförderungsvertrags. Vor der Ablieferung des Gutes kann ein anderer Empfänger als ursprünglich vorgesehen benannt werden, Art. 12 Abs. 1 CMR. In der Praxis sieht sich der Absender regelmäßig nicht dem eigentlichen Frachtführer, seinem Vertragspartner, gegenüber, sondern dem Fahrer, der das Gut zur Beförderung übernimmt. Auch wenn der Fahrer den Frachtbrief selbst unterschreiben sollte, will und soll er nicht Vertragspartei sein. Vielmehr handelt er regelmäßig als Bediensteter des Frachtführers i.S.d. Art. 3 CMR.[19]

bb) Unterfrachtvertrag

9 Der Unterfrachtvertrag, den der Hauptfrachtführer mit einem Unterfrachtführer im eigenen Namen und auf eigene Rechnung abschließt, hat grundsätzlich den gleichen rechtlichen Charakter und die gleiche Struktur wie der Hauptfrachtvertrag. Art. 3 CMR impliziert einen Unterfrachtführer. Dabei wird aber unterschieden zwischen dem sog. Samtfrachtvertrag i.S.d. Art. 34 CMR, bei dem vom Urabsender bis zum Empfänger nur ein Frachtbrief ausgestellt und von einer beliebigen Zahl von Unterfrachtführern weitergegeben wird, und dem Unterfrachtvertrag im eigentlichen Sinne zwischen dem Frachtführer als Absender und einem weiteren Frachtführer.[20] Ersterer soll wie der Hauptfrachtvertrag nach der Rechtsprechung des BGH ein Vertrag zugunsten Dritter sein, der Empfänger hat alle Rechte gegen den Frachtführer, beim Samtfrachtvertrag unter der Voraussetzung des Art. 13 CMR gegen alle beteiligten Frachtführer als Gesamtschuldner. Dagegen wird der Unterfrachtvertrag seiner Rechtsnatur nach nicht näher definiert. Dem Empfänger erkannte der BGH gegenüber dem Unterfrachtführer lange nur unter der Voraussetzung des Art. 34 CMR Ansprüche zu; denn dieser sei nur Erfüllungsgehilfe des Hauptfrachtführers im Rahmen des Art. 3 CMR.[21] Der BGH hat diese Ansicht aufgegeben und sich der überwiegenden in der Literatur vertretenen Ansicht angeschlossen, dass der Empfänger bei Verlust oder Beschädigung auch gegenüber dem abliefernden Unterfrachtführer Ansprü-

---

18 S. bei *Hill & Messent*, Appendix A; www.legislation.gov.uk/ukpga/1965/37.
19 Zum Umfang der Fahrervollmacht vgl. Art. 3 Rdn. 43ff.; *Koller*, § 407 HGB Rdn. 38.
20 OGH Wien, 16.3.2004 – 4 Ob 235/03t, SZ 2004/32.
21 BGH, 24.10.1991 – I ZR 208/89, BGHZ 116, 15 = TranspR 1992, 177 = VersR 1992, 640; a.A. *Thume*, TranspR 1991, 85 mit eingehender Rechtsprechungsübersicht; *Koller*, VersR 1988, 673; *ders.*, Art. 13 CMR Rdn. 5.

che geltend machen kann.²² S. weiter die Erläuterungen zu Art. 13 CMR, Rdn. 16 ff.

Die italienische *Corte di Cassazione*²³ sieht auch den Unterfrachtvertrag als Vertrag zugunsten Dritter an. Dem Empfänger stehen alle Rechte gegen den Unterfrachtführer zu, was in der Praxis die Schadensregulierung stark erleichtert.²⁴ Die neue Rechtsprechung des BGH geht in die gleiche Richtung.

Weiteres zur vertraglichen Situation bei einer Mehrheit von Frachtführern und zum Begriff des Samtfrachtführers s. bei Art. 34 Rdn. 7 ff.

e) Abschlussfreiheit

Nach deutschem Recht unterliegt der Frachtführer im grenzüberschreitenden Straßengütertransport keinem Kontrahierungs- und damit keinem Beförderungszwang. Ebenso beruht die CMR auf der Annahme der Freiheit des Frachtführers, einen Beförderungsvertrag abzuschließen, mit wem und wann er will. **10**

f) Formfreiheit

Die CMR regelt in den Art. 5 und 6 Form und Inhalt des Frachtbriefs. Art. 4 S. 2 CMR stellt dagegen fest, dass das Fehlen des Frachtbriefs den Bestand und die Gültigkeit des Beförderungsvertrags nicht berührt. Damit ist ausgedrückt, dass die Ausstellung eines Frachtbriefs kein konstitutives Element für den Abschluss des Beförderungsvertrags ist (vgl. aber Rdn. 27). Der Vertrag wird allein durch die Einigung der Parteien wirksam geschlossen.²⁵ **11**

3. Abgrenzung

Die CMR findet keine Anwendung auf einen Speditionsvertrag, d.h. einen Vertrag, durch den sich jemand nur verpflichtet, den Transport von Gütern zu besorgen oder Güter transportieren zu lassen.²⁶ Der Spediteur kann unter der ergänzenden Anwendung deutschen Rechts durch Selbsteintritt nach § 458 HGB oder durch Spedition zu festen Kosten nach § 459 HGB oder bei Sammelladung nach § 460 HGB zum Frachtführer werden, insbes. *wie* ein Frachtführer haften. Auch diese Fälle führen nur zu einer mittelbaren Anwendung der CMR.²⁷ Die Behandlung des Spediteurs als Frachtführer und die daraus abgeleitete Haftung nach den **12**

---

22 BGH, 14.7.2007 – I ZR 50/05, BGHZ 172, 330 = TranspR 2007, 425.
23 Cass.Civ. III sez. 21.10.1991, N. 11 108.
24 *Gröhe*, ZEuP 1993, 141.
25 BGE, 20.6.2006 – 132 III 626 S. 637, zit. nach der Internetsammlung des Bundesgerichts.
26 *Loewe*, ETR 1976, 503, 510, 517; Staub/*Helm*, Art. 1 CMR Rdn. 22, MünchKommHGB/*Jesser-Huß*, Art. 1 CMR Rdn. 5.
27 BGH, 21.11.1975 – I ZR 74/75, BGHZ 65, 340, 342 = NJW 1976, 1029 = VersR 1976 433; BGH, 10.2.1982 – I ZR 80/80, BGHZ 83, 96, 99 = NJW 1982, 1946 = VersR 1982, 543 = TranspR 1982, 74.

Art. 4 Abschluss und Ausführung des Beförderungsvertrages

Vorschriften der CMR kennt auch das englische Recht.[28] Der französische *commissionnaire de transport* unterliegt ebenfalls unter bestimmten Voraussetzungen den Haftungsregeln eines Frachtführers.[29] Allerdings ist seine Stellung nicht ganz der des deutschen Spediteurs vergleichbar, er ist zum Abschluss von Beförderungsverträgen im eigenen Namen auf fremde Rechnung verpflichtet, führt aber den Transport nicht mit eigenen Mitteln aus.[30] Die Parteien eines Speditionsvertrages können die Anwendung der CMR aber ausdrücklich vereinbaren.[31]

4. Inhalt des Beförderungsvertrages

13 Art. 1 Abs. 1 CMR gibt eine Kurzdefinition des Beförderungsvertrags, auf den das Übereinkommen anzuwenden ist: Die Ausfüllung der Einzelmerkmale ist wiederum dem jeweiligen nationalen Recht zu entnehmen. Näheres siehe bei den Erläuterungen zu Art. 1 CMR.

a) Beförderung

14 Auch § 407 HGB bringt keine Legaldefinition. „Beförderung" ist als Kernstück des Frachtvertrages die Verbringung, hier von Gütern, von dem einen zu einem anderen Ort. Dabei ist die Ortsveränderung grundsätzlich unabhängig von der Entfernung, die zurückzulegen ist. Die Ortsveränderung zu bewirken, ist vertragliche Hauptpflicht des Frachtführers, der geschuldete Erfolg seiner Leistung.

b) Beförderung von Gütern

15 Der Begriff der Güter ist weit auszulegen, er umfasst nicht nur Handelswaren, sondern bewegliche Sachen aller Art und unabhängig von ihrem Wert, mit Ausnahme von Reisegepäck[32] in unmittelbarem Zusammenhang mit einem Personentransport. S. hierzu auch Art. 17 Rdn. 60. Art. 1 Abs. 4 CMR nimmt Postsendungen, Leichenbeförderungen und Umzugsgut (gebrauchte Möbel zur weiteren Verwendung) ausdrücklich von der Anwendbarkeit des Übereinkommens aus. Derartige Transporte unterliegen i.d.R. eigenen Vorschriften. Bei Abfassung der CMR ging man davon aus, dass für den internationalen Umzugsverkehr alsbald eine eigene Konvention erlassen werden sollte, die nicht zustande kam.[33] Nachdem Möbel beim internationalen Umzug heute meist in Containern befördert werden, und auch Container als „Güter" betrachtet werden, ist das Bedürfnis nach einer derartigen eigenen Konvention geschwunden.

---

28 *Hill & Messent*, S. 24 ff.
29 C.com. Art. L. 132-5, 133-1.
30 *Basedow*, S. 49. Ausführlich zur Abgrenzung des Beförderungsvertrags von anderen Vertragstypen s. bei Staub/*Helm*, § 425 a.F. HGB Rdn. 43 ff.
31 *Loewe*, ETR 1976, 503, 517.
32 *Loewe*, ETR 1976, 503, 511.
33 *Loewe*, ETR 1976, 503, 517.

Im Rahmen der CMR ist die für den innerdeutschen Landtransport manchmal wesentliche Unterscheidung zwischen Stückgut und Ladungsgut (Fragen der Verpackung und der Haftung) unerheblich.

Zum Problemkreis der gefährlichen Güter im internationalen Straßentransport s. Art. 6 Rdn. 12, und die Erläuterungen zu Art. 22; hierzu wie zum grenzüberschreitenden Lebensmittel- und Tiertransport gibt es eigene Vorschriften.

c) Beförderung gegen Entgelt

Entgeltlichkeit ist nicht mit Gewerbsmäßigkeit gleichzusetzen.[34] Der Beförderungsvertrag gehört zur Klasse der synallagmatischen Austauschverhältnisse[35] und setzt eine Gegenleistung des Absenders als Vertragspartei voraus. Die Gegenleistung muss nicht in Geld erbracht werden; die Einräumung jedes anderen Vorteils von angemessenem Wert im Verhältnis zur Beförderungsleistung reicht aus.[36] Damit werden auch entgeltliche Beförderungen durch Privatleute, unabhängig vom Wert der transportierten Güter, dem Übereinkommen unterworfen.[37]

16

Im Hinblick darauf enthält Art. 1 Abs. 3 CMR eine historische Besonderheit: Das Übereinkommen musste auf die Beförderungen von Staaten oder von öffentlichen Einrichtungen oder Organisationen ausdrücklich erstreckt werden, um den seinerzeitigen Staatshandelsländern mit Planwirtschaft den Einwand abzuschneiden, ihre staatlich geregelten Transportleistungen hätten keinen kommerziellen Charakter und unterfielen deshalb nicht dem Übereinkommen.[38]

d) Beförderung mittels Fahrzeugen

Art. 1 Abs. 2 CMR definiert näher, was unter „Fahrzeugen" i.S.d. Art. 1 Abs. 1 CMR zu verstehen ist.[39] Die Überführung von Kraftfahrzeugen auf eigenen Rädern ist keine Beförderung i.S.d. CMR, da nicht *mittels* des Kraftfahrzeugs befördert wird.[40]

17

e) Beförderung auf der Straße

Die CMR ist anzuwenden, wenn der Transport auf der Straße mit Fahrzeugen zum vertraglichen Inhalt der Beförderung geworden ist. Die vertragswidrige Beförderung von Luftfracht auf der Straße (Trucking) unterwirft einen solchen grenzüberschreitenden Transport nicht per se der CMR und ihrem Haftungs-

18

---

34 *Koller*, Art. 1 CMR Rdn. 2; MünchKommHGB/*Jesser-Huß* Art. 1 CMR Rdn. 4.
35 MünchKommBGB/*Emmerich*, 5. Aufl., Vor § 320 BGB Rdn. 12 ff.
36 *Loewe*, ETR 1976, 503, 512; MünchKommHGB/*Jesser-Huß*, Art. 1 Rdn. 11; *Clarke*, para. 17.
37 *Loewe*, ETR 1976, 503, 512.
38 MünchKommHGB/*Jesser-Huß*, Art. 1 Rdn. 22.
39 Zum Verhältnis der Abkommen vom 19.9.1949 und vom 8.11.1968 zueinander vgl. *Loewe*, ETR 1976, 503, 513 sowie Art. 1 Rdn. 9 ff., 24 ff.
40 Staub/*Helm*, Art. 1 CMR Rdn. 37.

Art. 4 Abschluss und Ausführung des Beförderungsvertrages

system.[41] Zu beachten ist aber, ob der Transport von Luftfracht auf der Straße nicht nach den Bedingungen der Luftfahrtgesellschaft ersatzweise vorgesehen ist, so dass dem Frachtführer insoweit ein Leistungsbestimmungsrecht i.S.d. § 315 BGB bezüglich der Ausführung des Transports zusteht. Ist bei einem Beförderungsvertrag die Wahl des Beförderungsmittels dem Auftragnehmer gänzlich überlassen, findet die CMR keine Anwendung.[42] Ist dagegen Transport auf der Straße vertraglich vereinbart, und befördert der Frachtführer das Gut vertragswidrig mit anderen Transportmitteln, die eventuell anderen Haftungsbestimmungen unterliegen,[43] bleibt dennoch die CMR auf den gesamten Transport anwendbar. Der Absender legt dem Vertrag ein bestimmtes Regelungssystem zugrunde, dessen einseitige Abänderung dem vertragsbrüchigen Frachtführer verwehrt ist;[44] a.A. *Loewe*,[45] der die CMR nur auf den tatsächlich auf der Straße ausgeführten Streckenteil anwenden und den Absender auf die Ansprüche des nationalen Rechts wegen Vertragsbruchs verweisen will; dies macht aber aus dem ursprünglich einheitlichen Beförderungsvertrag auf der Straße unversehens eine Beförderung im „gebrochenen" Verkehr.

aa) Unimodaler Transport

19 Die CMR geht grundsätzlich von einer Beförderung mit Straßenfahrzeugen aus, mit nur einer bestimmten Art von Transportmitteln auf sozusagen einer Ebene, Art. 1 Abs. 1 CMR. S. auch Art. 1 Rdn. 9 ff., 24 ff. Die Insellage des Vereinigten Königreichs veranlasste die Verfasser des Übereinkommens, in Art. 2 CMR die Beförderung des mit dem Gut beladenen Fahrzeugs auf anderen Transportmitteln zu berücksichtigen. Darin ist keine gemischte Beförderung mit verschiedenen Transportmitteln zu sehen, sondern eine Beförderung auf zwei verschiedenen Ebenen übereinander.[46] Mit diesem sog. „Huckepack-Verkehr"[47] ist der Bereich des unimodalen Verkehrs noch nicht verlassen. S. hierzu und zum Problem des Umladeverbots Art. 2 Rdn. 33, Art. 6 Rdn. 26.

bb) Multimodaler Transport

20 Wird bei einem einheitlichen Beförderungsvertrag das Gut auf verschiedenen Teilstrecken umgeladen und teilweise auf anderen Transportmitteln und -wegen befördert (See- oder Binnenschiff, Eisenbahn, Flugzeug), spricht man von multimodalem oder kombiniertem Transport, Art. 2 CMR. Die CMR findet bei Vorliegen der übrigen Voraussetzungen Anwendung für die Beförderungsstrecke zu Land.

---

41 *Willenberg/Lucas*, TranspR 1989, 201; *Loewe*, ETR 1976, 503, 512.
42 OLG Köln, 4.4.1986 – 19 U 116/85, TranspR 1986, 432.
43 *Blaschczok*, TranspR 1987, 401; MünchKommHGB/*Jesser-Huß*, Art. 1 CMR Rdn. 21; *Koller*, § 407 HGB Rdn. 26.
44 Staub/*Helm*, Art. 1 CMR Rdn. 42; *Koller*, Art. 1 CMR Rdn. 5; *ders.*, VersR 1988, 432.
45 ETR 1976, 503, 512.
46 *Loewe*, ETR 1976, 503, 522.
47 Legaldefinition aus dem früheren § 3 Abs. 2 GüKG.

f) Grenzüberschreitende Beförderung

Die vertragsgemäßen Orte der Übernahme und der Ablieferung des Gutes müssen *in zwei verschiedenen Staaten liegen, von denen mindestens einer ein Vertrags*staat ist, Art. 1 Abs. 2 CMR. Auf die geographische Entfernung beider Orte kommt es dabei nicht an. Liegen die vertraglichen Anfangs- und Endpunkte der Beförderung in ein und demselben Staat, scheidet die Anwendung der CMR auf diesen Transport aus, auch wenn auf dem Wege fremdes Staatsgebiet durchfahren wird.[48] Entsprechend dem Charakter des Beförderungsvertrags als Konsensualvertrag ist die CMR auch dann anzuwenden, wenn das Gut entgegen dem Vertrag aus irgendeinem Grund die Staatsgrenze nicht überschreitet und im Inland verbleibt, sei es durch nachträgliche Verfügung des Absenders oder wegen eines Unfalls oder einfach wegen Abladens durch den Frachtführer.[49] Im äußersten Fall kann es vorkommen, dass die vertraglich geschuldete Beförderung von einem Nicht-Mitgliedstaat in einen Mitgliedstaat des Übereinkommens führen sollte, aber aus irgendwelchen Gründen vor dem Grenzübertritt endet: Nach dem Vertragsinhalt ist die CMR anzuwenden, obwohl das Gut nie das Gebiet eines Mitgliedstaates erreicht hat.[50] Gänzlich unbedeutend für die Qualifikation des grenzüberschreitenden Transports sind Staatsangehörigkeit und Wohn- oder geschäftlicher Sitz der Vertragsparteien, wie Art. 1 Abs. 1 Satz 2 CMR ausdrücklich feststellt.

21

5. Vertragsfreiheit

Die Vertragsparteien sind zwar frei, einen Frachtvertrag im internationalen Güterverkehr zu schließen (vgl. oben Rdn. 10) und der Vertrag kommt allein durch die Einigung der Parteien zustande (vgl. oben Rdn. 11). Bei der inhaltlichen Ausgestaltung des Vertrags sind die Parteien aber gebunden: Soweit die CMR Regelungen enthält, sind sie bindend und unabdingbar, Art. 41 CMR. Insoweit gibt es auch im Rahmen des internationalen Privatrechts keine Rechtswahl der Vertragsparteien. Alle Gegenstände, die in der CMR direkt, indirekt oder im Wege der Analogie aus dem Abkommen heraus geregelt sind, unterliegen nicht mehr der Disposition der Vertragsparteien (s. auch Art. 41 Rdn. 1 u. 3).

22

---

48 *Loewe*, ETR 1976, 503, 520; Staub/*Helm*, Art. 1 CMR Rdn. 60; *Koller*, Art. 1 CMR Rdn. 6.
49 *Loewe*, ETR 1976, 503, 520; Staub/*Helm*, Art. 1 CMR Rdn. 57; MünchKommHGB/*Jesser-Huß*, Art. 1 CMR Rdn. 34; *Koller*, Art. 1 CMR Rdn. 6; *Clarke*, para. 18.
50 So *Loewe*, ETR 1976, 503, 521.

Art. 4 Abschluss und Ausführung des Beförderungsvertrages

II. Der Frachtbrief

1. Rechtlicher Charakter

23 Die Verbindung des Beförderungsvertrags mit Dokumenten, die das beförderte Gut begleiten, ist ein historisch gewachsenes kennzeichnendes Element dieses Vertragstyps.[51] Das seerechtliche Konnossement entwickelte sich zum Wertpapier, weil die darin beschriebenen Güter häufig bereits Gegenstand rechtlicher Verfügungen wurden, bevor sie den Zielhafen erreicht hatten. Das Konnossement verbrieft dem *Inhaber* den Herausgabeanspruch an den Frachtführer, § 648 HGB (§ 521 Reg-E 2012). Für den kurzfristigeren Landtransport, bei dem Gut und Dokument regelmäßig zeitgleich transportiert wurden, gab es kein vergleichbares Bedürfnis nach vorzeitiger Verfügung über das Gut. Der Landfrachtbrief berechtigt nur den eingetragenen *Empfänger*, Auslieferung des Gutes vom Frachtführer zu verlangen; er ist kein Traditionspapier.[52] In der Praxis des multimodalen Verkehrs hat sich das von der FIATA entwickelte, von der Internationalen Handelskammer Paris anerkannte, frachtbriefähnliche Dokument FBL (**FIATA BILL of LADING**) weithin durchgesetzt, das sich in seiner Form als *Negotiable FIATA Combined Transport Bill of Lading* gezielt an die Formalien des Konnossements anlehnt.

a) Funktion

24 Dem Frachtbrief für den Landtransport kommen im Wesentlichen drei Funktionen zu:
 – Er ist Informationsträger über die am Transport Beteiligten, über Beschaffenheit, Menge, Behandlungsvorschriften des beförderten Gutes und die Strecke der Beförderung,
 – er erfüllt eine Beweisfunktion über den Abschluss und den Inhalt des Beförderungsvertrages mit allen allgemeinen und besonderen Bestandteilen,
 – er hat die Funktion einer Quittung für die Menge und den Zustand des zum Transport übernommenen Gutes.

Diese Funktionen[53] werden heute noch sämtlich durch Papier in mehrfacher Ausfertigung verkörpert. Die gewerbliche Praxis fordert seit langem die Möglichkeit, einen elektronischen Frachtbrief zu verwenden, weil der heutige technische Stand dies nicht nur ermögliche, sondern geradezu gebiete. S. hierzu ausführlicher Art. 5 Rdn. 17.

---

51 *Basedow*, S. 348 ff.
52 MünchKommHGB/*Jesser-Huß*, Art. 4 CMR Rdn. 13.
53 *Basedow*, S. 348.

b) Innerdeutsches Recht

Für den innerdeutschen Transport bestimmt § 408 HGB allgemein, dass der Frachtführer – vom Absender – die Ausstellung eines Frachtbriefs verlangen *kann*. Verstöße berühren nicht den zivilrechtlichen Bestand des Beförderungsvertrages, sondern erschweren den Parteien nur den Nachweis ihrer Rechte und Ansprüche aus diesem Vertrag. Damit ist belegt, dass der Frachtbrief vorrangig ein Beweispapier ist. **25**

2. Bedeutung in der CMR

Tatsächlich ist der in Art. 4 Abs. 1 CMR geforderte Frachtbrief dem deutschen Landfrachtbrief sehr ähnlich. Er war dessen Vorbild.[54] **26**

a) Keine konstitutive Wirkung

Dem Frachtbrief der CMR kommt an sich keine konstitutive Wirkung zu. Art. 4 Abs. 1 Satz 2 CMR spricht dies deutlich aus. Der als Konsensualvertrag geschlossene Beförderungsvertrag der CMR besteht auch ohne, mit einem verlorenen oder mangelhaften Frachtbrief. Der Vertrag wird mit Annahme des Transportauftrags durch den Frachtführer geschlossen, nicht erst mit Erstellen des Frachtbriefs, was für Verjährungsfragen bedeutsam werden kann.[55] Es ist auch nicht geregelt, welche der Vertragsparteien zur Ausfertigung des Frachtbriefs verpflichtet sein soll. Es ist zutreffend, davon auszugehen, dass die Parteien zum Zusammenwirken verpflichtet sind.[56] **27**

Dieser Satz gilt auch im umgekehrten Verhältnis: Wird ein CMR-Frachtbrief wahrheitswidrig ausgestellt, und bezeichnet sich der Aussteller darin wahrheitswidrig als CMR-Frachtführer, wird dadurch kein der CMR unterliegender Frachtvertrag geschlossen; es tritt lediglich die Haftung nach der CMR ein, soweit der andere Vertragsteil im Vertrauen auf die Richtigkeit des Frachtbriefs disponiert hat.[57]

Im Falle aufeinanderfolgender Frachtführer, Art. 34, hat der Frachtbrief auch konstitutive Wirkung, da es im Verhältnis zwischen Absender und nachfolgendem Frachtführer nur zur Begründung frachtvertraglicher Beziehungen zwischen diesen beiden Beteiligten des Beförderungsvertrages kommt, wenn der zweite

---

54 BT-Drucks. 13/8445 S. 25.
55 T. com. Calais, 16.11.2004, Bull.transp. 2004, 803, N° 3060 du 06/12/2004, zit. nach IDIT.
56 *Loewe*, ETR 1976, 503, 527; *Herber/Piper*, Art. 4 Rdn. 7; *Hill & Messent*, S. 72 (schlüssig); zweifelnd Staub/*Helm*, Art. 4 CMR Rdn. 12; a.A. *Koller*, Art. 4 CMR Rdn. 3, der eine Lücke der CMR annimmt und zu ergänzendem deutschem Recht kommt.
57 OLG München, 27.11.1992 – 23 U 3700/92, TranspR 1993, 190, 191 = VersR 1993, 1298, wo überdies der Frachtbrief auch nicht vom angeblichen Absender unterzeichnet war; OGH Wien, 19.3.1998 – 6 Ob 361/97z; OGH Wien, 28.5.1999 – 7 Ob 96/99i, zit. nach www.ris.bka.gv.at/.

Art. 4 Abschluss und Ausführung des Beförderungsvertrages

und jeder nachfolgende Frachtführer das Gut *und* einen nach Art. 5 CMR wirksamen Frachtbrief übernommen hat.[58] S. auch Art. 34 Rdn. 5.

b) Beweiswirkung des Frachtbriefs

28 Nach Art. 9 Abs. 1 CMR ist der Frachtbrief nur eine stets widerlegbare Beweisurkunde für den Abschluss und Inhalt des Beförderungsvertrages. S. auch Art. 9 Rdn. 1. Ihre Fehler oder ihr Fehlen bringen für die Parteien keine Sanktion, sondern allenfalls Beeinträchtigungen ihrer Rechte und Ansprüche, wenn der notwendige Beweis ohne Frachtbrief erschwert oder unmöglich ist. Außerhalb Deutschlands hat der Frachtbrief darüber hinaus manchmal Bedeutung als Nachweis für die Einhaltung öffentlich-rechtlicher Bestimmungen. Hierzu wird auf die Länderberichte verwiesen.

c) Frachtbrief als „Rechtsgrundlage"

29 Einzelnen Eintragungen im Frachtbrief kann dagegen sehr wohl konstitutive Wirkung zukommen.[59] An mehreren Stellen setzt die Ausübung oder Geltendmachung bestimmter Rechte aus dem Beförderungsvertrag der CMR das Vorhandensein eines ordnungsgemäßen Frachtbriefs voraus; im Einzelnen:

- Das die Parteien des Beförderungsvertrags bindende Ergebnis einer Verwiegung ist im Frachtbrief einzutragen, Art. 8 Abs. 3 CMR.
- Vorbehalte gegen den Zustand und die Menge des übernommenen Gutes muss der Frachtführer in den Frachtbrief eintragen, Art. 8 Abs. 2, 9 Abs. 2 CMR.
- Das Weisungsrecht des Absenders gegenüber dem Frachtführer hängt wesentlich vom Frachtbrief ab, Art. 12 CMR; nach Übergabe der Zweitausfertigung des Frachtbriefs an den Empfänger wird dieser gegenüber dem Frachtführer weisungsberechtigt.
- Wer als Empfänger die Übergabe des Frachtbriefdoppels fordert, hat die aus dem Frachtbrief hervorgehenden Kosten zu zahlen, Art. 13 Abs. 2 CMR.
- Der den Absender schützende Hinweis auf die Gefährlichkeit des übergebenen Gutes ist im Frachtbrief zu vermerken, Art. 22 CMR.
- Ein besonderer Wert des Gutes ist im Frachtbrief anzugeben, Art. 24 CMR, ebenso ein besonderes Interesse, Art. 26 Abs. 1 CMR.
- Der Unterfrachtführer kann Vorbehalte im Frachtbrief eintragen, Art. 35 Abs. 1 CMR.

Die Erläuterungen zu diesen einzelnen Regelungen, nach denen dem Frachtbrief u.U. erhebliche rechtliche Bedeutung zukommt, finden sich bei den jeweiligen Artikeln.

---

58 *Piper*, TranspR 1990, 357; BGH, 9.2.1984 – I ZR 18/82, TranspR 1984, 146, 148 = VersR 1984, 578, 580; BGH, 25.10.1984 – I ZR 138/82, TranspR 1985, 48, 49 = VersR 1985, 134, 135; *Herber/Piper*, Art. 34 Rdn. 10.
59 *Herber/Piper*, Art. 4 Rdn. 5.

Art. 5

bearbeitet von RA Christian Teutsch, Düsseldorf

1. Der Frachtbrief wird in drei Originalausfertigungen ausgestellt, die vom Absender und vom Frachtführer unterzeichnet werden. Die Unterschriften können gedruckt oder durch den Stempel des Absenders oder des Frachtführers ersetzt werden, wenn dies nach dem Recht des Staates, in dem der Frachtbrief ausgestellt wird, zulässig ist. Die erste Ausfertigung erhält der Absender, die zweite begleitet das Gut, die dritte behält der Frachtführer.

2. Ist das zu befördernde Gut auf mehrere Fahrzeuge zu verladen, oder handelt es sich um verschiedenartige oder um in verschiedene Posten aufgeteilte Güter, können sowohl der Absender als auch der Frachtführer verlangen, dass so viele Frachtbriefe ausgestellt werden, als Fahrzeuge zu verwenden oder Güterarten oder -posten vorhanden sind.

Literatur: *Brunner*, Electronic transport documents and shipping practice not yet a married couple, ETR 2008, 123; *Claringbould*, CMR-Protocol makt elektronische vrachtbrief mogelijk, Stichting Vervoeradres Weg en Wagen 2008, Nr. 57; *ders.*, De Vrachtbrief, Sitzungsbericht „De vrachtbrief en de vervoer-overeenkomst" Stichting Vervoeradres Syllabus 2004; *Czerwenka*, Bedarf es einer Revision der CMR zur Einführung des elektronischen Frachtbriefs im Internationalen Straßenverkehr?, TranspR 2004 Sonderbeilage zu Heft 3, S. IX ff.; *de la Motte*, CMR: Schaden – Entschädigung – Versicherung, VersR 1988, 317; *Geis*, Die Gesetzgebung zum elektronischen Geschäftsverkehr und die Konsequenzen für das Transportrecht, TranspR 2002, 89; *Helm*, Probleme der CMR: Geltungsbereich – ergänzendes Recht – Frachtbrief – Weisungsbefugnis – aufeinanderfolgende Frachtführer, VersR 1988, 548; *Martius*, The use of electronic means of communication under the Convention on the Contract for the International Carriage of Goods By Road, ETR 2007, 297.

Übersicht

	Rdn.		Rdn.
I. Äußere Form des Frachtbriefs	1	**III. Unterzeichnung**	10
1. Keine vorgeschriebene Gestaltung	1	1. Unterschrift	10
a) Privatschriftliche Form	2	a) Eigenhändige Unterschrift	11
b) IRU-Formular	3	b) Druck oder Stempel	12
c) Andere Transportdokumente	4	2. Blankett	13
2. Ausfertigungen	5	3. Fehlende Unterzeichnung	14
a) Aussteller des Frachtbriefs	6	a) Unterlassene Unterzeichnung	15
b) Originalausfertigungen	7	b) Verweigerte Unterzeichnung	16
c) Sperrwirkung	8	**IV. Elektronischer Frachtbrief**	17
II. Mehrere Frachtbriefe	9		

Art. 5 Abschluss und Ausführung des Beförderungsvertrages

I. Äußere Form des Frachtbriefs

1. Keine vorgeschriebene Gestaltung

1 Der Beförderungsvertrag der CMR ist ein Konsensualvertrag, dessen Wirksamkeit nicht vom Bestand eines Frachtbriefs abhängt, vgl. Art. 4 CMR, Rdn. 1. Dieser eingeschränkten Bedeutung des Frachtbriefs folgend schreibt die CMR auch keine bestimmte Form oder Gestaltung des Frachtbriefs vor.

a) Privatschriftliche Form

2 Unter Beachtung der Einzelheiten, die der Frachtbrief zu Beweiszwecken enthalten soll, würde jeder privatschriftliche Text als *warenbegleitendes* Papier den Anforderungen der CMR an einen Frachtbrief genügen.[1] Die einfache Handelsrechnung wäre deshalb nicht geeignet. Nach dem aktuellen Stand in Deutschland muss es sich immer noch um ein *lesbares* Dokument handeln, so dass bloße Datenträger (Magnetband, Festplatte, Diskette, CD-ROM) ausscheiden. Zum elektronischen Frachtbrief s. Abschnitt IV.

Die CMR enthält keinen Hinweis, in welcher Sprache der Frachtbrief abgefasst sein soll; dies ist den vertragschließenden Parteien überlassen.

b) IRU-Formular

3 Das in den Vertragsstaaten der CMR am weitesten verbreitete Frachtbriefformular wurde von der *International Road Transport Union* (IRU) entwickelt. Auf deutsche Vorschläge geht das einseitige DIN-A-4-Format zurück. Das Formular wurde wiederholt überarbeitet und neu herausgegeben, zuletzt im November 2007; es wird auch von der Internationalen Handelskammer (CCI) empfohlen. Auf die IRU-Vereinbarungen geht der Aufbau in drei farbigen, zum Durchschreiben geeigneten Blättern zurück: rosa für den Absender, blau für den Empfänger, grün für den Frachtführer. In einigen Vertragsstaaten sind vierte Blätter für administrative Zwecke eingeführt,[2] bei denen es sich im Hinblick auf den Wortlaut in Art. 5 Abs. 1 und Art. 41 um bloße Kopien handelt.[3]

c) Andere Transportdokumente

4 Der grenzüberschreitende Straßengüterverkehr wird i.d.R. von Spediteuren abgewickelt. In der Praxis begleiten daher häufig neben oder an Stelle des Frachtbriefs weitere Dokumente das Gut. Dabei ist aber zu beachten, dass weder ein Bordero noch eines der FIATA-Dokumente (Spediteur-Übernahmebescheini-

---

1 *Helm*, VersR 1988, 548, 550; *Hill & Messent*, S. 72; *Clarke*, para. 22.
2 *Hill & Messent*, S. 72, sprechen für das Vereinigte Königreich von einer nicht unterschriebenen schwarzen Kopie für diese Zwecke.
3 MünchKommHGB/*Jesser-Huß*, Art. 5 CMR Rdn. 5.

gung, *Forwarders Certificate of Receipt*, FCR; Spediteurtransportbescheinigung, *Forwarders Certificate of Transport*, FTC; zum FBL *FIATA Negotiable Combined Bill of Lading* s. auch Art. 4 CMR, Rdn. 23; *FIATA Warehouse Receipt*, FWR) ein Frachtbrief im Sinne der CMR ist, unabhängig davon, wie detailliert es ausgefüllt ist. Zum Teil weichen die von der FIATA selbst entwickelten Haftungsbedingungen wegen der besonderen Betonung der Speditionstätigkeit erheblich von der CMR ab. Deren Haftungssystem ist aber bindend. Speditionsdokumente können daher immer nur Begleitpapiere sein, die u.U. gem. Art. 6 Abs. 2 lit. g) CMR in die Liste der übergebenen Urkunden im Frachtbrief einzutragen sind.

Gleiches gilt für einen Ladeschein nach § 444 HGB und für Zolldokumente aller Art, wie das Einheitspapier der Europäischen Union für den grenzüberschreitenden Warenverkehr, soweit es noch Anwendung findet, oder das Carnet-TIR.

2. Ausfertigungen

Die drei farbigen Blätter des IRU-Formulars folgen der Anforderung des Art. 5 Abs. 1 Satz 1 CMR, wonach der Frachtbrief in drei Originalausfertigungen auszustellen ist.[4] Wie in § 408 Abs. 2 HGB werden alle drei Ausfertigungen als gleichwertig betrachtet. Die formellen Anforderungen an den Frachtbrief als Original sind gemildert, s. nachfolgend Rdn. 11.

Zwar sind die einzelnen Blätter des IRU-Formulars und die sich daran anlehnenden Formulare farblich unterschieden und jeweils einer der in Art. 5 Abs. 1 Satz 3 CMR genannten Personen durch Aufdruck zugeordnet, aber eine Verwechslung oder „falsche" Zuordnung bzw. Aushändigung ist rechtlich unbedeutend. Farbe und Aufdruck sind nicht in der CMR geregelt. Die z.B. für die Ausübung des Verfügungsrechts nach Art. 12 Abs. 5 lit. a) CMR erforderliche erste Ausfertigung des Frachtbriefs ist immer diejenige, die der Absender tatsächlich erhalten hat, unabhängig von der Farbe und dem Randvermerk.[5]

a) Aussteller des Frachtbriefs

Anders als § 408 HGB regelt die CMR nicht, wer den Frachtbrief ausstellt, sie regelt nur, dass ihn beide Parteien des Beförderungsvertrages zu unterschreiben haben. Jede der beiden Vertragsparteien ist berechtigt, den Frachtbrief auszustellen.[6] Theoretisch kann ein Dritter, etwa der Eigentümer des zu transportierenden Gutes, der nicht Partei des Beförderungsvertrages ist, den Frachtbrief ausfüllen und die ihm namentlich bekannten Parteien als Absender und Empfänger einsetzen. Ein Spediteur kann der Aussteller sein. Aus dem Wortlaut des Art. 5 Abs. 1 Satz 3 CMR „... behält der Frachtführer" wird teilweise geschlossen, dass der

---

4 In Anlehnung an seerechtliche Praxis, *Clarke*, para. 23.
5 *Koller*, Art. 5 CMR Rdn. 2; nicht eindeutig, aber wohl ebenso Staub/*Helm*, Art. 5 CMR Rdn. 1.
6 *Koller*, Art. 5 CMR Rdn. 2.

Art. 5 Abschluss und Ausführung des Beförderungsvertrages

Frachtführer den Frachtbrief ausstellt.[7] Tatsächlich wird dies der Praxis entsprechen. Rechtliche Bedeutung erhält die Frage erst, wenn eine Partei ihre Mitwirkung bei der Ausstellung des Frachtbriefs verweigert. S. hierzu unten Rdn. 16.

Der Zeitpunkt der Ausstellung, ob vor oder nach Übernahme des Gutes durch den Frachtführer, ist unbedeutend.[8] Spätestens bei der Ausstellung wird der Beförderungsvertrag geschlossen, da der Frachtbrief Beweiswirkung für Abschluss und Inhalt hat, Art. 9 Abs. 1 CMR.

b) Originalausfertigungen

7 Mehr als drei Originalausfertigungen lässt die CMR nicht zu, aber einfache oder beglaubigte Ausfertigungen oder Fotokopien in beliebiger Zahl nach Notwendigkeit.[9] Die Vorschrift ist sanktionslos, weshalb die oben erwähnten vierten oder weiteren Blätter ohne rechtliche Beeinträchtigung des Beförderungsvertrages verwendet werden. Von Anfang an war an die Fertigung des Frachtbriefs im Durchschreibeverfahren gedacht worden, um abweichende Inhalte der drei Originale soweit wie möglich auszuschließen und jedem Original den gleichen Beweiswert zu sichern.[10] Die dreifach wiederholten Unterschriften machen die einzelnen Durchschriften zu Originalen.[11]

c) Sperrwirkung

8 Das Recht des Absenders, den Inhalt des Beförderungsvertrags durch nachträgliche Weisungen gem. Art. 12 CMR zu verändern, damit die Möglichkeit, in den Ablauf des Beförderungsvertrags vor der Auslieferung des Gutes an den Empfänger einzugreifen, hängt davon ab, dass die zweite, das Gut begleitende Ausfertigung dem Empfänger noch nicht ausgehändigt ist, Art. 12 Abs. 2 CMR, und dass der Absender die erste Ausfertigung mit den neuen Weisungen dem Frachtführer vorlegt, Art. 12 Abs. 5 lit. a) CMR. Der Absender verliert diese Eingriffs- und Steuerungsmöglichkeiten, wenn er die erste Ausfertigung dem Empfänger oder einem Dritten, etwa der Bank des Empfängers, übergibt. Der Empfänger erhält mit der Erstausfertigung die Gewissheit, dass das Gut an ihn ausgeliefert wird. Die der Erstausfertigung innewohnende Sperrwirkung hinsichtlich weiterer Verfügungen des Absenders macht dieses Dokument zu einem wertpapierähnlichen Sperrpapier, das andienungsfähig ist.[12] S. auch Art. 12 Rdn. 37.

---

7 *Loewe*, ETR 1976, 503, 527; *Hill & Messent*, S. 73.
8 *Loewe*, ETR 1976, 503, 528.
9 *Loewe*, ETR 1976, 503, 528.
10 Denkschrift, S. 36.
11 Denkschrift, S. 36; Staub/*Helm*, Art. 5 CMR Rdn. 1.
12 Staub/*Helm*, Art. 5 CMR Rdn. 2; Art. 12 CMR Rdn. 28, 39 ff., 56; *Lenz*, Rdn. 218.

II. Mehrere Frachtbriefe

Es liegt im Interesse beider Parteien des Beförderungsvertrags, bei der Verladung auf mehrere Fahrzeuge oder bei verschiedenartigen oder in verschiedene Posten aufgeteilten Gütern die gesonderte Ausstellung einer entsprechenden Anzahl weiterer Frachtbriefe zu verlangen, Art. 5 Abs. 2 CMR. Dies ist kein Fall eines vierten oder weiteren Originals des Frachtbriefs, sondern die tatsächliche weitere Ausstellung eines oder mehrerer zusätzlicher Frachtbriefe, die den gleichen Anforderungen unterliegen wie der erste und eigentliche Frachtbrief.[13] Die Bedeutung für den klaren Organisationsablauf des Beförderungsvertrags und für die Ausübung der mit dem Frachtbrief verbundenen Rechte sowohl für den Absender wie für den Frachtführer liegt auf der Hand. Auch öffentlich-rechtliche Vorschriften können weitere Teilfrachtbriefe notwendig machen.[14] Dennoch handelt es sich in Art. 5 Abs. 2 CMR um ein Recht, das geltend gemacht werden *kann*, dessen Nichtausübung aber auf die Wirksamkeit des einheitlichen Beförderungsvertrags und seinen der CMR unterliegenden Charakter ohne Einfluss ist. Zur Weigerung einer Vertragspartei, an der Ausstellung mitzuwirken, s. nachfolgend Rdn. 16.

9

III. Unterzeichnung

1. Unterschrift

Die Unterschriften des Absenders und des Frachtführers sollen die Beweisfunktion des Frachtbriefs für den Inhalt des Beförderungsvertrages sichern; s. Art. 9 CMR Rdn. 1. Art. 5 Abs. 1 Satz 2 CMR trägt den praktischen Bedürfnissen und der Tatsache Rechnung, dass viele Transportunternehmen fertig gedruckte, mit ihren Hausdaten versehene Frachtbriefformulare verwenden oder die Absenderangaben einstempeln. Die CMR verweist ausdrücklich auf das nationale Recht des Staates, in dem der Frachtbrief ausgestellt wird (wo also die Unterschriften geleistet werden); das muss nicht der Staat sein, in dem der Beförderungsvertrag geschlossen wurde. Die CMR unterwirft sich hier dem Grundsatz des internationalen Privatrechts *locus regit actum*. Dies weicht insofern von Art. 11 EGBGB und Art. 11 Rom-I-VO ab, als keine alternativen Anknüpfungen zugelassen werden.[15]

10

a) Eigenhändige Unterschrift

Die eigenhändige Unterschrift der Vertragsparteien ist die sicherste Art, aus einem Durchschreibesatz ein Original zu machen.[16] Eine Kumulierung der von der

11

---

13 *Loewe*, ETR 1976, 503, 528.
14 MünchKommHGB/*Jesser-Huß*, Art. 5 CMR Rdn. 14.
15 MünchKommHGB/*Jesser-Huß*, Einl. CMR Rdn. 38.
16 *Koller*, Art. 5 CMR Rdn. 3, will auch die Unterzeichnung im Durchschreibeverfahren zulassen.

Art. 5 Abschluss und Ausführung des Beförderungsvertrages

CMR zugelassenen Möglichkeiten der Unterzeichnung ist unschädlich. Das IRU-Formular von 1976 und folgenden schlug in den betreffenden Feldern *Unterschrift und Stempel* von Absender, Frachtführer und Empfänger vor, in der aktuellen Fassung von 2007 haben Absender und Frachtführer die Wahl zwischen Stempel und Unterschrift, nur vom Empfänger wird aus Beweiszwecken für die ordnungsgemäße Ablieferung immer noch Unterschrift *und* Stempel verlangt. Nach deutschem Rechtsverständnis wird es sich aber dann bei der zweiten und jeder weiteren Ausfertigung nur noch um Durchschriften und gerade nicht Originale handeln. Der Beweiswert ist wegen der deckungsgleichen Abdrucke hoch anzusetzen, aber der Urkundencharakter nach § 416 ZPO ist nicht mehr gegeben.

b) Druck oder Stempel

12 Die Möglichkeit der Ersetzung der Unterschrift durch Druck oder Stempel lässt Art. 5 Abs. 1 ausdrücklich zu und verweist auf das nationale Recht des Staates, in dem der Frachtbrief ausgestellt wird. Diese Ersetzung durch Nachbildungen der eigenhändigen Unterschrift ist nach § 408 Abs. 2 Satz 3 HGB seit dem TRG in Deutschland zulässig, wie in mehreren anderen europäischen Mitgliedstaaten des Übereinkommens.[17]

Dies umfasst nach h.M. aber nur das Faksimile oder die gedruckte (auch vorher eingescannte) Unterschrift; den bloßen Firmenstempel nur bei zumindest stillschweigender Vereinbarung.[18] Eine dem § 126 Abs. 1 und 2 BGB entsprechende Urkunde erfüllt stets die formellen Voraussetzungen, jedoch kann § 126 Abs. 3 BGB nicht herangezogen werden. Er bezieht sich auf die gesamte Form der Urkunde, während Art. 5 Abs. 1 Satz 2 nur die Unterschriften anspricht. Erscheint schon die Anwendung des § 126 Abs. 3 BGB und damit auch des § 126a BGB auf den Frachtbrief nach § 408 HGB fraglich,[19] entfällt diese für den papierenen CMR-Frachtbrief.[20] Dieser kennt keine gesetzlich vorgeschriebene Form der Unterschrift, die durch elektronische Form ersetzt werden sollte, und nur in diesem Falle gäbe es die Unterzeichnung durch qualifizierte elektronische Signatur. Zum elektronischen Frachtbrief der CMR s. Rdn. 17.

2. Blankett

13 Wie oben unter Rdn. 6 dargelegt, regelt die CMR nicht, wer den Frachtbrief ausstellt. Grundsätzlich ist Vertretung sowohl des Absenders wie des Frachtführers bei der Unterzeichnung des Frachtbriefs möglich. Der Fahrer, der den Frachtbrief unterschreibt, handelt im Allgemeinen zumindest mit Anscheinsvollmacht.[21] Hat

---

17 Aufzählung bei MünchKommHGB/*Jesser-Huß*, Art. 5 CMR Rdn. 12.
18 *Koller*, § 408 HGB Rdn. 18.
19 Offenbar befürwortend *Geis*, TranspR 2002, 89, 82; darauf bezüglich, *Koller*, § 408 HGB Rdn. 18.
20 Abweichend MünchKommHGB/Jesser-Huß, Art. 5 CMR Rdn. 13.
21 *de la Motte*, VersR 1988, 317, 320, 321.

der Frachtführer dem Fahrer Frachtbriefblankette überlassen, ist ihm der Einwand verwehrt, das Blankett sei weisungswidrig ausgefüllt worden,[22] solange der Inhalt im Übrigen vom Konsens der Parteien gedeckt ist; vgl. Art. 24 CMR Rdn. 4. Diese speziell auf den Fall der Wertdeklaration nach Art. 24 CMR bezogene Entscheidung lässt sich mit den gleichen Gründen verallgemeinern.

3. Fehlende Unterzeichnung

Wenn der Frachtbrief insgesamt oder nur einzelne Ausfertigungen nicht unterzeichnet sind, werden die Folgen von der Rechtsprechung verschieden beurteilt. Ob die fehlende Unterzeichnung auf Sorglosigkeit oder auf Verweigerung einer Partei beruht, könnte wegen eventueller Haftungsansprüche von Bedeutung sein, hierzu Rdn. 15. Grundsätzlich berührt die Mangelhaftigkeit des Frachtbriefs weder den rechtlichen Bestand noch die Gültigkeit des Beförderungsvertrags, Art. 4 Satz 2 CMR. Der Vertrag bleibt jedenfalls den Regelungen der CMR uneingeschränkt unterworfen. Dies beruht auf dem Charakter des Beförderungsvertrags als eines Konsensualvertrags (s. Art. 4 Rdn. 1). Den Parteien soll es nicht möglich sein, durch formelle Verstöße die Anwendung der zwingenden Regeln des Übereinkommens zu unterlaufen. Andererseits kann eine Weisung des Absenders wirksam erteilt werden, Art. 12 Abs. 5 lit. a) CMR, auch wenn für den der CMR unterliegenden Transport kein Frachtbrief ausgestellt worden ist und somit das Schutzbedürfnis des Frachtführers fehlt (s. Art. 12 Rdn. 12 ff.).[23]

14

a) Unterlassene Unterzeichnung

Das Fehlen der Unterschrift auch nur einer der beiden Parteien des Beförderungsvertrags macht den Frachtbrief ungültig.[24] Wenn nur der letzte Frachtführer den Frachtbrief unterzeichnet, die anderen Beteiligten aber nicht, können die Art. 34–40 CMR nicht angewendet werden.[25]

15

Allgemein ist festzustellen, dass die Beweiswirkungen des Frachtbriefs z. B. nach Art. 9 CMR der Partei nicht entgegengehalten werden können, die nicht unterzeichnet hat. Art. 9 CMR enthält eine Beweislastregel, die die Ausstellung eines den Art. 5 und 6 CMR entsprechenden Frachtbriefs voraussetzt.[26]

---

22 OLG Düsseldorf, 28.10.1982 – 18 U 95/82, VersR 1983, 749.
23 BGH, 27.1.1982 – I ZR 33/80, VersR 1982, 669, 670 = NJW 1982, 1944, 1945.
24 BGH, 16.10.1986 – I ZR 149/84, VersR 1987, 304, 305 = TranspR 1987, 96, 97; OLG München, 27.11.1992 – 23 U 3700/92, TranspR 1993, 190, 191.
25 OLG Düsseldorf, 18.10.1984 – 18 U 71/84, TranspR 1984, 276, 277.
26 BGH, 9.2.1979 – I ZR 67/77, VersR 1979, 466, 467 = NJW 1979, 2471, 2472. Diese Entscheidung (angetaute Süßkirschen) wurde auch außerhalb Deutschlands viel beachtet (*Hill & Messent*, S. 80; *Clarke*, para. 23), weil der unvollständige, nicht unterzeichnete Frachtbrief mit dem gänzlich fehlenden gleichgesetzt wurde.

Art. 5 Abschluss und Ausführung des Beförderungsvertrages

In gleicher Weise wurde die Beweisvermutung des Art. 9 Abs. 2 CMR abgelehnt, weil der Frachtführer den Frachtbrief nicht unterzeichnet hatte und so der Nachweis der dem Frachtführer übergebenen Gütermenge fehlte.[27]

Die im Frachtbrief unter Feld 13 eingetragene Lieferfrist war unwirksam, weil der Absender den Frachtbrief nicht unterzeichnet hatte.[28]

Ohne die Unterschriften von Absender und Frachtführer auf dem Frachtbrief (Feld 22 und 23) gibt es keine Vermutung dafür, dass eine im Absenderfeld (Feld 1) eingetragene Person wirklich der Absender ist.[29] Ohne seine Unterschrift unter dem Frachtbrief kann sich der Frachtführer nicht auf Haftungsprivilegien der CMR berufen. Wer ohne Unterschrift vertragliche Ansprüche aus dem Inhalt des Frachtbriefs geltend macht, muss seine Berechtigung anderweitig nachweisen.

Wegen eines Verstoßes gegen Treu und Glauben kann sich aber die Partei nicht auf ihre fehlende Unterschrift unter dem Frachtbrief berufen, die das Formular selbst ausgefüllt, aber nicht unterzeichnet hat; sie ist an die selbst vorgenommenen Eintragungen gebunden.

Das Klagerecht steht aber demjenigen Empfänger zu, dessen Identität sich zwar nicht aus dem Frachtbrief ergibt, die aber aus einem dem Frachtbrief beigehefteten T1-Dokument abgeleitet werden kann.[30]

b) Verweigerte Unterzeichnung

16 In der Praxis scheint sich dieses Problem nicht zu stellen. Theoretisch begründet die Weigerung eines Vertragsteils, an der Ausstellung eines vom Übereinkommen geforderten Frachtbriefs durch bloße Unterzeichnung mitzuwirken, ein Rücktrittsrecht des anderen Vertragspartners. Ein solches Verhalten könnte zu Schadensersatzansprüchen der vertragstreuen Partei führen, die nach nationalem Recht zu beurteilen wären, da die CMR diesen Fall nicht regelt.[31] Weigert sich der Absender, wird der Frachtführer Schadensersatz wegen Nichterfüllung verlangen und das Gut stehen lassen. Weigert sich der Frachtführer, wird der Absender umgehend einen anderen Frachtführer suchen und einen eventuellen Schaden wegen Mehrkosten gesondert verfolgen. Eine wiederum theoretisch denkbare Klage auf Vornahme einer Handlung scheidet wegen des damit verbundenen Zeitaufwands gänzlich aus. Die in Rdn. 15 aufgeführten Entscheidungen geben tatsächlich auftretende Streitfragen wieder.

---

27 OLG Hamm, 18.10.1984 – 18 U 175/82, TranspR 1985, 107, 110.
28 OLG Hamburg, 3.5.1984 – 6 U 11/84, TranspR 1985, 37, 38.
29 OLG Düsseldorf, 12.2.1981 – 18 U 195/80, VersR 1982, 302.
30 Hof van Beroep Antwerpen, 23.2.1993, ETR 1993, 934.
31 *Loewe*, ETR 1976, 503, 527.

IV. Elektronischer Frachtbrief

Als die CMR verhandelt wurde, waren technisch noch keine anderen Dokumente als solche aus Papier in Gebrauch. Die technische Entwicklung war nicht abzusehen. Objektiv enthält sich die CMR jeglicher stofflichen Definition des Frachtbriefs. Zutreffend ist, dass sie an keiner Stelle ausdrücklich eine papierenes Dokument fordert. Sie erwähnt auch kein spezifisches Kommunikationsmittel, der Frachtbrief auf Papier wird impliziert.[32]

Skandinavien war aufgrund der besonders engen Verflechtung der Rechtssysteme Vorreiter bei den Bestrebungen, die Transportdokumente von der Papierform zu lösen.[33] Die FIATA schlug schon 1984 eine Reform der CMR[34] vor. Danach sollte in einem Abs. 6 zu Art. 1 CMR jede auf den Vertrag bezügliche Weisung, Mitteilung, Bestätigung, sogar „document, signature etc." durch Teleübertragung oder EDV gegeben werden können, sofern durch irgendeine Rückbestätigung die Interessen beider Parteien gesichert sind.

Obwohl die technischen Probleme noch gar nicht gelöst waren, nahmen Art. 6 § 9 ER CIM 1999, Art. 4 Abs. 2 MÜ und Art. 1 Nr. 8 CMNI den elektronischen Frachtbrief unter gewissen Bedingungen als gleichwertig mit dem physischen Frachtbrief auf.

Da ein Frachtbrief auch ohne den Charakter eines Wertpapiers ein andienungsfähiges Dokument im internationalen Zahlungsverkehr sein kann, das zum Dokumenteninkasso oder zur Eröffnung eines Dokumentenakkreditivs benutzt werden kann,[35] galt es generell insbes. zwei Probleme zu lösen: das Problem der funktionalen und rechtlichen Äquivalenz der elektronischen Form mit der Papierform und das Problem der Sicherheit, wie dem Sicherheitsbedürfnis im Zahlungsverkehr auch bei nur gespeicherten Dokumenten genügt werden kann. Da der CMR-Frachtbrief, wie oben dargelegt, hinsichtlich bestimmter Eintragungen des Absenders oder Empfängers nicht nur Beweisfunktion hat, sondern konstitutiv wirkt, zeigen sich gerade bei diesem Dokument rechtliche und praktische Hindernisse. Die Arbeitsgruppe der UN-ECE für den Straßentransport erbat von UNIDROIT einen Entwurf eines entsprechenden Protokolls.[36] UNIDROIT legte einen Entwurf vor. Art. 5 sollte einen Abs. 3 erhalten, wonach vorbehaltlich abweichender Vereinbarung der Vertragsparteien der Frachtbrief mit jedem anderen Mittel der Informationsübertragung erstellt werden könne, mit elektronischen oder ähnlichen Kommunikationsmitteln einschließlich, aber nicht beschränkt auf Telegramm, Fax, Fernschreiber, elektronischen Brief oder elektronischen Daten-

---

32 *Martius*, ETR 2007, 297, 298
33 *Basedow*, S. 375; *Schmitthoff/Goode/Grönfors*, S. 19ff.
34 Englischer Text in TranspR 1984, 115–120.
35 *Basedow*, S. 350; *Lenz*, Rdn. 230.
36 UN-ECE Dokument TRANS/SC.1/363, 4.12.1998, para. 40, 41.

Art. 5 Abschluss und Ausführung des Beförderungsvertrages

austausch. Die Sicherheit des angewandten Verfahrens wurde nur allgemein umschrieben.[37]

Nach deutscher Ansicht wurden Probleme der elektronischen Signatur nicht genügend berücksichtigt, den deutschen Gegenentwurf[38] sah aber die IRU als Änderung der CMR an. Eine Umfrage unter den ECE-Mitgliedstaaten ergab mehrheitliche Unterstützung für den UNIDROIT-Entwurf,[39] der überarbeitet und neu vorgelegt wurde.[40] In den einführenden Bemerkungen wird ausdrücklich davon abgesehen, die technischen Details darzustellen, weil dies nur Verwirrung stiften würde.[41]

Mit dem Signaturgesetz[42] hat Deutschland die Signaturrichtlinie[43] umgesetzt. Dies betrifft nur die Unterzeichnung des Frachtbriefs und ihre Ersetzung, über den elektronischen Frachtbrief ist damit nichts ausgesagt.[44]

19 Das Inland Transport Committee der ECE verabschiedete am 20.2.2008 den Text eines Ergänzungsprotokolls zur CMR über den elektronischen Frachtbrief, das im Mai 2008 von acht Mitgliedsstaaten der CMR gezeichnet wurde.[45] Deutschland zeichnete nicht. Mit der Ratifikation Litauens als fünfter Staat trat das Protokoll am 5.6.2011 in Kraft und wirkt im Juli 2012 im Güterverkehr zwischen Bulgarien, Tschechien, Lettland, Litauen, den Niederlanden und der Schweiz. Es regelt in den Art. 2 bis 6 in erster Linie die Anforderungen an den elektronischen Frachtbrief, die ihn dem konventionellen Frachtbrief gleichwertig machen. Streit über die Regelungen des Zusatzprotokolls ist nicht ersichtlich. Die Entscheidungssammlung bei UNIDROIT verzeichnet bis Juli 2012 nichts.

20 Für Deutschland als *locus contractus* bleibt es bei der Papierform des CMR-Frachtbriefs.[46] Die Frage der Schlüssel für Absender und Empfänger als Ersatz der Ausfertigungen, die den Beteiligten nach Maßgabe der CMR unveränderliche Eintragungen erlauben und die nach Rechtsübergang auf einen Dritten für den bisherigen Inhaber erlöschen, deren Erstellung, Verwaltung und Übertragung ist theoretisch gelöst. Aber u.a. ist unklar, ob der Fahrer immer einen Laptop mitführen muss, auf dem er das Dokument aufruft und bearbeitet, oder ob er das Dokument auf dem Bildschirm eines Dritten bearbeitet und eine SmartCard verwen-

---

37 UN-ECE Dokument TRANS/SC.1/2001/7, 1.8.2001, Verfasser *Putzeys*.
38 UN-ECE Dokument TRANS/SC.1/2003/1, 15.4.2003.
39 UN-ECE Dokument TRANS/SC.1/2004/3, 11.8.2004.
40 UN-ECE Dokument TRANS/SC.1/2005/1, 19.5.2005.
41 UN-ECE Dokument TRANS/SC.1/2005/1, 19.5.2005, S. 9 a.E., ausführlich zum Ablauf *Czerwenka*, TranspR 2004, Sonderbeilage zu Heft 3, S. IX ff.
42 BGBl. 2001 I, S. 876.
43 Richtlinie 1999/93/EG, 13.12.1999, ABl. EG Nr. L 13/12, 19.1.2000.
44 *Koller*, Art. 5 CMR Rdn. 3; a.A. *Gehrke*, S. 192.
45 UN-ECE Dokument TRANS/2008/CRP.1/Annex; eine amtliche deutsche Übersetzung gibt es nicht. Bei der Anhörung der Verbände verwendete das BMJ eine interne Rohübersetzung. Informatorisch kann die amtliche Schweizer Übersetzung herangezogen werden, www.admin.ch/ch/d/sr/c0_741_611_2.html.
46 S. auch *Czerwenka*, TranspR 2004, Sonderbeilage zu Heft 3, S. IX ff.

det.⁴⁷ Das Problem der Fahrervollmacht sei nur angedeutet. Ebenso unklar ist, wer die Kosten einer zentralen Verwaltung der Schlüsseldateien trägt. Für ein mittelständisches Transportunternehmen können die Kosten einschlägiger Software, Schlüssel-Lizenzen, entsprechender Personalschulung durchaus erheblich sein.

Es fand sich bisher keine praxistaugliche, ökonomisch vertretbare Lösung, die der Markt angenommen hätte. Das nicht ermutigende Ergebnis im Konnossementsbereich erweckt eher Skepsis.⁴⁸ Was in der Praxis im Einverständnis der Parteien elektronisch übermittelt wird, sind meist Datensätze, die den Anforderungen des Zusatzprotokolls hinsichtlich Sicherheit, Unveränderbarkeit und Authentifizierung nicht entsprechen. Das Übereinkommen der Vereinten Nationen über die Verwendung elektronischer Mitteilungen bei internationalen Verträgen vom 23.11.2005 (noch nicht in Kraft getreten) schließt in Art. 2 Abs. 2 die Anwendung auf Frachtbriefe, Konnossemente, Lagerscheine oder andere übertragbare Urkunden, die u.a. einen Herausgabeanspruch des Inhabers auf Güter verleihen, ausdrücklich aus. Die von der ICC herausgegebenen ERA 600 (**E**inheitliche **R**ichtlinien und Gebräuche für Dokumenten-**A**kkreditive) von 2007 fordern unter den nachzuweisenden Transportdokumenten für die Straße ausdrücklich Originale, möglichst im vollständigen Satz, ERA 600 Art. 17, 19, 24. Eine Evaluierung der IRU unter den Mitgliedsverbänden ergab 2010 eine Anwendung des e-CMR von kaum 10%.⁴⁹ Es ist daher zu erwarten, dass das Zusatzprotokoll vom 20.2.2008 erst längerfristig an Bedeutung gewinnen wird.⁵⁰

---

47 *Claringbould*, De Vrachtbrief, S. 28.
48 *Brunner*, ETR 2008, 123; *Gehrke*, S. 123 für „SeaDocs" und S. 269 zu „Bolero".
49 UN-ECE Dokument ECE/TRANS/SC.1/2010/7.
50 *Claringbould*, CMR-Protocol, Weg en Wagen 2008 Nr. 57, 6.

Art. 6

bearbeitet von RA Christian Teutsch, Düsseldorf

1. Der Frachtbrief muss folgende Angaben enthalten:

   a) Ort und Tag der Ausstellung;

   b) Name und Anschrift des Absenders;

   c) Name und Anschrift des Frachtführers;

   d) Stelle und Tag der Übernahme des Gutes sowie die für die Ablieferung vorgesehene Stelle;

   e) Name und Anschrift des Empfängers;

   f) die übliche Bezeichnung der Art des Gutes und die Art der Verpackung, bei gefährlichen Gütern ihre allgemein anerkannte Bezeichnung;

   g) Anzahl, Zeichen und Nummern der Frachtstücke;

   h) Rohgewicht oder die anders angegebene Menge des Gutes;

   i) die mit der Beförderung verbundenen Kosten (Fracht, Nebengebühren, Zölle und andere Kosten, die vom Vertragsabschluss bis zur Ablieferung anfallen);

   j) Weisungen für die Zoll- und sonstige amtliche Behandlung;

   k) die Angabe, dass die Beförderung trotz einer gegenteiligen Abmachung den Bestimmungen dieses Abkommens unterliegt;

2. Zutreffendenfalls muss der Frachtbrief ferner folgende Angaben enthalten:

   a) das Verbot, umzuladen;

   b) die Kosten, die der Absender übernimmt;

   c) den Betrag einer bei der Ablieferung des Gutes einzuziehenden Nachnahme;

   d) die Angabe des Wertes des Gutes und den Betrag des besonderen Interesses an der Lieferung;

   e) Weisungen des Absenders an den Frachtführer über die Versicherung des Gutes;

   f) die vereinbarte Frist, in der die Beförderung beendet sein muss;

   g) ein Verzeichnis der dem Frachtführer übergebenen Urkunden.

3. Die Parteien dürfen in den Frachtbrief noch andere Angaben eintragen, die sie für zweckmäßig halten.

Abschluss und Ausführung des Beförderungsvertrages **Art. 6**

Literatur: *Capotosti*, Die Versicherung für internationale Transporte, VersR 1985, 524; *de Gottrau*, Die Haftung bei der Beförderung von gefährlichen Gütern, TranspR 1988, 320; *Thume*, Die Haftung des CMR-Frachtführers für Verspätungsschäden, RIW 1992, 966.

Übersicht

	Rdn.		Rdn.
I. Verpflichtende Angaben nach Abs. 1	1	i) Kosten der Beförderung	17
1. Bedeutung der Verpflichtung allgemein	1	j) Weisungen	19
a) Wortlaut der CMR	2	k) Hinweis auf die CMR	20
b) Auswirkung eines Verstoßes	3	aa) „Paramount"-Klausel	20
2. Die einzelnen Angaben	4	bb) Bedeutung	21
a) Ort und Tag der Ausstellung	4	**II. Angaben nach Abs. 2**	25
b) Name und Anschrift des Absenders	5	1. Verpflichtung zutreffendenfalls	25
c) Name und Anschrift des Frachtführers	6	2. Die einzelnen Angaben	26
d) Stelle und Tag der Übernahme, Ablieferungsstelle	7	a) Umladeverbot	26
e) Name und Anschrift des Empfängers	10	b) Kosten	28
f) Bezeichnung von Gut und Verpackung	11	c) Nachnahme	29
g) Anzahl, Zeichen und Nummern der Frachtstücke	14	d) Wertangabe, besonderes Interesse	30
h) Rohgewicht oder Menge des Gutes	15	e) Weisungen zur Versicherung	33
		f) Lieferfrist	34
		g) Urkundenverzeichnis	35
		III. Zweckmäßige Angaben nach Abs. 3	36
		1. Kein numerus clausus der Angaben	36
		2. Wirkung der Angaben	37

I. Verpflichtende Angaben nach Abs. 1

1. Bedeutung der Verpflichtung allgemein

Das deutsche Recht unterscheidet Sollvorschriften, die i.d.R. binden, aber Abweichungen zulassen, und Mussvorschriften, die zwingend sind. Ein Verstoß dagegen hat als Sanktion Rechtswidrigkeit zur Folge. Für den deutschen Leser des Art. 6 Abs. 1 und 2 CMR klingt die Vorschrift bindend und erweckt den Eindruck, ein Verstoß werde Sanktionen wie Unwirksamkeit nach sich ziehen. Das Ausmaß der Bindung dieser Vorschrift ist daher in jedem Einzelfall zu prüfen. **1**

a) Wortlaut der CMR

Mit Rücksicht auf den englischen Ursprungstext *shall contain* und die französische Fassung *doit contenir* erscheint es fraglich, ob die deutsche Übersetzung tatsächlich eine Mussvorschrift im Sinne einer zwingenden Formvorschrift enthält. Eine zwingende Vorschrift ohne Sanktionen im Falle einer Verletzung der Form ist unüblich. Nach dem Willen der Verfasser des Abkommens handelt es sich um **2**

Art. 6 Abschluss und Ausführung des Beförderungsvertrages

zwingende Bestimmungen zum Inhalt des Frachtbriefs.[1] Auch die Formulierung in der *Denkschrift*[2] „*hat zu enthalten ... aufzunehmende Angaben ...*" entspricht dieser Auslegung.

b) Auswirkung eines Verstoßes

3 Nach Art. 4 CMR setzen Bestand und Gültigkeit des Beförderungsvertrages das Vorhandensein des Frachtbriefs oder seine Vollständigkeit nicht zwingend voraus. Die Rechtsfolgen eines Verstoßes gegen Art. 6 Abs. 1 CMR reduzieren sich in erster Linie auf die Haftungsregeln der Art. 7 und 11 Abs. 2 und 3 CMR. Ferner werden die Beweiswirkungen des Art. 9 CMR und die Ausübung der Weisungsrechte nach Art. 12 CMR für den Berechtigten erschwert oder vereitelt, falls Art. 6 CMR nicht beachtet wird.[3] Da für den Inhalt des Konsensualvertrags jedes andere von der Prozessordnung zugelassene Beweismittel ebenfalls tauglich ist, auch für eine Weisung des Absenders bei Fehlen des Frachtbriefs, wirken sich Verstöße gegen die Eintragungspflichten des Art. 6 CMR nur in wenigen Fällen rechtsvernichtend aus, s. die Erläuterungen zu Art. 12. Im Vordergrund steht der Beweischarakter des Frachtbriefs für Parteiabreden über den Inhalt des Frachtvertrages und eine Beweislastverteilung.[4] S. auch Art. 4 Rdn. 23 zum FBL und Art. 5 Rdn. 17 zum Reformvorschlag der FIATA.

2. Die einzelnen Angaben

Die Aufzählung in Art. 6 Abs. 1 CMR wirkte in Reihenfolge und Inhalt auf § 408 HGB ein.

a) Ort und Tag der Ausstellung

4 Wegen der eventuell zu beachtenden nationalrechtlichen Vorschriften bei der Ausstellung nach Art. 5 Abs. 1 CMR ist der Ort der Ausstellung von Bedeutung. Spätestens am Tage der Ausstellung des Frachtbriefs wird der Beförderungsvertrag geschlossen.[5] Bei fehlender Angabe gilt Art. 4 CMR, aber die Beweisvermutung nach Art. 9 Abs. 1 CMR entfällt.

---

1 *Loewe*, ETR 1976, 503, 529; *Herber/Piper*, Art. 6 Rdn. 3; MünchKommHGB/*Jesser-Huß*, Art. 6 CMR Rdn. 2; *Koller*, Art. 6 CMR Rdn. 1 offenlassend, deduziert Sanktionen aus anderen Artikeln der CMR.
2 BT-Drucks. III/1144, S. 36.
3 Staub/*Helm*, Art. 6 CMR Rdn. 6; *Koller*, Art. 6 CMR Rdn. 1; *Herber/Piper*, Art. 6 Rdn. 3; *Clarke*, para. 24.
4 *Heuer*, Haftung, S. 134, Argument gilt nicht nur für Angaben nach Art. 6 Abs. 2.
5 MünchKommHGB/*Jesser-Huß*, Art. 6 CMR Rdn. 4.

b) Name und Anschrift des Absenders

Im Beförderungsvertrag der CMR ist derjenige Absender, der den Vertrag mit 5
dem Frachtführer geschlossen hat, u.U. ein Spediteur oder anderer Frachtführer
(vgl. Art. 4 Rdn. 8). Denkbar ist eine Mehrheit von Absendern, von denen zumindest einer als frachtrechtlicher Absender benannt sein muss, deren Innenverhältnis sich im Übrigen nach nationalem Recht bestimmt. Bei fehlender Angabe
gilt Art. 4 CMR, bei unrichtiger Angabe Art. 9 Abs. 1 CMR; Aktiv- und Passivlegitimation des Absenders können auch anders als allein aus dem Frachtbrief
bewiesen werden. Der Inhalt kann mit anderen Beweismitteln widerlegt werden
(s. Art. 9 Rdn. 1). Der Absender haftet nach Art. 7 Abs. 1 lit. a) CMR, wenn wegen der mangelhaften oder fehlenden Eintragung dem Frachtführer Schäden oder
auch nur Kosten entstehen.

c) Name und Anschrift des Frachtführers

Spiegelbildlich ist Frachtführer derjenige, der mit dem Absender den Beförde- 6
rungsvertrag geschlossen hat. Seine gem. Art. 9 Abs. 1 CMR vermutete Rechtsstellung wird nicht dadurch beeinträchtigt, dass in Feld 16 des CMR-Frachtbriefs
unterhalb des Firmennamens des Frachtführers ein polizeiliches Kennzeichen für
ein Fahrzeug eingetragen ist, das nicht auf den Frachtführer zugelassen ist.[6] Bei
fehlender oder mangelhafter Angabe greift Art. 4 CMR ein.

d) Stelle und Tag der Übernahme, Ablieferungsstelle

Im Zusammenhang mit der Angabe nach Art. 6 Abs. 1 lit. a) CMR über den Ort 7
der Ausstellung ist die Angabe des Ablieferungsortes der Nachweis, dass der Beförderungsvertrag der CMR unterliegt.[7] „Stelle" ist dabei der genaue geographische Ort nach Straße und Hausnummer, nicht nur die Gemeindebezeichnung.[8]
Diese differenzierende Auslegung gegenüber dem englischen und französischen
Text ist für Übernahme und Ablieferung gerechtfertigt, nicht aber für die Verfügung des Empfängers nach Art. 13 oder die Begründung des Gerichtsstandes
nach Art. 31.[9]

Ort und Tag der Übernahme sind wichtig für die Wertberechnung nach Art. 23 8
Abs. 1 CMR. Der Übernahmetag ist die zweite im Frachtbrief geforderte Datumsangabe. Sie ist von Bedeutung für die Berechnung vereinbarter Lieferfristen, Art. 6 Abs. 2 lit. f), 17 Abs. 1 CMR, und Ansprüche aus deren Überschreitung, Art. 19 CMR. Die Haftung des Frachtführers beginnt mit dem Zeitpunkt

---

[6] OLG Hamburg, 6.11.1980 – 6 U 68/80, VersR 1982, 556.
[7] Staub/*Helm*, Art. 6 CMR Rdn. 8; *Hill & Messent*, S. 75.
[8] *Koller*, Art. 6 CMR Rdn. 5; die von ihm zitierte Entscheidung des BGH, 15.1.1987 – I ZR 215/84 – enthält im Abdruck (VersR 1987, 980) keine Anknüpfung; möglicherweise gekürzt; Cour d'appel de Versailles, 23.2.2006, Bull.transp. n° 3133 12.6.2006, 384 (zitiert nach IDIT), Zuständigkeit abgelehnt, da im Frachtbrief nur eingetragen „France".
[9] MünchKommHGB/*Jesser-Huß*, Art. 6 CMR Rdn. 11.

Art. 6   Abschluss und Ausführung des Beförderungsvertrages

der Übernahme des Gutes, Art. 17 Abs. 1 CMR. Mit dem 60. Tag nach dem Tag der Übernahme beginnt die Verjährung nach Art. 32 Abs. 1 lit. b) CMR.

Erst die Angabe der Ablieferungsstelle ermöglicht dem Frachtführer die vollständige Erfüllung der übernommenen vertraglichen Verpflichtung. Die Art. 12–15 CMR nehmen jeweils Bezug auf die für die Ablieferung vorgesehene Stelle.

Übernahmeort und Ablieferungsstelle sind für die Wahl des Gerichtsstands nach Art. 31 Abs. 1 lit. b) CMR maßgeblich. Bei der Übernahme des Gutes treffen den Frachtführer die Überprüfungspflichten des Art. 8 CMR, s. dort.

9   Fehlen die Angaben nach Art. 6 Abs. 1 lit. d), gilt Art. 4 CMR, aber der Absender haftet nach Art. 7 Abs. 1 lit. a) CMR. Fehlt nur der Eintrag des Übernahmezeitpunkts, wird unterstellt, dass das Gut am Tag der Ausstellung des Frachtbriefs übernommen wurde.[10] Im Übrigen sind nach allg. Ansicht bei fehlenden Eintragungen alle prozessualen Beweismittel zugelassen. Gegen eine Eintragung ist auch der Gegenbeweis zulässig, dass sie nicht vollständig ist.[11]

Die Vielzahl der Anknüpfungspunkte an die Eintragungen nach Art. 6 Abs. 1 lit. d) macht deutlich, dass es sich bei der Übernahme des Gutes um einen komplexen, rechtlich vielschichtigen Sachverhalt handelt. Der Frachtführer übernimmt die tatsächliche Sachherrschaft verbunden mit der Verantwortung und Haftung für das Gut.

e) Name und Anschrift des Empfängers

10 Die Bezeichnung des Empfängers ist im Hinblick auf Art. 13 CMR von erheblicher Bedeutung (s. Art. 13 Rdn. 13–15) und die dort zitierte Rechtsprechung.[12] Wie auf der Absenderseite kann auch auf der Empfängerseite eine Personenmehrheit stehen mit den gleichen Rechtsfolgen, s. oben Rdn. 5. Die Parteien sind unter Beachtung der bindenden Regeln der CMR in der Ausgestaltung des Beförderungsvertrages grundsätzlich frei, so dass der Absender die Bezeichnung des Empfängers bewusst offen lassen und einer nach Ankunft am Empfangsort vom Frachtführer einzuholenden Weisung vorbehalten kann.[13]

Abhängig vom jeweiligen nationalen Recht könnte der Frachtbrief auch „an Order" oder „an Inhaber" ausgestellt werden. Damit würde ein verkehrsfähiges Wertpapier geschaffen. Im deutschen Recht steht der gesetzliche *numerus clausus* der Wertpapiere dagegen.

---

10 Tribunal de Paris, 14.3.1978, ETR 1978, 742.
11 Rb. Antwerpen, 3.4.1977, ETR 1977, 411; statt „Antwerp", wie eingetragen, war beweisbar der nahegelegene Vorort „Antwerp-Berchem" vereinbart gewesen.
12 Ferner OLG Düsseldorf, 13.11.1980 – 18 U 123/80, VersR 1982, 89.
13 *Koller*, Art. 6 CMR Rdn. 6, Art. 12 CMR Rdn. 2.

f) Bezeichnung von Gut und Verpackung

Die übliche Bezeichnung der Art des Gutes und die Art der Verpackung sind anzugeben. Üblichkeit ist hier zumindest auf den Ort der Ausstellung des Frachtbriefs zu beziehen. Die Angabe der Verpackungsart wie Tonne, Sack, Kiste, Karton usw. soll es dem Frachtführer erleichtern, die häufig in Sammelladung transportierten Sendungen zu identifizieren. In der Fachsprache hat sich das Wort Kolli eingebürgert. Im Italienischen ist *collo* die generalisierende Bezeichnung für ein Packstück oder Gebinde. Das französische Wort *colis* wird von der Rechtsprechung auf jede beförderte Gütereinheit angewendet, ohne Gewichts- oder Volumenbegrenzung. Diese übereinstimmende Bedeutung des eingedeutschten Wortes findet sich in keiner frachtrechtlichen Regelung von Gesetzesrang, auch nicht mehr in den ADSp. Deren Fassung ab 1993 spricht ebenfalls von Packstück. Ein Kolli kann theoretisch auch ein Container sein, der als Stück oder Einheit betrachtet wird, § 660 Abs. 2 HGB (§ 504 Abs. 1 HGB Reg-Entwurf 2012). Wegen der Vieldeutigkeit, welcher Art das einzelne Kolli letztlich ist, reicht diese Benennung nicht zur Erfüllung der Anforderung nach Art. 6 Abs. 1 lit. f) CMR aus. 11

Von besonderer Bedeutung ist die *allgemein anerkannte* Bezeichnung von gefährlichen Gütern.[14] Aber es zu unterscheiden: Nicht alle gefährlichen Güter sind Gefahrgut im gesetzlichen Sinne. Deren Klassifikation regelt das Europäische Übereinkommen vom 30.9.1957 (ADR, d.h. **a**ccord europeen relatif au transport international des marchandises **d**angereuses par **r**oute), dessen Anlagen 1 und 2 wesentliche Bestandteile der deutschen Gefahrgutverordnung Straße, Eisenbahn und Binnenschifffahrt (GGVSEB) vom 17.6.2009 sind. Zum Teil werden besondere Anforderungen an die Verpackung eines gefährlichen Gutes gestellt oder an das Transportfahrzeug selbst und seine technische Ausrüstung. Der Frachtführer muss sich darauf einstellen können, dass sein Transport den Anforderungen internationaler Abkommen genügen muss. Die sorgfältige Anlehnung an die Klassifizierung und Beschreibung nach dem ADR wird als Minimalangabe genügen,[15] jedoch können in der Praxis gerade bei Rücktransporten Schwierigkeiten auftreten, die eine sonstige, allgemein verständliche Bezeichnung des Gutes verlangen. Das Personal des Frachtführers könnte kaum verpflichtet werden, stets die Anlagen 1 und 2 zum ADR auf dem letzten Stande mit sich zu führen.[16] Die reine chemische Bezeichnung eines Gutes kann gleichwohl ungenügend sein, da vom Frachtführer keine chemischen Fachkenntnisse erwartet werden können.[17] Die Bezeichnung einer giftigen Chemikalie als ungefährliches chemisches Produkt ist jedenfalls ein schwerer Fehler des Absenders, der das zum Transport 12

---

14 Nach *Loewe*, ETR 1976, 503, 529, jede Bezeichnung, die im Absenderstaat allgemein bekannt ist und verstanden wird.
15 *Hill & Messent*, S. 75f.
16 *Loewe*, ETR 1976, 503, 529.
17 *de Gottrau*, TranspR 1988, 320, 321, verweist auf ein Urteil von Antwerpen JPA 1975–76 zu „Ortho-chlorphenol".

Art. 6 Abschluss und Ausführung des Beförderungsvertrages

übergebene Gut kennen muss, zumal wenn er Chemiefachmann ist.[18] Außer der genauen, dem ADR entsprechenden Bezeichnung sah ein britischer Entwurf eines Frachtbriefformulars[19] auch die Angabe des Flammpunktes des Gefahrguts vor. Diese Angabe ist wegen der Warnfunktion für den Frachtführer als wesentlich anzusehen.

13 Fehlen die Angaben, gilt Art. 4 CMR, aber der Absender haftet dem Frachtführer nach Art. 7 Abs. 1 lit. a) CMR. Die Beweiserleichterung nach Art. 9 CMR entfällt. Der Eintrag ist wesentlich für die Beweislastverteilung im Rahmen des Art. 22 Abs. 1 CMR. Art. 22 Abs. 2 CMR gibt dem Frachtführer im Falle fehlender Angaben besondere Rechte und Ansprüche gegenüber dem Absender. Die Angaben sind ferner wegen der Überprüfungspflicht des Frachtführers nach Art. 8 Abs. 1 lit. b), seiner Möglichkeit, Vorbehalte einzutragen, und wegen der auf Verpackungsmängel gestützten Haftung nach Art. 10 CMR von Bedeutung. Im Einzelnen s. die Kommentierung zu diesen Artikeln.

g) Anzahl, Zeichen und Nummern der Frachtstücke

14 Dieser Anforderung liegt die Annahme zugrunde, dass Stückgut befördert wird. Entsprechend den Interessen beider Vertragsparteien ist zu verlangen, dass die Bezeichnung deutlich, haltbar und in einer die Verwechslung ausschließenden Weise angebracht ist. Diese Bezeichnung ist im Frachtbrief einzutragen. Im Übrigen gelten die Erläuterungen oben Rdn. 9–11. Bei Fehlen der Angabe haftet der Absender nach Art. 7 Abs. 1 lit. a) CMR.

h) Rohgewicht oder Menge des Gutes

15 Die Gewichtsangabe braucht der Frachtführer, um die Belastung seines Fahrzeuges kontrollieren zu können. Dabei ist das Rohgewicht ausschlaggebend. Das Rohgewicht (*poids brut*, *gross weight*) ist das Taragewicht des Gutes einschließlich des Verpackungsgewichts.[20] Güter, die nicht gewogen werden, sind nach ihrer Menge anzugeben (so etwa Flüssigkeiten i.d.R. nach Litern). Dies kann bei der Berechnung einer Entschädigung nach Art. 23 Abs. 3 CMR oder nach dem hierauf verweisenden Art. 25 Abs. 2 lit. a) oder b) CMR problematisch werden; dort ist ausschließlich auf das Rohgewicht Bezug genommen. Der heute gebräuchliche Frachtbriefsatz auf der Grundlage der IRU-Empfehlungen (s. Art. 5 Rdn. 3) enthält außer dem Feld für die Gewichtsangabe in Kilogramm ein Feld für die Angabe des Volumens in Kubikmeter. Dem Frachtführer ist sowohl im Hinblick auf eventuelle Überladung als auch auf die Berechnung eventueller Ent-

---

18 *de Gottrau*, TranspR 1988, 320, 321.
19 SITPRO, *Donald*, S. 68.
20 MünchKommHGB/*Jesser-Huß*, Art. 6 Rdn. 18; *Koller*, § 408 HGB Rdn. 11; a.A. *Herber/Piper*, Art. 6 Rdn. 13: Nettogewicht, abzüglich der Verpackung; schwer mit dem englischen und französischen Text in Übereinstimmung zu bringen.

schädigungen zu empfehlen, immer das Rohgewicht der Ladung angeben zu lassen.[21]

In der Regel ist das Gewicht des zu befördernden Guts neben der Entfernung die maßgebliche Grundlage für die Bildung des Frachtpreises. Dieser ist nicht in der CMR geregelt, sondern wird nach dem jeweils anzuwendenden nationalen Recht frei vereinbart. Stellt der Frachtführer nachträglich eine Mehrmenge fest, hat er nach deutschem Recht einen Anspruch gegen den Absender aus ungerechtfertigter Bereicherung oder auch aus Geschäftsführung ohne Auftrag.[22] Eine sofort erkannte Mehrmenge wird der Frachtführer zurückweisen oder eine Vertragsanpassung fordern. 16

Ohne diese Angabe im Frachtbrief kann der Absender nicht die Überprüfung durch den Frachtführer nach Art. 8 Abs. 3 CMR verlangen. Der Absender haftet nach Art. 7 Abs. 1 lit. a) CMR.

i) Kosten der Beförderung

Diese Anforderung erscheint klar. In der Praxis jedoch ist oft nicht absehbar, welche Kosten beispielsweise in Form von Zöllen oder Straßenmaut bis zur Ablieferung anfallen. Die Angabe ist wegen der Zahlungspflicht des Empfängers nach Art. 13 Abs. 2 CMR und wegen der Erlösverteilung nach Art. 16 Abs. 4 CMR von Bedeutung. Dennoch wird die Angabe häufig unterlassen, weil der Frachtführer seinen Preis einem nachfolgenden Frachtführer oder Unterfrachtführer nicht offenbaren will. Dann entfällt auch teilweise die Beweisvermutung des Art. 9 Abs. 1 CMR. 17

Der Zeitpunkt des Vertragsabschlusses kann vor dem Zeitpunkt der Ausstellung des Frachtbriefs liegen. S. Art. 5 Rdn. 6.

Fracht, Nebengebühren und andere Kosten, die mit dem Transport zusammenhängen, sind nicht problematisch (zum Begriff der Kosten s. die Erläuterungen zu Art. 16 Rdn. 5). Bei Zöllen kann fraglich sein, ob die Einfuhrumsatzsteuer auch dazuzurechnen ist. Die CMR trat für Deutschland am 5.2.1962 in Kraft, als noch die alte, in allen Verbrauchsphasen erhobene Brutto-Umsatzsteuer galt und Zollfreiheit selbst innerhalb der EWG noch nicht voll verwirklicht war; es lief noch die dreistufige Übergangszeit von insgesamt zwölf Jahren nach Art. 14 des EWG-Vertrags. Diese endete am 31.12.1969. Seit 1.1.1968 wird in Deutschland in allen Verbrauchsphasen die Netto-Umsatzsteuer mit *Vorsteuerabzug* erhoben. Die Einfuhrumsatzsteuer war nach kurzer Zeit die einzige Grenzabgabe für Importe aus dem EWG-Bereich. Diese Verbrauchssteuer ist nach § 21 Abs. 2 UStG den Zöllen gleichgestellt, die Möglichkeit der Aufschubkonten gilt für die Grenzspediteure wie bei Zöllen. Ohne Festlegung des Rechtscharakters der EUSt hat die Rechtsprechung entschieden, dass diese zu den mit der Beförderung verbundenen Kosten i.S.v. Art. 6 Abs. 1 lit. i) CMR gehört und in den Frachtbrief 18

---
21 *Donald*, S. 68.
22 *Koller*, Vor Art. 1 CMR Rdn. 12.

Art. 6 Abschluss und Ausführung des Beförderungsvertrages

aufzunehmen ist.[23] Dabei genügt die bloße Angabe, dass EUSt mit anfällt, sie muss, ebenso wie die anderen aus dem Frachtbrief zu entnehmenden Kosten, noch nicht beziffert sein.[24] Fehlt der Eintrag im Frachtbrief, kann folglich der Frachtführer vom Empfänger nichts verlangen, denn Art. 13 Abs. 2 CMR enthält eine abschließende Regelung (s. hierzu Art. 13 Rdn. 31 ff.).

j) Weisungen

19 Wird eine besondere Weisung schon bei Ausstellung des Frachtbriefs eingetragen, besteht die Vermutung des Art. 9 Abs. 1 CMR, dass sie Vertragsinhalt wurde. Im Rahmen des Art. 12 CMR können der Absender und der Empfänger spätere Weisungen erteilen. Art. 6 Abs. 2 lit. j) CMR berücksichtigt nur Weisungen hinsichtlich der Zoll- und sonstigen amtlichen Behandlung. Ist das Gut laut Weisung zu verzollen, ist der Frachtführer verpflichtet, den Zoll auszulegen.[25] Nach deutschem Recht hat der Frachtführer aber in diesem Fall einen Anspruch auf Vorschuss nach § 669 BGB.

Weisungen des Absenders bezüglich der Verzollung gehen ins Leere, wenn dem Frachtführer nicht die notwendigen Urkunden mitgegeben oder zur Verfügung gestellt werden, Art. 11 Abs. 1 CMR. Für die Richtigkeit und Vollständigkeit der Weisung haftet der Absender nach Art. 7 Abs. 1 lit. a) CMR und nach Art. 11 Abs. 2 CMR. Für die Befolgung der Weisungen und den richtigen Gebrauch der mitgegebenen Urkunden und Dokumente haftet der Frachtführer dem Absender, Art. 11 Abs. 3 CMR.

k) Hinweis auf die CMR

20 Diese Angabe im Frachtbrief soll die Anwendung der CMR auf das Vertragsverhältnis garantieren.

aa) „Paramount"-Klausel

Seerechtliche Konnossemente enthalten häufig eine Klausel, die das Rechtsverhältnis der Vertragsparteien den Haager Regeln in ihrer jeweiligen nationalen Fassung unterstellt, unabhängig von allen anderen im Konnossement selbst oder sonst im Rahmen des Vertrags vereinbarten Bedingungen. Diese Klausel wird allgemein als „Paramount"-Klausel zitiert (*of paramount importance*, d.h. von allergrößter Wichtigkeit). Die Haager Regeln gestatteten den Unterzeichnerstaaten eine uneinheitliche Umsetzung in nationales Recht. Die Klausel macht die

---

23 OLG Düsseldorf, 11.12.1980 – 18 U 112/80, VersR 1981, 1082 = TranspR 1982, 13, 15.
24 BGH, 23.1.1970 – I ZR 35/69, NJW 1970, 604 zu § 436 a.F. HGB, § 25 KVO; bestätigend auch für die CMR BGH, 25.4.1991 – III ZR 74/90, TranspR 1991, 312, 315 = VersR 1991, 1037, 1039; OLG Düsseldorf, 11.12.1980 – 18 U 112/80, VersR 1981, 1082 = TranspR 1982, 13, 15.
25 *Koller*, Art. 6 CMR Rdn. 11; a.A. *Herber/Piper* Art. 6 Rdn. 15; *Boesche*, in: EBJS, Art. 6 CMR Rdn. 12.

materiellrechtlichen Bestimmungen der Haager Regeln anwendbar und verhindert, dass sich der Verfrachter auf haftungsbeschränkende Klauseln berufen kann, die der Mindesthaftung der Haager Regeln widersprechen.[26] Für den Bereich der CMR ist diese Bezeichnung zwar verbreitet,[27] sollte aber vermieden werden.[28]

bb) Bedeutung

Auf die CMR übertragen bedeutet dieser Eintrag im Frachtbrief, dass zunächst dem am Vertragsschluss nicht beteiligten Empfänger verdeutlicht wird, dass die Beförderung unter dem Regime der CMR abgewickelt wird. In erster Linie soll dieser Hinweis aber auch die Gerichte von Drittstaaten, die die CMR nicht unterzeichnet haben, verpflichten, die privatrechtlichen Regelungen des Übereinkommens zu beachten und anzuwenden, wenn dort prozessiert werden muss. Der Eintrag im Frachtbrief soll die Bestimmungen der CMR, wo sie nicht zwingend anzuwenden sind, wenigstens zum vereinbarten Vertragsinhalt machen.[29] In Vertragsstaaten gilt die CMR per se, auch ohne diese Klausel, außerhalb ist die Regelung als Rechtswahlklausel offenbar ohne praktische Bedeutung.[30] 21

Die internationale Zuständigkeit für Klagen aus einem der CMR unterliegenden Beförderungsvertrag regelt Art. 31 Abs. 1 CMR. Der danach zulässige Gerichtsstand kann auch in einem Staat liegen, der das Abkommen nicht unterzeichnet hat. Ob aber das Gericht eines solchen Staates die CMR als von den Parteien frei vereinbartes anzuwendendes Recht *trotz einer gegenteiligen Abmachung* akzeptiert, wird davon abhängen, ob die betreffende Rechtsordnung eine solche Verweisung und eine solche Rechtswahl der Parteien überhaupt zulässt und anerkennt. Die Anwendung des Übereinkommens als vereinbarter Vertragsinhalt wird davon abhängen, dass die Rechtsordnung des Forum-Staates keine ihrerseits zwingenden abweichenden Regeln enthält. Die in der Literatur geäußerten Zweifel an der Effektivität dieser Angabe im Frachtbrief sind daher berechtigt.[31] 22

Eine Sonderstellung bei der Interpretation dieser Klausel nimmt die italienische höchstrichterliche Rechtsprechung ein. Trotz Kritik gerade aus der italienischen Fachliteratur hielt der *Corte di Cassazione* viele Jahre (seit 1975) daran fest, die Anwendung der CMR auf einen internationalen Gütertransport sei fakultativ und die CMR sei nur anzuwenden, wenn die Angabe im Frachtbrief gem. Art. 6 Abs. 1 lit. k) eingetragen ist oder wenigstens die Parteien sich im Prozess übereinstimmend auf das Abkommen berufen.[32] Diese – in Anlehnung an das See- 23

---

26 Im Detail und zum Ursprung *Prüßmann/Rabe*, Vor § 556 VI G Rdn. 128.
27 *Hill & Messent*, S. 76; *Clarke*, para. 24; *Herber/Piper*, Art. 6 Rdn. 16.
28 Staub/*Helm*, Art. 6 CMR Rdn. 19.
29 *Loewe*, ETR 1976, 503, 529, 530; *Hill & Messent*, S. 41; *Koller*, Art. 6 CMR Rdn. 12.
30 Staub/*Helm*, Art. 6 CMR Rdn. 19.
31 *Loewe*, ETR 1976, 503, 529, 530; *Hill & Messent*, S. 76; *Heuer*, Haftung, S. 28; *Pesce*, S. 117.
32 *Pesce*, S. 55, Fn. 43; *ders.*, Sonderdruck, S. 964 ff.; umfangreiche Quellenangaben bei *Reithmann/Martiny/Mankowski*, Rdn. 2717, Fn. 7.

Art. 6 Abschluss und Ausführung des Beförderungsvertrages

transportrecht entwickelte – Beurteilung wird allgemein als fehlerhaft und dem Buchstaben des Abkommens widersprechend angesehen.[33] Die im Urteil vom 2.2.1981 ausgesprochene, der CMR gerecht werdende Rechtsmeinung des Appellationsgerichtshofes Florenz[34] hat sich noch nicht durchgesetzt, allerdings folgte z.B. das LG Mailand am 11.7.1983.[35] Dabei überzeugt das Gegenargument,[36] dass das Abkommen entgegen Art. 41 CMR nicht einfach dadurch unterlaufen werden kann, dass die Angabe im Frachtbrief unterbleibt. Der Frachtbrief ist nach Art. 4 CMR nicht konstitutives Element des Beförderungsvertrags.

Für einen nachfolgenden Frachtführer i.S.d. Art. 34 CMR, der möglicherweise aus einem nicht dem Abkommen beigetretenen Staat kommt, wird die Angabe wichtig sein, da ihm Einzelheiten des Beförderungsvertrags nicht aus eigenem Wissen bekannt sein können.

24 Fehlt die Angabe, haftet der Frachtführer nach Art. 7 Abs. 3 CMR; s. die Erläuterung dort. Ein vom Absender nicht unterzeichneter Frachtbrief ohne CMR-Vermerk begründet keine Vermutung hinsichtlich des Zustands des Gutes im Zeitpunkt der Übernahme oder der Ablieferung unter den Voraussetzungen des Art. 30 Abs. 1 CMR.[37]

II. Angaben nach Abs. 2

1. Verpflichtung zutreffendenfalls

25 Die Angaben des Art. 6 Abs. 2 CMR betreffen Verhältnisse und Vertragsbedingungen, die nicht für jeden Frachtvertrag von vornherein gegeben sein müssen.[38] Wesentlich ist auch hier, welche Rechtsfolge eintritt, wenn einer der Tatbestände des Abs. 2 zwar vorliegt, aber nicht im Frachtbrief eingetragen ist.

Üblicherweise werden die einschlägigen Vereinbarungen zwischen den Vertragsparteien spätestens bei Unterzeichnung des Frachtbriefs geschlossen, aber bei einigen Angaben ist eine spätere Vereinbarung noch vor der vollendeten Ausführung des Frachtvertrags denkbar. Für jeden Einzelfall ist zwischen den möglichen Alternativen zu differenzieren.[39] Man kann zum einen unter Bezug auf Art. 4 CMR das Fehlen einer Eintragung als unbeachtlich ansehen, und zum anderen unter Bezug auf Art. 7 Abs. 1 lit. b) CMR dem am Gut Berechtigten jeden Schadensersatzanspruch gegen den Frachtführer versagen, wenn eine erteilte

---

33 *Pesce*, S. 55, Fn. 43; detaillierte Darlegung bei *Capotosti*, VersR 1985, 524, 527ff.; *Basedow*, S. 263; *Clarke*, para. 24 Fn. 34.
34 *Capotosti*, VersR 1985, 524, 528.
35 TranspR 1984, 133 mit zustimmender Anmerkung von *Pesce*, S. 135.
36 Von *Hill & Messent*, S. 77.
37 BGH, 8.6.1988 – I ZR 149/86, TranspR 1988, 370 = VersR 1988, 952. Gegen weiterreichende Interpretation Staub/*Helm*, Art. 6 CMR Rdn. 19 Fn. 137.
38 Denkschrift, S. 36.
39 *Loewe*, ETR 1976, 503, 531.

Weisung nicht im Frachtbrief eingetragen und nicht beachtet wurde oder die nicht eingetragene Vereinbarung als unwirksam ansehen.[40]

Nach dem heutigen Stand ist die erste Alternative im Hinblick auf die einheitliche Auslegung und Anwendung der CMR einerseits und die grundsätzliche Formfreiheit ergänzender Vereinbarungen andererseits als h.M. zu betrachten, da nur sie dem Charakter des ohne Fixierung in einem Frachtbrief wirksamen Konsensualvertrags gerecht wird.[41] Eine Ausnahme ist Abs. 2 lit. d) mit der Wert- oder Interesse-Angabe (s. unten Rdn. 30).

2. Die einzelnen Angaben

Die Angaben enthalten teils vertragliche Pflichten des Frachtführers, wie lit. a), c), f), teils ergänzende Weisungen, die Anspruchsgrundlage sein können, wie lit. b), d), e), g).

a) Umladeverbot

Art. 2 Abs. 1 CMR erwägt den Fall der Umladung wegen eines Wechsels des Transportmittels. Dies kann einen Vertragsverstoß darstellen.[42] Dann endet zwar die Anwendbarkeit der CMR, aber nicht ohne Weiteres die Frachtführereigenschaft des Beförderers (s. Art. 2 Rdn. 80ff.). Dem Frachtführer steht grundsätzlich ein Spielraum zur Verfügung, in dessen Rahmen er den Frachtvertrag erfüllt. Deshalb ist e contrario davon auszugehen, dass dem Frachtführer auch auf dem Landweg das Umladen von einem LKW auf einen anderen oder die Übernahme auf Lager grundsätzlich gestattet ist und lediglich durch eine Weisung nach Art. 6 Abs. 2 lit. a) CMR untersagt werden kann, weil die Umladung die mit dem Transport ohnehin verbundenen Risiken erhöht.[43] Die Umladung kann auch aus technischen Gründen oder wegen eines Unfalls notwendig werden. Ergibt sich diese Notwendigkeit, und dem Frachtführer wurde ein Umladeverbot erteilt, muss er gem. Art. 14 Abs. 1 CMR eine Weisung des Berechtigten einholen oder ggf. nach Art. 14 Abs. 2 CMR verfahren. 26

Die Vereinbarung des Umladeverbots ist wirksam, auch wenn es nicht im Frachtbrief eingetragen ist; Art. 4 CMR. Von der überwiegend zu lit. c) und f) ergangenen Rechtsprechung wurde dieser Grundsatz *in obiter dicta* auf alle Angaben nach Art. 6 Abs. 2 CMR ausgedehnt, s. dort. Der Absender hat lediglich die Beweislast für den Abschluss der Vereinbarung, Art. 9 Abs. 1 CMR. Nach Art. 7 27

---

40 So noch zum Teil die ältere Rechtsprechung und Literatur, vgl. Staub/*Helm*, Art. 6 CMR Rdn. 30ff. mit Entscheidungen und Zitaten.
41 Staub/*Helm*, Art. 6 CMR Rdn. 30ff.; *Heuer*, Haftung, S. 134; *Koller*, Art. 6 CMR Rdn. 13ff.; *Clarke*, para. 24.
42 Staub/*Helm*, Art. 6 CMR Rdn. 21; *Hill & Messent*, S. 77.
43 *Hill & Messent*, S. 78; Staub/*Helm*, Art. 6 CMR Rdn. 21; *Koller*, Art. 6 CMR Rdn. 13; MünchKommHGB/*Jesser-Huß*, Art. 6 CMR Rdn. 30.

Art. 6 Abschluss und Ausführung des Beförderungsvertrages

Abs. 1 lit. b) CMR haftet der Absender dem Frachtführer für die Vollständigkeit und Richtigkeit der Eintragung.

b) Kosten

28 Zum Begriff der Kosten s. oben Rdn. 17, 18 und Art. 16 CMR, Rdn. 5. Aus dem Umkehrschluss zu dieser Bestimmung und aus Art. 13 Abs. 2 CMR ist abzuleiten, dass der Frachtführer alle hier nicht eingetragenen, also vom Absender nicht ausdrücklich übernommenen Kosten vom Empfänger einzuziehen hat (Frachtüberweisung, s. hierzu Vor Art. 1 CMR Rdn. 42 ff.). Misslingt dies, weil die Eintragungen im Frachtbrief fehlerhaft oder unvollständig sind, bleibt der Absender dem Frachtführer sowohl nach allgemeinen Regeln wie auch nach Art. 7 Abs. 1 lit. b) CMR haftbar.[44] S. auch Art. 13 Rdn. 31 ff.

Die Vereinbarung ist auch ohne Eintragung in den Frachtbrief wirksam (s. oben Rdn. 25).

c) Nachnahme

29 Zum Begriff der Nachnahme siehe die ausführlichen Anmerkungen bei Art. 21 CMR Rdn. 18 ff.[45] Zur Frage, ob die Eintragung im Frachtbrief hier konstitutiv wirken soll[46] und in welcher Weise die Nachnahme richtig einzuziehen ist (bar, gegen Scheck oder Wechsel), s. Art. 21 CMR Rdn. 31–50, 74 ff. Nach dem BGH[47] hat die Eintragung wie der gesamte Frachtbrief überhaupt nur Beweisbedeutung.[48] Der Frachtführer kann sich nicht in seinen AGB vorbehalten, das gegen Barzahlung abzuliefernde Gut gegen Scheck abzuliefern.[49] Jedenfalls haftet der Frachtführer dem Absender für Nachnahmefehler nach Art. 21 CMR. Die Eintragung im Frachtbrief muss aber eindeutig und auch für den rechtsunkundigen Fahrer des Frachtführers verständlich sein, formelhafte Abkürzungen (wie *COD*) reichen nicht aus.[50] Der Absender haftet nach Art. 7 Abs. 1 lit. b) CMR dem Frachtführer für die Vollständigkeit und Richtigkeit der Eintragung. Die nicht eingetragene Angabe hat keine Beweisvermutung nach Art. 9 Abs. 1 CMR für sich.

Nachnahmeversehen sind i.d.R. im Rahmen der CMR-Police nur mit einer besonderen Höchstgrenze gedeckt.

---

44 *Hill & Messent*, S. 78; *Koller*, Art. 6 CMR Rdn. 14.
45 *Staub/Helm*, § 425 a.F. HGB Rdn. 53.
46 Verneinend OLG Köln, 27.11.1974 – 2 U 169/73, RIW 1975, 162; OLG Hamm, 28.4.1983 – 18 U 230/81, TranspR 1983, 151, 153; ebenso OLG Hamm, 16.8.1984 – 18 U 281/83, TranspR 1985, 97.
47 BGH, 10.2.1982 – I ZR 80/80, BGHZ 83, 96, 100 = NJW 1982, 1946 = VersR 1982, 543 = TranspR 1982, 74; dazu Anm. von *Helm*, IPRax 1982, 225.
48 *Loewe*, ETR 1976, 503, 566; so auch *Heuer*, Haftung, S. 160; *Clarke*, para. 38.
49 OLG Düsseldorf, 13.12.2006 – I-18 U 104/06, VersR 2007, 817; die Weisung des Absenders war in einem EDI-Dokument erteilt worden.
50 MünchKommHGB/*Jesser-Huß*, Art. 6 CMR Rdn. 35.

d) Wertangabe, besonderes Interesse

Art. 23 Abs. 3 CMR setzt einen Höchstbetrag für jedes zu entschädigende Kilo- **30** gramm des Rohgewichts des beförderten Guts fest. Eine Erweiterung des durch das Rohgewicht vorgegebenen höchstmöglichen Entschädigungsrahmens im Haftungsfall ist nur durch die Angabe eines darüber hinausgehenden Wertes im Frachtbrief möglich, Art. 23 Abs. 6 CMR. Diese Erhöhung der Höchstbeträge kostet den Absender einen Zuschlag zur Fracht. Dessen Zahlung ist nicht Voraussetzung für die wirksame Vereinbarung. Die Eintragung der Wertangabe im Frachtbrief hat konstitutive Wirkung[51] mit einem besonderen und beabsichtigten Warncharakter für nachfolgende Frachtführer, die sie auf die Haftungserweiterung hinweist. S. Art. 24 Rdn. 11–15.

Art. 23 CMR begrenzt den zu ersetzenden Schaden auf den unmittelbaren Güter- **31** schaden, Abs. 1–3, und die mit der Beförderung zusammenhängenden Kosten, Abs. 4. Nach Art. 23 Abs. 6 i. V. m. Art. 26 CMR kann höhere Entschädigung für weiteren bewiesenen Schaden gefordert werden, wenn im Frachtbrief ein besonderes Interesse an der Lieferung eingetragen ist. Auch diese nach Art. 6 Abs. 2 lit. d) im Frachtbrief anzugebende Vereinbarung kostet den Absender einen Frachtzuschlag. Allerdings ist die im Frachtbrief eingetragene Angabe auch wirksam, wenn der Zuschlag nicht gezahlt wird.[52] Die Eintragung ist zwingende Voraussetzung für den erweiterten Schadensersatzanspruch.[53] S. hierzu weiter Art. 26 Rdn. 12–16.

In der Praxis ist zu beachten, dass der Frachtführer seinen Versicherungsschutz **32** aus der CMR-Police gefährdet, wenn nicht verliert, falls er für die Vereinbarung von Haftungserweiterungen aus Wertangaben und besonderem Interesse an der Lieferung nicht die Zustimmung der Versicherung einholt. Die bei Art. 24 und 26 zitierte Rechtsprechung zeigt, dass die Praxis entgegen mancher Erwartung von dieser Möglichkeit der Haftungserweiterung Gebrauch macht.

e) Weisungen zur Versicherung

Häufig werden solche Weisungen außerhalb des Frachtbriefs gegeben. Die Anga- **33** be ist aber für nachfolgende Frachtführer und, bei Beschädigung oder Verlust des Gutes, für den Empfänger wichtig. Die CMR enthält keine Regelung für den

---

51 Staub/*Helm*, Art. 6 CMR Rdn. 24; *Herber/Piper*, Art. 24 Rdn. 11; *Koller*, Art. 24 CMR Rdn. 3, ablehnend gegenüber *Lamy*, der auch eine Vereinbarung über einen bestimmten Wert gelten lässt, die in einer anderen Vertragsurkunde, wie Transportauftrag per Telex, zweifelsfrei enthalten ist.
52 OLG Düsseldorf, 7.7.1988 – 18 U 63/88, TranspR 1988, 425, 427; der französische Absender von Kirschen gab ein sehr hohes besonderes Interesse an der Lieferung zu einem bestimmten Zeitpunkt an, der sprachunkundige Frachtführer unterzeichnete den Frachtbrief ohne Vorbehalt und akzeptierte damit die besondere Klausel als verbindlich.
53 OLG Düsseldorf, 29.5.1991 – 18 U 302/90, TranspR 1991, 291, 293, in diesem Punkt bestätigt durch BGH, 14.7.1993 – I ZR 204/91, VersR 1993, 1296, 1297; der BGH bezieht sich in dieser Entscheidung zur Stützung seines Standpunktes ausdrücklich auf Rechtsprechung und Literatur aus anderen Vertragsstaaten.

Art. 6 Abschluss und Ausführung des Beförderungsvertrages

Fall, dass der Frachtführer gegen eine eingetragene Weisung zur Versicherung verstößt. Hier ist auf das nationale Recht zurückzugreifen.[54] Die Weisung darf wegen Art. 41 CMR keine Abtretung von Versicherungsansprüchen enthalten.[55]

Der Absender haftet dem Frachtführer für die richtige und vollständige Angabe nach Art. 7 Abs. 1 lit. b) CMR. Die Weisung ist auch ohne Eintrag im Frachtbrief wirksam, Art. 4 CMR, jedoch entfällt die Beweisvermutung des Art. 9 Abs. 1 CMR.

f) Lieferfrist

34 Nach h.M. ist die Vereinbarung einer Lieferfrist auch ohne Angabe im Frachtbrief wirksam, Art. 4 CMR.[56] Die umfangreiche Rechtsprechung hierzu (siehe auch Art. 19 Rdn. 11) beweist die Bedeutung der Lieferfrist in der Praxis. Art. 19 CMR regelt, wann die Lieferfrist überschritten ist; nach Art. 20 Abs. 1 CMR wird der Verlust des Gutes zunächst fingiert, wenn es nicht innerhalb von 30 Tagen nach Ablauf der vereinbarten Lieferfrist abgeliefert worden ist. Näheres hierzu s. Art. 20 CMR, Rdn. 3 ff. Art. 26 Abs. 1 CMR lässt die Eintragung eines besonderen Lieferinteresses zu; s. oben Rdn. 31.

Der Absender haftet dem Frachtführer für die vollständige und richtige Angabe; Art. 7 Abs. 1 lit. b) CMR.

g) Urkundenverzeichnis

35 Der Absender hat nach Art. 11 Abs. 1 CMR dem Frachtbrief die Urkunden beizugeben, die zur Zoll- oder sonstigen amtlichen Behandlung notwendig sind. Dabei sind notwendige und nützliche Urkunden zu unterscheiden (s. hierzu Art. 11 CMR Rdn. 3–9). Es kann sich um Spediteurdokumente nach den FIATA-Mustern handeln, Zolldokumente wie das Einheitspapier der EU, Versandanmeldung und Versandschein im gemeinschaftlichen Versandverfahren der EU oder Carnet-TIR;[57] Warenbegleitscheine, Warenrechnungen; amtliche Papiere im Gefahrgutverkehr, beim Lebensmittel- oder Tiertransport; Ausfuhrgenehmigungen. Die Aufnahme eines Verzeichnisses der dem Frachtführer übergebenen Urkunden sichert dem Absender den Beweis im Haftungsfall nach Art. 11 Abs. 3 CMR. Auch hier ist die Angabe im Frachtbrief keine Wirksamkeitsvoraussetzung für Schadensersatzansprüche; jedes andere zulässige Beweismittel ist möglich. Der

---

54 *Hill & Messent*, S. 78.
55 *Herber/Piper*, Art. 6 Rdn. 23; MünchKommHGB/*Jesser-Huß*, Art. 6 CMR Rdn. 38.
56 So bereits OLG Saarbrücken, 10.2.1971 – 1 U 9/70, VersR 1972, 757; OLG Düsseldorf, 18.1.1979 – 18 U 153/78, VersR 1979, 356, 357; OLG Düsseldorf, 30.12.1982 – 18 U 152/82, VersR 1983, 1029 = TranspR 1984, 13; OLG Düsseldorf, 12.12.1985 – 18 U 90/85, TranspR 1986, 56, 57 = VersR 1986, 1069; OLG Hamburg, 6.12.1979 – 10 U 84/78, VersR 1980, 290; Staub/*Helm*, Art. 19 CMR Rdn. 4 ff.; *Heuer*, Haftung, S. 134; *Koller*, Art. 19 CMR Rdn. 4; *Thume*, RIW 1992, 966; *Hill & Messent*, S. 172.
57 *Lenz*, Rdn. 235 ff., 256 ff; nach BGH, 9.9.2010 – I ZR 152/09, TranspR 2011, 178, gehört ein Carnet-TIR nicht zu den notwendigen Urkunden nach Art. 11 Abs. 1 CMR.

Frachtführer hat aus dem Transportvertrag in jedem Fall die Nebenpflicht, Begleitpapiere sorgfältig zu verwahren und richtig zu verwenden.[58]
Der Absender haftet dem Frachtführer nach Art. 7 Abs. 1 lit. b) CMR für richtige und vollständige Angabe. Diese Haftung ist in Art. 11 Abs. 2 CMR mit der Bestimmung bekräftigt, dass der Frachtführer nicht verpflichtet ist, die ihm übergebenen Urkunden daraufhin zu prüfen, ob sie vollständig und ausreichend sind.

III. Zweckmäßige Angaben nach Abs. 3

1. Kein numerus clausus der Angaben

Wie eingangs in Rdn. 1 dargelegt, ist die Aufzählung notwendiger und möglicher 36 Eintragungen in den Frachtbrief nicht abschließend, daran anlehnend § 408 Abs. 1 Satz 2 HGB. Die Vertragsparteien haben die Möglichkeit, alle das Vertragsverhältnis und seine Abwicklung betreffenden Vereinbarungen und Weisungen einzutragen. Die Nebenpflichten des Frachtführers zur Ausführung des Beförderungsvertrags können erweitert oder fixiert werden. Die Anweisungen müssen aber klar und eindeutig sein. Ein allgemeiner Hinweis auf diebstahlgefährdete Ware und Verplombung des Wagens reicht nicht aus, den Frachtführer auf eine besondere Gefahrenlage hinzuweisen, die besondere Sicherheitsmaßnahmen erfordert.[59] Weisungen des Absenders, die für den Frachtführer Nebenpflichten begründen, können aber auch außerhalb des Frachtbriefs erteilt werden, etwa in der Auftragsbestätigung. Verstößt der Frachtführer gegen eine solche Weisung, haftet er nach deutschem Recht wegen Verletzung einer Nebenpflicht nach §§ 280, 249 BGB.[60]

Die CMR setzt an mehreren Stellen weitere Angaben im Frachtbrief voraus. Dabei sind die Wirkungen unterschiedlich:

– Konstitutive Wirkung hat die Eintragung des Verfügungsrechts für den Empfänger nach Art. 12 Abs. 3 CMR.
– Die Haftungsbefreiung nach Art. 17 Abs. 4 lit. a) CMR setzt voraus, dass die Verwendung offener Fahrzeuge ausdrücklich vereinbart und im Frachtbrief vermerkt worden ist.[61] Die Eintragung hat konstitutive Wirkung (s. Art. 17 Rdn. 123).
– Bei Gefahrguttransport statuiert Art. 22 Abs. 1 CMR eine Beweiserleichterung für den Absender, der die genaue Art der Gefahr und etwa zu ergreifende Vorsichtsmaßnahme im Frachtbrief angibt.

---

58 *Heuer*, Haftung, S. 150.
59 BGH, 1.7.2010 – I ZR 176/08, TranspR 2011/78.
60 OLG Karlsruhe, 24.3.2011 – 9 U 81/10, VersR 2011, 1546, Vorkühltemperatur von Clementinen nicht geprüft; aber OLG München, 5.5.2010 – 7 U 1744/10, VersR 2010, 1521, weisungswidrig unbewacht geparkt, unbeschränkte Haftung nach Art. 29 CMR.
61 OLG Düsseldorf, 30.5.1988 – 18 U 293/87, TranspR 1988, 423.

Art. 6   Abschluss und Ausführung des Beförderungsvertrages

- Art. 24 Wert des Gutes (s. oben Rdn. 30); die Angabe wirkt konstitutiv, ebenso wie
- Art. 26 Vereinbarung eines Zuschlags.
- Gerichtsstandsvereinbarungen im Rahmen des Art. 31 CMR oder Schiedsgerichtsklauseln, Art. 33 CMR, können im Frachtbrief eingetragen werden.

Unter den nicht in der CMR geregelten Bedingungen des Frachtvertrags ist die Angabe der geforderten Kühltemperatur bei Thermosfahrzeugen besonders wichtig. Denkbar ist ein Verbot, Unterfrachtführer einzusetzen, was ohne ausdrückliche Verbotsklausel im Frachtbrief als erlaubt anzusehen ist, soweit nicht die Natur des Gutes entgegensteht. Ein solches Verbot beinhaltet nicht das Gleiche wie ein Umladeverbot, denn das Gut kann z.B. auf Wechselbrücken oder in Containern gepackt sein (s. oben Rdn. 26). Zunehmende Bedeutung haben Vereinbarungen über den Rücktransport oder die Behandlung der Verpackung und der Ladehilfsmittel. Für die Berechnung der Frachtvergütung ist die Vereinbarung bestimmter Transportrouten wichtig,[62] etwa um schwere Güter ohne große Steigungen befördern zu können. Die Fälligkeit der Transportvergütung ist frei vereinbar; sie kann in den Frachtbrief eingetragen werden.

Soweit die kleinen Felder (besonders Feld 16 des IRU-Formulars 2007) auf der Vorderseite des Frachtbriefs nicht ausreichen, können die Angaben auch auf der Rückseite des Frachtbriefs ohne Einbuße der Beweiswirkung nach Art. 9 Abs. 1 CMR vermerkt werden.[63]

2. Wirkung der Angaben

37   Alle Angaben nach Art. 6 Abs. 3 CMR stehen unter der Beweisvermutung nach Art. 9 Abs. 1 CMR. Wie oben Rdn. 36 angemerkt, haben auch die zweckmäßigen Angaben teilweise konstitutive Wirkung. Der Absender haftet dem Frachtführer gem. Art. 7 Abs. 1 lit. c) CMR für die Vollständigkeit und Richtigkeit dieser Angaben.

---

62 *Basedow*, S. 289.
63 Staub/*Helm*, Art. 6 CMR Rdn. 28, ohne Einschränkung anwendbar.

Art. 7

bearbeitet von RA Christian Teutsch, Düsseldorf

1. Der Absender haftet für alle Kosten und Schäden, die dem Frachtführer dadurch entstehen, dass folgende Angaben unrichtig oder unvollständig sind:

    a) die in Artikel 6 Absatz 1 lit. b, d, e, f, g, h und j bezeichneten Angaben;

    b) die in Artikel 6 Absatz 2 bezeichneten Angaben;

    c) alle anderen Angaben oder Weisungen des Absenders für die Ausstellung des Frachtbriefes oder zum Zwecke der Eintragung in diesen.

2. Trägt der Frachtführer auf Verlangen des Absenders die in Absatz 1 bezeichneten Angaben in den Frachtbrief ein, wird bis zum Beweis des Gegenteils vermutet, dass der Frachtführer hierbei im Namen des Absenders gehandelt hat.

3. Enthält der Frachtbrief die in Artikel 6 Absatz 1 lit. k) bezeichnete Angabe nicht, so haftet der Frachtführer für alle Kosten und Schäden, die dem über das Gut Verfügungsberechtigten infolge dieser Unterlassung entstehen.

Literatur: *Helm*, Probleme der CMR: Geltungsbereich – ergänzendes Recht – Frachtbrief – Weisungsbefugnis – aufeinanderfolgende Frachtführer, VersR 1988, 548.

Übersicht

	Rdn.		Rdn.
I. Haftung des Absenders Abs. 1	1	2. Beweislast	11
1. Haftung ohne Verschulden	1	**III. Haftung des Frachtführers**	
2. Aufzählung der Angaben	2	**Abs. 3**	12
a) Art. 6 Abs. 1	3	1. Verschulden	12
b) Art. 6 Abs. 2	4	2. Auswirkungen	13
c) Art. 6 Abs. 3	5	a) Haftungsumfang	14
3. Beweislast	6	b) Nichtanwendung im Vertragsstaat	15
4. Nicht eingetragene Angaben	7	c) Nichtanwendung im Nicht-Vertragsstaat	16
5. Umfang der Haftung	8	d) Durchbrechung der Urteilswirkung	17
6. Sonderfall: Absender ist Frachtführer	9	e) Völkerrechtliche Verträge	18
II. Vermutung des Abs. 2	10	3. Regelung zweifelhaft	19
1. Eintragung durch den Frachtführer	10		

I. Haftung des Absenders Abs. 1

1. Haftung ohne Verschulden

Die CMR regelt nur in vier Fällen eine Haftung des Absenders gegenüber dem Frachtführer: Art. 7 Abs. 1; Art. 10 für Schäden aus mangelhafter Verpackung

1

Art. 7 Abschluss und Ausführung des Beförderungsvertrages

des Gutes; Art. 11 Abs. 2 für Unvollständigkeit und Unrichtigkeit beigegebener Urkunden und Angaben und Art. 22 Abs. 2 wegen der Übergabe von Gütern, deren Gefährlichkeit dem Frachtführer nicht gehörig mitgeteilt war. Die Haftung ist aber unterschiedlich ausgestaltet.

Art. 7 Abs. 1 CMR knüpft an die bloße Tatsache an, dass bestimmte Angaben unrichtig oder unvollständig sind, und dass daraus ein Schaden entsteht. Die dafür statuierte Haftung des Absenders setzt kein Verschulden voraus. Dies ist allgemeine Ansicht,[1] wobei der Vergleich mit dem Rechtszustand vor dem TRG und der dazu ergangenen Rechtsprechung[2] nahe liegt. Sie ist damit zu begründen, dass die CMR nicht regelt, wer den Frachtbrief ausstellt, s. Art. 5 CMR, Rdn. 5. Nach deutschem Recht handelt es sich daher um eine Art Erfolgs- oder Garantiehaftung, wenn der Absender, der den Frachtbrief womöglich gar nicht ausgestellt hat, für seinen Inhalt haftet. Damit wird indirekt dem Absender eine Prüfungsobliegenheit überbürdet; denn zur Vermeidung späterer Ansprüche des Frachtführers wird der umsichtige Absender die Eintragungen auf Vollständigkeit und Richtigkeit hin überprüfen. In den anderen Vertragsstaaten wird die Haftung des Absenders meist nur konstatiert.

2. Aufzählung der Angaben

2 Die Haftung des Absenders lässt sich damit rechtfertigen, dass die Angaben, für die er einstehen soll, sich durchweg auf das Frachtgut unmittelbar und die vertraglichen Vereinbarungen beziehen, über die er selbst die beste Kenntnis hat, die er beeinflussen kann und im Zweifel auch beeinflussen will. Der Absender soll mit diesen Angaben den Frachtführer erst in den Stand versetzen, seine vertragliche Pflicht ordnungsgemäß zu erfüllen. Dieser wird durch die Sanktion geschützt.

a) Art. 6 Abs. 1

3 Es ist einfacher festzustellen, wofür der Absender nicht haftet,[3] nämlich für die aus der Sphäre des Frachtführers stammenden Angaben[4] nach:
- lit. a) zu Ort und Tag der Ausstellung des Frachtbriefs. Wird der Frachtbrief von den Parteien bei Übernahme des Gutes oder vorher ausgestellt, wissen beide Bescheid. Stellt ein Dritter den Frachtbrief aus, so ist der Tag der Über-

---

1 Staub/*Helm*, Art. 7 CMR Rdn. 1; *Koller*, Art. 7 CMR Rdn. 1; *Herber/Piper*, Art. 7 Rdn. 8; MünchKommHGB/*Jesser-Huß*, Art. 7 CMR Rdn. 3; *Lenz*, Rdn. 338; sinngemäß auch *Clarke*, para. 26a.
2 Grundlegend seinerzeit BGH, 20.3.1956 – I ZR 100/54, VersR 1956, 346, 348; *obiter dictum* zu Art. 7 Abs. 1 CMR vergleichend zu entsprechenden Konnossementsbedingungen in BGH, 28.9.1978 – II ZR 10/77, BGHZ 72, 174, 181.
3 Wie Staub/*Helm*, Art. 7 CMR Rdn. 4.
4 MünchKommHGB/*Jesser-Huß*, Art. 7 CMR Rdn. 4.

nahme des Gutes nach lit. d) wegen der Wertberechnung und des Fristenlaufs der wichtigere; für ihn haftet der Absender.
- lit. c) zu Name und Anschrift des Frachtführers. Dazu erübrigt sich ein Kommentar.
- lit. i) zu den mit der Beförderung verbundenen Kosten. Diese wird i.d.R. der Frachtführer besser überblicken können; er ist insoweit nicht schutzbedürftig.

Die Angabe nach lit. k) ist in Art. 7 Abs. 3 gesondert geregelt.

Zur Bedeutung der Angaben nach den lit. b), d), e), f), g), h) und j) siehe die Erläuterungen bei Art. 6. Eindeutige Haftungsfälle sind z.B. nach Art. 6 Abs. 1 lit. f) Zollstrafen oder -bußgelder wegen falscher Warendeklaration – was unter dem rechtsstaatlichen Regime des Zollkodex schwer vorstellbar ist – oder bei lit. h) Bußgelder wegen Überladung. Bei Letzterem ist aber die Eigenverantwortung des Frachtführers für die Einhaltung verkehrsrechtlicher Vorschriften zu erwägen.[5] Der Haftung des Absenders für alle anderen Angaben steht teilweise die Prüfungspflicht des Frachtführers nach Art. 8 CMR gegenüber; siehe dort.

b) Art. 6 Abs. 2

Hier handelt es sich um die Angaben, die zutreffendenfalls einzutragen sind. Für deren Richtigkeit und Vollständigkeit haftet der Absender ohne Ausnahme. Im Einzelnen s. die Erläuterungen bei Art. 6. Außer bei den Angaben zu Art. 6 Abs. 2 lit. b) und g) kann der Erfolgs- oder Garantiehaftung des Absenders echte Verschuldenshaftung des Frachtführers gegenüberstehen, wenn die wirksam vereinbarte Abrede nicht im Frachtbrief eingetragen ist und der Frachtführer dem Berechtigten Schadensersatz wegen der Verletzung einer vertraglichen Nebenpflicht leisten muss.[6] Der Berechtigte muss nicht notwendigerweise Partei des Beförderungsvertrages sein. Es erscheint aber nicht gerechtfertigt, dass der Frachtführer Kosten und Schäden vom Absender ersetzt verlangen könnte, die er selbst verschuldet hat.

4

c) Art. 6 Abs. 3

Es handelt sich um die weiteren zweckmäßigen Angaben, die den Vertragsinhalt präzisieren und seine Ausführung erleichtern; s. die Erläuterungen bei Art. 6. Die Bestimmung erfasst auch solche Weisungen, die nach Übergabe des Frachtbriefs an den Frachtführer erteilt wurden. Beim Einsatz moderner Kommunikationsmittel ist es denkbar, dass die Vertragsparteien gerade wegen eingetretener Transporthindernisse vereinbaren, den entstandenen Streit um die absehbare Lieferverzögerung nur vor einem gemeinsam bestimmten Gericht auszutragen oder einem Schiedsspruch zu unterwerfen, Art. 31, 33 CMR, dies in den Frachtbrief eintragen und sich die Eintragung wechselweise per Telefax oder elektronischem

5

---

5 *Clarke*, para. 26a mit Fn. 13.
6 *Loewe*, ETR 1976, 503, 532.

Art. 7   Abschluss und Ausführung des Beförderungsvertrages

Brief bestätigen. Der Absender würde auch in diesem Falle dem Frachtführer bei unrichtiger oder unvollständiger Eintragung in den Frachtbrief nach Art. 7 Abs. 1 lit. c) CMR haften. Der CMR ist in dieser Richtung keine Beschränkung zu entnehmen.

3. Beweislast

6   Es gelten die allgemeinen Regeln: Der Frachtführer, der sich auf die Unvollständigkeit oder Unrichtigkeit einer Eintragung beruft und einen ihm deshalb entstandenen Schaden ersetzt verlangt, hat die Voraussetzungen seines Anspruchs in jedem Einzelfall in vollem Umfang zu beweisen.

4. Nicht eingetragene Angaben

7   Der Absender haftet nicht, wenn die in Art. 7 Abs. 1 CMR aufgezählten Angaben gänzlich fehlen; denn in diesem Fall bedarf der Frachtführer keines Schutzes. Die Unvollständigkeit des Frachtbriefs ist für ihn erkennbar. Er kann vom Absender die Komplettierung verlangen, soweit es auf dessen Kenntnisse ankommt, und die Durchführung des Transports ohne die zu ergänzenden Angaben verweigern.[7]

Gleiches gilt, wenn überhaupt kein Frachtbrief ausgestellt ist. Auch dann ist der Frachtführer nicht schutzwürdig, da er sich erkennbar auf ein Risiko einlässt und nicht durch eine Unrichtigkeit oder Unvollständigkeit weiter belastet wird.[8]

Zu beachten ist immer, dass die meisten Vereinbarungen nach Art. 6 CMR, insbes. zu Abs. 2 und 3, auch ohne Eintragung in den Frachtbrief wirksam getroffen werden können. Daraus folgt, dass die Haftung des Absenders nach Art. 7 Abs. 1 CMR auch dann eintritt, wenn er die unvollständigen oder unrichtigen Angaben außerhalb des Frachtbriefs gegeben hat, und ein Schaden eintritt, weil der Frachtführer auf die Richtigkeit und Vollständigkeit der so erteilten Auskünfte vertraut hat.[9] Der Frachtführer hat lediglich die Last der Beweisführung.

5. Umfang der Haftung

8   Die CMR enthält nichts über die Höhe der Haftung. Daraus folgt, dass der Absender unbegrenzt haftet.[10] Soweit zur Ausfüllung des Haftungsrahmens deut-

---

7   Staub/*Helm*, Art. 7 CMR Rdn. 5; OLG Düsseldorf, 13.12.1990 – 18 U 142/90, TranspR 1991, 91, 92.
8   *Koller*, Art. 7 CMR Rdn. 1; OLG Düsseldorf, 13.12.1990 – 18 U 142/90, TranspR 1991, 91, 92.
9   Staub/*Helm*, Art. 7 CMR Rdn. 4; MünchKommHGB/*Jesser-Huß*, Art. 7 CMR Rdn. 5.
10 *Loewe*, ETR 1976, 503, 535; MünchKommHGB/*Jesser-Huß*, Art. 7 CMR Rdn. 6; *Herber/Piper*, Art. 7 Rdn. 8; *Koller*, Art. 7 CMR Rdn. 1; *Clarke*, para. 26a; *Hill & Messent*, S. 78.

sches Recht heranzuziehen ist, könnte aus § 414 Abs. 1, S. 1 Nr. 4 HGB, S. 2 als einer Spezialregelung gegenüber § 249 BGB geschlossen werden, dass hier eine zwingende Haftungsbegrenzung greift. Jedoch ist die Regelung der Haftungshöchstsumme in Art. 23 CMR vollständig und nicht ergänzungsbedürftig. Es verbleibt daher bei unbegrenzter Haftung des Absenders.[11]

Der deutsche Text spricht von *allen Kosten und Schäden*, die dem Frachtführer entstehen, in gleicher Weise der französische Urtext (*tous frais et dommages*). Dagegen unterteilt der englische Text – der verbindliche englische Wortlaut ist nach Mitteilung von *Loewe* auf einer CMR-Tagung 1993 erst nach Fertigstellung der französischen Fassung übersetzt worden – in *all expenses, loss and damage*, was den Schluss erlaubt, dass nicht nur konkreter Sachschaden und Vermögensschaden durch Kosten, Gebühren u.Ä. zu ersetzen sind, sondern auch sonstige Vermögensschäden wie entgangener Gewinn.[12]

Die Haftung des Absenders ist eindeutig, wenn er selbst die unrichtigen oder unvollständigen Angaben im Frachtbrief eingetragen oder sie außerhalb des Frachtbriefs wirksam dem Frachtführer mitgeteilt hat, s. oben Rdn. 4. Art. 7 Abs. 2 CMR, hierzu gleich nachstehend, regelt den Fall, dass der Frachtführer die Angaben auf Verlangen des Absenders eingetragen hat. Wenn dagegen der Frachtführer aus eigenem Antrieb tätig wurde, ist zu unterscheiden: Hat er sich geirrt, ist er selbst schuld, und der Absender wird sich entlasten. Beruht sein Irrtum oder Fehler auf unzureichenden Angaben des Absenders, haftet dieser, als ob er selbst die Angaben eingetragen hätte; der Frachtführer hat nur die Beweislast. Beruhen Irrtum oder Fehler des Frachtführers auf den Angaben eines Dritten, der womöglich am Vertragsverhältnis nicht beteiligt ist, kann sich der Frachtführer nicht an den Absender, aber an diesen Dritten nach allgemeinen Regeln halten, sofern sich eine Anspruchsgrundlage herleiten lässt, und er trägt wieder die Beweislast. In allen Fällen ist die Haftung unbegrenzt, s. eingangs.

6. Sonderfall: Absender ist Frachtführer

In der Praxis kommt es häufig vor, dass der Absender, etwa der Spediteur, den Frachtbrief für einen Transport ausstellt, den er selbst ausführt. Unterlaufen in diesem Fall fehlerhafte Eintragungen oder Unterlassungen im Rahmen des Art. 7 Abs. 1 CMR, so vereinigen sich Schadensersatzansprüche aus dem Beförderungsvertrag einerseits und Schadensersatzpflicht andererseits in einer Person (Konfusion). Die Rechte des am Transport als Auftraggeber des Frachtführers beteiligten Eigentümers (des eigentlichen Absenders im Konsensualvertrag mit dem Transportunternehmer), der keinen Frachtbrief ausgestellt hat, werden dadurch nicht berührt. Hat der Frachtführer in diesem Fall Unterfrachtführer einge-

9

---

11 Anders die Vorauflagen und Staub/*Helm*, Art. 7 CMR Rdn. 8. § 414 Abs. 1 S. 2 HGB soll mangels vergleichbarer Regelungen in internationalen Übereinkommen ohnedies aufgehoben werden, Reg-Entwurf 2012 Art. 1 Nr. 8.
12 *Koller*, Art. 7 CMR Rdn. 1.

Art. 7 Abschluss und Ausführung des Beförderungsvertrages

setzt, die einen Schaden i.S.d. Art. 7 Abs. 1 CMR wegen der Unrichtigkeit oder Unvollständigkeit einzelner Eintragungen erlitten haben, gilt das gleiche Haftungsschema wie vorstehend.

II. Vermutung des Abs. 2

1. Eintragung durch den Frachtführer

10 Die Vermutung setzt voraus, dass der Frachtführer auf Verlangen des Absenders die Eintragungen vorgenommen hat. Dabei handelt es sich aber nicht um Stellvertretung im rechtlichen Sinne, wie aus dem englischen (*on behalf of the sender*) und dem französischen Text (*comme agissant pour le compte de l'expéditeur*) abzuleiten ist. Es soll nur ausgedrückt werden, dass der Frachtführer vermutlich weisungsgemäß gehandelt hat wie ein Gehilfe des Absenders,[13] es gibt aber keine Vermutung für das Verlangen des Absenders.[14] Der Absender muss die Eintragungen gegen sich gelten lassen, als wären sie von ihm vorgenommen, bis das Gegenteil erwiesen ist. Dies gilt auch, wenn der Frachtbrief ursprünglich vom Absender ausgestellt wurde, aber vom Frachtführer nur teilweise ausgefüllt ist.[15] Dabei kann sich das Problem der Blankettausfüllung nach den nationalen Rechtsregeln stellen. Diese Zurechnung ist damit begründet, dass der Frachtführer regelmäßig keine Verantwortung für die Richtigkeit und Vollständigkeit der Angaben übernehmen will, die wesentlich aus der Sphäre des Absenders stammen, der mit dem Gut am besten vertraut ist.[16]

2. Beweislast

11 Der Frachtführer hat das mindestens konkludent an ihn gerichtete Verlangen des Absenders zu beweisen. Der Absender kann die daraus resultierende Vermutung mit dem Nachweis entkräften, dass der Frachtführer eigenmächtig abweichende oder andere Angaben eingetragen hat; dabei genügt Fahrlässigkeit.[17]

---

13 Staub/*Helm*, Art. 7 CMR Rdn. 7; *Koller*, Art. 7 CMR Rdn. 4; MünchKommHGB/*Jesser-Huß*, Art. 7 CMR Rdn. 7.
14 *Loewe*, ETR 1976, 503, 535.
15 *Pesce*, S. 129.
16 Denkschrift, S. 36.
17 *Helm*, VersR 1988, 548, 552; auch Staub/*Helm*, Art. 7 CMR Rdn. 7; MünchKommHGB/*Jesser-Huß*, Art. 7 CMR Rdn. 8; *Koller*, Art. 7 CMR Rdn. 4, mit dem Hinweis auf mögliche Schadensersatzpflicht des Frachtführers nach ergänzendem nationalem Recht wegen schlechter Geschäftsbesorgung; a.A. *Herber/Piper*, Art. 7 Rdn. 10, auf Verschulden kommt es nicht an; dem folgend *Boesche*, in: EBJS, Art. 7 CMR Rdn. 6.

III. Haftung des Frachtführers Abs. 3

1. Verschulden

Zur sog. Paramount-Klausel s. Art. 6 CMR, Rdn. 20 ff. Sie soll die Anwendung der CMR vor Gericht sicherstellen, falls vor dem Gericht eines Vertragsstaates die Voraussetzungen der Anwendung des Übereinkommens zweifelhaft sind oder wenn Ansprüche aus dem Beförderungsvertrag vor einem Gericht eines Staates einzuklagen sind, der der CMR nicht beigetreten ist. Die CMR soll dann wenigstens als vertraglich vereinbarte Rechtsordnung angewendet werden. Da der Frachtführer am besten wissen muss, dass er einen Beförderungsvertrag unter dem Regime der CMR abgeschlossen hat, gilt die Nichteintragung dieses Vermerks grundsätzlich als Verschulden. Die CMR stellt dies nicht ausdrücklich fest, aber durch die Statuierung der Haftung für ein Unterlassen wird Verschulden impliziert. Damit ist ein Haftungstatbestand außerhalb der der CMR im Wesentlichen zugrunde liegenden Obhuts- oder Gewährhaftung gegeben (s. Art. 17 Rdn. 4 ff.). Mit *Heuer*[18] ist hier ein Sonderhaftungstatbestand anzunehmen, der eine im Frachtrecht nicht typische Haftung für Schlecht- oder Nichterfüllung des Vertrages regelt.[19] Das IV. Kapitel der CMR ist auch in diesem Fall nicht anwendbar.

12

Die Praxis beugt dem möglichen Unterlassen des Frachtführers nach Art. 7 Abs. 3 CMR und dem daraus folgenden Risiko dadurch vor, dass bei Verwendung des IRU-Formulars (s. Art. 5 CMR Rdn. 3) die Angabe nach Art. 6 Abs. 1 lit. k) CMR fest eingedruckt ist; früher klein im Nummernfeld rechts oben, im Frachtbrief von 2007 als Feld 20 mit fett gedruckter Angabe. Die nachfolgenden Überlegungen treffen daher nur den Fall, dass ein frei formulierter Frachtbrief verwendet wird.

12a

2. Auswirkungen

Die Auswirkungen dieser Haftungsnorm sind eine eingehende Erörterung wert, auch wenn die praktische Relevanz nicht recht hervortritt. Rechtsprechung dazu ist nur sehr spärlich ergangen.[20] Dies gilt allerdings für den gesamten Art. 7.

13

a) Haftungsumfang

Da die CMR für diesen Fall keine Haftungsbeschränkung wie im System des IV. Kapitels enthält, haftet der Frachtführer der Höhe nach unbeschränkt für alle aus der unterlassenen Eintragung entstandenen Kosten und Schäden.

14

---

18 Haftung, S. 141, 142.
19 Übereinstimmend *Jesser*, S. 78.
20 Staub/*Helm*, Art. 7 CMR Rdn. 1; s. auch die 1. Aufl. Art. 7 Rdn. 13.

b) Nichtanwendung im Vertragsstaat

15 Im Fall des Rechtsstreits innerhalb von Vertragsstaaten können gerichtlich und außergerichtlich Kosten zur Ermittlung und Feststellung der Anwendungsvoraussetzungen entstehen, die der Frachtführer dem Berechtigten zu ersetzen hat.[21] Wird z.B. das Übereinkommen vom angegangenen Gericht nicht angewendet, weil im Frachtbrief der ausdrückliche Hinweis nach Art. 6 CMR Abs. 1 lit. k) fehlt, und kann der Verfügungsberechtigte eine Sorgfaltspflichtverletzung des Frachtführers nicht konkret beweisen, die zur Beschädigung des Gutes führte, so kann er nach Art. 7 Abs. 3 CMR vom Frachtführer den Betrag verlangen, den er erhalten hätte, wenn das Verschulden des Frachtführers nach Art. 17 Abs. 1 CMR vermutet worden wäre – sofern sich nicht der Frachtführer auf einen Haftungsausschluss berufen könnte, denn dann fehlte es an der Kausalität zwischen der unterlassenen Eintragung und der Klageabweisung durch das Erstgericht.[22]

Für einen Rechtsstreit in Italien kann diese Konstellation wichtig werden, weil die CMR von der *Corte di Cassazione* mit den erwähnten Einschränkungen als gewählte Rechtsordnung angewendet wird.

c) Nichtanwendung im Nicht-Vertragsstaat

16 Wendet das Gericht eines Nicht-Vertragsstaats das Übereinkommen nicht an, weil die Eintragung im Frachtbrief fehlt, und wird dem Berechtigten deswegen weniger zuerkannt, als er bei Anwendung der CMR erhalten hätte, ist die Situation für den Berechtigten schwieriger: Im Unterschied zum vorigen Beispiel ist nicht nur die Differenz darzulegen, die bei Anwendung des Abkommens über einen zugesprochenen Betrag hinaus oder statt Klageabweisung überhaupt zuerkannt worden wäre, sondern es muss der konkrete Beweis erbracht werden, dass das Gericht des Nicht-Vertragsstaates diesen Betrag tatsächlich zugesprochen hätte und nicht etwa wegen zwingender inländischer, von der CMR abweichender Gesetzeslage in gleicher Weise für den Berechtigten nachteilig entschieden hätte. Es wäre u.U. zu beweisen, dass das Gericht in diesem Staat überhaupt die Unterwerfungsklausel im Frachtbrief als wirksame übereinstimmende Rechtswahl der Parteien anerkannt und die CMR angewendet hätte.[23] *In praxi* ist dieser Beweis kaum zu führen.

d) Durchbrechung der Urteilswirkung

17 Theoretisch und praktisch liegt eine wesentliche Schwierigkeit dieser Regelung darin, dass ein rechtskräftiges Urteil in seinem rechtlichen Inhalt missachtet wird, wenn auf der Grundlage des Art. 7 Abs. 3 CMR der Verfügungsberechtigte

---

21 *Loewe*, ETR 1976, 503, 535; Staub/*Helm*, Art. 7 CMR Rdn. 12.
22 Beispiel bei *Heuer*, Haftung, S. 145 f.; es gilt auch für den Prozess innerhalb der Vertragsstaaten.
23 *Loewe*, ETR 1976, 503, 536; *Heuer*, Haftung, S. 145 f. und S. 28; *Jesser*, S. 17, 80.

letztlich die gleichen Ansprüche gegen den Frachtführer geltend macht, mit denen er vor dem Erstgericht nicht durchgedrungen ist. Regelmäßig ist ein weiterer Rechtsstreit zu führen, in dem der erste nur als tatsächliche Grundlage behandelt wird. Allein wegen des zeitlichen Ablaufs ist ein Konflikt mit Art. 32 CMR denkbar, für den das Übereinkommen keine Regelung enthält. Das Problem der *Ne-bis-in-idem*-Lehre kann nur angedeutet werden, wonach ein rechtskräftiges Urteil das prozessuale Verbot erneuter Sachverhandlung, Beweiserhebung und Sachentscheidung enthält.[24] Es wird meist Identität des Streitgegenstandes und nicht nur Präjudizialität anzunehmen sein. Ein ausländisches Urteil wird nach dem Prozessrecht der *lex fori* rechtskräftig und entfaltet Inlandswirkung durch Anerkennung nach § 328 ZPO. Bis zur Entscheidung über den Anspruch nach Art. 7 Abs. 3 CMR wird das Ersturteil vollstreckbar sein.

Wurde der erste Prozess in einem Vertragsstaat oder gar im Inland geführt, und handelt es sich nur um den Kostenersatz wie im Beispiel oben Rdn. 16 eingangs, stellt sich das Problem nicht in seiner ganzen Schärfe. Die „Ermittlungskosten" sind ein neuer Anspruch. Aber bei der Sorgfaltspflichtverletzung des zweiten Beispiels oben Rdn. 16 handelt es sich materiell um den gleichen Schadensersatzanspruch im ersten wie im zweiten Prozess.

Noch schwieriger ist es beim Erstprozess in einem Nicht-Vertragsstaat. Zwar lässt § 293 ZPO dem deutschen Richter weitgehenden Spielraum bei der Ermittlung anzuwendenden ausländischen Rechts, aber in der Anwendung ist er gebunden an Auslegung und Lehre des fremden Rechts. Er soll so weit wie möglich die ausländische Rechtswirklichkeit seiner Entscheidung zugrunde legen.[25] Das Europäische Übereinkommen betreffend Auskünfte über ausländisches Recht, abgeschlossen in London am 7.6.1968[26] wurde durch das Straßburger Zusatzprotokoll vom 15.3.1978 ergänzt.[27] Durch die Erweiterung der EU innerhalb weniger Jahre hat sich der Anwendungsbereich erheblich nach Osten erweitert. Der nationale Richter dürfte dennoch überfordert sein, über den materiell gleichen Anspruch des Verfügungsberechtigten auf der vom Erstgericht nicht angewendeten Anspruchsgrundlage der CMR neu und so zu entscheiden, wie das Erstgericht entschieden hätte, wenn es die CMR angewendet hätte – und zwar *trotz einer gegenteiligen Abmachung*, Art. 6 Abs. 1 lit. k) CMR.

---

24 Zöller/*Vollkommer*, ZPO, 29. Aufl., Vor § 322 Rdn. 19; MünchKommZPO/*Gottwald*, 3. Aufl., § 322 ZPO Rdn. 13; BGH, 3.7.1961 – III ZR 19/60, NJW 1961, 1969 = BGHZ 35, 338, 340; BGH, 6.3.1985 – IV b ZR 76/83, NJW 1985, 2535, 2536; BGH, 17.3.1995 – V ZR 296/93, NJW 1995, 1757; BGH, 26.6.2003 – I ZR 269/00, NJW 2003, 3058, 3059; a.A. MünchKommHGB/*Jesser-Huß*, Art. 7 CMR Rdn. 9; *Herber/Piper*, Art. 7 Rdn. 19, die verschiedene Streitgegenstände sehen.
25 Zöller/*Geimer*, ZPO, 29. Aufl. § 293 Rdn. 24; MünchKommZPO/*Prütting*, 3. Aufl., § 293 ZPO Rdn. 57; BGH, 23.4.2002 – IX ZR 136/01, BB 2002, 1227; BGH, 23.6.2003 – II ZR 305/01, VersR 2004, 70.
26 ETS Nr. 062, BGBl. 1974 II, S. 938, 1975 II, S. 300, AusfG BGBl. 1974 I, S. 1433.
27 ETS Nr. 097, AusfG vom 21. Januar 1987 BGBl. 1987 II S. 58.

Art. 7 Abschluss und Ausführung des Beförderungsvertrages

e) Völkerrechtliche Verträge

18 Nicht zuletzt könnten erhebliche Schwierigkeiten daraus entstehen, dass zwischen dem Nicht-Vertragsstaat und dem Vertragsstaat, dessen Gericht nach Art. 7 Abs. 3 CMR entscheiden soll, völkerrechtliche Verträge über die gegenseitige Anerkennung und Vollstreckbarkeit von Gerichtsurteilen bestehen. Eine Lösung dieses Konflikts wird nicht angeboten, das Kriterium der *lex posterior* oder *lex specialis* versagt im Verhältnis zu einem Staat, für den die CMR eben nicht Recht ist.[28] Der Ausweg, das Urteil des Nicht-Vertragsstaates mit einem Hinweis auf den eigenen *ordre public* nicht anzuerkennen, wäre tatsächlich „keineswegs elegant".[29]

3. Regelung zweifelhaft

19 Vielleicht haben die Schwierigkeiten, diese Haftungsregelung anzuwenden, Urteile hierzu verhindert. Es erscheint auch nicht angemessen, dem Verfügungsberechtigten wegen einer nicht eingetragenen Angabe letztlich mehr zuzusprechen, als er bekäme, wenn gar kein Frachtbrief ausgestellt worden wäre und die Anwendung der CMR daran scheiterte. Nur der Verfügungsberechtigte kann sich auf diesem Umwege entschädigen, während der Frachtführer mit einer Verurteilung zum Schadensersatz, die bei Anwendung der CMR wegen eines Haftungsausschlussgrundes nicht ergangen wäre, belastet bleibt. Auch aus diesen Gründen sind Zweifel an der praktischen Bedeutung dieser Regelung erlaubt.[30]

---

28 *Loewe*, ETR 1976, 503, 536.
29 *Heuer*, Haftung, S. 146 zitiert *Loewe*.
30 *Heuer*, Haftung, S. 147.

Art. 8

bearbeitet von RA Christian Teutsch, Düsseldorf

1. Der Frachtführer ist verpflichtet, bei der Übernahme des Gutes zu überprüfen

   a) die Richtigkeit der Angaben im Frachtbrief über die Anzahl der Frachtstücke und über ihre Zeichen und Nummern;

   b) den äußeren Zustand des Gutes und seiner Verpackung.

2. Stehen dem Frachtführer keine angemessenen Mittel zur Verfügung, um die Richtigkeit der in Absatz 1 lit. a) bezeichneten Angaben zu prüfen, so trägt er im Frachtbrief Vorbehalte ein, die zu begründen sind. Desgleichen hat er Vorbehalte zu begründen, die er hinsichtlich des äußeren Zustandes des Gutes und seiner Verpackung macht. Die Vorbehalte sind für den Absender nicht verbindlich, es sei denn, dass er sie im Frachtbrief ausdrücklich anerkannt hat.

3. Der Absender kann vom Frachtführer verlangen, dass dieser das Rohgewicht oder die anders angegebene Menge des Gutes überprüft. Er kann auch verlangen, dass der Frachtführer den Inhalt der Frachtstücke überprüft. Der Frachtführer hat Anspruch auf Ersatz der Kosten der Überprüfung. Das Ergebnis der Überprüfung ist in den Frachtbrief einzutragen.

Literatur: *Helm,* Probleme der CMR: Geltungsbereich – ergänzendes Recht – Frachtbrief – Weisungsbefugnis – aufeinanderfolgende Frachtführer, VersR 1988, 548; *Heuer,* Zur Frachtführerhaftung nach der CMR: Haftungszeitraum – Ladetätigkeiten – Fahrervollmacht – LKW- bzw. Ladungsdiebstahl, VersR 1988, 312; *Koller,* Die Haftung des Frachtführers nach CMR wegen unzureichender Überprüfung der Verladung, DB 1988, 589; *Konow,* Schadensersatz wegen positiver Forderungsverletzungen im Rahmen von Frachtverträgen, TranspR 1978, 14; *Lutz,* Anmerkungen zur französischen Rechtsprechung zur CMR, TranspR 1991, 6; *Piper,* Probleme der CMR unter Berücksichtigung der Rechtsprechung des Bundesgerichtshofes, TranspR 1990, 357; *Thume,* Haftungsprobleme bei CMR-Kühltransporten, TranspR 1992, 1; *ders.,* Die Haftung des CMR-Frachtführers wegen positiver Vertragsverletzung, TranspR 1995, 1; *ders.,* Vertraglich vereinbarte Übernahme von Prüfungspflichten durch den CMR-Frachtführer, in: Festschrift für Piper, 1996, S. 1037 ff.; *Ruitinga,* Onus of Proof and Liability – Some Notes as to Articles 8, 9 and 10 of the CMR Convention, in: Theunis (Hrsg.), International Carriage of Goods by Road (CMR), London 1987; *Willenberg,* Rechtsfragen des Palettenverkehrs auf der Straße, TranspR 1985, 161; *Zapp,* Vertraglich begründete Überprüfungspflichten und Art. 41 CMR, TranspR 1991, 371; *ders.,* Rechtsprobleme im Zusammenhang mit der Verpackung in der CMR und im deutschen Handelsgesetzbuch, TranspR 2004, 333; *Züchner,* Zur Prüfungspflicht des Frachtführers nach Art. 8 CMR, ZfV 1968, 460.

Übersicht

	Rdn.		Rdn.
I. Überprüfungspflichten des Abs. 1	1	c) Folgen eines Verstoßes	6
1. Bedeutung der Pflicht	1	2. Übernahme des Gutes	7
a) Wortlaut der CMR	2	3. Frachtbriefangaben	8
b) Auslegung	3	a) Anzahl der Frachtstücke	9

Art. 8 Abschluss und Ausführung des Beförderungsvertrages

    b) Zeichen und Nummern............ 10
4. Äußerer Zustand....................... 11
    a) Äußerer Zustand des Gutes....... 12
        aa) Keine Warenprüfung 12
        bb) Sonderfall Kühlgut 13
        cc) Rechtliche Schranken der
            Überprüfung................... 14
    b) Äußerer Zustand der
        Verpackung....................... 15
        aa) Keine Qualitätskontrolle..... 15
        bb) Verladung und
            Verstauung................... 16
II. Vorbehalte nach Abs. 2 20
    1. Angemessene Mittel zur Über-
        prüfung 20
    2. Eintragungen durch den Fracht-
        führer................................ 23

    a) Vorbehalte nach Abs. 1 lit. a)..... 24
    b) Vorbehalte mangels angemes-
       sener Mittel....................... 25
    c) Vorbehalte nach Abs. 1 lit. b) 26
    d) Verbindlichkeit des
       Vorbehalts......................... 27
       aa) Der anerkannte Vorbehalt ... 28
       bb) Der nicht anerkannte
           Vorbehalt...................... 29
**III. Anspruch des Absenders auf
     Überprüfung nach Abs. 3** 32
    1. Rohgewicht oder anders ange-
       gebene Menge 32
    2. Inhalt der Frachtstücke 33
    3. Kosten der Überprüfung............. 34
    4. Ergebnis der Überprüfung 35

I. Überprüfungspflichten des Abs. 1

1. Bedeutung der Pflicht

1 Die deutsche Rechtsterminologie unterscheidet zwischen Sollvorschriften und Mussvorschriften, die nicht von gleicher Verbindlichkeit sind. Ein Verstoß gegen eine Vorschrift zieht unterschiedliche Rechtsfolgen oder Sanktionen nach sich, je nach dem Grad der Verbindlichkeit. Wie bei Art. 6 CMR klingt die Vorschrift bindend (s. dort Rdn. 1). Wie dort ist genau zu prüfen, welches Maß an Verbindlichkeit der Regelung zukommt. Dabei ist Art. 8 CMR stets im Zusammenhang zu sehen: zum einen mit den vorausgehenden Bestimmungen über Ausstellung und Inhalt des Frachtbriefes, zum anderen sehr eng mit Art. 9 CMR über die Beweiskraft des Frachtbriefs sowie mit Art. 10 CMR. Der Frachtführer verliert die Ansprüche daraus, wenn er die entsprechenden Vorbehalte unterlassen oder versäumt hat. Die Bedeutung des Art. 8 CMR liegt auch darin, dass er mit Ausnahme des Abs. 3 für das Verhältnis aufeinanderfolgender Frachtführer untereinander gilt, Art. 35 CMR.[1]

a) Wortlaut der CMR

2 Die englische Urfassung des Übereinkommens (*shall check*) und der französische Text (*est tenu de vérifier*) geben keinen eindeutigen Hinweis. Nach *Loewe*[2] ist Art. 8 Abs. 1 CMR keine Soll-, sondern eine Mussvorschrift. Gleichwohl wendet er sich gegen eine Auslegung, die aus Art. 8 Abs. 1 CMR eine anspruchs-

---

1 *Loewe*, ETR 1976, 503, 590; *Herber/Piper*, Art. 35 Rdn. 4.
2 ETR 1976, 503, 537.

begründende Haftungsnorm macht, derartige Entscheidungen gingen offensichtlich über den von der Bestimmung verfolgten Zweck hinaus. Die *Denkschrift*[3] wiederholt den deutschen Wortlaut ohne Kommentar.

b) Auslegung

In Rechtsprechung und Literatur hat sich die überwiegende Meinung gebildet, 3 dass es sich bei der Überprüfungspflicht des Frachtführers nach Art. 8 CMR um eine Obliegenheit handelt und nicht um eine vertragliche Nebenpflicht oder Schuldnerpflicht gegenüber dem Absender oder dem Verfügungsberechtigten.[4] Im Vordergrund steht nicht ein Anspruch des Berechtigten gegen den Frachtführer, sondern die Möglichkeit für diesen, unter Beachtung der Formalien des Art. 8 CMR die Beweisvermutung des Art. 9 CMR zu seinen Gunsten herbeizuführen. Eine echte Prüfungspflicht stünde auch im Widerspruch zu der den Frachtführer schützenden Regelung des Art. 7 Abs. 1 lit. a) CMR, der u. a. unmittelbar auf die Angaben nach Art. 6 Abs. 1 lit. g) CMR Bezug nimmt.

Die immer wieder für eine Gegenmeinung zitierte Entscheidung des OLG Karls- 4 ruhe[5] ist überholt.[6] Die Einhaltung der Kühltemperatur sollte dort ein äußerer, durch den Frachtführer zu überprüfender Zustand des Gutes sein. Die Haftung nach Art. 17 CMR wurde verneint, aber der Frachtführer wurde wegen der unterlassenen Überprüfung der Kühltemperatur auf der Grundlage des Art. 8 CMR aus positiver Forderungsverletzung verurteilt, weil er dem Absender den Beweis des Sachmangels gegenüber dem Verkäufer vereitelt habe.[7] Solche Entscheidungen wird *Loewe* bei dem oben (Rdn. 2) genannten Verdikt gemeint haben.

In anderen Mitgliedstaaten wird teilweise aus sprachlichen Gründen selbstver- 5 ständlich eine Rechtspflicht angenommen,[8] teils eine der deutschen Auslegung entsprechende angewendet.[9] *Pesce*[10] zieht zur Übersetzung *deve verificare* die ausdrückliche Parallele zur deutschen Übersetzung und verneint die Rechtspflicht.

---

3 BT-Drucks. III/1144, S. 37.
4 OLG Düsseldorf, 7.2.1974 – 18 U 37/73, VersR 1975, 638; BGH, 9.2.1979 – I ZR 67/77, VersR 1979, 466, 467 = NJW 1979, 2471, 2472 (Süßkirschenfall, der BGH stellt darauf ab, dass Art. 8 Abs. 1 lit. b), Abs. 2 CMR nach Wortlaut und Sinnzusammenhang die Ausstellung des Frachtbriefes voraussetzen; sinngemäß OLG Hamm, 8.2.1982 – 18 U 165/81, TranspR 1985, 187; erneut OLG Düsseldorf, 24.9.1992 – 18 U 28/92, TranspR 1993, 54, 55; Staub/*Helm*, Art. 8 CMR Rdn. 3; *ders.*, VersR 1988, 548, 552; *Heuer*, Haftung, S. 98, 99; *Herber/Piper*, Art. 8 Rdn. 1; *Koller*, Art. 8 CMR Rdn. 1, 5; MünchKommHGB/*Jesser-Huß*, Art. 8 CMR Rdn. 3; *Zapp*, TranspR 1991, 371, 372; *ders.*, bekräftigend TranspR 2004, 333, 335; *Züchner*, ZfV 1968, 460; *Jesser*, S. 54, schließt sich dieser in Deutschland vorherrschenden Auslegung an.
5 OLG Karlsruhe, 18.10.1967 – 1 U 27/66, DB 1967, 2022.
6 So auch *Thume*, TranspR 1995, 1, 3.
7 Kritisch *Konow*, TranspR 1978, 14, 15.
8 *Hill & Messent*, S. 79: „obligatory for the carrier".
9 *Clarke*, para. 25b(i): „non-fulfilment of the ‚obligation' imposed".
10 S. 136, Fn. 89.

Art. 8 Abschluss und Ausführung des Beförderungsvertrages

Nach einer Entscheidung des OGH[11] bedeutet die Vorschrift des Art. 8 Ziff. 1 lit. b) und Ziff. 2 CMR nur, dass mangels eines im Frachtbrief eingetragenen Vorbehalts bis zum Beweis des Gegenteils vermutet wird, dass das Gut und seine Verpackung bei der Übernahme in gutem Zustand waren. Ob man dabei Art. 8 Ziff. 1 CMR als Soll- oder als Mussvorschrift auffasst, kann auf sich beruhen, weil die Beweislast in beiden Fällen gleich ist.

c) Folgen eines Verstoßes

6 Wie bei Art. 6 CMR ist die erste Sanktion für einen Verstoß, dass die Beweisvermutung des Art. 9 CMR zugunsten des Frachtführers entfällt. Weiter verliert der Frachtführer den Schadensersatzanspruch gegen den Absender nach Art. 10 CMR. Vgl. die Erläuterungen dort. Die Einstufung der Überprüfungspflicht des Art. 8 Abs. 1 CMR als Obliegenheit entspricht der juristischen Terminologie insoweit, als die Erfüllung einer Obliegenheit regelmäßig im eigenen Interesse des Belasteten liegt, ihre Verletzung regelmäßig einen Nachteil in der eigenen Sphäre des Rechtssubjekts mit sich bringt, aber keine Haftungsansprüche Dritter begründet,[12] z.B. beim Verlust des Versicherungsanspruchs mangels Aufklärung gegenüber der Versicherungsgesellschaft. Dieses Eigeninteresse des Frachtführers an der Überprüfung des Gutes i.S.d. Art. 8 CMR wird allgemein betont und überlagert die Frage der Soll- oder Mussvorschrift, so dass man letztlich zu einer einheitlichen Auslegung kommt.[13] Außerdem kann der Absender einem Anspruch des Frachtführers nach Art. 7 Abs. 1 lit. a) i.V. m. Art. 6 Abs. 1 lit. f) und lit. g) CMR den Einwand des Mitverschuldens entgegenhalten, wenn der Frachtführer seiner Obliegenheit aus Art. 8 CMR nicht genügt hat.[14]

2. Übernahme des Gutes

7 Die Prüfungspflicht des Frachtführers besteht bei Übernahme des Gutes, d.h. mit dem Entgegennehmen in eigene Obhut zum Zwecke des Transports. Der Frachtvertrag kann vorher geschlossen worden sein. Es genügt nicht, wenn der Frachtführer das Gut zum Zwecke späteren Transports zu ungewissem Zeitpunkt erst einmal auf Lager nimmt, bevor der konkrete Beförderungsauftrag erteilt ist; seine Obhut ist dann allenfalls die des Lagerhalters.[15] Übernommen im Sinne der CMR wird nur Gut, das nach dem Willen beider Vertragsparteien Gegenstand des Beförderungsvertrages sein soll. Die Übernahme ist der entscheidende Zeit-

---

11 OGH Wien, 3.7.1985 – 3 Ob 547/85, TranspR 1987, 374.
12 MünchKommBGB/*Kramer*, 5. Aufl., vor § 241 BGB Rdn. 50.
13 Staub/*Helm*, Art. 8 CMR Rdn. 6; *Heuer*, S. 98; *Herber/Piper*, Art. 8 Rdn. 1; *Hill & Messent*, S. 81.
14 *Koller*, Art. 8 CMR Rdn. 1.
15 A.A. *Heuer*, Haftung, S. 64, der sich auf *Helm*, Haftung für Schäden an Frachtgütern, 1966, beruft.

punkt für den Beginn der Obhutshaftung des Frachtführers (s. auch Art. 17 Rdn. 17). Zum Begriff des Gutes s. Art. 4 Rdn. 15 und Art. 17 Rdn. 60.

3. Frachtbriefangaben

Art. 8 Abs. 1 lit. a) CMR bezieht sich unmittelbar auf die Eintragung im Fracht- **8** brief nach Art. 6 Abs. 1 lit. g), die Anzahl der Frachtstücke mit ihren Zeichen und Nummern (s. hierzu Art. 6 Rdn. 11, 14). Der Absender ist als der mit dem Gut am besten Vertraute zur Eintragung in den Frachtbrief verpflichtet. Die Angaben dienen der möglichst reibungslosen Abwicklung des Beförderungsvertrages mit seinem konkreten Inhalt.

a) Anzahl der Frachtstücke

Zu prüfen sind die eingetragenen Frachtstücke. Lautet der Frachtbrief über „ein **9** Container" mit bestimmtem Inhalt, ist mangels näherer Anhaltspunkte der Container das Frachtstück. Dabei kann es sich um einen Grenzfall handeln, der den Frachtführer in seinem eigenen Interesse zu eingehenderer Prüfung oder zu einem Vorbehalt veranlassen wird. Die Frachtstücke sind zu zählen, in der Praxis eine nie versiegende Quelle von Konflikten, wo die Parteien im besonderen Maße auf die Redlichkeit der anderen Seite angewiesen sind. Der Frachtführer braucht sich nicht mehr aufladen zu lassen, als Inhalt des Beförderungsvertrages ist. Ist es wegen der großen Menge, der Verpackungsart, der Verplombung, der Beladung mit mechanischen Hilfsmitteln (Förderbänder) oder der Palettierung, oder wegen der Verstauung nicht möglich oder unzumutbar zu zählen, muss der Frachtführer zu seiner Sicherheit einen Vorbehalt eintragen und ihn begründen (s. dazu im Einzelnen bei Rdn. 20). Aus der gesonderten Regelung des Art. 8 Abs. 3 CMR folgt, dass sich die Überprüfungspflicht des Frachtführers nicht *a priori* auf Gewicht und/oder Menge des Gutes erstreckt. Aus diesem Grund soll auch der Zahl der Frachtstücke die größere Bedeutung als der Gewichtsangabe zukommen, wenn Abweichungen festgestellt werden. Unklar bleibt aber bei dieser Regelung, was der Frachtführer bei Schüttgütern, Flüssigkeiten oder Flüssiggasen überprüfen soll. Das Übereinkommen hängt hier stark am traditionellen Stückgut- und Ladungsgutverkehr, obwohl internationale Transporte mit Tankfahrzeugen längst einen erheblichen Anteil am Gesamtaufkommen bilden.

b) Zeichen und Nummern

Zeichen und Nummern dienen der Identifizierung des Beförderungsgutes. Deren **10** Überprüfung dient in erster Linie der Sicherheit des Frachtführers; er soll nur das im Frachtbrief genannte Gut übernehmen. Auch diese Prüfung entfällt bei Schüttgütern und flüssigen Stoffen im Großtank; allerdings nicht bei Gefahrgut, wo die Zeichen und Nummern i.d.R. maßgeblich für die Stoffbezeichnung sind.

Art. 8 Abschluss und Ausführung des Beförderungsvertrages

4. Äußerer Zustand

11 Der deutsche Text gibt nicht präzise wieder, was das Übereinkommen regelt: *„the apparent condition"* bzw. *„l'état apparent"* meint in den beiden maßgeblichen englischen und französischen Versionen den äußeren, *offensichtlichen* Zustand. Die Formulierung und der Streit um ihre Bedeutung geht auf das Seerecht zurück.[16] Zu prüfen ist zunächst nur das, was sich mit den Mitteln und der Sorgfalt feststellen lässt, die ein Frachtführer im internationalen Güterverkehr üblicherweise anzuwenden hat.[17] Das ist sorgfältiger äußerer Augenschein, allenfalls noch Befühlen oder Betasten, aber nicht der Einsatz irgendwelcher Mess- und Prüfgeräte.[18]

a) Äußerer Zustand des Gutes

aa) Keine Warenprüfung

12 Der Frachtführer ist kein Wareninspekteur. Besondere Warenkenntnisse können auch nicht vom Fahrer eines international eingesetzten Lastzuges erwartet werden, nur Grundkenntnisse der Waren, die üblicherweise befördert werden.[19] Es ist auch nicht möglich, dem Frachtführer nach nationalem Recht aufgrund einer zusätzlichen Vertragsklausel die Verpflichtung aufzuerlegen, die Ware auf ihre Qualität zu begutachten und ihm die Haftung dafür aufzubürden. Eine solche zusätzliche Verpflichtung wäre mit Art. 41 CMR unvereinbar, da sie den eigentlichen Haftungsrahmen des Art. 8 i.V.m. Art. 17 CMR erweitert.[20] Äußerer Zustand des Gutes ist der, der sich ohne Öffnung der Verpackung[21] feststellen lässt. Gefordert wird nur eine Evidenzkontrolle. Dabei kommt es nicht nur auf den Zustand im Augenblick der Übernahme des Gutes an, sondern gerade bei verderblichen Gütern auch auf die erkennbare Eignung, den bevorstehenden Transport zu überstehen.[22] Bei rieselfähigen Schüttgütern kann ein äußerer Zustand u.U. festgestellt werden,[23] kaum bei flüssigen Stoffen. Der Frachtführer ist nicht zu chemischen Untersuchungen verpflichtet. Verunreinigungen hat der Frachtführer nur festzustellen, wenn sie ohne spezielle Untersuchung offensichtlich sind, etwa durch Farbunterschiede.

---

16 *Clarke*, para. 25a.
17 *Staub/Helm*, Art. 8 CMR Rdn. 11; *Herber/Piper*, Art. 8 Rdn. 8; *Koller*, Art. 8 CMR Rdn. 3; MünchKommHGB/*Jesser-Huß*, Art. 8 CMR Rdn. 7; *Zapp*, TranspR 1991, 371, 372; *ders.*, TranspR 2004, 333, 335.
18 *Loewe*, ETR 1976, 503, 537; *Staub/Helm*, Art. 8 CMR Rdn. 13; *Koller*, Art. 8 CMR Rdn. 3.
19 *Staub/Helm*, Art. 8 CMR Rdn. 13; *Koller*, Art. 8 CMR Rdn. 3.
20 *Staub/Helm*, Art. 8 CMR Rdn. 13; *Zapp*, TranspR 1991, 371, 372; sinngemäß MünchKommHGB/*Jesser-Huß*, Art. 8 CMR Rdn. 9; a.A. OGH Wien, 8.10.1984 – 1 Ob 577/84, SZ 57/150 = *Greiter*, Nr. 48 = TranspR 1985, 103, 104 = VersR 1985, 197; *Koller*, Vor Art. 1 CMR Rdn. 35, Art. 8 CMR Rdn. 1.
21 *Zapp*, TranspR 1991, 371, 372; *Hill & Messent*, S. 80.
22 *Clarke*, para. 25a.
23 OLG Düsseldorf, 4.3.1982 – 18 U 197/81, VersR 1982, 1202, feucht oder trocken, aber nicht der Feuchtigkeitsgehalt.

bb) Sonderfall Kühlgut

Ein besonderes Problem stellen Kühltransporte dar. Nach den Vätern des Übereinkommens soll es dem Frachtführer nicht zuzumuten sein, die zutreffende Temperatur des übergebenen Frachtguts festzustellen, es sei denn, dass eine krasse Abweichung durch bloßes Befühlen des Gutes oder seiner Verpackung festzustellen wäre.[24] Die Rechtsprechung hat teilweise für solche Spezialtransporte eine Verpflichtung bejaht, geeignete Temperaturmessgeräte vorzuhalten und einzusetzen, dabei werden Temperatur und äußerer Zustand des Gutes offensichtlich gleichgesetzt,[25] während sich die Literatur meist unentschieden äußert.[26] Da Art. 8 Abs. 1 CMR keine haftungsbegründende Norm ist, sondern eine Beweisregel statuiert (s. oben Rdn. 3), ist mit *Thume*[27] dem Lösungsansatz zu folgen, dass die ausreichende Vorkühlung des Frachtgutes der Verpackung durch den Absender gleichzusetzen ist[28] (s. auch Art. 17 Rdn. 130 u. 193). Beides fällt in den Verantwortungsbereich des Absenders. Zum äußeren Zustand des Gutes gehören noch Feststellungen wie oberflächliche Trockenheit, Härte, Reifbeschlag, die Signalwirkung haben und jedem Fahrer eines Kühlzuges zugemutet werden können. Der Frachtführer wird ggf. Vorbehalte geltend machen. In der Regel wird ein Kühlzug auch ein Kontrollthermometer für das Kühlgut und nicht nur ein Temperaturaufzeichnungsgerät für den Kühlraum mitführen, dessen Einsatz dann vorrangig im Eigeninteresse des Frachtführers liegt, soweit er nicht ohnehin gesetzlich vorgeschrieben ist.[29] Benutzt er das Kontrollthermometer nicht, kann er keinen begründeten Vorbehalt geltend machen und hat dann die Vermutung des Art. 9 Abs. 2 CMR gegen sich. Die französische Rechtsprechung erwartet vom Frachtführer eines Kühltransportes ohne Weiteres die Messung der Temperatur. Z.T. soll der Kühlgut-Frachtführer an seinem behaupteten Spezialistentum festgehalten und ihm selbstverständlich eine Pflicht auferlegt werden, die Vorkühltemperatur zu prüfen.[30]

---

24 *Loewe*, ETR 1976, 503, 537.
25 OLG Karlsruhe, 18.10.1967 – 1 U 27/66, DB 1967, 2022, vgl. oben Rdn. 4; OLG Stuttgart, 18.12.1968 – 13 U 82/68, DVZ, Nr. 30; OLG Hamburg, 30.3.1989 – 6 U 169/88, TranspR 1989, 321, 323, zitiert die Überprüfungspflicht nach Art. 8 Abs. 1 lit. b) CMR und schließt aus dem Fehlen eines Vorbehalts des Frachtführers in dem vom Absender nicht unterzeichneten Frachtbrief auf ordnungsgemäße Kühltemperatur bei Übernahme.
26 Bedingt bejahend Staub/*Helm*, Art. 8 CMR Rdn. 14; zustimmend *Koller*, Art. 8 CMR Rdn. 3; *Herber/Piper*, Art. 8 Rdn. 9; *Boesche*, in: EBJS, Art. 8 CMR Rdn. 3. Eindeutig ablehnend unter Hinweis auf Art. 41 CMR *Zapp*, TranspR 1991, 371, 372.
27 TranspR 1992, 1, 3.
28 *Koller*, Art. 17 CMR Rdn. 33, Art. 18 CMR Rdn. 6; a.A. *Herber/Piper*, Art. 18 Rdn. 39, die einen besonderen Mangel i.S.d. Art. 17 Abs. 2 CMR annehmen; relativierend MünchKommHGB/*Jesser-Huß*, Art. 17 CMR Rdn. 39.
29 Übereinkommen über internationale Beförderungen leicht verderblicher Lebensmittel und über die besonderen Beförderungsmittel, die für diese Beförderungen zu verwenden sind (ATP), 1.9.1970, BGBl. 1974 II, S. 566, dazu Gesetz, 26.4.1974, BGBl. 1974 II, S. 565; aktueller Stand Gesetz zur Änderung der Anlagen 1 und 3 des ATP-Übereinkommens vom 20. Juli 1988 (BGBl. 1988 II S. 630), geändert durch Artikel 2 des Gesetzes vom 3. Februar 2009 (BGBl. I S. 150).
30 MünchKommHGB/*Jesser-Huß*, Art. 8 CMR Rdn. 9.

Art. 8 Abschluss und Ausführung des Beförderungsvertrages

cc) Rechtliche Schranken der Überprüfung

14 Zu beachten ist aber, dass der Frachtführer bei Lebensmitteltransporten häufig aus Gründen des EU-Lebensmittelrechts nicht nur keine Möglichkeit der Teilnahme bei der Beladung oder zu ihrer Kontrolle hat, sondern gar kein Recht auf Anwesenheit. Für den Verkehr mit Fleisch werden z.T. spezielle Anforderungen an die Arbeitskleidung der mit dem Fleisch in Berührung kommenden Personen gestellt, die ein LKW-Fahrer auch bei einem Spezialtransport nicht erfüllen kann. Dies schränkt in der Praxis die Prüfmöglichkeiten ein, auch wenn Kontrollthermometer zur Hand sind. Darauf wird sich ein Vorbehalt des Frachtführers erstrecken. In einem solchen Fall hat das OLG Hamm[31] angenommen, die Beweisvermutung des Art. 9 Abs. 2 CMR entfalle, weil der Fahrer keine Kontrollmöglichkeit gehabt habe.[32]

b) Äußerer Zustand der Verpackung

aa) Keine Qualitätskontrolle

15 Auch hier gilt, dass der Frachtführer kein Fachmann für Verpackung sein muss; es dürfen nur Grundkenntnisse der Verpackungstechnik vorausgesetzt werden. Keinesfalls kann der Frachtführer für die Festigkeit der Verpackung oder ihre generelle Eignung haften.[33] Wiederum ist der äußere Augenschein zu prüfen, auch wenn der Wortlaut des Art. 8 Abs. 1 lit. b) dies nicht ganz eindeutig wiedergibt, nicht die Art und Weise der Verpackung.[34] Eine andere Auslegung würde den Frachtführer mit nicht mehr verhältnismäßigen Prüfungspflichten belasten.[35] Die Verpackung ist grundsätzlich nicht zu öffnen, sofern nicht das Erscheinungsbild Anlass zu intensiverer Prüfung gibt; dann wird der Frachtführer auch Vorbehalte eintragen. Der Frachtführer prüft nur den Zustand der Verpackung, nicht deren Qualität. Die Prüfung der Verpackung ist wichtig wegen des Haftungsausschlusses nach Art. 17 Abs. 4 lit. b) CMR (s. dort Rdn. 140).

An dieser Stelle bilden Container ein häufiges Problem, weil sich die Überprüfung von Frachtstück und Verpackung überschneidet. „Ein Container" ist regelmäßig als ein Frachtstück zu verstehen (s. oben Rdn. 9).

bb) Verladung und Verstauung

16 Daran schließt sich die Frage der Verladung und Verstauung an, die im Wirkungsbereich des Code Civil wegen anderer gesetzlicher Regelung des allgemeinen Transportrechts zu anderen Urteilen führte als in Deutschland. Zunächst ist festzuhalten, dass das Übereinkommen in Art. 17 Abs. 4 lit. b) und lit. c) zwi-

---

31 Urt. v. 18.10.1984 – 18 U 175/82, TranspR 1985, 107, 110.
32 Zweifelhaft; a.A. *Heuer*, VersR 1988, 312, 314.
33 Staub/*Helm*, Art. 8 CMR Rdn. 11, 16; *Koller*, Art. 8 CMR Rdn. 3.
34 *Herber/Piper*, Art. 8 Rdn. 10.
35 *Clarke*, para. 25a.

schen Verpackung und Verladen bzw. Verstauen unterscheidet. Die CMR regelt die Beladung des Transportfahrzeuges bzw. die Verladung des Transportgutes nicht. Dies zu regeln ist der Parteivereinbarung überlassen.[36] Die Prüfungsobliegenheit des Frachtführers nach Art. 8 CMR besteht auch unabhängig davon, wer tatsächlich belädt.[37] Die Abgrenzung der Prüfungspflicht kann schwierig werden, wenn die vom Absender vorgenommene Verstauung befürchten lässt, dass das Gut den Zielort nicht mehr in einwandfreiem Zustand erreichen wird.[38]

Die Haftungsbefreiung des Art. 17 Abs. 4 lit. c) CMR greift ein, wenn der Absender, der Empfänger oder Dritte gehandelt haben. In diesen Fällen ist der Frachtführer nicht verpflichtet zu überprüfen, ob ordnungsgemäß verladen wurde und ob der Stand der Technik für Ladungssicherung[39] beachtet wurde. Die Einhaltung öffentlich-rechtlicher Pflichten, etwa der StVO oder der StVZO, bleibt dabei grundsätzlich außer Betracht[40] (s. auch Art. 17 Rdn. 148, 168 ff. mit Nachweis der Rechtsprechung und Literatur). Der Frachtführer kann sich normalerweise darauf verlassen, dass der Absender das zur Beförderung übergebene Gut ordentlich verladen und verstaut hat.[41] Der OGH betont die Sorgfalt des Absenders bei der Verladung aus der zum Speditionsvertrag gehörenden vertraglichen Nebenpflicht, das Eigentum des Frachtführers (sein Beförderungsmittel) vor Schäden zu bewahren.[42] Nur offensichtliche Verladefehler sind nach der allgemeinen Rechtspflicht, das zur Beförderung übergebene fremde Gut vor Beschädigung zu schützen, vom Frachtführer zu beseitigen; so die Behinderung der Luftzirkulation bei rund um das Kühlaggregat gestapelter Fracht oder die Gefahr der Beschädigung des Aggregats durch zu lose gestaute Frachtgüter[43] (s. Art. 17 Rdn. 162 ff. mit Rechtsprechungsnachweis). In erster Linie wird der Frachtführer vom Absender eine Korrektur verlangen, andernfalls die Beförderung verweigern oder einen entsprechenden Vorbehalt in den Frachtbrief eintragen.[44]

17

Zur besonderen Situation in Frankreich aufgrund der typisierten Verträge nach nationalem Recht siehe den Länderbericht.

Hat sich dagegen der Frachtführer durch vertragliche Vereinbarung verpflichtet, das Stauen und Befestigen des Gutes auf dem Transportfahrzeug zu übernehmen,

---

36 OGH Wien, 20.10.2004 – 3 Ob 166/04i, zit. nach www.ris.bka.gv.at.
37 *Clarke*, para. 25a.
38 *Clarke*, para. 25a.
39 Etwa Richtlinie VDI 2700 Ladungssicherung auf Straßenfahrzeugen, Unterblätter laufend aktualisiert.
40 *Loewe*, ETR 1976; 503, 558; *Piper*, TranspR 1990, 357, 359; BGH, 28.3.1985 – I ZR 194/82, TranspR 1985, 261 = VersR 1985, 754 = NJW 1985, 2092, 175; *Heuer*, VersR 1988, 312, 316.
41 *Koller*, DB 1988, 589, 592.
42 Urt. v. 18.12.1984 – 2 Ob 515/84, TranspR 1986, 372, 374.
43 *Piper*, TranspR 1990, 357, 359; *Koller*, DB 1988, 589, 592.
44 Staub/*Helm*, Art. 8 CMR Rdn. 16; *Hill & Messent*, S. 80.

Art. 8 Abschluss und Ausführung des Beförderungsvertrages

haftet er im Rahmen des Art. 17 Abs. 1 CMR bei Fehlern.[45] Näheres bei Art. 17 Rdn. 37 ff.

18 Die unterschiedliche Auslegung der gleichen Vorschriften ist bedauerlich. Nach der Intention des Übereinkommens sollte die vom materiellen nationalen Recht geprägte Auslegung hinter seiner übergreifenden einheitlichen Interpretation zurückstehen. *Zapp*[46] stellt zutreffend fest, dass es entgegen den Entscheidungen auch des OGH Wien[47] keine Möglichkeit gibt, eine Überprüfung der Verladung oder Verstauung durch den Frachtführer vertraglich nach nationalem Recht zu vereinbaren, da dies wegen der damit verbundenen Erweiterung der Haftung des Frachtführers eine Abweichung sowohl von Art. 8 als auch von Art. 17 CMR darstelle und deshalb nach Art. 41 CMR unwirksam sei; s. oben Rdn. 12.

19 Bei Schüttungen und Tankladungen stellt sich die Frage der Verpackung nur bedingt. Die Überprüfung der Verschlüsse etwa schlägt mehr in den Bereich des verkehrssicheren Transports. Dennoch ist vom Frachtführer hier ohne Weiteres zu erwarten, dass er schlecht sitzende Verschlüsse nachzieht, um einen Verlust während des Transportes zu vermeiden, dies folgt wieder aus der allgemeinen Rechtspflicht zum Schutz des übergebenen Gutes auch vor Verlust. Einen ungeeigneten Tankauflieger wird der Frachtführer nicht übernehmen; bei Mängeln wird er auch hier im eigenen Interesse Vorbehalte anbringen.

II. Vorbehalte nach Abs. 2

1. Angemessene Mittel zur Überprüfung

20 Die Obliegenheit zur Überprüfung kann wegen der Art des zu befördernden Gutes eingeschränkt sein oder entfallen, wenn es z.B. wegen der großen Stückzahl nicht zählbar ist oder erheblichen Personaleinsatz erforderte, oder wegen des Zustandes des Gutes, wenn etwa die Zeichen und Markierungen unleserlich geworden sind.[48] Der Frachtführer hat dann keine angemessenen Mittel zur Überprüfung. Lautet der Frachtbrief über eine bestimmte Anzahl Kartons oder Kisten, die auf Paletten gestapelt und möglicherweise noch mit Folie verschweißt oder mit Stahlbändern versehen sind, ist es dem Frachtführer meist nicht möglich, die Stücke zu zählen. Diese Paletten können samt dem Gut nur noch als ein Frachtstück gelten.[49] Der Frachtführer hat regelmäßig in diesen Fällen objektiv keine Möglichkeit, die genaue Stückzahl zu überprüfen, er ist nicht gegen Hohlräume

---

45 *Willenberg*, TranspR 1985, 161, 163, noch zur KVO, aber auf die heutige Situation übertragbar.
46 TranspR 1991, 371, 372.
47 OGH Wien, 8.10.1984 – 1 Ob 577/84, SZ 57/150 = *Greiter*, Nr. 48 = TranspR 1985, 103 = VersR 1985, 197; OGH Wien, 18.12.1984 – 2 Ob 515/84, SZ 57/205 = *Greiter*, Nr. 53 = TranspR 1986, 372.
48 Staub/*Helm*, Art. 8 CMR Rdn. 8.
49 *Willenberg*, TranspR 1985, 161, 163, empfiehlt den Frachtbriefvermerk „Paletteninhalt ungezählt übernommen"; *Koller*, Art. 8 CMR Rdn. 4.

und Leerkartons im Inneren des palettierten Stapels gefeit.[50] Noch schwieriger ist es in der Praxis bei der Übernahme von Containern, weil diese üblicherweise fest verschlossen und möglicherweise für den Zoll verplombt übergeben werden, so dass es unmöglich ist, den angegebenen Inhalt auf Stückzahl und äußere Beschaffenheit nachzuprüfen (s. oben Rdn. 9). Die hier fraglichen Eintragungen im Frachtbrief haben Quittungsfunktion im Verhältnis zum Absender[51] (s. Art. 4 Rdn. 24). Deshalb sollte der Frachtführer im eigenen Interesse regen Gebrauch von den möglichen Vorbehalten machen.

Soweit das Transportfahrzeug Vorrichtungen oder Instrumente mitführt, die die Überprüfung ermöglichen oder erleichtern, wird der Frachtführer kaum begründen können, warum die Überprüfung dennoch unangemessen wäre. Dabei ist nicht nur an das Thermometer beim Kühltransport zu denken (s. Rdn. 13), sondern z. B. auch an Durchflussmesser bei Tankfahrzeugen. Bei Schüttgütern bleibt nur die Waage als Prüfmittel, aber zur Verwiegung ist der Frachtführer nur nach Art. 8 Abs. 3 CMR verpflichtet (s. dort). 21

Bietet der Absender Hilfsmittel zur Überprüfung an, die ohne Weiteres angewendet werden können, oder einsatzbereites Personal, ist kaum ein Vorbehalt denkbar, dass die Mittel zur Überprüfung unangemessen wären. 22

Denkbar ist in beiden Fällen etwa erheblicher Aufwand an Zeit, der die Ladezeit verlängert. Eine Beladungsfrist ist in der CMR nicht geregelt, aber eine vereinbarte Lieferfrist kann durch überlange Ladezeiten gefährdet werden. Es ist zu bezweifeln, dass der Frachtführer den Einsatz eigener Mittel oder die Unterstützung durch den Absender bei der Überprüfung hier ablehnen könnte, weil sein Zeitplan zur Übernahme und Beförderung des Gutes eines Dritten dort gefährdet werden könnte.

2. Eintragungen durch den Frachtführer

Loewe[52] bezeichnet die Redaktion der Abs. 1 und 2 in diesem Artikel als „nicht ganz glücklich" und erläutert das System der Vorbehalte: 23
– Vorbehalte nach Abs. 1 lit. a) wegen Abweichungen bei Anzahl oder Zeichen und Nummern der Frachtstücke vom Frachtbriefinhalt hat der Frachtführer einzutragen, aber er muss diese Vorbehalte nicht begründen; zutreffend ist wohl, dass Vorbehalte ohne Begründung eingetragen werden können, es handelt sich um evidente Tatsachen;
– stehen dem Frachtführer keine angemessenen Mittel zur Verfügung, die Angaben nach Abs. 1 lit. a) zu überprüfen, muss er einen Vorbehalt eintragen und ihn begründen;

---

50 *Willenberg*, TranspR 1985, 161, 163.
51 *Lenz*, Rdn. 227.
52 ETR 1976, 503, 538.

Art. 8 Abschluss und Ausführung des Beförderungsvertrages

– Vorbehalte nach Abs. 1 lit. b) wegen Mängeln am äußeren Zustand des Gutes und seiner Verpackung hat der Frachtführer einzutragen und zu begründen;

Vorbehalte, die begründet werden müssen, sind zu unterscheiden in

– solche, die nicht verbindlich sind, weil sie vom Absender nicht im Frachtbrief ausdrücklich anerkannt sind,
– solche, die für den Absender verbindlich sind, weil er sie im Frachtbrief ausdrücklich anerkannt hat.

Sehr detailliert unterscheidet *Ruitinga*[53] zwischen unspezifischen Vorbehalten mit Begründung, spezifischen Vorbehalten mit konkreter Begründung, vom Absender anerkannt oder nicht, und spezifischen Vorbehalten „out of ignorance" nach Abs. 2 Satz 1, mit oder ohne Anerkenntnis des Absenders. Für alle Vorbehalte wird vorausgesetzt, dass sie im unmittelbaren Zusammenhang mit der Übernahme des Gutes im Frachtbrief eingetragen werden und dass sie eingetragen sind, bevor die erste Ausfertigung dem Absender übergeben wird. Trägt der Frachtführer Vorbehalte nur in die zweite und dritte oder nur in die dritte, seine, Ausfertigung (Art. 5 Abs. 1 Satz 3 CMR) ein, kann der Vorbehalt nach Übergabe der Erstausfertigung ohnehin keine Wirkung entfalten, weil die drei Originale nicht übereinstimmen.[54] Dies gilt zumindest im Verhältnis zum Absender. Selbstverständlich kann ein nachfolgender Frachtführer seinem Vorgänger Vorbehalte über aktuell festgestellte Mängel an Zahl oder äußerem Zustand des Gutes nur noch auf dem zweiten und dritten Exemplar eintragen, und er wird ggf. auf dem Eintrag bestehen, um die Haftungssphären abzugrenzen. Theoretisch kann diese Abweichung der drei Ausfertigungen zu einer Minderung der Glaubwürdigkeit des ganzen Formularsatzes führen, was aber im Hinblick auf die Empfängerrechte nicht relevant werden dürfte. Diese richten sich nach Art. 13 CMR; der Empfänger erhält auf Anforderung die zweite Ausfertigung.[55] Im Einzelnen:

a) Vorbehalte nach Abs. 1 lit. a)

24 Die numerische Abweichung der Frachtstücke oder die Unleserlichkeit von Zeichen und Nummern werden als Tatsache festgestellt. Was jedermann ohne Weiteres nachvollziehen kann, wie die Anzahl der geladenen Kisten oder Paletten auf einem LKW, bedarf keiner weiteren Begründung.[56] Es ist auch in der Praxis kaum vorstellbar, dass der Absender auf der Richtigkeit der Frachtbriefangabe beharrt, wenn der Frachtführer eine Abweichung vermerkt und damit einen Vorbehalt anbringt. So wenig wie ein solcher Vorbehalt begründet werden muss, ist Voraussetzung seiner Wirksamkeit, dass er vom Absender anerkannt wird. Weist der Frachtbrief einen derartigen Vorbehalt auf, ist davon auszugehen, dass der Frachtführer seiner Prüfungsobliegenheit genügt hat.

---

53 *Ruitinga*, in: Theunis, International Carriage of Goods by Road, S. 50.
54 *Loewe*, ETR 1976, 503, 538; *Hill & Messent*, S. 81.
55 *Pesce*, S. 133.
56 OLG Düsseldorf, 24.9.1992 – 18 U 28/92, TranspR 1992, 54, 55.

b) Vorbehalte mangels angemessener Mittel

Es ist naheliegend, dass sich der Frachtführer seiner Obliegenheit zur Überprü- 25
fung nicht durch einen pauschalen Hinweis entziehen kann, ihm stünden keine
angemessenen Mittel der Überprüfung zur Verfügung. Hier müssen genauere
Angaben zur Unangemessenheit gemacht werden,[57] wie etwa, dass mehrere tausend lose gestaute Frachtstücke aus zeit- und räumlichen Gründen nicht gezählt
werden konnten,[58] oder dass ein spezielles, unübliches Prüfgerät nicht zur Hand
war. Andererseits ist keine eingehende Darstellung gefordert, Stichpunkte genügen.[59] Beim täglichen Fall, dass das Gut im Container übergeben wird und dieser
bereits verzollt und verplombt ist, reicht es allerdings nicht aus, nur zu vermerken „Inhalt nach Angabe – *said to contain*" und darauf zu verweisen, dass der
Container verschlossen war, sondern es muss plausibel gemacht werden, dass er
wegen der Zollplombe auch nicht mehr geöffnet werden konnte. *Pesce*[60] hält Vorbehalte aus dem Seerecht wie „Gewicht und Inhalt unbekannt" beim Straßengütertransport aus diesem Grunde für unzulässig. Nur in einem besonderen Fall hat
die Rechtbank s`Gravenhage[61] den Eintrag „said to contain" wegen längerer Geschäftsbeziehungen der Parteien als ausreichend begründet anerkannt.

Bei Schüttgütern sollte der Frachtführer festhalten, dass er keine Möglichkeit zur
Verwiegung hatte, bei Flüssigkeiten entsprechend. Dabei besteht die Gefahr, dass
die Entwicklung des internationalen Transports mit den steigenden Zahlen fertig
bepackter Fahrzeuge und Container diese Vorbehalte zur reinen Formel werden
lässt.

Trägt der Frachtführer den Vorbehalt ohne Begründung ein, ist dieser völlig unbeachtlich. Er gilt als nicht geschrieben, wenn ihn der Absender nicht doch annimmt.[62] Damit kann der Frachtführer aber nicht rechnen.

c) Vorbehalte nach Abs. 1 lit. b)

Der Vorbehalt wegen des äußeren Zustandes des Gutes und seiner Verpackung 26
ist ein Recht des Frachtführers, keine Pflicht.[63] Vorbehalte wegen der Beladung
und Verstauung gehören nicht grundsätzlich in den Frachtbrief, können aber die
Beweislage für den Frachtführer verbessern. Sie sind daher zulässig. Wird ein
Vorbehalt eingetragen, ist er ebenfalls konkret zu begründen. Zur eigenen Sicherheit wird der Frachtführer dabei nicht nur feststellen „Verpackung beschädigt",
sondern die Art und die Stelle der Beschädigung näher beschreiben. Kommt
nämlich das Gut mit mehreren Verpackungsschäden beim Empfänger an, reduziert sich die Beweiswirkung des Frachtbriefinhalts, wenn der Vorbehalt nicht ei-

---

57 *Lenz*, Rdn. 228.
58 *Loewe*, ETR 1976, 503, 538.
59 Denkschrift, S. 34, 37.
60 *Pesce*, S. 137, Fn. 93.
61 Rb s`Gravenhage, 14.1.1981, S & S 81, Nr. 65.
62 *Loewe*, ETR 1976, 503, 538.
63 *Züchner*, ZfV 1968, 460, 461.

Art. 8 Abschluss und Ausführung des Beförderungsvertrages

ner bestimmten Beschädigung zugeordnet werden kann. Auch bei diesem Vorbehalt gilt, dass er ohne Begründung unbeachtlich ist, wie vorstehend.

Die Verantwortlichkeit des Frachtführers für die Beförderung kann durch einen von ihm eingetragenen Vorbehalt verschärft werden. Erkannte Mängel der Verpackung verpflichten den Frachtführer, weitere Schäden oder Verschlechterung des Zustandes im Rahmen des Möglichen zu vermeiden. Dies resultiert aus seiner Obhutspflicht für das fremde Beförderungsgut.[64]

d) Verbindlichkeit des Vorbehalts

27 Die Beweiswirkung des Vorbehalts hängt davon ab, ob der Absender den Vorbehalt im Frachtbrief anerkannt hat oder nicht. Grundsätzlich kann aber weder der anerkannte noch der nicht anerkannte Vorbehalt die endgültige Haftungsbefreiung des Frachtführers bewirken oder endgültig die Beweislast umkehren; dies wäre ein Verstoß gegen Art. 41 CMR und damit unwirksam.

aa) Der anerkannte Vorbehalt

28 Nach dem Wortlaut des Übereinkommens muss der Absender den Vorbehalt des Frachtführers ausdrücklich anerkannt haben, *„expressly agreed to be bound"* bzw. *"expressément acceptées"*. Der Vorbehalt muss eindeutig abgezeichnet sein. Die Unterschrift unter dem Frachtbrief, die nach Art. 5 Abs. 1 CMR ohnehin zu leisten ist, reicht für das Anerkenntnis nicht aus.[65] Der anerkannte Vorbehalt hat die volle Beweisvermutung des Art. 9 CMR für sich und befreit nach Art. 10 CMR den Frachtführer ggf. von der Haftung.[66] Ein Gegenbeweis gegen den anerkannten Vorbehalt durch den Absender ist kaum denkbar, außer dem der Fälschung. Die Annahme auf nur einem Exemplar des Frachtbriefs reicht aus.[67]

bb) Der nicht anerkannte Vorbehalt

29 Zwei Ansichten sind denkbar, welche Wirkung der nicht anerkannte Vorbehalt haben soll.

Man kann der Meinung folgen, dass der nicht anerkannte Vorbehalt ohne Wirkung und völlig unbeachtlich sei. Dies bringt den Frachtführer in die unangenehme Lage, dass er zur Sicherung seiner Rechte und zur Widerlegung des Frachtbriefinhalts auf die Mitwirkung des Absenders angewiesen ist. Dann bleibt ihm u.U. nur die praktisch wenig relevante Möglichkeit, abzuladen und die Beförderung zu verweigern.

---

64 Sinngemäß MünchKommHGB/*Jesser-Huß*, Art. 8 CMR Rdn. 14, die auf Treu und Glauben gegenüber dem Absender und Verlust des Haftungsausschlusses nach Art. 17 Abs. 4 lit. c) CMR abstellt.
65 *Loewe*, ETR 1976, 503, 540; zust. *Hill & Messent*, S. 82; *Koller* Art. 8 CMR Rdn. 7.
66 *Koller*, Art. 8 CMR Rdn. 7, einschränkend MünchKommHGB/*Jesser-Huß*, Art. 8 CMR Rdn. 20.
67 Staub/*Helm*, Art. 8 CMR Rdn. 19.

Nach anderer Ansicht ist zu differenzieren: Der nicht anerkannte Vorbehalt we- 30
gen Mängeln oder Unrichtigkeiten hat zwar nicht die Beweiswirkung des Art. 9
Abs. 2 CMR für sich, aber auch keine Vermutung für Richtigkeit der Angaben
und guten Zustand des Gutes bei Übernahme. Da ohnehin der Inhalt des Frachtbriefs in allen Teilen konkret durch einen förmlichen Gegenbeweis entkräftet
werden kann, hat der Frachtführer sehr wohl die Möglichkeit, den Beweis für die
Richtigkeit seines Vorbehalts anzutreten.[68] Für diese Ansicht spricht, dass Art. 9
Abs. 2 CMR nur vom begründeten Vorbehalt und nicht auch vom anerkannten
spricht. Eine ausdehnende Interpretation des Art. 9 CMR ist nicht zulässig. Hat
der Absender den Vorbehalt wegen nicht angemessener Überprüfungsmittel nicht
anerkannt, muss das Gericht über die Berechtigung des Vorbehalts entscheiden.
Die aus dem Widerspruch zwischen Art. 8 Abs. 2 Satz 3 CMR und Art. 9 Abs. 2
CMR resultierende offene Beweislage für beide Vertragsparteien ist hinzuneh-
men, auch wenn dem Anspruchsteller dann der Beweis abverlangt wird, dass der
Schaden nach der Übernahme des Gutes unter der Obhut des Frachtführers entstanden ist. Umgekehrt kann sich nämlich der Frachtführer nicht auf den nicht
anerkannten Vorbehalt berufen, wenn er die Haftungsbefreiung nach Art. 17
Abs. 4 lit. b) CMR für sich reklamiert.[69] Für diese Auslegung spricht auch, dass
sich der Frachtführer mit dem einseitigen Vorbehalt seine Ansprüche aus Art. 10
CMR sichert; denn auch dort wird nur der Vorbehalt der Frachtführers erwähnt
und nicht das Anerkenntnis des Absenders.[70]

Will der Absender den Vorbehalt des Frachtführers nicht anerkennen, weil er ihn 31
für unberechtigt und die Begründung für unzutreffend erachtet, bleibt ihm nur
die Möglichkeit, Weisung zum Abladen des Gutes zu geben und so vom Transportvertrag zurückzutreten. Die Konsequenzen regeln sich nach nationalem
Recht.[71] Wenn umgekehrt der Absender nicht zulassen will, dass der Fahrer des
Frachtführers bestimmte Vorbehalte in den Frachtbrief einträgt, muss dieser seinen Arbeitgeber informieren, um entsprechende Weisung einzuholen und dem
Unternehmer die Möglichkeit zu geben, angemessen zu reagieren.[72] Notfalls
muss ein Sachverständiger zugezogen werden.

III. Anspruch des Absenders auf Überprüfung nach Abs. 3

1. Rohgewicht oder anders angegebene Menge

Loewe[73] berichtet, dass einige Delegationen bei den Verhandlungen zur CMR in 32
Art. 8 Abs. 1 auch die Pflicht des Frachtführers verankern wollten, das Bruttoge-

---

68 Denkschrift, S. 37; *Loewe*, ETR 1976, 503, 539; Staub/*Helm*, Art. 8 CMR Rdn. 19.
69 Staub/*Helm*, Art. 8 CMR Rdn. 19; *Koller*, Art. 8 CMR Rdn. 8.
70 *Koller*, Art. 8 CMR Rdn. 8.
71 *Loewe*, ETR 1976, 503, 539.
72 *Clarke*, para. 25b(ii).
73 ETR 1976, 503, 536.

Art. 8 Abschluss und Ausführung des Beförderungsvertrages

wicht des Gutes oder seine anders angegebene Menge zu prüfen. Die Mehrheit sah daraus Kosten und Zeitverlust erwachsen, die nicht dem Frachtführer überbürdet werden sollten. Für den Absender kann von der Bestätigung durch den Frachtführer beispielsweise der Nachweis für Exportvergünstigungen oder für den Dokumentenverkehr abhängen, was einerseits sein berechtigtes Interesse an der Gegenkontrolle durch den Frachtführer begründet und es andererseits billig erscheinen lässt, dem Absender die Kosten dieser Zusatzleistung aufzuerlegen. So entstand Abs. 3, der dem Absender das Recht gibt, vom Frachtführer eine solche Prüfung, auch des Inhalts der Frachtstücke, gegen Kostenerstattung zu verlangen. Das Verlangen muss eindeutig gestellt sein. Im Gegensatz zur Obliegenheit aus Art. 8 Abs. 1 CMR handelt es sich hier um eine schuldrechtliche Verpflichtung des Frachtführers, die er auf Anforderung des Absenders zu erfüllen hat. Die englische (*the sender shall be entitled to require*) und die französische Fassung (*l`expéditeur a le droit d`exiger*) sind hier eindeutig.[74] Der Frachtführer hat aber selbstverständlich das Recht zur Prüfung im Umfang des Abs. 3 aus eigenem Antrieb und unter Verzicht auf die Kostenerstattung, etwa weil ihm bestimmte Verdachtsmomente aufscheinen. Er und seine Leute können sich mit bloßen Hinweisen wie „*content unknown*" kaum von der strafrechtlichen Verantwortung für Verstöße gegen Exportverbote oder Zollgesetze entlasten.[75]

Hier wird auch deutlich, dass nicht alle Güter nur nach dem Rohgewicht gemessen werden. Zutreffendenfalls ist die anders angegebene Menge (l oder m^3) zu überprüfen (vgl. hierzu Art. 6 Rdn. 15). Wegen der Berechnung der Haftungshöchstgrenzen in Art. 23 CMR kommt dem Rohgewicht besondere Bedeutung zu.

2. Inhalt der Frachtstücke

33 Es stellt sich das gleiche Problem wie bei der Überprüfung als Obliegenheit nach Abs. 1 lit. a), dass der Frachtführer bzw. der üblicherweise für ihn auftretende Fahrer kein Wareninspekteur mit besonderen Warenkenntnissen sein kann; vgl. oben Rdn. 12. Der Absender kann nur eine zumutbare, letztlich oberflächliche Prüfung verlangen,[76] die sich allerdings nicht nur auf das äußere Erscheinungsbild des Gutes als solches, sondern auf den tatsächlichen Inhalt bezieht, z.B. Maschinenersatzteile und nicht Schrott. Funktions- oder Tauglichkeitsprüfungen können nicht verlangt werden. Die Prüfungspflicht kann auch nicht durch einzelvertragliche ergänzende Vereinbarung erweitert werden[77] (s. oben Rdn. 12 und 15). Die Frage der Angemessenheit der dem Frachtführer zur Verfügung stehenden Mittel ist in diesem Zusammenhang strenger zu beurteilen, wenn Hilfskräfte oder -mittel auf Kosten des Absenders zu beschaffen sind.[78] Es ist zweifelhaft, ob

---

74 Staub/*Helm*, Art. 8 CMR Rdn. 24.
75 *Pesce*, S. 145.
76 Staub/*Helm*, Art. 8 CMR Rdn. 27.
77 *Zapp*, TranspR 1991, 371, 372; a.A. *Koller*, Vor Art. 1 CMR Rdn. 35, Art. 8 CMR Rdn. 1, 9.
78 *Koller*, Art. 8 CMR Rdn. 9.

sich der Frachtführer darauf berufen darf, die Prüfung des Inhalts führe unvermeidlich zu einer Beschädigung der Verpackung; der Einwand wird unberechtigt sein, wenn sich der Absender zur Wiederherstellung oder Erneuerung der Verpackung bereit erklärt. Ob eine Flüssigkeit diesen oder jenen Grad einer Beimengung hat, z.B. Alkoholgehalt, kann vernünftigerweise vom Frachtführer nicht geprüft werden. Die Handhabung eines Aräometers gehört nicht zur Ausbildung eines Frachtführers oder seines Fahrers.

3. Kosten der Überprüfung

Der Preis für die vom Absender geforderte Überprüfung richtet sich nach nationalem Recht. Nach den §§ 675, 669 BGB kann der Frachtführer einen Vorschuss verlangen und die Überprüfung davon abhängig machen.[79] Zu den Kosten zählen Wiegegelder, Sachverständigengebühren, Personalkosten und u.U. auch das Standgeld für die Dauer der Überprüfung, § 412 HGB.   34

4. Ergebnis der Überprüfung

Die u.U. aufwendige Überprüfung nach Abs. 3 ist nur dann sinnvoll, wenn die Parteien das Ergebnis im Frachtbrief eintragen. Der Text des Übereinkommens gibt zwar auch in der englischen und französischen Fassung keinen Anhaltspunkt, doch meint *Loewe*,[80] die CMR gehe davon aus, dass diese Überprüfung auf Anforderung des Absenders von den Parteien gemeinsam vorgenommen werde. Der Eintrag eines mit den Vorgaben im Frachtbrief übereinstimmenden Prüfungsergebnisses hat nicht nur den Charakter einer Quittung[81] und begründet nicht nur eine Vermutung, sondern einen Beweis zugunsten des Absenders. Er kann aber wie jeder Beweis entkräftet werden mit dem Gegenbeweis, dass etwa die verwendete Waage oder die angewandten Hilfsmittel nicht geeicht gewesen wären.[82] Unterbleibt der Eintrag aus irgendeinem Grund, gilt mangels anderweitiger Vorbehalte die Vermutung des Art. 9 Abs. 2 CMR, wenn der Frachtführer nicht auf andere Art nachweisen kann, dass ein Schaden bereits zum Zeitpunkt der Übernahme vorlag.[83] Unter Umständen kann die unterlassene Eintragung als Pflichtverletzung gegenüber dem Absender nach deutschem Recht Schadensersatzansprüche gegen den Frachtführer begründen, wenn der Absender dadurch in Beweisschwierigkeiten kommt.[84]   35

---

79 Staub/*Helm*, Art. 8 CMR Rdn. 28.
80 ETR 1976, 503, 537.
81 *Koller*, Art. 8 CMR Rdn. 10.
82 *Loewe*, ETR 1976, 503, 537; *Clarke*, para. 25b(iii); heute h.M.
83 Staub/*Helm*, Art. 8 CMR Rdn. 29.
84 *Koller*, Art. 8 CMR Rdn. 10; *Herber/Piper*, Art. 9 Rdn. 16; *Boesche*, in: EBJS, Art. 8 CMR Rdn. 14.

Art. 8 Abschluss und Ausführung des Beförderungsvertrages

36 Es fällt auf, dass nach Art. 9 CMR keine Beweisvermutung für oder gegen eine Überprüfung gem. Art. 8 Abs. 3 CMR spricht. Hier könnte es sich um ein Redaktionsversehen handeln, wahrscheinlich wurde aber die Anknüpfung bewusst ausgelassen, weil der Eintrag des Prüfungsergebnisses keiner weiteren Vermutung bedarf.[85] Eventuelle Meinungsverschiedenheiten dürften sich an Ort und Stelle durch eine Korrektur der Frachtbriefvorgaben erledigen. Notfalls bleibt auch hier nur ein Sachverständiger zur Klärung.

Trägt der Frachtführer einseitig Feststellungen über das Rohgewicht bzw. die Menge des Gutes in den Frachtbrief ein, ohne dass der Absender den Prüfungsauftrag nach Art. 8 Abs. 3 CMR gegeben hätte, besteht zunächst keinerlei Vermutung nach Art. 9 CMR; man wird nach den Umständen des Einzelfalls entscheiden müssen.[86]

---

[85] *Hill & Messent*, S. 82; *Clarke*, para. 25b(iii); *Helm*, VersR 1988, 548, 551.
[86] *Clarke*, para. 25b(iii).

Art. 9

bearbeitet von RA Christian Teutsch, Düsseldorf

1. Der Frachtbrief dient bis zum Beweise des Gegenteils als Nachweis für den Abschluss und Inhalt des Beförderungsvertrages sowie für die Übernahme des Gutes durch den Frachtführer.

2. Sofern der Frachtbrief keine mit Gründen versehenen Vorbehalte des Frachtführers aufweist, wird bis zum Beweise des Gegenteils vermutet, dass das Gut und seine Verpackung bei der Übernahme durch den Frachtführer äußerlich in gutem Zustand waren und dass die Anzahl der Frachtstücke und ihre Zeichen und Nummern mit den Angaben im Frachtbrief übereinstimmen.

Literatur: *Helm*, Probleme der CMR: Geltungsbereich – ergänzendes Recht – Frachtbrief – Weisungsbefugnis – aufeinanderfolgende Frachtführer, VersR 1988, 548; *Heuer*, Zur Frachtführerhaftung nach der CMR: Haftungszeitraum – Ladetätigkeiten – Fahrervollmacht – LKW- bzw. Ladungsdiebstahl, VersR 1988, 312; *Lutz*, Anmerkungen zur französischen Rechtsprechung zur CMR, TranspR 1991, 6; *Piper*, Probleme der CMR unter Berücksichtigung der Rechtsprechung des Bundesgerichtshofes, TranspR 1990, 357; *Ruitinga*, Onus of Proof and Liability – Some Notes as to Articles 8, 9 and 10 of the CMR Convention, in: Theunis (Hrsg.), International Carriage of Goods by Road (CMR), London 1987.

Übersicht

	Rdn.		Rdn.
I. Umfang der Beweiskraft nach Abs. 1	1	3. Übernahme des Gutes	5
1. Beweis	1	**II. Die Vermutung nach Abs. 2**	6
2. Abschluss und Inhalt des Beförderungsvertrages..................	2	1. Mit Gründen versehene Vorbehalte ...	6
a) Grundsätze der CMR................	2	2. Bis zum Beweis des Gegenteils	7
b) Nicht unterzeichneter oder fehlender Frachtbrief................	3	a) Gut und Verpackung.................	8
c) Vertragliche Vereinbarungen........	4	b) Äußerlich guter Zustand	9
		c) Anzahl, Zeichen und Nummern der Frachtstücke....................	12

I. Umfang der Beweiskraft nach Abs. 1

1. Beweis

Die CMR spricht an mehreren Stellen die Beweisführung an, dabei ist die Terminologie nicht einheitlich. **1**

– Art. 2 Abs. 1 Satz 2 (*it is proved/il est prouvé*/bewiesen wird)
– Art. 7 Abs. 2 (*shall be deemed, unless the contrary is proved/est considéré, jusqu' à preuve du contraire*/bis zum Beweis des Gegenteils vermutet)

Art. 9 Abschluss und Ausführung des Beförderungsvertrages

- Art. 9 Abs. 1 Satz 1 (*prima facie evidence*/*fait foi jusqu' à preuve du contraire*/bis zum Beweis des Gegenteils als Nachweis)
- Art. 9 Abs. 2 (*shall be presumed, unless the contrary is proved*/*il y a presomption que*/bis zum Beweis des Gegenteils vermutet)
- weiter in Art. 18 Abs. 1, 2, 4 und 5, Art. 20 Abs. 1, Art. 22 Abs. 1 Satz 2, Art. 26 Abs. 2, Art. 30 Abs. 1 und 2, Art. 32 Abs. 2 Satz 3, Art. 41 Abs. 2.

Zutreffend sieht *Loewe*[1] darin eine Quelle unterschiedlicher Auslegung in den verschiedenen Rechtsordnungen. Ihm folgend dürfte nach den Absichten der Verfasser bedeuten: *Beweis*: was im Rahmen prozessualer Formalien erhoben wird; *Nachweis*: eher eine Glaubhaftmachung im Sinne einer überzeugenden Darlegung großer Wahrscheinlichkeit; *Prima-facie-Beweis*: gleichzusetzen mit der widerleglichen Vermutung. *Ruitinga*[2] referiert über die unterschiedliche Zulassung des Gegenbeweises in einigen englischen und französischen Urteilen. *Pesce*[3] spricht sich nach dem Prinzip des *favor debitoris* bei Art. 9 Abs. 2 CMR zugunsten der beweisbelasteten Partei dafür aus, die günstigere englische Fassung zugrunde zu legen. Dieser folgt auch die deutsche Version. Obwohl man jede Vorschrift wegen der unterschiedlichen Formulierungen gesondert auslegen muss,[4] ist im Ergebnis die Auslegung einheitlich.

2. Abschluss und Inhalt des Beförderungsvertrages

a) Grundsätze der CMR

2 Der Beförderungsvertrag wird nach Art. 4 CMR in einem Frachtbrief festgehalten, den nach Art. 5 CMR Absender und Frachtführer unterzeichnen. Der Inhalt des Frachtvertrages wird durch die Eintragungen nach Art. 6 CMR näher spezifiziert. Die Berufung des Frachtführers auf Art. 9 CMR, er sei nicht Frachtführer mangels Eintragung im Frachtbrief, obwohl er tatsächlich das Gut beförderte, ist nicht möglich.[5] Für die meisten Angaben im Frachtbrief haftet der Absender dem Frachtführer nach Art. 7 CMR. Trotz dieser Haftung des Absenders hat der Frachtführer im Rahmen des Art. 8 CMR bestimmte, stärker oder schwächer ausgestaltete Prüfungspflichten. Für Einzelheiten der Beweiswirkung des Frachtbriefs siehe die Erläuterungen zu diesen Artikeln.

b) Nicht unterzeichneter oder fehlender Frachtbrief

3 Der internationale Beförderungsvertrag ist auch ohne Frachtbrief gültig, Art. 4 Satz 2 CMR. Der Frachtbrief hat u.a. wesentlich Beweisfunktion für den Ver-

---

1 ETR 1976, 503, 540.
2 Onus of Proof and Liability, in: Theunis, International Carriage of Goods by Road, S. 45.
3 *Pesce*, S. 141.
4 Staub/*Helm*, Art. 9 CMR Rdn. 1.
5 Tribunal Supremo, 9.7.2007 – Roj STS 4811/2007, Id CENDOJ: 28079110012007100787 (Internet).

tragsabschluss und -inhalt, die Stellung der Parteien, ihre Rechte und Pflichten.[6] Er kehrt die Beweislast für den Anspruchsteller um (s. Art. 4 Rdn. 24, 28).[7] Der Frachtbrief hat die Beweisvermutungen nach Art. 9 CMR nur dann für sich, wenn er „regelrecht" von beiden Parteien unterzeichnet ist (s. Art. 5 Rdn. 16). Die Beweiswirkung entfällt, wenn keine der Parteien oder nur eine unterzeichnet hat[8] oder wenn der Frachtbrief gänzlich fehlt.[9] Ist der Frachtbrief nur von einer Partei unterzeichnet, kann ihm nach dem jeweils anwendbaren Prozessrecht der Beweiswert einer allgemeinen Urkunde zukommen.[10] Erwägenswert ist zwar der Schluss, dass der Frachtführer keine Veranlassung zu Vorbehalten nach Art. 8 Abs. 2 CMR gehabt hat, wenn er auf die Ausstellung eines Frachtbriefes verzichtete,[11] aber wegen der Umkehr der Beweislast muss an dem Erfordernis des ordnungsgemäß ausgestellten Frachtbriefs festgehalten werden.

Man kann den nicht unterzeichneten Frachtbrief für ein Beweismittel allgemeiner Art ansehen. Damit wird leicht der Boden der CMR verlassen. Im Prozess über einen der CMR unterliegenden internationalen Beförderungsvertrag wird selten das Stadium erreicht, dass der Vertragsinhalt aus einem unwirksamen CMR-Frachtbrief nach allgemeinen Regeln des Urkundsbeweises ermittelt wird, wie er nach der *lex fori* anzuwenden ist.

c) Vertragliche Vereinbarungen

Die übrigen Eintragungen im Frachtbrief müssen nicht vollständig sein, um wirksam zu sein (s. Art. 6 Rdn. 3). Nur für wenige Vertragselemente ist die Eintragung im Frachtbrief konstitutive Voraussetzung ihrer Wirksamkeit, wie Wertangabe und besonderes Interesse (Art. 6 Rdn. 30); Verwendung offener Fahrzeuge (Art. 17 Rdn. 123, 124). Darüber hinaus kann der Inhalt des Vertrages durch alle Beweismittel erwiesen werden, die die Zivilprozessordnung des angerufenen Gerichts zulässt. Der Frachtbrief hat als Urkunde grundsätzlich die Vermutung der Vollständigkeit und Richtigkeit für sich, auch soweit die Vertragsparteien Sonderabsprachen getroffen haben;[12] dies gilt auch für in Bezug genommene AGB.[13] Aus diesen Merkmalen der wirksam ausgestellten Urkunde folgert die

4

---

6 Denkschrift, S. 34, 37; *Loewe*, ETR 1976, 503, 540.
7 *Koller*, Art. 9 CMR Rdn. 1; BGH, 17.4.1997 – I ZR 251/94, TranspR 1998, 21 = VersR 1998, 79 = ETR 1998, 427; hierzu auch BGH, 18.1.2001 – I ZR 256/98, TranspR 2001, 369 = VersR 2001, 1134 = ETR 2001, 947.
8 BGH, 16.10.1986 – I ZR 149/84, TranspR 1987, 96, 97 = VersR 1987, 304, 305; BGH, 8.6.1988 – I ZR 149/86, TranspR 1988, 370 = VersR 1988, 952, 953; OLG Hamburg, 30.3.1989 – 6 U 169/88, TranspR 1989, 321, 323; OLG München, 27.11.1992 – 23 U 3700/92, TranspR 1993, 190, 191.
9 LG Koblenz, 3.6.1985 – 1 HO 168/84, TranspR 1985, 434, 435; letztlich zustimmend *Ruitinga*, in: Theunis, International Carriage of Goods by Road, S. 46.
10 BGH, 17.4.1997 – I ZR 251/94, TranspR 1998, 21 = VersR 1998, 79 = ETR 1998, 427.
11 BGH, 9.2.1979 – I ZR 67/77, VersR 1979, 466, 467 = NJW 1979, 2471; *Koller*, Art. 9 CMR Rdn. 1.
12 *Koller*, Art. 9 CMR Rdn. 2.
13 *Koller*, Art. 9 CMR Rdn. 2; *Boesche*, in: EBJS, Art. 9 CMR Rdn. 2.

Rechtsprechung eine gezielte Verteilung der Beweislast für bestimmte, anspruchs- oder haftungsbegründende Tatsachen.[14] Der Abschluss des Vertrages wird weniger häufig streitig sein als sein Inhalt.

3. Übernahme des Gutes

5   Der wirksame, beiderseits unterzeichnete Frachtbrief hat die Funktion einer Quittung für das durch den Frachtführer übernommene Gut. Fehlt die Unterschrift des Frachtführers, gibt der Frachtbrief keinen Nachweis über die dem Frachtführer übergebene Gütermenge.[15] Die Beweisvermutung erstreckt sich auf die im Frachtbrief genannten Begleitpapiere, Art. 6 Abs. 2 lit. g) CMR, und die in Art. 11 CMR genannten notwendigen Begleitpapiere.[16]

Art. 9 Abs. 1 CMR erwähnt keine Vorbehalte wie Abs. 2. Analog zu Abs. 2 ist die Vorschrift so auszulegen, dass Vorbehalte im Frachtbrief die Beweiswirkung durchbrechen.[17] Die rechtzeitige Reklamation äußerlich nicht erkennbarer Schäden bewirkt weder für den Zeitpunkt der Übernahme noch für den Zeitpunkt der Ablieferung eine Vermutung dafür, dass das Gut bereits beschädigt war, aber auch nicht dafür, dass es unbeschädigt war. Die Frage unterliegt der freien Beweiswürdigung des Gerichts.[18]

II. Die Vermutung nach Abs. 2

1. Mit Gründen versehene Vorbehalte

6   Ohne begründete Vorbehalte im Frachtbrief statuiert Art. 9 Abs. 2 CMR die Beweisvermutung, dass der Frachtführer das Gut samt Verpackung in äußerlich gutem Zustand, in der richtigen Anzahl und mit den richtigen Zeichen und Nummern versehen vom Absender übernommen hat.[19] Zur Notwendigkeit der Begründung eines Vorbehalts und seiner Wirkung auch ohne Begründung s. Art. 8 Rdn. 22 ff. In Frankreich wird aus dem Fehlen eines konkreten Vorbehalts geschlossen, dass auch der Inhalt der Frachtstücke richtig und zutreffend angegeben ist[20] (s. unten Rdn. 11). Für Außenstehende nachvollziehbare konkretisierte

---

14 *Helm*, VersR 1988, 548, 551.
15 OLG Hamm, 18.10.1984 – 18 U 175/82, TranspR 1985, 107, 110.
16 *Herber/Piper*, Art. 9 Rdn. 10.
17 *Koller*, Art. 9 CMR Rdn. 2.
18 *Loewe*, ETR 1976, 503, 541; Art. 30 Rdn. 25, 55 ff.; gegen die strengere französische Rechtsprechung, die die Vermutung bejaht und dem Frachtführer sogleich die Beweislast für das Vorhandensein des Schadens bei Übernahme auferlegt, Staub/*Helm*, Art. 9 CMR Rdn. 24.
19 Ebenso *Ruitinga*, in: Theunis, S. 52; Gh 's-Hertogenbosch, 15.11.2011, HD 200.016.198, SES 2012, 66, Rechtspraak.nl, obiter dictum.
20 Dazu Länderbericht Frankreich.

Vorbehalte („34 Emballage beschädigt. Sehr schwache Verpackung. Markierung schlecht leserlich") bedürfen keiner weiteren Begründung.[21]

Der Anspruchsteller im Rechtsstreit über einen internationalen Straßengütertransport kann die Beweisvermutung durch andere zulässige Beweismittel entkräften.[22] Es widerspräche internationalen, vereinheitlichten Rechtsregeln, die Eintragungen im Frachtbrief für unwiderlegbar zu halten.[23]

Trägt eine Vertragspartei in den Frachtbrief einen Vorbehalt zu einem nicht in Art. 8 Abs. 1 CMR genannten Vertragselement ein, gilt zwar keine Beweisvermutung nach Art. 9 Abs. 2 CMR, aber der Urheber wird sich meistens daran festhalten lassen müssen.[24]

2. Bis zum Beweis des Gegenteils

Die Formulierung macht deutlich, dass es sich um eine Beweislastregel handelt. Ohne begründete Vorbehalte gilt die Beweisvermutung, aber nur bis zum Beweis des Gegenteils. Der Frachtführer wird also im eigenen Interesse zur Erleichterung seiner Beweislage Vorbehalte eintragen und, wo erforderlich, begründen (s. Art. 8 Rdn. 22 ff.). Nicht alle begründeten Vorbehalte muss der Absender ausdrücklich anerkennen, damit sie wirksam sind und die Beweisvermutung entkräften, s. dazu Art. 8 Rdn. 26 ff.

7

a) Gut und Verpackung

Die Beweisvermutung erfasst den Zeitpunkt der Übergabe als den Beginn der Obhutshaftung des Frachtführers. Es gibt keine Vermutung für die Ablieferung in äußerlich gutem Zustand.[25]

8

b) Äußerlich guter Zustand

Diese Beweisvermutung kann nur so weit gehen, wie äußere Mängel an Gut oder Verpackung bei einer Untersuchung feststellbar gewesen wären, die den Rahmen des Art. 8 CMR einhielt, also die jeweils geforderte Evidenzprüfung[26] (s. Art. 8 Rdn. 11 ff.). Sind besondere Instrumente zur Feststellung des Zustandes erforder-

9

---

21 OLG Düsseldorf, 24.9.1992 – 18 U 28/92, TranspR 1993, 54, 55.
22 Staub/*Helm*, Art. 9 CMR Rdn. 4.
23 *Pesce*, S. 142.
24 *Ruitinga*, in: Theunis, S. 51.
25 *Loewe*, ETR 1976, 503, 541.
26 Staub/*Helm*, Art. 9 CMR Rdn. 22; *ders.*, VersR 1988, 548, 551; *Lenz*, Rdn. 224; *Piper*, TranspR 1990, 357, 360 „ohne Öffnen der Verpackung"; ebenso *Jesser*, S. 57.

Art. 9 Abschluss und Ausführung des Beförderungsvertrages

lich, greift die Beweisvermutung auch ohne Vorbehalte des Frachtführers nicht ein.[27]

10 Der Frachtführer kann den konkreten Gegenbeweis führen, dass das Gut bei Übernahme bereits schadhaft war, selbst wenn er den erforderlichen Vorbehalt nicht eingetragen hat; der Kläger kann sich dann nicht auf die Vermutung des Art. 9 Abs. 2 CMR stützen.[28] Die Anforderungen an den Gegenbeweis sollten nicht allzu streng sein, hier spielt der Gesichtspunkt eine Rolle, dass der Frachtführer nicht die gleichen Warenkenntnisse haben kann wie der Absender.[29]

Streiten die Parteien über den Zeitpunkt des Schadenseintritts, hat der Anspruchsteller trotz der Beweisvermutung nach Art. 9 Abs. 2 CMR konkret zu beweisen, dass der Frachtführer das Gut unbeschädigt übernommen hat.[30]

11 Anders die französische Rechtsprechung: Da der Frachtführer nach dem nationalen Recht immer berechtigt ist, den Inhalt der Frachtstücke zu prüfen, wird aus dem Fehlen eines Vorbehalts im Frachtbrief geschlossen, dass auch das Gut selbst bei der Übernahme intakt war,[31] selbst wenn der Frachtführer nachweist, dass er aus tatsächlichen Gründen keine Möglichkeit der Überprüfung hatte.[32] *Lutz*[33] verweist hierzu auf die Hauptpflicht des Frachtführers aus dem Transportvertrag, nämlich das Gut, das mangels Vorbehalt seitens des Frachtführers als unversehrt übernommen zu gelten habe, ebenso unversehrt dem Empfänger abzuliefern. Gegen diese Vermutung wirkt nur ein begründeter Vorbehalt des Frachtführers. Da sich die Beweisvermutung des Art. 9 Abs. 2 CMR nur auf die Obliegenheiten des Frachtführers nach Art. 8 CMR bezieht, gibt es keine Vermutung für ordnungsgemäße Beladung und Verstauung.[34]

c) Anzahl, Zeichen und Nummern der Frachtstücke

12 Macht der Frachtführer keine begründeten Vorbehalte, gilt die Vermutung des Art. 9 Abs. 2 CMR auch hinsichtlich der Anzahl der übernommenen Frachtstücke, selbst wenn der Frachtführer nachweist, dass er aus objektiven Gründen we-

---

27 OLG Düsseldorf, 4.3.1982 – 18 U 197/81, VersR 1982, 1202, feuchter Kohlengrus; der Feuchtigkeitsgehalt wurde als innere Eigenschaft, nicht äußerer Zustand des Gutes bewertet; strenger *Clarke*, para. 25b(iii) „if time and equipment are available".
28 OLG Düsseldorf, 7.2.1974 – 18 U 37/73, VersR 1975, 638; OLG Hamm, 8.2.1982 – 18 U 165/81, TranspR 1985, 187, Nässeschaden an Baumwollballen im Open-top-Container.
29 OLG Schleswig, 30.8.1978 – 9 U 29/78, VersR 1979, 141, 142, ungenügende Vorkühlung bei Fleischtransport.
30 BGH, 8.6.1988 – I ZR 149/86, TranspR 1988, 370 = VersR 1988, 952, 953; *Piper*, TranspR 1990, 357, 361.
31 Cour d'appel Rouen, 1.3.2012 RG n° 11/01448, IDIT N° 41478; Cour d'appel Versaille, 27.10.2005 n° 04-3248; Cass. 28.9.2004, Bull.transp. 2004, 668, sämtlich zit. nach IDIT.
32 *Piper*, TranspR 1990, 357, 361.
33 TranspR 1991, 6, 7.
34 *Herber/Piper*, Art. 9 Rdn. 13; *Koller*, Art. 9 CMR Rdn. 3; MünchKommHGB/*Jesser-Huß*, Art. 9 CMR Rdn. 10; *Boesche*, in: EBJS, Art. 9 CMR Rdn. 4; *Clarke*, para. 25a; differenzierend je nach Einzelfall, ob ein Beladungs- oder Stauungsfehler offensichtlich war oder nicht, *Ruitinga*, in: Theunis, S. 49.

der die Anzahl noch Zeichen, Nummern, Verpackung und äußeren Zustand von Gut und Verpackung überprüfen konnte.[35] Verhindern die Umstände eine Überprüfung, muss dies in einem begründeten Vorbehalt festgehalten werden.[36] Die Beweiskraft der wider besseres Wissen erteilten Quittung, denn das ist der Frachtbrief hinsichtlich der Anzahl der Frachtstücke (oben Rdn. 3), folgt aus dem allgemeinen Schuldrecht.[37] Dies kann auch nicht über § 242 BGB korrigiert werden, da das Einheitsrecht des Übereinkommens vorgeht.[38] Aber selbst bei Verletzung der dem Frachtführer gem. Art. 8 CMR obliegenden Prüfungspflichten steht dem Frachtführer der Antritt des Gegenbeweises i.S.d. Art. 9 CMR frei.[39]

Der Gegenbeweis, dass er tatsächlich weniger als quittiert übernommen hat, steht dem Frachtführer offen; der Hinweis auf Verplombung durch den iranischen Zoll genügt aber nicht als Beweis, dass eine geringere Menge geladen wurde, als im Frachtbrief eingetragen ist.[40] **13**

Die Beweisvermutung gilt nur für die Anzahl der Frachtstücke, nicht für die anders angegebene Menge oder das Gewicht[41] (s. auch Art. 9 CMR Rdn. 4). Hat der Absender aber von seinem Recht nach Art. 8 Abs. 3 CMR Gebrauch gemacht und vom Frachtführer die Überprüfung gefordert, und ist das Ergebnis im Frachtbrief eingetragen, gilt Art. 9 CMR analog[42] (vgl. auch Art. 8 Rdn. 34ff.). Teilweise wird das vom Frachtführer eingetragene Ergebnis, das mit den Absenderangaben übereinstimmt, für beide Parteien für verbindlich und nicht mehr dem Gegenbeweis zugänglich angesehen,[43] gerade weil die Entschädigungssumme im Schadensfall nach festgestelltem Gewicht berechnet wird. Dennoch dürfte dies bei ergänzender Anwendung deutschen Rechts zu weit gehen, s. Art. 8 Rdn. 35. **14**

---

35 *Piper*, TranspR 1990, 357, 360; *Heuer*, VersR 1988, 312, 314.
36 *Piper*, TranspR 1990, 357, 360.
37 *Heuer*, VersR 1988, 312, 314.
38 *Koller*, Art. 9 CMR Rdn. 3.
39 OGH Wien, 3.7.1985 – 3 Ob 547/85, TranspR 1987, 374, 377 = ZVR 1986/97.
40 OLG Hamburg, 27.8.1981 – 16 U 68/81, TranspR 1985, 184.
41 *Loewe*, ETR 1976, 503, 540; *Koller*, Art. 8 CMR Rdn. 10.
42 *Koller*, Art. 8 CMR Rdn. 10; *Herber/Piper*, Art. 9 Rdn. 14; *Helm*, VersR 1988, 549, 551, verweist auf die allgemeinen Regeln des Urkundsbeweises.
43 Z.B. *Pesce*, S. 143; *Ruitinga*, in: Theunis, S. 51.

Art. 10

bearbeitet von RA Dr. Jürgen Temme, Düsseldorf

Der Absender haftet dem Frachtführer für alle durch die mangelhafte Verpackung des Gutes verursachten Schäden an Personen, am Betriebsmaterial und an anderen Gütern sowie für alle durch mangelhafte Verpackung verursachten Kosten, es sei denn, daß der Mangel offensichtlich oder dem Frachtführer bei der Übernahme des Gutes bekannt war und er diesbezüglich keine Vorbehalte gemacht hat.

Literatur: *Fischer*, Ergänzung der CMR durch unvereinheitlichtes deutsches Recht nach der Transportrechtsreform, TranspR 1999, 261; *Froeb*, Die Haftung für Beschaffenheitsschäden im Transportrecht, 1991; *Koller*, Die Unzulänglichkeit der Verpackung im Transport- und Transportversicherungsrecht, VersR 1993, 519 (im Folgenden „Verpackung" abgekürzt); *Koller*, Zum Begriff des Schadens und der Kausalität im Recht der CMR, VersR 1994, 384; *Zapp*, Rechtsprobleme im Zusammenhang mit der Verpackung in der CMR und im deutschen Handelsgesetzbuch, TranspR 2004, 333.

Übersicht

	Rdn.		Rdn.
I. Allgemeines	1	VII. Kausalität und Analogieverbot	29
II. Mangelhafte Verpackung	4	VIII. Umfang der Schadensersatzpflicht	31
III. Geschützte Rechtsgüter	14	IX. Ausnahmen	35
1. Personen	15	1. Offensichtlicher Mangel	36
2. Betriebsmaterial	18	2. Kenntnis des Mangels ohne Vorbehalt	39
3. Andere Güter von Dritten	21		
IV. Kosten	23	X. Beweisfragen	44
V. Aktiv- und Passivlegitimation	24		
VI. Verhältnis des Art. 10 CMR zur Frachtführerhaftung	27		

I. Allgemeines

1 Art. 10 CMR normiert eine Gewährhaftung des Absenders.[1] Der Absender haftet ohne Verschulden für Schäden, die aufgrund mangelhafter Verpackung entstanden sind. Der Wortlaut des Art. 10 CMR fasst den Schutzbereich weit. Geschützt sind Schäden an Personen, am Betriebsmaterial und anderen Gütern.

2 Art. 10, 2. Halbsatz CMR schränkt die Absenderhaftung ein. Der Absender haftet nicht, wenn der Verpackungsmangel offensichtlich war (vgl. dazu unten Rdn. 36–38), denn hier scheint der Frachtführer nicht schützenswert. Das Gleiche gilt, wenn der Mangel der Verpackung dem Frachtführer bekannt war

---

1 Zum Begriff der Gewährhaftung vgl. Art. 17 CMR Rdn. 13.

und er trotzdem keinen Vorbehalt in den Frachtbrief aufgenommen hat. Diese zweite Alternative des zweiten Halbsatzes dient hauptsächlich der Regelung der Beweislast und ist in Verbindung mit Art. 9 CMR zu sehen. Die Worte „es sei denn" legen dem Absender die Beweislast auf, falls er sich trotz mangelhafter Verpackung auf den Haftungsausschluss berufen will.[2]

Art. 10 CMR gilt nur für Schäden, die sich aufgrund mangelhafter Verpackung ereignet haben.[3] Auf das Gut kommt es nicht an! Schäden, die sich aufgrund mangelhafter Verladung oder Verstauung am selbst Gut ereignet haben, werden von Art. 10 CMR nicht erfasst und können auch nicht analog erfasst werden (vgl. dazu unten Rdn. 29). Den Absender trifft aus Art. 10 CMR eine vertragliche Haftung gegenüber dem Frachtführer als Vertragspartner. Art. 10 CMR lässt Ansprüche Dritter, seien es vertrags- oder vertragsähnliche Ansprüche oder deliktische Ansprüche gegen den Absender, unberührt.   **3**

Kommt nach den IPR-Regeln die Anwendbarkeit deutschen nationalen Rechts in Betracht, kann sich Frage der Mitverursachung und/oder des Mitverschuldens nach § 414 Abs. 2 HGB richten. § 414 Abs. 1 Satz 2 und Abs. 3 HGB sind aber unanwendbar, da diese Anwendung gegen Art. 41 CMR verstoßen würde.   **3a**

II. Mangelhafte Verpackung

Nach der *ratio* des Art. 10 CMR soll der Absender für Mängel der Verpackung haften, weil der Absender als Warenfachmann die physikalisch-chemischen Eigenschaften seines Gutes kennt bzw. ihm eine Kenntnisnahme zugemutet werden kann.[4] Deshalb verfügt der Absender auch über die Informationen, die zum Schutz des Gutes notwendig sind. Ein Bezugspunkt für die Bewertung der Verpackung als mangelhaft fehlt jedoch.[5] Es ist aber zu vermuten,[6] dass die CMR den Bezug bewusst offen gelassen hat, um die Antwort auf die Frage der Mangelhaftigkeit sowohl den tatrichterlichen Feststellungen als auch den Regeln nach dem jeweiligen Stand der Technik zu überlassen. Soweit für das transportierte Gut technische Regeln gelten, sind die sich daraus ergebenden Verpackungsvorschriften einschlägig.   **4**

Schwierig ist die Relativität des speziellen Verpackungsschutzes zu behandeln, denn es kommt auf das Zusammenspiel der einzelnen Faktoren wie Gut, Fahrzeug, Strecke, Witterung, Jahreszeit und Transportdauer an. Unerheblich ist, ob die Güter in handelsüblicher Art und Weise verpackt wurden. Entscheidend ist vielmehr allein, ob das Gut seiner Beschaffenheit nach für die beabsichtigte Be-   **5**

---

2 Im Einzelnen vgl. unten Rdn. 44f.
3 OLG Düsseldorf, 4.3.1982 – 18 U 197/81, VersR 1982, 1202f. = RIW 1984, 234, 235.
4 *Koller*, VersR 1992, 519, 520.
5 Vgl. auch Art. 17 CMR Rdn. 102–110.
6 Die Denkschrift, BT-Drucks. III/1144, schweigt hierzu.

Art. 10 Abschluss und Ausführung des Beförderungsvertrages

förderung einer Verpackung bedarf oder nicht.[7] Dieses Erfordernis ist ausschließlich nach objektiven Gesichtspunkten zu prüfen und zu entscheiden.[8] *Koller* meint, es komme darauf an, dass das Gut den Einwirkungen standzuhalten vermag, die bei einem vertragsgerecht durchgeführten Transport üblicherweise zu erwarten seien; Maßstab sei hierbei nicht irgendein Transport, was richtig ist, sondern die konkret in Aussicht gestellte Beförderung über die vertragsgemäße Strecke in der vertragsgemäßen Zeit.[9] Diese Sichtweise ist aber zu eng, da der Absender die Verpackung auch so einrichten muss, dass sie sämtlichen Beförderungs- und Ablieferungshindernissen, die bei einem grenzüberschreitenden Transport mit einem LKW entstehen können, standhält.

6 Auch die Mangelhaftigkeit der Verpackung kann nur an der Erforderlichkeit der Verpackung gemessen werden.[10] Zu folgen ist der Differenzierung von *Willenberg*,[11] der folgende Verpackungserfordernisse aufstellt:

Das Gut bedarf regelmäßig dann einer Verpackung, wenn es

1. entweder nur im verpackten Zustand befördert werden kann oder
2. seiner Beschaffenheit nach in unverpacktem Zustand bei der Durchführung des Transportes Beschädigungen ausgesetzt ist oder
3. infolge seiner Beschaffenheit bei der Beförderung in unverpacktem Zustand andere beigeladene Güter, Personen oder Betriebsmittel gefährdet.[12]

7 Bedürfen die Güter einerseits ihrer Beschaffenheit nach und andererseits im Hinblick auf die gewählte Transportart einer Verpackung, so muss diese vom Absender sicher vorgenommen werden, also so, dass die eigene Transportgefährdung und auch die Gefährdung anderer Güter ausgeschlossen werden. Art und Umfang der sicheren Verpackung richten sich dabei nicht etwa nach Verkehrs- und Handelsüblichkeit, sondern allein nach den Erfordernissen der vereinbarten Beförderung.[13] Der Absender hat beim Verpacken den typischen Erschütterungen, Fliehkräften in engen Kurven, Notbremsungen, Hitze und Kälte Rechnung zu tragen, die bei einem Transport entstehen können.[14] Andererseits kann der Frachtführer sich auch nicht auf mangelnde Verpackung berufen, wenn der Transport mit einem Spezialfahrzeug vereinbart worden ist, das eine Verpackung ganz oder teilweise überflüssig macht.[15]

---

7 *Helm*, in: Großkomm. HGB, Art. 10 CMR Rdn. 12.
8 BGH, 19.11.1959 – II ZR 78/58, BGHZ 31, 183 = NJW 1960, 337 = VersR 1960, 30 = VRS 18, 109 (zu § 18 KVO); BGH, 18.3.1971 – II ZR 78/69, VersR 1971, 1056 = NJW 1971, 1363; *Willenberg*, § 18 KVO Rdn. 7; einschränkend insoweit *Helm*, in: Großkomm. HGB, § 18 KVO Rdn. 4.
9 VersR 1993, 519.
10 Vgl. Art. 17 CMR Rdn. 127 ff.
11 Zu § 18 KVO Rdn. 3; so nun auch *Otte*, in: Ferrari/Kieninger/Mankowski et al., Art. 10 CMR Rdn. 4.
12 So ausdrücklich § 62 Abs. 1 EVO.
13 BGH, 18.3.1971 – II ZR 78/69, VersR 1971, 1056 = NJW 1971, 1363; Kammergericht, 13.3.1980 – 2 U 4303/79, VersR 1980, 948; *Willenberg*, § 18 KVO Rdn. 10, *Froeb*, S. 56.
14 Vgl. *Bischof*, Anmerkung zum OLG Hamburg, 25.5.1980 – 6 U 137/80, VersR 1981, 539.
15 Vgl. BGH, 4.2.1955 – I ZR 105/53, NJW 1955, 625, 628; *Koller*, Art. 17 CMR Rdn. 37.

8 Sicher ist die Verpackung, wenn sie vor den natürlichen Einwirkungen des Straßengüterverkehrs hinreichenden Schutz bietet, also auch vor den Erschütterungen infolge besonders schlechter Straßenverhältnisse,[16] vor den Folgen besonders harter Bremsstöße, die im heutigen Straßenverkehr nicht vermeidbar sind, sowie vor den Auswirkungen der Fliehkraft auf das Frachtgut beim Durchfahren von Kurven.[17] Besonders druckempfindliche Güter hat der Absender so zu verpacken, dass diese auch schlechte Wegstrecken ohne Beschädigungen überstehen können. Dagegen kann der Absender nicht verlangen, dass der Unternehmer mit Rücksicht auf die übermäßige Empfindlichkeit des Gutes besonders vorsichtig oder langsam fährt oder besonders schlechte Straßen meidet, es sei denn, dies ist ausdrücklich vereinbart worden.[18] Schließlich muss der Absender, wenn nach der beabsichtigten Beförderung mehrfache Umladung des Gutes erforderlich wird, diesen Umstand auch bei der Verpackung berücksichtigen.[19] Zu einer ordnungsgemäßen Verpackung gehört auch die Sicherung und Befestigung von Einzelpackstücken auf der Palette[20] oder im Container.[21] Der Container ist sowohl Verpackungs- oder Packmittel als auch Beförderungsgut.[22] Weist der Container selber Mängel auf, kommt es darauf an, ob er vom Absender gestellt wird oder vom Frachtführer.[23] Werden Güter im Container nicht genügend befestigt, so dass sie gegeneinander stoßen, so liegt eine mangelhafte Verpackung der Güter vor.[24]

9 Zu einfach wäre es, auf die Verkehrssitte abzustellen. Dann würden sich in der Praxis Mängel aufgrund einer qualitativ immer weniger geeigneten Verpackung einschleichen und das Schadensrisiko zu Lasten der Frachtführer verschieben. Deshalb kommt es auch richtigerweise nicht darauf an, ob der Wert des Gutes die erforderliche Verpackung lohnt oder nicht.[25]

10 *Koller* will bei den Anforderungen an die Verpackungsqualität differenzieren, ob im Einzelfall spezielle Abreden über den Transport getroffen wurden, ob Informationen des Frachtführers über die Transportabwicklung vorlagen, ob es sich um einen von ihm sog. Normaltransport handelt oder gar außergewöhnliche Transportverhältnisse vorliegen.[26] Richtig ist, dass im Fall, in dem z.B. der Einsatz eines luftgefederten Fahrzeuges vereinbart wird, der Absender die Verpa-

---

16 *Bischof*, Anmerkung zum OLG Hamburg, 25.5.1980 – 6 U 137/80, VersR 1981, 593.
17 OLG Celle, 18.4.1987 – 12 U 178/74, VersR 1977, 911; *Willenberg*, § 18 KVO Rdn. 11.
18 *Willenberg*, § 18 KVO Rdn. 11; *Koller*, § 18 KVO Rdn. 2; a.A. OLG Düsseldorf, 29.11.1979 – 18 U 127/79, VersR 1980, 276.
19 OLG Düsseldorf, 27.10.1983 – 18 U 34/83, TranspR 1984, 109; *Willenberg*, § 18 KVO Rdn. 11, 12; *Koller*, Art. 17 CMR Rdn. 27.
20 *Boesche*, in: EBJS, Art. 10 CMR Rdn. 1.
21 *Helm*, in: Großkomm. HGB, Art. 10 Rdn. 9 m.w.N.
22 Vgl. zur Differenzierung OLG Hamburg, 2.5.1985, TranspR 1985, 398, 500 = VersR 1986, 865 f.; OLG Hamburg, 10.7.1997, TranspR 1998, 243 ff.
23 *Thume*, Haftungsprobleme bei Containerverkehr, TranspR 1991, 41, 46.
24 BGH, 18.3.1971 – II ZR 78/69, VersR 1971, 1056 = NJW 1971, 1363.
25 *Willenberg*, § 18 KVO Rdn. 8; *Koller*, § 18 KVO Rdn. 2.
26 *Koller*, VersR 1993, 519, 521.

ckung auch nur für diesen Fahrzeugtyp ausrichten muss. Mit der zwingenden[27] Geltung des Art. 10 CMR ist es jedoch nicht vereinbar, dass der Absender seine Anstrengungen für die normalerweise notwendige Verpackung vernachlässigt, falls ihn der Frachtführer darüber informiert, dass z.B. die Alpenpässe nicht verschneit sind. Trotzdem muss der Absender sein Gut derart verpacken, dass es auch im Fall eines Schneeeinbruchs in den Alpen den klimatischen Verhältnissen entsprechend verpackt ist und notfalls auch eine längere Standzeit aushält. Die Informationen des Frachtführers können nicht zu einer Veränderung der zwingenden Risiko- und Haftungsverteilung innerhalb der CMR führen. Schließlich muss die Verpackung auch außergewöhnlichen Transportverhältnissen standhalten, wie z.B. tiefen Schlaglöchern auf osteuropäischen Straßen; Maßstab sind nicht mitteleuropäische Straßenverhältnisse.[28]

11 Als Mindestanforderung wird man allgemein verlangen können, dass Güter derart verpackt sind, dass sie auch bei ungewöhnlichen Lade-, Fahrt-, Umlade- und Abladevorgängen, die in Zusammenhang mit dem Transport mit Straßenfahrzeugen stehen, aber auch bei ungewöhnlichen Wartezeiten, in keiner Weise durch die Verpackung hindurch austreten oder sonst wie nach außen wirken können. Anders formuliert, die Verpackung muss sämtliche Emissionen des Gutes, seien sie physikalischer, chemischer oder biologischer Art, auch bei ungewöhnlichen Umständen, die beim Transport durch Straßenfahrzeuge auftreten können, verhindern.[29] Unter ungewöhnlichen Vorgängen, Wartezeiten oder Umständen sind Belastungen auf das Gut zu verstehen, die über das normale Maß der Belastung eines grenzüberschreitenden Straßengütertransports hinausgehen. Die Verpackung braucht jedoch, vorbehaltlich spezieller Verpackungsvorschriften (wie denen des Gefahrgutrechtes), keinen umfassenden Schutz bei Lade-, Fahrt-, Umlade- oder Abladeunfällen zu gewähren. Zur Abgrenzung kann auf die Definition des Unfalls als ein plötzliches, von außen einwirkendes Ereignis[30] zurückgegriffen werden. Hierunter fallen im Wesentlichen die Transportmittelunfälle oder die Unfälle im Betrieb des Frachtführers.

12 In jedem Fall sind die speziellen Verpackungsvorschriften des Gefahrgutrechtes einzuhalten. Zwar regelt Art. 22 CMR die Haftung des Absender für Schäden, die sich aufgrund gefährlicher Güter ereignen, die Haftung des Art. 22 CMR greift allerdings nur ein, wenn der Absender den Frachtführer über die Gefährlichkeit des Gutes im Unklaren lässt. Ordnungsgemäß gekennzeichnete gefährliche Güter können aber trotzdem mangelhaft verpackt sein. Im grenzüberschreitenden Verkehr gilt das „Europäische Übereinkommen über die internationale Beförderung gefährlicher Güter auf der Straße (ADR) vom 30.9.1957".[31] Zusätz-

---

27 Vgl. Art. 41 CMR.
28 *Koller*, VersR 1993, 519, 522.
29 So auch *Zapp*, TranspR 2004, 333, 337; folgend *Otte*, in: Ferrari/Kieninger/Mankowski et al., Art. 10 CMR Rdn. 6.
30 *Schmid*, TranspR 2000, 72 ff.; *Kilian*, TranspR 2003, 177, 179.
31 Seit dem 29.7.1968 in Kraft und von der Bundesrepublik Deutschland ratifiziert (BGBl. 1969 II, S. 1489 mit den Anlagen A und B).

lich haben deutsche Frachtführer für Transporte, die auch teilweise in Deutschland durchgeführt werden, die aufgrund des Gefahrgutgesetzes[32] erlassene Gefahrgutverordnung Straße (GGVS)[33] im Rahmen des § 1 Abs. 4 GGVS zu beachten.

Der Absender haftet aber auch, wenn die Güter von Dritten für ihn verpackt werden. Auch in diesen Fällen kommt es auf ein Verschulden des Absenders oder des Dritten nicht an. Die Haftung aus Art. 10 CMR ist daher vergleichbar mit der Haftung des Absenders aus §§ 425, 411 HGB. 13

Für Einzelfälle zum Thema Verpackungsmängel vgl. Art. 17 CMR Rdn. 137 ff.

III. Geschützte Rechtsgüter

Nach Art. 10 CMR haftet der Absender dem Frachtführer für Schäden, die aufgrund mangelhafter Verpackung an Personen, am Betriebsmaterial und an anderen Gütern verursacht werden, sowie für Kosten.[34] 14

1. Personen

Art. 10 CMR spricht von Personen, ohne den Personenkreis zu beschreiben. Art. 10 CMR erfasst alle Personen, die durch die mangelhafte Verpackung des Absenders geschädigt werden. Es ist also nicht nur die Person des Frachtführers gemeint. 15

Für die Anwendung des Art. 10 CMR ist nicht erforderlich, dass die Beförderung bereits begonnen oder der Frachtführer die Güter bereits zur Beförderung übernommen hat. Es genügt, wenn die Güter bestimmungsgemäß zur grenzüberschreitenden Beförderung dem Frachtführer zur Beladung oder Übernahme angeboten werden. Geschützt sind also alle Personen, die Schäden aufgrund mangelhafter Verpackung von Gütern erleiden, die zum grenzüberschreitenden Transport mit Straßenfahrzeugen bestimmt sind oder den Transport bereits angetreten haben. Denn die Haftung kann bereits eintreten, wenn Personen beim Ladevorgang geschädigt werden. Dies kann bei Ladungsgut auch vor Übernahme der Güter liegen, wenn z. B. Mitarbeiter des Absenders das Gut verladen, die Verpackung bricht, reißt oder leckt und der Fahrer durch Verpackung oder Gut verletzt wird. 16

Geschützt sind aber auch alle anderen Personen, die mit den transportierten Gütern zusammenkommen. Zu denken ist in erster Linie an andere Absender, die Güter beiladen, oder Empfänger, die die für sie bestimmten Güter abladen und durch die mangelhafte Verpackung der Güter des haftenden Absenders verletzt 17

---

32 GGVS, 6.8.1975, BGBl. I, S. 2121.
33 GGVS, 22.7.1985, BGBl. I, S. 1550.
34 Vgl. hierzu die Definition „Schaden" unten Rdn. 31, 33.

Art. 10 Abschluss und Ausführung des Beförderungsvertrages

werden. Voraussetzung ist allerdings, dass diese Personen Schadensersatzansprüche gegen den Frachtführer geltend machen können. Art. 10 CMR bezieht aber auch die übrigen Verkehrsteilnehmer in seinen Schutzbereich mit ein, wenn diese Verkehrsteilnehmer Ansprüche gegen den Frachtführer geltend machen und nunmehr der Frachtführer Regress beim Absender nehmen muss.[35] Treten Flüssigkeiten während der Fahrt aus, die z. B. die Straßenverhältnisse verändern, und verunfallen dadurch andere Verkehrsteilnehmer, so haftet (nach dem Frachtführer) hierfür auch der Absender. Gleiches ist denkbar bei staubenden Gütern, die durch den Fahrtwind aus ihren Transportbehältnissen geweht werden und nachfolgenden Verkehrsteilnehmern die Sicht nehmen. Derartige Fälle sind entgegen der Ansicht von *Zapp*[36] nicht mit dem Deliktsrecht zu lösen, weil der Absender nicht immer schuldhaft gegenüber geschädigten Dritten handelt.

2. Betriebsmaterial

18 Mit Betriebsmaterial meint Art. 10 CMR Sachen des Frachtführers, die dieser zum Betrieb seines Transportunternehmens einsetzt. Dazu gehören in erster Linie die Fahrzeuge, aber auch Hilfsaggregate wie eventuell vorhandene Hebebühnen, Kräne, Pumpen und Rohrleitungen bei Tankwagen sowie Kühlaggregate bei Kühlfahrzeugen. Man wird aber auch sowohl Lademittel wie Paletten oder Container als auch nicht mitreisende Ladehilfsmittel wie stationäre Kräne und Gabelstapler hinzuzählen können.[37]

19 Unklar erscheint zunächst, ob stationäre Anlagen wie Umschlaganlagen und Lagerhallen mit umfasst sind. Man wird hier vernünftigerweise dahingehend differenzieren müssen, ob zum bestimmungsgemäßen Transport auch ein Umschlag der Güter oder eine Überlagernahme aus der Sicht eines ordentlichen Frachtführers erforderlich war. Die Lade- oder Umschlagtätigkeit des Frachtführers war erforderlich, wenn entweder der Frachtführer zur Tätigkeit vertraglich[38] oder nach allg. Ansicht aufgrund besonderer Umstände des Einzelfalles,[39] wie z.B. bei Stückgut, verpflichtet war. In jedem Fall muss aber der Frachtführer das Gut in seiner Obhut gehabt haben. Somit erstreckt sich der Schutzbereich der Art. 10 CMR nicht nur auf mobile Sachen des Frachtführers. Denn nach dem Schutzzweck der Norm soll der Frachtführer auch dann anspruchsberechtigt sein, wenn das Fass Säure bereits beim erforderlichen Umschlag in der Halle leck schlug und nicht erst auf dem Lastkraftwagen.

20 Das Betriebsmaterial des Frachtführers muss aber nicht in dessen Eigentum stehen,[40] denn die international geltende CMR konnte sich nicht auf nationale

---

35 *Boesche*, in: EBJS, Art. 10 CMR Rdn. 3.
36 *Zapp*, TranspR 2004, 333, 338.
37 Insgesamt zustimmend *Zapp*, TranspR 2004, 333, 338.
38 Vgl. unten Art. 17 CMR Rdn. 31 ff.
39 Vgl. unten Art. 17 Rdn. 38 ff.
40 Vgl. *Helm*, in: Großkomm. HGB, Art. 10 CMR Rdn. 1; *Otte*, in: Ferrari/Kieninger/Mankowski et al., Art. 10 CMR Rdn. 14.

Rechtsbegriffe wie Eigentum oder Besitz festlegen. Die Zugehörigkeit des Betriebsmaterials ist also aus wirtschaftlicher Sicht zu beurteilen. *Helm* lässt daher auch konsequenterweise den Schadensersatzanspruch des Frachtführers zu, wenn von ihm gemietetes Gerät, das also dem Vermieter gehört, aber als Betriebsmaterial einzuordnen ist, beschädigt wird.[41] Ebenso bleibt der Frachtführer anspruchsberechtigt, wenn er Betriebsmittel geleast oder sicherungsübereignet hat. Die jeweiligen Eigentümer dieser Sachen haben außerhalb der CMR Ansprüche gegen den Absender aus unerlaubter Handlung.

3. Andere Güter von Dritten

Mit „anderen Gütern" meint Art. 10 CMR Transportgüter, die Dritten gehören.[42] Unter Güter sind also nur Sachen zu verstehen, die Dritte dem Frachtführer übergeben haben und die in der Obhut des Frachtführers durch Emissionen des Gutes des Absenders Schaden erlitten haben. Art. 10 CMR schützt z.B. keine Sachen des Empfängers, auch wenn diese aufgrund von Verpackungsmängeln beschädigt werden. Schlägt also das Fass Säure beim Empfänger nach Ablieferung leck und schädigt nun dessen Lagerhalle, so haftet der Absender nicht nach Art. 10 CMR, sondern nach dem national anwendbaren Deliktsrecht.

21

Nicht erforderlich ist eine Substanzbeeinträchtigung. Es reicht aus, wenn Güter Dritter durch übel riechende Substanzen des Absenders nicht mehr im Verkehr uneingeschränkt akzeptiert werden.[43] Auch elektrische oder elektromagnetisch empfindliche Güter, wie z.B. Computer oder Disketten, werden durch elektrische Aufladung anderer Güter, z.B. metallische Güter, gestört und verändert und somit beschädigt.

22

IV. Kosten

Der Absender haftet aber auch für die Kosten, die durch eine mangelhafte Verpackung entstehen.[44] Kosten sind in der Praxis meist gleichbedeutend mit Schäden. Kosten sind aber auch die Aufwendungen, die der Frachtführer tätigt, um z.B. unterwegs das Gut neu verpacken zu lassen.[45] Unter Kosten fallen aber auch die Reinigungskosten und der für solche Reparaturarbeiten benötigte Zeitaufwand,[46] insbes. Standgelder.[47]

23

---

41 Vgl. *Helm*, in: Großkomm. HGB, Art. 10 CMR Rdn. 1.
42 *Helm*, in: Großkomm. HGB, Art. 10 CMR Rdn. 17.
43 OLG Karlsruhe, 25.2.1999 – 9 U 108/96, TranspR 1999, 149.
44 *Boesche*, in: EBJS, Art. 10 CMR Rdn. 3.
45 Vgl. *Helm*, in: Großkomm. HGB, Art. 10 CMR Rdn. 19; *Koller*, Art. 10 Rdn. 3.
46 *Glöckner*, Art. 10 Rdn. 6.
47 *Herber/Piper*, Art. 10 CMR Rdn. 19.

V. Aktiv- und Passivlegitimation

24 Hinsichtlich der selbst erlittenen Schäden ist der Frachtführer aktivlegitimiert. Erleiden Dritte, also Personen, die nicht am Beförderungsvertrag beteiligt sind, Schäden, so kann der Frachtführer diese Schäden bei Vorliegen der Voraussetzungen im Wege der Drittschadensliquidation geltend machen.[48] *Helm* lässt darüber hinaus ohne Begründung auch den Schadensersatzanspruch des Frachtführers gegen den Absender zu, wenn der Frachtführer gegenüber Dritten nicht schadensersatzpflichtig ist.[49] Dies erscheint allerdings nur gerechtfertigt, wenn der Frachtführer ein wirtschaftliches Interesse daran hat, die Schadensersatzleistung dem Dritten zukommen zu lassen.[50]

25 Der Frachtführer hat aber auch die Möglichkeit, den Anspruch aus dem Beförderungsvertrag an den Geschädigten abzutreten, denn Art. 10 CMR entfaltet ausdrücklich drittschützende Wirkung.

26 Passivlegitimiert ist nur der Absender. Hierunter ist der Vertragspartner des Frachtführers, also der Auftraggeber zu verstehen.[51] Absender i.S.d. Art. 10 CMR ist also auch der Hauptfrachtführer gegenüber dem Unterfrachtführer. Deshalb kann der Frachtführer aus Art. 10 CMR keine Ansprüche gegen denjenigen geltend machen, der im Auftrag des Absenders das Gut mangelhaft verpackt.[52] Denn Art. 3 CMR gilt für den Frachtführer, nicht aber für den Absender. Hier kommen nur deliktische Ansprüche in Betracht.

VI. Verhältnis des Art. 10 CMR zur Frachtführerhaftung

27 *Zapp* bezeichnet Art. 10 CMR als konkrete Ausprägung des Instituts des Rechtsmissbrauchs in der CMR.[53] Nach Art. 10 CMR haftet der Absender nur dann nicht für Verpackungsmängel, wenn der Mangel offensichtlich oder dem Frachtführer bei der Übernahme bekannt ist. Art. 10 CMR steht in direktem Zusammenhang mit dem Haftungsausschlusstatbestand des Art. 17 Abs. 4 lit. b) CMR, wonach den Frachtführer keine Gewährhaftung trifft, wenn die Beschädigung des Gutes auf einem Verpackungsmangel beruht. Wenn der Absender für eine mangelhafte Verpackung nach Art. 10 CMR haftet, kann der Frachtführer nicht

---

48 Vgl. Art. 17 Rdn. 11 ff.; *Koller*, Transportrecht, Art. 10 Rdn. 4; *Glöckner*, Art. 10 Rdn. 4.
49 Vgl. *Helm*, in: Großkomm. HGB, Art. 10 CMR Rdn. 1.
50 So nun auch *Koller*, Transportrecht, Art. 10 CMR Rdn. 4 unter Verweis auf § 415 HGB Rdn. 15.
51 OLG Hamburg, 15.3.1984 – 6 U 17/84, TranspR 1984, 191; *Helm* weist daraufhin, dass dies häufig der Spediteur als Auftraggeber des Frachtführers ist, Großkomm., Art. 10 CMR Rdn. 12.
52 *Helm*, in: Großkomm. HGB, Art. 10 CMR Rdn. 14.
53 Vgl. *Zapp*, Vertraglich begründete Übertragungspflichten und Art. 41 CMR, TranspR 1991, 371, 372f.

für Schäden am Gut in Anspruch genommen werden, die auf eben dieser mangelhaften Verpackung beruhen. Im Verhältnis Absender – Frachtführer ist das klar.

Eine andere Frage ist, ob der Frachtführer für Schäden an Gütern Dritter selbst gem. Art. 17 CMR haftet, wenn diese durch mangelhafte Verpackung des beigeladenen Gutes des Absenders i.S.d. Art. 10 CMR beschädigt werden. Diese Frage muss man bejahen. Ein Haftungsausschlussgrund i.S.d. Art. 17, insbes. Abs. 4 lit. b) CMR liegt gerade nicht vor, denn nicht die Verpackung des beschädigten Gutes des Dritten war mangelhaft, sondern die Verpackung des Gutes des Absenders i.S.d. Art. 10 CMR. Der geschädigte Dritte kann also vom Frachtführer Schadensersatz gem. Art. 17ff. CMR verlangen. Der Frachtführer kann, falls er nicht vorher im Wege der Drittschadensliquidation tätig war, nunmehr Schadensersatz nach Art. 10 CMR beim Absender suchen. **28**

VII. Kausalität und Analogieverbot

Der Absender haftet nur, wenn der Verpackungsmangel kausal zum Schaden geführt hat. Zur Beurteilung der Kausalität muss auf die nationalen Grundsätze der Kausallehre zurückgegriffen werden, denn die CMR lässt die Frage nach der Kausalität unbeantwortet.[54] Je nach anwendbarem nationalen, materiellen oder formellen Recht kann diese Frage unterschiedlich zu beantworten sein. Gerichte in Deutschland werden die Kausalität im Rahmen der Adäquanzlehre[55] beurteilen und die gefundenen Ergebnisse ggf. durch die Regeln über den Schutzzweck der Norm korrigieren[56] und somit die haftungsbegründende Kausalität feststellen, denn die mangelhafte Verpackung begründet bei Art. 10 CMR die Haftung des Absenders. **29**

Eine analoge Anwendung des Art. 10 CMR auf mangelhafte Verladung wird abgelehnt.[57] Es wird vielmehr auf die Anwendung des nationalen Rechts verwiesen.[58] In Deutschland richtet sich also die Haftung des Absenders ergänzend nach § 414 HGB und nach § 645 BGB. Auch Schäden, die allein durch Mängel des Gutes verursacht werden, können nicht analog Art. 10 CMR geltend gemacht werden.[59] **30**

---

54 *Koller*, VersR 1994, 384.
55 Vgl. *Koller*, Transportrecht, § 414 HGB Rdn. 18.
56 Vgl. Palandt/*Grüneberg*, Vor § 249 Rdn. 29ff.
57 OGH Wien, 2.4.1982 – 7 Ob 526/82, TranspR 1984, 151; OGH Wien, 18.12.1984 – 2 Ob 515/84, TranspR 1986, 372; *Helm*, in: Großkomm. HGB, Art. 10 CMR Rdn. 2; *Koller*, Art. 10 CMR Rdn. 1.
58 OGH Wien, 18.12.1984 – 2 Ob 515/84.
59 OLG Düsseldorf, 4.3.1982 – 18 U 197/81, RIW 1984, 234, 235 = VersR 1982, 1202f.; *Koller*, Art. 10 CMR Rdn. 1.

VIII. Umfang der Schadensersatzpflicht

31 Der Absender haftet verschuldensunabhängig[60] und in der Höhe unbeschränkt für die aufgrund mangelhafter Verpackung entstandenen Schäden. Eine Begrenzung kann sich jedoch aus national anwendbarem Recht ergeben, denn die CMR lässt in Art. 10 den Begriff des Schadens offen.[61] In Deutschland wird die Höhe des Schadens zum einen eingeschränkt durch die Grundsätze über die haftungsausfüllende Kausalität,[62] zum anderen begrenzen oder erweitern die §§ 249 ff. BGB die Haftung des Absenders. Neben oder anstatt der Haftung aus Art. 10 CMR kann den Absender aber auch eine außervertragliche Haftung treffen, wenn dies das national anwendbare Recht dies zulässt; Art. 28 CMR steht dem hier nicht entgegen.[63] Die Frage des Mitverschuldens wird umfangreich von *Helm* diskutiert, der jedoch im Ergebnis zu Recht eine analoge Anwendung des Art. 17 Abs. 5 CMR verneint.[64]

32 Grundsätzlich hat der Geschädigte Anspruch auf Naturalrestitution. Die Schadensersatzregelung durch Geld, wie sie für die Art. 23 ff. CMR eigentümlich ist, gilt für Art. 10 CMR nicht. Dies ergibt sich auch aus Art. 10 CMR selbst, denn Art. 10 CMR differenziert ausdrücklich zwischen Schäden und Kosten. Aus dieser Differenzierung folgt jedoch nicht, dass Vermögensfolgeschäden ausgeschlossen seien. Aus der Sicht des Frachtführers sind Frachtausfälle Folgeschäden und damit zu ersetzen. Erzielt der Dritte nicht einen über dem Warenwert liegenden Kaufpreis, weil sein Gut aufgrund mangelhafter Verpackung des Absenders i.S.d. Art. 10 CMR beschädigt wurde, so muss dieser Schaden, der Vermögensfolgeschaden ist, ebenfalls ersetzt werden.

33 Art. 10 CMR lässt aber die Frage offen, ob (nur) Vermögensfolgeschäden oder darüber hinaus auch immaterielle Schäden ersetzt verlangt werden können. Diese Lücke ist, wie von *Koller* vorgeschlagen, durch den Rückgriff auf das nationale Recht zu schließen.[65] Zu denken ist hierbei an § 253 BGB, der jedoch bei immateriellen Schäden Schadensersatz nur in den besonders gesetzlich geregelten Fällen gewährt, in denen ausdrücklich eine billige Entschädigung in Geld zugesprochen wird. Hierzu gehört Art. 10 CMR, obwohl nationales Privatrecht, nicht. Im angloamerikanischen Rechtskreis würden jedoch auch immaterielle Schäden zu ersetzen sein, insbes. sog. *punitive damages*, was bei CMR-Transporten mit Roll-on-Roll-off-Fähren im Nordatlantikverkehr[66] zu beachten wäre.

---

60 *Boesche*, in: EBJS, Art. 10 CMR Rdn. 4.
61 *Koller*, VersR 1994, 384.
62 Vgl. dazu Palandt/*Grüneberg*, Vor § 249 Rdn. 24.
63 *Herber/Piper*, Art. 10 CMR Rdn. 24.
64 *Helm*, in: Großkomm. HGB, Art. 10 CMR Rdn. 16 m.w.N.
65 Vgl. *Koller*, Art. 10 CMR Rdn. 3.
66 Vgl. dazu Art. 2 Rdn. 103 ff.

Eine Verzinsung nach Art. 27 CMR kommt nicht in Frage, weil Art. 27 CMR 34
ausschließlich nur von Ansprüchen gegen den Frachtführer spricht.[67] Die Verzinsung richtet sich vielmehr nach ergänzend anwendbarem nationalem Recht.

IX. Ausnahmen

Der Absender haftet nicht, wenn der Mangel offensichtlich oder dem Frachtführer bei der Übernahme des Gutes bekannt war und er diesbezüglich keine Vorbehalte gemacht hat. Diese Regelung steht im Zusammenhang mit Art. 8 CMR, der dem Frachtführer eine Reihe von Überprüfungspflichten auferlegt. Dazu gehört gem. Art. 8 Abs. 1 lit. b) CMR auch die Überprüfung des äußeren Zustands des Gutes und seiner Verpackung. 35

1. Offensichtlicher Mangel

Der Frachtführer hat von sich aus die Verpackung bei Übernahme zum Transport zu überprüfen. *Huther* spricht zu Recht von einer Überprüfungsobliegenheit, falsch wäre die Annahme einer Überprüfungspflicht.[68] Aus dem Merkmal „offensichtlich" folgt jedoch, dass die grundsätzliche Haftung des Absenders bestehen bleibt, da dieser die Verpackung i.d.R. selbst vorgenommen hat. Aber auch wenn der Absender die Verpackung von Dritten vornehmen lässt, ändert sich hieran nichts. Der Frachtführer kann sich also mit einer summarischen Überprüfung der Verpackung zufrieden geben. Offensichtlich bedeutet, dass der Mangel evident oder auch bereits mit geringster Sorgfalt entdeckt werden konnte. 36

Unterlässt der Frachtführer eine detaillierte Untersuchung der Verpackung, ist dies für ihn im Rahmen des Art. 10 CMR grundsätzlich unschädlich. Entstehen aber Schäden aufgrund von Verpackungsmängeln, die für einen ordentlichen Frachtführer bei pflichtgemäßer Überprüfung i.S.d. Art. 8 CMR offensichtlich gewesen wären, so ist die Haftung des Absenders erloschen. 37

Der Frachtführer kann die Offensichtlichkeit jedoch nicht damit leugnen, dass er die Verpackung nicht in Augenschein genommen hat, etwa weil der Fahrer bei der Beladung durch den Absender sein Führerhaus überhaupt nicht verlassen hat.[69] 38

2. Kenntnis des Mangels ohne Vorbehalt

Als selbstverständlich erscheint die Regelung der letzten Alternative des Art. 10 CMR. Wusste der Frachtführer, dass die Sendung mangelhaft verpackt war, und 39

---

67 Vgl. *Fischer*, CMR-Beförderungsvertrag und Zinsanspruch, TranspR 1991, 324.
68 *Boesche*, in: EBJS, Art. 10 CMR Rdn. 5.
69 Vgl. auch Art. 8 Rdn. 1 ff.

Art. 10 Abschluss und Ausführung des Beförderungsvertrages

hat er trotzdem keinen Vorbehalt in den CMR-Frachtbrief aufgenommen, so kann er sich auf eine Haftung des Absenders nicht berufen. Diese Regelung stellt den Einklang mit Art. 9 Abs. 2 und auf Art. 9 CMR sicher. Denn auch danach wird bis zum Beweis des Gegenteils vermutet, dass für den Fall, dass keine Vorbehalte im Frachtbrief eingetragen sind, das Gut und seine Verpackung bei der Übernahme durch den Frachtführer äußerlich in gutem Zustand waren.

40 Beachtenswert ist jedoch der Unterschied zwischen der Vermutung des Art. 9 Abs. 2 CMR, der von äußerlich gutem Zustand der Verpackung spricht, und dem allgemein gehaltenen Begriff der mangelhaften Verpackung i. S. d. Art. 10 CMR. Hieraus können sich durchaus Differenzierungen im Einzelfall ergeben. So besteht kein Widerspruch darin, dass ein äußerlich einwandfreies Fass von innen bei Übernahme fast durchgerostet sein kann. Umgekehrt gesagt bedeutet dies, dass vom Schadensbild her nicht unbedingt auf den Zustand zum Zeitpunkt der Übernahme geschlossen werden kann. Kannte der Frachtführer jedoch den Rostfraß, haftet der Absender nicht, auch wenn kein Vorbehalt im Frachtbrief eingetragen und die Verpackung im äußerlich guten Zustand war.

41 Streitig ist, ob die Vorbehalte schriftlich im Frachtbrief fixiert werden müssen. *Helm*[70] vertritt die Ansicht, dass die Vorbehalte nicht unbedingt schriftlicher Art und auch nicht im Frachtbrief eingetragen sein müssten. Ihm ist Recht zu geben, dass bei der Schaffung von Formalien Vorsicht geboten ist. *Precht/Endrigkeit*[71] und *Loewe*[72] verweisen jedoch auf Art. 8 Abs. 2 und auf Art. 9 CMR. Dies erscheint angesichts der Tatsache, dass Art. 10 CMR im Gesetzestext unmittelbar Art. 9 CMR folgt und dort Vorbehalte definiert werden, als folgerichtig. Art. 9 CMR spricht von „mit Gründen versehenen Vorbehalten". Auch Art. 8 Abs. 2 CMR spricht davon. Art. 10 CMR wiederholt den Begriff Vorbehalte. Nach teleologischer Auslegung gelangt man zu dem Ergebnis, dass die CMR damit den gleichen Begriff meint.[73] Das bedeutet, dass der Haftungsausschluss bereits greift, wenn der Frachtführer den Mangel kannte und keine schriftlichen Vorbehalte existieren. Dies zu beweisen ist für den Absender schwierig genug. Dem Absender kann nicht auferlegt werden, eine negative Tatsache, die nicht dokumentiert ist, beweisen zu müssen. Voraussetzung für den Haftungsausschluss ist jedoch, dass überhaupt kein Vorbehalt erklärt wurde, nicht nur kein schriftlicher. Die Schriftlichkeit des Vorbehalts dient der Beweiserleichterung zugunsten des Absenders. Das bedeutet jedoch nicht, dass die Haftung des Absenders unwiderlegbar ausgeschlossen ist, wenn dem Frachtführer der Mangel der Verpackung bekannt war, er aber z. B. mündlich einen Vorbehalt erklärte.

42 Denn die Auslegung des Art. 10 CMR im Licht der Art. 8 und 9 CMR kann nur so weit tragen, wie dies auch Art. 8 und 9 CMR tun. Beide stellen lediglich Sollvorschriften dar und regeln, was gilt, wenn die Sollvorschrift nicht eingehalten

---

70 *Helm*, in: Großkomm. HGB, Art. 10 CMR Rdn. 3.
71 Rdn. 3 zur Art. 10.
72 ETR 1976, 502, 542.
73 Im Ergebnis auch *Koller*, Art. 10 Rdn. 4.

wird.⁷⁴ Ebenso ist Art. 10 CMR zu verstehen. Die Haftung des Absenders „soll" ausgeschlossen sein, wenn kein schriftlicher Vorbehalt, „muss" es aber nicht, wenn ein Vorbehalt anderer Art existiert.

Setzt man die Vorbehalte in Art. 10 CMR mit denen in Art. 9 CMR gleich, muss dies auch für die Widerlegbarkeit der Fiktion des Art. 9 CMR gelten. Gelingt es tatsächlich dem Absender, den Fahrer zu überreden, einen Vorbehalt im Frachtbrief zu unterlassen, kann der Frachtführer immer noch die Beweisvermutung der Richtigkeit und Vollständigkeit des Frachtbriefes, der keinen schriftlichen Vorbehalt enthält, durch den Beweis des Gegenteils entkräften. Dann würde es ausreichen, wenn der Fahrer den vorbezeichneten Umstand bezeugt, um die Beweisvermutung des Art. 9 Abs. 2 CMR, auf die sich letztlich der Absender bei Art. 10 letzte Alternative CMR beruft, zu erschüttern und den Regelzustand des Art. 10 CMR wiederherzustellen. Der Absender kann sich also auf den Haftungsausschluss berufen, wenn ein schriftlicher Vorbehalt fehlt. Dem Frachtführer steht es jedoch frei zu beweisen, den Vorbehalt anders erklärt zu haben. **43**

X. Beweisfragen

Beansprucht der Frachtführer die Haftung des Absenders, so muss der Frachtführer die mangelhafte Verpackung, die Kausalität zwischen Verpackungsmangel und Schaden sowie den Schaden beweisen.⁷⁵ Auf ein Verschulden des Absenders kommt es nicht an. Wurde ein Frachtbrief ausgestellt, so enthält Art. 9 Abs. 2 CMR auch zu Lasten Dritter die Vermutung, dass die Verpackung äußerlich in gutem Zustand war. Der „reine" Frachtbrief ist lediglich Indiz im Hinblick auf den äußerlichen Zustand der Verpackung.⁷⁶ Der Frachtführer hat dann auch den Vorbehalt zu beweisen.⁷⁷ **44**

Will der Absender einen Anspruch des Frachtführers abwenden, so muss er beweisen, dass der Mangel der Verpackung offensichtlich war.⁷⁸ Er kann ebenso versuchen zu beweisen, dass der Frachtführer den Mangel kannte und trotzdem keine schriftlichen Vorbehalte in den Frachtbrief eintrug.⁷⁹ Demgegenüber kann der Frachtführer beweisen, dass Vorbehalte gegenüber dem Absender erklärt wurden, egal in welcher Form.⁸⁰ **45**

---

74 Vgl. dazu oben Art. 8 Rdn. 1 und Art. 9 Rdn. 3 ff.
75 Baumgärtel/*Giemulla*, Art. 10 CMR Rdn. 1.
76 *Lyon*, BullT 1992, 166.
77 Vgl. *Koller*, Art. 10 Rdn. 5; Baumgärtel/*Giemulla*, Art. 10 CMR Rdn. 2.
78 *Koller*, Art. 10 Rdn. 5.
79 Baumgärtel/*Giemulla*, Art. 10 CMR Rdn. 1.
80 *Helm*, in: Großkomm. HGB, Art. 10 CMR Rdn. 23.

Art. 11

bearbeitet von RA Dr. Jürgen Temme, Düsseldorf

1. Der Absender hat dem Frachtbrief die Urkunden beizugeben, die für die vor der Ablieferung des Gutes zu erledigenden Zoll- oder sonstige amtliche Behandlung notwendig sind, oder diese Urkunden dem Frachtführer zur Verfügung zu stellen und diesem alle erforderlichen Auskünfte zu erteilen.

2. Der Frachtführer ist nicht verpflichtet zu prüfen, ob diese Urkunden und Auskünfte richtig und ausreichend sind. Der Absender haftet dem Frachtführer für alle aus dem Fehlen, der Unvollständigkeit oder Unrichtigkeit der Urkunden und Angaben entstehenden Schäden, es sei denn, daß den Frachtführer ein Verschulden trifft.

3. Der Frachtführer haftet wie ein Kommissionär für die Folgen des Verlustes oder der unrichtigen Verwendung der im Frachtbrief bezeichneten und diesem beigegebenen oder dem Frachtführer ausgehändigten Urkunden; er hat jedoch keinen höheren Schadensersatz zu leisten als bei Verlust des Gutes.

Übersicht

	Rdn.		Rdn.
I. **Allgemeines**	1	3. Verhältnis des Art. 11 Abs. 2 CMR zu Art. 17 CMR	21
II. **Für den Transport notwendige Urkunden**	3	4. Ausschluss der Haftung des Absenders bei Verschulden des Frachtführers	22
Exkurs: Nützliche Urkunden	8	a) Verschulden des Frachtführers	23
Exkurs: Nützliche Urkunden und Lieferfristüberschreitung	9	b) Mitverschulden	24
III. **Für den Transport erforderliche Auskünfte**	10	V. **Haftung des Frachtführers nach Abs. 3**	25
IV. **Haftung des Absenders**	13	VI. **Beweisfragen**	30
1. Haftungstatbestände	13		
2. Umfang der Schadensersatzpflicht	16		

I. Allgemeines

1 Art. 11 CMR statuiert eine verschuldensunabhängige Gewährhaftung[1] des Absenders ebenso wie Art. 10 CMR. Denn die erfolgreiche Abwicklung eines grenzüberschreitenden Transports ist, auch wenn im europäischen Binnenmarkt vereinfacht, von der erfolgreichen Abwicklung der zoll- und allgemein polizeirechtlichen Voraussetzungen abhängig. Das Fehlen von notwendigen Urkunden

---

1 Vgl. Art. 17 Rdn. 13.

kann den Grenzübertritt zumindest erschweren, in vielen Fällen unmöglich machen.

Die CMR musste daher die Verantwortlichkeit für die papiermäßige Grenzabfertigung klären. Die CMR hat dies konsequent von dem Standpunkt aus getan, dass der Absender sein Gut kennt und auch weiß, welche Urkunden für den Export und/oder Import bzw. Transit bei Durchgangsstaaten erforderlich sind. Hingegen wird dem Frachtführer zugebilligt, auf die Angaben des Absenders vertrauen zu dürfen, da er die spezifischen Erfordernisse für die Grenzabfertigung des von ihm transportierten Gutes nicht kennen muss. Denn der Frachtführer ist gerade kein Spediteur.[2]

II. Für den Transport notwendige Urkunden

Art. 11 Abs. 1 CMR legt dem Absender die Pflicht auf, dem Frachtbrief die Urkunden beizugeben, die für die zu erledigenden Zoll- oder sonstige amtliche Behandlung vor der Ablieferung des Gutes notwendig, also erforderlich sind.[3] Gemeint sind damit sämtliche Urkunden, die die beteiligten Hoheitsträger beim grenzüberschreitenden Transport zur Voraussetzung des Grenzübertritts gemacht haben.[4] Hierzu gehören neben den Zollpapieren die Warenbegleitpapiere sowie eventuell erforderliche Genehmigungen nach dem Außenwirtschaftsgesetz oder den Außenwirtschaftsordnungen der beteiligten Länder. Handelt es sich um Gefahrgut, sind auch die notwendigen Gefahrgutpapiere beizufügen.[5] Irrelevant ist, ob im Einzelfall die Vorlage der Urkunden nicht verlangt wird. Eine lockere Verwaltungspraxis des einen oder anderen am Grenzübertritt beteiligten Hoheitsträgers kann den Absender für den Fall, dass beim fraglichen Transport die Voraussetzungen exakt geprüft werden, nicht entlasten. Der Absender muss dem Frachtführer die Urkunden rechtzeitig zur Verfügung stellen. Rechtzeitig bedeutet, dass ein ordentlicher Frachtführer die Urkunden fristgerecht im Verwaltungsverfahren vorzulegen vermag.[6]

Die Notwendigkeit der Urkunden ist zu beurteilen aus dem Blickwinkel der grenzüberschreitenden Beförderung i.S.d. Art. 1 CMR. Gemeint sind also nicht Urkunden, die erst am Ankunftsort nach Ablieferung erforderlich sind, oder Urkunden, die vor Übernahme der Sendung benötigt werden, um überhaupt den Export der Güter zu ermöglichen. Sind derartige Urkunden jedoch zur Kontrolle während des Transportes mitzuführen, so handelt es sich wiederum um notwendige Urkunden i.S.d. Art. 11 CMR. Hierzu gehören nicht nur Verzollungspapie-

---
2 Vgl. hierzu unten Rdn. 22.
3 *Helm*, in: Großkomm. HGB, Art. 11 CMR Rdn. 2 m.w.N.
4 Vgl. *Heuer*, Haftung, S. 148.
5 Vgl. im Einzelnen Art. 22 Rdn. 25 ff.
6 OLG Köln, 26.8.1994, RIW 1995, 248.

Art. 11 Abschluss und Ausführung des Beförderungsvertrages

re, sondern z. B. beim Transport von Frischfleisch auch die Genusstauglichkeitsbescheinigung des amtlichen Veterinärs.[7]

5   Der Absender muss bei der Ermittlung der Notwendigkeit berücksichtigen, dass der Frachtführer grundsätzlich in der Ausführung seines Auftrages frei ist, falls der Absender dem Frachtführer keine bestimmte Route vorgegeben hat. Der Absender muss also damit rechnen, dass der Frachtführer unter mehreren gleichermaßen möglichen Routen frei wählt. Der Absender muss daher den Frachtführer mit Urkunden ausstatten, die es dem Frachtführer erlauben, die eine oder andere Route zu fahren. Es liegt in der Hand des Absenders, bei Auftragsvergabe dieses Risiko einzuschränken. Der Absender muss jedoch nicht mit Routen rechnen, die unter ordentlichen Frachtführern völlig unüblich sind oder weite Umwege beinhalten. Im Fall der Beiladung muss der Absender nicht die theoretisch denkbaren Routen berücksichtigen, die sich aus dem beigeladenen Gut ergeben.

6   Anders ist es, wenn der Absender die Weisung erteilt, z. B. eine Grenzabfertigung an einem bestimmten Grenzübergang vorzunehmen, weil dem dort ansässigen Zollspediteur die notwendigen Verzollungspapiere bereits vorliegen. Fährt der Frachtführer trotzdem ohne rechtfertigenden Grund einen anderen Grenzübergang an und kann dort mangels Papieren die Fahrt nicht fortsetzen, so hat der Frachtführer keinen Anspruch mehr nach Art. 11 CMR gegen den Absender. Denn der Frachtvertrag ist durch wirksame Weisung i. S. d. Art. 12 CMR derart konkretisiert, dass zur Erfüllung dieses Frachtvertrages notwendige Urkunden nicht fehlten. Vielmehr verwendet der Frachtführer die ihm avisierten Urkunden nicht in der ihm angewiesenen Art und haftet daher gem. Art. 11 Abs. 3 CMR.

7   Problematisch ist das Verhältnis der Absenderhaftung aus Art. 11 CMR zur Aufklärungspflicht des Frachtführers vor Vertragsschluss aus *culpa in contrahendo* bzw. nach Vertragsschluss aus positiver Vertragsverletzung, wenn der Frachtführer z. B. weiß, dass in speziellen Regionen bestimmte Papiere erforderlich sind. Nach dem Wortlaut des Art. 11 CMR fällt die Mitgabe der Papiere in den Verantwortungsbereich des Absenders. Trotzdem hat der Frachtführer die Pflicht, den Absender auf derartige Besonderheiten hinzuweisen. Hilft der Frachtführer dem Absender bei der Erledigung der Zollpapiere, ohne ausdrücklich mit der Erledigung beauftragt zu sein, bleibt es trotzdem bei der Verantwortung des Absenders für die Richtigkeit der mitgegebenen Papiere.[8]

Exkurs: Nützliche Urkunden

8   Der Absender haftet nicht für den Fall, dass er versäumt hat, dem Frachtführer *nützliche* Urkunden, die den Grenzübertritt beschleunigen können, beigegeben zu haben.[9] Gibt also der Absender dem Frachtführer kein T-Dokument mit, das sinnvollerweise bereits im Binnenland ausgestellt werden kann, und ist der

---

7 Vgl. OLG Schleswig, 30.8.1978 – 9 U 29/78, VersR 1979, 141, 142.
8 OLG Koblenz, 21.5.1982 – 2 U 847/81, TranspR 1985, 127, 128.
9 *Boesche*, in: EBJS, Art. 11 CMR Rdn. 2.

Frachtführer daher gezwungen, das T-Dokument von einem Zollspediteur an der Grenze eröffnen zu lassen, kann der Frachtführer den Absender für den Zeitverlust an der Grenze nicht haftbar machen.

Exkurs: Nützliche Urkunden und Lieferfristüberschreitung

Umgekehrt kann der Absender auch keinen Anspruch auf Schadensersatz wegen Überschreitung einer vereinbarten Lieferfrist geltend machen, wenn er dem Frachtführer nützliche Urkunden nicht mitgegeben hat, der Frachtführer jedoch aufgrund von Vereinbarungen oder der Üblichkeit bei sorgfältiger Disposition davon ausgehen konnte, der Absender werde dem Transport die nützlichen Papiere mitgeben. Von Art. 11 CMR werden diese Fälle nicht erfasst. Tritt also in dem zuvor beschriebenen Beispiel beim Grenzübertritt eine Zeitverzögerung nur deshalb ein, weil der Frachtführer nur über die notwendigen, nicht aber über die nützlichen Urkunden verfügte, und beruht die Lieferfristüberschreitung also allein auf diesem Umstand, so wird man eine Haftung des Frachtführers für die Lieferfristüberschreitung verneinen. Denn wenn die Parteien eine Lieferfrist vereinbart haben, die ohne nützliche Dokumente objektiv nicht bewältigt werden kann, so ist die Vereinbarung nach § 306 BGB nichtig.[10] § 306 BGB ist deshalb anwendbar, weil sich die Frage, ob ein wirksamer Beförderungsvertrag zustande gekommen ist, nach nationalem Recht richtet.[11] Haben die Parteien keine Lieferfrist vereinbart, so richtet sich die Haftung des Frachtführers gem. Art. 19 CMR nach der tatsächlichen Beförderungsdauer unter Berücksichtigung der Umstände. Zu den Umständen ist dann zu zählen, dass die nützlichen Papiere nicht beigegeben waren (vgl. zur Angemessenheit der Transportdauer Art. 19 Rdn. 17).

9

III. Für den Transport erforderliche Auskünfte

Art. 11 CMR statuiert darüber hinaus eine Informationspflicht des Absenders gegenüber dem Frachtführer. Der Frachtführer hat also Anspruch auf Erteilung sämtlicher, für den grenzüberschreitenden Transport erforderlicher Informationen, die das Gut betreffen. Die Frage der Erforderlichkeit ist im gleichen Maße zu beurteilen wie bei den Urkunden zuvor. Hinzu kommt, dass der Frachtführer über Art. 11 CMR Anspruch auf Information sämtlicher Umstände hat, die für den Transport relevant sind.

10

So kann der Frachtführer Informationen über den Inhalt verpackter Sendungen verlangen, da er ständig in der Gefahr schwebt, Konterbande über die Grenze zu befördern. Ebenso kann der Frachtführer verlangen, über die Frische der von ihm zu befördernden verderblichen Güter informiert zu werden, um seine Vorsorgemaßnahmen darauf abstimmen zu können.

11

---

10 Vgl. im Einzelnen Art. 19 Rdn. 14; im Ergebnis ebenso *Koller*, Art. 19 Rdn. 4.
11 Vgl. Anh. I Rdn. 1 ff., 8 ff.

12 Als Annex zum Informationsanspruch des Frachtführers ist eine diesbezügliche Geheimhaltungspflicht des Frachtführers zu bejahen. Der Frachtführer darf also nur Hoheitsträgern und dann auch nur die erforderlichen Informationen weitergeben. Besondere Bedeutung hat die Geheimhaltungspflicht des Frachtführers bei Lieferung von „neutraler Ware". Der Absender als Verkäufer hat oftmals ein erhebliches kaufmännisches Interesse daran, dass der Empfänger nicht die Herkunft oder den Hersteller der Sendung kennen lernt, weil der Empfänger ansonsten demnächst dort einkauft. Weist also der Absender den Frachtführer an, die Lieferscheine des Verladers auf dem Transportweg zum Empfänger gegen die Lieferscheine des Verkäufers und frachtbriefmäßigen Absenders auszutauschen, haftet der Frachtführer aus positiver Vertragsverletzung für den Schaden, falls diese Weisung nicht beachtet wird.

IV. Haftung des Absenders

1. Haftungstatbestände

13 Art. 11 Abs. 2 CMR legt dem Absender eine verschuldensunabhängige Haftung für alle Schäden auf, die aus dem Fehlen, der Unvollständigkeit oder Unrichtigkeit der Urkunden und, so der deutsche Wortlaut, Angaben entstehen.[12]

14 *Helm* hat überzeugend nachgewiesen, dass die Übersetzung des gem. Art. 51 CMR allein maßgeblichen englischen und französischen Textes in die deutsche Fassung im Fall des Art. 11 Abs. 1 CMR nur unvollkommen gelungen ist. Während der englische Originaltext von Haftung für „absence, inadequacy or irregularity of such documents or information" spricht und damit Bezug auf Art. 11 Abs. 1 CMR nimmt, wo ebenfalls der Ausdruck „information" benutzt wird, differiert die deutsche Fassung in Art. 11 Abs. 1 CMR, wo von „Auskünfte" gesprochen wird, gegenüber dem Art. 11 Abs. 2 CMR, wo im deutschen Text das Wort „Angaben" steht. Auch in der französischen Fassung des Art. 11 Abs. 2 CMR ist von „de ces documents et renseignements" die Rede, womit ebenfalls auf die gleichlautende französische Formulierung in Art. 11 Abs. 1 CMR Bezug genommen wird. *Helm* ist daher Recht zu geben, dass unter „Angaben" in Art. 11 Abs. 2 CMR „Auskünfte" i.S.d. Art. 11 Abs. 1 CMR zu verstehen sind.[13]

15 Das Fehlen, die Unvollständigkeit oder Unrichtigkeit der Urkunden oder Auskünfte muss kausal für den Schaden sein. Zum Begriff der Kausalität wird auf Art. 10 Rdn. 28 verwiesen. Allerdings haftet der Absender nicht für das Fehlen, die Unvollständigkeit oder die Unrichtigkeit von Urkunden oder Auskünften, die rechtswidrig verlangt werden.[14]

---

12 *Helm*, in: Großkomm. HGB, Art. 11 CMR Rdn. 4 m.w.N.; AG Hamburg-Harburg, TranspR 2007, 967, 968.
13 *Helm*, in: Großkomm. HGB, Art. 11 CMR Rdn. 4.
14 BGH, 30.4.1997 – I ZR 20/95, TranspR 1998, 153, 154.

2. Umfang der Schadensersatzpflicht

Art. 11 Abs. 2 Satz 2 CMR stellt klar, dass der Absender für alle Schäden aus 16
dem Fehlen, der Unvollständigkeit oder Unrichtigkeit von Urkunden und Angaben/Auskünften haftet, es sei denn, den Frachtführer trifft ein Verschulden. Der Absender haftet nach dem Wortlaut des Art. 11 Abs. 2 CMR allgemein für Schäden, so z.B. auch für Wartezeiten, wenn der Absender trotz vertraglich geschuldeter Vorverzollung dem Frachtführer nicht die Warenausfuhrbescheinigung vorlegt.[15] Art. 11 Abs. 2 CMR grenzt die Haftung insoweit nicht ein. Jedoch sind nach Ansicht des BGH[16] die Haftungsbegrenzungsvorschriften des Art. 23 CMR anwendbar.[17] Mangels Verweis des Art. 11 CMR auf die Regelungen der Art. 23 ff. CMR ist jedoch mit der Literatur die Haftung richtigerweise der Höhe nach unbegrenzt.[18] Eine Begrenzung der Haftungshöhe ergibt sich auch nicht aus § 414 HGB.[19] Art. 11 Abs. 2 Satz 1 sagt zwar, dass der Absender dem Frachtführer haftet. Daraus folgt jedoch nicht unbedingt, dass die Schäden dem Frachtführer entstanden sein müssen. Aus dem systematischen Zusammenhang zwischen Art. 11 und Art. 10 CMR kann gefolgert werden, dass auch Art. 11 CMR den Schutz des Dritten beabsichtigte. Der Anspruch kann jedoch nur vom Frachtführer als dem Vertragspartner des Absenders geltend gemacht werden. Weitere Voraussetzung ist, dass der Frachtführer dem Dritten grundsätzlich verantwortlich ist.

Koller meint zwar, dass Schäden Dritter nicht von Art. 11 Abs. 2 CMR erfasst 17
werden, weil diese anders als in Art. 10 CMR nicht erwähnt seien.[20] Dies ist aber eine zu stark am Wortlaut des Gesetzes ausgerichtete Interpretation, die keineswegs zwingend ist. Denn angesichts der Tatsache, dass Art. 10 CMR ausführlich und Art. 11 CMR nur allgemein von Schäden spricht, folgt nicht zwingend, dass Art. 11 CMR gegenüber der Definition der Art. 10 CMR enger gefasst werden sollte. Im Gegenteil: Da Art. 11 CMR nur von „alle ... entstehenden Schäden" spricht, kommen auch Vermögensschäden des Frachtführers in Betracht, und sei es, weil der Frachtführer von Dritten in Anspruch genommen wird.[21]

Der Frachtführer kann den Drittschaden beim Absender i.S.d. Art. 10 CMR in 18
den Fällen liquidieren, in denen Güter Dritter durch mangelhafte Verpackung des Absenders i.S.d. Art. 10 CMR geschädigt werden. Andererseits soll aber nach Ansicht von *Koller* der Absender i.S.d. Art. 11 CMR im Fall der Beiladung von der Haftung für Schäden an Gütern Dritter befreit werden, die durch Wartezeiten beschädigt werden, die allein deshalb verursacht wurden, weil der Absen-

---

15 AG Hamburg-Harburg, TranspR 2007, 967, 968.
16 BGH, 26.6.1997 – I ZR 32/95, VersR 1998, 611.
17 So früher schon OLG Düsseldorf, 23.12.1996 – 18 U 92/96, TranspR 1997, 422.
18 *Herber/Piper*, Art. 11 CMR Rdn. 4; MünchKommHGB/*Jesser-Huß*, Art. 10 CMR Rdn. 4; *Helm*, in: Großkomm. HGB, Art. 11 CMR Rdn. 5; *Koller*, Art. 11 CMR Rdn. 3; *Boesche*, in: EBJS, Art. 11 CMR Rdn. 3.
19 *Helm*, in: Großkomm. HGB, Art. 11 CMR Rdn. 5.
20 *Koller*, Art. 11 CMR Rdn. 3.
21 Dies übersieht *Koller* in seiner Anmerkung in der Rdn. 24 zu Art. 11 CMR.

Art. 11   Abschluss und Ausführung des Beförderungsvertrages

der i. S. d. Art. 11 CMR dem Frachtführer nicht die notwendigen Urkunden mitgegeben hat. Auch bei wörtlicher Anwendung des Art. 11 CMR ist – über Umwege – das Ergebnis das gleiche, wenn der Frachtführer aufgrund der Inanspruchnahme des Dritten einen Schaden zu ersetzen hat, der kausal durch das Fehlen etc. von Urkunden des Absenders i. S. d. Art. 11 CMR entstanden ist und dem Dritten gem. Art. 17 CMR haftet. Diesen Schaden kann er in jedem Fall nun selbst als eigenen Schaden gegenüber dem Absender geltend machen.

19   Das vorgenannte Beispiel zeigt, dass die Risikolage die gleiche ist und eine Beiladung im Fall des Art. 10 CMR die gleiche Schicksalsgemeinschaft bildet wie im Fall des Art. 11 CMR. Der Absender haftet daher gegenüber dem Frachtführer sowohl für die Schäden des Frachtführers als auch für Schäden Dritter.

20   Aber auch hier kann nur der Frachtführer im Wege des Regresses oder der Drittschadensliquidation vorgehen, damit dem Absender die Möglichkeit nicht genommen wird, sich auf den Haftungsausschluss des Art. 11 Abs. 2 Satz 2, letzte Alternative CMR, berufen zu können. Haftet der Absender auf Schadensersatz, so ist Art. 27 CMR nicht anwendbar, da Art. 27 CMR sich nur auf Ansprüche gegen den Frachtführer bezieht. Die Verzinsung richtet sich vielmehr nach ergänzend anwendbarem nationalem Recht.

3. Verhältnis des Art. 11 Abs. 2 CMR zu Art. 17 CMR

21   Da der Absender dem Frachtführer nach Art. 11 Abs. 2 Satz 2 CMR sowohl für Schäden des Frachtführers als auch für Schäden Dritter haftet (vgl. oben Rdn. 13 ff.), ergibt sich auch eine Lösung des Problemverhältnisses zwischen Art. 11 und Art. 17 CMR, wenn aufgrund fehlender Urkunden die transportierten Güter verderben. *Helm, Loewe* und *Heuer* vertreten die Ansicht, dass Art. 11 Abs. 2 Satz 2 CMR einen besonderen Haftungsbefreiungsgrund innerhalb der Haftung nach Art. 17 CMR darstellen.[22] Dem gegenüber vertritt *Koller*[23] die Ansicht, dass sich die Schadensersatzansprüche des Frachtführers aus Art. 11 Abs. 2 Satz 2 CMR grundsätzlich aufrechenbar mit den Schadensersatzansprüchen des Absenders aus Art. 17 CMR gegenüberstehen. *Koller* weist zu Recht darauf hin, dass Art. 17 Abs. 2 CMR den Frachtführer nur von der Haftung im Fall des Verschuldens des Absenders befreit. Hat also der Absender dem Frachtführer unverschuldet keine Urkunden mitgegeben, und kommt es beim Grenzübertritt zur Lieferfristüberschreitung, so haften sowohl der Frachtführer gegenüber dem beiladenden Dritten als auch der Absender gegenüber dem Frachtführer. Dem Anspruch des Absenders aus Art. 17 CMR steht jedoch der *Dolo-petit*-Einwand gegenüber. Der Frachtführer hat deshalb keinen Schaden, mit dem er gegenüber dem Absender insoweit aufrechnen könnte. Die Ansicht von *Loewe*, dass der Absender für Schäden seines eigenen Gutes haftet, „das

---

22   *Helm*, in: Großkomm. HGB, Art. 11 Rdn. 4; *Loewe*, ETR 1976, 502, 542 f.; *Heuer*, Haftung, S. 81 f.
23   Art. 11 Rdn. 3.

heißt, dass der Beförderer von einer solchen Haftung befreit ist", bestätigt die hier vertretene Auffassung, zeigt aber, dass *Loewe* den Fall der Beiladung außer Betracht gelassen hat.[24] Bei der Beiladung fallen geschädigter Dritter und schadensersatzpflichtiger Absender i. S. d. Art. 11 CMR auseinander. Die vorgeschlagene Interpretation des Art. 11 Abs. 2 CMR, dass der Frachtführer auch im Wege der Drittschadenliquidation Schäden geltend machen darf, stellt einen interessengerechten Ausgleich der schutzwürdigen Interessen des geschädigten Dritten und des ohne Verschulden handelnden Frachtführers im Verhältnis zu dem schadenverursachenden Absender i. S. d. Art. 11 CMR dar.

4. Ausschluss der Haftung des Absenders bei Verschulden des Frachtführers

Der Absender haftet nach Art. 11 Abs. 2 Satz 1 CMR letzte Alternative nicht, wenn den Frachtführer ein Verschulden trifft. *Koller* weist zu Recht darauf hin, dass Voraussetzung für das Verschulden des Frachtführers eine pflichtwidrige Handlung ist. Gem. Art. 11 Abs. 2 Satz 1 CMR trifft den Frachtführer jedoch keine Pflicht, Urkunden und Auskünfte des Absenders zu prüfen.[25] Das Unterlassen dieser Prüfung kann daher nicht schuldhaft sein.[26] *Zapp* weist zu Recht darauf hin, dass es auch nicht möglich ist, den Frachtführer vertraglich zu verpflichten, die Dokumente zu prüfen.[27] Dies wäre wegen Art. 41 CMR unwirksam. Das Verschulden des *Frachtführers*, von dem in Art. 11 Abs. 2 Satz 2 letzte Alternative CMR die Rede ist, kann sich daher nur auf andere Pflichtverletzungen des *Frachtführers* als die Überprüfung der Urkunden und Auskünfte beziehen. *Koller*[28] weist demgegenüber darauf hin, dass in dem Fall, in dem der Frachtführer zusätzlich zu seinen Frachtführerpflichten Pflichten eines *Spediteurs* übernimmt, er dann auch neben der CMR nach national anwendbarem Speditionsrecht haften kann. Es muss berücksichtigt werden, dass die meisten Transportunternehmen in der Form sog. Gemischtbetriebe, sowohl eines Spediteur- als auch eines Frachtfuhrbetriebes, geführt werden. Im Wege der Vertragsauslegung ist zu klären, ob sich der Frachtführer verpflichtet hat, die Prüfung der Dokumente und Auskünfte oder gar deren Besorgung als Nebenpflicht zur Beförderung zu übernehmen, oder ob dies als getrennter Auftrag anzusehen ist. In der Regel wird es sich bei Gemischtbetrieben um eine Pflicht aus dem Speditionsvertrag handeln, für die (nach deutscher Sicht) eine Haftung wegen Verletzung der Interessenwahrnehmungspflicht besteht. Richtig ist, dass hierfür weder Art. 11 noch Art. 17 CMR anwendbar ist. Im Ergebnis bleibt festzustellen, dass Art. 41 CMR der Ausdehnung der Frachtführerpflichten entgegensteht, je-

---

24 *Loewe*, ETR 1976, 502, 542 f.
25 *Helm*, in: Großkomm. HGB, Art. 11 CMR Rdn. 3.
26 Vgl. *Koller*, Art. 11 CMR Rdn. 3; *Helm*, in: Großkomm. HGB, Art. 11 CMR Rdn. 5.
27 *Zapp*, Vertraglich begründete Überprüfungspflichten und Art. 41 CMR, TranspR 1991, 371, 373.
28 Art. 11 Rdn. 3.

Art. 11 Abschluss und Ausführung des Beförderungsvertrages

doch die Eingehung zusätzlicher Pflichten aufgrund anderer Verträge möglich ist.

a) Verschulden des Frachtführers

23 Ein Verschulden des Frachtführers liegt z.B. vor, wenn er die Divergenz zwischen Warenbegleit- und Zollpapieren erkennt.[29] *Koller*[30] meint für den Regelfall des Art. 11 CMR, der Frachtführer hafte jedoch nur in den Fällen, in denen er den Mangel der Dokumente bzw. Auskünfte positiv kannte oder der Mangel evident war, da er dann nichts zur Prüfung habe aufwenden müssen und er den Absender nicht mit offenen Augen ins Verderben laufen lassen dürfe. Dies ist sicherlich richtig, jedoch kein dogmatischer Ansatzpunkt. Denn die Beispiele von *Koller* ließen den Schluss zu, dass die Haftung des Absenders aus Art. 11 Abs. 2 Satz 2 nur bei Vorsatz des Frachtführers entfiele.[31] Dafür bietet jedoch Art. 11 Abs. 2 Satz 2 letzte Alternative CMR keinen Anhaltspunkt, da dort nur schlicht von Verschulden die Rede ist und sowohl *wrongful act* als auch *faute* nicht auf Vorsatz beschränkt sind. Der angebliche Widerspruch zwischen Art. 11 Abs. 2 Satz 1 und Satz 2, letzte Alternative CMR, kann nur so gelöst werden, dass sich das Verschulden des Frachtführers auf alle anderen Umstände beziehen muss, die zum Fehlen, der Unvollständigkeit oder Unrichtigkeit der Urkunden und Angaben/Auskünfte geführt haben, nicht jedoch auf die von seiner Seite nicht erforderliche Prüfung. Dabei kann es sich jedoch nur um Fälle handeln, die nicht bereits von Art. 11 Abs. 3 erfasst sind. Beispielsweise verlagert sich die Haftung vom Absender auf den Frachtführer, wenn der Absender den Frachtführer um Auskunft bittet, und der Frachtführer, obwohl er aus dem CMR-Vertrag nicht zur Auskunftserteilung verpflichtet ist, schuldhaft eine falsche Auskunft erteilt. Hierbei handelt es sich nicht um einen Fall des Art. 11 Abs. 3 CMR, aber auch nicht um eine Prüfung i.S.d. Art. 11 Abs. 2 Satz 1 CMR. Denn auch Handeln ohne Prüfung ist schuldhaft, wenn der Frachtführer weiß, dass die Auskunft oder sein Handeln falsch ist.

b) Mitverschulden

24 Würde den Absender grundsätzlich eine Haftung aus Art. 11 Abs. 2 Satz 2 CMR treffen, haftet der Absender aber aufgrund eines Verschuldens des Frachtführers nach Art. 11 Abs. 2 Satz 2 letzter Alternative CMR nicht, so stellt sich die Frage nach dem Mitverschulden. Zwar sieht Art. 11 CMR keine detaillierte Regelung für den Fall des Mitverschuldens vor.[32] *Helm*[33] will das Mitverschulden im Rahmen des CMR-Frachtvertrages nach § 254 BGB lösen. *Koller* will Art. 17 Abs. 5 CMR entgegen den Vorauflagen nicht mehr analog anwenden und meint auch,

---

29 OLG Düsseldorf, 12.2.1981 – 18 U 195/80, VersR 1982, 302.
30 Art. 11 Rdn. 3.
31 *Koller*, Art. 11 Rdn. 3.
32 Deshalb zweifelnd OLG Düsseldorf, 12.2.1981 – 18 U 195/80, VersR 1982, 302, 303.
33 *Helm*, in: Großkomm. HGB, Art. 11 CMR Rdn. 5.

bei national anwendbarem deutschem Recht würden § 414 HGB und § 254 BGB unanwendbar sein.[34] *Koller* ist hier nicht mehr zu folgen, denn alle Privatrechte der Vertragsstaaten kennen einen Ausgleich bei beiderseitigem (Mit-)Verschulden. Art. 17 Abs. 5 CMR übernimmt diesen letztendlich aus allgemeinen Gerechtigkeitsgedanken stammenden Grundsatz der Haftungsteilung auch für die CMR. Da die Lücke in Art. 11 CMR zunächst aus der CMR heraus gelöst werden sollte, bietet sich eine analoge Anwendung des Art. 17 Abs. 5 CMR in den Fällen an, in denen sowohl der Absender als auch der Frachtführer (dann aber nur in Fällen der Beschädigung am Gut oder Verlust des Gutes) *ohne* Verschulden einen Schaden verursacht haben. Liegt Verschulden des Frachtführers vor, so liegt ein Haftungsausschluss des Absenders gem. Art. 11 Abs. 2 letzte Alternative vor.[35] Dies muss beachtet werden. Jedoch kann das mitverursachende Verschulden dann wiederum im Rahmen des Art. 17 Abs. 2 und 5 CMR berücksichtigt werden. Eine differenzierte Betrachtungsweise ist also erforderlich. Auf § 414 HGB und/oder § 254 BGB braucht dann nicht mehr zurückgegriffen zu werden.

V. Haftung des Frachtführers nach Abs. 3

Der Frachtführer haftet gem. Art. 11 Abs. 3 für die Folgen des Verlustes oder unrichtigen Verwendung der im Frachtbrief bezeichneten und diesem beigegebenen oder dem Frachtführer ausgehändigten Urkunden wie ein Kommissionär. Verlust ist gegeben, wenn über die ausgehändigten Urkunden nicht verfügt werden kann.[36] Unrichtige Verwendung ist bei jedem pflichtwidrigen Umgang mit den Frachtdokumenten anzunehmen.[37] Da die Regelungen des alten deutschen Speditionsrechts einen Spezialfall des Kommissionsrechts für Transportgeschäfte darstellten, verwies nach einhelliger Ansicht Art. 11 Abs. 3 CMR auf das deutsche Speditionsrecht des HGB und BGB.[38] Einschlägig waren daher grundsätzlich die §§ 407ff. HGB a.F., insbes. § 390 HGB a.F., sowie § 278 BGB anstelle des Art. 3 CMR.[39]

25

Durch das Transportrechtsreformgesetz ist in Deutschland die Koppelung des Speditionsrechts zum Kommissionsrecht aufgegeben worden.[40] Es muss jedoch auf den verbindlichen englischen und französischen Text des Art. 11 Abs. 3 CMR geblickt werden, aus denen erkennbar wird, dass dort vom „agent" oder vom „commissionaire" i.S.d. „commissionaire de la transport", also dem Vor-

25a

---

34 *Koller*, Transportrecht, Art. 11 CMR Rdn. 3.
35 *Otte*, in: Ferrari/Kieninger/Mankowski et al., Art. 11 CMR Rdn. 10.
36 *Koller*, Art. 11 CMR Rdn. 4.
37 BGH, 26.6.1997 – I ZR 32/95, VersR 1998, 611, 613.
38 Vgl. *Helm*, in: Großkomm. HGB, Art. 11 CMR Rdn. 6 m.w.N.
39 *Helm*, in: Großkomm. HGB, Art. 11 CMR Rdn. 6 m.w.N.
40 Gesetz zur Reform des Handelsrechts, 22.6.1988, BGBl. I, S. 1474, drei Tage vor Verkündung des TRG, 25.6.1998, BGBl. 1998 I, S. 1588.

Art. 11 Abschluss und Ausführung des Beförderungsvertrages

bild des deutschen Spediteurs gesprochen wird. Davon hat sich aber der nun in §§ 453 ff. HGB gebildete Spediteur nicht entfernt. Der bisherigen Ansicht ist daher weiterhin zu folgen.[41] Eine andere Frage ist, ob durch Art. 41 CMR die Verweisung des Art. 11 Abs. 3 CMR auf das deutsche HGB und BGB zwingendes Recht werde. Dabei erstrecke sich die Verweisung nur auf das gesetzliche deutsche Speditionsrecht, nicht aber auf die ADSp.[42] Gem. Art. 41 CMR sind jedoch nur die Bestimmungen der CMR zwingend, nicht die ergänzend anwendbaren nationalen Vorschriften. Richtig ist daher lediglich, dass die Verweisung zwingend ist, nicht aber die Vorschriften des HGB und des BGB. Haben die (deutschen) Parteien des Frachtvertrages sich über eine grenzüberschreitende Straßengüterbeförderung verständigt mit der Folge, dass die CMR eingreift, so gilt gem. Art. 11 Abs. 3 CMR, dass der Frachtführer bzw. dann nach CMR grundsätzlich entsprechend zu behandelnde Spediteur für die unrichtige Verwendung der ihm ausgehändigten Urkunden aufgrund zwingender Verweisung nach den §§ 453, 461 Abs. 2 HGB haftet und damit nach dem Schadensersatzrecht des BGB nach den §§ 249 ff. BGB. Wegen des Ursprungs der Haftung aus Frachtvertrag greift eine etwa bestehende CMR-Versicherungspolice ein, nicht eine etwaige Speditionshaftungsversicherung.[43]

26 Anders ist dies, wenn zwischen den Parteien zunächst ein Speditionsvertrag zustande kam, der den Regeln der ADSp unterliegt. Hat der Spediteur aus diesem Speditionsvertrag im Fall des Selbsteintritts nach § 458 HGB, im Fall der Fixkosten- oder Sammelladungspedition nach §§ 459 oder 460 HGB sowohl die Rechte und Pflichten eines Spediteurs als auch eines Frachtführers, so gelten die Regeln der ADSp weiter, die nicht im Widerspruch zur CMR stehen. Haftet der (Spediteur und) Frachtführer nach Art. 11 Abs. 3 CMR in den vorgenannten Fällen, so bezieht sich die dann eingreifende Verweisung aus Art. 11 Abs. 3 CMR sowohl auf die (deutschen) gesetzlichen Regeln des Speditionsrechts aus HGB und BGB als auch auf die Regeln des vertraglich vereinbarten Kommissionärs; vgl. Speditionsrecht nach Ziff. 22, Ziff. 23.3 und Ziff. 23.4 ADSp.

27 Der Frachtführer haftet für Folgen des Verlustes oder der unrichtigen Anwendung aller Urkunden, die in seinem Gewahrsam gelangt sind. Nach dem ausdrücklichen Wortlaut des Art. 11 Abs. 3 kommt es nicht darauf an, dass die Urkunden entsprechend Art. 6 Abs. 2 lit. g) CMR aufgeführt sind. Gem. Art. 7 Abs. 1 lit. a) i.V.m. Art. 6 Abs. 2 CMR haftet der Absender jedoch für Kosten und Schäden, die dem Frachtführer dadurch entstehen, dass Urkunden, die dem Frachtführer übergeben werden, im Frachtbrief nicht ordnungsgemäß bezeichnet sind.[44] Übergibt also der Absender dem Fahrer des Frachtführers Papiere, von denen der Frachtführer bei Abschluss des Beförderungsvertrages nichts wusste und

---

41 *Boesche*, in: EBJS, Art. 11 CMR Rdn. 7.
42 *Koller*, Art. 11 CMR Rdn. 4, *Helm*, in: Großkomm. HGB, Art. 11 CMR Rdn. 6 m.w.N.; MünchKommHGB/*Jesser-Huß*, Art. 11 CMR Rdn. 12.
43 *Boesche*, in: EBJS, Art. 11 CMR Rdn. 7; *Helm*, in: Großkomm. HGB, Art. 11 CMR Rdn. 16; *Herber/Piper*, Art. 11 CMR Rdn. 19.
44 *Koller*, Art. 11 Rdn. 4.

bei Lektüre des Frachtbriefes nichts erfahren kann, so muss der Konflikt zwischen Art. 7 Abs. 1 lit. b) CMR und Art. 11 Abs. 3 CMR dahingehend entschieden werden, dass der Umfang der Schadensersatzpflicht nach dem Grad der Mitverursachung im Sinne des analog anzuwendenden Art. 17 Abs. 5 CMR zu bestimmen ist.[45] Einer Anlehnung an § 414 Abs. 2 HGB bei ergänzend anwendbaren nationalen deutschem Recht bedarf es daher nicht.

Eine analoge Anwendung des Art. 11 Abs. 3 CMR auf die unrichtige Verwendung von Auskünften ist abzulehnen.[46] Die CMR berücksichtigt die Tatsache, dass der Frachtführer, das heißt der Auftragnehmer selbst, nur in den seltensten Fällen den Transport auch in eigener Person ausführt. Das Risiko, dass Informationen, die nicht schriftlich fixiert sind, bei der Übermittlung vom Frachtführer auf den Fahrer bzw. auf Unterfrachtführer oder weiterer Frachtführer verzerrt wiedergegeben oder verloren gehen, muss der Absender tragen, der meint, auf schriftliche Informationen verzichten zu können.[47]

Der Umfang der Haftung des Frachtführers aus Art. 11 Abs. 3 CMR ist grundsätzlich beschränkt. Der Frachtführer hat keinen höheren Schadensersatz zu leisten als bei Verlust des Gutes. Unklar ist, ob damit auf Art. 23 CMR oder gar Art. 23 ff. CMR verwiesen wird. Letzteres ist zu bejahen. Man könnte zwar meinen, Art. 29 CMR sei nicht anwendbar, da Art. 29 CMR sich nur auf Schadensersatzansprüche aus dem IV. Kapitel der CMR (Art. 17 ff. CMR) bezieht. Dies hätte aber zur Folge, dass auch bei vorsätzlichem Handeln nur Schadensersatz in der Höhe zu leisten wäre, der auch bei Verlust des Gutes angefallen und ein weiterer Schadensersatz nach Art. 41 CMR ausgeschlossen wäre. Eine derartige Interpretation wäre jedoch ein Novum im Recht, das gesetzlich den Ausschluss der Haftung für Vorsatz verbietet, § 276 Abs. 2 BGB. Aber auch im Hinblick auf Art. 24 und 26 CMR stellt sich die Frage, ob die Höhe der Haftung nach Art. 11 Abs. 3 CMR durch Zahlung eines Zuschlags erhöht werden kann. Die Regelungen der Art. 24 und 26 CMR dienen dem Schutz des Absenders. Zahlt dieser bereits bei Vertragsabschluss einen Zuschlag für eine höhere Haftung, muss sich diese Haftungserweiterung nicht nur auf Schadensersatzansprüche aus Art. 17 und 19 CMR erstrecken, sondern auf den akzessorischen Schadensersatzanspruch aus der CMR, den Art. 11 Abs. 3 CMR.

VI. Beweisfragen

Nimmt der Frachtführer den Absender aufgrund Art. 11 Abs. 2 Satz 2 CMR in Anspruch, so hat der Frachtführer das Fehlen, die Unvollständigkeit oder die Unrichtigkeit der Urkunden und Auskünfte/Angaben, deren Notwendigkeit sowie

---

45 Vgl. im Ergebnis auch *Koller*, Art. 11 CMR Rdn. 4.
46 So auch *Boesche*, in: EBJS, Art. 11 CMR Rdn. 6.
47 Im Ergebnis ebenso *Koller*, Art. 11 CMR Rdn. 4, und *Otte*, in: Ferrari/Kieninger/Mankowski et al., Art. 11 CMR Rdn. 18.

Art. 11 Abschluss und Ausführung des Beförderungsvertrages

die Kausalität zwischen diesen Umständen und dem eingetretenen Schaden zu beweisen.[48]

31 Den Absender trifft die Beweislast dafür, dass den Frachtführer ein Verschulden i.S.d. Art. 11 Abs. 2 Satz 1 CMR vorgeworfen werden kann.

32 Will der Absender die Haftung des Frachtführers gem. Art. 11 Abs. 3 CMR geltend machen, so trifft den Absender die Beweislast für sämtliche Tatbestandsmerkmale der nationalen Kommissionärshaftung, die auf den jeweiligen Transport Anwendung findet.[49]

33 Der Absender trägt die Beweislast für das Unterlassen des Gebrauchs ausgehändigter Papiere.[50]

---

48 Baumgärtel/*Giemulla*, Art. 11 CMR Rdn. 1.
49 Baumgärtel/*Giemulla*, Art. 11 CMR Rdn. 1.
50 OLG Düsseldorf, 23.12.1996 – 18 U 92/96, TranspR 1997, 422.

Art. 12

bearbeitet von RA Dr. Jürgen Temme, Düsseldorf

1. Der Absender ist berechtigt, über das Gut zu verfügen. Er kann insbesondere verlangen, daß der Frachtführer das Gut nicht weiterbefördert, den für die Ablieferung vorgesehenen Ort ändert oder das Gut einem anderen als dem im Frachtbrief angegebenen Empfänger abliefert.

2. Dieses Recht erlischt, sobald die zweite Ausfertigung des Frachtbriefes dem Empfänger übergeben ist oder dieser sein Recht nach Art. 13 Abs. 1 geltend macht. Von diesem Zeitpunkt an hat der Frachtführer den Weisungen des Empfängers nachzukommen.

3. Das Verfügungsrecht steht jedoch dem Empfänger bereits vor der Ausstellung des Frachtbriefes an zu, wenn der Absender einen entsprechenden Vermerk in den Frachtbrief eingetragen hat.

4. Hat der Empfänger in Ausübung seines Verfügungsrechtes die Ablieferung des Gutes an einen Dritten angeordnet, so ist dieser nicht berechtigt, seinerseits andere Empfänger zu bestimmen.

5. Die Ausübung des Verfügungsrechtes unterliegt folgenden Bestimmungen:

   a) Der Absender oder in dem in Absatz 3 bezeichneten Falle der Empfänger hat, wenn er sein Verfügungsrecht ausüben will, die erste Ausfertigung des Frachtbriefes vorzuweisen, worin die dem Frachtführer erteilten neuen Weisungen eingetragen sein müssen, und dem Frachtführer alle Kosten und Schäden zu ersetzen, die durch die Ausführung der Weisungen entstehen;

   b) die Ausführung der Weisungen muß zu dem Zeitpunkt, in dem sie die Person erreichen, die sie ausführen soll, möglich sein und darf weder den gewöhnlichen Betrieb des Unternehmens des Frachtführers hemmen noch die Absender oder Empfänger anderer Sendungen schädigen;

   c) die Weisungen dürfen nicht zu einer Teilung der Sendung führen.

6. Kann der Frachtführer auf Grund der Bestimmungen des Absatzes 5 lit. b die erhaltenen Weisungen nicht durchführen, so hat er unverzüglich denjenigen zu benachrichtigen, der die Weisungen erteilt hat.

7. Ein Frachtführer, der Weisungen nicht ausführt, die ihm unter Beachtung der Bestimmungen dieses Artikels erteilt worden sind, oder der solche Weisungen ausführt, ohne die Vorlage der ersten Ausfertigung des Frachtbriefes verlangt zu haben, haftet dem Berechtigten für den daraus entstehenden Schaden.

Literatur: *Helm*, Probleme der CMR: Geltungsbereich – ergänzendes Recht – Frachtbrief – Weisungsbefugnis – aufeinanderfolgende Frachtführer, TranspR 1988, 548.

Art. 12 Abschluss und Ausführung des Beförderungsvertrages

Übersicht

	Rdn.		Rdn.
I. Allgemeines	1	V. Haftung des Verfügungsberechtigten	49
II. Das Verfügungsrecht	5	VI. Haftung des Frachtführers	52
1. Weisung	6	1. Person des Berechtigten	53
a) Form der Weisung	9	2. Haftung für Nichtausführung von Weisungen	54
b) Relative und absolute Wirksamkeit	14	3. Konkurrenz der Haftung bei gleichzeitigem Verlust oder Beschädigung	55
2. Ausgestaltung des Verfügungsrechts	19		
a) Ausführ- und Zumutbarkeit der Weisung	21	4. Haftung für Ausführung ohne Vorlage der notwendigen Frachtbriefausfertigung	57
b) Keine Teilung der Sendung	28		
3. Vorschuss für den Frachtführer	29	5. Vorlage des Frachtbriefs durch den Nichtweisungsberechtigten	62
III. Der Verfügungsberechtigte	31		
1. Weisungen des Absenders	32	6. Sonstige p.V. V.	63
2. Weisungen des Empfängers	36	7. Umfang der Haftung des Frachtführers	64
3. Konkurrenz der Weisungen	42		
4. Weisungen des Dritten	45		
IV. Verfügungshindernisse und Benachrichtigung	46	VII. Beweisfragen	65

I. Allgemeines

1 Die CMR regelt in Art. 12 das Verfügungsrecht gegenüber dem Frachtführer. Art. 12 CMR bestimmt gleichzeitig dessen Ausgestaltung sowie die sich aus dem Verfügungsrecht ergebenden Rechte und Pflichten der Beteiligten. Unter Verfügungsrecht versteht die CMR, die einmal von „Verfügung", ein anderes Mal von „Weisung" spricht, aber immer das Gleiche meint,[1] das Recht des Auftraggebers zur Abänderung des Frachtvertrages, d.h. der Verfügungsberechtigte hat das Recht, die vertraglichen Pflichten des Frachtführers nach Abschluss des Frachtvertrages durch einseitige Verfügungen, also empfangsbedürftige Willenserklärungen, abzuändern.[2] Die CMR regelt nicht das sachenrechtliche Verfügungsrecht.[3] Das Verfügungsrecht i.S.d. CMR steht zunächst dem Absender zu und kann während des Transports auf den Empfänger übergehen. Ist der Empfänger Auftraggeber, so ist er zugleich Absender und hat damit von Anfang an auch Verfügungsbefugnis. Voraussetzung ist allerdings, dass der Frachtbrief vom Frachtführer vor Beginn des Transports bereits beim Empfänger ausgestellt wird und dort die erste Ausfertigung verbleibt. Bei Ankunft des Gutes hat regelmäßig der Empfänger das Verfügungsrecht.

---

1 MünchKommHGB/*Jesser-Huß*, Art. 12 CMR Rdn. 2.
2 Vgl. *Helm*, in: Großkomm. HGB, Art. 12 CMR Rdn. 1; *Koller*, Art. 12 CMR Rdn. 1; *Müller-Wiedenhorn*, EwiR 2003, 217.
3 *Boesche*, in: EBJS, Art. 12 CMR Rdn. 1; MünchKommHGB/*Jesser-Huß*, Art. 12 Rdn. 2; *Herber/Piper*, Art. 12 CMR Rdn. 1.

Für innerdeutsche Transporte ist das Verfügungsrecht in § 418 HGB geregelt, der 2
im Wesentlichen dem Art. 12 CMR nachgebildet wurde. *Koller* ist aber zuzustimmen, dass die Abweichungen (insbes. in § 418 Abs. 1 HGB) zu Unschärfen geführt haben.[4]

Art. 12 CMR gilt nur für Verfügungen bzw. Weisungen *nach* Abschluss des 3
Frachtvertrages. Liegt noch kein Vertragsabschluss vor, so kann u.U. die Weisung als Antrag auf Abschluss eines geänderten Frachtvertrages angesehen werden, der vom Frachtführer noch angenommen werden muss. Art. 12 CMR gilt auch nicht für vorbehaltene Konkretisierung des Beförderungsvertrages.[5]

Ist ein Frachtvertrag über die grenzüberschreitende Beförderung abgeschlossen 4
worden, so gilt hierfür die CMR. Dabei bleibt es auch, falls durch eine Weisung der Transport vor Grenzüberschreitung gestoppt werden sollte.[6] Anders ist es, wenn ein nationaler Transport durch „Weisung" zur grenzüberschreitenden Beförderung werden soll. Dies kann lediglich als Antrag auf Abschluss eines CMR-Frachtvertrages angesehen werden.

II. Das Verfügungsrecht

Das Recht, über den Transport im Rahmen der gesetzlichen Grenzen verfügen zu 5
können, gebührt dem Vertragspartner des Frachtführers. Das Verfügungsrecht ist also vertraglichen Ursprungs. Dogmatisch entspricht es dem Weisungsrecht des Auftraggebers i.S.d. §§ 662, 665 BGB. Das Verfügungsrecht entsteht mit Abschluss des Frachtvertrages. Nicht erforderlich ist, dass ein Frachtbrief ausgestellt wird.[7] Wird kein Frachtbrief ausgestellt, entfällt die den Frachtführer schützende Sperrwirkung des Art. 12 Abs. 5 CMR.[8] Ein Frachtbrief ist nur Voraussetzung für das Verfügungsrecht des Empfängers in den Fällen des Art. 12 Abs. 2 CMR sowie für das Verfügungsrecht des Empfängers oder eines Dritten im Fall des Art. 12 Abs. 3 und 4 CMR. Das Verfügungsrecht des Absenders erlischt mit Ablieferung des Gutes,[9] denn nach der Ablieferung des Gutes ist der Frachtvertrag erfüllt, und deshalb können wirksame Weisungen nicht mehr erteilt werden.

---

4 Vgl. *Koller*, § 418 HGB Rdn. 2.
5 OLG Hamburg, 7.4.1994 – 6 U 223/93, TranspR 1994, 444; *Herber/Piper*, Art. 12 CMR Rdn. 6.
6 Vgl. auch *Koller*, Art. 12 CMR Rdn. 1; vgl. Art. 1 Rdn. 7.
7 BGH, 27.1.1982 – I ZR 33/80, RIW 1982, 670f. = DB 1982, 2692 = NJW 1982, 1944 = ETR 1985, 249 = MDR 1982, 986f. = VRS 1982, 193ff.; a.A. *Heuer*, Haftung, S. 153.
8 Zu dieser Problematik siehe unten Rdn. 14ff.
9 *Heuer*, Haftung, S. 153; BGH, 18.12.2003 – I ZR 228/01; *Otte*, in: Ferrari/Kieninger/Mankowski et al., Art. 12 CMR Rdn. 2.

Art. 12 Abschluss und Ausführung des Beförderungsvertrages

1. Weisung

6 Die Verfügung bzw. Weisung ist eine einseitige, aber empfangsbedürftige Willenserklärung, die nach Abschluss des Frachtvertrages bis zu dessen Erfüllung erteilt werden darf,[10] im Folgenden auch nachträgliche Weisungen genannt. *Helm* spricht von Konkretisierung der Beförderungspflichten des Frachtführers.[11] So kann z.B. die Art und Weise der Verzollung Gegenstand einer Weisung sein.[12] Die Weisung darf nicht mit Absprachen verwechselt werden, die Vertragsbestandteil werden. Der Wunsch des Absenders, dass das Gut mit einem deutschen LKW transportiert werden sollte, stellt nach Ansicht des OLG Hamburg keine Weisung i.S.d. Art. 12 CMR dar.[13] Eine Weisung i.S.d. Art. 12 CMR liege nur vor, wenn sie sich auf das Gut beziehe.[14] Mit dieser Begründung kann jedoch das OLG Hamburg eine Weisung, einen deutschen LKW zu benutzen, nicht ablehnen, denn auch diese Weisung bezieht sich auf das Gut, nämlich auf dessen Sicherheit. Zu prüfen wäre vielmehr gewesen, ob die weiteren Voraussetzungen des Art. 12 Abs. 5 lit. b) CMR erfüllt waren. Abzuwägen ist, ob eine derartige Weisung den gewöhnlichen Betrieb des Frachtführers hemmt. Vorrangig ist jedoch die Prüfung, ob der Wunsch des Absenders zur Absprache und damit Vertragsbestandteil geworden ist.

7 Hält sich die Weisung nicht an den Grundinhalt des Vertrages, kann sie den Frachtführer nicht binden.[15] Eine derartige Weisung stellt jedoch ein Angebot auf Abschluss eines geänderten Vertrages dar,[16] wofür *Helm* als Beispiele die Weisung nennt, das Gut einen Teil der Strecke per Luftfracht zu transportieren oder das Gut auszuladen und einzulagern. Aber auch bei diesen Beispielen ist jeweils im Einzelfall zu prüfen, ob nicht doch die Voraussetzungen des Art. 12 Abs. 5 lit. b) CMR gegeben sind.

8 Aus dem Erfordernis der Empfangsbedürftigkeit der Weisung folgt, dass die Weisung dem Frachtführer derart zugehen muss, dass er bei Beachtung der im Verkehr erforderlichen Sorgfalt eines ordentlichen Frachtführers von der Weisung Kenntnis erlangen konnte.

---

10 *Koller*, Art. 12 CMR Rdn. 1.
11 *Helm*, in: Großkomm. HGB, Art. 12 CMR Rdn. 3; *Otte*, in: Ferrari/Kieninger/Mankowski et al., Art. 12 CMR Rdn. 3.
12 BGH, 15.1.1987 – I ZR 215/84, VersR 1987, 980; 981; MünchKommHGB/*Jesser-Huß*, Art. 12 CMR Rdn. 16.
13 Vgl. OLG Hamburg, 7.5.1987 – 6 U 12/87, TranspR 1987, 457 = VersR 1987, 1111.
14 OLG Hamburg, 7.5.1987 – 6 U 12/87, TranspR 1987, 457 = VersR 1987, 1111.; a.A. *Glöckner*, Art. 12 Rdn. 3.
15 *Boesche*, in: EBJS, Art. 12 CMR Rdn. 3 m.w. Bsp.; *Otte*, in: Ferrari/Kieninger/Mankowski et al., Art. 12 CMR Rdn. 9.
16 *Helm*, Probleme der CMR, VersR 1988, 548, 554.

a) Form der Weisung

Die CMR schreibt in Art. 12 Abs. 5 lit. a) CMR vor, dass die Weisung in den Frachtbrief einzutragen ist.[17] Zur Dokumentation der Legitimation des Weisungsgebers ist es daher theoretisch erforderlich, die regelmäßig als Durchschreibesätze konzipierten CMR-Frachtbriefe in der Reihenfolge der jeweiligen Ausfertigungen wieder übereinander zu legen und die schriftliche Weisung durchzuschreiben. Dies ist jedoch rein theoretischer Natur.

In der Praxis erfolgt die Weisung telefonisch, per E-Mail oder per Telefax,[18] selten nur noch per Telex. Hier kann der Frachtführer bzw. sein Dispositionspersonal nur darauf vertrauen, dass der Absender noch im Besitz der ersten Ausfertigung des Frachtbriefes ist. In der Praxis wird die erste Ausfertigung so gut wie nie vorgelegt. Der Frachtführer läuft jedoch dabei Gefahr, gem. Art. 12 Abs. 7 CMR zu haften (vgl. unten das Beispiel unter Rdn. 18), denn nach dem Wortlaut des Art. 12 CMR kann nur die vorstehend als theoretisch beschriebene Vorlage der Originale dem Schutzweck genügen.[19] Die Weisung kann durch neue, widersprechende Weisungen widerrufen werden, was aus Art. 12 Abs. 4 CMR folgt.[20]

Es stellt sich also die Frage, wie die Praxis in Einklang mit den Regeln der CMR gebracht werden kann. Obwohl auch bei den Beratungen über die CMR bereits in der Praxis Weisungen per Telefon und Telex erteilt wurden, ist dieser Umstand in Art. 12 Abs. 5 lit. a) CMR nicht berücksichtigt worden.[21]

Die Rechtsprechung hat zumindest den Fall gelöst, in dem überhaupt kein Frachtbrief ausgestellt wurde.[22] Nach einhelliger Meinung haftet der Frachtführer, wenn er überhaupt keinen Frachtbrief ausstellt und damit auf den Schutz des Art. 12 Abs. 5 CMR verzichtet, zumindest gegenüber dem Absender so, als wäre ein Frachtbrief ausgestellt.[23]

In der Praxis sind folgende Konstellationen denkbar:

- 1. Es wird überhaupt kein Frachtbrief ausgestellt, aber eine Weisung des Absenders erteilt.
- 2. Es wird überhaupt kein Frachtbrief ausgestellt, aber eine Weisung des Empfängers erteilt.

---

17 Vgl. auch BGH, 4.7.2002 – I ZR 302/99, TranspR 2002, 399, 401 = NJW-RR 2002, 1608.
18 OLG Hamm, 25.9.1984 – 27 U 362/83, TranspR 1985, 100, 102, hält den Frachtführer jedoch in der Haftung, da aus dem Telefax nicht erkennbar ist, ob das Original oder lediglich eine Kopie vorlag.
19 MünchKommHGB/*Jesser-Huß*, Art. 12 CMR Rdn. 25; *Koller*, Art. 12 CMR Rdn. 6, a.A. *Herber/Piper*, Art. 12 CMR Rdn. 24.
20 OLG Frankfurt/M., 18.12.1990 – 5 U 203/89, TranspR 1991, 249, 250; *Boesche*, in: EBJS, Art. 12 CMR Rdn. 4; MünchKommHGB/*Jesser-Huß*, Art. 12 CMR Rdn. 13.
21 *Loewe* behandelt das Problem nicht, ETR 1976, 503, 544; die Denkschrift verlangt schlicht die Eintragung der Weisung („muss"), BT-Drucks. 1144, S. 38.
22 BGH, 27.1.1982 – I ZR 33/80, RIW 1982, 670f. = DB 1982, 2692 = NJW 1982, 1944 = ETR 1985, 249 = MDR 1982, 986f. = VRS 1982, 193ff.
23 BGH, 27.1.1982 – I ZR 33/80, RIW 1982, 670f. = DB 1982, 2692 = NJW 1982, 1944 = ETR 1985, 249 = MDR 1982, 986f. = VRS 1982, 193ff.

Art. 12   Abschluss und Ausführung des Beförderungsvertrages

– 3. Es wird ein Frachtbrief ausgestellt, die vom Absender erteilte Weisung wird aber nicht eingetragen.
– 3 a) Die erste Ausfertigung des Frachtbriefs ohne eingetragene Weisung wird vom Absender nicht weitergegeben.
– 3 b) Die erste Ausfertigung des Frachtbriefs ohne eingetragene Weisung wird an den Empfänger weitergegeben.

b) Relative und absolute Wirksamkeit

14 Die Gegenüberstellung der Konstellationen macht deutlich, dass durch die erteilten Weisungen zwei oder mehrere Personen betroffen sein können. Es bietet sich daher an, von relativer oder absoluter Wirksamkeit der Weisungen zu sprechen. Es erscheint unsinnig, im Verhältnis Absender/Frachtführer eine Weisung nur deshalb für unwirksam zu erklären, weil sie nicht im Frachtbrief eingetragen war, jedoch auf anderem Wege dem Frachtführer zugegangen ist. Es ist nicht einzusehen, warum im Verhältnis Absender/Frachtführer eine Weisung wirksam sein soll, wenn kein Frachtbrief existiert, die gleichfalls formlos erklärte Weisung aber bei Existenz eines Frachtbriefes nur deshalb unwirksam sein soll, weil sie jetzt nicht eingetragen ist. Eine derartige Unterscheidung ist im Verhältnis zwischen Vertragspartnern nicht einzusehen. Hier besteht auch kein Bedürfnis für den Schutz des Frachtführers, denn er weiß, dass sein Vertragspartner ihm eine Weisung erteilt hat. Ist der Absender also noch Verfügungsberechtigter, kann er dem Frachtführer auch formlos relativ wirksame Weisungen erteilen.

15 Der Frachtführer wird jedoch in dem Moment schützenswert, wenn der Absender den ausgestellten Frachtbrief und damit sein Verfügungsrecht weitergibt. Da für den Frachtführer nicht erkennbar ist, wann, wie und warum das Verfügungsrecht vom Absender auf den Empfänger oder einem Dritten übergegangen ist, muss ihm das Recht eingeräumt werden, sich gegenüber dem Empfänger und Dritten auf den dokumentierten Inhalt des Frachtvertrages im Frachtbrief berufen zu können, falls er die Weisung noch nicht ausgeführt hat. Die formlos erteilte Weisung ist daher aus Sicht des Empfänger oder Dritten unwirksam. Hat der Frachtführer die formlose Weisung des Absenders ausgeführt, haftet er nach Art. 12 Abs. 7 CMR[24] gegenüber dem Empfänger oder Dritten, denn der Empfänger und der Dritte können auf den dokumentierten Inhalt des Frachtvertrages im Frachtbrief vertrauen. Im Ausgleich des Konflikts bietet sich Art. 12 Abs. 5 lit. a) CMR an, wonach der Absender dem Frachtführer alle Kosten und Schäden ersetzen muss, denn der Absender hat zu verantworten, dass er die erste Ausfertigung des Frachtbriefes ohne eingetragene Weisung an den Empfänger oder Dritten weitergegeben hat. Aber auch der Frachtführer kann sich gegenüber dem Empfänger oder Dritten darauf berufen, dass z.B. die ihm formlos erteilte – und vom Frachtführer nicht beachtete – Weisung, einen Umweg zu fahren, unwirksam war.

16 Als Ergebnis kann festgehalten werden, dass eine *relativ* wirksame Weisung keiner besonderen Form bedarf. Die Weisung kann also mit allen Kommunikations-

---

24 Vgl. unten Rdn. 52 ff.

mitteln und auf allen Kommunikationswegen erteilt werden. Entscheidend ist lediglich, dass die Weisung in die Organisationssphäre des Frachtführers gelangt. Der Verfügungsberechtigte kann also die Weisung sowohl gegenüber einfachen Erfüllungsgehilfen, wie Fahrer oder Disponenten des Frachtführers, als auch gegenüber ihm bekannten Vertretern erklären, solange diese Vertretungsmacht haben; § 164 Abs. 3 BGB. Zu beachten ist aber die Sperrfunktion des Art. 12 Abs. 5 CMR.[25]

Will der Verfügungsberechtigte eine absolut wirksame Weisung erteilen, so muss er das Verfahren des Art. 12 Abs. 5 lit. a) CMR, die Eintragung der Weisung in den Frachtbrief und dessen Vorlage beim Frachtführer, einhalten, um auch den nachfolgenden Verfügungsberechtigten die Rechte aus dem nunmehr abgeänderten Frachtvertrag zu erhalten.[26] **17**

Die vorgenannten Konstellationsbeispiele sind daher wie folgt zu lösen: **18**
– 1. Es wird überhaupt kein Frachtbrief ausgestellt, aber eine Weisung des Absenders erteilt. Diese Weisung ist zwischen Absender und Frachtführer relativ wirksam. Auf diese relative Wirksamkeit kann sich aber auch der Empfänger berufen, wenn er die Weisung beweisen kann. Die Sperrfunktion des Art. 12 Abs. 5 CMR greift nicht ein, weil der Frachtführer auf die Ausstellung eines Frachtbriefes und damit auf den Schutz des Art. 12 Abs. 5 CMR verzichtete.
– 2. Es wird überhaupt kein Frachtbrief ausgestellt, aber eine Weisung des Empfängers erteilt. Auch hier hat der Frachtführer auf den Schutz des Art. 12 Abs. 5 CMR verzichtet. Trotzdem kann die Weisung des Empfängers auch nur dann relativ wirksam sein, wenn es ihm gelingt, sowohl seine Legitimation als aus dem Frachtvertrag (einem Vertrag zugunsten Dritter) berechtigter Empfänger nachzuweisen, indem er in anderer als in der CMR geregelten Form nachweist, dass die Verfügungsbefugnis des Absenders auf ihn übergegangen ist. Im Fall des Art. 13 Abs. 1 CMR ist es ausreichend, dass der Empfänger Auslieferung des Gutes fordert.[27]
– 3. Es wird ein Frachtbrief ausgestellt, die vom Absender erteilte Weisung wird aber nicht eingetragen. Die Weisung ist zwischen den Vertragsparteien relativ wirksam, gegenüber Dritten jedoch absolut unwirksam.
– 3 a) Die erste Ausfertigung des Frachtbriefs ohne eingetragene Weisung wird vom Absender nicht weitergegeben. Hier bleibt es bei vorstehender Aussage. Der Absender kann Ansprüche wegen nicht eingehaltener Weisung geltend machen.[28]

---

25 *Herber/Piper*, Art. 12 CMR Rdn. 3; MünchKommHGB/*Jesser-Huß*, Art. 12 CMR Rdn. 2 und 25; *Boesche*, in: EBJS, Art. 12 CMR Rdn. 1.
26 Vgl. Denkschrift, S. 38; *Heuer*, Haftung, S. 153; *Koller*, Art. 12 CMR Rdn. 6; *Precht/Endrigkeit*, Art. 12 Rdn. 6; *Glöckner*, Art. 12 Rdn. 10.
27 OLG Hamm, 9.12.1999 – 18 U 89/99, TranspR 2000, 122; BGH, 15.10.1998 – I ZR 111/96, VersR 1999, 646.
28 Vgl. dazu aber den Fall, der vom OLG München (Urt. v. 23.4.1993, TranspR 1993, 348) entschieden wurde, in dem der Empfänger, ohne weisungsbefugt zu sein, eine frühzeitige Entladung anordnete und nunmehr selbst das Gut zum Empfängerort transportierte; hier verlangte

Art. 12 Abschluss und Ausführung des Beförderungsvertrages

– 3 b) Die erste Ausfertigung des Frachtbriefs ohne eingetragene Weisung wird an den Empfänger weitergegeben. Der Empfänger kann die im Verhältnis Frachtführer/Empfänger unwirksame Weisung nicht zum Anlass für Schadensersatzansprüche machen. Umgekehrt haftet der Frachtführer jedoch dem Empfänger aus Art. 12 Abs. 7 CMR für ausgeführte, aber formlos erklärte Weisungen des Absenders, wenn dem Empfänger dadurch ein Schaden entstanden ist.

2. Ausgestaltung des Verfügungsrechts

19 Art. 12 Abs. 1 Satz 2 CMR führt eine Reihe von Beispielen (insbes.) von Verfügungen auf. So kann die Weisung erteilt werden, das Gut nicht weiterzubefördern oder das Gut an einen anderen Ort, als ursprünglich vorgesehen, abzuliefern. Als drittes Beispiel nennt Art. 12 Abs. 1 CMR die Möglichkeit, das Gut an einen anderen als den im Frachtbrief angegebenen Empfänger abzuliefern.[29]

20 Die Aufzählung der in Art. 12 Abs. 1 CMR genannten Beispiele ist jedoch nicht abschließend.[30] *Glöckner*[31] nennt zu Recht als Beispiele die Weisungen, Nachnahme einzuziehen, das Gut zu versichern und das Gut zu verzollen.

a) Ausführ- und Zumutbarkeit der Weisung

21 Die Weisung ist nur wirksam, wenn die Ausführung der Weisung zu dem Zeitpunkt, in dem sie die Person erreicht, die sie ausführen soll, möglich ist und weder den gewöhnlichen Betrieb des Unternehmens des Frachtführers hemmt noch die Absender oder Empfänger anderer Sendungen schädigt, Art. 12 Abs. 5 lit. b) CMR.[32] Grundsätzlich sind die Verfügungen widerruflich, da die Widerrufe neue Verfügungen darstellen. Die Zahl der Verfügungen ist grundsätzlich nicht begrenzt.[33]

22 Die Weisung ist nur wirksam, wenn sie objektiv tatsächlich und rechtlich möglich ist; eine gesetzeswidrige Weisung bindet nicht.[34] Darüber hinaus darf die Ausführung der Weisung den gewöhnlichen Betrieb des Frachtführers nicht hemmen. Es kommt also darauf an, ob die Weisung vom Frachtführer ausführbar und ihm zumutbar ist.[35] *Koller*[36] will im Rahmen der Zumutbarkeit auch prüfen, ob es dem Frachtführer zumutbar ist, die Weisung durch Dritte ausführen zu lassen.

---

  das Gericht vom Absender den substantiierten Nachweis, dass ihm aufgrund der voreiligen Entladung die Verfügungbefugnis entzogen wurde, obwohl er sie noch ausüben wollte.
29 Vgl. z.B. OLG Hamm, 25.9.1984 – 27 U 362/83, TranspR 1985, 100, 102.
30 Vgl. OLG Hamburg, 7.5.1987 – 6 U 12/87, TranspR 1987, 457 = VersR 1987, 1111; *Glöckner*, Art. 12 Rdn. 3.
31 *Glöckner*, Art. 12 Rdn. 3.
32 *Otte*, in: Ferrari/Kieninger/Mankowski et al., Art. 12 CMR Rdn. 18.
33 *Hill/Messent*, CMR, S. 55.
34 BGH, 27.10.1978 – I ZR 86/76, VersR 1979, 417, 418.
35 *Boesche*, in: EBJS, Art. 12 CMR Rdn. 14.
36 Art. 12 Rdn. 4.

Diese Ansicht findet in Art. 12 CMR keine Stütze. Grundsätzlich ist davon auszugehen, dass Dritte nicht unentgeltlich tätig werden. *Koller* meint zwar, dass der Frachtführer die Kosten der Einschaltung eines Dritten gem. Art. 12 Abs. 5 lit. a) CMR erstattet verlangen kann, dies hätte jedoch zur Folge, dass der Frachtführer für das Handeln der Subunternehmer gem. Art. 3 CMR haften müsste, ohne im Regressfall eine Absicherung zu haben. Dem Frachtführer kann aber eine derartige Risikolage nicht aufgezwungen werden.

Art. 12 CMR stellt hinsichtlich der Zumutbarkeit der Weisungen lediglich darauf ab, ob es den Betrieb des Frachtführers hemmt, die Weisung auszuüben. Unter Hemmung i. S. d. Art. 12 Abs. 5 lit. b) CMR ist ein überdurchschnittlicher Eingriff von besonderer zeitlicher Ausdehnung zu verstehen, der die Ausführung anderer Aufträge des Frachtführers stark behindert oder gefährdet. Grundsätzlich muss jeder Frachtführer mit Weisungen seines Auftraggebers rechnen. Weisungen in handelsüblicher Form, die nach dem Empfinden billig und gerecht denkender Kaufleute angesichts der vereinbarten Fracht betriebswirtschaftlich noch hinnehmbar sind, stellen also keine Hemmungen des Frachtbetriebes dar. Art. 12 CMR ist wie selbstverständlich davon ausgegangen, dass der Frachtführer seinen Betrieb derart organisiert, dass die Ausführung üblicher Weisungen seinen Frachtbetrieb nicht unbillig hemmt. 23

Die Hemmung muss ernstlich sein.[37] Allerdings führt auch eine überdurchschnittliche Hemmung des Frachtbetriebes nicht dazu, dass die Weisung unwirksam wird, wenn der Frachtführer durch schuldhaftes Verhalten die nun hemmende Weisung provoziert hat.[38] 24

Die Weisung ist weiterhin unwirksam, wenn Dritten durch die Ausführung der Weisung Schäden entstehen können. Der Frachtführer hat deshalb in Fällen der Beiladung zu prüfen, ob z. B. andere Güter aufgrund eines angewiesenen Umweges verderben oder Lieferfristen überschritten werden. 25

Die Wirksamkeit der Weisung ist zum Zeitpunkt des Zugangs der Weisung zu beurteilen.[39] Ist sie wirksam und führt die Weisung zu einer Verkürzung der Beförderungsstrecke, hat dies auf die Fracht gem. § 649 HGB keine Auswirkung; § 420 HGB ist nur auf Beförderungshindernisse anwendbar.[40] 26

Ist die Weisung unwirksam, kann sie jedoch als Antrag auf Abschluss eines geänderten Vertrages angesehen werden. Es muss jedoch für den Frachtführer mit der im Verkehr geboten Sorgfalt eines ordentlichen Frachtführers erkennbar sein, dass der Verfügungsberechtigte für den Fall der Nichtdurchführbarkeit der Weisung, weil hemmend für den Betrieb des Frachtführers, einen anderen Frachtver- 27

---

37 *Loewe*, ETR 1976, 503, 545; *Hill/Messent*, CMR, S. 53.
38 Vgl. *Koller*, Art. 12 CMR Rdn. 4.
39 *Koller*, Art. 12 CMR Rdn. 4.
40 *Boesche*, in: EBJS, Art. 12 CMR Rdn. 13.

Art. 12 Abschluss und Ausführung des Beförderungsvertrages

trag abschließen will;[41] vgl. unten Rdn. 30. An eine solche Vertragsänderung sind jedoch strenge Beweisanforderungen zu stellen.[42]

b) Keine Teilung der Sendung

28 Die Weisung ist des Weiteren unwirksam, falls sie zu einer Teilung der Sendung führen würde; Art. 12 Abs. 5 lit. c) CMR. Der Gesetzgeber hat die Teilung der Sendung ausgeschlossen, weil solche Weisungen den Frachtführer besonders belasten könnten.[43] Anders ist dies nur dann, wenn von vornherein mehrere Frachtbriefe ausgestellt wurden.[44] § 416 HGB ändert hieran nichts, da die CMR als internationales Einheitsrecht vorgeht. Unter Sendung ist die unter einem Frachtbrief reisende Partie zu verstehen.[45] Will sich der Absender offen halten, während des Transportablaufes für verschiedene Teile einer wirtschaftlich einheitlichen Sendung nach Transportbeginn unterschiedlich verfügen zu können, so rät *Helm*, mehrere Frachtbriefe über jeweils einen Teil der Sendung auszustellen.[46]

3. Vorschuss für den Frachtführer

29 Wird dem Frachtführer eine Weisung erteilt, die Kosten verursachen kann, so ist der Frachtführer berechtigt, die Anweisungen nur gegen Ersatz der ihm entstehenden Kosten auszuführen.[47] Früher wurde diskutiert, ob dem Frachtführer ein Anspruch auf Vorschuss zustehe. Richtig ist, dass die Fälligkeit in Art. 12 Abs. 5 lit. a) CMR nicht geregelt ist.[48] Ist auf den CMR-Frachtvertrag deutsches nationales Recht anwendbar, ergibt sich der Vorschussanspruch heute aus § 418 Abs. 1 HGB, letzter Halbsatz. *Otte* will stattdessen auf § 273 BGB abstellen.[49] Nur wenn dies nicht der Fall ist, könnte an eine Analogie zu Art. 16 Abs. 2 CMR gedacht werden, die von *Heuer*[50] favorisiert wird. Bis zur Erfüllung dieser Vorschusspflicht steht dem Frachtführer ein Zurückbehaltungsrecht nach § 273 Abs. 1 BGB zu.[51] Richtigerweise wird man dem Frachtführer ein Zurückbehaltungsrecht gem. § 369 HGB bzw. ein Pfandrecht gem. § 441 HGB zubilligen müssen.[52]

---

41 Folgend *Otte*, in: Ferrari/Kieninger/Mankowski et al., Art. 12 CMR Rdn. 20.
42 BGH, 4.7.2002, NJW-RR 2002, 1608.
43 Denkschrift, S. 38.
44 BGH, 30.1.1981 – I ZR 18/79, BGHZ 79, 302, 305 = NJW 1981, 1902.
45 *Loewe*, ETR 1976, 503, 545.
46 *Helm*, in: Großkomm. HGB, Art. 12 CMR Rdn. 46.
47 Vgl. *Helm*, in: Großkomm. HGB, Art. 12 CMR Rdn. 43.
48 *Koller*, Art. 12 CMR Rdn. 37.
49 *Otte*, in: Ferrari/Kieninger/Mankowski et al., Art. 12 CMR Rdn. 26.
50 Haftung, S. 64.
51 *Helm*, in: Großkomm. HGB, Art. 12 CMR, Rdn. 43.
52 OLG Hamm, 25.9.1984 – 27 U 362/83, TranspR 1985, 100, 102.

Der Frachtführer hat ferner Anspruch auf Erstattung der dem Frachtführer durch 30
die Weisung entstehenden Schäden. Zum Schadensersatz kann auch der Gewinn,
der dem Frachtführer durch Ausführung der Weisung entgeht, gehören, weil er
andere, gewinnträchtigere Geschäfte nicht verfolgen kann.[53]

III. Der Verfügungsberechtigte

Nach Art. 12 Abs. 2–4 CMR können sowohl der Absender als auch der Empfän- 31
ger oder ein Dritter bis zur Ablieferung verfügungsbefugt sein.[54] Art. 12 CMR
enthält hingegen keine Regelung, wann Ablieferung vorliegt.[55]

1. Weisungen des Absenders

Mit Abschluss des Frachtvertrages ist grundsätzlich zunächst der Absender als 32
Vertragspartner Inhaber des Verfügungsrechts. Der Absender ist, wenn ein
Frachtbrief ausgestellt ist, nach Art. 12 Abs. 5 CMR verpflichtet, sich durch Vorlage der ersten Ausfertigung des Frachtbriefes auszuweisen, wenn er eine Weisung erteilen will.[56] Die Vorlageverpflichtung des Frachtbriefes in Art. 12 Abs. 5
lit. a) CMR dient aber lediglich dem Schutz des Frachtführers; er kann hierauf
verzichten.[57]

Andererseits ist es zur Absicherung des Frachtführers nicht erforderlich, dass der 33
Absender die erste Ausfertigung des Frachtbriefs aushändigt.[58] Das Vorzeigen
des Frachtbriefs genügt. Kommt es zum Prozess über die Frage der Verfügungsbefugnis des Weisungsgebers, so kann der Frachtführer gem. §§ 422 ZPO, 810
BGB die Vorlage der ersten Ausfertigung des Frachtbriefes verlangen.[59]

Der Absender verliert sein Verfügungsrecht, wenn die *zweite* Ausfertigung des 34
Frachtbriefes dem Empfänger übergeben wird (Art. 12 Abs. 2 erste Alternative)
oder der Empfänger seine Rechte nach Art. 13 Abs. 1 CMR geltend macht
(Art. 12 Abs. 2 2. Alternative). Der Absender verliert im zweiten Fall sein Verfügungsrecht, wenn der Empfänger vom Frachtführer die Herausgabe der zweiten

---

53 Vgl. unten Rdn. 49 ff.; *Koller*, Art. 12 CMR Rdn. 3.
54 Vgl. *Helm*, in: Großkomm. HGB, Art. 12 CMR Rdn. 10 m.w.N. zur Person des Verfügungsberechtigten und seiner Auslegung.
55 OLG Nürnberg, 21.12.1989 – 12 U 3257/89, TranspR 1991, 99, 100; vgl. dazu Art. 13 CMR Rdn. 8 ff.
56 Vgl. oben Rdn. 9 ff.
57 Vgl. oben Rdn. 14 ff.; OLG Hamm, 25.9.1984 – 27 U 362/83, TranspR 1985, 100, 102.
58 Vgl. BGH, 27.1.1982 – I ZR 33/80, RIW 1982, 670 f. = TranspR 1982, 105, 106 = VersR 1982, 669, 670 = NJW 1982, 1944, 1945 = DB 1982, 2692 f. = MDR 1982, 986 f. = VRS 1982, 193 ff. = ETR 1985, 349 ff.
59 BGH, 27.1.1982 – I ZR 33/80, RIW 1982, 670 f. = TranspR 1982, 105, 106 = VersR 1982, 669, 670 = NJW 1982, 1944, 1945 = DB 1982, 2692 f. = MDR 1982, 986 f. = VRS 1982, 193 ff. = ETR 1985, 349 ff.

Art. 12 Abschluss und Ausführung des Beförderungsvertrages

Ausfertigung des Frachtbriefes *verlangt*. Der Absender verliert also seine Verfügungsbefugnis nicht allein durch die Tatsache, dass die Sendung am Bestimmungsort eintrifft.[60] Ausgenommen hiervon ist lediglich der Fall, dass der Empfänger die Annahme des Gutes verweigert. Gem. Art. 15 Abs. 1 Satz 2 ist der Absender dann wiederum berechtigt, über das Gut zu verfügen, ohne die erste Ausfertigung des Frachtbriefes vorweisen zu müssen. Deshalb ist es unglücklich, vom Erlöschen der Verfügungsbefugnis des Absenders zu sprechen,[61] da diese Ansicht das Wiederaufleben der Verfügungsbefugnis im Fall der Annahmeverweigerung nicht erklären kann.

35 Erteilt der Empfänger trotz Anfrage des Frachtführers keine Weisung, obwohl eine Entscheidung erforderlich wäre, so soll analog Art. 15 Abs. 1 Satz 2 CMR der Absender auch weiterhin weisungsbefugt bleiben.[62] Des Weiteren soll der Absender in jedem Fall das Weisungsrecht behalten, die Ablieferung an den Empfänger bzw. nach Weisung des Empfängers an einen Dritten verlangen zu können.[63] Dies erscheint unter dem Gesichtspunkt konsequent, dass der Absender als Vertragspartner die Erfüllung des Frachtvertrages auch nach Übergang der Weisungsrechte auf den Empfänger verlangen können muss. Andernfalls droht die Gefahr, dass auf Kosten des Absenders, Empfänger oder Dritte über das gem. Art. 12 Abs. 4 CMR erlaubte Maß das Gut hin und her reisen lassen.

2. Weisungen des Empfängers

36 Der frachtbriefmäßige Empfänger ist verfügungsberechtigt, wenn er die Rechte aus Art. 13 Abs. 1 CMR geltend macht, also der Frachtführer ihm die zweite Ausfertigung des Frachtbriefs übergeben soll (Art. 12 Abs. 2 CMR). Der Empfänger ist auch verfügungsbefugt, wenn der Absender bereits bei Ausstellung des Frachtbriefes einen entsprechenden Vermerk in den Frachtbrief eingetragen hat, Art. 12 Abs. 3 CMR. Von diesen Zeitpunkten an hat der Frachtführer den Weisungen des Empfängers nachzukommen.[64]

37 Dem CMR-Frachtbrief kommt damit in erheblichen Umfang auch eine Legitimationsfunktion zu. Der im CMR-Frachtbrief bezeichnete Empfänger erhält, wenn der Absender dies wünscht, eine außerordentlich starke Rechtsstellung.[65] Damit wird der Frachtvertrag deutlich zum Vertrag zugunsten eines Dritten. Der Empfänger kann als Dritter in das Frachtvertragsverhältnis zwischen Absender und Frachtführer eingreifen, indem er durch Weisungen den Vertrag abändert. Der Empfänger kann den Vertrag jedoch nicht abändern, auch nicht einvernehmlich mit dem Frachtführer, soweit Belange des Absenders dadurch tangiert würden

---

60 *Heuer*, Haftung, S. 154.
61 So aber *Koller*, Art. 12 CMR Rdn. 6.
62 *Koller*, Art. 12 CMR Rdn. 6.
63 *Hill/Messent*, CMR, S. 57.
64 BGH, 6.7.1979 – I ZR 127/78, BGHZ 75, 92, 95 = VersR 1979, 1105, 1106.
65 *Boesche*, in: EBJS, Art. 12 CMR Rdn. 6, weist darauf hin, dass damit der Empfänger geschützt werden kann, wenn dieser z.B. schon den Kaufpreis gezahlt hat.

(vgl. oben Rdn. 35). Der Frachtführer wird dadurch geschützt, dass auch der bevollmächtigte Empfänger verpflichtet ist, gem. Art. 12 Abs. 5 lit. a) CMR die erste Ausfertigung des Frachtbriefes vorzulegen. Praktisch denkbar ist die Ausübung des Weisungsrechts im Fall des Art. 12 Abs. 3 CMR also nur, wenn der Absender nach Ausstellung des Frachtbriefes die erste Ausfertigung per Luftpost oder Kurier dem Empfänger zur Verfügung stellt, bevor der CMR-Transport beginnt oder zumindest endet.[66] Der Empfänger wird damit in die Lage versetzt, unabhängig von den Entschlüssen des Absenders, über den Lauf des CMR-Transportes zu verfügen. Insofern hat der CMR-Frachtbrief Ähnlichkeiten mit einem Konnossement oder Ladeschein (vgl. Art. 4 Rdn. 21), wobei selbstverständlich dem CMR-Frachtbrief die Traditionsfunktion fehlt. Mit dem CMR-Frachtbrief kann also kein Eigentum an der Sendung übertragen werden.

38 Der Empfänger ist aber auch dann verfügungsberechtigt, wenn, wie bereits oben gesagt, dem Empfänger die zweite Ausfertigung des Frachtbriefs vom Frachtführer übergeben wird. Gleichfalls ist der Empfänger verfügungsbefugt, wenn der Empfänger die Übergabe des Frachtbriefs verlangen kann, weil der Frachtführer am Ende seiner Reise am Bestimmungsort mit der Sendung angekommen ist. Es kommt nicht darauf an, ob der Empfänger berechtigt war, die zweite Ausfertigung des Frachtbriefes zu erhalten. Entscheidend ist lediglich die faktische Übergabe der zweiten Ausfertigung des Frachtbriefes.[67]

39 Im Fall des Art. 13 Abs. 1 Satz 1 CMR kommt es nicht auf den Zeitpunkt der Ankunft an, sondern lediglich auf das Verlangen der Auslieferung dem Frachtführer gegenüber.[68]

40 Der Frachtführer kann nach Aushändigung der zweiten Ausfertigung an den Empfänger, wenn er Zweifel an der Legitimation des Weisungsgebers hat, vom Empfänger noch einmal Vorlage der zweiten Ausfertigung des Frachtbriefs verlangen. Dieses Ergebnis folgt aus Art. 12 Abs. 7 CMR.

41 Im Fall des Art. 12 Abs. 2, zweite Alternative CMR kann das Verfügungsrecht sowohl dem Absender als auch dem Empfänger zustehen. Denn gem. Art. 13 Abs. 1 CMR kann der Empfänger bereits die Übergabe der zweiten Ausfertigung verlangen, wenn der Transport am Empfangsort, aber noch nicht beim Empfänger, eingetroffen ist. Art. 12 Abs. 2, zweite Alternative CMR stellt jedoch nicht auf die Übergabe, sondern lediglich auf das abstrakte Verlangen-Können des Empfängers ab.

3. Konkurrenz der Weisungen

42 Gehen mehrere Weisungen des Absenders und/oder des Empfängers beim Frachtführer ein, so gilt, dass grundsätzlich der Frachtführer die Weisung in der

---

66 Hierauf weist *Glöckner*, Art. 12 CMR Rdn. 4, zu Recht hin.
67 Vgl. LG Augsburg, 22.1.1991 – 2 HKO 3684/90, TranspR 1991, 183, 185.
68 *Koller*, Art. 12 CMR Rdn. 7.

Art. 12 Abschluss und Ausführung des Beförderungsvertrages

Reihenfolge ihres Eingangs zu beachten hat. So hat es der Absender in der Hand, die Verfügungsbefugnis des Empfängers dadurch zu beenden, indem er den Frachtführer anweist, an einen anderen Empfänger auszuliefern.[69]

43 Liegen dem Frachtführer sowohl eine wirksame Verfügung des Absenders als auch eine gleichzeitig erklärte wirksame Verfügung des Empfängers vor (was nach der Systematik der CMR nur in den Fällen des Art. 15 Abs. 2 CMR vorkommen kann), so genießt die Absenderverfügung gem. Art. 15 Abs. 2 CMR Vorrang.[70]

44 Schließlich hebt eine wirksame Verfügung des Empfängers eine ältere, anders lautende Verfügung des Absenders auf.[71]

4. Weisungen des Dritten

45 Art. 12 Abs. 4 CMR räumt dem Empfänger die Möglichkeit ein, das Verfügungsrecht auf einen Dritten zu übertragen. Macht der Empfänger hiervon Gebrauch, so hat der Dritte die gleichen Verfügungsrechte wie der Empfänger mit einer Ausnahme: Er darf keine weiteren Empfänger bestimmen und das Verfügungsrecht nicht mehr weiterübertragen. Damit soll verhindert werden, dass der Frachtführer immer weitergeschickt wird und der Transport für ihn eine nicht mehr kalkulierbare Belastung wird.[72]

IV. Verfügungshindernisse und Benachrichtigung

46 Kann der Frachtführer eine Weisung nicht ausführen, so muss er unverzüglich den Anweisenden informieren, Art. 12 Abs. 6 CMR. Dies gilt gem. Art. 12 Abs. 6 CMR in allen Fällen des Art. 12 Abs. 5 lit. b) CMR, also in den Fällen, in denen die Ausführung der Weisung unmöglich wäre, den Betrieb des Frachtführers hemmen oder andere schädigen würde. Darüber hinaus ergibt sich auch aus der vertraglichen Schutzpflicht des Frachtführers eine Benachrichtigungspflicht des Frachtführers.[73]

47 Benachrichtigt der Frachtführer den Weisungsgeber nicht, so soll der Frachtführer analog Art. 12 Abs. 7 CMR haften.[74] Begründet wird diese Haftung damit, dass die Nicht-Benachrichtigung ein Minus zur Nicht-Ausführung der Weisun-

---

69 *Heuer*, Haftung, S. 154.
70 BGH, 5.2.1987 – I ZR 7/85, VersR 1987, 678, 679; *Helm*, Probleme der CMR, VersR 1988, 548, 554.
71 OLG Frankfurt/M., 18.12.1990 – 5 U 203/89, TranspR 1991, 249, 250.
72 Denkschrift, S. 38.
73 *Boesche*, in: EBJS, Art. 12 CMR Rdn. 16.
74 *Koller*, Art. 12 CMR Rdn. 8.

gen wäre.[75] Die Gegenansicht sah eine Haftung nach den Regeln der positiven Vertragsverletzung.[76] *Heuer* hingegen verneint eine Haftung insgesamt, weil er Art. 12 Abs. 7 CMR für abschließend hält.[77] *Heuer* meinte, das Unterlassen der Benachrichtigung habe lediglich eine Umkehr der Beweislast zur Folge. Er verkennt, dass durch das Schweigen des Frachtführers dem Verfügungsberechtigten erhebliche Schäden entstehen können. Den Frachtführer trifft aber anerkanntermaßen eine allgemeine Schutzpflicht für das übergebene Gut. Die Benachrichtigungspflicht ist eine konkrete Ausgestaltungsform der allgemeinen Schutzpflicht. Die Verletzung der Benachrichtigungspflicht löst daher auch eine Haftung aus.[78]

Die vorstehende Diskussion ist aber in den Fällen des national anwendbaren deutschen Rechts mittlerweile obsolet geworden, da die Lücke im deutschen Recht durch § 418 Abs. 5 HGB geschlossen wurde, der ausdrücklich eine Haftung des Frachtführers für unterlassene Benachrichtigungen normiert. Diese richtet sich dann aber nach § 433 HGB, das als *lex specialis* dem § 280 BGB vorgeht, was insbes. für die Haftungsbegrenzung von Bedeutung ist, von *Koller* aber verkannt wird.[79] **48**

V. Haftung des Verfügungsberechtigten

Der Verfügende haftet dem Frachtführer für den Ersatz aller Kosten und Schäden, die aufgrund der Ausführung der Verfügung entstanden sind, Art. 12 Abs. 5 lit. a) CMR. Unter Kosten sind die Aufwendungen des Frachtführers zu verstehen, die dieser zur Ausführung der Verfügung selbst aufwendet oder Dritten bezahlen muss. Seine eigenen gewerblichen Leistungen muss und darf der Frachtführer als erhöhte Selbstkosten ansetzen und belegen.[80] Der Frachtführer ist beim Einsatz eigener Hilfsmittel, deren Gemeinkosten sich nicht exakt berechnen lassen, berechtigt, die übliche Vergütung für seine Leistungen abzüglich eines angemessenen Gewinnabschlags zu verlangen.[81] Fremdleistungen sind als solche auszuweisen. **49**

Entgeht dem Frachtführer ein Gewinn, der bei anderweitigem Einsatz seiner Betriebsmittel angefallen wäre, so kann der Frachtführer den entgangenen Gewinn aus dem Gesichtspunkt des Schadens geltend machen; es handelt sich aber nicht **50**

---

75 *Koller*, Art. 12 CMR Rdn. 8.; *Hill/Messent*, CMR, S. 54; Baumgärtel/*Giemulla*, Art. 12 CMR Rdn. 8.
76 *Helm*, in: Großkomm. HGB, Art. 12 CMR Rdn. 45; MünchKommHGB/*Jesser-Huß*, Art. 12 CMR Rdn. 23.
77 *Heuer*, Haftung, S. 157.
78 MünchKommHGB/*Jesser-Huß*, Art. 12 CMR Rdn. 23.
79 *Koller*, § 418 HGB Rdn. 22.
80 Vgl. *Koller*, Art. 12 CMR Rdn. 3.
81 OLG München, 12.4.1991 – 23 U 1606/91, TranspR 1991, 298, 299; *Koller*, Art. 16 CMR Rdn. 2.

Art. 12 Abschluss und Ausführung des Beförderungsvertrages

um Kosten. Gleiches gilt, wenn der Frachtführer ansonsten Fremdleistungen mit Gewinnmarge weiterverkauft. Dies ist auch interessengerecht, da der Frachtführer im Gegenzug für das Handeln des Subunternehmers gem. Art. 3 CMR haftet.

51 Die Kosten und Schäden müssen kausal durch die Ausführung der Verfügung entstanden sein. Der Kosten- und Schadenersatzanspruch des Frachtführers ist weder der Höhe nach beschränkt noch verschuldensabhängig. Der Verfügende haftet für alle Kosten und Schäden unabhängig von deren Vorhersehbarkeit.[82]

VI. Haftung des Frachtführers

52 Art. 12 Abs. 7 CMR normiert eine verschuldensunabhängige Haftung des Frachtführers, die in der Höhe unbeschränkt ist.[83] Art. 12 Abs. 7 CMR enthält keine Einschränkung wie Art. 11 Abs. 3 CMR, wo der Schadensersatzanspruch durch die Werteinbuße bei Verlust des Gutes beschränkt ist (vgl. dort Art. 11 Rdn. 29).

1. Person des Berechtigten

53 Aus Art. 12 Abs. 7 CMR ist nicht direkt erkennbar, wer Anspruchsberechtigter gegenüber dem Frachtführer sein soll. Art. 12 Abs. 7 CMR spricht lediglich vom Berechtigten. *Helm* weist nach, dass Berechtigter i.S.d. Art. 12 Abs. 7 CMR und Verfügungsberechtigter i.S.d. Art. 12 CMR insgesamt trotz der sprachlichen Unterschiede in den englischen und französischen Texten gleichbedeutend sind.[84] Der Absender verliert auch seinen einmal entstandenen Schadensersatzanspruch nicht wieder, wenn der Empfänger verfügungsbefugt wird[85] (vgl. Art. 12 Abs. 2 CMR). Durfte der Empfänger wirksam verfügen, hat er aber später z.B. wegen Annahmeverweigerung sein Verfügungsrecht verloren, so kommt der Absender in den Genuss des Schadensersatzanspruchs, wenn der Frachtführer gegen die Weisung des Empfängers verstieß.[86]

2. Haftung für Nichtausführung von Weisungen

54 Voraussetzung für die Haftung des Frachtführers für die Nichtausführung der Weisung ist, dass die Weisung wirksam ist (vgl. oben Rdn. 14 ff.). Weiterhin muss die Weisung dem Frachtführer derart zugegangen sein, dass er bei Anwendung der im Verkehr erforderlichen Sorgfalt von ihr Kenntnis erlangen konnte (vgl. oben Rdn. 8).

---

82 Vgl. im Übrigen Art. 10 Rdn. 31 ff.
83 *Helm*, in: Großkomm. HGB, Art. 12 CMR Rdn. 51; *Koller*, Art. 12 CMR Rdn. 9.
84 *Helm*, Probleme der CMR, VersR 1988, 548, 552, 553.
85 *Otte*, in: Ferrari/Kieninger/Mankowski et al., Art. 12 CMR Rdn. 27.
86 *Koller*, Art. 12 CMR Rdn. 10.

3. Konkurrenz der Haftung bei gleichzeitigem Verlust oder Beschädigung

Kommt es aufgrund der Nichtausführung der Weisung zum *Verlust der Güter*, so soll der Frachtführer jedoch nicht nach Art. 12 Abs. 7 CMR, sondern *ausschließlich* nach Art. 17 CMR haften.[87] Andererseits hat der BGH in einer zum Warschauer Abkommen ergangenen Entscheidung die beschränkte Haftung nach den Art. 17ff. WA, die mit den Art. 17ff. CMR vergleichbar sind, nicht für abschließend erklärt.[88] Der BGH hatte entschieden, dass es sich bei der Haftung nach Art. 12 Abs. 3 WA, vergleichbar mit Art. 12 Abs. 7 CMR, um eine außerhalb der Haftungsregeln für Beschädigung stehende Norm handelt und somit keine Begrenzung eingreift.[89] 55

Die Auseinandersetzung dreht sich um die Frage, ob die Art. 17ff. CMR *ausschließlich* für Güterschäden gelten sollen. Die Grenze zieht die CMR selbst in Art. 23 CMR. Die Haftung ist zwingend für die Fälle des Verlustes oder der Beschädigung (über Art. 25 CMR) geregelt und begrenzt. Art. 12 Abs. 7 CMR ändert insoweit nichts, da auch Art. 12 Abs. 7 CMR eine Haftung „aufgrund der Bestimmungen dieses Übereinkommens" (vgl. Art. 23 Abs. 1 CMR) normiert. Art. 23 CMR kappt somit jede Anspruchsgrundlage der CMR, die Schadensersatz wegen Verlust bzw. über Art. 25 CMR Schadensersatz wegen Beschädigung gewährt. Der Ansicht des BGH im Urteil vom 27.1.1982[90] ist daher zu folgen. Die Rechtsprechung des BGH ist auch nicht widersprüchlich. Die Regelungen der Art. 22ff. WA sind nicht vergleichbar mit den Art. 23ff. CMR, insbes. fehlt im Warschauer Abkommen der zuvor zitierte Abs. 1 des Art. 23 CMR. In den Fällen, in denen der Frachtführer entgegen einer erteilten und wirksamen Weisung handelt, dürfte er in der Praxis vorsätzlich oder mit einem dem Vorsatz gleichstehenden Verschulden gehandelt haben mit der Folge, dass Art. 29 CMR Anwendung findet.[91] 56

4. Haftung für Ausführung ohne Vorlage der notwendigen Frachtbriefausfertigung

Der Frachtführer haftet aber nicht nur bei Nichtausführung von Weisungen. Er haftet gem. Art. 12 Abs. 7, 2. Alternative CMR auch dann, wenn er eine Weisung befolgt, sich vom Verfügungsberechtigten jedoch keine entsprechende Ausferti- 57

---

[87] Vgl. BGH, 27.1.1982 – I ZR 33/80, RIW 1982, 670f. = TranspR 1982, 105, 106 = VersR 1982, 669, 670 = NJW 1982, 1944, 1945 = DB 1982, 2692f. = MDR 1982, 986f. = VRS 1982, 193ff. = ETR 1985, 349ff.; *Heuer*, Haftung, S. 159.
[88] BGH, 19.3.1976 – I ZR 75/74, WM 1976, 566, 567.
[89] BGH, 19.3.1976 – I ZR 75/74, WM 1976, 566, 567.
[90] I ZR 33/80, RIW 1982, 670f. = TranspR 1982, 105, 106 = VersR 1982, 669, 670 = NJW 1982, 1944, 1945 = DB 1982, 2692f. = MDR 1982, 986f. = VRS 1982, 193ff. = ETR 1985, 349ff.
[91] Vgl. auch *Helm*, Probleme der CMR, VersR 1988, 548, 554.

Art. 12 Abschluss und Ausführung des Beförderungsvertrages

gung des Frachtbriefes vorlegen lässt. Sinn und Zweck dieser Regelung ist es, dass der Verfügungsberechtigte die gerade erteilte Weisung in alle Ausfertigungen des Frachtbriefes einträgt. Damit soll vor allem dem Empfänger gegenüber der nunmehr abgeänderte Inhalt des Frachtvertrages dokumentiert werden.

58 Der CMR-Frachtbrief hat eine Legitimationsfunktion; vgl. oben Rdn. 9 ff. Art. 12 Abs. 7 CMR schützt das Vertrauen auf die Legitimation des Frachtbriefes. In den Schutzkreis einbezogen sind Absender, Empfänger und auch Dritte. Der Absender wird gegen Weisungen des Empfängers geschützt, wenn z. B. die Sendung per Nachnahme reist. Der Absender ist darauf angewiesen, dass der Empfänger erst dann weisungsberechtigt ist, wenn er den Kaufpreis und/oder die Fracht dem Frachtführer auch bezahlt. Dieser Schutz lässt sich nur durch eine Haftung des Frachtführers realisieren, die auch eingreift, falls der Frachtführer Weisungen des Verfügungsberechtigten ohne Vorlage des Frachtbriefes befolgt.[92]

59 In der Praxis kommt es auch vor, dass die Akkreditivbank des Käufers frachtbriefmäßige Empfängerin ist; der faktische Empfänger (Käufer) ist dann Dritter i. S. d. Art. 12 Abs. 4 CMR.[93] Sowohl die Akkreditivbank als auch der Käufer sind somit Berechtigte i. S. d. Art. 12 Abs. 7 CMR. Der Schutzgedanke ist also der gleiche wie beim Absender.

60 Daraus folgt, dass der Frachtführer nicht nur gem. Art. 12 Abs. 7 CMR haftet, wenn er eine Weisung beachtet, ohne sich den Frachtbrief vorlegen zu lassen. Als Minus dazu haftet der Frachtführer auch dann, wenn er sich zwar den Frachtbrief vorlegen lässt, jedoch nicht darauf achtet, dass die Weisung nicht eingetragen und damit für spätere Verfügungsberechtigte dokumentiert ist.

61 Den Frachtführer kann aber auch eine Haftung aus Art. 12 Abs. 7 CMR treffen, wenn gar kein Frachtbrief ausgestellt wurde. So haftet ein Frachtführer für den Verlust der Sendung, wenn der Absender den Frachtführer anweist, den begonnenen Transport zum Abgangsort zurückzuordern und der Frachtführer trotzdem an den nicht mehr berechtigten Empfänger abliefert. Der BGH sah in der Weisung des Absenders eine wirksame Abänderung des Frachtvertrages, auch wenn nie

---

[92] Hat z. B. eine Bank ein Exportgeschäft auf Seiten des Verkäufers finanziert und ist der Kaufvertrag auf der Basis „frei Grenze" geschlossen worden, so kann der Absender nach Transportbeginn die erste Ausfertigung des Frachtbriefes seiner Bank übergeben, die den Frachtführer zwar anweist, den Transport an der Grenze so lange stehen zu lassen, bis der Käufer an die Bank gezahlt hat, den Frachtbrief jedoch nicht vorlegt und diese Weisung auch nicht einträgt. Zahlt nach einer Woche der Empfänger den Kaufpreis, und erreicht der Transport den dann ahnungslosen Empfänger, der in Unkenntnis der Weisung die Ware an einen Dritten weiterleitet, obwohl die Sendung aufgrund inneren Verderbs beim Empfänger bereits hätte ausgeladen werden müssen, so kann der Empfänger vom Frachtführer Schadensersatz nach Art. 12 Abs. 7 CMR verlangen, weil der Frachtführer sich die erste Ausfertigung des Frachtbriefes nicht hat vorlegen lassen. Den Frachtführer trifft aufgrund des inneren Verderbs keine Haftung aus Art. 17 Abs. 4 lit. d) CMR. Der Frachtführer haftet dem Empfänger, der nach Ankunft der Sendung Berechtigter gem. Art. 12 Abs. 2, 13 Abs. 1 CMR geworden ist, nach Art. 12 Abs. 7 CMR, jedoch in der Höhe begrenzt durch Art. 23, 25 CMR, da hier das Gut beschädigt wurde.
[93] OLG Hamburg, 17.11.1983 – 6 U 130/83, VersR 1984, 236.

ein Frachtbrief ausgestellt wurde und deshalb die buchstäblichen Voraussetzungen des Art. 12 Abs. 5 lit. a) CMR nicht erfüllt waren. Der BGH führte aus, dass für den Fall, dass kein Frachtbrief ausgestellt ist, der Frachtführer auch nicht befürchten muss, dass der Empfänger oder ein Dritter Weisungen erteilen kann.[94] Trotzdem muss der Frachtführer die Weisung seines Vertragspartners, des Absenders, beachten, wenn er die Haftung gem. Art. 12 Abs. 7 CMR vermeiden will.[95] In dem vom BGH entschiedenen Fall haftete der Frachtführer nur deshalb nach Art. 17 CMR, weil der Verlust (und die Beschädigung) in den Abs. 17 CMR ff. abschließend geregelt ist. Wäre dem Absender darüber hinaus auch ein Vermögensschaden entstanden, der nicht nach den Art. 17 CMR ff. zu ersetzen ist, so hätte der Frachtführer für die nicht befolgte Weisung auch nach Art. 12 Abs. 7 CMR gehaftet, obwohl kein Frachtbrief ausgestellt war.

5. Vorlage des Frachtbriefs durch den Nichtweisungsberechtigten

Ein dritter Problemfall des Art. 12 Abs. 7 CMR ist die Ausführung einer Weisung eines Nichtweisungsberechtigten, wenn dieser trotz seiner fehlenden Verfügungsbefugnis die entsprechende Frachtbriefausfertigung vorlegt. *Heuer* bildet dafür das Beispiel, dass der nicht gem. Art. 12 Abs. 2 und 3 CMR berechtigte Empfänger dem Frachtführer die erste Ausfertigung des Frachtbriefes noch vor Ankunft des Transports am Empfangsort vorlegt und weiter an einen Dritten verfügt.[96] Der Frachtführer muss zu diesem Zeitpunkt davon ausgehen, dass der Absender noch verfügungsbefugt ist. Der Frachtführer kann daher die Weisung des Empfängers unbeachtet lassen, da dieser noch nicht verfügungsbefugt ist (vgl. Art. 12 Abs. 2 CMR), ohne eine Haftung nach Art. 12 Abs. 7 CMR fürchten zu müssen. Beachtet der Frachtführer die Weisung des Empfängers und entsteht dem Absender deswegen ein Schaden, so haftet der Frachtführer nach dem Wortlaut des Art. 12 Abs. 7 CMR aber auch nicht, da Art. 12 Abs. 7 CMR lediglich auf die Vorlage des CMR-Frachtbriefes abstellt.[97] *Koller* kommt zum gleichen Ergebnis, meint jedoch, dass es dem Absender am Schaden fehle, weil der Absender nach Begebung der ersten Ausfertigung des Frachtbriefes die Auslieferung an den Empfänger sowieso nicht mehr hätte verhindern können.[98] *Koller* übersieht, dass dem Absender der Frachtbrief auch i.S.d. § 935 BGB abhanden gekommen sein kann. Angesichts des klaren Wortlauts des Art. 12 Abs. 7 CMR sind Konstruktionsversuche jedoch unnötig. Zu Recht weist *Koller* schließlich

62

---

94 Vgl. BGH, 27.1.1982 – I ZR 33/80, RIW 1982, 670f. = NJW 1982, 1944, 1945 = VersR 1982, 669, 670; DB 1982, 2692f. = MDR 1982, 986f. = VRS 1982, 193ff. = ETR 1985, 349ff.
95 BGH, 27.1.1982 – I ZR 33/80, RIW 1982, 670f. = NJW 1982, 1944, 1945 = VersR 1982, 669, 670; DB 1982, 2692f. = MDR 1982, 986f. = VRS 1982, 193ff. = ETR 1985, 349ff.
96 *Heuer*, Haftung, S. 158.
97 *Heuer*, Haftung, S. 158.
98 *Koller*, Art. 12 CMR Rdn. 11.

Art. 12 Abschluss und Ausführung des Beförderungsvertrages

darauf hin, dass das Auslieferungsbegehren eben durch die erste Ausfertigung des Frachtbriefs dokumentiert wird.

6. Sonstige p.V.V.

63 Allgemein anerkannt ist, dass der Frachtführer im Fall der Anwendbarkeit deutschen nationalen Rechts auch im Fall der positiven Vertragsverletzung haftet. Die Haftung des Frachtführers aus p.V.V. bzw. § 433 HGB kann mit der Haftung aus Art. 12 Abs. 7 CMR nicht konkurrieren. Der Frachtführer haftet nach Art. 12 Abs. 7 CMR, wenn er eine Weisung missachtet. Missachtet er aber eine getroffene Vereinbarung des Frachtvertrages, so haftete er früher unbegrenzt nach p.V.V.[99] bzw. heute begrenzt nach § 433 HGB.

7. Umfang der Haftung des Frachtführers

64 Nach Art. 12 Abs. 7 CMR sind ausschließlich Vermögensschäden zu ersetzen.[100] Güter- und Verspätungsschäden werden ausschließlich im Rahmen der Art. 17 ff. CMR reguliert, da diese Regelungen abschließend sind.[101] Die Haftung für Vermögensschäden ist der Höhe nach unbegrenzt.

VII. Beweisfragen

65 Für die Entstehung des Verfügungsrechts gem. Art. 12 Abs. 2 oder Abs. 3 CMR ist der Empfänger darlegungs- und beweisbelastet.[102] Dem gegenüber kann der Absender beweisen, dass die Erteilung der Verfügungsmacht i.S.d. Art. 12 Abs. 3 CMR an den Empfänger unwirksam war.[103]

66 Nimmt der Frachtführer den Verfügungsberechtigten aufgrund Art. 12 Abs. 5 lit. a) CMR in Anspruch, so hat der Frachtführer die Weisung, die Kosten und/oder den Schaden sowie die Kausalität zwischen Weisung und Kosten bzw. Schäden zu beweisen.[104]

67 Die Absenderausfertigung des Frachtbriefes ist dem Frachtführer nicht nach Art. 12 Abs. 5 lit. a) CMR zu übergeben, sondern lediglich vorzuweisen. Der Frachtführer kann die Ausfertigung nicht als Beweisstück einbehalten. Der

---

99 OLG Hamburg, 30.8.1984 – 6 U 57/84, VersR 1985, 832.
100 *Heuer*, Haftung, S. 159.
101 BGH, 27.1.1982 – I ZR 33/80, RIW 1982, 670 f. = DB 1982, 2692 = NJW 1982, 1944 = ETR 1985, 249 = MDR 1982, 986 f. = VRS 1982, 193 ff.; a.A. *Koller*, Art. 12 CMR Rdn. 9; *Glöckner*, Art. 12 Rdn. 12.
102 Vgl. Baumgärtel/*Giemulla*, Art. 12 CMR Rdn. 3–5.
103 Vgl. Baumgärtel/*Giemulla*, Art. 12 CMR Rdn. 5.
104 Bäumgärtel/*Giemulla*, Art. 12 CMR Rdn. 7.

Frachtführer kann vielmehr im Prozess die Vorlage des Frachtbriefs nach §§ 440 ZPO, 810 BGB verlangen.[105]

Will der Absender die Haftung des Frachtführers gem. Art. 12 Abs. 7 CMR in Anspruch nehmen, weil er eine Weisung missachtet hat, so muss er seine Berechtigung, die Weisung, den Schaden, die Kausalität zwischen Nichtbeachtung der Weisung und Schaden sowie die Höhe des Schadens beweisen.[106] **68**

Will der Absender einen Schadensersatzanspruch geltend machen, weil der Frachtführer sich den Frachtbrief nicht hat vorlegen lassen, so muss der Absender seine Berechtigung, den Schaden, die Kausalität zwischen Nichtvorlage des Frachtbriefes und Schaden sowie die Höhe des Schadens beweisen.[107] Die Nichtvorlage des Frachtbriefes braucht der Absender jedoch nur schlüssig zu behaupten, nicht zu beweisen, da vom Absender nicht die Führung eines Negativbeweises erwartet werden kann. Es obliegt dann dem Frachtführer zu beweisen, dass ihm der Frachtbrief vorlag.[108] **69**

Konnte der Frachtführer die erteilte Weisung nicht ausführen, so muss er im Fall der Inanspruchnahme die Voraussetzungen des Art. 12 Abs. 5 lit. b) CMR darlegen und beweisen. Ebenso hat der Frachtführer die Benachrichtigung des Berechtigten über die Nichtausführbarkeit der Weisung darzulegen und zu beweisen.[109] **70**

---

105 Vgl. BGH, 27.1.1982 – I ZR 33/80, RIW 1982, 670f. = NJW 1982, 1944, 1945 = VersR 1982, 669, 670; DB 1982, 2692f. = MDR 1982, 986f. = VRS 1982, 193ff. = ETR 1985, 349ff.
106 Baumgärtel/*Giemulla*, Art. 12 CMR Rdn. 10.
107 Baumgärtel/*Giemulla*, Art. 12 CMR Rdn. 10.
108 Baumgärtel/*Giemulla*, Art. 12 CMR Rdn. 10.
109 Vgl. Baumgärtel/*Giemulla*, Art. 12 CMR Rdn. 8f.

Art. 13

bearbeitet von RA Dr. Jürgen Temme, Düsseldorf

1. Nach Ankunft des Gutes an dem für die Ablieferung vorgesehenen Ort ist der Empfänger berechtigt, vom Frachtführer zu verlangen, daß ihm gegen Empfangsbestätigung die zweite Ausfertigung des Frachtbriefes übergeben und das Gut abgeliefert wird. Ist der Verlust des Gutes festgestellt oder ist das Gut innerhalb der in Artikel 19 vorgesehenen Frist nicht angekommen, so kann der Empfänger die Rechte aus dem Beförderungsvertrage im eigenen Namen gegen den Frachtführer geltend machen.

2. Der Empfänger, der die ihm nach Absatz 1 zustehenden Rechte geltend macht, hat den Gesamtbetrag der aus dem Frachtbrief hervorgehenden Kosten zu zahlen. Bei Streitigkeiten hierüber ist der Frachtführer zur Ablieferung des Gutes nur verpflichtet, wenn ihm der Empfänger Sicherheit leistet.

Literatur: *Demuth*, Ausführender Frachtführer auch im CMR-Bereich?, TranspR 1999, 100; *Helm*, Probleme der CMR: Geltungsbereich – ergänzendes Recht – Frachtbrief – Weisungsbefugnis – aufeinanderfolgende Frachtführer, TranspR 1988, 548; ders., Der Ersatzberechtigte im CMR-Haftpflicht-Fall, TranspR 1983, 29; *Heuer*, Das künftige deutsche Frachtrecht, TranspR 1998, 45; *Koller*, Die Person des Schadensersatzberechtigten bei Ansprüchen aus Art. 17 CMR, RIW 1988, 254, 257; ders., Die Inanspruchnahme des Empfängers für Beförderungskosten durch Frachtführer oder Spediteur, TranspR 1993, 41; ders., Vertragliche Direktansprüche gegen schädigende Unterfrachtführer im Straßentransportrecht, VersR 1993, 920; ders., Der Unterfrachtführer als Schuldner und Gläubiger, TranspR 2009, 445; *Piper*, CMR-Probleme unter Berücksichtigung der BGH-Rechtsprechung, TranspR 1990, 357; ders., Einige ausgewählte Probleme des Schadensersatzrechts der CMR, VersR 1988, 201; *Thume*, Keine Rechte des Empfängers nach Art. 13 Abs. 1 CMR und § 435 HGB gegen den Unterfrachtführer?, TranspR 1991, 85.

Übersicht

	Rdn.
I. Allgemeines	1
II. Übergabe des Frachtbriefes	6
III. Ablieferung des Gutes	8
IV. Schadensersatzansprüche des Empfängers	12
1. Person des Empfängers	13
2. Passivlegitimation des Hauptfrachtführers	16
V. Haftung des Frachtführers	18
1. Schadensersatz wegen Verlustes	19
2. Schadensersatz wegen Verspätung	21
3. Schadensersatz wegen Beschädigung des Gutes	24
VI. Doppellegitimation, Drittschadensliquidation und Prozessstandschaft	26
1. Aktivlegitimation des Absenders	26
2. Drittschadensliquidation	28
3. Prozessstandschaft	29
VII. Zahlungspflicht des Empfängers	31
VIII. Beweisfragen	42

I. Allgemeines

Art. 13 regelt die Rechtsverhältnisse zwischen Frachtführer und Empfänger nach Ankunft des Gutes am Empfangsort. Zunächst einmal ist der Empfänger berechtigt, nach Ankunft des Gutes an dem für die Ablieferung vorgesehenen Ort vom Frachtführer zu verlangen, dass ihm gegen Empfangsbestätigung die zweite Ausfertigung des Frachtbriefes übergeben und das Gut abgeliefert wird. Der Empfänger hat also einen gesetzlichen Anspruch darauf, Verfügungsbefugter i.S.d. Art. 12 Abs. 2 CMR zu werden. Die Verfügungsbefugnis selbst entsteht bereits mit dem Verlangen auf Aushändigung der zweiten Ausfertigung des Frachtbriefes. 1

Darüber hinaus hat der Empfänger einen Anspruch auf Ablieferung des Gutes. Hieraus wird deutlich, dass der CMR-Frachtvertrag ein Vertrag zugunsten Dritter ist.[1] Denn durch Abschluss des Frachtvertrages zwischen Absender und Frachtführer erwächst dem Empfänger das selbstständige Recht, die Ablieferung verlangen zu können. 2

Die in der Praxis weitaus größte Bedeutung kommt jedoch Art. 13 Abs. 1 Satz 2 CMR zu. Der Empfänger, obwohl i.d.R. nicht Vertragspartner, erhält einen eigenen Schadensersatzanspruch gegen den Frachtführer, falls das Gut verloren ging, verspätet ankam oder beschädigt wurde (vgl. unten Rdn. 12 ff.). 3

Macht der Empfänger die sich aus Art. 13 Abs. 1 CMR ergebenden Rechte geltend, haftet er dem Frachtführer für den Gesamtbetrag der aus dem Frachtbrief hervorgehenden Kosten; Art. 13 Abs. 2 CMR. Besteht hierüber zwischen Empfänger und Frachtführer Streit, so kann der Frachtführer Sicherheitsleistung verlangen. Der Frachtvertrag ist jedoch kein Vertrag zu Lasten Dritter. Der Empfänger haftet nur dann für die Kosten des Frachtführers, wenn er aktiv die Herausgabe der zweiten Ausfertigung des Frachtbriefes und das Gut verlangt und/oder Schadensersatzansprüche geltend macht. 4

Unabhängig von den Rechten des Empfängers hat auch der Absender weiterhin seinen Anspruch aus dem Frachtvertrag, vom Frachtführer Erfüllung durch Ablieferung des Gutes an den Empfänger zu verlangen.[2] 5

II. Übergabe des Frachtbriefes

Aus dem Frachtbrief ergibt sich der Ort, zu dem der Frachtführer das Gut transportieren soll. Kommt der Frachtführer dort an, kann der im Frachtbrief bezeichnete Empfänger vom Frachtführer verlangen, dass ihm die zweite Ausfertigung des Frachtbriefes übergeben wird. Der Frachtführer kann demgegenüber verlangen, dass ihm eine Empfangsbestätigung für die Übergabe des Gutes erteilt wird; 6

---

1 Statt aller: MünchKommHGB/*Jesser-Huß*, Art. 13 CMR Rdn. 2 m.w.N.
2 Vgl. Vor Art. 17 Rdn. 6 ff.; *Koller*, Art. 13 CMR Rdn. 1; *Hill/Messent*, CMR, S. 57 f.

Art. 13 Abschluss und Ausführung des Beförderungsvertrages

i.d.R. erfolgt dies durch eine Quittung.³ Weigert sich der Empfänger, eine Quittung zu erteilen, so steht dem Frachtführer ein Leistungsverweigerungsrecht dergestalt zu, dass er die Herausgabe der Sendung verweigern kann.⁴

7 Unter Ort der Ablieferung ist nicht nur die politische Gemeinde zu verstehen, sondern die exakte Adresse des Empfängers, so wie sie im Frachtbrief verzeichnet oder durch spätere Weisung i.S.d. Art. 12 CMR geändert wurde.⁵ Keine Stütze im Wortlaut und auch in Sinn und Zweck findet die Ansicht von *Jesser-Huß*, die Ankunft des Gutes im wirtschaftlich zum Einzugsgebiet der politischen Gemeinde gehörenden Güterverteilzentrum ausreichen zu lassen.⁶ Im verbindlichen englischen Originaltext der CMR heißt es „at the place designated for delivery". Damit ist die exakt bezeichnete Ablieferungsstelle beschrieben.⁷ Der Anspruch auf Herausgabe der zweiten Ausfertigung des Frachtbriefes und Ablieferung des Gutes steht der im CMR-Frachtbrief als Empfängerin oder durch Weisung bezeichneten Person zu.

III. Ablieferung des Gutes

8 Hat der Empfänger die zweite Ausfertigung des Frachtbriefes erhalten, kann er jetzt oder später die Herausgabe der Sendung verlangen. Der Frachtführer ist zur Ablieferung verpflichtet. Nach der Definition des BGH⁸ ist unter Ablieferung die frachtbriefmäßig vorgesehene vollständige und unbeschädigte Übergabe des Gutes zu verstehen. Hieran äußert die Literatur Kritik.⁹ Es wird zu Recht darauf hingewiesen, dass nach dieser Definition Ablieferung von beschädigtem Gut nicht verlangt werden könnte. Unter Ablieferung ist daher vielmehr der Vorgang zu verstehen, durch den der Frachtführer den Gewahrsam an dem beförderten Gut im Einvernehmen mit dem Empfänger aufgibt und diesen in den Stand versetzt, die tatsächliche Gewalt über das Gut auszuüben.¹⁰ Nicht erforderlich ist, dass der Empfänger den Besitz des Gutes körperlich ergriffen hat; es genügt, dass ein Verhältnis hergestellt wird, das dem zur Entgegennahme bereiten Empfänger die Einwirkungsmöglichkeit auf das Gut einräumt.¹¹

9 Ablieferung liegt jedoch nicht vor, wenn der Lastkraftwagen am Empfangsort vor dem Büro des Empfängers hält und dieser den LKW zu einem seiner Lager-

---

3 *Koller*, Art. 13 CMR Rdn. 2; *Boesche*, in: EBJS, Art. 13 CMR Rdn. 3.
4 *Koller*, Art. 13 CMR Rdn. 2
5 BGH, 15. 1. 1987 – I ZR 215/84, TranspR 1987, 344, 347 = VersR 1987, 980, 981; MünchKommHGB/*Jesser-Huß*, Art. 13 CMR Rdn. 7.
6 MünchKommHGB/*Jesser-Huß*, Art. 13 CMR Rdn. 7.
7 *Boesche*, in: EBJS, Art. 13 CMR Rdn. 4.
8 Urteil, 6. 7. 1979 – I ZR 127/78, BGHZ 75, 92, 95 = VersR 1979, 1105, 1106.
9 *Koller*, Art. 13 CMR Rdn. 3; *Glöckner*, Art. 13 CMR Rdn. 7.
10 Vgl. Art. 17 Rdn. 20ff. m.w.N.; OLG Düsseldorf, 27. 4. 1955 – 7 U 121/54, NJW 1955, 1322f.; *Glöckner*, Art. 13 CMR Rdn. 2.
11 OLG Düsseldorf, 27. 4. 1955 – 7 U 121/54, NJW 1955, 1322f.

plätze weiterdirigiert.¹² Auch diese Strecke liegt noch im Haftungsbereich des Frachtführers, da Ablieferung erst am Lagerplatz des Empfängers stattfindet.¹³

Der Empfangsort kann jedoch auch ein anderer als der im Frachtbrief bezeichnete Empfangsort sein, wenn der Empfänger von seinem Recht gem. Art. 12 Abs. 4 CMR Gebrauch macht und den Frachtführer anweist, das Gut an einen Dritten auszuliefern. 10

Nicht erforderlich für das Verlangen des Empfängers, die zweite Ausfertigung des Frachtbriefes und anschließend das Gut zu erhalten, ist die Vorlage der ersten Ausfertigung des Frachtbriefes i.S.d. Art. 12 Abs. 5 lit. a) CMR.¹⁴ 11

IV. Schadensersatzansprüche des Empfängers

Hat der Empfänger die zweite Ausfertigung des Frachtbriefes erhalten, und/oder wurde ihm das Gut abgeliefert, so kann der Empfänger Ansprüche gegen den Frachtführer geltend machen.¹⁵ Nach dem Wortlaut des Art. 13 Abs. 1 Satz 2 CMR ist der Empfänger berechtigt, wegen des Verlustes des Gutes oder wegen verspäteter Anlieferung Rechte aus dem Beförderungsvertrag gegen den Frachtführer geltend zu machen. Nach herrschender Meinung (vgl. unten Rdn. 16f.) ist der Empfänger auch berechtigt, Ansprüche wegen Beschädigung des Gutes gegen den Frachtführer geltend zu machen. Allerdings ist der Empfänger dann nicht anspruchsberechtigt, wenn er den Schaden des Gutes vor Ablieferung erkannte und deshalb das Gut zurückgewiesen hat, statt sich den Frachtbrief aushändigen zu lassen. Der BGH will jedoch dem Empfänger auch dann Ansprüche einräumen.¹⁶ 12

1. Person des Empfängers

Die Aktivlegitimation zur Geltendmachung der Ansprüche gegen den Frachtführer steht dem Empfänger bzw. der durch Weisung bezeichneten Person zu.¹⁷ Die Bezeichnung des Empfängers erfolgt i.d.R. im Frachtbrief, kann jedoch auch während der Beförderung durch Weisung geschehen.¹⁸ Nur an den benannten Empfänger hat der Frachtführer die zweite Ausfertigung des Frachtbriefes nach Ankunft am Bestimmungsort auszuhändigen und nur diesem Empfänger hat der 13

---

12 *Helm*, in: Großkomm. HGB, Art. 13 CMR Rdn. 1.
13 OLG Düsseldorf, 27. 4. 1955 – 7 U 121/54, NJW 1955, 1322f.; *Glöckner*, Art. 13 CMR Rdn. 2, der die unveröffentlichten Entscheidungen OLG Zweibrücken (v. 23. 9. 1966 – 1 U 40/66) und LG Frankfurt/M. (v. 14. 5. 1965 – 3/3 O 228/64) zitiert.
14 *Loewe*, ETR 1976, 503, 545.
15 MünchKommHGB/*Jesser-Huß*, Art. 13 CMR Rdn. 16.
16 BGH, 15. 10. 1998 – I ZR 111/96, TranspR 1999, 102, 103f. = NJW 1999, 1110; BGH, 15.12.2005 – I ZR 95/03, TranspR 2006, 210.
17 *Helm*, in: Großkomm. HGB, Art. 13 CMR Rdn. 1.
18 BGH, 15. 10. 1998 – I ZR 111/96, TranspR 1999, 102 = NJW 1999, 1110.

Art. 13 Abschluss und Ausführung des Beförderungsvertrages

Frachtführer das Gut abzuliefern.[19] Einzig denkbare Ausnahme hiervon ist der vom frachtbriefmäßigen Empfänger bestimmte Dritte i. S. d. Art. 12 Abs. 4 CMR.[20]

14 Empfänger ist nicht der Käufer der Ware, der lediglich als „Notify address" aufgeführt ist, oder der Adressat, der unter Missachtung von Art. 12 Abs. 4 CMR von dem Zweitempfänger bestimmt wird. Empfänger ist ebenfalls nicht der Empfänger aus wirtschaftlicher Sicht.[21]

15 Wird der Empfänger im Frachtbrief offen gelassen, kommt es darauf an, ob während des Verfügungszeitraumes des Absenders (vgl. oben Art. 12 Rdn. 5 ff.) der Absender durch Vorlage der ersten Ausfertigung des Frachtbriefes den Frachtvertrag derart schriftlich konkretisiert, dass nunmehr ein Empfänger i. S. d. Art. 6 Abs. 1 lit. e) CMR eingetragen wird. Dann handelt es sich um einen Empfänger i. S. d. Art. 13 CMR.[22]

2. Passivlegitimation des Hauptfrachtführers

16 Nach der – inzwischen überholten – Rechtsprechung des Bundesgerichtshofes hatte der Empfänger lediglich Ansprüche gegen den Hauptfrachtführer, soweit kein Fall der aufeinanderfolgenden Frachtführer gem. Art. 34 ff. CMR vorlag.[23] Wurde der Transport nicht vom Hauptfrachtführer, sondern vom Unterfrachtführer durchgeführt, so blieb nach früherer Ansicht des Bundesgerichtshofes der Hauptfrachtführer allein passivlegitimiert. Der BGH hat diese Rechtsprechung nun ausdrücklich aufgegeben,[24] auf die Folgen verwies als erster *Thume*.[25] Der BGH folgt nun ausdrücklich der herrschenden Meinung, die zum Verständnis nachstehend für eine Übergangszeit noch dargestellt werden soll:

17 Die – inzwischen überholte – Rechtsprechung wurde von der Literatur kritisiert. *Thume* und *Koller* vertreten die Ansicht, dass der Hauptfrachtführer auch mit dem Unterfrachtführer, der kein aufeinanderfolgender Frachtführer i. S. d. Art. 34 ff. CMR ist, einen normalen Frachtvertrag abschließt, aus dem Letzterer seinem Auftraggeber und nach Maßgabe des Art. 13 CMR bzw. § 435 HGB a. F. auch dem in diesem Unterfrachtvertrag benannten Empfänger hafte.[26] Sie vertreten die These, auch der Frachtvertrag zwischen Hauptfrachtführer und Unter-

---

19 *Boesche*, in: EBJS, Art. 13 CMR Rdn. 5.
20 Vgl. Art. 12 CMR Rdn. 36 ff.; OLG Düsseldorf, 13. 11. 1980 – 18 U 123/80, VersR 1982, 89; OLG Hamburg, 17. 11. 1983 – 6 U 130/83, VersR 1984, 236.
21 BGH, 8. 7. 2004 – I ZR 272/01, NJW-RR 2004, 1480; OLG Düsseldorf, 2. 3. 1989 – 18 U 224/88, TranspR 1989, 423 = VersR 1989, 1319.
22 OLG Düsseldorf, 2. 3. 1989 – 18 U 224/88, TranspR 1989, 423; OLG Hamm, 15. 9. 1988 – 18 U 260/88, TranspR 1989, 55, 56; BGH, 8. 7. 2004 – I ZR 272/02.
23 BGH, 24. 10. 1991 – I ZR 208/89, VersR 1992, 640 = RIW 1992, 339; vgl. unten Art. 34 Rdn. 4; dem BGH folgend: *Boesche*, in: EBJS, Art. 13 CMR Rdn. 8.
24 BGH, 14.6.2007 – I ZR 50/05, BGHZ 172, 330, 336 = TranspR 2007, 425, 427.
25 Anmerkung zu BGH, Urt. v. 14. 6. 2007, TranspR 2007, 427.
26 *Thume*, TranspR 1991, 85 ff.; *Koller*, VersR 1988, 673.

frachtführer sei ein Vertrag zugunsten Dritter, eben des Empfängers. Völlig zu Recht wiesen sie darauf hin, dass zwar die Vertragsparteien des ersten Frachtvertrages zwischen Absender und Hauptfrachtführer andere sind als beim zweiten Frachtvertrag zwischen Hauptfrachtführer (als Absender) und dem Unterfrachtführer; der Empfänger als begünstigter Dritter bleibt jedoch derselbe. Es existieren also zwei Verträge zugunsten desselben einen Dritten, des Empfängers. Der Unterfrachtführer sei ein freier Unternehmer, der seinerseits einen CMR-Beförderungsvertrag mit dem Hauptfrachtführer abschließt, so dass dieser dem Unterfrachtführer gegenüber Absender ist. Der Empfänger kann gegen diesen Unterfrachtführer die gleichen Rechte geltend machen wie dessen Absender, d.h. der Hauptfrachtführer.[27] Demnach steht es im Belieben des Empfängers, aus welchem der beiden Verträge er seine Ansprüche geltend macht. *Koller* warf dem BGH vor, sich mit diesem Argument noch nicht hinreichend auseinandergesetzt zu haben.[28] *Helm* bezeichnete die Rechtsprechung des BGH zu Recht als nicht akzeptabel.[29] An der vorstehenden Diskussion hat im Fall der Anwendbarkeit deutschen nationalen Rechts auf den Frachtvertrag die Transportrechtsreform von 1998, mit der in § 437 Abs. 1 HGB der ausführende Frachtführer normiert wurde, nichts geändert. *Demuth* wies zu Recht darauf hin, dass in der CMR der ausführende Frachtführer abschließend in Art. 34ff. CMR geregelt ist. Art. 34 CMR verlangt als *zusätzliches* Haftungskriterium die Existenz eines durchgehenden Frachtbriefes, während § 437 HGB hierauf *verzichtet*.[30] Es liege daher in der CMR keine Lücke vor, die durch § 437 HGB zulässigerweise geschlossen werden könnte.[31]

Der BGH hat nunmehr klargestellt, dass es im Falle des Unterfrachtvertrages keinen Grund gebe, die Haftung des Unterfrachtführers gegenüber dem Empfänger als Drittbegünstigten des Unterfrachtvertrages auszuschließen.[32] Die Entscheidung des BGH vom 14.6.2007 – I ZR 50/05 – ist zwar zu einem Fall des Warschauer Abkommens ergangen. Allerdings wird die Begründung zur Passivlegitimation des Unter(luft-)frachtführers aus der parallelen Wertung des Art. 13 CMR hergeleitet.[33]

Der BGH hat diese Änderung der Rechtsprechung in weiteren Entscheidungen bestätigt[34] und folgt damit nunmehr der herrschenden Meinung und der früheren

---

27 Vgl. *Koller*, Art. 12 CMR Rdn. 5.
28 Vgl. im Einzelnen *Koller*, Vertragliche Direktansprüche gegen schädigende Unterfrachtführer im Straßentransportrecht – Eine Untersuchung zur Frage der Direktansprüche gegen schädigende Subunternehmer, VersR 1993, 920ff., der für das gesamte Frachtrecht einen dogmatischen Ansatz sucht.
29 *Helm*, in: Großkomm. HGB, Art. 13 CMR Rdn. 2.
30 *Demuth*, TranspR 1999, 100, 101.
31 *Demuth*, TranspR 1999, 100, 101; *Koller*, Art. 12 CMR Rdn. 5; *Seyffert*, Die Haftung des ausführenden Frachtführers, S. 248; Begründung zum Regierungsentwurf des TRG, BT-Drucks. 13/8445, S. 75.
32 BGH, 14.6.2007 – I ZR 50/05, BGHZ 172, 330, 336 = TranspR 2007, 425, 427.
33 BGH, 14.6.2007 – I ZR 50/05, BGHZ 172, 330, 338 = TranspR 2007, 425, 427.
34 Für CMR und HGB: BGH, 30.10.2008 – I ZR 12/06, TranspR 2009, 130, 132; für HGB: BGH, 28.5.2009 – I ZR 29/07, TranspR 2010, 34, 35.

Art. 13 Abschluss und Ausführung des Beförderungsvertrages

Instanzrechtsprechung.³⁵ Kritisiert wird die neue Rechtsprechung des BGH von *Herber*, der die Regelungen des § 437 HGB für ausreichend hält.³⁶

V. Haftung des Frachtführers

18 Der Frachtführer haftet dem Empfänger im Rahmen des Art. 13 Abs. 1 Satz 2 CMR für Ersatz des Verlustes (Art. 13 Abs. 1 Satz 2, 1. Alternative CMR), für Ersatz wegen Verspätung (Art. 13 Abs. 1 Satz 2, 2. Alternative CMR) und für Schadensersatz wegen Beschädigung des Gutes.

1. Schadensersatz wegen Verlustes

19 Ein Verlust liegt vor, wenn der Frachtführer den Verlust zugesteht, der Verlust auf sonstige Weise feststeht oder der Verlust gem. Art. 20 CMR zu vermuten ist. Der Verlust ist zu vermuten, wenn das Gut nicht binnen 30 Tagen nach Ablauf der vereinbarten Lieferfrist, oder, falls keine Lieferfrist vereinbart worden ist, nicht binnen 60 Tage nach Übernahme des Gutes durch den Frachtführer abgeliefert worden ist, Art. 20 Abs. 1 CMR. Unerheblich ist, ob die gesamte Sendung verloren gegangen ist oder nur ein Teil.³⁷

20 An diesen strengen Voraussetzungen ist festzuhalten, weil der Empfänger erst dann eigene Schadensersatzansprüche erhalten soll, wenn sicher ist, dass der Absender oder sonst ein Verfügungsberechtigter über das Gut nicht mehr verfügen kann; dieses Recht erlischt mit der Abgabe des Frachtbriefes des Absenders an den Empfänger.³⁸ Nicht erforderlich für die Anspruchsberechtigung des Empfängers aus Art. 13 Abs. 1 Satz 2, 1. Alternative CMR ist es, dass der Empfänger zuvor verfügungsberechtigt geworden ist. Ist zum Beispiel das Gut bei einem LKW-Brand mitsamt Frachtbrief noch vor dem Bestimmungsort untergegangen, so können die formalen Voraussetzungen des Art. 13 Abs. 1 Satz 1 CMR nicht erfüllt sein. Gleichwohl soll der Empfänger in derartigen Fällen ebenfalls berechtigt sein, Schadensersatz zu beanspruchen.³⁹

---

35 OLG Frankfurt/M., 30. 5. 1996 – 15 U 56/95, TranspR 1997, 427; *Demuth*, TranspR 1999, 100 f.; *Heuer*, TranspR 1998, 45 ff.; *Herber*, NJW 2002, 1252; *Müglich*, Das neue Transportrecht, § 437 HGB Rdn. 5; *Fischer*, TranspR 1999, 261; *Thume*, VersR 2000, 1071; differenzierend *Ramming*, TranspR 2000, 277; mit Ausblick auf die Konsequenzen, umfassend *Koller*, Der Unterfrachtführer als Schuldner und Gläubiger, TranspR 2009, 445 ff.
36 *Herber*, Anspruch des Empfängers gegen den Unterfrachtführer aus dem Unterfrachtvertrag? – BGH I ZR 50/05 vom 14.6.2007 und die Folgen, TranspR 2008, 239.
37 *Koller*, Art. 13 CMR Rdn. 5; MünchKommHGB/*Jesser-Huß*, Art. 13 CMR Rdn. 7.
38 Vgl. im Einzelnen *Koller*, Die Person des Schadensersatzberechtigten bei Ansprüchen aus Art. 17 CMR, RIW 1988, 254, 257.
39 BGH, 21. 12. 1973 – I ZR 119/72, NJW 1974, 412, 413; BGH, 28. 4. 1988 – I ZR 32/86, VersR 1988, 825.

2. Schadensersatz wegen Verspätung

Dieser Schadensersatzanspruch entsteht, wenn die vereinbarte Lieferfrist oder die sich aus Art. 19 CMR ergebende Lieferfrist überschritten wird. Eine Lieferfristüberschreitung liegt nach Art. 19 CMR vor, wenn die tatsächliche Beförderungsdauer unter Berücksichtigung der Umstände, bei teilweiser Beladung insbes. unter Berücksichtigung der unter gewöhnlichen Umständen für die Zusammenstellung von Gütern zwecks vollständiger Beladung benötigten Zeit die Frist überschreitet, die vernünftigerweise einem sorgfältigen Frachtführer zuzubilligen ist. 21

Auch hier ist nicht erforderlich, dass der Empfänger verfügungsberechtigt i.S.d. Art. 12 CMR wurde. Es genügt, dass der Empfänger seine Position aus dem Frachtbrief oder aus dem Frachtvortrag darlegt und beweist. Es ist Sache des Frachtführers, sich gem. Art. 17 Abs. 2 CMR zu entlasten. 22

Verlust und Verspätung liegen jedoch nicht vor, wenn der Absender aufgrund des ihm noch zustehenden Verfügungsrechts nach Art. 12 Abs. 1 CMR die Rücksendung des Gutes angeordnet hat.[40] 23

3. Schadensersatz wegen Beschädigung des Gutes

Art. 13 Abs. 1 CMR enthält keine Bestimmung darüber, was im Fall der Beschädigung des Gutes gilt. Nach ständiger Rechtsprechung soll jedoch der Empfänger auch im Fall der Beschädigung des Gutes anspruchsberechtigt sein.[41] Zur Begründung verweist der BGH auf die Parallelität der Art. 13 Abs. 1, 18 Abs. 2 Satz 2, 20 Abs. 1, und 27 CMR. In diesen Normen kann der Verfügungsberechtigte auch Rechte wegen der Beschädigung des Gutes geltend machen.[42] Dieser Anspruch bleibt auch bestehen, wenn der Empfänger die Annahme verweigert.[43] Art. 15 CMR ist nicht (analog) anwendbar. 24

Das Ergebnis der Rechtsprechung wird in der Literatur geteilt. Zur dogmatischen Begründung wird jedoch ein anderer Ansatz gewählt. Wenn schon Art. 13 Abs. 1 CMR dem Empfänger die Anspruchsberechtigung beim Verlust des Gutes zubilligt, das dem Empfänger i.d.R. nicht übereignet ist, der Empfänger also einen Schadensersatzanspruch erhält, obwohl der Absender das Gut verloren hat, so 25

---

40 Arondissementrechtbank Middelburg, 26. 6. 1963, ETR 1966, 36; *Loewe*, ETR 1976, 503, 546.
41 BGH, 6. 7. 1979 – I ZR 127/78, BGHZ 75, 92 = VersR 1979, 1105, 1106; BGH, 6. 5. 1981 – I ZR 70/79, TranspR 1982, 41, 42 = VersR 1981, 929, 930; BGH, 15. 10. 1998 – I ZR 111/96, TranspR 1999, 102; OLG Karlsruhe, 25. 2. 1999 – 9 U 108/96, TranspR 1999, 349.
42 Vgl. BGH, 6.7.1979 – I ZR 127/98, BGHZ 75, 92 = VersR 1979, 1105, 1106, mit weiterer Begründung.
43 BGH, 15. 10. 1998 – I ZR 111/96, TranspR 1999, 102 = BB 1999, 442; a.A. *Bracker*, TranspR 1997, 427.

soll der Empfänger im nicht so schwerwiegenden Fall der Beschädigung eben die gleichen Rechte haben.[44]

VI. Doppellegitimation, Drittschadensliquidation und Prozessstandschaft

1. Aktivlegitimation des Absenders

26 Unabhängig von der Aktivlegitimation des Empfängers bleibt auch der Absender aktivlegitimiert.[45] Zwar findet sich in der CMR keinerlei Regelung hierüber. Gleichwohl besteht einhellige Ansicht darüber, dass der Absender, solange er Vertragspartner ist, zusätzlich aufgrund dieses mit dem Frachtführer geschlossenen Vertrages anspruchsberechtigt sein soll.[46] Diese Doppellegitimation bei ergänzender Anwendung deutschen Rechts hat auch der BGH jüngst bestätigt.[47] *Piper* begründet den Vorteil der Doppellegitimation damit, dass sowohl der Absender als auch der Empfänger, unabhängig vom Schuldverhältnis zwischen beiden, berechtigt sind, verjährungshemmende oder -unterbrechende Maßnahmen zu ergreifen. Für das Transportrecht ist und soll es unbedeutend sein, ob dem Transport ein Versendungskauf oder ein Platzgeschäft, eine Bring-, Hol- oder eine Schickschuld zugrunde liegt.[48] Nach Ansicht des BGH entsteht dem Frachtführer durch eine solche Doppellegitimation auch kein Nachteil, weil er bei erneuter Inanspruchnahme durch den zweiten Berechtigten diesem gegenüber einwenden kann, bereits erfüllt zu haben.[49] *Helm* beklagt das „Windhundprinzip" und wünscht sich eine formale Koppelung der Aktivlegitimation an das Verfügungsrecht in Anlehnung an den Frachtbrief.[50] Richtig ist, dass insbes. der Versicherer nicht eindeutig klären kann, ob bei Leistung der Versicherungssumme an den Absender auch gem. § 86 VVG Ansprüche gegen den Frachtführer auf ihn übergehen.[51] Denn diese können bereits erloschen sein, falls der Frachtführer den

---

44 Vgl. *Koller*, Die Person des Schadensersatzberechtigten bei Ansprüchen aus Art. 17 CMR, RIW 1988, 254, 257.
45 BGH, 10. 4. 1974 – I ZR 84/73, NJW 1974, 1614, 1615; BGH, 24. 10. 1991 – I ZR 208/89, TranspR 1992, 177, 178 = VersR 1992, 640, 641 = RIW 1992, 339; BGH, 15. 10. 1998 – I ZR 111/96, TranspR 1999, 102 = NJW 1999, 1110; OGH Wien, 28. 6. 1988 – 8 Ob 657/87, TranspR 1989, 222, 223; OGH Wien, 30. 11. 1989 – 6 Ob 730/88, VersR 1990, 1259; OLG Hamburg, 4. 12. 1986 – 6 U 266/85, VersR 1987, 558.
46 *Helm*, TranspR 1983, 29, 31; *Hill/Messent*, CMR, S. 57 f.; *Piper*, Ausgewählte Probleme des Schadensersatzrechts der CMR, VersR 1988, 201, 202; *ders.*, TranspR 1990, 357; OLG Düsseldorf, 1. 6. 1995, RIW 1996, 158.
47 BGH, 8. 7. 2004 – I ZR 272/01, NJW-RR 2004, 1480; BGH, 6.7.2006 – I ZR 226/03, TranspR 2006, 363.
48 *Piper*, Ausgewählte Probleme des Schadensersatzrechts der CMR, VersR 1988, 201, 202.
49 BGH, 15. 10. 1998 – I ZR 111/96, TranspR 1999, 102 = NJW 1999, 1110; BGH, 14.2.2008 – I ZR 183/05, VersR 2009, 284.
50 *Helm*, TranspR 1983, 29, 32.
51 Vgl. beispielsweise OGH Wien, 21. 2. 1985 – 7 Ob 22/84, VersR 1986, 559, 560.

Empfänger befriedigt hat. Umgekehrt hat der BGH entschieden, dass die Leistung des Transportversicherers des Absenders an den Absender nicht dazu führt, dass die Schadensersatzansprüche des Empfängers gegen den Frachtführer erlöschen.[52] *Helm* ist darin Recht zu geben, dass die Akkreditivfähigkeit des CMR-Frachtbriefes durch die BGH-Rechtsprechung leidet.[53] Dafür gewinnt man eine einfachere und praktischere Handhabung der Aktivlegitimation in der Mehrzahl der Fälle, während CMR-Transporte, die mit Akkreditiven finanziert sind, eher die Ausnahme darstellen.

Die einmal entstandenen Ansprüche des Absenders, aber auch die des Empfängers aus Art. 13 CMR, sind abtretbar.[54]   27

2. Drittschadensliquidation

Konsequente Folge der Doppellegitimation ist eine großzügige Zulassung der   28
Drittschadensliquidation.[55] Die Drittschadensliquidation ist allgemein anerkannt.[56] Die Drittschadensliquidation wurde zugelassen in Fällen, in denen der Spediteur für den Auftraggeber vorging,[57] durch den Absender für den Empfänger,[58] durch den Empfänger für den Absender,[59] durch den Absender für den Versender[60] sowie des Unterfrachtführers für den Hauptfrachtführer.[61] Die Drittschadensliquidation wird sogar als autonome Regelung aus Art. 13 Abs. 1 CMR verstanden und soll selbst dann gelten, wenn das jeweils national anwendbare Privatrecht keine Drittschadensliquidation kennt.[62] Die vorstehende Rechtsprechung ist im deutschen Recht in § 421 Abs. 1 Satz 2, 2. Halbsatz und § 421 Abs. 1 Satz 2 HGB umgesetzt worden; § 421 HGB ist bei Anwendbarkeit deutschen nationalen Rechts direkt einschlägig.

---

52 BGH, 6.7.2006 – I ZR 226/03, TranspR 2006, 363.
53 *Helm*, TranspR 1983, 29, 32; *ders.*, in: Großkomm. HGB, Art. 13 CMR Rdn. 15f., der Ergebnisse und weitere Folgen der Doppellegitimation aufzeigt.
54 BGH, 28. 4. 1988 – I ZR 32/86, TranspR 1988, 338 = VersR 1988, 825, 826.
55 *Piper*, Ausgewählte Probleme des Schadensersatzrechts der CMR, VersR 1988, 201ff., OGH Wien, 26. 11. 1996 – 4 Ob 2336/96z, TranspR 1997, 281; OLG Zweibrücken, 17. 12. 1996 – 8 U 63/96, TranspR 1997, 369.
56 BGH, 30. 4. 1959 – II ZR 7/57, VersR 1959, 502, 504; BGH, 10. 7. 1963 – VIII ZR 204/61, BGHZ 40, 91, 100f.; BGH, 29. 1. 1968 – II ZR 18/65, BGHZ 49, 356, 361 = VersR 1968, 468, 469; BGH, 1.6.2006 – I ZR 200/03, TranspR 2006, 308; BGH, 25.1.2007 – I ZR 43/04, TranspR 2007, 314.
57 BGH, 10. 4. 1974 – I ZR 84/73, VersR 1974, 796, 798.
58 BGH, 1. 10. 1975 – I ZR 12/75, VersR 1976, 168, 169.
59 BGH, 9. 11. 1981 – II ZR 197/80, VersR 1982, 287, 288 = NJW 1982, 992, 993.
60 BGH, 14. 3. 1985 – I ZR 168/82, VersR 1985, 753, 754.
61 OLG Hamburg, 4. 12. 1986 – 6 U 266/85, VersR 1987, 558.
62 OLG Köln, 27.9.2005 – 3 U 143/02, TranspR 2007, 316, für den Fall des anwendbaren französischen Rechts; bestätigt von BGH, 14.2.2008 – I ZR 183/05, VersR 2009, 284.

Art. 13 Abschluss und Ausführung des Beförderungsvertrages

3. Prozessstandschaft

29 Das Gegenstück zur Drittschadensliquidation, bei der der Anspruchsinhaber nicht der Geschädigte ist, ist die Prozessstandschaft, in der der Geschädigte als Kläger sich auf eine fremde Anspruchsberechtigung beruft.[63] Die Prozessstandschaft ist von der Rechtsprechung zugelassen worden in Fällen, in denen der Kläger ein schutzwürdiges Interesse an der Verfolgung des fremden Rechts hat und ihn der Anspruchsinhaber, dem dieses Recht zusteht, ausdrücklich oder stillschweigend zur Geltendmachung ermächtigt hat.[64] So kann der Absender in Prozessstandschaft für den Empfänger tätig werden,[65] der Versender bzw. sein Transportversicherer[66] für den Absender bzw. Empfänger[67] und der Endempfänger bzw. sein Transportversicherer für den Empfangsspediteur.[68]

30 Besondere Bedeutung für die Praxis hat die Zulassung der Prozessstandschaft für die Hemmung oder Unterbrechung der Verjährung. Nur ein Berechtigter kann wirksam reklamieren.[69]

VII. Zahlungspflicht des Empfängers

31 Macht der Empfänger die ihm nach Abs. 1 zustehenden Rechte geltend, so haftet er für die sich aus dem Frachtbrief ergebenden Kosten; die Zahlungspflicht des Absenders erlischt nicht.[70] Art. 13 Abs. 2 entspricht damit § 421 Abs. 2 HGB.[71] Dieser Anspruch des Frachtführers ist bereits während des Transports latent angelegt. Er wird jedoch erst fällig, wenn der Empfänger die sich aus Art. 13 Abs. 1 CMR ergebenden Rechte geltend macht.[72]

32 Zwar erscheint auf den ersten Blick die Verpflichtung des Empfängers zur Zahlung der sich aus dem Frachtbrief ergebenden Kosten als ein Vertrag zu Lasten Dritter, der unwirksam wäre. Insofern stellt sich in der Tat die Frage, ob der Empfänger denn die Kosten des Transports auch dann zu zahlen hat, wenn er keinen Auftrag erteilte.[73] Zu bedenken ist jedoch, dass es sich in Art. 13 Abs. 2

---

63 *Piper*, Ausgewählte Probleme des Schadensersatzrechts der CMR, VersR 1988, 201, 203.
64 Vgl. grundlegend BGH, 26. 9. 1957 – II ZR 267/56, BGHZ 25, 250, 259 f. = VersR 1957, 705, 706.
65 BGH, 10. 4. 1974 – I ZR 84/73, VersR 1974, 796, 798.
66 Zum neuen Versicherungsrecht: *Thume*, Der Regress des Transportversicherers, VersR 2008, 455.
67 BGH, 6. 2. 1981 – I ZR 172/78, VersR 1981, 571, 572.
68 BGH, 6. 5. 1981 – I ZR 70/79, VersR 1981, 929 = TranspR 1982, 41, 42.
69 BGH, 24. 10. 1991 – I ZR 208/89, TranspR 1992, 177, 178 = VersR 1992, 640, 641 = RIW 1992, 339; *Piper*, Ausgewählte Probleme des Schadensersatzrechts der CMR, VersR 1988, 201, 203; vgl. auch unten Art. 30 Rdn. 14 f. und Art. 32 Rdn. 65 ff.
70 *Boesche*, in: EBJS, Art. 13 CMR Rdn. 11.
71 BGH, 11.1.2007 – I ZR 167/04, TranspR 2007, 311, 312.
72 *Helm*, in: Großkomm. HGB, Art. 13 CMR Rdn. 19 f.
73 *Koller*, Inanspruchnahme des Empfängers, TranspR 1993, 41.

CMR um eine gesetzliche Kostentragungspflicht und nicht um eine vertragliche handelt. Hinzu kommt, dass der Empfänger in der weit überwiegenden Zahl der Fälle den Transport durch eine Bestellung veranlasste. Der Empfänger ist jedoch nicht schutzlos. Denn der Empfänger ist erst verpflichtet, die sich aus dem Frachtbrief ergebenden Kosten zu tragen, wenn er die Ausfertigung des Frachtbriefs verlangt. Richtig ist es, als „Minus" aus der Verpflichtung des Frachtführers aus Art. 13 Abs. 1 CMR, der Aushändigung der Ausfertigung des Frachtbriefs, ein Recht des Empfängers auf Einsicht in den Frachtbrief zuzubilligen, damit der Empfänger sich vor Ausspruch seines Verlangens auf Aushändigung der Ausfertigung über die Höhe der Kosten informieren kann.[74]

Die Zahlungspflicht des Empfängers besteht jedoch nur dann, wenn es tatsächlich einen Frachtbrief gibt und der Frachtführer den Frachtbrief auch vorlegt. *Koller* weist darauf hin, dass in der Praxis häufig keine Frachtbriefe mehr ausgestellt werden, weil zum einen oftmals Spediteurübergabescheine als Frachtbriefe dienen und zum anderen Transportaufträge häufig auch per Telefax (oder Datenfernübertragung) erteilt werden und insofern die qualifizierenden Merkmale des Frachtbriefs i.S.d. Art. 6 CMR nicht mehr gegeben sind.[75] Wurde kein Frachtbrief ausgestellt, ist Art. 13 Abs. 2 CMR nicht anwendbar.[76] **33**

Besteht Streit zwischen dem Frachtführer und dem Empfänger über den Erstattungsanspruch des Frachtführers, so hat der Empfänger Sicherheit zu leisten. In welcher Art und Weise der Empfänger Sicherheit zu leisten hat, sagt die CMR nicht. Es ist daher auf das jeweils anwendbare nationale Recht zurückzugreifen.[77] Findet deutsches Recht Anwendung, so gelten grundsätzlich die §§ 232 ff. BGB. Der Frachtführer kann allerdings keine Hinterlegung in einem anderen Land nach der deutschen Hinterlegungsordnung verlangen, da diese nur deutsches Verfahrensrecht ist. Der Frachtführer kann daher lediglich Sicherheitsleistung nach dem Verfahrensrecht des Staates begehren, in dem der Empfänger seinen Sitz hat. **34**

Der Frachtführer kann aber auch sein gesetzliches Pfandrecht aus § 441 HGB einsetzen,[78] das auch dem CMR-Frachtführer zusteht, da die CMR keinerlei Vorschriften hinsichtlich des Pfandrechts enthält und somit die Lücke durch das nationale anwendbare Recht geschlossen werden darf.[79] **35**

Neben dem Erstattungsanspruch aus Art. 13 Abs. 2 CMR sind darüber hinausgehende Erstattungsansprüche aus Geschäftsführung ohne Auftrag gegen den Emp- **36**

---

74 *Koller*, Inanspruchnahme des Empfängers, TranspR 1993, 41, 42; *Boesche*, in: EBJS, Art. 13 CMR Rdn. 11; *Helm*, in: Großkomm. HGB, Art. 13 CMR Rdn. 19.
75 Vgl. Art. 5 Rdn. 1 ff.; *Koller*, Inanspruchnahme des Empfängers, TranspR 1993, 41, 43.
76 OLG München, 9. 4. 1997, NJW-RR 1997, 931.
77 Vgl. Anh. I Rdn. 3 ff.
78 *Helm*, in: Großkomm. HGB, Art. 13 CMR Rdn. 26.
79 Vgl. unten Anh. V Pfandrecht Rdn. 3 ff.; OLG Hamburg, 3. 11. 1983 – 6 U 118/83, RIW 1985, 151 = TranspR 1984, 190, 191 = VersR 1984, 235 f.

Art. 13 Abschluss und Ausführung des Beförderungsvertrages

fänger ausgeschlossen.[80] Insbesondere muss berücksichtigt werden, dass der Empfänger aus dem Vertrag zugunsten Dritter teils vertragliche, teils vertragsähnliche Beziehungen zum Frachtführer hat, wenn der Vertrag mit dem Absender zustande gekommen ist. Bestehen aber vertragliche Bindungen, kommt Geschäftsführung ohne Auftrag bereits vom Ansatz her nicht in Betracht. *Koller* weist im Einzelnen nach, dass die Annahme einer Geschäftsführung ohne Auftrag zum einen deshalb nicht überzeugen kann, weil der Frachtführer regelmäßig den Vertrag gegenüber dem Absender erfüllen will und zum anderen auch kein Anlass besteht, die Regeln der Geschäftsführung ohne Auftrag aus Billigkeitsgesichtspunkten analog anzuwenden.[81] Der BGH hat die Frage offen gelassen, weil es im konkreten Fall nicht darauf ankam.[82]

37 Die Fälligkeit des Erstattungsanspruchs gem. Art. 13 Abs. 2 CMR entsteht nicht erst mit Ablieferung des Gutes, sondern bereits mit dem Verlangen gem. Art. 13 Abs. 1 CMR.[83] Vor diesem Zeitpunkt ist der Frachtführer nicht berechtigt, vom Empfänger Zahlungen zu verlangen.[84]

38 Der Frachtführer hat gegenüber dem Ablieferungsverlangen des Empfängers ein Leistungsverweigerungsrecht.[85] Grundsätzlich ist der Empfänger hinsichtlich der sich aus dem Frachtbrief ergebenden Kosten vorleistungspflichtig.[86] Ergibt sich aus dem Frachtbrief, dass die Fracht erst bei Ablieferung fällig ist (was mangels anderweitiger Angaben der Rechtslage entspricht, weil der Frachtvertrag ein Werkvertrag ist[87]), kann der Frachtführer die Ablieferung des Gutes Zug um Zug gegen Zahlung der Fracht verlangen.[88]

39 Der Frachtführer hat lediglich Anspruch auf die sich aus dem Frachtbrief ergebenden Kosten.[89] Nicht erforderlich ist jedoch, dass die Kosten beziffert sind,[90] sie müssen aber bestimmbar sein. Nicht ausreichend ist jedoch die Übergabe der Frachtrechnung.[91]

---

80 OLG Düsseldorf, 11. 12. 1980 – 18 U 112/80, TranspR 1982, 13, 15 = VersR 1981, 1082, 1083 = NJW 1981, 1910; noch offenlassend OLG Düsseldorf, 27. 11. 1980 – 18 U 104/80, VersR 1981, 556, 557; Baumbach/Hopt/*Merkt*, Art. 13 CMR Rdn. 1; a.A. *Helm*, in: Großkomm. HGB, Art. 13 CMR Rdn. 4, jedoch ohne Begründung.
81 *Koller*, Inanspruchnahme der Empfänger, TranspR 1993, 41, 45, 46.
82 Urt. v. 25. 4. 1991 – III ZR 74/90, VersR 1991, 1037, 1039.
83 BGH, 11.1.2007 – I ZR 167/04, TranspR 2007, 311, 312; OLG Düsseldorf, 11. 12. 1980 – 18 U 112/80, TranspR 1982, 13, 15 = VersR 1981, 1082, 1083 = NJW 1981, 1910.
84 OLG Düsseldorf, 27. 11. 1980 – 18 U 104/80, VersR 1981, 556, 557.
85 *Otte*, in: Ferrari/Kieninger/Mankowski et al., Art. 13 CMR Rdn. 25.
86 *Koller*, Art. 13 CMR Rdn. 11.
87 Vgl. OLG Düsseldorf, 1. 4. 1982 – 18 U 234/81, VersR 1983, 632, 633.
88 *Koller*, Art. 13 CMR Rdn. 11.
89 OGH Wien, Beschl. v. 3. 10. 1973 – 7 Ob 148/73, TranspR 1978, 78; OLG Düsseldorf, 11. 12. 1980 – 18 U 112/80, TranspR 1982, 13, 15 = VersR 1981, 1082, 1083 = NJW 1981, 1910; OLG Hamm, 15. 9. 1988 – 18 U 260/87, TranspR 1989, 55, 56 = NJW-RR 1989, 742; MünchKommHGB/*Jesser-Huß*, Art. 13 CMR Rdn. 23.
90 BGH, 25. 4. 1991 – III ZR 74/90, VersR 1991, 1037, 1038.
91 OLG Hamm, 12. 11. 1973 – 18 U 168/73, NJW 1974, 1056; OLG Hamm, 15. 9. 1988 – 18 U 260/88, TranspR 1989, 55, 56 = NJW-RR 1989, 742.

Im Fall eines Teilverlustes der Sendung oder einer teilweisen Beschädigung des **40** Gutes mindern sich die Frachtansprüche des Frachtführers entsprechend; vgl. Art. 25, 23, Abs. 1, 2 und 4 CMR.

Zu den Kosten i.S.d. Art. 13 Abs. 2 CMR können schließlich auch die Kosten **41** der Verzollung gehören.[92]

VIII. Beweisfragen

Beansprucht der Empfänger die zweite Ausfertigung des Frachtbriefes und/oder **42** die Ablieferung, so muss der Empfänger seine Stellung als Empfänger und die Ankunft des Gutes an dem für die Ablieferung vorgesehenen Ort beweisen.[93]

Will der Empfänger Ansprüche gegen den Frachtführer wegen Verlustes des Gu- **43** tes geltend machen, so muss er den Verlust beweisen. Kann der Empfänger den Verlust nicht einwandfrei beweisen, muss er die Fristen des Art. 20 CMR abwarten, um auf den einfacheren Vortrag umschwenken zu können, dass (jedenfalls) das Gut nicht innerhalb der sich aus Art. 20 CMR ergebenden Lieferzeiten eingetroffen ist.

Macht der Empfänger Ansprüche wegen verspäteter Anlieferung geltend, so **44** muss er lediglich die Nichtankunft des Gutes innerhalb der Frist darlegen.[94]

Hat der Empfänger dargelegt, dass das Gut nicht innerhalb der sich aus Art. 19 **45** CMR ergebenden Fristen ankam oder auch nach Ablauf der sich aus Art. 20 CMR ergebenden Frist noch nicht ankam, hat der Frachtführer substantiiert vorzutragen, dass das Gut doch innerhalb der Frist am Ankunftsort angekommen ist.[95] Der Frachtführer hat die Ablieferung und damit die Beendigung der Gewährhaftung gem. Art. 17 Abs. 1 CMR zu beweisen.[96] Behauptet also der Empfänger den Verlust oder die Verspätung des Gutes, so hat der Frachtführer im Wege des Beweises des Gegenteils die Ablieferung zu beweisen.[97]

Will der Frachtführer beim Empfänger Erstattung der sich aus dem Frachtbrief **46** ergebenden Kosten geltend machen, so hat der Frachtführer das Verlangen des Empfängers und/oder die Anlieferung des Gutes sowie die einzelnen Kosten zu beweisen.[98]

---

92 BGH, 15. 1. 1987 – I ZR 215/84, VersR 1987, 980, 981.
93 Baumgärtel/*Giemulla*, Art. 13 CMR Rdn. 2.
94 Baumgärtel/*Giemulla*, Art. 13 CMR Rdn. 2.
95 Baumgärtel/*Giemulla*, Art. 13 CMR Rdn. 3.
96 Baumgärtel/*Giemulla*, Art. 17–19 CMR Rdn. 13.
97 So auch *Koller*, Art. 13 CMR Rdn. 6.
98 Baumgärtel/*Giemulla*, Art. 13 CMR Rdn. 3.

Art. 14

bearbeitet von RA Dr. Jürgen Temme, Düsseldorf

1. Wenn aus irgendeinem Grunde vor Ankunft des Gutes an dem für die Ablieferung vorgesehenen Ort die Erfüllung des Vertrages zu den im Frachtbrief festgelegten Bedingungen unmöglich ist oder unmöglich wird, hat der Frachtführer Weisungen des nach Artikel 12 über das Gut Verfügungsberechtigten einzuholen.

2. Gestatten die Umstände jedoch eine von den im Frachtbrief festgelegten Bedingungen abweichende Ausführungen der Beförderung und konnte der Frachtführer Weisungen des nach Artikel 12 über das Gut Verfügungsberechtigten innerhalb angemessener Zeit nicht erhalten, so hat er die Maßnahmen zu ergreifen, die ihm im Interesse des über das Gut Verfügungsberechtigten die besten zu sein scheinen.

Literatur: *Koller*, Das Standgeld bei CMR-Transporten, TranspR 1988, 129.

Übersicht

	Rdn.		Rdn.
I. Allgemeines	1	2. Behebbare Beförderungshindernisse	14
II. Beförderungshindernisse	4	a) Voraussetzungen	14
1. Unmöglichkeit der Beförderung	5	b) Rechte und Pflichten des Frachtführers im Fall des Unvermögens	15
a) Voraussetzungen	5	c) Erschwerung des Transports	17
b) Rechte und Pflichten des Frachtführers im Fall der objektiven Unmöglichkeit	10	**III. Beweisfragen**	18

I. Allgemeines

1 Art. 14 bis 16 CMR regeln Teilaspekte der Unmöglichkeit.[1] Art. 14 CMR regelt die Beförderungshindernisse *vor* Ankunft des Gutes am Bestimmungsort. Art. 14 CMR steht in engem Zusammenhang mit Art. 15 CMR, der Ablieferungshindernisse *nach* Ankunft des Gutes am Bestimmungsort regelt. Art. 16 CMR enthält einen Teil der Rechtsfolgen, die sich aus Art. 14 und 15 CMR ergeben.

2 Trifft der Frachtführer während der Beförderung auf Hindernisse, so hat der Frachtführer Weisungen bei dem Verfügungsberechtigten einzuholen, dessen Person sich aus Art. 12 CMR ergibt. Erhält der Frachtführer von dem Verfügungsberechtigten nach Art. 12 CMR innerhalb einer angemessenen Zeit keine Weisun-

---

[1] MünchKommHGB/*Jesser-Huß*, Art. 14 CMR Rdn. 1.

gen, so kann der Frachtführer Maßnahmen ergreifen, die im Interesse des Verfügungsberechtigten sind und die ihm die Umstände gestatten. Im Rahmen des Art. 14 CMR kommt es nicht darauf an, wer das Beförderungshindernis zu vertreten hat; dies spielt lediglich beim Kostenerstattungsanspruch nach Art. 16 Abs. 1 CMR eine Rolle.[2]

Vergleichbare Regelungen zu Art. 14 CMR gibt es im deutschen Frachtrecht in § 419 HGB.[3]   3

II. Beförderungshindernisse

Art. 14 differenziert in Abs. 1 und Abs. 2 zwischen zwei verschiedenen Arten   4
von Beförderungshindernissen. Art. 14 Abs. 1 CMR behandelt Beförderungshindernisse, die die Erfüllung des Frachtvertrages unmöglich machen. Art. 14 Abs. 2 behandelt Beförderungshindernisse, die behebbar sind und somit die Erfüllung des Frachtvertrages, wenn auch auf andere Art und Weise wie ursprünglich vereinbart oder angewiesen, ermöglichen.

1. Unmöglichkeit der Beförderung

a) Voraussetzungen

Art. 14 Abs. 1 CMR setzt tatsächliche oder rechtliche objektive Unmöglichkeit   5
voraus,[4] den Vertrag zu den geschlossenen Bedingungen zu erfüllen.[5] Zu diesem Ergebnis gelangt man beim Vergleich der verbindlichen englischen und französischen Fassung der CMR.[6] Aus deutscher Sicht ist die Unmöglichkeit in Art. 14 Abs. 1 CMR mit der objektiven Unmöglichkeit i.S.d. BGB gleichzusetzen.[7] Unvermögen, d.h. subjektive Unmöglichkeit, reicht nicht aus.[8] Nicht unter Art. 14 CMR fallen Hindernisse vor Übernahme des Gutes, sog. Abreisehindernisse.[9]

Die Unmöglichkeit ist zu ermitteln durch den Vergleich des Inhalts des Fracht-   6
briefs mit der tatsächlichen Situation; und falls kein Frachtbrief ausgestellt wurde, mit dem Inhalt des Frachtvertrages. Widersprechen sich Frachtbrief und

---

2 *Koller*, Art. 14 CMR Rdn. 3.
3 *Boesche*, in: EBJS, Art. 14 CMR Rdn. 1.
4 Vgl. *Koller*, Art. 14 CMR Rdn. 3; *Precht/Endrigkeit*, Art. 14 CMR Rdn. 1; *Boesche*, in: EBJS, Art. 14 CMR Rdn. 2.
5 MünchKommHGB/*Jesser-Huß*, Art. 14 CMR Rdn. 5ff.; *Helm*, in: Großkomm. HGB, Art. 14 CMR Rdn. 2, die darauf hinweisen, dass es sich genau genommen um „relative" Unmöglichkeit handele, also „objektive" Unmöglichkeit im Hinblick auf den geschlossenen Vertrag.
6 *Koller*, Art. 14 CMR Rdn. 3; *Helm*, in: Großkomm. HGB, Art. 14 CMR Rdn. 2.
7 *Koller*, a.a.O.
8 *Helm*, in: Großkomm. HGB, Art. 14 CMR Rdn. 1.
9 MünchKommHGB/*Jesser-Huß*, Art. 14 CMR Rdn. 1; *Helm*, in: Großkomm. HGB, Art. 14 CMR Rdn. 2.

Art. 14 Abschluss und Ausführung des Beförderungsvertrages

Frachtvertrag, so ist der Frachtbrief für Art. 14 CMR maßgeblich.[10] Nach Art. 14 Abs. 1 muss die Unmöglichkeit bereits eingetreten sein („ist") oder kurz bevorstehen („wird").[11] Nicht entscheidend ist, ob die Unmöglichkeit von Dauer oder nur vorübergehend ist; es genügt auch zeitweilige Unmöglichkeit.[12] Dabei wird die zeitweise Unmöglichkeit durch Rückgriff auf Art. 19 CMR ermittelt. Ist eine Lieferfrist vereinbart, so tritt Unmöglichkeit ein, wenn diese Lieferfrist aufgrund des Beförderungshindernisses von keinem Frachtführer mehr eingehalten werden kann. Ist keine Lieferfrist vereinbart, so ist auf die Lieferzeit abzustellen, die ein sorgfältiger Frachtführer einzuhalten hat.[13]

7 Fehlt ein Frachtbrief, ist Art. 14 Abs. 1 CMR direkt nicht anwendbar. Da die CMR jedoch einen Frachtbrief nicht zwingend vorschreibt, sondern einen Konsensualvertrag ausreichen lässt, kann Art. 14 Abs. 1 CMR dergestalt analog angewandt werden, dass statt auf den Frachtbrief auf den Frachtvertrag abgestellt wird.[14]

8 Art. 14 Abs. 1 CMR greift ein, wenn die Erfüllung des Frachtvertrages mit dem Inhalt, wie er sich aus dem Frachtbrief ergibt, objektiv unmöglich wird. Hat z.B. der Absender die Umladung im Frachtbrief verboten, erleidet jedoch der LKW eine Motorpanne, so ist der Weitertransport mit diesem LKW objektiv unmöglich. Es ist dann Sache des Verfügungsberechtigten zu entscheiden, ob das Gut bis zur Reparatur des Motors auf dem LKW verbleiben oder das Gut entgegen der Bedingung im Frachtbrief trotzdem umgeladen werden soll. Weitere Beispiele lassen sich bilden mit Lieferfristen, die angesichts von Witterungsverhältnissen objektiv nicht eingehalten werden können, oder Reiserouten, die angesichts von Naturereignissen, hoheitlichen Maßnahmen oder Streiks nicht befahren werden können.[15] Ein Fall der objektiven Unmöglichkeit liegt auch vor, wenn der Empfänger den Frachtführer nicht mit den nötigen Zollpapieren versieht.[16]

9 Keine objektive Unmöglichkeit liegt vor, wenn der Frachtvertrag mit dem im Frachtbrief festgehaltenen Inhalt auch durch Umwege oder Umladung erfüllt werden kann. Hat also z.B. der Absender die Umladung nicht verboten und erleidet der LKW eine Motorpanne, so liegt subjektive Unmöglichkeit (= Unvermögen) des Frachtführers vor, denn ein anderer Frachtführer kann das Gut zum Empfänger transportieren.[17]

---

10 *Helm*, in: Großkomm. HGB, Art. 14 CMR Rdn. 2.
11 Vgl. OLG München, 12.4.1990 – 23 U 3161/88, TranspR 1990, 280, 285; LG Duisburg, 14.12.1988 – 19 O 15/88, TranspR 1989, 268, 270.
12 OLG München, 12.4.1990 – 23 U 3161/88, TranspR 1990, 280, 285; *Koller*, Art. 14 CMR Rdn. 3.
13 *Otte*, in: Ferrari/Kieninger/Mankowski et al., Art. 14 CMR Rdn. 6.
14 *Helm*, in: Großkomm. HGB, Art. 14 CMR Rdn. 3.
15 Vgl. auch *Loewe*, ETR 1976, 503, 547.
16 OLG Hamm, 11.3.1976 – 18 U 245/75, NJW 1976, 2077, 2078.
17 *Helm*, in: Großkomm. HGB, Art. 14 CMR jetzt Rdn. 6 mit ähnlichem Beispiel (frühere Fassung Rdn. 2).

b) Rechte und Pflichten des Frachtführers im Fall der objektiven Unmöglichkeit

Liegen nicht behebbare Beförderungshindernisse i.S.d. Art. 14 Abs. 1 CMR vor, ist der Frachtführer verpflichtet, Weisungen des Verfügungsberechtigten i.S.d. Art. 12 CMR einzuholen, wenn er nicht nach Art. 16 II CMR handeln kann. Dabei kann es sein, dass der Frachtführer nicht weiß, wo sich die erste Ausfertigung des Frachtbriefes befindet. Liegen jedoch keine Anhaltspunkte vor, dass bereits der Empfänger oder ein Dritter Inhaber des Frachtbriefs ist, so hat der Frachtführer den Absender um Weisung zu ersuchen. Da Art. 14 CMR sich auf Beförderungshindernisse vor Ankunft bezieht, kann der Empfänger nicht gem. Art. 12 Abs. 2 i.V. m. Art. 13 Abs. 1 CMR verfügungsbefugt sein. Der Vorlage der ersten Ausfertigung des Frachtbriefes bedarf es nicht, wenn der Absender bereits bei Ausstellung des Frachtbriefes den Empfänger ermächtigt hat.[18]

Holt der Frachtführer trotz seiner Verpflichtung keine Weisung ein, und ist dieses Versäumnis nicht durch Art. 16 Abs. 2 oder Abs. 3 CMR gerechtfertigt,[19] so richtet sich seine Haftung nach nationalem Recht, da die CMR diese Pflichtverletzung nicht regelt. Ist das national anwendbare Recht deutsches Recht, so haftet der Frachtführer nach § 433 HGB.[20] Weicht der Frachtführer von der Weisung ab, so haftet er nach Art. 12 Abs. 7 CMR.

Erteilt der Absender die Weisung, muss er die erste Ausfertigung des Frachtbriefes gem. Art. 12 Abs. 5 lit. a) CMR vorlegen. Dieses Erfordernis führt in der Praxis zu großen Schwierigkeiten. In der Regel befindet sich der Transport nicht mehr am Abgangsort. Will der Frachtführer sichergehen, muss er warten, bis ihm die erste Ausfertigung des Frachtbriefs vorgelegt wird. Die Kosten des Wartens kann der Frachtführer nach Art. 16 Abs. 1 CMR erstattet verlangen. Befolgt der Frachtführer eine Weisung, ohne sich die erste Ausfertigung des Frachtbriefs vorlegen zu lassen, so riskiert er gem. Art. 12 Abs. 7 CMR zu haften.[21] Mit der oben bei Art. 12 Rdn. 14–17 gewonnenen Differenzierung zwischen relativer und absolut wirksamer Weisung kann aber auch hier der Frachtführer entscheiden, ob er sich mit einer relativ wirksamen Weisung abfinden kann. Dann kann er auch der telefonischen Weisung des Absenders folgen; das Risiko der Haftung aus Art. 12 Abs. 7 CMR in Person des Empfängers bleibt jedoch.

Muss der Frachtführer unangemessen lange warten und droht Verderb des Transportgutes, so hat der Frachtführer die Rechte aus Art. 16 Abs. 3 CMR; er kann das Gut einlagern oder auch verkaufen lassen.[22]

Ist deutsches Recht ergänzend anwendbar,[23] so kommt § 419 HGB zur Anwendung, falls im Übrigen die Rechte des Frachtführers, insbes. aus Art. 16 CMR,

---
18 *Loewe*, ETR 1976, 503, 547.
19 Vgl. unten Art. 16 Rdn. 14; *Koller*, Art. 14 CMR Rdn. 5.
20 *Helm*, in: Großkomm. HGB, Art. 14 CMR Rdn. 17.
21 Vgl. OLG Hamm, 11.3.1976 – 18 U 245/75, NJW 1976, 2077, 2078.
22 Vgl. Art. 16 Rdn. 13 ff., 26 ff.
23 Vgl. Anh. I Rdn. 5 ff.

Art. 14 Abschluss und Ausführung des Beförderungsvertrages

dadurch nicht tangiert werden.[24] Dies gilt insbes. für Vergütungs- und Aufwendungserstattungsansprüche, soweit Art. 16 eine Lücke lässt.[25]

2. Behebbare Beförderungshindernisse

a) Voraussetzungen

14 Art. 14 Abs. 2 CMR betrifft Beförderungshindernisse, die nach den Umständen behebbar sind. Auch im Fall behebbarer Beförderungshindernisse ist der Frachtführer verpflichtet, zunächst Weisungen des Verfügungsberechtigten i.S.d. Art. 12 CMR einzuholen. Der Unterschied zu Art. 14 Ab. 1 CMR liegt darin, dass der Frachtführer für den Fall, dass er innerhalb angemessener Zeit keine Weisung erhält, berechtigt ist, nach eigenem Ermessen im Interesse der Verfügungsberechtigten zu handeln. Ist z.B. die Fahrtroute nicht vorgeschrieben, die kürzeste Route jedoch blockiert, so kann der Frachtführer, falls er nicht innerhalb angemessener Zeit eine andersartige Weisung des Verfügungsberechtigten erhält, den Transport über einen Umweg zum Bestimmungsort fortsetzen. Art. 14 CMR erlaubt dem Frachtführer jedoch nicht, sofort eigenverantwortlich ohne Einholung von Weisungen zu entscheiden.[26] Der Frachtführer muss also eine angemessene Zeit abwarten. Die Angemessenheit ist aus dem Verhältnis von Hindernis zu Maßnahme zu ermitteln. Handelt es sich um ein kleineres Verkehrshindernis, das durch einen Umweg, der z.B. eine Stunde dauern würde, umgangen werden kann, so wird man eine Wartezeit von höchstens einer Viertelstunde annehmen können. Ist ein Alpenpass blockiert und erfordert die Umfahrung einen weiteren Tag, so kann auch eine mehrstündige Wartezeit noch angemessen sein. Der Frachtführer muss bei der Beurteilung der Angemessenheit auch berücksichtigen, ob sein Absender Rücksprache halten muss.[27] Ist der tatsächlich ausführende Frachtführer dritter oder vierter Unterfrachtführer, und kann er dies aufgrund des Frachtbriefs erkennen, so muss er wiederum die weiter erforderlichen Rücksprachen des jeweiligen Absenders gegenüber seinem jeweiligen Auftraggeber berücksichtigen.

b) Rechte und Pflichten des Frachtführers im Falle des Unvermögens

15 Art. 14 Abs. 2 setzt also immer voraus, dass der Frachtführer zunächst die Weisung des Verfügungsberechtigten einholt. Wenn ausführbare Weisungen nicht denkbar sind, muss er zumindest informieren, um Güterschäden und Verspätungen zu vermeiden.[28] Ein eigenverantwortliches Handeln des Frachtführers erlaubt

---

24 Vgl. auch *Helm*, in: Großkomm. HGB, Art. 14 CMR Rdn. 7.
25 *Koller*, Art. 14 CMR Rdn. 3; *Herber/Piper*, Art. 14 CMR Rdn. 9; MünchKommHGB/*Jesser-Huß*, Art. 14 CMR Rdn. 19, will allerdings Art. 16 CMR analog anwenden.
26 *Helm*, in: Großkomm. HGB, Art. 14 CMR Rdn. 22, der nur immer dann, wenn der Ladung aus dem Zuwarten Schaden droht, eine Wartezeit von Null zulassen will.
27 *Otte*, in: Ferrari/Kieninger/Mankowski et al., Art. 14 CMR Rdn. 13.
28 OLG Hamburg, 9.3.2000 – 6 U 262/99, TranspR 2000, 253.

die CMR erst, wenn der Verfügungsberechtigte innerhalb angemessener Zeit keine Weisung erteilt.[29] Problematisch ist es in den Fällen, in denen schnelles Handeln erforderlich ist. Es wird daher vertreten, dass der Frachtführer im Rahmen der Geschäftsführung ohne Auftrag handeln darf, wenn deutsches Recht ergänzend anwendbar ist.[30] Diese Ansicht ist jedoch abzulehnen. Die Geschäftsführung ohne Auftrag setzt voraus, dass kein Auftragsverhältnis besteht. Der Frachtvertrag stellt jedoch ein Auftragsverhältnis dar, was nach deutschem Recht zur Anwendung der §§ 675, 665 BGB führt. Es ist daher eher *Helm* zu folgen, der dem Frachtführer als Geschäftsbesorger ein Recht zum eigenen Handeln gem. § 665 BGB zubilligt.[31] Dies steht auch im Einklang mit Art. 14 Abs. 2 CMR, der dem Frachtführer bei behebbaren Beförderungshindernissen ermächtigt, nach eigenem Ermessen im Interesse des Verfügungsberechtigten zu handeln, wenn er keine Weisungen einhalten konnte. Ein Rückgriff auf nationales Recht ist jedoch nicht notwendig, solange die CMR aus sich heraus eine Lösung erlaubt. Ansatzpunkt ist das Tatbestandsmerkmal „konnte" in Art. 14 Abs. 2 CMR. Es macht sachlich keinen Unterschied, ob der Frachtführer nach eigenem Ermessen im Interesse des Verfügungsberechtigten handelt, weil die Telefonverbindung zum Absender nach Einholung der Weisung zusammenbrach und der Frachtführer deshalb keine Weisung erlangen konnte, oder ob die Telefonverbindung bereits vor Einholung der Weisung zusammenbrach. In beiden Fällen konnte der Frachtführer keine Weisung erlangen. Es ist interessengerecht, dass der Frachtführer in jedem Fall nach eigenem Ermessen im Interesse des Verfügungsberechtigten handelt. Handelt der Frachtführer, so muss er die Maßnahmen ergreifen, die den Interessen des Verfügungsberechtigten am besten entsprechen.[32] Dies ist aus der Sicht des Frachtführers zum Zeitpunkt seines Handelns zu beurteilen. Denn Art. 14 Abs. 2 stellt ausdrücklich auf die Sichtweise des Frachtführers ab, in dem er Maßnahmen ergreifen soll, die „die besten zu sein scheinen".

Hat der Frachtführer, weil dazu keine Zeit bestand, keine Weisungen nach Art. 14 Abs. 2 CMR eingeholt, darf der Frachtführer nach Ansicht von *Koller* nur noch nach Art. 16 Abs. 2 CMR vorgehen, also das Gut auf Kosten des Verfügungsberechtigten ausladen und verwahren lassen. Diese Ansicht steht nicht im Einklang mit Art. 14 Abs. 2 CMR.[33] **16**

c) Erschwerung des Transports

Nicht unter Art. 14 CMR fallen die Hindernisse, die den Transport lediglich erschweren. Allerdings ist der Frachtführer, was aus einem Schluss aus Art. 16 **17**

---

29 Denkschrift, S. 39.
30 *Koller*, Art. 14 CMR Rdn. 6.
31 *Helm*, in: Großkomm. HGB, Art. 14 CMR Voraufl. Rdn. 4, jetzt *Koller* folgend in Rdn. 25; ebenso MünchKommHGB/*Jesser-Huß*, Art. 14 CMR Rdn. 18 a.E; *Herber/Piper*; Art. 14 CMR Rdn. 22.
32 Denkschrift, S. 39.
33 Findet auch im Urteil des OLG Düsseldorf, 12.12.1985 – 18 U 90/85, TranspR 1986, 56, 58, das *Koller* zitiert (Art. 14 CMR Rdn. 6), keine Stütze.

Art. 14 Abschluss und Ausführung des Beförderungsvertrages

Abs. 1 und Art. 19 CMR folgt, nicht verpflichtet, unzumutbare Maßnahmen zu ergreifen.[34] Nach dem anwendbaren nationalen Recht regelt sich die Frage, ob der Frachtführer für die Erschwerung des Transports einen Vergütungsanspruch hat.[35] Der Frachtführer ist also nicht berechtigt, lediglich wegen Erschwerung des Transports diesen zu beenden. Stoppt der Frachtführer trotzdem den Transport, so liegt Nichterfüllung des Frachtvertrages vor.[36] Die Folgen der Nichterfüllung des Frachtvertrages regeln sich nach dem jeweils anwendbaren nationalen Recht.[37]

III. Beweisfragen

18 Der Frachtführer hat im Fall des Art. 14 Abs. 1 CMR die objektive Unmöglichkeit darzulegen und zu beweisen. Weiterhin hat er die Tatsache, dass er den Verfügungsberechtigten um Weisung ersucht hat, zu beweisen.[38]

19 Der Frachtführer hat das behebbare Beförderungshindernis i.S.d. Art. 14 Abs. 2 und die Tatsache, dass er den Verfügungsberechtigten um Weisung ersucht hat, zu beweisen.[39] Des Weiteren hat der Frachtführer, will er sanktionslos bleiben, sein Zuwarten sowie die Umstände zu beweisen, aus denen auf die Angemessenheit seines Zuwartens geschlossen werden kann.[40] Schließlich muss der Frachtführer beweisen, dass die von ihm ergriffenen Maßnahmen aus damaliger Sicht die besten im Interesse des Verfügungsberechtigten gewesen sind.[41]

---

34 OLG München, 28.6.1983 – 25 U 1354/83, TranspR 1984, 186, 187; *Glöckner*, Art. 14 CMR Rdn. 1; *Helm*, in: Großkomm. HGB, Art. 14 CMR Rdn. 11; *Hill/Messent*, S. 59; *Koller*, das Standgeld bei CMR-Transporten, TranspR 1988, 129, 131.
35 *Koller*, a.a.O.; *Koller*, Art. 14 CMR Rdn. 3.
36 *Glöckner*, Art. 14 CMR Rdn. 1.
37 *Glöckner*, Art. 14 CMR Rdn. 1; *Loewe*, ETR 1976, 503, 547.
38 *Baumgärtel/Giemulla*, Art. 14 CMR Rdn. 3.
39 *Otte*, in: Ferrari/Kieninger/Mankowski et al., Art. 14 CMR Rdn. 11.
40 *Baumgärtel/Giemulla*, Art. 14 CMR Rdn. 3.
41 *Thume*, in: Fremuth/Thume, Art. 14 CMR Rdn. 22.

Art. 15

bearbeitet von RA Dr. Jürgen Temme, Düsseldorf

1. Treten nach Ankunft des Gutes am Bestimmungsort Ablieferungshindernisse ein, so hat der Frachtführer Weisungen des Absenders einzuholen. Wenn der Empfänger die Annahme des Gutes verweigert, ist der Absender berechtigt, über das Gut zu verfügen, ohne die erste Ausfertigung des Frachtbriefes vorweisen zu müssen.
2. Der Empfänger kann, auch wenn er die Annahme des Gutes verweigert hat, dessen Ablieferung noch so lange verlangen, als der Frachtführer keine dem widersprechenden Weisungen des Absenders erhalten hat.
3. Tritt das Ablieferungshindernis ein, nachdem der Empfänger aufgrund seiner Befugnisse nach Artikel 12 Abs. 3 Anweisung erteilt hat, das Gut an einen Dritten abzuliefern, so nimmt bei der Anwendung der Absätze 1 und 2 dieses Artikels der Empfänger die Stelle des Absenders und der Dritte die des Empfängers ein.

Übersicht

	Rdn.		Rdn.
I. Allgemeines	1	**III. Dritter als Empfänger**	14
II. Ablieferungshindernisse	3	**IV. Beweisfragen**	16
1. Voraussetzungen	3		
2. Rechte und Pflichten des Frachtführers	7		

I. Allgemeines

Art. 15 behandelt das Ablieferungshindernis *nach* Ankunft des Gutes am Bestimmungsort. Auf Beförderungshindernisse *vor* Ankunft des Gutes am Bestimmungsort ist nicht Art. 15 CMR, sondern Art. 14 CMR anzuwenden. Ist kein Frachtbrief ausgestellt worden, gilt Art. 15 analog.[1] 1

Art. 15 Abs. 1 CMR kann jedoch analog angewandt werden in Fällen, in denen der Empfänger die Annahme des Gutes *vor Ankunft* ernsthaft und endgültig verweigert, weil es dann sinnlos ist, das Gut noch zum Empfänger zu transportieren, anstatt den Absender hierüber verfügen zu lassen.[2] Eine Anwendung des Art. 15 Abs. 2 CMR kommt dann nicht mehr in Betracht. Art. 14 CMR ist nicht anwendbar, weil zum einen gerade kein Beförderungshindernis vorliegt und zum ande- 2

---

1 *Herber/Piper*, Art. 15 CMR Rdn. 2.
2 *Koller*, Art. 15 CMR Rdn. 1.

Art. 15 Abschluss und Ausführung des Beförderungsvertrages

ren die Erleichterungen an den Nachweis der Verfügungsmacht im Fall des Art. 15 Abs. 1 CMR für den Absender leichter zu führen sind als im Fall des Art. 14 CMR. Das aber ist interessengerecht, da ansonsten die Gefahr besteht, dass das Gut „herrenlos" wird.

II. Ablieferungshindernisse

1. Voraussetzungen

3 Ein Ablieferungshindernis liegt vor, wenn die Aushändigung des Transportgutes an den Empfänger aus irgendwelchen Gründen zum bestimmten Zeitpunkt objektiv unmöglich wird.[3] Die Unmöglichkeit wird wie bei Art. 14 CMR ermittelt.[4] Es reicht also auch teilweise Unmöglichkeit, weil z.B. Entladeeinrichtungen am Empfangsort für einen längeren Zeitraum nicht nutzbar sind[5] oder der Zoll das Gut beschlagnahmt hat.[6] Irrelevant ist, ob die Ablieferung aus einem in der Person des Frachtführers, aus einem in der Person des Empfängers oder aus einem von außen kommenden Grund unmöglich ist oder wird.[7] Ein Ablieferungshindernis ist auch dann gegeben, wenn der Empfänger am Ablieferungsort nicht ermittelt werden kann[8] oder die Auslieferung aus zollrechtlichen Gründen nicht möglich ist.[9] Voraussetzung ist, dass das Gut am Bestimmungsort angekommen ist. Bestimmungsort ist der im Frachtbrief angegebene Bestimmungsort oder der durch wirksame Weisung gem. Art. 12 CMR neu bestimmte Ablieferungsort. Der Frachtführer hat den Empfänger jedoch mit zumutbarer Sorgfalt zu ermitteln.[10]

4 Nicht erforderlich ist, dass die sich abzeichnende Verzögerung der Ablieferung gravierend ist.[11] Des Weiteren kommt es nicht darauf an, ob jemand das Ablieferungshindernis zu vertreten hat.[12]

5 Ein beispielhaft in Art. 15 Abs. 1 Satz 2 CMR geregeltes Ablieferungshindernis ist die Annahmeverweigerung des Empfängers.[13] Verweigert der Empfänger die Annahme, tritt das Ablieferungshindernis ein, wenn die Annahmeverweigerung

---

3 *Koller*, Art. 15 CMR Rdn. 2.
4 Vgl. oben Art. 14 CMR Rdn. 5 ff.
5 OLG Köln, 23.2.1972 – 3 U 85/71, BB 1973, 405; MünchKommHGB/*Jesser-Huß*, Art. 15 CMR Rdn. 2 m.w.N.
6 OLG Hamburg, 16.1.1986 – 6 U 218/85, TranspR 1986, 229, 230; *Herber/Piper*, Art. 15 CMR Rdn. 4.
7 *Koller*, Art. 15 CMR Rdn. 2.
8 *Helm*, in: Großkomm. HGB, Art. 15 CMR Rdn. 5 mit weiteren Beispielen in Rdn. 6; OLG Hamburg, 25.2.1988 – 6 U 194/87, TranspR 1988, 277.
9 OLG Hamburg, 16.1.1986 – 6 U 218/85, TranspR 1986, 229, 230.
10 OLG Stuttgart, 13.10.1999 – 3 U 176/96, TranspR 2001, 127.
11 BGH, 5.2.1987 – I ZR 7/85, TranspR 1987, 180, 182 = VersR 1987, 678, 679; OLG Frankfurt/M., 30.5.1996 – 15 U 56/95, TranspR 1997, 427.
12 OLG Düsseldorf, 15.12.1983 – 18 U 72/83, TranspR 1984, 38, 40.
13 Weitere Beispiele bei MünchKommHGB/*Jesser-Huß*, Art. 15 CMR Rdn. 2.

dem Frachtführer zugeht. Beispiele für andere Ablieferungshindernisse gibt *Loewe*:[14] So können die technischen Hilfsmittel für die Abladung des Gutes nicht vorhanden oder der Empfänger nicht anzutreffen sein. Der Empfänger kann die Annahme auch verweigern, nachdem die Verfügungsbefugnis auf ihn übergegangen ist.[15]

Unterschiedliche Ansicht besteht in der Behandlung des Falles, dass der Empfänger die Fracht nicht zahlt. Hat der Frachtführer keine Weisung, die Fracht per Nachnahme gem. Art. 21 CMR vom Empfänger einzuziehen, so stellt die Weigerung des Empfängers, die Fracht zu zahlen, kein Ablieferungshindernis im Sinne des Art. 15 CMR dar.[16] Dem gegenüber meinen *Loewe*,[17] *Koller*,[18] *Helm*[19] und *Huther*,[20] die Weigerung der Bezahlung der Fracht durch den Empfänger sei ein Ablieferungshindernis i.S.d. Art. 15 Abs. 1 CMR. Die Ansicht von *Loewe* und *Koller* ist nur im Ergebnis richtig. Denn der Fall, dass der Empfänger die Zahlung der Fracht verweigert, ist in Art. 13 Abs. 2 CMR geregelt. Danach bleibt der Frachtführer grundsätzlich verpflichtet, den Frachtvertrag durch Ablieferung zu erfüllen. Er hat jedoch den Anspruch auf Sicherheitsleistung. Eine derartige Handhabung ist auch interessengerecht, denn das Gut hat vielfach einen weit höheren Wert als die dem Frachtführer gebührende Fracht. Der Frachtführer ist deshalb auch im Interesse des Absenders gehalten, sich um Erfüllung des Frachtvertrages zu bemühen und deshalb auf Sicherheitsleistungen in Höhe der Fracht zu bestehen.[21] Erst wenn auch die Sicherheitsleistung durch den Empfänger verweigert wird, ist es sachgerecht, ein Ablieferungshindernis i.S.d. Art. 15 Abs. 1 CMR anzunehmen. Anders ist es, wenn der Absender den Frachtführer beauftragt hat, die Fracht oder gar den Wert des Gutes per Nachnahme einzuziehen. Verweigert der Empfänger dann die Zahlung, kann der Frachtführer den Frachtvertrag nicht erfüllen, denn er schuldet dem Absender die Einziehung der Fracht oder des Wertes, nicht die Beibringung einer Sicherheit. 6

2. Rechte und Pflichten des Frachtführers

Liegt ein Ablieferungshindernis i.S.d. Art. 15 Abs. 1 Satz 1 CMR vor, so ist der Frachtführer grundsätzlich verpflichtet, Weisungen des Absenders einzuholen, und muss dem Absender die notwendigen Informationen geben.[22] Dies ist deshalb bemerkenswert, weil Art. 13 Abs. 1 CMR in Verbindung mit Art. 12 Abs. 2 7

---

14 *Loewe*, ETR 1976, 503, 548.
15 BGH, Urt. v. 15.10.1998 – I ZR 111/96, VersR 1999, 646, 648; *Koller*, Art. 15 CMR Rdn. 2.
16 OLG Hamburg, 3.11.1983 – 6 U 108/83, TranspR 1984, 190, 191 = VersR 1984, 235f., *Glöckner*, Art. 15 CMR Rdn. 2.
17 *Loewe*, ETR 1976, 503, 548.
18 *Koller*, Art. 15 CMR Rdn. 2 unter Bezugnahme auf das Urteil des OLG Hamburg.
19 *Helm*, in: Großkomm. HGB, Art. 15 CMR Rdn. 4.
20 *Helm*, in: Großkomm. HGB, Art. 15 CMR Rdn. 6.
21 Folgend *Otte*, in: Ferrari/Kieninger/Mankowski et al., Art. 15 CMR Rdn. 4.
22 *Herber/Piper*, Art. 15 CMR Rdn. 11.

Art. 15 Abschluss und Ausführung des Beförderungsvertrages

CMR bereits dem Empfänger grundsätzlich ein Verfügungsrecht zubilligt. Es erscheint auch nicht praxisgerecht, nur dem Absender das Verfügungsrecht zuzubilligen, denn eine Reihe von Ablieferungshindernissen könnte auch der Empfänger beseitigen. Hat zum Beispiel der Empfänger seinen Betriebssitz verlegt, ist dies aber im Frachtbrief noch nicht berücksichtigt, so könnte der Frachtführer durch einfachen Anruf beim Empfänger das Ablieferungshindernis beseitigen. Man wird daher eine Obliegenheit des Frachtführers bejahen können, dass der Frachtführer, bevor er Rechte aus Art. 15 Abs. 1 CMR geltend macht, sich zunächst einen Überblick darüber verschafft, ob überhaupt ein Ablieferungshindernis vorliegt. *Glöckner*[23] schlägt vor, dass der Frachtführer zumindest in dem Fall, in dem der Empfänger unter der mitgeteilten Anschrift nicht ermittelt werden kann, sich zumindest durch Blick in das Telefonbuch bzw. ins Internet (zu bejahen) oder Rückfrage beim Einwohnermeldeamt oder bei dem Firmenregister einer Industrie- und Handelskammer (zu verneinen, da für den Frachtführer zu umständlich) nach der korrekten Anschrift des Empfängers erkundigt.[24]

8 Kommt der Frachtführer zu dem Ergebnis, dass ein Ablieferungshindernis vorliegt, ist er verpflichtet, die Weisung des Absenders einzuholen. Erteilt der Absender dann eine Weisung, so muss er grundsätzlich die erste Ausfertigung des Frachtbriefes dem Frachtführer vorlegen. *Precht/Endrigkeit* weisen zu Recht darauf hin, dass sich die erste Ausfertigung in der großen Mehrzahl der Fälle noch beim Absender befinden wird, während der Transport den Bestimmungsort erreicht hat. Sie weisen ferner darauf hin, dass die CMR nichts darüber sagt, ob die erste Ausfertigung des Frachtbriefes dem Frachtführer an dessen Firmensitz oder beim wartenden Fahrzeug vorgelegt werden muss. Richtig ist, dass die CMR nur vom Frachtführer spricht. Es reicht daher aus, wenn der Absender die erste Ausfertigung des Frachtbriefes, verbunden mit der Weisung dem Frachtführer am Sitz seines Unternehmens vorlegt und dieser die Weisung an das wartende Fahrzeug weiterleitet.[25] Im Übrigen kann auf die oben bei Art. 12 Rdn. 14–17 gewonnene Differenzierung zwischen relativer und absoluter Wirksamkeit von Weisungen zurückgegriffen werden.

9 Ausnahmsweise anders ist es, wenn der Empfänger die Annahme des Gutes verweigert, also ein Ablieferungshindernis i.S.d. Art. 15 Abs. 1 Satz 2 CMR vorliegt. Der Frachtführer kann in diesem Ausnahmefall der Weisung des Absenders folgen, ohne sich vom Absender die erste Ausfertigung des Frachtbriefes vorlegen lassen zu müssen. Dieser Sonderfall ist ausdrücklich in Art. 15 Abs. 1 Satz 2 CMR geregelt.

10 Unklar ist, ob der Frachtführer die Möglichkeit hat, anstatt eine Weisung des Absenders einzuholen, gem. Art. 16 Abs. 2 CMR das Gut sofort auf Kosten des Ver-

---

23 Art. 15 Rdn. 4.
24 So auch das OLG Hamburg, 25.2.1988 – 6 U 194/87, TranspR 1988, 277, 278 = VersR 1988, 909, das dem Frachtführer vorwarf, dass er sich nicht zumindest fernschriftlich um die korrekte Adresse in Teheran bemühte.
25 *Precht/Endrigkeit*, Art. 15 CMR, Anm. 5; ihm folgend *Helm*, in: Großkomm. HGB, Art. 15 CMR Rdn. 13.

fügungsberechtigten auszuladen. Hierfür spricht der Wortlaut von Art. 16 II CMR. Helm[26] schränkt die unbedingte Ausübung der Rechte aus Art. 16 Abs. 2 und 3 CMR jedoch zu Recht ein. Der Frachtführer muss grundsätzlich zuvor eine Entscheidung des verfügungsberechtigten Empfängers einholen, soweit diese erlangt werden kann.[27] In der zeitlichen Abfolge wird man das Problem so lösen müssen, dass der Frachtführer, der auf ein Ablieferungshindernis stößt, aufgrund seiner allgemeinen Sorgfaltspflicht zunächst mit Hilfe des Empfängers klärt, ob überhaupt ein ernstes Ablieferungshindernis besteht. Erteilt der Empfänger aufgrund der Anfrage des Frachtführers sogleich eine Weisung, die das Ablieferungshindernis beseitigt, muss der Frachtführer dieser Weisung folgen, ohne die Rechte aus Art. 16 Abs. 2 CMR geltend machen zu können. Stellt sich nach Aufklärung der Situation und trotz der Weisung heraus, dass ein objektives Ablieferungshindernis vorliegt, so kann der Frachtführer, ohne eine Weisung des Absenders einzuholen, die Rechte aus Art. 16 Abs. 2 CMR geltend machen.[28]

Mit Ausladung gilt die Beförderung als beendet und damit der Frachtvertrag als erfüllt; Art. 16 Abs. 2 Satz 1 CMR. Der Frachtführer hat jedoch dann das Gut für den Verfügungsberechtigten zu verwahren.[29] Gleichfalls hat der Frachtführer das Recht, ohne Weisung des Verfügungsberechtigten verderbliche Waren verkaufen zu lassen, vgl. Art. 16 Abs. 3 CMR. **11**

Solange der Absender von seinem Weisungsrecht nicht Gebrauch macht, ist der Frachtführer bei bestehendem Ablieferungshindernis verpflichtet, den Weisungen des Empfängers zu folgen, da dieser gem. Art. 13 Abs. 1 i.V. m. Art. 12 Abs. 2 CMR verfügungsberechtigt ist. Dies ergibt sich aus Art. 15 Abs. 2 CMR, wonach der Empfänger, auch wenn er die Annahme des Gutes verweigert hat, dessen Ablieferung noch so lange verlangen kann, wie der Frachtführer keine dem widersprechenden Weisungen des Absenders erhalten hat. Das dem Empfänger gem. Art. 12 Abs. 2, 13 Abs. 1 CMR zugewiesene Verfügungsrecht erlischt mithin spätestens in dem Moment, in dem dem Frachtführer eine wirksame Weisung des Absenders zugeht.[30] **12**

Auch bei Vorliegen des Ablieferungshindernisses bleibt der Frachtführer bis zur Ablieferung oder bis zum Abladen i.S.d. Art. 16 Abs. 2 CMR für das Gut voll verantwortlich.[31] **13**

---

26 Vgl. *Helm*, in: Großkomm. HGB, Art. 15 CMR Rdn. 15.
27 *Helm*, in: Großkomm. HGB, Art. 15 Rdn. 15; a.A. *Herber/Piper*, Art. 15 CMR Rdn. 14.
28 Für ein Nebeneinander von Konsultationspflicht und Ausladerecht: MünchKommHGB/*Jesser-Huß*, Art. 16 CMR Rdn. 9 m.w.N.
29 Vgl. unten Art. 16 Rdn. 18ff.
30 *Koller*, Art. 15 CMR Rdn. 4; MünchKommHGB/*Jesser-Huß*, Art. 15 CMR Rdn. 13, die zu Recht vom Prioritätsprinzip spricht.
31 OLG Düsseldorf, 12.1.1984 – 18 U 151/83, TranspR 1984, 102; OLG Düsseldorf, 12.12.1985 – 18 U 90/85, VersR 1986, 1069.

III. Dritter als Empfänger

14 Für den Ausnahmefall des Art. 12 Abs. 3 CMR, nicht Abs. 4, stellt Art. 15 Abs. 3 CMR eine Sonderregelung auf. Hat der frachtbriefmäßige Empfänger, der vom Absender bereits bei Ausstellung des Frachtbriefes gem. Art. 12 Abs. 3 CMR die Verfügungsbefugnis erhalten hat, nunmehr einen Dritten als Empfänger bestimmt, ist dieser als Empfänger i.S.d. Art. 15 Abs. 1 und 2 CMR anzusehen, und der ursprüngliche frachtbriefmäßige Empfänger hat die Stellung des Absenders. Hat also der frachtbriefmäßige Empfänger aufgrund seiner Verfügungsbefugnis dem Frachtführer die Weisung erteilt, das Gut an einen Dritten auszuliefern (eigentlich ein Fall des Art. 12 Abs. 4 CMR) und tritt bei der Ablieferung an den Dritten ein Hindernis ein, so hat der Frachtführer die Weisungen des frachtbriefmäßigen Empfängers einzuholen, der nun als Absender gilt. Art. 15 Abs. 3 CMR betrifft jedoch einen Spezialfall, dessen Anwendungsbereich enger ist, als es zunächst vermutet werden kann. Voraussetzung ist nämlich, dass der Absender bereits im Frachtbrief den Empfänger als allein Verfügungsberechtigten i.S.d. Art. 12 Abs. 3 CMR eingetragen hat. Nicht erfasst von Art. 15 Abs. 3 CMR ist der Fall, dass der Empfänger i.S.d. Art. 12 Abs. 4 CMR einen Dritten als Endempfänger bestimmt, ohne bereits zuvor allein verfügungsbefugt gem. Art. 12 Abs. 3 CMR gewesen zu sein.[32] Eine analoge Anwendung des Art. 15 Abs. 3 CMR auf Fälle des Art. 12 Abs. 4 CMR verbietet sich, weil dies einen Eingriff in das Verfügungsrecht des ursprünglichen Absenders bedeuten würde. Der Absender muss darauf vertrauen können, im Falle von Ablieferungshindernissen, die die Erfüllung seines schuldrechtlichen Verhältnisses mit dem Empfänger in Frage stellen könnten, immer noch Herr des Transportes zu sein.[33]

15 Verweigert im Fall des Art. 15 Abs. 3 CMR der Dritte die Annahme des Gutes, so gilt spiegelbildlich zu den vorstehenden Ausführungen, dass der Dritte trotzdem so lange verfügungsbefugt bleibt (vgl. Art. 15 Abs. 2 CMR), bis der frachtbriefmäßige Empfänger von seinem Verfügungsrecht Gebrauch macht.[34] Der ursprüngliche Absender hat auch kein subsidiäres Verfügungsrecht mehr.[35]

IV. Beweisfragen

16 Der Frachtführer hat die Ablieferungshindernisse darzulegen und zu beweisen.[36]

---

32 So auch *Thume*, in: Fremuth/Thume, Art. 15 CMR Rdn. 18.
33 Im Ergebnis auch *Loewe*, ETR 1976, 503, 549.
34 Vgl. *Helm*, in: Großkomm. HGB, Art. CMR Rdn. 19.
35 Vgl. *Helm*, in: Großkomm. HGB, Art. 15 CMR Rdn. 19.
36 OLG Hamburg, 25.2.1988 – 6 U 194/87, TranspR 1988, 277, 278; Baumgärtel/*Giemulla*, Art. 15 CMR Rdn. 1.

Will der Absender Ansprüche gegen den Frachtführer geltend machen, hat er die **17** Weisung zu beweisen, die Missachtung zu behaupten sowie die Voraussetzungen zwischen Missachtung und Schaden zu beweisen.[37]

Hat der Absender seine Weisung bewiesen, so obliegt es dem Frachtführer, nicht **18** nur das Ablieferungshindernis, sondern auch zu beweisen, dass er entsprechend der erteilten neuen Weisung gehandelt hat.[38]

---

[37] Vgl. Art. 12 CMR Rdn. 68; *Otte*, in: Ferrari/Kieninger/Mankowski et al., Art. 15 CMR Rdn. 13.
[38] Baumgärtel/*Giemulla*, Art. 15 CMR Rdn. 2.

Art. 16

bearbeitet von RA Dr. Jürgen Temme, Düsseldorf

1. Der Frachtführer hat Anspruch auf Erstattung der Kosten, die ihm dadurch entstehen, daß er Weisungen einholt oder ausführt, es sei denn, daß er diese Kosten verschuldet hat.

2. In den in Artikel 14 Absatz 1 und in Artikel 15 bezeichneten Fällen kann der Frachtführer das Gut sofort auf Kosten des Verfügungsberechtigten ausladen; nach dem Ausladen gilt die Beförderung als beendet. Der Frachtführer hat sodann das Gut für den Verfügungsberechtigten zu verwahren. Er kann es jedoch auch einem Dritten anvertrauen und haftet dann nur für die sorgfältige Auswahl des Dritten. Das Gut bleibt mit den aus dem Frachtbrief hervorgehenden Ansprüchen sowie mit allen anderen Kosten belastet.

3. Der Frachtführer kann, ohne Weisungen des Verfügungsberechtigten abzuwarten, den Verkauf des Gutes veranlassen, wenn es sich um verderbliche Waren handelt oder der Zustand des Gutes eine solche Maßnahme rechtfertigt oder wenn die Kosten der Verwahrung in keinem Verhältnis zum Wert des Gutes stehen. Er kann auch in anderen Fällen den Verkauf des Gutes veranlassen, wenn er innerhalb einer angemessenen Frist gegenteilige Weisungen des Verfügungsberechtigten, deren Ausführung ihm billigerweise zugemutet werden kann, nicht erhält.

4. Wird das Gut aufgrund der Bestimmungen dieses Artikels verkauft, so ist der Erlös nach Abzug der auf dem Gut lastenden Kosten dem Verfügungsberechtigten zur Verfügung zu stellen. Wenn diese Kosten höher sind als der Erlös, kann der Frachtführer den Unterschied beanspruchen.

5. Art und Weise des Verkaufes bestimmen sich nach den Gesetzen oder Gebräuchen des Ortes, an dem sich das Gut befindet.

Übersicht

	Rdn.		Rdn.
I. Allgemeines	1	a) Verwahrung durch den Frachtführer	19
II. Anspruch auf Erstattung der Kosten für Einholung und Ausführung der Weisungen	4	b) Verwahrung durch einen Dritten	22
1. Kosten	4	c) Keine Verwahrung: Transportbedingte Zwischenlagerung	23
2. Schäden, insbes. entgangener Gewinn	7	3. Vergütung des Frachtführers	24
3. Kein Verschulden des Frachtführers	9	a) Auswirkungen auf die Fracht	24
4. Erstattungspflichtiger	10	b) Vergütung der Auslade- und Verwahrungskosten	25
5. Abdingbarkeit des Art. 16 Abs. 1 CMR?	12	IV. Notverkauf des Gutes	26
III. Ausladung und Verwahrung	13	1. Verderbliche Waren	27
1. Das Recht zur Ausladung	14	2. Rechtfertigung des Verkaufs aufgrund des Zustandes des Gutes	30
2. Verwahrung des Gutes	18		

3. Unverhältnismäßigkeit der Verwahrungskosten 31
4. Fehlende Weisungen 32
5. Abwicklung des Verkaufs 33
V. Beweisfragen 36

I. Allgemeines

Art. 16 CMR regelt die Rechte und Pflichten des Frachtführers, die sich aus dem Antreffen von Beförderungshindernissen gem. Art. 14 und Ablieferungshindernissen gem. Art. 15 CMR ergeben.[1] **1**

Art. 16 Abs. 1 CMR gibt dem Frachtführer einen Anspruch auf Erstattung der Kosten, die dem Frachtführer durch Einholung und Ausführung der Weisungen entstehen und die durch Beförderungs- und Ablieferungshindernisse begründet sind. Art. 16 Abs. 1 CMR ist ein spezieller Aufwendungsersatzanspruch für Weisungen i.S.d. Art. 14 und 15 CMR; ansonsten gilt Art. 12 Abs. 5 lit. a) CMR. **2**

Art. 16 Abs. 2 CMR gewährt dem Frachtführer das Recht, die Beförderung bei Antreffen eines Beförderungshindernisses i.S.d. Art. 14 Abs. 1 CMR und eines Ablieferungshindernisses i.S.d. Art. 15 CMR, nicht aber bei Vorliegen eines behebbaren Hindernisses i.S.d. Art. 14 Abs. 2 CMR durch Ausladen des Gutes zu beenden. In den in Art. 16 Abs. 3 CMR geregelten Fällen kann der Frachtführer den Verkauf des Gutes veranlassen. Art. 16 Abs. 4 und 5 CMR bestimmen die Regelung des Verkaufs und die Verwendung des Erlöses. **3**

II. Anspruch auf Erstattung der Kosten für Einholung und Ausführung der Weisungen

1. Kosten

Art. 16 Abs. 1 CMR gewährt dem Frachtführer Anspruch auf Erstattung der Kosten, die ihm durch Einholung und Ausführung der Weisungen entstehen. Der Frachtführer hat jedoch keinen Anspruch auf Erstattung der Kosten, wenn er die Entstehung der Kosten verschuldet hat, Art. 16 Abs. 1 2. Halbsatz CMR. Nach dieser Regelung besteht nur ein Anspruch auf Erstattung der Kosten, wenn sie durch Einholung und Ausführung von Weisungen entstehen, die durch Beförderungs- oder Ablieferungshindernisse bewirkt werden. Kosten, die durch sonstige Weisungen entstehen, kann der Frachtführer gem. Art. 12 Abs. 5a CMR ersetzt verlangen. Auf Kosten, die *vor* der Einholung von Weisungen entstehen, ist Art. 16 Abs. 1 CMR nicht analog anwendbar.[2] **4**

---

[1] A.A. OGH Wien, 28.1.1999 – 6 Ob 277/98y, der Art. 16 Abs. 1 CMR auf Weisungen anwendet, die ohne Bezug auf Beförderungs- oder Ablieferungshindernisse erteilt wurden.
[2] OLG Bremen, 14.8.1997, OLG-Rp 1997, 373.

Art. 16 Abschluss und Ausführung des Beförderungsvertrages

5   Unter Kosten i. S. d. Art. 16 Abs. 1 CMR sind Aufwendungen im Sinne von freiwilligen Vermögensopfern zu verstehen, die der Frachtführer zur Einholung und Ausführung von Weisungen macht.[3] Nach deutschem Verständnis handelt es sich um Aufwendungen i. S. d. § 670 BGB, wie z. B.

– Telekommunikationskosten für die Einholung der Weisung,
– Kosten der Grenz- oder Empfangsspediteure, die zur Beseitigung von Beförderungs- oder Ablieferungshindernissen erforderlich sind,
– Kosten für Kranarbeiten, wenn eine Entladung ohne Hilfsmittel nicht möglich ist, der Empfänger diese aber nicht zur Verfügung stellt oder stellen kann.

Beispiele für Kosten der eigenen Leute und Geräte sind:
– Kosten der Wartezeit des Fahrers und des Fahrzeugs und
– Kosten für Umwege.

6   Während die Erstattung von Auslagen unproblematisch ist, stellt sich die Frage, wie der Frachtführer den Einsatz eigener Leute und Geräte erstattet verlangen kann. *Koller*[4] weist zu Recht darauf hin, dass der Ersatzpflichtige keinen Vorteil daraus erlangen soll, dass der Frachtführer mit eigenen Hilfsmitteln arbeitet und sich nicht Dritter bedient. Es wird daher dem Frachtführer zugebilligt, die ihm entstandenen Kosten danach zu berechnen, was er üblicherweise für den Aufwand in Rechnung stellt, der ihm durch die Einholung und/oder Ausführung der Weisung entstanden ist;[5] hiervon ist aber ein angemessener Gewinnabschlag abzuziehen.[6] *Koller*[7] hält den Gewinnabschlag bei der Ausführung von Weisungen für tragbar, weil der Frachtführer unzumutbare Weisungen nicht auszuführen braucht (Art. 12 Abs. 5 lit. b) CMR) und auch nicht gezwungen ist, den Weisungen Folge zu leisten, sondern nach Art. 16 Abs. 2 CMR das Gut ausladen darf. *Huther* will dem Frachtführer nicht nur die eigenen Kosten, sondern unter Hinweis auf die Parallelvorschrift des Art. 23 § 3 CIM, an den sich Art. 16 CMR anlehnt und von dem er abstammt, auch den Gewinn gewähren, der in Art. 17 § 1 CIM enthalten ist, nämlich im Begriff der Fracht.[8] *Helm* weist zu Recht darauf hin, dass im Fall ergänzend anwendbarem deutschen Recht der Frachtführer Anspruch auf eine angemessene Vergütung gem. §§ 419 Abs. 1 Satz 3, 418 Abs. 1 Satz 4 HGB hat.[9]

---

3   *Koller*, Art. 16 CMR Rdn. 2.
4   *Koller*, TranspR 1988, 129, 132.
5   *Herber/Piper*; Art. 16 CMR Rdn. 4.
6   OLG München, Urt. v. 12.4.1991 – 23 U 1606/91, TranspR 1991, 298, 299 = VersR 1992, 724, das in einem Fall des Art. 15 CMR und Weitertransports innerhalb Deutschlands dem Frachtführer die Abrechnung nach RKT abzüglich 10% erlaubte und dies für angemessen hielt.
7   *Koller*, TranspR 1988, 129, 132.
8   *Boesche*, in: EBJS, Art. 16 CMR Rdn. 3, unter Verweis auf OLG Köln, 26.8.1994 – 19 U 190/93, VersR 1995, 854.
9   *Helm*, in: Großkomm. HGB, Art. 16 CMR Rdn. 3.

2. Schäden, insbes. entgangener Gewinn

Im Gegensatz zu Art. 12 Abs. 5 lit. a) CMR gewährt allerdings Art. 16 Abs. 1 7
CMR nur Anspruch auf Erstattung der Kosten, nicht auf Erstattung der dem
Frachtführer entstehenden Schäden.[10] Nach dem Wortlaut von Art. 16 Abs. 1
CMR sind also Gewinnmargen oder anderweitig entgangener Gewinn nicht erstattungsfähig.[11] *Koller*[12] will zugunsten des Frachtführers für den Fall, dass ihm
bei der Einholung und Ausführung der Weisungen Schäden entstehen, Art. 12
Abs. 5 lit. a) CMR analog anwenden. Dies würde aber bedeuten, dass dem
Frachtführer doch ein Schadensersatzanspruch für entgangenen Gewinn zustünde.[13] Dem steht jedoch die Systematik der Regelungen in Art. 16 Abs. 1 CMR einerseits und Art. 12 Abs. 5 lit. a) CMR andererseits entgegen. Denn es gibt einen
wichtigen Unterschied zwischen beiden Regelungen: Im Fall des Art. 12 Abs. 5
lit. a) CMR ist die Beförderung, der Transportvertrag, nicht beendet; im Gegenteil. Der Transportvertrag kann noch erfüllt werden, soll aber auf Weisung des
Verfügungsberechtigten anders als ursprünglich vereinbart erfüllt werden. Der
Verfügungsberechtigte kann also verlangen, dass der Frachtführer sehr viel weiter
fährt, als ursprünglich vereinbart war. Unterstellt man, dass der Frachtführer
genügend LKWs hat, so kann diese Weisung den Betrieb des Frachtführers auch
nicht hemmen; Art. 12 Abs. 5 lit. b) CMR. Hier versteht sich eine Schadensersatzpflicht des Verfügungsberechtigten von selbst, da der Frachtführer durch die
viel weitere Reise anderweitig keinen Gewinn machen kann. Im Fall des Art. 16
Abs. 1 CMR aber liegt ein Beförderungs- oder Ablieferungshindernis vor, das
ohne Weisung die Erfüllung des Frachtvertrages unmöglich macht. Hier stehen
sowohl der Frachtführer als auch der Absender (auf den Empfänger kommt es
nicht an, da er weder nach Art. 13 CMR im Fall des Beförderungshindernisses
verfügungsbefugt wird noch im Fall des Ablieferungshindernisses verfügungsbefugt bleibt) vor der Tatsache, dass beide die Unmöglichkeiten nicht zu vertreten
haben (auf Art. 16 Abs. 1 zweite Alternative CMR ist anschließend einzugehen).
Der Absender hat also gar keine andere Wahl, als eine Weisung zu erteilen und
hat selbstverständlich auch die Kosten zu tragen. Der Frachtführer soll jedoch
aus der objektiven Unmöglichkeit keinen Gewinn schlagen. Diese gesetzliche
Wertung ist zu respektieren. Der Frachtführer wird dadurch geschützt, dass er
Weisungen, die ihm billigerweise nicht zugemutet werden können, nicht auszuführen braucht. Die Unmöglichkeit der Erfüllung des Transportvertrages berechtigt den Frachtführer dann, das Gut gem. Art. 16 Abs. 3 Satz 2 CMR auszuladen
und verkaufen zu lassen.[14] Auch der Vergleich der Art. 12 Abs. 5 lit. b) CMR mit

---

10 *Helm*, in: Großkomm. HGB, Art. 16 CMR Rdn. 3; *Koller*, Art. 16 Rdn. 3; anders MünchKommHGB/*Jesser-Huß*, Art. 16 CMR Rdn. 6.
11 OLG München, Urt. v. 12.4.1991 – 23 U 1606/91, TranspR 1991, 298, 299 = VersR 1992, 724; *Koller*, Art. 16 CMR Rdn. 2.
12 Art. 16 CMR Rdn. 3.
13 Daher inkonsequent *Koller*, Art. 16 Rdn. 3 zu Rdn. 2.
14 So im Ergebnis auch MünchKommHGB/*Jesser-Huß*, Art. 16 CMR Rdn. 7.

Art. 16 Abschluss und Ausführung des Beförderungsvertrages

Art. 16 Abs. 3 Satz 2 CMR zeigt, dass der Gesetzgeber hier bewusst zwischen „Hemmung des Betriebs" und „billigerweiser Zumutung" differenziert.

8 *Kollers* Anliegen, dem Frachtführer im Fall des Art. 16 Abs. 1 CMR auch Schäden, die nicht in entgangenem Gewinn bestehen, analog Art. 12 Abs. 5 lit. a) CMR zu ersetzen, ist berechtigt, aber bei Anwendung deutschen nationalen Rechts auf den CMR-Beförderungsvertrag nicht notwendig. Denn nach deutscher Rechtsprechung und Literatur werden Schäden, die der Auftraggeber bei der Ausführung des Auftrages erleidet, einer Aufwendung gleichgestellt.[15] Insofern kann der geschädigte Frachtführer nach § 670 BGB Ersatz entgangenen Gewinns geltend machen.[16] Art. 16 Abs. 1 CMR steht der ergänzenden Anwendung des § 670 BGB nicht im Wege, weil Art. 16 Abs. 1 CMR nur Kosten, nicht aber Schäden regelt.

3. Kein Verschulden des Frachtführers

9 Der Anspruch auf Erstattung der Kosten entfällt, wenn der Frachtführer die Entstehung der Kosten verschuldet hat.[17] Das ist gegeben, wenn die Aufwendungen des Frachtführers bei Anwendung der im Verkehr erforderlichen Sorgfalt durch den Frachtführer hätten vermieden werden können[18] oder das Beförderungs- und Ablieferungshindernis entstand.[19] Für das Verschulden seiner Hilfspersonen hat der Frachtführer einzustehen, Art. 3 CMR. Haben aber z.B. beim Entladen Leute des Empfängers mitgewirkt und stellen diese plötzlich ihre Abladetätigkeit ein und ist das Entladen auch Sache des Empfängers (vgl. Art. 17 Rdn. 36ff.), so liegt zum einen ein Ablieferungshindernis vor, das den Frachtführer berechtigt, selbst abzuladen. Zum anderen haftet der Frachtführer aber nicht für Schäden, die dadurch entstehen, dass der Fahrer nun selbst ablädt.[20] Trifft sowohl den Absender als auch den Frachtführer ein Verschulden, will *Huther* zu einem anteiligen Kostenansatz kommen.[21]

4. Erstattungspflichtiger

10 Aus Art. 16 Abs. 1 CMR ergibt sich nicht, wer passivlegitimiert ist. *Koller*[22] hält den Absender für ersatzpflichtig und kommt zu diesem Ergebnis durch analoge Anwendung des Art. 12 Abs. 5 lit. a) CMR. Diese Sichtweise ist jedoch verkürzt.

---

15 BGH, 27.11.1962 – VI ZR 217/61, BGHZ 38, 270, 277; Palandt/*Sprau*, § 670 BGB Rdn. 8ff. m.w.N.
16 So auch *Otte*, in: Ferrari/Kieninger/Mankowski et al., Art. 16 CMR Rdn. 6.
17 *Boesche*, in: EBJS, Art. 16 CMR Rdn. 5.
18 *Helm*, in: Großkomm. HGB, Art. 16 CMR Rdn. 5; *Thume*, in: Fremuth/Thume, Art. 16 CMR Rdn. 6.
19 *Loewe*, ETR 1976, 503, 549.
20 OLG Köln, Urt. v. 23.3.1972 – 2 U 85/71, MDR 1972, 614; *Glöckner*, Art. 16 Rdn. 1.
21 *Boesche*, in: EBJS, Art. 16 CMR Rdn. 5.
22 *Koller*, Art. 16 CMR Rdn. 4

Richtig ist, dass zunächst einmal der Absender als Vertragspartner des Frachtführers passivlegitimiert ist. Hierbei bleibt es auch dann, wenn der Empfänger Weisungen erteilt hat. Denn der Absender hat mit dem Frachtführer einen Vertrag zugunsten Dritter, eben zugunsten des Empfängers, geschlossen und dem Empfänger Rechte eingeräumt, die der Frachtführer zu erfüllen hat. Macht nun der Empfänger diese (Weisungs-)Rechte geltend, so kann er dies nur wirksam aufgrund des Valutaverhältnisses zwischen dem Empfänger und dem Absender tun.[23] Einen Vertrag zwischen Frachtführer und Empfänger gibt es nicht. Art. 13 Abs. 2 CMR gewährt dem Frachtführer auch nur Anspruch auf Erstattung der aus dem Frachtbrief ersichtlichen Kosten.[24] Die Kosten der Weisung des Empfängers sind aber aus dem Frachtbrief nicht ersichtlich.

Darüber hinaus ist aber auch der Verfügungsberechtigte ersatzpflichtig, der die Weisung erteilt hat;[25] Art. 12 Abs. 5 lit. a) CMR, der ergänzend gilt. Dies kann gem. Art. 12 Abs. 2 i.V.m. Art. 13 Abs. 1 CMR oder auch im Fall des Art. 12 Abs. 3 CMR der Empfänger sein. Es kann aber auch gem. Art. 15 Abs. 3 in Verbindung mit Art. 12 Abs. 3 CMR der Dritte sein, der zum Empfänger wurde. Erteilt der Empfänger also Weisungen, ist er dem Frachtführer für die Kosten der Weisung erstattungspflichtig, der Weisung erteilende Empfänger ist also passivlegitimiert.[26] Musste sich der Frachtführer an den Absender wenden, weil er hierzu nach der CMR gehalten war, so bleibt der Absender selbstverständlich auch wegen der Kosten der Weisung ersatzpflichtig. Hat der Frachtführer Weisungen Dritter eingeholt, steht ihm hierfür kein Erstattungsanspruch zu.[27]

11

5. Abdingbarkeit des Art. 16 Abs. 1 CMR?

Nach Ansicht von *Koller*[28] trifft Art. 16 Abs. 1 CMR eine abschließende Regelung hinsichtlich der Erstattungsfähigkeit von Kosten, die bei der Einholung und Ausführung einer Weisung entstehen und die auf Beförderungs- und Ablieferungshindernisse zurückzuführen sind.[29] Dies hindert die Parteien des Frachtvertrages jedoch nicht, vertragliche Regelungen über die Behandlung von Kosten im Fall von *Transporterschwernissen* zu treffen.[30] Art. 41 CMR steht dem nicht entgegen.[31] So können die Parteien vereinbaren, dass die Kosten für einen zweiten Fahrer, wenn aufgrund einer nicht vom Frachtführer zu vertretenden Verzögerung der Absender nun auf schnellstmöglicher Beförderung besteht, vom Absen-

12

---

23 Folgend *Otte*, in: Ferrari/Kieninger/Mankowski et al., Art. 16 CMR Rdn. 3.
24 OLG Düsseldorf, 11.12.1980 – 18 U 112/80, NJW 1981, 1910; OLG Hamm, NJW-RR 1989, 742; *Koller*, Art. 13 CMR Rdn. 11 m.w.N.
25 *Otte*, in: Ferrari/Kieninger/Mankowski et al., Art. 16 CMR Rdn. 3.
26 So auch MünchKommHGB/*Jesser-Huß*, Art. 16 CMR Rdn. 8, wenn ein Fall des Art. 13 Abs. 2 CMR vorliegt.
27 MünchKommHGB/*Jesser-Huß*, Art. 16 CMR Rdn. 8.
28 *Koller*, TranspR 1988, 129, 133.
29 A.A. *Helm*, in: Großkomm. HGB, Art. 16 CMR Rdn. 8f.
30 *Koller*, Art. 16 CMR Rdn. 4.
31 *Helm*, in: Großkomm. HGB, Art. 16 CMR Rdn. 9.

Art. 16 Abschluss und Ausführung des Beförderungsvertrages

der zusätzlich zur Fracht zu tragen sind. *Standgeld* gewährt eventuell das jeweils anwendbare nationale Recht. Ist deutsches Recht anwendbar, hat der Frachtführer gem. § 420 Abs. 3 HGB einen Anspruch auf angemessene Vergütung im Fall der Verzögerung der Reise, wenn die Verzögerung auf Gründen beruht, die der Risikosphäre des Absenders zugerechnet werden können.[32] Die Ansicht von *Koller*, Art. 16 Abs. 1 CMR sei bei Transporthindernissen abschließend, ist abzulehnen. Er selbst durchbricht seine Aussage bei dem Versuch, Art. 12 Abs. 5 lit. a) CMR analog anzuwenden.[33]

III. Ausladung und Verwahrung

13 Art. 16 Abs. 2 gewährt dem Frachtführer das Recht, bei Antreffen von Beförderungs- und Ablieferungshindernissen, das Gut auf Kosten des Verfügungsberechtigten auszuladen und damit die Beförderung zu beenden. Ihn trifft jedoch die Verpflichtung, das Gut selbst zu verwahren oder durch Dritte verwahren zu lassen.

1. Das Recht zur Ausladung

14 Ist durch ein Beförderungs- und/oder ein Ablieferungshindernis die Erfüllung des Frachtvertrages objektiv unmöglich geworden i.S.d. Art. 14 Abs. 1 CMR oder liegt ein Ablieferungshindernis i.S.d. Art. 15 CMR vor, kann der Frachtführer das Gut auch ausladen und damit die Beförderung beenden.[34] Nach Ansicht von *Koller* ist der Frachtführer berechtigt, aber nicht verpflichtet, ohne vorherige Weisung einzuholen, das Gut auszuladen.[35] Nach hier vertretener Ansicht[36] soll sich der Frachtführer aber zunächst zumindest bemühen, eine Weisung einzuholen. Dieses Recht steht dem Frachtführer nicht zu, falls lediglich ein behebbares Beförderungshindernis i.S.d. Art. 14 Ab. 2 CMR vorliegt. *Koller*[37] weist auch zu Recht darauf hin, dass vor Beginn der Ausladung das Transporthindernis nicht entfallen sein darf und der Frachtführer, wenn er denn eine Weisung eingeholt hat und ein Zuwarten noch zugemutet werden kann, auch die Erteilung der Weisung abwarten muss.

---

32 *Boesche*, in: EBJS, Art. 16 CMR Rdn. 3.
33 Vgl. oben Rdn. 7; *Koller*, Art. 16 Rdn. 3.
34 *Boesche*, in: EBJS, Art. 16 CMR Rdn. 7.
35 *Koller*, Art. 16 CMR Rdn. 6 m.w.N.
36 Vgl. oben Art. 15 CMR Rdn. 10 und MünchKommHGB/*Jesser-Huß*, Art. 16 CMR Rdn. 9.
37 Art. 16 CMR Rdn. 5.

Abschluss und Ausführung des Beförderungsvertrages **Art. 16**

Von besonderer Bedeutung ist, dass der Frachtführer bis zur Beendigung des 15
Ausladevorgangs haftet, da er die Ausladung selbst veranlasst hat.[38] Anders ist dies lediglich, wenn der Empfänger bereits mit dem Entladen begonnen hat, dieser plötzlich seine Abladetätigkeit einstellt und das Entladen auch Sache des Empfängers ist.[39] Dann liegt ein Ablieferungshindernis vor, das den Frachtführer berechtigt, selbst abzuladen. Da der Frachtführer an der Entladestelle die Entladung fortsetzen muss, haftet der Frachtführer nicht für Schäden, die dadurch entstehen, dass der Fahrer nun selbst ablädt.[40]

Nach Ausladung des Gutes ist der Frachtvertrag beendet.[41] Damit ist auch der 16
Haftungszeitraum i.S.d. Art. 17 CMR beendet.[42] Das bedeutet, dass der Frachtführer, auch wenn nach Ausladung das Beförderungs- oder Ablieferungshindernis wegfallen sollte, nicht zur Wiedereinladung und Weiterbeförderung verpflichtet ist.[43] Die Ausladung steht einer Ablieferung gleich.[44]

Art. 16 Abs. 2 CMR ist auch anwendbar, wenn das Gut vom Empfänger, sei es 17
auch mit Spezialmaschinen, entladen wird und während der Entladung der Empfänger plötzlich die Annahmeverweigerung ausspricht.[45] Der Frachtführer ist in diesem Falle berechtigt, den Rest des Gutes selbst abzuladen, ohne dass der Frachtführer für dabei auftretende Schäden beim Abladen haftet.[46] In diesem Fall gilt der Fahrer als Erfüllungsgehilfe des Empfängers.[47] Zwar verweist *Koller*[48] zu Recht auf die französische Fassung des Art. 16 CMR, wonach Fehler beim Ausladen auch der Frachtführer zu vertreten hätte, wenn dies nicht zu seinen Pflichten, sondern zu den Pflichten des Empfängers gehören würde. Jedoch ist die französische Fassung des Art. 16 CMR nicht mit Art. 17 Abs. 2 CMR in Einklang zu bringen, wenn der Empfänger seinen Verpflichtungen nicht nachkommt.

2. Verwahrung des Gutes

Hat der Frachtführer sich für das Ausladen des Gutes entschieden, so kann er es 18
selbst verwahren oder es einem Dritten anvertrauen. In jedem Fall aber muss er

---

38 BGH, 5.2.1987 – I ZR 7/85, VersR 1987, 678, 679; *Herber/Piper*, Art. 16 CMR Rdn. 19; *Koller*, Art. 16 CMR Rdn. 6.; *Precht/Endrigkeit*, Art. 16 CMR Rdn. 3.
39 Vgl. Art. 17 Rdn. 36ff.
40 OLG Köln, 23.3.1972 – 2 U 85/71, MDR 1972, 614; *Glöckner*, Art. 16 Rdn. 1.
41 Vgl. Art. 17 Rdn. 28; OLG München, 12.4.1991 – 23 U 1606/91, TranspR 1992, 298, 299 = VersR 1992, 724.
42 BGH, 5.2.1987 – I ZR 7/85, VersR 1987, 678 = TranspR 1987, 180; *Loewe*, ETR 1976, 503, 550.
43 *Helm*, in: Großkomm. HGB, Art. 16 CMR Rdn. 12 unter Verweis auf OGH Wien, 15.4.1993, TranspR 1993, 425f.
44 *Loewe*, ETR 1976, 503, 550.
45 *Thume*, in: Fremuth/Thume, Art. 16 CMR Rdn. 9.
46 OLG Köln, 23.3.1972 – 2 U 85/71, MDR 1972, 614 = BB 1973, 405.
47 *Glöckner*, Art. 16 CMR Rdn. 1.
48 Art. 16 CMR Rdn. 6.

Art. 16 Abschluss und Ausführung des Beförderungsvertrages

das Gut beaufsichtigen oder beaufsichtigen lassen. Voraussetzung ist, dass das Beförderungs- oder Ablieferungshindernis bis zum Beginn des Ausladens nicht entfallen ist und dem Frachtführer keine Weisung des Verfügungsberechtigten zugegangen ist oder wenn der Frachtführer eine Weisung eingeholt hat und ein Zuwarten für den Frachtführer noch zumutbar ist.[49]

a) Verwahrung durch den Frachtführer

19 Verwahrt der Frachtführer das Gut selbst, richten sich seine Rechte und Pflichten nach einem Verwahrungs- oder Lagervertrag.[50] Diese Rechte und Pflichten regeln sich jedoch nicht nach der CMR.[51] Zunächst ist nach den Regeln des internationalen Privatrechts das anwendbare nationale Recht zu bestimmen.[52] Dann ist nach dem jeweils anwendbaren nationalen Recht zu ermitteln, ob spezielle Regeln für das Verwahrungs- oder das Lagerverhältnis existieren. Findet deutsches Recht Anwendung, so war früher von einem Verwahrungsverhältnis auszugehen.[53]

20 Mit der Änderung des (heutigen) § 467 HGB, der nur noch daran anknüpft, dass das Lagergeschäft von einem gewerblichen Unternehmen ausgeführt wird, wozu auch Frachtführer gehören, ist das Lagerrecht des HGB auch auf den Frachtführer unmittelbar anwendbar; es gelten also immer die §§ 467ff. HGB.[54]

21 Arbeitet der Spediteur nach den ADSp, so gelten die ADSp gem. Ziff. 2. 1 ADSp auch für Lagergeschäfte.

b) Verwahrung durch einen Dritten

22 Entscheidet sich der Frachtführer dafür, das Gut bei einem Dritten einzulagern, so hat er den Dritten sorgfältig auszuwählen, Art. 16 Abs. 2 CMR. Fraglich ist, nach welchem Recht der Frachtführer für unsorgfältige Auswahl haftet. *Koller*[55] meint, dass sich seine Haftung nach dem jeweils anwendbaren nationalen Recht richtet und hält Art. 23ff. CMR auch analog nicht für anwendbar, da diese auf die verschärfte Haftung des Art. 17 CMR bezogen sind.[56] Dem kann nicht gefolgt werden. Art. 16 Abs. 2 CMR regelt zwar nicht die Haftung des Frachtführers, der das ausgeladene Gut selbst verwahrt. Art. 16 Abs. 2 CMR bestimmt aber, dass der Frachtführer im Fall der Verwahrung des ausgeladenen Gutes durch Dritte für die sorgfältige Auswahl haftet.

---

49 *Koller*, Art. 16 CMR Rdn. 5f.
50 *Boesche*, in: EBJS, Art. 16 CMR Rdn. 10.
51 *Helm*, in: Großkomm. HGB, Art. 16 CMR Rdn. 20; *Koller*, Art. 16 CMR Rdn. 7.
52 Vgl. Anh. I Rdn. 3ff.
53 Vgl. Voraufl. Art. 16 CMR Rdn. 19 und den Begriff des „gewerbsmäßigen Lagerhalters" in § 416 HGB a.F.
54 *Otte*, in: Ferrari/Kieninger/Mankowski et al., Art. 16 CMR Rdn. 14.
55 Art. 16 CMR Rdn. 7.
56 Vgl. auch *Loewe*, ETR 1976, 503, 550.

Art. 16 Abs. 2 CMR normiert für den Fall der Verwahrung durch Dritte ausdrücklich eine selbstständige Anspruchsgrundlage. Richtig ist, dass die Art. 23 ff. CMR nicht anwendbar sind, weil diese Regeln nur zu der verschärften Obhutshaftung nach Art. 17 CMR passen. Im Übrigen sind die Art. 17 ff. CMR nur auf den Obhutszeitraum anwendbar, der mit der Ausladung abgeschlossen ist. Art. 16 Abs. 2 CMR ist aber eine in der Höhe nach unbegrenzte Verschuldenshaftung des Frachtführers für die sorgfältige Auswahl des Dritten, die gem. Art. 41 CMR zwingend und unabdingbar ist.[57]

c) Keine Verwahrung: Transportbedingte Zwischenlagerung

Lagert der Frachtführer lediglich das Gut transportbedingt zwischen, ist Art. 16 Abs. 2 CMR weder direkt noch analog anwendbar.[58] Es bleibt vielmehr bei der Haftung des Frachtführers nach Art. 17 ff. CMR, denn die Zwischenlagerung ist kein Fall der Ablieferung. Eine transportbedingte Zwischenlagerung liegt vor, wenn der Frachtführer das Gut auslädt, weil er z. B. noch zwei Tage auf das Eintreffen einer Fähre warten muss, in der Zwischenzeit mit dem LKW jedoch einen anderen Transport ausführen will. Transportbedingte Zwischenlagerung liegt aber auch vor, wenn der Frachtführer auf eine andere Sendung wartet, die zu der bereits verladenen Sendung beigeladen werden soll. **23**

3. Vergütung des Frachtführers

a) Auswirkungen auf die Fracht

Hat sich der Frachtführer für die Ausladung des Gutes entschieden, so ist der Frachtvertrag damit beendet, Art. 16 Abs. 2 CMR. Die CMR enthält jedoch keinerlei Regelung darüber, wie sich die Beendigung auf den Vergütungsanspruch des Frachtführers auswirkt. Die Ausladung kommt nicht nur bei Ablieferungshindernissen am Bestimmungsort, sondern gem. Art. 14 Abs. 1 CMR auch bei unbehebbaren Beförderungshindernissen auf dem Transportweg in Betracht. Dies kann auch bereits kurz nach Beginn des Transportes vorkommen. Hier gelten die Regeln des national anwendbaren Rechts. Im Fall des deutschen Rechts ergibt sich der Anspruch des Frachtführers auf Zahlung der Fracht aus § 420 Abs. 2 HGB. **24**

b) Vergütung der Auslade- und Verwahrungskosten

Auf Art. 16 Abs. 1 CMR kann der Frachtführer einen Anspruch auf Vergütung der Auslade- und Verwahrungskosten nicht stützen, da er ja gerade die Ausladung anstelle der Einholung der Weisungen gewählt hat. Anders ist dies selbstverständlich, falls der Verfügungsberechtigte ihn zur Ausladung angewiesen hat. **25**

---

57 *Herber/Piper*, Art. 16 CMR Rdn. 22; *Thume*, in: Fremuth/Thume, Art. 16 CMR Rdn. 15.
58 *Koller*, Art. 16 CMR Rdn. 7; a. A. *Heuer*, Haftung, S. 64.

Art. 16 Abschluss und Ausführung des Beförderungsvertrages

Die Kosten der Ausladung können aber, falls ergänzend anwendbar, analog § 428 Abs. 2 HGB geltend gemacht werden.[59] Die Kosten der Verwahrung können nur aus dem nach nationalem Recht zu beurteilenden Verwahrungs- oder Lagerverhältnis geltend gemacht werden.[60] Der Frachtführer kann sich durch Verkauf des Gutes in Höhe der Verwahrungskosten befriedigen.[61]

IV. Notverkauf des Gutes

26 Der Frachtführer kann, wenn Beförderungs- oder Ablieferungshindernisse vorliegen, unter den folgenden vier Voraussetzungen auch das Gut, ohne Weisungen des Verfügungsberechtigten abzuwarten, verkaufen oder verkaufen lassen. Dieses Recht steht ihm zu,

– wenn es sich bei dem Gut um verderbliche Ware handelt,
– wenn der Zustand des Gutes eine solche Maßnahme rechtfertigt oder
– wenn die Verwahrung in keinem Verhältnis zum Wert des Gutes steht.

Der Frachtführer kann das Gut verkaufen (lassen),

– wenn er innerhalb einer angemessenen Frist keine gegenteilige Weisung des Verfügungsberechtigten, deren Ausführung dem Frachtführer billigerweise zugemutet werden kann, erhält.

Liegen die ersten drei Voraussetzungen nicht vor, bedeutet dies, dass der Frachtführer zunächst Weisungen einholen muss, bevor er das Gut verkaufen (lassen) kann.[62]

1. Verderbliche Waren

27 Art. 16 Abs. 3 CMR räumt dem Frachtführer bereits das Recht zum Verkauf ein, wenn es sich lediglich um verderbliche Waren handelt. Nicht erforderlich ist nach Ansicht von *Koller*,[63] dass die Ware verdorben sei oder deren Verderb kurz bevorstehe. Andererseits muss in der konkreten Situation wenigstens mit einer Verschlechterung des Gutes gerechnet werden können, denn der Gesetzgeber hat den Verkauf nur für verderbliche Waren und nicht für alle Güter zugelassen. Nach Ansicht von *Koller*[64] könnte z.B. Tiefkühlgut verkauft werden, auch wenn der Verderb konkret nicht zu befürchten wäre, weil eine Lagerung in einem Tiefkühlhaus möglich wäre.[65] Hier wird man dem Frachtführer ein Vorgehen nach

---

59 Vgl. Anh. I Rdn. 3, 5 ff., 33.
60 OLG Düsseldorf, 4.3.1982, RIW 1984, 234, 235.
61 BGH, 5.2.1987 – I ZR 7/85, VersR 1987, 678, 680; a.A. *Loewe*, ETR 1976, 503, 551.
62 Ebenso *Fremuth/Thume*, Art. 16 CMR Rdn. 19–23.
63 *Koller*, Art. 16 CMR Rdn. 8.
64 *Koller*, Art. 16 CMR Rdn. 8.
65 *Koller* folgend: *Boesche*, in: EBJS, Art. 16 CMR Rdn. 11.

Art. 16 Abs. 3 CMR versagen und ihn auf Art. 16 Abs. 2 CMR verweisen müssen.⁶⁶ *Koller* relativiert seine Aussage anschließend auch dahingehend, dass das Recht zum Verkauf auch dann bestehe, falls das Gut seiner Natur nach zwar nicht stark zur Zerstörung neige, unter den konkreten Umwelteinflüssen jedoch sicher damit zu rechnen sei, dass es bald zum Verderb komme (Art. 16 CMR Rdn. 8). Es liegt weder im Interesse des Verfügungsberechtigten noch im Interesse des Frachtführers, den Verderb abzuwarten oder zumindest den Gewahrsam bis kurz vor dem Verderb auszuüben, da der Wert des Gutes ständig sinkt. Von verderblicher Ware kann gesprochen werden, wenn das Gut infolge seiner chemisch/physikalischen Beschaffenheit stark zu einer Zerstörung neigt.⁶⁷ Zur Abgrenzung verderblicher von nichtverderblichen Gütern kann auf die Rechtsprechung und Literatur zu Art. 17 Abs. 4 lit. d) CMR verwiesen werden (vgl. unten Art. 17 Rdn. 177 ff.).

Handelt es sich um verderbliche Ware, so braucht der Frachtführer bei Beförderungs- oder Ablieferungshindernissen weder vorher Weisungen einzuholen noch, wenn er um Weisungen ersucht hat, das Eintreffen der Weisung des Verfügungsberechtigten abzuwarten.⁶⁸ Nicht erforderlich ist, dass das Gut bereits abgeladen wurde.⁶⁹ **28**

Das Recht zum Notverkauf erlischt erst, wenn Weisungen eintreffen, die das Beförderungs- und Ablieferungshindernis derart beseitigen, dass der Verderb der Ware nicht mehr zu befürchten ist.⁷⁰ **29**

2. Rechtfertigung des Verkaufs aufgrund des Zustandes des Gutes

Nach Art. 16 Abs. 3, 2. Halbsatz, 2. Alternative CMR können auch nichtverderbliche Güter verkauft werden, wenn der Zustand des Gutes dies rechtfertigt.⁷¹ Stahl wird man z.B. nicht als verderbliches Gut einstufen. Trotzdem kann Stahl rosten. Solange der Stahl lediglich Flugrost ansetzt, kann der Verkauf nicht gerechtfertigt sein. Droht jedoch der Rost sog. Rostnarben in den Stahl zu fressen, ist ein Verkauf geboten. **30**

---

66 A.A. MünchKommHGB/*Jesser-Huß*, Art. 16 CMR Rdn. 18.
67 *Herber/Piper*, Art. 16 CMR Rdn. 32; *Koller*, Art. 16 CMR Rdn. 8.
68 *Koller*, Art. 16 CMR Rdn. 8; *Helm*, VersR 1988, 548, 553.
69 *Koller*, Art. 16 CMR Rdn. 8; a.A. *Loewe*, ETR 1976, 503, 551, der Art. 16 Abs. 3 CMR erst dann für anwendbar hält, wenn der Frachtführer gem. Art. 16 Abs. 2 CMR Verwahrer geworden ist. Dieser Zwischenschritt kommt aber einerseits im Gesetz nicht zum Ausdruck und ist andererseits auch unpraktisch, u.U. für das Gut sogar gefährlich.
70 Zu eng *Koller*, Art. 16 CMR Rdn. 8.
71 *Boesche*, in: EBJS, Art. 16 CMR Rdn. 11.

Art. 16 Abschluss und Ausführung des Beförderungsvertrages

3. Unverhältnismäßigkeit der Verwahrungskosten

31 Transportiert der Frachtführer Ware, die nur mit unverhältnismäßig hohen Kosten verwahrt werden kann, so ist der Frachtführer bei Antreffen von Beförderungs- und/oder Ablieferungshindernissen berechtigt, das Gut verkaufen zu lassen. Hierbei hat der Frachtführer mit der im Verkehr erforderlichen Sorgfalt eines ordentlichen Frachtführers auch die Verhältnismäßigkeit abzuwägen. Dabei hat er eine vorsichtige Zukunftsprognose anzustellen, die sich nach den Umständen des Einzelfalls richtet. Indessen kann vom Frachtführer aber nur eine Sichtweise ex ante verlangt werden. Eine Verwahrung ist nicht geboten bei eigentlich schutzbedürftigen Massengütern, deren Verwahrungskosten jedoch außer Verhältnis zum Warenwert stehen.[72] Der Wertverlust einer Ware rechtfertigt jedoch nicht den Verkauf.[73]

4. Fehlende Weisungen

32 Schließlich kann der Frachtführer das Gut in allen anderen Fällen verkaufen lassen, wenn er zwar Weisungen des Verfügungsberechtigten erbeten, aber innerhalb einer angemessenen Frist nicht oder keine gegenteilige Weisung des Verfügungsberechtigten erhalten hat, deren Ausführung ihm billigerweise zugemutet werden kann. Die Unbilligkeit ist im Rahmen des Art. 16 Abs. 3, 3. Alternative CMR ebenso zu behandeln wie bei Art. 12 Abs. 5 lit. b) CMR die Hemmung (vgl. Art. 12 Rdn. 21 ff.). Dabei ist zu berücksichtigen, dass der Frachtführer aufgrund der CMR hauptsächlich zur Ortsveränderung verpflichtet ist, nicht aber zur Verwahrung über längere Zeit. Hat der Verfügungsberechtigte den Frachtführer zur Verwahrung angewiesen und besteht die Möglichkeit, dass der Frachtführer notfalls mit Hilfe Dritter die Verwahrung durchführen kann, so ist ihm die Verwahrung zuzumuten, falls die Zahlung der dadurch entstandenen Kosten geregelt ist.[74]

5. Abwicklung des Verkaufs

33 Nach Art. 16 Abs. 5 CMR bestimmt sich die Art und Weise des Verkaufs nach den Gesetzen oder Gebräuchen des Ortes, an dem sich das Gut befindet. Es ist also auf das jeweils geltende nationale Recht abzustellen. In Deutschland regelt sich der Notverkauf nach § 419 Abs. 3 HGB i.V.m. § 373 Abs. 2 bis Abs. 4 HGB.[75] Auch wenn der selbsteintretende Spediteur oder der Fixkosten- oder Sammelladungsspediteur aufgrund der ADSp arbeiten, geht Art. 16 Abs. 4 und Abs. 5 CMR der Ziff. 3.7 ADSp vor; Art. 41 CMR.

---

72 *Helm*, in: Großkomm. HGB, Art. 16 CMR, Anm. 27; *Herber/Piper*, Art. 16 CMR Rdn. 33.
73 *Boesche*, in: EBJS, Art. 16 CMR Rdn. 11.
74 *Helm*, in: Großkomm. HGB, Art. 16 CMR Rdn. 28.
75 Vgl. auch *Boesche*, in: EBJS, Art. 16 CMR Rdn. 12.

Der Erlös gebührt nach Abzug der auf dem Gut lastenden Kosten dem Verfü- 34
gungsberechtigten. Der Verfügungsberechtigte ist gem. Art. 12 und 13 CMR zu
ermitteln.

Reicht der Erlös zur Befriedigung des Frachtführers nicht aus, so kann der 35
Frachtführer den Unterschied der Fracht beanspruchen.[76] Art. 16 Abs. 4 CMR
lässt offen, wer passivlegitimiert ist. Zunächst haftet der Absender als Vertragspartner. Liegt jedoch ein Fall des Ablieferungshindernisses vor und hatte der
Empfänger gem. Art. 13 CMR die Ablieferung bereits verlangt, so haftet gem.
Art. 16 Abs. 4 i.V. m. Art. 13 Abs. 2 CMR auch der Empfänger für die Differenz.
Koller[77] meint, aus Art. 16 Abs. 4 CMR folge, dass der Frachtführer jedenfalls
keinen Anspruch auf Vorschuss für Lagerkosten habe, falls er das Gut selbst einlagert. Dies ist nur insoweit richtig, als der Frachtführer ohne Weisung das Gut
eingeladen hat. Er muss dann nach Art. 16 Abs. 3, 4. Alternative CMR rechtzeitig verkaufen. Hat der Verfügungsberechtigte die Einlagerung angewiesen, kann
der Frachtführer Ersatz der Lagerkosten gem. Art. 16 Abs. 1 CMR verlangen.
Entsprechend den Ausführungen zu Art. 12 Abs. 5 lit. a) CMR hat jedoch der
Frachtführer schließlich einen Anspruch auf Vorschuss für Auslagenersatz, wenn
er sich eines Dritten bedient.[78]

V. Beweisfragen

Der Frachtführer hat zur Geltendmachung seines Anspruchs auf Erstattung der 36
Kosten zu beweisen, dass er Weisungen eingeholt und/oder ausgeführt hat, sowie
die Kausalität zwischen Weisung und Kosten.[79] Wendet der Absender ein, dass
die Kosten vom Frachtführer verschuldet wurden, so hat der Absender die Verletzung der im Verkehr erforderlichen Sorgfalt zu beweisen.[80]

Verlangt der Frachtführer die Kosten des Ausladens gem. Art. 16 Abs. 2 CMR, 37
so hat er das Vorliegen des Beförderungs- und/oder Ablieferungshindernisses zu
beweisen.[81] Durch das Abladen des Gutes wird der Frachtvertrag beendet. Verlangt der Absender Weiterbeförderung, so muss der Frachtführer beweisen, dass
das Gut zuvor ausgeladen wurde und dass dies aufgrund eines Beförderungsund/oder Ablieferungshindernisses geschah, bevor ein Verfügungsberechtigter
eine Weisung erteilt hat.[82]

Macht der Verfügungsberechtigte Ansprüche gegen den Frachtführer geltend, 38
weil in Gewahrsam eines Dritten ein Schaden entstanden ist, so muss der Absen-

---

76 *Koller*, Art. 16 CMR Rdn. 10.
77 Art. 16 CMR Rdn. 10.
78 Vgl. oben Art. 12 CMR Rdn. 29f.
79 Vgl. Baumgärtel/*Giemulla*, Art. 16 CMR Rdn. 2.
80 Baumgärtel/*Giemulla*, Art. 16 CMR Rdn. 2.
81 Baumgärtel/*Giemulla*, Art. 16 CMR Rdn. 3.
82 OLG Hamburg, 25.2.1988 – 6 U 194/87, TranspR 1988, 277, 278; Baumgärtel/*Giemulla*,
Art. 16 CMR Rdn. 4.

Art. 16 Abschluss und Ausführung des Beförderungsvertrages

der beweisen, dass der Frachtführer den Dritten unsorgfältig ausgewählt hat.[83] Da der Verfügungsberechtigte den Dritten jedoch nicht kennt, ist es gerechtfertigt, dem Verfügungsberechtigten die Beweisführung mit Hilfe des Anscheinsbeweises zu erleichtern.[84] Der geschädigte Anspruchsteller kann sich dann mit der Darlegung und dem Beweis einer Tatsachenlage begnügen, die nach dem gewöhnlichen Verlauf der Dinge die Schlussfolgerung rechtfertigt, dass der Frachtführer schuldhaft seine Auswahlpflicht verletzt hat.[85]

39 Die Umstände, die zur Beendigung des Frachtvertrages geführt haben, sind vom Frachtführer zu beweisen. Der Frachtführer hat deshalb auch die vier Alternativen des Art. 16 Abs. 3 zu beweisen.[86] Macht der Frachtführer geltend, dass es sich um verderbliche Ware handelte, kann er sich auf die Beweisvermutung des Art. 9 in Verbindung mit Art. 6 Abs. 1 lit. f) CMR berufen. Ist das Gut nicht korrekt bezeichnet worden, so muss er die Verderblichkeit beweisen.[87]

40 Ebenso hat der Frachtführer sämtliche Tatsachen beweisen, die den Schluss zulassen, dass der Zustand der Ware einen Notverkauf rechtfertigte.[88]

41 Verkauft der Frachtführer das Gut, weil die Kosten der Verwahrung in keinem Verhältnis zum Wert des Gutes stehen, so muss er sämtliche Tatsachen beweisen, die den Schluss zulassen, dass die Verwahrungskosten in keinem Verhältnis zum Wert des Gutes standen.[89]

42 Hat der Frachtführer das Gut verkauft, weil ihm in angemessener Frist keine gegenteilige Weisung des Verfügungsberechtigten, die für ihn zumutbar, erteilt wurde, so muss der Frachtführer die Einholung der Weisung, die Umstände der Unangemessenheit und das Fehlen einer zumutbaren Weisung beweisen.[90]

43 Im Fall des Art. 16 Abs. 4 CMR hat der Frachtführer die Höhe der auf dem Gut lastenden Kosten zu beweisen.[91] Macht der Verfügungsberechtigte eine Verletzung der Regeln über die Art und Weise des Verkaufes geltend, so hat er die Regeln und deren Verletzung zu beweisen sowie die Behauptung, dass der Veräußerungserlös bei Einhaltung der Regeln höher gewesen wäre.[92]

---

83 *Otte*, in: Ferrari/Kieninger/Mankowski et al., Art. 16 CMR Rdn. 16.
84 Baumgärtel/*Giemulla*, Art. 16 CMR Rdn. 5.
85 Baumgärtel/*Giemulla*, Art. 16 CMR Rdn. 5.
86 Baumgärtel/*Giemulla*, Art. 16 CMR Rdn. 6.
87 Baumgärtel/*Giemulla*, Art. 16 CMR Rdn. 6.
88 Baumgärtel/*Giemulla*, Art. 16 CMR Rdn. 7.
89 Baumgärtel/*Giemulla*, Art. 16 CMR Rdn. 9.
90 Baumgärtel/*Giemulla*, Art. 16 CMR Rdn. 8.
91 Baumgärtel/*Giemulla*, Art. 16 CMR Rdn. 10.
92 Baumgärtel/*Giemulla*, Art. 16 CMR Rdn. 11.

Kapitel IV:
Haftung des Frachtführers

Vor Art. 17

bearbeitet von RA Dr. Karl-Heinz Thume, Nürnberg

Literatur: *Bayer,* Frachtführerhaftung und Versicherungsschutz für Ladungsschäden durch Raub oder Diebstahl im grenzüberschreitenden Straßengüterverkehr, VersR 1995, 626; *Becher,* Die Anwendung der CMR in der englischen Rechtspraxis, TranspR 2007, 232; *Boettge,* Zum Haftungsausschluss des CMR-Frachtführers nach Art. 17 Abs. 2 CMR bei Raub, VersR 2006, 1618; *Brinkmann,* Frachtgüterschäden im Internationalen Straßen- und Lufttransportrecht, TranspR 2006, 146; *de la Motte,* CMR; Schaden – Entschädigung – Versicherung, VersR 1988, 317; *Fremuth,* Haftungsbegrenzungen und deren Durchbrechung im allgemeinen deutschen Frachtrecht und nach der CMR, TranspR 2004, 99; *Haak,* Revision der CMR? TranspR 2006, 325; *Harms,* Vereinbarungen zur Qualität der Transportleistung und Art. 29 CMR, TranspR 2008, 310; *Heim,* Haftung im internationalen Straßengüterverkehr, VersR 1957, 425; *Helm,* Der Ersatzberechtigte im CMR-Haftpflicht-Fall, TranspR 1983, 29 ff.; *ders.,* Probleme der CMR: Geltungsbereich – ergänzendes Recht – Frachtbrief – Weisungsbefugnis – aufeinanderfolgende Frachtführer, VersR 1988, 548 ff.; *Heuer,* Zur Frachtführerhaftung nach der CMR: Haftungszeitraum – Ladetätigkeiten – Fahrervollmacht – LKW – bzw. Ladungsdiebstahl, VersR 1988, 312 ff.; *Jesser-Huß,* Aktuelle transportrechtliche Probleme in Österreich, TranspR 2009, 109; *Knorre,* Zur Frachtführerhaftung im grenzüberschreitenden Straßengüterverkehr, VersR 1980, 1005; *Koller,* Die Person des Schadensersatzberechtigten bei Ansprüchen aus Art. 17 CMR, RIW 1988, 254; *ders.,* CMR und Speditionsrecht, VersR 1988, 556 ff.; *ders.,* Zum Begriff des Schadens und der Kausalität im Recht der CMR, VersR 1994, 384; *ders.,* Die Tragweite von Vertragsabwehrklauseln und der Einwand des Mitverschuldens im Gütertransportrecht, VersR 2004, 269; *ders.,* Schadensverhütung und Quersubventionen bei der CMR aus deutscher Sicht, TranspR 2006, 414; *Neumann,* Wirtschaftliche Kriterien der Haftung des Frachtführers, TranspR 2004, 14; *ders.,* Die vorsätzliche Nichtbeachtung von besonderen frachtvertraglichen Abreden, TranspR 2006, 67; *Piper,* Einige ausgewählte Probleme des Schadensersatzrechts der CMR, VersR 1988, 201 ff.; *ders.,* Probleme der CMR unter Berücksichtigung der Rechtsprechung des BGH, insbes. zur Ersatzverpflichtung des CMR-Frachtführers, TransR 1990, 357 ff.; *Ramming,* Fixkostenspedition- CMR- FBL, TranspR 2006, 95; *ders.,* Keine Anwendung der CMR auf Teilstrecken einer Multimodalbeförderung, NJW 2009, 414; *Rinkler,* Zweifache Schadensberechnung bei qualifiziertem Verschulden, TranspR 2005, 305; *Roesch,* Ersatzansprüche an den Frachtführer nach KVO und CMR, BB 1984, 699; *Schmid,* Die Ansprüche des geschädigten Dritten gegen den Fahrer als Arbeitnehmer nach den Verkehrshaftungsrechtes, TranspR 1986, 49; *Schmid/Kehl,* Die Haftung des CMR-Frachtführers nach den Grundsätzen der culpa in contrahendo, TranspR 1996, 89; *Schmidt, Patrick,* Grenzen der Wahl einer Berechnung der Ersatzleistung nach Art. 23 CMR resp. § 429 BGH bei grobem Verschulden, TranspR 2009, 1; *Thume,* Die Haftung des Spediteurs für Kardinalfehler und grobe Organisationsmängel, TranspR 1991, 209; *ders.,* Haftungsprobleme bei CMR-Kühltransporten, TranspR 1992, 1; *ders.,* Die Haftung des CMR-Frachtführers für Verspätungsschäden, RIW 1992, 966; *ders.,* Aktivlegitimation und Regressverfolgung in Deutschland, TranspR 2005, 225; *ders.,* Versicherungen des Transports, TranspR 2006, 1; *ders.,* Grobes Verschulden und Mitverschulden – Quo vadis BGH?, TranspR 2006, 369; *ders.,* Die Schadensberechnung bei grobem Verschulden – Wertersatz – Schadensersatz?, TranspR 2008, 78; *ders.,* Kosten des Vorprozesses bei Regelhaftung des CMR-Frachtführers, TranspR 2012, 61; *ders.,* in: Transport- und Vertriebsrecht 2000, Festgabe für Herber, 1999; *Voigt,* Haftung im internationalen Straßengüterverkehr nach der CMR, VP

Vor Art. 17 Haftung des Frachtführers

1962, 34; *ders.*, Art. 17 Abs. 2 CMR – Höhere Gewalt oder unabwendbares Ereignis?, VP 1973, 97; *Willenberg*, Der internationale Straßengüterverkehr nach dem In-Kraft-Treten der CMR, NJW 1968, 1020; *Zehetbauer*, Entscheidung des OGH vom 17.2.2006 zum Beginn des Obhutszeitraumes des Straßenfrachtführers, TranspR 2006, 233; *Züchner*, Die Haftungsregelung der CMR für den grenzüberschreitenden Straßengüterverkehr, DB 1965, 59; *ders.*, Rechtsfragen zur CMR-Haftung und CMR-Versicherung, VersR 1969, 682.

Übersicht

	Rdn.		Rdn.
I. Allgemeines	1	5. Haftung bei Nachnahmeverstößen	30
II. Die Anspruchsberechtigung	7	6. Haftung wegen Verlustes oder falscher Verwendung von Papieren	31
1. Aktivlegitimation	7		
2. Doppellegitimation	9	7. Haftung für fehlenden Frachtbriefhinweis auf die CMR	32
3. Drittschadensliquidation	13		
4. Prozessstandschaft	17	8. Haftung für Auswahlverschulden bei Einlagerung	33
5. Abtretung und gesetzlicher Forderungsübergang	19	9. Haftung für Gehilfen	34
III. Überblick über die Haftungsregelung der CMR	26	IV. Andere Haftungsgrundlagen	35
		1. Vertragliche Haftung für sonstige Schäden	35
1. Haftung für Verlust und Beschädigung	26		
		2. Außervertragliche Haftung	37
2. Haftung für Verspätung	27	V. Reklamationen, Klagen und Verjährung	38
3. Haftung für Fahrzeugmängel	28		
4. Haftung bei Weisungsverstößen	29	VI. Versicherung	40

I. Allgemeines

1 Das Kapitel IV der CMR behandelt, wie die amtliche Überschrift besagt, in den Art. 17–29 *die Haftung des Frachtführers im grenzüberschreitenden Straßengüterverkehr*, und zwar für Verlust und Beschädigung des Frachtgutes und bei verspäteter Ablieferung. Die vertragliche Haftung des Absenders und des Empfängers, also der übrigen am Frachtvertrag beteiligten Personen, ist in der CMR nur teilweise geregelt. So enthält Art. 7 CMR die Haftung des Absenders für unrichtige und fehlende Angaben; Art. 11 Abs. 2 Satz 2 CMR regelt die Haftung des Absenders für alle aus dem Fehlen, der Unvollständigkeit oder der Unrichtigkeit der dem Frachtbrief beigefügten Urkunden und Angaben entstehenden Schäden gegenüber dem Frachtführer. Art. 13 CMR enthält die Kostenzahlungspflicht des Empfängers nach Ablieferung des Gutes und Erhalt der zweiten Ausfertigung des Frachtbriefes. Wegen der näheren Details darf auf die jeweiligen dortigen Erläuterungen verwiesen werden.

2 Die Haftungsregelungen der Art. 17 ff. CMR enthalten also *keine Generalklausel*, sondern nur einzelne Bestimmungen für ganz bestimmte Haftungstatbestände, nämlich für den Eintritt des gänzlichen oder teilweisen Verlustes des Gutes während der Beförderung, für dessen Beschädigung sowie für Schäden, die infolge der Lieferfristüberschreitung eintreten. Einige weitere Haftungstatbestände sind in anderen Bestimmungen der CMR enthalten; siehe dazu unten Rdn. 26 ff. Die

Haftung des Frachtführers **Vor Art. 17**

Haftung für *Güterschäden* ist – wie im neuen deutschen Handelsgesetzbuch, das 1998 weitgehend der CMR angepasst wurde – auf den unmittelbaren Sachschaden am beförderten Gut begrenzt, falls nicht gesondert eine Werterhöhung oder ein besonderes Interesse nach Art. 24 oder 26 CMR im Frachtbrief vermerkt worden ist oder grobes Verschulden vorliegt. Für Vermögensschäden wird nur bei Lieferfristüberschreitung gem. Art. 17 Abs. 1, 2, 19 und 23 Abs. 5 CMR und bei der Nichteinziehung von Nachnahmen gem. Art. 21 CMR gehaftet.

Alle weiteren Haftungstatbestände für mittelbare Schäden, z.B. wegen Falschauslieferung oder vor allem wegen schuldhafter, nicht ordnungsgemäßer Ausführung, d.h. Schlechterfüllung des Beförderungsvertrages oder wegen der Verzugsschäden bei verspäteter Entschädigungsleistung,[1] sind der CMR fremd.

Die CMR enthält also *keine abschließende Regelung der Haftung* des Frachtführers für sämtliche Schäden, die bei oder nach Abschluss und während der Abwicklung des CMR-Frachtvertrages eintreten können. Soweit die CMR keine Haftungsregelungen enthält, ist ergänzend jenes nationale Frachtrecht heranzuziehen, welches sich aus den Grundsätzen des internationalen Privatrechts des angerufenen Gerichtes ergibt. Ferner sind eine etwa von den Parteien getroffene Rechtswahl oder sonstige Parteiabreden als gültig zu berücksichtigen.[2] 3

In den Fällen jedoch, in denen die CMR *ungewollte Unklarheiten und Lücken* enthält, sind die sich daraus ergebenden Rechtsfragen nicht unter Rückgriff auf das unvereinheitlichte, nationale Recht zu klären, sondern im Wege der autonomen Auslegung nach den Prinzipien der CMR selbst, eventuell unter Heranziehung von Materialien.[3] Dabei kommt dem nach Art. 51 Abs. 3 CMR maßgeblichen englischen und französischen Wortlaut der Bestimmungen des Abkommens besondere Bedeutung zu.[4] Analogieschlüsse sind nur ganz beschränkt zulässig, 4

---

1 Die CMR regelt in Art. 27 nur die Zinsen, die auf die Entschädigung zu zahlen sind. Diese Zinsbestimmung ist abschließend (Art. 41 CMR) und gilt auch den Verzugsfall, schließt aber den Ersatz weiterer Verzugsschäden, wie etwa der Kosten eines Vorprozesses, nicht aus (BGH, 24.5.2000 – I ZR 80/98, TranspR 2000, 455 = VersR 2001, 397; RIW 2001, 370 mit Anm. *Thume*; *ders.*, TranspR 2012, 61).
2 H. M., vgl. BGH, 27.10.1978 – I ZR 30/77, NJW 1979, 2473 = VersR 1979, 276 = RIW 1979, 863; BGH, 9.2.1979 – I ZR 6/77, TranspR 1979, 15 = VersR 1979, 445; = NJW 1979, 2470 = ETR 1980, 84; BGH, 14.7.1993 – I ZR 204/91, TranspR 1993, 426 = VersR 1993, 1296 = NJW 1993, 2808; OLG Düsseldorf, 23.1.1992 – 18 U 127/91, TranspR 1992, 218; OLG Hamm, 28.4.1983 – 18 U 230/81, TranspR 1983, 151; OLG Hamburg, 30.8.1984 – 6 U 57/84, VersR 1985, 832; LG Bremen, 6.5.1965 – 13 0 12/65, ETR 1966, 691, 697; Denkschrift, S. 34; *Dubischar*, S. 97; *Glöckner*, Art. 17 CMR Rdn. 105, *Helm*, VersR 1988, 548, 549; *Herber/Piper*, Vor Art. 17 CMR Rdn. 8; *Heuer*, S. 183 ff.; MünchKommHGB/*Jesser-Huß*, Einl. CMR Rdn. 35 ff.; *Koller*, Vor Art. 1 CMR Rdn. 5; *Lenz*, Rdn. 77 f.; *Loewe*, ETR 1976, 502, 507; *Piper*, Rdn. 311 f.; *ders.*, TranspR 1990, 357; *Precht/Endrigkeit*, S. 84.
3 BGH, 6.7.1979 – I ZR 127/78, BGHZ 75, 92, 94 = VersR 1979, 1105, 1106 = TranspR 1980, 49; OLG Düsseldorf, 27.3.1980 – 18 U 192/79, VersR 1980, 826 = RIW 1981, 558 = ETR 1983, 89; *Koller*, Vor Art. 1 CMR Rdn. 4; *Lieser*, S. 13 ff., 21; *Herber/Piper*, CMR, Vor Art. 1 Rdn. 16; zu den Auslegungsfragen siehe insbes. MünchKommHGB/*Jesser-Huß*, Einl. CMR Rdn. 19 ff.
4 BGH, 10.10.1991 – I ZR 193/89, TranspR 1992, 100 = VersR 1992, 383 = RIW 1992, 318 = NJW 1992, 621 = BGHZ 115, 299; BGH, 14.7.1993 – I ZR 204/91, TranspR 1993, 426 =

Vor Art. 17   Haftung des Frachtführers

nämlich nur dort, wo der Bereich, dem die Lücke zuzuordnen ist, im Übereinkommen umfassend geregelt werden sollte.[5]

5   Soweit die *CMR Haftungsvorschriften* enthält, sind diese nach Art. 41 CMR sämtlich *zwingend und unabdingbar*. Abweichende Vereinbarungen der Parteien können daher insoweit nicht getroffen werden; sie wären unwirksam. Für alle in der CMR geregelten Fälle, also insbes. für Verlust und Beschädigung des Gutes sowie Überschreitung der Lieferfrist und die weiteren in der CMR geregelten Tatbestände der Verletzung vertraglicher Nebenpflichten scheidet deshalb auch eine ergänzende oder gar ersetzende Heranziehung anderer nationaler Rechtsgrundlagen aus. Die CMR enthält insoweit *leges speciales*, die nicht durch andere Vorschriften oder Vereinbarungen ersetzt oder ergänzt werden können.[6]

6   Soweit konkrete Regelungen der CMR zutreffen, sind deshalb hinsichtlich des gleichen Schadensgrundes auch Ansprüche aus Pflichtverletzung gem. § 280 BGB ausgeschlossen.[7] So besteht z.B. keine Haftung für Güterfolgeschäden; siehe dazu Art. 23 CMR, Rdn. 39f., auch nicht bezüglich der Folgen von Kontamination des Frachtgutes. Ferner ist die Haftung des Frachtführers für Lieferfristüberschreitung in den Art. 17, 23 Abs. 5, 26 und 29 CMR abschließend geregelt;[8] siehe dazu Art. 17 CMR, Rdn. 213 und die Erläuterungen zu Art. 41 CMR.

II. Die Anspruchsberechtigung

1. Aktivlegitimation[9]

7   Die CMR enthält keine Bestimmung darüber, wer zur Geltendmachung von Schadensersatzansprüchen gegen den Frachtführer berechtigt ist. Diese Berechti-

---

VersR 1993, 1296 = NJW 1993, 2808; BGH, 30.9.1993 – I ZR 258/91, TranspR 1994, 16 = NJW 1993, 3331.

5   MünchKommHGB/*Jesser-Huß*, Einleitung CMR Rdn. 37; ganz ablehnend *Koller*, Vor Art. 17 CMR Rdn. 1 und *Boesche*, in: EBJ, 1. Aufl., Vor Art. 17 CMR Rdn. 6.

6   H. M.; ständige Rechtsprechung des BGH, vgl. Urt. v. 27.10.1978 – I ZR 30/77, TranspR 1982, 108 = VersR 1979, 276 = NJW 1979, 2473 = RIW 1979, 863; Urt. v. 10.2.1982 – I ZR 80/80, BGHZ 83, 96 = TranspR 1982, 74 = VersR 1982, 543 = NJW 1982, 1946 = RIW 1982, 672 = ETR 1983, 32; Urt. v. 14.7.1993 – I ZR 204/91, TranspR 1993, 426 = VersR 1993, 1296 = NJW 1993, 2808; *Glöckner*, Art. 17 CMR Rdn. 104; *Staub/Helm*, Art. 17 CMR Rdn. 258; *Herber/Piper*, Art. 17 CMR Rdn. 10; *Heuer*, S. 142, 151, 159, 184f.; *Koller*, Vor Art. 1 CMR Rdn. 2; *Loewe*, ETR 1976, 503, 593f.; *Piper*, VersR 1988, 201, 208 und TranspR 1990, 357.

7   OLG Frankfurt/M., 17.11.1981 – 5 U 144/79, TranspR 1982, 106, 108 = RIW 1982, 204; OLG Düsseldorf, 2.12.1982 – 18 U 148/82, VersR 1983, 749; OLG Düsseldorf, 9.10.1986 – 18 U 73/86, TranspR 1986, 429 = RIW 1987, 471; OLG Köln, 26.9.1985 – 7 U 8/85, TranspR 1986, 285 mit Anm. *Knorre*.

8   Dies gilt nach Auffassung des OLG Düsseldorf, Urt. v. 29.5.1991 – 18 U 302/90, TranspR 1991, 291, auch, wenn ein zusätzlicher Schaden daraus entsteht, dass der Frachtführer während des Transportes unrichtige Angaben über das Ausmaß der Verzögerung macht (bedenklich; vgl. dazu Art. 23 CMR Rdn. 43).

9   Siehe hierzu *Thume*, TranspR 2005, 1ff.

gung hat zunächst der *Absender*. Sie bleibt auch nach der Ablieferung des Gutes bestehen. Dies ergibt sich schon aus seiner Stellung als Auftraggeber und Vertragspartner des Frachtführers.[10]

Der *Empfänger* ist nach Art. 13 Abs. 1 Satz 2 CMR für den Fall des Verlustes **8** des Gutes und der Überschreitung der Lieferfrist aktiv legitimiert, nicht aber ausdrücklich für den Fall der Beschädigung des Gutes. Aus dem Zusammenhang der Vorschriften des Art. 13 Abs. 1 Satz 1 CMR und Art. 12 Abs. 2 CMR sowie aus Art. 18 Abs. 2 Satz 2, Art. 20 Abs. 1 und Art. 27 CMR folgern jedoch Rechtsprechung und Lehre, dass der Empfänger auch zur Geltendmachung von Schadensersatzansprüchen wegen Schäden am Gut berechtigt ist, sobald er ein frachtrechtliches Verfügungsrecht erworben hat.[11]

Wegen der Einzelheiten vgl. die Erläuterungen zu Art. 13 CMR.

2. Doppellegitimation

Die Frage der Aktivlegitimation hängt eng zusammen mit der Frage der Verfü- **9** gungsberechtigung.[12]

Aus diesem engen Zusammenhang hat *Helm* eine Kopplung zwischen Verfügungsbefugnis und Anspruchsbefugnis des Absenders oder Empfängers abgeleitet.[13] Nach seiner Auffassung ist nur der Verfügungsberechtigte auch aktiv legitimiert. Dies würde bedeuten, dass der Absender seine Legitimation mit entstehender Verfügungsbefugnis des Empfängers verlöre, jedenfalls aber mit der Übergabe des Gutes oder der zweiten Ausfertigung des Frachtbriefes.[14]

---

10 BGH, 10.4.1974 – I ZR 84/73, VersR 1974, 796 = NJW 1974, 1614 = ETR 1975, 83; OLG Koblenz, 6.10.1989 – 2 U 200/88, TranspR 1991, 93; *Loewe*, ETR 1976, 502, 522; *Piper*, VersR 1988, 201 und TranspR 1990, 357; vgl. zum Ganzen auch *Helm*, TranspR 1983, 20; *Koller*, Art. 13 CMR Rdn. 8 und RIW 1988, 254; *Fremuth*, § 429 HGB Rdn. 46f.; *Lenz*, Rdn. 714ff.
11 BGH, 21.12.1973 – I ZR 119/72, VersR 1974, 325 = NJW 1974, 412 = AWD 1974, 160 = ETR 1975, 91; BGH, 6.7.1979 – I ZR 127/78, BGHZ 75, 92, 94 = VersR 1979, 1105, 1106 = TranspR 1980, 49, 50; BGH, 6.5.1981 – I ZR 70/79, VersR 1981, 929, 930 = TranspR 1982, 41, 42; OLG Hamm, 4.11.1971 – 19 U 16/71, VersR 1973, 911; *Piper*, VersR 1988, 202 und TranspR 1990, 357, 358; *Loewe*, ETR 1976, 503, 552; *Staub/Helm*, Art. 13 CMR Rdn. 71 und TranspR 1988, 30, 31; *Boesche*, in: EBJS, Art. 13 CMR Rdn. 7; *Koller*, Art. 13 CMR Rdn. 7 und VersR 1982, 414, 415; *Heuer*, S. 178, 179.
12 BGH, 6.7.1979 – I ZR 127/78, BGHZ 75, 92, 94 = VersR 1979, 1105, 1106 = NJW 1979, 2472; BGH, 6.5.1981 – I ZR 70/79, ETR 1982, 313 = TranspR 1982, 41 = RIW 1981, 787 = VersR 1981, 929; OLG Saarbrücken, 21.11.1974 – 6 U 142/73, NJW 1975, 500, 501 = VersR 1976, 267 = ETR 1976, 261; OLG Hamm, 4.11.1971 – 19 U 16/71, VersR 1973, 911, 912 = ETR 1974, 499.
13 *Helm*, TranspR 1983, 29ff. und VersR 1988, 548, 552; zustimmend *Lenz*, Rdn. 717; a.A. *Koller*, RIW 1988, 254, der nach dem maßgeblichen englischen und französischen Text der CMR eine solche Verknüpfung nicht für erwiesen ansieht.
14 *Helm*, TranspR 1983, 29; *Staub/Helm*, Art. 17 CMR Rdn. 249.

Vor Art. 17 Haftung des Frachtführers

10 Dieser strengen Auffassung ist jedoch der BGH nicht gefolgt.[15] Ein solches Junktim lässt sich in der Tat aus den Bestimmungen der CMR nicht ableiten.[16]

11 Unbestritten ist, dass bis zum Erwerb der Verfügungsberechtigung seitens des Empfängers nur der Absender als Vertragspartner des Frachtführers Ersatzansprüche geltend machen kann. Wenn aber der Empfänger mit der Verfügungsberechtigung auch die formelle Aktivlegitimation erworben hat, ist nach der Auffassung des BGH neben ihm auch der Absender berechtigt, die Rechte wegen Verlustes und Beschädigung des Frachtgutes geltend zu machen. Der Absender als Vertragspartner des Frachtführers bleibt deshalb grundsätzlich immer aktivlegitimiert, auch dann, wenn der Empfänger zusätzlich ersatzberechtigt wird. Im letzteren Fall liegt eine Doppellegitimation beider vor, die der BGH ausdrücklich billigt.[17]

12 Durch diese Doppellegitimation von Absender und Empfänger entstehen dem Unternehmer *keine unzumutbaren Nachteile*. Er ist nämlich vor doppelter Inanspruchnahme durch beide Ersatzberechtigten geschützt. Hat einer von ihnen, also entweder der Absender oder der Empfänger, gegen den Frachtführer Schadensersatzansprüche wegen Verlustes oder Beschädigung des Gutes geltend gemacht, so kann dieser, wenn er von den anderen Berechtigten erneut in Anspruch genommen wird, jenem entgegenhalten, dass er seine Verpflichtung zum Schadensersatz aus dem Beförderungsvertrag bereits dem ersten Berechtigten gegenüber erfüllt habe und deshalb frei geworden sei. Es liegt ein Fall der Gesamtgläubigerschaft gem. § 428 BGB vor.[18]

3. Drittschadensliquidation

13 Schadensersatz kann grundsätzlich nur derjenige beanspruchen, der selbst einen Schaden erlitten hat. Das ist beispielsweise der Empfänger (Käufer), wenn ihn in seinem Rechtsverhältnis zum Verkäufer die Preisgefahr trifft (§ 447 BGB). Gerade aber im Frachtrecht tritt häufig der Fall auf, dass der formell zum Ersatz Legitimierte, insbes. der Verfügungsberechtigte, nicht gleichzeitig auch der Geschä-

---

15 Vgl. das Urt. v. 10.4.1974 – I ZR 84/73, VersR 1974, 796, 797f. = NJW 1974, 1614 = ETR 1975, 83; Urt. v. 10. 1975 – I ZR 12/75, VersR 1976, 168, 169; Urt. v. 6.7.1979 – I ZR 127/78, BGHZ 75, 92, 96 = VersR 1979, 1105, 1106 = TranspR 1980, 49 = ETR 1980, 863; Urt. v. 6.5.1981 – I ZR 70/79, VersR 1981, 929, 930 = TranspR 1982, 41, 42 = RIW 1981, 787 = ETR 1982, 313 und Urt. v. 24.10.1991 – I ZR 208/89, TranspR 1992, 177 = VersR 1992, 640 (zum Reklamationsrecht).
16 *Piper*, VersR 1988, 201 und TranspR 1990, 29ff.; vgl. *Koller*, VersR 1982, 414.
17 H. M. vgl. OLG Hamburg, 4.12.1986 – 6 U 226/85, VersR 1987, 558 und OLG Koblenz, 6.10.1989 – 2 U 200/68, TranspR 1991, 93; *Herber/Piper*, Art. 13 CMR Rdn. 30, MünchKommHGB/*Jesser-Huß*, Art. 13 Rdn. 18; *Boesche*, in: EBJS, Art. 13 CMR Rdn. 9; differenzierend *Koller*, Art. 13 CMR Rdn. 8.
18 BGH, 6.7.1979 – I ZR 127/78, BGHZ 75, 92 = LM, Nr. 15 zu CMR (Anm. *Alff*) = NJW 1979, 2472 = TranspR 1980, 440 = VersR 1979, 1105 = VRS 58, 80; BGH, 10.5.1984 – I ZR 52/82, TranspR 1984, 283 = VersR 1984, 932; *Piper*, VersR 1988, 201, 202 und TranspR 1990, 357, 358; *Willenberg*, § 29 KVO Rdn. 53; *Glöckner*, Art. 13 CMR Rdn. 4.

digte ist. In einem solchen Fall folgt die Befugnis, trotzdem den Wertersatz der verloren gegangenen oder beschädigten Güter oder den Verspätungsschaden verlangen zu können, aus dem allgemeinen, auch im CMR-Haftungsprozess geltenden Grundsatz, dass der Berechtigte immer dann für den einem Dritten entstandenen Schaden Ersatz verlangen kann, wenn seine Interessen mit denen des Dritten – etwa aufgrund eines Speditions-, Fracht- oder Kaufvertrages – so verknüpft sind, dass sie die Wahrnehmung der Drittinteressen durch den Anspruchsinhaber rechtfertigen. In solchen Fällen wäre es nämlich untragbar, wenn der Schädiger aus dem für ihn rein zufälligen Auseinanderfallen von Anspruchsberechtigung einerseits und Schaden andererseits Nutzen ziehen dürfte mit der Begründung, der Ersatzberechtigte habe selbst keinen Schaden und der Geschädigte keinen Anspruch.[19] Anders könnte es nur sein, wenn entweder der letztlich Geschädigte auf die Geltendmachung des Schadens verzichtet hätte oder diese nicht seinem Willen entspräche. Das Vorliegen eines solchen Ausnahmefalls hat der Schädiger zu beweisen.[20]

Die Drittschadensliquidation aus dem Gesichtspunkt der Gefahrenentlassung **14** (Versendungskauf, § 447 BGB) durch einen mittelbaren Stellvertreter (Spediteur, Frachtführer) oder durch einen vertraglich zur Obhut Verpflichteten (Lagerhalter, Versender fremden Gutes) wird daher allgemein für zulässig erachtet.[21] Besonders bei Verletzung von vertraglichen Obhutspflichten ist derjenige, der die vertragliche Pflicht zur Obhut und Fürsorge über eine ihm zur Verfügung gestellte Sache übernommen hat, seinem Vertragspartner gegenüber aus einer Verletzung der Obhutspflicht selbst zum Schadensersatz verpflichtet auch wenn die in Obhut genommene Sache einem Dritten gehört. Insbes. der Absender als Vertragpartner des Frachtführers ist zur Geltendmachung von Schäden Dritter aus dem Verlust des Transportgutes legitimiert, gleichwohl ob die Schäden seinem Vertragspartner oder aber dem Endempfänger erwachsen sind.[22] Es ist auch nicht erforderlich, dass der Vertragsberechtigte in direkten Vertragsbeziehungen zum materiell Geschädigten steht. Denn in den Obhutsfällen ist es zur Wahrnehmung der Interessen des tatsächlich Geschädigten ausreichend, dass der Vertragsberechtigte durch eine Kette von Verträgen mit dem Geschädigten verbunden ist und die Übertragung der Obhut auf den Schädiger bei Gesamtbetrachtung der einzelnen Verträge dem Interesse des Geschädigten entsprach.[23]

---

19 *Piper*, VersR 1988, 201, 202 und TranspR 1990, 357, 358.
20 BGH, 1.6.2006 – I ZR 200/03, TranspR 2006, 308.
21 BGH, 30.4.1959 – II ZR 7/57, NJW 1959, 1368 = VersR 1959, 502; BGH, 10.7.1963 – VIII ZR 204/61, BGHZ 40, 91 = VersR 1963, 1172; BGH, 29.1.1968 – II ZR 18/65, BGHZ 49, 356 = VersR 1968, 468; OLG Zweibrücken, 17.12.1996 – 8 U 63/96, TranspR 1997, 369; Staub/*Helm*, § 429 HGB a.F., Rdn. 157ff. und Art. 17 CMR Rdn. 252; *Boesche*, in: EBJS, Art. 13 CMR Rdn. 15; *Herber/Piper*, Art. 13 CMR Rdn. 32; *Lenz*, Rdn. 728ff., 1045; *Rabe*, TranspR 1993, 1ff.; kritisch *Koller*, VersR 1982, 414 und Art. 13 CMR Rdn. 8.
22 BGH, 1.6.2006 – I ZR 200/03, TranspR 2006, 308.
23 BGH, 29.3.2001 – I ZR 312/98, TranspR 2001, 447 = VersR 2002, 122; BGH, 10.5.1984 – I ZR 52/82, TranspR 1984, 283, 284 = VersR 1984, 932; OGH, 27.4.2011 – 7 Ob 216/10 f, VersR 2012, 510; OLG Hamburg, 4.12.1986 – 6 U 266/85, VersR 1987, 558; Piper, VersR 1988, 201, 202f.

Vor Art. 17 Haftung des Frachtführers

15 Der Berechtigte hat in diesen Fällen einen eigenen Anspruch auf Ersatz eines fremden Schadens und kann deshalb auf Leistung entweder an sich selbst oder an den Geschädigten klagen.[24]

Nach der Rechtsprechung ist die Drittschadensliquidation zulässig

– durch Spediteur für Auftraggeber;[25]
– durch den Spediteur oder Frachtführer für den entschädigungspflichtigen Transportversicherer;[26]
– durch Spediteur für Empfänger;[27]
– durch Absender für Empfänger und andere Geschädigte;[28]
– durch Empfänger für Absender;[29]
– durch Absender für Versender;[30]
– durch den mit dem Geschädigten durch eine Kette zwischengeschalteter Unternehmer verbundenen (Unter-)Frachtführer für den Ersteren;[31]
– durch den Hauptfrachtführer gegen den Unterfrachtführer.[32]

16 *Schutzwürdige Interessen des Unternehmers* werden durch eine Drittschadensliquidation nicht betroffen. Er kann immer nur einmal ersatzpflichtig gemacht werden. Zahlt er an den einen Ersatzberechtigten, so ist er gegenüber den anderen Ersatzberechtigten jedenfalls frei geworden (§ 428 BGB, vgl. oben Rdn. 12).

4. Prozessstandschaft

17 Während bei der Drittschadensliquidation der Kläger und Anspruchsberechtigte nicht selbst der Geschädigte ist, liegt Prozessstandschaft dann vor, wenn sich der geschädigte Kläger auf eine fremde Anspruchsberechtigung beruft. Die Befugnis, einen fremden, nicht abgetretenen Anspruch im eigenen Namen geltend zu machen, wird von der Rechtsprechung und Lehre für den Fall anerkannt, dass der Kläger ein eigenes schutzwürdiges Interesse an der Verfolgung des fremden

---

24 BGH, 25.1.2007 – I ZR 43/04, TranspR 2007, 314; BGH, 20.4.1989 – I ZR 154/87, TranspR 1989, 413 = VersR 1989, 1168 = RIW 1989, 819.
25 BGH, 10.4.1974 – I ZR 84/73, NJW 1974, 1614 = VersR 1974, 796 = VRS 47, 331; BGH, 20.4.1989 – I ZR 154/87, TranspR 1989, 413 = NJW 1989, 3099 = VersR 1989, 1168 = RIW 1989, 819.
26 OGH, 27.4.2011 – 7 Ob 216/10 f, VersR 2012, 510.
27 BGH, 25.1.2007 – I ZR 43/04, TranspR 2007, 314; BGH, 20.4.1989 – I ZR 154/87, TranspR 1989, 413 = VersR 1989, 1168 = NJW 1989, 3099 = RIW 1989, 819.
28 BGH, 1.6.2006 – I ZR 200/03, TranspR 2006, 308; BGH, 29.1.2004 – I ZR 162/01, TranspR 2004, 213; BGH, 1.10.1975 – I ZR 12/75, VersR 1976, 168 und BGH, 10.12.2009 – I ZR 154/07, TranspR 2010, 78.
29 BGH, 9.11.1981 – II ZR 197/80, NJW 1982, 992 = VersR 1982, 287; OLG Oldenburg, 4.3.1976 – 1 U 26/75, VersR 1976, 583.
30 BGH, 14.3.1985 – I ZR 168/82, TranspR 1985, 335 = VersR 1985, 753.
31 OLG Hamburg, 4.12.1986 – 6 U 266/85, VersR 1987, 558; OGH, 27.4.2011 – 7 Ob 216/10 f, VersR 2012, 510.
32 BGH, 21.12.2011 – I ZR 144/09, TranspR 2012, 110 (für Absender auch hinsichtlich überschießender Schadensdifferenz); OGH Wien, 27.4.2011 – 7 Ob 216/10f, TranspR 2011, 373 (für Transportversicherer des Absenders).

Rechtes hat und dass ihn der Dritte, dem dieses Recht eigentlich zusteht, ausdrücklich oder stillschweigend zur Geltendmachung dieses Rechtes ermächtigt hat.[33] Unter diesen Voraussetzungen wird auch bei der Abwicklung von Frachtschäden die Geltendmachung eines fremden Rechtes durch den Geschädigten, der mit dem Schädiger in keiner vertraglichen Verbindung steht, zugelassen.[34]

Einzelfälle aus der Rechtsprechung: 18

Prozessstandschaft zugelassen:
– Absender für den Empfänger;[35]
– Versender bzw. Transportversicherer für den Absender bzw. Empfänger;[36]
– Endempfänger bzw. Transportversicherer für den Empfangsspediteur;[37]
– Auftraggeber für den Spediteur/Absender;[38]
– Auftraggeber für den Spediteur/Empfänger.[39]

Unwirksam ist nach der Auffassung des BGH dagegen eine Prozessstandschaft des Güterversicherers des Empfängers für den Absender.[40]

5. Abtretung und gesetzlicher Forderungsübergang

Auch im CMR-Frachtrecht kann der Schadensersatzanspruch vom ursprünglichen Berechtigten auf einen Rechtsnachfolger übergehen. Insbesondere sind – soweit deutsches Recht zur Anwendung gelangt – Abtretungen gem. §§ 398 ff. BGB möglich, so z. B., wenn der zur Drittschadensliquidation berechtigte Versand- oder Empfangsspediteur seinen ihm gegen den Frachtführer zustehenden Anspruch an den eigentlich geschädigten Versender oder Endempfänger abtritt. 19

So kann auch der Absender seinen Ersatzanspruch gegen den Frachtführer, von allen Ansprüchen aus Anlass eines Schadensfalles freigestellt zu werden, an den Assekuradeur eines Transportversicherers abtreten, wenn dieser zur Schadensregulierung und Geltendmachung der Rückgriffsansprüche im eigenen Namen ermächtigt ist.[41]

Häufig sind auch die Fälle, in denen der Schadensersatzanspruch kraft gesetzlichen Forderungsübergangs (Legalzession) übertragen worden ist. Dies gilt ins- 20

---

33 BGH, 26.9.1957 – II ZR 267/56, BGHZ 25, 250 = VersR 1957, 705; BGH, 24.10.1985 – VII ZR 337/84, BGHZ 96, 151 = NJW 1986, 850; BGH, 12.10.1987 – II ZR 21/87, NJW 1988, 1585.
34 *Willenberg*, § 29 KVO Rdn. 58; *Koller*, § 429 HGB Anm. 12; *Helm*, TranspR 1983, 29, 34; *Piper*, VersR 1988, 201, 203.
35 BGH, 10.4.1974 – I ZR 84/73, NJW 1974, 1614 = VersR 1974, 6796 = VRS 47, 331.
36 BGH, 6.2.1981 – I ZR 172/78, NJW 1981, 2750 = TranspR 1981, 100 = VersR 1981, 571.
37 BGH, 6.5.1981 – I ZR 70/79, TranspR 1982, 41 = ETR 1982, 313 = RIW 1981, 787 = VersR 1981, 929.
38 BGH, 20.2.1970 – I ZR 110/68, NJW 1970, 995 = VersR 1970, 416.
39 BGH, 9.7.1979 – II ZR 202/77, VersR 1979, 906.
40 Urt. v. 9.7.1979 – II ZR 202/77, VersR 1979, 906; vgl. zum Ganzen *Willenberg*, § 29 KVO Rdn. 58 und 59.
41 BGH, 14.3.1985 – I ZR 168/82, TranspR 1985, 335 = VersR 1985, 753 = RIW 1985, 654.

Vor Art. 17 Haftung des Frachtführers

bes. für den Transportversicherer, der dem Versicherten den Güterschaden ersetzt und dadurch nach deutschem Recht dessen Ansprüche gem. § 67 VVG und vertraglich zusätzlich nach Nr. 23. 1 DTV-Güter 2000 oder § 45 ADS erwirbt. Hier gelten ggf. die allgemeinen Regelungen des BGB. Die CMR enthält keine besonderen Vorschriften.

21 Ein solcher vertraglich vereinbarter oder kraft Gesetzes eingetretener Forderungsübergang darf aber weder unmittelbar noch mittelbar zu Folgen führen, die den zwingenden Vorschriften der CMR widersprechen (Art. 41 CMR). So sind insbes. solche Vereinbarungen unwirksam, durch die sich der Frachtführer die Ansprüche aus der Transportversicherung abtreten lässt (Art. 41 Abs. 2 CMR). Das würde nämlich wirtschaftlich auf eine Freizeichnung des Frachtführers von seiner unabdingbaren Haftung nach der CMR hinauslaufen, weil nicht der Frachtführer, sondern der Versicherungsnehmer, also beispielsweise der Versender, derjenige ist, welcher den Schaden auf seine Kosten eingedeckt hat. Aus den gleichen Gründen kann sich auch der Frachtführer, wenn er vom Transportversicherer kraft Legalzession in Anspruch genommen wird, auch nicht auf eine solche, unter seiner Beteiligung geschlossenen Vereinbarung berufen, die einen Regress des Transportversicherers ausschließt, obwohl dies eigentlich nach den §§ 412, 399 BGB möglich wäre.[42]

22 Nach *Loewe*[43] gilt dies auch dann, wenn der Versicherungsnehmer und der Versicherer ohne Beteiligung des Frachtführers eine Vereinbarung über dessen Nichtinanspruchnahme im Schadensfall treffen. Dagegen erhebt *Piper*[44] Bedenken, weil es dem Geschädigten nach der CMR freisteht, ob er den Frachtführer in Anspruch nehmen will oder nicht. Deshalb dürfe er auch nicht gehindert sein, mit einem Dritten Vereinbarungen zu treffen, die den Frachtführer begünstigen, sofern dieser daran weder mittelbar noch unmittelbar beteiligt sei. Dieser Auffassung ist zuzustimmen.

23 Hat der Frachtführer seinen Deckungsanspruch aus seiner von ihm abgeschlossenen CMR-Haftpflichtversicherung an den Gläubiger des Ersatzanspruches abgetreten, so ist dieser, wenn die Versicherungsbedingungen kein Abtretungsverbot enthalten, berechtigt, den Haftpflichtversicherer unmittelbar in Anspruch zu nehmen.

Nach dem im Haftpflichtversicherungsrecht geltenden Trennungsprinzip ist zwar die Frage der Haftpflicht des Versicherungsnehmers (Frachtführers) gegenüber dem Geschädigten (Anspruchsinhaber) einerseits und die Frage der versicherungsrechtlichen Deckungspflicht des Versicherers gegenüber dem Versicherungsnehmer andererseits grundsätzlich in getrennten Prozessen zu entscheiden. Für den Fall der durch Versicherungsbedingungen nicht untersagten Abtretung des Deckungsanspruchs kann dies aber keine Bedeutung haben. Vereinigen sich nämlich Haftpflicht- und Deckungsanspruch in einer Person, so kann im Rahmen

---

[42] BGH, 8.12.1975 – II ZR 64/74, BGHZ 65, 364, 366 = VersR 1976, 263, 264; *Piper*, VersR 1988, 201, 204.
[43] ETR 1976, 503, 594 Nr. 295.
[44] VersR 1988, 204.

einer gegen den Versicherer anzustrengenden Deckungsklage die Haftpflicht des Versicherungsnehmers als Vorfrage mitgeprüft werden.[45]

Im grenzüberschreitenden Straßengüterverkehr besteht – anders als im deutschen Straßengüterverkehr gem. § 7a GüKG – keine gesetzliche Pflicht des Frachtführers, eine Verkehrshaftungsversicherung abzuschließen. Die CMR sieht auch keine Verpflichtung des Frachtführers vor, die Rechte aus dem Deckungsverhältnis seines Verkehrshaftungsversicherungsvertrages an den Geschädigten abzutreten. 24

Auch aus den allgemeinen Vertragspflichten kann eine Verpflichtung des Frachtführers zur Abtretung des Deckungsanspruchs aus einer CMR-Haftpflichtversicherung nicht abgeleitet werden. Der CMR-Vertrag verpflichtet nur zur Ausführung der Beförderung. Ein Anspruch auf Abtretung des Deckungsanspruchs ist nicht vorgesehen.[46] 25

III. Überblick über die Haftungsregelung der CMR

1. Haftung für Verlust und Beschädigung

26
- Die Haftung des Frachtführers für gänzlichen oder teilweisen Verlust sowie für Beschädigung des Gutes während der Obhutszeit ist in Art. 17 Abs. 1, 1. Alternative CMR geregelt.
- Die folgenden Absätze 2 und 4 des Art. 17 CMR enthalten eine Reihe von sog. einfachen und bevorrechtigten Haftungsausschlüssen. Zu den einfachen Haftungsausschlüssen nach Abs. 2 gehören jene Schadensursachen, die auf Verschulden des Verfügungsberechtigten, dessen Weisungen und auf besondere Mängel des Gutes zurückzuführen sind. Die bevorrechtigten Haftungsausschlüsse gem. Abs. 4 sind gegeben, wenn die Schäden durch die Beförderung im offenen Wagen, Verpackungsmängel sowie Selbstverladung und -entladung entstanden sind oder durch das Verstauen von Gütern durch Absender oder Empfänger, durch die natürliche Schadensanfälligkeit von Gütern sowie ungenügende Bezeichnung und Nummerierung der Frachtstücke und schließlich bei Schäden an beförderten lebenden Tieren.
- Art. 18 CMR enthält dazu eine Reihe von Beweislastregelungen, u.a. auch für den Einsatz von Spezialfahrzeugen.
- Art. 20 CMR schließlich definiert den Zeitraum, nach dessen Ablauf der Verfügungsberechtigte das Gut als verloren betrachten darf.
- Art. 23 CMR bestimmt den Haftungsumfang bei ganzem oder teilweisen Verlust des Gutes und wird ergänzt durch Art. 23, 24 und 26 CMR über Wertangaben im Frachtbrief, Interessendeklaration und Zahlungszuschläge.
- Art. 25 CMR, ergänzt durch Art. 23, 24 und 26 CMR, regelt den Haftungsumfang bei Beschädigung.

---

45 BGH, 12.3.1975 – IV ZR 102/74, VersR 1975, 655, 656f.; *Piper*, VersR 1988, 201, 204.
46 *Piper*, VersR 1988, 201, 204; *Roltsch*, VersR 1985, 317, 322.

Vor Art. 17 Haftung des Frachtführers

2. Haftung für Verspätung

27 Die Haftung des Frachtführers für die Überschreitung der Lieferfrist ist in Art. 17 Abs. 1 2. Alternative CMR bestimmt. Art. 19 CMR enthält die dazugehörige Definition der Überschreitung der Lieferfrist. Die diesbezügliche Beweislast ist wiederum in Art. 18 Abs. 1 CMR geregelt. Der Haftungsumfang ergibt sich aus Art. 23 Abs. 5 und 6 CMR, in Verbindung mit Art. 24 und 26 CMR.

3. Haftung für Fahrzeugmängel

28 Nach Art. 17 Abs. 3 CMR kann sich der Frachtführer, um sich von seiner Haftung gem. Abs. 1 und 2 zu befreien, weder auf Mängel des für die Beförderung verwendeten Fahrzeuges noch auf ein Verschulden des Vermieters des Fahrzeuges oder der Bediensteten des Vermieters berufen.

4. Haftung bei Weisungsverstößen

29 Die Haftung des Frachtführers bei Verstößen gegen die ihm erteilten Weisungen ist in Art. 12 Abs. 7 CMR geregelt.

5. Haftung bei Nachnahmeverstößen

30 Nach Art. 21 CMR haftet der Frachtführer, der das Gut dem Empfänger ohne Einziehung der vereinbarten Nachnahme abliefert, dem Absender gegenüber bis zur Höhe des Nachnahmebetrages, vorbehaltlich seines Rückgriffsrechts gegen den Empfänger.

6. Haftung wegen Verlustes oder falscher Verwendung von Papieren

31 Gemäß Art. 11 Abs. 3 CMR haftet der Frachtführer wie ein Kommissionär für die Folgen des Verlustes oder der unrichtigen Verwendung der im Frachtbrief bezeichneten und diesem beigegebenen oder dem Frachtführer ausgehändigten Urkunden, insbes. der Fracht- und Zollpapiere. Die Schadensersatzpflicht ist auf die Schadensumme, die bei Verlust des Gutes zu bezahlen wäre, begrenzt.

7. Haftung für fehlenden Frachtbriefhinweis auf die CMR

32 Gemäß Art. 7 CMR haftet der Frachtführer für alle Kosten und Schäden, die daraus resultieren könnten, dass die in Art. 6 Abs. 1 lit. k) CMR vorgeschriebene Angabe fehlt, wonach die Beförderung trotz einer gegenteiligen Abmachung den Bestimmungen der CMR unterliegt.

8. Haftung für Auswahlverschulden bei Einlagerung

Bei Ablieferungshindernissen der Art. 14 Abs. 1 und 15 CMR kann der Frachtführer das Gut ausladen und einem Dritten anvertrauen. Dann haftet er gem. Art. 16 Abs. 2 Satz 3 CMR nur für die sorgfältige Auswahl des Dritten. 33

9. Haftung für Gehilfen

Die Haftung des Frachtführers für alle Handlungen und Unterlassungen seiner Bediensteten und sonstigen Personen, deren er sich bei Ausführung der Beförderung bedient, ist schließlich in Art. 3 CMR geregelt. 34

IV. Andere Haftungsgrundlagen

1. Vertragliche Haftung für sonstige Schäden

Wie der vorausgehende Überblick über die Haftungstatbestände der CMR zeigt, sind dort nur einzelne, exakt beschriebene Haftungstatbestände nach dem Enumerationsprinzip aufgezählt. Zu den jeweiligen Haftungsnormen gehören auch die auf die einzelnen Schadensarten zugeschnittenen Haftungsbegrenzungsnormen. Der CMR-Gesetzgeber wollte mit der CMR eine bestimmte Anzahl von grundsätzlichen einzelnen Regelungen treffen und überließ die Ergänzung den jeweiligen nationalen Rechten der Mitgliedstaaten (Näheres siehe oben Rdn. 3). 35

Soweit die einzelnen Haftungsregelungen eingreifen, sind sie *leges speciales* zum allgemeinen Recht der Leistungsstörungen, das durch sie ausgeschaltet ist. Neben ihnen sind jedoch andere Anwendungsfälle der positiven Vertragsverletzung möglich.[47] Soweit die CMR also bei Verletzung der Obhuts- und Schutzpflicht keine Regelungen enthält, gilt, soweit ergänzend anwendbar, das deutsche Recht der Leistungsstörungen, beginnend bei *culpa in contrahendo* über die objektive Unmöglichkeit und das anfängliche Unvermögen hin bis zur nachträglichen Störung vor Übernahme des Gutes, Verzögerungen der Fahrzeugstellung sowie der Schlechterfüllung, die zu Haftungsansprüchen aus positiver Vertragsverletzung führen können. 36

2. Außervertragliche Haftung

Die Ansprüche aus unerlaubter Handlung nach § 823 ff. BGB werden durch die CMR nicht ausgeschlossen. Auch für diese Ansprüche gelten aber nach Art. 28 37

---

[47] Vgl. *Heuer*, S. 183 mit zahlreichen Literaturhinweisen; *Loewe*, ETR 1976, 503, 552; *Helm*, in: Großkomm. HGB, Art. 17 CMR Rdn. 31; *Koller*, Vor Art. 1 CMR Rdn. 5 ff., 30.

Vor Art. 17 Haftung des Frachtführers

Abs. 1 CMR die Haftungsausschlüsse und Einschränkungen der CMR. Näheres siehe bei den Erläuterungen zu Art. 28 CMR.

V. Reklamationen, Klagen und Verjährung

38 Hinsichtlich der Reklamationspflichten bei Verlusten und Beschädigungen sowie Überschreitung der Lieferfrist wird auf die Erläuterungen zu Art. 30 CMR verwiesen, wegen des Klageortes auf die Erläuterungen zu Art. 31 CMR.

39 Die Verjährungsfrist beträgt bei sämtlichen Ansprüchen aus einer der CMR unterliegenden Beförderung gem. Art. 32 Abs. 1 CMR ein Jahr; bei Vorsatz oder bei einem Verschulden, das nach dem Recht des angerufenen Gerichts dem Vorsatz gleich steht, verlängert sie sich auf drei Jahre. Diese Bestimmung erfasst alle Ansprüche, auch solche, die in der CMR nicht geregelt sind, sowie außervertragliche Ansprüche, z.B. wegen unerlaubter Handlung. Näheres siehe bei den Erläuterungen zu Art. 32 CMR.

VI. Versicherung

40 Der Frachtführer hat die Möglichkeit, seine Haftung nach der CMR versichern zu lassen. Zu diesem Zwecke schließt er eine *Verkehrshaftungsversicherung* ab.[48] Diese ist eine reine Haftpflichtversicherung. die in Deutschland den gesetzlichen Bestimmungen der §§ 149 ff. VVG (zukünftig nach Inkrafttreten des geplanten Gesetzesreform §§ 101 ff. VVG-E) unterliegt. Versichert wird das Freistellungsinteresse des Frachtführers vom Transporthaftungsrisiko. Der BGH nennt dies das „Sachersatzinteresse". In Deutschland besteht für diese Versicherung reine Vertragsfreiheit, weil es sich um ein Großrisiko gem. Art. 10 Abs. 1 des EGVVG handelt. Nach § 187 VVG kann daher auch von den zwingenden und halbzwingenden Vorschriften des VVG abgewichen werden. Das wird auch in Zukunft so sein (§ 210 VVG-E).[49]

41 Nicht verwechselt werden darf die Verkehrshaftungsversicherung mit der *Transportversicherung*, die i.d.R. Absender und/oder Eigentümer des Frachtgutes abschließt, um bei Verlust und Beschädigung des Gutes mit der Beförderung und der damit verbundenen Lagerungen eine Entschädigung zu bekommen. Das hier versicherte Interesse nennt der BGH das „Sacherhaltungsinteresse".[50]

42 Während der Frachtführer im innerdeutschen Straßengüterverkehr gem. § 7a GüKG verpflichtet ist, sich gegen alle Schäden zu versichern, für die er bei der

---

48 Grundlegend und ausführlich, auch zur Geschichte, siehe *de la Motte* in der Voraufl. dieses Kommentars, Anh. VI, S. 1041 ff.
49 *Thume*, TranspR 2006, 1, 3.
50 *Thume*, TranspR 2006, 1, 3; *Ehlers*, TranspR 2006, 7.

Beförderung mit Be- und Entladeort im Inland nach den Bestimmungen des 4. Abschnitts des Handelsgesetzbuches i.V.m. dem Frachtvertrag haftet, gibt es eine solche Pflichtversicherung auch nach deutschem Recht für den grenzüberschreitenden Straßengüterverkehr nicht. Dennoch sind wohl alle deutschen Frachtführer, die im Rahmen der CMR grenzüberschreitende Straßengüterbeförderungen vornehmen, haftpflichtversichert. Von ausländischen Frachtführern kann dies jedoch keineswegs ohne Weiteres angenommen werden, auch wenn diese aus Ländern der EU stammen.

Da es für den grenzüberschreitenden Straßengüterverkehr keine Versicherungspflicht gibt, kann der Frachtführer frei bestimmen, in welchem Umfang er sein Haftungsrisiko versichern will. Der Gesamtverband der Deutschen Versicherungswirtschaft e.V. (GDV) hat dazu eine unverbindliche Empfehlung herausgegeben, bezeichnet als „DTV-Verkehrshaftungsversicherungs-Bedingungen für Frachtführer, Spedition und Lagerhalter" in der letzten Fassung 2005, bekannt unter dem Kürzel „DTV-VHV 2003/2005". Ferner verwenden mehrere Versicherer und Makler teils darauf aufbauende und teils davon abweichende Policen. Bei den Musterbedingungen des GDV handelt es sich um ein Bausteinsystem, wonach die Haftung des Frachtführers nach dem HGB, der CMR und auch nach anderen völkerrechtlichen Abkommen kombiniert und der jeweilige Deckungsschutz variiert werden kann. Wie jede Haftpflichtversicherung hat der Versicherer i.d.R. die Befriedigung begründeter und die Abwehr unbegründeter Schadensersatzansprüche, die gegen den Frachtführer erhoben werden, vorzunehmen. Er ersetzt dem Versicherungsnehmer dessen Aufwendungen zur Abwendung und Minderung eines ersatzpflichtigen Schadens sowie die gerichtlichen und außergerichtlichen Kosten, soweit sie nach den Umständen geboten waren. 43

Der Versicherungsvertrag kann jedoch maximale Begrenzungen der Versicherungsleistung je Schadensfall und Schadensereignis sowie ein Jahresmaximum enthalten. Die Versicherer sind nicht mehr bereit, wie früher, dem Frachtführer großzügigen Versicherungsschutz für alle Haftungsfälle zu gewähren, sondern halten sich streng an die mit dem Frachtführer vereinbarten Versicherungsbedingungen. Auch Risikoausschlüsse für einzelne Sparten sind nicht selten.

Da die CMR-Verkehrshaftungsversicherung keine Pflichtversicherung ist, besteht derzeit und auch in Zukunft nach der geplanten Änderung des VVG kein Direktanspruch des Geschädigten gegen den Versicherer. Vielmehr muss dieser zunächst den Frachtführer in Haftung nehmen und ggf. auch den Haftungsprozess führen. Im Anschluss daran kann er dessen Anspruch aus dem Versicherungsvertrag gegen den Versicherer pfänden und an sich überweisen lassen und läuft dabei Gefahr, dass der Versicherer den Versicherungsschutz wegen Bestehens von Risikoausschlüssen oder Obliegenheitsverletzungen des Versicherungsnehmers verweigert. Dann muss er prüfen, ob er ggf. den Deckungsprozess gegen den Versicherer führen will, denn wegen des Trennungsprinzips wird im Haftungsprozess nicht über die Deckungspflicht des Versicherers entschieden.[51] 44

---

51 Vgl. *Thume*, TranspR 2006, 1, 4; *Heuer*, TranspR 2006, 22 ff.

Art. 17

bearbeitet von RA Dr. Karl-Heinz Thume, Nürnberg

1. Der Frachtführer haftet für gänzlichen oder teilweisen Verlust und für Beschädigung des Gutes, sofern der Verlust oder die Beschädigung zwischen dem Zeitpunkt der Übernahme des Gutes und dem seiner Ablieferung eintritt, sowie für Überschreitung der Lieferfrist.

2. Der Frachtführer ist von dieser Haftung befreit, wenn der Verlust, die Beschädigung oder die Überschreitung der Lieferfrist durch ein Verschulden des Verfügungsberechtigten, durch eine nicht vom Frachtführer verschuldete Weisung des Verfügungsberechtigten, durch besondere Mängel des Gutes oder durch Umstände verursacht worden ist, die der Frachtführer nicht vermeiden und deren Folgen er nicht abwenden konnte.

3. Um sich von seiner Haftung zu befreien, kann sich der Frachtführer weder auf Mängel des für die Beförderung verwendeten Fahrzeuges noch gegebenenfalls auf ein Verschulden des Vermieters des Fahrzeuges oder der Bediensteten des Vermieters berufen.

4. Der Frachtführer ist vorbehaltlich des Artikels 18 Absatz 2 bis 5 von seiner Haftung befreit, wenn der Verlust oder die Beschädigung aus den mit einzelnen oder mehreren Umständen der folgenden Art verbundenen besonderen Gefahren entstanden ist:

   a) Verwendung von offenen, nicht mit Planen gedeckten Fahrzeugen, wenn diese Verwendung ausdrücklich vereinbart und im Frachtbrief vermerkt worden ist;

   b) Fehlen oder Mängel der Verpackung, wenn die Güter ihrer Natur nach bei fehlender oder mangelhafter Verpackung Verlusten oder Beschädigungen ausgesetzt sind;

   c) Behandlung, Verladen, Verstauen oder Ausladen des Gutes durch den Absender, den Empfänger oder Dritte, die für den Absender oder Empfänger handeln;

   d) natürliche Beschaffenheit gewisser Güter, derzufolge sie gänzlichem oder teilweisem Verlust oder Beschädigung, insbesondere durch Bruch, Rost, inneren Verderb, Austrocknen, Auslaufen, normalen Schwund oder Einwirkung von Ungeziefer oder Nagetieren ausgesetzt sind;

   e) ungenügende oder unzulängliche Bezeichnung oder Numerierung der Frachtstücke;

   f) Beförderung von lebenden Tieren.

5. Haftet der Frachtführer aufgrund dieses Artikels für einzelne Umstände, die einen Schaden verursacht haben, nicht, so haftet er nur in dem Umfange, in dem die Umstände, für die er aufgrund dieses Artikels haftet, zu dem Schaden beigetragen haben.

Haftung des Frachtführers **Art. 17**

Literatur: Siehe Vorbemerkungen Vor Art. 17 CMR.

Übersicht

	Rdn.		Rdn.
I. Allgemeines	1	cc) Falschablieferung	66
II. Die Obhutshaftung des Frachtführers	3	dd) Nachträgliche Wiederbeschaffung	67
1. Der Obhutsbegriff	3	ee) Nachnahmefehler	68
2. Die Rechtsnatur der Obhutshaftung	4	ff) Nichtbeachtung von Weisungen	69
a) Verschuldenshaftung	7	b) Wirtschaftlicher Totalschaden – Verlust oder Beschädigung?	70
b) Vermutete Verschuldenshaftung mit gesteigerter Sorgfaltspflicht	8	c) Teilverlust	71
c) Gefährdungshaftung	9	d) Teilverlust und wirtschaftlicher Totalschaden	72
d) Gewährhaftung	10	e) Beschädigung	73
e) Unvermeidbarkeit und wirtschaftliche Unzumutbarkeit	12	aa) Äußere Substanzverschlechterung	74
f) Möglichkeiten der Vertragsgestaltung	13	bb) Innere Substanzverschlechterung	75
g) Gewährhaftung und Fremdverursachung	14	cc) Beschädigungen von Kühlprodukten	76
3. Der Haftungszeitraum (Obhutszeitraum)	15	dd) Nachträgliche Beseitigung der Beschädigung	78
a) Übernahme	18	ee) Teilbeschädigung und Gesamtbeschädigung	79
b) Ablieferung	20	**III. Die (einfachen) Haftungsausschlüsse des Abs. 2**	80
c) Be- und Entladen	30	1. Verschulden des Anspruchsberechtigten	81
aa) Ladevorgänge und Haftungszeitraum	30	2. Weisungen	87
bb) Begriffsdefinitionen	32	3. Besondere Mängel des Gutes	90
cc) Ladefehler	34	4. Unabwendbare Umstände	95
dd) Die Be- und Entladepflichten	36	a) Allgemeines	95
ee) Überwachungspflichten	46	b) Einzelfälle	98
d) Sonderfälle der Übernahme und Ablieferung	48	**IV. Die Gewährhaftung für Fahrzeugmängel gem. Art. 17 Abs. 3**	112
aa) Mehrere Übernahme- und Ablieferungsorte	48	1. Die besondere Gewährhaftung	112
bb) Nachtablieferung	49	2. Fahrzeugmängel	114
cc) Abredewidrige Ablieferung	50	a) Fehlen vereinbarter Fahrzeugeigenschaften	114
dd) Container	51	b) Ungeeignetes Fahrzeug	115
ee) Spezialfahrzeuge	52	c) Technische Mängel	116
e) Zubringerdienste	56	d) Mängel an Fahrzeugteilen und Zusatzeinrichtungen	117
f) Vor-, Zwischen- und Nachlagerung	57	e) Mangelhafte Säuberung	118
g) Haftung außerhalb des Obhutszeitraums	59	3. Mängel an klimatechnischen Einrichtungen gem. Art. 18 Abs. 4 CMR	119
4. Der Haftungsgegenstand: das Gut	60	4. Äußere Einwirkungen	120
5. Verlust und Beschädigung des Gutes	61	**V. Die bevorrechtigten Haftungsausschlüsse des Abs. 4**	122
a) Verlust	63		
aa) Verschwinden	64		
bb) Beschlagnahme und Importhindernisse	65		

Art. 17 Haftung des Frachtführers

1. Offene Fahrzeuge.................... 123
2. Verpackungsmängel 125
   a) Allgemeines 125
   b) Verpackungsbedürftigkeit 127
      aa) Wegen der Beschaffenheit......................... 127
      bb) Wegen der Art der Beförderung und des Transportweges 132
   c) Verpackungsumfang und -zweck............................. 134
   d) Einzelfälle 137
   e) Mitwirkungsobliegenheiten des Frachtführers.................. 140
3. Laden – Entladen – Stauen und andere Behandlung des Gutes durch Absender, Empfänger oder Dritte............................ 145
   a) Allgemeines 145
   b) Ladepflichten des Absenders und Empfängers................... 150
      aa) Schadenseintritt während der Ladevorgänge.................. 150
      bb) Schadenseintritt während der Beförderung............... 154
   c) Ladepflicht des Frachtführers............................. 160
   d) Grenzfälle......................... 163
   e) Umladen 167
   f) Überwachungspflichten.......... 169
4. Natürliche Beschaffenheit gewisser Güter 173
   a) Allgemeines 173
   b) Die einzelnen Schadensarten und -merkmale 174
   c) Abgrenzungs- und Kausalitätsprobleme.............. 181
   d) Transporte mit klimatechnischen Spezialfahrzeugen, insbes. von Kühl- und Gefriergut 188
      aa) Beschädigung von Tiefkühlprodukten 192
      bb) Vorkühlung 193
      cc) Beladefehler 195
      dd) Mängel der Kühlanlage..... 197
      ee) Überwachung der Kühlung 199
      ff) Weisungen 201
5. Ungenügende Bezeichnung und Nummerierung....................... 202
6. Beförderung von lebenden Tieren 207
VI. Verspätungshaftung 211
   1. Allgemeines.......................... 211
   2. Die Rechtsnatur der Verspätungshaftung 212
   3. Schadensersatz..................... 213
   4. Die Haftungsausschließungsgründe................................ 214
      a) Verschulden des Anspruchsberechtigten........... 214
      b) Weisungen 215
      c) Mängel des Gutes................ 216
      d) Unabwendbare Umstände 217
   5. Fahrzeugmängel 218
   6. Lieferfristüberschreitung und Art. 17 Abs. 4 CMR................. 219
   7. Kausalitäts- und Abgrenzungsprobleme.............. 220
   8. Nichteinhaltung der Ladefrist 223
VII. Die Schadensteilung gem. Abs. 5 224
   1. Allgemeines.......................... 224
   2. Die Rechtsfolgen 230
   3. Einzelfälle........................... 234
VIII. Der Umfang des Schadensersatzes 235
   1. Bei Verlust und Beschädigung..... 235
   2. Bei Lieferfristüberschreitung....... 237
   3. Unabdingbarkeit der Haftungsbeschränkungen 238
   4. Wegfall der Haftungsbeschränkungen 239
   5. Zinsen............................... 240

I. Allgemeines

1 Art. 17 CMR regelt zwei völlig verschiedene Haftungstatbestände. Abs. 1 enthält zunächst die vertragliche Haftung des Frachtführers für den gänzlichen oder teilweisen Verlust und für die Beschädigung des Gutes, sofern Verlust oder Beschädigung zwischen dem Zeitpunkt der Übernahme des Gutes und dem seiner Ab-

Haftung des Frachtführers **Art. 17**

lieferung eintreten. Dies ist die sog. *Obhutshaftung*. Im gleichen Absatz ist bestimmt, dass der Frachtführer für die Überschreitung der Lieferfrist haftet. Damit ist die *Verspätungshaftung* statuiert. Beide Haftungstatbestände sind, wie alle Bestimmungen der CMR, zwingend und unabdingbar. Soweit sie reichen, können weder nationale Rechtsvorschriften angewandt noch abweichende Parteivereinbarungen getroffen werden (Art. 41 CMR; absolut herrschende Meinung, vgl. oben Vor Art. 17 Rdn. 5 und Art. 41 Rdn. 1 ff.). Zum Haftungsumfang enthält Art. 17 CMR keine Regelung (vgl. dazu die Erläuterungen unten unter Ziff. VIII).

Die Haftungsbestimmungen der CMR gelten nach ständiger deutscher Rechtsprechung und Lehre gem. §§ 458–460 HGB (früher §§ 412, 413 HGB) zwingend, d.h. unabdingbar, auch für den selbst eintretenden, den Fixkosten- und den Sammelladungsspediteur, soweit der Auftragsgegenstand eine grenzüberschreitende Beförderung beinhaltet.[1] Ähnlich ist es in Österreich, Dänemark, Großbritannien und wohl auch in der Schweiz. In Frankreich, Belgien und den Niederlanden gilt die CMR nicht für die Verträge des *commissionaire de transport* mit seinem Auftraggeber; in Italien ohnehin nur sehr eingeschränkt, weil dort die Anwendung des Abkommens davon abhängig gemacht wird, ob dies von den Vertragspartnern vereinbart wird.[2]

2

Die nachfolgenden Erläuterungen befassen sich zunächst ausführlich mit der Obhutshaftung und den einzelnen Haftungsausschlüssen. Die Verspätungshaftung wird erst gegen Ende unter Ziff. VI (Rdn. 211 ff.) behandelt.

---

1 Ständige Rechtsprechung: BGH, 21.11.1975 – I ZR 74/75, BGHZ 65, 340 = NJW 1976, 1029 = VersR 1976, 433 = RIW 1976, 229; BGH, 5.6.1981 – I ZR 92/79, TranspR 1981, 130 = VersR 1981, 1030 = ETR 1982, 301 = RIW 1981, 792; BGH, 10.2.1982 – I ZR 80/80, BGHZ 83, 96 = TranspR 1982, 74 = VersR 1982, 543 = RIW 1982, 672 = ETR 1983, 32; BGH, 14.12.1988 – I ZR 235/86, TranspR 1989, 141 = VersR 1989, 309 = RIW 1989, 389; BGH, 15.10.1992 – I ZR 260/90, TranspR 1993, 137 = VersR 1993, 410; BGH, 25.10.1995 – I ZR 230/93, TranspR 1996, 118 und BGH, 14.2.2008 – I ZR 183/05, TranspR 2008, 323 (Fixkostenspedition unabhängig davon, ob dies in nationalen (unvereinheitlichten) Vorschriften ausdrücklich bestimmt ist); vgl. auch OLG Hamburg, 18.6.1992 – 6 U 113/91, TranspR 1992, 421; OLG Hamm, 25.5.1992 – 18 U 165/91, TranspR 1992, 410; OLG Hamm, 14.6.1999 – 18 U 217/98, TranspR 2000, 29 = VersR 2000, 519; OLG Karlsruhe, 27.6.2002 – 9 U 204/01, TranspR 2002, 344; OLG München, 23.7.1996 – 25 U 4715/95, TranspR 1997, 33; OLG München, 4.12.1997 – 7 U 3479/95, TranspR 1997, 193; MünchKommHGB/*Jesser-Huß*, Art. 1 CMR Rdn. 6 und 8; Staub/*Helm*, Art. 1 CMR Rdn. 23; *Koller*, Art. 1 CMR Rdn. 3; *Thume*, TranspR 1992, 355; TranspR 2006, 95; a.A. bei Fixkostenspedition *Ramming*, TranspR 2006, 95; zur Reichweite der Frachtführerhaftung bei Sammelladung siehe unter Rdn. 19 mit Fußnote 93!
2 Zur Rechtsprechung dieser und anderer Staaten siehe die jeweiligen Länderberichte, ferner MünchKommHGB/*Jesser-Huß*, Art. 1 CMR Rdn. 5 ff.; *Boesche*, in: EBJ, 1. Aufl., Art. 1. CMR Rdn. 12 ff.; Staub/*Helm*, Art. 1 CMR Rdn. 24 ff.; *Koller*, Art. 1 CMR Rdn. 2.

Art. 17 Haftung des Frachtführers

II. Die Obhutshaftung des Frachtführers

1. Der Obhutsbegriff

3   Der Begriff der Obhut ist gesetzlich nirgends umschrieben, gilt aber im gesamten Frachtrecht. Er bedeutet, dass sich das *Gut im Besitz oder Gewahrsam des Frachtführers* befinden muss, und zwar zum Zwecke der Beförderung.[3] Obhut ist wesentliches Abgrenzungsmerkmal des Frachtvertrages von anderen Vertragstypen; wenn sie nicht gegeben ist, kann kein Frachtvertrag vorliegen. So ist beispielsweise der reine Schleppvertrag eines Fahrzeugs mit Besatzung unter eigener Leitung mangels Obhut kein Frachtvertrag.[4]

Obhut bedeutet, dass dem Frachtführer das *Gut zum Zwecke der Beförderung anvertraut* ist. Er ist also für das Gut allein verantwortlich und hat daher alle erforderlichen gewerbeüblichen und im Einzelfall auch zumutbaren Maßnahmen zum Schutz des Gutes vor Transportrisiken zu treffen. *Neben der Transportpflicht besteht* somit eine *Obhutspflicht* des Frachtführers, alles zu unterlassen, was zu einer Gefährdung des Frachtgutes führen könnte.[5] Deshalb muss er die Ladung insbes. vor Witterungseinflüssen, Beschädigungen, Verderb und Verlust sowie Diebstahl schützen.[6]

2. Die Rechtsnatur der Obhutshaftung

4   Die Rechtsnatur der Obhutshaftung ist heute noch umstritten. Geht man vom Wortlaut des Abs. 1 aus, tritt eine absolute, nicht eingeschränkte Haftung des Frachtführers immer dann ein, wenn das Gut in seiner Obhut, d.h., zwischen dem Zeitpunkt der Übernahme und seiner Ablieferung entweder ganz oder teilweise verloren geht oder beschädigt wird. Dies würde eine reine Kausalhaftung ohne Rücksicht auf irgendwelche subjektiven Verschuldenserfordernisse bedeuten.[7]

5   Nach der in Deutschland und Österreich herrschenden Auffassung besteht jedoch Einigkeit darüber, dass die Rechtsnatur der Frachtführerhaftung nicht allein aus Art. 17 Abs. 1 CMR zu entnehmen ist, sondern nur dann richtig erkannt und eingeordnet wird, wenn der unmittelbare Zusammenhang zwischen Abs. 1 und den nachfolgenden Vorschriften, insbes. den einzelnen Haftungsausschlüssen des Abs. 2 und 4, speziell dem letzten im Abs. 2 enthaltenen Haftungsbefreiungstatbestand hergestellt wird. Nach dieser Bestimmung wird nämlich der Frachtführer

---

[3] Staub/*Helm*, HGB § 429, Rdn. 41 ff.; *Herber/Piper*, Art. 17 CMR Rdn. 18.
[4] *Fremuth*, in: Fremuth/Thume, § 407 HGB Rdn. 47; vgl. *Koller*, § 425 HGB Rdn. 8.
[5] BGH, 27.6.1985 – I ZR 40/83, TranspR 1985, 338 = VersR 1985, 1060 = NJW-RR 1986, 248 = ETR 1986, 103 = RIW 1986, 60.
[6] BGH, 21.4.1960 – II ZR 21/58, BGHZ 32, 194 (zu § 17, 29 KVO); BGH, 20.3.1970 – I ZR 28/69, VersR 1970, 459 (zu § 17, 1 KVO); Staub/*Helm*, § 425 HGB Rdn. 86; *Fremuth*, in: Fremuth/Thume, § 425 HGB Rdn. 23; *Dubischar*, S. 7; *Lenz*, Rdn. 144.
[7] Vgl. *Koller*, Art. 17 CMR Rdn. 13; *Lenz*, Rdn. 489; *Glöckner*, Rdn. 3 Vor Art. 17 CMR.

von der Haftung befreit, wenn der Verlust, die Beschädigung oder die Überschreitung der Lieferfrist durch solche „Umstände verursacht worden ist, die der Frachtführer nicht vermeiden oder deren Folgen er nicht abwenden konnte". Damit wird die zunächst gem. Abs. 1 zu vermutende absolute Haftung in erheblichem Umfang wieder eingeschränkt.[8]

Der Wortlaut des Art. 17 Abs. 2 letzte Alternative CMR lässt allerdings nicht erkennen, welche Anstrengungen der Frachtführer hätte aufwenden müssen, um den Schaden zu vermeiden oder die Folgen der schadenverursachenden Umstände abzuwenden. Sollen hier normale angemessene Anstrengungen und übliche Aufwendungen genügen, oder tritt die Haftungsbefreiung erst ein, wenn der Schaden und seine Folgen nur mit ganz außergewöhnlichen Mitteln oder gar mit absurdem Aufwand möglich gewesen wären? Aus diesem Spannungsfeld heraus werden die unterschiedlichen Interpretationen der Rechtsnatur der Haftung des CMR-Frachtführers deutlich.[9] 6

a) Verschuldenshaftung

Eine normale Verschuldenshaftung sieht, wie die obigen Ausführungen zeigen, Art. 17 CMR jedenfalls nicht vor. 7

b) Vermutete Verschuldenshaftung mit gesteigerter Sorgfaltspflicht

Die österreichische Rechtsprechung und ein Teil der Literatur ordnen die CMR-Frachtführerhaftung als eine Haftung für vermutetes Verschulden mit verschärfter Sorgfaltspflicht ein.[10] Nach *Loewe*[11] beschreiben die Schlussworte des Abs. 2 einen der höheren Gewalt sehr nahe stehenden Begriff des unabwendbaren Ereignisses. Dieser Begriff dürfe weder durch nationales Rechtsdenken noch durch von außen kommende Umstände oder Ereignisse denaturisiert werden, sondern müsse aus der CMR selbst heraus konkretisiert werden. 8

c) Gefährdungshaftung

Die höchstrichterliche Rechtsprechung in Deutschland und ein anderer Teil der Literatur bezeichnen die CMR-Frachtführerhaftung als *verschuldensunabhängige Haftung*; früher wurden häufig auch die Begriffe Gefährdungshaftung oder 9

---

8 Vgl. *Heuer*, S. 51; Staub/*Helm*, Art. 17 CMR Rdn. 24; *Koller*, Art. 17 CMR Rdn. 14; *Glöckner*, Rdn. 3 Vor Art. 17 CMR; *Dubischar*, S. 103; *Lenz*, Rdn. 489; *Züchner*, Zum Frachtvertrag nach CMR, VersR 1964, 220, 222f.
9 Vgl. *Koller*, Art. 17 CMR Rdn. 14.
10 Siehe dazu *Jesser*, Länderbericht Österreich, Art. 17 CMR; MünchKommHGB/*Jesser-Huß*, Art. 17 CMR Rdn. 3; *Basedow*, Transportvertrag S. 395; Staub/*Helm*, Art. 17 CMR Rdn. 27; *Otte*, in: Ferrari et al., Art. 17 CMR Rdn. 2.
11 ETR 1976, 503, 554f.

Art. 17 Haftung des Frachtführers

Gewährleistungshaftung verwendet.[12] Der BGH hatte schon in seinem ersten Urteil vom 21.12.1966 die Haftung des Frachtführers nach Art. 17 CMR als Gefährdungshaftung bezeichnet und dabei zunächst offen gelassen, ob nur ein Fall „höherer Gewalt" oder jedes unabwendbare Ereignis zum Haftungsausschluss führen könne. Diese weitergehende Frage entschied der BGH im zweiten oben genannten Urteil vom 28.2.1975 dahin, dass der Haftungsausschließungsgrund des Art. 17 Abs. 2, letzte Alternative CMR, keine höhere Gewalt im Sinne des deutschen Rechtes oder einen Rechtsbegriff ähnlichen Inhalts voraussetze. Art. 17 Abs. 2, letzte Alternative CMR, verwende diesen Begriff der höheren Gewalt nicht, auch nicht in der französischen oder englischen Originalfassung, obwohl jedenfalls im französischen Recht der Begriff der höheren Gewalt (*force majeur*) nicht unbekannt sei. Im Übrigen sei Art. 17 Abs. 3 CMR überflüssig, wenn der Haftungsausschluss ohnehin nur bei höherer Gewalt Platz greifen würde. Der BGH hat in diesem Urteil – es basierte auf einem Verkehrsunfall in Jugoslawien – die vom Berufungsgericht zur Beurteilung herangezogene, damals geltende innerdeutsche Haftungsregelung des § 7 Abs. 2 StVG gebilligt.

Deshalb tritt nach ständiger höchstrichterlicher deutscher Rechsprechung der Haftungsausschluss gem. Art. 17 Abs. 2, letzte Alternative, nur dann ein, wenn auch ein besonders gewissenhafter Frachtführer bei Anwendung der äußersten ihm möglichen und zumutbaren Sorgfalt den Schaden nicht hätte vermeiden können.[13] So fehlt es an dem Merkmal der Unvermeidbarkeit schon dann, wenn die Beobachtung jeder nach den Umständen möglichen Sorgfalt eine auch an sich nicht vorausehbare Schadensursache unwirksam gemacht haben würde.[14] Dabei wird ein sehr strenger Maßstab angesetzt. So hat z.B. der BGH im Urteil vom

---

12 BGH, 21. 12. 66 – I b ZR 154/64, NJW 1967, 499 = BB 1967, 95 = VersR 1967, 153; BGH, 28.2.1975 – I ZR 40/74, NJW 1975, 1597 = MDR 1975, 554 = WM 1975, 521; BGH, 5.6.1981 – I ZR 92/79, TranspR 1981, 130 = VersR 1981, 1030 = ETR 1982, 301 = RIW 1981, 792; BGH, 16.2.1984 – I ZR 197/81, TranspR 1984, 182 = VersR 1984, 551 = NJW 1984, 2033; BGH, 8.10.1998, TranspR 1999, 59, 61; BGH, 13.7.2000, TranspR 2001, 298; BGH, 18.1.2001, TranspR 2001, 369; KG, 11.1.1995, TR 1995, 342; OLG Hamburg, 10.4.2003, TranspR 2003, 303; OLG Celle, 13.6.1977 – 12 U 171/76, VersR 1977, 860; OLG Düsseldorf, 12.1.1984 – 18 U 151/83, TranspR 1984, 102, 103; OLG Düsseldorf, 22.11.1990 – 18 U 111/90, TranspR 1991, 59; OLG Düsseldorf, 27.3.1980 – 18 U 192/79, VersR 1980, 826; OLG Koblenz, 2.7.1976 – 2 U 515/74, VersR 1976, 1151 = RIW 1978, 617; OLG Koblenz, 16.10.1987 – 2 U 1375/86, VersR 1989, 279; OLG München, 16.1.1974, ETR 1974, 615, 617; OLG Nürnberg, 10.12.1992 – 12 U 2400/92, TranspR 1993, 138; *Loewe*, ETR 1976, 503, 533; *Glöckner*, Rdn. 2 Vor Art. 17 CMR; *Koller*, Art. 17 CMR Rdn. 21; *Rösch*, VersR 1980, 314; *Mittelstädt*, TranspR 1996, 264; *Züchner*, VersR 1964, 220 und VersR 1969, 682, 686; offen lassend *Herber/Piper*, Art. 17 CMR Rdn. 36 und *Boesche*, in: EBJ, 1. Aufl., Art. 17 CMR Rdn. 2.
13 Siehe BGH, 10.4.2003 – I ZR 228/00, TranspR 2003, 303 mit Anm. *Thume*; BGH, 18.1.2001 – I ZR 256/98, TranspR 2001, 369 = VersR 2001, 1134 m.w.N.
14 Vgl. schon BGH, 5.6.1981 – I ZR 92/79, VersR 1981, 1030; OLG Hamburg, 1.4.1982 – 6 U 216/81, VersR 1982, 1171; *Alff*, Anh. 4 nach § 425, Rdn. 3 und § 429, Rdn. 69; *Glöckner*, Art. 17 CMR Rdn. 20ff.; *Huther*, in: EBJ, 1. Aufl., Art. 17 CMR Rdn. 29; *Piper*, Rdn. 335; *Dubischar*, S. 104; *Roesch*, VersR 1976, 707.

10.4.2003¹⁵ die Unvermeidbarkeit eines Transportschadens verneint mit der Begründung, dass der optimale Frachtführer auch bei Vorliegen einer behördlichen Transportgenehmigung für eine bestimmte Fahrtroute mit einem überhohen Fahrzeug nicht darauf vertrauen dürfe, dass die genehmigte Durchfahrthöhe auf der ganzen Strecke immer gewährleistet sei. Vielmehr müsse er beachten, dass diese nach der Lebenserfahrung etwa durch die Anbringung eines neuen Fahrbahnbelages oder durch die Absenkung des unterfahrenen Bauwerkes in einem gewissen Umfang verringert sein konnte, ohne dass dies beim Bescheid der Straßenverkehrsbehörde berücksichtigt worden wäre.

Andererseits kann sich der Frachtführer zu seiner *Entlastung* grundsätzlich auch *auf betriebsinterne Umstände* berufen, nicht jedoch auf Fahrzeugmängel, für deren Folgen er gem. Art. 17 Abs. 3 CMR in jedem Falle haftet.¹⁶

d) Gewährhaftung

Der Begriff „Gefährdungshaftung" erscheint allerdings etwas unglücklich gewählt, weil er ungenau und damit irreführend ist. Der CMR-Frachtführer haftet nicht deshalb ohne Verschulden, weil er das Frachtgut gefährdet. Es geht auch nicht um einen Haftungstatbestand aus dem Bereich der unerlaubten Handlungen, sondern es handelt sich um eine strenge vertragliche Haftung des Frachtführers, die ihren wirklichen Grund in der Auferlegung der gesetzlichen Gewähr für die ordnungsgemäße Obhut und die technisch einwandfreie Durchführung des Transportes hat (vgl. oben Rdn. 3). Diese Gewähr wird lediglich durch die Haftungsbefreiungstatbestände des Abs. 2 (vgl. unten Rdn. 80 ff.) und des Abs. 4 (vgl. unten Rdn. 122 ff.) sowie durch die Risikobegrenzungen der Art. 23 ff. CMR teilweise dem Grunde und der Höhe nach eingeschränkt. Deshalb erscheint die von *Helm* geprägte Bezeichnung *Gewährhaftung* genauer und zutreffender.¹⁷

10

Eine besondere Gewährhaftung für *Fahrzeugmängel* ist in Art. 17 Abs. 3 CMR postuliert (vgl. unten Rdn. 112 ff.). Ferner sind in Abs. 2 weitere einfache und in Abs. 4 privilegierte Haftungsbefreiungstatbestände enthalten.

Letztlich handelt es sich bei der exakten Zuordnung der Rechtsnatur der CMR-Frachtführerhaftung eher um ein theoretisches Problem, da die Rechtsanwendung in der Praxis bei beiden Auffassungen zum gleichen Ergebnis führen wird.¹⁸ Ausschlaggebend für die Auslegung des Begriffs der Unabwendbarkeit wird viel-

11

---

15 BGH, 10.4.2003 – I ZR 228/00, TranspR 2003, 303 = RIW 2003, 719 mit Anmerkung von *Thume*.
16 *Huther* in: EBJ, 1. Aufl., Art. 17 CMR Rdn. 29; *Koller*, Art. 17 CMR Rdn. 19; vgl. Staub/*Helm*, Art. 17 CMR Rdn. 25.
17 *Helm*, Haftung für Schäden an Frachtgütern, S. 103, 104, Fn. 513; Staub/*Helm*, Art. 17 CMR Rdn. 28; *Heuer*, S. 49, 50, Anm. 2; *Dubischar*, S. 104; *Willenberg*, § 29 KVO Rdn. 2; *Lenz*, Rdn. 490; *Otte*, in: Ferrari et al., Art. 17 CMR Rdn. 7; *Thume*, in: Fremuth/Thume, Art. 17 CMR Rdn. 20; vgl. auch Baumgärtel/*Giemulla*, Art. 17–20 CMR Rdn. 2.
18 MünchKommHGB/*Jesser-Huß*, Art. 17 CMR Rdn. 3; *Lenz*, Rdn. 492; *Herber/Piper*, Art. 17 CMR Rdn. 36; *Boesche*, in: EBJS, Art. 17 CMR Rdn. 2; *Otte*, in: Ferrari et al., Art. 17 CMR Rdn. 8.

Art. 17 Haftung des Frachtführers

mehr in den meisten Fällen der Abs. 2, letzte Alternative der Bestimmung, sein.[19]

e) Unvermeidbarkeit und wirtschaftliche Unzumutbarkeit

12 Weitgehend ungeklärt und streitig ist vor allem in Deutschland nach wie vor, ob und in welchem Umfang im konkreten Einzelfall *die wirtschaftliche Zumutbarkeit im Rahmen der Vermeidbarkeit* zu berücksichtigen ist. Wegen der *Einzelfälle* wird auf die späteren Erläuterungen zu Abs. 2 „unabwendbare Umstände" (s. unten Rdn. 95 ff.) verwiesen. Hier sei zunächst grundlegend die allgemeine Diskussion in der Literatur erwähnt:

Insbesondere *Neumann* hat zu diesem Problem ausführlich Stellung genommen und auf die einschlägige Literatur und die (spärliche) Rechtsprechung hingewiesen. Er empfiehlt abschließend, wirtschaftliche Kriterien für die Haftung des Frachtführers nur mit äußerster Vorsicht zu berücksichtigen.[20] *Heuer* hatte schon 1975 ausgeführt, dass die Haftungsgrenze des Art. 17 Abs. 2 CMR zwar die äußerste nach den Umständen des Einzelfalles mögliche Sorgfalt verlangt, dass diese wirtschaftlich aber noch zumutbar sein müsse. Der verschärfte Sorgfaltsmaßstab bedürfe der Einschränkung durch das Merkmal der wirtschaftlichen Zumutbarkeit, denn es sei wenig sinnvoll, vom Frachtführer wirtschaftlich nicht mehr vertretbare Maßnahmen zur Abwehr solcher Schäden zu verlangen, für die er ohnehin nur bis zu einer gesetzlich festgelegten Höchstgrenze hafte.[21] *Herber/Piper*[22] stimmen dem zu: Der Richter habe auch hier die Aufgabe festzustellen, welche Maßnahmen dem Frachtführer im Einzelfall zuzumuten gewesen wären, wobei die Wirtschaftlichkeit – nicht jedoch die wirtschaftliche Tragbarkeit gerade für diesen Frachtführer – der Maßnahmen eine Begrenzung der Anforderungen darstelle.

Helm wiederum spricht hier von einem *Maßstab der „äußersten wirtschaftlich zumutbaren Sorgfalt"*.[23] Er begrenzt die Sorgfaltspflicht durch die äußerste wirtschaftliche Zumutbarkeit; mit anderen Worten: Er bezieht – wie *Heuer* – die wirtschaftliche Zumutbarkeit als ein Bemessungskriterium in den Sorgfaltsmaßstab ein. Dabei gibt er der Hoffnung Ausdruck, dass sich in Deutschland die Rechtsprechung „doch noch entschließt, die Opfergrenze für den Frachtführer zu senken". Allerdings sei die Einbeziehung der wirtschaftlichen Zumutbarkeit in die nach Art. 17 Abs. 2 geschuldete Sorgfalt noch kaum entwickelt.[24] Ein erfreu-

---

19 MünchKommHGB/*Jesser-Huß*, Art. 17 CMR Rdn. 3; *Huther*, in: EBJ, 1. Aufl., Art. 17 CMR Rdn. 2.
20 *Neumann*, TranspR 2004, 14 ff.; siehe dazu auch *Bracker*, TranspR 2004, Sonderbeilage zu Heft 3, S. 7–9.
21 *Heuer*, S. 54 f., siehe auch VersR 1988, 312, 318 und TranspR 1994, 107.
22 Art. 17 CMR Rdn. 42.
23 Staub/*Helm*, Art. 17 CMR Rdn. 33; ebenso *Huther*, in: EBJ, 1. Aufl., Art. 17 CMR Rdn. 29.
24 *Helm*, a.a.O., verweist in Fn. 132 auf BGH, 21.12.1966, NJW 1967, 499 = VersR 1967, 153 (Frage angesprochen, aber nicht entscheidungserheblich) und zaghafte Ansätze im Urt. v. 8.10.1998, TranspR 1999, 5962 zu cc); BGH, 17.4.1997, TranspR 1998, 25, 27 f. = VersR

liches Anzeichen sieht *Helm* darin, dass der BGH im Zusammenhang mit Art. 29 CMR immerhin erstmalig vorgeschlagen habe, der Frachtführer müsse bei Vertragsschluss den Absender besonders auf das erhöhte Verlustrisiko der betreffenden Beförderung hinweisen. Andernfalls könne das Unterlassen eines solchen Hinweises als grobes Organisationsverschulden zu werten sein.[25] Ferner weist er darauf hin, dass die Auffassung des BGH, der Absender könne nicht hinreichend die Notwendigkeit von Maßnahmen abschätzen, an der Wirklichkeit vorbeigeht. Der Absender weiß i.d.R. sehr genau um die Gefährlichkeit der von ihm in Auftrag gegebenen Beförderung, weil er häufig derartige Transporte nicht nur einmal, sondern regelmäßig durchführen lässt.

Mit Recht äußert er aber zugleich Zweifel, ob es möglich wäre, auf diese Weise höhere Fracht zu erreichen. Damit trifft er den Kern des Problems. Angesichts der wesentlichen Erweiterung der Europäischen Union seit 2004 und den damit ausgedehnten Kabotagemöglichkeiten wird der Verhandlungsspielraum eines jeden Frachtführers bezüglich des Umfanges der Vergütung eher nach unten gedrückt, als nach oben erweitert. Insoweit ist das Argument *Kollers*, die Höhe der Vergütung müsse schon deshalb unerheblich sein, weil es Sache des Frachtführers sei, kostendeckende Entgelte zu vereinbaren, blanke Theorie. Mit Recht weist *Helm* darauf hin, dass dann, wenn die Grenze für schadenverhindernde Maßnahmen erst bei „absurden Maßnahmen" gesetzt wird, dies zu dem praktischen Ergebnis führen kann, das unabwendbare Ereignis mit dem groben Verschulden als Voraussetzung für unbegrenzte Haftung gem. Art. 29 CMR gleichzusetzen.[26] Genau das ist der Punkt, an dem sich die deutsche Rechtsprechung jahrzehnte lang weit von der aller übrigen europäischen Länder entfernt hatte, was bekanntlich zu den unliebsamen Maßnahmen des Forum Shopping geführt hatte.[27]

Schließlich hat *Helm* wohl schon bei Fertigstellung seines Manuskriptes im Jahre 1998 bzw. 1999 geahnt, dass die Verkehrshaftungsversicherer ihr infolge der Kriminalität auf solch gefährlichen grenzüberschreitenden Transporten gestiegenes Deckungsrisiko durch strengere Obliegenheitsvorschriften und Risikoausschlüsse

---

1998, 82, 84 (Besetzung mit nur einem Fahrer kann ausreichen, aber geschlossene Sicherheitsplanung erforderlich); BGH, 18.1.2001, VersR 2001, 1134; OLG München, 27.3.1981, VersR 1982, 264, 265; vgl. dagegen OLG München vom 4.12.1996, TranspR 1997, 193, 195f. = VersR 1997, 769f.; grundsätzlich positiv KG, 11.1.1995, TranspR 1995, 342, 346 und OLG Zweibrücken, 17.12.1996, TranspR 1997, 369, 371 (Abwägung der Kosten für nur einen Fahrer), positiv auch OHG Wien, 19.1.1994, TranspR 1995, 65, 66; LG Bremen, 8.4.1998, TranspR 1998, 469 (Unzumutbarkeit einer Konvoifahrt bei normalen Transportpreisen); zur groben Fahrlässigkeit nach Art. 29 siehe auch OLG Köln, 4.7.1995, TranspR 1996, 284, 286 (Kostenerwägungen).
25 BGH, 28.5.1998, TranspR 1998, 454, 457 = VersR 1998, 805.
26 Auf das „Verschwimmen" der Grenzen zwischen der Unvermeidbarkeit nach Art. 17 Abs. 2 und dem groben Verschulden i.S.d. Art. 29 CMR weist auch *Heuer*, TranspR 1994, 107, 108 hin.
27 Vgl. dazu auch *Thume*, TranspR 2003, 1.

Art. 17 Haftung des Frachtführers

in den Versicherungsbedingungen eingrenzen könnten.[28] Schon ein flüchtiger Blick in die unverbindliche Verbandsempfehlung des Gesamtverbandes der Deutschen Versicherungswirtschaft e. V. (GDV), bezeichnet als „DTV Verkehrshaftungsversicherungs-Bedingungen für Frachtführer, Spediteure und Lagerhalter 2003/2005", bewahrheitet dies, denn dort befinden sich zahlreiche Beschränkungen des Versicherungsschutzes, die sich geradezu wie ein Spiegel der Rechtsprechung des BGH zum Haftungsrecht des Frachtführers lesen.

Auch *Otte*[29] stimmt der Auffassung zu, dass die Haftung durch eine äußerste wirtschaftliche Sorgfaltspflicht begrenzt ist, weil der Frachtführer nur jene Maßnahmen schulde, die ihm nach dem Vertrag und auch wirtschaftlich zuzumuten seien.

Koller[30] zieht heute eine vermittelnde Lösung vor, die zwar „alle, aber auch nur solche konkrete Schäden für unvermeidbar erklärt, die ohne Eingriffsmöglichkeit des Frachtführers durch staatliche Organe verursacht sind oder die auf den ersten Blick nur mit absurden Maßnahmen hätten verhütet werden können".[31] Beurteilungsbasis soll dabei einerseits der Frachtvertrag mit seinen Abreden über die Qualität des Transporte sein, z.B. hinsichtlich der Ausstattung des Fahrzeugs[32] und des Transportwegs;[33] andererseits hält er jedoch Vereinbarungen, die den Frachtführer nur zu einem bestimmten Verhalten berechtigen (z.B. Abstellen des LKWs auf unbewachten Parkplätzen) wegen Verstoßes gegen Art. 41 CMR für unwirksam. Nach seiner Auffassung ist grundsätzlich auch die Höhe der Vergütung unerheblich, denn es sei Sache des Frachtführers, kostendeckende Entgelte zu vereinbaren. Dagegen sei die Situation wieder anders, wenn sich aus der Vergütungsabrede ergebe, dass ein Transport nur in bestimmter Form (z.B. nur mit einem Fahrer) geschuldet sei.

f) Möglichkeiten der Vertragsgestaltung

13 Der Auffassung *Kollers*, wonach der Frachtvertrag mit seinen Abreden über die Qualität des Transporte Beurteilungsbasis für die Unvermeidbarkeit i. S. Art. 17 Abs. 2 CMR, das Maß der Sorgfaltspflichten sein soll, ist zuzustimmen. Seine Beispiele sind jedoch teilweise widersprüchlich. Es ist nicht einzusehen, weshalb die Parteien Abreden über die Ausstattung des LKWs und über den Transportweg treffen können, jedoch nicht darüber, auf welche Weise der Frachtführer die in Auftrag gegebene Beförderung durchzuführen hat, also beispielsweise, ob er die Beförderungsstrecke mit einem Fahrer fahren darf, obwohl auch der Absender die Gefährlichkeit der Strecke kennt und weiß, dass dieser Fahrer die Lenk-

---

28 *Helm*, a.a.O.
29 *Otte*, in: Ferrari et al., Art. 17 CMR Rdn. 67.
30 Art. 17 CMR Rdn. 23.
31 So auch OLG Hamm, 6.1.1997, TranspR 2000, 179.
32 Vgl. OLG Nürnberg, 4.2.2009, TranspR 2009, 256.
33 Vgl. OLG Nürnberg, 4.2.2009, TranspR 2009, 256; OLG Hamburg, 7.12.1995 – 6 U 164/95, TranspR 1996, 283; OLG Wien, 26.3.2004 – 5 R 30/04z, TranspR 2004, 364.

zeiten einzuhalten hat und daher die Gesamtbeförderung nicht ohne entsprechende Haltezeiten durchführen kann.[34]

Grundsätzlich haben die Vertragspartner durchaus die Möglichkeit, die Pflichten und Rechte des Frachtführers während der Beförderung vertraglich näher zu bestimmen. Dabei handelt es sich dann um eine Bestimmung darüber, wie die primäre Vertragsleistung, nämlich die Beförderung zu erbringen ist. Vereinbarungen über die konkrete Art der Beförderung sind als Beschreibung der primären vertraglichen Leitungspflicht frei und verstoßen nicht gegen Art. 41 CMR.[35] Auch der BGH hat eine Vertragsklausel, die regelte, welche Art von Gütern der Frachtführer nicht befördern wollte, als wirksam angesehen. Eine solche Klausel beschreibe lediglich den Umfang der vom Frachtführer zu leistenden Dienste und verstoße deshalb nicht gegen Art. 41 CMR.[36] Ferner sind weder vom BGH noch von den Oberlandesgerichten jemals Bedenken gegen Vertragklauseln erhoben worden, die dem Frachtführer besonders verschärfte Sorgfaltspflichten auferlegt hatten.[37] Entgegen der Auffassung des BGH zum vertraglichen Schnittstellenkontrollverzicht[38] sind aber auch wirksame Abreden möglich, die eine Verringerung der normalerweise geschuldeten Sorgfaltspflichten zum Inhalt haben.[39]

Zu beachten ist jedoch, dass solche die primären Leistungspflichten – also insb. die Beförderungs- und Ablieferungspflicht- beschreibenden Vereinbarungen für den Frachtführer kein Freibrief sein können, sich der Haftung zu entziehen. So unterliegen nach deutschem Recht die in allgemeinen Geschäftsbedingungen enthaltenen Leitungsbeschreibungen zwar nur in beschränktem Umfang der gerichtlichen Inhaltskontrolle nach § 307 BGB. Entzogen sind ihr solche Leistungsbeschreibungen, die Art und Umfang der geschuldeten Hauptleistung festlegen. Diese Freistellung gilt jedoch nur für den unmittelbaren Leistungsgegenstand. Dagegen sind Klauseln, die das Hauptleistungsversprechen einschränken, verändern, ausgestalten oder modifizieren, inhaltlich kontrollierbar. Damit bleibt für die der Überprüfung entzogene Leistungsbeschreibung nur der enge Bereich der Leistungsbezeichnungen, ohne deren Vorliegen mangels Bestimmtheit oder Be-

---

34 Siehe dazu auch OLG Wien, 26.3.2004 – 5 R 30/04z, TranspR 2004, 364.
35 Staub/*Helm*, Art. 41 CMR Rdn. 8; MünchKommHGB/*Jesser-Huß*, Art. 41 CMR Rdn. 8; *Koller*, Art. 41 CMR Rdn. 1; *Bahnsen*, in: EBJS, Art. 41 CMR Rdn.7; *Otte*, in: Ferrari et al., Art. 41 CMR Rdn. 6.
36 BGH, 26.3.2009 – I ZR 120/07, TranspR 2010, 76.
37 Siehe nur BGH 20.1.2005 – I ZR 95/01 TranspR 2005, 311 und vorinstanzlich OLG Schleswig, 2.2.2001 – 16 U 40/00: Verpflichtung, zur Beförderung einen deutschen Fahrer einzusetzen; BGH, 30.9.2010 – I ZR 39/09, TranspR 2010, 437, vorinstanzlich OLG Nürnberg 4.2.2009 – 12 U 1445/08, TranspR 2009, 256; Vereinbarung, Pausen nur auf gesicherten und bewachten Parkplätzen durchzuführen, den LKW zu keiner Zeit unbeaufsichtigt zu lassen nach Einhaltung der vorgeschriebenen Ruhepausen ohne Unterbrechungen die Abladestelle anzufahren.
38 So geäußert in einem obiter dictum in der Entscheidung vom 30.1.2008 – I ZR 165/04, TranspR 2008, 122 Rdn. 19.
39 Siehe dazu ausführlich *Harms*, in: Festschrift für Thume, S.173 und TranspR 2008, 310 und *Thume*, TranspR 2012, 426; vgl. auch *Koller*, TranspR 2006, 265 und *Ramming*, TranspR 2010, 410 zum deutschen Frachtrecht.

stimmbarkeit des wesentlichen Vertragsinhalts ein wirksamer Vertrag nicht mehr angenommen werden kann.[40] Sobald er verlassen wird und die sich aus der Natur des Beförderungsvertrages ergebenden Sorgfaltspflichten des Frachtführers und die berechtigten Erwartungen des Absenders erheblich eingeschränkt werden, laufen derartige Klauseln in die Gefahr der Unwirksamkeit. Das wird z. B. für eine Vereinbarung gelten, die jeglichen Verzicht auf Schnittstellenkontrollen beinhaltet.[41]

Wenn solche Klauseln, die die Art der Beförderung regeln und die Sorgfaltspflichten des Frachtführers zulässig einschränken, wirksam vereinbart sind, kann sich der Frachtführer hierauf auch berufen, Sein Verhalten ist vertragsgerecht und eine unbegrenzte Haftung nach Art. 29 CMR scheidet insoweit aus[42] und könnte nur auf andere grob schuldhafte Verhaltensweisen gestützt werden. Aber solche wirksamen Vereinbarungen führen keineswegs immer zur Haftungsbefreiung, denn die Verpflichtung des Frachtführers, während der Obhut die äußerte Sorgfalt zu beachten, bleibt im übrigen bestehen und jede Verletzung führt zur Regelhaftung nach Art. 17 Abs. 1 CMR.[43] Unter Umständen kann eine Schadensteilung nach Art. 17 Abs. 5 CMR eintreten.[44]

g) Gewährhaftung und Fremdverursachung

14 Wird während der Obhutszeit ein Schaden von einem fremden Dritten verursacht (z. B. vom Fahrer eines anderen LKW, welcher mit dem Lastzug des Frachtführers kollidiert), so bleibt die Gewährhaftung des Frachtführers gem. Art. 17 Abs. 1 CMR grundsätzlich bestehen, soweit keine Unabwendbarkeit im Sinne der letzten Alternative des Abs. 2 vorliegt.

Für das Verhalten seiner Bediensteten und anderer Personen, deren er sich bei der Ausführung der Beförderung bedient, haftet der Frachtführer ohnehin nach Art. 3 CMR wie für sein eigenes Tun und Unterlassen.

Bei Verschulden des Anspruchsberechtigten tritt Haftungsbefreiung gem. Art. 17 Abs. 2 CMR ein, bei Schadenseintritt infolge anderer Umstände können weitere Haftungsbefreiungstatbestände gem. Abs. 2 und Abs. 4 gegeben sein, so insbes. bei mangelhafter Verpackung und Verladung durch den Absender oder Dritte (vgl. Abs. 4 lit. b) und d).

---

40 Ständige Rechtsprechung des BGH, vgl. nur BGH vom 6.7.2011 – VIII ZR 293/10, NJW 2011, 3510–3513 = BB 2011, 2893; vom 17.10.2007 – VIII ZR 251/06, WM 2008, 263; vom 24.3.1999 – IV ZR 90/98, BGHZ 141, 137, 141; BGHZ 127, 35, 41; BGH, 22.11.2000 – IV ZR 235/99, VersR 2001, 184 und BGH, 9.5.2001 – IV ZR 121/00, NJW 2001, 2014.
41 Der BGH hat diese Abrede im Urt. v. 30.1.2008 (I ZR 165/04, TranspR 2008, 122), das zum deutschen allgemeinen Frachtrecht ergangen ist, in einem Nebensatz als „gemäß Art. 41 CMR unwirksam" bezeichnet (siehe dort Rdn. 19).
42 *Harms*, in: Festschrift für Thume, S. 173 und TranspR 2008, 310.
43 Vgl. *Otte*, in: Ferrari et al., Art. 17 CMR Rdn. 67.
44 *Harms*, in: Festschrift für Thume, S. 173 und TranspR 2008, 310.

Werden durch derartige Fehler die Beförderungsgüter fremder Dritter beschädigt, tritt diesen gegenüber zunächst wieder die Gewährhaftung des Frachtführers ein, der jedoch gegen den Schädiger Freistellungs- und Regressansprüche geltend machen kann. Bei Schäden infolge von Verpackungsmängeln ist die entsprechende Haftung des Absenders in Art. 10 CMR ausdrücklich kodifiziert (siehe dort Rdn. 27f.), hinsichtlich der Haftung des Absenders von gefährlichen Gütern vgl. Art. 22 Abs. 2 Satz 2 CMR.

Die gleichen Regress- und Freistellungsansprüche können dem in Gewährhaftung genommenen Frachtführer ggf. nach dem jeweils ergänzend anwendbaren nationalen Recht auch gegen einen am Frachtvertrag nicht beteiligten Drittschädiger zustehen, so z.B. nach deutschem Recht aus unerlaubter Handlung gem. §§ 823 ff. BGB.

3. Der Haftungszeitraum (Obhutszeitraum)

Die Obhutshaftung des Frachtführers tritt nach Art. 17 Abs. 1 CMR ein, „sofern **15** der Verlust oder die Beschädigung zwischen dem Zeitpunkt der Übernahme des Gutes und dem seiner Ablieferung eintritt". Der *Beginn der Haftung orientiert sich* also nicht etwa an dem Zeitpunkt des Zustandekommens des CMR-Frachtvertrages, sondern *am Beginn der Obhutspflicht des Frachtführers.*[45] Da der CMR-Frachtvertrag Konsensualvertrag ist (vgl. Vor Art. 1 CMR, Rdn. 24 ff. und Art. 4 CMR, Rdn. 1), kann der an die Übernahme gekoppelte Haftungsbeginn zeitlich weit später und zuweilen auch früher[46] liegen als der Abschluss des Frachtvertrages. Haftungs- und Obhutszeitraum sind daher deckungsgleich.[47] Dieser kann auch während der Beförderung zeitweilig unterbrochen sein, wenn eine nicht transportbedingte Zwischenlagerung erfolgt (siehe dazu Rdn. 58).

Ausreichend, aber auch entscheidend ist, dass der *Eintritt des Schadens während* **16** *des Haftungszeitraumes erfolgt,* auch wenn der Schaden erst später offenbar wird, sich also erst nach der Ablieferung zeigt.[48] Ferner kommt Art. 17 Abs. 1 zur Anwendung, wenn der Güterschaden während der Beförderung und damit

---

45 *Boesche,* in: EBJS, Art. 17 Rdn. 8; MünchKommHGB/*Jesser-Huß,* Art. 17 CMR Rdn. 3; Staub/*Helm,* Art. 17 CMR Rdn. 27; *Heuer,* S. 51; *Otte,* in: Ferrari et al., Art. 17 CMR Rdn. 16. *Koller,* Art. 17 CMR Rdn. 14; *Otte,* in: Ferrari et al., Art. 17 CMR Rdn. 2. *Heuer,* S. 60 und VersR 1988, 313; *Koller,* Art. 17 CMR Rdn. 2; *Lenz,* Rdn. 496.
46 So z.B., wenn der Frachtführer das Gut schon vor endgültiger Einigung über die Vertragsmodalitäten zur Beförderung übernommen hatte.
47 BGH, 26.1.1995 – I ZR 213/92, NJW-RR 1995, 992; *Boesche,* in: EBJS, Art. 17 CMR Rdn. 8; vgl. *Herber/Piper,* Art. 17 CMR Rdn. 15; Staub/*Helm,* Art. 17 CMR Rdn. 1 und 16; *Koller,* Art. 17 CMR Rdn. 3; *Fremuth,* in: Fremuth/Thume, § 425 HGB Rdn. 9.
48 BGH, 6.7.1979 – I ZR 127/78, NJW 1979, 2471; OLG Hamm, 11.6.1990 – 18 U 214/89, TranspR 1990, 375; OLG Brandenburg, 29.3.2000 – 7 U 206/98, TranspR 2000, 358; OLG München, 3.5.1989 – 7 U 6078/88, TranspR 1991, 61; MünchKommHGB/*Jesser-Huß,* Art. 17 CMR Rdn. 15; *Glöckner,* Art. 17 CMR Rdn. 16; *Herber/Piper,* Art. 17 CMR Rdn. 15; *Boesche,* in: EBJS, Art. 17 CMR Rdn. 17; *Clarke,* CMR, 169; und *Koller* zu § 425 HGB in Rdn. 40; a.A. OLG Hamm, 11.3.1976 – 18 U 245/75, NJW 1976, 2077.

Art. 17 Haftung des Frachtführers

während der Obhutszeit eintritt, seine erste Ursache jedoch bereits vorher gesetzt war. z.B. durch fehlerhafte Weisungen des Absenders, mangelhafte Verpackung oder unzureichende Vorkühlung von Kühlgut. In diesen Fällen kann Haftungsbefreiung nach Abs. 2 bzw. Abs. 4 b) bzw. d) eintreten.[49] Ähnlich ist es, wenn die Falschbeladung seitens des ladepflichtigen Absenders während der Beförderung einen Güterschaden zur Folge hat (Näheres dazu siehe unten Rdn. 125 und 154) und wenn der Absender – wie i.d.R. – vor der Übernahme die Frachtstücke nicht richtig bezeichnet oder nummeriert hatte. Einer Normierung der in Abs. 2, 2. Alt. bzw. in Abs. 4 b) bis d) enthaltenen Haftungsbefreiungsgründe hätte es nicht bedurft, wenn in diesen Fällen schon Art. 17 Abs. 1 nicht anwendbar wäre, also schon grundsätzlich gar keine Haftung eintreten könnte.[50]

17 Für Güterschäden, die außerhalb des Obhutszeitraumes entstehen, gilt das nach den Regeln des IPR ergänzend heranzuziehende nationale Recht. Sie unterliegen jedoch, wenn sie in unmittelbaren räumlichen und zeitlichen Zusammenhang mit diesem eingetreten sind, nach Auffassung des BGH der frachtrechtlichen Verjährung.[51]

a) Übernahme

18 Die Übernahme des Gutes ist – genau wie die Ablieferung – ein zweiseitiger Akt. Sie setzt den *Willen des Absenders* voraus, *die Verfügungsgewalt über die Sendung aufgeben* zu wollen, und erfordert ferner *den Willen des Frachtführers, das Gut in seine Verfügungsgewalt* auch tatsächlich *zu übernehmen*. Der Begriff ist identisch mit dem des § 425 HGB; er bedeutet, dass sich das Gut von da in der Obhut des Frachtführers befindet. Wenn der Absender das Gut zu verladen hat und dies auch tut, so erfolgt die Übernahme erst in dem Augenblick, in dem die Verladung ausgeführt ist und der Frachtführer (bzw. der Fahrer als sein Gehilfe) die Kontrolle darüber übernimmt.[52] In diesen Fällen bedeutet auch die einfache Mithilfe des nicht zum Beladen verpflichteten Fahrers noch keine Übername. Näheres dazu siehe unten Rdn. 30f.

---

49 BGH, 25.1.2007 – I ZR 43/04, TranspR 2007, 314 = VersR 2007, 1714; BGH, 27.10.1978 – I ZR 86/76, VersR 1997, 417; Staub/*Helm*, Art. 17 CMR Rdn. 135; *Heuer*, VersR 1988, 312,315; *Koller*, Art. 17 CMR Rdn. 42a; *Thume*, TranspR 2008, 428, 430, r+s 2011, 503 und TranspR 2012, 65; a.A. *Boesche*, in: EBJS, Art. 17 Rdn. 17; *Herber/Piper*, Art. 17 Rdn. 15; MünchKommHGB/*Jesser-Huß*, Art. 17 CMR Rdn. 15; *Otte*, in: Ferrari et al., Art. 17 CMR Rdn. 16; wie hier für das deutsche allg. Frachtrecht *Koller*, § 425 Rdn. 40; a.A. OLG Karlsruhe, 24.3.2011 – 9 U 81/10, TranspR 2011, 185 = r+s 2011, 531. *Andresen/Valder*, § 425 HGB Rdn. 20 und *Schaffert*, in: EBJS, § 425 Rdn. 17.
50 A.A. in Bezug auf Abs. 4 d) *Schaffert*, a.a.O.; aber auch in jenem Fall ist der Mangel des Gutes schon vor Beginn der Obhut vorhanden und bei einem darauf beruhenden Schaden während der Beförderung gilt zunächst Art. 17 Abs. 1, jedoch tritt Haftungsbefreiung nach Abs. 4d ein.
51 BGH, 10.1.2008 –I ZR 13/05, TranspR 2008, 84 (zu § 439 Abs. 1 HGB).
52 *Koller*, Art. 5 CMR Rdn. 4; *Otte*, in: Ferrari et al., Art. 17 CMR Rdn. 22; anders offenbar OGH, 17.2.2006 lt. *Zehetbauer*, TranspR 2006, 233.

Da die Obhut, wie oben in Rdn. 3 ausgeführt, aufs engste mit dem Beförderungs- **19** willen des Absenders und des Frachtführers zusammenhängt, ist eine *Übernahme* i.S.v. Art. 17 Abs. 1 CMR nach herrschender Meinung nur dann gegeben, wenn sie tatsächlich *zum Zwecke der Beförderung* erfolgt. Wird das Gut also zunächst nur zur vorübergehenden oder auch längeren Einlagerung übergeben, ist also insbes. noch kein Beförderungs- oder Frachtvertrag abgeschlossen, so scheidet eine Haftung nach Art. 17 CMR aus.[53] Das gilt z.B. auch, wenn der Frachtführer das bei ihm vorübergehend abgestellte Gut, das noch verpackt werden soll, vorzeitig auflädt und befördert. Ebenso tritt keine Haftung nach Art. 17 CMR ein, wenn Güter verloren gehen, die außerhalb des Frachtvertrages zusätzlich beigeladen wurden.[54] In diesen Fällen haftet der Frachtführer nach dem ergänzend anzuwendenden nationalen Recht, also ggf. nach §§ 280ff. BGB.

Dogmatisch gesehen bedeutet die Übernahme des Gutes seitens des Frachtfüh- **19a** rers die *Inbesitznahme* gem. § 854 BGB *zum Zwecke der Beförderung*. Sie muss daher auf Seiten des Frachtführers vom rechtsgeschäftlichen Besitzerwillen umfasst sein.[55] Der mittelbare Besitz ist ausreichend.[56] Handelt also umgekehrt zu dem obigen Beispiel der Frachtführer bei Übernahme des Gutes bereits mit Beförderungswillen, lagert aber zunächst das Gut vorübergehend ein, weil z.B. der Frachtvertrag noch nicht abgeschlossen ist oder die vereinbarte Beförderung aus irgendwelchen Gründen nicht sofort beginnen kann, so ist im Schadensfall die Haftung nach Art. 17 CMR gegeben, soweit auch dessen übrige Voraussetzungen vorliegen.[57] Dies ist beispielsweise der Fall, wenn der Spediteur-Frachtführer das bereits übernommene Gut erst zusammen mit anderen Gütern zu einer Sammelladung zusammenstellen will.[58] Das Gleiche gilt, wenn der Frachtführer das Gut zur Beförderung bereits übernommen, sich aber daneben noch zur Erbringung

---

53 BGH, 29.11.1984 – I ZR 121/82, TranspR 1985, 182, 184 = VersR 1985, 258 = RIW 1985, 326 = ETR 1985, 448; *Heuer*, S. 60ff. und VersR 1988, 313; Staub/*Helm*, Art. 17 CMR Rdn. 17; *Boesche*, in: EBJS, Art. 17 CMR Rdn. 9; MünchKommHGB/*Jesser-Huß*, Art. 17 CMR Rdn. 17; *Koller*, Art. 17 CMR Rdn. 5; *Otte*, in: Ferrari et al., Art. 17 CMR Rdn. 21.
54 OLG Hamburg, 9.2.1984 – 6 U 199/83, TranspR 1985, 38; vgl. auch OLG Düsseldorf, 16.6.1992 – 18 U 260/91, TranspR 1993, 17; *Herber/Piper*, Art. 17 CMR Rdn. 22; *Boesche*, in: EBJS, Art. 17 CMR Rdn. 9.
55 *Fremuth*, in: Fremuth/Thume, § 425 HGB Rdn. 17; *Heuer*, VersR 1988, 313.
56 Vgl. zuletzt BGH, 12.1.1012 – I ZR 214/10, TranspR 2012, 107 zu § 425 Abs. 1 HGB
57 BGH, 12.1.2012 – I ZR 214/10, TranspR 2012, 107 (zu § 425 Abs. 1 HGB), bestätigend das vorausgegangene Urteil des OLG Düsseldorf, 17.11.2010 – I-18 U 85/10, TranspR 2011, 74. MünchKommHGB/*Jesser-Huß*, Art. 17 CMR Rdn. 17; Staub/*Helm*, Art. 17 CMR Rdn. 97; *Heuer*, S. 64; *Koller*, Art. 17 CMR Rdn. 5; *Otte*, in: Ferrari et al., Art. 17 CMR Rdn. 21.
58 Die Frachtführerhaftung des deutschen Sammelladungsspediteurs nach § 460 HGB beginnt jedoch noch nicht mit dem Vorlauf, das ist die Abholung des Gutes beim Versender (*Andresen/Valder*, Speditions- Fracht- und Lagerrecht, § 460 HGB Rdn. 12; *Koller*, § 460 HGB Rdn. 10; *Thume*, in: Fremuth/Thume, Transportrecht, § 460 Rdn. 14). Sie endet mit der Ablieferung an den Sammelladungsempfänger; das ist i.d.R. der Empfangsspediteur; auch der anschließende Nachlauf nach der Entflechtung der Sammelladung – also die weitere Beförderung an den Empfänger – fällt nicht mehr in den Anwendungsbereich des § 460 HGB (BGH, 7.4.2011 – I ZR 15/10, TranspR 2011, 365 = MDR 2011, 1303; *Koller*, § 460 HGB Rdn. 11; *Rinkler*, in: EBJS, § 460 Rdn. 24).

Art. 17 Haftung des Frachtführers

anderer zweckdienlicher Leistungen verpflichtet hat, also z.B. dazu, die Güter zu verpacken oder umzupacken. Geschieht dabei ein Schaden, so ist das Gut schon in seiner Obhut, der Haftungszeitraum des Art. 17 Abs. 1 CMR hat also begonnen.[59] Das gilt m. E. auch dann, wenn der Frachtführer, bei dem sich das Gut zum Zweck der Beförderung bereits auf Lager befindet, mit der Beladung und Beförderung beginnt, obwohl er dazu noch keine Weisung des Absenders hat. Da in diesem Fall der Frachtvertrag schon abgeschlossen ist, handelt der Frachtführer lediglich weisungswidrig.[60]

Zur Beweislast für die Übernahme siehe Art. 18 Rdn. 11 ff.

b) Ablieferung

20 Der Obhuts- und damit Haftungszeitraum des Art. 17 Abs. 1 CMR endet mit der Ablieferung des Gutes. Dieser Begriff der „Ablieferung" ist nach absolut herrschender Auffassung mit dem im früheren § 429 und dem heutigen § 425 Abs. 1 HGB sowie in den anderen frachtrechtlichen Bestimmungen verwendeten Begriff auch inhaltlich völlig identisch,[61] ebenso mit den Bezeichnungen „Auslieferung" und „Anlieferung".[62] Die Einzelheiten sind jedoch teilweise immer wieder umstritten.[63] So wird zuweilen auch übersehen, dass bei hinter einander folgenden einzelnen Frachtverträgen über verschiedene Teilstrecken am Ende eines jeden Zwischenabschnitts eine Ablieferung an den nachfolgenden Frachtführer und dessen Übernahme stattfindet.

21 Die bloße *Ankunft des Gutes am Bestimmungsort* ist noch *keine Ablieferung*. Vielmehr ist darunter der Vorgang zu verstehen, durch den der Frachtführer den Gewahrsam an dem beförderten Gut im Einvernehmen mit dem Empfänger aufgibt und diesen in den Stand setzt, die tatsächliche Gewalt über das Gut auszuüben.[64] Das bloße Abstellen des verschlossenen Sattelaufliegers in Nähe des Ein-

---

59 *Heuer*, VersR 1988, 313; *Glöckner*, Art. 17 CMR Rdn. 10; MünchKommHGB/*Jesser-Huß*, Art. 17 CMR Rdn. 18; Staub/*Helm*, Art. 17 CMR Rdn. 17; *Boesche*, in: EBJS, Art. 17 CMR Rdn. 9; *Koller*, Art. 17 CMR Rdn. 5.
60 A.A. OLG Düsseldorf, 26.10.1978 – 18 U 41/78, MDR 1979, 405; *Boesche*, in: EBJS, Art. 17 CMR Rdn. 9; *Koller*, Art. 17 CMR Rdn. 5 (mangels Weisung keine Übernahme).
61 OLG Hamburg, 16.1.1986 – 6 U 218/85, TranspR 1986, 229; OLG Düsseldorf, 12.12.1985 – 18 U 90/85, TranspR 1986, 56 = VersR 1986, 1069; OLG Düsseldorf, 27.11.1986 – 18 U 112/86, TranspR 1987, 23; *Boesche*, in: EBJS, HGB, 2. Aufl., Art. 17 CMR Rdn. 10; Staub/ *Helm*, Art. 17 CMR Rdn. 20; *Glöckner*, Art. 17 CMR Rdn. 11; *Herber/Piper*, CMR Art. 17 Rdn. 27; *Heuer*, Haftung, S. 65 und in VersR 1988, 312, 314; *Huther*, in: EBJ, Art. 17 CMR Rdn. 10; *Koller*, Art. 17 CMR Rdn. 6.
62 *Andresen/Valder*, § 425 HGB Rdn. 29.
63 Siehe dazu *Thume*, TranspR 2012, 85.
64 Einhellige Auffassung, vgl. die vorgenannten Zitate sowie wohl zuletzt BGH vom 2.4.2009 – I ZR 16/07 – TranspR 2009, 410; BGH, 19.1.1973 – I ZR 4/72, NJW 1973, 511, 512; BGH, 23.10.1981 – I ZR 157/79, NJW 1982, 1284; BGH, 29.11.1984 – I ZR 121/82, TranspR 1985, 182 = VersR 1985, 258 = RIW 1985, 326 = ETR 1985, 448; OLG Saarbrücken, 5.4.2006 – 5 U 432/05-45, TranspR 2007, 63; MünchKommHGB/*Jesser-Huß*, Art. 17 CMR Rdn. 21; *Herber/Piper*, Art. 17 CMR Rdn. 23; *Boesche*, in: EBJS, Art. 17 CMR Rdn. 10. *Koller*, Art. 17 CMR Rdn. 6; *Otte*, in: Ferrari et al., 2. Aufl., Art. 17 CMR Rdn. 25.

gangstores und Übergabe der Ladepapiere an einen Mitarbeiter des Empfängers ohne vorherige Absprache[65] oder die Unterrichtung über die Ankunft im Freihafen mit der Aufforderung zur Abholung[66] genügen daher ebenso wenig wie die Ablieferung eines Pakets beim Nachbarn, es sei denn, der Empfänger ist damit einverstanden.[67] Wenn in den Frachtpapieren als Ablieferungsstelle die Anschrift eines Zustellungscenters der Schwestergesellschaft des Frachtführers genannt ist mit dem Hinweis, den Empfänger telefonisch zu kontaktieren, bedeutet die bloße dortige Ankunft des Gutes ebenfalls noch keine Ablieferung.[68]

Die *Ablieferung* ist ein *zweiseitiger Akt*. Sie setzt den *Willen des Frachtführers* **22** voraus, *die Verfügungsgewalt über die Sendung aufgeben* zu wollen, und erfordert ferner den Willen des Empfängers, das Gut in seine Verfügungsgewalt auch tatsächlich zu übernehmen. Dogmatisch wird deshalb die Ablieferung häufig als ein zweiseitiges Rechtsgeschäft angesehen.[69] Jedoch ist es wohl richtiger, sie als Erfüllungshandlung zu sehen.[70] Die *Mitwirkung (Einigungserklärung) des Empfängers* kann auch stillschweigend oder durch konkludente Handlungen erfolgen.[71] Sie liegt aber noch nicht vor, wenn der Empfänger nach Ankunft des Gutes dem Frachtführer einen vorübergehenden Abstellplatz für das Fahrzeug oder einen Entladeplatz anweist.[72] Andererseits kann auch Abstellen des Gutes beim Empfänger nach Geschäftsschluss eine ordnungsgemäße Ablieferung sein, wenn dies mit dem Empfänger so vereinbart ist.[73]

Hat der Empfänger zu entladen – und das ist häufig der Fall (zur Entladepflicht vgl. unten Rdn. 36) –, so *muss der Frachtführer das Gut nur zur Entladung an dem vom Empfänger gewünschten Platz bereithalten*. Nicht erforderlich ist dagegen, dass der Empfänger den Besitz des Gutes körperlich tatsächlich ergriffen

---

65 OLG Nürnberg, 21.12.1989 – 12 U 3257/89, TranspR 1991, 99 = VersR 1991, 1156.
66 OLG Hamburg, 14.5.1996 – 6 U 247/ 95, TranspR 1997, 101; OLG Stuttgart vom 22.1.2003 – 3 U 168/02 – TranspR 2003, 104.
67 Ablieferung beim Nachbarn kann auch nicht in AGB vereinbart werden: OLG Düsseldorf vom 14.3.2007 – I-18 U 163/06, VersR 2008, 1377.
68 OLG Hamburg vom 8.7.2010 – 6 U 114/06, juris im Anschluss an BGH vom 2.4.2009 – I ZR 16/07, TranspR 2009, 410.
69 BGH, 23.10.1981 – I ZR 157/79, NJW 1982, 1284 = TranspR 1982, 11 = VersR 1982, 88; *Piper*, Rdn. 238; *Willenberg*, TranspR 1983, 57, 61; *Dubischar*, S. 48; vgl. auch *Lenz*, Rdn. 401; ablehnend MünchKommHGB/*Czerwenka*, 2. Aufl., § 407 Rdn. 36 und MünchKommHGB/*Jesser-Huß*, 2. Aufl., Art. 17 CMR Rdn. 21.
70 Staub/*Helm*, Art. 17 CMR Rdn. 20; *Koller*, § 425 HGB Rdn. 6, 31.
71 BGH, 9.11.1979 – I ZR 28/78, NJW 1980, 833 = TranspR 1980, 94 = VersR 1980, 181; BGH, 23.10.1981 – I ZR 157/79, NJW 1982, 1284 = TranspR 1982, 11 = VersR 1982, 88; OLG Düsseldorf, 12.1.1984 – 18 U 151/83, TranspR 1984, 102; OLG Frankfurt/M., 16.2.1982 – 5 U 175/81, TranspR 1982, 19; OLG Frankfurt/M., 7.4.1987 – 5 U 102/86, NJW-RR 1987, 1055 = TranspR 1988, 150 = VersR 1987, 1034; OLG Hamburg, 30.1.1986 – 6 U 218/85, VersR 1987, 813; *Willenberg*, § 29 KVO Rdn. 13.
72 *Koller*, § 425 HGB Rdn. 32; vgl. OLG Köln, 13.12.1994 – 22 U 148/94, TranspR 1995, 440 = BB 1995, 747; a.A. OLG Düsseldorf, 27.4.1955, NJW 1955, 1322.
73 OLG Düsseldorf, 12.12.1985 – 18 U 90/85, TranspR 1986, 56; OLG Nürnberg, 21.12.1989 – 12 U 3257/89, TranspR 1991, 99 = VersR 1991, 1156; *Boesche*, in: EBJS, Art. 17 CMR Rdn. 10.

Art. 17 Haftung des Frachtführers

hat. Vielmehr reicht es aus, dass ein Verhältnis hergestellt wird, das dem zur Entgegennahme bereiten Empfänger die Einwirkungsmöglichkeit auf das Gut einräumt; seiner unmittelbaren Sachherrschaft dürfen keine Hindernisse mehr entgegenstehen. Das ist z.B. dann der Fall, wenn der LKW auf dem Betriebshof des Empfängers auf dem ihm dort zugewiesenen Platz abgestellt und die Ladefläche vom Frachtführer zur Entladung zugänglich gemacht worden ist.[74] Dann ist die Ablieferung erfolgt. Bewegt der Fahrer anschließend den Lkw erneut und fällt dabei die Ladung herunter, so ereignet sich der dabei entstehende Güterschaden bereits außerhalb der Obhut. Der Schadensersatzanspruch richtet sich dann nach dem ergänzend anwendbaren nationalen Recht (nach deutschem Recht dem § 280 BGB und den §§ 823 ff. BGB);[75] er unterliegt jedoch nach Auffassung des BGH der frachtrechtlichen Verjährung.[76]

23a Anders ist es, wenn der Frachtführer zum Entladen verpflichtet ist. Dann endet der Obhutszeitraum erst mit der Beendigung des Entladevorgangs und erst dann ist die Ablieferung möglich.[77] Die Abladepflicht des Frachtführers kann sich aus den besonderen Umständen des Einzelfalls oder aus der Verkehrssitte ergeben. Sie kann insbes. beim Abschluss des Frachtvertrages oder während der Beförderung vereinbart werden. Ferner können sich solche Umstände aus der besonderen Beschaffenheit des Gutes oder aus der Spezialausstattung des Transportfahrzeugs ergeben, so z.B. bei Tank- und Silofahrzeugen, die über die zum Entladen erforderlichen Hebebühnen, Kran-, Kipp- und Schüttvorrichtungen, Pumpen und Gebläse, sowie Leitungen und Schläuche verfügen Näheres siehe unten Rdn. 52 ff.

24 Schließlich muss die *Ablieferung beim rechtmäßigen Empfänger* des Gutes erfolgen. Das ist jener, der entweder im Frachtbrief als solcher angegeben oder nach Art. 12 Abs. 1 oder Abs. 4 CMR bestimmt worden ist. Die Auslieferung des Gutes an den wirtschaftlichen Endempfänger (z.B. Käufer), der nicht diese Voraus-

---

74 BGH, 9.11.1979 – I ZR 28/78, TranspR 1980, 94 = VersR 1980, 181 = NJW 1980, 833; BGH, 23.10.1981 – I ZR 157/79, TranspR 1982, 11 = VersR 1982, 88 = NJW 1982, 1284 = VRS 62, 258; BGH, 29.11.1984 – I ZR 121/82, TranspR 1985, 182 = VersR 1985, 258 = RIW 1985, 326 = ETR 1985, 448; OLG Celle, 6.4.1955 – 3 U 202/54, VRS 10, 201; OLG Düsseldorf, 27.4.1955 – 7 U 121/54, NJW 1955, 1322 = VersR 1955, 547; OLG Düsseldorf, 19.11.1964 – 18 U 39/64, NJW 1965, 204 = VersR 1965, 33; OLG Düsseldorf, 12.12.1985 – 18 U 90/85, TranspR 1986, 56; OLG Düsseldorf, 30.5.1985 – 21 U 126/83, TranspR 1984, 272; OLG Düsseldorf, 27.11.1986 – 18 U 112/86, TranspR 1987, 23; OLG Hamburg, 20.7.1973 – 8 U 58/79, VersR 1974, 52; OLG München, 1.12.1977 – 24 U 802/77, VersR 1978, 319 OLG München, 23.4.1993 – 23 U 6919/92, VersR 1994, 1328; OLG Oldenburg, 4.3.1976 – 1 U 126/75, VersR 1976, 583; OLG Oldenburg, 6.2.1989 – 9 U 89/88, TranspR 1989, 359; OLG Zweibrücken, 23.9.1966 – 1 U 40/66, NJW 1967, 1717 = OLGZ 1967, 162; *Heuer*, VersR 1988, 314; *Herber/Piper*, Art. 17 CMR Rdn. 26; *Koller*, Art. 17 CMR Rdn. 6; *Thume*, TranspR 1990, 401.
75 Vgl. *Koller*, Art. 17 CMR Rdn. 10.
76 BGH, 10.1.2008 – I ZR 13/05, TranspR 2008, 84 (zu § 439 Abs. 1 HGB).
77 Ausführlich OLG Hamm vom 19.6.2008 – 18 U 98/07, TranspR 2008, 405 m.w.N. auch für den Fall, dass der Fahrer des Frachtführers auf Anweisung des entladepflichtigen Empfängers aus Gefälligkeit beim Entladen hilft.

setzungen erfüllt, ist daher unzureichend.[78] Bei Falschauslieferung tritt Verlust des Gutes ein, selbst wenn der Dritte dieses später dem berechtigten Empfänger übergibt (Verlustfiktion gem. Art. 20 CMR nach Ablauf der Frist des dortigen Abs. 1).[79]

Nach Auffassung des OLG Hamburg[80] ist selbst der frachtbriefmäßige Empfänger dann nicht berechtigter Empfänger, wenn der Frachtführer ihm entgegen ausdrücklicher Weisung das Gut ohne Vorlage des Original-FCR übergibt. Offenbar der gleichen Meinung ist auch das OLG München in einer Entscheidung vom 26.1.2011,[81] das einen Verlust der Sendung annimmt, die dem Empfänger unter Missachtung eines vereinbarten und nicht erfolgten „on hold" Vermerks übergeben wird. Diese Auffassung begegnet allerdings erheblichen Bedenken. Hier wird vielmehr ein Verstoß gegen eine nachnahmeähnliche Weisung vorliegen, für den der Frachtführer gemäß §§ 280 und 823 BGB wegen Pflichtverletzung und unerlaubter Handlung haftet.[82] Die Haftung ist im Regelfall gemäß § 433 HGB beschränkt auf das Dreifache der Haftung für Verlust.[83] Siehe dazu unten Rdn. 70 und Art. 21, Rdn. 30.[84] **25**

Grundsätzlich ist es *nicht ausreichend, das Gut in einem Zolllager zu hinterlegen*.[85] Befindet sich das Frachtgut im Zollgewahrsam, so ist es zwar einerseits noch nicht beim Empfänger abgeliefert, andererseits aber steht es nicht mehr in der unmittelbaren Obhut des Frachtführers. Die nationalen Zollgesetze erhalten dem Frachtführer unterschiedliche Einwirkungsmöglichkeiten auf die Sendung. Je umfassender diese rechtlichen und tatsächlichen Einwirkungsmöglichkeiten sind, desto mehr muss ein Fortbestehen der Obhut angenommen werden. Kann z.B. der Frachtführer bestimmen, ob das Zollgut zum freien Verkehr oder zum Zollverkehr abgefertigt wird oder ob es wieder ausgeführt oder vernichtet werden soll, so sind seine Einwirkungsmöglichkeiten so weitreichend, dass seine Ob- **26**

---

78 BGH, 27.1.1982 – I ZR 33/80, TranspR 1982, 105 = NJW 1982, 1944 = RIW 1982, 670 = VersR 1982, 669; BGH, 13.7.1979 – I ZR 108/77, VersR 1979, 1154; OLG Frankfurt/M., 30.3.1977 – 17 U 71/76, VersR 1978, 169; BGH, 27.1.1982 – I ZR 3/80, NJW 1982, 1944: fehlerhafte Auslieferung entgegen der Weisung des berechtigten Absenders; vgl. *Koller*, Art. 17 CMR Rdn. 28 und *Otte*, in: Ferrari et al., Art. 17 CMR Rdn. 26.
79 Vgl. OLG München, 23.4.1993 – 23 U 6919/92, VersR 1994, 1328.
80 Urt. v. 18.5.1989 – 6 U 258/88, TranspR 1990, 188.
81 OLG München vom 26.1.2011 – 7 U 3426/10, juris.
82 *Boesche*, in: EBJS, Art. 17 Rdn. 3 a.E. und 11.
83 OLG Hamm vom 28.4.1983 – 18 U 230/81, TranspR 1983, 151 und vom 16.8.1984 – 18 U 281/83, TranspR 1985, 97; OLG Düsseldorf vom 21.4.1994 – 18 U 190/93, RIW 1994, 597; *Koller*, § 425 Rdn. 7; *Fremuth*, in: Fremuth/Thume, § 422 HGB Rdn. 17; *Schaffert*, in: EBJS, § 425 HGB Rdn. 28; *Thume*, Gedächtnisschrift Helm S. 341, 344, *ders.*, TranspR 1995, 1, 3 und TranspR 2012, 85, 87.
84 So auch *Boesche*, in: EBJS, Art. 17 CMR Rdn. 11.
85 OLG Hamburg, 24.5.1984 – 6 U 67/84, TranspR 1984, 274; OLG Hamburg, 16.1.1986 – 6 U 218/85, TranspR 1986, 229 = VersR 1987, 813 OLG Hamburg, 25.2.1988 – 6 U 194/87, TranspR 1988, 277 = VersR 1988, 909; MünchKommHGB/*Jesser-Huß*, Art. 17 CMR Rdn. 22; *Boesche*, in: EBJS, Art. 17 CMR Rdn. 10; *Koller*, Art. 17 CMR Rdn. 7.

Art. 17 Haftung des Frachtführers

hut als gegeben anzusehen ist.[86] Ablieferung kann jedoch dann angenommen werden, wenn ein Handelsbrauch besteht, dass die Verantwortlichkeit des Frachtführers mit der Einlieferung beim Zoll endet.[87]

27 Die Auslieferung des Gutes an einen Dritten ist jedoch dann eine wirksame Ablieferung, wenn dieser dazu *vom Empfänger bevollmächtigt oder ermächtigt* ist.[88] Anscheins- oder Duldungsvollmacht reicht aus. Ferner kann die Ablieferung auch an einem anderen, vom Verfügungsberechtigten angewiesenen Ort erfolgen.[89] Schließlich können die Parteien auch vereinbart haben, dass ein Dritter die Empfängerrolle ausüben soll.[90] So kann die einverständliche Ablieferung auch in der Übergabe des Gutes an einen Havariekommissar bestehen.[91]

27a Besondere Bedeutung haben in jüngster Zeit die *Ablieferungsmodalitäten bei Geldtransporten* erlangt, über die der Versicherungssenat des BGH in mehreren Fällen zu entscheiden hatte.[92] Im ersten Urteil[93] lautete die Ziffer 3.2 der Versicherungsbedingungen: *„Die Versicherung endet, wenn die versicherten Güter bei der vom Auftraggeber vorherbezeichneten Stelle einer autorisiertren Person übergeben wurden."* Die Parteien hatten nicht vereinbart, dass der Transporteur verpflichtet sein sollte, das Geld unmittelbar und in bar auf ein bestimmtes Konto des Auftraggebers einzuzahlen. Dieser hatte die Gelder auf ein ihm eigenes Konto gutschreiben lassen. Der Versicherungssenat kam zu dem Schluss, „der Transportauftrag sei erfüllt, worden, weil das Transportgut (Bargeld) körperlich zu einer Filiale der Deutschen Bundesbank verbracht und dort einem für die Entgegennahme des Geldes zuständigen Mitarbeiter übergeben wurde". Deshalb sei der „Verlust" erst nach Ende der Beförderung dadurch eingetreten, dass der Frachtführer die auf seinem Konto gutgeschriebenen Buchgelder pflichtwidrig nicht an den Auftraggeber weitergeleitet habe. Anders hat der Versicherungssenat inzwischen die Fälle entschieden, bei denen das Geld mit dem „NiKo-Verfahren"[94] eingezahlt worden war.

28 Wenn dem Frachtführer bei der Ankunft die genaue Anschrift des Empfängers noch nicht mitgeteilt worden ist, muss er zumindest in Grenzen des Zumutbaren den falsch oder unvollständig angegebenen Empfänger zu ermitteln versuchen.

---

86 OLG Köln, 20.11.1980 – 1 U 120/79, TranspR 1982, 43, 44; *Müller-Rostin*, TranspR 1989, 121, 124.
87 OLG Köln, 17.3.1998 – 4 U 14/97, TranspR 2000, 80 bezügl. der Ablieferung im Iran; Staub/*Helm*, Art. 17 CMR Rdn. 20; *Koller*, Art. 17 CMR Rdn. 7.
88 BGH, 13.7.2000 – I ZR 49/98, TranspR 2000, 409; OLG Oldenburg, 11.10.2001, TranspR 2003, 76; OLG München, 10.10.1990 – 7 U 3528/89, TranspR 1991, 138; *Koller*, Art. 17 CMR Rdn. 7; *Boesche*, in: EBJS, Art. 17 CMR Rdn. 11.
89 LG Hamburg, 2.10.1972 – 65 O 295/71, VersR 1973, 28.
90 *Koller*, Art. 17 CMR Rdn. 7; *Groth*, VersR 1983, 1105.
91 LG Stuttgart, 24.11.1981, Sammlung Willenberg, zitiert bei *Groth*, a.a.O., Fn. 29.
92 Näheres dazu siehe *Armbrüster*, r+s 2011, 89 und VersR 2011, 1081; *Thume*, TranspR 2010, 362.
93 BGH vom 25.5.2011 – IV ZR 117/09 – (HEROS I), TranspR 2011, 270 = VersR 2011, 918.
94 BGH vom 9.11.2011 – IV ZR 251/10, TranspR 2012, 25, und IV ZR 16/10, VersR 2012, 566.

Nicht zumutbar sind lediglich umfangreiche und zeitraubende Nachforschungen.[95] Erst wenn ihm die Ermittlung der Empfängeranschrift in den Grenzen des Zumutbaren nicht gelingt, liegt in gleicher Weise ein Ablieferungshindernis i.S.v. Art. 15 Abs. 1 CMR vor, wie bei der Annahmeverweigerung seitens des Empfängers. Die Obhutspflicht und damit die Haftung des Frachtführers nach Art. 17 CMR ist jedoch auch dann noch nicht beendet.[96]

Allerdings hat der Frachtführer bei Ablieferungshindernissen gem. Art. 16 Abs. 2 CMR das Recht, das Gut auszuladen. Nach dem Ausladen gelten die Beförderung und damit auch die Obhutshaftung als beendet. Ansprüche nach Art. 17 CMR können dann nicht mehr entstehen,[97] wohl aber andere Ansprüche, etwa aus Verwahrung (Näheres siehe Art. 16 CMR, Rdn. 16).

Hinsichtlich der *Darlegungs- und Beweislastfragen* zum Schadenseintritt während des Obhutszeitraums siehe Art. 18 CMR, Rdn. 10 ff. 29

c) Be- und Entladen

Literatur: *de la Motte*, Beladepflicht nach CMR und KVO?, TranspR 1988, 364; *Heuer*, Zur Frachtführerhaftung nach der CMR: Haftungszeitraum – Ladetätigkeiten – Fahrervollmacht – LKW- bzw. Ladungsdiebstahl, VersR 1988, 312; *Jesser-Huß*, TranspR 2009, 109, 114; *Koller*, Die Haftung des Frachtführers nach CMR wegen unzureichender Überprüfung der Verladung, DB 1988, 589; *Neufang/Valder*, Laden und Ladungssicherung im Straßengüterverkehr – Wer ist verantwortlich?, TranspR 2002, 325; *Oeynhausen*, Das Ladegeschäft im Güterfernverkehr bei Versendungen durch Spediteure, TranspR 1981, 139; *von Tegelen*, Rechtsfragen des Be- und Entladens im innerstaatlichen Güterfernverkehr, BB 1970, 560; *Voigt*, CMR – beförderungssichere und betriebssichere Verladung, ZfV 1978, 524; *Thume*, Probleme bei der Ablieferung des Frachtguts, TranspR 2012, 85; *Widmann*, Verpacken – Annahme – Verladen von Gütern, Rechtsfragen vor Beförderungsbeginn, 1985; *Züchner*, Verpflichtung zum Verladen und Entladen sowie Haftung für Verladefehler und Entladeschäden nach der CMR, VersR 1968, 723.

aa) Ladevorgänge und Haftungszeitraum

Mit der Frage nach der Dauer des Obhuts- und Haftungszeitraums wird sogleich 30 das Problem sichtbar, ob das Beladen zur Übernahme des Gutes und das Entladen zu seiner Ablieferung gehört und damit schon bzw. noch in den Haftungszeitraum des Frachtführers gem. Art. 17 Abs. 1 CMR fällt. Diese Verrichtungen können sowohl vom Absender bzw. Empfänger und deren Hilfspersonen oder Dritten vorgenommen werden, als auch vom Frachtführer selbst oder dessen Gehilfen. Entscheidend für Beginn und Ende des Haftungszeitraums ist deshalb, welcher der Beteiligten die *Verpflichtung zum Be- bzw. Entladen* hat. Gehören diese Pflichten in den Bereich des Frachtführers, so unterliegen die entsprechenden Ladetätigkei-

---

95 OLG Hamburg, 25.2.1988 – 6 U 194/87, TranspR 1988, 277 = VersR 1988, 909.
96 OLG Düsseldorf, 12.1.1984 – 18 U 151/83, TranspR 1984, 102; OLG Düsseldorf, 12.12.1985 – 18 U 90/85, TranspR 1986, 56 = VersR 1986, 1069; *Koller*, Art. 17 CMR Rdn. 7; vgl. *Groth*, VersR 1983, 1104, 1105.
97 BGH, 5.2.1987 – I ZR 7/85, TranspR 1987, 180 = VersR 1987, 678 = RIW 1987, 389 = NJW-RR 1987, 1518 = ETR 1987, 574.

Art. 17 Haftung des Frachtführers

ten auch seiner Obhut. Für dabei verursachte Schäden tritt seine Haftung nach Art. 17 CMR ein.[98] Haben dagegen der Absender zu verladen und der Empfänger zu entladen, so erfolgen diese Verrichtungen außerhalb des Obhuts- und Haftungszeitraums des Frachtführers.[99] Vielmehr beginnt in diesen Fällen die Übernahme des Gutes erst in dem Augenblick, in dem die Beladung des Fahrzeuges abgeschlossen ist, und die Ablieferung des Gutes endet mit der Bereitstellung beim Empfänger zum Zwecke der Entladung (vgl. Rdn. 19 und 20).[100]

31 Die CMR enthält keine Regelung darüber, welcher der Beteiligten – Absender, Frachtführer oder Empfänger – zum beförderungssicheren Beladen und zum Entladen verpflichtet ist. Vielmehr werden die Ladetätigkeiten in der CMR nur einmal, nämlich in Art. 17 Abs. 4 lit. c) erwähnt. Nach dieser Bestimmung kann eine Haftungsbe-freiung des Frachtführers eintreten, wenn infolge der vom Absender oder Empfänger oder in deren Auftrag von Dritten durchgeführten Ladetätigkeiten Schäden auftreten.

Die Haftungsfragen infolge fehlerhafter Ladeverrichtungen werden unten bei Ziff. VII. 3. behandelt werden (vgl. Rdn. 145ff.). Die nachfolgenden Erläuterungen befassen sich zunächst nur mit der grundsätzlichen Gesamtproblematik der Ladevorgänge.

bb) Begriffsdefinitionen

32 Art. 17 Abs. 4 lit. c) CMR verwendet die Begriffe „Behandlung", „Verladen", „Verstauen" und „Ausladen".

Der Begriff „Behandlung" erscheint zunächst undeutlich, wird aber klarer, wenn man die Begriffe *manutention* und *handling* der gem. Art. 51 Abs. 3 CMR allein maßgeblichen französischen und englischen Texte heranzieht. Dann wird erkennbar, dass unter Behandlung jede Handhabung und jedes Umgehen und Umsetzen des Gutes gemeint ist, die im Zusammenhang mit der Ladetätigkeit steht. Es handelt sich also um den Oberbegriff, der alle die folgenden Begriffe „Verladen", „Verstauen" und „Ausladen" als Spezialtätigkeiten im Rahmen der Behandlung mit umfasst.[101]

---

98 BGH, 23.5.1990 – I ZR 295/88, TranspR 1990, 328 (zur KVO); OLG Düsseldorf, 2.12.1982 – 18 U 148/82, VersR 1983, 749; *Boesche*, in: EBJS, Art. 17 Rdn.14; Münch-KommHGB/*Jesser-Huß*, Art. 17 CMR Rdn. 19; *Koller*, Art. 17 CMR Rdn. 9; *Otte*, in: Ferrari et al., Art. 17 CMR Rdn. 22 und 29. *Thume*, in: Fremuth/Thume, Art. 17 CMR Rdn. 11; *ders.*, TranspR 2012, 85.
99 Deshalb muss sich z.B. in diesem Fall der Absender das Verhalten seiner Hilfspersonen zurechnen lassen, OGH Wien, 13.2.2003 – 8 Ob 148/02a, TranspR 2003, 311, 314.
100 OLG Düsseldorf, 27.11.1986 – 18 U 112/86, TranspR 1987, 23; *Heuer*, S. 61, 99, und VersR 1988, 312, 315; *Boesche*, in: EBJS, Art. 17 CMR Rdn. 14; *Koller*, Art. 17 CMR Rdn. 9 und 40; *Lenz*, Rdn. 500; *Roesch*, BB 1982, 20; *Thesing*, S. 45, Rdn. 54; *Züchner*, VersR 1968, 723.
101 BGH, 25.1.2007 – I ZR 43/04, TranspR 2007, 314; Staub/*Helm*, Art. 17 CMR Rdn. 140; *Boesche*, in: EBJS, Art. 17 Rdn. 57; *Herber/Piper*, Art. 17 CMR Rdn. 113; *Koller*, Art. 17 CMR Rdn. 39.

Die Begriffe „Verladen", „Verstauen" und „Ausladen" entsprechen den im deut- 33
schen Recht gebräuchlichen gleichlautenden (siehe jetzt § 412 Abs. 1 HGB; vgl.
früher § 17 KVO) oder ähnlichen Bezeichnungen des Be- bzw. Entladens und
Stauens. Verladen und Stauen umfassen das Verbringen und Absetzen des Gutes
auf der Ladefläche des Fahrzeuges sowie das dortige Stapeln, Verstauen, Verzurren, Verkeilen und Befestigen. Ausladen bedeutet die Entfernung des Gutes vom
Fahrzeug und dessen Absetzen auf dem Boden, der Entladerampe oder auf einem
anderen Fahrzeug.[102]

cc) Ladefehler

Die vorgenannten Verrichtungen haben so zu erfolgen, dass das Gut während ei- 34
ner normal verlaufenden Beförderung, die zwangsläufig auch Erschütterungen,
Stöße und Fliehkrafteinwirkungen mit sich bringt, gegen Umfallen, Verrutschen,
Verschieben, Auslaufen, Zerbrechen und Herabfallen vom Fahrzeug gesichert ist.
Es muss also eine *beförderungssichere Verladung* erfolgen, die auf den Schutz
des Frachtgutes vor Verlust und Beschädigung während des vereinbarten Transportes gerichtet ist.[103] Ein umfassender Schutz gegen Unfälle aller Art ist dagegen nicht erforderlich und wohl auch kaum möglich. Im Übrigen gelten hinsichtlich der sicheren Verladung die gleichen Grundsätze wie bei der Verpackung
(vgl. unten V 2 Rdn. 125 ff.). Auch beim Verladen muss daher beachtet werden,
ob und in welchem Umfang besondere Sicherungsmaßnahmen in Hinblick auf
die Beförderungsstrecke, etwa wegen schlechter Straßen, getroffen werden müssen.

Bei *Kühlgut* entstehen Beladefehler insbes. durch zu enges Verladen und Stauen, 35
so dass die für die Kühlung erforderliche Luftzirkulation nicht ausreichend stattfinden kann.[104] Der gleiche Ladefehler ist dann gegeben, wenn zwar anfangs die
Zwischenräume für die Luftzirkulation eingehalten sind, während der Beförde-

---

102 Vgl. *Hill/Messent*, S. 135.
103 BGH, 21.4.1960 – II ZR 21/58, BGHZ 32, 194 = LM, Nr. 14 zu KVO (Anmerkung *Haager*) = NJW 1960, 1201 = VersR 1960, 530 = VRS 19, 23; BGH, 9.4.1981 – IVa ZR 109/80, BB 1981, 999 = VersR 1991, 748 = VRS 61, 259; BGH, 24.9.1987 – I ZR 197/85, TranspR 1988, 108 = VersR 1988, 244 = NJW-RR 1988, 497 = RIW 1988, 307 = DB 1988, 599; OLG Düsseldorf, 11.4.1968 – 18 U 160/67, VersR 1968, 1134; OLG Düsseldorf, 29.11.1979 – 18 U 127/79, VersR 1980, 276; OLG Hamburg, 15.2.1990 – 6 U 240/89, TranspR 1990, 242 = VersR 1991, 205; OLG Hamm, 22.3.1956 – 7 U 211/55, VersR 1957, 125 (Anmerkung *Heim*); OLG Hamm, 4.11.1971 – 19 U 16/71, VersR 1973, 911; OLG Hamm, 31.3.1980 – 18 U 34/78, NJW 1980, 2200 = VersR 1980, 966; OLG Köln, 13.5.1955 – 4 U 2/54, MDR 1955, 614 (Anmerkung *Schmid-Loßberg*) = NJW 1955, 1320 (Anmerkung *Heim*) = VersR 1955, 574; OLG Köln, 5.2.1975 – 2 U 5/74, VersR 1975, 709; OLG München, 16.1.1991 – 7 U 2240/90, TranspR 1992, 181; OLG Oldenburg, 14.5.1954 – 1 U 5/54, VRS 7, 277; *Heuer*, S. 101; Staub/*Helm*, Art. 17 CMR Rdn. 142; *Boesche*, in: EBJS, Art. 17 CMR Rdn. 57.
104 OLG Hamburg, 4.12.1986 – 6 U 266/85, VersR 1987, 558; OLG Hamburg, 21.2.1985 – 6 U 198/84, TranspR 1985, 400.

Art. 17 Haftung des Frachtführers

rung aber deshalb verloren gehen, weil die Ladung wegen mangelnder Befestigung verrutscht und die Belüftungsfreiräume versperrt.[105]

dd) Die Be- und Entladepflichten

36   Da die CMR keine Vorschriften darüber enthält, wer von den Beteiligten – Absender, Frachtführer oder Empfänger – zur beförderungssicheren Verladung bzw. Entladung des Gutes verpflichtet ist, sind insoweit die nach den jeweiligen IPR-Regeln zur Anwendung gelangenden Bestimmungen des nationalen Rechts heranzuziehen.[106]

37   Bei Anwendbarkeit des deutschem Rechts ist die seit 1.7.1998 die im Rahmen des Transportrechtsreformgesetzes eingeführte Bestimmung des § 412 Abs. 1 HGB maßgeblich. Diese lautet wie folgt:

„Soweit sich aus den Umständen oder der Verkehrssitte nicht etwas anderes ergibt, hat der Absender das Gut beförderungssicher zu laden, zu stauen und zu befestigen (Verladen) sowie zu entladen. Der Frachtführer hat für die betriebssichere Verladung zu sorgen."

Somit hat grundsätzlich der Absender die Verpflichtung, das Gut beförderungssicher zu verladen und es auch zu entladen. Beim Entladevorgang fungiert der Empfänger nach herrschender Auffassung als Entladegehilfe des Absenders (§ 278 BGB).[107]

38   Abweichend von dieser gesetzlichen Regel können die Vertragspartner des Frachtvertrages jederzeit vereinbaren, dass der Frachtführer zur Verladung verpflichtet ist.[108] Eine solche Abrede ist dann als ein von der Regel abweichender Umstand i. S. v. § 412 Abs. 1 HGB anzusehen.

39   Solche Vereinbarungen müssen nicht unbedingt ausdrücklich, sondern können auch stillschweigend oder durch konkludentes Handeln getroffen werden, so, wenn beispielsweise der Frachtführer selbst im Beisein und ohne Widerspruch des Empfängers entlädt.[109] Erteilt jedoch der Fahrer des Frachtführers Verladeanweisungen lediglich im Hinblick auf die bessere Lastverteilung und damit der Stabilität und Betriebssicherheit des Fahrzeugs, so ist damit noch keine Übernah-

---

105   OLG Düsseldorf, 13.12.1979 – 18 U 133/79, VersR 1980, 286; OLG München, 27.6.1979 – 7 U 1181/79, TranspR 1980, 241; MünchKommHGB/*Jesser-Huß*, Art. 17 CMR Rdn. 70; *Herber/Piper*, Art. 17 CMR Rdn. 116; *Boesche*, in: EBJS, Art. 17 CMR Rdn. 57; *Thume*, TranspR 1992, 1.
106   BGH, 25.1.2007 – I ZR 43/04, TranspR 2007, 314, 316; OGH Wien, 12.6.2006 – 2 Ob 271/05z.
107   Amtl. Begr., BR-Drucks. 368/97, S. 39f.; *Fremuth*, in: Fremuth/Thume, § 412 HGB Rdn. 3; *Koller*, § 412 HGB Rdn. 25; *Thume*, in: Transport- und Vertriebsrecht 2000, S. 153, 159; *ders.* TranspR 2012, 85; *Valder*, in: Gedächtnisschrift für Helm, S. 355, 356.
108   *Koller*, § 412 HGB Rdn. 7; *Reuschle*, in: EBJS, § 412 HGB Rdn. 24.
109   *Heuer*, VersR 1988, 312, 315; *Roesch*, BB 1982, 20ff.

me der Verpflichtung zur beförderungssicheren Verladung verbunden.[110] Vielmehr kommt er hierdurch seiner Verpflichtung gem. § 412 Abs. 2 S. 2 HGB nach.

Weitere Umstände, die zur Be- und Entladepflicht des Frachtführers gem. § 412 Abs. 1 S. 1 HBG führen, sind insbes. bei Spezialfahrzeugen wie Silo- und Tanklastzügen gegeben, die über besondere zusätzliche Ladevorrichtungen verfügen, welche nur vom Frachtführer bzw. dessen Fahrer bedient werden können (Näheres siehe unten Rdn. 52).[111]   **40**

Zur *Darlegungs-* und *Beweislast* bezüglich der Be- und Entladepflichten siehe Art. 18 CMR, Rdn. 17 und 23.

41–45
(entfallen)

ee) Überwachungspflichten

Zur Frage, ob und in welchem Umfang der Frachtführer bzw. dessen Fahrer verpflichtet ist, die vom Absender oder dessen Gehilfen vorgenommene Beladung und Stauung zu überprüfen, wird auf die Erläuterungen zu Ziff. V. 3.f.) (unten Rdn. 168 ff.) verwiesen.   **46**

Hinsichtlich der *Darlegungs-* und *Beweislastfragen* siehe Art. 18 CMR, Rdn. 23 und 59 ff.   **47**

d) Sonderfälle der Übernahme und Ablieferung

aa) Mehrere Übernahme- und Ablieferungsorte

Sind einzelne Teile einer Sendung an verschiedenen Stellen und Orten vom Frachtführer zu übernehmen oder abzuliefern, so richtet sich der Obhuts- und Haftungszeitraum für jedes einzelne Teil der Sendung nach dem jeweiligen Übernahme- und Ablieferungsort, wobei für die Ablieferung jeweils die Mitwirkung des jeweiligen Empfängers erforderlich ist.[112]   **48**

bb) Nachtablieferung

Ist eine Nachtablieferung mit dem Frachtführer vereinbart und liefert dieser dann gem. der getroffenen Abrede in Abwesenheit des Empfängers das Gut an der bezeichneten Stelle körperlich ab, so ist die Ablieferung vollzogen und damit der   **49**

---

110 BGH, 24.9.1987 – I ZR 197/85, TranspR 1988, 108 = VersR 1988, 244 = NJW-RR 1988, 479 = RIW 1988, 307 = DB 1988, 599.
111 Vgl. BGH, 13.6.1985 – I ZR 12/83, TranspR 1985, 329 = VersR 1985, 1035; LG Köln, 29.3.2001 – 88 O 74/00, TranspR 2003, 296; *Koller*, § 412 HGB Rdn. 29.
112 OLG München, 28.1.2004 – 7 U 3887/03, TranspR 2004, 324; *Heuer*, VersR 1988, 312, 315; *Koller*, Art. 17 CMR Rdn. 9.

Art. 17 Haftung des Frachtführers

Haftungszeitraum des Art. 17 CMR beendet.[113] Dagegen kann ein nächtliches Abstellen der Ladung ohne vorherige Einwilligung des Empfängers über den genauen Ort und Zeitpunkt keine Ablieferung i.S.v. Art. 17 CMR sein, weil dieser dann nicht einvernehmlich in den Stand gesetzt wird, die tatsächliche Gewalt über das Gut auszuüben. Auch die vorherige Abgabe der Ladepapiere reicht daher nicht aus.[114]

cc) Abredewidrige Ablieferung

50 Ebenso wenig ist die Ablieferung vollzogen, wenn der Frachtführer die Ladung entgegen der Vereinbarung schon *einen Tag früher* einem Besitzdiener des Empfängers übergibt, denn es kommt ausschließlich auf den Willen des berechtigten Empfängers an und nicht auf den etwa eines Hausmeisters oder Pförtners.[115] Übernimmt dagegen der frachtbriefmäßige Empfänger das Gut vom Frachtführer an einem zunächst nicht zur Auslieferung vorgesehenen *anderen Ort*, so ist dennoch die Ablieferung erfolgt und die Haftung des Frachtführers nach Art. 17 CMR beendet.[116]

dd) Container

51 Der vom Absender gestellte und fertig beladene Container ist samt seinem Inhalt Gegenstand des Beförderungsvertrages (vgl. 1. Aufl. Anh. III Rdn. 22 ff., 24). Er ist Verpackungsmittel und damit zugleich Gut.[117] Meldet sich daher der Frachtführer nach der Ankunft mit dem Container beim Empfänger und unterwirft sich dessen weiteren Anweisungen, so ist die Ablieferung vollzogen. Weist der Empfänger nunmehr den Frachtführer an, die Türen des Containers zu öffnen und fallen dabei einzelne Packstücke des Inhaltes heraus, so haftet hierfür der Frachtführer nicht mehr nach Art. 17 CMR,[118] sondern nach dem ergänzend anwendbaren nationalen Recht (nach deutschem Recht dem § 280 BGB und den

---

113 OLG Düsseldorf vom 29.11.2006 – I-18 U 73/06 – juris und vom 12.12.1985 – 18 U 90/85 – TranspR 1986, 56; LG Baden-Baden, 22.10.1999, TranspR 2000, 254 (stillschweigende Abrede bei nächtlichem Abstellen); *Koller*, Art. 17 CMR Rdn. 7; *Thume*, TranspR 2012, 85; *Willenberg*, TranspR 1983, 57, 61; vgl. allg. Staub/*Helm*, § 429 HGB a.F., Rdn. 65 und Art. 17 CMR Rdn. 20; siehe auch oben Rdn. 21.
114 OLG Nürnberg, 21.12.1989 – 12 U 3257/89, TranspR 1991, 99; OLG Frankfurt/M., 30.5.1984 – 21 U 126/83, TranspR 1984, 272 (zu § 29 KVO), vgl. auch OLG Oldenburg, 6.2.1989 – 9 U 89/88, VersR 1991, 445 (zu § 29 KVO) und dazu *Thume*, TranspR 1990, 401.
115 BGH, 23.10.1981 – I ZR 157/79, NJW 1982, 1284 = TranspR 1982, 11 = VersR 192, 88 (zu § 29 KVO); *Koller*, § 429 HGB Rdn. 6; *Piper*, Rdn. 238; *Willenberg*, § 29 KVO Rdn. 16.
116 OLG Frankfurt/M., 7.4.1987 – 5 U 102/86, NJW-RR 1987, 1055 = TranspR 1988, 150 = VersR 1987, 1034 (zu § 29 KVO).
117 *Koller*, § 407 HGB Rdn. 60; Thume CMR 1. Aufl. Anh. 3 Rdn. 13; Ramming, HbgSchRZ 2008, 218, 219. MünchKommHGB/*Jesser-Huß*, Art. 17 CMR Rdn. 61 (Verpackung).
118 OLG Hamburg, 13.12.1979 – 6 U 134/79, VersR 1981, 172 (zu § 29 KVO); *Koller*, § 429 HGB Rdn. 6; *Willenberg*, § 29 KVO Rdn. 17.

§§ 823 ff. BGB).[119] Der Schadensersatz unterliegt jedoch nach Auffassung des BGH der frachtrechtlichen Verjährung.[120]

ee) Spezialfahrzeuge

Bei Spezialfahrzeugen, Silo- und Tanklastzügen erfolgt die Ablieferung schüttbarer, gasförmiger oder flüssiger Güter, sobald diese in die Leitungen des Empfängers fließen.[121] Beinhaltet der Frachtauftrag den Einsatz solcher Spezialfahrzeuge, die zusätzlich mit besonderen Ladevorrichtungen (Kran-, Kipp- und Schüttvorrichtungen, Pumpen und Gebläse, sowie Leitungen und Schläuche etc.) ausgestattet sind, ist bei der Auftragserteilung i.d.R. stillschweigend vereinbart, dass der Frachtführer die Ladetätigkeiten übernimmt, weil nur dieser die entsprechenden Vorrichtungen auch ordnungsgemäß bedienen kann.[122] Doppelstöckige Transporter zur Beförderung von PKWs, die keine besonderen technischen Ladevorrichtungen haben, gelten daher grundsätzlich auch nicht als solche Spezialfahrzeuge, für die den Frachtführer die Verpflichtung zur Ladetätigkeit trifft.[123] Zumindest aber hat der Frachtführer in derartigen Fällen, bedingt durch die besonderen technischen Einrichtungen, umfangreichere Mitwirkungspflichten bei der Be- und Entladung zu erfüllen. So ist es seine Aufgabe, die entsprechenden Schläuche anzuschließen und Schieber und Auslassventile zu öffnen, denn er hat alle erforderlichen Maßnahmen zu ergreifen, damit der Empfänger das Gut auch tatsächlich übernehmen kann.[124]

Sind die Schläuche angeschlossen, die Auslassventile geöffnet oder die Schieber betätigt und kann das Gut nun allein durch seine Schwerkraft in tiefer gelegene Lagerbehälter des Empfängers rinnen oder fließen oder wird der Höhenunterschied von der vom Empfänger betätigten Pumpenanlage überwunden, so hat der Frachtführer seine Verpflichtungen aus dem Beförderungsvertrag erfüllt. Die Ablieferung ist vollzogen, der Obhutszeitraum beendet.[125]

Muss der Frachtführer bei einem mehrzelligen Silo- oder Tankfahrzeug noch weitere Schieber betätigen, damit auch andere Zellen geleert werden können, dann ist die Ablieferung jeweils hinsichtlich jener Zelle beendet, aus der das Gut

---

119 Vgl. Koller, Art. 17 CMR Rdn. 10.
120 BGH, 10.1.2008 – I ZR 13/05, TranspR 2008, 84 (zu § 439 Abs. 1 HGB).
121 BGH, 19.4.1982 – II ZR 136/81 – LM § 606 HGB, Nr. 7; OLG Hamburg, 21.5.1981 – 6 U 170/80, VersR 1982, 62 (zu § 606 HGB); *Willenberg*, § 17 KVO Rdn. 72 ff.; *Fremuth*, in: Fremuth/Thume § 425 HGB Rdn. 20; *Thume*, TranspR 2012, 85.
122 BGH, 30.4.1974 – I ZR 68/74, BB 1975, 1221; BGH, 13.6.1985 – I ZR 12/83, TranspR 1985, 329, 331 (zu § 1 KVO); *Koller*, § 412 HGB Rdn. 29; *Neufang/Valder*, TranspR 2002, 325, 329; siehe dazu auch unten Rdn. 37.
123 OLG Düsseldorf, 10.5.1979 – 18 U 1/79, VersR 1979, 862.
124 *Willenberg*, § 17 KVO Rdn. 72.
125 OLG Köln, 6.12.1966 – 21 U 138/64, VersR 1968, 145; *Willenberg*, a.a.O.; a.A. *Voigt*, VP 1964, 127, 128, der die Ablieferung erst für beendet hält, wenn sich die Flüssigkeit im stationären Tank des Empfängers befindet.

Art. 17 Haftung des Frachtführers

ungehindert zum Empfänger abfließen kann.[126] Wenn er beim Anschließen des Schlauches oder Öffnen der Ventile oder der Schieber unsachgemäß verfährt und dabei einen Schaden am Ladungsgut verursacht, so haftet er nach Art. 17 CMR, weil dieser Schaden vor der endgültigen Ablieferung des Gutes und damit innerhalb des Haftungszeitraumes des Abs. 1 herbeigeführt worden ist.[127] Wenn für das Beladen des Tank- oder Silofahrzeuges eigentlich die Benutzung der bordeigenen Kompressoranlage nicht notwendig wäre, der Frachtführer diese aber anstellt, um den Entladevorgang zu beschleunigen, so liegt darin nach Auffassung des OLG Köln vom 6.12.1966 (a.a.O.) lediglich ein Entgegenkommen gegenüber dem Empfänger, das keine Grundlage im Beförderungsvertrag habe und deshalb eine Verantwortlichkeit des Frachtführers nicht begründe. Ob dies für den Bereich der CMR ebenso gesehen werden kann, ist zweifelhaft; denn jedenfalls tritt eine tatsächliche Mitwirkung bei der Entladung ein. Näheres siehe auch unten Rdn. 145ff.

54 Erfolgt die Entladung durch vom Empfänger erzeugte Druckluft, so liegt die Verantwortlichkeit für den Entladevorgang allein beim Empfänger. Dessen Aufgabe ist es dann auch, die Tauglichkeit eines vom Frachtführer zur Verfügung gestellten Verbindungsschlauches zu prüfen.[128]

Ist die Entladung nur mit Hilfe der technischen Vorrichtungen des Tank- oder Silofahrzeuges, d.h. mit dessen Kompressoranlagen und bordeigenen Schläuchen möglich – reichen also die Entladegeräte des Empfängers nicht aus, geht die Rechtsprechung davon aus, dass der Frachtführer – weil aus der Natur der Sache folgend – stillschweigend die Entladeverpflichtung übernommen hat.[129] Es ist dann Aufgabe des Frachtführers, die bordeigenen Entladevorrichtungen anzuschließen und in Betrieb zu setzen sowie den Entladevorgang ständig zu überwachen.[130]

55 In diesen Fällen endet die Ablieferung in dem Augenblick, in dem das Gut die Entladeleitung des Fahrzeuges, also den bordeigenen Schlauch verlässt und durch die weiteren Tank- und Silozuleitungen des aufnahmebereiten Empfängertanks fließt. Die Obhutshaftung endet also an der Verbindungsstelle zwischen Entladeleitung des Fahrzeuges einerseits und Zuleitung des Empfängertanks andererseits.[131] Deshalb hat der Frachtführer nur für solche Verluste und Beschädigungen einzutreten, die durch unsachgemäßes Arbeiten oder mangelhafte Be-

---

126 *de la Motte*, Anm. zu OLG Düsseldorf, 19.11.1964 – 18 U 39/64, VersR 1965, 34; *Willenberg*, § 17 KVO Rdn. 72.
127 OLG Düsseldorf, 19.11.1964 – 18 U 39/64, NJW 1965, 204 = VersR 1965, 33, LG Köln, 6.12.1966 – 21 O 138/64, VersR 1964, 145; *Willenberg*, § 17 KVO Rdn. 72.
128 OLG Düsseldorf, 29.9.1988 – 18 U 81/88, TranspR 1989, 10; *Willenberg*, § 17 KVO Rdn. 73.
129 OLG Düsseldorf, 29.9.1988 – 18 U 81/88, TranspR 1989, 10; BGH, 30.4.1975 – I ZR 68/74, BB 1975, 1221 = MDR 1975, 732; BGH, 13.6.1985 – I ZR 12/83, TranspR 1985, 329 = VersR 1985, 1035 = VRS 1969, 355; *Willenberg*, § 17 KVO Rdn. 75; Rdn. 20; *Piper*, Rdn. 20.
130 OLG München, 2.12.1981 – 3 U 1622/81, TranspR 1983, 149.
131 *Willenberg*, § 17 KVO Rdn. 75.

schaffenheit der bordeigenen Ladehilfe verursacht worden sind.[132] Wird dagegen die Schadensursache im Risikobereich des Empfängers gesetzt, so kann der Frachtführer nicht schadensersatzpflichtig gemacht werden. Deshalb ist es beispielsweise auch nicht seine Aufgabe zu überprüfen, ob der stationäre Tank oder Silo des Empfängers für die zur Aufnahme vorgesehene Menge groß genug ist. Läuft in einem solchen Fall die Ladung beim Empfängersilo über, so kann den Frachtführer keine frachtrechtliche Haftung treffen.

e) Zubringerdienste

Da die Obhutshaftung des CMR-Frachtführers mit der Übernahme des Gutes beginnt und mit dessen Ablieferung endet, fallen An- und Abtransport des Gutes nur dann in den Obhutszeitraum, wenn sie von ihm selbst im Zuge der vereinbarten Beförderung mit übernommen worden, d.h. Gegenstand des Frachtvertrages sind.[133] **56**

Die Frachtführerhaftung des deutschen Sammelladungsspediteurs nach § 460 HGB beginnt ebenfalls noch nicht mit dem Vorlauf, d. ist die Abholung des Gutes beim Versender.[134] Sie endet mit der Ablieferung an den Sammelladungsempfänger; das ist i.d.R. der Empfangsspediteur; auch der anschließende Nachlauf nach der Entflechtung der Sammelladung – also die weitere Beförderung an den Empfänger fällt nicht mehr in den Anwendungsbereich des § 460 HGB.[135]

f) Vor-, Zwischen- und Nachlagerung

Die Obhutspflicht des CMR-Frachtführers besteht, wie eingangs in Rdn. 3 ausgeführt, nur insoweit, als ihm das *Gut zum Zwecke der Beförderung anvertraut* ist. Deshalb kann seine Obhutshaftung gem. Art. 17 Abs. 1 CMR auch nur dann eintreten, wenn die Einlagerung des Gutes zu diesem Zweck erforderlich wird. Erfolgt also die *Vorlagerung* bereits zum Zwecke der Beförderung, so fällt sie in den Obhutszeitraum (vgl. oben Rdn. 18). Wird die *Nachlagerung* nach Beendigung des Transports erforderlich, weil der frachtbriefmäßige Empfänger das Gut nicht annimmt, so fällt sie ebenfalls noch in den Obhutszeitraum (vgl. oben Rdn. 28). Anders ist es, wenn der Frachtführer mit dem Verfügungsberechtigten vereinbart hat, dass er oder auch ein Dritter das Gut am Ende der Reise zunächst auf Lager nimmt. Dann endet die Obhutshaftung des Frachtführers mit der Einlagerung, und es beginnt dessen oder des Dritten Lagerhaftung.[136] Das Gleiche gilt, **57**

---

132 OLG Koblenz, 8.12.1961 – 2 U 71/61, VersR 1962, 458.
133 Staub/*Helm*, § 429 HGB a.F., Rdn. 97; *Fremuth*, in: Fremuth/Thume, § 407 HGB Rdn. 53; vgl. oben Rdn. 15 ff.
134 *Andresen/Valder*, Speditions- Fracht- und Lagerrecht, § 460 HGB Rdn. 12; *Koller*, § 460 HGB Rdn. 10; *Thume*, in: Fremuth/Thume, Transportrecht, § 460 Rdn. 14.
135 BGH, 7.4.2011 – I ZR 15/10, TranspR 2011, 365 = MDR 2011, 1303; *Koller*, § 460 HGB Rdn. 11; *Rinkler*, in: EBJS, § 460 Rdn. 24.
136 *Heuer*, S. 66; vgl. *Koller*, Art. 17 CMR Rdn. 8.

Art. 17 Haftung des Frachtführers

wenn der Frachtführer wegen des Ablieferungshindernisses das Gut gem. Art. 16 Abs. 2 CMR auslädt.

58 Bei *Zwischenlagerungen* wird man ebenfalls unterscheiden müssen, ob diese im Zuge der Beförderung erfolgen oder nicht. Wird beispielsweise eine Zwischenlagerung oder Umladung während des Transportes durch Transportmittelpannen oder verkehrsbedingte Ursachen nachträglich notwendig, so bleibt das Gut in der Obhut des Frachtführers und unterliegt daher auch der Obhutshaftung.[137] Deshalb darf es auch nur dann im Freien zwischengelagert werden, wenn für den Transport die Verwendung eines offenen Fahrzeuges gem. den Voraussetzungen des Art. 17 Abs. 4 lit. a) CMR vereinbart worden ist.[138] Das Gleiche gilt, wenn die Zwischenlagerung – beispielsweise bei Sammelgut – erfolgt, um die neue Ladung für die Fortsetzung der Beförderung zusammenzustellen oder wenn der Frachtführer das Gut am Bestimmungsort zwischenlagert.[139] Anders kann es sein, wenn der Absender während des Transportes dem Frachtführer die Weisung erteilt, die Fortsetzung der Beförderung abzubrechen und das Gut selbst oder bei einem Dritten bis auf Weiteres zwischenzulagern,[140] weil er z.B. von einem kaufvertraglichen Zurückbehaltungsrecht Gebrauch machen will. In einem solchen Fall endet die ursprünglich vereinbarte Beförderung mit dem Ausladen zum Zwecke der Einlagerung. Von da an befindet sich das Gut schon rein tatsächlich nicht mehr in der Obhut des Frachtführers, so dass eine Haftung nach Art. 17 CMR nicht mehr gegeben ist.[141] Bei Ablieferungshindernissen endet der Obhutszeitraum mit dem Ausladen gem. Art. 16 Abs. 2 CMR (vgl. oben Rdn. 28 und die Erläuterungen zu Art. 16 CMR). *Heuer*[142] bezieht auch die Zwischenlagerung infolge eines Beförderungshindernisses nicht in den Haftungszeitraum ein, sondern geht davon aus, dass in diesem Fall die Beförderung mit dem Ausladen des Gutes zur zwischenzeitlichen Einlagerung gem. Art. 16 Abs. 2 Satz 1 CMR beendet sei.

Entscheidend sind die Umstände des jeweiligen Einzelfalls.[143] Zwischenlagerungen von kurzer Dauer – etwa bis zu sieben Tagen – können i.d.R. in den Haftungszeitraum einbezogen werden.[144] Sind Zwischenlagerungen auf ein Beförderungs- oder Ablieferungshindernis zurückzuführen, so sind sie nicht in den Haftungszeitraum einbezogen. In einem solchen Fall gilt die Beförderung mit dem Ausladen des Gutes zur zwischenzeitlichen Einlagerung gem. Art. 16 Abs. 2 Satz 1 CMR als beendet. Der Frachtführer hat das Gut nach dem Abladen

---

137 OLG Düsseldorf, 22.11.1990 – 18 U 111/90, TranspR 1991, 59; *Herber/Piper*, Art. 17 CMR Rdn. 32; *Boesche*, in: EBJS, Art. 17 CMR Rdn. 13; vgl *Koller*, § 407 HGB Rdn. 73.
138 OLG Köln, 30.8.1990 – 17 U 35/89, TranspR 1990, 425.
139 OLG Hamm, 29.6.1998 – 18 U 19/98, TranspR 1999, 201.
140 BGH, 15.9.2005 – I ZR 58/03 und I ZR 68/03, TranspR 2006, 38 und 42.
141 *Heuer*, S. 64f.; *Koller*, Art. 17 CMR Rdn. 8; *Boesche*, in: EBJS, Art. 17 CMR Rdn. 13.
142 Haftung, S. 63, 64.
143 Näheres dazu siehe *Ramming*, S. 117, Rdn. 402–407.
144 BGH, 6.10.1994 – I ZR 179/92, TranspR 1995, 106 = VersR 1995, 320; *Heuer*, S. 64, vgl. zum Ganzen. Staub/*Helm*, § 429 HGB a.F., Anm. 16; *Koller*, § 407 HGB Rdn. 73; vgl. auch BGH, 29.3.2001 – I ZR 312/98, TranspR 2001, 447, 451 zum früheren § 28 KVO.

zu verwahren, dies kann dadurch geschehen, dass er es einem Dritten anvertraut. In einem solchen Fall haftet der Frachtführer nur für die sorgfältige Auswahl des Dritten (Art. 16 Abs. 2, 3. Satz).[145]

g) Haftung außerhalb des Obhutszeitraums

Für Schäden, die außerhalb des Obhutszeitraums, also vor der Übernahme oder nach der Ablieferung des Gutes entstehen, besteht keine Haftung des Frachtführers gem. Art. 17 CMR. In diesen Fällen sind ergänzend die Regeln des nationalen Rechts anwendbar, in Deutschland also die Haftungsbestimmungen der unerlaubten Handlung (§§ 823 ff. BGB), der *culpa in contrahendo* und der allgemeinen Pflichtverletzung gem. 280 BGB.[146] So kann der Frachtführer, der im Ausland bereits erkennbar verdorbenes Obst übernimmt und transportiert, dem deutschen Absender gegenüber nach solchen Gesichtspunkten haftbar sein.[147] Das Gleiche gilt, wenn der Frachtführer, nachdem er den LKW bereits mit geöffneter Bordwand zum Entladen bereitgestellt hat, nochmals anfährt, so dass Transportgüter herabfallen und beschädigt werden. Hier ist nämlich regelmäßig die Ablieferung bereits erfolgt, weil der Empfänger (als Gehilfe des Absenders) zu entladen hat.[148] Nimmt daher der Frachtführer das Gut wieder an sich, kann dadurch die erfolgte Ablieferung nicht mehr ungeschehen gemacht werden. Der Obhutszeitraum ist beendet. Der Frachtführer haftet nach nationalem Recht.[149]

59

Wegen der Haftung im Ro/Ro- bzw. Huckepack-Verkehr und allgemein beim unbekannten Schadensort im multimodalen Verkehr siehe oben Art. 2 und *Fremuth* in der Voraufl., Anh. III und (bei ergänzender Anwendbarkeit deutschen Rechts) *ders.*, in: Fremuth/Thume, § 452 HGB Rdn. 23 ff.

Hinsichtlich der *Darlegungs-* und *Beweislastfragen* wird auf die Erläuterungen zu Art. 18 CMR unter Rdn. 10 ff. verwiesen.

---

145 OHG, 15.4.1993 – 2 Ob 591/92, Verkehr 48/93, 25 = TranspR 1993, 425.
146 Vgl. *Koller*, Art. 17 CMR Rdn. 10.
147 OLG München, 3.5.1989 – 7 U 6078/88, TranspR 1991, 61. Bei Qualitätsverschlechterung und Verderb von Lebensmitteln, die während der Beförderung infolge mangelhafter Vorkühlung eintreten, liegt jedoch ein Güterschaden vor, der nach h.M. grundsätzlich zur Obhutshaftung des Frachtführers nach Art. 17 Abs.1 CMR führt, aber ggf. zu Haftungsbefreiung nach Abs. 4d führen kann. Hatte der Frachtführer die Vorkühlung zu prüfen, haftet er insoweit bei Unterlassung nach § 280 BGB; es kommt zur Schadensteilung nach Art. 17 Abs. 5 CMR (siehe dazu *Thume*, r+s 2012, 503; a.A. das OLG Karlsruhe, 24.3.2011 – 9 U 81/10, TranspR 2011, 185 = r+s 2012, 535.
148 Zu den Entladepflichten siehe oben Rdn. 36.
149 *Herber/Piper*, Art. 17 CMR Rdn. 28; *Boesche*, in: EBJS, Art. 17 CMR Rdn. 10; a.A. *Koller*, Art. 17 CMR Rdn. 6.

Art. 17 Haftung des Frachtführers

4. Der Haftungsgegenstand: das Gut

60 Das Übereinkommen enthält keine Definition des Gutes. Wie im gesamten Frachtrecht sind auch hier unter Gütern alle Sachen zu verstehen, die Gegenstand eines CMR-Frachtvertrages sein können. Dazu gehören auch lebende Tiere, bei deren Beförderung die besondere Haftungsausschlussklausel des Art. 17 Abs. 4f. CMR gilt. Leichen und Umzugsgut können dagegen nicht Güter eines CMR-Frachtvertrages sein, weil Art. 1 Abs. 4 lit. b) und c) CMR insoweit Ausnahmebestimmungen enthalten.

Das Gut braucht keinen Verkehrswert zu haben und auch nicht Gegenstand des Handelsverkehrs zu sein,[150] vielmehr kann es sogar wertloser Plunder, Müll oder Abfall sein. Zum „Gut" im engeren Sinne wird es in dem Augenblick, in welchem der Absender seine Beförderung mit dem Frachtführer vereinbart, in dem es also zum Gegenstand des Frachtvertrages wird.

Zum Beförderungsgut gehört nicht nur die Ware selbst, sondern auch deren vom Absender zum Schutz beigefügte *Verpackung*. Dazu zählen wiederum *alle Packmittel, Schutzhüllen und -decken, ferner Paletten* und die vom Absender zur Sicherung des Gutes auf dem Fahrzeug verwendeten Befestigungsmittel und schließlich ist auch *der vom Absender zur Beförderung bestimmte Container* – sei er nun leer oder beladen.[151] Dies ergibt sich auch daraus, dass die Haftungshöchstgrenze des Art. 23 Abs. 3 CMR nach dem Rohgewicht der Sendung berechnet wird und dass dieses, jedenfalls nach deutscher Rechtsauffassung, dem Bruttogewicht einschließlich der Verpackung entspricht (vgl. dazu Art. 23 CMR, Rdn. 15). Nach Auffassung der Rechtsbank Rotterdam ist auch ein vom Versender dem Frachtführer „als Verpackungsmaterial" unentgeltlich zur Verfügung gestellter Auflieger zusammen mit der Ladung als „Frachtgut" i.S.d. Art. 1 Abs. 1 CMR anzusehen.[152]

5. Verlust und Beschädigung des Gutes

61 Nach Art. 17 Abs. 1 CMR haftet der Frachtführer für während der Obhutszeit eingetretene gänzliche oder teilweise Verluste oder Beschädigungen des Gutes. Dies ist eine reine Haftung für Sachschäden, d.h. Beeinträchtigungen der Substanz des übernommenen Frachtgutes einschließlich der Verpackung.

Nicht gehaftet wird im Frachtrecht normalerweise – ausgenommen bei schwerer Schuld gem. Art. 29 CMR (vgl. dort) – für Güterfolgeschäden, also für jene

---

150 RGZ 20, 47, 49; *Fischer*, TranspR 1995, 326; *Fremuth*, in: Fremuth/Thume, § 407 HGB Rdn. 48; *Koller*, § 407 HGB Rdn. 14; *Thume*, TranspR 1990, 41, 46.
151 *Heuer*, S. 121, Fn. 36; *Koller*, § 407 HGB Rdn. 14 und 60; *Fremuth*, § 407 HGB Rdn. 48; 7; *Glöckner*, TranspR 1988, 327, 328; *Jesser*, S. 127; MünchKommHGB/*Jesser-Huß*, Art. 17 CMR Rdn. 61; *Willenberg*, § 15 KVO Rdn. 22; siehe aber OLG Köln, 27.2.1996 – 9 U 114/95, TranspR 1996, 287.
152 Zum Ganzen vgl. *de la Motte*, VersR 1988, 317.

Schäden, die durch die Sachschäden am Gut ausgelöst werden, wie z.B. entgangener Gewinn, Verdienstausfall, weiterlaufende fixe Kosten trotz Nichtauslieferung des Gutes etc. Diese Sachfolgeschäden sind ihrer Natur nach meist Vermögensschäden.

Nur durch Verspätung, d.h. Lieferfristüberschreitungen nach Art. 17 Abs. 1, 2. **62**
Alternative Art. 19 CMR, entstandene Vermögensschäden sind gem. 23 Abs. 5 CMR zu ersetzen (siehe dazu die Erläuterungen unter VI. Rdn. 180ff.).[153] Bei Lebensmitteln und anderen verderblichen Gütern können durch Verspätung allerdings auch Sachschäden am Beförderungsgut selbst eintreten (vgl. dazu unten Rdn. 211 und Art. 23 CMR, Rdn. 36ff.).

Hinsichtlich der Sachschäden am Gut wird in Art. 17 Abs. 1 CMR unterschieden zwischen Verlust einerseits und Beschädigung andererseits. Beide Begriffe sind solche des allgemein geltenden Frachtrechts und decken sich deshalb nach der in Deutschland herrschenden Auffassung grundsätzlich mit dem gleichlautenden Begriff des § 425 HGB.[154] Allerdings ist Vorsicht geboten, z.B. bei des Einordnung eines wirtschaftlichen Totalschadens (siehe dazu unten Rdn. 68ff.)

a) Verlust

In Rechtsprechung und Literatur besteht Einigkeit über folgenden Grundsatz, der **63**
für alle Sparten des Transportrechts gilt:

Verlust (*loss, perte*) des Gutes liegt vor, wenn das Gut untergegangen, unauffindbar oder aus sonstigen tatsächlichen und/oder rechtlichen Gründen vom Frachtführer auf absehbare Zeit nicht an den berechtigten Empfänger ausgeliefert werden kann.[155] Eine normative Verlustvermutung tritt bei Überschreitung der in Art. 20 Abs. 1 CMR enthaltenen Lieferfirsten ein.

---

153 Zum Ganzen vgl. *de la Motte*, VersR 1988, 317.
154 BGH, 27.10.1978 – I ZR 30/77, VersR 1979, 276 = NJW 1979, 2473 = RIW 1979, 863 = TranspR 1982, 108 (Verlust); OLG Frankfurt/M., 30.3.1977 – 17 U 71/76, VersR 1978, 169 (Verlust); BGH, 3.7.1974 – I ZR 120/73, VersR 1974, 1013 = AWD 1974, 495 = ETR 1975, 75 = NJW 1974, 1616 (Teilbeschädigung – Entwertung der Gesamtsendung); MünchKommHGB/*Jesser-Huß*, Art. 17 CMR Rdn. 8ff.; *Helm*, Die Haftung, S. 95f., und Staub/*Helm*, Art. 17 CMR Rdn. 4; *Heuer*, S. 68; *Koller*, Art. 17 CMR Rdn. 1 und 2; *Glöckner*, Art. 17 CMR Rdn. 2 und 4; vgl. auch *de la Motte*, VersR 1988, 317; *Dubischar*, S. 48; *Lenz*, Rdn. 517ff.
155 RG, 2.2.1918 – Rep. I 245/17, RGZ 94, 97; RG, 5.11.1921 – I 1659/21, RGZ 103, 146f. (§ 82 EVO); BGH, 16.3.1970 – II ZR 170/69, VersR 1970, 437; RG, 27.10.1978 – I ZR 30/77, VersR 1979, 276 = TranspR 1982, 104 = RIW 1979, 863; RG, 13.1.1978 – I ZR 63/76, VersR 1978, 318 (§ 413 Abs. 2 HGB a.F.); RG, 13.7.1979 – I ZR 108/77, VersR 1979, 1154 (Art. 17 CMR). Aus der umfangreichen Literatur vgl. *Helm*, in: GroßKomm. HGB, § 429 HGB Rdn. 12; *Gass*, in: EBJ, § 425 HGB Rdn. 18; *Fremuth*, in: Fremuth/Thume, Transportrecht, § 425 HGB Rdn. 11; Heymann/*Honsell*, § 425 HGB Rdn. 5; *Koller*, Transportrecht, 4. Aufl., § 425 HGB Rdn. 4; *Lenz*, Rdn. 518ff.; MünchKommHGB/*Jesser-Huß*, Art. 17 CMR Rdn. 8; *Herber/Piper*, CMR (1996), Art. 17 CMR Rdn. 2f.; *Thume*, in: Fremuth/Thume, Art. 17 CMR Rdn. 6; *Müller-Rostin*, in: Giemulla/Schmid, Art. 18 WA Rdn. 10, und in: Fremuth/Thume, Art. 18 WA Rdn. 5; *Ruhwedel*, Luftbeförderungsvertrag,

Art. 17 Haftung des Frachtführers

Empfänger ist derjenige, an den nach dem Willen des Absenders das Gut abgeliefert werden soll. Als berechtigt ist dabei entweder der vom Absender bei Vertragsschluss dem Frachtführer genannte und im Frachtbrief bezeichnete oder der vom Absender später einvernehmlich mit dem Frachtführer festgelegte oder der aufgrund einer ordnungsgemäß erfolgten Weisung bestimmte Empfänger, d.h. der Sollempfänger, anzusehen.[156]

Entscheidend für diese grundlegende Definition des Verlustes ist das Unvermögen des Frachtführers, Spediteurs oder Lagerhalters, den primären Herausgabeanspruch des Berechtigten zu erfüllen. Da jener dabei mitwirken muss, liegt kein Verlust vor, wenn die Nichtauslieferung nur daran scheitert, dass der berechtigte Empfänger die Ablieferung – sei es begründet oder nicht – verweigert. Vielmehr muss das Gut irgendwie abhanden gekommen sein. Bei Annahmeverweigerung bleibt die Obhutshaftung bestehen. Der Frachtführer hat nach Art. 15 bzw. 16 Abs. 2 und 3 CMR vorzugehen.

Auf welcher Ursache das Unvermögen zur Nichtauslieferung beruht, ist letztlich unerheblich.[157] Typische Beispiele für den Verlust des Gutes sind Diebstahl, Unterschlagung, das Verschwinden oder Verlorengehen während der Beförderung, etwa durch Abgang bei offener oder Deckverladung oder auch durch Falschversendung und Falschauslieferung an einen Dritten. Schließlich tritt Verlust auch ein, wenn der Frachtführer das Gut, statt es abzuliefern, in Ausübung eines beanspruchten Pfandrechtes versteigern lässt.[158]

aa) Verschwinden

64 Verlust im frachtrechtlichen Sinne bedeutet zunächst das Verschwinden der Substanz, d.h., aller Frachtgüter, die Gegenstand des Beförderungsvertrages sind. Verschwindet nur ein Teil der Stücke, liegt Teilverlust vor (vgl. unten b) Rdn. 71). Der Verlust kann eintreten durch Diebstahl, Unterschlagung, Abhandenkommen,[159] anderweitiges Verlorengehen oder auch Beschlagnahme. Er liegt immer dann vor, wenn das Gut – nicht nur vorübergehend – unauffindbar ist oder aus anderen Gründen nicht abgeliefert werden kann.

---

3. Aufl. 1999, Rdn. 425; *Rabe*, Seehandelsrecht, 4. Aufl. 2000, § 606 HGB Rdn. 26; *Krien/Walder*, Speditions- und Lagerrecht, § 51 ADSp Rdn. 11.
156 *Gass*, in: EBJ, § 407 HGB Rdn. 46; *Thume*, Transport und Vertrieb 2000, Festgabe Herber, S. 153, 154; *Fremuth*, in: Fremuth/Thume, Transportrecht, § 407 HGB Rdn. 19; *Koller*, § 407 HGB Rdn. 9; zum neuen deutschen Frachtrecht siehe § 408 Abs. 1 Nr. 5 HGB (früher § 426 HGB).
157 RG, 2.2.1918 – Rep. I. 245/17, RGZ 94, 99; OLG Hamburg, 13.3.1953 – 1 U 396/52, VersR 1953, 277 (§ 29 KVO).
158 BGH, 18.5.1995 – I ZR 151/93, NJW 95, 2917; *Boesche*, in: EBJS, Art. 17 CMR Rdn. 3.
159 Vgl. OLG Köln, 3.3.1999 – 11 U 105/97, VersR 2000, 206.

bb) Beschlagnahme und Importhindernisse

Auch die Beschlagnahme des Gutes ist Verlust im frachtrechtlichen Sinn, wenn sie nicht alsbald wieder aufgehoben wird, weil sie den Frachtführer daran hindert, das Gut an den frachtbriefmäßigen Empfänger abzuliefern.[160] Das Gleiche gilt, wenn der Einfuhr des Gutes in den Staat des Empfängers ein Importhindernis entgegensteht.[161]

65

cc) Falschablieferung

Ferner kann die Falschablieferung an einen unberechtigten Dritten anstelle des berechtigten Empfängers zum Verlust führen, wenn es vom Ersteren nicht alsbald herausgegeben und beim Letzteren abgeliefert wird.[162] Das gilt auch dann, wenn der falsche Empfänger der Käufer der Ware ist[163] oder wenn die Ablieferung entgegen der Weisung des berechtigten Absenders an den ursprünglichen bezeichneten Empfänger ausgeliefert wurde, der angesichts der Weisung nicht mehr berechtigt war.[164]

66

Kein Verlust tritt ein, wenn Frachtführer dem frachtbriefmäßigen (und damit auch berechtigten) Empfänger das Gut entgegen ausdrücklicher Weisung ohne Vorlage des Original-FCR oder unter Missachtung eines vereinbarten „on hold" Vermerks übergibt.[165] Hier wird vielmehr ein Verstoß gegen eine nachnahmeähnliche Weisung vorliegen, für den der Frachtführer gemäß §§ 280 und 823 BGB wegen Pflichtverletzung und unerlaubter Handlung haftet. Die Haftung ist bei ergänzend anwendbarem deutschem Recht im Regelfall gemäß § 433 HGB beschränkt auf das Dreifache der Haftung für Verlust.[166]

Maßgeblich für den Verlust ist allein, dass der Frachtführer die Ablieferungspflicht an den berechtigten Empfänger nicht erfüllt.[167] Anders kann es nur sein,

---

160 BGH, 9.9.2010 – I ZR 152/09, TranspR 2011, 178; OLG München, 1.6.2011 – 7 U 5611/10, TranspR 2011, 337; *Fremuth/Thume*, § 425 HGB Rdn. 11 und Art. 17 CMR Rdn. 6; *Helm*, in: Großkomm. HGB, § 429 HGB Rdn. 4; *Boesche*, in: EBJS, Art. 17 CMR Rdn. 3; *Starosta*, VersR 1992, 804; *Willenberg*, § 29 KVO Rdn. 34.
161 BGH, 3.7.1974 – I ZR 120/73, NJW 1974, 1616; MünchKommHGB/*Jesser-Huß*, Art. 17 CMR Rdn. 9; *Boesche*, in: EBJS, Art. 17 CMR Rdn. 3.
162 BGH, 27.10.1978 – I ZR 30/77, VersR 1979, 276 = NJW 1979, 2473; BGH, 13.7.1979 – I ZR 108/77, VersR 1979, 1154; OLG Hamburg, 13.3.1953 – 1 U 396/52, VersR 1953, 277.
163 BGH, 13.7.1979 – I ZR 108/77, VersR 1979, 1154; OLG Frankfurt/M., 30.3.1977 – 17 U 71/76, VersR 1978, 169.
164 BGH, 27.1.1982 – I ZR 33/80, VersR 1982, 669.
165 Streitig; a.A. OLG Hamburg vom 18.5.1989 – 6 U 258/88, TranspR 1990, 188 und OLG München vom 26.1.2011 – 7 U 3426/10, juris. Näheres siehe oben Rdn. 25.
166 OLG Hamm vom 28.4.1983 – 18 U 230/81, TranspR 1983, 151 und vom 16.8.1984 – 18 U 281/83, TranspR 1985, 97; OLG Düsseldorf vom 21.4.1994 – 18 U 190/93, RIW 1994, 597; *Koller*, § 425 Rdn. 7; *Fremuth*, in: Fremuth/Thume, § 422 HGB Rdn. 17 – (2a); *Schaffert*, in: EBJS, § 425 HGB Rdn. 28; *Thume*, Gedächtnisschrift Helm, S. 341, 344 und TranspR 1995, 1,3.
167 BGH, 27.3.1978 – I ZR 30/77, VersR 1979, 276; BGH, 13.7.1979 – I ZR 108/77, VersR 1979, 1154; OLG Düsseldorf, 30.3.1995 – 18 U 26/94, VersR 1996, 1394.

wenn das Gut nach dem Wiederauffinden noch innerhalb der Frist des Art. 20 CMR dem berechtigten Empfänger abgeliefert wird.

Da das Gut hier als verloren gegangen betrachtet werden muss, handelt es sich um einen echten Sachschaden und damit um einen Totalverlust.[168]

Wenn jedoch über dieselbe Beförderung des Gutes Frachtverträge sowohl zwischen dem Absender und dem Frachtführer als auch zwischen dem Empfänger und dem Frachtführer abgeschlossen sind, so kann der Empfänger das Gut nicht als verloren betrachten, soweit der Frachtführer es dem Absender aufgrund von dessen berechtigter Weisung zurückgeliefert hat.[169]

dd) Nachträgliche Wiederbeschaffung

67 Wie oben in Rdn. 63 dargelegt, ist Verlust immer dann gegeben, wenn der Frachtführer aus tatsächlichen oder rechtlichen Gründen nicht nur vorübergehend, sondern auf absehbare Zeit nicht in der Lage ist, das Gut an den berechtigten Empfänger auszuliefern. Für die Möglichkeit, das wiedergefundene Gut zwar verspätet, aber doch so rechtzeitig abzuliefern, dass der Verlust vermieden wird, setzt Art. 20 CMR zeitliche Grenzen.[170] Wird das Gut nach Ablauf dieser Frist wieder aufgefunden, so kann der Berechtigte wählen, ob er sich auf die Verlustfiktion berufen[171] oder das Gut noch annehmen will.[172] Gelangt das Gut nach Ablauf der in Art. 20 CMR genannten Fristen doch noch in die Hände des berechtigten Empfängers, so wird der Verlusttatbestand dadurch nicht mehr aus der Welt geschafft.[173] Es kann aber eine Schadensminderung eintreten, die dazu führt, dass der Geschädigte den zuviel geleisteten Schadensersatz nach § 812 Abs. 1 Satz 2, 1. Alternative BGB, zurückzugeben hat.[174]

---

168 *Alff*, Anh. 4 nach § 425 HGB Rdn. 20; *Glöckner*, Art. 17 CMR Rdn. 3; *Helm*, Großkomm. § 429 HGB Rdn. 15; *Koller*, § 429 HGB Rdn. 3; *Fremuth*, § 429 HGB Rdn. 5; *Lenz*, Rdn. 518; zur Gesamtproblematik vgl. auch *Starosta*, VersR 1992, 804.
169 OLG Düsseldorf, 16.6.1992 – 18 U 260/91, TranspR 1993, 17.
170 BGH, 27.10.1978 – I ZR 30/77, NJW 1979, 2473 = VersR 1979, 276 = RIW 1979, 863 = TranspR 1982, 108; OLG Frankfurt/M., 30.3.1977 – 17 U 71/76, VersR 1978, 169, 170f.
171 BGH, 9.9.2010 – I ZR 152/09, TranspR 2011, 178; BGH, 25.10.2001 – I ZR 187/99, TranspR 2002, 198; *Boesche*, in: EBJS, Art. 20 Rdn. 2; siehe auch unten *Demuth*, Art. 20 Rdn. 4.
172 OLG Düsseldorf, 23.11.1989 – 18 U 70/89, TranspR 1990, 63, 66 = VersR 1990, 1293 (LS); a.A. OLG Hamburg, 17.11.1983 – 6 U 43/83, TranspR 1984, 188 = VersR 1984, 258, das bei Wiederauffinden des Gutes mehr als 60 Tage nach der Übernahme den eingetretenen Verlust nicht mehr für gegeben hält; vgl. auch OLG Frankfurt/M, 20.1.1981 – 5 U 120/80, VersR 1981, 1131 = RIW 1981, 267 und *Alff*, § 429 Rdn. 94.
173 BGH, 25.10.2001 – I ZR 187/99, TranspR 2002, 198 = VersR 2002, 1580; BGH, 9.9.2010 – I ZR 152/09, TranspR 2011, 178 (Beschlagnahme); OLG Köln, 30.5.2006 – 3 U 164, 05, TranspR 2007, 114.
174 BGH, 27.10.1978 – I ZR 30/77, VersR 1979, 276 = NJW 1979, 2473; OLG München, 23.4.1993 – 23 U 6919/92, TranspR 1993, 348 = VersR 1994, 1328; *Huther*, in: EBJ, Art. 17 CMR Rdn. 3; kritisch *Koller*, § 425 HGB Rdn. 11.

ee) Nachnahmefehler

Kein Verlust liegt vor, wenn der Frachtführer das Gut beim Empfänger abliefert, **68** ohne eine vereinbarte Nachnahme einzuziehen. Hier ist die Beförderungspflicht erfüllt. Das Gut hat sein frachtvertragsgemäßes Ziel erreicht. Die Pflichtwidrigkeit des Frachtführers liegt in diesem Falle in der Nichtbeachtung der ihm erteilten Weisung. Seine Haftung folgt daher aus Art. 21 CMR.[175] Das Gleiche gilt, wenn das Gut unter Missachtung eines „on hold"-Vermerks abgeliefert wird. Dann haftet der Frachtführer nach ergänzend anwendbarem nationalen Recht, ggf. nach §§ 280, 823 BGB.[176]

ff) Nichtbeachtung von Weisungen

Erteilt dagegen während des Transportes der berechtigte Absender dem Fracht- **69** führer die Weisung, entgegen der ursprünglichen Absicht die Ladung nicht dem ursprüngliche Empfänger sondern einem neuen Dritten auszuliefern, oder die Beförderung anzuhalten und die Ware auf Lager zu nehmen, und liefert dennoch der Frachtführer entgegen dieser Weisung die Ware an den ursprünglich vorgesehenen Empfänger aus, so handelt es sich wiederum um eine Auslieferung des Beförderungsgutes an den nicht (mehr) berechtigten Empfänger und damit um einen Fall des Verlustes i.S.d. Art. 17 Abs. 1 CMR.[177]

b) Wirtschaftlicher Totalschaden – Verlust oder Beschädigung?

Neben dem reinen Verschwinden der Substanz gilt nach bislang recht weit ver- **70** breiteter Auffassung als Verlust auch die Zerstörung der Substanz in einer Weise, dass nur noch eine völlig unbrauchbare Restsubstanz, nämlich Schrott oder Trümmer, übrig bleiben.[178] Im englischen Seeversicherungsrecht spricht man von „Total Loss", wenn die Sache so zerstört oder beschädigt ist, dass sie aufgehört hat, eine Sache der versicherten Art zu sein (vgl. § 57 *Marine Insurance Act* (MIA) „... where the subject-matter insured is destroyed or so damaged as to cease to be a thing of the kind insured ..."). Ferner wird häufig Totalschaden im Sinne des Verlustes auch dann angenommen, wenn jener Zustand des Frachtgutes eintritt, den die Versicherer in Anlehnung an das englische Seeversicherungsrecht *Constructive Total Loss* nennen. Ein solcher konstruierter Totalverlust soll vorliegen, wenn das Gut in absolute Reparaturunwürdigkeit gerät, wenn also die

---

175 Vgl. Art. 21 Rdn. 30; *Fremuth*, in: Fremuth/Thume, § 425 HGB Rdn. 12; *Koller*, Art. 21 CMR Rdn. 4; *Boesche*, in: EBJS, Art. 17 Rdn. 3 a.E und 11; *Thume*, TranspR 2001, 433 m.w.N.; a.A. RG, 4.1.1911 – Rep. I 148/10, RGZ 75, 108; OLG Hamburg, 18.5.1989 – 6 U 258/88, TranspR 1990, 188 und OLG Nürnberg, 18.4.2001 – 12 U 4114/00, TranspR 2001, 262 (zum WA); vgl. oben Rdn. 25.
176 *Thume*, TranspR 2012, 85, 87; a.A. OLG München, 26.1.2011 – 7 U 3426/10, juris.
177 BGH, 27.1.1982 – I ZR 33/80, TranspR 1982, 105 = NJW 1982, 1944 = RIW 1982, 670 = VersR 1982, 669; siehe auch oben bei Falschablieferung, Rdn. 24ff.
178 BGH, 29.7.2009 – IV ZR 171/08, TranspR 2009, 408 (Rdn. 9 zu § 429 HGB); OLG Hamburg, 24.5.1984 – 6 U 67/84, TranspR 1984, 274; *Boesche*, in: EBJS, Art. 17 Rdn. 3 und 5.

Art. 17 Haftung des Frachtführers

Wiederherstellungskosten den ursprünglichen Wert des Gutes übersteigen würden, so dass es wirtschaftlich nicht sinnvoll wäre, das beschädigte Gut noch reparieren zu lassen, so dass es praktisch und wirtschaftlich wertlos wird.[179]

Neuerdings überwiegen aber die Stimmen, die in diesen Fällen Beschädigung annehmen, solange der Frachtführer noch irgendetwas abliefern kann, und seien es auch nur Scherben oder Trümmer.[180] Diese Unterscheidung ist zwar im Hinblick auf die zu leistende Entschädigung ohne praktische Bedeutung, weil für die Totalbeschädigung gem. Art. 25 CMR die gleichen Berechnungsgrundlagen des Art. 23 CMR gelten wie bei Totalverlust. Im Rahmen der Art. 30 und 32 CMR spielt sie jedoch eine erhebliche Rolle (siehe dazu Art. 30 CMR, Rdn. 6 und Art. 32 CMR, Rdn. 31).

70a Eigentlich ist – so sollte man meinen – die *Abgrenzung zwischen Verlust und Beschädigung* relativ einfach: Bei Verlust kann das Gut – aus welchen Gründen auch immer – nicht abgeliefert werden. Beschädigung ist dagegen eine Substanzveränderung des Gutes, die zu dessen Wertminderung führt (s. unten Rdn. 73 ff.). Der BGH hat die Frage bisher unterschiedlich beantwortet. Im wohl ersten Urteil vom 27.4.1967,[181] das zu § 35 KVO ergangen ist, wird der neutrale Begriff „Totalschaden" gebraucht. In einem Urteil vom 3.7.1974[182] spricht er von *Totalbeschädigung*. In einer weiteren Entscheidung vom 29.11.1984[183] konnte er die Frage offen lassen. Im Urteil vom 29.7.2009,[184] das zu § 429 HGB ergangen ist, macht er die Unterscheidung davon abhängig, ob das beschädigte Gut am Ort und zur Zeit der Übernahme noch einen Wert gehabt hätte.

Wie schon erwähnt, wird, wenn die Beschädigung des Gutes derart gravierend ist, dass dieses technisch nicht wieder herstellbar und damit reparaturfähig oder unwürdig ist, weil die Herstellungskosten den Wert des Gutes übersteigen, zunehmend die Auffassung vertreten, es handle sich hier um *Totalbeschädigung* (*total damage, l'averie totale*).[185]

---

[179] BGH, 3.7.1974 – I ZR 120/73, NJW 1974, 1616; BGH, 6.2.1997 – I ZR 202/94, TranspR 1997, 335; OLG Hamm, 6.2.1997 – 18 U 141/96, TranspR 1998, 34; ebenso in Österreich OGH Wien, 28.6.1988 – 8 Ob 657/87, TranspR 1989, 222 und OGH Wien, 19.7.1996, TranspR 1997, 435; *de la Motte*, VersR 1988, 317, 318; ausführlich Staub/*Helm*, Art. 17 CMR Rdn. 6 ff.; *Herber/Piper*, Art. 17 CMR Rdn. 2, 7; *Huther*, in: EBJ, Art. 17 CMR Rdn. 3; *Willenberg*, § 29 KVO Rdn. 33 und 43; offen lassend OLG München, 31.5.2000, NJW-RR 2000, 1638 („wirtschaftlicher Totalschaden").
[180] So schon *Heuer*, S. 72 und *Lenz*, S. 189, Rdn. 528.
[181] BGH, 27.4.1967 – II ZR 74/65, VersR 1967, 898.
[182] BGH, 3.7.1974 – I ZR 120/73, NJW 1974, 1616 = VersR 1974, 1013 (zur CMR – tiefgefrorener Fisch).
[183] BGH, 29.11.1984 – I ZR 121/82, TranspR 1985, 182 = VersR 1985, 258.
[184] BGH, 29.7.2009 – IV ZR 171/08, TranspR 2009, 408 (Rdn. 9).
[185] OLG Stuttgart, 15.9.1993 – 3 U 69/93, TranspR 1994, 156 (CMR-Textilien); OLG Köln, 29.9.1980 – 12 U 89/80, VersR 1981, 842 (WA); OLG Düsseldorf, 12.12.1985 – 18 U 90/85, TranspR 1986, 56 = VersR 1986, 1069; OLG Hamburg, 25.6.1981 – 6 U 184/80, VersR 1982, 157 (verwendet im Text ebenfalls den Begriff „Totalbeschädigung", der – nicht amtliche – Leitsatz ist daher unrichtig); *Aisslinger*, Haftung, S. 169; MünchKommHGB/*Jesser-*

Die *Einordnung unter den Verlustbegriff* erfolgt i.d.R. aus rein wirtschaftlichen Gesichtspunkten.[186] Ferner wird darauf verwiesen, dass es beim Totalschaden des Gutes nicht immer zur Ablieferung kommen müsse, denn der Absender und Empfänger könne durch das Angebot total geschädigter Ware nicht mehr in Annahmeverzug gesetzt werden. Daher sei es auch nicht zweckmäßig, in diesen Fällen den Verjährungsbeginn an den Zeitpunkt der Ablieferung zu knüpfen.[187] Dem ist jedoch zu entgegnen, dass durch eine solche Auffassung die klare Definitionsgrenze zwischen dem Verlust und der Substanzverletzung = Beschädigung überschritten und verletzt wird. Ferner erscheint es methodisch angreifbar, die Entscheidung der Begriffsdefinition nur aus wirtschaftlichen Überlegungen zu treffen oder sie etwa aus Gründen der Zweckmäßigkeit an eine Rechtsfolge, nämlich die des Verjährungsbeginnes knüpfen zu wollen. Vielmehr muss sich umgekehrt der Anknüpfungspunkt der Rechtsfolge aus der zuvor gewonnenen Definition ergeben. Außerdem lässt die vorgenannte Auffassung unberücksichtigt, dass grundsätzlich auch weiterhin die Möglichkeit besteht, das total beschädigte Gut abzuliefern. Ferner lässt diese Betrachtungsweise jene Fälle außer Acht, in denen das total beschädigte Gut tatsächlich abgeliefert worden ist und bei denen beispielsweise der Totalschaden erst später beim Auspacken des abgelieferten Gutes bemerkt wird. Schließlich kommt noch ein ganz wesentliches weiteres Argument hinzu, das aus zwei Rechtsquellen zu entnehmen ist, welche die Fälle des Totalschadens behandeln: Sowohl Art. 25 Abs. 2 lit. a) CMR als auch Art. 42, § 2a ER/CIM enthalten nämlich eine Berechnungsregelung des Schadens für den Fall, dass die ganze Sendung durch eine Beschädigung total entwertet ist. Dort wird die Totalbeschädigung auch als solche und nicht etwa als Verlust gewertet.[188]

Deshalb werden die *Fälle des Totalschadens* richtigerweise – wenn nicht in allen Bereichen des Transportrechts, so doch zumindest im Bereich der CMR – nicht als Totalverlust, sondern als *Totalbeschädigung* zu behandeln sein,[189] denn hier ergibt sich die Einordnung als Beschädigung ganz eindeutig schon aus Art. 25 Abs. 2 lit. a CMR.[190] Dann ist auch die Frage der Verjährung nach Art. 32 Abs. 1 CMR eindeutig geklärt. Bei Teil- und Totalbeschädigung beginnt die Verjährungsfrist nach lit. a) mit dem Tage der Ablieferung des Gutes und bei gänzlichem Verlust zu dem in lit. b) genannten späteren Zeitpunkt. Die Totalbeschädigung geht schlicht in den Totalverlust über, wenn der Frachtführer von sich aus

---

Huß, Art. 17 CMR Rdn. 12; *Bischof*, Art. 8 GüKUMB Rdn. 41; *Thume*, in: Fremuth/Thume, Art. 17 CMR Rdn. 7 und Art. 25 CMR Rdn. 4; *Willenberg*, § 29 KVO Rdn. 35.
186 Heymann/*Honsell*, § 429 HGB Rdn. 5; *de la Motte*, VersR 1988, 317.
187 *Helm*, FS Piper, S. 862.
188 Siehe dazu *Demuth*, TranspR 1996, 257 und in der Vorauf. Art. 32 CMR; MünchKommHGB/*Jesser-Huß*, Art. 17 CMR Rdn. 12.
189 So seit der 4. Aufl. *Koller*, Art. 17 CMR Rdn. 1f. und § 425 Rdn. 4ff., 13; *Thume*, in: Gedächtnisschrift für Helm, S. 341, 351f.; siehe auch unten *Demuth* zu Art. 32 Rdn. 31; zum HGB auch *Fremuth*, in: Fremuth/Thume, § 425 HGB Rdn. 14; *Schaffert*, in: EBJS, § 425 HGB Rdn. 12; a.A *Boesche*, in: EBJS, Art. 17. CMR Rdn. 3.
190 MünchKommHGB/*Jesser-Huß*, Art. 17 CMR Rdn. 12; *Demuth*, TranspR 1996, 257; *Otte*, in: Ferrari et al., Art. 17 CMR Rdn. 12.

auf Ablieferung verzichtet, weil er die Wertlosigkeit des Gutes erkannt hat oder wenn der Empfänger die Annahme endgültig verweigert, so dass das Gut dann irgendwann entsorgt werden muss, weil eine andere Verwertung nicht mehr möglich, zumindest aber völlig unwirtschaftlich ist.

c) Teilverlust

71 Ein Teilverlust liegt vor, wenn ein bestimmter abgrenzbarer Teil der Sachgesamtheit des Frachtgutes verloren geht, während der Rest abgeliefert werden kann, wenn also z.B. von zehn Paletten mit Fernsehgeräten zwei gestohlen und die restlichen acht ausgeliefert werden.[191] Führt der Verlust eines Teiles des Frachtgutes zu einer Wertminderung des verbleibenden Restes, so liegt eine Beschädigung des Gesamtfrachtgutes vor.[192]

d) Teilverlust und wirtschaftlicher Totalschaden

72 Schließlich kann der Verlust von Teilen einer Sachgesamtheit auch zu einem wirtschaftlichen Totalschaden des gesamten Frachtgutes führen, wenn damit die Sachgesamtheit vollständig entwertet wird. *De la Motte*[193] hat dazu ein treffendes Beispiel gebildet: Zwei Figuren eines Schachspiels gehen verloren. Handelt es sich um eine künstlerische Einzelausfertigung, so entwertet der Verlust dieser beiden Figuren das gesamte Spiel. Es entsteht Totalschaden, der sich meist erst nach der Ablieferung, nämlich beim Auspacken herausstellen wird und daher – folgt man der oben zuletzt dargelegten Auffassung – als Totalbeschädigung zu werten ist.[194] Handelt es sich dagegen um eine Serienanfertigung, so dass die beiden Figuren nachgeliefert werden können, liegt nur ein Teilverlust vor.[195] Oder wird z.B. bei einem Kühltransport von Gurken ein Anteil von 30% verdorben, und ist ein Aussortieren des gesunden Gutes unmöglich, weil die Infizierung mit Fäulniserregern des verdorbenen Teils nicht ausgeschlossen werden kann, so dass die gesamte Ladung nicht abgeliefert, sondern entsorgt wird, so tritt Verlust der gesamten Sendung ein.[196] Ebenso ist es bei behördlicher Anordnung der Vernichtung von Lebensmitteln nach Auftauen eines Teils.[197]

---

191 BGH, 2.12.1982 – I ZR 176/80, TranspR 1983, 73; OLG Frankfurt/M., 28.4.1981 – 5 U 29/80, MDR 1981, 805; *Willenberg*, § 29 KVO Rdn. 35; *Fremuth*, in: Fremuth/Thume, § 425 HGB Rdn. 13; *Herber/Piper*, Art. 17 CMR Rdn. 4; *Huther*, in: EBJ, Art. 17 CMR Rdn. 4; *Lenz*, Rdn. 522.
192 BGH, 3.7.1974 – I ZR 120/73, VersR 1974, 1013 = NJW 1974, 1616 = ETR 1975, 75 = AWD 1974, 495 und vom 6.2.1997 – I ZR 202/94, VersR 1997, 1298; OLG Hamburg vom 15.1.1998 – 6 U 14/96, TranspR 1997, 290; *Helm*, Art. 25 CMR Rdn. 4; *Heuer*, S. 71; *Huther*, in: EBJ, Art. 17 CMR Rdn. 4 mit weiteren Beispielen; *Knorre*, TranspR 1985, 241, 243; *Koller*, Art. 23 CMR Rdn. 13; *Lenz*, Rdn. 523.
193 VersR 1988, 317, 318.
194 A.A. insoweit *Koller*, Art. 23 CMR Rdn. 13, der hier Verlust annimmt.
195 Vgl. auch *Knorre*, TranspR 1985, 241, 242f.; *Koller*, Art. 23 CMR Rdn. 12.
196 Vgl. OLG Düsseldorf vom 12.12.1985 – 18 U 90/85, TranspR 1986, 56 = VersR 1986, 1069.
197 OLG Hamburg vom 13.7.1995 – 6 U 21/95, TranspR 1996, 110.

e) Beschädigung

Die Beschädigung des Frachtgutes ist eine äußere oder innere Substanzverschlechterung, die eine Wertminderung des Gutes zur Folge hat.[198] **73**

Tritt während der Beförderung eine *Wertminderung* des Gutes *ohne* eine *objektive Substanzverschlechterung* (z.B. ein Preisverfall) ein, so liegt kein Sachschaden, also weder Verlust noch Beschädigung des Gutes vor.[199] Allenfalls wäre bei Lieferfristüberschreitung ein Verspätungsschaden denkbar.

Der BGH hat allerdings in einem zu § 429 HGB a.F. ergangenen Urteil den *Schadensverdacht*, der zu einer Wertminderung des Gutes geführt hatte, ebenfalls als Beschädigung angesehen.[200]

aa) Äußere Substanzverschlechterung

Sie kann beispielsweise eintreten durch: Abbrechen von Teilen, Beulen, Bruch,[201] **74** Dellen, Kratzer, Knitterschäden an hochwertigen Textilien,[202] Nässeschäden,[203] Rostschäden,[204] Schrammen, Verbiegungen, Verschmutzung,[205] Verunreinigung[206] und Auftauen.[207]

Vermischungsschäden können auch eintreten, durch Verschmutzung mit Fremdstoffen oder wenn das Transportmittel vor Beginn der Beförderung nicht ausreichend von den Resten der Verladung gesäubert wurde, so dass die neue Ladung verunreinigt wird.[208]

---

198 BGH, 12.2.1992 – VIII ZR 276/90, NJW 1992, 1225; OLG Celle, 13.1.1975 – 12 U 100/74, NJW 1975, 1603 = VersR 1975, 205; OLG Köln vom 26.9.1985 – 7 U 8/55, TranspR 1986, 285 mit Anmerkung *Knorre*; *Herber/Piper*, Art. 17 CMR Rdn. 6; *Huther*, in: EBJ, Art. 17 CMR Rdn. 5; Staub/*Helm*, Art. 17 CMR Rdn. 8; *Koller*, § 429 HGB Rdn. 3; *Fremuth*, § 429 HGB Rdn. 8; *Willenberg*, § 29 KVO Rdn. 36; *de la Motte*, VersR 1988, 317, 318; *Glöckner*, Art. 17 CMR Rdn. 4; *Lenz*, Rdn. 524.
199 *de la Motte*, VersR 1988, 317; *Koller*, § 429 HGB Rdn. 3.
200 BGH, 24.5.2000 – I ZR 84/98, TranspR 2000, 456; ähnlich schon OLG Hamburg, 13.9.1990 – 6 u 65790, TranspR 1991, 151 (Verdacht der Verunreinigung) und BGH 11.7.2002 – I ZR 36/00, TranspR 2002, 440.
201 Vgl. OLG Hamm, 13.5.1993 – 18a U 94/93, NJW-RR 1994, 294.
202 OLG Düsseldorf, 11.6.1987 – 18 U 280/86, TranspR 1987, 430.
203 BGH, 7.5.1969 – I ZR 126/67, VersR 1969, 703 = VRS 37, 100; OGH, 2.9.1987 – 1 Ob 663/87, JBl 1988, 115 = RdW 1988, 9 = SZ 60/159; OLG Hamm, 6.2.1997 – 18 U 141/96, TranspR 1998, 34 (Totalbeschädigung von Lebensmitteln wegen Unverkäuflichkeit bei Wasserrändern auf der Verpackung); LG Köln, 11.11.1982 – 91 O 60/81, TranspR 1983, 54.
204 BGH, 19.11.1959 – II ZR 78/58, BGHZ 1981, 183 = NJW 1960, 337 = VersR 1960, 30.
205 OGH, 17.10.1981 – 5 Ob 591/81, HS XII/XIII/15 = *Greiter*, Nr. 23 (Stoffballen, die nur mit Kartonagen abgedeckt waren).
206 OGH, 8.9.1983 – 7 Ob 643/83, EvBl 1984, 13 = *Greiter*, Nr. 42 (verunreinigter Wodka bei Verwendung nicht ausreichend gesäuberter Tankwagen).
207 OLG Düsseldorf, 9.10.2002 – 18 U 38/02, TranspR 2003, 107.
208 OLG Hamburg, 19.12.1985 – 6 U 188/80, TranspR 1986, 146 = VersR 1986, 261 (Haselnusskerne) und OLG Hamburg, 3.10.1985 – 6 U 118/85, VersR 1986, 911 (Treibstoff-betr.

Art. 17 Haftung des Frachtführers

bb) Innere Substanzverschlechterung

75 Diese liegt dann vor, wenn das Gut zwar nach außen hin wie körperlich unversehrt erscheint, aber durch äußere Einflüsse während des Transportes Qualitätsminderungen erlitten hat, die dazu führen, dass nur eine Verwertung mit geringerem Erlös möglich wird. Derartige *Qualitätsverschlechterungen* treten insbes. *bei Lebensmitteltransporten* auf.[209] Bei einem Kühltransport von Folien, die ab 10 Grad Celsius verkleben können, tritt bei Überschreitung dieser Temperatur u. U. selbst dann eine Beschädigung ein, wenn die tatsächliche Verklebung nicht festgestellt wird. Die Beschädigung kann in diesem Fall in der infolge der Temperaturerhöhung weggefallenen Verkehrsfähigkeit der Ware liegen.[210]

Weitere Beispiele für solche innere Substanzverletzungen sind *Aromaverlust*,[211] *Geruchsschäden* durch vorausgegangene oder beigeladene Güter,[212] *Frischeverlust* von Weintrauben und damit Verkürzung der üblichen Vermarktungsdauer wegen fortgeschrittener Reife,[213] *Verderb von Frischfleisch* wegen ungenügender Kühlung,[214] *Verderb von Kartoffeln*, Fäulnis wegen Transportverzögerung durch Fahrzeugdefekt.[215]

cc) Beschädigung von Kühlprodukten

76 Sie sind häufige Sonderfälle der inneren Substanzverletzung, die bei Gefriergut insbes. durch *Antauen* infolge ausgefallener oder unzureichender Kühlanlagen entstehen können. Die Wertminderung liegt darin, dass der Käufer i. d. R. die an-

---

Seeschifffahrt); OLG Köln, 26.9.1985 – 7 U 8/85, TranspR 1986, 285 (Amolit); siehe auch Fn. 111.
209 BGH, 3.7.1974 – I ZR 120/73, NJW 1974, 1616 = AWD 1974, 495 = ETR 1975, 75; OLG Hamburg, 30.3.1989 – 6 U 169/88, VersR 1989, 1214 m. w. H.; OLG Celle, Urt. v. 13.1.1975 – 12 U 100/74, NJW 1975, 1603 = VersR 1975, 250 = WM 1975, 189; *Willenberg*, § 29 KVO Rdn. 37.
210 OLG Hamburg, 22.7.1982 – 6 U 24/82, VersR 1983, 63 (LS); vgl. zum Ganzen *Thume*, TranspR 1992, 1.
211 Kaffee: BGH, 10.2.1983 – I ZR 114/81, BGHZ 86, 387 = LM, Nr. 47 zu KVO (Anm. *Alff*) = NJW 1983, 1674 = TranspR 1983, 67 = VersR 1983, 629 = VRS 65, 120; bestätigt OLG Bremen, 21.5.1981 – 2 U 1/81, VersR 1981, 974.
212 OLG Karlsruhe, 25.2.1999 – 9 U 108/96, TranspR 1999, 349 (Parfümgeruch von Haselnusskernen); zur Verpflichtung des seerechtlichen Verfrachters, gem. § 559 HGB Laderaumtauglichkeit für geruchsempfindliche Ladung zu überprüfen, siehe BGH, 9.4.1990 – II ZR 75/89, TranspR 1990, 333.
213 AG Düsseldorf, 12.9.1985 – 47 C 412/83, VersR 1986, 500 = MDR 1986, 239 = Spediteur 1988, 46.
214 OLG Koblenz, 2.7.1976 – 2 U 515/74, VersR 1976, 1151 (ohne Außenthermometer); OLG Schleswig, 30.8.1978 – 9 U 29/78, VersR 1979, 141 (ungenügende Vorkühlung); OLG Hamm, 18.10.1984 – 18 U 175/82, TranspR 1985, 107; OLG Hamburg, 27.10.1988 – 6 U 116/88, TranspR 1989, 318 (unzureichende Kühlanlage); OLG Hamm, 11.6.1990 – 18 U 214/89, TranspR 1990, 375; LG Bremen, 23.12.1988 – 11 O 733/86, TranspR 1989, 267; LG Duisburg, 14.12.1988 – 19 O 15/88, TranspR 1989, 269.
215 OGH, 31.3.1982 – 3 Ob 506/82, TranspR 1983, 196 = HS XII/XIII/15 = *Greiter*, Nr. 27.

getaute Ware nicht mehr abnehmen muss. Sie tritt auch dann ein, wenn das Gut später wieder eingefroren wird.[216]

Einzelfälle: Bohnen,[217] Erdbeeren,[218] Fisch,[219] Gemüse, diverse,[220] Hasen,[221] Himbeeren,[222] Sauerkirschen,[223] Speiseeis,[224] frische grüne Pfefferoni und frische Feigen.[225]

77

dd) Nachträgliche Beseitigung der Beschädigung

Ist die Substanzverschlechterung erst einmal eingetreten, so liegt die Beschädigung vor, auch wenn sie später ganz oder teilweise wieder beseitigt werden könnte. So ist die Substanzverschlechterung bei einer Vermischung von Schüttgut auch dann gegeben, wenn die Trennung der beiden Ausgangsprodukte durch chemische oder physikalische Verfahren wieder möglich wäre.[226] Angetaute Tiefkühlprodukte sind auch beschädigt, wenn sie wieder eingefroren worden sind.[227]

78

---

216 BGH, 3.7.1974 – I ZR 120/73, VersR 1974, 1013 = NJW 1974, 1616 = ETR 1975, 75; OLG Celle, 13.1.1975 – 12 U 100/74, NJW 1975, 1603 = VersR 1975, 250 = WM 1975, 189; OLG Düsseldorf, 9.10.2002 – 18 U 38/02, TranspR 2003, 107; OLG Hamburg, 30.3.1989 – 6 U 169/88, TranspR 1989, 321 = VersR 1989, 1214 und OLG Hamburg, 13.7.1995 – 6 U 21/95, TranspR 1996, 110; OLG München, 16.1.1991 – 7 U 2240/90, TranspR 1991, 181; *Fremuth*, § 429 HGB Rdn. 8; *Willenberg*, § 29 KVO Rdn. 37; *Thume*, TranspR 1992, 1.
217 OLG Hamm, 15.3.1990 – 18 U 88/89, VersR 1991, 360 (Zusammenwirken von Verladefehler und Einsatz ungeeigneten Kühlfahrzeugs); OLG Düsseldorf, 13.12.1979 – 18 U 133/79, VersR 1980, 286 (Fahrzeugmangel – Beweislastfragen); OLG Celle, 13.1.1975 – 12 U 100/74, NJW 1975, 1603 = VersR 1975, 250 (Qualitätsminderung ist Beschädigung).
218 OGH, 21.2.1985, 7 – Ob 22/84 = SZ 58/28, VersR 1986, 559 = *Greiter*, Nr. 56) – Beladefehler; OLG Hamm, 11.9.2008 – 18 U 132/07, juris (ungenügende Vorkühlung).
219 BGH, 3.7.1974 – I ZR 120/73, NJW 1974, 1616 = VersR 1974, 1013 = VRS 47, 335 (Teilbeschädigung-Gesamtentwertung); OGH, 8.10.1984 – 1 Ob 577/84 = SZ 57/150, TranspR 1985, 103 = VersR 1985, 795 – *Greiter*, Nr. 48 (Beladefehler, dadurch Beschädigung der Kühlanlage und des Kühlkoffers) OLG München, 16.1.1991 – 7 U 2240/90, TranspR 1992, 181.
220 OLG Schleswig, 18.3.1983 – 11 U 244/80, TranspR 1983, 148 (zu § 35 Abs. 3 KVO).
221 OLG Hamburg, 23.9.1982 – 6 U 95/82, VersR 1983, 827 (Sorgfaltspflicht des Spediteurs bei Übernahme).
222 OLG Hamburg, 29.11.1984 – 6 U 134/84, TranspR 1985, 130 (kein „Grill"-Boden); OLG Hamburg, 2.5.1985 – 6 U 206/84, TranspR 1985, 398 = VersR 1986, 865 (mangelnde Temperaturüberwachung).
223 OLG Hamburg, 21.2.1985 – 6 U 198/84, TranspR 1985, 400 = VersR 1986, 483 (unsachgemäße Verladung – kein „Grill"-Boden).
224 BGH, 28.5.1965 – I b ZR 131/63, NJW 1985, 1593 = VersR 1965, 755 (zur KVO); OLG Düsseldorf, 30.10.1980 – 18 U 103/80, VersR 1981, 526 (Beweislast – Kerntemperatur – KVO); OLG Schleswig, 18.3.1983 – 11 U 244/80, TranspR 1983, 148 (zu § 35 KVO).
225 OGH, 22.11.1984 – 8 Ob 594/83, *Greiter*, Nr. 50 (Schaden am Kühlaggregat).
226 OLG Köln, 26.9.1985 – 7 U 8/85, TranspR 1985, 285 (Anm. *Knorre*).
227 OLG Celle, 13.1.1975 – 12 U 100/74, NJW 1975, 1603 = VersR 1975, 250 (Bohnen); OLG München, 16.1.1992 – 7 U 2240/90, TranspR 1992, 181 (Meeresfrüchte und Fisch – wirtschaftl. Totalschaden); OLG Schleswig, 18.3.1983 – 11 244/80, TranspR 1983, 148 (Speiseeis); Staub/*Helm*, Art. 17 CMR Rdn. 8; *Huther*, in: EBJ, Art. 17 CMR Rdn. 5; *Willen-*

Art. 17 Haftung des Frachtführers

ee) Teilbeschädigung und Gesamtbeschädigung

79 Wie beim Verlust (vgl. dazu oben Rdn. 72) kann auch bei der Beschädigung eines Teils des Frachtgutes wirtschaftlich eine Beschädigung der gesamten Ladung eintreten, so wenn der wichtige Teil einer Maschine beschädigt wird.[228] Dies geschieht auch, wenn eine Ladung von tiefgefrorenem Fisch teilweise antaut, so dass ihr an der Grenze die Einfuhrerlaubnis insgesamt verweigert wird, wodurch nachteilige Auswirkungen auf die Wertschätzung der gesamten Sendung eintreten, die insoweit ein untrennbares Ganzes bildet und damit insgesamt unverkäuflich und völlig entwertet wird.[229] Ähnlich ist es, wenn Frischgemüse unzureichend gekühlt transportiert wird und bei der Ankunft 30 bis 40% der Ware beschädigt sind und wenn ein Aussortieren vom gesunden Gut deshalb nicht möglich ist, weil die Infizierung dieses Gutes mit Fäulniserregern des beschädigten Gutes nicht ausgeschlossen werden kann.[230] Das Gleiche gilt, wenn bei Unterkühlungsschäden von Erdbeeren die zwar mögliche, aber auch erforderliche Aussortierung der Einzelstücke einen erheblichen Aufwand an Zeit und Personalkosten bedeuten würde.[231]

Hinsichtlich der *Darlegungs-* und *Beweislastfragen* bezüglich Verlust und Beschädigung vgl. Art. 18 CMR Rdn. 26 ff.

III. Die (einfachen) Haftungsausschlüsse des Abs. 2

80 Nach Art. 17 Abs. 2 CMR ist der Frachtführer von der Haftung nach Abs. 1 befreit, wenn der Verlust, die Beschädigung oder die Lieferfristüberschreitung

1. durch ein Verschulden des Verfügungsberechtigten,
2. durch eine nicht vom Frachtführer verschuldete Weisung des Verfügungsberechtigten,
3. durch besondere Mängel des Gutes oder
4. durch Umstände verursacht worden ist, die der Frachtführer nicht vermeiden und deren Folgen er nicht abwenden konnte.

Diese Haftungsausschlüsse nach Abs. 2 werden in der Rechtsprechung und Lehre als einfache oder nicht bevorrechtigte Haftungsausschlüsse bezeichnet, weil nach Art. 18 Abs. 1 CMR den Frachtführer die Beweislast für das Vorliegen eines oder mehrerer dieser Umstände obliegt. Im Gegensatz hierzu enthält Art. 17

---

berg, § 29 KVO Rdn. 38; *Thume*, TranspR 1992, 1; *ders.*, in: Fremuth/Thume, Art. 17 CMR Rdn. 8.
228 BGH, 6.2.1997 – I ZR 202/94, VersR 1997, 1298.
229 BGH, 3.7.1974 – I ZR 120/73, VersR 1974, 1013 = NJW 1974, 1616 = AWD 1974, 495 = ETR 1975, 75 (aus der zunächst eingetretenen Beschädigung wird Verlust, weil das Gut nicht mehr abgeliefert werden kann); vgl. dazu *Knorre*, TranspR 1985, 243; *Koller*, Art. 25 CMR Rdn. 4; *Thume*, TranspR 1992, 1.
230 OLG Düsseldorf, 12.12.1985 – 18 U 90/85, TranspR 1986, 56 = VersR 1986, 1069.
231 Vgl. OLG Düsseldorf, 28.5.1986 – 18 U 38/86, TranspR 1986, 381.

Abs. 4 CMR weitere Haftungsausschlusstatbestände, die aber anderen bevorrechtigten, d.h., privilegierten Beweisregeln unterliegen. Hinsichtlich der Einzelheiten wird auf die Erläuterungen zu Art. 18 CMR verwiesen. Nachfolgend wird zunächst auf die einzelnen Haftungsausschlüsse des Abs. 2 eingegangen.

1. Verschulden des Anspruchsberechtigten

Der Wortlaut des deutschen Textes des Art. 17 Abs. 2 CMR ist nicht ganz korrekt. Der nach Art. 51 Abs. 3 CMR maßgebliche englische und französische Text sprechen von „claimant" bzw. von „l'ayant droit", d.h. vom (berechtigten) Anspruchsteller bzw. Gläubiger. Gemeint ist das Verschulden des Anspruchsberechtigten, das ist derjenige, der die Aktivlegitimation besitzt. Dies können sowohl der Absender als auch in bestimmten Fällen gem. Art. 13 CMR der Empfänger sein (vgl. hierzu Rdn. 6ff. Vor Art. 17 CMR). Der Frachtführer kann sich also auf das Verschulden dieser beiden Personen berufen, d.h. er haftet auch nicht dem einen Berechtigten gegenüber, wenn der andere durch sein Verschulden den Schaden verursacht hat. Auf die Verfügungsberechtigung nach Art. 12 CMR kommt es dagegen nicht an.[232]

81

Das Verschulden des Anspruchsberechtigten muss nicht gleichzeitig eine Verletzung seiner Vertragspflichten bedeuten. Vielmehr genügt *jedes schuldhafte Verhalten i.S.v. § 276 Abs. 1 BGB*, d.h., jede Nichtbeachtung der im Verkehr erforderlichen Sorgfalt, die seine Obliegenheit zur Schadensverhinderung verletzt.[233] Für Erfüllungsgehilfen haftet der Verfügungsberechtigte nach dem ergänzend anwendbaren nationalen Recht, soweit deutsches Recht ergänzend anwendbar ist, also gem. § 278 BGB.[234] Das (Mit-)Verschulden kann sowohl den Schadenseintritt betreffen als auch die Schadenshöhe.[235] Der Zeitpunkt des schuldhaften Verhaltens ist nicht von Bedeutung, er kann also vor Beginn der frachtvertraglichen Obhut des Frachtführers liegen.

82

---

232 BGH, 25.1.2007 – I ZR 43/04, TranspR 2007, 314; *Loewe*, ETR 1976, 503, 554; *Herber/Piper*, Art. 17 CMR Rdn. 57; *Boesche*, in: EBJS, Art. 17 CMR Rdn. 21; *Koller*, Art. 17 CMR Rdn. 31a; MünchKommHGB/*Jesser-Huß*, Art. 17 CMR Rdn. 29; *de la Motte*, TranspR 1986, 369; vgl. dazu auch Art. 18 CMR Rdn. 31 und OLG Hamburg, 19.12.1985 – 6 U 188/80, TranspR 1986, 146 = VersR 1986, 261; a.A. teilw. *Staub/Helm*, Art. 17 CMR Rdn. 59, der die Verfügungsberechtigung gem. Art. 12 verlangt, und OLG Düsseldorf, 12.1.1994 – 18 U 151/83, TranspR 1984, 102.
233 BGH, 9.9.2010 – I ZR 152/09, TranspR 2011, 178 = VersR 2012, 337. *Boesche*, in: EBJS, Art. 17 CMR Rdn. 22; MünchKommHGB/*Jesser-Huß*, Art. 17 CMR Rdn. 30; *Koller*, Art. 17 CMR Rdn. 31a; *Otte*, in: Ferrari et al., Art. 17 CMR Rdn. 41.
234 BGH, 25.1.2007 – I ZR 43/04, TranspR 2007, 314; BGH, 13.7.2000 – I ZR 49/98, TranspR 2000, 409; *Boesche*, in: EBJS, Art. 17 CMR Rdn. 22; *Staub/Helm*, Art. 17 CMR Rdn. 60; MünchKommHGB/*Jesser-Huß*, Art. 3 CMR Rdn. 9; *Otte*, in: Ferrari et al., Art. 17 CMR Rdn. 42; *Koller*, Art. 17 CMR Rdn. 31a.
235 BGH, 9.9.2010 – I ZR 152/09, TranspR 2011, 178 = VersR 2012, 337. *Boesche*, in: EBJS, Art. 17 CMR Rdn. 22; *Koller*, Art. 17 CMR Rdn. 31.

Art. 17 Haftung des Frachtführers

Beispiele: Verschulden des Absenders liegt vor, wenn er den Frachtführer nicht über besondere gefahrenträchtige und nichterkennbare Eigenschaften des Frachtgutes, wie Frostempfindlichkeit, Selbstentzündungsgefahr oder ungewöhnliche situierte Schwerpunkte, unterrichtet,[236] wenn er die Verladung des Gutes verspätet vornimmt,[237] wenn vor er das Fahrzeug überlädt und es dadurch zu einer Verspätung kommt,[238] wenn er dem Frachtführer notwendige Weisungen nicht erteilt,[239] ihm die erforderlichen Begleitpapiere nicht mitgibt[240] oder in Jutesäcke verpackte Haselnüsse auf einen erkennbar mit Resten einer Chemikalie verschmutzten LKW des Frachtführers auflädt.[241] Sein (Mit-)Verschulden kann auch darin liegen, dass er versäumt, den Frachtführer über die besondere Nässeempfindlichkeit der Ladung (ausschließlich zur Herstellung von Thermoscheiben bestimmte Aluminiumprofile) zu belehren,[242] oder wenn er als Ladepflichtiger die Verstauung dem Fahrer überlässt und auch nicht überprüft.[243] (Zum Mitverschulden des Absenders bei grobem Verschulden des Frachtführers siehe Art. 29 Rdn. 76).

Andererseits muss der Absender gegen den Einsatz eines offenen Fahrzeugs nicht ausdrücklich protestieren[244] oder auf die Untauglichkeit des Fahrzeugs hinweisen, es sei denn, er hätte diese beim Beladen erkannt.[245] Der Absender ist nämlich nicht verpflichtet, das Fahrzeug auf seine Eignung zu untersuchen, das gilt auch für Kühlfahrzeuge.[246] Auch eine allgemeine Verpflichtung des Absenders, die vom Frachtführer geschuldeten Leistungen zu überprüfen, besteht nicht. Hält daher der Frachtführer, der für die ordnungsgemäße Ablieferung des Gutes beim berechtigten Empfänger verantwortlich ist, eine Mitwirkung des Absenders durch besondere Sicherheitsmaßnahmen für erforderlich, so muss er diese Mitwirkungstätigkeit zum Gegenstand des Frachtvertrags machen. Die Nichtbefolgung eines bloßen Mitwirkungsverlangens des Frachtführers führt deshalb weder zum Verschulden des Absenders gem. Art. 17 Abs. 2, 1. Alternative CMR, noch zu dessen Mithaftung nach Art. 17 Abs. 5 wegen Obliegenheitsverletzung.[247]

83 Die Säumigkeit des Empfängers bei der Annahme des Gutes bzw. dessen Ablehnung ist ein Ablieferungshindernis. Da dieser vor der Annahme des Gutes und der Zweitausfertigung des Frachtbriefs noch nicht verfügungsberechtigt und auch nicht Erfüllungshilfe des Absenders ist, kann sich der Frachtführer insoweit

---

236 MünchKommHGB/*Jesser-Huß*, Art. 17 CMR Rdn. 33 m.w.Hw.
237 OLG Düsseldorf, 27.2.1997 – 18 U 104/96, TranspR 1998, 194.
238 *Boesche*, in: EBJS, Art. 17 CMR Rdn. 23.
239 OLG Nürnberg, 16.3.1976, Spediteur 1985, 320.
240 Staub/*Helm*, Art. 17 CMR Rdn. 60.
241 OLG Hamburg, 19.12.1985 – 6 U 188/80, TranspR 1986, 146 = VersR 1986, 261.
242 OLG Köln, 30.8.1990 – 17 U 35/89, TranspR 1990, 425.
243 BGH, 25.1.2007 – I ZR 43/04, TranspR 2007, 314.
244 OLG Düsseldorf, 15.12.1983 – 18 U 72/83, TranspR 1984, 38 = VersR 1984, 686.
245 OLG Frankfurt/M, 25.10.1977 – 5 U 14/77, VersR 1978, 353 = RIW 1978, 409.
246 OLG München, 16.1.1991 – 7 U 2240/91, TranspR 1992, 181.
247 BGH, 13.7.2000 – I ZR 49/98, TranspR 2000, 409 = VersR 2001, 261.

nicht auf die erste Alternative des Art. 17 Abs. 2 CMR berufen.[248] Unabwendbar für den Frachtführer kann der Verlust jedoch sein, wenn der Empfänger selbst die Falschauslieferung des Gutes an einen Dritten schuldhaft verursacht.[249]

Das Verschulden des Anspruchsberechtigten kann auch in einem Verhalten liegen, das zu den bevorrechtigten Haftungsausschlüssen gem. Art. 17 Abs. 4 insbes. b) bis e) CMR zählt; so z.B., wenn der Absender das mangelhaft verpackt oder schuldhaft falsch verlädt und deshalb während des Transports die Ladung verrutscht und beschädigt wird. Dann sind beide Haftungsausschlussgründe formal gegeben, wobei allerdings die Gründe des Abs. 4 als *leges speciales* Vorrang haben und im Übrigen auch dann zum Zuge kommen, wenn gar kein Verschulden des Verfügungsberechtigten vorliegt. Außerdem können schuldhafte Schadenshandlungen der Anspruchsberechtigten auch mit anderen Haftungsbefreiungstatbeständen des Abs. 2 und 4 zusammentreffen, so dass diese kumulativ zusammenwirken. **84**

Das Verschulden des Anspruchsberechtigten muss ferner *für den Schaden kausal sein.*[250] Eine fehlerhafte Entladung des Empfängers bleibt ohne Rechtsfolgen, wenn sie nicht schadensursächlich ist und den Schaden auch nicht vergrößert.[251] **85**

Ist der Schaden sowohl durch schuldhaftes Verhalten des Absenders und Empfängers einerseits als auch durch ein Verhalten des Frachtführers verursacht, aufgrund dessen dieser nach Art. 17 CMR selbst ebenfalls haften würde, so treten die Rechtsfolgen des Art. 17 Abs. 5 CMR ein. Setzen beide Vertragspartner durch ihre Handlungen Ursachen für einen Schaden in der Weise, dass auch jede der beiden Handlungen allein den Schaden verursacht hätte, so liegt ein Fall der konkurrierenden Kausalität vor. Ist also beispielsweise das Antauen der Ladung eines Kühltransportes sowohl auf einen Verladefehler des Absenders als auch gleichzeitig auf den Einsatz eines vom Frachtführer eingesetzten ungeeigneten Kühlfahrzeuges zurückzuführen, so ist wiederum der Schaden gem. Art. 17 Abs. 5 CMR, der insoweit sinngemäß anzuwenden ist, zu teilen.[252] **86**

Hinsichtlich der *Darlegungs- und Beweislastfragen* vgl. Art. 18 CMR Rdn. 30f.

---

248 BGH, 15.10.1998 – I ZR 111/96, VersR 1999, 646; OLG Düsseldorf, 12.1.1984 – 18 U 151/83, TranspR 1984, 102; OLG Düsseldorf, 12.12.1985 – 18 U 90/85, TranspR 1986, 56 = VersR 1986, 1069; OLG Hamburg, 31.3.1994 – 6 U 168/93, TranspR 1995, 245; OLG Hamburg, 14.5.1996, TranspR 1997, 101; Staub/*Helm*, Art. 17 CMR Rdn. 60; *Koller*, Art. 17 CMR Rdn. 31.
249 LG Hamburg, 26.1.1999 – 410 O 12/98, TranspR 1999, 298.
250 BGH, 13.7.2000 – I ZR 49/98, TranspR 2000, 409; BGH, 15.6.2000 – I ZR 55/98, TranspR 2000, 459; BGH, 13.7.2000 – I ZR 156/98, TranspR 2001, 298; BGH, 15.11.2001 – I ZR 136/99, TranspR 2002, 452; OLG Köln, 3.3.1999 – 11 U 105/97, TranspR 2001, 122 = VersR 2000, 206 (Kausalität der Unterfakturierung zur Verbilligung des russischen Zolls nicht nachgewiesen ursächlich für Verschwinden der Sendung).
251 OLG Hamburg, 19.12.1985 – 6 U 188/80, TranspR 1986, 146 = VersR 1986, 261.
252 OLG Hamm, 15.3.1990 – 18 U 88/89, VersR 1991, 360; *Thume*, TranspR 1982, 1 ff.; Näheres siehe unten unter Ziff. VII, Rdn. 224 ff., 229.

Art. 17 Haftung des Frachtführers

2. Weisungen

87 Ein weiterer Haftungsausschluss tritt nach Art. 17 Abs. 2 CMR ein, wenn der Schaden „durch eine nicht vom Frachtführer verschuldete Weisung des Verfügungsberechtigten" verursacht worden ist. Hier liegt die gleiche unklare Übersetzung des deutschen Textes vor, wie soeben unter 1. in Rdn. 81 geschildert. Die dortigen Ausführungen sind deshalb auch hier zu beachten.[253] Soweit eine derartige schadenverursachende Weisung zugleich ein Verschulden des Anspruchsberechtigten darstellt, ist die Haftung des Frachtführers auch schon nach der ersten unter 1. geschilderten Alternative ausgeschlossen. Die zweite Alternative ist dagegen andererseits weitergehend, weil die schadenverursachende Weisung *kein Verschulden des Berechtigten* voraussetzt.[254]

Weisungen i.S.d. Art. 17 Abs. 2 CMR können die vom Absender oder Empfänger in Ausübung ihres Verfügungsrechts nach Art. 12 CMR erteilten Anordnungen sein, die sich auf die weitere Behandlung des Frachtgutes beziehen (Näheres vgl. bei den Erläuterungen zu Art. 12 CMR). Dann muss der Anweisende die *Weisungsbefugnis nach Art. 12 CMR* besitzen.[255] „Weisungen" des nicht verfügungsberechtigten Empfängers sind deshalb irrelevant.[256]

Aber die Bestimmung erfasst auch *alle* anderen *Weisungen des Verfügungsberechtigten*, also auch solche, die keine Verfügung über das Gut bedeuten, wie z.B. zur Zollbehandlung, Transportversicherung oder bezüglich einer Nachnahme.[257]

88 *Die Weisung muss bindend sein.*[258] Sie ist nur verbindlich, wenn sie sich im Rahmen des abgeschlossenen Vertrages hält, auch wenn sie, wie dies Art. 12 CMR vorsieht, dem einen Vertragspartner ein Umgestaltungsrecht des Vertrages während der Ausführung einräumt.[259] Ferner muss sich die Weisung im Rahmen der gesetzlichen Bestimmungen halten, wenn sie rechtwidriges Verhalten beinhalten,

---

253 *Herber/Piper*, Art. 17 CMR Rdn. 71; *Boesche*, in: EBJS, Art. 17 CMR Rdn. 25; *Koller*, Art. 17 CMR Rdn. 32.
254 *Heuer*, S. 83; *Koller*, Art. 17 CMR Rdn. 32 und Rdn. 58; *Glöckner*, Art. 17 CMR Rdn. 29.
255 *Herber/Piper*, Art. 17 CMR Rdn. 71; *Boesche*, in: EBJS, Art. 17 CMR Rdn. 24; MünchKommHGB/*Jesser-Huß*, Art. 17 CMR Rdn. 35; *Koller*, Art. 17 CMR Rdn. 32.
256 A.A *Boesche* in: EBJS, Art. 17 CMR Rdn. 24.
257 BGH, 27.10.1978 – I ZR 86/76, VersR 1979, 417; OLG Saarbrücken, 5.4.2006 – 5 U 432/05-45, TranspR 2007, 63; OLG München, 5.7.1996 – 23 U 1698/96, TranspR 1997, 147; MünchKommHGB/*Jesser-Huß*, Art. 17 CMR Rdn. 34; *Staub/Helm*, Art. 17 CMR Rdn. 64; *Heuer*, S. 84; *Herber/Piper*, Art. 17 CMR Rdn. 70; *Boesche* in: EBJS, Art. 17 CMR Rdn. 25; teilw. wohl abweichend *Koller*, Art. 17 CMR Rdn. 32; a.A. *Otte*, in: Ferrari et al., Art. 17 CMR Rdn. 46, der alle Anordnungen, denen sich der Fahrer nicht entziehen kann, für ausreichend hält.
258 BGH, 27.10.1978 – I ZR 86/76, VersR 1979, 417; MünchKommHGB/*Jesser-Huß*, Art. 17 CMR Rdn. 35; *Heuer*, S. 84; *Boesche*, in: EBJS, Art. 17 CMR Rdn. 25; *Jesser*, S. 100; *Koller*, Art. 17 CMR Rdn. 32 – streitig; a.A. *Staub/Helm*, Art. 17 CMR Rdn. 65 mit guten Argumenten; *Herber/Piper*, Art. 17 CMR Rdn. 72.
259 *Helm*, VersR 1988, 548, 552.

können sie niemals bindend sein.²⁶⁰ Befolgt beispielsweise der Frachtführer eine ihm erteilte Weisung, den Transport mit einem unvorschriftsmäßig beladenen Fahrzeug durchzuführen und damit eine Ordnungswidrigkeit zu begehen, so handelt er selbst schuldhaft; denn eine solche gesetzeswidrige Weisung kann nicht bindend sein. Wenn deshalb infolge fehlerhafter Verladung des Transportgutes ein Schaden eintritt, kann er sich wegen seines eigenen Verschuldens nicht auf den Haftungsausschluss der zweiten Alternative des Art. 17 Abs. 2 CMR berufen.²⁶¹ Es muss sich schließlich auch um eine für den Frachtführer verbindliche Weisung handeln, also nicht etwa nur um einen Vorschlag, der dem Frachtführer die Möglichkeit zur Ergreifung von Eigeninitiativen belässt.²⁶²

Die Haftungsbefreiung tritt nur ein, wenn die *Weisung für den Schaden kausal* **89** war. Wenn also z.B. der beladepflichtige Frachtführer auf Weisung des Absenders mit dem Laden beginnt und dabei Frachtgut von der Laderampe fällt, kann er sich nicht auf die ihm erteilte Weisung berufen. Ferner darf die Weisung, durch deren Befolgung der Schaden entstanden ist, *darf vom Frachtführer nicht verschuldet sein*, sie darf also insbes. nicht etwa durch schuldhaft unrichtige Informationen oder Unterlassung von Auskünften und Benachrichtigungen zustande gekommen sein. Andernfalls kann sich der Frachtführer nicht auf diesen Ausschlusstatbestand berufen, oder es kommt zumindest zur Schadensteilung gem. Art. 17 Abs. 5 CMR.²⁶³

Hinsichtlich der *Darlegungs- und Beweislastfragen* vgl. Art. 18 CMR Rdn. 32.

3. Besondere Mängel des Gutes

„Besondere Mängel" im Sinne der dritten Alternative des Art. 17 Abs. 2 CMR **90** weist das Gut dann auf, *wenn es von der normalen Beschaffenheit eines üblichen gleichartigen Gutes abweicht*, und wenn diese Abweichung geeignet ist, Schäden am Gut während der üblichen Beförderung eintreten zu lassen. Insoweit liegt eine gewisse Ähnlichkeit zu den in Art. 17 Abs. 4 lit. d) CMR gesondert geregelten Fällen der „natürlichen Beschaffenheit gewisser Güter" vor (vgl. dazu unten unter V. 4. Rdn. 173 ff.). Während aber die dortige Regelung Schäden betrifft, die sich aus der normalen, eben natürlichen Schadensanfälligkeit bestimmter Güter ergeben, erfasst Art. 17 Abs. 2, 3. Alternative CMR, jene Fälle, in denen die Güter mangelhaft sind, also von der normalen üblichen ordnungsgemäßen Be-

---

260 MünchKommHGB/*Jesser-Huß*, Art. 17 CMR Rdn. 35; *Herber/Piper*, Art. 17 CMR Rdn. 72; *Koller*, Art. 17 CMR Rdn. 32, Fn. 261.
261 BGH, 27.10.1978 – I ZR 86/76, VersR 1979, 417; *Glöckner*, Art. 17 CMR Rdn. 33.
262 *Glöckner*, Art. 17 CMR Rdn. 33; *Herber/Piper*, Art. 17 CMR Rdn. 72; *Koller*, Art. 17 CMR Rdn. 32.
263 *Boesche*, in: EBJS, Art. 17 CMR Rdn. 24; MünchKommHGB/*Jesser-Huß*, Art. 17 CMR Rdn. 35; *Herber/Piper*, Art. 17 CMR Rdn. 74; *Koller*, Art. 17 CMR Rdn. 32.

Art. 17 Haftung des Frachtführers

schaffenheit gleichartiger Güter abweichen,[264] so z.B. durch schadenträchtige Herstellungsmängel. Es handelt sich also um eine Gattungsabweichung.[265] Der Unterschied wirkt sich in erster Linie bei der Beweislage aus (siehe dazu Art. 18 CMR, Rdn. 33).

91 Sind beispielsweise Güter während der normalen Beförderung wegen Lackierungsschäden dem Rost besonders ausgesetzt, so fällt ein solcher Rostschaden unter Abs. 2, 3. Alternative. Handelt es sich dagegen um normale Eisenteile ohne Lackierung, die ohnehin der üblichen Rostgefahr unterliegen, so würden Rostschäden unter Art. 17 Abs. 4 lit. d) CMR fallen.[266] Ein Korrosionsschaden an Aluminiumprofilen ist nicht auf einen besonderen Mangel im Sinne dieser Bestimmung zurückzuführen.[267] Dagegen kann ein besonderer Mangel in der defekten Elektrik eines transportierten Autos liegen, die während des Transportes einen Brand verursacht.[268] Auch Schäden an mangelfreien Gütern, die durch mangelhafte Güter verursacht wurden, fallen dann unter Art. 17 Abs. 2 CMR.[269]

92 Streitig ist, ob die *ungenügende Vorkühlung bestimmter Waren* ebenfalls einen Mangel des Gutes im Sinne dieser Bestimmung bedeutet[270] oder ob das unzureichend vorgekühlte Gut infolge seiner natürlichen Beschaffenheit der Beschädigung durch inneren Verderb i.S.v. Art. 17 Abs. 4 lit. d) CMR ausgesetzt ist.[271] Die Unterscheidung ist von Bedeutung, weil im letzteren Fall der Absender nach Art. 18 Abs. 2 CMR die Beweislast für die ausreichende Vorkühlung des Gutes zu tragen hat. Hier wird zu unterscheiden sein zwischen Tiefkühlkost = Gefriergut und frischen Lebensmitteln und anderem Normalgut, wie etwa Blumen und Medikamente, welche, um den Transport ungefährdet bestehen zu können, einer Vorkühlung bedürfen (Näheres hierzu siehe unten Rdn. 130, Rdn. 193 und bei Art. 18 Rdn. 76ff.).

93 Teilweise wird für die Unterscheidung darauf abgestellt, ob der Frachtführer eine bestimmte Vorkühltemperatur des Gutes erwarten konnte.[272] Nach *Jesser* und

---

264 *Heuer*, S. 85; *Loewe*, ETR 1976, 554; Staub/*Helm*, Art. 17 CMR Rdn. 69; *Herber/Piper*, Art. 17 CMR Rdn. 276; *Koller*, Art. 17 CMR Rdn. 33; *Ramming*, TranspR 2001, 53, 66; *Thume*, in: Fremuth/Thume, Art. 17 CMR Rdn. 35; a.A. offenbar *Glöckner*, Art. 17 CMR Rdn. 34, der nur auf die Beweislast abstellt.
265 *Huther*, in: EBJ, Art. 17 CMR Rdn. 27.
266 Staub/*Helm*, Art. 17 CMR Rdn. 70.
267 OLG Köln, 30.8.1990 – 17 U 35/89, TranspR 1990, 425.
268 OLG München, 27.2.1987 – 23 U 3465/86, TranspR 1987, 185, 186.
269 OLG München, a.a.O.
270 So OLG Schleswig, 30.8.1978 – 9 U 29/78, VersR 1979, 141; Staub/*Helm*, Art. 17 CMR Rdn. 69; MünchKommHGB/*Jesser-Huß*, Art. 17 CMR Rdn. 39; *Koller*, Art. 17 CMR Rdn. 33 und Art. 18 CMR Rdn. 6; *Glöckner*, Art. 17 CMR Rdn. 34 und wohl auch *Otte*, in: Ferrari et al., Art. 17 CMR Rdn. 55.
271 Ständige Rspr. des OLG Hamm, Urt. v. 11.9.2008 – 18 U 132/07, juris; 26.6.1997, TranspR 1998, 301, 303; 2.11.1998, TranspR 2000, 361, 362; 11.6.1990 – 18 U 214/89, TranspR 1990, 375 und 18.10.1984 – 18 U 175/82, TranspR 1985, 107; *Thume*, Haftungsprobleme bei CMR-Kühltransporten, TranspR 1992, 1.
272 *Boesche*, in: EBJS, Art. 17 Rdn. 27; *Koller*, Art. 17 CMR Rdn. 33.

*Koller*²⁷³ soll es deshalb für die Frage, ob besondere Mängel des Gutes vorliegen, maßgeblich auf die Informationen des Frachtführers ankommen. Sei diesem nämlich mitgeteilt worden, dass das Gut, weil fehlerhaft produziert, besonders transportgefährdet sei, so bilde es bereits eine besondere Gattung von Gut und sei daher nicht mehr mangelhaft i. S. v. Art. 17 Abs. 2 CMR. Diese Auffassung ist ergebnisorientiert, rechtsdogmatisch jedoch bedenklich, denn es greift womöglich im Einzelfall zu kurz. Ihr kann daher nicht gefolgt werden. *Art. 17 Abs. 2 3. Alternative CMR, stellt allein auf die objektive Beschaffenheit des Gutes ab und nicht darauf, welche Informationen der Frachtführer darüber erhalten hat.* Entscheidend ist deshalb, ob es sich um ein Gut handelt, das aufgrund seiner besonders mangelhaften Beschaffenheit in Abweichung von gleichartigen Gütern eine zusätzliche Gefahr des Schadenseintritts während des Transportes in sich birgt. Es muss sich also um ein vom üblichen gleichartigen Gut abweichendes schadengeneigtes Gut handeln. Diese Charaktereigenschaft verliert es nicht dadurch, dass der Mangel erkennbar ist oder dem Frachtführer mitgeteilt wird.²⁷⁴ Hat der Absender Kenntnis von den besonderen Mängeln des Gutes, so ist es zunächst seine Aufgabe, durch besondere Maßnahmen, eventuell zusätzliche schützende Verpackung etc., die Schadensgefahr vom Transportgut abzuwenden und darüber hinaus ggf. dem Frachtführer für die Behandlung des Gutes während des Transportes besondere Weisungen zu erteilen. Wenn er den Frachtführer unterrichtet hat oder jener der Mangel des Gutes wegen dessen Offensichtlich hätte erkennen müssen, ist im Schadensfall zu prüfen, ob der Frachtführer gegen seine aus Art. 17 Abs. 2 letzte Alt. CMR zu folgende besondere Sorgfaltspflicht verstoßen hat. Deshalb kann bei mangelnder Sorgfalt und Falschbehandlung des Gutes Mithaftung des Frachtführers nach Abs. 5 eintreten.²⁷⁵ Diese seine Mithaftung kann dann im Einzelfall bei besonders gravierender Missachtung der Weisungen und grob schuldhafter Falschbehandlung während der Beförderung dazu führen, dass der Mangel des Gutes nahezu gänzlich unberücksichtigt bleibt und der Frachtführer sich letztlich nicht darauf berufen kann.²⁷⁶

Hinsichtlich der *Darlegungs- und Beweislastfragen* vgl. Art. 18 Rdn. 33. 94

4. Unabwendbare Umstände

a) Allgemeines

Nach der letzten Alternative des Abs. 2 tritt die strenge Obhutshaftung des 95 Art. 17 Abs. 1 CMR auch dann nicht ein, wenn der Schaden „durch Umstände verursacht worden ist, die der Frachtführer nicht vermeiden und deren Folgen er

---

273 *Jesser*, S. 102; MünchKommHGB/*Jesser-Huß*, Art. 17 CMR Rdn. 38; *Koller*, Art. 17 CMR Rdn. 33.
274 Vgl. *Boesche*, in: EBJS, Art. 17 Rdn. 27, der auch insoweit Abs. 2 für gegeben hält.
275 *Herber/Piper*, Art. 17 CMR Rdn. 77; *Boesche*, in: EBJS, Art. 17 CMR Rdn. 27; *Otte*, in: Ferrari et al., Art. 17 CMR Rdn. 53.
276 *Otte*, in: Ferrari et al., Art. 17 CMR Rdn. 53.

nicht abwenden konnte". Wie in den Eingangserläuterungen zu diesem Artikel (oben Rdn. 4 ff.) bereits dargelegt, liegt hierin eine erhebliche Einschränkung der nach Abs. 1 zunächst äußerst streng und absolut erscheinenden Gewährhaftung.

96 Dieser letzte Haftungsausschließungsgrund des Abs. 2 geht nach herrschender Auffassung über den Begriff der „höheren Gewalt" im Sinne des deutschen Rechts hinaus und subsumiert auch weitere besondere Umstände.[277] Der Begriff des nicht vermeidbaren Umstandes, dessen Folgen vom Frachtführer nicht abgewendet werden konnten, ist nach der überwiegenden Rechtsprechung und Lehre durchaus gleichzusetzen mit dem Begriff des „unabwendbaren Ereignisses" i.S.d. früheren § 7 Abs. 2 und heutigen 17 Abs. 3 StVG.[278] Die Haftung entfällt also, wenn auch ein besonders gewissenhafter Frachtführer bei Anwendung der äußersten ihm möglichen und zumutbaren Sorgfalt den Schaden nicht hätte vermeiden können[279] (vgl. oben Rdn. 8 ff.). Die „äußerste zumutbare Sorgfalt" stellt somit an den Frachtführer höhere Anforderungen als die allgemeine verkehrserforderliche Sorgfalt.[280] In diesem Zusammenhang ist zu erwähnen, dass die Haftungsbefreiungsmöglichkeit der letzten Alternative des Abs. 2 auch bei äußerster Sorgfalt des Frachtführers dann nicht eintreten kann, wenn der Schaden auf einen Mangel des für die Beförderung verwendeten Fahrzeuges beruht. Für Fahrzeugmängel enthält nämlich der nachfolgende Abs. 3 wiederum eine entsprechende Rückausnahme (Näheres hierzu siehe unten Rdn. 112 ff.). Im Übrigen kann sich jedoch der CMR-Frachtführer zur Haftungsbefreiung auch auf unvermeidbare betriebsinterne Ereignisse stützen.

97 Da die letzte Alternative des Art. 17 Abs. 2 CMR einen generalklauselartig formulierten Haftungsausschlusstatbestand gewährt,[281] ist eine differenzierte Einteilung aller denkbaren, darunter fallenden Möglichkeiten mit Schwierigkeiten verbunden. Die Rechtsprechung auf diesem Sektor ist vielfältig, in den einzelnen Mitgliedsstaaten der CMR nicht immer einheitlich und deshalb inzwischen kaum mehr überschaubar.[282] Zwangsläufig unvollständig ist deshalb der nachstehende Versuch einer Übersicht über einzelne Fallgruppen.

---

277 BGH, 28.2.1975 – I ZR 40/74, NJW 1975, 1597 = MDR 1975, 554 = WM 1975, 521; BGH 8.10.1998 – I ZR 164/96, TranspR 1999, 59; BGH, 13.7.2000 – I ZR 156/ 98, TranspR 2001, 298; BGH, 18.1.2001 – I ZR 256/98, TranspR 2001, 369 = VersR 2001, 1134 m.w.N. und BGH, 10.4.2003 – I ZR 228/00, TranspR 2003, 303 mit Anm. *Thume;* Staub/*Helm*, Art. 17; *Koller*, Art. 17 CMR Rdn. 15 ff.; MünchKommHGB/*Jesser-Huß*, Art. 17 CMR Rdn. 40 ff.; *Boesche*, in: EBJS, Art. 17 Rdn. 29; *Otte*, in: Ferrari et al., Art. 17 CMR Rdn. 37; *Thume*, in: Fremuth/Thume Art. 17 CMR Rdn. 38.
278 *Otte*, in: Ferrari et al., Art. 17 CMR Rdn. 71.
279 BGH, 10.4.2003 – I ZR 228/00, TranspR 2003, 303 = VersR 2004, 399.
280 Vgl. KG, 11.1.1995 – 23 U 377/94,TranspR 1995, 342; OLG Hamburg, 28.7.1999 – 6 U 32/99, TranspR 2000, 176; BGH, 10.4.2003 – I ZR 228/00, TranspR 2003, 303; *Bayer*, VersR 1995, 626; *Koller*, Art. 17 CMR Rdn. 16.
281 So *Lenz*, Rdn. 628.
282 Siehe dazu Staub/*Helm*, Art. 17 Rdn. 76–103; *Herber/Piper*, Art. 17 CMR Rdn. 43–56; *Huther*, in: EBJS, Art. 17 CMR Rdn. 31–36b; *Koller*, Art. 17 CMR Rdn. 24–30.

b) Einzelfälle

– *Ablieferungsfehler* sind fast immer vermeidbar, häufig sogar grob schuldhaft **98** verursacht. Das gilt insbes. bei Missachtung von Weisungen,[283] bei fehlender Legitimation des angeblichen Empfängers,[284] bei Falschablieferungen in Russland[285] (siehe auch oben Rdn. 24 und 66 und *Thume*, TranspR 2012, 85).

– *Beschädigung* eines Pkw auf einem in Moskau geparkten Autotransporter ist unabwendbar, wenn dieser auf einem bewachten, beleuchteten und zu allen Seiten eingezäunten Parkplatz abgestellt ist.[286]

– *Beschlagnahme* durch staatliche Behörden ist i.d.R. nur unabwendbar, wenn **99** sie willkürlich oder rechtwidrig ist. Unzulängliche Rechtskenntnisse können den Frachtführer nicht entlasten, weil äußerste Sorgfalt erforderlich ist.[287] Anders ist es, wenn der Sendung heimlich verbotene Güter beigepackt sind und der Frachtführer dies nicht erkennen konnte. Beschlagnahme von Gütern wegen eines unrichtig ausgestellten Frachtbriefes ist nicht unabwendbar;[288] ebenso bei offenkundig unvollständigen Begleitpapieren[289] und bei unrichtig ausgestelltem Carnet TIR;[290] anders bei unverschuldeter Wegnahme der Güter.[291]

– *Blockaden*, z.B. bei den Autobahngrenzübergängen, sind nicht immer unvermeidbar. Der Frachtführer obliegt nur seiner Sorgfaltspflicht, wenn er sich über etwaige Beförderungshindernisse in zumutbarer Weise informiert. Informationsquellen sind die jeweils regionalen Verkehrssender, die Fachverbände und die Industrie- und Handelskammern. Da Streik- und Blockademaßnahmen i.d.R. nicht völlig überraschend auftreten, kann sich nur der Frachtführer freizeichnen, dem es trotz aller Sorgfalt nicht möglich war, sich aus der Blockade herauszuhalten oder die Fahrt zu verschieben. Ferner haftet er bei Lieferfristüberschreitung wegen verspäteter Übernahme des Gutes wegen Autobahnsperre.[292]

– *Brand des Fahrzeugs*:[293] Schaden durch Brandstiftung ist dann vermeidbar, wenn der Lastzug – statt auf umfriedetem Gelände – ungesichert in einem

---

283 OLG Hamburg, 30.11.1995, TranspR 1996, 280.
284 OLG Düsseldorf, 20.3.1997, TranspR 1997, 425.
285 BGH, 15.6.2000, TranspR 2000, 459; BGH 13.7.2000, TranspR 2000, 409; OLG Köln, 16.1.1998, TranspR 1999, 203; OLG Hamburg, 28.7.1999, TranspR 2000, 176; OLG Stuttgart, 13.10.1999, TranspR 2001, 127.
286 OLG Hamburg, 7.12.1965 – 6 U 164/65, TranspR 1996, 238 = VersR 1997, 1378.
287 Staub/*Helm*, Art. 17 Rdn. 80.
288 LG Hamburg, 10.1.1995 – 4 O 40134/95, TranspR 1996, 338.
289 OLG Düsseldorf, 23.12.1996 – 18 U 92/96, TranspR 1997, 422; a.A. bei unvollständiger Eintragung in das Carnet TIR, weil es dem Absender obliegt, dem Frachtführer die für die zollrechtliche und sonstige Behandlung notwendigen Urkunden beizugeben, OLG München, 23.6.1995 – 23 U 1713/95, OLG-Report München 1996, 16.
290 BGH, 9.9.2010 – I ZR 152/09, TranspR 2011, 178.
291 OGH Wien, 12.11.1996 – 4 Ob 2278/96, TranspR 1997, 104.
292 OLG Hamm, 18.8.2008, TranspR 2009, 167.
293 Zu den Beweisfragen beim Fahrzeugbrand siehe *Thume*, VersR 2000, 821.

Art. 17 Haftung des Frachtführers

Wohngebiet abgestellt worden ist.[294] Ebenso vermeidbar ist ein Brandanschlag auf einen in Spanien auf einem unbewachten Parkplatz zusammen mit anderen Fahrzeugen abgestellten LKW, auch wenn der Fahrer im Führerhaus schläft.[295] Unvermeidbar dagegen ist ein Brand von transportierten PKWs während der Fahrt.[296]

100 – *Diebstahl:* Die Rechtsprechung ist – zumindest in Deutschland – sehr streng. Diebstähle sind fast immer abwendbar, häufig sogar grob schuldhaft verursacht. Sind die näheren Umstände des Diebstahls nicht bekannt, haftet der Frachtführer schon wegen der ihn treffenden sekundären Darlegungs- und Beweislast für die Unabwendbarkeit.[297] Die zuweilen recht harte und unübersichtliche Rechtsprechung begegnet dort Bedenken, wo sie offenlegt, dass es kaum wirtschaftlich zumutbare Mittel zur Vermeidung von planmäßigen Fahrzeug- und Ladungsdiebstählen gibt, insbes. in Italien und in den osteuropäischen Ländern wie Polen und Russland. Vor allem die niedrigen Frachtraten sind häufig der Grund für die in zahlreichen Urteilen genannten Besetzungen der Lastzüge mit nur einem Fahrer. Eine wirtschaftliche Betrachtungsweise würde zumindest in vielen dieser Fälle zu großzügigerer Anerkennung unabwendbarer Umstände führen.[298]

Beispiele: Diebstahl bei Schlaf des alleinigen Fahrers im Fahrzeug auf einem unbeleuchteten Parkplatz;[299] Diebstahl auf der Bahn;[300] nächtliches Parken und Schlaf im verschlossenen Fahrzeug auf Autobahnraststätte in Deutschland;[301] Einbruchsdiebstahl in einen auf öffentlichem Parkplatz abgestellten Kleintransporter;[302] Entwendung von Neufahrzeugen von Autotransporter, wenn deren Schlüssel im Reißverschlussverfahren verwahrt worden sind;[303] Diebstahl eines im Freihafen von Litauen abgestellten Trailers mit Zigaretten;[304] Diebstahl eines vor der Mautstelle in Portugal längere Zeit unbeaufsichtigt abgestellten Anhängers;[305] Diebstahl auf abgeschlossenem, aber unbewachtem Parkplatz in Verona;[306] Diebstahl eines auf unbewachtem Parkplatz in Oberitalien abgestellten Aufliegers, der nur durch eine elektrische Diebstahlssicherung geschützt war.[307]

---

294 BGH, 5.6.1981 – I ZR 92/79, TranspR 1981, 130 = VersR 1981, 1030 = RIW 1981, 792 = ETR 1982, 301.
295 OLG Düsseldorf, 12.1.1984 – 18 U 151/83, TranspR 1984, 102.
296 OLG München, 27.2.1982 – 23 U 3465/86, TranspR 1987, 185.
297 OLG Hamburg, 18.10.1990, TranspR 1991, 70.
298 Staub/*Helm*, Art. 17 CMR Rdn. 84; siehe dazu auch oben Rdn. 9 ff.
299 KG, 11.1.1995, TranspR 1995, 342.
300 OLG Hamburg, 18.10.1990, TranspR 1991, 70.
301 OLG München, 19.10.1992, NJW-RR 1993, 477.
302 OLG München, 17.7.1991, TranspR 1991, 427.
303 OLG Saarbrücken, 5.4.2006 – 5 U 432/05-45, TranspR 2007, 63.
304 OLG Hamburg, 15.6.1996, TranspR 1997, 101.
305 OLG Hamburg, 7.6.2001, TranspR 2002, 108.
306 OLG Bremen, 11.1.2001, TranspR 2001, 166.
307 OLG Karlsruhe, 8.6.2001, NJW 2002, 907; weitere Rechtsprechungshinweise siehe bei *Koller*, Art. 17 CMR Rdn. 29 und in den Übersichten von *Boecker*, TranspR 2002, 137 und *Bayer*, VersR 1995, 626.

Vermeidbar ist der Diebstahl eines während des Wochenendes auf dem Gelände einer Tankstelle in den Niederlanden abgesperrt abgestellten LKWs;[308] vermeidbarer, grob fahrlässig verursachter Diebstahl bei Abstellen des LKWs in Mailand, um kurzzeitig jemand zu besuchen;[309] Diebstahl eines voll beladenen, in Frankreich auf öffentlichem Parkplatz versperrt, aber sonst ungesichert und unbewacht abgestellten Kleintransporters;[310] Diebstahl eines für eine Stunde unbeaufsichtigt vor dem Zollhof Turin abgestellten LKW;[311] Diebstahl eines Lastzuges in einem Außenbezirk von Mailand nachmittags in einer Nebenstraße, nachdem beide Fahrer zum Provianteinkauf den Lastzug für eine Viertelstunde verlassen hatten;[312] Diebstahl eines zollversiegelten im Zollbereich der italienisch-schweizerischen Grenzstation abgeschlossen abgestellten LKW;[313] Diebstahl eines in Oberitalien auf einem beleuchteten Platz gegenüber einem Zollhof verschlossen abgestellten LKW auch dann noch, wenn zusätzlich eine Kette um Lenkradschloss und Pedale gebunden, die Dieselpumpe abgeschaltet und die Stromzufuhr unterbrochen worden ist;[314] Diebstahl eines unbewacht über Nacht auf einem Industriegelände in England so abgestellten Fahrzeugs, dass die rückseitigen Türen gegen die Wand geparkt sind.[315] Vermeidbar, ja grob fahrlässig verursacht sind schließlich der Diebstahl eines in der Nähe der Zollstation Mailand abgestellten LKW dann, wenn kein Beifahrer vorhanden war und der Fahrer das Lenkradschloss nicht einrasten ließ,[316] sowie Entwendungen aus einem Fahrzeug, das beladen in einer Halle abgestellt ist, zu der Dritte Zugang haben und bei der nach einem vorausgegangenen Diebstahl lediglich das Schloss einer Zugangstür ausgewechselt worden ist;[317] Diebstahl eines LKW-Zuges in einer Seitengasse in Mailand während zweistündiger Abwesenheit des Fahrers;[318] Diebstahl des Ladegutes aus einem unbeaufsichtigt am Straßenrand bei Dunkelheit abgestellten Planenauflieger in der Nähe eines österreichischen Zollgebäudes;[319] Diebstahl eines LKW-Zuges auf einem Parkplatz in der Nähe von Bari, der Frachtführer verwendete zwei Diebstahlssicherungen;[320] Diebstahl eines LKW-

---

[308] BGH, 21.12.1966 – I b ZR 154/64, NJW 1967, 499.
[309] BGH, 16.2.1984 – I ZR 197/81, TranspR 1984, 182 = VersR 1984, 551 = NJW 1984, 2033; OLG Koblenz, 16.10.1987 – 2 U 1375/86, VersR 1989, 279.
[310] OLG München, 17.7.1991 – 7 U 2871/91, TranspR 1991, 427.
[311] OLG München, 27.3.1981 – 23 U 3758/80, VersR 1982, 264.
[312] OLG Celle, 13.6.1977 – 12 U 171/76, VersR 1977, 860.
[313] OLG Düsseldorf, 27.3.1980 – 18 U 192/79, VersR 1980, 826 = RIW 1981, 585 = ETR 1983, 89.
[314] OLG Düsseldorf, 25.6.1981 – 18 U 30/81, VersR 1982, 606.
[315] OLG Düsseldorf, 30.6.1983 – 18 U 9/93, VersR 1984, 980.
[316] OLG München, 12.5.1989 – 23 U 2248/88, TranspR 1990, 427 = NJW-RR 1990, 1507 = VersR 1991, 834 (LS).
[317] OLG Düsseldorf, 22.11.1990 – 18 U 111/90, TranspR 1991, 59.
[318] OGH, 16.3.1977 – 1 Ob 533/77, *Greiter*, Nr. 8 = SZ 50/40 = EvBl 1978/30 = JBl 1978, 211 = TranspR 1979, 46 = TranspR 1981, 29.
[319] OGH, 15.12.1981 – 4 Ob 577/81, TranspR 1984, 282 = *Greiter*, Nr. 24.
[320] OGH, 6.9.1983 – 4 Ob 580/83, TranspR 1984, 11 = VersR 1985, 556 (L) = *Greiter*, Nr. 41.

Art. 17 Haftung des Frachtführers

Zuges in der Nähe von Mailand während einer halbstündigen Abwesenheit des Fahrers.[321]

101 *Fahrzeugmängel* können niemals unvermeidbar sein, weil die gesetzliche Rückausnahme des Art. 17 Abs. 3 CMR dies ausdrücklich untersagt (Näheres siehe unten Rdn. 114 ff.). Anders ist es bei Pannen, die nicht auf Fahrzeugmängeln beruhen (siehe unten unter Stichwort „Pannen").

Falschablieferung an Nichtberechtigten ohne laut Weisung vorgeschriebene Prüfung der vorzulegenden Originalrechnung ist nicht unvermeidbar;[322] ebenso bei fehlender Überprüfung des Legitimationspapieres des Empfängers;[323] grob fehlerhafte Falschablieferung in Moskau und damit zusammenhängende Beweisprobleme;[324] fehlerhafte Auslieferung in Russland.[325]

102 *Ladefehler*, soweit der Frachtführer be-, um- bzw. entlädt (s. Erläuterungen zu Be- und Entladen oben Rdn. 29 ff. und unten Rdn. 160 ff.).

103 *Nässeschäden* sind grundsätzlich vermeidbar.[326] Das Gut darf nicht im offenen LKW transportiert werden, wenn nicht ausdrücklich anders vereinbart.[327] Näheres zur Vereinbarung eines Transports mit offenem Fahrzeug, die im Frachtbrief eingetragen sein muss (siehe unten Rdn. 123). Auch wenn die Ladung wegen ihrer besonderen Länge das im Frachtvertrag ursprünglich vorgesehene Maß überschreitet und über die Bordwand hinausreicht, sind Nässeschäden nicht unvermeidbar. Vielmehr muss die Ladung mit Planen bedeckt werden.[328] Aus den gleichen Gründen werden i.d.R. auch *Verschmutzungsschäden* vermeidbar sein.

104 *Pannen* können grundsätzlich nur dann vermeidbar sind, wenn sie nicht durch Fahrzeugmängel verursacht sind (vgl. oben „Fahrzeugmängel"). Es können also nur Pannen sein, die ihre Ursache durch ein von außen unvorhersehbares und überraschendes, für den Fahrer unabwendbares Ereignis entstehen, also Reifenpannen oder Achsenbrüche, die auch bei gut ausgestatteten Fahrzeugen durch

---

321 OGH, 29.6.1983 – 1 Ob 676/83, VersR 1984, 548 = TranspR 1984, 191 = JBl 1984, 152 = *Greiter*, Nr. 40: Die Haftung des Frachtführers orientiert sich weder an der Haftung seiner Dienstnehmer nach dem DHG (Dienstnehmerhaftpflichtgesetz) noch an den ihm als Dienstgeber verpflichtenden Schutzbestimmungen des Arbeitszeitgesetzes.
322 OLG Hamburg, 6.11.1995 – 6 U 104/95, TranspR 1996, 280.
323 OLG Düsseldorf, 20.3.1997 – 18 U 140/96, RIW 1998, 240 = TranspR 1997, 425; siehe auch OLG Köln, 16.1.1998 – 11 U 101/97, TranspR 1999, 203.
324 LG Hamburg, 23.1.1996 – 402 O 100/95, TranspR 1998, 117; LG Hamburg, 15.4.1996 – 402 O 105/95, TranspR 1998, 164.
325 OLG Köln, 16.1.1998 – 11 U 101/97, TranspR 1999, 203; OLG Hamburg, 28.7.1999 – 6 U 32/99, TranspR 2000, 176; OLG Hamburg, 18.8.1999 – 6 U 95/98, TranspR 2000, 177; OLG Stuttgart, 13.10.1999 – 3 U 176/96, TranspR 2001, 127.
326 Vgl. OLG Hamburg, 28.6.1984 – 6 U 227/83, TranspR 1985, 114 bezügl. § 29 KVO bei Mitverschulden des Absenders.
327 OLG Frankfurt/M., 25.10.1977 – 5 U 14/77, VersR 1978, 535 = RIW 1978, 409 (Rostschaden); vgl. auch OLG Düsseldorf, 15.12.1983 – 18 U 72/83, TranspR 1984, 38 = VersR 1984, 686; OLG Düsseldorf, 30.5.1988 – 18 U 293/87, TranspR 1988, 423.
328 OLG Düsseldorf, 18.10.1984 – 18 U 121/84, TranspR 1985, 105.

völlig überraschende Hindernisse oder unabgesichert tiefe Löcher in der Fahrbahn entstehen.[329]

Raub: Der Fahrer darf wegen der Häufigkeit von Diebstählen und Raubüberfällen auf LKWs in Norditalien nach der strengen deutschen Rechtsprechung nur einen bewachten Parkplatz aufsuchen.[330] Jedoch ist ein *Raubüberfall auf einen fahrenden Lastzug* im Allgemeinen unabwendbar.[331] Unabwendbarer Raub durch vier bewaffnete Täter in Italien bei nur einem Fahrer;[332] unvermeidbare Beraubung liegt vor, wenn der Fahrer bei einem Transport nach Moskau dort von Insassen eines ihm folgenden PKW angehalten wird, wenn ihm Kopien der Frachtdokumente vorgezeigt werden, er sich daraufhin eskortieren lässt und wenig später bei einem erforderlichen Halt von diesen Personen überwältigt wird.[333] Der Beweis der Unabwendbarkeit kann erbracht sein bei Raubüberfall im Rahmen einer fingierten Polizeikontrolle in der Slowakei.[334] Zweifelhaft ist dies, wenn der Fahrer in der Nähe von Moskau in eine solche fingierte Kontrolle gerät und aussteigt, ohne sich vorher den Dienstausweis des Polizisten zeigen zu lassen.[335] Raub eines LKW samt wertvoller Ladung in Norditalien ist auch dann nicht unvermeidbar, wenn der – unbegleitete – Fahrer den LKW dort auf einem unbewachten Park-/Rastplatz über Nacht abstellt.[336] In einem solchen Fall reicht die Behauptung des Frachtführers, es gäbe auf der Fahrtroute keine bewachten Parkplätze, nicht zum Nachweis der Unabwendbarkeit, wenn die Benutzung eines bewachten Parkplatzes vereinbart ist.[337] Der Fahrer darf wegen der Häufigkeit von Diebstählen und Raubüberfallen auf LKW in Norditalien nur einen bewachten Parkplatz aufsuchen.[338] Bereits der Entschluss zur Nachtfahrt durch Italien kann ein Verstoß gegen den „verschärften Sorgfaltsmaßstab" des Frachtführers sein.[339] Ein Raubüberfall auf einen LKW, der bei Rotlicht an einer Kreuzung stehen bleibt, ist in Neapel weder höhere Gewalt noch ein unvorhersehbares und unabwendbares Ereignis.[340] Das Gleiche gilt, wenn der Fahrer bei Dunkelheit im Empfangsort anhalten muss, um nach dem Weg zu fragen, weil er weder ei-

105

---

329 OGH, 6.9.1967 – 6 Ob 196/67, *Greiter*, Nr. 1; OGH, 10.7.1991 – 1 Ob 579/91, TranspR 1991, 422.
330 OLG Nürnberg, 22.3.1995 – 6 U 4193/94, RIW 1995, 684; OLG Karlsruhe, 29.6.1995 – 12 U 186/94, VersR 1995, 1306.
331 BGH, 13.11.1997 – I ZR 157/95, TranspR 1998, 250 = VersR 1998, 872 (nächtlicher Überfall in Italien).
332 OLG Zweibrücken, 17.12.1996 – 8 U 63/96, TranspR 1997, 369.
333 OLG Karlsruhe – 9 U 151/01, TranspR 2004, 126.
334 OLG Stuttgart, 1.8.2007 – 3 U 35/07, TranspR 2007, 322.
335 BGH, 18.1.2001 – I ZR 256/98, TranspR 2001, 369; siehe dazu auch OLG Karlsruhe, 21.12.2000 – 9 U 205/09, TranspR 2003, 347 mit BGH-Beschluss vom 25.10.2001 – I ZR 24/ 01, TranspR 2003, 349 (vergleichbarer Raub in Polen).
336 OLG Hamburg, 1.4.1982 – 6 U 216/81, VersR 1982, 1171; OLG Hamburg, 24.6.1982 – 6 U 135/81, VersR 1982, 1172.
337 OLG Stuttgart, 20.4.2011 –3 U 49/10, TranspR 2011, 340.
338 Vgl. dagegen LG Ravensburg, 21.12.1993 – 2 KfH O 1049/83, TranspR 1994, 117.
339 OGH, 8.3.1983 – 2 Ob 612/82, ZÖR 34, 411 = RdW 1983, 42 = TranspR 1983, 138 = *Greiter*, Nr. 37.
340 OGH, 13.9.1990 – 8 Ob 620/90, RdW 1991, 46 = ecolex 1992, 225.

Art. 17 Haftung des Frachtführers

nen Stadtplan noch eine genaue Wegbeschreibung mit sich führt.[341] Diese Rechtsprechung gilt auch für andere Länder. So ist z.B. auch der bewaffnete Raub eines mit Zigaretten beladenen LKWs vom beleuchteten, aber unbewachten Parkplatz vor dem Betriebsgelände des Empfängers auf Korsika nicht unabwendbar.[342]

106 *Rostschäden* durch Transport auf offenen Fahrzeugen sind vermeidbar (siehe oben „Nässeschäden"), es sei denn, der Rostschaden wird durch den besonderen Mangel des beförderten Gutes selbst verursacht (vgl. Rdn. 83).

107 *Straßenverkehr:* Hier ist nach der Rechtsprechung des BGH, wie ausgeführt, auf das unabwendbare Ereignis gem. dem früheren § 7 Abs. 2 StVG abzustellen (vgl. oben Rdn. 9). Auf die einschlägige Rechtsprechung zum Straßenverkehrsrecht darf daher generell verwiesen werden. Hier seien nur einige Fälle genannt: *Vermeidbar* ist ein Unfallschaden infolge einer Geschwindigkeit von 65 km/h an einer Baustelle mit einspurigem Verkehr[343]); bei Durchbrechen der Leitplanken aus letztlich ungeklärtem Grund;[344] Verspätungsschaden bei voraussehbarer Vereisung der Straße;[345] bei Nichteinhaltung eines ausreichenden Sicherheitsabstands, der einem überholenden Fahrer bei Gegenverkehr das Einscheren vor seinem Fahrzeug ermöglicht;[346] ungebremstes Durchfahren zweier großer erkennbarer Schlaglöcher mit LKW auf italienischer Autobahn mit Ausgangsgeschwindigkeit von 90 km/h;[347] Schadensverursachung infolge schlechter Straßen in der Sowjetunion;[348] auch Schaden infolge Auffahrunfalls kann für den vorausfahrenden Frachtführer vermeidbar sein.[349] *Unvermeidbar* ist dagegen der Schaden, wenn ein entgegenkommendes, ins Schleudern geratenes Fahrzeug mit einem den Wetter- und Straßenverhältnissen angepasster Geschwindigkeit fahrenden LKW zusammenstößt.[350]

108 *Verkehrsstau:* Hier gilt das Gleiche wie oben bei der *Blockade*. Der Frachtführer muss sich über die Verkehrssituation entsprechend informieren. Er darf nicht in den Stauraum hineinfahren, sondern muss ihn umfahren. Befindet er sich bereits im Stau, muss er jede sich ihm bietende vernünftige Möglichkeit zum Weitertransport nutzen. Bei größeren Verspätungen oder beträchtlichen Umwegen hat der Frachtführer beim Auftraggeber Weisungen einzuholen.[351] Die Versäumung

---

341 BGH, 13.4.2000 – I ZR 290/97, TranspR 2000, 407 = VersR 2000, 1437.
342 BGH, 8.10.1998 – I ZR 164/96, TranspR 1999, 59 = VersR 1999, 469; anders in Vorinstanz OLG München, 5.7.1996 – 23 U 1698/96, TranspR 1997, 147.
343 OLG Düsseldorf, 24.3.1983 – 18 U 186/82, TranspR 1984, 14.
344 OLG Bremen, 12.2.1976 – 2 U 113/75, VersR 1976, 584.
345 OLG Saarbrücken, 10.2.1971 – 1 U 9/70, VersR 1972, 757 = OLGZ 1972, 27.
346 OLG Hamburg, 18.6.2002 – 6 U 8/01, OLGR Hamburg 2003, 161.
347 OLG Zweibrücken, 3.4.2004 – 4U 167/02, NJW-RR 2004, 1077.
348 OLG Hamburg, 29.5.1980 – 6 U 137/79, VersR 1980, 950.
349 OLG Hamburg, 6.11.1980 – 6 U 68/80, VersR 1982, 556.
350 BGH, 28.2.1975 – I ZR 40/74, VersR 1975, 610 = NJW 1975, 1597 = AWD 1975, 346 = ETR 1975, 516; vgl. das vorausgehende Urteil des OLG München, 16.1.1974 – 7 U 3453/72, ETR 1974, 615.
351 *Glöckner*, Art. 17 CMR Rdn. 28.

einer Fährverbindung ist jedoch unvermeidbar, wenn sie Folge der verspäteten Beladung des Absenders ist.[352]

Verunreinigungen des Fahrzeugs, die zu einer Beschädigung des Frachtgutes führen, sind fast nie unabwendbar,[353] weil dessen fachgerechte Reinigung eine wesentliche Voraussetzung für eine ordnungsgemäße Beförderung des nachfolgenden Frachtgutes ist. Es liegt daher wohl sogar Fahrzeugmangel vor (siehe dazu unten Rdn. 118). 109

Nichtbeachtung von Weisungen: Wird das Frachtgut unter Missachtung der Weisung des Absenders in ein anderes Zollamt gebracht und dort bei einem Brand zerstört, so ist dieser Umstand adäquat kausal für den Schadenseintritt und der Verlust nicht unabwendbar.[354] 110

Wetterbedingte Schäden: Hier gilt wieder das schon zu den Stichworten *Blockade und Verkehrsstau* Ausgeführte. Der Frachtführer hat sich hinreichend zu informieren. Bei drohenden Verzögerungen aus wetterbedingten Ursachen muss er die Fahrt entweder früher antreten oder verschieben oder ausweichen.[355] 111

Hinsichtlich der *Darlegungs- und Beweislastfragen zur Unabwendbarkeit* siehe Art. 18 CMR Rdn. 34 ff.

IV. Die Gewährhaftung für Fahrzeugmängel gem. Art. 17 Abs. 3

1. Die besondere Gewährhaftung

Art. 17 Abs. 3 CMR enthält einen Sondertatbestand der Obhutshaftung,[356] der in das deutsche HGB auf Intervention der Binnenschifffahrt nicht übernommen wurde.[357] Wird der Verlust oder die Beschädigung des Gutes oder die Überschreitung der Lieferfrist durch einen Mangel des für die Beförderung verwendeten Fahrzeuges verursacht, so haftet der Frachtführer nach dem reinen Kausalprinzip. Alle Haftungsbefreiungsstatbestände des Art. 17 Abs. 2 CMR sind ausgeschlossen. Deshalb kann er sich nicht darauf berufen, dass die Fahrzeugmängel für ihn unvermeidbar i. S. d. Abs. 2, letzte Alternative, gewesen oder eventuell durch den 112

---

352 OLG Düsseldorf, 27.2.1997 – 18 U 104/96, TranspR 1998, 194 = NJW-RR 1998, 610.
353 OLG Köln, 26.9.1985 – 7 U 8/85, TranspR 1986, 285; OLG Hamburg, 19.12.1985 – 6 U 188/80, TranspR 1986, 146 = VersR 1986, 261; zurückverwiesen durch BGH, 14.3.1985 – I ZR 168/82, TranspR 1985, 335 = VersR 1985, 753.
354 OLG München, 31.1.1992 – 23 U 4789/91, TranspR 1992, 195.
355 Vgl. auch OLG Saarbrücken, 10.2.1971 – 1 U 9/70, VersR 1972, 757, 758; LG Lübeck, 17.3.1986 – 13 O 233/85, TranspR 1986, 339; *Koller*, Art. 17 CMR Rdn. 25.
356 Staub/*Helm*, Art. 17 CMR Rdn. 35; *Heuer*, S. 59.
357 Siehe dazu *Fremuth*, in: Fremuth/Thume, § 426 HGB Rdn. 12 ff.

Art. 17 Haftung des Frachtführers

Vermieter oder dessen Personal verschuldet worden seien.[358] Der Begriff des Vermieters ist weit auszulegen.[359]

Die Rechtsnatur und die genaue Tragweite der Bestimmung sind international umstritten.[360] Strittig ist insbes., ob auch die Haftungsbefreiungsgründe nach Abs. 4 entfallen.[361] Einigkeit besteht jedoch darüber, dass Abs. 3 nicht für Mängel an klimatechnischen Einrichtungen eines Fahrzeugs gem. Art. 18 Abs. 4 anwendbar ist (siehe unten Rdn. 119).

Die absolute und strikte Haftung für Fahrzeugmängel ist die umfassendste Rechtsfolge, die die CMR aus der Obhutspflicht des befördernden Frachtführers gezogen hat. Da dieser beim Abschluss des Beförderungsvertrags die Pflicht übernommen hat, das Gut sicher, unversehrt und rechtzeitig bis zum Empfänger zu transportieren, wird ihm in Art. 17 Abs. 3 CMR für die Zuverlässigkeit und Mängelfreiheit des für die Erfüllung erforderlichen Beförderungsmittels, nämlich seines Fahrzeuges, eine Garantie auferlegt, weil andernfalls die Durchführung der Beförderung von vornherein den Keim der Unmöglichkeit in sich tragen könnte. Entsteht daher ein Schaden infolge von Fahrzeugmängeln, so kann der Frachtführer der Haftung keine Einwände entgegensetzen. Die einzige Möglichkeit, die ihm bleibt, ist zu widerlegen, dass der entstandene Schaden durch den Fahrzeugmangel verursacht worden ist.[362]

Nur wenn der Absender selbst das Fahrzeug stellt, also beispielsweise dem Frachtführer einen bereits voll beladenen Anhänger zur Beförderung übergibt, so kann er sich nicht auf Mängel des von ihm selbst gestellten Fahrzeuganhängers berufen.[363]

113 Der Begriff des „für die Beförderung verwendeten Fahrzeugs" in Art. 17 Abs. 3 CMR ist identisch mit dem des Art. 1 und 2 CMR. Es gilt also auch hier die gesetzliche Definition des Art. 1 Abs. 2 CMR; d.h. unter Fahrzeugen sind Kraft-

---

358 OLG Hamm, 13.5.1993 – 18a U 94/93, NJW-RR 1994, 294; OGH Wien, 21.2.1996 – 3 Ob 2006/96, TranspR 1996, 422 („Erfolgs- oder Gefährdungshaftung"); MünchKommHGB/*Jesser-Huß*, Art. 17 CMR Rdn. 49; *Helm* und *Heuer*, a.a.O.; *Herber/Piper*, Art. 17 CMR Rdn. 79; *Boesche*, in: EBJS, Art. 17 CMR Rdn. 37; *Koller*, Art. 17 CMR Rdn. 34.
359 Gleichzustellen sind andere Dritte, wie etwa der Eigentümer und Vorbeförderer (*Boesche*, in: EBJS, Art. 17 Rdn. 41; *Herber/Piper*, Art. 17 Rdn. 80; *Otte*, in: Ferrari et al., Art. 17 CMR Rdn. 92.
360 Siehe Staub/*Helm*, Art. 17 CMR Rdn. 25 f. m.w.N.
361 Bejahend OGH Wien, 21.2.1996 – 3 Ob 2006/96, TranspR 1996, 422; *Jesser*, TranspR 1997, 98; *Thume*, in: der Vorauﬂ., in RIW 1994, 357 und *ders.*, in: Fremuth/Thume, Art. 17 CMR Rdn. 53; diff. *Koller*, Art. 17 CMR Rdn. 34 a.E.; a.A. OLG Hamburg, 27.10.1988 – 6 U 116/88, TranspR 1988, 318; MünchKommHGB/*Jesser-Huß*, Art. 17 CMR Rdn. 49; *Herber/Piper*, Art. 17 CMR Rdn. 79; *Boesche*, in: EBJS, Art. 17 CMR Rdn. 37; *Otte*, in: Ferrari et al., Art. 17 CMR Rdn. 83.
362 OLG Düsseldorf, 18.11.1971 – 18 U 102/71, ETR 1973, 510 = RIW 1973, 401 = VersR 1973, 177; vgl. auch OLG Zweibrücken, 23.9.1966 – 1 U 40/66, VersR 1967, 1145 = NJW 1967, 1717 = OLGZ 1967, 16; Staub/*Helm*, Art. 17 CMR Rdn. 35; *Koller*, Art. 17 CMR Rdn. 34.
363 Rechtsbank van Koophandel Antwerpen, ETR 1975, 540, 545; *Helm*, in: Großkomm. HGB, Art. 17 CMR Rdn. 6.

fahrzeuge, Sattelkraftfahrzeuge, Trailer, Anhänger und Sattelauflieger zu verstehen (Näheres siehe bei Art. 1 CMR Rdn. 9ff.). *Wechselbrücken* und *Container* sind dagegen keine Fahrzeuge, soweit sie nicht fest mit dem Chassis verbunden sind und daher keine Räder haben[364] (vgl. unten Rdn. 117).

2. Fahrzeugmängel

Der Begriff des Fahrzeugmangels ist weit auszulegen.[365] Im Einzelfall kann jedoch zweifelhaft sein, welche Mängel als Fahrzeugmängel i.S.v. Art. 17 Abs. 3 CMR zu gelten haben und welche nicht.

a) Fehlen vereinbarter Fahrzeugeigenschaften

Zunächst kommt es darauf an, welche *Vereinbarungen* die Parteien *über die Art des befördernden Fahrzeuges und dessen* besondere *Eigenschaften und Einrichtungen* getroffen haben. Entspricht das gestellte Fahrzeug nicht getroffenen Vereinbarungen, so ist es mangelhaft i.S.d. Abs. 3.[366] Das gilt auch für vereinbarte Zubehörteile.[367] Hat beispielsweise der Absender mit dem Frachtführer vereinbart, dass die Beförderung von unverpacktem Transportgut wegen der besonderen Beschädigungsgefahr mit einem luftgefederten, mit besonderen Befestigungsmöglichkeiten ausgestatteten Box-Trailer erfolgen soll, und transportiert der Frachtführer das Gut dann abredewidrig mit einem einfachen Planen-LKW, so liegt ein Fahrzeugmangel i.S.v. Art. 17 Abs. 3 CMR vor. Das Gleiche gilt, wenn der Frachtführer bei einem Kühltransport entgegen den vertraglichen Vereinbarungen kein Fahrzeug mit Rasterboden einsetzt und dadurch ein Antauschaden des Kühlgutes eintritt.[368] Andererseits kann der Absender, der den Einsatz eines solchen Spezialfahrzeuges mit dem Frachtführer nicht vereinbart hat, sich in einem solchen Fall nicht auf einen Fahrzeugmangel berufen;[369] bei Gütern, die

114

---

364 *Boesche*, in: EBJS, Art. 17 CMR Rdn. 38; *Koller*, Art. 17 CMR Rdn. 34; a.A. offenbar OLG Hamburg, 13.3.1993 – 6 U 60/93, TranspR 1994, 93; siehe auch *Thume*, Haftungsprobleme beim Containerverkehr, TranspR 1990, 41, 46.
365 OGH Wien, 13.2.2003 – 8 Ob 148/02a, TranspR 2003, 311 und OGH Wien, 21.2.1996 – 3 Ob 2006/96, TranspR 1996, 422; *Loewe*, ETR 1976, 503, 556; MünchKommHGB/*Jesser-Huß*, Art. 17 CMR Rdn. 50 m.w.N.; *Boesche*, in: EBJS, Art. 17 CMR Rdn. 38; *Jesser*, S. 52; *Koller*, Art. 17 CMR Rdn. 34.
366 OGH Wien, 13.2.2003 – 8 Ob 148/02a, TranspR 2003, 311 und OGH Wien, 21.2.1996 – 3 Ob 2006/96, TranspR 1996, 422; MünchKommHGB/*Jesser-Huß*, Art. 17 CMR Rdn. 50; *Glöckner*, Art. 17 CMR Rdn. 37; Staub/*Helm*, Art. 17 CMR Rdn. 38: *Boesche*, in: EBJS, Art. 17 CMR Rdn. 38; *Koller*, Art. 17 CMR Rdn. 34; *Thume*, RIW 1994, 3573 und VersR 2000, 821; a.A. *Herber/Piper*, die als Fahrzeugmängel nur technische Mängel ansehen.
367 OGH Wien, 13.2.2003 – 8 Ob 148/02a, TranspR 2003, 311 (fehlende Spanngurte).
368 OLG Hamm, 15.3.1990 – 18 U 88/89, VersR 1991, 360.
369 OLG Frankfurt, 3.12.2003 – 12 U 17/03, TranspR 2004, 125 (Transport alkoholfreien und deshalb gefriergefährdeten Bieres mit Planen-Lkw im Winter).

ihrer Art nach erkennbar der Kühlung bedürfen, wird jedoch eine entsprechende stillschweigende Vereinbarung anzunehmen sein.[370]

Bestellt der Absender für den Transport von Frischfleisch ausdrücklich nur ein Isothermfahrzeug, obwohl durch die einfache Fahrtwindkühlung stets die Gefahr des Verderbs als Folge von zu hohen Außentemperaturen und langer Fahrtdauer besteht, so kann er für einen dadurch eintretenden Schaden den Frachtführer nicht haftbar machen.[371] Wenn der Absender bei einem Möbeltransport die Verwendung eines „gewöhnlichen" LKW vorbehaltlos duldet und nicht auf der Gestellung eines Möbelwagens besteht, so kann darin u.U. die Genehmigung der Verwendung dieses Fahrzeugs gesehen werden.[372]

Wird dagegen die Absprache, das Gut nur mit einem deutschen LKW zu befördern, verletzt, so liegt kein Fahrzeugmangel vor. In diesem Fall greift keiner der Haftungstatbestände der CMR ein; vielmehr richtet sich hier die Haftung des Frachtführers nach den – dispositiven – Regeln über die Pflichtverletzung (§ 280 BGB).[373]

b) Ungeeignetes Fahrzeug

115 Ferner muss das vom Frachtführer gestellte Fahrzeug mindestens für die vereinbarte Beförderung nicht gänzlich ungeeignet sein.[374] Ist die mangelnde Eignung dem Frachtführer bekannt, etwa weil er vom Absender auf besondere, durch das zu befördernde Gut bedingte Anforderungen hingewiesen worden ist oder musste er sie erkennen, weil das zu transportierende Gut grundsätzlich eine besondere Ausstattung des Fahrzeugs erfordert, so liegt ebenfalls ein Fahrzeugmangel i.S.d. Abs. 3 vor.[375] Das gilt z.B. auch dann, wenn er bei einem vereinbarten Kühltransport die erforderliche Vorkühlung des Fahrzeugs nicht vorgenommen hat.[376]

Wenn z.B. der Frachtführer den vereinbarten Transport von kartonierten tiefgefrorenen Himbeeren mit einem LKW durchführt, der nur für die Beförderung von Fleisch an Haken eingerichtet ist und weder einen Rillenboden noch Wellwände für die Luftzirkulation besitzt, so kann er sich nach Auffassung des OLG Hamburg[377] auch nicht auf den Haftungsbefreiungstatbestand des Art. 17 Abs. 4 lit. c) CMR berufen, wenn der Absender das Fahrzeug falsch beladen, d.h. voll-

---

370 Staub/*Helm*, Art. 17 CMR Rdn. 38.
371 BGH, 1.2.1968 – II ZR 79/65, VersR 1968, 289 (betr. KVO).
372 So Zivilgericht Basel-Stadt, 19.5.1991 – P 1988/388, ohne neue Entscheidungsgründe bestätigt vom Appellationsgericht Basel-Stadt, 8.5.1992, TranspR 1992, 408.
373 OLG Hamburg, 7.5.1987 – 6 U 12/87, TranspR 1987, 457 = VersR 1987, 1111.
374 Staub/*Helm*, Art. 17 CMR Rdn. 36; *Jesser*, TranspR 1997, 98; *Boesche*, in: EBJS, Art. 17 CMR Rdn. 38; *Koller*, Art. 17 CMR Rdn. 34.
375 *Loewe*, ETR 1976, 503, 556; *Koller*, Art. 17 CMR Rdn. 34.
376 OLG München, 16.1.1991 – 7 U 2240/90, TranspR 1992, 181.
377 OLH Hamburg, 29.11.1984 – 6 U 134/84, TranspR 1985, 130.

gestaut hat.³⁷⁸ Kein Fahrzeugmangel liegt dagegen vor, wenn lediglich durch unsachgerechte Beladung Gefahren für das Transportgut entstehen, etwa weil bei Kühlgut keine Abstandshalter (Leerpaletten) für die Luftzirkulation verwendet oder die Zwischenräume während der Beförderung durch Verrutschen der Ladung verloren gehen.³⁷⁹

c) Technische Mängel

Zu den eigentlichen Fahrzeugmängeln im klassischen Sinn zählen jene Mängel, die die Verkehrstüchtigkeit betreffen, insbesondere die an den technischen Einzelteilen des Fahrzeuges, also beispielsweise an *Motor*,³⁸⁰ *Getriebe*,³⁸¹ *Lichtmaschine und Beleuchtung, Lenkung, Federung*,³⁸² *Bereifung, Bremsbelägen*³⁸³ etc. auftreten können. Ferner ist das Fahrzeug immer dann mangelhaft, wenn seine Ausstattung nicht den gesetzlichen Vorschriften entspricht.

116

d) Mängel an Fahrzeugteilen und Zusatzeinrichtungen

Ferner gehören zu diesen Mängeln auch solche an anderen Fahrzeugteilen, z. B. an der Abdeckplane,³⁸⁴ den Spanngurten und den Bordwänden sowie solche an fahrzeugeigenen Zusatzeinrichtungen und Anlagen, wie Sonderausstattungen für besondere Transporte, Verladeanlagen, Kräne, Pumpen, Rohrleitungen etc.,³⁸⁵ nicht dagegen solche an klimatechnischen Einrichtungen des Fahrzeugs i. S. v. Art. 18 Abs. 4 CMR (vgl. dazu unten Rdn. 119).

117

Keine Fahrzeugteile i. S. d. Art. 17 Abs. 3 CMR **sind** nicht fest mit dem Chassis verbundene **Container und Wechselbrücken**³⁸⁶ (siehe dazu oben Rdn. 113).

e) Mangelhafte Säuberung

Schließlich kann ein Fahrzeugmangel auch dann gegeben sein, wenn das Beförderungsmittel vor Beginn des vereinbarten Transportes nicht oder nur höchst unzureichend von den Resten der Vorladung gesäubert worden ist. Dadurch kann es für die beabsichtigte Beförderung völlig ungeeignet werden, weil am Frachtgut

118

---

378 Vgl. dazu aber auch den ähnlich gelagerten, jedoch genau umgekehrt entschiedenen Fall des OLG Hamburg, 21.2.1985 – 6 U 198/84, TranspR 1985, 400.
379 OLG Düsseldorf, 13.12.1979 – 18 U 133/79, VersR 1980, 286.
380 OLG Frankfurt/M., 8.7.1980 – 5 U 186/79, TranspR 1980, 127 = VersR 1981, 85 (LS) = MDR 1981, 53; OLG Hamm, 13.5.1993 – 18a U 94/93, NJW-RR 1994, 294 (Einspritzpumpe).
381 OLG Zweibrücken, 23.9.1966 – 1 U 40/66, VersR 1967, 1145 = NJW 1967, 1717 = OLGZ 1967, 168.
382 OLG Köln, 5.2.1975 – 2 U 5/74, VersR 1975, 709 = RIW 1975, 349.
383 OLG Düsseldorf, 18.11.1971 – 18 U 102/71, ETR 1973, 510 = RIW 1973, 401 (LS mit Anm. *Kropholler*) = VersR 1973, 177, das jedoch Abs. 3 nicht erwähnt.
384 OGH Wien, 2.9.1987 – 1 Ob 663/87, JBl 1988, 115 = RdW 1988, 9 = SZ 60/159.
385 Staub/*Helm*, Art. 17 CMR Rdn. 36; *Koller*, Art. 17 CMR Rdn. 34; *Thume*, RIW 1994, 357.
386 A.A. OLG Hamburg, 13.3.1993 – 6 U 60/93, TranspR 1994, 193.

Art. 17 Haftung des Frachtführers

Vermischungsschäden oder Verschmutzungen auftreten können. Derartige Mängel kommen vor allem bei Silo- und Tankfahrzeugen vor.[387] Auch wenn vereinbart ist, dass der Absender das Fahrzeug zu reinigen hat, wird es nicht zu „seinem Fahrzeug",[388] aber er kann sich insoweit nicht auf einen besonderen Fahrzeugmangel berufen, wenn er selbst die unzureichende Säuberung veranlasst hat.

3. Mängel an klimatechnischen Einrichtungen gem. Art. 18 Abs. 4 CMR

119 Nicht zu den Fahrzeugmängeln gehören dagegen Mängel an den klimatechnischen Zusatzeinrichtungen, mit denen das Fahrzeug zum Schutz des Gutes gegen die Einwirkung von Hitze, Kälte, Temperaturschwankungen oder Luftfeuchtigkeit versehen ist. Bezüglich dieser Sondereinrichtungen enthält nämlich Art. 18 Abs. 4 CMR eine Spezialnorm, hinter der die strikte Gewährhaftung des Art. 17 Abs. 3 CMR zurücktritt.[389] Würde man Art. 18 Abs. 4 CMR nicht als *lex specialis* gegenüber Art. 17 Abs. 3 CMR ansehen, so wäre diese Bestimmung weitgehend überflüssig. An ihre Stelle würde die Garantie des Frachtführers auch für die Funktionstauglichkeit der klimatechnischen Einrichtungen seines Fahrzeuges treten.

4. Äußere Einwirkungen

120 Kein Fahrzeugmangel liegt vor, wenn ein Schaden am Fahrzeug durch außergewöhnliche, von außen kommende Einwirkungen entsteht, so z.B., wenn das Fahrzeug, obwohl es mit guten Reifen ausgestattet ist, durch plötzlich auf der Straße verstreut liegende Nägel eine Reifenpanne erleidet, die jedes andere Fahrzeug gleicher Qualität auch erleiden müsste, oder wenn unvorhergesehen in der Straße plötzlich schwer erkennbare tiefe Löcher auftauchen, die zu einem Achsbruch führen. In solchen Fällen haftet der Frachtführer nicht nach Art. 17 Abs. 3

---

387 OGH Wien, 21.2.1996 – 3 Ob 2006/96, TranspR 1996, 422; MünchKommHGB/*Jesser-Huß*, Art. 17 CMR Rdn. 50; Staub/*Helm*, Art. 17 CMR Rdn. 37; *Boesche*, in: EBJS, Art. 17 CMR Rdn. 39; vgl. OLG Köln, 26.9.1985 – 7 U 8/85, TranspR 1986, 285 (Amolit) und OLG Hamburg, 19.12.1985 – 6 U 188/80, TranspR 1986, 146 = VersR 1986, 261 (Haselnusskerne); beide Urteile bejahen die Haftung des Frachtführers nach Art. 17 Abs. 1 CMR, weil die Verschmutzung des Laderaums nicht unvermeidbar war, und greifen die Frage des Fahrzeugmangels gem. Abs. 3 nicht auf.
388 *Koller*, Art. 17 CMR Rdn. 34; MünchKommHGB/*Jesser-Huß*, Art. 17 CMR Rdn. 50; *Boesche*, in: EBJS, Art. 17 Rdn. 39; a.A. OGH Wien, 28.2.2001, ETR 2003, 131.
389 OLG Hamburg, 27.10.1988 – 6 U 116/88, TranspR 1989, 318 mit ausführlicher Begründung; OLG Nürnberg, 14.6.1965 – 5 U 181/64, ETR 1971, 247, 259ff.; OLG Koblenz, 2.7.1976 – 2 U 515/74, VersR 1976, 1151 = RIW 1978, 617; *Loewe*, ETR 1976, 503, 556; MünchKommHGB/*Jesser-Huß*, Art. 17 CMR Rdn. 50; *Herber/Piper*, Art. 17 CMR Rdn. 81; *Boesche*, in: EBJS, Art. 17 CMR Rdn. 39; *Glöckner*, Art. 17 CMR Rdn. 36; *Koller*, Art. 17 CMR Rdn. 51; *Thume*, TranspR 1992, 1; a.A. Staub/*Helm*, Art. 17 CMR Rdn. 37. *Otte*, in: Ferrari et al., Art. 17 CMR Rdn. 90.

CMR.³⁹⁰ Zu prüfen wird dann sein, ob der Schaden für ihn vermeidbar oder unvermeidbar i.S.v. Art. 17 Abs. 2 letzte Alternative CMR, ist.³⁹¹ *„Reifenplatzer"* und *Reifenbrand* sind deshalb nur dann kein Fahrzeugmangel i.S.d. Art. 17 Abs. 3 CMR, wenn sie nicht auf einen Materialfehler sondern auf eine von außen kommende, unabwendbare Fremdeinwirkung zurückzuführen sind. Ist eine innere Ursache auszuschließen, bedarf es dann nicht noch des weiteren Nachweises, welche konkrete äußere Ursache den Schaden herbeigeführt hat.³⁹² Diese Frage kann dann aber wiederum im Hinblick auf die Unabwendbarkeit bedeutsam werden.

Der *Fahrzeugmangel muss kausal für den entstandenen Schaden sein.* Hat dieser **121** Schaden neben dem Fahrzeugmangel auch andere, vom Frachtführer nicht zu vertretende Ursachen, kann sich dessen Haftung nach Art. 17 Abs. 5 CMR mindern. Näheres siehe dort (unten VII. Rdn. 224 ff.).

Zu den strittigen Darlegungs- und Beweislastfragen im Zusammenhang mit Fahrzeugmängeln siehe Art. 18 CMR Rdn. 37 ff.

V. Die bevorrechtigten Haftungsausschlüsse des Abs. 4

Nach Art. 17 Abs. 4 CMR ist der Frachtführer – vorbehaltlich der Voraussetzun- **122** gen des Art. 18 Abs. 2 bis 5 – dann von der Haftung befreit, wenn aus besonderen Gefahren ein Verlust oder eine Beschädigung des Gutes eintritt, die mit einzelnen oder mehreren der dort unter a) bis f) genannten Tatbestände verbunden sind.

Die Bestimmung enthält also eine *Reihe von weiteren Haftungsbefreiungstatbeständen, die sich* jedoch im Gegensatz zu denen aus Abs. 2 *nur auf den Verlust oder die Beschädigung des Gutes beziehen*, nicht aber auf die Überschreitung der Lieferfrist. Ist einer oder mehrere dieser Umstände kausal für den Schaden, so *kommt es auf die Frage des Verschuldens des Absenders nicht an.*

Der weitere Unterschied der Haftungsausschlüsse des Abs. 4 gegenüber denen des Abs. 2 ist der, dass hier der Frachtführer sich auf das Bestehen eines solchen zusätzlichen Befreiungstatbestandes nur berufen muss und dass dann der *Anspruchsteller* die *Darlegungs- und Beweislast* dafür trägt, dass der Schaden nicht aus einer dieser haftungsbefreienden Tatbestände herrührt.

Zu den weiteren Darlegungs- und Beweislastfragen vgl. Art. 18 CMR Rdn. 44–84.

---

390 *Loewe*, ETR 1976, 503, 556; *Herber/Piper*, Art. 17 CMR Rdn. 82; *Boesche*, in: EBJS, Art. 17 CMR Rdn. 39; wohl auch MünchKommHGB/*Jesser-Huß*, Art. 17 Rdn. 50; a.A. noch *Basedow* in der dortigen Vorauflage.
391 Vgl. *Koller*, Art. 17 CMR Rdn. 34; *Glöckner*, Art. 17 CMR Rdn. 38.
392 OGH, 6.9.1967 – 6 Ob 196/67, *Greiter*, Nr. 1; OGH, 26.6.1986 – Ob 26/86, TranspR 1988, 147 = RdW 1987, 13 = VersR 1987, 1255; OGH, 10.7.1991 – 1 Ob 579/91, TranspR 1991, 422.

Art. 17 Haftung des Frachtführers

1. Offene Fahrzeuge

123 Art. 17 Abs. 4 lit. a) CMR befreit den Frachtführer von der Haftung für Verlust oder Beschädigung des Frachtgutes, wenn er mit dem Absender ausdrücklich die *Verwendung eines offenen, nicht mit Planen gedeckten Fahrzeugs vereinbart hat und dies im Frachtbrief eingetragen worden ist. Die Eintragung im Frachtbrief ist* hier im Gegensatz zu Art. 4 CMR zwingend vorgeschrieben und damit nach herrschender Auffassung nicht nur deklaratorisch, sondern *konstitutiv*.[393] Dies gilt selbst dann, wenn das Gut wegen seiner Größe und Beschaffenheit nicht in einem geschlossenen Fahrzeug befördert werden kann.[394] Auch bei der Beförderung von PKWs auf einem offenen Autotransporter (die allgemein üblich ist,) bedarf es daher nach h. M. einer Eintragung im Frachtbrief, wenn Abs. 4 lit. a) zur Anwendung kommen soll.[395]

Jesser-Huß plädiert jedoch dafür, die Anforderungen nicht zu überspannen. Mündliche Vereinbarungen würden ausreichen. Das Gleiche gelte, wenn der Absender den ihm gestellten offenen Wagen selbst belädt. Ferner lasse der Wortlaut der Bestimmung jene Fälle unberücksichtigt, in denen der Transport der Güter aus technischen Gründen gar nicht anders möglich oder zumindest völlig unüblich sei (Transport von Pkw, Containern und geschlossenen Behältern). Dann bedürfe der Absender nach Sinn und Zweck des Abs. 4 a) nicht des Schutzes einer ausdrücklichen Vereinbarung, so dass diese Vorschrift teleologisch zu reduzieren sei auf jene Fälle, in denen sich der Schutzzweck verwirklicht.[396]

124 Folgt man der herrschenden Auffassung, darf sich der Frachtführer auch nicht schlicht auf frühere einvernehmliche im offenen Fahrzeug durchgeführte Transporte berufen.[397] Er haftet dann insbes. für Nässeschäden (vgl. oben Rdn. 103) und kann sich nicht darauf berufen, dass das Gut nicht durch Verpackung gegen Nässe oder andere Schäden geschützt sei oder dass der Absender nicht auf die Verwendung von Planen hingewiesen habe.[398] Das gilt auch für andere Schäden,

---

[393] OLG Hamburg, 22.9.1983 – VersR 1984, 235; OLG Düsseldorf, 30.5.1988 – TranspR 1988, 423, Staub/*Helm*, Art. 17 CMR Rdn. 115; *Boesche*, in: EBJS Art. 17 CMR Rdn. 45.
[394] *Herber/Piper*, Art. 17 CMR Rdn. 97; *Boesche*, in: EBJS, Art. 17 CMR Rdn. 45; *Koller*, Art. 17 CMR Rdn. 36.
[395] Um die hier im Einzelfall auftretenden Konflikte zu vermeiden, hat der deutsche Gesetzgeber bei Übernahme dieser Bestimmung in § 427 Abs. 1 Nr. 1 HGB Haftungsbefreiung auch bei „der Übung entsprechender" Verwendung offener Fahrzeuge kodifiziert.
[396] MünchKommHGB/*Jesser-Huß*, Art. 17 CMR Rdn. 55; differenzierend dazu *Otte*, in: Ferrari et al., Art. 17 CMR Rdn. 98 und 99.
[397] OGH Wien, 23.1.2002, ZVR 2003/44 = RdW 2002, 449; OLG Frankfurt/M., 25.10.1977 – 5 U 14/77, VersR 1978, 535 = RIW 1978, 409; Staub/*Helm*, Art. 17 CMR Rdn. 115.
[398] OLG Frankfurt/M., 25.10.1977 – 5 U 14/77, VersR 1978, 535 = RIW 1978, 409; OLG Düsseldorf, 15.12.1983 – 18 U 72/83, TranspR 1984, 38 = VersR 1984, 686; OLG Hamburg, 22.9.1983 – 6 U 203/82, VersR 1984, 235; OLG Düsseldorf, 30.5.1988 – 18 U 293/87, TranspR 1988, 423; *Loewe*, ETR 1976, 503, 557; Staub/*Helm*, Art. 17 CMR Rdn. 115; *Heuer*, S. 93; *Koller*, Art. 17 CMR Rdn. 36.

die durch die Verwendung des offenen Fahrzeugs begünstigt wurden, wie Diebstähle, Brand, Verschmutzung etc.[399]

Auch zu Zwischenlagerungen im Freien ist der Frachtführer nur berechtigt, wenn die Verwendung eines offenen Transportfahrzeuges gem. den Voraussetzungen des Art. 17 Abs. 4 lit. a) CMR vereinbart worden ist.[400]

Hinsichtlich der Darlegungs- und Beweislastfragen vgl. Art. 18 CMR Rdn. 52–54.

2. Verpackungsmängel

Literatur: *Koller*, Die Unzulänglichkeit der Verpackung im Transportrecht und Transportversicherungsrecht, VersR 1993, 519; *Schmidt, Patrick*, Vereinbarte Verpackung durch den Transportunternehmer, TranspR 2010, 88; *Widmann*, Verpacken – Annahme – Verladen von Gütern, Rechtsfragen vor Beförderungsbeginn, 1985; *Zapp*, Rechtsprobleme im Zusammenhang mit der Verpackung in der CMR und im deutschen Handelsgesetzbuch, TranspR 2004, 333.

a) Allgemeines

Der Begriff der Verpackung ist weit auszulegen. Dazu zählt jede körperlich mit dem Gut verbundene Vorkehrung, die geeignet ist, es selbst vor Beschädigung zu bewahren und Schäden an Personen und anderen Sachen zu verhindern.

Die Verpackung eines Gutes ist die gezielt angebrachte, wieder möglichst ohne größeren Aufwand lösbare Umhüllung eines Produktes. Der verpackte Gegenstand ist dann das Packgut und das fertig gepackte Produkt wird Packstück genannt. Mehrere Packstücke des gleichen Packgutes bilden dann eine Sammelpackung.[401] Bei einem größeren Karton mit Glühbirnen bildet dieser selbst die äußere Umhüllung und im Inneren finden sich weitere Umhüllungen einer jeden einzelnen Glühbirne. Nur auf diese Weise wird der Zweck der Verpackung erfüllt, der darin besteht, das Gut vor Beschädigungen, Verunreinigungen und Umwelteinflüssen, wie etwa Temperaturschwankungen, zu schützen. Zahlreiche Güter bedürfen eines besonderen Schutzes während der Beförderung, da diese immer mit zusätzlichen Gefahren verbunden ist.

125

Zum Begriff der Verpackung und ihrer Mängel siehe auch Art. 10 Rdn. 4 ff. Beigegebene Kühlelemente zur Erreichung bestimmter Transporttemperaturen gehören nach Auffassung des OLG München zur Verpackung,[402] während eine Wachsbeschichtung zum Korrosionsschutz lt. OLG München nicht unter diesen Begriff fällt,[403] sie erfüllt aber einen ganz ähnlichen Zweck. Das Gleiche gilt

---

399 *Koller*, Art. 17 CMR Rdn. 36.
400 OLG Köln, 30.8.1990 – 17 U 35/89, TranspR 1990, 425, vgl. oben Rdn. 58; *Koller*, Art. 17 CMR Rdn. 36.
401 Wikipedia, Stichwort „Verpackung".
402 OLG München, 7.5.2008 – 7 U 5338/06, juris.
403 OLG München, 18.4.2007 – 7 U 5108/06, VersR 2008, 988; siehe dazu auch *Goller*, TranspR 2008, 53, 55.

Art. 17 Haftung des Frachtführers

auch für die Vorkühlung von Lebensmitteln, Medikamenten etc. Näheres dazu siehe unter Rdn. 181, 193 ff.

Nach *Art. 17 Abs. 4 lit. b) CMR* ist der Frachtführer hinsichtlich solcher Schäden, die auf *Fehlen oder Mängel der Verpackung* zurückzuführen sind, haftungsfrei.

Verpackungsmängel, die dazu führen, dass während der Obhutszeit ein Güterschaden eintritt, sind also ein Haftungsausschlussgrund, allerdings nur dann, wenn der Absender oder ein von ihm beauftragter Dritter die fehlende oder mangelhafte Verpackung zu verantworten hat. Dieses fehlerhafte Verhalten liegt zeitlich meist schon vor dem Abschluss des Frachtvertrages oder zumindest vor der Übernahme des Gutes zur Beförderung, also außerhalb des Obhutszeitraums. An dieser Stelle wird der systematische Zusammenhang zwischen der Haftungsnorm des Abs.1 („Schadenseintritt während der Obhutszeit") und den Haftungsbefreiungsnormen der Abs. 2 und 4 [hier Abs. 4 b): Schadensursache „Fehlen oder Mängel der Verpackung"] besonders deutlich. Alle schon vor Beginn der Obhutszeit entstandenen Schadensursachen führen – wenn der darauf beruhende Güterschaden zwischen Übernahme und Ablieferung eintritt – zur Anwendung von Art. 17 Abs.1 und ggf. zur Haftungsbefreiung nach Abs. 2 oder 4.[404] Ein Rückgriff auf etwaiges ergänzend vorhandenes nationales Recht ist daher insoweit nach Art. 41 CMR unzulässig. Wollte man eine andere Auffassung vertreten, so wäre in jenen Fällen schon gar keine Haftung gem. Art.17 Abs. 1 CMR gegeben, sodass die Haftungsbefreiungstatbestände des Art. 17 Abs. 2 und 4 CMR völlig überflüssig wären.[405]

125a Die CMR enthält zwar keine Vorschriften darüber, wer das Transportgut zu verpacken hat. In Art. 10 CMR ist jedoch bestimmt, dass der Absender dem Frachtführer für alle durch mangelhafte Verpackung des Gutes verursachten Schäden an Personen, am Betriebsmaterial und an anderen Gütern sowie für die Kosten haftet, es sei denn, dass der Mangel offensichtlich oder dem Frachtführer bei der Übernahme bekannt war und dieser keine entsprechenden Vorbehalte gemacht hat. Schon daraus lässt sich ableiten, dass die *Verpackung des Transportgutes grundsätzlich* in den *Pflichtenkreis des Absenders* fällt (vgl. dazu Art. 10 Rdn. 1). Ferner gilt insoweit das ergänzend anwendbare nationale Recht, also bei Anwendbarkeit deutschen Rechts § 411 HGB.

---

[404] OLG Hamburg 10.7.1997 – 6 U 331/96, TranspR 1998, 243; *Jesser*, S. 108; MünchKommHGB/*Jesser-Huß*, Art. 17 CMR Rdn. 59; *Boesche*, in: EBJS, Art. 17 Rdn. 50; Staub/ Helm, Art. 17 CMR Rdn. 118; *Herber/Piper*, Art. 17 CMR Rdn. 103; *Otte*, in: Ferrari et al., Art. 17 CMR Rdn. 101; *Thume*, in: Fremuth/Thume, Art. 17 CMR Rdn. 72; **streitig:** a.A. *Koller*, Art. 17 CMR Rdn. 37 (ihm folgend OLG Hamburg, 10.7.1997 – 6 U 331/96, TranspR 1998, 243 in einem obiter dictum, wenn Frachtführer verpackt hat), der unberücksichtigt lässt, dass der auf dem Verpackungsmangel beruhende Güterschaden während der Beförderung eintritt; ähnlich auch OLG Karlsruhe, 24.3.2011 – 9 U 81/10, TranspR 2011, 185 = r+s 2011, 531; anders bei Speditionsvertrag; siehe dazu BGH, 16.2.2012 – I ZR 150/ 10, TranspR 2012, 148 (fehlerhafte Verpackung durch den beauftragten Fixkostenspediteur).

[405] *Thume*, r+s 2011, 503.

Wenn der *Frachtführer* selbst die *Verpackung vornimmt, ohne hierzu verpflichtet* **125b**
zu sein, geschieht dies in aller Regel aus reiner Gefälligkeit und meist schon innerhalb seiner Obhut, weil er das Gut schon zum Zwecke der Beförderung übernommen hat. Er kann sich dann jedoch nicht auf Abs. 4 lit b) berufen.[406] Problematisch wird die Rechtslage, wenn sich der Frachtführer dem Absender gegenüber verpflichtet hat, das Gut selbst zu verpacken. Das ist durchaus zulässig.[407] Strittig ist jedoch, ob sich der Frachtführer in einem solchen Fall auf Abs. 4 lit. b) berufen kann.[408] Da es sich dann – abweichend von der Regel des Art. 10 CMR – um die Übernahme einer zusätzlichen vertraglichen Nebenpflicht handelt, die in der CMR nicht geregelt ist, haftet der Frachtführer dem Absender für die Folgen seiner schlechten Verpackung zunächst nach dem ergänzend anwendbaren nationalen Recht.[409] Dem Absender können daher ggf. werkvertragliche Nachbesserungs- und Minderungsansprüche hinsichtlich des Werklohns des Verpackungsvertrages zustehen. Wenn aber als Folge der schlechten Verpackung während der Obhut, also insbes. während des Transportes, ein Güterschaden eintritt, haftet der Frachtführer insoweit ausschließlich nach Art. 17 Abs. 1 und 2 CMR und kann sich letztendlich nicht auf Abs. 4 lit. b) berufen,[410] weil er sich die mangelhafte Verpackung dann als Verstoß gegen Abs. 2 letzte Alt. entgegenhalten lassen muss. Die Haftung für Güterschäden während der Obhut ist in der CMR zwingend und abschließend geregelt. Ein Rückgriff auf etwaiges ergänzend vorhandenes nationales Recht wäre daher insoweit nach Art. 41 CMR unzulässig.[411] Das gilt auch, wenn der Frachtführer das Gut während der Beförderung neu ver- oder umverpackt.[412]

---

406 OLG Frankfurt/M, 28.11.1979, Verkehr 1980, 687; *Jesser*, S. 108; MünchKommHGB/*Jesser-Huß*, Art. 17 CMR Rdn. 59; *Boesche*, in: EBJS, Art. 17 Rdn. 50; Staub/*Helm*, Art. 17 CMR Rdn. 118; *Herber/Piper*, Art. 17 CMR Rdn. 103; *Otte*, in: Ferrari et al., Art. 17 CMR Rdn. 101; *Thume*, in: Fremuth/Thume Art. 17 CMR Rdn. 72; *Zapp*, TranspR 2004, 333, 339; a.A. *Koller* bei § 427 HGB Rdn. 23, wenn dies auf Wunsch des Absenders geschieht, weil der Frachtführer dann zu dessen Gehilfen wird.
407 Vgl. *Jesser*, S. 66; *Koller*, Art. 17 CMR Rdn. 37; Staub/*Helm*, Art. 17 CMR Rdn. 128; *Herber/Piper*, Art. 17 CMR Rdn. 103; *Huther*, in: EBJS, Art. 17 CMR Rdn. 50.
408 *Koller* bejaht dies bei § 427 HGB in Rdn. 23 für den innerdeutschen Frachtvertrag mit der Begründung, dass im Falle einer vertraglichen Verpflichtung- sei sie nun in einem eigenen Werkvertrag oder in einem gemischten Vertrag erfolgt – der Frachtführer zum Gehilfen des Absenders werde.
409 *Koller*, Art. 17 CMR Rdn. 37 (ihm folgend OLG Hamburg 10.7.1997 – 6 U 331/96, TranspR 1998, 243 in einem obiter dictum) ähnlich auch OLG Karlsruhe, 24.3.2011 – 9 U 81/10, TranspR 2011, 185 = r+s 2011, 531.
410 OLG Hamburg, 10.7.1997 – 6 U 331/96, TranspR 1998, 243; *Boesche*, in: EBJS, Art. 17 Rdn. 50; MünchKommHGB/*Jesser-Huß*, Art. 17 CMR Rdn. 59; *Jesser*, S. 108; Staub/*Helm*, Art. 17 CMR Rdn. 118; *Herber/Piper*, Art. 17 CMR Rdn. 118; teilweise a.A. *Koller* bei § 427 HGB Rdn. 23.
411 Die Auffassung *Kollers*, dass der Frachtführer wegen Verstoßes gegen die von ihm übernommene Verpackungspflicht nach ergänzend anzuwendenden nationalen Recht hafte, kann also nur gelten, soweit der Verstoß nicht zu einem Güterschaden während der Obhut führt. Nur insoweit können national rechtliche Ansprüche, z.B. auf Nachbesserung und ggf. Schadensersatz entstehen. Güterfolgeschäden wegen mangelhafter Verpackung und Verladung sind – abgesehen von den Fällen qualifizierten Verschuldens gem. Art. 29 CMR – ausgeschlossen (BGH, 5.10.2006 – I ZR 240/ 03, TranspR 2006/454 = VersR 2007, 86 zu

Art. 17 Haftung des Frachtführers

126 *Die CMR bestimmt auch nichts über den Umfang der Verpackungspflicht.* Folgerichtig ist nach Art. 17 Abs. 4 lit. b) CMR der Frachtführer bei Mängeln oder Fehlern der Verpackung auch nur dann von der Haftung, Verlust oder Beschädigung frei, wenn die Güter ihrer Natur nach ohne bzw. mit mangelhafter Verpackung solchen Schäden ausgesetzt sind. Bei der Beförderung in Spezialfahrzeugen, die eine Verpackung überflüssig machen, greift daher Abs. 4 lit. b) nicht.[413] Es muss vielmehr eine *Verpackungsbedürftigkeit* gegeben sein.[414] Ob diese vorliegt, hängt sowohl von der Art des Gutes ab als auch von der Art der beabsichtigten Beförderung. (Näheres zum Begriff der mangelhaften Verpackung siehe auch Art. 10 CMR, Rdn. 5 ff.). Darauf, ob der Verpackungsmangel schuldhaft verursacht worden ist, kommt es im Rahmen des Art. 17 Abs. 4 lit. b) CMR nicht an.

b) Verpackungsbedürftigkeit

aa) Wegen der Beschaffenheit

127 Ob das Gut seiner Natur nach eine Verpackung erfordert, hängt *zunächst von* seiner eigenen *Beschaffenheit* ab. Es gibt Güter, die überhaupt nur in verpacktem Zustand befördert werden können. Dazu gehören *Flüssigkeiten*, soweit ihr Transport nicht in Tankwagen erfolgt.[415] Das Gleiche gilt für *Gas* und *staubförmige Stoffe*.[416]

128 *Schüttgut*, wie z. B. Getreide oder Sand, gehört seiner Beschaffenheit nach in unverpacktem Zustand von Natur aus zu den Gütern, die während der Beförderung Rinn- oder Rieselverlusten ausgesetzt sind. Deshalb bedarf es einer Verpackung in Säcken oder anderen Behältnissen, oder es muss in besonders abgedichteten Spezialfahrzeugen befördert werden.[417]

129 Andere Güter benötigen eine Verpackung, weil sie andernfalls während der Beförderung einer besonderen Beschädigungsgefahr unterliegen, wie z. B. *Eier, Glaswaren, Porzellan* oder wertvolle *Möbelstücke*, die unverpackt der besonderen Gefahr des Zerbrechens, der Verschrammung, Verkratzung sowie von Scheuer- und

---

§§ 425 ff. HGB), anders ist das beim Speditionsvertrag (siehe dazu BGH, 16.2.2012 – I ZR 150/10, TranspR 2012, 148 – fehlerhafte Verpackung durch den beauftragten Fixkostenspediteur).
412 OLG Frankfurt/M, 8.7.1980 – 5 U 186/79, MDR 1981, 53; *Herber/Piper*, Art. 17 CMR Rdn. 103; *Boesche*, in: EBJS, Art. 17 CMR Rdn. 50.
413 *Koller*, Art. 17 CMR Rdn. 37; *Boesche*, in: EBJS, Art. 17 Rdn. 49; *Otte*, in: Ferrari et al., Art. 17 CMR Rdn. 106.
414 OLG Frankfurt/M, 25.10.1977 – 5 U 14/77, VersR 1978, 535 = RIW 1978, 409.
415 BGH, 19.11.1959 – II ZR 78/58, BGHZ 31, 183 = NJW 1960, 327 = VersR 1960, 30 = VRS 18, 109.
416 Vgl. *Willenberg*, § 18 KVO Rdn. 3.
417 LG Offenburg, 21.1.1969 – 2 O 68/68, VersR 1969, 560 mit Anm. *Willenberg; Boesche*, in: EBJS, Art. 17 CMR Rdn. 53; *Voigt*, VP 1970, 70, 71; *Züchner*, VersR 1967, 430, 432; a. A. *Glöckner*, Art. 17 CMR Rdn. 50, der hier den Einwand einer fehlenden oder mangelhaften Verpackung nicht gelten lassen will.

Druckschäden unterliegen, oder *Düngemittel*, die unverpackt Feuchtigkeit ziehen können. *Lebensmittel*, insbes. frisches *Obst* und *Gemüse*, bedürfen häufig einer Verpackung, um sie ausreichend gegen mechanische Transportschäden, aber auch gegen schädliche Temperaturschwankungen zu schützen.[418]

Zu dieser Kategorie gehört letztlich auch *Kühlgut, und zwar sowohl Tiefkühl- = *Gefriergüter*, wie etwa Speiseeis und Tiefkühlkost, als auch *normale Güter*, insbes. frische Lebensmittel wie Butter, Frischfisch und Frischfleisch, Obst und Gemüse, aber auch Blumen, Medikamente etc. Diese normalen Güter sind i.d.R. von jener in Art. 17 Abs. 4 lit. d) CMR genannten natürlichen Beschaffenheit, der zufolge es der Beschädigung durch inneren Verderb ausgesetzt ist. Deshalb werden auch diese – ähnlich wie Tiefkühlgut – in Spezialfahrzeugen befördert, die mit besonderen Kühlaggregaten ausgestattet sind. Um die klimatischen Einwirkungen, insbes. etwaige Temperaturschwankungen, unbeschadet zu überstehen, bedürfen auch sie der Vorkühlung.[419] Insoweit entspricht die Vorkühlung in Sinn und Zweck der Verpackung, wie sie bei anderen Gütern zum Schutz gegen die Transportgefährdungen erforderlich ist (siehe unten unter 4. d) bb), Rdn. 193). **130**

Schließlich können Güter, wenn sie unverpackt befördert werden, auch selbst andere beigeladene Güter, Personen oder Betriebsmittel gefährden. Auch deshalb bedürfen sie der Verpackung. Dazu gehören insbes. ätzende *Chemikalien* und *übel riechende Stoffe*. **131**

bb) Wegen der Art der Beförderung und des Transportweges

Ferner richtet sich die Verpackungsbedürftigkeit des nach der Art der vorgesehenen Beförderung und den zu erwartenden Gefährdungen auf dem vereinbarten Transportweg.[420] Ist beispielsweise die Beförderung im offenen LKW vereinbart, so müssen Güter, die in geschlossenen Spezialfahrzeugen keinen Schutz vor Witterungseinflüssen oder Rinnverlusten benötigen, eben verpackt werden.[421] Stoffballen, die nur mit Kartonagen gegen Verschmutzung abgedeckt waren, wurden als ausreichend geschützt angesehen, da der Absender bei Beförderung in einem geschlossenen Fahrzeug nicht mit einer unsachgemäßen Zwischenentladung habe rechnen müssen.[422] Ist unterwegs mit einer Umladung zu rechnen, muss dafür die Verpackung ausreichend sein.[423] Andererseits können die Vertragspartner auch vereinbaren, dass der Frachtführer den Transport so langsam und vorsichtig durchführt, dass keine Verpackung erforderlich ist.[424] **132**

---

418 OLG Frankfurt/M., 11.6.1992 – 5 U 237/87, NJW-RR 1993, 169 = RIW 1992, 1026; OLG Köln, 14.3.1997 – 3 U 147/95, TranspR 1998, 195; siehe aber auch OLG München, 31.5.2000 – 7 U 6226/99, NJW-RR 2000, 1638 zur Vereinbarung der Beförderung von „Palmsamen frostfrei".
419 Siehe dazu nur OLG Karlsruhe und *Thume*, r+s 2011, 503 und 531.
420 Staub/*Helm*, Art. 17 CMR Rdn. 123.
421 Staub/*Helm*, Art. 17 CMR Rdn. 125; *Züchner*, VersR 1967, 430, 432.
422 OGH, 17.11.1981 – 5 Ob 591/81, HS XII/XIII/15 = *Greiter*, Nr. 23.
423 Staub/*Helm*, Art. 17 CMR Rdn. 124; *Koller*, Art. 17 CMR Rdn. 37.
424 Staub/*Helm*, Art. 17 CMR Rdn. 123; *Koller*, Art. 17 CMR Rdn. 37.

Art. 17 Haftung des Frachtführers

133 Es kommt auf den jeweiligen einzelnen Beförderungsfall an. So müssen z.B. zerbrechliche Güter, die auf schlechten und unwegsamen Straßen nach Fernost befördert werden sollen, noch sorgfältiger verpackt werden, als wenn der Transport auf Autobahnen und gut ausgebauten Straßen in Westeuropa stattfindet.[425] Unerheblich ist, ob und in welchem Umfang das Gut handelsüblicher Weise verpackt wird oder nicht. Entscheidend ist vielmehr allein, ob das Gut seiner Beschaffenheit nach für die beabsichtigte Beförderung einer Verpackung bedarf oder nicht. Dieses Erfordernis ist ausschließlich nach objektiven Gesichtspunkten zu prüfen und zu entscheiden.[426] Es kommt auch nicht darauf an, ob der Wert des Gutes die erforderliche Verpackung lohnt oder nicht.[427]

c) Verpackungsumfang und -zweck

134 Bedürfen die Güter einerseits ihrer Beschaffenheit nach und andererseits im Hinblick auf die gewählte Transportart einer Verpackung, so muss diese vom Absender sicher vorgenommen sein, also so, dass die eigene Transportgefährdung und auch die Gefährdung anderer Güter ausgeschlossen wird. Art und Umfang der sicheren Verpackung richten sich dabei nicht etwa nach Verkehrs- oder Handelsüblichkeit, sondern allein nach den Erfordernissen der vereinbarten Beförderung.[428] So sind z.B. *Blumen* und *Früchte* dann i.S.d. Art. 17 Abs. 4b und Art. 18 Abs. 2 CMR unzureichend verpackt, wenn sie *gegen die Einwirkung von Temperaturschwankungen* nicht so geschützt sind, dass sie den bei einem vertragsgerecht durchgeführten Transport üblicherweise zu erwartenden Klimaeinwirkungen standhalten können.[429] Andererseits kann sich der Frachtführer nicht auf mangelnde Verpackung berufen, wenn der Transport mit einem Spezialfahrzeug vereinbart worden ist, das eine Verpackung ganz oder teilweise überflüssig macht.[430]

135 *Sicher ist die Verpackung*, wenn sie vor den natürlichen Einwirkungen des Straßengüterverkehrs ausreichend Schutz bietet,[431] also auch vor den Erschütterungen infolge besonders schlechter Straßenverhältnisse,[432] gegen die Folgen besonderer harter Bremsstöße, die im heutigen Straßenverkehr nicht vermeidbar sind, sowie gegen die Auswirkungen der Fliehkraft auf das Frachtgut beim Durchfahren von Kurven.[433] Jedoch kann sich der Frachtführer bei außergewöhnlichen Er-

---

425 Siehe BGH, 20.10.1983 – I ZR 105/81, TranspR 1984, 100 = VersR 1984, 262 zur Verkeilung einer Maschine in der Kiste bei Beförderung von Ludwigsburg nach Teheran.
426 BGH, 19.11.1959 – II ZR 78/58, BGHZ 31, 183 = NJW 1960, 337 = VersR 1960, 30 = VRS 18, 109 (zu § 18 KVO); *Willenberg*, § 18 KVO Rdn. 7.
427 *Willenberg*, § 18 KVO Rdn. 8.
428 KG, 13.3.1980 – 2 U 4303/79, VersR 1980, 948.
429 OLG Frankfurt/M., 11.6.1992 – 5 U 237/87, RIW 1992, 1026 = NJW-RR 1993, 169; OLG Köln, 14.3.1997 – 3 U 147/95, TranspR 1998, 195 = VersR 1997, 1033; anders OLG München, 6.12.2000 – 7 U 6226/99, NJW-RR 2000, 1638 bei Vereinbarung der Beförderung von „Palmsamen frostfrei".
430 Vgl. BGH, 4.2.1955 – I ZR 105/53, NJW 1955, 625, 628.
431 OLG Nürnberg, 12.4.1991 – 12 U 68/91, TranspR 1992, 425.
432 *Bischoff*, Anm. zu OLG Hamburg, 25.5.1980 – 6 U 137/80, VersR 1981, 593.
433 OLG Celle, 18.4.1987 – 12 U 178/74, VersR 1977, 911.

eignissen, wie etwa einem Verkehrsunfall, nicht auf mangelnde Verpackung berufen.[434] Besonders druckempfindliche Güter hat der Absender so zu verpacken, dass diese auch schlechte Wegstrecken ohne Beschädigungen überstehen können. Dagegen kann der Absender nicht verlangen, dass der Unternehmer mit Rücksicht auf die übermäßige Empfindlichkeit des Gutes besonders vorsichtig oder langsam fährt oder besonders schlechte Straßen meidet, es sei denn, dies ist vereinbart.[435] Schließlich muss der Absender, wenn nach der beabsichtigten Beförderung mehrfache Umladung des Gutes erforderlich wird, diesen Umstand auch bei der Verpackung berücksichtigen.[436]

Zu einer ordnungsgemäßen Verpackung gehört auch die Sicherung und Befestigung von Einzelpackstücken auf der *Palette* und im *Container*. Der Container selbst ist sowohl Verpackungs- oder Packmittel als auch Beförderungsgut.[437] Weist er Mängel auf, kommt es darauf an, ob er vom Absender gestellt wird oder vom Frachtführer. Deshalb ist der Ausfall des Kühlgeräts eines vom Absender gestellten Containers ein Verpackungsmangel, der zur Haftungsbefreiung des Frachtführers führen kann.[438]

Zweck der Verpackung *ist* es *nicht*, das Gut vor Diebstahl oder Raub zu schützen. **136** Daher liegt kein Verpackungsmangel vor, wenn auf Kartons äußerlich gut lesbar der Name des Absenders/Herstellers und der Inhalt angegeben ist,[439] auch wenn dadurch die Diebstahlsgefahr erhöht wird.[440]

Eine ganz andere, bisher – so weit ersichtlich – von der Rechtsprechung noch nicht entschiedene Frage ist die, ob eine vom Absender angebrachte, besonders auffällige, den Inhalt oder die Herkunft dokumentierende und deshalb potenzielle Diebe anlockende Verpackung bei Verlust durch Diebstahl zu einer jedenfalls teilweisen Haftungsbefreiung des Frachtführers gem. Art. 17 Abs. 2 1. Alternative mit Abs. 5 CMR führen könnte.

---

434 OLG Nürnberg, 12.4.1991 – 12 U 68/91, TranspR 1992, 425.
435 Staub/*Helm*, Art. 17 CMR Rdn. 123; *Koller*, Art. 17 CMR Rdn. 37; a.A. OLG Düsseldorf, 29.11.1979 – 18 U 127/79, VersR 1980, 276.
436 OLG Düsseldorf, 27.10.1983 – 18 U 34/83, TranspR 1984, 109; Staub/*Helm*, Art. 17 CMR Rdn. 124; *Koller*, Art. 17 CMR Rdn. 37.
437 *Boesche*, in: EBJS, Art. 17 Rdn. 53; *Thume*, TranspR 1990, 41; MünchKommHGB/*Jesser-Huß*, Art. 17 CMR, Rdn. 61 (Verpackung); siehe dazu auch erste Auflage, Anhang III, Rdn. 76.
438 Vgl OLG Hamburg, 29.6.1970 – 14 U 178/68, MDR 1970, 1016; *Herber/Piper*, Art. 17 CMR Rdn. 101; *Boesche*, in: EBJS, Art. 17 CMR Rdn. 53; *Thume*, TranspR 1990, 41, 46. Rechtsbank Rotterdam, 6.7.2011 – 368406/HAZA 10-3621, ETR 2011, 655.
439 OLG München, 19.11.1985 – 13 U 4210/85, VersR 1986, 678.
440 OLG Frankfurt/M., 7.11.1985 – I U 240/84, TranspR 1986, 231 und OLG München, 19.11.1985 – 13 U 4219 85, VersR 1986, 678 zur EVO; *Boesche*, in: EBJS, Art. 17 CMR Rdn. 48; a.A. *Heuer*, S. 95.

Art. 17 Haftung des Frachtführers

d) Einzelfälle

137 Keiner (zusätzlichen) Verpackung bedürfen:

Feinbleche;[441] *Marmorplatten*, wenn diese sicher verladen und gestaut sind.[442] *Marmorplatten* sind sachgerecht verladen, wenn sie auf Marmorböcken aufgelegt und mit Ketten verspannt werden.[443] *Maschinenteile in Kisten*;[444] *Personenkraftwagen auf Spezialtransportern*;[445] Rohstoffballen – *Rohtextilien*;[446] *Stahlplatten*;[447] *Teppiche*, wenn sie allein verladen werden;[448] *Zigaretten* in normalem verplombten Container.[449]

138 Ausreichende Verpackung ist vorhanden bei:

Beutelschweißmaschine, in Kiste verpackt, gesichert durch Druckhölzer mit Spindeln und Verkeilungen in allen Richtungen auf dem Kistenboden;[450] *Fliesen* in Kartons auf Flachpaletten mit Klarsichtfolie eingeschweißt;[451] *Haselnüssen in Jutesäcken*; werden diese bei Beförderung durch Rückstände von giftigen Chemikalien im LKW verschmutzt, kann sich der Frachtführer nicht auf mangelhafte Verpackung berufen. Vielmehr muss er das verwendete Transportfahrzeug bezüglich Sauberkeit und sonstiger Beschaffenheit nach dem zu befördernden Gut richten.[452] *Konsol-Fräsmaschine* auf Palette auf LKW verschraubt, eingefettet, abstehende Teile demontiert.[453] *Weißblechrollen*, achshorizontal auf einer Holzpalette, die auf zwei parallelen Balken aufgeschraubt ist (aber mangelhaft verladen).[454]

139 Unzureichende Verpackung:

Aluminiumbleche sind bei fehlender oder mangelhafter Verpackung Verlusten oder Beschädigungen ausgesetzt und müssen deshalb durch Verpackung beson-

---

441 OLG Frankfurt/M., 25.10.1977 – 5 U 14/77, VersR 1978, 535 mit teilw. ablehnender Anmerkung von *Schönwerth*; siehe aber auch unter Rdn. 116 (Aluminiumbleche).
442 OLG Köln, 2.2.1972 – 2 U 91/71, VersR 1972, 778.
443 OGH, 4.10.1983 – 2 Ob 513/83, Verkehr 1985, 451 = *Greiter*, Nr. 44.
444 OLG Bremen, 3.8.2006 – 2 U 86/04, OLGR Bremen 2006, 788 = juris.
445 OLG Düsseldorf, 8.5.1969, ETR 1970, 446, 468 und OLG Düsseldorf, 15.12.1983, TranspR 1984, 38 = VersR 1984, 686; LG Duisburg, 10.5.1968, ETR 1969, 979; vgl. Staub/*Helm*, Art. 17 CMR Rdn. 125; *Glöckner*, Art. 17 CMR Rdn. 51; *Koller*, Art. 17 CMR Rdn. 37.
446 OLG Nürnberg, 11.4.1991 – 12 U 68/91, TranspR 1992, 63.
447 Handelsgericht Antwerpen, 28.3.1966, ETR 1967, 712; vgl. *Glöckner*, Art. 17 CMR Rdn. 52.
448 OLG Hamburg, 28.6.1984 – 6 U 227/83, TranspR 1985, 114.
449 KG, 11.1.1995 – 23 U 377/94, TranspR 1995, 342.
450 BGH, 20.10.1983 – I ZR 105/81, TranspR 1984, 100 = VersR 1984, 262 = RIW 1984, 236 = ETR 1985, 160.
451 OLG Saarbrücken, 23.8.1985 – 4 U 118/83, TranspR 1985, 392.
452 OLG Hamburg, 19.12.1985 – 6 U 188/80, TranspR 1986, 146 = VersR 1986, 162.
453 OLG Köln, 10.11.1988 – 5 U 148/87, VersR 1989, 284.
454 OLG Saarbrücken, 21.11.1974 – 6 U 142/73, VersR 1976, 267 = NJW 1975, 500 = ETR 1976, 261.

ders vor Verbeulung, Verformung und Zerkratzen geschützt werden.[455] *Früchte* sind unzureichend verpackt, wenn sie gegen die Einwirkung von Kälte nicht so geschützt sind, dass sie den bei einem vertragsgerecht durchgeführten Transport üblicherweise zu erwartenden Klimaeinwirkungen standhalten können.[456] *Motorräder* sind im Gegensatz zu *Kraftfahrzeugen* verpackungsbedürftig.[457] *Schaltschränke* müssen mindestens teilverpackt werden, um einen gegenseitigen Schutz zu gewährleisten.[458] *Steinzeugformteile* sind in Lattenverschlägen unzureichend verpackt, wenn sie nicht besonders gegen die Erschütterungen des Straßenverkehrs gesichert werden.[459] *Zündhölzer* sind besonders verpackungsbedürftig im Hinblick auf eine Brandentstehung.[460]

e) Mitwirkungsobliegenheiten des Frachtführers

Nach Art. 8 Abs. 1 lit. b) CMR ist der Frachtführer verpflichtet, bei Übernahme des Gutes seinen äußeren Zustand sowie seine Verpackung zu überprüfen. Nach herrschender Auffassung ist dies jedoch lediglich eine Obliegenheit. Der Frachtführer, der diese Kontrolle nicht durchführt, erleidet allerdings zunächst den Nachteil, dass dann der Frachtbrief keine mit Gründen versehenen Vorbehalte hinsichtlich der Verpackung enthalten wird und dass er sich deshalb bis zum Beweis des Gegenteils die Vermutung des Art. 9 Abs. 2 CMR entgegenhalten lassen muss, dass das Gut und seine Verpackung bei der Übernahme im äußerlich guten Zustand waren.[461] Der Frachtführer ist kein Verpackungsfachmann und kann daher i.d.R. auch nicht beurteilen, ob die Verpackung des Gutes für den geplanten Transport ausreichend ist oder nicht. Eine umfassende Überprüfungspflicht, die bei deren Unterlassen eventuell zu einer Mithaftung gem. Art. 17 Abs. 5 CMR führen könnte, gibt es also grundsätzlich nicht,[462] zumal ohnehin Art. 8 CMR nur auf die äußere Beschaffenheit der Verpackung, nicht aber auf deren Qualität abstellt. Sieht man bei frischen Lebensmitteln, Medikamenten usw. (im Gegensatz

140

---

455 KG, 13.3.1980 – 2 U 4303/79, VersR 1980, 948. Vgl. aber auch oben Rdn. 114 (Feinbleche).
456 OLG Frankfurt/M, 11.6.1992 – 5 U 237/87, NJW-RR 1993, 169 = RIW 1992, 1026; OLG Köln, 14.3.1997 – 3 U 147/95, TranspR 1998, 195 = VersR 1997, 1033; anders OLG München, 31.5.2000 – 7 U 6226/99, NJW-RR 2000, 1638 bei Vereinbarung der Beförderung von „Palmsamen frostfrei".
457 AG Karlsruhe, 24.11.1989 – 11 C 381/89, TranspR 1990, 197.
458 OLG Hamburg, 18.12.1986 – 6 U 36/86, TranspR 1987, 434, das gleichzeitig erhebliche Mängel bei der Verladung und Verstauung festgestellt hat, die zusammen mit den Verpackungsmängeln zu dem Schaden geführt haben.
459 OLG Celle, 18.4.1977 – 12 U 1789/74, VersR 1977, 910.
460 Tribunale di Milano, ETR 1974, 490.
461 *Boesche*, in: EBJS, Art. 17 Rdn. 51; *Heuer*, S. 98f.; *Koller*, Art. 17 CMR Rdn. 38; Staub/*Helm*, Art. 17 CMR Rdn. 15; vgl. *Glöckner*, Art. 17 CMR Rdn. 49; a.A. OLG Karlsruhe, 18.10.1967 – 1 U 227/66, DB 1967, 2022 = OLGZ 1968, 152 für einen Fall der unterlassenen Überprüfung mangelhafter Vorkühlung und wohl auch *Zapp*, Überprüfungspflichten und Art. 41 CMR, TranspR 1991, 371, 372.
462 *Koller*, Art. 17 CMR Rdn. 38; OGH Wien, 3.7.1985 – 3 Ob 547/85, TranspR 1987, 374.

Art. 17 Haftung des Frachtführers

zu Tiefkühlprodukten[463]) die Vorkühlung als Parallele zur Verpackung (vgl. oben Rdn. 130), so bietet sich die entsprechende Anwendung des Art. 8 Abs. 1 lit. b) CMR insoweit an.[464] Für eine Prüfungspflicht der Vorkühltemperatur – auch ohne entsprechende Abrede – haben sich mehrere Oberlandesgerichte ausgesprochen.[465] Diese Auffassung hat inzwischen auch in der Literatur breite Zustimmung gefunden.[466]

141 Andererseits obliegt – wie sich aus Art. 17 Abs. 2, letzte Alt. ergibt – jedem Frachtführer eine besonderen Sorgfaltspflicht für das Gut. Diese äußere Sorgfalt ist zwar schon bei der Kontrolle des äußeren Zustandes der Verpackung gewahrt, nicht aber, wenn der Frachtführer die Kontrolle überhaupt nicht vornimmt. Deshalb wird er sich ganz offensichtliche grobe Verpackungsmängel, die ins Auge fallen und die er nicht gesehen hat, gemäß Art. 17 Abs. 5 CMR entgegenhalten lassen müssen. Das Gleiche gilt, wenn ihm solche Verpackungsmängel positiv bekannt sind.[467] Wird daher der Frachtführer vor der Beförderung ausdrücklich auf die Frostempfindlichkeit des Guter hingewiesen, so muss er für einen frostsicheren Transport sorgen. Nach Auffassung des OLG München kann er sich dann im Schadensfall überhaupt nicht auf mangelnde Verpackung des Gutes berufen.[468] Stellt der Frachtführer oder der von ihm bestellte Fahrer bei Übernahme des Gutes fest, dass das Gut mangelhaft verpackt ist und zu besorgen ist, dass hieraus während des Transportes eine Gefährdung des Gutes entstehen kann, so muss er den Absender informieren und dort Weisungen einholen.[469] Unternimmt er nichts, obwohl der Verpackungsmangel evident ist. Kann er sich auf die mangelnde Verpackung ebenfalls nicht berufen.[470] Die gleiche Verpflichtung trifft

---

463 Siehe dazu unten Rdn. 193.
464 *Thume*, TranspR 1982, 1 ff.; *Otte*, in: Ferrari et al., Art. 17 CMR Rdn. 2.
465 OLG München, 8.3 2012 – 23 U 4203/11, juris; OLG Karlsruhe, 18.10.1967 – 1 U 27/66, DB 1967, 2022 und OLG Stuttgart, 18.12.1968 – 13 U 82/68, DVZ, Nr. 30, 3.11.1969; a.A. OLG Hamm, 11.9.2008 – 18 U 132/ 07, juris; 26.6.1997, TranspR 1998, 301; nur wenn Prüfungspflicht vereinbart ist OLG Hamm, 2.11.1998, TranspR 2000, 361.
466 Staub/*Helm*, Art. 8 CMR Rdn. 14; *Koller*, Art. 8 CMR Rdn. 3. *Boesche*, in: EBJS, Art. 8 Rdn. 3; MünchKommHGB/*Jesser-Huß*, Art. 8 CMR Rdn. 10; ablehnend sind *Loewe*, ETR 1976, 503, 537; *Züchner*, VersR 1969, 682, 687; *Voigt*, VP 1970, 173; *Precht/Endrigkeit* (zu Art. 8 CMR) und *Zapp*, TranspR 1991, 371; vermittelnd *Glöckner*, Art. 8 CMR Rdn. 8 und Art. 17 CMR Rdn. 49. Siehe dazu auch unten Rdn. 194.
467 Herber/Piper, Art. 17 CMR Rdn. 106; MünchKommHGB/*Jesser-Huß*, Art. 17 CMR Rdn. 59; *Boesche*, in: EBJS, Art. 17 Rdn. 52; *Koller*, Art. 17 CMR Rdn. 38 die dort zitierte Entscheidung des OLG Saarbrücken, 21.11.1974 – 6 U 142/73, VersR 1976, 267 = NJW 1975, 500 = ETR 1976, 261 betrifft allerdings den Fall einer mangelhaften Verladung.
468 OLG München, 31.5.2000 – 7 U 6226/99, TranspR 2002, 26 = NJW-RR 2000, 1638; zweifelhaft, da Verpackungspflicht des Absenders wohl nicht durch Hinweise auf Schadensträchtigkeit allein auf den Frachtführer abgewälzt werden kann; eher sollte Art. 17 Abs. 5 CMR zur Anwendung kommen.
469 *Koller*, Art. 17 CMR Rdn. 38; vgl. auch für den ähnlich gelagerten Fall des bereits bei der Übernahme verdorbenen Obstes OLG München, 3.5.1989 – 7 U 6078/88, TranspR 1991, 61.
470 So OLG Stuttgart, 9.2.2012 – 3 U 173/10 – juris, zu § 427 Abs. 1 Nr. 2 HGB, das aber wegen Mitverschuldens der Absenderin wegen des Mangels dennoch zur hälftiger Haftungsteilung kommt.

den Frachtführer, wenn er während des Transportes bemerkt, dass die Güter mangelhaft verpackt sind. Dies folgt aus seiner Obhutspflicht, die ihm gebietet, die ordnungsgemäße und technisch einwandfreie Durchführung des Transportes zu gewährleisten. Verletzt er diese Obhutspflicht, so kann eine Mithaftung und damit eine Schadensteilung gem. Art. 17 Abs. 5 CMR eintreten.[471]

Bei offensichtlichen und bekannten Verpackungsmängel trifft daher den Frachtführer eine besondere **Warnpflicht**, deren Verletzung zu seiner Mithaftung führt.[472] Noch **strenger ist die französische Rechtsprechung**, die aus Art. 8 Abs. 1 CMR eine echte Überprüfungspflicht auf äußerlich erkennbare Verpackungsmängel ableitet und deshalb dem Frachtführer die Berufung auf Art. 17 Abs. 4 b) gänzlich versagt, wenn er auf solche Mängel nicht hinweist.[473]

Weist der Frachtführer den Absender auf die mangelhafte Verpackung hin und lehnt dieser den Einwand ab, so ist der Frachtführer nicht verpflichtet, den Antritt der Fahrt abzulehnen.[474] Den Überwachungspflichten des Frachtführers zu Beginn und während des Transportes kommt im Zusammenhang mit dem Verladen und Stauen des Gutes besondere Bedeutung zu (vgl. Rdn. 168–172). 142

Die Vertragspartner können *weitere Überprüfungspflichten des Frachtführers* sowohl hinsichtlich der Verpackung als auch der Verladung *vereinbaren*. Art. 41 CMR steht dem nicht entgegen. Die in Art. 8 genannten Kontrollmaßnahmen haben lediglich Obliegenheitscharakter. Ladevorgänge sind in Art. 8 ohnehin nicht genannt. Derartige Überprüfungsvereinbarungen tangieren auch nicht die Haftungs- und Haftungsbefreiungstatbestände des Art. 17.[475] Die Qualitätskontrolle von Warenverpackung und Verladung ist ein gänzlich anderer Umstand als die Beschaffenheit des Gutes, der Verpackung und der Verladung selbst. Nur für Letztere hat der Frachtführer gem. Art. 17 Abs. 2 3. Alternative und Abs. 4 lit. b), c) und d) nicht einzustehen, so dass die Übernahme weiterer Kontrollpflichten in dieser Hinsicht der CMR nicht widerspricht.[476] 143

---

471 *Koller*, Art. 17 CMR Rdn. 38; *Glöckner*, Art. 17 CMR Rdn. 56; die von beiden zitierte Entscheidung des OLG Saarbrücken, 21.11.1974 – 6 U 142/73, VersR 1976, 267 = NJW 1975, 500 = ETR 1976, 261, betrifft allerdings den Fall einer mangelhaften Verladung.
472 MünchKommHGB/*Jesser-Huß*, Art. 17 CMR Rdn. 59.
473 *Boesche*, in: EBJS, Art. 17 Rdn. 51 a.E. m.w. Rechtsprechungshinweisen.
474 OLG Frankfurt/M., 17.11.1981 – 5 U 144/79, TranspR 1982, 106 = RIW 1982, 204 für den Fall der unzureichenden Vorkühlung von Tiefkühlware; OLG Stuttgart, 16.1.1980 – 13 U 144/79, VersR 1980, 979 für den Fall der mangelhaften Verladung; *Groth*, VersR 1983, 1104, 1106; *Koller*, Art. 17 CMR Rdn. 38.
475 OLG Karlsruhe, 24.3.2011 – 9 U 81/10 – TranspR 2011, 185 = r+s 2011, 531; OLG München, 3.5.1998 – 7 U 6078/88, TranspR 1991, 61; OLG Hamm, 30.3.1998 – 18 U 179/97, TranspR 1998, 463; OGH Wien, 8.10.1984 – 1 Ob 577/84, TranspR 1985, 103; *Herber/Piper*, Art. 17 Rdn. 105; *Boesche*, in: EBJS, Art. 17 CMR Rdn. 52; *Koller*, Art. 17 CMR Rdn. 38 und Vor Art. 1 CMR Rdn. 35; *Thume*, FS für Piper, S. 1037 ff. und r+s 2011; a.A. *Zapp*, TranspR 1991, 371 und TranspR 2004, 333.
476 Näheres hierzu siehe bei *Thume*, in: Fremuth/Thume, Art. 8 CMR Rdn. 17 ff.; *ders.*, in: FS Piper, S. 1037.

Art. 17 Haftung des Frachtführers

144 Zu den *Beweislastfragen* hinsichtlich der Verpackungsmängel vgl. Art. 18 CMR Rdn. 55–58 und die Erläuterungen zu Art. 8 und 9 CMR.

3. Laden – Entladen – Stauen und andere Behandlung des Gutes durch den Absender, Empfänger oder Dritte

Literatur: Siehe oben Ziff. 3 c vor Rdn. 30

a) Allgemeines

145 Nach *Art. 17 Abs. 4 lit. c)* CMR ist eine privilegierte Haftungsbefreiung des Frachtführers auch dann gegeben, wenn der *Verlust oder* die *Beschädigung des Gutes durch Behandlung, Verladen, Verstauen oder Ausladen des Gutes* entweder *durch den Absender* oder *den Empfänger* oder *durch Dritte,* die für den Absender oder den Empfänger handeln, eintreten. Diese Bestimmung ist die einzige in der CMR, bei der die Ladetätigkeiten Erwähnung finden. Sie lässt offen, wer zum Be- und Entladen verpflichtet ist.[477] Auf die Frage des Verschuldens kommt es im Rahmen dieser Vorschrift nicht an. Bei schuldhaften Ladefehlern des Absenders bzw. Empfängers kann gleichzeitig der einfache Haftungsausschluss nach der ersten Alternative des Abs. 2 gegeben sein.

146 Hinsichtlich der Bedeutung der Begriffe „Behandlung", „Verladen", „Verstauen" und „Ausladen" darf auf die Erläuterungen 3 c (Rdn. 32 f.) verwiesen werden.

Zum Begriff des Ladefehlers siehe oben Rdn. 34.

147 Die *Reichweite des Haftungsausschlusses* nach Art. 17 Abs. 4 lit. c) CMR wird in den einzelnen Vertragsstaaten der CMR teilweise sehr unterschiedlich interpretiert.[478] Unstreitig ist jedoch, dass die Haftungsbefreiung nicht nur dann eintritt, wenn die *Güterschäden direkt beim Verladen, Entladen oder sonstigen Behandlungen* entstehen, sondern auch dann, wenn erst *während der Beförderung* als Folge mangelhafter Ladung oder Stauung solche Schäden eintreten.[479]

---

[477] Diese ergeben sich deshalb nach dem ergänzend anwendbaren nationalen Recht (BGH, 25.1.2007 – I ZR 43/04, TranspR 2007, 314, 316; OGH Wien, 12.6.2006 – 2 Ob 271/05z), also bei Anwendbarkeit des deutschem Rechts aus § 412 HGB.
[478] Vgl. Staub/*Helm*, Art. 17 CMR Rdn. 139; *Koller,* Art. 17 CMR Rdn. 39; *Loewe,* ETR 1976, 557 f.
[479] BGH, 24.9.1987 – I ZR 197/85, TranspR 1988, 108 = VersR 1988, 244 = NJW-RR 1988, 479 = RIW 1988, 307 = DB 1988, 599; BGH, 27.10.1978 – I ZR 86/76, VersR 1979, 417; OLG München, 27.11.1968, ETR 1971, 105, 127; OLG Düsseldorf, 13.1.1972 – 18 U 84/70, VersR 1973, 178, 179; OLG Hamburg, 18.12.1986 – 6 U 36/86, TranspR 1987, 434 = VersR 1988, 133 (LS); OLG Hamm, 4.11.1971 – 19 U 16/71, VersR 1973, 911, 912; OLG Saarbrücken 23.8.1985 – 4 U 118/83, TranspR 1985, 382; LG Berlin, 12.11.1970 – 51 S 211/70, VersR 1971, 635 mit Anm. von *Willenberg* = ETR 1974, 762; *Alff,* Anh. 4 nach § 425 HGB Rdn. 4 B; MünchKommHGB/*Jesser-Huß,* Art. 17 CMR Rdn. 66; Staub/*Helm,* Art. 17 CMR Rdn. 135; *Herber/Piper,* Art. 17 CMR Rdn. 119; *Heuer,* S. 101 Fn. 269 m. w. N.; *Koller,* Art. 17 CMR Rdn. 40; *Glöckner,* Art. 17 CMR Rdn. 63.

Art. 17 Abs. 4 lit. c) CMR stellt allein auf die Tatsache der Tätigkeiten ab, also 148 darauf, ob die Be- bzw. Entladung des Gutes durch den Absender bzw. Empfänger oder einen für sie handelnden Dritten erfolgt ist. Auf die Nichterfüllung vertraglicher oder öffentlich-rechtlicher Pflichten des Frachtführers oder der anderen Beteiligten bei der Be- oder Entladung des Gutes kommt es im Rahmen dieser Bestimmung nicht an.[480]

Dennoch gewinnt auch die Frage, wer von den Beteiligten eigentlich die *Verpflichtung zum Be- und Entladen hat, für die Haftung des Frachtführers eine entscheidende Bedeutung*. Von dieser Frage hängt nämlich ab, ob das Gut während des Be- und Entladevorgangs bereits bzw. noch in der Obhut des Frachtführers ist, ob also die Gewährhaftung des Art. 17 Abs. 1 CMR überhaupt gegeben sein könnte. Näheres dazu ist oben bei Ziff. 3 c, insbes. Rdn. 30 ff. erläutert; zur Ladepflicht selbst und zu Ladefehlern vgl. dort Rdn. 36 ff. und 34 f. *Daraus ergeben sich bezüglich der Haftung für Ladefehler die nachfolgenden Fallgruppen.* 149

b) Ladepflichten des Absenders und Empfängers

Haben der Absender und der Empfänger die Ladepflicht, so ist zu unterscheiden:

aa) Schadenseintritt während der Ladevorgänge

Entsteht direkt während des Be- und Entladens ein Schaden, weil das Gut beispielsweise vom Gabelstapler fällt, so ist schon die Voraussetzung des Art. 17 Abs. 1 CMR nicht gegeben, weil der Obhutszeitraum mit der Beendigung der Beladung beginnt und mit dem Beginn der Entladung endet. In diesen Fällen ist es daher gleichgültig, wer die Ladetätigkeit vornimmt, ob diese also durch den Absender bzw. Empfänger oder deren Erfüllungsgehilfen oder Dritte erfolgt. Eine Haftung des Frachtführers nach Art. 17 ff. CMR kann nicht eintreten.[481] 150

Auch wenn die Gehilfen des Frachtführers für den Absender bzw. den Empfänger oder aus Gefälligkeit die Ladetätigkeit durchführen und dabei fehlerhaft handeln, haftet der Frachtführer jedenfalls nicht aus Art. 17 Abs. 1 CMR, so dass es 151

---

480 H. M. in Deutschland und Österreich (nicht aber immer in anderen Vertragsstaaten): BGH, 27.10.1978 – I ZR 86/76, VersR 1979, 417; BGH, 28.3.1985 – I ZR 194/82, TranspR 1985, 261 = VersR 1985, 754 = ETR 1986, 175 = NJW 1985, 2092 = RIW 1986, 58; BGH, 24.9.1987 – I ZR 197/85, TranspR 1988, 108 = VersR 1988, 244 = NJW-RR 1988, 479 = RIW 1988, 307 = DB 1988, 599; BGH, 25.1.2007 – I ZR 43/04 – TranspR 2007, 314; OGH Wien, 3.6.1991 – 1 Ob 1502/91, TranspR 1991, 424; OLG Düsseldorf, 25.3.1993 – 18 U 271/92, TranspR 1994, 439; OLG Hamm, 19.2.1973 – 3 U 206/72, VersR 1974, 28 = NJW 1973, 2163 = ETR 1974, 753; OLG Koblenz, 6.10.1989 – 2 U 200/88, TranspR 1991, 93; Staub/*Helm*, Art. 17 CMR Rdn. 147; *Heuer*, VersR 1988, 312, 315; *Boesche*, in: EBJS, Art. 17 CMR Rdn. 54; *Glöckner*, Art. 17 CMR Rdn. 61; *Koller*, Art. 17 CMR Rdn. 41; *Piper*, TranspR 1990, 357, 359.
481 OGH Wien, 3.7.1985 – 3 Ob 547/85, TranspR 1987, 374; *Heuer*, S. 315; *Herber/Piper*, Art. 17 CMR Rdn. 119; *Boesche*, in: EBJS, Art. 17 CMR Rdn. 55; *Jesser*, S. 113; *Koller*, Art. 17 CMR Rdn. 40; *Lieser*, S. 101, 108.

Art. 17 Haftung des Frachtführers

in diesen Fällen auf den Haftungsbefreiungstatbestand des Art. 17 Abs. 4 lit. c) CMR überhaupt nicht ankommt.[482]

152 Wenn der Frachtführer persönlich die Ladetätigkeit aus Gefälligkeit vornimmt, geschieht dies ebenfalls außerhalb des Obhutszeitraums, so dass seine Haftung nach Art. 17 Abs. 1 nicht eintreten kann, jedoch hat er die allgemeinen Sorgfaltspflichten zu beachten.[483] Der weitere denkbare Fall, dass der Frachtführer selbst die Ladearbeiten als Erfüllungsgehilfe des Absenders oder Empfängers ausführt, wird dagegen in der Praxis wohl kaum vorkommen; mit Recht weist nämlich schon *de la Motte*[484] darauf hin, dass sich der eine Vertragspartner kaum zum Erfüllungsgehilfen des anderen machen will, so dass hier wohl in der Übernahme der tatsächlichen Ladetätigkeit zugleich auch eine Übernahme der Ladeverpflichtung durch den Frachtführer anzunehmen ist.

153 Bestehen in den oben genannten Fällen Mitwirkungspflichten des Frachtführers, weil beispielsweise die besondere Ausstattung des von ihm gestellten Fahrzeugs seine Mithilfe unerlässlich werden lässt, so kann der Frachtführer, wenn er oder seine Gehilfen die Ladefehler verschuldet haben, für diese nach den Bestimmungen des ergänzend anwendbaren nationalen Rechts, also wegen Vertragsverletzung nach § 280 BGB und unerlaubter Handlung, haften.[485]

bb) Schadenseintritt während der Beförderung

154 Anders ist die Rechtslage zu beurteilen, wenn ein Beladefehler des ladepflichtigen Absenders oder seiner Gehilfen oder eines Dritten nicht unmittelbar zum Schaden während des Beladevorgangs führt, sondern seine Auswirkungen erst während des Transportes zeitigt. Dann tritt die Beschädigung des Gutes tatsächlich erst nach der Übernahme ein.[486] Zwar ist die erste Schadensursache schon beim Beladen, also vor Beginn der Obhutszeit gesetzt. Weitere Schadensursachen infolge der Falschbeladung entstehen jedoch erst während der Beförderung, z.B. wenn die Ladung sich aus der mangelhaften Befestigung löst, verrutscht, gequetscht wird etc. Obwohl hier die erste Schadensursache zeitlich vor der Übernahme liegt, ist deshalb der Tatbestand des Art. 17 Abs. 1 CMR gegeben. In diesem Falle kommt der Haftungsbefreiungstatbestand des Abs. 4 lit. c) zum Tragen.[487]

---

482 OLG Düsseldorf, 27.11.1986 – 18 U 112/86, TranspR 1987, 23; *Boesche*, in: EBJS, Art. 17 CMR Rdn. 55; *Koller*, Art. 17 CMR Rdn. 40.
483 Der Frachtführer haftet dann ggf. nach dem ergänzend anzuwendenden nationalen Recht, also bei Pflichtverletzung etwa nach § 280 BGB und §§ 823ff. BGB; vgl. OLG Düsseldorf, 27.11.1986 – 18 U 112/86, TranspR 1987, 23; *Staub/Helm*, Art. 17 CMR Rdn. 159; *Heuer*, VersR 1988, 312, 315; *Boesche*, in: EBJS, Art. 17 CMR Rdn. 55; *Lieser*, S. 98; *Koller*, Art. 17 CMR Rdn. 40.
484 TranspR 1988, 364.
485 OLG Düsseldorf, 27.11.1986 – 18 U 112/86, TranspR 1987, 23.
486 A.A. *Boesche*, in: EBJS, Art. 17 CMR Rdn. 56, der insoweit von einer Schadensentstehung außerhalb der Obhutszeit ausgeht, weil die Ursache vorher gesetzt ist.
487 BGH, 25.1.2007 – I ZR 43/04, TranspR 2007, 314; BGH, 27.10.1978 – I ZR 86/76, VersR 1979, 417, 418; OGH Wien, 17.11.1986 – 1 Ob 675/86, TranspR 1987, 427, 429; wohl auch OGH Wien, 3.7.1985 – 3 Ob 547/85, TranspR 1987 374; OLG Saarbrücken,

Das Gleiche gilt, wenn sich der ladungspflichtige Absender der Gehilfen des 155
Frachtführers als eigener Erfüllungsgehilfe bedient und diese zum Beladen veranlasst hat, so dass sie unter seiner Oberaufsicht erfolgt. Auch in diesem Falle kann sich der Frachtführer hinsichtlich der Beladefehler seiner eigenen Leute auf Abs. 4 lit. c) berufen, weil sie die Ladetätigkeit nicht für ihn, sondern in Erfüllung der Ladepflicht des Absenders für diesen ausgeübt haben.[488] Nach *Heuer*[489] sind Letztere dann Dritte im Sinne dieser Bestimmung.[490] Auch in diesem Fall muss sich aber der Frachtführer ein fehlerhaftes Verhalten seiner Gehilfen, ggf. nach dem ergänzend anwendbaren nationalen Rechtsvorschriften z.B. wegen Vertragsverletzung gem. § 280 BGB entgegenhalten lassen.[491] Außerdem könnten gegen ihn Ansprüche aus unerlaubter Handlung gem. §§ 823 ff., 831 BGB bestehen. Wenn der Fahrer des Frachtführers nicht nur Hilfestellung im Rahmen der Gefälligkeit für den Absender gewährt, sondern z.B. das Festgurten und Verzurren der Ladung völlig selbständig vornimmt und dabei Hinweise und Vorschläge von Mitabeitern des Verladers missachtet, so tritt Haftungsteilung nach Art. 17 Abs. 5 CMR ein.[492]

Wieder anders wäre es, wenn die Leute des Frachtführers aus eigener Initiative 156
handeln, etwa weil sie Eile haben, oder wenn deren Hilfe wegen ihrer besonderen Spezialkenntnisse oder wegen der Spezialausrüstung des Fahrzeugs erforderlich wird.[493]

Hat der Frachtführer jedoch persönlich geladen und kommt es während des Trans- 157
portes wegen mangelhafter Ladungssicherung zu Schäden am Gut, so kann er sich nicht auf Abs. 4 lit. c) berufen, weil er selbst nicht „Dritter" im Sinne dieser Bestimmung sein kann.[494] *Koller* hält diese Haftungsfolge selbst noch dort für sachgerecht,

---

23.8.1985, TranspR 1985, 392; Staub/*Helm*, Art. 17 CMR Rdn. 135 und 152; *Heuer*, VersR 1988, 312; *Lieser*, S. 109; MünchKommHGB/*Jesser-Huß*, Art. 17 CMR Rdn. 66; *Koller*, Art. 17 CMR Rdn. 42a (1); unklar, aber im Ergebnis richtig auch *Herber/Piper*, Art. 17 CMR Rdn. 119; zu Unrecht knüpft *Boesche*, in: EBJS, Art. 17 CMR Rdn. 56, hier an die Vermutung des Art. 9 CMR an, denn Verladung gehört nicht mehr zum äußerlichen Zustand des Gutes.
488 BGH, 25.1.2007 – I ZR 43/04, TranspR 2007, 314; OLG Hamm, 19.2.1973 – 8 U 206/72, VersR 1974, 28, 30 = NJW 1973, 2163 = ETR 1974, 753; OLG Bremen, 8.2.2007 – 2 U 89/04, TranspR 2008, 252; OGH Wien, 6.3.1991, TranspR 1991, 424; OGH Wien, 13.2.2003 – 8 Ob 148/02a, TranspR 2003, 311; Staub/*Helm*, Art. 17 CMR Rdn. 161; *Koller*, Art. 17 CMR Rdn. 42(1); *Precht/Endrigkeit*, Art. 17 CMR, Anm. 12 c, S. 92; *Thesing*, S. 45, Rdn. 54.
489 VersR 1988, 312, 315.
490 A.A. OLG Saarbrücken, 23.8.1985 – 4 U 118/83, TranspR 1985, 392, für den Fall, dass der Fahrer durch bestimmte Ladeanweisungen in die Verladung eingreift. Dadurch werde die Verladung auch zur Angelegenheit des Frachtführers.
491 Staub/*Helm*, Art. 17 CMR Rdn. 161, berücksichtigt in diesem Fall Pflichtverstöße des Frachtführerpersonals im Rahmen des Art. 17 Abs. 5 CMR.
492 BGH, 25.1.2007 – I ZR 43/04 – TranspR 2007, 314.
493 OLG Bremen, 8.2.2007 – 2 U 89/04 – TranspR 2008, 252; Staub/*Helm*, Art. 17 CMR Rdn. 164, 166; *Koller*, Art. 17 CMR Rdn. 41(1).
494 *Heuer*, VersR 1988, 312, 315; vgl. auch OLG Saarbrücken, 23.8.1985 – 4 U 118/83, TranspR 1985, 392.

Art. 17 Haftung des Frachtführers

wo der Frachtführer lediglich gefälligkeitshalber tätig wurde, weil er aus vorausgegangenem Tun um die Gefährdung des Gutes wissen müsse.[495]

158 Wenn der Absender falsch verladen hat, wird die Anwendung von Art. 17 Abs. 4 lit. c) CMR auch nicht etwa deshalb ausgeschlossen, weil das Fahrzeug durch die fehlerhafte Beladung nicht mehr den straßenverkehrsrechtlichen Bestimmungen entspricht und daher betriebsunsicher geworden ist.[496] Jedoch kann in einem solchen Fall eine *Mithaftung* des Frachtführers gegeben sein, wenn die fehlende Betriebssicherheit mitursächlich für den Schadenseintritt wird.[497] Mitverschulden des Frachtführers kann schließlich dann vorliegen, wenn sein Fahrer die fehlerhafte Ladungssicherheit erkennt, den Absender gewähren lässt und die Beförderung beginnt, ohne Abhilfemaßnahmen zu veranlassen.[498]

159 Wird durch einen Beladefehler des Absenders das Fahrzeug des Frachtführers verunreinigt oder beschädigt, so haftet der Absender bei Verschulden dem Frachtführer für den hierdurch entstehenden Schaden nach ergänzend anwendbarem nationalen Recht, ggf. also wegen Pflichtverletzung gem. § 280 BGB[499] und nach §§ 823 ff., 831 BGB.

c) Ladepflicht des Frachtführers

160 Hat der Frachtführer die Verpflichtung zum Be- und Entladen übernommen, so gehören diese Tätigkeiten zu seinem Obhutszeitraum. Er haftet grundsätzlich dafür gem. Art. 17 Abs. 1 CMR und für seine Gehilfen gem. Art. 3 CMR, wenn und soweit diese Ladetätigkeiten von ihm bzw. seinen Gehilfen vorgenommen werden. Auf den Haftungsausschluss des Art. 17 Abs. 4 lit. c) CMR kann er sich schon nach dessen Wortlaut nicht berufen. Hier sind seine Gehilfen auch nicht „Dritte" im Sinne dieser Vorschrift.[500]

161 Anders ist es, wenn trotz Verpflichtung des Frachtführers zum Be- und Entladen diese Tätigkeiten vom Absender oder Empfänger oder von einem Dritten vorgenommen werden. Dann ist der Haftungsausschließungsgrund des Art. 17 Abs. 4

---

495 *Koller*, Art. 17 CMR Rdn. 45.
496 BGH, 27.10.1978 – I ZR 87/76, VersR 1979, 470; BGH, 28.3.1985 – I ZR 194/82, TranspR 1985, 261 = VersR 1985, 754 = NJW 1985, 2092 = RIW 1986, 58 = ETR 1986, 175; OLG Saarbrücken, 23.8.1985 – 4 U 118/83, TranspR 1985, 392; OLG Stuttgart, 16.1.1980 – 13 U 144/79, VersR 1980, 979; a.A. offenbar OLG Düsseldorf, 13.12.1979 – 18 U 133/79, VersR 1980, 286.
497 BGH, 24.9.1987 – I ZR 197/85, VersR 1988, 244; Staub/*Helm*, Art. 17 CMR Rdn. 193; *Herber/Piper*, Art. 17 CMR Rdn. 124; *Koller*, Art. 17 CMR Rdn. 43.
498 OLG München, 28.6.1995 – 23 U 2646/95, TranspR 1995, 240.
499 Vgl. OLG Düsseldorf, 4.3.1982 – 18 U 197/81, VersR 1982, 1202; *Glöckner*, Art. 17 CMR Rdn. 68; OGH Wien, 2.4.1982 – 7 Ob 526/82, SZ 55/48 = TranspR 1984, 151 = *Greiter*, Nr. 28 und OGH Wien, 18.12.1984 – 2 Ob 515/84, SZ 57/205 = TranspR 1986, 372 = *Greiter*, Nr. 53.
500 Vgl. BGH, 23.5.1990, TranspR 1990, 328; OLG Düsseldorf, 13.12.1979 – 18 U 133/79, VersR 1980, 286; OLG Koblenz, 6.10.1989 – 2 U 200/88, TranspR 1991, 93; OLG Saarbrücken, 23.8.1985 – 4 U 118/83, TranspR 1985, 392; *Heuer*, VersR 1988, 312, 315; *Koller*, Art. 17 CMR Rdn. 41; *Lieser*, S. 111.

lit. c) CMR gegeben; denn es kommt, wie oben ausgeführt, nach dem Wortlaut dieser Bestimmung allein darauf an, dass der Absender bzw. Empfänger oder deren Leute tatsächlich verladen haben.[501]

Wenn allerdings die Leute des Absenders oder Empfängers unter Oberaufsicht des zur Ladung verpflichteten Frachtführers diese Tätigkeiten ausführen, so werden sie nicht eigenverantwortlich tätig, sondern handeln als Erfüllungsgehilfen des Frachtführers. Auch in diesen Fällen ist daher eine Berufung auf Art. 17 Abs. 4 lit. c) CMR nicht möglich.[502] **162**

Entscheidend ist letztlich, wer jeweils „Herr des Verladevorganges" ist.[503]

d) Grenzfälle

Im Einzelfall kann die Antwort auf die Frage, ob der jeweils die Ladetätigkeit Durchführende nun in eigener Verantwortung und damit auch mit Übernahme der Ladepflicht handelt oder nur als jeweiliger Erfüllungsgehilfe des anderen, schwierig sein. Auf die Problematik hat schon *de la Motte*[504] hingewiesen. **163**

Wenn der Frachtführer höchstpersönlich selbst belädt oder entlädt, wird man von diesem wohl kaum annehmen können, dass er sich damit zum Erfüllungsgehilfen des Absenders machen will.[505] Vielmehr wird er i.d.R. die Ladetätigkeit in eigener Verantwortung ausführen. Dann geschieht dies auch unter seiner Obhut, d.h., er haftet für Schäden aus Ladefehlern nach Art. 17 Abs. 1 CMR (vgl. oben Rdn. 160) und kann sich nicht auf Abs. 4 lit. c) berufen (vgl. oben Rdn. 157). Etwas anderes könnte allenfalls gelten, wenn der Frachtführer aus reiner Gefälligkeit, dem Wunsch des Absenders oder Empfängers folgend, selbst tätig würde (vgl. oben Rdn. 152 und 157). **164**

In der Praxis sieht es aber meist anders aus; denn nicht der Frachtführer selbst ist es, sondern seine Gehilfen, die auf Wunsch, meist sogar auf Drängen oder Verlangen des Absenders oder Empfängers handeln. Wenn ihnen dabei ein Fehler unterläuft, ist bei sofortigem Schadenseintritt der Frachtführer schon nach Art. 17 Abs. 1 CMR außer Obligo (s.o. Rdn. 150f.). Bei Schadenseintritt während der Beförderung muss sich der Absender Art. 17 Abs. 4 lit. c) CMR entgegenhalten lassen (s.o. Rdn. 155).

Andererseits können auch Absender, Empfänger bzw. deren Gehilfen bei Ladepflicht des Frachtführers einzelne Be- und Entladungsvorgänge vornehmen. **165**

---

501 BGH, 27.10.1978, VersR 1979, 417; BGH, 28.3.1985, VersR 1985, 754; BGH, 24.9.1987, VersR 1988, 244, 245; *Heuer*, S. 101; *Koller*, Art. 17 CMR Rdn. 41.
502 *Loewe*, ETR 1976, 503, 559; *Heuer*, VersR 1988, 312, 315; *Koller*, Art. 17 CMR Rdn. 41; *Baumgärtel/Giemulla*, Art. 17–20 CMR Rdn. 30.
503 So einleuchtend schon OGH Wien, 14.9.1982 – 4 Ob 578/81, SZ 55/123 = TranspR 1984, 95 = HS 12.56(9) = *Greiter*, Nr. 36; OGH Wien, 21.2.1985 – 7 Ob 22/84, SZ 58/28 = VersR 1986, 559 = *Greiter*, Nr. 56; OGH Wien, 6.3.1991 – 1 Ob 1502/91, TranspR 1991, 424.
504 TranspR 1988, 364.
505 *de la Motte*, TranspR 1988, 364.

Art. 17 Haftung des Frachtführers

Soweit Absender und Empfänger dies selbst tun, wird man auch hier kaum annehmen können, sie wollten sich damit zu Gehilfen des Frachtführers machen. Vielmehr werden sie i.d.R. in eigener Verantwortung handeln.[506] Bei ihren Ladefehlern kann sich deshalb der Frachtführer auf Abs. 4 lit. c) berufen.

166   Bei den Gehilfen von Absender und Empfänger ist zu unterscheiden:

– Handeln diese Leute unter *Oberaufsicht des Frachtführers*, sollen diese Tätigkeiten also – i.d.R. nur gefälligkeitshalber – den Frachtführer von seiner eigenen Ladepflicht entlasten, so sind sie insoweit als Gehilfen des Frachtführers gem. Art. 3 CMR anzusehen. Dann scheidet Art. 17 Abs. 4 lit. c) CMR wiederum aus[507] (vgl. oben Rdn. 162). Bei Verschulden des Absenders und dessen Gehilfen während der Verladung für den Frachtführer könnte sich Letzterer immerhin noch auf den Haftungsbefreiungstatbestand des Art. 17 Abs. 2, 1. Alternative CMR berufen.[508]

– Handeln jedoch die Gehilfen des Absenders bzw. Empfängers auf deren Anweisung und unter deren Oberaufsicht, so kann sich der Frachtführer trotz seiner eigenen Ladepflicht grundsätzlich auf Abs. 4 lit. c) berufen (vgl. oben Rdn. 161).

e) Umladen

167   Erfolgt während des Transportes durch den Frachtführer oder seine Gehilfen eine Umladung des Gutes, so geschieht diese Behandlung während des Obhutszeitraums und unterliegt daher im vollen Umfang der strengen Gewährhaftung des Art. 17 Abs. 1 CMR. Umladefehler gehen deshalb zu Lasten des Frachtführers.[509] Er kann sich in einem solchen Fall auch nicht darauf berufen, dass das Gut ursprünglich vom Absender trotz seines Widerspruchs falsch geladen gewesen sei.[510]

168   Geschieht das fehlerhafte Umladen dagegen durch Dritte, z.B. bei der Einfuhr von Fleisch durch die Untersuchungsveterinäre, so kann sich der Frachtführer gem. Art. 17 Abs. 4 lit. c) CMR freizeichnen, wenn hierdurch ein Schaden am Frachtgut eintritt;[511] bei fehlerhaftem Abladen durch Zollbedienstete, die der Frachtführer nicht vermeiden kann, tritt Haftungsbefreiung gem. Art. 17 Abs. 2 CMR ein.[512] Anders ist es wiederum, wenn der Frachtführer während des Transports die Beiladung weiterer Güter zulässt. Dann muss er aufgrund seiner Ob-

---

506 *de la Motte*, TranspR 1988, 364; *Koller*, Art. 17 CMR Rdn. 41.
507 OGH Wien, 6.3.1991 – 1 Ob 1502/91, TranspR 1991, 424 = ecolex 1992, 225; *Koller*, Art. 17 CMR Rdn. 41.
508 *Koller*, Art. 17 CMR Rdn. 41.
509 Vgl. OLG Frankfurt/M, 8.7.1980 – 5 U 186/79, TranspR 1980, 127 = MDR 1981, 53; *Herber/Piper*, Art. 17 CMR Rdn. 125; *Boesche*, in: EBJS, Art. 17 CMR Rdn. 62; *Koller*, Art. 17 CMR Rdn. 47.
510 OLG Köln, 2.2.1972 – 2 U 91/71, VersR 1972, 778.
511 LG Bremen, 23.12.1988 – 11 O 733/86, TranspR 1989, 267.
512 LG Hamburg, 19.1.1983 – 61 O 210, TranspR 1983, 47.

hutspflicht darauf achten, dass der Beiladende die sachgemäße Ladung des ersten Absenders nicht verändert.[513]

f) Überwachungspflichten

Die Frage, ob und in welchem Umfang der Frachtführer bzw. dessen Fahrer verpflichtet ist, die vom Absender oder dessen Gehilfen vorgenommene Beladung und Stauung zu überprüfen, war früher umstritten.[514] Nach heute herrschender Auffassung hat jedoch der Frachtführer bzw. sein Fahrer *nach der Beladung* eine *Kontrollpflicht hinsichtlich der Betriebssicherheit und* damit der *Verkehrssicherheit des Fahrzeugs*. Dagegen besteht zunächst keine grundsätzliche Verpflichtung, in jedem Fall die vom Absender vorgenommene Beladung zusätzlich auch noch auf deren Beförderungssicherheit zu überprüfen.[515] Art. 8 CMR enthält – im Gegensatz zur Kontrolle der Verpackung – keine diesbezügliche Obliegenheit. *Heuer* bejaht dagegen wegen des Charakters des Beförderungsvertrages als Geschäftsbesorgungsvertrag eine weitergehende Überprüfungspflicht der Ladung während des Transports hinsichtlich besonderer Ladungssicherungsmaßnahmen, seien sie nun eigene oder solche des Absenders.[516] Auch das Zivilgericht Basel-Stadt und das Appellationsgericht Basel-Stadt[517] halten eine „Nachprüfungspflicht" des Frachtführers bezüglich der Verstauung des Gutes für gegeben. Entdeckt der Frachtführer, dass die Behandlung, Verladung oder Verstauung der Ware „offensichtlich mangelhaft" ist, so dass sie zu Beschädigungen oder Verlust Anlass gibt, so macht er sich einer groben Fahrlässigkeit schuldig, wenn er die Beförderung trotzdem durchführt, so dass dadurch seine Haftung begründet wird.

169

Jeder Frachtführer hat jedoch aus dem Gesichtspunkt der *Obhutspflicht* die Verpflichtung zum Schutz des Eigentums vor jeder Beschädigung während der Beförderung. Gem. Art. 17 Abs. 1 CMR haftet er grundsätzlich für jeden Schaden, der während der Obhut entsteht. Von dieser Haftung kann er sich nach Abs. 2 nur befreien, wenn er so handelt wie jener besonders gewissenhafte Frachtführer der auch bei Anwendung der äußersten ihm möglichen und zumutbaren Sorgfalt

170

---

513 OLG Düsseldorf, 13.1.1972 – 18 U 84/70, VersR 1973, 178.
514 Die Oberlandesgerichte Stuttgart, Urt. v. 16.1.1980 – 13 U 144/79, VersR 1980, 979, und Saarbrücken, Urt. v. 21.11.1974 – 6 U 142/73, VersR 1976, 267 = NJW 1975, 500 = ETR 1976, 261, hatten jede Überprüfungspflicht abgelehnt.
515 BGH, 24.9.1987 – I ZR 197/85, TranspR 1988, 108 = VersR 1988, 244 = NJW-RR 1988, 479 = RIW 1988, 307; BGH, 12.11.1992 – I ZR 312/90, TranspR 1993, 239; OLG Düsseldorf, 1.6.1995, TranspR 1996, 109; OLG Düsseldorf, 25.3.1993 – 18 U 271/92, TranspR 1994, 439; OLG Düsseldorf, 3.12.1979 – 18 U 133/79, VersR 1980, 286; OLG Hamm, 8.10.1984 – 18 U 175/82, TranspR 1985, 107; OGH Wien, 14.9.1982 – 4 Ob 578/81, SZ 55/123 = TranspR 1984, 195; OGH Wien, 8.10.1984 – 1 Ob 577/84, SZ 57/150 = TranspR 1985, 103 = VersR 1985, 795; Staub/*Helm*, Art. 17 CMR Rdn. 181; *Koller*, Art. 17 CMR Rdn. 22; anders jedoch die französische Rechtspr.: CA Paris, 27.2.1970, BT 1970, 111 und CA Paris, 27.5.1986, BT 1986, 676.
516 *Heuer*, VersR 1988, 312, 316.
517 Urt. v. 19.4.1991 – P 1988/388; Urt. v. 8.5.1992, TranspR 1992, 408.

Art. 17 Haftung des Frachtführers

den Schaden nicht hätte vermeiden können (vgl. oben Rdn. 8ff. und Rdn. 96). Daraus ergibt sich, dass er jedenfalls immer dann, wenn er vor Beginn oder während der Beförderung Schadensquellen feststellt, für deren Beseitigung Sorge tragen oder weitere Weisungen einholen muss.[518] Die gilt sowohl bei Lade- als auch bei Verpackungsfehlern[519] des Absenders oder Dritter.

171 Bei *Kühlgut* besteht die Pflicht zur Ladungsüberwachung durch den Frachtführer im Hinblick auf die Erhaltung der Funktionsfähigkeit der Kühlaggregate während des Transports.[520] Näheres zu den Besonderheiten bei Kühlgutbeförderung vgl. unten bei Rdn. 194–200.

172 Hat der Frachtführer rechtswidrig gegen die vorgenannten Überwachungsobliegen-heiten verstoßen, so unterliegt er im Schadensfall der Gewährhaftung des Art. 17 Abs. 1 CMR, wenn er nicht den Nachweis der Unabwendbarkeit gem. der letzten Alternative des Abs. 2 erbringen kann. So haftet er z.B. auch für Schäden, die durch Ladefehler Dritter entstehen, wenn er nach bekannt unsorgfältiger Neuverladung beim Zoll eine Kontrolle erst nach 100 km vornimmt.[521] Die Haftung der Beteiligten ist nach Art. 17 Abs. 5 CMR aufzuteilen.[522]

Hinsichtlich der *Darlegungs- und Beweislastfragen bei Ladefehlern und deren Folgen sowie bei Verstößen gegen die Überwachungspflichten* siehe Art. 18 CMR Rdn. 59ff.

4. Natürliche Beschaffenheit gewisser Güter

a) Allgemeines

173 Nach Art. 17 Abs. 4 lit. d) CMR ist der Frachtführer von der Haftung befreit bei Schäden, die durch die natürliche Beschaffenheit gewisser Güter verursacht sind; dies sind Verluste/Beschädigungen durch Bruch, Rost, inneren Verderb, Austrocknen, Auslaufen, normalen Schwund oder Einwirkung von Ungeziefer oder Nagetieren.

---

518 BGH, 24.9.1987 – I ZR 197/85, TranspR 1988, 108 = VersR 1988, 244 = NJW-RR 1988, 479 = RIW 1988, 307 = DB 1988, 599; OLG Saarbrücken, 21.11.1974 – 6 U 142/73, VersR 1976, 267 = NJW 1975, 500 = ETR 1976, 261; OGH Wien, 18.3.1986 – 2 Ob 640/85, TranspR 1986, 379; *Heuer*, VersR 1988, 312, 316; *Koller*, TranspR 1987, 317, DB 1988, 589; *Piper*, Rdn. 339; *ders.*, TranspR 1990, 357, 359; *Thesing*, S. 45, Rdn. 55; *Thume*, TranspR 1992, 1; a.A. *Zapp*, TranspR 1991, 371, 372f.
519 Siehe dazu oben Rdn. 141.
520 Siehe z.B. nur OLG München, 27.6.1979 – 7 U 1181/79, TranspR 1980, 95 = VersR 1980, 241; *Thume*, TranspR 1992, 1ff.
521 OGH Wien, 18.3.1986 – 2 Ob 646/85, TranspR 1986, 379.
522 BGH, 24.9.1987 – I ZR 197/85, TranspR 1988, 108 = VersR 1988, 244 = NJW-RR 1988, 479 = RIW 1988, 307 = DB 1988, 599; OLG Saarbrücken, 21.11.1974 – 6 U 142/73, VersR 1976, 267 = NJW 1975, 500 = ETR 1976, 261; *Herber/Piper*, Art. 17 CMR Rdn. 124; *Boesche*, in: EBJS, Art. 17 CMR Rdn. 63; *Koller*, DB 1988, 589 und Art. 17 CMR Rdn. 42, 44; *Thume*, TranspR 1992, 1; vgl. auch oben Rdn. 140–143 zu den ähnlichen Problemen bei mangelhafter Verpackung.

Während der nicht bevorrechtigte Haftungsausschlusstatbestand der 3. Alternative des Art. 17 Abs. 2 CMR gegeben ist, wenn das Gut besondere Mängel aufweist, die es von der normalen Beschaffenheit eines üblichen gleichartigen Gutes unterscheidet (vgl. Rdn. 90 ff.), betrifft Art. 17 Abs. 4 lit. d) CMR nur solche Güter, deren natürliche Beschaffenheit das Schadensrisiko während des Transportes erhöht, obwohl ein Mangel des Gutes nicht vorliegt.[523] Der deutsche Wortlaut der Bestimmung ist eine stark an den französischen Text angelehnte Übersetzung. Im ebenfalls maßgeblichen englischen Text heißt die entsprechende Passage: „... particularly exposes them to total or partial loss ..." Dem englischen Text ist daher zu entnehmen, dass die Güter *im besonderen Maße* dem Verlust oder der Beschädigung während des Transportes ausgesetzt sein müssen. Schon *Loewe*[524] hat zutreffend darauf hingewiesen, dass fast jedes Gut bis zu einem gewissen Grad den in Art. 17 Abs. 4 lit. d) CMR angeführten Gefahren ausgesetzt sei. *Beurteilungsbasis* dafür, ob die natürliche Beschaffenheit eine besondere Gefährdung in sich birgt, ist der normale Transportverlauf des ordnungsgemäß geladenen Gutes für die jahreszeitlich zu erwartenden Witterungsbedingungen in durchschnittlicher Beförderungszeit mit einem üblichen, d. h. i. d. R. mit Planen gedeckten Fahrzeug.[525]

Da der Absender hinsichtlich der Beschaffenheit des Beförderungsgutes in aller Regel besser informiert ist, kann er die betreffenden Risiken durch eine besondere Verpackung und entsprechende Sicherungsmaßnahmen bei der Verladung und Stauung des Gutes auf dem Fahrzeug des Frachtführers eindämmen und diesen über die Gefahren unterrichten, entsprechende Beförderungsanweisungen erteilen oder gleich ein geeignetes Fahrzeug bestellen.[526] Solche besonderen Vorkehrungen dienen dann dem Schutz des Gutes, beeinflussen jedoch nicht dessen natürliche Beschaffenheit.[527]

Beruft sich der Frachtführer auf die Haftungsbefreiung nach Art. 17 Abs. 4 d) CMR, kann ihm eine vom Absender vorgenommene besonders sorgfältige Verpackung oder Verladung entgegengehalten werden.[528] Ist die Verpackung oder

---

523 *Heuer*, S. 102; MünchKommHGB/*Jesser-Huß*, Art. 17 CMR Rdn. 73; *Herber/Piper*, Art. 17 CMR Rdn. 128; *Boesche*, in: EBJS, Art. 17 CMR Rdn. 67; vgl. Staub/*Helm*, Art. 17 CMR Rdn. 11. *Otte*, in: Ferrari et al., Art. 17 CMR Rdn. 120.
524 ETR 1976, 503, 559 f.; vgl. *Koller*, Art. 17 CMR Rdn. 49.
525 *Boesche*, in: EBJS, Art. 17 CMR Rdn. 67; Staub/*Helm*, Art. 17 CMR Rdn. 197, 198; *Herber/Piper*, Art. 17 CMR Rdn. 29: vgl. MünchKommHGB/*Jesser-Huß*, Art. 17 CMR Rdn. 73; OLG Frankfurt/M., 25.10.1977 – 5 U 14/77, VersR 1978, 535; OLG Frankfurt/M., 8.7.1980 – 5 U 186/79, MDR 1981, 53; OLG Frankfurt/M., 3.12.2003 – 21 U 17/03, TranspR 2004, 125; OLG Köln, 30.8.1990 – 17 U 35/89, TranspR 1990, 425.
526 OLG Frankfurt/M., 3.12.2003 – 21 U 17/03, TranspR 2004, 125; MünchKommHGB/*Jesser-Huß*, Art. 17 CMR Rdn. 72.
527 *Boesche*, in: EBJS, Art. 17 CMR Rdn. 67; MünchKommHGB/*Jesser-Huß*, Art. 17 CMR Rdn. 74; *Otte*, in: Ferrari et al., Art. 17 CMR Rdn. 121; a.A. *Koller*, Art. 17 CMR Rdn. 49 und bei § 427 HGB Rdn. 67, der offenbar annimmt, dass die Art der Verpackung den Charakter der natürlichen Beschaffenheit im Sinne des Art. 17 Abs. 4 d) CMR beeinflussen soll, ihm folgen *Ramming*, TranspR 2001, 53, 61, und *Schaffert*, in: EBJS, § 427 HGB Rdn. 47.
528 *Boesche*, in: EBJS, Art. 17 CMR Rdn. 51 und Rdn. 68. MünchKommHGB/*Jesser-Huß*, Art. 17 CMR Rdn. 74; *Herber/Piper*, Art. 17 CMR Rdn. 132.

Art. 17 Haftung des Frachtführers

Verladung seitens des Absenders mangelhaft, kann sich der Frachtführer zusätzlich auch auf Art. 17 Abs. 4 b) bzw. c) CMR berufen;[529] dann muss er allerdings die mangelhafte Verpackung/Verladung beweisen.

b) Die einzelnen Schadensarten und -merkmale

174 In Art. 17 Abs. 4 lit. d) CMR sind einzelne, aus der Beschaffenheit des Gutes herrührende Schadensarten und -merkmale aufgezählt, die bei der deutschen Transportrechtsreform weitgehend (mit Ausnahme der Einwirkung von Ungeziefer und Nagetieren) in § 427 Abs. 1 Nr. 4 HGB übernommen wurden. Die Aufzählung ist enumerativ und, wie das Wort „insbesondere" zeigt, nicht vollständig.

So fehlen beispielsweise die Begriffe des *Verbiegens* und *Verbeulens*, der *Oxydation*, welcher insbes. Zinkbleche ausgesetzt sind, und der *Nässe-, Hitze- und Kälteempfindlichkeit*.[530]

Im Einzelnen sind genannt:

175 – *Bruch:* Die Gefahr hierzu ist besonders gegeben bei zarten und zerbrechlichen Gütern, wie z.B. Eiern, Glasgegenständen aller Art, Porzellan, Steingut, Steinzeugformteilen, Fliesen und Naturmarmor.[531] Hat bei diesen Gütern im Einzelfall die besondere Bruchgefahr ihren eigentlichen Ursprung nicht in der natürlichen Beschaffenheit, sondern in einem Fabrikations- oder Materialfehler, so liegt keine typische Eigenschaft des Gutes i.S.d. Abs. 4 lit. d) vor, sondern ein Mangel des Gutes i.S.v. Abs. 2, 3. Alternative.[532]

176 – *Rost:* Die Gefahr der Rostentstehung ist ähnlich differenziert zu beurteilen. Hat das Transportgut beispielsweise einen Lackierungsschaden oder schon Emailabsplitterungen vor Beginn der Beförderung und ist es aus einem Grund der Gefahr des Rostens an den beschädigten Stellen besonders ausgesetzt, so ist das Gut mangelhaft i.S.v. Abs. 2. Handelt es sich dagegen um normale Metallteile, die der üblichen Rostgefahr ohnedies unterliegen, wie z.B. unbehandelte Eisenteile, so werden die während des Transportes entstehenden Rostschäden i.d.R. unter Abs. 4 lit. d) fallen.[533] Das gilt aber dann nicht, wenn die Rostschäden deshalb entstehen, weil für den Transport ein offenes und damit ungeeignetes Fahrzeug benutzt werde.[534]

---

529 MünchKommHGB/*Jesser-Huß*, Art. 17 CMR Rdn. 74.
530 Z.B. von alkoholfreiem Bier, weil dies leichter einfriert als normales Bier; vgl. OLG Frankfurt/M, 3.12.2003 – 21 U 17/03, TranspR 2004, 125.
531 OLG Saarbrücken, 23.8.1985 – 4 U 118/83, TranspR 1985, 392; LG Hagen, 4.11.1976 – 12 HO 161/74, VersR 1977, 910.
532 *Heuer*, S. 86.
533 OLG Hamm, 2.11.1995 – 18 U 10/95, TranspR 1996, 335 (der Frachtführer ist für den Korrosionsschutz des Gutes nicht verantwortlich); Staub/*Helm*, Art. 17 CMR Rdn. 209; *Heuer*, S. 103.
534 OLG Frankfurt/M., 25.10.1977 – 5 U 14/77, VersR 1978, 335 mit Anm. von *Schönwerth* = RIW 1978, 409.

– *Innerer Verderb*: Der Schadensgefährdung dieser Art kommt wegen ihrer besonderen Häufigkeit in der Praxis erhöhte Bedeutung zu. Der Begriff ist der gleiche, wie in dem früheren § 34 Abs. 1 lit. k) KVO. Die Anlage des Gutes zum inneren Verderb muss zwar nicht die einzige, aber die wahrscheinlichste Schadensursache sein. Das gilt auch dann, wenn eine von außen her gesetzte Ursache, wie z. B. eine erhebliche Temperaturschwankung, die in der Beschaffenheit des Gutes liegende Ursache erst wirksam werden lässt oder verstärkt.[535] Das gilt auch, wenn der innere Verderb auf unberechtigter Annahmeverweigerung des Empfängers beruht.[536] Wegen der Gefahr des inneren Verderbs werden derartige Güter häufig in Spezialfahrzeugen befördert, die der ihnen innewohnenden Neigung zur Beschädigung vorbeugen sollen. Auf die damit zusammenhängenden besonderen Probleme wird unten bei den Erläuterungen unter Rdn. 188 ff. eingegangen.

177

Dem inneren Verderb infolge der natürlichen Beschaffenheit sind ausgesetzt insbes. *Lebensmittel*, so z. B. *Bier*, alkoholfreies, wegen seiner Gefrieranfälligkeit,[537] *Butter* und andere *Fette, Getreide, Mehl, Tee, Salz, Zucker* und andere Wasser ziehende Substanzen, *Eier, Erdbeeren,*[538] *Frischfleisch,*[539] frische *Fische*, frisches *Obst und Gemüse*, wie *Gurken,*[540] *Kartoffeln,*[541] *Kirschen,*[542] *Paprika,*[543] *Pfirsiche,*[544] *Pilze,*[545] *Traubensaft,*[546] *Weintrauben;*[547] *Tiefkühlprodukte*, insbes. *Eis* (weitere Einzelfälle aus der Rechtsprechung s. o. Rdn. 76 f.).

---

535 BGH, 28.5.1965 – I b ZR 131/36, VersR 1965, 755 = NJW 1965, 1593 = VRS 29, 99; BGH, 10.1.1968 – I b ZR 136/66, VersR 1968, 391; *Heuer*, S. 103; *Thume*, Haftungsprobleme bei CMR-Kühltransporten, TranspR 1992, 1.
536 OLG Hamm, 6.2.1997 – 18 U 141/96, TranspR 1998, 34 (unbeschädigte Partie einer H-Milch-Sendung).
537 OLG Frankfurt/M, 3.12.2003 – 21 U 17/03, TranspR 2004, 125.
538 OGH Wien, 21.2.1985 – 7 Ob 22/84, SZ 58/28 = VersR 1986, 559 = *Greiter*, Nr. 56.
539 BGH, 14.10.1964 – VIII ZR 40/63, DB 1964, 1967; BGH, 10.1.1968 – Ib ZR 136/66, VersR 1968, 291; OLG Bremen, 21.9.1967 – 2 U 29/67, VersR 1968, 85; OLG Hamburg, 14.3.1969 – 10 U 35/68, VersR 1970, 51; OLG Hamburg, 27.10.1988 – 6 U 116/88, TranspR 1989, 318; OLG Hamm, 18.10.1984 – 18 U 175/82, TranspR 1985, 107; OLG Schleswig, 30.8.1978 – 9 U 29/78, VersR 1979, 141; LG Bremen, 23.12.1988 – 11 O 733/86, TranspR 1989, 267; LG Duisburg, 4.12.1988 – 9 O 15/88, TranspR 1989, 268.
540 BGH, 12.5.1960 – II ZR 124/58, BGHZ 32, 297 = NJW 1960, 1617 = VersR 1960, 627 = VRS 19, 98; OLG Düsseldorf, 12.12.1985 – 18 U 90/85, TranspR 1986, 56 = VersR 1986, 1069.
541 OGH Wien, 31.3.1982 – 3 Ob 506/82, TranspR 1983, 196.
542 OLG Karlsruhe, 18.10.1967 – 1 U 227/66, DB 1967, 2022.
543 OLG Frankfurt/M, 8.7.1980 – 5 U 186/79, TranspR 1980, 127 = VersR 1981, 85 (LS) = MDR 1981, 53; vgl. auch OGH Wien, 22.11.1984 – 8 Ob 594/83, *Greiter*, Nr. 50.
544 OLG München, 27.11.1968, ETR 1971, 115, 127; OLG Zweibrücken, 23.9.1966 – 1 U 40/66, NJW 1967, 717.
545 OLG Nürnberg, 14.6.1965 – 5 U 181/64, ETR 1971, 247, 260 = AWD 1965, 339.
546 OLG Stuttgart, 24.1.1967 – 6 U 57/66, NJW 1968, 1054.
547 OLG Hamm, 14.11.1985 – 18 U 268/84, TranspR 1986, 78 = VersR 1987, 609.

Art. 17 Haftung des Frachtführers

Auch andere Güter können dem inneren Verderb ausgesetzt sein, wie zum Beispiel *Arzneimittel* oder *Folien*, die ab 10 Grad Celsius verkleben,[548] *frische Blumen* und andere *Pflanzen*.

Der innere Verderb kann in den verschiedensten Formen auftreten. In Betracht kommen beispielsweise *Faulen, Gären oder Ranzigwerden, Antauen oder Schmelzen, Verwelken, Ein- und Erfrieren, Geruchsannahme, Selbstentzündung* oder ähnliche Vorgänge.

178 – *Austrocknen und Auslaufen* sind weitere Beschaffenheitsfolgen, die häufig mit anderen Schadensursachen wie innerem Verderb bzw. Bruch zusammenfallen und so gemeinsam zum Verlust bzw. zur Beschädigung des Gutes führen können.

179 – *Normaler Schwund* entsteht vor allem bei Schüttgütern, die ihrer Natur nach in unverpacktem Zustand während der Beförderung Rinn- oder Rieselverlusten ausgesetzt sind[549] (vgl. Rdn. 105).

180 – *Einwirkung von Ungeziefer oder Nagetieren* kann ebenfalls zu Verlusten oder auch Beschädigungen, insbes. in Form von Verunreinigungen führen.

c) Abgrenzungs- und Kausalitätsprobleme

181 Neben der Abgrenzung gegenüber den besonderen Mängeln des Gutes i. S. d. 3. Alternative des Art. 17 Abs. 2 CMR bereitet auch die weitere Einordnung des Art. 17 Abs. 4 lit. d) CMR Schwierigkeiten. So lassen sich, wie schon erwähnt, viele der dort im Einzelnen genannten Schadensgefahren durch besonders sorgfältige, aber für den Transport dann eben notwendige Verpackungsmaßnahmen eindämmen oder gänzlich ausschalten (vgl. Erläuterungen bei Rdn. 125 ff.). Ist die Verpackung unzureichend, so liegt die Schadensursache im Einzelfall womöglich mehr bei der mangelnden Verpackung mit der Folge, dass i. d. R. die Haftungsbefreiung auch schon nach Abs. 4 lit. b) eintreten kann. Bei einfachem Kühlgut – im Gegensatz zum Gefriergut – entspricht die mangelnde Vorkühlung der mangelnden Verpackung (vgl. oben Rdn. 130 und 141 und unten Rdn. 193).

Ferner kommt als weitere Schadensursache insbes. für Bruch, Auslaufen und normalen Schwund neben der natürlichen Beschaffenheit der Güter auch die Verladung des Gutes in Frage, so dass eventuell bei Vorliegen der übrigen Voraussetzungen auch eine Haftungsbefreiung nach Art. 17 Abs. 4 lit. c) gegeben sein kann.

Diese Alternativen sind für die Praxis so lange problemlos, wie die entsprechenden Verrichtungen des Verpackens und Ladens vom Absender oder Dritten vorgenommen werden. Schwieriger wird es dann, wenn der Frachtführer selbst die

---

548 OLG Hamburg, 22.7.1982 – 6 U 24/82, VersR 1983, 63 (LS).
549 LG Offenburg, 21.1.1996, VersR 1969, 560 mit zustimmender Anm. von *Willenberg*; Staub/*Helm*, Art. 17 CMR Rdn. 210.

Verpflichtung zu diesen Handlungen übernimmt und sie im Rahmen seiner Obhutspflicht mangelhaft erfüllt. Das gleiche Problem tritt auf, wenn der Frachtführer mit verderblicher Ware die ihm gesetzten oder im Rahmen des Art. 19 CMR üblichen Lieferfristen überschreitet und dadurch der Schaden eintritt, wenn der Frachtführer für die Beförderung des zum Schaden neigenden Gutes ein ungeeignetes Fahrzeug benutzt oder wenn der Schaden infolge anderweitigen Verschuldens des Frachtführers wie z. B. Bruch durch Unfall des Fahrzeuges eintritt.

Unabhängig von den Schwierigkeiten der *Darlegungs- und Beweislastfragen*, die im Rahmen des Art. 18 CMR erläutert werden (siehe dort Rdn. 72 ff.), erhebt sich in allen diesen Fällen die dogmatische Frage, wie diese verschiedenen zusammentreffenden Schadensereignisse und Ursachen zu bewerten sind und welche Rangfolge ihnen einzuräumen ist. Streitig ist dabei schon, ob dem Frachtführer bei einem von ihm verursachten atypischen Verlauf der Beförderung die Berufung auf Abs. 4 lit. d) grundsätzlich versagt ist[550] oder nicht.

Schon *Loewe*[551] hält zur Lösung die Anknüpfung an den Begriff des „sorgfältigen Frachtführers" für unvermeidlich, obwohl dieser selbst in der CMR nirgends vorkomme. Der Frachtführer könne sich auf den Befreiungsgrund des Abs. 4 lit. d) nur berufen, wenn der Schaden nicht auf sein Verschulden zurückzuführen sei. Deshalb sei fraglich, inwieweit die dort enthaltene Aufzählung überhaupt Haftungsbefreiungen des Frachtführers enthalte und nicht nur im Zusammenhang mit Art. 18 Abs. 2 CMR zu einer Umkehrung der Beweislast führe. Beide Theorien seien möglich. Es werde aber in jedem Einzelfall darauf ankommen, welche Anstrengungen erforderlich seien, um den aufgezählten Gefahren vorzubeugen. Sei dies unmöglich oder doch so schwierig, dass es dem Frachtführer nicht zugemutet werden könne, so bedürfe es nicht einmal der Anwendung des Art. 18 Abs. 2. Seien aber die Sicherungsmaßnahmen so leicht zu treffen, dass ihre Außerachtlassung als Verschulden des Frachtführers angesehen werden müsse, so würde diesem auch die Umkehr der Beweislast nach Art. 18 Abs. 2 wenig nützen. Die Situationen, in denen Art. 18 Abs. 2 die Anwendung des Art. 17 Abs. 4 möglich mache, liege zwischen den beiden Extremen.

182

Koller[552] führt aus, bei der Interpretation des Abs. 4 lit. d) habe man dabei anzusetzen, dass bei der Ablieferung häufig nicht zu ermitteln sei, ob der Schaden trotz eines normalen Transportablaufs durch die selbstzerstörerischen Eigenschaften des Gutes entstanden oder dadurch verursacht worden sei, dass diese Eigenschaften infolge eines anormalen Transportablaufs wirksam werden konnten. Gem. Abs. 4 lit. d) sei deshalb zu vermuten, dass der Transport wie üblich abgewickelt worden sei. Das habe zur Konsequenz, dass grundsätzlich anzunehmen sei, dass der Schaden ausschließlich auf den besonderen Eigenschaften i. S. d. Art. 17 Abs. 4 lit. d) CMR beruhe. Andererseits dürfe der Frachtführer nicht

---

550 So LG Duisburg, 14.12.1988 – 19 O 15/88, TranspR 1989, 268; *Koller*, Art. 17 CMR Rdn. 50; unklar BGH, 15.10.1992 – I ZR 260/92, TranspR 1993, 137.
551 ETR 1976, 503, 560.
552 Art. 17 CMR Rdn. 50.

Art. 17 Haftung des Frachtführers

auch dort entlastet werden, wo ihm ein atypischer Transportverlauf und die damit verbundene Schadensverursachung nachgewiesen werde. Art. 17 Abs. 4 lit. d) CMR dürfe nicht zum Freibrief für die Beschädigung besonders gefährdeter Güter werden. Deshalb sei es sinnvoll, dem Frachtführer die Berufung auf diesen Haftungsausschluss abzuschneiden, wenn der Geschädigte den atypischen Transportverlauf und die damit verbundene Schadensentstehung nachgewiesen habe.

Jesser-Huß weist darauf hin, dass zunächst der Frachtführer nach Art. 18 Abs. 2 CMR beweisen muss, dass der Schaden aus der besonderen Risikoanfälligkeit des Gutes entstehen konnte. Dafür werde es meist genügen, auf entsprechende anerkannte Erfahrungssätze hinsichtlich der Güterart hinzuweisen. Dann sei es Sache des Anspruchstellers, die Vermutung durch den Nachweis zu entkräften, dass die Risikoanfälligkeit des Gutes nicht schadensursächlich war. Den positiven Beweis könne er erbringen durch den Nachweis einer tatsächlichen anderen maßgeblichen Schadensursache. Der negative Beweis könne durch den Nachweis besonderer Schutzmaßnahmen, die die Risikoaffinität des Gutes neutralisieren, wie etwa besondere Verpackungen oder Verladetemperaturen etc. erbracht werden.[553]

Eine Vermittlerrolle nehmen *Herber/Piper, Huther* und *Boesche* ein: Nur sofern der atypische Geschehensverlauf dazu führe, dass eine Kausalität der besonderen, dem Gut immanenten Gefahr überhaupt zu verneinen sei, führe dies zu einer Nichtanwendung des Abs. 4 lit d). Hätten jedoch die besonderen Eigenschaften des Gutes bei der Schadensentstehung mitgewirkt oder sei dies nach dem Schadensbild auch nur möglich, so gelte auch bei Hinzutreten von Umständen, die der Frachtführer zu vertreten habe, grundsätzlich stets Abs. 4 lit. d) mit der Vermutung des Art. 18 Abs. 2 Satz 1. Verursachung durch den Frachtführer könne bei einem solchen Schaden stets nur im Rahmen des Art. 17 Abs. 5 relevant werden.[554]

183 In der Rechtsprechung der Oberlandesgerichte sind diese Konfliktfälle bislang wie folgt gelöst worden:

Gehen *Marmorplatten* zu *Bruch*, wenn der Anhänger des LKWs beim Überfahren eines Gossengullys in Schräglage gerät und seine Ladung umschlägt, ist der Schaden nicht durch die Bruchanfälligkeit der Ladung verursacht;[555] ebenso beim Bruch von Fliesen, die aufeinander stürzen.[556]

Bei *Rostschäden von Feinblechen* kann sich der Frachtführer dann nicht auf Abs. 4 lit. d) berufen, wenn er jene mit einem offenen, nicht mit Planen bedeckten Fahrzeug befördert hat. In diesem Fall ist der Rost nicht infolge der natürli-

---

553 MünchKommHGB/*Jesser-Huß*, Art. 17 CMR Rdn. 79.
554 *Herber/Piper*, Art. 17 CMR Rdn. 130f.; *Boesche*, in: EBJ, 1. Aufl. und *Boesche*, in: EBJS, Art. 17 CMR Rdn. 68; OLG Zweibrücken, 23.9.1996 – 1 U 40/66, VersR 1967, 1145.
555 OLG Düsseldorf, 1.2.1968 – 18 U 187/67, nicht veröffentlicht.
556 OLG Saarbrücken, 23.8.1985 – 4 U 118/83, TranspR 1985, 394.

chen Beschaffenheit des Gutes, sondern durch eine vertragswidrige Transportweise eingetreten.[557]

Werden in Steigen verpackte *Pfirsiche* infolge eines *Verladefehlers* während des Transportes zerdrückt, so ist dieser Schaden nicht auf die natürliche Beschaffenheit des Obstes zurückzuführen. Vielmehr entfällt die Haftung nur, soweit Abs. 4 lit. c) gegeben ist.[558]

Steht bei einem Kühltransport fest, dass das *Antauen des Transportgutes* (*Bohnen*) auf einem Verladefehler beruht, durch den die erforderliche Zirkulation der Kühlluft behindert wurde, so kann dahinstehen, ob die tiefgefrorene Ware nach ihrer natürlichen Beschaffenheit bei sachgemäßer Beförderung in einem Kühlwagen einem inneren Verderb ausgesetzt ist.[559]

Stellt der Frachtführer für die *Beförderung* kartonierter *tiefgekühlter* Himbeeren einen LKW, der nur für den Transport von Fleisch an Haken eingerichtet und daher völlig ungeeignet ist, so kann er sich bei einem Schaden auch nicht auf falsches Verladen und Stauen berufen.[560]

Werden *tiefgefrorene Sauerkirschen* vom Absender unsachgemäß verladen, und entsteht dadurch ein Schaden, so entfällt die Haftung des Frachtführers nach Art. 17 Abs. 4 lit. c) CMR. Art. 18 Abs. 4 ist dann nicht heranzuziehen, weil er sich nur auf den Ausschlusstatbestand von Art. 17 Abs. 4 lit. d) bezieht.[561]

Ist der Verderb der transportierten Ware (*Paprika*) auf *fehlerhaftes Umladen* des Frachtführers zurückzuführen, so kann sich dieser nicht auf Abs. 4 lit. d) CMR berufen.[562]

Treten nach Ankunft des Gutes am Bestimmungsort *Ablieferungshindernisse* ein, so hat der Frachtführer unverzüglich Weisungen einzuholen. Andernfalls liegt ein Verstoß gegen die Obhutspflicht vor. Das gilt insbes., wenn eine Überschreitung der Lieferfrist und ein damit verbundener Verderb der Ware (*Gurken*) droht.[563]

Wenn der Frachtführer *verderbliches Gut* wesentlich über die vereinbarte oder die gem. Art. 19 CMR übliche Frist hinaus befördert und dadurch Verderb eintritt, kann er sich ebenfalls nicht auf den Haftungsbefreiungstatbestand des Art. 17 Abs. 4 lit. d) CMR berufen, weil die eigentliche Schadensursache in der

---

557 OLG Frankfurt/M., 25.10.1977 – 5 U 14/77, VersR 1978, 335 mit Anm. von *Schönwerth* = RIW 1978, 409.
558 OLG München, 27.11.1968, ETR 1971, 115, 124, 127.
559 OLG Düsseldorf, 13.12.1979 – 18 U 133/79, VersR 1980, 286.
560 OLG Hamburg, 29.11.1984 – 6 U 134/84, TranspR 1985, 130.
561 OLG Hamburg, 21.2.1985 – 6 U 198/84, TranspR 1985, 400 = VersR 1986, 483.
562 OLG Frankfurt/M., 8.7.1980 – 5 U 186/79, TranspR 1980, 127 = MDR 1981, 53 = VersR 1981, 85 (LS).
563 OLG Düsseldorf, 12.12.1985 – 18 U 90/85, TranspR 1986, 56 = VersR 1986, 1069 (die Frage der Anwendung des Abs. 4 lit. d) wurde gar nicht erörtert); vgl. auch LG Duisburg, 14.12.1988 – 9 O 15/88, TranspR 1989, 268 (Frischfleisch).

Art. 17 Haftung des Frachtführers

eingetretenen *Verspätung* und nicht in der natürlichen Beschaffenheit des Gutes liegt.[564]

184 Die vorgenannten Beispiele aus der Rechtsprechung betreffen jeweils Fälle, in denen neben der aus der natürlichen Beschaffenheit des Gutes resultierenden Schadensursache mindestens eine weitere zusätzliche Schadensursache gegeben war, also z.B. fehlende oder mangelnde Verpackung, fehlerhaftes Verladen oder Stauen, Lieferfristüberschreitungen u.Ä. Die Gerichte – mit Ausnahme des zuletzt genannten OLG Zweibrücken – haben in diesen Fällen, meist ohne nähere Begründung, diesen anderen Schadensursachen den Vorrang vor der Ursache der besonderen Beschaffenheit des Gutes eingeräumt und Letztere entweder überhaupt nicht beachtet oder ganz zurückgestellt.

185 Dies entspricht zunächst dem vom BGH in ständiger Rechtsprechung entwickelten Prinzip, dass beim Zusammentreffen mehrerer Ursachen der Zurechnungszusammenhang grundsätzlich nicht entfällt.[565] Vielmehr haftet bei derartigen Fällen der sog. Gesamtkausalität jeder Schädiger für den gesamten Schaden.[566] Ferner ist bei Personenschäden ständige höchstrichterliche Rechtsprechung, dass der Zurechnungszusammenhang auch dann besteht, wenn der Schaden durch eine zum Schaden neigende Konstitution des Geschädigten ermöglicht oder wesentlich erhöht wird.[567]

186 Die gleichen Grundsätze müssen aber auch gelten, wenn nicht eine Person, sondern eine Sache, also z.B. das Transportgut, geschädigt wird. Für den Bereich des früheren § 34 Satz 1 lit. k) KVO hatte der BGH in mehreren Urteilen entschieden, dass sich der Frachtführer dann nicht auf die Beschaffenheit des inneren Verderbs des Gutes berufen könne, wenn er den Schaden selbst schuldhaft verursacht hatte. Dabei hatte er ausgeführt, der Begriff des inneren Verderbs erfordere, dass der Verderb unter den für Güter dieser Art gewöhnlichen Transportverhältnissen eintrete. Maßgebend sei dabei der für ein Gut der befördernden Art zu erwartende gewöhnliche Ablauf des Transportes. Führten Umstände, die danach nicht zu erwarten waren, zu einem Wirksamwerden der in dem beförderten Gut ruhenden Anlagen und diese wiederum zum inneren Verderb, so könne die-

---

564 OLG Frankfurt/M., 8.7.1980 – 5 U 168/79, TranspR 1980, 127 = VersR 1981, 85 = MDR 1981, 53; OLG Düsseldorf, 26.7.1984 – 18 U 65/84, VersR 1985, 1081 = TranspR 1985, 128 (Transportunterbrechung wegen Treibstoffmangels); OLG Düsseldorf, 12.12.1985 – 18 U 90/85, TranspR 1986, 56 = VersR 1986, 1069; vgl. auch OLG Stuttgart, 24.1.1967 – 6 U 57/66, NJW 1968, 1054 (Traubensaft), das wegen der dort nur kurzfristigen Lieferfristüberschreitung deren Ursache für den Verderb als nicht nachgewiesen angesehen hat; a.A. OLG Zweibrücken, 23.9.1966 – 1 U 40/66, VersR 1967, 1145 = NJW 1967, 1717 = OLGZ 1967, 168, welches bei Pfirsichen den inneren Verderb auch für den Fall bejaht hat, dass dieser ohne den dort eingetretenen Getriebeschaden und die daraus folgende Transportverzögerung nicht eingesetzt hätte.
565 BGH, 28.1.1986 – VI ZR 83/85, NJW 1986, 2367 = VersR 1986, 601; BGH, 20.9.1988 – VI ZR 37/88, NJW 1989, 767 m.w.Hw.
566 Vgl. BGH, 19.5.1970 – VI ZR 8/69, VersR 1970, 814.
567 BGH, 29.2.1956 – VI ZR 352/54, BGHZ 20, 137, 139; BGH, 11.6.1974 – VI ZR 37/73, NJW 1974, 1510; OLG Frankfurt/M., 7.7.1983 – 1 U 192/82, NJW 1984, 1409.

ser Haftungsausschluss nicht wirksam werden.[568] Nach diesen Entscheidungen muss die natürliche Beschaffenheit des Gutes nicht die einzige, aber die wahrscheinlichste Schadensursache – *causa proxima* – sein. Dies gilt auch dann, wenn eine von außen gesetzte Ursache die in der Beschaffenheit des Gutes liegende Ursache wirksam werden lässt oder verstärkt, wie z.B. große Hitze o. ä. Einflüsse von außen.[569]

Diese Grundsätze der zu Art. 34 Abs. 1 lit. k) KVO entwickelten Rechtsprechung sind im Rahmen des Art. 17 Abs. 4 lit. d) CMR ebenfalls zu berücksichtigen. Die Schadensursache der besonderen Beschaffenheit des Gutes wird deshalb in aller Regel hinter eine von außen auf das Gut zusätzlich einwirkende Schadensursache zurücktreten.[570] Voraussetzung für den Haftungsausschluss des Art. 17 Abs. 4 lit. d) CMR ist also – und das gilt nicht nur für den inneren Verderb, sondern für alle dort genannten Schadensgefährdungen der Güter –, dass der Schaden unter den für Güter der beförderten Art gewöhnlichen Transportverhältnissen eingetreten ist. Führen dagegen Umstände, die nach einem gewöhnlichen Transportablauf nicht zu erwarten waren, zu einem Wirksamwerden der in dem Gut ruhenden Anlage und tritt dadurch ein Schaden ein, so entfällt diese Haftungsbefreiung.[571] Trägt allerdings der Absender für die außergewöhnlichen Transportverhältnisse das Risiko, greift diese Vorschrift wieder ein.[572] Dies gilt beispielsweise, wenn der Absender für die Beförderung schlachtwarmen Fleisches über eine längere Strecke lediglich ein Isothermfahrzeug vorschreibt, das ausschließlich Luftkühlung zuführt, weil eine solche Transportart nicht den neuesten Erkenntnissen der Veterinärwissenschaft entspricht.[573]

187 Nur in jenen seltenen Fällen, in denen zwischen dem schädigenden weiteren Ereignis und der zum Schaden neigenden besonderen Beschaffenheit des Gutes eine konkurrierende Kausalität besteht, bei denen also jede dieser Schadensursachen allein den Schaden auch verursacht hätte und bei denen nicht festgestellt werden kann, welche der beiden ursächlichen Verknüpfungen in Wirklichkeit stattgefunden hat, ist das Zusammenwirken beider Ursachen anzunehmen.[574] Nur dann kommt es also zu einer Haftungsverteilung gem. Art. 17 Abs. 5, so z.B. beim Antauen von Kühlgut infolge falscher Verladung durch den Absender einerseits und der vertragswidrigen Gestellung eines Fahrzeuges ohne Rasterboden durch den Frachtführer andererseits.[575] Ist ein Teil des Schadens durch das von

---

568 BGH, 12.5.1960 – II ZR 124/58, BGHZ 32, 297, 300 = VersR 1960, 627; BGH, 28.5.1965 – I b ZR 31/36, VersR 1965, 755 = NJW 1965, 1593 = VRS 29, 99 und BGH, 1.10.1968 – I b ZR 136/66, VersR 1968, 291.
569 Vgl. MünchKommHGB/*Jesser-Huß*, Art. 17 CMR Rdn. 79.
570 Vgl. OGH Wien, 31.3.1982 – 3 Ob 506/82, TranspR 1984, 196; *Heuer*, S. 103.
571 Vgl. dazu auch *Willenberg*, § 34 KVO Rdn. 51; *Lenz*, Rdn. 638f.
572 OLG Hamburg, 14.3.1969 – 10 U 35/68, VersR 1970, 51 zu § 34 Abs. 1 lit. k) KVO.
573 BGH, 10.1.1968 – I b ZR 136/66, VersR 1968, 291 mit zustimmender Anmerkung *Willenberg*, VersR 1968, 938; *ders.*, in § 34 KVO Rdn. 51; *Koller*, Art. 17 CMR Rdn. 49.
574 BGH, 6.5.1971 – VII ZR 302/69, VersR 1971, 818, 819f.; BGH, 16.5.1983 – III ZR 89/82, VersR 1983, 732 und BGH, 17.3.1988 – IX ZR 43/87, NJW 1988, 2880, 2882.
575 Vgl. dazu OLG Hamm, 15.3.1990 – 18 U 88/89, VersR 1991, 350.

Art. 17 Haftung des Frachtführers

außen einwirkende Ereignis und ein anderer Teil durch die natürliche Beschaffenheit des Gutes verursacht worden, so besteht eine nach § 287 ZPO voneinander abzugrenzende Teilverantwortlichkeit,[576] die ebenfalls zur entsprechenden Schadensteilung nach Art. 17 Abs. 5 CMR führt.

d) Transporte mit klimatechnischen Spezialfahrzeugen, insbes. von Kühl- und Gefriergut

Literatur: *Thume*, Haftungsprobleme bei CMR-Kühltransporten, TranspR 1992, 1; *Züchner*, Abgrenzung der Frachtführerhaftung beim Kühlgutverkehr nach der KVO und der CMR, DB 1971, 513.

188 Der Gefährdung der aufgrund ihrer natürlichen Beschaffenheit besonders schadengeneigten Güter kann außer durch besonders sorgfältige Verpackung und Verladung zum Schutz gegen Temperaturschwankungen, Hitze, Kälte und Luftfeuchtigkeit auch durch die Verwendung von besonderen Transportmitteln, insbes. durch den Einsatz von speziellen Kühl-, Kessel-, Tank- oder Silocontainern und -fahrzeugen begegnet werden[577] (zu den Spezialfahrzeugen für Schüttgut sowie den Tank- und Silofahrzeugen siehe oben Rdn. 46 ff. und 104). *Temperaturempfindliche Waren*, wie z. B. frisches Obst und Gemüse, Frischfleisch und -fisch, Arzneimittel und Blumen werden zumindest in Isolier- bzw. Isotherm-Fahrzeugen oder auch in Kühlfahrzeugen befördert, welche jedoch vornehmlich für Transporte von Tiefkühlkost aller Art bestimmt sind.

Isotherm-Fahrzeuge sind Kofferfahrzeuge, deren Außenwände einschließlich des Bodens und der Decke mit temperaturisolierendem Material ausgerüstet sind, die aber über kein eigenes Kühlaggregat verfügen. In diesen Fahrzeugen erfolgt die Kühlung entweder durch Luftdurchzug, d. h. durch Öffnen der Luftklappen an der Stirnwand des Fahrzeuges zur Ausnutzung des Fahrwindes zum Kühlen der beförderten Güter, oder durch eutektische Platten, Wassereis, Trockeneis oder verflüssigte Gase.

Kühlfahrzeuge sind dagegen mit eigenen Kühlaggregaten ausgestattet, die es ermöglichen, jede gewünschte Temperatur im Fahrzeuginneren zu erzeugen und während der gesamten Beförderungsdauer beizubehalten.[578]

189 Besonders zu beachten sind in diesem Zusammenhang die deutsche Lebensmitteltransportbehälter-Verordnung (LMTV) vom 13.4.1987,[579] die Verordnung über tiefgefrorene Lebensmittel (TLMV) vom 29.1.1991[580] und das Übereinkommen über Internationale Beförderungen leicht verderblicher Lebensmittel und über

---

576 Vgl. BGH, 22.10.1963 – VI ZR 187/62, VersR 1964, 49, 51.
577 Vgl. *Heuer*, S. 104.
578 *Züchner*, DB 1971, 513; *Thume*, TranspR 1992, 1.
579 Verordnung über hygienische Anforderungen an Transportbehälter zur Beförderung von Lebensmitteln, 13.4.1987, BGBl. 1987 I, S. 1212 ff.; letzte Änderung 8.12.2004, BGBl. 2004 I, S. 3350.
580 BGBl. 1991 I, S. 150.

die besonderen Beförderungsmittel, die für diese Beförderungen zu verwenden sind (ATP) vom 1.9.1970. Dieses Übereinkommen ist von der Wirtschaftskommission für Europa (ECE) in Genf, einer Institution der Vereinten Nationen, erarbeitet worden und am 21.11.1976 in Kraft getreten, nachdem es von fünf Ländern ratifiziert worden war. Die Bundesrepublik Deutschland hat das Übereinkommen mit Gesetz vom 26.4.1974 ratifiziert.[581] Es enthält mithin, wie die CMR, vereinheitlichtes nationales materielles Recht und regelt die Verwendung der besonderen Beförderungsmittel für jeden Transport, der im gewerblichen Verkehr oder im Werkverkehr auf der Schiene oder auf der Straße oder im kombinierten Verkehr mit tiefgefrorenen und gefrorenen Lebensmitteln sowie mit leicht verderblichen Lebensmitteln durchgeführt wird. Die ATP ist anzuwenden auf jede grenzüberschreitende Beförderung der genannten Art, wenn der Entladeort des Gutes im Hoheitsgebiet eines der beigetretenen Vertragsstaaten liegt.[582]

Art. 4 ATP sieht vor, dass für die genannte Art von Lebensmitteln ganz bestimmte Beförderungsmittel zu verwenden sind, es sei denn, dass dies während der gesamten Dauer der Beförderung wegen der zu erwartenden Temperaturen für die Aufrechterhaltung der in den Anlagen zur ATP festgelegten Temperaturbedingungen offensichtlich überflüssig ist. Die Beförderungsmittel sind eingeteilt in

– Beförderungsmittel mit Wärmedämmung,
– Beförderungsmittel mit Kältespeicher,
– Beförderungsmittel mit Kältemaschine,
– Beförderungsmittel mit Heizanlage.

Die einzelnen Beförderungsmittel sind jeweils mit genau vorgeschriebenen **190** Buchstabenkennzeichen zu versehen. Sie müssen für jeden Transport so ausgewählt und verwendet werden, dass es möglich ist, die festgesetzten Temperaturbedingungen während der gesamten Dauer der Beförderung einzuhalten. Außerdem ist vorgeschrieben, dass alle zweckdienlichen Maßnahmen zu treffen sind, insbes. bezüglich der Temperatur der Lebensmittel beim Beladen, beim Beeisen und Nachbeeisen unterwegs sowie hinsichtlich sonstiger notwendiger Tätigkeiten.

Nach Art. 18 Abs. 4 CMR kann sich bei Beförderung mit einem Fahrzeug, das mit besonderen Einrichtungen zum Schutz des Guts gegen die Einwirkung von Hitze, Kälte, Temperaturschwankungen oder Luftfeuchtigkeit versehen ist, der Frachtführer auf Art. 17 Abs. 4 lit. d) CMR nur berufen, wenn er nachweist, dass er *alle* ihm nach den Umständen obliegenden *Maßnahmen hinsichtlich der Auswahl, Instandhaltung und Verwendung der besonderen Einrichtungen getroffen* und ihm erteilte besondere *Weisungen beachtet hat.*[583] Der Frachtführer hat alle Sicherungsvorkehrungen zu ergreifen, welche erforderlich sind, das Kühlgut

---

581 BGBl. 1974 II, S. 565; zuletzt geändert 2003, BGBl. 2003 II, S. 2289.
582 Liste der beigetretenen Länder siehe BGBl. II, 31.1.2001.
583 Zu den Weisungen siehe unten Rdn. 201.

Art. 17 Haftung des Frachtführers

ständig in der für die Beförderung vorgesehen Temperatur zu erhalten.[584] Im Streitfall muss er deshalb substantiiert die Art der Kühleinrichtung seines Fahrzeugs, ihre Wartung und Bedienung, die Anzahl, den zeitlichen Abstand, Inhalt und Umfang der einzelnen Kontrollen während der Beförderung und die Kühlung während der Fahrtpausen vortragen und ggf. beweisen.[585]

Diese spezielle Ausnahmebestimmung gilt nur für solche Fahrzeuge, die mit den einzelnen dort genannten klimatechnischen Einrichtungen ausgestattet sind, nicht jedoch für andere Spezialfahrzeuge wie Kessel-, Silo- und andere mit Sonderausstattungen wie z.B. Federung oder Aufhänge- und Ladevorrichtungen versehene Fahrzeuge. Wegen ihres besonderen Ausnahmecharakters ist vielmehr eine analoge Anwendung des Art. 18 Abs. 4 CMR auf derartige Fahrzeuge nicht möglich.[586] Bei diesen kann jedoch ein Fahrzeugmangel gem. Art. 17 Abs. 3 CMR vorliegen, wenn das vom Frachtführer gestellte Fahrzeug nicht die vereinbarte Sonderausstattung aufweist (vgl. oben Rdn. 114 ff.).

191 Bei der grenzüberschreitenden Beförderung von leicht verderblichen Lebensmitteln mit Spezialfahrzeugen, die mit klimatischen Einrichtungen ausgestattet sind, kann sich der Frachtführer grundsätzlich nicht auf die Haftungsbefreiungsvorschrift des Art. 18 Abs. 4 CMR berufen, wenn dieser Transport zugleich dem Anwendungsbereich des in Rdn. 189 genannten *ATP* unterliegt und das Fahrzeug nicht den Vorschriften des ATP entspricht bzw. wenn die in den Anlagen zum ATP jeweils genau für jedes verderbliche Lebensmittel vorgeschriebenen Beförderungsklassen oder Temperaturbedingungen nicht eingehalten werden.

Ferner gelten für alle *Kühltransporte* die im Folgenden dargestellten Besonderheiten, wobei *zu unterscheiden* ist *zwischen Tiefkühl- = Gefriergut und normalem Gut, das zum Zwecke der Beförderung vorgekühlt wird.*

aa) Beschädigung von Tiefkühlprodukten und einfachen vorgekühlten Gütern

192 Hierzu, insbes. zur Beschädigung durch *Antauen* und *Gefrieren* vgl. oben Rdn. 76 f.

Auch späteres Wiedereinfrieren kann die durch Antauen eingetretene Beschädigung nicht mehr beseitigen, vgl. oben Rdn. 78.

---

584 Siehe dazu auch die EG-Richtlinie 92/1/EWG, 13.1.1993, die regelmäßige Temperaturkontrollen von Kühlfahrzeugen sowie deren Dokumentation und Aufbewahrung vorschreibt.
585 Vgl. OLG Hamm, 21.6.1999 – 18 U 201/98, TranspR 1999, 445 = VersR 2000, 1171; OLG Hamburg, 23.6.1999 – 6 U 297/98, TranspR 2000, 175; OLG Düsseldorf, 9.10.2002 – 18 U 38/02, TranspR 2003, 107.
586 Staub/*Helm*, Art. 17 CMR Rdn. 211; *Heuer*, S. 104; *Boesche*, in: EBJS, Art. 18 CMR Rdn. 13; a.A. MünchKommHGB/*Jesser-Huß*, Art. 17 CMR Rdn. 82 und *Koller*, Art. 17 CMR Rdn. 51.

bb) Vorkühlung

Eine wichtige Voraussetzung für die problemlose Durchführung der Beförderung von Kühlgut ist i.d.R. die entsprechende Vorkühlung des Gutes auf eine bestimmte Temperatur, die sich je nach den Eigenschaften und der Beschaffenheit der einzelnen Transportgüter richtet. Dies gilt insbes. bei Gefriergütern. So beträgt beispielsweise die Vorkühltemperatur – Kerntemperatur – bei Speiseeis mindestens –20 Grad Celsius und bei normaler Tiefkühlkost mindestens –18 Grad Celsius. Diese Vorkühlung hat der Absender vorzunehmen. Aber auch der Frachtführer muss das Fahrzeug entsprechend vorkühlen, um eine reibungslose Beladung ohne Temperaturverluste zu ermöglichen.[587] Der Absender braucht das Fahrzeug nicht auf seine ausreichende Tauglichkeit und die erforderliche Vorkühlung zu untersuchen.[588]

193

Streitig ist, ob die *ungenügende Vorkühlung* des Transportgutes *ein Mangel des Gutes* i.S.d. Art. 17 Abs. 2 CMR ist[589] oder nicht.[590] Bei näherer Betrachtung wird die *Unterscheidung zwischen Tiefkühl- = Gefriergütern*, wie etwa Speiseeis und Tiefkühlkost einerseits, *und* andererseits *normalen Gütern*, insbes. frischen Lebensmitteln, wie Butter, Frischfisch und Frischfleisch, Obst und Gemüse, die ihrer Natur nach zum inneren Verderb neigen, besonders bedeutsam.

Tiefkühlgüter sind bestimmte wasserhaltige Lebensmittel, die durch einen besonderen Einfrierungsprozess fabrikationsmäßig hergestellt werden. Die Konservierung durch diesen Gefriervorgang und die anschließende Gefrierlagerung im Kühlhaus ermöglicht eine Verlangsamung und Verhinderung des Wachstums von Mikroorganismen und durch Unterbrechung physikalischer und chemischer Vorgänge in den ursprünglich natürlichen Lebensmitteln eine erheblich längere Haltbarkeit bei tiefen Temperaturen. Gem. § 2 der Verordnung über tiefgefrorene Lebensmittel (TLMV) vom 29.10.1991[591] müssen tiefgefrorene Lebensmittel nach dem ersten Einfrieren bis zur Abgabe an den Verbraucher an allen Punkten des Erzeugnisses ständig bei –18°C oder tiefer gehalten werden. Während des Versandes sind kurzfristige Schwankungen von höchstens 3°C zulässig. § 2a)

---

587 OLG München, 16.1.1991 – 7 U 2240/90, TranspR 1992, 181; *Thume*, TranspR 1992, 1.
588 OLG München, a.a.O.
589 OLG Schleswig, 30.8.1978 – 9 U 29/78, VersR 1979, 141; OLG Frankfurt/M., 17.11.1981 – 5 U 144/79, TranspR 1982, 106 = RIW 1982, 204; *Koller*, Art. 17 Rdn. 33, Art. 18 CMR Rdn. 6 und TranspR 2000, 358; *Bästlein/Bästlein*, TranspR 2003, 411, 415; Münch-KommHGB/*Jesser-Huß*, Art. 17 Rdn. 39; *Boesche*, in: EBJS Art. 17 CMR Rdn. 27 und Art. 18, Rdn. 2; *Glöckner*, Art. 17 CMR Rdn. 34.
590 OLG Hamm, 11.6.1990 – 18 U 214/89, TranspR 1990, 375; OLG Hamm, 18.10.1984 – 18 U 175/82, TranspR 1985, 107; OLG Hamm, 26.6.1997 – 18 U 106/94, TranspR 1998, 301 und OLG Hamm, 21.6.1999 – 18 U 201/98, TranspR 1999, 445; OLG Brandenburg, 29.3.2000 – 7 U 206/98, TranspR 2000, 358; vgl. auch schon BGH, 10.4.1974 – I ZR 84/73, VersR 1974, 796, der bei Verladung von zu warmen Käse diesbezüglich Bedenken hatte, die Frage aber aus anderen Gründen nicht abschließend entschieden hat, und BGH, 9.2.1978 – I ZR 67/77, VersR 1979, 466 = NJW 1979, 2471 = RIW 1979, 339 = ETR 1980, 214; *Thume* in der 1. Aufl., Art. 17 Rdn. 193 und Art. 18 Rdn. 76 sowie TranspR 1992, 1.
591 BGBl. 1991 I, S. 2051.

Art. 17   Haftung des Frachtführers

TLMV regelt die Führung von Nachweisen für die Gewährleistung dieser ununterbrochenen Kühlkette vom Hersteller bis zum Verbraucher, also auch für die Beförderung.

Tiefkühlgüter unterscheiden sich daher nach Beendigung des Herstellungsprozesses grundlegend von den Lebensmitteln gleicher Art im natürlichen Normalzustand. Die niedrige Tiefkühlkosttemperatur ist somit eine wesentliche Eigenschaft von Tiefkühlkost. Damit werden Tiefkühlprodukte zu einer eigenen Art und Gattung von Gütern. Wird die übliche Tiefkühltemperatur vor Beginn des Transportes überschritten, etwa weil die Gefrieranlagen des Kühlhauses defekt sind oder weil das Gut schon vor Beginn der Beförderung einstweilen im Freien ohne ausreichenden Schutz vor Erwärmung gelagert wird, so unterscheidet sich dieses Gut vom Tiefkühlgut der eben beschriebenen Art. Die höhere Temperatur des Gutes weicht also von der normalen Beschaffenheit von Tiefkühlgütern gleicher Art ab. Diese Eigenschaft erhöht die Gefahr eines Schadenseintritts während des anschließenden Transportes. *Damit hat das erwärmte Tiefkühlgut einen besonderen Mangel i.S.v. Art. 17 Abs. 2 3. Alternative CMR.*

Anders ist es jedoch bei normalen, nicht eingefrorenen, insbes. frischen Lebensmitteln, die kurzzeitig etwas heruntergekühlt werden. So ist z.B. Obst, Gemüse oder Frischfleisch, dass im allgemeinen für den alsbaldigen Verzehr bestimmt ist, nicht mangelhaft im Sinne von Art. 17 Abs. 2 CMR, sondern befindet sich in dem Normalzustand, in dem es sich immer befindet, wenn es nicht für eine Beförderung oder für eine längere Aufbewahrung vorgesehen ist. Seine Schadensanfälligkeit liegt in seiner natürlichen Beschaffenheit i.S.v. Art. 17 Abs. 4 lit. d) CMR. Der Vorkühlung bedarf es, um die Strapazen des Transportes unbeschädigt zu überstehen.[592] Insoweit entspricht die Vorkühlung in Sinn und Zweck einer Maßnahme, die bei anderen Gütern auch getroffen werden muss, nämlich der Verpackung. So sind z.B. Glühbirnen zwar äußerst zerbrechlich, aber kein mangelhaftes Gut, sondern müssen sorgfältig verpackt werden. Insoweit erweist sich also die Vorkühlung als „kleine Schwester der Verpackung" (vgl. oben Rdn. 92). Fehlen und Mängel der Vorkühlung führen deshalb bei solchen Gütern – zu denen auch Blumen und andere Pflanzen, Arzneimittel etc, zu rechnen sind – genau so wenig zu einem Gütermangel i.S.v. Art. 17 Abs. 2 CMR, wie das z.B. bei zerbrechlichem und unzureichend verpacktem Porzellan der Fall ist. Vielmehr kann sich der Frachtführer im Schadensfall auf Abs. 4 d) berufen. Zugleich kann er die mangelnde Vorkühlung auch in gleicher Weise gem. Abs. 4 lit. b) reklamieren wie das Fehlen und Mängel der Verpackung.[593]

Dies hat vor allem Folgen im Hinblick auf die Fragen der Darlegungs- und Beweislast; Näheres dazu siehe bei Art. 18 CMR Rdn. 76–78.

194   Umstritten ist, ob der Frachtführer bei Übernahme das Gut auf hinreichende Vorkühlung zu überprüfen hat. Nach Art. 8, Abs. 1 lit. b) CMR besteht eine *Über-*

---

592 Staub/*Helm*, Art. 17 CMR Rdn. 72.
593 *Thume*, TranspR 1992, 1.

prüfungsobliegenheit des Gutes auf den äußeren Zustand und seine Verpackung hin. Mit Hinweis auf die französische Fassung *l'etat apparent* und die englische *apparent condition*, welche besonders stark hervorheben, dass der Zustand gemeint ist, der als solcher nach außenhin in Erscheinung tritt, wird teilweise eine derartige Prüfungsobliegenheit bei Kühlgütern verneint.[594] Mehrheitlich wird jedoch – auch ohne entsprechende Abrede- eine Prüfungspflicht der Vorkühltemperatur des Gutes bei Übernahme bejaht, soweit dies mit den bei einem Thermofahrzeug meist vorhandenen Geräten möglich ist.[595]

Soweit man – zumindest bei frischen Lebensmitteln – die Vorkühlung als Parallele zur Verpackung ansieht, bietet sich in der Tat eine derartige Prüfungsobliegenheit an. Letztlich ist diese Frage aber akademischer Natur, denn auch Art. 8 Abs. 1 lit. b) CMR gebietet keine materiell rechtliche Prüfungspflicht, sondern dient nur der Beweiserleichterung zugunsten des Frachtführers. Haftungsrechtliche Folgen können daraus also nicht abgeleitet werden (vgl. Art. 8 Rdn. 6 u. 13).

Die Überprüfung der erforderlichen Ladetemperatur des Gutes vor Beginn des Transportes ist dem Frachtführer jedoch aus einem ganz anderen wesentlichen Grund anzuraten: Er haftet bekanntlich gem. Art. 17 Abs. 1 CMR grundsätzlich für jeden Schaden, der während der Obhut entsteht und ist schon deshalb gehalten, das Gut zum Schutz des Eigentums vor jeder Beschädigung während der Beförderung zu bewahren. Von dieser Haftung kann er sich nach Abs. 2 nur befreien, wenn er so handelt wie jener besonders gewissenhafte Frachtführer der auch bei Anwendung der äußersten ihm möglichen und zumutbaren Sorgfalt den Schaden nicht hätte vermeiden können (vgl. oben Rdn. 8 ff., Rdn. 96 und 170). Daraus ergibt sich, dass er jedenfalls immer dann, wenn er vor Beginn oder während der Beförderung Schadensquellen feststellt, für deren Beseitigung Sorge tragen oder weitere Weisungen einholen muss.[596] Dies gilt nicht nur bei Lade- als

---

[594] *Muth*, Der Güterverkehr 1969, 162 und Zeitschrift für Versicherungswesen 1969, 427; vgl. auch die früheren Auflagen von *Muth/Glöckner*, CMR; *Loewe*, ETR 1976, 537; *Züchner*, VersR 1969, 682, 687; *Voigt*, VP 1970, 173; *Precht/Endrigkeit* zu Art. 8 CMR und *Zapp*, TranspR 1991, 371.

[595] So schon OLG Karlsruhe, 18.10.1967 – 1 U 27/66, DB 1967, 2022; OLG Stuttgart, 18.12.1968 – 13 U 82/68, DVZ-Nr. 30; OLG Hamburg, TranspR 1989, 312; wohl auch OLG München, 8.3.2012 – 23 U 4203/11, juris; *Boesche*, in: EBJS, Art. 8 Rdn. 3; *Herber/Piper*, Art. 8 CMR Rdn. 9; MünchKommHGB/*Jesser-Huß*, Art. 8 CMR Rdn. 10; Staub/*Helm*, Art. 8 CMR Rdn. 14; *Koller*, Art. 8 CMR Rdn. 3 empfiehlt Prüfungsvereinbarung; vermittelnd auch *Glöckner* (Art. 8 CMR Rdn. 8 und Art. 17 CMR Rdn. 49), der eine überschlägige Prüfung im Hinblick auf Trockenheit, Härte, fehlenden Reifbeschlag etc. befürwortet, weil derartige Mängel leicht feststellbar seien.

[596] BGH, 24.9.1987 – I ZR 197/85, TranspR 1988, 108 = VersR 1988, 244 = NJW-RR 1988, 479 = RIW 1988, 307 = DB 1988, 599; OLG Saarbrücken, 21.11.1974 – 6 U 142/73, VersR 1976, 267 = NJW 1975, 500 = ETR 1976, 261; OGH Wien, 18.3.1986 – 2 Ob 640/85, TranspR 1986, 379; *Heuer*, VersR 1988, 312, 316; *Koller*, TranspR 1987, 317, DB 1988, 589; *Piper*, Rdn. 339; *ders.*, TranspR 1990, 357, 359; *Thesing*, S. 45, Rdn. 55; *Thume*, TranspR 1992, 1; a.A. *Zapp*, TranspR 1991, 371, 372f.

Art. 17 Haftung des Frachtführers

auch bei Verpackungsfehlern[597] des Absenders oder Dritter, sondern bei kühlbedürftigen Gütern auch hinsichtlich der Vorkühltemperatur. Deshalb sollte er schon im eigenen Interesse die Vorkühlung überprüfen und dazu die erforderlichen Messgeräte mitführen und benutzen, um dem Einwand einer Mithaftung nach Art. 17 Abs. 2, 4. Alt. i.V.m. Abs. 5 CMR vorzubeugen.

cc) Beladefehler

195 Ladefehler bei Kühlgut unterlaufen vor allem durch zu enges Verladen und Verstauen, so dass die für die Kühlung erforderliche Luftzirkulation nicht gewährleistet ist.[598] Tiefgefrorenes Fleisch muss aber beispielsweise nicht unbedingt auf Paletten verladen werden, wenn das Kühlfahrzeug mit Rosten für die Zirkulation am Boden ausgestattet ist.[599] Ferner ist es Sache des Absenders, durch Einbringung von Abstandshaltern, z.B. Leerpaletten, am Boden und seitlich, bei der Beladung dafür zu sorgen, dass die Luftzirkulation während des Transportes erhalten bleibt.[600] Auch wenn die Zwischenräume für die Luftzirkulation zunächst eingehalten sind, während der Fahrt aber dadurch verloren gehen, dass die Ladung verrutscht und infolge der Erschütterung in diese Freiräume gerät, liegt ein Beladefehler vor.[601]

196 Während normalerweise der Frachtführer bzw. dessen Fahrer nicht verpflichtet sind, die vom Absender vorgenommene Beladung und Stauung zu überprüfen (vgl. oben Rdn. 168), darf er sich dann nicht auf einen Verladefehler des Absenders nach Art. 17 Abs. 4 lit. c) CMR berufen, wenn für die Betriebssicherheit der vorhandenen Kühlaggregate eine besondere Verladung erforderlich ist, die sein Fahrer vor Antritt der Fahrt nicht überprüft hat.[602] Dies ergibt sich daraus, dass der Frachtführer gem. Art. 18 Abs. 4 CMR alle ihm nach den Umständen obliegenden Maßnahmen hinsichtlich der Instandhaltung und Verwendung der Kühlanlage treffen muss[603] (Näheres dazu siehe auch unten Rdn. 199).

dd) Mängel der Kühlanlage

197 Wie schon erwähnt, kann sich der Frachtführer auf den Haftungsausschlusstatbestand des Art. 17 Abs. 4 lit. d) CMR nicht berufen, wenn er nicht alle ihm nach den Umständen obliegenden Maßnahmen hinsichtlich der Auswahl, Instandhaltung und Verwendung der klimatechnischen Einrichtungen seines Fahrzeuges getroffen hat. Dies ergibt sich aus Art. 18 Abs. 4 CMR, der hinsichtlich der klima-

---

597 Siehe dazu oben Rdn. 141.
598 Vgl. OLG Hamm, 19.2.1973 – 8 U 206/72, VersR 1974, 29; MünchKommHGB/*Jesser-Huß*, Art. 17 CMR Rdn. 70.
599 OLG Hamburg, 4.12.1986 – 6 U 266/85, VersR 1987, 558.
600 OLG Hamburg, 21.2.1985 – 6 U 198/84, TranspR 1985, 400; OLG Düsseldorf, 13.12.1979 – 17 U 133/79, VersR 1980, 283.
601 OLG Düsseldorf, 13.12.1979 – 18 U 133/79, VersR 1980, 286.
602 OLG München, 27.6.1979 – 7 U 1181/79, TranspR 1980, 95 = VersR 1980, 241.
603 Vgl. *Koller*, Art. 17 CMR Rdn. 5 und Art. 15 CMR Rdn. 4; *Thume*, TranspR 1992, 1.

technischen Anlagen des Fahrzeuges eine Haftung des Frachtführers für vermutetes Verschulden postuliert.[604]

Zu den weiteren Fragen der Beweislast sei auf die Erläuterungen zu Art. 18 CMR Rdn. 79 f. verwiesen.

Wenn das Fahrzeug selbst mangelhaft ist, kann er sich nach Art. 17 Abs. 3 CMR ohnehin nicht von seiner Haftung befreien. Ist allerdings (lediglich) die Kühlanlage am Fahrzeug unzureichend oder fehlerhaft, so liegt kein Fahrzeugmangel i.S.v. Art. 17 Abs. 3 CMR vor.[605] Vielmehr geht die Regelung des Art. 17 Abs. 4 lit. d) i.V. m. Art. 18 Abs. 4 CMR als *lex specialis* der strikten Gewährhaftung des Art. 17 Abs. 3 CMR im Range vor (vgl. oben Rdn. 119).

198 Der gravierendste Mangel der Kühlanlage ist deren unzureichende Dimensionierung.[606] Ferner ist die klimatechnische Einrichtung des Fahrzeuges mangelhaft, wenn kein Außenthermometer oder keine anderen von außen zu kontrollierenden Messeinrichtungen für die Temperaturen im Inneren des geschlossenen Fahrzeuges vorhanden sind, denn die Vorrichtungen müssen die laufende Kontrolle der Temperatur ermöglichen.[607]

ee) Überwachung der Kühlung

199 Die dem Frachtführer obliegenden Maßnahmen beziehen sich neben der Auswahl und Instandhaltung auch auf die *Verwendung* der klimatechnischen Einrichtung. Der Begriff „Verwendung" lautet in den verbindlichen französischen und englischen Fassungen *l'emploi* bzw. *use*. Diese Begriffe kann man auch mit der „Anwendung" oder „Gebrauch" umschreiben. Daraus folgt, dass der Frachtführer nicht nur die Funktionsfähigkeit der Anlage selbst, sondern deren ordnungsgemäße Funktion während des gesamten Transportes mit allen ihm nach den Umständen obliegenden Maßnahmen aufrecht zu erhalten hat. Das richtige Einstellen und Einschalten der ausreichenden dimensionierten Kühlanlage des Transportfahrzeuges allein genügt daher nicht. Vielmehr muss der Frachtführer während des gesamten Transportes regelmäßig die Temperatur des Kühlgutes kontrollieren, sei es durch Überprüfung des Kühlgutes oder durch Führung von Kühlkontrollblättern.[608] Dazu ist er heute ohne Weiteres in der Lage, weil Kühl-

---

604 OLG Koblenz, 2.7.1976 – 2 U 515/74, VersR 1976, 1151 = RIW 1978, 617; Staub/*Helm*, Art. 17 CMR, Rdn. 18; *Thume*, TranspR 1992, 1.
605 *Koller*, Art. 17 CMR Rdn. 51.
606 OLG Hamburg, 27.10.1988 – 6 U 116/88, TranspR 1989, 318.
607 OLG Hamburg, 27.10.1988 – 6 U 116/88, TranspR 1989, 318; OLG Koblenz, 2.7.1976 – 2 U 515/74, VersR 1976, 1151 = RIW 1978, 617; OLG München, 27.6.1979 – 7 U 1181/79, TranspR 1980, 95 = VersR 1980, 241.
608 OLG Hamburg, 22.7.1982 – 6 U 24/82, VersR 1983, 63 (LS); OLG Hamburg, 27.10 1988 – 6 U 116/88, TranspR 1989, 318; OLG Hamburg, 23.6.1999 – 6 U 297/98, TranspR 2000, 175; OLG Schleswig, 30.8.1979 – 9 U 29/78, VersR 1979, 141; OLG Hamm, 18.10.1984 – 18 U 175/82, TranspR 1985, 107; OLG Hamm, 21.6.1999 – 18 U 201/98, TranspR 1999, 445; LG Frankfurt/M., 1.4.1970 – 3/3 O 165/68, AWD 1971, 415.

Art. 17 Haftung des Frachtführers

fahrzeuge mit zwei verschiedenen Thermometern ausgestattet sein müssen.[609] Unzureichend ist deshalb die dreimalige Kontrolle innerhalb von 48 Stunden.[610]

Erst recht fehlerhaft ist das unkontrollierte Abstellen des Kühlfahrzeuges für zwei Tage.[611] Bei Ausfall der Anlage hat der Frachtführer für eine umgehende Reparatur oder anderweitige Kühlung des Gutes Sorge zu tragen. Diese Sorgfaltspflicht geht so weit, dass er für etwaige Reparaturen oder anderweitige Kühlmöglichkeiten an Wochenenden vorab Vorsorge treffen muss.[612] Nach Auffassung des OLG Düsseldorf muss der Frachtführer seine Fahrtroute so einteilen, dass er bei einem Ausfall der Kühlanlage rechtzeitig ein Kühlhaus erreichen kann.[613] Lässt der Frachtführer das Kühlgut bei eingeschaltetem Aggregat bei einer Hitze von etwa 30 Grad übers Wochenende stehen und kommt es dadurch zu einem Verderb der Ladung, so handelt er grob fahrlässig.[614] Das Gleiche gilt bei Unterlassen jeglicher Temperaturkontrolle während einer Fahrtdauer von 20 Stunden und bei Abstellen des LKWs ohne Kontrolle während einer Standzeit von 1 1/2 Tagen.[615]

200 Art. 18 Abs. 4 CMR postuliert hinsichtlich der klimatechnischen Anlagen des Fahrzeuges eine Haftung des Frachtführers für vermutetes Verschulden.[616] Zu den weiteren Fragen der Beweislast sei auf die Erläuterungen zu Art. 18 CMR Rdn. 79 f. verwiesen.

ff) Weisungen

201 Schließlich kann sich der Frachtführer auf den bevorrechtigten Haftungsbefreiungstatbestand des Art. 17 Abs. 4 lit. d) CMR nur dann berufen, wenn er alle ihm erteilten besonderen Weisungen beachtet hat. Damit sind zunächst jene Weisungen gemeint, die sich auf die während des Transportes einzuhaltenden Temperaturen und deren Toleranzgrenzen beziehen.[617] Aber auch alle anderen Weisungen, die für den Transport von Bedeutung sind, fallen unter diese Bestimmung. Der Hinweis des Absenders auf eine bestimmte Gefahr kann dahin gedeutet werden, dass der Frachtführer gehalten ist, das Gut durch besondere Vorrichtungen zu schützen.[618] Sind die Weisungen des Absenders falsch oder fehlen sie, so geht ein daraus resultierender Schaden zu dessen Lasten (vgl. Art. 7 Abs. 1 lit. a) CMR). Treten während des Transportes Schwierigkeiten oder nach Ankunft des Gutes am Bestimmungsort Ablieferungshindernisse auf, hat der Fracht-

---

609 OLG Düsseldorf, 9.10.2002 – 18 U 38/02, TranspR 2003, 107.
610 OLG Hamm, 18.10.1984 – 18 U 175/82, TranspR 1985, 107.
611 OLG Hamburg, 2.5.1985 – 6 U 206/84, TranspR 1985, 398 = VersR 1986, 865.
612 OLG Hamm, 18.10.1984 – 18 U 175/82, TranspR 1985, 107.
613 OLG Düsseldorf, 9.10.2002 –18 U 38/02, TranspR 2003, 107, 109 rechte Spalte.
614 OLG Düsseldorf, 12.12.1985 – 18 U 90/85, TranspR 1986, 56 = VersR 1986, 1069.
615 OLG München, 16.1.1991 – 7 U 2240/90, TranspR 1992, 181.
616 OLG Koblenz vom 2.7.1976 – 2 U 515/74, VersR 1976, 1151 = RIW 1978, 617; *Helm*, in: Großkomm. HGB, § 452 Anh. III Art. 17 Rdn. 18; *Thume*, TranspR 1992, 1.
617 OLG Nürnberg, 14.6.1965 – 5 U 181/64, AWS 1965, 339 = ETR 1971, 247.
618 OLG München, 31.5.2000 – 7 U 6226/99, TranspR 2002, 26.

führer gerade bei Kühlgut unverzüglich Weisungen des Verfügungsberechtigten gem. Art. 14 und 15 CMR einzuholen. Andernfalls liegt ein Verstoß gegen seine Obhutspflichten vor, so dass er gem. Art. 17 Abs. 1 CMR für jeden entstehenden Schaden haftet. Das gilt besonders dann, wenn eine Überschreitung der Lieferfrist und ein damit verbundener Verderb der Ware drohen.[619] Diese Pflicht zur Einholung von Weisungen kann auch schon zu Beginn des Transportes anlässlich der Übernahme des Gutes gegeben sein. Wird für den Frachtführer anlässlich der Beladung erkennbar, dass das Gut verdorben ist und eine viel zu hohe Kerntemperatur aufweist und unterlässt er die Einholung einer Weisung und führt stattdessen den Transport durch, so haftet er zwar nicht nach Art. 17 Abs. 1 CMR, weil die Beschädigung des Gutes schon vor Übernahme vorlag. Er kann aber aus dem Gesichtspunkt der positiven Vertragsverletzung schadensersatzpflichtig sein.[620] Kann der Frachtführer bei Verspätung keine Weisungen des Absenders mehr einholen, muss er das Gut nach Art. 16 Abs. 2 CMR ausladen und entweder selbst oder durch eine Dritten mit ausreichender Kühlung versehen aufbewahren.[621]

5. Ungenügende Bezeichnung und Nummerierung

Gemäß Art. 17 Abs. 4 lit. e) CMR ist der Frachtführer von seiner Haftung befreit, wenn der Verlust oder die Beschädigung durch ungenügende oder unzulängliche Bezeichnung oder Nummerierung der Frachtstücke verursacht worden ist. Auch hier kommt es, wie bei allen Haftungsbefreiungstatbeständen des Abs. 4, auf ein Verschulden des Absenders nicht an.[622] Liegt Verschulden des Absenders vor, so ist zugleich der nicht bevorrechtigte Haftungsbefreiungstatbestand des Art. 17 Abs. 2, 1. Alternative CMR gegeben, der aber von der *lex specialis* des Abs. 4 lit. e) verdrängt wird. Bringt der Fahrer des Frachtführers auf Veranlassung des Absenders einen falschen Aufkleber an der Sendung an, so handelt er als dessen Erfüllungsgehilfe, so dass sich der Absender Art. 17 Abs. 4 lit. e) CMR selbst bei grobem Verschulden des Frachtführers im Rahmen des Mitverschuldens entgegen halten lassen muss.[623] 202

Die häufigsten Folgen der unzulänglichen Bezeichnung der Frachtstücke sind falsche Zwischenlagerungen, Fehlversendungen und Falschauslieferungen an einen anderen Dritten an Stelle des frachtbriefmäßigen Empfängers. Damit entsteht zunächst noch kein Güterschaden, aber die Verspätung oder die Ablieferung an den unberechtigten Dritten führt regelmäßig zum Verlust i.S.d. Art. 17 Abs. 1 203

---

619 OLG Düsseldorf, 12.12.1985 – 18 U 90/85, TranspR 1986, 56 = VersR 1986, 1069; LG Duisburg, 14.12.1988 – 9 O 15/88, TranspR 1989, 268.
620 OLG München, 3.5.1989 – 7 U 6078/88, TranspR 1991, 61.
621 OLG Düsseldorf, 12.12.1985 – 18 U 90/85, TranspR 1986, 56 = VersR 1986, 1069.
622 Staub/*Helm*, Art. 17 CMR Rdn. 218; *Koller*, Art. 17 CMR Rdn. 52; *Glöckner*, Art. 17 CMR Rdn. 88.
623 OLG Köln, 25.8.2006 – 3 U 164/05, TranspR 2007, 114.

Art. 17 Haftung des Frachtführers

CMR, wenn das Gut auf absehbare Zeit nicht auftaucht[624] oder nicht zurückgelangt und an den frachtbriefmäßig berechtigten Empfänger ausgeliefert werden kann. Dies gilt insbesondere, wenn die Lieferfristen gem. Art. 20 CMR infolge der Falschlieferung überschritten werden (vgl. oben Rdn. 67ff). Beruht also die Falschauslieferung auf einer mangelhaften oder unzureichenden Bezeichnung der Güter, so kann der Frachtführer sich auf den Haftungsausschlussgrund des Art. 17 Abs. 4 lit. e) CMR berufen. Sind aber diese Unzulänglichkeiten nicht kausal für die Falschauslieferung, weil z.B. der Frachtführer mehrere Aufträge zu einem Transport zusammenfasst und diese verwechselt, so kann er sich nicht auf den Haftungsbefreiungstatbestand berufen.[625]

Aus dem gleichen Grunde haftet der Frachtführer auch dann für entstandene Schäden, wenn er ein Carnet TIR selbst ausgestellt und dabei festgestellt hat, dass die Warenbezeichnungen in der Ausfuhrkontrollmeldung und Handelsrechnung nicht übereinstimmen und trotzdem die in der Ausfuhrkontrollmeldung enthaltene Warenangabe in das Carnet TIR übernommen hat, ohne beim Absender die richtige Warenbezeichnung zu erfragen.[626]

204 Die ungenügende Kennzeichnung und Bezeichnung der Güter kann auch zur Verwechslung mit anderen Frachtgütern führen mit der Folge, dass sie nicht mit der nötigen Sorgfalt während des Transportes behandelt und infolgedessen beschädigt werden. Auch in diesem Fall kann sich der Frachtführer auf den Haftungsbefreiungstatbestand des Art. 17 Abs. 4 lit. e) CMR berufen.[627]

205 Den Frachtführer trifft gem. Art. 8 Abs. 1 lit. a) CMR die Obliegenheit, die Richtigkeit der Angaben im Frachtbrief über die Anzahl der Frachtstücke und ihre Zeichen und Nummern zu überprüfen. Die Überprüfung ist nicht zwingend vorgeschrieben, erleichtert aber dem Frachtführer den Nachweis, dass die Bezeichnung oder Nummerierung des Gutes nicht mit den Frachtbriefangaben übereinstimmt. Insoweit darf wegen der Details auf die Erläuterungen unter Ziff. V. 2. e) (Rdn. 140) und zu Art. 8 CMR verwiesen werden.

206 Hinsichtlich der übrigen *Darlegungs- und Beweislastfragen* wird auf die Erläuterungen zu Art. 18 CMR Rdn. 82 verwiesen.

6. Beförderung von lebenden Tieren

207 Schließlich ist der Frachtführer nach Art. 17 Abs. 4f. CMR von der Haftung befreit für Schäden, die infolge der mit dem Transport von lebenden Tieren verbundenen besonderen Gefahren entstanden sind.

---

624 Vgl. OLG Düsseldorf, 23.11.1989 – 18 U 70/89, TranspR 1990, 63.
625 BGH, 27.10.1978 – I ZR 30/77, VersR 1979, 276 = NJW 1979, 2473 und BGH, 15.6.2000 – I ZR 55/98, TranspR 2000, 459, 462.
626 OLG Düsseldorf, 12.2.1981 – 18 U 195/80, VersR 1982, 303.
627 *Heuer*, S. 105.

Diese Bestimmung regelt einen Sonderfall der Beschaffenheitsschäden des Art. 17 Abs. 4 lit. d) CMR. Lebende Tiere sind ebenfalls aufgrund ihrer natürlichen Beschaffenheit während eines Straßentransportes im besonderen Maße der Gefahr des Verlustes und der Beschädigung ausgesetzt. Der Haftungsausschluss erfasst sowohl die natürlichen Schadensursachen während des Transportes, so z.B. das Verenden der Tiere infolge einer Krankheit, als auch die Schäden infolge der besonderen Transportgefahren, wie Verenden wegen Schocks oder mangels Nahrung, Ersticken oder Verletzungen durch andere beigeladene Tiere.[628]

208 Gemäß Art. 18 Abs. 5 CMR kann sich der Frachtführer aber auf den Haftungsbefreiungstatbestand des Art. 17 Abs. 4f. CMR nur berufen, wenn er alle ihm nach den Umständen üblicherweise obliegenden Maßnahmen getroffen und ihm erteilte besondere Weisungen für den Tiertransport beachtet hat. Auch insoweit liegt also eine Parallele zu dem Haftungsbefreiungstatbestand des Abs. 4 lit. d) und der damit verbundenen Pflichten hinsichtlich der klimatechnischen Anlagen gem. Art. 18 Abs. 4 CMR vor. Der Frachtführer muss deshalb insbes. auch die in Europa zum Schutz der Tiere beim Transport geltenden EU-Normen beachten. Näheres dazu siehe bei Art. 18 Rdn. 83ff.

209 Auch hier erhebt sich – unabhängig von den Schwierigkeiten der *Darlegungs- und Beweislastfragen*, welche im Rahmen des Art. 18 erläutert werden (siehe dort Rdn. 83f.) – die dogmatische Frage, wie jene Fälle zu lösen sind, bei denen verschiedene Schadensereignisse und Ursachen zusammentreffen. Insoweit kann auf die Erläuterungen oben unter Ziff. 4. c) (Rdn. 181–187) verwiesen werden. Auch hier kann sich also der Frachtführer nur dann auf den Haftungsbefreiungstatbestand berufen, wenn der Verlust oder die Beschädigung der lebenden Tiere trotz Beachtung aller üblicherweise obliegenden Maßnahmen und der erteilten besonderen Weisungen entstanden ist und wenn die Schäden nicht durch anderes schuldhaftes Verhalten des Frachtführers oder seiner Gehilfen, wie z.B. falsches Verladen und Stauen – beispielsweise bei lebenden Küken – unzureichende Luftzufuhr, Überhitzung oder zu niedrige Temperaturen, Verkehrsunfälle oder Transportverzögerungen[629] entstanden ist. In all diesen Fällen sind jene Ursachen vorrangig, weil die natürliche Beschaffenheit der lebenden Tiere nicht die wahrscheinlichste Schadensursache (*causa proxima*) ist (vgl. oben Rdn. 186).

210 In diesem Zusammenhang ist auf das *Europäische Übereinkommen vom 13.12. 1968 über den Schutz von Tieren beim internationalen Transport* (Gesetz vom 12.7.1973 BGBl. 1973 II, S. 721ff. mit Zusatzprotokoll vom 13.12.1968, BGBl. 1980 II, S. 1153; Mitgliederstand per 31.12.2000 siehe BGBl. 31.1.2001 II, S. 508), auf das *Europäische Übereinkommen vom 10.5.1979 über den Schutz von Schlachttieren* (Gesetz vom 9.12.1983, BGBl. 1983 II, S. 770ff.; Mitgliederstand per 31.12.2000 siehe BGBl. 31.1.2001 II, S. 586), auf das *Tierschutzgesetz und Tierseuchengesetz* hinzuweisen, welche zahlreiche Bestimmungen über die

---

[628] *Heuer*, S. 106.
[629] OLG München, 28.7.1995 – 23 U 2646/95, TranspR 1996, 240; OGH Wien, 13.2.2003 – 8 Ob 148 02a, TranspR 2003, 311.

Art. 17 Haftung des Frachtführers

Beförderung verschiedener Tierarten enthalten, darunter auch Vorschriften über die tierärztliche Untersuchung vor Transportbeginn, über die erforderliche Ausstattung des Fahrzeugs sowie der Vorrichtungen für die Be- und Entladung, über den angemessenen Transportraum und über die Unterbringung, Versorgung und Betreuung der Tiere während der Beförderung.[630]

Bei Schäden, die infolge von Verstößen gegen diese Vorschriften eintreten, wird sich der Frachtführer nicht auf eine Haftungsbefreiung gem. Art. 17 Abs. 4f. CMR berufen können (Art. 18 Abs. 5 CMR; vgl. oben Rdn. 208).

VI. Verspätungshaftung

Literatur: *Roesch,* Abschluss des Beförderungsvertrags, Lieferfristbeginn und Lieferfristhaftung im Landfrachtrecht, VersR 1982, 828; *Thume,* Die Haftung des CMR-Frachtführers für Verspätungsschäden, RIW 1992, 966; *Voigt,* Der Beginn der Lieferfrist beim CMR-Vertrag, VersR 1973, 501; *Züchner,* Ersatzpflicht bei Lieferfristüberschreitung nach der CMR, VersR 1970, 701.

1. Allgemeines

211 Neben der Obhutshaftung regelt Art. 17 CMR auch die Haftung des Frachtführers für Überschreitungen der Lieferfrist, wie sich aus den letzten Worten des ersten Absatzes ergibt. Hierbei handelt es sich um eine besondere Leistungsstörung des Frachtrechtes. Der Beförderungsvertrag verpflichtet den Frachtführer zur Ablieferung des Gutes an den frachtbriefmäßig berechtigten Empfänger. Die verspätete Ablieferung ist deshalb als Verzögerung der Hauptleistung des Beförderers ein Sonderfall des Schuldnerverzuges.[631] Ob die Gründe für die Lieferfristüberschreitung vor oder nach Übernahme des Gutes durch den Frachtführer gesetzt worden sind, ist nicht von Bedeutung. Insoweit wird die Haftung aus c.i.c. durch Art. 17 verdrängt.[632] So kann z.B. die Nichteinhaltung der Lieferfrist darauf beruhen, dass der Frachtführer die vereinbarte Ladungsfrist versäumt und deshalb die Beförderung zu spät beginnt.[633]

Unerheblich ist auch, ob es nach der Lieferfristüberschreitung beim Empfänger zu einem Ablieferungshindernis kommt.[634]

Die *Definition der Lieferfristüberschreitung* ist in Art. 19 CMR enthalten. Sie liegt vor, wenn das Gut nicht innerhalb der vereinbarten Frist, oder, falls keine Frist vereinbart ist, nicht innerhalb einer angemessenen, einem sorgfältigen Frachtführer zuzubilligenden Beförderungsfrist abgeliefert wird. Überschreitun-

---

630 Siehe dazu auch *Brandt,* TranspR 2008, 230.
631 *Heuer,* S. 129.
632 *Schmid/Kehl,* TranspR 1996, 89; *Koller,* Art. 17 CMR Rdn. 56.
633 OLG Hamm, 15.9.2008 – 18 U 199/07, TranspR 2009, 167.
634 OLG Düsseldorf, 23.12.1996 – 18 U 92/96, TranspR 1997, 422.

gen der Ladefrist und einfache Verzögerungen während der Beförderung fallen nicht darunter. Wegen der näheren Details wird auf die dortigen Erläuterungen verwiesen.[635]

Wenn jedoch der Frachtführer während der Beförderung falsche Auskünfte über den Stand des Transportfahrzeuges und die voraussichtliche Ankunft am Ablieferungsort erteilt, so haftet er, soweit nach den Regeln des IPR deutsches Recht ergänzend anwendbar ist, wegen Vertragsverletzung gem. § 280 BGB i.V.m. § 433 HGB für daraus resultierende Schäden.[636] Das gilt auch für Verspätungen bei der Erfüllung des Frachtvertrages, die nicht zu einer Überschreitung der Lieferfrist führen, z.B. für Schäden wegen verspäteter Übernahme oder Ladung des Gutes, wenn trotz dieser Verzögerung das Gut rechtzeitig abgeliefert wird.[637]

Art. 17 Abs. 1 CMR enthält keine Vertragsstrafenregelung für Lieferfristüberschreitungen, wie sie etwa im Eisenbahnfrachtrecht vorhanden war (vgl. § 90 Abs. 1 lit. b) Ziff. 2 EVO), sondern begründet einen echten Entschädigungsanspruch. Eine Haftung des Frachtführers wegen Überschreitung der Lieferfrist kann jedoch nur insoweit eintreten, als daraus auch tatsächlich ein Schaden entstanden ist (vgl. auch Art. 23 Abs. 5 CMR; Näheres dazu siehe bei den dortigen Erläuterungen). Fehlt z.B. der Kausalzusammenhang zwischen einer geringen Verspätung und dem Schadenseintritt, weil der Absender den Schaden durch grob fahrlässigen Organisationsmangel verursacht hat, so bleibt der Frachtführer haftungsfrei.[638] Das Gleiche gilt, wenn der angeblich aus der Fristüberschreitung resultierende Schaden nicht nachgewiesen werden kann.[639]

2. Die Rechtsnatur der Verspätungshaftung

Die Verspätungshaftung des Frachtführers unterliegt gem. Art. 17 Abs. 1–3 CMR den gleichen Haftungskriterien wie die Obhutshaftung. Auf die bevorrechtigten Haftungsbefreiungstatbestände des Abs. 4 kann sich dagegen der Frachtführer nur in den Fällen des Verlustes und der Beschädigung des Frachtgutes, nicht aber bei Überschreitung der Lieferfrist berufen. Auch die Verspätungshaftung ist daher Gewährhaftung im oben unter Rdn. 9–13 näher umschriebenen Sinn. **212**

---

635 Siehe auch *Thume*, RIW 1992, 966.
636 BGH, 14.7.1993 – I ZR 204/91, TranspR 1993, 426 = VersR 1993, 1296; *Thume*, TranspR 1995, 1; *Koller*, Art. 17 CMR Rdn. 56.
637 OLG Hamburg, 25.6.1987 – 6 U 10/87, TranspR 1987, 458; OLG Hamburg, 9.2.1989 – 6 U 40/88, VersR 1990, 867; OLG Düsseldorf, 9.11.1995 – 18 U 11/95, VersR 1997, 89; OLG Hamm, 20.3.1997 – 18 U 194/96, TranspR 1998, 297; *Boesche*, in: EBJS, Art. 17 CMR Rdn. 6; *Herber/Piper*, Art. 17 CMR Rdn. 11; *Koller*, Art. 17 CMR Rdn. 56; *Schmid/Kehl*, TranspR 1996, 89; *Zapp*, TranspR 1993, 334.
638 OLG Zweibrücken, 14.11.1984 – 4 U 193/83, TranspR 1985, 397.
639 OLG Düsseldorf, 9.10.1986 – 18 U 73/86, TranspR 1986, 429.

Art. 17 Haftung des Frachtführers

3. Schadensersatz

213 Besonders zu beachten ist, dass gem. Art. 30 Abs. 3 CMR eine Entschädigung wegen eines aus der Lieferfristenüberschreitung herrührenden Schadens nur gefordert werden kann, wenn binnen 21 Tagen nach dem Zeitpunkt, an dem das Gut dem Empfänger zur Verfügung gestellt worden ist, an den Frachtführer ein schriftlicher Vorbehalt gerichtet wird. Das gilt selbst dann, wenn die der Frachtführer die Verspätung grob schuldhaft i. S. v. Art. 29 CMR verursacht hat.[640]

Ersetzt werden mittelbare Schäden, d. h. *Vermögensschäden*. Entstehen infolge der Verspätung Schäden an den beförderten Gütern selbst – insbesondere bei verderblichen Gütern kann dies geschehen – so liegt kein echter Verspätungsschaden, sondern ein Güterschaden, nämlich Verlust oder Beschädigung, vor.[641] Wegen der weiteren Details vgl. insbesondere die Erläuterungen zu Art. 23 Abs. 5 Rdn. 34ff. und Art. 25 Rdn. 28ff.

Die maximale Haftung des Frachtführers für derartige Schäden ist – ausgenommen im Fall des groben Verschuldens gem. Art. 29 CMR – nach Art. 23 Abs. 5 CMR auf die Höhe der Fracht beschränkt. Will der Absender für den Fall der Verspätung eine höhere Entschädigung geltend machen, so muss er bereits durch Eintragung in den Frachtbrief den Betrag seines besonderen Interesses an der rechtzeitigen Lieferung festlegen (Art. 26 CMR).

Die Schadensersatzansprüche wegen Lieferfristüberschreitungen sind in der CMR abschließend geregelt.[642] Deshalb ist die Vereinbarung einer Vertragsstrafe für Lieferfristüberschreitungen wegen Verstoßes gegen Art. 41 CMR unwirksam[643] (Näheres dazu siehe bei Art. 19 CMR Rdn. 30). Wenn jedoch der Schaden nicht auf der Verspätung selbst beruht, sondern auf anderen Umständen, z.B. auf unrichtigen Angaben des Frachtführers über die voraussichtliche Ankunft des LKWs am Bestimmungsort, so sind Ersatzansprüche nach nationalem Recht, etwa aus Vertragspflichtverletzung gem. § 280 BGB, nicht ausgeschlossen[644] (vgl. zum Ganzen auch oben Rdn. 4f. Vor Art. 17 und bei Art. 41 CMR).

---

640 BGH, 14.11.1991 – I ZR 236/89, TranspR 1992, 135; OGH Wien, 19.9.2002 – 3 Ob 316/01v, TranspR 2003, 243.
641 *Otte*, in: Ferrari et al., Art. 17 CMR Rdn. 32a, 33. *Boesche*, in: EBJS, Art. 23 CMR Rdn. 19.
642 BGH, 27.10.1978 – I ZR 30/77, TranspR 1982, 108 = VersR 1979, 276 = NJW 1979, 2473 = RIW 1979, 836; BGH, 10.2.1982 – I ZR 80/80, BGHZ 83, 96 = TranspR 1982, 74 = VersR 1982, 543 = NJW 1982, 1946 = RIW 1982, 672 = ETR 1982, 32; OLG Düsseldorf, 9.10.1986 – 18 U 73/86, TranspR 1986, 429 = RIW 1987, 471 und OLG Düsseldorf, 9.3.1995 – 18 U 142/94, RIW 1995, 597; *Glöckner*, Art. 17 CMR Rdn. 101; *Herber/Piper*, Art. 17 CMR Rdn. 13; *Boesche*, in: EBJS, Art. 17 CMR Rdn. 7; *Koller*, Art. 17 CMR Rdn. 67.
643 OLG München, 26.7.1985 – 23 U 2577/85, TranspR 1985, 395 = RIW 1986, 62 = NJW-RR 1985, 486; *Glöckner*, Art. 17 CMR Rdn. 101; *Herber/Piper*, Art. 17 CMR Rdn. 14; *Boesche*, in: EBJS, Art. 17 CMR Rdn. 7; *Piper*, TranspR 1990, 357, 358.
644 BGH, 14.7.1993 – I ZR 204/91, VersR 1993, 1296: a.A. OLG Düsseldorf, 29.5.1991 – 18 U 302/90, TranspR 1991, 291.

Andererseits kann sich der Frachtführer bei Schäden infolge nicht grob schuldhafter Lieferfristüberschreitung nicht auf ein Mitverschulden des Absenders wegen unterlassener Hinweise auf die besonders schwerwiegenden Folgen einer Verspätung berufen, weil er ohnehin nur in den engen Grenzen des Art. 25 Abs. 5 CMR haftet.[645]

4. Die Haftungsausschließungsgründe

a) Verschulden des Anspruchsberechtigten

Gemäß Art. 17 Abs. 2, 1. Alternative CMR, haftet der Frachtführer nicht für Verspätungsschäden, wenn die Überschreitung der Lieferfrist auf einem Verschulden des Anspruchsberechtigten (vgl. dazu oben Rdn. 81–86) beruht. Dieser Fall kann beispielsweise eintreten, wenn der Absender schuldhaft das Gut unzureichend verpackt oder falsch verladen und gestaut hat, so dass der Fahrer, der während des Transportes diese Umstände bemerkt, um weitere Schäden abzuwenden, zusätzliche zeitraubende Verpackungsmaßnahmen oder Umladungsvorgänge vornehmen muss. Das Gleiche gilt, wenn die Überschreitung der Lieferfrist auf schuldhafter Verzögerung des Absenders bei der Beladung und auf einem Zwangsaufenthalt an der Grenze wegen Überladung des Fahrzeuges beruht.[646] Zweifelhaft ist, ob ein zu berücksichtigendes Verschulden des Absenders dann angenommen werden kann, wenn dieser eine so knappe Lieferfrist mit dem Frachtführer vereinbart hat, dass deren Einhaltung von vornherein kaum möglich war.[647] Das Verhalten des Empfängers hat der verfügungsberechtigte Absender nicht gegen sich gelten zu lassen.[648] Dieser ist nicht sein Erfüllungsgehilfe und bis zur Annahme des Gutes und der Zweitausfertigung des Frachtbriefes auch nicht verfügungsberechtigt, solange er nicht gem. Art. 13 Abs. 1, Nr. 2 CMR seine Rechte aus dem Beförderungsvertrag geltend gemacht hat (siehe oben Rdn. 7 Vor Art. 17 und Rdn. 81 ff.).

214

Wenn die Verspätung auf der vom Absender schuldhaft mangelhaften Ausfüllung oder der unvollständigen Übergabe der Transportpapiere beruht, tritt einerseits Haftungsbefreiung des Frachtführers gem. Art. 17 Abs. 2, 1. Alternative CMR ein. Zugleich ist aber auch die Haftung des Absenders gem. Art. 11 Abs. 2 Satz 2 CMR gegeben.

---

645 OLG Hamburg, 6.12.1979 – 10 U 84/78, VersR 1980, 290; a.A. wohl *Koller*, Art. 17 CMR Rdn. 57.
646 LG Köln, 16.9.1988 – 87 S 1/88, TranspR 1989, 271 mit Anm. *Knorre*.
647 So OLG Zweibrücken, 14.11.1984 – 4 U 193/83, TranspR 1985, 397; *Herber/Piper*, Art. 17 CMR Rdn. 162; *Otte*, in: Ferrari et al., Art. 17 CMR Rdn. 38; a.A. *Koller*, Art. 17 CMR Rdn. 57.
648 *Koller*, Art. 17 CMR Rdn. 57.

b) Weisungen

215 Beruht die Überschreitung der Lieferfrist auf einer nicht vom Frachtführer verschuldeten Weisung des Anspruchsberechtigten, so tritt gem. Art. 17 Abs. 2, Alternative 2 CMR, ebenfalls Haftungsbefreiung ein. Ein Verschulden des Weisungsgebers ist nicht erforderlich (vgl. Rdn. 87f.). Dieser Fall liegt z.B. vor, wenn die Verspätung eintritt, weil der Absender dem Frachtführer eine falsche Adresse des Empfängers angegeben hat oder weil er ihm zunächst einen Empfänger genannt hat, der zur Annahme des Gutes nicht bereit ist, so dass dieses anschließend erst an den richtigen Empfänger umgeleitet werden muss.

c) Mängel des Gutes

216 Nach der 3. Alternative des Art. 17 Abs. 2 CMR tritt Haftungsbefreiung auch dann ein, wenn die Verspätung auf besonderen Mängeln des Gutes (vgl. oben Rdn. 90ff.) beruht. Dies gilt beispielsweise dann, wenn bei der Beförderung von Autos an einem der transportierten Fahrzeuge infolge einer defekten Elektrik ein Brand ausbricht und aufgrund der Löscharbeiten neben diesem Sachschaden ein zusätzlicher Verzögerungsschaden eintritt. Ob in diesem Fall für beide Schadensarten Ersatz geleistet werden muss, ist umstritten[649] (vgl. dazu unten Rdn. 221; Näheres siehe bei Art. 23 Rdn. 36ff. und Art. 25 Rdn. 28ff.).

Ferner zählen hierzu die Fälle, in denen wegen der erkennbar gewordenen Mängel des Gutes die Beförderung wesentlich langsamer und vorsichtiger erfolgen muss, als ursprünglich vorgesehen.[650]

d) Unabwendbare Umstände

217 Nach der letzten Alternative des Art. 17 Abs. 2 CMR haftet der Frachtführer für Schäden infolge Lieferfristüberschreitung dann nicht, wenn die Lieferfristüberschreitung durch Umstände verursacht worden ist, die er nicht vermeiden und deren Folgen er nicht abwenden konnte, so z.B. bei unvorhersehbarer Straßen- oder Grenzsperre oder bei Ladungsverzögerung seitens des Absenders.[651] Vermeidbar ist eine Verspätung, wenn sie bei Einsatz eines Unterfrachtführers nicht entstanden wäre.[652] Wegen weiterer Details kann auf die obigen Rdn. 95ff., insbesondere auf dortige Übersicht der Einzelfälle unter Rdn. 89, verwiesen werden. *Blockaden, Pannen* und Verzögerungen infolge von *Verkehrsstaus* oder von *Unfällen* sowie *wetterbedingte Verzögerungen* sind *in den meisten Fällen nicht unabwendbar.* Anders könnte es bei völliger Vereisung der Fahrbahn sein, jedoch muss der Frachtführer den Nachweis frühzeitiger Abfahrt erbringen.[653]

---

649 Siehe *Thume*, RIW 1992, 966.
650 Vgl. *Koller*, Art. 17 CMR Rdn. 59.
651 OLG Köln, TranspR 1989, 271.
652 BGH, 30.9.1993 – I ZR 258/91, TranspR 1994, 16.
653 OLG Saarbrücken, 10.2.1971, VersR 1972, 757.

5. Fahrzeugmängel

Schäden infolge einer Lieferfristüberschreitung, die auf Mängeln oder Defekten des für die Beförderung verwendeten Fahrzeugs beruht, unterliegen gem. Art. 17 Abs. 1 mit 3 CMR in allen Fällen der strengen Gewährhaftung des Frachtführers. So haftet dieser z.B. für den Verderb der Paprikaladung, der durch die Transportverzögerung infolge eines Fahrzeugdefektes eintritt.[654] Wegen der näheren Einzelheiten wird auf die obigen Erläuterungen in Rdn. 114ff. verwiesen.

218

6. Lieferfristüberschreitung und Art. 17 Abs. 4 CMR

Die in Art. 17 Abs. 4 CMR genannten besonderen Gefahren führen nur bei Verlust oder Beschädigung des Frachtgutes zu einer Haftungsbefreiung des Frachtführers, nicht aber, wenn durch sie eine Überschreitung der Lieferfrist verursacht wird.[655] Deshalb wirken z.B. Fehlen oder Mängel der Verpackung, falsches Verladen und Verstauen des Gutes durch den Absender sowie unzulängliche Bezeichnungen der Frachtstücke, die zu Verspätungsschäden führen, nur haftungsbefreiend, wenn sie vom Anspruchsberechtigten schuldhaft verursacht sind und damit die Voraussetzungen des Art. 17 Abs. 2, 1. Alternative CMR erfüllen[656] (vgl. oben Rdn. 81ff.). Dies gilt insbesondere für die Fälle der Verzögerung durch erforderliches Nachverpacken, Umstauen, Sortieren, Kühlen, Belüften von Gütern oder sonstige Verrichtungen. Ferner gelten die Beweiserleichterungen des Art. 18 Abs. II bei Vermögensschäden infolge Verspätung nicht.[657]

219

7. Kausalitäts- und Abgrenzungsprobleme

Die CMR trifft mit der Anordnung von (einfachem) Schadensersatz als Rechtsfolge einer Lieferfristüberschreitung eine abschließende und erschöpfende Spezialregelung, neben der die nationalen Vorschriften über Leistungsstörungen nicht zur Anwendung kommen und der insbesondere die dem Fixgeschäft nach deutschem Recht innewohnenden Gedanken fremd sind. Zu ersetzen sind alle infolge der Verspätung eintretenden Vermögensschäden. Dagegen kann eine Minderung der Fracht nicht verlangt werden.[658]

220

Wenn der Frachtführer verderbliche Güter i.S.v. Abs. 4 lit. d) befördert und die Lieferfristen überschreitet, so kann dies zu einem Güterschaden führen. Dann kann er sich jedoch nicht auf diesen Haftungsbefreiungstatbestand berufen, weil

221

---

654 OLG Frankfurt/M., 8.7.1980 – 5 U 186/79, TranspR 1980, 127 = MDR 1981, 53.
655 *Boesche*, in: EBJS, Art. 17 Rdn. 7; *Otte*, in: Ferrari et al., Art. 17 CMR Rdn. 36.
656 *Heuer*, S. 131; *Koller*, Art. 17 CMR Rdn. 61; *Züchner*, VersR 1964, 220, 224.
657 *Koller*, Art. 17 CMR Rdn. 61.
658 OLG Düsseldorf, 7.3.2007 – I-18 U 115/06, TranspR 2007, 195.

Art. 17 Haftung des Frachtführers

die eigentliche Ursache des Güterschadens hier in der eingetretenen Verspätung und nicht in der natürlichen Beschaffenheit des Gutes liegt.[659]

Hinsichtlich des Haftungsumfangs ist in diesen Fällen fraglich, ob der Ersatz sich gem. Art. 23–25 CMR auf den reinen Güterschaden des Verlustes bzw. der Beschädigung beschränkt oder gem. Art. 23 Abs. 5 CMR zusätzlich oder auch nur Vermögensschäden geltend gemacht werden dürfen.

222 Das gleiche Problem taucht auf, wenn umgekehrt infolge eines Güterschadens während des Transportes eine Überschreitung der Lieferfrist eintritt, so z.B., weil das beim Transportunfall beschädigte Frachtgut erst geborgen und auf einen anderen LKW umgeladen werden muss.

Näheres hierzu siehe bei Art. 23 Rdn. 36ff. und Art. 25 Rdn. 28ff.[660]

8. Nichteinhaltung der Ladefrist

223 Von den Schäden, die infolge der Lieferfristüberschreitung eintreten, sind jene zu unterscheiden, die darauf beruhen, dass der Frachtführer das Gut entweder überhaupt nicht oder verspätet übernimmt, also die vereinbarte Ladungsfrist versäumt.

Näheres hierzu siehe bei den Erläuterungen zu Art. 19 CMR, Rdn. 8 und 31.

Zu den *Darlegungs-* und *Beweislastfragen* bei Verspätungsschäden vgl. Art. 18 Rdn. 76ff.

Hinsichtlich der *konkurrierenden außervertraglichen Ansprüche* vgl. die Erläuterungen zu Art. 28.

---

[659] OLG Frankfurt/M., 8.7.1980 – 5 U 168/79, TranspR 1980, 127 = VersR 1981, 85 = MDR 1981, 53; OLG Düsseldorf, 26.7.1984 – 18 U 65/84, VersR 1985, 1081 = TranspR 1985, 128; OLG Düsseldorf, 12.12.1985 – 18 U 90/85, TranspR 1986, 56 = VersR 1986, 1069; vgl. auch OLG Stuttgart, 24.1.1967 – 6 U 57/66, NJW 1968, 1054, das wegen der nur kurzfristigen Lieferfristüberschreitung deren Ursache für den Verderb als nicht nachgewiesen angesehen hat; a.A. OLG Zweibrücken, 23.9.1966 – 1 U 40/66, VersR 1967, 1045 = NJW 1967, 1717 = OLGZ 1967, 168, welches bei Pfirsichen den inneren Verderb auch für den Fall bejaht hat, dass dieser ohne den dort eingetretenen Getriebeschaden und die daraus folgende Transportverzögerung nicht eingesetzt hätte. Siehe ferner OGH, 31.3.1982 – 3 Ob 506/82, TranspR 1983, 196 = HS XII/XIII/15 = *Greiter*, Nr. 27 und OGH, 24.3.1981 – 5 Ob 539/81, HS XII/XIII/5, *Greiter*, Nr. 19. Vgl. zur Problematik der Abgrenzung und Kausalitätsprobleme auch oben Rdn. 181–187.

[660] Vgl. zum Gesamtproblem auch *Thume*, Die Haftung des CMR-Frachtführers für Verspätungsschäden, RIW 1992, 966.

VII. Die Schadensteilung gem. Abs. 5

1. Allgemeines

Nicht selten beruht der Eintritt eines Transportschadens auf mehreren Ursachen. Treffen die einfachen haftungsbefreienden Ursachen des Abs. 2 mit den bevorrechtigten Haftungsbefreiungsursachen des Abs. 4 zusammen, so kann sich der Frachtführer auf diese verschiedenen Haftungsausschlussgründe nebeneinander, d.h. kumulativ, berufen. Er wird i.d.R. die bevorrechtigten Befreiungsgründe den nicht bevorrechtigten vorziehen und von den bevorrechtigten wiederum jene wählen, die nicht den besonderen Beweisanforderungen des Art. 18 Abs. 3–5 CMR unterliegen.[661] So wird der Frachtführer beispielsweise, wenn der Transportschaden sowohl auf einer verschuldeten Weisung des Verfügungsberechtigten als auch auf einer falschen Verladung und schließlich auf der natürlichen Beschaffenheit des Gutes beruhen könnte, wohl zunächst versuchen, seine Haftungsbefreiung in erster Linie auf Abs. 4 lit. c) zu stützen, sodann auf Abs. 4 lit. d) und schließlich auf Abs. 2, 2. Alternative.

224

Zuweilen sind aber Verluste und Beschädigungen des Transportgutes sowie Verspätungsschäden nicht nur auf haftungsbefreiende Umstände zurückzuführen, sondern auch auf solche, für die der Frachtführer nach Art. 17 Abs. 1 oder Abs. 3 CMR einzustehen hat. Für diese Fälle eines Zusammenwirkens von haftungsauslösenden und haftungsausschließenden Schadensursachen bestimmt Art. 17 Abs. 5 CMR eine Schadensteilung. Nach dieser Bestimmung haftet der Frachtführer anteilig nur in dem Umfang, in dem die von ihm zu vertretenden Umstände zu dem Schaden beigetragen haben.[662]

225

Ferner kann nach Auffassung des BGH *der Frachtführer bei eigenem qualifiziertem Verschulden* im Rahmen der Haftung nach Art. 17, 29 CMR *dem Absender* nach ergänzend anwendbarem deutschen Schuldrecht (§ 254 Abs. 2 S. 1 BGB) *dessen grobes Verschulden entgegenhalten* (Näheres dazu siehe bei Art. 29).

Art. 17 Abs. 5 CMR ist – auch in den entsprechenden englischen und französischen Originalfassungen – unglücklich formuliert. Dies ergibt sich schon daraus, dass wegen der weiten Fassung des Abs. 1 in Art. 17 nicht präzise definiert ist, für welche einzelnen Umstände der Frachtführer überhaupt zu haften hat. Geht man davon aus, dass in Abs. 1 eine reine Gefährdungshaftung statuiert ist (vgl. oben Rdn. 9), so müsste eigentlich bei jedem Fall des Haftungsausschlusses nach Abs. 2 und 4 die eigentliche Gefährdung nach Abs. 1 mit berücksichtigt werden. Es könnte also gar nicht zu einem vollständigen Haftungsausschluss kommen, sondern immer nur zu einer Schadensteilung. Dies ist aber ersichtlich nach der CMR nicht gewollt (vgl. Rdn. 9 ff.). Daher sind jedenfalls die bloße Inobhutnahme des Gutes und die reine Transportgefahr keine *dem Frachtführer zuzurech-*

226

---

661 *Heuer*, S. 107.
662 BGH, 15.6.2000 – I ZR 55/98, TranspR 2000, 459; BGH, 25.1.2007 – I ZR 43/04, TranspR 2007, 314.

Art. 17 Haftung des Frachtführers

nende Umstände,[663] wohl aber *alle konkreten Umstände, die mit dem Transportgeschehen in Zusammenhang stehen und geeignet sind, sich schädigend auszuwirken, wenn er nicht den Entlastungsbeweis nach Abs. 2 führen kann.*[664] Dies folgt daraus, dass sich der Frachtführer nur bei Einhaltung äußerster Sorgfalt von der Gewährhaftung befreien kann.[665]

227 Art. 17 Abs. 5 CMR greift immer dann ein, wenn der eingetretene Schaden sowohl auf haftungsausschließenden Umständen der Abs. 2 und 4 beruht, als auch auf solche Umstände zurückzuführen ist, für die der Frachtführer nach Abs. 1 (ggf. i.V.m. Abs. 3) einzustehen hat. Maßgeblich ist die Einstandspflicht, d.h. das Vertreten müssen der jeweiligen Partei. Das Verschulden ist nur im Rahmen der ersten Alternative des Abs. 2 von Bedeutung.[666] Zu denken ist hier insbesondere an das Zusammentreffen von Verpackungs- und Verladefehlern[667] sowie mangelnder Vorkühlung bei Tiefkühltransporten seitens des Absenders mit Nichtbeachtung oder falscher Einholung von Weisungen, Verwendung fehlerhafter Kühlaggregate oder deren mangelnder Überprüfung sowie mit abwendbaren Transportunfällen seitens des Frachtführers. Solche verschiedenen schädigenden Ereignisse führen auch bei konkurrierender Kausalität – also dann, wenn jedes der beiden Ereignisse den Schaden auch allein verursacht hätte – zur Schadensteilung.[668]

In all diesen Fällen haftet der Frachtführer nur in dem Umfang, in dem die von ihm zu vertretenden Umstände zu dem Schaden beigetragen haben. Das gilt sowohl, wenn die verschiedenen Ursachen den Schadenseintritt bewirkt haben, als auch dann, wenn die eine Ursache den Schaden noch vergrößert hat oder der Frachtführer nichts zur Schadensminimierung beigetragen hat.[669] Tritt also beispielsweise infolge eines Transportunfalls ein Schaden ein und beruft sich der Frachtführer auf einen tatsächlich nachzuweisenden Beladefehler des Absenders, so tritt damit noch nicht der vollständige Haftungsausschluss des Abs. 4 lit. c)

---

663 BGH, 28.3.1985 – I ZR 194/82, TranspR 1985, 261 = VersR 1985, 754 = NJW 1985, 2092 = ETR 1986, 175 = RIW 1986, 58; *Boesche*, in: EBJS, Art. 17 Rdn. 73; Staub/*Helm*, Art. 17 CMR Rdn. 235 f.; *Koller*, Art. 17 CMR Rdn. 54; *Otte*, in: Ferrari et al., Art. 17 CMR Rdn. 139.
664 *Boesche*, in: EBJS, Art. 17 CMR Rdn. 73; siehe dazu auch die Einzelfälle unten in Rdn. 233.
665 *Koller*, Art. 17 CMR Rdn. 54.
666 MünchKommHGB/*Jesser-Huß*, Art. 17 CMR Rdn. 103; *Boesche*, in: EBJS, Art. 17 Rdn. 73; *Otte*, in: Ferrari et al., Art. 17 CMR Rdn. 136; vgl. BGH, 25.1.2007 – I ZR 43/04, TranspR 2007, der in Rdn. 20 von Verursachungsbeiträgen und Verschuldensanteilen spricht, in Rdn. 24 jedoch versehentlich nur noch letztere erwähnt.
667 Z.B. Absenderbeladung: mangelhafte Verzurrung durch den Fahrer in eigener Regie und fehlende Prüfung der Ladungssicherheit durch Absender: BGH 25.1.2007 – I ZR 43/04, TranspR 2007, 314.
668 Vgl. OLG Hamm, 15.3.1990 – 18 U 88/90, VersR 1991, 360 bei Einsatz eines ungeeigneten Kühlfahrzeugs und Verladefehler eines Dritten.
669 *Koller*, Art. 17 CMR Rdn. 54; *Herber/Piper*, Art. 17 CMR Rdn. 146.

ein, sondern der Frachtführer muss außerdem den Entlastungsbeweis für ein unabwendbares Ereignis i. S. v. Abs. 2, 2. Alternative führen.[670]

Auch bei einer Überschreitung der Lieferfrist, die einerseits für den Frachtführer **228** nicht unabwendbar war und andererseits auf einen der Haftungsbefreiungstatbestände des Abs. 2 zurückzuführen ist, tritt die Schadensteilung gem. Abs. 5 ein; so z. B., wenn der Absender dem Frachtführer durch fehlerhafte Weisung eine falsche Adresse des Empfängers mitgeteilt hat und andererseits eine Verzögerung des Transports infolge eines Fahrzeugmangels eintritt.

Zu den Abgrenzungs- und Kausalitätsproblemen bei den Schäden jener Güter, **229** die infolge ihrer natürlichen Beschaffenheit in besonderer Weise den Gefahren des Verlustes oder Beschädigung ausgesetzt sind, wird auf die obigen Erläuterungen unter Rdn. 181 ff., insbesondere Rdn. 186 verwiesen. Nur in jenen seltenen Fällen, in denen zwischen dem schädigenden weiteren Ereignis und der zum Schaden neigenden besonderen Beschaffenheit des Gutes eine konkurrierende Kausalität besteht, kann es zu einer Haftungsteilung gem. Art. 17 Abs. 5 kommen (vgl. Rdn. 187). Dies gilt beispielsweise für den Fall des Antauens von Kühlgut infolge falscher Absenderverladung einerseits und vertragswidriger Gestellung eines Fahrzeugs ohne Rasterboden durch den Frachtführer andererseits.[671] Auch wenn ein Teil des Schadens durch ein haftungsauslösendes und ein anderer Teil durch ein haftungsausschließendes Ereignis eingetreten ist, besteht eine ggf. nach § 287 ZPO voneinander abzugrenzende Teilverantwortlichkeit,[672] die ebenfalls zu einer entsprechenden Schadensteilung gem. Art. 17 Abs. 5 CMR führt.

2. Die Rechtsfolgen

Art. 17 Abs. 5 CMR bestimmt nicht, auf welche Weise die jeweilige Schadensteilung im Einzelfalle vorzunehmen ist. Offensichtlich will die CMR hier den Gerichten einen großen Abwägungsspielraum eröffnen.[673] Soweit deutsches Recht ergänzend anzuwenden ist, wird überwiegend auf die Grundsätze des Schadensausgleichs gem. § 254 BGB zurückgegriffen.[674] Eine direkte Anwendung des **230**

---

670 Vgl. BGH, 28.3.1985 – I ZR 194/82, TranspR 1985, 261 = VersR 1985, 754 = NJW 1985, 2092 = ETR 1986, 175 = RIW 1986, 58; BGH, 24.9.1987 – I ZR 197/85, TranspR 1988, 108 = VersR 1988, 244 = NJW-RR 1988, 479; OGH Wien, 21.3.1977 – 5 Ob 521/77, *Greiter*, Nr. 9 = SZ 50/43 = TranspR 1982, 111; OGH, 17.2.1982 – 6 Ob 664/81, SZ 55/20 = *Greiter*, Nr. 26; *Koller*, Art. 17 CMR Rdn. 54; *Herber/Piper*, Art. 17 CMR Rdn. 144; *Boesche*, in: EBJS, Art. 17 CMR Rdn. 73; teilw. a. A. und differenzierend Staub/*Helm*, Art. 17 CMR Rdn. 237 und 238.
671 OLG Hamm, 15.3.1990 – 18 U 88/89, VersR 1991, 360.
672 Vgl. BGH, 22.10.1963 – VI ZR 187/62, VersR 1964, 49, 51.
673 *Loewe*, ETR 1976, 503, 561; *Koller*, Art. 17 CMR Rdn. 54; MünchKommHGB/*Jesser-Huß*, Art. 17 CMR Rdn. 104.
674 BGH, 25.1.2007 – I ZR 43/04, TranspR 2007, 314; OLG Köln, 2.2.1972 – 2 U 91/71, VersR 1972, 788; OLG Düsseldorf, 21.4.1994 –18 U 53/93, TranspR 1995, 347 = NJW-RR 1994, 1253; *Herber/Piper*, Art. 17 CMR Rdn. 149; *Boesche*, in: EBJS, Art. 17 CMR

Art. 17   Haftung des Frachtführers

§ 254 BGB ist jedoch im Bereich der Obhutshaftung des Art. 17 CMR wegen des zwingenden Charakters des Abs. 5 eigentlich ausgeschlossen.[675] Zu beachten ist ferner, dass im Falle der Regelhaftung zunächst die Quotelung des tatsächlich eingetretenen Güterschadens vorzunehmen ist und erst anschließend zu prüfen ist, ob diese Haftungsquote summenmäßig die Haftungshöchstgrenze des Art. 23 Abs. 3 CMR übersteigt oder nicht. Im ersteren Fall reduziert sich dann die Haftung auf die Höchstgrenze. Eine Quotelung der Haftungshöchstgrenze findet dagegen nicht statt.[676]

231 Bei der Schadensverteilung sind die Verursachungsanteile und die jeweiligen Verschuldensgrade sorgfältig abzuwägen. Insbesondere müssen bei der ordnungsgemäßen beförderungssicheren Verpackung und Verladung auch ungewöhnliche Verkehrsabläufe während des Transports in Rechnung gestellt werden, selbst wenn dabei eine Unaufmerksamkeit des Fahrers und damit ein Verschulden mitwirkt. Bei Fällen dieser Art kommt deshalb das größere Gewicht regelmäßig der Fehlerhaftigkeit der Verpackung und Verladung zu. Ihrem Verursachungsanteil kann nicht jeder einfache, den Schaden auslösende Fahrfehler gleichgesetzt werden, anders bei gröberem Verschulden des Fahrers.[677]

Im Einzelfall kann die Abwägung aller Umstände unter Berücksichtigung der Schadensursächlichkeit und des Verschuldensgrades auch dazu führen, dass die Haftung des einen Verursachers völlig hinter der des anderen zurücktritt, also beispielsweise der Frachtführer dennoch voll haftet[678] oder ganz von der Haftung befreit wird.[679]

232 *Keine Schadensteilung nach Abs. 5* kann *in den Fällen des Vorsatzes oder des diesem gleichstehenden Verschuldens des Frachtführers* vorgenommen werden, weil dann gem. Art. 29 CMR die gesamten Haftungsausschlüsse des Art. 17 Abs. 2 und 4 CMR entfallen und damit auch Abs. 5 nicht eingreifen kann.[680] Das

---

Rdn. 74; *Glöckner*, Art. 17 CMR Rdn. 19; *Züchner*, 1967, 1026, 1028; letztlich zustimmend auch *Koller*, Art. 17 CMR Rdn. 54.
675   *Heuer*, S. 108; *Loewe*, ETR 1976, 503, 561.
676   Siehe dazu Art. 23 Rdn. 56 und 60.
677   BGH, 24.9.1987 – I ZR 197/85, TranspR 1988, 108 = VersR 1988, 244 = NJW 1988, 479 = DB 1988, 599 = RIW 1988, 642.
678   Vgl. OLG München, 27.6.1979 – 7 U 1181/79, TranspR 1980, 95 = VersR 1980, 241.
679   Vgl. BGH, 27.10.1978 – I ZR 86/76, VersR 1979, 417 und LG Köln, 11.11.1982 – 91 O 60/81, TranspR 1983, 54; siehe auch OGH, 21.3.1977 – 5 Ob 521/77, *Greiter*, Nr. 9 = SZ 50/43 = TranspR 1982, 111; OGH, 17.2.1982 – 6 Ob 664/81, SZ 55/20 = *Greiter*, Nr. 26.
680   BGH, 27.6.1985 – I ZR 40/83, TranspR 1985, 338, 340 = VersR 1985, 1060 = NJW-RR 1986, 248 = RIW 1986, 60; ETR 1986, 103 (*obiter dictum*); OLG München, 16.1.1991 – 7 U 2240/90, TranspR 1992, 181; OGH, 21.3.1977 – 5 Ob 521/77, *Greiter*, Nr. 9 = SZ 50/43 = TranspR 1982, 111; OGH, 17.2.1982 – 6 Ob 664/81, SZ 55/20 = *Greiter*, Nr. 26; Münch-KommHGB/*Jesser-Huß*, Art. 17 CMR Rdn. 104; Staub/*Helm*, Art. 17 CMR Rdn. 233; *Boesche*, in: EBJS, Art. 17 CMR Rdn. 75; *Heuer*, S. 108; *Glöckner*, Art. 17 CMR Rdn. 91; *Jesser*, S. 120; *Koller*, Art. 29 CMR Rdn. 8; VersR 1988, 201, 207; *Thume*, RIW 1992, 966, 970.

gilt insbes. auch für den Einwand des mitwirkenden Verschuldens des Ersatzberechtigten nach Art. 17 Abs. 2, 2. Alternative CMR.[681]

In diesen Fällen haftet der Frachtführer daher für den eingetretenen Schaden grundsätzlich in voller Höhe.

Jedoch gilt *auch diese Regel nicht ausnahmslos*: Zunächst betrifft sie nur jene Fälle, bei denen mehrere Umstände ein und denselben Schaden verursacht haben, so z.B. wenn das Frachtgut sowohl durch mangelhafte Verpackung des Absenders als auch durch grob fahrlässige Fahrweise des Frachtführers beschädigt wird. Ist dagegen bereits ein vom Frachtführer nicht verursachter Schaden während des Transports eingetreten, bevor dieser vorsätzlich oder grob fahrlässig einen weiteren Schaden herbeiführt, so steht Art. 29 CMR einer Schadensteilung gem. Art. 17 Abs. 5 CMR nicht entgegen.[682] Ferner kann eine solche Schadensteilung dann erfolgen, wenn dem qualifizierten Verschulden des Frachtführers ein gleich grobes oder gar noch schwereres Verschulden des Anspruchstellers gegenübersteht. Da das *Gebot von Treu und Glauben* auch im Rahmen der Art. 29 und 17 Abs. 5 CMR zu beachten ist, können vom Anspruchsteller grob verschuldete schwerwiegende Schadensursachen nicht unberücksichtigt bleiben.[683]

233

Schließlich lässt die Rechtsprechung in Deutschland, soweit ggf. ergänzend deutsches Recht anwendbar wäre, auch im Rahmen des Art. 29 CMR den *Einwand des Mitverschuldens nach § 254 BGB* zu, *wenn das schuldhafte Verhalten des Ersatzberechtigten schon vor Abschluss des Beförderungsvertrages gegeben* ist. Dann ist nämlich nach Auffassung des BGH lückenfüllendes nationales Recht heranzuziehen, so z.B., wenn der Absender gegen den erklärten Willen des Frachtführers Verbotsgüter versendet oder wenn der Absender vor Vertragsschluss nicht auf einen möglichen, außergewöhnlich hohen Schaden hinweist und dadurch verhindert, dass der Frachtführer besondere Vorsichtsmaßnahmen trifft.[684] Dies soll auch gelten, wenn es der Ersatzberechtigte unterlassen hat, den wirklichen Wert des Gutes anzugeben, obwohl er wusste oder hätte wissen müssen, dass mit der Angabe des tatsächlichen Wertes gegen einen höheren Tarif eine sicherere Beförderung verbunden gewesen wäre.[685] Diese Rechtsprechung erscheint jedoch im Hinblick auf den in Rdn. 232 dargestellten Rechtsgrundsatz rechtsdogmatisch bedenklich, weil auch ein mitwirkendes Verschulden vor Ver-

---

681 *Boesche*, in: EBJS, Art. 29 CMR Rdn. 21.
682 BGH, a.a.O.; *Piper*, VersR 1988, 207.
683 Strittig: wie hier OLG München, 12.4.1990 – 23 U 3161/88, TranspR 1990, 280; MünchKommHGB/*Jesser-Huß*, Art. 29 CMR Rdn. 37; *Herber/Piper*, Art. 29 CMR Rdn. 20; *Piper*, VersR 1988, 207; *Thume*, VersR 1993, 936; a.A. OLG München, 16.1.1991 – 7 U 2240/90, TranspR 1992, 181; *Koller*, Art. 29 CMR Rdn. 8; zur grundsätzlichen Anwendbarkeit von § 242 BGB siehe auch BGH, 25.10.2001 – I ZR 187/99, TranspR 2002, 198, 199 rechts unten.
684 BGH, 19.5.2005 – I ZR 238/02, TranspR 2006, 114 und BGH, 8.5.2003 – I ZR 234/02, TranspR 2003, 317 = NJW-RR 2003, 1473; OLG Nürnberg, 18.11.1998 – 12 U 2204/98, TranspR 2000, 126; *Koller*, Art. 29 CMR Rdn. 8.
685 BGH, 1.12.2005 – I ZR 4/04, TranspR 2006, 116 und BGH, 15.12.2005 – I ZR 95/03, TranspR 2006, 210.

Art. 17 Haftung des Frachtführers

tragsschluss von Art. 17 Abs. 2, 1. Alternative erfasst wird (Näheres dazu siehe bei Art. 29 CMR).

3. Einzelfälle

234 Als Einzelfälle der Schadensteilung seien aus der Rechtsprechung folgende erwähnt:

- Absenderbeladung: mangelhafte Verzurrung durch den Fahrer in eigener Regie und fehlende Prüfung der Ladungssicherheit durch Absender;[686]
- Abladefehler bei der ersten von mehreren Ablieferungsstellen und Verletzung der Obhutspflicht seitens des Fahrers;[687]
- (nicht bindende) Weisung, den Transport mit verkehrswidrig beladenem Fahrzeug durchzuführen und Befolgen dieser Weisung trotz Kenntnis dieser Ladefehler;[688]
- Schadensverursachung möglicherweise durch Fahrfehler einerseits und Verladefehler des Absenders andererseits;[689]
- mangelhafte Verpackung und Verladung von Marmorplatten, Fahrtantritt trotz dieser Unzulänglichkeiten, fehlerhafte Umladung während des Transportes;[690]
- fehlende Verklotzung der Ladung, Überladung, überhöhte Geschwindigkeit des Fahrers;[691]
- fehlerhaftes Stauen von Weißblechrollen, Umfallen während der Fahrt, Fortsetzung trotz Kenntnis der Gefahr für die übrige Ladung (konkurrierende Kausalität);[692]
- mangelhafte Ladung und Stauung von Marmorfliesen, teilweise auf Anweisung des Fahrers, Mitverschulden des Fahrers wegen Nichteinschreitens nach Feststellung der Falschverladung und fehlerhafter Vollbremsung während des Transports;[693]
- Antauen von Kühlgut wegen fehlerhaften Stauens des Absenders und vertragswidriger Gestellung eines Fahrzeugs ohne Rasterboden;[694]
- fehlerhafte Beförderung von Kühlgut, das wegen Belastung durch Hefepilzen mangelhaft ist;[695]

---

686 BGH 25.1.2007 – I ZR 43/04, TranspR 2007, 314.
687 OLG München, 28.1.2004 – 7 U 3887/03, TranspR 2004, 324.
688 BGH, 27.10.1978 – I ZR 86/76, VersR 1979, 417; Mithaftung des Fahrers wegen weit überwiegendem Verschulden des Absenders verneint.
689 BGH, 28.3.1985 – I ZR 194/82, TranspR 1985, 261 = VersR 1985, 754 = NJW 1985, 2092 = RIW 1986, 58 = ETR 1986, 175.
690 OLG Köln, 2.2.1972 – 2 U 91/71, VersR 1972, 788.
691 OLG Düsseldorf, 27.2.1982 – 18 U 162/87, TranspR 1987, 223.
692 OLG Saarbrücken, 21.11.1974 – 6 U 142/73, VersR 1976, 267 = NJW 1975, 500 = ETR 1976, 261.
693 OLG Saarbrücken, 23.8.1985 – 4 U 118/83, TranspR 1985, 392; dazu Revisionsentscheidung des BGH, 24.9.1987 – I ZR 197/85, TranspR 1988, 108 = NJW-RR 1988, 479 = VersR 1988, 244 = RIW 1988, 307 = DB 1988, 599.
694 OLG Hamm, 15.3.1990 – 18 U 88/89, VersR 1991, 360.

- fehlerhaftes Stauen von tiefgefrorenen Bohnen und (nicht nachweisbarer) Fehler im Kühlsystem;[696]
- Antauen von gefrorenen Schweinehälften durch Zusammentreffen von Falschverladung und Kühlaggregatvereisung;[697]
- Transportschaden durch unsachgemäße Verladung des Transportgutes (kopflastige Schüttsilos) und Fahrfehler des LKW-Lenkers; Aufteilung des Schadens zu gleichen Teilen;[698]
- Unfall durch überhöhte Fahrgeschwindigkeit und mangelhafte Verstauung des Transportgutes: Schaltkästen waren auf dem LKW mit einer Palette befestigt. Während der Fahrt lösten sich die Gurte, durch die Einwirkung der Fliehkraft kippte der LKW bei einem zu schnell durchgeführten Wendemanöver.[699]

Zu den *Darlegungs- und Beweislastfragen* bei Schadensteilung gem. Art. 17 Abs. 5 CMR vgl. Art. 18 Rdn. 89–92.

VIII. Der Umfang des Schadensersatzes

1. Bei Verlust und Beschädigung

Die Haftung des Frachtführers für gänzlichen oder teilweisen Verlust des Transportgutes während der Obhutszeit ist gem. Art. 23 Abs. 1–3 CMR beschränkt auf den Wert des Gutes bis zu einer Haftungshöchstsumme von 8,33 Rechnungseinheiten für jedes fehlende Kilogramm des Rohgewichts. Außerdem sind nach Art. 23 Abs. 4 CMR Frachten, Zölle und sonstige aus Anlass der Beförderung des Gutes entstandene Kosten zurückzuerstatten. Weitere Schäden können nur unter Voraussetzung der Art. 24 und 26 CMR geltend gemacht werden, wenn der Wert des Gutes oder ein besonderes Interesse an der Lieferung angegeben worden ist. Auf die einzelnen Erläuterungen zu diesen Artikeln darf verwiesen werden. 235

Die Haftung für Beschädigung ist in Art. 25 CMR, ergänzt durch Art. 24 und 26 CMR geregelt. Auch auf die dortigen Erläuterungen wird verwiesen. 236

2. Bei Lieferfristüberschreitung

Ein Schaden, der aus einer Überschreitung der Lieferfrist resultiert, ist vom Frachtführer gem. Art. 23 Abs. 5 CMR bis zur Höhe der vereinbarten Frachtvergütung zu ersetzen. Gem. Art. 26 CMR kann auch für die Fälle der Lieferfrist- 237

---

695 OLG München, 22.3.2006 – 7 U 5212/05, TranspR 2006, 400.
696 OLG Düsseldorf, 13.12.1979 – 18 U 133/79, VersR 1980, 286.
697 LG Bremen, 23.12.1988 – 11 O 733/86, TranspR 1989, 267.
698 OGH, 21.3.1977 – 5 Ob 521/77, *Greiter*, Nr. 9 = SZ 50/43 = TranspR 1982, 111.
699 OGH, 17.2.1982 – 6 Ob 664/81, SZ 55/20 = *Greiter*, Nr. 26.

Art. 17 Haftung des Frachtführers

überschreitung im Frachtbrief ein Betrag besonderen Interesses festgelegt werden. Auch insoweit sei auf die dortigen Erläuterungen verwiesen.

3. Unabdingbarkeit der Haftungsbeschränkungen

238 Die vorgenannten Haftungsbeschränkungen sind zwingend und gem. Art. 41 CMR unabdingbar. Sie können also weder durch ergänzende Anwendung anders lautender Regeln des nationalen Rechts, noch durch Vereinbarung abweichender Vertragsbestimmungen unterlaufen werden. Näheres vgl. oben Rdn. 4 und 5 Vor Art. 17; Rdn. 1 und Rdn. 213 sowie die Erläuterungen zu Art. 23 Rdn. 46 und zu Art. 41 Rdn. 1 ff.

4. Wegfall der Haftungsbeschränkungen

239 Die oben unter a) und b) genannten Haftungsbeschränkungen entfallen, wenn der Frachtführer bzw. seine Gehilfen den Verlust, die Beschädigung oder den Verspätungsschaden vorsätzlich oder durch ein den Vorsatz gleichstehendes grobes Verschulden verursacht haben. Dies ergibt sich aus Art. 29 CMR (Näheres siehe bei den dortigen Erläuterungen).

5. Zinsen

240 Nach Art. 27 CMR kann der Geschädigte Zinsen in Höhe von 5% vom Tage der schriftlichen Reklamation bzw. Klageerhebung beanspruchen. Höhere Zinsen nach nationalem Recht können daneben nicht verlangt werden, auch nicht aus Verzugsgesichtspunkten.[700] Andere infolge verspäteter Zahlung entstehende Verzugsschäden, wie etwa die Kosten eines deshalb erforderlichen Prozesses sind jedoch zu erstatten.[701]

Näheres siehe Art. 27 CMR Rdn. 27 ff.

---

[700] BGH, 10.10.1991 – I ZR 193/89, TranspR 1992, 100 = VersR 1992, 383 = NJW 1992, 621 = RIW 1992, 308; a.A. *Koller*, VersR 1992, 773 und TranspR 1994, 53; vgl. dazu *Thume*, TranspR 1993, 365.
[701] BGH, 10.10.1991 – I ZR 193/89, TranspR 1992, 100 = VersR 1992, 383; *Thume*, TranspR 2012, 61.

Art. 18

bearbeitet von RA Dr. Karl-Heinz Thume, Nürnberg

1. Der Beweis, daß der Verlust, die Beschädigung oder die Überschreitung der Lieferfrist durch einen der in Artikel 17 Absatz 2 bezeichneten Umstände verursacht worden ist, obliegt dem Frachtführer.

2. Wenn der Frachtführer darlegt, daß nach den Umständen des Falles der Verlust oder die Beschädigung aus einer oder mehreren der in Artikel 17 Absatz 4 bezeichneten besonderen Gefahren entstehen konnte, wird vermutet, daß der Schaden hieraus entstanden ist. Der Verfügungsberechtigte kann jedoch beweisen, daß der Schaden nicht oder nicht ausschließlich aus einer dieser Gefahren entstanden ist.

3. Diese Vermutung gilt im Falle des Artikels 17 Absatz 4 lit. a nicht bei außergewöhnlich großem Abgang oder bei Verlust von ganzen Frachtstücken.

4. Bei Beförderung mit einem Fahrzeug, das mit besonderen Einrichtungen zum Schutze des Gutes gegen die Einwirkung von Hitze, Kälte, Temperaturschwankungen oder Luftfeuchtigkeit versehen ist, kann sich der Frachtführer auf Artikel 17 Absatz 4 lit. d nur berufen, wenn er beweist, daß er alle ihm nach den Umständen obliegenden Maßnahmen hinsichtlich der Auswahl, Instandhaltung und Verwendung der besonderen Einrichtungen getroffen und ihm erteilte besondere Weisungen beachtet hat.

5. Der Frachtführer kann sich auf Artikel 17 Absatz 4 lit. f nur berufen, wenn er beweist, daß er alle ihm nach den Umständen üblicherweise obliegenden Maßnahmen getroffen und ihm erteilte Weisungen beachtet hat.

Literatur: Siehe Vorbemerkungen zu Art. 17 CMR. Insbesondere: *Bästlein/Bästlein*, Beweisfragen in Rechtsstreitigkeiten gegen den HGB-Frachtführer wegen Güterschäden, TranspR 2003, 411 ff.; *Baumgärtel*, Handbuch der Beweislast im Privatrecht, Bd. 4, 1988, CMR, bearbeitet von *Giemulla*; *Heuer*, Zur Frachtführerhaftung nach der CMR: Haftungszeitraum – Ladetätigkeiten – Fahrervollmachten – LKW- bzw. Ladungsdiebstahl, VersR 1988, 312 ff.; *Koller*, Die Haftung des Frachtführers nach der CMR wegen unzureichender Überprüfung der Verladung, DB 1988, 589; *Neufang/Valder*, Laden und Ladungssicherung im Straßengüterverkehr – Wer ist verantwortlich?, TranspR 2002, 325; *Piper*, Probleme der CMR unter Berücksichtigung der Rechtsprechung des Bundesgerichtshofes, insbesondere zur Ersatzverpflichtung des CMR-Frachtführers, TranspR 1990, 357; *Thume*, Haftungsprobleme bei CMR-Kühltransporten, TranspR 1992, 1; *ders.*, Beweislastfragen bei Fahrzeugmängeln im Bereich der CMR, VersR 2000, 821; *ders.*, Darlegungs- und Beweislastfragen im Transportrecht, TranspR 2008, 429; *Züchner*, Beweislastverteilung nach Art. 17 Abs. 4 CMR, VersR, 1967, 1026.

# Art. 18 Haftung des Frachtführers

Übersicht

	Rdn.		Rdn.
I. Allgemeines	1	c) Besondere Mängel des Gutes	33
1. Beweisregeln der CMR	1	d) Unabwendbare Umstände	34
2. Beweisführung und Beweiswürdigung	2	e) Gegenbeweise	36
3. Anscheinsbeweis	3	**VI. Beweislast für Fahrzeugmängel gem. Art. 17 Abs. 3**	37
4. Sekundäre Darlegungs- und Beweislast	4	**VII. Beweislast für Haftungsausschlüsse gem. Art. 17 Abs. 4 CMR (Art. 18 Abs. 2–5 CMR)**	44
II. Die grundsätzliche Beweislast des Anspruchstellers	6	1. Allgemeines	44
1. Anwendbarkeit der CMR	7	2. Offene Fahrzeuge	52
2. Anspruchsberechtigung	8	3. Verpackungsmängel	55
3. Passivlegitimation	9	4. Ladefehler	59
III. Beweislast für den Zeitpunkt des Schadenseintritts	10	a) Allgemeines	59
1. Schadenseintritt nach Übernahme	11	b) Schadenseintritt während der Be- und Entladung	60
a) Anzahl der übergebenen Frachtstücke	12	c) Schadenseintritt während der Beförderung	63
b) Zustand von Gut und Verpackung	13	d) Laden – Entladen – Stauen und andere Behandlung des Gutes urch Absender, Empfänger oder Dritte	64
c) Vorbehalte im Frachtbrief	14	e) Grenzfälle	67
d) Fehlen und Mängel des Frachtbriefs	15	f) Überwachungspflichten	70
e) Weitere Beweislastfragen zum Beginn der Obhut	16	5. Natürliche Beschaffenheit gewisser Güter	72
2. Schadenseintritt vor Ablieferung	18	a) Allgemeines	72
a) Ablieferung	18	b) Schutzmaßnahmen, insbes. Verpackung, Verladung und Stauung	75
b) Ablieferungshindernisse	20	c) Vorkühlung von Kühlgut	76
c) Beweiserleichterungen	21	d) Transporte mit klimatechnischen Fahrzeugen insbes. Kühltransporte	79
d) Entladepflicht	23	6. Ungenügende Bezeichnung und Nummerierung	82
3. Darlegungen zum Schadenseintritt	24	7. Beförderung von lebenden Tieren	83
IV. Beweislast für Schadensart und -umfang	26	**VIII. Beweislast für Lieferfristüberschreitung**	85
V. Beweislast für Haftungsausschlüsse gem. Art. 17 Abs. 2 CMR (Art. 18 Abs. 1 CMR)	30	**IX. Beweislastfragen bei Schadensteilung gem. Art. 17 Abs. 5 CMR**	89
1. Allgemeines	30		
2. Einzelheiten	31		
a) Verschulden des Verfügungsberechtigten	31		
b) Weisung des Verfügungsberechtigten	32		

I. Allgemeines

1. Beweisregeln der CMR

1 *Art. 18 CMR regelt nur einzelne Darlegungs- und Beweislastfragen zu Art. 17 CMR. Der darin enthaltene Katalog ist keineswegs vollständig.* So ist beispielsweise dort nicht geregelt, wer grundsätzlich beweispflichtig ist für die Anspruchsberechtigung, für den Verlust bzw. die Beschädigung des Frachtgutes während des Obhutszeitraums sowie für die Lieferfristüberschreitung und deren Schadensfolgen, wer also hierfür ggf. das *non liquet* zu tragen hat.

Soweit allerdings Art. 18 CMR *Beweislastregeln* enthält, *sind* diese *zwingend*. Dies ergibt sich schon aus Art. 41 Abs. 1 CMR. Jede Abweichung des nationalen Rechtes und jede anders lautende vereinbarte Beweislastverteilung ist daher unwirksam.[1] Da Art. 41 Abs. 2 Satz 2 CMR zusätzlich noch einmal ausdrücklich jede Vereinbarung verbietet, durch welche die Beweislast verschoben wird, gilt dies nach der zumindest in Deutschland vorherrschenden Auffassung auch für alle übrigen Ansprüche, die im Abkommen geregelt sind.[2] Soweit die CMR zu diesen Ansprüchen hinsichtlich der Beweisregeln schweigt, sollen allgemeine, der CMR selbst innewohnende Verfahrensgrundsätze gelten, welche in aller Regel denen des allgemeinen deutschen Prozessrechtes entsprechen würden.[3] Nur soweit die CMR solche Ansprüche nicht enthält, sind Beweislastabreden möglich.[4]

2. Beweisführung und Beweiswürdigung

Zu den Fragen der *Beweisführung* und der *Beweiswürdigung* enthält dagegen die CMR überhaupt keine Vorschrift. Sie regelt also nicht, unter welchen Voraussetzungen der der einen Partei obliegende Beweis als geführt angesehen werden kann. Deshalb ist die Regelung dieser Frage dem jeweils ergänzend anwendbaren nationalen Recht des angerufenen Gerichts überlassen.[5] Teilweise wird dagegen auch die Auffassung vertreten, nicht die *lex fori*, sondern die *lex causae* sei maßgeblich.[6] Nach deutschem Recht gilt der Grundsatz der freien Beweiswürdigung gem. § 286 ZPO, wonach nicht nur die Erhebung der Verwertung von Formalbeweisen durch Zeugen, Sachverständige, Urkunden, Augenschein und Parteivernehmung sowie amtliche Auskünfte zu berücksichtigen sind, sondern auch Indiztatsachen und Sachverhalte, die nach der Lebenserfahrung typischerweise auf bestimmte Geschehensabläufe hinweisen.[7]

2

---

1 Vgl. BGH, 4.10.1984 – I ZR 112/82, TranspR 1985, 125 = VersR 1985, 133 = NJW 1985, 554 = RIW 1985, 149 = ETR 1985, 154; *Loewe*, ETR 1976, 594.
2 *Herber/Piper*, Art. 41 CMR Rdn. 5; *Koller*, Art. 41 CMR Rdn. 1 a.E.; *Piper*, in: Gedächtnisschrift für Helm, S. 289, 290 ff.; vgl. auch Staub/*Helm*, Art. 41 CMR Rdn. 4.
3 *Piper*, in: Gedächtnisschrift für Helm, S. 290 ff.
4 *Piper*, TranspR 1990, 357, 360.
5 BGH, 4.10.1984 – I ZR 112/82, TranspR 1985, 125 = VersR 1985, 133 = MünchKommHGB/ *Jesser-Huß*, Art. 18 Rdn. 3; *Herber/Piper*, Art. 17 CMR Rdn. 172; *Koller*, Art. 18 CMR Rdn. 2; *Thume*, in: Fremuth/Thume, Art. 18 CMR Rdn. 3.
6 Vgl. dazu *Koller*, VersR 1990, 553, 559 f.
7 Vgl. BGH, 8.6.1988 – I ZR 149/86, TranspR 1988, 370 = VersR 1988, 952 = NJW-RR 1988, 1369 = WM 1988, 1704 = ETR 1988, 705.

Art. 18 Haftung des Frachtführers

3. Anscheinsbeweis

3 Auch der *Anscheinsbeweis* – *Prima-facie*-Beweis – ist daher in Frachtführer-Haftpflichtprozessen nach der CMR zulässig.[8] Er beruht auf einer in der allgemeinen Lebenserfahrung wurzelnden tatsächlichen Vermutung, die für die Richtigkeit eines bestimmten behaupteten Sachverhaltes spricht. Deshalb ist er keine Regel der Beweislast, sondern letztlich Teil der Beweiswürdigung und widerspricht daher nicht dem Art. 41 Abs. 2 CMR.[9] Allerdings muss damit sorgfältig umgegangen werden. So darf z. B. allein aus der Tatsache eines normal verlaufenen Transports nicht *prima facie* geschlossen werden, dass die eingetretenen Güterschäden aus Verpackungsmängeln herrühren würden.[10] Andererseits kann bei möglicher Überladung und mangelhafter Ladesicherung des Absenders bei einem Unfall in gegenläufiger Rechts-Links-Kurve nach 450 km Fahrtstrecke auch nicht der Anscheinsbeweis für überhöhte Geschwindigkeit des Fahrers abgeleitet werden.[11]

4. Sekundäre Darlegungs- und Beweislast

4 Gerade im CMR-Haftpflichtprozess tritt nicht selten die Situation ein, dass die beweisbelastete Partei völlig außerhalb des von ihr darzulegenden Geschehensablaufes steht und deshalb alle maßgeblichen Tatsachen nicht kennt, die sie eigentlich für ihre Beweisführung bräuchte, während diese der anderen Partei bekannt sind. Für diese Fälle hat die höchstrichterliche Rechtsprechung in Deutschland seit Jahren prozessuale *Grundsätze zur sekundären Darlegungs- und Beweislast* entwickelt.[12] Grundlage hierfür ist die Regelung des § 138 Abs. 1 und 2 ZPO, die jede Partei zur vollständigen und wahrheitsgemäßen Erklärung auch über die vom Gegner behaupteten Tatsachen anhalten.[13] Ferner wird sie aus dem allgemeinen Rechtsgedanken von Treu und Glauben (§ 242 BGB) abgeleitet, die grundsätzlich auch im Prozessrecht zu beachten ist und zu redlicher Prozessführung verpflichtet.[14] Da es sich insoweit um deutsches Prozessrecht han-

---

8 BGH, 4.10.1984 – I ZR 112/82, TranspR 1985, 125 = VersR 1985, 133 = NJW 1985, 554 = RIW 1985, 149 = ETR 1985, 154; KG, 13.3.1980 – 2 U 4303/79, VersR 1980, 948; MünchKommHGB/*Jesser-Huß*, Art. 18 CMR Rdn. 3; *Dubischar*, S. 106; *Glöckner*, Art. 18 CMR Rdn. 2; Staub/*Helm* Art. 18 CMR Rdn. 1; *Herber/Piper*, Art. 18 CMR Rdn. 4; *Piper*, in: Gedächtnisschrift für Helm, S. 289 ff. *Koller*, Art. 18 CMR Rdn. 2; *Lenz*, Rdn. 592; *Piper*, in: Gedächtnisschrift für Helm, S. 299.
9 Staub/*Helm*, Art. 17 CMR Rdn. 107; *Piper*, in: Gedächtnisschrift für Helm, S. 299.
10 BGH, a.a.O. (anders noch KG, a.a.O. in der Vorinstanz); OLG Stuttgart, 11.6.2003 – 3 U 222/02, TranspR 2003, 108.
11 OLG Düsseldorf, 27.2.1987 – 18 U 162/86, TranspR 1987, 223.
12 Ständige Rechtspr. des BGH; vgl. nur BGHZ 127, 275, 283 f.; 129, 345, 349 f.; Urt. v. 5.6.2003 – I ZR 234/00, TranspR 2003, 467, 469; Urt. v. 25.11.2004 – I ZR 210/01, BGH-Rep 2005, 711; Urt. v. 3.11.2005 – I ZR 325/02, BGHZ 164, 394; Näheres zur Rechtsprechung, insbes. bei grobem Verschulden, siehe unten *Harms*, Art. 29 CMR Rdn. 86 ff.
13 BGH, BGHZ 122, 123, 133 = NJW 1993, 1200, 1203 und BGH, NJW 1999, 714, 715.
14 BGH, 3.11.1994 – I ZR 100/92, NJW 1995, 1490 = TranspR 1995, 253.

delt, sind diese Grundsätze unabhängig davon anzuwenden, welchem ergänzend anwendbaren materiellen Recht der Frachtvertrag unterliegt.[15]

Während sich die nicht darlegungsbelastete Partei im Regelfall auf einfaches Bestreiten berufen kann,[16] muss sie in einem solchen Fall die ihr möglichen und zumutbaren ergänzenden Angaben selbst machen.[17] Diese sekundäre Darlegungs- und Beweislast,[18] welche sich *auch auf die Kausalität* erstreckt,[19] wirkt sich insbesondere in Rechtsstreitigkeiten aus, bei denen grobes Verschulden – insbes. auch *grobes Organisationsverschulden* – des Frachtführers infrage steht, das gem. Art. 29 CMR zu dessen unbeschränkter Haftung führen würde. Näheres hierzu s. unten bei *Harms*, Art. 29 CMR, Rdn. 84 ff. Nach Auffassung des Bundesgerichtshofes erfüllt in diesen Fällen die darlegungs- und beweispflichtige Partei die ihr obliegende Darlegungslast schon dann, wenn ihr Vortrag die Beweistatsache nach den Umständen des Falles mit einer gewissen Wahrscheinlichkeit nahelegt und nur die andere – nicht beweispflichtige – Partei zur Aufklärung des in ihrem eigenen Bereich entstandenen Geschehens in zumutbarer Weise beitragen kann. Das gilt auch, wenn sich Anhaltspunkte für das Vorliegen der Beweistatsache bereits aus dem unbestrittenen Sachverhalt ergeben. Dann darf sich der Prozessgegner zur Vermeidung prozessualer Nachteile nicht darauf beschränken, den Sachvortrag des Beweispflichtigen schlicht zu bestreiten. Vielmehr ist er gehalten, das Informationsdefizit des anderen durch detaillierten Sachvortrag zum Ablauf des Geschehens auszugleichen. Dabei trifft ihn auch eine Recherchepflicht.[20] Einen Verstoß gegen die zwingenden Beweisregeln der CMR (Art. 41 Abs. 2 S. 2 CMR) sieht der BGH nicht für gegeben an, weil diese prozessuale Obliegenheit die zunächst nicht beweispflichtige Partei nur dann trifft, wenn sich schon Anhaltspunkte für das Vorliegen der Beweistatsache ergeben haben.[21] Der Frachtführer muss dann Angaben zum Organisationsablauf des Transports, zu Schadensverhütungsmaßnahmen sowie zu etwaigen Nachforschungen über den Verbleib der Sendung machen und hat dabei nach Auffassung des I. Zivilsenates des BGH auch die Namen der beteiligten Personen und ggf. der vom Unterfrachtführer eingesetzten Hilfskräfte benennen.[22] Fehlen diese Angaben, rechtfertigt dies den Schluss auf das objektive Tatbestandsmerkmal der Leicht-

---

15 So wohl folgerichtig OLG Düsseldorf, 12.11.2003 –18 U 38/00, VersR 2004, 1479.
16 Vgl. BGH, 15.6.2000 – I ZR 55/98, TranspR 2000, 459, 462; BGH, 23.3.1993 – VI ZR 176/92, NJW 1993, 1782 und BGH, 11.7.1995 – X ZR 42/93, NJW 1995, 3311.
17 BGH, 15.6.2000, a.a.O. mit Hinweis auf BGH, 11.6.1990 – II ZR 159/89k, WM 1990, 1844; BGH, 17.10.1996 – IX ZR 293/95, WM 1996, 2253 und BGH, NJW 1999, 1404, 1405.
18 Siehe dazu insbes. *Piper*, in: Gedächtnisschrift für Helm, S. 293.
19 BGH, 20.1.2005 – I ZR 95/01, TranspR 2005, 311; BGH, 27.2.2003 – I ZR 145/00, TranspR 2003, 298, 301; BGH, 15.11.2001 – I ZR 122/99, TranspR 2002, 448, 451; BGH, 16.7.1998 – I ZR 44/94, TranspR 1999, 19, 22 = VersR 1999, 254; BGH, 13.4.1989 – I ZR 28/87, TranspR 1989, 327, 328 = VersR 1989, 1066 und BGHZ 51, 91, 105.
20 Ausführlich zur Darlegungs- und Beweislast in der Rechtsprechung des BGH siehe *Marx*, TranspR 2010, 174.
21 BGH, 21.9.2000 – I ZR 135/98, TranspR 2001, 29 ff. = VersR 2001, 526 (zum WA).
22 BGH, 3.3.2011 – I ZR 50/10, TranspR 2011, 220 und 18.12.2008 – I ZR 128/06, TranspR 2009, 134; a.A. der III. Senat: BGH, 17.1.2008 – III ZR 239/06, VersR 2008, 976.

Art. 18 Haftung des Frachtführers

fertigkeit wie auch auf das subjektive Erfordernis des Bewusstseins von der Wahrscheinlichkeit des Schadenseintritts. Auch wenn der Schadenshergang völlig ungeklärt ist darf sich der Frachtführer nicht weigern, Details zum Organisationsablauf seines Betriebes und zu den ihm bekannten oder zumutbar erfahrbaren Geschehensabläufen vorzutragen Wer als Frachtführer seine generellen und konkreten Sicherheitsmaßnahmen nicht wenigstens ansatzweise darlegt bzw. nicht darlegen kann, zeigt nach Auffassung des BGH damit regelmäßig, dass seine Sicherheitsstandards so ungenügend sind, dass sie den Vorwurf des Vorsatzes oder jedenfalls der Leichtfertigkeit rechtfertigen. In solchen Fällen kann deshalb aufgrund einer generalisierenden Betrachtungsweise aus dem Schweigen des Frachtführers auch auf das Bewusstsein eines wahrscheinlichen Schadenseintritts geschlossen werden.[23]

Der Frachtführer muss diese Angaben jedoch nicht beweisen. Der I. Zivilsenat hat dies inzwischen auch für das Transportrecht ausdrücklich bestätigt und damit seine frühere Rechtsprechung aufgehoben.[24] Er hat festgestellt, dass dann ein Bestreiten des Sachvortrags des Frachtführers nicht ausreicht, dass vielmehr der Anspruchsteller die Voraussetzungen für die unbeschränkte Haftung beweisen muss. Gelingt ihm dies nicht, lässt sich also der Sachverhalt nicht endgültig aufklären, so trifft ihn allein das „non liquet".[25]

Ferner nimmt der BGH eine *Differenzierung zwischen den Verlust- und Beschädigungsfällen* vor: Er weist darauf hin, dass bei Beschädigung des Gutes, wenn ein Organisationsverschulden in Rede stehe, der Anspruchsteller, welcher grundsätzlich die tatsächlichen Voraussetzungen des Anspruchs vortragen müsse, insbesondere das Vorliegen einer für den Schaden ursächlich gewordenen Pflichtverletzung darzulegen und ggf. zu beweisen habe.[26] Abweichendes gelte aber wiederum dann, wenn die Beschädigung auf einer unzureichenden Sicherung des Transportgutes beruhe.[27]

Diese sekundäre Darlegungs- und Beweislast kann ggf. auch den Absender treffen, wenn das Geschehen, dessen Details für den Frachtführer im Rahmen des Rechtsstreits bedeutsam ist, sich in seiner Sphäre ereignet hat, so z.B. wenn Leu-

---

23 BGH, 9.10.2003 – I ZR 275/00, TranspR 2004, 175; *Marx*, TranspR 2010, 174; vgl. auch *Koller*, Art. 29 CMR Rdn. 7 mit Hinweis auf OLG Stuttgart, 11.6.2003 – 3 U 222/02, TranspR 2003, 308.
24 BGH, 10.12.2009 – I ZR 154/07, TranspR 2010, 78; siehe dazu *Thume*, TranspR 2010, anders früher BGH, 21.9.2000 – I ZR 135/98, TranspR 2001, 29ff. zum Warschauer Abkommen; BGH, 20.1.2005 – I ZR 95/01, TranspR 2005, 311; BGH, 16.7.1998 – I ZR 44/94, TranspR 1999, 19, 22 = VersR 1999, 254 und BGH, 13.4.1989 – I ZR 28/87, TranspR 1989, 327, 328 = VersR 1989, 1066.
25 So auch OHG 17.3.2005 – 6 Ob 232/04t, TranspR 2005, 408; *Otte*, in: Ferrari et al., Art. 29 CMR Rdn. 34.
26 BGH, 3.11.2005 – I ZR 325/02, BGHZ 164, 394; vgl. schon BGH, 15.11.2001 – I ZR 182/99, TranspR 2002, 302 = VersR 2003, 1007 und BGH, 9.10.2003 – I ZR 275/00, TranspR 2004, 175.
27 BGH, 3.11.2005 – I ZR 325/02 – BGHZ 164, 394 mit Hinweis auf BGH, 8.2.2002 – I ZR 34/00, TranspR 2002, 408 = VersR 2003, 395.

te des Absenders die Verladung vorgenommen haben und der Frachtführer und sein Fahrer dabei weder mitgewirkt noch Kenntnis über die Ladevorgänge erhalten konnten.[28]

Näheres zur sekundären Darlegungs- und zu Beweislast siehe bei Art. 29 CMR.

Die folgenden Erläuterungen befassen sich mit den wichtigsten im Schadensersatzprozess nach den Art. 17ff. CMR relevanten Beweislastfragen, auch soweit diese nicht in Art. 18 CMR geregelt sind. Hinsichtlich der Beweislastfragen zu anderen Haftungsproblemen der CMR sei auf die jeweiligen dortigen Erläuterungen in den einzelnen Artikeln verwiesen. 5

Zur besseren Übersicht für den Benutzer der Kommentierung wird hier die gleiche Reihenfolge eingehalten wie bei den Erläuterungen zu Art. 17 CMR.

II. Die grundsätzliche Beweislast des Anspruchstellers

Will der Anspruchsteller gegen den Frachtführer Schadensersatz gem. Art. 17 Abs. 1 CMR geltend machen, so trifft ihn zunächst die Darlegungs- und Beweislast dafür, dass dessen Voraussetzungen gegeben sind. Dies folgt einerseits schon aus dieser Bestimmung selbst im Umkehrschluss mit Art. 18 Abs.1 CMR[29] und zum andern auch aus den allgemeinen Regeln des Beweisrechtes, wonach der im Prozess als Kläger auftretende Anspruchsteller die rechtsbegründenden Tatsachen beweisen muss, während der als Ersatzverpflichtete in Anspruch genommene Beklagte diejenigen Umstände darlegen und beweisen muss, die dem Anspruch entgegenstehen. 6

Die grundsätzliche Darlegungs- und Beweislast trifft also den Gläubiger für die rechtsbegründenden, die Schuldner für die rechtsverhindernden, rechtsvernichtenden und rechtshemmenden Tatsachen. Will der Kläger seinerseits Einwendungen gegen solche vorgebrachten rechtshindernden, -vernichtenden oder -hemmenden Tatsachen erheben, so ist wiederum er für das Vorliegen von Einwendungstatbeständen und Gegennormen beweispflichtig.[30] Dabei ist bislang nicht ganz geklärt, ob sich die Anwendbarkeit der Beweisregeln nach der *lex fori* oder nach der *lex causae* richtet.[31]

---

28 Hinweisbeschluss des OLG Nürnberg, 17.8.2005 – 12 U 536/05 (nicht veröffentlicht).
29 So *Koller*, Art. 17 CMR Rdn. 12; MünchKommHGB/*Jesser-Huß*, Art. 18 CMR Rdn. 3. A.A. *Otte*, in: Ferrari et al., Art. 18 CMR Rdn. 3.
30 BGH, 24.6.1987 – I ZR 127/85, BGHZ 101, 172 = TranspR 1987, 447 (450) = VersR 1987, 1212 = NJW 1988, 640; BGH, 8.6.1988 – I ZR 149/86, VersR 1988, 952 = TranspR 1988, 370; vgl. BGH, 16.6.1983 – VII ZR 370/82, BGHZ 87, 393, 399; Baumgärtel/*Giemulla*, Beweislast, Art. 17ff. CMR Rdn. 6; *Koller*, Art. 17 CMR Rdn. 12; *Piper*, TranspR 1990, 357, 360; *ders.*, in: Gedächtnisschrift für Helm, S. 292.
31 *Koller*, Art. 17 CMR Rdn. 12 und VersR 1990, 553, 559. lt. MünchKommHGB/*Jesser-Huß*, Art. 18 CMR Rdn. 3, und *Otte*, in: Ferrari et al., Art. 18 CMR Rdn. 2, gilt insoweit lex fori.

Art. 18 Haftung des Frachtführers

Nach diesen Grundsätzen trägt der Kläger die Darlegungs- und Beweislast für die Anwendbarkeit der CMR, für den Abschluss des Frachtvertrages,[32] für seine Anspruchsberechtigung sowie für die Passivlegitimation des Beklagten.

1. Anwendbarkeit der CMR

7 Der Kläger hat zuerst die Voraussetzungen des Art. 1 CMR darzulegen und im Bestreitensfalle nachzuweisen.

Beruft sich der Beklagte, wie so häufig, darauf, dass ein Speditionsvertrag abgeschlossen sei, der dem deutschen Recht unterliege und auf den die ADSp Anwendung fänden, so muss der Anspruchsteller den Abschluss eines CMR-Frachtvertrages darlegen und nachweisen. Gelingt ihm dies nicht, so hat er, soweit deutsches Recht anwendbar ist, die Möglichkeit, durch Berufung und Nachweis der Anwendbarkeit der §§ 458–460 HGB wiederum die zwingende Anwendbarkeit der CMR durchzusetzen. Er hat also vorzutragen und ggf. nachzuweisen, dass der ausführende Spediteur entweder selbst eingetreten ist oder Fixkosten- bzw. Sammelladungsspedition vorliegt.

2. Anspruchsberechtigung

8 Ferner muss der Anspruchsteller darlegen und nachweisen, aus welchen Gründen er berechtigt ist, den geltend gemachten Anspruch gegen den Beklagten einzuklagen. Dazu gehören sämtliche Voraussetzungen über die Aktivlegitimation (vgl. Vorbemerkungen Vor Art. 17 Rdn. 6 ff.), ggf. zur geltend gemachten Berechtigung auf Drittschadensliquidation (Vorbemerkungen Vor Art. 17 CMR Rdn. 11 f.), zur etwaigen behaupteten Prozessstandschaft (Vorbemerkungen Vor Art. 17 Rdn. 14 ff.) sowie zu einer Berechtigung aus einer vorausgegangenen Abtretung der Ansprüche (Vorbemerkungen Vor Art. 17 CMR Rdn. 16 ff.). Hinsichtlich der Aktivlegitimation kann der Frachtbrief bis zum Beweis des Gegenteils nach Art. 9 CMR als Nachweis für den Abschluss des Beförderungsvertrages mit dem Anspruchsteller herangezogen werden. Ist der Anspruchsteller nicht im Frachtbrief als Absender genannt, so bleibt ihm trotz der Beweisvermutung des Art. 9 Abs. 1 CMR die Möglichkeit, seine Aktivlegitimation auf andere Weise nachzuweisen.[33]

Klagt der Empfänger, so trifft ihn die Darlegungs- und Beweislast für seine Verfügungsberechtigung, aus der sich seine Anspruchsberechtigung ableitet[34] (vgl. die Erläuterungen zu Art. 12 und 13 CMR).

---

32 BGH, 24.6 1987, TranspR 1987, 447; MünchKommHGB/*Jesser-Huß*, Art. 18 CMR Rdn. 5.
33 OLG Koblenz, 10.6.1989 – 2 U 200/88, TranspR 1991, 93 = RIW 1990, 931.
34 Baumgärtel/*Giemulla*, Art. 17 ff. CMR Rdn. 8.

3. Passivlegitimation

Ferner hat der Kläger, wie üblich, die Passivlegitimation des Beklagten darzustellen und ggf. zu beweisen. Auch hierbei kann für ihn die Beweisvermutung nach Art. 9 Abs. 1 CMR hilfreich sein (Näheres hierzu siehe dort). 9

III. Beweislast für den Zeitpunkt des Schadenseintritts

Ist zwischen den Parteien streitig, ob der geltend gemachte Schaden in der Zeit 10
zwischen der Übernahme und der Ablieferung des Gutes eingetreten ist, so trägt für das Vorliegen dieser Voraussetzungen des Art. 17 Abs. 1 CMR wiederum der Anspruchsteller die Darlegungs- und Beweislast. Auch dies ergibt sich aus der Bestimmung selbst und aus den oben unter Ziff. II erläuterten allgemeinen Beweislastregeln des deutschen Zivilprozessrechts.[35]

Im Einzelnen bedeutet das folgende Darlegungs- und Beweislastverteilung:

1. Schadenseintritt nach Übernahme

Behauptet der Anspruchsteller einen Schadenseintritt während der Obhut des 11
Frachtführers gem. Art. 17 Abs. 1 CMR, so hat er zunächst darzulegen und im Bestreitensfall zu beweisen, dass der Frachtführer das Beförderungsgut vollständig und im unbeschädigten ordnungsgemäßen Zustand übernommen hat. Insoweit muss er grundsätzlich den Vollbeweis erbringen. Der der Anscheinsbeweis ist nicht möglich und § 287 ZPO kommt nicht zur Anwendung.[36] Im gewerblichen Bereich spricht jedoch nach Auffassung des BGH eine hohe Wahrscheinlichkeit dafür, dass exakt die bestellten und berechneten Waren auch versandt wurden. Damit sei bei verschlossenen Behältnissen *prima facie* anzunehmen,

---

[35] BGH, 12.12.1985 – I ZR 88/83, TranspR 1986, 278, 280 = VersR 1986, 381; BGH, 8.6.1988 – I ZR 149/86, TranspR 1988, 370 = VersR 1988, 952; OLG München, 24.4.1992 – 23 U 6509/91, TranspR 1992, 360; OLG Hamburg, 14.5.1996 – 6 U 199/95, TranspR 1997, 100 und OLG Hamburg, 25.5.1998 – 6 U 145/97, TranspR 1998, 351 vgl. auch BGH, 19.6.1986 – I ZR 15/84, TranspR 1986, 459 (betreffend Beschädigung von Lagergut); *Alff*, Anh. 4 nach § 425 HGB Rdn. 10; Baumgärtel/*Giemulla*, Art. 17–20 CMR Rdn. 11; *Dubischar*, S. 43; *Piper*, TranspR 1990, 357, 360; *ders.*, in: Gedächtnisschrift für Helm, S. 292; *Koller*, Art. 17 CMR Rdn. 12; *Züchner*, VersR 1967, 1026.
[36] BGH, 26.4.2007 – I ZR 31/05, TranspR 2007, 418; *Boesche*, in: EBJS, Art. 17 Rdn. 2; MünchKommHGB/*Jesser-Huß*, Art. 18 CMR Rdn. 6; *Koller*, Art. 17 CMR Rdn. 12; *Otte*, in: Ferrari et al., Art. 17 CMR Rdn. 24a; *Thume*, TranspR 2008,429. Nach französischer Auffassung haftet der Frachtführer aber schon, wenn er bei der Übernahme des Gutes keine Vorbehalte angebracht hat. Problematisch insoweit OLG Stuttgart, 11.6.2003 – 3 U 222/02, TranspR 2003, 308, das einfaches Bestreiten des beklagten Hauptfrachtführer für unzulässig hält, weil dieser sich beim Unterfrachtführer erkundigen müsse; a. A. *Koller*, Art. 17 Rdn. 12 mit Hinweis darauf, dass Art. 8 CMR keine Untersuchungsobliegenheit beinhaltet.

Art. 18 Haftung des Frachtführers

dass dem Frachtführer die im Lieferschein und der dazu korrespondierenden Rechnung aufgeführten Waren übergeben worden sind.[37]

Eine besondere Situation entsteht bei der Versendung von Paketen im EDI-Verfahren. Dort erfasst der Versender die zu befördernden Pakete mittels einer vom Frachtführer zur Verfügung gestellten Software. In diesem System wird jedem Paket eine Kontrollnummer zugeteilt und ein Aufkleber erstellt, den der Versender auf das Paket aufbringt. Die Versandkosten werden auf elektronischem Weg dem Frachtführer übermittelt. Dessen Abholer nimmt die Vielzahl der bereitgestellten und vom Versender üblicherweise in einem sogenannten Feeder geladenen Paket entgegen und quittiert die Gesamtzahl der übernommenen Pakete auf einem „Summery-Manifest". Einen Abgleich zwischen Versandliste und dem Inhalt des Feeders nimmt der Fahrer nicht vor. In der Vereinbarung dieses Verfahrens sieht der BGH zugleich die Abrede, dass der Inhalt der Versandliste in dem vom Abholfahrer quittierten Feeder als bestätigt gilt, wenn der Frachtführer nicht unverzüglich widerspricht. Unterbleibt eine solche Beanstandung, so gilt dies als Bestätigung der Versandliste, die damit die Wirkung einer Empfangsbestätigung erhält.[38]

Ferner bietet dem Anspruchsteller die in Art. 9 Abs. 2 CMR enthaltene Beweisvermutung eine gewisse Erleichterung, wenn ein ordnungsgemäß ausgefüllter und unterzeichneter CMR-Frachtbrief vorliegt. Solange dieser Frachtbrief keine mit Gründen versehenen Vorbehalte des Frachtführers aufweist, wird nach dieser Bestimmung bis zum Beweis des Gegenteils vermutet, dass das Gut und seine Verpackung bei der Übernahme durch den Frachtführer äußerlich in gutem Zustand waren und dass die Anzahl der Frachtstücke und ihre Zeichen und Nummern mit den Angaben im Frachtbrief übereinstimmen. Diese Vermutung reicht stets soweit, wie die Überprüfungsobliegenheiten des Frachtführers nach Art. 8 Abs. 1 CMR bestehen.

a) Anzahl der übergebenen Frachtstücke

12 Enthält der Frachtbrief keine begründeten Vorbehalte hinsichtlich der Anzahl der im Frachtbrief angegebenen Frachtstücke i.S.v. Art. 8 Abs. 2 Satz 1 CMR, so gilt zunächst die gesetzliche Vermutung des Art. 9 Abs. 2 CMR. Das hat zur Folge, dass nunmehr der Frachtführer zu beweisen hat, dass ihm weniger oder andersartige Frachtstücke übergeben worden sind, als im Frachtbrief angegeben. Hier kommt es somit zu einer Beweislastumkehr zugunsten des Anspruchstellers (vgl. Rdn. 12ff. zu Art. 9 CMR). Der Frachtführer muss also, wenn es an einem

---

[37] BGH, 26.4.2007 – I ZR 31/05, TranspR 2007, 418; BGH, 24.10.2002 – I ZR 104/00, TranspR 2003, 156 = NJW-RR 2003, 754; OLG Braunschweig, 3.2.2005 – 2 U 201/03, NJW-RR 2005, 834; OLG Karlsruhe, 14.10.2005 – 15 U 70/04, VersR 2006, 719: Rechnung allein reicht für *Prima-facie*-Beweis aus.
[38] BGH vom 30.1.2008 – I ZR 165/04, TranspR 2008, 122; BGH vom 20.9.2007 – I ZR 43/05, TranspR 2008, 113 und BGH vom 4.5.2005 – I ZR 235/02, TranspR 2005, 403; s. auch *Thume*, TranspR 2008, 428, 430.

Vorbehalt im Frachtbrief fehlt, den vollen Beweis für die Anzahl der ihm nach seiner eigenen Behauptung tatsächlich übergebenen Frachtstücke führen.[39] Die Frage, ob sich der Frachtführer bei Unterbleiben eines Vorbehalts darauf berufen kann, dass er die Frachtangaben im Hinblick auf Zahl, Zeichen und Nummern nachweislich nicht überprüfen konnte, ist umstritten[40] (vgl. dazu oben Art. 9 CMR Rdn. 12). Jedenfalls darf der Frachtführer den vollen Gegenbeweis führen.[41]

Zur Frage der *Anzahl der Frachtstücke in einem verschlossenen und plombierten Container* vgl. 1. Aufl. Anh. III Rdn. 69 ff. Nach Auffassung des OLG Hamm trägt der Frachtführer bei einem nicht verschlossenen Container ausnahmsweise die Beweislast dafür, dass sich das Frachtgut nicht in dem von ihm im Ausland übernommenen Container befunden hat und somit nicht in seine Obhut gelangt ist, wenn er wusste, dass der Absender keine Möglichkeit gehabt hatte, dies vor Übernahme zu prüfen.[42]

b) Zustand von Gut und Verpackung

Nach Art. 9 Abs. 2 CMR wird beim Fehlen von Vorbehalten des Frachtführers im Frachtbrief gem. Art. 8 Abs. 2 Satz 2 CMR ferner vermutet, dass das Frachtgut und seine Verpackung bei der Übernahme *äußerlich* in gutem Zustand waren. Gemeint ist damit ein Zustand, der sich mit den Mitteln und der einem CMR-Frachtführer abzuverlangenden Sorgfalt ohne Öffnen der Verpackung feststellen lässt. Die *Vermutung bezieht sich* also nur *auf die äußere Erscheinung* des übergebenen Frachtgutes (vgl. Art. 9 CMR Rdn. 9). Insbesondere Feuchtigkeit und Nässeschäden der Verpackung sind i.d.R. erkennbar und bedürfen daher eines entsprechenden Vorbehalts.[43] Aus dem äußerlich guten Zustand der Verpackung lässt sich aber nicht immer der Rückschluss auf den ordnungsgemäßen Zustand des Gutes selbst ziehen, so z.B. bei transportierten Aluminiumblechen. Bestreitet in einem solchen Fall der Frachtführer, dass das Gut während seiner Obhut Schaden genommen hat, kann sich der Anspruchsteller nicht auf die Vermutung des Art. 9 Abs. 2 CMR berufen und trägt die volle Beweislast dafür, dass das Gut bei der Übernahme in unbeschädigtem Zustand war.[44] Ähnlich ist es, wenn der Frachtführer neue verpackte Handelsmöbel ohne Vorbehalt im Frachtbrief übernimmt und bei der Ablieferung vermerkt „Schäden unterhalb der Verpackung". Hier trägt ggf. der klagende Empfänger die Beweislast für die mangelfreie Übernahme des Gutes durch den Frachtführer.[45]

13

---

39 *Piper*, TranspR 1990, 357, 360.
40 Bejahend *Piper*, Gedächtnisschrift für Helm, S. 292; a.A. *Koller*, Art. 9 CMR Rdn. 3.
41 *Koller*, Art. 9 CMR Rdn. 3.
42 OLG Hamm, 30.3.1998 – 18 U 179/97, TranspR 1998, 463.
43 Vgl. BGH, 9.6.2004 – I ZR 266/00, TranspR 2004, 369 = MDR 2005, 41 (zu Art. 11 WA).
44 BGH, 8.6.1988 – I ZR 149/86, TranspR 1988, 370 = VersR 1988, 952 = NJW-RR 1988, 1369 = ETR 1988, 705; vgl. *Piper*, TranspR 1990, 361.
45 OLG Düsseldorf, 2.12.1982 – 18 U 105/82, VersR 1982, 1055.

Art. 18 Haftung des Frachtführers

Unterlässt der Frachtführer den möglichen Vorbehalt über die bei Übernahme sichtbar vorhandenen Schäden, so kann er wiederum die Beweisvermutung des Art. 9 Abs. 2 CMR durch Führung des entsprechenden vollen Schadensnachweises entkräften.[46]

c) Vorbehalte im Frachtbrief

14 Hat der Frachtführer einen begründeten Vorbehalt nach Art. 8 Abs. 2 Satz 1 oder Satz 2 CMR in den Frachtbrief eingetragen, so entfallen die Beweiswirkungen des Art. 9 Abs. 2 CMR, und die Beweislage ist völlig offen, selbst wenn der Absender den gemachten Vorbehalt nicht anerkennt (Art. 8 Abs. 2 Satz 3 CMR). Liegt also ein Vorbehalt vor, so hat der Anspruchsteller darzulegen und nachzuweisen, dass das Gut hinsichtlich der Zahl vollständig und hinsichtlich des Zustandes unbeschädigt dem Frachtführer übergeben worden ist.

d) Fehlen und Mängel des Frachtbriefs

15 Die Beweislastumkehr des Art. 9 Abs. 2 CMR entfällt, wenn kein Frachtbrief ausgestellt oder dieser mangelhaft ist, z.B. nicht von Absender und Frachtführer unterzeichnet ist.[47]

Soweit der Beweis über die Anzahl der übergebenen Frachtstücke oder der Zustand des Gutes nicht mit Hilfe eines Frachtbriefes geführt werden kann, bleiben aber dem Anspruchsteller alle anderen Beweismöglichkeiten erhalten. Insbesondere kann er sich auf andere Urkunden wie Empfangsbescheinigungen, Übernahmequittungen oder sonstige Beweismittel wie Zeugen etc. berufen. Empfangsquittungen des Frachtführers unterliegen dem Grundsatz der freien Beweiswürdigung des § 286 ZPO. Der Frachtführer kann seinerseits also diese Beweisführung erschüttern, indem er z.B. nachweist, dass der Absender die Frachtstücke in seiner Abwesenheit verladen hat und er deshalb Anzahl und Zustand nicht überprüfen konnte. Damit ist dann die von der Übernahmebescheinigung ausgehende Vermutung ihrer Richtigkeit widerlegt.[48]

e) Weitere Beweislastfragen zum Beginn der Obhut

16 Bestreitet der Frachtführer, das Gut zum Zwecke der Beförderung übernommen zu haben, so trifft auch insoweit die Beweislast den Anspruchsteller, weil dies wiederum eine Haftungsvoraussetzung i.S.d. Art. 17 Abs. 1 CMR ist (vgl. Art. 17 Rdn. 15).

---

46 OLG Düsseldorf, 7.2.1974 – 18 U 37/73, VersR 1975, 638.
47 BGH, 9.2.1979 – I ZR 67/77, VersR 1979, 466 = NJW 1979, 2471 = RIW 1979, 339 = ETR 1980, 214; BGH, 16.10.1986 – I ZR 149/84, TranspR 1987, 96 = VersR 1987, 304; BGH, 8.6.1988 TranspR 1988, 370 = VersR 1988, 952 = NJW-RR 1988, 1369 = ETR 1988, 705; *Piper*, TranspR 1990, 361.
48 BGH, 7.11.1985 – I ZR 130/83, TranspR 1986, 53, 56 = VersR 1986, 287; *Piper*, TranspR 1990, 361.

Ist schließlich zwischen den Parteien streitig, ob das Beladen zu den vereinbarten 17
Pflichten des Frachtführers gehört, so dass dabei entstehende Schäden in den Obhutszeitraum fallen (vgl. dazu Art. 17 CMR Rdn. 30ff.), so trifft auch insoweit den Anspruchsteller die Darlegungs- und Beweislast,[49] weil er sich damit wiederum auf die Obhutshaftung des Frachtführers gem. Art. 17 Abs. 1 CMR berufen will (vgl. Art. 17 CMR Rdn. 36ff. und 149). Zur Darlegungs- und Beweislast bei Beladefehlern vgl. unten unter Rdn. 59ff. und zur Darlegungs- und Beweislast hinsichtlich des Überprüfens der Beladung und Stauung vgl. unten Rdn. 70f.

Zu den Darlegungs- und Beweislastfragen bei der *Übernahme von Kühlgut*, insbesondere hinsichtlich der Vorkühlung, vgl. unten Rdn. 76–81.

2. Schadenseintritt vor Ablieferung

a) Ablieferung

Da der Obhutszeitraum gem. Art. 17 Abs. 1 CMR mit der Ablieferung endet 18 (vgl. Art. 17 Rdn. 20ff.), handelt es sich bei der Ablieferung im beweistechnischen Sinn um eine rechtsvernichtende Tatsache. Wie oben in Rdn. 6 ausgeführt, ist für alle rechtshindernden, rechtsvernichtenden und rechtshemmenden Tatsachen der Frachtführer beweispflichtig. Hinsichtlich der ordnungsgemäßen Ablieferung trifft daher ihn die Darlegungs- und Beweislast.[50] Dazu kann sich der Frachtführer aller denkbaren Beweismittel bedienen, insbesondere kann er sich auf Empfangsquittungen berufen. Dagegen kann der Absender ohne besondere Vereinbarung nicht verlangen, dass der Frachtführer den Beweis durch Übergabe einer schriftlichen Quittung des Empfängers auf einer Ausfertigung des Frachtbriefes erbringt.[51] Die Beweislast des Frachtführers für die vollständige Ablieferung kann jedoch dann entfallen, wenn der Empfänger noch während der Entladung Güter entfernt.[52]

Der Frachtführer trägt im Bestreitensfalle auch die Beweispflicht dafür, dass sei- 19 ne Gewahrsamaufgabe am Frachtgut im Einvernehmen mit dem Empfänger erfolgt ist und dass dieser die Möglichkeit hatte, die tatsächliche Gewalt über das Gut auch wirklich auszuüben (vgl. Art. 17 CMR Rdn. 20ff.). Dazu gehört ggf. auch der Nachweis einer von ihm behaupteten Nachtablieferung (vgl. Art. 17

---

49 *Otte*, in: Ferrari et al., Art. 18 CMR Rdn. 3.
50 BGH, 15.6.2000 – I ZR55/98, TranspR 2000, 549; BGH, 13.7.2000 – I ZR 49/98, TranspR 2000, 409; BGH, 13.7.2000 – I ZR 156/98, TranspR 2001, 298; OLG Düsseldorf, 16.3.2011 – I-18 U 43/10, juris; OLG Hamburg, 28.7.1999 – 6 U 32/99, TranspR 2000, 176; OLG Köln, 16.1.1998 – 11 U 101/97, TranspR 1999, 203; OLG Stuttgart, 13.10.1999 – 3 U 176/96, TranspR 2001, 127; OLG Oldenburg, 11.10.2001 – 8 U 112/01, TranspR 3003, 76 OLG Düsseldorf vom 29.3.1979 – 18 U 11/78, VersR 1979, 651; OLG Düsseldorf, 1.4.1982 – 18 U 234/81, VersR 1983, 623; OLG Hamm, 2.12.1991 – 18 U 133/88, TranspR 1992, 179; *Herber/Piper*, Art. 17 CMR Rdn. 167; *Koller*, Art. 17 CMR Rdn. 12; Staub/*Helm* Art. 17 CMR Rdn. 47.
51 OLG Düsseldorf, 1.4.1982 – 18 U 234/81, VersR 1983, 632.
52 OLG Hamburg, 13.3.1993 – 6 U 60/93, TranspR 1993, 193.

Art. 18 Haftung des Frachtführers

CMR Rdn. 49) oder die Beendigung des ihm obliegenden Teils der Ablieferung bei Spezialfahrzeugen (vgl. Art. 17 CMR Rdn. 52 ff.). Er muss schließlich darlegen und beweisen, dass er die Ablieferung bei dem rechtmäßigen, im Frachtbrief angegebenen oder nach Art. 12 Abs. 1 oder Abs. 4 bestimmten Empfänger vorgenommen hat (vgl. Art. 17 CMR Rdn. 25).

b) Ablieferungshindernisse

20 Behauptet der Frachtführer, seine Obhutspflicht sei wegen eines Ablieferungshindernisses und der daraufhin erfolgten Ausladung zum Zeitpunkt des Schadenseintritts bereits beendet gewesen (vgl. Art. 17 CMR Rdn. 28 und Art. 16 CMR Rdn. 16), so ist dies wiederum ein haftungsbefreiender Einwand, so dass er für alle entsprechenden Tatumstände insbes. hinsichtlich des Eintritts des Ablieferungshindernisses beweispflichtig ist.[53]

c) Beweiserleichterungen

21 Hinsichtlich der ordnungsgemäßen Ablieferung des Gutes enthält Art. 30 Abs. 1 f. CMR wiederum Beweisvermutungen, und zwar zugunsten des Frachtführers. Nimmt nämlich der Empfänger das Gut an, ohne dessen Zustand mit dem Frachtführer zu überprüfen und ohne entsprechende Vorbehalte, die mündlich oder in jeder anderen Form erfolgen können, zu erheben, so wird bis zum Beweis des Gegenteils vermutet, dass der Empfänger das Gut in dem im Frachtbrief beschriebenen Zustand erhalten hat. Soweit es sich um äußerlich erkennbare Verluste und Beschädigungen handelt, müssen diese Vorbehalte spätestens bei der Ablieferung des Gutes erfolgen, andernfalls spätestens sieben Tage nach Ablieferung. Haben Empfänger und Frachtführer den Zustand des Gutes gemeinsam überprüft, so ist der Gegenbeweis gegen das Ergebnis der Überprüfung nach Art. 30 Abs. 2 CMR nur noch zulässig, wenn es sich um äußerlich nicht erkennbare Verluste oder Beschädigungen handelt und der Empfänger binnen sieben Tagen nach Überprüfung die Vorbehalte geltend macht (Art. 30 Abs. 2 CMR). Wegen der weiteren Details darf auf die dortigen Erläuterungen verwiesen werden.

Die gesetzliche Vermutung der Unversehrtheit und Vollständigkeit der abgelieferten Frachtstücke zugunsten des Frachtführers kann vom Anspruchsteller also im Rahmen der soeben beschriebenen Möglichkeiten widerlegt werden. Allerdings kann sich der Frachtführer auf diese gesetzliche Vermutung nur dann berufen, wenn ein entsprechend den Vorschriften der CMR ausgestellter Frachtbrief vorliegt. Enthält der Frachtbrief nicht die Unterschrift des Absenders und ist er nicht als CMR-Frachtbrief gekennzeichnet, so kann sich der Frachtführer nicht auf die gesetzliche Vermutung des Art. 30 Abs. 1 Satz 1 CMR berufen.[54] Die in

---

53 OLG Hamburg, 25.2.1988 – 6 U 194/87, TranspR 1988, 277 = VersR 1988, 909; *Koller*, Art. 16 CMR Rdn. 3.
54 BGH, 8.6.1988 – I ZR 149/86, TranspR 1988, 317 = VersR 1988, 952 = NJW-RR 1988, 1369 = ETR 1988, 705; Baumgärtel/*Giemulla*, Art. 17–20 CMR Rdn. 12.

Art. 30 Abs. 1 CMR enthaltene Beweisvermutung kann auch nicht eintreten, wenn sich der Zustand der Frachtgüter, nämlich Art und Menge, weder aus dem Frachtbrief noch aus dem im Frachtbrief in Bezug genommen Begleitpapieren ergibt.[55]

Auch wenn ein ordnungsgemäßer Vorbehalt erfolgt ist, bedeutet dies noch nicht im Umkehrschluss, dass nun der Frachtführer die Vollständigkeit und Schadensfreiheit des Frachtgutes nachzuweisen hätte.[56] Vielmehr bleibt diese Frage beweisrechtlich offen und deshalb hat der Geschädigte als Anspruchsteller nach den allgemeinen Beweisgrundsätzen die Anspruchsvoraussetzung vorzutragen und zu beweisen.[57] Zwar gilt im Falle ergänzend anwendbarem deutschen Rechts § 363 BGB,[58] jedoch bestätigt auch diese Vorschrift die Beweislast des Anspruchstellers.[59]

22

d) Entladepflicht

Ist streitig, ob die Entladepflicht den Frachtführer trifft, so hat hierfür bei Entladung in Deutschland regelmäßig der Anspruchsteller die Darlegungs- und Beweislast zu tragen. Dies ergibt sich daraus, dass die CMR selbst keine Vorschriften über Entladepflichten enthält und dass – soweit nach den Grundsätzen des IPR deutsches Recht ergänzend anzuwenden ist – diese grundsätzlich den Absender bzw. Empfänger als seinen Gehilfen trifft (vgl. Art. 17 CMR Rdn. 45). Daraus folgt, dass der Obhuts- und Haftungszeitraum des Frachtführers im Regelfall mit der Bereitstellung des Gutes zum Entladen endet (vgl. Art. 17 CMR Rdn. 22). Will daher der Anspruchsteller den Haftungszeitraum des Art. 17 Abs. 1 CMR über diesen üblichen Zeitraum hinweg ausdehnen und den Entladungsvorgang mit in den Haftungszeitraum einbeziehen, so handelt es sich wieder um eine haftungsbegründende Tatsache, die seiner Darlegungs- und Beweispflicht unterliegt[60] (vgl. oben Rdn. 6).

23

---

55 OLG Düsseldorf, 29.3.1979 – 18 U 11/78, VersR 1979, 651 = TranspR 1979, 95; Baumgärtel/*Giemulla*, a.a.O., Rdn. 12.
56 H.M.: *Fremuth*, in: Fremuth/Thume, § 438 HGB Rdn. 8; MünchKommHGB/*Herber/Eckardt*, § 438 HGB Rdn. 16; *Koller*, § 438 HGB Rdn. 17; *Schaffert*, in: EBJS, § 438 HGB Rdn. 14; *Tunn*, VersR 2005, 1646, 1648.
57 Amtl. Begr., BT-Drucks. 368/97, S. 75; für den Bereich der CMR siehe auch Staub/*Helm* HGB, Anh. VI zu § 452, Art. 30 CMR Rdn. 38; Thume/*Demuth*, CMR, Art. 30 Rdn. 25; MünchKommHGB/*Jesser-Huß*, 2. Aufl., Art. 30 CMR Rdn. 16; *Otte*, in: Ferrari et al., Art. 28 CMR Rdn. 13 und *Thume*, in: Fremuth/Thume, Kommentar zum Transportrecht, Art. 30 CMR Rdn. 13 f.
58 *Runge*, TranspR 2009, 96 unter Hinweis auf ein unveröffentlichtes Urteil des OLG Karlsruhe.
59 OLG Hamm vom 27.1.2011 – 18 U 81/09, TranspR 2011, 181 mit Anm. *Pünder*; MünchKommHGB/*Jesser-Huß*, Art. 30 CMR Rdn. 16; *Thume*, TranspR 2012, 85, 90; a.A. *Koller*, Art. 30 CMR Rdn. 7, wenn der Empfänger gleich bei der Ablieferung konkrete Vorbehalte erklärt.
60 Vgl. *Boesche*, in: EBJS, Art. 17 CMR Rdn. 28; *Koller*, Art. 17 CMR Rdn. 12.

3. Darlegungen zum Schadenseintritt

24 Der Anspruchsteller trägt die Last der Schadensdarlegung. Er genügt seiner Darlegungs- und Beweispflicht, wenn er alle Tatsachen vorgetragen und nachgewiesen hat, die für einen Schadenseintritt während der Obhutszeit des Art. 17 Abs. 1 CMR sprechen. Die schlichte Behauptung eines Totalschadens mit Angabe eines Zeugen reicht hierfür nicht aus.[61] Dagegen braucht er weder eine konkrete Schadensursache noch einen konkreten Schadensverlauf vorzutragen oder irgendwelche Darlegungen bezüglich des Verschuldens des Frachtführers vorzunehmen. Letzteres ergibt sich schon daraus, dass die Frachtführerhaftung nach Art. 17 CMR kein Verschulden voraussetzt, sondern eine Gewährhaftung ist (siehe Art. 17 CMR Rdn. 9–14).[62]

25 Jedoch wird der Anspruchsteller in aller Regel nicht in der Lage sein, nähere Darlegungen über den Schadenshergang zu machen, weil ihm der Verlauf der Beförderung sowie die einzelnen Transportabschnitte nicht bekannt sind. Andererseits trifft den Frachtführer insoweit eine Informationspflicht gem. §§ 675, 666 BGB sowie nach § 242 BGB und, soweit er Spediteur ist, nach Ziff. 14 ADSp. Wenn daher im Einzelfall die Aufklärung solcher Umstände erforderlich wird, erscheint es angemessen, dem Frachtführer die Darlegungs- und Beweislast hierfür aufzubürden, soweit sie ihn nicht ohnehin schon nach den Bestimmungen des Art. 18 CMR trifft. Nach der Rechtsprechung des BGH läuft er andernfalls Gefahr, dass ihm womöglich ein grobes Organisationsverschulden mit der Folge einer unlimitierten Haftung gem. Art. 29 CMR zur Last gelegt werden könnte.[63] Insoweit darf im Hinblick auf die auch hier auftretenden Beweislastprobleme auf die oben in Rdn. 4 enthaltenen Ausführungen zur sekundären Darlegungslast verwiesen werden.

IV. Beweislast für Schadensart und -umfang

26 Der Anspruchsteller, der einen Schadensersatz begehrt, hat schließlich die rechtsbegründenden Tatsachen über Art und Umfang des behaupteten Schadens vorzutragen und ggf. nachzuweisen. Der schlichte Sachvortrag, das Gut sei total beschädigt angekommen, genügt deshalb nicht den Anforderungen an ein substantiiertes Klagevorbringen. Vielmehr müssen die Schäden, die das Gut erlitten hat, wenigstens in groben Zügen dargelegt werden.[64] Der Kläger muss also detailliert vortragen, ob während der Beförderung Totalverlust oder Teilverlust oder vollständige bzw. teilweise Beschädigung des Transportgutes eingetreten

---

61 OLG München, 24.4.1992 – 23 U 6509/97, TranspR 1992, 360.
62 Vgl. *Dubischar*, S. 43; *Koller*, Art. 17 CMR Rdn. 12.
63 Siehe dazu Art. 29 CMR Rdn. 58–68 und 86ff.; zur ausreichenden Erfüllung der Darlegungsobliegenheit vgl. auch BGH, 29.1.2004 – I ZR 162/01, VersR 2005, 248 = TranspR 2004, 213 = NJW-RR 2004, 1034.
64 OLG München – 23 U 6509/91, TranspR 1992, 360.

ist. Zur sekundären Darlegungs- und Beweislast des Frachtführers in den Fällen, bei denen der Schadensort oder die Schadensursache dem Anspruchsteller unbekannt sind, siehe oben Rdn. 4.

Ferner hat der Anspruchsteller vorzutragen und ggf. zu beweisen, in welcher konkreten Höhe ihm durch den gänzlichen oder teilweisen Verlust ein Schaden i.S.d. Art. 23 CMR entstanden oder welche Wertminderung gem. Art. 25 CMR infolge der Beschädigung eingetreten ist.[65] Das Gleiche gilt hinsichtlich der Höhe der Entschädigung bei Nichterhebung der vereinbarten Nachnahme.[66] Bei Güterschäden wird der Anspruchsteller i.d.R. den Nachweis für deren Höhe durch Vorlage der entsprechenden Gutachten des Havariekommissars sowie durch Rechnungsbelege etc. über den Wert des Gutes vor Beginn des Transports erbringen können.

Beruft sich dann der Frachtführer auf die Höchstbegrenzung gem. Art. 23 Abs. 3 CMR, so handelt es sich um einen haftungseinschränkenden Einwand, für den er selbst die Beweislast zu tragen hat.[67] Wegen der näheren Details wird auf die Erläuterungen zu Art. 23 und 25 CMR verwiesen.

27 Für den Fall des völligen Verlustes des Transportgutes greift zugunsten des Anspruchstellers ferner die Beweisvermutung des Art. 20 Abs. 1 CMR ein, nach welcher er das Gut, ohne weitere Beweise erbringen zu müssen, als verloren betrachten darf, wenn es nicht binnen 30 Tagen nach Ablauf der vereinbarten Lieferfrist oder, falls keine Frist vereinbart worden ist, nicht binnen 60 Tagen nach der Übernahme des Gutes durch den Frachtführer abgeliefert worden ist (zur Bedeutung dieser Beweislast vgl. die dortigen Erläuterungen).

28 Macht der Anspruchsteller einen Verspätungsschaden geltend, so muss er auch diesen konkret darlegen und nachweisen, und zwar auch dann, wenn es sich letztlich nicht um den eigenen, sondern um den Schaden des Urversenders handelt. So ist beispielsweise die bloße Behauptung des Spediteur-Versenders, der Urversender habe wegen Überschreitung der Lieferfrist die Zahlung an ihn verweigert, für die Darlegung eines Schadens nicht ausreichend.[68] Ebenso unzureichend als Schadensnachweis ist die Begründung des Absenders, der Empfänger habe ihm wegen der Verspätung des Frachtführers die Zahlung der Vergütung verweigert, weil jener vom Endempfänger ebenfalls keine Vergütung erhalten habe.[69]

29 Schließlich muss der Anspruchsteller ggf. auch den Nachweis dafür erbringen, dass der festgestellte Schaden ausschließlich in der Obhut des Frachtführers und

---

65 BGH, 12.12.1985 – I ZR 88/83, TranspR 1986, 278 = VersR 1986, 381 = NJW-RR 1986, 515; BGH, 8.6.1988 – I ZR 149/86, TranspR 1988, 340 = VersR 1988, 952 = NJW-RR 1988, 1369 = ETR 1988, 705 = WM 1988, 1704.
66 BGH, 10.10.1991 – I ZR 193/89, TranspR 1992, 100 = VersR 1992, 383 = NJW 1992, 621 = RIW 1992, 318.
67 Baumgärtel/*Giemulla*, Art. 23 CMR Rdn. 3; *Koller*, Art. 23 CMR Rdn. 9.
68 OLG Düsseldorf, 17.5.1990 – 18 U 31/90, TranspR 1990, 280 = VersR 1991, 1314.
69 OLG Düsseldorf, 9.10.1986 – 18 U 73/86, TranspR 1986, 429.

Art. 18 Haftung des Frachtführers

nicht teilweise nach der Ablieferung des Gutes durch andere, vom Frachtführer nicht zu vertretende Umstände eingetreten ist.[70]

V. Beweislast für Haftungsausschlüsse gem. Art. 17 Abs. 2 CMR (Art. 18 Abs. 1 CMR)

1. Allgemeines

30 Nach Art. 18 Abs. 1 CMR obliegt dem Frachtführer der Beweis dafür, dass der Verlust, die Beschädigung oder die Überschreitung der Lieferfrist durch einen der in Art. 17 Abs. 2 CMR bezeichneten Umstände verursacht worden ist, wenn er sich hierauf berufen will.[71] Diese Vorschrift ist wie alle Beweislastregeln des Art. 18 CMR zwingend und kann weder durch ergänzende Heranziehung nationalen Rechts noch durch Vereinbarungen der Parteien abgeändert werden.

Die Vorschrift ist die logische Folge daraus, dass den Frachtführer gem. Art. 17 Abs. 1 CMR grundsätzlich die volle Gewährhaftung für Schäden während der Obhutszeit und für Verspätungsschäden trifft. Wenn er sich aus dieser Haftung befreien will und sich dazu auf einen der im Art. 17 Abs. 2 CMR genannten Umstände beruft, so muss er diesen Umstand auch in allen Details darlegen und darüber hinaus auch beweisen, dass dieser Umstand für den eingetretenen Schaden kausal gewesen ist.[72] Bleibt die Schadensursache offen, muss er den Entlastungsbeweis für jede denkbaren Ursache erbringen.[73] Wird beispielsweise das Gut gestohlen, so genügt es nicht, wenn der Frachtführer hinreichend darlegt, er habe den Transport so organisiert, dass es zu einer Entwendung nur aufgrund solcher Umstände habe kommen können, die er nicht vermeiden und deren Folgen er nicht habe abwenden können.[74] Wegen dieser vollen Aufbürdung der Darlegungs- und Beweislast werden die in Art. 17 Abs. 2 CMR genannten Haftungsausschließungsgründe auch als nicht bevorrechtigt oder nicht privilegiert bezeichnet, im Gegensatz zu den in Art. 17 Abs. 4 CMR genannten Haftungsbefreiungsgründen.

2. Einzelheiten

a) Verschulden des Verfügungsberechtigten

31 Behauptet der Frachtführer, der Schaden sei durch ein Verschulden des Verfügungsberechtigten entstanden, so muss er nicht nur dessen Handlung bzw. Unter-

---

70 Vgl. BGH, 8.6.1988 – I ZR 149/86, TranspR 1988, 340, 341 unter Ziff. 4) = VersR 1988, 952 = NJW-RR 1988, 1369 = ETR 1988, 705 = WM 1988, 1704.
71 BGH, 15.6.2000 – I ZR 55/98, TranspR 2000, 459, 461.
72 MünchKommHGB/*Jesser-Huß*, Art. 18 CMR Rdn. 9; *Jesser*, S. 121.
73 *Boesche*, in: EBJS, Art. 18 Rdn. 2; MünchKommHGB/*Jesser-Huß*, Art. 18 CMR Rdn. 9.
74 OLG Hamburg, 18.10.1990 – 6 U 253/89, TranspR 1991, 70 = VersR 1991, 446.

lassung darlegen, auf die er seinen Befreiungsanspruch stützen will, sondern auch das Verschulden darlegen und nachweisen und schließlich die Ursächlichkeit für den eingetretenen Schaden.[75] Behauptet also beispielsweise der Frachtführer bei der Beförderung von Haselnüssen in Jutesäcken auf einem mit Resten von Chemikalien verschmutzten LKW, den Absender treffe insoweit ein Mitverschulden an dem Schaden, weil er die Säcke so nicht hätte verladen dürfen, so muss er auch darlegen und beweisen, dass die Verschmutzung für den Absender erkennbar war. Macht der Frachtführer im gleichen Zusammenhang auch gegen den Empfänger geltend, dieser habe ebenfalls beim Ausladen das weiße Pulver des Vortransportes bemerken und die Entladung abbrechen müssen, so muss er auch nachweisen, dass durch die behauptete fehlerhafte Entladung überhaupt ein Schaden entstanden ist.[76]

Das vorgenannte Beispiel zeigt zugleich, dass der Frachtführer dem einen Verfügungsberechtigten, also z. B. dem Absender, auch ein Verschulden des anderen Verfügungsberechtigten, d. h. des Empfängers, entgegenhalten kann.[77]

b) Weisung des Verfügungsberechtigten

Beruft sich der Frachtführer darauf, dass der Schaden durch eine nicht von ihm selbst verschuldete Weisung des Verfügungsberechtigten i. S. v. Art. 17 Abs. 2, 2. Alternative CMR, verursacht worden ist, so muss er auch darlegen und nachweisen, dass eine echte Weisung vorlag, nicht nur ein Vorschlag, der ihm auch die Möglichkeit zur Ergreifung einer anderen Eigeninitiative ließ. Dagegen braucht er in diesem Falle nicht darzulegen und nachzuweisen, dass die falsche Weisung vom verfügungsberechtigten Absender oder Empfänger schuldhaft erteilt worden ist, weil die 2. Alternative des Art. 17 Abs. 2 CMR ein Verschulden des Verfügungsberechtigten nicht voraussetzt (vgl. dazu Art. 17 CMR Rdn. 87). Der Frachtführer muss dagegen bei einer Weisung vom Empfänger wiederum darlegen und ggf. nachweisen, dass dieser bereits verfügungsberechtigt i. S. v. Art. 12 CMR war, als er die Weisung erteilte. Außerdem hat er die Kausalität zwischen der falschen Weisung und dem eingetretenen Schaden darzulegen und nachzuweisen. Andererseits kann der Anspruchsteller den in diesem Falle eigentlich eintretenden Haftungsausschluss des Frachtführers verhindern, wenn er seinerseits nachweist, dass seine eigene falsche Weisung auf einem Verschulden des Frachtführers oder dessen Gehilfen beruht.[78]

32

c) Besondere Mängel des Gutes

Beruft sich der Frachtführer auf den dritten in Art. 17 Abs. 2 CMR genannten Haftungsausschließungsgrund des besonderen Gütermangels, so trifft ihn auch

33

---

75 BGH, 15.6.2000 – I ZR 55/98, TranspR 2000, 459.
76 Vgl. OLG Hamburg, 19.12.1985 – 6 U 188/80, TranspR 1986, 146 = VersR 1986, 261.
77 *Loewe*, ETR 1976, 554; Baumgärtel/*Giemulla*, Art. 17–20 CMR Rdn. 18.
78 Baumgärtel/*Giemulla*, Art. 17–20 CMR Rdn. 19; *Koller*, Art. 17 CMR Rdn. 32.

Art. 18 Haftung des Frachtführers

hier wiederum die Darlegungs- und Beweislast bis hin zur Kausalität, auch bezüglich der Höhe des eingetretenen Schadens.[79] So muss z.B. bei einem Brand am Anhänger eines Autotransporters mit fabrikneuen PKWs der Frachtführer nachweisen, dass dieser Brand durch einen technischen Defekt an der Elektrik eines auf dem Anhänger geladenen PKW ausgelöst worden ist.[80] Beruft er sich bei während des Transportes entstandenen Rostschäden auf einen Mangel des transportierten Gutes, weil dieses Lackschäden gehabt habe, so muss er auch diese Behauptung substantiiert darlegen und nachweisen.

Zur **Beweislast bei mangelhafter Vorkühlung von Kühlgut** siehe unten Rdn. 76 ff.

d) Unabwendbare Umstände

34 Stützt der Frachtführer seinen Haftungsausschluss auf die letzte Alternative des Art. 17 Abs. 2 CMR, also darauf, dass der Schaden durch Umstände verursacht worden sei, die er nicht vermeiden und deren Folgen er auch nicht abwenden konnte, so trifft ihn auch insoweit die volle Darlegungs- und Beweislast.[81] Er hat sich bezüglich aller nachweis- oder denkbaren Schadensursachen zu entlasten.[82] So muss er z.B. durch Sachverständigengutachten beweisen, dass als weitere Schadensursache allenfalls eine vorsätzliche Brandstiftung des Anhängers des PKW-Transporters etwa durch einen Molotow-Cocktail in Frage kam. Alle anderen weiteren möglichen Ursachen müssen ausscheiden.[83] Gegen eine solche vorsätzliche Brandstiftung während der Fahrt konnte der Frachtführer auch unter Anwendung aller Sorgfaltspflichten keinerlei Vorkehrungen treffen.[84] Der Beweis der Unabwendbarkeit kann erbracht sein bei Raubüberfall im Rahmen einer fingierten Polizeikontrolle.[85] Dagegen genügt es nicht, wenn bei einem Diebstahl der Frachtführer hinreichend darlegt, er habe den Transport so organisiert, dass es zu einer Entwendung nur aufgrund solcher Umstände habe kommen können, die er nicht vermeiden und deren Folgen er nicht habe abwenden können.[86]

35 *Bei Transportunfällen* hat der Frachtführer immer den Nachweis der Unabwendbarkeit zu führen. Er muss deshalb stets diejenigen Einzelheiten des Unfallge-

---

79 *Koller*, Art. 18 CMR Rdn. 2.
80 OLG München, 27.2.1987 – 23 U 3465/86, TranspR 1987, 185.
81 BGH, 13.4.2000 – I ZR 290/97, TranspR 2000, 407 und BGH, 8.10.1998 – I ZR 164/96, TranspR 1999, 59; Thüringer OLG, 30.3.2007 – 4 U 1097/06, TranspR 2007, 201; OLG Nürnberg, 8.1. und 2.2 2010 – 12 U 1596/09, VersR 2011, 1032.
82 MünchKommHGB/*Jesser-Huß*, Art. 18 CMR Rdn. 9; *Boesche* in: EBJS, Art. 17 CMR Rdn. 6; *Koller*, Art. 18 CMR Rdn. 2.
83 Näheres zum Beweis der Unabwendbarkeit eines Fahrzeugbrandes siehe *Thume*, VersR 2000, 821.
84 Vgl. OLG München, 27.2.1987 – 23 U 3465/86, TranspR 1987, 185.
85 OLG Stuttgart, 1.8.2007 – 3 U 35/07, TranspR 2007, 322.
86 OLG Hamburg, 18.10.1990 – 6 U 253/89, TranspR 1991, 70 = VersR 1991, 446.

schehens vortragen, aus denen sich die Unabwendbarkeit ergeben soll.[87] Dies gilt auch dann, wenn er behauptet und darlegt, dass der Unfall, z.B. das Umkippen des beladenen Anhängers, nicht auf einen Fahrfehler, sondern auf einer Falschbeladung des Absenders beruht. Zwar tritt hinsichtlich der den Frachtführer nach Art. 17 Abs. 2, Art. 18 Abs. 1 CMR treffenden Beweispflichten bei der Abwehr von Schadensersatzansprüchen eine Beweiserleichterung ein, wenn der Frachtführer das Vorliegen einer der in Art. 17 Abs. 4 CMR genannten Gefahren beweist und darlegt, dass aus ihr der Schaden entstehen konnte. In einem solchen Falle greift zu seinen Gunsten die Kausalitätsvermutung des Art. 18 Abs. 2 Satz 1 CMR ein (Näheres dazu siehe unten Rdn. 44ff.). Deren Bedeutung liegt darin, dass der Frachtführer, wenn er den vorbezeichneten Beweis erbringt, keinen weiteren Beweis aus Art. 18 Abs. 1 CMR mehr führen muss, um haftungsfrei zu werden, und dass er bei einer solchen Fallgestaltung auch von der Beweislast nach Art. 18 Abs. 1 CMR hinsichtlich derjenigen Gefahren befreit ist, die sich aus der Inbetriebnahme des als Beförderungsmittel eingesetzten Kraftfahrzeuges ergeben. Insoweit ist ihm also die „reine Transportgefahr" nicht anzulasten.[88] Wenn aber der Anspruchsberechtigte gegenüber der Kausalitätsvermutung des Art. 18 Abs. 2 Satz 1 CMR gem. Abs. 2 Satz 2 dieser Vorschrift konkrete Umstände beweist, die mit dem Transportgeschehen im Zusammenhang stehen und erfahrungsgemäß geeignet sind, sich schädigend auszuwirken, so ist es nicht seine Sache, auch noch das Verschulden des Frachtführers oder Fahrzeugmängel zu beweisen, sondern wieder Obliegenheit des Frachtführers, gem. Art. 18 Abs. 1 CMR gegenüber den vom Anspruchsberechtigten bewiesenen Umständen den Entlastungsbeweis zu führen.[89]

Das gilt nicht nur für Transportunfälle, sondern für jedes ungewöhnliche Transportereignis. Wenn also die vom Absender mit zu großem Abstand und daher falsch verladenen Fliesen auf dem LKW infolge einer Vollbremsung ins Rutschen kommen, umstürzen, wodurch sie teilweise zerbrechen und beschädigt werden, muss der Frachtführer nachweisen, dass diese Vollbremsung seines Fahrers nicht auf einem Fahrfehler beruht, sondern infolge der Verkehrssituation für diesen unabwendbar war.[90]

e) Gegenbeweise

Gelingt dem Frachtführer der beabsichtigte Nachweis der Schadensverursachung durch einen der in Art. 17 Abs. 2 CMR genannten Tatbestände nicht, so bleibt es bei der Gewährhaftung des Art. 17 Abs. 1 CMR. Gelingt ihm dieser Beweis, so

36

---

87 Andernfalls ist das Gericht nicht gehalten, Zeugen zum Unfallhergang zu vernehmen, um so ggf. die den Frachtführer entlastenden Umstände zu erfahren: OLG Düsseldorf, 14.3.2007 – I-18 U 138/06, TranspR 2007, 199.
88 Siehe Art. 17 Rdn. 226.
89 BGH, 28.3.1985 – I ZR 194/82, TranspR 1985, 261 = VersR 1985, 754 = NJW 1985, 2092 = RIW 1986, 58 = ETR 1986, 175.
90 BGH, 24.9.1987 – I ZR 197/85, TranspR 1988, 108 = NJW-RR 1988, 479 = VersR 1988, 244.

Art. 18 Haftung des Frachtführers

ist der Frachtführer nach Art. 17 Abs. 2 grundsätzlich von der Haftung befreit. Der Anspruchsteller hat aber immer noch die Möglichkeit, zusätzliche haftungsbegründende Tatumstände darzulegen und nachzuweisen. Geschieht dies, so liegt ein Zusammentreffen mehrerer Schadensgründe vor, was zu einer Haftungsverteilung nach Art. 17 Abs. 5 CMR führt. So kann der Schaden sowohl auf Verschulden des Verfügungsberechtigten als auch auf einem Fahrfehler des Frachtführers beruhen.[91] Die gleiche Situation tritt ein, wenn der Frachtführer bei einem Verspätungsschaden nachweist, dass die Überschreitung der Lieferfrist auf einer falschen Weisung des Absenders, z.B. einer Falschangabe der Adresse des Empfängers, beruht und wenn andererseits der Frachtführer nicht nur aus diesem Grunde verspätet eingetroffen ist, sondern auch deshalb, weil er zusätzlich eine Fahrzeugpanne hatte oder weil er einen angekündigten Stau nicht umfahren hatte. Schließlich sei als weiteres Beispiel ein Antauschaden bei Tiefkühlgut genannt, der einerseits auf schuldhaft falscher Verladung seitens des Absenders und zum anderen auf einer fehlerhaft funktionierenden Kühlanlage des Transportfahrzeugs beruht.[92]

VI. Beweislast für Fahrzeugmängel gem. Art. 17 Abs. 3

37 Nach Art. 17 Abs. 3 CMR kann sich der Frachtführer von seiner Haftung nicht befreien, wenn der eingetretene Schaden auf Mängeln des für die Beförderung verwendeten Fahrzeuges beruht. In diesem Falle kann er sich weder auf die Unvermeidbarkeit dieser Mängel noch auf ein Verschulden des Vermieters des Fahrzeuges oder der Bediensteten des Vermieters berufen. Gesetzestechnisch kann man diese Bestimmung als Rückausnahme gegenüber der letzten Alternative des Art. 17 Abs. 2 CMR ansehen.[93] Die Bestimmung lässt sich aber auch als Ergänzung des Haftungsgrundsatzes des Art. 17 Abs. 1 CMR zu einer positiven Haftungsnorm umkehren.[94]

38 Die Beweislast für den Schadeneintritt infolge eines Fahrzeugmangels ist umstritten:

– *Heuer*[95] geht davon aus, dass „abweichend vom System der Beweislastregelung in Art. 18 grundsätzlich der Anspruchsberechtigte den Kausalzusammenhang zwischen Fahrzeugmangel und Schaden als Voraussetzung seines Ersatzanspruches beweisen muss".

---

91 Vgl. dazu das Zusammentreffen von Verladefehlern des Absenders mit Überwachungs- und Fahrfehlern des Frachtführers, in: BGH, 24.9.1987 – I ZR 197/85, TranspR 1988, 108 = VersR 1988, 244 = NJW-RR 1988, 479 = RIW 1988, 307 = DB 1988, 599.
92 LG Bremen, 23.12.1988 – 11 O 733/86, TranspR 1989, 267.
93 So *Koller*, Art. 17 CMR Rdn. 34 und. MünchKommHGB/*Jesser-Huß*, Art. 17 CMR Rdn. 51.
94 *Heuer*, Haftung, S. 59; *Otte*, in: Ferrari et al., Art. 17 CMR Rdn. 86.
95 *Heuer*, Haftung, S. 59.

– *Helm*[96] hält die Beweislage für komplizierter. Um der Haftung zu entgehen, müsse nach den Grundsätzen des Abs. 1 und 2 ohnehin der Frachtführer den Beweis für die konkrete Schadensursache und ihre Ursächlichkeit sowie für ihre Unabwendbarkeit führen. Die Entlastung bleibe ihm dabei versagt, wenn es ihm nicht gelänge, eine von Fahrzeugmängeln unabhängige Ursache, die zur Haftungsbefreiung nach Art. 17 Abs. 2 oder 4 führe, nachzuweisen. Nur wenn dies dem Frachtführer gelänge, könne der Geschädigte in die Lage kommen, beweisen zu müssen, dass auch Fahrzeugmängel mitgewirkt hätten.
– *Koller*[97] will Art. 18 Abs. 1 CMR analog anwenden, weil Art. 17 Abs. 3 CMR die Funktion habe, den Haftungsausschluss des Art. 17 Abs. 2 CMR einzuschränken und die Regel des Art. 17 Abs. 1 CMR zum Tragen zu bringen. Der Ersatzberechtigte werde in einen Beweisnotstand geraten, wenn er Umstände beweisen müsste, die zum Organisationsbereich des Frachtführers gehören. Deshalb könne sich der Frachtführer nur entlasten, wenn er den Negativbeweis erbringe, dass keine Fahrzeugmängel für die Schadensentstehung ursächlich sein konnten.[98] Der Nachweis ausreichender Kontrolle reiche nicht aus.
– Auch nach *Jesser-Huß* ist bei Fahrzeugmängeln der dem Frachtführer obliegende Entlastungsbeweis erst erbracht, wenn feststeht, dass der Schaden nicht darauf sondern auf eine andere Ursache zurück geht.[99]
– Ähnlich sieht das auch *Boesche*, jedoch muss nach seiner Auffassung der Einwand, ein Fahrzeugmangel sei Ursache des Schadens gewesen, substantiiert vorgetragen werden. Die bloße Behauptung eines Fahrzeugmangels allein ohne Darlegung näherer Anhaltspunkte genüge nicht.[100]
– Nach *Glöckner*[101] trägt bei einem Reifenbrand der Frachtführer die Beweislast dafür, dass er neue oder neuwertige Reifen beim Transport verwandte. Ebenso sei die Haftung des Frachtführers nach Abs. 3 gegeben, wenn Reifen ohne äußerliche Einwirkungen infolge normalen Verschleißes, Reibung zweier Reifen oder aus anderen Gründen von innen her Luft abließen.

Bei Fahrzeugmängeln als Schadensursache erweist sich somit die Beweislastfrage als kompliziert.[102] Außer den oben genannten Betrachtungen kommt nämlich ein weiteres Argument hinzu, das hier im Vorgriff auf die späteren Erläuterungen zu Art. 18 Abs. 2 CMR (vgl. dazu unten Rdn. 44 ff.) erwähnt werden muss. Wird aufgrund der Darlegungen des Frachtführers gem. Art. 18 Abs. 2 CMR vermutet, dass der Schaden auf einen der in Art. 17 Abs. 4 a–f CMR bezeichneten beson-

39

---

96 Staub/*Helm*, Art. 17 CMR Rdn. 41.
97 *Koller*, Art. 17 CMR Rdn. 34 und Art. 18 CMR Rdn. 2.
98 Herber/Piper, Art. 17 CMR Rdn. 86; *Boesche*, in: EBJS, Art. 17 CMR Rdn. 43; OLG Düsseldorf, 18.11.1971 – 18 U 102/72, VersR 1973, 177 und OLG Köln, 5.2.1975 – 2 U 5/74, VersR 1975, 709 verlangen den Beweis der Mängelfreiheit des Fahrzeugs; differenzierend MünchKommHGB/*Jesser-Huß*, Art. 17 CMR Rdn. 51 (indirekte Beweislast des Frachtführers, der die Schadensursache beweisen und deshalb negativ beweisen müsse, dass Schaden nicht auf Fahrzeugdefekt zurückzuführen sei).
99 MünchKommHGB/*Jesser-Huß*, Art. 18 CMR Rdn. 9 in Verbindung mit Art. 17 Rdn. 51.
100 *Boesche*, in: EBJS, Art. 17 Rdn. 43.
101 *Glöckner*, Art. 17 CMR Rdn. 38.
102 Siehe dazu *Thume*, VersR 2000, 821.

Art. 18 Haftung des Frachtführers

deren Gefahren entstanden ist, so kann der Anspruchsberechtigte darlegen, dass der Schaden nicht oder nicht ausschließlich aus einer dieser Gefahren entstanden ist. Dazu kann sich der Anspruchsteller auf jede denkbare Ursache, also auch auf einen Schadenseintritt infolge eines Fahrzeugmangels gem. Art. 17 Abs. 3 CMR, berufen. In allen diesen Fällen hat jeweils der Anspruchsteller die Beweislast zu tragen.[103]

40 Aus dieser zwingenden Norm des Art. 18 Abs. 2 Satz 2 CMR, die dem Verfügungsberechtigten für die Fälle der bevorrechtigten Haftungsbefreiung gem. Art. 17 Abs. 4 CMR die volle Beweislast auch für einen Fahrzeugmangel aufbürdet, könnte man schließen, dies gelte analog auch für die Fälle des Art. 17 Abs. 2 CMR. Man könnte aber auch den Umkehrschluss ziehen, dass in den Fällen des Art. 17 Abs. 2 CMR die Beweislast für das Nichtvorliegen eines Fahrzeugmangels dem Frachtführer obliege.[104]

Dazu ist zunächst festzuhalten, dass die CMR hinsichtlich der Beweislast für Schadenseintritte infolge von Fahrzeugmängeln keine eigene Bestimmung enthält. Es bestehen daher Bedenken, im Wege eines Analogie- oder Umkehrschlusses die vorhandenen Beweislastbestimmungen des CMR auf andere Fallgestaltungen entsprechend oder *e contrario* anzuwenden. Der CMR-Gesetzgeber hat bewusst auf eine umfassende Regelung verzichtet und die Ergänzung den jeweiligen nationalen Rechten der Mitgliedstaaten überlassen. Daraus folgt m. E., dass hinsichtlich der Beweislastregeln, soweit die CMR keine Vorschriften enthält, ein Umkehrschluss nicht zulässig und auch ein Analogieschluss nur in sehr engen Grenzen möglich ist. Vielmehr ist ergänzend auf das jeweils nationale Recht zurückzugreifen. Aus dem gleichen Grund verbietet sich auch eine analoge Anwendung des Art. 18 Abs. 1 CMR auf den dort nicht genannten Abs. 3 des Art. 17 CMR.

41 Für die nach ergänzend anzuwendendem deutschen Recht abzuwickelnden Rechtsfälle ergeben sich daraus folgende Konsequenzen:
– Will der Anspruchsteller Schadensersatz gem. Art. 17 ff. CMR gegen den Frachtführer geltend machen, trägt er zunächst die Darlegungs- und Beweislast dafür, dass der Schaden während der Obhutszeit eingetreten ist (vgl. dazu oben Rdn. 10).
– Will sich der Frachtführer von dieser Haftung befreien, so hat er die Möglichkeit, sich entweder auf nicht bevorrechtigte Haftungsausschlussgründe nach Art. 17 Abs. 2 CMR oder auf bevorrechtigte Haftungsausschlussgründe nach Art. 17 Abs. 4 CMR zu berufen.
– Macht der Frachtführer nicht bevorrechtigte Haftungsausschlussgründe nach Art. 17 Abs. 2 CMR geltend, so trägt er dafür nach der zwingenden Vorschrift

---

103 BGH, 28.3.1985 – I ZR 194/82, TranspR 1985, 261 = VersR 1985, 754 = NJW 1985, 2092 = RIW 1986, 58 = ETR 1986, 175; OLG Düsseldorf, 13.12.1979 – 18 U 133/79, VersR 1980, 268; OLG Köln, 5.2.1975 – 2 U 5/74, VersR 1975, 709 = RIW 1975, 349; a. A. *Koller*, DB 1988, 589, 592.
104 So OLG Köln, 5.2.1975 – 2 U 5/74, VersR 1975, 709 = RIW 1975, 349.

des Art. 18 Abs. 1 CMR die volle Darlegungs- und Beweislast (vgl. oben Rdn. 28 ff.). Gelingt ihm dieser Beweis nicht, so bleibt es bei der Haftung nach Art. 17 Abs. 1 CMR.
- Gelingt dem Frachtführer der Beweis der Haftungsbefreiung nach Art. 17 Abs. 2 CMR, so ist er grundsätzlich haftungsfrei. Dann aber kann der Anspruchsteller den Einwand erheben, der Schaden sei (auch) auf Mängel des für die Beförderung verwendeten Fahrzeuges zurückzuführen. Dies ist ein zusätzlicher haftungsbegründender Sachvortrag, der dem Frachtführer jegliche Befreiungsmöglichkeit nimmt. Für haftungsbegründende Tatsachen trifft jedoch nach deutschem Recht grundsätzlich den Anspruchsteller die Darlegungs- und Beweislast (vgl. oben Rdn. 6).
- Die gleiche Beweislastsituation tritt ein, wenn sich der Frachtführer auf einen bevorrechtigten Haftungsausschlusstatbestand nach Art. 17 Abs. 4 CMR beruft. Dies ist in Art. 18 Abs. 2 Satz 2 CMR zwingend vorgeschrieben, und zwar für alle die Haftungsbefreiung vernichtenden Umstände (Näheres dazu siehe unten Rdn. 44 ff., 49 f.) und damit auch für den Schadenseintritt infolge von Fahrzeugmängeln.
- Gelingt einerseits dem Frachtführer der Beweis der Haftungsbefreiung gem. Art. 17 Abs. 2 CMR bzw. der Vermutung der Haftungsbefreiung gem. Art. 17 Abs. 4 CMR i.V.m. Art. 18 Abs. 2 CMR und gelingt andererseits dem Anspruchsteller der Beweis für die (Mit-)Ursächlichkeit eines Fahrzeugmangels für den Schadenseintritt, so kommt es zu einer Haftungsteilung gem. Art. 17 Abs. 5 CMR, bei der die unterschiedlichen Ursächlichkeiten und Verschuldensgrade zu berücksichtigen sind (vgl. Art. 17 CMR Rdn. 224 ff.).

Folgt man dieser Betrachtungsweise nicht, so wäre der Frachtführer in jedem Fall, in dem er sich auf Haftungsbefreiungsgründe beruft, dem schlichten Einwand ausgesetzt, auch sein Fahrzeug sei nicht in Ordnung gewesen. Er müsste dann jeweils darlegen und beweisen, dass alle Teile seines Fahrzeuges vor Antritt des Transportes ohne jeden Mangel waren, also überprüft worden sind, und dies, obwohl der übrige vom Anspruchsteller vorgetragene Sachverhalt des Falles für einen Schadenseintritt infolge eines Fahrzeugmangels überhaupt keine Anhaltspunkte bietet. Jedenfalls das kann nicht richtig sein.

In der Praxis lösen sich die Fälle meist aus folgenden Erwägungen: **42**
- Entweder führt ein Fahrzeugmangel zu einer Lieferfristüberschreitung und einem daraus resultierenden Verspätungsschaden, weil er während des Transportes behoben werden muss. In diesem Falle haftet der Frachtführer ohnehin zunächst nach Art. 17 Abs. 1 CMR. Will er sich von dieser Haftung befreien, so muss er den Nachweis für einen Haftungsbefreiungstatbestand nach Abs. 2 führen. Er müsste also den Nachweis erbringen, dass die Verzögerung unabwendbar war.
- Tritt infolge der durch einen Fahrzeugmangel verursachten Verzögerung ein Güterschaden ein, weil z. B. das beförderte Obst inzwischen verdirbt, so kann und muss der Frachtführer ggf. zusätzlich einen Vermutungstatbestand nach Abs. 4 darlegen und ggf. nachweisen.

Art. 18   Haftung des Frachtführers

In beiden Fällen muss also der Frachtführer jeweils ganz konkreten und substantiierten Sachvortrag bringen und beweisen, um sich zu entlasten. Wenn wirklich ein Defekt am Fahrzeug die Verzögerung (mit-)verursacht hat, kann dieser Nachweis dem Frachtführer nicht gelingen, weil die Kausalität des Befreiungsgrundes hinsichtlich des eingetretenen Schadens schon wegen der überlangen Beförderungsdauer nicht nachweisbar ist.[105] Eine zusätzliche Berufung auf einen Fahrzeugmangel, z. B. einen Getriebeschaden, kann den Frachtführer nach Art. 17 Abs. 3 CMR nicht entlasten.[106] Kommt es infolge eines Fahrzeugmangels auf andere Weise zu einem Güterschaden, so wird dies in aller Regel auch bekannt werden, weil sich als Folge des Fahrzeugmangels während des Transportes ein irgendwie geartetes außergewöhnliches Ereignis einstellt, das seinerseits zum Schaden des Frachtgutes führt; so z. B. wenn infolge eines Achsenbruchs ein Transportunfall eintritt. Auch hier haftet der Frachtführer zunächst grundsätzlich nach Art. 17 Abs. 1 CMR und muss die Unabwendbarkeit des Schadens nach Art. 17 Abs. 2 i. V. m. Art. 17 Abs. 1 CMR beweisen (vgl. oben Rdn. 35). Auch dabei kann er sich wiederum nicht auf einen Fahrzeugmangel berufen. Entsteht also beispielsweise der Güterschaden infolge eines Reifenbrandes am Transportfahrzeug, so müsste der Frachtführer, schon um sich gem. Art. 17 Abs. 2, Art. 18 Abs. 1 CMR zu entlasten, beweisen, dass heißgelaufene Bremsbeläge als Brandursache ausscheiden.[107]

43   Es bleiben jene Fälle, bei denen der Frachtführer eine Lieferfristüberschreitung mit einem unabwendbaren Ereignis begründet, das sich während des Transportes ereignet hat, also z. B. mit einer unabwendbaren Reifenpanne. Auch in diesen Fällen ist dem Frachtführer ohnehin nach Art. 18 Abs. 1 CMR die Beweislast für die Unabwendbarkeit aufgebürdet. Er muss also alle Tatsachen darlegen und beweisen, die dafür sprechen, dass die Panne nicht durch einen Mangel am Reifen, sondern durch ein plötzliches, von außen einwirkendes Ereignis entstanden ist. Mit der Darlegungs- und Beweislast hinsichtlich des unabwendbaren Ereignisses trägt also der Frachtführer zugleich die Last dafür, dass der Schaden nicht durch einen Fahrzeugmangel entstanden sein kann. Damit sind auch *Kollers* oben geschilderte Bedenken ausgeräumt.

---

105   Vgl. OLG Frankfurt/M., 8.7.1980 – 5 U 186/79, TranspR 1980, 127 = MDR 1981, 53.
106   Vgl. OLG Zweibrücken, 23.9.1966 – 1 U 40/66, VersR 1967, 1145 = NJW 1967, 168 = OLGZ 1967, 168 und OLG Frankfurt/M., a. a. O.
107   OLG Düsseldorf, 18.11.1971 – 18 U 102/71, VersR 1973, 177 = RIW 1973, 401 = ETR 1973, 510.

VII. Beweislast für Haftungsausschlüsse gem. Art. 17 Abs. 4 CMR (Art. 18 Abs. 2–5 CMR)

1. Allgemeines

Art. 18 Abs. 2 CMR enthält die grundsätzliche Beweislastregelung für die Haftungsbefreiungstatbestände des Art. 17 Abs. 4 CMR. In den folgenden Absätzen 3, 4 und 5 des Art. 18 sind weitere zusätzliche Beweislastfragen für bestimmte einzelne, in Art. 17 Abs. 4 CMR genannte Tatbestände enthalten. Der Art. 18 Abs. 3 CMR bezieht sich auf die Verwendung von offenen, nicht mit Planen bedeckten Fahrzeugen gem. Art. 17 Abs. 4 lit. a). Art. 18 Abs. 4 CMR enthält Einschränkungen für den Frachtführer, der sich auf Mängel natürlicher Beschaffenheit gewisser Güter gem. § 17 Abs. 4 lit. d) CMR beruft, wenn die Beförderung mit einem klimatechnischen Fahrzeug erfolgt ist. Schließlich enthält Art. 18 Abs. 5 CMR ähnliche Einschränkungen hinsichtlich der Beförderung von lebenden Tieren gem. Art. 17 Abs. 4 lit. f) CMR.

44

Nach Art. 18 Abs. 2 Satz 1 CMR muss der Frachtführer, der seine Haftungsbefreiung aus einem der in Art. 17 Abs. 4 genannten Tatbestände herleitet, zunächst nur darlegen, dass nach den Umständen des Falles der Verlust oder die Beschädigung aus einer oder mehreren dieser dort bezeichneten besonderen Gefahren entstehen konnte. Aufgrund dieser Frachtführerdarlegungen wird nach Abs. 2 Satz 1 letzter Halbsatz dann vermutet, dass der Schaden tatsächlich aus der dargelegten Gefahr entstanden ist. Deshalb werden die in Art. 17 Abs. 4 genannten Haftungsbefreiungsgründe als „bevorrechtigt" oder „privilegiert" bezeichnet.

45

Der bloße Hinweis des Frachtführers auf die theoretische Möglichkeit, dass der Schaden durch eine der in Art. 17 Abs. 4 genannten Gefahren entstanden sein könnte, ist allerdings unzureichend. Vielmehr muss der Frachtführer zweierlei tun: Zunächst muss er den einzelnen Haftungsbefreiungstatbestand des Art. 17 Abs. 4, auf den er sich berufen will, substantiiert vortragen und, wenn dieser vom Anspruchsteller bestritten wird, auch beweisen. Ferner ist erforderlich, dass er die Möglichkeit eines ursächlichen Zusammenhangs zwischen der jeweiligen besonderen Gefahr und dem Güterschaden konkret aufzeigt oder dieser aus einer der Gefahren lebenserfahrungsgemäß folgt.[108] Wenn dieser zweifache Beweis geführt ist, tritt die Vermutungsregel des Art. 18 Abs. 2 Satz 1 CMR ein, wonach der Schaden aus dem nachgewiesenen Gefahrenumstand gem. Art. 17 Abs. 4 entstanden ist.[109]

46

---

108 BGH, 15.6.2000 – I ZR 55/98, TranspR 2000, 459 = VersR 2001, 216 = NJW-RR 2000, 2166.
109 BGH, 20.10.1983 – I ZR 105/81, TranspR 1984, 100, 212 = VersR 1984, 262 = RIW 1984, 236 = ETR 1985, 160 (Verpackungsmangel einer Beutelschweißmaschine gem. Art. 17 Abs. 4 lit. b) CMR); BGH, 28.3.1985 – I ZR 194/82, TranspR 1985, 261 = VersR 1985, 754 = NJW 1985, 2092 = RIW 1986, 58 = ETR 1986, 175 (Verladefehler einer Druckmaschine gem. Art. 17 Abs. 4 lit. c) CMR); OLG Düsseldorf, 13.1.1972 – 18 U 84/70, VersR 1973, 178 (Verladefehler bei kartonierten Tapeten gem. Art. 17 Abs. 4 lit. c) CMR); OLG

Art. 18 Haftung des Frachtführers

47 Der Frachtführer muss den vollen Beweis für den behaupteten Gefahrumstand des Art. 17 Abs. 4 CMR erbringen.[110] Der Anscheinsbeweis insoweit ist nach deutscher Rechtsauffassung grundsätzlich zulässig,[111] jedoch mit Sorgfalt zu verwenden. So darf aus der Tatsache des normal verlaufenden Transportes nicht *prima facie* auf Verpackungsmängel des Transportgutes geschlossen werden[112] (vgl. oben Rdn. 4).

48 Hat der Frachtführer den Beweis für das Vorliegen des Gefahrenumstands gem. Art. 17 Abs. 4 lit. a)–f) CMR erbracht, so genügt es, dass er substantiiert darlegt, dass dieser nachgewiesene Gefahrenumstand kausal für den eingetretenen Schaden sein konnte (siehe dazu Rdn. 46). Hinsichtlich des Kausalzusammenhangs zwischen dem Gefahrumstand und dem eingetretenen Schaden genügt also die Darlegung der Möglichkeit, das ist weniger als die Wahrscheinlichkeit. Ein Beweis ist insoweit nicht erforderlich. Vielmehr postuliert hierfür Art. 18 Abs. 2 S. 1 CMR die gesetzliche Vermutung.[113]

49 Die Vermutung der Kausalität, die sich an die Darlegung der Möglichkeit des Schadenseintritts infolge des nachgewiesenen Gefahrenumstandes knüpft, kann der Verfügungsberechtigte gem. Art. 18 Abs. 2 Satz 2 CMR dadurch entkräften, dass er seinerseits beweist, dass der Schaden nicht oder nicht ausschließlich aus einer dieser Gefahren entstanden ist. Der „Verfügungsberechtigte" im Sinne dieser Bestimmung ist wiederum der berechtigte Anspruchsteller bzw. Gläubiger. Es liegt hier die gleiche, etwas unkorrekte Übersetzung der maßgeblichen englischen und französischen Texte vor wie bei Art. 17 Abs. 2 CMR (vgl. dazu Art. 17 CMR Rdn. 81). Der Anspruchsteller kann also seinerseits beweisen, dass

---

Frankfurt/M., 8.7.1980 – 5 U 186/79, TranspR 1980, 127 = MDR 1981, 53 = VersR 1981, 85 (LS) (natürliche Beschaffenheit gem. Art. 17 Abs. 4 lit. d) CMR – Überreife von Paprikafrüchten); OLG Hamm, 18.10.1984 – 18 U 175/82, TranspR 1985, 107 (Verladefehler bei gefrorenen Schweinehälften); OLG Schleswig, 30.8.1978 – 9 U 29/78, VersR 1979, 141 (Verladefehler gem. Art. 17 Abs. 4 bei Kühltransport von Frischfleisch); vgl. auch MünchKommHGB/*Jesser-Huß*, Art. 18 CMR Rdn. 1; Staub/*Helm*, Art. 17 CMR Rdn. 106; *Herber/Piper*, Art. 18 CMR Rdn. 9–11; *Heuer*, S. 109; *Koller*, Art. 18 CMR Rdn. 3; *Loewe*, ETR 1976, 562; *Glöckner*, Art. 18 CMR Rdn. 3, 5; *Dubischar*, S. 105; *Piper*, TranspR 1990, 357, 359; Baumgärtel/*Giemulla*, Art. 17–20 CMR Rdn. 19.

110 BGH, 28.3.1985 – I ZR 194/82, TranspR 1985, 261 = VersR 1985, 754 = NJW 1985, 2092; vgl. auch OLG Köln, 8.6.1994 – 27 U 42/94, VersR 1996, 261 (zu § 18 KVO).

111 BGH, 4.10.1984 – I ZR 112/82, TranspR 1985, 125 = VersR 1985, 13; *Boesche*, in: EBJS, Art. 18 Rdn. 19; *Koller*, Art. 18 CMR Rdn. 2; *Piper*, Gedächtnisschrift für Helm, S. 289, 298.

112 BGH, 4.10.1984 – I ZR 112/82, TranspR 1985, 125 = VersR 1985, 133 = RIW 1985, 149; a.A. noch die Vorinstanz KG, 13.3.1980 – 2 U 4303, VersR 1980, 948; OLG Stuttgart, 11.6.2003 – 3 U 222/02, TranspR 2003, 108.

113 BGH, 20.10.1983 – I ZR 105/81, TranspR 1984, 100, 212 = VersR 1984, 262 = RIW 1984, 236 = ETR 1985, 160; BGH, 28.3.1985 – I ZR 194/82, TranspR 1985, 261 = VersR 1985, 754 = NJW 1985, 2092 = RIW 1986, 58 = ETR 1986, 175; OLG Hamm, 2.11.1995, TranspR 1996, 335; Staub/*Helm*, Art. 17 CMR Rdn. 110; *Heuer*, Haftung, S. 111; *Glöckner*, Art. 18 CMR Rdn. 5; wenig präzise dagegen *ders.*, a.a.O., Rdn. 3; *Koller*, Art. 18 CMR Rdn. 4; *Loewe*, ETR 1976, 562, fordert darüber hinaus, dass der Frachtführer auch einen gewissen Zusammenhang zwischen dem Vorliegen des Gefahrenumstandes und dem eingetretenen Schaden beweisen müsse.

der an sich mögliche Kausalverlauf, wie ihn der Frachtführer dargestellt hat, in dem zu entscheidenden Fall gerade nicht vorgelegen habe. Dabei kann er sich nicht nur auf ein Verschulden des Frachtführers oder auf Fahrzeugmängel im Sinne von Art. 17 Abs. 3 CMR berufen, sondern auch auf jeden anderen, von ihm zu beweisenden Umstand, der für die Entstehung des Schadens ursächlich oder doch mitursächlich gewesen ist.[114] Der Anscheinsbeweis reicht jedoch hier nicht aus, um den gesetzlichen Vermutungstatbestand des Art. 18 Abs. 2 Satz 1 CMR zu entkräften. Vielmehr obliegt dem Anspruchsteller insoweit der Vollbeweis, weil andernfalls die zwingende Regelung des Art. 41 CMR verletzt würde.[115]

Der Anspruchsteller wird die Kausalitätsvermutung i.d.R. dadurch zu entkräften **50** versuchen, dass er den Nachweis einer anderen Schadensursache oder eines anderen Kausalverlaufs erbringt. Hat z.B. der Frachtführer die unzureichende Verladung einer Maschine auf dem LKW nachgewiesen, so kann der Anspruchsteller gegen die entsprechende Kausalitätsvermutung den Gegenbeweis erbringen, dass der Schaden an der Ladung durch Gewalteinwirkung von außen entstanden ist.[116] Gegen die Kausalvermutung des Schadens wegen der natürlichen Beschaffenheit des Gutes kann der Anspruchsberechtigte den Beweis der Lieferfristüberschreitung z.B. wegen eines Motorschadens erbringen.[117] Ferner kann der Anspruchsteller beispielsweise die Kausalvermutung des Schadens aufgrund Verpackungsmängeln und Ladungssicherung dadurch entkräften, dass er den Beweis der Umladung des Gutes durch den Frachtführer während des Transportes erbringt.[118]

Beweist der Anspruchsteller einen solchen die Kausalitätsvermutung des Art. 18 **51** Abs. 1 Satz 1 CMR entkräftenden Umstand, so ist es wiederum Sache des Frachtführers, für den entstandenen Schaden seinerseits den Entlastungsbeweis nach Art. 17 Abs. 2 CMR zu führen.[119] In den Fällen, in denen mehrere einerseits vom Absender bzw. Empfänger zu vertretende und andererseits vom Frachtführer zur Entstehung des Schadens geführt haben, kommt es zur Haftungsteilung des Art. 17 Abs. 5 CMR.[120]

---

114 BGH, 28.3.1985 – I ZR 194/82, TranspR 1985, 261 = VersR 1985, 754 = NJW 1985, 2092 = RIW 1986, 58 = ETR 1986, 175; vgl. Staub/*Helm*, Art. 17 CMR Rdn. 111.
115 BGH, 4.10.1984 – I ZR 112/82, TranspR 1985, 125 = VersR 1985, 133 = RIW 1985, 149 = ETR 1985, 154; a.A. *Piper*, in: Gedächtnisschrift für Helm, S. 290ff., der die BGH-Entscheidung anders interpretiert.
116 BGH, 20.10.1983 – I ZR 105/81, TranspR 1984, 100 = VersR 1984, 262 = RIW 1984, 236 = ETR 1985, 160.
117 Vgl. OLG Frankfurt/M., 8.7.1980 – 5 U 186/79, TranspR 1980, 127 = MDR 1981, 53.
118 OLG Hamburg, 18.12.1986 – 6 U 36/86, TranspR 1987, 434 = VersR 1988, 1133 (LS) (Gegenbeweis dort misslungen).
119 BGH, 28.3.1985 – I ZR 194 /82, TranspR 1985, 261 = VersR 1985, 754 = NJW 1985, 2095 = RIW 1986, 58 = ETR 1986, 275; *Piper*, TranspR 1990, 357, 359.
120 BGH, 28.3.1985 – I ZR 194 /82, TranspR 1985, 261 = VersR 1985, 754 = NJW 1985, 2095 = RIW 1986, 58 = ETR 1986, 275 und BGH, 20.10.1983 – I ZR 105/81, TranspR 1984, 100 = VersR 1984, 262; *Piper*, TranspR 1990, 357, 359.

Art. 18 Haftung des Frachtführers

Für die einzelnen Haftungsausschlusstatbestände des Art. 17 Abs. 4 CMR ergeben sich folgende Details:

2. Offene Fahrzeuge

52 Beim Transport mit offenen, nicht mit Planen bedeckten Fahrzeugen muss der Frachtführer gem. Art. 18 Abs. 2 Satz 1 CMR i.V.m. Art. 17 Abs. 4 lit. a) CMR nachweisen, dass die Beförderung des Gutes aufgrund einer ausdrücklichen, im Frachtbrief vermerkten Vereinbarung in einem solchen Fahrzeug erfolgt ist. Außerdem muss er darlegen, dass der Verlust oder die Beschädigung des Gutes aus diesem Umstand entstanden sein kann.[121] Nach Art. 18 Abs. 3 CMR gilt diese Kausalitätsvermutung aber nicht bei außergewöhnlich großem Abgang oder bei Verlust von ganzen Frachtstücken. Zu den Letzteren gehören beispielsweise auch Säcke.[122] Deshalb muss der Frachtführer auch vortragen und ggf. beweisen, dass kein außergewöhnlich großer Abgang oder der Verlust von ganzen Frachtstücken vorliegt.

53 Wird die Kausalitätsvermutung des Art. 18 Abs. 2 Satz 1 CMR durch Abs. 3 entkräftet, so hat der Frachtführer immer noch die Möglichkeit des Vollbeweises dafür, dass der außergewöhnlich große Abgang oder der Verlust von ganzen Frachtstücken auf der Beförderung mit dem vereinbarten offenen Fahrzeug beruht.[123]

54 Andererseits kann der Anspruchsberechtigte in den Fällen des Art. 17 Abs. 4 lit. a) CMR weitere konkrete Umstände darlegen und beweisen, die entweder ausschließen, dass der Schaden durch die besonderen Risiken der offenen Beförderung entstanden ist, oder die zumindest mitursächlich für den Schaden sind, so z.B. vermeidbares Fehlverhalten des Frachtführers, insbes. gefährliche Fahrmanöver oder andere Fahrfehler.[124] Gelingt ihm dies, so ist es wiederum Sache des Frachtführers, den Nachweis für die Unabwendbarkeit dieses Verhaltens, z.B. wegen Gefährdung durch andere Verkehrsteilnehmer, zu erbringen oder andere Befreiungstatbestände nachzuweisen.

3. Verpackungsmängel

55 Beruft sich der Frachtführer auf den Haftungsbefreiungstatbestand des Art. 17 Abs. 4 lit. b) CMR, so hat er gem. Art. 18 Abs. 2 Satz 1 CMR darzulegen und zu beweisen, dass der Verlust oder die Beschädigung aus den Fehlern oder Mängeln der Verpackung herrühren kann. Dazu gehört zunächst die Darlegungs- und ggf. auch Beweispflicht des Frachtführers für die Verpackungsbedürftigkeit des Gutes, denn dieser Umstand ist Voraussetzung für die Anwendbarkeit der Haftungs-

---

121 Staub/*Helm*, Art. 17 CMR Rdn. 116; *Koller*, Art. 18 CMR Rdn. 3.
122 BGH, 28.3.1973 – I ZR 41/72, VersR 1973, 822 = BB 1973, 773.
123 Baumgärtel/*Giemulla*, Art. 17–20 CMR Rdn. 26.
124 Vgl. *Koller*, Art. 18 CMR Rdn. 3.

befreiungsklausel des Art. 17 Abs. 4 lit. b) CMR[125] (zur Verpackungsbedürftigkeit vgl. Art. 17 CMR Rdn. 127 ff.).

Ferner trägt der Frachtführer die Darlegungs- und Beweislast dafür, dass die bei der Übernahme des Gutes vorhandene Verpackung für den Transport nicht ausreichend, also mangelhaft war.[126] Diesen Beweis darf der Frachtführer zwar im Wege des Anscheinsbeweises führen, es reicht jedoch nicht aus, wenn er nachweisen kann, dass der Transport normal, unfallfrei und ohne besonders harte Bremsvorgänge durchgeführt worden ist.[127] (Näheres dazu siehe oben Rdn. 4.) Ergeben sich Anhaltspunkte für etwaige Verpackungsmängel und sind dem Frachtführer die näheren Verpackungsdetails unbekannt, so kann er vom Anspruchssteller, den insoweit die sekundäre Darlegungslast trifft, darüber nähere Auskünfte verlangen.[128]

Zu den Beweiserleichterungen hinsichtlich des Verpackungszustandes zum Zeitpunkt der Übernahme vgl. oben Rdn. 13–15 und die Erläuterungen zu Art. 9 CMR.

Wenn der Frachtführer den Verpackungsmangel nachgewiesen hat, so muss er nach Art. 18 Abs. 2 Satz 1 CMR nur noch darlegen, dass durch diese mangelhafte Verpackung der Schaden entstanden sein kann. Es genügt also, wie oben unter Rdn. 46 ausgeführt, die Darlegung der Kausalitätsvermutung.[129] Dazu reicht aus, dass der Verpackungsmangel als Schadensursache nicht außerhalb aller Wahrscheinlichkeit liegt.[130] Es ist dann Sache des Anspruchstellers, die Kausalitätsvermutung durch Darlegungen und Gegenbeweise zu erschüttern.[131] Dazu ist der Nachweis erforderlich, dass der entstandene Schaden so geartet ist, dass die Möglichkeit, er habe aus einem Verpackungsmangel entstehen können, ausscheidet. Zu denken ist hier z.B. an einen Transportunfall, bei dem die gesamte La-

57

---

125 OLG Frankfurt/M., 11.6.1992 – 5 U 237/87, NJW-RR 1993, 169 = RIW 1992, 1026; MünchKommHGB/*Jesser-Huß*, Art. 18 CMR Rdn. 17; Staub/*Helm*, Art. 17 CMR Rdn. 130; *Boesche*, in: EBJS, Art. 18 CMR Rdn. 3; *Koller*, Art. 18 CMR Rdn. 4; a.A. Baumgärtel/*Giemulla*, Art. 17–20 CMR Rdn. 28.
126 BGH, 8.6.1988 – I ZR 149/86, TranspR 1988, 370 = VersR 1988, 952 = NJW-RR 1988, 1369 = ETR 1988, 705 = WM 1988, 1704; BGH, 4.10.1984 – I ZR 112/82, TranspR 1985, 125 = VersR 1985, 133; BGH, 20.10.1983 – I ZR 105/81, TranspR 1984, 100 = VersR 1984, 262 = RIW 1984, 236 = ETR 1985, 160; OLG Hamburg, 29.5.1980 – 6 U 137/79, VersR 1980, 950; OLG Frankfurt/M., 11.6.1992 – 5 U 2377/87, RIW 1992, 1026 = NJW-RR 1993, 169; Baumgärtel/*Giemulla*, Art. 17–20 CMR Rdn. 27; Staub/*Helm*, Art. 17 CMR Rdn. 130; *Koller*, Art. 18 CMR Rdn. 4.
127 BGH, 4.10.1984 – I ZR 112/82, TranspR 1985, 125 = VersR 1985, 133 = NJW 1985, 554 = RIW 1985, 149 = ETR 1985, 154; a.A. KG, 13.3.1980 – 2 U 4303/79, VersR 1980, 948.
128 *Piper*, in: Gedächtnisschrift für Helm, S. 289, 297; *Koller*, Art. 18 CMR Rdn. 4.
129 BGH, 20.10.1983 – I ZR 105/81, TranspR 1984, 100 = VersR 1984, 262 = RIW 1984, 236 = ETR 1985, 160; *Piper*, TranspR 1990, 357, 359; vgl. auch MünchKommHGB/*Jesser-Huß*, Art. 18 CMR Rdn. 11 mit 17.
130 OLG Frankfurt/M., 11.6.1992 – 5 U 237/87, RIW 1992, 1026 = NJW-RR 1993, 169; *Koller*, Art. 18 CMR Rdn. 4; weitergehend offenbar BGH, 15.6.2000 – I ZR 55/98, TranspR 2000, 459, 462, der den Nachweis einer „konkreten" Gefahr oder eines lebensnahen Zusammenhangs zwischen Gefahr und Schaden für notwendig hält.
131 OLG Frankfurt/M, a.a.O.; *Piper*, a.a.O.

Art. 18 Haftung des Frachtführers

dung derart beschädigt wird, dass nach den Feststellungen des Gutachters ein Totalschaden bei noch sorgfältigerer Verpackung eingetreten wäre.[132] In einem solchen Falle ist es dann wieder Sache des Frachtführers, seinerseits den Nachweis für die Unabwendbarkeit oder für andere Haftungsausschlüsse des Art. 17 Abs. 2 CMR zu führen.[133]

58 Schließlich hat der Anspruchsberechtigte auch die Möglichkeit, zusätzliche weitere Schadensursachen, die neben der nicht auszuschaltenden möglichen Kausalität des Verpackungsmangels in Frage kommen können, nachzuweisen. Dann kommt es zu einer Haftungsteilung nach Art. 17 Abs. 5 CMR, wenn nicht wiederum der Frachtführer für diese zusätzliche Schadensursache den Entlastungsbeweis nach Art. 17 Abs. 2 CMR antreten kann.

4. Ladefehler

a) Allgemeines

59 Die Beweislastfragen zur Ladetätigkeit und deren Folgen sind kompliziert. Dies ergibt sich daraus, dass auch materiell die damit zusammenhängenden Probleme nicht einfach zu lösen sind, weil die CMR mit Ausnahme des Art. 17 Abs. 4 lit. c) CMR keine Regelungen enthält.

Art. 17 Abs. 4 lit. c) CMR stellt allein auf die Tatsache ab, ob die Be- bzw. Entladung und sonstige Behandlung des Gutes durch den Absender oder Empfänger oder einen für sie handelnden Dritten erfolgt ist. Obwohl also die Frage, wer von den Beteiligten die *Verpflichtung* zum Be- und Entladen hat, in der CMR nicht geregelt ist, hat sie für die Haftung des Frachtführers ganz entscheidende Bedeutung. Von dieser Frage hängt nämlich ab, ob das Gut während des Be- und Entladevorgangs bereits bzw. noch in der Obhut des Frachtführers ist, ob also die Gewährhaftung des Art. 17 Abs. 1 CMR überhaupt gegeben sein kann (vgl. Art. 17 CMR Rdn. 30 und 149 ff. m.w. Hw.).

Hinsichtlich der Darlegungs- und Beweislast führt dies zu folgenden Unterscheidungen:

b) Schadenseintritt während der Be- und Entladung

60 Behauptet der Anspruchsteller die Entstehung eines Schadens während des Be- und Entladens und will er hierfür den Frachtführer nach Art. 17 Abs. 1 CMR haftbar machen, so obliegt ihm zunächst die Darlegungs- und Beweislast dafür, dass der Frachtführer diese Tätigkeiten im Rahmen des abgeschlossenen Beförderungsvertrages übernommen hat (vgl. dazu Art. 17 CMR Rdn. 37), denn nur dann fallen diese Tätigkeiten in den Obhuts- und damit in den Haftungszeitraum

---

132 Vgl. dazu auch OLG Köln, 2.2.1972 – 2 U 91/71, VersR 1972, 778, für den Fall der nachträglichen Umladung des unzureichend verpackten Marmorgutes.
133 *Piper*, a.a.O.

des Art. 17 Abs. 1 CMR. Insoweit handelt es sich also um rechtsbegründende Tatsachen, die grundsätzlich der Anspruchsteller zu beweisen hat (vgl. oben Rdn. 6 und Rdn. 10). Aus dem gleichen Grund muss der Anspruchsteller auch den Nachweis der Kausalität zwischen Be- und Entladevorgang und Schadenseintritt führen. Letzteres wird bei direktem Schadenseintritt während dieser Vorgänge allerdings nicht schwierig sein.

Gelingt dem Anspruchsteller der Nachweis dafür, dass der Schaden innerhalb der Obhutszeit des Frachtführers beim Be- und Entladen entstanden ist, so muss der Frachtführer seinerseits gem. Art. 18 Abs. 1 CMR den Nachweis erbringen, dass der eingetretene Verlust oder die Beschädigung durch einen der in Art. 17 Abs. 2 oder 4 CMR genannten Haftungsausschlüsse verursacht worden ist bzw. sein kann, also beispielsweise aufgrund einer falschen, von ihm selbst nicht verschuldeten Weisung des Verfügungsberechtigten im Hinblick auf den Beladevorgang oder durch ein unabwendbares Ereignis verursacht worden ist. Gelingt dem Frachtführer dieser Gegenbeweis nicht, so bleibt es bei seiner Haftung gem. Art. 17 Abs. 1 CMR, es sei denn, die Beladevorgänge sind gar nicht von ihm selbst oder seinen Gehilfen vorgenommen worden, obwohl er nach dem Beförderungsvertrag hierzu die Verpflichtung übernommen hatte; denn dann läge ein Fall des Art. 17 Abs. 4 lit. c) CMR vor. Darauf wird später einzugehen sein (vgl. unten Rdn. 64 ff.). **61**

Gelingt dem Anspruchsteller der Nachweis, dass der Frachtführer die Verpflichtung zum Be- bzw. Entladen übernommen hatte, nicht, so bleibt ihm immerhin noch die Möglichkeit, nach allgemeinen Grundsätzen den Nachweis für eine gewisse Mitwirkungspflicht des Frachtführers oder seiner Gehilfen zu erbringen und bei deren schuldhaftem Fehlverhalten Ansprüche aus Vertragsverletzung gem. § 280 BGB oder unerlaubter Handlung geltend zu machen (vgl. Art. 17 Rdn. 168 ff. und unten Rdn. 70 f.). **62**

c) Schadenseintritt während der Beförderung

Tritt infolge von Lade- und Staufehlern erst während der Beförderung ein Schaden ein, so genügt es, wenn der Anspruchsteller diesen darlegt. Nähere Einzelheiten braucht er nicht anzugeben. Diese sind ihm auch meist nicht bekannt (vgl. oben Rdn. 25). Es ist nun Sache des Frachtführers, ähnlich wie unter Rdn. 55 geschildert, Ausführungen zu seiner eigenen Haftungsbefreiung zu machen und ggf. zu beweisen. **63**

Dazu kann er sich auf die einfachen Haftungsausschlusstatbestände des Art. 17 Abs. 2 CMR und auch auf den bevorrechtigten Haftungsausschlusstatbestand des Art. 17 Abs. 4 lit. c) CMR berufen. Dann gilt Folgendes:

d) Laden – Entladen – Stauen und andere Behandlung des Gutes durch Absender, Empfänger oder Dritte

Beruft sich der Frachtführer auf den Haftungsbefreiungstatbestand des Art. 17 Abs. 4 lit. c) CMR, so trägt er gem. Art. 18 Abs. 1 CMR zunächst die Darle- **64**

Art. 18 Haftung des Frachtführers

gungs- und Beweislast dafür, dass die von ihm beanstandeten Ladetätigkeiten von den dort genannten Personen, also dem Absender, dem Empfänger oder den von diesen eingesetzten Dritten durchgeführt worden sind.[134] Lässt sich dieser Beweis nicht erbringen, weil nicht festgestellt werden kann, wer diese schadensträchtigen Tätigkeiten durchgeführt hat, so geht das *non liquet* zu Lasten des Frachtführers.[135] Das Gleiche gilt, wenn nicht nachweisbar ist, dass die Dritten für den Absender oder Empfänger gehandelt haben.

65 Darüber hinaus trifft den Frachtführer nach der in Deutschland und Österreich vorherrschenden Auffassung auch die Darlegungs- und Beweislast dafür, dass die genannten Personen die Verladung mangelhaft bzw. fehlerhaft vorgenommen haben. Auch dies folgt aus Art. 18 Abs. 2 Satz 1 CMR. War nämlich kein Ladefehler vorhanden, so lässt sich aus der Tatsache der Beladung allein auch keine Vermutung dafür aufstellen, dass diese für den Schaden kausal gewesen sein könnte. Hier ist es dem Frachtführer dann gar nicht möglich, eine solche Kausalvermutung i. S. v. Art. 18 Abs. 2 Satz 1 CMR darzulegen. Deshalb ist der Frachtführer auch für Verladefehler beweispflichtig.[136] Die Beweispflicht kann im Einzelfall durchaus hart für den Frachtführer sein, weil der Nachweis der Unauffälligkeit des Transportverlaufs allein nicht ausreicht.[137]

66 Hat der Frachtführer Ladefehler des Absenders, Empfängers oder der von diesen beauftragten Dritten nachgewiesen, so genügt es wiederum, wenn er die Kausalitätsvermutung für den Schadenseintritt gem. Art. 18 Abs. 2 Satz 1 CMR darlegt.[138] Dann ist es auch hier Sache des Anspruchstellers, die Kausalitätsvermutung durch anderen nachweisbaren Sachvortrag zu widerlegen oder weitere

---

134 *Koller*, Art. 18 CMR Rdn. 5; *Piper*, TranspR 1990, 357, 359.
135 Baumgärtel/*Giemulla*, Art. 17–20 CMR Rdn. 30.
136 BGH, 8.6.1988 – I ZR 149/86, TranspR 1988, 370 = VersR 1988, 952 = NJW-RR 1988, 1369 = WM 1988, 1704 = ETR 1988, 705; BGH, 28.3.1985 – I ZR 194/82, TranspR 1985, 261, 264 = VersR 1985, 754 = NJW 1985, 2092 = RIW 1986, 58 = ETR 1986, 17; OGH Wien, 21.3.1977 – 5 Ob 521/77, TranspR 1982, 111; OLG Düsseldorf, 21.4.1994 – 18 U 53/93, TranspR 1995, 347; OLG Düsseldorf, 13.12.1979 – 18 U 133/79, VersR 1980, 286 und OLG Düsseldorf, 13.1.1972 – 18 U 84/70, VersR 1973, 178; OLG Hamburg, 29.5.1980 – 6 U 137/79, VersR 1980, 950; OLG Hamm, 18.10.1984 – 18 U 175/82, TranspR 1985, 107; OLG Karlsruhe, 24.1.2002 – 9 U 94/99, TranspR 2002, 410 = VersR 2004, 401; OLG Köln, 2.2.1972 – 2 U 91/71, VersR 1972, 778 und OLG Köln, 5.2.1975 – 2 U 5/74, VersR 1975, 709 = RIW 1975, 349; OLG Schleswig, 30.8.1978 – 9 U 29/78, VersR 1979, 141; LG Aachen, 30.6.1967 – 9 O 42/66, VersR 1968, 262; *Alff*, § 429 HGB Rdn. 93; *Glöckner*, Art. 18 CMR Rdn. 3; Baumgärtel/*Giemulla*, Art. 17–20 CMR Rdn. 30; *Herber/Piper*, Art. 18 CMR Rdn. 21; *Koller*, Art. 18 CMR Rdn. 5 und DB 1988, 589, 592; *Piper*, TranspR 1990, 357, 359; *Züchner*, VersR 1967, 1026; unklar *Roesch*, BB 1982, 20, 24; a. A. *Bischof*, 1981, 539 und teilw. die ausländische Rechtsprechung vgl. dazu *Koller*, Art. 18 CMR Rdn. 5.
137 Vgl. OLG Stuttgart, 11.6.2003 – 3 U 222/02, TranspR 2003, 308.
138 BGH, 28.3.1985 – I ZR 194/82, TranspR 1985, 261 = VersR 1985, 754 = NJW 1985, 2092 = RIW 1986, 58 = ETR 1986, 175; OLG Frankfurt/M., 7.2.1980 – 20 U 39/80, VersR 1980, 584; *Herber/Piper*, Art. 18 CMR Rdn. 11; *Boesche*, in: EBJS, Art. 18 CMR Rdn. 3; *Koller*, Art. 18 CMR Rdn. 5.

zusätzliche schadensbegründende Umstände nachzuweisen.[139] Im letzteren Fall kommt es wieder zu einer Haftungsteilung gem. Art. 17 Abs. 5 CMR.[140]

e) Grenzfälle

Problematisch wird die Beweislastfrage in den Einzelfällen, in denen jeweils behauptet wird, der die Ladetätigkeit Ausführende habe nicht in eigener Verantwortung und deshalb mit Übernahme der Ladepflicht gehandelt, sondern nur als jeweiliger Erfüllungsgehilfe des anderen (vgl. Art. 17 Rdn. 163 ff.). Hat der Frachtführer höchstpersönlich be- oder entladen, so wird man davon ausgehen, dass er i.d.R. auch die Verpflichtung zur Be- und Entladung mit übernehmen wollte[141] (siehe dazu auch Art. 17 CMR Rdn. 164). Insoweit liegt also ein Anscheinsbeweis dafür vor, dass die vom Frachtführer selbst durchgeführten Ladetätigkeiten in seiner Obhut erfolgt sind, so dass er für Ladefehler nach Art. 17 Abs. 1 CMR zu haften hat, zumal er sich auf Art. 17 Abs. 4 lit. c) CMR ohnehin nicht berufen kann. Dieser Anscheinsbeweis ist zulässig, weil insoweit die CMR keine eigene Regelung enthält, so dass ein Verstoß gegen Art. 41 CMR nicht vorliegt.[142] Der Frachtführer hat aber die Möglichkeit, diesen Anscheinsbeweis durch Erbringung des vollen Gegenbeweises zu widerlegen. **67**

Anders ist es, wenn auf Drängen oder Verlangen des Absenders oder Empfängers die Gehilfen des Frachtführers, insbesondere die Fahrer bei den Be- und Entladevorgängen behilflich sind oder diese auch alleine durchführen. Wie oben ausgeführt (Rdn. 23 und 60), hat grundsätzlich der Anspruchsteller zu beweisen, dass die Be- und Entladepflicht vom Frachtführer übernommen worden sind. Gelingt ihm der Beweis der Übernahme einer solchen Verpflichtung nicht, so wird man allein die tatsächliche Durchführung der Tätigkeiten durch die Gehilfen des Frachtführers nicht als einen Anscheinsnachweis für die Übernahme der Verpflichtung ansehen können. Vielmehr wird im Allgemeinen davon auszugehen sein, dass die Gehilfen des Frachtführers in einem solchen Fall nur gefälligkeitshalber für den Absender bzw. Empfänger gehandelt haben, so dass sie ihre Ladetätigkeit auch nicht innerhalb des Obhuts- und Haftungszeitraums des Frachtführers verrichtet haben (vgl. Art. 17 CMR Rdn. 164). **68**

Umgekehrt werden Absender und Empfänger, wenn sie persönlich Be- und Entladevorrichtungen vornehmen, dies nicht als Gehilfen des Frachtführers tun wollen, sondern in aller Regel in eigener Verantwortung handeln.[143] Bei Beladefehlern des Absenders und Empfängers wird sich daher der Frachtführer immer auf **69**

---

139 BGH, 28.3.1985, a.a.O. und BGH, 27.10.1978 – I ZR 86/76, VersR 1979, 417; OLG Düsseldorf, 21.4.1994 – 18 U 53/93, TranspR 1995, 347; OLG Frankfurt/M., a.a.O.; OLG Köln, 5.2.1975 – 2 U 5/74, VersR 1975, 401 = RIW 1975, 349; LG Koblenz, 3.6.1985 – 1 HO 167/84, TranspR 1985, 434; *Koller*, Art. 18 CMR Rdn. 5.
140 Vgl. *Piper*, TranspR 1990, 357, 359.
141 Vgl. *de la Motte*, TranspR 1988, 364; siehe dazu auch Art. 17 CMR Rdn. 164.
142 Siehe oben, Rdn. 4.
143 Vgl. *de la Motte*, TranspR 1988, 364.

Art. 18 Haftung des Frachtführers

Art. 17 Abs. 4 lit. c) CMR berufen können (vgl. Art. 17 CMR Rdn. 142). Werden diese Tätigkeiten von Gehilfen des Absenders und Empfängers ausgeführt, so gilt zunächst auch für sie Art. 17 Abs. 4 lit. c) CMR. Wird behauptet, sie hätten unter Oberaufsicht des Frachtführers für diesen gehandelt und deshalb sei diese Bestimmung nicht anwendbar, so ist es Sache des Anspruchstellers, diesen die Haftungsbefreiung des Frachtführers wiederum ausschließenden und neuen haftungsbegründenden Sachverhalt darzulegen und zu beweisen.[144]

f) Überwachungspflichten

70 Beruft sich der Anspruchsteller darauf, dass der Frachtführer eine Überwachungspflicht der Ladung gehabt und diese pflichtwidrig nicht wahrgenommen habe (vgl. Art. 17 Rdn. 168 ff.), so handelt es sich wieder um rechtsbegründende Tatsachen, aus denen der Anspruchsteller Haftungsfolgen zu Lasten des Frachtführers ableiten will. Deswegen trägt der Anspruchsteller die Darlegungs- und Beweislast sowohl dafür, dass (ausnahmsweise) eine Überprüfungspflicht bestand, als auch für das Fehlen der gebotenen Überprüfung. Gelingt ihm dies, so hat er damit in aller Regel zugleich den hier zulässigen Anscheinsbeweis für die Mitursächlichkeit dieser pflichtwidrigen Unterlassung des Frachtführers für den Schadenseintritt erbracht.[145]

71 Ist der Schadenseintritt infolge des Verstoßes gegen diese Überwachungspflichten bewiesen, so hat der Frachtführer wiederum gem. Art. 18 Abs. 1 CMR den Nachweis für den Haftungsbefreiungstatbestand des Art. 17 Abs. 2 CMR, insbesondere für die Unabwendbarkeit des Verstoßes und seiner Folgen zu erbringen (vgl. Art. 17 CMR Rdn. 171). Andernfalls kommt es auch hier zu einer Haftungsteilung gem. Art. 17 Abs. 5 CMR.

5. Natürliche Beschaffenheit gewisser Güter

a) Allgemeines

72 Beruft sich der Frachtführer auf den Haftungsbefreiungstatbestand des Art. 17 Abs. 4 lit. d) CMR, so obliegt ihm zunächst die Darlegungs- und Beweislast dafür, dass es sich bei den beförderten Gütern um solche der dort genannten Art handelt, dass diese also im besonderen Maße dem Verlust oder der Beschädigung während des Transportes ausgesetzt sind, insbesondere durch Bruch, Rost, inneren Verderb, Austrocknen, Auslaufen, normalen Schwund oder Einwirkung von Ungeziefer oder Nagetieren (vgl. Art. 17 CMR Rdn. 173 ff.). Hierbei kommt es zunächst allein auf die natürlichen Eigenschaften der Güter an, nicht auf deren Verpackung oder Verstauung, weil die Bestimmung insoweit keine Einschrän-

---

144 Vgl. Baumgärtel/*Giemulla*, Art. 17–20 CMR Rdn. 30.
145 *Koller*, DB 1988, 589, 592.

kung enthält.¹⁴⁶ Die Art des Gutes wird der Frachtführer häufig durch Vorlage des Frachtbriefes beweisen können, die besondere Qualifikation als ein dem Art. 17 Abs. 4 lit. d) CMR unterfallendes Gut notfalls durch Sachverständigengutachten.¹⁴⁷ Dabei müssen die tatsächlichen Umstände, aus denen sich die besondere Gefahr während des Transportes ergibt, dargelegt und bewiesen werden.¹⁴⁸ Gelingt dem Frachtführer der plausible Nachweis der besonderen Gefahrenaffinität des Gutes, so wird die daraus zu folgernde Schadensverursachung widerleglich vermutet.¹⁴⁹ *Koller* verlangt darüber hinaus den zusätzlichen Nachweis, dass die Verursachung des Schadens durch die besondere Anfälligkeit nicht außerhalb aller Wahrscheinlichkeit liegen dürfe.¹⁵⁰ Dies wird jedoch nahezu immer bereits durch Darlegung und Nachweis der besonderen Gefährdungsqualifikation der Güter impliziert sein.

Ist der entsprechende Beweis für das Vorliegen der Voraussetzungen des Art. 17 Abs. 4 lit. d) CMR erbracht, so tritt zunächst zugunsten des Frachtführers die Kausalitätsvermutung gem. Art. 18 Abs. 2 Satz 1 CMR ein. Dies gilt aber nur dann, wenn sich die natürliche Beschaffenheit des Gutes tatsächlich im konkreten Einzelfall als die wahrscheinlichste Schadensursache – *causa proxima* – erweist (vgl. dazu Art. 17 CMR Rdn. 181 ff., insbesondere Rdn. 186). Deshalb kann sich der Frachtführer nicht auf Art. 17 Abs. 4 lit. d) CMR berufen, wenn der Anspruchsteller Umstände beweist, die nach einem gewöhnlichen Transportverlauf nicht zu erwarten waren, also beispielsweise eine Lieferfristüberschreitung. Dann liegt die eigentliche Schadensursache in der eingetretenen Verspätung und nicht in der natürlichen Beschaffenheit des Gutes.¹⁵¹

73

Das Gleiche gilt z.B. bei Rostschäden von Feinblechen, wenn der Frachtführer diese mit einem offenen, nicht mit Planen bedeckten Fahrzeug befördert hat, weil der Rost durch die vertragswidrige Transportweise und nicht durch die natürliche Beschaffenheit des Gutes eingetreten ist.¹⁵²

---

146 MünchKommHGB/*Jesser-Huß*, Art. 18 CMR Rdn. 22; *Herber/Piper*, Art. 18 CMR Rdn. 25; a.A. *Koller*, Art. 18 CMR Rdn. 6 und *Boesche*, in: EBJS, Art. 18 CMR Rdn. 11, welche auch die Verpackung und Verladung schon an dieser Stelle berücksichtigen wollen; Näheres dazu siehe Rdn. 75 ff.
147 Vgl. LG Hagen, 4.11.1976 – 12 HO 161/74, VersR 1977, 910 für die Bruchanfälligkeit von Marmor; Baumgärtel/*Giemulla*, Art. 17–20 CMR Rdn. 33.
148 Vgl. OLG Frankfurt/M., 8.7.1980 – 5 U 186/79, TranspR 1980, 127 = VersR 1981, 85 (LS) = MDR 1981, 53 zur Überreife von Paprikaschoten und OLG Hamm, 2.11.1995 – 18 U 10/95, TranspR 1996, 335.
149 *Otte*, in: Ferrari et al., Art. 17 CMR Rdn. 20. *Boesche*, in: EBJS, Art. 17 Rdn. 11; MünchKommHGB/*Jesser-Huß*, Art. 17 CMR Rdn. 79; vgl. OLG Hamm, 2.11.1995 – 18 U 10/95, TranspR 1996, 335 zur Rostanfälligkeit von Stahlbandträgern.
150 *Koller*, Art. 18 CMR Rdn. 6.
151 OLG Frankfurt/M., 8.7.1980 – 5 U 168/79, TranspR 1980, 127 = VersR 1981, 85 (LS) = MDR 1981, 53; OLG Düsseldorf, 26.7.1984 – 18 U 65/84, TranspR 1985, 128 = VersR 1985, 1081; OLG Düsseldorf, 12.12.1985 – 18 U 90/85, TranspR 1986, 56 = VersR 1986, 1069; Baumgärtel/*Giemulla*, Art. 17–20 CMR Rdn. 35; *Koller*, Art. 18 CMR Rdn. 6.
152 OLG Frankfurt/M., 25.10.1977 – 5 U 14/77, VersR 1978, 335 mit Anm. von *Schönwerth* = RIW 1978, 409.

Art. 18 Haftung des Frachtführers

74 Daneben kann der Anspruchsberechtigte auch hier wie in allen übrigen Fällen des Art. 17 Abs. 4 CMR andere Schadensursachen darlegen und ggf. beweisen, wie z.B. Transportmittelunfälle, Vollbremsung oder Falschverladung durch den ladepflichtigen Frachtführer.[153] Gelingt dem Anspruchsberechtigten ein solcher Gegenbeweis, ist es wieder Sache des Frachtführers, auch hinsichtlich dieser Ursachen haftungsbefreiende Tatumstände, wie z.B. die Unabwendbarkeit, vorzutragen und ggf. nachzuweisen.[154]

Wegen weiterer Einzelheiten sei auf die Rechtsprechungsbeispiele in Rdn. 183 zu Art. 17 CMR hingewiesen.

b) Schutzmaßnahmen, insbesondere Verpackung, Verladung und Stauung

75 Der Absender wird i.d.R. das aus der natürlichen Beschaffenheit derartiger Güter während des Transportes resultierende Schadensrisiko dadurch einzudämmen versuchen, dass er diese Güter besonders schützt. Zu diesen Schutzmaßnahmen gehören vor allem eine sorgfältige beförderungssichere Verpackung[155] (vgl. Art. 17 CMR Rdn. 128ff., 134ff.) und auch eine besonders sorgfältige Verladung und Stauung dieser gefährdeten Güter auf dem Transportfahrzeug (vgl. Art. 17 CMR Rdn. 32f.).

Hinsichtlich der Beweislast hat dies folgende Auswirkungen:

Hat der Frachtführer dargelegt und nachgewiesen, dass das beschädigte Transportgut von jener gefahrgeneigten natürlichen Beschaffenheit i.S.d. Art. 17 Abs. 4 lit. d) CMR war, weil es sich z.B. um sehr zerbrechliches Porzellan handelt, so tritt zunächst die Kausalitäts-Vermutung des Art. 18 Abs. 2 Satz 1 CMR ein. Behauptet nun der Anspruchsteller, das Gut sei gerade wegen dieser Eigenschaften besonders sorgfältig verpackt und verladen worden, so will er damit geltend machen, dass der Schaden wegen dieser getroffenen besonderen Gefährdungsverhütungsmaßnahmen nicht oder nicht ausschließlich aus der Gefahr des Art. 17 Abs. 4 lit. d) CMR entstanden ist. Damit erhebt er also einen Einwand i.S.v. Art. 18 Abs. 2 Satz 2 CMR, für den er nach dieser Bestimmung auch beweispflichtig ist.[156] Wenn sich also der Frachtführer auf Art. 17 Abs. 4 lit. d) CMR beruft, muss er, anders als in den Fällen des Art. 17 Abs. 4 lit. b) und c), keine Mängel der Verpackung oder Ladung bzw. Stauung beweisen, vielmehr trifft insoweit die Darlegungs- und Beweislast für die ausreichende Verpackung und transportsichere Ladung und Stauung den Anspruchsteller.

---

153 Vgl. OLG Saarbrücken, 23.8.1985 – 4 U 118/83, TranspR 1985, 392.
154 Vgl. dazu die teilw. korrigierende Revisionsentscheidung des BGH zum obigen Urteil des OLG Saarbrücken, 24.9.1987 – I ZR 197/85, TranspR 1988, 108 = VersR 1988, 244 = NJW-RR 1988, 479 = RIW 1988, 307 = DB 1988, 599.
155 OLG Frankfurt/M, 11.6.1992 – 5 U 237/87, NJW-RR 1993, 169 = RIW 1992, 1026.
156 *Thume*, in: Fremuth/Thume, Art. 18 CMR Rdn. 37ff.

c) Vorkühlung von Kühlgut

Die Frage, wer die *Beweislast für die ausreichende Vorkühlung des Beförderungsgutes*, welche bei Kühltransporten häufig erforderlich ist (vgl. dazu Art. 17 CMR Rdn. 92, 130 und 193 f.), trägt, *ist umstritten*. Dabei ist zunächst zu beachten, dass sie überhaupt erst zu stellen ist, wenn der Anspruchsteller dargelegt und ggf. auch bewiesen hat, dass der Güterschaden während der Obhutszeit eingetreten ist, also die Voraussetzungen des Art. 17 Abs. 1 CMR gegeben sind. Kühlgut, das befördert werden soll, befindet sich bei der Übergabe an den Frachtführer nur dann in ordnungsgemäßem Zustand befindet, wenn es bereits zu diesem Zeitpunkt zureichend vorgekühlt ist. Insoweit ist – zunächst – allein das Vorliegen der die Haftung gem. Artikel 17 Abs. 1 CMR begründeten Umstände betroffen, nicht aber eine etwaige Haftungsbefreiung gem. Artikel 17 Abs. 2 CMR.[157] Dann erst hängt ihre Beantwortung davon ab, wie man die ungenügende und unzureichende Vorkühlung rechtlich einordnet, nämlich entweder als einen Mangel des Gutes i.S.v. Art. 17 Abs. 2 CMR oder als eine unzureichende Maßnahme, die bei ordnungsgemäßer Durchführung einen Schutz gegen jene Schäden hätte bieten können, denen gewisse schadensgeneigte Güter aufgrund ihrer natürlichen Beschaffenheit ausgesetzt sind, so dass eine Haftungsbefreiung nach Art. 17 Abs. 4 lit. d) CMR eintreten könnte.

Betrachtet man die unzureichende Vorkühlung als einen Mangel des Gutes i.S.v. Art. 17 Abs. 2 CMR, so würde die Darlegungs- und Beweislast gem. Art. 18 Abs. 1 CMR dem Frachtführer obliegen.[158]

Zum gegenteiligen Ergebnis kommt man jedoch, wenn man die ungenügende Vorkühlung nicht als Mangel des Gutes i.S.v. Art. 17 Abs. 2 CMR ansieht, sondern als besondere Maßnahme zum Schutz gegen Schäden, die aus der natürlichen Beschaffenheit des Gutes entstehen können, insbes. als Schutzmaßnahme gegen den inneren Verderb. Dann ist der Beweis, dass bei man es sich um verderbliches Gut handelt, schon aus dem Art des Gutes zu entnehmen und der Absender hat die ausreichende Vorkühlung nachzuweisen[159] (vgl. Art. 17 CMR Rdn. 92 und 193).

---

157 So richtig und besonders deutlich OLG Hamm, 11.9.2008, 18 U 132/07, juris (Erdbeeren) und OLG Hamm, 26.6.1997 – 18 U 106/94, TranspR 1998, 301, 303 linke Spalte (Speiseeis); OLG Köln, 15.12.2009 – 3 U 175/08, TranspR 2010, 147; Brandenburgisches OLG, 29.3.2000, TranspR 2000, 358; siehe dazu auch *Ramming*, TranspR 2001, 53,67.
158 OLG Frankfurt/M., 17.11.1981 – 5 U 14/79, TranspR 1982, 106 = RIW 1982, 204 (tiefgefrorene Sauerkirschen); *Herber/Piper*, Art. 18 CMR Rdn. 6, 39; *Koller*, Art. 18 CMR Rdn. 6; *Boesche*, in: EBJS, Art. 18 CMR Rdn. 2; *Glöckner*, Art. 17 CMR Rdn. 34; a.A. OLG Hamm, 26.6.1997 –18 U 106/94, TranspR 1998, 301 (Speiseeis), weil der Anspruchsteller zunächst den Nachweis des Schadenseintritts während der Obhut führen muss.
159 Ständige Rspr. des OLG Hamm, Urteile vom 11.9.2008 – 18 U 132/07, juris; 18.10.1984, TranspR 1985, 107 f.; vom 11.6.1990, TranspR 1990, 375; vom 26.6.1997, TranspR 1998, 301 und vom 2.11.1998, TranspR 2000, 361; OLG Köln, 15.12.2009 – 3 U 175/08, TranspR 2010, 147; Brandenburgisches OLG, 29.3.2000, TranspR 2000, 358; *Merkt*, in: Baumbach/Hopt, § 425 HGB Rdn. 2.

Art. 18 Haftung des Frachtführers

77 Bei näherer Betrachtung wird man *unterscheiden* müssen zwischen einfachem Kühlgut – wie etwa frischen Lebensmitteln – und *Tiefkühlgut = Gefriergut*. Letzteres wird in einem besonderen Fabrikationsverfahren gefrostet und somit zu einem Gut eigener Art und Gattung. Wenn daher Gefriergut die gesetzlich vorgeschriebene Temperatur nicht einhält, so unterscheidet es sich vom üblichen Gefriergut und weist einen besonderen Mangel i.S.v. Art. 17 Abs. 2, 3. Alternative CMR auf (Näheres dazu siehe bei Art. 17 Rdn. 193). Wenn also festgestellt ist, dass der Schaden am Gefriergut während der Obhutszeit des Art. 17 Abs. 1 CMR entstanden ist, muss der Frachtführer, um sich aus der Haftung zu befreien, darlegen und beweisen, dass das Gut bei der Übernahme nicht ausreichend vorgekühlt war, denn bei Gütermängeln ist Art. 18 Abs. 1 CMR anzuwenden.[160] Das ist aber gerade dann nicht erforderlich, wenn der Anspruchsteller nicht nachweisen kann, dass der Güterschaden nicht schon bei der Übergabe vorhanden war, sondern erst in der Obhut des Frachtführers entstanden ist. Um dies beweisen zu können, wird daher im Zweifelsfall letztlich doch der Anspruchsteller den Nachweis für eine ausreichende Vorkühlung erbringen müssen,[161] anders wohl nur, wenn sich der Frachtführer vertraglich verpflichtet hat, die Übernahmetemperatur des Gutes zu messen.[162]

Ganz anders ist es jedoch bei nicht vorgekühltem, einfachem, im natürlichen Zustand befindlichen oder durch andere Maßnahmen aufbereitetes Gut, insbes. *bei frischen Lebensmitteln*, wie z.B. Obst, Gemüse oder Frischfleisch und Frischfisch. Diese Güter weisen eine der transportgefährdeten Eigenschaften des Art. 17 Abs. 4 lit. d) CMR auf, nämlich die Neigung zum inneren Verderb (vgl. Art. 17 CMR Rdn. 92, 177 und 193).[163] Ob und in welchem Umfang die Kühlung vor und während der Beförderung jeweils erforderlich ist, hängt wiederum von der Eigenart des Gutes ab. Dies wird z.B. bei schlachtfrischem, gepökeltem, geräuchertem und getrocknetem Fleisch ganz unterschiedlich sein.[164] Wenn daher der Frachtführer bei Vorliegen der Haftungsvoraussetzungen des Art. 17 Abs. 1 CMR den Beweis für diese besondere Beschaffenheit des Gutes i.S.d. Art. 17 Abs. 4 lit. d) CMR erbracht hat, der sich in aller Regel schon aus der Art des Gutes selbst ergibt, so ist er aufgrund der Kausalitätsvermutung des Art. 18 Abs. 2 Satz 1 CMR zunächst haftungsfrei.[165] Genau wie bei den oben in Rdn. 75 erörterten Fällen des Einwands der besonders sorgfältigen Verpackung und Verladung

---

160 So auch OLG Hamm, 21.6.1999 – 18 U 201/98, TranspR 1999, 445, das deutlich zwischen Gefriergut und Frischgut unterscheidet.
161 Vgl. dazu OLG Hamm, 26.6.1997 – 18 U 106/94, TranspR 1998, 301 (Speiseeis) und OLG Hamm, 2.11.1998 – 18 U 90/98, TranspR 2000, 361, 362 (Paprikaschoten); *Ramming*, TranspR 2001, 53, 67.
162 OLG Hamm, 2.11.1998 – 18 U 90/98, TranspR 2000, 361, 362 (Paprikaschoten).
163 Vgl. schon BGH, 10.4.1974 – I ZR 84/73, VersR 1974, 796 = NJW 1974, 1614 = AWD 1974, 348 = ETR 1975, 83, der Bedenken äußert, dass eine zu hohe Beladetemperatur von Käse einen besonderen Mangel i.S.v. Art. 17 Abs. 2 CMR darstellen könnte.
164 So auch *Koller*, Art. 18 CMR Rdn. 6.
165 A.A. ist *Koller* (Art. 18 Rdn. 6 CMR), der auch mangelhaft vorgekühltes Normalgut als mit einem Gütermangel behaftetes Gut i.S. von Art. 17 Abs. 2 ansieht und deshalb die Beweislast dem Frachtführer aufbürdet.

ist es daher Sache des Anspruchstellers, den Gegenbeweis anzutreten dafür, dass das eigentlich aufgrund seiner natürlichen Beschaffenheit zum Schaden neigende Gut infolge einer ausreichenden Vorkühlung für den Transport geeignet war und somit seine Schadensanfälligkeit beseitigt war. Deshalb trägt bei solchem Frischgut die Beweislast für die ausreichende Vorkühlung der Anspruchsteller.[166] Hat sich jedoch der Frachtführer vertraglich verpflichtet, die Übernahmetemperatur des Gutes zu messen, so folgt daraus nach Auffassung des OLG Hamm, dass er sich im Prozess entlasten und deshalb eine ungenügende Vorkühlung beweisen muss.[167]

Kann daher der Frachtführer neben der natürlichen Neigung der Güter zu innerem Verderb auch noch deren unzureichende Vorkühlung nachweisen, so hat er, betrachtet man Letztere als Parallele zum Verpackungsmangel, den Beweis für zwei bevorrechtigte Haftungsausschlussgründe, nämlich nach Art. 17 Abs. 4 lit. d) und nach Art. 17 Abs. 4 lit. b) CMR, erbracht. Hinsichtlich des erstgenannten Haftungsbefreiungsgrundes braucht er dann, die oben ausgeführt, die mangelnde Vorkühlung nicht zu beweisen, dies obliegt dem Anspruchsteller, wenn er damit den Einwand der Anfälligkeit des Gutes zum inneren Verderb entkräften will. Dies berücksichtigt *Koller*[168] nicht. **78**

d) Transporte mit klimatechnischen Fahrzeugen, insbesondere Kühltransporte

Nach Art. 18 Abs. 4 CMR kann sich bei Beförderung mit einem Fahrzeug, das **79** mit Kälte, Temperaturschwankungen oder Luftfeuchtigkeit versehen ist, der Frachtführer nur dann auf Art. 17 Abs. 4 lit. d) CMR berufen, wenn er beweist, dass er alle ihm nach den Umständen obliegenden Maßnahmen hinsichtlich der Auswahl, Instandhaltung und Verwendung der besonderen Einrichtungen getroffen und ihm erteilte besondere Weisungen beachtet hat.[169] Dazu muss er substantiiert die Art der Kühleinrichtung, ihre Wartung und Bedienung, Methoden und Umfang der Kontrollen sowie der Kühlung und deren Überwachung während der Fahrtpausen und Standzeiten darlegen und ggf. beweisen.[170]

---

166 So im Ergebnis auch bei tiefgefrorenen Süßkirschen: BGH, 9.2.1979 – I ZR 67/77, VersR 1979, 466 = NJW 1979, 2471 = ETR 1980, 214 = RIW 1979, 339; Brandenburgisches OLG, 29.3.2000 – 7 U 206/98, TranspR 2000, 358; OLG Hamm, 21.6.1999 – 18 U 201/98, TranspR 1999, 445; OLG Hamm, 11.6.1986 – 18 U 214/89, TranspR 1990, 375 (Frischfleisch) und OLG Hamm, 18.10.1984 – 18 U 175/82, TranspR 1985, 107 (Schweinehälften); a.A. z.B. bei Frischfleisch: OLG Schleswig, 30.8.1978 – 9 U 29/78, VersR 1979, 141; *Koller*, Art. 18 CMR Rdn. 6.
167 OLG Hamm, 2.11.1998 – 18 U 90/98, TranspR 2000, 361, 362 (Paprikaschoten).
168 In Art. 18 CMR Rdn. 6.
169 Vgl. OLG Hamm, 14.11.1985 – 18 U 268/84, TranspR 1986, 78 = VersR 1986, 609; OLG Hamm, 6.12.1993 – 18 U 98/93, TranspR 1994, 195 und OLG Hamm, 21.6.1999 – 18 U201/98, TranspR 1999, 445; *Herber/Piper*, Art. 18 CMR Rdn. 30; *Boesche*, in: EBJS, Art. 18 CMR Rdn. 15; *Koller*, Art. 18 Rdn. 6.
170 OLG Hamm, 21.6.1998 – 18 U 201/98, TranspR 2000, 445.

Art. 18 Haftung des Frachtführers

Diese Spezialnorm ist auf andere Spezialeinrichtungen nicht entsprechend anwendbar.[171] Sie gilt jedoch insbesondere für Tiefkühl- und andere Kühlfahrzeuge, die mit eigenen Kühlaggregaten ausgestattet sind (vgl. Art. 17 CMR Rdn. 188 ff.).[172] Das bedeutet, dass bei Verderb von Gütern durch Mängel von klimatechnischen Anlagen des Fahrzeuges eine Haftung für vermutetes Verschulden des Frachtführers hinsichtlich dieser Anlage besteht.[173] Die bei Art. 17 CMR unter den Rdn. 190 ff., 197 ff. zitierte Rechtsprechung zeigt, dass an den Frachtführer hohe Anforderungen gestellt werden. Der Frachtführer muss insbesondere die ausreichende Dimensionierung und Funktionstauglichkeit der Kühlanlage darlegen und ggf. beweisen,[174] ebenso die ausreichende Vorkühlung des Fahrzeugs vor Beginn der Beförderung.[175] Die gleiche Darlegungs- und Beweisverpflichtung trifft den Frachtführer hinsichtlich der Funktionstauglichkeit der Anlage und der vorhandenen Kontrollinstrumente während des gesamten Transportes sowie hinsichtlich der ständigen Überwachung der Kühltemperatur.[176]

80 Ferner muss der Frachtführer beweisen, dass er die Temperatur während des Transportes regelmäßig überprüft hat.[177] Schließlich muss der Frachtführer darlegen und ggf. beweisen, dass er alle ihm erteilten besonderen Weisungen des Verfügungsberechtigten beachtet hat.

81 Hat der Frachtführer all diese Nachweise geführt, so gilt zu seinen Gunsten wiederum die Kausalitätsvermutung des Art. 18 Abs. 2 Satz 1 CMR, d.h., es wird vermutet, dass der eingetretene Schaden auf der natürlichen Beschaffenheit des beförderten Gutes beruht.[178] Dagegen kann der Anspruchsteller wieder darlegen und nachweisen, dass der Schaden infolge eines atypischen Transportverlaufs entstanden ist und oder jedenfalls nicht gänzlich durch die besonderen Eigenschaften des Gutes verursacht worden ist. Dann wiederum hat sich der Frachtführer zu entlasten, indem er neue Haftungsbefreiungstatbestände des Art. 17 Abs. 2 oder Abs. 4 CMR vorbringt und ggf. nachweist.

6. Ungenügende Bezeichnung und Nummerierung

82 Hinsichtlich der Beweislast zum Haftungsausschluss gem. Art. 17 Abs. 4 lit. e) CMR kann auf die Erläuterungen zu den Verpackungsmängeln gem. Art. 17

---

171 Siehe Art. 17 CMR Rdn. 190.
172 Zu Kühltransporten siehe *Thume*, TranspR 1992, 1 ff.
173 OLG Koblenz, 2.7.1976 – 2 U 515/74, VersR 1976, 1151 = RIW 1976, 617; Staub/*Helm*, Art. 17 CMR Rdn. 211.
174 OLG Hamburg, 27.10.1988 – 6 U 116/88, TranspR 1989, 318 = VersR 1989, 719.
175 OLG München, 16.1.1991 – 7 U 2240/90, TranspR 1992, 181.
176 OLG Hamburg, a.a.O., und OLG Hamburg, 22.7.1982 – 6 U 24/82, VersR 1983, 63 (LS); OLG Koblenz, 2.7.1976 – 2 U 515/74, VersR 1976, 1151 = RIW 1978, 617; OLG München, 27.6.1979 – 7 U 1181/79, TranspR 1980, 95 = VersR 1980, 241; *Koller*, Art. 18 CMR Rdn. 6.
177 OLG Hamburg, 22.7.1982 – 6 U 4/82, VersR 1983, 63 (LS); OLG Schleswig, 30.8.1979 – 9 U 29/78, VersR 1979, 141; OLG Hamm, 18.10.1984 – 18 U 175/82, TranspR 1985, 107.
178 *Heuer*, S. 105.

Abs. 4 lit. b) verwiesen werden, da die Fallgestaltungen ähnlich liegen (vgl. oben Rdn. 55 ff.). Hat der Frachtführer nachgewiesen, dass eine mangelhafte Bezeichnung der Güter vorlag, so tritt wiederum die Kausalitätsvermutung ein, wenn er gleichzeitig darlegt, dass infolge dessen eine Falschversendung, -lagerung oder -auslieferung stattgefunden habe.[179] Es ist dann wiederum Sache des Anspruchstellers nachzuweisen, dass diese Kausalität nicht gegeben ist, sondern z. B. die Falschauslieferung auf einer Verwechslung des Frachtführers beruht, die daraus resultiert, dass er zwei getrennte Aufträge in einem Transport zusammengefasst hatte. Hinsichtlich der Beweislast zur Überprüfung der entsprechenden Angaben im Frachtbrief darf auf die Erläuterungen zu Art. 8 Abs. 9 CMR verwiesen werden.

7. Beförderung von lebenden Tieren

Beruft sich der Frachtführer auf den Haftungsbefreiungstatbestand des Art. 17 Abs. 4 lit. f) CMR, so hat er nach Art. 18 Abs. 5 CMR darzulegen und nachzuweisen, dass er alle ihm den Umständen nach üblicherweise obliegenden Maßnahmen getroffen und auch alle ihm erteilten besonderen Weisungen beachtet hat. Hier genügt im Gegensatz zu Art. 18 Abs. 4 CMR der Nachweis, dass er die üblichen Sorgfaltsmaßnahmen beachtet hat (vgl. Art. 17 CMR Rdn. 208).[180] Zu diesen Maßnahmen gehören insbesondere die Tierbeförderungs- und Tierschutzbestimmungen der Europäischen Union.[181] Ferner hat er vorzutragen und nachzuweisen, dass die Tiere gefüttert, getränkt sowie für eine ausreichende Luftzufuhr gesorgt, alle Maßnahmen zum Schutz vor Seuchen, Kälte und Entweichen der Tiere ergriffen hat.[182]

83

Hat der Frachtführer diesen Entlastungsbeweis geführt, so tritt auch hier die Kausalitätsvermutung des Art. 18 Abs. 2 Satz 1 CMR ein. Es wird also vermutet, dass der Schaden aufgrund der mit der Beförderung von lebenden Tieren verbundenen besonderen Gefahr eingetreten ist. Der Anspruchsteller muss diese Vermutung ggf. durch den Gegenbeweis widerlegen, dass die in den Tieren liegende Gefahr nicht schadenskausal gewesen ist, dass vielmehr andere Umstände, wie z. B. Beförderungsverzögerungen, Transportmittelunfälle etc. den eingetretenen Schaden verursacht haben.[183] Dann obliegt es wiederum dem Frachtführer, ande-

84

---

179 BGH, 27.10.1978 – I ZR 30/77, VersR 1979, 276 = TranspR 1982, 108 = NJW 1979, 2473 = RIW 1979, 863.
180 *Boesche*, in: EBJS, Art. 18 CMR Rdn. 18; *Koller*, Art. 18 Rdn. 8.
181 EG-Richtlinien: EG-Richtlinie 91/628/EWG vom 19.11.1991, ABl. EG 1991 L 340/17; VO (EG) 1/2005 vom 22.12.2004 über den Schutz von Tieren beim Transport und damit zusammenhängenden Vorgängen, ABl. EG 2005 L 3/1; zu den besonderen in der EU geltenden Regeln für Tiertransporte s. auch *Brandt*, TranspR 2008, 230.
182 MünchKommHGB/*Jesser-Huß*, Art. 17 CMR Rdn. 102; *Otte*, in: Ferrari et al., Art. 17 CMR Rdn. 132.
183 *Herber/Piper*, Art. 18 CMR Rdn. 43.

Art. 18 Haftung des Frachtführers

re Haftungsausschließungsgründe, wie insbesondere die Unabwendbarkeit des Schadenseintritts, darzulegen und nachzuweisen.

VIII. Beweislast für Lieferfristüberschreitung

85 Will der Anspruchsteller einen Schaden wegen Überschreitung der Lieferfrist gem. Art. 17 Abs. 1, 19 CMR geltend machen, so trifft ihn die volle Darlegungs- und Beweislast für alle anspruchsbegründenden Tatsachen. Insoweit darf auf die Eingangserläuterungen (oben Rdn. 6) verwiesen werden.[184]

Der Anspruchsteller muss also insbesondere nachweisen, dass eine Lieferfristüberschreitung i.S.v. Art. 19 CMR eingetreten ist; Näheres dazu siehe Art. 19 CMR Rdn. 32 ff.

86 Wenn die Verspätung nachgewiesen ist, kann der Frachtführer einwenden, diese beruhe auf einem der einfachen Haftungsausschlussgründe des Art. 17 Abs. 2 CMR. Geschieht dies, so obliegt ihm insoweit gem. Art. 18 Abs. 1 CMR die Beweislast, und zwar sowohl für das Vorliegen des behaupteten Entlastungsgrundes als auch dafür, dass hierdurch die Lieferfristüberschreitung verursacht worden ist. Wegen der Einzelheiten wird auf die obigen Erläuterungen unter Rdn. 30–36 verwiesen.

87 Kann der Frachtführer den Nachweis eines solchen Haftungsausschlussgrundes und seiner Ursächlichkeit für die Lieferfristüberschreitung nicht erbringen, so hat der Anspruchsteller den Kausalzusammenhang zwischen der eingetretenen Verspätung und dem behaupteten Schaden darzulegen und ggf. nachzuweisen. Auch insoweit kann jedoch eine sekundäre Darlegungslast des Frachtführers bestehen: verweigert er jegliche Auskünfte über den Verlauf der Beförderung, kann daraus u.U. auf grob schuldhafte Verspätung geschlossen werden.[185]

Gelingt es andererseits dem Anspruchsteller nicht, den Kausalzusammenhang des behaupteten Schadens und der Lieferfristüberschreitung zu beweisen, weil z.B. die eigentliche Schadensursache nicht auf der nur geringfügigen Lieferfristüberschreitung beruht, sondern ganz überwiegend auf einem eigenen groben Organisationsverschulden des Absenders, so kann die Haftung des Frachtführers ganz entfallen.[186]

88 Schließlich muss der Anspruchsteller den behaupteten Schaden konkret darlegen und nachweisen, und zwar auch dann, wenn es sich letztlich nicht um den eigenen, sondern um den Schaden des Urversenders handelt. So ist beispielsweise die bloße Behauptung des Spediteur-Versenders, der Urversender habe wegen Überschreitung der Lieferfrist die Zahlung an ihn verweigert, für die Darlegung

---

[184] Vgl. *Koller*, Art. 19 CMR Rdn. 6.
[185] OLG Hamm, 15.9.2008 – 18 U 199/07, TranspR 2009, 167.
[186] OLG Zweibrücken, 14.11.1984 – 4 U 193/83, TranspR 1985, 397.

eines Schadens nicht ausreichend.[187] Ebenso unzureichend als Schadensnachweis ist die Begründung des Absenders, der Empfänger habe ihm wegen der Verspätung des Frachtführers die Zahlung der Vergütung verweigert, weil jener vom Endempfänger ebenfalls keine Vergütung erhalten habe.[188]

Wegen der Einzelheiten hinsichtlich der Darlegungspflicht und des Nachweises des Schadensumfanges und der Höhe wird auf die Erläuterungen zu Art. 23 CMR (vgl. dort insbes. Rdn. 62 ff.) verwiesen.

IX. Beweislast bei Schadensteilung gem. Art. 17 Abs. 5 CMR

Art. 17 Abs. 5 CMR trägt dem Umstand Rechnung, dass ein Schadenseintritt meist nicht ausschließlich von einem einzigen Ereignis verursacht worden ist, sondern gerade beim internationalen Straßengütertransport häufig von einer Reihe von Umständen herrührt.[189] Wegen der Details siehe Art. 17 CMR Rdn. 224 ff. **89**

Die Beweislast für die jeweils geltend gemachten Schadensereignisse und -umstände sowie für die jeweils entgegenstehenden Einwände hat immer derjenige zu tragen, der sich darauf beruft. Hinsichtlich der haftungsbegründenden Tatsachen trifft sie also den Anspruchsteller, hinsichtlich der haftungsbefreienden, haftungsmindernden und haftungsvernichtenden Tatsachen jeweils den Frachtführer. Bei den einzelnen Haftungsausschließungsgründen sind in den vorstehenden Erläuterungen jeweils entsprechende Fallkonstellationen angegeben, auf die verwiesen werden darf (vgl. zu den einfachen Haftungsausschlüssen des Art. 17 Abs. 2 CMR oben Rdn. 30 ff.; zu den bevorrechtigten Haftungsausschlüssen des Art. 17 Abs. 4 CMR oben Rdn. 44 ff.). **90**

Bezüglich der Haftungsverteilungskriterien wird auf Art. 17 CMR Rdn. 230 Bezug genommen.

Keine Schadensteilung nach Art. 17 Abs. 5 CMR erfolgt i. d. R., *wenn der Schaden durch Vorsatz oder ihm gem. Art. 29 CMR gleichgestelltes grobes Verschulden des Frachtführers verursacht ist* (vgl. Art. 17 Rdn. 232). Die Beweislast für dieses grobe Verschulden hat zwar grundsätzlich der Anspruchsteller,[190] jedoch trifft nach der Rechtsprechung in Deutschland gerade in diesem Bereich den Frachtführer die oben in Rdn. 4 beschriebene sekundäre Darlegungs- und Be- **91**

---

187 OLG Düsseldorf, 17.5.1990 – 18 U 31/90, TranspR 1990, 280 = VersR 1991, 1314.
188 OLG Düsseldorf, 9.10.1986 – 18 U 73/86, TranspR 1986, 429.
189 Baumgärtel/*Giemulla*, Art. 17–20 CMR Rdn. 39.
190 OLG Düsseldorf, 14.7.1987 – 18 U 48/87, TranspR 1987, 378 = VersR 1987, 932; OLG Hamburg, 7.2.1991 – 6 U 40/90, TranspR 1991, 294; OLG Nürnberg, 10.12.1992 – 12 U 2400/92, TranspR 1993, 138; *Giemulla*, a.a.O., Rdn. 39, Art. 29 Rdn. 7; *Koller*, Art. 29 CMR Rdn. 7; vgl. dazu auch Art. 29 CMR Rdn. 48.

Art. 18 Haftung des Frachtführers

weislast.[191] Dies wird daraus abgeleitet, dass das vom Anspruchsteller behauptete schadensträchtige Fehlverhalten des Frachtführers in diesen Fällen allein in dessen Sphäre liegt und dem Anspruchsteller die näheren Schadensumstände meist nicht bekannt sein können, weil sie sich außerhalb seines maßgeblichen Geschehensablaufs ereignet haben. Deshalb darf sich nach der Rechtsprechung der Frachtführer hier nicht mit dem bloßen eigenen Bestreiten begnügen. Vielmehr muss er selbst substantiiert jenen Geschehensablauf darlegen, den er kennt oder über den er sich weitere Informationen verschaffen kann.[192] Wenn er dies unterlässt, spricht der Anschein in aller Regel für grobes Verschulden. Das OLG München nimmt insoweit eine widerlegliche Vermutung an.[193]

Näheres dazu siehe oben Rdn. 4 und bei Art. 29 CMR Rdn. 89 ff.

92 Wendet der Frachtführer seinerseits grobes (Mit-)Verschulden des Anspruchstellers ein (vgl. Art. 17 CMR Rdn. 233), so trägt er dafür die Beweislast, weil es sich um anspruchsschmälernde Umstände handelt.

---

191 Vgl. statt vieler *Koller*, Art. 29 CMR Rdn. 7; *Thume*, TranspR 1993, 932, 937 und TranspR 2002, 1 ff.
192 OLG Hamburg, 7.2.1991 – 6 U 40/90, TranspR 1991, 294.
193 OLG München, 12.4.1990 – 23 U 3161/88, TranspR 1990, 280 = NJW-RR 1991, 230.

Art. 19

bearbeitet von RA Dr. Karl-Heinz Thume, Nürnberg

Eine Überschreitung der Lieferfrist liegt vor, wenn das Gut nicht innerhalb der vereinbarten Frist abgeliefert worden ist oder, falls keine Frist vereinbart worden ist, die tatsächliche Beförderungsdauer unter Berücksichtigung der Umstände, bei teilweiser Beladung insbesondere unter Berücksichtigung der unter gewöhnlichen Umständen für die Zusammenstellung von Gütern zwecks vollständiger Beladung benötigten Zeit, die Frist überschreitet, die vernünftigerweise einem sorgfältigen Frachtführer zuzubilligen ist.

Literatur: *Ramming*, Die Nicht-Zurverfügungstellung des Beförderungsmittels zur vorgesehenen Zeit, TranspR 2003, 419; *Roesch*, Abschluss des Beförderungsvertrags, Lieferfristbeginn und Lieferfristhaftung im Landfrachtrecht, VersR 1982, 825; *Thume*, Die Haftung des CMR-Frachtführers für Verspätungsschäden, RIW 1992, 966; *ders.*, Zur Lieferfristüberschreitung gem. Art. 19 CMR, TranspR 1992, 403; *Voigt*, Der Beginn der Lieferfrist beim CMR-Vertrag, VersR 1973, 501; *ders.*, Zur Lieferfristregelung der CMR, VP 1965, 184; *Züchner*, Ersatzpflicht bei Lieferfristüberschreitung nach der CMR, VersR 1970, 701.

Übersicht

	Rdn.		Rdn.
I. Allgemeines	1	1. Vereinbarte Frist	10
II. Die Lieferfrist	2	2. Nicht vereinbarte Frist	15
1. Beginn	5	IV. Die Überschreitung der Lieferfrist	19
2. Ende	7	V. Die Rechtsfolgen der Lieferfristüberschreitung	26
3. Ladefrist	8	VI. Beweislastfragen	32
III. Die Fristdauer	9		

I. Allgemeines

Art. 19 CMR enthält eine gesetzliche Definition der Lieferfristüberschreitung **1** und unterscheidet dabei zwischen den Fällen, in denen eine solche Frist vereinbart ist, und jenen, in denen dies nicht geschehen ist. Die Bestimmung ist Vorbild des in Deutschland seit 1.7.1998 geltenden § 423 HGB. Die Bestimmung setzt voraus, dass noch eine Ablieferung möglich ist, wenn auch nicht in der vorgegebenen Zeit.[1] Sie ist daher nicht anwendbar, wenn die Zeitgrenzen des Art. 20 CMR überschritten sind und der Absender die Verlustfiktion geltend macht.[2]

---

1 MünchKommHGB/*Jesser-Huß*, Art. 17 CMR Rdn. 93.
2 MünchKommHGB/*Jesser-Huß*, Art. 17 CMR Rdn. 93; *Otte*, in: Ferrari et al., Art. 17 CMR Rdn. 32a.

Art. 19 Haftung des Frachtführers

Die Haftung des Frachtführers für Überschreitungen der Lieferfrist ist in Art. 17 CMR geregelt (vgl. dort Rdn. 211 ff.). Die Haftungsfolgen ergeben sich aus Art. 23 ff. CMR, insbesondere Art. 23 Abs. 5 und Art. 26 CMR.

Diese gesetzlichen Regelungen sind abschließend und zwingend. Deshalb ist auch die Vereinbarung einer zusätzlichen Vertragsstrafe für Lieferfristüberschreitung wegen Verstoßes gegen Art. 41 CMR unwirksam (vgl. Art. 17 CMR Rdn. 213).

Besonders zu beachten ist, dass Schadensersatz für Vermögensschäden wegen Überschreitung der Lieferfrist nur gefordert werden kann, wenn binnen 21 Tagen nach dem Zeitpunkt, an dem das Gut dem Empfänger zur Verfügung gestellt worden ist, an den Frachtführer ein schriftlicher Vorbehalt gerichtet wird (Art. 30 Abs. 3 CMR). Andernfalls tritt von Amts wegen zu beachtender Rechtsverlust ein, auch wenn die Verzögerung vom Frachtführer grob schuldhaft i. S. v. Art. 29 CMR verursacht worden ist.[3] Anders ist es jedoch, wenn als Folge der Verspätung ein Güterschaden eintritt, weil insoweit Art. 30 Abs. 3 CMR nicht zur Anwendung kommt.[4]

II. Die Lieferfrist

2 Die Lieferfrist ist jene Frist, innerhalb derer der Frachtführer die Beförderung durchzuführen und durch ordnungsgemäße Ablieferung zu vollenden hat.

Während das internationale Eisenbahnfrachtrecht gesetzliche Vorschriften über zeitlich genau begrenzte Lieferfristen enthält,[5] sind der CMR solche Regelungen fremd. Der Grund für diesen Verzicht liegt wohl darin, dass in einer einheitlichen Regelung für den gesamteuropäischen Raum die organisatorischen und geographischen Besonderheiten des Straßengüterverkehrs in den einzelnen Mitgliedstaaten und auch die teilweise sehr unterschiedlichen Straßenverhältnisse nicht hinreichend hätten berücksichtigt werden können.[6]

3 Ob ein der CMR unterliegender Frachtvertrag als *Fixgeschäft* abgeschlossen werden kann, ist zweifelhaft.[7] Der BGH hat diese Frage bislang offen gelassen.[8] Das OLG Düsseldorf lehnt die Vereinbarung eines CMR-Frachtvertrages als absolu-

---

3 BGH, 14.11.1991 – I ZR 236/89, TranspR 1992, 135.
4 MünchKommHGB/*Jesser-Huß*, Art. 30 CMR Rdn. 21; Staub/*Helm*, Art. 30 CMR Rdn. 62; *Boesche*, in: EBJS, Art. 30 CMR Rdn. 16.
5 Art. 27 § 1 ff. COTIF/ER-CIM.
6 *Heuer*, S. 132; vgl. *Glöckner*, Art. 19 CMR Rdn. 1.
7 *Alff*, Anh. 4 nach § 425 HGB, Art. 17 CMR Rdn. 26; zum absoluten und relativen Fixgeschäft im deutschen Frachtrecht siehe *Ramming*, TranspR 2003, 419; ablehnend für das deutsche Recht OLG Düsseldorf, 7.3.2007 – I-18 U 115/06, TranspR 2007, 195.
8 BGH, 20.1.1983 – I ZR 90, 81, TranspR 1983, 44 = NJW 1983, 1266 = RIW 1983, 375, insoweit jeweils nicht abgedruckt; vgl. *Alff*, § 429 HGB Rdn. 88.

tes oder relatives Fixgeschäft im Sinne der deutschen Rechtsterminologie ab.[9] Die Rechtsfolgen der Verspätung sind, wie oben ausgeführt (vgl. Rdn. 1 und Art. 17 CMR Rdn. 182), abschließend und zwingend geregelt. Der Bestand des Frachtvertrages wird dadurch nicht in Frage gestellt. Die wirksame Vereinbarung eines absoluten Fixgeschäftes mit der Folge, dass bei Verspätung Unmöglichkeit eintreten würde, scheitert deshalb an Art. 41 Abs. 1 Satz 1 CMR.[10] Vielmehr bleibt der Frachtführer auch nach Überschreitung der Lieferfrist zur weiteren Beförderung und zur Ablieferung verpflichtet. Der Absender ist weder berechtigt, wegen der Versäumung der Lieferfrist vom Vertrag zurückzutreten, noch gelten ergänzend die deutschen Verzugsvorschriften.[11] Verweigert der Empfänger die Annahme des Gutes, treten die Rechtsfolgen des Art. 23 Abs. 5 CMR ein. Der Frachtführer hat dann nach Art. 15 CMR Weisungen des Absenders einzuholen. Er ist nichtverpflichtet, das Gut kostenlos zum Absender zurück zu befördern.[12]

Zu unterscheiden von der Lieferfrist ist die Ladefrist. Erscheint nämlich der Frachtführer mit seinem Fahrzeug nicht rechtzeitig zur Beladung, so verletzt er seine Ladepflicht. Die Folgen hieraus sind in der CMR nicht geregelt, sondern richten sich nach dem ergänzend anwendbaren nationalen Recht (siehe unten Rdn. 8). Bei einer infolge verspäteter Beladung eingetretenen Verzögerung des Transportbeginns hat deshalb der BGH zu Recht dem Absender Ansprüche auf Schadensersatz wegen Nichterfüllung gem. § 326 a.F. BGB gewährt.[13]

Die Lieferfrist nach der CMR umfasst nicht nur die reine Fahrtdauer, sondern **4** den gesamten Zeitraum der Beförderung des Frachtgutes von der Übernahme bis zur pflichtgemäßen Ablieferung als Vertragserfüllung.[14]

Vorschriften über den Beginn, das Ende sowie über ein Ruhen, etwaige Unterbrechungen oder Verlängerungen der Frist sind in der CMR nicht enthalten. Letztere erübrigen sich schon im Hinblick auf Art. 17 Abs. 2 CMR, weil die dort genannten Ausschlussgründe auch für die Verspätungshaftung infolge Lieferfristüberschreitung gelten. Näheres dazu siehe unten Rdn. 28.

1. Beginn

Ist der Beginn der Lieferfrist zeitlich oder kalendarisch zwischen den Vertrags- **5** partnern festgelegt, so beginnt sie mit dem vereinbarten Zeitpunkt bzw. Tag. Für

---

9 OLG Düsseldorf, 7.3.2007 – I-18 U 115/06, TranspR 2007, 195 und OLG Düsseldorf, 9.3.1995 – 18 U 142/94, TranspR 1995, 288
10 OLG Düsseldorf, 7.3.2007 – I-18 U 115/06, TranspR 2007, 195 und OLG Düsseldorf, 9.3.1995 – 18 U 142/94, TranspR 1995, 288; Staub/*Helm*, Art. 41 CMR Rdn. 24; *Heuer*, S. 44f.; a.A. MünchKommHGB/*Jesser-Huß*, Art. 17 CMR Rdn. 97.
11 Staub/*Helm*, Art. 17 CMR Rdn. 272; *Boesche*, in: EBJS, Art. 19 CMR Rdn. 10; a.A. *Koller*, Vor Art. 1 CMR Rdn. 29.
12 OLG Düsseldorf, 7.3.2007 – I-18 U 115/06, TranspR 2007, 195.
13 BGH, 9.2.1979, VersR 1979, 445 = NJW 1979, 2470; siehe auch OLG Hamm, 20.3.1997 – 18 U 194/96, TranspR 1998, 297; Staub/*Helm*, Art. 17 CMR Rdn. 272.
14 *de la Motte*, VersR 1988, 317, 320.

Art. 19 Haftung des Frachtführers

die Fristberechnung ist jeweils auf das nach der IPR maßgebliche nationale Recht zurückzugreifen; sie richtet sich also bei anwendbarem deutschen Recht nach den §§ 187ff. BGB. Das Gleiche gilt, wenn die Frist mit dem Zeitpunkt des Vertragsschlusses beginnen soll.[15]

6 Wurde der Beginn der Frist nicht durch vertragliche Abreden ausdrücklich festgelegt, so beginnt die Lieferfrist grundsätzlich erst mit der tatsächlichen Übernahme des Gutes zum Zweck der Beförderung und nicht etwa schon mit dem Zeitpunkt des Vertragsschlusses, weil auch die zweite Alternative des Art. 19 CMR auf die tatsächliche Beförderungsdauer abstellt.[16] Zum Begriff der Übernahme siehe Art. 17 CMR Rdn. 18f.

Im Einzelfall kann der Beginn der Lieferfrist zuweilen erst durch Auslegung der vertraglichen Vereinbarungen zu ermitteln sein. So ist z.B. die Abmachung „Ablieferung binnen vier Tagen" für sich allein gesehen doppeldeutig. Sie kann bedeuten, dass die Lieferfrist sofort mit Vertragsschluss beginnen soll oder auch erst mit der Übernahme des Gutes.[17]

2. Ende

7 Die *vereinbarte Lieferfrist* endet mit dem Ablauf der verabredeten Zeitdauer oder des vereinbarten Ablieferungstermins[18] (Art. 19 CMR 1. Halbsatz). Zum Begriff der Ablieferung wird auf die Erläuterungen zu Art. 17 CMR, Rdn. 20ff. und Rdn. 48ff. verwiesen. Die Ablieferung des Transportgutes muss zum Zeitpunkt des Fristablaufs bereits vollständig abgeschlossen sein.

Ist *keine Vereinbarung getroffen*, so endet die angemessene Lieferfrist zu dem Zeitpunkt, zu dem ein sorgfältiger Frachtführer unter Berücksichtigung aller Umstände der Beförderung vernünftigerweise die Ablieferung vornehmen würde. Bei teilweiser Beladung ist die Zeitspanne, welche für die Zusammenstellung der Güter unter gewöhnlichen Umständen benötigt wird, besonders zu berücksichtigen (Art. 19 CMR 2. Halbsatz). Näheres dazu siehe unten Rdn. 15ff.

Werden diese Zeitpunkte nicht eingehalten, so tritt Lieferfristüberschreitung ein. Näheres dazu siehe unten unter Rdn. 19ff.

3. Ladefrist

8 Zwischen Lieferfrist einerseits und Ladefrist andererseits muss unterschieden werden. Unter Ladefrist versteht man die Frist, die dem Frachtführer bis zur

---

15 *Boesche*, in: EBJS, Art. 19 CMR Rdn. 3; *Koller*, Art. 19 CMR Rdn. 2.
16 *Heuer*, S. 133; *Herber/Piper*, Art. 19 CMR Rdn. 7; *Boesche*, in: EBJS, Art. 19 CMR Rdn. 4; *Koller*, Art. 19 CMR Rdn. 2; *Thume*, RIW 1992, 966; *Voigt*, VersR 1973, 501, 504; *Züchner*, DB 1965, 59, 64 und VersR 1964, 220, 222; differenzierend Staub/*Helm*, Art. 19 CMR Rdn. 272; a.A.; *de la Motte*, VersR 1988, 317; *Thesing*, S. 112, Rdn. 196.
17 Vgl. MünchKommHGB/*Jesser-Huß*, Art. 19 CMR Rdn. 8.
18 Vgl. OLG Saarbrücken, 10.2.1971 – 11 U 9/70, VersR 1972, 757.

Übernahme des Gutes eingeräumt worden ist. Diese Frist endet also mit der Übernahme des Gutes.[19] Überschreitet der Frachtführer diese Ladefrist, weil er sich verspätet, so haftet er nicht wie für die Überschreitung der Lieferfrist. Die CMR regelt diesen Fall nicht, ihre Haftungsbestimmungen, Haftungsausschlüsse und Haftungsbeschränkungen sind insoweit auch nicht analog anwendbar. Vielmehr haftet der Frachtführer für die Schadensfolgen einer Ladungsverzögerung – so z.B. für die vom Absender nutzlos aufgewandten Arbeitslöhne des wartenden Verladepersonals – ergänzend nach den anwendbaren nationalen Rechtsvorschriften, bei Anwendbarkeit deutschen Rechts also nach §§ 280, 281, 286, 331a BGB. Das Gleiche gilt, wenn der Frachtführer das vom Absender bestellte und diesem zugesagte Fahrzeug nicht bereitstellt.[20] In einem solchen Fall ist die volle Haftung des Frachtführers auch nicht unangemessen, weil das pünktliche Erscheinen eines LKW zum Abholen der Ladung von ihm viel leichter zu koordinieren ist als eine fristgerechte Transportdurchführung über eine oder mehrere Grenzen hinweg bei unabwägbaren Verkehrs- und Straßenverhältnissen.[21]

Wird jedoch bei einer vereinbarten Übernahme- und Ladefrist infolge von deren Nichteinhaltung die gesamte Lieferfrist überschritten, so richten sich insoweit die Rechtsfolgen nach den Bestimmungen der CMR.[22]

III. Die Fristdauer

Mit der Legaldefinition der Lieferfristüberschreitung in Art. 19 CMR wird zugleich auch die Dauer dieser Frist bestimmt. Die Vorschrift unterscheidet dabei die Fälle, in denen eine Lieferfrist vereinbart wurde, von jenen, bei denen dies nicht geschah. 9

1. Vereinbarte Frist

Da die CMR keine Vorschriften über bestimmte einzuhaltende Zeitgrenzen enthält, können die Vertragspartner die Dauer der Lieferfrist frei aushandeln. 10

---

19 OLG Hamm, 14.11.1985 – 18 U 268/84, TranspR 1986, 77 = VersR 1987, 609; *Glöckner*, Art. 19 CMR Rdn. 4; *Koller*, Art. 19 CMR Rdn. 3.
20 Vgl. BGH, 9.2.1979, VersR 1979, 445 = NJW 1979, 2470 (§ 326 a.F. BGB); OLG Hamm, 20.3.1997 – 18U 194/96, TranspR 1997, 297 (anders noch Urt. v. 14.11.1985 – 18 U 268/84, TranspR 1986, 77 = VersR 1987, 609); OLG Hamburg, 25.6.1987 – 6 U 10/87, TranspR 1987, 458; vgl. auch LG Bremen, 6.5.1965 – 13 O 12/65, ETR 1966, 691; *Fremuth/Thume*, Art. 19 CMR Rdn. 9; *Glöckner*, Art. 19 CMR Rdn. 4; *Staub/Helm*, Art. 17 CMR Rdn. 272 und Art. 19 CMR Rdn. 11; *Herber/Piper*, Art. 19 CMR Rdn. 3; *Heuer*, S. 133; *Boesche*, in: EBJS, Art. 19 CMR Rdn. 2; *Koller*, Art. 19 CMR Rdn. 3 und VersR 1988, 556, 569; *Lieser*, S. 127; *Piper*, VersR 1988, 201, 209; *Precht/Endrigkeit*, S. 84; *Thesing*, S. 104, Rdn. 180; *Voigt*, VersR 1973, 501, 504; *Züchner*, VersR 1964, 220, 222; siehe auch allgemein *Ramming*, TranspR 2003, 419.
21 *Glöckner*, Art. 19 CMR Rdn. 4.
22 Siehe OLG Hamm, 15.9.2008 – 18 U 199/07, TranspR 2009, 167; *Ramming*, TranspR 2003, 419, 421.

Art. 19 Haftung des Frachtführers

11 Heute geht in Deutschland die weitaus überwiegende Mehrheit in der Rechtsprechung und Literatur zu Recht davon aus, dass eine bestimmte Lieferfrist nicht an eine bestimmte Form gebunden ist und ohne Eintragung in den Frachtbrief vereinbart werden kann, weil Art. 6 CMR nicht konstitutiv ist, sondern lediglich Beweisfunktion hat.[23]

12 Allerdings muss eine feste Lieferfristvereinbarung vorliegen. Das ist nicht der Fall, wenn der Frachtführer beim Wechsel von Fernschreiben sich nicht festlegen lässt, sondern lediglich erklärt, dass er zwar alles Erdenkliche und Mögliche tun werde, die Einhaltung des vorgesehenen Auslieferungstermins aber nicht garantieren könne.[24] Auch die Klauseln „baldmöglichst", „so schnell wie möglich", „umgehend" oder „prompt" enthalten keine feste Lieferfristvereinbarung, sondern beschreiben lediglich die Verpflichtung des Frachtführers, alle zumutbaren Anstrengungen zu unternehmen, um die geschuldete Beförderung möglichst schnell durchzuführen.[25]

Im Übrigen sind die Vertragspartner in der Ausgestaltung ihrer Lieferfristvereinbarung völlig frei. Sie können also eine bestimmte Transportdauer festlegen, wie z.B. durch die Formulierung „Ablieferung spätestens drei Tage nach Übernahme". Möglich ist auch die Festlegung eines bestimmten Übernahme- und Ablieferungszeitpunktes, also etwa „Abholen: 20. 3.; Abliefern: 23. 3.". Ferner können die Vertragspartner statt einer verabredeten Beförderungsdauer auch lediglich einen bestimmten konkretisierten, mit Datum und ggf. auch Uhrzeit versehenen Ablieferungstermin vereinbaren.[26] Auch die Vereinbarung eines bestimmten einzuhaltenden Zeitfensters ist möglich.[27] Ist nur der Ablieferungstag vereinbart, so

---

23 BGH, 30.9.1993 – I ZR 258/91, TranspR 1994, 16 = VersR 1994, 119; OLG Düsseldorf, 18.1.1979 – 18 U 153/78, VersR 1979, 356; OLG Düsseldorf, 30.12.1982 – 18 U 152/82, TranspR 1984, 13 = VersR 1983, 1029; OLG Düsseldorf, 12.12.1985 – 18 U 90/85, TranspR 1986, 56 = VersR 1986, 1069; OLG Hamburg, 6.12.1979 – 10 U 84/78, VersR 1980, 290; OLG Hamm, 14.11.1985 – 18 U 268/84, TranspR 1986, 78 = VersR 1987, 609; OLG Köln, 7.2.1993 – 25 U 5/93, TranspR 1994, 197; OLG Saarbrücken, 10.2.1971 – 1 U 9/70, VersR 1972, 757 = OLGZ 1972, 27; MünchKommHGB/*Jesser-Huß*, Art. 19 CMR Rdn. 6; Staub/*Helm*, Art. 19 CMR Rdn. 5; *Boesche*, in: EBJS, Art. 19 Rdn.3; *Otte*, in: Ferrari et al., Art. 19 CMR Rdn. 6; Baumgärtel/*Giemulla*, Art. 17–20 CMR Rdn. 15; *Glöckner*, Art. 19 CMR Rdn. 10; *Herber/Piper*, Art. 19 CMR Rdn. 3; *Heuer*, S. 134; *Koller*, Art. 19 CMR Rdn. 4; a.A. noch OLG Stuttgart, 24.1.1967 – 6 U 57/1966, NJW 1 968, 1054 = VersR 1968, 842 (LS), das eine Vereinbarung durch Fernschreiben abgelehnt hat; ebenso LG Kleve, 8.7.1976 – 6 S 1/76, VersR 1978, 761; *Precht/Endigkeit*, Art. 6 CMR Anm. 5; *Voigt*, VersR 1973, 501, 503, 504, und VP 1965, 184; *Züchner*, VersR 1969, 682, 685.
24 LG Kleve, 30.10.1974 – S 1/74, VersR 1975, 465.
25 Staub/*Helm*, Art. 19 CMR Rdn. 3; *Boesche*, in: EBJS, Art. 19 CMR Rdn. 3; *Thume*, TranspR 1992, 403; vgl. auch LG Stuttgart, 27.9.1991 – 7 KfH 0 81/91, TranspR 1992, 23 mit Anm. von *Starosta*; *Thume*, TranspR 1992, 403.
26 BGH, 30.9.1993 – I ZR 258/91, TranspR 1994, 16 = VersR 1994, 119; OLG Saarbrücken, 10.2.1971 – 1 U 9/70, VersR 1972, 757 = OLGZ 1972, 27; vgl. Staub/*Helm*, Art. 19 CMR Rdn. 7 f.; *Herber/Piper*, Art. 19 CMR Rdn. 5; *Heuer*, S. 133; *Boesche*, in: EBJS, Art. 19 CMR Rdn. 3 f.
27 OLG Stuttgart, 28.5.2008 – 3 U 10/08, TranspR 2008, 259.

wird der Frachtführer die ortsüblichen Geschäftszeiten des Empfängers beachten müssen. Näheres dazu siehe Rdn. 24.

Wird eine so kurze Lieferfrist vereinbart, dass deren Einhaltung für den Frachtführer unzumutbar oder gar objektiv unmöglich wird, so ist strittig, ob diese *Fristvereinbarung sittenwidrig* und deshalb, soweit deutsches Recht ergänzend anwendbar ist, nach § 138 BGB nichtig sein kann.[28] Da aber vornehmlich der Frachtführer selbst am besten abschätzen kann, wie lange er für den beabsichtigten Transport brauchen wird, ist die Frage der Sittenwidrigkeit sorgfältig zu überprüfen und wird nur bei bewusster Ausnutzung der Notlage und Unerfahrenheit des Frachtführers zu bejahen sein.[29] Jedenfalls ist grundsätzlich auch die Vereinbarung einer sehr kurz erscheinenden Lieferfrist dann nicht unwirksam, wenn diese objektiv eingehalten werden kann.[30] Lässt sich der Frachtführer trotz einer noch erforderlichen Fahrzeugreparatur auf eine ungewöhnlich kurze Transportzeit ein, so kann der Zeitaufwand für diese Reparatur bei der Frage nach einer unmöglich einhaltbaren Beförderungszeit nicht berücksichtigt werden.[31] Soweit Nichtigkeit vorliegt, wird sich diese allerdings gem. § 139 BGB in aller Regel nur auf die Lieferfristabrede selbst beschränken, nicht aber auf den gesamten Beförderungsvertrag. An die Stelle der unwirksamen vereinbarten Frist wird die angemessene Frist des Art. 19 2. Halbsatz CMR treten.[32]

14

Wenn die vereinbarte Frist so kurz bemessen ist, dass ihre Einhaltung *von Anfang an unmöglich* ist, kommen die ergänzend anwendbaren nationalen Unmöglichkeitsbestimmungen zur Anwendung. Art. 14 CMR ist insoweit nicht *lex specialis*. Nach deutschem Recht ist die Vereinbarung nichtig,[33] der Frachtvertrag bleibt jedoch wirksam (§§ 275 Abs. 1, 311a BGB).

2. Nicht vereinbarte Frist

Ist keine bestimmte Lieferfrist vereinbart worden, so ist nach Art. 19 2. Alternative CMR jene tatsächliche Beförderungsdauer maßgebend, die vernünftigerweise ein sorgfältiger Frachtführer unter Berücksichtigung aller Umstände des Transports benötigen würde. Dieser Zeitraum beginnt mit der Übernahme des

15

---

28 So *Heuer*, S. 135 f.; *Glöckner*, Art. 19 CMR Rdn. 9; *Voigt*, VP 1965, 184, 185; *Züchner*, VersR 1964, 220, 224.
29 OLG Hamburg, 6.12.1979 – 10 U 84/78, VersR 1980, 290; OLG Düsseldorf, 7.7.1988 – 18 U 63/88, TranspR 1988, 425, 428; MünchKommHGB/*Jesser-Huß*, Art. 19 CMR Rdn. 7; *Herber/Piper*, Art. 19 CMR Rdn. 9; *Boesche*, in: EBJS, Art. 19 CMR Rdn. 5; *Koller*, Art. 19 CMR Rdn. 4; vgl. Staub/*Helm*, Art. 19 CMR Rdn. 10.
30 OLG Hamburg, 6.12.1979 – 10 U 84/78, VersR 1980, 290.
31 OLG Düsseldorf, 7.7.1988 – 18 U 63/88, TranspR 1988, 425, 428.
32 Vgl. *Glöckner*, Art. 19 CMR Rdn. 9; Staub/*Helm*, Art. 19 CMR Rdn. 10; *Heuer*, S. 136; *Züchner*, VersR 1964, 220, 224.
33 *Koller*, Art. 19 CMR Rdn. 4; Staub/*Helm*, Art. 19 CMR Rdn. 10; teilweise abweichend MünchKommHGB/*Jesser-Huß*, Art. 19 CMR Rdn. 7.

Art. 19   Haftung des Frachtführers

Gutes und endet mit dem Ablauf dieser als angemessen und ausreichend im Sinne der Bestimmung anzusehenden Beförderungsdauer.

16 Welcher konkrete Zeitraum einem „sorgfältigen Frachtführer vernünftigerweise zuzubilligen" ist, ist anhand des jeweiligen Einzelfalles zu prüfen und zu entscheiden. Zu berücksichtigen sind dabei alle Umstände, bei teilweiser Beladung insbesondere der Zeitverlust, der aufgrund der Zusammenstellung der Güter zum Zwecke der vollständigen Beladung des Fahrzeuges entsteht, wie sich aus dem Wortlaut des Art. 19 CMR ergibt.

Es kommt auf die jeweiligen einzelnen Umstände der konkreten durchzuführenden Beförderung an.

17 Die *Prognose über die Angemessenheit der Transportdauer* wird *vom Standpunkt ex ante* aller zum Zeitpunkt des Vertragsschlusses verfügbaren Informationen vorzunehmen sein und nicht *ex post* die nach Beendigung des Transportes aufgetretenen Schwierigkeiten berücksichtigen dürfen. Dies ist dem Wortlaut des Art. 19 2. Alternative CMR zu entnehmen, der sowohl in der deutschen Übersetzung als auch in den maßgeblichen englischen und französischen Texten für die Fristüberschreitung jeweils das Präsens und nicht das Perfekt gebraucht („die Frist überschreitet"; „exceeds"; „depasse"). Es kommt also auf die vor Beginn des Transportes anzunehmende Betrachtungsweise eines ordentlichen Frachtführers an, der mit der Sorgfalt seiner Branche und dem vertraglich vereinbarten Fahrzeug die Beförderung ausführen würde und der in einem vernünftigen, durch Erfahrung und konkrete Informationen bestimmten Rahmen auch Wartezeiten und Transporthindernisse einkalkulieren würde.[34] Soweit dann aus der späteren *Ex-post*-Betrachtung völlig unvorhersehbar gewesene Beförderungsverzögerungen und -hindernisse ersichtlich werden, kann die Haftung des Frachtführers ggf. wegen der Unabwendbarkeit der Verspätung gem. Art. 17 Abs. 2 CMR entfallen.

18 Bei der Prognose über die Angemessenheit der Lieferfrist ist im grenzüberschreitenden Straßengüterverkehr zu prüfen, ob der sorgfältige Frachtführer für den Transport auf längeren Strecken jeweils zwei Fahrer einsetzt, um die nach den EG-Vorschriften erforderlichen Ruhezeiten abzukürzen. Dies wird zumindest bei der Beförderung von verderblichen Gütern i. S. d. Art. 17 Abs. 4 lit. d) CMR unumgänglich sein.[35] Anhaltspunkt für den Ablauf der angemessenen Frist kann das Datum sein, an dem ein Teil der Sendung abgeliefert wurde.[36] So darf bei einem gemeinsam begonnenen Transport von Deutschland nach Irak der zulässigerweise im Sammelladungsverkehr beförderte Container, welcher die Werkzeu-

---

34 MünchKommHGB/*Jesser-Huß*, Art. 19 CMR Rdn. 9; *Herber/Piper*, Art. 19 CMR Rdn. 14; *Boesche*, in: EBJS, Art. 19 CMR Rdn. 7; *Staub/Helm*, Art. 19 CMR Rdn. 13; *Jesser*, S. 77; *Koller*, Art. 19 CMR Rdn. 5 und TranspR 1988, 129, 131; *Starosta*, Anm. zu LG Stuttgart, 27.9.1991 – 7 KfH O 81/91, TranspR 1992, 24; *Thume*, TranspR 1992, 403; a. A. anscheinend Baumgärtel/*Giemulla*, Beweislast Art. 17–20 CMR Rdn. 16.
35 OLG Düsseldorf, 7.7.1988 – 18 U 63/88, TranspR 1988, 425, 428; OLG Düsseldorf, 12.12.1985 – 18 U 90/85, TranspR 1986, 56 = VersR 1986, 1069 (im Fall einer vereinbarten Frist); LG Kleve, 30.10.1974 – S 1/74, VersR 1975, 465.
36 OLG Düsseldorf, 23.12.1996 – 18 U 92/96, TranspR 1997, 422.

ge zu den gleichzeitig transportierten Kesselanlagen enthält, nicht um mehr als vier Tage später beim Empfänger eintreffen als die zum gleichen Zeitpunkt übernommenen Kessel.[37] Ein normaler LKW-Transport von Deutschland in den Irak war früher unter Berücksichtigung aller Umstände innerhalb einer Frist von 16 Tagen[38] bzw. in zwei bis drei Wochen durchführbar.[39] Die Strecke von Illertissen nach Kuweit ist[40] i.d.R. binnen 14–18 Tagen zu bewältigen. Für die Beförderung von Frankfurt/M. nach Helsinki wurden acht Tage für ausreichend erachtet.[41]

IV. Die Überschreitung der Lieferfrist

Der Begriff der Lieferfristüberschreitung setzt zunächst voraus, dass – wenn auch verspätet – eine Ablieferung des Frachtgutes beim frachtbriefmäßig berechtigten Empfänger stattfindet. Geschieht dies nicht, wird das Gut also nicht einmal teilweise irgendwann abgeliefert, so tritt Verlust i.S.v. Art. 17 Abs. 1 CMR ein mit der Folge, dass ein Verspätungsschaden nicht geltend gemacht werden kann. **19**

Kommt der Frachtführer beim Empfänger mit einem total beschädigten Gut, also mit Schrott oder Abfall an, so ist zweifelhaft, ob noch eine echte Ablieferung des Gutes i.S.d. Art. 17 Abs. 1 CMR erfolgen kann. Näheres dazu, insbes. zur Abgrenzung von Totalverlust und Verspätungsschaden bei Transportverzögerung verderblicher Waren, siehe bei Art. 23 CMR Rdn. 36 ff., 39 ff.

Die Überschreitung der Lieferfrist tritt in dem Augenblick ein, in dem die vereinbarte oder gem. Art. 19, 2. Alternative CMR angemessene Frist verstrichen ist und die Ablieferung zu diesem Zeitpunkt noch nicht erfolgt oder noch nicht beendet ist. Dies ergibt sich zwingend aus der Legaldefinition des Art. 19 CMR.[42] Verzögerungen während der Beförderung oder Nichtausnutzung kürzerer Wege, die letztendlich nicht zu einer Überschreitung der Lieferfrist führen, sind nicht relevant.[43] Andererseits ist eine einschränkende Auslegung dahin, dass nur eine erhebliche Abweichung von der vereinbarten oder als angemessen anzusehenden normalen Transportdauer zu einer Lieferfristüberschreitung gem. Art. 19 CMR führe, wegen des klaren und eindeutigen Wortlauts dieser Bestimmung nicht möglich.[44] **20**

---

37 LG Frankfurt/M., 9.7.1984 – 3/11 O 44/84, TranspR 1985, 110.
38 OLG Hamburg, 3.5.1984 – 6 U 11/84, TranspR 1985, 37.
39 LG Berlin, 4.5.1983 – 99 O 200/81, TranspR 1985, 134, 136.
40 OLG München, 12.4.1990 – 23 U 3161/88, TranspR 1990, 280 = NJW-RR 1991, 230.
41 LG Lübeck, 17.3.1986 – 13 O 233/85, TranspR 1986, 339.
42 Vgl. *Koller*, Art. 19 CMR Rdn. 3.
43 OLG Hamburg, 17.6.2004 – 6 U 213/03, TranspR 2005, 116.
44 A.A. für den Fall der nicht vereinbarten Frist LG Stuttgart, 27.9.1991 – 7 KfH O 81/91, TranspR 1992, 23 mit zustimmender Anmerkung von *Starosta*; vgl. dazu die Entgegnung von *Thume*, TranspR 1993, 403; siehe ferner LG Lübeck, 17.3.1986 – 13 O 233/85, TranspR 1986, 339 (Pelze).

Art. 19 Haftung des Frachtführers

21 Von besonderer Bedeutung ist dies bei verderblichen Gütern, die schon wegen dieser ihrer natürlichen Beschaffenheit schnellstmöglich befördert werden müssen, weshalb es auch bei ihnen i.d.R. keiner Lieferfristvereinbarung bedarf.[45] Bei ihrem Transport ist daher einem sorgfältigen Frachtführer i.S.v. Art. 19 CMR auch keine Verzögerung von nur einem Tag über die übliche Beförderungszeit hinaus zuzubilligen.[46] Vielmehr ist hier schon eine Verspätung um wenige Stunden als Lieferfristüberschreitung nach Art. 19 CMR anzusehen.[47]

22 Ablieferung ist der Vorgang, durch den der Frachtführer den Gewahrsam am beförderten Gut im Einvernehmen mit dem Empfänger aufgibt und diesen in den Stand setzt, die tatsächliche Gewalt über das Gut auszuüben. Hat der Empfänger zu entladen, so reicht es aus, dass der Frachtführer das Gut an dem vereinbarten Platz zur Entladung bereithält. Näheres dazu siehe Art. 17 CMR, Rdn. 20 ff. Gelegentlich, insbes. bei schüttbaren, gasförmigen und flüssigen Gütern kann die Ablieferung einen längeren Zeitraum beanspruchen. Sie ist i.d.R. beendet, wenn die Schläuche des Spezialfahrzeugs an den tiefer gelegenen Lagerbehältern des Empfängers angeschlossen, die Auslassventile geöffnet oder die Schieber betätigt sind, so dass das Gut allein durch seine Schwerkraft dort hineinrinnen oder -fließen kann. Das Gleiche gilt, wenn der Höhenunterschied nach Öffnen der erforderlichen Vorrichtungen durch eine vom Empfänger betätigte Pump- oder Sauganlage überwunden wird. Anders kann es sein, wenn die Güter des Spezialfahrzeugs nur mit Hilfe der zum Fahrzeug gehörigen Pumpenanlagen in die Behälter des Empfängers gelangen können. Wegen der Einzelheiten wird auf Art. 17 Rdn. 52 ff. verwiesen.

23 Die *Ausladung des Gutes durch den Frachtführer gem. Art. 16 Abs. 2 CMR* steht der Ablieferung gleich.[48] Bis dahin entstehende Beförderungs- und Ablieferungshindernisse gem. Art. 14 und 15 CMR schieben aber die Lieferfristen des Art. 19 CMR grundsätzlich nicht hinaus. Ob der Frachtführer in diesen Fällen für die Verzögerung haftet, richtet sich allein danach, ob im Einzelfall Haftungsausschlussgründe gem. Art. 17 Abs. 2 CMR gegeben sind, wie z.B. dann, wenn die Verspätung auf einer vom Frachtführer nicht verschuldeten Weisung des Verfügungsberechtigten beruht (Näheres dazu siehe unten Rdn. 28).[49]

24 Strittig ist die Frage, ob der Frachtführer bei einer nur nach Tagen und nicht nach Stunden vereinbarten Frist oder bei der *angemessenen Frist der Art. 19 2. Alternative CMR* verpflichtet ist, so rechtzeitig anzufahren, dass die *Ablieferung innerhalb der ortsüblichen Geschäftszeiten* erfolgen kann, ob also bei Ablieferungspflichten in Deutschland § 358 HGB anwendbar ist. Dafür hat sich das

---

45 Vgl. OLG Hamburg, 16.6.1980, Sammlung Willenberg (frische Muscheln); *Groth*, neuere Rechtsprechung zur CMR 1980–1982, VersR 1983, 1104, 1106; *Dubischar*, S. 102.
46 LG Duisburg von 14.12.1988 – 19 O 15/88, TranspR 1989, 269; *Starosta*, Anmerkung zu LG Stuttgart, 27.9.1991 – 7 KfH O 81/91, TranspR 1992, 24.
47 LG Kleve, 30.10.1974 – S 1/74, VersR 1975, 465.
48 *Koller*, Art. 19 CMR Rdn. 3; *Boesche*, in: EBJS, Art. 16 CMR Rdn. 8; *Loewe*, ETR 1976, 550; vgl. dazu Art. 16 CMR Rdn. 16.
49 Vgl. *Heuer*, S. 135; *Koller*, Art. 19 CMR Rdn. 3 a.E.

OLG Düsseldorf[50] ausgesprochen. *Koller*[51] weist jedoch mit Recht darauf hin, dass zunächst im Rahmen der Auslegung nach dem gem. Art. 32 EGBGB maßgeblichen Recht zu ermitteln ist, ob es auf die gewöhnlichen Geschäftszeiten ankomme. Gleichwohl stellt auch er darauf ab, dass bei fehlender Vereinbarung gem. Art. 19 2. Alternative CMR die Lieferfrist in dem Zeitpunkt endet, in dem die Abladung innerhalb der gewöhnlichen Geschäftszeit der Empfängerbranche noch möglich ist. Damit stimmt er im Endergebnis der Entscheidung des OLG Düsseldorf zu, welches die rechtzeitige Ablieferung am vereinbarten Tag deshalb verneint hat, weil das Fahrzeug erst nach Geschäftsschluss um 19.30 Uhr ankam und nicht mehr abgefertigt werden konnte. Es fehlte also in diesem Fall schon am Ablieferungsmerkmal der Bereitschaft des Empfängers, die tatsächliche Herrschaft über das Frachtgut auszuüben. Diese Auffassung ist nicht zu beanstanden, zumal in dem besonderen Fall sogar ein Zeitpunkt, nämlich dem genannten Tag „spätestens vormittags 11.00 Uhr" vereinbart worden war.

Der Frachtführer muss heute in jedem europäischen Land damit rechnen, dass er nicht zu jeder Tages- und Nachtzeit anliefern kann, sondern dass es bestimmte Öffnungs- und Geschäftszeiten gibt, an die er sich zu halten hat. Wenn also keine bestimmte Ablieferungsstunde vereinbart ist, muss er den vereinbarten oder als angemessen i.S.v. Art. 19 2. Alternative CMR, geltenden letzten Anlieferungstag so einhalten, dass er noch während der Geschäftszeit abliefern kann. Gelingt ihm dies nicht und wird deshalb das Fahrzeug erst am nächsten Tag entladen, so liegt eine Lieferfristüberschreitung vor.

Die äußersten Grenzen der Lieferfristüberschreitung sind in Art. 20 Abs. 1 CMR **25** enthalten. Bei vereinbarter Lieferfrist ist dies der 30. Tag nach Ablauf der Frist und bei nicht vereinbarter Frist der 60. Tag nach der Übernahme des Gutes. Wenn bis dahin keine Ablieferung erfolgt ist, kann der Verfügungsberechtigte das Gut als verloren betrachten. Näheres dazu siehe bei den Erläuterungen zu Art. 20 CMR.

V. Die Rechtsfolgen der Lieferfristüberschreitung

Da der Frachtführer nach dem Beförderungsvertrag verpflichtet ist, das Gut in- **26** nerhalb der vereinbarten oder einer angemessenen Frist an den frachtbriefmäßig berechtigten Empfänger abzuliefern, ist die verspätete Ablieferung dogmatisch eine Verzögerung der Hauptleistung des Frachtführers und damit ein Sonderfall des Schuldnerverzuges.[52] Die Spezialregeln der CMR verdrängen insoweit die Bestimmungen des allgemeinen Schuldrechts.[53]

---

50 Urt. v. 12.12.1985 – 18 U 90/85, TranspR 1986, 56 = VersR 1986, 1069, ebenso *Glöckner*, Art. 19 CMR Rdn. 11; *Otte*, in: Ferrari et al., Art.19 CMR Rdn. 5.
51 Art. 19 CMR Rdn. 3 a.E.
52 *Heuer*, S. 129.
53 OLG Düsseldorf, 9.3.1995 – 18 U 142/94, TranspR 1995, 288 = VersR 1996, 1303.

Art. 19 Haftung des Frachtführers

27 Die Haftung des Frachtführers wegen Überschreitung der Lieferfrist kann immer nur insoweit eintreten, als daraus tatsächlich ein Schaden entstanden ist. Die Haftung entfällt also, wenn die Kausalität zwischen Verspätung und Schadenseintritt fehlt[54] oder wenn der angeblich aus der Verspätung resultierende Schaden nicht nachgewiesen werden kann[55] (siehe auch Art. 17 CMR Rdn. 211).

28 Tritt infolge der Verspätung ein Vermögensschaden ein, so trifft den Frachtführer die Gewährhaftung nach Art. 17 Abs. 1 CMR. Wie in den Fällen der Obhutshaftung des Frachtführers für Verlust oder Beschädigung kann er sich auch hier gem. Art. 17 Abs. 2 CMR nur dann von dieser Haftung freizeichnen, wenn die dort genannten Haftungsausschließungsgründe vorliegen. Er haftet also nicht, soweit die Überschreitung der Lieferfrist durch ein Verschulden des Anspruchstellers, durch eine nicht vom Frachtführer verschuldete Weisung des Anspruchsberechtigten, durch besondere Mängel des Gutes oder durch Umstände verursacht worden ist, die der Frachtführer nicht vermeiden oder deren Folgen er nicht abwenden konnte. So tritt z.B. keine Haftung des Frachtführers ein, wenn die Lieferfristüberschreitung auf Verzögerungen bei der Beladung oder auf einem Zwangsaufenthalt an der Grenze infolge einer vom Fahrer nicht festzustellenden Überladung beruht, welche der Absender schuldhaft verursacht hat.[56]

Wurde die Lieferfristüberschreitung durch einen Fahrzeugmangel verursacht, so kann sich der Frachtführer nach Art. 17 Abs. 3 CMR darauf in keinem Falle berufen. Ferner ist bei Vermögensschäden wegen Lieferfristüberschreitung eine Freizeichnung nach Art. 17 Abs. 4 CMR nicht möglich.

Wegen der Details hierzu wird auf die Erläuterungen über die Verspätungshaftung bei Art. 17 CMR Rdn. 213ff. verwiesen, hinsichtlich der dabei auftretenden Kausalitäts- und Abgrenzungsprobleme vgl. dort Rdn. 220ff.

29 Der Umfang der Haftung für die infolge von Lieferfristüberschreitungen entstandenen Schäden ist in Art. 23 ff., insbesondere in Art. 23 Abs. 5 und Art. 26 CMR geregelt. Diese Haftungsbeschränkungen entfallen jedoch gem. Art. 29 CMR bei Vorsatz oder grober Fahrlässigkeit des Frachtführers.[57]

In der Regel kann infolge von Lieferfristüberschreitungen nur ein Vermögensschaden entstehen. Bei verderblichen Gütern kann die Verspätung Schäden am beförderten Gut selbst verursachen. Andererseits kann umgekehrt auch ein während des Transports eintretender Güterschaden zu Verzögerungen und damit zur Lieferfristüberschreitung führen. Wegen der weiteren Einzelheiten wird auf die

---

54 OLG Köln, 14.3.1997 – 3 U 147/95, VersR 1997, 1033; OLG Zweibrücken, Urt. v. 14.11.1984 – 4 U 193/83, TranspR 1985, 397.
55 OLG Düsseldorf, 9.10.1986 – 18 U 73/86, TranspR 1986, 429.
56 LG Köln, 16.9.1988 – 87 S 1/88, TranspR 1989, 271 mit zustimmender Anmerkung von *Knorre*; *Glöckner*, Art. 23 CMR Rdn. 5.
57 Vgl. OLG Düsseldorf, 26.7.1984 – 18 U 65/84, TranspR 1985, 128 = VersR 1985, 1081; OLG Düsseldorf, 12.12.1985 – 18 U 90/85, TranspR 1986, 56 = VersR 1986, 1069; OLG München, 12.4.1990 – 23 U 3161/88, TranspR 1990, 280 = NJW-RR 1991, 230; LG Lübeck, 17.3.1986 – 13 O 233/85, TranspR 1986, 339.

Erläuterungen zu Art. 23 CMR Rdn. 36 ff. und Art. 25 CMR Rdn. 28 ff. verwiesen.

Die Regelung der Entschädigungsansprüche wegen Lieferfristüberschreitungen 30 nach der CMR ist abschließend und unabdingbar (h.M.; siehe dazu Art. 17 CMR Rdn. 213). Deshalb kann beispielsweise anstelle des Schadensersatzes gem. Art. 23 Abs. 5 CMR nicht ein Anspruch auf Minderung wegen mangelhafter Werkleistung gem. § 634 BGB geltend gemacht werden, d.h. die Fracht ist zu bezahlen und es besteht kein Anspruch, das Gut unentgeltlich zurück zu befördern.[58] Ferner ist die Vereinbarung einer Vertragsstrafe unwirksam.[59] Auch aus einer zusätzlich abgeschlossenen Garantievereinbarung können keine höheren Ansprüche abgeleitet werden.[60]

Dagegen kann sich der Frachtführer bei Verspätungsschäden nicht auf ein Mit- 31 verschulden des Absenders wegen unterlassener Hinweise auf die besonders schwer wiegenden Folgen einer Lieferfristüberschreitung berufen, weil er ohnehin nur in den engen Grenzen des Art. 23 Abs. 5 CMR haftet;[61] anders ist es jedoch, wenn er wegen groben Verschuldens gem. Art. 29 CMR unbeschränkt in Anspruch genommen wird[62] (Näheres dazu siehe bei Art. 29 Rdn. 45).

Nach OLG Düsseldorf[63] kann ein weiterer Schaden, der aufgrund unrichtiger Angaben des Frachtführers über das Ausmaß der Verzögerung entsteht, auch nicht aus positiver bzw. allgemeiner Vertragsverletzung geltend gemacht werden. Diese Auffassung ist bedenklich, weil Ursache für diesen weiteren Schaden nicht die Verspätung selbst ist, sondern die falsche Auskunft, für deren Folgen die CMR keine Haftungsvorschriften enthält.[64]

VI. Beweislastfragen

Will der Anspruchsteller einen Schaden wegen Überschreitung der Lieferfrist 32 gem. Art. 17 Abs. 1, 19 CMR geltend machen, so trifft ihn die Darlegungs- und Beweislast für alle anspruchsbegründenden Tatsachen (Näheres dazu siehe Art. 18 CMR Rdn. 6 ff. und Rdn. 85).

---

58 OLG Düsseldorf, 9.10.1986 – 18 U 73/86, TranspR 1986, 429. Ferner ist die Vereinbarung einer Vertragsstrafe unwirksam: OLG München, 26.7.1985 – 23 U 2577/85, TranspR 1985, 395 = RIW 1986, 62 = NJW-RR 1985, 486.
59 OLG München, 26.7.1985 – 23 U 2577/85, TranspR 1985, 395 = RIW 1986, 62 = NJW-RR 1985, 486.
60 OLG Frankfurt/M., 21.2.1984 – 5 U 72/83, TranspR 1984, 97 = MDR 1984, 670 = VersR 1985, 36 (LS).
61 OLG Hamburg, 6.12.1979 – 10 U 84/78, VersR 1980, 290.
62 OLG München, 12.4.1990 – 23 U 3161/88, TranspR 1990, 280 = NJW-RR 1991, 230.
63 Urt. v. 29.5.1991 – 1 U 302/90, TranspR 1991, 291.
64 So auch BGH, 14.7.1993 – I ZR 204/93, VersR 1993, 1296 = NJW 1993, 2808, der bei Schäden infolge falscher Angaben des Frachtführers über die voraussichtliche Ankunft des LKW am Bestimmungsort Ersatzansprüche nach nationalem Recht, hier: positiver Vertragsverletzung, für gegeben hält; vgl. *Thume*, RIW 1992, 966, 969.

Art. 19 Haftung des Frachtführers

Der Anspruchsteller muss also insbesondere nachweisen, dass eine Lieferfristüberschreitung i. S. d. Art. 19 CMR eingetreten ist.[65] Verzögerungen während der Beförderung oder Nichtausnutzung kürzerer Wege, die letztendlich nicht zu einer Überschreitung der Lieferfrist führen, sind nicht relevant.[66]

33 Behauptet der Anspruchsteller, es sei eine Lieferfrist vereinbart worden, so trifft ihn hierfür die volle Darlegungs- und Beweislast. Wenn die Lieferfrist gem. Art. 6 Abs. 2 lit. f) CMR im Frachtbrief eingetragen ist, kommt ihm die Beweiserleichterung des Art. 9 CMR zugute. Diese Beweislastumkehr entfällt allerdings, wenn kein Frachtbrief ausgestellt ist oder dieser mangelhaft ist, z.B. nicht vom Absender und Frachtführer unterzeichnet worden ist (vgl. Art. 18 CMR Rdn. 15). Ist die Lieferfristvereinbarung nachgewiesen, so steht zugleich auch fest, ob diese Lieferfrist rein zeitlich überschritten worden ist oder nicht.

34 Ist keine feste Lieferfrist vereinbart worden oder ist eine solche nicht nachweisbar, so hat der Anspruchsteller die Lieferfristüberschreitung gem. Art. 19 2. Alternative CMR darzulegen und nachzuweisen.[67] Der Anspruchsteller hat also insbesondere vom Standpunkt *ex ante* eine Prognose über die Angemessenheit der üblichen Beförderungsdauer unter Berücksichtigung aller in Art. 19 2. Alternative CMR genannten Umstände vorzutragen und ggf. zu beweisen (s. oben Rdn. 17f.). Darüber hinaus muss er die Überschreitung dieser Frist, also die längere Transportdauer darlegen und ggf. auch beweisen.[68]

35 Wird bei einer vereinbarten Frist die Behauptung erhoben, deren Einhaltung sei für den Frachtführer unzumutbar oder gar objektiv unmöglich gewesen (vgl. oben Rdn. 14), so handelt es sich um einen rechtshindernden Einwand, für den nach allgemeinem deutschen Prozessrecht den Schuldner, d.h. den Frachtführer, die Darlegungs- und Beweislast trifft (vgl. Art. 18 CMR Rdn. 6).

36 Ist die Lieferfristüberschreitung nachgewiesen, so kann der Frachtführer einen der einfachen Haftungsbefreiungsgründe des Art. 17 Abs. 2 CMR geltend machen. Dafür trifft ihn dann gem. Art. 18 Abs. 1 CMR die Beweislast (Näheres dazu siehe Art. 18 CMR Rdn. 30ff., 86). Gelingt dem Frachtführer der Nachweis eines solchen für die Lieferfristüberschreitung ursächlichen Haftungsausschlussgrundes nicht, so obliegt es wiederum dem Anspruchsteller, den Kausalzusammenhang zwischen der eingetretenen Verspätung und dem behaupteten Schaden

---

65 *Koller*, Art. 19 CMR Rdn. 6; *Starosta*, Anm. zu LG Stuttgart, 27.9.1991 – 7 KfH O 81/91, TranspR 1992, 24.
66 OLG Hamburg, 17.6.2002 – 6 U 213/03, TranspR 2005, 116.
67 *Koller*, Art. 19 CMR Rdn. 6.
68 A.A. Baumgärtel/*Giemulla*, Beweislast Art. 17–20 CMR Rdn. 16, der annimmt, dass nach Art. 19 CMR für die Berechnung der Frist „die Umstände" mit zu berücksichtigen seien, so dass der Frachtführer seinerseits Umstände vortragen könne, die in seinem konkreten Fall zu einer Verlängerung der üblichen Lieferfrist geführt hätten. Hierfür trage dann er, der Frachtführer, die Beweislast, weil diese Umstände für ihn günstig seien. *Giemulla* geht also offensichtlich von einer *Ex-post*-Betrachtungsweise aus. Dieser Auffassung kann jedoch aus den oben unter Rdn. 17 genannten Gründen nicht gefolgt werden.

sowie den Schadensumfang und die Schadenshöhe darzulegen und ggf. nachzuweisen (Art. 18 CMR Rdn. 28, 87f.).

Will der Anspruchsteller über die Haftungsgrenzen der Art. 23 Abs. 5 und 26 CMR hinaus einen höheren Verspätungsschaden beanspruchen, so erfüllt er die ihm grundsätzlich obliegende Darlegungs- und Beweislast für ein leichtfertiges Verhalten des Frachtführers bereits dann, wenn sein Klagevortrag dies nach den Umständen des Falles mit gewisser Wahrscheinlichkeit nahe legt und allein der Frachtführer zur Aufklärung des in seinem Bereich entstandenen Schadens zumutbarerweise beitragen kann oder wenn sich die Anhaltspunkte für das qualifizierte Verschulden des Frachtführers aus dem unstreitigen Sachverhalt ergeben. Die Grundsätze der sekundären Darlegungslast des Frachtführers gelten auch in den Fällen der Lieferfristüberschreitung.[69] **37**

Zu den Einzelheiten der Darlegungs- und Beweislast hinsichtlich der Schadenshöhe vgl. Art. 18 CMR Rdn. 28, 87f. sowie Art. 23 CMR Rdn. 55.

---

69 Vgl. OLG Hamm, 15.9.2008 – 18 U 199/07, TranspR 2009, 167.

Art. 20

bearbeitet von RA Klaus Demuth, München

1. Der Verfügungsberechtigte kann das Gut, ohne weitere Beweise erbringen zu müssen, als verloren betrachten, wenn es nicht binnen dreißig Tagen nach Ablauf der vereinbarten Lieferfrist oder, falls keine Frist vereinbart worden ist, nicht binnen sechzig Tagen nach der Übernahme des Gutes durch den Frachtführer abgeliefert worden ist.

2. Der Verfügungsberechtigte kann bei Empfang der Entschädigung für das verlorene Gut schriftlich verlangen, dass er sofort benachrichtigt wird, wenn das Gut binnen einem Jahr nach Zahlung der Entschädigung wieder aufgefunden wird. Dieses Verlangen ist ihm schriftlich zu bestätigen.

3. Der Verfügungsberechtigte kann binnen dreißig Tagen nach Empfang einer solchen Benachrichtigung fordern, dass ihm das Gut gegen Befriedigung der aus dem Frachtbrief hervorgehenden Ansprüche und gegen Rückzahlung der erhaltenen Entschädigung, gegebenenfalls abzüglich der in der Entschädigung enthaltenen Kosten, abgeliefert wird; seine Ansprüche auf Schadensersatz wegen Überschreitung der Lieferfrist nach Artikel 23 und gegebenenfalls nach Artikel 26 bleiben vorbehalten.

4. Wird das in Absatz 2 bezeichnete Verlangen nicht gestellt, oder ist keine Anweisung in der in Absatz 3 bestimmten Frist von dreißig Tagen erteilt worden, oder wird das Gut später als ein Jahr nach Zahlung der Entschädigung wieder aufgefunden, so kann der Frachtführer über das Gut nach dem Recht des Ortes verfügen, an dem es sich befindet.

Literatur: Siehe Vorbemerkung Vor Art. 1 CMR.

Übersicht

	Rdn.		Rdn.
I. Allgemeines	1	4. Bestätigung des Verlangens	16
II. Verlustfiktion des Abs. 1	3	**IV. Ablieferungsanspruch nach Benachrichtigung von der Wiederauffindung (Abs. 3)**	17
1. Rechtsnatur	3		
2. Anwendungsbereich der Verlustfiktion	5	1. Die Benachrichtigung von der Wiederauffindung	17
3. Geltendmachung der Verlustvermutung	6	2. Der Ablieferungsanspruch des Verfügungsberechtigten	19
4. Vorteilsausgleichung?	6a	**V. Verfügungsrecht des Frachtführers (Abs. 4)**	24
5. Die Person des „Verfügungsberechtigten"	7	**VI. Anwendung des Art. 29 CMR?**	26a
III. Benachrichtigungsverlangen für den Wiederauffindungsfall (Abs. 2)	9	**VII. Beweislastfragen**	27
1. Inhalt des Verlangens	9	1. Art. 20 Abs. 1 CMR	27
2. Zeitpunkt und Form des Verlangens	12	2. Art. 20 Abs. 2 CMR	28
		3. Art. 20 Abs. 3 CMR	30
3. Person des Verlangenden und Adressat des Verlangens	15	4. Art. 20 Abs. 4 CMR	32

I. Allgemeines

Art. 20 CMR regelt Gestaltungen, die den Grenzbereich zwischen Verlust und **1**
Lieferfristüberschreitung betreffen, der ähnlich fließend verlaufen kann wie im
allgemeinen bürgerlichen Recht die Unterscheidung zwischen Verzug und Unmöglichkeit. Abs. 1 gibt dem Verfügungsberechtigten die Möglichkeit, mittels
unwiderleglicher Verlustfiktion (Rdn. 3ff.) 30 Tage nach Ablauf der vereinbarten
Lieferfrist respektive 60 Tage nach Übernahme des Gutes (Art. 17 Rdn. 17ff.)
dem Schwebezustand Verlust/Lieferfristüberschreitung ein Ende zu bereiten und
die Leistungsstörung endgültig nach Verlustregeln abzuwickeln. Art. 20 CMR
diente dem – ähnlichen, aber nicht identischen – § 424 HGB als Vorbild.[1]

Art. 20 Abs. 2–4 CMR befasst sich mit der Wiederauffindung des Gutes nach **2**
Entschädigungsleistung, regelt aber nicht alle Aspekte der (Wieder-)Verfügbarkeit des Gutes trotz Eingreifens der Verlustfiktion des Art. 20 Abs. 1 CMR.

II. Verlustfiktion des Abs. 1

1. Rechtsnatur

Ist das Gut nicht binnen 30 Tagen nach Ablauf der vereinbarten Lieferfrist – **3**
oder, bei Fehlen einer Lieferfristvereinbarung – nicht binnen 60 Tagen ab Übernahme abgeliefert,[2] wird zugunsten des Verfügungsberechtigten *unwiderleglich
vermutet, dass das Gut verloren ist*.[3] Die Gegenmeinung reduziert die Bedeutung
des Art. 20 Abs. 1 CMR auf eine *Beweiserleichterung* mit der Folge, dass Ansprüche aus Verlust bei zweifelsfreier – etwa zugestandener – Wiederauffindung

---

[1] *Fremuth*, in: Fremuth/Thume, § 424 HGB Rdn. 1 m.w.N. zur Entstehungsgeschichte des § 424 HGB.
[2] Zur Fristberechnung: Art. 32 CMR Rdn. 32, 33; Sonntage und gesetzliche Feiertage sind anders als in Art. 30 Abs. 1 CMR nicht von der Fristberechnung ausgenommen – OLG Düsseldorf, 25.9.1997 – 18 U 127/96, TranspR 1999, 159, 160; *Boesche*, in: EBJS, Art. 20 CMR Rdn. 1; MünchKommHGB/*Jesser-Huß*, Art. 20 CMR Rdn. 2; Staub/*Helm*, Art. 20 CMR Rdn. 4; a.A. *Thume*, in: Fremuth/Thume, Art. 20 CMR Rdn. 9; *Herber/Piper*, Art. 20 CMR Rdn. 5; *Koller*, 7. Aufl., Art. 20 CMR Rdn. 1.
[3] BGH, 9.9.2010 – I ZR 152/09, VersR 2012, 337ff.; BGH, 25.10.2001 – I ZR 87/99, TranspR 2002, 198ff. = VersR 2002, 1580ff.; BGH, 27.10.1978 – I ZR 30/77, TranspR 1982, 108 = VersR 1979, 276 = NJW 1979, 2473; OLG München, 1.6.2011 – 7 U 5611/10, TranspR 2011, 357, 359; OLG Düsseldorf, 10.6.1999 – 18 U 171/98, TranspR 1999, 393ff.; OLG Düsseldorf, 25.9.1997 – 18 U 127/96, TranspR 1999, 159, 160; OLG Frankfurt/M., 5.11.1985 – 5 U 261/84, TranspR 1986, 282ff. = VersR 1986, 1070f.; OLG Frankfurt/M., 30.3.1977 – 17 U 71/76, VersR 1978, 169, 170f.; OLG Düsseldorf, 23.11.1989 – 13 U 70/89, TranspR 1990, 63, 66; LG Hamburg, 29.7.1994 – 402 O 72/94, TranspR 1994, 488ff.; LG Nürnberg/Fürth, 13.10.1983 – 1 HK O 2565/83, TranspR 1985, 113; Staub/*Helm*, Art. 20 CMR Rdn. 3; *Koller*, 7. Aufl., Art. 20 CMR Rdn. 1; *Thume*, in: Fremuth/Thume, Art. 20 CMR Rdn. 2; *Herber/Piper*, Art. 20 CMR Rdn. 3; *Boesche*, in: EBJS, Art. 20 CMR Rdn. 2; MünchKommHGB/*Jesser-Huß*, Art. 20 CMR Rdn. 4.; *Otte*, in: Ferrari/Kieninger/Mankowski et al., Art. 20 CMR Rdn. 2.

Art. 20 Haftung des Frachtführers

nicht gegeben seien.[4] Die Mindermeinung berücksichtigt nicht, dass die Verlustfiktion den Berechtigten aus seiner Situation der Unsicherheit befreien soll; er soll beispielsweise in der Lage sein, eine sinnvolle Entscheidung für eine anderweitige Beschaffung der überfälligen Güter zu treffen und nicht Gefahr laufen, die Güter doppelt zur Verfügung zu haben.[5] Der Ersatzberechtigte braucht die Frist von 30 bzw. 60 Tagen dann nicht abzuwarten, wenn ihn der Frachtführer zuvor von dem Verlust des Gutes in Kenntnis setzt oder der Verlust mit sonstigen Beweismitteln vorzeitig erweisbar ist.[6] Die vorzeitige Mitteilung dürfte allerdings nur zu einem schwer widerlegbaren Indiz, nicht aber zu einer unwiderleglichen Fiktion führen. Andererseits greift Art. 20 CMR nicht ein, wenn die Waren zwar gestohlen wurden, aber dennoch in der vereinbarten Lieferfrist zur Ablieferung gekommen sind.[7] Die Verlustfiktion tritt gleichfalls nicht ein, wenn das Gut innerhalb der Fristen des Abs. 1 zwar nicht abgeliefert, aber vom Frachtführer gem. Art. 16 Abs. 2 CMR ordnungsgemäß ausgeladen worden ist, weil damit der Frachtvertrag beendet ist.[8]

Bei Beförderungs- oder Ablieferungshindernissen sind in die Fristen des Art. 20 CMR Zeiträume nicht einzurechnen, in denen das Gut auf Weisung des Verfügungsberechtigten oder gem. Art. 14 Abs. 2 CMR lagert. Gleiches gilt für Verzögerungen, die aus vom Frachtführer nicht zu vertretenden Umständen herrühren (Art. 17 Abs. 2, 4, 5 CMR).[9]

4 Die unwiderlegliche Verlustvermutung wirkt nur zu Lasten des *Frachtführers*, nicht auch des *Verfügungsberechtigten*;[10] Letzterer hat demgemäß die freie Wahl, die Verlustansprüche aufgrund der Fiktion des Art. 20 Abs. 1 CMR oder aber Ansprüche aus Lieferfristüberschreitung, ggf. auch Beschädigung, geltend zu machen. Wird dem Verfügungsberechtigten nach Fristablauf (Abs. 1) das Gut angedient, hat er – auch ohne zuvor Verlustansprüche geltend gemacht zu haben – das uneingeschränkte Wahlrecht, das Gut (wenn auch verspätet) anzunehmen oder aber Verlustansprüche geltend zu machen.[11] Sind trotz Fristablaufs gem.

---

4 OLG Frankfurt/M., 20.1.1981 – 5 U 120/80, VersR 1981, 1131 = RIW 1981, 267 und OLG Frankfurt/M., 30.3.1977 – 17 U 71/76, VersR 1978, 169, 171; OLG Hamburg, 17.11.1983 – 6 U 43/83, VersR 1984, 258 = TranspR 1984, 188; *Loewe*, ETR 1976, 503, 564.
5 Staub/*Helm*, Art. 20 CMR Rdn. 3; MünchKommHGB/*Jesser-Huß*, Art. 20 CMR Rdn. 4.
6 LG Ellwangen, 7.5.1979 – KfH O 1/79, TranspR 1980, 96; *Boesche*, in: EBJS, Art. 20 CMR Rdn. 1; *Herber/Piper*, Art. 20 CMR Rdn. 4; Staub/*Helm*, Art. 20 CMR Rdn. 5.
7 Hoge Raad den Haag 1. Kammer, 4.10.2002 – C 01/043 HR, ETR 2004, 669 ff.
8 *Thume*, in: Fremuth/Thume, Art. 20 CMR Rdn. 5; *Koller*, Art. 20 CMR Rdn. 1.
9 OLG Düsseldorf, Urt. vom 25.9.1997 – 18 U 127/96, TranspR 1999, 159, 160; *Koller*, 7. Aufl., Art. 20 CMR Rdn. 1; *Heymann/Schlüter*, HGB, 2. Aufl., § 424 HGB Rdn. 3; MünchKommHGB/*Jesser-Huß*, Art. 20 CMR Rdn. 2; a.A. *Thume*, in: Fremuth/Thume, Art. 20 CMR Rdn. 9.
10 BGH, 15.10.1998 – I ZR 111/96, VersR 1999, 646, 647; OLG Düsseldorf, 23.11.1989 – 18 U 70/89, TranspR 1990, 63; *Loewe*, ETR 1976, 503, 564; *Heuer*, Haftung, S. 70; Staub/*Helm*, Art. 20 CMR Rdn. 3.
11 BGH, 25.10.2001 – I ZR 187/99, TranspR 2002, 198, 199; OLG Düsseldorf, 23.11.1989 – 18 U 70/89, TranspR 1990, 63; a.A. die Vertreter der Mindermeinung, wonach Art. 20 Abs. 1 CMR lediglich eine *Beweiserleichterung* gewähre, vgl. Zitate unter Rdn. 3.

Abs. 1 bis zur Andienung des Gutes Ersatzansprüche wegen Verlustes noch nicht geltend gemacht, liefert der Frachtführer das Gut verspätet ab *und* nimmt der Empfänger das Gut an, ohne sich Verlustansprüche vorzubehalten, kann hierin allerdings die konkludente Ausübung des Wahlrechts in Richtung Lieferfristüberschreitung (ggf. auch Beschädigung) liegen; die Ablieferung setzt nämlich *auch* den *Willen* des Empfängers voraus, das Gut in seine Verfügungsgewalt zu übernehmen.[12] Macht der Ersatzberechtigte von der Verlustfiktion Gebrauch, kann der Frachtführer kein Standgeld fordern.[13] Über den Nichtanfall von Standgeld hinaus hindert die berechtigte Geltendmachung der Verlustfiktion die Entstehung sämtlicher Ansprüche des Frachtführers, die erst mit Ablieferung entstehen, insbesondere also des Anspruchs auf Frachtlohn.

Zur unwiderleglichen Verlustvermutung kann es auch dadurch kommen, dass der Empfänger die Annahme des Gutes wegen unzumutbarer Verspätung ablehnt.[14]

2. Anwendungsbereich der Verlustfiktion

Art. 20 Abs. 1 CMR erfasst sowohl die Überfälligkeit der *gesamten* Ladung als 5 auch von *Teilen derselben*;[15] zu beachten ist hierbei, dass die Vermutung des Totalverlustes mit der Verjährungsregelung des Art. 32 Abs. 1 lit. b) CMR wortgleich harmoniert, beim Teilverlust aber die Verjährung gem. Art. 32 Abs. 1 lit. a) CMR mit Ablieferung des Restgutes beginnt. Die unwiderlegliche Vermutung des *Teil*verlustes kann darüber hinaus nur zum Zuge kommen, wenn die Rügeobliegenheiten des Art. 30 Abs. 1 CMR vom Empfänger eingehalten worden sind oder – ersatzweise – der dort vorgesehene Gegenbeweis geführt ist. Diese Regelung macht – jedenfalls beim Teilverlust (beim Totalverlust vgl. Rdn. 4) – ohne das Hinzutreten weiterer Umstände die Anwendung des § 242 BGB überflüssig.[16]

3. Geltendmachung der Verlustvermutung

Die Verlustvermutung muss nicht in einer eigenen empfangsbedürftigen Willens- 6 erklärung geltend gemacht werden.[17] Die nachträgliche Erlangung der Verfü-

---

12 Art. 17 CMR Rdn. 22; *Herber/Piper*, Art. 20 CMR Rdn. 3.
13 OLG München, 4.6.1987 – 23 U 1698/87, VersR 1987, 932, 934 erwogen, aber als entscheidungsunerheblich dahingestellt gelassen.
14 Staub/*Helm*, Art. 20 CMR Rdn. 4 m.w.N.
15 OLG Düsseldorf, 23.11.1989 – 18 U 70/89, TranspR 1990, 63; LG Ellwangen, 7.5.1979 – 8 KfH O 1/79, TranspR 1980, 96; *Thume*, in: Fremuth/Thume, Art. 20 CMR Rdn. 4; MünchKommHGB/*Jesser-Huß*, Art. 20 CMR Rdn. 6.
16 A.A. MünchKommHGB/*Jesser-Huß*, Art. 20 CMR Rdn. 6.
17 BGH, Urteil, 15.10.1998 – I ZR 111/96, VersR 1999, 646, 647 – verlangt wird aber, dass deutlich zu erkennen gegeben wird, dass der Verfügungsberechtigte das Gut als abhanden gekommen betrachtet; OLG Frankfurt/M., 5.11.1985 – 5 U 261/84, TranspR 1986, 282, 284; *Koller*, 7. Aufl., Art. 20 CMR Rdn. 1.; *Otte*, in: Ferrari/Kieninger/Mankowski et al., Art. 20 CMR Rdn. 1.

Art. 20 Haftung des Frachtführers

gungsgewalt über das Gut beeinträchtigt die Rechte des Ersatzberechtigten aus der Verlustfiktion nicht. Insbesondere kann er trotz der Wiederauffindung Schadensersatz wegen Verlustes des Gutes fordern;[18] dies gilt auch dann, wenn der Absender bei verspäteter Ablieferung beim Empfänger von seinem Wahlrecht gem. § 20 Abs. 2 CMR keinen Gebrauch gemacht hat.[19] Die unwiderlegliche Verlustvermutung ermöglicht es dem Ersatzberechtigten, dieselben Ansprüche wie beim konkret festgestellten Verlust des Gutes geltend zu machen; er ist aber auch denselben Einreden und Einwendungen des Frachtführers ausgesetzt.[20] Der Schadensersatzanspruch aufgrund der Verlustvermutung wird beim späteren Wiederauffinden selbst gespendeter Hilfsgüter und deren Übergabe an den Empfänger nicht mehr beeinträchtigt.[21]

Der Güterberechtigte kann seine Wahl noch *ändern*, sein Entschädigungsverlangen wegen Verlusts wieder aufgeben und stattdessen Ablieferung (u.U. in Verbindung mit Schadensersatz wegen Überschreitung der Lieferfrist und/oder Beschädigung) fordern.[22] Hat sich der Ersatzberechtigte hingegen angesichts verspäteter Ablieferung auf die Erhebung von Ansprüchen aus Lieferfristüberschreitung und/oder Beschädigung festgelegt, wird ihm ein Wechsel zur Verlustvermutung nicht zuzulassen sein. Angesichts des voluntativen Elementes bei der Ablieferung[23] würde dies auf die Befugnis des Ersatzberechtigten hinauslaufen, sich von einer bereits gebilligten, wenn auch fehlerbehafteten Erfüllung wieder loszusagen.

4. Vorteilsausgleichung?

6a Die Rechtsprechung geht grundsätzlich davon aus, dass der Gesichtspunkt der Vorteilsausgleichung auch im Rahmen der CMR Berücksichtigung finden könne, allerdings wird die Wiederauffindung des Gutes nicht als Anwendungsfall für einen Vorteilsausgleich gesehen.[24] Damit ist der beherrschende Anwendungsbereich der Vorteilsausgleichung, welcher sonst nach Art. 23 CMR möglich sein soll,[25] ausgeschlossen.

---

18 BGH, 25.10.2001 – I ZR 187/99, TranspR 2002, 198ff.; VersR 2002, 1580ff.; OLG Düsseldorf vom 21.11.2007 – 18 U 75/07, VersR 2008, 1562; OLG Frankfurt/M., 5.11.1985 – 5 U 261/84, TranspR 1986, 282, 284; *Koller*, 7. Aufl., Art. 20 CMR Rdn. 1.
19 BGH, 25.10.2001 – I ZR 187/99, TranspR 2002, 198ff.; OLG Düsseldorf vom 21.11.2007 – 18 U 75/07, VersR 2008, 1562; *Koller*, 7. Aufl., Art. 20 CMR Rdn. 1.
20 Vgl. *Koller*, 7. Aufl., Art. 20 CMR Rdn. 1; MünchKommHGB/*Jesser-Huß*, Art. 20 CMR Rdn. 6; *Herber/Piper*, Art. 20 CMR Rdn. 6; *Thume*, in: Fremuth/Thume, Art. 20 CMR Rdn. 8; *Boesche*, in: EBJS, Art. 20 CMR Rdn. 2.
21 BGH, 25.10.2001 – I ZR 187/99, TranspR 2002, 198ff., BGH, 9.9.2010 – I ZR 152/09, VersR 2012, 337ff.
22 OLG Düsseldorf vom 21.11.2007 – I 18 U 75/07, VersR 2008, 1562; wohl auch BGH vom 25.10.2001 – I ZR 187/99, TranspR 2002, 198, 199.
23 *Koller*, 7. Aufl., Art. 17 CMR Rdn. 6 m.w.N.
24 BGH, 25.10.2001 – I ZR 187/99, TranspR 2002, 198, 199.
25 Vgl. *Koller*, 7. Aufl., Art. 23 CMR Rdn. 5, Stichwort: „Vorteilsausgleichung" m.w.N.

Bei Vorliegen der Voraussetzungen des Art. 29 CMR und (Anwendbarkeit deutschen Rechts vorausgesetzt) Schadensberechnung nach §§ 249ff. BGB[26] ist ohnehin eine individuelle Schadensberechnung gemäß §§ 249ff. BGB geboten.

5. Die Person des „Verfügungsberechtigten"

Der „Verfügungsberechtigte" i.S.d. Art. 20 Abs. 1 CMR ist nicht nur der Inhaber der Verfügungsbefugnis, sondern der *Ersatzberechtigte*.[27] Der englische Urtext macht dies deutlicher als die deutsche Übersetzung (*the person entitled to make a claim*). 7

Probleme der *Doppellegitimation* von Absender und Empfänger, insbesondere die Gefahr doppelter Inanspruchnahme, entstehen i.d.R. nicht, da ein Fall der Gesamtgläubigerschaft vorliegt und der Frachtführer bei erneuter Inanspruchnahme einwenden kann, dass er bereits dem ersten Berechtigten gegenüber erfüllt habe und deswegen frei geworden sei.[28] 8

Schwierigkeiten können allenfalls dadurch entstehen, dass Absender und Empfänger ihr Wahlrecht (Rdn. 4) in unterschiedlicher Weise ausüben. Der Konflikt wird entsprechend der Behandlung konkurrierender Weisungen zu lösen sein (vgl. Art. 12 CMR Rdn. 42–44).

III. Benachrichtigungsverlangen für den Wiederauffindungsfall (Abs. 2)

1. Inhalt des Verlangens

Der Ersatzberechtigte kann vom Frachtführer verlangen, von der Wiederauffindung der Ware *sofort* benachrichtigt zu werden. Das Verlangen *sofortiger* Benachrichtigung soll lediglich dem Frachtführer die Notwendigkeit raschesten Handelns bei Wiederauffindung klarmachen; unterlässt der Ersatzberechtigte die Aufforderung zu *sofortiger* Benachrichtigung im Wiederauffindungsfalle, berührt dies die Wirksamkeit des Verlangens nicht. 9

Nach dem deutlichen Wortlaut des Art. 20 Abs. 2 Satz 1 CMR muss das Verlangen aber die einjährige Befristung ab Zahlung enthalten. Fordert der Ersatzberechtigte den Frachtführer zur Meldung der Wiederauffindung der Ware auf und begrenzt er sein Verlangen nicht auf die Zeit eines Jahres, ist die unbefristete 10

---

26 Zur Wahlmöglichkeit: BGH, 30.9.2010 – I ZR 39/09, TranspR 2010, 437ff.
27 BGH vom 6.7.1979 – 1 ZR 127/78, NJW 1979, 2472; vor Art. 17 Rdn. 17–25; *Thume*, in: Fremuth/Thume, Art. 20 CMR Rdn. 6; *Koller*, 5. Aufl., Art. 20 CMR Rdn. 1; *Herber/Piper*, Art. 20 CMR Rdn. 2; MünchKommHGB/*Jesser-Huß*, Art. 20 CMR Rdn. 5; *Otte*, in: Ferrari/Kieninger/Mankowski et al., 2. Aufl., Art. 20 CMR Rdn. 1.
28 Vgl. Vor Art. 17 Rdn. 9–12 m.w.N.; *Reuschle*, in: EBJS, § 424 HGB Rdn. 6.

Art. 20 Haftung des Frachtführers

Aufforderung rechtsunwirksam, da sie auf den Versuch hinauslaufen würde, den Frachtführer unlimitiert im Obligo zu halten.[29]

Unschädlich dürfte die Angabe einer kürzeren Wiederauffindungsfrist sein, da der Verfügungsberechtigte seine Rechte aus Abs. 2 nicht wahrnehmen *muss* und demgemäß auf Teile der Frist zur Ausübung des Wahlrechts gem. Abs. 1, 3 u. 4 verzichten kann.

Die einjährige Frist nach Zahlung beginnt mit der Erbringung der Zahlungshandlung durch den Frachtführer, also wenn er das zur Übermittlung des Geldes seinerseits Erforderliche getan hat,[30] nicht mit dem Zahlungserfolg (Gutschrift beim Ersatzberechtigten); dies folgt auch daraus, dass der benachrichtigungspflichtige Frachtführer den Tag der Gutschrift beim Ersatzberechtigten nicht kennt. Die Einjahresfrist ist im Übrigen nach Art. 12 Abs. 1 lit. d Rom I-VO i.V.m. §§ 187 Abs. 1, 188 Abs. 2 BGB zu berechnen; § 193 BGB (Fristende Samstag, Sonntag, Feiertag) gilt nicht, da die Wiederauffindung des Gutes weder eine abzugebende Willenserklärung noch eine zu bewirkende Leistung ist.

11 Das Benachrichtigungsverlangen muss in irgendeiner Weise, nicht in bestimmten Wendungen, den künftigen Fall des „Wiederauffindens" aussprechen. Ein „Wiederauffinden" liegt nicht nur bei einer Wiederentdeckung der Ware vor, da (etwa bei Beschlagnahme, Falschauslieferung) Verlust auch bei bekanntem Verbleib des Gutes möglich ist.[31] Wie beim Fund[32] ist die „Wiederauffindung" der Ware mit der Wiedererlangung des Besitzes durch den Frachtführer verbunden; die englische Fassung spricht von „recovered" und drückt die Wiederinbesitznahme damit anschaulich aus. Welche Qualität der wiedererlangte Besitz haben muss, ist nicht beschrieben; mittelbarer Besitz genügt, jedenfalls aber muss der Besitz des Frachtführers von der Art sein, dass er ein Ablieferungsverlangen gem. Art. 20 Abs. 3 Satz 1 CMR unverzüglich erfüllen kann.

Bei Ablieferung wertloser Trümmer kann das Verlangen, von einer Wiederauffindung benachrichtigt zu werden, nicht gestellt werden. Die Ware kann nicht „wieder aufgefunden" werden, da sie dem Empfänger durchaus zur Verfügung steht, wenngleich in wertlosem Zustande. Die Unanwendbarkeit weist die Kritikwürdigkeit einer verbreiteten Meinung aus, die die Ablieferung völlig entwerteter Ware als Totalverlust begreift (Art. 30 Rdn. 6). Bei „wirtschaftlichem Totalverlust" ist nämlich nicht die Störung des Besitzverhältnisses, sondern die Totalentwertung der Ware zu beklagen.

---

29 A.A. *Boesche*, in: EBJS, Art. 20 CMR Rdn. 3.
30 BGH, 7.10.1965 – II ZR 120/63, BGHZ 44, 178, 179.
31 Art. 17 CMR Rdn. 63ff.; *Koller*, 7. Aufl., § 424 HGB Rdn. 21.
32 Palandt/*Bassenge*, 71. Aufl., Vorbem. zu § 965 BGB Rdn. 1.

2. Zeitpunkt und Form des Verlangens

Das Verlangen muss bei „Empfang der Entschädigung" gestellt werden. Klage auf Entschädigung steht der Zahlung nicht gleich.[33] Wird die Entschädigung in Teilbeträgen bezahlt, kann das Verlangen auch noch „bei Empfang" des letzten Teilbetrages erklärt werden. Entschädigt der Frachtführer in den Grenzen des Art. 23 Ziff. 3 CMR, ist *diese* Zahlung der Verlangenszeitpunkt gem. Abs. 2, nicht etwa derjenige der Klageabweisung eines vollständigen Entschädigungsverlangens gem. Art. 29 CMR; bei einem (Teil-)Erfolg solcher Klage auf volle Entschädigung ist allerdings bei Empfang des ausgeurteilten Teilbetrages das Verlangen gem. Abs. 2 noch möglich. Hat der Verfügungsberechtigte nur einen Teil der geschuldeten Schadensersatzleistung erhalten, muss das Verlangen gem. Abs. 2 von ihm nur dann gestellt werden, wenn er weiß, dass der andere Anspruchsberechtigte bereits den Rest empfangen hat.[34] *Empfang der Entschädigung* kann auch in der Form der Aufrechnung, § 387 BGB, erfolgen, etwa mit Frachtforderungen oder aber im Prozessfalle mit einer Kostenerstattungsforderung. Nach der Ratio des Abs. 2 ist *Empfang der Entschädigung* in solchem Falle der Zugang der Aufrechnungserklärung (§ 388 BGB), nicht die Rückwirkungsanordnung des § 389 BGB.

Es kommt auf den Empfang der Entschädigung *für das verlorene Gut* i.S.d. Art. 23 Abs. 1 CMR an, nicht auf den Empfang von Beträgen gem. Art. 23 Abs. 4 CMR (Fracht, Zölle, sonstige Kosten).

„Bei" Empfang der Entschädigung beschreibt einen kurzen Zeitraum vor (etwa bei Ankündigung der Zahlung durch den Frachtführer) oder nach Eingang der Zahlung, der dem Ersatzberechtigten zur Verfügung steht. Aus dem Schriftlichkeitserfordernis kann abgeleitet werden, dass die Absendung des Verlangens am Tage des Erhalts der Zahlung jedenfalls ausreichend ist. Rechtzeitige Absendung reicht aus, wenn die Erklärung alsbald dem Frachtführer zugeht.[35] Einen weiteren Hinweis auf die Eilbedürftigkeit des Verlangens gibt das Interesse des Frachtführers, möglichst umgehend Klarheit darüber erhalten zu wollen, ob er mit der Entschädigungsleistung sämtlicher Pflichten aus dem Frachtvertrag los und ledig ist. Diese Erwägungen und die Ähnlichkeit der Interessenlage (Rechtsverlust bei Schweigen auf gegnerische Handlung bzw. Erklärung) lassen einen Rückgriff auf die Rechtsverhältnisse beim kaufmännischen Bestätigungsschreiben zu. Demgemäß sind für die Frage der Rechtzeitigkeit des Benachrichtigungsverlangens die zeitlichen Grenzen des rechtzeitigen Widerspruchs auf ein kaufmännisches Bestätigungsschreiben als Maßstab heranzuziehen.[36] Wer seine Kontoaus-

---

33 *Thume*, in: Fremuth/Thume, Art. 20 CMR Rdn. 11; *Koller*, 7. Aufl., Art. 20 CMR Rdn. 2; *Boesche*, in: EBJS, Art. 20 CMR Rdn. 3; *Otte*, in: Ferrari/Kieninger/Mankowski et al., Art. 20 CMR Rdn. 5.
34 *Koller*, 7. Aufl., § 424 HGB, Rdn. 19.
35 MünchKommHGB/*Jesser-Huß*, Art. 20 CMR Rdn. 9.
36 *Baumbach/Hopt*, 35. Aufl., § 346 HGB Rdn. 25 ff.

Art. 20 Haftung des Frachtführers

züge nicht zeitnah überprüft, kann nicht „bei" Empfang der Entschädigung das Benachrichtigungsverlangen erklären.[37]

14 Das Benachrichtigungsverlangen bedarf der Schriftform (hierzu ausführlich Art. 32 Rdn. 64).

3. Person des Verlangenden und Adressat des Verlangens

15 Das Verlangen kann nur von einem Ersatzberechtigten (Rdn. 7) gestellt werden und unter mehreren wiederum nur von demjenigen, der Empfänger der Entschädigung für das verlorene Gut ist. Das Benachrichtigungsverlangen eröffnet nur dem Verlangenden die Rechte des Art. 20 Abs. 3 CMR, nicht auch anderen Ersatzberechtigten („dass *er* sofort benachrichtigt wird").[38]

Adressat des Verlangens ist der Frachtführer (arg. Art. 20 Abs. 4 CMR), nicht der die Entschädigung Leistende (etwa der Versicherer); für die Erklärung des Benachrichtigungsverlangens und dessen Empfang sind sämtliche Formen der Stellvertretung zulässig (vgl. Art. 32 CMR Rdn. 67ff.).

4. Bestätigung des Verlangens

16 Art. 20 Abs. 2 Satz 2 CMR ist eine Sollvorschrift. Selbst wenn der Frachtführer das Benachrichtigungsverlangen nicht bestätigt, kann der Ersatzberechtigte den Eingang des Schreibens in sonstiger Weise beweisen.[39] Das Bestätigungsschreiben ist insbesondere nicht Voraussetzung für den nachträglichen Ablieferungsanspruch des Ersatzberechtigten gem. Art. 20 Abs. 3 CMR.

IV. Ablieferungsanspruch nach Benachrichtigung von der Wiederauffindung (Abs. 3)

1. Die Benachrichtigung von der Wiederauffindung

17 Die Benachrichtigung des Verfügungsberechtigten durch den Frachtführer ist eine einseitige, rechtsgeschäftsähnliche Handlung, bei der alle Formen der Erklärungs- und Empfangsvollmacht zulässig sind. Die Benachrichtigung von der Wiederauffindung kann formfrei erfolgen. Die Benachrichtigung ist nicht vom Zustande des wieder aufgefundenen Gutes abhängig, insbesondere hat sie auch im Falle der Auffindung total beschädigter Ware zu erfolgen.

---

37 MünchKommHGB/*Jesser-Huß*, Art. 20 CMR Rdn. 9.
38 A.A. *Koller*, 7. Aufl., § 424 HGB Rdn. 19.
39 *Loewe*, ETR 1976, 503, 565; *Thume*, in: Fremuth/Thume, Art. 20 CMR Rdn. 12; MünchKommHGB/*Jesser-Huß*, Art. 20 CMR Rdn. 9; *Boesche*, in: EBJS, Art. 20 CMR Rdn. 3; *Otte*, in: Ferrari/Kieninger/Mankowski et al., Art. 20 CMR Rdn. 4.

Die Bezugnahme auf Abs. 2 (nach Empfang einer *solchen* Benachrichtigung) **18**
stellt klar – ebenso Abs. 4 –, dass die Rechtsfolgen des Abs. 3 nur von der Kundgabe einer *Wiedererlangung des Gutes binnen Jahresfrist* ab Zahlung ausgehen sollen. Die Unterlassung *sofortiger* Benachrichtigung ist indessen unschädlich und hat nur Einfluss auf den Beginn der 30-tägigen Frist des Abs. 3. Allerdings kann die Unterlassung oder Verzögerung der Verständigung von der Wiederauffindung zu Ansprüchen nach dem jeweils geltenden nationalen Recht führen,[40] im Falle der Anwendbarkeit deutschen Rechts gem. § 280 BGB.[41]

2. Der Ablieferungsanspruch des Verfügungsberechtigten

Der Ersatzberechtigte kann innerhalb von 30 Tagen nach Empfang der Benach- **19**
richtigung von der Wiedererlangung (Rdn. 17 u. 18) die Ablieferung der Ware fordern. Das Ablieferungsverlangen ist eine einseitige, rechtsgestaltende Willenserklärung, bei der alle Formen der Erklärungs- und Empfangsvollmacht zulässig sind. Eine Form für das Verlangen ist nicht vorgeschrieben. Fordert der Berechtigte Ablieferung, kann er aber infolge Ausübung des Gestaltungsrechts nicht wieder auf die Verlustfiktion zurückgreifen.[42] Die 30-tägige Frist berechnet sich nach Art. 12 Abs. 1 lit. d Rom I-VO i. V. m. § 187 Abs. 1 BGB; bei Fristende Samstag, Sonntag oder Feiertag gilt § 193 BGB. Der Berechtigte kann bei Wiederauffindung binnen eines Jahres ab Zahlung auch dann die Rechte des Abs. 3 ausüben, wenn er ohne Benachrichtigung anderweitig von der Wiedererlangung der Sache erfährt.[43] Wird das Gut *nach* der Frist des Art. 20 Abs. 1 CMR, aber *vor* Leistung der Entschädigung wieder aufgefunden, kann der Berechtigte unter Ausübung seines Wahlrechts gleichfalls Ablieferung verlangen.[44]

Inhaltlich geht der Ablieferungsanspruch nach dem eindeutigen Gesetzeswortlaut **20**
auf Ablieferung an den *Verfügungsberechtigten*, nicht an den im Beförderungsvertrag vorgesehenen Empfänger.[45] Diese Änderung des Frachtvertrages kraft Gesetzes ist sachgerecht, da die Parteien sich gem. Art. 20 Abs. 1 CMR bereits auf der Grundlage des Verlustes eingerichtet hatten und der Berechtigte regelmäßig kein Interesse mehr an der Auslieferung an den Empfänger haben dürfte. Indessen kann der Verfügungsberechtigte auch in diesem Liquidationsstadium des

---

40 *Loewe*, ETR 1976, 503, 569; *Boesche*, in: EBJS, Art. 20 CMR Rdn. 4; *Thume*, in: Fremuth/Thume, Art. 20 CMR Rdn. 14; *Martini/Otte*, in: Ferrari/Kieninger/Mankowski et al., Art. 20 CMR Rdn. 7; MünchKommHGB/*Jesser-Huß*, Art. 20 CMR Rdn. 10.
41 Palandt/*Grüneberg*, 71. Aufl., § 280 BGB Rdn. 22 ff.; MünchKommHGB/*Jesser-Huß*, Art. 20 CMR Rdn. 10.
42 *de la Motte*, CMR: Schaden – Entschädigung – Versicherung, VersR 1988, 317, 320; *Fremuth*, in: Fremuth/Thume, § 424 HGB Rdn. 20; *Boesche*, in: EBJS, Art. 20 CMR Rdn. 4.
43 *Loewe*, ETR 1976, 503, 565; *Koller*, 7. Aufl., § 424 HGB, Rdn. 23.
44 *Thume*, in: Fremuth/Thume, Art. 20 CMR Rdn. 16; *Herber/Piper*, Art. 20 CMR Rdn. 9; Staub/*Helm*, Art. 20 CMR Rdn. 12; *Koller*, 7. Aufl., Art. 20 CMR Rdn. 2.
45 Staub/*Helm*, Art. 20 CMR Rdn. 11; teilw. a. A. *Koller*, 7. Aufl., § 424 HGB Rdn. 25.

Art. 20 Haftung des Frachtführers

Frachtvertrages Weisungen gem. Artt. 12 ff. CMR erteilen. Die Auslieferung hat – bei Fehlen entgegenstehender Weisung – am Bestimmungsort zu erfolgen.[46]

21 Der Ablieferungsanspruch des Berechtigten am wiedergefundenen Gut besteht nicht uneingeschränkt, sondern nur Zug um Zug gegen Befriedigung
– der aus dem Frachtbrief hervorgehenden Ansprüche[47]
– und gegen Rückzahlung der erhaltenen Entschädigung, ggf. abzüglich der in der Entschädigung enthaltenen Kosten. Zurückzuzahlen ist die erhaltene Entschädigung gem. Art. 23 Abs. 1–3 CMR, bei Werterhöhung auch der nach Art. 24 CMR gezahlte Betrag; sind bei grobem Verschulden gem. Art. 29 CMR weitergehende Beträge gezahlt worden, sind auch diese zu erstatten. Gezahlte Zinsen gem. Art. 27 Abs. 1 CMR sind gleichfalls wieder auszukehren, da sie – abweichend von den Kosten – von der Rückzahlungspflicht nicht ausgenommen sind. *Nicht* zu erstatten sind in der Entschädigung enthaltene Kosten i.S.d. Art. 23 Abs. 4 CMR.[48] Problematisch mögen Fälle werden, bei denen es infolge der Wiederauffindung des Gutes zu Zollrückerstattungen o. Ä. kommt; im Falle ergänzend anwendbaren deutschen Rechts werden diese über § 255 BGB zu lösen sein.

Das Zug-um-Zug-Verhältnis des Art. 20 Abs. 3, 1. HS CMR kann nicht durch Ziff. 19 ADSp geändert werden (Art. 41 CMR).

Der Frachtführer kann gegen das Ablieferungsverlangen des Ersatzberechtigten zwar einwenden, dass er nur Zug um Zug gegen Rückzahlung der Entschädigung verpflichtet sei; er kann aber nicht seinerseits Rückzahlung der Entschädigung Zug um Zug gegen Ablieferung verlangen.

22 Bei Rücklieferung des gefundenen Gutes kann der Ersatzberechtigte Ansprüche aus Lieferfristüberschreitung gem. Art. 23, ggf. Art. 26 CMR, geltend machen, bei Vorsatz bzw. bewusster Leichtfertigkeit gem. Art. 29 Abs. 1 CMR unbeschränkt. Der Anspruch ist der gewöhnliche Anspruch aus Lieferfristüberschreitung, insbesondere gilt Art. 30 Abs. 3 CMR. Der Ersatzberechtigte kann mit Ansprüchen aus Lieferfristüberschreitung oder Beschädigung des Gutes (Rdn. 23) gegen Kostenerstattungsansprüche aufrechnen.[49]

23 Ansprüche aus Beschädigung des Gutes sind gleichfalls nicht ausgeschlossen, da Art. 20 CMR nur den Grenzbereich Lieferfristüberschreitung/Verlust regeln will.[50] Auch im Falle des Art. 20 Abs. 3 CMR können – wie sonst – Verspätungsschäden *neben* Substanzschäden geltend gemacht werden.[51]

---

46 MünchKommHGB/*Jesser-Huß*, Art. 20 CMR Rdn. 10.
47 Vgl. hierzu *Thume*, in: Fremuth/Thume, Art. 13 CMR Rdn. 23 ff.
48 *Thume*, in: Fremuth/Thume, Art. 20 CMR Rdn. 17; MünchKommHGB/*Jesser-Huß*, Art. 20 CMR Rdn. 10; Staub/*Helm*, Art. 20 CMR Rdn. 11.
49 *Herber/Piper*, Art. 20 CMR Rdn. 11; *Boesche*, in: EBJS, Art. 20 CMR Rdn. 4.
50 *Thume*, in: Fremuth/Thume, Art. 20 CMR Rdn. 18; *Herber/Piper*, Art. 20 CMR Rdn. 11; MünchKommHGB/*Jesser-Huß*, Art. 20 CMR Rdn. 10; *Koller*, 7. Aufl., Art. 20 CMR Rdn. 2; *Boesche*, in: EBJS, Art. 20 CMR Rdn. 4; vgl. auch bei einer etwas abweichenden Gestaltung OLG Düsseldorf, 23.11.1989 – 18 U 70/89, VersR 1990, 1293 = TranspR 1990, 63.
51 *Koller*, 7. Aufl., § 425 HGB Rdn. 62.

V. Verfügungsrecht des Frachtführers (Abs. 4)

Wird **24**
- das Benachrichtigungsverlangen nach Abs. 2 nicht gestellt
- oder wird trotz gestellten Benachrichtigungsverlangens nicht Ablieferung des wiedergefundenen Gutes binnen 30 Tagen nach Benachrichtigung gefordert
- oder wird das Gut später als ein Jahr nach Zahlung der Entschädigung wieder aufgefunden,

geht das Verfügungsrecht am Gut auf den Frachtführer über.

Der Frachtführer darf über das Gut nach dem Recht des Ortes verfügen, an dem **25** es sich befindet. Im Falle der Anwendung deutschen Rechts richtet sich die Verfügungsmöglichkeit nach § 424 Abs. 4 HGB, wonach „der Frachtführer über das Gut frei verfügen" kann. Streitig ist, ob der Frachtführer damit Eigentum erwirbt oder aber aufgrund einer kraft Gesetzes erteilten Einwilligung gem. § 185 BGB verfügen darf. Der letztgenannten Auffassung ist der Vorzug zu geben, da der Gesetzesterminologie des HGB die Abgrenzung Eigentum/Verfügungsberechtigung (§ 366 Abs. 1 HGB) durchaus nicht fremd ist.[52] Die praktischen Auswirkungen des Meinungsunterschiedes dürften nicht allzu gravierend sein. Wegen der Einzelheiten wird auf die teils ausführlichen Kommentierungen zu § 424 Abs. 4 letzter Halbsatz HGB verwiesen. Der eventuelle Erlös steht allein dem Frachtführer zu.[53] Für einen Anspruch des Frachtführers, vom Verfügungsberechtigten die Übereignung zu verlangen, gibt der Gesetzeswortlaut nichts her.[54] Die Verfügungsberechtigung wirkt auch gegen den vom Absender verschiedenen Eigentümer, wenn dieser mit der Verwertung einverstanden ist.[55]

War nicht der frachtvertraglich Verfügungsberechtigte, sondern ein Dritter Eigentümer des Gutes, muss Letzterer die Verfügung des Frachtführers gem. § 366 **26** HGB gegen sich gelten lassen.[56]

---

52 Staub/*Helm*, Art. 20 CMR Rdn. 14; *Koller*, 7. Aufl., § 424 HGB Rdn. 29 unter Hinweis auf die Begründung zum Regierungsentwurf des TRG, BR-Drucks. 368/97, S. 58; *Baumbach/Hopt*, 35. Aufl., § 424 HGB Rdn. 2; *Boesche*, in: EBJS, Art. 20 CMR Rdn. 5; *Herber/Piper*, Art. 20 CMR Rdn. 13; *Heymann/Schlüter*, Handelsgesetzbuch, 2. Aufl., § 424 HGB Rdn. 11; a.A. *Fremuth*, in: Fremuth/Thume, § 424 HGB Rdn. 26; MünchKommHGB/*Basedow*, 1. Aufl., Art. 20 CMR Rdn. 12, anders jetzt 2. Aufl. MünchKommHGB/*Jesser-Huß*, Art. 20 CMR Rdn. 11.
53 OLG Düsseldorf, 20.3.1997 – 18 U 80/96, TranspR 1998, 32, 33; Staub/*Helm*, Art. 20 CMR Rdn. 14; *Boesche*, in: EBJS, Art. 20 CMR Rdn. 5; *Otte*, in: Ferrari/Kieninger/Mankowski et al., Art. 20 CMR Rdn. 7; a.A. teilw. *Koller*, 7. Aufl., § 424 HGB Rdn. 29.
54 So aber Staub/*Helm*, Art. 20 CMR Rdn. 14; a.A. *Herber/Piper*, Art. 20 CMR Rdn. 14.
55 OLG Düsseldorf, 20.3.1997 – 18 U 80/96, TranspR 1998, 32, 33; vgl. aber auch Rdn. 26.
56 *Thume*, in: Fremuth/Thume, Art. 20 CMR Rdn. 19; *Boesche*, in: EBJS, Art. 20 CMR Rdn. 5.

Art. 20 Haftung des Frachtführers

VI. Anwendung des Art. 29 CMR?

26a Gemäß Art. 29 Abs. 1 CMR entfallen bei Vorsatz oder bewusster Leichtfertigkeit sämtliche Haftungsausschlüsse oder Begrenzungen sowie Beweislastumkehrungen des IV. Kapitels der CMR, zu dem auch Art. 20 CMR zählt. Eine Erörterung des Art. 29 CMR zu diesem Gesichtspunkt in Entscheidungen zu Art. 20 CMR ist nicht ersichtlich, obwohl das schwere Verschulden im entschiedenen Falle bisweilen greifbar ist.[57] Der Grund dürfte darin zu sehen sein, dass Art. 20 Abs. 1 CMR nicht als Haftungsbegrenzung zugunsten des Verfügungsberechtigten, sondern richtigerweise als Haftungserweiterung und die unwiderlegliche Verlustvermutung als Beweislastverschärfung zu Lasten des Frachtführers gesehen wird. Soweit Art. 20 CMR für den Frachtführer vorteilhafte Regelungen enthält (etwa in Abs. 4), ist solches lediglich als Grenze der Wirkung der in Abs. 1–3 geregelten haftungserweiternden Verlustvermutung, nicht als Haftungsbegrenzung zu verstehen. Missbräuchen, etwa absichtliche Verzögerung der Wiederauffindung des Guts über die 1-Jahresfrist hinaus durch den Frachtführer (Abs. 4)[58] oder aber die Berufung auf das Erfordernis des Verlangens gem. Abs. 2 bei Unterschlagung des Guts durch den Frachtführer[59] ist nicht mit dem Instrument des Art. 29 CMR, sondern demjenigen des Rechtsmissbrauchs (§ 242 BGB) zu begegnen.

VII. Beweislastfragen

1. Art. 20 Abs. 1 CMR

27 Zur Verlustfiktion allgemein Rdn. 3–6.

Der Ersatzberechtigte hat den Beginn der 30- bzw. 60-Tagefrist als ihm günstig zu beweisen:

– bei Behauptung einer *vereinbarten* Lieferfrist die Tatsache ihrer Vereinbarung und ihrer Dauer (vgl. Art. 32 Rdn. 104),
– bei Behauptung der Nichtablieferung binnen 60 Tagen ab Übernahme *ohne Vereinbarung einer Lieferfrist* trifft den Ersatzberechtigten die Beweislast für die Tatsache und den Zeitpunkt der Übernahme (hierzu Art. 17 Rdn. 17 ff. m. w. N.) und ferner für die Nichtvereinbarung einer Lieferfrist (im Einzelnen vgl. Art. 32 Rdn. 104).

---

57 Vgl. nur LG Nürnberg/Fürth, 13.10.1983 – 1 HKO 2565/83, TranspR 1985, 113–114, Beschlagnahme eines Maschinentransports wegen Alkoholschmuggels durch den Fahrer in ein arabisches Land.
58 Beispiel bei MünchKommHGB/*Basedow*, 1. Aufl., Art. 20 CMR Rdn. 12.
59 Beispiel bei *Koller*, 7. Aufl., § 424 HGB Rdn. 20.

Sache des rechtzeitige Ablieferung (hierzu Art. 17 Rdn. 20–29) behauptenden Frachtführers ist dann der Beweis der Ablieferung des Gutes und des Ablieferungszeitpunktes.

2. Art. 20 Abs. 2 CMR

Die Erklärung und den Zeitpunkt des Benachrichtigungsverlangens hat der Ersatzberechtigte zu beweisen, ebenso die Schriftlichkeit des Verlangens.[60] 28

Leistung und Zeitpunkt der Entschädigungszahlung hat der für die Erfüllung beweispflichtige Frachtführer zu beweisen.

Für die schriftliche Bestätigung des Einganges des Benachrichtigungsverlangens 29 (Art. 20 Abs. 2 Satz 2 CMR) ist der Ersatzberechtigte nicht beweispflichtig, da die Bestätigung nicht Tatbestandsmerkmal des Ablieferungsanspruchs nach Abs. 3 ist, sondern nur sanktionslose Sollvorschrift.[61]

3. Art. 20 Abs. 3 CMR

Der die Ablieferung (Rdn. 20) verlangende Ersatzberechtigte muss die Tatsache 30 der Benachrichtigung durch den Frachtführer und die Einhaltung der 30-Tage-Frist beweisen.[62] Übt der Ersatzberechtigte sein Gestaltungsrecht auf Ablieferung *ohne* Benachrichtigung von der Wiederauffindung durch den Frachtführer aus (Rdn. 19 m.w.N.), hat er das Fehlen einer Benachrichtigung vorzutragen, der Frachtführer ist gehalten, hierauf substantiiert das Wann, Wo und Wie der Benachrichtigung entgegenzuhalten, worauf wiederum die Beweislast des Ersatzberechtigten sich auf den Beweis beschränkt, dass diese konkrete Benachrichtigung nicht stattgefunden habe.

Bei der Geltendmachung des Zurückbehaltungsrechts trifft den Frachtführer die 31 Beweislast hinsichtlich der Zahlung der Entschädigung und ihrer Höhe, der Verfügungsberechtigte hat Erfüllung dieser Ansprüche zu beweisen.[63] Dies gilt auch für die Aufteilung in gezahlte Entschädigung und die in ihr enthaltenen Kosten.[64]

---

60 *Thume*, in: Fremuth/Thume, Art. 20 CMR Rdn. 20; wohl auch Baumgärtel/*Giemulla*, Art. 20 CMR Rdn. 2.
61 Rdn. 16 m.w.N.; *Thume*, in: Fremuth/Thume, Art. 20 CMR Rdn. 20; a.A. Baumgärtel/*Giemulla*, Art. 20 CMR Rdn. 2.
62 *Thume*, in: Fremuth/Thume, Art. 20 CMR Rdn. 20; Baumgärtel/*Giemulla*, Art. 30 CMR Rdn. 3.
63 *Thume*, in: Fremuth/Thume, Art. 20 CMR Rdn. 21; Baumgärtel/*Giemulla*, Art. 20 CMR Rdn. 3.
64 Unklar insofern Baumgärtel/*Giemulla*, Art. 30 CMR Rdn. 3.

Art. 20 Haftung des Frachtführers

4. Art. 20 Abs. 4 CMR

32 Der Frachtführer darf über das Gut verfügen, wenn das Benachrichtigungsverlangen nach Abs. 2 nicht gestellt wird, keine Anweisung vor Ablauf der 30-Tage-Frist nach Abs. 3 erteilt wurde oder das Gut später als ein Jahr nach Zahlung der Entschädigung wieder aufgefunden wurde. Der Frachtführer hat sämtliche dieser ihm günstigen Tatsachen zu beweisen. Allerdings hat der Ersatzberechtigte substantiiert vorzutragen, dass er das Benachrichtigungsverlangen gestellt habe. Die Beweislast des Frachtführers reduziert sich dann darauf, dass er beweisen muss, dass das konkret behauptete Benachrichtigungsverlangen nicht gestellt worden sei. Entsprechendes gilt für die nicht erteilte Anweisung nach Abs. 4. Für den Fall, dass das Verfügungsrecht des Frachtführers vom Auffinden des Gutes nach Ablauf der Jahresfrist abhängig ist, hat der Frachtführer das Auffinden des Gutes sowie den Zeitpunkt zu beweisen.[65]

33 Der Frachtführer darf, wenn er nicht abzuliefern hat, gem. Art. 20 Abs. 4 CMR nach dem Recht über das Gut verfügen, an dem es sich befindet. Bezüglich des anzuwendenden Rechts gibt es keine Beweislast im eigentlichen Sinne.[66] Führen alle gerichtlichen Bemühungen nicht zur Ermittlung des sonach anwendbaren nationalen Rechts, ist in letzter Linie die *lex fori* anwendbar;[67] lediglich in äußerst seltenen Ausnahmefällen darf das Gericht ein nur *wahrscheinlich* geltendes ausländisches Recht heranziehen, etwa dann, wenn auch die Anwendbarkeit des deutschen Ersatzrechts zu äußerst unbefriedigenden Ergebnissen führen würde.

34 Steht das für das Verfügungsrecht des Frachtführers maßgebende nationale Recht fest, bestimmt sich bei Streit über die Rechtmäßigkeit der Verfügungen die Beweislast hierfür nach dem betreffenden nationalen Recht.[68] Ist deutsches Recht anwendbar, ist die Verteilung der Beweislast in gleicher Weise wie bei Verwertungsfehlern beim Frachtführerpfandrecht vorzunehmen.[69]

---

65 So alles bei Baumgärtel/*Giemulla*, Art. 20 CMR Rdn. 4.
66 *Baumbach/Lauterbach/Albers/Hartmann*, 70. Aufl., § 293 ZPO Rdn. 1 und 5–9.
67 *Baumbach/Lauterbach/Albers/Hartmann*, 70. Aufl., § 293 ZPO Rdn. 9 m.w.N.
68 *Baumbach/Lauterbach/Albers/Hartmann*, 70. Aufl., Anh. § 286 ZPO Rdn. 3.
69 Vgl. hierzu 1. Aufl. Anh. V Pfandrecht, § 440 HGB Rdn. 162–166.

Art. 21

bearbeitet von RA Dr. Fritz Fremuth, Rosenheim

Wird das Gut dem Empfänger ohne Einziehung der nach dem Beförderungsvertrag vom Frachtführer einzuziehenden Nachnahme abgeliefert, so hat der Frachtführer, vorbehaltlich seines Rückgriffrechtes gegen den Empfänger, dem Absender bis zur Höhe des Nachnahmebetrages Schadensersatz zu leisten.

Literatur: *Basedow*, Der Transportvertrag, 1987; *Baumbach/Hefermehl/Casper*, Wechselgesetz, Scheckgesetz, Recht der kartengestützten Zahlungen, 23. Aufl. 2008; *Baumbach/Hopt*, Handelsgesetzbuch, 35. Aufl. 2012 [Bankgeschäfte (7)]); Bankrechts-Handbuch/*Bearb.*, 4. Aufl. 2011, Band I (Hrsg. *Schimansky/Bunte/Lwowski* [Zahlungssysteme]); *Brunat*, Expéditions contre remboursement et chèques sans provisions, BT 1979, 262; Denkschrift zu dem Übereinkommen vom 19.5.1956 über den Beförderungsvertrag im internationalen Straßengüterverkehr (CMR) und zu dem zugehörigen Unterzeichnungsprotokoll vom gleichen Tage, BT-Drs. III/1144; *Dubischar*, Grundriß des gesamten Gütertransportrechts, 1987; *Haak*, Revision der CMR?, TranspR 2006, 325; *Hartenstein/Reuschle* (Hrsg.), Handbuch des Fachanwalts Transport- und Speditionsrecht, 2010; *Heuer*, Die Haftung des Frachtführers nach der CMR, 1975; *Jesser*, Frachtführerhaftung nach der CMR: Internationaler und nationaler Straßengütertransport, Wien 1992; *Koller*, LM CMR, Nr. 50 Anm. zu BGH, 10.10.1991 – I ZR 193/89, TranspR 1992, 100 = VersR 1992, 383 = NJW 1992, 621; *Lenz*, Straßengütertransportrecht, 1988; *Loewe*, Erläuterungen zur CMR, ETR 1976, 503; Münchener Kommentar HGB, Band 3 (Geldsysteme); *Schlicht*, Die Nachnahme im internationalen Transportrecht, 1999; *Starosta*, Anm. zu LG Nürnberg-Fürth vom 25.1.1991 – 2 HKO 6078/90 – TranspR 1991, 300; Straube/*Bearb.*, Kommentar zum (österr.) Handelsgesetzbuch, Wien 1987; *Tilche*, Livraison contre paiement, BT 1994, 684; *Thume*, Anm. zu OLG Düsseldorf vom 21.4.1994 – 18 U 190/93, TranspR 1994, 391.

Übersicht

Rdn.

I. Allgemeines 1
II. Inhalt der Regelung 2
III. Tatbestandsvoraussetzungen des Art. 21 CMR 7
IV. CMR-Frachtvertrag (Artt. 1, 4) 12
   1. Echter CMR-Frachtvertrag 12
   2. Die dem Frachtvertrag gleichgestellten Fälle der §§ 458–460 HGB 13
V. Die Nachnahme 18
   1. Begriff 18
   2. Abgrenzung von anderen Fallgestaltungen 25
     a) Nachnahmeähnliche Gestaltungen 25
     b) Frachtüberweisung auf den Empfänger (Art. 6 Abs. 1 lit. i), 13 Abs. 2 CMR) 27
       aa) Begriff 27
       bb) Unterschied zur Nachnahme 28

Rdn.

     c) Verlust (Falschablieferung) 29
   3. Der Auftrag zum Einzug der Nachnahme 31
     a) Nachnahme – wie einzuziehen? 31
     b) Nachnahme – in welcher Währung? 33
     c) Nachnahme – in welcher Höhe? 35
     d) Wert- und Kostennachnahme 36
     e) Grundsatz: Nachnahme gleich Bargeld 38
     f) Ausnahme: Welche Zahlungsmittel statt Bargeld? 39
       aa) Das Problem 39
       bb) Gleichwertige Zahlungsmittel 40a
       Exkurs: „Electronic Cash" . 40d
       cc) Problematische Fallgestaltungen 41

Art. 21 Haftung des Frachtführers

(1) Auslieferung gegen Bankscheck 41
(2) Auslieferung gegen Scheck mit Einlösungsgarantie....... 46
(3) Auslieferung gegen Travel-Schecks...................... 48
4. Nachnahmeähnliche Fallgestaltungen 51
   a) Nachnahmeähnliche Weisungen 51
      aa) Begriff........................... 51
      bb) Rechtliche Behandlung 52
      cc) Beispiele nachnahmeähnlicher Weisungen 56
   b) Sonderproblem: „Kasse gegen Dokumente" 67
      aa) Gemeinsamkeiten mit der Nachnahme 68
      bb) Unterschiede gegenüber der Nachnahme 69
5. Typische Nachnahmeklauseln 70
   a) Handelsübliche Nachnahmeklauseln 70
   b) „Lieferung ab Werk – sämtliche Kosten zu Lasten des Empfängers"...................... 71
6. Begründung der Nachnahmeverpflichtung 73
   a) Allgemeines 73
   b) Frachtbriefeintrag erforderlich?...................... 74
   c) Nachträgliche Weisung (Art. 12 Abs. 1, 21 CMR)................... 78
      (1) Frachtbrief ausgestellt........ 80
      (2) Kein Frachtbrief ausgestellt...................... 81
7. Die Nachnahmeverpflichtung in der Frachtführerkette 83
   a) Aufeinanderfolgende Frachtführer (Art. 34 CMR)............. 83
   b) Unterfrachtführer 85
   c) Zwischenfrachtführer 86
   d) Teilfrachtführer 87
   e) Ausführender Frachtführer 87a
VI. Rechtswirkungen der Nachnahme und Inkasso............................. 88
1. Ausgangspunkt: Kaufrechtliche Wirkungen................................ 89
   a) Ausgangspunkt..................... 89
   b) Kaufvertragliche Handelsklauseln 90
2. Frachtrechtliche Wirkungen 95
   a) Allgemeines 95
   b) Nachnahmeverpflichtung (nur) laut Frachtbrief?............. 98
   c) Inkassopflicht – Inkassobefugnis 102
   d) Nachträgliche Einwände des Empfängers?...................... 111
   e) Herausgabe der gezogenen Nachnahme 114
   f) Ablieferungshindernis............ 118
   g) Rechtliche Mängel der Nachnahmeklausel................ 120
VII. Pflichtenverstoß und Schadensersatz 123
1. Pflichtenverstoß: Typische Fallgruppen........................... 123
2. Haftung ohne Verschulden?......... 125
   a) Problem 125
   b) Quellen zur CMR 126
   c) Schrifttum......................... 128
   d) Deutsche Rechtsprechung 129
3. Der Schaden......................... 130
   a) Methoden der Schadensberechnung 130
   b) Schadensproblem 134
   c) Interpretation des Art. 21 CMR................................ 137
      (1) Wortlaut...................... 137
      (2) Quellen zur CMR............. 138
      (3) Literatur..................... 139
      (4) Rechtsprechung............. 140
   d) Folgerungen aus der BGH-Rechtsprechung (Fallgestaltungen) 142
   e) Fazit............................... 151
4. Haftungsbeschränkung (auf den Nachnahmebetrag).................. 152
VIII. Unbeschränkter Schadensersatz 154
1. Bei Nachnahmefehlern 154
   a) Vorsatz und grobe Fahrlässigkeit (Art. 29 CMR) 154
   b) Einzelfälle zu Art. 29 CMR.............................. 156
2. Bei nachnahmeähnlichen Fallgestaltungen 158
IX. Der „Rückgriffsanspruch" gegen den Empfänger 159
1. Allgemeines......................... 159
   a) Rechtsnatur des „Rückgriffs"-Anspruchs......................... 159
   b) Beweislast........................ 160
   c) Abstrakter (?) und kausaler Anspruch........................... 161

aa) Abstrakter Zahlungsanspruch
  (§ 784 Abs. 2 BGB) 161
bb) Frachtvertraglicher Anspruch
  (Art. 13 Abs. 2 CMR) 164
cc) Abgetretener kaufvertraglicher Anspruch 165
dd) Einwendungsausschluss..... 166
2. Die Höhe des Zahlungsan-
  spruchs................................ 168
  a) Bei Wertnachnahme 169
  b) Bei Frachtnachnahme 170
3. Abtretung........................... 171

X. Beweislast................................ 172
1. Bei Nachnahmefehlern 172
  a) Schadensersatz nach Art. 21
    CMR................................ 172
    aa) Zum Anspruchsgrund 172
    bb) Zur Schadenshöhe 175
  b) Unbeschränkte Haftung
    (Art. 29 CMR)..................... 176
2. Nachnahmeähnliche Fallgestaltungen................................ 179
XI. Verjährung 180
XII. Spezialregeln 181

I. Allgemeines

Art. 21 CMR regelt die Haftung des Frachtführers für die Nichterfüllung der im 1
CMR-Beförderungsvertrag übernommenen Verpflichtung zur Einziehung einer
Nachnahme. Inhaltlich entspricht die Regelung Art. 17 § 6 ER/CIM und § 422
Abs. 3 HGB: „Da die Nachnahme im internationalen Straßenverkehr bisher keine große Rolle spielt und der Entwicklung auf diesem Gebiet nicht vorgegriffen
werden sollte, ist auf eine weiter ins einzelne gehende Regelung, wie sie das
deutsche Recht und die CIM vorsehen, verzichtet worden."[1]

II. Inhalt der Regelung

Art. 21 CMR behandelt zwei nach (1) Gläubiger und Schuldner und nach (2) An- 2
spruchsgrund voneinander unabhängige Ansprüche, nämlich:

(1) Art. 21 S. 1 CMR regelt den Anspruch des Absenders gegen den Frachtführer 3
auf Leistung von Schadensersatz, wenn dieser entgegen seiner beförderungsvertraglichen Verpflichtung dem Empfänger das Gut abliefert, ohne vorher
oder gleichzeitig den Nachnahmebetrag eingezogen zu haben.

(2) Art. 21 CMR S. 1 2. Halbsatz („vorbehaltlich seines Rückgriffsrechts") stellt 4
klar, dass dem Frachtführer auch für den Fall eines Nachnahmefehlers die etwaigen, sich aus Art. 13 Abs. 2 CMR ergebenden Zahlungsansprüche bezüglich „der aus dem Frachtbrief hervorgehenden Kosten" erhalten bleiben.[2]

Letztgenannter Anspruch ist in Art. 21 CMR S. 1 2. Halbsatz aufgrund unglück- 5
licher Übersetzung der englischen und französischen Originaltexte juristisch ungenau als „Rückgriffsrecht" bezeichnet worden. Im Sinne des deutschen Rechts
handelt es sich nicht um die Begründung eines Regressanspruchs, sondern nur

---

1 Denkschrift, S. 41.
2 Art. 13 CMR Rdn. 31–38.

Art. 21 Haftung des Frachtführers

um die Klarstellung, dass dem Frachtführer seine etwaigen Zahlungsansprüche gegen den Empfänger[3] erhalten bleiben sollen.[4]

6 (entfällt)

III. Tatbestandsvoraussetzungen des Art. 21 CMR

7 Die Anwendbarkeit des Art. 21 CMR erfordert folgende Voraussetzungen,[5] nämlich:

8 (1) die dem Frachtführer auferlegte Verpflichtung, das Gut nur abzuliefern gegen Einziehung der Nachnahme,[6]

9 (2) diesbezüglichen Pflichtenverstoß, nämlich Auslieferung ohne Einziehung der Nachnahme,[7]

10 (3) den Eintritt eines durch diesen Pflichtenverstoß kausalen Schadens,[8]

11 (4) im Rahmen eines CMR-Fracht- oder diesem gleichgestellten Vertrages.[9]

IV. CMR-Frachtvertrag (Artt. 1, 4)

1. Echter CMR-Frachtvertrag

12 Art. 21 CMR gilt nur bei einem Vertrag über die entgeltliche Beförderung von Gütern auf der Straße mittels Fahrzeugen, wenn der Ort der Übernahme des Gutes und der für die Ablieferung vorgesehene Ort, wie sie im Vertrag angegeben sind, in zwei verschiedenen Staaten liegen, von denen mindestens einer ein Vertragsstaat ist.[10]

---

3 Z.B. nach Maßgabe des Art. 13 Abs. 2 CMR.
4 Baumgärtel/*Giemulla*, Handbuch der Beweislast, 1985 ff., Art. 21 CMR Rdn. 1; *Boesche*, in: EBJS, Art. 21 CMR Rdn. 9; *Koller*, Art. 21 CMR Rdn. 4; MünchKommHGB/*Basedow*, 1. Aufl., Art. 21 CMR Rdn. 16; Staub/*Helm*, Art. 21 CMR Rdn. 31; *Thume*, in: Fremuth/Thume, Art. 21 CMR Rdn. 29 f.
5 Allg. Auff.; zum Stand der Rspr. vgl. unten Rdn. 19; aus der Lit.: vgl. *Thume*, in: Fremuth/Thume, Art. 21 CMR Rdn. 2 f. unter Verweis auf Erl. zu § 422 HGB Rdn. 5 ff.; *Boesche*, in: EBJS, Art. 21 CMR Rdn. 1 ff.; *Herber/Piper*, Art. 21 CMR Rdn. 2 ff.; *Koller*, Art. 21 CMR Rdn. 1 ff.; MünchKommHGB/*Jesser-Huß*, Art. 21 CMR Rdn. 1 ff.; Staub/*Helm*, Art. 21 CMR Rdn. 2 ff.
6 Rdn. 31 ff.
7 Rdn. 98 ff., 102 ff., 123 ff.
8 Rdn. 123 ff., 130 ff.
9 Rdn. 12 ff.
10 Arg. Art. 1 Nr. 1 Satz 1 CMR; Vor Art. 1 CMR Rdn. 19 f., 27 f., 58, 64 ff., 77 ff.; Art. 1 CMR Rdn. 1–12, 15 ff.; Art. 4 CMR Rdn. 12 ff., 20.

2. Die dem Frachtvertrag gleichgestellten Fälle der §§ 458–460 HGB

Dem Frachtführer wird gleichgestellt der selbst eintretende Spediteur[11] und der Fixkostenspediteur[12] bei einer Beförderung des Gutes mit Kraftfahrzeugen im grenzüberschreitenden Güterverkehr auf der Straße.[13]   13

Der Sammelladungsspediteur[14] wird wie ein Frachtführer behandelt, sobald er mit dem Bewirken der Versendung in Sammelladung beginnt, also sobald der Spediteur-Frachtführer die Partie Sammelgut für den Hauptlauf übernimmt.[15]   14

Maßgebend ist nach der Rechtsprechung des BGH die Erwägung, dass der Spediteur in den Fällen der §§ 458–460 HGB hinsichtlich seiner Rechtsstellung der des Frachtführers soweit angenähert ist, dass kein Grund besteht, ihn anders zu behandeln als einen Unternehmer, der als Hauptfrachtführer die Beförderung übernimmt und mit der Durchführung des Transports einen Unterfrachtführer beauftragt.[16]   15

Mit dem Inkrafttreten des neu gefassten GüKG und des Transportrechtsreformgesetzes (TRG vom 1.7.1998)[17] ist für den Bereich der CMR keine Änderung der oben dargestellten Rechtslage[18] eingetreten. Der Spediteur-Frachtführer nach §§ 458–460 HGB (bzw. §§ 412, 413 HGB a.F.) haftet unverändert zwingend nach Maßgabe der CMR; gleichgültig ist hierbei, ob er das Beförderungsgut mit eigenen Kraftfahrzeugen im Rahmen eines der CMR unterliegenden Speditions- bzw. Frachtvertrages[19] befördert hat.[20]   16

Ist demnach die CMR über §§ 458–460 HGB (bzw. §§ 412, 413 HGB a.F.) auf einen ADSp-Spediteur anwendbar, gilt sie zwingend[21] und verdrängt entgegenstehendes dispositives Recht, insbesondere die ADSp.[22]   17

---

11 § 458 HGB.
12 § 459 HGB.
13 Dazu eingehend Art. 1 CMR Rdn. 77 ff., 81 ff.
14 § 460 HGB.
15 Vor Art. 1 CMR Rdn. 87; BGH vom 13.1.1978 – I ZR 63/76, VersR 1978, 318 = NJW 1978, 1160.
16 BGH vom 27.11.1981 – I ZR 167/79, VersR 1982, 339.
17 Vgl. *Fremuth*, in: Fremuth/Thume, Vor §§ 407 ff. HGB Rdn. 1, 18.
18 Vor Art. 1 CMR Rdn. 81, 82; BGH vom 21.11.1975 – I ZR 74/65, BGHZ 65, 340, 343 = NJW 1976, 1029 = VersR 1976, 433 (§ 413 Abs. 1 HGB); BGH vom 5.6.1981 – I ZR 92/79, VersR 1981, 1030 = TranspR 1981, 130 (§ 413 Abs. 1 HGB); BGH vom 10.2.1982 – I ZR 80/80, BGHZ 83, 96, 98 f. = NJW 1982, 194 = VersR 1982, 543 = TranspR 1982, 74 (§ 413 Abs. 2 HGB); BGH vom 25.10.1962 – II ZR 39/61, BGHZ 38, 150, 154 = NJW 1963, 106 = VersR 1962, 1171 (§ 412 Abs. 2 HGB).
19 Vgl. oben Rdn. 13 f.
20 *Piper*, RWS-Skript, Rdn. 27 m.w.N.; vgl. auch die Rspr. zu Rdn. 16.
21 Art. 41 CMR.
22 Vgl. Rdn. 16; ferner: Vor Art. 1 CMR Rdn. 72, 81 ff., 88; OLG Düsseldorf vom 13.12.1990 – 18 U 142/90, TranspR 1991, 91, 92.

Art. 21 Haftung des Frachtführers

V. Die Nachnahme

1. Begriff

18 Wesentlich für den Begriff der Nachnahme[23] i.S.d. Art. 21 CMR ist

(1) die dem CMR-Frachtführer vom Absender auferlegte frachtvertragliche Verpflichtung,[24]
(2) die Aushändigung des Gutes an den frachtbriefmäßigen oder durch sonstige Verfügung bezeichneten Empfänger,[25]
(3) von der vorherigen oder gleichzeitigen Aushändigung des Nachnahmebetrages in Form von Bargeld oder dem gleichgestellten Zahlungsmitteln[26]

zugunsten des Absenders oder eines Dritten abhängig zu machen.[27]

19 Ebenso urteilt die Rechtsprechung.[28] Erforderlich ist nur, dass der Nachnahmeauftrag so eindeutig ist, dass ein rechtsunkundiger Fahrer des Frachtführers ihn als solchen verstehen kann.[29] Dies unterscheidet den Begriff der Nachnahme i.S.d. Art. 21 CMR von nachnahmeähnlichen Fallgestaltungen.[30]

20 Gleicher Auffassung ist das Schrifttum.[31]

21 Entscheidend ist, dass die Pflicht zur Erledigung der Nachnahme Bestandteil des CMR-Beförderungsvertrages geworden ist.[32]

---

23 Vgl. Rdn. 31 ff.
24 Rdn. 12 ff., 31 ff.; BGH vom 17.1.1991 – I ZR 134/89, VersR 1991, 1079; *Thume*, in: Fremuth/Thume, Art. 21 CMR Rdn. 7; beachte: Verträge über Nachnahmen, die der Frachtführer nicht mit dem Absender, sondern mit einem Dritten, etwa dem Urversender abschließt, fallen nicht unter Art. 21 CMR. Denn sie sind nicht als Bestandteile des CMR-Frachtvertrages, sondern als selbstständige Geschäftsbesorgungsverträge zu qualifizieren.
25 Art. 6 Abs. 1 lit. e), Art. 12 Abs. 1, 3, 4 CMR Rdn. 31 ff., 73 ff., 104 ff.
26 Rdn. 19 ff., 31 ff., 98 ff.
27 Rdn. 38 ff.
28 BGH vom 10.2.1982 – I ZR 80/80, BGHZ 83, 96, 100 = NJW 1982, 1946 = TranspR 1982, 74 = VersR 1982, 543; BGH vom 10.10.1991 – I ZR 103/89, TranspR 1992, 100, 101 = VersR 1992, 383; BGH vom 25.10.1995 – I ZR 230/93, BGHZ 132, 133 = NJW 1996, 1286 = TranspR 1996, 118; OLG Düsseldorf vom 19.6.1986 – 18 U 29/86, TranspR 1986, 336, 337; OLG Düsseldorf, 13.12.1990 – 18 U 142/90, TranspR 1991, 91, 92 = VersR 1991, 1394 (COD); OLG Düsseldorf, 21.4.1994 – 18 U 190/93, RIW 1994, 597; OLG Hamburg, 18.4.1991 – 6 U 244/90, TranspR 1991, 297 = VersR 1992, 902.
29 OLG Köln vom 27.11.1974 – 2 U 169/73, RIW/AWD 1975, 162, 163.
30 Rdn. 25 f., 51–69.
31 Aus den Quellen: *Loewe*, Erl. zur CMR, ETR 1976, 503, 565; *Boesche*, in: EBJS, Art. 21 CMR Rdn. 1; *Herber/Piper*, Art. 21 CMR Rdn. 5 f.; *Koller*, Art. 21 CMR Rdn. 1 f. und MünchKommHGB/*Jesser-Huß*, Art. 21 CMR Rdn. 3 f., jeweils m.w.N. zur ausl. Rechtsprechung; ferner Staub/*Helm*, Art. 21 CMR Rdn. 15 ff.
32 Allg. Auff.; vgl. BGH vom 17.1.1991 – I ZR 134/89, VersR 1991, 1079, 1080 = NJW-RR 1991, 744; *Boesche*, in: EBJS, Art. 21 CMR Rdn. 2; *Herber/Piper*, Art. 21 CMR Rdn. 3; *Koller*, Art. 21 CMR Rdn. 2; MünchKommHGB/*Jesser-Huß*, Art. 21 CMR Rdn. 6; Staub/*Helm*, Art. 21 CMR Rdn. 2.

Deshalb fallen Aufwendungen für Verzollung usw., die nicht ihre Grundlage im 22
CMR-Frachtvertrag, sondern in anderen Rechtsverhältnissen zwischen anderen
Beteiligten haben, nicht unter den Nachnahmebegriff i.S.d. Art. 21 CMR.[33]

Gleicher Auffassung ist der österreichische OGH. Dieser versteht unter Nachnahme i.S.d. Art. 21 CMR nur den Betrag, den der Frachtführer für den Absender einzuziehen hat. Nicht darunter fallen Aufwendungsersatzansprüche eines am CMR-Frachtvertrag nicht beteiligten Verzollungsspediteurs, die dieser dem Empfänger vorgestreckt hat.[34]

Rechtlich qualifiziert sich die beförderungsvertragliche Verpflichtung des 23
Frachtführers zum Einzug der Nachnahme als geschäftsbesorgende Tätigkeit.
Nach ergänzend anwendbarem deutschen Recht sind die §§ 675, 665 BGB anwendbar.[35] Die geschäftsbesorgende Tätigkeit ist Nebenverpflichtung zum Beförderungsvertrag.[36]

Art. 21 CMR betrifft nur die Nachnahme i.S.d. Einzugs von Geld gegen Auslie- 24
ferung der Ware. Dies ergibt sich klar aus dem verbindlichen[37] englischen und
französischen Wortlaut.[38]

Auch nach österreichischem Recht ist der Nachnahmebetrag in Barem zu erheben. Die Annahme eines – wenn auch ursprünglich gedeckten Schecks – reicht nicht hin, wenn der Scheck dann doch nicht von der Bank eingelöst wird. Auch die telefonische Anfrage bei der Bank vor Annahme des Schecks ändert daran nichts; der Frachtführer haftet dem Versender für den Schaden.[39]

2. Abgrenzung von anderen Fallgestaltungen

a) Nachnahmeähnliche Gestaltungen

Die Verpflichtung des CMR-(Spediteur-)Frachtführers, das Gut nur unter be- 25
stimmten, zahlungssichernden Bedingungen auszuliefern, fällt nicht unter den

---

33 Staub/*Helm*, §§ 407–409 HGB Rdn. 128 ff. unter Hinweis auf die (frühere) Rechtslage der Grenzspediteure wegen der Erstattungsansprüche wegen verauslagter Einfuhrumsatzsteuer und Zollabgaben.
34 OGH vom 5.5.1983 – 7 Ob 529/83, TranspR 1984, 42 = SZ 56/73 = *Greiter*, Nr. 38, S. 185 ff.; *Jesser*, S. 94.
35 Rdn. 24, 31, 38, 45, 47, 102 ff., 114 ff.
36 *Fremuth*, in: Fremuth/Thume, § 422 HGB Rdn. 19 ff., 25 f.
37 Art. 51 Abs. 3 CMR.
38 „Cash", „Remboursement"; BGH vom 10.2.1982 – I ZR 80/80, BGHZ 83, 97, 101 = NJW 1982, 1946 = TranspR 1982, 74 = VersR 1982, 543; BGH vom 10.10.1991 – IZR 193/89, TranspR 1992, 100 = VersR 1992, 383; OLG Düsseldorf vom 19.6.1986 – 18 U 29/86, TranspR 1986, 336, 337; OLG Düsseldorf vom 13.12.1990 – 18 U 142/90, TranspR 1991, 91, 92 = VersR 1991, 1394 (COD); OLG Düsseldorf vom 21.4.1994 – 18 U 190/93, RIW 1994, 597; OLG Hamburg vom 18.4.1991 – 6 U 244/90, TranspR 1991, 297 = VersR 1992, 902; *Bischof*, § 8 GüKUMT Rdn. 105; *Glöckner*, Art. 21 CMR Rdn. 1; Staub/*Helm*, Art. 21 CMR Rdn. 3; *Koller*, Art. 21 CMR Rdn. 1.
39 Straube/*Schütz*, § 407 HGB Rdn. 34.

Art. 21 Haftung des Frachtführers

rechtlichen Begriff der Nachnahme i.S.d. Art. 21 CMR,[40] wenngleich vom Absender ein der Nachnahme wirtschaftlich ähnliches Ergebnis bezweckt wird. Gemeint sind Weisungen wie „Auslieferung gegen Bankakzept und Bankaval", „Auslieferung gegen Zahlungsnachweis" oder „Auslieferung gegen Eröffnung eines Akkreditivs".[41]

26 Hierbei handelt es sich um geschäftsbesorgende Weisungen,[42] deren Verletzung die Haftung nach p.V.V. (§ 280 BGB) auslöst.[43]

b) Frachtüberweisung auf den Empfänger (Art. 6 Abs. 1 lit. i), 13 Abs. 2 CMR)

aa) Begriff

27 Bei der Frachtüberweisung[44] hat der Absender die Wahl, ob er die Fracht bei Aufgabe des Gutes bezahlen oder auf den Empfänger überweisen will. Die Frachtüberweisung auf den Empfänger ist weder ein Vertrag zu Lasten Dritter, noch begründet sie als solche bereits eine unmittelbare Zahlungspflicht des Empfängers. Die Frachtzahlungspflicht des Empfängers kann nur originär durch Erfüllung der gesetzlichen Voraussetzungen nach Art. 13 Abs. 2 CMR begründet werden (d.h. bei Geltendmachung des Anspruchs auf Übergabe von Gut und Frachtbrief). Der Anspruch auf Zahlung der Fracht durch den Empfänger wird fällig mit der Ablieferung.[45]

bb) Unterschied zur Nachnahme

28 Der Unterschied zwischen der Frachtüberweisung auf den Empfänger und der Nachnahme[46] i.S.d. Art. 21 CMR ist:

(1) Bei der Frachtüberweisung verweist der Absender den Frachtführer hinsichtlich seines Anspruchs auf Zahlung der Fracht einschließlich etwaiger Auslagen auf den Empfänger; Letzterer wird durch Annahme von Gut und Frachtbrief zur Zahlung der frachtbriefersichtlichen Kosten verpflichtet;[47]
(2) demgegenüber steht der Anspruch auf Auskehrung des Nachnahmebetrages allein dem Absender zu.[48]

---

40 Rdn. 18 ff., 25, 31 ff.
41 Rdn. 51–66.
42 §§ 675, 665 BGB.
43 Rdn. 51 ff.
44 Dazu *Fremuth*, in: Fremuth/Thume, § 407 HGB Rdn. 69, § 408 HGB Rdn. 25 f., § 422 HGB Rdn. 14 f.
45 Vor Art. 1 CMR Rdn. 43–46; Art. 13 CMR Rdn. 31–38.
46 Rdn. 7 ff., 18 ff.
47 (Arg. Art. 6 Abs. 1 lit. i), 13 Abs. 2 CMR); Vor Art. 1 CMR Rdn. 43–46; Art. 13 Rdn. 31 ff.
48 Arg. Art. 21 CMR; Vor Art. 1 CMR Rdn. 46.

c) Verlust (Falschablieferung)

Verlust kann auch die Falschablieferung an einen unberechtigten Dritten anstelle 29
des frachtbriefmäßigen Empfängers sein, wenn das Gut von diesem nicht alsbald
zurückverlangt bzw. zurückgegeben wird.[49]

Dagegen liegt kein Verlust vor, wenn der Frachtführer beim berechtigten Emp- 30
fänger das Gut abliefert, ohne die Nachnahme einzuziehen, auch dann nicht,
wenn sich der Empfänger weigert, das Gut wieder herauszugeben. Denn die Beförderungspflicht ist erfüllt. Die Pflichtwidrigkeit des Frachtführers liegt in der
Missachtung der Nachnahmeweisung.[50]

3. Der Auftrag zum Einzug der Nachnahme

a) Nachnahme – wie einzuziehen?

Art. 21 CMR lässt offen, wie die Nachnahme einzuziehen ist; insbesondere, ob 31
die Annahme eines Schecks anstelle eines Barbetrages eine ordnungsgemäße
Nachnahmeerhebung darstellt.

Die Regelung dieser Frage hat die CMR dem jeweils ergänzend anzuwenden- 32
den[51] nationalen Recht überlassen.[52] Nach ergänzend anwendbarem deutschen
Recht bestimmt die Auslegungsregel des § 422 Abs. 1 HGB, dass die Nachnahme „in bar oder in Form eines gleichwertigen Zahlungsmittels einzuziehen ist".[53]

b) Nachnahme – in welcher Währung?

In welcher Währung der einzuziehende Nachnahmebetrag ausgedrückt sein 33
muss, ist von der CMR offen gelassen worden, „da die Nachnahme im internationalen Straßenverkehr bisher keine große Rolle spielt und der Entwicklung auf
diesem Gebiet nicht vorgegriffen werden sollte".[54]

Eine in der Bundesrepublik Deutschland zu zahlende, in ausländischer Währung 34
ausgedrückte Nachnahmeverbindlichkeit ist währungsrechtlich unbedenklich.
Denn eine devisenrechtliche Genehmigung für die vertragliche Begründung von
Fremdwährungsschulden ist nicht mehr erforderlich.[55] Im Zweifel liegt eine

---

49 Art. 17 CMR Rdn. 68 m.w.N.
50 Art. 17 CMR Rdn. 70 m.w.N.
51 Z.B. kraft Rechtswahl oder kraft beförderungsvertraglicher Anknüpfungspunkte (VO (EG) Nr. 593/2008 (Rom I) Artt. 3, 5).
52 So die Quellen: Denkschrift, S. 41; *Loewe*, ETR 1976, 503, 566, Nr. 184 a.E.; die Rspr.: BGHZ 83, 97, 101 und BGH, TranspR 1992, 100 und BGHZ 132, 133 (vgl. Rdn. 19); aus der neueren Lit.: *Thume*, in: Fremuth/Thume, Art. 21 CMR Rdn. 3 unter Hinweis auf *Fremuth*, a.a.O., § 422 Rdn. 6ff.; *Boesche*, in: EBJS, Art. 21 CMR Rdn. 4; *Herber/Piper*, Art. 21 CMR Rdn. 11; *Koller*, Art. 21 Rdn. 3; Staub/*Helm*, Art. 21 CMR Rdn. 15ff.
53 Dazu *Fremuth*, in: Fremuth/Thume, § 422 HGB Rdn. 5ff. m.w.N. aus der Rspr.
54 Denkschrift, S. 41; *Glöckner*, Art. 21 CMR Rdn. 3; *Heuer*, S. 160; *Jesser*, S. 94.
55 Palandt/*Grüneberg*, § 245 BGB Rdn. 17, 24.

Art. 21 Haftung des Frachtführers

unechte Fremdwährungsschuld vor, die vom deutschen Empfänger/Schuldner wahlweise in deutscher oder ausländischer Währung getilgt werden kann; konstruktiv handelt es sich um eine Ersetzungsbefugnis des Schuldners.[56]

c) Nachnahme – in welcher Höhe?

35 Nach dem Wortlaut des Art. 21 CMR kann ein Nachnahmebetrag der Höhe nach beliebig vereinbart werden und ist nicht durch Mindest- oder Höchstbeträge begrenzt.[57] Der Nachnahmeauftrag kann eine Wertnachnahme bzw. Warennachnahme oder eine Kosten-[58] bzw. Frachtnachnahme sein,[59] darüber hinaus auch sonstige Geldsummen jeglicher Art, die der Frachtführer für den Absender einzuziehen hat, z.B. den Kaufpreis aus einer früheren, noch unbezahlten Rechnung. Ein rechtlicher Zusammenhang zwischen dem Nachnahmebetrag und dem konkret abzuliefernden Gut ist nicht erforderlich.[60]

d) Wert- und Kostennnachnahme

36 Die Nachnahme ist eine in der Kaufvertragsebene geschlossene Vereinbarung zwischen Verkäufer und Käufer. Sie ist Warennachnahme, wenn sich der Käufer verpflichtet, bei Übergabe des Gutes durch den Frachtführer nach den getroffenen Absprachen (Kaufpreis-) Zahlung zu leisten. Sie ist Kosten- oder Entgeltnachnahme (Frachtnachnahme), wenn der Verkäufer eine Nachnahme vorschreibt, wonach alle Frachtkosten (Entgelte und Nebenkosten) vom Käufer des Gutes zu tragen sind. Mit der Einziehung der Wert- und/oder Kostennachnahme beauftragt der Verkäufer/Absender den Frachtführer im Rahmen des bestehenden CMR-Beförderungsvertrages.

37 Die CMR lässt sowohl die Wertnachnahme (Kaufpreis) als auch die Frachtnachnahme (Beförderungskosten) unterschiedslos zu und behandelt beide Nachnahmearten gleich. „Diese Forderungen können die Nachnahme, können aber auch Frachtkosten sein, soweit diese nicht laut Frachtbrief vom Empfänger übernommen worden sind."

e) Grundsatz: Nachnahme gleich Bargeld

38 Der dem Frachtführer erteilte Nachnahmeauftrag bezieht sich grundsätzlich auf den Einzug von Bargeld. Das ergibt sich aus der Entstehungsgeschichte, dem Normzweck und der Anwendungspraxis zu Art. 21 CMR; ferner aus dem ergän-

---

56 RGZ 101, 313; Palandt/*Grüneberg*, § 245 BGB Rdn. 18f.
57 Denkschrift, S. 41; *Loewe*, ETR 1976, 503, 566.
58 *Glöckner*, Art. 21 CMR Rdn. 3; *Heuer*, S. 160; *Jesser*, S. 94; *Koller*, Art. 21 CMR Rdn. 2; MünchKommHGB/*Jesser-Huß*, Art. 21 CMR Rdn. 6.
59 Zu diesen Begriffen vgl. unten Rdn. 36.
60 *Boesche*, in: EBJS, Art. 21 CMR Rdn. 2; *Herber/Piper*, Art. 21 CMR Rdn. 4; MünchKommHGB/*Jesser-Huß*, Art. 21 CMR Rdn. 6.

zend anwendbaren nationalen Recht (arg. § 422 Abs. 1 HGB).[61] Dem Einzug von Bargeld stehen gleich nach der Rechtspraxis der einzelnen Mitgliedstaaten[62] und der ergänzend anwendbaren Auslegungsregel des § 422 Abs. 1 HGB[63] „gleichwertige Zahlungsmittel".[64]

Zur Rechtslage in Österreich: vgl. den österreichischen Länderbericht.

f) Ausnahme: Welche Zahlungsmittel statt Bargeld?

aa) Das Problem

Welche Zahlungspapiere dem Bargeld gleichgestellt werden, ist häufig zweifelhaft. Denn für den Frachtführer ist nicht eindeutig erkennbar, welcher Art das Zahlungspapier ist, ob es formgültig, einlösungsfähig und so einlösungssicher ist wie Barzahlung. Denn „der Frachtführer ist kein Bankier!" **39**

Hinzu kommt, dass der Nachnahmeauftrag gem. Art. 21 CMR nach dem jeweils durch das Vertragsstatut bestimmten, ergänzend anwendbaren nationalen Recht des Empfängerstaates abzuwickeln ist. **40**

bb) Gleichwertige Zahlungsmittel

Nach der Beschlussempfehlung des Rechtsausschusses des Deutschen Bundestages zu § 422 HGB sollte der Einzug der Nachnahme nicht nur in „bar", sondern auch „in Form eines gleichwertigen Zahlungsmittels" möglich sein. Dies erfolgte mit Blick auf den zunehmenden Einsatz elektronischer Medien bei der Bewirkung einer Zahlung. Als gleichwertiges Zahlungsmittel i.S.d. § 422 Abs. 1 HGB wurde dabei vor allem an das sog. *electronic cash* – nicht jedoch als gleichwertig der Scheck – angesehen.[65] **40a**

Danach stehen dem Bargeld gleich:

– der von der Deutschen Bundesbank bestätigte Scheck;[66] **40b**

– ein Scheck, für dessen Einlösung sich die bezogene Bank außerhalb des Scheckrechts gegenüber dem Inhaber verpflichtet hat.[67] **40c**

---

61 Vgl. oben Rdn. 18 ff., 24 m.w.N.; Denkschrift, S. 41; *Loewe*, ETR 1976, 504, 566; vgl. *Fremuth*, in: Fremuth/Thume, § 422 HGB Rdn. 5 ff. m.w.N.; *Boesche*, in: EBJS, Art. 21 CMR Rdn. 4; MünchKommHGB/*Jesser-Huß*, Art. 21 CMR Rdn. 3 ff.
62 *Boesche*, in: EBJS, Art. 21 CMR Rdn. 4; MünchKommHGB/*Jesser-Huß*, Art. 21 CMR Rdn. 3 ff.
63 Vgl. oben Rdn. 32.
64 Vgl. unten Rdn. 40 ff.
65 BT-Drucks. 13/10014, S. 13, 57.
66 Vgl. unten Rdn. 46.
67 Vgl. unten Rdn. 46.

Art. 21 Haftung des Frachtführers

40d – Exkurs

(1) „Electronic Cash"

Ob im Rahmen der Nachnahme dem Einsatz von Electronic Cash bzw. Elektronik-Geld (E-Geld) praktische Bedeutung zukommt, ist fraglich; Entscheidungen zu dieser Frage fehlen; sie wird in der Literatur auch kaum behandelt. Möglicherweise weil auf Seiten des abliefernden Frachtführers und des Empfängers das für die Zahlung notwendige technische Equipment (Kassenautomat/Terminal) fehlen. Aus Gründen der Vollständigkeit soll jedoch im Rahmen dieses Großkommentars die Frage, ob und inwieweit Electronic Cash wie eine (Bargeld-)Nachnahme zu behandeln ist, untersucht werden.

(2) Begriff

Electronic Cash bzw. Elektronisches Geld (E-Geld) ist eine Art Buchgeld zur Durchführung bargeldloser Zahlungen, aber kein **gesetzliches Zahlungsmittel**, so Art. 1 Abs. 3 lit. c RL 2000/46 EG; § 1 XIV KWG (Legaldefinition). Deshalb erfolgen Zahlungen mittels E-Geld (zunächst) erfüllungshalber (§ 364 Abs. 2 BGB).[68] Die Bereitstellung und Nutzung von E-Geld sind Zahlungsdienste i.S.d. § 675c Abs. 2 BGB, daher sind die §§ 675c–676c BGB, ergänzend die zu diesem Zweck geschaffenen AGB der Kreditwirtschaft anzuwenden.

Hauptanwendungsfall im bargeldlosen elektronischen (garantierten) Zahlungsverkehr (sog. POS – Point of Sale) ist die Kartenzahlung, also die Geldautomatenzahlung, die ec/maestro- bzw. die V-Pay-Kartenzahlung, ferner die Zahlung mittels (Universal-)Kreditkarte, z.B. Mastercard, Visa, American Express.

40e (3) Zahlungskarte (Debitkarte)[69]

Bei der sog. Zahlungs- (oder Debit-)Karte handelt es sich um eine Urkunde, mit deren Hilfe der Karteninhaber den Kartenaussteller (i.d.R. Bank) verpflichten kann, an einen Dritten (i.d.R. ein Vertragsunternehmen des Kartenausstellers) eine bestimmte Geldsumme auf dessen Konto zu überweisen, und zwar ohne Rücksicht auf das der Geldtransaktion zugrunde liegende Kausalverhältnis (z.B. Kauf, Miete, Dienstleistung).[70]

---

68 Palandt/*Grüneberg*, § 362 Rdn. 12 u. § 364 BGB Rdn. 6, 9.
69 *Baumbach/Hefermehl/Casper*, WG u. SchG, 4. Teil Kartenzahlung, Rdn. 3, u. die h.M. bezeichnen als Oberbegriff die Zahlungs- bzw. Debitkarte, bei der der im Valutaverhältnis (Karteninhaber/Zahlungsempfänger) zu entrichtende Geldbetrag nach dem „Clearing" (Zahlungsfreigabe) unmittelbar dem Konto des Karteninhabers belastet bzw. „debitiert" wird (sog. „pay now"-Zahlung). Die Zahlungskarte wird auch SparkassenCard (von der S-Finanzgruppe) oder BankCard (so bei Volks- und Raiffeisenbanken), in Österreich Bankomatkarte genannt. Im Gegensatz dazu wird beim Einsatz der (Universal-)Kreditkarte der aus der Geldtransaktion resultierende Aufwendungsersatzanspruchs des Kartenunternehmers gegen den Karteninhaber bis zum nächsten periodischen Abrechnungstermin gestundet (sog. „pay later"-Zahlung); Beispiel: Mastercard, Visa, American Express.
70 *Baumbach/Hefermehl/Casper*, a.a.O., Teil 4, Rdn. 3; Palandt/*Sprau*, § 675f BGB Rdn. 41.

(4) Vertragsbeziehungen/Beteiligte am Kartensystem

An dem durch die internationale Kreditwirtschaft geschaffenen Kartenzahlungssystem sind i.d.R. folgende Personen beteiligt:[71]

- (a) der Kartenzahler (i.d.R. der Bankkunde)
- (b) der Betreiber des E-Geld-Systems (Bank); ihn verbindet mit dem Kartenzahler das sog. Deckungsverhältnis (i.d.R. ein Giro- bzw. Kredit- und Zahlungsdienst-Rahmenvertrag), demzufolge die Bank verpflichtet ist, im Rahmen des vorhandenen monetären Verfügungsrahmens bargeldlose E-Geld-Zahlungsanweisungen des Karteninhabers auszuführen[72]
- (c) der Zahlungsempfänger, d.h. ein dem E-Geld-System angeschlossener Dritter, der mit dem Kartenzahler durch ein dem Geldtransfer zugrunde liegendes Kausalverhältnis (z.B. Kauf, Miete, Dienstleistung), das sog. Valutaverhältnis, verbunden ist. Der Kartenaussteller verpflichtet sich gegenüber dem Zahlungsempfänger nach positiver Prüfung und Zahlungsfreigabe („Clearing" – vgl. Fn. 75) zur verbindlichen Zahlung des vom Karteninhaber transferierten Geldbetrags an den Zahlungsempfänger – und zwar ohne Rücksicht auf evtl. Einwände des Karteninhabers aus dem Valutaverhältnis.[73] Die rechtliche Einordnung dieser Zahlungsverpflichtung des Kartenausstellers gegenüber dem Zahlungsempfänger wird nach h.M. einheitlich für alle elektronischen Kartenzahlungssysteme (Zahlungs-, Geld- und Kreditkarte) als abstraktes Schuldversprechen i.S.d. § 780 BGB qualifiziert[74]
- (d) evtl. institutsübergreifend tätige weitere Finanzinstitute zur Abwicklung des E-Geld-Systems/Zahlungsverkehrs (Interbankverhältnis); z.B. wenn der Zahlungsdienstleister im eigenen Namen, aber nur in Lizenz des Kartenunter-

---

71 Zu diesen Vertragsbeziehungen eingehend, jeweils m.w.N.: *Baumbach/Hefermehl/Casper*, a.a.O., Teil 4, Rdn. 1–132; *Baumbach/Hopt*, HGB, Bankgeschäfte (7), Rdn. F1-65; MünchKommHGB/*Hadding-Häuser*, Bd. 3, § 362 Anh. I E u. G; Palandt/*Sprau*, § 675 BGB Rdn. 41–60.
   Beachte: Im Rahmen der bargeldlosen Zahlungsabwicklung im E-Geld-System verpflichtet sich der Zahlungsempfänger gegenüber dem Kartenaussteller – auch zugunsten des Karteninhabers (§ 328 BGB) – das E-Geld mittels Zahlungskarte als Zahlungsmittel erfüllungshalber (§ 364 Abs. 2 BGB) anzunehmen (vgl. oben Fn. 68). Der Kartenaussteller verpflichtet sich gegenüber dem Zahlungsempfänger – sofern der monetäre Verfügungsrahmen des Karteninhabers (nach Prüfung und Zahlungsfreigabe, dem sog. „Clearing") eingehalten ist – zur garantierten Begleichung der Forderung des Zahlungsempfängers aus dem Valutaverhältnis mit dem Karteninhaber; vgl. Bedingungen für SparkassenCard A I 1, 2, II 2, III 1.1, 1.3, 2, 3.3 (i.d.F. Oktober 2009, Dt. Sparkassenverlag Nr. 127151000-(V1).
72 *Baumbach/Hefermehl/Casper*, a.a.O., Teil 4, Rdn. 8, 89f.; *Baumbach/Hopt*, a.a.O., Bankgesch. (7), Rdn. F5, 35; Palandt/*Sprau*, § 675f. BGB Rdn. 44, 48, 57.
73 *Baumbach/Hefermehl/Casper*, a.a.O., Teil 4, Rdn. 12, 55, 119ff.; *Baumbach/Hopt*, a.a.O., Bankgesch. (7), Rdn. F17, 54; Palandt/*Sprau*, § 675f BGB Rdn. 45, 49, 58.
74 BGH vom 25.9.2001 – XI ZR 375/00, NJW 2002, 285, 287 m.w.N.; *Koch*, in: Schmimansky/Bunte/Lwowski, Bankrechts-Handbuch, Bd. 1, § 67 Rdn. 63; *Baumbach/Hefermehl/Casper*, a.a.O., Teil 4, Rdn. 11, 54f., 112ff.; *Baumbach/Hopt*, a.a.O., Bankgesch. (7), Rdn. F17, 53; MünchKommHGB/*Hadding*, Anh. § 372 G Rdn. 22ff.; Palandt/*Sprau*, § 765f BGB Rdn. 45, 49f., 58, jeweils m.w.N.

nehmers ausstellt (z.B. Mastercard, Visa); oder, wenn in die Zahlungsabwicklung noch ein Zahlungsdienstleister des Zahlungsempfängers eingebunden ist

(5) Durchführung der Zahlung

Diese erfolgt

- (a) z.B. bei der ec/maestro- bzw. V-Pay-Karte durch Vorlage derselben und Eingabe der PIN. Dabei wird „online" die Identität und die Einhaltung des monetären Verfügungsrahmens auf dem Konto des Karteninhabers geprüft. Nach positivem Prüfungsergebnis erfolgt die verbindlich garantierte Zahlungsbestätigung („Clearing") durch die Bank[75]
- (b) bei Verwendung der (Universal-)Kreditkarte (z.B. Mastercard) erfolgt die Zahlungsfreigabe nach Vorlage/Prüfung der Kreditkarte und einem Unterschriftsvergleich auf der Kreditkarte und einem zu unterzeichnenden Leistungsbeleg.[76]

40f (6) Die (isolierte) Geldkarte (sog. „elektronische Geldbörse")

Gegenüber der ec/maestro-Karte ist der monetäre Aktionsradius der (isolierten) Geldkarte, sog. „Prepaid"-Karte, beschränkt. Beim Bezahlvorgang ohne Eingabe der PIN am Terminal kann lediglich über den auf dem Kartenchip gespeicherten Geldbetrag verfügt werden, dieser beträgt z.B. bei der SparkassenCard maximal 200 EUR.[77] Das *electronic cash* bezweckt die bargeldlose Zahlung unter Verwendung der multifunktionalen Geldkarte (bzw. Bankkundenkarte).

40g (7) Die (Universal-)Kreditkarte

Diese Karte (z.B. Mastercard, Visa, American Express) ist eine Urkunde, ähnlich einer Zahlungskarte; der Unterschied zu dieser besteht darin, dass die Kontobelastung des Kontoinhabers erst beim nächsten periodischen Abrechnungszeitpunkt eintritt.[78] Im Übrigen gelten die gleichen Grundsätze wie bei der Zahlungskarte.[79]

cc) Problematische Fallgestaltungen

41 Man unterscheidet in der Praxis folgende häufig vorkommende Fallgestaltungen:

---

[75] *Baumbach/Hefermehl/Casper*, a.a.O., Teil 4, Rdn. 16f., 44f., 87; Palandt/*Sprau*, § 675f BGB Rdn. 44; SparkassenCard A I 1, 2 (Fn. 71).
[76] *Baumbach/Hefermehl/Casper*, a.a.O., Teil 4, Rdn. 86; *Baumbach/Hopt*, a.a.O., Bankgesch. (7), Rdn. F32; Palandt/*Sprau*, § 675f BGB Rdn. 47.
[77] SparkassenCard, A III 2.2. i.d.F. Oktober 2009 (Fn. 71).
[78] Vgl. oben Fn. 69; *Baumbach/Hefermehl/Casper*, a.a.O., Teil 4, Rdn. 3.
[79] Vgl. oben Rdn. 40d u. 40e m.w.N.

(1) Auslieferung gegen Bankscheck

Nach BGH stellt die Weisung, „gegen Bankscheck" auszuliefern, keine Nachnahmeklausel dar.[80] Dieser Grundsatz gilt auch im Rahmen des Art. 21 CMR.[81] **42**

Denn nach BGH, a.a.O., lässt die getroffene Vereinbarung „Auslieferung gegen Bankscheck" nicht ohne Weiteres eindeutig erkennen, welcher Art dieser Scheck sein sollte; insbesondere,

(1) ob dies ein von einer in- oder ausländischen Bank auf eine andere in- oder ausländische Bank gezogener Scheck sein sollte;
(2) ob das überreichte Papier ein einlösbares Papier i.S.d. der Nachnahmeweisung ist oder
(3) ob es sich z.B. um einen Orderscheck nach ausländischem Recht handelt, der auf den Empfänger indossiert sein muss.

Die bei der Erfüllung dieses Auftrages zu bewältigenden Schwierigkeiten setzen ein überdurchschnittliches Maß an Erfahrung und Kenntnis beim (Spediteur-)Frachtführer voraus, als üblicherweise mit dem Begriff der Nachnahme, gleichbedeutend mit Bargeld, verbunden ist.[82]

Nach dem ergänzend zu Art. 21 CMR anzuwendenden deutschen Recht (Rdn. 32 ff.) ist die Annahme eines Verrechnungsschecks keine ordnungsgemäße Einziehung der Nachnahme. Denn der Scheck sichert den Absender nicht hinreichend, da die Hingabe des Schecks nur zahlungshalber erfolgt, nach dem Inhalt der Nachnahmeanweisung aber gerade eine Erfüllung gefordert wird. Dies ist allgemeine Auffassung.[83] **43**

Demgegenüber soll nach OLG Hamburg[84] eine „per Bankscheck" vereinbarte Nachnahme einer solchen per Bargeld gleichzusetzen sein. Denn durch einen Bankscheck wird das Risiko eines ungedeckten Schecks des Kunden vermindert, so dass er wie Bargeld angesehen werden kann. Der Wortlaut des Art. 21 CMR besage gerade nicht, dass andere Formen als die Erhebung der Nachnahme gegen bar vom Anwendungsbereich des Art. 21 CMR ausgeschlossen werden sollten. **44**

Diese Auffassung des OLG Hamburg[84] mag für den dort entschiedenen Einzelfall richtig gewesen sein, ist jedoch in dieser pauschalen Form nicht unbedenklich. Nach den vom BGH[85] dargelegten Bedenken im Hinblick auf die Prüfung von Wertpapieren würden die dem Frachtführer auferlegten, „vor Ort" durchzu- **45**

---

80 BGH vom 14.4.1978 – I ZR 69/75, VersR 1978, 659 (§ 41a ADSp; § 2 SVS).
81 Rdn. 42, 45.
82 *Bischof*, § 8 GüKUMT Rdn. 105.
83 Vgl. Rdn. 19, 24f., 34f., 40f.; ferner: BGHZ 83, 97, 101 und BGHZ 132, 133 (vgl. Rdn. 19); *Alff*, Anm. zu BGH LM, Nr. 22 CMR; *Alff*, Fracht-, Lager- u. SpeditionsR-Komm., 2. Aufl. 1991, Art. 21 CMR Rdn. 3; *Glöckner*, Art. 21 CMR Rdn. 4; *Heuer*, S. 160; *Koller*, Art. 21 CMR Rdn. 1, 3; *Thume*, in: Fremuth/Thume, Art. 21 CMR Rdn. 3 m.w.N.; ferner *Boesche*, in: EBJS, Art. 21 CMR Rdn. 1; unklar, z.T. ablehnend MünchKommHGB/*Jesser-Huß*, Art. 21 Rdn. 4.
84 OLG Hamburg vom 18.4.1991 – 6 U 244/90, TranspR 1991, 297 (rechtskräftig).
85 Rdn. 41f. und BGHZ 83, 97, 101 (Rdn. 19).

Art. 21 Haftung des Frachtführers

führenden Sorgfaltsanforderungen überspannt werden. Denn „der Frachtführer ist kein Bankier". Hinzu kommt, dass die Rechtssicherheit erfordert, dass der Grundsatz Nachnahme gleich Bargeld (bzw. gleichwertige Zahlungsmittel) nicht verwässert werden sollte.[86]

(2) Auslieferung gegen Scheck mit Einlösungsgarantie

46 Allenfalls kann wegen der damit verbundenen Einlösungszusage dem Bargeld gleichgestellt werden

– der von der Deutschen Bundesbank bestätigte Scheck;[87]
– ein Scheck, für dessen Einlösung sich die bezogene Bank außerhalb des Scheckrechts schriftlich, unbedingt und unwiderruflich vertraglich gegenüber dem Scheckinhaber verpflichtet hat. Daher dürfte als Nachnahme i.S.d. Art. 21 CMR auch eine schriftliche, unwiderrufliche, unbedingte Erklärung einer Bank gelten, Zahlung des (z.B. Wert-)Nachnahmebetrages auf 1. Anforderung (z.B. gegen Ablieferungsnachweis) zu leisten. Gleichgültig ist, ob eine derartige Erklärung als (Zahlungs-)Garantie oder Bürgschaft auf 1. Anfordern rechtlich zu qualifizieren ist. Denn die Bank schuldet in beiden Fällen keine Ausfallhaftung, sondern bei Anforderung die Bereitstellung liquider Mittel, d.h. Zahlung.[88]

Allerdings ist beim Scheck besondere Vorsicht geboten, da in der auf Anfrage erteilten Auskunft der bezogenen Bank, der Scheck sei gedeckt oder gehe in Ordnung, keine die Bank zur Zahlung selbstständig verpflichtende Einlösungszusage vorliegt.[89]

47 Dagegen soll nach OLG Hamm[90] eine CMR-Nachnahmevereinbarung bezogen auf einen italienischen Ablieferungsort „per bankbestätigten Scheck" vorliegen und auch dann noch wirksam bleiben, wenn „die Ausfuhr eines solchen Schecks gegen italienische Devisenvorschriften verstoßen hätte".

Denn die etwaige (rechtliche) Unmöglichkeit, die Nachnahme auf dem dafür vorgesehenen Weg auszuführen, führe nicht zur Unwirksamkeit der Nachnahmevereinbarung insgesamt (zweifelhaft!). Vielmehr entfalte diese Vereinbarung Rechtswirkungen dahingehend, dass der Frachtführer das Gut nicht abliefern dürfe. Unterstellt, der Einzug, zumindest aber die Ausfuhr eines bankbestätigten Schecks war aus devisenrechtlichen Gründen nicht gestattet, ergibt dies Folgendes:

---

86 *Thume*, in: Fremuth/Thume, Art. 21 CMR Rdn. 4f.
87 Vgl. Rdn. 40b (arg. § 23 Abs. 1, 2 BBankG); *Baumbach/Hefermehl/Casper*, Art. 4 SchG Rdn. 8ff.
88 Vgl. Rdn. 40 c; *Baumbach/Hefermehl/Casper*, Art. 4 SchG, Rdn. 2ff. – zur (Zahlungs-)Garantie bzw. Bürgschaft (auf jeweils) 1. Anfordern vgl. *Baumbach/Hopt*, § 349 HGB Rdn. 6, u. Palandt/*Sprau*, Einf. Vor § 765 BGB Rdn. 14a, 14b, 25 jeweils m.w.N.
89 *Baumbach/Hefermehl/Casper*, a.a.O., Rdn. 3.
90 OLG Hamm vom 16.8.1984 – 18 U 281/83, TranspR 1985, 97ff.

(a) Es liegt ein Ablieferungshindernis nach Art. 15 Abs. 1 CMR vor, weshalb der Frachtführer verpflichtet ist, Weisungen des Absenders einzuholen;[91]
(b) darüber hinaus ist eine in der konkreten Form aufgrund devisenrechtlicher Hindernisse rechtlich unwirksame, jedenfalls aber unerfüllbare Nachnahmeklausel i.S.d. Art. 21 CMR anzunehmen;[92]
(c) diese nach Art. 21 CMR unerfüllbare Klausel ist umzudeuten in eine dem wirtschaftlichen Zweck entsprechende, nachnahmeähnliche Weisung, das Gut nur auszuliefern, wenn die Zahlung – in bar oder in ähnlich liquider Weise – gesichert sei.[93]

(3) Auslieferung gegen „Travel-Schecks"

Die oben[94] behandelte (zweifelhafte!) Entscheidung des OLG Hamm, eine CMR-Nachnahmevereinbarung i.S.d. Art. 21 CMR auch dann anzunehmen, wenn die Einziehung des bankbestätigten Schecks aus devisenrechtlichen Gründen unmöglich sei, hatte eine Entscheidung des gleichen Senates vom 28.4.1983 argumentativ vorbereitet. **48**

Hier entschied der 18. Zivilsenat des OLG Hamm, dass die frachtvertragliche Abrede Zahlung „per Travel-Scheck" als Nachnahmeverpflichtung i.S.d. Art. 21 CMR zu behandeln sei.[95] Dies, obwohl in den Entscheidungsgründen[96] festgestellt worden war, dass es „einen Travel-Scheck offenbar nicht gibt". Das OLG Hamm fährt fort, dass „im Ergebnis nichts anderes gilt, wenn man aufgrund des ähnlichen Wortlauts unter einem Travel-Scheck einen Traveller-Scheck versteht (...). Hätte der Empfangsspediteur, was praktisch kaum möglich gewesen sein dürfte, Traveller-Schecks im Werte des Rechnungsbetrages angeboten und hätte die Beklagte zu 1 (Frachtführer), wie sie wohl zu Recht behauptet, mit der Annahme dieser Schecks gegen Devisenvorschriften verstoßen, so wäre die Einziehung der Nachnahme rechtlich unmöglich gewesen. Diese Unmöglichkeit führt aber nicht zum Wegfall der gesamten Nachnahmevereinbarung. Die Beklagte zu 1 wäre vielmehr[97] gerade wegen der Unmöglichkeit, die Nachnahme einzuziehen, verpflichtet geblieben, die Ware und die Rechnung nicht zu übergeben".[98]

Im Gegensatz zu der ähnlichen Entscheidung des OLG Hamm[99] wird aber hier die Haftung doppelt begründet: **49**

---

91 OLG Hamm, a.a.O., TranspR 1985, 99.
92 Rdn. 38, 40.
93 Rdn. 18ff., 48f., 51ff.
94 Rdn. 47.
95 OLG Hamm vom 28.4.1983 – 18 U 230/81, TranspR 1983, 151.
96 A.a.O., S. 153 re. Spalte.
97 Vgl. arg. aus § 139 BGB.
98 OLG Hamm, a.a.O., TranspR 1983, 152, 153.
99 Rdn. 47.

Art. 21 Haftung des Frachtführers

(a) m. E. unzutreffend mit Art. 21 CMR; denn ein aus devisenrechtlichen Gründen nicht einlösungssicherer Scheck ist keine Nachnahme in diesem Sinne;[100]

(b) m. E. zutreffend mit der pVV (§ 280 BGB);[101] denn es liegt hier keine Nachnahmeweisung nach Art. 21 CMR, sondern eine nachnahmeähnliche, den gleichen wirtschaftlichen Zweck verfolgende Gestaltungsform vor, das Gut nur unter bestimmten zahlungssichernden Bedingungen auszuliefern, also eine geschäftsbesorgende Weisung nach §§ 675, 665 BGB. Diese ist durch Art. 21 CMR nicht ausgeschlossen, sondern begründet – bei ergänzender Anwendbarkeit deutschen Rechts – die Haftung des Frachtführers nach pVV (§ 280 BGB), die haftungsrechtlich zu gleichen Ergebnissen führt.[102]

50 Fazit: Die Entscheidungen des OLG Hamm[103] zeigen die Probleme auf, die sich aus der Ausdehnung des Begriffs der Nachnahme (= Bargeld) ergeben, indem Schecks oder ähnliche Wertpapiere der Nachnahme gleichgestellt werden. Die bei der Erledigung solcher „nachnahmeähnlicher Gestaltungsformen" in der Praxis auftretenden Probleme überfordern in aller Regel die Kenntnisse und Erfahrungen des Transportpersonals. Deshalb verdient die restriktive Rechtsprechung des BGH, die Nachnahme inhaltlich als Inkassoverpflichtung von Bargeld zu behandeln, im Grundsatz Zustimmung.[104]

4. Nachnahmeähnliche Fallgestaltungen

a) Nachnahmeähnliche Weisungen

aa) Begriff

51 Charakteristisch für nachnahmeähnliche Fallgestaltungen (Weisungen) ist: Dem CMR- (Spediteur-)Frachtführer wird die Verpflichtung auferlegt, das Gut nur unter bestimmten, zahlungssichernden Bedingungen – nicht jedoch gegen Einzug von Bargeld! – auszuliefern. Wirtschaftlich wird damit ein der Nachnahme ähnliches Ergebnis bezweckt.[105]

bb) Rechtliche Behandlung

52 Art. 12 Abs. 7 CMR ist auf nachnahmeähnliche Fallgestaltungen nicht anwendbar. Für den Bereich der Nachnahme verdrängt die Spezialregel des Art. 21 den

---

100 Rdn. 24f., 34, 40–48.
101 A.a.O., TranspR 1983, 154.
102 OLG Hamm, a.a.O., TranspR 1983, 151, 153f. (arg. „Beratungspflicht"); Rdn. 25f., 49, 51ff.
103 Rdn. 49f.
104 Rdn. 40ff.; *Boesche*, in: EBJS, Art. 21 CMR Rdn. 1; *Koller*, Art. 21 CMR Rdn. 1; unklar, z.T. a.A. MünchKommHGB/*Jesser-Huß*, Art. 21 CMR Rdn. 4.
105 Vgl. Rdn. 25; *Boesche*, in: EBJS, Art. 21 CMR Rdn. 5; *Koller*, Art. 21 CMR Rdn. 1.

Art. 12 Abs. 7 CMR. Für nachnahmeähnliche Gestaltungen gilt nicht die CMR, sondern ergänzend anwendbares nationales Recht.[106]

Bei ergänzender Anwendung deutschen Rechts sind nachnahmeähnliche Fallgestaltungen nach §§ 675, 665 BGB zu behandeln. Die Verletzung dieser Geschäftsbesorgerpflicht durch den Frachtführer löst Haftung nach pVV (§ 280 BGB) aus.[107] 53

Die Verletzung nachnahmeähnlicher Pflichten qualifiziert sich als pVV (§ 280 BGB) (arg. § 280 BGB). Dies führte nach altem Recht zur unbeschränkten Haftung; seit 1.7.1998 ist nach § 433 HGB die Haftung begrenzt auf das Dreifache des Betrages, der bei Verlust des Gutes zu zahlen wäre.[108] Die Haftung für Nachnahmefehler i.S.d. Art. 21 CMR beschränkt sich demgegenüber auf die Höhe des einzuziehenden Nachnahmebetrages. 54

Verjährungsrechtlich unterliegen beide Ansprüche der Regelung nach Art. 32 Abs. 1 Satz 3 lit. c) CMR.[109] 55

cc) Beispiele nachnahmeähnlicher Weisungen

(1) „Auslieferung gegen Bankscheck";[110] 56

(2) „Auslieferung gegen bankbestätigten Scheck", wenn dessen Einlösung aus devisenrechtlichen Gründen unmöglich ist;[111] 57

(3) „Auslieferung gegen (aus Rechtsgründen nicht existenten) „Travel-Schecks" bzw. einen Traveller-Scheck, dessen Einlösung gegen Devisenvorschriften verstoßen hätte";[112] 58

(4) „Auslieferung gegen Bankakzept und Bankaval", da vor Auslieferung der Sendung das mitgelieferte Wechselformular sowohl vom Empfänger – als Akzeptant – als auch von der ortsfernen X-Bank als Wechselbürgin zu unterzeichnen, also komplizierte geschäftsbesorgende Maßnahmen durchzuführen waren;[113] 59

---

106 *Koller*, Art. 21 CMR Rdn. 1.
107 Rdn. 27, 49–51; OLG Düsseldorf vom 19.6.1986 – 18 U 29/86, TranspR 1986, 336 = VersR 1988, 77, 78; OLG Düsseldorf vom 21.4.1994 – 18 U 190/93, RIW 1994, 597; OLG Hamm vom 28.4.1983 – 18 U 230/83, TranspR 1983, 151, 154; *Boesche*, in: EBJS, Art. 21 CMR Rdn. 11; *Glöckner*, Art. 21 CMR Rdn. 5, 6; *Koller*, Art. 21 CMR Rdn. 1; MünchKommHGB/*Jesser-Huß*, Art. 21 CMR Rdn. 8.
108 Vgl. zur unbeschränkten Haftung wegen schwerer Schuld Rdn. 158; *Fremuth*, in: Fremuth/Thume, § 422 HGB Rdn. 17.
109 Art. 32 CMR Rdn. 45, 47.
110 Rdn. 41 ff. (bestr.); a.A. Hof van Cassatie Brüssel vom 18.2.1994, ETR 1994, 464 (bestätigter Scheck ist Nachnahme gem. Art. 21 CMR).
111 Rdn. 48 f. (bestr.).
112 Rdn. 48 ff. (bestr.).
113 OLG Düsseldorf vom 19.6.1986 – 18 U 29/86, VersR 1988, 77, 78; a.A. Hof van Beroep te Gent vom 13.9.1995, ETR 1997, 602 (Art. 21 CMR bei Ablieferung gegen Einzug akzeptierten Wechsels).

Art. 21 Haftung des Frachtführers

60 (5) „Auslieferung gegen Eröffnung eines Akkreditivs", also eines selbstständigen, zahlungssichernden Schuldversprechens i. S. d. § 780 BGB, welches eine Bank dem Verkäufer auf Anweisung des Käufers erteilt;[114]

61 (6) die Klausel „Auslieferung nur gegen unwiderruflichen Zahlungsnachweis in Höhe von ...", da ein solcher Nachweis nicht vergleichbar einfach und eindeutig wie eine Barzahlung ist;[115]

62 (7) der Auftrag, nur „gegen Vorlage des FCR auszuliefern" enthält keine Nachnahmeverpflichtung. Denn das FIATA-FCR (Forward Certificate of Receipt = Spediteur-Übernahmebescheinigung) ist Empfangsquittung, daher Beweisurkunde, jedoch kein Wertpapier. Es enthält eine Empfangsquittung über das vom Spediteur entgegengenommene Gut, daher Angaben über den ausstellenden Spediteur, den Einlieferer und die übernommenen Güter.[116]

63 Neben der Empfangsbestätigung enthält das FCR zwei wahlweise ankreuzbare Angaben über die vertraglichen Vereinbarungen zwischen dem Spediteur und seinem Auftraggeber, nämlich „mit der unwiderruflichen Weisung" entweder „zur Verfügung des Empfängers" oder „zum Versand an den Empfänger". Beide Weisungen können „nur gegen Rückgabe der Original-Bescheinigung widerrufen oder abgeändert" werden.

64 Das FCR bestätigt sonach auch die unwiderrufliche Übergabe des Gutes aus den Händen des Auftraggebers in die treuen Hände des Spediteurs. Ihm wohnt daher eine Sperrfunktion insoweit inne, als der Auftraggeber/Lieferant nachträglich nicht mehr über das Gut verfügen darf und der Spediteur als Treuhänder erklärt, dass er die Ware in Übereinstimmung mit der in der Bescheinigung enthaltenen Weisung unwiderruflich weiterbehandeln wird. Das FCR enthält grundsätzlich eine Treuhänderstellung des Spediteurs, verbunden mit einem Verfügungsrecht des Spediteurs über eine definierte Warenpartie.[117]

65 Danach ist das FCR strukturell geeignet und wird auch in der Praxis häufig als Dokument bei der Akkreditivstellung oder anderen zahlungssichernden Gestaltungsformen vorgeschrieben.[118]

66 Der Unterschied zwischen der Einziehung der Nachnahme und der des FCR-Dokuments besteht lediglich darin, dass der Spediteur/Frachtführer bei der Überga-

---

114 *Fremuth*, in: Fremuth/Thume, § 422 HGB Rdn. 18; *Boesche*, in: EBJS, Art. 21 CMR Rdn. 10; *Hopt*, in: Baumbach/Hopt, a. a. O., (7) Bankgeschäfte Anm. K/1 ff.; *Koller*, Art. 21 CMR Rdn. 1; MünchKommHGB/*Jesser-Huß*, Art. 21 CMR Rdn. 5.
115 LG Nürnberg/Fürth vom 25.1.1991 – 2 HKO 6078/90, TranspR 1991, 300, 301; *Koller*, Art. 21 CMR Rdn. 1; *Thume*, in: Fremuth/Thume, Art. 21 CMR Rdn. 5.
116 BGH vom 15.12.1976 – VII ZR 295/74, BGHZ 68, 8 = NJW 1977, 499 = LM, Nr. 4 § 363 HGB mit Anm. *Merz*; OLG Düsseldorf vom 21.4.1994 – 18 U 190/93, RIW 1994, 597.
117 BGH, a. a. O. (Rdn. 62); OLG Düsseldorf vom 21.4.1994 – 18 U 190/93, TranspR 1994, 391 m. Anm. *Thume* = NJW-RR 1995, 96.
118 BGH, a. a. O. (Rdn. 59); Staub/*Helm*, Anh. IV § 415 HGB Rdn. 2–9.

be des Gutes anstelle des Nachnahmebetrages sich das FCR-Dokument aushändigen lässt.[119]

b) Sonderproblem: „Kasse gegen Dokumente"

Die kaufrechtliche Klausel „Kasse gegen Dokumente" enthält keine den Frachtführer verpflichtende Nachnahmeweisung i. S. d. Art. 21 CMR.[120] Gegenüber der Nachnahme weist sie folgende Gemeinsamkeiten und Unterschiede auf: 67

aa) Gemeinsamkeiten mit der Nachnahme

Die Klausel „Kasse gegen Dokumente" hat mit einer Nachnahmeklausel gemeinsam: 68
(1) Sie begründet zunächst eine Fälligkeitsregelung;[121]
(2) sie begründet eine Vorleistungspflicht des Verkäufers zur Dokumentenvorlage[122] und eine solche des Käufers zur Zahlung. Demzufolge darf der vorleistungspflichtige Käufer die Zahlung des Kaufpreises nicht von der vorherigen Untersuchung der Ware abhängig machen;[123]
(3) sie bewirkt darüber hinaus den Ausschluss eines sonst zulässigen Zurückbehaltungs- oder Aufrechnungsrechts des Käufers.[124]

bb) Unterschiede gegenüber der Nachnahme

Im Gegensatz zur Nachnahme besagt die Klausel „Kasse gegen Dokumente"   69
(1) nichts darüber, dass die Zahlung an einen bestimmten Dritten, z.B. an den Frachtführer, vorgenommen werden dürfe, begründet also keine Inkassobefugnis des Frachtführers;[125]

---

119 BGH vom 5.6.1981 – I ZR 64/79, VersR 1981, 975, 977 (Auslieferung gegen FCR üblicher Nebenauftrag nach § 2 Nr. 2 SVS).
120 OLG Frankfurt/M. vom 17.4.1984 – 5 U 116/83, TranspR 1985, 139, 140f.; OLG Düsseldorf vom 21.4.1994 – 18 U 190/93, RIW 1994, 597; *Hopt*, in: Baumbach/Hopt, § 346 HGB Rdn. 40, Stichwort „Kasse gegen Dokumente"; Staub/*Koller*, Komm. zum BGB, § 373 HGB Rdn. 249, 72; Schlegelberger/*Hefermehl*, Komm. zum HGB, 5. Aufl. 1977, § 346 HGB Rdn. 79; Staudinger/*Köhler*, § 433 BGB Rdn. 64 u. ebd. Staudinger/*Schlosser*, § 11 Nr. 3 AGBG Rdn. 12.
121 OLG Frankfurt/M., TranspR 1983, 139, 141 (s. Rdn. 67).
122 *Baumbach/Hopt*, § 346 HGB Rdn. 40.
123 BGH vom 23.3.1964 – VIII ZR 287/62, BGHZ 41, 215, 221 = NJW 1964, 1365; BGH vom 21.1.1987 – VIII ZR 26/86, NJW 1987, 2435 = WM 1987, 503; OLG Frankfurt/M., TranspR 1983, 139, 140 (s. Rdn. 67).
124 BGH vom 15.1.1954 – I ZR 6/53, BGHZ 14, 61 = NJW 1954, 1561; BGH vom 22.1.1957 – VIII ZR 72/56, BGHZ 23, 131, 135f. = NJW 1957, 827.
125 OLG Frankfurt/M., TranspR 1983, 139, 140 (s. Rdn. 67).

(2) die (Wert-)Nachnahme[126] wird bei Ablieferung der Ware erhoben, während die Abrede „Kasse gegen Dokumente" gerade auf die Fälligkeit der Zahlung vor und unabhängig von der Lieferung der Ware abzielt. Die Zahlung wird allein durch die Vorlage der Dokumente fällig;
(3) da die Zahlung allein durch die Vorlage der Dokumente fällig wird, steht dem Käufer vor Zahlung kein Prüfungsrecht an der Ware zu.[127]

5. Typische Nachnahmeklauseln

a) Handelsübliche Nachnahmeklauseln

70 Die handelsüblichen Nachnahmeklauseln lauten:[128]
(1) „Zusendung per Nachnahme";
(2) „Cash on delivery" (C.O.D.);[129]
(3) „Pay on delivery" (P.O.D.).

b) „Lieferung ab Werk – sämtliche Kosten zu Lasten des Empfängers"

71 Dagegen enthält die Klausel „Lieferung ab Werk – sämtliche darüber hinausgehenden Kosten gehen zu Lasten des Empfängers" im Gegensatz zu *Dubischar*[130] keine Nachnahmeklausel, sondern eine sog. „Frachtüberweisung auf den Empfänger" nach Art. 13 Abs. 2 CMR.[131]

72 Demzufolge hat der Frachtführer vom Empfänger bei Ablieferung Fracht und Auslagen einzuziehen, andernfalls begeht er gegenüber dem Absender eine pVV (§ 280 BGB) und gefährdet seinen Zahlungsanspruch diesem gegenüber.[132] Zu dieser Problematik unten.[133]

6. Begründung der Nachnahmeverpflichtung

a) Allgemeines

73 Die frachtrechtliche Verpflichtung des CMR-Beförderers zur Einziehung einer Nachnahme kann formlos begründet werden

---

126 Rdn. 36.
127 BGHZ 41, 215, 220 und OLG Frankfurt/M., TranspR 1983, 139, 140 (zit. in Rdn. 67); *Baumbach/Hopt*, a. a. O.; Schlegelberger/*Hefermehl*, a. a. O.
128 *Baumbach/Hopt*, § 346 HGB Rdn. 40 (Nachnahme); *Ratz*, Großkomm. HGB, 3. Aufl. 1967ff., § 346 HGB Rdn. 153; Staub/*Koller*, Vor § 373 HGB Rdn. 201, 268, 273; Staudinger/*Köhler*, § 433 BGB Rdn. 57, 63.
129 (C.O.D.); BGH vom 19.9.1984 – VIII ZR 108/83, NJW 1985, 550; OLG Düsseldorf vom 13.12.1990 – 18 U 142/90, TranspR 1991, 91, 92.
130 Gütertransportrecht, S. 34.
131 Rdn. 29f.
132 Arg. §§ 408 Abs. 1 Nr. 9, 421, 442 HGB.
133 Rdn. 170 (arg. § 280 BGB).

(1) durch beförderungsvertragliche Abrede; nachnahmebezügliche Inkassoverpflichtungen sind Geschäftsbesorgung, für die – bei ergänzender Anwendbarkeit deutschen Rechts – die §§ 675 ff. BGB gelten.[134] Bei bestehender Geschäftsverbindung kann eine Nachnahmevereinbarung auch durch Schweigen nach § 362 HGB zustande kommen.[135] Nimmt der Frachtführer eine Nachnahmesendung zur Beförderung an, so haftet er auch dann für die Einziehung der Nachnahme, wenn nach seinen AGB Nachnahmen nicht akzeptiert werden, denn es liegt dann Individualabrede vor; bei einem Nachnahmeauftrag auf Barzahlung durch den Empfänger kann sich dieser nicht darauf berufen, er sei nach seinen AGB befugt, statt Barzahlung einen Scheck entgegenzunehmen.[136]
(2) durch nachträgliche Weisung des Absenders.[137]

b) Frachtbriefeintrag erforderlich?

Nach Art. 6 Abs. 2 lit. c) CMR ist in den Frachtbrief der „Betrag einer bei der Ablieferung des Gutes einzuziehenden Nachnahme" einzutragen. Diese Bestimmung ist Sollvorschrift, enthält keine formelle Wirksamkeitsvoraussetzung zur Begründung einer Nachnahmeverpflichtung.[138] Denn dem Frachtbriefeintrag nach Art. 6 Abs. 2 lit. c) CMR „müssen Vereinbarungen zugrunde liegen, die die Parteien spätestens bei Unterzeichnung des Frachtbriefes geschlossen haben. Die Möglichkeit späterer Vereinbarungen kann jedoch nicht von der Hand gewiesen werden. Die Nichteintragung solcher Vereinbarungen im Frachtbrief beweist daher keineswegs ihr Fehlen. Der Berechtigte, der sich auf sie berufen will, muss sie auf andere Art beweisen, genauso, wie wenn er sich auf eine vor Unterzeich-

74

---

[134] Rdn. 23, 34; denkbar sind aber auch neben dem Beförderungsvertrag stehende selbstständige Geschäftsbesorgungsverträge (betr. Inkasso) zwischen dem Spediteur-Frachtführer und dem Versender; auf diese ist bei Leistungsstörungen (nicht Art. 21 CMR, sondern) die pVV (§ 280 BGB) anwendbar; vgl. BGH vom 17.1.1991 – I ZR 134/89, TranspR 1991, 246; *Koller*, Art. 1 CMR Rdn. 2.
[135] BGH vom 3.3.1988 – I ZR 33/86, NJW-RR 1988, 925.
[136] OLG Düsseldorf vom 13.12.1990 – 18 U 142/90, VersR 1991, 1394; vgl. arg. Artt. 21, 41 CMR; vgl. dazu auch OLG Düsseldorf vom 13.12.2006 – I-18 U 104/06, TranspR 2007, 25; *Boesche*, in: EBJS, Art. 21 CMR Rdn. 9.
[137] Arg. Art. 12 Abs. 1 CMR; BGH vom 27.1.1982 – I ZR 33/80, BGHZ 132/133 = TranspR 1982, 105 = VersR 1982, 669 = NJW 1982, 144 (Anhalten und auf Lager nehmen); BGH vom 10.10.1991 – I ZR 193/89, BGHZ 115, 299 = TranspR 1992, 100, 101 = VersR 1992, 383; aus den Quellen: *Loewe*, ETR 1976, 503, 566, Nr. 183 unter Bezug auf a.a.O., S. 532, Nr. 84; ebenso die Lit.: *Thume*, in: Fremuth/Thume, Art. 21 CMR Rdn. 11; *Boesche*, in: EBJS, Art. 21 CMR Rdn. 3; *Herber/Piper*, Art. 21 CMR Rdn. 9; *Koller*, Art. 21 CMR Rdn. 2; MünchKommHGB/*Jesser-Huß*, Art. 21 CMR Rdn. 9.
[138] Vgl. unten Rdn. 98 zur ähnlichen Problematik mit Art. 13 Abs. 2 CMR bei fehlendem Frachtbrief; vgl. Art. 6 CMR Rdn. 3, 29; *Boesche*, in: EBJS, Art. 21 Rdn. 3; *Herber/Piper*, Art. 21 CMR Rdn. 8; *Koller*, Art. 21 CMR Rdn. 2 und Art. 6 CMR Rdn. 15; Staub/*Helm*, Art. 21 CMR Rdn. 3 (h.M., vgl. Rdn. 75f.); a.A. offenbar Hof van Beroep te Gent vom 13.9.1995, ETR 1997, 602: Art. 21 CMR nicht anwendbar, wenn im Frachtbrief weder Nachnahme noch der bei Ablieferung zu kassierende Betrag erwähnt ist.

nung des Frachtbriefes geschlossene Vereinbarung stützt, die aus irgendeinem Grund, z.B. durch Nachlässigkeit, nicht eingetragen wurde".[139]

75 Dem entspricht auch die Rechtsprechung.[140] Danach ist die im Art. 6 Abs. 2 lit. c) CMR vorgesehene Angabe des Nachnahmebetrages im Frachtbrief für die Nachnahmevereinbarung nicht von konstitutiver Bedeutung, sondern dient – wie der Frachtbrief überhaupt – allein Beweiszwecken.[141]

Gleicher Auffassung ist der österreichische OGH. Danach setzt der rechtliche Bestand einer Nachnahmevereinbarung nach Art. 21 CMR nicht deren Eintrag in den Frachtbrief voraus. Die Nachnahmevereinbarung (bzw. Weisung) kann auch mündlich oder außerhalb des CMR-Frachtbriefs schriftlich festgelegt werden. Mangels diesbezüglichen frachtbrieflichen Eintrags obliegt dem Absender lediglich die entsprechende Beweislast.[142]

76 Auch das Schrifttum ist einhellig dieser Auffassung.[143]

77 Fehlt der Frachtbriefeintrag, kann sich der Absender nicht auf die Beweiskraft des Frachtbriefes[144] stützen, sondern muss Existenz und Inhalt der Nachnahmeverpflichtung des Frachtführers voll beweisen.[145]

77a Dem entspricht auch die Rechtsprechung des österreichischen OGH.[146]

c) Nachträgliche Weisung (Art. 12 Abs. 1, 21 CMR)

78 Art. 12 Abs. 1 CMR gibt dem Absender das Recht, auch nach der Übernahme des Gutes durch den Frachtführer über das Gut zu verfügen. Dies entspricht deutschem Recht.[147] Ebenso wie Art. 12 Abs. 1 CMR verzichtet § 418 Abs. 1 HGB auf eine abschließende Aufzählung der zulässigen Verfügungen (Weisungen).[148]

79 Da aber die Ausübung der Verfügungsbefugnis – vom Fall des hier nicht einschlägigen Art. 15 Abs. 1 Satz 2 CMR abgesehen – dort, wo ein Frachtbrief ausgestellt worden ist, von der Vorlage der Absenderausfertigung abhängig ist, sind zwei Fälle zu unterscheiden:

---

139 *Loewe*, ETR 1976, 503, 532; Denkschrift, S. 36.
140 BGH vom 10.2.1982 – I ZR 80/80, BGHZ 83, 96, 100 = TranspR 1982, 74 = VersR 1982, 543 = NJW 1982, 1946; OLG Hamm vom 28.4.1983 – 18 U 230/81, TranspR 1983, 153; OLG Hamm vom 16.8.1984 – 18 U 281/83, TranspR 1985, 97, 98; OLG Düsseldorf vom 13.12.1990 – 18 U 142/90, TranspR 1991, 91, 92.
141 BGH, a.a.O. (arg. Art. 4 Satz 2 CMR).
142 OGH vom 27.3.1990 – 5 Ob 549/90, ecolex 1992, 226; vgl. auch den österr. Länderbericht.
143 *Alff*, Art. 6 CMR Rdn. 5; *Boesche*, in: EBJS, Art. 21 CMR Rdn. 3; *Glöckner*, Art. 6 CMR Rdn. 9; *Herber/Piper*, Art. 21 CMR Rdn. 9; *Heuer*, S. 160; *Jesser*, S. 94; *Koller*, Art. 6 CMR Rdn. 15 und Art. 21 CMR Rdn. 2; MünchKommHGB/*Jesser-Huß*, Art. 21 CMR Rdn. 9; Staub/*Helm*, Art. 21 CMR Rdn. 3.
144 Art. 9 Abs. 1 CMR.
145 BGHZ 83, 96, 100 (Rdn. 75); Schrifttum, a.a.O. (Rdn. 76).
146 Rdn. 75.
147 § 418 Abs. 1 HGB.
148 *Fremuth/Thume*, § 418 HGB Rdn. 8 und Art. 12 CMR Rdn. 6f.

(1) Frachtbrief ausgestellt

Die Anweisung zur Einziehung der Nachnahme kann auch nachträglich durch **80** Weisung gem. Art. 12 CMR wirksam erfolgen.[149] Durch die nachträglich erfolgte Weisung zur Nachnahmeeinziehung wird der Inhalt des Frachtvertrages geändert.[150] Demzufolge müsste formal gem. Art. 12 V lit. a) CMR der Absender die erste (Absender-)Frachtbriefausfertigung vorweisen und die Nachnahmeanweisung in diese, ferner in die Empfänger- und die Frachtführerausfertigung eintragen;[151] denn nur so könnte (bei ordnungsgemäß ausgestelltem Frachtbrief) eine verbindliche Weisung erteilt werden. Dies steht aber im seltsamen Gegensatz zu der formfreien primären Nachnahmeanweisung nach Art. 21 CMR. Um zu praktisch brauchbaren Ergebnissen zu kommen, versucht *Thume*[152] folgende Problemlösung: Die nachträgliche Nachnahmeweisung stellt keine Verfügung über das Gut dar und ist damit weder von Art. 12 Abs. 5 noch von dessen Abs. 7 erfasst; zustimmend wohl *Helm*.[153] Kann aber nach den Quellen zur CMR und der Rechtsprechung die Nachnahmeverpflichtung des Frachtführers auch ohne Frachtbriefeintrag wirksam begründet werden, müsste Gleiches auch für die nachträgliche Nachnahmeanweisung gelten (da lediglich Beweisfrage). Dem Frachtführer ist zuzumuten (insbesondere in der weiteren Frachtführerkette), entsprechende Sicherungsmaßnahmen zur Befolgung der Nachnahmeweisung zu treffen.[154] Der Frachtführer ist nicht schutzbedürftiger, als wenn überhaupt kein Frachtbrief ausgestellt würde (vgl. Rdn. 81f., 98f.).

(2) Kein Frachtbrief ausgestellt

Ist kein Frachtbrief ausgestellt, entfällt der in Art. 12 Abs. 5 lit. a) CMR be- **81** zweckte Schutz des Frachtführers. Dieser Schutz geht dahin sicherzustellen, dass nur der Verfügungsberechtigte eine Weisung erteilt.[155] Denn die Verfügungsberechtigung des Empfängers kann bereits mit der Ausstellung des Frachtbriefes begründet werden, die Absenderfrachtbriefausfertigung kann bereits an den Empfänger weitergegeben worden sein. Schließlich soll der Inhalt der Weisung eindeutig festgelegt sein. Fehlt es daher – mangels ausgestellten Frachtbriefes – an einem solchen Schutzbedürfnis, dann entfällt die Anwendung des Art. 12 Abs. 5 lit. a) CMR schon von Gesetzes wegen. Denn dann kommt ein Übergang

---

149 BGH vom 27.1.1982 – I ZR 33/80, BGHZ 83, 96f. = NJW 1982, 1944, 1945 = TranspR 1982, 105 = VersR 1982, 669; Denkschrift, S. 38; *Glöckner*, Art. 12 CMR Rdn. 10; *Herber/Piper*, Art. 21 CMR Rdn. 9; *Koller*, Art. 21 CMR Rdn. 2, 3; Staub/*Helm*, Art. 21 CMR Rdn. 3.
150 Staub/*Helm*, Art. 12 CMR Rdn. 4.
151 BGH vom 27.1.1982 – I ZR 33/80, BGHZ 83, 96 = TranspR 1982, 105; ebenso 1. Aufl., a.a.O., Rdn. 80.
152 *Thume*, in: Fremuth/Thume, Art. 21 CMR Rdn. 12 i.V. m. Art. 12 CMR Rdn. 28; im Ergebnis ebenso *Boesche*, in: EBJS, Art. 21 CMR Rdn. 3; MünchKommHGB/*Jesser-Huß*, Art. 21 CMR Rdn. 9.
153 Staub/*Helm*, Art. 21 CMR Rdn. 3.
154 Rdn. 74ff.
155 Arg. Art. 12 Abs. 3 CMR.

Art. 21 Haftung des Frachtführers

des Verfügungsrechts vom Absender auf den Empfänger nach Art. 12 Abs. 2, 3 CMR nicht in Betracht. Damit entfällt auch das Risiko, dass ein nicht mehr verfügungsberechtigter Absender eine Weisung erteilt.[156]

82 Unter diesen Umständen[157] ist der Nachweis der Existenz und des Inhalts einer dem Frachtführer auferlegten Nachnahmeverpflichtung – mangels Frachtbriefs – nicht durch Vorlage der Absenderausfertigung möglich, kann aber in jeder anderen, prozessual zulässigen Weise geführt werden. Darlegung und Beweislast obliegt nach allgemeinen Prozessgrundsätzen dem, der sich auf einen bestimmten Inhalt beruft, und damit regelmäßig dem Absender. Der Schutz des Frachtführers ist damit hinreichend gewahrt.[158]

7. Die Nachnahmeverpflichtung in der Frachtführerkette

a) Aufeinanderfolgender Frachtführer (Art. 34 CMR)

83 Entgegen der Grundregel, wonach der Frachtbrief lediglich Beweisurkunde ist (arg. Art. 4 S. 2, 9 CMR), hat er ausnahmsweise konstitutive Bedeutung beim Einsatz aufeinanderfolgender Frachtführer.[159] Denn ohne Übergabe von Gut und durchgehendem Frachtbrief entsteht keine frachtrechtliche Beziehung zwischen Absender und aufeinanderfolgendem Frachtführer.[160]

84 Frachtbrief i.S.d. Art. 34 CMR ist der durchgehende, auf die gesamte Beförderungsstrecke lautende, vom Absender dem Hauptfrachtführer übergebene oder von ihm in Vollmacht ausgefüllte Frachtbrief. Insoweit ist die Existenz eines CMR-Frachtbriefs und der darin enthaltene Nachnahmeeintrag für das Verhältnis vom Absender zum aufeinanderfolgenden Frachtführer konstitutiv.[161]

b) Unterfrachtführer

85 Beim Einsatz eines Unterfrachtführers fungiert der Hauptfrachtführer frachtvertraglich als Absender gem. Art. 4 CMR.[162] Demzufolge obliegt es dem Hauptfrachtführer, durch entsprechenden Frachtbriefeintrag nach Art. 6 Abs. 2 lit. c) CMR oder in sonst eindeutiger Weise (Auftragsschreiben, Faxanweisung) den

---

156 BGH, TranspR 1982, 105 (s. Rdn. 73).
157 Rdn. 81.
158 Vgl. Rdn. 76 und BGHZ 83, 96 (s. Rdn. 73); vgl. auch OLG Hamm vom 5.10.1989 – 18 U 260/88, JMBl. NW 1990, 68.
159 Art. 34 CMR.
160 Arg. Art. 34 2. Halbs. CMR; BGH, TranspR 1984, 146 (s. Rdn. 84).
161 BGH vom 9.2.1984 – I ZR 18/82, TranspR 1984, 146, 148 = VersR 1984, 578; BGH vom 25.10.1984 – I ZR 138/82, TranspR 1985, 48 = VersR 1985, 134 = NJW 1985, 555; OLG Hamburg vom 6.12.1979 – 10 U 84/78, VersR 1980, 290, 291; vgl. Erl. zu Art. 34 CMR Rdn. 5 und A5; *Glöckner*, Art. 34 CMR Rdn. 1; *Loewe*, ETR 1976, 503, 588, 589 zu Art. 34 CMR, Nr. 274; Staub/*Helm*, Art. 34 CMR Rdn. 11; *Thume*, in: Fremuth/Thume, Vor Art. 34 CMR Rdn. 2 und Art. 34 CMR Rdn. 3.
162 *Fremuth*, in: Fremuth/Thume, § 407 HGB Rdn. 13 und Vor § 437 HGB Rdn. 8 ff.

Nachweis für eine dem Unterfrachtführer auferlegte Nachnahmeverpflichtung zu erbringen.[163]

c) Zwischenfrachtführer

Gegenüber dem Zwischenfrachtführer hat der Hauptfrachtführer die Rechtsposition eines Absender-Spediteurs.[164] Denn er überträgt im eigenen Namen einen von ihm selbst nicht geschuldeten Beförderungsabschnitt auf Rechnung des Absenders dem Zwischenfrachtführer. **86**

d) Teilfrachtführer

Hier ist beförderungsvertraglich nur ein Frachtvertrag zwischen dem Absender und dem von diesem beauftragten Teilfrachtführer gegeben.[165] Diese Fallgestaltung bietet im Verhältnis Absender zum beauftragten (Teil-)Frachtführer keine Besonderheiten.[166] **87**

e) Ausführender Frachtführer

§ 437 HGB regelt neuerdings Begriff und Rechtsstellung des ausführenden Frachtführers; dieser ist ein vertragsfremder Dritter, d.h. ein vertraglich weder mit dem Absender noch mit dem Empfänger verbundener weiterer Frachtführer, der die Beförderung ganz oder teilweise ausführt (quasi-vertraglicher Frachtführer).[167] **87a**

Beachte: Die Regelung über den ausführenden Frachtführer (§ 437 HGB) ist auch bei ergänzender Anwendung deutschen Rechts im Rahmen eines CMR-Frachtvertrages nicht anwendbar. Denn nach den zwingenden Vorschriften der Artt. 34 ff., 41 CMR besteht eine Direkthaftung des ausführenden bzw. abliefernden (Unter-)Frachtführers nur unter den Voraussetzungen des Art. 34 CMR.[168]

VI. Rechtswirkungen der Nachnahme und Inkasso

Der Begriff der Nachnahme entfaltet zweierlei voneinander unabhängige Rechtswirkungen: **88**

---

163 Rdn. 73–82; Gleiches gilt für die Haftung (gem. Art. 21 CMR) des Spediteur-Frachtführers, der die Versendung im Wege der Sammelladung bewirkt hat; diese besteht auch für die Zeit des sog. „speditionellen Nachlaufs" fort, sofern der Auftrag die Auslieferung an den Endempfänger umfasst; BGHZ 132, 133 (s. Rdn. 19); vgl. auch Erl. zu Rdn. 96.
164 *Fremuth*, in: Fremuth/Thume, Vor § 437 HGB Rdn. 7.
165 *Fremuth*, in: Fremuth/Thume, Vor § 437 HGB Rdn. 6.
166 Vgl. Rdn. 73–83.
167 *Fremuth*, in: Fremuth/Thume, § 437 HGB Rdn. 11 ff.
168 *Fremuth*, in: Fremuth/Thume, § 437 HGB Rdn. 8.

Art. 21 Haftung des Frachtführers

(1) kaufrechtliche[169] und
(2) frachtrechtliche.[170]

1. Kaufrechtliche Wirkungen

a) Ausgangspunkt

89 Jede Nachnahmeweisung[171] basiert auf dem dem Beförderungsvertrag wirtschaftlich zugrunde liegenden sog. „Distanzkauf"; also dem Kauf vom auswärtigen Verkäufer (der frachtrechtlicher Auftraggeber/Absender sein kann, aber nicht muss) mit anschließender CMR-Beförderung der Ware (des Gutes) zu dem kauf- (bzw. beförderungs-)vertraglich benannten Ablieferungsort. Die im Kaufvertrag begründete Nachnahmeklausel verfolgt rechtlich und wirtschaftlich den Zweck, den Zahlungsanspruch des Verkäufers auf

(1) Zahlung des Kaufpreises, d.h. auf Wertnachnahme,[172] oder
(2) auf Zahlung von Fracht und Auslagen, d.h. Kostennachnahme,[173]

zu realisieren. Der gegenüber dem Kaufvertrag rechtlich autonome Frachtvertrag hat die wirtschaftliche Funktion, die Durchführung des Kaufvertrages in Form der Lieferung einerseits bzw. der Zahlung des Kaufpreises (oder der Frachtkosten) andererseits zu ermöglichen. Zu diesem Zwecke hat der Handelsverkehr standardisierte Handelsklauseln (z.B. Incoterms, Tradeterms) geschaffen.

b) Kaufvertragliche Handelsklauseln

90 Bei der Verwendung standardisierter Handelsklauseln (z.B. Incoterms) zur Regelung frachtvertraglicher Zahlungspflichten ist Zurückhaltung geboten, da sich diese „ausschließlich auf im Kaufvertrag benutzte Handelsklauseln beziehen und sich nicht mit Klauseln befassen, die auch in Beförderungsverträgen vorkommen".[174] Dem entsprach auch der frühere Hinweis, wonach das beförderungsvertraglich geregelte Verhältnis zwischen dem Absender und dem Frachtführer durch diese standardisierten Handelsklauseln weder unmittelbar noch mittelbar berührt werde.[175] Unbedenklich sei frachtrechtlich (nur) die Verwendung der sog. „frei"- und „unfrei"-Klauseln.[176] Gleiches gilt für die typischen Nachnahmeklauseln.[177]

---

169 Rdn. 89 ff.
170 Rdn. 95 ff.
171 Rdn. 18 f., 33 ff.
172 Rdn. 36.
173 Rdn. 37 f.
174 Incoterms 1990, S. 13; Incoterms 2000, Einl., Nr. 1.
175 Incoterms, a.a.O.
176 Vgl. oben Rdn. 27 f.; *Fremuth*, in: Fremuth/Thume, § 408 HGB Rdn. 22 ff.
177 Rdn. 70, 91.

Die Nachnahmeklausel[178] „cash on delivery" (C.O.D.) bzw. „pay on delivery" (P.O.D.) bedeutet im Handelsverkehr „Lieferung gegen Nachnahme" und begründet 91

(1) eine Vorleistungspflicht des Käufers/Empfängers insoweit, als er bei Aushändigung der Ware leisten muss, ohne diese zuvor untersuchen zu können,[179]
(2) eine Barzahlungsabrede des Inhalts, dass die Geldleistungspflicht nur durch Barzahlung oder eine diesen Zahlungsformen gleichgestellte Hingabe eines gedeckten Schecks,[180]
(3) nicht aber durch Aufrechnung erfüllt werden darf,

enthält somit einen Aufrechnungsausschluss.[181]

Unberührt bleibt davon eine etwaige Aufrechnungslage im Verhältnis zwischen dem Frachtführer und dem Empfänger.[182]

Das Risiko für den Verkäufer besteht darin, dass der Käufer die Nachnahme nicht einlöst, sondern die Ware zurückgehen lässt. 92

Demzufolge darf im kaufrechtlichen Verhältnis zwischen Absender/Verkäufer und Empfänger/Käufer der letztgenannte die Zahlung weder der Wertnachnahme (Kaufpreis) noch der Frachtnachnahme (Frachtkosten) von der vorherigen Untersuchung der Ware auf Vertragsgemäßheit und Mängelfreiheit abhängig machen.[183] Verweigert demnach der Käufer/Empfänger die Annahme (der vertragsgemäßen) Ware oder beansprucht er Ablieferung ohne Zahlung des Nachnahmebetrages, begeht er eine kaufvertragliche Pflichtverletzung, denn er verweigert die ihm kaufrechtlich obliegende Vorleistungspflicht (Zahlung des Kaufpreises oder der Beförderungskosten). Andererseits ist bei fehlender kaufrechtlicher Abrede der Käufer nicht verpflichtet, eine Nachnahmesendung zu übernehmen.[184] 93

Für den Bereich des Wiener UN-Kaufrechts gilt dasselbe.[185] 94

---

178 Rdn. 70.
179 Rdn. 93.
180 Rdn. 46.
181 BGH vom 19.9.1984 – VIII ZR 108/83, NJW 1985, 550; *Baumbach/Hopt*, § 346 HGB Rdn. 40 (Nachnahme); *Ratz*, Großkomm., § 346 HGB Rdn. 153; Staub/*Koller*, Vor § 373 HGB Rdn. 201, 268, 273; Staudinger/*Köhler*, § 433 BGB Rdn. 57, 64; Staudinger/*Schlosser*, § 11 Nr. 3 AGBG Rdn. 10.
182 Vgl. Rdn. 109.
183 BGH, NJW 1985, 550 (Rdn. 91).
184 Rdn. 97, 113.
185 *Herber/Czerwenka*, Art. 58 CISG Rdn. 5, 8.

Art. 21 Haftung des Frachtführers

2. Frachtrechtliche Wirkungen

a) Allgemeines

95 Die gleichzeitige Verwendung des Begriffs der „Nachnahme" bzw. „C.O.D." oder „P.O.D."[186] sowohl im Bereich der kauf- wie der frachtrechtlichen Ebene ist unbedenklich.[187] Denn der begriffliche Inhalt wie die rechtlichen Wirkungen der Nachnahme sind bei beiden Vertragstypen gleichlautend.

96 Das mit einer Nachnahmeklausel kauf- und/oder frachtrechtlich belastete Beförderungsgut darf der Frachtführer an den Empfänger (Käufer) nur ausliefern, wenn

(1) der Empfänger vor oder bei Ablieferung des Beförderungsgutes die Nachnahme, die in der Zahlung des Kaufpreises und/oder der Beförderungskosten bestehen kann,[188]
(2) an den zum Inkasso berechtigten[189] und verpflichteten Frachtführer bezahlt, wobei
(3) der Empfänger (Käufer) die Zahlung der Nachnahme nicht von der vorherigen Prüfung bzw. Untersuchung der Ware abhängig machen,[190]
(4) ebenso wenig sich durch Aufrechnung von der von ihm zu erfüllenden Nachnahmeverpflichtung befreien darf,[191] sondern
(5) die Nachnahme grundsätzlich in Bargeld oder gleichwertigen Zahlungsmitteln zu entrichten hat.[192]

97 Der Unterschied in den Rechtswirkungen besteht in Folgendem:

(1) Verweigert der Käufer/Empfänger die Einlösung der kaufvertraglich begründeten Nachnahme, begeht er – da Vorauszahlung des Kaufpreises geschuldet – eine Pflichtverletzung;[193]
(2) dagegen ist der Empfänger als beförderungsvertraglicher Drittbegünstigter i.S.d. § 328 BGB frachtrechtlich nicht verpflichtet, die angetragene Nachnahme einzulösen. Weist demnach der Empfänger (Dritte) das aus dem Frachtvertrag erworbene Recht dem Versprechenden (Absender) gegenüber zurück, so gilt das Recht auf Übergabe von Gut und Frachtbrief i.S.d. Art. 13 CMR als nicht erworben.[194] Verweigert der Empfänger die Zahlung der Nachnahme, darf der Frachtführer nicht ausliefern.[195]

---

186 Rdn. 70.
187 Rdn. 90 f.
188 Rdn. 36 f.
189 Rdn. 102 f. zur Haftung des Frachtführers bei Einsatz eines an den Endempfänger auszuliefernden Empfangsspediteurs (vgl. Rdn. 85).
190 Rdn. 91, 93.
191 Rdn. 91.
192 Rdn. 18 f., 38 ff.
193 Rdn. 89, 91, 93.
194 Arg. § 333 BGB.
195 Rdn. 47–50; OLG Hamm, a.a.O.; OLG Düsseldorf vom 13.12.1973 – 18 U 100/73, VersR 1974, 1074, 1000.

b) Nachnahmeverpflichtung (nur) laut Frachtbrief?

Auf den ersten Blick scheint ein Widerspruch zu bestehen zwischen dem Regelungsgehalt der Art. 21 und 13 Abs. 2 CMR dahingehend: **98**

(1) Aufgrund einer CMR-beförderungsvertraglichen Abrede oder Weisung[196] ist der Frachtführer verpflichtet, vor bzw. bei Ablieferung des Beförderungsgutes die Nachnahme einzuziehen; andernfalls macht er sich schadensersatzpflichtig.[197]

(2) Andererseits ist der Empfänger frachtrechtlich nicht verpflichtet, eine ihm angetragene Nachnahme zu erfüllen.[198]

Ist die Nachnahme nicht im Frachtbrief eingetragen[199] oder ein CMR-Frachtbrief überhaupt nicht ausgestellt,[200] könnte der Empfänger nach Art. 13 Abs. 1 CMR Übergabe des Gutes und des Frachtbriefes verlangen, aber sich auf den Standpunkt stellen, er habe nach Art. 13 Abs. 2 CMR nur „den Gesamtbetrag der aus dem Frachtbrief hervorgehenden Kosten zu zahlen" – kurzum: Beim Fehlen eines Frachtbriefes schulde er überhaupt keine Zahlung; fehle der frachtbriefliche Eintrag der Nachnahme,[201] schulde er diese nach Art. 13 Abs. 2 CMR nicht.[202]

Führt dieser Umstand zur frachtrechtlichen Auslieferungsverpflichtung des Frachtführers ohne Nachnahmeziehung, mit der Folge der deshalb resultierenden Schadensersatzpflicht nach Art. 21 CMR?

Hierbei handelt es sich in Wirklichkeit um ein Scheinproblem. Nach jeder dort[203] **99** genannten Fallgestaltung ist der Empfänger, wenn er die ihm angetragenen frachtvertraglichen Rechte geltend macht, zur Zahlung der Nachnahme verpflichtet. Weist er die ihm angetragenen Rechte (Übergabe von Gut und Frachtbrief) zurück, gelten diese Rechte als nicht erworben.[204]

Man unterscheidet folgende Fallgestaltungen: **100**

(1) Im Frachtbrief ist gem. Art. 6 Abs. 2 lit. c) CMR der Betrag der Nachnahme eingetragen; der Empfänger ist gem. Art. 13 Abs. 2 zur Zahlung verpflichtet.[205]

(2) Fehlt trotz Existenz eines Frachtbriefes der Frachtbriefeintrag, die „Nachnahme einzuziehen", schadet dies im Hinblick auf Art. 13 Abs. 2 CMR nicht. Der Frachtführer hat Existenz und Inhalt der Nachnahmeverpflichtung

---

196 Rdn. 73–82.
197 Arg. Art. 21 CMR.
198 Rdn. 93, 97, 113.
199 Rdn. 74 ff., 81 f.
200 Rdn. 81 f.
201 Rdn. 74 ff.
202 Dazu Art. 13 CMR Rdn. 31 ff.
203 Rdn. 98.
204 (Arg. § 333 BGB), Rdn. 97.
205 Rdn. 74, 80; Art. 13 CMR Rdn. 31 ff.

Art. 21 Haftung des Frachtführers

zu beweisen.[206] Beim aufeinanderfolgenden Frachtführer wirkt allerdings der frachtbriefliche Nachnahmeeintrag konstitutiv.[207]

(3) Ist kein Frachtbrief ausgestellt, ist der Nachweis der Existenz und des Inhaltes einer gegebenen Nachnahmeweisung in jeder prozessual zulässigen Weise vom Frachtführer zu führen; etwa durch Übergabe anderer Versanddokumente oder schriftlicher Weisungen.[208]

(4) Nimmt der Empfänger das Gut in Kenntnis einer außerhalb des Frachtbriefes stehenden Nachnahmeklausel entgegen, können Frachtführer und Empfänger eine – auch stillschweigende – Abrede des Inhalts treffen: Der Frachtführer verzichtet auf die Zurückhaltung des Gutes, der Empfänger verpflichtet sich zur Zahlung der Nachnahme. Dabei ist auf Empfängerseite ein zweifelsfrei vorhandener Verpflichtungswille erforderlich.[209]

101 Bestehen Zweifel oder Meinungsverschiedenheiten über Existenz, Inhalt und Umfang der den Empfänger treffenden Nachnahmeverpflichtung, darf der Frachtführer nicht ausliefern, sondern hat sich auf sein Zurückbehaltungsrecht nach Art. 13 Abs. 2 Satz 2 CMR zu berufen, darf also erst ausliefern, sobald er Zahlung oder Sicherheit[210] oder eine anders lautende Weisung des Absenders[211] erhalten hat.[212]

c) Inkassopflicht – Inkassobefugnis

102 Ist ein CMR-Frachtbrief ausgestellt, ergibt sich die Inkassobefugnis des Frachtführers aus Artt. 21; 4 S. 1; 6 Abs. 2 lit. c); 9; 13 Abs. 2 CMR.

Nach ergänzend anwendbarem deutschen Recht qualifiziert sich die im formgültigen Frachtbrief[213] vermerkte Nachnahmeklausel der Rechtsnatur nach als eine Anweisung i.S.d. § 783 BGB, verbunden mit einem Inkassoauftrag an den Frachtführer (frachtvertragliches Innenverhältnis). Der Frachtbrief, in dem die Nachnahme verzeichnet ist, bildet die Anweisungsurkunde, der Frachtführer fungiert als Anweisungsempfänger i.S.d. § 783 BGB.

Die Annahmeerklärung des Angewiesenen (des Frachtgutempfängers) kann nach Art. 13 CMR i.V.m. § 784 BGB in der Annahme des Gutes und des Frachtbriefes liegen.[214]

---

206 Rdn. 74, 77, 81.
207 Rdn. 83 f.
208 Rdn. 81 ff.
209 RGZ 92, 122, 123; BGH vom 29.6.1959 – II ZR 114/57, VersR 1959, 659, 660, § 34 ADSp; BGH, 12.6.1964 – I b ZR 223/62, VersR 1964, 970 f. (GNT); OLG Düsseldorf vom 13.12.1973 – 18 U 100/73, VersR 1974, 1074 (eingehend, aber ablehnend: BGH, VersR 1964, 970 f.); *Glöckner*, Art. 13 CMR Rdn. 11; Staub/*Helm*, § 436 HGB Rdn. 33.
210 Art. 13 Abs. 2 Satz 2 CMR.
211 Art. 15 Abs. 1 CMR.
212 Rdn. 47–50 (OLG Hamm, a.a.O.).
213 Vgl. Art. 4–6 CMR.
214 Vgl. Rdn. 105; RGZ 95, 122, 124; Staudinger/*Marburger*, 12. Aufl., § 783 BGB Rdn. 10.

Quittiert der Empfänger oder dessen Bevollmächtigter in Kenntnis des eingetragenen Nachnahmebetrages den formgültigen Frachtbrief,[215] kann dies eine Annahme einer CMR-frachtbrieflichen Anweisung i.S.d. § 784 Abs. 2 BGB darstellen.

Ob dies vorliegt, ist Tatfrage. Wenn ja, entsteht durch die schriftliche Annahme der auf Einzug einer Nachnahme begründeten Anweisung eine selbstständige, abstrakte Zahlungsverpflichtung des Empfängers gegenüber dem Frachtführer mit der Folge, dass gegenüber dieser nur Gültigkeits- oder urkundliche oder solche Einwendungen, die dem Empfänger unmittelbar gegenüber dem Frachtführer zustehen, zulässig sind.[216] Zu den Einzelheiten dazu vgl. unten.[217]

Der Frachtführer (Anweisungsempfänger) wird ermächtigt, im eigenen Namen den Nachnahmebetrag beim Empfänger (Angewiesener) einzuziehen, der Empfänger wird ermächtigt, mit befreiender Wirkung an den Frachtführer den Nachnahmebetrag zu leisten.[218]

Allerdings ist der Empfänger allein aufgrund der Anweisung nicht zur Annahme derselben verpflichtet. Doch kann sich der Angewiesene (Empfänger) sowohl gegenüber dem Anweisenden (Absender) wie dem Anweisungsempfänger (Frachtführer) gegenüber (zur Annahme) besonders verpflichten.[219]

Von der Einziehungsermächtigung unterscheidet sich die Anweisung dadurch: Der Einziehungsermächtigte ist (obwohl nicht Gläubiger) kraft Auftrags zur Einziehung verpflichtet; dagegen ist der Anweisungsempfänger (nur!) berechtigt, aber nicht zum Einzug verpflichtet (Arg. § 783 BGB „ermächtigt").[220]

Wurde der Auftrag zum Einzug der Nachnahme später einseitig durch Absenderverfügung nach Art. 12 Abs. 1 CMR erteilt,[221] ergibt sich die Inkassobefugnis aus der frachtvertraglichen Inkassoverpflichtung.[222] Der Fahrer des CMR-Frachtführers ist also zur Einziehung der Nachnahme kraft Einzelauftrags seines Arbeitgebers als ermächtigt anzusehen.[223]

Atypische Fallgestaltungen, insbesondere mündliche Anweisungen i.S.d. § 783 BGB sind zulässig.[224] Diese Form der Anweisung hat im Rechtsverkehr kaum

---

215 Vgl. Art. 5, 6 CMR.
216 Arg. § 784 Abs. 1 BGB; BGB-RGRK/*Steffen*, § 784 BGB Rdn. 2, 9; Palandt/*Sprau*, § 784 BGB Rdn. 1, 5, 6; Staudinger/*Marburger*, 12. Aufl. 1974ff., § 784 BGB Rdn. 13.
217 Rdn. 161.
218 Staudinger/*Marburger*, a.a.O. (13. Bearb. 2002), § 784 BGB Rdn. 10, 32; *Dubischar*, S. 33; *Pelz*, S. 18ff.; *Senckpiehl*, S. 217ff.; Soergel/*Lippisch*, 11. Aufl., Vor § 783 BGB Rdn. 20.
219 Arg. § 311 BGB.
220 Palandt/*Sprau*, Einf. Vor § 783 BGB Rdn. 4; Staudinger/*Marburger*, § 783 BGB Rdn. 32; Staudinger/*Kober*, 11. Aufl., Vorbem. zu § 783 BGB Rdn. 4.
221 Rdn. 73.
222 (Arg. §§ 185, 362 Abs. 2 BGB); Rdn. 23, 34.
223 *Willenberg*, Komm. zur Kraftverkehrsordnung, 4. Aufl. 1991, § 24 KVO Rdn. 8; § 3 KVO Rdn. 11.
224 BGH vom 17.10.1951 – II ZR 105/50, BGHZ 3, 238, 239f. = NJW 1952, 21 = LM, Nr. 1 zu § 783 BGB (L) mit krit. Anm. von *Meyer-Cording*, JZ 1952, 79.

praktische Bedeutung. Sie ist gesetzlich nicht besonders geregelt, nach dem Grundsatz der Vertragsfreiheit aber wirksam.[225] Auf solche Anweisungen sind die Vorschriften der §§ 783 ff. BGB entsprechend anwendbar, soweit sie nicht die Annahme[226] betreffen, also nicht den typischen Verkehrszwecken der BGB-Anweisung dienen.[227]

104 Der Nachnahmeauftrag verpflichtet den Frachtführer, vor Ablieferung, spätestens jedoch Zug um Zug gegen Ablieferung des Gutes den Nachnahmebetrag in Bargeld[228] oder in gleichwertigen Zahlungsmitteln[229] einzuziehen. Andernfalls darf der Frachtführer nicht ausliefern.[230]

105 Die Ablieferung ist ein zweiseitiger Akt und erfordert (1) den Willen des Frachtführers, die Verfügungsgewalt über das Beförderungsgut aufzugeben, und (2) den Willen des Empfängers, das Gut in seine Verfügungsgewalt auch tatsächlich zu übernehmen.[231]

106 Diese Inkasso-Verpflichtung des Frachtführers gilt unabhängig davon, ob es sich um Ladungs- oder um Stückgut[232] handelt, ob die Forderung hoch oder niedrig, ob sie kaufvertraglich im Verhältnis zwischen Absender und Empfänger vereinbart und ob die Zahlung der Nachnahme in bar dem Empfänger während der für die Durchführung des Inkasso und der Ablieferung gewöhnlichen Geschäftszeiten zumutbar oder lästig ist.[233]

107 Zur Durchsetzung der Wertnachnahme (Kaufpreisanspruch) hat der Frachtführer das Zurückbehaltungsrecht nach Art. 13 Abs. 2 Satz 2 CMR.[234]

108 Ein Pfandrecht oder mit Befriedigungsbefugnissen ausgestattetes kaufmännisches Zurückbehaltungsrecht steht dem Frachtführer bei der Wertnachnahme mangels eigener frachtvertraglicher Forderungen nicht zu.[235]

109 Bei der Geltendmachung der Kostennachnahme (Frachtkosten, Auslagen) stehen dem Frachtführer zur Sicherung der ihm aus dem Frachtvertrag erwachsenen konnexen Forderungen neben dem Leistungsverweigerungsrecht nach Art. 13 Abs. 2 Satz 2 CMR auch das Pfandrecht und das mit Befriedigungsbefugnissen ausgestattete kaufmännische Zurückbehaltungsrecht zu.[236]

110 Wird die Nachnahmeverpflichtung durch den (Haupt-)Frachtführer in der Beförderungskette an aufeinanderfolgende Unter- oder Zwischenfrachtführer weiterge-

---

225 Motive, Bd. II, S. 558.
226 §§ 784, 785 BGB; vgl. aber Rdn. 102 und die Übertragung (§ 792 BGB).
227 RG, LZ 22, 681; BGB-RGRK/*Steffen*, Vor § 783 BGB Rdn. 9; MünchKommBGB/*Hüffer*, § 783 BGB Rdn. 19; Staudinger/*Marburger*, § 783 BGB Rdn. 35.
228 Rdn. 38.
229 Rdn. 39 ff.
230 Rdn. 47–50; OLG Hamm, a.a.O.
231 Art. 17 CMR Rdn. 23, 25.
232 Vgl. die Definition in dem außer Kraft getretenen § 4 KVO.
233 Arg. § 358 HGB.
234 Vgl. Art. 13 CMR Rdn. 38; *Glöckner*, Art. 13 CMR Rdn. 11; *Koller*, Art. 13 CMR Rdn. 11.
235 Arg. § 369 HGB.
236 Vgl. Fn. 235: ferner *Fremuth*, in: Fremuth/Thume, § 441 HGB Rdn. 55.

geben, obliegt es dem Hauptfrachtführer, durch entsprechenden Frachtbriefeintrag[237] oder in sonst eindeutiger Weise den Nachweis für eine dem Unterfrachtführer auferlegte Nachnahmeverpflichtung zu erbringen.[238]

d) Nachträgliche Einwände des Empfängers?

Hat der Empfänger dem Frachtführer die Nachnahme bezahlt, ist er nicht berechtigt, nach Empfangnahme und Untersuchung des Beförderungsgutes noch irgendwelche kaufvertraglichen oder sonstigen Einwände oder Rückforderungsansprüche gegen den Frachtführer zu erheben, die sich aus seinen Rechtsbeziehungen zu Dritten (Verkäufer, Absender, Spediteur, anderen Frachtführern) herleiten. Insbesondere darf der Empfänger einen zur Erfüllung nachnahmeähnlicher Verpflichtung gegebenen Scheck nicht wegen angeblicher kaufrechtlicher Mängelrügen sperren.[239] Dem Empfänger sind kaufvertragliche Rügen (mangelhafte Ware) gegen den Frachtführer verschlossen.[240]

111

Davon zu unterscheiden ist die Frage, ob der Empfänger kauf- bzw. frachtvertraglich zur Annahme eines mit einer Nachnahme belasteten Gutes verpflichtet ist.[241]

Nach der vom Reichsgericht entwickelten Rechtsprechung entsteht dadurch, dass der vom Absender personenverschiedene Frachtführer dem Empfänger das Angebot macht, die Ware gegen Zahlung des Nachnahmebetrages auszuhändigen, und dadurch, dass der Empfänger dieses Angebot annimmt, ein Schuldverhältnis eigener Art. Demzufolge verpflichtet sich der Empfänger der Ware gegenüber dem aushändigenden Frachtführer zur Zahlung des Nachnahmebetrages.[242] Diese Verpflichtung ist von dem Kaufvertrag, den der Empfänger mit einem Dritten (z.B. dem Absender) geschlossen hat, und von allen anderen Verpflichtungen, die er bezüglich des Gutes gegenüber Dritten, etwa einem Vorspediteur oder Frachtführer, eingegangen ist, verschiedenartig.[243] Deshalb können dieser zwischen dem Frachtführer und dem Empfänger begründeten Nachnahmevereinbarung eigener Art Einwände aus Rechtsbeziehungen zu personenverschiedenen Dritten nicht entgegengesetzt werden.

112

---

237 Art. 6 Abs. 2 lit. c) CMR.
238 Rdn. 75, 81 ff.
239 OLG Düsseldorf vom 13.12.1973 – 18 U 100/73, VersR 1974, 1075; *Bischof*, Güterkraftverkehrstarif für den Umzugsverkehr und die Beförderung von Handelsmöbeln, 1986, § 8 GüKUMT Rdn. 108.
240 OLG Düsseldorf, a.a.O.
241 Rdn. 113.
242 RGZ 95, 122, 124.
243 RGZ 88, 69, 71; RGZ 101, 320, 321.

Art. 21 Haftung des Frachtführers

Diese Rechtsprechung war vom Reichsgericht zunächst zum Vinkulationsgeschäft entwickelt worden.[244] Vinkulationskauf ist der Kauf unter Einschaltung eines im Besitze der Kaufsache befindlichen Dritten in der Weise, dass die Übergabe der Sache von dem Dritten an den Käufer und die Zahlung des Kaufpreises durch den Käufer an den Dritten an die Zustimmung des Verkäufers gebunden, d. h. vinkuliert ist.[245]

Diese Rechtsprechung wurde vom Reichsgericht auf Fallgestaltungen außerhalb der typischen Geschäftsform des Vinkulationsvertrages erweitert.[246]

Der BGH hat diese Rechtsprechung fortgeführt.[247]

Demzufolge verpflichtet sich der Empfänger gegenüber dem aushändigenden Frachtführer zur Zahlung des Nachnahmebetrages. Diese Zahlungsverpflichtung ist von der kaufvertraglichen Verpflichtung zwischen Empfänger/Käufer und Absender/Verkäufer unabhängig. Deshalb können dieser zwischen dem Frachtführer und dem Empfänger begründeten Nachnahmevereinbarung eigener Art Einwände aus anderen Rechtsverhältnissen zwischen anderen Beteiligten (z. B. kaufvertragliche Mängelrügen) nicht entgegengesetzt werden. Insbesondere besteht seitens des Empfängers kein Anspruch gegen den Frachtführer auf (teilweise) Rückzahlung der Nachnahme wegen etwaiger Qualitätsmängel des übergebenen Frachtgutes.[248]

Auch ein im Rahmen nachnahmeähnlicher Gestaltungsform dem Frachtführer übergebener Scheck darf unter Berufung auf etwaige kaufvertragliche Mängelrügen nicht gesperrt werden.[249]

113 Der Empfänger ist zur Entgegennahme der Ware und Zahlung der Nachnahme nicht verpflichtet.[250]

Gegen eine seiner Auffassung nach dem Grunde unberechtigte oder unberechtigt hohe Nachnahme kann er sich durch Annahmeverweigerung zur Wehr setzen; ist seine Weigerung begründet, hat er gegen seinen Vertragspartner alle aus nicht ordnungsgemäßer Lieferung folgenden vertraglichen Rechte.[251]

---

244 RGZ 54, 213, 217f.; 88, 69, 71.
245 Dazu Staudinger/*Köhler*, Vorbem. zu § 433 BGB Rdn. 24.
246 RGZ 95, 122, 124, Nachnahme; RGZ 101, 320, 321.
247 BGH vom 29.6.1959 – II ZR 114/57, BB 1959, 826 = VersR 1959, 659f. = LM, Nr. 1 zu § 436 Bl. 3 R; ebenso OLG Düsseldorf vom 13.12.1973 – 18 U 100/73, VersR 1974, 1075.
248 OLG Düsseldorf, VersR 1974, 1075.
249 OLG Düsseldorf, a.a.O., unter Hinweis auf die oben in Rdn. 112 zit. Rechtsprechung des BGH und RG; *Bischof*, § 8 GüKUMT Rdn. 108.
250 Rdn. 93, 97.
251 RGZ 54, 213, 218; OLG Düsseldorf, a.a.O. (Rdn. 112).

e) Herausgabe der gezogenen Nachnahme

Die eingezogene Nachnahme ist bei ergänzender Anwendung deutschen **114**
Rechts[252] nach Maßgabe der §§ 675, 667 BGB herauszugeben.[253] Hat der Frachtführer auftragsgemäß im Wege der Nachnahmeziehung (statt Bargeld) vom Empfänger einen Scheck eingezogen und diesen an den Absender übersandt, trägt die Übermittlungsgefahr der Absender. Kommt der Scheck auf dem Weg vom Frachtführer zum Verkäufer/Absender abhanden und/oder wird er von einem Unbefugten eingelöst, gilt die Kaufpreisforderung als erfüllt. Das Risiko des Scheckverlustes trägt der Verkäufer.[254]

Für die Herausgabe der gezogenen Nachnahme haftet der Frachtführer nicht nach Art. 21 CMR, sondern unbeschränkt nach §§ 675, 667, 280 BGB. Unerheblich ist, ob der Frachtführer (bzw. der Fahrer) den eingezogenen Nachnahmebetrag verloren oder veruntreut hat; ggf. kommt neben vertraglicher auch deliktische Haftung in Betracht.[255]

Bei der Verpflichtung, die eingezogene Nachnahme an den Absender herauszugeben, handelt es sich um eine sog. Geldsummenschuld.[256]

War der Nachnahmeauftrag in einer mehrgliedrigen Frachtführerkette weitergegeben worden, ist er innerhalb der Kette zwischen den vertraglich verbundenen Frachtführern abzuwickeln.[257] **115**

Nur bei Vorliegen besonderer Umstände erwirbt der erste Absender gegen den **116**
letzten Frachtführer einen unmittelbaren Herausgabeanspruch. Ebenso wenig tritt ein beauftragter Frachtführer in der Kette seinen Herausgabeanspruch gegen seinen unmittelbaren Vertragspartner antizipiert an seinen jeweiligen Auftraggeber/Vormann ab.[258]

Beauftragt beispielsweise ein Spediteurkunde unmittelbar den Fahrer des vom **117**
Spediteur beauftragten CMR-Frachtführers, bei Ablieferung des Transportgutes bei dem Empfänger einen Nachnahmebetrag zu erheben und diesen dem Frachtführer zur Weiterleitung an den Spediteurkunden zu übergeben, steht dem Spediteur kein Anspruch auf Herausgabe des Nachnahmebetrages zu. Eine Vereinbarung zwischen dem Spediteur und dem Frachtführer, nach der die Forderung des

---

252 Rdn. 1, 31 ff.
253 *Fremuth*, in: Fremuth/Thume, § 422 HGB Rdn. 25 f. (allg. Auffassung); vgl. ferner: *Bischof*, § 8 GüKUMT Rdn. 110; *Heuer*, S. 161; *Jesser*, S. 95 f.; *Koller*, Art. 21 CMR Rdn. 3 f. m.w.N.; MünchKommHGB/*Jesser*, Art. 21 CMR Rdn. 7; Staub/*Helm*, §§ 407–409 (HGB a.F.) Rdn. 128 und § 425 (HGB a.F.) Rdn. 128; Staub/*Helm*, Art. 21 CMR Rdn. 23; *Willenberg*, § 31 KVO Rdn. 31.
254 LG Karlsruhe vom 29.12.1995 – 12 O 371/95 (nicht veröffentlicht).
255 Vgl. die in Fn. 253 zit. Lit.; ferner LG Karlsruhe, a.a.O.
256 Palandt/*Grüneberg*, § 245 BGB Rdn. 15.
257 Rdn. 83 ff., 110; *Fremuth*, in: Fremuth/Thume, § 422 HGB Rdn. 25 ff. und § 442 HGB Rdn. 11 ff.
258 OLG München vom 3.11.1989 – 23 U 3476/89, TranspR 1990, 71 = VersR 1990, 182; vgl. dazu auch Rdn. 115.

Art. 21 Haftung des Frachtführers

Frachtführers gegen den Spediteur mit dem Nachnahmebetrag verrechnet werden soll, ist deshalb unwirksam.[259]

f) Ablieferungshindernis

118 (1) Verweigert der Empfänger die Annahme oder

(2) beansprucht er Ablieferung des Beförderungsgutes, verweigert aber die Zahlung der Nachnahme,

liegt ein Ablieferungshindernis nach Art. 15 Abs. 1 CMR vor. Unerheblich ist, ob der Empfänger die Bezahlung der Nachnahme verschuldet oder unverschuldet, berechtigt oder unberechtigt zurückweist.[260]

119 In diesem Falle[261] darf der Frachtführer nicht ausliefern,[262] sondern hat sofort die Weisungen des Absenders einzuholen,[263] kann das Gut für den Verfügungsberechtigten verwahren oder durch eine zuverlässige Person verwahren lassen, bei verderblichen Waren u.U. die Verwertung herbeiführen.[264]

g) Rechtliche Mängel der Nachnahmeklausel

120 Ist die Nachnahmevereinbarung rechtlich unwirksam (z.B. wegen Verstoßes gegen zwingende Devisenvorschriften), soll nach *Koller*,[265] falls deutsches Recht ergänzend anwendbar ist, der gesamte Frachtvertrag ungültig sein.[266] Denn eine geltungserhaltende Reduktion der Nachnahmeklausel in eine noch wirksame nachnahmeähnliche Weisung trage den Interessen des Frachtführers zu wenig Rechnung; dieser könne nicht sicher beurteilen, was devisenrechtlich zulässig sei.

121 Dagegen spricht,[267] dass

(1) der Frachtvertrag im Übrigen seinem Inhalt und seiner Durchführung nach von der rechtsunwirksamen Nachnahmeklausel abgegrenzt werden kann, also teilbar ist;[268]

(2) außerdem ist der Beförderungsvertrag in der Hauptleistung (Beförderung und Anlieferung bis zum Empfänger) durch den Frachtführer im Wesentli-

---

259 BGH vom 17.1.1991 – I ZR 134/89, TranspR 1991, 246 = VersR 1991, 1079 = BB 1991, 1081.
260 BGH vom 5.2.1987 – I ZR 7/85, TranspR 1987, 180 = VersR 1987, 678, 679 = NJW-RR 1987, 1518; *Loewe*, ETR 1976, 503, 548; Denkschrift, S. 39; *Glöckner*, Art. 15 CMR Rdn. 3; Staub/*Helm*, Art. 15 CMR Rdn. 2, 5; *Koller*, Art. 15 CMR Rdn. 2.
261 Rdn. 118.
262 Rdn. 47f., 97, 101.
263 Art. 15 Abs. 1 S. 1 CMR.
264 Arg. Art. 16 Abs. 2, 3 CMR.
265 Art. 21 CMR Rdn. 3. (4. Aufl.); anders nunmehr (7. Aufl.) a.a.O., Rdn. 3 (nicht abliefern, sondern Weisungen einholen).
266 *Koller*, a.a.O. (arg. § 139 BGB).
267 Vgl. Rdn. 47.
268 Arg. §§ 139, 311a Abs. 1 BGB.

chen erfüllt, weshalb eine Rückabwicklung nach Bereicherungsrecht den Interessen der Parteien zuwiderläuft;
(3) hinzu kommt, dass der Rechtsmangel der Nachnahmeklausel einem Ablieferungshindernis[269] gleichzusetzen ist, mit der Folge, dass
(4) der Frachtführer nicht ausliefern darf, sondern Weisungen einzuholen hat.[270]

Sofern die Nachnahmeklausel in der konkreten Form wegen Verstoßes gegen zwingende Devisenvorschriften rechtsunwirksam sein sollte, führt dies nicht zur Unwirksamkeit der Nachnahmeweisung insgesamt. Vielmehr ergibt sich aus der Interessenlage des Absenders die offensichtliche Verpflichtung des Frachtführers, das Gut nicht abzuliefern. Daher ist die rechtlich unwirksame bzw. rechtlich unerfüllbare Nachnahmeweisung dahingehend auszulegen – sofern möglich –, das Gut nur gegen Bargeld oder dem gleichwertige Zahlungsmittel auszuliefern.[271] **122**

VII. Pflichtenverstoß und Schadensersatz

1. Pflichtenverstoß: Typische Fallgruppen

Die in der Praxis häufigsten Nachnahmefehler sind auf zwei Fallgruppen beschränkt:

(1) Die irrtümliche Annahme eines Schecks im Zuge der Nachnahmeerhebung, obwohl der Empfänger zur Barzahlung verpflichtet ist;[272] **123**

(2) der Frachtführer hat bei der Auslieferung – gleichgültig, ob die Nachnahmeklausel im Frachtbrief eingetragen war oder nicht – in der Hektik des Alltagsgeschäftes schlichtweg vergessen, die Nachnahme einzuziehen.[273] **124**

Anders dagegen, wenn sich der Frachtführer in Kenntnis der vereinbarten (Waren-)Nachnahme bewusst darüber hinwegsetzt und das Gut dem Empfänger ausliefert, ohne die Nachnahme einzuziehen; dann liegt (bedingter) Vorsatz oder bewusste, grobe Fahrlässigkeit i.S.d. Art. 29 CMR[274] i.V.m. § 435 HGB[275] vor, die zum unbeschränkten Schadensersatz führt.[276]

---

269 OLG Hamm, TranspR 1983, 151 (s. Rdn. 48) und OLG Hamm, TranspR 1985, 97 (s. Rdn. 47); *Boesche*, in: EBJS, Art. 21 CMR Rdn. 5; *Herber/Piper*, Art. 21 CMR Rdn. 21; Staub/*Helm*, Art. 21 CMR Rdn. 22; nunmehr auch *Koller*, 5. Aufl., a.a.O., Rdn. 3.
270 Vgl. Zitate in voriger Fn.; vgl. Rdn. 47f.
271 Rdn. 49f.; OLG Hamm vom 28.4.1983 – 18 U 230/81, TranspR 1983, 151, 153.
272 Rdn. 18ff., 31ff., 38ff., 102ff.
273 Rdn. 31f., 102ff.; zu Nachnahmefehlern des eingesetzten Empfangsspediteurs Rdn. 85, 96.
274 Vgl. Erl. zu Art. 29 CMR.
275 Vgl. *Fremuth*, in: Fremuth/Thume, § 435 HGB Rdn. 10, 11ff.; BGH vom 25.3.2004 – I ZR 205/01, BGH-Report 2004, 1277 mit Anm. *Fremuth* = VersR 2004, 1335 = TranspR 2004, 309.
276 Dazu unten Rdn. 154ff.

Art. 21 Haftung des Frachtführers

2. Haftung ohne Verschulden?

a) Das Problem

125 Die Frage, ob es sich bei der Haftung für unterlassene Nachnahmeerhebung um eine rein objektivierte, erfolgsbezogene Kausalhaftung (Erfolgshaftung) oder um eine Haftung aus (vermutetem) Verschulden handelt, ist praktisch bedeutsam für zwei Sonderfälle: Die Haftung (aus Verschulden) würde bei Annahme von

(1) Rechtfertigungs- oder
(2) Unzumutbarkeits- bzw. Schuldausschließungsgründen

entfallen,[277] nicht aber bei Annahme reiner Kausalhaftung, d.h. allein für den eingetretenen, objektiven Erfolg unterlassener Nachnahmeziehung (Erfolgshaftung).

b) Quellen zur CMR

126 Nach der *Denkschrift*[278] zu Art. 21 CMR entspricht dessen Formulierung inhaltlich dem deutschen Recht.[279] Das deutet auf eine Haftung ohne Verschulden hin. Bereits nach dem inzwischen außer Kraft getretenen § 31 Abs. 1 lit. d) KVO wurde eine Kausalhaftung des Unternehmers bei der Einziehung von (Waren- und/oder Kosten-)Nachnahmen statuiert.[280] Gleicher Auffassung ist im Grundsatz *Loewe*;[281] allerdings mit der Ausnahme, dass der Frachtführer bei fehlendem Nachnahmeeintrag im Frachtbrief nur bei Verschulden haften soll.[282] „Hielte man jedoch am Grundsatz der objektiven Haftung selbst bei Fehlen der Eintragung im Frachtbrief über die Pflicht zur Einhebung einer Nachnahme fest, so brächte der Art. 13 den Frachtführer in eine völlig unhaltbare Situation, da nach Art. 13 der Empfänger die Herausgabe des Gutes verlangen kann und nur jene Forderungen bezahlen muss, die sich aus dem Frachtbrief ergeben. Enthält der Frachtbrief keinen Vermerk hinsichtlich der Nachnahme, so muss der Frachtführer abliefern, ohne den Empfänger zur Zahlung zwingen zu können."[283]

127 Die Bedenken *Loewes* (zur Frage des unterlassenen Frachtbriefeintrags der Nachnahme) überzeugen nicht.

Fehlt nämlich trotz Existenz eines Frachtbriefes der Frachtbriefeintrag, die „Nachnahme einzuziehen", hat der Absender bzw. Ersatzberechtigte Existenz und Inhalt der Nachnahmeverpflichtung des Frachtführers zu beweisen;[284] beim

---

277 Palandt/*Grüneberg*, § 276 BGB Rdn. 7–9.
278 S. 41.
279 § 31 Abs. 1 lit. d) KVO.
280 *Willenberg*, § 31 KVO Rdn. 29.
281 ETR 1976, 503, 566, Nr. 183.
282 A.a.O.
283 *Loewe*, ETR 1976, 533, Nr. 86; 566, Nr. 183.
284 Vgl. oben Rdn. 100.

aufeinanderfolgenden Frachtführer wirkt allerdings der frachtbriefliche Nachnahmeeintrag konstitutiv.[285]

Ist kein Frachtbrief ausgestellt, kann der Beweis für Existenz und Inhalt einer gegebenen Nachnahmeweisung in jeder prozessual zulässigen Weise vom Frachtführer geführt werden.[286]

Bestehen Zweifel oder Meinungsverschiedenheiten über Existenz, Inhalt und Umfang der den Empfänger treffenden Nachnahmeverpflichtung, darf der Frachtführer nicht ausliefern, sondern hat sich auf sein Zurückbehaltungsrecht nach Art. 13 Abs. 2 Satz 2 CMR zu berufen.[287]

c) Schrifttum

Nach h.M. setzt die Haftung für Nachnahmefehler kein Verschulden voraus. Die Bestimmung selbst erwähnt kein Verschulden. Die Annahme einer reinen Erfolgshaftung[288] entspricht auch eher der Funktion der Nachnahme, die eine Verlängerung der Sicherheit nach dem Zug-um-Zug-Prinzip bedeutet.[289]

128

d) Deutsche Rechtsprechung

Das OLG Köln spricht von der „besonderen Strenge der echten Gefährdungshaftung" in Art. 21 CMR; erforderlich ist (nur), dass der Nachnahmeauftrag so eindeutig ist, dass ein rechtsunkundiger Fahrer des Frachtführers ihn als solchen verstehen kann.[290]

129

Ähnlich urteilt das OLG Düsseldorf; die Haftung nach Art. 21 CMR für unterlassene Nachnahmeziehung ist verschuldensunabhängig;[291] danach haftet der Frachtführer auch dann für die auftragsgemäße Einziehung der Nachnahme, wenn nach seinen Allgemeinen Geschäftsbedingungen Nachnahmen nicht akzeptiert werden. Die Haftung nach Art. 21 CMR ist abschließend. Ebenso wenig kann sich der einen auf Barzahlung gerichteten Nachnahmeauftrag annehmende

---

285 Rdn. 100, 83 f.
286 Rdn. 100, 81 f.
287 Rdn. 101; vgl. auch Art. 13 CMR Rdn. 38.
288 Rdn. 125.
289 *Thume*, in: Fremuth/Thume, Art. 21 CMR Rdn. 23; ferner: Baumgärtel/*Giemulla*, Art. 21 CMR Rdn. 3; *Dubischar*, S. 34; unklar (aber wohl gleicher Auffassung): *Glöckner*, Art. 21 CMR Rdn. 3; *Herber/Piper*, Art. 21 CMR Rdn. 15; *Heuer*, S. 159; *Jesser*, S. 94, 95; *Koller*, Art. 21 CMR Rdn. 4; *Lenz*, S. 195 f.; *Lieser*, S. 149; *Precht/Endrigkeit*, CMR-Handbuch, 3. Aufl. 1972, Art. 21 CMR; S. 99; Staub/*Helm*, Art. 21 CMR Rdn. 20; ferner *Boesche*, in: EBJS, Art. 21 CMR Rdn. 6.
290 OLG Köln vom 27.11.1974 – 2 U 169/73, RIW/AWD 1975, 162, 163.
291 OLG Düsseldorf vom 19.6.1986 – 18 U 29/86, TranspR 1986, 336, 337; OLG Düsseldorf vom 21.4.1994 – 18 U 190/93, RIW 1994, 597.

Art. 21 Haftung des Frachtführers

Frachtführer auf etwaige AGB berufen, wonach er (auch) befugt sei, das Gut gegen Hingabe eines Schecks (anstatt von Bargeld) auszuliefern.[292]

Auch das OLG Hamm fordert für die Haftung nach Art. 21 CMR kein Verschulden; es bejahte in zwei Entscheidungen die Haftung des Frachtführers nach Art. 21 CMR auch für den Fall, dass die Ausführung der Nachnahmeklausel aus devisenrechtlichen Gründen unmöglich gewesen sein sollte. Denn die Nachnahmeweisung entfalte gerade dann Rechtswirkungen dahingehend, dass der Frachtführer nicht abliefern dürfe, ohne vorher Weisungen des Absenders einzuholen bzw. das Gut nur auszuliefern, wenn die Zahlung gesichert sei.[293]

Der BGH brauchte sich bisher mit dieser Frage nicht zu befassen, da nach den zugrunde liegenden Sachverhalten schuldhaft gehandelt worden war.[294]

Gleiches gilt für das Urteil des OLG Hamburg.[295]

Nach dem österreichischen OGH Wien ist die Haftung nach Art. 21 CMR verschuldensunabhängig.[296]

3. Der Schaden

a) Methoden der Schadensberechnung

130 Der dem Absender infolge pflichtwidrig unterlassener Einziehung[297] der Wertnachnahme[298] zugefügte Schaden kann bestehen

(1) im Verlust der tatsächlichen und wirtschaftlichen Verfügungsgewalt über das Gut, mit der Folge, dass

(1a) das aufgrund möglichen Eigentumsvorbehalts noch bestehende Eigentum des Absenders durch rechtsgeschäftliche Verfügungen des Empfängers und dadurch bedingten Gutglaubenserwerb eines Dritten entzogen werden kann;[299] oder dass

(1b) der selbstständige wirtschaftliche Wert des Gutes durch Verbindung, Vermischung, Verarbeitung[300] untergeht, ohne dass der Absender die Gegenleistung (Kaufpreis) erhalten hat; oder

---

292 OLG Düsseldorf vom 13.12.1990 – 18 U 142/90, TranspR 1991, 91 rechtskräftig; OLG Düsseldorf vom 13.12.2006 – I-18 U 104/06, TranspR 2007, 25.
293 Rdn. 47–49; OLG Hamm vom 28.4.1983 – 18 U 230/81, TranspR 1983, 151; OLG Hamm vom 16.8.1984 – 18 U 281/83, TranspR 1985, 97, 98.
294 BGH vom 10.2.1982 – I ZR 80/80, BGHZ 83, 97, 101 = NJW 1982, 1946 = TranspR 1982, 74 = VersR 1982, 534; BGH vom 10.10.1991 – I ZR 193/89, TranspR 1992, 100 = VersR 1992, 383.
295 OLG Hamburg vom 18.4.1991 – 6 U 244/90, TranspR 1991, 297 = VersR 1992, 202.
296 Österr. OGH Wien vom 26.5.1999 – 3 Ob 116/99a, ZfRV 1999, 230.
297 Rdn. 31, 38, 98 ff.
298 Kaufpreis (Rdn. 36, 37, 89 ff.).
299 § 366 Abs. 1, 2 HGB; § 932 BGB.
300 §§ 946 ff. BGB.

(2) in Höhe der dem Absender für die Durchsetzung seiner Kausalforderung (z.B. Kaufpreisanspruch) gegen den Empfänger entstehenden Rechtsverfolgungskosten; oder
(3) in dem bis zur Realisierung der Kausalforderung dem Absender entstehenden Zinsschaden (z.B. Kreditzinsen oder entgangene Anlagezinsen).

Insoweit besteht bezüglich der oben[301] geschilderten Schadensermittlungsmethoden im Grundsatz Einigkeit.[302] **131**

Allerdings ist der oben[303] in der Fallgestaltung (3) bezeichnete Zinsschaden nach BGH und h.M. durch Art. 27 CMR auf 5% jährlich beschränkt.[304] Diese Zinsregelung ist abschließend.[305] **132**

Darüber hinaus kann der Ersatzberechtigte aus dem Gesichtspunkt des Verzuges insbesondere Rechtsverfolgungskosten, also Anwalts- und Gerichtskosten, ersetzt verlangen, die nach Verzugseintritt mit der Beitreibung der Ansprüche entstanden sind.[306] Gleiches gilt für die Kosten eines Vorprozesses, auf den sich der Hauptfrachtführer mit dem Geschädigten einlassen muss, weil sich der Unterfrachtführer trotz Verzugseintritts weigert, den in seinem Verantwortungsbereich entstandenen (Nachnahme-)Schaden zu ersetzen.[307] **133**

b) Schadensproblem

Nach allgemeiner Auffassung bleibt es dem Absender unbenommen, zunächst gegen den Empfänger aus dem kaufvertraglichen Grundverhältnis vorzugehen und erst nach Abschluss seiner (auch gerichtlichen) Beitreibungsversuche beim Frachtführer Regress wegen ganz oder teilweise nicht beigetriebener Forderung zu nehmen.[308] Allerdings empfiehlt es sich, dem Frachtführer im Vorprozess den Streit zu verkünden.[309] **134**

Nach Art. 21 CMR kann der Absender vom Frachtführer nur Ersatz desjenigen Schadens beanspruchen, der ihm infolge der Nichterhebung der Nachnahme ent- **135**

---

301 Rdn. 130.
302 Aus der Lit. zur CMR: *Thume*, in: Fremuth/Thume, Art. 21 CMR Rdn. 26f.; *Boesche*, in: EBJS, Art. 21 CMR Rdn. 7f.; *Herber/Piper*, Art. 21 CMR Rdn. 14f.; *Heuer*, S. 161; *Jesser*, S. 95; *Koller*, Art. 21 CMR Rdn. 4; MünchKommHGB/*Jesser-Huß*, Art. 21 CMR Rdn. 15f.; Staub/*Helm*, Art. 21 CMR Rdn. 24f.; sonstige: *Bischof*, § 8 GüKUMT Rdn. 112, 113; *Müller*, § 11 AGNB Rdn. 4, S. 56; *Willenberg*, § 31 KVO Rdn. 32.
303 Rdn. 130.
304 (Art. 27 CMR Rdn. 7); BGH vom 10.10.1991 – ZR 193/89, TranspR 1992, 100 = VersR 1992, 383 = NJW 1992, 621 = RIW 1992, 318; OLG Hamm vom 28.4.1983 – 18 U 230/81, TranspR 1983, 151; OLG Hamm vom 16.8.1984 – 18 U 281/83, TranspR 1985, 97; *Koller*, Art. 27 CMR Rdn. 1.
305 H. M. – aber bestr.; Art. 27 CMR Rdn. 26–30.
306 Art. 27 CMR Rdn. 34.
307 Art. 27 CMR Rdn. 35.
308 Vgl. Rdn. 130 f.
309 Arg. § 204 Abs. 1 Nr. 6 BGB n.F. (Verjährungshemmung) i.V.m. §§ 74, 68 ZPO (Interventionswirkung).

Art. 21 Haftung des Frachtführers

standen ist (Kausalzusammenhang). Dieser Anspruch reicht „bis zur Höhe des Nachnahmebetrages".[310] Problematisch ist, ob

(1) der infolge unterlassener Nachnahmeziehung dem Absender entstehende Schaden konkret, also nur unter Berücksichtigung des kaufvertraglichen Lieferverhältnisses zum Empfänger zu ermitteln ist. Dann bestünde der Schadensersatz nach Art. 21 CMR im Differenzschaden (d.h. in Höhe des nicht beitreibbaren Kaufpreisanspruchs, der Zinsen und Rechtsverfolgungskosten), den der Absender erlitten hat;
(2) oder ist der infolge unterlassener Nachnahmeziehung dem Absender zustehende Schadensersatzanspruch ein Anspruch eigener Art, der insbesondere
(2a) nach Voraussetzungen, Durchsetzbarkeit und Höhe unabhängig ist vom Kaufpreisanspruch des Absenders gegen den Empfänger, der
(2b) sogleich (ohne vorherige Beitreibungsversuche der Kaufpreisforderung) gegenüber dem Frachtführer als fällig geltend gemacht werden kann,
(2c) insbesondere unabhängig davon, ob der Empfänger/Käufer solvent ist, insbesondere,
(2d) ob und inwieweit der Empfänger/Käufer kaufvertragliche Mängelrügen oder sonstige im kaufvertraglichen Verhältnis begründete Einwände (z.B. keine Nachnahme vereinbart[311]) erheben kann.

136 Im letztgenannten Fall (2) wäre die Interessenlage des Absenders einer Nachnahmesendung vergleichbar der des Gläubigers einer Bürgschaft „auf erstes Anfordern"; nämlich sicherzustellen,

(a) dass dem begünstigten Absender innerhalb kürzester Zeit, also bei Ablieferung, liquide Mittel zur Verfügung gestellt werden;
(b) dass etwaige Einwendungen aus dem Kausalverhältnis – z.B. der Einwand der Kaufpreisminderung[312] – erst in einem Rückforderungsprozess[313] geltend gemacht werden können.[314]

Demnach hätte der Absender gegen den Frachtführer von vorneherein den Anspruch auf Schadensersatz in Höhe der Wertnachnahme Zug um Zug gegen Abtretung des Zahlungsanspruchs gegen den Empfänger aus dem Grundgeschäft (z.B. Kauf). Dem Frachtführer obläge die Geltendmachung der abgetretenen Rechte. Will nun der Frachtführer später geltend machen, der Schaden des Absenders wegen pflichtwidrig unterlassener Nachnahme sei niedriger (z.B. wegen

---

310 Art. 21 CMR.
311 Rdn. 70f., 89ff.
312 Rdn. 89ff., 111ff.
313 § 812 BGB.
314 BGH vom 2.5.1979 – VIII ZR 157/78, BGHZ 74, 244, 247f. = NJW 1979, 1500 = MDR 1979, 838 = BB 1979, 907 = Betrieb 1979, 1750 = JZ 1979, 442 = WM 1979, 691 (§§ 765, 768 BGB); BGH vom 28.10.1993 – IX ZR 141/93, ZIP 1993, 1851 (Einwendungen und Rückforderungsansprüche nicht im Nachverfahren, sondern erst im künftigen Rückforderungsprozess geltend zu machen).

kaufrechtlicher Minderung), trüge er hierfür im Rückforderungsprozess die Beweislast.³¹⁵

c) Interpretation des Art. 21 CMR

(1) Wortlaut

„Wird das Gut dem Empfänger ohne Einziehung der nach dem Beförderungsvertrag vom Frachtführer einzuziehenden Nachnahme abgeliefert, so hat der Frachtführer ... dem Absender bis zur Höhe des Nachnahmebetrages Schadensersatz zu leisten."³¹⁶ Von der deutschen Übersetzung kann jedoch nicht ohne Weiteres ausgegangen werden, da nur die nach dem Übereinkommen verbindlichen Texte, also nach Art. 51 Abs. 3 CMR gleichermaßen der englische und der französische Text als Rechtsquelle maßgeblich sind.

Während der englische Text mit den Worten „the carrier shall be liable to the sender for compensation not exceeding the amount of such charge" dem bereits angeführten Verständnis des deutschen Textes entspricht,³¹⁷ wird von *Libouton*³¹⁸ erwogen, dass der französische Text „le transporteur est tenu d'indemniser l'expediteur a concurrence du montant du remboursement" in dem Sinne zu verstehen sei, dass sich der Ersatzanspruch nach dem Betrag der Nachnahme bestimme. Auf diese mögliche Divergenz der verbindlichen Texte wird im Schrifttum verschiedentlich hingewiesen.³¹⁹

137

(2) Quellen zur CMR

Die Quellen sind spärlich. *Loewe* schweigt. Die *Denkschrift* beschränkt sich auf den Hinweis, dass die Regelung des Art. 21 CMR der des (damaligen) Art. 19 § 3 CIM und dem deutschen Recht³²⁰ entspreche.³²¹

138

(3) Literatur

Nach den Untersuchungen von *Koller*³²² war schon im Rahmen des Art. 19 § 3 CIM streitig, ob der wegen Nichteinziehung der Nachnahme zu leistende Ersatz

139

---

315 BGH vom 9.3.1989 – IX ZR 64/88, NJW 1989, 1606f. = BB 1989, 941 = Betrieb 1989, 1232 = MDR 1989, 735 (§§ 765, 812 Abs. 1 Satz 1 BGB; § 282 ZPO).
316 Art. 21 CMR.
317 Vgl. *Hill/Messent*, in: Hill/Messent/Glass, CMR: Contracts for the International Carriage of Goods by Road, 2nd ed., London 1995, S. 119f.
318 ETR 1973, 1, 55.
319 Vgl. *Hill/Messent*, a.a.O.; *Koller*, Art. 21 CMR Rdn. 4; ebenso MünchKommHGB/*Jesser-Huß*, Art. 21 CMR Rdn. 15f.; a.A. *Boesche*, in: EBJS, Art. 21 CMR Rdn. 6f. (nur konkreter Schaden).
320 § 31 Abs. 1 lit. d) KVO (seit dem TRG, also per 1.7.1998, außer Kraft).
321 Denkschrift, S. 41.
322 LM CMR, Nr. 50 Bl. 4.

Art. 21 Haftung des Frachtführers

mehr oder minder pauschaliert zu berechnen ist.[323] So hatte der Cour de Cassation, Paris, entschieden, dass die Bahn den Nachnahmebetrag zu zahlen hat, auch wenn der wirkliche Schaden geringer ist.[324] Diese Rechtsansicht wurde in Frankreich zur herrschenden Doktrin[325] und liegt wohl auch der französischen Fassung der CMR zugrunde.[326]

Demnach deutet der ebenfalls verbindliche französische Text in die Richtung, dass dem Ersatzberechtigten stets und ohne besonderen Nachweis der Nachnahmebetrag als Schadensersatz zusteht.[327] Denn Art. 21 CMR privilegiere den Absender, der durch die Pflichtwidrigkeit des Frachtführers die Verfügungsgewalt über das Gut verloren habe. Außerdem werde der Absender mit erheblichen Beweisproblemen konfrontiert; denn bei konkreter Schadensberechnung[328] könne er den Einwand des Frachtführers (der die Nachnahme nicht zahlende Empfänger sei solvent und erhebe keine kaufvertraglichen Einwände) kaum widerlegen.[329]

(4) Rechtsprechung

140 Das OLG Hamburg hat sich aufgrund der inhaltlichen Differenzen zwischen der verbindlichen englischen und französischen Fassung[330] zugunsten der französischen Fassung von Art. 21 CMR entschieden. Demzufolge hat der Absender immer Anspruch auf Zahlung des Nachnahmebetrages.[331] Für die Auslegung von Art. 21 i.S.d. französischen Wortlauts spricht, dass

(1) die Sicherheit des Nachnahme-Einzugsverfahrens nicht gefährdet wird;
(2) der Absender dem Frachtführer nicht nachzuweisen braucht, ob
(2a) ein Anspruch gegen den Empfänger auf den nachzunehmenden Betrag besteht oder ob
(2b) die Ware mangelfrei geliefert worden ist. Demzufolge ist der Frachtführer dem Absender schon dann zum Schadensersatz verpflichtet, wenn er das Gut ohne Erhebung der Nachnahme dem Empfänger übergibt.[332]

141 Demgegenüber hat der BGH entschieden, dass der im Fall der Nichterhebung einer vereinbarten Nachnahme nach Art. 21 CMR (konkret) zu ersetzende Schaden nicht ohne Weiteres und stets in Höhe des Nachnahmebetrages besteht.[333]

---

323 Vgl. *Nánássy/Wick*, Das internationale Eisenbahnfrachtrecht, Wien 1974, S. 384 m.w.N.
324 EE 23, 378, zit. nach *Loening*, S. 461.
325 Vgl. *Rodière*, S. 852; *Lamy*, Transport I, Nr. 856.
326 Vgl. *Lamy*,Transport I – Route (2008); ferner das bei *Putzeys*, Le contrat de transport routier de marchandises, 1981, S. 239, zit. belgische Urteil; kritisch aber *Putzeys*, a.a.O.
327 *Koller*, Art. 21 CMR Rdn. 4 und LM CMR, Nr. 50 Bl. 4.
328 Rdn. 130, 134f., 140ff.
329 Zustimmend: Staub/*Helm*, Art. 21 CMR Rdn. 27; *Heuer*, S. 161; *Jesser*, S. 95.
330 Rdn. 137; arg. Art. 51 Abs. 3 CMR.
331 OLG Hamburg vom 18.4.1991 – 6 U 244/90, TranspR 1991, 297, 298 = VersR 1992, 902.
332 OLG Hamburg, a.a.O.
333 BGH vom 10.10.1991 – I ZR 193/89, BGHZ 115, 299 = TranspR 1992, 100, 102 = VersR 1992, 383.

Nach BGH[334] ist bei Existenz mehrerer verbindlicher Texte eines internationalen Übereinkommens davon auszugehen, dass sämtliche Texte ihrer Idee nach jeweils dasselbe aussagen und der in ihnen zum Ausdruck gekommene Wille der Vertragspartner nur einer sein soll und kann. Zur Ermittlung des Willens der Vertragspartner ist (1) neben dem besondere Bedeutung aufweisenden Wortlaut (2) auch auf die Materialien und (3) den Zusammenhang der Einzelvorschriften zurückzugreifen.

Auf der Grundlage dieser Auslegungsgrundsätze kann nach Auffassung des BGH nur eine Ersatzpflicht bis zur Höhe des Nachnahmebetrages entnommen werden, wobei der Absender seinen Schaden konkret zu beweisen hat. Auch der Zusammenhang der Einzelvorschriften der CMR lässt keine zwingende Schlussfolgerung dahingehend zu, nur das Verständnis des französischen Textes solle maßgebend sein. Denn es sei nach dem Zweck des Art. 21 CMR nicht erkennbar, den Absender zu privilegieren. Auch solle nach *BGH* a.a.O. *der Absender bei unterlassener Nachnahmeziehung nicht besser stehen*, als er stehen würde, *wenn der Frachtführer* auftragsgemäß (bei Nichtzahlung der Nachnahme) die Ware *nicht abgeliefert hätte.*[335]

Die überwiegende Auffassung in der Literatur stimmt der Rechtsprechung des BGH, a.a.O. zu.[336]

Danach muss der Absender neben der Nachnahmevereinbarung und ihrer Verletzung seinen konkreten Schaden beweisen. Er soll für den Fall der Nichterhebung nicht besser stehen, als wenn der Frachtführer die Ware mangels Zahlung auftragsgemäß nicht abgeliefert hätte. Der Nachnahmebetrag kann als Schadensersatz nur verlangt werden, wenn der Ersatzberechtigte nachweist, dass der Empfänger den Nachnahmebetrag bezahlt hätte, wenn der Frachtführer darauf bestanden hätte, oder wenn der Wert des Beförderungsgutes dem Nachnahmebetrag entspricht. Zu zahlen ist demnach der Verkehrswert der Ware bei Weiterveräußerung, nicht der dem Empfänger in Rechnung gestellte Betrag. Der daneben bestehende Zinsanspruch ist auch bei Verzug nach Art. 27 CMR auf 5% beschränkt.[337]

d) Folgerungen aus der BGH-Rechtsprechung (Fallgestaltungen)

Aus der Rechtsprechung des BGH[338] ergeben sich folgende Schlussfolgerungen:

(1) Konkrete Schadensberechnung[339]

---

334 A.a.O. (Fn. 333).
335 BGH, a.a.O.; kritisch: Staub/*Helm*, Art. 21 CMR Rdn. 25.
336 *Thume*, in: Fremuth/Thume, Art. 21 CMR Rdn. 27; *Boesche*, in: EBJS, Art. 21 CMR Rdn. 7f.; *Herber/Piper*, CMR-Komm. (1996), Art. 21 CMR Rdn. 15; *Koller*, Art. 21 CMR Rdn. 4; MünchKommHGB/*Jesser-Huß*, Art. 21 CMR Rdn. 15f.; kritisch lediglich: Staub/Helm, Art. 21 CMR Rdn. 25.
337 BGH, a.a.O. (s. Rdn. 141) und die in voriger Fn. zit. Autoren.
338 TranspR 1992, 100, 102 (s. Rdn. 141).
339 A.a.O., Rdn. 141.

Art. 21 Haftung des Frachtführers

142 Nach BGH[340] ist der Schaden des Absenders nach Art. 21 CMR konkret zu berechnen; der Absender ist nicht so zu stellen, als hätte er den Nachnahmebetrag erhalten, sondern (nur!) so, als hätte der Frachtführer wegen Nichtzahlung des Nachnahmebetrages die Ware auftragsgemäß nicht ausgeliefert. Der Absender hätte die Ware anderweitig nur zu ihrem Verkehrswert veräußern können, so dass (nur!) dieser den entstandenen Schaden bestimmt, nicht jedoch die der ursprünglichen Empfängerin in Rechnung gestellten Beträge. Für die Höhe des Schadens ist der Absender beweisbelastet.[341]

Gleicher Auffassung ist das OLG Hamm.[342]

(2) Empfänger insolvent, weder Ware noch Erlös vorhanden

143 Ist der Empfänger insolvent und weder die Ware noch der Erlös vorhanden, ist der konkrete Schaden dargelegt. Dann ist der Absender berechtigt, sofort schadensersatzrechtlich gegen den Frachtführer vorzugehen.[343] Für die Höhe des Schadens, also für die Höhe des Rechnungswertes, ist der Absender beweispflichtig. Dies geschieht i.d.R. durch Vorlage der Handelsrechnung und Vernehmung von Zeugen, dass die Ware im Zeitpunkt der Übergabe an den Frachtführer den kaufvertraglichen Abreden entsprochen und keine Mängel aufgewiesen hatte. Erforderlichenfalls kann die Schadenshöhe auch nach § 287 ZPO vom Prozessgericht geschätzt werden.[344]

(3) Empfänger insolvent, Ware oder Erlös vorhanden

144 Ist dagegen beim zahlungsunfähigen Empfänger die Ware noch vorhanden, dem Absender diese Situation bekannt, ist er im Rahmen des Eigentumsvorbehalts gehalten, zur Schadensminderung die Ware zurückzuholen.[345]

Gleiches gilt für die Geltendmachung des an die Stelle des Sacheigentums tretenden Erlöses beim verlängerten Eigentumsvorbehalt; hier hat der Absender – wenn keine erheblichen Gründe dagegen sprechen – die Einziehung der Forderung gegen den Vertragspartner des Empfängers zu betreiben, dem Frachtführer den Streit zu verkünden,[346] um später den eventuellen Differenzschaden gegen den Frachtführer geltend machen zu können.

(4) Empfänger säumig und erhebt keine Mängelrügen

145 Ist der Empfänger zahlungsfähig, aber säumig, und erhebt keine kaufrechtlichen Mängelrügen, ist der Absender aufgrund der konkreten Schadensberechnung als

---

340 A.a.O., Rdn. 141.
341 BGH, a.a.O., TranspR 1992, 100, 102, 103; ebenso RGZ 13, 60, 67 betr. Spediteurhaftung nach Art. 380, 384 ADHGB.
342 OLG Hamm vom 16.8.1984 – 18 U 281/83, TranspR 1985, 97, 98 (50% des Kaufpreises wegen Minderung); OLG Hamm vom 28.4.1983 – 18 U 230/81, TranspR 1983, 151, 153 (voller Kaufpreis wegen Insolvenz des Empfängers).
343 BGH, a.a.O. (Rdn. 141).
344 *Baumbach/Lauterbach/Albers/Hartmann*, ZPO-Komm., § 287 ZPO Rdn. 15ff.; Thomas/ Putzo/*Reichold*, § 287 ZPO Rdn. 5, 7f., 9ff.; Zöller/*Greger*, § 287 ZPO, Rdn. 2, 5ff.
345 Arg. § 254 BGB.
346 Rdn. 134.

verpflichtet anzusehen, die Kaufpreisforderung gegen den Empfänger auch gerichtlich geltend zu machen. Denn der Schuldnerverzug begründet derzeit nur ein Einziehungsrisiko, aber noch keinen endgültig messbaren wirtschaftlichen Schaden.[347] Anderer Auffassung ist *Willenberg*;[348] dem Absender seien nur außergerichtliche Beitreibungsversuche, jedoch keine Zahlungsklage aus dem Kaufvertrag zumutbar. Gegen diese Auffassung bestehen nach der Rechtsprechung des BGH zu Art. 21 CMR Bedenken.[349]

Nach BGH führt der Anspruchsberechtigte (bei zu Unrecht im Voraus erfolgter Gewinnausschüttung) den obliegenden Schadensbeweis nicht schon dadurch, dass die (jeweils ausgeschütteten) Beträge in der Kasse fehlen; der Geschädigte muss vielmehr dartun, dass ein Forderungseinzug nicht möglich ist oder ein Versuch dazu nach vernünftiger kaufmännischer Beurteilung nicht lohnend erscheint.[350]

Da der Absender gleichzeitig Verkäufer und (Kaufpreis-)Gläubiger ist, daher allein zur Geltendmachung der Rechte aus dem Kaufvertrag legitimiert ist und nur er sich zur Begründetheit etwaiger kaufvertraglicher Einwände im Prozess äußern kann, ist eine Rechtsverfolgung durch den Auftraggeber mit Rücksicht auf die Schadenminderungspflicht geboten.[351]

(5) Empfänger ist solvent und erhebt kaufvertragliche Einwände

Hier gelten die gleichen Gründe wie oben.[352] Hinzu kommt, dass nur der Absender/Verkäufer sich zur Begründetheit der vom Empfänger erhobenen, kaufvertraglichen Einwände (z.B. keine Nachnahme vereinbart, mangelnde Fälligkeit, Verjährung oder Verwirkung von Mängelrügen) äußern kann. Hier ist der Absender aufgrund der konkreten Schadensberechnung als verpflichtet anzusehen, die Kaufpreisforderung gegen den Empfänger auch gerichtlich geltend zu machen. Denn der Schuldnerverzug begründet derzeit nur ein Einziehungsrisiko, aber noch keinen endgültig messbaren, wirtschaftlichen Schaden.[353] Anderer Auffassung ist *Willenberg*;[354] diese Auffassung ist jedoch fragwürdig.[355]

(6) Abstrakte Zahlungsverpflichtung des Empfängers aufgrund angenommener Nachnahmeanweisung[356]

---

347 *Müller*, AGNB – Allg. Beförderungsbedingungen für den gewerblichen Güternahverkehr mit Kraftfahrzeugen, 1989, § 11 AGNB, S. 56, 57.
348 *Willenberg*, § 31 KVO Rdn. 32. Die KVO ist seit 1.7.1998 außer Kraft (vgl. Fn. 320).
349 TranspR 1992, 100, 102; Rdn. 141, 142.
350 BGH vom 7.11.1977 – II ZR 43/76, NJW 1978, 425, 426 = BB 1978, 575 = Betrieb 1978, 247; kritisch: Staudinger/*Medicus* (12. Aufl.), § 249 BGB Rdn. 19, unter Hinweis darauf, dass ein Anspruch stets weniger wert als Bargeld (Nachnahme) ist, auch wenn besondere Risiken bei der Durchsetzung fehlen.
351 (Arg. § 254 BGB); ebenso *Müller*, § 11 AGNB, S. 56f.
352 Rdn. 145.
353 BGH, NJW 1978, 425; Rdn. 145; *Müller*, § 11 AGNB, S. 56, 57.
354 *Willenberg*, § 31 KVO Rdn. 32; vgl. oben Fn. 320, 348.
355 Vgl. dazu Rdn. 145.
356 § 784 BGB.

Art. 21 Haftung des Frachtführers

147 Sofern (was Tatfrage!) ein Fall der durch den Empfänger angenommenen Nachnahmeanweisung gem. § 784 BGB vorliegen sollte,[357] wird dadurch die abstrakte Zahlungspflicht des Empfängers/Angewiesenen gegenüber dem Anweisungsempfänger/Frachtführer begründet.[358] Der Frachtführer verfügt dann über einen abstrakten Zahlungsanspruch, losgelöst vom frachtvertraglichen (und kaufvertraglichen) Grundverhältnis; gegen diesen Anspruch sind nur beschränkte Einwendungen (urkundliche, inhaltliche bzw. unmittelbar gegen den Frachtführer gerichtete) des Empfängers zulässig.[359]

Bei dieser Fallgestaltung und Interessenlage müsste der Frachtführer dem Absender (zunächst) Schadensersatz in Höhe des pflichtwidrig nicht eingezogenen Nachnahmebetrages leisten. Dem Frachtführer ist zuzumuten, gegen den Empfänger aus dem abstrakten Anspruch vorzugehen. Allerdings müsste sichergestellt sein, dass eine doppelte Inanspruchnahme des Empfängers, einmal aus der abstrakten Zahlungsverpflichtung, zum anderen aus dem kaufvertraglichen Zahlungsanspruch, ausscheidet. Überzahlungen sind in Rückforderungsprozessen analog der Bürgschaft auf erstes Anfordern auszugleichen (Rdn. 136).

(7) Absender und Frachtführer im Inland, der Empfänger im Ausland ansässig

148 Der Zweck der Nachnahmeklausel zielte gerade dahin, Kaufpreisklagen des Absenders/Verkäufers gegen den Empfänger/Käufer zu vermeiden. Hier ist dem Absender die vorherige Durchführung von Kaufpreisklagen gegen den ausländischen Empfänger wegen der erhöhten Schwierigkeiten und Risiken bei der Realisierung nicht zuzumuten.[360] Demzufolge ist der Absender berechtigt, den Frachtführer in Höhe der Nachnahme auf Schadensersatz in Anspruch zu nehmen, Zug um Zug gegen Abtretung des Kaufpreisanspruches.[361] Dem Frachtführer ist zuzumuten, gegen den Empfänger im Ausland sowohl aus eigenem Recht[362] als auch aus abgetretenem Recht vorzugehen. Etwaige Überzahlungen sind in Rückforderungsprozessen, ähnlich wie bei der Bürgschaft auf erstes Anfordern, auszugleichen.[363]

(8) Schadensberechnung

149 Der konkret zu berechnende Schaden[364] des Absenders besteht demnach

– bei Insolvenz und Unauffindbarkeit der Ware in Höhe des Verkehrswertes derselben, zzgl. Zinsen gem. Art. 27 CMR;[365]

---

357 Rdn. 102.
358 Dazu Rdn. 102 f.
359 § 784 Abs. 1 BGB.
360 Ähnlich BGH vom 20.1.1983 – I ZR 90/81, TranspR 1983, 44, 46; Ausschluss der Widerklage.
361 § 255 BGB.
362 Arg. Art. 21 CMR „Rückgriffsrecht" (Rdn. 159–171).
363 Rdn. 136 m.w.N., 147.
364 Rdn. 142.
365 Rdn. 143, 132.

– konnte die Kaufpreisforderung vom Absender nur mehr teilweise realisiert werden, in der offenen Kaufpreisdifferenz zzgl. Zinsen und Rechtsverfolgungskosten;[366]
– in etwaigen, nutzlos aufgewandten, nicht (mehr) beim Empfänger realisierbaren Rechtsverfolgungskosten.[367]

(9) Abzüge

Abzuziehen sind jedoch die Kosten, die sich als Folge der Nichtauslieferung des Beförderungsgutes ergeben hätten; so die Rücktransportkosten (ggf. begrenzt auf die Höhe der Einlagerungskosten). Denn diese wären angefallen, wenn der Frachtführer mangels Zahlung des Nachnahmebetrages die Ware nicht ausgeliefert hätte.[368]

150

e) Fazit

Der BGH[369] kommt bei Art. 21 CMR folgerichtig zu dem Ergebnis, dass die inhaltlich divergierenden englischen und französischen Texte einer wörtlichen Auslegung im Wege stehen.[370]

151

Demzufolge ist der konkrete, durch die unterlassene Nachnahmeziehung dem Absender entstandene Schaden bei ergänzender Anwendung deutschen Rechts nach §§ 249 ff. BGB zu berechnen.

Das Urteil des BGH entspricht der herrschenden Schadensberechnung nach Maßgabe der Differenzhypothese.[371] Danach ist ein Vermögensschaden (nur) gegeben, wenn der jetzige tatsächliche Wert des Vermögens des Geschädigten geringer ist als der Wert, den das Vermögen ohne das die Ersatzpflicht begründende Ereignis haben würde.[372] Der Schaden kann ausgeschlossen sein, wenn dem Nachteil ein gleich hoher Vermögenszuwachs (Kaufpreisforderung) oder eine ausreichende Sicherheit gegenübersteht.[373]

Der österreichische OGH[374] Wien legt bei der Beurteilung des nach Art. 21 CMR zu leistenden Schadensersatzes die an den authentischen englischen Wortlaut (Art. 51 Abs. 3 CMR) angelehnte deutsche Übersetzung zugrunde. Danach ist Berechnungsgrundlage für den Nichterfüllungsschaden des Absenders gem. Art. 21 CMR der mit dem Empfänger vereinbarte Kaufpreis, nicht nur der Verkehrswert (Marktpreis). Ist aber der Nachnahmebetrag höher als der Kaufpreis, ist jener zu ersetzen, wenn der Absender behauptet und beweist, dass der Emp-

---

366 Rdn. 130, 141, 132 f.
367 Rdn. 130, 141, 133.
368 BGH, TranspR 1990, 100, 102 (Rdn. 141); vgl. dazu auch Rdn. 151 a. E.
369 A. a. O., TranspR 1992, 100 (Fn. 333).
370 *Koller*, LM CMR, Nr. 50.
371 Vgl. auch bereits RGZ 13, 60, 67; Rdn. 142.
372 Palandt/*Grüneberg*, Vor § 249 BGB Rdn. 8.
373 Palandt/*Grüneberg*, Vor § 249 BGB Rdn. 19 m. w. N.; BGH, NJW 1978, 425, 426 (Rdn. 145).
374 Österr. OGH Wien vom 26.5.1999 – 3 Ob 116/99a, ZfRV 1999, 230.

Art. 21 Haftung des Frachtführers

fänger diesen Betrag nach einem Beharren des Frachtführers als Ablieferungsbedingung bezahlt hätte.

Scheitert dagegen der Beweis eines solchen Sachverhalts und repräsentiert die Nachnahme den Kaufpreis des Frachtgutes, so ist der ersatzfähige Nichterfüllungsschaden gem. Art. 21 CMR gleichfalls nicht mit dem Nachnahmebetrag identisch, weil von diesem Betrag noch jene Kosten abzuziehen sind, die der Absender auch dann zu tragen gehabt hätte, wenn der Frachtführer den Beförderungsvertrag nach einer Zahlungsverweigerung des Empfängers alternativ vertragsgemäß durch den Rücktransport der Ware an ihn erfüllt hätte.

4. Haftungsbeschränkung (auf den Nachnahmebetrag)

152 Nach dem eindeutigen Wortlaut des § 21 CMR schuldet der pflichtwidrige Frachtführer Schadensersatz maximal „bis zur Höhe des Nachnahmebetrages". Diese Regelung ist abschließend[375] und kann auch durch andere (z.B. deliktische) Ansprüche nicht unterlaufen werden.[376] Ausgenommen davon ist der Fall des groben Verschuldens nach Art. 29 CMR.[377]

153 Weitere Haftungseinschränkungen sind nicht vorgesehen; Art. 23 und 24 CMR sind unanwendbar. Auch § 254 BGB ist bei pflichtwidrig unterlassener Nachnahme nicht anwendbar; daher keine Schadensteilung, wenn dem Frachtführer (bei unterlassener Wertdeklaration) der Wert des Gutes bekannt war.[378]

VIII. Unbeschränkter Schadensersatz

1. Bei Nachnahmefehlern

a) Vorsatz und grobe Fahrlässigkeit (Art. 29 CMR)

154 Die Haftungsbeschränkung auf den Nachnahmebetrag nach Art. 21 CMR versagt, wenn der Frachtführer „den Schaden vorsätzlich oder durch ein ihm zur Last fallendes Verschulden verursacht hat, das nach dem Recht des angerufenen Gerichtes dem Vorsatz gleichsteht".[379]

---

375 BGH, TranspR 1992, 100 (Rdn. 141).
376 Arg. Art. 28, 41 CMR.
377 Dazu Rdn. 154 ff. und Erl. zu Art. 29 CMR.
378 Vgl. unten Rdn. 154 f.; BGH vom 3.2.2005 – I ZR 276/02, TranspR 2005, 208; ebenso *Boesche*, in: EBJS, Art. 21 CMR Rdn. 6; *Herber/Piper*, Art. 21 CMR Rdn. 16; *Koller*, Art. 21 CMR Rdn. 4; *Loewe*, ETR 1976, 503 ff., Nr. 185; MünchKommHGB/*Jesser-Huß*, Art. 21 CMR Rdn. 17; Staub/*Helm*, Art. 21 CMR Rdn. 28 f.; a.A. (§ 254 BGB anwendbar) OLG Hamm vom 16.8.1984 – 18 U 281/83, TranspR 1985, 97, 99. Beachte: Anders jedoch bei grobem Verschulden (vgl. Rdn. 154) – da hier §§ 249 ff., 254 BGB anwendbar.
379 Art. 29 CMR.

Bei ergänzender Anwendung deutschen Rechts steht *nach* dem Inkrafttreten des Transportrechtsreformgesetzes (also nach dem *1.7.1998*)[380] gem. § 435 HGB haftungsrechtlich dem Vorsatz die sog. *„bewusste grobe Fahrlässigkeit"* gleich, also eine Handlung, die *„leichtfertig* und in dem *Bewusstsein,* dass ein *Schaden mit Wahrscheinlichkeit eintreten* werde", begangen wurde. Der BGH hat dies eindeutig bestätigt.[381]

Im Falle des Art. 29 CMR bestimmt sich der Umfang des zu ersetzenden Schadens nach dem jeweils anwendbaren nationalen Recht und daher, wenn deutsches Recht zur Anwendung kommt, nach den Vorschriften der §§ 249ff. BGB. Demzufolge müsste hier (im Gegensatz zu Art. 21 CMR) auch § 254 BGB grundsätzlich anwendbar sein.[382] Dem Geschädigten ist es jedoch unbenommen, seinen Schaden stattdessen auf der Grundlage der Artt. 17–28 CMR (also hier gem. Art. 21 CMR) zu berechnen.[383]

Dagegen wurde bei ergänzender Anwendung deutschen Rechts bis einschließlich 30.6.1998 nach der Rechtsprechung des BGH und der OLG die sog. (objektive) grobe Fahrlässigkeit als ein dem Vorsatz gleichstehendes Verschulden i.S.d. Art. 29 CMR bewertet (h.M.).[384]

Gleiches gilt für die (unbeschränkte) Haftung für (und der) Hilfspersonen des Frachtführers gem. Art. 3 CMR. Nach dem 1.7.1998 haften der Frachtführer und die Hilfspersonen unbeschränkt, wenn den Bediensteten des Frachtführers oder sonstigen Personen, deren er sich bei Ausführung der Beförderung bedient, Vorsatz oder sog. *„bewusste grobe Fahrlässigkeit"* zur Last fällt, sofern diese Bediensteten oder sonstigen Personen in Ausübung ihrer Verrichtungen handeln.[385]

155

b) Einzelfälle zu Art. 29 CMR

Setzt sich der Unternehmer (bzw. der Fahrer) in Kenntnis der vereinbarten Einziehung einer Warennachnahme (bzw. trotz wiederholter diesbezüglicher eindringlicher Hinweise) bewusst darüber hinweg und liefert das Gut dem Empfänger ohne Zahlung aus, ist dies eine (bedingt) vorsätzliche – zumindest aber

156

---

380 Vgl. Art. 12 Abs. 2 TRG vom 29.6.1998 (BGBl. 1998 I S. 1588); dazu *Fremuth,* in: Fremuth/Thume, Vor § 407 HGB Rdn. 23, 28 a.E., § 435 HGB Rdn. 10.
381 BGH, BGH-Report 2004, 1277 mit Anm. *Fremuth* = TranspR 2004, 309, 310 (Rdn. 124); vgl. Erl. zu Art. 29 CMR Rdn. 19ff.
382 Bestätigung von BGH vom 15.10.1998 – I ZR 111/96, TranspR 1999, 102, 104f.; zu dieser Problematik vgl. die Erl. zu Art. 29 CMR Rdn. 74ff. m.w.N. aus Rspr. u. Lit.
383 BGH vom 3.3.2005 – I ZR 134/02, NJW-RR 2005, 908f. = TranspR 2005, 253f.
384 Vgl. Erl. zu Art 29 CMR Rdn. 11f.; zur ält. Rspr.: BGH vom 14.7.1983 – I ZR 128/81, TranspR 1984, 68 = VersR 1984, 134 = NJW 1984, 565 = RIW 1984, 152 = ETR 1985, 95; ferner BGH vom 16.2.1984 – I ZR 197/81, VersR 1984, 551 = NJW 1984, 2033; BGH vom 27.6.1985 – I ZR 40/83, VersR 1985, 1060 = NJW-RR 1986, 248 = RIW 1986, 60 = ETR 1986, 103.
385 Arg. Art. 29 Abs. 2 CMR i.V.m. § 435 HGB; vgl. Erl. zu Art. 29 CMR Rdn. 32ff., 83ff.

Art. 21 Haftung des Frachtführers

bewusste grob fahrlässige – Verletzung der aufgetragenen Verpflichtung zur Nachnahmeziehung.[386]

157 Grobe Organisationsmängel können gegeben sein, wenn keine eindeutigen und nachdrücklichen Anweisungen zur Nachnahmeeinziehung an die Fahrer erteilt wurden.[387]

2. Bei nachnahmeähnlichen Fallgestaltungen

158 Bei nachnahmeähnlichen Gestaltungsformen, das Gut nur unter bestimmten zahlungssichernden Bedingungen auszuliefern,[388] haftet der Frachtführer nicht nach Art. 21 CMR, sondern nach Maßgabe des ergänzend anwendbaren nationalen Rechts (§ 280 BGB [p.V.V.]). Bei Anwendung deutschen Rechts haftete der Frachtführer (auch für dessen Hilfspersonen) nach altem Recht wegen p.V.V. unbeschränkt; bei Pflichtverletzungen im Geltungsbereich des am 1.7.1998 in Kraft getretenen TRG dagegen wegen beförderungsbezogener p.V.V. beschränkt auf das Dreifache des Betrages, der bei Verlust des Gutes zu bezahlen wäre (Arg. § 433 HGB).[389]

Liegt jedoch vorsätzliche oder „bewusst grob fahrlässige" Pflichtverletzung bei der Erledigung nachnahmeähnlicher Geschäfte i.S.v. Art. 29 CMR/§ 435 HGB vor, haftet der Frachtführer unbeschränkt.

IX. Der „Rückgriffsanspruch" des Frachtführers gegen den Empfänger

1. Allgemeines

a) Rechtsnatur des „Rückgriffsanspruchs"

159 Wie oben bereits dargelegt, handelt es sich nicht um einen Rückgriffsanspruch i.S.d. Schadensersatzrechts, sondern um den Zahlungsanspruch des Frachtführers nach Maßgabe des Art. 13 Abs. 2 CMR. War jedoch der Nachnahmebetrag nicht im Frachtbrief eingetragen oder fehlte dieser, führt Art. 13 Abs. 2 CMR nicht weiter. Dann kann der Frachtführer Zug um Zug gegen Zahlung des Schadensersatzes gem. Art. 21 CMR vom Absender die Abtretung der dem Absender

---

386 Art. 29 CMR Rdn. 26; österr. OGH vom 11.7.1990 – 1 Ob 621/90, TranspR 1992, 322, 323; *Bischof*, § 8 GüKUMT Rdn. 111; *Staub/Helm*, §§ 407–409 HGB a.F. Rdn. 131; *Thume*, VersR 1993, 930, 934.
387 BGH, BGH-Report 2004, 1277, mit. Anm. *Fremuth* (Rdn. 124); *Fremuth*, TranspR 2004, 309; *Staub/Helm*, a.a.O. (Fn. 386); *Koller*, Art. 29 CMR Rdn. 4bff. m.w.N.; MünchKommHGB/*Jesser-Huß*, Art. 29 CMR Rdn. 8ff., 17ff. m.w.N.
388 Rdn. 25f., 51ff.
389 Rdn. 53, 54; vgl. *Fremuth*, in: Fremuth/Thume, § 422 HGB Rdn. 17.

gegen den Empfänger zustehenden Kausal- (z. B. Kaufpreis-)Forderung verlangen (§ 255 BGB).[390]

b) Beweislast

Der Frachtführer hat als Anspruchsberechtigter zu beweisen, dass **160**

(1) der Empfänger gegenüber dem Absender zur Zahlung des Nachnahmebetrages verpflichtet war und
(2) dass er als Frachtführer diesen Betrag an den Absender bezahlt hat.[391]

Unterscheide:

c) Abstrakter(?) und kausaler Anspruch

aa) Abstrakter Zahlungsanspruch (§ 784 Abs. 2 BGB)

War der Betrag der (Wert-)Nachnahme im formgültigen Frachtbrief eingetragen[392] und quittiert der Empfänger oder dessen Bevollmächtigter in Kenntnis eingetragenen Nachnahmebetrages den Frachtbrief, kann darin eine Annahme der im Frachtbrief enthaltenen Anweisung i.S.d. § 784 Abs. 2 BGB liegen.[393] Wenn ja, entsteht durch die (schriftliche) Annahmeerklärung eine abstrakte Zahlungsverpflichtung des Empfängers zur Bezahlung der Nachnahme gegenüber dem Frachtführer. Dieser Verpflichtung gegenüber sind nur Gültigkeits- oder urkundliche oder solche Einwendungen zulässig, die dem Empfänger unmittelbar gegenüber dem Frachtführer zustehen.[394] **161**

Demzufolge[395] sind Einwendungen aus dem kaufvertraglichen Deckungsverhältnis zwischen dem Absender/Anweisenden und dem Empfänger/Angewiesenen ausgeschlossen. **162**

Der Einwendungsausschluss[396] gilt auch für Einwendungen aus dem frachtvertraglichen Valutaverhältnis zwischen dem Absender/Anweisenden und dem Frachtführer/Anweisungsempfänger.[397] **163**

---

390 Rdn. 4–6, vgl. unten Rdn. 167, 171; *Boesche*, in: EBJS, Art. 21 CMR Rdn. 9; *Koller*, Art. 21 CMR Rdn. 4; MünchKommHGB/*Jesser-Huß*, Art. 21 CMR Rdn. 18.
391 BGH vom 10.2.1982 – I ZR 80/80, BGHZ 83, 97, 101 = NJW 1982, 1946 = TranspR 1982, 74 = VersR 1982, 543; BGH vom 10.10.1991 – I ZR 193/89, TranspR 1992, 100 = VersR 1992, 383; Baumgärtel/*Giemulla*, Handbuch der Beweislast, 1985 ff., Art. 21 CMR Rdn. 5; Staub/*Helm*, Art. 21 CMR Rdn. 6; *Koller*, Art. 21 CMR Rdn. 4.
392 Vgl. Art. 5 f.
393 Tatfrage – vgl. Rdn. 102 m. w. N.
394 Arg. § 784 Abs. 1 BGB, Rdn. 102; BGB-RGRK/*Steffen*, § 784 BGB Rdn. 2, 9; Palandt/*Sprau*, § 784 BGB Rdn. 1, 5, 6; Staudinger/*Marburger*, § 784 BGB Rdn. 9, 13.
395 Vgl. Rdn. 161.
396 Rdn. 161, 162.
397 Vgl. Rdn. 161.

Art. 21 Haftung des Frachtführers

bb) Frachtvertraglicher Anspruch (Art. 13 Abs. 2 CMR)

164 Von der Geltendmachung dieses abstrakten Zahlungsanspruchs aus §§ 783, 784 BGB[398] ist die Geltendmachung der der Anweisung im Valutaverhältnis zugrunde liegenden frachtvertraglichen Kausalforderung aus Art. 13 Abs. 2 CMR bzw. der zugrunde liegenden Kaufpreisforderung zu unterscheiden.[399]

cc) Abgetretener kaufvertraglicher Anspruch

165 Deshalb wird, wenn der Anweisungsempfänger/Frachtführer kraft Abtretung die der Anweisung im Deckungsverhältnis zugrunde liegende Kaufpreisforderung gegen den Empfänger/Käufer einklagt, nicht zugleich der Anspruch aus der abstrakten Annahmeerklärung nach § 784 BGB rechtshängig.[400]

dd) Einwendungsausschluss

166 Unabhängig davon sind aber auch im frachtvertraglichen Verhältnis zwischen Frachtführer und Empfänger Letzterem nach Zahlung der Nachnahme nach Maßgabe des frachtvertraglichen Rechtsverhältnisses gem. Art. 13 Abs. 2 CMR später alle kaufrechtlichen Einwendungen (z.B. wegen kaufvertraglicher Minderung) gegenüber dem Frachtführer verschlossen; insoweit wird auf die Rechtsprechung des Reichsgerichts und des OLG Düsseldorf verwiesen.[401]

167 War der Nachnahmebetrag im Frachtbrief nicht vermerkt worden, scheitert ein Zahlungsanspruch des Absenders gegen den Empfänger nach Art. 13 Abs. 2 CMR mangels diesbezüglicher Voraussetzungen. Dann hängt es vom ergänzend anwendbaren nationalen Recht ab, wie die der Nachnahme zugrunde liegenden (Kaufpreis-)Forderungen auf den Frachtführer übergehen. Der sicherste Weg ist die Abtretung dieses Anspruches vom Absender auf den Frachtführer Zug um Zug gegen Zahlung des Schadensersatzbetrages.[402]

2. Die Höhe des Zahlungsanspruchs

168 Der Höhe nach sind der Schadensersatzanspruch des Absenders gegen den Frachtführer wie der sog. „Rückgriffsanspruch" des Frachtführers gegen den Empfänger identisch. Denn in beiden Fällen geht es um die vom Empfänger zu erbringende Gesamtleistung (Kaufpreis und/oder Beförderungskosten). Die Nachnahmevereinbarung bedeutet wirtschaftlich eine Zahlungsmodalität. Daraus folgt:

---

398 Rdn. 161.
399 BGB-RGRK/*Steffen*, § 784 BGB Rdn. 2.
400 RG, JW 1902, 606, Nr. 9; BGB-RGRK/*Steffen*, § 784 BGB Rdn. 2.
401 Rdn. 111, 112; *Glöckner*, Art. 21 CMR Rdn. 10; *Koller*, Art. 21 CMR Rdn. 4.
402 Arg. § 255 BGB bzw. „Vorteilsausgleichung", vgl. dazu oben Rdn. 159, ferner unten Rdn. 171; Staub/*Helm*, Art. 21 CMR Rdn. 6; *Koller*, Art. 21 CMR Rdn. 4 a.E.

a) Bei Wertnachnahme

Entsprechend der vom BGH vorzunehmenden konkreten Schadensberechnung[403] besteht der „Rückgriffs"- bzw. Zahlungsanspruch des Frachtführers gegen den Empfänger maximal in Höhe der Kaufpreisforderung; wird der Kaufpreis wegen mangelhafter Ware gemindert, reduziert sich die Schadensersatzpflicht des Frachtführers und dementsprechend sein Rückgriffsanspruch um diesen Betrag.[404]

169

b) Bei Frachtnachnahme

Hier besteht der „Rückgriffs"- bzw. Zahlungsanspruch des Frachtführers gegen den Empfänger in Höhe der einzuziehenden Fracht.

170

Gegen den Absender kann der Frachtführer den Anspruch auf die Fracht nicht durchsetzen. Aus Art. 21 CMR besteht für den Absender gegenüber dem Frachtführer ein Leistungsverweigerungsrecht in Form eines Schadensersatzanspruchs (auf Befreiung).

3. Abtretung

Ist der Betrag der (Wert- und/oder Kosten-)Nachnahme nicht exakt im Frachtbrief eingetragen, kann dieser Zahlungsanspruch nicht nach Art. 13 Abs. 2 CMR gegen den Empfänger geltend gemacht werden. Der Schadensersatz leistende Frachtführer hat dann Anspruch gegen den Absender auf Abtretung der entsprechenden Ansprüche aus dem Grundverhältnis.[405]

171

X. Beweislast

1. Bei Nachnahmefehlern

a) Schadensersatz nach Art. 21 CMR

aa) Zum Anspruchsgrund

Der Absender hat

172

(1) die Existenz eines Nachnahmeauftrags mit genau bestimmtem Inhalt und
(2) die Verletzung dieser Inkassoverpflichtung

---

403 Rdn. 141 ff.
404 BGH, TranspR 1992, 100, 102 (Rdn. 141); OLG Hamm, TranspR 1985, 97, 97 f. (Rdn. 142); Baumgärtel/*Giemulla*, Art. 21 CMR Rdn. 6.
405 Z.B. gem. der Kostentragungsklausel im Kaufvertrag (arg. § 255 BGB); vgl. oben Rdn. 159, 167.

Art. 21 Haftung des Frachtführers

zu beweisen. Dies geschieht i.d.R. durch Vorlage der Absenderausfertigung des Frachtbriefes; falls die Nachnahme nicht eingetragen ist, in jeder sonst zulässigen Weise.[406]

173 Den Gegenbeweis (dass keine Nachnahmevereinbarung getroffen oder solche später wieder aufgehoben worden war) hat der Frachtführer zu liefern; ebenso, dass er den Nachnahmebetrag an den Absender bezahlt hat. Die Weitergabe versandfertig verpackter Ware an ein Beförderungsunternehmen mit dem Auftrag, die Sendung per Nachnahme zuzustellen, begründet keinen Anscheinsbeweis dafür, dass die dem Empfänger ausgehändigte Ware von diesem bezahlt wurde.[407] Hat der Frachtführer den Nachnahmebetrag kassiert, hat er diesen nach §§ 675, 667 BGB herauszugeben.[408]

174 Hat der Frachtführer die Nachnahme beim Empfänger nicht eingezogen, ist er dem Grunde nach aus Art. 21 CMR ersatzpflichtig. Will der Frachtführer einwenden, dass die Ausführung der Nachnahmevereinbarung aus tatsächlichen und/oder rechtlichen Gründen unmöglich gewesen sei, entfällt dadurch nicht etwa seine Schadensersatzverpflichtung – dann hätte er nicht abliefern dürfen.[409]

bb) Zur Schadenshöhe

175 Auch zur Höhe des durch den Nachnahmefehler kausalen Schadens ist der Absender beweispflichtig.[410] Im Hinblick auf die möglichen, für die Schadensberechnung unterschiedlichen Fallgestaltungen wird auf die Rdn. 142–149 verwiesen.

b) Unbeschränkte Haftung (Art. 29 CMR)

176 Über die oben dargestellten Merkmale hinaus hat der Absender Vorsatz oder sog. „bewusste grobe Fahrlässigkeit" zu beweisen.[411]

177 Nimmt der Absender z.B. wegen Insolvenz des Empfängers[412] den Frachtführer in Anspruch, hat der Absender Grund und Höhe des Schadens zu beweisen.[413]

178 Demgegenüber hat der Frachtführer gegenbeweislich den Nachweis etwaigen Minderwertes des Gutes zu liefern. Selbst wenn der Frachtführer den Minderwert zu beweisen vermag, kann er u.U. in Höhe des nicht beitreibbaren Kaufpreises haften, wenn der Absender nachweist, dass der Empfänger/Käufer das Recht, sich auf kaufrechtliche Rügen (Minderwert) zu berufen, bereits verwirkt hat oder

---

406 Rdn. 77, 81f., 100f.
407 BGH, VersR 1982, 543 (Rdn. 19), vgl. dazu auch Rdn. 24, 104, 114; ferner BGH vom 14.9.2005 – VIII ZR 369/04, TranspR 2006, 76.
408 Rdn. 114.
409 OLG Hamm, TranspR 1983, 151 und TranspR 1985, 97, Rdn. 47–50, arg. § 282 BGB a.F.
410 BGH, TranspR 1992, 100, 102 (Rdn. 141 ff.); *Glöckner*, Art. 21 CMR Rdn. 7.
411 Rdn. 154f., 172.
412 Rdn. 143, 149.
413 A.a.O.

wenn der Absender nachweist, dass der Empfänger den Nachnahmebetrag bezahlt hätte, wenn der Frachtführer darauf bestanden hätte oder wenn der Wert des Beförderungsgutes dem Nachnahmebetrag entspricht.[414]

2. Nachnahmeähnliche Fallgestaltungen

Auch hier gelten die oben dargestellten Beweislastgrundsätze[415] entsprechend. Gegenüber der Haftung aus pVV (§ 280 BGB) hat sich der Frachtführer zu entlasten; Zweifel gehen zu seinen Lasten.[416]   179

XI. Verjährung

Schadensersatzansprüche wegen unterlassener Einziehung von Nachnahmen (Art. 21 CMR) verjähren nach Art. 32 Abs. 1 Satz 3 lit. c) in einem Jahr; Gleiches gilt für Schadensersatzansprüche aus der Verletzung nachnahmeähnlicher Fallgestaltungen (daher pVV (§ 280 BGB)). Bei grobem Verschulden gilt eine Verjährungsfrist von drei Jahren (Art. 32 Abs. 1 Satz 2 CMR).[417]   180

XII. Spezialregeln

Spezialregeln über die Haftung des Frachtführers bei Nachnahmefehlern enthalten § 422 HGB und Art. 17 §§ 1–6 ER/CIM.   181

---

414 *Koller*, LM CMR, Nr. 50 (arg. § 377 Abs. 2, 3 HGB); vgl. dazu oben Rdn. 141; ferner BGH vom 10.10.1991 – I ZR 193/89, BGHZ 115, 229 (Fn. 333); Art. 32 CMR Rdn. 45, 47.
415 Rdn. 172 ff.
416 § 282 BGB a. F.; nunmehr § 280 Abs. 1 Satz 2 BGB n. F.
417 Vgl. Fn. 414 u. Art. 32 CMR Rdn. 15 f.

Art. 22

bearbeitet von RA Harald de la Motte, München;
aktualisiert von RA Dr. Jürgen Temme, Düsseldorf

1. Der Absender hat den Frachtführer, wenn er ihm gefährliche Güter übergibt, auf die genaue Art der Gefahr aufmerksam zu machen und ihm gegebenenfalls die zu ergreifenden Vorsichtsmaßnahmen anzugeben. Ist diese Mitteilung im Frachtbrief nicht eingetragen worden, so obliegt es dem Absender oder dem Empfänger, mit anderen Mitteln zu beweisen, daß der Frachtführer die genaue Art der mit der Beförderung der Güter verbundenen Gefahren gekannt hat.

2. Gefährliche Güter, deren Gefährlichkeit der Frachtführer nicht im Sinne des Absatzes 1 gekannt hat, kann der Frachtführer jederzeit und überall ohne Schadensersatzpflicht ausladen, vernichten oder unschädlich machen; der Absender haftet darüber hinaus für alle durch die Übergabe dieser Güter zur Beförderung oder durch ihre Beförderung entstehenden Kosten und Schäden.

Literatur: *Adekra-Schuncks* (de la Motte), Haftung und Versicherung beim Transport gefährlicher Güter, März 1989; *BDF*, Verkehrswirtschaftliche Zahlen (VWZ), 1992; *Bremer*, Die Haftung beim Gefahrguttransport, Karlsruhe VVW 1992, Münsteraner Reihe, Heft 14; *Bressin*, Unfälle beim Transport gefährlicher Güter auf der Straße 1982–1984, Bericht der Bundesanstalt für Straßenwesen, Bereich Unfallforschung, Dezember 1985; *Bundesregierung*, Amtliche Begründung zum Gefahrgutgesetz, BT-Drucks. 7/2517; *dies.*, Antwort auf Kleine Anfrage zu Gefahrguttransporten, BT-Drucks. 10/3745; *de Gottrau*, Haftung bei der Beförderung von gefährlichen Gütern, TranspR 1988, 320; *de la Motte*, Gefahrgut-Forum: Haftung und Versicherung, Der Spediteur 1990, 274; *Quester*, Gefahrgutvorschriften für den Straßenverkehr, Loseblatt-Sammlung, Verkehrs-Verlag J. Fischer, Düsseldorf; *Statistisches Bundesamt (Nicodemus/Eberlein)*, Schätzung von Umfang und Struktur des Transportaufkommens gefährlicher Güter, Wiesbaden, Januar 1993; *VKS*, Gefahrguttransport im Straßenverkehr, Kurzeinführung in die GGVS, VKS-Schriftenreihe, Heft 11, Juli 1993.

Übersicht

	Rdn.		Rdn.
I. Überblick	1	III. Gefährliche Güter im Straßenverkehr	19
II. Öffentlich-rechtliche Gefahrgutvorschriften	4	IV. Vertragsrechtliche Informationspflicht: Art. 22 CMR	24
1. Bezeichnungen, Fundstellen, wesentlicher Inhalt	4	1. Gefährliche Güter	24
2. Gefahrgutklassen	6	2. Informationspflichtiger	25
3. Eigene Begriffssystematik der besonderen Gefahrgutvorschriften	7	3. Informationsberechtigter	30
4. Exkurs: Vertragsrechtliche Verpflichtung zum Verhalten vor der Beförderung, z.B. zur Verpackung oder Verladung	10	4. Informationsinhalt: Art der Gefahr	31
		5. Informationsinhalt: Vorsichtsmaßnahmen	33
5. GGVSEB	12	6. Art und Weise der Information	34

7. Informationszeitpunkt 36	a) Vernichtung o. Ä. des Gutes 38
8. Folgen der Verletzung der	b) Haftung des Absenders 45
Informationspflicht 38	9. Beweislast 48

I. Überblick

Art. 22 CMR behandelt vertragsrechtlich die besondere Informationspflicht des **1**
Absenders über die Beschaffenheit des Beförderungsgutes und regelt die Folgen, wenn der Absender diese Informationspflicht verletzt. Damit werden die Vorschriften über den Frachtbrief in Art. 6 Abs. 1 lit. f) und in Art. 7 Abs. 1 lit. a) CMR über die Bezeichnung des Gutes und die Haftung des Absenders für deren Richtigkeit konkretisiert.[1] Bei national anwendbarem deutschen Recht ist darüber hinaus § 410 HGB zu beachten.

Vergleichbare Regelungen enthalten auch andere Rechtsordnungen des Güterverkehrs, z.B. das Seefrachtrecht in §§ 563, 564 und 564b HGB. Es hat zwei Gründe, weshalb im Frachtrecht allgemein dem Absender – oder Befrachter oder Ablader – auferlegt wird, dem Frachtführer – oder Verfrachter – das Gut genau und richtig zu bezeichnen: Einmal soll der Frachtführer die angemessene Fracht kalkulieren können, die sich auch außerhalb von vorgeschriebenen Tarifen nicht nur nach Gewicht, sondern auch nach Art, Empfindlichkeit, Wert usw. des Gutes richtet; zum anderen soll – und dem dient insbesondere die Sanktion durch absolute Haftung des Absenders auch ohne Verschulden – der Frachtführer in die Lage versetzt werden, das Gut richtig und gehörig zu behandeln, insbesondere, wenn Gefahren von dem Gut ausgehen können.[2] **2**

Die vertragsrechtliche Vorschrift des Art. 22 CMR wird teils überlagert, teils ergänzt durch die öffentlich-rechtlichen Gefahrgutvorschriften. Teilweise ergänzen sie den Beförderungsvertrag, haben also direkt zivil- und vertragsrechtliche Bedeutung, im Übrigen sind sie Schutzgesetze i.S.v. § 823 Abs. 2 BGB[3] und entfalten insoweit zivilrechtliche Wirkung. **3**

II. Öffentlich-rechtliche Gefahrgutvorschriften

1. Bezeichnungen, Fundstellen, wesentlicher Inhalt

Die öffentlich-rechtlichen Gefahrgutvorschriften sind im hier interessierenden **4**
Zusammenhang des Straßengüterverkehrs

---

1 Vgl. zu Art. 6 CMR Rdn. 12f., zu Art. 7 CMR Rdn. 1.
2 Vgl. BGH, 28.9.1978 – II ZR 10/77, BGHZ 72, 174 = NJW 1979, 105 = VersR 1978, 1113; ferner BGH, 28.9.1978 – II ZR 72/76, VersR 1978, 1067.
3 Vgl. *Helm*, in: Großkomm. HGB, Art. 22 CMR Rdn. 4 und § 425 HGB Rdn. 84; *Dubischar*, S. 30.

Art. 22 Haftung des Frachtführers

- das Gesetz über die Beförderung gefährlicher Güter vom 6.8.1975, BGBl. 1975 I, S. 2121, in der Fassung der Bekanntmachung vom 7.7.2009, BGBl. I S. 1774, 3975 (GGBefG),[4]
- die aufgrund dieses Gesetzes erlassene Verordnung über die innerstaatliche und grenzüberschreitende Beförderung gefährlicher Güter auf der Straße, mit Eisenbahnen und Binnenschifffahrt,[5] deren seit dem 17. Juni 2009 gültige Fassung (BGBl. I S. 1389) am 16. Dezember 2011 in BGBl. I S. 2733 bekannt gemacht worden ist (GGVSEB).
- Für grenzüberschreitende Straßengüterbeförderungen gilt das Europäische Übereinkommen über die internationale Beförderung gefährlicher Güter auf der Straße (*agreement – dangerous goods – road; accord – marchandises dangereuses – route* – ADR) vom 30.9.1957, BGBl. 1969 II, S. 1491.[6] Das ADR ist für die Bundesrepublik Deutschland in Kraft getreten am 1.1.1970, BGBl. 1970 II, S. 50. Die Neufassung des ADR 2011 vom 25. November 2010 wurde im BGBl. 2010 II, S. 1412 mit Anlageband bekannt gemacht.

Zu allem vgl. die gängigen Textsammlungen und Erläuterungen des Gefahrgutrechts, z.B. von *Quester*: ADR, Nr. 5.00, GGG, Nr. 5.01, GGVS, Nr. 1. 1; vgl. auch *Bremer*, Die Haftung beim Gefahrguttransport, Karlsruhe VVW 1992.

Mit Bundesgesetz vom 23.2.1979 über die Beförderung gefährlicher Güter auf der Straße und über eine Änderung des Kraftfahrgesetzes 1967 und der Straßenverkehrsordnung 1960, BGBl. 1979, S. 209 (GGSt) wurden die materiell-rechtlichen Bestimmungen des ADR auch für den nationalen Bereich rezipiert.

5 GGVSEB und ADR enthalten je zwei umfangreiche Anlagen A und B. Die deutsche Fassung (GGVSEB) wich früher von der europäischen (ADR) ab, was zu schweren Unzuträglichkeiten geführt hatte. Weil die ADR-Fassung zwingend gilt, wurde sie in die jetzige GGVSEB-Fassung (17.6.2009) übernommen. Für innerdeutsche und für europäisch-grenzüberschreitende Straßengüterbeförderungen gelten die GGVSEB-Anlagenbände A und B jetzt also einheitlich. Anlage A enthält Begriffsbestimmungen, die Klasseneinteilung, die Stoffaufzählung mit besonderen Vorschriften für die einzelnen Gefahrgutklassen und in den Anhängen A 1 bis A 9 Vorschriften über die Beschaffenheit von Gefäßen, über die Prüfung bestimmter Stoffe, die Verpackung, Großpackmittel, Gefahrzettel usw. Anlage B zur GGVSEB befasst sich mit Vorschriften über die Beförderung und die Beförderungsmittel.

2. Gefahrgutklassen

6 Anlage A zur GGVSEB Rdn. 2002, Abs. 2, teilt die gefährlichen Güter in folgende Klassen ein und definiert damit gem. § 2 Abs. 1, Nr. 1 GGVSEB den Begriff der gefährlichen Güter im Sinne der Verordnung:

---

4 Gefahrgutgesetz (GGBefG), s. www.gesetze-im-internet.de.
5 Verordnung über die innerstaatliche Beförderung gefährlicher Güter auf der Straße, mit Eisenbahnen und Binnengewässern (GGVSEB), s. www.gesetze-im-internet.de.
6 S. www.gesetze-im-internet.de.

1. Explosive Stoffe und Gegenstände mit Explosivstoff	Nur
2. Verdichtete, verflüssigte oder unter Druck gelöste Gase	Nur
3. Entzündbare flüssige Stoffe	Frei
4.1 Entzündbare feste Stoffe	Frei
4.2 Selbstentzündliche Stoffe	Frei
4.3 Stoffe, die in Berührung mit Wasser entzündbare Gase entwickeln	Frei
5.1 Entzündend (oxydierend) wirkende Stoffe	Frei
5.2 Organische Peroxide	Frei
6.1 Giftige Stoffe	Frei
6.2 Ekelerregende oder ansteckungsgefährliche Stoffe	Nur
7. Radioaktive Stoffe	Nur
8. Ätzende Stoffe	Frei
9. Verschiedene gefährliche Stoffe und Gegenstände	Frei

Dabei bedeutet die Unterscheidung von Nur-Klassen und freien Klassen Folgendes: Von den unter Nur-Klassen fallenden gefährlichen Gütern sind nur die in den Vorschriften aufgezählten und nur unter den dort vorgesehenen Bedingungen zur Beförderung zugelassen, während die übrigen Güter ausgeschlossen sind. Von den unter die freien Klassen fallenden gefährlichen Güter sind bestimmte von der Beförderung ausgeschlossen, von den anderen sind die genannten nur unter den dort vorgesehenen Bedingungen zur Beförderung zugelassen, alle nicht genannten, unter eine freie Klasse fallenden Güter gelten nicht als gefährliche Güter und sind frei zur Beförderung zugelassen.[7] Daraus folgt, dass Klasse 9 (Verschiedene gefährliche Stoffe und Gegenstände) keine Lücken füllende Generalklausel darstellt. Es kann im landläufigen Sinne des allgemeinen Sprachgebrauchs durchaus gefährliche Stoffe und Güter geben, die nicht unter eine der Gefahrgutklassen fallen, auch nicht unter Klasse 9, und deshalb von den besonderen Gefahrgutvorschriften nicht erfasst werden, wohl aber dem Art. 22 CMR unterliegen[8] (vgl. unten Rdn. 24).

3. Eigene Begriffssystematik der besonderen Gefahrgutvorschriften

Damit deutet sich für die praktische Anwendung der Gefahrgutvorschriften in der Rechtswirklichkeit ein entscheidend wichtiger Umstand an: Die besonderen Gefahrgutvorschriften verwenden großenteils die aus der vertragsrechtlichen Regelung und Systematik geläufigen Begriffe, geben ihnen teilweise aber anderen Inhalt: Das Begriffssystem des Gefahrgutrechts stimmt mit dem des Vertragsrechts trotz gleicher Wortwahl nicht genau überein.

7

---

7 Anlage A Rdn. 2002 Abs. 1.
8 Vgl. *Boesche*, in: EBJS, Art. 22 CMR Rdn. 3; MünchKommHGB/*Jesser-Huß*, Art. 16 Art. 22 CMR Rdn. 4.

Art. 22 Haftung des Frachtführers

8 § 2 Abs. 1 GGBefG definiert die gefährlichen Güter im Sinne dieses Gesetzes ganz allgemein nach dem Sprachgebrauch als Stoffe und Gegenstände, von denen aufgrund ihrer Natur, ihrer Eigenschaften oder ihres Zustandes im Zusammenhang mit der Beförderung Gefahren ... ausgehen können. Unter diese Begriffsbestimmung fallen auch Güter, die nicht in die Gefahrenklassen der GGVSEB einzuordnen sind (z.B. Flüssigmetall) und von dieser Verordnung folglich nicht erfasst werden. Für sie gilt gleichwohl die Ermächtigung der Bundesregierung durch § 3 GGBefG, ggf. Vorschriften über solche Güter zu erlassen.[9]

9 § 2 Abs. 2 GGBefG definiert den Begriff der Beförderung im Sinne dieses Gesetzes dahin, dass er nicht nur den Vorgang der Ortsveränderung umfasst, sondern auch Übergabe, Ablieferung sowie Vorbereitungs- und Abschlusshandlungen, wie Verpacken und Auspacken der Güter, Be- und Entladen, und zwar auch dann, wenn diese Handlungen nicht vom Beförderer ausgeführt werden. Damit werden bewusst die Grenzen des vertragsrechtlichen Begriffs der Beförderung überschritten (Amtliche Begründung a.a.O.), damit man insbesondere auch die Vorbereitungshandlungen des Verpackens der Güter, Füllens von Gefäßen usw. rechtsstaatlich zuverlässig der Ahndung als Ordnungswidrigkeit oder strafbare Handlung unterwerfen kann.

4. Exkurs: Vertragsrechtliche Verpflichtung zu Verhalten vor der Beförderung, z.B. zur Verpackung oder Verladung

10 Der Beförderungsvertrag nach CMR ist konsensual.[10] Häufig wird der Konsens der Übergabe des Gutes vorangehen; man könnte also dem Absender Pflichten auferlegen, die vor Übergabe des Gutes zu erfüllen sind, wie z.B. Verpackung oder Verladung. Dennoch enthält sich die CMR derartiger unmittelbarer Vorschriften, sie regelt nur mittelbar die dem Absender nachteiligen Folgen, wenn er mangelhaft verpackt oder verladen hat; vgl. Art. 8, 9, 10, 17 Abs. 4 lit. b) und c) CMR und Erläuterungen dazu.

11 Bei national anzuwendendem deutschen Recht ist seit 1.7.1998 auf die §§ 411 und 412 HGB zu achten. Der Absender hat die Verpflichtungen zur Verpackung (§ 411 HGB) und zur transportsicheren Verladung (von Ladungsgut, § 412 HGB) vor Transportbeginn zu erfüllen.[11]

5. GGVSEB

12 Die Vorschriften der GGVSEB gelten auch für grenzüberschreitende Beförderungen, vgl. z.B. § 1 Abs. 3, § 2, § 3 GGVSEB. § 2 GGVSEB definiert einige Be-

---

9 Amtliche Begründung der Bundesregierung zu § 2 GGG, BT-Drucks. 7/2517, abgedruckt z.B. bei *Quester*, Nr. 5.01, § 2 GGG.
10 Vgl. Vor Art. 1 CMR Rdn. 24–26, auch A 25.
11 Vgl. *de la Motte*, Beladepflicht nach CMR und KVO?, TranspR 1988, 364.

griffe im Sinne dieser Verordnung, darunter den Befüller, den Absender und den Verlader:

- Nr. 1 Absender: Wer mit dem Beförderer einen Beförderungsvertrag abschließt;
- Nr. 2 Befüller: Wer das Fahrzeug für die Ortsveränderung verwendet;
- Nr. 3 Verlader: Wer als unmittelbarer Besitzer das Gut dem Beförderer zur Beförderung übergibt.

Die gefahrgutrechtlichen besonderen Verantwortlichkeiten dieser Personen regelt § 18 GGVSEB. Nach Abs. 1 Nr. 1 hat der Absender den Beförderer auf das gefährliche Gut und dessen Bezeichnung hinzuweisen, und nach § 21 GGVSEB hat der Verlader den Fahrzeugführer auf das gefährliche Gut und seine Bezeichnung hinzuweisen. Die Informationspflicht ist also zweispurig: Einmal hat im Beförderungsvertrag der Auftraggeber den Auftragnehmer zu unterrichten, sozusagen von Firma zu Firma oder von Büro zu Büro, und daneben besteht eine vergleichbare Informationspflicht nochmals längs des tatsächlichen Weges, den das Gut körperlich nimmt, sozusagen von Hand zu Hand.[12]

Wie wichtig dieser Grundsatz der Zweispurigkeit für die Praxis ist, zeigt sich in dem vom BGH mit Urteil vom 16.10.1986 entschiedenen Fall.[13] An der Verladestelle war dem Fahrer zwar ein Versandauftrag über das gefährliche Gut mit der Bezeichnung GGVS/ADR übergeben worden, aber es war ein Normal-LKW (statt des erforderlichen Muldenfahrzeugs) geschickt worden, und der Fahrer war nicht auf Gefahrgutbeförderung vorbereitet, denn möglicherweise – das war unbewiesen – hatte der Spediteur bei telefonisch-konsensualem Vertragsschluss den Frachtführer nicht auf das Gefahrgut hingewiesen. Unterwegs war Gefahrgut ausgelaufen, dadurch waren Hautschäden beim Kraftfahrer entstanden, Sachschaden am LKW und Aufwendungen für Feuerwehr, Beseitigung von Verunreinigungen usw. Der Frachtführer hatte aus Art. 22 CMR den Spediteur als Vertragspartner in Anspruch genommen, der sich mit dem Argument verteidigt hatte, der Frachtführer hätte doch alles gewusst. Die Unterrichtung des Frachtführers durch den Spediteur von Büro zu Büro war jedoch nicht bewiesen, also nicht festgestellt, und die schlichte Übergabe des Versandauftrags vom Verlader an der Verladestelle an den Fahrer hat dem BGH nicht als ausdrücklicher Hinweis über die Gefährlichkeit des Gutes genügt. Die Sache wurde deshalb zurückverwiesen. **13**

Im einfachen Fall einer Transportkette führen die Informationspflichten des § 18 GGVSEB zum Ziel: Absender-Frachtführer oder Spediteur = Absender-Frachtführer. Wenn aber der vom Spediteur konsensual beauftragte Frachtführer ein Hauptfrachtführer ist, der den Auftrag, ohne selbst zu fahren, weitergibt an einen Unterfrachtführer, so ist der Hauptfrachtführer nicht Beförderer im Sinne der **14**

---

12 Vgl. *de la Motte*, Gefahrgut-Forum, Haftung und Versicherung, Der Spediteur 1990, 274; *Valder*, Die ADSp '93, TranspR 1993, 81, 82.
13 BGH, Urt. v. 16.10.1986 – I ZR 149/84, TranspR 1987, 96 = VersR 1987, 304; auszugsweise auch NJW 1987, 1144.

Art. 22 Haftung des Frachtführers

GGVSEB, denn er verwendet nicht das Fahrzeug, und folglich(!) ist der absendende Spediteur auch nicht Absender im Sinne der GGVSEB. Auch der Fixkostenspediteur hat zwar vertragsrechtlich die Pflichten eines Frachtführers, ist aber dann nicht Beförderer im Sinne der GGVSEB, wenn er nicht das Fahrzeug verwendet, wenn er also nicht selbst fährt. Der Beförderer im Sinne der GGVSEB ist nur der *actual*, nicht der *contracting carrier*.

15 Der Spediteur als Spediteur wurde in der früheren Fassung von § 4 GGVS im einfachen Fall einer Transportkette erfasst. Er war Absender, der im Auftrag eines anderen handelte, und dann hatte der andere, der Auftraggeber, der Versender, die Informationspflichten eines Absenders gegenüber dem Spediteur, und dieser hatte als Absender gegenüber dem Frachtführer dieselbe Informationspflicht. Wenn allerdings die Kette nicht ganz so einfach war, wenn beispielsweise ein Zwischenspediteur eingeschaltet war, war die Kette gefahrgutrechtlich unterbrochen. Im jetzigen Wortlaut des §19 GGVSEB ist der organisierende, besorgende Spediteur als Auftragnehmer überhaupt nicht mehr erfasst.

16 Auch die zweite Spur der Informationspflicht längs der körperlichen Bewegung des Gutes ist nicht lückenlos, denn sie gilt nur gegenüber dem Fahrzeugführer, also dem Beförderer, dem *actual carrier*, der das Fahrzeug verwendet. Die Übergabe an den konsensualen Hauptfrachtführer, der nicht selbst fährt, also nicht das Fahrzeug verwendet, wird nicht erfasst, ebenso nicht der Umschlagspediteur.

17 An die Information über das Gefahrgut und seine Eigenschaften knüpft die GGVSEB insbesondere mit ihrer Anlage A besondere Verhaltensvorschriften, z.B. über die Beschaffenheit der Verpackung, die Größe der Behältnisse, die höchstzulässige Menge des jeweiligen Gefahrguts in einer Verpackungseinheit, die Beschaffenheit und Größe von Großpackmitteln, die Zusammenladeverbote, wie viel welchen Gefahrguts mit anderen Gütern, insbesondere mit Gefahrgut der einzelnen Klassen in einer Verpackungseinheit oder in einem Fahrzeug zusammen verladen sein darf, damit sich – auch beim Unfall – keine kritische Masse bildet.

18 Die Gefahrgutvorschriften sind sehr umfangreich und auf den ersten Blick verwirrend, folgen aber einer erkennbaren Systematik und führen den Anwender durch Verweisungen auf alle wichtigen Gesichtspunkte und Regelungen. Dennoch sind natürlich einführende Erläuterungen nützlich, z.B.: VKS, Gefahrguttransport im Straßenverkehr, Kurzeinführung in die GGVS, VKS-Schriftenreihe Heft 11, Juli 1993; *de la Motte* in Adekra/Schuncks, Haftung und Versicherung beim Transport gefährlicher Güter, März 1989.

III. Gefährliche Güter im Straßenverkehr

19–23 *de la Motte* hat an dieser Stelle in der Voraufl. umfangreiche und detaillierte statistischen Zahlen präsentiert, auf die hier aus Platzgründen verzichtet werden muss. Er hatte herausgearbeitet, dass immerhin ein Fünftel aller im Straßenverkehr beförderten Güter gefährliche Güter i.S.d. Art. 22 CMR sind; der Prozentsatz wird sich heute kaum verändert haben. Dies unterstreicht die Bedeutung des Art. 22 CMR eindringlich.

IV. Vertragsrechtliche Informationspflicht: Art. 22 CMR

1. Gefährliche Güter

Art. 22 CMR spricht uneingeschränkt von gefährlichen Gütern und meint deshalb nicht nur die gefährlichen Güter i.S.d. Gefahrgutvorschriften, insbesondere von GGVSEB/ADR mit Anlage A, sondern schlechthin alle Güter,[14] die im Rahmen der Straßenbeförderung nachteilig einwirken können auf Personen, Sachen und Werte.[15] *Koller*[16] will mit *Prüßmann/Rabe*[17] den Begriff nicht anwenden auf „sonst ungefährliche Güter", die nur aufgrund konkreter Beschaffenheit eine Gefährdung darstellen, wie z.B. wegen Ungezieferbefalls. *Loewe*, a.a.O., betont dagegen die Unmittelbarkeit der Gefahr als charakteristisch. Dieses Verständnis wird vom Wortlaut gedeckt und entspricht dem Zweck der Vorschrift: Der Frachtführer muss Bescheid wissen über alle Eigenschaften des Gutes, die sich nachteilig auswirken können. Deshalb kommt es auf die konkrete Gefährlichkeit des Gutes oder des Stoffes in seiner jeweiligen Beschaffenheit an. Bei den Vorarbeiten zur CMR hat man an Personen und Sachen gedacht, denen die Gefahr droht,[18] und Vermögensschäden vielleicht nicht berücksichtigt. Spätestens seit dem WHG ist jedoch bekannt, dass auch der Umwelt, z.B. dem Grundwasser, Gefahr droht, die sich finanziell und damit als Schaden in Kosten und Aufwendungen äußern kann. Der Wortlaut der CMR macht jedenfalls keine Einschränkungen. Gefahr ist möglicher Schaden, die möglichen Schäden und damit die Gefahr sind nicht beschränkt. Die Möglichkeit der Schädigung irgendwelcher Werte des Frachtführers durch das Gut in seiner konkreten Beschaffenheit ist maßgebend. Dafür genügt es freilich nicht, wenn das Gut nur dem befördernden Fahrzeug „lästig" wird. Im Fall des vom OLG Düsseldorf mit Urteil vom 23.1.1992 entschiedenen Falls[19] waren Additive in einem Tanklastzug befördert worden. Weil sie unterwegs abgekühlt waren, konnten sie nur mit Mühe aus dem Tankzug herausgeholt werden, dadurch wurde der Tankzug für gewisse Zeit blockiert; erhitztem Zustand hätte das Gut leicht entladen werden können. Gefährlich i.S.v. Art. 22 CMR ist ein Gut nur dann, wenn es – so der Leitsatz – „(auch) gefährlich für andere außerhalb des Fahrzeugs befindliche Güter ist".

24

---

14 MünchKommHGB/*Jesser-Huß*, Art. 16 Art. 22 CMR Rdn. 5.
15 Vgl. *Loewe*, ETR 1976, 503, 567; *de Gottrau*, TranspR 1988, 320; *Helm*, in: Großkomm. HGB, Art. 22 CMR Rdn. 2.
16 Art. 22 CMR Rdn. 2.
17 § 564b HGB Anm. B 1 c.
18 Vgl. *de Gottrau*, TranspR 1988, 320 (Nr. 5).
19 OLG Düsseldorf, Urt. v. 23.1.1992 – 18 U 127/91, TranspR 1992, 218.

Art. 22 Haftung des Frachtführers

2. Informationspflichtiger

25 Der Absender hat den Frachtführer zu unterrichten, also von Firma zu Firma oder von Büro zu Büro (vgl. oben Rdn. 12). Die Unterrichtung („aufmerksam machen", „angeben") ist Mitteilung oder Anzeige, an die sich kraft Gesetzes Rechtsfolgen knüpfen, und zwar sehr erheblich auch gegen den Anzeigenden, wenn die Anzeige nämlich unzureichend oder falsch ist. Die Unterrichtung ist deshalb eine geschäftsähnliche Handlung, auf die die Grundsätze über Willenserklärungen entsprechend Anwendung finden,[20] wie z.B. Geschäftsfähigkeit, Wirksamwerden, Stellvertretung, Willensmängel. Insbesondere Stellvertretung ist möglich, das hängt ganz von den jeweiligen Umständen ab.

26 Ist Absender ein Spediteur, so ist er eben als Absender verpflichtet, den Frachtführer zu unterrichten. Dass es dem Spediteur – oder allgemein dem Absender – nicht „von selbst" gesagt worden ist, entlastet ihn nicht, er trägt in eigener Verantwortung die volle Informationspflicht dem Frachtführer gegenüber, und es ist Sache des Spediteurs/Absenders, sich die erforderliche Kenntnis zu verschaffen. Im Regelfall wird der Spediteur, gestützt auf Ziff. 3.5 ADSp, von seinem Auftraggeber unterrichtet oder wird ihn fragen, der seinerseits die volle Informationspflicht hat und sich notfalls seinerseits die erforderliche Kenntnis verschaffen muss.

27 Neben dieser Unterrichtungspflicht des Absenders aus Beförderungsvertrag (Art. 22 CMR) steht die gleichartige aus § 18 GGVSEB (vgl. oben Rdn. 12). Außerdem hat nach § 21 GGVSEB der Verlader den Kraftfahrer aufmerksam zu machen (vgl. oben Rdn. 12). Diese Zweispurigkeit wird besonders akut, wenn Büro des Absenders und tatsächliche Ladestelle nicht identisch sind, wenn z.B. ein Spediteur als Absender den Beförderungsvertrag schließt und der Kraftfahrer das Gut beim Versender laden soll.[21]

28 Absender und Verlader haben die Versandstücke durch Gefahrzettel besonders zu kennzeichnen; GGVSEB/ADR, Anh. A9 Rdn. 3900ff. Die Gefahrzettel sind auf der Spitze stehende verschiedenfarbige Vierecke, die durch ihre Farbe, Zeichnung, Symbolzeichen und ggf. Beschriftung auf die Gefahrenklasse und die von dem Gut ausgehende besondere Gefahr aufmerksam machen.

29 Ferner müssen Hersteller, Absender und Verlader dem Beförderer die sog. Unfallmerkblätter übergeben; das sind schriftliche Weisungen, die in knapper Form angeben, was bei einem Unfall oder sonstigen Zwischenfällen zu tun ist; GGVSEB/ADR Anlage B Rdn. 10 385. Die Unfallmerkblätter muss der Beförderer so rechtzeitig bekommen, spätestens „bei Erteilung des Beförderungsauftrages" (a.a.O.), damit er sicherstellen kann, dass das Personal von den Weisungen Kenntnis nimmt und in der Lage ist, sie wirksam anzuwenden.

---

20 Palandt/*Ellenberger*, Überblick Vor § 104 BGB Rdn. 6.
21 BGH, 16.10.1986 – I ZR 149/84, TranspR 1987, 96; VersR 1987, 304, auszugsweise auch NJW 1987, 1144.

3. Informationsberechtigter

Die Information hat sich zu richten an den Frachtführer, also von Büro zu Büro (vgl. oben Rdn. 12). Stellvertretung ist auch auf der Empfangsseite je nach den Umständen möglich (vgl. oben Rdn. 25). Wenn z.B. der Fahrer vom Frachtführer beauftragt und bevollmächtigt ist, sich am Empfangsort nach Ablieferung um eine Rückfracht zu bemühen, dann ist der Fahrer Stellvertreter seines Dienstherrn beim Vertragsschluss und als solcher für diesen vom Absender über das Gefahrgut zu unterrichten, zugleich muss daneben der Verlader denselben Fahrer nach §§ 18, 21 GGVSEB „von Hand zu Hand" unterrichten, Unfallmerkblätter mitgeben usw. Beide Vorschriften greifen hier ineinander. 30

4. Informationsinhalt: Art der Gefahr

Art der Gefahr meint einmal die vom Gut wirklich oder möglicherweise ausgehende Wirkung, zum anderen aber auch, wenn die Wirkung nur für bestimmte Rechtsgüter wie Menschen, Tiere, Lebewesen oder Sachen von bestimmter Art oder Beschaffenheit oder für sonstige Werte, z.B. die Umwelt, nachteilig ist, eben diese Angabe. Es genügt im Allgemeinen, dass der Absender dem Frachtführer unter Hinweis auf GGVSEB/ADR die Gefahrenklassen und die gängige Bezeichnung des Gefahrguts mitteilt.[22] Die Gefahrgutvorschriften von GGVSEB/ADR mit den Anlagen A und B muss der Frachtführer genauso kennen wie der Absender und der Verlader, jedenfalls dürfen Absender und Verlader mangels gegenteiliger Anhaltspunkte davon ausgehen. Die öffentlich-rechtliche Vorschrift des § 18 GGVSEB schreibt dem Absender die Angabe der Gefahrgutklasse usw. nur gegenüber dem *actual carrier* (= Beförderer i.S.d. GGVSEB, s.o. Rdn. 14 ff.) vor. Die Gefahrgutvorschriften als solche sind aber im gesamten Güterverkehrsgewerbe so bekannt, dass man von einem ordentlichen Kaufmann dieses Gewerbes, also von jedem Spediteur, Frachtführer und Lagerhalter, die Kenntnis voraussetzen kann. Weil alle Beteiligten gleichermaßen davon ausgehen können, dass die „Sprache" der Gefahrgutvorschriften allseits bekannt ist, drängt sich auf, diese „Sprache" überall da anzuwenden, wo sie verstanden wird. Das bedeutet, dass auch vertragsrechtlich nach Art. 22 CMR der Absender eines konsensualen Frachtvertrags sowohl einem *actual* als auch einem *contracting carrier* die Gefahrgutinformationen mittels der „Sprache" von GGVSEB/ADR geben muss. Deshalb sind auch im Rahmen von Art. 22 CMR die Gefahrenklassen nach GGVSEB/ADR im Allgemeinen zwar genügend, aber auch vertragsrechtlich notwendig.[23] Nicht genügend ist die chemische Bezeichnung für sich 31

---

[22] MünchKommHGB/*Jesser-Huß*, Art. 16 Art. 22 CMR Rdn. 7.
[23] Art. 6 Abs. 1f. CMR; *Helm*, in: Großkomm. HGB, Art. 22 CMR Rdn. 2; im Ergebnis so wohl auch *Koller*, Art. 22 CMR Rdn. 3: „allgemein verständliche und anerkannte Bezeichnung"; *Glöckner*, Art. 22 CMR Rdn. 6, 7; *Dubischar*, S. 29; *Jesser*, S. 171.

Art. 22 Haftung des Frachtführers

allein, mag sie auch genau zutreffen; von einem Frachtführer und seinem Kraftfahrer sind besondere chemische Kenntnisse nicht zu erwarten.[24]

32 Auf Güter, die nicht zu den gefährlichen Gütern gem. GGVSEB/ADR gehören, z.B. Flüssigmetall, oder auf sonst ungefährliche Güter, die nur wegen augenblicklicher besonderer Beschaffenheit gefährlich sind, oder wenn sonst irgendwelche Besonderheiten vorliegen, muss der Absender den Frachtführer aufmerksam machen. Der Absender trägt die volle Informationsverantwortung dafür, dass der Frachtführer in die Lage versetzt wird, bei gegebenem Anlass das Richtige und Zweckmäßige gegen die Auswirkung der vom Gut ausgehenden Gefährlichkeit zu unternehmen.

5. Informationsinhalt: Vorsichtsmaßnahmen

33 Außer der Art der Gefahr muss der Absender dem Frachtführer die ggf. zu ergreifenden Vorsichtsmaßnahmen angeben. Bei Gütern gem. GGVSEB/ADR ergibt sich das häufig von selbst aus der Bezeichnung der Gefahrenklasse, ferner aus Gefahrzettel und Unfallmerkblatt (s.o. Rdn. 28, 29). Ob das als Information genügt, liegt in der Verantwortung des Absenders, ggf. muss er weitere Hinweise geben. Bei Gütern, die nicht unter GGVSEB/ADR fallen, muss er im Einzelfall individuell den Frachtführer auf mögliche Gefahren und zu ergreifende Vorsichtsmaßnahmen aufmerksam machen. Dazu kann beispielsweise gehören, dass das Gut nicht längere Zeit praller Sonnenstrahlung oder sonstiger Wärmequelle ausgesetzt werden darf, was bei Leckage, Auslaufen oder sonstigem Austreten von Gefahrgut zu unternehmen ist oder dass im Brandfall nicht mit Wasser, sondern mit Kohlendioxyd oder mit Stickstoff gelöscht werden muss usw. Jedenfalls tragen Absender und ggf. der Verlader die volle Informationsverantwortung dafür, dass der Frachtführer und sein Kraftfahrer beim Umgang mit dem Gut richtig und zweckmäßig verfahren können, um die Gefährlichkeit des Gutes sich nicht erst verwirklichen zu lassen, ihre Auswirkungen möglichst gering zu halten und schließlich zu beenden.

6. Art und Weise der Information

34 Wie die Information geschieht, bleibt gleich. Art. 22 CMR nimmt als Regelfall die Eintragung in den Frachtbrief an. Damit werden Art. 6 Abs. 1f. und Art. 7 Abs. 1 lit. a) CMR konkretisiert und weitergeführt.[25] Ist ein Frachtbrief nicht ausgestellt oder fehlt die Eintragung im Frachtbrief oder ist sie unvollständig, so steht es dem Absender oder Empfänger frei, mit nach jeweils gültigem Recht beliebigen anderen Mitteln die Kenntnis des Frachtführers von der Art der Gefahr zu beweisen.

---

24 *de Gottrau*, TranspR 1988, 320, 321 (Nr. 6); *Jesser*, S. 171; MünchKommHGB/*Jesser-Huß*, Art. 16 Art. 22 CMR Rdn. 7.
25 Vgl. zu Art. 6 CMR Rdn. 12, Art. 7 CMR Rdn. 1.

Die Information durch Frachtbriefeintragung ist für den Absender insofern güns- 35
tig, als er mit eben der Eintragung seine Informationspflicht erfüllt, und nun ist
es Sache des Frachtführers, es zur Kenntnis zu nehmen und die sich für seine
Sphäre daraus ergebenden Schlüsse zu ziehen und erforderliche Handlungen vorzunehmen. Zugespitzt ausgedrückt: Wenn die Frachtbriefeintragung richtig ist,
kann es dem Absender gleichgültig sein, ob der Frachtführer sie versteht. Ohne
richtige oder vollständige Frachtbriefeintragung muss der Absender die positive
Kenntnis des Frachtführers beweisen, kennen können oder kennen müssen genügt nicht.[26]

7. Informationszeitpunkt

Der deutsche Wortlaut sagt, dass der Absender den Frachtführer zu unterrichten 36
hat, wenn er ihm gefährliche Güter übergibt. Das „wenn" könnte konditional verstanden werden als „falls" oder temporal als „sobald". Der verbindliche französische Wortlaut ist mit „si" eindeutig konditional wie „falls", temporal wäre
„quand". Der ebenfalls verbindliche englische Ausdruck „when" ist nicht so eindeutig, klar konditional wäre „if", „when" neigt wohl etwas mehr zur temporalen
Bedeutung. Dann ständen sich die beiden verbindlichen Fassungen in Englisch
und in Französisch verschieden gegenüber.

Die Lösung ergibt sich aus der Vernünftigkeit des Gesamtzusammenhangs und 37
aus Treu und Glauben, ganz abgesehen davon, dass der Absender nicht nur rechtlich, sondern zunächst kaufmännisch-wirtschaftlich an reibungsloser Abwicklung der Beförderung interessiert ist. Bei den Vertragsverhandlungen über den zu
schließenden Beförderungsvertrag muss der künftige Absender dem künftigen
Frachtführer das Gut so genau bezeichnen, dass der Frachtführer sich über das
als geeignet einzusetzende Fahrzeug und den zu beauftragenden Kraftfahrer
schlüssig werden und dass er sonst erforderliche oder zweckmäßige Vorbereitungen treffen kann,[27] wie z.B. Besorgung besonderer Genehmigungen oder Erlaub-
nisse, Mitnahme von Ladehilfsmitteln usw. Hätte[28] der Frachtführer an der Ladestelle bemerkt, dass es sich um Gefahrgut handelt und dafür ein Muldenfahrzeug
anstelle des von ihm mangels anderer Kenntnis eingesetzten Normal-LKW notwendig ist, so wäre er unverrichteter Dinge wieder weggefahren und hätte dem
Absender (und nicht der Ladestelle) die entstandenen Kosten, ggf. den Schaden
in Rechnung gestellt. Diese Konsequenzen bedenken die Autoren nicht, die es
ausreichen lassen, wenn der Absender spätestens bei der Übergabe des Gutes die
notwendigen Informationen dem Fahrer übergibt.[29]

---

26 *Koller*, Art. 22 CMR Rdn. 3; MünchKommHGB/*Jesser-Huß*, Art. 16 Art. 22 CMR Rdn. 9.
27 Bejahend *Otte*, in: Ferrari/Kieninger/Mankowski et al., Internationales Vertragsrecht, Art. 22 CMR Rdn. 7.
28 Beispielsweise im Falle von BGH, 16.10.1986 – I ZR 149/84, TranspR 1987, 96 = VersR 1987, 304; teilw. auch NJW 1987, 1144.
29 MünchKommHGB/*Jesser-Huß*, Art. 16 Art. 22 CMR Rdn. 6; *Koller*, Art. 22 CMR Rdn. 3.

Art. 22 Haftung des Frachtführers

8. Folgen der Verletzung der Informationspflicht

a) Vernichtung o. Ä. des Gutes

38 Ist der Frachtführer nicht hinreichend informiert, so kann er sich jederzeit und überall des gefährlichen Guts entledigen; Art. 22 Abs. 2 CMR. Er darf es vernichten oder sonst unschädlich machen. Die Beliebigkeit von Zeit und Ort einer solchen Maßnahme gilt nur vertragsrechtlich gegenüber dem Absender; diesem gegenüber ist der Frachtführer in seiner Entschließung frei. Selbstverständlich muss er bei der Unschädlichmachung Rücksicht auf Umwelt, Allgemeinheit usw. nehmen, insofern ist und bleibt er für sein Tun voll verantwortlich.

39 Stattdessen kann der Frachtführer auch ausladen. Ausladen bedeutet nicht derelinquieren, der Frachtführer darf das Gut nicht einfach in den Graben kippen, auch im Verhältnis zum Absender nicht, der häufig (noch) Eigentümer ist und polizeirechtlich möglicherweise Störer würde. Entschließt sich der Frachtführer zur Ausladung des Gefahrguts, so beendet die Ausführung dieses Entschlusses rechtmäßig die Beförderung. Das ist vergleichbar mit einem Beförderungs- oder Ablieferungshindernis und damit dem Fall von Art. 16 Abs. 2 CMR.[30] Der Frachtführer darf, wenn er das Gefahrgut nicht vernichtet oder sonst unschädlich macht, das Gut ausladen und die Beförderung beenden, muss nun aber entweder selbst das Gefahrgut verwahren oder einem Dritten zur Verwahrung anvertrauen, z. B. einem Spediteur oder Lagerhalter (vgl. Erläuterungen zu Art. 14–16 CMR).

40 *de Gottrau*[31] gesteht dem Frachtführer das Recht zu, die seiner Meinung nach geeigneten Maßnahmen zu treffen, er hat also die freie Wahl. Nach anderer Meinung darf der Frachtführer jedoch nicht willkürlich entscheiden, sondern im Rahmen pflichtmäßigen Ermessens nach dem Gebot der Verhältnismäßigkeit oder des schonendsten Mittels.[32] Das ist mehr als ein *nobile officium*, es ist Rechtspflicht aus Treu und Glauben, kann aber nicht so weit gehen, wie *Koller*[33] zu gehen scheint, wenn er den Frachtführer nach Art. 17 CMR für jede Substanzbeeinträchtigung bei Vernichtung oder Unschädlichmachung haften lassen will, wenn er sich in der Wahl des Mittels vergreift. Damit würde das Risiko der Wahl voll dem Frachtführer auferlegt. Es ist auch nicht so, dass der Frachtführer sich nach den Grundsätzen der Haftungsbefreiung gem. Art. 17 Abs. 2 und 4 CMR entlasten müsste (so möglicherweise *Koller*[34]). Der Wortlaut von Art. 22 CMR ist eindeutig, er berechtigt(!) den Frachtführer, sich „jederzeit und überall" des Gutes zu entledigen. Der Absender hat die Situation herbeigeführt durch mangelhafte Unterrichtung des Frachtführers. Der Absender muss deshalb das Risiko der Wahl tragen. Nun muss man abwägen. Anders als beim Notstand nach § 228

---

30 *de Gottrau*, TranspR 1988, 320, 322 (Nr. 11).
31 A.a.O., Nr. 12, 322.
32 *Loewe*, ETR 1976, 503, 567; *Koller*, Art. 22 CMR Rdn. 4; *Helm*, in: Großkomm. HGB, Art. 22 CMR Rdn. 12.
33 Art. 22 CMR Rdn. 4.
34 A.a.O.

BGB handelt der Frachtführer rechtmäßig nicht nur, „soweit erforderlich", sondern er hat von Rechts wegen freie Wahl. Nur muss er dieses Recht übereinstimmend mit Treu und Glauben ausüben. Dass der Frachtführer anders hätte entscheiden können, als er entschieden hat, ist kein Maßstab, zumal nicht, wenn man dahin gelangt bei nachträglicher Würdigung in ruhiger Überlegung. Man muss die Umstände des Einzelfalls berücksichtigen und dabei auch die Situation des Kraftfahrers bedenken, der plötzlich gewahr wird, dass er hochgiftiges Gefahrgut fährt, von dem er keine Ahnung gehabt hat. Diese Auslegung kommt dem Petitum von *Jesser-Huß*,[35] der Frachtführer habe das „mildeste Mittel" zu ergreifen, sehr nahe. *Otte* schließt sich dem an.[36]

Die Frage, wie weit die Freiheit der Wahl des Frachtführers reicht, ist nicht deshalb **41** gegenstandslos, weil ja der Absender in jedem Fall dem Frachtführer alle Kosten und Schäden ersetzen müsste (*Koller*, a.a.O.), die der Frachtführer – so muss man den Gedanken fortsetzen – also dem Absenderanspruch auf Schadensersatz wegen falscher Wahl des Entledigungsmittels sogleich als aufrechenbaren Gegenanspruch auf Schadloshaltung entgegensetzen könnte. Entweder ist die Wahlfreiheit absolut, dann haftet der Frachtführer nicht für falsche Maßnahmen, oder sie ist eingeschränkt, dann kann aber die Schadloshaltung des Frachtführers durch den Absender nicht absolut sein. Das Kriterium der Treuwidrigkeit gibt einen brauchbaren Maßstab. Übt der Frachtführer seine Wahlfreiheit treuwidrig aus, so haftet er für Vernichtung oder Beschädigung des Gutes nach Art. 17 CMR, wobei immer noch nach den Umständen des Einzelfalls eine Mitschuld des Absenders nach Art. 17 Abs. 5 CMR den Ersatzanspruch mindern kann. Die objektiv falsche Wahl ist als solche nicht schon schwere Schuld i.S.v. Art. 29 CMR.

Ob der Kraftfahrer unterwegs befugt ist, sich für seine Geschäftsherrn des Ge- **42** fahrguts zu entledigen, hängt in erster Linie davon ab, welche Aufgaben mit welchem Ermessensspielraum und mit welchen Vollmachten dem Kraftfahrer für diese Fahrt oder allgemein aufgetragen und ob Rückfragen zur Einholung von Weisungen möglich und zumutbar waren. Wenn, wie vorausgesetzt, der Frachtführer nicht über das Gefahrgut unterrichtet ist, braucht er auch keinen über Gefahrgut besonders ausgebildeten Kraftfahrer einzusetzen. Gerade ein nicht auf Gefahrgut spezialisierter Normal-Kraftfahrer wird also in die Lage versetzt, im Augenblick oder innerhalb kurzer Zeit ganz allein eine Entscheidung treffen zu müssen, für die sein Dienstherr von Rechts wegen die freie Auswahl hat. Im Zweifel ist deshalb entsprechende Vollmacht des Kraftfahrers anzunehmen.

Die Entledigungs-, insbesondere Vernichtungsbefugnis des Frachtführers wirkt **43** vertragsrechtlich unter den Vertragspartnern gegenüber dem Absender. Ist dieser zugleich der dingliche Eigentümer, muss er sich auch etwaigen Ansprüchen aus Eigentum oder wegen Verletzung des Eigentums die Rechtmäßigkeit des Handelns des Frachtführers entgegenhalten lassen, Art. 28 CMR.

---

[35] MünchKommHGB/*Jesser-Huß*, Art. 16 Art. 22 CMR, 11.
[36] *Otte*, in: Ferrari/Kieninger/Mankowski et al., Internationales Vertragsrecht, Art. 22 CMR Rdn. 11.

Art. 22 Haftung des Frachtführers

44 Ist der dingliche Eigentümer nicht zugleich der Absender, so könnte der Frachtführer dem nicht am Beförderungsvertrag Beteiligten gegenüber keine Rechte aus dem Beförderungsvertrag geltend machen. Davon gibt es aber Ausnahmen. Da ist einmal der Rechtsgedanke der Schutzwirkung vertragsrechtlicher Vorschriften auch gegenüber Dritten. Hierauf kann sich der Spediteur auch Dritten gegenüber berufen, wenn der Dritte, z.B. der Eigentümer, wusste oder damit rechnen musste, dass das ihm gehörende Gut in die Sphäre eines deutschen Spediteurs geraten sollte oder würde; denn dann muss er sich auch die Rechtsordnung dieser Sphäre zurechnen lassen.[37] Außer diesem aus Treu und Glauben abgeleiteten Rechtsgedanken können auch die Grundsätze des Pfandrechts herangezogen werden. Das Pfandrecht des Frachtführers ergreift auch Güter, die nicht dem Absender gehören, sofern nur der Kraftfahrer guten Glaubens annehmen darf, dass der Eigentümer wusste oder wissen musste, sein Gut werde in Sphäre und Gewahrsam des Frachtführers gelangen, § 366 HGB. Ähnliches gilt deshalb auch von der Vernichtungsbefugnis des Frachtführers aus Art. 22 CMR. Die Vernichtung einer Sache ist die stärkste Einwirkung auf das Eigentumsrecht. Der dritte Eigentümer ist nicht rechtlos. Akut wird die Frage z.B., wenn der Absender ein Spediteur ist, der dem Frachtführer fremdes Eigentum anvertraut. Damit, dass der Spediteur seine Absenderpflichten gegenüber dem Frachtführer verletzt, verletzt er zugleich seine Pflichten gegenüber dem Versender, insbesondere die Interessenwahrungspflicht. Der Eigentümer hätte also Ersatzansprüche gegen die Speditionsversicherung oder den Spediteur.

b) Haftung des Absenders

45 Darüber hinaus, dass der Frachtführer sich des Gefahrguts entledigen kann, haftet der Absender ihm für alle Kosten und Schäden im Zusammenhang mit der Übergabe des Gefahrguts und seiner Beförderung. Das betrifft Personen-, Sach- und Vermögensschäden, sofern sie nur kausal mit der Beförderung des Gefahrguts zusammenhängen. Die Haftung des Absenders ist rein kausal, also auch ohne Verschulden, und unbeschränkt. Es handelt sich um eine echte Gefährdungshaftung.[38] Die gehörige Bezeichnung des Gutes ist eine grundlegende, wichtige (Kardinal-)Pflicht des Absenders, noch stärker als die zur gehörigen Verpackung. Deshalb ist auch die gleiche Sanktion unbeschränkter Haftung[39] (auch ohne Verschulden[40]) berechtigt. Anschaulich dafür ist das Urteil des BGH vom 16.10.1986:[41]

---

37 BGH mehrfach, zusammenfassend grundsätzlich im Urt. v. 10.5.1984 – I ZR 52/82, TranspR 1984, 283, 287 mit zustimmender Anmerkung von *Helm*, VersR 1984, 932; MDR 1985, 117; *Piper*, S. 41 f. Rdn. 70; allg. Meinung.
38 *Helm*, in: Großkomm. HGB, Art. 22 CMR Rdn. 13.
39 Anders als im Fall der §§ 410, 414 HGB.
40 Vgl. zu Art. 10 CMR.
41 BGH, Urt. v. 16.10.1986 – I ZR 149/84, TranspR 1987, 96 = VersR 1987, 304; auszugsweise auch NJW 1987, 1144.

Haftung des Frachtführers **Art. 22**

- Personenschaden durch Kosten für ärztliche Behandlung des Kraftfahrers wegen sonnenbrandähnlicher Veränderungen der Haut an Gesicht und Händen;
- Sachschaden am LKW, der total überholt werden musste;
- Vermögensschaden: Kosten für Feuerwehreinsatz, Beseitigung von Verunreinigungen, Kosten der Weiterbeförderung.

Unmittelbar eigener Schaden des Frachtführers waren wohl nur die (zusätzlichen) Kosten der Weiterbeförderung. Eigentümerin des LKWs und Dienstherrin des Kraftfahrers war eine von dem klagenden Frachtführer verschiedene Firma U., vielleicht ein Unterfrachtführer, der als Eigentümer des LKWs seine Schadensersatzansprüche (wohl aus § 823 Abs. 1 BGB) an den Frachtführer abgetreten hatte. Sonst ist über die Aktivlegitimation dem Urteil nichts zu entnehmen, das ist offenbar unstreitig gewesen und leuchtet ein: Der Absender haftet dem Frachtführer für alle ... Kosten und Schäden. Ob der Frachtführer die Kosten selbst aufwendet und die Schäden selbst erleidet, oder ob er deswegen rechtlich in Anspruch genommen wird und sich mittels Art. 22 CMR beim Absender schadlos hält, bleibt gleich. Hätten sich noch von anderen Absendern stammende andere Partien auf dem LKW befunden, so hätte der Frachtführer Schäden daran nach Art. 17 CMR ersetzen müssen; die Ersatzansprüche aus seiner Rechtsposition von Art. 22 CMR wären auf den CMR-Versicherer übergegangen (§ 67 VVG). Ähnlich ist es mit polizeirechtlichen Kostenersatzansprüchen von Feuerwehr, Polizei, Technischem Hilfswerk usw. gegen den Frachtführer als Halter des LKWs, von dem die Störung ausgegangen ist; der Kraft-Haftpflicht-Versicherer des Frachtführers reguliert, damit gehen dessen Ersatzansprüche aus Art. 22 CMR auf den Versicherer über. Ähnlich ist es schließlich mit Schaden am LKW, den der Kaskoversicherer reguliert, ggf. mit den Schäden eines Unterfrachtführers, der aus dem Unterfrachtvertrag den Hauptfrachtführer aus p.V.V. bzw. heute aus § 280 BGB auf Schadensersatz oder sonst auf Aufwendungsersatz in Anspruch nimmt usw. In allen Fällen ist der Frachtführer hinlänglich interessiert, die auf seine Versicherer oder auf andere Personen übergegangenen Ersatzansprüche aus Art. 22 CMR mit deren Ermächtigung im Wege der Prozessstandschaft geltend zu machen. Das gilt für alle einschlägigen Schäden und Kosten, die den Frachtführer treffen können.

Ein auch prozessual ganz besonderer Sachverhalt hat dem Fall „Haselnusskerne"[42] zugrunde gelegen: Der Frachtführer war in Anspruch genommen worden wegen Ladungsschadens durch Verunreinigung der in Jutesäcken verladenen Haselnusskerne durch ein auf dem Boden des Aufliegers vorhandenes weißes Pulver, eine giftige Chemikalie, also Gefahrgut. Dies stammte aus einem früheren Transport mit demselben Auflieger durch die Beklagte als Frachtführer. Die Transportkette bestand damals aus der Klägerin des jetzigen Prozesses (bzw. ihrer Rechtsvorgängerin) als Versender, der Nebenintervenientin des jetzigen Prozesses als Zwischenspediteur und Absender und der Beklagten des jetzigen Prozesses als Frachtführer. Die Beklagte war damals nicht gem. Art. 22 CMR vom

46

---

42 OLG Hamburg vom 19.12.1985 – 6 U 188/80, TranspR 1986, 146 = VersR 1986, 261.

Art. 22 Haftung des Frachtführers

Zwischenspediteur als Absender auf die giftige Gefährlichkeit der Chemikalie hingewiesen worden, wie der Zwischenspediteur seinerseits nicht von der jetzigen Klägerin als damalige Versenderin. Das damalige Versäumnis der jetzigen Klägerin hat das OLG mit 40% bewertet und die jetzige Beklagte wegen Ladungsschaden gem. Art. 17 Abs. 1 i.V.m. Art. 17 Abs. 5 CMR zu 60% Schadensersatz verurteilt. – Es ist also nicht eigentlich ein Anspruch aus Art. 22 CMR, dem sich der Frachtführer ein eigenes Mitverschulden entgegenhalten lassen müsste, sondern die umgekehrte Situation. Im Ergebnis wäre aber wohl ähnlich zu entscheiden, wenn der Frachtführer auf Ersatz des Ladungsschadens in Anspruch genommen wird und sich aus Art. 22 CMR wegen des damaligen Transports beim damaligen Absender schadlos halten will; dem Ersatzanspruch aus Art. 22 CMR kann bei gegebenem Sachverhalt Mitverschulden des Frachtführers entgegengehalten werden.[43]

47 Einen anderen Fall, bei dem es auch um Gefahrgut und seine nachteiligen Auswirkungen geht, nicht aber um Art. 22 CMR, erwähnt *Dubischar*[44]: Der Frachtführer hatte den Verkehrsunfall verschuldet, der Absender des Gefahrguts war als Störer von der Feuerwehr auf Kostenersatz in Anspruch genommen worden und nahm den CMR-Frachtführer in Regress. Da es nicht um Sachschaden am Vertragsgut ging, lag kein Fall von Art. 17 CMR vor. Das OLG hat den Frachtführer auf Ersatz des Vermögensschadens des Absenders aus p.V.V. in voller Höhe verurteilt, ohne die Haftungsbeschränkungen nach dem Gewicht des Gutes gem. Art. 23 Abs. 3 CMR eingreifen zu lassen.

9. Beweislast

48 Art. 22 CMR geht grundsätzlich davon aus, dass dem Frachtführer eine gefährliche Eigenschaft des Gutes unbekannt ist.[45] Der Absender hat daher den Vollbeweis dafür zu erbringen, dass er den Frachtführer vollständig und richtig informiert hat. Ist die Gefahrguteigenschaft im von beiden Seiten unterzeichneten, formgültigen Frachtbrief vermerkt, wird gem. Art. 22 unwiderleglich[46] vermutet, dass der Frachtführer die Gefährlichkeit kannte.

---

43 In dem Sinne unter Bezugnahme auf dieses Urteil des OLG Hamburg: *Koller*, Art. 22 CMR Rdn. 5; *Dubischar*, S. 30.
44 *Dubischar*, S. 30, und zwar OLG Hamburg, 24.1.1985 – 6 U 149/84, VersR 1986, 357.
45 *Helm*, in: Großkomm. HGB, Art. 22 CMR Rdn. 9.
46 *Helm*, in: Großkomm. HGB, Art. 22 CMR Rdn. 10.

Art. 23

bearbeitet von RA Dr. Karl-Heinz Thume/Dr. Jens-Berghe Riemer, Nürnberg

1. Hat der Frachtführer aufgrund der Bestimmungen dieses Übereinkommens für gänzlichen oder teilweisen Verlust des Gutes Schadensersatz zu leisten, so wird die Entschädigung nach dem Wert des Gutes am Ort und zur Zeit der Übernahme zur Beförderung berechnet.
2. Der Wert des Gutes bestimmt sich nach dem Börsenpreis, mangels eines solchen nach dem Marktpreis oder mangels beider nach dem gemeinen Wert von Gütern gleicher Art und Beschaffenheit.
3. Die Entschädigung darf jedoch 8,33 Rechnungseinheiten für jedes fehlende Kilogramm des Rohgewichts nicht übersteigen.
4. Außerdem sind – ohne weiteren Schadensersatz – Fracht, Zölle und sonstige aus Anlaß der Beförderung des Gutes entstandene Kosten zurückzuerstatten, und zwar im Falle des gänzlichen Verlustes in voller Höhe, im Falle des teilweisen Verlustes anteilig.
5. Wenn die Lieferfrist überschritten ist und der Verfügungsberechtigte beweist, daß daraus ein Schaden entstanden ist, hat der Frachtführer dafür eine Entschädigung nur bis zur Höhe der Fracht zu leisten.
6. Höhere Entschädigungen können nur dann beansprucht werden, wenn der Wert des Gutes oder ein besonderes Interesse an der Lieferung nach den Artikeln 24 und 26 angegeben worden ist.
7. Die in diesem Übereinkommen genannte Rechnungseinheit ist das Sonderziehungsrecht des Internationalen Währungsfonds. Der in Absatz 3 genannte Betrag wird in die Landeswährung des Staates des angerufenen Gerichts umgerechnet, die Umrechnung erfolgt entsprechend dem Wert der betreffenden Währung am Tag des Urteils oder an dem von den Parteien vereinbarten Tag. Der in Sonderziehungsrechten ausgedrückte Wert der Landeswährung eines Staates, der Mitglied des Internationalen Währungsfonds ist, wird nach der vom Internationalen Währungsfonds angewendeten Bewertungsmethode errechnet, die an dem betreffenden Tag für seine Operationen und Transaktionen gilt. Der in Sonderziehungsrechten ausgedrückte Wert der Landeswährung eines Staates, der nicht Mitglied des Internationalen Währungsfonds ist, wird auf eine von diesem Staat bestimmte Weise errechnet.
8. Dessen ungeachtet kann ein Staat, der nicht Mitglied des Internationalen Währungsfonds ist und dessen Recht die Anwendung des Absatzes 7 nicht zuläßt, bei der Ratifikation des Protokolls zum CMR oder dem Beitritt zu jenem Protokoll oder jederzeit danach erklären, daß sich der in seinem Hoheitsgebiet geltende Haftungshöchstbetrag des Absatzes 3 auf 25 Werteinheiten beläuft. Die in diesem Absatz genannte Werteinheit entspricht 10/31

Art. 23 Haftung des Frachtführers

Gramm Gold von 900/1000 Feingehalt. Die Umrechnung des Betrages nach diesem Absatz in die Landeswährung erfolgt nach dem Recht des betreffenden Staates.

9. Die in Absatz 7 letzter Satz genannte Berechnung und die in Absatz 8 genannte Umrechnung erfolgen in der Weise, daß der Betrag nach Absatz 3, in der Landeswährung des Staates ausgedrückt, soweit wie möglich dem dort in Rechnungseinheiten ausgedrückten tatsächlichen Wert entspricht. Die Staaten teilen dem Generalsekretär der Vereinten Nationen die Art der Berechnung nach Absatz 7 oder das Ergebnis der Umrechnung nach Absatz 8 bei der Hinterlegung einer der in Artikel 3 des Protokolls zum CMR genannten Urkunden sowie immer dann mit, wenn sich die Berechnungsart oder das Umrechnungsergebnis ändert.

Urfassung (vgl. unten Rdn. 1):

"Abs. 3: Die Entschädigung darf jedoch 25 Franken für jedes fehlende Kilogramm des Rohgewichts nicht übersteigen. Unter Franken ist der Goldfranken im Gewicht 10/31 Gramm und 0,900 Feingehalt zu verstehen."

Abs. 7, 8 und 9 waren nicht vorhanden.

Literatur: *Bischof,* Berechnung der Entschädigungsleistung nach Art. 23 CMR, VersR 1982, 1132; *Decker,* Wertersatz, kein Schadensersatz bei Verlust des Gutes im Internationalen Straßengüterverkehr, TranspR 1985, 311; *de la Motte,* CMR: Schaden – Entschädigung – Versicherung, VersR 1988, 317; *Glöckner,* Die Haftungsbeschränkungen und die Versicherung nach Art. 3, 23–29 CMR, TranspR 1988, 327; *Helm,* CMR – Direkte Inanspruchnahme des Haftpflichtversicherers – Wertersatz bei Beschädigung von Gütern, TranspR 1987, 357; *Knorre,* Zur Haftung des Frachtführers nach Art. 23, 25 CMR, TranspR 1985, 241; *Koller,* Die Erstattungspflicht von Frachten, Zöllen und sonstigen Kosten gem. Art. 23 Abs. 4 CMR, VersR 1989, 2; *Pesce,* Die richterliche Auslegung des Art. 23 Abs. 3 CMR – Probleme und Lösungen, TranspR 1987, 11; *Thume,* Die Haftung des CMR-Frachtführers für Verspätungsschäden, RIW 1992, 966; *ders.,* Entschädigung nach Art. 23 CMR und Entgang einer Exportsubvention, TranspR 1995, 55; *ders.,* Haftungs- und Versicherungsfragen bei fehlerhafter Ablieferung des Gutes und bei Vermischungsschäden, r + s 2006, 89; *ders.,* Die Schadensberechnung bei groben Verschulden, Wertersatz – Schadensersatz?, TranspR 2008, 78; *Schmidt,* Grenzen der Wahl einer Berechnung der Ersatzleistung nach Art. 23 CMR resp. § 429 HGB bei groben Verschulden, TranspR 2009, 1.

Übersicht

	Rdn.		Rdn.
I. Allgemeines	1	aa) Der Wert des Sonderziehungsrechts	17
II. Die Entschädigung für Verlust und Teilverlust	2	bb) Das Rohgewicht	18
1. Verlust und Teilverlust des Gutes	2	cc) Die Berechnung der Haftungshöchstgrenze bei Totalverlust	19
2. Entschädigung	3		
a) Wertersatz	3		
b) Wertberechnung	7	dd) Haftungshöchstgrenzen bei Teilverlust	22
c) Vorteilsausgleichung	13		
3. Haftungshöchstgrenzen	14	4. Fracht, Zölle, sonstige Kosten (Art. 23 Abs. 4 CMR)	25
a) Allgemeines	14		
b) Einzelheiten	17	a) Allgemeines	25

b) Einzelheiten 27
   aa) Zusätzliche Aufwendungen 28
   bb) „Entstandene" Aufwendungen 30
   cc) Aufwendungen aus Anlass der Beförderung 31
   dd) Erstattung bei Teilverlust 37
   ee) Keine Erstattung bei Lieferfristüberschreitung 38
5. Keine Erstattung von Güterfolgeschäden 39
III. Entschädigung bei Lieferfristüberschreitung (Art. 23 Abs. 5 CMR) 41
1. Allgemeines 41
2. Einzelheiten 43
   a) Verspätungsschäden 43
   b) Abgrenzung von Güter- und Verspätungsschäden 45
   c) Haftungsbegrenzung 52
IV. Höhere Entschädigungen (Abs. 6) ... 55
V. Haftungsteilung und Vorteilsausgleichung 56
1. Haftungsteilung 56
   a) Verlust und Beschädigung 56
   b) Lieferfristüberschreitung 58
2. Vorteilsausgleichung 61
VI. Beweislastfragen 62

I. Allgemeines

Art. 23 CMR regelt den *Umfang der Haftung des Frachtführers* bei gänzlichen oder teilweisen Verlust des Gutes und bei Überschreitung der Lieferfrist, während Art. 25 CMR für Beschädigungen des Gutes einschlägig ist, und hinsichtlich der Wertbestimmung auf die Regelungen des Art. 23 verweist. **1**

Nach Auffassung des BGH und Stimmen in der Literatur sind auch *Aufwendungen des Geschädigten zur Abwehr eines drohenden Schadens* ebenfalls nach Art. 23 CMR zu ersetzen.[1] Diese Auslegung des Art. 23 ist allerdings weder durch den Wortlaut noch durch Sinn und Zweck der Bestimmung gedeckt. Vielmehr wird insoweit wohl eher auf die einschlägigen Vorschriften des ergänzend anwendbaren nationalen Rechts zurückzugreifen sein, also ggf. auf §§ 677ff. BGB.[2]

Auf die Haftung des Absenders und des Empfängers ist Art. 23 CMR nach allgemeiner Meinung weder direkt noch analog anwendbar.[3]

Die Haftungshöchstgrenze des Art. 23 betrug bis zum 28.12.1980 25 Goldfranken pro Kilogramm. Diese Bestimmung ist aufgrund des Protokolls zur CMR vom 5.7.1978 (BGBl. 1980 II, S. 1443) durch die jetzt vorhandene obige Neufassung der Abs. 3, 7–9 ersetzt und ergänzt worden. Nach der Neuregelung, die nicht in allen der CMR beigetretenen Länder Gültigkeit hat,[4] beträgt die Höchst-

---

1 BGH, 30.9.1993 – I ZR 258/91, BGHZ 123, 303, 309 = TranspR 1994, 16 = VersR 1994, 119; ebenso *Herber/Piper*, Art. 23 CMR Rdn. 2; *Boesche*, in: EBJS, Art. 23 CMR Rdn. 1.
2 So auch *Koller*, Art. 23 CMR Rdn. 1.
3 MünchKommHGB/*Jesser-Huß*, Art. 23 CMR Rdn. 2; *Herber/Piper*, Art. 23 CMR Rdn. 2; *Boesche*, in: EBJS, Art. 23 CMR Rdn. 1.
4 Siehe dazu die Auflistung der derzeitigen Mitgliedsländer und Unterzeichnerstaaten des Protokolls Vor Art. 1 CMR Rdn. 7.

Art. 23 Haftung des Frachtführers

entschädigung 8,33 Rechnungseinheiten des Sonderziehungsrechts des Internationalen Währungsfonds. Die Haftungshöchstgrenze kann durch vertragliche Vereinbarungen nach den Bestimmungen der Art. 24 und 26 CMR erhöht werden.

Im Falle einer vorsätzlichen bzw. leichtfertigen Schadensverursachung nach Art. 29 CMR hat der Geschädigte grundsätzlich ein Wahlrecht, ob er Schadensersatz nach Art. 23 Abs. 1–3 einfordert oder den tatsächlich eingetretenen Schaden nach §§ 249 ff. BGB bzw. dem sonstigen ergänzend anwendbaren Zivilrechts geltend machen will.[5] Fordert der Geschädigte den tatsächlich entstandenen Schaden ohne Beachtung der Haftungshöchstgrenze nach Art. 23 Abs. 3 CMR, ist es ihm folgerichtig verwehrt, sich im Übrigen auf den vereinfachten Schadensnachweis einer abstrakt-objektiven Wertbestimmung nach Art. 23 Abs. 2 zu berufen.[6] Er muss in diesem Fall seinen tatsächlich entstandenen Schaden konkret darlegen und auch beweisen.

Im Falle einer Haftungsquotierung nach Art. 17 Abs. 5 ist zu beachten, dass diese bereits in Bezug auf den nach Art. 23 Abs. 1 und 2 zu bestimmenden Wertersatz zu erfolgen hat und auf diesen Betrag dann die Deckelungsgrenze des Art. 23 Abs. 3 ggf. anzuwenden ist. Unzulässig wäre es, von vorneherein eine Haftungsquotierung auf die nach Art. 23 Abs. 3 zu bestimmende Deckelungsgrenze vorzunehmen.[7]

II. Die Entschädigung für Verlust und Teilverlust

1. Verlust und Teilverlust des Gutes

2 Zum Begriff des Gutes, zu dem auch die Verpackung gehört, siehe Art. 1 Rdn. 3 und Art. 17 Rdn. 60 CMR.

Hinsichtlich der Begriffe Verlust und Teilverlust wird auf die Erläuterungen zu Art. 17 CMR Rdn. 71 ff. verwiesen. Der Verlust des Gutes kann eintreten durch Verschwinden, Zerstörung, Beschlagnahme sowie Falschablieferung. Gehen nur einzelne Teile der Sendung verloren, während der Rest abgeliefert wird, so handelt es sich um einen Teilverlust.

Der Teilverlust ist im Übrigen von der Beschädigung abzugrenzen. Eine Beschädigung eines Packstücks und kein Teilverlust der Sendung ist dort anzunehmen,

---

5 Vgl. BGH, 30.9.2010 – I ZR 39/09, TranspR 2010, 437 = NJW 2011, 296; *Thume*, Schadensberechnung bei groben Verschulden, TranspR 2008, 80; *Schmidt*, Grenzen der Wahl einer Berechnung der Ersatzleistung, TranspR 2009, 2; siehe auch Rdn. 63.
6 Vgl. BGH, 30.9.2010 – I ZR 39/09, TranspR 2010, 437 = NJW 2011, 296; *Thume*, Schadensberechnung bei grobem Verschulden, TranspR 2008, 80; *Schmidt*, Grenzen der Wahl einer Berechnung der Ersatzleistung, TranspR 2009, 2.
7 Vgl. näher unten Rdn. 19 ff.

wo einzelne Teile eines Packstückes verschwunden sind (vgl. dazu Art. 17 CMR Rdn. 71).

Gehen wiederum einzelne Packstücke einer Sendung verloren, kann dies zu einem wirtschaftlichen Totalschaden der gesamten Sendung führen, wenn dadurch die Sendung vollständig entwertet wird. Dann liegt eine Beschädigung des Gesamtfrachtgutes vor (vgl. dazu Art. 17 CMR Rdn. 71, Art. 25 CMR Rdn. 3).

2. Entschädigung

a) Wertersatz

Nach Art. 23 Abs. 1 CMR hat der Frachtführer bei gänzlichem oder teilweisem Verlust des Gutes eine Entschädigung zu leisten, die sich nach dem weitgehend objektiv[8] zu bestimmenden Versandwert des Gutes am Ort und zur Zeit der Übernahme der Beförderung berechnet, nicht nach dem Ankunftswert am Bestimmungsort.[9] Es handelt sich damit um einen pauschalierten Wertersatz für den eingetretenen Sachschaden, der i.d.R. vereinfacht zu bestimmen ist und damit einer schnellen außergerichtlichen Abwicklung dient. Konkreter Schadensersatz i.S.v. § 249 BGB wird dagegen nicht gewährt. Insbesondere sind Ansprüche auf Naturalrestitution und entgangenen Gewinn sowie der Ersatz von Reparaturkosten oder eines Wiederbeschaffungswertes ebenso ausgeschlossen wie die Erstattung weiterer Güterfolgeschäden, insbesondere Vermögensschäden.[10] Zur Frage, ob durch Kontamination des Frachtgutes beim Empfänger durch die Vermischung mit dortigen Gütern entstehende weitere Schäden zu ersetzen sind siehe unten bei Rdn. 39f.

3

Die Wertersatzregelung des Art. 23 Abs. 1 und 2 CMR, die hinsichtlich der Pauschalierung Vorbild des inzwischen nicht mehr so neuen § 429 HGB war, sieht im Hinblick auf eine erleichterte Schadensfeststellung davon ab, auf das individuelle Interesse des Berechtigten abzustellen. Der dem Geschädigten zu zahlende Wertersatz kann daher niedriger sein als der tatsächlich entstandene Schaden. Er kann aber im Einzelfall auch über den tatsächlich eingetretenen Schaden hinausgehen und wird andererseits nicht etwa dann geschmälert, wenn der Empfänger für das verloren gegangene Gut noch keinen festen Abnehmer hatte. Anzulegen ist ein rein objektiver Maßstab.[11] Führt dies zu einer Bereicherung des Geschädigten, so mindert das dessen Ersatzanspruch dennoch nicht.

4

---

8 Vgl. *Otte*, in: Ferrari et al., Int. VertragsR, Art. 23 CMR Rdn. 1–2.
9 Vgl. MünchKommHGB/*Jesser-Huß*, Art. 23 CMR Rdn. 1.
10 BGH, 10.12.2009 – I ZR 154/07, TranspR 2010, 78 = VersR 2010, 648; BGH, 13.2.1980 – IV ZR 39/78, NJW 1980, 2021 = VersR 1980, 522; BGH, 15.10.1992 – I ZR 260/90, TranspR 1993, 137 = RIW 1993, 410 = VersR 1993, 635 = NJW 1993, 1269; MünchKommHGB/*Jesser-Huß*, Art. 23 CMR Rdn. 5; *Herber/Piper*, Art. 23 CMR Rdn. 3; *Boesche*, in: EBJS, Art. 23 CMR Rdn. 2; *Knorre*, TranspR 1985, 242; *Koller*, Art. 23 CMR Rdn. 3.
11 BGH, 10.12.2009 – I ZR 154/07, TranspR 2010, 78 = VersR 2010, 648; OLG München, 15.12.2011 – 23 U 3178/11; BGH, 15.10.1992 – I ZR 260/90, TranspR 1993, 137 = RIW

Art. 23 Haftung des Frachtführers

5   Der Ersatz mittelbarer Schäden ist grundsätzlich ausgeschlossen. Dies ergibt sich aus Art. 23 Abs. 4 CMR.[12] So sind beispielsweise – anders als im deutschen Recht gem. § 430 HGB – die Kosten einer Besichtigung der transportgeschädigten Güter und der Schadensfeststellung nicht erstattbar.[13] Das Gleiche gilt für Schadensbeseitigungskosten sowie Kosten der Aufräumung, der Säuberung, der Abfuhr und der Entsorgung.[14] Näheres dazu, insbes. auch zu der umstrittenen Frage, ob insoweit ein Regress aus anderen Bestimmungen des jeweils ergänzend anwendbaren nationalen Rechtes möglich ist, siehe unten Rdn. 35.

6   Zusätzlich zu erstatten sind nach Art. 23 Abs. 4 CMR lediglich die dort genannten Frachten, Zölle und anlässlich der Beförderung entstandenen Kosten. Näheres dazu siehe unten unter Ziff. 4 Rdn. 25 ff.

b) Wertberechnung

7   Die Berechnung der Entschädigung ist gem. Art. 23 Abs. 1 CMR nach dem *Wert des Gutes am Ort und zur Zeit der Übernahme* vorzunehmen (zum Begriff der Übernahme siehe Art. 17 CMR Rdn. 17 ff.). Diese Art der Wertberechnung ist in das deutsche Frachtrecht übernommen worden (vgl. § 429 Abs. 1 HGB).

Es kommt also nicht auf den Endverkaufswert des Gutes am Empfangsort an, sondern auf seinen *Wert am Übernahmeort*.[15]

8   Der Wert nach Art. 23 Abs. 2 CMR ist abstrakt zu berechnen. Auf besondere Verhältnisse und das individuelle Ersatzinteresse des Geschädigten kommt es nicht an.[16] Maßgebend für die Wertbestimmung ist zunächst der *Börsenpreis*.[17]

1993, 410 = VersR 1993, 635 = NJW 1993, 1269; OLG Hamm, 25.11.1993 – 18a U 48/93, TranspR 1994, 61; MünchKommHGB/*Jesser-Huß*, Art. 23 CMR Rdn. 4; Staub/*Helm*, Art. 23 CMR Rdn. 9; *Herber/Piper*, Art. 23 CMR Rdn. 5; *Boesche*, in: EBJS, Art. 23 CMR Rdn. 4.

12 BGH, 10.12.2009 – I ZR 154/07, TranspR 2010, 78 = VersR 2010, 648; a.A. *Thume*, Vorauflage, Art. 23 CMR Rdn. 5 (Ausschluss mittelbarer Schäden folgt aus Art. 23 Abs. 6); OLG Düsseldorf, 2.12.1982 – 18 U 148/82; *Herber/Piper*, Art. 23 CMR Rdn. 8; *Koller*, Art. 23 CMR Rdn. 10; 10; MünchKommHGB/*Jesser-Huß*, Art. 23 CMR Rdn. 48 (Art. 23 Abs. 4 u. 6 lediglich deklaratorisch).

13 OLG Düsseldorf, 14.3.2007, TranspR 2007, 199, 200; OLG Hamburg, 2.5.1985 – 6 U 206/84, TranspR 1985, 383 = VersR 1986, 805; Näheres siehe unten Rdn. 33 ff.

14 *de la Motte*, VersR 1988, 317, 318; *Koller*, Art. 23 CMR Rdn. 5.

15 BGH, 10.12.2009 – I ZR 154/07, TranspR 2010, 78 = VersR 2010, 648; OLG Düsseldorf, 14.7.1983 – 18 U 15/83, TranspR 1984, 16; OLG Hamm, 2.12.1991 – 18 U 133/88, TranspR 1992, 179; *Bischof*, VersR 1982, 1132; *Decker*, TranspR 1985, 311, 312; *Glöckner*, TranspR 1988, 327 und Art. 23 CMR Rdn. 7; *Knorre*, TranspR 1985, 243; *de la Motte*, VersR 1988, 317, 318; *Koller*, Art. 23 CMR Rdn. 6.

16 BGH, 25.10.2001 – I ZR 187/99, TranspR 2002, 198; BGH, 15.10.1992 – I ZR 260/90, NJW 1993, 1269 = TranspR 1993, 137; OGH Wien, 13.7.1994 – 7 Ob 565/93, TranspR 1995, 285; OLG Düsseldorf, 24.7.2002, 18 U 33/02, TranspR 2003, 343; OLG Hamm, 25.11.1993 – 18a U 48/93, TranspR 1994, 61.

17 Bei unterschiedlichen Notierungen ist jene Börse maßgebend, in deren Einflussbereich der Absendeort liegt, MünchKommHGB/*Jesser-Huß*, Art. 23 CMR Rdn. 7; *Herber/Piper*, Art. 23 CMR Rdn. 6; *Heuer*, S. 118 f.

Eine Börsennotierung des zu befördernden Gutes wird jedoch nur in sehr seltenen Fällen vorhanden sein. Dann bestimmt sich der Wert des Gutes nach dem *Marktpreis* oder bei Fehlen beider nach dem *gemeinen Wert* von Gütern gleicher Art und Beschaffenheit. Bei unfreien Märkten, wie den früheren Staatshandelsländern des ehemaligen Ostblocks, kommt es auf die jeweiligen Verhältnisse an, z. B. auf einen vorgeschriebenen Monopolpreis;[18] notfalls muss man von einem gedachten fiktiven Markt ausgehen.[19] Entscheidend ist also auch nicht der Einstandspreis des Gutes, sondern, wenn ein Börsenpreis fehlt, der Wert, den ein Gut gleicher Art und Güte ohne Berücksichtigung der besonderen Verhältnisse des konkreten Falles bei einem Verkauf erzielen würde, und zwar bei einem Verkauf am Übernahmeort und nicht am Endziel.[20] Wenn der Preis des Gutes hoheitlich festgesetzt ist, gilt diese Festsetzung als Wertmaßstab.[21]

Ferner ist bei der Wertfindung auch die in Betracht zu ziehende *Handelsstufe des Marktes* zu *berücksichtigen*, also die Stufen Produzent/Großhändler, Großhändler/Einzelhändler, Einzelhändler/Endverbraucher sowie das jeweilige *Marktsegment*, in dem das Gut vor Beginn der Beförderung gehandelt worden ist.[22] So wird der Wert der Ware auch dadurch beeinflusst, ob sie sich bei der Übernahme noch im besonderen *Zollverkehr* oder bereits *im freien Verkehr* befindet. Sind für die Güter bereits Abgaben und Steuern entrichtet, so hat sich ihr Wert unter Berücksichtigung dieser Umstände erhöht, während Ware, die sich noch nicht im freien Verkehr befindet, von diesen Faktoren zunächst wertmäßig unbeeinflusst, also niedriger zu bewerten ist. Bei Verlust von Zigaretten im zollfreien Verkehr ist daher die bei einer Entwendung die am (mutmaßlichen) Ort der Entwendung infolgedessen anfallende Tabaksteuer kein Wertbestandteil.[23] Wohl aber sieht der BGH zutreffend den Wert für Steuerbanderolen als Wertbestandteil an, die an den entwendeten Zigaretten am Absendeort bereits angebracht worden sind.[24] Bei *Agrargütern* kann es gerade umgekehrt sein, weil diese im freien Verkehr innerhalb der EG höhere Werte haben als auf dem Weltmarkt.[25] Wertveränderungen während der Beförderung bleiben außer Betracht.[26]

9

---

18 Staub/*Helm*, Art. 23 CMR Rdn. 13.
19 *de la Motte*, VersR 1988, 318.
20 OGH Wien, 13.7.1994 – 7 Ob 565/93, TranspR 1995, 285; MünchKommHGB/*Jesser-Huß*, Art. 23 CMR Rdn. 8; Staub/*Helm*, Art. 23 CMR Rdn. 13; *Herber/Piper*, Art. 23 CMR Rdn. 7; *Heuer*, S. 119; *Koller*, Art. 23 CMR Rdn. 6; *Piper*, Rdn. 354.
21 *Loewe*, ETR 1976, 503, 567; *Bischof*, VersR 1982, 1132; Staub/*Helm*, Art. 23 CMR Rdn. 13; *Heuer*, S. 119; *Koller*, Art. 23 CMR Rdn. 4.
22 KG, 11.1.1995 – 23 U 377/94, TranspR 1995, 342; MünchKommHGB/*Jesser-Huß*, Art. 23 CMR Rdn. 9; *Decker*, TranspR 1985, 312; *Glöckner*, TranspR 1988, 328; Staub/*Helm*, Art. 23 CMR Rdn. 13; *Herber/Piper*, Art. 23 CMR Rdn. 8; *Heuer*, S. 119; *Boesche*, in: EBJS, Art. 23 CMR Rdn. 5; *Koller*, Art. 23 CMR Rdn. 3; *Piper*, Rdn. 355; BGH, 29.7.2009, TranspR 2009, 408, 409 (zu § 430 HGB).
23 BGH, 10.12.2009 – I ZR 154/07, TranspR 2010, 78 = VersR 2010, 648; KG, 11.1.1995 – 23 U 377/94, TranspR 1995, 342; die Tabaksteuer fällt hier auch nicht unter die gem. Art. 23 Abs. 4 CMR erstattungsfähigen Kosten, BGH, 26.6.2003 – I ZR 2000, TranspR 2003, 453; a. A. wohl *Koller*, Art. 23 CMR Rdn. 4; siehe dazu unten Rdn. 36.
24 BGH, 10.12.2009 – I ZR 154/07, TranspR 2010, 78 = VersR 2010, 648, Cour de Cassation Paris, 5.10.2010 – R 09-10.837, ETR 2011, 110 (nach juris)

Art. 23 Haftung des Frachtführers

Exportsubventionen bei Auslandsgeschäften sind staatliche Hilfsmaßnahmen zur Absatzförderung bestimmter Güter und nach überwiegender Meinung kein Bewertungsfaktor.[27] Zur Begründung wird angeführt, dass sie erst gewährt werden, wenn das Gut den Übernahmeort verlassen und die Grenze überschritten hat, was durch Vorlage der Originalempfangsquittung nachgewiesen werden muss und damit den Marktwert auf dem Transportweg erhöhen. An dieser Auffassung sind jedoch Zweifel angebracht. Wie *Jesser-Huß*[28] treffend bemerkt, werden Subventionen z.B. beim Export von EG-Agrargütern gewährt, um die Verkaufsspanne zwischen teurem EU-Inlandspreis und dem billigeren Weltmarktpreis auszugleichen. Ohne Gewährung einer Subvention ist anzunehmen, dass es keinen entsprechenden Absatz und damit keinen Marktpreis in den jeweiligen subventionierten Markt gibt. Der Subvention kommt damit zumindest bei Agrarprodukten auf den Inlandsmarktpreis bezogene Ausgleichsfunktion zu. Die Exportsubvention ist daher dem jeweiligen durchschnittlichen Verkaufspreis in den jeweils subventionierten Markt zur Bestimmung des Marktpreises am Absendeort hinzuzuaddieren[29] und wird so in aller Regel mit einem im Inland existenten Marktpreis identisch sein. Existiert für ein unter Gewährung einer Subvention exportiertes Gut ein Inlandsmarktpreis am Absendeort, ist auf diesen abzustellen.

10 Beim *Streckengeschäft* (Weiterverkauf rollender Ware), bei dem zur Vermeidung von Umschlags-, Lager- und weiteren Kosten die Lieferung auf Veranlassung des Zwischenhändlers direkt vom Hersteller an den Endabnehmer erfolgt,[30] ist zu beachten: Wenn das Gut schon vor der Übernahme durch den Frachtführer weiterverkauft wurde, ist der am Ort der Übernahme vorhandene Verkaufswert anzusetzen, das ist dann i.d.R. der Verkaufspreis des Zwischenhändlers.[31] Weiterverkäufe nach Übernahme, insbes. während des Transports, können dagegen den Wert i.S.d. Art. 23 Abs. 1 und 2 CMR nicht mehr beeinflussen.[32]

11 Im Zweifel kann der im konkreten Fall vereinbarte *Verkaufspreis* mangels anderer Anhaltspunkte als Marktpreis angesehen werden.[33] Dies gilt zumindest dann, wenn der Preis nach den Marktverhältnissen des Übernahmeorts berechnet ist und die Beförderung vom Käufer besorgt wird.[34] Auch geben Rechnungen, die einen „Ab-Werk"-Preis ausweisen, i.d.R. den Wert i.S.d. Art. 23 Abs. 1 CMR an.[35]

---

25 *Decker*, TranspR 1985, 312.
26 OLG Düsseldorf, 14.7.1983 – 18 U15/83, TranspR 1984, 16.
27 MünchKommHGB/*Jesser-Huß*, Art. 23 CMR Rdn. 11; *Herber/Piper*, Art. 23 CMR Rdn. 9; *Boesche*, in: EBJS, Art. 23 CMR Rdn. 6; *Thume*, TranspR 1995, 55; a.A. wie hier: *Koller*, Art. 23 CMR Rdn. 4; *Otte*, in: Ferrari et al., Int. VertragR, Art. 23 CMR Rdn. 17ff.
28 MünchKommHGB/*Jesser-Huß*, Art. 23 CMR Rdn. 11.
29 So auch *Koller*, Art. 23 CMR Rdn. 4; *Otte*, in: Ferrari et al., Int. VertragR, Art. 23 CMR Rdn. 19.
30 Vgl. dazu *Fremuth*, in: Fremuth/Thume, § 418 HGB Rdn. 14.
31 OGH, 8.7.2004 – 6 Ob 309/03i, TranspR 2006, 72.
32 *Otte*, in: Ferrari et al., Int. VertragR, Art. 23 CMR Rdn. 15.
33 OLG Nürnberg, 14.6.1965 – 5 U 181/64, ETR 1971, 247 = AWD 1965, 339.
34 Staub/*Helm*, Art. 23 CMR Rdn. 14.

Jedoch darf der *Fakturenwert* immer nur ein Indiz im Rahmen der Schadensberechnung sein.[36] Bestreitet der Frachtführer, dass der Rechnungsbetrag dem Marktwert entspricht, so muss der Anspruchsteller hierfür den Nachweis erbringen, es sei denn, das Bestreiten erfolgt rechtsmissbräuchlich, „gewissermaßen ins Blaue hinein".[37] Soweit im Verkaufspreis bereits Transportkosten enthalten sind – so z. B. bei *Franco-Preisen* und *FOB-Geschäften* – müssen diese herausgerechnet und abgezogen werden.[38]

Gibt es für das in Verlust geratene oder beschädigte Gut überhaupt keinen Markt, weil es sich beispielsweise um eine Spezialmaschine handelt, die als Unikat für einen einzigen Abnehmer gefertigt ist, so müssen Wert und ggf. Wertminderung geschätzt werden. Auch gebrauchte Gegenstände wie Kleidung, Tisch- und Bettwäsche, Möbel etc. haben weithin keinen Markt. Ihr gemeiner Wert kann ebenfalls nur geschätzt werden.[39] Haben Güter nicht einmal einen gemeinen Wert, sind aber doch für bestimmte Zwecke von Bedeutung, wie z. B. Gesteinsproben aus Probebohrungen für wissenschaftliche Laboruntersuchungen, so wird man als Anhaltspunkt für die Bewertung die Wiederherstellungskosten, also die Bohrungskosten heranziehen können. Anders ist es bei Gütern, die praktisch einen negativen Wert haben, also nur entsorgt werden sollen, wie Müll oder gefährlicher Abfall. Bei Verlust oder Beschädigung solcher Sendungen ist kein zu entschädigender Wert vorhanden.[40]   12

c) Vorteilsausgleichung

Wenn das verloren gegangene Gut nach Ablauf der Fristen des Art. 20 CMR wiedergefunden und dem Berechtigten wieder ausgehändigt wird, so muss sich der Geschädigte den hierdurch erlangten Vorteil anrechnen lassen. Der Vorteil wird durch die Wiederbeschaffungskosten gemindert.[41] Eine Vorteilsausgleichung   13

---

35 Vgl. OLG Nürnberg, 14.6.1965 – 5 U 181/64, ETR 1971, 247 = AWD 1965, 339; OGH Wien, 28.6.1988 – 8 Ob 657/87, VersR 1989, 890 = TranspR 1989, 222; OLG München, 5.11.1997 – 7 U 2989/97, VersR 1999, 384 = TranspR 1998, 466; OLG München, 31.5.2000 – 7 U 6226/99, TranspR 2002, 26; OLG Hamburg, 30.11.1995 – 6 U 104/95, TranspR 1996, 280; OLG Hamburg, 25.5.1998 – 6 U 146/97, TranspR 1998, 351; OLG Karlsruhe, 8.6.2001 – 15 U 74/00, NJW-RR 2002, 907; OLG Frankfurt, 22.10.2010 – 13 U 33/09 Rn. 29 (juris).
36 OGH Wien, 8.7.2004 – 6 Ob 309/03i, TranspR 2006, 72; OGH Wien, 13.7.1994, TranspR 1995, 285; OLG Hamburg, 11.9.1986 – 6 U 105/86, VersR 1987, 375; OLG München, 21.12.1990 – 23 U 3353/90, TranspR 1991, 96 = VersR 1991, 1311; OLG München; 28.1.1998 – 7 U 4333/97, TranspR 1998, 256; OLG Hamm, 25.5.1992 – 18 U 165/91, TranspR 1992, 410; OLG Hamm, 13.5.1993 – 18a U 94/93, NJW-RR 1994, 294; MünchKommHGB/*Jesser-Huß*, Art. 23 CMR Rdn. 12 (auch mit Gegenbeispielen); Staub/*Helm*, Art. 23 CMR Rdn. 14; *Herber/Piper*, Art. 23 CMR Rdn. 12; *Boesche*, in: EBJS, Art. 23 CMR Rdn. 4; *Koller*, Art. 23 CMR Rdn. 5.
37 BGH, 15.6.2000 – I ZR 55/98, TranspR 2000, 459, 462 unter II. 6.
38 *Loewe*, ETR 1976, 503, 568; *Boesche*, in: EBJS, Art. 23 CMR Rdn. 4.
39 *de la Motte*, VersR 1988, 317, 318.
40 *de la Motte*, VersR 1988, 317, 318.
41 BGH, 27.10.1978 – I ZR 30/77, NJW 1997, 2473; BGH, 25.10.2001 – I ZR 187/99, TranspR 2002, 198; OLG München, 23.4.1993, VersR 1994, 1328; MünchKommHGB/*Jesser-Huß*,

Art. 23 Haftung des Frachtführers

scheidet im Fall des Art. 20 CMR jedoch aus, wenn das Gut nach Verstreichen der dortigen Frist beim Empfänger abgeliefert wird und der Ersatzberechtigte die Entschädigung bereits erhalten hatte, ohne sein Wahlrecht gem. Art. 20 Abs. 2 CMR auszuüben, die Sendung bei Wiederauffinden zurückzuerhalten.[42]

3. Haftungshöchstgrenzen

a) Allgemeines

14 Art. 23 Abs. 3 CMR enthält eine Haftungshöchstsumme. Diese betrug nach Abs. 3 der Altfassung 25 Goldfranken für jedes fehlende Kilogramm des Rohgewichts, wobei der Goldfranken mit 10/31 Gramm Feingold mit einem Feingehalt von 0,900 definiert war. Es handelt sich dabei um den französischen Franc von 1803. Diese Rechnungseinheit war auch in anderen internationalen Übereinkommen verwendet worden. Mit Protokoll der EG zum Übereinkommen für den Beförderungsvertrag im internationalen Straßengüterverkehr (CMR) vom 5.7.1978 trat an die Stelle der 25 Goldfranken die Höchsthaftungssumme von 8,33 Rechnungseinheiten des Sonderziehungsrechts (SZR) des Internationalen Währungsfonds. Ferner wurden die Abs. 7, 8 u. 9 des Art. 23, wie oben ausgedruckt, ergänzt.

15 Für die Bundesrepublik Deutschland ist diese Änderung am 28.12.1980 in Kraft getreten (BGBl. 1980 II, S. 1443). Sie gilt ebenfalls seit 28.12.1980 in Dänemark, Finnland, Luxemburg, im Vereinigten Königreich Großbritannien sowie in Österreich seit 20.5.1981. Die genaue Auflistung aller derzeitigen Mitgliedländer und Unterzeichnerstaaten des Protokolls befindet sich Vor Art. 1 CMR in Rdn. 7. In den Staaten, die zwar der CMR beigetreten sind, das Protokoll jedoch nicht in Kraft gesetzt haben, gilt die Altfassung, d. h., die Höchsthaftung richtet sich weiterhin nach 25 Goldfranken der oben erwähnten Art.[43] Streitig ist, nach welchem Haftungsregime sich die Entschädigungszahlung bemisst, wenn insoweit im Absende- und Empfangstaat unterschiedliche Haftungshöchstsummen gelten (8,33 SZR bzw. 25 Goldfranken) wie dies beispielsweise derzeit bei Transporten zwischen Polen (25 Goldfranken) und Deutschland (8,33 SZR) der Fall wäre. *Herber/Piper* plädieren mit guten Gründen dafür, dass deutsche Gerichte in allen Fällen jeweils auf das SZR abstellen müssten, weil der Goldfranken mangels Goldbezug der Währungen nicht mehr bestimmt werden könnte.[44] Andere wollen den Wert eines Goldfranken nach dem aktuellen Goldpreis bestimmen, der derzeit rekordverdächtig hoch ist und sich damit derzeit erheblich höhere Haftungssummen als nach SZR ergeben.[45] Wie *Otte*[46] zu Recht bemerkt, wird damit

---

Art. 23 CMR Rdn. 4; *Fremuth*, in: Fremuth/Thume, § 425 HGB Rdn. 11; a. A. *Koller*, Art. 23 CMR Rdn. 5.
42 BGH, 25.10.2001– I ZR 187/99, TranspR 2002, 198.
43 Zur Berechnung des Goldfrankenwertes siehe *Rogov*, TranspR 2002, 291 ff.; *ders.*, TranspR 2005, 185 ff.
44 Vgl. *Herber/Piper*, Art. 23 CMR Rdn. 16.; a. A. *Koller*, Art. 23 Rdn. 8.

wiederum die Gefahr eines *forum-shopping* heraufbeschworen, obwohl ursprünglich die 25 Goldfranken bei Einführung in etwa dem Wert von damaligen 8,33 SZR entsprochen habe.

Höhere Entschädigungen können nach Art. 23 Abs. 6 CMR nur beansprucht werden, wenn der Wert des Gutes oder ein besonderes Interesse an der Lieferung gem. Art. 24 und 26 CMR vereinbart und im Frachtbrief angegeben worden ist. Ferner tritt eine höhere, nämlich die volle Haftung ein, wenn die Voraussetzungen des Art. 29 CMR gegeben sind, wenn also der Schaden auf Vorsatz oder einem Verschulden des Frachtführers beruht, welches nach dem Recht des angerufenen Gerichts dem Vorsatz gleichsteht. 16

b) Einzelheiten

aa) Der Wert des Sonderziehungsrechts

Der Wert des Sonderziehungsrechts in Euro wird laufend im Bundesanzeiger und in der DVZ sowie im Internet[47] bekanntgegeben. Er betrug zum 1.1.2001 € 1,40022 und zum 3.1.2012 € 1,18559. Hinsichtlich des *Umwandlungszeitpunktes* entspricht die Bestimmung dem Art. 22 Abs. 5 Satz 2 des WA. Die Umrechnung in die entsprechende Währung hat nämlich gem. Art. 23 Abs. 7 Satz 2 CMR zwingend am *Tag des letztinstanzlichen Urteils* zu erfolgen, wenn die Parteien kein anderes Datum vereinbart haben.[48] Prozessual wirft dies nicht ganz zu Unrecht die Frage auf, ob tatsächlich ein auf Euro lautender Klageantrag gestellt werden kann, der im Zweifel nie ganz korrekt ausgeurteilt werden kann oder nicht insoweit der Klageantrag auf SZR lauten müsste mit der genauen Angabe zum Umrechnungstag. Nicht zu folgen ist der Auffassung, aus Zweckmäßigkeitsüberlegungen sei als maßgeblicher Zeitpunkt für die Umrechnung der Tag der letzten mündlichen Verhandlung anzunehmen.[49] Tatsächlich wird es häufig schwierig sein, am Tag der Urteilsverkündung den genauen Tageswert zu ermitteln; dann muss notgedrungen auf den zeitnächsten Wert zurückgegriffen werden, auch wenn dies nicht ganz gesetzeskonform ist. 17

---

45 Vgl. zum Streitstand: MünchKommHGB/*Jesser-Huß*, Art. 23 CMR Rdn. 23 m.w.N.; *Rogov*, TranspR 2002, 291 ff.; *ders.*, TranspR 2005, 185 ff.
46 Vgl. *Otte*, in: Ferrari et al., Int. VertragR, Art. 23 CMR Rdn. 27.
47 Vgl. z. B. auf der Webseite des GDV: www.tis-gdv.de.
48 BGH, 22.10.2009, TransR 2009, 479, 482; BGH, 6.2.1997 – I ZR 202/94, TranspR 1997, 335; OLG Hamburg, 24.10.1991 – 6 U 103/91, TranspR 1992, 66 „jetzt"; vgl. auch BGH, 5.6.1981 – I ZR 92/79, TranspR 1981, 130 = VersR 1981, 1030 = ETR 1982, 301 = RIW 1981, 792; MünchKommHGB/*Jesser-Huß*, Art. 23 CMR Rdn. 21; *Glöckner*, Leitfaden zur CMR, Art. 23 CMR Rdn. 11; Staub/*Helm*, Art. 23 CMR Rdn. 48; *Herber/Piper*, Art. 23 CMR Rdn. 17; *Boesche*, in: EBJS, Art. 23 CMR Rdn. 7; *Koller*, Art. 23 CMR Rdn. 9 und *Piper*, Rdn. 359.
49 OLG Düsseldorf, 12.1.1984 – 18 U 151/83, TranspR 1984, 102, *Decker*, CMR, S. 82; nicht ganz exakt insoweit auch OLG Hamburg, 18.6.1992 – 6 U 113/91, TranspR 1992, 421, das den Wert des SZR vom 4.6.1992 zugrunde legt.

Art. 23 Haftung des Frachtführers

bb) Das Rohgewicht

18 Das Rohgewicht des Gutes i.S.v. Art. 23 Abs. 3 CMR ist das Bruttogewicht, d.h. das Nettogewicht einschließlich des Tara-Gewichtes der Verpackung.[50] In gleicher Weise wird der Begriff des Rohgewichtes auch in den anderen Transportrechtsordnungen, in denen er Verwendung findet, interpretiert (vgl. z.B. § 431 HGB, § 660 Abs. 1 HGB). Zur Verpackung gehören auch Paletten, auf die das Gut – häufig mit Kunststofffolie umhüllt und verschweißt – gestapelt bzw. geladen ist und die deshalb mit ihm eine Einheit bilden (vgl. Voraufl. Anh. IV, Rdn. 8 f.).[51] Geht ein ganzer vom Absender gestellter Container verloren, so ist dessen Gesamtgewicht einschließlich der Ladung maßgebend (vgl. Voraufl. Anh. III, Rdn. 89 ff.).[52]

cc) Die Berechnung der Haftungshöchstgrenze bei Totalverlust

19 Die Berechnung der Haftungshöchstsumme erfolgt nach dem Rohgewicht der als Einheit zu betrachtenden gesamten verlorengegangenen Sendung – ohne Unterschied, ob die Werte einzelner Waren oder in Rechnungen oder Verpackungseinheiten zusammengefasster Stücke für sich gesehen die Höchstsumme bereits erreichen oder nicht.[53] Es kommt deshalb nicht darauf an, ob und inwieweit einzelne Gegenstände oder einzelne Verpackungseinheiten den Wert von 8,33 SZR pro Kilogramm erreichen oder überschreiten.[54]

Die Bedeutung für die Praxis wird an folgendem Beispiel deutlich:

---

50 BGH, 30.1.1981 – I ZR 18/79, TranspR 1981, 129 und 1182, 155 = VersR 1981, 473 = NJW 1981, 1902 = RIW (AWD) 1981, 343 unter ausdrücklicher Bezugnahme auf die BGH-Entscheidung, 7.5.1969 – I ZR 126/67, VersR 1969, 703 = VRS 37, 100 zu § 35 Abs. 4 KVO; OLG Stuttgart, 22.12.1978 – 2 U 116/78, VersR 1979, 637; MünchKommHGB/*Jesser-Huß*, Art. 23 CMR Rdn. 24; *Glöckner*, Art. 23 CMR Rdn. 12; Staub/*Helm*, Art. 23 CMR Rdn. 40; *Herber/Piper*, Art. 23 CMR Rdn. 18; *Boesche*, in: EBJS, Art. 23 CMR Rdn. 8; *Koller*, Art. 23 CMR Rdn. 9 und *Piper*, Rdn. 359; vgl. auch *Roesch*, VersR 1978, 300.
51 *Koller*, Art. 23 Rdn. 14; *Gass*, in: EBJS, § 431 HGB Rdn. 14.
52 *Thume*, TranspR 1990, 41, 46; *Gass*, in: EBJ, § 407 HGB Rdn. 49; Staub/*Helm*, Art. 17 CMR Rdn. 39; *Koller*, Art. 23 Rdn. 14.
53 BGH, 30.1.1981 – I ZR 18/79, TranspR 1982, 155 = VersR 1981, 473 = NJW 1981, 1902 = MDR 1981, 556 = RIW/AWD 1981, 343; OGH Wien, 18.3.1986 – 2 Ob 640/85, TranspR 1986, 379; OLG Stuttgart, 22.12.1978 – 2 U 116/78, VersR 1979, 635; MünchKommHGB/*Jesser-Huß*, Art. 23 CMR Rdn. 26 f.; *Glöckner*, Art. 23 CMR Rdn. 12; Staub/*Helm*, Art. 23 CMR Rdn. 41; *Herber/Piper*, Art. 23 CMR Rdn. 19; *Boesche*, in: EBJS, Art. 23 CMR Rdn. 8; *Koller*, Art. 23 CMR Rdn. 14; *Pesce*, TranspR 1987, 11, 12.
54 *Boesche*, in: EBJS, Art. 23 CMR Rdn. 8; *Koller*, Art. 23 CMR Rdn. 14; *Piper*, Rdn. 356.

Der Frachtführer befördert folgende Güter:

Gut	Gewicht	Wert	Haftungshöchstsumme (fiktive 10 €/kg)
A	200 kg	€ 30.000,–	€ 2.000,–
B	1000 kg	€ 1.000,–	€ 10.000,–

Die Haftungshöchstsumme beträgt hier   € **12.000,–**

Die Güter sind gerade nicht getrennt zu betrachten, wonach bei Gut A € 2.000,– und bei Gut B auf den tatsächlichen Wert von € 1.000,– statt auf die Haftungshöchstgrenze abzustellen wäre. Vielmehr ist das Gut mit einem Gesamtgewicht von 1200 kg und einem Wert von € 31.000,– Gegenstand der Betrachtung, so dass sich insgesamt eine Haftungshöchstsumme von € 12.000,– ergibt.

Wenn der Fixkostenspediteur – der lt. BGH nicht nur nach deutschem Recht wie ein Frachtführer haftet[55] (vgl. dazu Art. 17 CMR Rdn. 1 und Vor Art. 1 CMR Rdn. 78) mehrere Sendungen verschiedener Absender als eine (Sammel-)Sendung befördern lässt, kann es, wie *de la Motte*[56] anschaulich zeigt, zu unterschiedlichen Haftungsbeträgen kommen. Dann muss der Spediteur/Frachtführer (teils im Wege der Drittschadensliquidation) vom (Unter-)Frachtführer den Gesamtbetrag, für den dieser haftet, anfordern und anschließend den Betrag, um den dessen Haftung seine eigene Haftung übersteigt, an die Absender entsprechend auskehren.[57] **20**

Die summenmäßige Haftungsbegrenzung des Art. 23 Abs. 3 CMR bezieht sich nur auf den Wertersatz gem. Abs. 1 u. 2. Zusätzlich können darüber hinaus gem. Art. 23 Abs. 4 CMR Fracht, Zölle und sonstige Kosten zu erstatten sein. Näheres dazu siehe unten unter Rdn. 34. **21**

dd) Haftungshöchstgrenzen bei Teilverlust

Wie oben in Rdn. 1 ausgeführt, liegt Teilverlust vor, wenn einzelne Stücke einer Sendung verloren gehen oder völlig wertlos werden, während die übrigen Güter der Sendung abgeliefert werden. Auch bei Teilverlust ist der Wert der einzelnen verlorenen Gegenstände zu ersetzen, wie sich aus Art. 23 Abs. 1 CMR ergibt. Hinsichtlich der Wertberechnung kann auf die obigen Ausführungen unter Rdn. 7 Bezug genommen werden. Wenn der Teilverlust Auswirkungen auf den Wert des Restgutes hat, so dass dieses insgesamt gemindert oder gar vollständig **22**

---

[55] BGH, 14.2.2008 – I ZR 183/05; TranspR 2009, 323.
[56] *de la Motte*, VersR 1988, 317, 319.
[57] Zustimmend MünchKommHGB/*Jesser-Huß*, Art. 23 CMR Rdn. 29f.; Staub/*Helm*, Art. 23 CMR Rdn. 44; *Herber/Piper*, Art. 23 CMR Rdn. 21; *Boesche*, in: EBJS, Art. 23 CMR Rdn. 9; *Koller*, Art. 23 CMR Rdn. 9.

Art. 23 Haftung des Frachtführers

entwertet wird, kann eine Gesamtbeschädigung vorliegen (vgl. oben Rdn. 2 und Art. 17 CMR Rdn. 79. Es besteht Anspruch auf den entsprechenden Wertersatz.[58]

23 Die *Berechnung der Haftungshöchstgrenze* bei Verlust einzelner Teile der Sendung bereitet gelegentlich Schwierigkeiten. Aus Art. 23 Abs. 3 ist – zumindest in der englischen und französischen und damit bindenden Originalfassung – zu entnehmen, dass *bei Festlegung der summenmäßigen Begrenzung der Haftung das fehlende Gewicht maßgeblich ist und nicht das Gesamtgewicht der Sendung.*[59] Entscheidend für die Berechnung der Höchstentschädigung bei Teilverlust (und auch Teilbeschädigung) ist mithin das Gewicht der fehlenden (bzw. beschädigten) Gesamtmenge, nicht aber das Gewicht des einzelnen Frachtstücks, das verloren gegangen (bzw. beschädigt worden) ist. Zur Ermittlung der Haftungshöchstgrenze wird also das Gesamtgewicht des verlorenen Teils der Sendung mit 8,33 SZR multipliziert, ohne Rücksicht darauf, ob die Werte einzelner verlorener Güter oder Packstücke für sich allein die Haftungshöchstgrenze bereits erreichen oder nicht.[60]

Bei dem oben in Rdn. 19 genannten Beispiel ergibt sich also für Teilverluste folgende Haftungshöchstsumme:

Gut	Teilverlust Gewicht	Teilverlust Wert
A	100 kg	€ 15.000,–
B	500 kg	€ 500,–

Die Haftungshöchstsumme beträgt   600 kg × € 10,– = **€ 6.000,–**

24 Gerät ein *Teil der Sendung in Verlust und wird ein anderer Teil beschädigt*, so ist die Berechnung der Schadensersatzleistungen getrennt nach Art. 23 Abs. 3 und Art. 25 CMR vorzunehmen,[61] jedoch darf die Gesamtentschädigung nicht höher sein als bei Totalverlust.

---

58 BGH, 3.7.1994 – I ZR 120/73, NJW 1974, 11013; OLG Stuttgart, 15.9.1993 – 3 U 69/93 TranspR 1994, 156 und OLG Hamburg, 15.1.1998 – 6 U 14/96, TranspR 1998, 290, 292 ff.
59 MünchKommHGB/*Jesser-Huß*, Art. 23 CMR Rdn. 28; *Heuer*, S. 121; Staub/*Helm*, Art. 23 CMR Rdn. 52; *Herber/Piper*, Art. 23 CMR Rdn. 35; *Koller*, Art. 23 CMR Rdn. 14; *Glöckner*, Art. 23 CMR Rdn. 24; *de la Motte*, VersR 1988, 317, 319.
60 BGH, 30.1.1981 – I ZR 18/79, TranspR 1982, 155 = NJW 1981, 1902 = VersR 1981, 473; OGH Wien, 18.3.1986 – 2 Ob 640/85, TranspR 1986, 379; MünchKommHGB/*Jesser-Huß*, Art. 23 CMR Rdn. 28; *Glöckner*, Art. 23 CMR Rdn. 24 und VersR 1988, 327, 328; *Koller*, Art. 23 CMR Rdn. 14; *de la Motte*, VersR 1988, 317, 319.
61 OLG München, 27.2.1981 – 23 U 3825/80, VersR 1982, 334; OLG Hamburg, 24.1.1985 – 6 U 149/84, TranspR 1985, 185 = VersR 1986, 357; MünchKommHGB/*Jesser-Huß*, Art. 23 CMR Rdn. 29 f.; Staub/*Helm*, Art. 23 CMR Rdn. 54; *Herber/Piper*, Art. 25 CMR Rdn. 10; *Glöckner*, Art. 23 CMR Rdn. 25; *Groth*, VersR 1983, 1104, 1106; *Knorre*, TranspR 1985, 241, 242; a.A. *Koller*, Art. 25 CMR Rdn. 5.

4. Fracht, Zölle, sonstige Kosten (Art. 23 Abs. 4 CMR)

Literatur: *Heuer*, Der Umfang der Kostenerstattung gem. Art. 23 Abs. 4 CMR, TranspR 1987, 357; *Koller*, Die Erstattungspflicht von Frachten, Zöllen und sonstigen Kosten gem. Art. 23 Abs. 4 CMR, VersR 1989, 2; *Konow*, Aufwendungsersatz bei Fürsorgemaßnahmen für das Gut während des Transports, TranspR 1988, 229.

a) Allgemeines

Nach Art. 23 Abs. 4 CMR sind außerdem Fracht, Zölle und sonstige aus Anlass 25 der Beförderung des Gutes entstandene Kosten im Falle des gänzlichen Verlustes in voller Höhe und im Falle des teilweisen Verlustes anteilig zurückzuerstatten. Es handelt sich insoweit um einen über den Wertersatz gem. Art. 23 Abs. 1–3 CMR hinausgehenden zusätzlichen Ersatzanspruch, der auf den Ersteren nicht angerechnet wird. Dieser zusätzliche Anspruch erfasst die in Art. 23 Abs. 4 CMR genannten Frachten, Zölle und sonstigen Kosten in vollem Umfang, also ohne Begrenzung nach oben.[62]

Frachtansprüche, die noch nicht bezahlt sind, mindern sich beim vom Frachtführer 26 zu vertretenden teilweisen Verlust oder teilweiser Beschädigung des Frachtgutes anteilig und gehen bei vollständigem Verlust oder Totalbeschädigung ganz unter, ohne dass es insoweit einer Aufrechnung des Absenders bedarf;[63] Näheres siehe unten Rdn. 28. Dagegen müssen die nach Art. 23 Abs. 1–3 CMR entstandenen Wertersatzansprüche im Aufrechnungswege geltend gemacht oder selbstständig eingeklagt werden.[64]

b) Einzelheiten

Die Auslegung und Rechtsanwendung des Art. 23 Abs. 4 CMR erweist sich im 27 Detail gelegentlich als schwierig. Vornehmlich in den ersten Jahren nach Inkrafttreten der CMR gab es eine Reihe von teilweise erheblich voneinander abweichenden Entscheidungen deutscher Gerichte, die eher zur Verwirrung als zur Klärung der bei der Anwendung auftretenden Rechtsprobleme beigetragen haben.[65]

Inzwischen haben jedoch Rechtsprechung und auch Literatur bei den meisten der anstehenden Probleme eine nahezu einheitliche Rechtsauffassung entwickelt. Zu den einzelnen Fragenkomplexen ist Folgendes auszuführen:

---

62 MünchKommHGB/*Jesser-Huß*, Art. 23 CMR Rdn. 29 f.; Staub/*Helm*, Art. 23 CMR Rdn. 18; *Herber/Piper*, Art. 23 CMR Rdn. 21; *Boesche*, in: EBJS, Art. 23 CMR Rdn. 10.
63 BGH, 14.12.1988 – I ZR 235/86, TranspR 1989, 141 = VersR 1989, 309 = NJW-RR 1989, 481 = RIW 1989, 389.
64 BGH, 14.12.1988 – I ZR 235/86, a.a.O.
65 Vgl. *Heuer*, TranspR 1987, 357.

Art. 23 Haftung des Frachtführers

aa) Zusätzliche Aufwendungen

28 Nach Art. 23 Abs. 4 CMR sind bei Verlust und Teilverlust „außerdem" – ohne weiteren Schadensersatz – Frachten, Zölle und sonstige aus Anlass der Beförderung des Gutes entstandene Kosten zurückzuerstatten. Die verbindliche englische und französische Fassung lautet „*in addition*" bzw. „*en outre*". Da die Erstattung des in Verlust gegangenen Wertes bereits in Art. 23 Abs. 1–3 CMR geregelt ist, können alle jene Aufwendungen nicht mehr unter Abs. 4 fallen, die schon den Wert des Gutes am Versandort beeinflusst haben, denn andernfalls würde der Anspruchsberechtigte hinsichtlich dieser Kosten doppelt entschädigt werden.[66] Deshalb werden beispielsweise Verpackungskosten, Vorfrachten und Vorlagerungskosten nicht nach Art. 23 Abs. 4 CMR gesondert vergütet.[67] Aber nur vor Beginn des Transportes bezahlte Aufwendungen, die sich werterhöhend auf das Frachtgut ausgewirkt haben, können nicht noch einmal gesondert erstattet werden. Ist andererseits die Fracht oder der Zoll im Voraus bezahlt worden, so sind diese Beträge bei Totalverlust voll und bei Teilverlust anteilig zurückzuerstatten,[68] es sei denn, die Zölle könnten wegen Nichtausfuhr infolge Verlustes zurückgefordert werden.[69] Alle übrigen Kosten, die anlässlich der Beförderung entstanden sind, sind erstattungsfähig, auch dann, wenn durch sie der Wert des Gutes nicht zusätzlich erhöht wird. Der Werterhöhungsfaktor ist nämlich kein entscheidendes Merkmal für deren Erstattungsfähigkeit,[70] auch wenn er in diesem Zusammenhang gelegentlich genannt wird.[71]

29 *Erstattungsfähig* sind daher neben den ausdrücklich im Gesetz erwähnten *Frachten* und *Zöllen* insbes. *Wiegegelder, Siegel- und Nachnahmegebühren, Rollgelder,* etc.;[72] *Import- und Exportsteuern,*[73] wie z.B. die Einfuhrumsatzsteuer,[74] *Transportversicherungsprämien* und alle übrigen zusätzlichen Kosten, soweit sie nicht bereits im Wert des Gutes zur Zeit und am Ort der Übernahme enthalten sind.

---

[66] OLG Hamburg, 15.1.1998 – 6 U 14/96, TranspR 1998, 290; 293; *Heuer*, TranspR 1987, 357; MünchKommHGB/*Jesser-Huß*, Art. 23 CMR Rdn. 33; Staub/*Helm*, Art. 23 CMR Rdn. 30; *Herber/Piper*, Art. 23 CMR Rdn. 26; *Boesche*, in: EBJS, Art. 23 CMR Rdn. 11; *Koller*, VersR 1989, 2, 5 und Art. 23 CMR Rdn. 10.

[67] *Decker*, TranspR 1985, 311, 314; *Heuer*, S. 122; *Koller*, a.a.O.; *Loewe*, ETR 1976, 503, 568.

[68] *Heuer*, TranspR 1987, 358; *Koller*, VersR 1989, 2 und Art. 23 CMR Rdn. 10.

[69] Vgl. *Koller*, VersR 1989, 7.

[70] *Koller*, VersR 1989, 2, 4.

[71] So bei *Decker*, TranspR 1985, 311; *de la Motte*, VersR 1988, 317.

[72] MünchKommHGB/*Jesser-Huß*, Art. 23 CMR Rdn. 39; Staub/*Helm*, Art. 23 CMR Rdn. 30; *Herber/Piper*, Art. 23 CMR Rdn. 29; *Boesche*, in: EBJS, Art. 23 CMR Rdn. 13; *Koller*, VersR 1989, 2, 5 und Art. 23 CMR Rdn. 10.

[73] BGH, 13.2.1980 – IV ZR 39/78, NJW 1980, 2021; OLG Düsseldorf, 14.7.1983 – 18 U 15/83, TranspR 1984, 16; OLG München, 17.7.1991 – 7 U 2871/91, TranspR 1991, 427; OLG Hamburg, 2.5.1985 – 6 U 206/84, VersR 1986, 865, 866; OLG Hamburg, 7.11.1985 – 6 U 88/85, TranspR 1986, 15; OLG Hamburg, 16.1.1986 – 6 U 218/85, TranspR 1986, 229.

[74] OLG München, 17.7.1991 – 7 U 2871/91, TranspR 1991, 427.

Schließlich gehören hierzu auch solche Kosten, die erst nach Beendigung des eigentlichen Beförderungsvorgangs entstehen, wie z. B. die *Entladekosten*.[75]

bb) „Entstandene" Aufwendungen

Nach dem Wortlaut des Art. 23 Abs. 4 CMR sind nur aus Anlass der Beförderung *„entstandene" Frachten, Kosten und Abgaben* zu erstatten. Daraus könnte man auf den ersten Blick schließen, dass lediglich die zum Zeitpunkt des Schadenseintritts schon bezahlten Aufwendungen vergütet werden müssen, nicht aber jene, die bislang noch nicht bezahlt sind, wie z. B. gestundete Zölle oder noch offene Frachtkosten. Ein sachlicher Grund, in Art. 23 Abs. 4 CMR zwischen tatsächlich schon aufgewendeten und erst noch zu bezahlenden Kosten zu unterscheiden, besteht jedoch nicht.[76] Vielmehr würde bei einer solchen Unterscheidung nahezu jeder Absender, der sich zur Vereinfachung der Zollformalitäten des dafür entwickelten gemeinschaftlichen Versandverfahrens nach dem Zollkodex (ZK) bediente, benachteiligt, weil danach i.d.R. die Verzollung erst am Bestimmungsort erfolgt. Nicht nur bereits bezahlte Frachten, Kosten und Abgaben sind zurückzuerstatten, sondern auch die noch nicht bezahlte Fracht fällt bei Totalverlust gänzlich weg, ohne dass es einer Aufrechnung bedarf; bei teilweisem Verlust oder teilweiser Beschädigung mindert sie sich entsprechend anteilig.[77]

30

cc) Aufwendungen aus Anlass der Beförderung

Nach Art. 23 Abs. 4 CMR sind neben den Frachten und Zöllen – ohne weiteren Schadensersatz – nur sonstige *aus Anlass der Beförderung* des Gutes entstandene Kosten zu erstatten. Die Auslegung und teilweise ungenügende Beachtung dieser Textpassage hat in der Vergangenheit in Rechtsprechung und Literatur zu großer Verwirrung geführt.

31

So hatte 1974 der BGH bei einer Sendung tiefgefrorener Fische, die infolge eines Antauschadens an der französischen Grenze die Einfuhrgenehmigung nicht erhielt, die Kosten der Rückbeförderung zum Absendeort sowie die Kosten des erneuten Tiefgefrierens und Einlagerns und die Erstellung einer Expertise gem. Art. 23 Abs. 4 CMR als erstattungsfähig angesehen.[78] Das Gleiche galt nach Auffassung des OLG Frankfurt/M. bezüglich anfallender Sachverständigenkosten

---

[75] *Alff*, Art. 23 CMR Rdn. 5; Staub/*Helm*, Art. 23 CMR Rdn. 30; *Glöckner*, CMR, 6. Aufl., Art. 23 CMR Rdn. 18; *Knorre*, TranspR 1985, 241, 243; *Koller*, Art. 25 CMR Rdn. 9.
[76] *Heuer*, TranspR 1987, 357, 358; vgl. *Boesche*, in: EBJS, Art. 23 CMR Rdn. 10.
[77] BGH, 14.12.1988 – I ZR 235/86, TranspR 1989, 141, 142 = VersR 1989, 309 = NJW-RR 1989, 481 = RIW 1989, 389; vgl. auch BGH, 7.3.1985 – I ZR 182/82, BGHZ 94, 71, 76 = TranspR 1986, 68 = VersR 1985, 685 = NJW 1985, 2091 = RIW 1985, 655 = ETR 1985, 343; OLG Düsseldorf, 30.6.1983 – 18 U 53/83, TranspR 1984, 130; *Glöckner*, Art. 23 CMR Rdn. 23; *Heuer*, S. 122; *Koller*, VersR 1989, 2, 7.
[78] BGH, 3.7.1974 – I ZR 120/73, VersR 1974, 1013 (1015) = NJW 1974, 1616 = AWD 1974, 495 = ETR 1975, 75.

Art. 23 Haftung des Frachtführers

für die Schadensermittlung oder Lagergebühren wegen falscher Ablieferung im Zollhof.[79]

32 Dagegen war in der Literatur von Anfang an der Standpunkt vertreten worden, dass die Kosten der Rückbeförderung, der Schadensbesichtigung sowie der Einlagerung nach Schadensentstehung oder Kosten für das Neuverpacken des beschädigten Gutes nicht nach Art. 23 Abs. 4 CMR erstattungsfähig sein können, weil es sich dabei nicht um aus Anlass der Beförderung entstandene Kosten handelt, sondern die eigentliche Ursache dieser Kostenentstehung im eingetretenen Schadensereignis selbst liegt.[80]

Der IV. Senat des BGH hat sich mit seiner grundlegenden Entscheidung vom 13.2.1980[81] dieser Auffassung angeschlossen und festgestellt, dass unter Kosten im Sinne dieser Bestimmung lediglich die mit dem Transport selbst verbundenen, nicht aber die durch den Verlust oder die Beschädigung entstandenen zusätzlichen Kosten zu verstehen sind. Kosten sind danach z.B. Wiege-, Siegel- und Nachnahmegebühren, Rollgelder, Import- und Exportsteuern und die Prämie für eine abgeschlossene Transportversicherung,[82] nicht aber die zur Behebung eines Schadens am Transportgut erforderlichen Reparaturkosten.

33 Diese Auffassung hat sich seitdem in Deutschland[83] durchgesetzt und ist heute in der Rechtsprechung als herrschend anzusehen.[84] Auch in der Literatur wird heute

---

79 OLG Frankfurt/M., 5.11.1985 – 5 U 261/84, TranspR 1986, 282 (285) = VersR 1986, 1070 = NJW-RR 1986, 577.
80 *Helm*, in: Großkomm. HGB, 1. Aufl., Art. 23 CMR Rdn. 2; *Heuer*, S. 122; *Loewe*, ETR 1976, 502, 568.
81 BGH – IV ZR 39/78, VersR 1980, 522 = NJW 1980, 2021; zustimmend *Helm*, IPRax 1981, 46.
82 Siehe oben Rdn. 29.
83 Aber nicht in allen Beitrittsstaaten; siehe Staub/*Helm*, Art. 23 CMR Rdn. 18, 26 und *Boesche*, in: EBJS, Art. 23 CMR Rdn. 14 mit Hinweis auf den Rechtsstreit Buchanan versus Babco; CA London, 2.12.1976 – ETR, 751, House of Lords, 9.11.1977, ETR 1978, 75 und OGH Dänemark, 4.5.1987, ETR 1994, 360.
84 BGH, 10.12.2009 – I ZR 154/07, TranspR 2010, 78 = VersR 2010, 648; OLG München, 15.12.2011 – 23 U 3178/11 (Kosten eines Schadensgutachtens), juris; BGH, 26.3.2003 – I ZR 206/2000, TranspR 2003, 453 = VersR 2004, 535 (CIM – Tabaksteuer); vgl. auch die ablehnenden Entscheidungen des KG Berlin, 1.11.1995 – 23 U 377/95, TranspR 1995, 342 (Tabaksteuer); OLG Düsseldorf, 30.6.1983 – 18 U 9/83, VersR 1984, 980 (Rücktransportkosten); OLG Düsseldorf, 14.7.1986 – 18 U 88/86, TranspR 1987, 24 (Bergungskosten); OLG Frankfurt/M., 11.6.1992 – 5 U 237/87, RIW 1992, 1026 = NJW-RR 1993, 169 (Sachverständigenkosten); OLG Hamburg, 3.6.1982 – 6 U 136/80, TranspR 1985, 266 (Vorprozesskosten als Schadensersatz); OLG Hamburg, 29.11.1984 – 6 U 134/84, TranspR 1985, 130 und OLG Hamburg, 24.10.1991 – 6 U 103/91, TranspR 1992, 66 (Sachverständigenkosten); OLG Hamburg, 2.5.1985 – 6 U 206/84, TranspR 1985, 398 = VersR 1986, 805 (Kosten der Schadensbesichtigung); OLG Hamburg, 11.9.1986 – 6 U 105/86, VersR 1987, 375 (Rücktransportkosten nach Schadenseintritt); OLG Hamburg, 16.1.1986 – 6 U 218/85, TranspR 1986, 229 (Zollstrafe und Sachverständigenkosten); OLG München, 5.7.1989 – 7 U 5947/88, TranspR 1990, 16 = NJW-RR 1989, 1434 = RIW 1989, 743 (Kosten der Rückversendung zur Reparatur sowie der Neuversendung); siehe ferner schon LG Frankfurt/M., 1.4.1970, AWD 1971, 414 (Arbeitslöhne für Auslösen und Neuverpackung des beschädigten Gutes) und LG Köln, 17.10.1986 – 87 O 160/85, TranspR 1987, 98 (verbürgte Zollkosten nach

einhellig die Auffassung vertreten, dass nur solche Aufwendungen unter Art. 23 Abs. 4 CMR fallen können, die unmittelbar mit der eigentlichen Beförderung zusammenhängen und aus deren Anlass entstanden sind, nicht aber die durch den Eintritt eines Schadens bedingten Kosten und Einbußen.[85]
Nicht erstattungsfähig sind daher insbes. die *Kosten der Schadensfeststellung* und *Begutachtung* (anders insoweit das nationale deutsche Recht in § 430 HGB), der *Schadensbeseitigung*, der *Aufräumung*, der *Säuberung*, der *Bergung* und der *Entsorgung* sowie die *Kosten eines Rücktransportes*.
Zu den nach wie vor umstrittenen Schadensminderungskosten siehe Art. 25 CMR Rdn. 16 ff.

Solche Kosten allerdings, die zwar anlässlich eines Verlustes oder einer Beschädigung des Gutes entstehen, die aber auch bei ordnungsgemäßer Durchführung in derselben Form und Höhe entstanden wären, wird man ebenfalls nach Art. 23 Abs. 4 CMR als erstattungsfähig ansehen können.[86] Insbesondere *Zölle und* sonstige *öffentliche Abgaben* sind demnach immer dann gem. Art. 23 Abs. 4 CMR zu erstatten, wenn sie auch bei normaler Transportabwicklung entstanden wären bzw. entstehen würden. In allen anderen Fällen sind sie nicht nach dieser Bestimmung erstattungsfähig,[87] so z.B. nicht solche Zölle und Abgaben, die wegen Diebstahls im Transitland erhoben werden, weil die Ware dadurch in den freien Verkehr gelangt.[88] Der BGH hat hier jüngst für den Fall auf dem Weg im Transitland Frankreich gestohlener für Spanien bestimmter Zigaretten entschieden, dass die im Transitland anfallende Tabaksteuer schadensbedingt und damit nicht erstattungsfähig nach Art. 23 Abs. 4 ist, während Ersatz für die bereits angebrachten spanischen Steuerbanderolen nach Art. 23 Abs. 1, 2 verlangt werden kann, weil diese den Wert des Gutes bereits am Absendeort erhöhen.[89] *Exportsubventionen* bei Auslandsgeschäften, die erst gewährt werden, nachdem das Gut den

34

Diebstahl des Beförderungsgutes); LG Düsseldorf, 29.11.1985 – 22 S 183/85, TranspR 1987, 340 (Kosten für Umverpackung nach Schadenseintritt).
85 MünchKommHGB/*Jesser-Huß*, Art. 23 CMR Rdn. 38 f.; *Decker*, TranspR 1985, 311; *Glöckner*, TranspR 1988, 327, 329 und Art. 23 CMR Rdn. 20; *Helm*, IPRax 1981, 46 und Staub/*Helm*, Art. 23 CMR Rdn. 18 ff.; *Herber/Piper*, Art. 23 CMR Rdn. 27; *Heuer*, TranspR 1987, 357; *Boesche*, in: EBJS, Art. 23 CMR Rdn. 10; *Knorre*, TranspR 1985, 242, 243; *Koller*, VersR 1989, 2 ff. und Art. 23 CMR Rdn. 10; *de la Motte*, VersR 1988, 317, 320; *Piper*, Rdn. 360.
86 *Heuer*, TranspR 1987, 357, 359; *Koller*, Art. 23 CMR Rdn. 10.
87 MünchKommHGB/*Jesser-Huß*, Art. 23 CMR Rdn. 35; *Decker*, TranspR 1985, 311; Staub/*Helm*, Art. 23 CMR Rdn. 25; *Herber/Piper*, Art. 23 CMR Rdn. 30; *Heuer*, TranspR 1987, 357; *Boesche*, in: EBJS, Art. 23 CMR Rdn. 12; *Koller*, VersR 1989, 2 ff. und Art. 23 CMR Rdn. 10; *de la Motte*, VersR 1988, 317, 320.
88 BGH, 10.12.2009 – I ZR 154/07, TranspR 2010, 78 = VersR 2010, 648 (Tabaksteuer; Steuerbanderolen); BGH, 26.3.2003 – I ZR 206/2000, TranspR 2003, 453 = VersR 2004, 535 (CIM – Tabaksteuer); OGH Wien, 25.1.1990 – 7 Ob 698/89, TranspR 1990, 235; KG Berlin, 1.11.1995 – 23 U 377/95, TranspR 1995, 342 (Tabaksteuer); LG Köln, 17.10.1986 – 87 O 160/85, TranspR 1987, 98; a.A. OLG Hamburg, 7.11.1985 – 6 U 88/85, TranspR 1986, 15 = VersR 1987, 100; vgl. zum Ganzen auch *Konow*, TranspR 1988, 229 und *Piper*, Rdn. 360.
89 BGH, 10.12.2009 – I ZR 154/07, TranspR 2010, 78 = VersR 2010, 648; zustimmend Cour de Cassation, 5.10.2010 – R 09-10.837 (juris).

Art. 23 Haftung des Frachtführers

Übernahmeort verlassen und die Grenze überschritten hat, sind nach der hier vertretenen Auffassung ein wertbildender Faktor und daher nicht zu berücksichtigen.[90]

35 *Strittig* ist, ob Aufwendungen infolge Güterschäden, die nicht gem. Art. 23 Abs. 4 CMR erstattbar sind, nach dem ergänzend anwendbaren nationalen Recht, also z.B. nach deutschem Recht bei *Verschulden* des Frachtführers von diesem aus dem Gesichtspunkt *der Pflichtverletzung gem. § 280 BGB* zu ersetzen sind.[91]

Das ist jedoch nicht zulässig. Die Haftungsbestimmungen der Art. 17 ff. CMR für Verlust, Beschädigung und Überschreitung der Lieferfrist sind in der CMR abschließend und zwingend geregelt, so dass eine ergänzende oder gar ersetzende Heranziehung anderer nationaler Rechtsgrundlagen ausscheidet (vgl. Vor Art. 17 CMR Rdn. 5; Art. 17 CMR Rdn. 1 und 213 sowie die Erläuterungen zu Art. 41 CMR).[92] Die über den Rahmen des Art. 23 Abs. 4 CMR hinausgehenden zusätzlichen Kosten für Bergung, Besichtigung, Schadensbeseitigung, Zollstrafen etc. sind Sachfolgeschäden des eingetretenen Verlustes bzw. der Beschädigung und damit solche Vermögensschäden, die nach dem Haftungssystem der CMR nicht zu erstatten sind, soweit keine schwere Schuld des Frachtführers gem. Art. 29 CMR vorliegt.[93] Das gilt auch für Kosten von Sonderzustellungsfahrten.[94] Die Nichtregelung solcher Kosten innerhalb der Art. 17 ff. CMR bedeutet vielmehr einen bewussten Ausschluss im Rahmen der Entschädigungsvorschriften.[95] Deshalb kann der Ersatz solcher Kosten und Aufwendungen nicht zusätzlich aus anderen Rechtsvorschriften abgeleitet werden. Anders ist es nur, wenn sie nicht eine Folge von Verlust, Beschädigung oder Lieferfristüberschreitung sind.[96] Bedenklich erscheint die in diesem Zusammenhang ergangene Entscheidung des OLG Hamburg vom 24.1.1985:[97] Damals waren infolge einer Beschädigung von Transportbehältern die darin befindlichen giftigen Substanzen

---

90 Im Ergebnis ebenso: MünchKommHGB/*Jesser-Huß*, Art. 23 CMR Rdn. 11; Staub/*Helm*, Art. 23 CMR Rdn. 30; *Herber/Piper*, Art. 23 CMR Rdn. 23; *Boesche*, in: EBJS, Art. 23 CMR Rdn. 12; *Thume*, TranspR 1995, 55; wie hier: *Koller*, Art. 23 CMR Rdn. 4, der die Ausfuhrsubvention beim Wert berücksichtigt; siehe dazu oben Rdn. 9.
91 So OLG Düsseldorf, Urt. v. 14.7.1986 – 18 U 88/86, VersR 1986, 1070 zur Erstattbarkeit von Bergungskosten wegen positiver Forderungsverletzung; *Herber/Piper*, Art. 23 CMR Rdn. 32 und *Piper*, S. 174, Rdn. 360.
92 OLG Frankfurt/M., 11.6.1992 – 5 U 237/87, RIW 1992, 1026 = NJW-RR 1993, 169 bezüglich Sachverständigenkosten.
93 H. M.: KG Berlin, 1.11.1995 – 23 U 377/95, TranspR 1995, 342; *Glöckner*, TranspR 1988, 327, 329; Staub/*Helm*, Art. 23 CMR Rdn. 1; *Heuer*, S. 170 und *ders.*, TranspR 1987, 357, 359; *Boesche*, in: EBJS, Art. 23 CMR Rdn. 15; *Koller*, Art. 23 CMR Rdn. 10 a.E.; *de la Motte*, VersR 1988, 317.
94 OLG Stuttgart, 15.9.1993 – 3 U 69/93, TranspR 1994, 156, 159.
95 *Konow*, TranspR 1988, 229, 230.
96 BGH, Urt. v. 27.10.1978 – I ZR 30/77, TranspR 1982, 108 = VersR 1979, 276 = NJW 1979, 2473 = RIW 1979, 863; OLG München, 27.6.1979 – 7 U 1181/79, TranspR 1980, 95 = VersR 1980, 271; vgl. ferner OLG Hamburg, 3.6.1982 – 6 U 136/80, TranspR 1985, 266 wegen der vom Frachtführer, der seine Schadensverantwortung verneint hatte, zu erstattenden Kosten des hierdurch verursachten Vorprozesses.
97 OLG Hamburg, 24.1.1985 – 6 U 149/84, TranspR 1985, 185 = VersR 1986, 357.

entwichen und in die Umwelt gelangt, weshalb die Feuerwehr einschreiten musste. Die Kosten dieses Feuerwehreinsatzes waren dem Absender auferlegt worden. Das OLG gab dessen Regress gegen den CMR-Frachtführer aus positiver Vertragsverletzung statt mit der Begründung, nicht der Verlust bzw. die Beschädigung der Güter als solche hätten den Feuerwehreinsatz verursacht, sondern die wegen des Austritts giftiger Gase bestehende Vergiftungsgefahr. Auch die Vergiftungsgefahr ist jedoch Folge der Verletzung der Obhutspflicht; die zu deren Beseitigung erforderlichen Kosten sind also mittelbare – und deshalb nicht erstattbare – Aufwendungen.

Eine ganz andere Frage ist die, ob *bei Beschädigung des Frachtgutes im Rahmen der Wertminderung des Art. 25 Abs. 1 CMR Schadensminderungskosten*, wie z.B. Bergungskosten, Kosten des Rücktransportes oder der Umverpackung Berücksichtigung finden können (Näheres dazu siehe Art. 25 CMR Rdn. 16 ff.). **36**

dd) Erstattung bei Teilverlust

Bei einem Teilverlust sind die erstattungsfähigen Frachten, Zölle und Kosten nach Art. 23 Abs. 4 letzter Halbsatz CMR „anteilig" zu ersetzen. Das bedeutet, dass bei gewichtsorientierten Frachten und Kosten der Ersatz im Verhältnis „Gesamtgewicht der Sendung zum verloren gegangenen Teil der Sendung" zu erfolgen hat. Soweit es sich um wertorientierte Zölle und Kosten handelt, ist auf das Verhältnis der Werte abzuheben.[98] **37**

ee) Keine Erstattung bei Lieferfristüberschreitung

Art. 23 Abs. 4 CMR gilt nicht für die Fälle der Verspätung. Dort ist auch keine Minderung der Vergütung gem. § 634 Nr. 3 BGB oder wegen Pflichtverletzung gem. § 280 BGB möglich.[99] **38**

5. Keine Erstattung von Güterfolgeschäden

In der deutschen – nicht amtlichen – Fassung des Art. 23 Abs. 4 CMR heißt es bei der Erstattung der Frachten, Zölle und sonstigen Kosten nur: „ohne weiteren Schadensersatz". Deutlicher sind die verbindlichen Texte der englischen und französischen Originalfassung, welche in Abs. 4 ganz am Schluss folgenden Halbsatz enthalten: „d'autres dommages – intérêts ne sont pas dus" bzw. „but no further damages shall be payable". **39**

Damit wird die Beschreibung des Haftungsumfangs für den gänzlichen oder teilweisen Verlust des Gutes insgesamt abgeschlossen, denn der folgende Abs. 5 enthält die Entschädigung bei Lieferfristüberschreitung. Da die zwingenden Bestim-

---

[98] *Loewe*, ETR 1976, 502, 569; MünchKommHGB/*Jesser-Huß*, Art. 32 CMR Rdn. 43; *Koller* Art. 23 CMR Rdn. 15.
[99] OLG Nürnberg, 27.10.1993 – 12 U 1951/93, TranspR 1994, 154.

Art. 23 Haftung des Frachtführers

mungen der CMR die Frachtführerhaftung abschließend regeln, ist absolut herrschende Meinung, dass bei Verlust weitere Schäden, die auf dem Verlust beruhen, insbesondere Vermögensschäden, nicht erstattet werden.[100] Eine weitere Bestätigung dafür, dass Güterfolgeschäden nicht ersetzt werden, ergibt sich auch aus Art. 23 Abs. 6 CMR, der eine höhere Entschädigung nur zubilligt, wenn eine Wertdeklaration nach Art. 24 CMR oder ein besonderes Interesse an der Lieferung nach Art. 26 CMR angegeben wird.

Bei Beschädigung nimmt Art. 25 Abs. 1 wiederum Bezug auf Art. 23 Abs. 1, 2 und 4 und definiert diese Bestimmungen als Berechnungsgrundlage. Auch ein Güterfolgeschaden, der durch die Beschädigung des Gutes eintritt, wird deshalb nach den zwingenden Bestimmungen der CMR nicht erstattet. Bei Vermögensschäden als Folge einer Beschädigung, wie etwa dem dadurch entgehenden Gewinn, wird dies auch von niemandem bezweifelt.[101]

40 Ein klassisches Beispiel für Güterfolgeschäden bei Beschädigung sind die *Vermischungsschäden* (= *Kontaminationsschäden*), die namentlich bei Tank- und Silofahrzeugen dann eintreten, wenn diese von der vorhergehenden Ladung nicht ausreichend gereinigt sind, so dass deren Reste die neue Ladung im Tank/Silo verschmutzen und beschädigen. Wird das so verschmutzte Gut beim Empfänger abgeliefert und vermischt es sich dort mit vorhandenen Gütern gleicher Art, so kann sich der Schaden fortpflanzen und auch diese Güter beschädigen. Auch dann handelt es sich um einen Güterfolgeschaden, denn Ursache ist Verschmutzung des geladenen Gutes. Für diese Folgeschäden beim Empfänger tritt deshalb keine zusätzliche Haftung des Frachtführers ein; denn nach Art. 28 CMR kann sich der Frachtführer bezüglich der Folgen der Beschädigung auch dem Empfänger gegenüber auf die Haftungsbestimmung des Art. 23 Abs. 4, die jede weitere Entschädigung ausschließt, berufen.[102]

Das OLG Bremen hat deshalb bei einem innerdeutschen Transport den Ersatz eines weiteren Vermischungsschadens im Tank des Empfängers zu Recht abgelehnt.[103] Dagegen hatte der Hogeraad der Niederlande im Jahre 1994 entschieden, dass dieser weitere Kontaminierungsschaden, der sich durch das Einbringen der verschmutzten Ladung des Frachtgutes in dem Tank des Empfängers fortgepflanzt hatte, überhaupt nicht dem CMR-Übereinkommen unterliege. Vielmehr unterliege die Haftung des Frachtführers für andere als die beförderten Sachen dem anwendbaren nationalen Recht. Art. 28 CMR enthalte keine Regelung für

---

100 Siehe oben Rdn. 3 und Baumbach/Hopt/*Merkt*, § 432 HGB Rdn. 2.
101 Die gleiche Rechtslage hat der deutsche Gesetzgeber für nationale Transporte in § 432 HGB geschaffen, dessen letzter Satz lautet: „Weiteren Schaden hat er nicht zu ersetzen", sowie durch § 434 Abs. 2 HGB, der diese Haftungsbeschränkung auf außervertragliche Ansprüche Dritter erstreckt.
102 *Thume*, VersR 2002, 256 ff.; *ders.*, TranspR 2004, Sonderbeilage zu Heft 3, S. XL; *ders.*, r+s, 2006, 89; *Koller*, § 434 HGB Rdn. 7; *Andresen/Valder*, § 432 HGB Rdn. 14; a.A. *Heuer*, TranspR 2002, 344 und *ders.*, TranspR 2005, 70.
103 OLG Bremen, 16.10.2003 – 2 U 31/03, VersR 2004, 222 = TranspR 2005, 69; so jetzt auch BGH, 5.10.2006 – I ZR 240/03, TransR 2006, 454 mit Anm. *Heuer*.

die Haftung wegen Beschädigung oder Verlust anderer als der beförderten Güter.[104] Eine nähere Begründung für diese Auffassung enthält die Entscheidung nicht. *Haak* schließt sich dieser Auffassung an, mit der Begründung, dass ein sanktionsloser Güterfolgeschaden nur eine voraussehbare kausale Folge der Ablieferung der beschädigten Güter sein könne, nicht aber dann, wenn die Beschädigung in objektiver Hinsicht nicht zu erwarten sei. In einem solchen Fall der fortgeführten Kontaminierung handle es sich um einen „Schaden, der an nicht zum Transport bestimmten Sachen eintrete".[105] Eine derartige Unterscheidung von Güterfolgeschäden je nach Art der Vorhersehbarkeit sieht die CMR jedoch nicht vor.

Zu unterscheiden sind diese Vermischungsschäden jedoch von den *Kollateralschäden*, welche fächerartig zugleich mit und parallel zu einem Güterschaden eintreten und nicht dessen Folge sind. Ein solcher Fall liegt z.B. vor, wenn das Frachtgut während eines Wendemanövers auf dem Hof des Empfängers vor der Ablieferung vom LKW fällt und auf dort abgestellte andere Güter prallt, wodurch sowohl das Frachtgut selbst als auch diese anderen Güter beschädigt werden oder wenn der Frachtführer den Entleerungsschlauch eines Heizölfahrzeuges unsachgemäß an den Eingangsstutzen des Empfängertanks anschließt, so dass das Öl in den Boden sickert, diesen verunreinigt und zugleich selbst unbrauchbar wird und nicht mehr abgeliefert werden kann. Hier verursacht ein und dasselbe Schadensereignis keine Kettenreaktion, wie oben beim weiterfressenden Vermischungsschaden, sondern es führt gleichzeitig zu mehreren fächerartig ausgebreiteten Schäden, die parallel nebeneinander und nicht nacheinander entstehen. Deshalb ist Art. 23 CMR nicht anwendbar, weil der Fremdschaden keine Folge des Güterschadens ist.[106]

III. Entschädigung bei Lieferfristüberschreitung (Art. 23 Abs. 5 CMR)

1. Allgemeines

Nach Art. 23 Abs. 5 CMR hat der Frachtführer bei Überschreitung der Lieferfrist einen daraus entstandenen Vermögensschaden in der Weise zu ersetzen, dass er dafür eine Entschädigung bis zur Höhe der Fracht zu leisten hat. Substanzschä- **41**

---

104 Hogeraad, 15.4.1994, Schip & Schade 1994, 72, anders Berufungsgericht Antwerpen, 19.11.1991, ETR 1992, 197 (es handelte sich um verschmutzte Essigsäure, die sich mit der sauberen Essigsäure des Empfängers vermischte).
105 So *Haak*, in: Gedächtnisschrift für Helm, S. 91 ff.; die weitere von ihm dort zitierte Entscheidung des Gerichts der Queens Bench Division, 29.10.1992, Lloy`s Rep. 1992, 114 = ETR 1993, 276 betraf keinen Kontaminationsschaden des geladenen Gutes, vielmehr hatte der Frachtführer ein falsches Frachtgut beim Empfänger abgeliefert, das sich erst dort mit der bereits vorhandenen Ware vermischte.
106 Siehe dazu BGH, 14.11.1991 – I ZR 299/98, TranspR 1992, 273 = VersR 1992, 767; *Heuer*, TranspR 2005, 71; a.A. *Koller*, § 434 HGB Rdn. 8.

Art. 23 Haftung des Frachtführers

den infolge einer Verspätung sind nach Abs. 1–3 zu ersetzen. Voraussetzung für die Anwendung von Abs. 5 ist, dass aus der Verspätung tatsächlich ein Schaden entstanden ist. Nur dieser konkrete eingetretene Schaden ist ersetzbar.[107] Fehlt die Kausalität zwischen Verspätung und Schadenseintritt, so entfällt die Haftung des Frachtführers.[108]

Die gesetzliche Definition der Lieferfristüberschreitung ist in Art. 19 CMR enthalten. Auf die dortigen Erläuterungen wird verwiesen. Dauert die Lieferfristüberschreitung länger als 60 Tage, so kann der Verfügungsberechtigte gem. Art. 20 Abs. 1 CMR das Gut als verloren betrachten (Näheres siehe dort). Die Haftung des Frachtführers für Lieferfristüberschreitungen ist in Art. 17 CMR geregelt (vgl. dort Rdn. 211ff.). Die Haftungsfolgenregelung des Art. 23 Abs. 5 CMR bedeutet, dass – abweichend von der Entschädigungsregelung für Verlust und Beschädigung – wegen der andersgearteten Art der Leistungsstörung nicht ein Wertersatz des Gutes erfolgt, sondern ein anderer Schaden, nämlich der durch die Verzögerung entstandene Vermögensschaden ersetzt wird.

42 *Zu beachten ist*, dass die Entschädigung wegen Überschreitung der Lieferfrist nur gefordert werden kann, wenn binnen 21 Tagen nach dem Zeitpunkt, an dem das Gut dem Empfänger zur Verfügung gestellt worden ist, an den Frachtführer ein schriftlicher Vorbehalt gerichtet wird (Art. 30 Abs. 3 CMR). Andernfalls tritt ein von Amts wegen zu beachtender *Rechtsverlust* ein, auch wenn die Verzögerung vom Frachtführer grob schuldhaft i.S.v. Art. 29 CMR verursacht worden ist.[109]

2. Einzelheiten

a) Verspätungsschaden

43 Liegen die Voraussetzungen der Art. 17 und 19 CMR vor, und tritt infolge der Verspätung ein Schaden ein, hat der Frachtführer hierfür im Rahmen des Art. 23 Abs. 5 CMR eine Entschädigung bis zur Höhe der Fracht zu leisten.

Dieser Entschädigungsanspruch für Verspätungsschäden steht neben dem für Verlust und Beschädigung der Güter. Im Gegensatz zu den Fällen der Substanzbeeinträchtigung ist bei Verspätung nicht nur der unmittelbare, sondern auch jeder mittelbare adäquat verursachte Schaden zu erstatten, weil sich dem nach Art. 51 Abs. 3 CMR maßgeblichen englischen und französischen Wortlaut den in Art. 23 Abs. 5 CMR verwendeten Begriffe *damage* und *prejudice* eine derartige

---

107 OLG Düsseldorf, 9.3.1995 –18 U 142/94, TranspR 1995, 288.
108 OLG Zweibrücken, 14.11.1984 – 4 U 193/83, TranspR 1985, 397.
109 BGH, 14.11.1991 – I ZR 236/89, TranspR 1992, 135.

Unterscheidung nicht entnehmen lässt.[110] Die Kausalität ist nach dem ergänzend anwendbaren nationalen Recht zu beurteilen.[111]

Der durch die Verspätung eintretende *Vermögensschaden* kann im Einzelfall **44** recht verschiedenartig sein. So kann der Schaden des Verfügungsberechtigten darin bestehen, dass er nun selbst wegen des verspäteten Eintreffens der Güter zur *Zahlung einer Vertragsstrafe* verpflichtet ist oder dass er dem Endabnehmer eine Entschädigung dafür zu leisten hat, dass dieser wegen des verspäteten Eintreffens der Güter *zusätzliche Einfuhrabgaben* entrichten muss. Der Schaden kann auch im *entgangenen Gewinn* bestehen sowie darin, dass das Gut nicht mehr, wie beabsichtigt, sofort verkauft, sondern wegen eines inzwischen nach Ablieferung entstandenen Qualitätsverlustes später zu niedrigerem Preis abgesetzt werden muss.[112] Ferner kann der Schaden darin liegen, dass während der Verspätung ein *Preisverfall*[113] oder *Verlust der Absatzmöglichkeit*[114] eintritt, oder darin, dass der Verfügungsberechtigte nach Ablauf der Lieferfrist *erhöhte Vorbehaltskosten, Aufwendungen, Stillstandsverluste, Produktionsausfälle oder andere Auslagen* bis zum Eintreffen des Frachtgutes hat. Bei frischem Obst und Gemüse kann schon durch die *kürzere* noch verbleibende *Vermarktungsdauer* ein Verspätungsschaden eintreten.[115] Schließlich können auch Aufwendungen als Schadenersatzfähig sein, die als erforderlich anzusehen waren, um einen konkret drohenden Schadenseintritt, wie etwa den drohenden Abbruch einer erfolgreichen Geschäftsbeziehung, abzuwenden.[116] Der Schaden muss substantiiert dargelegt und nachgewiesen werden. Die bloße Behauptung, der Käufer verweigere wegen der Verspätung die Zahlung des Kaufpreises oder erhebe Gegenforderungen, reicht allein nicht aus.[117]

b) Abgrenzung von Güter- und Verspätungsschäden

Gelegentlich, insbesondere beim Transport verderblicher Güter, können infolge **45** der Lieferfristüberschreitung auch Schäden an den beförderten Gütern selbst entstehen. Ferner kann zuweilen auch umgekehrt ein Güterschaden zu einer Verspä-

---

110 BGH, 30.9.1993 – I ZR 258/91, NJW 1993, 3331 = TranspR 1994, 16 = VersR 1994, 119; Staub/*Helm*, Art. 23 CMR Rdn. 61; *Herber/Piper*, Art. 23 CMR Rdn. 39; *Boesche*, in: EBJS, Art. 23 CMR Rdn. 17.
111 MünchKommHGB/*Jesser-Huß*, Art. 23 CMR Rdn. 47; Staub/*Helm*, Art. 23 CMR Rdn. 61; *Boesche*, in: EBJS, Art. 23 CMR Rdn. 17; *Koller*, Art. 23 CMR Rdn. 18.
112 OLG Düsseldorf, 7.7.1988 – 18 U 63/88, TranspR 1988, 425, 426.
113 OLG Hamm, 14.11.1985 – 18 U 268/64, TranspR 1986, 77 = VersR 1987, 609.
114 OLG Düsseldorf, 23.12.1996 – 18 U 92/96, TranspR 1997, 422.
115 AG Düsseldorf 12.9.1985 – 47 C 412/83, MDR 1986, 239.
116 BGH, 30.9.1993 – I ZR 258/91, NJW 1993, 3331 = TranspR 1994, 16.
117 OLG Düsseldorf, 17.5.1990 – 18 U 31/90, TranspR 1990, 280 = VersR 1991, 1340; OLG Düsseldorf, 15.12.1994 – 18 U 72/94, TranspR 1995, 244; OLG Düsseldorf, 9.3.1995 – 18 U 142/94, TranspR 1995, 288; MünchKommHGB/*Jesser-Huß*, Art. 23 CMR Rdn. 45; *Boesche*, in: EBJS, Art. 23 CMR Rdn. 17; a.A. *Koller*, Art. 23 CMR Rdn. 18, der Unzumutbarkeit der Klageerhebung bei ausländischem Käufer für ausreichend hält (zweifelhaft, da dieser womöglich auch bei rechtzeitiger Ablieferung nicht bezahlt hätte).

Art. 23   Haftung des Frachtführers

tung führen, so z.B., wenn das Frachtgut vor dem Weitertransport repariert werden muss und dadurch eine Verspätung eintritt. Die Behandlung dieser Konkurrenzfälle ist umstritten.

46   Treten am beförderten Frachtgut infolge einer Lieferfristüberschreitung Güterschäden, also insbes. Beschädigungen ein, weil dieses aufgrund seiner natürlichen Beschaffenheit zum inneren Verderb i.S.v. Art. 17 Abs. 4 lit. d) CMR neigt, so liegt also nach dem reinen Wortlaut des Art. 23 Abs. 5 CMR zunächst ein Verspätungsschaden vor, für den der Frachtführer eine Entschädigung nur bis zur Höhe der Fracht zu leisten hätte. Gleichzeitig ist aber infolge des eingetretenen Verderbs auch ein echter Güterschaden eingetreten, der zwischen dem Zeitpunkt der Übernahme und der Ablieferung, also in der Obhut des Frachtführers, entstanden ist und deshalb als Beschädigung oder Verlust gem. Art. 25, Art. 23 Abs. 1–4 CMR zu entschädigen ist. Es sind also – objektiv betrachtet – beide Schadenstatbestände erfüllt; der Verursachung nach handelt es sich um einen Verspätungsschaden, der Schadensart nach um einen Güterschaden.[118]

Damit überschneiden sich jedoch in diesen Fällen auch die Haftungsbegrenzungen der Obhutshaftung des Art. 23 Abs. 1–4 CMR mit denen der Lieferfristhaftung des Art. 23 Abs. 5 CMR. Da beide Haftungsgrenzen gem. Art. 41 Abs. 1 CMR zwingend sind, würde ihre strikte Anwendung dazu führen, dass Ersatz nur in Höhe der jeweils niedrigsten Grenze gewährt werden könnte (Art. 23 Abs. 3 „... darf ... nicht übersteigen"; Art. 23 Abs. 5 „nur bis zu Höhe der Fracht").[119]

47   Die CMR selbst sieht keine Lösung dieses Konfliktproblems vor, im Gegensatz zu den für das Eisenbahnrecht entwickelten Regelungen des früheren Art. 34 § 3 CIM.

Nach heute herrschender Auffassung sind durch Lieferfristüberschreitung entstandene Güterschäden (= Substanzschäden) nach den Bestimmungen der Art. 23 Abs. 1–4, Art. 24–26 CMR zu entschädigen. Insoweit tritt eine Haftungsbegrenzung auf die Höhe der Fracht nach Art. 23 Abs. 5 CMR nicht ein.[120] Letztere Bestimmung gilt nur für die durch die Verspätung entstehenden Vermögensschäden.[121]

48   Dies soll nach Meinung von *Helm, Herber/Piper, Heuer, Huther* und *Glöckner* sowohl für jene Fälle gelten, bei denen Güterschäden infolge von Verspätung eintreten, als auch dann, wenn die Verspätung infolge eines Güterschadens verursacht wird.[122] In beiden Überschneidungsfällen soll sich der Umfang der Ersatz-

---

118   Vgl. Staub/*Helm*, Art. 23 CMR Rdn. 66 und *Heuer*, S. 130, 138.
119   Staub/*Helm*, Art. 23 CMR Rdn. 66; *Glöckner*, TranspR 1988, 327, 330.
120   BGH, 15.10.1992 – I ZR 260/90, TranspR 1993, 137 = RIW 1993, 410 = VersR 1993, 635 = NJW 1993, 1269; OLG Köln, 14.3.1997 – 3 U 147/95, TranspR 1998, 195 und OLG Köln, 14.4.1997 – 3 U 147/95, TranspR 1997, 337; Staub/*Helm*, Art. 23 CMR Rdn. 66; *Heuer*, S. 137–139; *Boesche*, in: EBJS, Art. 23 CMR Rdn. 17; *Glöckner*, TranspR 1988, 327, 330; *Koller*, Art. 23 CMR Rdn. 17.
121   *Thume*, RIW 1992, 966, 969.
122   Staub/*Helm*, Art. 23 CMR Rdn. 67; *Herber/Piper*, Art. 23 CMR Rdn. 40; *Heuer*, S. 137–139; *Boesche*, in: EBJS, Art. 23 CMR Rdn. 19; *Glöckner*, TranspR 1988, 327, 330.

pflicht grundsätzlich nach den für den Verlust oder die Beschädigung geltenden Bestimmungen richten, so dass bei allen Güterschäden die durch Verspätung entstehenden mittelbaren Folgeschäden von der Ersatzpflicht ausgeschlossen wären. Anders soll es nur sein, wenn zwischen dem Güterschaden und der Verspätung kein Kausalzusammenhang besteht.

Dieser Auffassung treten *Jesser-Huß, Koller* und *Lenz* entgegen, die grundsätzlich, also auch bezüglich der soeben genannten beiden Fallgruppen, dafür eintreten, dass der Ersatz von Güterschäden und Verspätungsschäden kumuliert wird.[123]

Für diese letztere Auffassung spricht, dass der Schutzzweck beider Normen völlig verschieden ist: Während die Entschädigung gem. Art. 25, Art. 23 Abs. 1–4 CMR sich auf die in Art. 17 Abs. 1 CMR umschriebenen Güterschäden, nämlich Verlust und Beschädigung, bezieht, betrifft die Ausführungsnorm des Art. 23 Abs. 5 CMR die als 3. Alternative in Art. 17 Abs. 1 CMR genannte Haftungsgrundlage der Lieferfristüberschreitung und bezieht sich damit grundsätzlich auf Vermögensschäden und nicht auf Güterschäden.[124]

Näheres zu den Konfliktfällen zwischen *Beschädigung und Verspätung* siehe bei Art. 25 CMR Rdn. 28 ff.

Bei Verspätung und Verlust lassen sich die Konflikte wie folgt lösen: **49**

Tritt infolge einer vom Frachtführer zu vertretenden Lieferfristüberschreitung ein Totalverlust der verderblichen Ware ein, so ist dieser reine Güterschaden nach Art. 23 Abs. 1–4 CMR zu regulieren. Die Ursache für diesen Schadenseintritt, nämlich die verzögerte Beförderung, ist dabei letztlich ebenso ohne Bedeutung wie jede andere Schadensursache, die zum Verlust oder zur Beschädigung geführt haben könnte. In allen Fällen kann für die in Totalverlust gegangene Ware kein Erlös mehr erzielt werden. Ist also beispielsweise bei einem Gemüsetransport Totalverlust durch einen Verkehrsunfall eingetreten, so hat der Anspruchsteller über die Entschädigung nach Art. 23 Abs. 1–4 CMR hinaus keine weiteren Ansprüche; ganz gleich, ob dieses Gut dann sofort vernichtet oder als Abfall noch innerhalb der Lieferzeit angeliefert werden könnte (bei Ablieferung läge eine Totalbeschädigung vor; siehe dazu Art. 17 Rdn. 70a). Es ist daher nicht einsichtig, weshalb er in dem Fall, in dem der Verlust auf Verspätung beruht, zusätzliche Vermögensschäden geltend machen dürfte.[125] Der haftungsbegründende Tatbestand der Verspätung führt hier zu einem andersartigen Verletzungserfolg, nämlich zum Eintritt des Verlustes.

Auch im Eisenbahnrecht kann bei gänzlichem Verlust keine besondere Entschädigung wegen Lieferfristüberschreitung verlangt werden (Art. 43 § 2 COTIF/ER-CIM).

---

123 MünchKommHGB/*Jesser-Huß*, Art. 17 CMR Rdn. 94 f.; *Koller*, Art. 23 CMR Rdn. 17; *Lenz*, S. 193, Rdn. 545.
124 Vgl. BGH, 15.10.1992 – I ZR 260/90, TranspR 1993, 137 = RIW 1993, 410 = VersR 1993, 635 = NJW 1993, 1269 und *Libouton*, ETR 1973, 2, 57.
125 Vgl. *Heuer*, S. 138.

Art. 23 Haftung des Frachtführers

50 Vermögensschäden, die dadurch entstehen, dass der Frachtführer den während des Transportes eingetretenen Verlust nicht innerhalb der Lieferfrist unverzüglich mitgeteilt hat, sind keine Verspätungsschäden infolge Lieferfristüberscheitung und fallen damit auch nicht unter Art. 23 Abs. 5 CMR, sondern sie sind eine Folge der unterlassenen Unterrichtung. Da die CMR für diese Fälle der unterlassenen Unterrichtung und ggf. der fehlenden Weisungseinholung gem. Art. 14 Abs. 1 CMR keine weiteren Sanktionen vorsieht, kann insoweit auf die Haftungsbestimmungen des nationalen Rechts zurückgegriffen werden (vgl. Vor Art. 17 CMR Rdn. 3). Im Einzelfall könnte also bei Anwendbarkeit des deutschen Rechtes u. U. bei mangelnder Unterrichtung eine Haftung des Frachtführers aus dem Gesichtspunkt der Vertragsverletzung gem. § 280 BGB gegeben sein.[126]

51 Anders ist die Situation, wenn durch die Verspätung ein Teil der Güter völlig verdirbt und entsorgt wird, während der Rest verspätet angeliefert wird. Dann liegt einerseits ein Teilverlust vor, der nach Art. 23 Abs. 1–4 CMR zu entschädigen ist, während andererseits hinsichtlich des verspätet abgelieferten Restgutes ein Verspätungsschaden nach Art. 23 Abs. 5 CMR eingetreten sein kann. Dies wäre beispielsweise der Fall, wenn inzwischen hinsichtlich des Restgutes ein Preisverfall eingetreten ist, so dass das restliche Gut zu einem billigeren Preis verkauft werden muss, als dies bei rechtzeitiger Anlieferung möglich gewesen wäre.[127] Diese Situation kann auch eintreten, wenn der Teilverlust selbst die Ursache für die verspätete Ablieferung des restlichen Frachtgutes ist, so z.B., wenn der Frachtführer während der Beförderung die Fäulnisschäden an einem Teil des Frachtgutes bemerkt und dieses, um ein Übergreifen der Fäulnisbakterien auf die Restladung zu vermeiden, den verdorbenen Teil sofort entlädt und entsorgt und dadurch den restlichen Teil des noch nicht verdorbenen Frachtgutes verspätet anliefert.

Ähnliche Regelungen sind im Eisenbahnrecht in Art. 43 § 3 COTIF/ER-CIM und in § 88 Abs. 3 EVO enthalten.

In diesen Fällen liegt aber keine echte Kumulierung beider Schadensarten vor, sondern es handelt sich um zwei parallel zueinander entstandene unabhängige Schäden, die sich jeweils auf verschiedene Teile der gleichen Sendung beziehen. Anders kann es jedoch bei Beschädigung und Lieferfristüberschreitung sein (siehe dazu Art. 25 Rdn. 29).

c) Haftungsbegrenzung

52 Die Haftung des Frachtführers ist auf die Höhe der Fracht begrenzt, die für die ganze Sendung – auch wenn sie auf mehrere Fahrzeuge verteilt ist – für die gesamte Beförderungsstrecke vereinbart ist, ohne Zölle und Aufwendungen.[128] Der

---

126 *Thume*, RIW 1992, 966, 969; *Koller*, Art. 23 CMR Rdn. 17; vgl. dazu auch BGH, 14.7.1993 – I ZR 204/91, VersR 1993, 1296 = TranspR 1993, 426 = NJW 1993, 2808.
127 OLG Hamm, 14.11.1985 – 18 U 268, 84, TranspR 1986, 77 = VersR 1986, 609.
128 *Boesche*, in: EBJS, Art. 23 CMR Rdn. 18; *Koller*, Art. 23 Rdn. 19; *Loewe*, ETR 1976, 502, 569; *Thume*, RIW 1992, 966.

Anspruch des Frachtführers auf Zahlung der Fracht bleibt unberührt, weil Art. 23 Abs. 4 CMR nur bei Güterschäden zur Anwendung kommt.[129] Liegt außer dem Verspätungsschaden auch noch ein Teilverlust vor, so hat der Frachtführer insoweit bereits gem. Art. 23 Abs. 4 CMR die anteilige Fracht zurückzuerstatten (vgl. oben Rdn. 37). Die Haftung für den Verspätungsschaden beschränkt sich deshalb in diesem Fall auf die Höhe der restlichen, auf das verspätet angelieferte Restgut entfallenden Fracht. Andernfalls würden die unabdingbaren Haftungshöchstgrenzen der Art. 23 Abs. 4 und 5 CMR überschritten (vgl. die entsprechenden Regelungen für das Eisenbahnrecht in Art. 43 § 3 COTIF/ER-CIM).

Die gesetzlichen Regelungen der Entschädigungsansprüche wegen Lieferfristüberschreitung sind abschließend und unabdingbar (vgl. Art. 17 CMR Art. 19 CMR Rdn. 30). Dies wird im Abs. 6 des Art. 23 CMR, der nur die Ausnahme des Art. 26 CMR zulässt, ausdrücklich festgehalten (näheres siehe gleich unten bei Rdn. 55).

53

Dagegen kann ein weiterer Schaden, welcher aufgrund unrichtiger Angaben des Frachtführers über das Ausmaß der Verzögerung entsteht, aus Pflichtverletzung gem. § 280 BGB geltend gemacht werden, weil Ursache für diesen weiteren Schaden nicht die Verzögerung ist, sondern die falsche Auskunft, für deren Folgen die CMR keine Haftungsregelung enthält.[130]

Da die Haftung des Art. 23 Abs. 5 CMR sehr begrenzt ist, kann sich der Frachtführer nicht auf ein Mitverschulden des Absenders wegen unterlassener Hinweise auf die besonders schwerwiegenden Folgen einer Lieferfristüberschreitung berufen.[131]

Zur Haftung wegen Nichteinhaltung einer vereinbarten Ladungsfrist vgl. Art. 19 CMR Rdn. 31.

Die Haftungsbegrenzung entfällt, wenn der Frachtführer die Lieferfrist und den dadurch verursachten Schaden vorsätzlich oder dem Vorsatz gem. Art. 29 CMR gleichstehendes Verschulden verursacht hat.[132] Näheres dazu siehe bei Art. 29 CMR.

54

---

129 OLG Nürnberg, 27.10.1993 – 12 U 1951/93, TranspR 1994, 154; OLG Düsseldorf, 9.3.1995 – 18 U 142/94, TranspR 1995, 288.
130 BGH, 14.7.1993 – I ZR 402/93, VersR 1993, 1296 = TranspR 1993/426 = NJW 1993, 2808; anders noch die Vorinstanz. OLG Düsseldorf, 29.5.1991 – 18 U 302/90, TranspR 1991, 291.
131 OLG Hamburg, 6.12.1979 – 10 U 84/78, VersR 1980, 290; *Koller*, Art. 19 CMR Rdn. 4.
132 Vgl. dazu OLG Düsseldorf, 26.7.1984 – 18 U 65/84, TranspR 1985, 128 = VersR 1985, 1081; OLG Düsseldorf, 12.12.1985 – 18 U 90/85, TranspR 1986, 56 = VersR 1986, 1069; LG Lübeck, 17.3.1986 – 13 O 233/85, TranspR 1986, 339.

IV. Höhere Entschädigungen (Abs. 6)

55 Nach Art. 23 Abs. 6 CMR können höhere Entschädigungen nur dann beansprucht werden, wenn gem. den Art. 24 und 26 CMR der Wert des Gutes oder ein besonderes Interesse an der Lieferung für den Fall des Verlustes, der Beschädigung und den Fall der Überschreitung der vereinbarten Lieferfrist verabredet und im Frachtbrief angegeben ist.

Diese Bestimmung unterstreicht noch einmal die abschließende Regelung des Haftungsumfangs in den Haftungsfällen des Art. 17 CMR, die nur in den Fällen des Art. 29 CMR ihre Wirksamkeit verliert.

Höhere Ansprüche können deshalb nicht aus einer zusätzlich abgeschlossenen Garantievereinbarung abgeleitet werden.[133] Anstelle einer Entschädigung gem. Art. 23 Abs. 5 CMR kann auch kein Anspruch auf Minderung wegen mangelhafter Werkleistung gem. § 634 BGB geltend gemacht werden.[134] Ferner ist die Vereinbarung einer Vertragsstrafe unwirksam.[135]

V. Haftungsteilung und Vorteilsausgleichung

1. Haftungsteilung

a) Verlust und Beschädigung

56 Nicht selten sind Verluste und Beschädigungen des Transportgutes auf Umstände zurückzuführen, für die der Frachtführer nach Art. 17 Abs. 1 oder Abs. 3 CMR einzustehen hat, sowie auf haftungsbefreiende Umstände der Art. 17 Abs. 2 und 4 CMR. In all diesen Fällen, also insbesondere bei Mitverschulden des Anspruchstellers (Art. 17 Abs. 2, 1. Alternative CMR) tritt gem. Art. 17 Abs. 5 CMR eine Schadensteilung ein. Dies führt jedoch nicht dazu, dass die **Haftungshöchstsumme** gequotelt wird.[136]

Vielmehr muss bei der konkreten Berechnung der Entschädigung, die der Frachtführer zu leisten hat, in folgenden Schritten vorgegangen werden:

– Zunächst muss der entstandene Schaden festgestellt werden, also die Bewertung des Total- oder Teilverlustes nach Art. 23 Abs. 1 und 2 CMR oder die Bewertung der Beschädigung gem. Art. 25, 23 Abs. 1 und 2 CMR vorgenommen werden.

---

133 OLG Frankfurt/M., 21.2.1984 – 5 U 72/83, TranspR 1984, 97 = VersR 1985, 36 (LS) = MDR 1984, 670.
134 OLG Düsseldorf, 9.10.1986 – 18 U 73/86, TranspR 1986, 429.
135 OLG München, 26.7.1985 – 23 U 2577/85, TranspR 1985, 395 = RIW 1986, 62 = NJW-RR 1985, 486.
136 OlG Saarbrücken, 16.7.2008, TranspR 2008, 409, 411; *Boesche*, in: EBJS, Art. 23 CMR Rdn. 21; *Koller*, Art. 23, Rdn. 8; *Thume*, RIW 1992, 970.

- Danach ist im Rahmen des Art. 17 Abs. 5 CMR der Haftungsanteil des Frachtführers an dem so berechneten Schaden zu bewerten und **der insoweit eingetretene Schaden ohne Berücksichtigung der Haftungshöchstsumme** entsprechend zu quoteln.
- Erst anschließend wird dann geprüft, ob der so berechnete Haftungsanteil des Frachtführers bei Verlust und Beschädigung die Haftungshöchstgrenzen des Art. 23 Abs. 3 bzw. Art. 25 Abs. 2 CMR überschreitet. Ggf. ist die zu leistende Entschädigung auf diese Haftungshöchstgrenzen zu reduzieren.
- Bei den zu erstattenden Frachten, Zöllen und sonstigen aus Anlass der Beförderung des Gutes entstandenen Kosten gem. Art. 23 Abs. 4 ist ebenfalls im Fall des Mitverschuldens des Anspruchstellers eine entsprechende Teilung gem. Art. 17 Abs. 5 CMR vorzunehmen.
- In den Fällen des Art. 29 CMR, also bei vorsätzlicher oder grob fahrlässiger Schadensverursachung seitens des Frachtführers, tritt grundsätzlich keine Haftungsbeschränkung, also auch keine Schadensteilung nach Art. 17 Abs. 5 CMR ein.[137] Das gilt jedoch nicht in allen denkbaren Fällen, insbes. nicht, wenn der Schaden zugleich auf grob schuldhaftem Verhalten des Anspruchstellers beruht. Näheres dazu siehe bei Art. 29 CMR und bei Art. 17 CMR Rdn. 233.

Zu beachten ist jeweils, dass der Frachtführer im Falle des Verlustes oder der Beschädigung nur für den Schaden haftet, den das Gut in seiner Obhut gem. Art. 17 Abs. 1 CMR erlitten hat. Wird der Schaden also nach Ablieferung durch zusätzliche Handlungen oder Unterlassungen des Empfängers vergrößert oder vermindert, so kann dies auf die Entschädigungsleistung des Frachtführers keinen Einfluss haben.[138]

b) Lieferfristüberschreitung

Ähnlich ist die Situation bei Verspätungsschäden. Zuweilen ist nämlich auch die Überschreitung der Lieferfrist auf Umstände zurückzuführen, für die der Frachtführer einerseits nach Art. 17 Abs. 1 und 3 CMR einzustehen hat, andererseits aber auf haftungsbefreienden Umständen gem. Art. 17 Abs. 2 CMR beruhen. Beispielsweise, wenn die Verspätung aufgrund einer falschen Adresse und zugleich infolge eines zusätzlichen Fahrzeugmangels eingetreten ist (vgl. Art. 17 CMR Rdn. 197). In derartigen Fällen, also insbesondere bei Mitverschulden des Anspruchstellers, tritt gem. Art. 17 Abs. 5 CMR eine Schadensteilung ein.

Hat dagegen der Anspruchsteller den durch die Verspätung eingetretenen Vermögensschaden durch schuldhaftes Verhalten noch vergrößert, so sieht dafür die

---

137 BGH, 27.6.1985 – I ZR 40/83, TranspR 1985, 338, 340 = VersR 1985, 1060 = NJW-RR 1986, 248 = ETR 1986, 103; OLG München, 16.1.1991 – 7 U 2240/90, TranspR 1992, 181; Staub/*Helm*, Art. 17 CMR Rdn. 233; *Heuer*, S. 108, *Boesche*, in: EBJS, Art. 17 CMR Rdn. 75; *Glöckner*, Art. 17 CMR Rdn. 91.
138 *Koller*, Art. 23 CMR Rdn. 21.

Art. 23 Haftung des Frachtführers

CMR keine Regelung vor. Insoweit ist daher auf nationales Recht, also bei Anwendbarkeit des deutschen Rechts ggf. auf § 254 BGB zurückzugreifen.[139] Kein Mitverschulden des Absenders ist gegeben, wenn dieser auf besonders schwerwiegende Folgen einer Lieferfristüberschreitung nicht ausdrücklich hingewiesen hat, weil der Frachtführer ohnehin nur bis zur Höhe der Fracht haftet.[140]

60 Bei der konkreten Berechnung der Entschädigung, die der Frachtführer für den eingetretenen Verspätungsschaden zu leisten hat, wird die Frachtsumme nicht gequotelt, vielmehr ist in folgenden Schritten vorzugehen:
 – Zunächst muss der durch die Verspätung eingetretene konkrete Vermögensschaden festgestellt werden.
 – Danach ist ggf. im Rahmen des Art. 17 Abs. 5 CMR und/oder bei Anwendung des § 254 BGB der Haftungsanteil des Frachtführers an diesem konkret berechneten Vermögensschaden zu bewerten.
 – Anschließend ist zu prüfen, ob die so berechnete, quotenmäßig bestimmte Schadenssumme die Höhe der Fracht übersteigt. Der Betrag muss ggf. gem. Art. 23 Abs. 5 CMR auf die Höhe dieser Fracht reduziert werden, soweit er nicht ohnehin darunter liegt.
 – Ist gem. Art. 26 CMR das besondere Interesse der rechtzeitigen Ablieferung vereinbart und die entsprechende Höchstsumme im Frachtbrief eingetragen, so beschränkt sich die Entschädigung auf diese Höchstsumme.
 – In den Fällen des Art. 29 CMR, also bei vorsätzlicher oder grob fahrlässiger Verursachung der Verspätung, ist grundsätzlich jede Haftungsbeschränkung ausgeschlossen. Deshalb kann i.d.R. auch keine Schadensteilung nach Art. 17 Abs. 5 CMR vorgenommen werden. Vielmehr ist der gesamte, durch die Verspätung entstandene Vermögensschaden in voller Höhe zu ersetzen.[141] Anders ist es jedoch, wenn die Verspätung zugleich auf grob schuldhaftes Verhalten des Anspruchstellers zurückzuführen ist (Näheres dazu siehe bei Art. 17 CMR Rdn. 233; vgl. auch oben Rdn. 56).

2. Vorteilsausgleichung

61 Ist der Verlust des Frachtgutes i.S.d. Art. 17 Abs. 1 CMR dadurch eingetreten, dass dieses nicht an den frachtbriefmäßigen Empfänger ausgeliefert worden ist (vgl. Art. 17 CMR Rdn. 68, 69), und findet der Empfänger später das Gut und bringt es an sich, so ist dieser erlangte Vorteil bei der Berechnung des Schadens

---

139 *Koller*, Art. 23 CMR Rdn. 21 Abs. 2; *Thume*, RIW 1992, 966, 970; offengelassen bei OLG Hamburg, 6.12.1979 – 10 U 84/78, VersR 1988, 290.
140 OLG Hamburg, 6.12.1979 – 10 U 84/78, VersR 1980, 290.
141 Vgl. OLG Düsseldorf, 26.7.1984 – 18 U 65/84, TranspR 1985, 128 = VersR 1985, 1081 und OLG Düsseldorf, 12.12.1985 – 18 U 90/85, TranspR 1986, 56 = VersR 1986, 1069 und LG Lübeck, 17.3.1986 – 13 O 233/85, TranspR 1986, 339.

zu berücksichtigen.¹⁴² Der durch die Wiedererlangung zugeflossene Vorteil wird durch etwaige Wiederbeschaffungskosten¹⁴³ und einen eingetretenen Verspätungsschaden gemindert.

VI. Beweislastfragen

Zur Darlegungs- und Beweislast hinsichtlich des Verlustes, der Beschädigung und der Lieferfrist wird auf die Erläuterungen zu Art. 18 CMR verwiesen. **62**

Der Anspruchsteller hat alle rechtsbegründenden Tatsachen über Art und Umfang des Schadens, also über die Höhe des eingetretenen Total- bzw. Teilverlustes und der Beschädigung und über den ihm aus der verspäteten Ablieferung entstandenen Vermögensschaden, darzulegen und nachzuweisen. Er hat daher insbesondere vorzutragen und durch Vorlage der entsprechenden Unterlagen nachzuweisen, welchen Wert das Gut am Ort und zur Zeit der Übernahme besaß.¹⁴⁴ Da nach Art. 23 Abs. 2 CMR grundsätzlich der Wert vom Börsenpreis oder mangels eines solchen vom Marktpreis bestimmt wird und davon ausgegangen werden kann, dass ein Gut zum Marktpreis verkauft wird, wird i.d.R. der Beweis für den Marktpreis durch Vorlage der Rechnung am Ort der Übernahme erbracht werden können.¹⁴⁵ Näheres hierzu siehe oben Rdn. 8, 11 und bei Art. 18 CMR Rdn. 26–29.

Die in Art. 23 Abs. 3 CMR enthaltene Haftungsbegrenzung dient in erster Linie dem Schutz des Frachtführers vor wirtschaftlich unzumutbarer Inanspruchnahme.¹⁴⁶ Da es sich um eine haftungsbegrenzende Bestimmung handelt, die darüber hinausgehende Ansprüche des Anspruchstellers hindert, trifft den Frachtführer als Schuldner insoweit die Darlegungs- und Beweislast (vgl. Art. 18 CMR Rdn. 6). Deshalb hat der Frachtführer die hierfür erforderlichen Tatsachen insgesamt, also auch die Höhe des Gewichtes, vorzutragen und nachzuweisen.¹⁴⁷ Eine getrennte Betrachtungsweise von Art. 23 Abs. 1 (keine haftungsbegrenzende Vorschrift) und Art. 23 Abs. 3 (haftungsbegrenzende Vorschrift) verbietet sich jedoch bei Wegfall der Haftungsbegrenzungsvorschriften gemäß Art. 29.¹⁴⁸ Einer **63**

---

142 BGH, 27.10.1978 – I ZR 30/77, TranspR 1982, 108 = VersR 1979, 276 = NJW 1979, 2473 = RIW 1979, 863; OLG München, 23.4.1993, VersR 1994, 1328; a.A. OLG Hamburg, 17.11.1983 – 6 U 43/83, VersR 1984, 258 – zweifelnd *Koller*, Art. 23 CMR Rdn. 5.
143 BGH, 25.10.2001 – I ZR 187/99, TranspR 2002, 198.
144 BGH, 12.12.1985 – I ZR 88/83, TranspR 1986, 278, 281 = VersR 1986, 381 = NJW-RR 1986, 515; *Koller*, Art. 23 CMR Rdn. 7; Baumgärtel/*Giemulla*, Beweislast, Art. 23 CMR Rdn. 2.
145 OLG Düsseldorf, 28.5.1986 – 18 U 38/86, TranspR 1986, 381; Baumgärtel/*Giemulla*, Beweislast, Art. 23 CMR Rdn. 2; *Glöckner*, Art. 23 CMR Rdn. 5.
146 BGH, 30.1.1981 – I ZR 18/79, TranspR 1981, 129 = VersR 1981, 473 = NJW 1981, 1902 = RIW 1981, 343 = ETR 1981, 455.
147 OLG Köln, 10.12.2002 – 3 U 56/02, NJW-RR 2003, 325; Baumgärtel/*Giemulla*, Beweislast, Art. 23 CMR Rdn. 3; *Koller*, Art. 23 CMR Rdn. 9.
148 BGH 30.9.2010 – I ZR 39/09, TranspR 2010, 437–442 = NJW 2011, 296.

Art. 23 Haftung des Frachtführers

bis dahin praktizierten Berechnung des tatsächlichen Schaden nach der Bruttohandelsrechnung nach Abs. 1, 2 bei gleichzeitigem Wegfall der Haftungsbegrenzung des Abs. 3 hat der BGH damit eine Absage erteilt. Dem Geschädigten steht vielmehr das Wahlrecht zu, ob er Wertersatz nach Art. 23 Abs. 1–3 geltend macht oder gemäß den §§ 249 ff. BGB im Falle der Anwendung deutschen Rechts seinen tatsächlich entstandenen Schaden geltend macht, dessen Eintritt er dann nach den allgemeinen Beweislastvorschriften voll darzulegen und auch zu beweisen hat

64 Werden gem. Art. 23 Abs. 4 CMR Ansprüche auf Rückerstattung oder Einbehalt von Frachten, Zöllen oder sonstigen aus Anlass der Beförderung des Gutes entstandenen Kosten geltend gemacht, so sind die dafür anspruchsbegründenden Tatsachen wiederum vom Anspruchsteller selbst darzulegen und zu beweisen.[149]

Dazu gehört auch der Nachweis, dass die geltend gemachten Kosten aus Anlass der Beförderung entstanden sind. Im Falle eines nur teilweisen Verlustes sind die Kosten nur anteilig zu erstatten. Der Teilverlust ist also anspruchsmindernd. Deshalb hat der Frachtführer darzulegen und zu beweisen, in welchem Umfang er das Frachtgut abgeliefert hat.[150] Zur Darlegungs- und Beweislast bezüglich der Ablieferung siehe auch Art. 18 CMR Rdn. 18 ff.

65 Wird gem. Art. 23 Abs. 5 CMR ein Schadensersatz wegen Lieferfristüberschreitung geltend gemacht, so trifft den Anspruchsteller sowohl hinsichtlich der Überschreitung der Lieferfrist als auch hinsichtlich des Schadensumfangs und der Kausalität die Darlegungs- und Beweislast;[151] Näheres siehe Art. 18 CMR Rdn. 85 ff.

Die in Abs. 5 enthaltene Haftungsbegrenzung dahin, dass die Entschädigung nur bis zur Höhe der Fracht zu leisten ist, begünstigt wiederum den Frachtführer, weil sie darüber hinausgehend geltend gemachte Ansprüche verhindert. Die Höhe der vereinbarten Fracht hat deshalb der Frachtführer zu beweisen[152] (vgl. auch oben Rdn. 33).

66 Macht der Anspruchsteller nach Art. 23 Abs. 6 CMR eine über die Haftungshöchstsummen hinausgehende weitere Entschädigung geltend, so hat er darzulegen, dass der Wert des Gutes oder ein besonderes Interesse an der Lieferung gem. Art. 24 bzw. 26 CMR vereinbart ist, und dies durch Vorlage des Frachtbriefes zu beweisen.[153] Eine anderweitige Erhöhung der Haftungsgrenzen ist auch durch den Nachweis einer selbstständigen Garantievereinbarung nicht möglich, wie sich aus den Worten „nur dann" in Art. 23 Abs. 6 und aus der Bestimmung des Art. 41 Abs. 1 CMR ergibt.[154]

---

149 Baumgärtel/*Giemulla*, a.a.O., Art. 23 CMR Rdn. 6.
150 Baumgärtel/*Giemulla*, a.a.O., Art. 23 CMR Rdn. 7.
151 *Koller*, Art. 23 Rdn. 18.
152 Baumgärtel/*Giemulla*, a.a.O., Art. 23 CMR Rdn. 8; *Koller*, Art. 23 CMR Rdn. 18.
153 Baumgärtel/*Giemulla*, a.a.O., Art. 23 CMR Rdn. 9.
154 Baumgärtel/*Giemulla*, a.a.O.; vgl. OLG Frankfurt/M., 21.2.1984 – 5 U 72/83, TranspR 1984, 97 = MDR 1984, 670 = VersR 1985, 36 (LS).

Art. 24

bearbeitet von RA Dr. Karl-Heinz Thume/Dr. Jens-Berghe Riemer, Nürnberg

Der Absender kann gegen Zahlung eines zu vereinbarenden Zuschlages zur Fracht einen Wert des Gutes im Frachtbrief angeben, der den in Artikel 23 Absatz 3 bestimmten Höchstbetrag übersteigt; in diesem Fall tritt der angegebene Betrag an die Stelle des Höchstbetrages.

Übersicht

	Rdn.		Rdn.
I. Allgemeines	1	IV. Die Wertangabe im Frachtbrief	11
II. Die Wertvereinbarung	3	V. Rechtsfolgen	13
III. Die Vereinbarung des Zuschlags	6	VI. Beweislastfragen	16

I. Allgemeines

Art. 24 CMR räumt dem Absender die Möglichkeit ein, gegen Zahlung eines Frachtzuschlages die summenmäßige Haftungshöchstgrenze des Art. 23 Abs. 3 CMR zu erhöhen. Trifft er mit dem Frachtführer eine solche Wertvereinbarung und ist diese im Frachtbrief eingetragen, so tritt dieser Wert an die Stelle der Haftungshöchstsumme gem. Art. 23 Abs. 3 CMR. Maßgeblich für eine im Falle des Verlustes oder der Beschädigung des Gutes zu zahlende Entschädigung bleibt jedoch immer dessen Wert (vgl. unten Rdn. 13). Soll eine darüber hinausgehende Entschädigung, etwa ein entgehender Gewinn, abgesichert werden, ist – wie für den Fall der Lieferfristüberschreitung – die Deklaration eines besonderen Lieferinteresses gem. Art. 26 CMR erforderlich. 1

In der deutschen Rechtspraxis hat diese Bestimmung wenig Bedeutung, weil von ihr nur in seltenen Fällen Gebrauch gemacht wird. Vielmehr erfolgt die Abdeckung eines höheren Wertes üblicherweise durch Abschluss einer Transportversicherung.[1] 2

II. Die Wertvereinbarung

Der Absender muss die Deklaration eines höheren Wertes der Sendung im Frachtbrief mit dem Frachtführer vereinbaren. Eine einseitige Bestimmung eines höheren Wertes durch den Absender reicht nicht aus, vielmehr bedarf es einer *Ei-* 3

---

[1] *Braun*, TranspR 1979, 8; *Glöckner*, TranspR 1988, 327, 330 und Art. 24 CMR Rdn. 1; Staub/Helm, Art. 24 CMR Rdn. 1; *Herber/Piper*, Art. 24 CMR Rdn. 1; *Boesche*, in: EBJS, Art. 24 CMR Rdn. 1.

Art. 24 Haftung des Frachtführers

nigung mit dem Frachtführer. Ist der Frachtvertrag ursprünglich ohne Wertangabe abgeschlossen worden, so wäre eine spätere Wertangabe lediglich ein Angebot zur Vertragsänderung, die erst nach Annahme durch den Frachtführer zu einer wirksamen Vereinbarung führt. Auch Stillschweigen des Frachtführers auf ein derartiges nachträgliches Angebot zur Werterhöhung ersetzt die Annahmeerklärung nicht.[2] Die eindeutigen und unmissverständlichen Erklärungen von Absender und Frachtführer sind deshalb von besonderer Bedeutung, weil der Frachtführer mit der Annahme des Werterhöhungsangebotes ein über die üblichen Haftungsgrenzen der CMR hinausgehendes zusätzliches Haftungsrisiko übernimmt.[3]

4 Ein *Fahrer des Frachtführers*, dem nach Abschluss des Frachtvertrages ohne Werterhöhungsvereinbarung ein Frachtbrief mit einer dort eingetragenen Werterhöhung übergeben wird, ist i.d.R. nicht ermächtigt, zu Lasten des Frachtführers eine über Art. 23 Abs. 3 CMR hinausgehende Haftung zu vereinbaren.[4] Zu weitgehend erscheint das Urteil des OLG Düsseldorf vom 28.10.1982,[5] das Anscheinsvollmacht des Fahrers annimmt, wenn ihm der Frachtführer eine mit Firmenstempel und seiner Unterschrift versehene Frachtbriefblankette mitgegeben hat. Aus diesem Umstand wird sich eine Anscheinsvollmacht des Fahrers zur Werterhöhungsvereinbarung jedenfalls dann nicht ableiten lassen, wenn die Vertragspartner in den Vorverhandlungen hierüber überhaupt nicht gesprochen hatten.

5 Der Frachtführer ist nach Abschluss des Frachtvertrages auch nicht verpflichtet, eine ihm angetragene nachträgliche Werterhöhung zu akzeptieren, weil dies ein Änderungsangebot des ursprünglich getroffenen Frachtvertrages ist, auf das er nicht einzugehen braucht.[6]

III. Die Vereinbarung des Zuschlags

6 Nach dem Wortlaut des 1. Halbsatzes des Art. 24 CMR ist davon auszugehen, dass die wirksame Deklaration des erhöhten Wertes im Frachtbrief sowohl die Vereinbarung als auch die Zahlung eines Zuschlags voraussetzt. Diese Frage ist jedoch in der Rechtsprechung und Literatur umstritten.

7 Nach einer weit verbreiteten Meinung ist entgegen dem Wortlaut der Vorschrift weder eine Vereinbarung noch eine Zahlung des Frachtzuschlages für die Wirk-

---

[2] *Bischof*, VersR 1981, 539 in Anm. zu a.A. OLG Hamburg, 29.5.1980 – 6 U 137/79, VersR 1980, 950; *Herber/Piper*, Art. 24 Rdn. 5; *Koller*, Art. 24 CMR Rdn. 2.
[3] Vgl. *Glöckner*, TranspR 1988, 327, 330 und Art. 24 CMR Rdn. 1, der allerdings irrtümlich annimmt, dass die übliche CMR-Haftpflichtversicherungspolice dieses Risiko nicht abdecke.
[4] MünchKommHGB/*Jesser-Huß*, Art. 24 CMR Rdn. 4; *Bischof*, VersR 1981, 539; *Boesche*, in: EBJS, Art. 24 CMR Rdn. 2; *Oeynhausen*, TranspR 1982, 116; vgl. zur Fahrervollmacht (Anscheinsvollmacht) auch *Herber/Piper*, Art. 24 CMR Rdn. 7; *Koller*, Art. 24 CMR Rdn. 2.
[5] OLG Düsseldorf, Urt. v. 28.10.1982 – 18 U 95/82, VersR 1983, 749.
[6] *Bischof*, VersR 1981, 539, 540; Staub/*Helm*, Art. 24 CMR Rdn. 4.

samkeit der Werterhöhungsvereinbarung und deren Eintragung im Frachtbrief erforderlich. Vielmehr stellt nach dieser Auffassung die Regelung lediglich klar, dass der Frachtführer den erhöhten Wert nur dann zu akzeptieren braucht, wenn ein entsprechender Frachtzuschlag vereinbart wird. Der Frachtführer könne sich auch ohne Vereinbarung eines solchen Zuschlages auf die Werterhöhung einlassen.[7] Die Vertreter der gegenteiligen Auffassung folgen dem Wortlaut der Bestimmung.[8]

Richtig ist sicherlich, dass die Zahlung des vereinbarten Zuschlags in aller Regel erst nach Abschluss des Vertrages inklusive der vereinbarten Werterhöhung und deren Eintragung im Frachtbrief erfolgt. Die vorherige Zahlung ist daher wohl nicht Wirksamkeitsvoraussetzung der Werterhöhungsvereinbarung.[9] 8

Erstaunlich ist jedoch, dass sämtliche Verfechter der Mehrheitsmeinung mit keinem Wort zu argumentieren versuchen, aus welchen Gründen sie von dem insoweit eigentlich eindeutigen und damit zwingend gültigen Wortlaut des Art. 24 CMR abweichen zu können glauben. Der gem. Art. 51 Abs. 3 CMR allein verbindliche englische und französische Text lautet: „against payment of a surcharge to be agreed upon bzw. contre paiement d'un supplement de prix a convenir" und zeigt damit in aller Deutlichkeit, dass eine Zuschlagsvereinbarung zu treffen ist. Gerade dem Wortlaut der CMR-Vorschriften kommt jedoch bei deren Auslegung eine besondere Bedeutung zu.[10] Dies ergibt sich aus der Einheitsfunktion der CMR sowie daraus, dass europaweit auch der wirtschaftlich schwache Frachtführer durch eine solche Klausel geschützt werden soll, und zwar sowohl vor den Wettbewerbern als auch vor dem Druck der Verladerwirtschaft.[11] Hinzu kommt, dass durch die Zuschlagsabrede beiden Vertragspartnern die besondere Bedeutung der Werterhöhung im Hinblick auf die damit verbundene Erweiterung der Frachtführerhaftung vor Augen geführt wird. Damit dient die Zuschlagsvereinbarung in gleicher Weise dem Schutz des Frachtführers wie die zusätzlich erforderliche Eintragung der Werterhöhung im Frachtbrief (vgl. dazu unten 9

---

7 OLG Düsseldorf, 28.10.1982 – 18 U 95/82, VersR 1983, 749 und OLG Düsseldorf, 7.7.1988 – 18 U 63/88, TranspR 1988, 425, jeweils für den Parallelfall der Festlegung eines besonderen Interesses gem. Art. 26 CMR; OLG Hamburg, 29.5.1980 – 6 U 137/79, VersR 1980, 950; *Herber/Piper*, Art. 24 CMR Rdn. 9; *Boesche*, in: EBJS, Art. 24 CMR Rdn. 2; *Koller*, Art. 24 CMR Rdn. 2; *Loewe*, ETR 1976, 503, 570; *de la Motte*, VersR 1988, 317, 321; Baumgärtel/*Giemulla*, Beweislast, Art. 24 CMR Rdn. 1.
8 LG Darmstadt, 23.9.1981 – 7 S 60/80, VersR 1982, 1107; AG Hamburg, 1.7.1982 – 34 C 551/81, TranspR 1982, 122; *Pesce*, TranspR 1987, 11, 12; *Bischof*, VersR 1981, 539; *Glöckner*, TranspR 1988, 327, 330 und Art. 24 CMR Rdn. 2; *Eltermann*, VersR 1982, 1107; *Heuer*, S. 124 f.; *Lenz*, Rdn. 709; *Precht/Endrigkeit*, Art. 24 CMR Anm. 2; *Oeynhausen*, TranspR 1982, 113; vgl. auch Denkschrift, S. 43, Art. 24 CMR; ausführlich zum Meinungsstand siehe Staub/*Helm*, Art. 24 CMR Rdn. 6.
9 Vgl. *Glöckner*, TranspR 1988, 327; a.A. jedoch auch insoweit *Precht/Endrigkeit* Art. 24 CMR Anm. 2; abwägend *Eltermann*, VersR 1982, 1107.
10 Vgl. BGH, 14.7.1993 – I ZR 204/91, VersR 1993, 1296 = NJW 1993, 2808 und BGH, 10.10.1991 – I ZR 193/89, TranspR 1992, 100 = VersR 1992, 383 = NJW 1992, 621 = RIW 1992, 318 – siehe dazu auch MünchKommHGB/*Jesser-Huß*, Art. 24 CMR Rdn. 8.
11 *Glöckner*, Art. 24 CMR Rdn. 2.

Art. 24 Haftung des Frachtführers

Rdn. 11). Vereinbarungen über eine Werterhöhung ohne einen zu zahlenden Zuschlag sind daher nach Meinung des Verfassers eine unzulässige Abweichung von Art. 24 CMR und damit gem. Art. 41 CMR nichtig. Auch eine Vereinbarung von einem theoretischen Zuschlag von 0,01 € dürfte aus den gleichen Gründen als indirekte Umgehung der Bestimmung zur Nichtigkeit der Wertangabevereinbarung führen.

10 Dagegen ist nicht erforderlich, die getroffene Zuschlagsvereinbarung bei der späteren Festlegung der gesamten Frachtvergütung gesondert auszuwerfen. Vielmehr ist allein entscheidend, dass die Vertragspartner eine Zuschlagsabrede getroffen haben, mag sie dann auch in die anschließend vereinbarte Gesamtvergütung des Frachtführers eingeflossen sein. Aus Beweissicherungsgründen ist jedoch ein gesondertes Aufführen als eigener Posten in den Frachtdokumenten zu empfehlen (zur Beweislast vgl. unten Rdn. 16).

IV. Die Wertangabe im Frachtbrief

11 Die Deklaration des erhöhten Wertes muss, um wirksam zu werden, im Frachtbrief eingetragen sein, weil nur so die Warnfunktion für den Frachtführer hinsichtlich seiner Haftungserweiterung erfüllt wird. *Die Eintragung der Wertangabe im Frachtbrief ist also konstitutiv.*[12]

Nur in den Fällen, in welchen die Vereinbarung eines Zuschlages zur Fracht vorgesehen ist, gebührt bei Verlust oder Beschädigung des Gutes ein höherer Entschädigungsbetrag, als er in den Art. 23 Abs. 3, Art. 25 Abs. 2 CMR bestimmt ist. Der klare Wortlaut und der offenkundige Schutzzweck der Bestimmung schließen eine andere teleologische Auslegung, es genügten entsprechende Wertangaben in der Zoll- und Warenliste usw., aus.[13] Bei Nichtausstellung eines Frachtbriefes und damit auch in Ermangelung einer Eintragung eines Wertes oder Interesses im Sinne der bezogenen Bestimmungen bleibt die Entschädigung auf den Ersatz nach den Art. 23 Abs. 3, Art. 25 Abs. 2 CMR beschränkt.

12 Die Eintragung der Wertangabe im Frachtbrief setzt somit die Ausstellung eines in allen Teilen wirksamen, vollständigen Frachtbriefes voraus. Lediglich der zwi-

---

12 BGH, 14.7.1993 – I Z R 204/91, VersR 1993, 1296 sowie die Vorentscheidung des OLG Düsseldorf, 29.5.1991 – 18 U 302/90, TranspR 1991, 291 (betr. Interessendeklaration gem. Art. 26 CMR); vgl. auch BGH, 27.1.1982 – I ZR 33/80, TranspR 1982, 105, 106 = NJW 1982, 1944, 1945 = VersR 1982, 669 = RIW 1982, 670 = ETR 1985, 349 und OGH, 30.8.1990 – 8 Ob 561/90, ecolex 1992/227; LG Darmstadt, 23.9.1981 – 7 S 60/80, VersR 1982, 1107 mit Anm. von *Eltermann*; AG Hamburg, 1.7.1982, TranspR 1982, 122; *Hill/Messent*, CMR, S. 144; *Putzeys*, CMR, S. 307; *Loewe*, ETR 1976, 503, 569; *Alff*, Frachtrecht, Anh. 4 nach § 425 HGB, Art. 24 CMR Rdn. 1; *Bischof*, VersR 1981, 539; *Glöckner*, Art. 24 CMR Rdn. 1; *Heuer*, S. 124; *Koller*, Art. 24 CMR Rdn. 3; *Oeynhausen*, TranspR 1982, 113; a.A. OLG Hamburg, 29.5.1980 – 6 U 137/79, VersR 1980, 950 und *Lamy*, Transport I, Nr. 945, der auch die Vereinbarung der Wertangabe in einer anderen Urkunde für ausreichend hält.
13 Staub/*Helm*, Art. 24 CMR Rdn. 3.

schen den Parteien vereinbarte Zuschlag braucht nicht im Frachtbrief angegeben zu werden.[14]

Unzureichend ist daher, wenn der Absender dem Frachtführer lediglich Lieferrechnungen übergibt und dieser daraufhin nicht widerspricht[15] oder wenn der Warenwert nur im Speditionsübergabeschein oder anderen Begleitpapieren angegeben ist.[16] Teilweise wird es aber für ausreichend erachtet, wenn im Frachtbrief ein Hinweis auf eine Wertangabe in den beigefügten Anlagen enthalten ist.[17] Dem kann nicht zugestimmt werden.

V. Rechtsfolgen

Ist eine wirksame Werterhöhungsvereinbarung getroffen und im Frachtbrief eingetragen, so bedeutet dies nicht, dass diese Wertangabe mit dem tatsächlichen Wert des Gutes übereinstimmt.[18] Der Sinn der Wertangabe liegt allein darin, dass der so vereinbarte Wert als Obergrenze der Haftung an die Stelle des in Art. 23 Abs. 3 CMR gesetzlich verankerten Höchsthaftungsbetrages tritt. Die Entschädigungsleistung ist auch im Fall der vereinbarten Werterhöhung nach Art. 23 Abs. 1 u. 2 ggf. i. V. m. Art. 25 Abs. 1 CMR zu berechnen. Liegt die so ermittelte Summe niedriger als der vereinbarte erhöhte Wert, so ist lediglich die berechnete Entschädigungssumme zu bezahlen. Übersteigt die Entschädigungssumme den vereinbarten erhöhten Wert, so beschränkt sich die Haftung auf den vereinbarten Wert. Ersetzt wird also auch im Falle der Werterhöhung immer nur der tatsächlich entstandene, vom Ersatzberechtigten nachzuweisende Güterschaden gem. den Werten der verlustig gegangenen bzw. beschädigten Güter am Ort und zur Zeit der Übernahme.[19] Deshalb ist letztlich auch ohne Belang, ob die gem. Art. 24 CMR vereinbarte und im Frachtbrief eingetragene Wertangabe den tatsächlichen Wert des Transportes übersteigt oder nicht.[20]

13

Neben der höheren Entschädigung sind auch im Falle der Werterhöhungsvereinbarung ggf. die Fracht, Zölle und sonstige aus Anlass der Beförderung des Gutes entstandene Kosten gem. Art. 23 Abs. 4 CMR gesondert zu ersetzen.

14

Weitergehenden Schadensersatz, insbesondere einen über die Bemessungsgrundlagen der Art. 23 Abs. 1, 2 und Art. 25 CMR hinausgehenden Wertersatz oder

15

---

14 *Heuer*, S. 125.
15 So aber OLG Hamburg, 29.5.1980 – 6 U 137/79, VersR 1980, 950.
16 AG Hamburg – 34 C 551/81, TranspR 1982, 122.
17 MünchKommHGB/*Jesser-Huß*, Art. 24 CMR Rdn. 6; *Herber/Piper*, Art. 24 Rdn. 12; *Boesche*, in: EBJS, Art. 24 CMR Rdn. 4; *Koller*, Art. 24 CMR Rdn. 3; a.A. zu Recht Staub/*Helm*, Art. 24 CMR Rdn. 3.
18 *Heuer*, S. 124; *Koller*, Art. 24 CMR Rdn. 4.
19 MünchKommHGB/*Jesser-Huß*, Art. 24 CMR Rdn. 10; *Herber/Piper*, Art. 24 Rdn. 14; *Boesche*, in: EBJS, Art. 24 CMR Rdn. 4; *Heuer*, S. 124; *Koller*, Art. 24 CMR Rdn. 4; *Loewe*, ETR 1976, 569.
20 *Heuer*, S. 124; a.A. *Glöckner*, Art. 24 CMR Rdn. 3 und TranspR 1988, 327, 330.

Art. 24 Haftung des Frachtführers

entgangenen Gewinn kann der Anspruchsteller aber nur dann verlangen, wenn er das besondere Interesse an der Lieferung gem. Art. 26 CMR vereinbart und ebenfalls im Frachtbrief hat eintragen lassen.

Andere Abreden, insbes. Garantieversprechen und Vertragsstrafevereinbarungen, sind dagegen unwirksam (vgl. dazu Art. 23 CMR, Rdn. 46).

VI. Beweislastfragen

16 Die Darlegungs- und Beweislast für eine wirksam vereinbarte Werterhöhung trägt der Anspruchsteller, weil es sich um anspruchsbegründende bzw. -erhöhende Tatsachen handelt (vgl. dazu Art. 18 CMR, Rdn. 6). So muss er beweisen, dass der entsprechende Wert in einem ordnungsgemäß ausgestellten Frachtbrief angegeben war.[21] In der Regel genügt insoweit die Vorlage der in seinen Händen befindlichen Ausfertigung des Frachtbriefes.[22]

Ferner obliegt dem Anspruchsteller die Darlegungs- und Beweislast dafür, dass für die Werterhöhung ein Frachtzuschlag vereinbart worden ist. (Die Notwendigkeit einer solchen Vereinbarung ist streitig; vgl. oben Rdn. 6–10.) Deshalb empfiehlt sich ein entsprechender Eintrag des vereinbarten Zuschlags im Frachtbrief oder in anderen Dokumenten.

17 Ferner obliegt dem Anspruchsteller die Beweislast für die von ihm behauptete Schadenshöhe. Da sich die zu leistende Entschädigung auch im Falle der wirksam vereinbarten Werterhöhung nach den Bestimmungen der Art. 23 Abs. 1 und 2 CMR ggf. i.V.m. Art. 25 Abs. 1 CMR richtet (vgl. dazu oben Rdn. 13), kann insoweit auf die dortigen Erläuterungen verwiesen werden (siehe Art. 23 CMR (Rdn. 53 und Art. 25 CMR Rdn. 33).

---

21 Vgl. LG Darmstadt, 23.9.1981 – 7 S 60/80, VersR 1982, 1107.
22 Baumgärtel/*Giemulla*, Beweislast, Art. 24 CMR Rdn. 1.

Art. 25

bearbeitet von RA Dr. Karl-Heinz Thume/Dr. Jens-Berghe Riemer, Nürnberg

1. Bei Beschädigung hat der Frachtführer den Betrag der Wertverminderung zu zahlen, die unter Zugrundelegung des nach Artikel 23 Absatz 1, 2 und 4 festgestellten Wertes des Gutes berechnet wird.

2. Die Entschädigung darf jedoch nicht übersteigen,

a) wenn die ganze Sendung durch die Beschädigung entwertet ist, den Betrag, der bei gänzlichem Verlust zu zahlen wäre;

b) wenn nur ein Teil der Sendung durch die Beschädigung entwertet ist, den Betrag, der bei Verlust des entwerteten Teiles zu zahlen wäre.

Literatur: Siehe Vor Art. 17 CMR und bei Art. 23 CMR.

Übersicht

	Rdn.		Rdn.
I. Allgemeines	1	2. Entwertung eines Teils der Sendung	24
II. Beschädigung	2	3. Höhere Entschädigung	26
III. Entschädigung bei Beschädigung	4	V. Teilbeschädigung und Teilverlust	27
1. Wertminderung	4	VI. Beschädigung und Verspätungsschäden	28
2. Reparaturkosten	11		
3. Frachten, Zölle und sonstige Kosten	12	VII. Haftungsteilung	32
4. Schadensminderungskosten	16	VIII. Beweislastfragen	33
IV. Haftungshöchstgrenzen	19		
1. Entwertung der ganzen Sendung	20		

I. Allgemeines

Art. 25 CMR regelt den Umfang der Haftung des Frachtführers bei Beschädigungen des Gutes oder Teilen davon während des Obhutszeitraums. Die Bestimmung verweist auf die Regeln der Wertberechnung des Art. 23 Abs. 1, 2 und 4 CMR und enthält Haftungshöchstgrenzen für die Fälle der gänzlichen oder teilweisen Entwertung der Sendung. Darüber hinausgehende Entschädigungen können nur gewährt werden, wenn die Voraussetzungen der Art. 24, 26 oder 29 CMR vorliegen. **1**

II. Beschädigung

Hinsichtlich des *Begriffs der Beschädigung* wird auf die Erläuterungen zu Art. 17 CMR Rdn. 73 ff. verwiesen. Voraussetzung ist eine *äußere oder innere* **2**

Art. 25 Haftung des Frachtführers

Substanzverschlechterung des Frachtgutes, die dessen Wertminderung zur Folge hat. Äußere Substanzverschlechterungen können beispielsweise durch Bruch, Beulen, Dellen, Kratzer, Nässeschäden, Rostschäden sowie Vermischungsschäden entstehen. Innere Substanzverletzungen treten namentlich ein durch Geruchsschäden und Aromaverluste sowie Verderbsschäden bei Frischprodukten und Tiefkühlprodukten. *Die nachträgliche Beseitigung der einmal eingetretenen Substanzverschlechterung beseitigt die Beschädigung grundsätzlich nicht.* So sind angetaute Tiefkühlprodukte auch dann beschädigt, wenn sie nachträglich wieder eingefroren werden (vgl. Art. 17 Rdn. 78).

Totalbeschädigung – total damage, l'averie totale – (und nicht Totalverlust) liegt vor, wenn die Beschädigung des Gutes derart gravierend ist, dass dieses technisch nicht wieder herstellbar und damit reparaturunfähig oder unwürdig ist, weil die Herstellungskosten den Wert des Gutes übersteigen. Wegen der Details wird auf Art. 17 Rdn. 72 verwiesen. Dies ist wichtig im Hinblick auf den Beginn der Verjährung, die bei einer Teil- und Totalbeschädigung – im Gegensatz zum Verlust – gem. Art. 32 Abs. 1 lit. a) mit dem Tage der Ablieferung des Gutes beginnt.

3   Auch wenn nur *ein Teil der Sendung beschädigt* wird, kann dies wirtschaftlich gesehen zu einer Beschädigung der Gesamtladung oder gar deren vollständiger Entwertung führen. Dann ist die gesamte hierdurch eingetretene Wertminderung zu bewerten. Die CMR enthält nämlich nicht den Grundsatz, dass sich die Wertminderung nur nach den beschädigten Teilen der Sendung berechnen soll.[1] Näheres dazu siehe Art. 17 CMR Rdn. 72 und unten Rdn. 7 und 8.

III. Entschädigung bei Beschädigung

1. Wertminderung

4   *Bei Beschädigung gewährt Art. 25 Abs. 1 CMR dem Anspruchsberechtigten als Entschädigung einen Wertminderungsbetrag,* welcher unter Zugrundelegung des nach Art. 23 Abs. 1, 2 und 4 CMR festgestellten Wertes des Gutes berechnet wird.

Die Berechnung dieser Wertminderung erfolgt also in zwei Schritten:

– Zunächst ist, wie in den Fällen des Verlustes, der *Wert des unbeschädigten Gutes am Ort und zur Zeit der Übernahme* zu bestimmen. Zu den Einzelheiten der Wertberechnung wird auf die Erläuterungen zu Art. 23 CMR Rdn. 7 ff. verwiesen.

---

1 MünchKommHGB/*Jesser-Huß*, Art. 25 Rdn. 13; *de la Motte*, VersR 1988, 317, 318; *Glöckner*, TranspR 1988, 327, 331; *Herber/Piper*, Art. 25 CMR Rdn. 9; *Boesche*, in: EBJS, Art. 25 CMR Rdn. 3; *Koller*, Art. 25 CMR Rdn. 4 sowie Staub/*Helm*, Art. 25 CMR Rdn. 9, der jedoch bei völliger Entwertung Totalverlust annimmt; a.A. noch *Loewe*, ETR 1976, 505, 570 f.; wohl auch *Precht/Endrigkeit*, Art. 25 CMR.

Da Art. 25 Abs. 1 CMR auch auf Abs. 4 des Art. 23 CMR verweist, *sind im Rahmen der Wertminderung auch die Frachten, Zölle und sonstigen aus Anlass der Beförderung des Gutes entstandenen Kosten* festzustellen und zu berücksichtigen (Näheres dazu siehe unten Rdn. 12–15).

– *Anschließend* ist der Wert festzustellen, den das Frachtgut infolge der Beschädigung noch hat. Entscheidend ist hierbei wiederum – wegen der Bezugnahme auf Art. 23 Abs. 1 CMR – *der fiktive,* d.h. hypothetische *Wert des beschädigten Gutes am Ort und zum Zeitpunkt der Übernahme*.[2] Dabei ist auch eine merkantile Wertminderung zu berücksichtigen.[3]

Der Differenzbetrag zwischen den beiden genannten Werten, jeweils am Ort und zur Zeit der Übernahme bestimmt, ist der Wertminderungsbetrag des Art. 25 Abs. 1 CMR.

Mittelbare Schäden sind nicht zu erstatten.[4] Zur Berücksichtigung der Schadensminderungskosten siehe unten Rdn. 16 ff.

Diese *Berechnung der Wertminderung* erweist sich in der Praxis gelegentlich als kompliziert und schwierig. Jedenfalls darf die Wertminderung nicht dadurch ermittelt werden, dass vom Wert der Ware am Ort und zum Zeitpunkt der Übernahme der später am Empfangsort tatsächlich erzielte Verkaufserlös der beschädigten Ware abgezogen wird.[5] Vielmehr muss prognostiziert werden, welchen Wert die beschädigte Ware zum Zeitpunkt und am Ort der Übernahme gehabt hätte, wenn damals bereits die Beschädigung vorhanden gewesen wäre. Diese Feststellung wird häufig auch der Sachverständige, der die beschädigte Ware erst am Schadens- oder am Empfangsort begutachtet, nicht mehr mit der notwendigen und ausreichenden Sicherheit treffen können. Die deutsche Gerichtspraxis behilft sich daher in diesen Fällen i.d.R. damit, dass sie eine Schätzung gem. § 287 ZPO für ausreichend hält, welche auf einem Vergleich des Verkaufswertes des Gutes am Empfangsort mit dem dort festgestellten noch vorhandenen Restwert beruht und den so ermittelten Prozentsatz der Wertdifferenz als Bemessungsgrundlage für die Berechnung der Wertminderung am Ort und zur Zeit der Über-

5

---

2 So die weit überwiegende Auffassung im deutschen Sprachraum: OGH Wien, 7.11.1986 – 1 Ob 875/86, TranspR 1987, 427; OLG Düsseldorf, 14.7.1983 – 18 U 15/83, TranspR 1984, 16 und OLG Düsseldorf, 28.5.1986 – 18 U 38/86, TranspR 1986, 381; OLG Hamburg, 11.9.1986 – 6 U 105/86, VersR 1987, 375; ausführlich MünchKommHGB/*Jesser-Huß*, Art. 25 Rdn. 3 ff.; *Herber/Piper*, Art. 25 CMR Rdn. 2; *Boesche*, in: EBJS, Art. 25 CMR Rdn. 1; *Glöckner*, Art. 25 CMR Rdn. 2; *Jesser*, S. 132; *Knorre*, TranspR 1985, 241; *Koller*, Art. 25 CMR Rdn. 3; *de la Motte*, VersR 1988, 317, 318; a.A. insoweit *Staub/Helm*, Art. 25 CMR Rdn. 2 und 3, dem es angemessen erscheint, dem Geschädigten den wirklich verbliebenen Wert zu ersetzen, welcher wohl eher dem *Wert des beschädigten Gutes am Ankunftsort* entspräche.
3 OGH Wien, 17.11.1986 –1 Ob 675/86, TranspR 1987, 427; *Herber/Piper*, Art. 25 CMR Rdn. 2; *Boesche*, in: EBJS, Art. 25 CMR Rdn. 1; *Glöckner*, Art. 25 CMR Rdn. 2.
4 OGH Wien, 21.2.1985 – 7 Ob 22/84, Vers 1986, 559; *Herber/Piper*, Art. 25 CMR Rdn. 5; *Boesche*, in: EBJS, Art. 25 CMR Rdn. 2; *Knorre*, TranspR 1985, 241.
5 OLG Düsseldorf, 14.7.1983 – 18 U 15/83, TranspR 1984, 16.

Art. 25 Haftung des Frachtführers

nahme heranzieht.[6] Beträgt also die Wertdifferenz zwischen unbeschädigtem und beschädigtem Frachtgut am Empfangsort beispielsweise 60%, so ist es zulässig, diesen Prozentbetrag vom ursprünglichen Wert der Ware zum Zeitpunkt und am Ort der Übernahme als Indiz für den Wertminderungsbetrag zu ermitteln. Diese Berechnungsmethode mag dogmatisch nicht ganz korrekt und damit auch nicht ganz unbedenklich sein. Sie ist aber im Rahmen der Schadensschätzung jedenfalls wohl dann zulässig, wenn keine anderen, für die Schadensermittlung heranziehbaren Werte und Umstände mitgeteilt werden.[7] Zur Heranziehung von *Wiederherstellungskosten* als Anhaltpunkt für die eingetretene Wertminderung siehe unten Rdn. 11.

6 *Wird nur ein Teil der Güter beschädigt*, so ist die hierbei eingetretene Wertminderung in gleicher Weise zu berechnen. Der Wert der tatsächlich beschädigten Güter ist im unbeschädigten und im beschädigten Zustand am Ort und zum Zeitpunkt der Übernahme gegenüberzustellen, und die Wertdifferenz ist der Wertminderungsbetrag. Auch hier können gem. § 287 ZPO die gleichen Schätzungsmethoden angewendet werden, wie soeben ausgeführt.

7 *Durch die Beschädigung eines Teils des Frachtgutes kann aber auch wirtschaftlich eine Beschädigung der gesamten Ladung eintreten*. Dieser Fall ist beispielsweise gegeben, wenn bei Unterkühlungsschäden von Erdbeeren, die zwar noch mögliche, aber auch erforderliche Aussortierung der Einzelstücke einen ganz erheblichen Aufwand an Zeit und Personalkosten bedeuten würde, der nicht mehr im Verhältnis zum eingetretenen Schaden steht.[8]

8 *Ferner kann eine Teilbeschädigung zur vollständigen Entwertung der gesamten Sendung führen*, so dass der Gesamtwert des Frachtgutes zu ersetzen ist.[9] Dies geschieht z.B., wenn eine Ladung von tiefgefrorenem Fisch teilweise angetaut ist, so dass ihr an der Grenze die Einfuhrerlaubnis insgesamt verweigert wird, wodurch nachteilige Auswirkungen auf die Wertschätzung der gesamten Sen-

---

6 OLG Düsseldorf, a.a.O. und OLG Düsseldorf, 28.5.1986 – 18 U 38/86, TranspR 1986, 381; Staub/*Helm*, Art. 25 CMR Rdn. 2; *Boesche*, in: EBJS, Art. 25 CMR Rdn. 3; *Koller*, Art. 25 Rdn. 3.
7 Vgl OLG Hamburg, 11.9.1986 – 6 U 105/87, VersR 1987, 375; *Herber/Piper*, Art. 25 CMR Rdn. 2; *Koller*, Art. 25 CMR Rdn. 3; *Knorre*, TranspR 1985, 241; *Koller*, Art. 25 CMR Rdn. 3; nach Auffassung des OLG Düsseldorf, Urt. v. 21.4.1994 – 18 U 53/93, TranspR 1995, 347, soll sich der Restwert des Gutes um die Kosten verringern, die erforderlich sind, diesen zu erzielen – etwa um Sachverständigenkosten und beim Verkauf zu entrichtende EU-Steuer; eine solche Betrachtung ist aber mit der fiktiven Wertermittlung am Übernahmeort wohl kaum vereinbar. Ähnlich problematisch erscheint das Urteil des OLG Celle, 29.10.1998 – 11 U 110/97, TranspR 1999, 106, das auf den Verkaufswert des konkreten beschädigten Gutes abstellt und nicht auf den Marktpreis eines gleichermaßen geschädigten Gutes; vgl. dazu *Koller*, Art. 25 CMR Rdn. 3.
8 OLG Düsseldorf, 28.5.1986 – 18 U 38/86, TranspR 1986, 381.
9 BGH, 6.2.1997 – I ZR 202794, TranspR 1997, 335; OLG Hamburg, 15.1.1998 – 6 U 14/96, TranspR 1998, 290; OLG Stuttgart, 15.9.1993 – 3 U 69/93, TranspR 1994, 156; anders jedoch, wenn eine Ersatzbeschaffung oder Reparatur der beschädigten Teile in angemessener Zeit möglich ist und so zu einer vollständigen Wiederherstellung der Sachgesamtheit führt (BGH, 6.2.1997 und OLG Hamburg, a.a.O.).

dung eintreten, die insoweit ein untrennbares Ganzes bildet und damit insgesamt unverkäuflich und völlig entwertet wird.[10] Ähnlich ist es, wenn Frischgemüse unzureichend gekühlt transportiert wird und bei der Ankunft 30–40% der Ware beschädigt sind und wenn ein Aussortieren vom gesunden Gut deshalb nicht möglich ist, weil die Infizierung dieses Gutes mit Fäulniserregern des beschädigten Gutes nicht ausgeschlossen werden kann.[11]

Wird der Gesamtwert des Frachtgutes stärker gemindert als der Wert der einzelnen beschädigten Stücke, so ist die Minderung des Gesamtwertes zu ersetzen.[12]   9

Wird ein Teil des Frachtgutes beschädigt und gerät ein anderer Teil in Verlust, so ist die Berechnung der Schadensersatzleistungen getrennt nach Art. 25 CMR und nach Art. 23 Abs. 3 vorzunehmen.[13]   10

2. Reparaturkosten

Da nach Art. 25 Abs. 1 CMR als Entschädigung eine reine Wertminderung zu zahlen ist, kommt es auf den Umfang und die Höhe etwaiger Reparaturkosten nicht an. Insbesondere sind aufgewendete Reparaturkosten der beschädigten Güter grundsätzlich nicht erstattungsfähig.[14] Sie können jedoch ein gewisses Indiz für den Umfang der eingetretenen Wertminderung sein. Dies gilt jedenfalls dann, wenn sich die Wertminderung nicht oder nur schwierig auf andere Weise feststellen lässt.[15] § 429 Abs. 2 Satz 2 HGB ist jedoch nicht ergänzend anwendbar.[16]   11

---

10 BGH, 3.7.1974 – I ZR 120/73, VersR 1974, 1013 = NJW 1974, 1616 = AWD 1974, 495 = ETR 1975, 75; vgl. auch OLG Stuttgart, 15.9.1993 – 3 U 69/93, TranspR 1994, 156 (Textilien); siehe dazu *Knorre*, TranspR 1985, 243; *Koller*, Art. 25 CMR Rdn. 4; *Thume*, TranspR 1992, 1.
11 OLG Düsseldorf, 12.12.1985 – 18 U 90/85, TranspR 1986, 56 = VersR 1986, 1069.
12 Vgl. das treffende Beispiel von *Knorre*, TranspR 1985, 241, 243; *Koller*, Art. 25 CMR Rdn. 4.
13 OLG München, 27.2.1981 – 23 U 3825/80, VersR 1982, 334; OLG Hamburg, 25.1.1985 – 6 U 149/84, TranspR 1985, 185 = VersR 1986, 357; *Glöckner*, Art. 23 CMR Rdn. 25; *Groth*, VersR 1983, 1104, 1106; *Knorre*, TranspR 1985, 241, 242; a.A. *Koller*, Art. 25 CMR Rdn. 5.
14 BGH, 13.2.1980 – IV ZR 39/78, VersR 1980, 522 = NJW 1980, 2021 = RIW/AWD 1980, 436; *Alff*, Art. 25 CMR Rdn. 3; *Glöckner*, TranspR 1988, 327, 330 und Art. 25 CMR Rdn. 2; *Herber/Piper*, Art. 25 CMR Rdn. 4; *Boesche*, in: EBJS, Art. 25 CMR Rdn. 2; *Piper*, Rdn. 352.
15 BGH, 3.5.2005 – I ZR 134/02, TranspR 2005, 253 = NJW-RR 2005, 908; OLG München, 5.7.1989 – 7 U 5947/ 88, TranspR 1990, 16; OLG Hamburg, 15.1.1998 – 6 U 14796, TranspR 1998, 290; Staub/*Helm*, Art. 25 CMR Rdn. 2; *Herber/Piper*, Art. 25 CMR Rdn. 4; *Boesche*, in: EBJS, Art. 25 CMR Rdn. 2; *Koller*, Art. 25 CMR Rdn. 3.
16 Der Hinweis auf diese Bestimmung in der Entscheidung des BGH, 3.5.2005 – I ZR 134/02, TranspR 2005, 253 = NJW-RR 2005, 908 ist daher irreführend.

Art. 25 Haftung des Frachtführers

3. Frachten, Zölle und sonstige Kosten

12 Art. 25 Abs. 1 CMR verweist u.a. auch auf Art. 23 Abs. 4 CMR. Nach der heute herrschenden Auffassung fallen unter die dort genannten *Kosten nur jene, die aus Anlass der Beförderung selbst entstanden sind oder entstehen*, nicht aber die durch die Beschädigung selbst entstehenden zusätzlichen Kosten der Schadensbesichtigung und -begutachtung, der Bergung, des Rücktransportes etc.[17] (Näheres hierzu siehe bei Art. 23 CMR Rdn. 27ff.). Strittig und wohl abzulehnen ist die Frage, ob diese nicht nach Art. 23 Abs. 4 CMR erstattbaren Schadensfolgekosten bei Verschulden des Frachtführers nach ergänzend anwendbaren nationalen Rechtsvorschriften, also etwa aus dem Gesichtspunkt der Vertragsverletzung gem. § 280 BGB, zu ersetzen sind (Näheres dazu siehe bei Art. 23 CMR Rdn. 30).

13 Dagegen sind alle aus Anlass der Beförderung entstandenen und entstehenden Aufwendungen, Frachten, Zölle und sonstigen Kosten zu erstatten. Dazu gehören insbes. Wiegegelder, Siegel- und Nachnahmegebühren, Rollgelder, Import- und Exportsteuern, wie z.B. die Einfuhrumsatzsteuer,[18] Transportversicherungsprämien sowie alle übrigen zusätzlichen Kosten, soweit sie nicht bereits im Wert des Gutes zur Zeit und am Ort der Übernahme enthalten sind. Auch die Entladekosten gehören hierzu (siehe Art. 23 CMR Rdn. 25). Darauf, ob sie bereits zum Zeitpunkt des Schadenseintritts entstanden und bezahlt sind, kommt es nicht an (vgl. Art. 23 CMR Rdn. 27). Auch solche Kosten, die zwar bei der Beschädigung des Gutes entstehen, die jedoch auch bei ordnungsgemäßer Durchführung des Transportes entstanden wären, sind nach Art. 23 Abs. 4 CMR erstattungsfähig (vgl. Art. 23 CMR Rdn. 30). Dies ist ein Ausgleich dafür, dass der Betrag der Wertminderung anhand des Wertes am Ort und zur Zeit der Übergabe zu errechnen ist.[19]

14 Die Minderung bzw. Rückerstattung dieser Aufwendungen des Art. 23 Abs. 4 CMR erfolgt in dem gleichen Umfang, d.h., in der gleichen prozentualen Höhe, in der die Wertminderung festgestellt wird. Bei einer Wertminderung des beschädigten Gutes von 40% sind also 40% dieser Kosten zu erstatten.[20]

15 Der Anspruch des Frachtführers auf die noch nicht bezahlte Fracht mindert sich entsprechend dem Prozentsatz der Wertminderung, ohne dass es einer Aufrech-

---

17 BGH, 13.2.1980 – IV ZR 39/78, VersR 1980, 522 = NJW 1980, 2021; OLG München, 5.7.1989 – 7 U 5947/88, TranspR 1990, 16; OLG Hamburg, 24.10.1991 – 6 U 103/ 1991, TranspR 1992, 66; MünchKommHGB/*Jesser-Huß*, Art. 25 Rdn. 12; *Herber/Piper*, Art. 25 CMR Rdn. 7; *Boesche*, in: EBJS, Art. 25 CMR Rdn. 5; *Koller*, Art. 25 CMR Rdn. 3.
18 OLG München, 17.7.1991 – 7 U 2871/91, TranspR 1991, 427.
19 *Koller*, Art. 25 CMR Rdn. 9 und VersR 1989, 2, 6.
20 OLG Düsseldorf, 14.7.1983 – 18 U 15/83, TranspR 1984, 16 und OLG Düsseldorf, 28.5.1986 – 18 U 38/86, TranspR 1986, 381; *Glöckner*, Art. 25 CMR Rdn. 3; Staub/*Helm*, Art. 25 CMR Rdn. 6; *Koller*, Art. 25 CMR Rdn. 9.

nung bedarf, während die übrigen Entschädigungsansprüche nur im Wege der Aufrechnung und der Klage geltend gemacht werden können.[21]

4. Schadensminderungskosten

Strittig ist die Frage, ob der Frachtführer jene Kosten, die der Verfügungsberechtigte aufgebracht hat, um den Schaden nach Eintritt der Beschädigung zu mindern, zu erstatten hat oder nicht.

16

– Das OLG München[22] hat Schadensminderungsaufwendungen, nämlich Aussortier- und Umfuhrkosten im Rahmen der Wertminderung des Art. 25 berücksichtigt. Dort hatte der Havariekommissar die Wertminderung auf 45% zzgl. der Aufwendungen für die Schadensminderung geschätzt. Das OLG München vertrat die Auffassung, dass es sich dabei nur um eine besondere Kalkulation der Wertminderung gehandelt habe, weil der Havariekommissar auch den Satz von 45% unter Berücksichtigung jener Aufwendungen habe erhöhen können.
– Das OLG Düsseldorf[23] vertritt die Auffassung, bei einem Teilverlust der Sendung würden die Kosten des Rücktransportes des Restgutes zwar nicht unter Art. 23 Abs. 4 CMR fallen. Sie seien jedoch über Art. 25 Abs. 1 CMR erstattungsfähig, wenn das Restgut um diese Kosten im Wert gemindert sei. Da das Restgut im dortigen Fall am Schadensort völlig ungeordnet aufgefunden wurde und, um überhaupt noch verkäuflich zu sein, erst neu sortiert und neu verpackt werden musste, folgerte das OLG Düsseldorf, dass wertbildender Faktor dieser Sendung nicht nur das Gut selbst, sondern auch die Art und Weise seiner Verpackung und Zusammenstellung gewesen waren. Das Auseinanderreißen der noch vorhandenen Verpackungen sei daher als Beschädigung zu werten. Deshalb bestehe die Wertminderung in den Kosten, die aufgewendet werden mussten, um das Restgut an Ort und Stelle zu sortieren, neu zu verpacken und neu zu adressieren. Da diese Kosten höher gewesen seien als die Rücktransportkosten, sei deren letzterer Betrag durch die Wertminderung von Art. 25 Abs. 1 CMR gedeckt. In einem weiteren Urteil vom 26.7.1984[24] geht das OLG Düsseldorf von einer grundsätzlichen Schadensminderungspflicht des geschädigten Absenders aus; ein Verstoß konnte im dortigen Fall nicht nachgewiesen werden.

---

21 BGH, 14.12.1988 – I ZR 235/88, TranspR 1989, 141, 142 = VersR 1989, 309 = NJW-RR 1989, 481 = RIW 1989, 398; BGH, 7.3.1985 – I ZR 182/82, BGHZ 94, 71, 76 = TranspR 1986, 68 = VersR 1985, 685 = NJW 1985, 2091 = RIW 1985, 655 = ETR 1985, 345; OLG Düsseldorf, 30.6.1983 – 18 U 53/83, TranspR 1984, 130; *Glöckner*, Art. 25 CMR Rdn. 3; *Heuer*, S. 122; *Koller*, VersR 1989, 2, 7, und Art. 25 Rdn. 9 CMR.
22 Urt. v. 27.6.1979 – 7 U 181/79, TranspR 1980, 95 = VersR 1980, 241.
23 Urt. v. 30.6.1983 – 18 U 9/83, VersR 1984, 980.
24 Urt. v. 26.7.1984 – 18 U 65/84, TranspR 1985, 128 = VersR 1985, 1081.

Art. 25 Haftung des Frachtführers

– Das OLG Hamburg[25] hat ähnlich entschieden. Im erstzitierten Fall war die Ware am Unfallort praktisch unverkäuflich. Um einen völligen Verlust zu vermeiden, musste das Gut zunächst an einen dritten Ort verbracht und dort auf Lager genommen werden. Diese Kosten, so das OLG Hamburg, seien zwar nicht unmittelbar aus Art. 25 Abs. 1 CMR und auch nicht nach Art. 23 Abs. 4 CMR zu erstatten, aber der Anspruch auf Erstattung dieser Kosten ergebe sich direkt aus dem Gesichtspunkt der Schadensminderung. Für den Verlust des am Unfallort zurückgelassenen Gutes sei der Frachtführer verantwortlich gewesen, der das Gut nicht einfach an der Unfallstelle habe zurücklassen dürfen. Diese Schadensminderungskosten seien daher bei der Bemessung des Restwertes der beschädigten Ware mindernd zu berücksichtigen. Im zweitgenannten Urteil wurden die vom Auftraggeber zur Vermeidung eines größeren Schadens aufgewendeten, nicht wertbildenden Kosten einer Umpackaktion, nämlich Verpackungsmaterial, Lohnkosten sowie Kosten der Umpackarbeiten, Material und Fracht, als erstattungsfähig zugesprochen, nicht jedoch die zur Ermittlung des Minderwertes angefallenen Sachverständigenkosten.

17 In der Literatur finden sich zu dieser Thematik folgende Stellungnahmen:

– *Knorre*[26] setzt sich mit den erstgenannten Entscheidungen des OLG München und des OLG Düsseldorf auseinander und stimmt zu, dass die nach Beschädigungseintritt zur Schadensminderung beitragenden Kosten der Aussortierung und Neuverpackung im Rahmen der Wertminderung des Art. 25 Abs. 1 CMR Berücksichtigung finden könnten.

– *de la Motte*[27] weist allgemein darauf hin, dass der Gläubiger nach § 254 Abs. 2 BGB zur Schadensabwendung und -minderung „verpflichtet" sei und dass ihm die dabei entstehenden Aufwendungen als adäquat verursachter Schadensbestandteil zu erstatten seien. Maßgeblich sei, ob die Aufwendungen nach der gegebenen Sachlage vernünftig und zweckmäßig erschienen, und zwar nicht unbedingt vom Standpunkt des später erkennenden Gerichtes aus, sondern von dem des in der Situation entscheiden müssenden Gläubigers. Dazu gehören nach seiner Auffassung ggf. die Kosten für Bergen, Zwischenlagern, Sortieren, Neuverpackung, Rücktransport zum Werk usw.

– *Piper*[28] ist ebenfalls der Auffassung, dass sich der Anspruch auf Ersatz von nicht wertbildenden Kosten aus dem Gesichtspunkt der Schadensminderungspflicht ergebe, wenn der Auftraggeber, um einen größeren – vom Frachtführer zu ersetzenden – Schaden zu vermeiden, zusätzliche Kosten (z.B. Transportkosten) aufgewendet habe, und betrachtet unter diesem Gesichtspunkt auch die Entscheidung des BGH vom 3.7.1974.[29]

---

25 Urt. v. 11.9.1986 – 6 U 905/86, VersR 1987, 375 und Urt. v. 24.10.1991 – 6 U 103/91, TranspR 1992, 66.
26 TranspR 1985, 241.
27 VersR 1988, 317, 321.
28 *Piper*, S. 174, Rdn. 360.
29 BGH, 3.7.1974 – I ZR 120/73, VersR 1974, 1013 = NJW 1974, 1616 = AWD 1974, 495 = ETR 1975, 75.

– *Glöckner*[30] hält ebenfalls die aus Gründen der Schadensminderungspflicht aufgewendeten Kosten für erstattungsfähig.
– *Koller*[31] vertritt dagegen die Auffassung, dass der Frachtführer gesonderte Aufwendungen für die Schadensminderung nicht zu ersetzen habe. Andererseits könne auch dem Geschädigten nicht vorgeworfen werden, er habe Maßnahmen zur Schadensminderung unterlassen. Allein maßgeblich sei der Wert des beschädigten Gutes am Übernahmeort, der im Licht der üblichen bzw. zumutbaren Schadensminderungsmaßnahmen zu ermitteln sei, soweit diese Maßnahmen unmittelbar der Substanz des Gutes zugute kämen. Im Übrigen führe der Geschädigte die Schadensminderungsmaßnahmen auf eigenes wirtschaftliches Risiko – aber auch zum eigenen Nutzen – durch. Aussortierungskosten etc. seien nur insoweit zu berücksichtigen, als die Notwendigkeit von Sortierarbeiten etc. den Wert am Übernahmeort gemindert hätte. Ganz allgemein sei bei der Berechnung des Schadens nach den am Versandort relevanten Maßstäben zu berücksichtigen, dass sich der vom Frachtführer zu vertretende Schaden durch Untätigkeit ausdehnen könne und dass der Wertverlust i.d.R. die Kosten widerspiegele, die zur ökonomisch sinnvollen Schadensminderung aufgewandt würden (Art. 23 Rdn. 13; Art. 25 Rdn. 3).

Bei näherer Betrachtung aller Zitate aus Rechtsprechung und Literatur wird deutlich, dass folgendes Bestreben allgemein zugrunde liegt: **18**

– Ausgangspunkt für die Bewertung der eingetretenen Wertminderung nach Art. 25 Abs. 1 CMR ist allein der fiktive Wert der beschädigten Ware zurzeit und am Ort der Übernahme.
– In die Berechnung dieses Wertes einzubeziehen sind die Aufwendungen für solche schadensmindernden Maßnahmen, deren Unterbleiben zu noch größeren Schäden und damit zu einer noch größeren Wertminderung geführt hätten.
– Es ist daher (in Deutschland gem. § 287 ZPO) zulässig, solche *Aufwendungen für schadensmindernde Maßnahmen* bis zur Höhe des ohne ihre Durchführung eingetretenen, fiktiv zu berechnenden Wertminderungsbetrages *im Rahmen der Bemessung der echten Wertminderung zu berücksichtigen.*[32] Dies erscheint auch unter dem Gesichtspunkt der Vorteilsausgleichung gerechtfertigt. *Ein zusätzlicher besonderer Erstattungsanspruch* (etwa nach Art. 23 Abs. 4) *besteht jedoch nicht.*[33]

---

30 Art. 25 CMR Rdn. 2.
31 Art. 25 CMR Rdn. 3.
32 So die heute wohl herrschende Auffassung: OGH Wien, 21.2.1985 – 7 Ob 22/84, VersR 1986, 559; OLG Wien, 23.2.1989, TranspR 1990, 156; OLG München, 5.7.1989 – 7 U 5947/88, TranspR 1990, 16; OLG Hamburg, 11.9.1986 – 6 U 105/86, VersR 1987, 375; OLG Hamburg, 24.10.1991 – 6 U 103/91, TranspR 1992, 66 und OLG Hamburg, 15.1.1998 – 6 U 14/96, TranspR 1998, 290; OLG Stuttgart, 15.9.1993 – 3 U 69/93, TranspR 1994, 156; *Thume*, in: Fremuth/Thume, Art. 25 CMR Rdn. 11 m.w.Hw.; siehe dazu auch MünchKommHGB/*Jesser-Huß*, Art. 25 Rdn. 11; Staub/*Helm*, Art. 25 CMR Rdn. 4f.; *Herber/Piper*, Art. 25 CMR Rdn. 6; *Boesche*, in: EBJS, Art. 25 CMR Rdn. 4.
33 OLG Celle, 29.10.1998 – 11 U 110/97, TranspR 1999, 106.

Art. 25 Haftung des Frachtführers

– Zum gleichen Ergebnis führt schließlich die Überlegung, dass der schadensmindernde verfügungsberechtigte Absender bzw. Empfänger mit den von ihm ergriffenen Maßnahmen nicht nur im eigenen Interesse, sondern auch in dem des zum Schadensersatz verpflichteten Frachtführers handelt. Soweit man daher die Aufwendungen hierfür nicht als im Rahmen des Art. 25 Abs. 1 CMR über die Wertminderung mitgeregelt ansieht, würde auch der Rückgriff auf das nationale Recht möglich sein mit der Folge, dass die Entscheidung für die Erstattungsfähigkeit solcher schadensmindernden Aufwendungen nach deutschem Recht auch gem. den Bestimmungen der Geschäftsführung ohne Auftrag oder direkt aus § 254 BGB ermöglicht würde.

IV. Haftungshöchstgrenzen

19 Die gem. Art. 25 Abs. 1 CMR zu ermittelnde Wertminderung ist grundsätzlich voll zu erstatten, soweit nicht die Haftungsbegrenzung des Abs. 2 dieser Bestimmung überschritten wird. Abs. 2 begrenzt die Haftung des Frachtführers bei Beschädigung in gleicher Weise, wie Art. 23 CMR die Haftung des Frachtführers bei Verlust begrenzt. Damit lehnt sich die Haftungsbegrenzung des Art. 25 Abs. 2 CMR genau an die für die Fälle des Verlustes bestehende Haftungsbeschränkung an. Sie unterscheidet also die Fälle, bei denen die Beschädigung zur Entwertung der ganzen Sendung führt, von denen der Teilentwertung.

Der in Abs. 2 im deutschen Text verwandte Begriff „Entwertung" ist sprachlich ungenau und missverständlich. Er bedeutet nicht die vollständige Entwertung auf 0,– €, sondern nur die schadensbedingte Wertminderung bzw. Abwertung, wie die gem. Art. 51 Abs. 3 CMR allein verbindlichen Bezeichnungen „damaged" und „depreciee" verdeutlichen.

Tritt eine vollständige Entwertung ein, so liegt wirtschaftlich gesehen *Totalschaden* vor, der *nicht als Verlust, sondern als Totalbeschädigung zu werten* ist (siehe oben Rdn. 3; vgl. dazu auch Art. 17 CMR Rdn. 71).

1. Entwertung der ganzen Sendung

20 *Wird durch die Beschädigung die ganze Sendung in ihrem Wert gemindert*, ist nach Art. 25 Abs. 2 lit. a) CMR die Haftung auf den Betrag begrenzt, der auch bei gänzlichem Verlust zu zahlen wäre. Zu berechnen ist also in diesem Fall jene Entschädigung, die sich bei Totalverlust aus Art. 23 CMR ergäbe. Die *Höchsthaftung des Frachtführers* ergibt sich daher hier, *wie bei Totalschaden gem. Art. 23 Abs. 3 CMR*, aus der *Multiplikation von 8,33 SZR mit dem Rohgewicht*, d.h. dem Bruttogewicht *der Sendung*. Wegen der Details hinsichtlich des Wertes der Rechnungseinheiten des Sonderziehungsrechtes, des Rohgewichts und der konkreten Berechnung der Haftungshöchstgrenze siehe Art. 23 CMR Rdn. 14 ff.

Eine *Wertminderung der ganzen Sendung setzt nicht notwendig die Beschädigung* 21
aller zu ihr gehörenden einzelnen Güter voraus. Vielmehr kann im Einzelfall
auch die Beschädigung einzelner Stücke wirtschaftlich zu einer vollständigen
Entwertung der ganzen Sendung führen.[34] Anders ist es jedoch, wenn eine Ersatzbeschaffung oder Reparatur der beschädigten Teile in angemessener Zeit
möglich ist und so zu einer vollständigen Wiederherstellung der Sachgesamtheit
führt.[35]

Berechnet das Gericht bei Beschädigung des Frachtgutes die Wertminderung in 22
der Weise, dass es vom ursprünglichen Gesamtwert den Verwertungserlös der beschädigten Ware absetzt, und übersteigt diese so ermittelte Wertminderung den
sich nach Art. 23 Abs. 3 CMR ergebenden Höchstbetrag, so kann von diesem
Höchstbetrag nicht mehr der Verwertungserlös abgezogen werden.[36]

Zusätzlich zur vorstehend dargestellten summenmäßigen Haftungsbegrenzung 23
sind bei vollständiger Entwertung der gesamten Sendung gem. Art. 25 Abs. 1
CMR i.V.m. Art. 23 Abs. 4 CMR alle *Frachten, Zölle und sonstigen* aus Anlass
der Beförderungen des Gutes entstandenen *Kosten* zu ersetzen (Näheres dazu
siehe oben Rdn. 12–15 und Art. 23 CMR Rdn. 22 ff.).

2. Entwertung eines Teils der Sendung

Wird durch die Beschädigung nur ein Teil der Sendung im Wert gemindert, so be- 24
schränkt sich die Haftung gem. Art. 25 Abs. 2 lit. b) CMR auf den Betrag, der bei
Verlust des beschädigten Teils zu zahlen wäre. Handelt es sich z.B. nur um *ein*
Packstück der Sendung, ist allein dessen Rohgewicht für die Berechnung der
Höchstsumme maßgebend.[37] Der maßgebliche Text lautet in dem nach Art. 51
Abs. 3 CMR allein verbindlichen englischen und französischen Original wie
folgt: „part only of the consignment" und „une partie seulement de l'expedition".
Hieraus wird deutlich, dass – wie in den Fällen des Art. 23 Abs. 3 CMR – der beschädigte Anteil der Sendung, das ist die Summe des Gewichtes aller beschädigten Stücke, als Berechnungsgrundlage heranzuziehen ist. Auch hier ist also – wie
in den Fällen des Teilverlustes – die Grenze der für die Wertminderung nach
Abs. 1 zu leistenden Entschädigung nach den in Art. 23 CMR genannten Grenzen zu ziehen.[38]

---

34 BGH, 6.2.1997 – I ZR 202794, TranspR 1997, 335 = NJW 1997, 1121 und BGH, 3.7.1974 –
 I ZR 120/73, VersR 1974, 1013 = NJW 1974, 1616 = ETR 1975, 75; OLG Hamburg,
 15.1.1998 – 6 U 14/96, TranspR 1998, 290; OLG Stuttgart, 15.9.1993 – 3 U 69/93, TranspR
 1994, 156.
35 BGH, 6.2.1997 – I ZR 202794, TranspR 1997, 335; OLG Hamburg, 15.1.1998 – 6 U 14/96,
 TranspR 1998, 290; vgl. auch Staub/*Helm*, Art. 25 CMR Rdn. 10.
36 BGH, 6.5.1981 – I ZR 70/80, TranspR 1982, 41, 43 = VersR 1981, 929 = NJW 1981, 2640 =
 RIW 1981, 787 = ETR 1982, 313.
37 BGH, 6.2.1997 – I ZR 202794, TranspR 1997, 335 = NJW 1997, 112 (Schaltschrank einer
 Computeranlage).
38 Staub/*Helm*, Art. 25 CMR Rdn. 10; *Koller*, Art. 25 CMR Rdn. 8.

Art. 25   Haftung des Frachtführers

Die *Wertminderungen aller beschädigten Stücke sind daher zu addieren, und dieser Betrag ist zu ersetzen, soweit er nicht höher ist als die Summe des Gewichts aller beschädigten Stücke multipliziert mit 8,33 Rechnungseinheiten.*[39] Bei völliger Entwertung mehrerer Stücke einer Sendung ist also deren Gewicht zu addieren und dann mit 8,33 SZR zu multiplizieren; nicht jedoch darf zunächst für jedes beschädigte Einzelstück anhand seines Gewichtes der Haftungshöchstbetrag berechnet und dann daraus die Summe der Gesamtentschädigung gebildet werden.[40] Als beschädigtes Stück in diesem Sinne ist dabei grundsätzlich das einzelne Packstück zu verstehen, jedenfalls dann, wenn dieses für den Handel eine Einheit bildet.[41] Würde also beispielsweise eine Maschine, die aus mehreren Teilen zusammengesetzt ist, getrennt verpackt, so ist das Gewicht der einzelnen Packstücke zugrunde zu legen, wenn die einzelnen Teile ausgewechselt werden können und im Handel erhältlich sind.

25 *Auch im Fall der Teilbeschädigung ist* gem. Art. 25 Abs. 1 CMR i.V.m. Art. 23 Abs. 4 CMR *der Anteil der Fracht, der Zölle und der sonstigen aus Anlass der Beförderung des Gutes entstandenen Kosten zu ersetzen*, der quotenmäßig dem Grad der Wertminderung entspricht (vgl. oben Rdn. 14). Eine Parallele zum Teilverlust scheidet insoweit aus, weil die Beschädigung mit dem Gewicht des beschädigten Gutes nicht in unmittelbarem Zusammenhang steht. So kann z.B. die minimale Beschädigung eines sehr schweren Frachtstückes nicht dazu führen, dass dem Geschädigten die auf das gesamte Stück entfallende Fracht zu ersetzen ist.[42]

3. Höhere Entschädigung

26 Auch im Falle der Beschädigung können höhere Entschädigungen nur dann beansprucht werden, wenn gem. Art. 24 und 26 CMR der Wert des Gutes oder ein besonderes Interesse an der Lieferung für den Fall der Beschädigung ausdrücklich vereinbart und im Frachtbrief angegeben ist oder wenn die Voraussetzungen des Art. 29 CMR vorliegen. Alle anderen von diesen Bestimmungen abweichenden Vereinbarungen, insbes. Garantieversprechen und Vertragsstrafenabreden, sind dagegen unwirksam (Näheres siehe Art. 23 CMR Rdn. 35).

---

39 *Loewe*, ETR 1976, 503, 571.
40 Staub/*Helm*, Art. 25 CMR Rdn. 11; so aber die englische und französische Rechtsprechung und Literatur.
41 Staub/*Helm*, Art. 25 CMR Rdn. 11; *Thume*, in: Fremuth/Thume, Art. 25 CMR Rdn. 21; *Züchner*, ZfV 1966, 198; a.A. *Koller*, Art. 25 CMR Rdn. 8, nach dessen Auffassung als beschädigtes Stück der Gegenstand gilt, der am Übernahmeort als wirtschaftliche Einheit übernommen worden ist.
42 OLG Düsseldorf, 28.5.1986 – 18 U 38/86, TranspR 1986, 381; *Herber/Piper*, Art. 25 CMR Rdn. 16; *Boesche*, in: EBJS, Art. 25 CMR Rdn. 7; *Koller*, Art. 25 Rdn. 9 und wohl auch *Knorre*, TranspR 1985, 242, 245 a.E.

V. Teilbeschädigung und Teilverlust

Gerät ein Teil der Sendung in Verlust und wird ein anderer Teil beschädigt, so ist die Berechnung der Schadensersatzleistung getrennt nach Art. 23 Abs. 3 und Art. 25 CMR vorzunehmen,[43] jedoch darf die Gesamtentschädigung nicht höher sein als bei Totalverlust; siehe auch Art. 23 CMR Rdn. 24.

27

VI. Beschädigung und Verspätungsschäden

Gelegentlich kann die Beschädigung des Frachtgutes auch einer Überschreitung der vereinbarten oder nach Art. 19 CMR als angemessen anzusehenden Lieferfrist führen, so z.B. wenn das beförderte Gut vor dem Weitertransport repariert werden muss und deshalb die Lieferfrist nicht eingehalten werden kann. Ferner kann, insbes. beim Transport verderblicher Güter, infolge der Verspätung am Frachtgut selbst ein Güterschaden, nämlich Beschädigung, eintreten.

28

Die Behandlung dieser Konkurrenzfälle ist umstritten. Wegen der grundsätzlichen Problematik dieser Fälle siehe zunächst die Erläuterungen bei Art. 23 CMR Rdn. 49.

In den Fällen des *Zusammentreffens von Lieferfristüberschreitung* einerseits *und Beschädigung des Frachtgutes* andererseits *kann* tatsächlich eine *Kumulierung des Güterschadens und des Verspätungsschadens eintreten.* Hat beispielsweise das beförderte Obst infolge von Transportverzögerungen sehr gelitten und ist es deshalb in seinem Wert gemindert, so ist für diesen Güterschaden zunächst eine Entschädigung gem. Art. 25 i.V.m. Art. 23 Abs. 1 mit 4 CMR zu leisten.[44] Tritt darüber hinaus während der Zeit der Verspätung ein Preisverfall auf dem Obstmarkt ein, der dazu führt, dass die wertgeminderte Ware nun zu noch ungünstigeren Preisen verkauft werden muss, als wenn sie im beschädigten Zustand wenigstens in der vereinbarten oder nach Art. 19 CMR als angemessen anzusehenden Lieferfrist angeliefert worden wäre, so liegt in diesem Preisverfall ein weiterer Vermögensschaden, der nach Art. 25 Abs. 5 CMR zusätzlich zu regulieren ist.[45] Dieses Ergebnis entspricht den Bestimmungen des Eisenbahnrechts in Art. 34 § 3 Abs. 3 CIM und des früheren § 88 Abs. 4 EVO. Jedoch ist die hier geäußerte Auffassung umstritten. Nach anders lautender Auffassung in der Rechtsprechung

29

---

43 OLG München, 27.2.1981 – 23 U 3825/80, VersR 1982, 334; MünchKommHGB/*Jesser-Huß*, Art. 25 Rdn. 14; Staub/*Helm*, Art. 25 CMR Rdn. 12; *Herber/Piper*, Art. 25 CMR Rdn. 10; *Boesche*, in: EBJS, Art. 25 CMR Rdn. 3; *Knorre*, TranspR 1985, 241, 245; a.A. *Koller*, Art. 25 CMR Rdn. 5.
44 BGH, 15.10.1992 – I ZR 260/90, TranspR 1993, 137, und BGH, 30.9.1993 – I ZR 258/91, TranspR 1994, 16; OLG Köln, 14.3.1997, TranspR 1998, 195 = VersR 1997, 1033; Staub/*Helm*, Art. 23 CMR Rdn. 66.
45 OLG Hamm, 14.11.1985 – 1 U 268/84, TranspR 1986, 77 = VersR 1987, 609; *Koller*, Art. 23 CMR Rdn. 17; *Lenz*, Rdn. 545; *Thume*, RIW 1992, 966, 969; a.A. insoweit *Heuer*, S. 139, welcher nicht zwischen Verlust und Beschädigung differenziert.

und Literatur ist eine Kumulierung nur möglich, wenn der Substanzschaden und der Verspätungsschaden verschiedene Ursachen haben. Andernfalls sei der zusätzlich eingetretene Vermögensschaden nicht zu ersetzen, weil sonst eine Umgehung des Wertersatzprinzips des Art. 23 Abs. 1 CMR eintreten würde.[46]

30 Treten an Teilen der Sendung Beschädigungen auf, und kommt es infolge der Verspätung hinsichtlich der übrigen Teile der Sendung zusätzlich zu weiteren Vermögensschäden, so sind beide Schadensarten unabhängig voneinander und nebeneinander entstanden und deshalb nach den jeweiligen Kriterien des Güterschadens einerseits und des Verspätungsschadens andererseits gesondert zu regulieren. Das gilt auch, wenn beide Schadensereignisse letztlich auf den gleichen Ursachen beruhen, wenn also beispielsweise sowohl die Beschädigung des Teilgutes als auch die Verspätung durch einen Transportunfall verursacht worden sind.[47]

31 In den soeben geschilderten Fällen ist die Haftung für den jeweiligen Verspätungsschaden gem. Art. 23 Abs. 5 CMR auf jenen Teil der Fracht beschränkt, der nicht schon wegen der eingetretenen Beschädigung gem. Art. 23 Abs. 4 CMR zurückzuerstatten ist, weil andernfalls die unabdingbaren Haftungshöchstgrenzen nicht eingehalten würden (vgl. für den Fall des Teilverlustes Art. 23 CMR Rdn. 42).

VII. Haftungsteilung

32 Sind Beschädigung des Transportgutes einerseits auf Umstände zurückzuführen, für die der Frachtführer nach Art. 17 Abs. 1 und Abs. 3 CMR einzustehen hat, andererseits aber auf haftungsbefreiende Umstände des Art. 17 Abs. 2 und 4 CMR, so tritt gem. Art. 17 Abs. 5 CMR eine Schadensteilung ein.

Deshalb ist bei der konkreten Berechnung der Entschädigung, die der Frachtführer für Beschädigungen des Frachtgutes zu leisten hat, in folgenden Schritten vorzugehen:

– Zunächst muss die Berechnung der Wertminderung erfolgen, die das Gut infolge der Beschädigung erlitten hat. Diese Berechnung ist nach den Kriterien vorzunehmen, die oben in Rdn. 4 ff. dargelegt sind.
– Danach ist im Rahmen des Art. 17 Abs. 5 CMR der Haftungsanteil des Frachtführers an dem so berechneten Schaden zu bewerten.
– Anschließend ist zu prüfen, ob der so quotenmäßig berechnete Haftungsanteil des Frachtführers die nach Art. 25 Abs. 2 i.V.m. Art. 23 Abs. 3 CMR zu ermit-

---

46 OGH Wien, 22.3.1994 – 4 Ob 1529/94, TranspR 1994, 439; Staub/*Helm*, Art. 23 CMR Rdn. 67; *Herber/Piper*, Art. 23 CMR Rdn. 40; *Boesche*, in: EBJS, Art. 23 CMR Rdn. 19; vgl. zum Problem auch MünchKommHGB/*Jesser-Huß*, Art. 17 CMR Rdn. 95.
47 Vgl. OLG Hamm, 14.11.1985 – 1 U 268/84, TranspR 1986, 77 = VersR 1987, 609; MünchKommHGB/*Basedow*, 1. Aufl., Art. 17 CMR Rdn. 95 und Art. 23 CMR Rdn. 9; *Heuer*, S. 139.

telnden Haftungshöchstgrenzen überschreitet (siehe dazu oben Rdn. 19 ff.). Ggf. ist die zuvor berechnete Entschädigungsleistung auf diese Haftungshöchstgrenzen zu reduzieren.
- Ist gem. den Art. 24 bzw. 26 CMR ein höherer Wert oder ein besonderes Interesse an der Lieferung vereinbart und im Frachtbrief eingetragen, so reduziert sich ggf. die zu leistende Entschädigung auf diese Werte.
- Hinsichtlich der zu erstattenden Frachten, Zölle und sonstigen aus Anlass der Beförderung des Gutes entstandenen Kosten ist gem. Art. 25 Abs. 1 mit Art. 23 Abs. 4 CMR anhand der festgestellten Wertminderung wiederum die Erstattungsquote zu berechnen (siehe oben Rdn. 22 und 24). Anschließend ist im Fall der Mithaftung des Anspruchstellers der so berechnete Aufwendungserstattungsbetrag gem. Art. 17 Abs. 5 CMR entsprechend den Mithaftungsanteilen der Vertragsparteien erneut zu quoteln.
- In den Fällen des Art. 29 CMR, also bei vorsätzlichem oder dem Vorsatz gleichstehenden Verschulden des Frachtführers kann grundsätzlich keine Haftungsteilung vorgenommen werden, auch nicht im Rahmen des Art. 17 Abs. 5 CMR. In diesen Fällen haftet vielmehr der Frachtführer i.d.R. unbeschränkt in voller Höhe für die infolge der Beschädigung entstandenen Schäden einschließlich etwaiger Vermögensschäden wie entgangenem Gewinn etc. Anders kann es jedoch sein, wenn die Beschädigung zugleich auf ein grobes Verschulden des Anspruchstellers zurückzuführen ist (Näheres dazu siehe bei Art. 29 CMR Rdn. 44 und Art. 17 Abs. 5 CMR Rdn. 203; vgl. auch Art. 23 CMR Rdn. 47 und 51).

VIII. Beweislastfragen

Zur Darlegungs- und Beweislast hinsichtlich der Beschädigung während der Obhutszeit siehe die Erläuterungen zu Art. 18 CMR, insbes. Rdn. 10 ff., 24 ff. sowie die Erläuterungen zu Art. 23 CMR Rdn. 62 ff. **33**

Der Anspruchsteller hat alle rechtsbegründenden Tatsachen über Art und Umfang der Beschädigung während der Obhutszeit darzulegen und nachzuweisen. Insbesondere muss er vortragen und durch Vorlage der entsprechenden Unterlagen nachweisen, welchen Wert das Gut in unbeschädigtem Zustand am Ort und zur Zeit der Übernahme besaß und welchen fiktiven Wert es gehabt hätte, wenn es damals am Ort der Übernahme unbeschädigt gewesen wäre.

Bei Ermittlung der Wertminderung nach Art. 23, 25 CMR wird sich der Frachtführer hinsichtlich des Wertes der unbeschädigten Ware häufig mit Hilfe der entsprechenden Rechnung auf den Einkaufspreis berufen können (vgl. Art. 23 CMR Rdn. 53). Der zweite Wert kann dagegen in aller Regel nur im Wege einer Schätzung ermittelt werden[48] (Näheres siehe oben Rdn. 5).

---

48 Vgl. OLG Düsseldorf, 28.5.1986 – 18 U 38/86, TranspR 1986, 381.

Art. 25 Haftung des Frachtführers

34 Hinsichtlich der Haftungsbegrenzung trifft den Frachtführer die Darlegungs- und Beweislast (siehe Art. 23 CMR Rdn. 63). Dieser muss insbes. das Gewicht der beschädigten Teile nachweisen, weil er hieraus anspruchshindernde bzw. -mindernde Umstände im Hinblick auf die Haftungsbegrenzung geltend machen will. In der Regel wird ihm dies durch Vorlage des Frachtbriefes gelingen.[49]

---

49 Vgl. Baumgärtel/*Giemulla*, Art. 25 CMR Rdn. 2.

Art. 26

bearbeitet von RA Dr. Karl-Heinz Thume/Dr. Jens-Berghe Riemer, Nürnberg

1. Der Absender kann gegen Zahlung eines zu vereinbarenden Zuschlages zur Fracht für den Fall des Verlustes oder der Beschädigung und für den Fall der Überschreitung der vereinbarten Lieferfrist durch Eintragung in den Frachtbrief den Betrag eines besonderen Interesses an der Lieferung festlegen.
2. Ist ein besonderes Interesse an der Lieferung angegeben worden, so kann unabhängig von der Entschädigung nach den Art. 23, 24 und 25 der Ersatz des weiteren bewiesenen Schadens bis zur Höhe des als Interesse angegebenen Betrages beansprucht werden.

Übersicht

	Rdn.		Rdn.
I. Allgemeines	1	V. Die Rechtsfolgen	12
II. Die Vereinbarung des besonderen Interesses	3	1. Schadensarten	12
		2. Schadenshöhe	15
III. Die Vereinbarung des Zuschlags	7	3. Andere Vereinbarungen	16
IV. Die Eintragung im Frachtbrief	11	VI. Beweislastfragen	17

I. Allgemeines

Art. 26 Abs. 1 CMR räumt, ähnlich wie Art. 16 § 1 ER/CIM, dem Absender die Möglichkeit ein, gegen Zahlung eines Frachtzuschlags für die Fälle des Verlustes, der Beschädigung und der Überschreitung der vereinbarten Lieferfrist einen bestimmten Höchstbetrag seines besonderen Interesses an der Lieferung zu vereinbaren. Trifft er mit dem Frachtführer eine solche Abrede, und ist diese im Frachtbrief eingetragen, so kann nach Art. 26 Abs. 2 CMR der Ersatz des weiteren, über die Haftungsbeschränkungen nach den Art. 23, 24 und 25 CMR hinausgehenden Schadens bis zur Höhe des als Interesse angegebenen Betrages geltend gemacht werden. Dagegen können mit einer solchen Interessendeklaration die zwingenden Haftungsbeschränkungen des Art. 17 Abs. 2 und 4 CMR nicht beschnitten oder ausgeschlossen werden. 1

Wie bei der Wertvereinbarung des Art. 24 CMR wird in der Praxis auch von der Möglichkeit der Angabe eines besonderen Lieferinteresses kaum Gebrauch gemacht.[1] Das Interesse an der Lieferung gehört ohnehin vornehmlich in die Sphäre des Absenders und sollte, soweit überhaupt möglich, von diesem durch eine 2

---
1 Vgl. Staub/*Helm*, Art. 26 CMR Rdn. 1; *Koller*, VersR 1990, 553; *de la Motte*, TranspR 1992, 352, 355.

Transportversicherung abgedeckt werden. Die üblichen CMR-Haftpflichtversicherungspolicen schließen die Haftung aus Art. 26 CMR nur insoweit in ihre Deckung ein, als sie 10% der nach Art. 23 und 24 CMR zu berechnenden Entschädigungen nicht überschreiten.[2]

II. Die Vereinbarung des besonderen Interesses

3   Der Absender muss die Deklaration des Betrages eines besonderen Interesses an der Lieferung mit dem Frachtführer vereinbaren. Die einseitige Bestimmung eines solchen Interesses durch den Absender reicht nicht aus. Näheres hierzu, insbes. zur Unbeachtlichkeit derartiger, nach Vertragsschluss vom Absender vorgenommener Erklärungen oder Handlungen siehe bei Art. 24 CMR Rdn. 3.

Zur *Fahrervollmacht* vgl. Art. 24 CMR Rdn. 4.

4   Während die Wertdeklaration nach Art. 24 CMR nur für die Fälle des Verlustes und der Beschädigung möglich ist, kann durch die Interessendeklaration des Art. 26 CMR auch in den Fällen der Lieferfristüberschreitung ein über den in Art. 23 Abs. 5 CMR genannten Höchstbetrag der Fracht hinausgehendes weiteres besonderes Interesse betragsmäßig festgelegt werden. Beide Vereinbarungen können kumulativ getroffen werden.[3]

Für die Verspätungsfälle räumt jedoch Art. 26 Abs. 1 CMR die Möglichkeit einer *Interessendeklaration* ausdrücklich *nur bei Überschreitung einer „vereinbarten" Lieferfrist* ein. Der Grund für diese Einschränkung liegt darin, dass die CMR keine festen Lieferfristen vorschreibt, sondern für jene Fälle, in denen keine feste Frist vereinbart worden ist, in Art. 19 CMR lediglich eine großzügig gefasste Generalklausel enthält. Das besondere Interesse an einer pünktlichen Ablieferung und das damit für den Beförderer verbundene, ihn zusätzlich belastende Risiko bei Verspätungen kann aber nur dann zumindest annähernd zuverlässig abgeschätzt werden, wenn für die Ablieferung ein fester Zeitpunkt vereinbart ist.[4]

5   Im Übrigen sind die Vertragspartner im Rahmen des Art. 26 CMR in ihren Dispositionsrechten grundsätzlich nicht eingeschränkt. Sie dürfen also die detaillierte Ausgestaltung ihrer Abrede völlig frei gestalten. So können sie entweder das besondere Interesse nur für den Fall des Verlustes oder nur für den Fall der Beschädigung oder auch nur für den Fall der Lieferfristüberschreitung vereinbaren.[5] Allerdings muss sich das vereinbarte Interesse auf die Lieferung, d.h. auf den Leistungserfolg selbst beziehen. Dagegen kann im Rahmen des Art. 26 CMR kein besonderes Interesse an der alsbaldigen Zahlung der im Falle der Leistungsstörung zu erbringenden Entschädigung vereinbart werden. Dies wird vom Wort-

---

2   *Glöckner*, Art. 26 CMR Rdn. 1 und *ders.*, TranspR 1988, 327, 331; Staub/*Helm*, Art. 26 CMR Rdn. 1.
3   *Heuer*, S. 126; *Herber/Piper*, Art. 26 CMR Rdn. 3; *Boesche*, in: EBJS, Art. 26 CMR Rdn. 1.
4   *Heuer*, S. 140.
5   *Loewe*, ETR 1976, 571.

laut der Bestimmung nicht gedeckt;[6] vgl. dazu auch die Erläuterungen zu Art. 27 CMR Rdn. 34.

Ferner müssen die Parteien einen bestimmten Betrag festlegen, denn dieser muss im Frachtbrief eingetragen sein. Daher ist eine Abrede dahin, dass alle Schäden ersatzfähig sein sollen, nicht zulässig.[7] Wie im Falle der Wertdeklaration ist der als Interesse anzugebende Betrag weder der Höhe nach begrenzt, noch an das tatsächliche besondere Interesse des Absenders gebunden.[8] 6

III. Die Vereinbarung des Zuschlags

Nach dem Wortlaut des Art. 26 Abs. 1 CMR ist eine wirksame Deklaration des besonderen Lieferungsinteresses von der Vereinbarung und Zahlung eines Zuschlages abhängig. Dies wird nicht nur aus der deutschen Übersetzung des Wortlautes „gegen Zahlung eines zu vereinbarenden Zuschlages zur Fracht", sondern auch aus den nach Art. 51 Abs. 3 CMR allein verbindlichen englischen und französischen Texten „against payment of a surcharge to be agreed upon" und „et contre paiement d'un supplement de prix à convenir" deutlich. Trotz dieses eigentlich eindeutigen Wortlauts der Bestimmung ist in Rechtsprechung und Literatur umstritten, ob für die Wirksamkeit der Deklaration eines besonderen Lieferungsinteresses die Vereinbarung und Zahlung eines Frachtzuschlages erforderlich ist oder nicht. 7

Einer weit verbreiteten Meinung zufolge kann der Frachtführer auch ohne eine solche Abrede über den zu zahlenden Zuschlag die Vereinbarung über die Angabe eines besonderen Interesses treffen.[9] 8

Dieser Auffassung kann jedoch nicht gefolgt werden, denn sie widerspricht dem eindeutigen Wortlaut der Bestimmung und ist daher *contra legem*. Sinn und Zweck der Zuschlagsvereinbarung ist ferner, den Vertragspartnern die besondere Bedeutung einer zusätzlichen Interessendeklaration und die damit verbundene Erweiterung der Frachtführerhaftung vor Augen zu führen. Damit dient die Zuschlagsvereinbarung in gleicher Weise dem Schutz des Frachtführers vor übereilten Zusagen wie das zusätzliche Erfordernis der Eintragung der Interessendeklaration im Frachtbrief; vgl. dazu unten Rdn. 11. Deshalb sind Vereinbarungen eines besonderen Lieferungsinteresses ohne Absprache über einen zu zahlenden besonderen Zuschlag eine unzulässige Abweichung von Art. 26 Abs. 1 CMR und damit gem. Art. 41 CMR nichtig.[10] 9

---

6 A.A. *Koller*, Art. 27 CMR Rdn. 6, *ders.*, VersR 1992, 773, 776.
7 Vgl. *Koller*, Art. 26 CMR Rdn. 1.
8 *Heuer*, Haftung, S. 125.
9 OLG Düsseldorf, 28.10.1982 – 18 U 95/82, VersR 1983, 749 und OLG Düsseldorf, 7.7.1988 – 18 U 63/88, TranspR 1988, 425; *Loewe*, ETR 1976, 502, 571; *Alff*, Anh. 4 nach § 425 HGB, Art. 26 CMR; *Koller*, Art. 24 CMR Rdn. 2; *de la Motte*, VersR 1988, 317, 321.
10 LG Darmstadt, 23.9.1981 – 7 S 60/80, VersR 1982, 1107 mit Anm. von *Eltermann*; *Pesce*, TranspR 1987, 11, 12; *Bischof*, VersR 1981, 539; *Glöckner*, Art. 26 CMR Rdn. 1; *Heuer*,

Art. 26 Haftung des Frachtführers

Auch Absprachen über einen nur ganz geringen Zuschlag dürften als indirekte Umgehung gem. Art. 41 CMR unwirksam sein. Vielmehr sollte der Zuschlag sinngemäß und damit auch wertmäßig der Prämie für die versicherungsmäßige Abdeckung des Risikos entsprechen.[11]

Der vereinbarte Zuschlag muss in der endgültigen Abrechnung der Gesamtfracht nicht gesondert als Extraposten ausgeworfen werden, es genügt auch die einfache Addierung zum Gesamtbetrag. Aus Gründen der Beweiserleichterung für die getroffene Zuschlagsabrede empfiehlt sich jedoch seine Hervorhebung als Einzelposten.

Zur Gesamtproblematik vgl. Art. 24 CMR Rdn. 6–10.

10 Die *Zahlung* des vereinbarten Zuschlags wird in aller Regel erst nach Abschluss des Vertrages einschließlich der vereinbarten Interessendeklaration erfolgen. Eine vorherige Zahlung ist als Wirksamkeitsvoraussetzung wohl nicht erforderlich (vgl. dazu Art. 24 CMR Rdn. 7).

IV. Die Eintragung im Frachtbrief

11 Bei Vereinbarung eines besonderen Lieferungsinteresses muss der dafür von den Vertragspartnern konkret ausgehandelte Betrag dieses Interesses im Frachtbrief eingetragen werden. Dieses Eintragungserfordernis hat, ebenso wie die Zuschlagsvereinbarung, eine besondere Warnfunktion für den Frachtführer. Es verfolgt den Zweck, ihm vor Augen zu führen, dass seine Haftung erweitert wird, und ihm deutlich zu machen, bis zu welchem Betrag er über die normalen Haftungsgrenzen hinaus mit Schadensersatzansprüchen zu rechnen hat. Diese Warn- und Schutzfunktion kann die Eintragung des Interessenbetrages nur dann sinnvoll erfüllen, wenn sie zugleich Wirksamkeitsvoraussetzung für die Abbedingung der Haftungsgrenzen der Art. 23 und 25 CMR ist.

Die Eintragung ist somit konstitutiv, ihr Fehlen im Frachtbrief führt zur Unwirksamkeit der Vereinbarung;[12] vgl. zum Ganzen auch Art. 24 CMR Rdn. 11 und 12.

Haftung, S. 125; *Lenz*, Rdn. 709; *Oeynhausen*, TranspR 1982, 113; *Precht/Endrigkeit*, Art. 26 CMR Anm. 2; wohl auch *Lamy*, Transport I, Nr. 946; ebenso die französische Rechtsprechung, zitiert bei Staub/*Helm*, Art. 24 CMR Rdn. 6, Fn. 24.

11 *Glöckner*, Art. 26 CMR Rdn. 1.

12 BGH, 14.7.1993 – I ZR 204/91, VersR 1993, 1296 und (als Vorinstanz) OLG Düsseldorf, 29.5.1991 – 18 U 302/90, TranspR 1991, 291; vgl. auch schon BGH, 27.1.1982 – I ZR 33/80, TranspR 1982, 105, 106 = NJW 1982, 1944, 1945 = RIW 1982, 670; LG Darmstadt, 23.9.1981 – 7 S 60/80, VersR 1982, 1107 mit Anm. von *Eltermann*; *Loewe*, ETR 1976, 502, 571, 569; *Lamy*, Transport I, Nr. 946; *Alff*, Anh. 4 nach § 425 HGB, Art. 26 CMR Rdn. 1; Staub/*Helm*, Art. 26 CMR Rdn. 4; *Herber/Piper*, Art. 26 Rdn. 7; *Heuer*, S. 125; *Boesche*, in: EBJS, Art. 26 CMR Rdn. 2; *Glöckner*, Art. 26 CMR Rdn. 1; *Koller*, Art. 26 CMR Rdn. 3.

V. Die Rechtsfolgen

1. Schadensarten

Da Art. 26 Abs. 2 CMR den Ersatz weiterer bewiesener Schäden „unabhängig von der Entschädigung nach den Art. 23, 24 und 25" zuspricht, ist streitig, ob damit nur weitere andersartige Schadensarten gemeint sind, ob also bei Güterschäden die über die Haftungsgrenzen der Art. 23, 24 und 25 CMR hinausgehenden Wertverluste ebenfalls erfasst werden, oder ob im Rahmen des Art. 26 CMR die Haftungshöchstgrenzen des Art. 23 Abs. 3 CMR nicht berührt werden.[13] Einer solchen einschränkenden Auslegung kann jedoch nicht gefolgt werden, auch wenn neben der Interessendeklaration nach Art. 26 CMR keine zusätzliche Wertdeklaration nach Art. 24 CMR vereinbart worden ist. Vielmehr werden mit der Deklaration eines besonderen Lieferinteresses sämtliche Haftungsbeschränkungen der Art. 23, 24 und 25 CMR durchbrochen. Bei Güterschäden wird insbes. die Grenze des Art. 23 Abs. 3 CMR hinfällig, bei Schäden aus Lieferfristüberschreitung die Grenze des Art. 23 Abs. 5 CMR.[14] Zu Recht hat schon *Loewe*[15] darauf hingewiesen, dass die Bestimmung vielleicht nicht ganz glücklich redigiert ist und dass in Abs. 2 statt: „unabhängig von den in Art. 23, 24 und 25 vorgesehenen Entschädigungen", es besser hätte heißen müssen: „über die nach den Art. 23, 24 und 25 geschuldeten Entschädigungen hinaus". 12

Wenn daher ein besonderes Interesse an der Lieferung wirksam vereinbart worden und der festgesetzte Betrag im Frachtbrief eingetragen ist, so kann nach Art. 26 Abs. 2 CMR der Ersatz jedes weiteren bewiesenen Schadens bis zur Höhe des eingetragenen Betrages verlangt werden, und zwar unabhängig von der Entschädigung nach Art. 23, 24 und 25 CMR. Anders als in Art. 24 CMR werden also bei einer Deklaration des besonderen Interesses nicht nur die Wertgrenzen der Haftung für Beschädigung und Verlust erhöht, sondern es kann der volle nachgewiesene Schaden verlangt werden, insbes. auch der entgangene Gewinn.[16] Zu ersetzen sind deshalb alle anfallenden Einzelschäden, insbes. auch die Kosten für die Wiederbeschaffung oder Ersatzbeschaffung gleichartigen Gutes, schadensbedingte Aufwendungen, entstandene weitere Steuern und Abgaben etc. Bei Güterschäden wird somit der Grundsatz des objektiven Wertersatzes durchbrochen, weil auch mittelbare Folgeschäden des Verlustes und der Beschädigung des Frachtgutes zu berücksichtigen sind.[17] 13

Nach *Loewe*[18] war es aber nicht Absicht der Verfasser der CMR, im Rahmen des Art. 26 den Ersatz eines jeden mittelbaren oder jedes ideellen Schadens zuzulas- 14

---
13 So *Heuer*, S. 125, Fn. 400.
14 Staub/*Helm*, Art. 26 CMR Rdn. 6; *Koller*, Art. 26 CMR Rdn. 4 Abs. 1; vgl. *Glöckner*, Art. 26 CMR Rdn. 2.
15 *Loewe*, ETR 1976, 502, 572.
16 *Loewe*, ETR 1976, 502, 571; *Koller*, Art. 26 CMR Rdn. 4.
17 *Glöckner*, TranspR 1988, 327, 331.
18 ETR 1976, 502, 571.

Art. 26 Haftung des Frachtführers

sen. Andererseits hätte eine Abgrenzung der zu ersetzenden Schäden von den nicht zu ersetzenden mittelbaren oder ideellen Schäden den Rahmen des Übereinkommens gesprengt. Es wäre auch schwer gewesen, auf diesem Gebiet eine Einigung zu erzielen. Deshalb sei die Bestimmung dahin auszulegen, dass neben den tatsächlichen Vermögensschäden (erlittener Verlust und entgangener Gewinn) weitere Schäden zu ersetzen seien, soweit dies das anwendbare Recht in gleichen Fällen vorsieht. Es besteht insoweit also eine Lücke mit der Folge, dass der maßgebliche Schadensbegriff dem ergänzenden anwendbaren nationalen Recht zu entnehmen ist.[19]

2. Schadenshöhe

15 Zu ersetzen sind, wie sich aus den vorstehenden Erläuterungen ergibt, alle nachgewiesenen Güterschäden, Güterfolgeschäden und Verspätungsschäden bis zur Grenze des vereinbarten und im Frachtbrief enthaltenen Höchstbetrages. Soweit sich diese Schäden innerhalb der Haftungshöchstgrenzen der Art. 23, 24 und 25 CMR bewegen, bedarf es einer Heranziehung des Art. 26 CMR naturgemäß nicht.[20] Ideelle Schäden (z.B. Liebhaberwerte) sind, jedenfalls soweit deutsches Recht ergänzend zur Anwendung kommt, dagegen nicht erstattbar.

3. Andere Vereinbarungen

16 Da die Art. 23 ff. CMR eine abschließende Regelung darstellen, kann der Ersatz weiterer Schäden nur durch Vereinbarung einer Wertangabe gem. Art. 24 CMR und/oder durch Vereinbarung eines besonderen Lieferungsinteresses gem. Art. 26 CMR mit der jeweiligen Eintragung im Frachtbrief erfolgen. Anders geartete Absprachen der Parteien wären unwirksam, worauf auch Art. 23 Abs. 6 CMR besonders hinweist. Insbesondere kann außerhalb des Art. 26 CMR kein Ersatz von Mängelfolgeschäden verlangt werden.[21] Ferner ist eine Garantievereinbarung unwirksam.[22] Das Gleiche gilt hinsichtlich der Vereinbarung einer Vertragsstrafe.[23] Eine Umdeutung derartiger Abreden in Angaben des besonderen Interesses[24] ist nur möglich, wenn die entsprechenden Beträge des Interesses im Frachtbrief eingetragen sind. Dann steht nämlich fest, dass die Vertragspartner in

---

19 Staub/*Helm*, Art. 26 Rdn. 5; *Herber/Piper*, Art. 26 CMR Rdn. 8; *Boesche*, in: EBJS, Art. 26 CMR Rdn. 3; *Koller*, Art. 26 CMR Rdn. 4; MünchKommHGB/*Jesser-Huß*, Art. 26 Rdn. 5 hält zwar Vereinbarungen der Vertragspartner darüber, welche Leistungsstörungen vom besonderen Lieferinteresse erfasst werden sollen, für zulässig, lehnt aber in Rdn. 11 die ergänzende Anwendung des Vertragsstatuts ab.
20 Vgl. *Koller*, Art. 26 CMR Rdn. 5.
21 OLG Düsseldorf, 2.12.1982 – 18 U 148/82, VersR 1983, 749.
22 OLG Frankfurt/M., 21.2.1984 – 5 U 72/83, TranspR 1984, 97 = MDR 1984, 670 = VersR 1985, 36.
23 OLG München, 26.7.1985 – 23 U 2577/85, TranspR 1985, 395 = RIW 1986, 62 = NJW-RR 1985, 486.
24 So *Koller*, Art. 26 CMR Rdn. 6.

Wirklichkeit ein solches besonderes Interesse vereinbaren wollten und nur falsche Bezeichnungen gewählt haben.

VI. Beweislastfragen

Wie bei der Werterhöhungsabrede des Art. 24 CMR trägt der Anspruchsteller, welcher sich auf eine Vereinbarung des besonderen Interesses beruft, für alle dazu erforderlichen Voraussetzungen die Darlegungs- und Beweislast. Dies folgt aus den allgemeinen prozessualen Beweisregeln, weil es sich um anspruchsbegründende bzw. -erhöhende Umstände handelt (vgl. dazu Art. 18 CMR Rdn. 5). Ihm obliegt also insbes. die Beweisführung für die Wirksamkeit der getroffenen Vereinbarung und die Höhe des Interessebetrages. Diese Nachweise wird er im Allgemeinen durch Vorlage des ordnungsgemäß ausgefüllten und unterzeichneten Frachtbriefs erbringen können. Ferner hat er die nähere Ausgestaltung der Vereinbarung darzulegen und zu beweisen, so z.B., ob sich das Interesse neben Verlust und/oder Beschädigung auch auf Verspätungsschaden bezieht. 17

Ferner hat der Anspruchsteller die Vereinbarung des Frachtzuschlages nachzuweisen; vgl. zum Ganzen auch Art. 24 CMR Rdn. 16.

Schließlich hat der Anspruchsteller detailliert den erlittenen Schaden dem Grunde und der Höhe nach darzulegen und nachzuweisen.[25] Näheres dazu siehe bei Art. 18 CMR Rdn. 24 ff. und bei Art. 24 CMR Rdn. 17. 18

---

25 Baumgärtel/*Giemulla*, Art. 26 CMR.

Art. 27

bearbeitet von RA Dr. Karl-Heinz Thume/Dr. Jens-Berghe Riemer, Nürnberg

1. Der Verfügungsberechtigte kann auf die ihm gewährte Entschädigung Zinsen in Höhe von 5 v.H. jährlich verlangen. Die Zinsen laufen von dem Tage der schriftlichen Reklamation gegenüber dem Frachtführer oder, wenn keine Reklamation vorausging, vom Tage der Klageerhebung an.

2. Wird die Entschädigung aufgrund von Rechnungsgrößen ermittelt, die nicht in der Währung des Landes ausgedrückt sind, in dem die Zahlung beansprucht wird, so ist die Umrechnung nach dem Tageskurs am Zahlungsort der Entschädigung vorzunehmen.

Literatur: *Fischer*, CMR-Beförderungsvertrag und Zinsanspruch, TranspR 1991, 321; *Koller*, Der Verzugsschaden bei CMR-Transporten, VersR 1992, 773; *ders.*, Verzugszinsen und die Auslegung der CMR, TranspR 1994, 53; *de la Motte*, Der Zinsanspruch des Verfügungsberechtigten nach Art. 27 CMR, insbes. im Regreß eines Transportversicherers, TranspR 1986, 369; *Thume*, Art. 27 CMR und Entschädigungsverzug des Frachtführers, TranspR 1993, 365; *ders.*, Verzugsfolgen bei verzögerter Entschädigungsleistung des CMR-Frachtführers, TranspR 1998, 440; *ders.*, Kosten des Vorprozesses bei Regelhaftung des CMR- Frachtführers, TranspR 2012, 61.

Übersicht

	Rdn.		Rdn.
I. Allgemeines	1	cc) Schriftform	20
II. Aktivlegitimation	2	dd) Beginn des Zinslaufs	21
III. Bedeutung und Reichweite der Zinsregelung	4	ee) Reklamationsberechtigung	22
1. Allgemeines	4	b) Klageerhebung	24
2. Verlust, Beschädigung und Lieferfristüberschreitung	5	3. Ende der Verzinsung	25
3. Andere Haftungstatbestände der CMR	6	V. Die Ausschließlichkeit der Zinsregelung	26
		1. Allgemeines	26
4. Vertragshaftungstatbestände außerhalb der CMR	10	2. Abschließende Zinsregelung auch bei Verzug	27
5. Außervertragliche Haftung	12	3. Andere Verzugsschäden	29
IV. Die Voraussetzungen des Zinsanspruchs	15	4. Zinsvereinbarungen gem. Art. 26 CMR	33
1. Allgemeines	15	5. Grobes Verschulden gem. Art. 29 CMR	34
2. Beginn des Zinslaufs	16	6. Verzinsung der nicht von Art. 27 Abs. 1 CMR erfassten Ansprüche	37
a) Reklamation	17		
aa) Begriff	18		
bb) Inhalt	19	VI. Währungsumrechnungen	38

I. Allgemeines

Die CMR enthält, anders als beispielsweise das Warschauer Abkommen für den internationalen Luftverkehr, in Art. 27 Abs. 1 CMR eine eigene Zinsbestimmung für Entschädigungsleistungen, die in Anlehnung an das Internationale Übereinkommen über den Eisenbahnfrachtverkehr (Art. 38 CIM a.F.; jetzt Art. 47 ER/CIM) entstanden ist.[1] Der Anspruch setzt weder Verzug noch Kaufmannseigenschaft des Anspruchstellers voraus.[2]

1

II. Aktivlegitimation

Die Aktivlegitimation hat nach dem deutschen Wortlaut des Art. 27 Abs. 1 CMR „der Verfügungsberechtigte". Insoweit ist die amtliche deutsche Übersetzung, ebenso wie in Art. 17 Abs. 2 und Art. 18 Abs. 2 CMR, nicht ganz korrekt. Der nach Art. 51 Abs. 3 CMR allein maßgebliche englische und französische Text spricht von „claimant" und „l'ayant droit", d.h. vom „berechtigten Anspruchsteller" bzw. „Gläubiger". Dies kann sowohl der Absender als auch der Empfänger sein. Wer also den Anspruch auf die Entschädigung hat, kann auch den Zins fordern.[3] Bei ergänzender Anwendbarkeit deutschen Rechts ist Geltendmachung im Wege der Drittschadensliquidation und Prozessstandschaft möglich.[4]

2

Das gilt auch für den Transportversicherer. Die Abtretung des Entschädigungsanspruchs und dessen gesetzlicher Übergang durch Regulierung auf den Versicherer (in Deutschland gem. § 67 VVG) sind dahin auszulegen, dass i.d.R. auch die noch nicht fälligen Zinsforderungen miterfasst werden, also ebenfalls auf den Transportversicherer übergehen.[5]

3

III. Bedeutung und Reichweite der Zinsregelung

1. Allgemeines

Der Zinsanspruch des Art. 27 Abs. 1 CMR bezieht sich auf die dem Anspruchsteller vom Frachtführer gewährte Entschädigung, also auf Forderungen, die ge-

4

---

1 Denkschrift, S. 43.
2 Staub/*Helm*, Art. 27 CMR Rdn. 1; *Koller*, Art. 27 CMR Rdn. 1; *de la Motte*, TranspR 1986, 369.
3 *Fischer*, TranspR 1991, 321; *Glöckner*, Art. 27 CMR Rdn. 2; Staub/*Helm*, Art. 27 CMR Rdn. 5; *Koller*, Art. 27 CMR Rdn. 2 und *ders.*, RIW 1988, 254; *de la Motte*, TranspR 1986, 369.
4 *Thume*, TranspR 2005, 225; siehe auch Vor Art. 17 Rdn. 13 ff.
5 BGH, 18.5.1961 – VII ZR 39/60, NJW 1961, 1524; *de la Motte*, TranspR 1986, 369; Staub/*Helm*, Art. 27 CMR Rdn. 6; *Fischer*, TranspR 1991, 321, 322; *Glöckner*, Art. 27 Rdn. 2 CMR; *Koller*, Art. 27 Rdn. 2 CMR.

Art. 27 Haftung des Frachtführers

gen den Frachtführer erhoben werden, nicht aber auf eigene Ansprüche des Frachtführers gegen seinen Vertragspartner oder seinen Empfänger.[6] Dies ergibt sich sowohl aus dem Wortlaut der Bestimmung als auch daraus, dass Art. 27 CMR Kapitel IV mit der amtlichen Überschrift „Haftung des Frachtführers" steht.

Umstritten sind jedoch die nähere Bedeutung und Reichweite dieser Zinsregelung.

2. Verlust, Beschädigung und Lieferfristüberschreitung

5 In Rechtsprechung und Literatur besteht Einigkeit darüber, dass der Zinsanspruch die in Art. 17 Abs. 1 CMR aufgeführten Schadensarten umfasst, also die nach Art. 17, 19, 23 ff. CMR zu leistenden Entschädigungen für Verlust, Beschädigung sowie Überschreitung der Lieferfrist betrifft.[7]

3. Andere Haftungstatbestände der CMR

6 Ungeklärt und teilweise auch umstritten ist, ob Art. 27 Abs. 1 CMR auch für solche gegen den Frachtführer gerichteten Ansprüche gilt, die nicht auf den in Art. 17 Abs. 1 CMR genannten Schadensarten beruhen, sondern sich aus anderen in der CMR geregelten Sondertatbeständen der Frachtführerhaftung ergeben, wie z. B. aus

– Art. 7 Abs. 3 CMR: Haftung wegen fehlenden Hinweises auf die Geltung der CMR;
– Art. 11 Abs. 3 CMR: Haftung wegen Verlustes und unrichtiger Verwendung der Begleitpapiere;
– Art. 12 Abs. 7 CMR: Haftung wegen Nichtbeachtung ordnungsgemäß erteilter nachträglicher Weisungen;
– Art. 16 Abs. 2 Satz 3 CMR: Haftung für Auswahlverschulden bei der Einlagerung des Gutes bei einem Dritten nach berechtigter Ausladung und schließlich
– Art. 21 CMR: Haftung wegen Auslieferung ohne Nachnahme.

7 Im letztgenannten Fall der Haftung des Frachtführers gem. Art. 21 CMR, wenn dieser das Gut an den Empfänger ohne Einziehung der nach dem Beförderungsvertrag einzuziehenden Nachnahme abliefert, richtet sich die Zinszahlungspflicht ebenfalls nach Art. 27 Abs. 1 CMR, weil die in den nach Art. 51 Abs. 3 CMR verbindlichen englischen und französischen Texten des Art. 27 Abs. 1 CMR ge-

---

6 MünchKommHGB/*Jesser-Huß*, Art. 27 Rdn. 3; *Fischer*, TranspR 1991, 321, 322.
7 BGH, 10.10.1991 – I ZR 193/89, TranspR 1992, 100 = VersR 1992, 383 = NJW 1992, 621 = RIW 1992, 318; OLG Bamberg, 27.4.1981 – 4 U 142/80, TranspR 1984, 184; vgl. OLG München, 21.12.1990 – 23 U 3353/90, TranspR 1991, 96 = VersR 1991, 1311; Staub/*Helm*, Art. 27 CMR Rdn. 2; *Heuer*, S. 123 und 127; *Fischer*, TranspR 1991, 321, 322; *Koller*, Art. 27 CMR Rdn. 1.

nannten Begriffe *compensation payable* bzw. *l'indemnite* inhaltsgleich in Art. 21 CMR als *compensation* bzw. *indemniser* enthalten sind. Ferner ergibt sich dies aus der Anlehnung des Art. 27 CMR an Art. 38 CIM/1970 – jetzt Art. 47 ER/CIM 1980.[8]

Als weiterer Grund für die Richtigkeit der Auffassung der herrschenden Meinung ist darauf hinzuweisen, dass Art. 21 ebenso wie Art. 27 im gleichen Kapitel IV der CMR unter der amtlichen Überschrift „Haftung des Frachtführers" zu finden ist.

Nicht eindeutig geklärt und in der Rechtsprechung, soweit ersichtlich, auch nicht entschieden ist dagegen die Frage der Anwendbarkeit des Art. 27 CMR auf die weiteren, oben in Rdn. 6 genannten Haftungstatbestände des Frachtführers: **8**

Koller[9] wendet die Bestimmung auf Entschädigungsforderungen nach Art. 12 CMR an. *Fischer*[10] lehnt dies jedoch ab, ebenso für die Art. 7 Abs. 3 und 16 Abs. 2 Satz 3 CMR. Anders ist dies nach seiner Auffassung nur im Falle des Art. 11 Abs. 3 CMR. Dort werde nämlich die Haftung des Frachtführers für unrichtige Verwendung oder Verlust der Begleitdokumente auf den Betrag beschränkt, den der Frachtführer bei Verlust des Gutes zu zahlen gehabt hätte. Kraft ausdrücklicher gesetzlicher Verweisung würden daher auch für den Ersatzanspruch aus Art. 11 Abs. 3 diejenigen Vorschriften der CMR gelten, die bei Verlust des Gutes den Umfang der Ersatzpflicht bestimmten bzw. begrenzten. Dazu gehöre auch die Vorschrift des Art. 27 Abs. 1 CMR. *Jesser-Huß*[11] und *Boesche*[12] lehnen aus systematischen Gründen die Anwendung bezüglich der Ansprüche aus sämtlichen Bestimmungen ab, die sich außerhalb des 4. Kapitels der CMR befinden, und damit folgerichtig auch jener aus Art. 11 Abs. 3 CMR.

Logisch zwingend ist diese Einschränkung jedoch nicht, denn die maßgeblichen englischen und französischen Texten des Art. 17 Abs. 1 CMR verwenden die gleichen Bezeichnungen dafür, dass „der Frachtführer haftet", die auch in den oben aufgezählten Bestimmungen enthalten sind. Deshalb gilt m. E. die Zinsbestimmung des Art. 27 Abs. 1 CMR *in allen* vorgenannten Fällen, die in der CMR Ersatzansprüche dem Grunde nach regeln, obwohl sich der Umfang der Entschädigungsleistungen – mit Ausnahme der Haftungsbegrenzung des Art. 11 Abs. 3 CMR – jeweils nach dem ergänzend anzuwendenden nationalen Recht richtet. Dies ist dem Wortlaut des Satz 1 der Bestimmung zu entnehmen, der dem nach

---

[8] BGH, 10.10.1991 – I ZR 193/89, TranspR 1992, 100 = VersR 1992, 383 = NJW 1992, 621 = RIW 1992, 318; ebenso schon OLG Hamm, 28.4.1983 – 18 U 230/81, TranspR 1983, 151 und OLG Hamm, 16.8.1984 – 18 U 281/83, TranspR 1985, 97; MünchKommHGB/*Jesser-Huß*, Art. 27 Rdn. 4; Staub/*Helm*, Art. 27 CMR Rdn. 2; *Boesche*, in: EBJS, Art. 27 CMR Rdn. 1; *Koller*, Art. 27 CMR Rdn. 1; unklar *Dubischar*, S. 109; a. A. *Fischer*, TranspR 1991, 323.

[9] *Koller*, Art. 27 CMR Rdn. 1.

[10] *Fischer*, TranspR 1991, 323.

[11] MünchKommHGB/*Jesser-Huß*, Art. 27 Rdn. 6.

[12] *Boesche*, in: EBJS, Art. 27 CMR Rdn. 1; ebenso wohl auch Staub/*Helm*, Art. 27 Rdn. 2, der das „Meinungschaos" bedauert.

Art. 27 Haftung des Frachtführers

der CMR Anspruchsberechtigten den Zinsanspruch von 5% ohne Einschränkung für jede ihm aus diesem Übereinkommen gewährte Entschädigung zuerkennt. Zwar könnte dem – wie oben ausgeführt – entgegenstehen, dass Art. 27 CMR unmittelbar auf die in den Art. 23 ff. CMR enthaltenen Entschädigungsregeln folgt und sich wegen dieses örtlichen Zusammenhangs auch nur auf diese beziehen könnte; dem widerspricht jedoch, dass Art. 27 CMR im Gegensatz zu Art. 29 CMR keine einschränkende Bezugnahme auf die Bestimmungen des IV. Kapitels enthält.[13]

9 Ebenso ist Art. 27 CMR auf die ggf. Art. 24 und 26 CMR zu leistenden Entschädigungen anwendbar.[14]

4. Vertragshaftungstatbestände außerhalb der CMR

10 Soweit die CMR keine konkreten Haftungstatbestände des Frachtführers enthält, kann nach herrschender Auffassung das jeweils nach den Bestimmungen des Internationalen Privatrechts geltende nationale Frachtrecht herangezogen werden (vgl. Vor Art. 17 CMR Rdn. 3). Dies gilt insbes. für die Haftung bei Verletzung von allgemeinen und Nebenpflichten oder vorvertraglichen Pflichten des Frachtführers aus den nach deutschem und österreichischem Recht relevanten Rechtsinstituten der Vertragsverletzung sowie der *culpa in contrahendo*. Da diese Ersatzansprüche nicht den in der CMR enthaltenen Haftungsausschlüssen und -beschränkungen unterliegen, ist die Zinsvorschrift des Art. 27 Abs. 1 CMR für derartige Entschädigungsforderungen auch nicht anwendbar.[15]

11 Ebenso wenig gilt die Zinsbestimmung für eine gegen den Frachtführer erhobene Forderung auf Rückzahlung zuviel gezahlter Fracht, weil es sich dabei nicht um eine Entschädigungsleistung handelt.[16]

5. Außervertragliche Haftung

12 Art. 28 CMR lässt zu, dass bei Verlust, Beschädigung und Überschreitung der Lieferfrist der Geschädigte auch außervertragliche Ansprüche, also beispielsweise bei Anwendung des deutschen Rechts solche aus unerlaubter Handlung, gegen den Frachtführer geltend machen kann. Geschieht dies, so kann sich jedoch der Frachtführer nach dieser Bestimmung ausdrücklich auf die Haftungsbeschrän-

---

13 *Herber/Piper*, Art. 27 CMR Rdn. 2; *Thume*, TranspR 1993, 365, 366.
14 *Koller*, Art. 27 Rdn. 1; *Fischer*, TranspR 1991, 321, 322.
15 MünchKommHGB/*Jesser-Huß*, Art. 27 Rdn. 6; *Fischer*, TranspR 1991, 321, 324; Staub/ *Helm* Art. 27 Rdn. 1; *Herber/Piper*, Art. 27 CMR Rdn. 3; *Boesche*, in: EBJS, Art. 27 CMR Rdn. 1; *Koller*, Art. 27 Rdn. 1; *Thume*, TranspR 1993, 365, 366.
16 *Fischer*, TranspR 1991, 321, 324; vgl. OLG Düsseldorf, 15.2.1990 – 18 U 152/89, TranspR 1990, 240, 242.

kungen der CMR berufen. Daraus folgt, dass auch außervertragliche Ansprüche nur im Rahmen des Art. 27 Abs. 1 CMR zu verzinsen sind.[17]

Gem. Art. 28 Abs. 2 CMR gilt das Gleiche hinsichtlich der Verzinsung von Entschädigungen, die aufgrund außervertraglicher Ansprüche wegen Verlust, Beschädigung oder Überschreitung der Lieferfrist gegen Gehilfen des Frachtführers geltend gemacht werden.[18] **13**

Auf deliktische Ersatzansprüche vertragsfremder Dritter ist Art. 28 Abs. 1 CMR nicht anwendbar. Etwas anderes gilt nach herrschender Meinung, wenn diese mittelbar am Frachtvertrag beteiligt sind (vgl. Art. 28 CMR Rdn. 16). In einem solchen Fall unterliegt auch die Ersatzforderung des Dritten gegenüber dem Frachtführer der Zinsbestimmung des Art. 27 Abs. 1 CMR.[19] **14**

IV. Die Voraussetzungen des Zinsanspruchs

1. Allgemeines

Nach Abs. 1 Satz 1 der Vorschrift kann der Anspruchsteller den Zins „verlangen". Dadurch – der englische und französische Wortlaut lauten „shall be entitled to claim interest" bzw. „piut demander les interets" – wird klargestellt, dass die Zinsen nur auf Anforderung des Anspruchstellers zu zahlen sind. Dieser Anspruch muss nicht gleichzeitig mit Entschädigung, sondern kann auch erst später, beispielsweise nach Zahlung der Entschädigung, erhoben werden. Die zeitliche Grenze für die Geltendmachung des Zinsanspruchs wird durch die Verjährungsregelung des Art. 32 CMR gesetzt.[20] **15**

2. Beginn des Zinslaufs

Die Laufzeit des Zinses beginnt nach Abs. 1 Satz 2 entweder durch eine schriftliche Reklamation gegenüber dem Frachtführer oder, wenn eine solche nicht vorausging, durch Klageerhebung. Beide Alternativen beziehen sich auf die zu leistende Entschädigung. Weitere Möglichkeiten und Voraussetzungen sieht die CMR nicht vor.[21] Die Bestimmung ist abschließend, ergänzende Anwendung nationalen Rechts ist daher nicht möglich.[22] **16**

---

17 *Fischer*, TranspR 1991, 321, 324; *Glöckner*, TranspR 1988, 327, 333; Staub/*Helm*, Art. 27 CMR Rdn. 4 und Art. 28 CMR Rdn. 10; *Boesche*, in: EBJS, Art. 27 CMR Rdn. 2; *Glöckner*, TranspR 1988, 327, 333.
18 *Schmid*, TranspR 1986, 49, 52; *Fischer*, TranspR 1991, 321, 324.
19 *Fischer*, TranspR 1991, 321, 324; *Boesche*, in: EBJS, Art. 27 CMR Rdn. 2.
20 *Fischer*, TranspR 1991, 321, 326.
21 *Fischer*, TranspR 1991, 321, 326; *Koller*, Art. 27 CMR Rdn. 3; unrichtig OLG Hamburg, 3.6.1982 – 6 U 136/80 – soweit es Zinsen gem. Art. 27 CMR für zu erstattende Kosten eines Vorprozesses erst ab Begleichung dieser Kosten zuspricht.
22 MünchKommHGB/*Jesser-Huß*, Art. 27 Rdn. 20; *Fischer*, TranspR 1991, 321, 334; *Boesche*, in: EBJS, Art. 27 CMR Rdn. 4.

Art. 27 Haftung des Frachtführers

a) Reklamation

17 Die Verzinsung der Entschädigungsforderung beginnt nach Abs. 1 Satz 1 1. Alternative frühestens mit dem Tage der schriftlichen Reklamation gegenüber dem Frachtführer. Eine nur mündliche Reklamation ist daher nicht ausreichend. Maßgeblich ist der Tag der Absendung.[23] Dieser ist auch der erste Zinstag.[24]

aa) Begriff

18 Die CMR enthält keine Bestimmung, was unter einer schriftlichen Reklamation i.S.d. Art. 27 Abs. 1 CMR zu verstehen ist. Die Auslegung dieses Begriffs ist umstritten. Teilweise wird angenommen, dass er mit dem Vorbehalt gem. Art. 30 Abs. 1 CMR identisch sei.[25] Dieser Auffassung widerspricht jedoch schon der formale Gesichtspunkt, dass Vorbehalte nach Art. 30 Abs. 1 CMR nicht zwingend schriftlich erhoben werden müssen, sondern auch mündlich rechtswirksam erfolgen können. Ferner findet bei Totalverlust des Transportgutes i.d.R. kein Vorbehalt statt.[26] Hinzu kommt, dass der Vorbehalt des Empfängers eine Wissenserklärung über erkennbare Tatsachen ist, die auf einen Schaden hindeuten. Diesen Vorbehalt macht i.d.R. der beim Empfänger tätige Lagerarbeiter, aber kaum jemand, der rechtsgeschäftlich den Empfänger vertreten und repräsentieren will. Der Vorbehalt richtet sich an den anliefernden Fahrer, welcher wiederum seinerseits zwar Auftrag und Vollmacht zur Entgegennahme von Vorbehalten hat, aber im Übrigen den Frachtführer nicht rechtsgeschäftlich repräsentieren wird.[27] Deshalb ist der überwiegenden und wohl herrschenden Auffassung zu folgen, dass die Reklamation des Art. 27 Abs. 1 Satz 2 CMR der Reklamation im Sinne der Verjährungshemmung gem. Art. 32 Abs. 2 CMR entspricht. Auch dort wird schriftlich Reklamation verlangt. Im Übrigen stimmen die gem. Art. 51 Abs. 3 CMR allein verbindlichen englischen und französischen Urtexte der CMR überein. Sie lauten bei Art. 27: „claim in writing" bzw. „reclamation par ecrit" und bei Art. 32 „a written claim" bzw. „reclamation par ecrite", während in Art. 30 Abs. 1 CMR die Begriffe „reservations" bzw. „reserves" verwendet werden.[28]

---

23 MünchKommHGB/*Jesser-Huß*, Art. 27 Rdn. 14; *Fischer*, TranspR 1991, 321, 328; Staub/ Helm, Art. 27 Rdn. 1; *Herber/Piper*, Art. 27 CMR Rdn. 7; *Koller*, Art. 27 Rdn. 3; *Thume*, TranspR 1993, 365, 366. *Fischer*, TranspR 1991, 321, 326; *Koller*, Art. 27 Rdn. 3 CMR; *Loewe*, ETR 1976, 503, 572; *de la Motte*, TranspR 1986, 369; *Boesche*, in: EBJS, Art. 27 CMR Rdn. 4.
24 MünchKommHGB/*Jesser-Huß*, Art. 27 Rdn. 14; *Fischer*, TranspR 1991, 321, 329.
25 *Koller*, Art. 27 CMR Rdn. 3; *Loewe*, ETR 1976, 503, 572; vgl. auch *Heuer*, S. 123, Fn. 386.
26 *Fischer*, TranspR 1991, 321, 326; *de la Motte*, TranspR 1986, 369.
27 *de la Motte*, TranspR 1986, 369.
28 OLG Hamm, 7.11.1996 – 18 U 77/96, TranspR 1998, 459, 461; MünchKommHGB/*Jesser-Huß*, Art. 27 Rdn. 11; *Fischer*, TranspR 1991, 321, 326; *Boesche*, in: EBJS, Art. 27 CMR Rdn. 4; *Koller*, Art. 27 CMR Rdn. 3; *de la Motte*, TranspR 1986, 369.

bb) Inhalt

Die Reklamation hat auch eine andere Funktion als ein Vorbehalt, für den schon **19**
Angaben relativ allgemeiner Art genügen (vgl. dazu Art. 30 Rdn. 10). Sie muss
nämlich erkennen lassen, dass der Reklamant aus dem von ihm angegebenen
Sachverhalt eine Entschädigung beansprucht, und zwar von denjenigen, an den
er die Reklamation richtet. Umgekehrt muss der Reklamationsempfänger sich
nun darauf einrichten können, demnächst auch eine Entschädigung leisten zu
müssen, wenn sich die Reklamation als begründet erweist (vgl. auch Art. 32
CMR Rdn. 61).[29] Deshalb muss die Reklamation inhaltlich so ausgestaltet sein,
dass dem Frachtführer anhand der darin enthaltenen Informationen eine Stellungnahme zu dem geltend gemachten Anspruch ermöglicht wird. Inhaltlich müssen
also Angaben zu Art und Umfang des Schadens sowie der Gründe, auf denen der
geltend gemachte Entschädigungsanspruch beruht, enthalten sein. Ferner muss
zum Ausdruck gebracht sein, dass der Frachtführer für die beschriebenen Schäden haftbar gemacht werden soll. Allerdings braucht die Reklamation noch nicht
alle Einzelheiten zu enthalten. Insbesondere genügt es, wenn der Entschädigungsanspruch dem Grunde nach geltend gemacht wird. Grund und Umfang des
Schadens müssen noch nicht detailliert dargelegt oder beziffert werden.[30] Näheres dazu siehe bei Art. 32 CMR Rdn. 62.

cc) Schriftform

Eine mündliche oder telefonische Reklamation ist, wie oben schon ausgeführt, **20**
für den Beginn des Zinslaufs nicht ausreichend (vgl. oben Rdn. 17).[31] Dagegen
entspricht eine Reklamation per Fernschreiben, Telegramm, Telex, Teletex oder
per Telefax nach allg. Ansicht dem einheitsrechtlichen Schriftformerfordernis
und ist daher ausreichend.[32] Näheres dazu siehe auch bei Art. 32 CMR Rdn. 64.

Die Beifügung von Belegen kann zum besseren Verständnis der Reklamation
zweckmäßig sein, ist aber keine notwendige Voraussetzung für den Beginn des
Zinslaufes.

dd) Beginn des Zinslaufs

Die Reklamation des Ersatzberechtigten wird i.d.R. bei Teilverlust oder Beschä- **21**
digungen erst bei Ankunft des (Rest-)Gutes am Orte der Ablieferung möglich

---

29 *Fischer*, TranspR 1991, 327; *de la Motte*, TranspR 1986, 369, 370.
30 MünchKommHGB/*Jesser-Huß*, Art. 27 Rdn. 12; *Fischer*, TranspR 1991, 321, 327; *Boesche*,
 in: EBJS, Art. 27 CMR Rdn. 4; *Loewe*, TranspR 1988, 309, 315; *de la Motte*, TranspR 1986,
 369, 370; vgl. BGH, 9.2.1984 – I ZR 18/82, TranspR 1984, 146 = VersR 1984, 578.
31 *Fischer*, TranspR 1991, 321, 328; *Koller*, Art. 27 CMR Rdn. 3; *Loewe*, ETR 1976, 503, 572;
 de la Motte, TranspR 1986, 369; *Glöckner*, Art. 27 CMR Rdn. 3.
32 OLG München, 16.1.1991 – 7 U 2240/90, TranspR 1992, 181 (Fernschreiber); *Fischer*,
 a.a.O., S. 328; *Boesche*, in: EBJS, Art. 27 CMR Rdn. 4; *Loewe*, TranspR 1988, 309, 315;
 Braun, VersR 1988, 648, 651 (zu Art. 32 Abs. 2 CMR) und *Koller*, Art. 32 CMR Rdn. 11.

Art. 27 Haftung des Frachtführers

sein. Sie kann aber auch schon vor der Ankunft des Gutes erfolgen, wenn dem Ersatzberechtigten die Schadensentstehung bereits bekannt ist. Dies gilt insbes. für die Fälle des Totalverlustes.[33]

Da die schriftliche Reklamation eine rechtsgeschäftliche Erklärung ist, die auch zugehen muss,[34] könnte man annehmen, dass für den Beginn des Zinslaufes der Tag des Zugangs der Reklamation beim Frachtführer ausschlaggebend ist. Dieser Zeitpunkt ist auch für den Beginn der Hemmung der Verjährung maßgebend (vgl. Art. 32 CMR Rdn. 74). Er gilt jedoch nicht *für den Beginn des Zinslaufes*. Vielmehr *ist* hier der *Absendetag der Reklamation maßgebend*. Dies ergibt sich aus den verbindlichen englischen und französischen Texten der CMR, wo es heißt: „sent ... to the carrier ..." und „adressé ... au transporteur".[35]

Der Absendetag der Reklamation ist zugleich der erste zinspflichtige Tag, weil in Art. 27 Abs. 1 CMR eine dem Art. 32 Abs. 1 Satz 4 CMR entsprechende Regelung fehlt, so dass aus der Auslegung der CMR sich der entsprechende Gegenschluss ergibt.[36]

Den Zeitpunkt der Absendung hat der Anspruchsteller zu beweisen.[37]

ee) Reklamationsberechtigung

22 Nur eine Reklamation des tatsächlichen Ersatzberechtigten kann den Zinslauf in Gang setzen, wobei Vertretung durch Bevollmächtigte möglich ist. Das Gleiche gilt für den Rechtsnachfolger. Die Art und Weise der Rechtsnachfolge im Wege der Abtretung oder des gesetzlichen Forderungsübergangs richtet sich nach dem jeweils gem. den Bestimmungen des Internationalen Privatrechts anwendbaren nationalen Rechtsregeln;[38] vgl. dazu Art. 32 CMR Rdn. 68. Nach deutschem Recht ist Reklamation auch im Wege der Drittschadensliquidation oder Prozessstandschaft möglich.[39]

23 Bei mehreren Ersatzberechtigten richtet sich die Frage, ob die Reklamation des einen die Zinsberechtigung des anderen umfasst, nach den Bestimmungen des jeweils maßgeblichen nationalen Rechts.[40] Die Reklamation muss gegenüber dem Frachtführer bzw. dessen zum Empfang bevollmächtigten Gehilfen erfolgen. Re-

---

33 *Fischer*, TranspR 1991, 321, 328.
34 Vgl. *de la Motte*, TranspR 1986, 369, 370.
35 MünchKommHGB/*Jesser-Huß*, Art. 27 Rdn. 14; *Fischer*, TranspR 1991, 321, 328; Staub/ *Helm*, Art. 27 Rdn. 1; *Herber/Piper*, Art. 27 CMR Rdn. 7; *Koller*, Art. 27 Rdn. 3; *Thume*, TranspR 1993, 365, 366; *Fischer*, TranspR 1991, 321, 326; *Koller*, Art. 27 Rdn. 3 CMR; *Loewe*, ETR 1976, 503, 572; *de la Motte*, TranspR 1986, 369; *Boesche*, in: EBJS, Art. 27 CMR Rdn. 4.
36 MünchKommHGB/*Jesser-Huß*, Art. 27 Rdn. 14; *Boesche*, in: EBJS, Art. 27 CMR Rdn. 4; *Fischer*, TranspR 1991, 321, 329.
37 Baumgärtel/*Giemulla*, Art. 27 CMR Rdn. 1; *Fischer*, TranspR 1991, 321, 328.
38 *Fischer*, TranspR 1991, 321, 328.
39 *Thume*, TranspR 2005, 225.
40 BGH, 24.10.1991 – I ZR 208/89, TranspR 1992, 177 = VersR 1992, 640 = RIW 1992, 399 für die Reklamation des Art. 32 Abs. 2 CMR.

klamation eines Nichtberechtigten und solche gegenüber dem falschen Adressaten haben für den Beginn des Zinslaufes keine Bedeutung.[41]

b) Klageerhebung

Wenn keine wirksame schriftliche Reklamation im o. g. Sinne vorliegt, beginnt die Zinszahlungspflicht des Frachtführers gem. Art. 27 CMR Abs. 2 Satz 2 2. Alternative, vom Tage der Klageerhebung an. Der genaue Zeitpunkt, mit dem die Klageerhebung als erfolgt anzusehen ist, bestimmt sich nach dem jeweiligen Prozessrecht des Staates, dessen Gericht angerufen worden ist (*lex fori*).[42] Vor deutschen Gerichten ist daher die Erhebung der Klage durch Zustellung einer den Anforderungen des § 253 ZPO entsprechenden Klageschrift bzw. eines entsprechenden Mahnbescheids als erfolgt anzusehen. 24

3. Ende der Verzinsung

Der Zinsanspruch läuft bis zur Leistung der Entschädigung.[43] Mit dem Zeitpunkt dieser Leistung wird der Zinsanspruch zur Zahlung fällig. Der Frachtführer kann den Zins dem Entschädigungsberechtigten also nicht eher aufdrängen und diesen insoweit auch nicht in Annahmeverzug bringen. Der Zinsanspruch steht ggf. dem Transportversicherer zu, und zwar von Anfang an. Auf den Zeitpunkt des Rechtsübergangs auf den Transportversicherer kommt es demnach nicht an.[44] Laut *Hill/Messent*[45] soll mit Erlass des Urteils die Verzinsung des Art. 27 CMR enden und anschließend eine Verzinsung nach nationalem Recht beginnen.[46] Dem steht jedoch entgegen, dass der Zinsanspruch nicht vor seiner Fälligkeit enden kann.[47] 25

---

41 *Fischer*, TranspR 1991, 321, 328.
42 *Fischer*, TranspR 1991, 321, 330; *Herber/Piper*, Art. 27 Rdn. 7; *Boesche*, in: EBJS, Art. 27 CMR Rdn. 4; *Koller*, Art. 27 CMR Rdn. 3; *Loewe*, ETR 1976, 503, 572.
43 MünchKommHGB/*Jesser-Huß*, Art. 27 Rdn. 18; *Fischer*, TranspR 1991, 321, 334; Staub/*Helm*, Art. 27 CMR Rdn. 14; *Boesche*, in: EBJS, Art. 27 CMR Rdn. 5; *Thume*, RIW 1993, 366 und ders., in: Fremuth/Thume, Art. 27 CMR Rdn. 25.
44 *de la Motte*, TranspR 1986, 369, 370; *Fischer*, TranspR 1991, 321, 330.
45 *Hill/Messent*, CMR, S. 204.
46 Zustimmend *Jesser*, S. 140, *Koller*, Art. 27 CMR Rdn. 5 und *Herber/Piper*; Art. 27 CMR Rdn. 8.
47 *Thume*, TranspR 1993, 366.

V. Die Ausschließlichkeit der Zinsregelung

1. Allgemeines

26 Art. 27 CMR ist zwingendes Recht. Er lässt in seinem Geltungsbereich weder die Anwendung ergänzenden Rechts der einzelnen Mitgliedstaaten zu, noch gestattet er den Vertragsparteien, Vereinbarungen zu treffen, die unmittelbar oder mittelbar von seinen Bestimmungen abweichen (Art. 41 Abs. 1 Satz 1 CMR). Insbesondere der Zinssatz von 5% ist daher unabdingbar.[48] Dies gilt auch für die Zeit nach Klageerhebung.[49]

Problematisch und umstritten sind der genaue Umfang und die Tragweite des Geltungsbereiches der Bestimmung:

Der BGH hat dazu im Jahre 2003 entschieden, dass die in *Art. 27 CMR* geregelte Zinspflicht von 5% abschließend auch *für Ausgleichsansprüche* nach Art. 37, 34 CMR und § 426 Abs. 1 BGB gilt, jedenfalls, soweit diese auf Haftungsansprüchen gem. Art. 17 Abs. 1 CMR beruhen.[50]

2. Abschließende Zinsregelung auch bei Verzug

27 Da Art. 27 CMR dem Geschädigten einen Rechtsanspruch auf 5% Jahreszinsen einräumt, ohne dass tatsächlich ein entsprechender Zinsschaden entstanden sein muss und ohne dass insbes. die Voraussetzungen des Verzugs vorliegen müssen, war in der deutschen Rechtsprechung und Literatur lebhaft umstritten, ob im Falle des Verzugs des Frachtführers zusätzliche Verzögerungsschäden geltend gemacht werden können oder nicht.[51]

Inzwischen ist der Sach- und Streitstand zu dieser Problematik weitgehend geklärt:

Da Art. 27 Abs. 1 CMR zwingendes Recht ist, ist der Zinssatz von 5% unabdingbar. Es handelt sich um eine abschließende Regelung, die dazu dient, einheitli-

---

[48] BGH, 10.10.1991 – I ZR 1983/89, TranspR 1992, 100 = VersR 1992, 383 = NJW 1992, 621 = RIW 1992, 318; OLG Düsseldorf, 26.1.1995 – 18 U 145/94, TranspR 1995, 384; MünchKommHGB/*Jesser-Huß*, Art. 27 Rdn. 9; *Fischer*, TranspR 1991, 321, 330; *Loewe*, ETR 1976, 503, 572; *Herber/Piper*, Art. 27 CMR Rdn. 10; *Koller*, Art. 27 CMR Rdn. 4; *Piper*, S. 176, Rdn. 365; *Hill/Messent*, CMR, S. 148; unrichtig OLG Frankfurt/M., 21.2.1984 – 5 U 72/83, TranspR 1984, 97, 99 = MDR 1984, 670, soweit es bei Entschädigung für Lieferfristüberschreitung 5% Zinsen gem. § 352 HGB zuspricht.
[49] BGH, a.a.O.; MünchKommHGB/*Jesser-Huß*, Art. 27 Rdn. 9; *Groth*, VersR 1983, 1104, 1107; a.A. *Koller*, Art. 27 CMR Rdn. 4, der im Hinblick auf eine Entscheidung des Cour Cassation, BullT 1992, 253, Zinseszins für gerechtfertigt hält, soweit das nationale Recht dies vorsieht, weil die CMR nur im Hinblick auf den normalen Zinssatz eine abschließende Regelung treffe.
[50] BGH, 27.11.2003 – I ZR 61/01, TranspR 2004, 79 = NJW-RR 2004, 833.
[51] Näheres dazu siehe in der Vorauflage und *Thume*, TranspR 1993, 365 und *ders.*, TranspR 1998, 440.

che, divergierende nationale Regelungen auszuschließen. Daneben können aus etwaigen nationalen Zinszahlungsvorschriften keine abweichenden Zinsen hergeleitet werden. Deshalb ist auch ein weitergehender Verzugszinsschaden, etwa aufgrund von §§ 284, 286, 288 BGB, nicht gegeben.[52] Der BGH hat dazu ausgeführt: „Die CMR regelt den Zinsanspruch nach Voraussetzungen und Umfang schlechthin, so daß daneben andere, gegebenenfalls weitergehende nationale Regelungen keine Anwendung finden können. Die Regelung des Art. 27 Abs. 1 CMR besagt ausdrücklich, dass der Zinssatz von 5% auch für die Zeit ab Klageerhebung gelten soll, also von einem Zeitpunkt ab, in dem Verzug regelmäßig gegeben ist. Auch hieraus lässt sich die alleinige – nationale Regelungen auch in Fällen des Verzugs ausschließende – Geltung des Art. 27 entnehmen".[53] Es ist also festzuhalten, dass *de lege lata* höhere Zinsen, gleich aus welchem Rechtsgrund, nicht geltend gemacht werden können, obwohl die Beschränkung bei Verzug in Zeiten der Inflation missliche Folgen hat.[54]

Problematisch ist in diesem Zusammenhang, wie der *Zinsbegriff des Art. 27 CMR* zu verstehen ist. Die CMR selbst enthält keine Interpretation, und auch aus den historischen Quellen ergeben sich, soweit ersichtlich, keine Auslegungshinweise. Beraten und entschieden wurde offenbar lediglich über die Höhe des zumutbaren Zinsfußes, nicht aber über Inhalt und Bedeutung des Zinsbegriffes selbst.

Im deutschen Recht bedeutet Zins eine gewinn- und umsatzunabhängige, jedoch laufzeitabhängige, in Geld oder anderen vertretbaren Sachen zu entrichtende Vergütung für die Möglichkeit des Gebrauchs eines Kapitals.[55] Nach dieser Definition stellt auch eine *Kreditkostenpauschale* einen Zins dar, selbst soweit darin Vergütungen für laufzeitunabhängige Leistungen oder Kosten enthalten sind; das Gleiche gilt für *Kreditgebühren*.[56] Ferner fallen nach h. M. unter den Zinsbegriff im weiteren Sinne auch das *Disagio* oder *Damnum*, weil es heute in der Bankpraxis einen Rechenfaktor für die Zinsbemessung darstellt.[57] Nicht unter den Zinsbegriff fallen dagegen laufzeitunabhängige Vergütungen wie *Abrechnungs-, Bearbeitungs-* und *Vermittlungsgebühren*.[58] Die Einzelheiten sind nach wie vor

---

52 BGH, 10.10.1991 – I ZR 193/89, TranspR 1992, 100 = VersR 1992, 383 = NJW 1992, 621 = RIW 1992, 308; BGH, 24.5.2000 – I ZR 80/98, TranspR 2000, 455; OLG München, 15.12.2011 – 23 U 3178/11 (juris); OLG Brandenburg, 1.6.2011 – 7 U 105/10 (juris); ausführlich *Fischer*, TranspR 1991, 321 ff.; MünchKommHGB/*Jesser-Huß*, Art. 27 CMR Rdn. 22; *Glöckner*, Art. 27 CMR Rdn. 1; *Loewe*, ETR 1976, 503, 572; *Herber/Piper*, Art. 27 Rdn. 10; *Boesche*, in: EBJS, Art. 27 CMR Rdn. 8; *Piper*, S. 176, Rdn. 365; *de la Motte*, TranspR 1986, 59; *Koller*, Art. 27 CMR Rdn. 6, VersR 1992, 773 und TranspR 1994, 53, die höhere Verzugszinsen nach nationalem Recht für begründet halten.
53 BGH, 10.10.1991 – I ZR 193/89, TranspR 1992, 100.
54 Vgl. *Koller*, VersR 1992, 773.
55 *Canaris*, NJW 1978, 1891 f.; ihm folgend BGH, 9.11.1978 – III ZR 21/77, NJW 1979, 805, 806; Staudinger/*K. Schmidt*, § 246 BGB Rdn. 7; Heymann/*Horn*, § 352 HGB Rdn. 1.
56 *Canaris*, NJW 1978, 1891 f.; BGH a.a.O.
57 BGH, 29.5.1990 – IX ZR 231/89, BGHZ 111, 287, 289.
58 BGH, 9.11.1978 – a.a.O.; *Canaris*, NJW 1978, 1891; MünchKommBGB/*Maydell*, § 246 BGB Rdn. 9.

strittig, erlangen jedoch erhebliche Bedeutung für die Frage, ob derartige Aufwendungen, Kosten oder Gebühren von der Zinsklausel des Art. 27 CMR erfasst und deshalb auch unter Verzugsgesichtspunkten nicht zusätzlich geltend gemacht werden können, wenn der Ersatzberechtigte wegen verzögerlicher Entschädigungszahlung einen Kredit aufnehmen muss.

3. Andere Verzugsschäden

29 *Weitergehende Verzugsschäden, die nicht die eigentlichen Verzugszinsen betreffen, werden jedoch von Art. 27 Abs. 1 CMR nicht berührt.* Vielmehr regelt Art. 27 Abs. 1 CMR nur den festen Zinssatz abschließend. Die CMR enthält also keine Bestimmung darüber, ob der Frachtführer, der, obwohl er sich in Verzug befindet, seine Entschädigungsverpflichtung nach der CMR nicht erfüllt, den dadurch entstehenden zusätzlichen, über die Zinsen hinausgehenden Verzugsschaden zu ersetzen hat oder nicht. Trifft aber die CMR über solche Verzugsschäden keine Regelung, so ist insoweit der Weg zur Anwendung des nach dem internationalen Privatrecht zu bestimmenden Regelungen des jeweiligen nationalen Rechts offen (vgl. Vor Art. 17 CMR Rdn. 3). Deshalb kann der Ersatzberechtigte bei Verzögerung der Entschädigungsleistung Ansprüche auf Ersatz anderer weitergehender Verzugsschäden geltend machen, soweit es sich nicht um Zinsansprüche handelt.[59]

30 Dazu gehören insbes. die *Kosten der Rechtsverfolgung des geschädigten Anspruchsstellers*. Er kann also auch die *Kosten des Anwaltes* ersetzt verlangen, den er nach Verzugseintritt mit der weiteren Anmahnung und Beitreibung seiner Ansprüche beauftragt.[60] Das gilt auch dann, wenn daraufhin der Frachtführer außergerichtlich vor Klageerhebung entsprechende Entschädigung leistet. Muss Klage erhoben werden, erfolgt die Erstattung ohnehin, soweit das einschlägige Prozessrecht des Gerichtsortes eine Erstattungspflicht vorsieht.

---

59 BGH, 24.5.2000 – I ZR 80/98, TranspR 2000, 455 = VersR 2001, 397 = NJW-RR 2001, 170 = RIW 2001, 370 mit Anm. *Thume*; OLG Brandenburg, 1.6.2011 – 7 U 105/10 (Rechtsanwaltskosten und weitere Verzugsschäden) (juris); OLG Hamm, 6.12.1993 – 18 U 101/ 93, TranspR 1994, 62 und OLG Hamm, 7.11.1996 – 18 U 77/96, TranspR 1998, 459; Staub/ *Helm*, Art. 27 CMR Rdn. 18; *Herber/Piper*, Art. 27 Rdn. 11; *Boesche*, in: EBJS, Art. 27 CMR Rdn. 9; *Thume*, TranspR 1993, 365, 368 und TranspR 1998, 440; a.A. OLG Hamburg, 22.1.1998 – 6 U 142/97, TranspR 1998, 252; *Fischer*, TranspR 1991, 321, 333.
60 BGH, 24.5.2000 – I ZR 80/98, TranspR 2000, 455 = VersR 2001, 397 = NJW-RR 2001, 170 = RIW 2001, 370 mit Anm. *Thume*; OLG Brandenburg, , 1.6.2011 – 7 U 105/10 (juris); *Baumann*, TranspR 1985, 269; *Thume*, TranspR 1993, 365, 368; vgl. auch *Koller*, Art. 27 CMR Rdn. 6 und VersR 1992, 773 und *de la Motte*, TranspR 1986, 59, die ohnehin jeden weitergehenden Verzugsschaden für erstattungsfähig halten; a.A. OLG Hamburg, 22.1.1998 – 6 U 142/97, TranspR 1998, 252, OLG München, 6.10.2011 – 23 U 687/11, TranspR 2011, 434; *Fischer*, TranspR 1991, 321, 333, Fn. 168; missverständlich: BGH, 1.10.2010 – I ZR 176/08, TranspR 2011, 78 mit Anmerkung *Thume*, Kosten des Vorprozesses bei Regelhaftung, TranspR 2012, 61.

Auch die *Kosten eines Vorprozesses*, auf den sich der Hauptfrachtführer mit dem 31
Geschädigten einlassen muss, weil sich der Unterfrachtführer trotz Verzugseintritts weigert, den in seinem Obhutsbereich entstandenen Schaden zu ersetzen, kann der Hauptfrachtführer aus Verzugsgesichtspunkten gegen den Unterfrachtführer geltend machen.[61]

Zu ersetzen sind ferner alle weiteren, infolge des Verzuges gemachten *Aufwen-* 32
dungen, auch die eines *Inkassobüros* sowie der *entgangene Gewinn*, wenn der Geschädigte darlegt und ggf. nachweist, dass er bei rechtzeitiger Zahlung die an ihn geleistete Entschädigung gewinnbringend hätte anlegen können.[62]

4. Zinsvereinbarungen gem. Art. 26 CMR

Fraglich und umstritten ist, ob gem. Art. 26 CMR entgegen Art. 27 CMR höhere 33
Zinssätze vereinbart werden können. *Fischer*[63] lehnt jede vertragliche Abrede über die Verzinsung von Entschädigungen ab, weil Art. 27 Abs. 1 CMR hierfür keinen Raum lasse. Deshalb seien auch Stundungsvereinbarungen zu höheren Zinssätzen, die erst nach Entstehung des Schadens getroffen würden, unwirksam. Anderer Ansicht ist *Koller*, der jedenfalls nach Schadensentstehung eine solche Vereinbarung für zulässig hält. Darüber hinaus eröffne Art. 26 CMR die Möglichkeit, im Frachtbrief ein besonderes Interesse an der Lieferung festzulegen. Sei dies erfolgt, so könne der Ersatz des weiteren bewiesenen Schadens verlangt werden. Da der Begriff des Schadens in der CMR nicht normiert sei, dürfe nach den Grundsätzen des Internationalen Privatrechts auf das nationale Recht zurückgegriffen werden. Der Verzugsschaden könnte nach deutschen Rechtsvorstellungen letztlich zugleich als Folgevermögensschaden des durch den Verlust, die Beschädigung oder Verspätung verursachten Schadens qualifiziert werden, so dass Art. 26 CMR unmittelbar eingreife. Jedenfalls könne man aber auf Verzugsschäden Art. 26 CMR analog anwenden.[64] Gegen diese Auffassung bestehen allerdings Bedenken. Art. 26 CMR gestattet für die Fälle des Verlustes, der Beschädigung und der Überschreitung einer vereinbarten Lieferfrist nur die Vereinbarung eines besonderen Interesses an der *Lieferung*, also am Leistungserfolg selbst. Dagegen will *Koller* im Rahmen des Art. 26 CMR ein besonderes Interesse für die nicht rechtzeitige Zahlung der Entschädigung vereinbart wissen. Dieses von ihm genannte besondere Interesse bezieht sich also nicht auf den Leistungserfolg, sondern auf die Folgen einer Leistungsstörung, nämlich auf die dann zu erbrin-

---

61 BGH, 24.5.2000 – I ZR 80/98, TranspR 2000, 455 = VersR 2001, 397 = NJW-RR 2001, 170 = RIW 2001, 370 mit Anm. *Thume*; OLG München, 21.12.1990 – 23 U 3353/90, TranspR 1991, 96 = VersR 1991, 1311; *Baumann*, TranspR 1985, 269; Staub/*Helm*, Art. 27 CMR Rdn. 18; *Herber/Piper*, Art. 27 Rdn. 11; *Boesche*, in: EBJS, Art. 27 CMR Rdn. 9; *Thume*, TranspR 1993, 365, 368 und TranspR 1998, 440; a.A. OLG Hamburg, 22.1.1998 – 6 U 142/97, TranspR 1998, 252.
62 *Thume*, TranspR 1993, 365, 368 und TranspR 1998, 440.
63 *Fischer*, TranspR 1991, 321, 335.
64 *Koller*, VersR 1992, 773, 776 und Art. 27 CMR Rdn. 6.

gende Entschädigung. Diese Folgen werden jedoch von Art. 26 Abs. 1 CMR gerade nicht erfasst; deshalb scheidet insoweit auch eine analoge Anwendung dieser Bestimmung aus;[65] vgl. dazu auch Art. 26 CMR Rdn. 5.

5. Grobes Verschulden gemäß Art. 29 CMR

34 Hat der Frachtführer den Schaden vorsätzlich oder durch ein ihm zur Last fallendes Verschulden verursacht, das nach dem Recht des angerufenen Gerichtes dem Vorsatz gleichsteht, so kann er sich gem. Art. 29 Abs. 1 CMR auf die gesamten Haftungsausschließungs- und Haftungsbegrenzungsbestimmungen des IV. Kapitels der CMR nicht berufen. Damit entfällt auch die Berufung auf die hinsichtlich des Zinsfußes ebenfalls haftungsbeschränkende Vorschrift des Art. 27 CMR. In den Fällen groben Verschuldens haftet daher der Frachtführer dem Anspruchsberechtigten unbeschränkt in voller Höhe für die diesem entstehenden Verzugszinsen.[66]

35 Dagegen bleibt der frühzeitige Beginn der Verpflichtung zur Zahlung von 5% Zinsen, nämlich vom Tage der schriftlichen Reklamation an, auch bei grobem Verschulden des Frachtführers bestehen, weil Art. 29 CMR lediglich die Haftungsbeschränkungen aufhebt.[67] Sollte nach nationalem Recht der Entschädigungsanspruch schon früher fällig sein, so gilt diese frühere Fälligkeit.[68]

36 Darüber hinaus will *Koller*[69] Art. 27 CMR nicht nur als konkretisierende haftungsbeschränkende Norm der Art. 17, 19 und 21 CMR ansehen, sondern als selbstständige Haftungsnorm, der insoweit eine Doppelfunktion zukomme. Damit eröffne Art. 27 CMR auch bei der BGH-Auslegung dem Grunde nach eine neue Haftung, falls vorwerfbar nicht sofort nach Schadensentstehung der Schaden ausgeglichen werde. Von diesem Standpunkt aus habe der Schädiger gem. Art. 29 CMR sämtliche durch eine verspätete Zahlung verursachten Schäden, insbes. die konkreten Verzugsschäden, in voller Höhe auszugleichen, wenn er vorsätzlich oder grob fahrlässig verspätet geleistet habe. Dieser Interpretation ist allerdings entgegenzuhalten, dass Art. 29 Abs. 1 CMR sich ausdrücklich nur auf die im IV. Kapitel genannten, also durch Verlust, Beschädigung, Lieferfristüberschreitung oder Nachnahmeeinziehungsfehler entstandenen Schäden bezieht, nicht aber auf durch verspätete Zahlung entstehende Verzugsschäden.

---

65 *Thume*, TranspR 1993, 365, 369.
66 OLG Hamm, 25.5.1992 – 18 U 165/91, TranspR 1992, 410; vgl. auch OLG Düsseldorf, 11.5.1989 – 18 U 274/88, TranspR 1990, 60, das für einen Fall der groben Fahrlässigkeit die vom Erstgericht zugesprochenen 10%igen Verzugszinsen unbeanstandet lässt; *Boesche*, in: EBJS, Art. 27 CMR Rdn. 10; *Koller*, Art. 27 CMR Rdn. 6; *ders.*, VersR 1992, 773, 777; *Fischer*, TranspR 1991, 321, 336.
67 Vgl. OLG München, 16.1.1991 – 7 U 2240/90, TranspR 1992, 181.
68 *Thume*, TranspR 1993, 365, 369.
69 *Koller*, VersR 1992, 773, 777.

6. Verzinsung der nicht von Art. 27 Abs. 1 CMR erfassten Ansprüche

Soweit oben unter Ziff. III einzelne Ansprüche genannt sind, die nicht der beschränkten Verzinsungspflicht des Art. 27 Abs. 1 CMR unterliegen, enthält die CMR keine weitere Regelung für deren Verzinsung. Die Verzinsung derartiger Ansprüche richtet sich daher jeweils nach den Normen jenes nationalen Rechts, das nach den Bestimmungen des internationalen Privatrechts im konkreten Fall zur Anwendung gelangt. Dies wären bei Anwendung des deutschen Rechts die allgemeinen Regeln über die Zahlung von Fälligkeits-, Verzugs- und Prozesszinsen gem. §§ 288 Abs. 1, 291 BGB, 352, 353 HGB sowie höhere Verzugszinsen gem. §§ 286 Abs. 1, 288 Abs. 1 Satz 2 BGB.[70]

37

VI. Währungsumrechnungen

In Art. 27 Abs. 2 CMR ist die Regelung des Art. 31 § 2 CIM a.F. (heute Art. 40 § 4 COTIF-ER/CIM) über die Umrechnung von Schadensersatzansprüchen in die Währung des Zahlungsortes übernommen worden.[71] Dieser entspricht der Sache nach dem früheren § 85 Abs. 4 der EVO und dem § 244 Abs. 2 BGB. Maßgeblich für die konkrete Umrechnung des Kurses der Fremdwährung sind daher Tag und Ort der tatsächlichen Bezahlung. Die Bestimmung geht also von der Annahme aus, die Zahlung werde immer in der Währung jenes Landes geleistet, in dem die Zahlung begehrt wird. Wird freiwillig dort bezahlt, so ist Abs. 2 i.d.R. ohne Schwierigkeit anwendbar. Wenn verschiedene Kurse nach amtlichen Vorschriften und auf dem freien Markt vorhanden sind, wird sich die Umrechnung an den amtlichen Kurs halten müssen.[72]

38

Ist der Entscheidung über die zu zahlende Entschädigung ein Rechtsstreit vorausgegangen und spricht diese Entscheidung dem Kläger einen Betrag in der Währung jenes Staates zu, in dem der Rechtsstreit stattgefunden hat, so können sich Wertverschiebungen nach dem Tag der Entscheidung bis zum Zeitpunkt der freiwilligen oder aufgrund Zwangsvollstreckung durch Eintreibung erfolgten Zahlung ergeben. Fällt die Währung zwischen diesen Zeitpunkten, so kann laut *Loewe* der Berechtigte eine weitere nachträgliche Zahlung verlangen; ob dies im Exekutionsverfahren oder in einem neuen Prozess zu geschehen habe, bestimme sich nach dem anzuwendenden Verfahren.[73] Dies gilt zumindest ab Rechtskraft des Urteils.[74] Steigt dagegen die Währung zwischen dem Tag der Entscheidung

39

---

70 Vgl. *Fischer*, TranspR 1991, 321, 336.
71 Denkschrift, S. 43.
72 *Loewe*, ETR 1976, 501, 573.
73 *Loewe*, ETR 1976, 501, 573; a.A. *Herber/Piper*, Art. 27 Rdn. 13; einschränkend *Koller*, Art. 27 CMR Rdn. 7: „nach Klageerhebung ... nur beschränkt als Verzugsschaden"; ähnlich *Boesche*, in: EBJS, Art. 27 CMR Rdn. 12.
74 MünchKommHGB/*Jesser-Huß*, Art. 27 CMR Rdn. 3.

Art. 27 Haftung des Frachtführers

und der erfolgenden Zahlung, ist dem Beklagten kein Abzug gestattet, weil er aus seiner eigenen Säumnis keinen Vorteil ziehen dürfe. Zahlt der Beklagte in einem dritten Staat, so muss auch dessen Währung in die in der Entscheidung ausgesprochenen Währung umgerechnet werden.[75]

---

[75] *Loewe*, ETR 1976, 501, 573.

Art. 28

bearbeitet von RA Dr. Reinhard Th. Schmid, Stuttgart

1. Können Verluste, Beschädigungen oder Überschreitungen der Lieferfrist, die bei einer diesem Übereinkommen unterliegenden Beförderung eingetreten sind, nach dem anzuwendenden Recht zur Erhebung außervertraglicher Ansprüche führen, so kann sich der Frachtführer demgegenüber auf die Bestimmungen dieses Übereinkommens berufen, die seine Haftung ausschließen oder den Umfang der zu leistenden Entschädigung bestimmen oder begrenzen.

2. Werden Ansprüche aus außervertraglicher Haftung für Verlust, Beschädigungen oder Überschreitung der Lieferfrist gegen eine der Personen erhoben, für die der Frachtführer nach Art. 3 haftet, so kann sich auch diese Person auf die Bestimmungen dieses Übereinkommens berufen, die die Haftung des Frachtführers ausschließen oder den Umfang der zu leistenden Entschädigung bestimmen oder begrenzen.

Übersicht

	Rdn.		Rdn.
I. Allgemeines	1	3. Haftungseinschränkende Bestimmungen	7
II. Ansprüche gegen den Frachtführer (Art. 28 Abs. 1)	4	4. Ansprüche geschädigter Dritter	16
1. Wegen Verlust, Beschädigung, Lieferfristüberschreitung	5	5. Rechtsfolge	19
2. Außervertragliche Ansprüche	6	III. Ansprüche gegen Hilfspersonen (Art. 28 Abs. 2 CMR)	20
		IV. Beweislast	24

I. Allgemeines

Art. 28 Abs. 1 und 2 CMR ist die „Quasi-Dominanz-Norm" der CMR und beugt der Entwertung der Haftungsbeschränkungen durch außervertragliche Ansprüche nach nationalem Recht vor. Insoweit ist Art. 28 CMR vergleichbar mit Art. 41 CMR, denn hier, wie dort, gilt es, der CMR Vorrang zu geben vor anderen gesetzlichen bzw. privatautonomen Regelungen. Darüber hinaus ist Art. 28 CMR Vorbild gewesen für die Formulierung des § 434 Abs. 1 HGB.[1] 1

Art. 28 steht im Kapitel IV der CMR, welches die vertragliche Haftung des Frachtführers in den dort genannten Fällen regelt. Gäbe es die Regelung des Art. 28 nicht und könnte der Geschädigte sich nach dem anwendbaren nationalen Recht auf außervertragliche Schadensersatzansprüche berufen, so würden die in der CMR für die vertragliche Haftung vorgesehenen Beschränkungen keine Wir- 2

---

[1] Die amtliche Begründung zum Regierungsentwurf des TRG, BT-Drucks. 13/8445, 69.

kung entfalten und zur Bedeutungslosigkeit reduziert.² Nicht zuletzt haben die in der CMR festgelegten Haftungssummen und Haftungsbeschränkungen wirtschaftliche Hintergründe. Sie sollen auf der einen Seite dem Geschädigten in vernünftigem Rahmen Ersatz bieten und auf der anderen Seite das Haftungsrisiko des Frachtführers finanziell kalkulierbar machen, der bei uneingeschränkter Haftung mit dem vereinbarten Beförderungsentgelt keinerlei Risikoausgleich herstellen könnte, abgesehen davon, dass das Risiko unbeschränkter Haftung in keiner der gängigen Versicherungspolicen eindeckbar ist.³ Die in der CMR vorgesehene Risikoverteilung wäre gestört.⁴

3   So steht nach Art. 28 Abs. 1 CMR fest: Der deliktische Schadensersatzanspruch kann und darf nicht höher sein als der vertragliche.⁵

Die CMR lässt, wie sich aus Art. 28 CMR ergibt, außervertragliche Ansprüche gegen den Frachtführer zu.⁶

Die Tatbestandsvoraussetzungen der außervertraglichen Ansprüche (im nationalen Recht vor allem §§ 823 ff. BGB) richten sich nach dem vom internationalen Deliktsrecht des Gerichtsortes bezeichneten Statut.

*Haak*⁷ weist darauf hin, dass die restriktive Auslegung von Art. 28 CMR der primären Zielsetzung der CMR entspricht, nämlich die materielle Rechtsbeziehung zwischen Absender und Frachtführer auf einheitliche Weise zu regeln.

II. Ansprüche gegen den Frachtführer (Art. 28 Abs. 1)

4   Wortlaut, Sinn und Zweck, sowie die Stellung des Art. 28 CMR bestimmen die Anwendungsvoraussetzungen. Allerdings ist diese Vorschrift nicht so klar gefasst, dass damit – lückenlos – alle Fragen der Anspruchskonkurrenz endgültig beantwortet wären. Dabei ist zu unterscheiden zwischen den Ansprüchen aus Vertrag und Delikt gegenüber den am Frachtvertrag beteiligten Parteien, sowie den außervertraglichen Ansprüchen gegenüber Dritten aus Delikt.

1. Wegen Verlust, Beschädigungen und Überschreitung der Lieferfrist

5   Sowie sich die CMR im Allgemeinen nicht mit allen im Zusammenhang mit der Ausführung eines Beförderungsvertrages denkbaren Schäden befasst, so be-

---

2   Denkschrift, BT-Drucks. III./1144, 43; *Loewe*, ETR 1976, 503, 573.
3   *Tuma*, VersR 1983, 408, 411.
4   *Helm*, in: Großkomm. HGB, Art. 28 CMR Rdn. 1; *Helm*, in: Großkomm. HGB, § 429 HGB, Rdn. 82, 91 ff.; *Glöckner*, CMR Art. 28, Rdn. 2; *ders.*, TranspR 1988, 327, 331.
5   *Helm*, Haftung, 233; *Rabe*, TranspR 1993, 1 ff., 5.
6   h. M.: BGH TranspR 1988, 338, 340.
7   *Haak*, in: Festschrift für Helm, 2001: CMR-Übereinkommen: Vertrag zu Lasten Dritter?, 91, 96.

schränkt sich der Anwendungsbereich des Art. 28 Abs. 1 CMR auf die außervertraglichen Ansprüche wegen Verlust, Beschädigung oder Überschreitung der Lieferfrist; die Bezugnahme gilt insbesondere auf Art. 17 Ziff. 1 bis 5, 23, 25 CMR. Andere außervertragliche Ansprüche, die nicht Verlust, Beschädigung oder Überschreitung der Lieferfrist zum Gegenstand haben, werden in Art. 28 CMR nicht geregelt. Zu denken sind bei Personenschäden an Schmerzensgeldansprüche,[8] sowie aus Vertragsverletzungen, wie z.B. Verunreinigungsschäden beim Absender/Empfänger. Soweit sie reichen, sind die frachtrechtlichen Bestimmungen jedoch lex specialis.[9]

Schmerzensgeldansprüchen kann Art. 28 Abs. 1 CMR nicht entgegengesetzt werden, da die CMR (Art. 17ff.) keine Regelung über die Geltendmachung von Schmerzensgeldansprüchen im Falle von Personenschäden hat.

2. Außervertragliche Ansprüche

Art. 28 Abs. 1 CMR bezieht sich auf die außervertraglichen Ansprüche. Hierzu gehören die Ansprüche aus unerlaubter Handlung, wie §§ 823ff. BGB, § 7 Abs. 1 StVG, jedoch auch solche aus ungerechtfertigter Bereicherung, §§ 812ff. BGB, aus Geschäftsführung ohne Auftrag und aus dem Eigentümer-Besitzerverhältnis, §§ 985ff. BGB.[10]

6

Die CMR schließt eine – in dieser Hinsicht: unbeschränkte – Haftung aus allgemeinem Vertragsrecht aus, soweit die CMR selbst abschließende Regelungen, wie z.B. Art. 17 Abs. 1 CMR, getroffen hat. Nach allgemeiner Meinung regelt die CMR die Fälle der positiven Forderungsverletzung nicht abschließend, sondern nur bestimmte Formen derselben (vgl. Art. 17, Art. 7 Abs. 3, 11 Abs. 3, 12 Abs. 7, 16 Abs. 2, 21, 22 Abs. 2 CMR).[11]

Sofern vertragliche Ansprüche nicht in der CMR geregelt sind, werden sie nicht durch Art. 28 Abs. 1 CMR den Beschränkungen der CMR unterworfen. Dies ergibt sich aus der Tatsache, dass die in der CMR zu regelnden Haftungstatbestände Spezialfälle der allgemeinen Vertragshaftung des Deutschen Rechtes sind, wie z.B.: Positive Forderungsverletzung, Leistungsstörungen etc. Bei den vertraglich nicht geregelten Ansprüchen handelt es sich insbesondere um solche, die aus Schäden resultieren, die außerhalb des Obhutszeitraums vom Frachtführer verursacht worden sind.

Auf Ansprüche wegen Verschulden bei Vertragsschluss findet Art. 28 Abs. 1 keine Anwendung, denn das Vertrauensverhältnis im Rahmen des geschäftlichen

---

8 *Helm*, in: Großkomm. HGB, CMR, Art. 28, Rdn. 5.
9 *Lenz*, Straßengütertransportrecht, 251; *Glöckner*, TranspR 1988, 327, 331.
10 *Helm*, in: Großkomm. HGB, Art. 28 CMR Rdn. 4.
11 Die Kommentierungen vor Art. 17 CMR Rdn. 16–21, 31ff. und vor Art. 1 Rdn. 7ff., sowie *Koller*, vor Art. 1 CMR Rdn. 30; *Helm*, in: Großkomm. HGB, Art. 17 Rdn. 31, 32, Art. 28 CMR Rdn. 4; *Roesch*, BB 1980, 812, 814.

Art. 28 Haftung des Frachtführers

Kontaktes ist zum einen ein quasi-vertraglicher Anspruch[12] und zum anderen gelten die Bestimmungen der CMR vor Abschluss des Beförderungsvertrages nicht.[13]

3. Haftungseinschränkende Bestimmungen

7   Voraussetzung für den Anspruch auf den Ausgleich des Schadens und zur Anwendung des Art. 28 Abs. 1 CMR ist stets der Ausgleich eines Schadens im Sinne der Art. 17ff. CMR.[14] Umstritten ist in Einzelfällen, welche Bestimmungen der CMR die Haftung des Frachtführers ausschließen, den Umfang der zu leistenden Entschädigung bestimmen oder begrenzen. Die Grenzziehung des Bereiches von haftungsausschließenden und -einschränkenden Bestimmungen ist von zentraler Bedeutung, weil ansonsten die von der CMR gewollte Risikoverteilung durch die freie Anspruchskonkurrenz gestört wäre. Im Einzelnen:

8   Art. 17 Abs. 2 CMR: Nach Wortlaut und h.M.[15] ist Art. 17 Abs. 2 CMR eine Bestimmung im Rahmen der Haftungsausschließung nach Art. 28 CMR.

9   Art. 17 Abs. 4 CMR: Die Haftungsbefreiungsgründe der Art. 17 Abs. 4 befassen sich mit Transportrisiken, also mit Gefahren, die sich vornehmlich während der Beförderung, also in der Zeit von der Übernahme bis zur Ablieferung auswirken und sind damit speziell auf die Haftung nach Art. 17 Abs. 1 CMR zugeschnitten.[16] Mithin ist es Sinn und Zweck, wie dem Wortlaut des Art. 17 Abs. 4 zu entnehmen ist, dass dieser einen „Haftungsbefreiungsgrund" im Sinne des Art. 28 Abs. 1 CMR ist (unstr.).

10 Art. 22 Abs. 2 CMR: Die Selbsthilfe des Frachtführers für die Vernichtung von gefährlichen Gütern ist in Art. 22 Abs. 2 geregelt und schließt Schadenersatzverpflichtungen aus. Deshalb findet diese Vorschrift Anwendung im Rahmen des Art. 28 Abs. 1 CMR (unstr.).

11 Art. 23 bis 27 CMR: Nach Wortlaut, Sinn und Zweck, bestimmen oder begrenzen diese Vorschriften die Haftung im Sinne des Art. 28 Abs. 1 CMR (unstr.).

12 Beweislastregeln (z.B. Art. 18 CMR): Die Beweislastregeln des Art. 18 CMR ist in engstem Zusammenhang mit Art. 17 CMR zu sehen.[17] Mithin sind die Beweis-

---

12 BGHZ 63, 33ff.; BGHZ 66, 51ff.
13 *Helm*, in: Großkomm. HGB, Art. 28 CMR Rdn. 4; *Ferrari*, in: Ferrari/Kieninger/Mankowski et al., Internationales Vertragsrecht, 2012, Rdn. 10; *Herber/Piper*, Art. 28 Rdn. 2; a.A. MünchKommHGB/*Jesser-Huß*, 2. Aufl. 2009, Art. 28 CMR Rdn. 5.
14 *Heuer*, Haftung, S. 184f.; *Helm*, Haftung, S. 233; *Lenz*, Straßengütertransportrecht, S. 251; *Koller*, Art. 28 CMR Rdn. 1.
15 *Heuer*, Haftung, S. 184; *Helm*, in: Großkomm. HGB, Art. 28 Rdn. 7, *Koller*, Art. 28 Rdn. 2.
16 Art. 17 Rdn.ff.
17 *Helm*, Haftung, S. 233f.; *ders.*, in: Großkomm. HGB, Art. 28 CMR Rdn. 7; *Koller*, Art. 28 CMR Rdn. 4, bei dem die Verknüpfung von Haftungsausschluss und Beweislast und das Zusammenspiel von Art. 17 und 18 CMR eine systematische Einheit bildet.

lastregeln des Art. 18 CMR haftungsbeschränkende Bestimmungen i.S.d. Art. 28 Abs. 1 CMR.[18]

Präklusion (z.B. Art. 30 CMR): Art. 30 CMR befasst sich mit der Frage der Säumung der Rüge im Falle der CMR-Vertragshaftung. Wenn der Empfänger das Gut rügelos annimmt, wird vermutet – bis zum Beweis des Gegenteils –, dass der Empfänger das Gut in dem im Frachtbrief beschriebenen Zustand erhalten hat. In Art. 30 Abs. 1 CMR sind Fristen genannt, bei deren Nichteinhaltung die Haftung des Frachtführers beschränkt bzw. ausgeschlossen wird. Art. 30 CMR ist deshalb auf konkurrierende Deliktsansprüche bzw. außervertragliche Ansprüche nach Art. 28 Abs. 1 anzuwenden, denn im Falle seiner Nichtanwendbarkeit würde die insofern abschließende Regelung der CMR keine rechtliche und praktische Bedeutung entfalten.[19]

13

Verjährung (Art. 32): Hat der Frachtführer außervertraglich konkurrierende Ansprüche aus Verlust, Beschädigung oder Überschreitung der Lieferfrist geltend gemacht, so kann der Frachtführer diesen Ansprüchen die Verjährungseinrede nach Art. 32 CMR entgegensetzen.[20] Rechtsdogmatisch ist jedoch die Verjährung – nach nationalem Schuldstatut – eine Einrede und kein „Haftungsausschluss".[21] Rechtsdogmatisch ist *Helm* (a.a.O.) zuzustimmen. Verhilft man jedoch dem Wortlaut des Art. 28 Abs. 1 CMR (in der englischen Fassung: exclude his liability) zur zweckentsprechenden Anwendung, so schließt die Erhebung der Einrede der Verjährung klar die Haftung aus, und somit ist Art. 32 eine Haftungsbeschränkung im Sinne des Art. 28 Abs. 1. Dies gilt jedoch ausschließlich für Ansprüche aus Verlust, Beschädigung bzw. Überschreitung der Lieferfrist und nicht für andere außervertragliche Ansprüche und nicht gegenüber anderen nicht am Frachtvertrag beteiligten Dritten.[22] Bei grobem Verschulden im Sinne des Art. 29 CMR beträgt die Verjährungsfrist gemäß Art. 32 Abs. 1 Satz 2 CMR nur 3 Jahre. Wenn also nach nationalem Recht längere Verjährungsfristen bestehen, wie z.B. Österreich 30 Jahre, schränkt Art. 28 auch diese nationalen für außervertragliche Ansprüche geltenden längeren Fristen ein und reduziert sie auf die Frist des Art. 32 Abs. 1 Satz 2.[23]

14

---

18 MünchKommHGB/*Jesser-Huß*, Art. 28 CMR Rdn. 13 m.w.N.
19 M.M.: *Helm*, in: Großkomm. HGB, Art. 28 CMR Rdn. 7; *Glöckner*, TranspR 1988, 327, 331; so auch ohne Begründung: OLG Hamm, VersR 1974, 28, 29, und *Koller*, Art. 29 CMR Rdn. 4.
20 Art. 32 CMR Rdn. 50; *Koller*, Art. 28, Rdn. 4; so auch *Loewe*, ETR 1976, 503, 575, mit dem Hinweis, dass die Verjährung in Art. 28 Abs. 1 CMR deshalb nicht zu regeln war, weil Art. 32 CMR auch für außervertragliche Ansprüche gelte und mithin die einjährige – grundsätzliche – Verjährungsfrist des Art. 32 Abs. 1 CMR gelte.
21 *Helm*, Haftung, S. 2ff., der damit Art. 32 CMR nicht im Rahmen des Art. 28 Abs. 1 CMR anwendet und bei der dreijährigen Verjährungsfrist des § 852 BGB bleibt und mithin keine Anwendung des Art. 32 CMR befürwortet.
22 Vgl. hierzu weiter Art. 32 Rdn. 50, 51.
23 Vgl. Art. 32 CMR Rdn. 15.

Art. 28 Haftung des Frachtführers

15 Alle haftungseinschränkenden Bestimmungen gelten nicht für „grobes Verschulden" im Sinne des Art. 29 CMR. Art. 29 CMR erweitert die Haftung.[24]

4. Ansprüche geschädigter Dritter

16 Kern der Auseinandersetzungen in Literatur und Rechtsprechung ist die Frage: Kann Art. 28 Abs. 1 auf deliktische Ersatzansprüche vertragsfremder Dritter (z.B. der Eigentümer des beschädigten Gutes, der weder Absender, noch Empfänger ist) gegenüber dem Frachtführer angewendet werden oder nicht?[25]

Die **ablehnende** Auffassung[26] wird mit folgenden Argumenten begründet:

– Beim Zusammentreffen von Ansprüchen aus Vertragsverletzung und aus unerlaubter Handlung gilt die sog. freie Anspruchskonkurrenz, d.h. Deliktsrecht und Vertragsrecht stehen in gleichem Rangverhältnis. Verstößt eine Handlung (Tun oder Unterlassen) sowohl gegen allg. Rechtspflichten, als auch gegen vertraglich begründete Verpflichtungen, ergeben sich die Rechtsfolgen sowohl aus den Vorschriften des Deliktsrechtes, als auch den für den Vertrag maßgeblichen Bestimmungen. Dies ist ein allgemeiner Rechtsgrundsatz.
– Eine vertragliche oder gesetzliche Einschränkung der Vertragshaftung wirkt sich dann auf das Recht der unerlaubten Handlung aus, wenn die gesetzliche Regelung der Vertragshaftung aufgrund ausdrücklicher Vorschrift oder nach ihrem Zweck zu entnehmen ist, dass sie einen Sachverhalt erschöpfend regeln und dementsprechend auch die Haftung aus unerlaubter Handlung ganz ausschließen oder in bestimmter Hinsicht beschränken will. Ein derartiger Rechtsgedanke sei jedoch – so die Vertreter dieser Meinung – im Frachtrecht nicht zu erkennen. Gleichwohl sei es möglich, durch vertragliche Vereinbarungen die Ansprüche aus unerlaubter Handlung in ihren Rechtsfolgen den vertraglichen Rechtsfolgen anzupassen durch privatautonome Vereinbarungen.
– Vertragliche Ansprüche aus dem Frachtvertrag wirken nur zwischen den am Frachtvertrag beteiligten Vertragspartnern; die Rechte Dritter, die nicht am Frachtvertrag unmittelbar beteiligt sind, haben i.d.R. keinen eigenen Anspruch gegen den Frachtführer. Es wäre – nach dieser Meinung – unangemessen und unbillig, den außervertraglichen Anspruch in diesem Fall nach den haftungseinschränkenden Bestimmungen der CMR zu begrenzen.

---

24 Vgl. Art. 29 CMR Rdn. 1ff.; *Helm*, in: Großkomm. HGB, Art. 28 Rdn. 7.
25 Zustimmend: OLG Frankfurt, VersR 1983, 141; OLG Köln, TranspR 1996, 284; *Loewe*, ETR 1976, 503, 574, 553; *Koller*, Art. 28 CMR Rdn. 3, mit dem Hinweis, dass der Wortlaut des Art. 28 CMR eindeutig diese Fallvariante deckt und es auch von der Ratio des Art. 28 Abs. 1 CMR angebracht sei, dass der Frachtführer Art. 28 CMR den Eigentümern entgegenhalten darf, die nach der CMR nicht aktivlegitimiert seien; *Jesser*, Frachtführerhaftung, S. 139; *Lenz*, TranspR 1989, 396, 398; *Helm*, in: Großkomm. HGB, § 429 HGB Rdn. 306.
26 BGH, TranspR 1992, 152ff. = BB 1992, 390ff.; *Piper*, VersR 1988, 200, 209, mit dem Hinweis auf die ausschließliche Wirkung inter partes; *Heuer*, Haftung, S. 188; *Lenz*, Straßengütertransportrecht, S. 263, 264; *Helm*, in: Großkomm. HGB, Art. 28 CMR Rdn. 6; *Roesch*, BB 1979, 699, 702; *Tuma*, VersR 1983, 408, 410, 411; *Herber/Piper*, CMR, Art. 28 Rdn. 4.

Die **zustimmende** Auffassung[27] nennt u.a. folgende Argumente:

- Der Eigentümer bzw. Versender ist derjenige, der wirtschaftlich aus der frachtvertragsrechtlichen Beziehung begünstigt wird, da es letztendlich sein Interesse ist, dass das Transportgut befördert wird. Allein der Umstand, dass er nicht Vertragspartner des Frachtführers wird, dürfe nicht dazu führen, dass aus diesem Grunde der Frachtführer nach Delikt ohne die Einschränkungen des Art. 28 Abs. 1 haftet. Der Eigentümer/Versender setzt sein Gut bewusst dem Beförderungsrisiko aus, so dass durch Beauftragung eines Spediteurs kein Grund besteht, ihn vor dem sog. Selbstabsender zu bevorzugen.
- Wenn der Dritte (Eigentümer/Versender/Empfänger) mit dem Transport gerechnet habe, so sei es nach Wortlaut und Sinn und Zweck des Art. 28 Abs. 1 CMR angebracht, ihm die Haftungsbeschränkungen der CMR entgegenzuhalten.

Eine **vermittelnde Lösung** wird von *Koller*,[28] *Jesser-Huß*[29] u.a.[30] vertreten: Danach kann Art. 28 CMR einem vertragsfremden Dritten nur entgegengesetzt werden, wenn dieser „... in einem bestimmten inneren Zusammenhang mit dem Beförderungsvertrag steht" bzw. der Dritte mit dem Transport gerechnet haben muss.

Der Auffassung, dass sich – ausnahmslos – der Frachtführer gegenüber Deliktsansprüchen vertragsfremder Dritter nicht auf die frachtvertraglichen Haftungsbeschränkungen berufen kann, ist zuzustimmen. Die CMR regelt die vertragliche Haftung der am Frachtvertrag beteiligten Parteien. Sinn und Zweck des Art. 28 CMR ist es, die vertragliche Haftung nicht durch konkurrierende außervertragliche Ansprüche „auszuhöhlen". Die Haftungsbeschränkungen der CMR gelten zwischen den Vertragsparteien und diejenigen Regelungen, die im Vertragsverhältnis die Reichweite der Haftungseinschränkungen auf Deliktsansprüche erstrecken. Für alle nicht am Vertrag beteiligten Dritten, können diese Haftungseinschränkungen keine Geltung haben, denn dies würde einen unzulässigen Vertrag zu Lasten Dritter begründen.[31] Eine Ausnahme von diesem Grundsatz ist unzulässig, selbst dann, wenn der Dritte an dem Frachtvertrag in irgendeiner Form mittelbar beteiligt ist.[32] Eine solche mittelbare Beteiligung wird in den Fällen der Beauftragung des Spediteurs durch den Eigentümer, im Rahmen der verdeckten Stellvertretung oder in all den Fällen angenommen, in dem das Frachtgut mit Einverständnis des Eigentümers dem Transport und den sich daraus

17

---

27 OLG Frankfurt, a.a.O.; *Loewe*, a.a.O. sowie die vermittelnde Auffassung von *Koller*, Art. 28 Rdn. 3 und *Helm*, in: Großkomm. HGB, Art. 28 CMR Rdn. 6, sowie *ders.*, in: Großkomm. HGB, § 429 Rdn. 93; *ders.*, Haftung, S. 326.
28 *Koller*, a.a.O. Art. 28 Rdn. 3.
29 MünchKommHGB/*Jesser-Huß*, Art. 28, Rdn. 11.
30 *Helm*, in: Großkomm. HGB, Art. 28 CMR Rdn. 9, *Ferrari*, in Ferrari/Kieninger/Mankowski et al., Internationales Vertragsrecht, 2012, Art. 28 CMR Rdn. 10, *Bahnsen*, in: EBJS, HGB 2. Aufl., Art. 28 CMR Rdn. 5.
31 *Helm*, in: Großkomm. HGB, Art. 28 CMR Rdn. 6; *Lenz*, Straßengütertransportrecht, S. 265.
32 So einschränkend *Koller*, Art. 28 CMR Rdn. 4; *Fischer*, TranspR 1991, 321, 324.

ergebenden Gefährdungen ausgesetzt ist.[33] Vertragliche Haftungsbeschränkungen können grundsätzlich nur denjenigen Personen entgegengehalten werden, die Vertragspartner sind; der nicht am Vertrag beteiligte Dritte ist nicht Vertragspartner, und die rechtlich einzige Möglichkeit zur Einbeziehung in den Vertrag ist die explizite Zustimmung gegenüber dem Anspruchsverpflichteten, dass die Haftungsbeschränkungen im Vertragsverhältnis Grundlage sind für die Haftung auch im außervertraglichen Bereich. Ohne diese spezielle Vereinbarung gelten die Haftungsbeschränkungen für nicht am Frachtvertrag beteiligte Dritte nicht. Die vertragliche Einbeziehung von rechtlich zulässigen Haftungsbeschränkungen beruht auf dem Grundsatz der Vertragsfreiheit.[34]

18 Die Beantwortung der Frage ist strittig, ob diese Auffassung auch gilt für die außervertragliche Haftung des Frachtführers für Sachfolgeschäden nach HGB;[35] zur Gesamtproblematik nach §§ 407ff. HGB vgl. *Thume*,[36] der zutreffend darauf hinweist, dass der Gesetzgeber in § 434 HGB bewusst eine Norm geschaffen hat, die an Art. 28 Abs. 1 CMR angelehnt worden ist.[37]

5. Rechtsfolge

19 Die in Anspruchskonkurrenz stehenden außervertraglichen Ansprüche bleiben dem Grunde nach anwendbar, werden jedoch um die haftungsbeschränkenden Bestimmungen „gekappt". Das System der Haftungsbegrenzung für Verlust, Beschädigung und Überschreitung der Lieferfrist schließt sich damit zugunsten des in Anspruch genommenen Frachtführers.[38]

III. Ansprüche gegen Hilfspersonen (Art. 28 Abs. 2 CMR)

20 Art. 28 Abs. 2 CMR schützt zweierlei: Zum einen den angestellten Fahrer bzw. Gehilfen i.S.d. Art. 3 CMR (vgl. Art. 3 CMR, Rdn. 1–2) des Frachtführers, zum anderen den Frachtführer selbst gegen etwaige Freistellungsansprüche seiner Gehilfen nach Art. 3 CMR. Die CMR enthält eine geradezu vorbildliche Regelung in Art. 28 Abs. 2 CMR; in dieser Vorschrift werden die Ansprüche aus außervertraglicher Haftung für Verlust, Beschädigung oder Überschreitung der Lieferfrist

---

33 *Heuer*, Haftung, S. 188.
34 BGH, TranspR 1992, 152ff. = BB 1992, 390ff.
35 Bejahend: *Heuer*, TranspR 2002, 334f.; verneinend: *Thume*, VersR 2002, 267f., wobei *Thume* die Auffassung vertritt, dass durch das Transportrechtsreformgesetz vom 29.6.1998 eine wesentliche Änderung eingetreten ist und deshalb die Haftungsbegrenzung auch bei Erhebung außervertraglicher Ansprüche – von wem auch immer – greift.
36 *Thume*, TranspR 2010, 45ff.
37 *Thume*, TranspT 2010, 45, 47.
38 *Rabe*, TranspR 1993, 1, 5.

gegenüber den Arbeitnehmern und Fahrern bzw. anderen Gehilfen auf die Haftungsbeschränkungen und Haftungsausschließungsgründe der CMR begrenzt.[39] Allerdings fallen Schäden, die durch die Hilfspersonen des Frachtführers außerhalb des Obhutszeitraumes verursacht wurden, nicht unter Art. 28 Abs. 2 CMR, weil nur der Obhutszeitraum dem „Übereinkommen der CMR unterliegt", vgl. Wortlaut Art. 28 Abs. 1, 17 Abs. 1 CMR.

Zu den Personen, die sich nach Art. 3 CMR auf Art. 28 Abs. 2 CMR berufen können, gehören die in Art. 3 genannten.[40] Die weiteren Voraussetzungen des Art. 28 Abs. 2 CMR entsprechen denjenigen des Art. 28 Abs. 1 CMR, so dass die dort genannten Voraussetzungen Tatbestandsvoraussetzungen des Art. 28 Abs. 2 CMR sind. Gegen das Personal des Frachtführers und die von ihm beschäftigten Unterfrachtführer kommen – mangels vertraglicher Vereinbarungen – lediglich außervertragliche Ansprüche in Betracht. Der nach Art. 28 Abs. 2 CMR persönlich in Anspruch genommene Gehilfe i.S.d. Art. 3 CMR kann sich auf die Haftungsbeschränkungen und die Haftungsausschlüsse der CMR berufen, wenn er nicht (vgl. Art. 29 Abs. 2 CMR) den Schaden vorsätzlich oder bedingt vorsätzlich verursacht hat.[41] Gäbe es Art. 28 Abs. 2 CMR nicht, so wäre der Arbeitnehmer (nicht der selbständige Unternehmer als Gehilfe i.S.d. Art. 3 CMR) im Rahmen eines Vertrages zugunsten Dritter gem. § 328 BGB in die Haftungsbeschränkungen zwischen Frachtführer und Anspruchsberechtigtem einzubeziehen.[42] 21

Da die Haftungsnormen für grenzüberschreitende und innerstaatliche Teilstrecken die gleichen Rechtsfolgen beinhalten, spielt der frühere Streit der unterschiedlichen Haftung für Teilstrecken keine Rolle mehr. 22

Zum Gerichtsstand der Geltendmachung der Ansprüche gegenüber dem Gehilfen vgl. *Koller*.[43] 23

IV. Beweislast

Diejenigen Einwendungen, die der Frachtführer den außervertraglichen Ansprüchen entgegenhalten will, muss er beweisen.[44] Will er sich z.B. auf Art. 17 Abs. 2 bzw. Art. 22 Abs. 2 CMR berufen, muss er die dort genannten Voraussetzungen beweisen. 24

---

39 *Schmid*, TranspR 1986, 49, 52; *Lenz*, Straßengütertransportrecht, S. 266f.; Denkschrift, BT-Drucks. 1144/III., 43; *Loewe*, ETR 1976, 503, 574.
40 Vgl. Art. 3 Rdn. 15–27.
41 *Voigt*, VersR 1972, 1005, 1007; *Helm*, in: Großkomm. HGB, § 429 Rdn. 97.
42 OLG Düsseldorf, TranspR 1985, 195; *Schmid*, TranspR 1986, 49, 51.
43 *Koller*, TranspR 2002, 133ff.
44 *Giemulla*, in: Baumgärtel, Handbuch der Beweislast im Privatrecht, Art. 28 CMR Rdn. 1 u. 2.

Art. 29

bearbeitet von RA Dr. Carsten Harms, Hamburg

1. Der Frachtführer kann sich auf die Bestimmungen dieses Kapitels, die seine Haftung ausschließen oder begrenzen oder die Beweislast umkehren, nicht berufen, wenn er den Schaden vorsätzlich oder durch ein ihm zur Last fallendes Verschulden verursacht hat, das nach dem Recht des angerufenen Gerichtes dem Vorsatz gleichsteht.

2. Das gleiche gilt, wenn Bediensteten des Frachtführers oder sonstigen Personen, deren er sich bei Ausführung der Beförderung bedient, Vorsatz oder ein dem Vorsatz gleichstehendes Verschulden zur Last fällt, wenn diese Bediensteten oder sonstigen Personen in Ausübung ihrer Verrichtungen handeln. In solchen Fällen können sich auch die Bediensteten oder sonstigen Personen hinsichtlich ihrer persönlichen Haftung nicht auf die in Absatz 1 bezeichneten Bestimmungen dieses Kapitels berufen.

Literatur: *Eckholdt*, Ein Auszug aus der aktuellen CMR-Rechtsprechung in den Niederlanden, TranspR 2009, 117; *Fremuth*, Haftungsbegrenzungen und deren Durchbrechung im allgemeinen deutschen Frachtrecht und nach CMR, TranspR 2004, 99; *ders.*, „Schwere Schuld" gem. Art. 29 CMR – Kritische Bestandaufnahme der Rechtsprechung unter besonderer Berücksichtigung der Beweislast, Festschrift Thume, 161; *Haak*, Haftungsbegrenzung und deren Durchbrechung nach der CMR in den Niederlanden, TranspR 2004, 104; *Harms*, Vereinbarungen zur Qualität der Transportleistung und Art. 29 CMR, Festschrift Thume, 173 = TranspR 2008, 310; *Knorre*, Zur Anwendung der für Paketdienstfälle entwickelten Grundsätze zum Mitverschulden des Auftraggebers auf Ladungsverkehre, TranspR 2008, 162; *ders.*, Der Einwand des Mitverschuldens bei Ladungsverkehren, TranspR 2007, 393; *Köper*, Der Einwand der Mitverursachung nach § 425 Abs. 2 HGB bei Beauftragung eines Frachtführers in Kenntnis fehlender Schnittstellenkontrollen, TranspR 2007, 94; *Koller*, Die Leichtfertigkeit im deutschen Transportrecht – eine Untersuchung zu den Schadensverhütungspflichten im Transport- und Werkvertragsrecht, VersR 2004, 1346; *ders.*, Schadensverhütung und Quersubventionen bei der CMR aus deutscher Sicht, TranspR 2006, 413; *Marx*, Die Darlegungs- und Beweislast beim qualifizierten Verschulden im Transportrecht nach der aktuellen Rechtsprechung des Bundesgerichtshofs, TranspR 2010, 174; *Neumann*, Die vorsätzliche Nichtbeachtung von besonderen frachtvertraglichen Abreden, TranspR 2006, 67; *ders.*, Die sekundäre Behauptungslast des Frachtführers, TranspR 2009, 54; *Rogert*, Die Kunst des „distinguishing" – ein Plädoyer für eine differenzierte Betrachtung von Beschädigungsfällen, TranspR 2009, 406; *Schmidt*, Grenzen der Wahl einer Berechnung der Ersatzleistung nach Art. 23 CMR resp. § 429 HGB bei grobem Verschulden, TranspR 2009, 1; *ders.*, Gegenläufige Vermutungen und Quersubventionierung: Zum Mitverschulden des Versenders wegen unterlassener Wertdeklaration im Falle unbegrenzter Haftung des Frachtführers, TranspR 2008, 299; *Thume*, Die unbeschränkte Haftung des CMR-Frachtführers, VersR 1993, 930; *ders.*, Durchbrechung der Haftungsbeschränkungen nach § 435 HGB im internationalen Vergleich, TranspR 2002, 1; *ders.*, Grobes Verschulden und Mitverschulden – Quo vadis BGH?, TranspR 2006, 369; *ders.*, Vereinbarungen über die Qualität des Transports und deren Auswirkungen auf die zwingende Haftung gem. §§ 425 ff. HGB und Art. 17 ff. CMR, TranspR 2012, 426; *ders.*, Darlegungs- und Beweisfragen im Transportrecht, TranspR 2008, 428; *ders.*, Die Schadensberechnung bei grobem Verschulden: Wertersatz-Schadenersatz?, TranspR 2008, 78; *Tuma*, Der Verschuldensgrad des Art. 29 CMR, ETR 2007, Heft 1 und Heft 2 (französisch) = TranspR 2007, 333 (deutsch).

Haftung des Frachtführers **Art. 29**

Übersicht

	Rdn.		Rdn.
I. Allgemeines	1	aa) Ablieferungsfehler	37
II. Die unbeschränkte Haftung des Frachtführers (Art. 29 Abs. 1)	6	bb) Abstellen des Fahrzeuges	39
1. Voraussetzungen	6	cc) Alkoholschmuggel	46
a) Vorsatz	6	dd) Beförderungsfehler/Fehler beim Beladen und beim Umschlag	47
b) Dem Vorsatz gleichstehendes Verschulden	7	ee) Diebstahl bei Zwischenlagerung	51
aa) Historische Entwicklung	8	ff) Frachtbrief	53
bb) Entwicklung in Deutschland	11	gg) Kühltransporte	54
cc) Begriff der groben Fahrlässigkeit	15	hh) Lieferfristüberschreitung	56
dd) Begriff der „Leichtfertigkeit in dem Bewusstsein, dass ein Schaden mit Wahrscheinlichkeit eintreten werde"	19	ii) Organisationsverschulden	58
		jj) Pfandrecht	69
		kk) Raubüberfall und ähnliche Straftaten	70
ee) Vereinbarungen zum Umfang der geschuldeten Pflichten	29	2. Rechtsfolgen	71
		a) Übersicht	71
c) Kausalzusammenhang	31	b) Mitverschulden	74
d) Haftung für Gehilfen (Art. 29 Abs. 2 Satz 1)	32	c) Schadensbegriff	82
		III. Haftung der Gehilfen (Art. 29 Abs. 2 Satz 2)	83
e) Einzelfälle zum Vorsatz	35	**IV. Beweislastfragen**	84
f) Einzelfälle zur groben Fahrlässigkeit und zur Leichtfertigkeit in dem Bewusstsein, dass ein Schaden mit Wahrscheinlichkeit eintreten werde	36	1. Vorsatz und dem Vorsatz gleichgestelltes Verschulden	84
		2. Kausalität	101
		3. Schadensumfang	102
		4. Gehilfenhaftung	103
		5. Mitverschulden	104

I. Allgemeines

Nach Art. 29 Abs. 1 CMR entfallen alle Haftungsausschlüsse und -begrenzungen sowie sämtliche Beweislastumkehrungen des IV. Kapitels der CMR, wenn der Frachtführer den Schaden vorsätzlich oder durch ein dem Vorsatz gleich zu achtendes Verschulden verursacht hat. Das gilt nach Abs. 2 der Bestimmung auch, wenn nicht dem Frachtführer selbst, wohl aber seinen Bediensteten oder sonstigen Beförderungsgehilfen ein solch grobes Verschulden zur Last fällt, soweit diese in Ausübung ihrer Verrichtung gehandelt haben. Dann können sich auch die Bediensteten oder sonstigen Beförderungsgehilfen hinsichtlich ihrer eigenen persönlichen Haftung nicht auf jene Vergünstigungen des IV. Kapitels der CMR berufen. **1**

Dieser Haftungsverschärfung liegt der Rechtsgedanke zugrunde, dass es unbillig wäre, dem gem. Art. 17 Abs. 1 CMR eigentlich umfassend haftenden Frachtführer die ihm vom Kapitel IV eingeräumten Privilegien zu gewähren, wenn er oder seine Leute vorsätzlich oder mit ähnlich grobem Verschulden Schäden verursacht **2**

Art. 29 Haftung des Frachtführers

haben, ein Rechtsgedanke, der (fast) das gesamte Transportrecht beherrscht.[1] In Deutschland wird mit Art. 29 CMR gleichzeitig das verfassungsrechtliche Gebot effektiven Schutzes des Eigentums umgesetzt.[2]

3–4 Zu beachten ist, dass in den Fällen der Lieferfristüberschreitung selbst bei Vorliegen schwerer Schuld i.S.d. Art. 29 CMR Schadensersatz nur gefordert werden kann, wenn die Vorbehaltsfrist des Art. 30 Abs. 3 CMR eingehalten worden ist. Jene im Kapitel V stehende Spezialvorschrift hat daher Vorrang vor Art. 29 CMR.[3]

5 Die Regelung des Art. 29 CMR hat keine Auswirkungen auf jene Haftung des Frachtführers, die sich nicht aus dem Kapitel IV der CMR ableitet, sondern aus anderen Bestimmungen, insbes. aus eventuell ergänzend anwendbaren nationalen Rechtsnormen.[4]

II. Die unbeschränkte Haftung des Frachtführers (Art. 29 Abs. 1)[5]

1. Voraussetzungen

a) Vorsatz

6 Während der deutsche Text des Abs. 1 1. Alternative von einer „vorsätzlichen" Schadensverursachung spricht, enthalten die gem. Art. 51 Abs. 3 CMR allein verbindlichen englischen und französischen Originaltexte die Begriffe „wilful misconduct" und „dol". Für die deutsche Rechtspraxis wirkt sich ein etwaiger Unterschied des Verständnisses dieser beiden Begriffe[6] im Bereich des Vorsatzes nicht aus. Vielmehr steht nach herrschender Meinung fest, dass sowohl der direkte Vorsatz (*dolus directus*) als auch der bedingte Vorsatz (*dolus eventualis*) zur Anwendbarkeit des Art. 29 CMR führen, weil Letzterer jedenfalls ein Verschulden darstellt, das nach dem Recht des (deutschen) angerufenen Gerichts dem

---

1 BGH, 25.3.2004 – I ZR 205/01, BGHZ 158, 322, 328 = TranspR 2004, 309 = VersR 2004, 1335 = NJW 2004, 2445.
2 Nicht unbedenklich deshalb das Montrealer Übereinkommen, nach welchem der Luftfrachtführer selbst bei eigenem Vorsatz nur beschränkt haftet, vgl. *Harms/Schuler-Harms*, TranspR 2003, 369; siehe zum Postpaketübereinkommen BGH, 3.3.2005 – I ZR 273/02, Internetausdruck, S. 10 und jetzt auch BGH, 22.9.2005 – I ZR 67/03, Internetausdruck, S. 8f., wonach die Beschränkung der Haftung „der Post" weder gegen Art. 3 noch gegen Art. 14 GG verstoßen soll.
3 BGH, 14.11.1991 – I ZR 236/89, TranspR 1992, 135 = RIW 1992, 320.
4 *Koller*, Art. 29 CMR Rdn. 1.
5 Einen internationalen Vergleich der Durchbrechung der Haftungsbeschränkung gibt *Thume*, TranspR 2002, 1ff.
6 Vgl. die Vorauflage und die Länderberichte zu Art. 29 in Großbritannien und Frankreich.

Vorsatz gleichsteht.[7] Der Vorsatz muss sich lediglich auf den haftungsbegründenden Tatbestand beziehen.[8] Keine Unterscheidung zwischen direktem und bedingtem Vorsatz trifft die Denkschrift.[9]

b) Dem Vorsatz gleichstehendes Verschulden

Wesentlich schwieriger zu beantworten ist die Frage, wie die 2. Alternative des Art. 29 Abs. 1 CMR zu interpretieren ist.[10]

aa) Historische Entwicklung

Die Schwierigkeit der Auslegung hat ihre Ursache auch hier in den unterschiedlichen Rechtsordnungen der einzelnen Vertragsstaaten, die jeweils verschiedenartige Schuldbegriffe kennen. Obwohl zum Zeitpunkt der Beratungen als Vorbild des internationalen Einheitsrechts bereits die CIM 1952 zur Verfügung stand, deren Art. 37 von Vorsatz und grober Fahrlässigkeit sprach, wurde diese Bestimmung nicht herangezogen. Vielmehr wurde für Art. 29 CMR als Vorbild der Art. 25 des Warschauer Abkommens zur Vereinheitlichung von Regeln über die Beförderung im internationalen Luftverkehr vom 12.10.1929 gewählt, obgleich diese Bestimmung zum Zeitpunkt der Auflage der CMR zur Unterzeichnung bereits durch das Haager Protokoll vom 28.9.1955 abgeändert worden war.[11] Schon bei der Erörterung der Formulierung der ersten Alternative des Abs. 1 in Genf habe die französische Delegation auf eine Frage der deutschen Delegation erklärt, dass nach französischem Recht als Vorsatz nur der direkte Vorsatz im Sinne des deutschen Rechts anzusehen sei, während der bedingte Vorsatz des deutschen Rechts nach französischem Recht als ein dem Vorsatz gleichstehendes Verschulden behandelt werde.[12] Dies sei ein Grund gewesen, den Art. 29 Abs. 1 CMR in der jetzigen Fassung auszugestalten. Laut *Loewe*, a.a.O., war der Hauptgrund für die Wahl der jetzigen Fassung, dass bestimmte Vertreter in der besonderen Arbeitsgruppe erklärt hatten, in ihren Rechtsordnungen sei eine Unterteilung der Fahrlässigkeit in eine leichte und eine grobe unbekannt. Deshalb würde die Fassung der CIM, die den Begriff der groben Fahrlässigkeit erwähne, in ihren Ländern auf Annahmeschwierigkeiten stoßen. Aus diesen historischen Quellen – *Loewe* und *Schulze* waren damals Mitglieder der Delegationen ihrer Länder – lässt sich nachvollziehen, dass wegen der unterschiedlichen Schuldbegriffe in den einzelnen Ländern ein Ausweg schließlich darin gefunden wurde, die Inter-

---

7 *Fremuth/Thume*, Art. 29 CMR Rdn. 2; *Koller*, Art. 29 CMR Rdn. 2; vgl. Staub/*Helm*, 4. Aufl., Art. 29 CMR Rdn. 6; vgl. *Bahnsen*, in: EBJS, Art. 29 CMR Rdn. 8.
8 BGH, 20.1.2005 – I ZR 95/01, Internetfassung, S. 12 = TranspR 2005, 311 ff.; vgl. hierzu *Neumann*, TranspR 2006, 67 ff.; BGH, 16.11.2006 – I ZR 257/03, Rdn. 32, TranspR 2007, 161 = VersR 2007, 1539 = NJW 2007, 1809 (zu § 435 HGB).
9 Denkschrift, S. 47.
10 Allgemein hierzu rechtsvergleichend und zum österreichischen Recht: *Jesser*, TranspR 1997, 169 ff.
11 *Loewe*, ETR 1967, 503, 575.
12 *Schulze*, Der Güterverkehr 1958, 38; *Oeynhausen*, TranspR 1984, 57, 60.

Art. 29 Haftung des Frachtführers

pretation des dem Vorsatz gleichstehenden Verschuldens dem Recht des jeweils angerufenen Gerichtes zu überlassen. Dennoch stimmen die beiden gem. Art. 51 Abs. 3 CMR allein verbindlichen Originaltexte des 2. Halbsatzes des Art. 29 Abs. 1 nicht voll überein. Der englische Text formuliert „such default ... as is considered as equivalent to wilful misconduct". Dagegen spricht der französische Text von einer „faute ... qui .... est considerée comme equivalente au dol". Damit entspricht der französische Originaltext ziemlich genau der deutschen Version. Dagegen ist der englische Begriff des „wilful misconduct" nicht mit dem deutschen Vorsatzbegriff identisch.[13]

9 Die Verweisung des dem Vorsatz gleichstehenden Verschuldens in das jeweilige Recht des angerufenen Gerichtes ist also offensichtlich eine Notlösung, die daraus resultierte, dass eine Einigung in dieser Frage im Sinne eines Einheitsrechts nicht möglich war.

10 Diese (Sachnorm-)Verweisung auf die nationale Rechtsordnung hat bewirkt, dass derselbe Sachverhalt in einem Staat zu einer vollen Haftung, in anderen Staaten zu einer nur eingeschränkten Haftung des Frachtführers führt. Verschärft wird die Differenz der Beurteilung durch die in den nationalen Prozessrechten verschiedenen Anforderungen an den Nachweis des groben Verschuldens.[14] Es ist danach von entscheidender Bedeutung, in welchem Vertragsstaat der Rechtsstreit durchgeführt wird. Zu den damit verbundenen Problemen des Forum Shopping siehe Art. 31 Rdn. 58.

bb) Entwicklung in Deutschland

11 Der Bundesgerichtshof hatte mit Grundsatzurteil vom 14.7.1983[15] entschieden, dass unter einem dem Vorsatz gleichstehenden Verschulden in Art. 29 Abs. 1 CMR die grobe Fahrlässigkeit zu verstehen ist.[16]

12 Diese Rechtsprechung blieb bis zum Inkrafttreten des Transportrechtsreformgesetzes am 1.7.1998[17] unverändert.

13 Mit diesem Gesetz wurde im HGB die Durchbrechung der Haftungsgrenze gem. § 435 davon abhängig gemacht, ob der Frachtführer oder eine Person, für die er haftet, „vorsätzlich oder leichtfertig und in dem Bewusstsein, dass ein Schaden mit Wahrscheinlichkeit eintreten werde", den Schaden verursacht hat. Diese im Luftfrachtrecht,[18] im internationalen Eisenbahn-Frachtrecht[19] und im

---

13 Vgl. Staub/*Helm*, 4. Aufl., Art. 29 CMR Rdn. 6.
14 Siehe unten Rdn. 84 ff.
15 BGH, Grundsatzurteil, I ZR 128/81, TranspR 1984, 68 = VersR 1984, 134 = NJW 1984, 565 = RIW 1984, 152 = ETR 1985, 95.
16 Zu den bis dahin divergierenden Ansichten siehe die Voraufl. und *Thume*, VersR 1993, 930, 931 f.
17 BGBl. 1998 I, S. 1588.
18 Warschauer Abkommen, Artikel 25 in der Fassung des Protokolls von 1955.
19 Artikel 44 CIM in der Fassung des Protokolls von 1990 (BGBl. 1992 II, S. 1189), Art. 36 CIM in der Fassung des Protokolls von 1999 (BGBl. 2002 II, S. 2245).

Seerecht[20] bekannte Formel wird im HGB an einer weiteren Stelle erwähnt, nämlich in § 439 Abs. 1 Satz 2 HGB, wo es zur Verjährungsfrist ausdrücklich heißt, dass die „Leichtfertigkeit in dem Bewusstsein, dass ein Schaden mit Wahrscheinlichkeit eintreten werde", in § 435 HGB dem Vorsatz „gleichgestellt" sei.

Vor diesem Hintergrund konnte die bisherige Formel von der Gleichstellung des Vorsatzes mit der groben Fahrlässigkeit nicht beibehalten werden. Schon mit Urteil vom 16.7.1998[21] hat der Bundesgerichtshof ausgeführt, es spreche vieles für die Annahme, dass nunmehr bei Anwendung deutschen Rechts als ein Verschulden, das zur Durchbrechung der Haftungsbegrenzung der CMR führt, neben dem Vorsatz nicht mehr die grobe Fahrlässigkeit anzusehen sein wird, sondern die Leichtfertigkeit, zu der das Bewusstsein hinzukommen muss, ein Schaden werde mit Wahrscheinlichkeit eintreten. Von diesem Grundsatz geht der Bundesgerichtshof in weiteren Entscheidungen für Transportverträge, die nach dem 1.7.1998 geschlossen wurden, aus.[22] Er bekräftigt ihn ausdrücklich in einem Urteil vom 20.1.2005[23] und setzt ihn seitdem in ständiger Rechtsprechung fort.[24] In den Instanzgerichten wird für Schadensfälle aufgrund von Verträgen, die seit dem 1.7.1998 abgeschlossen wurden, ebenfalls die in § 435 HGB genannte Leichtfertigkeit als Maßstab im Rahmen des Art. 29 CMR herangezogen.[25] Die Literatur vertritt dieselbe Auffassung.[26] 14

cc) Begriff der groben Fahrlässigkeit

Nach der ständigen Rechtsprechung des Bundesgerichtshofes lag grobe Fahrlässigkeit vor, wenn die im Verkehr erforderliche Sorgfalt in besonders schwerem 15

---

20 § 660 Abs. 3 HGB, sowie Art. IV § 5e der Haager-Visby-Regeln (mit dem Unterschied, dass im Seerecht der Frachtführer/Verfrachter selbst und nicht nur durch seine Leute leichtfertig gehandelt haben muss, BGH, 24.11.2010 – I ZR 192/08, Rdn. 20, TranspR 2011, 161 = MDR 2011, 551 = ETR 2011, 513).
21 BGH, Urteil, 16.7.1998 – I ZR 44/96, VersR 1999, 254, 255 = TranspR 1999, 19f.
22 BGHZ, 9.10.2003 – I 275/00, TranspR 2004, 175; BGH, 3.3.2005 – I ZR 134/02, TranspR 2005, 253.
23 BGH, Urteil, 20.1.2005 – I ZR 95/01, Internetfassung, S. 10f. = TranspR 2005, 311ff.
24 BGH, 30.9.2010 – I ZR 39/09, Rdn. 20, BGHZ 187, 141 = TransportR 2010, 437 = VersR 2011, 819 = NJW 2011, 296 = MDR 2010, 1474; BGH, 1.7.2010 – I ZR 176/08, Rdn. 17, TranspR 2011, 78 = NJW-RR 2011, 117.
25 OLG München, 27.7.2001 – 23 U 3096/01, TranspR 2002, 161, 162; OLG Düsseldorf, 14.11.2001 – 18 U 263/00, TranspR 2002, 73, 75; OLG Hamburg, 28.2.2002 – 6 U 165/01, TranspR 2002, 344 = VersR 2003, 1328; OLG Düsseldorf, 24.7.2002 – 18 U 33/02, TranspR 2003, 343, 345; OLG Thüringen, 2.6.2004 – 4 U 318/04, Internetfassung; die Frage ausdrücklich noch offenlassend: OLG Stuttgart, 27.3.2002 – 3 U 210/01, TranspR 2002, 200, 201.
26 *Fremuth*, TranspR 1997, 48, 56; *Fischer*, TranspR 1999, 261, 273; *Herber*, TranspR 2004, 93, 97; *Schmid*, ETR 2001, 737, 742; *Stark*, Festgabe Herber, S. 128, 131; *Koller*, VersR 2004, 1346; *Neumann*, TranspR 2002, 413; Staub/*Helm*, 4. Aufl., Art. 29, Rdn. 7, 12; *Bahnsen*, in: EBJS, Art. 29 CMR Rdn. 11; eine Übersicht über die in anderen europäischen Staaten jeweils angewandte Formel gibt *Tuma*, ETR 2002, 139, 151f.; speziell zu den Niederlanden *Haak*, TranspR 2004, 104.

Art. 29 Haftung des Frachtführers

Maße verletzt worden und unbeachtet geblieben war, was im gegebenen Falle jedem einleuchten musste.[27] Dabei war das Maß der vom Frachtführer aufzuwendenden Sorgfalt wesentlich vom Umfang der Gefahren beeinflusst, denen Fahrzeug und Ladung während des Transportes ausgesetzt waren.[28] Stand der Ort des Verlustes nicht fest, richtete sich der Maßstab für grobes Verschulden nach den Anforderungen, die auf dem risikoreichsten Streckenabschnitt zum Schutz des Transportgutes zu stellen waren.[29]

16 Grobe Fahrlässigkeit setzte in objektiver wie in subjektiver Hinsicht ein besonders schweres Verschulden voraus, was regelmäßig beim Handeln im Bewusstsein der Gefährlichkeit des Tuns zu bejahen war.[30] Die bloße bewusste Fahrlässigkeit allein reichte jedoch nicht aus. Erforderlich war ein besonders schweres Verschulden, das nicht bei jeder bewussten Fahrlässigkeit vorliegen muss, wobei der Bundesgerichtshof offengelassen hat, ob nur das *bewusste grobe Verschulden* dem Vorsatz gleichstand.[31] Klargestellt hat der Bundesgerichtshof allerdings, dass ein „Erkennen-Müssen" der gebotenen Sorgfalt ausreichen konnte[32] und dass ein „Bewusstsein der Rechtswidrigkeit des Handelns" nicht erforderlich war.[33] Ein Augenblicksversagen begründete zwar i.d.R. keine grobe Fahrlässigkeit;[34] sein Vorliegen allein war andererseits aber auch kein ausreichender Grund, den Schuldvorwurf der groben Fahrlässigkeit herabzustufen, wenn deren objektive Merkmale gegeben waren.[35] Ein eingerissener und weit verbreiteter Schlendrian durfte auch nicht dazu führen, dass der subjektive Tatbestand der groben Fahrlässigkeit entfiel.[36]

---

27 Grundlegend BGH, 11.5.1953 – IV ZR 170/52, BGHZ 10, 16, 17; BGH, 19.12.1979 – IV ZR 91/78, VersR 1980, 180 = NJW 1980, 886; BGH, 12.1.1988 – IV ZR 158/87, VersR 1988, 474 = NJW 1988, 1265; speziell zum CMR-Frachtrecht: BGH, 16.2.1984 – I ZR 197/81, TranspR 1984, 183 = VersR 1984, 551 = NJW 1984, 2033 = RIW 1984, 561; BGH, 27.6.1985 – I ZR 40/83, TranspR 1985, 338 = VersR 1985, 1060 = NJW-RR 1986, 248 = RIW 1986, 60 = ETR 1986, 103; BGH, 17.4.1997 – I ZR 97/95, VersR 1998, 126, 127 = TranspR 1998, 65 = NJW-RR 1997, 1392; BGH, 16.7.1998 – I ZR 44/96, VersR 1999, 254, 255 = TranspR 1999, 19, 21 = RIW 1999, 141; BGH, 28.5.1998 – I ZR 73/96, VersR 1998, 1264, 1265 = TranspR 1998, 454 = RIW 1998, 805; OLG München, 19.10.1992 – 28 U 3650/90, RIW 1993, 326 = TranspR 1993, 192; OLG Stuttgart, 15.9.1993 – 3 U 69/93, TranspR 1994, 156.
28 BGH, 17.4.1997 – I ZR 97/95, VersR 1998, 126, 127 = TranspR 1998, 65 = NJW-RR 1997, 1392; BGH, 28.5.1998 – I ZR 73/96, VersR 1998, 1264 = TranspR 1998, 454 = RIW 1998, 805.
29 BGH, 16.7.1998 – I ZR 44/96, VersR 1999, 254 = TranspR 1999, 19; OLG Oldenburg, 11.10.2001 – 8 U 112/01, TranspR 2003, 76, 79.
30 BGH, 17.4.1997 – I ZR 97/95, VersR 1998, 126, 127 = TranspR 1998, 65 = NJW-RR 1997, 1392.
31 BGH, 17.4.1997 – I ZR 131/95, VersR 1998, 82, 83.
32 BGH, 28.5.1998 – I ZR 73/96, VersR 1998, 1264, 1265 = TranspR 1998, 454 = RIW 1998, 805.
33 BGH, 18.5.1995 – I ZR 151/93, VersR 1995, 1469, 1470.
34 BGH, 8.2.1989 – IV a ZR 57/88, VersR 1989, 582 = TranspR 1989, 239 = NJW 1989, 1354.
35 BGH, 8.7.1992 – IV ZR 223/91, VersR 1992, 1085 = NJW 1992, 2418; zum Ganzen bereits *Thume*, TranspR 1991, 209, 211 f.
36 So aber OLG Köln, 4.7.1995 – 22 U 272/94, VersR 1996, 1566 = TranspR 1996, 284.

Die grobe Fahrlässigkeit im Rahmen des Art. 29 CMR musste sich nicht auf den 17
konkret später eintretenden Güter- oder Verzögerungsschaden erstrecken. Vielmehr war auch insoweit auf die im Haftungsrecht allgemein geltende Regel zurückzugreifen, dass sich Vorsatz und grobe Fahrlässigkeit nur auf den die Haftung begründenden Tatbestand zu beziehen brauchen, um die Ersatzpflicht auszulösen. Der konkrete Ablauf brauchte in seinen Einzelheiten jedenfalls nicht vorhersehbar gewesen zu sein. Für den konkreten Schadenseintritt reichte die Feststellung der adäquaten Kausalität aus.[37]

Für Verträge, die nach dem 1.7.1998 geschlossen wurden, kommt es nicht länger 18
auf grobe Fahrlässigkeit an, sondern darauf, ob Leichtfertigkeit i.S.v. § 435 HGB vorliegt.[38]

dd) Begriff der „Leichtfertigkeit in dem Bewusstsein, dass ein Schaden mit Wahrscheinlichkeit eintreten werde"

Diese Formel entstammt der deutschen Übersetzung der Vorschriften internationaler Abkommen,[39] in denen die Durchbrechung der Haftungsgrenzen des Luftfrachtführers,[40] des Beförderers auf der Schiene[41] und des Verfrachters[42] geregelt wird. Die streitige Frage, ob die Formel in § 435 HGB unter Rückgriff auf das Verständnis in den internationalen Abkommen[43] oder auf das Verständnis der „Leichtfertigkeit" in der deutschen Sprache[44] auszulegen ist, hat der Bundesgerichtshof in einem Grundsatzurteil im ersteren Sinne entschieden:[45] 19

Der Begriff der Leichtfertigkeit bezwecke einen möglichst weitgehenden Einklang des deutschen Transportrechts mit dem internationalen Recht, was sich bereits aus der Begründung zum Gesetzesentwurf der Bundesregierung[46] ergebe. Der Gesetzgeber sei dabei von dem Bedeutungsgehalt ausgegangen, der dem Begriff schon bisher in der deutschen Rechtsprechung zu Art. 25 WA 1955 zukam.[47]

---

37 BGH, 16.7.1998 – I ZR 44/96, VersR 1999, 254, 256 = TranspR 1999, 19f.; BGH, 27.6.1985 – I ZR 40/83, TranspR 1985, 338, 340 = VersR 1995, 1060 = NJW-RR 1986, 248 = RIW 1986, 60 = ETR 1986, 103; vgl. *Koller*, Art. 29 CMR Rdn. 5.
38 Siehe oben Rdn. 14.
39 BGH, 25.3.2004 – I ZR 205/01, BGHZ 158, 322, 328 = TranspR 2004, 309, 310 = VersR 2004, 1335 = NJW 2004, 2445.
40 Art. 25 WA 1955, BGBl. 1958 II, S. 291.
41 Art. 44 CIM i.d.F. des Protokolls von 1990, BGBl. 1992 II, S. 1189, unverändert in Art. 36 CIM i.d.F. des Protokolls von 1999, BGBl. 2002 II, S. 2245.
42 § 660 Abs. 3 HGB als Übernahme der in Art. 4 § 5e Haager-Visby-Regeln enthaltenen Formel.
43 *Fremuth*, TranspR 2004, 99, 101; *ders.*, in: Fremuth/Thume, Transportrecht, § 435 HGB Rdn. 12; *Thume*, TranspR 2002, 1, 2; *Starck*, in: Festgabe Herber, 2000, S. 128, 131 f.
44 Vgl. *Koller*, § 435 HGB Rdn. 6; *Müglich*, § 435 HGB Rdn. 4.
45 BGH, 25.3.2004 – I ZR 205/01, BGHZ 158, 322, 328 = TranspR 2004, 309, 310 = VersR 2004, 1335 = NJW 2004, 2445.
46 BT-Drucks. 13/8445, S. 72; ebenso *Müglich*, § 435 HGB Rdn. 4.
47 Ebenso *Starck*, Festgabe Herber, S. 128, 131.

Art. 29 Haftung des Frachtführers

20 Danach erfordert das Tatbestandsmerkmal der *Leichtfertigkeit* einen „besonders schweren Pflichtverstoß, bei dem sich der Frachtführer oder seine Leute in krasser Weise über die Sicherheitsinteressen des Vertragspartners hinwegsetzen".[48] Ein Verhalten verliert nicht deshalb seine Qualität als leichtfertig, weil es sich als schlechte Gewohnheit ausgebreitet hat.[49] Welche Sicherheitsvorkehrungen der Frachtführer ergreifen muss, hängt von den Umständen des Einzelfalles ab. Je größer die mit der Beförderung verbundenen Risiken sind, desto höhere Anforderungen sind an die zu treffenden Sicherheitsmaßnahmen zu stellen. Beim Schutz gegen Diebstahl oder Raub ist dabei von erheblicher Bedeutung, ob das Gut leicht verwertbar ist, welchen Wert es hat, ob dem Frachtführer die besondere Gefahrenlage bekannt sein musste und welche konkreten Möglichkeiten einer gesicherten Fahrtunterbrechung es gab, um vorgeschriebene Ruhezeiten einzuhalten.[50] Das subjektive Element des Kennenmüssens der Gefahrenlage spielt also bereits bei dem Tatbestandselement der „Leichtfertigkeit" und nicht erst des „Bewusstseins, dass ein Schaden mit Wahrscheinlichkeit eintreten werde" eine Rolle, oder der BGH subsummiert beide Tatbestandselemente gleichzeitig, was sich den beiden zitierten Entscheidungen nicht sicher entnehmen lässt.

21 Das subjektive Erfordernis des *Bewusstseins von der Wahrscheinlichkeit des Schadenseintritts* ist nach Auffassung des BGH „eine sich dem Handelnden aus seinem leichtfertigen Verhalten aufdrängende Erkenntnis, es werde wahrscheinlich ein Schaden entstehen". Dabei reicht die Erfüllung des Tatbestandsmerkmals der Leichtfertigkeit für sich allein nicht aus, um auf das Bewusstsein der Wahrscheinlichkeit des Schadenseintritts schließen zu können. Eine solche Erkenntnis, so der BGH, ist als innere Tatsache vielmehr erst dann anzunehmen, wenn das leichtfertige Verhalten nach seinem Inhalt und nach den Umständen, unter denen es aufgetreten ist, diese Folgerung rechtfertigt. Es bleibt danach der tatrichterlichen Würdigung vorbehalten, ob das Handeln nach dem äußeren Ablauf des zu beurteilenden Geschehens vom Bewusstsein getragen wurde, dass der Eintritt eines Schadens mit Wahrscheinlichkeit drohe.[51] In erster Linie sind dabei Erfahrungssätze heranzuziehen. Zudem kann, so der BGH, der Schluss auf das

---

[48] BGH, 12.1.2012 – I ZR 214/10,TranspR 2012, 107, Rdn. 27; BGH, 30.9.2010 – I ZR 39/09, Rdn. 24, BGHZ 187, 141 = TransportR 2010, 437 = VersR 2011, 819 = NJW 2011, 296 = MDR 2010, 1474; BGH, 1.7.2010 – I ZR 176/08, Rdn. 19, TranspR 2011, 78 = NJW-RR 2011, 117; BGH, 25.3.2004 – I ZR 205/01, BGHZ 158, 322, 328 = TranspR 2004, 309, 310 = VersR 2004, 1335 = NJW 2004, 2445, unter Bezugnahme auf BGH, 12.1.1982 – IV ZR 286/80, TranspR 1982, 100, 101 = VersR 1982, 369; BGH, 21.9.2000 – I ZR 135/98, BGHZ 145, 170, 183.
[49] OLG Düsseldorf, 9.10.2002 – 18 U 38/02, TranspR 2003, 107, 110.
[50] So für den Fall des Diebstahls: BGH, 1.7.2010 – I ZR 176/08, Rdn. 21, TranspR 2011, 78 = NJW-RR 2011, 117 und BGH, 6.6.2007 – I ZR 121/04, Rdn. 19, TranspR 2007, 423 = VersR 2008, 1134 = MDR 2008, 397 = ETR 2008, 358 = NJW-RR 2008, 49 (CMR-Fall).
[51] Vgl. BGH, 1.7.2010 – I ZR 176/08, Rdn. 19 und 20, TranspR 2011, 78 = NJW-RR 2011, 117; BGH, 30.9.2010 – I ZR 39/09, Rdn. 24, BGHZ 187, 141 = TransportR 2010, 437 = VersR 2011, 819 = NJW 2011, 296 = MDR 2010, 1474; BGH, 16.2.1979 – I ZR 97/77, BGHZ 74, 162, 168 f.; BGH, 21.9.2000 – I ZR 135/98, BGHZ 145, 170, 186.

Bewusstsein der Wahrscheinlichkeit des Schadenseintritts auch im Rahmen typischer Geschehensabläufe nahe liegen.[52]

Ein praktischer Unterschied zwischen dem „besonders schweren Pflichtverstoß", **22** bei dem sich der Frachtführer oder seine Leute „in krasser Weise über die Sicherheitsinteressen der Vertragspartner hinwegsetzen", und dem Pflichtverstoß, bei dem der Frachtführer „die im Verkehr erforderliche Sorgfalt in besonders schwerem Maße verletzt und unbeachtet lässt, was im gegebenen Falle jedem einleuchten musste",[53] existiert nicht.[54] Jedenfalls soweit es um den objektiven Tatbestand des groben Verschuldens geht, kann deshalb nach wie vor auf die Entscheidungen zurückgegriffen werden, in denen es noch auf „grobe Fahrlässigkeit" ankam.

Neu ist gegenüber dem Rechtszustand vor dem 1.7.1998, dass das subjektive Ver- **23** schulden nicht mehr in einem einheitlichen Begriff der groben Fahrlässigkeit enthalten ist, sondern in ein zweites Tatbestandsmerkmal verlagert wird. Diese Verlagerung macht zunächst deutlich, dass der Begriff der „Leichtfertigkeit" rein objektiv zu verstehen ist. Der subjektive Teil des groben Verschuldens wird allein durch das Tatbestandsmerkmal des „Bewusstseins, dass ein Schaden mit Wahrscheinlichkeit eintreten werde", erfasst.[55] Allerdings macht der BGH die Erkennbarkeit einer Gefahrenlage wohl auch zum Anknüpfungspunkt für die Bestimmung des Pflichtenumfangs und damit zur Bestimmung dessen, was „leichtfertig" ist, s. o. Rdn. 20.

Ein solches Bewusstsein hat der Frachtführer oder sein Gehilfe nach der zitierten **24** Grundsatzentscheidung des BGH bereits dann, wenn er eine Sicherungsmaßnahme unterlässt, obwohl er weiß oder *hätte wissen müssen*, dass es auf diese Maßnahme entscheidend zur Verhinderung eines Schadens ankommt.[56] Mit dieser Formel rückt das subjektive Merkmal den Verschuldensmaßstab also gerade

---

52 BGH, 21.3.2007 – I ZR 166/04, Rdn. 16, TranspR 2007, 361 = VersR 2008, 515 = MDR 2007, 1383 = NJW-RR 2007, 1630; BGH, 25.3.2004 – I ZR 205/01, BGHZ 158, 322, 329 = TranspR 2004, 309, 311, unter Hinweis auf BGH, 9.10.2003 – I ZR 275/00, TranspR 2004, 175, 177; BGH, 23.10.2003 – I ZR 55/01, NJW-RR 2004, 394, 396; siehe unten bei Rdn. 97 ff.
53 Siehe oben bei Rdn. 15.
54 Staub/*Helm*, 4. Aufl., Art. 29, Rdn. 8; vgl. *Müglich*, Transport- und Logistikrecht, S. 65, der Leichtfertigkeit mit grober Fahrlässigkeit gleichsetzt; anders in der Theorie OLG Köln, 19.6.2001 – 3 U 35/01, TranspR 2001, 407, 408, das meint, der Gesetzgeber habe mit dem Begriff der Leichtfertigkeit einen strengeren Maßstab einführen wollen; obiter OLG Düsseldorf, 2.11.2005 – I-15 U 23/05, TranspR 2005, 468, 471: Leichtfertigkeit setze ein höheres Maß an Verschulden voraus; vgl. *Thume*, TranspR 2002, 1, 3 und 4: die neue Schuldform gehe sowohl in objektiver wie auch in subjektiver Hinsicht weit über die traditionelle grobe Fahrlässigkeit hinaus. *Koller*, TranspR 2006, 413, 416, entdeckt „weder in der Begrifflichkeit noch im Ergebnis" einen Unterschied.
55 Ebenso *Neumann*, TranspR 2002, 413, 416.
56 BGH, 25.3.2004 – I ZR 205/01, BGHZ 158, 322, 333; so auch BGH, 11.11.2004 – I ZR 120/02, Internetfassung, S. 14 = TranspR 2006, 161 ff.; ähnlich das OLG Hamburg, das aus dem „Handeln-Müssen" des Frachtführers auf das Bewusstsein eines wahrscheinlichen Schadens schließt: OLG Hamburg, 30.1.2003 – 6 U 110/01, TranspR 2003, 122, 125.

Art. 29 Haftung des Frachtführers

nicht in die Nähe der „bewussten groben Fahrlässigkeit,[57] sondern lässt auch ein fahrlässig fehlendes Schadensbewusstsein als Bewusstsein im Sinne des Gesetzes ausreichen.[58] Der BGH hebt damit – anders als in einer früheren Entscheidung,[59] anders als teilweise die Literatur[60] und anders als in einer Entscheidung das OLG Hamburg[61] – auf eine objektivierte Betrachtungsweise des „Bewusstseins" ab. Der praktische Unterschied zwischen beiden Auffassungen ist jedoch gering. Denn der Bundesgerichtshof betont zwar, dass die grobe Fahrlässigkeit nicht mit dem neuen Verschuldensbegriff in § 435 HGB gleichzusetzen sei.[62] Nicht mit jedem leichtfertigen Verhalten müsse das Bewusstsein verbunden sein, ein Schaden werde mit Wahrscheinlichkeit eintreten.[63] Da das subjektive Tatbestandsmerkmal aber regelmäßig nur durch objektive Indizien zu beweisen ist, muss ohnehin aus den Umständen auf das Bewusstsein geschlossen werden, und diese Umstände sind fast immer dieselben, aufgrund derer bereits die Leichtfertigkeit angenommen wurde.[64] Hierbei darf auf Erfahrungssätze abgestellt werden und ein Schluss auf das Bewusstsein, ein Schaden werde mit Wahrscheinlichkeit eintreten, ist umso eher gerechtfertigt, je krasser die Pflichtverletzung ist, die dem Frachtführer vorgeworfen wird. Wer beispielsweise den Warenumschlag so organisiert, dass Ein- oder Ausgangskontrollen vollständig unterlassen werden, handelt nach ständiger Rechtsprechung regelmäßig in dem Bewusstsein, dass es wahrscheinlich zu einem Schaden kommen werde,[65] wobei dieser Grundsatz nur auf Fälle des Verlustes, nicht automatisch auch auf Fälle der Beschädigung Anwendung findet.[66]

---

57 So aber: OLG Nürnberg, 22.8.2001 – 12 U 1480/01, TranspR 2002, 22 und: *Fremuth*, TranspR 2004, 99, 102.
58 Siehe OLG Düsseldorf, 9.10.2002 – 18 U 38/02, TranspR 2003, 107, 110, wer nicht tut, was sich „jedem sorgfältigen Frachtführer aufdrängen *musste*", hat das Bewusstsein i.S.v. § 435 HGB; kritisch zur unbegrenzten Haftung in diesem Fall *Koller*, VersR 2004, 1346, 1348.
59 BGHZ 74, 162, 172 definierte noch: „wer sich so verhält, obwohl er *weiß*, dass es auf die von ihm unterlassenen Schutzmaßnahmen entscheiden ankommt, hat das Bewusstsein…". *Heuer*, TranspR 1998, 47, 50 weist jedoch mit Recht darauf hin, dass der BGH bei Anwendung seiner Formel bereits in dieser Entscheidung allein auf objektive Kriterien abstellt.
60 *Fremuth*, TranspR 2004, 99, 102 m.w.N. Nach *Neumann*, TranspR 2002, 413, 417, gehört zur Verschuldensformel des § 435 HGB ein „Wissenselement", das dem des Vorsatzes entspreche.
61 Vgl. OLG Hamburg, 8.7.2010 – 6 U 90/09, Juris, Rdn. 76: „Naivität" und „mangelndes Problembewusstsein" können das Bewusstsein, ein Schaden werde mit Wahrscheinlichkeit eintreten, ausschließen (zu § 435).
62 BGH, 5.6.2003 – I ZR 234/00, TranspR 2003, 467, 470.
63 BGH, 12.1.2012 – I ZR 214/10, TranspR 2012, 107, Rdn. 27; BGH, a.a.O. (vorherige Fußnote), S. 470.
64 *Heuer*, TranspR 2004, 114, 119; *Neumann*, TranspR 2002, 413, 420; gutes Beispiel hierfür bei OLG Hamm, 22.11.2004 – 18 U 123/02, TranspR 2005, 123, 124, bei OLG Hamm, 23.11.2009 – 18 U 48/09, Juris, Rdn. 24 und bei OLG Hamburg, 16.7.2009 – 6 U 173/08, TranspR 2010, 337, 342.
65 BGH, 3.2.2005 – I ZR 276/02, Internetfassung, S. 3 = TranspR 2005, 208, m.w.N.; BGH, 25.3.2004 – I ZR 205/01, BGHZ 158, 322, 327ff. = TranspR 2004, 309, 312, BGH, 20.9.2007 – I ZR 44/05, Rdn. 38 und 39, TranspR 2008, 163.
66 S. die detaillierte Darstellung bei Rdn. 63 und 92.

Das – festgestellte oder unterstellte – Bewusstsein muss sich auf den Umstand 25
beziehen, dass *ein Schaden* eintreten werde. Dabei ist es nicht erforderlich, dass
der Täter sich den konkret eingetretenen Schaden vorgestellt hat. Es reicht, dass
er das Bewusstsein des Eintritts *eines* Schadens hatte.[67] Der BGH betont, dass
sich das „qualifizierte Verschulden" nach Art. 29 nur auf den haftungsbegründenden Tatbestand beziehen muss.[68] Dem widerspricht *Neumann*: Aus dem
Merkmal des „Schadensbewusstseins" ergäbe sich, dass auch die haftungsausfüllende Kausalität vom Verschulden des Täters umfasst sein müsse, was insbesondere und erst recht für das Tatbestandsmerkmal des „Vorsatzes" im Rahmen des
Art. 29 gelte.[69] Entscheidend gegen diese Ansicht spricht jedoch der Wortlaut,
wonach nur „ein" und nicht „der" Schaden Gegenstand des Täterbewusstseins zu
sein braucht.

Das Bewusstsein muss sich darauf beziehen, dass ein Schaden *wahrscheinlich* 26
eintreten werde. Instanzgerichte[70] und Literatur[71] haben die Auffassung vertreten,
dass die Wahrscheinlichkeit erst dann anzunehmen sei, wenn die Möglichkeit,
dass das Schadensereignis eintrete, mehr als 50% betrage. Hier hat der Bundesgerichtshof grundsätzlich klargestellt, dass ein bestimmter Grad der Wahrscheinlichkeit vom Bewusstsein nicht erfasst sein muss.[72] Eine geringe Schadens- und
hohe Aufklärungsquote trotz bestehender Kontrolllücken beim Warenumschlag
hindern deshalb nicht den Schluss auf ein Bewusstsein des Frachtführers, dass
ein Schaden mit Wahrscheinlichkeit eintreten werde.[73]

Die Bewertung eines Verhaltens als leichtfertig und die Annahme eines Bewusst- 27
seins, dass ein Schaden mit Wahrscheinlichkeit eintreten werde, bleibt Domäne
des Tatrichters; seine Beurteilung kann, ebenso wie seine Beurteilung der alten
groben Fahrlässigkeit,[74] durch den BGH nur darauf überprüft werden, ob er den
Rechtsbegriff der Leichtfertigkeit und des genannten Bewusstseins verkannt hat,

---

67 *Koller*, Art 29, Rdn. 5; Staub/*Helm*, 4. Aufl., Art. 29, Rdn. 5; der Sache nach auch OLG Düsseldorf, 12.12.2001 – 18 U 79/01, TranspR 2002, 33, 35.
68 BGH, 30.9.2010 – I ZR 39/09, Rdn. 32, BGHZ 187, 141 = TranspR 2010, 437 = VersR 2011, 819 = NJW 2011, 296 = MDR 2010, 1474; bei der groben Fahrlässigkeit musste sich das Verschulden ebenfalls nicht auf den konkreten Schaden beziehen, sondern allein auf den haftungsbegründenden Tatbestand: BGH, 27.6.1985 – I ZR 40/83, TranspR 1985, 338, 340; BGH, 16.7.1998 – I ZR 44/96, VersR 1999, 254, 256 = TranspR 1999, 19f.
69 *Neumann*, TranspR 2006, 67, 69.
70 OLG Frankfurt/M., 22.10.1980 – 17 U 83 + 163/77, VersR 1981, 164, 165; OLG Köln, 19.6.2001 – 3 U 35/01, TranspR 2001, 407, 411, hält Prozentzahlen für wenig praxistauglich und hebt darauf ab, ob das Risiko „hoch oder naheliegend" sei.
71 MünchKommHGB/*Kronke*, 1. Aufl., Art. 25 WA, Rdn. 30; *Giemulla*, in: Giemulla/Schmid, Art. 25 WA, Rdn. 45; *Giemulla*, in: Giemulla/Schmid, Art. 22 MÜ, Rdn. 37; *Gass*, in: EBJ, HGB, 1. Aufl., § 435 Rdn. 3; *Fremuth*, in: Fremuth/Thume, Transportrecht, § 435 HGB Rdn. 16; *Neumann*, TranspR 2002, 413, 416.
72 So bereits OLG Oldenburg, 23.5.2001 – 2 U 77/01, VersR 2002, 638.
73 BGH, 25.3.2004 – I ZR 205/01, BGHZ 158, 322, 333f. = TranspR 2004, 309, 312.
74 Siehe oben bei Rdn. 15f.

Art. 29 Haftung des Frachtführers

ob Verstöße gegen § 286 ZPO, gegen die Denkgesetze oder gegen Erfahrungssätze vorliegen.[75]

28 Damit bestimmt das Risiko, nämlich das Produkt aus möglicher Schadenshöhe und Eintrittswahrscheinlichkeit, letztlich sowohl den Sorgfaltsmaßstab als auch das Bewusstsein der Schadenswahrscheinlichkeit. Je höher das Risiko, desto größer ist die Verpflichtung des Frachtführers, Schutzmaßnahmen zu ergreifen oder gefährliches Handeln zu unterlassen[76] und desto eher ist es gerechtfertigt, von dem krassen Pflichtenverstoß auf das Bewusstsein zu schließen.[77] Richtigerweise ist aber die Frage, ob ein Verstoß oder ein grober Verstoß gegen Pflichten vorliegt, auch an dem vertraglich vereinbarten Maßstab zu messen.[78]

Im Ergebnis werden sich daher die Fälle, die früher unter den Tatbestand der groben Fahrlässigkeit subsumiert wurden, durch tatrichterliche Beurteilung gleichermaßen unter den Tatbestand der Leichtfertigkeit in dem Bewusstsein, dass ein Schaden mit Wahrscheinlichkeit eintreten werde, subsumieren lassen.[79] Das bedeutet, dass die teilweise heftig kritisierte[80] Tendenz der deutschen Ge-

---

[75] BGH, 1.7.2010 – I ZR 176/08, Rdn. 20, TranspR 2011, 78 = NJW-RR 2011, 117; BGH, 25.3.2004 – I ZR 205/01, BGHZ 158, 322, 327 = TranspR 2004, 309, 310 m.w.N.

[76] Darauf beruht die Bestimmung der erforderlichen Sorgfaltsanforderungen durch BGH, 1.7.2010 – I ZR 176/08, Rdn. 21, TranspR 2011, 78 = NJW-RR 2011, 117 und BGH, 6.6.2007 – I ZR 121/04, Rdn. 19, TranspR 2007, 423 = VersR 2008, 1134 = MDR 2008, 397 = ETR 2008, 358 = NJW-RR 2008, 49 (CMR-Fall); So auch OLG Düsseldorf, 9.10.2002 – 18 U 38/02, TranspR 2003, 107, 110; ebenso zur groben Fahrlässigkeit OLG Nürnberg, 24.2.1999 – 12 U 4139/94, TranspR 2000, 81, 82; *Müglich*, Transport- und Logistikrecht, S. 66; vgl. *Koller*, VersR 2004, 1346, 1347, der als „Faktoren der Leichtfertigkeit" die „Evidenz" des Risikos und der möglichen Schutzmaßnahmen sowie die „Evidenz der Angemessenheit von Schadensverhütungsanstrengungen in Relation zur Größe der Gefahr" bezeichnet.

[77] Vgl. OLG Hamburg, 30.1.2003 – 6 U 110/01: „die Gefahr eines Schadenseintritts drängte sich bei diesem Vorgehen auf und rechtfertigt *deshalb* die Annahme eines entsprechenden Bewusstseins", TranspR 2003, 122, 125 (Gabelstaplerfahrer hatte zwei Kisten als eine angesehen und so hantiert, dass eine Kiste vom LKW stürzte); ebenso OLG Hamburg, 17.4.2003 – 6 U 229/02, TranspR 2003, 242, 243: Das Bewusstsein ist „dann anzunehmen, wenn bei einem nahe liegenden Schadensrisiko grundlegende Sorgfaltspflichten in krasser Weise missachtet werden und gravierende Schäden deshalb nicht unwahrscheinlich sind"; ebenso OLG Hamburg, 13.12.2001 – 6 U 281/99, OLGReport Hamburg 2002, 348, 349 f.; die besonders krasse Nachlässigkeit rechtfertigt den Schluss auf das Schadensbewusstsein: OLG Düsseldorf, 24.7.2002 – 18 U 33/02, TranspR 2003, 343, 346.

[78] Siehe Rdn. 29 f.

[79] Besonders anschaulich ist der tatsächliche Gleichlauf nach altem und neuem Recht in der Entscheidung des BGH, 11.11.2004 – I ZR 120/02, Internetausdruck, S. 12 = TranspR 2006, 161 ff. zu erkennen. Die Vorinstanz hatte grobe Fahrlässigkeit bejaht, obwohl bereits § 435 HGB n.F. einschlägig war. Der BGH hat diesen Fehler zwar korrigiert, aber angenommen, dass auf der Grundlage der getroffenen Feststellungen in gleicher Weise der Tatbestand des neuen § 435 HGB anzunehmen sei.

[80] *Schmid*, ETR 2001, 737, 743: Die Rechtsprechung habe insoweit „jedes Maß einer vernünftigen Beurteilung verloren"; in gleichem Sinne *Heuer*, TranspR 1998, 47, 49; *Koller*, VersR 2004, 1346, 1350 spricht von einer schwer verständlichen Diskrepanz zwischen dem Schutzstandards, die einerseits die Gerichte fordern und andererseits das Gewerbe wirtschaftlich vernünftig einhält; *Herber*, TranspR 2004, 93 ff. weist unter Darstellung der historischen Ent-

richte, sehr leicht eine unbegrenzte Haftung des Frachtführers anzunehmen, trotz der vordergründig strengeren Voraussetzung gegenüber dem Zustand vor 1998 unverändert bleiben kann.[81] Abgeschwächt hat sich diese Tendenz m.E. allerdings durch die häufigere Annahme eines Mitverschuldens des Absenders[82] und durch die Herabsetzung der Anforderungen an die sekundäre Darlegungslast des Frachtführers bei bloßen Beschädigungen,[83] beides Entwicklungen, die vom Begriff des vorsatzgleichen Verschuldens unabhängig sind.

ee) Vereinbarungen zum Umfang der geschuldeten Pflichten

Da der Begriff der Leichtfertigkeit das Merkmal der Pflichtverletzung enthält, können die Parteien durch Vereinbarung der geschuldeten Pflichten auf die Durchbrechung der Haftungsgrenzen nach Art. 29 CMR Einfluss nehmen.[84] Soweit es um die Haftung bei Überschreitung der Lieferfrist geht, sieht die CMR explizit vor, dass die Frist vereinbart werden kann (Art. 19 CMR).[85] Bei Schutz gegen Verlust und Beschädigung ist eine Vereinbarung besonderer Schutzmaßnahmen zulässig. Die besondere Pflicht ist dann auch ein Maßstab für die Frage, ob ein „besonders schwerer Pflichtverstoß" vorliegt,[86] wobei aber nicht automatisch von einer einfachen Verletzung einer vertraglichen Schutzpflicht auf grobes (Organisations-)Verschulden geschlossen werden darf.[87] Ebenso gilt grundsätz-

29

---

wicklung auf den politischen Grund dieser Tendenz hin: die deutlich zu niedrigen Haftungsgrenzen, die den Wert der Ladung meist erheblich unterschreiten.
81 Vgl. *Piper*, Festgabe Herber, S. 135, 144, ob eine Verschärfung eintritt, bleibt offen; *Starck*, Festgabe Herber, S. 128, 133 „im Ergebnis nur geringe Unterschiede"; ebenso *Heuer*, TranspR 1998, 47, 50; anders in der Theorie OLG Köln, 19.6.2001 – 3 U 35/01, TranspR 2001, 407, 408, das meint, der Gesetzgeber habe mit dem Begriff der Leichtfertigkeit einen strengeren Maßstab einführen wollen; eine Verschärfung nimmt auch MünchKommHGB/*Dubischar* (Aktualisierungsband), § 435 Rdn. 1 an; *Fischer*, TranspR 1999, 261, 273: Der Gesetzgeber habe – möglicherweise ohne Erfolg – versucht, mit der neuen Formel der Tendenz zur häufigen Haftungsdurchbrechung einen Riegel vorzuschieben; *Herber*, NJW 1998, 3298, 3304 erwartete „eine gewisse Verschärfung"; *Thonfeld*, TranspR 1998, 241, 243 erhoffte ebenfalls eine Verschärfung zu Lasten des Anspruchsteller; *Thume*, TranspR 2002, 1, 7, meint, die Haftungsdurchbrechung müsse nach neuem Recht „besonders gravierenden Ausnahmefällen vorbehalten bleiben"; MünchKommHGB/*Herber*, § 435 HGB Rdn. 12 sieht keine Verschärfung; siehe dazu die Einzelfälle ab Rdn. 35.
82 S. Rdn. 74 ff.
83 S. Rdn. 93.
84 Zur Vereinbarung von AGB, die im Internet aufrufbar sind, vgl. BGH, 14.6.2006 – I ZR 75/03, Rdn. 16, TranspR 2006, 345 = VersR 2007, 1436 = NJW 2006, 2976 = MDR 2007, 227.
85 Nicht allerdings jede Rechtsfolge der Verspätung: die Vereinbarung des Wegfalls jeder Vergütung bei Terminüberschreitung („absolutes Fixgeschäft") ist nach Meinung des OLG Düsseldorf unwirksam, OLG Düsseldorf, 7.3.2007 – I – 18 U 115/06, TranspR 2007, 195, 196.
86 *Koller*, § 435 HGB Rdn. 23; *Thonfeld*, TranspR 1998, 241, 242; BGH, 20.1.2005 – I ZR 95/01, Internetfassung, S. 12 = TranspR 2005, 311 ff.: vorsätzliches Abweichen von der Vereinbarung, nur einen deutschen Fahrer einzusetzen. BGH 30.9.2010 – I ZR 39/09, Rdn. 31, BGHZ 187, 141 = TranspR 2010, 437 = VersR 2011, 819 = NJW 2011, 296 = MDR 2010, 1474: vorsätzliches Abweichen von der Vereinbarung, nur bewachte Parkplätze aufzusuchen und das Fahrzeug nicht unbeaufsichtigt zu lassen.
87 BGH, 12.12.1996 – I ZR 172/94, TranspR 1998, 75, 76, zur ADSp.

lich (nur) das im Vertrag vereinbarte Sorgfaltsniveau, auch wenn im Vertrag normalerweise als elementar angesehene Schutzpflichten abbedungen werden.[88]

30 Entgegen den Äußerungen des BGH[89] und des OLG Düsseldorf[90] hindert Art. 41 CMR solche Vereinbarungen nicht.[91] Art. 41 CMR steht einer Vertragsbestimmung, mit der die Pflichten begrenzt werden, deren Verletzung zu einer Haftung nach Art. 29 CMR führen kann, nicht entgegen.[92] Verboten bleiben Vereinbarungen, die eine Abweichung von in der CMR explizit genannten Vertragspflichten vorsehen.

Nicht an Art. 41 CMR scheitert danach eine Vereinbarung, Schnittstellenkontrollen beim Umschlag (jedenfalls *nach* gem. Art. 8 kontrollierter Übernahme[93]) zu unterlassen.[94] An die Annahme einer solchen Vereinbarung sind allerdings strenge Anforderungen zu stellen, da regelmäßig der Absender nicht damit einverstanden sein wird, dass elementare Standards unterschritten werden.

Eine Vereinbarung in allgemeinen Geschäftsbedingungen des Frachtführers nach deutschem Recht wird häufig an § 305c, § 307 BGB scheitern,[95] entgegen BGH aber seltener an § 449 Abs. 2 HGB.[96] Zwar hat der BGH für den innerdeutschen

---

88 OLG Oldenburg, 28.9.2001 – 3 U 50/01, TranspR 2002, 154: Verzicht auf Schnittstellenkontrollen, allerdings wohl bei einem nur innerstaatlichen Transport; OLG Düsseldorf, 28.6.2006 – 18 U 190/05, TranspR 2006, 353 als individual-vertragliche Abrede im nationalen (HGB-)Bereich.
89 BGH, 20.9.2007 – I ZR 43/05, Rdn. 24, TranspR 2008, 113 (HGB- und CMR-Fälle); BGH, 30.1.2008 – I ZR 165/04, Rdn. 19, TranspR 2008, 122; s.u.
90 OLG Düsseldorf, 21.11.2007 – I-18 U 105/07, TranspR 2008, 38, 40 bei F.
91 A.A. obiter auch OLG Düsseldorf, 2.6.2004 – I-18 U 158/03, S. 8f. (unveröffentlicht).
92 Ebenso im Ergebnis: Staub/*Helm*, 4. Aufl., Art. 41 CMR Rdn. 15; *Koller*, Art. 41 CMR Rdn. 1; *Thume*, TranspR 2012, 426, 430; *Harms*, Festschrift Thume, 173, 175 = TranspR 2008, 310; wohl auch MünchKommHGB/*Jesser-Huß*, Art. 41 CMR Rdn. 8; a.A. *Bahnsen*, in: EBJS, Art. 41 CMR Rdn. 13; s.o. Art. 17 Rdn. 13; vgl. auch *Koller*, TranspR 2006, 413, 421.
93 Zur Frage, ob Art. 8 CMR eine Pflicht oder nur eine Obliegenheit normiert, siehe die Kommentierung zu Art. 8.
94 Vgl. BGH, 15.11.2001 – I ZR 284/99, VersR 2003, 1012; BGH, 23.10.2003 – I ZR 55/01, TranspR 2004, 177; BGH, 11.11.2004 – I ZR 120/02, Internetausdruck, S. 11, TranspR 2006, 161 ff. In den drei Fällen ergab die Auslegung, dass die verletzte Pflicht tatsächlich nicht abbedungen war.
95 So OLG München, 17.3.2004 – 7 U 4035/03, das eine ähnliche Vereinbarung in AGB für einen inländischen Transport zusätzlich an § 309, Nr. 7b BGB (nicht kaufmännischer Bereich?) scheitern lässt: TranspR 2005, 26; OLG Düsseldorf, 26.7.2004 – I-18 U 27/04, TranspR 2005, 216, 219; das OLG Oldenburg hält bei wohl innerstaatlichem Transport einen in AGB vereinbarten Verzicht auf Durchführung von Schnittstellenkontrollen für wirksam und verneint deshalb Leichtfertigkeit i.S.v. § 435 HGB: OLG Oldenburg, 8.9.2001 – 3 U 50/01, TranspR 2002, 154; vgl. *Ramming*, TranspR 2010, 397, 412; unwirksam nach § 307 BGB ist die Klausel, wonach an den „Nachbarn" zugestellt werden darf: OLG Düsseldorf, 14.3.2007 – I-18 U 163/06, VersR 2008, 1377f. (zu § 435).
96 So sieht das OLG Düsseldorf, 29.11.2006 – I-18 U 73/06, Juris, Rdn. 52 mit Recht in der Vereinbarung, wonach die Ablieferung bereits mit dem Abstellen und Alleinlassen des LKW auf dem noch nicht mit Personal besetzten und frei zugänglichen Gelände des Empfängers stattfindet, keinen Verstoß gegen § 449 Abs. 2 HGB, weil nicht von § 425 HGB abgewichen wird.

Transport entschieden, dass ein Verzicht auf Schnittstellenkontrollen in AGB stets wegen § 449 Abs. 2 HGB unwirksam sei, auch wenn die Vereinbarung als der AGB-Inhaltskontrolle eigentlich entzogene Bestimmung der vertraglichen Leistungspflicht angesehen werde. Denn § 449 Abs. 2 HGB verbiete jede nicht ausgehandelte Abweichung von den Haftungsregelungen in §§ 425–438 HGB. Nach § 426 HGB sei der Frachtführer von der Haftung für Verlust nur befreit, wenn der Verlust auch bei größter Sorgfalt nicht vermieden werden konnte. Zu den wesentlichen Sorgfaltspflichten gehöre der Schutz des Transportgutes vor Verlust, daraus folge das Gebot der Schnittstellenkontrolle. Ein Abbedingen dieser Kontrolle laufe damit auf eine Einschränkung der in § 426 HGB geforderten wesentlichen Sorgfaltsanforderungen hinaus.[97] Hier wird das Kind mit dem Bade ausgeschüttet. § 426 HGB betrifft die Grundhaftung auf den Wert, begrenzt auf 8,33 SZR je Kilogramm. Diese Haftung kann in AGB beim nationalen Transport nicht weiter als bis auf 2 SZR je Kilogramm beschränkt werden. Nur wenn die AGB-Regelung nach der gebotenen Auslegung eine weitergehende Beschränkung bewirkt, ist sie gem. § 449 Abs. 2 HGB unwirksam, sonst nicht.[98] §§ 426 und 435 HGB und zumindest insoweit § 449 Abs. 2 HGB gelten nicht im Bereich der CMR. Der BGH hat inzwischen allerdings auf die Unwirksamkeit „gem. § 449 Abs. 2 Satz 1 HGB" auch bei Anwendung des Art. 29 CMR abgehoben,[99] wobei die Klausel in dem entschiedenen Fall einheitlich für HGB- und CMR-Transporte galt. Das gleiche gilt für eine weitere Entscheidung des BGH, wobei dort der BGH zwar obiter aber ausdrücklich ausführt, das Abbedingen von Schnittstellenkontrollen sei „gemäß § 449 Abs. 2 Satz 1 HGB bzw. Art. 41 CMR unwirksam".[100]

Folgt man diesem obiter dictum, wären im Bereich der CMR gar keine, auch keine im Einzelnen ausgehandelten,[101] Vereinbarungen möglich, mit denen Pflichten

---

97 BGH, 1.12.2005 – I ZR 108/04, Rdn. 21–23, TranspR 2006, 171; BGH, 1.12.2005 – I ZR 103/04, Rdn. 21–23, TranspR 2006, 169; daran festhaltend: BGH, 30.1.2008 – I ZR 146/05, Rdn. 25, TranspR 2008, 117 (HGB-Fall); BGH, 20.9.2007 – I ZR 44/05, Rdn. 40, TranspR 2008, 163; daran festhaltend und betonend, dass das Abbedingen der Schnittstellenkontrolle „damit" einen Haftungsausschluss enthält: BGH, 20.7.2006 – I ZR 9/05, Rdn. 13, TranspR 2006, 394 = VersR 2007, 564 = NJW-RR 2007, 28 (HGB-Fall); ebenso OLG Hamburg, 16.11.2006 – 6 U 10/06, TranspR 2007, 240, 243; OLG Köln, 22.6.2004 – 3 U 8/04, TranspR 2005, 156, 158; OLG Stuttgart, 14.1.2004 – 3 U 148/03, TranspR 2005, 27, 29; ähnlich OLG Frankfurt/M., 1.7.2004 – 16 U 54/04, TranspR 2004, 464; OLG Düsseldorf, 26.7.2004 – I-18 U 27/04, TranspR 2005, 216, 219 und OLG Bamberg, 8.11.2004 – 4 U 106/04, TranspR 2005, 358, 361 sehen einen Verstoß der AGB-Klausel gegen § 449 Abs. 2 Satz 1 HGB und gegen § 9 AGBG/307 BGB.
98 Vgl. zur Haftung nach HGB *Koller*, der die Meinung des BGH mit Recht ablehnt, TranspR 2006, 265 ff.; zu § 449 HGB gegen BGH auch: *Ramming*, TranspR 2010, 397, 412; *Tomhave*, TranspR 2006, 124, 126; *Thume*, TranspR 2012, 426, 431; pro BGH: MünchKommHGB/*C. Schmidt*, § 449 HGB Rdn. 31; Baumbach/Hopt/*Merkt*, § 449 HGB Rdn. 2; eher pro BGH *Schaffert*, in: EBJS § 449 HGB Rdn. 13.
99 BGH, 20.9.2007 – I ZR 43/05, Rdn. 24,TranspR 2008, 113 (HGB- und CMR-Fälle); ebenso OLG Koblenz, 30.11.2006 – 2 U 1521/05, VersR 2007, 1009, 1010 (HGB- und CMR-Fälle) und OLG Koblenz, 30.11.2006 – 2 U 1522/05, Juris, Rdn. 26, (CMR-Fall).
100 BGH, 30.1.2008 – I ZR 165/04, Rdn. 19, TranspR 2008, 122.
101 Eine einzeln ausgehandelte Vereinbarung auch im Bereich der CMR scheint das OLG Koblenz, 30.11.2006 – 2 U 1522/05, Rdn. 26, Juris, für zulässig zu halten.

geschaffen werden, die über den „Normalfall" hinaus gehen oder mit denen allgemein als wesentlich angesehene Pflichten – z.B. die Schnittstellenkontrolle – abbedungen werden. Dies widerspricht aber der Rechtsprechung des BGH, wonach Erweiterungen des Pflichtenprogramms ohne Weiteres erlaubt sind, etwa die Vereinbarung, nur bewachte Parkplätze aufzusuchen.[102] Wenn der BGH – mit Recht – aber Verschärfungen erlaubt, müsste er auch Erleichterungen zulassen. Der Hinweis des BGH auf Art. 41 CMR allein hilft schon deshalb nicht weiter, weil Art. 41 selbst keine Standards für Transportsicherheit festlegt, sondern nur etwa in der CMR sonst geregelte Standards als unabdingbar zementiert. Aus welchem Artikel der CMR sich der Zwang zu Schnittstellenkontrollen ergeben könnte, sagt der BGH aber in den beiden zitierten Entscheidungen nicht. Das Abbedingen z.B. von Schnittstellenkontrollen ist daher nicht gem. Art. 41 unwirksam. Auch nach Meinung des BGH hindert Art. 41 nicht die Wirksamkeit einer Klausel, mit der die Übernahme bestimmter Güter ausgeschlossen wird, weil sie „lediglich den Umfang der von der Beklagten zu leistenden Dienste beschreibt und nicht deren Haftung für Verlust und Beschädigung von Transportgut regelt". Es gehe dabei, so der BGH, um die Vertragsabschlussfreiheit, die in der CMR nicht regelt sei.[103] Zu prüfen ist hingegen stets, ob mit dem Abbedingen von Pflichten nicht eigentlich *allein* ein Abbedingen der unbegrenzten Haftung bezweckt wird, was als Umgehung von Art. 29 gem. Art. 41 CMR unwirksam wäre.[104]

c) Kausalzusammenhang

31 Die unbeschränkte Haftung des Frachtführers gem. Art. 29 CMR ist nur gegeben, wenn der eingetretene Güter- oder Verspätungsschaden auch tatsächlich durch die vorsätzliche oder dem Vorsatz gleichstehende Pflichtverletzung verursacht worden ist.[105] War jedoch ein Teil des Schadens zeitlich schon vor dem vorsatzgleichen Verhalten des Frachtführers entstanden, so fehlt es an der Kausalität, und Art. 29 CMR kann insoweit nicht eingreifen.[106] Ebenso, wenn ein Teil des Schadens durch das vorsatzgleiche Unterlassen von Abwendungsmaßnahmen nicht mehr verhindert werden konnte.[107] Da Art. 29 CMR nicht ausdrückt, welches – in den einzelnen Rechtsordnungen der Mitgliedstaaten unterschiedliche – Kausalitätsverständnis zugrunde zu legen ist, darf auch insoweit ergänzend auf

---

102 BGH, 30.9.2010 – I ZR 39/09, Rdn. 28 bis 33, BGHZ 187, 141 = TranspR 2010, 437 = VersR 2011, 819 = NJW 2011, 296 = MDR 2010, 1474.
103 BGH, 26.3.2009 – I ZR 120/07, Rdn. 20, TranspR 2010, 76 = NJW-RR 2010, 247 (CMR-Fall); ebenso OLG Düsseldorf, 14.2.2007 – I-18 U 137/06, Juris, Rdn. 50.
104 Ziel einer Vereinbarung, wonach Schnittstellenkontrollen entfallen, sei allein die Haftungsbeschränkung: OLG Stuttgart, 14.1.2004 – 3 U 148/03, TranspR 2005, 27, 29 (HGB-Transport).
105 OLG München, 27.11.1968, ETR 1971, 115, 127.
106 BGH, 27.6.1985 – I ZR 40/83, TranspR 1985, 338, 340 = VersR 1985, 1060 = NJW-RR 1986, 248 = RIW 1986, 60 = ETR 1986, 103; vgl. *Koller*, Art. 29 CMR Rdn. 5.
107 BGH, 14.2.2008 – I ZR 183/05, Rdn. 37, TranspR 2008, 323, VersR 2009, 284 = MDR 2008, 1168 (CMR-Fall).

das nationale Recht zurückgegriffen werden,[108] allerdings nicht auf das („Sach-") Recht des angerufenen Gerichts, sondern auf das nach dem IPR des angerufenen Gerichts auf den Frachtvertrag anwendbare Recht.[109] Das qualifizierte Verschulden braucht sich nur auf den haftungsbegründenden Tatbestand zu beziehen (s. oben Rdn. 25). Die Kausalität wird ggf. vermutet (s. Rdn. 101).

d) Haftung für Gehilfen (Art. 29 Abs. 2 Satz 1)

Die unbeschränkte Haftung im vorgenannten Sinne trifft den Frachtführer nicht **32** nur dann, wenn er selbst den Schaden vorsätzlich oder durch ein nach dem Recht des angerufenen Gerichtes dem Vorsatz gleichstehendes Verschulden verursacht hat, sondern gem. Art. 29 Abs. 2 Satz 1 CMR auch dann, wenn seinem Subunternehmer[110] oder seinen Bediensteten oder sonstigen von ihm bei der Ausführung der Beförderung eingesetzten Personen, die in Ausübung ihrer Verrichtung handeln, ein solch qualifiziert grobes Verschulden zur Last fällt. Insoweit verweist diese Bestimmung nahezu wörtlich auf die Vorschrift des Art. 3 CMR, welche deshalb auch hier in vollem Umfang anzuwenden ist.[111]

Die Bediensteten oder sonstigen Leute des Frachtführers, denen er sich bei der **33** Ausübung seiner Beförderung bedient, müssen jedoch in Ausübung ihrer Verrichtung gehandelt haben. Dies setzt voraus, dass ein innerer sachlicher Zusammenhang zwischen der übertragenen Verrichtung nach ihrer Art und ihrem Zweck einerseits und der schädigenden Handlung andererseits besteht. Die Handlung muss noch zum allgemeinen Umkreis des zugewiesenen Aufgabenbereichs gehören und darf nicht nur bei Gelegenheit begangen worden sein.

Zu den *Vorsatztaten* der Bediensteten gehören insbes. *Diebstähle* des Personals **34** des Frachtführers[112] oder seiner Unterfrachtführer (Näheres dazu siehe bei Art. 3 CMR Rdn. 38). Ferner fällt hierunter auch ein versuchter *Alkoholschmuggel*, wenn dieser zur Beschlagnahme des LKWs und damit zu Güterschäden wegen Umladens sowie zu Verspätungsschäden führt. Der notwendige innere sachliche Zusammenhang zeigt sich hier darin, dass der Schmuggelversuch während des eigentlichen Beförderungsvorgangs und unter Verwendung desselben auch zum Transport verwendeten Fahrzeugs vorgenommen wird. Damit gefährdet das Ver-

---

108 *Koller*, Art. 29 CMR Rdn. 5; *ders.*, VersR 1994, 384, 388; Staub/*Helm*, 4. Aufl., Art. 29, Rdn. 5; *Bahnsen*, in: EBJS, Art. 29 CMR Rdn. 47; *Herber/Piper*, Art. 29 CMR Rdn. 14; MünchKommHGB/*Jesser-Huß*, Art. 29 CMR Rdn. 28; BGH, 27.6.1985 – I ZR 40/83, VersR 1985, 1060, von *Koller* hierzu zitiert, sagt zu dieser Frage m.E. jedoch nichts explizit.
109 Staub/*Helm*, 4. Aufl., Art. 29 CMR Rdn. 5; *Koller*, VersR 1994, 384, 388.
110 BGH, 20.1.2005 – I ZR 95/01, Internetfassung, S. 12 = TranspR 2005, 311ff.: vorsätzliches Abweichen von dem Gebot, nur einen deutschen Fahrer einzusetzen.
111 BGH, 16.2.1984 – I ZR 197/81, TranspR 1984, 182, 183 = VersR 1984, 551 = NJW 1984, 2033; BGH, 27.6.1985 – I ZR 40/83, TranspR 1985, 338, 339 = VersR 1985, 1060 = NJW-RR 1986, 248 = RIW 1986, 60 = ETR 1986, 103; *Glöckner*, Art. 29 CMR Rdn. 6; *Koller*, Art. 29 CMR Rdn. 6.
112 Vgl. BGH, 2.4.2009 – I ZR 61/06, Rdn. 23, TranspR 2009, 317 und BGH 2.4.2009 – I ZR 60/06, Rdn. 39, TranspR 2009, 262, beide zu Art. 25 WA.

Art. 29 Haftung des Frachtführers

halten der Fahrer den unbehinderten Lauf des Frachtgutes unmittelbar und stellt sich so als Verletzung der vertraglichen Obhutspflicht über das Frachtgut dar. Diese neben der Transportpflicht bestehende Obhutspflicht, alles zu unterlassen, was zu einer Gefährdung des Frachtgutes führen kann, gehört mit zum eigentlichen Aufgabenbereich der LKW-Fahrer. Durch den Schmuggelversuch betätigen sich die Fahrer gerade in diesem Bereich. Geschieht dies, wie eigentlich immer, mit einem dem Vorsatz gleichgestellten Verschulden, haftet der Frachtführer unbegrenzt gem. Art. 29 CMR.[113] Näheres dazu und zur Kritik von *Glöckner* vgl. Art. 3 CMR Rdn. 35.

Wegen weiterer Diebstähle hinsichtlich der Haftung für Gehilfen siehe die Erläuterungen zu Art. 3 CMR.

e) Einzelfälle zum Vorsatz

35 Siehe auch die Fälle bei Rdn. 34.

Vorsatz hat der BGH angenommen bei einem Verstoß gegen die Vereinbarung, nur einen deutschen Fahrer beim Transport nach Russland einzusetzen.[114] Ebenso bei einem Verstoß gegen die Vereinbarung, nur bewachte Parkplätze anzufahren und das Fahrzeug nicht unbeaufsichtigt zu lassen,[115] und bei einer Ablieferung des Paketes beim Nachbarn, obwohl es laut Vertrag nur an eine „erwachsene Person, die unter der Zustelladresse angetroffen wird", übergeben werden durfte.[116] Vorsatz angenommen wird bei bewusster Nichtbeachtung einer Nachnahmevereinbarung durch Akzeptieren eines Schecks anstelle von Bargeld.[117] Volle Haftung wegen Verlust auch bei vorsätzlicher Mitnahme von Schmuggelgut, was zur Beschlagnahme der übrigen Ware führt, wenn auch der Fahrer glaubte, er schmuggele Zigaretten, während es tatsächlich Heroin war.[118]

f) Einzelfälle zur groben Fahrlässigkeit und zur Leichtfertigkeit in dem Bewusstsein, dass ein Schaden mit Wahrscheinlichkeit eintreten werde

36 Nachstehend wird auch auf die Rechtsprechung zum Warschauer Abkommen, zu § 435 HGB und zum groben Organisationsverschulden des Spediteurs im Rah-

---

113 BGH, 27.6.1985 – I ZR 40/83, TranspR 1985, 338, 339 = VersR 1985, 1060 = NJW-RR 1986, 248 = RIW 1986, 60 = ETR 1986, 103.
114 BGH, 20.1.2005 – I ZR 95/01, Internetfassung, S. 13 = TranspR 2005, 311 ff.; vgl. hierzu *Neumann*, TranspR 2006, 67 ff.
115 BGH, 30.9.2010 – I ZR 39/09, Rdn. 31, BGHZ 187, 141 = TranspR 2010, 437 = VersR 2011, 819 = NJW 2011, 296 = MDR 2010, 1474.
116 BGH, 16.11.2006 – I ZR 257/03, Rdn. 31, TranspR 2007, 161 = VersR 2007, 1539 = NJW 2007, 1809 (zu § 435 HGB).
117 OLG Düsseldorf, 13.12.2006 – I-18 U 104/06, TranspR 2007, 25, 27 (volle Haftung für Kosten gem. Art. 29 neben der Haftung nach Art. 21).
118 OLG München, 1.6.2011 – 7 U 5611/10, TranspR 2011, 337, 339.

men der ADSp[119] zurückgegriffen. Dabei wird jeweils vermerkt, ob es auf grobe Fahrlässigkeit oder auf „Leichtfertigkeit in dem Bewusstsein, dass ein Schaden mit Wahrscheinlichkeit eintreten werde", ankam.[120]

aa) Ablieferungsfehler

Grobe Fahrlässigkeit kann vorliegen, wenn der Fixkostenspediteur/Frachtführer entgegen der von ihm mit Übernahmebescheinigung (FCR) übernommenen[121] oder der sich sonst aus dem Frachtvertrag ergebenden[122] Verpflichtung die Ware an einen Nichtberechtigten ausliefert, wenn er über die angebliche Auslieferung bei einem größeren Unternehmen nur eine undatierte und unleserliche Quittung auf dem Frachtbrief beibringt, der auch kein Firmenstempel der Empfängerin beigefügt ist,[123] oder wenn der Fahrer in Moskau sich trotz einiger Ungereimtheiten nicht besonders über die Identität der als Empfänger auftretenden Personen versichert.[124] Auch die Nichteinziehung der vereinbarten Nachnahme bei Ablieferung kann grob fahrlässig sein.[125]   37

Leichtfertig und mit dem Bewusstsein, dass ein Schaden wahrscheinlich eintreten wird, handelt nach OLG Oldenburg der Fahrer, der sich nicht in die Räume der Empfängerfirma auf einem Großschlachthof begibt, sondern auf Weisung einer wie ein Metzger bekleideten Person, die aus den Räumen der Empfängerin heraustritt, die Ware vor einem Kühlhaus abstellt.[126] Ebenso der Frachtführer, der das Gut nicht bei dem im Frachtbrief genannten Empfänger (in England) abliefert, sondern es einer unbekannten Person vor dessen Geschäftsräumen übergibt.[127] Die Auslieferung von 4 Paketen unter völlig falscher Anschrift an einen nicht berechtigten Empfänger, wozu der Frachtführer „sich ausschweigt", rechtfertigt die Annahme des qualifizierten Verschuldens.[128] Ebenso die in den – insoweit unwirksamen – AGB vorgesehene Übergabe des Gutes an „den Nachbarn"[129] und, nach den konkreten Umständen, das Ausliefern entgegen einem „on hold"-Vermerk.[130] Ebenso laut OLG Köln der Nichtabgleich des Frachtbriefes mit dem Lieferschein, was zur Falschauslieferung führt.[131]   38

---

119 BGH, 27.6.1985 – I ZR 40/83, TranspR 1985, 338, 339 = VersR 1985, 1060 = NJW-RR 1986, 248 = RIW 1986, 60 = ETR 1986, 103.
120 Zur Geltung der jeweiligen Verschuldensform siehe oben bei Rdn. 14.
121 OLG Karlsruhe, 7.11.1991 – 9 U 44/90, TranspR 1992, 67 = VersR 1992, 1422 (zu § 51b Satz 2 ADSp a. F.).
122 OLG Oldenburg, 11.10.2001 – 8 U 112/01, TranspR 2003, 76, 79 (in Moskau).
123 OLG München, 28.1.1998 – 7 U 4333/97, TranspR 1998, 256, 257.
124 LG Hamburg, 23.1.1996 – 402 O 100/95, TranspR 1998, 117, 119; LG Hamburg, 14.5.1996 – 402 O 105/95, TranspR 1998, 164, 165 (gefälschter Stempelabdruck); LG Frankfurt/M., 22.9.1999 – 3/2 O 23/97, TranspR 2000, 368, 369.
125 OGH Wien, 11.7.1990 – 1 Ob 621/90, TranspR 1992, 322.
126 OLG Oldenburg, 23.5.2001 – 2 U 77/01, VersR 2002, 638.
127 OLG Düsseldorf, 24.7.2002 – 18 U 33/02, TranspR 2003, 343, 346.
128 OLG Düsseldorf, 23.2.2011 – I-18 U 179/10, Juris, Rdn. 22 (zu § 435).
129 OLG Düsseldorf, 14.3.2007 – I-18 U 163/06, VersR 2008, 1377, 1378 (zu § 435).
130 OLG München, 26.1.2011 – 7 U 3426/10, TranspR 2011, 147, 149 (zu § 435).
131 OLG Köln, 30.5.2006 – 3 U 164/05, TranspR 2007, 114, 115.

Art. 29 Haftung des Frachtführers

bb) Abstellen des Fahrzeuges

39 Besonders streng ist die Rechtsprechung, wenn das Fahrzeug in *Italien* abgestellt wird: Danach liegt *grobe Fahrlässigkeit* vor, wenn der ohne Beifahrer unterwegs befindliche LKW auf der Parkspur der Autobahn bei Brescia,[132] auf einem nicht bewachten beleuchteten Parkplatz in Umbrien,[133] auf einem Autobahnparkplatz bei Verona[134] oder auf einem nicht bewachten Parkplatz in Sichtweite eines Restaurants in Turin[135] abgestellt wird und sich der Fahrer in der Kabine zur Nachtruhe begibt, während der, von ihm unbemerkt, die Planen des Lastzuges aufgeschnitten werden und das Frachtgut entwendet wird. Auch das nächtliche Abstellen eines mit hochwertigen Kupferblechen beladenen LKW auf einem unbewachten, mit Maschendraht umzäunten Gelände in Oberitalien kann grob fahrlässig sein.[136]

Grobe Fahrlässigkeit wurde auch in folgenden Fällen angenommen: Diebstahl eines LKWs mit Jeans sieben Minuten nach Beginn eines für kurze Zeit geplanten unbewachten Abstellens in Mailand, um eine Mahlzeit einzunehmen, nach Abschließen des Fahrzeugs, Abkoppeln der Bremsschläuche, Einschaltung der Alarmanlage und der Standlichter.[137] Einziger Fahrer besucht die Toilette auf einem unbewachten Rastplatz bei Mailand und lässt den LKW ohne besondere Diebstahlsicherung für wenige Minuten allein.[138] Abstellen und vorübergehendes Verlassen eines mit Umzugsgut beladenen Möbelwagens auf unbewachtem Parkplatz in Mailand.[139] Obwohl es bewachte Parkplätze in der Umgebung gibt, schläft Fahrer auf nicht bewachtem Parkplatz in der Mailänder Gegend im LKW mit wertvoller Ladung und wird *überfallen*.[140] Unbewachtes Abstellen für eine Stunde auf der Auffahrt zur Autobahn in der Nähe des Gardasees nach Abschließen des Lenkradschlosses und der Tür,[141] für einige Stunden auf der Straße[142] oder über das Wochenende in der Nähe eines Wohnhauses[143] in Oberitalien. Einsatz nur eines Fahrers für Fahrt durch Italien kann grob fahrlässig sein, wenn es

---

132 BGH, 14.7.1983 – I ZR 128/81, TranspR 1984, 68 = VersR 1984, 134 = NJW 1984, 565 = RIW 1984, 152 = ETR 1985, 95.
133 OLG Frankfurt/M., 21.12.1995 – 5 U 86/95, VersR 1997, 1377, 1378.
134 OLG München, 10.1.1997 – 23 U 1628/96, TranspR 1997, 277, 280 = VersR 1997, 857.
135 OLG München, 29.11.1995 – 7 U 4806/95, TranspR 1997, 190, 192 = VersR 1997, 386.
136 OLG Hamburg, 13.3.1993 – 6 U 60/83, TranspR 1993, 193.
137 BGH, 16.2.1984 – I ZR 197/81, TranspR 1984, 182 = VersR 1984, 551 = NJW 1984, 2033; vgl. dazu die Kritik von *Heuer*, VersR 1988, 312, 317; ähnlich, aber ohne Alarmanlage und ohne Wegfahrsperre, OLG München, 27.5.1998 – 7 U 4959/97, TranspR 1998, 357, 359.
138 OLG München, 31.3.1998 – 25 U 4876/97, TranspR 1998, 353, 356.
139 OLG Celle, 12.6.1981 – 2 U 18/81, VersR 1981, 1183.
140 BGH, 17.4.1997 – I ZR 97/95, VersR 1998, 126 = TranspR 1998, 25; OLG Köln, 29.6.1995 – 12 U 186/94, VersR 1995, 1306, 1308; OLG München, 4.12.1996 – 7 U 3479/95, TranspR 1997, 193, 196 = VersR 1997, 769 (außerdem war der Zündschalter nicht abgezogen).
141 OLG Düsseldorf, 11.5.1989 – 18 U 274/88, TranspR 1990, 60, 63.
142 OLG Koblenz, 13.2.1996 – 3 U 9/95, VersR 1997, 1379; OLG Koblenz, 3.2.1998 – 3 U 1162/96, OLGR Koblenz 1998, 264.
143 OLG Düsseldorf, 9.1.2002 – 18 U 9/01, TranspR 2002, 207, 209 (zu § 61 VVG a.F.).

die Fahrtroute aller Voraussicht nach nicht zulässt, dass zur Einhaltung der Ruhezeiten bewachte Parkplätze angefahren werden und der Frachtführer es unterlassen hat, seinen Auftraggeber auf ein ihm bekanntes erhöhtes Entwendungsrisiko hinzuweisen.[144] Bereits die Versendung eines LKWs ohne Beifahrer an den Zoll von Mailand kann im Hinblick auf die hohe Diebstahlsgefahr die dem Frachtführer obliegende Sorgfalt in besonders schwerem Maße verletzen, selbst dann, wenn dem Fahrer die Weisung erteilt ist, das Fahrzeug nur an bewachten Plätzen zu verlassen. Eine weitere grobe Fahrlässigkeit ist es, wenn der Fahrer dann das Lenkradschloss nicht einrasten lässt.[145]

Aber *auch in Deutschland* sind bei Abstellen des beladenen LKWs besondere Sicherungserfordernisse häufig unumgänglich. So wurde grobe Fahrlässigkeit bejaht in folgenden Fällen: nächtliches Abstellen eines mit wertvollen optischen Geräten beladenen LKWs in einem offenen, von der Straße her zugänglichen und nur mit einer Jodquarzlampe erleuchteten Betriebsinnenhof;[146] Abstellen einer mit hochwertigen Geräten der Unterhaltungselektronik beladenen Wechselbrücke auf einem unbewachten, jedermann zugänglichen Betriebsgelände um 3 Uhr nachts;[147] Abstellen des gegen Diebstahl nicht gesicherten Fahrzeuges auf einem nicht verschlossenen und für längere Zeit unbewachten Betriebsgelände über das Wochenende;[148] unbewachtes Abstellen eines nur mit einer Plane abgedeckten Trailers, auf dem wertvolles Gut geladen ist, auf einem nicht eingezäunten und unbewachten Grundstück für ein Wochenende;[149] Abstellen über das Wochenende auf relativ einsamer Straße.[150] Grob fahrlässig ist das Abstellen von Wechselbrücken mit Ladung von erheblichem Wert auf einem unbeaufsichtigten Bahnhofsgelände in Hamburg, das von jedermann betreten werden konnte, von Samstag bis Montag oder auch nur für wenige Stunden von 4:20–15:30 Uhr.[151] **40**

Grobe Fahrlässigkeit liegt ebenso vor beim Abstellen mit unverschlossenem Container über Nacht auf dem Parkplatz eines Grenzüberganges zu den *Niederlanden*;[152] beim Alleinlassen des mit Vorhängeschloss gesicherten LKW mit Herrenhemden auf einem beleuchteten, nicht gezielt bewachten Parkplatz in einem **41**

---

144 BGH, 14.7.1997 – I ZR 131/95, VersR 1998, 82, 83; OLG Nürnberg, 24.2.1999 – 12 U 4139/94, TranspR 2000, 81, 83; vergleichbar OLG Frankfurt/M., 21.12.1995 – 5 U 86/95, VersR 1997, 1377, 1378.
145 OLG München, 12.5.1989 – 23 U 2248/88, TranspR 1990, 427, 429 = VersR 1991, 834 = NJW-RR 1990, 1507, Revision nicht angenommen: BGH, 25.4.1990 – IV ZR 190/89; vgl. dazu auch die gegenteilige Auffassung des LG Ravensburg, 21.12.1993 – 2 KfH O 1049/93, TranspR 1994, 117.
146 BGH, 4.7.1980 – I ZR 133/78, TranspR 1981, 123 = VersR 1981, 30 = BB 1981, 267 (ADSp).
147 OLG Hamm, 25.5.1992 – 18 U 165/91, TranspR 1992, 410.
148 BGH, 16.11.1995 – I ZR 245/93, VersR 1996, 913.
149 OLG Hamm, 10.12.1987 – 18 U 294/86, TranspR 1989, 155 = VersR 1989, 413.
150 Brüssel, ETR 1991, 362.
151 BGH, 1.2.1996 – I ZR 90/94, TranspR 1997, 418, 419 zu § 823 BGB.
152 OLG Hamm, 30.3.1998 – 18 U 179/97, TranspR 1998, 463, 465.

Art. 29 Haftung des Frachtführers

Industriegebiet in der Nähe von *Oslo*;[153] beim Abstellen des mit einer Plane versehenen LKW ohne Alarmanlage in einer dunklen menschenleeren Nebenstraße bei *Istanbul*;[154] beim Alleinlassen des Planen-LKW auf belebtem Autobahnrastplatz für eine Stunde in *Spanien*.[155]

42 Grob fahrlässig ist das Abstellen eines mit Computern beladenen LKWs für sechs Stunden in einem *englischen* Industriegebiet, der nur mit Plombe und Vorhängeschloss gesichert ist.[156] Ebenso das Abstellen des Fahrzeugs mit Zigaretten im nicht bewachten Teil des Freihafens von *Klaipeda*[157] oder das Abstellen auf einem beleuchteten Parkplatz in der Ortsmitte in einem osteuropäischen Land.[158] Grob fahrlässig ist das Abstellen eines nur mit einem Vorhängeschloss gesicherten Kleidertransporters auf einem unbeleuchteten, unbewachten Parkplatz in *Ungarn*, während der Fahrer in der Kabine schläft.[159] Die LKW-Beförderung wertvoller Güter nach *Polen* mit nur einem Fahrer ohne zusätzliche Begleitperson wurde vom LG Frankfurt/M. mit Urteil vom 12.1.1993[160] ebenfalls als grob fahrlässig angesehen.

43 *Leichtfertig und im Bewusstsein, dass ein Schaden mit Wahrscheinlichkeit eintreten werde*, handelt ein Frachtführer, der Ladung im Wert von einer Million DM in einem LKW mit Plane unbewacht über das Wochenende bei *Würzburg* abstellt, die dann durch *Brand* zerstört wird. Da der unzureichende Schutz der Ladung für jedermann auf der Hand lag, waren die an den Indizienbeweis für das Bewusstsein zu stellenden Anforderungen gering, und es reichte der Vortrag des Frachtführers, er habe den Abstellort nur gewählt, weil er keine Möglichkeit hatte, einen bewachten Parkplatz zu wählen. Denn daraus ergab sich, dass der Frachtführer wusste, dass der Abstellort keine hinreichende Sicherheit bot.[161] Ebenso für das Abstellen eines LKW mit Computern im Werte von 2 Millionen DM auf einer großen beleuchteten Autobahnraststätte in *Nordfrankreich* von 2:30 Uhr bis 7:30 Uhr entgegen der Weisung, nur bewachte oder sichere Parkplätze zu nutzen, während der Frachtführer wusste, dass es in Nordfrankreich keine bewachten Parkplätze gab.[162] Das weisungswidrige Abstellen auf einem unbewachten Parkplatz in *Norditalien* für eine Stunde kann sogar Vorsatz bedeuten, wenn dadurch von einer klaren vertraglichen Abrede abgewichen wird.[163] Volle

---

153 OLG Hamm, 26.10.1998 – 18 U 79/97, TranspR 2000, 359, 360. Das Gericht unterstellt, dass in Norwegen Diebstahl selten vorkommt, meint jedoch im Widerspruch hierzu, man müsse auch dort mit international agierenden Diebesbanden rechnen.
154 OLG Köln, 10.12.2002 – 3 U 56/02, TranspR 2003, 459 = NJW-RR 2003, 325 (mit Übersicht über die Rechtsprechung).
155 LG Gießen, 15.5.1996 – 1 S 567/95, VersR 1997, 603 (nur Leitsatz) = MDR 1996, 921.
156 OLG Hamm, 12.7.1995 – 18 U 191/94, TranspR 1996, 237, 238.
157 OLG Hamburg, 14.5.1996 – 6 U 247/95, TranspR 1997, 101, 103.
158 OLG Hamm, 14.10.1996 – 20 U 59/96, VersR 1997, 236 (zu § 61 VVG a.F.).
159 OLG München, 26.11.1997 – 7 U 3347/97, TranspR 1998, 305, 307.
160 LG Frankfurt/M., Urteil, 12.1.1993 – 3/11 O 68/92, TranspR 1993, 374.
161 OLG Hamburg, 17.1.2001 – 6 U 42/00, TranspR 2002, 238.
162 OLG Hamburg, 13.12.2001 – 6 U 281/99, OLGReport Hamburg 2002, 348, 349f.
163 BGH, 30.9.2010 – I ZR 39/09, Rdn. 31, BGHZ 187, 141 = TranspR 2010, 437 = VersR 2011, 819 = NJW 2011, 296 = MDR 2010, 1474.

Haftung für den Verlust von Notebooks und Monitoren durch Diebstahl nach Abstellen des Fahrzeugs mit schlafendem Fahrer über Nacht auf einem Autobahnparkplatz in *Belgien* unter Verstoß gegen die vertragliche Vereinbarung, nur bewachte Parkplätze aufzusuchen.[164] Dass die „Sicherheitshinweise" auf Englisch verfasst waren, half dem Frachtführer nicht, der vollen Haftung zu entgehen.[165] Mit „dem Vorsatz gleichstehenden Verschulden" handelt der Frachtführer, der den Planen-LKW mit Ladung im Werte von 2 Millionen DM auf dem Parkplatz einer Raststätte in *Deutschland* ohne Alarmanlage allein mit nur einem Fahrer als Besatzung abstellt, obwohl es bewachte Parkplätze gibt.[166] Das erkannte Fehlen bewachter Parkplätze indiziert also in einem Fall das Bewusstsein eines wahrscheinlichen Schadens, deren Existenz im anderen Fall die besonders grobe Pflichtverletzung; m. E. ein gutes Beispiel für die Schwierigkeit der Subsumtion beider Tatbestandsmerkmale. Leichtfertigkeit und Bewusstsein, dass ein Schaden mit Wahrscheinlichkeit eintreten werde, liegt vor, wenn der auf dem Betriebsgelände beim Flughafen *Linz* nachts abgestellte Frachtcontainer von Dritten entwendet wird und der Frachtführer seiner sekundären Darlegungsobliegenheit nur unzureichend nachkommt und es deshalb „gut vorstellbar erscheint, dass weder das Gelände ... noch das Fahrzeug selbst in ausreichendem Maße gesichert waren".[167] Leichtfertig und mit dem Bewusstsein, dass ein Schaden wahrscheinlich eintreten werde, handelt der Fahrer, der den LKW mit Anhänger über Nacht auf einem nur mit einer Notbeleuchtung versehenen, nicht bewachten und nicht eingezäunten Autobahnparkplatz in *Holland* in unmittelbarer Nähe zur Grenze nach *Belgien* abstellt und im Fahrzeug schläft und dabei den Fahrzeuganhänger nicht durch eine Sicherung gegen unbefugtes Abkoppeln sichert, wonach dann der ganze Anhänger entwendet wird. Die Tankstelle war nachts geschlossen. Das Gericht wirft dem Hauptfrachtführer zudem vor, das Beiladeverbot nicht an den Unterfrachtführer weitergegeben zu haben. Dieser hat dann eine Beiladung von Computern vorgenommen, wodurch sich das Diebstahlsrisiko des ganzen Hängers erhöhte.[168] Leichtfertig und mit Schadensbewusstsein handelt der Fahrer, der den Planen-LKW beladen mit wertvollen Fernsehgeräten auf dem nicht bewachten Betriebsgelände des Frachtführers, dessen Tore zunächst offenbleiben, und dessen einer Zugang gar kein Tor besitzt, über Nacht abstellt. Die Diebe konnten nach Aufbrechen der Vorhängeschlösser des LKW mit mehreren Fahrten eines kleinen Kastenwagens unbemerkt Teile der Ware abtransportieren.[169]

---

164 OLG München, 5.5.2010 – 7 U 1794/10, TranspR 2010, 352 (das Gericht war insoweit wegen §§ 512, 68 ZPO an die Beurteilung der ersten Instanz und des Gerichts des Vorprozesses gebunden, billigt diese aber ersichtlich).
165 OLG München, 5.5.2010 – 7 U 1794/10, TranspR 2010, 352, 353.
166 OLG Celle, 16.1.2003 – 11 U 105/02, Juris (ohne den Begriff der Leichtfertigkeit zu erwähnen).
167 BGH, 18.12.2008 – I ZR 128/06, Rdn. 18 und 19, TranspR 2009, 134 = NJW-RR 2009, 751 (CMR-Fall).
168 OLG Hamm, 23.11.2009 – 18 U 48/09, Juris, Rdn. 17 ff. unter Abgrenzung von BGH, 6.6.2007 – I ZR 121/04, TranspR 2007, 423.
169 OLG Oldenburg, 20.9.2006 – 3 U 38/06, TranspR 2007, 245, 247.

44 Als *nicht grob fahrlässig* ist das Abstellen von Umzugsgut im verschlossenen Möbelwagen über Nacht angesehen worden.[170] Ebenso nach OLG München das Abstellen eines mit Billigware beladenen, nur mit Sicherungshebeln und einer Zollplombe verschlossenen, aber nicht mit einem Vorhängeschloss versperrten und auch sonst nicht gesicherten LKW nachts auf dem Parkplatz einer *deutschen* BAB-Raststätte, während der Fahrer in der Schlafkabine des Führerhauses schlief. Der Senat hatte festgestellt, dass auf verschiedenen kontrollierten Autobahnrastplätzen nicht einmal ein Viertel der nachts abgestellten nationalen und internationalen LKW durch ein Vorhängeschloss oder Ähnliches gesichert war, womit aber zu Unrecht nur auf die verkehrsübliche und nicht auf die verkehrserforderliche Sorgfalt abgestellt wird. Für weiterreichende Sicherungsmaßnahmen, wie etwa Alarmanlagen oder verstärkte Bewachung durch einen zweiten Fahrer, sei das Verhältnis des hierfür erforderlichen Aufwands zum Wert der beförderten Ware zu berücksichtigen.[171] Nicht grob fahrlässig ist nach OLG Düsseldorf das Abstellen des mit Vorhängeschloss gesicherten Koffer-LKW in einem Industriegelände an stark befahrener Straße gegenüber von einem Wohnhaus in *Deutschland* über Nacht.[172] Keine grobe Fahrlässigkeit mangels statistisch hoher Diebstahlsgefahr nimmt das Kammergericht in einem Fall an, in dem der LKW nachts auf einem *deutschen* Autobahnparkplatz beladen mit Zigaretten abgestellt wurde, dessen Türen nur durch Zollplomben gesichert waren und dessen Fahrer in der Kabine schlief.[173] Ebenso bei einem ebensolchen Abstellen auf einem nicht dunklen, aber nicht bewachten Parkplatz in *Südfrankreich* zusammen mit anderen LKW bei Ladung im Werte von 130000,– DM über Nacht. Der Koffer-LKW war verriegelt und mit Schlössern gesichert, der Fahrer wachte auf, als die in der Überzahl befindlichen Täter schon beim Ausladen waren, und zog sich wieder zurück, als er bedroht wurde. Das Gericht hebt darauf ab, dass der Einsatz nur eines Fahrers dem Absender bekannt gewesen sei und dass der Anspruchsteller weder das Vorhandensein von bewachten Parkplätzen noch eine Häufung von Diebstählen in der Gegend noch die Kenntnis des Frachtführers hiervon substanziert vorgetragen habe.[174] Keine grobe Fahrlässigkeit stellt nach OLG Saarbrücken das Abstellen des Planen-LKW mit wertvollem Parfüm auf einem nicht bewachtem Parkplatz über Nacht in *Mittelfrankreich* dar, dessen Fahrer im Fahrzeug blieb, den Diebstahl aber zunächst nicht bemerkte, während der Frachtführer den Wert und die Zusammensetzung der Ladung nicht kannte und nicht kennen musste und auch sein Kennenmüssen einer etwa vor Ort herrschenden erhöhten Diebstahlsgefahr nicht bewiesen waren.[175] Verneint wird der subjektive Tatbestand der groben Fahrlässigkeit für das Abstellen des nicht gesicherten Auf-

---

170 OLG Düsseldorf, 10.11.1994 – 18 U 54/94, VersR 1995, 729, 730.
171 OLG München, 19.10.1992 – 28 U 3650/90, RIW 1993, 326 = TranspR 1993, 192.
172 OLG Düsseldorf, 30.7.1997 – 4 W 32/97, VersR 1998, 236, 237 zu § 61 VVG a.F.
173 KG, 11.1.1995 – 23 U 377/94, TranspR 1995, 342, 346.
174 OLG Oldenburg, 30.5.1995 – 5 U 63/94, VersR 1996, 1171, 1172, mit ablehnender Anmerkung *Lorenz*. Der BGH hat die Annahme der Revision abgelehnt: VersR 1996, 1144.
175 OLG Saarbrücken, 12.12.2000 – 4 U 908/99–277, VersR 2001, 877, 878 = TranspR 2001, 169.

liegers mit Ware im Werte von 1 Million DM einer weit verbreiteten Übung entsprechend über das Wochenende auf einem grenznahen *niederländischen* Autobahnparkplatz, auf dem es bislang nicht zu Diebstählen gekommen war.[176] Ebenso für das Abstellen des verschlossen LKW auf einem nicht bewachten Parkplatz in *Bulgarien* mit schlafendem Fahrer, ohne dass eine erhöhte Diebstahlsgefahr und das Kennenmüssen des Frachtführers hiervon nachgewiesen waren.[177] Verneint wird grobe Fahrlässigkeit für das Parken mit bloß verriegeltem Container auf einem Parkplatz an der *niederländischen* Autobahn mit im Fahrzeug schlafendem Fahrer, wobei das Gericht auf die Üblichkeit und auf die bislang dort nicht erhöhte Diebstahlsgefahr abstellt.[178] Keine grobe Fahrlässigkeit in folgenden Fällen: Einziger Fahrer besucht die Toilette und lässt den LKW auf einer belebten Straße bei *Mailand* nach Betätigen der sog. Dieselsperre für kurze Zeit allein, während der Absender als erfahrener Spediteur die mit dem Transport verbundenen Gefahren kannte und wusste, dass der Frachtführer nur einen Fahrer einsetzt. Denn dem Frachtführer musste es sich daher nicht „aufdrängen", dass der Einsatz eines zweiten Fahrers im Interesse des Absenders dringend geboten war und zu den „elementaren Sorgfaltspflichten" gehörte.[179] Übernachtung auf einem unbewachten Parkplatz bei einer beleuchteten Raststätte in *Süditalien* mit Waren von geringem Wert.[180] Keine grobe Fahrlässigkeit des im Fahrzeug befindlichen Fahrers, weil er, nachdem das Fahrzeug auf dem Parkplatz plötzlich zu wackeln begann, nicht versuchte, etwaige Diebe durch Hupen oder Starten des Motors zu vertreiben.[181]

Nicht leichtfertig handelt der Frachtführer, der mangels ausreichender Information über die Art des transportierten Gutes die wertvollen Autoradios mit einem Planen-LKW befördert und der es nicht zu verhindern unternimmt, dass der Fahrer des Subunternehmers auf einem unbewachten Parkplatz in *Belgien* übernachtet, wo eine Anzahl der Radios nach Zerschneiden der Plane gestohlen wird. Aus dem blossen Hinweis „Achtung: Diebstahlsgefährdete Ware! Wagen wird verplombt!" musste sich dem Frachtführer die Kenntnis einer objektiven Gefahrenlage „nicht aufdrängen".[182] Ohne *bewusste Leichtfertigkeit* handelt der Frachtführer, der einen Planen-LKW ohne Alarmanlage einsetzt und es zulässt, dass der Fahrer ihn über Nacht in Lothringen (*Frankreich*) auf einem unbewachten beleuchteten Autobahnrasthof neben einem weiteren LKW aus seinem Unternehmen abstellt und in der Kabine schläft, wo dann Diebe die Plane aufschneiden und Ware stehlen. Der Einsatz eines Planen-LKW, so der BGH, sei üblich und aus der bloßen Erkennbarkeit, dass „800 Stück Computerteile" befördert wurden, 45

---

176 OLG Köln, 4.7.1995 – 22 U 272/94, VersR 1996, 1566f. = TranspR 1996, 284.
177 OLG Hamm, 9.5.1996 – 18 U 123/95, TranspR 1997, 189.
178 OLG Düsseldorf, 5.6.1997 – 18 U 124/96, TranspR 1999, 23, 24.
179 OLG Hamm, 19.11.1998 – 18 U 133/96, TranspR 2000, 363, 365.
180 OLG Nürnberg, 17.4.2002 – 12 U 4138/01, TranspR 2002, 243, 244 (gestohlen wurde Käse im Wert unterhalb der Haftungsgrenze sowie zwei Stereoanlagen und vier Handys).
181 BGH, 14.2.2008 – I ZR 183/05, Rdn. 36, TranspR 2008, 323 = VersR 2009, 284 = MDR 2008, 1168 (CMR-Fall) (Transport fand im Jahre 1996 statt!).
182 BGH, 1.7.2010 – I ZR 176/08, Rdn. 23 bis 26, TranspR 2011, 78 = NJW-RR 2011, 117.

Art. 29 Haftung des Frachtführers

habe es sich dem Frachtführer „nicht aufdrängen müssen", dass er wertvolle und besonders diebstahlsgefährdete Ware transportierte. Zudem habe man nach den konkreten Feststellungen nicht davon ausgehen müssen, dass auf dem Parkplatz ein erhöhtes Diebstahlsrisiko bestand.[183] Nicht leichtfertig verhält sich der Frachtführer, der Computerteile im Werte von 20 000,- € in einem unauffälligen Kleinlaster mit Kastenaufbau über Nacht in Frankfurt am Main auf der Straße allein lässt, wo dieser samt Ladung gestohlen wird;[184] ebenso wenig der Frachtführer, für den lediglich erkennbar war, dass er Personal Computer beförderte, dem aber vom Hauptfrachtführer die diesem auferlegten besonderen Sicherungspflichten nicht weitergegeben wurden und der das Planen-Fahrzeug über Nacht auf einem Autobahnparkplatz nahe der holländischen Grenze abstellt und im Fahrzeug schläft. Ihm konnte nicht widerlegt werden, dass es keine alternativen Parkmöglichkeiten gab und dass er das Fahrzeug in der Nähe zweier anderer Fahrzeuge und von der Autobahn aus einsehbar abgestellt hatte.[185] Nicht leichtfertig mit Schadensbewusstsein handelt nach OLG Düsseldorf der Frachtführer, der den mit Druckern beladenen Auflieger ohne Zugmaschine über das Wochenende auf einem verschlossenen, beleuchteten und regelmäßig bestreiften Gelände in einem deutschen Gewerbegebiet abstellt.[186] Verneint wird das Bewusstsein, dass ein Schaden mit Wahrscheinlichkeit eintreten werde, in einem Fall, in dem der Frachtführer grob fahrlässig zwei Pakete auf dem Rücksitz eines im öffentlichen Parkraum in Deutschland abgestellten PKW über Nacht beließ, von wo sie gestohlen wurden.[187] Keine volle Haftung gem. Art. 29: Abstellen des mit Vorhängeschloss gesicherten Koffer-LKW mit leicht verwertbarer Ware über Nacht auf einem unbewachten aber als sicher eingestuften Parkplatz in *Oberitalien* neben einem zweiten Fahrzeug des Frachtführers, während der Fahrer im Fahrzeug schläft, obwohl die erhebliche Diebstahlsgefahr in Oberitalien unterstellt wird, Einsatz nur *eines* Fahrers im LKW, bewachte Parkplätze gab es nicht.[188] Keine Leichtfertigkeit: Überschreitung der vom Absender für 10 Minuten ausdrücklich erlaubten Abstellzeit des Hängers um bis zu 25 Minuten ohne Anwesenheit des Fahrers in einer Parkbucht im Industriegebiet.[189]

Keine Leichtfertigkeit: Abstellen und Alleinlassen des Planen-Lkw mit 5.500 Fläschchen Eau de Toilette im Werte von je € 4,73 über das Wochenende auf einem angemieteten, umzäunten und mit verschlossenem Tor gesicherten Gelände

---

[183] BGH, 6.6.2007 – I ZR 121/04, Rdn. 21–25, TranspR 2007, 423 = VersR 2008, 1134 = MDR 2008, 397 = ETR 2008, 358 = NJW-RR 2008, 49 (CMR-Fall); vgl. einen ähnlichen Fall davon abgrenzend und deshalb zur Leichtfertigkeit gelangend OLG Hamm, 23.11.2009 – 18 U 48/09, Juris, Rdn. 23 (dort wird das Aktenzeichen des BGH durch einen Zahlendreher versehentlich falsch angegeben).
[184] OLG Hamburg, 17.4.2003 – 6 U 229/02, TranspR 2003, 242, 243.
[185] OLG Koblenz, 20.5.2010 – 5 U 1443/09, TranspR 2010, 442, 444 (zu Art. 29).
[186] OLG Düsseldorf, 2.11.2005 – I-15 U 23/05, TranspR 2005, 468, 470f.
[187] OLG Zweibrücken, 2.10.2003 – 4 U 180/02, TranspR 2004, 32, 33.
[188] OLG Stuttgart, 26.7.2006 – 3 U 7/06, TranspR 2007, 320, 321 (das Gericht stellt auf fehlende „grobe Fahrlässigkeit" ab.)
[189] OLG Koblenz, 24.5.2007 – 10 U 1376/06, VersR 2008, 378.

in *Holland*.¹⁹⁰ Abstellen und Alleinlassen des mit Computerteilen beladenen LKW mit Billigung des Disponenten des Auftraggebers auf einer angemieteten Teilfläche eines fremden mit hohem Maschendrahtzaun und Rolltor gesicherten Betriebsgrundstücks über das Wochenende, nachdem der Auftraggeber die Annahme des Gutes erst nach mehreren Tagen ermöglicht, trotz des „Verstoßes" gegen die im Rahmenvertrag geregelte Pflicht, das Fahrzeug nur gesicherter als geschehen abzustellen. Der Fahrer schlief 30–40 m entfernt vom Lkw in einem Wohncontainer. Auf den vorsätzlichen Verstoß gegen die Rahmenvereinbarung, zu deren Abänderung der Disponent nicht bevollmächtigt war, durfte sich der Absender „nach § 242 BGB" nicht berufen.¹⁹¹ Das Gericht problematisiert nicht, ob die CMR Platz für § 242 BGB lässt.

*cc) Alkoholschmuggel*¹⁹²

Grob fahrlässig sind zugefügte Schäden am Frachtgut durch Schmuggel.¹⁹³ **46**

dd) Beförderungsfehler/Fehler beim Beladen und beim Umschlag

Grob fahrlässig ist die Durchführung des Transports nach Erkennen gravierender **47** Beladefehler und der vergebliche Versuch, die Gehilfen des Absenders zu veranlassen, den Ladefehler zu beheben;¹⁹⁴ der Transport einer sichtbar unzureichend verpackten und falsch verladenen kopflastigen Maschine;¹⁹⁵ der Versuch, mit einem 4 m hoch beladenen Fahrzeug eine Brückendurchfahrt von 3,9 m lichter Höhe zu durchfahren, ohne vorher sorgfältig zu kontrollieren, ob das Fahrzeug ohne Beschädigung die Durchfahrt passieren kann;¹⁹⁶ die Beförderung von Kornfeindestillat in Tanklastzug, dessen Tank nach Vortransport unzureichend von Dieselöl und Benzin gereinigt worden ist;¹⁹⁷ die fehlende Überwachung der Entladung eines Tanklastzuges, der nicht mit Messgeräten und Ventilverschlussautomatik ausgestattet ist;¹⁹⁸ der Verstoß gegen das Verbot des Umladens, das erkennbar wegen der besonderen Gefährdung des Gutes erteilt wurde;¹⁹⁹ eine erhebliche Überladung.²⁰⁰

---

190 OLG Schleswig, 12.10.2006 – 16 U 21/06, Juris, Rdn. 19 und 20.
191 OLG München, 13.9.2006 – 7 U 3872/05, Rdn. 19ff., Juris.
192 BGH, 27.6.1985 – I ZR 40/83, TranspR 1985, 338, 339 = VersR 1985, 1060 = NJW-RR 1986, 248 = RIW 1986, 60 = ETR 1986, 103; Näheres siehe oben, Rdn. 34 a.E.
193 OGH, 12.12.1984 – 1 Ob 643/644/84, SZ 57/196 = RdW 1985, 209 = TranspR 1986, 426 = VersR 1986, 798 = JBl 1986/101 = *Greiter*, Nr. 52 (Alkoholschmuggel in Saudi-Arabien); OGH, 22.11.1977 – 5 Ob 666/77, EvBl 1978, 13 = TranspR 1980, 31 = *Greiter*, Nr. 11 (Menschenschmuggel); weitere Fälle bei Rdn. 35.
194 OLG München, 27.11.1968, ETR 1971, 115.
195 KG, 24.2.1986 – 2 U 3432/85, NJW-RR 1986, 907.
196 BGH, 26.10.1961 – II ZR 6/60, VersR 1961, 1108; vgl. OLG Hamburg, 7.2.1991 – 6 U 40/91, TranspR 1991, 294.
197 BGH, 13.12.1968 – I ZR 63/76, VersR 1969, 228.
198 OLG München, 2.12.1981 – 3 U 1622/81, TranspR 1983, 149 zur KVO.
199 OLG Köln, 8.3.2002 – 3 U 163/00, TranspR 2002, 239, 241 = VersR 2003, 88 (ausdrücklich wegen der Besonderheit des Einzelfalles).
200 Hof von Beroep, Brüssel, 21.1.1987, ETR 1988, 209.

Art. 29 Haftung des Frachtführers

Beispiele für *grobe Fahrfehler* sind ein Unfall in Rumänien durch überhöhte Geschwindigkeit in gefährlicher Kurve, mit anschließendem Verlust der Kontrolle über das Fahrzeug, das sich in der Folge überschlägt;[201] das Nichtbeachten der Fahrbahn bzw. Fahrfehler wegen *Bückens nach herabgefallenen Gegenständen*;[202] die *Überschreitung* der zulässigen *Höchstgeschwindigkeit* um mehr als 100%;[203] das Einfahren in eine Kreuzung bei schon länger angezeigtem *Rotlicht*;[204] das *Fahren nach erheblichem Alkoholgenuss* begründet nach ständiger Rechtsprechung des BGH Anscheinsbeweis für grobe Fahrlässigkeit.[205] Schließlich wird auch das *Fahren im Zustand der Übermüdung* als grob fahrlässig angesehen,[206] insbes. bei Nichteinhaltung der Ruhezeiten zwischen den Schichten.[207]

48 *Leichtfertig und von dem Bewusstsein getragen, dass ein Schaden wahrscheinlich eintreten werde*, kann das Befördern von Packstücken auf einem Dolly (Beförderungsgerät auf einem Flughafen) sein, wenn diese überhaupt nicht gegen Herunterfallen gesichert werden.[208] Ebenso: grobe Fehler beim Abladen schwerer Güter;[209] das Anheben der Ladung mit dem Gabelstapler in der falschen Annahme, es handele sich nur um eine Kiste, während es in Wirklichkeit mehrere Kisten waren, was leicht zu bemerken gewesen wäre;[210] das Unterlassen des Hinweises auf einen evidenten Verpackungsmangel.[211] Ein Frachtführer, der trotz Hinweises das kälteempfindliche Gut dem Frost aussetzt, haftet nach Art. 29 CMR.[212] Nach LG Freiburg handelt der Frachtführer leichtfertig und mit Schadensbewusstsein, der nach einem Unfall die beschädigten Teile eines medizintechnischen Gerätes

---

201 OLG München, 10.10.1990 – 7 U 3528/89, TranspR 1991, 138, 140, da der Fahrfehler jedoch vom Kläger nicht bewiesen wurde, verneint das Gericht im Ergebnis grobe Fahrlässigkeit.
202 Vgl. z.B. OLG Karlsruhe, 14.7.1978 – 14 U 39/77, VersR 1979; OLG Düsseldorf, 29.4.1980 – 4 U 194/79, VersR 1980, 1020 = NJW 1980, 2262; OLG Hamm, 26.11.1986 – 20 U 122/86, VersR 1987, 353.
203 OLG München, 30.12.1982 – 24 U 527/82, DAR 1983, 78; vgl. dazu die Rechtsprechungsübersicht, ZfS 1983, 150.
204 BGH, 8.7.1992 – IV ZR 223/91, VersR 1992, 1085 = NJW 1992, 2418; vgl. auch OLG Düsseldorf, 27.10.1992 – 4 U 80/92, VersR 1993, 432 und OLG Frankfurt/M., 20.5.1992 – 13 U 65/91, DAR 1992, 432.
205 BGH, 23.1.1985 – IVa ZR 128/83, VersR 1985, 440 = NJW 1985, 2648; BGH, 22.2.1989 – IVa ZR 274/87, VersR 1989, 469; BGH, 9.10.1991 – IV ZR 264/90, VersR 1991, 1367; OLG Hamm, 20.9.1989 – 20 U 272/88, VersR 1990, 846; ähnlich in Österreich für Fahren mit 2,8 Promille: OGH, 10.10.1974 – 2 Ob 156/157/74, SZ 47/106 = HS 9815 = EvBl 1975/135 = *Greiter*, Nr. 6.
206 Vgl. z.B. OLG Köln, 22.11.1965 – 10 U 307/64, VersR 1966, 530.
207 OLG Düsseldorf, 7.11.1967 – 4 U 122/67, VersR 1968, 61; OLG München, 25.5.1968 – 10 U 1529/67, VersR 1969, 140; Rechtsprechungsübersicht siehe ZfS 1985, 278.
208 OLG Köln, 27.6.1995 – 22/U 265/94, VersR 1996, 1567, 1568 = TranspR 1996, 26, 27 (zum WA).
209 LG Köln, 29.3.2001 – 88 O 74/00, TranspR 2003, 396, 397 (Verfahren vor dem OLG durch Vergleich beendet).
210 OLG Hamburg, 30.1.2003 – 6 U 110/01, TranspR 2003, 122, 124f.
211 OLG Stuttgart, 9.2.2011 – 3 U 173/10 , Juris, Rdn. 35.
212 So für einen Transport mit Vertragsschluss 17.11.1998 ohne Hinweis auf den Begriff der Leichtfertigkeit OLG München, 31.5.2000 – 7 U 6226/99, TranspR 2002, 26, 27.

Haftung des Frachtführers **Art. 29**

so in die Kisten zurücklegt, dass sich nicht mehr feststellen lässt, welche Teile unbeschädigt blieben, und deshalb von einem Totalschaden auszugehen ist.[213] Leichtfertig und mit dem Bewusstsein, ein Schaden werde mit Wahrscheinlichkeit eintreten, handelt der Stauer, der deutliche Hinweise auf den Fässern ignoriert, wonach sie nur bis zu 200°C warm werden dürfen, und diese Fässer entgegen dem „Sicherheitsblatt" (für Gefahrgut) in einen unbelüfteten Container lädt, wo sie dann wegen Überhitzung undicht werden und ihr Inhalt das sonst geladene Gut kontaminiert.[214] Ebenso der Landfrachtführer, der seiner Recherchepflicht nicht nachkommt, bei einer Beschädigung, deren Art und Ausmaß eine „grobe und unangemessene" Behandlung des Gutes nahelegt.[215] Qualifiziertes Verschulden trifft auch den Verfrachter („See-Frachtführer"), der das Gut an Bord unzureichend gegen Umfallen sichert und nicht ausreichend zur Organisation zur Verhinderung solcher Schäden vorträgt;[216] ebenso den Landfrachtführer, der eine zu niedrige Brücke durchfährt;[217] siehe auch Rdn. 63, 92 und 93.

Nicht grob fahrlässig ist das Abkommen von der Straße bei möglichem Augenblicksversehen;[218] das Einnicken am Steuer, solange sich der Fahrer nicht über von ihm erkannte deutliche Anzeichen von Übermüdung hinweggesetzt hat,[219] was der Geschädigte zu beweisen hätte;[220] das Abkommen von der Fahrbahn, wobei Anhaltspunkte für Übermüdung oder Unerfahrenheit des Fahrers vom Anspruchsteller nicht bewiesen wurden und es nicht auszuschließen war, dass die Bremsen wegen eines Fahrzeugdefekts versagten. Das Bemühen des Frachtführers um weitere Informationen beim Unterfrachtführer blieb erfolglos, und die ladungsfähige Anschrift des Fahrers hatte nicht beigebracht werden können.[221] Die Beschädigung von Kartons ohne Anhaltspunkte für mehr als eine „geringfügige Verletzungshandlung", vermutlich durch einen Gabelstapler, lässt nach OLG Stuttgart nicht den Schluss auf ein grob fahrlässiges Fehlverhalten zu, obwohl offen blieb, wo und wie genau der Schaden entstanden war.[222]

49

Nicht leichtfertig ist das Abkommen von der Straße in der Kurve, weil der Fahrer sich verschätzt hatte und Umstände, die für ein gröberes Verschulden sprechen

50

---

213 LG Freiburg, 3.9.2004 – 12 O 22/04, TranspR 2005, 315, 316.
214 OLG Hamburg, 16.7.2009 – 6 U 173/08, TranspR 2010, 337, 342 (zur ADSp).
215 OLG Düsseldorf, 20.6.2007 – I-18 U 195/06, Juris, Rdn. 12.
216 BGH, 29.7.2009 – I ZR 212/06, Rdn. 34 und 40 , TranspR 2009, 331 = NJW-RR 2009, 1482.
217 OLG Koblenz, 29.5.2006 – 12 U 218/05, Juris, Rdn. 13.
218 BGH, 29.1.2004 – I ZR 162/01, TranspR 2004, 213, 215.
219 OLG Karlsruhe, 17.2.1995 – 15 U 262/94, TranspR 1995, 439 = VersR 1996, 781 (dort nur LS).
220 OLG München, 19.7.2000 – 7 U 1716/00, TranspR 2000, 412, 414.
221 OLG Hamburg, 15.1.1998 – 6 U 14/96, TranspR 1998, 290, 292, BGH hat Revision nicht angenommen: BGH, 8.10.1998 – I ZR 53/98 (unveröffentlicht); eine deutlich erhöhte sekundäre Darlegungslast des Frachtführers bei einem Unfall liegt der Entscheidung des BGH, 3.3.2005 – I ZR 134/02, Internetausdruck, S. 4 f. = TranspR 2005, 253, zugrunde, in der mangels näherer Darlegung Leichtfertigkeit vermutet wird.
222 OLG Stuttgart, 15.12.1999 – 3 U 165/99, OLGR Stuttgart 2000, 176.

Art. 29 Haftung des Frachtführers

könnten, vom Anspruchsteller nicht bewiesen wurden;[223] Umkippen des Fahrzeugs wegen Nichteinhaltung der „Ideallinie" in einer Kurve auf einer Baustraße;[224] Abkommen von der Straße nach einer Kollision mit einem anderen verbotswidrig überholenden Fahrzeug;[225] Nässeschaden bei Lufttransport, wobei der genaue Schadensort unbekannt blieb und der Anspruchsteller keine konkreten Anhaltspunkte für Leichtfertigkeit vortragen konnte;[226] Umstürzen der Ladung beim Abladen mit der Hebebühne, wobei der konkrete Anlass für den Unfall nicht mehr feststellbar war;[227] Herunterfallen des Gutes vom Gabelstapler, weil möglich blieb, dass dies durch eine nur leichte Unachtsamkeit des Gabelstaplerfahrers verursacht wurde;[228] Beschädigung an unbekanntem Ort aus unbekanntem Grund während des ohne Umladung vorgenommenen Transports, der unstreitig ohne besondere Vorkommnisse ablief. Der vom Frachtführer als Zeuge benannte Fahrer wurde nicht vernommen, weil sich der Anspruchsteller nicht auf ihn berufen hatte;[229] beidseitig blockierende Bremsen mit anschließendem Reifenbrand, weil der Vortrag des Klägers keine ausreichenden Anhaltspunkte für ein bewusst leichtfertiges Handeln enthielt und es keinen Erfahrungssatz gab, wonach ein solches Blockieren mit hoher Wahrscheinlichkeit auf eine unzureichende Wartung der Bremsanlage zurückzuführen gewesen wäre.[230] Ebenso kein „qualifiziertes Verschulden" des den Verkehrsunfall durch Unaufmerksamkeit verursachenden Fahrers, obwohl im Raume stand, dass er vor dem Unfalltag die Lenk- und Ruhezeiten nicht eingehalten hatte, da als Unfallursache nicht nur ein Einschlafen sondern auch sonstige „Ablenkungen" oder eine plötzliche „Ohnmacht" in Frage kam.[231] Dass der Frachtführer zu den Lenkzeiten ggf. nicht ausreichend vorgetragen hatte, blieb deshalb irrelevant.[232] Der BGH betont, dass ein „Einnicken" des Fahrers für sich genommen nur dann den Vorwurf der Leichtfertigkeit und des Bewusstseins, ein Schaden werde mit Wahrscheinlichkeit eintreten, rechtfertigt, wenn „feststeht, dass sich der Fahrer bewusst über von ihm erkannte deutliche Anzeichen einer Übermüdung hinweggesetzt hat".[233] Auch, dass der Fahrer das von einer europäischen Verordnung geforderte Mindestalter von 21 Jahren um 2 Jahre unterschritt und außerdem einen bestimmten „Befähigungsnachweis" nicht besaß, habe sich nicht ersichtlich „als Gefahrenmoment"

---

223 OLG Düsseldorf, 26.7.2004 – 18 U 253/03, TranspR 2005, 118, 122, siehe auch Rdn. 94.
224 BGH, 29.7.2009 – I ZR 212/06, Rdn. 52, TranspR 2009, 331 = NJW-RR 2009, 1482 (zu § 435 HGB).
225 OLG Düsseldorf, 14.3.2007 – I-18 U 138/06, TranspR 2007, 199, 200.
226 OLG München, 10.8.1994 – 7 U 7322/93, TranspR 1995, 118, 119 (zum WA).
227 OLG Nürnberg, 22.8.2001 – 12 U 1480/01, TranspR 2002, 22.
228 BGH, 12.1.2012 – I ZR 214/10,TranspR 2012, 107, Rdn. 28.
229 OLG Stuttgart, 11.6.2003 – 3 U 222/02, TranspR 2003, 308, 311.
230 BGH, 13.1.2011 – I ZR 188/08, Rdn. 20, TranspR 2011, 218 = VersR 2011, 1161 = MDR 2011, 863 = NJW-RR.
231 BGH, 21.3.2007 – I ZR 166/04, Rdn. 18, TranspR 2007, 361 = VersR 2008, 515 = MDR 2007, 1383 = NJW-RR 2007, 1630.
232 BGH, 21.3.2007 – I ZR 166/04, Rdn. 19, TranspR 2007, 361 = VersR 2008, 515 = MDR 2007, 1383 = NJW-RR 2007, 1630.
233 BGH, 21.3.2007 – I ZR 166/04, Rdn. 20, TranspR 2007, 361 = VersR 2008, 515 = MDR 2007, 1383 = NJW-RR 2007, 1630.

im Unfallgeschehen niedergeschlagen, jedenfalls bestünde kein Anhaltspunkt dafür, dass Frachtführer oder Fahrer insoweit leichtfertig und mit dem Bewusstsein gehandelt hätten, dass deswegen ein Schaden mit Wahrscheinlichkeit eintreten werde.[234] Keine „bewusste Leichtfertigkeit": Das Berufungsgericht durfte offenlassen, ob das Gut auf dem LKW ausreichend verzurrt und gesichert war (bei Beladepflicht des Frachtführers), weil die gewählte Verzurrung derjenigen der 5 vorangegangenen Transporte entsprach, es bei diesen zu keinem Schaden gekommen war und der Frachtführer deshalb davon ausgehen durfte, dass es auch beim 6. Transport zu keinem Schaden kommen werde.[235]

Am „Bewusstsein", ein Schaden werde mit Wahrscheinlichkeit eintreten, fehlt es laut einer m.E. hier für den Frachtführer zu milde urteilenden Entscheidung des OLG Hamburg, wenn der zuständige Mitarbeiter mangels „Problembewusstsein" nicht erkennt, dass Restmengen im Ladetank die einzufüllende Flüssigkeit beschädigen könnten.[236]

ee) Diebstahl bei Zwischenlagerung

Grob fahrlässig ist die unbewachte nächtliche Zwischenlagerung einer Palette **51** mit wertvollen Silberbarren in einer Lagerhalle auf dem Betriebsgelände ohne besonderen Schutz gegen Einbrüche, wenn mehrere Mitarbeiter Schlüssel besaßen;[237] das Abstellen des LKWs in einer Lagerhalle, zu der andere Nutzungsberechtigte Zugang haben, wenn nach vorausgegangener Entwendung außer dem Auswechseln des Schlosses einer Zugangstür keine weiteren Sicherungsmaßnahmen getroffen worden sind.[238] Das Ausmaß der erforderlichen Sicherheitsmaßnahmen für Zwischenlagerung bestimmt sich nach den Umständen des jeweiligen Einzelfalles. Maßgebliche Kriterien sind neben dem Wert des Gutes die Frage der Zugänglichkeit, Einsehbarkeit und der Einfriedung des Betriebsgeländes. Je abgelegener und leichter betretbar der Betrieb ist, desto mehr wird die Überwachung, insbes. bei Nacht, erforderlich.[239] Wertvolle Güter bilden besonders begehrte Zugriffsobjekte für Diebe und müssen daher nachts grundsätzlich besonders gelagert werden. Die Fenster der Lagerhalle sind ordnungsgemäß zu vergittern, Rolltore müssen abgesichert sein und dürfen sich nicht von außen teilweise hochschieben lassen. Andernfalls liegt ein Organisationsmangel vor.[240] Ebenso bei der Lagerung von EDV-Ware in einer Halle auf frei zugänglichem Gelände, wenn sehr viele Personen einen Hallenschlüssel besitzen, das Passwort

---

234 BGH, 21.3.2007 – I ZR 166/04, Rdn. 21, TranspR 2007, 361 = VersR 2008, 515 = MDR 2007, 1383 = NJW-RR 2007, 1630.
235 BGH, 29.7.2009 – I ZR 212/06, Rdn. 53 und 12, TranspR 2009, 331 = NJW-RR 2009, 1482.
236 OLG Hamburg, 8.7.2010 – 6 U 90/09, Juris, Rdn. 76 (zu § 435).
237 OLG Frankfurt/M., 21.9.1983 – 21 U 199/82, TranspR 1984, 73.
238 OLG Düsseldorf, 22.11.1990 – 18 U 111/90, TranspR 1991, 59 = VersR 1991, 1198.
239 OLG Frankfurt/M., 17.5.1989 – 13 U 23/88, TranspR 1989, 383.
240 OLG Hamburg, 23.11.1989 – 6 U 668/89, TranspR 1990, 433 (ADSp).

Art. 29 Haftung des Frachtführers

zur Entschärfung der Alarmanlage längere Zeit unverändert bleibt und das Sicherheitsunternehmen keine aktuelle Liste der Zutrittsberechtigten besitzt.[241] Das Abstellen von beladenen Containern außerhalb der üblichen Geschäftszeiten auf einem unbewachten und frei zugänglichen Gelände in zweiter Lage oder zwar Tür an Tür, aber mit einem Abstand, der ein Öffnen und die Entnahme von Gut noch zulässt, reicht allein als Sicherung zur Vermeidung der Vorwurfes grober Fahrlässigkeit noch nicht aus.[242] Grobes Verschulden bei Lagerung diebstahlsgefährdeter Güter in nicht besonders gesichertem, abgeschlossenem, von außen nicht einsehbarem Raum, es sei denn, es handele sich nur um kurze Zwischenlagerung von ein bis zwei Tagen.[243]

Keine grobe Fahrlässigkeit ist es, wenn durch ein auf den Einzelfall beschränktes leichtes Fehlverhalten eines Mitarbeiters trotz organisatorischer Absicherung eine ganze Palette verloren geht.[244] Nicht jedes Abhandenkommen in einem Zwischenlager deutet auf grobes Verschulden hin.[245] Anforderungen an Sicherheitsmaßnahmen dürfen nicht überspannt werden. Eine absolute Einbruchsicherung ist unmöglich, so dass mit einem Auftreten ganz besonders entschlossener, mit erheblicher krimineller Energie vorgehender Täter, die beispielsweise über das Dach einsteigen, nicht gerechnet werden muss.[246]

52 *Leichtfertigkeit und Bewusstsein, dass ein Schaden mit Wahrscheinlichkeit eintreten werde*, liegt vor, wenn der auf dem Betriebsgelände beim Flughafen Linz nachts abgestellte Frachtcontainer von Dritten entwendet wird und der Frachtführer seiner sekundären Darlegungsobliegenheit nur unzureichend nachkommt und es deshalb „gut vorstellbar erscheint, dass weder das Gelände ... noch das Fahrzeug selbst in ausreichendem Maße gesichert waren".[247] In zwei weiteren Fällen blieb Diebstahl durch „Leute" des Frachtführers und damit volle Haftung nach dem Vortrag des Frachtführers, niemand sei unkontrolliert an das Gut herangekommen (wobei eine versehentliche Fehlverladung als Ursache ausschied), als einzige Schadensursache übrig.[248]

Nicht leichtfertig ist das Abstellen einer Wechselbrücke mit diebstahlsgefährdetem Gut auf einem umzäunten, von einem Wachdienst kontrollierten Speditionsgelände in Deutschland, dessen Tor bis dahin stets verschließbar gewesen ist und nur an einem Abend nicht zu verschließen war, was der Fahrer nicht wissen

---

241 OLG München, 17.1.1996 – 7 U 4525/95, VersR 1996, 1568.
242 BGH, 24.10.1996 – I ZR 133/94, VersR 1997, 473, 474 (zur ADSp).
243 LG Saarbrücken, 7.7.1991 – 2 S 297/89, TranspR 1991, 157 (ADSp).
244 LG Nürnberg-Fürth, 21.6.1991 – 5 HKO 366/90, TranspR 1992, 188.
245 OLG Köln, 3.4.1992 – 25 U 17/91, TranspR 1992, 225 (ADSp); vgl. OLG Nürnberg, 10.12.1992 – 12 U 2400/92, TranspR 1993, 138 und OLG München, 30.10.1992 – 23 U 3163/92, TranspR 1993, 148 (ADSp).
246 OLG Hamm, 6.6.1988 – 18 U 241/87, VersR 1989, 413 und OLG Düsseldorf, 26.3.1992 – 18 U 236/91, TranspR 1992, 419.
247 BGH, 18.12.2008 – I ZR 128/06, Rdn. 18 und 19, TranspR 2009, 134 = NJW-RR 2009, 751 (CMR-Fall).
248 BGH, 2.4.2009 – I ZR 61/06, Rdn. 23, TranspR 2009, 317 (zu Art. 25 WA) und BGH, 2.4.2009 – I ZR 60/06, Rdn. 39, TranspR 2009, 262, Fall 2 (zu Art. 25 WA).

musste.²⁴⁹ Nicht per se leichtfertig ist das Abstellen eines verschlossenen 48 t schweren Mobilkrans auf einem frei zugänglichen Hafengelände in Antwerpen.²⁵⁰

ff) Frachtbrief

Wer es seinem Fahrer überlässt, den Frachtbrief auszufüllen und nicht sicherstellt, dass dieser alle nötigen Informationen bekommt, kann *grob fahrlässig* handeln.²⁵¹ **53**

gg) Kühltransporte

Grob fahrlässig ist das Abstellen verderblicher Güter in einem Kühlfahrzeug über ein Wochenende, ohne die Temperatur zu überwachen.²⁵² Das Gleiche gilt, wenn das Kühlfahrzeug während einer Fahrtdauer von 20 Stunden im Hinblick auf die erforderliche Temperaturkontrolle überhaupt nicht überprüft wird²⁵³ oder wenn ein völlig ungeeigneter Kühlauflieger benutzt und die Temperatur nicht regelmäßig kontrolliert wird.²⁵⁴ **54**

Leichtfertig und in dem Bewusstsein, dass ein Schaden mit Wahrscheinlichkeit eintreten werde, handelt der Frachtführer, der trotz eindeutig falscher Temperaturanzeige im Führerhaus während der gesamten Fahrt die Temperatur im Laderaum nicht misst²⁵⁵ oder der ein nicht funktionsfähiges Kühlfahrzeug bei Außentemperaturen von 30 °C einsetzt.²⁵⁶ Das gleiche gilt für den Fahrer, der in einer Nacht keine regelmäßigen Temperaturkontrollen durchführt und deshalb nicht bemerkt, dass die für den Medikamententransport einzuhaltende Temperatur von +2 °C bis +8 °C um 3,9 °C (auf 11,9 °C) überschritten wird.²⁵⁷ Vorsatzgleiches Verschulden kann auch in der vertragswidrigen unzureichenden Vorkühlung des LKW-Laderaums liegen.²⁵⁸ Dabei verwirft das Gericht den Einwand, selbst bei sofortiger Feststellung des Temperaturanstiegs hätte die Ware ohnehin nicht mehr gerettet werden können: Es wäre Sache des Frachtführers gewesen, für den **55**

---

249 OLG Stuttgart, 15.8.2001 – 3 U 67/01, TranspR 2002, 37, 38.
250 BGH, 24.11.2010 – I ZR 192/08, Rdn. 23, TranspR 2011, 161 = MDR 2011, 551 = ETR 2011, 513, wobei die Entscheidung zu § 660 Abs. 3 HGB (Seerecht) erging, wo nur die bewusste Leichtfertigkeit des Verfrachters selbst, nicht auch seiner Erfüllungsgehilfen, schadet.
251 So allerdings in einem Fall der *Haftung aus P.V.V.*, nachdem es zu einem Vermischungsschaden beim Empfänger gekommen war, OLG Düsseldorf, 24.7.2002 – 18 U 45/02, VersR 2003, 198, 201.
252 OLG Düsseldorf, 12.12.1985 – 18 U 90/85, TranspR 1986, 56 = VersR 1986, 1069; OLG München, 16.1.1991 – 7 U 2240/90, TranspR 1992, 181.
253 OLG München, a.a.O.
254 OLG Hamburg, 23.6.1999 – 6 U 297/98, TranspR 2000, 175.
255 OLG Düsseldorf, 9.10.2002 – 18 U 38/02, TranspR 2003, 107, 110, kritisiert von *Koller*, VersR 2004, 1346, 1348.
256 OLG München, 22.3.2006 – 7 U 5212/05, TranspR 2006, 310.
257 OLG München, 29.7.2010 – 23 U 4922/09, Juris, Rdn. 16.
258 OLG München, 29.7.2010 – 23 U 4922/09, Juris, Rdn. 20.

Art. 29 Haftung des Frachtführers

Fall einer Temperaturerhöhung für geeignete Abhilfe zu sorgen, etwa Verbringung der Ware in ein Kühlhaus. Wer nicht in der Lage sei, auf einen Temperaturanstieg sinnvoll zu reagieren, dürfe solche Transporte nicht annehmen.[259]

Von Leichtfertigkeit kann *nicht* ausgegangen werden, wenn das zwischen +2°C und +8°C zu transportierende Serum einfriert, aber dies auch an den vom Absender beigegebenen Kühlakkus liegen kann.[260] Weder leichtfertig noch mit Schadensbewusstsein handelt der Frachtführer, der mangels Angaben im Auftrag nicht bemerkt, dass es sich bei der Ware um Kühlgut handelt. Dass die mit dem tatsächlichen Umschlag befassten Leute des Frachtführers nicht wegen des Aufklebers „Cool/Storage between 2 and 8" auf einigen Kartons Maßnahmen ergriffen haben, ändert daran lt. OLG Schleswig nichts.[261]

hh) Lieferfristüberschreitung

56   *Grobe Fahrlässigkeit* liegt vor, wenn der Frachtführer die vereinbarte Lieferfrist nicht einhalten kann, weil er auf seinem Fahrzeug nur einen Fahrer einsetzt, welcher die nach den EG-Vorschriften erforderlichen Ruhezeiten einhalten muss und sich deshalb verspätet,[262] oder wenn er nach eingetretener unverschuldeter Verzögerung nahe liegende Maßnahmen für den unverzüglichen Weitertransport unterlässt.[263]

Das Gleiche gilt, wenn der Frachtführer bei Transport von Frankfurt nach Helsinki im Winter die gem. Art. 19 Satz 2 CMR angemessene Lieferfrist wegen Eisgangs auf der Ostsee im Winter überschreitet, weil er den Container über Hamburg verschiffen lässt, obwohl er über Lübeck bei der dort vorhandenen ausreichenden Ladekapazität die Beförderung rechtzeitig hätte ausführen können,[264] oder wenn die Lieferfristüberschreitung dadurch eintritt, dass der Frachtführer die mit ihm getroffene Vereinbarung eines Um- und Zuladungsverbots nicht einhält und die Transporte nicht auf kürzestem Weg unter Ausschluss des gebrochenen Verkehrs ausführt.[265]

Grobe Fahrlässigkeit ist es, wenn die Verzögerung darauf beruht, dass der Frachtführer nicht im Besitz der erforderlichen Fahrzeugbegleitpapiere (arabisches Manifest) ist, sondern bei Übernahme des Transportes darauf vertraut, die Einreise durch Schwarzmarktgeschäfte und Fälschungen zu bewerkstelligen; ferner dann, wenn er nach Eintritt des Transporthindernisses den Auftraggeber nicht von der Verzögerung unter Angabe der Gründe unterrichtet.[266]

---

259   OLG München, 29.7.2010 – 23 U 4922/09, Juris, Rdn. 18.
260   OLG München, 7.5.2008 – 7 U 5338/06, TranspR 2008, 318, 321.
261   OLG Schleswig, 24.8.2006 – 16 U 37/05, Juris, Rdn. 62 ff.
262   OLG Düsseldorf, 12.12.1985 – 18 U 90/85, TranspR 1986, 56 = VersR 1986, 1069.
263   Sehr streng OLG Düsseldorf, 27.2.1997 – 18 U 104/96, TranspR 1998, 194, 195.
264   LG Lübeck, 17.3.1986 – 13 O 233/85, TranspR 1986, 339.
265   OLG Hamburg, 30.8.1984 – 6 U 57/84, VersR 1985, 832.
266   OLG München, 12.4.1990 – 23 U 3161/88, TranspR 1990, 280, 285 = NJW-RR 1991, 230.

Leichtfertigkeit und Schadensbewusstsein werden vom OLG Köln vermutet, weil der Expressbrief erst 24 Stunden nach Einlieferung eingescannt wird, 21 1/2 Stunden zu spät beim Empfänger eintrifft und der Frachtführer nichts Näheres zu seiner Organisation und dem Ablauf darlegt.[267] Ebenso vom OLG Hamm, weil der Frachtführer das Gut wegen eines anderen kurzfristig erteilten Auftrags des Auftraggebers erst 3 Stunden nach der vereinbarten Zeit übernimmt und zu spät abliefert, ohne zu den Einzelheiten ausreichend vorzutragen.[268] Qualifiziertes Verschulden trifft den Frachtführer, der bei einem Transport mit fester Lieferfrist trotz eines Wechsels des ständigen als Unterfrachtführer eingesetzten Vertragspartners und nachdem es bereits zu versehentlichen und nicht akzeptierten Aufträgen an den ausgemusterten Partner gekommen ist, nicht dafür sorgt, dass die Auftragsvergabe besser kontrolliert wird, so dass erst am Folgetag bemerkt wird, dass der Auftrag an den falschen Subfrachtführer ging, der nicht reagierte. Qualifiziert schuldhaft handelt er ebenfalls, weil er nach Bemerken des Fehlers nicht sofort einen schnelleren Ersatztransport mit 2 Fahrern oder per Luftfracht organisiert.[269] Gem. Art. 29 CMR haftet der Frachtführer, dessen eingeschalteter Grenzspediteur das Grenzbüro an einem normalen Wochentag ohne Mitteilung schließt.[270]

Nicht ohne Weiteres *grob fahrlässig* ist die Verzögerung durch ein Einfrieren der 57
Bremsen bei starkem Frost, einen Motorschaden oder einen Schaden an der Kupplung nach abredewidriger Umladung von einem deutschen auf ein osteuropäisches Fahrzeug, wobei das Gericht unterstellt, dass die Gefahr durch den Fahrzeugtausch nicht erhöht wurde.[271]

ii) Organisationsverschulden[272]

Schon die unter den vorstehenden Stichworten genannte Rechtsprechung ist hier 58
einschlägig. Insbesondere kann eine Vielzahl von Nachlässigkeiten, von denen jede für sich die Gefahr eines Diebstahls erhöht, zur vollen Haftung wegen *grober Fahrlässigkeit* führen.[273]

---

267 OLG Köln, 24.5.2005 – 3 U 195/04, Internetfassung, S. 3 ff., siehe unten bei Rdn. 93.
268 OLG Hamm, 15.9.2008 – 18 U 199/07, TranspR 2009, 167, 169 (Datum in TranspR wohl unrichtig mit 18.8.2008 angegeben, siehe Juris).
269 OLG Stuttgart, 28.5.2008 – 3 U 10/08, TranspR 2008, 259, 261.
270 Obiter OLG Düsseldorf, 7.3.2007 – I-18 U 115/06, TranspR 2007, 195, 198 (in concretu mangels Kausalität volle Haftung verneint).
271 OLG Hamburg, 27.6.2002 – 6 U 86/99, OLGR 2003, 111, 112 f. Hätte der Kläger dargelegt, dass deutsche Fahrzeuge regelmäßig besser gewartet werden als osteuropäische, dass also der Fahrzeugtausch „ernsthaft als Schadensursache in Betracht kam", wäre allerdings von schadenskausalem *Vorsatz* auszugehen gewesen, siehe Rdn. 101.
272 Zum Begriff vgl. *Hassold*, JuS 1982, 583; *Thume*, TranspR 1991, 209, 211; vgl. *Thume*, TranspR 2002, 1, 5.
273 Vgl. BGH, 14.7.1983 – I ZR 128/81, TranspR 1984, 68 = VersR 1984, 134 = NJW 1984, 565 = RIW 1984, 152 = ETR 1985, 95.

59 Grob fahrlässig ist es, wenn dem Fahrer das Geld zur Beschaffung von Treibstoff für die Fortsetzung des Transportes fehlt.[274] Ebenso das Fehlen der Eingangs- und Ausgangskontrolle bei Umverteilung von Sammelgut und Zwischenlagern mit der Folge, dass der Verbleib der Ware nicht mehr feststellbar[275] oder dass der Verlust nicht einer bestimmten Teilstrecke zuzuordnen[276] ist. Grob fahrlässig ist auch das Unterlassen einer Ausgangskontrolle nach einer Zwischenlagerung.[277] Ebenso die nur stichprobenweise Überprüfung der Ausgänge bei 15% der abholenden Fahrzeuge.[278] Überhaupt ist das Fehlen wirksamer Ein- und Ausgangskontrollen beim Umschlag, auch beim Massenumschlag von Paketen, regelmäßig grob fahrlässig,[279] wobei nicht zwingend lückenlos alle umzuschlagenden Sendungen erfasst werden müssen,[280] wenn trotzdem eine hinreichende Kontrolldichte gewährleistet ist, um der Gefahr des Abhandenkommens der Sendungen wirksam entgegenzuwirken.[281] Die Umstände der Stichprobenkontrolle, ihr genauer Ablauf und ihre Intensität müssen aber nachvollzogen werden können, wenn das Verdikt der groben Fahrlässigkeit ausgeschlossen werden soll.[282] Das Zusammenfassen mehrerer Pakete zu einer Sendung, die an den Schnittstellen nicht mehr auf Vollständigkeit überprüft wird, hat das OLG Hamburg als grob fahrlässig angesehen.[283] Grob fahrlässig kann es sein, wenn Selbstanlieferern gestattet wird, die Lagerhalle zu befahren, denn dann könnten diese fremdes Lagergut entwenden, und wenn bei Anlieferung beladener Wechselbrücken keine zahlenmäßige Kontrolle der Pakete erfolgt.[284] Grob fahrlässig kann es auch sein, wenn bei der Anstellung von Fahrern kein polizeiliches Führungszeugnis verlangt wird.[285]

---

274 OLG Düsseldorf, 26.7.1984 – 18 U 65/84, TranspR 1985, 128 = VersR 1985, 1081; a.A. OLG Hamburg, 27.6.2002 – 6 U 86/99, OLGR 2003, 111, 113, in einem Fall, in dem das Geld nach der Reparatur eines nicht grob fahrlässig verursachten technischen Defekts nicht mehr ausreichte, die Fahrt fortzusetzen.
275 BGH, 13.4.1989 – I ZR 28/87, TranspR 1989, 327 = VersR 1989, 1066 = NJW-RR 1989, 1270; Vorinstanz OLG Hamburg, 31.12.1986 – 6 U 151/85, TranspR 1987, 142 (zu den ADSp).
276 OLG München, 4.2.1994 – 23 U 3810/92, VersR 1995, 486 (Leitsatz).
277 BGH, 16.11.1995 – I ZR 245/93, VersR 1996, 913; BGH, 13.6.1996 – I ZR 45/94, VersR 1997, 1163, 1164; OLG Karlsruhe, 28.11.1996 – 9 U 46/96, VersR 1997, 645.
278 BGH, 20.6.1996 – I ZR 94/94, TranspR 1997, 159, 161.
279 BGH, 15.11.2001 – I ZR 158/99, BGHZ 149, 337, 348 = VersR 2002, 1440 (zu den ADSp); BGH, 15.11.2001 – I ZR 284/99, VersR 2003, 1012, 1015 (zu den ADSp); OLG Nürnberg, 18.11.1998 – 12 U 2204/98, TranspR 2000, 126, 127.
280 BGH, 15.11.2001 – I ZR 158/99, BGHZ 149, 337, 348 = VersR 2002, 1440 (zu den ADSp); BGH, 15.11.2001 – I ZR 284/99, VersR 2003, 1012, 1015 (zu den ADSp).
281 BGH, 13.2.2003 – I ZR 128/00, TranspR 2003, 255 (zu den ADSp).
282 BGH, 15.11.2001 – I ZR 163/99, TranspR 2002, 452, 455 (zu den ADSp); BGH, 13.2.2003 – I ZR 128/00, TranspR 2003, 255 (zu den ADSp).
283 OLG Hamburg, 23.5.2002 – 6 U 146/00, TranspR 2003, 65, 66; kritisch hierzu *Koller*, VersR 2004, 1346, 1347.
284 Allerdings misst der BGH diese Versäumnisse des Spediteurs an dessen eigener Organisationsbeschreibung, BGH, 8.12.1999 – I ZR 230/97, VersR 2000, 1043, 1045 = TranspR 2000, 318.
285 OLG Düsseldorf, 7.7.1994 – 18 U 219/93, VersR 1995, 115, 116, im konkreten Fall aber keine grobe Fahrlässigkeit angenommen.

Das Fehlen einer nachprüfbaren Regelung für die Behandlung zurücklaufender 60
Güter (wo und durch wen wird abgeladen, wo verbleibt das Gut?) lässt den
Schluss auf grobes Organisationsverschulden zu.[286] Ebenso die fehlende Überwachung und Kontrolle der Mitarbeiter dahingehend, ob angeordnete nötige Sicherungsmaßnahmen auch tatsächlich umgesetzt werden.[287]

Grob fahrlässiges Organisationsverschulden liegt vor, wenn über den Verlust erst 61
2 1/2 Monate nach Schadenseintritt ein Schadensprotokoll erstellt wird, so dass
der Verbleib der Ware nicht mehr feststellbar ist.[288] Anders müsste es aber sein,
wenn das Schadensprotokoll nur aus einem einfachen Versehen heraus im Einzelfall nicht erstellt wurde. Nach OLG Stuttgart soll es ein schwerwiegender Organisationsmangel sein, wenn nach Feststellung eines Verlustes auf einer Teilstrecke nur Name und Adresse des Fahrers notiert wird, ohne an Ort und Stelle
Aufklärung über die Umstände des Transportverlaufs zu verlangen.[289]

Allgemein kann bei Güterverlust im Einzelfall grobe Fahrlässigkeit angenommen 62
werden, wenn schadensanfällige Tätigkeiten nicht durch zumutbare Maßnahmen
so organisiert sind, dass der Eintritt eines Schadens in zeitlicher, räumlicher und
personeller Hinsicht so weit wie möglich eingegrenzt werden kann.[290] Jedoch
darf nicht aus jedem Abhandenkommen des Gutes auf grobes Organisationsverschulden geschlossen werden.[291]

Nicht ausreichende Schnittstellenkontrollen[292] oder unzureichender Vortrag des 63
Frachtführers zum Ablauf des Betriebs und den ergriffenen Sicherungsmaßnahmen rechtfertigen bei *Verlust* des Gutes ebenfalls in der Regel[293] den Vorwurf der

---

286 BGH, 20.6.1996 – I ZR 94/94, TranspR 1997, 159, 161 (zu den ADSp).
287 BGH, 24.10.1996 – I ZR 133/94, VersR 1997, 473, 474.
288 OLG Nürnberg, 15.10.1992 – 12 U 1481/92, (zu den ADSp) unveröffentlicht.
289 M. E. deutlich zu streng, OLG Stuttgart, 16.9.1998 – 3 U 111/98, TranspR 1999, 66.
290 BGH, 4.5.1995 – I ZR 70/93, BGHZ 129, 345, 351; OLG Hamm, 29.6.1998 – 18 U 19/98, TranspR 1999, 201, 202.
291 OLG Celle, 29.5.1991 – 2 U 183/90, TranspR 1991, 315; OLG Köln, 3.4.1992 – 25 U 17/91, TranspR 1992, 225 und OLG Köln, 31.3.1992 – 22 U 112/91, TranspR 1992, 284; OLG Düsseldorf, 21.7.1994 – 18 U 34/94, VersR 1995, 116, 117 und OLG Düsseldorf, 2.4.1992 – 18 U 175/91, TranspR 1992, 331; OLG München, 30.10.1992 – 23 U 3163/92, TranspR 1993, 148 (sämtlich zu § 51b Satz 2 ADSp a.F.) und OLG Nürnberg, 10.12.1992 – 12 U 2400/92, TranspR 1993, 138.
292 BGH, 20.9.2007 – I ZR 44/05, Rdn. 38 und 39, TranspR 2008, 163: „ständige Rechtsprechung des BGH"; BGH, 30.1.2008 – I ZR 165/04, Rdn. 18, TranspR 2008, 122; BGH, 14.6.2006 – I ZR 75/03, Rdn. 22, TranspR 2006, 345 = VersR 2007, 1436 = NJW 2006, 2976 = MDR 2007, 227; BGH, 25.3.2004 – I ZR 205/01, TranspR 2004, 309, 311 f.; OLG Köln, 19.6.2001 – 3 U 35/01, TranspR 2001, 407, 410 (Fehlen eines „lückenlosen Kontrollsystems", das den Verbleib der Sendung hätte aufklären können); OLG Frankfurt/M., 24.9.2002 – 5 U 75/01, TranspR 2003, 340, 342; ebenso fast alle zum Mitverschulden bei Rdn. 74 ff. zitierten Entscheidungen; OLG Düsseldorf, 12.12.2001 – 18 U 79/01, TranspR 2002, 33, 35; s.o. bei Rdn. 24 am Ende.
293 Aber dann keine unbegrenzte Haftung, wenn der Frachtführer beweist, dass die Fehler nicht kausal für den Verlust waren: BGH, 30.1.2008 – I ZR 146/05, Rdn. 30, TranspR 2008, 117 (HGB-Fall); oder wenn die fehlenden Schnittstellenkontrollen als Schadensursache nicht

Art. 29   Haftung des Frachtführers

Leichtfertigkeit und die Annahme des *Schadensbewusstseins*,[294] nicht aber bei bloßer *Beschädigung*.[295] Zu den Grenzen des Umfangs der gebotenen Schnittstellenkontrollen siehe die Entscheidung des BGH vom 20.9.2007.[296] Bei mehreren Packstücken muss sich die Kontrolle auf jedes Packstück erstrecken.[297] Wenn ein Mitarbeiter sich – wohl mehrfach – über eine Anweisung hinwegsetzt und die Kontrolle an einer Schnittstelle vereitelt, rechtfertigt dies die Annahme des qualifizierten Verschuldens.[298] Auch das Fehlen einer auf den Einzelfall bezogenen Darstellung der tatsächlich durchgeführten Ermittlungsmaßnahmen nach einem *Verlust* kann die Annahme der *bewussten Leichtfertigkeit* rechtfertigen.[299] Ebenso das Fehlen der Darlegung der organisatorischen Maßnahmen zur Verhinderung von Verladefehlern, wenn das Gut wegen unzureichender Sicherung während einer Seebeförderung beschädigt wird,[300] wobei sich die Argumentation des BGH auch auf CMR-Fälle übertragen lässt, wenn der Frachtführer die Pflicht der beförderungssicheren Verladung vertraglich übernommen hatte.[301] Bei Beförderung von *Briefen und briefähnlichen* Sendungen einschließlich Einschreibebriefen ist hingegen keine Schnittstellenkontrolle und damit auch keine Darlegung hierzu geboten.[302]

64 Nur stichprobenweise Ausgangskontrollen rechtfertigen den Vorwurf der Leichtfertigkeit und die Annahme des Schadensbewusstseins,[303] ebenso der Umstand, dass fremden Nahverkehrsunternehmern gestattet wird, ihre Fahrzeuge im Lager des Frachtführers selbst zu beladen.[304] Auch fehlender Vortrag zu den Abläufen des Warenumschlags rechtfertigt bei konkretem Diebstahlsverdacht die Annah-

---

„ernsthaft in Betracht" kommen; BGH, 20.9.2007 – I ZR 43/05, Rdn. 32; TranspR 2008, 113 (HGB- und CMR-Fälle); siehe unten Rdn. 101.
294 BGH, 3.3.2011 – I ZR 50/10, Rdn. 20 und 21, TranspR 2011, 220 = VersR 2011, 1332 = MDR 2011, 792; BGH, 13.7.2006 – I ZR 245/03, Rdn. 27, TranspR 2006, 448 = VersR 2007, 1102 = NJW-RR 2007, 179; BGH, 5.6.2003 – I ZR 234/00, TranspR 2003, 467, 470; BGH, 9.10.2003 – I ZR 275/00, TranspR 2004, 175, 176; BGH, 23.10.2003 – I ZR 55/01, TranspR 2004, 177, 178; OLG Düsseldorf, 12.12.2001 – 18 U 79/01, TranspR 2002, 33, 35.
295 BGH, 9.10.2003 – I ZR 275/00, TranspR 2004, 175, 177; BGH, 29.6.2006 – I ZR 176/03, Internetausdruck Leitsatz und S. 15, Rdn. 33.
296 BGH, 20.9.2007 – I ZR 43/05, Rdn. 35, TranspR 2008, 113 (HGB- und CMR-Fälle).
297 BGH, 13.9.2007 – I ZR 155/04, Rdn. 25, TranspR 2007, 466.
298 OLG Düsseldorf, 23.2.2011 – I 18 U 65/10, Juris, Rdn. 16.
299 BGH, 22.7.2010 – I ZR 194/08, Rdn. 13 und 35 (zu Nr. 27.2 ADSp bei Lufttransport nach MÜ), TranspR 2011, 80.
300 BGH, 29.7.2009 – I ZR 212/06, Rdn. 34, 40 und Leitsatz, TranspR 2009, 331 = NJW-RR 2009, 1482 (zu § 660 Abs. 3 HGB).
301 Vgl. BGH, 29.7.2009 – I ZR 212/06, Rdn. 34, TranspR 2009, 331 = NJW-RR 2009, 1482.
302 So BGH, 14.6.2006 – I ZR 136/03, Internetausdruck, S. 8 = TranspR 2006, 348 = VersR 2007, 273 (zu § 435 HGB); BGH, 26.4.2007 – I ZR 70/04, Rdn. 23, TranspR 2007, 464 (zu § 435 HGB). Solange allerdings die Beförderung nach den Bestimmungen internationaler Postübereinkommen durchgeführt wird, findet die CMR gem. Art. 1 Ziff. 4.a) keine Anwendung.
303 OLG München, 27.7.2001 – 23 U 3096/01, TranspR 2002, 161, 163.
304 OLG München, 27.7.2001 – 23 U 3096/01, TranspR 2002, 161; vgl. OLG Stuttgart, 20.9.2006 – 3 U 115/06, VersR 2007, 859.

me der qualifizierten Leichtfertigkeit.[305] Ebenso nach OLG Oldenburg das Benutzen eines *EDV-Programmes*, das eine neue, richtig eingegebene Empfängeradresse durch eine bereits eingegebene ähnliche, aber falsche, ersetzt.[306] Anders aber, selbst bei strengster Betrachtungsweise zu Lasten des Frachtführers, wenn der EDV-Fehler dem Frachtführer nicht bekannt sein musste.[307]

Kein grobes Organisationsverschulden liegt vor, wenn im Einzelfall ein Spediteurübergabeschein außer Kontrolle gerät, wenn ansonsten die Kontrolle durch EDV gesichert ist,[308] oder wenn es trotz ordentlicher Organisation zu einem Verstapeln oder einer Fehlverladung kommt,[309] oder, nach OLG Düsseldorf, wenn die Dokumentation einer Beschädigung unterbleibt, so dass offen bleibt, ob der Schaden durch einen Gabelstapler oder durch das automatische Verschiebesystem verursacht wurde.[310] Das Abhandenkommen einer Ersatzteilkiste von 360 kg Gewicht lässt nicht zwangsläufig den Schluss auf grobes Organisationsverschulden zu.[311] Keine grobe Fahrlässigkeit liegt bei einer infolge missverstandener Etikettierung vorgenommenen Falschstapelung einer per Sammelgut verschickten Schleifspindel vor, aufgrund derer sie erst nahezu ein Jahr später wieder aufgefunden und weitergeleitet wurde.[312]

65

Keine Leichtfertigkeit kann aus dem Umstand geschlossen werden, dass nach der Schnittstellenkontrolle das Paket sich noch für eine Minute auf dem Förderband befindet, bevor es in den Container gelangt.[313] Keine Leichtfertigkeit sieht das OLG Frankfurt im ungeklärten Abhandenkommen eines Kartons von einer konkreten Position im Umschlaglager, nachdem der Frachtführer umfassend die Sicherungsmaßnahmen geschildert und der Kläger keine Anhaltspunkte für Leichtfertigkeit und Schadensbewusstsein vorgetragen hatte.[314]

66

---

305 Auf dem Flughafen von St. Petersburg, BGH, 21.9.2000 – I ZR 135/98, BGHZ 145, 170, 185 = TranspR 2001, 29, 34 (dort mit vollständigem Abdruck der Gründe; zum WA 1955).
306 OLG Oldenburg, 23.5.2001 – 2 U 77/01, VersR 2002, 638: Rückschluss von der „krassen Nachlässigkeit" auf das Schadensbewusstsein.
307 Denn zumindest ist für den Rückschluss auf das Schadensbewusstsein erforderlich, dass der Frachtführer „hätte wissen müssen", dass ein krasser Organisationsfehler vorliegt: BGH, 25.3.2004 – I ZR 205/01, BGHZ 158, 322, 333; BGH, 11.11.2004 – I ZR 120/02, Internetfassung, S. 14 = TranspR 2006, 161 ff.
308 OLG Düsseldorf, 7.7.1994 – 18 U 219/93, VersR 1995, 115, 116.
309 OLG München, 7.5.1999 – 23 U 6113/98, TranspR 1999, 301, 303 = VersR 2000, 1567.
310 OLG Düsseldorf, 20.3.1997 – 18 U 133/96, VersR 1998, 1399 (zur ADSp): nicht jede Unzulänglichkeit der Lagerorganisation verdient den Stempel „grob fahrlässig".
311 OLG Celle, 29.5.1991 – 2 U 183/90, TranspR 1991, 315 zu § 51b Satz 2 ADSp; vgl. auch OLG Köln, 31.3.1992 – 22 U 112/91, TranspR 1992, 284 und OLG Düsseldorf, 2.4.1992 – 18 U 175/91, TranspR 1992, 331.
312 OLG Düsseldorf, 23.11.1989 – 18 U 70/89, TranspR 1990, 63.
313 BGH, 20.9.2007 – I ZR 43/05, Rdn. 35, TranspR 2008, 113 (HGB- und CMR-Fälle).
314 OLG Frankfurt/M., 28.5.2002 – 5 U 181/00, TranspR 2003, 169 f. (zum WA 1955).

Art. 29 Haftung des Frachtführers

67 Beispiele für ausreichende Organisation und deren Darlegung finden sich in Entscheidungen des OLG Düsseldorf,[315] des OLG München[316] und des LG Köln.[317]

68 Leichtfertigkeit und Bewusstsein, dass ein Schaden mit Wahrscheinlichkeit eintritt, können im Einzelfall vermutet werden, wenn der Frachtführer seiner sog. *„sekundären Darlegungslast"* nicht nachkommt.[318]

jj) Pfandrecht

69 *Grobe Fahrlässigkeit* ist es, wenn der Frachtführer das Gut versteigert, obwohl ihm tatsächlich kein Pfandrecht zusteht, wobei der Fahrlässigkeitsvorwurf erhoben wird, obwohl die Vorinstanzen sogar die Rechtswidrigkeit der Versteigerung verneint hatten.[319]

kk) Raubüberfall und ähnliche Straftaten[320]

70 *Grob fahrlässig* ist der Fall eines Raubüberfalles durch drei bewaffnete Männer in Neapel, die den Fahrer bei einer auf Rotlicht geschalteten Ampel zum Verlassen des Fahrzeuges zwingen. Der Fahrer wäre verpflichtet gewesen, wegen der besonderen Gefährlichkeit des italienischen Raumes die Türen des Führerhauses des LKWs während der Durchfahrt durch die Stadt versperrt zu halten.[321] Ebenso beurteilt wurde das Eindringen zweier bewaffneter maskierter Täter nach Einschlagen der Scheibe in den LKW auf einem hell erleuchteten Autobahnparkplatz bei Rom. Der Frachtführer hätte den Transport so organisieren müssen, dass Pausen nur auf bewachten Parkplätzen gemacht werden.[322]

Leichtfertig und in dem Bewusstsein, dass ein Schaden mit Wahrscheinlichkeit eintreten werde, handelt der Fahrer, der eine Anhalterin mitnimmt und sie dann für kurze Zeit im Wagen allein lässt, so dass sie Betäubungstropfen in das Getränk des Fahrers einfüllen kann.[323]

---

315 OLG Düsseldorf, 7.7.1994 – 18 U 219/93, VersR 1995, 115, 116; weiteres Beispiel, aber zweifelhaft, ob den strengen Anforderungen des BGH genügend: OLG Düsseldorf, 21.7.1994 – 18 U 34/94, VersR 1995, 116, 117 (zur ADSp).
316 OLG München, 7.5.1999 – 23 U 6113/98, TranspR 1999, 301, 303 = VersR 2000, 1567.
317 LG Köln, 11.12.2002 – 91 O 234/01, TranspR 2003, 204 (zum Verschwinden von Gepäck unter Geltung des WA).
318 Siehe unten bei Rdn. 86 ff.
319 BGH, 18.5.1995 – I ZR 151/93, VersR 1995, 1469.
320 Zur Unabwendbarkeit in Raubfällen BGH, 18.1.2001 – I ZR 256/98, TranspR 2001, 369; OLG Hamburg, 12.2.2003 – 6 U 200/02, TranspR 2003, 352 (nicht unabwendbar) mit Anmerkung *Herber*; *Bracker*, TranspR 2004, Sonderbeilage, S. VII, VIII.
321 OGH Wien, 13.9.1990 – 8 Ob 620/90, RdW 1991, 46 = ecolex 1992, 225.
322 OLG Nürnberg, 24.2.1999 – 12 U 4139/94, TranspR 2000, 81, 82 nach Rückverweisung durch den BGH, der die Verneinung des groben Verschuldens durch das OLG moniert hatte: BGH, 14.7.1997 – I ZR 131/95, TranspR 1998, 25, 28; vgl. die ebenso strengen Anforderungen zum Schutz gegen Raub bei Fahrten durch Italien in BGH, 28.5.1998 – I ZR 73/96, TranspR 1998, 454, 455.
323 OLG Hamm, 22.11.2004 – 18 U 123/02, TranspR 2005, 123, 124.

Keine grobe Fahrlässigkeit liegt vor bei Einsatz nur eines Fahrers, der auf bewachtem Parkplatz oder auf unbewachtem Parkplatz vor einem Zollamt in Moskau überfallen wird,[324] sogar Unabwendbarkeit, wenn der einzige Fahrer in Polen von einer Person in Polizeiuniform mit einem Leuchtstab angehalten und bei dem anschließend geforderten Kontrollgang um den Lastzug von drei weiteren Personen überwältigt wird.[325]

2. Rechtsfolgen

a) Übersicht

Wenn die Voraussetzungen des Art. 29 CMR gegeben sind, kann sich der Frachtführer nicht mehr auf die Haftungsbeschränkungen und Haftungsausschlüsse des IV. Kapitels sowie auf alle dort zu seinen Gunsten aufgestellten Beweisvermutungen berufen. Insbesondere entfällt also sein Recht der Haftungsbegrenzung nach den Bestimmungen der Art. 17 Abs. 2–5 CMR, des Art. 18 CMR sowie der Art. 23 und 25 CMR.[326] Dies gilt auch für die in Art. 23 Abs. 1 und 2 CMR enthaltenen Entschädigungskriterien für die Fälle des gänzlichen oder teilweisen Verlustes, weil sie höhere Bewertungen des verlorenen Gutes nicht zulassen und ferner mittelbar sonstige Vermögensschäden für unersetzbar erklären.[327] Dem Anspruchsteller bleibt es aber unbenommen, die in den genannten Bestimmungen enthaltenen Ansprüche zu erheben und etwa den Schaden auf der Grundlage des Art. 23 Abs. 1 und 2 CMR zu berechnen,[328] wobei dann aber auch alle Haftungsgrenzen des Art. 23 CMR Anwendung finden.[329]

71

Bei grob verschuldeter Nichteinziehung einer vereinbarten Nachnahme entfällt also auch die Haftungsbeschränkung des Frachtführers gem. Art. 21 CMR, wonach dieser nur maximal bis zur Höhe des Nachnahmebetrages Schadensersatz leisten müsste.[330]

In den Fällen der Art. 24 und 26 CMR kann sich der Frachtführer ebenfalls nicht auf die danach vereinbarten Haftungsgrenzen berufen, weil auch diese zu einer

---

324 So jedenfalls im konkreten Fall OLG Hamburg, 5.10.2000 – 6 U 173/98, OLGR Hamburg 2001, 45 (genauer Sachverhalt ist nicht mit veröffentlicht), Revision (I ZR 248/00) wurde zurückgenommen.
325 OLG Karlsruhe, 21.12.2000 – 9 U 205/99, TranspR 2003, 347, der BGH hat die Revision nicht angenommen: BGH, 25.10.2001 – I ZR 24/01, TranspR 2003, 349.
326 BGH, 30.9.2010 – I ZR 39/09, Rdn. 45, BGHZ 187, 141 = TranspR 2010, 437 = VersR 2011, 819 = NJW 2011, 296 = MDR 2010, 1474; Staub/*Helm*, 4. Aufl., Art. 29 CMR Rdn. 3; *Piper*, VersR 1988, 201, 207.
327 *Koller*, Art. 29 CMR Rdn. 8; *Thume*, VersR 1993, 930, 935.
328 BGH, 3.3.2005 – I ZR 134/02, Internetausdruck, S. 7 = TranspR 2005, 253; OLG Düsseldorf, 24.7.2002 – 18 U 33/02, TranspR 2003, 343, 347.
329 BGH, 30.9.2010 – I ZR 39/09, Rdn. 48, BGHZ 187, 141 = TranspR 2010, 437 = VersR 2011, 819 = NJW 2011, 296 = MDR 2010, 1474 m.w.N.; vgl. bereits *Thume*, TranspR 2008, 78, 81.
330 *Thume*, VersR 1993, 930, 935f.

Art. 29 Haftung des Frachtführers

Haftungsbeschränkung führen würden, wenn der Schaden die vereinbarten Wert- bzw. Interessendeklarationen übersteigt.[331] Schließlich enthält auch die Zinsbestimmung des Art. 27 CMR der Höhe nach eine Haftungsbeschränkung auf 5%, die bei Vorliegen der Voraussetzungen des Art. 29 CMR wegfällt, mit der Folge, dass Verzugszinsen nach dem jeweils anwendbaren nationalen Recht in voller Höhe verlangt werden können.[332]

72 Dagegen kann sich der Frachtführer auf etwaige weitere Haftungseinschränkungen oder Ausschlüsse, die nicht im IV. Kapitel der CMR enthalten sind, durchaus berufen. Dies gilt auch hinsichtlich der Beweisvermutungen und deren Rechtsfolgen gem. Art. 30 Abs. 1 und 2 CMR sowie hinsichtlich der Versäumung der dort und insbes. in Art. 30 Abs. 3 CMR bei Lieferfristüberschreitung genannten Vorbehaltsfristen. Wird der letztgenannte Vorbehalt versäumt und innerhalb der 21-Tage-Frist nicht nachgeholt, so tritt auch in den Fällen des Art. 29 CMR totaler Rechtsverlust ein, der von Amts wegen zu berücksichtigen ist.[333]

73 Bei Vorliegen der Voraussetzungen des Art. 29 CMR verlängert sich die Verjährungsfrist gem. Art. 32 Abs. 1 Satz 2 CMR auf drei Jahre.

b) Mitverschulden

74 Da sich der Frachtführer nach dem Wortlaut des Art. 29 Abs. 1 CMR bei Vorliegen der genannten Voraussetzungen auf keine die Haftung ausschließende oder begrenzende Bestimmung des IV. Kapitels berufen darf, entfällt nach dem Wortlaut auch jeder Einwand einer Mithaftung des Anspruchsberechtigten, auch wenn diesen hinsichtlich des eingetretenen Verlustes, der Beschädigung oder der Überschreitung der Lieferfrist ein Verschulden i.S.d. Art. 17 Abs. 2 1. Alternative CMR trifft. Nach einer Auffassung kann sich der Frachtführer daher weder auf diese Bestimmung noch direkt auf Art. 17 Abs. 5 CMR berufen.[334]

75 Nach weit verbreiteter Meinung der Literatur ist jedoch ein Mitverschulden des Berechtigten dennoch im Sinne einer Schadensteilung zu berücksichtigen. Einige begründen dies mit der Geltung des Grundsatzes von Treu und Glauben, der „in

---

331 *Heuer*, Haftung, S. 128; *Piper*, VersR 1988, 201, 207.
332 OLG Hamburg, 22.1.1998, TranspR 1998, 252, 254; OLG Hamm, 25.5.1992 – 18 U 165/91, TranspR 1992, 410 und OLG Düsseldorf, 12.12.1985 – 18 U 90/85, TranspR 1986, 56, 59 = VersR 1986, 1069 (Nachweis höherer Zinsen dort allerdings nicht erbracht); *Decker*, CMR, Anm. 122; *Fischer*, TranspR 1991, 321, 336; *Koller*, Art. 27 CMR Rdn. 6; *Thume*, VersR 1993, 930, 936; Staub/*Helm*, 4. Aufl., Art. 27 CMR Rdn. 3; MünchKommHGB/*Jesser-Huß*, Art. 27 CMR Rdn. 23; E/B/J/S/*Boesche*, Art. 27 CMR Rdn. 10.
333 BGH, 14.11.1991 – I ZR 236/89, TranspR 1992, 135; *Koller*, Art. 29 CMR Rdn. 8; vgl. dazu auch die Erläuterungen bei Art. 30 CMR Rdn. 54 und Art. 32 CMR Rdn. 15.
334 Obiter BGH, 27.6.1985 – I ZR 40/83, TranspR 1985, 338, 340 = VersR 1985, 1060 = NJW-RR 1986, 248 = RIW 1986, 60 = ETR 1986, 103; OLG München, 16.1.1991 – 7 U 2240/90, TranspR 1992, 181; *Glöckner*, Art. 17 CMR Rdn. 91; Staub/*Helm*, 4. Aufl., Art. 17 CMR Rdn. 233 und Art. 29 CMR Rdn. 27; *Heuer*, Haftung, S. 78, 108; *Koller*, Art. 29 CMR Rdn. 8 unter Hinweis auf die Ausführungen der 6. Auflage seines Kommentars, dort Art. 29, Rdn. 8.

nahezu allen europäischen Rechtsordnungen und im Völkerrecht" gelte[335] und der deshalb als immanenter Teil auch der CMR anzusehen sei.[336] Andere wollen das nach IPR ergänzend anwendbare nationale Recht heranziehen und gelangen so bei deutschem Recht zur Anwendung von §§ 254 und 242 BGB.[337] Beide Auffassungen setzen voraus, dass die CMR in der Frage des Mitverschuldens im Rahmen von Art. 29 entweder an einer gewollten[338] oder an einer ungewollten[339] Lücke leidet. Nach *Koller*, der allerdings angesichts der inzwischen gefestigten anderslautenden BGH-Rechtsprechung[340] in der 7. Auflage seines Kommentars nur noch auf die Vorauflage verweist,[341] kommt es zu keiner Schadensteilung: Art. 17 Abs. 5 habe die unterschiedlichen Mitverschuldenskonzepte der Vertragsstaaten vereinheitlichen sollen. Diese Vereinheitlichung betreffe auch das Zusammenspiel von Art. 17 Abs. 5 und Art. 29 CMR. Sie dürfe weder durch eine Analogie noch durch Rückgriff auf nationales Recht unterminiert werden, denn die Ausprägungen von Treu und Glauben seien in den einzelnen Vertragsstaaten durchaus unterschiedlich.[342] Zu berücksichtigen sei jedoch ein Verstoß des Ersatzberechtigten gegen die Verpflichtung, den Frachtführer vor Vertragsschluss auf einen außergewöhnlich hohen Schaden hinzuweisen, soweit der Frachtführer deshalb keine besonderen Vorsorgemaßnahmen getroffen habe. Dann sei lückenfüllend nationales Recht heranzuziehen, und bei Anwendung deutschen Rechtes träfe den Ersatzberechtigten eine Haftung nach §§ 280, 311 BGB.[343]

Der Bundesgerichtshof hatte im Jahre 1985 *obiter* ausgeführt, dass es bei grobem Verschulden des Berechtigten gem. Art. 29 CMR nicht zu einer Schadensteilung nach Art. 17 Abs. 5 kommen könne, weil die Haftungsausschlüsse nach Art. 17 CMR nicht eingreifen würden.[344] In einigen späteren Entscheidungen prüfte der BGH das Mitverschulden des Absenders wegen unterlassener Wertdeklaration und wegen Beauftragung eines erkennbar grob schlecht organisierten Frachtführers unterschiedslos sowohl für die zugrunde liegenden innerstaatlichen als auch für CMR-Transporte nach § 254 BGB, verneinte aber *in concreto* ein Mitverschulden, ohne die grundsätzliche Problematik zu erörtern.[345] Im Urteil vom 20.1.2005 bejaht der BGH hingegen ausdrücklich die ergänzende Anwendung des § 254 BGB für den Fall, dass der Geschädigte es unterlassen hat, den Frachtführer im Hinblick auf den Wert des Gutes auf einen ungewöhnlich hohen Scha- 76

---

335 *Thume*, 1. Aufl., Art. 29 CMR Rdn. 44; *ders.*, VersR 1993, 930, 936.
336 *Thume*, 1. Auf., Art. 29 CMR Rdn. 44; *ders.*, VersR 1993, 930, 936; *Herber/Piper*, Art. 29 CMR Rdn. 20; MünchKommHGB/*Jesser-Huß*, Art. 29 CMR Rdn. 37.
337 Staub/*Helm*, 4. Aufl., Art. 17, Rdn. 233.
338 Dann ist Platz für das nationale Recht.
339 Dann kann Art. 17 Abs. 5 entsprechend oder ein CMR-immanenter Grundsatz von Treu und Glauben angewendet werden.
340 S. u. Rdn. 79.
341 *Koller*, Art. 29 CMR Rdn. 8.
342 *Koller*, 6. Auflage, Art. 29, Rdn. 8.
343 *Koller*, 6. Auflage, Art. 29, Rdn. 8 a.E.
344 BGH, 27.6.1985 – I ZR 40/83, VersR 1985, 1060, 1062.
345 BGH, 25.11.2004 – I ZR 210/01, Internetfassung, S. 10f.; BGH, 9.10.2003 – I ZR 275/00, TranspR 2004, 175.

Art. 29 Haftung des Frachtführers

den aufmerksam zu machen. Jedenfalls im Rahmen der verschärften Haftung nach Art. 29 könne auf ergänzend anwendbares nationales Recht zurückgegriffen werden.[346]

77 Einigkeit besteht danach für den Fall, dass der Berechtigte vor Abschluss des Vertrages gegen vorvertragliche Hinweis- und Aufklärungspflichten verstößt: Dann ist eine Schadensteilung möglich. Die angenommene Pflicht, den Frachtführer auf einen von ihm nicht erkennbaren, besonders hohen Wert der Sendung hinzuweisen, besteht jedoch nicht nur vor Abschluss des Frachtvertrages, sondern auch noch danach. Sie entsteht sogar erst nach Vertragsschluss, wenn der Absender, der selbst Spediteur ist, den hohen Wert erst dann in Erfahrung bringen kann. Sein Schweigen dann sanktionslos zu lassen, das vorvertragliche Schweigen aber zu sanktionieren, wäre ein Wertungswiderspruch. Da die Entscheidung, ob eine gesetzliche Regelung eine Lücke enthält, letztlich ebenfalls von einer Wertung abhängt, und da man, wie *Basedow* ausgeführt hat, der CMR keine ungerechten Lösungen unterstellen sollte,[347] ist entgegen BGH[348] der Meinung der Vorzug zu geben, wonach eine ungewollte Lücke existiert,[349] so dass ein Mitverschulden nach dem Grundgedanken Art. 17 Abs. 5 CMR als Ausprägung des auch die CMR beherrschenden Grundsatzes von Treu und Glauben zu berücksichtigen ist, was im Ergebnis der Anwendung der §§ 254 und 242 BGB im nationalen deutschen Frachtrecht entsprechen kann, allerdings den Mitverschuldenseinwand aus der CMR selbst und damit unabhängig von dem nach IPR anwendbaren unvereinheitlichten nationalen Recht zur Anwendung bringt.

78 Außerhalb dieser Problematik liegt von vornherein der Fall, in dem ein vom Absender verursachter Schaden während des Transportes eingetreten ist, bevor der Frachtführer mit vorsatzgleichem Verschulden einen weiteren Schaden herbeiführt. Dann jedenfalls steht Art. 29 CMR einer Schadensteilung gem. direkt anwendbarem Art. 17 Abs. 5 CMR nicht entgegen.[350]

79 Der BGH hat ungeachtet der Kritik[351] an seinem eingeschlagenen Weg zur Berücksichtigung des Mitverschuldens festgehalten und sich in ständiger Rechtsprechung dazu entschieden, auf das unvereinheitlichte nationale Recht zurückzugreifen, was zu weiterer Rechtszersplitterung führt, von der Praxis aber

---

346 BGH, 20.1.2005 – I ZR 95/01, Internetfassung, S. 15 = TranspR 2005, 311ff.; ebenso BGH, 19.5.2005 – I ZR 238/02, Internetfassung, S. 9 = TranspR 2006, 114ff.; BGH, 1.12.2005 – I ZR 4/04, Internetfassung, Rdn. 16 = TranspR 2006, 116ff.; BGH, 19.1.2006 – I ZR 80/03, Internetfassung, Rdn. 18 = TranspR 2006, 121ff.
347 MünchKommHGB/*Basedow*, 1. Aufl., Art. 29, Rdn. 33.
348 S. u. ab Rdn. 79.
349 *Thume*, 1. Auflage, Art. 29 CMR Rdn. 44; *ders.*, VersR 1993, 930, 936.
350 BGH, 27.6.1985 – I ZR 40/83, TranspR 1985, 338, 340 = VersR 1985, 1060 = NJW-RR 1986, 248 = RIW 1986, 60 = ETR 1986, 103; MünchKommHGB/*Jesser-Huß*, Art. 29 CMR Rdn. 36; *Thume*, VersR 1993, 930, 936.
351 Vgl. *Thume*, TranspR 2006, 369; *Harms*, Festschrift Thume, 173 = TranspR 2008,310; *Koller*, Art. 29 CMR Rdn. 8; *Koller*, TranspR 2007, 221, 224; *Koller*, TranspR 2006, 413, 421; *Köper*, TranspR 2007, 94; nur teilweise zustimmend: *Tomhave*, TranspR 2006, 124, 126; die Rspr. tendenziell wohl begrüßend, *Schmidt*, TranspR 2008, 299ff.

schlicht zu beachten ist. Danach ist das Mitverschulden auch im Rahmen des Art. 29 zu berücksichtigen, wobei hierzu im Anwendungsbereich des Art. 29 auf das nach IPR auf den Frachtvertrag anwendbare nationale[352] Recht zurückgegriffen wird.[353]

Ist dies das **deutsche** Recht, verweist der BGH in Fällen des § 435 HGB zunächst auf § 425 Abs. 2 HGB, betont aber, dass § 425 Abs. 2 HGB den Rechtsgedanken des § 254 BGB aufgreift und alle Fälle des mitwirkenden Verschuldens in einer Vorschrift zusammenfasst.[354] Der BGH nennt auch in CMR-Fällen häufig § 425 Abs. 2 HGB neben § 254 BGB als anwendbare Gesetzesgrundlage,[355] subsumiert aber ohne Unterschied zwischen Fällen nach § 435 HGB und Art. 29 regelmäßig unter Bezugnahme auf die Vorschrift des § 254 Abs. 1 und Abs. 2 BGB.[356]

79a

Dabei haben sich bislang mit Bezug auf die Art und den Wert des Gutes drei Fallgruppen[357] herausgebildet: Die unterlassene „Wertdeklaration", das Unterschieben von „Verbotsgut" und der unterlassene Hinweis auf einen „ungewöhnlich hohen Schaden".

79b

Wertdeklaration:

Als Mitverschulden (gem. § 254 Abs. 1 BGB) gegenüber dem vorsatzgleichen Verschulden des Frachtführers kommt insbes. der unterlassene Hinweis des Absenders auf den (hohen) Wert des Gutes in Betracht, wenn der Absender weiß[358]

79c

---

352 BGH, 1.7.2010 – I ZR 176/08, Rdn. 27, TranspR 2011, 78; BGH, 26.3.2009 – I ZR 120/07, Rdn. 27 und 28, TranspR 210, 76 (niederländisches Recht); OLG München, 19.4.2012 – 23 U 164/11, TranspR 2012, 334, 336 (italienisches Recht); OLG Düsseldorf, 16.4.2008 – I-18 U 82/07, Juris, Rdn. 42 (englisches Recht); OLG Köln, 30.5.2006 – 3 U 164/05, TranspR 2007, 114, 116 (deutsches Recht).
353 BGH, 24.6.2010 – I ZR 73/08, Rdn. 12, TranspR 2010, 382; BGH, 3.7.2008 – I ZR 210/05, Rdn. 12, TranspR 2008, 406 m.w.N.; BGH, 26.6.2008 – I ZR 54/06, Rdn. 11; BGH, 30.1.2008 – I ZR 165/04, Rdn. 25, TranspR 2008, 122; BGH, 20.9.2007 – I ZR 43/05, Rdn. 37, TranspR 2008, 113; BGH, 3.5.2007 – I ZR 106/05, Rdn. 17, TranspR 2007, 421; BGH, 3.5.2007 – I ZR 85/05, Rdn. 18, TranspR 2007, 419; kritisch hierzu *Thume*, TranspR 2006, 369 ff.
354 BGH, 3.5.2007 – I ZR 109/04, Rdn. 26, TranspR 2007, 405 = NJW-RR 2008, 347; BGH, 16.11.2006 – I ZR 257/03, Rdn. 35, TranspR 2007, 161 = VersR 2007, 1539 = NJW 2007, 1809; BGH, 20.7.2006 – I ZR 9/05, Rdn. 23, TranspR 2006, 394 = VersR 2007, 564; BGH, 29.6.2006 – I ZR 168/03, Rdn. 25, TranspR 2006, 466 = NJW-RR 2006, 1694.
355 BGH, 26.6.2008 – I ZR 54/06, Rdn. 13 und 19; BGH, 21.2.2008 – I ZR 105/05, Rdn. 18, TranspR 2008, 249; vgl. auch BGH, 1.7.2010 – I ZR 176/08, Rdn. 27, TranspR 2011, 78; BGH, 20.9.2007 – I ZR 43/05, Rdn. 39, TranspR 2008, 113.
356 Siehe die nachfolgenden Entscheidungen.
357 Zu anderen Fällen des Mitverschuldens siehe unten Rdn. 80.
358 BGH, 15.11.2001 – I ZR 158/99, BGHZ 149, 337, 352; OLG Koblenz, 30.11.2006 – 2 U 1521/05, VersR 2007, 1009, 1010. Bietet der Frachtführer – und sei es auch nur gegen besondere Vergütung – weitergehende Schutzvorkehrungen an, die der Versender trotz Kenntnis nicht in Anspruch nimmt, geht der Versender bewusst ein Verlustrisiko ein, das ihm anteilig zuzurechnen ist: BGH, 30.3.2006 – I ZR 57/03, Rdn. 42, TranspR 2006, 250 = ETR 2006, 668 = MDR 2006, 1418.

Art. 29 Haftung des Frachtführers

oder auch nur wissen muss,[359] dass der Frachtführer das Gut bei zutreffender Wertangabe mit größerer Sorgfalt behandelt. Vom Wissenmüssen des Absenders kann nach BGH im Allgemeinen ausgegangen werden, wenn sich aus den Transportbedingungen des Frachtführers ergibt, dass er bei solchen Transporten bei Verlust oder Beschädigung höher haften will,[360] denn zur Vermeidung der versprochenen höheren Haftung werden erfahrungsgemäß höhere Sicherheitsstandards gewählt.[361] Dies gilt selbst dann, wenn sich die Klausel nur auf nicht der CMR unterliegende Transporte bezieht,[362] denn es kann, so der BGH, angenommen werden, dass ein solcher Frachtführer bei Wertangabe allgemein höhere Sicherheitsstandards einhalten wird.[363] Das Kennenmüssen der sorgfältigeren Behandlung ist z.B. nach BGH auch dann anzunehmen, wenn in den Beförderungsbedingungen die Klausel enthalten ist, dass Schnittstellenkontrollen unterbleiben und es heißt „Soweit der Versender eine weitergehende Kontrolle der Beförderung wünscht, wählt er die Beförderung als Wertpaket".[364] *Aus der Ankündigung des Vertragsbruchs – denn das Abbedingen von Schnittstellenkontrollen ist nach BGH in AGB unwirksam*[365] *– folgt hier letztlich eine Haftungsminderung des Vertragsbrüchigen.*[366] Dem Absender muss der Wert seiner Sendung nicht positiv bekannt sein, um die Hinweisobliegenheit auszulösen. Es reicht in bestimmten Fällen, wenn er Anlass hatte, einen hohen Wert anzunehmen. Es wird ihm angesonnen, sich über den Wert zu erkundigen.[367] Der BGH verlangt in einer bestimmten Fallgruppe sogar vom Absender, Defizite des Frachtführers in der Organisation des Empfangs der Wertdeklaration zu erkennen und auszugleichen: Biete, so der BGH, „die konkrete Ausgestaltung des Versandverfahrens dem Ab-

---

359 BGH, 26.6.2008 – I ZR 176/05, Rdn. 23 und 26; BGH, 16.11.2006 – I ZR 257/03, Rdn. 36, TranspR 2007, 161 = VersR 2007, 1539 = NJW 2007, 1809 = MDR 2007, 767; BGH, 20.7.2006 – I ZR 9/05, Rdn. 25, TranspR 2006, 394 = VersR 2007, 564; BGH, 1.12.2005 – I ZR 4/04, Internetfassung, Rdn. 16 = TranspR 2006, 116ff.; BGH, 19.1.2006 – I ZR 80/03, Internetfassung, Rdn. 18 = TranspR 2006, 121ff.; ebenso zu § 425 Abs. 2 HGB: BGH, 30.3.2006 – I ZR 123/03, Internetfassung, Rdn. 29.
360 BGH, 3.7.2008 – I ZR 132/05, Rdn. 14, TranspR 2008, 397 = VersR 2009, 376 = MDR 2009, 97 = NJW-RR 2009, 173; BGH, 21.2.2008 – I ZR 128/05, Rdn. 20, TranspR 2008, 207; BGH, 3.5.2007 – I ZR 175/05, Rdn. 19, TranspR 2007, 414; BGH, 3.5.2007 – I ZR 106/05, Rdn. 22, TranspR 2007, 421. Eine Pflicht, auf den höheren Wert hinzuweisen, kann sich auch aus Ziff. 3.6 ADSp ergeben, vgl. OLG Stuttgart, 20.9.2006 – 3 U 115/06, VersR 2007, 859, 860.
361 BGH, 13.8.2009 – I ZR 76/07, Rdn. 15, TranspR 2010, 145 = NJW-RR 2010, 848.
362 BGH, 1.12.2005 – I ZR 4/04, Internetfassung, Rdn. 21–23 = TranspR 2006, 116ff.
363 BGH, 26.6.2008 – I ZR 54/06, Rdnr. 14; BGH, 21.2.2008 – I ZR 105/05, Rdn. 19, TranspR 2008, 249; BGH, 3.5.2007 – I ZR 106/05, Rdn. 27, TranspR 2007, 421.
364 BGH, 22.11.2007 – I ZR 74/05, Rdn. 32, BGHZ 174, 244 = TranspR 2008, 30 = VersR 2008, 508 = NJW 2008, 920 = MDR 2008, 282 (die komplette Klausel ist abgedruckt in der Entscheidung der Vorinstanz OLG Düsseldorf, 13.4.2005 – I-18 U 160/04, Rdn. 25 (Juris)); BGH, 20.7.2006 – I ZR 9/05, Rdn. 25, TranspR 2006, 394 = VersR 2007, 564.
365 Siehe oben bei Rdn. 30
366 Einen gleichartigen Wertungswiderspruch konstatiert *Köper* für die bei Rdn. 80 unten dargestellte Fallgruppe, TranspR 2007, 94, 99.
367 BGH, 16.11.2006 – I ZR 257/03, Rdn. 39, TranspR 2007, 161 = VersR 2007, 1539 = NJW 2007, 1809 = MDR 2007, 767.

sender keinerlei Anhaltspunkte für die Annahme", "auf welche Weise wertdeklarierte Pakete einem besonders kontrollierten Transportsystem zugeführt werden, hat dieser selbst Maßnahmen zu ergreifen, um auf eine sorgfältigere Behandlung des wertdeklarierten Pakets aufmerksam zu machen".[368] Die fehlende oder falsche Wertangabe muss aber für den Schaden kausal geworden sein.[369] An der Kausalität fehlt es, wenn der Frachtführer den hohen Wert ohnehin kannte[370] – bei mindestens gleich guten Erkenntnismöglichkeiten vom Wert wie der Geschädigte[371] – , oder wenn er nicht darlegt und im Falle des Bestreitens beweist,[372] welche zusätzlichen Schutzmaßnahmen er bei Kenntnis des hohen Wertes getroffen hätte.[373] Es muss also feststehen, dass er tatsächlich bei einer Wertdeklaration die Sendung sorgfältiger behandelt[374] oder den Transport bei Kenntnis des Wertes abgelehnt hätte.[375] Der Frachtführer muss aber nicht nachweisen, dass bei der für hohe Werte vorgesehenen sorgfältigeren Behandlung der Schaden sicher vermie-

---

[368] BGH, 3.7.2008 – I ZR 204/06, Rdn. 17, TranspR 2008, 403; BGH, 3.7.2008 – I ZR 183/06, Rdn. 16, TranspR 2008, 400 = VersR 2010, 366 = MDR 2009, 96 = NJW-RR 2009, 46 m.w.N.; BGH, 30.1.2008 – I ZR 165/04, Rdn. 32, TranspR 2008, 122 m.w.N.; BGH, 3.5.2007 – I ZR 85/05, Rdn. 23, TranspR 2007, 419 m.w.N.
[369] BGH, 2.12.2004 – I ZR 48/02, Internetausdruck, S. 11; BGH, 11.11.2004 – I ZR 120/02, Internetausdruck, S. 16 f. = TranspR 2006, 161 ff.: "höchstens hälftige Mithaftung".
[370] BGH, 3.2.2005 – I ZR 276/02, Internetausdruck, S. 4 f. = TranspR 2005, 208.
[371] Dieses Merkmal wird vom BGH in einigen Entscheidungen erwähnt: BGH, 19.1.2006 – I ZR 80/03, Rdn. 26 = TranspR 2006, 121 ff.; BGH, 30.3.2006 – I ZR 57/03, Rdn. 46, TranspR 2006, 250 = ETR 2006, 668 = MDR 2006, 1418; dabei bleibt unklar, ob trotz positiver Kenntnis des Frachtführers vom hohen Wert die Kausalität des Mitverschuldens zu verneinen sein soll, wenn des Frachtführers Erkenntnismöglichkeiten schlechter sind als die des Geschädigten. Richtigerweise sollte die Erkenntnismöglichkeit nur ein Indiz für die die Kausalität ausschließende Kenntnis sein, wovon der BGH in den zitierten Entscheidungen letztlich dann doch auszugehen scheint. Vgl. auch BGH, 13.9.2007 – I ZR 155/04, Rdn. 26, TranspR 2007, 466; BGH, 3.7.2008, I ZR 210/05, Rdn. 18, TranspR 2008, 406.
[372] BGH, 26.6.2008 – I ZR 54/06, Rdn. 18 und 19; BGH, 21.2.2008 – I ZR 128/05, Rdn. 26, TranspR 2008, 207; BGH, 21.2.2008 – I ZR 105/05, Rdn. 20 und 21, TranspR 2008, 249; BGH, 22.11.2007 – I ZR 74/05, Rdn. 34 und 35, BGHZ 174, 244 = TranspR 2008, 30 = VersR 2008, 508 = NJW 2008, 920 = MDR 2008, 282; BGH, 3.5.2007 – I ZR 106/05, Rdn. 23 und 24, TranspR 2007, 421.
[373] BGH, 5.6.2003 – I ZR 234/00, TranspR 2003, 467, 471; BGH, 9.10.2003 – I ZR 275/00, TranspR 2004, 175; BGH, 23.10.2003 – I ZR 55/01, TranspR 2004, 177, 178; BGH, 6.5.2004 – I ZR 262/01, TranspR 2004, 474, 476; BGH, 17.6.2004 – I ZR 263/01, TranspR 2004, 339, 401; BGH, 25.11.2004 – I ZR 210/01, Internetausdruck, S. 11; OLG Frankfurt/M., 24.9.2002 – 5 U 75/01, TranspR 2003, 340, 343; OLG München, 17.3.2004 – 7 U 4035/03, TranspR 2005, 26, 27.
[374] BGH, 13.8.2009 – I ZR 3/07, Rdn. 12, TranspR 2010, 143; BGH, 11.9.2008 – I ZR 118/06, Rdn. 19, TranspR 2008, 362; BGH, 3.7.2008 – I ZR 210/05, Rdn. 13, TranspR 2008, 406; BGH, 26.6.2008 – I ZR 176/05, Rdn. 24; BGH, 3.5.2007 – I ZR 175/05, Rdn. 24, TranspR 2007, 414; BGH, 3.5.2007 – I ZR 109/04, Rdn. 27, TranspR 2007, 405 = NJW-RR 2008, 347 = MDR 2007, 1435.
[375] Vgl. BGH, 16.11.2006 – I ZR 257/03, Rdn. 40, TranspR 2007, 161 = VersR 2007, 1539 = NJW 2007, 1809 = MDR 2007, 767; vgl. auch, obwohl nicht ganz eindeutig, BGH, 28.9.2006 – I ZR 198/03, Rdn. 34, TranspR 2007, 110 = NJW-RR 2007, 1282 = MDR 2007, 668.

Art. 29 Haftung des Frachtführers

den worden wäre.[376] Das Mitverschulden ist bereits dann als mit schadensursächlich anzurechnen, wenn sich dadurch die Wahrscheinlichkeit eines Schadens der eingetretenen Art nicht unerheblich erhöht hat[377] oder wenn das Verhalten dem Frachtführer die Möglichkeit nimmt, den Ort des Schadenseintritts einzugrenzen und auf diese Weise die auf fehlender Schnittstellenkontrolle beruhende Vermutung der ursächlichen eigenen Leichtfertigkeit zu widerlegen.[378] Auch wenn also bei wertdeklarierten Sendungen Lücken in der Schnittstellenkontrolle verbleiben und es möglich bleibt, dass die Sendung gerade in dem auch bei Wertdeklaration nicht kontrollierten Bereich verloren gegangen ist und dann also die Wertangabe den Verlust nicht verhindert hätte, kommt ein im Unterlassen der Wertangabe liegendes kausales Mitverschulden in Betracht.[379] *Steht* hingehen *fest*, dass der Verlust erst auf einer Teilstrecke eintrat, für die auch bei Wertdeklaration keine andere Behandlung des Gutes stattgefunden hätte, fehlt es an der nötigen Kausalität.[380]

Verbotsgut:

79d Klauseln des Vertrages, wonach der Frachtführer bestimmte – i.d.R. besonders wertvolle – Güter nicht befördern will, beschreiben nur den Umfang der Dienste und regeln nicht die Haftung wegen Verlust oder Beschädigung[381]. Sie sind Ausdruck der Vertragsabschlussfreiheit, die in der CMR nicht geregelt ist, und sind deshalb nicht gem. Art. 41 CMR unwirksam.[382] Die „Verbotsklausel" hat in den entschiedenen Fällen nicht bewirkt, dass der Vertrag von vornherein nicht zustande kam, was der BGH der Auslegung der jeweils konkret geltenden Beförderungsbedingungen entnommen hat,[383] und die Sanktion für das „Unterschieben"

---

376 BGH, 28.9.2006 – I ZR 198/03, Rdn. 34, TranspR 2007, 110 = NJW-RR 2007, 1282 = MDR 2007, 668; BGH, 13.7.2006 – I ZR 245/03, Rdn. 33, TranspR 2006, 448 = VersR 2007, 1102 = NJW-RR 2007, 179.
377 BGH, 3.7.2008 – I ZR 218/05, Rdn. 28, VersR 2009, 702.
378 BGH, 17.6.2004 – I ZR 263/01, TranspR 2004, 339, 401; BGH, 2.12.2004 – I ZR 48/02, Internetausdruck, S. 13 f.; BGH, 19.5.2005 – I ZR 238/03, Internetausdruck, S. 8 f.; BGH, 30.3.2006 – I ZR 57/03, Rdn. 45.
379 BGH, 20.7.2006 – I ZR 9/05, Rdn. 26, TranspR 2006, 394 = VersR 2007, 564 = NJW-RR 2007, 28.
380 OLG Düsseldorf, 21.4.2010 – I-18 U 215/09, Juris, Rdn. 18 (zu § 435); OLG Düsseldorf, 21.4.2010 – I-18 U 232/09, TranspR 2010, 456, 459, Fall 1 (zu § 435); vgl. auch OLG Düsseldorf, 19.7.2010 – I-18 U 233/09, Juris, Rdn. 27 und 28, dort stand allerdings fest, dass das Paket, als es verlorenging, bereits „den besonders gesicherten Bereich" erreicht hatte. Warum der Verlust dennoch als „leichtfertig" verursacht angesehen wurde, ist deshalb unklar, denn an einer „fehlenden Schnittstellenkontrolle" kann es kaum gelegen haben. Die volle Haftung war vor dem OLG aber „unstreitig".
381 BGH, 26.3.2009 – ZR 120/07, Rdn. 20, TranspR 2010, 76 = NJW-RR 2010, 247, vgl. zu einem nicht der CMR unterliegenden Transport: BGH, 3.7.2008 – I ZR 132/05, Rdn. 26 und 27, TranspR 2008, 397 = VersR 2009, 376 = MDR 2009, 97 = NJW-RR 2009, 173.
382 BGH, 26.3.2009 – ZR 120/07, Rdn. 20, TranspR 2010, 76 = NJW-RR 2010, 247; OLG Düsseldorf, 14.2.2007 – I-18 U 137/06, Juris, Rdn. 50.
383 Alles Fälle nach HGB: BGH, 3.5.2007 – I ZR 109/04, Rdn. 21, TranspR 2007, 405 = MDR 2007, 1435 = NJW-RR 2008, 347; BGH, 15.2.2007 – I ZR 186/03, Rdn. 16, TranspR 2007,

des Verbotsgutes lag auch nicht in einem Schadensersatzanspruch des Frachtführers gegen den Absender auf Befreiung von den vertraglichen Ersatzpflichten aus §§ 311 Abs. 2, 280, 249 Abs. 1 BGB,[384] sondern in der Annahme eines Mitverschuldens;[385] Voraussetzung ist, dass der Absender weiß[386] oder wissen muss,[387] dass seine Sendung Verbotsgut enthält, und dass er den Frachtführer hierüber nicht aufklärt; Kausalität dieses Mitverschuldens liegt bereits vor, wenn der Frachtführer bei korrekter Wertangabe die Möglichkeit gehabt hätte, die Beförderung „im einfachen Paketdienst", also ohne erhöhte Sicherheitsvorkehrungen,[388] oder ganz[389] zu verweigern, oder wenn sogar feststeht, dass er den Transport verweigert hätte.[390] Die Fallgruppe des „Verbotsgutes" überschneidet sich mit der nachfolgenden Fallgruppe des „ungewöhnlich hohen Schadens".[391]

Der *ungewöhnlich hohe Schaden*:

Ein Mitverschulden kann auch darin liegen, dass der Versender den Frachtführer nicht auf die Gefahr eines ungewöhnlich hohen Schadens hinweist (§ 254 Abs. 2 Satz 1 BGB).[392] Ob ein solcher Schaden droht, kann regelmäßig nur unter Berücksichtigung der konkreten Umstände des Einzelfalles beurteilt werden, wobei maß-

79e

---

164 = VersR 2008, 97 = MDR 2007, 893 = NJW-RR 2007, 1110; BGH, 16.11.2006 – I ZR 257/03, Rdn. 27, TranspR 2007, 161 = VersR 2007, 1539 = NJW 2007, 1809 = MDR 2007, 767; BGH, 28.9.2006 – I ZR 198/03, Rdn. 17 und 18, TranspR 2007, 110 = MDR 2007, 668 = NJW-RR 2007, 1282; BGH, 13.7.2006 – I ZR 245/03, Rdn. 19 und 20, TranspR 2006, 448 = VersR 2007, 1102 = NJW-RR 2007, 179; BGH, 29.6.2006 – I ZR 176/03, Rdn. 21, TranspR 2008, 390 = NJW-RR 2007, 832; BGH, 14.6.2006 – I ZR 75/03, Rdn. 17 bis 19, TranspR 2006, 345 = VersR 2007, 1436 = NJW 2006, 2976 = MDR 2007, 227; ebenso für CMR-Fall: OLG Koblenz, 30.11.2006 – 2 U 1521/05, VersR 2007, 1009, 1010.
384 BGH, 16.11.2006 – I ZR 257/03, Rdn. 29, TranspR 2007, 161 = VersR 2007, 1539 = NJW 2007, 1809 = MDR 2007, 76; BGH, 13.7.2006 – I ZR 245/03, Rdn. 23, TranspR 2006, 448 = VersR 2007, 1102 = NJW-RR 2007, 179. Beides Fälle zum HGB.
385 BGH, 3.7.2008 – I ZR 210/05, Rdn. 17, TranspR 2008, 406; BGH, 3.7.2008 – I ZR 132/05, Rdn. 22, TranspR 2008, 397 = VersR 2009, 376 = MDR 2009, 97 = NJW-RR 2009, 173 (HGB-Fall); BGH, 29.6.2006 – I ZR 176/03, Rdn. 29–31, TranspR 2008, 390 = NJW-RR 2007, 32 (HGB-Fall).
386 BGH, 15.2.2007 – I ZR 186/03, Rdn. 29, TranspR 2007, 164 = VersR 2008, 97 = MDR 2007, 893 = NJW-RR 2007, 1110.
387 BGH, 28.9.2006 – I ZR 198/03, Rdn. 28, TranspR 2007, 110 = MDR 2007, 668 = NJW-RR 2007, 1282; BGH, 13.7.2006 – I ZR 245/03, Rdn. 32–36, TranspR 2006, 448 = VersR 2007, 1102 = NJW-RR 2007, 179.
388 BGH, 13.7.2006 – I ZR 245/03, Rdn. 32–36, TranspR 2006, 448 = VersR 2007, 1102 = NJW-RR 2007,179.
389 BGH, 15.2.2007 – I ZR 186/03, Rdn. 26, TranspR 2007, 164 = VersR 2008, 97 = MDR 2007, 893 = NJW-RR 2007, 1110.
390 BGH, 28.9.2006 – I ZR 198/03, Rdn. 34, TranspR 2007, 110 = MDR 2007, 668 = NJW-RR 2007, 1282.
391 Vgl. OLG Düsseldorf, 28.10.2009 – I-18 U 104/09, Juris, Rdn. 15, wobei nach dem mitgeteilten Sachverhalt nicht klar ist, warum das Gericht trotz einer korrekten Wertdeklaration ein Mitverschulden wegen „fahrlässigen" Unterschiebens von Verbotsgut mit einer Quote von 2/3 annimmt (zu § 435).
392 BGH, 30.3.2006 – I ZR 57/03, Internetfassung, Rdn. 47; BGH, 1.12.2005 – I ZR 46/04, Internetfassung, Rdn. 20 u. 27–28; BGH, 29.6.2006 – I ZR 168/03, Internetfassung, Rdn. 25.

Art. 29 Haftung des Frachtführers

geblich auf die Sicht des Schädigers abzustellen und auch zu berücksichtigen ist, welche Höhe vergleichbare Schäden erfahrungsgemäß – also nicht nur selten – erreichen. Zu berücksichtigen ist danach vor allem, in welcher Höhe der Schädiger, soweit er die Möglichkeit einer vertraglichen Disposition hat, Haftungsrisiken einerseits vertraglich eingeht und andererseits von vornherein auszuschließen bemüht ist.[393] Der BGH bezeichnet es als „naheliegend", die Gefahr eines besonders hohen Schadens im Sinne von § 254 Abs. 2 Satz 1 BGB dann anzunehmen, wenn der Wert der Sendung den **10-fachen** Betrag der Regelhaftungssumme nach § 431 Abs. 1 HGB, Art. 23 Abs. 3 CMR übersteigt. Er stellt hierzu zusammenfassend folgende Grundsätze auf, die „im Regelfall" zur Anwendung kommen können: Bei Vereinbarung einer niedrigeren Haftungssumme in AGB gem. § 449 Abs. 2 Satz 2 HGB ist der 10-fache Betrag dieser Summe maßgeblich, bei Vereinbarung einer höheren Summe in AGB bleibt es bei der gesetzlichen Höchstsumme als Ausgangspunkt. Bei individueller Vereinbarung gilt der vereinbarte niedrigere oder höhere Wert als Basis.[394] Der BGH hat dabei auf den Umrechnungskurs am Tag des Vertragsschlusses abgestellt.[395] Ob damit der BGH auch an gem. Art. 41 unwirksame individuelle Vereinbarungen einer anderen Haftungssumme anknüpfen will, ist nicht sicher, denn der BGH führt zum Vorrang der Individualvereinbarung aus, ihr komme ein „besonderes Gewicht zu, demgegenüber die an den Haftungshöchstgrenzen nach § 431 Abs. 1 HGB, Art. 23 Abs. 3 CMR ausgerichtete Bestimmung des Betrages, ab dem von einem ungewöhnlich hohen Schaden...auszugehen sein kann, zurückzutreten hat".[396] Andererseits betont das Gericht in derselben Entscheidung, dass die Regelung des Art. 23 Abs. 3 zwingend ist.[397] Zweifel kommen auch deshalb auf, weil der BGH in ständiger Rechtsprechung zu einem großen Paketdienstleister angenommen hat, dass ab Überschreiten des Paketwertes von 5000 Euro von einem ungewöhnlich hohen Schaden auszugehen sei. In den AGB war die Haftung auf ca. 500 Euro pro Sendung oder 8,33 SZR/kg „je nachdem, welcher Betrag höher ist", beschränkt worden. Die Klausel fand nach ihrem Wortlaut explizit nicht auf CMR-Transporte Anwendung. Dennoch nahm der BGH auch in CMR-Fällen ab einem Wert von mehr als 5000 Euro pro Paket einen ungewöhnlich hohen Schaden u.a. auch unter Bezug auf die 500 Euro Grenze an,[398] einer Höchst-Haftungssumme, die nach CMR nicht wirksam hätte vereinbart werden können. Für diese Art des Mitverschuldens verlangt der BGH weder die Kenntnis oder das Kennenmüssen des Auftraggebers von besonderen Schutzmassnahmen, die der Fracht-

---

[393] BGH, 21.1.2010 – I ZR 215/07, Rdn. 21, TranspR 2010, 189 = NJW-RR 2010, 909 m.w.N.; vgl bereits BGH, 1.12.2005 – I ZR 31/04, Rdn. 28 = NJW 2006, 1426, 1428 = TranspR 2006, 212 ff.
[394] BGH, 21.1.2010 – I ZR 215/07, Rdn. 27, TranspR 2010, 189 = NJW-RR 2010, 909; gegen die „10-fach-Regel" hat sich *Knorre* ausgesprochen, TranspR 2008, 162; vgl. auch *Knorre*, TranspR 2007, 393.
[395] BGH, 21.1.2010 – I ZR 215/07, Rdn. 28, TranspR 2010, 189 = NJW-RR 2010, 909.
[396] BGH, 21.1.2010 – I ZR 215/07, Rdn. 27, TranspR 2010, 189 = NJW-RR 2010, 909.
[397] BGH, 21.1.2010 – I ZR 215/07, Rdn. 26, TranspR 2010, 189 = NJW-RR 2010, 909.
[398] BGH, 3.7.2008 – I ZR 210/05, Rdn. 15, TranspR 2008, 406; BGH, 26.6.2008 – I ZR 54/06, Rdn. 19; BGH, 21.2.2008 – I ZR 105/05, Rdn. 21, TranspR 2008, 249 (bei etwas anderer Haftungsklausel); BGH, 30.1.2008 – I ZR 165/04, Rdn. 33, TranspR 2008, 122.

führer etwa bei erkannt wertvollen Sendungen ergreift,[399] Vielmehr trifft den Absender eine allgemeine Obliegenheit zum Hinweis auf die Gefahr eines außergewöhnlich hohen Schadens, um dem Frachtführer Gelegenheit zu geben, geeignete Maßnahmen zur Verhinderung eines drohenden Schadens zu ergreifen.[400] Es ist nicht erforderlich, dass der Frachtführer Wertsendungen generell sicherer befördert.[401] Die Kausalität des Mitverschuldens kann nur dann verneint werden, wenn der Frachtführer trotz des Hinweises keine besonderen Maßnahmen (z. B. Ablehnung des Transportes oder besondere Sicherungen) ergriffen hätte,[402] wobei ohne besonderen Sachvortrag des Anspruchstellers vermutet wird, dass der Frachtführer besondere Schutzmaßmaßnahmen ergriffen oder den Transport abgelehnt hätte.[403] Bei einem entsprechenden Sachvortrag des Anspruchstellers zur fehlenden Ursächlichkeit obliegt es nach den allgemeinen Grundsätzen dann allerdings dem Frachtführer, darzulegen und ggf. zu beweisen, dass der unterlassene Hinweis auf den ungewöhnlich hohen Wert des Gutes für den entstandenen Schaden zumindest mitursächlich war.[404] An der Kausalität fehlt es m. E., wenn der Frachtführer den hohen Wert ohnehin kannte, wobei in diesem Zusammenhang auch hier der BGH – wie bei § 254 Abs. 1 BGB, s. o. – ausführt, die Ursächlichkeit lasse sich nur dann verneinen, wenn der Frachtführer zumindest gleich gute Erkenntnismöglichkeiten vom Wert der Sendung hatte wie der Geschädigte.[405] Im Übrigen gelten für diese Art des Mitverschuldens aber dieselben Grundsätze wie für das Mitverschulden nach § 254 Abs. 1 BGB.[406]

---

399 BGH, 15.12.2005 – I ZR 95/03, Rdn. 25.
400 BGH, 1.12.2005 – I ZR 31/04, Rdn. 27 = NJW 2006, 1426, 1428 = TranspR 2006, 212.
401 BGH, 11.9.2008 – I ZR 118/06, Rdn. 22, TranspR 2008, 362 = NJW-RR 2009, 43; BGH, 26.6.2008 – I ZR 54/06, Rdn. 19.
402 BGH, 11.9.2008 – I ZR 118/06, Rdn. 22, TranspR 2008, 362 = NJW-RR 2009, 43; BGH, 3.7.2008 – I ZR 205/06, Rdn. 20, TranspR 2008, 394 = VersR 2009, 1428 = NJW-RR 2009, 175; BGH, 26.6.2008 – I ZR 54/06, Rdn. 19; BGH, 30.1.2008 – I ZR 165/04, Rdn. 34, TranspR 2008, 122; BGH, 20.9.2007 – I ZR 43/05, Rdn. 48, TranspR 2008, 113; BGH, 13.9.2007 – I ZR 155/04, Rdn. 27, TranspR 2007, 466; BGH, 1.12.2005 – I ZR 265/03, Rdn. 22 = TranspR 2006, 208; BGH, 29.6.2006 – I ZR 168/03, Rdn. 27, TranspR 2006, 466; z. B., wenn er gerichtsbekannt stets Pakete mit solch hohem Wert trotz Hinweises auf den Wert ohne besondere Maßnahmen befördert, OLG Düsseldorf, 21.11.2007 – I-18 U 105/07, TranspR 2008, 38, 40; vgl. auch OLG Hamburg, 16.11.2006 – 6 U 10/06, TranspR 2007, 240, 245.
403 BGH, 13.8.2009 – I ZR 76/07, Rdn. 19, TranspR 2010, 145 = NJW-RR 2010, 848; BGH, 13.8.2009 – I ZR 3/07, Rdn. 15, TranspR 2010, 143; BGH, 2.4.2009 – I ZR 16/07, Rdn. 32, TranspR 2009, 410.
404 BGH, 3.7.2008 – I ZR 205/06, Rdn. 20, TranspR 2008, 394 = VersR 2009, 1428 = NJW-RR 2009, 175; BGH, 2.4.2009 – I ZR 16/07, Rdn. 32, TranspR 2009, 410.
405 BGH, 13.9.2007 – I ZR 155/04, Rdn. 26, TranspR 2007, 466; BGH, 3.7.2008 – I ZR 210/05, Rdn. 18, TranspR 2008, 406. Richtigerweise sollte die Erkenntnismöglichkeit nur ein Indiz für die kausalitätsausschließende Kenntnis sein, wovon der BGH in den zitierten Entscheidungen letztlich dann doch auszugehen scheint. Eigentlich schließt nach dem Gesetzeswortlaut des § 254 Abs. 2 Satz 1 BGB schon das „Kennenmüssen" der Gefahr eines ungewöhnlich hohen Schadens durch den Schuldner den Tatbestand des § 254 Abs. 2 Satz 1 BGB aus.
406 Anschaulich dargestellt in BGH, 1.12.2005 – I ZR 31/04, Internetfassung, Rdn. 26 ff. = NJW 2006, 1426, 1427 f. = TranspR 2006, 212 ff.; vgl. auch BGH, 1.12.2005 – I ZR 117/

Art. 29 Haftung des Frachtführers

79f Das OLG München führt in einem Fall, in dem allerdings die „10-fach-Grenze" ohnehin nicht überschritten wurde, aus, der Frachtführer dürfe sich ungeachtet des Wertes nicht auf ein Mitverschulden mangels Werthinweises berufen, wenn er gegen besondere Sicherheitsmaßnahmen verstößt, die ihm vertraglich auferlegt wurden.[407] Es betont in einer weiteren Entscheidung, dass die Frage, ob ein „außergewöhnlich hoher Schaden" droht, nicht durch Anwendung einer bestimmten Wertrelation gelöst werden könne, stützt sich aber letztlich auch auf die „10-fach-Regel".[408]

79g Das OLG Hamm lässt – mangels Kausalität im konkreten Fall – offen, ob und wann ein Mitverschulden mangels Hinweises auf die Gefahr eines ungewöhnlich hohen *Verspätungsschadens* beachtlich ist.[409]

Zum Zeitpunkt und Adressaten des gebotenen Hinweises:

79h Auf den „besonders hohen Wert" des Gutes muss der Frachtführer so rechtzeitig hingewiesen werden, dass er noch im normalen Geschäftsablauf entscheiden kann, ob er den Transport ablehnt oder besondere Sicherungsmaßnahmen ergreift. Ein Hinweis bereits bei Vertragsschluss ist nicht zwingend erforderlich.[410] Ein Hinweis an den Abholfahrer reicht jedenfalls im Sammelgutverkehr nicht,[411] nach OLG Düsseldorf kann aber ein Hinweis an den Subunternehmer am Tag vor der Abholung ausreichen.[412]

Zur Quotenbildung:

79i § 254 Abs. 1 und Abs. 2 BGB haben nicht per se unterschiedliche Quoten zur Folge, denn Abs. 2 ist nur ein Unterfall von Abs. 1.[413] Die Abwägung der Haftungsanteile darf nicht schematisch erfolgen, sondern hat sich nach den Umständen des Einzelfalles zu richten. Sie ist in erster Linie Sache des Tatrichters.[414]

04, Internetfassung, Rdn. 14 ff. = TranspR 2006, 119 ff.: im Ergebnis Mitverschulden verneint.
407 OLG München, 5.5.2010 – 7 U 1794/10, TranspR 2010, 352, 353.
408 OLG München, 26.1.2011 – 7 U 3426/10, TranspR 2011, 147, 149 (zu § 435), Quote 1/3.
409 OLG Hamm, 15.9.2008 – 18 U 199/07, TranspR 2009, 167, 170 (Datum in TranspR wohl unrichtig mit 18.8.2008 angegeben, siehe Juris), (zu Art. 29 CMR).
410 BGH, 13.6.2012 – I ZR 87/11, Rdn. 27, TranspR 2012, 463.
411 BGH, 13.6.2012 – I ZR 87/11, Rdn. 28, TranspR 2012, 463; anders, allerdings wohl nicht zum Sammelgutverkehr, OLG Oldenburg, 20.9.2006 – 3 U 38/06, TranspR 2007, 245, 249.
412 OLG Düsseldorf, 16.4.2008 – I-18 U 82/07, Juris, Rdn. 53–55.
413 BGH, 13.8.2009 – I ZR 76/07, Rdn. 21, TranspR 2010, 145 = NJW-RR 2010, 848; BGH, 13.8.2009 – I ZR 3/07, Rdn. 17, TranspR 2010, 143; BGH, 11.9.2008 – I ZR 118/06, Rdn. 24, TranspR 2008, 362 = NJW-RR 2009, 43; BGH, 3.7.2008 – I ZR 205/06, Rdn. 22, TranspR 2008, 394 = VersR 2009, 1428 = NJW-RR 2009, 175.
414 BGH, 13.8.2009 – I ZR 76/07, Rdn. 20, TranspR 2010, 145 = NJW-RR 2010, 848; BGH, 13.8.2009 – I ZR 3/07, Rdn. 16, TranspR 2010, 143; BGH, 11.9.2008 – I ZR 118/06, Rdn. 23, TranspR 2008, 362 = NJW-RR 2009, 43; BGH, 3.7.2008 – I ZR 205/06, Rdn. 21, TranspR 2008, 394 = VersR 2009, 1428 = NJW-RR 2009, 175; das OLG Düsseldorf hat sich ausdrücklich von seinen Mithaftungstabellen abgewandt: OLG Düsseldorf, 21.4.2010 – I-18 U 215/09, Juris, Rdn. 21.

Haftung des Frachtführers **Art. 29**

Von Bedeutung ist der Wert des Gutes,[415] je höher der Wert, desto gewichtiger ist der in dem Unterlassen der Wertdeklaration liegende Schadensbeitrag, auch im Falle des § 254 Abs. 2 BGB (fehlender Hinweis auf Gefahr eines ungewöhnlich hohen Schadens).[416] Je größer der Transportbereich mit höherer Sicherheit, desto größer ist der Mitverschuldensanteil des Versenders, der durch das Unterlassen der Wertangabe den Transport außerhalb des gesicherten Bereichs veranlasst.[417] In der Regel ist der Verursachungsanteil des Frachtführers wegen seines qualifizierten Verschuldens höher als der des Absenders zu gewichten.[418] Aber auch Vorsatz des Frachtführers schließt die Mithaftung des Absenders nicht aus.[419] Der Anteil des Geschädigten kann auch über 50% liegen,[420] insbesondere, wenn im Falle des § 254 Abs. 2 BGB der Wert erheblich über dem liegt, von welchem ein Hinweis auf die Gefahr eines ungewöhnlich hohen Schadens hätte erfolgen müssen oder wenn das Gut nach den Beförderungsbedingungen vom Transport ausgeschlossen war.[421] Eine Haftung des Frachtführers, die über die Wertgrenze hinausgeht, ab der er Güter nicht mehr befördern will, ist bei einem Mitverschulden nach § 254 Abs. 2 BGB wegen fehlenden Hinweises auf die Gefahr eines ungewöhnlich hohen Schadens in der Regel zu verneinen;[422] nicht aber unbedingt,

---

415 BGH, 13.8.2009 – I ZR 76/07, Rdn. 22 und 23, TranspR 2010, 145 = NJW-RR 2010, 848; BGH, 13.8.2009 – I ZR 3/07, Rdn. 18, TranspR 2010, 143; BGH, 11.9.2008 – I ZR 118/06, Rdn. 25, TranspR 2008, 362 = NJW-RR 2009, 43; BGH, 3.7.2008 – I ZR 205/06, Rdn. 23, TranspR 2008, 394 = VersR 2009, 1428 = NJW-RR 2009, 175.
416 BGH, 22.11.2007 – I ZR 74/05, Rdn. 46, (BGHZ 174, 244, dort nicht mit abgedruckt) = TranspR 2008, 30 = VersR 2008, 508 = MDR 2008, 282 = NJW 2008, 920.
417 BGH, 19.5.2005 – I ZR 238/02, Internetausdruck, S. 10 = TranspR 2006, 114ff.; BGH, 1.12.2005 – I ZR 85/04, Rdn. 40; BGH, 20.9.2007 – I ZR 43/05, Rdn. 51, TranspR 2008, 113 (HGB- und CMR-Fälle); BGH, 20.7.2006 – I ZR 9/05, Rdn. 36, TranspR 2006, 394 = VersR 2007, 564 = NJW-RR 2007, 28 (HGB-Fall). Auch im Rahmen des § 254 Abs. 2 BGB: BGH, 13.8.2009 – I ZR 76/07, Rdn. 22, TranspR 2010, 145 = NJW-RR 2010, 848 (wohl WA-Fall); BGH, 11.9.2008 – I ZR 118/06, Rdn. 25, TranspR 2008, 362 = NJW-RR 2009, 43 (HGB-Fall); BGH, 3.7.2008 – I ZR 205/06, Rdn. 23, TranspR 2008, 394 = VersR 2009, 1428 = NJW-RR 2009, 175 (HGB-Fall).
418 BGH, 11.9.2008 – I ZR 118/06, Rdn. 26, TranspR 2008, 362 = NJW-RR 2009, 43 (HGB-Fall); BGH, 3.7.2008 – I ZR 205/06, Rdn. 24, TranspR 2008, 394 = VersR 2009, 1428 = NJW-RR 2009, 175 (HGB-Fall); BGH, 20.9.2007 – I ZR 43/05, Rdn. 53, TranspR 2008, 113 (HGB- und CMR-Fälle).
419 BGH, 16.11.2006 – I ZR 257/03, Rdn. 31 und 34, TranspR 2007, 161 = VersR 2007, 1539 = NJW 2007, 1809 = MDR 2007, 767.
420 BGH, 3.7.2008 – I ZR 132/05, Rdn. 28, TranspR 2008, 397 = VersR 2009, 376 = MDR 2009, 97 = NJW-RR 2009, 173; BGH, 20.9.2007 – I ZR 43/05, Rdn. 53, TranspR 2008, 113 (HGB- und CMR-Fälle).
421 BGH, 13.8.2009 – I ZR 76/07, Rdn. 23, TranspR 2010, 145 = NJW-RR 2010, 848 (wohl WA-Fall); BGH, 13.8.2009 – I ZR 3/07, Rdn. 19, TranspR 2010, 143 (CMR-Fall); BGH, 11.9.2008 – I ZR 118/06, Rdn. 26, TranspR 2008, 362 = NJW-RR 2009, 43 (HGB-Fall); BGH, 3.7.2008 – I ZR 205/06, Rdn. 24, TranspR 2008, 394 = VersR 2009, 1428 = NJW-RR 2009, 175 (HGB-Fall); BGH, 20.9.2007 – I ZR 43/05, Rdn. 53, TranspR 2008, 113 (HGB- und CMR-Fälle).
422 BGH, 3.7.2008 – I ZR 210/05, Rdn. 23, TranspR 2008, 406 (CMR-Fall); BGH, 3.7.2008 – I ZR 132/05, Rdn. 28, TranspR 2008, 397 = VersR 2009, 376 = MDR 2009, 97 = NJW-RR 2009, 173 (wohl HGB-Fall); BGH, 3.5.2007 – I ZR 109/04, Rdn. 33, TranspR 2007, 405 = MDR 2007, 1435 = NJW-RR 2008, 347 (HGB-Fall).

Art. 29 Haftung des Frachtführers

wenn dem Frachtführer zwar Verbotsgut übergeben wird, der Wert jedoch die Grenze des „ungewöhnlich hohen Schadens" nicht erreicht.[423] Der Mithaftungsanteil kann auch 100% erreichen,[424] z.B. wenn der Versender positive Kenntnis davon hat, dass der Frachtführer bestimmte Güter nicht befördern will und sich bei der Einlieferung bewusst über den entgegenstehenden Willen des Frachtführers hinwegsetzt.[425] Bei einer entsprechenden Schadenshöhe und einer erheblichen Überschreitung der für den Ausschluss von Gütern vereinbarten Wertgrenze ist selbst dann ein 100%iger Mithaftungsanteil möglich, wenn der Versender den Ausschluss nur kennen musste.[426]

80 Die Beauftragung eines Frachtführers in Kenntnis oder fahrlässiger Unkenntnis seiner grob fehlerhaften Organisation, die immer wieder zu Verlusten führt, kann ebenfalls den Vorwurf des Mitverschuldens rechtfertigen.[427] Die Kenntnis des Absenders, dass der Frachtführer keine durchgehenden Schnittstellenkontrollen durchführt, rechtfertigt allein noch nicht die Annahme eines Mitverschuldens,[428] hinzukommen muss nach BGH zumindest, dass der Absender weiß oder hätte wissen müssen, dass es bei dem Frachtführer aufgrund von groben Organisationsmängeln immer wieder zu Verlusten kommt.[429]

---

423 Vgl. BGH, 28.9.2006 – I ZR 198/03, Rdn. 31 und 34, TranspR 2007, 110 = MDR 2007, 668 = NJW-RR 2007, 1282 (HGB-Fall).
424 Vgl. BGH, 13.8.2009 – I ZR 3/07, Rdn. 20, TranspR 2010, 143 (CMR-Fall).
425 BGH, 11.9.2008 – I ZR 118/06, Rdn. 26, TranspR 2008, 362 = NJW-RR 2009, 43; BGH, 3.7.2008 – I ZR 210/05, Rdn. 23, TranspR 2008, 406 (CMR-Fall); BGH, 3.7.2008 – I ZR 205/06, Rdn. 24, TranspR 2008, 394 = VersR 2009, 1428 = NJW-RR 2009, 175; BGH, 3.7.2008 – I ZR 132/05, Rdn. 28, TranspR 2008, 397 = VersR 2009, 376 = MDR 2009, 97 = NJW-RR 2009, 173; BGH, 3.5.2007 – I ZR 109/04, Rdn. 32, TranspR 2007, 405 = MDR 2007, 1435 = NJW-RR 2008, 347; BGH, 15.2.2007 – I ZR 186/03, Rdn. 30, TranspR 2007, 164 = VersR 2008, 97 = MDR 2007, 893 = NJW-RR 2007, 1110 (HGB-Fall, Klage gegen Frachtführer wegen Mitverschuldens des Absenders voll abgewiesen).
426 BGH, 3.7.2008 – I ZR 210/05, Rdn. 23, TranspR 2008, 406 (CMR-Fall); BGH, 3.7.2008 – I ZR 132/05, Rdn. 28, TranspR 2008, 397 = VersR 2009, 376 = MDR 2009, 97 = NJW-RR 2009, 173 (wohl HGB-Fall); BGH, 3.5.2007 – I ZR 109/04, Rdn. 33, TranspR 2007, 405 = MDR 2007, 1435 = NJW-RR 2008, 347 (HGB-Fall).
427 BGH, 30.3.2006 – I ZR 57/03, Internetausdruck, Rdn. 35: nur dann, wenn dem Auftraggeber „der konkrete Sachverhalt Anlass für die Annahme bietet, der Unternehmer werde durch die ihm angetragenen Arbeiten überfordert, weil er die erforderliche Ausstattung oder die notwendige fachliche Kompetenz nicht besitze"; BGH, 25.11.2004 – I ZR 210/01, Internetausdruck, S. 10, der klarstellt, dass der Absender ohne besonderen Anlass nicht gehalten ist, die Eignung, Befähigung und Ausstattung des Frachtführers zu überprüfen; ebenso BGH, 17.6.2004 – I ZR 263/01, TranspR 2004, 339, 402; BGH, 6.5.2004 – I ZR 262/01, TranspR 2004, 474, 476; BGH, 4.3.2004 – I ZR 200/01, TranspR 2004, 460, 463; BGH, 23.10.2003 – I ZR 55/01, TranspR 2004, 177, 178; BGH, 15.11.2001 – I ZR 158/99, BGHZ 149, 337, 356; BGH, 29.4.1999 – I ZR 70/97, TranspR 1999, 410; OLG Frankfurt/ M., 24.9.2002 – 5 U 75/01, TranspR 2003, 340, 342; in keiner der hier genannten Entscheidungen wird aber im Ergebnis ein hierauf gestütztes Mitverschulden bejaht; vgl. *Thume*, TranspR 1999, 85, 88.
428 BGH, 11.9.2008 – I ZR 118/06, Rdn. 17, TranspR 2008, 362 = NJW-RR 2009, 43.
429 BGH, 24.6.2010 – I ZR 73/08, Rdn. 14, TranspR 2010, 382; deshalb im konkreten Fall ein Mitverschulden annehmend: OLG Düsseldorf, 14.2.2007 – I-18 U 137/06, Juris, Rdn. 28–32; deshalb im konkreten Fall (betroffen ist aber derselbe Frachtführer) ein Mitverschulden verneinend: OLG Hamburg, 16.11.2006 – 6 U 10/06, TranspR 2007, 240, 244;

Grob falsche Verpackung gereicht lt. OLG Stuttgart dem Absender zum Mitverschulden gegenüber dem Frachtführer, der diesen evidenten Mangel leichtfertig[430] nicht gerügt hat. Das OLG führt aus, dass nur „gravierendes" Verschulden des Geschädigten die Mithaftung rechtfertigt.[431] Grob fahrlässiges Unterlassen jeder Kontrolle der Identität des abholenden Fahrers/Frachtführers kann lt. OLG Düsseldorf zum Mitverschulden des Absenders gereichen.[432] Auch der Beitrag des Absenders zur Verwechslung der Packstücke kann den Mitverschuldenseinwand rechtfertigen.[433]

Zu berücksichtigen ist auch das Mitverschulden desjenigen, dessen Schaden im Wege der Drittschadensliquidation geltend gemacht wird[434] und der Personen, für die der Absender nach §§ 254 Abs. 2 Satz 2, 278 BGB einzustehen hat.[435] Dem Empfänger, der den Ersatzanspruch erhebt, hat der BGH auch das Mitverschulden des Absenders zugerechnet.[436] Besonders komplizierte Zurechnungsprobleme gibt es, wenn der Empfänger gegen den letzten Unterfrachtführer Ansprüche erhebt.[437]

81

c) Schadensbegriff

Art. 29 CMR enthält in Abs. 1 zwar den Begriff „Schaden", englisch „damage" bzw. französisch „domage", lässt aber offen, was darunter zu verstehen ist. Hier liegt eine bewusste Lücke vor, die den Schadensbegriff dem nach IPR jeweils ergänzend anwendbaren nationalen Recht überlässt.[438] Neben tatsächlichen Sach- und Vermögensschäden, wie entgangenem Gewinn, sind daher auch weitere materielle Schäden zu ersetzen, wenn dies das anwendbare Recht vorsieht. Soweit deutsches Recht zur Anwendung kommt, scheidet gem. § 435 HGB die Anwendung von § 429 Abs. 2 u. 3 HGB aus, und der Schaden wird daher gem.

82

---

  deshalb im konkreten Fall ein Mitverschulden von 100% annehmend OLG Düsseldorf, 28.6.2006 – I-18 U 190/05, TranspR 2006, 353, 354; kritisch: *Köper*, TranspR 2007, 94, 99f.
430 OLG Stuttgart, 9.2.2011 – 3 U 173/10, Juris, Rdn. 35 (zu § 435 HGB).
431 OLG Stuttgart, 9.2.2011 – 3 U 173/10, Juris, Rdn. 38 (zu § 435 HGB).
432 OLG Düsseldorf, 14.7.2010 – I-18 U 221/09, Juris, Rdn. 19: im konkreten Fall aber mangels Kausalität verneint.
433 OLG Köln, 30.5.2006 – 3 U 164/05, TranspR 2007, 114, 116.
434 BGH, 20.1.2005 – I ZR 95/01, Internetfassung, S. 17 = TranspR 2005, 311ff. m.w.N.
435 BGH, 3.7.2008 – I ZR 204/06, Rdn. 14, TranspR 2008, 403 (so das Verhalten der Abholstelle, die das Gut im Auftrag des Absenders (Vertragspartner des Frachtführers) an den Frachtführer übergibt).
436 In einem HGB-Fall (vgl. § 425 Abs.2 HGB) BGH, 20.7.2006 – I ZR 9/05, Rdn. 21ff., TranspR 2006, 394 = VersR 2007, 564 = NJW-RR 2007, 28.
437 Vgl. BGH, 13.6.2012 – I ZR 161/10, Rdn. 39, TranspR 2012, 456.
438 BGH 30.9.2010 – I ZR 39/09, Rdn. 38, BGHZ 187, 141 = TranspR 2010, 437 = VersR 2011, 819 = NJW 2011, 296 = MDR 2010, 1474; BGH, 3.3.2005 – I 134/02, Internetausdruck, S. 1 (Leitsatz) und S. 7 = TranspR 2005, 253; BGH, 15.10.1998 – I ZR 111/96, TranspR 1999, 102, 105 = VersR 1999, 646, insoweit in BGHZ 140, 84 nicht abgedruckt; Staub/*Hassold*, 4. Aufl., Art. 29 CMR Rdn. 27; *Thume*, VersR 1993, 930, 937; *Koller*, Art. 29 CMR Rdn. 10; *ders.*, VersR 1994, 384, 388; a.A. MünchKommHGB/*Basedow*, 1. Aufl., Art. 29, Rdn. 31, der einen autonomen Schadensbegriff anwenden will.

Art. 29 Haftung des Frachtführers

§§ 249 ff. BGB berechnet.[439] Der Geschädigte hat jedoch die Wahl, seinen Schaden stattdessen auf der Grundlage der Art. 17–28 zu berechnen, denn Art. 29 CMR nimmt dem Frachtführer, nicht aber dem Geschädigten das Recht, sich auf die Bestimmungen des Art. 17–28 CMR zu berufen.[440]

III. Haftung der Gehilfen (Art. 29 Abs. 2 Satz 2)

83 Nach Art. 29 Abs. 2 Satz 2 CMR können sich auch die Gehilfen hinsichtlich ihrer persönlichen Haftung (die sich z.B. aus Delikt ergeben kann[441]) nicht gem. Art. 28 Abs. 2 CMR auf die Haftungsbeschränkungen des IV. Kapitels der CMR berufen, wenn sie selbst den Schaden vorsätzlich oder mit einem gem. Abs. 1 dem Vorsatz gleichstehenden Verschulden verursacht haben. Entscheidend ist dabei jeweils nur ihr eigenes Verhalten.[442]

IV. Beweislastfragen

1. Vorsatz und dem Vorsatz gleichgestelltes Verschulden[443]

84 Art. 29 CMR enthält keine ausdrückliche Beweislastregelung. Aus Sicht des deutschen Richters ist die Beweislast nach der *lex causae*, also nach dem anwendbaren materiellen Recht, zu beurteilen.[444] Auch im Rahmen der CMR gilt aber die allgemeine Regel des Beweisrechtes, wonach der im Prozess als Kläger auftretende Anspruchsteller die rechtsbegründenden Tatsachen beweisen muss, während der als Ersatzverpflichtete in Anspruch genommene Beklagte diejenigen Umstände darlegen und beweisen muss, die dem Anspruch entgegenstehen.[445] Da das Haftungssystem der CMR den Grundsatz der Gewährhaftung des

---

439 BGH, 3.3.2005 – I 134/02, Internetausdruck, S. 1 (Leitsatz) und S. 6 = TranspR 2005, 253; davon wohl ebenfalls ausgehend BGH, 1.7.2010 – I ZR 176/08, Rdn. 27, TranspR 2011, 78; ähnlich Staub/*Helm*, 4. Aufl., Art. 29 CMR Rdn. 27.
440 BGH, 3.3.2005 – I 134/02, Internetausdruck, S. 1 (Leitsatz) und S. 7 = TranspR 2005, 253; BGH, 30.9.2010 – I ZR 39/09, Rdn. 48, BGHZ 187, 141 = TranspR 2010, 437 = VersR 2011, 819 = NJW 2011, 296 = MDR 2010, 1474: dann gelten aber auch die Haftungsgrenzen des Art. 23, s.o. bei Rdn. 71; das OLG Stuttgart gesteht dem Geschädigten auch im Rahmen des insoweit anders als Art. 29 CMR formulierten § 435 HGB das Wahlrecht zu, den Schaden nach §§ 249 ff. BGB oder nach § 429 HGB zu berechnen, OLG Stuttgart, 5.9.2001 – 3 U 30/01, TranspR 2002, 23.
441 Zur deliktischen Haftung des Geschäftsführers für Güterschäden vgl. *Harms*, TranspR 2004, Sonderbeilage, S. XVII.
442 Vgl. Staub/*Helm*, 4. Aufl., Art. 28 CMR Rdn. 12; *Voigt*, Freistellungsanspruch des auf Ersatz in Anspruch genommenen Kraftfahrers und Versicherungsschutz aufgrund der Güterschadenshaftpflichtversicherung, VersR 1972, 1005, 1006.
443 Hierzu insbes. *Fremuth*, TranspR 2004, 99, 103 f.
444 Vgl. Zöller/*Geimer*, § 363 ZPO, Rdn. 160.
445 Vgl. Art. 18 CMR Rdn. 6; zu dieser Regel im deutschen Recht BGH, 24.6.1987 – I ZR 127/85, BGHZ 101, 172, 179.

Frachtführers enthält,⁴⁴⁶ muss sich der Frachtführer nach Maßgabe der Art. 17 und 18 CMR entlasten, wenn erwiesen ist, dass das Gut in der Zeit zwischen Übernahme und Ablieferung Schaden genommen hat oder die Lieferfrist überschritten ist. Entlastet er sich nicht, so tritt seine Haftung ein, aber eben nur mit den Beschränkungen, wie sie sich aus den im IV. Kapitel der CMR enthaltenen Bestimmungen ergeben. Will dagegen der Anspruchsteller den Frachtführer voll haftbar machen mit der Begründung, dieser habe grob schuldhaft i.S.d. Art. 29 CMR gehandelt, so trifft ihn hierfür wiederum die volle Beweislast, weil es sich insoweit um anspruchserweiternde Umstände handelt. Dies ist jedenfalls in Deutschland nahezu einhellige Rechtsauffassung.⁴⁴⁷ Für diesen Grundsatz, demzufolge der Anspruchsteller bei behauptetem grobem Verschulden des Frachtführers das Risiko des *non liquet* auf sich zu nehmen hat, spricht auch die gleichartige Behandlung im Rahmen des Warschauer Abkommens⁴⁴⁸ sowie zur früheren CIM (1952), die in Art. 37 eine dem Art. 29 CMR vergleichbare Vorschrift enthielt, zu der allgemein die Ansicht vertreten wurde, der Geschädigte habe den Beweis des groben Verschuldens zu führen.⁴⁴⁹

Diese *Beweislastregelung* ist gem. Art. 41 Abs. 2 CMR *zwingend* und *unabdingbar*.⁴⁵⁰   85

Von der Beweislast zu trennen ist die prozessuale⁴⁵¹ und damit nach der *lex fori*⁴⁵² zu beurteilende Frage, wie detailliert einerseits der Anspruchsteller zum groben Verschulden vortragen und andererseits der Frachtführer sich einlassen muss, um den erhobenen Vorwurf zu bestreiten. Der Bundesgerichtshof hat hier-   86

---

446 Vgl. Art. 17 CMR Rdn. 9 ff.
447 So die bei Rdn. 86 zitierte neuere Rechtsprechung und BGH, 3.11.1994 – I ZR 100/92, BGHZ 127, 275, 283 = TranspR 1995, 253 = VersR 1995, 604; OLG Düsseldorf, 4.7.2001 – 18 U 88/00, TranspR 2002, 158, 159; OLG Düsseldorf, 14.7.1987 – 18 U 48/87, TranspR 1987, 378 = VersR 1987, 932 und OLG Düsseldorf, 29.5.1991 – 18 U 302/90, TranspR 1991, 291; OLG Hamburg, 7.2.1991 – 6 U 40/90, TranspR 1991, 294 und OLG Hamburg, 18.6.1992 – 6 U 113/91, TranspR 1992, 421; OLG Nürnberg, 10.12.1992 – 12 U 2400/92, TranspR 1993, 138; OLG Stuttgart, 15.9.1993 – 3 U 69/93, TranspR 1994, 156; *Glöckner*, TranspR 1988, 327, 333; *Groth*, VersR 1983, 1104, 1107; *Herber/Schmuck*, VersR 1991, 1209; *Koller*, Art. 29 CMR Rdn. 7 und VersR 1990, 53; *Piper*, TranspR 1990, 357, 362; *Thume*, VersR 1993, 930, 937; Staub/*Helm*, Art. 29 CMR Rdn. 25; MünchKommHGB/*Jesser-Huß*, Art. 29 CMR Rdn. 41; *Bahnsen*, in: EBJS, Art. 29 CMR Rdn. 16.
448 Vgl. BGH, 21.9.2000 – I ZR 135/98, BGHZ 145, 170, 185; BGH, 16.2.1979 – I ZR 97/77, BGHZ 74, 162, 170 = VersR 1979, 641 = NJW 1979, 2474 und BGH, 12.1.1982 – VI ZR 286/80, VersR 1982, 369, 370 = TranspR 1982, 100, 102.
449 *Koller*, VersR 1990, 553.
450 *Herber/Schmuck*, VersR 1991, 1209, 1211; *Koller*, Art. 41 CMR Rdn. 1, *Thume*, VersR 1993, 937; siehe aber unten bei Rdn. 96; vgl. dazu auch Art. 41 CMR Rdn. 35.
451 BGH, 9.10.2003 – I ZR 275/00, TranspR 2004, 175, 176; OLG Köln, 21.9.2000 – 3 U 214/01, TranspR 2003, 467, 468; OLG Köln, 27.6.1995 – 22/U 265/94, VersR 1996, 1567, 1568 = TranspR 1996, 26, 27 (zum WA); OLG Frankfurt/M., 14.9.1999 – 5 U 30/97, TranspR 2000, 260, 261 (zum WA 1929); *Herber*, TranspR 2004, 93, 98.
452 *Herber*, TranspR 2004, 93, 98; zur *lex fori* gehört in Deutschland aber auch die CMR selbst, siehe unten bei Rdn. 96.

Art. 29 Haftung des Frachtführers

zu, solange noch die grobe Fahrlässigkeit als dem Vorsatz gleichstehend anzusehen war,[453] in ständiger Rechtsprechung folgende Formel entwickelt:

„Nach der Rechtsprechung des Bundesgerichtshofes für den Bereich der ADSp- und der CMR-Haftung trägt grundsätzlich der Anspruchsteller die Darlegungs- und Beweislast für ein grob fahrlässiges Verhalten des Anspruchgegners. Die ihm obliegende Darlegungslast erfüllt er aber bereits dann, wenn *sein Klagvortrag* nach den Umständen des Falles ein grob fahrlässiges Verschulden mit gewisser Wahrscheinlichkeit nahe legt und allein der Fixkostenspediteur zur Aufklärung des in seinem Bereich entstandenen Schadens zumutbarerweise beitragen kann. Gleiches gilt, wenn sich Anhaltspunkte für das Verschulden aus dem *unstreitigen Sachverhalt* ergeben. In diesem Fall darf sich der Anspruchsgegner zur Vermeidung prozessualer Nachteile nicht darauf beschränken, den Sachvortrag schlicht zu bestreiten. Er ist vielmehr gehalten, das Informationsdefizit des Anspruchstellers durch detaillierten Sachvortrag zum Ablauf des Betriebes und zu den ergriffenen Sicherungsmaßnahmen auszugleichen.[454] Kommt er dem nicht nach, kann daraus je nach den Umständen des Einzelfalles der Schluss auf ein qualifiziertes Verschulden gerechtfertigt sein."[455] Dieselbe Formel wendet der BGH im Rahmen des Art. 25 WA an, wo die unbegrenzte Haftung an die Leichtfertigkeit in dem Bewusstsein, dass ein Schaden mit Wahrscheinlichkeit eintrete, geknüpft wird,[456] ebenso im Rahmen des § 660 Abs. 3 HGB, wo allerdings nur die bewusste Leichtfertigkeit der Organe des Frachtführers (Verfrachters) schadet.[457] Anhaltspunkte für qualifiziertes Verschulden bei Verlust sind z. B. auch das Bestreiten des Verlustes durch den Frachtführer, ohne nach späterem Feststehen des Verlustes für dieses Bestreiten eine Erklärung zu geben, zusammen mit dem Umstand, dass ein Ablieferbeleg nur für eine einzige Paketnummer vorge-

---

453 Siehe oben Rdn. 11.
454 Unter Hinweis auf die damals strittige Rechtsprechung; vgl. BGH, 3.11.1994 – I ZR 100/92, BGHZ 127, 275, 283f.; BGH, 4.5.1995 – I ZR 70/93, BGHZ 129, 345, 349f.; BGH, 5.6.2003 – I ZR 234/00, TranspR 2003, 467, 469 = NJW 2003, 3626, m.w.N.; vgl. OLG Frankfurt/M., 28.5.2002 – 5 U 181/00, TranspR 2003, 169f. (zum WA), das mangels vorgetragener Anhaltspunkte Leichtfertigkeit verneint; noch weitergehend dagegen OLG Stuttgart, 27.3.2002 – 3 U 210/01, TranspR 2002, 200, 201, das dann, wenn der Schadensfall im Verantwortungsbereich des Frachtführers völlig im Dunkeln liegt, nicht einmal Ansatzpunkte für ein grobes Verschulden verlangt; ähnlich wie vorzitierte Entscheidung jetzt aber auch BGH, 2.4.2009 – I ZR 60/06, Rdn. 27, TranspR 2009, 262, Fall 1 (zu § 435 HGB) und OLG Hamm, 27.1.2011 – I-18 U 81/09, TranspR 2011, 181, 184 (Schadenshergang mangels Angaben des Frachtführers bis zur Klagerhebung „völlig ungeklärt").
455 BGH, 25.11.2004 – I ZR 210/01, Internetausdruck, S. 7; ebenso BGH, 6.5.2004 – I ZR 262/01, TranspR 2004, 474, 475; unter Hinweis auf BGH, 5.6.2003 – I ZR 234/00, TranspR 2003, 467, 469, m.w.N.
456 BGH, 21.9.2000 – I ZR 135/98, BGHZ 145, 170, 185 = TranspR 2001, 29ff. (dort mit vollständigem Abdruck der Gründe); vgl. auch OLG München, 1.4.1998 – 7 U 6182/97, TranspR 1998, 473.
457 BGH, 24.11.2010 – I ZR 192/08, Rdn. 28, TranspR 2011, 161 = MDR 2011, 551 = ETR 2011, 513.

legt werden konnte, obwohl jedes der drei Pakete eine eigene Nummer erhalten hatte.[458]

An diesem Grundsatz hat sich dadurch, dass seit 1998 die in § 435 HGB genannte Leichtfertigkeit an die Stelle der groben Fahrlässigkeit getreten ist, nichts geändert,[459] denn die prozessuale Darlegungslast ist völlig unabhängig von der Frage, welche materiell-rechtlichen Anforderungen an ein qualifiziertes Verschulden zu stellen sind.[460] Deshalb kann im Folgenden auch auf Entscheidungen zur groben Fahrlässigkeit zurückgegriffen werden. **87**

Steht der *Verlust* des Gutes fest, hat die Rechtsprechung vom Frachtführer u. a. die Darstellung folgender Einzelheiten verlangt: **88**

a) Wie werden Schnittstellenkontrollen vorgenommen, die es zeitnah ermöglichen festzustellen, ob eine erwartete Sendung im jeweiligen Abschnitt angekommen ist?[461] Bei Stichprobenkontrollen ist ihr genauer Ablauf, ihre Häufigkeit und ihre Intensität nachvollziehbar darzulegen.[462] Hat der Vertragspartner jedoch wirksam auf Schnittstellenkontrollen oder auf andere Schutzmaßnahmen verzichtet,[463] ist der Frachtführer auch nicht gehalten, zu solchen[464] Maßnahmen Näheres vorzutragen.[465] Welchen Weg hat das Gut genommen und wann und wo wurde es letztmalig registriert?[466]

b) Welche Sicherungsmaßnahmen gegen Diebstahl durch Mitarbeiter[467] und durch Dritte[468] sind getroffen (wenn nach dem Vortrag des Klägers oder nach

---

458 BGH, 3.7.2008 – I ZR 204/06, Rdn. 21, TranspR 2008, 403 („Leichtfertigkeit" und „Schadensbewusstsein").
459 BGH, 18.12.2008 – I ZR 128/06, Rdn. 14, TranspR 2009, 134 = NJW-RR 2009, 751 (zu Art. 29 CMR); BGH, 26.4.2007 – I ZR 70/04, Rdn. 19, TranspR 2007, 464; BGH, 5.6.2003 – I ZR 234/00, TranspR 2003, 467, 468; BGH, 4.3.2004 – I ZR 200/01, TranspR 2004, 460, 461 (alle drei zu § 435 HGB); OLG Stuttgart, 27.3.2002 – 3 U 210/01, TranspR 2002, 200; ebenso bereits *Piper*, Festgabe Herber, S. 135, 144; a.A. mit guten Gründen *Fremuth*, TranspR 2004, 99, 104.
460 BGH, 9.10.2003 – I ZR 275/00, TranspR 2004, 175, 176.
461 BGH, 11.11.2004 – I ZR 120/02, Internetausdruck, S. 10, 13 f. = TranspR 2006, 161 ff.; BGH, 25.11.2004 – I ZR 210/01, Internetausdruck, S. 9.
462 BGH, 15.11.2001 – I ZR 163/99, TranspR 2002, 452, 455; BGH, 13.2.2003 – I ZR 128/00, TranspR 2003, 255 (beide zu den ADSp und zur groben Fahrlässigkeit).
463 Siehe dazu oben bei Rdn. 29 f.
464 Aber sehr wohl zu sonstigen: OLG Düsseldorf, 4.7.2001 – 18 U 88/00, TranspR 2002, 158, 160.
465 So auch OLG Düsseldorf, 12.12.2001 – 18 U 79/01, TranspR 2002, 33, 35; OLG Düsseldorf, 28.6.2006 – I-18 U 190/05, TranspR 2006, 353, 354.
466 BGH, 10.5.2012 – I ZR 109/11, Rdn. 35, TranspR 2012, 466.
467 BGH, 25.11.2004 – I ZR 210/01, Internetausdruck, S. 9; BGH, 4.3.2004 – I ZR 200/01, TranspR 2004, 460, 462; BGH, 7.11.1996 – I ZR 111/94, TranspR 1997, 291, 293 = VersR 1997, 725, 726; OLG Düsseldorf, 4.7.2001 – 18 U 88/00, TranspR 2002, 158, 160.
468 BGH, 25.11.2004 – I ZR 210/01, Internetausdruck, S. 9; BGH, 4.3.2004 – I ZR 200/01, TranspR 2004, 460, 462; OLG Hamburg, 25.5.1998 – 6 U 146/97, TranspR 1998, 351, 353; dazu gehört auch die detaillierte Beschreibung der Sicherung des abgestellten LKWs und des Verhaltens des Fahrers, vgl. OLG Köln, 10.12.2002 – 3 U 56/02, TranspR 2003, 459 = NJW-RR 2003, 325.

Art. 29 Haftung des Frachtführers

dem unstreitigen Sachverhalt ein Diebstahl ernsthaft in Betracht kommt)? Dazu gehören detaillierte Angaben zu den Örtlichkeiten der Zwischenlagerung[469] und zum Transportverlauf[470] oder die Angabe, wer wo die Schlüssel verwahrte, wenn deren unbefugte Benutzung als Schadensursache denkbar ist.[471] Vereitelt der Frachtführer die lückenlose Dokumentation des Transportverlaufs, indem er ein Jahr nach dem Diebstahl aus dem LKW die Tachoscheibe vernichtet, und trägt er nicht widerspruchsfrei zum Verlauf vor, ist Leichtfertigkeit und Schadensbewusstsein zu vermuten.[472] Instruktiv hierzu ist der Fall des BGH vom 18.12.2008 (Diebstahl des beladenen Fahrzeugs vom Betriebsgelände in einer Nacht). Der BGH hielt die Darlegung für unzureichend, weil folgende Fragen unbeantwortet blieben: Wie wurde das Fahrzeug gesichert, etwa durch eine Wegfahrsperre? Wurde das Gittertor zum Gelände aufgebrochen oder aufgeschlossen? Warum unterblieb bei der Videoaufzeichnung gerade die Aufzeichnung des Diebstahls? Wie oft und in welchen Zeitabständen wurde das Gelände vom Wachpersonal kontrolliert? Worauf erstreckte sich die Bewachung? Wurde der Wachdienst seinerseits auf Erfüllung seiner Aufgaben kontrolliert? Ist es bereits früher zu solchen Diebstählen gekommen? Was wurde ggf. zur Erhöhung der Sicherheit unternommen? Haben sich die Täter die angeblich im Bürogebäude verwahrten Fahrzeugschlüssel verschafft? Wie lauten die Namen der Fahrer, der Wachmannschaft und der Personen der zentralen Kontrolle?[473] Die bloße abstrakte Schilderung der Organisation reicht nicht aus.[474]

c) Wie werden versehentliche Falschlieferungen[475] oder Verstapelungen[476] verhindert?[477]

Zu weit zu b) und c) geht das OLG München in einer älteren Entscheidung vom 24.4.1991:[478] Der Verlust einer Palette von besonderer Größe und erheblichem Gewicht im Zwischenlager lasse grobes Verschulden vermuten, wenn keine *konkrete* entlastende Erklärung für die Möglichkeit des Verlustes angegeben wird.[479]

---

469 OLG Düsseldorf, 14.11.2001 – 18 U 263/00, TranspR 2002, 73, 75; BGH, 7.11.1996 – I ZR 111/94, TranspR 1997, 291, 293 = VersR 1997, 725, 726: auch zum Funktionieren der Alarmanlage.
470 Z.B. OLG Thüringen, 2.6.2004 – 4 U 318/04, veröffentlicht bei www.thueringen.de/OLG/.
471 KG, 14.11.2002 – 2 U 89/01, TranspR 2003, 172, 173f.
472 OLG Thüringen, 2.6.2004 – 4 U 318/04, veröffentlicht bei www.thueringen.de/OLG/.
473 BGH, 18.12.2008 – I ZR 128/06, Rdn. 18, TranspR 2009, 134 = NJW-RR 2009, 751 (CMR-Fall).
474 OLG Düsseldorf, 3.3.2010 – I-18 U 176/09, Juris; OLG Düsseldorf, 3.3.2010 – I-18 U 176/09, Juris, Rdn. 22 (zu Art. 29).
475 BGH, 25.11.2004 – I ZR 210/01, Internetausdruck, S. 9; OLG Hamburg, 25.5.1998 – 6 U 146/97, TranspR 1998, 351, 353; zur groben Fahrlässigkeit i.R.d. WA 1929: OLG Frankfurt/M., 14.9.1999 – 5 U 30/97, TranspR 2000, 260, 261.
476 Zur groben Fahrlässigkeit i.R.d. WA 1929: OLG Frankfurt/M., 14.9.1999 – 5 U 30/97, TranspR 2000, 260, 261.
477 Beispiel für ausreichende Darlegung: OLG München, 7.5.1999 – 23 U 6113/98, TranspR 1999, 301, 303 = VersR 2000, 1567.
478 OLG München, 24.4.1991 – 7 U 4488/90, TranspR 1991, 248 zu § 51b Satz 2 ADSp. a.F.
479 Vgl. die Kritik von *Herber/Schmuck*, VersR 1991, 1209; siehe ferner AG Neuwied, 19.3.1991 – 14 C 1929/90, TranspR 1991, 384 (zur ADSp) mit Anmerkung von *Temme*.

d) Unregelmäßigkeiten müssen dokumentiert werden, und die Dokumentation ist bei festgestellten Unregelmäßigkeiten aufzubewahren, allerdings nicht jahrelang.[480] Wenn die Dokumentation nur in einem Einzelfall nicht vorgelegt werden kann und grundsätzlich ausreichende organisatorische Vorsorge für die Dokumentation getroffen wurde, darf aber noch nicht auf grobes Verschulden geschlossen werden.[481]

Zumindest die Anforderungen a)–d) gelten auch für Paketsendungen im Massenbetrieb.[482]

e) Wie wird die Einhaltung der Betriebsorganisation kontrolliert[483] und dafür gesorgt, dass die theoretisch vorgesehenen Organisationsmaßnahmen auch praktisch durchgeführt werden?[484]

f) Welche Ermittlungsmaßnahmen wurden hinsichtlich der verschwundenen Sendung eingeleitet[485] und was haben die Nachforschungen, und dabei vor allem die Befragung der Mitarbeiter, die mit der Sendung in Berührung gekommen sein müssen, ergeben?[486]

Allgemein muss der Frachtführer die konkret eingerichteten Sicherungen und Kontrollen detailliert dartun, so dass für den Geschädigten und das Gericht erkennbar wird, ob die einzelnen Maßnahmen in der Praxis geordnet, überschaubar und zuverlässig ineinandergreifen.[487] Bei Abhandenkommen aus dem Gewahrsam des Fahrers hat er dessen Namen und Anschrift mitzuteilen.[488]

Trägt der Frachtführer bei Verlust überhaupt nicht zum Organisationsablauf in seinem Betrieb und zum Schadenshergang vor, insbesondere nicht zu der von

---

480 BGH, 25.11.2004 – I ZR 210/01, Internetausdruck, S. 9; ebenso zur groben Fahrlässigkeit i.R.d. ADSp selbst bei 800000 Paketen täglich BGH, 15.11.2001 – I ZR 163/99, TranspR 2002, 452, 456.
481 Vgl. OLG München, 4.2.1994 – 23 U 3810/92, VersR 1995, 486 (Leitsatz).
482 BGH, 25.11.2004 – I ZR 210/01, Internetausdruck, S. 9; BGH, 6.5.2004 – I ZR 262/01, TranspR 2004, 474, 476.
483 BGH, 4.3.2004 – I ZR 200/01, TranspR 2004, 460, 462; BGH, 24.10.1996 – I ZR 133/94, VersR 1997, 473, 474; OLG Düsseldorf, 4.7.2001 – 18 U 88/00, TranspR 2002, 158, 159; OLG Düsseldorf, 16.4.2008 – I-18 U 82/07, Juris, Rdn. 30.
484 OLG Hamm, 29.6.1998 – 18 U 19/98, TranspR 1999, 201, 202; OLG Düsseldorf, 4.7.2001 – 18 U 88/00, TranspR 2002, 158, 159.
485 BGH, 22.7.2010 – I ZR 194/08, Rdn. 13 und 35 (zu Nr. 27.2 ADSp bei Lufttransport nach MÜ), TranspR 2011, 80; OLG Düsseldorf, 12.3.2008 – I-18 U 160/07, Juris, Rdn. 28.
486 BGH, 4.3.2004 – I ZR 200/01, TranspR 2004, 460, 462; BGH, 10.5.2012 – I ZR 109/11, Rdn. 35, TranspR 2012, 466.
487 BGH, 24.10.1996 – I ZR 133/94, VersR 1997, 473 m.w.N.; OLG München, 1.4.1998 – 7 U 6182/97, TranspR 1998, 473 (zum WA); OLG Karlsruhe, 16.12.1998 – 15 U 75/98, TranspR 2000, 266, 267; Beispiel für unzureichende Darlegung: OLG Düsseldorf, 29.11.2006 – I-18 U 69/06, TranspR 2007, 33, 36.
488 So jedenfalls das OLG Köln in einem Fall, in dem eine Beteiligung des Fahrers am Diebstahl im Raume stand, OLG Köln, 10.12.2002 – 3 U 56/02, TranspR 2003, 459 = NJW-RR 2003, 325.

Art. 29 Haftung des Frachtführers

ihm aufgewendeten Sorgfalt,[489] ist regelmäßig nicht nur Leichtfertigkeit zu vermuten, sondern es kann auch auf sein Bewusstsein der Wahrscheinlichkeit eines Schadenseintritts geschlossen werden.[490] Der BGH bezeichnet es in diesem Zusammenhang ausdrücklich als „ständige Rechtsprechung" dass dann, wenn der Frachtführer in „zeitlicher, räumlicher und personeller Hinsicht" nichts zum Schadenseintritt vorträgt, die Annahme von Leichtfertigkeit und Schadensbewusstsein gerechtfertigt ist.[491] Auch die bloß *unzureichende* Darlegung durch den Frachtführer rechtfertigt die Annahme der bewussten Leichtfertigkeit.[492] Im konkreten Fall hat der BGH dabei für die Annahme des vorsatzgleichen Verschuldens es ausreichen lassen, dass „gut vorstellbar" blieb, dass weder Fahrzeug noch Gelände ausreichend gegen Diebstahl gesichert waren.[493] In einem Fall des Verlustes hat der BGH die Rüge der Revision, der Anspruchsteller habe keine hinreichenden Anhaltspunkte für die bewusste Leichtfertigkeit vorgetragen, für nicht durchdringend erachtet und hat die Annahme der Leichtfertigkeit und des Schadensbewusstseins letztlich darauf gestützt, dass der Frachtführer seiner sekundären Darlegungslast nicht hinreichend nachgekommen sei. Der bloße Vortrag des Frachtführers, der Verlust habe sich auf dem Flughafen New York ereignet, reiche nicht aus. Es fehle jeder Vortrag zu den beteiligten Personen, zum Organisationsablauf des Transports, zu Schadensverhütungsmaßnahmen, zu den eingesetzten Hilfspersonen und zu etwaigen Nachforschungen zum Verbleib der Sendung.[494] Der substanziierte Vortrag des Frachtführers, niemand Fremdes sei an die zwischengelagerte Ware ohne Kontrolle herangekommen (wobei eine versehentliche Fehlverladung als Ursache ausschied), führte in zwei anderen Verlustfällen dazu, dass nur Diebstahl durch „Leute" des Frachtführers als Ursache übrig blieb, was volle Haftung bedeutete.[495]

90 Schaltet der Frachtführer Subunternehmer ein, so muss er auch zu deren *Organisation* in gleicher Weise vortragen; es reicht nicht aus, dass er sich nur ausrei-

---

489 BGH, 13.7.2006 – I ZR 245/03, Rdn. 27, TranspR 2006, 448 = VersR 2007, 1102 = NJW-RR 2007, 179.
490 BGH, 4.3.2004 – I ZR 200/01, TranspR 2004, 460, 462; BGH, 9.10.2003 – I ZR 275/00, TranspR 2004, 175, 176; BGH, 5.6.2003 – I ZR 234/00, TranspR 2003, 467, 470; OLG Hamburg, 28.2.2002 – 6 U 165/01, TranspR 2002, 344; ebenso der Sache nach KG, 14.11.2002 – 2 U 89/01, TranspR 2003, 172, 174 linke Spalte.
491 BGH, 26.3.2009 – I ZR 120/07, Rdn. 25, TranspR 2010, 76 = NJW-RR 2010, 247 (CMR-Fall).
492 BGH, 18.12.2008 – I ZR 128/06, Rdn. 18, TranspR 2009, 134 = NJW-RR 2009, 751 (CMR-Fall); vgl. OLG Düsseldorf, 3.3.2010 – I-18 U 176/09, Juris, Rdn. 20ff. (zu Art. 29 CMR).
493 BGH, 18.12.2008 – I ZR 128/06, Rdn. 18, TranspR 2009, 134 = NJW-RR 2009, 751 (CMR-Fall).
494 BGH, 3.3.2011 – I ZR 50/10 Rdn. 20 und 21, TranspR 2011, 220 = VersR 2011, 1332 = MDR 2011, 792; ähnlich auch BGH, 2.4.2009 – I ZR 60/06, Rdn. 27, TranspR 2009, 262: bei völlig ungeklärter Verlustursache wird die sekundäre Darlegungslast bereits dadurch ausgelöst, Fall 1 (zu § 435 HGB).
495 BGH, 2.4.2009 – I ZR 61/06, Rdn. 23, TranspR 2009, 317 (zu Art. 25 WA); BGH, 2.4.2009 – I ZR 60/06, Rdn. 39, TranspR 2009, 262, Fall 2 (zu Art. 25 WA).

chend um Informationen beim Subunternehmer „bemüht",[496] denn er muss sich so behandeln lassen, als hätte er selbst anstelle der ihm zugerechneten Person gehandelt.[497] Es kommt auch entgegen *Koller* nicht darauf an, ob der Frachtführer gegen den Subunternehmer einen Regressanspruch besitzt und ob er dafür sorgen kann, dass das gegen ihn ergehende Urteil direkt oder mittelbar auch gegen den Subunternehmer wirkt.[498]

Nicht darzulegen braucht der Frachtführer danach die Umstände, die der Geschädigte ebenso selbst ermitteln kann, etwa das Vorhandensein von bewachten Parkplätzen oder die besondere Diebstahlsgefahr in einer bestimmten Gegend,[499] einschließlich der Möglichkeit des Frachtführers, hiervon Kenntnis zu erlangen.[500] Insoweit bleibt es bei der Beweis- und Darlegungslast des Geschädigten. 91

Die Rechtsprechungsgrundsätze zum groben Organisationsverschulden sind nach Meinung des BGH nicht (ohne Weiteres[501]) auf während des Transports aufgetretene *Beschädigungen* übertragbar,[502] da die gebotenen Kontrollmaßnahmen beim Warenumschlag nicht darauf abzielen, den Frachtführer zu einem sorgfältigeren Umgang mit den ihm anvertrauten Gütern anzuhalten,[503] denn nach der allgemeinen Lebenserfahrung ist eine Verringerung der Häufigkeit von Beschädigungen auch bei schärferen Schnittstellenkontrollen nicht zu erwarten,[504] wenn das Pack- 92

---

496 Vgl. aber OLG Hamburg, 15.1.1998 – 6 U 14/96, TranspR 1998, 290, 292, wonach der Frachtführer sich bei einem *Verkehrsunfall* nur um die ladungsfähige Anschrift des Fahrers des Subunternehmers „bemühen" musste; vgl. OLG Hamm, 25.7.2002 – 18 U 182/01, TranspR 2003, 457, 458, das das vorsatzgleiche Verschulden jedenfalls dann vermutet, wenn sich der Frachtführer nicht bei dem Subunternehmer um Informationen „bemüht"; ebenso OLG Düsseldorf, 14.11.2001 – 18 U 263/00, TranspR 2002, 73, 75; wie OLG Hamm bereits OLG München, 12.4.1990 – 23 U 3161/88, TranspR 1990, 280 = NJW-RR 1991, 230.
497 BGH, 4.3.2004 – I ZR 200/01, TranspR 2004, 460, 462 (zu § 428 HGB, aber gem. Art. 3 CMR gilt das Gleiche bei CMR-Transporten); daran festhaltend: BGH, 10.5.2012 – I ZR 109/11, Rdn. 35, TranspR 2012, 466; OLG Hamburg, 28.2.2002 – 6 U 165/01, TranspR 2002, 344 (zu Art. 3, 29 CMR); *Neumann*, TranspR 2002, 413, 420.
498 *Koller*, Art. 29 CMR Rdn. 7.
499 OLG Düsseldorf, 5.6.1997 – 18 U 124/96, TranspR 1999, 23, 24.
500 OLG Oldenburg, 30.5.1995 – 5 U 63/94, VersR 1996, 1171, 1172, der BGH hat die Revision nicht angenommen: VersR 1996, 1144; OLG Hamm, 9.5.1996 – 18 U 123/95, TranspR 1997, 189.
501 BGH, 22.11.2007 – I ZR 74/05, Rdn. 26, BGHZ 174, 244 = TranspR 2008, 30 = VersR 2008, 508 = MDR 2008, 282 = NJW 2008, 920 (HGB-Fälle, möglicherweise auch CMR-Fälle – aus dem Sachverhalt nicht erkennbar).
502 So deutlich BGH, 29.6.2006 – I ZR 176/03, Rdn. 33, TranspR 2008, 390 = NJW-RR 2007, 32 (zu § 435 HGB). Ausdrücklich a.A. noch OLG Hamm, 25.7.2002 – 18 U 182/01, TranspR 2003, 457, 458: Der Frachtführer, der unbeschädigte Güter übernimmt, aber beschädigte abliefert, muss den Transportverlauf im Einzelnen darlegen. Kommt er dem nicht nach, so kann ggf. vorsatzgleiches Verschulden vermutet werden. Wie OLG Hamm OLG Celle, 10.6.2004 – 11 U 21/04, TranspR 2005, 23, 25, jedenfalls wenn der Vortrag des Frachtführers mit dem Schadensumfang nicht in Einklang zu bringen ist.
503 BGH, 9.10.2003 – I ZR 275/00, TranspR 2004, 175, 177 (Schaden war äußerlich nicht erkennbar).
504 BGH, 15.11.2001 – I ZR 182/99, TranspR 2002, 302, 305 (Schaden war äußerlich nicht erkennbar).

stück äußerlich unbeschädigt geblieben ist.[505] Die Frage, ob das Unterlassen von Schnittstellenkontrollen einen Einfluss auf das Verhindern von Beschädigungen hat, ist eine solche der Kausalität und nicht der Darlegungslast; der BGH verneint allerdings in oben zitierten Fällen[506] – mangels festgestellter Kausalität – eine unbeschränkte Haftung, obwohl der Frachtführer nichts zum Schutz der Güter vor Beschädigungen mitteilt und auch nichts Detailliertes zum möglichen Schadenshergang sagt. Dem entspricht eine weitere Entscheidung des BGH zum Seerecht, in welcher das Gut an unbekanntem Ort auf der dem Seerecht unterliegenden Strecke beschädigt worden war: Soweit in dieser Hinsicht ein Organisationsverschulden in Rede stehe, bleibe es, so der BGH, dabei, dass der Anspruchsteller die ursächliche grobe Pflichtverletzung darlegen und beweisen müsse. Da zur Entstehung des Schadens keine Einzelheiten vorgetragen seien und es keine Anhaltspunkte für eine unzureichende Sicherung des Gutes gebe, sei von einer nur beschränkten Haftung auszugehen.[507] Anders aber, wenn *feststeht*, dass das Gut unzureichend an Bord gegen Umkippen gesichert war und der Verfrachter zu seinen Schadensverhütungsmaßnahmen nicht substanziiert vorträgt.[508] Klar positioniert hat sich der BGH seit seiner Entscheidung vom 29.6.2006:[509] Bei Beschädigung muss der Anspruchsteller Anhaltspunkte für ein ursächliches qualifiziertes Verschulden vortragen. Diese können sich auch aus der Art und dem Ausmaß der Beschädigung ergeben.

93 Trug der Anspruchsteller solch plausible Anhaltspunkte für ein qualifiziert leichtfertiges Verhalten des Frachtführers hinsichtlich der Sicherung gegen *Beschädigungen* vor, war der Frachtführer gehalten, substanziiert zu der aufgewandten Sorgfalt vorzutragen. Tat er dies nicht, konnte qualifizierte Leichtfertigkeit vermutet werden.[510] Ausdrücklich beschränkt auf den Fall der Beschädigung

---

505 BGH, 19.5.2005 – I ZR 238/02, Internetfassung, S. 7 = TranspR 2006, 114ff.
506 BGH, 9.10.2003 – I ZR 275/00, TranspR 2004, 175, 177 und BGH, 15.11.2001 – I ZR 182/99, TranspR 2002, 302, 305.
507 BGH, 3.11.2005 – I ZR 325/02, Internetfassung, Rdn. 19f. = TranspR 2006, 35, 37 (wobei der BGH klarstellt, dass im Seerecht nur das grobe Verschulden des Verfrachters selbst schadet, also es bei juristischen Personen auf das Verhalten der Organe des Verfrachters ankommt, § 660 Abs. 3 HGB, ebenso BGH, 24.11.2010 – I ZR 192/08, Rdn. 20, TranspR 2011, 161 = MDR 2011, 551 = ETR 2011, 513).
508 BGH, 29.7.2009 – I ZR 212/06, Rdn. 34 und 40, TranspR 2009, 331 = NJW-RR 2009, 1482 (zu § 660 Abs. 3 HGB).
509 BGH, 29.6.2006 – I ZR 176/03, Rdn. 33, TranspR 2008, 390 = NJW-RR 2007, 32 (zu § 435 HGB); zu den Einzelheiten siehe folgende Rdn. 93.
510 BGH, 3.3.2005 – I ZR 134/02, Internetausdruck, S. 4f. = TranspR 2005, 253, Verkehrsunfall in Russland; OLG Köln, 27.6.1995 – 22/U 265/94, VersR 1996, 1567, 1568 = TranspR 1996, 26, 27 (zum WA); OLG Köln, 15.2.2005 – 22 U 145/04, Internetausdruck, S. 2f.: Koffer kam gewaltsam geöffnet an, was dem Gericht als Anhaltspunkt für Leichtfertigkeit ausreichte (zum WA); OLG Hamm, 25.7.2002 – 18 U 182/01, TranspR 2003, 457, 458; ebenso zur Vermutung grober Fahrlässigkeit OLG München, 12.11.1999 – 23 U 3186/99, TranspR 2000, 133, 135 = VersR 2000, 743 und bei „massiver" Beschädigung OLG Karlsruhe, 9.12.1998 – 14/U 22/98, TranspR 2000, 465; ausreichende Anhaltspunkte für eine grob fahrlässige Beschädigung verneinen OLG Stuttgart, 15.12.1999 – 3 U 165/99, OLGR Stuttgart 2000, 176, und OLG München, 10.8.1994 – 7 U 7322/93, TranspR 1995, 118, 119 (zum WA); OLG Saarland, 12.4.2006 – 5 U 418/05–43, TranspR 2006, 300, 303.

hat der BGH in der Entscheidung vom 29.6.2006 die den Frachtführer treffenden Aufklärungsobliegenheiten, inzwischen aber *deutlich herabgesetzt*: Der Frachtführer muss sich auf den Vortrag des Geschädigten „einlassen und mitteilen, welche Kenntnisse er über den konkreten Schadensverlauf hat und welche Schadensursachen er ermitteln konnte. Ihn trifft insoweit eine Recherchepflicht. Kann er trotz angemessener Nachforschungen keine Angaben zur Schadensentstehung machen, kann daraus nicht die Vermutung für das Vorliegen der Voraussetzungen eines qualifizierten Verschuldens hergeleitet werden. (...) Kann der Frachtführer trotz angemessener Recherchen nichts zur Entstehung der Beschädigung des Gutes beitragen, bleibt der Ersatzberechtigte für das Vorliegen der Voraussetzungen eines qualifizierten Verschuldens des Transporteurs oder seiner Leute ggf. beweisfällig".[511] Diese Rechtsprechung hat der BGH fortgeführt[512] und dabei besonders auf die fehlende Vermutung der Kausalität abgehoben.[513] Dabei betont der BGH, dass in Fällen der Beschädigung den Frachtführer eine sekundäre Darlegungslast trifft, wenn „der Klagevortrag ein qualifiziertes Verschulden des Anspruchsgegners mit gewisser Wahrscheinlichkeit nahelegt oder sich Anhaltspunkte für ein derartiges Verschulden aus dem unstreitigen Sachverhalt ergeben".[514] Bleibt es aber plausibel möglich, dass die Beschädigung auch durch einfache Nachlässigkeit entstanden ist, reicht der Vortrag des Anspruchstellers ggf. nicht aus, um eine (weitere) Recherchepflicht auszulösen.[515] Auch in dem entschiedenen Fall beidseitig blockierender Bremsen, die zu einem Reifenbrand führten, reichte der Vortrag des Klägers nicht aus, um die sekundäre Darlegungslast des Frachtführers zu generieren.[516] Andererseits hat der BGH in dem oben zitierten Fall zum Seerecht den Verfrachter wegen qualifizierten Verschuldens voll haften lassen, weil er im Falle einer unzureichenden Sicherung des Gutes gegen Umfallen nicht ausreichend zu seinen organisatorischen Maßnahmen zur Verhinderung von solchen Verladefehlern vorgetragen hatte.[517] Die Recherche hat zeitnah zumindest nach Kenntnis des Schadens zu beginnen.[518]

---

511 BGH, 29.6.2006 – I ZR 176/03, Rdn. 33, TranspR 2008, 390 = NJW-RR 2007, 32 (zu § 435 HGB); BGH, 13.1.2011 – I ZR 188/08, Rdn. 16, TranspR 2011, 218 = VersR 2011, 1161 = MDR 2011, 863 = NJW-RR 2011, 1181; BGH, 12.1.2012 – I ZR 214/10, TranspR 2012, 107, Rdn. 24; dem folgend OLG Stuttgart, 9.2.2011 – 3 U 173/10, Juris, Rdn. 32.
512 BGH, 12.1.2012 – I ZR 214/10, TranspR 2012, 107, Rdn. 24.
513 BGH, 22.11.2007 – I ZR 74/05, Rdn. 26 und 27, BGHZ 174, 244 = TranspR 2008, 30 = VersR 2008, 508 = MDR 2008, 282 = NJW 2008, 920 (HGB-Fälle, möglicherweise auch CMR-Fälle – aus dem Sachverhalt nicht erkennbar).
514 BGH, 12.1.2012 – I ZR 214/10, TranspR 2012, 107 Rdn. 23 und 24.
515 BGH, 12.1.2012 – I ZR 214/10, TranspR 2012, 107 Rdn. 26–29: im konkreten Fall hatte der Frachtführer zudem seiner Recherchepflicht genügt; vgl. auch BGH, 21.3.2007 – I ZR 166/04, Rdn. 18–21 (Verkehrsunfall), TranspR 2007, 361 = VersR 2008, 515 = MDR 2007, 1383 = NJW-RR 2007, 1630; OLG Brandenburg, 7.11.2007 – 7 U 78/07, Juris, Rdn. 17 und 18.
516 BGH, 13.1.2011 – I ZR 188/08, Rdn. 20 und 21, TranspR 2011, 218 = VersR 2011, 1161 = MDR 2011, 863 = NJW-RR 2011, 1181.
517 BGH, 29.7.2009 – I ZR 212/06, Rdn. 34 und 40, TranspR 2009, 331 = NJW-RR 2009, 1482.
518 BGH, 29.7.2009 – I ZR 212/06, Rdn. 38, TranspR 2009, 331 = NJW-RR 2009, 1482.

Art. 29 Haftung des Frachtführers

Beispiele für eine ausreichende Recherche: OLG München.[519] Beispiel für eine unzureichende Recherche: OLG Düsseldorf.[520]

In einem Fall auf der Grenze zwischen Verlust und Beschädigung – aus dem Karton waren unterwegs wertvolle Weinflaschen entnommen, der Karton war dann wieder verschlossen worden – wendet der BGH ausdrücklich die für Verlust geltenden Grundsätze an.[521]

Die folgenden Entscheidungen sind teilweise durch die neue Rechtsprechung ab der Entscheidung des BGH vom 29.6.2006 überholt, können jedoch als Anhaltspunkt dafür dienen, wann eine „angemessene Recherche" vorliegt und wann der Frachtführer die gebotenen organisatorischen Maßnahmen ergriffen hat, die eine Recherche überhaupt ermöglichen. So hat der Frachtführer nach OLG Köln[522] den Namen desjenigen, der eine Beschädigung meldet, festzuhalten, um zu versuchen, die Person des Schädigers festzustellen und den Schadenshergang, soweit zumutbar möglich, aufzuklären. Steht eine unzureichende Sicherung des Gutes auf einem vom Spediteur zu beladenden LKW fest, hat er u.U. auch den Namen des verladenden Mitarbeiters und des verantwortlichen Lagermeisters sowie die organisatorische Vorsorge zur Sicherstellung ordentlicher Beladung mitzuteilen.[523] Nach OLG Celle hat der Frachtführer, jedenfalls wenn sein bisheriger Vortrag mit dem Schadensbild nicht zusammenpasst, dem Anspruchsteller durch detaillierte Angaben unter Nennung der beteiligten Personen, *in concretu* der Gabelstaplerfahrer, zeitnah (Mitarbeiterliste nach eineinhalb Jahren war zu spät) nach dem Transport die Informationen zu beschaffen, die dieser braucht, um selbst Näheres zu ermitteln und unter Beweis stellen zu können. Ansonsten sei Leichtfertigkeit und Schadensbewusstsein zu vermuten.[524] Nach OLG Saarland hat der Frachtführer den konkreten Weg des Transportgutes und die mit dem Transport befassten Mitarbeiter anzugeben, ebenso wie die im konkreten Fall getroffenen Vorkehrungen zum Schutz vor Beschädigung (des kippgefährdeten Gutes).[525] Milder urteilt das OLG Düsseldorf, das die fehlende Dokumentation der

---

519 OLG München, 16.3.2011 – 7 U 1807/09, TranspR 2011, 199, 202 und OLG München, 7.5.2008 – 7 U 5338/06, TranspR 2008, 318, 321.
520 OLG Düsseldorf, 20.6.2007 – I-18 U 195/06, Juris, Rdn. 13.
521 BGH, 13.6.2012 – I ZR 87/11, Rdn. 19, TranspR 2012, 463; ob sich in dieser Entscheidung eine Wende der Rechtsprechung in Richtung wieder strengerer Darlegungslast bei Beschädigung ankündigt, ist pure Spekulation; zur Kritik an der Rspr. vgl. *Rogert*, TranspR 2009, 406.
522 OLG Köln, 27.6.1995 – 22 U 265/94, VersR 1996, 1567, 1568 = TranspR 1996, 26, 27 (zum WA).
523 So sehr streng, aber auf den Einzelfall bezogen, BGH, 8.5.2002 – I ZR 34/00, TranspR 2002, 408, 410 (zur ADSp); *obiter* bestätigt in BGH, 3.11.2005 – I ZR 325/02, Internetfassung, Rdn. 19f. = TranspR 2006, 35, 37.
524 OLG Celle, 10.6.2004 – 11 U 21/04, TranspR 2005, 23, 25f.
525 OLG Saarland, 12.4.2006 – 5 U 418/05–43, TranspR 2006, 300, 302.

Ursache einer Beschädigung (Gabelstapler oder automatischer Pusher/Puller) zwar als fehlerhaft, aber nicht als grob pflichtwidrig ansieht.[526]

Nach OLG Stuttgart, aber entgegen BGH[527] und OLG Köln,[528] trifft den Frachtführer auch bei Beschädigung die sekundäre Darlegungslast nicht nur bei behaupteten und plausiblen Anhaltspunkten für grobes Verschulden, sondern auch dann, wenn „der Schadensfall völlig im Dunkeln liegt, weil er sich völlig im Verantwortungsbereich des Frachtführers abgespielt hat".[529] Dieser Darlegungslast genügt der Frachtführer nach Auffassung des OLG jedoch bereits, wenn er bei einer Beschädigung aus unbekannter Ursache an unbekanntem Ort, bei der auch als Ursache ein Verpackungsfehler nicht ausgeschlossen ist, die bei Ankunft vorhandene Beschädigung dokumentiert und den Fahrer als Zeugen dafür benennt, dass es auf dem Transport, der ohne Umladung stattfand, zu keinen besonderen Vorkommnissen kam.[530]

Bei einem Verkehrsunfall hat der Frachtführer insbes. das von ihm eingesetzte Fahrzeug zu bezeichnen sowie Schadenszeit, Schadensort und den Namen und die Anschrift des Fahrers mitzuteilen.[531]

Bei *Verspätung* muss der Frachtführer unter Nennung des konkreten Ablaufs, der an der Verzögerung beteiligten Personen und der ihnen erteilten Anweisungen Näheres darlegen, sobald Anhaltspunkte für ein grobes Verschulden feststehen oder plausibel vorgetragen sind.[532] Kommt er seiner sekundären Darlegungslast nicht ausreichend nach, kann Leichtfertigkeit und Schadensbewusstsein vermutet werden.[533] Beispiel für ausreichende Darlegung: OLG Düsseldorf.[534]

---

526 OLG Düsseldorf, 20.3.1997 – 18 U 133/96, VersR 1998, 1399 (zur ADSp); ebenso OLG München, 10.8.1994 – 7 U 7322/93, TranspR 1995, 118, 120 (zum WA): keine Dokumentationspflicht für die Behandlung jedes einzelnen Gutes (Nässeschaden an unbekanntem Ort).
527 BGH, 3.11.2005 – I ZR 325/02, Rdn. 19f., TranspR 2006, 35, 37, siehe oben bei Rdn. 92; BGH, 29.6.2006 – I ZR 176/03, Rdn. 33, TranspR 2008, 390 = NJW-RR 2007, 32 (zu § 435 HGB).
528 OLG Köln, 11.1.2005 – 22 U 137/04, VersR 2006, 244, 245 = TranspR 2005, 415, 416 (WA).
529 OLG Stuttgart, 11.6.2003 – 3 U 222/02, TranspR 2003, 308, 311.
530 OLG Stuttgart, 11.6.2003 – 3 U 222/02, TranspR 2003, 308, 311.
531 *Thume*, VersR 1993, 930, 938; siehe die Rechtsprechung in der nächsten Fußnote sowie bei Rdn. 49; a.A. OLG Hamburg, 15.1.1998 – 6 U 14/96, das es hat ausreichen lassen, dass der Frachtführer sich – erfolglos – um Namen und Anschrift des Fahrers beim Subunternehmer „bemühte", TranspR 1998, 290, 292, der BGH hat die Revision nicht angenommen (BGH, 8.10.1998 – I ZR 53/98, so die Angabe bei Juris); eine deutlich erhöhte sekundäre Darlegungslast des Frachtführers bei einem Unfall liegt der Entscheidung des BGH, 3.3.2005 – I ZR 134/02, Internetausdruck, S. 4f. = TranspR 2005, 253, zugrunde, in der mangels näherer Darlegung Leichtfertigkeit vermutet wird.
532 So sehr streng OLG Köln, 24.5.2005 – 3 U 195/04, Internetfassung, S. 3ff., das bereits im Einscannen eines Express-Briefes erst 24 Stunden nach Einlieferung beim Frachtführer einen Anhaltspunkt für bewusste Leichtfertigkeit sieht, was die sekundäre Darlegungslast auslöst.
533 OLG Hamm, 15.9.2008 – 18 U 199/07, TranspR 2009, 167, 168 (Datum in TranspR wohl unrichtig mit 18.8.2008 angegeben, siehe Juris).
534 OLG Düsseldorf, 7.3.2007 – I-18 U 115/06, TranspR 2007, 195, 198.

Art. 29 Haftung des Frachtführers

94 Bestreitet der Frachtführer hingegen bei *Verlust, Beschädigung und Verspätung* die behaupteten Anhaltspunkte für ein grobes Verschulden substanziiert unter Darlegung des Sachverhaltes, soll der Anspruchsteller diese Anhaltspunkte beweisen müssen.[535]

95 Wenn der Frachtführer seiner Darlegungsobliegenheit nachkommt, die von ihm behaupteten Abläufe (auch die von ihm behauptete Schadensursache[536]) und Sicherungsmaßnahmen aber streitig sind, muss der Anspruchsteller beweisen, dass der Frachtführer Unrichtiges vorträgt, wie der BGH unter ausdrücklicher Abkehr von der zuvor jedenfalls uneinheitlichen Rechtsprechung[537] inzwischen klargestellt hat. Dies gilt auch dann, wenn die nähere Darlegung eines zum Wahrnehmungsbereich des Frachtführeres gehörenden Geschehens dem Anspruchsteller nicht möglich ist, vielmehr führt ein solcher Umstand allenfalls zu erhöhten Anforderungen an die (sekundäre) Darlegungslast des Frachtführers.[538]

Geht es um konkrete Vorgänge und Sicherungsmaßnahmen, wird der Frachtführer in der Regel gehalten sein, Namen und ladungsfähige Anschrift der beteiligten Personen zu liefern.[539] Es ist dann Sache des Geschädigten, sich auf das

---

535 So für die Behauptung des Zeitdrucks für den Fahrer und der Übermüdung des Fahrers bei einem Verkehrsunfall BGH, 29.1.2004 – I ZR 162/01, TranspR 2004, 213, 215; vgl. OLG Stuttgart, 11.6.2003 – 3 U 222/02, TranspR 2003, 308, 311, zu einem Verkehrsunfall, bei dem das Gericht es hat ausreichen lassen, dass der Frachtführer Namen und Anschrift des Fahrers nannte sowie bestimmte Details zum Unfallhergang vortrug, es dem Kläger jedoch deshalb nicht folgte, weil dieser sich nicht seinerseits für seine abweichenden Behauptungen auf das Zeugnis des Fahrers berufen hatte; ebenso bereits OLG München, 10.10.1990 – 7 U 3528/89, TranspR 1991, 138, 140; ähnlich zu einem Verkehrsunfall OLG Düsseldorf, 26.7.2004 – 18 U 253/03, TranspR 2005, 118, 122: Kläger hätte zudem selbst die Örtlichkeiten recherchieren können; OLG München, 19.7.2000 – 7 U 1716/00, TranspR 2000, 412, 414.
536 BGH, 20.9.2007 – I ZR 43/05, Rdn. 33, TranspR 2008, 113 (HGB- und CMR-Fälle).
537 Pro Beweislast des Frachtführers: BGH, 7.11.1996 – I ZR 111/94, TranspR 1997, 291, 293 und der Sache nach in gleicher Weise auch BGH, 9.11.1995 – I ZR 122/93, VersR 1996, 782 = TranspR 1996, 303 (beide zur ADSp): Spediteur muss die von ihm dargelegten Umstände beweisen; *Thume*, TranspR 2002, 1, 5; BGH, 8.5.2002 – I ZR 34/00, TranspR 2002, 408, 410; ebenso offenbar BGH, 24.11.2005 – I ZR 103/05, Internetfassung, S. 3, BGH, 8.11.2007 – I ZR 99/05, Rdn. 21, TranspR 2008, 247 = MDR 2008, 816 = NJW-RR 2008, 1566 (zu § 435 HGB); Pro Beweislast des Anspruchstellers: BGH, 5.6.2003 – I ZR 234/00, TranspR 2003, 467, 469; BGH, 21.9.2000 – I ZR 135/98, BGHZ 145, 170, 185; BGH, 20.9.2007 – I ZR 43/05, Rdn. 33, TranspR 2008, 113 (HGB- und CMR-Fälle); BGH, 13.9.2007 – I ZR 155/04, Rdn. 23, TranspR 2007, 466; nicht in dieser Eindeutigkeit, aber mit gleicher Tendenz BGH, 5.6.2003 – I ZR 234/00, TranspR 2003, 467, 469 (zu § 435 HGB); OLG München, 10.10.1990 – 7 U 3528/89, TranspR 1991, 138.
538 BGH, 10.12.2009 – I ZR 154/07, Rdn. 20, TranspR 2010, 78 = VersR 2010, 648 = NJW 2010, 1816 = MDR 2010, 511 (zu Art. 29 CMR); BGH, 24.11.2010 – I ZR 192/08, Rdn. 29, TranspR 2011, 161 = MDR 2011, 551 = ETR 2011, 513 (zu § 660 Abs. 3 HGB); ebenso im Ergebnis OLG Koblenz, 20.5.2010 – 5 U 1443/09, TranspR 2010, 442, 444 (zu Art. 29): der Vortrag des Frachtführers zu den Abstellmodalitäten auf dem Parkplatz blieb „unwiderlegt".
539 So für einen Verlustfall, allerdings ohne die „ladungsfähige Anschrift" aufzuführen: BGH, 18.12.2008 – I ZR 128/06, Rdn. 18, TranspR 2009, 134 = NJW-RR 2009, 751; Frachtführer muss „Angaben zu den beteiligten Personen" liefern: BGH, 3.3.2011 – I ZR 50/10, Rdn. 20

Zeugnis dieser Personen dafür zu berufen,⁵⁴⁰ dass der Sachverhalt, den der Frachtführer vorgetragen hat, nicht zutrifft, wobei an die Substanziierung des Beweisantrittes durch den Geschädigten keine zu großen Anforderungen gestellt werden sollten,⁵⁴¹ ein „Ausforschungsbeweis" in gewissem Umfang also zugelassen werden sollte.⁵⁴² Der Beweis für die Sicherungsmaßnahmen obliegt aber nicht dem Frachtführer.⁵⁴³ Kommt also der Frachtführer seiner sekundären Darlegungsobliegenheit nach, muss der Geschädigte „die Voraussetzungen für eine unbeschränkte Haftung des Frachtführers darlegen und gegebenenfalls beweisen".⁵⁴⁴

Allerdings hängt die Antwort auf die Frage, ob das in Deutschland von der Rechtsprechung errichtete System zum Nachweis des vorsatzgleichen Verschuldens zu einer von der CMR nicht gewollten Regelung führt, nicht von seiner dogmatischen Einordnung ab. Führen vom Gericht aufgestellte prozessuale Regeln dazu, dass faktisch das Risiko der Unaufklärbarkeit des Geschehens dem Frachtführer auferlegt wird,⁵⁴⁵ kann dies eine mittelbare und damit unzulässige Abweichung von der in Art. 29 CMR enthaltenen spezielleren Anordnung bedeuten, dass stets der Anspruchsteller das vorsatzgleiche Verschulden beweisen muss. Art. 29 CMR überlässt dem (sonstigen) Recht des angerufenen Gerichts jedoch nicht nur die Entscheidung, welches Verschulden dem Vorsatz gleichsteht, sondern mit dieser Freigabe gleichzeitig und erst recht die Entscheidung, wann aus prozessualen Gründen dieses Verschulden angenommen werden darf. Auch wenn mit der deutschen Rechtsprechung möglicherweise die beschränkte Haf-

96

---

und 21, TranspR 2011, 220 = VersR 2011, 1332 = MDR 2011, 792 (Verlust auf Flughafen); „Namen und Anschrift": OLG Jena, 30.3.2007 – 4 U 1097/06, TranspR 2007, 201; anders der dritte Senat in einem Fall außerhalb des Transportrechts: BGH, 17.1.2008 – III ZR 239/06, Rdn. 18, VersR 2008, 976 = NJW 2008, 982: Namen und Anschrift eines Zeugen zu nennen ist nicht Teil der sekundären Darlegungslast; die Weigerung, diese Daten zu nennen, kann aber ggf. als Beweisvereitelung gewertet werden. Vgl. *Thume*, TranspR 2010, 125, 126; Beispiel für ausreichende Darlegung bei Verkehrsunfall: OLG Düsseldorf, 14.3.2007 – I-18 U 138/06, TranspR 2007, 199, 200.

540 Das hatte der Kläger bei OLG Düsseldorf, 14.3.2007 – I-18 U 138/06, TranspR 2007, 199, 200 versäumt.
541 OLG Stuttgart, 11.6.2003 – 3 U 222/02, TranspR 2003, 308, 311.
542 Ebenso *Koller*, VersR 2004, 1346, 1359, der im Übrigen den Umfang der von den Gerichten geforderten Darlegung zu weit hält und meint, der Frachtführer müsse nur solche Schutzvorkehrungen darlegen, deren Angemessenheit und Notwendigkeit auf der Hand lagen, a.a.O., S. 1360; am Beispiel des Verkehrsunfalls in gleicher Weise bereits *Thume*, VersR 1993, 930, 937 sowie Vorauf. Art. 29, Rdn. 50.
543 *Koller*, § 435 HGB Rdn. 21a bei Fn. 263.
544 BGH, 18.12.2008 – I ZR 128/06, Rdn. 15, TranspR 2009, 134 = NJW-RR 2009, 751 (CMR-Fall).
545 Vgl. *Herber*, TranspR 2004, 93, 98: Die dem Geschädigten obliegende Beweislast wird zwar nicht theoretisch, wohl aber praktisch in Frage gestellt; ebenso *Heuer*, TranspR 2004, 114, 119: praktische Umkehr der Beweislast; kritisch zur umfangreichen sekundären Darlegungslast auch *Neumann*, TranspR 2009, 54, 60.

Art. 29 Haftung des Frachtführers

tung die Ausnahme und die unbeschränkte Haftung die Regel[546] wird, liegt kein Verstoß gegen die CMR vor.[547]

97 Das *Bewusstsein, dass ein Schaden mit Wahrscheinlichkeit eintreten* werde, ist als innere Tatsache regelmäßig nur aus dem äußeren Geschehen zu schließen. Die Erfüllung des Tatbestandsmerkmals der Leichtfertigkeit reicht für sich allein nicht aus, um auf das Bewusstsein der Wahrscheinlichkeit des Schadenseintritts schließen zu können.[548] Eine solche Erkenntnis, so der BGH, ist als innere Tatsache vielmehr erst dann anzunehmen, wenn das leichtfertige Verhalten nach seinem Inhalt und nach den Umständen, unter denen es aufgetreten ist, diese Folgerung rechtfertigt. Es bleibt danach der tatrichterlichen Würdigung vorbehalten, ob das Handeln nach dem äußeren Ablauf des zu beurteilenden Geschehens vom Bewusstsein getragen wurde, dass der Eintritt eines Schadens mit Wahrscheinlichkeit drohe.[549] In erster Linie sind dabei Erfahrungssätze heranzuziehen. Zudem kann, so der BGH, der Schluss auf das Bewusstsein der Wahrscheinlichkeit des Schadenseintritts auch im Rahmen typischer Geschehensabläufe naheliegen.[550] Im Ergebnis wird damit letztlich das Bewusstsein aus

---

546 Das beklagt *Kirsch*, TranspR 2002, 435, 436; *Temme*, TranspR 2004, Sonderbeilage XXXVII, XXXIX: Wirtschaftlich wird erreicht, dass die unbegrenzte Haftung die Regel, die begrenzte Haftung die Ausnahme wird.

547 Diesen Ausweg gibt es bei Art. 25 WA nicht. Der BGH hat deshalb gemeint, der Gefahr, dass durch die Darlegungslast das Haftungssystem des WA ausgehebelt werde, sei durch die Ausgestaltung der Anforderungen an die „Leichtfertigkeit" zu begegnen: BGH, 21.9.2000 – 135/98, BGHZ 145, 170, 185; vgl. zu § 435 HGB BGH, 5.6.2003 – I ZR 234/00, TranspR 2003, 467, 469.

548 So wie auch nicht im Wege des Anscheinsbeweises auf die subjektiven Merkmale der groben Fahrlässigkeit geschlossen werden durfte: BGH, 7.5.1974 – VI ZR 138/72, NJW 1972, 1377; OLG Karlsruhe, 17.2.1995 – 15 U 262/94, TranspR 1995, 439 = VersR 1996, 781 (dort nur LS).

549 BGH, 21.9.2000 – I ZR 135/98, BGHZ 145, 170, 186 zum WA; vgl. BGH, 16.2.1979 – I ZR 97/77, BGHZ 74, 162, 168 f.; OLG Zweibrücken, 2.10.2003 – 4 U 180/02, TranspR 2004, 32, 33; das OLG Oldenburg schließt schlicht von der „besonders krassen Nachlässigkeit" auf das Bewusstsein, OLG Oldenburg, 23.5.2001 – 2 U 77/01, VersR 2002, 638; ebenso das OLG München, 27.7.2001 – 23 U 3096/01, TranspR 2002, 161, 163; OLG Hamburg: „Die Gefahr eines Schadenseintritts drängte sich bei diesem Vorgehen auf und rechtfertigt deshalb die Annahme eines entsprechenden Bewusstseins", OLG Hamburg, 30.1.2003 – 6 U 110/01, TranspR 2003, 122, 125 (Gabelstaplerfahrer hatte zwei Kisten als eine angesehen und so hantiert, dass eine Kiste vom LKW stürzte); OLG Hamburg, 17.4.2003 – 6 U 229/02, TranspR 2003, 242, 243: Das Bewusstsein ist „dann anzunehmen, wenn bei einem nahe liegenden Schadensrisiko grundlegende Sorgfaltspflichten in krasser Weise missachtet werden und gravierende Schäden deshalb nicht unwahrscheinlich sind"; vgl. OLG Köln, 19.6.2001 – 3 U 35/01, TranspR 2001, 407, 408: Der Beweis des Bewusstseins wird auf den äußeren Ablauf gestützt. Die an den Indizienbeweis zu stellenden Anforderungen sind daher regelmäßig nicht sehr hoch; ebenso OLG Hamburg, 17.1.2001 – 6 U 42/00, TranspR 2002, 238.

550 BGH, 21.3.2007 – I ZR 166/04, Rdn. 16, TranspR 2007, 361 = VersR 2008, 515 = MDR 2007, 1383 = NJW-RR 2007, 1630; BGH, 25.3.2004 – I ZR 205/01, BGHZ 158, 322, 329 = TranspR 2004, 309 = VersR 2004, 1335 = NJW 2004, 2445; BGH, 23.10.2003 – I ZR 55/01, Internetfassung, S. 11 = TranspR 2004, 177, 178; BGH, 9.10.2003 – I ZR 275/00, TranspR 2004, 175, 176; BGH, 5.6.2003 – I ZR 234/00, TranspR 2003, 467, 470.

denselben Tatsachen geschlossen, aufgrund derer auch die Leichtfertigkeit angenommen wird.[551]

Ein Frachtführer, der elementare Sorgfaltspflichten vernachlässigt, handelt im **98** Allgemeinen in dem Bewusstsein, dass es deshalb zu einem Schaden kommen kann. Wer also eine Ein- oder Ausgangskontrolle unterlässt, obwohl er weiß oder hätte wissen müssen, dass es darauf entscheidend ankommt, hat das Bewusstsein, es werde wahrscheinlich ein Schaden an dem anvertrauten Gut entstehen.[552] Trägt der Frachtführer bei Verlust überhaupt nicht zum Organisationsablauf in seinem Betrieb und zum Schadenshergang vor, ist regelmäßig nicht nur Leichtfertigkeit zu vermuten, sondern es kann auch auf sein Bewusstsein der Wahrscheinlichkeit eines Schadenseintritts geschlossen werden.[553] Den gleichen Schluss lässt der BGH zu, wenn der Frachtführer seiner sekundären Darlegungslast nur unzureichend nachkommt.[554]

Wer in Kenntnis, dass das Kühlaggregat nicht ordentlich arbeitet, bei längerer **99** Fahrt keine Temperaturkontrollen vornimmt, zeigt ein Verhalten, das auch subjektiv nicht entschuldbar ist.[555] Wer wertvolles Gut über das Wochenende in einem nur durch eine Plane verschlossenen LKW abstellt und einen unbewachten Parkplatz nur deshalb wählt, weil er keine Möglichkeit hat, einen bewachten Parkplatz zu wählen, weiß, dass die gewählte Abstellart extrem unsicher ist und hat daher das Bewusstsein, ein Schaden werde wahrscheinlich eintreten.[556]

Kein solches Bewusstsein ist aus der bloßen Tatsache abzuleiten, dass die La- **100** dung beim Herunterfahren auf der Hebebühne des LKWs umstürzte, wenn sich der Fahrer vorher noch durch Rütteln vergewissert hatte, dass die Ladung sicher stand.[557]

2. Kausalität

Ist von einem groben Verschulden des Frachtführers i. S. v. Art. 29 CMR auszuge- **101** hen, das als Schadensursache ernsthaft in Betracht kommt, so obliegt es wiederum dem Frachtführer, die gegen die Schadensursächlichkeit sprechenden Um-

---

551 Siehe oben bei Rdn. 24 a. E.
552 BGH, 25.3.2004 – I ZR 205/01, BGHZ 158, 322, 333 = TranspR 2004, 309 f. = VersR 2004, 1335 f. = NJW 2004, 2447; vgl. die weitere bei Rdn. 63 zitierte Rechtsprechung.
553 BGH, 4.3.2004 – I ZR 200/01, TranspR 2004, 460, 462; BGH, 9.10.2003 – I ZR 275/00, TranspR 2004, 175, 176; BGH, 5.6.2003 – I ZR 234/00, TranspR 2003, 467, 470, vgl. die weitere bei Rdn. 63 zitierte Rechtsprechung.
554 BGH, 18.12.2008 – I ZR 128/06, Rdn. 19, TranspR 2009, 134 = NJW-RR 2009, 751 (CMR-Fall); vgl. auch die Rechtsprechung bei Rdn. 63.
555 OLG Hamburg, 23.3.1999 – 6 U 279/98, TranspR 2000, 175 (noch zur groben Fahrlässigkeit); ebenso zur Leichtfertigkeit OLG Düsseldorf, 9.10.2002 – 18 U 38/02, TranspR 2003, 107, 110.
556 OLG Hamburg, 17.1.2001 – 6 U 42/00, TranspR 2002, 238, 23, Revision wurde (I ZR 57/02) zurückgenommen; OLG Hamburg, 13.12.2001 – 6 U 281/99, OLGReport Hamburg 2002, 348, 349 f.
557 OLG Nürnberg, 22.8.2001 – 12 U 1480/01, TranspR 2002, 22, 23.

Art. 29 Haftung des Frachtführers

stände darzulegen und nachzuweisen.[558] Bei unzureichender Schnittstellenkontrolle kann bei (äußerlich nicht erkennbarer?) *Beschädigung* die Kausalität dieses groben Organisationsverschuldens für den Schaden nicht unterstellt werden.[559]

3. Schadensumfang

102 Auch in den Fällen des Art. 29 CMR hat der Anspruchsteller alle rechtsbegründenden Tatsachen über Art und Umfang des behaupteten Schadens, z.B. des entgangenen Gewinns, vorzutragen und ggf. nachzuweisen. Wegen der Einzelheiten wird auf die Erläuterungen zu Art. 18 CMR Rdn. 26ff. verwiesen. § 287 ZPO ist vor dem deutschen Gericht anwendbar, weil das Verfahrensrecht des angerufenen Gerichts maßgeblich ist.[560]

4. Gehilfenhaftung

103 Nimmt der Anspruchsteller die Bediensteten oder die sonstigen Personen des Frachtführers gem. Art. 28 Abs. 2 CMR direkt in Anspruch, so trifft ihn die volle Darlegungs- und Beweislast insbes. auch dafür, dass es genau jene von ihm in

---

558 BGH, 30.9.2010 – I ZR 39/09, Rdn. 32 und 33, BGHZ 187, 141 = TranspR 2010, 437 = VersR 2011, 819 = NJW 2011, 296 = MDR 2010, 1474 (Fall des Vorsatzes; CMR-Fall); BGH, 16.11.2006 – I ZR 257/03, Rdn. 32, TranspR 2007, 161 = VersR 2007, 1539 = NJW 2007, 1809 (zu § 435 HGB): „bei einem bewussten Verstoß gegen eine der Sicherung des Transportgutes dienende Bestimmung spricht eine Vermutung dafür, dass die Pflichtverletzung kausal für den eingetretenen Verlust gewesen ist und daß dem Handelnden dies auch bewusst sein musste"; BGH, 20.9.2007 – I ZR 43/05, Rdn. 32, TranspR 2008, 113 (HGB- und CMR-Fälle); BGH, 30.1.2008 – I ZR 146/05, Rdn. 30, TranspR 2008, 117 (mangelnde Schnittstellenkontrolle) (HGB-Fall); BGH, 20.1.2005 – I ZR 95/01, Internetfassung, S. 12 = TranspR 2005, 311ff. (Fall des Vorsatzes; CMR-Fall); BGH, 15.11.2001 – I ZR 182/99, TranspR 2002, 302, 305 (wohl kein CMR-Fall); BGH, 9.10.2003 – I ZR 275/00, TranspR 2004, 175, 177 (insoweit kein CMR-Fall); BGH, 16.7.1998 – I ZR 44/96, VersR 1999, 254, 256 = TranspR 1999, 19 f.; BGH, 13.4.1989 – I ZR 28/87, TranspR 1989, 327 = VersR 1989, 1066, 1067 = NJW 1989, 1270 (kein CMR-Fall); vgl. auch BGH, 26.11.1968 – VI ZR 212/66, BGHZ 51, 91, 105 (zur Produzentenhaftung nach § 823 BGB) und BGH, 11.12.1967 – VII ZR 139/65, BGHZ 49, 121, 123 (zur fehlerhaften Kontrolle des Konkursverwalters durch den Gläubigerausschuss); OLG Oldenburg, 11.10.2001 – 8 U 112/01, TranspR 2003, 76, 79, (CMR-Fall, BGH hat die Annahme der Revision abgelehnt: TranspR 2003,76); OLG Hamburg, 14.1.1988 – 6 U 1/87, TranspR 1989, 189; OLG Köln, 19.6.2001 – 3 U 35/01, TranspR 2001, 407, 411; OLG Nürnberg, 18.11.1998 – 12 U 2204/98, TranspR 2000, 126, 127 (CMR-Fall, BGH hat Annahme der Revision abgelehnt – I ZR 33/99); OLG München, 27.7.2001 – 23 U 3096/01, TranspR 2002, 161, 163 (CMR-Fall); vgl. *Neumann*, TranspR 2006, 67 ff.
559 BGH, 15.11.2001 – I ZR 182/99, TranspR 2002, 302, 305; BGH, 9.10.2003 – I ZR 275/00, TranspR 2004, 175, 177; BGH, 22.11.2007 – I ZR 74/05, Rdn. 26, BGHZ 174, 244 = TranspR 2008, 30 = VersR 2008, 508 = MDR 2008, 282 = NJW 2008, 920 (HGB-Fälle, möglicherweise auch CMR-Fälle – aus dem Sachverhalt nicht erkennbar).
560 BGH, 27.6.1985 – I ZR 40/83, VersR 1985, 1060, 1062; *Koller*, Art. 29 CMR Rdn. 7.

Anspruch genommenen beklagten Personen sind, die den Schaden grob schuldhaft i.S.d. Art. 29 Abs. 1 CMR verschuldet haben.

5. Mitverschulden

Zur Beweislast beim Mitverschulden siehe Rdn. 79 f. **104**

Kapitel V:
Reklamationen und Klagen

Art. 30

bearbeitet von RA Klaus Demuth, München

1. Nimmt der Empfänger das Gut an, ohne dessen Zustand gemeinsam mit dem Frachtführer zu überprüfen und ohne unter Angaben allgemeiner Art über den Verlust oder die Beschädigung an den Frachtführer Vorbehalte zu richten, so wird bis zum Beweise des Gegenteils vermutet, dass der Empfänger das Gut in dem im Frachtbrief beschriebenen Zustand erhalten hat; die Vorbehalte müssen, wenn es sich um äußerlich erkennbare Verluste oder Beschädigungen handelt, spätestens bei der Ablieferung des Gutes oder, wenn es sich um äußerlich nicht erkennbare Verluste oder Beschädigungen handelt, spätestens binnen sieben Tagen, Sonntage und gesetzliche Feiertage nicht mitgerechnet, nach der Ablieferung gemacht werden. Die Vorbehalte müssen schriftlich gemacht werden, wenn es sich um äußerlich nicht erkennbare Verluste oder Beschädigungen handelt.

2. Haben Empfänger und Frachtführer den Zustand des Gutes gemeinsam überprüft, so ist der Gegenbeweis gegen das Ergebnis der Überprüfung nur zulässig, wenn es sich um äußerlich nicht erkennbare Verluste oder Beschädigungen handelt und der Empfänger binnen sieben Tagen, Sonntage und gesetzliche Feiertage nicht mitgerechnet, nach der Überprüfung an den Frachtführer schriftliche Vorbehalte gerichtet hat.

3. Schadensersatz wegen Überschreitung der Lieferfrist kann nur gefordert werden, wenn binnen einundzwanzig Tagen nach dem Zeitpunkt, an dem das Gut dem Empfänger zur Verfügung gestellt worden ist, an den Frachtführer ein schriftlicher Vorbehalt gerichtet wird.

4. Bei der Berechnung der in diesem Artikel bestimmten Fristen wird jeweils der Tag der Ablieferung, der Tag der Überprüfung oder der Tag, an dem das Gut dem Empfänger zur Verfügung gestellt worden ist, nicht mitgerechnet.

5. Frachtführer und Empfänger haben sich gegenseitig jede angemessene Erleichterung für alle erforderlichen Feststellungen und Überprüfungen zu gewähren.

Literatur: *de la Motte*, Schadenvorbehalt des Empfängers – § 438 HGB, § 39 KVO, Art. 30 CMR, VersR 1982 1037; *Demuth*, Ist der CMR-Totalschaden als Verlust zu behandeln?, TranspR 1996, 257; *ders.*, Die Schadensanzeige des § 438 HGB im Vergleich zu den Vorbehalten des Art. 30 CMR, Gedächtnisschrift für Helm 2001, 49; *Loewe*, Die Bestimmungen der CMR über Reklamationen und Klagen, TranspR 1988, 309; *Thume*, Probleme bei der Ablieferung des

Art. 30 Reklamationen und Klagen

Frachtguts, TranspR. 2012, 85 ff.; *Züchner*, Rechtsfragen aus Art. 30 CMR, VersR 1968, 824; ausführliche weitere Schrifttumshinweise bei Staub/*Helm*, Schrifttum (vor Rdn. 1 zu Art. 30 CMR).

Übersicht

	Rdn.
I. Allgemeines	1
II. Vorbehalte bei Teilverlust und Beschädigung	5
1. Anwendungsbereich des Art. 30 Abs. 1 CMR	5
a) Beschädigung und Teilverlust	5
b) Totalverlust	6
c) Nichtanwendbarkeit auf Ansprüche aus sonstigen Anspruchsgrundlagen	7
d) Nichtanwendbarkeit auf Ansprüche bei fehlender Ablieferung	8
2. Definition und Rechtsnatur des Vorbehaltes	9
3. Inhalt des Vorbehaltes	10
4. Form des Vorbehaltes	11
a) Bei äußerlich erkennbaren Verlusten und Beschädigungen	11
b) Bei äußerlich nicht erkennbaren Verlusten oder Beschädigungen	12
5. Person des den Vorbehalt Erklärenden	14
6. Person des Empfängers des Vorbehaltes	16
7. Zeitpunkt und Frist für die Erklärung des Vorbehaltes, Abgrenzung äußerlich erkennbar/äußerlich nicht erkennbar	19
a) Bei äußerlich erkennbaren Verlusten und Beschädigungen	19
b) Bei äußerlich nicht erkennbaren Verlusten und Beschädigungen	24
8. Folgen des wirksam erklärten Vorbehaltes	25
a) In inhaltlicher Hinsicht	25
b) In personeller Hinsicht	27
9. Folgen des unterlassenen Vorbehaltes	28
a) Bei Vorliegen eines Frachtbriefes	28
b) Bei Fehlen eines Frachtbriefes	30
III. Gemeinsame Schadensfeststellung (Art. 30 Abs. 2 CMR)	31

	Rdn.
1. Allgemeines	31
2. Inhalt gemeinsamer Überprüfungen und Feststellungen	32
3. Form der gemeinsamen Schadensfeststellung	35
4. Zeitpunkt der gemeinsamen Schadensfeststellung	36
5. Die bei Überprüfung und Feststellung handelnden Personen	37
6. Die Wirkung gemeinsamer Feststellungen	38
7. Nachträglicher Vorbehalt bei äußerlich nicht erkennbaren Verlusten und Beschädigungen	41
IV. Vorbehalte bei Überschreitung der Lieferfrist (Art. 30 Abs. 3 CMR)	42
1. Anwendungsbereich	42
2. Inhalt des Vorbehaltes	43
3. Frist für die Erklärung des Vorbehaltes	44
4. Form des Vorbehaltes	46
5. Person des den Vorbehalt Erklärenden	47
6. Person des Empfängers des Vorbehaltes	48
7. Folgen des wirksam erklärten Vorbehaltes und der unterlassenen Erklärung	49
a) In sachlicher Hinsicht	49
b) Im Hinblick auf verschiedene Anspruchsteller	50
V. Pflicht zur Gewährung von Erleichterung bei der Schadensfeststellung	51
1. Inhalt der Pflicht	51
2. Folgen von Pflichtverletzungen	53
VI. Geltung des Art. 30 CMR bei Vorsatz oder qualifizierter Leichtfertigkeit	54
VII. Beweislastfragen	55
1. Art. 30 Abs. 1 CMR	55
2. Art. 30 Abs. 2 CMR	59
3. Art. 30 Abs. 3 CMR	61
4. Art. 30 Abs. 5 CMR	62

I. Allgemeines

Art. 30 CMR ist das Ergebnis eines Kompromisses bei den Beratungen zur **1**
CMR. Die Teilnehmer wollten letztlich nicht so weit gehen, die Versäumung eines Vorbehaltes bei Ablieferung gegenüber dem Frachtführer mit Rechtsverlust zu sanktionieren, und einigten sich schließlich auf eine dem Berechtigten ungünstige, aber widerlegliche Beweisvermutung.[1]

Das Kompromisshafte der Regelung spiegelt sich in Gliederungsschwächen der **2**
Vorschrift wider. Abs. 1 befasst sich in den Fällen des Teilverlustes und der Beschädigung in Satz 1 sowohl mit dem – ggf. unterlassenen – Vorbehalt als auch mit der Variante der gemeinsamen Zustandsfeststellung. In den folgenden Halbsätzen des Abs. 1 wird aber ausschließlich der Vorbehalt behandelt, während das Ergebnis gemeinsamer Überprüfung im separaten Abs. 2 der Vorschrift seinen Platz gefunden hat.[2]

Für die deutsche Rechtsanwendung tritt erschwerend eine Ungenauigkeit der **3**
Übersetzung hinzu.[3] Der erste Halbsatz des Abs. 1 Satz 1 lautet „... ohne dessen Zustand gemeinsam mit dem Frachtführer zu überprüfen *und* ohne unter Angaben ... an den Frachtführer Vorbehalte zu richten" und lässt beim unbefangenen Leser der Vorschrift den – *unzutreffenden* – ersten Eindruck aufkommen, beide Tatbestandsmerkmale müssten kumulativ vorliegen. Sowohl der englische als auch der französische Originaltext trennen die beiden gleichberechtigt möglichen Handhabungen durch „or" bzw. „ou" und schaffen damit bereits mittels des Gesetzeswortlautes Klarheit darüber, dass mit „gemeinsamer Überprüfung" und „einseitigem Vorbehalt" zwei verschiedene Sachverhalte geregelt sind. Allerdings führt auch der deutsche Text bei eingehender Lektüre zu dem Ergebnis, dass ein Vorgehen nach *einer* der beiden Varianten ausreicht, die drohende Beweislastumkehr zu vermeiden.

Art. 30 Abs. 2 CMR befasst sich mit dem Fall gemeinsamer Überprüfung be- **4**
schädigten oder teilverlorenen Gutes mit übereinstimmendem Ergebnis, während Art. 30 Abs. 3 CMR bei Lieferfristüberschreitung einen schriftlichen Vorbehalt zur Erhaltung der entsprechenden Schadensersatzansprüche regelt. Art. 30 Abs. 4 CMR stellt bezüglich der Fristen verbindliche Berechnungsregeln auf, während Art. 30 Abs. 5 CMR den Ablieferungsbeteiligten Mitwirkungspflichten bei Überprüfungen durch die andere Seite auferlegt. Die Parallelvorschrift des § 438 HGB für innerdeutsche Transporte lehnt sich weitgehend an die Regelungen des Art. 30 CMR an, ohne aber eine fotografisch genaue Wiedergabe dessel-

---

1 *Koller*, 7. Aufl., Art. 30 CMR Rdn. 1; a.A. *Züchner*, VersR 1968, 824, 825, der der vom Gesetzeswortlaut nicht gestützten Auffassung ist, letztlich gehe Art. 30 CMR auf § 438 HGB zurück.
2 Vgl. auch Staub/*Helm*, Art. 30 CMR Rdn. 1 m.w.N.
3 *Fremuth/Thume*, Art. 30 CMR Rdn. 3; *Koller*, 7. Aufl., Art. 30 CMR Rdn. 2.

Art. 30 Reklamationen und Klagen

ben darzustellen.[4] Zu den Vorbehalten bei CMR-Teilstrecken im Rahmen eines multimodalen Vertrages vgl. § 452b HGB.

II. Vorbehalte bei Teilverlust und Beschädigung

1. Anwendungsbereich des Art. 30 Abs. 1 CMR

a) Beschädigung und Teilverlust

5 Das Vorbehaltserfordernis des Art. 30 Abs. 1 CMR bezieht sich nur auf Fälle der *Beschädigung* und des *Teilverlustes*.[5] Bezüglich der Beschädigung folgt dies zwanglos aus dem insoweit eindeutigen Wortlaut, hinsichtlich des Teilverlustes aus dem Erfordernis, dass der Empfänger das Gut „annimmt" und ferner, dass der Vorbehalt bei äußerlich erkennbaren Verlusten „bei der Ablieferung" zu erklären sei. Im Falle des Totalverlustes gibt es aber weder etwas „anzunehmen", noch kommt es zu einer „Ablieferung" (vgl. aber nächste Randnote). Die Vorschrift gilt auch für konkurrierende außervertragliche Ansprüche.[6]

b) Totalverlust

6 Kann demgemäß der Totalverlust des Gutes nicht in den Regelungsbereich des Art. 30 Abs. 1 CMR fallen, ergibt sich hieraus die Unanwendbarkeit dieser Vorschrift auf die klassischen Fälle des Totalverlustes problemlos.[7]

Die früher herrschende, jetzt etwa gleich häufig vertretene Meinung geht indessen auch dann von Totalverlust aus, wenn es zwar zu einer Ablieferung kommt, die Sendung aber wirtschaftlich völlig entwertet ist, etwa nur noch Asche oder Trümmer beim Empfänger ankommen.[8] Die frühere Mehrheitsmeinung führt ähnlich wie bei der verwandten Problematik der Verjährungsregelung des Art. 32 Abs. 1 Satz 3 lit. b) CMR zu unbefriedigenden Ergebnissen.[9] Wird der Empfänger vom Frachtführer bei Ablieferung mit wertlosen Rudimenten konfrontiert, erlangt er durchaus die Verfügungsgewalt über ein körperliches Substrat, dessen Abweichung vom frachtbriefmäßigen Zustand ihm besonders drastisch ins Auge fallen muss. Der dramatisch reduzierte äußere Zustand ist aber ein mindestens ebenso geeigneter Anknüpfungspunkt für einen Vorbehalt wie weniger weitgehende Schäden – in völliger Abweichung von den klassischen Fällen des Total-

---

4 *Demuth*, in: Gedächtnisschrift für Helm 2001, S. 49ff. mit detaillierten Vergleichen.
5 *Fremuth/Thume*, Art. 30 CMR Rdn. 2; *Herber/Piper*, Art. 30 CMR Rdn. 3; *Koller*, 7. Aufl., Art. 30 CMR Rdn. 1; zweifelnd Staub/*Helm*, Art. 30 CMR Rdn. 3f.
6 Vgl. Art. 28, Rdn. 13; Staub/*Helm*, Art. 28 CMR Rdn. 10 m.w.N.; *Koller*, 7. Aufl., Art. 28 CMR Rdn. 4; *Otte*, in: Ferrari/Kieninger/Mankowski et al., 2. Aufl., Art. 30 CMR Rdn. 7.
7 Verschwinden, Unterschlagen, Abhandenkommen, Beschlagnahme oder anderweitiges Verlorengehen, vgl. Art. 32 CMR Rdn. 31 und Art. 17 CMR Rdn. 63ff.
8 Art. 32 CMR Rdn. 31 und Art. 17 CMR Rdn. 70a m.w.N.
9 Hierzu ausführlich: Art. 32 CMR Rdn. 31.

verlustes. Der wirtschaftliche Totalschaden ist daher unter den Begriff der Beschädigung, nicht des vollständigen Verlustes zu subsumieren[10] mit der Folge, dass das Vorbehaltserfordernis des Art. 30 Abs. 1 CMR auch für wirtschaftlich völlig entwertende Stärkstbeschädigungen gelten muss, sofern es überhaupt zur Ablieferung irgendeines Substrates kommt. Zum Streitstand vgl. Art. 32 CMR, Rdn. 31, ferner explizit zu Art. 30 Abs. 1 CMR.[11]

c) Nichtanwendbarkeit auf Ansprüche aus sonstigen Anspruchsgrundlagen

Eine Vorbehaltsobliegenheit auferlegt Art. 30 Abs. 1 CMR dem Empfänger nur für Fälle der *Beschädigung* und des *Teilverlustes* (Rdn. 5 m. w. N.). Geregelt sind nur Ansprüche gegen den *Frachtführer* (entsprechend der Reklamation des Art. 32 Abs. 2 CMR, Art. 32 Rdn. 16 m. w. N.). **7**

Nachdem der Vorbehalt die Beweisvermutung des *Frachtbriefes* bezüglich Zustand und Vollzähligkeit des Gutes bei *Ablieferung* des Gutes zerstört,[12] ferner etwaige Vorbehalte des Frachtführers im *Frachtbrief* gem. Art. 9 S. 2 CMR, die ihrerseits nur den *Übernahmezeitpunkt* betreffen, ergibt sich aus dem Zusammenspiel dieser Gesichtspunkte, dass ausschließlich Ansprüche aus *Teilverlust und Beschädigung im Haftungszeitraum des Art. 17 Abs. 1 CMR* in Art. 30 Abs. 1 CMR geregelt sind. Andere Ansprüche, etwa wegen vom Frachtführer *vor* Übernahme des Gutes oder *nach* dessen Ablieferung verursachter Beschädigungen bedürfen nicht eines vom Empfänger erklärten Vorbehaltes. Dies gilt erst recht für andersartige Ansprüche, beispielsweise aus Nichtantritt der Reise.[13]

d) Nichtanwendbarkeit auf Ansprüche bei fehlender Ablieferung

Die Obliegenheit, einen Vorbehalt zu erklären, betrifft nur Ansprüche, für deren Entstehung die erfolgte *Ablieferung*[14] Voraussetzung ist.[15] Dies folgt unmittelbar aus dem Wortlaut des Art. 30 Abs. 1 CMR. **8**

---

10 Vgl. ausführlich Art. 17 CMR Rdn. 70a.
11 *Fremuth/Thume*, Art. 30 CMR Rdn. 2; *Koller*, 7. Aufl., Art. 30 CMR Rdn. 1; *Herber/Piper*, Art. 30 CMR Rdn. 3; im Ergebnis ebenso *Otte*, in: Ferrari/Kieninger/Mankowski et al., 2. Aufl., Art. 30 CMR Rdn. 6; wohl auch *Boesche*, in: EBJS, Art. 30 CMR Rdn. 2; und MünchKommHGB/*Jesser-Huß*, Art. 30 CMR Rdn. 3; *Demuth*, TranspR 1996, 257, 259; offengelassen in BGH, 29.11.1984 – I ZR 121/82, TranspR 1985, 172 = VersR 1985, 258; a.A. *Staub/Helm*, Art. 30 CMR Rdn. 4 und Fn. 24 mit Hinweis auf weitere Fundstellen.
12 *Koller*, 7. Aufl., Art. 30 CMR Rdn. 7.
13 *Koller*, 7. Aufl., Art. 30 CMR Rdn. 1; MünchKommHGB/*Jesser-Huß*, Art. 31 CMR Rdn. 3; *Boesche*, in: EBJS, Art. 30 CMR Rdn. 2; *Otte*, in: Ferrari/Kieninger/Mankowski et al., 2. Aufl., Art. 30 CMR Rdn. 6 u. 7; BGH, 12.12.1985 – I ZR 88/83, TranspR 1986, 278 = VersR 1986, 381.
14 Vgl. hierzu Art. 17 CMR Rdn. 20ff. und Art. 32 CMR Rdn. 25ff.
15 *Koller*, 7 Aufl., Art. 30 CMR Rdn. 1; Staub/*Helm*, Art. 30 CMR Rdn. 3–5; *Fremuth/Thume*, Art. 30 CMR Rdn. 2; ebenso im Ergebnis *Otte*, in: Ferrari/Kieninger/Mankowski et al., 2. Aufl., Art. 30 CMR Rdn. 6, obwohl er trotz Ablieferung des Gutes den wirtschaftlichen To-

2. Definition und Rechtsnatur des Vorbehaltes

9 Durch Erklärung des Vorbehaltes wird der Frachtführer auf die Tatsache hingewiesen, dass Schäden am Transportgut bestehen.[16]
Der Vorbehalt ist *nicht* auch zugleich Reklamation i.S.d. Art. 32 Abs. 2 CMR.[17] Die Reklamation erfordert darüber hinausgehend die unmissverständliche Klarstellung gegenüber dem Frachtführer, dass er für die Schäden am Transportgut auch einstehen soll (Art. 32 CMR, Rdn. 61 m.w.N.). Demgemäß enthält eine Reklamation bei Beschädigung und Teilverlust i.S.d. Art. 32 Abs. 2 CMR *stets* auch einen Vorbehalt gem. Art. 30 Abs. 1 CMR, nicht aber umgekehrt.[18]

3. Inhalt des Vorbehaltes

10 Die Vorbehalte müssen unter „Angaben allgemeiner Art über den Verlust oder die Beschädigung" erklärt werden. Trotz der unscharfen Formulierung (auch in den englischen bzw. französischen Originaltexten) besteht Einigkeit darüber, dass allgemeine Formulierungen wie „Schaden", „unter Vorbehalt angenommen", „angenommen vorbehaltlich nachträglicher Prüfung der Stückzahl, des Gewichts und der Beschaffenheit", etwa gar mittels Stempeleindrucks, keinesfalls ausreichen.[19] Weitere Beispiele unzulässiger Generalisierung des Vorbehaltes bei Staub/*Helm* (Art. 30 CMR Rdn. 31), der als Hilfe zur Substantiierung auf die „IRU Checklist" hinweist (Staub/*Helm*, a.a.O.).

Der Vorbehalt braucht weder den Schaden bzw. den Teilverlust bis ins Einzelne gehend zu beschreiben, noch muss er gar durch ein Gutachten gestützt werden, muss ihn aber erkennen lassen.[20] Der Vorbehalt muss für den später genau festgestellten Schaden *plausibel* sein (*de la Motte*, a.a.O.).

Ein Hinweis auf die Wahrscheinlichkeit eines hinreichend bestimmt beschriebenen Schadens reicht aus, weil damit die Warnfunktion erfüllt ist.[21]

---

talschaden bei technisch oder wirtschaftlich nicht wiederherstellbaren oder völlig entwerteten Gegenständen dem Verlust, nicht der Beschädigung zuordnen will.
16 BGH, 9.2.1984 – I ZR 18/82, TranspR 1984, 146 = VersR 1984, 578; *Herber/Piper*, Art. 30 CMR Rdn. 2.
17 *Fremuth/Thume*, Art. 30 CMR Rdn. 10; Staub/*Helm*, Art. 30 CMR Rdn. 2.
18 Staub/*Helm*, Art. 32 CMR Rdn. 105; *Otte*, in: Ferrari/Kieninger/Mankowski et al., 2. Aufl., Art. 30 CMR Rdn. 8; BGH, 9.2.1984 – I ZR 18/82, TranspR 1984, 146 ff.
19 OLG Hamburg, 27.1.2004 – 6 U 151/03, TranspR 2004, 215 ff.; OLG Oldenburg, 15.10.1971 – 6 U 56/71, VersR 1973, 415 = NJW 1972, 692; *de la Motte*, VersR 1982, 1037; *Loewe*, TranspR 1988, 309; Staub/*Helm*, Art. 30 CMR Rdn. 31; *Fremuth/Thume*, Art. 30 CMR Rdn. 8, *Koller*, 7. Aufl., Art. 30 CMR Rdn. 4; weitere Beispiele ungenügender Substantiierung bei MünchKommHGB/*Jesser-Huß*, Art. 30 CMR Rdn. 9 u. 10.
20 *Koller*, 7. Aufl., Art. 30 CMR Rdn. 4; *Fremuth/Thume*, Art. 30 CMR Rdn. 9; *Boesche*, in: EBJS, Art. 30 CMR Rdn. 3; *Koller*, TranspR. 2012, 85, 88; *Piper*, VersR 1988, 201, 206; *Loewe*, TranspR 1988, 309, 310.
21 *Boesche*, in: EBJS, Art. 30 CMR Rdn. 3; *Herber/Piper*, Art. 30 CMR Rdn. 6; a.A. *Fremuth/Thume*, Art. 30 CMR Rdn. 8; *Koller*, 7. Aufl., Art. 30 CMR Rdn. 4; MünchKommHGB/*Jesser-Huß*, Art. 30 CMR Rdn. 9 unter Hinweis auf französische Rechtsprechung.

Die Rüge beschädigter Verpackung reicht nicht aus.[22] Im Einzelfall wird aber zu prüfen sein, ob mit dem Hinweis auf den Verpackungsschaden nicht auch bereits ein Schaden am Gut selbst konkludent behauptet werden soll.[23]

Gefordert wird, dass bestimmte Mängel unter hinreichend deutlicher Angabe des Schadenssachverhaltes gerügt werden.[24] Hierbei ist notwendig, dass sich der Empfänger, wenn auch in noch so allgemeiner Weise, irgendwie festlegt, indem er z.B. angibt, das Gut sei durchnässt oder schon der erste Augenschein deute auf eine Fehlmenge hin, wobei der Hinweis auf ein bestimmtes Gewicht des Gutes nicht ausreichen soll, falls das Gewicht des Gutes im Frachtbrief nicht angegeben ist.[25] Der Vorbehalt soll dem Frachtführer einen ernstlichen Hinweis auf eine mögliche spätere Inanspruchnahme geben, damit er ggf. Beweise sichern kann.[26] Zur Wirkung der Kenntnis des Frachtführers vom Schaden bzw. Teilverlust vgl. Rdn. 23 a.E.

4. Form des Vorbehaltes

a) Bei äußerlich erkennbaren Verlusten oder Beschädigungen

Eine bestimmte Form des Vorbehalts bei äußerlich erkennbaren Unregelmäßigkeiten – zu erklären „bei der Ablieferung" – ist nicht vorgeschrieben, wie die Abweichung vom Schriftformerfordernis des Art. 30 Abs. 1 Satz 2 CMR bei äußerlich nicht erkennbaren Verlusten oder Beschädigungen deutlich macht. Demgemäß kann der Vorbehalt mündlich erklärt werden.[27] Auch der gegenüber dem Frachtführer in Form konkludenter Handlungen erklärte Vorbehalt genügt, sofern nur der Hinweis auf den Schaden ausreichend unmissverständlich bleibt.[28] So reicht die vom Frachtführer bestimmungsgemäß erkannte Handbewegung des Empfängers aus, mit welcher Letzterer auf die unübersehbar eingedrückte Heckpartie des soeben abgelieferten Pkw hinweist. Die Eintragung des Vorbehalts auf der an den Frachtführer zurückgehenden Ausfertigung des Frachtbriefes genügt unabhängig von der sofortigen Erkennbarkeit oder Nichterkennbarkeit des Scha-

11

---

22 Rechtbank van Koophandel, Antwerpen, 30.9.1994, ETR 1995, 232 ff.; OLG Hamburg, 7.5.1987 – 6 U 267/86, VersR 1987, 1087, 1088; OLG Köln, 7.11.2000 – 3 U 39/00, TranspR 2001, 93; *Fremuth/Thume*, Art. 30 CMR Rdn. 8; *Koller*, 7. Aufl., Art. 30 CMR Rdn. 4; *Boesche*, in: EBJS, Art. 30 CMR Rdn. 3; LG Memmingen, 1.8.2001 – 1 HO 2401/00, VersR 2002, 1533 ff.; OLG Köln, 7.11.2000 – 3 U 39/00, TranspR 2001, 93 ff.
23 BGH v. 9.6.2004 – I ZR 266/00, TranspR 2004, 369, 370, 371 (zu Art. 11 Abs. 2 WA 1955), OLG Hamburg, 7.5.1987 – 6 U 267/86, VersR 1987, 1087, 1088; *Koller*, 7. Aufl., Art. 30 CMR Rdn. 4; *Boesche*, in: EBJS, Art. 30 CMR Rdn. 3.
24 *Koller*, 7. Aufl., Art. 30 CMR Rdn. 4 m.w.N.
25 *Loewe*, TranspR 1988, 309, 310; *Koller*, 7 Aufl., Art. 30 CMR Rdn. 4 m.H. auf frz. Rechtsprechung; *Otte*, in: Ferrari/Kieninger/Mankowski et al., 2. Aufl., Art. 30 CMR Rdn. 10.
26 *Boesche*, in: EBJS, Art. 30 CMR Rdn. 3; *Thume*, TranspR 2012, 85, 91.
27 Allg. Meinung *Fremuth/Thume*, Art. 30 CMR Rdn. 7; *Herber/Piper*, Art. 30 CMR Rdn. 10; *Koller*, 7 Aufl., Art. 30 CMR Rdn. 3 mit Ausführungen zur Sprache, in welcher der Vorbehalt erklärt werden kann; Staub/*Helm*, Art. 30 CMR Rdn. 3.
28 *Herber/Piper*, Art. 30 CMR Rdn. 10; *Koller*, 7. Aufl., Art. 30 CMR Rdn. 3.

Art. 30 Reklamationen und Klagen

dens; andererseits steht ein „rein quittierter" Frachtbrief dem Nachweis eines formfreien Vorbehalts nicht entgegen.[29] Zur Abgrenzung von äußerlich nicht erkennbaren Verlusten und Beschädigungen vgl. Rdn. 19ff.

b) Bei äußerlich nicht erkennbaren Verlusten oder Beschädigungen

12 Art. 30 Abs. 1 Satz 2 CMR verlangt bei äußerlich nicht erkennbaren Unregelmäßigkeiten *Schriftform*. Hierbei ist nicht die Schriftform des § 126 BGB gemeint, vielmehr reicht jedes schriftförmige Substrat, insbes. unter Verwendung moderner Kommunikationsformen wie Telegramm, Telex, Telefax, E-Mail.[30] Die Regelung entspricht im Übrigen bezüglich Schriftlichkeit derjenigen der Reklamation des Art. 32 Abs. 2 CMR.[31]

13 Zweifelhaft mag die Geltung des Schriftformerfordernisses ausnahmsweise schon bei Ablieferung erklärter Rüge äußerlich nicht erkennbarer Verluste und Beschädigungen – etwa bei zufälliger Entdeckung durch den Empfänger – sein. Entgegen dem Wortlaut des Art. 30 Abs. 1 Satz 2 CMR wird man Schriftform nicht verlangen dürfen. Der überobligationsmäßig früh rügende Empfänger macht bezüglich verdeckter Unregelmäßigkeiten lediglich von einer Fristwohltat keinen Gebrauch, ermöglicht dem Frachtführer sofortige Gegenkontrolle und darf hierfür nicht mit Formnachteilen bestraft werden.[32]

Zur Abgrenzung von äußerlich erkennbaren Schäden und Verlusten vgl. Rdn. 19ff.

5. Person des den Vorbehalt Erklärenden

14 Der Vorbehalt ist vom *Empfänger* zu erklären. Die Vorbehalte anderer Personen, insbes. des Absenders, sind rechtlich wirkungslos,[33] anders im innerdeutschen Recht des § 438 Abs. 1 HGB, der auch die Schadensanzeige des Absenders zulässt. Der Umstand, dass der Vorbehalt als Vorbote von Ansprüchen, für die sowohl Absender als auch Empfänger aktiv legitimiert sind, anzusehen ist, ändert hieran angesichts des klaren Gesetzestextes nichts. Zur Erklärung des Vorbehaltes ist der *frachtvertraglich berechtigte, nicht* notwendig der *frachtbriefmäßige*

---

29 MünchKommHGB/*Jesser-Huß*, Art. 30 CMR Rdn. 12; Staub/*Helm*, Art. 30 CMR Rdn. 29; zum formfreien Vorbehalt trotz „reiner Quittung" *Boesche*, in: EBJS, Art. 30 CMR Rdn. 6 m.w.N.
30 *Koller*, 7. Aufl., Art. 30 CMR Rdn. 14 m.w.N.; *Huther*, in: EBJS, Art. 30 CMR Rdn. 8.
31 Vgl. Art. 32 CMR Rdn. 64, auch zur Schriftformdiskussion hinsichtlich § 439 Abs. 3, S. 1 HGB, die wegen des autonomen Schriftlichkeitsbegriffes die CMR nicht betrifft.
32 *Loewe*, ETR 1976, 503, 577; *Fremuth/Thume*, Art. 30 CMR Rdn. 7; *Herber/Piper*, Art. 30 CMR Rdn. 5; *Koller*, 7. Aufl., Art. 30 CMR Rdn. 3; *Boesche*, in: EBJS, Art. 30 CMR Rdn. 8; a.A. Baumgärtel/*Giemulla*, Art. 30 CMR Rdn. 2.
33 *Loewe*, TranspR 1988, 309, 310; *Fremuth/Thume*, Art. 30 CMR Rdn. 5; *Boesche*, in: EBJS, Art. 30 CMR Rdn. 4; *Herber/Piper*, Art. 30 CMR Rdn. 10; MünchKommHGB/*Jesser-Huß*, Art. 30 CMR Rdn. 11; *Koller*, 7. Aufl., Art. 30 CMR Rdn. 5, a.A. möglicherweise *Otte*, in: Ferrari/Kieninger/Mankowski et al., 2. Aufl., Art. 30 CMR Rdn. 1.

Empfänger befugt, für den allerdings die widerlegliche Vermutung des Art. 9 Abs. 1 CMR streitet.

Der Vorbehalt als rechtsgeschäftsähnliche Handlung muss nicht vom Empfänger persönlich erklärt werden, vielmehr sind alle Formen der Stellvertretung, Handeln in Rechtsstandschaft und Einzel- und Gesamtrechtsnachfolge zulässig, wobei als Stellvertreter bzw. Rechtsstandschafter auch Absender und Spediteur in Frage kommen.[34] Wie im Falle der Reklamation erfordert aber die wirksame Ermächtigung eines Dritten zur Geltendmachung des Vorbehalts im eigenen Namen regelmäßig eine nach außen erkennbar gewordene Zustimmung des Rechtsinhabers zur fremden Rechtswahrnehmung.[35] § 174 BGB (Zurückweisung mangels Vollmachtsvorlage) und § 410 BGB (Zurückweisung mangels Vorlage der Abtretungsurkunde) sind auch für die Erklärung des Vorbehalts anwendbar.

15

6. Person des Empfängers des Vorbehaltes

Adressat des Vorbehaltes ist der Frachtführer. Ein an den Absender oder den absendenden Spediteur oder den Lieferanten gerichteter Vorbehalt ist rechtsunwirksam.[36] Der Frachtführer muss einen Vorbehalt gegenüber einer gleichnamigen Schwesterfirma im Empfangsland gegen sich gelten lassen, wenn beide im Verkehr als einheitliche Organisation auftreten.[37]

16

Infolge der Änderung der Rechtsprechung, wonach der Empfänger auch einen eigenen Schadensersatzanspruch gegen den *Unter*frachtführer hat,[38] ist der Vorbehalt im Unterfrachtverhältnis (soweit dieses sein Ziel beim Empfänger hat) beim *Unter*frachtführer, im Hauptfrachtverhältnis beim *Haupt*frachtführer anzubringen.[39] Schwierigkeiten dürften bei *äußerlich nicht erkennbaren* Verlusten und Beschädigungen kaum auftreten, da angesichts der Siebentagefrist und des Schriftlichkeitszwanges für den Vorbehalt dieser ohne ungewöhnliche Probleme beim *Haupt*frachtführer bzw. *Unter*frachtführer (gegebenenfalls in beiden Vertragsverhältnissen separat) angebracht werden kann. Inwiefern bei äußerlich nicht erkennbaren Verlusten und Beschädigungen u. U. der *Unter*frachtführer bzw. sein Fahrer Empfangsbevollmächtigter oder Empfangsbote für den Haupt-

17

---

34 Vgl. Art. 32 CMR Rdn. 66f. m.w.N.
35 BGH, Urt. v. 8.7.2004 – I ZR 272/01, MDR 2004, 1365.
36 *Koller,* 7. Aufl., Art. 30 CMR Rdn. 5; Staub/*Helm,* Art. 30 CMR Rdn. 21; *Fremuth/Thume,* Art. 30 CMR Rdn. 5; *Boesche,* in: EBJS, Art. 30 CMR Rdn. 4; *Herber/Piper,* Art. 30 CMR Rdn. 10; *Loewe,* ETR 1976, 503, 577; *ders.,* TranspR 1988, 309, 310; einschränkend MünchKommHGB/*Jesser-Huß,* Art. 30 CMR Rdn. 11, für den Fall, dass sich nur der Name des Spediteurs und nicht auch des Frachtführers aus dem Frachtbrief ergibt,
37 LG Offenburg, Urt. v. 14.1.1986 – 1 S 356/84, TranspR 1986, 151.
38 BGH v. 14.6.2007 – I ZR 50/05, TranspR 2007, 425ff., m. zust. Anm. *Thume.*
39 *Koller,* 7. Aufl., Art. 30 CMR Rdn. 5.

Art. 30 Reklamationen und Klagen

frachtführer (wohl seltener auch der *Haupt*frachtführer Empfangsbote im *Unter*frachtverhältnis) hinsichtlich des Vorbehaltes sein kann, ist Tatfrage.[40]

18 Abweichend hiervon stellt sich die Lage bei *äußerlich erkennbaren* Verlusten und Beschädigungen dar. Vorbehalte müssen hier *bei* der Ablieferung erklärt werden, sind also räumlich und zeitlich der Ablieferungssituation eng zugeordnet. Wenn dem Empfänger ein dergestalt enger räumlicher und zeitlicher Rahmen für eine einer Willenserklärung ähnelnde Erklärung gezogen ist, muss ihm auch ein Adressat gegenübergestellt werden, dem in dieser Situation der Vorbehalt erklärt werden kann. Dies ist in aller Regel der Fahrer, der als Empfangsbote des *Unter*frachtführers fungiert.[41] Da der *Unter*frachtführer und dessen Fahrer Gehilfen des *Haupt*frachtführers sind,[42] wirkt der Vorbehalt sowohl gegenüber dem *Haupt*-, als auch gegenüber dem *Unter*frachtführer.[43] Die geänderte Rechtsprechung des BGH zum Direktanspruch des Empfängers gegenüber dem abliefernden Unterfrachtführer bringt nicht nur eine Multiplikation der Wirkung von Vorbehalten hinsichtlich Empfängeransprüchen gegen (gegebenenfalls mehrere) *Unter*frachtführer *und* den *Haupt*frachtführer. Das Verhalten des Empfängers beeinflusst auch die Absenderansprüche gegen den *Haupt*frachtführer, bei – gegebenenfalls mehrfach gestaffelten – Unterfrachtverhältnissen auch die Ansprüche der jeweiligen Absender gegen die jeweiligen Frachtführer.[44] Allerdings kann fehlerhaftes Vorbehaltsverhalten des Empfängers zu Regressansprüchen (etwa aus Kaufvertrag) anderer Frachtbeteiligter führen.[45] Ein explizit an den *Haupt*frachtführer gerichteter Vorbehalt hat i.d.R. keine Wirkung in Richtung gegen den *Unter*frachtführer.[46]

7. Zeitpunkt und Frist für die Erklärung des Vorbehaltes, Abgrenzung äußerlich erkennbar/äußerlich nicht erkennbar

a) Bei äußerlich erkennbaren Verlusten und Beschädigungen

19 Äußerlich erkennbar ist nur, was ohne Öffnen der Verpackung von außen beim Betrachten der jeweiligen Packstücke feststellbar ist.[47] Bezüglich der Erkennbar-

---

40 BGH, 12.12.1985 – I 2R 88/33, TranspR 1986, 278, 281; differenzierend zur Empfangsvollmacht bei äußerlich erkennbaren und nicht erkennbaren Verlusten und Beschädigungen auch MünchKommHGB/*Jesser-Huß*, Art. 30 CMR Rdn. 11 m.w.N.
41 BGH, 12.12.1985 – I ZR 88/33, TranspR 1986, 278, 281; *Fremuth/Thume*, Art. 30 CMR Rdn. 6; *Koller*, 7. Aufl., Art. 30 CMR Rdn. 5; *Herber/Piper*, Art. 30 CMR Rdn. 11; MünchKommHGB/*Jesser-Huß*, Art. 30 CMR Rdn. 11; *Boesche*, in: EBJS, Art. 30 CMR Rdn. 4; *Loewe*, ETR 1976, 503, 577.
42 Art. 3 CMR Rdn. 17.
43 MünchKommHGB/*Jesser-Huß*, Art. 30 CMR Rdn. 11; *Koller*, 7. Aufl., Art. 30 CMR Rdn. 5.
44 Art. 30 CMR Rdn. 27.
45 *Loewe*, TranspR 1988, 309, 311.
46 MünchKommHGB/*Jesser-Huß*, Art. 30 CMR Rdn. 11 m.w.N.
47 Staub/*Helm*, Art. 30 CMR Rdn. 6 mit umfangreichen Nachweisen; *Koller*, 7. Aufl., § 438 HGB Rdn. 4; *Herber/Piper*, Art. 30 CMR Rdn. 4; *Willenberg*, § 39 KVO Rdn. 33.

keit kommt es auf die individuellen Verhältnisse im Einzelfall an. Ein- und derselbe Schaden kann je nach Tageszeit und Beleuchtungsverhältnissen einmal erkennbar sein, das andere Mal nicht.[48]

Eine Obliegenheit, die Verpackung zu öffnen, ist ausnahmsweise dann gegeben, wenn sich bei der Warenannahme trotz äußerlich intakter Verpackung mittels Sehens, Hörens, Tastens, Riechens oder sonstiger sinnlicher Wahrnehmung ein deutlicher Hinweis auf das Vorliegen eines durch die Verpackung kaschierten Schadens ergibt. So ist Glasbruch äußerlich erkennbar, wenn der Inhalt geschlossener Kisten klirrt.[49] Beißender Chemikaliengeruch dürfte bei in geschlossenen Flaschen beförderten Flüssigkeiten ausreichender Anlass zur Öffnung der Verpackung sein, ebenso Fäulnisgeruch insbesondere bei verpackten Frischwaren, desgleichen die auffallende Leichtigkeit eines Packstücks.[50] Beschädigte Bodenbretter einer Palette führen nicht zur sofortigen Öffnungsobliegenheit der darauf geladenen, verpackten und festgezurrten Computer, die sich später als beschädigt darstellen.[51] 20

Ist die Verpackung erkennbar beschädigt, ist eine Prüfung des Inhalts dann geboten, wenn konkrete äußerlich erkennbare, gravierende Anhaltspunkte für Güterschäden bestehen.[52] Wird die demgemäß gebotene sofortige Prüfung des Sendungsinhaltes unterlassen und beim späteren Auspacken ein Schaden entdeckt, kann nicht von einem nicht erkennbaren Schaden gesprochen werden.[53] 21

Immer äußerlich erkennbar sind Verluste von Teilen der Sendung auch dann, wenn sich bei vorhandenen Wiegemöglichkeiten Gewichtsdifferenzen unschwer feststellen lassen.[54] Äußerlich nicht erkennbar sind hingegen Schäden am Transportgut in Kisten, Containern, auf Wechselpritschen und Paletten, wenn die Verpackung äußerlich noch unbeschädigt ist,[55] ferner etwa innere Schäden an offen transportierten Gütern, wie z.B. innere Verletzung oder Ansteckung von Tieren, Verderbschäden oder Vergiftung von Nahrungs- und Futtermitteln, die nicht offen erkennbar sind, oder auch innere Verunreinigungen von Chemikalien.[56] Angeliefertes Kühlgut hat der Empfänger mittels Stichthermometers oder ähnlicher 22

---

48 *de la Motte*, VersR 1982, 1037; *Koller*, 7. Aufl., § 438 HGB Rdn. 4.
49 *Willenberg*, § 39 KVO Rdn. 33.
50 Vgl. *Willenberg*, § 39 KVO Rdn. 33; *Boesche*, in: EBJS, Art. 30 CMR Rdn. 5.
51 OLG Köln, Urt. v. 7.5.1996 – 9 U 232/95, VersR 1997, 106, 109; Staub/*Helm*, Art. 30 CMR Rdn. 6; ähnliches Beispiel bei *Koller*, 7. Aufl., § 438 HGB Rdn. 4.
52 *Koller*, 7. Aufl., § 438 HGB Rdn. 4; *Boesche*, in: EBJS, Art. 30 CMR Rdn. 5; Münch-KommHGB/*Herber/Eckardt*, § 438 HGB Rdn. 7.
53 LG Memmingen, Urt. v. 1.8.2001 – 1 HO 2401/00, VersR 2002, 1533; OLG Köln, Urt. v. 7.11.2000 – 3 U 39/00, TranspR 2001, 93, 95; OLG Düsseldorf, 18.3.1993 – 18 U 200/92, TranspR 1993, 287, 288; OLG Hamburg, 7.5.1987 – 6 U 287/86, TranspR 1988, 235 = VersR 1987, 1087; OLG Frankfurt/M., 15.11.1984 – 1 U 280/83, TranspR 1986, 276; OLG Düsseldorf, 11.6.1987 – 18 U 280/86, TranspR 1987, 430; *Willenberg*, § 39 KVO Rdn. 33; *Koller*, 7. Aufl., § 438 HGB Rdn. 4; *Fremuth/Thume*, § 438 HGB Rdn. 24.
54 *Willenberg*, § 39 KVO Rdn. 33; *Koller*, 7. Aufl., § 438 HGB Rdn. 4; Staub/*Helm*, Art. 30 CMR Rdn. 6.
55 *Willenberg*, § 39 KVO Rdn. 33.
56 Staub/*Helm*, Art. 30 CMR Rdn. 7 m. w. Beispielen.

Art. 30 Reklamationen und Klagen

Vorrichtungen nur dann sofort zu untersuchen, wenn dies von ihm zu erwarten ist (beispielsweise bei Kühlhäusern, nicht aber Lebensmittelläden).[57]

23 Vorbehalte wegen äußerlich erkennbarer Verluste oder Beschädigungen sind spätestens *bei der Ablieferung* des Gutes zu machen. Unter dem Zeitpunkt der Ablieferung ist der Augenblick zu verstehen, in welchem das Gut in den Gewahrsam des Empfängers übergeht und dieser die Möglichkeit hat, es in Augenschein zu nehmen.[58] Aus dem Wortlaut („spätestens") folgt, dass die Rüge auch schon *vor* Ablieferung erklärt werden kann.[59]

Der Zeitpunkt „bei Ablieferung" wird als der Zeitraum zu begreifen sein, in welchem sich bei natürlicher Betrachtungsweise einvernehmlich die Verfügungsgewalt vom Frachtführer in die Hand des Empfängers verschiebt, und zwar nebst Nebenverrichtungen. Wird in Gegenwart, ggf. unter Mithilfe des Fahrers abgeladen, kann bei dieser Gelegenheit noch *„bei Ablieferung"* der Vorbehalt erklärt werden, selbst wenn die Ablieferung[60] bereits mit der Abstellung des LKWs und Zugänglichmachung der Ladefläche bewirkt worden sein sollte; die Gegenmeinung übersieht, dass das wortgetreue Abstellen auf den Vorgang der Ablieferung häufig lediglich den Blick auf einen kleinen Teil des Gutes zulässt und überdies eine sensorische Kontrolle (vgl. Rdn. 20) i.d.R. unmöglich macht.[61] Aus den englischen und französischen Originaltexten („sending" bzw. „adresse") folgt, dass – auch bei äußerlich erkennbaren Mängeln – rechtzeitige *Absendung* des Vorbehalts genügt, etwa wenn der Empfänger während des Abladevorganges außerhalb der Geschäftszeit ein Telefax an den Frachtführer sendet, welches erst am nächsten Tag als zugegangen gilt.[62]

Wenn ein Frachtführer bei der Auslieferung erkennbar beschädigten Frachtgutes erklärt, der Schaden könne auch noch später festgestellt werden, bindet ihn diese Erklärung. Er muss sich dann nach Treu und Glauben so behandeln lassen, als sei die Beschädigung des Transportgutes äußerlich nicht erkennbar gewesen.[63] Hat der Frachtführer den Empfänger durch wahrheitswidrige falsche Angaben in

---

57 So zutreffend *Koller*, 7. Aufl., § 438 HGB Rdn. 4; MünchKommHGB/*Herber/Eckardt*, § 438 HGB Rdn. 5, der auf die branchenübliche Erwartbarkeit von Temperaturkontrollen abstellt.
58 *Boesche*, in: EBJS, Art. 30 CMR Rdn. 7; *Loewe*, ETR 1976, 503, 577; Art. 17 CMR Rdn. 20–29.
59 *Loewe*, TranspR 1988, 309, 310; *Fremuth/Thume*, Art. 30 CMR Rdn. 11; *Koller*, 7. Aufl., Art. 30 CMR Rdn. 6; *Herber/Piper*, Art. 30 CMR Rdn. 9; *Boesche*, in: EBJS, Art. 30 CMR Rdn. 7; MünchKommHGB/*Jesser-Huß*, Art. 30 CMR Rdn. 13.
60 Haftungszeitraum, Art. 17 CMR Rdn. 15–59.
61 Art. 17 CMR Rdn. 20ff.; *Bischof*, § 13 GüKUMT Rdn. 21, ebenso wohl *Boesche*, in: EBJS, Art. 30 CMR Rdn. 7; a.A. MünchKommHGB/*Jesser-Huß*, Art. 30 CMR Rdn. 13 u. *Thume*, TranspR 2012, S. 85ff.., insbesondere mit Hinweisen zur Auswirkung auf das Vorbehalts-Zeitfenster bei Entladepflicht des Empfängers.
62 *Fremuth/Thume*, Art. 30 CMR Rdn. 12; *Koller*, 7. Aufl., Art. 30 CMR Rdn. 6; *Boesche*, in: EBJS, Art. 30 CMR Rdn. 7; sehr weitgehend – gesamter Tag der Ablieferung zur Absendung ausreichend – Staub/*Helm*, Art. 30 CMR Rdn. 11; *Herber/Piper*, Art. 30 CMR Rdn. 8; MünchKommHGB/*Jesser-Huß*, Art. 30 CMR Rdn. 13; a.A. anscheinend BGH, 14.11.1991 – I ZR 236/89, TranspR 1992, 135, 138.
63 OLG Düsseldorf, Urt. v. 29.4.1993 – 18 U 332/92, NJW-RR 1994, 1192.

arglistiger Weise von der Geltendmachung des Vorbehaltes abgehalten, ist seine Berufung auf die Nichterklärung des Vorbehaltes gem. § 242 BGB rechtsmissbräuchlich.[64]

Art. 30 Abs. 4 CMR findet bei offenkundigen Mängeln keine Anwendung.[65] Es kann genügen, wenn der Frachtführer auf dem Lieferschein die Beschädigung vermerkt, da dies i.d.R. auf einen Vorbehalt des Empfängers zurückgehen wird.[66] Ein ohne Zutun des Empfängers gemachter Vermerk auf dem Frachtbrief durch den Frachtführer allein wird aber nicht ausreichen, ebenso wenig wie bloße Schadenskenntnis des Frachtführers, da erst die Vorbehaltsaktivität des Empfängers eine Warnfunktion hinsichtlich möglicher Inanspruchnahme ausübt.[67]

b) Bei äußerlich nicht erkennbaren Verlusten und Beschädigungen

Zur Abgrenzung äußerlich erkennbarer von äußerlich nicht erkennbaren Verlusten und Beschädigungen vgl. Rdn. 19 ff.   **24**

Der Vorbehalt muss bei äußerlich nicht erkennbaren Verlusten und Beschädigungen binnen sieben Tagen erklärt werden (Art. 30 Abs. 1 Satz 1 CMR). Die Frist beginnt am Tage nach der Ablieferung (Art. 30 Abs. 4 CMR). Sonntage und gesetzliche Feiertage werden in die Frist nicht eingerechnet (Art. 30 Abs. 1 Satz 1 CMR), wohl aber Samstage. Die Feiertage bestimmen sich nach dem Recht des Ortes der Ablieferung.[68] Rechtzeitige Absendung des Vorbehalts genügt (streitig; Rdn. 44).

8. Folgen des wirksam erklärten Vorbehaltes

a) In inhaltlicher Hinsicht

Erklärt der Empfänger den Vorbehalt ordnungsgemäß, tritt die widerlegliche Vermutung des Art. 30 Abs. 1 Satz 1 CMR nicht ein; die Frage, ob die Güter bei Ablieferung beschädigt oder teilweise verloren waren, ist vielmehr beweisrechtlich wieder gänzlich offen.[69] Die Vorschrift soll demgemäß nicht die Rechtsstellung   **25**

---

64 OLG Köln, 19.8.2003 – 3 U 26/03, TranspR 2004, 322 zu Art. 30 Abs. 3 CMR.
65 *Loewe*, ETR 1976, 503, 577; *Koller*, 7. Aufl., Art. 30 CMR Rdn. 6.
66 Staub/*Helm*, Art. 30 CMR Rdn. 29.
67 Für Warnfunktion auch MünchKommHGB/*Jesser-Huß*, Art. 30 CMR Rdn. 10; a.A. möglicherweise *Koller*, 7. Aufl., Art. 30 CMR Rdn. 4; *Herber/Piper*, Art. 30 CMR Rdn. 15; OLG München, 16.3.2011 – 7 U 1807/09, juris, sowohl für § 438 Abs. 1 HGB als auch Art. 31 Abs. 4 MÜ.
68 *Loewe*, ETR 1976, 503, 577; *Fremuth/Thume*, Art. 30 CMR Rdn. 12; Staub/*Helm*, Art. 30 CMR Rdn. 27; *Koller*, 7. Aufl., Art. 30 CMR Rdn. 14.
69 *Fremuth/Thume*, Art. 30 CMR Rdn. 13; *Herber/Piper*, Art. 30 CMR Rdn. 14; *Boesche*, in: EBJS, Art. 30 CMR Rdn. 13; MünchKommHGB/*Jesser-Huß*, Art. 30 CMR Rdn. 16; Staub/*Helm*, Art. 30 CMR Rdn. 33; *Koller*, 7. Aufl., Art. 30 CMR Rdn. 7; *Otte*, in: Ferrari/Kieninger/Mankowski et al., 2. Aufl., Art. 30 CMR Rdn. 12; Baumgärtel/*Giemulla*, Art. 30 CMR

Art. 30 Reklamationen und Klagen

des Empfängers bei ordnungsgemäßem Vorbehaltsverhalten verbessern, sondern vielmehr bei unterlassenem Vorbehalt verschlechtern.[70]

Die Offenhaltung der Beweissituation bedeutet, dass der Anspruchsteller die Beweislast dafür trägt, dass sein Schaden in der Zeit zwischen Übernahme und Ablieferung durch den Frachtführer eingetreten ist, allenfalls gemildert durch die Vermutung des Art. 9 Abs. 2 CMR bezüglich des *äußeren Zustandes* bei Übernahme des Gutes.[71] Diese Beweislastsituation erfährt auch dann keine Änderung, wenn der Empfänger dem Frachtführer bei Ablieferung konkrete Vorbehalte erklärt hat. Auch in diesem Falle trifft die Beweislast nicht entsprechend § 363 BGB den Frachtführer; für eine ergänzende Heranziehung nationalen Rechts besteht angesichts der deutlichen Regelung in der CMR kein Anlass.[72] Sind die Vorbehalte unzureichend, kann dem Frachtführer nicht entgegengehalten werden, er hätte den Schaden dokumentieren müssen.[73] Dies gilt unabhängig von der Ausstellung oder Nichtausstellung eines Frachtbriefs.[74]

26   Bei Rüge *äußerlich nicht erkennbarer* Unregelmäßigkeiten innerhalb der Siebentagefrist des Art. 30 Abs. 1 Satz 1 CMR muss demgemäß der Anspruchsteller auch beweisen, dass der Schaden oder Teilverlust nicht im Gewahrsam des Empfängers, sondern im Obhutszeitraum zwischen Übernahme und Ablieferung durch den Frachtführer eingetreten ist.[75]

b) In personeller Hinsicht

27   Der wirksam erklärte Vorbehalt bewirkt ein Offenhalten der Beweislage für die Ansprüche des *Empfängers* gegen den *Hauptfrachtführer*. Dasselbe gilt aber auch für die Ansprüche des *Absenders* oder anderer an dem Beförderungsvertrag

---

Rdn. 3; a. A. OLG Hamburg v. 27.1.2004 – 6 U 151/03, TranspR 2004, 216; *Loewe*, TranspR 1988, 309, 310.
70 OLG Hamm v. 27.1.2011 – I-18 U 81/09, TranspR 2011, 181, 183 m. Anm. *Pünder*; *Thume*, TranspR 2012, 85, 91.
71 BGH, 8.6.1988 – I ZR 149/86, TranspR 1988, 307 = VersR 1988, 952; Baumgärtel/*Giemulla*, Art. 30 CMR Rdn. 3; *Fremuth/Thume*, Art. 30 CMR Rdn. 13; ähnlich MünchKommHGB/*Jesser-Huß*, Art. 30 CMR Rdn. 16; a. A. *Loewe*, TranspR 1988, 309, 310; a. A. möglicherweise auch *Koller*, 7. Aufl., Art. 30 CMR Rdn. 7.
72 *Herber/Piper*, Art. 30 CMR Rdn. 14; Staub/*Helm*, Art. 30 CMR Rdn. 39; a. A. *Koller*, 7. Aufl., Art. 30 CMR Rdn. 7.
73 So zutreffend *Koller*, 7. Aufl., Art. 30 CMR Rdn. 7; a. A. OLG Köln, 17.3.1998 – 4 U 14/97, TranspR 2000, 80, 81.
74 BGH, 8.6.1988 – I ZR 149/86, TranspR 1988, 370 = VersR 1988, 952; Baumgärtel/*Giemulla*, Art. 30 CMR Rdn. 3; *Fremuth/Thume*, Art. 30 CMR Rdn. 13; Staub/*Helm*, Art. 30 CMR Rdn. 34; *Huther*, in: EBJ, 1. Aufl., Art. 30 CMR Rdn. 13; a. A. *Loewe*, TranspR 1988, 309, 310.
75 BGH, 8.6.1988 – I ZR 149/86, TranspR 1988, 370 = VersR 1988, 952; OLG Hamm v. 27.1.2011 – I-18 U 81/09, TranspR 2011, 181 ff. m. Anm. *Pünder*; *Fremuth/Thume*, Art. 30 CMR Rdn. 14; *Koller*, 7. Aufl., Art. 30 CMR Rdn. 15 mit Hinweisen auf ausländische Fundstellen *Boesche*, in: EBJS, Art. 30 CMR Rdn. 13; *Thume*, TranspR 2012, 85 ff.; a. A. *Loewe*, TranspR 1988, 309, 310.

Berechtigter gegen den *Hauptfrachtführer*.[76] Da die beim abliefernden Fahrer des Unterfrachtführers angebrachte Rüge i.d.R. *auch* als Vorbehalt gegenüber dem Unterfrachtführer gilt (Rdn. 18), tritt die Erhaltungswirkung auch hinsichtlich der Absenderansprüche des *Hauptfrachtführers* gegen den *Unterfrachtführer* ein; Gleiches gilt bei gestaffelten Unterfrachtverhältnissen, deren Ziel der Empfänger ist, für das Verhältnis von *Unter*frachtführer zu *Unter-Unter*frachtführer (geänderte BGH-Rechtssprechung zum Direktanspruch des Empfängers gegen den abliefernden *Unter*frachtführer, Rdn. 17 u. 18). Die Beweislage wird ferner offengehalten für Ansprüche des *Empfängers* und des *Absenders (gegebenenfalls auch Unterfrachtverhältnisse betreffend)* gegen den in Art. 28 Abs. 2 CMR genannten Personenkreis.

9. Folgen des unterlassenen Vorbehaltes

a) Bei Vorliegen eines Frachtbriefes

Entsprechend dem ausdrücklichen Gesetzeswortlaut wird bei Fehlen eines wirksamen Vorbehaltes *widerleglich* vermutet, dass der Empfänger das Gut in dem im Frachtbrief beschriebenen Zustande empfangen hat.[77] Ein *ordnungsgemäß ausgestellter* Frachtbrief – insbes. wird Absenderunterschrift gefordert – *ohne Frachtführervorbehalt* gem. Art. 9 Abs. 2 CMR bei Übernahme des Gutes führt bei fehlendem Empfängervorbehalt lediglich zu der widerleglichen Vermutung bei Ablieferung, dass die Sendung in *äußerlich* gutem Zustande abgeliefert worden ist.[78] Die Vermutung erstreckt sich auf Angaben in Begleitpapieren, wenn im ordnungsgemäß ausgestellten Frachtbrief auf diese hingewiesen wird.[79] Bezüglich *äußerlich nicht erkennbarer* Verluste und Schäden macht der Frachtbrief i.d.R. keine Aussagen, insbes. indiziert sein Schweigen keinen insoweit guten Zustand bei Übernahme des Gutes. Der korrespondierend unterlassene Vorbehalt *äußerlich nicht erkennbarer* Verluste und Schäden bei Ablieferung führt daher keineswegs zur Vermutung der Ablieferung des Gutes in *innerlich gutem* Zustand.[80] Enthält der Frachtbrief keine Mengenangaben bezüglich des übernom-

28

---

76 *Loewe*, ETR 1976, 503, 578; wie selbstverständlich auch sämtliche Anspruchsteller benennend: Staub/*Helm*, Art. 30 CMR Rdn. 35, 38.
77 *Fremuth/Thume*, Art. 30 CMR Rdn. 15; *Herber/Piper*, Art. 30 CMR Rdn. 16; *Boesche*, in: EBJS, Art. 30 CMR Rdn. 11; MünchKommHGB/*Jesser-Huß*, Art. 30 CMR Rdn. 14 mit detaillierten Beispielen; Staub/*Helm*, Art. 30 CMR Rdn. 33; *Koller*, 7. Aufl., Art. 30 CMR Rdn. 8; *Loewe*, TranspR 1988, 309, 310; OLG Karlsruhe, 18.10.1967 – 1 U 227/66, DB 1967, 2022; a.A. *Züchner*, VersR 1968, 824.
78 BGH, 8.6.1988 – I ZR 149/86, TranspR 1988, 370 = VersR 1988, 952. Zu weit gehend und Art. 9 Abs. 2 CMR außer Acht lassend OLG Düsseldorf, 29.3.1987 – 18 U 11/78, VersR 1979, 651 und auch *Koller*, 7. Aufl., Art. 30 CMR Rdn. 8; vgl. auch vorangegangene Fußnote.
79 OLG Düsseldorf, 29.3.1987 – 18 U 11/78, VersR 1979, 651; *Herber/Piper*, Art. 30 CMR Rdn. 17; Staub/*Helm*, Art. 30 CMR Rdn. 34; a.A. noch Voraufl.
80 BGH, 8.6.1988 – I ZR 149/86, a.a.O; zum gleichen Ergebnis, wenn auch mit teils abweichender Begründung, kommt Staub/*Helm*, Art. 30 CMR Rdn. 37.

Art. 30 Reklamationen und Klagen

menen Gutes, kann der unterlassene Empfängervorbehalt mangels frachtbriefmäßigen Bezugspunktes keine Beweislastumkehr zu Lasten des Empfängers bewirken.[81] Zu weit geht aber die Auffassung, der unterlassene Empfängervorbehalt habe hinsichtlich des Gewichts keinerlei Wirkung.[82] Lassen sich nämlich die Mengen und Gewichtsangaben mit dem Teilverlust in Korrelation bringen, spricht nichts gegen das Eingreifen der widerleglichen Vermutung nach Art. 30 Abs. 1 Satz 1.[83]

Ist der Frachtbrief *nicht ordnungsgemäß ausgestellt*, trägt er beispielsweise nicht die in Art. 5 Abs. 1 Satz 1 CMR geforderte Absenderunterschrift, oder ist er nicht als CMR-Frachtbrief gekennzeichnet, bewirkt auch fehlender Empfängervorbehalt keine Beweislastumkehr.[84]

29 Weist der Frachtbrief hingegen Vorbehalte des Frachtführers bei Übernahme gem. Art. 9 Abs. 2 CMR auf, führt der fehlende Empfängervorbehalt bezüglich des äußerlich erkennbaren Zustandes zu der widerleglichen Vermutung, dass die Ware nach Maßgabe der vom Frachtführer eingetragenen Übernahmevorbehalte von ihm auch abgeliefert worden ist.[85] Zu begründen ist dies damit, dass der Empfängervorbehalt Ansprüche gegen den Frachtführer vorbereitet und demgemäß gegen dessen frachtbriefmäßige Behauptungen gerichtet ist.[86]

b) Bei Fehlen eines Frachtbriefes

30 Ist kein Frachtbrief ausgestellt, gibt es ebenso wie beim nicht ordnungsgemäß ausgestellten Frachtbrief keine Beweislastumkehr.[87] Dies folgt daraus, dass mangels frachtbriefmäßigen Bezugspunktes das Schweigen des Empfängers nicht als stillschweigende Bestätigung des ausdrücklichen oder gem. Art. 9 Abs. 2 CMR fingierten Frachtbriefinhaltes gewertet werden kann.[88]

Eine die gerichtliche Praxis stark beeinflussende Veränderung der Beweislastverhältnisse bei Verlust bzw. Teilverlust verschlossener Behältnisse hat die BGH-Rechtsprechung mit sich gebracht, wonach bei in verschlossenen Behältnissen (Kartons) zum Versand gebrachten Gütern bei kaufmännischen Absendern *prima facie* anzunehmen sei, dass die im Lieferschein und in der dazu korrespondieren-

---

81 OLG Düsseldorf, 29.3.1987 – 18 U 11/78, VersR 1979, 651.
82 So aber *Koller*, 7. Aufl., Art. 30 CMR Rdn. 8; MünchKommHGB/*Jesser-Huß*, Art. 30 CMR Rdn. 14.
83 Staub/*Helm*, Art. 30 CMR Rdn. 34; OLG Düsseldorf, 29.3.1987 – 18 U 11/78, VersR 1979, 651; a.A. allgemein zum Gewicht *Boesche*, in: EBJS, Art. 30 CMR Rdn. 11.
84 BGH, 8.6.1988 – I ZR 149/86, a.a.O.; *Boesche*, in: EBJS, Art. 30. CMR Rdn. 12.
85 So wohl auch BGH, 8.6.1988 – I ZR 149/86, a.a.O., I. 1 der Entscheidungsgründe, a.E.
86 *Fremuth/Thume*, Art. 30 CMR Rdn. 16; *Herber/Piper*, Art. 30 CMR Rdn. 17; *Boesche*, in: EBJS, Art. 30 CMR Rdn. 12; MünchKommHGB/*Jesser-Huß*, Art. 30 CMR Rdn. 15; Staub/*Helm*, Art. 30 CMR Rdn. 35; *Koller*, 7. Aufl., Art. 30 CMR Rdn. 8; a.A. *Loewe*, ETR 1976, 503, 578; *ders.*, TranspR 1988, 309, 310.
87 BGH, 8.6.1988 – I ZR 149/86, a.a.O.
88 Staub/*Helm*, Art. 30 CMR Rdn. 35; a.A. *Loewe*, ETR 1976, 503, 578; *ders.*, TranspR 1988, 309, 310.

den Rechnung aufgeführten Waren in dem Behältnis enthalten waren. Es obliege dann dem Schädiger, den zugunsten des Versenders streitenden Anscheinsbeweis durch substantiierten Vortrag auszuräumen.[89]

Der BGH hat seine entsprechende Rechtsprechung in neueren Entscheidungen bestätigt und fortentwickelt.[90] Er geht nicht mehr prima facie, sondern gem. § 286 ZPO davon aus, dass das verschlossene Behältnis die im Lieferschein aufgeführten Güter enthalte. Gleiches gelte für eine der Sendung beigegebene Rechnung. Nicht erforderlich sei es, dass sowohl Lieferscheine *als auch* Rechnungen zur Vorlage kommen. Da der Frachtführer bei Teilverlusten hinsichtlich verschlossener Behältnisse gegen doloses Absenderverhalten kaum eine wirksame prozessuale Gegenwehr hat (man denke an diebische Verpackungsmitarbeiter) verlangt der BGH zu Recht in seiner ins Einzelne gehenden Rechtsprechung (siehe Fn. 90) Plausibilität von Handelsrechnungen und Lieferscheinen sowie deren Zeitnähe zum Beförderungsvorgang (vgl. Fn. 90, insbes. Fundstellen bei *Koller*, 7. Aufl.).

III. Gemeinsame Schadensfeststellung (Art. 30 Abs. 2 CMR)

1. Allgemeines

Art. 30 Abs. 2 CMR regelt die Wirkung einer gemeinsamen Überprüfung des Zustandes des Gutes durch Frachtführer und Empfänger. Gegen ein so gewonnenes übereinstimmendes Ergebnis ist der Gegenbeweis unzulässig – ausgenommen äußerlich nicht erkennbare Unregelmäßigkeiten, bezüglich derer der Empfänger binnen sieben Tagen schriftliche Vorbehalte erklärt. Die Rechtsnatur der gemeinsamen Überprüfung und Feststellung weist Ähnlichkeiten mit dem gemeinsamen Aufmaß gem. § 14 Abs. 2 VOB/B auf, ohne dass jedoch vollständige Identität der Mechanismen beider Rechtsfiguren festgestellt werden könnte. Immerhin wollen in beiden Fällen die Vertragspartner durch die gemeinschaftlich einverständlich getroffenen Feststellungen spätere Streitigkeiten aus dem Schuldverhältnis vermeiden.[91]

31

2. Inhalt gemeinsamer Überprüfungen und Feststellungen

Die gemeinsamen Feststellungen und Überprüfungen des „Zustandes des Gutes" beziehen sich auf *Teilverluste und Beschädigungen* – Rückschluss aus der Mög-

32

---

89 BGH, 24.10.2002 – I ZR 104/00, TranspR 2003, 156 ff.
90 BGH v. 2.4.2009 – I ZR 60/06, TranspR 2009, 262, 264; BGH v. 2.4.2009 – I ZR 61/06, TranspR 2009, 317, 319; BGH v. 22.10.2009 – I ZR 119/07, TranspR 2010, 73, 74; Hinweis auf die detaillierte Rechtsprechungsschilderung bei *Koller*, 7. Aufl., § 424 HGB Rdn. 41 (insbes. Fn. 217–226).
91 Palandt/*Sprau*, 71. Aufl., § 781 BGB Rdn. 7 m.w.N.

Art. 30 Reklamationen und Klagen

lichkeit des späteren Vorbehalts bei verdeckten Teilverlusten und Beschädigungen (gilt auch für Schwerstbeschädigungen mit wirtschaftlichem Totalverlust; vgl. Rdn. 6). Aus der Beschränkung späterer Vorbehalte auf *äußerlich nicht erkennbare* Unregelmäßigkeiten dieser Art folgt auch, dass sich die Regelung der einvernehmlichen Schadensfeststellung i. S. d. Art. 30 Abs. 2 CMR lediglich auf äußerlich erkennbare Teilverluste und Beschädigungen bezieht.[92] Werden die gemeinsamen Feststellungen auf *äußerlich nicht erkennbare* Schäden ausgedehnt, ist demzufolge ein übereinstimmendes Ergebnis insoweit dem Gegenbeweis zugänglich und schließt insbes. einen schriftlichen, entgegenstehenden Vorbehalt gem. Art. 30 Abs. 2 CMR nicht aus; das Gericht wird aber solche weitergehenden gemeinsamen Feststellungen gem. § 286 ZPO frei würdigen.[93] Die Schadensursache ist nicht Gegenstand der gemeinsamen Überprüfung.[94]

33 *Koller* weist unter Heranziehung der englischen und französischen Originaltexte zu Recht darauf hin, dass die Originalfassungen – präziser als die deutsche Übersetzung – das Schwergewicht auf das gemeinsame Ergebnis der Überprüfung, weniger auf die Untersuchungsprozedur als solche legen.[95] Demgemäß ist für die Wirkung des Ausschlusses des Gegenbeweises gem. Art. 30 Abs. 2 CMR das *aufgrund gemeinsamer Überprüfung gewonnene übereinstimmende Ergebnis* entscheidend. Identische Ergebnisse, die aus getrennten Untersuchungen herrühren, genügen nicht. Duldet eine Partei lediglich die Untersuchungen der anderen, sind die Überprüfungen damit noch keine „gemeinsamen".[96] Ebenfalls nicht ausreichend ist, wenn nach gemeinsamer Inspektion jede Partei für sich zum selben Ergebnis kommt; das übereinstimmende Resultat muss eine der jeweils anderen Seite zur Kenntnis gebrachte Beurteilungsübereinstimmung ausdrücken. Nicht ausreichend ist die bloße Beobachtung des Schadens durch den Fahrer und die Anbringung eines Vorbehalts auf dem Frachtbrief.[97] Ist eine Partei bei einer Sachverständigenbegutachtung trotz ordnungsgemäßer Inkenntnissetzung vom Begutachtungstermin nicht anwesend oder vertreten, können ihr die Feststellung des Sachverständigen mangels gemeinsamer Überprüfung auch dann nicht entgegengehalten werden, falls dessen Bericht glaubwürdige Ansichten enthält und seine Schlussfolgerungen von präzisen und seriösen Vorgaben ausgehen.[98]

---

[92] So auch *Loewe*, TranspR 1988, 309, 310; *Fremuth/Thume*, Art. 30 CMR Rdn. 19; *Herber/Piper*, Art. 30 CMR Rdn. 18; *Boesche*, in: EBJS, Art. 30 CMR Rdn. 14; MünchKommHGB/*Jesser-Huß*, Art. 30 CMR Rdn. 18; wohl auch *Koller*, 7. Aufl., Art. 30 CMR Rdn. 9; *Otte*, in: Ferrari/Kieninger/Mankowski et al., 2. Aufl., Art. 30 CMR Rdn. 21.
[93] Ähnlich Staub/*Helm*, Art. 30 CMR Rdn. 48 f.
[94] *Loewe*, ETR 1976, 503, 578.
[95] *Koller*, 7. Aufl., Art. 30 CMR Rdn. 9; *Fremuth/Thume*, Art. 30 CMR Rdn. 17; *Herber/Piper*, Art. 30 CMR Rdn. 18; *Otte*, in: Ferrari/Kieninger/Mankowski et al., 2. Aufl., Art. 30 CMR Rdn. 20; *Boesche*, in: EBJS, Art. 30 CMR Rdn. 14; Staub/*Helm*, Art. 30 CMR Rdn. 42.
[96] *Koller*, 7. Aufl., Art. 30 CMR Rdn. 9.
[97] Staub/*Helm*, Art. 30 CMR Rdn. 44 mit Hinweis auf OLG Wien, Urt. v. 22.6.1989 – 1 R 93/89, TranspR 1990, 158 f.
[98] A.A. Hof van Beroep Antwerpen, 2.6.2003 – 2001/AR/1964, 2003/AR/106, ETR 2004, 407 ff.

Selbstverständlich bleibt den Parteien die Einleitung eines selbstständigen Beweisverfahrens nationalen Rechts unbenommen.[99]

Angesichts der Rechtsfolge (Unzulässigkeit des Gegenbeweises) dürfte den gemeinsamen Feststellungen Vereinbarungscharakter zukommen, womöglich sogar Vergleichscharakter. Bei Willensmängeln wird daher nach ergänzend anwendbarem nationalen Recht, im deutschen Recht gem. §§ 119ff., ggf. 779 BGB, vorzugehen sein.[100] Fehler bei den zur Anwendung gekommenen Untersuchungsmethoden und Hilfsmitteln machen die Feststellung nicht automatisch unwirksam. Die Gegenmeinung verweist angesichts der Gleichwertigkeit der französischen und englischen Urtexte („duly checked" bzw. „la marchandise a été constaté contradictoirement par le destinataire et le transporteure") zu einseitig auf den englischen Originaltext. Demgemäß wird ein unter Anwendung unzureichender Prüfungs- und Untersuchungsmethoden gewonnenes gemeinsames Ergebnis nur bei Vorliegen von Willensmängeln nach den ergänzend anwendbaren Vorschriften nationalen Rechts zu beseitigen sein, nicht bereits durch einen Hinweis auf den nicht ordnungsgemäßen Feststellungsvorgang hinsichtlich des Schadens.[101] 34

3. Form der gemeinsamen Schadensfeststellung

Gemeinsame Überprüfungen und Feststellungen sind nicht formgebunden, insbes. ist Schriftform (etwa gemeinsam in Auftrag gegebenes Gutachten) nicht erforderlich. Mündlichkeit, konkludente Handlungen etc. genügen.[102] 35

4. Zeitpunkt der gemeinsamen Schadensfeststellung

Über den Zeitpunkt der gemeinsamen Überprüfung enthält Art. 30 Abs. 2 CMR keine ausdrückliche Bestimmung. Aus den Regelungen des Art. 30 Abs. 4 CMR (Verschiedenheit des Tages der Ablieferung und der Überprüfung des Gutes) lässt sich mit Sicherheit entnehmen, dass die Überprüfung nicht am Tage der Ablieferung stattfinden *muss*. Da der Empfänger die Ablieferung sicherlich abwarten darf, können gemeinschaftliche Überprüfungen auch *nach* dem Ablieferungstag erfolgen. Die gemeinsame Überprüfung ist aber auch – entsprechend dem einseitigen Vorbehalt (Rdn. 23 m.w.N.) – bereits *vor* Ablieferung zulässig, etwa bei einvernehmlicher Besichtigung der Ladung eines verunglückten LKWs vor Ablieferung; die Präklusionswirkung der gemeinschaftlichen Feststellung bezieht 36

---

99 MünchKommHGB/*Jesser-Huß*, Art. 30 Rdn. 18.
100 Staub/*Helm*, Art. 30 CMR Rdn. 42; *Otte*, in: Ferrari/Kieninger/Mankowski et al., 2. Aufl., Art. 30 CMR Rdn. 20, der darauf hinweist, dass die Feststellung Rechtsgeschäft zwischen den Parteien sei, auf das in Ermangelung eigenständiger Regelungen der CMR das jeweilige Vertragsstatut Anwendung findet; a.A. *Koller*, 7. Aufl., Art. 30 CMR Rdn. 9; *Boesche*, in: EBJS, Art. 30 CMR Rdn. 15.
101 Staub/*Helm*, Art. 30 CMR Rdn. 43; a.A. *Koller*, 7. Aufl., Art. 30 CMR Rdn. 9; *Boesche*, in: EBJS, Art. 30 CMR Rdn. 15; MünchKommHGB/*Jesser-Huß*, Art. 30 CMR Rdn. 19.
102 Allg. Meinung vgl. *Fremuth/Thume*, Art. 30 CMR Rdn. 17; *Loewe*, ETR 1976, 503, 578.

Art. 30 Reklamationen und Klagen

sich in einem solchen Fall allerdings nicht auf Verluste oder Schäden, die im Verlaufe des Rests der Reise eintreten.[103]

5. Die bei Überprüfung und Feststellung handelnden Personen

37 Die gemeinsame Überprüfung und Feststellung findet zwischen Empfänger und Frachtführer statt. Nach der geänderten Rechtsprechung des BGH zum Verhältnis Empfänger/*Unter*frachtführer (vgl. Rdn. 17 ff.) kann die gemeinsame Überprüfung und Feststellung sowohl zwischen Empfänger und *Haupt*frachtführer als auch zwischen dem Empfänger und beim Empfänger abliefernden *Unter*frachtführer stattfinden. Entsprechende Vorgänge zwischen den übrigen Beteiligten (Absender, Eigentümer, nicht beim Empfänger abliefernde *Unter*frachtführer, Spediteure) sind nicht unzulässig, haben aber nicht die stringente Wirkung des Art. 30 Abs. 2 CMR, sondern unterliegen der freien Beweiswürdigung gem. § 286 ZPO. Bei aufeinanderfolgenden Frachtführern im Sinne des Art. 34 CMR ist eine gemeinsame Schadensfeststellung zwischen Empfänger und denjenigen Frachtführern zulässig, welche gem. Art. 36 CMR haften.[104] Alle Formen der Stellvertretung sind möglich. Der Fahrer des Frachtführers und auch seines Unterfrachtführers dürften auch für die gemeinsame Überprüfung und Feststellung offensichtlicher Mängel als insoweit bevollmächtigte Vertreter des (Haupt- und/oder *Unter*-)Frachtführers gelten.[105]

6. Die Wirkung gemeinsamer Feststellungen

38 Es steht unwiderlegbar fest, dass die Ware die in den gemeinsamen Feststellungen festgehaltenen Schäden oder Teilverluste aufweist oder nicht aufweist, soweit es sich um äußerlich erkennbare Beschädigungen oder Teilverluste handelt.[106] Mit der gemeinsamen Feststellung stehen Schäden oder Teilverluste nur zum Zeitpunkt der *Ablieferung* fest und entbinden den Empfänger/Absender nicht vom Beweis, dass sie im *Obhutszeitraum* entstanden sind.[107] Bei nur teilweise übereinstimmenden Ergebnissen ist bezüglich des kongruenten Teils der Gegenbeweis unzulässig. Wie weit die Parteien überprüfen oder feststellen woll-

---

103 *Herber/Piper*, Art. 30 CMR Rdn. 19; *Boesche*, in: EBJS, Art. 30 CMR Rdn. 14; Staub/*Helm*, Art. 30 CMR Rdn. 46.
104 Hierzu ausführlich und differenzierend *Koller*, 7. Aufl., Art. 36 CMR Rdn. 1.
105 *Fremuth/Thume*, Art. 30 CMR Rdn. 17; *Herber/Piper*, Art. 30 CMR Rdn. 19; Staub/*Helm*, Art. 30 CMR Rdn. 45 mit Einzelheiten und Erörterung von Gestaltungsmöglichkeiten zur Vermeidung einer entsprechenden Fahrervollmacht; MünchKommHGB/*Jesser-Huß*, Art. 30 CMR Rdn. 19; *Boesche*, in: EBJS, Art. 30 CMR Rdn. 14.
106 *Loewe*, TranspR 1988, 309, 310; *ders.*, ETR 1976, 503, 578; *Fremuth/Thume*, Art. 30 CMR Rdn. 19; *Herber/Piper*, Art. 30 CMR Rdn. 18; *Koller*, 7. Aufl., Art. 30 CMR Rdn. 10; *Otte*, in: Ferrari/Kieninger/Mankowski et al., 2. Aufl., Art. 30 CMR Rdn. 21, *Boesche*, in: EBJS, Art. 30 CMR Rdn. 14; OLG Wien, Urt. v. 22.6.1989 – 1 R 93/89, TranspR 1990, 158 f.; Baumgärtel/*Giemulla*, Art. 30 CMR Rdn. 4.
107 MünchKommHGB/*Jesser-Huß*, Art. 30 CMR Rdn. 18.

ten, ist im Übrigen Tatfrage, insbes. auch, ob mit der Feststellung bestimmter Mängel zugleich einvernehmlich Schadensfreiheit im Übrigen festgestellt werden sollte. Auch thematische Beschränkungen sind denkbar: Wenn die Parteien systematisch die Packstücke nach klirrendem Glas durchschütteln und sich auf die Zahl der klirrenden Pakete einigen, wollten sie sich wohl nicht *uno actu* auf das Vorhandensein oder Fehlen von Verschmutzungsschäden oder Fehlmengen verständigen.[108] Bei nicht übereinstimmenden Feststellungen dürfte allerdings in aller Regel ein ausreichender Vorbehalt i.S.d. Art. 30 Abs. 1 CMR darin zu sehen sein, dass der Empfänger bei der gemeinsamen Überprüfung dem Fahrer mitteilt, welche Schäden er festgestellt zu haben meint.[109]

Erhebt der Empfänger bezüglich äußerlich nicht erkennbarer Teilverluste und Beschädigungen nicht binnen sieben Tagen schriftliche Vorbehalte gegenüber dem Frachtführer wird das Ergebnis gemeinsamer Überprüfung auch insoweit unwiderleglich.[110] 39

Ähnlich wie beim einseitigen Vorbehalt wirkt ein übereinstimmendes Überprüfungsergebnis nicht nur zwischen Empfänger und (Unter- und/oder Haupt-) Frachtführer, sondern auch auf die Absenderansprüche gegen diese Personen sowie auf Ansprüche von Eigentümern.[111] 40

7. Nachträglicher Vorbehalt bei äußerlich nicht erkennbaren Verlusten und Beschädigungen

Nutzt der Empfänger die Siebentagefrist für *äußerlich nicht erkennbare* Verluste und Beschädigungen zur Absendung schriftlicher Vorbehalte an den Frachtführer, so entfällt entsprechend dem Inhalt des Vorbehaltes die unwiderlegliche Vermutung der gemeinsamen Feststellung hinsichtlich *äußerlich nicht erkennbarer* Verluste und Beschädigungen. Allerdings liegt die Beweislast für verborgene Mängel im Ablieferungszeitpunkt nach wie vor beim geschädigten Anspruchsteller. Der Anspruchsteller hat durch die Anbringung des nachträglichen Vorbehaltes erst erreicht, dass der Beweis der Unrichtigkeit des Prüfungsergebnisses zulässig ist.[112] Im Übrigen entspricht der Vorbehalt des Art. 30 Abs. 2 CMR weitgehend dem des Art. 30 Abs. 1 CMR (Rdn. 10ff.). Bei der Berechnung der Siebentagefrist bleiben Sonntage und gesetzliche Feiertage (nicht aber Samstage) außer Ansatz, ferner wird nach ausdrücklicher Berechnungsvorschrift der Tag der Überprüfung nicht mitgerechnet (Art. 30 Abs. 4 CMR). Nimmt die Überprü- 41

---

108 Kritisch hierzu Staub/*Helm*, Art. 30 CMR Rdn. 50.
109 *Boesche*, in: EBJS, Art. 30 CMR Rdn. 15; *Koller*, 7. Aufl., Art. 30 CMR Rdn. 12.
110 *Fremuth/Thume*, Art. 30 CMR Rdn. 19; Staub/*Helm*, Art. 30 CMR Rdn. 48; *Koller*, 7. Aufl., Art. 30 CMR Rdn. 17.
111 Art. 30 CMR Rdn. 27; *Boesche*, in: EBJS, Art. 30 CMR Rdn. 14; Staub/*Helm*, Art. 30 CMR Rdn. 51.
112 Vgl. *Fremuth/Thume*, Art. 30 CMR Rdn. 19; *Boesche*, in: EBJS, Art. 30 CMR Rdn. 14; Staub/*Helm*, Art. 30 CMR Rdn. 48; *Koller*, 7. Aufl., Art. 30 CMR Rdn. 17; MünchKommHGB/*Jesser-Huß*, Art. 30 CMR Rdn. 18; Baumgärtel/*Giemulla*, Art. 30 Rdn. 5.

fung mehrere Tage in Anspruch, sind sie sämtlich nicht einzurechnen. Der Tag, an dem zwar keine Überprüfung des Gutes stattfand, dagegen aber die Gemeinsamkeit bei der Feststellung des Ergebnisses erzielt wurde, ist demgegenüber in den Fristablauf einzubeziehen.

IV. Vorbehalte bei Überschreitung der Lieferfrist (Art. 30 Abs. 3 CMR)

1. Anwendungsbereich

42 Art. 30 Abs. 3 CMR hat „Schadensersatz wegen Überschreitung der Lieferfrist" zum Gegenstand. Die Identität der Diktion mit Art. 17 Abs. 1, 3. Fall CMR, Art. 19 CMR und Art. 23 Abs. 5 CMR weist darauf hin, dass der Vorbehalt nur die dort genannten Verspätungsschäden betrifft. Güterschäden durch verspätete Lieferung behandelt Art. 30 Abs. 3 CMR nicht. Ist durch Lieferfristüberschreitung ein Güterschaden entstanden, etwa durch Verderb, muss die Vorbehaltsregelung des Abs. 1 eingreifen.[113]

Art. 30 Abs. 3 CMR befasst sich auch nicht mit einer Überschreitung der Ladefrist, deren Rechtsfolgen sich nach ergänzend anwendbarem nationalen Recht richten.[114] Auch Pflichtverletzungen nach § 280 Abs. 1 BGB (früher: positive Vertragsverletzung) werden von Art. 30 Abs. 3 CMR nicht betroffen.[115] Beruht ein im Zusammenhang mit der Überschreitung der Lieferfrist eingetretener Schaden nicht auf der Verspätung als solcher, sondern auf anderen Umständen (etwa unrichtigen Angaben des Frachtführers über den Standort des Transportfahrzeuges und dessen voraussichtliche Ankunft am Bestimmungsort), ist die Geltendmachung solcher Ansprüche nicht von der Anbringung eines Vorbehalts i.S.d. Art. 30 Abs. 3 CMR abhängig.[116]

2. Inhalt des Vorbehaltes

43 Inhaltlich sind an den Vorbehalt keine strengen Anforderungen zu stellen. Nicht ausreichend ist lediglich der bloße Hinweis auf die Lieferfristüberschreitung ohne Vorbehalt sich hieraus womöglich ergebender Schäden. Die Funktion des Vorbehaltes liegt darin, den Frachtführer auf die Gefahr einer Schadensersatz-

---

113 *Fremuth/Thume*, Art. 30 CMR Rdn. 26; *Staub/Helm*, Art. 30 CMR Rdn. 62; Münch-KommHGB/*Jesser-Huß*, Art. 30 CMR Rdn. 21; *Herber/Piper*, Art. 30 CMR Rdn. 31; *Koller*, 7. Aufl., Art. 30 CMR Rdn. 18; *Boesche*, in: EBJS, Art. 30 CMR Rdn. 16; *Otte*, in: Ferrari/Kieninger/Mankowski et al., 2. Aufl., Art. 30 CMR Rdn. 23; siehe auch Art. 17 CMR Rdn. 220 f. m.w.N.
114 Ausführlich hierzu *Fremuth/Thume*, Art. 19 CMR Rdn. 9.
115 *Staub/Helm*, Art. 30 CMR Rdn. 63; BGH v. 27.10.1978 – I ZR 30/77, NJW 1979, 2473, 2474.
116 BGH, Urt. v. 14.7.1993 – I ZR 204/91, TranspR 1993, 426 ff.

pflicht aufmerksam zu machen.[117] Eine Konkretisierung des Schadens im Vorbehalt kann daher nicht verlangt werden.[118] Wegen der oft späten Überschaubarkeit des Vermögensschadens wegen Verspätung und seiner Begrenzung auf die Höhe der Fracht (Art. 23 Abs. 5 CMR) muss auch nicht die Quelle möglicher Verspätungsschäden (z.B. ob Preisverfall der Ware oder Kosten des vergeblich bereitgestellten Abladepersonals oder Ersatzansprüche des Kunden des Empfängers) im Vorbehalt genannt werden. Es genügt demgemäß der Hinweis auf die Überschreitung der Lieferfrist und der allgemeine Vorbehalt sich hieraus ergebender Schadensersatzansprüche.[119]

3. Frist für die Erklärung des Vorbehaltes

Der Vorbehalt ist innerhalb von 21 Tagen ab Zurverfügungstellung der Ware an den Frachtführer zu richten. Rechtzeitige *Absendung* genügt.[120]   44

Die Frist beginnt mit dem Tage, an dem das Gut dem Empfänger zur Verfügung gestellt worden ist, nicht mit dem Tage der Ablieferung des Gutes.[121]

Der Tag, an dem das Gut dem Empfänger zur Verfügung gestellt worden ist, dürfte sich vom Tage der Ablieferung dadurch unterscheiden, dass das zum Gewahrsamsübergang bei Ablieferung notwendige *Einvernehmen mit dem Empfänger* nicht oder noch nicht hergestellt ist (Art. 17 CMR Rdn. 21).

Der Tag, an dem das Gut dem Empfänger zur Verfügung gestellt worden ist, wird in die Frist gem. ausdrücklicher Berechnungsvorschrift des Art. 30 Abs. 4 CMR nicht eingerechnet, wohl aber („jeweils") ein davon etwa abweichender

---

117 Staub/*Helm*, Art. 30 CMR Rdn. 59; *Fremuth/Thume*, Art. 30 CMR Rdn. 23.
118 *Fremuth/Thume*, Art. 30 CMR Rdn. 23; Staub/*Helm*, Art. 30 CMR Rdn. 59; *Koller*, 7. Aufl., Art. 30 CMR Rdn. 18; *Boesche*, in: EBJS, Art. 30 CMR Rdn. 17; OLG Düsseldorf, 18.1.1979 – 18 U 153/78, TranspR 1979, 356, welches sich ausgiebig mit bereits bezifferten Ersatzansprüchen, die später korrigiert werden, auseinandersetzt und den Vorbehalt als ausreichend ansieht; OLG München, 12.4.1990 – 23 U 3161/88, TranspR 1990, 280, 287.
119 OGH Wien, Urt. v. 19.9.2002 – 3 Ob 316/01 v, TranspR 2003, 243 ff.
120 Rdn. 23. In der Literatur umstritten: wie hier *Boesche*, in: EBJS, Art. 30 CMR Rdn. 18; *Koller*, Art. 30 CMR Rdn. 18; MünchKommHGB/*Jesser-Huß*, Art. 30 CMR Rdn. 24; Staub/*Helm*, Art. 30 CMR Rdn. 57; a.A. *Otte*, in: Ferrari/Kieninger/Mankowski et al., 2. Aufl., Art. 30 CMR Rdn. 25, der mit dem zugegangenen, aber abgesandten Vorbehalt argumentiert; a.A. möglicherweise auch BGH, 14.11.1991 – I ZR 236/89, TranspR 1992, 135, 138, welcher auf den Zugang des Vorbehaltes abstellt. Es ist aber nicht sicher, dass der BGH von der bis dahin herrschenden Meinung, dass rechtzeitige Absendung genüge, abweichen wollte, ohne sich mit dieser Meinung auseinanderzusetzen. Die Diskrepanz Absendung/Zugang des Vorbehaltes gehörte nicht zum Streitpotenzial des konkret entschiedenen Falles. Womöglich liegt deswegen auch nur eine Formulierungsunschärfe bezüglich eines Nebenaspekts vor, auf welchen die Aufmerksamkeit des Gerichts nicht gerichtet sein musste.
121 OGH Wien, Urt. v. 19.9.2002 – 3 Ob 316/01 v, TranspR 2003, 243, 245; *Koller*, 7. Aufl., Art. 30 CMR Rdn. 18; *Boesche*, in: EBJS, Art. 30 CMR Rdn. 18; MünchKommHGB/*Jesser-Huß*, Art. 30 CMR Rdn. 20; *Herber/Piper*, Art. 30 CMR Rdn. 29; kritisch Staub/*Helm*, Art. 30 CMR Rdn. 57 m.w.N.; zur Ablieferung: Art. 17 CMR Rdn. 20 ff.

Tag der Ablieferung. Wird das Gut in Teilen angeliefert, entscheidet für den Fristbeginn die Zurverfügungstellung des letzten Teils des Beförderungsgutes.[122] Sonntage und gesetzliche Feiertage sind mitzurechnen – Umkehrschluss aus Art. 30 Abs. 2 CMR.[123] Fällt das Fristende am Erklärungsort auf einen Sonntag, Samstag oder gesetzlichen Feiertag, kann der Vorbehalt je nach dem ergänzend anwendbaren nationalen Recht – im Falle der Geltung deutschen Rechts gem. § 193 BGB auch noch am nächstfolgenden Werktag – abgesandt werden.[124] Ein Umkehrschluss aus Art. 30 Abs. 2 CMR ist hier nicht zulässig, da dort für eine Siebentagefrist während ihres gesamten Laufs genügend Arbeitstage zur Verfügung gehalten werden sollten, eine gezielte Regelung des Fristendes (im Gegensatz zum Fristbeginn in Art. 30 Abs. 4 CMR) aber nicht vorgenommen worden ist.[125]

45 Der Vorbehalt kann schon *vor* der Zurverfügungstellung der Ware erklärt werden, wenn der den Vorbehalt Erklärende guten Grund für die Annahme des Eintritts einer Lieferfristüberschreitung hat.[126] Die strengere Auffassung *Kollers*,[127] die Überschreitung der Lieferfrist müsse *sicher* sein, führt zu weit, da lediglich anhaltslose Vorbehalte ins Blaue hinein verhindert werden sollen.

4. Form des Vorbehaltes

46 Der Vorbehalt bedarf der Schriftform (Rdn. 12 m.w.N.).

5. Person des den Vorbehalt Erklärenden

47 Im Gegensatz zu Art. 30 Abs. 1 u. 2 CMR enthält sich Abs. 3 einer Aussage über die Person des Erklärenden, insbes. findet sich keine Beschränkung auf den Empfänger. Demgemäß kann der Vorbehalt von jedem erhoben werden, der Ansprüche aus Lieferfristüberschreitung gegen den Frachtführer geltend machen kann, also vom Absender und vom Empfänger. Weitere Anspruchsinhaber von

---

122 BGH, 14.11.1991 – I ZR 236/89, TranspR 1992, 135, 138; *Fremuth/Thume*, Art. 30 CMR Rdn. 24; *Koller*, 7. Aufl., Art. 30 CMR Rdn. 18; kritisch hierzu im Falle längerer Transportabstände Staub/*Helm*, Art. 30 CMR Rdn. 57.
123 *Fremuth/Thume*, Art. 30 CMR Rdn. 24; *Koller*, 7. Aufl., Art. 30 CMR Rdn. 18; *Herber/Piper*, Art. 30 CMR Rdn. 29.
124 Kritisch hierzu, allerdings ohne Begründung, Staub/*Helm*, Art. 30 CMR Rdn. 57 in Fn. 292 a.E.
125 *Koller*, 7. Aufl., Art. 30 CMR Rdn. 18.
126 *Loewe*, TranspR 1988, 309, 310; *Fremuth/Thume*, Art. 30 CMR Rdn. 25; Staub/*Helm*, Art. 30 CMR Rdn. 57; *Herber/Piper*, Art. 30 CMR Rdn. 29; MünchKommHGB/*Jesser-Huß*, Art. 30 CMR Rdn. 20; LG Berlin, 4.5.1983 – 99 O 200/81, TranspR 1985, 134; einschränkend *Boesche*, in: EBJS, Art. 30 CMR Rdn. 18 – Lieferfrist muss schon abgelaufen sein; ebenso LG Offenburg, Urt. v. 4.12.1979 – 1 S 101/79, VersR 1980, 284; die Streitfrage offenlassend *Otte*, in: Ferrari/Kieninger/Mankowski et al., 2. Aufl., Art. 30 CMR Rdn. 26.
127 *Koller*, 7. Aufl., Art. 30 CMR Rdn. 18.

Ansprüchen aus Lieferfristüberschreitungen, etwa gem. Art. 28 Abs. 1 CMR aus gesetzlichen Schuldverhältnissen, sind wegen des Vermögensschadenscharakters des Anspruchs schwer vorstellbar. Es erscheint allerdings sachgerecht, jedem, dem der Fristablauf des Art. 30 Abs. 3 CMR entgegengesetzt werden könnte, auch die Erhebung des Vorbehalts zu gestatten.[128] Der Vorbehalt muss nicht persönlich erklärt werden, vielmehr sind alle Formen der Stellvertretung und Rechtsstandschaft möglich (Rdn. 15 m.w.N.). Auch bei einem gemeinsamen Frachtbeförderungssystem setzt die Geltendmachung des Verzögerungsschadens eines ersten Frachtführers gegenüber dem nächsten Frachtführer aus Art. 19 CMR voraus, dass Ersterer dem Unterfrachtführer einen Vorbehalt nach Art. 30 Abs. 3 CMR erklärt;[129] die Einräumung eines Direktanspruchs des Empfängers gegenüber dem Unterfrachtführer dürfte die Ausschließlichkeit der Vorbehaltszuständigkeit des Hauptfrachtführers indessen beendet haben (Rdn. 17, 18 und 27). Der Vorbehalt ist – je nach dem in welchem Vertragsverhältnis die Lieferfristüberschreitung geltend gemacht werden soll – an den Hauptfrachtführer und/oder Unterfrachtführer zu richten, und zwar von den jeweils Vorbehaltsberechtigten im jeweils zutreffenden frachtvertraglichen Verhältnis. Vgl. zur Rechtsprechungsänderung im Verhältnis Empfänger/Unterfrachtführer ausführlich Rdn. 17, 18 und 27. Praxisrelevant kann im Übrigen sein, dass der Hauptfrachtführer dem Unterfrachtführer nicht die mit dem Absender vereinbarte Lieferfrist weitergegeben hat, so dass der Vorbehalt des Empfängers auf unterschiedliche Fristverhältnisse in den unterschiedlichen Transportverträgen treffen kann.

6. Person des Empfängers des Vorbehaltes

Adressat ist ausschließlich der Frachtführer. Ein an den Absender gerichteter Vorbehalt ist unwirksam (Rdn. 15 m.w.N.). Vorbehaltsempfänger ist – je nach frachtvertraglichem Verhältnis – der Unter- und/oder- Hauptfrachtführer (vgl. Rdn. 47). Bei aufeinander folgenden Frachtführern i.S.d. Art. 34 CMR liegt die Empfangszuständigkeit jeweils bei den Frachtführern, welche gem. Art. 36 CMR haften (vgl. Rdn. 37). Auch dem Frachtführer muss die Reklamation nicht persönlich zugehen. Alle Formen der Empfangsvollmacht sind zulässig. **48**

7. Folgen des wirksam erklärten Vorbehaltes und der unterlassenen Erklärung

a) In sachlicher Hinsicht

Der Vorbehalt ist ein von Amts wegen zu berücksichtigendes Tatbestandsmerkmal des Schadensersatzanspruchs wegen Lieferfristüberschreitung. *Das Unter-* **49**

---

128 Staub/*Helm*, Art. 30 CMR Rdn. 60; *Fremuth/Thume*, Art. 30 CMR Rdn. 22; *Koller*, 7. Aufl., Art. 30 CMR Rdn. 18; OLG München, 12.4.1990 – 23 U 3161/88, TranspR 1990, 280, 287.
129 OLG Frankfurt/M., Urt. v. 6.7.2004 – 8 U 151/03, OLGR Frankfurt 2004, 354f.

Art. 30 Reklamationen und Klagen

bleiben führt kraft Gesetzes zum Rechtsverlust.[130] Soweit das LG Hamburg[131] das Fehlen einer Anzeige wegen Überschreitens der Lieferfrist innerhalb von 21 Tagen nach Ablieferung gem. § 438 Abs. 3 HGB als rechtsvernichtende Tatsache angesehen hat, die vom Anspruchsgegner einzuwenden und nicht von Amts wegen zu berücksichtigen sei, ist jedenfalls eine Übertragung auf Art. 30 Abs. 3 CMR nicht zulässig. § 438 Abs. 3 HGB ordnet das „Erlöschen der Ansprüche wegen Lieferfristüberschreitung, wenn … nicht … anzeigt" an, während Art. 30 Abs. 3 CMR den rechtzeitigen Vorbehalt als zusätzliches, positives Erfordernis für einen Schadensersatzanspruch wegen Lieferfristüberschreitung ausgestaltet.

b) Im Hinblick auf verschiedene Anspruchsteller

50 Im Gegensatz zu Art. 30 Abs. 1 CMR ermöglicht Art. 30 Abs. 3 CMR nicht nur dem Empfänger, sondern auch dem Absender die Erklärung des Vorbehalts. Für den Frachtführer ist es häufig nicht erkennbar, ob eine Lieferfristüberschreitung beim Absender, beim Empfänger oder bei beiden zu Schäden führt. Es ist also sachgerecht, dem ordnungsgemäß erhobenen Vorbehalt Wirkung nur zugunsten desjenigen Anspruchstellers beizulegen, der den Vorbehalt erklärt hat.[132]

V. Pflicht zur Gewährung von Erleichterung bei der Schadensfeststellung

1. Inhalt der Pflicht

51 Art. 30 Abs. 5 CMR regelt die wechselseitige Verpflichtung von Frachtführer und Empfänger, sich bei Schadensfeststellungen gegenseitig jede angemessene Erleichterung (Originaltexte: „toutes facilites raisonnables" bzw. „every reasonable facility") zu gewähren. Ein Anspruch auf *gemeinsame* Schadensfeststellung wird aber hieraus nicht herzuleiten sein.[133]

„Erforderliche Feststellungen und Überprüfungen" sind solche, die den Empfänger und den Frachtführer jeweils in die Lage versetzen, den äußeren und/oder inneren Zustand der Ware oder deren äußerlich erkennbare und/oder unerkennbare Vollständigkeit zu überprüfen, festzustellen und ggf. im Wege außergerichtlicher

---

130 BGH, 14.11.1991 – I ZR 236/89, TranspR 1992, 135, 138; *Fremuth/Thume*, Art. 30 CMR Rdn. 26; *Koller*, 7. Aufl., Art. 30 CMR Rdn. 18; MünchKommHGB/*Jesser-Huß*, Art. 30 CMR Rdn. 20; *Herber/Piper*, Art. 30 CMR Rdn. 31; *Otte*, in: Ferrari/Kieninger/Mankowski et al., 2. Aufl., Art. 30 CMR Rdn. 23.
131 Urt. v. 11.1.2005 – 309 S 225/04, NJW-RR 2005, 543.
132 Vgl. zur ähnlichen Interessenlage bei der Reklamation des Art. 32 Abs. 2 CMR die Erläuterungen zu Art. 32 CMR Rdn. 74; a.A. *Loewe*, TranspR 1988, 309, 310; Staub/*Helm*, Art. 30 CMR Rdn. 60; MünchKommHGB/*Jesser-Huß*, Art. 30 CMR Rdn. 20.
133 Hof van Beroep Antwerpen, Urt. v. 2.6.2003 – 2001/AR/1964, 2003/AR/106, ETR 2004, 407; *Fremuth/Thume*, Art. 30 CMR Rdn. 27; MünchKommHGB/*Jesser-Huß*, Art. 30 CMR Rdn. 25; *Herber/Piper*, Art. 30 CMR Rdn. 33.

Beweissicherung festzuhalten. Der jeweils anderen Seite ist auch die Zuziehung sachverständiger Personen (Havariekommissare) zu ermöglichen. Der Beförderer muss dem Empfänger auf Wunsch den Laderaum und das Kühlaggregat seines LKWs zeigen.[134]

Die zu gewährende „Erleichterung" besteht im Wesentlichen in der Duldung der Überprüfungshandlungen, Schaffung angemessener Besichtigungsbedingungen (Beleuchtung, Öffnung von Räumen sowie zumutbare Gestellung von Hilfsmitteln, z. B. Leitern etc.). Die „Angemessenheit" der zu gewährenden Erleichterung zieht eine Zumutbarkeitsgrenze. Der Empfänger wird nicht zeitraubende Untersuchungen dulden müssen, wenn die Ware zur Weiterverarbeitung im Rahmen eines Fixgeschäfts ansteht. 52

2. Folgen von Pflichtverletzungen

Die CMR selbst lässt Verletzungen der Mitwirkungsobliegenheit folgenlos.[135] Dies hindert das Gericht indessen nicht daran, aus der Bereitschaft oder Nichtbereitschaft zur Kooperation Schlüsse zu ziehen.[136] Nach deutschem Recht geht das Gericht hierbei nach den Regeln der Beweisvereitelung vor,[137] wobei es in freier Beweiswürdigung aus dem Verhalten einer Partei Schlüsse ziehen darf.[138] 53

Behindert der Frachtführer den Empfänger bei der Überprüfung des Frachtgutes etwa dadurch, dass er bereits während des Entladevorgangs mit dem Abtransport der entladenen Ware beginnt, kann das spätere Sichberufen auf die Unterlassung des Vorbehalts treuwidrig sein und zur Umkehr der Beweislast zu Lasten des Empfängers nach Art. 30 Abs. 1 CMR führen.[139]

Dagegen wird der die Feststellungen behindernde Frachtführer die Unrichtigkeit des dennoch ausgesprochenen Empfängervorbehaltes behaupten dürfen;[140] er dürfte lediglich infolge Beweisvereitelung im Wege der Umkehr der Beweislast beweisen müssen, dass die Ware bei Ablieferung schadenfrei war. Spiegelbildliches gilt, wenn der Empfänger einen Vorbehalt äußerlich erkennbarer Schäden

---

134 MünchKommHGB/*Jesser-Huß*, Art. 30 CMR Rdn. 25 m.w.N.
135 *Loewe*, ETR 1976, 503, 579; *ders.*, TranspR 1988, 309, 310; *Koller*, 7. Aufl., Art. 30 CMR Rdn. 11; *Fremuth/Thume*, Art. 30 CMR Rdn. 28; Staub/*Helm*, Art. 30 CMR Rdn. 43; *Boesche*, in: EBJS, Art. 30 CMR Rdn. 19.
136 *Loewe*, TranspR 1988, 309, 311; *Boesche*, in: EBJS, Art. 30 CMR Rdn. 19; MünchKommHGB/*Jesser-Huß*, Art. 30 CMR Rdn. 25.
137 *Fremuth/Thume*, Art. 30 CMR Rdn. 28; *Herber/Piper*, Art. 30 CMR Rdn. 34; *Koller*, 7. Aufl., Art. 30 CMR Rdn. 11.
138 *Zöller*, 29. Aufl., § 286 ZPO Rdn. 14a.
139 OLG Hamburg, 13.5.1993 – 6 U 255/92, TranspR 1994, 195; *Demuth*, TranspR 1990, 101 f.; *Fremuth/Thume*, Art. 30 CMR Rdn. 28; *Boesche*, in: EBJS, Art. 30 CMR Rdn. 19; *Herber/Piper*, Art. 30 CMR Rdn. 34; MünchKommHGB/*Jesser-Huß*, Art. 30 CMR Rdn. 25.
140 A.A. *Koller*, 7. Aufl., Art. 30 CMR Rdn. 11.

Art. 30 Reklamationen und Klagen

erhebt und den Frachtführer an eigenen Feststellungen hindert.[141] Hingegen ergibt sich weder aus der CMR noch aus daneben anwendbarem nationalem (hier: österreichischem) Schuldrecht eine Pflicht des Frachtführers, aufgrund derer der Fahrer zur Mitwirkung bei der Aufklärung von Teilverlusten verpflichtet wäre, die beim Entladen *nach* Aufgabe der Obhut des Frachtführers an der Ware eintreten.[142]

VI. Geltung des Art. 30 CMR bei Vorsatz und qualifizierter Leichtfertigkeit

54 Soweit Art. 30 CMR Vergünstigungen für den Frachtführer vorsieht, entfallen diese bei Vorsatz oder Leichtfertigkeit in dem Bewusstsein, dass ein Schaden mit Wahrscheinlichkeit eintreten werde,[143] nicht. Insbesondere entfallen auch bei Vorsatz oder qualifizierter Leichtfertigkeit die Rügeobliegenheiten des Art. 30 Abs. 3 CMR nicht. Der am Ende des IV. Kapitels der CMR stehende Art. 29 bezieht sich nur auf die Bestimmungen „dieses Kapitels", während Art. 30 CMR im V. Kapitel geregelt ist.[144]

Abweichend von der CMR erfasst § 435 HGB auch § 438 HGB, soweit dem Frachtführer Haftungsbefreiungen gewährt werden.[145]

VII. Beweislastfragen

1. Art. 30 Abs. 1 CMR

55 Zur Beweislastfolge bei frist- und formgerecht erklärtem Vorbehalt vgl. Rdn. 25; zur Beweislast bei unterlassener Erklärung eines Vorbehalts vgl. Rdn. 28 und 29; zu Beweislastverhältnissen im Falle des Fehlens des Frachtbriefs vgl. Rdn. 30.

56 Die Beweislast dafür, dass der Empfänger überhaupt einen Vorbehalt und diesen fristgemäß gemacht hat (bei Ablieferung bzw. sieben Tage nach Ablieferung bei äußerlich nicht erkennbaren Schäden) trifft den Geschädigten; der Frachtführer hat lediglich den Fristbeginn (Zeitpunkt der Ablieferung) zu beweisen.[146] Zu Un-

---

141 *Zöller*, 29. Aufl., § 286 ZPO Rdn. 14a m.w.N.; Beispiel: Partei verweigert dem Sachverständigen des Versicherers nach dessen Anreise grundlos die Besichtigung des Unfallwagens.
142 OLG Wien, Urt. v. 25.9.1998 – 3 R 81/98 y, TranspR 1999, 246 ff.
143 Art. 29 CMR i.V. m. § 435 HGB.
144 *Fremuth/Thume*, Art. 30 CMR Rdn. 26; Staub/*Helm*, Art. 30 CMR Rdn. 2; *Koller*, 7. Aufl., Art. 30 CMR Rdn. 1; *Herber/Piper*, Art. 30 CMR Rdn. 2.
145 *Demuth*, in: Gedächtnisschrift für Helm, 2001, S. 49, 57; *Koller*, 7. Aufl., § 438 HGB Rdn. 38.
146 Vgl. Baumgärtel/*Giemulla*, Art. 30 CMR Rdn. 3.

recht erwägt OLG Saarbrücken[147] die Beweislast für die Rechtzeitigkeit der Absendung der Schadensanzeige – hier: beim Umzugsvertrag – dem Frachtführer aufzuerlegen.

Der Anspruchsberechtigte hat zu beweisen, dass bei einem innerhalb von sieben Tagen angebrachten schriftlichen Vorbehalt Beschädigungen und Verluste *äußerlich nicht erkennbar* waren, da erst die äußerliche Unerkennbarkeit ihm gegenüber dem Regelverlauf die Rechtswohltat der Siebentagefrist verschafft.[148] 57

Dagegen hat der geschädigte Anspruchsteller nicht zu beweisen, dass die Beschädigungen und Verluste dem den Vorbehalt bei Ablieferung *ohne Schriftform* erklärenden Empfänger *äußerlich erkennbar* waren.[149] Dies folgt aus der Bedeutungslosigkeit der äußerlichen Erkennbarkeit für den bei Ablieferung sogleich erklärten Vorbehalt, da *Mündlichkeit* des überobligationsmäßig schon bei Ablieferung erklärten Vorbehalts hinsichtlich äußerlich nicht erkennbarer Schäden und Verluste ausreicht (vgl. Rdn. 13). 58

2. Art. 30 Abs. 2 CMR

Die Beweislast für die gemeinsame Überprüfung und die hierauf folgende gemeinsame Feststellung des Zustandes trifft denjenigen, der sich auf die getroffenen Feststellungen als ihm günstig beruft – dies kann je nach Fallkonstellation der Frachtführer oder der geschädigte Anspruchsberechtigte sein. 59

Das Ergebnis gemeinsamer Überprüfung wird im Regelfalle als unwiderleglich richtig vermutet (vgl. Rdn. 38 m.w.N.).

Für nachträgliche Vorbehalte hat der Ersatzberechtigte die *äußerliche Nichterkennbarkeit* der Schäden und Verluste, ferner die *Schriftlichkeit* seines Vorbehalts zu beweisen.[150] Bei Streit über die Einhaltung der Siebentagefrist vgl. Rdn. 56 mit der Maßgabe, dass der Frachtführer den Tag der *gemeinsamen Überprüfung* als Fristbeginn zu beweisen hat.[151] 60

Ist der nachträgliche Vorbehalt nach vorangegangener gemeinsamer Überprüfung und Schadensfeststellung zulässig und frist- und formgerecht angebracht, ist damit nicht mehr erreicht als die Zulässigkeit des Beweises der Unrichtigkeit des Prüfungsergebnisses (vgl. Rdn. 41 m.w.N.). Den Gegenbeweis kann allerdings nicht nur der Empfänger, sondern auch der Absender führen, da der nachträgliche Vorbehalt die Wirkung eines gemeinsamen Überprüfungsergebnisses auch zugunsten der Absenderansprüche verändert.[152]

---

147 OLG Saarbrücken, Urt. v. 29.6.2005 – 5 U 164/03; OLGR Saarbrücken 2006, 74 ff.
148 A.A. *de la Motte*, VersR 1982, 1037.
149 A.A. Baumgärtel/*Giemulla*, Art. 30 CMR Rdn. 2.
150 Baumgärtel/*Giemulla*, Art. 30 CMR Rdn. 5
151 Vgl. Baumgärtel/*Giemulla*, Art. 30 CMR Rdn. 5.
152 Rdn. 40 f.; a.A. Baumgärtel/*Giemulla*, Art. 30 CMR Rdn. 5.

Art. 30 Reklamationen und Klagen

3. Art. 30 Abs. 3 CMR

61 Das Unterbleiben des Vorbehaltes führt zum *Rechtsverlust* (vgl. Rdn. 49). Der geschädigte Anspruchsteller[153] hat die Einhaltung der Frist von 21 Tagen und die Schriftform, der Frachtführer lediglich den Zeitpunkt der *Zurverfügungstellung des Gutes* – Fristbeginn – zu beweisen.[154]

4. Art. 30 Abs. 5 CMR

62 Die Partei, die sich darauf beruft, dass die andere Partei Mitwirkungspflichten verletzt habe, hat die die Mitwirkungspflicht begründenden Tatsachen zu beweisen.[155] Hierzu wird i.d.R. auch der Umstand zählen, dass die Gegenseite zur Mitwirkung aufgefordert worden ist. Die Beweislast umfasst auch die Tatsachen, aus denen sich die Verletzung zur Pflicht der Erleichterung der Feststellung und Überprüfung ergibt.[156] Besteht die Pflichtverletzung einer Partei in schlichter Untätigkeit, darf der Gegner nicht einfach bestreiten, sondern muss substantiiert die Handlungen vortragen, durch welche er seiner Mitwirkungspflicht genügt haben will; die Beweisbelastung des Gegners beschränkt sich sodann darauf, dass er nur die Nichtvornahme der konkret behaupteten Handlungen des Mitwirkungspflichtigen beweisen muss.

---

153 Nicht nur der Empfänger, so aber Baumgärtel/*Giemulla*, Art. 30 CMR Rdn. 6.
154 Baumgärtel/*Giemulla*, a.a.O.
155 Baumgärtel/*Giemulla*, Art. 30 CMR Rdn. 7.
156 Baumgärtel/*Giemulla*, a.a.O.

Art. 31

bearbeitet von RA Klaus Demuth, München

1. Wegen aller Streitigkeiten aus einer diesem Übereinkommen unterliegenden Beförderung kann der Kläger, außer durch Vereinbarung der Parteien bestimmte Gerichte von Vertragstaaten, die Gerichte eines Staates anrufen, auf dessen Gebiet

a) der Beklagte seinen gewöhnlichen Aufenthalt, seine Hauptniederlassung oder die Zweigniederlassung oder Geschäftsstelle hat, durch deren Vermittlung der Beförderungsvertrag geschlossen worden ist, oder

b) der Ort der Übernahme des Gutes oder der für die Ablieferung vorgesehene Ort liegt.
Andere Gerichte können nicht angerufen werden.

2. Ist ein Verfahren bei einem nach Absatz 1 zuständigen Gericht wegen einer Streitigkeit im Sinne des genannten Absatzes anhängig, oder ist durch ein solches Gericht in einer solchen Streitsache ein Urteil erlassen worden, so kann eine neue Klage wegen derselben Sache zwischen denselben Parteien nicht erhoben werden, es sei denn, dass die Entscheidung des Gerichtes, bei dem die erste Klage erhoben worden ist, in dem Staat nicht vollstreckt werden kann, in dem die neue Klage erhoben wird.

3. Ist in einer Streitsache im Sinne des Absatzes 1 ein Urteil eines Gerichtes eines Vertragstaates in diesem Staat vollstreckbar geworden, so wird es auch in allen anderen Vertragstaaten vollstreckbar, sobald die in dem jeweils in Betracht kommenden Staat hierfür vorgeschriebenen Formerfordernisse erfüllt sind. Diese Formerfordernisse dürfen zu keiner sachlichen Nachprüfung führen.

4. Die Bestimmungen des Absatzes 3 gelten für Urteile im kontradiktorischen Verfahren, für Versäumnisurteile und für gerichtliche Vergleiche, jedoch nicht für nur vorläufig vollstreckbare Urteile sowie nicht für Verurteilungen, durch die dem Kläger bei vollständiger oder teilweiser Abweisung der Klage neben den Verfahrenskosten Schadensersatz und Zinsen auferlegt werden.

5. Angehörige der Vertragstaaten, die ihren Wohnsitz oder eine Niederlassung in einem dieser Staaten haben, sind nicht verpflichtet, Sicherheit für die Kosten eines gerichtlichen Verfahrens zu leisten, das wegen einer diesem Übereinkommen unterliegenden Beförderung eingeleitet wird.

Literatur: *Barnert*, Positive Kompetenzkonflikte im internationalen Zivilprozessrecht – zum Verhältnis zwischen Art. 21 EuGVÜ und Art. 31 CMR, ZZP 118, 81–94 (2005); *Ferrari*, Forum shopping trotz internationaler Einheitssachrechtskonventionen, RIW 2002, 169 ff.; *Fremuth*, Gerichtsstände im grenzüberschreitenden Speditions- und Landfrachtrecht, TranspR 1983, 35 ff.; *Haak*, Europäische Lösung der deutsch-niederländischen Kontroverse in der CMR-Interpreta-

Art. 31 Reklamationen und Klagen

tion. Präjudizielle Fragen des höchsten niederländischen Berufungsgerichts (Hoge Raad) an den Gerichtshof der Europäischen Gemeinschaften (EuGH) bezüglich des Quartetts Zuständigkeit, Anhängigkeit, Anerkennung und Vollstreckung, TranspR 2009, 189; *Kropholler*, Europäisches Zivilprozessrecht, 7. Auflage; *Loewe*, Die Bestimmungen der CMR über Reklamationen und Klagen, TranspR 1988, 309 ff.; *Mankowski*, Der europäische Erfüllungsortsgerichtsstand des Art. 5 Nr. 1 lit. b EuGVVO und Transportverträge, TranspR 2008, 67; *Müller/Hök*, Die Zuständigkeit Deutscher Gerichte und die Vollstreckbarkeit inländischer Urteile im Ausland nach CMR, RIW 1988, 737 ff.; *Otte*, Zur Einrede der Rechtshängigkeit bei negativer Feststellungsklage (Art. 31 Abs. 2 CMR, Art. 21 EuGVÜ bzw. Art. 27 EuGVVO), TranspR 2004, 347; *Wagner*, Normenkonflikte zwischen den EG-Verordnungen Brüssel I, Rom I und II und transportrechtlichen Rechtsinstrumenten, TranspR 2009, 103; *ders.*, die EG-Verordnungen Brüssel I, Rom I und Rom II aus der Sicht des Transportrechts, TranspR 2009, 281.

Übersicht

	Rdn.		Rdn.
I. Allgemeines und Anwendungsbereich	1	3. Internationale Zuständigkeit kraft Vereinbarung	29
1. Übersicht	1	a) Inhalt einer Vereinbarung	29
2. Anwendungsbereich	2	b) Form und Zustandekommen der Vereinbarung	30
a) Eine dem „Abkommen unterliegende Beförderung"	2	c) Nachträgliche Gerichtsstandsvereinbarungen	35
b) Unanwendbarkeit bei fehlendem Beförderungsvertrag	3	**III. Nationale Zuständigkeit**	37
c) Die Art. 31 CMR unterfallenden Ansprüche	5	1. Allgemeines	37
II. Internationale Zuständigkeit (Art. 31 Abs. 1 CMR)	10	2. Einzelne deutsche Gerichtsstände	39
1. Allgemeines	10	a) Gemäß EuGVÜ/LugÜ/EuGVVO	39
2. Internationale Zuständigkeit kraft gesetzlicher Regelung	12	b) Gemäß ZPO	40
a) Beschränkung auf internationale Zuständigkeitsregelung	12	c) Gemäß Art. 1 lit. a) des Gesetzes zur CMR vom 5.7.1989 (BGBl. 1989 II, S. 586) und § 440 HGB	41
b) Ausschließlichkeit der internationalen Zuständigkeitsregelung	13	d) Gemäß Vereinbarung	43
c) Nur Gerichte von Vertragsstaaten international zuständig	14	**IV. Sonderproblem des Verhältnisses des Art. 31 Abs. 1 CMR zu Ziff. 30 ADSp (Stand 1.1.2003)**	46
d) Die einzelnen gesetzlich geregelten internationalen Gerichtsstände des Art. 31 Abs. 1 CMR	16	1. Allgemeines	46
aa) Allgemeines	16	2. Die Gerichtsstandsregelung der Ziff. 30.2 ADSp	48
bb) Gerichtsstand des gewöhnlichen Aufenthaltes	17	3. Die Vereinbarung des Erfüllungsortes gem. Ziff. 30.1 ADSp	52
cc) Gerichtsstand der Hauptniederlassung	18	**V. Anderweitige Anhängigkeit bzw. Rechtskraft (Art. 31 Abs. 2 CMR)**	56
dd) Gerichtsstand der handelnden Zweigniederlassung oder Geschäftsstelle	20	**VI. Vollstreckbarkeit ausländischer Urteile (Art. 31 Abs. 3 CMR)**	61
ee) Ort der Übernahme des Gutes (Art. 31 1 lit. b), 1. Fall CMR	26	**VII. Legaldefinition des Urteils (Art. 31 Abs. 4 CMR)**	67
ff) Der für die Ablieferung vorgesehene Ort (Art. 31 Abs. 1 lit. b), 2. Fall CMR)	28	**VIII. Befreiung von Ausländerkostensicherheit (Art. 31 Abs. 5 CMR)**	72
		IX. Beweislastfragen	73

Reklamationen und Klagen **Art. 31**

1. Art. 31 Abs. 1 CMR.................. 73
2. Art. 31 Abs. 2 CMR.................. 74
3. Art. 31 Abs. 3 CMR.................. 75
4. Art. 31 Abs. 4 CMR.................. 76
5. Art. 31 Abs. 5 CMR.................. 77

I. Allgemeines und Anwendungsbereich

1. Übersicht

Art. 31 CMR enthält Regelungen bedeutsamer Sachverhalte auf dem Gebiet des internationalen Zivilprozessrechts, nämlich 1

– Internationale Zuständigkeit (Abs. 1);
– Wirkungen der Rechtshängigkeit und Rechtskraft (Abs. 2);
– Vollstreckbarkeitserklärung von Urteilen in Vertragsstaaten (Abs. 3 und 4);
– Befreiung von der Pflicht zur Leistung einer Prozesskostensicherheit (Abs. 5).

2. Anwendungsbereich

a) Eine dem „Abkommen unterliegende Beförderung"

Die Regelungen des Art. 31 CMR beanspruchen trotz des scheinbar abweichenden Wortlautes sämtlicher Absätze der Vorschrift (... unterliegenden *Beförderung*) Geltung sowohl für den *ausgeführten* als auch für den *nicht ausgeführten* Frachtvertrag.[1] Die zu sehr dem Wortlaut verhaftete Gegenmeinung übersieht, dass Art. 4 CMR bereits den Beförderungs*vertrag* der Geltung der CMR, also auch ihren prozessualen Bestimmungen unterwirft. 2

b) Unanwendbarkeit bei fehlendem Beförderungsvertrag

Die prozessualen Regelungen des Art. 31 CMR sind – wie die gesamte CMR – unanwendbar, wenn ein wirksamer Beförderungsvertrag nicht geschlossen worden ist.[2] Mangels Vertragsschlusses ist Art. 31 CMR auch nicht auf Ansprüche aus § 311 Abs. 2 BGB anwendbar.[3] 3

---

1 Sehr strittig; Staub/*Helm*, Art. 31 CMR Rdn. 7; *Fremuth/Thume*, Art. 31 CMR Rdn. 4; *Koller*, 7. Aufl., MünchKommHGB/*Jesser-Huß*, Art. 31 CMR Rdn. 4, Art. 31 CMR Rdn. 1; *Arnade*, TranspR 1992, 341, 342; a.A. *Loewe*, ETR 1976, 503, 580; einschränkend, den *Beginn* der Beförderung fordernd, *ders.*, TranspR 1988, 309, 311; Handelsgericht Wien, 3.4.1984 – 1 R 94/84, TranspR 1984, 152.
2 *Fremuth/Thume*, Art. 31 CMR Rdn. 4; *Koller*, 7. Aufl., Art. 31 CMR Rdn. 1; *Otte*, in: Ferrari/Kieninger/Mankowski, 2. Aufl., Art. 31 CMR Rdn. 4; *Arnade*, TranspR 1992, 341, 342.
3 Art. 4 Rdn. 5; Vor Art. 1 Rdn. 20; *Koller*, 7. Aufl., Art. 31 CMR Rdn. 4, Art. 32 CMR Rdn. 1; *Fremuth/Thume*, Art. 32 CMR Rdn. 3.

Art. 31 Reklamationen und Klagen

Ist der Abschluss des Beförderungsvertrages streitig, muss diesen der Kläger (wie alle anderen Voraussetzungen der internationalen oder nationalen Zuständigkeit) beweisen; ist die Wirksamkeit des Beförderungsvertrages sowohl für die *Zulässigkeitsprüfung* (national und/oder international) als auch für die *Begründetheit* des erhobenen Anspruchs bedeutsam (doppeltrelevante Tatsachen), bedarf es für die Prüfung der *Zuständigkeit* nicht des Beweisantrittes, sondern lediglich der schlüssigen Behauptung.[4]

4 Die CMR ist gem. Art. 41 CMR zwingendes Recht, so dass Art. 31 Abs. 1 CMR auch bei Fixkosten- und Sammelladungsspedition sowie Selbsteintritt, §§ 458–460 HGB, gilt.[5]

c) Die Artikel 31 CMR unterfallenden Ansprüche

5 Streitigkeiten gem. Art. 31 CMR betreffen in erster Linie sämtliche in der CMR selbst geregelten Vertragsansprüche, also insbes. aus Verlust, Beschädigung und Überschreitung der Lieferfrist (Art. 17 CMR) sowie unterschiedliche, sich aus dem Übereinkommen ergebende Ansprüche.[6]

6 Vertragsansprüche aus CMR-Beförderungen, die ihre Grundlage im ergänzend anwendbaren nationalen Recht[7] haben, richten sich gleichfalls nach den Gerichtsstands- und Vollstreckbarkeitsbestimmungen der CMR.[8]

7 Art. 31 CMR erfasst auch Streitigkeiten aus *außervertraglichen* Anspruchsgrundlagen, sofern diese mit der Güterbeförderung in Zusammenhang stehen.[9] Zu denken ist hierbei besonders an konkurrierende Ansprüche aus unerlaubter Handlung oder ungerechtfertigter Bereicherung. Die Einbeziehung in den Regelungsbereich des Art. 31 CMR folgt u.a. aus Art. 28 Abs. 1 CMR, da der materiellrechtlichen Gleichstellung konkurrierender außervertraglicher Ansprüche wohl kaum abweichende internationale Zuständigkeitsregeln folgen sollen.

---

4 BGH, 9.12.1963 – VII ZR 113/62, NJW 1964, 497, 498; OLG Hamm, 14.6.1999 – 18 U 217/98, TranspR 2000, 29, 30; OLG München, 23.7.1996 – 25 U 4715/95, TranspR 1997, 33, 34; *Baumbach/Lauterbach*, 70. Aufl., Übersicht § 12 Rdn. 19; MünchKommZPO/*Patzina*, 3. Aufl., § 12 ZPO Rdn. 56, je m.w.N.
5 BGH v. 14.2.2008 – 1 ZR 183/05, TranspR 2008, 323 ff.; OLG Hamm, 14.6.1999 – 18 U 217/98, TranspR 2000, 29, 30; OLG München, 23.7.1996 – 25 U 4715/95, TranspR 1997, 33, 34; MünchKommHGB/*Jesser-Huß*, Art. 31 CMR Rdn. 8; *Boesche*, in: EBJS, Art. 31 CMR Rdn. 4; a.A. *Koller*, 7. Aufl., Art. 31 CMR Rdn. 1; *Otte*, in: Ferrari/Kieninger/Mankowski, 2. Aufl., Art. 31 CMR Rdn. 5; zweifelnd *Fremuth/Thume*, Art. 31 CMR Rdn. 5; *Fremuth*, TranspR 1983, 35, 38.
6 Vgl. Auflistung in Art. 32 Rdn. 45.
7 Hierzu: Vor Art. 1 CMR Rdn. 17 ff.
8 *Koller*, 7. Aufl., Art. 31 CMR Rdn. 1; *Fremuth/Thume*, Art. 31 CMR Rdn. 3; vgl. auch Auflistung in Art. 32 CMR Rdn. 47, und bei *Koller*, 7. Aufl., Art. 32 CMR Rdn. 1.
9 Vgl. Art. 32 CMR Rdn. 50–52; BGH, 31.5.2001 – I ZR 85/00, TranspR 2001, 452; OLG Düsseldorf, 29.9.1988 – 18 U 81/88, TranspR 1989, 10, 11; Staub/*Helm*, Art. 31 CMR Rdn. 7; *Fremuth/Thume*, Art. 31 CMR Rdn. 3; *Koller*, 7. Aufl., Art. 31 CMR Rdn. 1; *Otte*, in: Ferrari/Kieninger/Mankowski, 2. Aufl., Art. 31 CMR Rdn. 4; *Loewe*, ETR 1976, 503, 579; *Fremuth*, TranspR 1983, 35, 36.

In personeller Hinsicht betrifft Art. 31 CMR Streitigkeiten der am Frachtvertrag **8**
Beteiligten (Absender, Frachtführer, Empfänger), ferner sonstiger den materiellen CMR-Regeln unterworfener Personen, soweit eine entsprechende Ausdehnung der CMR-Geltung zulässig ist.[10]

Die Gerichtsstands- und Vollstreckbarkeitsbestimmungen des Art. 31 CMR finden auch Anwendung auf Klagen gegen Hilfspersonen des Frachtführers i.S.d. Art. 3 CMR.[11] Der BGH will die internationale Zuständigkeit gem. Art. 31 I CMR gegen Hauptfrachtführer, Unterfrachtführer und sonstige Hilfspersonen (Art. 3 CMR) bündeln.[12] Für Streitigkeiten zwischen Hauptfrachtführer und Unterfrachtführer gelten dagegen die sich aus dem Unterfrachtvertrag ergebenden Gerichtsstände, bei einem Unterfrachtvertrag über eine rein innerdeutsche Teilstrecke deutsches Zuständigkeitsrecht, insbes. § 440 HGB.[13] Dies gilt sowohl für Ansprüche aus außervertraglicher Haftung für Verlust, Beschädigung oder Überschreitung der Lieferfrist (Art. 28 Abs. 2 CMR) als auch für sonstige, in Art. 28 Abs. 2 CMR nicht geregelte Ansprüche gegen den Gehilfen,[14] sofern sie nur in einer „diesem Abkommen unterliegenden Beförderung" ihren Ursprung haben; zu denken sein wird beispielsweise in letzterer Hinsicht an deliktische Ansprüche gegen die Hilfsperson aus einer *außerhalb* des Obhutszeitraumes des Art. 17 CMR[15] verursachten und verschuldeten Beschädigung des Gutes. **9**

Multimodale Verträge mit CMR-Teilstrecke

Die Vorschriften der CMR kommen grundsätzlich *unmittelbar* nur auf Verträge **9a**
über unimodale grenzüberschreitende Straßengütertransporte zur Anwendung. Der BGH hat ausdrücklich offengelassen, ob – bei Anwendung deutschen Rechts – § 452a HGB neben den Haftungsregelungen der CMR auch auf Art. 31 CMR verweist.[16] Dagegen findet Art. 31 CMR auf die in Art. 2 CMR geregelte Sonderform des kombinierten Transports Anwendung.[17]

---

10 Hierzu Art. 28 CMR Rdn. 16 ff.; *Otte*, in: Ferrari/Kieninger/Mankowski, 2. Aufl., Art. 31 CMR Rdn. 4; teilw. abweichend *Koller*, TranspR 2002, 133 ff.; a.A. wohl *Boesche*, in: EBJS, Art. 31 CMR Rdn. 4; MünchKommHGB/*Jesser-Huß*, Art. 31 CMR Rdn. 5.
11 BGH v. 20.11.2008 – I ZR 70/06, TranspR 2009, 26 ff.; BGH, 31.5.2001 – I ZR 85/00, TranspR 2001, 452 f.; Staub/*Helm*, Art. 31 CMR Rdn. 7; *Fremuth/Thume*, Art. 31 CMR Rdn. 5; MünchKommHGB/*Jesser-Huß*, Art. 31 CMR Rdn. 5; *Boesche*, in: EBJS, Art. 31 CMR Rdn. 4; teilw. abw. *Koller*, 7. Aufl., Art. 31 CMR Rdn. 1; *ders.*, TranspR 2002, 133.
12 BGH, a.a.O.; kritisch hierzu teilw. *Koller*, TranspR 2002, 133 ff.
13 BGH v. 20.11.2008 – I ZR 70/06, TranspR 2009, 26 Rdn. 28; *Koller*, TranspR 2002, 133, 136.
14 *Fremuth/Thume*, Art. 28 CMR; *Otte*, in: Ferrari/Kieninger/Mankowski, 2. Aufl., Art. 31 CMR Rdn. 4; a.A. *Koller*, 7. Aufl., Art. 28 CMR Rdn. 2; MünchKommHGB/*Jesser-Huß*, Art. 31 CMR Rdn. 5.
15 Art. 17 CMR Rdn. 59.
16 BGH v. 17.7.2008 – I ZR 181/05, TranspR 2008, 365 ff.; gegen Anwendung des Art. 31 CMR MünchKommHGB/*Jesser-Huß*, Art. 31 CMR Rdn. 6; *Koller*, 7. Aufl., Art. 31 CMR Rdn. 1.
17 BGH, a.a.O. II 2c –bb–dd; *Koller*, 7. Aufl., Art. 31 CMR Rdn. 1; MünchKommHGB/*Jesser-Huß*, Art. 31 CMR Rdn. 6.

Art. 31 Reklamationen und Klagen

II. Internationale Zuständigkeit (Art. 31 Abs. 1 CMR)

1. Allgemeines

10 Art. 31 CMR eröffnet einen abschließenden Katalog internationaler Gerichtsstände, *neben* denen lediglich durch Gerichtsstandsvereinbarung bestimmte Gerichte von Vertragsstaaten zuständig werden können. Was unter „Gerichten" zu verstehen ist, bestimmen die Mitgliedstaaten für ihr jeweiliges Hoheitsgebiet.[18] Ist der Rechtsweg erst nach einem behördlichen Vorverfahren zulässig,[19] gilt dies auch für Streitigkeiten gem. Art. 31 CMR.

11 Art. 31 Abs. 1 CMR eröffnet die internationale Zuständigkeit nicht nur für das gewöhnliche Hauptsacheverfahren, sondern auch für

- das *Eilverfahren* (Arrest, Einstweilige Verfügung), wobei sich der nach deutschem Recht ausfüllende nationale Gerichtsstand in § 919 ZPO findet;[20]
- den *Urkundenprozess* § 592 ZPO; Zuständigkeit muss geprüft, aber nicht durch Urkunden nachgewiesen werden;[21]
- das *Mahnverfahren*. § 703d Abs. 2 ZPO bestimmt für den Fall, dass der Antragsgegner *keinen Allgemeinen Gerichtsstand im Inland* hat, die alleinige Zuständigkeit desjenigen Amtsgerichts für das Mahnverfahren, das für das streitige Verfahren zuständig sein würde, wenn die Amtsgerichte im ersten Rechtszug sachlich unbeschränkt zuständig wären. Dies bedeutet, dass der Mahnverfahrensgerichtsstand in diesem Falle nur gegeben ist, wenn für ihn sowohl die *internationale* – gem. Art. 31 Abs. 1 CMR – als auch die *nationale örtliche* Zuständigkeit vorliegt. Voraussetzung auch für die Mahnverfahrenszuständigkeit ist demgemäß, dass deutsche Gerichte gem. Art. 31 Abs. 1 CMR international zuständig sind, was auch für das neue europäische Mahnverfahren gem. §§ 1087 ff. ZPO gilt.[22] Auch im Mahnverfahren kann die *internationale* Zuständigkeit durch eine nach Art. 31 Abs. 1 CMR wirksame Gerichtsstandsvereinbarung begründet werden.[23]

Hat der Antragsteller keinen inländischen Wohnsitz (wohl aber der Antragsgegner), ist gem. § 689 Abs. 2 Satz 2 ZPO das Amtsgericht Schöneberg in Berlin ausschließlich örtlich zuständig. Auch die *internationale* Zuständigkeit des Amtsgerichtes Schöneberg in Berlin dürfte hierbei stets gegeben sein, da ein Verstoß gegen zwingendes CMR-Recht wegen Art. 31 Abs. 1 lit. a), 1. und 2. Fall

---

18 MünchKommZPO/*Patzina*, 3. Aufl., § 12 ZPO Rdn. 57 ff.
19 Etwa das obligatorische Güteverfahren gem. § 15a EGZPO.
20 *Fremuth/Thume*, Art. 31 CMR Rdn. 15; *Koller*, 7. Aufl., Art. 31 CMR Rdn. 2; eingehend: *Fremuth*, TranspR 1983, 35 ff.; *Braun*, VersR 1988, 878 ff.; a. A. MünchKommHGB/*Jesser-Huß*, Art. 31 CMR Rdn. 26, der bei einstweiligem Rechtsschutzbedürfnis im Transitstaat Rechtsschutzlücken sieht; ebenso *Boesche*, in: EBJS, Art. 31 CMR Rdn. 5.
21 MünchKommZPO/*Braun*, 3. Aufl., § 592 ZPO Rdn. 15.
22 MünchKommZPO/*Schüler*, 3. Aufl., § 703d ZPO Rdn. 4, 7. *Vollkomer/Huber*, NJW 2009, 1105 ff. (für Zuständigkeiten nach Artt. 5 ff. EuGVVO).
23 MünchKommZPO/*Schüler*, 3. Aufl., § 703d ZPO Rdn. 6.

CMR (gewöhnlicher Aufenthalt bzw. Hauptniederlassung des Beklagten) kaum denkbar erscheint.

Der Zusammenhang mit der CMR fehlt

– beim *Wechsel- und Scheck-Prozess* wegen der Abstraktheit des Wechsel- und Scheckanspruchs vom Grundgeschäft. Die Wechsel- oder Scheck-Klage führt nämlich nicht zur Rechtshängigkeit des Anspruchs aus dem Grundgeschäft; vielmehr kann neben der Wechsel-/Scheck-Klage aus dem Grundgeschäft geklagt werden.[24] Die Gerichtsstände der §§ 603, 605a ZPO begründen aber – Art. 31 Abs. 1 CMR ist insoweit unanwendbar – die internationale und die innerstaatliche deutsche Zuständigkeit.[25] Die Angabe eines inländischen Zahlungsortes begründet auch die internationale Zuständigkeit deutscher Gerichte in Wechsel- und Schecksachen;[26]

– bei der *Vollstreckungsgegenklage* § 767 ZPO. Die Gerichtsstände der §§ 767 Abs. 1, 802 ZPO beanspruchen für die Vollstreckungsgegenklage international und national Ausschließlichkeitswirkung, selbst wenn eine Kollision mit einer besonderen Zuständigkeitsregel vorliegt.[27] Die Vollstreckungsgegenklage dürfte als eine Art atypische Fortsetzung des Ausgangsprozesses zu betrachten sein, weswegen §§ 767 Abs. 1, 802 ZPO durch Art. 31 Abs. 1 CMR *nicht* verdrängt werden.[28] Die § 767 ZPO vorgehende Zuständigkeitsregel des Art. 22 Nr. 5 EuGVVO[29] kann wegen des zwingenden Vorranges der CMR gegenüber der EuGVVO nur eingreifen, soweit der Gerichtsstand der Zwangsvollstreckung zugleich die Voraussetzungen eines Gerichtsstandes gem. Art. 31 CMR erfüllt.

2. Internationale Zuständigkeit kraft gesetzlicher Regelung

a) Beschränkung auf internationale Zuständigkeitsregelung

Art. 31 Abs. 1 CMR regelt nur die *internationale* Zuständigkeit; innerhalb des hiernach festgestellten Staates wird die *nationale* Zuständigkeit durch das jeweilige innerstaatliche Zivilprozess- bzw. Gerichtsverfassungsrecht bestimmt.[30] Hält demgemäß der nach Art. 31 Abs. 1 CMR international zuständige Vertragsstaat keinen nationalen Gerichtsstand bereit, läuft Art. 31 Abs. 1 CMR praktisch ins

---

24 MünchKommZPO/*Braun*, 3. Aufl., § 602 ZPO Rdn. 7; gegen Geltung des Art. 31 CMR für Wechselprozess auch *Boesche*, in: EBJS, Art. 31 CMR Rdn. 5.
25 *Baumbach/Lauterbach*, 70. Aufl., § 603 ZPO Rdn. 2.
26 OLG Düsseldorf, 31.10.1968 – 6 U 193/66, NJW 1969, 380.
27 MünchKommZPO/*K. Schmidt*, 23. Aufl., § 767 ZPO Rdn. 48.
28 A.A. – für den Geltungsbereich des EuGVÜ – teilw. EuGH, 4.7.1985 – Rs. 220/84, NJW 1985, 2892.
29 Vgl. hierzu OLG Hamburg, 6.2.1998 – 12 U 16/96, IPrax 1999, 168.
30 BGH, 6.2.1981 – I ZR 148/78, VersR 1981, 633 = NJW 1981, 1902 = RIW 1981, 412 = BGHZ 79, 332; BGH, 9.12.1982 – I ZR 25/81, VersR 1983, 282; *Fremuth/Thume*, Art. 31 CMR Rdn. 6; *Koller*, 7. Aufl., Art. 31 CMR Rdn. 2; *Fremuth*, TranspR 1983, 35, 36; a.A. LG Hamburg, 22.1.1979 – 62 O 136/78, VersR 1979, 246; *Loewe*, ETR 1976, 503.

Art. 31 Reklamationen und Klagen

Leere.[31] Eine dennoch ohne ausfüllenden nationalen Gerichtsstand erhobene Klage muss demgemäß wegen örtlicher Unzuständigkeit als unzulässig abgewiesen werden.[32]

Mit Art. 1a des Gesetzes zur CMR vom 5.7.1989 (BGBl. 1989 II, S. 586), welches u.a. den *nationalen* Gerichtsstand des Übernahmeortes zur Verfügung stellt, sind der Kontroverse die praktischen Anwendungsfälle entzogen worden.[33] Letzte Ausfüllungslücken durch das Fehlen korrespondierender nationaler deutscher Gerichtsstände sieht aber *Rogov*.[34]

b) Ausschließlichkeit der internationalen Zuständigkeitsregelung

13 Die in Art. 31 Abs. 1 CMR geregelten *internationalen* Zuständigkeiten sind ausschließlich und unabdingbar (Art. 41 Abs. 1 CMR). Der Eintritt der internationalen Zuständigkeit im Laufe des Rechtsstreits reicht aus und es ist unschädlich, wenn die die internationale Zuständigkeit begründenden Umstände im Laufe des Rechtsstreits wegfallen.[35]

Art. 31 CMR geht insbes. dem EG-Übereinkommen über die gerichtliche Zuständigkeit und die Vollstreckung gerichtlicher Entscheidungen in Zivil- und Handelssachen vom 27.9.1968 (BGBl. 1972 II, S. 773 – EuGVÜ), dem Übereinkommen von Lugano über die gerichtliche Zuständigkeit und Vollstreckung gerichtlicher Entscheidungen in Zivil- und Handelssachen vom 16.9.1988 (BGBl. 1995 II, S. 221 – Luganer Übereinkommen) und der jetzt wegen der Überzahl der Vertragsstaaten für die Praxis bedeutsamsten EuGVVO (Verordnung – EG – Nr. 44/2001 des Rates über die gerichtliche Anerkennung und Vollstreckung von Entscheidungen in Zivil- und Handelssachen vom 22.12.2000 (ABl. EG L 12 v. 16.1.2001) vor.[36]

Dieser Vorrang gilt auch im Verhältnis zu Art. 20, 57 Abs. 2 EuGVÜ, welche Vorschriften dem Beklagten das Recht der Nichteinlassung eröffnen, falls ein Beklagter, der seinen Wohnsitz im Hoheitsgebiet eines Vertragsstaates hat, vor dem Gericht eines anderen Vertragsstaates verklagt wird, wenn die Zuständigkeit nicht aufgrund der Bestimmungen des EuGVÜ begründet ist. Art. 57 Abs. 2 lit. a) EuGVÜ ist dahin auszulegen, dass das angerufene Gericht seine Zuständigkeit auf ein besonderes Übereinkommen (hier: CMR – Art. 31) stützen kann. Der Zweck der in Art. 57 EuGVÜ übernommenen Zuständigkeit aus besonderen Abkommen besteht gerade darin, die Beachtung der darin enthaltenen Zuständig-

---

31 BGH, 6.2.1981 – I ZR 148/78, VersR 1981, 633 = NJW 1981, 1902 = RIW 1981, 412 = BGHZ 79, 332; BGH, 9.12.1982 – I ZR 25/81, VersR 1983, 282.
32 S. hierzu Fn. 31, a.A. *Loewe*, ETR 1976, 503, 581; LG Hamburg, 22.1.1979 – 62 O 136/78, VersR 1979, 246.
33 Vgl. Rdn. 41.
34 *Rogov*, TranspR 2005, 185 ff., Fn. 27.
35 BGH v. 1.3.2011 – XI ZR 48/10, NJW 2011, 2515.
36 *Fremuth/Thume*, Art. 31 CMR Rdn. 2; *Koller*, 7. Aufl., Art. 31 CMR Rdn. 1; *Otte*, in: Ferrari/Kieninger/Mankowski, 2. Aufl., Art. 31 CMR Rdn. 17.

keitsregeln zu gewährleisten, da diese unter Berücksichtigung der Besonderheiten der Rechtsgebiete, auf die sie sich beziehen, aufgestellt wurden.[37] Das in Art. 20 EuGVÜ eröffnete Recht der Nichteinlassung hat daher im CMR-Bereich keine Gültigkeit. Für das Verhältnis der Art. 57 Abs. 2, 20 LugÜ und Artt. 71 Abs. 2 lit. a), 26 Abs. 1 EuGVVO zu Art. 31 Abs. 1 CMR gilt nichts anderes.

c) Nur Gerichte von Vertragsstaaten international zuständig

Die in Art. 31 Abs. 1 CMR als international zuständig bestimmten Gerichte sind nur in *Vertragsstaaten* belegene.[38] Trotz des scheinbar entgegenstehenden Wortlauts des Art. 31 Abs. 1 CMR („Vertragsstaaten" bei Vereinbarung, „Staaten" im Übrigen) lässt sich dies aus Art. 31 Abs. 3 CMR herleiten: Die Unterzeichnerstaaten wollen nur Urteile aus ihrem Kreis sachlich ungeprüft für vollstreckbar erklären. **14**

Art. 31 Abs. 1 CMR kann Nichtunterzeichnerstaaten nicht daran hindern, sich für zuständig zu erklären.[39] Materiellrechtlich ist in einem solchen Falle durchaus die Möglichkeit gegeben, dass – etwa infolge vertraglicher Vereinbarung der CMR – das Abkommen von Nichtmitgliedstaaten angewendet wird.[40] **15**

d) Die einzelnen gesetzlich geregelten internationalen Gerichtsstände des Art. 31 Abs. 1 CMR

aa) Allgemeines

Unter den Gerichtsständen des Art. 31 Abs. 1 lit. a) und b) CMR hat der Kläger die freie Wahl.[41] Damit ist auch das sog. *forum shopping* zulässig, mitunter für den Rechtsanwender sogar geboten, etwa um die abweichende Rechtsprechung von Mitgliedstaaten zu Art. 29 CMR und/oder zur CMR-Verjährung zu nützen. Die Grenze der Wahlfreiheit ist bei der Gerichtsstandserschleichung zu ziehen, was für örtliche, sachliche und internationale Zuständigkeit gleichermaßen gilt.[42] **16**

---

37 EuGH, Urt. v. 4.5.2010 – C 533/08, TranspR 2010, 236ff., EuGH, Urt. v. 28.10.2004 – C 148/03, TranspR 2004, 458ff.; BGH, 27.2.2003 – I ZR 58/02, TranspR 2003, 302; *Koller*, 7. Aufl., Art. 31 Rdn. 1 m.w.N.; *Henssler/Müller*, EWIR 2004, 227; a.A. OLG Dresden, 24.11.1998 – 14 U 713/98, VersR 1999, 1258ff.; OLG München, 8.6.2000 – 14 U 770/99, TranspR 2001, 399ff.; *Schinkels*, IPrax 2003, 517.
38 Staub/*Helm*, Art. 31 CMR Rdn. 30; *Fremuth/Thume*, Art. 31 CMR Rdn. 7; a.A. *Koller*, 7. Aufl., Art. 31 CMR Rdn. 2; *Herber/Piper*, Art. 31 CMR Rdn. 11; *Otte*, in: Ferrari/Kieninger/Mankowski, 2. Aufl., Art. 31 CMR Rdn. 3; *Boesche*, in: EBJS, Art. 31 CMR Rdn. 8.
39 Staub/*Helm*, Art. 31 CMR Rdn. 31.
40 *Müller/Hök*, RIW 1988, 773.
41 *Herber/Piper*, Art. 31 CMR Rdn. 7.
42 MünchKommZPO/*Patzina*, 3. Aufl, § 12 ZPO Rdn. 103 m.w.N.

Art. 31 Reklamationen und Klagen

bb) Gerichtsstand des gewöhnlichen Aufenthaltes

17 Der Begriff „gewöhnlicher Aufenthalt" lässt vom eindeutigen Wortsinn her nur eine Auslegung zu, die auf die tatsächlichen Verhältnisse abstellt, nicht auf rechtliche Elemente und nicht auf die Absichten der Person, um die es geht.[43] Eine Gleichartigkeit mit dem Aufenthaltsgerichtsstand des § 16 ZPO liegt nicht vor, da dort auch ein *vorübergehendes* körperliches Sein, gar eine Durchfahrt ausreicht.[44]

Durch die Regelung des Art. 19 Abs. 1 S. 2 Rom I-VO ist der gewöhnliche Aufenthalt einer natürlichen Person, *die im Rahmen der Ausübung ihrer beruflichen Tätigkeit handelt*, der Ort ihrer Hauptniederlassung.

Soweit außerhalb der beruflichen Tätigkeit gehandelt wird, enthält sich Rom I einer Regelung und hat autonome Auslegung zur erfolgen, nach wie vor nach den Auslegungskriterien zu Art. 5 Abs. 1 und 2. EGBGB.[45]

Loewe, a.a.O., S. 312, empfiehlt für solche Mitgliedstaaten der CMR, die auch dem Europarat angehören, sich bei der Auslegung an die Entschließung des Europarats vom 18.1.1972, (72) 1 zu halten.[46]

cc) Gerichtsstand der Hauptniederlassung

18 Hauptniederlassung ist der Ort, von dem aus die Geschäfte tatsächlich zentral geführt werden.[47] Nicht gemeint, auch nicht zusätzlich, ist der registermäßige Sitz eines Unternehmens.[48] Die deutsche Zweigniederlassung eines Unternehmens mit Sitz im Ausland wird zwar registermäßig weitgehend als Hauptniederlassung behandelt (§ 13d Abs. 3 HGB und §§ 13d–13h HGB); eine entsprechende Einordnung i.S.d. Art. 31 Abs. 1 lit. a) CMR zieht dies aber nicht nach sich, vielmehr ist Hauptniederlassung nur der ausländische Sitz des Unternehmens.

19 Der Halbsatz „durch deren Vermittlung der Beförderungsvertrag geschlossen worden ist" bezieht sich nur auf die Zweigniederlassung bzw. Geschäftsstelle, die tätig geworden ist; die Hauptniederlassung begründet die Zuständigkeit auch ohne Handeln im konkreten Einzelfalle.[49]

---

43 *Loewe*, TranspR 1988, 309, 312; *Fremuth/Thume*, Art. 31 CMR Rdn. 8; *Koller*, 7. Aufl., Art. 31 CMR Rdn. 3; *Herber/Piper*, Art. 31 CMR Rdn. 13.
44 *Baumbach/Lauterbach*, 70. Aufl., § 16 ZPO Rdn. 3 m.w.N.
45 BGH, 5.2.1975 – IV ZR 103/73, NJW 1975, 1068; Palandt/*Thorn*, 71. Aufl., Rom I Art. 19 Rdn. 5 u. 6.
46 Textauszug bei MünchKommHGB/*Jesser-Huß*, Art. 31 CMR Rdn. 18.
47 *Loewe*, TranspR 1988, 309 ff.; *Fremuth/Thume*, Art. 31 CMR Rdn. 8; MünchKommHGB/*Jesser-Huß*, Art. 31 CMR Rdn. 19; *Otte*, in: Ferrari/Kieninger/Mankowski, 2. Aufl., Art. 31 CMR Rdn. 12.
48 S. Fn. 45; a.A. *Koller*, 7. Aufl., Art. 31 CMR Rdn. 3; *Boesche*, in: EBJS, Art. 31 CMR Rdn. 9.
49 *Loewe*, a.a.O., S. 312; *ders.*, ETR 1976, 503, 580 f.; *Koller*, 7. Aufl., Art. 31 CMR Rdn. 9; *Boesche*, in: EBJS, Art. 31 CMR Rdn. 3.

dd) Gerichtsstand der handelnden Zweigniederlassung oder Geschäftsstelle

Die Abgrenzung der Zweigniederlassung von der bloßen Geschäftsstelle ist von untergeordneter Bedeutung, da beide nur dann die internationale Zuständigkeit begründen, wenn durch ihre Vermittlung der streitbefangene Beförderungsvertrag abgeschlossen worden ist.[50] **20**

In Anlehnung an handelsrechtliche Definitionen ist eine Zweigniederlassung die Niederlassung eines Kaufmanns (einer Handelsgesellschaft), an der er oder seine Leute teils abhängig von der Hauptniederlassung, teils unabhängig von ihr wirken.[51] Gefordert werden hierbei **21**

- räumliche Selbstständigkeit;
- Erledigung gleichartiger Geschäfte wie durch die Hauptniederlassung, nicht nur Hilfsdienste;
- eine gewisse Dauer;
- äußere Einrichtung einer Hauptniederlassung ähnlich (Bankkonto, Geschäftsräume, ob eigene Buchführung erforderlich ist, ist umstritten);[52]
- ein Leiter mit Befugnis zum selbstständigen Handeln in nicht ganz unwesentlichen Angelegenheiten.[53]

Der Begriff der Geschäftsstelle ist weit auszulegen.[54] Ihr fehlen alle oder die meisten Merkmale einer Zweigniederlassung, wie sie in Rdn. 21 aufgezählt wurden. Zu fordern ist wohl nur eine dauernde räumliche Einrichtung, von der aus Geschäfte geschlossen werden, wobei die Größe belanglos ist.[55] Auch eine selbstständige Agentur, deren sich der Frachtführer regelmäßig zum Abschluss von Frachtverträgen bedient, reicht aus.[56] **22**

Der Beförderungsvertrag muss durch Vermittlung der Zweigniederlassung oder Geschäftsstelle geschlossen sein. Entgegen dem Wortlaut dürften hierunter sowohl selbstständige Abschlüsse im Rahmen erteilter Vollmachten als auch Vermittlungen fallen, bei denen der Vertragsschluss letztendlich durch die Hauptniederlassung erfolgt ist.[57] **23**

---

50 Vgl. Rdn. 23 f.
51 *Baumbach/Duden/Hopt*, 35. Aufl., § 13 HGB Rdn. 3, 4 ff.
52 BayObLG, 11.5.1979 – B Reg. 1 Z 21/79, BB 1980, 335; *Baumbach/Duden/Hopt*, 35. Aufl., § 13 HGB Rdn 4 m.w.N.
53 Anforderungskatalog laut *Baumbach/Duden/Hopt*, 35. Aufl., § 13 Rdn. 3 HGB.
54 *Fremuth/Thume*, Art. 31 CMR Rdn. 8; *Koller*, 7. Aufl., Art. 31 CMR Rdn. 3.
55 *Loewe*, TranspR 1988, 309 ff.; *Herber/Piper*, Art. 31 CMR Rdn. 15; *Koller*, 7. Aufl., Art. 31 CMR Rdn. 3.
56 BGH, 16.6.1982 – I ZR 100/80, BGHZ 84, 339, 344 f. zu Art. 28 Abs. 1 WA ergangen; *Herber/Piper*, Art. 31 CMR Rdn. 15; *Koller*, 7. Aufl.; *Boesche*, in: EBJS, Art. 31 CMR, Rdn. 9; a.A. MünchKommHGB/*Jesser-Huß*, Art. 31 CMR Rdn. 20 und 21, die die Unterschiede zwischen Zweigniederlassung und Geschäftsstelle minimiert.
57 Hiervon anscheinend als selbstverständlich ausgehend: *Loewe*, TranspR 1988, 309 ff., so auch *Koller*, 7. Aufl., Art. 31 CMR Rdn. 3; *Otte*, in: Ferrari/Kieninger/Mankowski, 2. Aufl., Art. 31 CMR Rdn. 12; *Boesche*, in: EBJS, Art. 31 CMR Rdn. 9; unklar MünchKommHGB/ *Jesser-Huß*, Art. 31 CMR Rdn. 21 a. E.

Art. 31 Reklamationen und Klagen

24 Sind an der Vertragsvermittlung bzw. beim Abschluss mehrere Zweigniederlassungen und/oder Geschäftsstellen beteiligt, ist der internationale Gerichtsstand des Art. 31 Abs. 1 lit. a) CMR bei jeder von ihnen begründet. Bei Vertragsänderung durch eine andere Stelle ist der Gerichtsstand sowohl bei der ersthandelnden als auch der ändernden Zweigniederlassung bzw. Geschäftsstelle begründet.

25 Der Empfänger ist am Beförderungsvertrag zunächst nicht beteiligt (Art. 13 Rdn. 3). Erst durch die Geltendmachung der Rechte des Art. 13 Abs. 1 CMR tritt der Empfänger in das Vertragsgeflecht des Frachtvertrages ein, ein Vorgang, der dem Vertragsschluss mindestens sehr ähnlich ist. Macht demgemäß eine Zweigniederlassung oder Geschäftsstelle des Empfängers die Rechte des Art. 13 Abs. 1 CMR geltend, kann der Frachtführer den ihm gegen den Empfänger gem. Art. 13 Abs. 2 CMR zustehenden Frachtlohn auch bei einem Gericht des Staates geltend machen, auf dessen Gebiet die handelnde Zweigniederlassung oder Geschäftsstelle befindlich ist.[58]

ee) Ort der Übernahme des Gutes (Art. 31 Abs. 1 lit. b), 1. Fall CMR)

26 Entsprechend dem eindeutigen Wortlaut des Art. 31 Abs. 1 lit. b) CMR kommt es auf den *tatsächlichen*, nicht auf den *vereinbarten* Übernahmeort an.[59] Die Divergenz dürfte kaum praktische Auswirkungen haben, da es bei einer Inbesitznahme ohne entsprechende Vereinbarung der Frachtbeteiligten bereits i.d.R. am Übernahmebegriff fehlen dürfte.[60] Bei mehreren Übernahmeorten richtet sich der den jeweiligen Teil der Sendung betreffende internationale Gerichtsstand nach seinem jeweiligen Übernahmeort.[61] Ist es zur tatsächlichen Übernahme des Gutes am vereinbarten Übernahmeort nicht gekommen, wird man den für die Übernahme vorgesehenen Ort als gerichtsstandsbegründend ansehen müssen.[62] Durch Art. 1a des Gesetzes zur CMR vom 5.7.1989 (BGBl. 1989 II, S. 586) ist der Übernahmeort *auch* als innerdeutscher Gerichtsstand bestimmt; diese Harmonisierung internationaler/nationaler Gerichtsstand beendet frühere Schwierigkeiten, die bis zum völligen Leerlauf des international angebotenen Gerichtsstandes des Übernahmeortes geführt haben.[63]

27 Bei einer CMR-Teilstrecke im Rahmen eines multimodalen Vertrages ist der Ort des Wechsels des Transportmittels (= Übernahme durch den CMR-Teilstreckenfrachtführer) nicht Übernahmeort i.S.d. Art. 31 Abs. 1 lit. b) CMR. Dann ist Übernahmeort des multimodalen Vertrages derjenige Ort, an dem der Frachtführer das Gut ursprünglich vom Absender übernommen hat.[64]

---

58 BGH v. 11.1.2007 – I ZR 177/04, TranspR 2007, 311 ff. zu § 421 HGB.
59 Statt aller: *Fremuth/Thume*, Art. 31 CMR Rdn. 9.
60 Art. 17 CMR Rdn. 17 ff.
61 Vgl. Art. 17 CMR Rdn. 48.
62 *Herber/Piper*, Art. 31 CMR Rdn. 16; *Koller*, 7. Aufl., Art. 31 CMR Rdn. 4 (Fn. 40).
63 Rdn. 12.
64 BGH v. 17.7.2008 – I ZR 181/05, TranspR 2008, 365; OLG Köln, 25.5.2004 – 3 U 152/03, TranspR 2004, 359 ff. mit zust. Anmerkung *Koller*, TranspR 2004, 361 ff. m.w.N., auch auf

ff) Der für die Ablieferung vorgesehene Ort (Art. 31 Abs. 1 lit. b), 2. Fall CMR)

Im Gegensatz zum Übernahmeort ist beim Ablieferungsort der vertraglich *vereinbarte* maßgebend.[65] Der Eintragung im Frachtbrief bedarf eine solche Vereinbarung nicht.[66] Bei vertraglicher Änderung des Ablieferungsortes entscheidet der letztvereinbarte Ort.[67] Auch die Bestimmung des Versenders im Frachtbrief, wonach der vorgesehene Ort der Ablieferung des Frachtguts durch einen Dritten bestimmt wird, ist nach Art. 12 CMR möglich.[68] Gleiches gilt bei dem Frachtführer wirksam erteilten Weisungen bzgl. des Ablieferungsortes (Art. 12 CMR), da das Weisungsrecht eine Befugnis zur einseitigen Vertragsänderung darstellt.[69] Verfügungen bei Ablieferungshindernissen und Schadensfällen, beispielsweise zum Rücktransport oder zur Einlagerung der Ware, begründen keinen neuen Ablieferungsort.[70] Sind mehrere Ablieferungsorte für Teilsendungen vorgesehen, begründet jeder für den betreffenden Teil des Gutes einen eigenen internationalen Gerichtsstand (Art. 17 CMR, Rdn. 48).

28

3. Internationale Zuständigkeit kraft Vereinbarung

a) Inhalt einer Vereinbarung

Art. 31 Abs. 1 CMR regelt entgegen dem missverständlichen – unverbindlichen – deutschen Text nicht die Vereinbarung der Zuständigkeit *konkreter Gerichte*, sondern die einvernehmliche Wahl international zuständiger *Vertragsstaaten*. Die französischen und englischen Texte – gem. Art. 51 CMR maßgebend – formulieren dies mit unmissverständlicher Deutlichkeit.[71] Allerdings wird in der Vereinbarung eines konkreten Gerichtes oder Gerichtsstandes inzidenter die Vereinbarung auch der internationalen Zuständigkeit desjenigen Staates zu sehen sein, in welchem dieses Gericht belegen ist. Die Parteivereinbarung darf nur *weitere* internationale Gerichtsstände *neben* den gesetzlich bestimmten Zuständigkeiten des Art. 31 Abs. 1 lit. a) und b) CMR bereitstellen und keinen der Letztgenannten de-

29

---

abweichende britische Rechtsprechung; *Koller*, 7. Aufl., Art. 31 Rdn. 1; *Ramming*, VersR 2005, 607ff.
65 Allg. Meinung vgl. *Fremuth/Thume*, Art. 31 CMR Rdn. 9.
66 *Koller*, Art. 31 CMR Rdn. 4.
67 BGH v. 18.12.2003 –I ZR 228/01, TranspR 2004, 169, OLG Hamburg, 7.4.1994 – 6 U 223/93, TranspR 1994, 444; TranspR 1995, 115; LG München I, 19.7.1994 – 13 HKO 19895/92, TranspR 1995, 116; *Boesche*, in: EBJS, Art. 31 CMR Rdn. 10.
68 OLG Karlsruhe, 7.12.1995 – 9 U 281/94 TranspR 1996, 203ff.
69 *Koller*, 7. Aufl., Art. 31 CMR Rdn. 4; *Otte*, in: Ferrari/Kieninger/Mankowski, 2. Aufl., Art. 31 CMR Rdn. 12.
70 BGH v. 18.12.2003 – I ZR 228/01, TranspR 2004, 169; OLG Karlsruhe, 20.12.1995 – 9 U 281/94, TranspR 1996, 203ff.; OLG Hamm, 25.6.2001 – 18 U 200/00, TranspR 2001, 397ff.; *Otte*, in: Ferrari/Kieninger/Mankowski, 2. Aufl., Art. 31 CMR Rdn. 12; a.A. *Koller*, 7. Aufl., Art. 31 CMR Rdn. 4.
71 Staub/*Helm*, Art. 31 CMR Rdn. 19; *Koller*, 7. Aufl., Art. 31 CMR Rdn. 5.

Art. 31 Reklamationen und Klagen

rogieren. Erst recht ist demgemäß die Vereinbarung eines *ausschließlichen* internationalen Gerichtsstandes rechtsunwirksam.[72] Die Umdeutung der Vereinbarung eines *ausschließlichen* internationalen Gerichtsstandes in einen *zusätzlichen* (Wahl-)Gerichtsstand ist unzulässig.[73] Gleichfalls rechtsunwirksam ist die Vereinbarung der Zuständigkeit von Gerichten in Nichtvertragsstaaten.[74] Zur Vereinbarung nationaler Gerichtsstände vgl. Rdn. 43–45. Zur Geltung der Ziff. 30 ADSp vgl. Rdn. 46–55. Zur Widerklage und zum vertraglichen Ausschluss der Widerklage vgl. Rdn. 40, Stichwort „Widerklage", und Art. 41 Rdn. 25.

b) Form und Zustandekommen der Vereinbarung

30   Art. 31 Abs. 1 CMR sieht für die Vereinbarung eines *internationalen* Gerichtsstandes keine Form vor. Demgemäß ist die Form der Vereinbarung internationaler Zuständigkeiten dem jeweiligen nationalen Recht vorbehalten.[75] Nach deutschem Recht regelt sich die Form (außerhalb der Geltung des EuGVÜ/LugÜ/ EuGVVO, hierzu Rdn. 31, 33 u. 36) nach §§ 38 ff. ZPO, die auch für die Vereinbarung der internationalen Zuständigkeit heranzuziehen sind.[76] Gegenüber Kaufleuten gilt § 38 Abs. 2 ZPO nicht.[77]

31   Höchst streitig ist, ob die *lex causae* oder *lex fori* maßgebend ist.[78] Mit der Mehrheitsmeinung wird davon auszugehen sein, dass die Wirksamkeit einer Zuständigkeitsvereinbarung eines deutschen Gerichtsstandes nach deutschem Recht zu beurteilen ist.

32   Hiervon zu unterscheiden ist die weitere Frage, nach welchem nationalen Recht sich die Wirksamkeit eines Vertrages, welcher eine Vereinbarung über die inter-

---

72 Art. 31 Abs. 1, Art. 41 CMR; BGH v. 18.12.2003 – I ZR 228/01, TranspR 2004, 169; OLG Hamburg, 26.4.1984 – 6 U 252/83, TranspR 1984, 194; OLG Oldenburg, 5.1.2000 – 4 U 34/ 99, TranspR 2000, 128; OLG Hamm, 25.6.2001 – 18 U 200/00, TranspR 2001, 397, 399; *Fremuth*, TranspR 1983, 35, 37; Staub/*Helm*, Art. 31 CMR Rdn. 4; *Koller*, 7. Aufl., Art. 31 CMR Rdn. 5; *Otte*, in: Ferrari/Kieninger/Mankowski, 2. Aufl., Art. 31 CMR Rdn. 13; *Boesche*, in: EBJS, Art. 31 CMR Rdn. 12; *Loewe*, ETR 1976, 503, 580.
73 OLG Oldenburg, a.a.O.; *Koller*, 7. Aufl., Art. 31 CMR Rdn. 5; a.A. *Boesche*, in: EBJS, Art. 31 CMR Rdn. 12; *Otte*, in: Ferrari/Kieninger/Mankowski, 2. Aufl., Art. 31 CMR Rdn. 21; *Fischer*, TranspR 1999, 261, 289.
74 *Fremuth/Thume*, Art. 31 CMR Rdn. 10; *Koller*, 7. Aufl., Art. 31 CMR Rdn. 5; *Herber/Piper*, Art. 31 CMR Rdn. 21; *Boesche*, in: EBJS, Art. 31 CMR Rdn. 11.
75 *Fremuth/Thume*, Art. 31 CMR Rdn. 11; *Koller*, 7. Aufl., Art. 31 CMR Rdn. 5; *Herber/Piper*, Art. 31 CMR Rdn. 22; *Loewe*, ETR 1976, 503, 580; *Fremuth*, TranspR 1983, 35 ff.
76 *Baumbach/Lauterbach*, 70. Aufl., § 38 ZPO Rdn. 20; MünchKommZPO/*Patzina*, 3. Aufl., § 38 ZPO Rdn. 28; *Fremuth*, TranspR 1983, 35 ff.
77 *Koller*, 7. Aufl., Art. 31 CMR Rdn. 5, insbes. Fn. 69 m.w.N.
78 Für *lex causae*: LG München I, 27.11.1990 – 9 HKS 15821/90, RIW 1991, 150; MünchKommHGB/*Jesser-Huß*, Art. 31 CMR Rdn. 25; für *lex fori*: BGH, 17.5.1972 – VII ZR 76/ 71, NJW 1972, 1622 = BGHZ 59, 23; Österr. OGH, v. 27.11.2008 – 7 Ob 194/08 t, TranspR 2009, 413, TZ 26 m. Anm. *Jesser-Huß*; OLG Bamberg, 22.9.1988 – 1 U 302/87, IPRax 1990, 105, 106; *Fremuth/Thume*, Art. 31 CMR Rdn. 11; *Koller*, 7. Aufl., Art. 31 CMR Rdn. 5; *Herber/Piper*, Art. 31 CMR Rdn. 22; *Boesche*, in: EBJS, Art. 31 CMR Rdn. 13; MünchKommZPO/*Gottwald*, 3. Aufl., Art. 1a CMR-G Rdn. 7; *Fremuth*, TranspR 1983, 35, 38.

nationale Zuständigkeit enthält, beurteilt. Eine Gerichtsstandsabrede ist ein Vertrag über prozessrechtliche Beziehungen, der nach dem für den Gesamtvertrag maßgeblichen Schuldstatut zu behandeln ist.[79] *Fremuth*, a.a.O., empfiehlt daher angesichts der nahezu unbeschränkt zulässigen Vereinbarung des anzuwendenden nationalen Rechts die Schaffung einer vertraglichen Rechtswahlklausel, die deutsches Recht als ergänzend anwendbares Recht neben der CMR und einem örtlich deutschen Gerichtsstand vorsieht. Das materielle Zustandekommen der Prorogationsklausel richtet sich nach dem Vertragsstatut unter Berücksichtigung von Art. 10 Rom I.[80] Bei Geltung deutschen Rechts ist, falls die Prorogationsvereinbarung in AGB enthalten ist, Vereinbarkeit mit §§ 307 ff. BGB zu beachten.[81]

Auch für die Vertragsstaaten des EuGVÜ/LugÜ/EuGVVO gilt die Formvorschrift des Art. 17 EuGVÜ/LugÜ/23 Abs. 1 Satz 2 EuGVVO nicht, da Art. 31 Abs. 1 CMR nur eine *kumulative* internationale Zuständigkeit zu begründen erlaubt, während Art. 17 EuGVÜ/LugÜ zu einer *ausschließlichen* internationalen (womöglich auch nationalen) Zuständigkeit führen. Gleiches gilt nunmehr auch für Art. 23 EuGVVO. Zwar bestimmt Art. 23 Abs. 1 Satz 2 EuGVVO abweichend von Art. 17 EuGVÜ/LugÜ die ausschließliche Zuständigkeit des vereinbarten Gerichts/der Gerichte des Mitgliedstaates nur, sofern die Parteien nichts anderes vereinbart haben. Indessen widerspricht auch diese Wahlfreiheit Art. 31 CMR, welcher eine Derogation vollständig verbietet. Die Formvorschriften für Gerichtsstandsvereinbarungen nach EuGVÜ/LugÜ/EuGVVO befassen sich nicht mit dem nur die Vermehrung der Gerichtsstände zulassenden Gerichtsstandswahltyp des Art. 31 CMR und sind somit im Geltungsbereich des Art. 31 CMR nicht anwendbar.[82] BGH v. 17.10.1984 – I ZR 180/82, VersR 1985, 56, der Art. 17 Abs. 1 EuGVÜ auf § 65 ADSp a.F. bezüglich der *Gerichtsstandsvereinbarung* anwendet, betrifft einen reinen *Speditionsfall*, dem das Konkurrenzverhältnis zu Art. 31 Abs. 1 CMR fehlt. Zur Vereinbarung der *nationalen* Gerichtsstände vgl. Rdn. 43 ff. **33**

Eine Gerichtsstandsvereinbarung zwischen Absender und Frachtführer wirkt für und gegen alle Parteien, also auch für und gegen den Empfänger, und zwar unabhängig von einer Eintragung der Vereinbarung im Frachtbrief.[83] Eine Gerichts- **34**

---

79 BGH, 20.1.1986 – II ZR 56/85, NJW 1986, 1438, 1439; *Baumbach/Lauterbach*, 70. Aufl., Übersicht § 38 ZPO Rdn. 7–9; *Fremuth*, TranspR 1983, 35 ff.
80 MünchKommHGB/*Jesser-Huß*, Art. 31 CMR Rdn. 25 m.w.N, noch zu Art. 31 Abs. 2 EGBGB.
81 Zöller/*Vollkommer*, 29. Aufl., § 38 ZPO Rdn. 29, 30, m.w.N., strittig.
82 Sehr strittig wie hier: *Fremuth/Thume*, Art. 31 CMR Rdn. 12; *Koller*, 7. Aufl., Art. 31 CMR Rdn. 5; *Boesche*, in: EBJS, Art. 31 CMR Rdn. 13; *Herber/Piper*, Art. 31 CMR Rdn. 22; MünchKommZPO/*Gottwald*, 3. Aufl., Art. 1a CMR-G Rdn. 7; LG Aachen, 16.1.1976 – 13 O 151/75, RIW 1976, 588 = IPRspr 1976, Nr. 128; AG Köln, 6.2.1985 – 119 C 270/84, TranspR 1985, 179; *Otte*, in: Ferrari/Kieninger/Mankowski, 2. Aufl., Art. 31 CMR Rdn. 16; *Fremuth*, TranspR 1983, 35 ff.; a.A.: *Baumbach/Duden/Hopt*, 35. Aufl., Art. 31 CMR, Anm. 1; a.A. wohl auch Staub/*Helm*, 2. Aufl., Art. 31 CMR Rdn. 23 m.w.N.
83 *Loewe*, ETR 1976, 503, 580; *Fremuth*, TranspR 1983, 35 ff.; *Otte*, in: Ferrari/Kieninger/Mankowski, 2. Aufl., Art. 31 CMR, Rdn. 15; *Koller*, 7. Aufl., Art. 31 CMR Rdn. 5; mit Einschränkungen; wohl auch Staub/*Helm*, 2. Aufl., Art. 31 CMR Rdn. 23; a.A. *Herber/Piper*,

standvereinbarung bindet auch den Zessionar sowie sonstige Sonder- und Gesamtrechtsnachfolger,[84] also z. B. den Transportversicherer.

c) Nachträgliche Gerichtsstandsvereinbarungen

35 Für die Zeit *nach* Entstehen der Streitigkeit gelten die Restriktionen des Art. 31 Abs. 1 CMR für die internationale Zuständigkeit nicht mehr; ein Schutzbedürfnis entfällt, da die Parteien auch berechtigt sind, über das gesamte Rechtsverhältnis nach Belieben zu disponieren. Die Form einer solchen Vereinbarung richtet sich, da Art. 31 Abs. 1 CMR keinen Vorrang mehr beansprucht, im Geltungsbereich des EuGVÜ/LugÜ/EuGVVO nach Art. 17 EuGVÜ/LugÜ bzw. Art. 23 EuGVVO, bei reinen Inlandsfällen, also wenn beide Parteien ihren Wohnsitz in Deutschland haben, nach § 38 ZPO.[85]

36 Erst recht zulässig ist demgemäß die Bestimmung des internationalen Gerichtsstandes durch rügelose Einlassung des Beklagten zur Sache gem. Artt. 18 EuGVÜ/18 LugÜ/24 EuGVVO, § 39 ZPO.[86]

III. Nationale Zuständigkeit

1. Allgemeines

37 Art. 31 Abs. 1 CMR beschäftigt sich *nicht* mit *innerstaatlichen* Zuständigkeiten, regelt vielmehr lediglich, in welchen Mitglied*staaten* die Jurisdiktion in CMR-Streitigkeiten stattzufinden hat. Die innerstaatliche konkrete Bestimmung des sachlich und örtlich zuständigen Gerichts ist Sache des jeweiligen nationalen Gerichtsverfassungs- bzw. Zivilprozessrechtes. Der nationale Gerichtsstand muss dabei nicht den Kriterien des Art. 31 Abs. 1 CMR folgen, vielmehr kann sich die innerstaatliche Zuständigkeit aus völlig andersartigen Gesichtspunkten ergeben; Beispiel: Deutschland mag als *Übernahmeort* gem. Art. 31 Abs. 1 lit. b) CMR *international* zuständig sein, dennoch kann der Kläger z. B. den Gerichtsstand des Vermögens (§ 23 ZPO) *Wohnsitz* des Beklagten (§§ 12, 13 ZPO) als *örtlich* zuständiges Gericht wählen. Ergibt sich keine nationale Zuständigkeit, kann dies trotz bestehender internationaler Zuständigkeit gem. Art. 31 Abs. 1 lit. a) und b) CMR dazu führen, dass *kein* Gericht in dem derart bestimmten Vertragsstaat zu-

---

Art. 31 CMR Rdn. 22 – Eintragung im Frachtbrief sei erforderlich; ebenso *Boesche*, in: EBJS, Art. 31 CMR Rdn. 13. Nach geänderter BGH-Rechtsprechung (Urt. v. 14.6.2007 – I ZR 50/05, TranspR 2007, 425 ff.), kann sich der Empfänger im Verhältnis zum Hauptfrachtführer bzw. Unterfrachtführer unterschiedlichen Gerichtsstandsvereinbarungen ausgesetzt sehen.
84 *Zöller*, 29. Aufl., § 38, Rdn. 10 m. w. N.
85 *Zöller/Geimer*, 29. Aufl., Art. 23 EuGVVO Rdn. 10; MünchKommHGB/*Jesser-Huß*, Art. 31 CMR Rdn. 24.
86 BGH, 26.1.1979 – V ZR 75/76, NJW 1979, 1104; *Koller*, 7. Aufl., Art. 31 CMR Rdn. 5; Staub/*Helm*, 2. Aufl., Art. 31 CMR Rdn. 23.

ständig ist – nach Einführung des Art. 1a des Gesetzes zur CMR vom 5.7.1989 (BGBl. 1989 II, S. 586) praktisch nicht mehr vorkommend; vgl. eingehend Rdn. 12.

Die Zuständigkeitsbestimmungen des EuGVÜ/LugÜ/EuGVVO sind für dessen Vertragsstaaten bindend, auch soweit sie sich auf *innerstaatliche* Zuständigkeiten beziehen. Bezüglich der *internationalen* Zuständigkeit hat Art. 31 Abs. 1 CMR gem. Art. 57 EuGVÜ/Art. 57 LugÜ/Art. 71 EuGVVO Vorrang.[87] Das Verhältnis EuGVÜ/LugÜ/EuGVVO zur CMR ist in Art. 57 EuGVÜ/Art. 57 LugÜ/Art. 71 EuGVVO nicht in einer die EuGVVO (bzw. EuGVÜ oder LugÜ) schlicht ausschließenden, sondern lediglich zurücktretenden Weise geregelt („dieses Übereinkommen lässt Übereinkommen unberührt ..."). EuGVVO, EuGVÜ und LugÜ berühren daher den in Art. 31 Abs. 1 CMR zum Ausdruck kommenden Geltungs- und Vorranganspruch der CMR nicht, *soweit* sie bei der Bestimmung *internationaler* Zuständigkeiten mit Art. 31 Abs. 1 CMR *nicht in Widerspruch* geraten und *darüber hinaus* (i.d.R. uno actu in derselben Vorschrift) *innerstaatliche* Zuständigkeiten regeln.[88] Der Widerspruch bleibt in diesen Fällen aus, da Art. 31 Abs. 1 CMR für innerstaatliche Zuständigkeiten keine Kompetenz beansprucht. Bestimmungen des örtlichen deutschen Gerichtsstandes durch das EuGVÜ/LugÜ/EuGVVO – soweit diese die örtliche Zuständigkeit gleichfalls regeln wollen – sind daher möglich.[89] Die auch die örtliche Zuständigkeit ansprechenden Regelungen des EuGVÜ/LugÜ/EuGVVO haben im Konfliktfalle Vorrang vor den Regelungen der ZPO;[90] lediglich bei reinen Inlandsfällen, wenn beide Parteien ihren Wohnsitz in Deutschland haben, gilt auch im Konfliktfalle für die örtliche Zuständigkeit die ZPO.

2. Einzelne deutsche Gerichtsstände

a) Gem. EuGVÜ/LugÜ/EuGVVO

– Art. 5 Abs. 1 EuGVÜ/LugÜ/EuGVVO – Erfüllungsort

Eine Vereinbarung des Erfüllungsortes bedarf nicht der Form des Art. 17 Abs. 1 EuGVÜ/LugÜ/EuGVVO.[91]

Eine nur prozessual gemeinte „abstrakte" Erfüllungsortvereinbarung, die nicht die Festlegung des Ortes bezwecken soll, an dem der Schuldner die ihm oblie-

---

87 Statt vieler: *Fremuth*, TranspR 1983, 35 ff.; *Otte*, in: Ferrari/Kieninger/Mankowski, 2. Aufl., Art. 31 CMR Rdn. 17, 18.
88 *Kropholler/v. Hein*, 9. Aufl., Vor Art. 2 EuGVÜ Rdn. 3.
89 *Staub/Helm*, 2. Aufl., § 65 ADSp, Rdn. 9; *Fremuth*, TranspR 1983, 35 ff.
90 LG München I, 10.6.1975 – 9 HKO 367/74, NJW 1975, 1606; LG Aachen, 16.1.1976 – 13 O 151/75, RIW 1976, 588 = IPRechtsprechung 1976, Nr. 128; MünchKommZPO/*Gottwald*, 3. Aufl., EuGVO Vorbem. 29; *Kropholler/v. Hein*, 9. Aufl., Vor Art. 2 EuGVVO, Rdn. 16 ff.
91 EuGH, 17.1.1980 – Rs. 56/79, NJW 1980, 1218; MünchKommZPO/*Gottwald*, 3. Aufl., Art. 5 EuGVVO Rdn. 27.

Art. 31 Reklamationen und Klagen

gende Leistung tatsächlich zu erbringen hat, sondern die nur einen bestimmten Gerichtsstand festlegen will, ist aber an Art. 23 EuGVVO zu messen.[92]

– *Art. 5 Abs. 3 EuGVÜ/LugÜ/EuGVVO – Unerlaubte Handlung*

Eine Annexzuständigkeit für vertragliche Ansprüche aus demselben Sachverhalt wird durch diese Vorschrift indessen nicht begründet.[93]

– *Art. 5 Abs. 5 EuGVÜ/LugÜ/EuGVVO – Streitigkeiten aus dem Betrieb einer Zweigniederlassung, einer Agentur oder einer sonstigen Niederlassung*
– *Art. 6 Abs. 1 EuGVÜ/LugÜ/EuGVVO – Gemeinsamer Gerichtsstand für Streitgenossen*

Die Möglichkeit, den Frachtführer (aus Vertrag) und den Fahrer (deliktisch) im gemeinsamen Gerichtsstand des Art. 6 EuGVVO in Anspruch nehmen zu können, ist zweifelhaft.[94] Die Vorschrift hat Vorrang vor § 36 Nr. 3 ZPO, außer bei reinen Inlandsfällen.[95] Zur Bündelungsrechtsprechung s. Rdn. 9.

– *Art. 6 Abs. 2 EuGVÜ/LugÜ/EuGVVO – Gewährleistungs- und Interventionsklage*

In Art. 5 des Protokolls zum EuGVÜ wurde ein Vorbehalt des Inhalts vereinbart, dass die Zuständigkeit des Art. 6 Nr. 2 EuGVÜ nicht vor deutschen Gerichten in Anspruch genommen werden kann. Entsprechendes galt nach Art. 5 des Protokolls Nr. 1 zum Luganer Übereinkommen auch für Spanien, Österreich und die Schweiz. Diese Sonderregelung wurde für Deutschland und Österreich in die Verordnung (Art. 65 I) übernommen.[96]

Ungeachtet dieses Ausschlusses können Personen mit Wohnsitz oder Sitz in Deutschland oder Österreich vor den Gerichten der anderen Mitgliedstaaten in Anspruch genommen werden, wobei die ausländischen Entscheidungen in Deutschland und Österreich nach den allgemeinen Regeln anerkannt werden müssen.[97]

– *Art. 15 Abs. 3 EuGVVO – Verbrauchersachen*

Für Beförderungsverträge mit einem Verbraucher schließt die EuGVVO in Art. 15 Abs. 3 ihre Anwendbarkeit national und international selbst aus.

– Zur Widerklage vgl. Rdn. 40 Stichwort: „Gerichtsstand der Widerklage".

Die vorstehenden EuGVÜ/LugÜ/EuGVVO-Bestimmungen regeln – teilweise auch – die nationale Zuständigkeit und haben i.d.R. vor den Gerichtsständen der ZPO Vorrang, außer es handelt sich um einen sog. reinen Inlandsfall, dessen Par-

---

92 MünchKommZPO/*Gottwald*, Art. 5 EuGVVO Rdn. 28; 20.2.1997 – Rs. C–106/95, IPRax 1999, 31 ff.
93 EuGH, 27.9.1988 – Rs. 189/87, NJW 1988, 3088; *Kropholler/v. Hein*, 9. Aufl., Art. 5 EuGVVO Rdn. 79.
94 *Kropholler/v. Hein*, 9. Aufl., Art. 6 EuGVVO Rdn. 8–11 m. Rechtsprechungsnachweisen.
95 MünchKommZPO/*Gottwald*, 3. Aufl., Art. 6 EuGVÜ Rdn. 2.
96 *Kropholler/v. Hein*, 9. Aufl., Art. 6 EuGVVO Rdn. 19 f.
97 *Kropholler/v. Hein*, 9. Aufl., Art. 6 EuGVVO Rdn. 20 mit Beispielsfall.

teien beide in demselben Vertragsstaat des EuGVÜ/LugÜ/EuGVVO ihren Wohnsitz haben. Wegen der Einzelheiten ihrer Anwendungsvoraussetzungen und ihres jeweiligen Verhältnisses zu innerdeutschen Regelungen wird auf die Kommentierungen zum EuGVÜ/EuGVVO verwiesen.

b) Gem. ZPO

- *§§ 12, 13 ZPO – Allgemeiner Gerichtsstand* durch Wohnsitz bestimmt. **40**
- § 16 ZPO – Aufenthalt im Inland bei fehlendem Wohnsitz im Inland. Dieser – nationale – Gerichtsstand, für den auch eine Durchreise ausreicht, kann als Gerichtsstand für Klagen gegen durchreisende LKW-Fahrer bedeutsam werden,[98] wobei allerdings auch ein ausländischer Wohnsitz ausreicht.
- § 21 Abs. 1 ZPO – Gerichtsstand der Niederlassung.
- *§ 23 ZPO – Gerichtsstand des Vermögens.* Der Ausschluss des § 23 ZPO durch Art. 3 Abs. 2 EuGVÜ/LugÜ/EGVVO ist im Bereich der CMR nicht wirksam, da Art. 57 EuGVÜ/LugÜ/Art. 71 Abs. 2 lit. a) EuGVVO der CMR Vorrang einräumt.[99]

§ 23 ZPO wird im Übrigen von der herrschenden Meinung als sog. „exorbitanter Gerichtsstand" dahingehend eingeschränkt, dass als ungeschriebenes Merkmal ein hinreichender Inlandsbezug des Rechtsstreits erforderlich ist.[100] Die Befindlichkeit des im Eigentum des Beklagten stehenden LKWs/Gutes etwa anlässlich einer Zwischenlagerung oder eines Zwischenaufenthaltes in Deutschland dürften ausreichenden Inlandsbezug herstellen.

Für Eilverfahren vgl. die eingehenden Ausführungen von *Fremuth*, TranspR 1983, 35 ff.

- *§ 29 ZPO – Erfüllungsort.*[101] Nachrang nach Art. 5 Abs. 1 EuGVÜ/LugÜ/ EuGVVO, außer bei reinen Inlandsfällen. Zur Zulässigkeit und Form einer Erfüllungsortvereinbarung nach dem EuGVÜ.[102]
- *§ 33 ZPO – Gerichtsstand der Widerklage* (mit Exkurs zur internationalen Zuständigkeit).

Die Rechtsprechung hat sich zunächst mit der Frage, ob die internationale Zuständigkeit für eine Widerklage ebenfalls aus Art. 31 Abs. 1 CMR oder aber aus Art. 6 Abs. 3 EuGVÜ/LugÜ/EuGVVO bzw. § 33 ZPO folge, wenig beschäftigt. Der BGH spricht im Urteil vom 7.3.1985[103] aus, das Aufrechnungsverbot des – früheren – § 32 ADSp *hindere* die Erhebung einer Widerklage nicht. Eine Aussa-

---

98 Zöller/*Vollkommer*, 29. Aufl., § 16 Rdn. 4 m.w.N.
99 *Fremuth*, TranspR 1983, 35 ff., fraglich, da die entsprechenden Bestimmungen von EuGVÜ/LugÜ/EuGVVO insoweit nicht mit Art. 31 CMR, der nur *die internationale* Zuständigkeit regelt, kollidieren.
100 BGHZ 115, 93 = NJW 1991, 3093; Zöller/*Vollkommer*, 29. Auf., § 23 ZPO Rdn. 1 und 13 m.w.N.
101 OLG Hamm, 17.4.1986 – 18 U 45/84, TranspR 1986, 431.
102 EuGH, 17.1.1980 – Rs. 56/79, NJW 1980, 1218.
103 I ZR 182/82, TranspR 1986, 68, 70 = VersR 1985, 684, 685.

Art. 31 Reklamationen und Klagen

ge, wann der Gerichtsstand der Widerklage – international und/oder national – *positiv* gegeben sei, findet sich in dieser Entscheidung nicht.

Im Urteil vom 20.1.1983[104] leitet der BGH aus Art. 41 CMR die Rechtsunwirksamkeit des *Widerklageverbotes* her. Zu bedenken ist freilich, dass sich dieses BGH-Urteil auch noch zur Rechtsunwirksamkeit des Aufrechnungsverbotes gem. § 32 ADSp a.F. bekannte, eine später aufgegebene Rechtsprechung. Die allgemeine Zulässigkeit der Widerklage, und zwar offenbar sowohl nach internationalem als auch nach deutschem innerstaatlichen Recht, wird vom BGH offenbar wie folgt als unproblematisch angesehen: „Die ZPO als das ergänzend zur CMR eingreifende nationale Verfahrensrecht geht von der grundsätzlichen Möglichkeit des Beklagten aus, im Zusammenhang mit der Klageforderung stehende Gegenansprüche gegen den Kläger im Wege der Widerklage geltend zu machen ...".[105]

Beide BGH-Urteile befassen sich letztendlich nicht systematisch mit der Frage, nach welchen Regeln die internationale Zuständigkeit für Widerklagen zu bestimmen sei, insbes. in welchem Verhältnis Art. 31 Abs. 1 CMR zu Art. 6 Abs. 3 EuGVÜ/LugÜ/EuGVVO und § 33 ZPO steht.

Hierbei sind *zwei Fallgruppen* zu unterscheiden:

- Unproblematisch erscheinen die Fälle, bei denen die Widerklage bei einem Gericht erhoben wird, das – isolierte Erhebung der Widerklage unterstellt – gem. Art. 31 Abs. 1 CMR *international zuständig* wäre. Die nationale Zuständigkeit wird in diesen Fällen durch die Gerichtsstandsbestimmungen für die Widerklage gem. Art. 6 Abs. 3 EuGVÜ/LugÜ/EuGVVO geregelt. Art. 6 Abs. 3 EuGVÜ/LugÜ/EuGVVO hat Vorrang vor § 33 ZPO,[106] bei reinen Inlandsfällen greift § 33 ZPO ein.
- Gibt Art. 31 Abs. 1 CMR aber dem Widerkläger im Staat der Hauptklage für die – einmal als isoliert erhobene Klage unterstellte – Widerklage *keinen internationalen* Gerichtsstand, hängt die Antwort davon ab, ob die internationale Zuständigkeit *auch der Widerklage* durch den Katalog des Art. 31 Abs. 1 CMR gedeckt sein muss. Art. 31 Abs. 1 CMR enthält sich indessen einer Regelung der Widerklage. Art. 32 Abs. 4 und Art. 36 CMR belegen, dass bei der Schaffung der CMR die Möglichkeit einer Widerklage nicht übersehen wurde. Ähnlich der Aufrechnung[107] gewährt die CMR die Widerklage nicht, schließt sie aber auch nicht aus – im Gegenteil: Art. 36 CMR eröffnet Möglichkeiten im Wege der Widerklage, die die isolierte Klage nicht kennt. Die Zusammenschau dieser Vorschriften lässt daher den Schluss zu, dass Art. 31 Abs. 1 CMR die internationale Widerklagezuständigkeit nicht regelt, so dass sich *sowohl* die *internationale* als auch die *nationale* Zuständigkeit für die Widerklage nach Art. 6 Abs. 3 EuGVÜ/LugÜ/EuGVVO bzw. § 33 ZPO (zu deren Verhältnis s.o.) richtet. Nachdem Art. 31 Abs. 1 CMR nicht eingreift, beansprucht

---

104 I ZR 90/81, TranspR 1983, 44, 45.
105 BGH, a.a.O., S. 45 unten.
106 *Zöller*, 29. Aufl., § 33 ZPO Rdn. 4 m.w.N.
107 BGH, 7.3.1985 – I ZR 182/82, TranspR 1986, 68 ff.

diese Vorschrift auch keinen Vorrang gem. Art. 57 EuGVÜ/LugÜ/Art. 71 Abs. 2 lit. a) EuGVVO gegenüber Art. 6 Abs. 3 EuGVÜ/LugÜ/EuGVVO. *Helms* Auffassung,[108] das Gericht sei „ohnehin" auch für die Widerklage international zuständig, wenn diese gegen eine ebenfalls der CMR unterliegende Klage erhoben werde, mag bei den für die Parteien identischen Gerichtsständen des Übernahme- oder Ablieferungsortes zutreffen, nicht aber bei den i.d.R. unterschiedlichen Gerichtsständen der Parteien gem. Art. 31 Abs. 1 lit. a) CMR.
– § 36 ZPO – *Gerichtliche Zuständigkeitsbestimmung*.[109]

Nachrang nach Art. 6, Nr. 1 EuGVÜ/LugÜ/EuGVVO, außer bei reinen Inlandsfällen.

Weitere ZPO-Gerichtsstände, etwa aus § 30 ZPO (Mess- und Marktsachen), sind theoretisch nicht undenkbar, aber selten.

c) Gem. Art. 1 lit. a) des Gesetzes zur CMR vom 5.7.1989 (BGBl. 1989 II, S. 586) und § 440 HGB

Die Bestimmung des § 1a des Gesetzes zur CMR vom 5.7.1989 hat folgenden Wortlaut: **41**

„Für Rechtsstreitigkeiten aus einer dem Übereinkommen unterliegenden Beförderung ist auch das Gericht zuständig, in dessen Bezirk der Ort der Übernahme des Gutes oder der für die Ablieferung des Gutes vorgesehene Ort liegt."

Art. 1a des Gesetzes vom 5.7.1989 ist nicht etwa Teil der CMR (zu einer solchen Änderung bedürfte es des Akkords aller Vertragsstaaten), sondern deutsches Zivilprozessrecht. Der Zweck des Gesetzes liegt darin, harmonisierende *nationale* Gerichtsstände für die in Art. 31 Abs. 1 lit. b) CMR festgelegten *internationalen* Gerichtsstände des Übernahme- und Ablieferungsortes bereitzustellen. Durch eine mit Art. 31 Abs. 1 lit. b) CMR nahezu wortgleiche Formulierung wird die gesetzgeberische Absicht auch erreicht; auf die dortigen Erläuterungen (Rdn. 26–28) kann deshalb verwiesen werden. Seiner Rechtsnatur als deutsches Zivilprozessrecht entsprechend kann Art. 1a des Gesetzes vom 5.7.1989 nur zu Gerichtsständen vor deutschen Gerichten führen.[110] Indessen steht der neu geschaffene nationale Gerichtsstand des Übernahmeortes In- und Ausländern gleichermaßen offen.[111]

Art. 1a des Gesetzes zur CMR gilt auch im Bereich des EuGVÜ/LugÜ/EuGVVO.[112]

---

108 Staub/*Helm*, 2. Aufl., Art. 31 CMR Rdn. 11.
109 Vgl. OLG Karlsruhe vom 6.10.2004 – 15 AR 40/04, TranspR 2005, 362.
110 *Koller*, 7. Aufl., Art. 1a des Gesetzes zur CMR Rdn. 1.
111 *Koller*, Anm. zu LG Hannover, TranspR 1992, 327, u. TranspR 1993, 96; a.A. LG Hannover, 4.9.1991 – 22 O 120/90, TranspR 1992, 327.
112 *Bahnsen*, in: EBJS, Art. 1a des Gesetzes zur CMR Rdn. 4; a.A. *Koller*, 7. Aufl., Art. 1a des Gesetzes zur CMR Rdn. 2.

Art. 31 Reklamationen und Klagen

42 § 440 HGB als nationale Zuständigkeitsregel in § 1 entspricht fast wörtlich § 1a des Vertragsgesetzes zur CMR. § 440 Abs. 2 HGB gilt als nationale Zuständigkeitsregelung auch im CMR-Bereich (etwa bei Klagen gegen den Frachtführer aus Beförderungsvertrag und den Unterfrachtführer aus §§ 823 ff. BGB, Art. 28 CMR obwohl materiellrechtlich § 437 HGB im CMR-Bereich (Vorrang der Artt. 34 ff. CMR) nicht zur Anwendung kommt.[113] Art. 6 Abs. 1 EuGVÜ/LugÜ/EuGVVO haben aber – außer bei reinen Inlandsfällen – Vorrang.

d) Gemäß Vereinbarung

43 Im Gegensatz zur Vereinbarung *internationaler* Gerichtsstände (Art. 31 Abs. 1 CMR) befasst sich die CMR *nicht* mit der Vereinbarung *örtlich und sachlich* zuständiger *nationaler* Gerichtsstände. Einschlägig sind vorrangig vor nationalem Recht die Vorschriften des EuGVÜ/LugÜ/EuGVVO in ihrem Anwendungsbereich, soweit sie sich *nicht nur* mit Fragen der *internationalen, sondern auch* mit Fragen der *nationalen* Zuständigkeit befassen (Rdn. 38). Solche Vereinbarungen über das örtlich und/oder sachlich zuständige nationale Gericht müssen die Form des Artt. 17 EuGVÜ/LugÜ/23 EuGVVO beachten.[114] ADSp oder sonstige nach Handelsbrauch oder Parteigepflogenheit einbezogene Vereinbarungen (Art. 23 Abs. 1 EuGVVO) erfüllen freilich diese Formvorschrift.[115]

Zum Verhältnis Art. 31 CMR zu Ziff. 30 ADSp vgl. Rdn. 46–55.

44 Außerhalb des Geltungsbereichs des EuGVÜ/LugÜ/EuGVVO richtet sich die Zulässigkeit nationaler Zuständigkeitsvereinbarungen vor und nach Entstehen der Streitigkeit bei Anwendung deutschen Rechts nach §§ 38 ff. ZPO.[116] Enthalten Allgemeine Geschäftsbedingungen (auch) *nationale* Gerichtsstandsvereinbarungen, ist – bei Anwendbarkeit nationalen deutschen Rechts – auch zu überprüfen, ob sie mit §§ 305 ff. BGB vereinbar sind.[117]

In diesem Rahmen ist auch die Derogation nationaler deutscher Gerichtsstände zulässig; dies darf indessen nicht so weit gehen, dass – falls deutsche Gerichte nach Art. 31 CMR international zuständig sind – *jeder* nationale deutsche Gerichtsstand derogiert wird.[118]

Zum Verhältnis Art. 31 CMR zu Ziff. 30 ADSp vgl. Rdn. 46–55.

45 Örtlich und sachlich unzuständige Gerichte werden durch rügelose Einlassung des Beklagten zur Sache zuständig (Artt. 18 EuGVÜ/LugÜ/24 EuGVVO und § 39 ZPO). Für die internationale Zuständigkeit gilt Entsprechendes.[119] Nach

---

113 *Demuth*, TranspR 1999, 100.
114 BGH, 17.10.1984 – I ZR 130/82, TranspR 1985, 56; MünchKommHGB/*Jesser-Huß*, Art. 31 CMR Rdn. 24 m. w. N.
115 OLG Hamburg, 11.1.2001 – 6 U 72/00, TranspR 2001, 300, 302.
116 MünchKommHGB/*Jesser-Huß*, Art. 31 CMR Rdn. 24.
117 *Baumbach/Lauterbach*, 70. Aufl., § 38 ZPO Rdn. 7 ff.
118 OLG Hamburg, 26.4.1984 – 6 U 252/83, TranspR 1984, 104; MünchKommHGB/*Jesser-Huß*, Art. 31 CMR Rdn. 24.
119 Vgl. Rdn. 36.

Rechtshängigkeit kann aber das zuständig gewordene Gericht durch nachfolgende Prorogation nicht mehr unzuständig werden.[120]

IV. Sonderproblem des Verhältnisses des Art. 31 Abs. 1 CMR zu Ziff. 30 ADSp (Stand 1.1.2003)

1. Allgemeines

Problematisch ist das Verhältnis Art. 31 Abs. 1 CMR zu Ziff. 30 ADSp durch die Selbstdefinition des Anwendungsbereichs der ADSp in 2.1, in welchem die Geltung der ADSp für Frachtverträge geregelt ist. Nach gefestigter Rechtsprechung sind die ADSp im CMR-Bereich nicht etwa gem. Art. 41 CMR *in toto* unwirksam, sondern nur in den Teilen, die zu den Regelungen der CMR in Widerspruch stehen.[121] Ziff. 30 ADSp ist demgemäß auf seine Vereinbarkeit mit Art. 31 Abs. 1 CMR (ggf. auch im Verhältnis zu anderen Rechtsnormen, s. Rdn. 51) zu überprüfen. **46**

Allgemein zu beachten ist, dass Ziff. 30 ADSp zwei für die Zuständigkeit relevante Sachverhalte regelt, in 30.1 den für den Gerichtsstand nur mittelbar maßgebenden Erfüllungsort (Rdn. 52–55) und in 30.2 einen zusätzlichen (1. Halbsatz) und einen ausschließlichen (2. Halbsatz) Gerichtsstand (Rdn. 48–51). **47**

2. Die Gerichtsstandsregelung der Ziff. 30.2 ADSp

Ziff. 30.2 *erster Halbsatz* ADSp schafft einen Gerichtsstand am Orte der Niederlassung des Spediteurs (hier gemeint: Frachtführers), an die der Auftrag gerichtet ist, welcher sich *nicht* als ausschließlich darstellt und demzufolge mit Art. 31 Abs. 1 CMR nicht kollidiert.[122] **48**

Abweichend ist 30.2 *zweiter Halbsatz* ADSp zu beurteilen, welcher lautet: „... Für Ansprüche gegen den Spediteur ist dieser Gerichtsstand ausschließlich." Da Art. 31 Abs. 1 CMR lediglich die Vereinbarung von *zusätzlichen* internationalen Gerichtsständen, keinesfalls die Derogation einzelner oder gar aller internationaler Zuständigkeiten zulässt, ist die Bestimmung eines ausschließlichen Gerichtsstandes in Ziff. 30.2 2. Halbsatz ADSp *jedenfalls insoweit* wegen Verstoßes gegen Art. 31 Abs. 1, 41 CMR rechtsunwirksam, als sie einen ausschließlichen **49**

---

120 Bay. Oberstes Landesgericht, 17.7.2003 – 1 Z AR 75/03, BayObLGZ 2003, 187, 189.
121 BGH, 7.3.1985 – I ZR 182/82, TranspR 1986, 68 zum Aufrechnungsverbot § 32 ADSp a.F.
122 MünchKommHGB/*Jesser-Huß*, Art. 31 CMR Rdn. 24; *Herber/Piper*, Art. 31 CMR Rdn. 20; *Koller*, 7. Aufl., Art. 31 CMR Rdn. 5; OLG Karlsruhe, 6.10.2004 – 15 AR 40/04, TranspR 2005, 362; Brandenburgisches OLG v. 25.3.2009 – 7 U 152/08, IPRspr 2009, Nr. 36, 78–82 – auch zum Geltungsverhältnis der Gerichtsstandsbestimmungen der ADSp zu denjenigen der AÖSp.

Art. 31 Reklamationen und Klagen

internationalen Gerichtsstand bestimmt.[123] Die Regelung kann wegen des eindeutigen Wortlautes auch *nicht* als Vereinbarung eines *zusätzlichen internationalen* Gerichtsstandes aufrechterhalten werden.[124]

50 Fraglich bleibt, ob aus der Rechtsunwirksamkeit der Ziff. 30.2 2. Halbsatz ADSp bzgl. der *internationalen* Zuständigkeit auch die Nichtigkeit der in 30.2 2. Halbsatz ADSp *uno actu* enthaltenen ausschließlichen *örtlichen* Zuständigkeitsbestimmung folgt. Vieles spricht für die vom OLG Hamburg in zwei Entscheidungen (vgl. Rdn. 49) entwickelte Linie, wonach die Bestimmung des *ausschließlichen nationalen* Gerichtsstandes durch 30.2 2. Halbsatz ADSp dann (aber nur dann) unbedenklich und wirksam ist, wenn ein durch Art. 31 Abs. 1 CMR bestimmter internationaler Gerichtsstand in Deutschland gegeben ist oder – im entgegengesetzten Fall – es nicht hingenommen wird, wenn trotz internationaler Zuständigkeit deutscher Gerichte gem. Art. 31 Abs. 1 CMR *jeder* nationale deutsche Gerichtsstand derogiert werden soll. Das Ergebnis erscheint befriedigend, da auf diese Weise der Vorranganspruch des Art. 31 Abs. 1 CMR unberührt bleibt. Die Frage ist außerordentlich strittig.[125]

51 Formal zu berücksichtigen bleibt, dass Art. 31 Abs. 1 CMR i.V. m. Art. 57 EuGVÜ/LugÜ/EuGVVO Vorrang vor Art. 17 EuGVÜ/LugÜ, Art. 23 EuGVVO nur hinsichtlich der Vereinbarung des *internationalen* Gerichtsstandes beansprucht (eingehend Rdn. 38). Der Wortlaut des Art. 17 Abs. 1 EuGVÜ/LugÜ, Art. 23 Abs. 1 EuGVVO macht aber deutlich, dass sowohl Gerichte von Staaten als auch ein konkret bezeichnetes Gericht vereinbart werden können. Art. 17 EuGVÜ/LugÜ, Art. 23 EuGVVO regeln daher in ihrem Geltungsbereich *auch* Vereinbarungen des *innerstaatlich* zuständigen Gerichts.[126] Hinsichtlich der Geltung der ADSp Stand 2003 ist es außerordentlich streitig, ob diese noch durch stillschweigende Einbeziehung einer fertig bereitliegenden Rechtsordnung kraft Wissens oder Wissenmüssens des Auftraggebers Vertragsinhalt werden oder ob die allge-

---

123 *Koller*, 7. Aufl., Art. 31 CMR Rdn. 5; *Fremuth/Thume*, Art. 31 CMR Rdn. 13; *Herber/Piper*, Art. 31 CMR Rdn. 20; *Boesche*, in: EBJS, Art. 31 CMR Rdn. 12; Staub/*Helm*, 2. Aufl., Art. 31 CMR Rdn. 27; MünchKommHGB/*Jesser-Huß*, Art. 31 CMR Rdn. 24; *Otte*, in: Ferrari/Kieninger/Mankowski, 2. Aufl., Art. 31 CMR Rdn. 16; OLG Hamburg, 30.4.1981 – 6 W 175/80, TranspR 1984, 132; OLG Hamburg, 26.4.1984 – 6 U 252/83, TranspR 1984, 194, zu § 67 Abs. 2 AÖSp; OLG Oldenburg, 5.1.2000 – 4 U 34/99, TranspR 2000, 128; OLG Karlsruhe, 6.10.2004 – 15 AR 40/04, TranspR 2005, 362; a.A. OLG Schleswig, 25.5.1987 – 16 U 27/87, NJW-RR 1988, 283; OLG Hamm, 25.6.2001 – 18 U 200/00, TranspR 2001, 397, 399.
124 MünchKommHGB/*Jesser-Huß*, Art. 31 CMR Rdn. 24; wohl auch *Koller*, 7. Aufl., Art. 31 CMR Rdn. 5; a.A. *Boesche*, in: EBJS, Art. 31 CMR Rdn. 12; *Fischer*, TranspR 1999, 261, 289.
125 Wie hier: *Herber/Piper*, Art. 31 CMR Rdn. 20; Staub/*Helm*, 2. Aufl., Art. 31 CMR Rdn. 27, MünchKommHGB/*Jesser-Huß*, Art. 31 CMR Rdn. 24, a.A. *Koller*, 7. Aufl., Art. 31 CMR Rdn. 5, der die Einheitlichkeit der Ziff. 30.2 HS 2 ADSp hinsichtlich örtlicher und internationaler Zuständigkeit hervorhebt; OLG Oldenburg, 5.1.2001 – 4 U 34/99, TranspR 2000, 128, 129; OLG Karlsruhe, 6.10.2004 – 15 AR 40/04, TranspR 2005, 362, a.A. wohl auch BGH v. 18.12.2003 – 1 ZR 228/01, TranspR 2004, 169, 170 zu § 65 Buchst. b AÖSp.
126 Staub/*Helm*, 2. Aufl., Art. 31 CMR Rdn. 27; *Koller*, 7. Aufl., Ziff. 30 ADSp, Rdn. 5a.

Reklamationen und Klagen **Art. 31**

meinen Einbeziehungsvoraussetzungen von AGB erfüllt sein müssen. Kommt es indessen zur Einbeziehung der ADSp, ist damit auch die Form des Art. 23 Abs. 1 Satz 3 lit. b) bzw. c) EuGVVO/17 EuGVÜ/LugÜ gewahrt.[127]

3. Die Vereinbarung des Erfüllungsortes gem. Ziff. 30.1 ADSp

Die Wirksamkeitsvoraussetzungen der Vereinbarung des *Erfüllungsortes* gem. 30.1 ADSp – häufig zum selben praktischen Ergebnis wie die Gerichtsstandsvereinbarung des 30.2 ADSp führend – sind sehr viel einfacher zu erfüllen. **52**

Ein Verstoß gegen Art. 31 Abs. 1 CMR liegt nicht vor, da mit der Vereinbarung eines Erfüllungsortes ein *nationaler* Gerichtsstand vorbereitet, keinesfalls aber eine *internationale* Zuständigkeit derogiert wird.[128] **53**

Eine Formnichtigkeit nach Art. 17 Abs. 1 EuGVÜ/LugÜ/Art. 23 EuGVVO tritt gleichfalls nicht ein, da die Vereinbarung eines Erfüllungsortes gem. Art. 5, Nr. 1 EuGVÜ/LugÜ/EuGVVO nicht der Form der erstgenannten Vorschriften bedarf.[129] **54**

Eine nur prozessual gemeinte „abstrakte" Erfüllungsvereinbarung ist aber an Art. 17 EuGVÜ/LugÜ/23 EuGVVO zu messen (Rdn. 39). Als Erfüllungsort für den Frachtlohnanspruch ist der Ort der handelnden Niederlassung des Frachtführers kaum missbräuchlich. Abweichend könnte aber die Erfüllungsortvereinbarung hinsichtlich der Ablieferungspflicht des Frachtführers zu beurteilen sein, wenn – wie häufig – Ablieferungsort und Niederlassungssitz des Frachtführers auseinanderfallen. **55**

V. Anderweitige Anhängigkeit bzw. Rechtskraft (Art. 31 Abs. 2 CMR)

Art. 31 Abs. 2 CMR betrifft nur die Anhängigkeit bzw. Rechtskraft eines Verfahrens bzw. Urteils eines Gerichts eines *anderen* Vertragsstaates.[130] Bei *innerdeutscher* Konkurrenz zweier Verfahren bzw. Urteile wird bei anderweitiger Rechts- **56**

---

127 Zum Streitstand ausführlich *Koller*, vor Ziffer 1 ADSp Rdn. 11–22; OLG Hamburg, 11.1.2001 – 6 U 72/00, TranspR 2001, 300, 302; anders *Staub/Helm*, 2. Aufl., Art. 31 CMR Rdn. 27 (dort Fn. 108 m.w.N.).
128 *Koller*, 7. Aufl., Art. 31 CMR Rdn. 5; *Staub/Helm*, 2. Aufl., Art. 31 CMR Rdn. 27; *Otte*, in: Ferrari/Kieninger/Mankowski, 2. Aufl., Art. 31 CMR Rdn. 19 mit dem zutreffenden Hinweis, dass die CMR einen Internationalen Erfüllungsort-Gerichtsstand nicht kennt.
129 EuGH, 17.1.1980 – Rs. 56/79, NJW 1980, 1218; *Staub/Helm*, 2. Aufl., Art. 31 CMR Rdn. 27; *Koller*, 7. Aufl., Ziff. 30 ADSp Rdn. 2 und 5a.
130 *Loewe*, TranspR 1988, 309ff.; *Koller*, 7 Aufl., Art. 31 CMR Rdn. 8; MünchKommHGB/ *Jesser-Huß*, Art. 31 CMR Rdn. 29; *Boesche*, in: EBJS, Art. 31 CMR Rdn. 17.

Demuth

Art. 31   Reklamationen und Klagen

hängigkeit gem. § 261 Abs. 3, Nr. 1 ZPO verfahren,[131] die Rechtskraft wird als Prozesshindernis behandelt.[132] Abs. 2 betrifft nur Verfahren vor bzw. Urteile von Gerichten in *Vertrags*staaten, da nur diese „nach Abs. 1 zuständig" sein können.[133] Die Gegenmeinung argumentiert sinngemäß, bei *Vertrags*staaten habe Art. 31 Abs. 2 letzter Satz CMR keinen Anwendungsraum, da die Vollstreckbarkeit der Urteile der Mitgliedstaaten über Abs. 3 in allen Fällen sichergestellt sei. Dies trifft indessen nicht zu, da die Vollstreckbarkeit im anderen Staat an Erwägungen des *ordre public* (Rdn. 65) und auch an unrichtiger Rechtsanwendung durch den anderen Staat (tatsächlich) scheitern kann.

57 Entsprechend dem Wortlaut genügt *Anhängigkeit* (wobei sich deren Voraussetzungen nach dem Recht des ersten Gerichts beurteilen, bei dem die Klage eingereicht wurde), *Rechtshängigkeit* ist *nicht* gefordert; nach deutschem Recht genügt also eine eingereichte, aber noch nicht zugestellte Klage, damit die vor einem deutschen Gericht klagende Partei das Wettrennen nicht verliert.[134] Desgleichen genügt ein anhängiges Mahnverfahren.[135] Ein selbstständiges Beweisverfahren schafft keine Anhängigkeit, hat aber Bindungswirkungen hinsichtlich der Zuständigkeit im Hauptprozess.[136]

Das anderweitig anhängige bzw. rechtskräftig entschiedene Verfahren muss dieselbe Sache betreffen, also denselben Anspruch, wobei die Vertauschung der Parteirolle der Prozessparteien unschädlich ist.[137] Deswegen hindern Anhängigkeit oder Rechtskraft der Absenderklage die Klage des Empfängers gegen den Frachtführer nicht.[138] Keine Parteiidentität liegt vor, wenn der Kläger im deutschen Prozess lediglich Streithelfer ist.[139] Bei Prozessstandschaft[140] ist für die Klage des Rechtsinhabers gleichfalls von Parteienidentität auszugehen.[141] Bei fehlender Partei-, aber gegebener Sachverhaltsidentität ist im Geltungsbereich der EuGVVO indessen Aussetzung nach Art. 28 EuGVVO auch in CMR-Sachen zulässig.[142] Die Auslegung des Begriffs der Anhängigkeit, auch der Rechtskraft,

---

131 Vgl. *Zöller,* 29. Aufl., a.A. MünchKommHGB/*Jesser-Huß,* Art. 31 CMR Rdn. 29, § 261 ZPO Rdn. 8.
132 *Zöller,* 29. Aufl., vor § 322 ZPO Rdn. 21.
133 Rdn. 14f.; *Koller,* 7. Aufl., Art. 31 CMR Rdn. 8; *Boesche,* in: EBJS, Art. 31 CMR Rdn. 17; MünchKommHGB/*Jesser-Huß,* Art. 31 CMR Rdn. 29; *Herber/Piper,* Art. 31 CMR Rdn. 24; Staub/*Helm,* 2. Aufl., Art. 31 CMR Rdn. 46; a.A. *Loewe,* ETR 1976, 503, 582.
134 *Boesche,* in: EBJS, Art. 31 CMR Rdn. 17; MünchKommHGB/*Jesser-Huß,* Art. 31 CMR Rdn. 32.
135 *Loewe,* TranspR 1988, 309ff.
136 *Baumbach/Lauterbach,* 70. Aufl., § 486 ZPO Rdn. 8.
137 *Loewe,* ETR 1976, 503, 581; *Fremuth/Thume,* Art. 31 CMR Rdn. 17; *Koller,* 7. Aufl., Art. 31 CMR Rdn. 8; *Herber/Piper,* Art. 31 CMR Rdn. 27; MünchKommHGB/*Jesser-Huß,* Art. 31 CMR Rdn. 31.
138 *Fremuth/Thume,* Art. 31 CMR Rdn. 17; *Koller,* 7. Aufl., Art. 31 CMR Rdn. 8; MünchKommHGB/*Jesser-Huß,* Art. 31 CMR Rdn. 31.
139 OLG Karlsruhe, 18.10.2002 – 15 W 4/02, TranspR 2003, 110; *Koller,* 7. Aufl., Art. 31 CMR Rdn. 8; MünchKommHGB/*Jesser-Huß,* Art. 31 CMR Rdn. 31.
140 *Koller,* Transportrecht, 7. Aufl., § 425 HGB Rdn. 55.
141 *Zöller,* 29. Aufl., § 261 ZPO Rdn. 8a.
142 OLG München, Beschl. v. 6.7.2005 – 7 W 1778/05, unveröffentlicht.

weicht von Mitgliedstaat zu Mitgliedstaat ab. *Loewe*[143] berichtet, es sei keine Einigkeit darüber erzielt worden, ob die Frage der ausländischen Anhängigkeit nach inländischem oder ausländischem Prozessrecht zu beurteilen sei. Wann Rechtshängigkeit oder Rechtskraft gegeben ist, muss nach dem Recht des Gerichts beurteilt werden, bei dem die erste Klage erhoben ist.[144]

Äußerst umstritten ist, ob die in einem gem. Art. 31 Abs. 2 CMR zuständigen Vertragsstaat erhobene negative Feststellungsklage der Zulässigkeit der später anhängig werdenden Leistungsklage in einem weiteren Vertragsstaat entgegensteht.[145] Triebfeder für die ausländische negative Feststellungsklage war in fast allen ausgeurteilten Fällen das Bestreben des Frachtführers, mittels Feststellungsantrages zur Frachtführerhaftung das Nichtbestehen oder die Begrenzung seiner Haftung durch Höchstbeträge feststellen zu lassen und so der rigiden Rechtsprechung des BGH zu Art. 29 CMR zu entgehen.

58

Nach der die Streitfrage für die deutsche Rechtspraxis praktisch beendenden Entscheidung des BGH[146] steht die Rechtshängigkeit einer vom Schuldner gegen den Gläubiger bei einem nach Art. 31 Abs. 1 CMR international zuständigen Gericht erhobenen negativen Feststellungsklage der späteren Erhebung der Leistungsklage durch den Gläubiger vor dem zuständigen Gericht eines anderen Vertragsstaats der CMR nicht entgegen. Art. 31 Abs. 1 lit. b) CMR (Ort der Übernahme und Ablieferung) solle dem Absender oder Empfänger ersichtlich die Möglichkeit geben, den Frachtführer dort auf Schadensersatz in Anspruch zu nehmen, wo er mit ihm zu tun hatte, nämlich der Absender am Ort der Übernahme der Sendung und der Empfänger am Ablieferungsort. Dieser Wertung widerspreche es, wenn es der als Schuldner in Anspruch Genommene in der Hand hätte, die Wahlmöglichkeit des Gläubigers zu unterlaufen, indem er dem Gläubiger durch die Erhebung einer negativen Feststellungsklage vor dem Gericht eines ihm als zweckmäßig erscheinenden Staates zuvorkommt und den Gläubiger hierdurch dazu zu zwingen, dort (widerklagend) auch die Leistungsklage zu erheben.[147]

Zur Erhaltung dieser Wahlfreiheit nimmt es der BGH sogar *expressis verbis* in Kauf, dass Klagen wegen ein und derselben Angelegenheit vor Gerichten verschiedener Staaten möglicherweise zu divergierenden Entscheidungen führen.[148] Der BGH dürfte damit für die Praxis eine kaum noch überschaubare Abfolge divergierender Entscheidungen beendet haben,[149] wobei unklar ist, ob damit das

---

143 *Loewe*, TranspR 1988, 309 ff.
144 *Herber/Piper*, Art. 31 CMR Rdn. 24; vgl. auch *Loewe*, TranspR 1988, 309, 313.
145 *Koller*, 7. Aufl., Art. 31 CMR Rdn. 8 mit umfangreichen Rechtsprechungs- und Literaturzitaten.
146 Urt. v. 20.11.2003 – I ZR 294/02, TranspR 2004, 77 ff.
147 BGH, a.a.O.
148 BGH, a.a.O., S. 79.
149 LG Nürnberg-Fürth, 26.7.1994 – 5 HKO 11545/93, TranspR 1995, 72; OLG Köln, 8.3.2002 – 3 U 163/00, TranspR 2002, 239 = VersR 2003, 88; OLG Hamburg, 7.11.2002 – 6 U 192/01, TranspR 2003, 25 mit zustimmender Anm. *Herber*, TranspR 2003, 19 ff.; vgl. auch *Heuer*, TranspR 2002, 221 ff.; a.A. OLG Düsseldorf, 17.6.1999 – 18 W 6/99, TranspR 2002, 237; OLG Nürnberg, 6.3.2002 – 12 U 3891/01, TranspR 2002, 402.

Art. 31 Reklamationen und Klagen

Verhältnis negative Feststellungsklage/Leistungsklage im Bereich des Art. 31 CMR *generell* entschieden ist oder nur die Gerichtsstände des Übernahmeortes/ Ablieferungsortes für den geschädigten Absender/Empfänger erhalten bleiben sollen. Kritisch zur BGH-Rechtsprechung auch *Barnert*.[150] Nicht der BGH-Rechtsprechung angeschlossen hat sich auch der österreichische OGH.[151] Der österreichische OGH bekennt sich zum weiten Streitgegenstandsbegriff des Art. 27 EuGVVO (früher 21 EuGVÜ), welcher im Gegensatz zum nationalen Streitgegenstandsverständnis die Blockadewirkung der negativen Feststellungsklage gegenüber der später erhobenen Leistungsklage anerkennt. Insbesondere will der österreichische OGH – im Gegensatz zum dies hinnehmenden BGH – die in Art. 34 Ziff. 3 EuGVVO geregelte Situation unvereinbarer Entscheidungen verhindern.[152] Die unterschiedlichen Auffassungen wertend dürfte der Position des österreichischen OGH der Vorzug zu geben sein, da weite Streitgegenstandsbegriffe in internationalen Abkommen via Rechtshängigkeitsblockade dem Schnelleren die Möglichkeit geben, durch – erlaubtes – Forumshopping eine unerwünschte Rechtsprechung im Gerichtsstand des Späterklagenden zu unterlaufen.

Mit der Streitfrage hat sich auch der EuGH beschäftigt.[153] Er legt Art. 71 EuGVVO dahin aus, dass in Rechtssachen die in Übereinkommen *über besondere Rechtsgebiete* enthaltenen Regeln über Zuständigkeit, Rechtshängigkeit, Anerkennung und Vollstreckung „zur Anwendung kommen, sofern sie in hohem Maße vorhersehbar sind, eine geordnete Rechtspflege fördern, sofern sie es erlauben, die Gefahr von Parallelverfahren soweit wie möglich zu vermeiden und den freien Verkehr der Entscheidungen Zivil- und Handelssachen sowie das gegenseitige Vertrauen in die Justiz im Rahmen der Union unter mindestens ebenso günstigen Bedingungen zu gewährleisten wie sie in der EuGVVO vorgesehen sind". Allerdings hat sich der EuGH hinsichtlich der in concreto geforderten Auslegung von Art. 31 CMR ausdrücklich für unzuständig erklärt.

59 Die Sperrwirkung betrifft auch klageabweisende Urteile,[154] nicht aber reine Prozessurteile. Eine weitere Klage trotz anderweitiger Rechtshängigkeit bzw. Rechtskraft ist nur zulässig, wenn das Urteil in dem betreffenden Staat nicht vollstreckt werden kann.[155]

60 Gegenüber Nichtvertragsstaaten bestimmen sich die Rechtshängigkeit- und Rechtskraftwirkungen nach allgemeinen Vorschriften, weiteren internationalen

---

150 *Barnert*, ZZP 118, S. 81 ff.
151 Urt. v. 17.2.2006 – 10 Ob 147/05 y, TranspR 2006, 257 ff.
152 Vgl. Fn. 66.
153 EuGH v. 4.5.2010 – Rs. C-533/08, TranspR 2010, 236 ff., und ausführlich *Otte*, in: Ferrari/ Kieninger/Mankowski, 2. Aufl., Art. 31 CMR Rdn. 47; und zum Verhältnis Rechtshängigkeit negative Feststellungsklage/Leistungsklage generell Art. 31 CMR Rdn. 27 ff.
154 Staub/*Helm*, 2. Aufl., Art. 31 CMR Rdn. 51; *Koller*, 7. Aufl., Art. 31 CMR Rdn. 8; *Loewe*, ETR 1976, 503, 581.
155 Rdn. 61–66.

Abkommen und bilateralen Verträgen. Auf die Erläuterungen zu §§ 261, 322, 328 ZPO in den Kommentaren zur ZPO wird insoweit verwiesen.

VI. Vollstreckbarkeit ausländischer Urteile (Art. 31 Abs. 3 CMR)

Art. 31 Abs. 3 CMR regelt die erleichterte wechselbezügliche Vollstreckbarerklärung von Urteilen der Vertragsstaaten. Bzgl. des Begriffs „Urteil" gibt Abs. 4 eine Legaldefinition (vgl. Rdn. 67–71). Das Urteil muss „in einer Streitsache im Sinne des Abs. 1" ergangen sein, also zu einer der CMR „unterliegenden" Beförderung.[156] Das Urteil ist auch dann zu einer Streitigkeit aus einer CMR-Beförderung ergangen, wenn über eine im Widerklagewege geltend gemachte oder eine zur Aufrechnung gestellte CMR-Forderung (vgl. § 322 Abs. 2 ZPO) entschieden wurde.[157] Zu den Voraussetzungen des Abs. 1 und damit der Vollstreckbarerklärung gem. Abs. 3 gehört auch, dass das Gericht international zuständig war.[158]

61

Das Vollstreckbarkeitserfordernis besagt einerseits, dass nur gerichtliche Entscheidungen, die im Lande der Entscheidung als Vollstreckungstitel tauglich sind, in anderen Vertragsstaaten für vollstreckbar zu erklären sind.[159] Urteile ohne vollstreckungsfähigen Inhalt[160] können nicht für vollstreckbar erklärt werden, wobei es aber nicht schadet, wenn sich die Vollstreckbarkeit erst aus dem Zusammenhang mehrerer Titel ergibt.[161] Zum anderen reicht gem. Abs. 4 vorläufige Vollstreckbarkeit nicht aus; Loewe[162] unterscheidet hierbei zwischen der nach seiner Auffassung notwendigen „Vollstreckbarkeit" und der nicht zu fordernden „Rechtskraft".[163] Demnach unterfallen neben den vorläufig vollstreckbaren Hauptsacheentscheidungen auch Entscheidungen im einstweiligen Rechtsschutz nicht dem Abs. 3.[164] Urkundenvorbehaltsurteile fallen unter Abs. 3, nicht aber ein in einem Wechselprozess ergangenes Urteil.[165] Nach deutschem Zivil-

62

---

156 Vgl. Rdn. 2–4; Staub/*Helm*, 2. Aufl., Art. 31, Rdn. 52, 55; *Koller*, 7. Aufl., Art. 31 CMR Rdn. 9; MünchKommHGB/*Jesser-Huß*, Art. 31 CMR Rdn. 34; *Otte*, in: Ferrari/Kieninger/Mankowski, 2. Aufl., Art. 31 CMR Rdn. 48.
157 Staub/*Helm*, 2. Aufl., Art. 31 CMR Rdn. 55.
158 OLG Düsseldorf, 14.6.1973 – 18 U 6/73, DB 1973, 1697 = AWD 1974, 347; *Boesche*, in: EBJS, Art. 31 CMR Rdn. 19 m.w.N, insbes. in Fn. 68.
159 *Koller*, 7. Aufl., Art. 31 CMR Rdn. 9; Staub/*Helm*, 2. Aufl., Art. 31 CMR Rdn. 55 m.w.N.
160 OGH Wien, 13.4.1989 – 6 Ob 536/89, TranspR 1990, 152, 153.
161 Z.B. klageabweisendes Urteil/Kostenfestsetzungsbeschluss, vgl. Staub/*Helm*, 2. Aufl., Art. 31 CMR Rdn. 55; *Zöller*, 29. Aufl., § 722 ZPO Rdn. 10 m.w.N.
162 *Loewe*, ETR 1976, 503, 582.
163 *Herber/Piper*, Art. 31 CMR Rdn. 31.
164 *Boesche*, in: EBJS, Art. 31 CMR Rdn. 19; MünchKommHGB/*Jesser-Huß*, Art. 31 CMR Rdn. 35 mit ausführl. Hinweisen zur Behandlung vorläufig vollstreckbarer Entscheidungen und Entscheidungen des einstweiligen Rechtsschutzes im Anerkennungs- und Vollstreckungsverfahren.
165 Rdn. 67; zweifelnd Staub/*Helm*, 2. Aufl., Art. 31 CMR Rdn. 56.

Art. 31 Reklamationen und Klagen

prozessrecht sind indessen Urteile, die trotz fehlender Rechtskraft mehr als nur vorläufig vollstreckbar sind, kaum vorstellbar.[166]

63 Die Formerfordernisse des um Vollstreckbarerklärung angegangenen Vertragsstaates müssen erfüllt werden. Nach deutschem Zivilprozessrecht ergeben sich die Formerfordernisse der Vollstreckungsklage aus § 722 ZPO. Die Gerichtsstände des § 722 Abs. 2 ZPO sind gem. § 802 ZPO ausschließliche; eine Zuständigkeit gem. Art. § 31 Abs. 1 CMR für die Vollstreckungsklage wird nicht gefordert, da die Zuständigkeitsregelung des § 722 Abs. 2 ZPO als „vorgeschriebenes Formerfordernis" gem. Abs. 3 Vorrang hat.

64 Titel eines EG-Staates sind gem. Artt. 31 ff. EuGVÜ/LugÜ/Artt. 33 ff. EuGVVO für vollstreckbar zu erklären. Innerhalb von EuGVÜ/LugÜ/EuGVVO wird die internationale Zuständigkeit des ausländischen Gerichts nicht geprüft.[167] Im Anwendungsbereich der VO (EG) Nr. 805/2004 vom 21.4.2004 zur Einführung eines europäischen Vollstreckungstitels für unbestrittene Forderungen (Nr. L 143 vom 30.4.2004, 15) ist ab 21.10.2005 für unstreitige Forderungen (Anerkenntnisurteile, Versäumnisurteile, auch im schriftlichen Verfahren – Art. 3 der Verordnung) das Vollstreckbarerklärungsverfahren nicht mehr erforderlich; gleiches gilt für Art. 18 der VO (EG) Nr. 861/2007 v. 11.7.2007 zur Einführung eines Europäischen Vollstreckungstitels für *geringfügige Forderungen* (ABl. EU 2007 Nr. L 199, 1).[168] Der *europäische Zahlungsbefehl, welcher in CMR-Sachen zunehmend angenommen wird, ist gleichfalls europaweit vollstreckbar.*[169]

65 Die Nachprüfung hat sich auf die Einordnung als „Streitigkeit gem. Abs. 1" zu beschränken; hierzu gehört auch die internationale Zuständigkeit des ausländischen Gerichts gem. Art. 31 Abs. 1 CMR.[170] Die Grenze des Verbots sachlicher Nachprüfung dürfte in den Grundsätzen des *ordre public* liegen; diese wird man aber, dem Geist des Übereinkommens entsprechend, nur mit äußerster Zurückhaltung – im Handelsrecht ohnehin sehr selten – heranziehen dürfen.[171]

66 Soweit der Bundesgerichtshof[172] die inländische Leistungsklage trotz zuvor anhängig gewordener ausländischer negativer Feststellungsklage für zulässig gehalten hat, ist mit divergierenden Entscheidungen in beiden Staaten zu rechnen, was vom BGH ausdrücklich in Kauf genommen wird.[173] Entsprechend dem Rechtsgedanken des Art. 34 Ziff. 3 EuGVVO wird eine Entscheidung nicht anerkannt, wenn sie mit einer Entscheidung unvereinbar ist, die zwischen denselben Partei-

---

166 *Baumbach/Lauterbach/Hartmann*, 70. Aufl., § 704 ZPO Rdn. 2, 4f.
167 Rdn. 68 und MünchKommHGB/*Jesser-Huß*, Art. 31 CMR Rdn. 38 mit einer sehr übersichtlichen Zusammenstellung.
168 Vgl. *Zöller*, 25. Aufl., § 722 ZPO Rdn. 1a und Anh. II – EG-VO europ. Vollstreckungstitel, sowie EG-VO Verfahren für geringfügige Forderungen.
169 *Zöller*, 29. Aufl., § 722 ZPO Rdn. 1a.
170 Rdn. 68.
171 *Loewe*, ETR 1976, 503, 583; Staub/*Helm*, 2. Aufl., Art. 31 CMR Rdn. 52f.; MünchKommHGB/*Jesser-Huß*, Art. 31 CMR Rdn. 36, *Müller/Hök*, RIW 1988, 773, 776.
172 Urt. v. 20.11.2003 – 1 ZR 294/02, TranspR 2004, 77 ff.
173 BGH, a.a.O., S. 79.

en in dem Mitgliedstaat, in dem die Anerkennung geltend gemacht wird, ergangen ist. Demgemäß ist mit wechselseitiger Nichtanerkennung einander widersprechender Entscheidungen negatives Feststellungsurteil/Leistungsurteil zu rechnen.

VII. Legaldefinition des Urteils (Art. 31 Abs. 4 CMR)

Hierzu gehören in erster Linie Leistungsurteile.[174] Allerdings ist für die Einordnung unter den Begriff „Urteil" nicht am Wortlaut zu haften.[175] Auch ein Urkundenvorbehaltsurteil kann ein nicht nur vorläufig vollstreckbares Urteil sein (§ 599 Abs. 3 ZPO), nicht aber ein im Wechselprozess ergangenes Urteil.[176] Der Gesetzestext sieht ausdrücklich Versäumnisurteile vor; für eine Entscheidung nach Lage der Akten (§ 331a ZPO) kann nichts anderes gelten. Vollstreckungsbescheide zählen gleichfalls hierher.[177] 67

Urteile sind aber auch solche ohne eigentlich vollstreckbaren Inhalt wie klageabweisende Urteile und Feststellungsurteile;[178] gleichfalls an der Urteilsqualität i.S.d. Abs. 4 nimmt der auf ihrer Grundlage ergehende Kostenfestsetzungsbeschluss (§ 104 ZPO) teil (vgl. Rdn. 56), wobei sowohl bzgl. des zugrunde liegenden Urteils als auch bzgl. des Kostenfestsetzungsbeschlusses endgültige Vollstreckbarkeit (= Rechtskraft) vorliegen muss.[179] Das Gericht des erkennenden Staates muss international zuständig gewesen sein.[180] Innerhalb von EuGVÜ/LugÜ/EuGVVO entfällt die Prüfung der internationalen Zuständigkeit des ausländischen Gerichts.[181] 68

Gerichtliche Vergleiche sind den Urteilen gleichgestellt. Da Art. 31 Abs. 4 CMR eine Erläuterung des Abs. 3 darstellt, fallen hierunter nur Vergleiche in einer Streitigkeit gem. Abs. 1. Demgemäß sind Vergleiche vor Gerichten in Nichtvertragsstaaten nicht ausreichend.[182] Ansonsten ist aber die internationale Zuständigkeit gem. Art. 31 Abs. 1 CMR unproblematisch, da in dem Vergleichsschluss vor dem an sich international unzuständigen Gericht dessen (formfrei zulässi- 69

---

174 *Müller/Hök*, RIW 1988, 773, 775.
175 *Müller/Hök*, RIW 1988, 773, 775; MünchKommHGB/*Jesser-Huß*, Art. 31 CMR Rdn. 35; *Boesche*, in: EBJS, Art. 31 CMR Rdn. 19.
176 Rdn. 11; zweifelnd Staub/*Helm*, 2. Aufl., Art. 31 CMR Rdn. 55.
177 MünchKommZPO/*Gottwald*, 3. Aufl., Art. 31 CMR Rdn. 13; *Boesche*, in: EBJS, Art. 31 CMR Rdn. 19; *Müller/Hök*, RIW 1988, 773, 775.
178 *Müller/Hök*, RIW 1988, 773, 775.
179 *Baumbach/Lauterbach/Hartmann*, 70. Aufl., Einf. §§ 103–107 ZPO Rdn. 8.
180 MünchKommZPO/*Gottwald*, 3. Aufl., Art. 31 CMR Rdn. 15; *Boesche*, in: EBJS, Art. 31 CMR Rdn. 19; OLG Düsseldorf, 14.6.1973 – 18 U 6/73, Betrieb 1973, 1697 wird hierzu zu Unrecht zitiert, da bei bejahter *internationaler* Zuständigkeit Mängel bei der Ermittlung des *nationalen* Gerichtsstandes des ausländischen Gerichtes gerügt wurden.
181 MünchKommZPO/*Gottwald*, 3. Aufl., Art. 31 CMR Rdn. 15; MünchKommHGB/*Jesser-Huß*, Art. 31 CMR Rdn. 36–38 (eingehend).
182 Vgl. Rdn. 14f.

Art. 31 Reklamationen und Klagen

ge)[183] Prorogation zu erblicken ist. Unschädlich ist, wenn erst durch den Vergleich (über den Streitgegenstand des Gerichtsverfahrens hinaus) eine Streitigkeit gem. Art. 31 Abs. 1 CMR mitverglichen wird;[184] dies gilt wohl auch, wenn ein Dritter dem Rechtsstreit lediglich zum Zwecke des Abschlusses eines Vergleichs beitritt.[185] Die Gleichstellung erfasst auch den aufgrund des Vergleichs ergangenen Kostenfestsetzungsbeschluss.

70 Notariatsurkunden i.S.d. § 794 Nr. 5 ZPO stehen gerichtlichen Vergleichen nicht gleich, da ihnen die Befassung eines Gerichts mit der Streitsache fehlt.[186]

71 Klageabweisende Urteile sind nur dann nicht gem. Artt. 3 und 4 für vollstreckbar zu erklären, wenn sie neben der Klageabweisung außer den Verfahrenskosten

– *Schadensersatz* auferlegen; hierbei handelt es sich um dem deutschen Zivilprozess fremde Prozessstrafen.[187] Schadensersatz für voreilige Vollstreckung gem. § 717 Abs. 2 ZPO fällt nicht hierunter;
– zu *Zinszahlungen* verurteilen. Ein Anwendungsbeispiel deutschen Rechts könnte allenfalls die Verzinsungspflicht des Kostenfestsetzungsbeschlusses im Falle eines klageabweisenden Urteils gem. § 104 Abs. 1 Satz 2 ZPO sein. Besonders der englische Urtext legt aber eine Auslegung nahe, wonach nur eine Art Strafzins auf die abgewiesene Hauptsacheforderung in Frage kommt.

VIII. Befreiung von Ausländerkostensicherheit (Art. 31 Abs. 5 CMR)

72 Abs. 5 befreit Angehörige von Vertragsstaaten von der Pflicht, Ausländerkostensicherheit (§ 110 ZPO) zu leisten. Die Kontroverse, ob die Befreiung von Sicherheitsleistung auch vor Gerichten des Heimatstaats gilt,[188] ist für die Verhältnisse des deutschen Zivilprozesses ohne Bedeutung, da § 110 ZPO für Inländer ohnehin nicht gilt. Abs. 5 bezieht sich weder auf die Vorschusspflichten der §§ 10ff. GKG, ebenso wenig auf Sicherheitsleistungspflichten bei vorläufig vollstreckbaren Urteilen gem. §§ 709ff. ZPO, noch auf die vorherige Kostenzahlungspflicht bei der Erneuerung einer zurückgenommenen Klage (§ 269 Abs. 6 ZPO).

---

183 Rdn. 35f.
184 *Baumbach/Lauterbach/Hartmann*, 70. Aufl., Anh. § 307 ZPO Rdn. 15.
185 *Baumbach/Lauterbach/Hartmann*, 70. Aufl., Anh. § 307 ZPO Rdn. 18.
186 Zu Schiedssprüchen Art. 33 Rdn. 10, 11.
187 Staub/*Helm*, Art. 31 CMR Rdn. 56; MünchKommZPO/*Gottwald*, 3. Aufl., Art. 31 CMR Rdn. 13.
188 Bejahend Staub/*Helm*, 2. Aufl., Art. 31 CMR Rdn. 57; *Koller*, 7. Aufl., Art. 31 CMR Rdn. 11; *Boesche*, in: EBJS, Art. 31 CMR Rdn. 20; *Herber/Piper*, Art. 31 CMR Rdn. 35; MünchKommHGB/*Jesser-Huß*, Art. 31 CMR Rdn. 39; a.A. *Loewe*, ETR 1976, 503, 584.

IX. Beweislastfragen

1. Art. 31 Abs. 1 CMR

Die Partei, die die internationale Zuständigkeit eines Gerichtes behauptet, also 73
der Kläger, hat die Tatsachen zu beweisen, die diese gem. Art. 31 Abs. 1 begründen.[189] Dies gilt auch für die Tatsachen, die zur *nationalen* Zuständigkeit eines Gerichtes führen.[190] Bei doppelt relevanten Tatsachen, welche sowohl für die *Zulässigkeit* als auch für die *Begründetheit* bedeutsam sind, bedarf es nicht des Beweisantritts, sondern lediglich der schlüssigen Behauptung;[191] dies gilt sowohl für die *internationale* als auch für die *nationale* Zuständigkeit.

Der eine Gerichtsstandsvereinbarung behauptende Kläger hat diese zu beweisen.[192] Das Gericht muss die Voraussetzungen einer Gerichtsstandsvereinbarung allerdings auch von Amts wegen prüfen.[193] Im Zweifel umfasst eine Vereinbarung auch einen deliktischen oder sonstigen gesetzlichen Anspruch, welcher gem. Art. 28 Abs. 1 CMR gleichgestellt ist.[194]

2. Art. 31 Abs. 2 CMR

Die Partei, welche anderweitige Rechtskraft oder Rechtshängigkeit behauptet, 74
trägt hierfür die Beweislast.[195]

Steht fest, dass in einem Vertragsstaat dieselbe Sache zwischen denselben Parteien rechtshängig bzw. rechtskräftig entschieden ist, hat derjenige, der sich auf die Nichtvollstreckbarkeit beruft, die Beweislast für diejenigen Tatsachen, aus denen sich die Nichtvollstreckbarkeit des Ersturteils in dem Staat ergibt, in dem die neue Klage erhoben wird („... es sei denn").

3. Art. 31 Abs. 3 CMR

Wer sich auf die Vollstreckbarkeit eines Urteils im Ersturteilsstaat beruft, muss 75
dies – wie die übrigen Voraussetzungen des Abs. 3 – beweisen.[196]

---

189 Baumgärtel/*Giemulla*, Art. 31 CMR Rdn. 1.
190 *Baumbach/Lauterbach/Hartmann*, 70. Aufl., Übers. § 12 ZPO Rdn. 19.
191 Rdn. 3 m.w.N.
192 Baumgärtel/*Giemulla*, Art. 31 CMR Rdn. 1.
193 *Baumbach/Lauterbach/Hartmann*, 70. Aufl., § 38 ZPO Rdn. 5 m.w.N.
194 *Baumbach/Lauterbach/Hartmann*, 70. Aufl., § 38 ZPO Rdn. 6 m.w.N.
195 Baumgärtel/*Giemulla*, Art. 31 CMR Rdn. 2 m.w.N.
196 *Baumbach/Lauterbach/Hartmann*, 70. Aufl., § 723 ZPO Rdn. 5 m.w.N.

Art. 31   Reklamationen und Klagen

4. Art. 31 Abs. 4 CMR

76 Da Abs. 4 eine Konkretisierung des Abs. 3 darstellt, erstreckt sich die Beweislast des die Vollstreckbarerklärung Beantragenden auch auf die sich aus Abs. 4 ergebenden Tatbestandsmerkmale. Bezüglich der Vollstreckbarkeit muss der Kläger auch beweisen, dass ein Urteil nicht nur vorläufig vollstreckbar ist.

5. Art. 31 Abs. 5 CMR

77 Wer behauptet, aufgrund des Art. 31 Abs. 5 CMR von der Pflicht zur Sicherheitsleistung befreit zu sein, muss im Bestreitensfalle sämtliche Tatbestandsmerkmale des Abs. 5 beweisen, welche seine Befreiung von der Pflicht zu Sicherheitsleistung begründen.[197] Allerdings muss das Gericht auch von Amts wegen die Voraussetzungen des Art. 31 Abs. 5 CMR prüfen.[198]

---

[197] BGH, 13.1.1982 – VIII ZR 159/80, NJW 1982, 1223 zu § 110 ZPO.
[198] *Baumbach/Lauterbach*, 70. Aufl., § 110 ZPO Rdn. 13 m.w.N.

Art. 32

bearbeitet von RA Klaus Demuth, München

1. Ansprüche aus einer diesem Übereinkommen unterliegenden Beförderung verjähren in einem Jahr. Bei Vorsatz oder bei einem Verschulden, das nach dem Recht des angerufenen Gerichtes dem Vorsatz gleichsteht, beträgt die Verjährungsfrist jedoch drei Jahre. Die Verjährungsfrist beginnt

    a) bei teilweisem Verlust, Beschädigung oder Überschreitung der Lieferfrist mit dem Tage der Ablieferung des Gutes;

    b) bei gänzlichem Verlust mit dem dreißigsten Tage nach Ablauf der vereinbarten Lieferfrist oder, wenn eine Lieferfrist nicht vereinbart worden ist, mit dem sechzigsten Tage nach der Übernahme des Gutes durch den Frachtführer;

    c) in allen anderen Fällen mit dem Ablauf einer Frist von drei Monaten nach dem Abschluss des Beförderungsvertrages.

Der Tag, an dem die Verjährung beginnt, wird bei der Berechnung der Frist nicht mitgerechnet.

2. Die Verjährung wird durch eine schriftliche Reklamation bis zu dem Tage gehemmt, an dem der Frachtführer die Reklamation schriftlich zurückweist und die beigefügten Belege zurücksendet. Wird die Reklamation teilweise anerkannt, so läuft die Verjährung nur für den noch streitigen Teil der Reklamation weiter. Der Beweis für den Empfang der Reklamation oder der Antwort sowie für die Rückgabe der Belege obliegt demjenigen, der sich darauf beruft. Weitere Reklamationen, die denselben Anspruch zum Gegenstand haben, hemmen die Verjährung nicht.

3. Unbeschadet der Bestimmungen des Absatzes 2 gilt für die Hemmung der Verjährung das Recht des angerufenen Gerichtes. Dieses Recht gilt auch für die Unterbrechung der Verjährung.

4. Verjährte Ansprüche können auch nicht im Wege der Widerklage oder der Einrede geltend gemacht werden.

Literatur: *Loewe*, Die Bestimmungen der CMR über Reklamationen und Klagen, TranspR 1988, 309.

Übersicht

	Rdn.		Rdn.
I. Allgemeines	1	1. Sachlicher Geltungsbereich, insbes. nach dem Vertragstypus	4
II. Art und Inhalt der der Verjährung unterliegenden Ansprüche	3	a) Gültiger CMR-Vertrag	4
		b) Speditionsverträge	5
III. Ansprüche aus einer „diesem Abkommen unterliegenden Beförderung"	4	c) Verwandte Verträge und Verträge im Umfeld von Frachtverträgen	6

Art. 32 Reklamationen und Klagen

d) Gemischte Verträge und Verträge mit atypischer Gegenleistung 7
2. Kombinierter Transport im Sinne des Art. 2 Abs. 1 CMR 12
3. Sonstiger kombinierter Transport ... 13
IV. Dauer der Frist 14
 1. Im Regelfalle 14
 2. Bei Vorsatz oder dem Vorsatz gleichstehendem Verschulden 15
V. Inhaber der der Verjährung unterworfenen Ansprüche 16
 1. Am Frachtvertrag beteiligte Personen 16
  a) Absender und Empfänger 16
  b) Frachtführer 17
 2. Am Frachtvertrag nicht beteiligte Personen 18
VI. Schuldner der der Verjährung unterliegenden Ansprüche 19
 1. Am Frachtvertrag beteiligte Personen 19
 2. Am Frachtvertrag nicht beteiligte Personen 20
VII. Teilverlust, Beschädigung oder Überschreitung der Lieferfrist 22
 1. Teilverlust 22
 2. Beschädigung 23
 3. Lieferfristüberschreitung 24
 4. Die Ablieferung als Beginnzeitpunkt für die Verjährung 25
  a) Verjährungsbeginn mit Ablieferung des Gutes 25
  b) Verjährung bei fehlender Ablieferung 28
VIII. Verjährung der Ansprüche aus gänzlichem Verlust des Gutes 31
 1. Definition des gänzlichen Verlustes 31
 2. Verjährungsbeginn mit dem 30. Tage nach Ablauf der vereinbarten Lieferfrist 32
 3. Verjährungsbeginn mit dem 60. Tage nach Übernahme des Gutes bei Fehlen einer Lieferfristvereinbarung 33
IX. Verjährung „in allen anderen Fällen", Art. 32 Abs. 1 Satz 3 lit. c) CMR 34
 1. Vorbemerkung 34
 2. Der Vertragsabschluss als die Verjährung auslösendes Tatbestandsmerkmal 35
  a) Zeitpunkt des Vertragsschlusses im Regelfalle 35

b) Maßgebender Zeitpunkt bei Vertragsänderungen 39
c) Der Einfluss von Weisungen auf den Zeitpunkt des Vertragsschlusses 40
d) Transportleistungen auf Abruf ... 41
e) Rahmenverträge 42
f) Sukzessivlieferungsverträge 43
3. Die Art. 32 Abs. 1 Satz 3 lit. c) CMR unterfallenden Ansprüche 44
 a) Vorbemerkung 44
 b) Aus der CMR sich ergebende sonstige Ansprüche 45
 c) Sonstige Vertragsansprüche, die sich nicht aus der CMR ergeben 46
 d) Frachtvertragliche Ansprüche unter dem Einfluss allgemeiner Geschäftsbedingungen 48
 e) Außervertragliche Ansprüche 50
4. Beginn, Lauf und Ende der 3-monatigen Vorfrist 53
 a) Beginn 53
 b) Lauf 54
 c) Ende 55
5. Das Sonderproblem des spät entstehenden oder erkennbaren Anspruchs 56
 a) Allgemeines und Problemstellung 56
 b) Entstandene, aber schwer erkennbare Ansprüche 57
 c) Spät entstehende Ansprüche 58
X. Hemmung der Verjährung durch Reklamation 59
 1. Allgemeines 59
 2. Geltungsbereich der Reklamation 60
  a) Fälle des Artikel 32 Abs. 1 Satz 3 lit. a) u. b) CMR 60
  b) Andere Fälle 60a
 3. Inhalt und Zeitpunkt der Reklamation 61
  a) Unmissverständliche Inanspruchnahme des Reklamationsempfängers 61
  b) Nähere Ausgestaltung der Reklamation, Beifügung der Belege 62
  c) Zeitpunkt der Reklamation 63a
 4. Form der Reklamation 64
 5. Person des Reklamierenden 65
  a) Absender und Empfänger 65

b) Andere Personen 66
6. Person des Empfängers der
   Reklamation 73
7. Wirkungen der Reklamation 74
XI. Beendigung der Verjährungs-
    hemmung durch Zurückweisung
    der Reklamation 75
    1. Allgemeines 75
    2. Inhalt der Zurückweisung der
       Reklamation 76
    3. Form der Zurückweisung, Rückgabe
       der Belege 77
    4. Person des Zurückweisenden und
       des Empfängers der Zurück-
       weisung 80
XII. Teilweise Anerkennung der
     Reklamation 83
XIII. Weitere Reklamationen (Art. 32
      Abs. 2 Satz 4 CMR) 85
XIV. Beweislast für Empfang der
     Reklamation, der Zurückweisung
     und der Belege 86
XV. Ergänzende Anwendung von
    Hemmungs- und Unterbrechungs-
    tatbeständen nationalen Rechts
    (Art. 32 Abs. 3 CMR) 87
    1. Allgemeines 87

2. Hemmung 88
   a) Wirkung der Hemmung 88
   b) Einzelne Hemmungstatbestände
      deutschen Rechts 89
3. Unterbrechung (geänderte
   Gesetzesterminologie: Neubeginn
   der Verjährung) 90
   a) Wirkung des Neubeginns der
      Verjährung 90
   b) Einzelne Tatbestände des
      Neubeginns der Verjährung 91
4. Andere Einwirkungen auf den
   ungehinderten Lauf der
   Verjährungsfrist, insbes.
   Arglisteinwand 92
XVI. Verbot der Geltendmachung
     verjährter Ansprüche durch
     Widerklage und Einrede (Art. 32
     Abs. 4 CMR) 97
     1. Allgemeines 97
     2. Verbot der Geltendmachung
        verjährter Forderungen im Wege
        der Einrede 99
     3. Vertragliches Aufrechnungs-
        verbot und Aufrechnungs-
        vereinbarungen 103
XVII. Beweislastfragen 104

I. Allgemeines

Die Verjährungsregelungen des Art. 32 CMR sind in der Praxis häufig von pro- **1**
zessentscheidender Bedeutung. Über die Auffangklausel des Art. 32 Abs. 1
Satz 3 lit. c) CMR werden *sämtliche* Ansprüche aus einer CMR-Beförderung in
den Normbereich des Art. 32 CMR einbezogen. Insbesondere gegenüber der –
freilich ähnlichen – Vorschrift des § 439 HGB ist Art. 32 CMR *lex specialis*. Vorrang
besteht auch gegenüber den Verjährungsregelungen außervertraglicher Ansprüche
über Art. 28 Abs. 1 CMR.[1] Demgemäß unterliegt das gesamte, einer
CMR-Beförderung entspringende Anspruchsgeflecht der Verjährung nach
Art. 32 CMR; dem jeweiligen nationalen Recht sind gem. Abs. 3 lediglich die in
Art. 32 CMR nicht geregelten Unterbrechungs- (= Neubeginn der Verjährung)
und Hemmungstatbestände vorbehalten.

Art. 32 CMR regelt nicht, ob die Verjährung einredeweise geltend zu machen **2**
oder von Amts wegen zu beachten ist. Mangels Normierung in der CMR richtet

---

1 *Koller*, 7. Aufl., Art. 28 CMR Rdn. 4; unten Rdn. 50f.

sich der Rechtscharakter der Verjährung nach nationalem Recht.[2] Soweit gem. Art. 12 Abs. 1 Buchst. d Rom I deutsches Recht zur Anwendung kommt, hat der Verpflichtete ein einredeweise geltend zu machendes Leistungsverweigerungsrecht.[3]

II. Art und Inhalt der der Verjährung unterliegenden Ansprüche

3   Art. 32 CMR definiert nicht, was unter *Ansprüchen* zu verstehen ist. Im Vordergrund stehen Geldansprüche (in den Fällen der lit. b) und c) des Abs. 1 Satz 3 kommen infolge der Bestimmungen der Art. 23 und 25 CMR ausschließlich Geldleistungen in Betracht). Eine Begrenzung auf Zahlungsansprüche findet indessen nicht statt. Der Verjährung gem. Art. 32 CMR unterliegen sämtliche Ansprüche aus einer CMR-Beförderung, wobei von der Natur der Ansprüche her das gegenständlich nicht begrenzte Spektrum der §§ 194 Abs. 1, 241 Abs. 1 BGB heranzuziehen ist.

Zu den der Verjährung ausgesetzten Ansprüchen zählen neben den auf Geldleistung gerichteten demgemäß insbesondere:

– der Anspruch auf Durchführung der Beförderung;
– Ansprüche auf Naturalrestitution (soweit nicht durch die CMR ausgeschlossen);
– Ansprüche auf Vornahme von Handlungen;
– Unterlassungsansprüche;
– Befreiungsansprüche, beispielsweise des Frachtführers auf Befreiung von zollrechtlichen Verbindlichkeiten oder sonstigen Forderungen Dritter;
– Herausgabeansprüche bezüglich des Gutes oder Paletten;
– Ansprüche auf Abtretung einer Forderung;[4]
– Auskunftsansprüche.[5]

---

[2] Staub/*Helm*, 2. Aufl., Art. 32 CMR Rdn. 158; *Koller*, 7. Aufl., Art. 32 CMR Rdn. 1; *Bahnsen*, in: EBJS, Art. 32 CMR Rdn. 2; *Herber/Piper*, Art. 32 CMR Rdn. 2; *Loewe*, TranspR 1988, 309, 315.
[3] § 214 Abs. 1 BGB; OLG Düsseldorf, 14.7.1983 – 18 U 15/83, TranspR 1984, 16.
[4] OLG Hamm, 15.9.1988 – 18 U 260/88, TranspR 1989, 55 ff.; OLG München, 10.10.1990 – 7 U 3528/89, TranspR 1991, 138, 142 a.E.; MünchKommHGB/*Jesser-Huß*, Art. 32 CMR Rdn. 8.
[5] *Herber/Piper*, Art. 32 CMR Rdn. 6; OLG München, a.a.O.; *Bahnsen*, in: EBJS, Art. 32 CMR Rdn. 3.

III. Ansprüche aus einer „diesem Abkommen unterliegenden Beförderung"

1. Sachlicher Geltungsbereich, insbes. nach dem Vertragstypus

a) Gültiger CMR-Vertrag

Die CMR gilt gem. Art. 1 Abs. 1 CMR für jeden *Vertrag* über die entgeltliche 4
Beförderung von Gütern auf der Straße mittels Fahrzeugen, so dass auf nichtige
Verträge die CMR – und als deren Teil auch ihre Verjährungsbestimmungen –
nicht, auch nicht entsprechend, anzuwenden sind.[6] Demgemäß ist Art. 32 CMR
nicht auf Ansprüche aus § 311 Abs. 2 BGB (*culpa in contrahendo*) anwendbar.[7]
Rückabwicklungsansprüche hinsichtlich eines nach §§ 119–124 BGB wirksam
angefochtenen Beförderungsvertrages unterfallen nicht der CMR, somit auch
nicht Art. 32 CMR,[8] da die wirksame Anfechtung den Vertrag *ex tunc* gem.
§ 142 Abs. 1 BGB vernichtet. Allerdings muss der Beförderungsvertrag nicht
ausgeführt worden sein, die Beförderung also auch nicht begonnen haben.[9]

b) Speditionsverträge

Einigkeit besteht darüber, dass die CMR für Speditionsverträge nicht gilt.[10] 5

Bei Geltung deutschen Rechts verjähren die Ansprüche des Spediteurs gem.
§§ 463, 439 HGB. Im Falle der *Fixkosten-* oder *Sammelladungsspedition* sowie
des *Selbsteintritts* wird der Spediteur jedoch gem. §§ 458, 459, 460 HGB zwingend zum Frachtführer, der der CMR samt ihren Verjährungsvorschriften unterliegt.[11] Die Fixkostenspedition unterfällt dem Geltungsbereich der CMR, unabhängig davon, ob dies in nationalen (unvereinheitlichten) Rechtsvorschriften
ausdrücklich bestimmt ist.[12] Zur Abgrenzung des Frachtvertrages vom Speditionsvertrag vor Art.1 CMR Rdn. 64–69.

c) Verwandte Verträge und Verträge im Umfeld von Frachtverträgen

Nicht selten sind Verträge zu beurteilen, welche die Durchführung von Fracht- 6
verträgen ermöglichen, erleichtern oder sonst begleiten. Sie unterliegen der

---

6 *Koller*, 7. Aufl., Art. 1 CMR Rdn. 3. MünchKommHGB/*Jesser-Huß*, Art. 1 CMR Rdn. 2
7 Art. 31 Rdn. 3 m.w.N.; a.A. *Herber/Piper*, Art. 32 CMR Rdn. 6; differenzierend MünchKommHGB/*Jesser-Huß*, 2. Aufl., Art. 32 CMR Rdn. 5: Art. 32 anwendbar, falls der Vertrag zustande kommt; wie hier auch *Gass*, in: EBJ, 1. Aufl., Art. 32 CMR Rdn. 5.
8 *Koller*, TranspR 2005, 177, 181 zum MÜ.
9 Strittig, im Einzelnen vgl. Art. 31 Rdn. 2.
10 Statt aller: *Fremuth/Thume*, Art. 32 CMR Rdn. 4; BGH, 23.3.1995 – III ZR 177/93, VersR 1995, 940.
11 *Koller*, 7. Aufl., Art. 1 CMR Rdn. 3.
12 BGH, 14.2.2008 – I ZR 183/05, TranspR 2008, 323; Österr. OGH v. 30.5.2012, 7 Ob 21/12g, TranspR 2012, 337 m. Anm. Kornfeld.

Art. 32 Reklamationen und Klagen

CMR-Verjährung dann nicht, wenn sie nicht eine „diesem Abkommen unterliegende Beförderung" zum Gegenstand haben. Die Vermietung eines Trailers, der im grenzüberschreitenden Straßengütertransport eingesetzt wird, unterliegt nicht der CMR-Verjährung, sondern bezüglich des Mietentgeltes §§ 195, 199 BGB, hinsichtlich Ersatzansprüchen des Vermieters für Verschlechterungen § 548 BGB.[13] Ebenso wenig greift Art. 32 CMR bei der Vermietung eines Fahrzeuges samt Fahrer ein.[14] Auch die bloße Überführung von Kraftfahrzeugen mit *anderen* Beförderungsmitteln unterfällt nicht der CMR-Verjährung.[15] Kaufverträge mit Bringpflicht unterliegen nicht der CMR-Verjährung.[16] Holt der Frachtführer ein zunächst beschädigt abgeliefertes Gerät im Einvernehmen mit dem Absender wieder ab, um den Schaden selbst begutachten zu lassen, verjährt der Herausgabeanspruch des Absenders nicht nach Frachtrecht, sondern aufgrund eines separat abgeschlossenen Verwahrungsvertrages.[17] Gleichfalls anderen Verjährungsregeln unterstehen etwa Gesellschaftsverträge, welche die Durchführung von grenzüberschreitenden Transporten zum Gegenstand haben.[18] A-Metageschäfte unterfallen gleichfalls nicht der CMR.[19] Der Frachtvermittlungsvertrag ist Werk- oder Mäklervertrag. Der Arbeitsvertrag mit dem Fahrer unterliegt arbeitsrechtlicher Beurteilung, auch dann, wenn Scheinselbstständigkeit bei sog. Unternehmerverträgen vorliegt.[20]

d) Gemischte Verträge und Verträge mit atypischer Gegenleistung

7   Aus der Präambel zur CMR, besonders im englischsprachigen Text („... the desirability of standardizing the conditions governing the contract for the international carriage of goods by road ..."), lässt sich das Bestreben des Gesetzes ableiten, das schiere Transportelement eines *gemischten* Vertrages und der hieraus entstehenden, in der CMR oder anderen Gesetzen geregelten Leistungsstörungen seiner Geltung, also auch Art. 32 CMR, zu unterwerfen.[21] Verpflichtet sich beispielsweise ein Unternehmer, eine Fabrik in einem Vertragsstaat zu demontieren und in einem anderen Staat wieder zu installieren, wobei er einschließlich des Transports sämtliche Leistungen zu erbringen hat, gelten für den Transportteil (etwa bei Beschädigungen von Gegenständen auf der Reise) wegen des weitgehenden Geltungsanspruchs der CMR deren Regelungen, mithin auch Art. 32

---

13 Staub/*Helm*, Art. 32 Rdn. 5.
14 *Koller*, 7. Aufl., Art. 1 CMR Rdn. 3 m.w.N., *Fremuth/Thume*, Art. 1 CMR Rdn. 6.
15 *Lenz*, Straßengütertransportrecht, Rdn. 65.
16 Staub/*Helm*, Art. 32 CMR Rdn. 5; *Koller*, 7. Aufl., Art. 1 CMR Rdn. 3.
17 BGH, 20.10.2005 – I ZR 18/03, TranspR 2006, 74.
18 A.A. *Koller*, 7. Aufl., Art. 32 CMR Rdn. 1.
19 Staub/*Helm*, Art. 32 CMR Rdn. 5; a.A. OLG Saarbrücken, 24.2.1995 – 4 U 227/94-44, TranspR 1995, 291 – zweifelnd zu dieser Entscheidung *Koller*, 7. Aufl., Art. 32 CMR Fn. 36.
20 Vgl. zum Problemkreis: BGH, 21.10.1998 – VIII ZB 54/97, NJW 1999, 648, im konkreten Falle keine Scheinselbstständigkeit angenommen.
21 Staub/*Helm*, 2. Aufl., Art. 32 CMR Rdn. 5.

CMR.²² Dagegen unterliegt im Beispielsfalle bei Geltung deutschen Rechts ein Fehler bei der Demontage der Anlage werkvertraglichem Gewährleistungsrecht gem. §§ 633 ff. BGB einschließlich der Verjährungsbestimmung des § 634a BGB, der entsprechende Werklohnanspruch verjährt gem. § 195 BGB. Eine Gesamtbetrachtung, die das gesamte Vertragswerk den Regelungen des Vertragstypus unterwirft, der den rechtlichen oder wirtschaftlichen Schwerpunkt bildet,²³ erscheint wegen des Geltungsanspruchs der CMR (Art. 41 CMR) jedenfalls dann nicht zulässig, wenn diese Betrachtungsweise bezüglich des Transportteils zur Ausschaltung der CMR und ihrer Verjährungsbestimmungen führt.

Unbedenklich erscheint auch die Anwendung des Art. 32 CMR bei atypischer **8** Gegenleistung des Auftraggebers.²⁴ Hat der Absender als Frachtlohn nicht eine Geldleistung, sondern etwa Warenlieferungen oder Dienstleistungen versprochen, verjährt diese Leistungspflicht als „anderer Anspruch" nach Art. 32 Abs. 1 Satz 3 lit. c) CMR. Gleiches gilt, wenn die Gegenleistung für die Beförderung ihrerseits in Form von Gegentransporten durch den Absender erbracht wird.

Die Verjährungsbestimmungen der CMR sind auch auf Ansprüche aus Diensten **9** des Frachtführers anzuwenden, die sich als Nebenabreden darstellen oder sonst mit der Beförderung im Zusammenhang stehen.²⁵ Die von *Loewe* angeführten Beispiele aus der Rechtsprechung (Fehler des Frachtführers bei Einhebung der Nachnahme, Erstattung verauslagter Zollgebühren, Standgeldforderungen) sind zwanglos als „Ansprüche" aus einer *diesem Übereinkommen unterliegenden Beförderung* unter Art. 32 CMR zu subsumieren; sie gehören zum typischen Leistungsbild eines Frachtvertrages.

Weitere Beispiele:

– Telefonkosten des CMR-Frachtführers gegen seinen Vertragspartner im Rahmen einer ständigen, auf CMR-Verträge gerichteten Geschäftsbeziehung;²⁶
– Palettendarlehen, Leihe von Betriebsmitteln;²⁷
– Verletzung der vom Frachtführer übernommenen Nebenpflicht, den Hersteller oder Händler von Gütern geheim zu halten;
– Verletzung der gegenüber dem Frachtführer übernommenen Reklampflicht auf LKW-Planen.

Das weitere von *Loewe*, a.a.O., gewählte Beispiel, Klagen aus der Aufbewahrung **10** des Gutes durch den Lagerhalter, bedarf indessen einer differenzierenden Betrachtung.

---

22 OLG Düsseldorf, 2.12.1982 – 18 U 148/82, VersR 1983, 749.
23 Palandt/*Grüneberg*, 71. Aufl., Überblick v. § 311 BGB Rdn. 19–26.
24 Staub/*Helm*, 2. Aufl., Art. 32 CMR Rdn. 5.
25 *Koller*, 7. Aufl., Art. 32 CMR Rdn. 1; MünchKommHGB/*Jesser-Huß*, Art. 32 CMR Rdn. 10, der einen hinreichend engen Zusammenhang mit dem Beförderungsvertrag verlangt; *Bahnsen*, in: EBJS, Art. 32 CMR Rdn. 4; *Herber/Piper*, Art. 32 CMR Rdn. 7; *Loewe*, TranspR 1988, 309, 313.
26 OLG Düsseldorf, 11.7.1996 – 18 U 3/96, TranspR 1997, 274, 275.
27 *Bahnsen*, in: EBJS, Art. 32 CMR Rdn. 3.

Fallen Vor-, Zwischen- und Nachlagerungen im Zuge der Beförderung an, gehören auch solche Einlagerungen zum Haftungszeitraum des Art. 17 CMR. Beziehen sich Vertragsansprüche auf solche Zeiträume, bzw. werden Pflichten im Rahmen der genannten Einlagerungen verletzt, richtet sich die Verjährung nach Art. 32 CMR.[28] Entscheidend ist, dass solche Vor-, Zwischen- und Nachlagerungen verkehrsbedingt sind.

Anders wird zu entscheiden sein, wenn – besonders auf Weisung – eine Vor- oder Zwischenlagerung oder eine längere Auflagernahme vor Auslieferung an den Empfänger ein mindestens vorläufiges Ende der Reise mit sich bringt.[29] Die Gesamtbetrachtung muss ergeben, dass der Lagervertrag nicht mehr als Teil des grenzüberschreitenden Straßengütertransportes anzusehen ist.[30] Unterfallen CMR-Vertrag und Lagervertrag indessen einer jeweils rechtlich selbstständigen Betrachtung, trifft rechtlich den Frachtführer/Lagerhalter im Schadensfalle die Beweislast für das ihm günstigere Haftungsregime.[31]

11 Die Abholung und Zurollung der Ware im Nahverkehr unterliegt gleichfalls der CMR und ihren Verjährungsregeln; eine Aufteilung in zwingende Fernverkehrsstrecke und ADSp-fähigen Vor- bzw. Nachlauf wird *nicht* vorgenommen.[32]

2. Kombinierter Transport im Sinne des Art. 2 Abs. 1 CMR

12 Art. 2 Abs. 1 CMR regelt einen Sonderfall des kombinierten Transports,[33] nämlich die Beförderung des mit dem Gut beladenen Fahrzeuges durch ein anderes Transportmittel. Kraft ausdrücklicher gesetzlicher Vorschrift gilt im Grundsatz die CMR, mithin auch die Verjährungsregelung, für die gesamte Beförderung.[34] Wird indessen bewiesen, dass während der Beförderung durch das andere Verkehrsmittel eingetretene Verluste, Beschädigungen oder Überschreitungen der Lieferfrist nicht durch eine Handlung oder Unterlassung des Straßenfrachtführers, sondern durch ein Ereignis verursacht worden sind, das nur während und wegen der Beförderung durch das andere Beförderungsmittel eingetreten sein kann, bestimmt sich die Haftung des Straßenfrachtführers nicht nach CMR, sondern danach, wie der Frachtführer des anderen Verkehrsmittels gehaftet hätte,

---

28 Vgl. hierzu eingehend: Art. 17 CMR Rdn. 57 u. 58; *Bahnsen*, in: EBJS, Art. 32 CMR Rdn. 7; *Koller*, 7. Aufl., § 425 HGB Rdn. 34; BGH, 12.1.2012 – I ZR 214/10 TranspR 2012, 107; BGH, 10.3.1994 – I ZR 75/92, TranspR 1994, 279, 281.
29 Einzelheiten bei Art. 17 CMR Rdn. 57–59 m.w.N.
30 *Koller*, 7. Aufl., Art. 32 CMR Rdn. 1; *Herber/Piper*, Art. 32 CMR Rdn. 7; zu stark generalisierend MünchKommHGB/*Jesser-Huß*, Art. 32 CMR Rdn. 10; *Bahnsen*, in: EBJS, Art. 32 CMR Rdn. 7; BGH, 13.1.1978 – I ZR 63/76, VersR 1978, 318, 319 – Nichtanwendung CMR sehr zweifelhaft; *Demuth*, in: Handhandbuch des Transportrechts, E. III.
31 BGH, 10.3.1994 – I ZR 75/92, TranspR 1994, 279, 281.
32 Anders noch infolge § 1 Abs. 5 der außer Kraft getretenen KVO im *innerdeutschen* Fernverkehr BGH, 9.5.1985 – I ZR 35/83, TranspR 1986, 13.
33 *Koller*, 7. Aufl., Art. 2 CMR Rdn. 2.
34 *Fremuth/Thume*, Art. 2 CMR Rdn. 17 und 22; MünchKommHGB/*Jesser-Huß*, Art. 2 CMR Rdn. 4; *Bahnsen*, in: EBJS, Art. 2 CMR Rdn. 12, 13.

wenn ein lediglich das Gut betreffender Beförderungsvertrag zwischen dem Absender und dem Frachtführer des anderen Verkehrsmittels nach den zwingenden Vorschriften des für die Beförderung durch das andere Verkehrsmittel geltenden Rechts geschlossen worden wäre (Art. 2 Abs. 1 CMR).

Art. 2 Abs. 1 Satz 2 CMR überbürdet demgemäß demjenigen die Beweislast für das Vorliegen eines für das Trägerbeförderungsmittel typischen Ereignisses, der hieraus Vorteile zieht.[35]

Dies bedeutet: Will sich der Frachtführer auf günstigere Verjährungsnormen des transportierenden Verkehrsmittels berufen, muss er den entsprechenden Beweis führen; unerheblich ist hierbei, worauf die Begünstigung im Einzelnen beruht, ob auf kürzerer Verjährungsfrist, für den Geschädigten im Verhältnis zur CMR nachteiliger Hemmungs- oder Unterbrechungsvorschriften, weitergehenden Aufrechnungsmöglichkeiten des Frachtführers o. Ä. Entscheidend ist allein, dass der Frachtführer mit der Verjährungseinrede nach dem Recht des Trägerbeförderungsmittels den Anspruch des Geschädigten zu Fall bringen kann, nach den Regelungen des Art. 32 CMR dagegen nicht.

Spiegelbildlich hierzu hat der Geschädigte die Geltung der Normen des Trägerbeförderungsmittels dann zu beweisen, wenn er mittels deren Anwendung die Verjährungseinrede des Frachtführers abwehren kann, die bei Anwendung des Art. 32 CMR erfolgreich wäre. Auch in diesem Falle ist es ohne Bedeutung, worauf die besseren Möglichkeiten des Geschädigten beruhen; entscheidend ist allein, dass er bei Anwendung der Verjährungsnormen des Trägerbeförderungsmittels seinen Anspruch durchsetzen kann, während bei Beurteilung nach Art. 32 CMR dieser der Verjährung unterliegt.

Bei einem *non liquet* verbleibt es in beiden Fällen aufgrund ausdrücklicher Beweisregel des Art. 2 Abs. 1 Satz 2 CMR bei den für den jeweils Beweisbelasteten ungünstigeren Verjährungsregeln nach Art. 32 CMR.

3. Sonstiger kombinierter Transport

Unter kombiniertem Transport (multimodaler Transport) ist die Beförderung des Gutes aufgrund eines einheitlichen Frachtvertrages mit verschiedenartigen Beförderungsmitteln zu verstehen (Legaldefinition § 452 S. 1 HGB).

Das vom BGH in seiner grundlegenden Entscheidung[36] geschaffene Richterrecht und die hierauf fußende Literatur und Rechtsprechung (Voraufl., Rdn. 13) sind

---

[35] *Fremuth/Thume*, Art. 2 CMR Rdn. 22; *Koller*, 7. Aufl., Art. 2 CMR Rdn. 8; *Bahnsen*, in: EBJS, Art. 2 CMR Rdn. 32; MünchKommHGB/*Jesser-Huß*, Art. 2 CMR Rdn. 10; OLG Hamburg, 18.10.1990 – 6 U 253/89, TranspR 1991, 70, 71 zum Verhältnis CMR/CIM; a.A. Staub/*Helm*, 2. Aufl., Art. 2 CMR Rdn. 27, der dem Geschädigten die Beweislast zuweist und sich hier zu Unrecht auf den ausdrücklichen Wortlaut des Art. 2 Abs. 1 Satz 2 CMR beruft; diese Frage nicht entschieden in BGH, 15.12.2011 – I ZR 12/11, TranspR 2012, 330.
[36] BGH, 24.6.1987 – I ZR 127/85, TranspR 1987, 447 = VersR 1987, 1212 = NJW 1988, 640.

Art. 32 Reklamationen und Klagen

im Falle der Geltung deutschen Transportrechts durch die gesetzliche Neuregelung des § 452b Abs. 2 HGB abgelöst worden. Nunmehr hat der BGH auch klargestellt, dass die Vorschriften der CMR – sofern sich aus dem anwendbaren nationalen Recht nicht ein Hinweis auf die CMR als geltendes Teilstreckenrecht ergibt – nur auf Verträge über unimodale grenzüberschreitende Straßengütertransporte zur Anwendung kommen.[37]

Bei *unbekanntem Schadensort* bestimmt sich bei Geltung deutschen Rechts die Verjährung ausschließlich nach § 439 HGB.[38]

Bei *bekanntem Schadensort* kommt das hierfür geltende Teilstreckenrecht zum Tragen, und – wenn dieses eine CMR-Strecke ist – die CMR.[39]

§ 452b Abs. 2 Satz 1 BGB enthält eine positive Regelung des Ablieferungszeitpunktes, nämlich denjenigen der Ablieferung an den *Endempfänger*. Hiermit wird eine Unklarheit darüber beseitigt, ob damit etwa auch die Beendigung der Beförderung auf einer einzelnen (Unterwegs-)Teilstrecke als „Ablieferung" anzusehen ist.[40]

Soweit die Verjährungsfrist bei bekanntem Schadensort – hier CMR-Verjährung – von der *Übernahme* des Gutes abhängig ist, enthält § 452b Abs. 2 Satz 1 HGB keine ausdrückliche Regelung.[41] Die Regelung für den Ablieferungsort hat indessen auch für den Übernahmeort entsprechend zu gelten. Nach herrschender Meinung ist für Zwecke der Gerichtsstandbestimmung gem. Art. 31 Abs. 1 lit. b) CMR als Übernahmeort des multimodalen Vertrages derjenige anzusehen, an dem der Frachtführer das Gut ursprünglich vom Absender übernommen hat, nicht dagegen der Ort des Wechsels des Transportmittel (= Übernahme durch den CMR-Teilstreckenfrachtführer).[42] Für eine abweichende Definition des Übernahmeorts für Verjährungsgesichtspunkte besteht kein Anlass.

Darüber hinaus enthält § 452b Abs. 2 Satz 1 HGB auch eine Regelung des Fristlaufs.[43]

Unproblematisch sind hierbei die Fälle des teilweisen Verlustes, der Beschädigung oder der Lieferfristüberschreitung. Die Regelungen in Art. 32 Abs. 1 Satz 2a CMR und § 439 Abs. 2 Satz 1 HGB stehen hierbei zueinander nicht in Widerspruch – also identischer Fristlauf.[44]

---

37 BGH v. 17.7.2008 – I ZR 181/05, TranspR 2008, 365 ff.
38 Vgl. *Demuth*, in: Festgabe Herber, S. 326, 335, 336; *Koller*, 7. Aufl., § 452b HGB Rdn. 4; *Reuschle*, in: EBJS, § 452 HGB Rdn. 10.
39 *Demuth*, a.a.O., S. 336; *Koller*, 7. Aufl., § 452b HGB, Rdn. 3; *Fremuth/Thume*, § 452b HGB, Rdn. 14; *Reuschle*, in: EBJS, § 452b HGB Rdn. 11 m.w.N.
40 Zutreffend *Fremuth/Thume*, § 452b HGB Rdn. 10 m.w.N.; *Koller*, 7. Aufl., § 452b HGB Rdn. 3; *Demuth*, a.a.O., S. 336; *Reuschle*, in: EBJS, § 452b HGB Rdn. 11; MünchKommHGB/*Herber*, § 452b HGB Rdn. 10.
41 *Koller*, 7. Aufl., § 452b HGB Rdn. 3; BGH v. 17.7.2008 – I ZR 181/05, TranspR 2008, 365 ff., dürfte indessen die hier vertretene Auffassung stützen.
42 Art. 31 CMR Rdn. 27 m.w.N.
43 *Fremuth/Thume*, § 452b HGB Rdn. 9.
44 *Demuth*, a.a.O.

Bei gänzlichem Verlust geht die im Vergleich zu § 452b Abs. 2 Satz 2 HGB i.V.m. § 439 Abs. 2 Satz 2 HGB regelmäßig längere Verjährungsfrist des Art. 32 Abs. 1 lit. b) CMR vor, so dass die „Mindestverjährung" des § 439 HGB i.d.R. nicht in Anspruch genommen wird.[45]

Praktisch nur im Falle des Art. 32 Abs. 1 lit. c) CMR („in allen anderen Fällen") mag die Verjährung nach Art. 32 CMR – etwa bei einer Lieferfrist von fünf Monaten – früher als gem. § 439 Abs. 2 Satz 1 und 2 HGB eintreten können. In diesem Falle verdrängt infolge des Geltungsvorranges der CMR Art. 32 Abs. 1 lit. c) CMR die Frühestregelung des § 452b Abs. 2 Satz 2 HGB.[46]

Adressat der Reklamation (Art. 32 Abs. 2 CMR) ist der Frachtführer i.S.d. einheitlichen Frachtvertrages, nicht der für die Teilstrecke zuständige Unterfrachtführer; entsprechend ist Adressat der Zurückweisung der Reklamation der Absender des multimodalen Beförderungsvertrages, nicht eines Teilstreckenvertrages.[47] Hiervon zu unterscheiden sind etwaige Reklamationen innerhalb der Frachtführerkette, also des nachfolgenden Teilstreckenfrachtführers gegenüber dem vorhergehenden.[48]

IV. Dauer der Frist

1. Im Regelfalle

Die Verjährungsfrist beträgt im Regelfalle ein Jahr. Kraft ausdrücklicher gesetzlicher Berechnungsanweisung (Art. 32 Abs. 1, letzter Satz CMR) wird der Tag, an dem die Verjährung beginnt, bei der Berechnung der Frist nicht mitgerechnet.[49]

14

2. Bei Vorsatz oder dem Vorsatz gleichstehendem Verschulden

Bei Vorsatz oder einem Verschulden, das nach dem Recht des angerufenen Gerichts dem Vorsatz gleichsteht, beträgt die Verjährungsfrist drei Jahre. Im Geltungsbereich deutschen Rechts steht für Frachtverträge, die nach dem 30.6.1998 abgeschlossen worden sind, dem Vorsatz die Verschuldensform der Leichtfertigkeit in dem Bewusstsein, dass ein Schaden mit Wahrscheinlichkeit eintreten werde, gleich.[50] Die frühere BGH-Rechtsprechung, wonach die Verschuldensform

15

---

45 *Demuth*, a.a.O.; *Fremuth/Thume*, § 452b HGB Rdn. 11 ff. m.w.N.
46 *Demuth*, a.a.O.; a.A. *Ramming*, TranspR 1999, 325, 343. zur Problematik der Abweichungsmöglichkeit von der CMR auch *Bahnsen*, in: EBJS, Art. 41 CMR Rdn. 3–6, welcher aber den Fall der national-rechtlichen Einbeziehung der CMR als Teilstrecke in einen multimodalen Vertrag nicht behandelt.
47 *Koller*, 7. Aufl., § 452b HGB Rdn. 3.
48 *Fremuth/Thume*, Vor § 452 HGB Rdn. 28, insofern die Art einer Reklamation betreffend.
49 *Fremuth/Thume*, Art. 32 CMR Rdn. 6.
50 § 435 HGB, allg. Meinung BGH, 20.1.2005 – 1 ZR 95/01, TranspR 2005, 311, 313; *Koller*, 7. Aufl., Art. 29 CMR Rdn. 3, 3a, 3b.

Art. 32 Reklamationen und Klagen

der groben Fahrlässigkeit dem Vorsatz gleichsteht,[51] ist direkt nur noch auf vor dem 1.7.1998 abgeschlossene Verträge anzuwenden, indirekt aber insofern von Bedeutung, als die Rechtsprechung ungeachtet der Verschiedenartigkeit der Gesetzeswortlaute den Begriff der Leichtfertigkeit mit dem der groben Fahrlässigkeit praktisch deckungsgleich sieht.[52] Dem Geschädigten kommt auch unter Verjährungsgesichtspunkten die BGH-Rechtsprechung zur prozessualen Darlegungsobliegenheit des Frachtführers zugute.[53] Zu beachten ist, dass im Verjährungsrecht die Verlängerung der Verjährungsfrist die einzige Sanktion für schweres Verschulden darstellt und nicht – wie bei Art. 29 CMR – auch weitere Vergünstigungen wegfallen. So entfällt beispielsweise nicht die Beendigungswirkung der Zurückweisung der Reklamation (Art. 32 Abs. 2 CMR). Art. 29 CMR gilt nur für das Kapitel IV, während die Verjährung im Kapitel V geregelt ist. Auch soweit Art. 29 CMR als Ausdruck eines allgemeinen Rechtsgedankens aufgefasst werden sollte, wäre die Regelung in Art. 32 Abs. 1 CMR demgegenüber *lex specialis*.

15a Art. 32 Abs. 1 Satz 2 CMR gilt in erster Linie für Ansprüche *gegen* den Frachtführer gem. Art. 32 Abs. 1 lit. a) und b) CMR. Indessen ist auch die Anwendung auf Schadensersatzansprüche und gesetzliche Ansprüche ähnlichen Inhalts gegeben.[54] Dies gilt indessen nicht nur für Ansprüche *gegen* den Frachtführer.[55] Die obergerichtliche Rechtsprechung sowohl des BGH als auch des österreichischen OGH hat die Anwendbarkeit des Art. 32 Abs. 1 S. 2 CMR auch auf primäre Leistungsansprüche und vertragliche Aufwendungsersatzansprüche aus Frachtverträgen sowie insbesondere Vergütungs- und Kostenerstattungsansprüche bejaht.[56] Insbesondere vorsätzlich (sogar im vorliegenden Falle arglistig) oder mit vorsatzgleichem Verschulden nicht bezahltes Frachtentgelt würde der dreijährigen Verjährungsfrist unterliegen.[57] Für die Praxis dürfte die bisher streitige Rechtsfrage damit entschieden sein, allerdings muss bedacht werden, dass primäre Leistungsansprüche quasi mit einjähriger Verjährungsfrist „geboren" werden und das fraudulöse Verhalten des Schuldners des primären Leistungsanspruchs inhaltlich, aber auch insbesondere zeitlich, genau vorzutragen ist. Kritisch zur neuen Rechtsprechung insbesondere *Herber*.[58] Die weitere Entwicklung der Rechtsprechung

---

51 Voraufl., Art. 32 CMR Rdn. 15 m.w.N.
52 So zutreffend *Koller*, 7. Aufl., Art. 29 CMR Rdn. 3b.
53 Art. 29 CMR Rdn. 86ff.
54 Staub/*Helm*, Art. 32 CMR Rdn. 28; BGH, 11.12.1981 – I ZR 178/78, VersR 1982, 649, 650.
55 BGH, 11.12.1981 – I ZR 178/78, VersR 1982, 649, 650; Staub/*Helm*, 2. Aufl., Art. 32 CMR Rdn. 28; *Herber/Piper*, Art. 32 CMR Rdn. 27; MünchKommHGB/*Jesser-Huß*, Art. 32 CMR Rdn. 11.
56 BGH vom 22.4.2010 – 1 ZR 31/08, TranspR 2010, 225ff. (zu § 439 Abs. 1 S. 2 HGB) und österreichischer OGH vom 6.7.2011 – 7 Ob 74/11 z, TranspR 2011, 277ff., letztere Entscheidung mit ausführlicher Literaturübersicht.
57 Österr. OHG, a.a.O.
58 *Herber*, TranspR 2010, 357ff.; gegenteilige frühere Rechtsprechung OLG München v. 12.4.1991 – 23 U 1606/91, TranspR 1991, 298, 299; OLG Frankfurt/Main v. 15.4.2005 – 24 U 11/05, TranspR 2005, 405, 406 m.w.N. und dem Hinweis darauf, dass eine Nichtzahlung ohne Vorsatz praktisch nicht denkbar ist.

wird sorgfältig zu verfolgen sein, insbesondere ist zu bedenken, dass die bisher gegebenen Begründungen bei entsprechend vorwerfbarem Regulierungsverhalten auch die Metamorphose von *Schadensersatzansprüchen* mit zunächst einjähriger Verjährung in solche mit dreijähriger Verjährung erlauben dürften.

Das qualifizierte Verschulden bezieht sich bei Ersatzpflichten aller Art auf die zur Ersatzpflicht führende Pflichtverletzung.[59] **15b**

V. Inhaber der der Verjährung unterworfenen Ansprüche

1. Am Frachtvertrag beteiligte Personen

a) Absender und Empfänger

Art. 32 Abs. 1 CMR bezeichnet nicht ausdrücklich die Anspruchsteller, auf deren **16** Ansprüche die Verjährungsregelung Anwendung findet. Art. 32 Abs. 1 Satz 3 lit. a) und b) CMR betrifft jedenfalls Ansprüche des *Absenders und des Empfängers* gegen den Frachtführer.[60]

b) Frachtführer

Art. 32 Abs. 1 lit. c) CMR erfasst als Auffangtatbestand die Ansprüche sämtli- **17** cher am Frachtvertrag beteiligter Personen, also auch diejenigen des *Frachtführers*, ferner Absender- u. Empfängeransprüche, soweit sie in den lit. a) u. b) nicht geregelt sind.[61]

2. Am Frachtvertrag nicht beteiligte Personen

Sehr streitig ist die Einbeziehung am Frachtvertrag *nicht* beteiligter *Anspruchsin-* **18** *haber* in den Geltungsbereich der CMR. Hierunter fallen am Frachtvertrag unbeteiligte Eigentümer, Pfandrechtsgläubiger oder Inhaber eines dinglichen Anwartschaftsrechtes am transportierten Gut. Nach der hier vertretenen, allerdings

---

59 *Koller*, 7. Aufl., Art. 32 CMR Rdn. 7; a.A. MünchKommHGB/*Jesser-Huß*, Art. 32 CMR Rdn. 11, der auf Wortlautunterschiede zwischen Art. 29 CMR und Art. 32 Abs. 1 Satz 2 CMR hinweist; a.A. auch Staub/*Helm*, 2. Aufl., Art. 32 Rdn. 29 m.w.N. – MünchKommHGB/*Jesser-Huß* und Staub/*Helm* übersehen, dass die dreijährige Verjährungsfrist nicht folgenlos gebliebenes vorsätzliches oder leichtfertiges Fehlverhalten sanktionieren soll.
60 *Fremuth/Thume*, Art. 32 CMR Rdn. 2; *Koller*, 7. Aufl., Art. 32 CMR Rdn. 1; *Herber/Piper*, Art. 32 CMR Rdn. 6; Staub/*Helm*, 2. Aufl., Art. 32 CMR Rdn. 13; MünchKommHGB/*Jesser-Huß*, Art. 32 CMR Rdn. 8; BGH, 10.4.1974 – 1 ZR 84/73, VersR 1974, 796 = NJW 1974, 614; eingehend: Vorbem. zu Art. 17 CMR Rdn. 6 u. 7.
61 BGH, 28.2.1975 – I ZR 35/74, NJW 1975, 1075; *Fremuth/Thume*, Art. 32 CMR Rdn. 2; *Koller*, 7. Aufl., Art. 32 CMR Rdn. 1; *Herber/Piper*, Art. 32 CMR Rdn. 8; Staub/*Helm*, 2. Aufl., Art. 32 CMR Rdn. 13.

Art. 32 Reklamationen und Klagen

sehr umstrittenen Auffassung fallen Anspruchsinhaber aus diesem Personenkreis nicht unter die CMR, also auch nicht unter deren Verjährungsbestimmungen.[62]

VI. Schuldner der der Verjährung unterliegenden Ansprüche

1. Am Frachtvertrag beteiligte Personen

19 Sämtliche am Frachtvertrag teilhabende Personen kommen als Schuldner nach Art. 32 CMR verjährender Ansprüche in Frage. Für Absender und Frachtführer ist dies selbstverständlich, gilt aber auch für den Empfänger, beispielsweise hinsichtlich seiner Kostenerstattungspflicht für Weisungen gem. Art. 16 Abs. 1 CMR.[63]

2. Am Frachtvertrag nicht beteiligte Personen

20 Nach Art. 28 Abs. 2 CMR gelten die Bestimmungen der CMR, die die Haftung des Frachtführers ausschließen oder beschränken, auch für den Personenkreis, für den der Frachtführer nach Art. 3 CMR haftet, falls gegen eine dieser Personen Ansprüche aus außervertraglicher Haftung für Verlust, Beschädigung oder Überschreitung der Lieferfrist geltend gemacht werden. Hierzu gehören die Verjährungsvorschriften.[64]

Zu dem in Art. 3 angesprochenen Personenkreis zählen:

– Bedienstete, insbes. der Fahrer;[65]
– Unterfrachtführer;[66]
– Spediteure, die der Frachtführer mit der ihm obliegenden Verzollung beauftragt hat;[67]
– Lagerhalter, die der Frachtführer anlässlich verkehrsbedingter Vor-, Zwischen- und Nachlagerungen einschaltet.

Weitere Beispiele in der Kommentierung zu Art. 3 CMR.

---

62 Vgl. im Einzelnen Art. 28 CMR Rdn. 16 u. 17.
63 MünchKommHGB/*Jesser-Huß*, Art. 32 CMR Rdn. 8; *Koller*, 7. Aufl., Art. 32 CMR Rdn. 1; *Otte*, in: Ferrari/Kieninger/Mankowski, 2. Aufl., Art. 32 CMR Rdn. 4.
64 *Fremuth/Thume*, Art. 32 CMR Rdn. 2; MünchKommHGB/*Jesser-Huß*, Art. 32 CMR Rdn. 7; teilw. a.A. *Koller*, 7. Aufl., Art. 28 CMR Rdn. 1, der nur solche Ansprüche gegen Gehilfen der CMR unterstellen will, die selbst einen CMR-Vertrag abgeschlossen haben; Staub/*Helm*, 2. Aufl., Art. 32 CMR Rdn. 15, der Art. 28 als Begründung für nicht notwendig hält.
65 Unklar hierzu *Koller*, 7. Aufl., Art. 32 CMR Rdn. 1; BGH v. 20.11.2008 – 1 ZR 70/06, TranspR 2009, 26 ff.
66 *Fremuth/Thume*, Art. 3 CMR Rdn. 5 m.w.N.
67 OLG München, 27.3.1981 – 23 U 3758/80, VersR 1982, 265.

Streitig ist, ob auch ein Unterfrachtführer, der keine grenzüberschreitende, sondern eine innerdeutsche Teilstrecke durchgeführt hat, sich auf Art. 28 II CMR und damit auf Art. 32 CMR berufen kann.[68]

Das Rechtsverhältnis zwischen dem Frachtführer und dem bei ihm beschäftigten Fahrer folgt hingegen – auch verjährungsrechtlich – arbeitsrechtlichen Bestimmungen. 21

VII. Teilverlust, Beschädigung oder Überschreitung der Lieferfrist

1. Teilverlust

Ein Teilverlust liegt vor, wenn ein bestimmter abgrenzbarer Teil der Sachgesamtheit des Frachtgutes verloren geht, während der Rest abgeliefert wird.[69] 22

2. Beschädigung

Die Beschädigung des Frachtgutes ist eine äußere oder innere Substanzverschlechterung, die eine Wertminderung des Gutes zur Folge hat.[70] 23

3. Lieferfristüberschreitung

Die Legaldefinition der Lieferfristüberschreitung ergibt sich aus Art. 19 CMR. 24

4. Die Ablieferung als Beginnzeitpunkt für die Verjährung

a) Verjährungsbeginn mit Ablieferung des Gutes

Die Verjährung beginnt in den Fällen von Teilverlust, Beschädigung und Lieferfristüberschreitung mit der *Ablieferung* des Gutes, wobei der Tag der Ablieferung des Gutes bei der Berechnung der Verjährungsfrist nicht mitgerechnet wird. Diese liegt vor, wenn der Frachtführer den Gewahrsam am beförderten Gut im Einvernehmen mit dem Empfänger aufgibt und diesen in den Stand setzt, die tatsächliche Gewalt über das Gut auszuüben.[71] 25

---

68 Hierzu *Fremuth/Thume*, Art. 28 CMR Rdn. 10 m.w.N.; Staub/*Helm*, 2. Aufl., Art. 28 CMR Rdn. 13; Art. 28 CMR Rdn. 13; BGH v. 20.11.2008 – 1 ZR 70/06, TranspR 2009, 26 ff.
69 Art. 17 CMR Rdn. 71, 72 m.w.N.
70 Ausführlich Rdn. 31 und Art. 17 CMR Rdn. 73 ff. m.w.N.
71 Ausführlich zur Ablieferung: Art. 17 CMR Rdn. 20–29; *Fremuth/Thume*, Art. 32 CMR Rdn. 8; *Herber/Piper*, Art. 32 CMR Rdn. 14; *Bahnsen*, in: EBJS, Art. 32 CMR Rdn. 14; MünchKommHGB/*Jesser-Huß*, Art. 32 CMR Rdn. 15; *Koller*, 7. Aufl., Art. 32 CMR Rdn. 4.

Art. 32 Reklamationen und Klagen

Bei mehreren Teilablieferungen kommt es auf den letzten Ablieferungsakt an.[72] Wird bei Teil- oder Gesamtverlust das Gut nach Wiederauffindung beschädigt abgeliefert, beginnt die Verjährung der Ersatzansprüche wegen Beschädigung des Gutes mit seiner Ablieferung.[73] Keine Ablieferung (= Erfüllung der vertraglichen Pflicht des Frachtführers) liegt vor, wenn der Beförderungsauftrag dem Frachtführer entzogen wurde.[74] Die Verjährung bestimmt sich in solchem Falle nach lit. c).

Einzelfälle

26 **Ablieferung liegt vor bei:**

– Auslieferung des Gutes an einen Dritten, wenn dieser dazu vom Empfänger bevollmächtigt oder ermächtigt ist;[75]
– einverständlicher Übergabe des Gutes an einen Havariekommissar.[76]

Falls der Rücktransport zum Absender auf dessen Weisung oder mit seinem Einverständnis erfolgt, liegt gleichfalls Ablieferung vor.[77] Fehlt es aber an einer entsprechenden Verfügung, ist die Rückgabe beim Absender keine Ablieferung.[78]

27 **Keine Ablieferung liegt vor bei:**

– Ablieferung an den wirtschaftlichen Endempfänger, der weder vertraglich als solcher angegeben noch nach Art. 12 Abs. 1 oder 4 CMR bestimmt worden ist;[79]

---

72 *Fremuth/Thume*, Art. 32 CMR Rdn. 8; *Koller*, 7. Aufl., Art. 32 CMR Rdn. 4; *Bahnsen*, in: EBJS, Art. 32 CMR Rdn. 14; *Herber/Piper*, Art. 32 CMR Rdn. 14; a.A. MünchKommHGB/ *Jesser-Huß*, Art. 32 CMR Rdn. 15; *Braun*, VersR 1988, 648, 650.
73 OLG Düsseldorf, 23.11.1989 – 18 U 70/89, TranspR 1990, 63 ff.; *Koller*, 7. Aufl., Art. 32 CMR Rdn. 4 – allerdings nur den Fall des ursprünglichen Teilverlustes erwähnend; Staub/ Helm, 2. Aufl., Art. 32 CMR Rdn. 51; *Bahnsen*, in: EBJS, Art. 32 CMR Rdn. 14; *Herber/Piper*, Art. 32 CMR Rdn. 15 – die beiden Letzteren gleichfalls nur den Fall des ursprünglichen *Teil*verlustes berücksichtigend.
74 OLG Hamburg, 9.2.1989 – 6 U 40/88, VersR 1990, 876; *Herber/Piper*, Art. 32 CMR Rdn. 16; *Koller*, 7. Aufl., Art. 32 CMR Rdn. 3 (zum insofern ähnlichen gelagerten Problem der Lieferfristüberschreitung).
75 Art. 17 CMR Rdn. 27.
76 LG Stuttgart, 24.11.1981, Slg. Willenberg; *Koller*, 7. Aufl., Art. 32 CMR Rdn. 4; a.A. BGH, 29.11.1984 – I ZR 121/82, TranspR 1985, 182 = VersR 1985, 258; *Fremuth/Thume*, Art. 32 CMR Rdn. 8; MünchKommHGB/*Jesser-Huß*, Art. 32 CMR Rdn. 15; *Braun*, VersR 1988, 648, 651.
77 Staub/*Helm*, 2. Aufl., Art. 32 CMR Rdn. 51; *Herber/Piper*, Art. 32 CMR Rdn. 17 mit reichhaltigen Nachweisen; *Koller*, 7. Aufl., Art. 32 CMR Rdn. 4.
78 Vgl. Fn. 72; OLG Wien, 10.7.1997 – 3 R 6/97 t, TranspR 1997, 435, 437; unklar, ob für jeden Fall der Rückführung zum Absender oder nur auf wirksame Verfügung: *Fremuth/Thume*, Art. 32 CMR Rdn. 8; keine Ablieferung beim Absender annehmen, aber ohne erkennbare Differenzierung zwischen Rücklieferung auf Verfügung oder aus eigenem Entschluss des Frachtführers: *Loewe*, TranspR 1988, 305, 314.
79 BGH, 13.7.1979 – I ZR 108/77, VersR 1979, 1154.

Reklamationen und Klagen **Art. 32**

- Annahmeverweigerung durch den Empfänger;[80]
- Ablieferung an den ursprünglich vereinbarten Empfänger, obwohl während des Transports wirksame Weisung gegeben wurde, das Gut auf Lager zu nehmen;[81]
- Hinterlegung des Gutes in einem Zolllager.[82]

b) Verjährung bei fehlender Ablieferung

Ohne Ablieferung[83] des beschädigten Gutes kann die Frist des Art. 32 Abs. 1 Satz 3 lit. a) CMR nicht zu laufen beginnen;[84] dies folgt unmittelbar aus dem Wortlaut der Vorschrift, deren Tatbestandsmerkmal „Ablieferung" bei fehlender Ablieferung nicht vorliegt. **28**

Unter welche andere Verjährungsvorschrift – wenn überhaupt – ein Beschädigungsfall ohne Ablieferung zu subsumieren sei, konnte der BGH (Urt. v. 29.11. 1984 – I ZR 121/82, TranspR 1985, 182 = VersR 1985, 258) noch offenlassen, da weder nach Art. 32 Abs. 1 Satz 3 lit. b) noch lit. c) CMR Verjährung eingetreten war und die Frist nach lit. a) noch nicht zu laufen begonnen hatte.

Auch der österreichische OGH[85] hatte die Frage zunächst nicht entschieden, sondern führt lediglich aus, dass die Vorinstanzen mit Recht den Eintritt der Verjährung nach Art. 32 Abs. 1 Satz 3 lit. b) und c) CMR geprüft und Verjährung nicht angenommen haben. Zutreffend sind beide Entscheidungen im Ergebnis und in der Argumentation, dass die Verjährung nach lit. a) noch nicht zu laufen begonnen hatte und *allenfalls* eine Verjährung nach lit. b) und c) in Frage kommen könnte, nach beiden Varianten indessen in den konkreten Fällen Verjährung noch nicht eingetreten war. Einer Entscheidung über Anwendbarkeit bzw. Nichtanwendbarkeit der lit. b) und c) bedurfte es daher in diesen beiden Urteilen des BGH und des österreichischen OHG nicht. Dagegen hat der OGH Wien in einem weiteren Urteil[86] ohne nähere Begründung die Verjährung gem. Art. 32 Abs. 1 Satz 3 lit. c) CMR angenommen.

---

80 H.M. vgl. *Koller*, 7. Aufl., Art. 32 CMR Rdn. 4 mit reichhaltigen Nachweisen in Fn. 45; MünchKommHGB/*Jesser-Huß*, Art. 32 CMR Rdn. 21; a.A. – die Rückführung zum Absender wie selbstverständlich als Ablieferung ausreichend lassend: OGH Wien, Beschl. v. 29.8.1994 – 1 Ob 516/94, TranspR 1995, 110 mit insofern kritischer Anmerkung von *Jesser*, ebenda; differenzierend: *Bahnsen*, in: EBJS, Art. 32 CMR Rdn. 15.
81 BGH, 27.1.1982 – I ZR 33/80, TranspR 1982, 105 = NJW 1982, 1944 = VersR 1982, 669.
82 OLG Hamburg, 24.5.1984 – 6 U 67/84, TranspR 1984, 274; OLG Hamburg, 16.1.1986 – 6 U 218/85, TranspR 1986, 229 = VersR 1987, 213 und OLG Hamburg, 25.2.1988 – 6 U 194/87, TranspR 1988, 277 = VersR 1988, 909.
83 Art. 17 CMR Rdn. 20–29.
84 Sehr strittig, wie hier: *Koller*, 7. Aufl., Art. 32 CMR Rdn. 4; ebenso wohl, wenn auch Alternativen erwägend, Staub/*Helm*, 2. Aufl., Art. 32 CMR Rdn. 55ff.; unentschieden, lediglich den Streitstand referierend: *Fremuth/Thume*, Art. 32 CMR Rdn. 9; a.A. *Herber/Piper*, Art. 32 CMR Rdn. 17; a.A. – differenzierend – MünchKommHGB/*Jesser-Huß*, Art. 32 CMR Rdn. 18; *Bahnsen*, in: EBJS, Art. 32 CMR Rdn. 15.
85 Urt. v. 6.7.1989 – 7 Ob 614/89, VersR 1990, 1180.
86 Urt. v. 13.6.1985 – 6 Ob 578/85, TranspR 1987, 217.

Art. 32 Reklamationen und Klagen

Die Gegenmeinung beruft sich zu Unrecht auf OLG Hamburg.[87] Das OLG Hamburg hat einen Fall der – wirksamen – Entziehung des Beförderungsauftrages entschieden, bei welchem eine Ablieferung = Erfüllung mangels – noch – wirksamen Frachtvertrages nicht mehr möglich war. Die bei dieser Sachlage zu beurteilenden Ansprüche wegen Nichterfüllung der Beförderungsverträge sind zu Recht nach lit. c) behandelt worden. Der österreichische OGH hat in einer weiteren – jüngeren – Entscheidung an seiner Rechtsprechung festgehalten, bei ablieferungsloser Beschädigung beurteile sich der Verjährungsbeginn nach Art. 32 Abs. 1 lit. c) CMR.[88]

29 Art. 32 Abs. 1 Satz 3 lit. c) CMR kann nicht zur Anwendung kommen.[89] Das Gericht hat zutreffend ausgeführt, das Gesetz nehme dem Verfügungsberechtigten nicht die Möglichkeit, die an die Verlustfiktion des Art. 20 CMR geknüpften Ansprüche geltend zu machen und das Wiederauffinden des Gutes abzuwarten. Einen Zeitablauf zwischen August 1986 und der tatsächlichen Ablieferung am 12.6.1987 sah das OLG Düsseldorf demgemäß ohne Weiteres – zu Recht – als unschädlich an.

In zwei weiteren Entscheidungen hat das OLG Düsseldorf[90] indessen die Geltung des lit. c) ohne nähere Begründung angenommen.

Abs. 1 Satz 3 lit. c) CMR gilt für alle Fälle, in denen der Rechtsgrund des Anspruchs weder der völlige Verlust des Gutes noch der teilweise Verlust noch die Beschädigung eines abgelieferten Gutes noch die Verspätung bei der Ablieferung ist.[91] Für Ansprüche, die in den lit. a) und b) *keine* Regelung gefunden haben, ist lit. c) der Auffangtatbestand. Die Beschädigung des Gutes ist indessen in lit. a) abschließend verjährungsrechtlich geregelt, so dass es nicht zulässig erscheint, das *Fehlen* des Tatbestandsmerkmals der *Ablieferung* durch Subsumtion der ablieferungslosen Beschädigung unter lit. c) zu umgehen.[92]

30 Sachgerecht erscheint – bei entsprechender Entscheidung des Verfügungsberechtigten – die Lösung ablieferungsloser Beschädigungsfälle über Art. 32 Abs. 1 Satz 3 lit. b) CMR. Nach Art. 20 Abs. 1 CMR kann der Verfügungsberechtigte das Gut, ohne weitere Beweise erbringen zu müssen, als verloren betrachten, wenn es nicht binnen 30 Tagen nach Ablauf der vereinbarten Lieferfrist oder, falls keine Frist vereinbart worden ist, nicht binnen 60 Tagen nach der Übernahme des Gutes durch den Frachtführer abgeliefert worden ist. Da Verlust nicht nur vorliegt, wenn das Gut unauffindbar ist, sondern auch dann, wenn es trotz bekannten Befindlichkeitsortes dem Berechtigten nicht zur Verfügung steht,[93] kann

---

87 Urt. v. 9.2.1989 – 6 U 40/88, VersR 1990, 876.
88 Österreichischer OGH v. 1.7.2009 – 7 Ob 268/08 z, TranspR 2010, 348.
89 So zutreffend OLG Düsseldorf, 23.11.1989 – 18 U 70/89, TranspR 1990, 63, 66.
90 Urt. v. 24.3.1983 – 18 U 186/82, TranspR 1984, 14, 15, und Urt. v. 18.10.1984 – 18 U 71/84, TranspR 1984, 276.
91 *Loewe*, ETR 1976, 585.
92 A.A. ebenfalls ohne nähere Begründung: OGH Wien, Urt. v. 13.6.1985 – 6 Ob 578/85, TranspR 1987, 217.
93 Eingehend: Art. 17 CMR Rdn. 64 ff.

ein nicht abgeliefertes, beschädigtes Gut ohne Weiteres als verloren betrachtet werden. Erleichtert wird diese Betrachtungsweise durch die Überlegung, dass bei ablieferungsloser Beschädigung im Grunde zwei Schadenstypen – Verlust *und* Beschädigung – vorliegen, wobei der Tatbestand der Beschädigung mangels Ablieferung, jedenfalls verjährungsrechtlich, nicht vollständig ist. Hieraus folgt, dass die Verjährung des Anspruchs aus *Beschädigung* des Gutes vor seiner Ablieferung überhaupt nicht beginnt; eine Zeitgrenze für den Beginn der Verjährungsfrist wegen *Beschädigungs*ansprüchen gibt es nicht.[94] Soweit der Frachtführer über Art. 23 Abs. 1 CMR wegen unterstellten gänzlichen Verlustes schärfer haften sollte als gem. Art. 25 Abs. 1 CMR bei Beschädigung, mag er – ggf. nach Weisungseinholung – das Gut abliefern. Ist er hierzu außerstande, zeigt sich gerade in dieser Unfähigkeit, dem Berechtigten die Sendung abzuliefern, die Richtigkeit der verjährungsrechtlichen Behandlung ablieferungsloser Beschädigungsfälle nach Verlustregeln.

Auch der von *Helm*[95] vorgeschlagene Rückgriff auf nationales Recht (im Falle deutschen Rechts: § 439 Abs. 2 Satz 2 HGB, der Tag an dem das Gut hätte abgeliefert werden *müssen*) ist wegen des Vorrangs der CMR nicht gestattet. Eine Schutzbedürftigkeit des Frachtführers, also ein Interesse am Eintritt der Verjährung, obwohl er seinen Ablieferungspflichten noch nicht nachgekommen ist und möglicherweise auch nicht nachkommen kann, ist nicht erkennbar.

VIII. Verjährung der Ansprüche aus gänzlichem Verlust des Gutes

1. Definition des gänzlichen Verlustes

Art. 32 Abs. 1 Satz 3 lit. b) CMR verknüpft den Beginn der Verjährung mit dem Verstreichen von Fristen, nämlich dem 30. Tage seit Ablauf der Lieferfrist – oder – mangels Vereinbarung einer Lieferfrist – mit dem 60. Tage nach der Übernahme des Gutes durch den Frachtführer. Der Unterschied zu lit. a) ergibt sich aus der Sache: Während bei teilweisem Verlust, Beschädigung oder Überschreitung der Lieferfrist die Sendung – wann immer, in welchem Zustande oder welcher Vollständigkeit auch immer – beim Empfänger ankommt, bleibt die Ankunft im Falle des Totalverlustes gerade aus, so dass ein bestimmtes zeitliches Maß der Überfälligkeit den Beginn der Verjährungsfrist zu bestimmen hat. 31

Diese *ratio* des lit. b) steht im Einklang mit dem Erscheinungsbild der klassischen Fälle des Totalverlustes, nämlich Verschwinden oder Unerreichbarkeit der Substanz wie Diebstahl, Unterschlagen, Abhandenkommen, Beschlagnahme oder anderweitiges Verlorengehen.[96]

---

94 *Koller*, 7. Aufl., Art. 32 CMR Rdn. 4.
95 Staub/*Helm*, 2. Aufl., Art. 32 CMR Rdn. 56.
96 Art. 17 CMR Rdn. 64ff. m.w.N.

Art. 32 Reklamationen und Klagen

Geht die Sendung insgesamt vollständig verloren, in Teilen aber aus unterschiedlichen Gründen (Verlust auf Umschlagslager, Falschauslieferung, Beschlagnahme, Diebstahl), liegt bezüglich der gesamten Sendung Totalverlust vor.[97] Wird ein Frachtstück in einer Sammelladung verloren, welches Gegenstand eines separaten Frachtvertrages war, ist dessen Verlust als gänzlicher Verlust zu werten.[98]

Nicht passend ist die Anknüpfung an die Überfälligkeit der Sendung dagegen in Fällen, in denen es zur Ablieferung des Gutes – sei es auch in Form von Trümmern oder sonst gänzlich entwertet – kommt und in denen eine verbreitete Meinung – ob sie noch als h.M. bezeichnet werden kann, mag dahinstehen – wegen wirtschaftlichen Totalverlustes die Leistungsstörung des Totalverlustes, nicht der Beschädigung, für gegeben hält.[99] Entgegen der ersten Auflage (Rdn. 31), die den Versuch unternahm, die Totalbeschädigung (wirtschaftlicher Totalverlust) *verjährungsrechtlich* aus dem Begriff des gänzlichen Verlustes herauszunehmen, ist mit einer sich verbreitenden Auffassung davon auszugehen, dass die Ablieferung von Trümmern ohne jeden Wert in jeder Beziehung als *Beschädigung*, nicht als *gänzlicher Verlust* einzuordnen ist. Dies folgt bereits aus Art. 25 Ziff. 2a CMR.[100] Außer unter Verjährungsgesichtspunkten liefert die abweichende Meinung auch im Falle des Art. 30 Abs. 1 CMR (vgl. Art. 30 CMR Rdn. 6) und des Art. 20 CMR (vgl. Art. 20 CMR Rdn. 11) unbefriedigende Ergebnisse, da auch diese Vorschriften ohne Weiteres davon ausgehen, dass der Empfänger bei Totalverlust ein wie auch immer geartetes Substrat *nicht* in seine Verfügungsgewalt bekommt.

2. Verjährungsbeginn mit dem 30. Tage nach Ablauf der vereinbarten Lieferfrist

32 Zur vereinbarten Lieferfrist und deren Überschreitung vgl. Art. 19 CMR Rdn. 10 ff.

Die 30-Tage-Frist ist keine Monatsfrist, sondern taggenau zu berechnen. Der Tag des Ablaufes der vereinbarten Lieferfrist ist bei Berechnung der 30-tägigen Vorfrist nicht einzurechnen.[101] Dem OLG Düsseldorf, a.a.O., kann nicht darin gefolgt werden, dass aufgrund Umkehrschlusses bezüglich der Regelung der Jah-

---

97 *Fremuth/Thume*, Art. 32 CMR Rdn. 10; *Koller*, 7. Aufl., Art. 32 CMR Rdn. 5; *Bahnsen*, in: EBJS, Art. 32 CMR Rdn. 16.
98 MünchKommHGB/*Jesser-Huß*, Art. 32 CMR Rdn. 17.
99 OLG Wien, 10.7.1997 – 3 R 6/97 t, TranspR 1997, 435, 437; *Fremuth/Thume*, Art. 32 CMR Rdn. 10; *Koller*, 7. Aufl., Art. 32 CMR Rdn. 5; *Bahnsen*, in: EBJS, Art. 32 CMR Rdn. 16; MünchKommHGB/*Jesser-Huß*, Art. 32 CMR Rdn. 17; *Herber/Piper*, Art. 32 CMR Rdn. 19; a.A. Staub/*Helm*, Art. 32 CMR Rdn. 74–78 m.w.N., auch zu ausländischer Rechtsprechung und Literatur; Art. 17 CMR Rdn. 66 ff. m.w.N.
100 *Demuth*, TranspR 1996, 257 ff.
101 Staub/*Helm*, Art. 32, Rdn. 88; *Fremuth/Thume*, Art. 32 CMR Rdn. 6; a.A. OLG Düsseldorf, 18.10.1973 – 18 U 19/73, VersR 1974, 1095 – zur 3-monatigen Vorfrist des Art. 32 Abs. 1 Satz 3 lit. c) CMR.

resfrist des Art. 32 Abs. 1 letzter Satz CMR zu folgern sei, bei den Vorfristen des Art. 32 Abs. 1 Satz 3 lit. b) und c) CMR sei der erste Tag anzurechnen. Diese Vorfristen sind vielmehr in ihrer Berechnungsweise in der CMR nicht geregelt, so dass gem. Rom I Art. 12 Abs. 1 Buchst. d bei Geltung deutschen Rechts § 187 Abs. 1 BGB anzuwenden ist mit der Folge, dass der Tag des Ablaufes der vereinbarten Lieferfrist in die 30-Tage-Vorfrist nicht einzubeziehen ist. Auch dem weiteren Umkehrschluss des OLG Düsseldorf, a. a. O., aus Art. 32 Abs. 3 CMR ergebe sich, nationale Regelungen seien nur bezüglich Hemmung und Unterbrechung der Verjährung zugelassen, kann nicht gefolgt werden. Art. 32 Abs. 2 CMR regelt nur einen – wichtigen – Hemmungstatbestand, die schriftliche Reklamation. Die große Masse der Einflusstatbestände auf den Lauf der Verjährungsfrist erfährt aber durch Art. 32 CMR keine Regelung. Art. 32 Abs. 3 CMR ist daher eher als Argument dafür tauglich, dass die Verjährungsbestimmungen der CMR ein Kerngerüst von Regelungen mit dem Zwang schneller Geltendmachung bereithalten, die konkrete Ausgestaltung aber Gegenstand unterschiedlicher nationaler Regelungen sein kann.

Zu Beginn, Lauf und Ende der Frist vgl. im Übrigen Rdn. 53–55.

3. Verjährungsbeginn mit dem 60. Tage nach Übernahme des Gutes bei Fehlen einer Lieferfristvereinbarung

Zum Begriff der Übernahme des Gutes durch den Frachtführer vgl. Art. 17 CMR Rdn. 17 ff. **33**

Bei der Berechnung der 60-tägigen Vorfrist ist der Tag der Übernahme des Gutes gem. § 187 Abs. 1 BGB nicht einzuberechnen (vgl. ausführlich Rdn. 32).

Zu Beginn, Lauf und Ende der Frist vgl. im Übrigen Rdn. 53–55.

IX. Verjährung „in allen anderen Fällen", Art. 32 Abs. 1 Satz 3 lit. c) CMR

1. Vorbemerkung

Art. 32 Abs. 1 Satz 3 lit. c) CMR stellt einen Auffangtatbestand dar, der diejenigen „Ansprüche aus einer diesem Abkommen unterliegenden Beförderung" regelt, welche nicht bereits lit. a) und lit. b) unterfallen. Erfasst werden hierbei keineswegs nur sich aus der CMR ergebenden Ansprüche, sondern auch solche, die nicht in der CMR geregelt sind, wie der Anspruch auf Frachtlohn, Standgelder, auf Durchführung des Transportes etc.[102] Die Verjährungsfrist von einem Jahr (bei Vorsatz und Leichtfertigkeit drei Jahre) beginnt einheitlich mit Ablauf einer **34**

---

102 Vgl. Rdn. 45–47 und Staub/*Helm*, 2. Aufl., Art. 32 CMR Rdn. 62.

Art. 32 Reklamationen und Klagen

Frist von drei Monaten nach dem Abschluss des Beförderungsvertrages, was bei der Vielfalt der denkbaren Anspruchsgrundlagen naturgemäß Probleme aufwirft, die die CMR aber im Interesse der zeitnahen Abwicklung eines Beförderungsvertrages hinnimmt.

2. Der Vertragsabschluss als die Verjährung auslösendes Tatbestandsmerkmal

a) Zeitpunkt des Vertragsschlusses im Regelfalle

35 Zeitpunkt des Vertragsschlusses ist derjenige des Wirksamwerdens der Annahmeerklärung, i.d.R. also der Zeitpunkt ihres Zugehens.[103] Der Zeitpunkt des Zugangs der Annahmeerklärung folgt aus § 130 BGB. Für den geschäftlichen Verkehr bedeutsam ist, dass in den Hausbriefkasten eingeworfene Briefe dann als zugegangen zu betrachten sind, wenn nach der Verkehrsanschauung mit der nächsten Leerung zu rechnen ist.[104] Telefaxe sind bei Eingang während der Geschäftsstunden als sofort zugegangen, sonst mit dem nächsten Geschäftsstundenbeginn als zugegangen anzusehen.[105] Telegramme sind bereits mit ihrer telefonischen Durchsage zugegangen.[106]

E-Mails an einen im Rechtsverkehr mit einer E-Mail-Adresse Auftretenden sind zugegangen, wenn sie in der Mailbox oder derjenigen seines Providers abrufbar gespeichert sind, während der üblichen Geschäftszeit also sofort, außerhalb üblicher Geschäftszeiten am folgenden Tage.[107]

Liegt einer der Fälle des § 151 BGB vor, nämlich Verzicht auf Annahmeerklärung (etwa weil bereits frühere Beförderungsverträge unter den Parteien ohne ausdrückliche Annahmeerklärung als wirksam behandelt worden sind) oder weil eine Annahmeerklärung nach der Verkehrssitte nicht zu erwarten ist, ist Zeitpunkt des Vertragsschlusses der Zeitpunkt der Vornahme (ggf. konkludent) der Annahmeerklärung.[108] § 151 BGB dispensiert nicht von der nach außen hervortretenden eindeutigen Bestätigung des Annahmewillens, sondern lediglich vom Zugangserfordernis der Annahmeerklärung.[109]

36 Bei kaufmännischen Bestätigungsschreiben hingegen ist zu differenzieren:

– Gibt das kaufmännische Bestätigungsschreiben den vorangegangenen Vertragsschluss getreulich wieder, hat es die Wirkung einer bloßen Beweisurkun-

---

[103] Palandt/*Ellenberger*, 71. Aufl., Einf. Vor § 145 BGB Rdn. 4.
[104] Näheres: Palandt/*Ellenberger*, 71. Aufl., § 130 BGB Rdn. 5 ff.
[105] Wegen der Einzelheiten, auch bei Zugangsvereitelung, vgl. Palandt/*Ellenberger*, 71. Aufl., § 130 BGB Rdn. 7, 17 m.w.N.
[106] Palandt/*Ellenberger*, 71. Aufl., § 130 BGB Rdn. 7 m.w.N.
[107] Palandt/*Ellenberger*, 71. Aufl., § 130 BGB Rdn. 7, 7a m.w.N.
[108] Palandt/*Ellenberger*, 71. Aufl., Einf. Vor § 145 BGB Rdn. 4 m.w.N.
[109] Palandt/*Ellenberger*, 71. Aufl., § 151 BGB Rdn. 2.

de.¹¹⁰ Zeitpunkt des Vertragsschlusses ist damit der des bereits (etwa formlos) zustande gekommenen Vertrages, nicht der Zugang des Bestätigungsschreibens.
- Weicht das – wirksame – kaufmännische Bestätigungsschreiben vom Inhalt der Verhandlungen ab, sind folgende Fallgestaltungen denkbar:
- Die Verhandlungen haben *keinen Vertragsschluss* hervorgebracht, durch das wirksame kaufmännische Bestätigungsschreiben müssen sich die Parteien aber so behandeln lassen, als sei ein wirksamer Vertragsschluss erfolgt. Das Schweigen auf das kaufmännische Bestätigungsschreiben bekräftigt daher keinen Vertrag, sondern lässt ihn erst entstehen.¹¹¹ Der Vertrag ist daher in dem Zeitpunkt geschlossen, in welchem der Empfänger des Bestätigungsschreibens spätestens seinen Widerspruch gegen das kaufmännische Bestätigungsschreiben hätte erklären müssen.¹¹²
- Die Verhandlungen haben *zwar zu einem Vertragsschluss geführt*, die Parteien müssen aber einen nach Maßgabe des kaufmännischen Bestätigungsschreibens geänderten Inhalt gegen sich gelten lassen. Konstitutiv ist das Schweigen auf das kaufmännische Bestätigungsschreiben hier nur bezüglich des Inhalts des Vertrages. Es gelten die Regeln über den Zeitpunkt des Vertragsschlusses bei Vertragsänderungen (vgl. Rdn. 39).

Da der CMR-Vertrag ohne Ausstellung eines Frachtbriefes geschlossen werden kann, ist nicht dessen Datierung, sondern das Datum eines etwa zeitlich verschiedenen Vertragsschlusses entscheidend, da der Frachtbrief nur eine Beweisurkunde darstellt.¹¹³ 37

Haben die Parteien die Einhaltung einer bestimmten Form, etwa Schriftform, verabredet, ist der Vertrag im Zweifel erst mit der Beurkundung in der vereinbarten Form geschlossen.¹¹⁴ 38

b) Maßgebender Zeitpunkt bei Vertragsänderungen

Maßgeblicher Zeitpunkt ist derjenige des ursprünglichen Vertragsschlusses, nicht der Abänderung.¹¹⁵ Dies gilt auch dann, wenn die Ansprüche, die von der Verjährung betroffen werden, erst durch die Vertragsänderung entstehen konnten.¹¹⁶ Zu 39

---

110 *Baumbach/Hopt*, 35. Aufl., § 346 HGB Rdn. 17.
111 Vgl. *Baumbach/Hopt*, 35 Aufl., § 346 HGB Rdn. 17, 25 m.w.N.
112 Staub/*Helm*, 2. Aufl., Art. 32 CMR Rdn. 65.
113 Staub/*Helm*, 2. Aufl., Art. 32 CMR Rdn. 66 m.w.N.; *Bahnsen*, in: EBJS, Art. 32 CMR Rdn. 17; *Herber/Piper*, Art. 32 CMR Rdn. 23; *Koller*, 7. Aufl., Art. 32 CMR Rdn. 6.
114 § 154 Abs. 2 BGB; Palandt/*Ellenberger*, 71. Aufl., § 154 BGB Rdn. 4 – auch Schriftform ist „Beurkundung".
115 OLG Düsseldorf, 18.10.1973 – 18 U 19/73, VersR 1974, 1095; *Loewe*, TranspR 1988, 309, 314, 315.
116 *Fremuth/Thume*, Art. 32 CMR Rdn. 11; Staub/*Helm*, 2. Aufl., Art. 32 CMR Rdn. 67; MünchKommHGB/*Jesser-Huß*, Art. 32 CMR Rdn. 20; OLG Düsseldorf, 18.10.1973 – 18 U 19/73, VersR 1974, 1095; *Schmidt/Kehl*, TranspR 1995, 435, 436; 1095; a.A. *Herber/Piper*, Art. 32 CMR Rdn. 24; *Bahnsen*, in: EBJS, Art. 32 CMR Rdn. 20; *Koller*, 7. Aufl., Art. 32 CMR Rdn. 6.

Art. 32 Reklamationen und Klagen

begründen ist diese Auffassung einerseits mit dem deutlichen Wortlaut des Art. 32 Abs. 1 Satz 3 lit. c) CMR, andererseits der Identität des geänderten mit dem ursprünglichen Vertrag.[117]

Anders wird zu entscheiden sein, wenn sich die Vertragsänderung als Novation darstellt. Diese liegt vor, wenn die Parteien die Aufhebung des Schuldverhältnisses derart mit der Begründung eines neuen Schuldverhältnisses verbinden, dass das neue an die Stelle des alten tritt.[118]

c) Der Einfluss von Weisungen auf den Zeitpunkt des Vertragsschlusses

40 Durch nachträgliche Weisungen (Verfügungen) i. S. d. Art. 12 CMR wird ebenso wie gem. §§ 418, 419 HGB der ursprüngliche Beförderungsvertrag nach Maßgabe der Verfügung abgeändert, im Übrigen bleibt er aber in der vereinbarten Form bestehen. Das Weisungsrecht gibt somit die Befugnis, durch einseitige Erklärung eine Vertragsänderung herbeizuführen. Wie bei der nicht novierenden einvernehmlichen Vertragsänderung bleibt daher die Identität des ursprünglichen Vertrages unberührt. Zeitpunkt des Vertragsschlusses ist daher der der ursprünglichen Einigung; vgl. Rdn. 39 und Fn. 110.

d) Transportleistungen auf Abruf

41 Wird vereinbart, dass einzelne Beförderungsleistungen vom Absender abgerufen werden sollen, beinhaltet dies das Recht (häufig auch die Pflicht) des Absenders, die einzelne Transportleistung innerhalb angemessener Frist zeitlich zu bestimmen.[119] Die Wirkung entspricht der des frachtvertraglichen Weisungsrechts, so dass Zeitpunkt des Vertragsschlusses der des ursprünglichen Konsenses bleibt.[120]

Praktische Probleme können sich ergeben, wenn der Vertrag auf längere Dauer angelegt ist und die einzelnen Abruferklärungen kurz vor oder gar nach Ablauf der Fristen (drei Monate Vorfrist zzgl. ein Jahr Verjährungsfrist) abgegeben werden. Aus den einzelnen Abrufhandlungen erst entstehende Ansprüche haben u. U. nur noch eine ganz kurze Restverjährungslaufzeit, wenn nicht gar Fristablauf vor ihrer Entstehung eingetreten ist. Zu diesem Fragenkreis ausführlich Rdn. 56 ff.

e) Rahmenverträge

42 In einem frachtrechtlichen Rahmenvertrag regeln Absender und Frachtführer Grundzüge ihrer Zusammenarbeit, beispielsweise und insbes. die Preisgestal-

---

117 Palandt/*Grüneberg*, 71. Aufl., § 311 BGB Rdn. 3.
118 Staub/*Helm*, 2. Aufl., Art. 32 CMR Rdn. 67; Palandt/*Grüneberg*, 71. Aufl., § 311 BGB Rdn. 8 ff.
119 Palandt/*Weidenkaff*, 71. Aufl., § 433 BGB Rdn. 50, zum gleichliegenden Problem des Kaufs auf Abruf.
120 Vgl. Rdn. 40; Staub/*Helm*, 2. Aufl., Art. 32 CMR Rdn. 67; a. A. *Bahnsen*, in: EBJS, Art. 32 CMR Rdn. 20; *Koller*, 7. Aufl., Art. 32 CMR Rdn. 6.

tung. Lässt der Rahmenvertrag noch ausreichenden Spielraum für die innerhalb seiner Vorgaben zu schließenden Einzelverträge, ist die Willenseinigung hinsichtlich der einzelnen Verträge als Zeitpunkt des jeweiligen Vertragsschlusses anzusehen.[121]

f) Sukzessivlieferungsverträge

Der Sukzessivlieferungsvertrag ist ein einheitlicher Frachtvertrag, der auf die Erbringung von Leistungen in zeitlich aufeinanderfolgenden Raten gerichtet ist.[122] Zu denken ist hierbei an die von vornherein in einem einheitlichen Vertrag geregelte transportmäßige Abwicklung von Großprojekten, insbes. Großbaustellen, die sich über längere Zeit hinziehen kann. 43

Die einzelnen Transporte (Raten) stellen sich hierbei nur als jeweilige Teilerfüllungshandlung des Sukzessivlieferungsvertrages dar, mit dessen Zustandekommen der Beförderungsvertrag i.S.d. Art. 32 Abs. 1 Satz 3 lit. c) CMR abgeschlossen ist.[123]

Die Probleme dieses Vertragstyps – u.U. Ablauf der Fristen von drei zzgl. zwölf Monaten vor Erbringung der einzelnen Raten – ähneln den Fallgestaltungen bei auf Abruf zu erbringenden Leistungen. Auf die ausführliche Behandlung spät entstehender oder erkennbarer Ansprüche unter Rdn. 56 ff. wird verwiesen.

3. Die Art. 32 Abs. 1 Satz 3 lit. c) CMR unterfallenden Ansprüche

a) Vorbemerkung

Art. 32 Abs. 1 Satz 3 lit. c) CMR stellt seinem Wortlaut nach einen Auffangtatbestand dar (vgl. Rdn. 34). Dies ist nicht umstritten.[124] Streitig ist lediglich, ob Art. 32 Abs. 1 Satz 3 CMR alle Ansprüche erfasst, die nicht aus Art. 17 CMR respektive den mit Art. 17 CMR konkurrierenden außervertraglichen Ansprüchen entspringen oder ob in lit. c) sämtliche Ansprüche geregelt sind, die nicht Art. 32 Abs. 1 Satz 3 lit. a) u. b) CMR unterfallen.[125] Die praktischen Auswirkungen des Auffassungsunterschiedes dürften gering sein und allenfalls im Falle der Beschädigung ohne Ablieferung eine Rolle spielen. 44

---

121 Staub/*Helm*, 2. Aufl., Art. 32 CMR Rdn. 67; *Fremuth/Thume*, Art. 32 CMR Rdn. 11; a.A. *Koller*, 7. Aufl., Art. 32 CMR Rdn. 6.
122 BGH, 6.10.1976 – VIII ZR 66/75, NJW 1977, 35; BGH, 6.11.1980 – VII ZR 200/79, NJW 1981, 679; Palandt/*Grüneberg*, 71. Aufl., Überbl. v. § 311 BGB Rdn. 27.
123 A.A. wohl z.T. Staub/*Helm*, 2. Aufl., Art. 32 CMR Rdn. 68.
124 Vgl. Staub/*Helm*, 2. Aufl., Art. 32 CMR Rdn. 32, 61.
125 Zum Meinungsstand vgl. *Koller*, 7. Aufl., Art. 32 CMR Rdn. 6; *Herber/Piper*, Art. 32 CMR Rdn. 21; Staub/*Helm*, 2. Aufl., Art. 32 CMR Rdn. 61.

Art. 32 Reklamationen und Klagen

b) Aus der CMR sich ergebende sonstige Ansprüche

45 Zu den der CMR unterfallenden Ansprüchen, welche sich aus ihr selbst ergeben, gehören insbes. solche aus

- *Art. 7 Abs. 1 CMR*: Ansprüche des Frachtführers aus unrichtigen oder unvollständigen Frachtbriefangaben;
- *Art. 7 Abs. 3 CMR*: Ansprüche des Verfügungsberechtigten gegen den Frachtführer aus Unterlassung der Angabe, die Beförderung unterliege trotz der gegenteiligen Abmachung den Bestimmungen der CMR;[126]
- *Art. 8 Abs. 3 Satz 2 CMR*: Ersatzanspruch des Frachtführers für Kosten der Überprüfung von Gewicht, Menge und Inhalt des Frachtgutes;
- *Art. 10 CMR*: Ersatzanspruch des Frachtführers gegen den Absender aus durch mangelhafte Verpackung verursachten Schäden;
- *Art. 11 Abs. 2 Satz 2 CMR*: Ersatzanspruch des Frachtführers gegen den Absender aus Unrichtigkeit der beigegebenen Urkunden;
- *Art. 11 Abs. 3 CMR*: Ersatzanspruch des Berechtigten gegen den Frachtführer aus Verlust oder unrichtiger Verwendung der beigegebenen Urkunden;[127]
- *Art. 12 Abs. 5 lit. a) CMR*: Kostenerstattungs- und Schadensersatzanspruch des Frachtführers für Ausführung von Weisungen;
- *Art. 12 Abs. 7 CMR*: Schadensersatzanspruch des Berechtigten gegen den Frachtführer aus Nichtausführung oder unberechtigter Ausführung von Weisungen;[128]
- *Art. 13 Abs. 2 Satz 1 CMR*: Kostenzahlungsanspruch des Frachtführers gegen den Empfänger unter den dort genannten Voraussetzungen;[129]
- *Art. 16 Abs. 1 CMR*: Kostenerstattungsanspruch des Frachtführers für Einholung und Ausführung von Weisungen;[130]
- *Art. 16 Abs. 4 CMR*: Auskehranspruch des Berechtigten gegen den Frachtführer bezüglich des Erlöses des notverkauften Gutes;
- *Art. 21 CMR*: Ersatzanspruch des Absenders wegen Nichteinziehung von Nachnahmen;[131]
- *Art. 22 Abs. 2 CMR*: Schadensersatzansprüche des Frachtführers gegen den Absender aus mangelnder Kennzeichnung gefährlicher Güter.[132]

---

126 Staub/*Helm*, 2. Aufl., Art. 32 CMR Rdn. 61.
127 Staub/*Helm*, 2. Aufl., Art. 32 CMR Rdn. 61; MünchKommHGB/*Jesser-Huß*, Art. 32 CMR Rdn. 6 und Fn. 23 mit Rechtsprechungshinweisen.
128 Staub/*Helm*, 2. Aufl., Art. 32 CMR Rdn. 61.
129 Staub/*Helm*, 2. Aufl., Art. 32 CMR Rdn. 62.
130 OLG München, 12.4.1991 – 23 U 1606/91, TranspR 1991, 298; Staub/*Helm*, 2. Aufl., Art. 32 CMR Rdn. 62.
131 *Koller*, 7. Aufl., Art. 32 CMR Rdn. 6; *Bahnsen*, in: EBJS, Art. 32 CMR Rdn. 19; Staub/*Helm*, 2. Aufl., Art. 32 CMR Rdn. 61; MünchKommHGB/*Jesser-Huß*, Art. 32 CMR Rdn. 6; *Otte*, in: Ferrari/Kieninger/Mankowski, 2. Aufl., Art. 32 CMR Rdn. 9.
132 Staub/*Helm*, 2. Aufl., Art. 32 CMR Rdn. 62.

Reklamationen und Klagen   Art. 32

c) Sonstige Vertragsansprüche, die sich nicht aus der CMR ergeben

Der deutliche Wortlaut des lit. c) („Ansprüche aus einer diesem Übereinkommen unterliegenden Beförderung") verbietet die Beschränkung seines Geltungsbereichs auf solche Ansprüche, die in der CMR eine Regelung finden. Deshalb erfasst Art. 32 Abs. 1 Satz 3 lit. c) CMR Vertragsansprüche aus dem Beförderungsvertrag (bezüglich außervertraglicher Ansprüche vgl. Rdn. 50–52), auch wenn sie sich nicht aus der CMR begründen lassen.[133]   46

Hierzu zählen insbesondere: 47

– Ansprüche des Frachtführers auf Frachtlohn und sonstige Entgelte;[134]
– Standgeldforderungen;[135]
– Anspruch auf Rückgewähr überzahlter Frachten.[136] Folgen die Rückabwicklungsansprüche indessen einer wirksamen Anfechtung, verjähren sie nicht nach Art. 32 CMR (Rdn. 4);
– Ansprüche aus § 280 BGB (frühere Bezeichnung: positive Vertragsverletzung).[137] *Nicht aber*: Ansprüche aus *culpa in contrahendo* (Rdn. 4 m.w.N.);
– Schadensersatzansprüche wegen Nichterfüllung;[138]
– Kosten der Feuerwehr;[139]
– Kosten des Vorprozesses;[140]
– Ansprüche wegen Verwendung eines ungeeigneten Fahrzeuges sowie wegen Nichteinhaltung der vorgeschriebenen Fahrtroute;[141]
– der Anspruch des Absenders auf Durchführung des Transports;
– Abbruch von Lieferbeziehungen[142] sowie Schadensersatzansprüche wegen Verletzung der Geheimhaltungspflicht des Frachtführers hinsichtlich des Produzenten;

---

133 *Bahnsen*, in: EBJS, Art. 32 CMR Rdn. 17.
134 BGH, 28.2.1975 – I ZR 35/74, AWD 1975, 291 = ETR 1975, 523 = NJW 1975, 1075; OLG Hamm, 15.9.1988 – 18 U 260/88, TranspR 1989, 55 ff., OLG Düsseldorf, 26.1.1995 – 18 U 77/94, TranspR 1995, 288; Staub/*Helm*, Art. 32 CMR Rdn. 8 Fn. 46 m.w.N.
135 BGH, 11.12.1981 – I ZR 178/78, TranspR 1982, 153 = RIW 1982, 758 = VersR 1982, 649 = ETR 1983, 63; *Gass*, in: EBJ, Art. 32 CMR Rdn. 17 Fn. 55 m.w.N.
136 BGH, 18.2.1972 – I ZR 103/70, VersR 1972, 873 = NJW 1972, 1003; OLG Düsseldorf, 11.7.1996 – 18 U 3/96, TranspR 1997, 274; *Bayer*, TranspR 1985, 409, 412; a.A. LG Essen, 24.10.1990 – 15 S 211/90, TranspR 1992, 326 m. abl. Anm. *Arens*; originäre rechtliche Begründung der Ansprüche aus ungerechtfertigter Bereicherung und positiver Forderungsverletzung; ausführlich hierzu Staub/*Helm*, Art. 32 CMR Rdn. 8 (dort Fn. 49).
137 BGH, Urt. v. 27.10.1978 – I ZR 30/77, TranspR 1979, 108 = VersR 1979, 276; OLG Hamburg, 9.2.1989 – 6 U 40/88, VersR 1990, 876; *Koller*, 7. Aufl., Art. 32 CMR Rdn. 6.
138 OGH Wien, 12.2.1985 – 5 Ob 505/85, TranspR 1986, 374, OLG Hamburg, 9.2.1989 – 6 U 40/88, TranspR 1990, 191, 192; Staub/*Helm*, Art. 32 CMR Rdn. 8, Fn. 45 m.w.N.
139 OLG Hamburg, 24.1.1985 – 6 U 149/84, TranspR 1985, 185.
140 OLG Düsseldorf, 18.10.1984 – 18 U 71/84, TranspR 1984, 276 (aber: In Folge der Katalog-Wirkung des Art. 23 Abs. 4 CMR dürfte der Anspruch selbst auf Fälle des Art. 29 CMR beschränkt sein; BGH v. 1.7.2010 – I ZR 176/08, VersR 2011, 373, 374 Rdn. 27).
141 OLG Hamburg, 9.2.1989 – 56 U 40/88, TranspR 1990, 191; MünchKommHGB/*Jesser-Huß*, Art. 32 CMR Rdn. 6.
142 MünchKommHGB/*Jesser-Huß*, Art. 32 CMR Rdn. 6 m.w.N.

Art. 32 Reklamationen und Klagen

– der Anspruch des Absenders gegen den Frachtführer auf Herausgabe durch den Vertrag und seiner Durchführung erlangter Gegenstände und Urkunden;
– der Anspruch auf Auskehr eingezogener Nachnahmebeträge;
– der Anspruch des Frachtführers auf Kostenerstattung, insbes. Zölle;[143]
– Gesamtschuldnerausgleich, insbes. zwischen Hauptfrachtführer und Unterfrachtführer;[144]
– Ansprüche auf Abtretung von Forderungen;[145]
– Bereicherungsrechtliche Ansprüche des Verkehrshaftungsversicherer, soweit auf CMR Vertrag bezüglich;[146]
– Zinsen verjähren als „sonstige Ansprüche" gem. lit. c), wenn sie entsprechenden Stammansprüchen akzessorisch sind.[147] Ist dagegen der Zinsanspruch gem. Art. 27 Abs. 1 CMR einem der in Art. 32 Abs. 1 Satz 3 lit. a) oder b) CMR geregelten Hauptansprüche zuzuordnen, verjährt er gleich diesen.[148] Ist der Zinsanspruch indessen rechtskräftig festgestellt, verjähren bis zur Rechtskraft des Urteils aufgelaufene Zinsen gem. § 197 Abs. 1 Nr. 3 BGB in 30 Jahren.[149] Ab Rechtskraft fällig werdende Zinsen verjähren nach der Sondervorschrift des § 197 Abs. 2 BGB in der dort genannten regelmäßigen Verjährungsfrist von drei Jahren zum Jahresende.[150]

d) Frachtvertragliche Ansprüche unter dem Einfluss allgemeiner Geschäftsbedingungen

48 Art. 41 CMR untersagt Vereinbarungen, auch im Wege allgemeiner Geschäftsbedingungen getroffene, die von den Bestimmungen der CMR abweichen. Da der Geltungsanspruch des Art. 32 Abs. 1 Satz 3 lit. c) CMR umfassend ist in dem Sinne, dass er (alle) „Ansprüche aus einer diesem Abkommen unterliegenden Beförderung" erfasst und neben den kasuistischen Regeln der lit. a) und b) in lit. c) hiervon „alle anderen Fälle" abdeckt, lassen sich in CMR-Frachtverträgen keine ungeregelten Ansprüche denken, die abweichende Verjährungsvereinbarungen zuließen. § 439 Abs. 4 HGB gilt infolge Art. 41 CMR im CMR-Bereich nicht.

49 Zu abweichenden Vereinbarungen, auch durch AGB, insbes. auf Vor-, Zwischen- und Nachlagerungen, Vor- und Nachlauf im Nahverkehr sowie speditionelle Nebenleistungen und ergänzend anwendbares, in den Grenzen der §§ 439 Abs. 4, 463, 466 Abs. 1 HGB, abdingbares, nationales Recht vgl. Rdn. 10 f. m. w. N.[151]

---

143 Staub/*Helm*, Art. 32 CMR Rdn. 8 m. w. N.
144 BGH, 10.5.1990 – I ZR 234/88, TranspR 1990, 418, 420 = VersR 1991, 238 ff.
145 OLG Düsseldorf, 18.10.1984 – 18 U 71/84, TranspR 1984, 276; OLG München, 10.10.1990 – 7 U 3528/89, TranspR 1991, 138, 142.
146 A.A. OLG Frankfurt/Main, 11.10.2010 – 21 U 56/08, TranspR 2010, 433 ff. (zu § 439 HGB).
147 *Fischer*, TranspR 1991, 321, 336; *Bahnsen*, in: EBJS, Art. 32 CMR Rdn. 19.
148 *Fischer*, TranspR 1991, 321, 326 m. w. N.
149 Palandt/*Ellenberger*, 71. Aufl., § 197 BGB Rdn. 10.
150 Vgl. § 218 Abs. 2 BGB a. F.; BGH, 3.11.1988 – IX ZR 203/87, NJW-RR 1989, 215; BGH, 6.3.1990 – VI ZR 44/89, NJW-RR 1990, 664.
151 Sowie *Koller*, 7. Aufl., § 465 HGB Rdn. 31 m. w. N.

e) Außervertragliche Ansprüche

Soweit der Frachtführer außervertraglichen konkurrierenden Ansprüchen aus Verlust, Beschädigung oder Überschreitung der Lieferfrist ausgesetzt ist (Art. 28 Abs. 1 CMR), darf er auch diesen Ansprüchen die Verjährungseinrede nach Art. 32 CMR entgegensetzen.[152] Die Verjährung der außervertraglichen Parallelansprüche richtet sich hierbei nicht generell nach Art. 32 Abs. 1 Satz 3 lit. c) CMR, sondern dann nach lit. a) oder b), wenn die Parallelität zu den letztgenannten Vertragsansprüchen besteht.[153] Zu den Ansprüchen am Beförderungsvertrag nicht beteiligter Dritter vgl. Art. 28 CMR Rdn. 16–18. 50

Beziehen sich außervertragliche Ansprüche der am Beförderungsvertrag beteiligten Personen *nicht* auf Verlust, Beschädigung oder Überschreitung der Lieferfrist, gilt für diese Art. 28 Abs. 1 CMR nicht.[154] Art. 32 Abs. 1 CMR umfasst indessen *alle* Ansprüche aus einer „diesem Abkommen unterliegenden Beförderung", nicht nur aus dem Beförderungsvertrag. Der Geltungsbereich ist also weit und überschreitet den Einbeziehungsbereich des Art. 28 Abs. 1 CMR.[155] Erfasst werden demnach z.B. gesetzliche Ansprüche auf Umsatzsteuererstattung,[156] überhaupt nicht nur vertragliche, sondern auch andere Ansprüche, wenn sie mit der Güterbeförderung nur im Zusammenhang stehen.[157] Die Grenze wird dort zu ziehen sein, wo der innere Zusammenhang mit dem CMR-Transport verloren geht.[158] 51

Den in Rdn. 50 dargestellten Regeln folgt auch die Verjährung von konkurrierenden Ansprüchen gem. Art. 28 Abs. 2 CMR gegen Hilfspersonen i.S.d. Art. 3 CMR. Eine Einschränkung dahingehend, dass nur solche Hilfspersonen in Betracht kommen, mit denen ein CMR-Vertrag abgeschlossen worden ist, gilt nicht.[159] Die Einschränkung widerspricht auch dem in Art. 3 und Art. 28 CMR zum Ausdruck gekommenen Rechtsgedanken, da sie insbes. auch Arbeitnehmer des Frachtführers von Art. 32 CMR ausnehmen würde.[160] Betreffen die Ansprüche aus außervertraglicher Haftung gegen dritte, am Beförderungsvertrag *nicht* beteiligte Personen, nicht Fälle des Verlusts, der Beschädigung oder Überschreitung der Lieferfrist, gilt für die genannten Ansprüche *gegen diese Drittpersonen* 52

---

152 *Koller*, 7. Aufl., Art. 28 CMR Rdn. 4.
153 So wohl auch *Koller*, 7. Aufl., Art. 28 CMR Rdn. 4; a.A. MünchKommHGB/*Jesser-Huß* Art. 28 CMR Rdn. 13.
154 Vgl. *Koller*, 7. Aufl., Art. 28 Rdn. 2.
155 Staub/*Helm*, Art. 32 CMR Rdn. 62; teilw. abweichend MünchKommHGB/*Jesser-Huß*, Art. 32 CMR Rdn. 7; siehe auch *Bahnsen*, in: EBJS, Art. 28 CMR Rdn. 2.
156 OLG Nürnberg, 26.11.1974 – 7 U 135/74, NJW 1975, 501; *Baumbach/Hopt*, 35. Aufl., Art. 32 CMR Anm. 1.
157 OLG Nürnberg, a.a.O.
158 Ähnlich MünchKommHGB/*Jesser-Huß*, Art. 28 CMR Rdn. 11.
159 Differenzierend *Koller*, 7. Aufl., Art. 32 CMR Rdn. 1.
160 So auch MünchKommHGB/*Jesser-Huß*, Art. 32 CMR Rdn. 7; *Bahnsen*, in: EBJS, Art. 32 CMR Rdn. 17; Staub/*Helm*, Art. 32 CMR Rdn. 15, welcher hier den Rückgriff auf Art. 28 CMR für überflüssig hält; OGH Wien, 10.11.1981 – 5 Ob 712/81, TranspR 1984, 1991 = VersR 1984, 548.

Art. 32   Reklamationen und Klagen

weder Art. 28 Abs. 2 CMR, noch richtet sich die Verjährung nach Art. 32 CMR.[161]

4. Beginn, Lauf und Ende der dreimonatigen Vorfrist

a) Beginn

53   Der Tag des Vertragsschlusses ist bei Berechnung der dreimonatigen Vorlauffrist nicht einzurechnen (vgl. ausführlich Rdn. 32).[162]

b) Lauf

54   Die dreimonatige Vorlauffrist läuft vollkommen ungestört, insbes. ist sie nicht Gegenstand der Hemmung oder des Neubeginnes der Verjährung.[163] Aus der Formulierung „die Verjährungsfrist beginnt ... mit dem Ablauf einer Frist von 3 Monaten ..." ergibt sich deutlich, dass die Vorfrist keine Verjährungsfrist ist.

c) Ende

55   Das Ende der Frist ist in Art. 32 Abs. 1 CMR nicht geregelt, unterfällt also den nationalen Regelungen. Deutsches Recht ist entsprechend Art. 12 Abs. 1 Buchst. d Rom I-VO heranzuziehen, da die Vorfrist zwar nicht als Verjährungsfrist, aber als solche, aus deren Ablauf sich Rechtsverluste ergeben können, zu werten ist. Das Fristende bestimmt sich somit nach § 188 Abs. 2 BGB. Fristende der dreimonatigen Vorfrist kann auch ein Sonntag, Samstag oder gesetzlicher Feiertag sein. § 193 BGB steht dem nicht entgegen, da innerhalb der 3-Monats-Frist weder eine Willenserklärung abzugeben noch eine Leistung zu bewirken ist.[164]

5. Das Sonderproblem des spät entstehenden oder erkennbaren Anspruchs

a) Allgemeines und Problemstellung

56   Schwierigkeiten bereitet die Behandlung von Ansprüchen, welche kurz vor Ablauf oder gar erst nach Ablauf der dreimonatigen Vorfrist zzgl. der einjährigen Verjährungsfrist entstehen oder erkennbar sind. *Braun*[165] nennt das Beispiel einer

---

161   OGH Wien, 18.9.1985 – 8 Ob 517/85, TranspR 1987, 219, 222; differenzierend Staub/*Helm*, Art. 32 CMR Rdn. 15 m.w.N. und MünchKommHGB/*Jesser-Huß*, Art. 32 CMR Rdn. 8–10 m.w.N.
162   A.A. OLG Düsseldorf v. 18.10.1973, VersR 1974, 1095 ff.
163   Vgl. *Loewe*, ETR 1976, 503, 585, 586.
164   Vgl. Palandt/*Ellenberger*, 71. Aufl., § 193 BGB Rdn. 2; MünchKommHGB/*Jesser-Huß* Art. 32 CMR Rdn. 20 m.w.N.
165   *Braun*, VersR 1988, 648, 650.

Heranziehung zur Einfuhrumsatzsteuer des die Grenzverzollung durchführenden Frachtführers durch das Finanzamt nach langer Zeit, weil etwa ein nachfolgender Frachtführer die Gestellung des Gutes versäumt hat. Zu denken ist auch an einen langfristigen Sukzessivlieferungsvertrag, bei dem Teilerfüllungsakte später als 15 (3 + 12) Monate nach Vertragsschluss erbracht werden. Bei wortgetreuer Auslegung des Art. 32 Abs. 3 Satz 3 lit. c) CMR gelangt man jeweils zur Verjährung vor Bekanntwerden respektive Entstehung eines Anspruchs – ein Ergebnis, welches in dieser Allgemeinheit als unbefriedigend empfunden wird.

b) Entstandene, aber schwer erkennbare Ansprüche

Sind Ansprüche noch nicht bezifferbar entstanden, aber doch in einem Stadium, dass sie in unverjährter Zeit durch Feststellungsklage oder Klage auf zukünftige Leistung geltend gemacht werden können, besteht für Abweichungen vom strikten Wortlaut des Art. 32 Abs. 1 Satz 3 lit. c) CMR kein Anlass.[166] Auch die Unkenntnis der Existenz oder sich anbahnenden Existenz eines Anspruchs führt nicht zu einer wie auch immer gearteten Einwirkung auf den Lauf der Verjährungsfrist. § 199 Abs. 1 Ziff. 1 und 2 BGB n.F. können bereits deswegen i.V. m. Art. 32 Abs. 3 CMR nicht herangezogen werden, da § 199 Abs. 1 BGB die regelmäßige Verjährungsfrist nach BGB, nicht aber die Verjährung nach Art. 32 Abs. 1 lit. c) betrifft. Unkenntnis vom Bestehen des Anspruchs ist keine höhere Gewalt i.S.d. § 206 BGB n.F., da anderenfalls die gesetzgeberische Entscheidung, außerhalb der Regelverjährung – also auch für Art. 32 CMR – es bei einem kenntnisunabhängigen Beginn und Ablauf der Verjährung zu belassen, konterkariert würde.[167] 57

c) Spät entstehende Ansprüche

Als eigentliche Problemfälle verbleiben somit solche, bei denen innerhalb der Verjährungsfrist die prozessualen Voraussetzungen einer Feststellungsklage oder einer Klage auf künftige Leistung nicht vorliegen (§§ 256, 257–259 ZPO). Hierunter fallen etwa Frachtentgelte bei lang dauernden Sukzessivlieferungsverträgen. Ein weiteres Beispiel ist die Verletzung nachvertraglicher Treuepflichten, als konkrete Ausgestaltung etwa die Verletzung der Verpflichtung des Frachtführers gegenüber dem Absender, dem Empfänger – zur Vermeidung des Direktbezugs – die Herkunft einer Ware nicht zu nennen. Der Vorschlag *Kollers* (Art. 32 CMR Rdn. 6), in diesen Fällen Art. 32 Abs. 1 Satz 3 lit. c) CMR zu restringieren und die Lücke durch Rückgriff auf das nationale Recht zu schließen, deutet die Absicht einer Problemlösung, nicht deren Durchführung an. § 198 BGB a.F. legte den Verjährungsbeginn auf den Zeitpunkt der Anspruchsentstehung, desglei- 58

---

166 BGH, 11.12.1981 – I ZR 178/78, MDR 1982, 821; OGH Wien, 19.5.1982 – 6 Ob 767/81, TranspR 1984, 193; *Koller*, 7. Aufl., Art. 32 CMR Rdn. 6; *Fremuth/Thume*, Art. 32 CMR Rdn. 13; MünchKommHGB/*Jesser-Huß*, Art. 32 CMR Rdn. 20.
167 Palandt/*Ellenberger*, 71. Aufl., § 206 BGB Rdn. 6 m.w.N.

Art. 32 Reklamationen und Klagen

chen – für die regelmäßige Verjährungsfrist – § 199 Abs. 1, Nr. 1 BGB n.F. Abgesehen von der Beschränkung des § 199 Abs. 1, Nr. BGB auf die *regelmäßige* Verjährungsfrist geht Art. 32 Abs. 1 Satz 3 lit. c) CMR, welcher die Verjährung 3 Monate nach Vertragsschluss beginnen lässt, als *lex specialis* vor. Die dreimonatige Vorfrist vor der eigentlichen Verjährungsfrist mag angesichts der regelmäßig raschen Entwicklung von Frachtrechtsstreitigkeiten in der Erwartung geschaffen worden sein, die Frist reiche für alle denkbaren Fälle aus; der eindeutige Gesetzeswortlaut verbietet indessen die Erfindung eines ungeschriebenen Tatbestandsmerkmals, etwa „... nicht aber vor Entstehung des Anspruchs".

Aufgreifenswert erscheint der Hinweis des OGH Wien,[168] über Art. 32 Abs. 3 CMR das jeweilige nationale Recht heranzuziehen. In späteren Entscheidungen des OGH Wien[169] vertritt das Gericht die Auffassung, dass die Verjährung erst in jenem Zeitpunkt zu laufen beginnen könne, in dem das Recht an sich ausgeübt werden kann und Leistungsansprüche nicht bereits vor ihrer Entstehung verjähren können. Den Entscheidungsgründen des jüngeren Urteils ist allerdings zu entnehmen, dass die spezifisch österreichische Regelung des § 896 ABGB für Ausgleichsansprüche eine gesonderte Beurteilung der Anspruchsverjährung rechtfertige und dass sich der Anspruch nach § 896 ABGB höchstens mittelbar aus der CMR herleite.[170] Entsprechende Erwägungen werden vom ergänzend anwendbaren deutschen Recht nicht getragen,[171] zumal nach deutschem Recht der in Anspruch Genommene seinem Nachmann (etwa Unterfrachtführer) den Streit verkünden oder gegen ihn Klage auf Befreiung von einer gegenüber seinem eigenen Vormann bestehenden Verbindlichkeit erheben kann. Keinesfalls muss also der Rückgriffsberechtigte während des Prozesses nach deutschem Recht tatenlos dem Verstreichen der Verjährungsfrist gegen seinen Nachmann zusehen.[172]

Im deutschen Recht ist der Fall, dass der Berechtigte zur Verjährungsunterbrechung schlicht außerstande ist, durchaus bedacht und geregelt.[173] Gem. § 206 BGB n.F. = inhaltsgleich § 203 Abs. 2 BGB a.F. ist die Verjährung gehemmt, solange der Berechtigte durch höhere Gewalt innerhalb der letzten sechs Monate der Verjährungsfrist an der Rechtsverfolgung gehindert ist. Hinderung durch höhere Gewalt wird in strittiger Rechtsprechung beispielsweise angenommen bei Stillstand der Rechtspflege[174] oder im Falle der für den Gläubiger unerkennbar unwirksamen Zustellung eines Vollstreckungstitels.[175] Die Nichtexistenz eines klagbaren Anspruchs bei Ablauf der Verjährungsfrist ist den vorstehenden Bei-

---

168 Urt. v. 19.5.1982 – 6 Ob 767/81, TranspR 1984, 193.
169 Urt. v. 13.4.1989 – 6 Ob 536/83, TranspR 1990, 152, und Urt. v. 10.7.1985 – 1 Ob 563/85, TranspR 1986, 377.
170 Hierzu eingehend Staub/*Helm*, Art. 32 CMR Rdn. 173 m.w.N.
171 BGH, 10.5.1990 – I ZR 234/88, MDR 1991, 218.
172 So zutreffend *Koller*, 7. Aufl., Art. 32 CMR Rdn. 3.
173 *Loewe*, TranspR 1988, 309, 315, der die Lösung nach deutschem Recht über die Rechtsfigur der höheren Gewalt erwägt, aber nicht zu beurteilen wagt, auf S. 314 sogar auf § 203 Abs. 2 BGB a.F. hinweist.
174 Palandt/*Ellenberger*, 71. Aufl., § 206 BGB, Rdn. 4 m.w.N.
175 Palandt/*Ellenberger*, 71. Aufl., § 206 BGB, Rdn. 5 m.w.N.

spielen als mindestens gleichwertiges Hindernis aufgrund höherer Gewalt gleichzustellen. Der Verjährungseintritt vor Anspruchsentstehung ist demgemäß einer der einschneidendsten Fälle der Verhinderung an der Rechtsverfolgung durch höhere Gewalt. Solange ein sonstiger Anspruch i. S. d. Art. 32 Abs. 1 Satz 2 lit. c) CMR nicht in einer die Rechtsverfolgung zulassenden Weise entstanden ist, ist der Berechtigte an seiner gerichtlichen Geltendmachung durch höhere Gewalt gehindert.

Die Lösung der Spätentstehungsfälle von sonstigen Ansprüchen über Art. 32 Abs. 3 CMR i. V. m. § 206 BGB n. F. führt zu folgenden Ergebnissen:

- Entsteht der Anspruch innerhalb der dreimonatigen Vorlauffrist, läuft die ein- oder dreijährige Verjährungsfrist vollkommen ungehindert;[176]
- entsteht der Anspruch vor Beginn der letzten sechs Monate der ein- oder dreijährigen Verjährungsfrist, läuft die Verjährung ungehemmt von § 206 BGB n. F. ab, da eine Verhinderung innerhalb der letzten sechs Monate der Verjährungsfrist nicht vorliegt;
- entsteht der Anspruch innerhalb der letzten sechs Monate der ein- oder dreijährigen Verjährungsfrist, ist die Verjährung vom Beginn des sechsten Monats vor Fristablauf bis zur Anspruchsentstehung gehemmt;
Beispiel: regelmäßige Verjährung gem. Art. 32 Abs. 1 Satz 3 lit. c) CMR 30.9., Anspruchsentstehung 30.4. Innerhalb der ab 30.3. laufenden letzten sechs Monate ist Hemmung bis zum 30. 4. gegeben, also 31 Tage. Gem. § 209 BGB n. F. – taggenaue Berechnung – ist dieser Zeitraum in die Verjährungsfrist nicht einzurechnen, der Anspruch verjährt also mit Ablauf des 31.10. (30.9. zzgl. 31 Tage).
- Entsteht der Anspruch nach Ablauf der ein- oder dreijährigen Verjährungsfrist, führen die volle Ausnutzung des sechsmonatigen Verhinderungszeitraumes gem. § 203 Abs. 2 BGB und das zeitlich unbegrenzte Weiterlaufen der Hemmung dazu, dass Verjährung sechs Monate nach Anspruchsentstehung eintritt.

Das Ergebnis mit Rechenbeispielen ist nicht speziell auf den Spätentstehungsfall von Ansprüchen im Rahmen des Art. 32 Abs. 1 Satz 3 lit. c) CMR zugeschnitten, sondern folgt dem gewöhnlichen Berechnungsschema bei Verhinderung infolge höherer Gewalt. Aus diesem Grund wird auch nicht auf Umwegen die ein- oder dreijährige Verjährungsfrist durch eine 6-Monats-Frist ersetzt; die Regelung des § 206 BGB n. F. = § 203 BGB a. F. wird es allerdings in vielen Fällen höherer Gewalt – auch außerhalb der CMR – mit sich bringen, dass dem Berechtigten ein zur Rechtsverfolgung nutzbarer Zeitraum von lediglich sechs Monaten zur Verfügung steht.

Dem in der Voraufl. entwickelten Lösungsansatz stimmen zu: Staub/*Helm*, Art. 32 CMR Rdn. 172 m. w. N.; *Fremuth/Thume*, Art. 32 CMR Rdn. 13; *Bahnsen*, in: EBJS, Art. 32 CMR Rdn. 12 mit Einschränkungen *Koller*, 7. Aufl., Art. 32 Rdn. 6, Fn. 78 m. w. N.; zur speziellen Problematik der höheren Gewalt

---

176 BGH, 11.12.1981 – I ZR 178/78, MDR 1982, 821.

Art. 32 Reklamationen und Klagen

nicht Stellung nehmend *Herber/Piper*, Art. 32 CMR Rdn. 12; a.A. *Kehl/Schmidt*, TranspR 1995, 435 ff., die sich gegen jegliche Restriktion des Art. 32 Abs. 1 Satz 3 lit. c) CMR wenden.

Die vorgeschlagene Lösung steht mit der Änderung des BGB-Verjährungsrechts nicht in Konflikt.

- § 199 Abs. 1, Nr. 1 und 2 BGB n.F., der die Verjährung erst bei Anspruchsentstehung und Kenntnis oder nichtvorwerfbarer Unkenntnis des Anspruchs beginnen lässt, bezieht sich lediglich auf die regelmäßige Verjährungsfrist des § 195 BGB n.F., nicht auf Sonderverjährungsfristen wie diejenige des Art. 32 CMR. Zudem – § 199 Abs. 1 BGB n.F. regelt den Verjährungs*beginn* – ist Art. 32 CMR mit seiner abweichenden Beginnregelung *lex specialis*.
- Der Anwendungsbereich des § 206 BGB n.F. ist außerhalb der regelmäßigen Verjährungsfrist nicht restringiert worden.[177] Gemäß § 206 BGB n.F. ist im Rahmen des Art. 32 Abs. 3 S. 1 CMR auch dann anwendbar, wenn es sich um eine mindere Verhinderungen des Gläubigers handelt, wie etwa die Löschung des Gläubigers aus dem Handelsregister oder Unkenntnis von Ansprüchen infolge falscher ärztlicher Auskunft über die Folgen eines Unfalls.[178]

X. Hemmung der Verjährung durch Reklamation

1. Allgemeines

59   Art. 32 Abs. 2 CMR regelt einen besonderen Hemmungstatbestand (§ 209 BGB), den der Reklamation. Die Reklamation ähnelt (auch in den Folgen) der – Art. 32 CMR nachgebildeten – Schadensanzeige des § 438 HGB. Dagegen ist dem allgemeinen Verjährungsrecht der §§ 194 ff. BGB eine Einwirkung der bloßen Anspruchsanmeldung auf die Verjährungsfrist fremd.

2. Geltungsbereich der Reklamation

a) Fälle des Art. 32 Abs. 1 Satz 3 lit. a) u. b) CMR

60   Der Kernbereich der Reklamation betrifft die Geltendmachung von Ansprüchen gegen den Frachtführer, deren Verjährung in Art. 32 Abs. 1 Satz 3 lit. a) u. b) CMR geregelt sind, also teilweiser und gänzlicher Verlust, Beschädigung und Überschreitung der Lieferfrist.

---

177 Palandt/*Ellenberger*, 71. Aufl., § 206 BGB Rdn. 6.
178 Erman/*Schmidt-Räntsch*, 13. Aufl., § 206 BGB Rdn. 7.

b) Andere Fälle

Die Reklamationswirkung beschränkt sich nicht auf die unter a) genannten Fälle.[179] Aus dem klaren Wortlaut des Art. 32 Abs. 2 CMR folgt aber, dass es sich um gegen den *Frachtführer* gerichtete Ansprüche handeln muss.[180] Insbesondere unterliegt der Rückforderungsanspruch zuviel bezahlter Fracht nicht der Hemmung durch Reklamation;[181] ebenso wenig Schadensersatzansprüche des Frachtführers aus Art. 10 bzw. 11 Abs. 2 Satz 2 CMR.[182] Die verwandten Ansprüche gegen den Frachtführer, etwa auf Schadensersatz wegen Verlusts von Begleitpapieren, Art. 11 Abs. 3 CMR, auch aus Anspruchsgrundlagen außerhalb der CMR, unterliegen wiederum der Sonderhemmung durch Reklamation gem. Art. 32 Abs. 2 CMR.[183] Die Reklamation bewirkt keine Hemmung eines vom Frachtführer geltend gemachten Gegenanspruchs.[184]

60a

3. Inhalt und Zeitpunkt der Reklamation

a) Unmissverständliche Inanspruchnahme des Reklamationsempfängers

Inhaltlich darf sich eine Schadensreklamation nicht darauf beschränken, wie bei einem Vorbehalt gem. Art. 30 CMR auf die Tatsache des Bestehens von Schäden hinzuweisen. Erforderlich ist vielmehr die unmissverständliche Klarstellung gegenüber dem Frachtführer, dass er für die Schäden am Transportgut auch einstehen soll, also eine Erklärung, aus der er seine Inanspruchnahme durch den Anspruchsteller entnehmen kann.[185] Klargestellt muss auch sein, dass die Erklärung eine Inanspruchnahme beinhaltet und nicht nur für die Zukunft in Aussicht stellt, da Letzteres nur als Ankündigung einer Reklamation, nicht als die Reklamation

61

---

179 BGH, 28.2.1975 – I ZR 35/74, VersR 1975, 445; OLG München, 12.4.1991 – 23 U 1606/91, TranspR 1991, 298, 299; OLG Düsseldorf, 11.7.1996 – 18 U 3/96, TranspR 1997, 274; Staub/*Helm*, 2. Aufl., Art. 32 CMR Rdn. 99f.; *Koller*, 7. Aufl., Art. 32 CMR Rdn. 8; *Fremuth/Thume*, Art. 32 CMR Rdn. 14; MünchKommHGB/*Jesser-Huß*, Art. 32 CMR Rdn. 27; *Bahnsen*, in: EBJS, Art. 32 CMR Rdn. 24; *Otte*, in: Ferrari/Kieninger/Mankowski, 2. Aufl., Art. 32 CMR Rdn. 29; *Loewe*, TranspR 1988, 309, 316; a.A. OGH Wien, 12.2.1985 – 5 Ob 505/85, TranspR 1986, 374.
180 BGH, 28.2.1975 – I ZR 35/74, VersR 1975, 445, NJW 1975, 1075; im Übrigen siehe Rdn. 60.
181 OLG Düsseldorf, 11.7.1996 – 18 U 3/96, TranspR 1997, 274; *Fremuth/Thume*, Art. 32 CMR Rdn. 14.
182 MünchKommHGB/*Basedow*, 1. Aufl., Art. 32 CMR Rdn. 28.
183 Staub/*Helm*, 2. Aufl., Art. 32 CMR Rdn. 99 m.w.N.
184 *Koller*, 7. Aufl., Art. 32 CMR Rdn. 8. m.w.N.
185 BGH, 9.2.1984 – I ZR 18/82, VersR 1984, 578; BGH, 7.11.1985 – I ZR 130/83, TranspR 1986, 53, 55; OLG Düsseldorf, 13.1.1972 – 18 U 84/70, VersR 1973, 178, 181; OLG Düsseldorf, 8.3.1976 – 1 U 181/75, NJW 1976, 1594 = VersR 1976, 1161; OLG Frankfurt/M., 5.10.2004 – 10 U 304/03, TranspR 2005, 256; *Fremuth/Thume*, Art. 32 CMR Rdn. 15; *Koller*, 7. Aufl., Art. 32 CMR Rdn. 9; *Herber/Piper*, Art. 32 CMR Rdn. 30; *Fischer*, TranspR 1991, 321, 327f.

Art. 32   Reklamationen und Klagen

selbst zu werten wäre.[186] Die Aufforderung zur Einschaltung des CMR Versicherers wobei offen gelassen wird, ob überhaupt ein Schaden entstanden ist, reicht nicht aus.[187]

b) Nähere Ausgestaltung der Reklamation, Beifügung der Belege

62 In der Reklamation muss nicht schon der Schaden nach Grund und Höhe beziffert werden.[188] Bereits die Übersendung der Schadensunterlagen kann ausreichend substantiiert und deutlich sein.[189] Eine Bezugnahme auf früheren Briefwechsel kann genügen;[190] ebenso die Übersendung der Ablichtung eines Fernschreibens an den Frachtführer, das der Empfänger wegen Teilverlusts an den Absender gerichtet hat.[191] Die bloße Information über den Schadensfall, verbunden mit der Mitteilung, dass der Empfänger des Guts Schadensersatzansprüche stellen werde, soll demgegenüber als Inanspruchnahme nicht ausreichen.[192] Nicht ausreichend ist die Aufforderung zu einer Stellungnahme.[193] Nicht ausreichend soll auch der Hinweis auf Schäden mit bloßer Ablehnung der Bezahlung einer Rechnung sein.[194] Indessen muss die Reklamation in der Weise substantiiert sein, dass der Frachtführer unzweifelhaft erkennen kann, auf welchen konkreten

---

186 OLG Nürnberg, 12.4.1991 – 12 U 68/91, TranspR 1992, 63; im entschiedenen Falle aber zweifelhaft, ob nicht doch bereits eine Reklamation vorliegt.
187 LG München I v. 5.7.1988 – 2 HKO 5928/88, VersR 1989, 215, 216.
188 OLG Frankfurt/Main, 5.10.2004 – 10 U 304/03, TranspR 2005, 256; OLG Karlsruhe, 28.9.2001 – 15 U 49/00, TranspR 2004, 33 ff.; OLG Hamm, 7.11.1996 – 18 U 77/96, TranspR 1998, 459; Hanseatisches Oberlandesgericht Hamburg, 9.2.1998 – 6 U 40/88, TranspR 1990, 191 = VersR 1990, 876; OLG Düsseldorf, 27.5.1982 – 18 U 16/82, VersR 1983, 62; *Fremuth/Thume*, Art. 32 CMR Rdn. 15; Staub/*Helm*, 2. Aufl., Art. 32 CMR Rdn. 110; *Herber/Piper*, Art. 32 CMR Rdn. 31; *Koller*, 7. Aufl., Art. 32 CMR Rdn. 9; MünchKommHGB/*Jesser-Huß*, Art. 32 CMR Rdn. 28 (a. A. – ungefähre Bezifferung fordernd – die Vorauflage); *Otte*, in: Ferrari/Kieninger/Mankowski, 2. Aufl., Art. 32 CMR Rdn. 30.
189 OLG Düsseldorf, 13.1.1972 – 18 U 84/70, VersR 1973, 178, 180; *Fremuth/Thume*, Art. 32 CMR Rdn. 15; MünchKommHGB/*Jesser-Huß*, Art. 32 CMR Rdn. 29.
190 *Koller*, 7. Aufl., Art. 32 CMR Rdn. 9 mit Hinweis auf OLG Düsseldorf, 8.3.1976 – 1 U 181/75, VersR 1976, 1161, 1162, wo allerdings auf späteren Schriftwechsel abgehoben und nicht auf früheren Briefwechsel Bezug genommen wird; Letzteres wird erst dann ausreichen, sobald die Zusammenschau von früherem Briefwechsel und Bezugnahme auf diesen die Eindeutigkeit der Inanspruchnahme ergibt; MünchKommHGB/*Jesser-Huß*, Art. 32 CMR Rdn. 29.
191 BGH, 7.11.1985 – 1 ZR 130/83, VersR 1986, 287 ff.; *Koller*, 7. Aufl., Art. 32 CMR Rdn. 9.
192 OGH, Beschluss, 19.5.1998 – 7 Ob 8/98x, VersR 1999, 1132; *Koller*, 7. Aufl., Art. 32 CMR Rdn. 9; wohl Fallfrage: Die Weiterleitung einer solchen Inanspruchnahme kann durchaus auch dahin ausgelegt werden, dass der Absender wegen eigener Inanspruchnahme den Frachtführer entsprechend in Anspruch nehme.
193 Staub/*Helm*, 2. Aufl., Art. 32 CMR Rdn. 107.
194 Staub/*Helm*, 2. Aufl., Art. 32 CMR Rdn. 107 – Fallfrage: Verweigert der Ersatzberechtigte unter Hinweis auf Aufrechnung bzw. Zurückbehaltung mit ausreichend konkretisierten Schadensersatzansprüchen die Zahlung des Frachtlohnes, dürfte darin doch eine Reklamation liegen.

Schaden sie sich bezieht.¹⁹⁵ Die Reklamation muss so substantiiert sein, dass sie dem Frachtführer ermöglicht, eine Entscheidung darüber zu treffen, ob er sie zurückweist, den Anspruch anerkennt oder weiterverhandelt.¹⁹⁶

Klarheit muss auch darüber bestehen, *wer* reklamiert. Eine Reklamation als Vertreter oder Rechtsnachfolger eines nicht näher bestimmten Dritten, wenn nur feststeht, dass der Dritte Ladungsbeteiligter oder davon verschiedener Eigentümer ist, reicht nicht aus.¹⁹⁷ Die Gegenmeinung übersieht, dass der Frachtführer möglicherweise Ansprüche eines Beteiligten für bestehend, die eines anderen für ungerechtfertigt hält, so dass er bei einer Reklamation für den, „den es angeht", außerstande sein kann, sachgerecht über deren Zurückweisung zu entscheiden.¹⁹⁸ Fehlt freilich nur der Name des Reklamierenden, ist seine Identität für den Frachtführer aber zweifelsfrei, ist dies unschädlich.¹⁹⁹ Aus der Reklamation muss gleichfalls klar hervorgehen, wer der *in Anspruch Genommene* ist.²⁰⁰

Die Wirksamkeit der Reklamation hängt nicht davon ab, dass ihre Belege beigefügt werden.²⁰¹ *Helm*²⁰² weist allerdings zu Recht darauf hin, dass die Belege zum genaueren Verständnis der Reklamation erforderlich sein können.²⁰³ Die Beifügung von Belegen kann im Zweifelsfalle die Abgrenzung der Reklamation vom Schadensvorbehalt ermöglichen.²⁰⁴

63

c) Zeitpunkt der Reklamation

63a

Die Reklamation kann auch vor Ankunft des Gutes erfolgen. Allerdings muss der Schaden sich mindestens dem Grunde nach verwirklicht haben.²⁰⁵

---

195 OLG Düsseldorf, 8.3.1976 – 1 U 181/75, NJW 1976, 1594 = VersR 1976, 1161; *Gass*, in: EBJS (1. Aufl.), Art. 32 CMR Rdn. 22; *Herber/Piper*, Art. 32 CMR Rdn. 31.
196 So sehr prägnant Staub/*Helm*, Art. 32 CMR Rdn. 107 m.w.N.
197 *Bahnsen*, in: EBJS, Art. 32 CMR Rdn. 26; a.A. OLG Düsseldorf, 27.5.1982 – 18 U 16/82, VersR 1983, 62 – Leitsatz; a.A. *Koller*, 7. Aufl., Art. 32 CMR Rdn. 9; a.A. offenbar auch Staub/*Helm*, 2. Aufl., Art. 32 CMR Rdn. 108.
198 So wohl auch BGH, 24.10.1991 – I ZR 208/89, TranspR 1992, 177, 178.
199 *Bahnsen*, in: EBJS, Art. 32 CMR Rdn. 26.
200 *Willenberg*, zu § 40 der früheren KVO, Rdn. 25.
201 *Fremuth/Thume*, Art. 32 CMR Rdn. 15; Staub/*Helm*, 2. Aufl., Art. 32 CMR Rdn. 111; *Koller*, 7. Aufl., Art. 32 CMR Rdn. 9; *Herber/Piper*, Art. 32 CMR Rdn. 32; *Loewe*, TranspR 1988, 316; entgegen *Koller*, a.a.O., nur scheinbar abweichend Österr. OGH v. 29.8.1994 – 1 Ob 516/94, TranspR 1995, 110 m. Anm. *Jesser*. Auch der OGH verlangt nur, dass ohne Urkunden klar ist, welchen Schaden der Anspruchsteller von dem Frachtführer ersetzt haben möchte.
202 Staub/*Helm*, 2. Aufl., Art. 32 CMR Rdn. 111.
203 Staub/*Helm*, a.a.O.
204 Ähnlich Staub/*Helm*, 2. Aufl., a.a.O.
205 *Koller*, 7. Aufl., Art. 32 CMR Rdn. 10.

Art. 32 Reklamationen und Klagen

4. Form der Reklamation

64 Die Reklamation muss schriftlich erfolgen. Schriftform i.S.d. § 126 BGB wird aber nicht gefordert.[206] Ausreichend ist somit jedes mit Schriftzeichen versehene Substrat, aus welchem sich die Anspruchsanmeldung ergibt. Das Schriftformerfordernis ist demgemäß bei Verwendung moderner Telekommunikationsformen (Telegramm, Telex – beides im gewerblichen Verkehr selten geworden –, Telefax) gewahrt.[207] Demgemäß ist auch – entgegen § 126 Abs. 1 BGB – Unterschrift zur Formwahrung nicht erforderlich, da wegen der Notwendigkeit der autonomen Auslegung ein Verweis auf § 126 BGB nicht zulässig ist.[208] Die Reklamation muss in Schriftform zugehen, aus diesem Grunde genügt ein (an sich schriftförmiges) Telegramm dem Schriftlichkeitserfordernis erst mit seiner körperlichen Aushändigung, nicht schon mit seiner telefonischen Durchsage.[209] Auch die Reklamation per E-Mail ist ausreichend.[210] Wer auf eine E-Mail-Adresse (Gleiches gilt für Telefaxanschluss) im geschäftlichen Verkehr hinweist, muss sicherstellen, dass sein Gerät einsatzbereit ist.[211] Telefaxe und E-Mail gehen damit bei ordnungsgemäßem Einsatz auf der Empfängerseite in der Schriftform des Art. 32 Abs. 2 Satz 1 CMR zu, dasselbe muss bei obliegenheitswidriger Zugangsverhinderung gelten. Wird eine Reklamation per E-Mail an einen Adressaten gerichtet, der im Rechtsverkehr unter seiner E-Mail-Adresse auftritt, dann geht die Erklärung grundsätzlich am Tage des Eingangs in den elektronischen „Empfängerbriefkasten" zu, beim Eintreffen „zur Unzeit" am folgenden Tage.[212]

Schriftlichkeit liegt auch bei einem Parteischriftsatz im Rahmen eines Zivilprozesses vor; auch der Widerspruch gegen einen Mahnbescheid, wenn er inhaltlich den Erfordernissen der Reklamation genügt, ist schriftförmig. Das Beglaubigungserfordernis einseitiger Erklärungen in Schriftsätzen[213] gilt wegen der autonomen Auslegung des Schriftformerfordernisses für die Reklamation nicht.

Die zu § 439 Abs. 3 S. 1 HGB angestoßene Diskussion,[214] ob unter Schriftlichkeit Schriftform i.S.d. § 126 BGB zu verstehen sei, betrifft in Folge der autonomen Auslegung des Schriftlichkeitserfordernisses Art. 32 Abs. 2 S. 1 CMR nicht.

---

206 *Koller*, 7. Aufl., Art. 32 CMR Rdn. 11, mit dem zutreffenden Hinweis, dass die CMR insoweit nicht auf nationale Rechte verweist.
207 *Fremuth/Thume*, Art. 32 CMR Rdn. 16; MünchKommHGB/*Jesser-Huß*, Art. 32 CMR Rdn. 35; *Bahnsen*, in: EBJS, Art. 32 CMR Rdn. 27; *Herber/Piper*, Art. 32 CMR Rdn. 32; *Koller*, 7. Aufl., Art. 32 CMR Rdn. 11.
208 MünchKommHGB/*Jesser-Huß*, Art. 32 CMR Rdn. 35, allg. Meinung.
209 Palandt/*Ellenberger*, 71. Aufl., § 126 BGB Rdn. 12.
210 *Koller*, 7. Aufl., Art. 32 CMR Rdn. 11; MünchKommHGB/*Jesser-Huß*, Art. 32 CMR Rdn. 35; *Bahnsen*, in: EBJS, Art. 32 CMR Rdn. 27; im Wesentlichen gleichfalls zustimmend Staub/*Helm*, 2. Aufl., Art. 32 CMR Rdn. 110.
211 Palandt/*Ellenberger*, 71. Aufl., § 130 BGB Rdn. 17.
212 Vgl. hierzu ausführlich *Ultsch*, NJW 1997, 3007 ff.
213 BGH, 4.7.1986 – V ZR 41/86, NJW-RR 1987, 395.
214 *Steinborn*, TranspR 2011, 16 ff. m. Rechtsprechungsübersicht.

5. Person des Reklamierenden

a) Absender und Empfänger

Art. 32 Abs. 2 CMR nennt – ebenso wenig wie die grundlegende Haftungsnorm 65 des Art. 17 CMR – den Reklamationsberechtigten nicht, im Gegensatz zu § 439 Abs. 3 HGB, der Absender und Empfänger als Reklamationsberechtigte bezeichnet. Es wird als selbstverständlich angesehen, dass der Absender zur Reklamation berechtigt ist.[215] Da die Aktivlegitimation des Empfängers gleichfalls unstreitig ist, wird dessen Reklamationsberechtigung als ebenso selbstverständlich angenommen.[216] Infolge der Doppellegitimation von Absender und Empfänger hat jeder von ihnen selbstständig und nur mit Wirkung für sich selbst zu reklamieren.[217]

b) Andere Personen

Aus der Funktion der Reklamation, der unmissverständlichen Geltendmachung 66 von Ersatzansprüchen gegenüber dem Frachtführer (vgl. Rdn. 61 m. w. N.), folgt, dass jeder reklamationsbefugt ist, der einen eigenen Anspruch gegen den Frachtführer erheben kann. Dies gilt namentlich auch für den vom Absender verschiedenen Eigentümer (auch Vorbehalts- oder Sicherungseigentümer) oder sonst dinglich am Gut Berechtigten.[218] Deren Reklamation bezieht sich auf ihre deliktischen Ansprüche.[219]

Die Reklamation muss nicht höchstpersönlich,[220] darf vielmehr auch durch einen 67 Dritten erfolgen, falls dieser zur Vornahme der Reklamation bevollmächtigt war.[221] Die Reklamation ist ein einseitiges Rechtsgeschäft, welches der Empfänger gem. § 174 BGB mangels Vorlage einer Vollmachtsurkunde unverzüglich aus diesem Grunde zurückweisen kann,[222] soweit das für die Vollmacht maßgebende Recht deutsches Recht ist.[223] Bei Geltung deutschen Rechts ist zusätzlich zu beachten, dass die h. M. die Vorlage der Vollmachtsurkunde im Original verlangt,[224]

---

215 Statt aller: *Koller*, 7. Aufl., Art. 32 CMR Rdn. 13.
216 Erläuterungen Vor Art. 17 CMR Rdn. 8; *Fremuth/Thume*, Art. 32 CMR Rdn. 18; MünchKommHGB/*Jesser-Huß*, Art. 32 CMR Rdn. 30; *Piper*, VersR 1988, 201.
217 Staub/*Helm*, 2. Aufl., Art. 32 CMR Rdn. 114; BGH, 24.10.1991 – I ZR 208/89, TranspR 1992, 177, 179 = VersR 1992, 640, 641.
218 OLG Düsseldorf, 27.5.1982 – 18 U 16/82, VersR 1983, 62; Staub/*Helm*, 2. Aufl., Art. 32 CMR Rdn. 114; *Otte*, in: Ferrari/Kieninger/Mankowski, 2. Aufl., Art. 32 CMR Rdn. 31.
219 MünchKommHGB/*Jesser-Huß*, Art. 32 CMR Rdn. 30.
220 *Koller*, 7. Aufl., Art. 32 CMR Rdn. 13; *Bahnsen*, in: EBJS, Art. 32 CMR Rdn. 25; *Koller*, EWiR 1997, 405 f.
221 OLG Düsseldorf, 27.5.1982 – 18 U 16/82, VersR 1983, 62; Staub/*Helm*, 2. Aufl., Art. 32 CMR Rdn. 117; vgl. zu OLG Düsseldorf a.a.O. auch Rdn. 62.
222 Staub/*Helm*, 2. Aufl., Art. 32 CMR Rdn. 117.
223 Hierzu Palandt/*Thorn*, 71. Aufl., Anh. zu Art. 10 EGBGB.
224 Kopie oder Telefax genügen nicht, Palandt/*Ellenberger*, 71. Aufl., § 174 BGB Rdn. 5 m.w.N.

Art. 32 Reklamationen und Klagen

so dass der Nachweis der Bevollmächtigung schärfere Formerfordernisse zu erfüllen hat als die schriftliche Reklamation selbst (zu Letzteren: Rdn. 64).

68 Der Einzel- oder Gesamtrechtsnachfolger des Anspruchsberechtigten ist gleichfalls zur Reklamation berechtigt. Der Übergang des Vollrechts schließt die Reklamationsbefugnis mit ein. In Frage kommen werden vor allem Fälle der rechtsgeschäftlichen Zession und des gesetzlichen Forderungsüberganges gem. § 86 VVG n. F. auf den Versicherer, insbes. Transportversicherer, der die Leistung erbracht hat. Die Übersendung der Schadensunterlagen durch den Anspruchsberechtigten an den Transportversicherer ist regelmäßig als konkludente Abtretung zu bewerten.[225] Abtretung an einen Assekuradeur ist nicht wegen Verstoßes gegen das Rechtsberatungsgesetz rechtsunwirksam.[226] Eine bereits vom Rechtsvorgänger ausgesprochene Reklamation wirkt auch für den Rechtsnachfolger. Zur Pflicht der Vorlage der Abtretungsurkunde und der Zurückweisungsmöglichkeit durch den Schuldner gem. § 410 BGB vgl. Palandt/*Grüneberg*.[227] § 410 BGB ist bei der *cessio legis* (z. B. Transportversicherer) über § 412 BGB entsprechend anwendbar.[228]

69 Der Auftraggeber des Spediteurs kann gegenüber dem Frachtführer auch dann bereits wirksam reklamieren, wenn der Spediteur seine Ansprüche noch nicht wirksam an ihn abgetreten hat.[229] Das Gleiche gilt für die Reklamation des Auftraggebers des Absenders, der – ohne selbst Spediteur zu sein – wie ein Spediteur für den Versender den Beförderungsvertrag mit dem Unternehmer, der diese Umstände kennt, abgeschlossen hat.[230]

Das Gleiche soll gelten bezüglich des Transportversicherers in Prozessstandschaft für Absender bzw. Empfänger und bezüglich des Transportversicherers in Prozessstandschaft für den Empfangsspediteur.[231] Allerdings ist der Transportversicherer ohne Legitimation durch Abtretung, *cessio legis* oder Prozessstandschaft als solcher nicht zur Reklamation befugt.[232] Die Prozessstandschaft des

---

225 BGH, 21.11.1996 – I ZR 139/94, VersR 1997, 385.
226 OLG München, 10.1.1997 – 23 U 1628/96, TranspR 1997, 277, 279; OLG Düsseldorf, 9.10.2002 – 18 U 38/02, TranspR 2003, 107 ff.; KG Berlin, 9.11.2004 – 14 U 27/03, TranspR 2004, 477 f. – Letzteres zur Prozessstandschaft.
227 Palandt/*Grüneberg*, 71. Aufl., § 410 BGB Rdn. 1 f.
228 Palandt/*Grüneberg*, 71. Aufl., § 410 BGB Rdn. 1 f., mit Rspr.zusammenstellung, ob die Urkunde im Original vorgelegt werden muss oder eine Kopie ausreicht.
229 BGH, 20.2.1970 – I ZR 110/68, VersR 1970, 416 = NJW 1970, 995; OLG Düsseldorf, 27.2.1987 – 18 U 162/86, TranspR 1987, 223, 227; *Piper*, VersR 1988, 201; Staub/*Helm*, 2. Aufl., Art. 32 CMR Rdn. 124; *Fremuth/Thume*, Art. 32 CMR Rdn. 18; *Herber/Piper*, Art. 32 CMR Rdn. 35; *Koller*, 7. Aufl., Art. 32 CMR Rdn. 13; *Otte*, in: Ferrari/Kieninger/Mankowski, 2. Aufl., Art. 32 CMR Rdn. 31; MünchKommHGB/*Jesser-Huß*, Art. 32 CMR Rdn. 30; a. A. *Koller*, TranspR 1989, 308, 310 f.
230 OLG Düsseldorf, 16.12.1982 – 18 U 181/82, VersR 1983, 1028; einschränkend Staub/*Helm*, 2. Aufl., Art. 32 CMR Rdn. 124.
231 BGH, 6.2.1981 – I ZR 172/78, VersR 1981, 571, 572; BGH, 6.5.1981 – I ZR 70/79, VersR 1981, 929 = TranspR 1982, 41, 42; *Piper*, VersR 1988, 201, 203; Staub/*Helm*, 2. Aufl., Art. 32 CMR Rdn. 122; *Fremuth/Thume*, Art. 32 CMR Rdn. 18.
232 *Koller*, 7. Aufl., Art. 32 CMR Rdn. 13; BGH, 8.7.2004 – I ZR 272/01, MDR 2004, 1365.

Transportversicherers verstößt auch hinsichtlich des den Regulierungsbetrag übersteigenden Restbetrages nicht gegen Art. 1 § 1 RBerG, was auch für die dem Stammrecht akzessorische Reklamation gelten muss.[233] Gleiches gilt für den Assekuradeur.[234]

Generell dürfte gelten, dass bei Vorliegen der Befugnis, einen fremden, nicht abgetretenen Anspruch im eigenen Namen prozessual geltend zu machen (*Prozessstandschaft*) – eigenes schutzwürdiges Interesse an der Verfolgung des fremden Rechtes und ausdrückliche oder stillschweigende Ermächtigung zur Geltendmachung durch den Dritten –, auch die außergerichtliche Legitimation gegeben ist, die verjährungshemmende Reklamation gem. Art. 32 Abs. 2 CMR zu erklären.[235] **70**

Wer zur Geltendmachung eines Anspruchs in *Drittschadensliquidation* berechtigt ist, darf auch die vorbereitende Rechtshandlung der Reklamation in gleicher Weise vornehmen.[236] **71**

Reklamieren kann nur, wer im Zeitpunkt der Reklamation forderungsberechtigt[237] oder in sonstiger Weise zur Geltendmachung des Anspruchs berechtigt ist (Rdn. 65–71 m. w. N.). Insbesondere kann auch bei späterem Erwerb der Forderungsberechtigung eine Rückwirkung auf den Zeitpunkt der Reklamation, etwa nach § 185 Abs. 2 Satz 1 BGB, nicht eintreten, da es sich bei der Reklamation um ein einseitiges Gestaltungsrecht handelt, das einen Schwebezustand nicht verträgt.[238] In gleicher Weise verlangt die Rspr. des BGH für eine wirksame Ermächtigung eines Dritten zur Geltendmachung eines fremden Rechts (hier: Reklamationsrecht gem. Art. 32 Abs. 2 S. 1 CMR) im eigenen Namen regelmäßig eine nach außen erkennbar gewordene Zustimmung des Rechtsinhabers zur fremden Rechtswahrnehmung.[239] Eine spätere – auch vor Ablauf der Verjährungsfrist erlangte – Reklamationsberechtigung nebst Erklärung des Reklamierenden, dass er nunmehr aufgrund Prozessstandschaft ermächtigt sei, macht die ohne Prozess- **72**

---

233 OLG Köln, 18.5.2004 – 3 U 136/03, TranspR 2004, 478; OLG Oldenburg, 11.10.2001 – 8 U 112/01, Annahme der Revision vom BGH abgelehnt; TranspR 2003, 76 ff.
234 KG Berlin, 9.11.2004 – 14 U 27/03, TranspR 2004, 477; vgl. auch OLG Düsseldorf, 9.10.2002 – 18 U 38/02, TranspR 2003, 107 ff.; zum Problem auch Staub/*Helm*, 2. Aufl., Art. 32 CMR Rdn. 123 m.w.N.
235 *Piper*, VersR 1988, 201, 203; *Koller*, TranspR 1989, 308, 309; MünchKommHGB/*Jesser-Huß*, Art. 32 CMR Rdn. 31; *Herber/Piper*, Art. 32 CMR Rdn. 36; *Koller*, 7. Aufl., Art. 32 CMR Rdn. 13; Staub/*Helm*, 2. Aufl., Art. 32 CMR mit Ausführungen über das anzuwendende Recht zur Prüfung der Zulässigkeit gewillkürter Prozessstandschaft; BGH, 24.10.1991 – I ZR 208/89, TranspR 1992, 177, 179 – im entschiedenen Falle als nicht vorliegend angesehen.
236 Vgl. Vor Art. 17 CMR Rdn. 13–16.
237 BGH, 24.10.1991 – I ZR 208/89, TranspR 1992, 177 = VersR 1992, 640; *Fremuth/Thume*, Art. 32 CMR Rdn. 19; *Herber/Piper*, Art. 32 CMR Rdn. 38; a.A. MünchKommHGB/*Jesser-Huß*, Art. 32 CMR Rdn. 31; *Koller*, 7. Aufl., Art. 32 CMR Rdn. 13; *Otte*, in: Ferrari/Kieninger/Mankowski, 2. Aufl., Art. 32 CMR Rdn. 31; teilw. abweichend Staub/*Helm*, Art. 32 CMR Rdn. 119 m.w.N.; *Koller*, TranspR 1989, 308, 310.
238 Vgl. Fn. 225; a.A. OLG München, 21.7.1989 – 23 U 2703/89, TranspR 1989, 324 ff.; OLG Hamburg, 17.11.1983 – 6 U 130/83, VersR 1984, 236.
239 BGH v. 8.7.2004 – 1 ZR 272/01 TranspR 2004, 357 ff.

Art. 32 Reklamationen und Klagen

standschafterstellung oder ohne Erkennbarmachung dieser Prozessstandschafterstellung erklärte frühere Reklamation nicht rechtswirksam.[240] Zur Wirkung der späteren Offenlegung ist eine Abweichung von der nicht transportrechtlichen Rechtsprechung erkennbar.[241]

6. Person des Empfängers der Reklamation

73 Empfänger der Reklamation ist nach dem eindeutigen Wortlaut des § 32 Abs. 2 CMR der *Frachtführer*. Da der Empfänger nach der geänderten Rechtsprechung des Bundesgerichtshofs auch einen eigenen Schadensersatzanspruch gegen den *Unterfrachtführer hat*,[242] ist dieser zutreffender Adressat der Reklamation aus dem Unterfrachtverhältnis, unbeschadet der Empfangszuständigkeit – auch – des *Hauptfrachtführers*, Letztere Ansprüche aus dem Hauptfrachtvertrag betreffend.[243]

Beim Haftpflichtversicherer des Frachtführers kann – außer er ist zum Empfang der Erklärung vom Frachtführer bevollmächtigt worden – die Reklamation nicht wirksam angebracht werden.[244] Die abweichende Rechtsprechung zum außer Kraft getretenen § 40 Abs. 3 KVO kann wegen des nicht in die CMR übernommenen Mitwirkungsrechts des Versicherers gem. § 38 Abs. 2 KVO nicht herangezogen werden.[245] Der *Spediteur*, der sich *nicht* gem. §§ 458–460 HGB als Frachtführer behandeln lassen muss, ist nicht Adressat der Reklamation.[246] Nach Staub/*Helm* (Art. 32 CMR Rdn. 130) und MünchKommHGB/*Jesser-Huß* (Art. 32 CMR Rdn. 32) macht sich der Spediteur seinem Versender aus positiver Vertragsverletzung bei unterlassener Weiterleitung der Reklamation an den Frachtführer haftbar.

Andere Personen kommen als Empfänger der Reklamationserklärung nur dann in Betracht, wenn sie vom Frachtführer zu deren Empfang entweder ausdrücklich bevollmächtigt oder im Wege der Duldungs- oder Anscheinsvollmacht als be-

---

240 *Koller*, 7. Aufl., Art. 32 CMR Rdn. 13, inbes. Fn. 138.
241 BGH v. 23.3.1999 – VI ZR 101/98, NJW 1999, 2110ff.; *Zöller*, 29. Aufl., vor § 50 ZPO Rdn. 47 m.w.N.
242 BGH v. 14.6.2007 – I ZR 50/05, TranspR 2007, 425ff. m. zust. Anm. *Thume*.
243 MünchKommHGB/*Jesser-Huß*, Art. 32 CMR Rdn. 34.
244 Staub/*Helm*, 2. Aufl. Art. 32 CMR Rdn. 131; *Fremuth/Thume*, Art. 32 CMR Rdn. 21; *Koller*, 7. Aufl., Art. 32 CMR Rdn. 12; a.A. teilw. *Herber/Piper*, Art. 32 CMR Rdn. 40, der in der Abtretung der Forderung des Frachtführers gegen den Haftpflichtversicherer an den Geschädigten regelmäßig zugleich eine Bevollmächtigung des Versicherers zur Empfangnahme der Reklamation sieht; unklar *Otte*, in: Ferrari/Kieninger/Mankowski, 2. Aufl., Art. 32 CMR Rdn. 32; zu diesem Fragenkreis auch OLG Düsseldorf, 27.2.1987 – 18 U 162/86, TranspR 1987, 223ff.
245 Vgl. *Willenberg*, § 40 KVO Rdn. 26 m.w.N.; *Helm*, Großkomm. Art. 32 CMR Rdn. 8.
246 *Herber/Piper*, Art. 32 CMR Rdn. 40; Staub/*Helm*, 2. Aufl., Art. 32 CMR Rdn. 130; *Koller*, 7. Aufl., Art. 32 CMR Rdn. 12.

vollmächtigt anzusehen sind.[247] Der Fahrer hat i.d.R. keine Empfangsvollmacht für Reklamationen; er ist aber Bote.[248] Allerdings ist hinsichtlich des Fahrers das Vorliegen einer Duldungs- oder Anscheinsvollmacht sorgfältig zu prüfen, insbes. ob der Frachtführer schon zuvor wiederholt das Auftreten des Fahrers als Empfangsbevollmächtigten gebilligt hat.[249] Hat indessen der Frachtführer wiederholt Frachtverträge mit Duldung des Frachtführers abgeschlossen, gelten für den Abschluss des Frachtvertrages die Regeln der Duldungs- bzw. Anscheinsvollmacht;[250] in solchem Falle ist der Fahrer wegen der noch weitergehenden Anscheins- bzw. Duldungsvollmacht auch zum Empfang der Reklamation als bevollmächtigt anzusehen.[251]

7. Wirkungen der Reklamation

Der Zugang der Reklamation bewirkt die Hemmung der Verjährung (§ 209 BGB) bis zu deren Zurückweisung (Art. 32 Abs. 2 CMR). Die Reklamation eines Anspruchsberechtigten wirkt nur für dessen Ansprüche, nicht auch für die Ersatzansprüche anderer Anspruchsinhaber (§§ 425 Abs. 2, 429 Abs. 3 BGB). Dies folgt daraus, dass zur Beendigung der Hemmungswirkung der Frachtführer jede Reklamation gesondert zurückweisen muss und als weitere Reklamation nur die nochmalige Reklamation desselben Anspruchstellers anzusehen ist.[252] Die Reklamation des entsprechend einem Prozessstandschafter außergerichtlich Handelnden wirkt für den Rechtsinhaber, da das im Prozess des Prozessstandschafters ergehende Urteil Rechtskraftwirkung gegenüber dem Rechtsinhaber entfaltet.[253]

74

---

247 *Fremuth/Thume*, Art. 32 CMR Rdn. 21; *Herber/Piper*, Art. 32 CMR Rdn. 32; *Koller*, 7. Aufl., Art. 32 CMR Rdn. 12; Staub/*Helm*, 2. Aufl., Art. 32 CMR Rdn. 128.
248 BGH, 12.12.1985 – I ZR 88/83, TranspR 1986, 278, 281; *Koller*, 7. Aufl., Art. 32 CMR Rdn. 12; unklar *Herber/Piper*, Art. 32 CMR Rdn. 40, hinsichtlich der Funktion des Fahrers als Bote oder Empfangsbevollmächtigter.
249 Vgl. hierzu auch LG Augsburg, 22.1.1991 – 2 HKO 3684/90, TranspR 1991, 183 ff.
250 *Koller*, 7. Aufl., § 407 HGB Rdn. 38.
251 Palandt/*Ellenberger*, 71. Aufl., § 130 BGB Rdn. 8 m.w.N.
252 BGH, 24.10.1991 – I ZR 208/89, TranspR 1992, 177 = VersR 1992, 640; OLG Düsseldorf, 16.12.1982 – 18 U 156/82, VersR 1983, 132; OLG München, 21.7.1989 – 23 U 2703/89, TranspR 1989, 324 ff.; *Fremuth/Thume*, Art. 32 CMR Rdn. 22; *Koller*, 7. Aufl., Art. 32 CMR Rdn. 17; a.A. OLG Düsseldorf, 13.1.1972 – 18 U 84/70, VersR 1973, 178, 180. A.A. wohl auch MünchKommHGB/*Jesser-Huß*, Art. 32 CMR Rdn. 33 mit Hinweis auf praktisches Bedürfnis.
253 Vgl. *Baumbach/Lauterbach*, 70. Aufl., § 322 ZPO Rdn. 59 m.w.N.

Art. 32 Reklamationen und Klagen

XI. Beendigung der Verjährungshemmung durch Zurückweisung der Reklamation

1. Allgemeines

75 Die Hemmung durch Reklamation (§ 209 BGB) dauert bis zu ihrer Zurückweisung fort. Höchstgrenzen für die Hemmungszeit gibt es nicht.[254] Die Hemmung wird mit Zugang der Zurückweisung beim Geschädigten wirksam, nicht mit ihrer Absendung.[255] Die Zurückweisung der Reklamation entspricht im Wesentlichen der schriftlichen Ablehnung gem. § 439 Abs. 3 Satz 1 HGB.

2. Inhalt der Zurückweisung der Reklamation

76 Die Ablehnung der Ansprüche muss unmissverständlich und endgültig sein.[256] Wird vom Frachtführer oder seinem Versicherer nur mitgeteilt, dass nach seiner Ansicht gesetzlich begründete Ansprüche nicht geltend gemacht werden könnten, dass aber dennoch eine weitere Prüfung erfolge, ist darin eine endgültige Ablehnung nicht zu erblicken.[257] Ein Teilanerkenntnis allein beinhaltet keine Zurückweisung der Restforderungen.[258] Die Rücksendung der Schadensbelege mit der Hinzufügung, der Anspruchsteller möge zunächst eine Schadensregulierung bei einem Dritten versuchen, da die Versicherung des Frachtführers nur „sekundär leistungspflichtig" sei, ist keine hemmungsbeendende Zurückweisung.[259] Die Erklärung, es werde „vorsorglich" zurückgewiesen, reicht nicht aus.[260] Dagegen ist die Wendung, dass „nach Sach- und Rechtslage eine gerichtliche Klärung notwendig sein dürfte", hinreichend eindeutig,[261] so wie wohl ein Hinweis, dass nunmehr nur noch eine Klage zur Durchsetzung des Anspruchs in Frage komme, nicht erforderlich ist.[262] Nicht ausreichend ist die kommentarlose Rücksendung der Unterlagen, erst recht nicht, wenn hinzugefügt wird, der Geschädigte möge

---

254 Staub/*Helm*, 2. Aufl., Art. 32 CMR Rdn. 132; *Loewe*, TranspR 1988, 309, 317. MünchKommHGB/*Jesser-Huß*, Art. 32 CMR Rdn. 38 insbes. Fn. 165: Klage fast drei Jahre nach Ablieferung.
255 Staub/*Helm*, 2. Aufl., Art. 32 CMR Rdn. 139 m.w.N.
256 Vgl. OLG Frankfurt/M., 3.7.1979 – 5 U 5/79, TranspR 1982, 76; OLG Schleswig, 23.4.1965 – 5 U 204/64, SchlHAnz 1965, 281; OLG Nürnberg, 12.4.1991 – 12 U 68/91, TranspR 1992, 63; *Fremuth/Thume*, Art. 32 CMR Rdn. 23; *Herber/Piper*, Art. 32 CMR Rdn. 45; *Loewe*, TranspR 1988, 309, 316.
257 *Willenberg*, § 40 KVO Rdn. 35.
258 MünchKommHGB/*Jesser-Huß*, Art. 32 CMR Rdn. 41; Staub/*Helm*, 2. Aufl., Art. 32 CMR Rdn. 137.
259 OLG Frankfurt/M., 3.7.1979 – 5 U 5/79, TranspR 1982, 76; *Willenberg*, § 40 KVO Rdn. 35.
260 Staub/*Helm*, 2. Aufl., Art. 32 CMR Rdn. 137; MünchKommHGB/*Basedow*, Art. 32 CMR Rdn. 40.
261 OLG München v. 10.10.1990 – 7 U 3528/89, TranspR 1991, 138, 141; MünchKommHGB/*Jesser-Huß*, Art. 32 CMR Rdn. 39.
262 MünchKommHGB/*Jesser-Huß*, a.a.O.

einen Dritten, etwa seinen Versicherer oder Unterfrachtführer, in Anspruch nehmen.[263] Bloße Rechtsausführungen genügen nicht, ebenso nicht ein Ablehnungsschreiben, welches infolge innerer Widersprüchlichkeit seinen eindeutigen Ablehnungscharakter verliert.[264] Dies gilt insbes., wenn der Anspruchsteller am selben Tage zwei Erklärungen erhält, von denen in einer die Verantwortlichkeit abgelehnt und in der anderen darauf hingewiesen wird, dass die Dokumente an die Versicherung geleitet worden seien und dass auf ein befriedigendes Ergebnis vertraut werde;[265] vgl. § 130 Abs. 1 Satz 2 BGB.

3. Form der Zurückweisung, Rückgabe der Belege

Die Zurückweisung der Reklamation muss – wie die Reklamation selbst – schriftlich erfolgen. Zum Formerfordernis der Schriftlichkeit vgl. Rdn. 64 m.w.N. 77

Mit der schriftlichen Zurückweisungserklärung müssen die der Reklamation beigefügten *Belege* zurückgesandt werden. Belege sind Urkunden, die das Bestehen eines Ersatzanspruchs dem Grunde und/oder der Höhe nach glaubhaft machen sollen, beispielsweise Rechnungen aller Art, Zollquittungen, aber auch schriftliche Zeugenaussagen, Standzeitbestätigungen etc. Ob unter „Belegen" auch Anlagen zu verstehen sind, welche im Prozessfalle Gegenstand eines Augenscheins sein würden, wie etwa Proben der verdorbenen Ware, mag wegen der insoweit nicht völlig übereinstimmenden englischen und französischen Originaltexte („documents" bzw. „pieces") zweifelhaft sein; wegen des Zwecks der Belegrückgabe, dem Anspruchsteller seine Beweismittel wieder zur Verfügung zu stellen, dürfte die Frage aber zu bejahen sein. Die Hemmung endet nur, wenn dem Anspruchsteller *sämtliche* beigefügten Belege zurückgesandt werden.[266] Nach dem Wortlaut des Art. 32 Abs. 2 CMR bedarf es der schriftlichen Zurückweisung *und* der Belegrücksendung. In der kommentarlosen Rückgabe der Belege wird daher nicht zugleich die Zurückweisung der Reklamation liegen. Lässt man einen Parteienschriftsatz für die Reklamation ausreichen (vgl. Rdn. 64), muss auch ein Klageabweisungsantrag als Zurückweisungserklärung ausreichen.[267] 78

Zurückweisung und Belegrückgabe in gesonderten Sendungen ist dagegen zulässig.[268] In diesem Falle tritt die Zurückweisungswirkung mit dem Eingang der letzten Sendung ein. Vor Zugang der Reklamation kann sie allerdings nicht erfolgen.[269]

---

263 Staub/*Helm*, 2. Aufl., Art. 32 CMR Rdn. 137 m.w.N.
264 *Koller*, 7. Aufl., Art. 32 CMR Rdn. 15 m.w.N.
265 MünchKommHGB/*Jesser-Huß*, Art. 32 CMR Rdn. 39 m.w.N.
266 *Koller*, 7. Aufl., Art. 32 CMR Rdn. 15.
267 A.A. Staub/*Helm*, 2. Aufl., Art. 32 CMR Rdn. 135 m.w.N.
268 *Koller*, 7. Aufl., Art. 32 CMR Rdn. 15.
269 Staub/*Helm*, 2. Aufl., Art. 32 CMR Rdn. 133.

Art. 32 Reklamationen und Klagen

79 Waren der Reklamation Fotokopien beigefügt gewesen, müssen diese nicht an den Reklamierenden zurückgegeben werden.[270]

4. Person des Zurückweisenden und des Empfängers der Zurückweisung

80 Die Zurückweisung erfolgt durch den Empfänger der Reklamation, den Frachtführer. Handeln in seiner Vollmacht ist zulässig.[271] Die Zurückweisung ist eine einseitige Willenserklärung und führt zur Anwendung des § 174 BGB (vgl. ausführlich Rdn. 67).

81 Empfänger der Zurückweisung ist der Reklamierende. Wurde durch einen Bevollmächtigten oder eine prozessstandschaftlich handelnde Person reklamiert, ist die Zurückweisung auch direkt gegenüber dem Vertretenen bzw. Rechtsinhaber zulässig. Die Zurückweisung gegenüber dem Bevollmächtigten bzw. Standschafter ist i.d.R. gleichfalls ausreichend, da nach der Verkehrsanschauung die Vollmacht bzw. Ermächtigung zur Erklärung der Reklamation auch diejenige zum Empfang der hierauf bezüglichen Zurückweisungserklärung beinhaltet.[272] Nach Zession oder gesetzlichem Forderungsübergang (z.B. § 67 VVG) tritt der neue Gläubiger an die Stelle des bisherigen Gläubigers (§ 398 S. 2 BGB), so dass die Zurückweisung der Reklamation gegenüber dem Zessionar anzubringen ist.[273] Hat der Zurückweisende keine Kenntnis vom Forderungsübergang, schützt ihn § 407 Abs. 1 BGB.

82 Die Zurückweisung der Reklamation beendet die Verjährungshemmung nur gegenüber demjenigen Anspruchsteller und bezüglich derjenigen Reklamation, gegenüber dem und bezüglich deren die Zurückweisung durch den Frachtführer erfolgt. Gem. §§ 429 Abs. 3, 425 Abs. 2 BGB muss der Frachtführer jede Reklamation gesondert zurückweisen.[274]

---

270 OLG Celle, 13.1.1975 – 12 U 100/74, NJW 1975, 1603 = VersR 1975, 250; OLG Düsseldorf, 2.10.1980 – 18 U 121/80, VersR 1981, 737; OLG Hamburg, 27.5.1982 – 6 U 15/82, VersR 1983, 90; OLG München, 10.10.1990 – 7 U 3528/89, TranspR 1991, 138; LG Mönchengladbach, 16.3.1981 – 8 O 151/80, VersR 1982, 340; *Fremuth/Thume*, Art. 32 CMR Rdn. 24; *Koller*, 7. Aufl. Art. 32 CMR Rdn. 15, in Rdn. 159 m.w.N. auf ausländische Rechtsprechung; Staub/*Helm*, 2. Aufl., Art. 32 CMR Rdn. 144 m.w.N.; *Herber/Piper*, Art. 32 CMR Rdn. 46; *Loewe*, TranspR 1988, 309, 317; zur Belegrücksendung bei Teilanerkennung vgl. Rdn. 84.
271 Staub/*Helm*, 2. Aufl., Art. 32 CMR Rdn. 134; *Loewe*, TranspR 1988, 309, 316.
272 Palandt/*Ellenberger*, 71. Aufl., § 167 Rdn. 5.
273 Staub/*Helm*, 2. Aufl., Art. 32 CMR Rdn. 135.
274 BGH, 24.10.1991 – I ZR 208/89, TranspR 1992, 177 = VersR 1992, 640; *Fremuth/Thume*, Art. 32 CMR Rdn. 23; *Koller*, 7. Aufl., Art. 32 CMR Rdn. 15; Staub/*Helm*, 2. Aufl., Art. 32 CMR Rdn. 140; MünchKommHGB/*Jesser-Huß*, Art. 32 CMR Rdn. 39; *Loewe*, TranspR 1988, 309, 317.

XII. Teilweise Anerkennung der Reklamation

Enthält die Antwort des Frachtführers auf die Reklamation teils eine Anerken- **83** nung (wohl eher i.S.d. Anerkenntnisses in der weiteren Bedeutung des § 212 Abs. 1, Nr. 1 BGB n.F. als i.S.d. § 781 BGB – vgl. Staub/*Helm*, 2. Aufl., Art. 32 CMR Rdn. 145), teils eine Zurückweisung des erhobenen Anspruchs, wird die Verjährung hinsichtlich des anerkannten Teils nach nationalem Recht unterbrochen = Neubeginn der Verjährung in der Terminologie des § 212 Abs. 1 Satz 1 BGB n.F.,[275] während beim zurückgewiesenen Teil die Hemmungswirkung mit Empfang der Teilzurückweisung endet. Soweit sich eine Zurückweisungserklärung mit einem Teil der erhobenen Ansprüche nicht oder nicht unzweideutig genug befasst, während ein anderer Teil unmissverständlich zurückgewiesen wird, endet die Hemmungswirkung bezüglich des eindeutig zurückgewiesenen Teils, während hinsichtlich des offengelassenen Teils die Hemmung ungestört weiterläuft.[276] Eine konkludente Anerkennung dadurch, dass der Anspruch nur teilweise zurückgewiesen wird, der andere Teil dagegen nicht erwähnt wird, reicht wegen des Unmissverständlichkeitserfordernisses i.d.R. nicht aus.[277]

Die Hemmung hinsichtlich des zurückgewiesenen Teils endet nur, falls alle Bele- **84** ge zurückgegeben werden, die zur Geltendmachung des streitigen Teils benötigt werden.[278]

XIII. Weitere Reklamationen (Art. 32 Abs. 2 Satz 4 CMR)

Wiederholte Reklamationen, die denselben Anspruch zum Gegenstand haben, **85** hemmen die Verjährung nicht.[279] Eine weitere Reklamation liegt vor, wenn sie denselben Anspruch desselben Anspruchstellers gegen denselben Anspruchsgegner zum Gegenstand hat.[280] Anspruchsidentität liegt vor, wenn dem Anspruch

---

275 *Koller*, 7. Aufl., Art. 32 CMR Rdn. 15; Staub/*Helm*, 2. Aufl., Art. 32 CMR Rdn. 146.
276 *Koller*, 7. Aufl., Art. 32 CMR Rdn. 15; MünchKommHGB/*Jesser-Huß*, Art. 32 CMR Rdn. 41; OLG Celle, 18.1.1975 – 12 U 100/74, NJW 1975, 1603, 1604; zum Problemkreis auch: OLG Hamm, 7.11.1996 – 18 U 77/96, TranspR 1998, 459, 462.
277 MünchKommHGB/*Jesser-Huß*, Art. 32 CMR Rdn. 41 – a.A. Vorauflage; a.A. Staub/*Helm*, 2. Aufl., Art. 32 CMR Rdn. 146, jeweils mit Bezugnahme auf OLG Celle, 13.1.1975 – 12 U 100/74, NJW 1975, 1603, 1604, welcher Entscheidung aber ein *ausdrückliches* Teilanerkenntnis zugrunde lag.
278 *Koller*, 7. Aufl., Art. 32 CMR Rdn. 15; *Herber/Piper*, Art. 32 CMR Rdn. 46; *Loewe*, TranspR 1988, 309, 317; zweifelnd OLG Celle, 13.1.1975 – 12 U 100/74, NJW 1975, 1603 = RIW 1975, 163, welches erwägt, aber als entscheidungsunerheblich dahinstehen lässt, ob angesichts des Wortlauts des Art. 32 Abs. 2 Satz 2 CMR – Rücksendung der Belege nicht erwähnt – bei Teilanerkenntnis eine Obliegenheit zur Belegrücksendung vollständig entfallen könnte.
279 OLG Düsseldorf, 8.11.1979 – 18 U 44/79, VersR 1980, 389; *Koller*, 7. Aufl., Art. 32 CMR Rdn. 17; *Herber/Piper*, Art. 32 CMR Rdn. 42.
280 Vgl. BGH, 24.10.1991 – I ZR 208/89, TranspR 1992, 177 = VersR 1992, 640; *Herber/Piper*, a.a.O.; MünchKommHGB/*Jesser-Huß*, Art. 32 CMR Rdn. 42.

derselbe anspruchsbegründende Sachverhalt zugrunde liegt, auch wenn die rechtliche Begründung wechselt (etwa anstelle Artt. 17 ff. CMR nunmehr §§ 823 ff. BGB i.V. m. Art. 28 Abs. 1 CMR). Ein verschiedener Anspruch gegenüber der Erstreklamation ist auch dann nicht gegeben, wenn der zunächst summarisch oder ohne Bezifferung reklamierte Anspruch in der Folgereklamation substantiiert oder erhöht wird; dieser weitgehende Abgeltungsumfang der Erstreklamation folgt aus den geringen Anforderungen, die inhaltlich an ihre Wirksamkeit gestellt werden.[281] Zum Verhältnis der Reklamation/Zurückweisung bzw. weiterer Reklamationen zum neuen Hemmungstatbestand deutschen Rechts gem. § 203 BGB n.F. vgl. Rdn. 89, Stichwort „Verhandlungen".

XIV. Beweislast für Empfang der Reklamation, der Zurückweisung und der Belege

86 Vgl. hierzu Rdn. 106.

XV. Ergänzende Anwendung von Hemmungs- und Unterbrechungstatbeständen nationalen Rechts (Art. 32 Abs. 3 CMR)

1. Allgemeines

87 Art. 32 Abs. 3 CMR lässt die Anwendung von Hemmungstatbeständen nationalen Rechts auf Ansprüche aus einer CMR-Beförderung zu, soweit sich diese nicht gerade auf die durch die Reklamation (Art. 32 Abs. 2 CMR) geregelte Materie beziehen. Aus letztgenanntem Grunde gilt daher § 439 Abs. 3 Satz 1 HGB (Erhebung der Ersatzansprüche/schriftliche Ablehnung) als verdrängte *lex generalis* nicht, wobei sich allerdings Art. 32 Abs. 2 CMR und § 439 Abs. 3 Satz 1 HGB weitgehend entsprechen. Da Art. 32 CMR die Unterbrechung der Verjährung überhaupt nicht regelt, gilt das deutsche Recht der Verjährungsunterbrechung (= „Neubeginn der Verjährung", durch § 212 BGB n.F. geänderte Terminologie ohne inhaltliche Änderung) ohne Einschränkungen. Über den Wortlaut des Art. 32 Abs. 3 CMR hinaus wird man aufgrund der englischen und französischen Originaltexte („extension of the period of limitation" bzw. „suspension de la prescription") den Vorbehalt nationaler Regelungen von Einwirkungen auf die Verjährungsfrist über die Verjährungshemmung (§ 209 BGB n.F.) und den Neubeginn der Verjährung = Verjährungsunterbrechung (§ 212 BGB n.F.) hinaus ausdehnen.[282] Nationales Recht gilt daher für alle Einwirkungen auf den ungehinder-

---

281 Rdn. 61 f.; Staub/*Helm*, 2. Aufl., Art. 32 CMR Rdn. 147.
282 *Koller*, 7. Aufl., Art. 32 CMR Rdn. 19; *Loewe*, TranspR 1988, 309, 318.

ten kalendermäßigen Lauf der Verjährung von Ansprüchen aus einer CMR-Beförderung, soweit diese nicht in Art. 32 Abs. 2 CMR geregelt sind oder sonst der zwingenden (Art. 41 CMR) Geltung des Art. 32 CMR entgegenstehen. Soweit die Vorschrift des Art. 32 Abs. 3 CMR auf das „Recht des angerufenen Gerichtes" verweist, ist damit keine Gesamtverweisung auf das Recht des angerufenen Gerichts, also einschließlich Kollisionsnormen, gemeint, sondern lediglich eine so genannte *Sachnormverweisung*.[283]

Das Gesetz zur Modernisierung des Schuldrechts (vom 26.11.2001, BGBl. I, S. 3138) hat mit Wirkung vom 1.1.2002 erhebliche Änderungen des BGB-Verjährungsrechtes mit sich gebracht, die *via* Art. 32 Abs. 3 CMR auch in die CMR hineinwirken. Traditionelle Unterbrechungstatbestände, insbes. die Klageerhebung, sind vom Unterbrechungstatbestand (§ 209 Abs. 1 BGB a.F.) zum Hemmungstatbestand (§ 204 Abs. 1, Nr. 1 BGB n.F.) umgestaltet worden. Der Hemmungstatbestand des § 852 Abs. 2 BGB a.F., auf deliktische Ansprüche beschränkt, gilt über § 203 BGB n.F. nunmehr für Ansprüche aller Art. Der Terminus „Unterbrechung der Verjährung" ist – ohne inhaltliche Änderung – dem neuen Begriff des „Neubeginns der Verjährung" gewichen. Das – durch Zeitablauf in seiner Praxisrelevanz abnehmende – Übergangsrecht findet sich in Art. 229 § 6 EGBGB i.V. m. Art. 229 § 12 EGBGB. Zu den Einzelheiten vgl. *Palandt*.[284] **87a**

2. Hemmung

a) Wirkung der Hemmung

Gem. § 209 BGB wird der Zeitraum, während dessen die Verjährung gehemmt ist, in die Verjährungsfrist nicht eingerechnet. Die Verjährungsfrist ist in taggenauer Berechnung um die Hemmungszeit zu verlängern.[285] Hemmungstatbestände können auch bereits vor Beginn des Laufes der einjährigen bzw. dreijährigen Verjährungsfrist eingreifen, so unter der zeitlichen Geltung der 30- bzw. 60-tägigen Vorfrist des Art. 32 Abs. 1 Satz 3 lit. c) CMR oder der dreimonatigen Vorfrist des Art. 32 Abs. 1 Satz 3 lit. c) CMR. Die Hemmungswirkung setzt in diesen Fällen allerdings erst mit dem Beginn der eigentlichen ein- bzw. dreijährigen Verjährungsfrist ein.[286] **88**

---

283 MünchKommHGB/*Jesser-Huß*, Art. 32 CMR Rdn. 4 mit ausführlicher Begründung, insb. in Fn. 8.
284 Palandt/*Ellenberger*, 71. Aufl., Art. 229 § 6 EGBGB Rdn. 1–10.
285 Palandt/*Ellenberger*, 71. Aufl., § 209 BGB Rdn. 1.
286 *Koller*, 7. Aufl., Art. 32 CMR Rdn. 15; MünchKommHGB/*Jesser-Huß*, Art. 32 CMR Rdn. 37; *Loewe*, TranspR 1988, 309, 316 mit Hinweisen auf teils abweichende ausländische Rechtsprechung und Literatur; vgl. Rdn. 54.

Art. 32   Reklamationen und Klagen

b) Einzelne Hemmungstatbestände deutschen Rechts

89 – *Stundung* (§ 205 BGB n. F.):
Stundung ist grundsätzlich nur die *nach Verjährungsbeginn* getroffene Vereinbarung, durch die die Fälligkeit des Anspruchs hinausgeschoben wird.[287] Mit Rücksicht auf die Vorfristen des Art. 32 Abs. 1 Satz 3 lit. b) u. c) CMR wird man Stundung – aber auch bei entsprechender Vereinbarung während des Laufs dieser Vorfristen – für zulässig halten; zur Hemmungswirkung vgl. Rdn. 88.
– *Pactum de non petendo* (§ 205 BGB n. F.):
Hauptanwendungsfall der vorübergehenden Leistungsverweigerung gem. § 205 BGB n. F. Es kann vorliegen, falls einverständlich ein Schiedsgutachten, der Ausgang eines Vorprozesses oder die Entscheidung einer Verwaltungsbehörde abgewartet werden soll.[288] Wenn der Schuldner (z. B. Frachtführer) seine Ansprüche gegen einen Dritten (z. B. Unterfrachtführer) erfüllungshalber abtritt, ist darin i. d. R. ein Stillhalten bis zum rechtskräftigen Abschluss des Prozesses hinsichtlich des erfüllungshalber verfolgten Anspruchs zu sehen.[289]
– *Kontokorrent*:
Besteht zwischen den Parteien eine Kontokorrentabrede (§ 355 HGB), ist die Verjährung der in das Kontokorrent aufzunehmenden Forderungen bis zum Schluss der zur Zeit ihrer Entstehung laufenden Rechnungsperiode gehemmt, danach verjährt die Forderung nach den für sie geltenden Vorschriften. Dies gilt auch für Forderungen, die versehentlich oder absichtlich nicht in das Kontokorrent eingestellt worden sind.[290]
– *Stillstand der Rechtspflege* (§ 206 BGB n. F.):
Der Stillstand der Rechtspflege geht in § 206 BGB n. F. ohne Hervorhebung im Oberbegriff „Höhere Gewalt" auf, im Unterschied zu § 203 Abs. 1 BGB a. F. Der Stillstand der Rechtspflege muss *sämtliche* für den konkreten Anspruch gegebenen Gerichtsstände des Art. 31 CMR sowie *sämtliche* ausfüllenden nationalen Gerichtsstände betreffen. Die Verhinderung des Gläubigers persönlich reicht nicht aus.[291]
– *Sonstige höhere Gewalt* (§ 206 BGB n. F.):
Der bisherige Hauptanwendungsfall – Notwendigkeit Prozesskostenhilfe zu beantragen – ist nunmehr in § 204 Abs. 1, Nr. 14 BGB n. F. positiv als Hemmungstatbestand geregelt. Zu Einzelheiten vgl. *Palandt*.[292] Unkenntnis des Anspruchs, anspruchsfeindliche ständige Rechtsprechung und (später behobene)

---

[287] Vgl. Palandt/*Ellenberger*, 71. Aufl., § 205 BGB Rdn. 2.
[288] Palandt/*Ellenberger*, 71. Aufl., § 205 BGB Rdn. 2.
[289] Palandt/*Ellenberger*, 71. Aufl., § 205 BGB Rdn. 2.
[290] Baumbach/Hopt, 35. Aufl., § 355 HGB Rdn. 12 m.w.N. und Einzelheiten; *Koller*, 7. Aufl., Art. 32 CMR Rdn. 8; *ders.*, TranspR 2001, 425, 426; MünchKommHGB/*Jesser-Huß*, Art. 32 CMR Rdn. 44.
[291] Erman/*Schmidt-Räntsch*, 13. Aufl., § 206 BGB Rdn. 6.
[292] Palandt/*Ellenberger*, 71. Aufl., § 204 BGB n. F. Rdn. 29 ff.

Beweisschwierigkeiten sind keine Fälle höherer Gewalt.[293] Zum Sonderproblem spät entstehender CMR-Ansprüche vgl. Rdn. 56–58.
- §§ 207, 210 u. 211 BGB:
sind auch in CMR-Prozessen möglich, aber praktisch kaum vorkommend.
- Verhandlungen, § 203 BGB n.F.:
Die Neufassung des § 203 BGB weitet den – aufgehobenen – § 852 Abs. 2 BGB a.F. über deliktische Ansprüche hinaus auf sämtliche Ansprüche, also auch auf solche aufgrund eines CMR-Vertrages, aus. Die Novellierung des § 203 BGB hat zu einer Kontroverse darüber geführt, ob Verhandlungen neben Art. 32 Abs. 2 CMR, § 439 Abs. 3 HGB als Hemmungsgrund anwendbar sind oder ob Letztere rein frachtrechtliche Vorschriften als *lex specialis* § 203 BGB ausschließen.[294]
Für die Praxis dürfte die Meinungsverschiedenheit durch eine zu § 439 Abs. 3 HGB – ohne Weiteres auf Art. 32 Abs. 3 CMR übertragbar – ergangene Entscheidung des BGH beendet sein.[295] § 439 Abs. 3 HGB (entsprechend Art. 32 Abs. 3 CMR) und § 203 BGB stehen demgemäß uneingeschränkt nebeneinander. Die parallele Anwendung von § 439 Abs. 3 S. 1 HGB (entsprechend: Art. 32 Abs. 3 CMR) und § 203 BGB führe nicht zu einer Umgehung der erstgenannten Bestimmung. Im Falle des § 203 BGB müsse es zu Verhandlungen zwischen den Parteien kommen. Erforderlich sei demgemäß eine Mitwirkung des in Anspruch genommenen Frachtführers. Reagiere dieser auf ein erneutes Schadensersatzverlangen nicht oder weise er dieses nochmals zurück, so verbleibe es bei der Regelung des § 439 Abs. 3 S. 2 HGB (entsprechend Art. 32 Abs. 2 S. 1 und 4 CMR), wonach durch die erneute Erhebung des Anspruchs keine (weitere) Verjährungshemmung eintrete. Trete der Schuldner dagegen nach einer vorangegangen Zurückweisung der Ansprüche erneut in Verhandlungen ein, so habe er sich des Schutzes, den ihn § 439 Abs. 3 grundsätzlich gewähre, selbst begeben.[296] Ein Konkurrenzverhältnis besteht demgemäß nicht. Aus demselben Grunde ist auch § 203 Satz 2 BGB (Verjährung frühestens drei Monate nach dem Ende der Hemmung) anwendbar, falls die Verhandlungen dann innerhalb dieser Frist durch eine eindeutige, den Anforderungen des Art. 32 Abs. 2 CMR genügende Zurückweisung beendet werden.[297]
Das Ende der Hemmung kann auch durch *Einschlafen* der Verhandlungen eintreten; die Verhandlungen sind in dem Zeitpunkt beendet, in dem der nächste Schritt nach Treu und Glauben zu erwarten war.[298] Soweit sonstige Ansprüche

---

[293] Palandt/*Ellenberger*, 71. Aufl., § 206 BGB n.F. Rdn. 6–8; § 199 Abs. 1, Nr. 2 BGB n.F. gilt im Bereich des Art. 32 Abs. 3 Satz 1 CMR schon deswegen nicht, weil sich diese Vorschrift ausschließlich mit der regelmäßigen Verjährungsfrist (§ 195 BGB) befasst und auf sonstige Verjährungsvorschriften vom Gesetzgeber nicht übernommen wurde (Palandt/*Ellenberger*, 71. Aufl., § 206 BGB n.F. Rdn. 6 m.w.N.).
[294] Bejahend: *Koller*, 7. Aufl., § 439 HGB Rdn. 31; *ders.*, TranspR 2001, 425, 426; a.A. *Harms*, TranspR 2001, 294 ff.; differenzierend *Ramming*, TranspR 2002, 45, 52 f.
[295] BGH, Urt. v. 13.3.2008 – I ZR 116/06, TranspR 2008, 467 = VersR 2008, 1669.
[296] BGH, a.a.O.
[297] So zutreffend *Koller*, TranspR 2001, 425, 427.
[298] Palandt/*Ellenberger*, 71. Aufl., § 203 BGB Rdn. 4; *Koller*, 7. Aufl., § 439 HGB Rdn. 31.

Art. 32   Reklamationen und Klagen

nach Art. 32 CMR verjähren, etwa Vergütungsansprüche – generell alle Ansprüche, auf die Art. 32 Abs. 2 CMR keine Anwendung findet –, ist § 203 BGB n.F. ohnehin problemlos anwendbar.[299]

89a   – *Hemmung der Verjährung durch Rechtsverfolgung*:
Rechtsverfolgung i.S.d. § 209 BGB a.F. war vor der Schuldrechtsreform zum 1.1.2002 der häufigste *Unterbrechungs*tatbestand. § 204 BGB n.F. gibt den diversen Rechtsverfolgungstatbeständen nur noch den Status einer *Hemmung* der Verjährung.
– *Klageerhebung*, § 204 Abs. 1 Ziff. 1 BGB:
Klagen vor deutschen Gerichten hemmen auch dann, wenn eine – wirksame – Klage unsubstanziiert, unschlüssig oder unzulässig ist.[300] Wenn die Klage in einem Vertragsstaat des EuGVVO erhoben wird, soll sie auch bei Unzuständigkeit des angerufenen Gerichts unterbrechen.[301] Die Klage vor anderen ausländischen Gerichten hemmt dagegen nur dann, wenn die Voraussetzungen für die Anerkennung des Urteils gem. § 328 ZPO vorliegen.[302] Die Klageerhebung vor einem ausländischen Gericht löst im Anwendungsbereich der EuGVVO die Hemmungswirkung aus wie die Klage vor einem inländischen Gericht.[303] Die Anrufung supranationaler Gerichte wie das EuG und der EuGH hemmen dagegen nicht.[304] Infolge Art. 31 Abs. 2 und 3 CMR haben Klagen in CMR-Staaten gleichfalls Hemmungswirkung.[305]
– *Zustellung eines Mahnbescheides*, § 204 Abs. 1 Ziff. 3 BGB:[306]
Ausländische Verfahren, die dem Mahnbescheidsverfahren ähneln, hemmen nur bei Gleichwertigkeit des ausländischen Verfahrens.[307]
– *Einleitung des Güteverfahrens*, § 204 Abs. 1 Satz 4 BGB:
Gemeint ist vor allem das obligatorische Güteverfahren gem. § 15a EGZPO nebst Landesgesetzen.[308]
– *Aufrechnung im Prozess*, § 204 Abs. 1 Ziff. 5 BGB:
Die Bestimmung trifft ausschließlich die erfolglos versuchte Prozessaufrechnung. In Transportrechtsfällen erlangt dies Bedeutung, wenn trotz des Aufrechnungsverbots der Ziff. 19 ADSp erfolglos die Aufrechnung im Prozess

---

299 Vgl. *Harms*, TranspR 2001, 294, 297.
300 Palandt/*Ellenberger*, 71. Aufl., § 204 BGB Rdn. 5.
301 OLG Düsseldorf, 9.12.1977 – 16 U 48/77, NJW 1978, 1752.
302 Palandt/*Ellenberger*, 71. Aufl., § 204 BGB Rdn. 3 m.w.N.
303 Erman/*Schmidt-Räntsch*, 13. Aufl., § 204 BGB Rdn. 10a.
304 Erman/*Schmidt-Räntsch*, 13. Aufl., a.a.O.
305 OLG Düsseldorf, 27.2.1986 – 18 U 140/85, TranspR 1986, 226; LG Deggendorf, 24.11.1981 – O 411/81, TranspR 1983, 46; *Otte*, in: Ferrari/Kieninger/Mankowski, 2. Aufl., Art. 32 CMR Rdn. 36 (zur Unterbrechung).
306 Zu den Einzelheiten vgl. Palandt/*Ellenberger*, 71. Aufl., § 204 BGB Rdn. 18 m.w.N.; durch Änderung des Wortlauts des § 204 Abs. 1 Nr. 3 BGB ist der Europäische Zahlungsbefehl gleichgestellt.
307 BGH, NJW-RR 2002, 937 und OLG Köln, 18.9.1980 – 12 U 62/80, RIW 1980, 877ff. – je einen schweizerischen Zahlungsbefehl betreffend.
308 Übersicht *Zietsch/Roschmann*, NJW 2001, Beil. zu Heft 51; *Deckenbrock/Jordans*, MDR 2006, 421.

erklärt worden ist.[309] Für die erfolglose Aufrechnung im Schiedsverfahren gilt Entsprechendes.[310] Die Aufrechnung vor einem ausländischen Gericht führt vor einem deutschen Gericht die Wirkungen des § 204 Abs. 1 Ziff. 5 BGB herbei, falls Gleichwertigkeit der im ausländischen Prozess erklärten erfolglosen Aufrechnung besteht.[311] Allerdings ist die Anerkennung der Aufrechnungserklärung vor einem ausländischem Gericht – entsprechend der Klageerhebung – gleichfalls davon abhängig zu machen, ob die *erfolgreiche* Aufrechnung in ihrer Rechtskraft in Deutschland anerkennungsfähig wäre.[312]
- *Streitverkündung*, § 204 Abs. 1 Ziff. 6 BGB:

Die Streitverkündung ist in Transportrechtsprozessen das klassische Mittel, dem Rechtsverlust durch Verjährung zu begegnen und die Gefahr divergierender Entscheidungen auszuräumen (§§ 74 Abs. 1, 68 ZPO). Nur die *zulässige* Streitverkündung, die den Streitverkündungsgrund und die Lage des Rechtsstreits angegeben hat, hemmt.[313] Streitverkündung bietet sich an, falls der Frachtführer wegen Ersatzansprüchen des Absenders im Prozess mit Letzterem seinem Unterfrachtführer den Streit verkündet. Dies gilt auch dann, wenn der Frachtführer wegen eines ihm drohenden Schadensersatzanspruchs des Absenders seinen Unterfrachtführer – hier aufrechnungsweise – im Wege der Drittschadensliquidation in Regress nimmt, da er insoweit „den Anspruch eines Dritten besorgt".[314]

Streitverkündung kommt in Frage beim Prozess des Empfängers gegen den Frachtführer, wenn Letzterer Verpackungsmängel einwendet, durch den Empfänger an den Absender wegen Verletzung kaufvertraglicher Nebenpflichten des Absenders, bei wahlweiser Inanspruchnahme, etwa wenn unklar ist, ob eine Person als Frachtvermittler oder als Frachtführer tätig geworden ist.[315] Der Streitverkündete ist zu weiterer Streitverkündung berechtigt, etwa der Unterfrachtführer an einen weiteren Unterfrachtführer oder sonstigen Subunternehmer, wie Lagerhalter (§ 72 Abs. 2 ZPO), auch ohne dem Rechtsstreit selbst beigetreten zu sein.[316] Streitverkündung im Auslandsprozess hemmt, sofern sie den wesentlichen Voraussetzungen des inländischen Rechts entspricht und eine Anerkennung der ausländischen Entscheidung zu erwarten ist.[317] Zur Streitverkündung im Bereich der EuGVVO vgl. Art. 65 I 2 lit. a) EuGVVO, ausführlich hierzu Zöller/*Vollkommer*.[318]

---

309 Palandt/*Ellenberger*, 71. Aufl., § 204 BGB, Rdn. 20.
310 Erman/*Schmidt-Räntsch*, 11. Aufl., § 204 BGB Rdn. 18 m.w.N.
311 Erman/*Hohloch*, 11. Aufl., Art. 32 EGBGB Rdn. 14.
312 Zöller/*Geimer*, 29. Aufl., § 328 BGB Rdn. 38 m.w.N.
313 BGH, Urt. v. 6.12.2007 – IX ZR 143/06, MDR 2008, 281.
314 BGH, 14.11.1991 – I ZR 236/89, TranspR 1992, 135; anders noch OLG Karlsruhe, 2.12.1983 – 15 U 104/83, OLGZ 1984, 230 ff.; grundlegend zur Streitverkündung im Frachtprozess *Neumann*, TranspR 2005, 51 ff.
315 *Baumbach/Lauterbach*, 71. Aufl., § 72 ZPO Rdn. 7, Stichwort: „wahlweise Haftung".
316 *Baumbach/Lauterbach*, 71. Aufl., § 72 ZPO Rdn. 9 m.w.N.
317 Palandt/*Ellenberger*, 71. Aufl., § 204 BGB Rdn. 21 m.w.N.; Zöller/*Geimer*, 29. Aufl., § 328 ZPO Rdn. 59 ff. mit Hinweis auf außerordentlich ins Einzelne gehende Literatur.
318 Zöller/*Vollkommer*, 29. Aufl., § 72 ZPO Rdn. 2; ders., § 68 ZPO Rdn. 2.

Art. 32 Reklamationen und Klagen

Die Beiladung im Verwaltungsverfahren steht der Streitverkündung nicht gleich. Gleiches hat für den Finanzgerichtsprozess, § 60 FGO – etwa mit mehreren am Frachtvertrag Beteiligten – zu gelten. Dagegen wirkt die zivilrechtliche Streitverkündung in öffentlich-rechtliche Prozesse hinein.[319]
- *Selbstständiges Beweisverfahren*, § 204 Abs. 1 Ziff. 7 BGB:
Es handelt sich um eine Hemmungsmöglichkeit für alle denkbaren Ansprüche, die nach altem Recht auf §§ 477 Abs. 1, 639 Abs. 1 BGB a.F. beschränkt war. Der Gesetzesänderung prognostiziert *Koller*[320] einen künftig weiten Anwendungsbereich (in der Prozesspraxis allerdings nicht eingetreten). Ein im Wege selbstständigen Beweisverfahrens eingebrachter Havariekommissar hat im nachfolgenden Hauptsacheprozess die Stellung eines Sachverständigen (§ 493 Abs. 1 ZPO), nicht lediglich eines sachverständigen Zeugen. Die Wirkung eines ausländischen Beweissicherungsverfahrens hängt von dessen Gleichwertigkeit zur inländischen Regelung ab.[321]
- *Beantragung eines Arrests oder einer einstweiligen Verfügung*, § 204 Abs. 1 Ziff. 9 BGB:
Eine Änderung gegenüber dem Rechtszustand vor dem 1.1.2002, da Arrest und einstweilige Verfügungsverfahren weder zu einer Unterbrechung noch zu einer Hemmung führten, sondern lediglich die auf ihrer Grundlage vorgenommenen Vollstreckungshandlungen.[322] Für entsprechende, vor ausländischen Gerichten ergriffene Rechtsbehelfe wird Gleichwertigkeit gefordert.[323]
- *Anmeldung des Anspruchs im Insolvenzverfahren*, § 204 Abs. 1 Ziff. 10 BGB:
Zur Forderungsanmeldung in einem ausländischen Konkursverfahren vgl. OLG Düsseldorf, 13.4.1989.[324]
- *Der Beginn des schiedsrichterlichen Verfahrens*, § 204 Abs. 1 Ziff. 11 BGB:
Die Vorschrift nimmt Bezug auf § 1044 ZPO.[325] Schiedsverfahren im Ausland sind gleichgestellt.[326]
- *Vorverfahren vor einer Verwaltungsbehörde*, § 204 Abs. 1 Ziff. 12 BGB:
Entspricht dem früheren § 210 BGB a.F. Im Rahmen der CMR werden Anwendungsfälle des § 204 Abs. 1 Ziff. 12 BGB selten sein.[327] § 204 Abs. 1 Ziff. 12 BGB n.F. findet dann keine Anwendung, wenn die vorgeschaltete behördliche Entscheidung nicht die *Zulässigkeit*, sondern die *Begründetheit* der Klage betrifft.[328] Das Abwarten von Entscheidungen der *Zoll- oder Steuerbehörden* bewirkt somit keine Hemmung; ein diesbezüglicher etwaiger Erstat-

---

319 BGH, 6.2.2003 – III ZR 223/02, MDR 2003, 628; BSG v. 13.9.2011 –B 1 KR 4/11 R, NJW 2012, 956.
320 TranspR 2001, 425, 426.
321 Palandt/*Ellenberger*, 71. Aufl., § 204 BGB Rdn. 22; LG Hamburg, 15.9.1998 – 410 O 44/ 95, IPRax 2001, 45 ff. mit kritischer Anmerkung *Spickhoff*, IPRax 2001, 37 ff.
322 Vgl. 1. Aufl., Art. 32 CMR Rdn. 91 Stichwort: Arrest, einstweilige Verfügung.
323 Erman/*Hohloch*, 11. Aufl., Art. 32 EGBGB Rdn. 14 m.w.N.
324 OLG Düsseldorf, 13.4.1989 – 6 U 170/88, NJW 1990, 640 = IPRspr 1989, Nr. 254, 563 f.
325 Erman/*Schmidt-Räntsch*, 13. Aufl., § 204 BGB Rdn. 29.
326 Palandt/*Ellenberger*, 71. Aufl., § 204 BGB Rdn. 26 m.w.N.
327 Vgl. Erman/*Schmidt-Räntsch*, 13. Aufl., § 204 BGB Rdn. 31 mit Beispielen.
328 Palandt/*Ellenberger*, 71. Aufl., § 204 BGB Rdn. 27 m.w.N.

tungs- bzw. Freistellungsanspruch muss daher zum Zwecke der Verjährungsunterbrechung im Wege der Feststellungsklage, der Klage auf Befreiung von einer Verbindlichkeit oder – ggf. – auf zukünftige Leistung geltend gemacht werden.
- *Zuständigkeitsbestimmung gem. § 36 ZPO*, § 204 Abs. 1 Ziff. 13 BGB:
Dieser Hemmungstatbestand war nach altem Recht (§ 210 BGB a.F.) als Unterbrechungstatbestand ausgestaltet.
- *Erstmaliger Antrag auf Gewährung von Prozesskostenhilfe*, § 204 Abs. 1 Ziff. 14 BGB:
Die ausdrückliche Hemmungsregelung ist neu. Im vor dem 1.1.2002 geltenden Recht wurde die Notwendigkeit, PKH zu beantragen, als Hauptanwendungsfall höherer Gewalt unter § 203 Abs. 2 BGB a.F. subsumiert. Die Hemmungswirkung geht auch von einem erstmaligen Antrag auf grenzüberschreitende Prozesskostenhilfe innerhalb der europäischen Union aus (§§ 114 Satz 2, 1076–1078 ZPO). Sonstigen, im Ausland gestellten erstmaligen PKH-Anträgen kommt Hemmungswirkung dann zu, wenn sie dem deutschen PKH-Verfahren gleichwertig sind;[329] darüber hinaus wird zu fordern sein, dass das mit dem PKH-Antrag angestrebte Endurteil gem. § 328 ZPO anerkennungsfähig wäre, da andernfalls dem PKH-Verfahren weitergehende Hemmungswirkung zukäme als dem nachfolgenden Prozess selbst.
- *Dauer und Ende der Hemmung*, § 204 Abs. 2 BGB:
Es wird insoweit auf die Kommentare zum BGB verwiesen.

3. Unterbrechung (geänderte Gesetzesterminologie: Neubeginn der Verjährung)

a) Wirkung des Neubeginns der Verjährung

§ 212 Abs. 1 BGB n.F. entspricht in der Wirkung der Unterbrechung gem. § 217 BGB a.F.[330] Die Verjährung beginnt demgemäß im Ganzen neu.[331] Zum Neubeginn vor Beginn des Laufes der ein- bzw. dreijährigen Verjährungsfrist vgl. Rdn. 88.

90

b) Einzelne Tatbestände des Neubeginns der Verjährung

- *Anerkenntnis*, § 212 Abs. 1 Satz 1 BGB n.F.
Erforderlich ist ein Verhalten, durch das der Schuldner das Bewusstsein vom Bestehen der Schuld unzweideutig zum Ausdruck bringt. Die – etwa infolge Ziff. 19 ADSp misslingende – Aufrechnung gegen eine an sich unbestrittene

91

---

329 Palandt/*Thorn*, 71. Aufl., Art. 12 Rom I Rdn. 8 für einer Klage gleichgestellte Prozesshandlungen.
330 Palandt/*Ellenberger*, 71. Aufl., § 212 BGB Rdn. 1.
331 Palandt/*Ellenberger*, 71. Aufl., § 212 BGB Rdn. 8.

Art. 32 Reklamationen und Klagen

Forderung erkennt die Forderung nicht an, sondern leugnet sie, wenn auch mit falscher Begründung.[332]

– *Vornahme oder Beantragung einer gerichtlichen oder behördlichen Vollstreckungshandlung*, § 212 Abs. 1 Satz 2 BGB n.F.
Die Vorschrift entspricht im Wesentlichen § 209 Abs. 2 Ziff. 5 BGB a.F.[333]

4. Andere Einwirkungen auf den ungehinderten Lauf der Verjährungsfrist, insbes. Arglisteinwand

92 Der Arglisteinwand gegen die arglistig erhobene Einrede der Verjährung greift auch im Rahmen des Art. 32 CMR.[334] Der Hauptanwendungsfall vor der Schuldrechtsreform zum 1.1.2002, Verhandlungen über den Verjährungseintritt hinaus, hat durch § 203 BGB n.F. (Verhandlungen) eine den Arglisteinwand obsolet machende gesetzliche Regelung erhalten (vgl. Rdn. 89 Stichwort „Verhandlungen").

93 Hat der Schuldner bis zu einem bestimmten Zeitpunkt auf die Erhebung der Einrede der Verjährung verzichtet, ist die dennoch vor diesem Zeitpunkt erhobene Verjährungseinrede arglistig.[335]

94 Die besonderen Verjährungsregelungen bzw. Ausschlussfristen der §§ 159, 160, 161 HGB für Gesellschafter hinsichtlich Gesellschaftsschulden der OHG bzw. KG gelten auch dann, wenn die Verbindlichkeit der Gesellschaft ein der CMR-Verjährung unterliegender Anspruch ist. Die Ansprüche der GmbH gegen ihren Geschäftsführer verjähren gem. § 43 Abs. 4 GmbHG in fünf Jahren auch dann, wenn das Fehlverhalten die GmbH aus einem CMR-Vertrag geschädigt hat (etwa unterlassene Eindeckung einer CMR-Versicherung trotz frachtvertraglicher Verpflichtung hierzu). Direktansprüche (insbesondere aus unerlaubter Handlung) gegen OHG bzw. KG-Gesellschafter oder GmbH-Geschäftsführer verjähren indessen über Art. 28 Abs. 2 CMR gem. Art. 32 CMR.

95 Ist ein CMR-Anspruch rechtskräftig festgestellt, unterliegt er der 30-jährigen Verjährungsfrist gem. § 197 Abs. 1 Ziff. 3–6 BGB n.F. Die kurze CMR-Verjährungsfrist soll lediglich einen Zwang zu rascher gerichtlicher Klärung – oder Forderungsverlust – ausüben. Nach allgemeinem Praxisverständnis gilt die 30-jähri-

---

332 BGH, 24.1.1972 – VII ZR 171/70, BGHZ 58, 103; einschränkend BGH, 8.6.1989 – 10 ZR 50/88, BGHZ 107, 395; BGH, 8.5.2002 – I ZR 28/00, MDR 2003, 78 = NJW-RR 2002, 1433 scheint – im entschiedenen Falle aus tatsächlichen Gründen nicht vorliegend – ohne Weiteres von einem Anerkenntnis auszugehen; die Frage offenlassend OLG Karlsruhe, 9.12.2004 – 9 U 104/04, NJW-RR 2005, 517; a.A. jetzt aber BGH, I ZR 198/09 bei *Pokrant*, TranspR 2012, 45, 47.
333 Im Einzelnen vgl. Palandt/*Ellenberger*, 71. Aufl., § 212 BGB Rdn. 9–12.
334 OLG Düsseldorf, 27.2.1986 – 18 U 140/85, TranspR 1986, 226; OLG Düsseldorf, 27.2.1987 – 18 U 162/86, TranspR 1987, 223, 227; OLG München, 17.7.1991 – 7 U 2871/91, TranspR 1991, 427, 429; MünchKommHGB/*Jesser-Huß*, Art. 32 CMR Rdn. 47; *Koller*, 7. Aufl., Art. 32 CMR Rdn. 19 und allg. Meinung.
335 *Koller*, 7. Aufl., Art. 32 CMR Rdn. 20.

ge Verjährungsfrist rechtskräftig festgestellter Titel völlig unabhängig von der Genese dieser Titel.[336] Dies gilt auch für den prozessualen Kostenerstattungsanspruch aufgrund einer rechtskräftigen Kostengrundentscheidung.[337] Die Loslösung der Rechtskraftverjährung von der ursprünglichen Verjährung des noch nicht rechtskräftigen Anspruchs verstößt demgemäß nicht gegen Art. 32 CMR i.V. m. Art. 41 CMR.[338]

Bei vereinbarungsgemäß in ein Darlehen oder im Wege sonstiger Novation umgewandelten, ursprünglich der CMR unterliegenden Ansprüchen gelten die Verjährungsregeln des neuen Schuldverhältnisses, so auch beim Vereinbarungsdarlehen. Novation (Schuldumschaffung) wird aber im Zweifel nicht angenommen.[339] 96

§ 199 Abs. 1 Ziff. 1 und 2 BGB n. F. beziehen sich lediglich auf die *regelmäßige Verjährungsfrist* gem. § 195 BGB n. F., also nicht auf die CMR-Verjährung. § 200 Satz 1 BGB setzt den Beginn der Verjährungsfrist von Ansprüchen, die nicht der regelmäßigen Verjährungsfrist unterliegen, auf die Entstehung des Anspruchs fest, *soweit nicht ein anderer Verjährungsbeginn bestimmt ist*, welche Bestimmung in Art. 32 Abs. 1 Satz 3 lit. a)–c) CMR vorgenommen wird. Infolge Selbstbeschränkung des § 200 Satz 1 BGB ist demnach ein Rekurs auf Art. 41 CMR nicht notwendig. 96a

XVI. Verbot der Geltendmachung verjährter Ansprüche durch Widerklage und Einrede (Art. 32 Abs. 4 CMR)

1. Allgemeines

Art. 32 Abs. 4 CMR ist gegenüber abweichenden nationalen Regelungen *lex specialis*. Dies gilt insbes. hinsichtlich § 215 BGB n. F. (§ 390 S. 2 BGB a. F. und § 40 Abs. 5 KVO sind durch die Schuldrechts- bzw. Transportrechtsreform außer Kraft getreten).[340] Das Verbot der „Rettung" verjährter Ansprüche durch Widerklage hat nach deutschem Recht keine Bedeutung, da die Widerklage lediglich ein prozessualer Behelf ist und nicht eigenständige Einredemöglichkeiten, wie etwa nach § 215 BGB n. F., eröffnet. 97

Art. 32 Abs. 4 CMR verbietet nicht die Aufrechnung *gegen* verjährte Ansprüche mit unverjährten Ansprüchen; dies folgt aus dem Einredecharakter der Verjährung, der dem Schuldner auch die Möglichkeit der sonstigen Erfüllung der schon verjährten Schuld gibt. 98

---

336 Palandt/*Ellenberger*, 71. Aufl., § 197 BGB Rdn. 7 ff.
337 BGH, Beschl. 25.3.2006 – V ZB 189/05, NJW 2006, 1962.
338 A. A. *Koller*, TranspR 2001, 425.
339 Vgl. Palandt/*Grüneberg*, 71. Aufl., § 311 BGB Rdn. 8–10.
340 BGH, 7.3.1985 – I ZR 182/83, BGHZ 94 = TranspR 1986, 68 = VersR 1985, 684; OLG Hamburg, 10.5.1984 – 6 U 236/83, TranspR 1984, 196; OLG Düsseldorf, 8.11.1979 – 18 U 44/79, VersR 1980, 839; Palandt/*Thorn*, 71. Aufl., Art. 17 Rom I Rdn. 1 und 2; Staub/*Helm*, 2. Aufl., Art. 32 CMR Rdn. 161, noch zum alten BGB-Recht.

Art. 32 Reklamationen und Klagen

Das Aufrechnungsverbot betrifft nur denjenigen Anspruch, *mit dem* aufgerechnet werden soll, *nicht* auch denjenigen, *gegen* den die Aufrechnung erklärt wird. Hieraus folgt: Art. 32 Abs. 4 CMR gilt auch dann, wenn mit einem verjährten CMR-Anspruch gegen einen nicht der CMR unterliegenden Anspruch – beispielsweise aus Vermietung einer Lagerhalle oder eines Containers, aber auch aus Ansprüchen aus einem innerdeutschen Frachtvertrag, da das HGB eine Art. 32 Abs. 4 entsprechende Vorschrift nicht kennt – aufgerechnet werden soll. Umgekehrt gilt Art. 32 Abs. 4 CMR dann nicht, wenn mit einem verjährten, nicht der CMR unterliegenden Anspruch gegen einen Anspruch aus einer dem Übereinkommen unterliegenden Beförderung aufgerechnet werden soll; in solchem Falle gilt bei Anwendung deutschen Rechts § 215 BGB n.F. Unterliegt allerdings im letztgenannten Fall (mit einer verjährten Nicht-CMR-Forderung wird gegen eine CMR-Forderung aufgerechnet) die CMR-Forderung, gegen welche die Aufrechnung erklärt werden soll, ausländischem Recht, bestimmen sich die Verhältnisse der Aufrechnung nach dem Statut der Forderung, *gegen die* aufgerechnet wird;[341] das letztgenannte ausländische Recht entscheidet demgemäß auch darüber, ob es die „Rettung" verjährter Ansprüche durch Aufrechnung zulässt oder aber nicht.

2. Verbot der Geltendmachung verjährter Forderungen im Wege der Einrede

99 Die praktisch bedeutsamste Form der Einrede gegen eine Forderung ist die Aufrechnung (§ 387 BGB). Die Wirkung der erklärten Aufrechnung ist Erfüllungswirkung, gem. § 389 BGB sogar *ex tunc*. Ist die Aufrechnung bereits vor Eintritt der Verjährung wirksam erklärt worden, greift Art. 32 Abs. 4 CMR demgemäß nicht ein.[342]

100 Das Geltendmachungsverbot mittels Einrede verjährter Forderungen gilt auch für Zurückbehaltungsrechte.[343] Die Geltendmachung des Zurückbehaltungsrechts, welches Gestaltungsrecht ist,[344] in unverjährter Zeit wirkt – auch hierin der Aufrechnung ähnelnd – auch nach Eintritt der Verjährung. Eine andere Lösung würde – dem Sinn des Zurückbehaltungsrechts zuwiderlaufend – dem Inhaber des Zurückbehaltungsrechts stets gerichtliche Geltendmachung aufzwingen. Die weitergehende nationale Regelung des § 215 BGB n.F. hat infolge § 41 CMR hinter Art. 32 Abs. 4 CMR zurückzutreten.

---

341 Palandt/*Thorn*, 71. Aufl., Art. 17 Rom I Rdn. 1 und 2.
342 OLG Zweibrücken, 4.3.2004 – 4 U 167/02, VersR 2005, 97; *Demuth*, VersR 1980, 774; *Fremuth/Thume*, Art. 32 CMR Rdn. 29; *Koller*, 7. Aufl., Art. 32 CMR Rdn. 21; a.A. OLG Düsseldorf, 8.11.1979 – 18 U 44/79, VersR 1980, 389.
343 *Fremuth/Thume*, Art. 32 CMR Rdn. 29; Staub/*Helm*, 2. Aufl., Art. 32 CMR Rdn. 158; *Koller*, 7. Aufl., Art. 32 CMR Rdn. 21; *Herber/Piper*, Art. 32 CMR Rdn. 54.
344 Palandt/*Grüneberg*, 71. Aufl., § 273 BGB Rdn. 20.

Reklamationen und Klagen **Art. 32**

Entsprechendes gilt trotz § 322 BGB für die Einrede des nicht erfüllten Vertra- **101**
ges.³⁴⁵ Dies folgt daraus, dass auch beim nicht erfüllten Vertrag Verurteilung Zug
um Zug nur auf Geltendmachung der Einrede durch den Schuldner, nicht aber
von Amts wegen erfolgt.³⁴⁶

Das gesetzliche Frachtführerpfandrecht (§ 441 HGB) verschafft dem Frachtfüh- **102**
rer ohne Vornahme von Gestaltungshandlungen eine dingliche Rechtsposition,
die – anders als bei den in Anm. 99–101 behandelten Gegenrechten – keiner Geltendmachung bedarf.³⁴⁷ Da Art. 32 Abs. 4 CMR dingliche Rechtspositionen nicht
einschränkt,³⁴⁸ steht der Anwendung des § 216 Abs. 1 BGB n.F. bei ergänzender
Geltung deutschen Rechts nichts entgegen.³⁴⁹

3. Vertragliches Aufrechnungsverbot und Aufrechnungsvereinbarungen

Die CMR enthält keine Bestimmung, aus welcher sich der Ausschluss eines ver- **103**
traglichen Aufrechnungsverbotes herleiten ließe. Insbesondere gilt dies für
Art. 32 Abs. 4 CMR, welcher die Möglichkeit der Aufrechnung zwar vorsieht,
nicht aber zugleich bestimmt, dass die Aufrechnung mit und gegen CMR-Forderungen unter allen Umständen zulässig sein müsste.³⁵⁰ Das Aufrechnungsverbot
der Ziff. 19 ADSp ist somit im Rahmen der CMR rechtswirksam; Art. 41 CMR
Rdn. 27 m.w.N. Gültig sind insb. auch individuelle Aufrechnungsverbote bei
entsprechenden Handels- und Barzahlungsklauseln.³⁵¹ Ein Aufrechnungsverbot
verliert dann seine Wirkung, wenn die Forderung gegen den Aufrechnungsgegner
wegen dessen Vermögensverfalls nicht durchsetzbar wäre.³⁵²

Aufrechnungsvereinbarungen sind zulässig,³⁵³ dürfen allerdings nicht mit Art. 32
Abs. 4 CMR i.V.m. Art. 41 CMR durch Zulassung der Aufrechnung mit verjährten CMR-Forderungen in Widerspruch treten.

---

345 § 320 BGB; Staub/*Helm*, 2. Aufl., Art. 32 Rdn. 158; *Herber/Piper*, Art. 32 CMR Rdn. 54;
    Bahnsen, in: EBJS, Art. 32 CMR Rdn. 36.
346 Palandt/*Grüneberg*, 71. Aufl., § 322 BGB Rdn. 2f.
347 MünchKommHGB/*Jesser-Huß*, Art. 32 CMR Rdn. 49 a.E.
348 MünchKommHGB/*Jesser-Huß*, a.a.O.
349 *Fremuth/Thume*, Art. 32 CMR Rdn. 29; *Herber/Piper*, Art. 32 CMR Rdn. 54; *Koller*, 7.
    Aufl., Art. 32 CMR Rdn. 21; *Bahnsen*, in: EBJS, Art. 32 CMR Rdn. 37; Münch-
    KommHGB/*Jesser-Huß*, Art. 32 CMR Rdn. 49.
350 BGH, 7.3.1985 – I ZR 182/82, BGHZ 94, 71 = NJW 1985, 2091 = TranspR 1986, 68 =
    VersR 1985, 684; BGH, 14.12.1988 – I ZR 235/86, TranspR 1989, 141 = VersR 1989, 309
    = NJW-RR 1989, 481; OGH Wien, 18.5.1982 – 4 Ob 516/82; TranspR 1983, 48; OLG
    Hamburg, 10.5.1984 – 6 U 236/83, TranspR 1984, 196; allg. Meinung, statt nunmehr aller:
    Fremuth/Thume, Art. 32 CMR Rdn. 30; a.A. noch BGH, 20.1.1983 – I ZR 90/81, NJW
    1983, 1266; OLG Hamburg, 29.11.1984 – 6 U 134/84, TranspR 1985, 130.
351 Palandt/*Grüneberg*, 71. Aufl., § 387 BGB Rdn. 14; Erman/*Wagner*, 13. Aufl., § 387 BGB
    Rdn. 27ff. m.w.N.
352 BGH, 20.12.1956 – II ZR 177/55, BGHZ 23, 17, 26.
353 *Koller*, 7. Aufl., Art. 32 CMR Rdn. 22; *Bahnsen*, in: EBJS, Art. 32 CMR Rdn. 35 m.w.N.

Art. 32 Reklamationen und Klagen

XVII. Beweislastfragen

104 Die Beweislastregelungen zur Geltendmachung der Verjährungsvoraussetzungen unterliegen dem Wirkungsstatut, d.h. dem Recht des geltend gemachten Anspruchs.[354] Nach deutschem Recht hat der Schuldner Beginn und Ablauf der Verjährungsfrist zu beweisen.[355] Demgemäß fällt in die Beweislast des Schuldners:

- *bei teilweisem Verlust, Beschädigung oder Überschreitung der Lieferfrist (Art. 32 Abs. 1 Satz 3 lit. a) CMR)* die Tatsache der Ablieferung und der Tag der Ablieferung des Gutes;
- *bei gänzlichem Verlust (Art. 32 Abs. 1 Satz 3 lit. b) CMR)*:
  1. Unterfall: Die Vereinbarung einer Lieferfrist und deren Dauer liegt in der Beweislast des Schuldners;
  2. Unterfall: Die Nichtvereinbarung einer Lieferfrist und der Tag der Übernahme des Gutes fallen jeweils in die Beweislast des Schuldners. Zur Behauptung der Nichtvereinbarung einer Lieferfrist wird sich der Gläubiger allerdings nicht auf schlichtes Bestreiten beschränken dürfen, sondern substanziiert den Abschluss einer Lieferfristvereinbarung, insbes. ihrer Dauer, vorzutragen haben. Danach beschränkt sich die Beweislast des Schuldners auf den Beweis, dass die vom Gläubiger konkret vorgetragene Lieferfristvereinbarung nicht stattgefunden habe.[356]
- *In allen anderen Fällen (Art. 32 Abs. 1 Satz 3 lit. c) CMR)*: Abschluss und Abschlusszeitpunkt des Beförderungsvertrages sind vom die Verjährungseinrede erhebenden Schuldner zu beweisen, wobei der Abschluss des Vertrages als Tatbestandsmerkmal des Anspruchs des Gläubigers bereits aufgrund des Gläubigervortrags i.d.R. unstreitig sein dürfte.

105 Wer sich auf die dreijährige Verjährungsfrist des Art. 32 Abs. 1 Satz 2 CMR beruft, hat die tatsächlichen Voraussetzungen des Vorsatzes oder der Leichtfertigkeit in dem Bewusstsein, dass ein Schaden mit Wahrscheinlichkeit eintreten werde, zu beweisen.[357] Zur prozessualen Aufklärungspflicht, die insofern häufig eine praktische, wenn auch nicht theoretische, Umkehr der Beweislast mit sich bringt.[358]

106 Kraft ausdrücklicher Beweislastregel (Art. 32 Abs. 2 Satz 3 CMR) obliegt der Beweis für den Zugang der Reklamation dem Reklamierenden, dem Frachtführer dagegen der Beweis für den Zugang der Zurückweisung und die Rückgabe der Belege. Obwohl nicht ausdrücklich in Art. 32 Abs. 2 Satz 3 CMR geregelt, muss

---

354 *Otte*, in: Ferrari/Kieninger/Mankowski, 2. Aufl., Art. 32 CMR Rdn. 17.
355 Palandt/*Ellenberger*, 71. Aufl., Überblick Vor § 194 BGB Rdn. 24; Baumgärtel/*Giemulla*, Art. 32 CMR Rdn. 1; *Koller*, 7. Aufl., Art. 32 CMR Rdn. 23.
356 Eine ähnliche Konstellation bei § 812 BGB: Palandt/*Sprau*, 71. Aufl., § 812 BGB Rdn. 76 m.w.N.
357 Baumgärtel/*Giemulla*, Art. 32 CMR Rdn. 1; *Koller*, 7. Aufl., Art. 32 CMR Rdn. 23.
358 Art. 29 CMR Rdn. 84ff. m.w.N.; *Koller*, 7. Aufl., § 435 HGB Rdn. 20ff.

Entsprechendes gelten, wenn streitig ist, ob der Reklamation Belege beigefügt waren (Beweislast beim Reklamierenden).

Beruft sich der Frachtführer entsprechend Art. 32 Abs. 2 Satz 4 CMR darauf, dass die Reklamation eine weitere Reklamation sei, hat er den Zugang der Erstreklamation – natürlich auch deren Zurückweisung – zu beweisen.[359] Der Frachtführer hat die Beweislast für die Beendigung der Hemmung.[360]

Bei Geltendmachung von Hemmungs- oder Unterbrechungs-(= Neubeginn der Verjährung)tatbeständen nationalen Rechts (Art. 32 Abs. 3 CMR) ergeben sich keine Besonderheiten.[361] Der Gläubiger hat die Voraussetzungen von Hemmung oder Neubeginn der Verjährung darzutun.[362] In gleicher Weise trägt der Gläubiger die Beweislast für die tatsächlichen Voraussetzungen des Arglisteinwandes gegen die vom Schuldner erhobene Verjährungseinrede, allerdings ist der Gläubiger darlegungs-, nicht beweispflichtig dafür, wann und wie er den Anspruch geltend gemacht hat.[363] **107**

Zum kombinierten Verkehr vgl. Rdn. 12–14. **108**

---

359 Baumgärtel/*Giemulla*, Art. 32 CMR Rdn. 2.
360 OLG München, 14.1.1981 – 7 U 2626/80, VersR 1981, 62; *Herber/Piper*, Art. 32 CMR Rdn. 59 m.w.N.; *Koller*, 7. Aufl., Art. 32 CMR Rdn. 23; *Bahnsen*, in: EBJS, Art. 32 CMR Rdn. 39.
361 Baumgärtel/*Giemulla*, Art. 32 CMR Rdn. 3; Palandt/*Ellenberger*, 71. Aufl., Überblick Vor § 194 BGB Rdn. 24.
362 Palandt/*Ellenberger*, a.a.O.
363 Palandt/*Grüneberg*, 71. Aufl., § 242 BGB Rdn. 96 m.w.N.

Art. 33

bearbeitet von RA Klaus Demuth, München

Der Beförderungsvertrag kann eine Bestimmung enthalten, durch die die Zuständigkeit eines Schiedsgerichts begründet wird, jedoch nur, wenn die Bestimmung vorsieht, dass das Schiedsgericht dieses Übereinkommen anzuwenden hat.

Literatur: *Lau*, Zur Schiedsgerichtsbarkeit im Transportwesen der Bundesrepublik Deutschland, TranspR 1986, 1ff.; *Loewe*, Erläuterungen zum Übereinkommen vom 19. Mai 1956 über den Beförderungsvertrag im Internationalen Straßengüterverkehr (CMR), ETR 1976, 503, 587, 588; *ders.*, Die Bestimmungen der CMR über Reklamationen und Klagen, TranspR 1988, 309ff.; *ders.*, Internationale Straßenbeförderung und Schiedsgerichtsbarkeit; Art. 33 CMR, in: Gedächtnisschrift für Helm, S. 181ff.

Übersicht

	Rdn.		Rdn.
I. Form der Schiedsabrede	1	4. Schiedsvereinbarung und das Derogationsverbot des Art. 31 Abs. 1 CMR	4a
1. Schriftform?	1		
2. Vereinbarung der Pflicht des Schiedsgerichts zur Anwendung der CMR	3	II. Das Schiedsverfahren	5
		III. Die Vollstreckbarerklärung	10
3. Schiedsvereinbarungen nach Entstehung des Streitfalles	4	IV. Beweislastfragen	12

I. Form der Schiedsabrede

1. Schriftform?

1 Das Schriftformerfordernis ist umstritten. *Hill/Messent*[1] halten die Zulässigkeit mündlicher Vereinbarung für eine Bestimmung, die die Zuständigkeit eines Schiedsgerichts begründet, nicht für angemessen und fordern demzufolge Schriftlichkeit. Eine verbreitete Meinung will das jeweilige nationale Recht maßgebend sein lassen, hier wiederum mit unterschiedlichen Auffassungen darüber, ob es auf das Recht des Abschlussortes oder dasjenige des Staates, in dem der Schiedsspruch ergehen soll, ankommt.[2] *Lau*[3] empfiehlt Schriftlichkeit dringend, enthält sich indessen einer Aussage über die Schriftform als Wirksamkeitserfordernis der Schiedsvereinbarung. Für völlige Formfreiheit tritt die wohl überwie-

---

[1] *Hill-Messent*, S. 190.
[2] *Loewe*, ETR 1976, 503, 588, 580; *ders.*, in: Gedächtnisschrift für Helm, S. 181, 189; Staub/Helm, Art. 33 CMR Rdn. 6; *Herber/Piper*, Art. 33 CMR Rdn. 4; *Bahnsen*, in: EBJS, Art. 33 CMR Rdn. 2.
[3] TranspR 1986, 1, 5.

gende Auffassung ein:[4] Die Streitfrage hat geringe praktische Bedeutung, da mündliche oder gar konkludente Schiedsabmachungen, die auch die sonstigen Erfordernisse des Art. 33 CMR erfüllen, nur schwer denkbar sind. Die Schiedsabrede dürfte formfrei gültig sein. Dies folgt aus Art. 4 CMR, welcher den *gesamten* Beförderungsvertrag von allen Formzwängen befreit (insbes. ist der Frachtbrief keine Wirksamkeitsvoraussetzung);[5] und die Schiedsabrede soll gem. Art. 33 CMR Bestandteil dieses formfrei gültigen Vertrages sein. Das Ergebnis steht nicht im Einklang mit der deutschen Rechtslage (§ 1031 ZPO), und zwar sowohl unter vollkaufmännischen Beteiligten als auch gegenüber Verbrauchern (§ 1031 Abs. 5 ZPO). § 1031 Abs. 5 ZPO kann im Rahmen des Art. 33 CMR sowohl wegen des Schriftlichkeitserfordernisses als auch der Notwendigkeit einer „besonderen Urkunde" für die Schiedsvereinbarung nicht zur Anwendung kommen, da die CMR gem. Art. 41, Nr. 1 S. 1 CMR, 33 CMR die Schiedsvereinbarung als integrierenden, nicht abgesonderten Teil des Beförderungsvertrages zulässt. Zur Vereinbarung von Schiedsgerichtsklauseln im Rahmen allgemeiner Geschäftsbedingungen.[6]

Indirekt wird indessen ein Schriftlichkeitszwang über § 1061 Abs. 1 ZPO i.V.m. II und IV des ersten UN-Übereinkommens über die Anerkennung und Vollstreckung ausländischer Schiedssprüche vom 10.6.1958 (UNÜ)[7] ausgeübt, da diese Vorschriften die Anerkennung und Vollstreckbarerklärung von Schiedssprüchen dann ausschließen, wenn eine schriftliche Schiedsabrede fehlt.[8]

Andererseits muss eine Schiedsabrede nicht gleichzeitig oder in derselben Urkunde mit den übrigen Bestimmungen des Beförderungsvertrages getroffen werden, kann also durchaus in einem Nachtrag, einer speziellen Urkunde oder einer vertragsändernden Vereinbarung enthalten sein.[9]

2. Vereinbarung der Pflicht des Schiedsgerichts zur Anwendung der CMR

In der Schiedsabrede selbst muss vorgesehen sein, dass das Schiedsgericht die CMR anzuwenden hat. Die Verpflichtung des Schiedsgerichts, die CMR anzu-

---

4 *Thume/Fremuth*, Art. 33 CMR Rdn. 2; *Koller*, 7. Aufl., Art. 33 CMR Rdn. 1; MünchKommHGB/*Jesser-Huß*, Art. 33 CMR Rdn. 3; *Otte*, in: Ferrari/Kieninger/Mankowski et al., 2. Aufl., Art. 33 CMR Rdn. 3 m.w.N.
5 MünchKommHGB/*Jesser-Huß*, Art. 33 CMR Rdn. 3.
6 OLG Koblenz v. 22.2.2007 – 6 U 1162/06, TranspR 2007, 249 (FENEX-Bedingungen für Wertschöpfungslogistik); LG Gießen v. 31.7.2008 – 8 O 81/07, TranspR 2008, 370 (FENEX-Bedingungen); OLG Hamm, Urt. v. 18.5.1998 – 18 U 189/97, TranspR 1999, 442ff.; differenzierend *Otte*, in: Ferrari/Kieninger/Mankowski et al., 2. Aufl., Art. 33 CMR Rdn. 4.
7 BGBl. 1961 II, S. 121.
8 So auch *Lau*, TranspR 1986, 1, 5, Fn. 25; Zöller/*Geimer*, 29. Aufl., Anh. § 1061 ZPO Art. IV UNÜ Rdn. 3.
9 *Loewe*, ETR 1976, 502, 587; *Otte*, in: Ferrari/Kieninger/Mankowski et al., 2. Aufl., Art. 33 CMR Rdn. 3.

Art. 33 Reklamationen und Klagen

wenden, muss *ausdrücklich* erfolgen. Eine generelle Verweisung auf ein nationales Recht, dessen Teil die CMR ist, genügt *nicht*.[10] Eine Schiedsabrede, die die Schiedsrichter nur verpflichtet, nach Billigkeit zu entscheiden und im Rahmen dieser Billigkeitsentscheidung die zwingenden Bestimmungen internationaler Transportverträge, also auch der CMR, zu berücksichtigen, reicht nicht aus.[11] Die Formstrenge ist notwendig, da nicht alle Mitgliedstaaten (wohl aber die überwältigende Mehrheit) die CMR als unabhängig vom Parteiwillen geltendes innerstaatliches Recht begreifen und mit der expliziten Verpflichtung zur Anwendung der CMR Auslegungsunsicherheiten vorgebeugt werden soll. Zudem ist nicht sicher, dass die Parteien (und Gerichte) diesen mittelbaren Hinweis durchschauen.[12]

Ist die Anwendung der CMR *ausdrücklich* bestimmt, ist auch die Vereinbarung von Schiedsgerichten in Nichtvertragsstaaten zulässig.[13]

3. Schiedsvereinbarungen nach Entstehung des Streitfalles

4   Die Vorschriften des Art. 33 CMR gelten nicht für Schiedsabreden *nach* Entstehung des Streitfalles; sie sind ohne irgendwelche Einschränkungen zulässig.[14] Aus der Dispositionsfreiheit der Parteien für die Zeit nach Entstehen der Streitigkeit folgt auch, dass der Formmangel durch rügelose Einlassung auf die schiedsrichterliche Verhandlung zur Hauptsache geheilt wird.[15]

4. Schiedsvereinbarungen und das Derogationsverbot des Art. 31 Abs. 1 CMR

4a Streitig ist, ob eine Schiedsvereinbarung, welche Ausschließlichkeit für das vereinbarte Schiedsgericht beansprucht und die übrigen Gerichtsstände derogiert, wegen Verstoßes gegen Art. 41 CMR nichtig ist.[16] Zutreffend dürfte die Rechts-

---

10 Österr. OGH v. 20.3.2007 – 10 Ob 20/07 c, TranspR 2007, 326; *Hill-Messent*, S. 190; *Loewe*, TranspR 1988, 309ff.; *ders.*, in: Gedächtnisschrift für Helm, S. 181, 188ff.; Staub/*Helm*, Art. 33 CMR Rdn. 5; *Fremuth/Thume*, Art. 33 CMR Rdn. 2; *Bahnsen*, in: EBJS, Art. 33 CMR Rdn. 5; MüKo/*Jesser-Huß*, Art. 33 CMR Rdn. 2; *Otte*, in: Ferrari/Kieninger/Mankowski et al., 2. Aufl., Art. 33 CMR Rdn. 9ff.; *Herber/Piper*, Art. 33 CMR Rdn. 2; a.A. *Koller*, 7. Aufl., Art. 33 CMR Rdn. 1; die Frage offenlassend *Lau*, TranspR 1986, 1, 2.
11 OLG Hamm, Urt. v. 29.6.1998 – 18 U 19/98, TranspR 1999, 201ff.
12 So zutreffend Staub/*Helm*, Art. 33 CMR Rdn. 5.
13 *Herber/Piper*, Art. 33 CMR Rdn. 3; *Bahnsen*, in: EBJS, Art. 33 CMR Rdn. 4.
14 *Loewe*, ETR 1976, 503, 587; *ders.*, TranspR 1988, 309ff.; *Lau*, TranspR 1986, 1, 6; *Fremuth/Thume*, Art. 33 CMR Rdn. 3; MünchKommHGB/*Jesser-Huß*, Art. 33 CMR Rdn. 4; *Koller*, 7. Aufl., Art. 33 CMR Rdn. 1; zweifelnd bei Missbrauchsverdacht Staub/*Helm*, Art. 33 CMR Rdn. 7.
15 Vgl. nach deutschem Recht §1031 Abs. 6 ZPO; *Bahnsen*, in: EBJS, Art. 33 CMR Rdn. 2; a.A. wohl *Loewe*, TranspR 1988, 309, 319.
16 Für Nichtigkeit: Österr. OGH v. 5.5.2010 – 7 Ob 216/09 d, TranspR 2010, 383ff.; *Bahnsen*, in: EBJS, Art. 33 CMR Rdn. 6; a.A. OLG Koblenz v. 22.2.2007 – 6 U 1162/06, TranspR

auffassung des Österr. OGH sein. Wenn Art. 31 Abs. 1 CMR die Derogation der gesetzlich vorgesehenen Auswahl staatlicher Gerichte durch Benennung eines *staatlichen* Gerichtes unterbindet, muss dies *erst recht* für die Ausschaltung einiger oder aller *staatlicher* Gerichte durch ein *privatautonomes* Schiedsgericht gelten.

II. Das Schiedsverfahren

Bezüglich des Schiedsverfahrens selbst im Allgemeinen ist auf die nationalen Regelungen, in Deutschland auf §§ 1025 ff. ZPO und die einschlägigen ZPO-Kommentierungen sowie Monographien zum Schiedsverfahren zu verweisen. 5

Die Schiedsvereinbarung wirkt für und gegen alle Parteien, also auch für und gegen den Empfänger, und zwar unabhängig von einer Eintragung der Vereinbarung im Frachtbrief.[17] Dies folgt daraus, dass der Frachtvertrag dem Empfänger immer in der Gestalt angedient wird, wie er konkret abgeschlossen ist, also ohne oder – ggf. – mit Schiedsvereinbarung. 6

Die Pflicht zur Anwendung der CMR hat nicht zur Folge, dass das Schiedsgericht nur solche Streitfragen entscheiden darf, deren Lösung sich aus ausdrücklichen Regelungen in der CMR ergibt. Vielmehr gilt Art. 33 CMR für alle Ansprüche, die sich aus dem Beförderungsvertrag ableiten, gleich ob dieser erfüllt ist oder nicht, insbes. auch für Entgeltansprüche.[18] Auch ergänzendes nationales Recht darf angewendet werden. 7

Eine Beschränkung des Schiedsgerichtes dahin, dass es nur für vertragliche, nicht aber für gleichgerichtete gesetzliche, insbes. deliktische Ansprüche (mit den Beschränkungen des Art. 28 Abs. 1 CMR) zuständig sei, findet nicht statt.[19] 8

Wendet das Schiedsgericht die CMR nicht oder unzutreffend an (man denke an Fehler bei der Abgrenzung CMR/ADSp oder im Rahmen der Art. 23, 25 CMR zu nationalen Schadensersatzgestaltungen), führt dies nicht ohne Weiteres zu einer Nichtigerklärung des Schiedsspruches.[20] Die Möglichkeit der Anrufung der ordentlichen Gerichte richtet sich vielmehr nach der jeweiligen nationalen 9

2007, 249, 252; OLG Köln v. 2.8.2005 – 3 U 21/05, TranspR 2005, 472 (inzidenter); *Koller*, 7. Aufl., Art. 33 CMR Rdn. 1 m.w.N.; *Otte*, in: Ferrari/Kieninger/Mankowski et al., 2. Aufl., Art. 33 CMR Rdn. 6 und 7 m.w.N.

17 Vgl. Rdn. 34 zu Art. 31 CMR m.w.N.; *Koller*, 7. Aufl., Art. 33 CMR Rdn. 1; *Bahnsen*, in: EBJS, Art. 33 CMR Rdn. 7; MünchKommHGB/*Jesser-Huß*, Art. 33 CMR Rdn. 5.
18 *Loewe*, ETR 1976, 503, 587, 588; *Bahnsen*, in: EBJS, Art. 33 CMR Rdn. 8. MünchKommHGB/*Jesser-Huß*, Art. 33 CMR Rdn. 5.
19 BGH, 24.11.1964 – VI ZR 187/63, NJW 1965, 300; BGH, 12.11.1987 – III ZR 29/87, NJW 1988, 1215; *Bahnsen*, in: EBJS, Art. 33 CMR Rdn. 8; a.A. MünchKommHGB/*Jesser-Huß* Art. 33 CMR Rdn. 5; *Otte*, in: Ferrari/Kieninger/Mankowski et al., 2. Aufl., Art. 33 CMR Rdn. 13; *Loewe*, ETR 1976, 503, 587.
20 A.A. *Loewe*, ETR 1976, 503, 588; wohl auch *ders.*, TranspR 1988, 309, 319.

Art. 33 Reklamationen und Klagen

Rechtsordnung.[21] Nach deutschem Recht kann die Aufhebung wegen materiellrechtlicher Fehler nur in den Grenzen des § 1059 ZPO erfolgen. Dies gilt beispielsweise bei einer Entscheidung nach Billigkeit oder Ermessen, wo eine solche nach Gesetz und Recht – hier nach der CMR – zu erfolgen hat.[22] Insbesondere begründet es keine Beanstandung nach § 1059 Abs. 2 Ziff. 1c und/oder 2b ZPO, wenn das Schiedsgericht aufgrund fehlerhafter Beurteilung der Rechtslage zur Nichtanwendung der CMR im konkreten Falle kommt.[23]

III. Die Vollstreckbarerklärung

10 Eigene Regeln zur Vollstreckbarerklärung von Schiedssprüchen enthält die CMR nicht. Die Regelungen des Art. 31 CMR beziehen sich nur auf staatliche Gerichte und sind nicht – auch nicht entsprechend – anzuwenden.[24]

11 Die Vollstreckbarerklärung eines inländischen CMR-Schiedsspruchs erfolgt gem. § 1060 ZPO. Im internationalen Verkehr richtet sich die Anerkennung nach § 1061 Abs. 1 Satz 1 ZPO, welche Vorschrift auf das Übereinkommen vom 10. Juni 1958 über die Anerkennung und Vollstreckung ausländischer Schiedssprüche[25] Bezug nimmt. Zu diesem Abkommen vgl. *Zöller/Geimer*.[26] Gem. § 1061 Abs. 1 Satz 2 ZPO bleiben die Vorschriften in anderen Staatsverträgen über die Anerkennung und Vollstreckung von Schiedssprüchen unberührt. Wegen der Einzelheiten wird auf die einschlägigen ZPO-Kommentierungen verwiesen.

IV. Beweislastfragen

12 Wer in einem Prozess vor der ordentlichen Gerichtsbarkeit die Einrede des Schiedsvertrages erhebt, trägt hierfür die Beweislast.[27] Dasselbe gilt für den im Schiedsverfahren vorgehenden Kläger, wenn der Beklagte Abschluss und Inhalt des Schiedsvertrages bestreitet. Die Beweislast des eine Schiedsvereinbarung Be-

---

21 *Herber/Piper*, Art. 33 CMR Rdn. 5, 6; Staub/*Helm*, Art. 33 CMR Rdn. 8.
22 BGH, 26.9.1985 – III ZR 16/84, NJW 1986, 1436; *Herber/Piper*, Art. 33 CMR Rdn. 6; *Loewe*, ETR 1976, 503, 588; wohl auch *ders.*, in: Gedächtnisschrift für Helm, S. 181, 188; vergleiche auch Zöller/*Geimer*, 29. Aufl., § 1059 ZPO Rdn. 66.
23 *Herber/Piper*, Art. 33 CMR Rdn. 6; *Baumbauch/Lauterbach*, 70. Aufl., § 1059 ZPO Rdn. 13 Stichwort: „Billigkeitsentscheidung" Rdn. 17, Stichwort: „,normaler' Fehler", Rdn. 14; a.A. wohl Loewe, in: Gedächtnisschrift für Helm, S. 181, 191.
24 MünchKommHGB/*Jesser-Huß*, Art. 33 CMR Rdn. 6; *Koller*, 7. Aufl., Art. 33 CMR Rdn. 1; *Herber/Piper*, Art. 33 CMR Rdn. 5, 15; Staub/*Helm*, Art. 33 CMR Rdn. 9; *Otte*, in: Ferrari/Kieninger/Mankowski et al., 2. Aufl., Art. 33 CMR Rdn. 19.
25 BGBl. 1961 II, S. 121.
26 Zöller/*Geimer*, 29. Aufl., Anh. nach § 1061 ZPO.
27 Baumgärtel/*Giemulla*, Art. 33 CMR Rdn. 1 m.w.N.; *Bahnsen*, in: EBJS, Art. 33 CMR Rdn. 9.

hauptenden erstreckt sich auch darauf, dass der Schiedsvertrag eine ausdrückliche Bestimmung vorsieht, dass das Schiedsgericht die CMR anzuwenden habe.

Die Beweislast für das Vorliegen eines Aufhebungsgrundes hinsichtlich des Schiedsspruchs trägt derjenige, der den Aufhebungsgrund geltend macht.[28]

---

28 Zöller/*Geimer*, 29. Aufl., § 1059 ZPO Rdn. 83.

Kapitel VI:
Bestimmungen über die Beförderung durch aufeinanderfolgende Frachtführer

Vor Art. 34

bearbeitet von RA Dr. Reinhard Th. Schmid, Stuttgart

Übersicht

	Rdn.		Rdn.
I. Rechtliche Bedeutung der Art. 34 ff. CMR	1	c) Teilfrachtführer	10
		d) Zwischenfrachtführer	11
II. Wirtschaftliche Bedeutung der Art. 34 ff. CMR	3	2. Anwendbarkeit	12
		a) Selbsteintritt des Spediteurs	13
III. Anwendbarkeit und Grundlagen der Art. 34 ff.	4	b) Fixkostenspedition	14
1. Mehrheit von Frachtführern	7	c) Sammelladungsspedition	15
a) Unterfrachtführer	8	3. Übernahme des Gutes durch den Hauptfrachtführer in seine Obhut und Transport über eine Teilstrecke	16
b) Samtfrachtführer	11		

I. Rechtliche Bedeutung der Art. 34 ff. CMR

Die Bestimmungen des Kapitels VI regeln den Fall, dass sich der Frachtführer, mit dem der Absender den Beförderungsvertrag abgeschlossen hat, zur Ausführung der von ihm übernommenen Beförderung eines oder mehrerer Unterfrachtführer bedient; Art. 34 ff. CMR finden nur Anwendung, wenn ein einheitlicher und durchgehender Frachtbrief über die gesamte Beförderungsstrecke vorliegt, also das Gut und der ursprüngliche Frachtbrief vom Unterfrachtführer übernommen wird. Dabei regeln die Art. 34 ff. CMR die haftungsrechtlichen Wirkungen des Auftretens einer Mehrheit von Frachtführern: Die nachfolgenden Frachtführer werden neben dem Hauptfrachtführer gegenüber dem ersten Absender und ggf. gegenüber dem Empfänger (vgl. Art. 13 CMR) Gesamtschuldner und Gesamtgläubiger. Gem. Art. 36 CMR haftet nach außen aber nur der Hauptfrachtführer, der letzte nachfolgende Frachtführer, sowie der Frachtführer, der nachweisbar den Schaden verursacht hat.[1] *Koller*[2] stellt – zu Recht – die Haftungssituation innerhalb der Art. 34 ff. CMR mit der einer Innengesellschaft 1

---

1 *Helm*, VersR 1988, 548, 554 ff.; *Koller*, vor Art. 34 CMR Rdn. 4.
2 *Koller*, VersR 1993, 920, 921 f.

Vor Art. 34 Bestimmungen durch aufeinanderfolgende Frachtführer

gleich. Nach außen hin haften die Frachtführer solidarisch, nach innen hat derjenige Frachtführer den Verlust auf sich zu nehmen, in dessen unmittelbarer Verantwortung der Schaden entstanden ist, wobei hilfsweise die Verlustbeteiligung nach dem Verhältnis der „Gewinnbeteiligung" erfolgt. Art. 34 CMR ist die Anspruchsgrundlage für den Absender und den Empfänger gegen alle beteiligten Unterfrachtführer. Ansprüche können jedoch nur gegen die in Art. 34 CMR genannten Frachtführer geltend gemacht werden.[3] Für den einzelnen Unterfrachtführer nachteilig ist (neben der Ausfallhaftung für die Schadensverursachung durch andere Frachtführer bei unbekanntem Schadensort nach Art. 37c CMR und der Zahlungsunfähigkeit eines verantwortlichen Frachtführers nach Art. 38 CMR) die grundsätzliche Haftung für alle Beförderungsabschnitte nach Art. 34 CMR.[4] Vorteilhaft für den nach Art. 37 CMR regressnehmenden Frachtführer ist der Neubeginn der Verjährung nach Art. 39 IV. CMR.[5] Soweit beim Regress ausschließlich das Innenverhältnis der Frachtführer betroffen ist, sind nach Art. 40 CMR abweichende Vereinbarungen zu Art. 37 und 38 CMR zulässig. Gerade im Hinblick auf die Gestaltungsmöglichkeit, die sich aus Art. 40 CMR ergibt, ist die Kautelarjurisprudenz unterentwickelt.

2 Die Bestimmungen über die Beförderung durch aufeinanderfolgende Frachtführer (Art. 34 ff. CMR) entsprechen teilweise § 432 HGB a.F. und lehnen sich an das eisenbahnrechtliche Vorbild Art. 26, 49 ff. CIM an.[6] In den Verhandlungen zur CMR wurde in nicht unerheblichem Maße deutschen Rechtsgedanken und Wünschen Rechnung getragen, so dass insbesondere § 432 HGB a.F. zur Grundlage für die Gestaltung für Art. 34 CMR diente.[7] Weiter wurde für Art. 37 CMR der Art. 48 § 1 CIM a.F., Art. 38 CMR der Art. 48 § 2 CIM a.F. und Art. 39 CMR über Art. 31 CMR der Art. 50 CIM a.F. als Vorbild herangezogen.[8]

2a Der BGH[9] hat entschieden, dass der Unterfrachtführer unmittelbar dem Empfänger auf Schadenersatz hafte und sich dies aus Art. 13 CMR ergäbe; zu Recht widerspricht *Koller* der Auffassung, dass sich aus Art. 34 ff. CMR nicht der Umkehrschluss ergeben könne, Art. 13 CMR werde eingeschränkt.[10]

---

3 *Helm*, VersR 1988, 548, 555; *Piper*, VersR 1990, 357, 358; *Dannenberg*, Anm. zu OLG Stuttgart vom 22.7.1982 – 3 U 46/82, VersR 1983, 978, 979; *Trappe/Gierke*, TranspR 96, 260.
4 *Helm*, VersR 1988, 548, 555.
5 *Helm*, VersR 1988, 548, 555.
6 Denkschrift, BT-Drucks. III./1144, S. 46; *Koller*, VersR 1988, 556, 561.
7 Denkschrift, BT-Drucks. III./1144, S. 33, 45 f.; *Koller*, VersR 1988, 556, 561 unter Bezugnahme auf Art. 26, 49 ff. CIM; *Endrigkeit*, VersR 1969, 587, 589.
8 Denkschrift, BT-Drucks. III./1144, 46; *Endrigkeit*, VersR 1969, 587, 589.
9 BGH, TranspR 2007, 425, 426.
10 *Koller*, TranspR 2009, 451, 460.

II. Wirtschaftliche Bedeutung der Art. 34 ff. CMR

Die wirtschaftliche Bedeutung, sowie die Anwendungshäufigkeit der Art. 34 ff. **3**
CMR schwinden: Die FIATA hat die ersatzlose Streichung der Art. 34 ff. CMR
vorgeschlagen,[11] ebenso anlässlich des Kongresses „50 Jahre CMR", *Haak*.[12] Die
Erfahrungen – im tagtäglichen Transportgeschäft, der Rechtsprechung und der
Literatur – zeigen: Die gesamte Regelung der Art. 34–40 CMR blieb ohne
größere praktische Bedeutung.[13]

Die mangelnde praktische Relevanz beruht auf zwei tatsächlichen Gegebenheiten:
- Die Unterfrachtführer scheuen sich wegen der erhöhten Haftung, durchgehende Frachtbriefe anzunehmen.[14]
- Die durchgehenden Frachtbriefe bilden deshalb die seltene Ausnahme, weil die durch sie bewirkte und in Art. 38 CMR vorausgesetzte Transparenz der Entgeltbedingungen den jeweils vorausgehenden Frachtführern unwillkommen ist.[15]

III. Anwendungsbereich und Grundlagen der Art. 34 ff. CMR

Sind die Art. 34 ff. CMR – mangels des Vorliegens der Voraussetzungen – unan- **4**
wendbar, so bestimmt sich der Anspruch jeweils zwischen den einzelnen Vertragspartnern,[16] so der Wortlaut der Bestimmung. Nach §§ 412 f. HGB kann der
jeweilige Absender von seinem Vertragspartner Ersatz fordern; die Wahrung der
jeweiligen Interessen in der Transportkette geschieht durch Streitverkündung
i. S. d. § 72 ZPO.[17]

Kooperationen in der Transportkette bestimmen die Dienstleistungen bei den Be- **5**
förderungen von Gütern auf der Straße, zu Luft und zu Wasser. Der Frachtführer
– als Vertragspartner eines Werkvertrages – ist nicht gehalten, seine Hauptpflicht
(die Beförderung) in Person zu erbringen.[18] Es sind unterschiedlichste Vertrags-

---

11 *Glöckner*, TranspR 1984, 113 ff.
12 *Haak*, TranspR 2006, 325, 334: Kurzum, das 6. Kapitel (Art. 34–40) der CMR war von Anfang an nicht funktionell und muss so schnell wie möglich gestrichen werden.
13 *Loewe*, ETR 1976, 503, 588; *Helm*, in: Großkomm. HGB, Art. 34 Rdn. 2; *Koller*, vor Art. 34 CMR Rdn. 3; *Thume*, in: Fremuth/Thume, Vorbem. vor Art. 34 Rdn. 1; *Bracker*, TranspR 1999, 16; ebenso *Neumann*, TranspR 2006, 384 ff.
14 *Koller*, vor Art. 34 CMR Rdn. 3.
15 *Thume*, TranspR 1991, 85, 87; *Thume*, in: Fremuth/Thume, Vorbem. vor Art. 34 Rdn. 1; *Koller*, vor Art. 34 Rdn. 3.
16 BGH, TranspR 1992, 135 ff.
17 BGH, TranspR 1992, 135, 137.
18 *Lenz*, Straßengütertransportrecht, S. 342.

Vor Art. 34 Bestimmungen durch aufeinanderfolgende Frachtführer

gestaltungen möglich.[19] Weder die CMR, noch die im Falle der Anwendbarkeit deutschen Rechts ergänzend heranzuziehenden Bestimmungen des HGB bzw. BGB über den Werkvertrag verpflichten den Frachtführer, die ihm übertragene Beförderung selbst durchzuführen bzw. sie durch seine Leute oder andere unselbständige Erfüllungsgehilfen durchführen zu lassen. Im Rahmen einer arbeitsteiligen Wirtschaft kann die Transportausführung anderen Frachtführern übertragen werden, so dass es zu einer Mehrheit von Frachtführern kommt.[20]

6 Im kombinierten bzw. gemischten oder multimodalen Transport finden die Art. 34ff. CMR keine Anwendung, weil die Beförderung mit mindestens zwei verschiedenen Transportmitteln (z.B. Schiff und Lkw) aufgrund eines einheitlichen Frachtvertrages keine internationale Straßenbeförderung ist.[21] Der Huckepackverkehr fällt – als Teil des kombinierten Transportes – nicht unter Art. 34 CMR, da der Frachtführer nicht als Straßenfrachtführer tätig wird.[22] Die UN-Konvention über die internationale Güterbeförderung ist mangels genügender Akzeptanz der Mitgliedstaaten – nicht in Kraft getreten.[23]

1. Mehrheit von Frachtführern

7 Führen mehrere Frachtführer den Transport der Güter nach- und hintereinander aus, ist die rechtliche Zuordnung nicht immer eindeutig, welche Rechtsstellung den in der Transportkette eingebundenen Frachtführern und Spediteuren zukommt. Welche Fallgestaltung vorliegt, ist jedoch bedeutsam für die Ermittlung der vertraglichen Beziehungen zwischen den einzelnen Transportbeteiligten, sowie die Pflichten der einzelnen Frachtführer zueinander. Welche Einzelfallgestaltung vorliegt, ist anhand aller Umstände zu ermitteln, wobei dem Frachtbrief stets eine besondere Bedeutung zukommt.[24] Im Zusammenhang mit einer Mehrheit von Frachtführern werden die Begriffe des Unterfrachtführers, Teilfrachtführers, Zwischenfrachtführers und des Samtfrachtführers verwandt.[25] Diese Begriffe sind zu erklären:

a) Unterfrachtführer

8 Unterfrachtführer ist der an zweiter Stelle tätig werdende Frachtführer, der die Sendung von dem ersten, dem Hauptfrachtführer, übernimmt, der seinerseits die mit dem Absender vertraglich vereinbarte Beförderung nicht vollständig aus-

---

19 MünchKommHGB/*Jesser-Huß*, Art. 34 CMR Rdn. 2.
20 *Heuer*, Haftung, S. 167f.; *Lenz*, Straßengütertransportrecht, S. 342; *Otte*, in: Ferrari/Kieninger/Mankowski et al., Internationales Vertragsrecht, 2012, Art. 34 CMR Rdn. 1.
21 *Helm*, in: Großkomm. HGB, Art. 34 CMR Anm. 2; *Herber*, Haftung beim kombinierten Verkehr, Schriftenreihe der DVWG Reihe B 89, 1986; *ders.*: Sonderheft „Multimodaler Güterverkehr", TranspR 1981, 37ff.
22 Art. 2 CMR Rdn. 1ff.; *Koller*, Art. 34 Rdn. 2.
23 *Richter-Hannes*, Die UN-Konvention über die intern. Güterbeförderung, 1982.
24 *Konow*, DB 1973, 905ff.; MünchKommHGB/*Jesser-Huß*, Art. 34 CMR Rdn. 1f.
25 *Lenz*, Straßengütertransportrecht, S. 342; *Helm*, in: Großkomm. HGB, § 432 Rdn. 2ff.

führt. Der Hauptfrachtführer kann auch ein Spediteur zu festen Kosten sein.[26] Ein Unterfrachtführer tritt immer dann in Erscheinung, wenn der vom Absender beauftragte Frachtführer, der die Ausführung der Beförderung für die ganze Strecke übernommen hat, diese Beförderungen nicht selbst oder durch einen seiner Bediensteten (vgl. Art. 3 CMR) ausführen lässt, sondern einem dritten Frachtführer die Ausführung der Beförderung überträgt.[27] Der Absender beauftragt den Hauptfrachtführer, der in eigenem Namen und für eigene Rechnung einen selbständigen Unterfrachtvertrag mit dem Unterfrachtführer abschließt.[28] Nach *Züchner*[29] ist nur derjenige ein Unterfrachtführer, der den ursprünglichen Frachtbrief gem. § 432 Abs. 2 HGB a.F. übernimmt; erhalte der nachfolgende Frachtführer von dem ersten Frachtführer, der den Vertrag mit dem Absender über die gesamte Beförderungsstrecke geschlossen habe, einen neuen Frachtbrief, z.B. für eine Teilstrecke, so sei der nachfolgende Frachtführer nicht Unterfrachtführer des ersten Frachtführers, sondern lediglich Teilfrachtführer. Diese Auffassung *Züchners* ist zu einschränkend,[30] weil Unterfrachtführer auch derjenige ist, der in den Frachtvertrag eintritt und die selbständige Verpflichtung übernimmt, die Beförderung nach dem Frachtbrief auszuführen; der Unterfrachtführer bleibt mit dem Hauptfrachtführer, von dem er das Gut und den ursprünglichen Frachtbrief angenommen hat, durch den Unterfrachtvertrag vertraglich gebunden.[31] Gegenüber dem Unterfrachtführer, der nicht aufeinanderfolgender (nachfolgender) Frachtführer ist (vgl. Art. 34 ff. CMR), ist der Empfänger nicht ersatzberechtigt.[32]

Dabei braucht es selbstverständlich nicht bei der Beauftragung eines einzelnen Unterfrachtführers zu bleiben. Der beauftragte Unterfrachtführer kann seinerseits weitere Unterfrachtführer beauftragen, so dass eine Kette in sich abgeschlossener Rechtsbeziehungen gebildet wird.[33]

Der Unterfrachtführer tritt – wenn er nur das Gut vom Hauptfrachtführer übernimmt – einzig in Rechtsbeziehung zum Hauptfrachtführer und nicht zum Absender. Der Unterfrachtführer wird zum Erfüllungsgehilfen nach Art. 3 CMR, wobei die Rechtsstellung des Absenders durch diesen Unterfrachtvertrag nicht berührt wird.

---

26 BGH vom 23.1.1970 – I ZR 35/69, WM 1970, 692; vor Art. 34 Rdn. 13.
27 *Lenz*, Straßengütertransportrecht, S. 342 f.; *Helm*, in: Großkomm. HGB, § 432 Anm. 3.
28 *Endrigkeit*, VersR 1969, 587, 588; OLG Frankfurt vom 8.6.1982 – 5 U 159/81, TranspR 1982, 150 = VersR 1983, 141; *Capelle*, in: Canaris, Handelsrecht, § 33 VIII., S. 296.
29 *Züchner*, VersR 1969, 203, 206.
30 *Endrigkeit*, VersR 1969, 587 f.; *Helm*, in: Großkomm. HGB, § 432 Rdn. 3.
31 *Endrigkeit*, VersR 1969, 587, 588.
32 BGH vom 24.10.1991 – I ZR 208/89, TranspR 1992, 177 ff. = VersR 1992, 640 f. = RIW 1992, 399 ff.; Art. 13 CMR Rdn. 3.
33 *Koller*, VersR 1993, 920, 921; *Lenz*, Straßengütertransportrecht, S. 343 m.w.N.

Vor Art. 34 Bestimmungen durch aufeinanderfolgende Frachtführer

Soweit die Regelung der Art. 34 ff. CMR nicht eingreift – weil die Voraussetzungen in toto nicht vorliegen –, wird die Haftung des Hauptfrachtführers für den Unterfrachtführer nach Art. 3 CMR begründet.[34]

b) Samtfrachtführer

9   In unmittelbarem Zusammenhang mit dem Begriff des Unterfrachtführers steht der Begriff des Samtfrachtführers. Unter Samtfrachtführer versteht man die nach Art. 34 ff. CMR gesamtschuldnerisch haftenden Frachtführer, also den Hauptfrachtführer und den in den Hauptfrachtvertrag nach dieser Vorschrift eingetretene Unterfrachtführer.[35] Ein Samtfrachtführerverhältnis setzt deshalb begriffsnotwendig stets das Vorliegen eines Unterfrachtvertrages voraus. Der zentrale Unterschied zwischen einem reinen Unterfrachtvertrag und einem Samtfrachtführerverhältnis besteht darin, dass für letzteren der Unterfrachtführer das Gut und den ursprünglichen – durchgehenden – Frachtbrief übernehmen muss. Der Hauptfrachtführer schließt ebenfalls wieder in eigenem Namen und für eigene Rechnung den Frachtvertrag mit dem Unterfrachtführer ab.[36]

Bei Vorliegen der Voraussetzungen des Art. 34 CMR spricht man von einem Samtfrachtführerverhältnis, welches eine solidarische Haftungsgemeinschaft begründet.

c) Teilfrachtführer

10   Werden zur Durchführung eines Gesamttransportes für jeweils gesonderte Transportabschnitte mehrere Frachtführer vom Absender beauftragt, so spricht man von Teilfrachtführern. Kennzeichnend für diese Teilfrachtverträge ist die Tatsache, dass den einzelnen, rechtlich selbständigen Teilverträgen ein einheitlicher Transportvorgang zugrunde liegt.[37] Weil die Teilfrachtführer miteinander rechtlich in keiner Weise verbunden sind, haftet der eine Beförderer nicht für Fehlleistungen des anderen auf dessen Strecke.

Da die Teilfrachtverträge keinen rechtlichen Bezug zueinander haben, hat auch jeder Teilfrachtführer nur für den Schaden einzustehen, der auf seinem Teil der Beförderungsstrecke eingetreten ist. Es ist deshalb Sache des Absenders bzw. des Empfängers darzulegen und zu beweisen, auf welchem Teilabschnitt der Beförderungsstrecke der Schaden sich ereignet hat.[38] In diesem Verhältnis gelten die Art. 34 ff. CMR nicht,[39] weil kein durchgehender Frachtbrief vorliegt. Proble-

---

34 OLG Hamburg vom 3.6.1982, TranspR 1985, 226; OLG Frankfurt/M. vom 31.5.1983, TranspR 1983, 155, 156; LG Frankfurt/M. vom 11.6.1980, VersR 1986, 384; *Helm*, VersR 1988, 548, 556.
35 *Helm*, in: Großkomm. HGB, § 432 Anm. 6.
36 *Lenz*, Straßengütertransportrecht, S. 343 f.
37 *Lenz*, Straßengütertransportrecht, S. 347.
38 *Konow*, Haftungsfragen bei Frachtgeschäften, an denen mehrere Frachtführer beteiligt sind, DB 1973, 905 ff.
39 *Helm*, in: Großkomm. HGB, § 432 Rdn. 5.

me können dann auftreten, wenn Teilfrachtführer untereinander sich rechtsgeschäftlich vertreten oder aber im Rahmen von Geschäftsführungen ohne Auftrag, wobei sich die dann auftretenden Probleme nach Allg. Zivilrecht lösen.

d) Zwischenfrachtführer

Aus dem Begriff des Teilfrachtführers heraus ist derjenige des Zwischenfrachtführers entwickelt. Entscheidendes Kriterium ist, dass der Hauptfrachtführer eine von ihm nicht selbst geschuldete Beförderung für eine Zwischenstrecke einem anderen Frachtführer überträgt. Der Teilfrachtführer wird – kraft Definition – vom Absender bzw. Empfänger beauftragt, der Zwischenfrachtführer wird vom Hauptfrachtführer beauftragt, die Beförderung des Gutes für einen Teil der Gesamtbeförderungsstrecke selbst zu übernehmen,[40] weil kein durchgehender Frachtbrief vorliegt. Der Hauptfrachtführer beauftragt den Zwischenfrachtführer und wird dadurch zum Spediteur: Der Frachtvertrag mit dem Zwischenfrachtführer wird vom Hauptfrachtführer (sprich: Spediteur) im eigenen Namen, aber für Rechnung des Absenders abgeschlossen.[41] Für den Fall des Einsatzes eines Zwischenfrachtführers gilt: Da der Zwischenfrachtführer und der Hauptfrachtführer jeweils nur zu dem Absender in Rechtsbeziehung stehen, haften sie nur für die Schäden, die auf der von ihnen ausgeführten Teilbeförderungsstrecke entstanden sind.[42] Da der Hauptfrachtführer jedoch den Zwischenfrachtführer in eigenem Namen aber für Rechnung des Absenders beauftragt hat, haftet der Hauptfrachtführer wie ein Spediteur.

2. Anwendbarkeit auf Spediteur-Frachtführer nach §§ 458 ff. HGB

Einer der zentralen Diskussionspunkte im Rahmen der Anwendung der Art. 34 ff. CMR ist die Frage, ob die genannten Bestimmungen Anwendung finden auf den Spediteur im Selbsteintritt, sowie die Fixkosten- und Sammelladungsspedition.[43]

a) Selbsteintritt des Spediteurs

Um einen Frachtführer i.S.d. Art. 34 CMR handelt es sich nach Auslegung des Frachtführerbegriffes „carrier" bzw. „le transporteur" auch beim Selbsteintritt

---

40 *Lenz*, Straßengütertransportrecht, S. 348; *Helm*, in: Großkomm. HGB, § 432 Rdn. 5.
41 *Endrigkeit*, VersR 1969, 587, 589; *Konow*, DB 1973, 905.
42 *Konow*, DB 1973, 905, 906; *Lenz*, Straßengütertransportrecht, S. 349.
43 Allg.: *Wanckel*, VersR 1984, 712 f.; *Koller*, VersR 1988, 556; *ders.*, VersR 1987, 1058 ff.; *Piper*, VersR 1988, 201 ff.; *ders.*, TranspR 1990, 357 ff.; *Heuer* (mit abweichender Auffassung), TranspR 1984, 169 ff.; *Thume*, TranspR 1992, 355 f.; nach zutreffender h.M. abwegig: *Brautlacht*, TranspR 1992, 171, 172, 173, der die Meinung vertritt, die CMR sei abdingbar, soweit der CMR-Frachtführer nicht mit eigenen Fahrzeugen befördert und dann die ADSp – soweit vereinbart – gelten.

Vor Art. 34 Bestimmungen durch aufeinanderfolgende Frachtführer

des Spediteurs gem. § 458 HGB. Der BGH vertritt in ständiger Rechtsprechung die Ansicht, dass § 412 Abs. 1 u. 2 HGB a.F. (jetzt: § 458 HGB) wie unabdingbar die CMR für den Fall des Selbsteintrittes für anwendbar erklärt, weil § 458 HGB das Ziel verfolgt, einen Spediteur, der sein eigentliches Arbeitsgebiet, d.h. die Tätigkeit auf fremde Rechnung, verlassen habe und auf eigene Rechnung tätig werde, wegen dieser andersartigen Stellung wie einen Frachtführer zu behandeln, dies könne – so der BGH – nur dadurch erreicht werden, dass dem Spediteur im grenzüberschreitenden Verkehr die Rechte und Pflichten eines CMR-Frachtführers zugewiesen würden.[44] Dieser Auffassung ist zuzustimmen, denn der Spediteur wählt den Selbsteintritt kraft eigener Entschließung und tatsächlicher Möglichkeiten (Fuhrpark) und wird damit als Frachtführer tätig. In diesem Fall hat der Spediteur im Rahmen des Selbsteintrittes die Rechte und Pflichten eines CMR-Frachtführers.[45]

b) Fixkostenspediteur

14   Bei Vorliegen der Voraussetzungen des Art. 34 CMR (durchgehender Beförderungsvertrag, durchgehender Frachtbrief ausgestellt, Annahme des Gutes und des Frachtbriefes durch den folgenden Frachtführer) wird die Anwendbarkeit der Art. 34 bis 40 CMR auf das Verhältnis zwischen Fixkostenspediteur und von ihm beauftragten Frachtführern in der Rechtsprechung generell bejaht.[46]

§ 459 HGB verweist umfassend auf das Frachtrecht. Soweit sich der Spediteur durch die Abrede zu „fixen Kosten" schwerpunktmäßig als Transportunternehmer mit werkvertraglicher Beförderungsleistung geriert, finden auf den Fixkostenspediteur die Vorschriften der Art. 34 bis 40 CMR Anwendung.[47] *Heuer*, a.a.O. ist jedoch zuzugeben, dass für die Fälle der Fixkostenspedition das Erfordernis der Übernahme des durchgehenden Frachtbriefes in der Praxis weitgehende Anwendungseinschränkungen erbringt. Ein Frachtbrief, der den Anforderungen des Art. 34 genügt, müsste den Auftraggeber des Fixkostenspediteurs ausweisen und als Empfänger den, bei dem das Gut letztlich abzuliefern ist. In der Transportpraxis läuft es jedoch so, dass die Fixkostenspediteure Frachtbriefe ausstellen, in denen sie selbst als Absender eingetragen sind.[48]

---

44 BGH, NJW 1976, 1029, 1030 = VersR 1976, 433 = BGHZ 65, 340; BGH, VersR 1962, 1171 = NJW 1963, 106 = BGHZ 38, 150.
45 So auch *Koller*, VersR 1987, 1058, 1064.
46 BGH, VersR 1985, 134, 135 = TranspR 1985, 48, 50 = NJW 1985, 555; BGHZ 65, 340; BGH, NJW 1979, 2470, 2471; LG Saarbrücken, VersR 1981, 423; *Helm*, VersR 1988, 548, 555; *Koller*, VersR 1988, 556, 561 m.w.N.; MünchKommHGB/*Jesser-Huß*, Art. 34 Rdn. 14; *Neumann*, TranspR 2006, 384, 386.
47 *Helm*, VersR 1988, 548, 555; *Koller*, VersR 1988, 556, 563; a.A. *Heuer*, TranspR 1984, 169, 172.
48 So auch *Helm*, VersR 1988, 548, 555.

c) Sammelladungsspediteur

Nach Auffassung des Bundesgerichtshofes gelten – wie ausgeführt – die § 458 ff. HGB unabdingbar für die CMR im Falle der Sammelladungsspedition.[49] Frachtführer i. S. d. §§ 412, 413 ist auch der Frachtführer i. S. d. CMR.[50] Letztendlich ist dieser Streit reine Theorie: Weil der Sammelladungsspediteur dem Frachtführer eine andere Sendung übergibt, als er vom Versender empfangen hat[51] mögen die Art. 34 bis 40 CMR dem Grundsatz nach anwendbar sein, sind jedoch ohne jegliche praktische Relevanz, da es an der Voraussetzung des Art. 34 (Identität der Übergabe des Gutes und des Frachtbriefes) stets fehlt.

3. Übernahme des Gutes durch den Hauptfrachtführer in seine Obhut und Transport über eine Teilstrecke

Strittig ist, ob der „Erstfrachtführer" das Gut selbst in seine Obhut zu übernehmen hat bzw. eine gewisse Strecke selbst transportieren muss.[52] Dies wird gerade dann besonders deutlich, wenn der Absender einen Spediteur beauftragt mit dem Ziel, „die gesamte Beförderung durchzuführen" und dieser Spediteur nicht selbst befördert, sondern einen CMR-Frachtführer mit der Durchführung des Transportes beauftragt. Nach dem Wortlaut des Art. 34 ist dies zu verneinen, da der Fall, dass der erste Frachtführer keinen Teil der Beförderung selbst ausführt, an sich von Art. 34 CMR nicht erfasst ist.[53] Bei der Auslegung des Art. 34 CMR hat jedoch die Auslegung nach dem Wortlaut vor dem Kriterium des „Sinn und Zwecks" der Vorschrift zurückzutreten: Die Regelung der Art. 34 ff. dient im Besonderen dazu, die Rechtsstellung des Anspruchsberechtigten durch eine Beteiligung mehrerer Frachtführer nicht zu verschlechtern, so dass sich aus Sinn und Zweck der Vorschrift ergibt, dass Art. 34 ff. auf die Fälle Anwendung findet, in denen der erste Frachtführer keinen Teil der Beförderung selbst ausführt bzw. das Gut selbst in seine Obhut übernahm;[54] allein erheblich ist, dass dem Anspruchsberechtigten durch die Aufspaltung des Transportes in mehrere Verträge mit mehreren Frachtführern ein erhöhtes Risiko zugemutet wird, welches auszugleichen ist. Da der Anspruchsberechtigte „geschützt" werden soll, ist es unerheblich, ob der erste oder zweite Frachtführer selbst einen Teil der Beförderung ausführt oder nicht, da er dann gegen den von ihm zwar nicht direkt beauftragten – nachfolgenden – Frachtführer einen Anspruch nach Art. 34 ff. CMR hat.

---

49 Grundlegend BGHZ 65, 340, 343 = VersR 1976, 433, 434.
50 Kritisch und zum Teil ablehnend: *Koller*, VersR 1987, 1058 ff.; *Koller*, Art. 34 Rdn. 4.
51 Kritisch und zum Teil ablehnend: *Koller*, VersR 1987, 1058 ff.; *Koller*, Art. 34 Rdn. 4; so auch MünchKommHGB/*Jesser-Huß*, Art. 34 CMR Rdn. 14, die den Sammelladespediteur aus diesem Grund nicht als Frachtführer sieht.
52 *Wanckel*, VersR 1984, 712 f.; *Koller*, Art. 34 CMR Rdn. 4, mit dem Hinweis und der Zusammenfassung der Entscheidungen und Meinungen „bejahend und verneinend".
53 *Helm*, in: Großkomm. HGB, Art. 34 CMR Rdn. 2.
54 *Wanckel*, VersR 1984, 712, 713.

Art. 34

bearbeitet von RA Dr. Reinhard Th. Schmid, Stuttgart

Wird eine Beförderung, die Gegenstand eines einzigen Vertrages ist, von aufeinanderfolgenden Straßenfrachtführern ausgeführt, so haftet jeder von ihnen für die Ausführung der gesamten Beförderung; der zweite und jeder folgende Frachtführer wird durch die Annahme des Gutes und des Frachtbriefes nach Maßgabe der Bedingungen des Frachtbriefes Vertragspartei.

Übersicht

	Rdn.		Rdn.
I. Allgemeines	1	2. Annahme des Gutes und des Frachtbriefes, Art. 34 2. HS CMR	4
II. Tatbestandsvoraussetzungen	2	III. Rechtsfolgen	7
1. „Einziger Vertrag", Art. 34 1. HS CMR	2	IV. Beweislastfragen	10

I. Allgemeines

1 Siehe hierzu die Erläuterungen Vorbemerkung zu Art. 34 ff. CMR.

II. Tatbestandsvoraussetzungen des Art. 34 CMR

1. „Einziger Vertrag", Art. 34 1. HS CMR

2 Das gesetzliche Leitbild des Art. 34 1. HS CMR ist klar umrissen: Ausschließlich bei Vorliegen eines „durchgehenden Beförderungsvertrages" greift diese Vorschrift ein; der „gebrochene Verkehr" in dem nicht mit dem ersten Frachtführer ein Vertrag über die gesamte Strecke, sondern von vornherein nur ein Vertrag über einen Teil der Strecke geschlossen wird, fällt nicht hierunter.[1]

Damit gelten die Art. 34–40 CMR nur, wenn die Beförderung Gegenstand eines „einzigen Vertrages" über die gesamte Strecke ist.[2]

---

[1] H.M.; BGH, VersR 1985, 134, 135 = TranspR 1985, 48, 50 = NJW 1985, 555, 556; BGH, VersR 1984, 578, 580 = TranspR 1984, 146, 148; OLG Düsseldorf, TranspR 1984, 14; OLG Frankfurt, TranspR 1983, 155, 156 ff.; OLG Karlsruhe, VersR 1980, 877; OLG Hamburg, VersR 1980, 290, 291; OLG Hamburg, TranspR 1985, 266, 267; OLG Hamburg, VersR 1987, 981 = TranspR 1987, 379, 383; *Helm*, VersR 1988, 548, 555; *ders.*, in: Großkomm. HGB, Art. 35 CMR Rdn. 2; *Koller*, Art. 34 Rdn. 2; MünchKommHGB/*Jesser-Huß*, Art. 34 CMR Rdn. 1 ff.; *Otte*, in: Ferrari/Kieninger/Mankowski et al., Internationales Vertragsrecht, 2012, Art. 34 CMR Rdn. 1.

[2] OLG Innsbruck, TranspR 1997, 343 ff.

Der erste Frachtführer muss die Verpflichtung zur Beförderung für die von den nachfolgenden Frachtführern ausgeführten Beförderungsteile übernommen haben und zwar in einem „einzigen Vertrag". Von einem „einzigen Vertrag" kann man demnach nur dann sprechen, wenn der erste Frachtführer die von ihm übernommene Beförderungsverpflichtung über die Gesamtstrecke im eigenen Namen und für eigene Rechnung ganz oder teilweise einem Dritten übertragen hat. Des Weiteren bestimmt der „einzige Vertrag" allein das Außenverhältnis zwischen Absender und dem ersten beauftragten Frachtführer und konkretisiert den Inhalt des Beförderungsvertrages. Schließt der erste Frachtführer zwar im eigenen Namen, aber im Auftrag des Absenders oder im Namen und für Rechnung des Absenders den Beförderungsvertrag mit einem Dritten, so liegt kein „einziger Vertrag" vor.[3] Ein „einziger Vertrag" i.S.d. Art. 34 1. HS CMR liegt ferner dann nicht vor, wenn eine Beförderung in der Weise auf mehrere Frachtführer (Teilfrachtführer) aufgeteilt wird, dass mit jedem von ihnen ein besonderer Frachtvertrag geschlossen wird;[4] die bloße tatsächliche Aufeinanderfolge von Frachtführern erfüllt nicht die Voraussetzungen „aufeinanderfolgender Frachtführer" i.S.d. Art. 34 CMR. Dasselbe gilt, wenn ein Frachtführer selbst als Spediteur auftritt und einen weiteren Frachtführer beauftragt.[5] 3

Terminologische Unklarheiten treten in diesem Zusammenhang immer dann auf, wenn nicht klar zwischen Innen- und Außenverhältnis unterschieden wird: Der „einzige Vertrag" bezieht sich auf das Außenverhältnis und den Vertragsinhalt zwischen Absender und dem ersten beauftragten Frachtführer. Unterfrachtführer ist derjenige, der vom Hauptfrachtführer beauftragt wird, und geregelt wird das Verhältnis zwischen Hauptfrachtführer und Unterfrachtführer. Im Verhältnis zum Absender bzw. zum Empfänger gelten dann – charakterisiert durch das Außenverhältnis – die Begriffe der „aufeinanderfolgenden Frachtführer" und „Samtfrachtführer".

„Aufeinanderfolgender Frachtführer" i.S.d. Art. 34 CMR kann nur sein, wer durch Annahme von Gut und Frachtbrief als sog. Gesamtfrachtführer und etwaigen Unterfrachtführern Vertragspartei des Absenders wird; insoweit hat die Übergabe des Frachtbriefes konstitutive Bedeutung.[6]

2. Übernahme von Gut und durchgehendem Frachtbrief, Art. 34 2. HS CMR

Neben den Voraussetzungen des Art. 34 1. HS CMR müssen zur Begründung eines nachfolgenden Unterfrachtverhältnisses, i.S.d. Art. 34ff. CMR, die übrigen Voraussetzungen des Art. 34 CMR vorliegen, da Art. 34 CMR nach seinem 4

---

3 *Heuer*, Haftung, S. 168.
4 Ratio des Art. 34 CMR, so Denkschrift, BT-Drucks. III./1144, 46.
5 Unanwendbarkeit des Art. 34 CMR; OLG Düsseldorf, VersR 1978, 173; *Heuer*, Haftung, S. 168; *Koller*, Art. 34 Rdn. 2.
6 BGH, TranspR 2007, 416.

Art. 34 Bestimmungen durch aufeinanderfolgende Frachtführer

Wortlaut als eine Einheit anzusehen ist;[7] die Voraussetzungen des Art. 34 haben kumulativ vorzuliegen.[8] Dieser Ansicht folgend sei kein Grund ersichtlich, warum der Transportvertrag anderen Regeln gehorchen sollte, als der Transportvertrag mit dem Hauptfrachtführer;[9] *Koller*[10] trägt weiter vor, dass er den Wortlaut nicht für eindeutig halte, da unklar sei, welche Rolle der 2. HS im Verhältnis zum 1. HS spiele. *Koller* folgt nicht der Auffassung, dass die Art. 34ff. CMR dem Absender Schutz vor den besonderen Gefahren der Einschaltung von Unterfrachtführern bieten sollen, da der Unterfrachtführer nicht gezwungen werden könne, einen durchgehenden Frachtbrief zu übernehmen. *Thume*[11] weist darauf hin, dass, folge man der Rechtsprechung des BGH,[12] der Empfänger gegen den Unterfrachtführer nur noch Ansprüche geltend machen könne, wenn dieser Samtfrachtführer sei oder mit dem Urabsender einen gesonderten Hauptfrachtvertrag abgeschlossen habe. *Thume* (a.a.O.) begründet dies mit dem Argument, dass aus Art. 13 CMR und § 435 HGB a.F. keine Einschränkungen der Empfängerrechte gegenüber dem Unterfrachtführer, welcher ihm das Frachtgut abliefern soll, ersichtlich seien. Im Übrigen spreche der Gesetzeszusammenhang vielmehr gerade dafür, dass sich der Empfängeranspruch in erster Linie gegen den abliefernden Frachtführer richten solle.[13]

Die Empfängerrechte aus Art. 13 Abs. 1 S. 2 CMR können nicht gegen einen Unterfrachtführer geltend gemacht werden, der nicht durch Annahme von Gut und Frachtbrief in den Beförderungsvertrag zwischen Absender und Hauptfrachtführer eingetreten ist. Maßgebend für die Ersatzberechtigung des Empfängers ist ausschließlich der Frachtvertrag zwischen Absender und Hauptfrachtführer.[14]

Der über die gesamte Strecke ausgestellte Frachtbrief muss vom Absender und vom Hauptfrachtführer unterzeichnet sein.[15]

---

7 Denkschrift, BT-Drucks. III./1144, 46.
8 BGH, TranspR 1988, 338 = VersR 1988, 825; BGH, TranspR 1988, 108 = VersR 1988, 244; BGH, VersR 1985, 134, 135 = TranspR 1985, 48, 50 = NJW 1985, 555, 556; *Piper*, TranspR 1990, 357, 358; *Dannenberg* in ablehnender Anmerkung zu OLG Stuttgart, VersR 1983, 978, 979f.; a.A., OLG Stuttgart, VersR 1983, 978, 979, welches, da für die Haftung nach Hs. 1 die Voraussetzungen der körperlichen Übernahme von Gut und Frachtbrief nicht genannt seien, eine Anwendung des Art. 34 CMR schon bei Vorliegen der im Hs. 1 genannten Voraussetzungen bejaht; OLG München, TranspR 1989, 324, 325, welches sich gegen die vom BGH, VersR 1988, 825, 826 = TranspR 1988, 338, vorgetragene Ansicht wendet, weil der BGH zu wenig berücksichtige, dass die Empfängerin die Rolle als Empfängerin auch im Hinblick auf den Transportvertrag – Hauptfrachtführer als Absender und Unterfrachtführer als Frachtführer – spiele.
9 Unter Bezug auf *Koller*, – zugleich Anm. zu BGH, VersR 1988, 244 in VersR 1988, 673.
10 CMR und Speditionsrecht, VersR 1988, 556, 561.
11 TranspR 1991, 85, 89.
12 BGH vom 24.9.1987 – I ZR 197/85, VersR 1988, 244 und vom 28.4.1988 – I ZR 32/86, VersR 1988, 825, 826 = TranspR 1988, 338.
13 Vgl. im Einzelnen zu den Empfängerrechten Art. 13.
14 *Pokrant/Gran*, Transport- und Logistikrecht, 9. Aufl. 2009, Rdn. 461.
15 BGH, TranspR 2007, 416.

Voraussetzung der Anwendbarkeit des Art. 34 CMR ist außer dem Abschluss eines „einzigen Vertrages" die Annahme bzw. Übernahme des Gutes durch den Unterfrachtführer in seine Obhut.[16] Der wirksam vom Absender ausgestellte Frachtbrief muss auf die gesamte Strecke ausgestellt sein und dieser „durchgehende Erstfrachtbrief" muss den nachfolgenden Frachtführern vom Hauptfrachtführer oder dessen Vertreter ausgehändigt und von jenen angenommen werden.[17] Die Haftungsfolge ergibt sich aus den Anwendungsvoraussetzungen (Annahme des Gutes und des durchgehenden Frachtbriefes): Nur bei Übernahme des Gutes und des durchgehenden Frachtbriefes kann der Unterfrachtführer beurteilen, welches Risiko er hinsichtlich der von „Vorfrachtführern" bereits zurückgelegten oder noch anschließenden Teilstrecken übernimmt. So könnte er den Umfang seiner Haftung nicht übersehen, da ihm z. B. etwa vereinbarte Wert- oder Interessendeklarationen gem. Art. 24 CMR unbekannt bleiben würden. Möglicherweise könnte er sogar nicht einmal erkennen, dass er im Rahmen eines CMR-Vertrages für eine nationale Teilstrecke unter Anwendung der CMR-Vorschriften haftet.[18] Deshalb hat die Übernahme des Frachtbriefes – wiederholt – konstitutive Bedeutung.[19]

5

Allerdings ist nicht erforderlich (str.), dass der Hauptfrachtführer selbst die Beförderung für eine Teilstrecke übernommen hat. Insoweit ist die Beförderung des Gutes auf der ganzen Strecke durch den Unterfrachtführer ausreichend.[20] Es kommt darauf an, ob nach Wortlaut und Sinn und Zweck der Art. 34 u. 37 CMR Ansprüche nur durch und gegen einen Frachtführer geltend gemacht werden können, der eine eigene Transporttätigkeit entfaltet hat. Entscheidender Haftungsgesichtspunkt für die Haftung des Frachtführers gegenüber dem geschädigten Frachtführer bzw. gegenüber einem rückgriffnehmenden anderen Frachtführer ist die Tatsache des Abschlusses des Frachtvertrages, der sich bei einem nachfolgenden Frachtführer durch Eintritt in den Frachtvertrag vollzieht. Haftungsgrund ist also die vertragliche Begründung von Rechten und Pflichten eines Frachtführers und nicht die Erbringung eigener Transportleistungen, denn die Ausführung der Beförderung kann auch durch die Übergabe von Gut und Frachtbrief an den Unterfrachtführer erfolgen.[21] Der erste Frachtführer haftet stets gem. Art. 17 i. V.m.

6

---

16 H.M., BGH, VersR 1991, 238, 239 = TranspR 1990, 418 f.; *Heuer*, TranspR 1984, 169, 171; *Helm*, VersR 1988, 548, 555; *Koller*, Art. 34 CMR Rdn. 3 m.w.N.; OGH Wien, TranspR 2003, 463 ff.
17 BGH, VersR 1984, 578, 580; *Piper*, VersR 1988, 201, 205; *Helm*, VersR 1988, 548, 555.
18 *Heuer*, TranspR 1984, 169, 172.
19 BGH, VersR 1984, 578, 580 = TranspR 1984, 146, 148; BGH, VersR 1985, 134, 135 = TranspR 1985, 48, 50 = NJW 1985, 555, 556; BGH, TranspR 2007, 416.
20 Vor Art. 34 Rdn. 11 ff.; OLG Hamburg, VersR 1980, 950; OLG Hamm, TranspR 1992, 179, 180; OLG Karlsruhe, VersR 1980, 877; OLG Stuttgart, VersR 1983, 978, 979; *Piper*, VersR 1988, 201, 205 m.w.N.
21 *Piper*, VersR 1988, 201, 205; *Heuer*, Haftung, S. 168; *Helm*, in: Großkomm. HGB, Art. 34 CMR Rdn. 2; *Wanckel*, Zum Begriff der „Aufeinanderfolgenden Frachtführer" i. S. d. Art. 34 ff. CMR – zugleich Anmerkung zum Urteil des OLG Hamburg in VersR 1980, 950; VersR 1984, 712, 714; *Lenz*, S. 345; zustimmend ebenfalls *Koller*, Art. 34 CMR Rdn. 4; *ders.*, CMR und Speditionsrecht, VersR 1988, 556, 563.

Art. 34 Bestimmungen durch aufeinanderfolgende Frachtführer

Art. 3 CMR für alle Schäden des oder der Unterfrachtführer, die der Hauptfrachtführer im weiteren Sinne mit der Durchführung des Transportes beauftragt hat. Mithin setzt die Anwendung des Art. 34 CMR nicht voraus, dass der Hauptfrachtführer das Gut selbst übernommen und eine gewisse Strecke transportiert hat. Die ablehnende Auffassung[22] überzeugt nicht, weil für die Haftung des Unterfrachtführers für die Annahme des Gutes und eines durchgehenden Frachtbriefes die einzige entscheidende Bedeutung zukommt. Die Auffassung von *Loewe* (a.a.O.) schränkt den Anwendungsbereich im wohlverstandenen Interesse des Frachtführerbegriffes zu weit ein.[23]

III. Rechtsfolgen

7 Mit der tatsächlichen Annahme des Gutes und des auf die ganze Strecke lautenden Frachtbriefes tritt der Unterfrachtführer gesamtschuldnerisch neben den Hauptfrachtführer und wird neben etwaigen weiteren Unterfrachtführern nach Maßgabe des Frachtvertrages zwischen Absender und Hauptfrachtführer Vertragspartei des Absenders, sogenannter Samtfrachtführer.[24]

Die Haftung des Unterfrachtführers wird nach Art. 34 2. HS CMR kraft Gesetzes begründet. Der Unterfrachtführer – der vertragliche Beziehungen nur zum Hauptfrachtführer begründet – haftet damit zu den aus dem Frachtbrief hervorgehenden Bedingungen zwischen dem Absender und dem Hauptfrachtführer für die Ausführung der gesamten Beförderung. Dies hat zur Folge, dass – kraft Gesetzes – der Unterfrachtführer, dem z.B. der Transport für eine nationale Teilstrecke übertragen worden ist, dem Absender nach den Bestimmungen der CMR haftet und sich nicht etwa auf die eventuell günstigeren Haftungsbestimmungen seines Landes bzw. der nationalen Teilstrecke berufen kann.[25]

8 Aus der Systematik des Art. 34 CMR heraus ergibt sich weiter: Die Haftung des Unterfrachtführers geht lediglich vertraglich soweit, wie die Vereinbarung im Frachtbrief (z.B. Wertdeklaration) eingetragen ist.[26] Der Frachtbrief besitzt zugunsten der Unterfrachtführer eine absolute Schutzfunktion,[27] wobei die Übergabe des Frachtbriefes konstitutive Bedeutung hat.[28] Der Inhalt des Frachtbriefes gilt selbst dann unwiderleglich, wenn der nachfolgende Frachtführer die Abweichung vom Beförderungsvertrag kennt.[29] Fehlt es an der Ausstellung eines durch-

---

22 Hauptfrachtführer muss das Gut mindestens auf einer Teilstrecke selbst befördert haben, so: OLG Hamburg, TranspR 1985, 267; *Loewe*, ETR 1976, 503, 589 – ohne Begründung.
23 Vgl. vor Art. 34 Rdn. 11 ff.
24 BGH, TranspR 1992, 177, 178; BGH, VersR 1985, 134 = TranspR 1985, 48, 49 = NJW 1985, 555; *Koller*, Art. 34 CMR Rdn. 6; *Helm*, in: Großkomm. HGB, Art. 34 CMR Rdn. 4; *Konow*, DB 1973, 905; *Piper*, VersR 1988, 201, 205.
25 Vgl. Art. 28 Rdn. 21; *Glöckner*, Art. 34 Rdn. 2.
26 *Precht/Endrigkeit*, CMR-Handbuch, Art. 34 Rdn. 124.
27 *Koller*, Art. 34 CMR Rdn. 6.
28 H.M.; BGH, VersR 1985, 134 = TranspR 1985, 48, 49; BGH, TranspR 2007, 416.
29 *Boesche*, in: EBJS, 2. Aufl., Art. 34 CMR Rdn. 23.

gehenden Frachtbriefes, oder wird er vom Frachtführer nicht angenommen oder nicht an ihn weitergegeben, tritt die konstitutive Bedeutung der Übernahme von Gut und Frachtbrief nicht ein.[30]

Bei Nichtanwendbarkeit der Art. 34 ff. CMR, d.h. also keine Begründung eines gesamtschuldnerischen Haftungsverhältnisses, muss sich der Absender und Empfänger, der den Unterfrachtführer in Anspruch nehmen will, die Rechte des Hauptfrachtführers aus dem Unterfrachtvertrag abtreten lassen. 9

IV. Beweislastfragen

Nimmt der Verfügungsberechtigte den Frachtführer gem. Art. 34 CMR in Anspruch, so hat er die Anwendungsvoraussetzungen des Art. 34 CMR zu beweisen. Er muss also zunächst den Beweis erbringen, dass die Beförderung Gegenstand eines einzigen Vertrages ist (Beweismittel: Frachtbrief). Des Weiteren muss der Verfügungsberechtigte die Voraussetzungen des Art. 34 2. HS CMR darlegen und beweisen, d.h. die Annahme des Gutes und des Frachtbriefes.[31] 10

---

30 *Helm*, VersR 1988, 548, 555, mit dem Hinweis, dass ohne durchgehenden Beförderungsvertrag und Annahme des Frachtbriefes dem nachfolgenden Frachtführer die für die Risikoübernahme erforderlichen Kenntnisse fehlen würden.
31 Baumgärtel/*Giemulla*, Handbuch der Beweislast im Privatrecht, Art. 34 CMR Rdn. 2.

Art. 35

bearbeitet von RA Dr. Reinhard Th. Schmid, Stuttgart

1. Ein Frachtführer, der das Gut von dem vorhergehenden Frachtführer übernimmt, hat diesem eine datierte und unterzeichnete Empfangsbestätigung auszuhändigen. Er hat seinen Namen und seine Anschrift auf der zweiten Ausfertigung des Frachtbriefes einzutragen. Gegebenenfalls trägt er Vorbehalte nach Art. 8 Abs. 2 auf der zweiten Ausfertigung des Frachtbriefes, sowie auf der Empfangsbestätigung ein.

2. Für die Beziehungen zwischen den aufeinanderfolgenden Frachtführern gilt Art. 9.

Übersicht

	Rdn.		Rdn.
I. Allgemeines	1	III. Beweislastfragen	4
II. Regelungsgehalt	2		

I. Allgemeines

1 Art. 35 ist keine weitere Tatbestandsvoraussetzung des Art. 34 CMR; es handelt sich um eine Ordnungsvorschrift ohne materiell-rechtlichen Charakter[1] und enthält keine Rechtsfolgen; die in Art. 35 Abs. 1 vorgesehenen Formalitäten sind nicht konstitutiver Natur.[2]

II. Regelungsgehalt

2 Art. 35 Abs. 1 CMR bestimmt im Verhältnis zwischen Frachtführer und Unterfrachtführer, sowie der Unterfrachtführer untereinander, die Formalien der Weitergabe des Frachtbriefes; die Bestätigung des Empfanges des Gutes und eventuell von Vorgängen i.S.d. Art. 8 Abs. 2 CMR,[3] wie z.B.: Die vorbehaltslose Empfangsbestätigung begründet die Vermutung des Art. 9 Abs. 1 und Abs. 2 CMR und lediglich die Vorbehalte, die der nachfolgende Frachtführer auf dem Frachtbrief und der Empfangsbestätigung eingetragen hat, lassen die Vermutungen des Art. 9 entfallen. Dabei ist – kumulativ – zu beachten, dass Art. 8 Abs. 2 CMR schon dem Wortlaut nach die Anwendung des Art. 8 Abs. 1 CMR voraussetzt.[4]

---

1 *Koller*, Art. 35 Rdn. 1 m.w.N.; *Loewe*, ETR 1976, 503, 589ff.; MünchKommHGB/*Jesser-Huß*, Art. 35 CMR, Rdn. 1.
2 *Loewe*, ETR 1976, 503, 589f.; *Koller*, Art. 35 Rdn. 1.
3 Denkschrift, BT-Drucks. III./1144, 46; *Helm*, VersR 1988, 548, 555; *Otte*, in: Ferrari/Kieninger/Mankowski et al., Internationales Vertragsrecht, 2012, Art. 35 CMR Rdn. 2.
4 *Loewe*, ETR 1976, 503, 590.

Art. 35 Abs. 2 CMR bewirkt, dass dem Frachtbrief im Verhältnis zwischen 3
Frachtführer und Unterfrachtführer, sowie der Unterfrachtführer untereinander
die Beweiswirkungen des Art. 9 CMR zukommen.[5] Die Vermutungen des Art. 9
Abs. 1 und Abs. 2 CMR entstehen gem. Art. 35 CMR mit der vorbehaltlosen
Ausstellung der Empfangsbestätigung durch den nachfolgenden Frachtführer.[6]
Der nachfolgende Frachtführer kann jedoch durch Eintrag von Vorbehalten nach
Art. 35 Abs. 1 Satz 3 CMR diese ausschließen.[7] Erkennt der vorhergehende
Frachtführer die Vorbehalte an, so wird er gem. Art. 35 Abs. 1 Satz 3 i.V.m.
Art. 8 Abs. 2 Satz 3 CMR im Verhältnis zum Unterfrachtführer zum Absender
des Gutes.[8] Sind dagegen Vorbehalte auf Frachtbriefen oder Empfangsbestäti-
gungen vermerkt, so entfällt die Vermutung des Art. 9.[9]

Angesichts der Wortlautverweisung findet Art. 8 Abs. 3 CMR keine Anwendung,[10] so dass der vorhergehende vom nachfolgenden Frachtführer nicht verlangen kann, dass er Gewicht oder die sonst angegebene Menge des Gutes oder den
Inhalt der Gepäckstücke kontrolliert.[11]

III. Beweislastfragen

Die Regelung des Art. 35 Abs. 1 Satz 1 CMR soll Beweislastnachteile der/des 4
vorhergehenden Frachtführer(s) vorbeugen, denn der Frachtführer wird verpflichtet, eine Art Zwischenquittung dem „nachfolgenden" Frachtführer zu übergeben. Diese Zwischenquittung bestätigt die Übernahme des Frachtgutes und
beweist dieselbe. Im Falle einer persönlichen Inanspruchnahme hat der Frachtführer diese Tatsache einredeweise geltend zu machen und trägt hierfür die Beweislast.[12] Ist der vorhergehende Frachtführer nicht im Besitz der Empfangsbestätigung, kann er diesen Beweis mit anderen Mitteln (z.B. Zeugenbeweis und
Augenschein) führen. Der übernehmende Frachtführer beweist die Voraussetzungen des Art. 35 Abs. 1 Satz 2 und Satz 3 CMR mittels Eintragung von Namen
und Adressen in den Frachtbrief und bestätigt die Übernahme. Andere Beweismittel sind zulässig, da nach Art. 34 lediglich die Annahme von Frachtbrief und
Frachtgut ausreichen und die Empfangsbestätigung keine konstitutive Wirkung
hat.[13]

---

5 Denkschrift, BT-Drucks. III./1144, 46.
6 *Koller*, Art. 35 CMR Rdn. 1.
7 *Koller*, Art. 35 CMR Rdn. 1.
8 Arg.: Art. 35 Abs. 1 Satz 3 CMR verweist umfassend auf Art. 8 Abs. 2 CMR.
9 MünchKommHGB/*Jesser-Huß*, Art. 35 Rdn. 3, die im Übrigen a.a.O. weitere Differenzierungen hinsichtlich der Vorbehalte im Frachtbrief und zu den Empfangsbestätigungen vornimmt.
10 Vgl. Art. 35 Abs. 1 S. 3 CMR.
11 *Loewe*, ETR 1976, 503, 590.
12 Baumgärtel/*Giemulla*, Handbuch der Beweislast im Privatrecht, Art. 35 CMR Rdn. 1.
13 Baumgärtel/*Giemulla*, a.a.O.

Art. 36

bearbeitet von RA Dr. Reinhard Th. Schmid, Stuttgart

Ersatzansprüche wegen eines Verlustes, einer Beschädigung oder einer Überschreitung der Lieferfrist können, außer im Wege der Widerklage oder der Einrede in einem Verfahren wegen eines aufgrund desselben Beförderungsvertrages erhobenen Anspruches, nur gegen den ersten, den letzten oder denjenigen Frachtführer geltend gemacht werden, der den Teil der Beförderung ausgeführt hat, in dessen Verlauf das Ereignis eingetreten ist, das den Verlust, die Beschädigung oder die Überschreitung der Lieferfrist verursacht hat; ein und dieselbe Klage kann gegen mehrere Frachtführer gerichtet sein.

Übersicht

	Rdn.		Rdn.
I. Allgemeines	1	III. Klagehäufung	4
II. Beschränkungen der Passivlegitimation	2		

I. Allgemeines

1 Die Stellung des Art. 36 im Kapitel VI. (Bestimmung über die Beförderung durch aufeinanderfolgende Frachtführer) stellt klar: Diese Bestimmung betrifft die Haftung gem. Art. 17 CMR bei Vorliegen der Voraussetzungen des Art. 34 CMR. Voraussetzung ist, dass der Unterfrachtführer aufeinanderfolgender Straßenfrachtführer i.S.d. Art. 34 CMR ist.[1] Art. 36 CMR gilt somit nicht für sonstige Unterfrachtführer oder Zwischenfrachtführer.[2]

Nach Art. 34 CMR sind alle aufeinanderfolgenden Frachtführer haftbar, können jedoch – eben wegen Art. 36 CMR – nicht alle vom Berechtigten in Anspruch genommen werden.[3]

Die Frachtführer haften als Gesamtschuldner unter der Einschränkung des Art. 36 CMR in der Weise, dass jeder die ganze Leistung zu bewirken verpflichtet ist, der Gläubiger aber die Leistung nur einmal fordern kann. Dabei kann der Anspruchsberechtigte die Verpflichtungen nach Maßgabe des Art. 36 CMR in Anspruch nehmen, d.h. gegen den ersten, den letzten oder denjenigen Frachtführer, auf dessen Teilstrecke der Schaden entstanden ist, vorgehen. Da die aufein-

---

[1] BGH, TranspR 1990, 418; Saarländisches OLG, TranspR 2002, 125, 127.
[2] *Boesche*, in: EBJS, 2. Aufl., Art. 36 CMR Rdn. 1.
[3] BGH, TranspR 1990, 418.

anderfolgenden Frachtführer als Gesamtschuldner haften, genügt für die Haftung das Vorliegen der Voraussetzungen des Art. 17 CMR, wobei die Zurechnung dann auch gilt für die vorsätzliche bzw. grob fahrlässige Herbeiführung des Schadenseintrittes unter Wegfall der Haftungsbeschränkungen (Art. 29 CMR).

II. Beschränkung der Passivlegitimation

Nach Art. 36 CMR können Ersatzansprüche wegen des Verlustes, der Beschädigung oder Lieferfristüberschreitung nur gegen den ersten, den letzten oder denjenigen Frachtführer geltend gemacht werden, der den Teil der Beförderung ausgeführt hat, in dessen Verlauf das schadenstiftende Ereignis eingetreten ist. Die Passivlegitimation der beteiligten Samtfrachtführer ist in der CMR jedoch abweichend von § 421 BGB geregelt, wonach jeder Gesamtschuldner aufs Ganze in Anspruch genommen werden kann, so der klare Wortlaut des Art. 36 CMR.[4] In Bezug auf den ersten Frachtführer tritt keine Verbesserung ein, da der Hauptfrachtführer stets aus dem mit dem Absender abgeschlossenen Vertrag direkt in Anspruch genommen werden kann.[5]

2

Art. 36 CMR bringt jedoch für den Empfänger den entscheidenden Vorteil, den letzten Frachtführer, der seinen gewöhnlichen Aufenthalt oder seine Hauptniederlassung im gleichen Staat hat, vor einem inländischen Gericht in Anspruch nehmen zu können.[6] Außerdem kann der Absender oder Empfänger von vornherein, soweit feststellbar ist, in wessen Beförderungsabschnitt das zum Schadenersatz verpflichtende Ereignis eingetreten ist, den verantwortlichen Unterfrachtführer in Anspruch nehmen dies vermeidet unnötige Rückgriffsansprüche – pragmatisch – unter den beteiligten Frachtführern.[7]

3

Der Absender/Empfänger hat die Möglichkeit, im Wege der Widerklage oder mittels der Einrede der Aufrechnung oder des Zurückbehaltungsrechts gegenüber jedem an der Transportkette beteiligten Frachtführer (Grundvoraussetzung: Vorliegen des Tatbestandes des Art. 34 CMR) der aufgrund desselben Beförderungsvertrages Ansprüche geltend macht, den Anspruch aus Art. 17 CMR entgegenzuhalten.[8] Diese Regelung stärkt die Prozess- und Rechtsposition des Anspruchsberechtigten, weil – für diesen speziellen Fall – alle Frachtführer in den Haftungsverbund mit einbezogen werden, falls sie von sich aus Aktivprozesse gegen den Absender bzw. Empfänger führen.

---

4 *Loewe*, ETR 1976, 503, 590, Rdn. 280f.; Denkschrift, BT-Drucks. III./1144, 46; *Helm*, VersR 1988, 548, 554; *Koller*, Art. 36 CMR Rdn. 2 m.w.N.
5 Denkschrift, BT-Drucks. III./1144, 46.
6 Denkschrift, BT-Drucks. III./1144 46; *Heuer*, Haftung, S. 171.
7 Denkschrift, BT-Drucks. III./1144, 46.
8 *Koller*, Art. 36 CMR Rdn. 1; *Helm*, VersR 1988, 548, 554f.

Art. 36 Bestimmungen durch aufeinanderfolgende Frachtführer

III. Klagehäufung; Gerichtsstand

4 Der Absender oder Empfänger kann mehrere Frachtführer nach Art. 34 CMR, 36 CMR verklagen. Zweck der Regelung ist es, das Insolvenzrisiko zugunsten von Absender und Empfänger so gering wie möglich zu halten.[9] Es handelt sich um eine einfache, nicht um eine notwendige Streitgenossenschaft,[10] da der mit der Klage verfolgte Anspruch nicht nur gegen mehrere Frachtführer gemeinsam ausgeübt werden muss, sondern auch gegen einzelne Frachtführer alleine gerichtet sein kann. Ein klagabweisendes Urteil wirkt somit nicht zugunsten der anderen Frachtführer.[11]

5 Für den internationalen Gerichtsstand gilt grundsätzlich Art. 31 CMR.[12] Soweit die internationale Zuständigkeit nach Art. 31 Abs. 1 Satz 1 CMR gegeben ist, ergibt sich seit 1989 aus Art. 1a des Artikelgesetzes zur CMR eine örtliche Zuständigkeit zur praktikablen Handhabung der Empfänger- und Absenderrechte.[13] Eine Gerichtsstandsvereinbarung zu Lasten der nachfolgenden Unterfrachtführer ist nur insoweit zulässig, als sie im Frachtbrief eingetragen wurde.[14] *Koller*[15] vertritt in diesem Zusammenhang die Auffassung, dass die Beweislastregelung des Art. 30 Abs. 1 CMR, der Haftungsausschluss des Art. 30 Abs. 3 CMR und die Hemmung der Verjährung nach Art. 32 Abs. 2 CMR nur dann gegenüber allen beteiligten Frachtführern zur Geltung komme, wenn die Vorbehalte an alle Frachtführer gerichtet worden seien; insoweit sei § 425 BGB als ergänzend anwendbares nationales Recht heranzuziehen, da zu dieser Frage Art. 34, als auch Art. 36 CMR keine Regelung enthalte. *Koller* ist hinsichtlich der Anwendung des § 425 BGB zuzustimmen, wobei jedoch hinsichtlich von Tatsachen zu unterscheiden ist, die Gesamtwirkung für alle in Anspruch genommenen Frachtführer haben, wie auch auf Tatsachen, die nur Einzelwirkung haben. Der Verzug des einen Frachtführers wirkt auch für die übrigen Schuldner (Argument: § 424 BGB). Die Reklamation – eingetragen im Frachtbrief des abliefernden Unterfrachtführers – wirkt zu Lasten der anderen Gesamtschuldner, wie auch die Gerichtsstandsvereinbarung dann für alle Gesamtschuldner wirkt, wenn sie im Frachtbrief eingetragen ist. Ablauf, Hemmung und Unterbrechung der Verjährung, sowie der Verzicht auf die Einrede der Verjährung haben jedoch Einzelwirkung, da eine derartige Erklärung als „Erklärung zu Lasten Dritter" im ergänzend anzuwendenden nationalen Recht keine Geltung hat.

---

9 *Koller*, Art. 36 CMR Rdn. 3.
10 BGH, TranspR 1992, 135 ff.; *Koller*, Art. 36 CMR Rdn. 3.
11 *Boesche*, in: EBJS, 2. Aufl., Art. 36 CMR Rdn. 4.
12 *Koller*, Art. 36 CMR Rdn. 4.
13 BGBl. II. 1989, 586; BT-Drucks. XI./3076, 7 ff.; BT-Drucks. XI./4332, 5.
14 *Koller*, Art. 36 CMR Rdn. 4; a.A., *Loewe*, ETR 1976, 503, 591, der den über die Vereinbarungen nicht informierten nachfolgenden Frachtführern einen Schadensersatzanspruch zubilligt.
15 Art. 36 CMR Rdn. 1 und 4.

Art. 37

bearbeitet von RA Dr. Reinhard Th. Schmid, Stuttgart

Einem Frachtführer, der aufgrund der Bestimmungen dieses Übereinkommens eine Entschädigung gezahlt hat, steht der Rückgriff hinsichtlich der Entschädigung, der Zinsen und der Kosten gegen die an der Beförderung beteiligten Frachtführer nach folgenden Bestimmungen zu:

a) der Frachtführer, der den Verlust oder die Beschädigung verursacht hat, hat die von ihm oder von einem anderen Frachtführer geleistete Entschädigung allein zu tragen;

b) ist der Verlust oder die Beschädigung durch zwei oder mehrere Frachtführer verursacht worden, so hat jeder einen seinem Haftungsanteil entsprechenden Betrag zu zahlen; ist die Feststellung der einzelnen Haftungsteile nicht möglich, so haftet jeder nach dem Verhältnis des ihm zustehenden Anteils am Beförderungsentgelt;

c) kann nicht festgestellt werden, welche der Frachtführer den Schaden zu tragen haben, so ist die zu leistende Entschädigung in dem unter Buchstabe b bestimmten Verhältnis zu Lasten aller Frachtführer aufzuteilen.

Übersicht

	Rdn.		Rdn.
I. Allgemeines	1	IV. Regress bei unbekanntem Schadensort, Art. 37 lit. c) CMR	6
II. Regress gegen einen Schadensverursacher, Art. 37 lit. a) CMR	4	V. Beweislastfragen	7
III. Regress gegen mehrere Schadensverursacher, Art. 37 lit. b) CMR	5		

I. Allgemeines

Art. 37 CMR (abdingbar gem. Art. 40 CMR) regelt den Ausgleich der gesamtschuldnerischen Haftung der Samtfrachtführer im Innenverhältnis. *Glöckner*[1] hält die Gesamtregelung des Art. 37 CMR für gerecht und billig, wenn sie auch nicht unkompliziert sei. 1

Zweck der Vorschrift ist die Begründung der gesamtschuldnerischen Außenhaftung zugunsten des Verladers.[2]

Die juristische Diskussion im Rahmen des Art. 37 CMR beschäftigt sich mit der Frage, ob Art. 37 CMR nur dann Anwendung findet, wenn aufeinanderfolgende 2

---

1 CMR, Art. 34 Rdn. 2.
2 MünchKommHGB/*Jesser-Huß*, Art. 37 CMR Rdn. 1.

Art. 37 Bestimmungen durch aufeinanderfolgende Frachtführer

Frachtführer i. S. d. Art. 34 CMR in Anspruch genommen werden, oder eine analoge Anwendung in Betracht kommt, wenn eine bloße Kette von Unterfrachtführern – außerhalb des Art. 34 CMR – die Beförderung ausführen. Nach h. M. wird in Art. 37 und 38 CMR ausschließlich der Regress zwischen Hauptfrachtführern und den aufeinanderfolgenden Frachtführern i. S. d. Art. 34 CMR geregelt. Eine analoge Anwendung kommt nicht in Betracht, wobei sich dies aus der Stellung der Bestimmungen innerhalb der Vorschriften über die aufeinanderfolgenden Frachtführer und aus der Kapitelüberschrift ergebe.[3]

Art. 37 CMR ist deshalb nur auf aufeinander folgende Frachtführer i. S. d. Art. 34 ff. CMR anwendbar.

3 Nach der hier vertretenen Auffassung ist eine Anwendung außerhalb der Art. 34 ff. CMR (Analogie) unzulässig, da Art. 37 CMR innerhalb des Kapitels VI. CMR systematisch steht und die Art. 34–40 CMR für einen speziellen Sonderfall aufeinander abgestimmt sind, weswegen keine Anwendung außerhalb der Art. 34 ff. CMR, sozusagen als allgemeiner Rechtsgedanke, zuzulassen ist.[4]

Es steht den am Frachtvertrag beteiligten Parteien jedoch frei, andere Vereinbarungen zu treffen, da Art. 37 CMR nach Art. 40 CMR abdingbar ist. Darüber hinaus ist nicht einzusehen, warum Frachtführer, die durch Übernahme von Gut und Frachtbrief das Haftungsrisiko nicht erkennen können, analog nach Art. 37 CMR untereinander in einen Haftungsverbund „gezwungen werden", bei dem sie die Vertragspartner (Hauptfrachtführer, weitere Unterfrachtführer etc.) nicht kennen und somit das Risiko nicht kalkulieren können.

Die Regelung des Rückgriffs unter den beteiligten Frachtführern lehnt sich an Art. 48 § 1 CIM an.[5] Darüber hinaus bezieht sich Art. 37 CMR ausschließlich auf Ersatzansprüche nach der CMR, nicht jedoch auf außervertragliche Ansprüche[6] oder solche, die allein nach dem ergänzend anwendbaren nationalen Recht bestehen.

---

3 BGH, TranspR 1990, 418 = VersR 1991, 238 = NJW-RR 1990, 1508; BGH, VersR 1985, 134, 135 = NJW 1985, 555 = TranspR 1985, 48; OLG München, TranspR 1991, 96; OLG Düsseldorf, TranspR 1984, 14, TranspR 1984, 130; OLG Frankfurt, TranspR 1983, 155; OLG Hamburg, VersR 1980, 290, 291; *Koller*, Art. 37 Rdn. 1; *Glöckner*, Art. 37 CMR Rdn. 3; a. A. wohl LG Hamburg, VersR 1981, 969; OLG Stuttgart, VersR 1983, 978, 979, welches eine Anwendung des Art. 37 CMR auch außerhalb des Rahmens des Art. 34 CMR bejaht, weil Sinn und Zweck der Regelung des Art. 37 CMR sei, die Rechte des Absenders zu erweitern und nicht die Rückgriffsregelung des Art. 37 CMR zu beschränken; *Helm*, VersR 1988, 548, 556, mit dem Hinweis, die interne Ausgleichsregelung nach Art. 37 CMR sozusagen als allgemeinen Rechtsgrundsatz anzuerkennen; *Lenz*, Straßengütertransportrecht, S. 353 mit dem Hinweis, dass ein sachlicher Unterschied zwischen § 432 Abs. 3 HGB und Art. 37 CMR nicht bestünde und bei § 432 Abs. 3 HGB gerade nicht Gut und Frachtbrief übernommen werden muss, um ein Gesamtschuldverhältnis zu begründen.
4 So im Ergebnis auch *Boesche*, in: EBJS, 2. Aufl., Art. 37 CMR Rdn. 2 mit dem Hinweis, dass mangels Vergleichbarkeit der Interessenlagen die entsprechende Anwendung des Art. 37 CMR ausscheidet.
5 Denkschrift, BT-Drucks. III./1144, 46.
6 Vgl. Art. 28 CMR.

II. Regress gegen einen Schadensverursacher, Art. 37 lit. a) CMR

Der Regress gegen den Schädiger ist nur möglich, wenn dieser für den Schaden nach Art. 17 CMR haftbar ist.[7] **4**

Der i.S.d. Art. 17 CMR schadensverursachende Frachtführer ist allein regresspflichtig und muss folglich die Entschädigung selbst tragen.[8] Dabei gilt Art. 37 CMR für alle CMR-Ersatzforderungen, mithin auch Verspätungsschäden.

Der Regress ist allerdings erst dann möglich, wenn zuvor die Zahlung erfolgt ist.[9] So der klare Wortlaut der deutschen Fassung, wie auch der englischen und französischen.[10]

Die Höhe der Entschädigung bestimmt sich nach der CMR und nach dem durchgehenden Frachtbrief i.S.d. Art. 34 CMR; daneben besteht Anspruch auf die Zinsen und auf die durch den Schadensfall entstandenen Kosten (Art. 37 CMR). Zu den Kosten gehören auch die Gerichtskosten des Rechtsstreites, in dem der rückgriffnehmende Frachtführer zur Leistung von Schadensersatz an den Absender oder Empfänger verurteilt worden ist.[11]

III. Regress gegen mehrere Schädiger, Art. 37 lit. b) CMR

Der Regress nach Art. 37 lit. b) CMR betrifft den Fall der Mehrfachschädigung des Gutes,[12] wobei diese auf mehreren Schadensereignissen oder auf nur einem Ereignis, welches mehrere Frachtführer zu vertreten haben, beruhen kann.[13] Der zu leistende Betrag ergibt sich aus der jeweiligen Haftungsquote der Mitverursachung im Rahmen der jeweiligen Anspruchsnorm. Sofern sich die Haftungsquote nicht bestimmen lässt, errechnet sie sich aus dem Anteil am Beförderungsentgelt.[14] **5**

---

7 *Boesche*, in: EBJS, 2. Aufl., Art. 37 CMR, Rdn. 3; *Otte*, in: Ferrari/Kieninger/Mankowski et al., Internationales Vertragsrecht, 2012, Art. 37 CMR Rdn. 6.
8 *Koller*, Art. 37 CMR Rdn. 3; *Helm*, VersR 1988, 548, 555; *Heuer*, Haftung, S. 171; OLG Hamburg vom 3.6.1982, TranspR 1985, 266, 267 mit Anm. *Baumann*, TranspR 1985, 269.
9 BGH, VersR 1991, 238, 239 = TranspR 1990, 418 = NJW-RR 1990, 1508.
10 A.A. *Koller*, Art. 37 Rdn. 3, der Art. 37 CMR unter Hinweis auf Art. 39 Abs. 4 Satz 2 CMR dort analog anwendet, wo der Regressnehmende bereits verurteilt ist, aber noch nicht gezahlt hat.
11 LG Hamburg, VersR 1981, 969; LG Saarbrücken, VersR 1981, 423; *Suhr*, Anm. zu LG Hamburg, VersR 1981, 969.
12 *Koller*, Art. 37 Rdn. 4.
13 *Boesche*, in: EBJS, 2. Aufl., Art. 37 CMR Rdn. 4.
14 *Helm*, VersR 1988, 548, 555; *Loewe*, ETR 1976, 503, 591, Frachtgebühr netto ohne Berücksichtigung anderer Kosten.

Art. 37 Bestimmungen durch aufeinanderfolgende Frachtführer

Bei Unbestimmbarkeit, wer den Schaden zu vertreten hat, ist gegen alle Frachtführer Klage zu erheben. Die praktische Handhabung dieser Vorschrift bereitet angesichts des Wortlautes keine Probleme.

IV. Regress bei unbekanntem Schadensort, Art. 37 lit. c) CMR

6 Lässt sich die Schadensverursachung keinem Frachtführer zuordnen, so bestimmt sich die Haftung nach dem Anteil am Beförderungsentgelt.[15] Kann jedoch ein Frachtführer nachweisen, dass der Schaden nicht auf der von ihm zu verantwortenden Teilstrecke eingetreten ist, so ist Art. 37 lit. c) CMR auf ihn nicht anwendbar.[16]

V. Beweislastfragen

7 Nimmt der regressierende Frachtführer Rückgriff nach Art. 37 lit. a), lit. b), lit. c) CMR, so muß er die gesamten Voraussetzungen, wie Zahlung des Schadensersatzbetrages, die Verursachung von Verlust oder Beschädigung etc. beweisen.[17] Dem in Anspruch genommenen Frachtführer obliegt der Gegenbeweis, der durch die Erschütterung des Hauptbeweises zu führen ist. Sollte dem Frachtführer dieser Gegenbeweis gelingen, entsteht der Fall des non liquet mit der Folge, dass eine Inanspruchnahme nach Art. 37 lit. a) CMR scheitert, damit jedoch die Inanspruchnahme nach Art. 37 lit. c) CMR vorbereitet wird.[18]

---

15 *Helm*, VersR 1988, 548, 555.
16 *Koller*, Art. 37 CMR Rdn. 5; *Rodier*, ETR 1971, 574, 586.
17 Vgl. Baumgärtel/*Giemulla*, Handbuch der Beweislast im Privatrecht, Art. 37 CMR Rdn. 1 und 2.
18 Baumgärtel/*Giemulla*, Rdn. 3.

Art. 38

bearbeitet von RA Dr. Reinhard Th. Schmid, Stuttgart

Ist ein beteiligter Frachtführer zahlungsunfähig, so ist der auf ihn entfallende aber von ihm nicht gezahlte Anteil zu Lasten aller anderen am Beförderungsvertrag beteiligten Frachtführer nach dem Verhältnis von deren Anteilen an dem Gesamtbeförderungsentgelt aufzuteilen.

Die Vorschrift entspricht § 426 BGB und Art. 48 § 2 CIM.[1] Zahlungsunfähig ist ein Frachtführer, wenn er nicht in der Lage ist, die fälligen Zahlungsverpflichtungen zu erfüllen und dies ist in der Regel anzunehmen, wenn er seine Zahlungen eingestellt hat.[2] Ist ein Frachtführer zahlungsunfähig, so hat der regressnehmende Frachtführer bei der Berechnung der Quote der übrigen Frachtführer seinen Anteil mit einzubeziehen und diesen selbst zu tragen.[3] **1**

Die Regelung kann zu erheblichen unbefriedigenden Ergebnissen führen, insbesondere dann, wenn nur zwei Frachtführer – der zahlungsunfähige für den größeren Teil der Strecke – den Transport durchgeführt haben. Der Hauptfrachtführer sollte deshalb auf die Solvenz seiner Vertragspartner besonders achten oder aber – wegen Art. 40 CMR – Art. 38 CMR abbedingen, da Art. 38 CMR dispositiver Natur ist. **2**

---

1 *Precht/Endrigkeit*, CMR-Handbuch, S. 128.
2 Vgl. § 17 Abs. 2 InsO.
3 *Koller*, Art. 38 CMR Rdn. 1.

Art. 39

bearbeitet von RA Dr. Reinhard Th. Schmid, Stuttgart

1. Ein Frachtführer, gegen den nach Art. 37 und 38 Rückgriff genommen wird, kann nicht einwenden, dass der Rückgriff nehmende Frachtführer zu Unrecht gezahlt hat, wenn die Entschädigung durch eine gerichtliche Entscheidung festgesetzt worden war, sofern der im Wege des Rückgriffs in Anspruch genommene Frachtführer von dem gerichtlichen Verfahren ordnungsgemäß in Kenntnis gesetzt worden war und in der Lage war, sich daran zu beteiligen.

2. Ein Frachtführer, der sein Rückgriffsrecht gerichtlich geltend machen will, kann seinen Anspruch vor dem zuständigen Gericht des Staates erheben, in dem einer der beteiligten Frachtführer seinen gewöhnlichen Aufenthalt, seine Hauptniederlassung oder die Zweigniederlassung oder Geschäftsstelle hat, durch deren Vermittlung der Beförderungsvertrag abgeschlossen worden war. Ein und dieselbe Rückgriffsklage kann gegen alle beteiligten Frachtführer gerichtet sein.

3. Die Bestimmungen des Art. 31 Abs. 3 und 4 gelten auch für Urteile über die Rückgriffsansprüche nach den Art. 37 und 38.

4. Die Bestimmungen des Art. 32 gelten auch für Rückgriffsansprüche zwischen Frachtführern. Die Verjährung beginnt jedoch entweder mit dem Tage des Eintrittes der Rechtskraft eines Urteils über die nach den Bestimmungen dieses Übereinkommens zu zahlende Entschädigung oder, wenn ein solches rechtskräftiges Urteil nicht vorliegt, mit dem Tage der tatsächlichen Zahlung.

Übersicht

	Rdn.		Rdn.
I. Allgemeines	1	IV. Art. 39 Abs. 3	6
II. Art. 39 Abs. 1	3	V. Art. 39 Abs. 4	7
III. Art. 39 Abs. 2	5		

I. Allgemeines

1 Die Regelung des Rückgriffsverfahrens lehnt sich unter Berücksichtigung des Art. 31 CMR an Art. 50 CIM an.[1] Art. 39 CMR ist wie Art. 37 CMR nur anwendbar, soweit die Voraussetzungen des Art. 34 (Hauptfrachtführer und aufeinanderfolgende Unterfrachtführer) vorliegen, da die aufeinanderfolgenden Fracht-

---

1 Denkschrift, BT-Drucks. III./1144, 46.

führer einer, bei schlichten Unterfrachtverhältnissen regelmäßig nicht gegebenen, direkten Haftung gegenüber dem Auftraggeber oder sonstigen Verfügungsberechtigten ausgesetzt sind.[2]

Eine analoge Anwendung des Art. 39 CMR auf Unterfrachtverträge, die nicht den Voraussetzungen des Art. 34 CMR entsprechen, ist unzulässig.[3] Da jedoch die Ratio der Regelungen der Art. 34 bis 40 CMR wegen ihrer Haftungserstreckung des unter fremden Verantwortung entstandenen Schadens eine „ungewöhnlich, begründungsbedürftige Sonderregelung"[4] ist, besteht kein Grund für eine erweiternde Analogie und Verbreiterung der Anwendungsbasis der Art. 34 ff. CMR: Ausnahmeregelungen sind eng auszulegen. Damit findet Art. 39 CMR – sowie die praktikable Regelung des Art. 39 Abs. 4 CMR – keine Anwendung auf Unterfrachtverhältnisse oder andere vertragliche Beziehungen, die nicht die Voraussetzungen des Art. 34 CMR erfüllen.[5]

Wie sich aus Art. 40 und 41 CMR ergibt, ist Art. 39 CMR unabdingbar.

II. Art. 39 Abs. 1 CMR

Art. 39 Abs. 1 CMR besagt, dass der Frachtführer, gegen den nach den Art. 37 und 38 CMR Rückgriff genommen wird, unter bestimmten Voraussetzungen nicht einwenden kann, dass der Rückgriff nehmende Frachtführer die Entschädigung zu Unrecht gezahlt hat (eine Art Quasi-Rechtskrafterstreckung). Der Regressberechtigte muss nachweisen, dass der in Rückgriff genommene Frachtführer nachfolgender Frachtführer i. S. d. Art. 34 CMR ist und haftet.

Durch Art. 39 Abs. 1 CMR entsteht für den regresspflichtigen Frachtführer eine der Streitverkündung ähnliche Wirkung;[6] denn mit der Einwendung, dass die Entschädigung durch den Regressberechtigten zu Unrecht gezahlt worden sei, wird er nicht gehört, soweit die Entschädigung gerichtlich festgesetzt worden ist.[7] Dabei erfordert der Beweis der Festsetzung der Entschädigung durch eine gerichtliche Entscheidung zum einen den Nachweis, dass überhaupt eine solche Entscheidung ergangen ist, und zum anderen den Beweis ihrer Rechtskraft, weil durch eine rechtskräftige Entscheidung die Entschädigung festgesetzt worden ist.[8] Kumulativ hierzu müssen die Voraussetzungen der Art. 37 und 38 CMR vorliegen, also z. B. muss die Entschädigung bereits gezahlt sein.

---

2 OLG Frankfurt, TranspR 1983, 155, 157; OLG Düsseldorf, TranspR 1984, 276; *Koller*, Art. 39 CMR Rdn. 1.
3 Offenlassend, *Helm*, VersR 1988, 548, 556.
4 So *Helm*, VersR 1988, 548, S. 555.
5 OLG Düsseldorf, TranspR 1984, 276 f. zu Art. 39 Abs. 4 Satz 2 CMR.
6 *Helm*, VersR 1988, 548, 555.
7 *Huther*, in: EBJS, Art. 39 CMR Rdn. 2.
8 *Precht/Endrigkeit*, Art. 39 CMR Rdn. 1 a. E.

Art. 39 Bestimmungen durch aufeinanderfolgende Frachtführer

4 Der anspruchstellende Frachtführer muss darlegen und beweisen, dass der vom Rückgriff betroffene Frachtführer von dem gerichtlichen Verfahren „in Kenntnis gesetzt worden war und in der Lage war, sich daran zu beteiligen". In welcher Weise dies zu erfolgen hat, regelt die CMR nicht. Die Streitverkündung nach §§ 72 ff. ZPO wäre hierfür „sehr" geeignet,[9] da die Streitgenossenschaft mit ihren formalen und materiellen Voraussetzungen eine klare Situation schafft.[10] Allerdings ist die Streitverkündung nach §§ 72 ff. ZPO nur eine von verschiedenen Möglichkeiten (vgl. Wortlaut Art. 39 Abs. 1 CMR), den in Anspruch zu nehmenden Frachtführer in Kenntnis zu setzen. Es genügt jede – nachweisbare – Information[11] des Anspruchsverpflichteten über den Stand des Prozesses, in einem möglichst frühen Stadium, spätestens jedoch vor der letzten mündlichen Verhandlung bzw. vor Erstarkung in Rechtskraft bei rechtsmittelfähigen Entscheidungen. Mit diesen Informationen kann der Regresspflichtige selbst gem. § 66 ZPO dem Prozess beitreten.[12]

In Art. 39 Abs. 1 CMR ist nicht geregelt, ob es sich um die Entscheidung eines Gerichtes handelt, welches zu einem Vertrags- oder zu einem Nichtvertragsstaat gehört. Daraus ist der Schluss zu entnehmen, dass es gerade darauf nicht ankommt,[13] sondern nur darauf, ob CMR-Entschädigungsansprüche Anspruchsgrundlage in der gerichtlichen Entscheidung waren.

III. Art. 39 Abs. 2 CMR: Zuständigkeit

5 Art. 39 Abs. 2 CMR trifft eine Sonderregelung zu Art. 39 Abs. 1 CMR, die es erlaubt – im Interesse des Anspruchsinhabers – die Regressprozesse aus Praktikabilitätsgründen zusammenzufassen. Mit Art. 39 Abs. 2 Satz 1 CMR wird mithin eine besondere – von Art. 31 Abs. 1 CMR abweichende – internationale Zuständigkeit geschaffen.[14] Diese Zuständigkeit ist wegen Art. 40 CMR unabdingbar, so dass ausschließliche Gerichtsstandsvereinbarungen unzulässig sind.[15] Die internationale Zuständigkeit bestimmt sich nach dem gewöhnlichen Aufenthaltsort,

---

9 So *Precht/Endrigkeit*, Art. 39 CMR Rdn. 2; Baumgärtel/*Giemulla*, Handbuch der Beweislast im Privatrecht, Art. 39 CMR Rdn. 2.
10 So auch BGH vom 14.11.1991 – I ZR 236/89, TranspR 1992, 135 ff.
11 MünchKommHGB/*Jesser-Huß*, Art 39 CMR Rdn. 4.
12 *Koller*, Art. 39 CMR Rdn. 2.
13 So auch *Loewe*, ETR 1976, 503, 592.
14 *Fremuth*, TranspR 1983, 35, 39 m. w. N.; *Helm*, VersR 1988, 548, 555.
15 *Koller*, Art. 39 CMR Rdn. 3; a. A. *Fremuth*, TranspR 1983, 35, 39, der die Zulässigkeit aus dem Vergleich mit Art. 31 CMR herleitet; *Loewe*, ETR 1976, 503, 592, jedoch ohne Begründung. Zur internationalen Zuständigkeit auch *Boesche*, in: EBJS, 2. Aufl., Art. 39 CMR Rdn. 4, mit der klarstellenden Anmerkung, dass sich die internationale Zuständigkeit nicht notwendigerweise nach dem gewöhnlichen Aufenthaltsort, der Haupt- oder Zweigniederlassung oder der Geschäftsstelle des konkret verklagten regresspflichtigen Frachtführers bestimmt, sondern ausreichend ist, dass diese Voraussetzungen bei einem der in Betracht kommenden Schuldner erfüllt sind.

der Haupt- oder Zweigniederlassung oder der Geschäftsstelle des regresspflichtigen Frachtführers, der den Beförderungsvertrag vermittelt hat.[16]

In Art. 39 Abs. 2 Satz 2 CMR ist die Zulässigkeit der Klageverbindung im Wege der subjektiven Klagehäufung geregelt.[17]

Die Zuständigkeitsbestimmung des Art. 39 Abs. 2 CMR gilt – ebenso wie die Regelung des Art. 37 CMR – allein für das Innenverhältnis zwischen aufeinanderfolgenden Frachtführern i.S.v. Art. 34 CMR.[18] Auf andere Regressansprüche ist sie weder direkt, noch analog anwendbar; dies folgt aus ihrer systematischen Stellung in Kapitel VI der CMR (Art. 34–40), dessen Bestimmungen allein für aufeinanderfolgende Frachtführer gelten.[19]

IV. Art. 39 Abs. 3 CMR: Vollstreckbarkeit

Die Verweisung in Art. 39 Abs. 3 CMR auf die Art. 31 Abs. 3 und 4 CMR hat zur Folge, dass das in einem anderen Vertragsstaat ergangene Urteil auch in den anderen Vertragsstaaten anerkannt wird und vollstreckbar ist.[20] Die Verweisung in Art. 31 Abs. 3 CMR auf Art. 31 Abs. 1 CMR ist jedoch wegen der besonderen internationalen Zuständigkeit des Art. 39 Abs. 2 Satz 1 CMR als eine solche auf Art. 39 Abs. 2 Satz 1 CMR zu lesen.

Vollstreckbarkeitserklärung[21] wird nur an die Erfüllung formaler Erfordernisse geknüpft. Eine sachliche Nachprüfung des Urteils ist unzulässig, so dass nur noch die Frage, ob überhaupt die Voraussetzungen des Art. 31 Abs. 1 CMR (Streitigkeiten aus der CMR unterliegender Beförderung) erfüllt sind, zur Überprüfung stehen.[22]

6

V. Art. 39 Abs. 4 CMR: Verjährung

Art. 39 Abs. 4 CMR bestimmt die Anwendbarkeit der Verjährungsvorschriften des Art. 32 CMR auf Regressansprüche zwischen den Frachtführern. Der Beginn der Verjährung wird den besonderen Rückgriffverhältnissen angepasst. Art. 39 Abs. 4 CMR bewirkt, dass die Verjährung des Art. 32 Abs. 1 Satz 2 CMR für Re-

7

---

16 *Koller*, Art. 39 CMR Rdn. 3 m.w.N.; *Glöckner*, CMR Art. 39 Rdn. 3.
17 *Fremuth*, TranspR 1983, 35, 39; *Koller*, Art. 39 CMR Rdn. 3, spricht von Bündelung der Klagen.
18 BGH, TranspR 2007, 416 f.
19 BGH, TranspR 2007, 416 f.
20 Denkschrift, BT-Drucks. III./1144, 45.
21 Vgl. Art. 31 Abs. 3 und 4 CMR Rdn. 9 ff.
22 *Helm*, in: GroßkommHGB, Art. 31 CMR Rdn. 7.

Art. 39 Bestimmungen durch aufeinanderfolgende Frachtführer

gressansprüche unter Frachtführern i.S.d. Art. 34 CMR mit dem die Schadensersatzpflicht des Regressberechtigten feststellenden Urteils neu beginnt.[23]

Auf den Zeitpunkt der Zahlung des Regressberechtigten kommt es nur an, wenn kein rechtskräftiges Entschädigungsurteil vorliegt.[24] Die Beweislast für den Zeitpunkt nach Art. 39 Abs. 4 CMR als ihm günstige Tatsache, trifft den Regressberechtigten.[25]

Zutreffend weist der OGH Wien darauf hin, dass nach Art. 39 Abs. 4 CMR die Verjährung von Regressansprüchen mit der Rechtskraft des Entschädigungsurteils gegen den Regressberechtigten beginnt und es nicht auf die tatsächliche Zahlung ankommt, wenn kein rechtskräftiges Entscheidungsurteil vorliegt.[26]

---

23 *Helm*, VersR 1988, 548, 555; *Koller*, Art. 39 CMR Rdn. 5.
24 BGH, VersR 1991, 238, 239 = TranspR 1990, 418 = NJW-RR 1990, 1508.
25 Vgl. Baumgärtel/*Giemulla*, Handbuch der Beweislast im Privatrecht, Art. 39 CMR Rdn. 5.
26 OGH Wien, VersR 1999, 1131.

Art. 40

bearbeitet von RA Dr. Reinhard Th. Schmid, Stuttgart

Den Frachtführern steht es frei, untereinander Vereinbarungen zu treffen, die von den Art. 37 und 38 abweichen.

Übersicht

	Rdn.		Rdn.
I. Allgemeines	1	II. Regelungsgehalt	2

I. Allgemeines

Art. 40 CMR ist das „kleine Fenster" der Privatautonomie innerhalb der CMR. **1** Das Regelwerk der CMR will die Rechtsverhältnisse zwischen dem Frachtführer und seinen Kunden regeln, nicht jedoch das Verhältnis der Frachtführer nach Art. 34 CMR untereinander. Abweichende Vereinbarungen nach Art. 37 und 38 CMR beeinträchtigen die Zwecke der CMR in keiner Weise.[1]

Die übrigen Beziehungen den an einem Beförderungsvertrag nacheinander beteiligten Frachtführern, insbesondere soweit sie Wirkungen für den Kunden (Absender/Empfänger) haben, bleiben unberührt und sind zwingendes Recht (Art. 41 CMR).

II. Regelungsgehalt

Die praktische Bedeutung des Art. 40 CMR ist ebenso verschwindend gering, **2** wie die Bedeutung des Art. 34 ff. insgesamt.[2] Aus diesem Grund gibt es in der Praxis keine Eigeninitiative zur Entwicklung von Vertragsmodellen unter den Frachtführern, sondern nur die formularmäßig einbezogenen ADSp, weil eine Haftungsbeschränkung unter Einbeziehung von § 52 ADSp nach Art. 40 CMR wirksam ist.[3]

Die Dispositionsmöglichkeit beschränkt sich auf das Innenverhältnis mehrerer Frachtführer für Regressmaßnahmen untereinander, und hier wäre an Allgemeine Geschäftsbedingungen oder Individualvereinbarungen zu denken. Der freien Vertragsgeltung offen wären Regelungen, nach denen – unabhängig vom Mitverschulden – alle Frachtführer zu gleichen Teilen die Entschädigung zu tragen ha-

---

1 *Loewe*, ETR 1976, 503, 593.
2 Vgl. Vorbem. zu Art. 34 ff. CMR Rdn. 3.
3 OLG Stuttgart, VersR 1983, 978, 979.

Art. 40   Bestimmungen durch aufeinanderfolgende Frachtführer

ben, es ließen sich bestimmte Quoten vereinbaren – in Bezug auf die jeweilige Transportstrecke etc.[4]

---

4 Vgl. auch *Precht/Endrigkeit*, CMR, S. 131 f.

Kapitel VII:
Nichtigkeit von dem Übereinkommen widersprechenden Vereinbarungen

Art. 41

bearbeitet von RA Dr. Reinhard Th. Schmid, Stuttgart

1. Unbeschadet der Bestimmungen des Art. 40 ist jede Vereinbarung, die unmittelbar oder mittelbar von den Bestimmungen dieses Übereinkommens abweicht, nichtig und ohne Rechtswirkung. Die Nichtigkeit solcher Vereinbarungen hat nicht die Nichtigkeit der übrigen Vertragsbestimmungen zur Folge.
2. Nichtig ist insbesondere jede Abmachung, durch die sich der Frachtführer die Ansprüche aus der Versicherung des Gutes abtreten lässt, und jede andere ähnliche Abmachung sowie jede Abmachung, durch die die Beweislast verschoben wird.

Übersicht

	Rdn.		Rdn.
I. Allgemeines	1	5. Verjährungsregelung	26
II. Nichtigkeit nach Art. 41 Abs. 1 Satz 1 CMR	5	6. Gerichtsstandsvereinbarung	27
1. Haftungsbeschränkungen und Haftungserweiterungen	6	7. Interner Gesamtschuldnerausgleich	28
2. Zusätzliche Pflichten des Frachtführers	13	III. Rechtsfolgen der Nichtigkeit, Art. 41 Abs. 1 Satz 2 CMR	29
3. Erweiterung der Rechte des Frachtführers	19	IV. Nichtigkeit nach Art. 41 Abs. 2 CMR	30
4. Aufrechnungsverbot und Widerklage	24	1. Transportversicherung	30
		2. Beweislast	32

I. Allgemeines

Art. 41 CMR ist die „aktive Verteidigungsnorm" zum Obsiegen der CMR über nationales Recht und vertragliche Vereinbarungen der am Frachtvertrag Beteiligten. 1

Soweit die CMR Regelungen (Anspruchsgrundlagen) enthält, geht sie zwingend als Spezialvorschrift allen anderen Bestimmungen vor. Dies gilt vor allem für den Kernbereich der CMR, also die Haftung für Verlust und Beschädigung innerhalb des Obhutszeitraums, sowie für die Folgen der Lieferfristüberschreitung. Insoweit kann sie nicht durch nationales Recht ergänzt werden. Dort wo die CMR

Art. 41 Nichtigkeit von dem Übereinkommen widersprechenden Vereinbarungen

unbeabsichtigte Lücken enthält, hat die Auslegung aus der CMR selbst heraus zu erfolgen. Die vertraglichen und gesetzlichen Anspruchsnormen nach nationalem Recht finden Anwendung, sofern die CMR überhaupt keine Regelungen enthält, wie z. B. für Güterschäden außerhalb des Obhutszeitraums. Stets stellt sich im Rahmen der Anwendung des Art. 41 CMR die Frage, welche Sachverhalte die CMR derart abschließend geregelt hat, dass sich daneben ausbedungene Ansprüche und Rechtsbehelfe – gleich nach welchem Recht – verbieten.

2 Art. 41 CMR bewirkt, dass in den Teilbereichen – die in der CMR abschließend geregelt werden – die CMR eine abschließende, das nationale Recht zwingend verdrängende Regelung darstellt.[1] Lediglich die Art. 37 und 38 CMR sind disponibel.[2]

3 Damit wirkt die CMR rechtlich und wirtschaftlich stabilisierend und voraussehbar. Zudem wird durch die Vereinheitlichung der vertraglichen Grundlagen ein zu starker Konkurrenzkampf zwischen den Beförderungsunternehmen vermieden, da Konditionen- und Beförderungsrahmenbedingungen verbindlich für alle Vertragsparteien zwingend festgelegt wurden.[3] Damit dominiert die CMR nicht nur nationales Recht, sondern alle Parteivereinbarungen und widersprechende Klauseln von Allgemeinen Geschäftsbedingungen. Insoweit ist die Vereinbarung der ADSp bzw. AGBs für internationale Straßentransporte, die der CMR unterfallen, ist unwirksam.[4] Art. 41 CMR erfüllt deshalb den Willen der Präambel zur CMR, nämlich die Bedingungen für den Beförderungsvertrag im internationalen Straßengüterverkehr im Hinblick auf die verwendeten Urkunden und die Haftung des Frachtführers einheitlich – und zwingend – zu normieren.

3a *Jesser-Huß* weist darauf hin, dass die Regelung des Art. 41 CMR – historisch aufbauend auf dem internationalen Eisenbahnfrachtrecht – zwischenzeitlich der Grundlage entbehrt, weil die einzelnen Transportunternehmen weder eine ernstzunehmende Marktmacht darstellen, noch eine Regulierung des Wettbewerbes zugunsten der Transportunternehmen notwendig ist.[5]

4 Eine gänzlich andere Auffassung zu Art. 41 CMR vertrat – wohl als Ausreißer – das italienische Kassationsgericht in zahlreichen Entscheidungen.[6] Danach kommt die CMR nur dann zur Anwendung, wenn im Frachtbrief auf sie verwiesen wurde oder im Rechtsgeschäft zwischen den Parteien ein solcher Verweis vorgenommen worden sei; mithin sei insgesamt die CMR – und damit auch Art. 41 CMR – disponibel. *Pesce*[7] spricht von der psychologischen Schwierigkeit

---

[1] Denkschrift, BT-Drucks., III./1144, 46; BGH vom 10.5.1990 – I ZR 234/88 = VersR 1991, 238, 239 = TranspR 1990, 418 = NJW-RR 1990, 1508; *Otte*, in: Ferrari/Kieninger/Mankowski et al., Int. Vertragsrecht, 2. Aufl. 2012, Art. 41 Rdn. 1
[2] Vgl. Art. 40 CMR.
[3] So auch *Loewe*, ETR 1976, 503, 593.
[4] So zutreffend und unstreitig, *Helm*, in: Großkomm HGB, Art. 41 CMR Rdn. 1.
[5] MünchKommHGB/*Jesser-Huß*, Art. 41 CMR Rdn. 2 f.; *Haak*, TranspR 2006, 325, 335.
[6] *Pesce*, Anm. zu LG Mailand vom 11.7.1983, TranspR 1984 135.
[7] *Pesce*, TranspR 1984 135.

des obersten italienischen Gerichtes, nach zahlreichen Urteilen, die anscheinend Offenbares leugnen wollen, die Rechtsprechung umzuorientieren.[8]

II. Nichtigkeit nach Art. 41 Abs. 1 Satz 1 CMR

Gem. Art. 41 Abs. 2 CMR ist jede Vereinbarung nichtig, die unmittelbar gegen Regelungen der CMR verstößt. Zulässig sind Vereinbarungen in jenen Bereichen, die in der CMR nicht geregelt sind. Der Frachtführer ist nicht daran gehindert, weitere Pflichten zu übernehmen, die nicht spezifisch mit der Erfüllung des Frachtvertrages verbunden sind, und dies entspricht dem Berufsbild und der Rechtswirklichkeit des Frachtführers als „mehrfach Dienstleistender" für den gesamten Bereich des Speditions- und Frachtrechtes (national und international, zu Wasser, zur Luft, zu Lande).

1. Haftungsbeschränkungen und Haftungserweiterungen

Jede Vereinbarung, die in das System der Haftung eingreift (dieselbe zu maximieren, zu minimieren), ist nichtig, denn in diesem Bereich ist die CMR ohne Zweifel abschließend.

Im Einzelnen:

- Da eine **Garantiezusage** mit einer erweiterten Haftung unmittelbar in den Regelungsbereich des Art. 17 ff. CMR eingreifen, ist diese nichtig.[9]
- **Vertragsstrafen**, die ebenfalls auf die in Art. 17 ff. CMR unabdingbar statuierte Haftung einwirken, sind nichtig.[10] Sofern sich der Frachtführer im Rahmen eines Vertragsstrafeversprechens zur rechtzeitigen Ablieferung des Beförderungsgutes verpflichtet, so ist dieses Vertragsstrafeversprechen nichtig, weil es im Rahmen der Haftungsvoraussetzungen des Art. 17 CMR eine abschließende Regelung gibt.[11]
- Unzulässig ist weiterhin eine **vertragliche Haftungserweiterung**, aus den soeben dargelegten Gründen der abschließenden Regelung der Haftung innerhalb der CMR.[12]
- Ein **Haftungsausschluss** für Dritte ist wegen der zwingenden Regelung des Art. 3 CMR nichtig, da insoweit die CMR eine abschließende Regelung für die Gehilfenhaftung etc. besitzt.[13]

---

8 Vgl. auch *Capotosti*, VersR 1985, 524, 527.
9 BGH, VersR 1979, 417, 418; OLG Frankfurt, TranspR 1984, 97; *Koller*, Art. 41 CMR Rdn. 1; *Thume*, in: Fremuth/Thume, Art. 41 Rdn. 3.
10 Zutreffend: OLG München, TranspR 1985, 395; *Piper*, TranspR 1990, 357, 359.
11 OLG München, TranspR 1985, 395.
12 OLG Frankfurt vom 21.2.1984 – 5 U 72/82, TranspR 1984, 97, 98; *Koller*, Art. 41 CMR Rdn. 1.
13 OLG Hamm, TranspR 1986, 77 = VersR 1987, 609.

Art. 41 Nichtigkeit von dem Übereinkommen widersprechenden Vereinbarungen

11 – Eine gem. Ziff. 23 ff. ADSp vereinbarte **Haftungsbeschränkung** ist nichtig, da die Regelungen der CMR abschließende Haftungsbestimmungen enthalten,[14] da in das Haftungssystem der CMR nicht einmal mit Individualvereinbarungen eingegriffen werden kann.

12 – Zulässig sind jedoch **Vertragsstrafen**, Garantiezusagen etc. für Sachverhalte, die nicht in der CMR geregelt sind, also für Schäden, die außerhalb des Obhutszeitraums entstanden sind, wie z.B. für eine zu späte Übernahme.

2. Zusätzliche Pflichten des Frachtführers

13 Soweit die Sondertatbestände der CMR keine Regelungen enthalten, kann durch privatautonome Gestaltung der Frachtführer weitere Pflichten übernehmen.

Nach herrschender Auffassung sind Vereinbarungen über die konkrete Art der Beförderung als Beschreibungen der primären vertraglichen Leistungspflicht des Frachtführers frei und verstoßen nicht gegen Art. 41 CMR.[15]

Der Bundesgerichtshof hat eine Vertragsklausel, die regelte, welche Art von Gütern der Frachtführer nicht befördern wollte, ebenfalls als wirksam angesehen. Eine solche Klausel beschreibe nämlich lediglich den Umfang der vom Frachtführer zu leistenden Dienste und verstoße deshalb nicht gegen Art. 41 CMR.[16]

14 Im Einzelnen:
– Umstritten ist, ob eine vertragliche Erweiterung der **Prüfungspflichten** aus Art. 8 CMR (Überprüfung der Ware und Verpackung, vgl. Art. 8, Art. 1 ff.) dahingehend zulässig ist, dass der Frachtführer bei Übernahme des Gutes verpflichtet sein soll, die Qualität der Ware oder der Verpackung bzw. Verladung zu prüfen. Zunächst ist allgemein anerkannt, dass die in Art. 8 Abs. 1 CMR genannten Maßnahmen lediglich eine Obliegenheit begründen.[17] Ob der CMR-Frachtführer vertraglich über Art. 8 CMR hinausgehende Prüfungspflichten übernehmen kann, wird hingegen in der Rechtsprechung sowie im Schrifttum kontrovers diskutiert: Während der OGH Wien[18] und das OLG München,[19] die vertragliche Übernahme von Prüfungspflichten für zulässig erachtet, hält der BGH[20] solche Vereinbarungen wegen Art. 8, 17 CMR für un-

---

14 BGH, NJW 1979, 2470 = MDR 1979, 471; BGH, VersR 1979, 1154; BGH, VersR 1976, 433 = NJW 1976, 1029 = BGHZ 65, 340; OLG Bremen, VersR 1976, 584; OLG Düsseldorf, VersR 1983, 62; OLG Nürnberg, VersR 1982, 377; *Glöckner*, CMR, Art. 41 m.w.N.
15 *Helm*, in: GroßkommHGB, Art. 41 CMR Rdn. 8; MünchKommHGB/*Jesser-Huß*, Art. 41 CMR Rdn. 8; *Koller*, Art. 41 CMR Rdn. 1; *Bahnsen*, in: EBJS, Art. 41 CMR Rdn. 7.
16 BGH, TranspR 2010, 76.
17 *Zapp*, TranspR 1991, 371, 372 m.w.N.; so auch *Otte*, in: Ferrari/Kieninger/Mankowski et al., Int. Vertragsrecht, 2. Aufl. 2012, Art. 41 Rdn. 6.
18 TranspR 1985, 103, 105 sowie im Anschluss daran TranspR 1986, 372, 373.
19 TranspR 1991, 61, 62; anders das OLG Düsseldorf ohne weitere Begründung in NJW-RR 1994, 1253, 1254.
20 TranspR 1985, 261 ff.

wirksam. Das AG München[21] führt zu dieser Frage aus, dass Überprüfungspflichten in Art. 8 CMR hinsichtlich der übernommenen Menge bereits geregelt worden sind, so dass Art. 41 CMR anders lautenden vertraglichen Regelungen entgegenstehe. Im Schrifttum geht *Thume* davon aus, dass eine Verletzung der in Art. 8 Abs. 1 CMR statuierten Kontrollmaßnahmen wegen deren Obliegenheitscharakter lediglich zu Beweisnachteilen führe und daher eine über Art. 8 CMR hinausgehende vertragliche Erweiterung der Prüfungspflichten des CMR-Frachtführers weder mittelbar noch unmittelbar von Art. 8 CMR abweiche. Dies gelte a maiore ad minus hinsichtlich Prüfungspflichten bei der Verladung, da der Ladevorgang in Art. 8 CMR nicht genannt ist. Auch Art. 17 CMR sei durch solche Vereinbarungen nicht tangiert. Nach alledem werden Vorschriften der CMR nicht abbedungen, so dass ein Verstoß gegen Art. 41 CMR nicht vorliege.[22] Auch *Koller* sieht in der Vereinbarung von Prüfungspflichten weder eine Abweichung von Art. 8 CMR noch einen Verstoß gegen den Grundsatz, dass sich der CMR-Frachtführer evidente schadensverursachende Verpackungs- und Lademängel (vgl. Art. 17 CMR) zurechnen lassen muss. Die Überprüfungsobliegenheit des Art. 8 CMR wirke sich nur auf die Beweissituation im Rahmen des Art. 17 CMR aus. Art. 8 CMR verbiete nur, dass die Beweislage des Geschädigten mittels einer erhöhten Prüfungsobliegenheit des Frachtführers verbessert wird.[23] Die Gegenansicht in der Literatur hält eine vertragliche Erweiterung der Prüfungspflichten aus Art. 8 CMR wegen Art. 41 CMR für unzulässig: *Zapp* hält die Aufzählung in Art. 8 CMR seinem Wortlaut nach für abschließend. Zwar könne die Haftung des Frachtführers nicht auf Art. 8 CMR gestützt werden, da sich die Haftung aus Art. 17 CMR ergibt. Die Auslegung des Art. 17 CMR beruhe aber auf Art. 10 CMR, so dass die Art. 8, 17 CMR unter Berücksichtigung des Art. 10 CMR harmonisiert ausgelegt und angewendet werden müssen. Zur Bestimmung des Überprüfungsumfanges sei von der Rechtsprechung und Literatur der Grundsatz entwickelt worden, dass sich der Frachtführer nur evident erkennbare Mängel hinsichtlich der Verpackung des Gutes zurechnen lassen muss. Die Rechtfertigung einer solchen restriktiven Interpretation des Art. 17 CMR ergebe sich aus Art. 10 CMR. Somit seien die Prüfungspflichten auf offensichtliche Verpackungsmängel begrenzt und eine vertragliche Erweiterung solcher Pflichten wegen Art. 41 CMR nicht zulässig. Hinsichtlich der Verladungstätigkeit entfalle sogar die Evidenzkontrolle, da nach Art. 8 CMR die Überprüfungspflichten auf das Gut und die Verpackung begrenzt sind. Hinsichtlich der Verladung verbleibe es mithin bei der Regelung des Art. 17 Abs. 4c CMR. Zusammenfassend stellt *Zapp* fest, dass die vertragliche Überprüfungspflicht hinsichtlich Verpackung bzw. Verladung ein Verstoß gegen Art. 41 i.V.m. Art. 8, 17 CMR darstellen würde.[24]

---

21 TranspR 1997, 341, 342.
22 *Thume*, in: Fremuth/Thume, Art. 8 CMR Rdn. 17; vgl. allgemein auch *Thume*, in: Festschrift für Piper, 1996, S. 1037ff.
23 *Koller*, vor Art. 1 CMR Rdn. 35, Art. 17 CMR Rdn. 43 sowie Art. 41 CMR Rdn. 1.
24 *Zapp*, TranspR 1991, 371, 372f.

Art. 41 Nichtigkeit von dem Übereinkommen widersprechenden Vereinbarungen

Stellungnahme: Die vertragliche Erweiterung der Prüfungspflichten des Art. 8 CMR ist nach vorzugsweiser Ansicht nichtig. Aus dem Zusammenspiel der Art. 8, 17 CMR und Art. 10 CMR ergibt sich, dass einem CMR-Frachtführer lediglich in engen Grenzen Prüfungspflichten auferlegt werden sollen. Der für die Verpackung entwickelte Evidenzmaßstab sowie die fehlenden Prüfungspflichten für die Verladung stellen einen grundsätzlichen Regelungsgehalt des Abkommens dar, welcher wegen Art. 41 CMR nicht durch vertragliche Abreden der Transportbeteiligten abbedungen werden kann. Hinsichtlich der Kontrollpflichten ist somit Art. 8 CMR als abschließende Regelung zu sehen.

15 – Nichtig sind Vereinbarungen, die dem Frachtführer die **Überprüfung der Verladung/Verstauung** auferlegen, selbst wenn daran keine direkte Sanktionsfolge oder eine von Art. 17, 18 CMR abweichende Beweislastregel geknüpft wird.[25]

16 – Strittig ist, ob eine Verpflichtung des Frachtführers, zur **Überprüfung der Zollpapiere** nichtig ist, denn dies ist keine für Frachtführer spezifische Aufgabe.[26] Jedoch kann sich der Spediteurfrachtführer zusätzlich zu einer solchen Überprüfung außerhalb des CMR-Beförderungsvertrages verpflichten.

17 – Vereinbarungen über die **Verladepflicht** – gegen möglicherweise zusätzliches Entgelt – sind möglich, da die Verladepflicht nicht in der CMR geregelt ist.[27]

18 – Die Parteien können über die in Art. 6 Abs. 2 CMR genannten Abreden hinaus weitere Vereinbarungen treffen. Zu denken ist an die Vereinbarung von **nachnahmeähnlichen Geschäften**, **Inkassopflichten**, dem **Umladeverbot**, soweit nicht in Art. 6 geregelt, denn die CMR soll den Frachtführer nicht auf seine Rolle als Frachtführer beschränken, sondern ihn nur in seiner Rolle als Frachtführer schützen.[28] Zu denken ist auch an eine Vereinbarung, wonach der Absender für die **Eindeckung der CMR-Haftpflichtversicherung** des Frachtführers zu sorgen hat.[29]

18a – Eine Klausel in Beförderungsbedingungen (**Beförderungsausschlussklausel**), die regelt, dass ein Frachtführer eine Beförderung ausschließt, wenn ein Höchstbetrag von 50.000,00 US$ überschritten ist, ist nach Art. 41 CMR wirksam, da sie nicht in den Regelungsbereich dieser Norm eingreift.[30]

---

25 *Zapp*, TranspR 1991, 371, 373; *Ramming*, TranspR 2006, 95 ff.
26 Vgl. Art. 11 Rdn. 22; so auch *Koller*, Art. 41 Rdn. 1.
27 Vgl. Art. 17 CMR Rdn. 150 ff., 160 ff.; *Koller*, Art. 41 CMR Rdn. 1.
28 *Koller*, Art. 41 CMR Rdn. 1 a. E.; *Harms*, TranspR 2008, 310 m. w. A.
29 BGH, VersR 1999, 777 ff.
30 BGH, TranspR 2010, 76 ff.; a. A. OLG Nürnberg, OLG-Report 2008, 50 f.; *Koller*, VersR 2004, 269 ff.

3. Erweiterung der Rechte des Frachtführers

Ebenso, wie die Pflichten des Frachtführers nach der CMR nur in Teilen geregelt 19
wird, so sind auch die Rechte des Frachtführers (vor allem gegen den Absender)
nicht abschließend geregelt. Die Rechte des Frachtführers ergeben sich z.B. aus
Art. 7 CMR (Haftung für unrichtige und unvollständige Angaben im Frachtbrief); aus Art. 10 CMR (mangelnde Verpackung); aus Art. 11 CMR (Haftung
für fehlende bzw. fehlerhafte Urkunden und Begleitpapiere), sowie aus Art. 22
Abs. 2 (Haftung für gefährliche Güter, die nicht als solche bezeichnet wurden).
Die CMR enthält keinen Numerus clausus der Rechte des Frachtführers.

Im Einzelnen:

– Im Rahmen des Vertragsstatutes kann die Geltung der ADSp vereinbart werden, mit der Folge, dass die ADSp gem. deutschem Recht anzuwenden ist und neben dem gesetzlichen **Frachtführerpfandrecht** nach § 441 HGB auch das vertragliche Pfandrecht nach Ziff. 20 ADSp gilt. Die CMR regelt nicht die Frage eines gesetzlichen Pfandrechtes des Frachtführers am beförderten Gut. 20

– **Zurückbehaltungsrechte** sind in der CMR nicht geregelt; deshalb können bei ergänzend anwendbarem deutschen Recht das Frachtführerpfandrecht nach § 441 HGB, das dinglich wirkende kaufmännische Zurückbehaltungsrecht nach §§ 369 ff. HGB, sowie die schuldrechtlichen Zurückbehaltungsrechte §§ 273, 320 BGB nebeneinander geltend gemacht werden. Dieses Zurückbehaltungsrecht kann zusätzlich – in geeigneter Form – zwischen den Parteien vertraglich vereinbart werden (vertragliches Zurückbehaltungsrecht).[31] 21

– Der Frachtführer hat gegen den Empfänger bei Vorliegen der Voraussetzungen des Art. 13 Abs. 1 und 2 CMR das Recht, die „aus dem Frachtbrief hervorgehenden Kosten" zu fordern.[32] 22

Jedoch kann sich ein Anspruch des Frachtführers auf **Erstattung von Kosten** gegen den Empfänger ohne Vorliegen der Voraussetzungen des Art. 13 Abs. 2 CMR aus dem Gesichtspunkt der Geschäftsführung ohne Auftrag ergeben (§ 683 BGB), wenn er – außerhalb des Anwendungsbereiches von Art. 14 CMR – Aufwendungen im Interesse des Absenders erbracht hat, so z.B. die „Nachverpackung" des Gutes.

– Die Vereinbarung von Standgeld ist möglich. 23

– Ein CMR-Vertrag kann nicht wirksam als absolutes oder relatives Fixgeschäft 23a
i.S.d. deutschen Terminologie geschlossen werden, denn Lieferfristregelungen
sind in der CMR abschließend geregelt.[33]

---

31 *Haak*, TranspR 2006, 325, 335.
32 *Thume*, ETL 2005, 801 ff.
33 OLG Düsseldorf, TranspR 2007, 195.

Art. 41 Nichtigkeit von dem Übereinkommen widersprechenden Vereinbarungen

4. Aufrechnungsverbot und Widerklage

24 Zulässig sind Individualvereinbarungen oder Regelungen in AGB (z.B. Verwendung von entsprechenden Handelsklauseln, wie z.B. „netto Kasse gegen Rechnung und Verladepapiere"), die das Verbot der Aufrechnung mit Gegenforderungen aus der CMR enthalten, da die CMR keine Bestimmung über die Zulässigkeit eines vertraglich vereinbarten Aufrechnungsverbotes enthält.[34] Demnach ist es nur folgerichtig, das Aufrechnungsverbot nach Ziff. 19 ADSp durch die Vorschrift der CMR nicht auszuschließen.[35] Ob das – zulässige – Aufrechnungsverbot wirksam vereinbart worden ist, richtet sich nach dem jeweils anwendbaren nationalen Recht. Haben die Parteien weder eine ausdrückliche, noch eine stillschweigende Rechtswahl getroffen, so gilt für das Aufrechnungsverbot und dessen Vereinbarung – bei ergänzend anwendbarem deutschen Recht –, dass der Regelungsgehalt jeweils an §§ 307ff. BGB zu messen ist.[36]

25 Eine Regelung über den Ausschluss der Widerklage enthält die CMR nicht. Mithin können Gegenansprüche im Rahmen einer Widerklage geltend gemacht werden, ohne dass Art. 41 Abs. 1 CMR tangiert wird.[37]

5. Verjährungsregelung

26 Die Verjährung wird in Art. 32 CMR abschließend (vgl. Art. 32, Rdn. 1 ff.) für Ansprüche aus dem CMR-Übereinkommen geregelt, so dass eine Abänderung – Verjährungsverkürzung bzw. Verjährungsverlängerung –, nichtig ist.[38] Die Verjährung von Ansprüchen, die sich nicht nach der CMR richten, unterliegt dem nationalen Recht.

6. Gerichtsstandsvereinbarung und sonstige prozessuale Regeln

27 Gerichtsstandsvereinbarungen sind im Rahmen des Art. 31 CMR zulässig.

Der Anscheinsbeweis (prima-facie-Beweis) gilt auch in Haftpflichtprozessen nach der CMR.[39]

Eine Schiedsklausel i.S.d. Art. 33 CMR ist, soweit mit ihr das gleiche Ziel, wie mit einer Gerichtsstandklausel erreicht werden soll, gem. Art. 41 CMR nichtig und rechtsunwirksam.[40]

---

34 BGH, TranspR 1986, 68, 69f. = VersR 1985, 684, 685 = BGHZ 94, 71; OLG München, TranspR 1990, 16, 17 = NJW-RR 1989, 1434 = RIW 1989, 743; OLG Saarbrücken, TranspR 1984, 149; LG Köln, VersR 1985, 129.
35 So auch *Glöckner*, CMR, Art. 34 CMR Rdn. 2; *Csoklich*, VersR 1985, 909, 913.
36 OLG München, TranspR 1990, 16f.; *Koller*, vor Art. 1 CMR Rdn. 17.
37 BGH, TranspR 1986, 68, 70 = VersR 1985, 684, 695.
38 OLG Düsseldorf, VersR 1978, 1016.
39 BGH, TranspR 1985, 133ff.
40 OGH, Wien TranspR 2010, 383.

7. Interner Gesamtschuldnerausgleich

Soweit die CMR gilt und der Empfänger nach der CMR gegen den Unterfracht- 28
führer, der kein Frachtführer i.S.d. Art. 34 CMR ist, keinen Anspruch hat, sind
Ansprüche aus § 426 BGB ausgeschlossen,[41] weil die CMR insoweit eine abschließende, das nationale Recht zwingend verdrängende Regelung trifft und
zwar auch, wie Art. 39 Abs. 4 Satz 2, 2. Alt. CMR erkennen lässt, hinsichtlich
solcher Sachverhalte, die § 426 Abs. 2 BGB unterfallen (BGH a.a.O.).

III. Rechtsfolgen der Nichtigkeit, Art. 41 Abs. 1 Satz 2 CMR

Die Nichtigkeit einzelner, von der CMR abweichender Beförderungsbedingun- 29
gen hat nicht die Nichtigkeit des ganzen Vertrages zur Folge; Art. 41 Abs. 2
Satz 2 CMR schließt insoweit die Anwendung des § 139 BGB aus.[42] Anstelle der
ungültigen Regelung tritt die Regelung der CMR.[43] Der Einwand der Nichtigkeit
ist nicht rechtsmissbräuchlich,[44] denn die Berufung auf Bestimmungen der CMR
kann per se nicht rechtsmissbräuchlich sein.[45]

IV. Nichtigkeit nach Art. 41 Abs. 2 CMR

1. Transportversicherung

Art. 41 Abs. 2 CMR enthält spezielle Ausgestaltungen des Art. 41 Abs. 1 CMR. 30
In seiner ersten Alternative betrifft er die Transportversicherung des Absenders
oder Empfängers und nicht die Haftpflichtversicherung des Frachtführers.[46] Mit
der Regelung des Art. 41 Abs. 2 CMR soll verhindert werden, dass der Frachtführer über eine Transportversicherung des Absenders begünstigt wird und seine
gesetzliche Haftung damit – auf Kosten des Berechtigten – ausscheidet.[47] Ausgeschlossen ist die unter Mitwirkung des Frachtführers vorgenommene Abtretung
der Transportversicherungsansprüche des Absenders bzw. Empfängers an den
Frachtführer, da dies zu einer Freizeichnung des Frachtführers von seiner CMR-
Haftung führt, da nicht der Frachtführer, sondern der Versicherungsnehmer den
möglichen Schaden auf seine Kosten eingedeckt hat.[48] Dasselbe gilt für ähnliche

---

41 BGH, VersR 1991, 239 = TranspR 1990, 418.
42 Denkschrift, BT-Drucks. III./1144, 46.
43 So zutreffend: *Koller*, Art. 41 CMR Rdn. 1.
44 Nicht entschieden in BGH, VersR 1979, 417, 418.
45 Zutreffend: *Koller*, Art. 41 CMR Rdn. 1.
46 OGH Wien, VersR 1978, 980 und TranspR 1985, 348; *Glöckner*, CMR, Art. 41 CMR Rdn. 6; *Koller*, Art. 41 Rdn. 2.
47 *Loewe*, ETR 1976, 503, 594; *Glöckner*, CMR, Art. 41 CMR Rdn. 6.
48 LG Duisburg ETR 1975, 527; *Piper*, VersR 1988, 201, 204; *Koller*, Art. 41 CMR Rdn. 2.

Art. 41 Nichtigkeit von dem Übereinkommen widersprechenden Vereinbarungen

Abmachungen, z.B. für unter Mitwirkung des Frachtführers getroffene Vereinbarungen die zu einem Ausschluss des Regresses des Transportversicherers führen.[49] Dagegen ist eine Vereinbarung, zwischen Versicherungsnehmer und Versicherer ohne Beteiligung des Frachtführers für den Fall des Regressverzichtes im Schadensfall zulässig.[50]

31 Nicht geregelt in Art. 41 Abs. 2 CMR ist jener Fall, dass der Frachtführer seinen Deckungsanspruch aus einer von ihm abgeschlossenen CMR-Haftpflichtversicherung an den Gläubiger des Ersatzanspruches abtritt, da Art. 41 Abs. 2 CMR sich nur auf Ansprüche aus der Transportversicherung, nicht aber aus der Haftpflichtversicherung bezieht.[51] Diese Abtretung ist – sofern in den Versicherungsbedingungen kein Abtretungsverbot enthalten ist[52] wirksam, da der Forderungsübergang weder mittelbar, noch unmittelbar dazu führt, dass von zwingenden Vorschriften der CMR abgewichen wird. In diesem Falle kann der Gläubiger des Ersatzanspruches – nach Abtretung – den Haftpflichtversicherer unmittelbar in Anspruch nehmen. Eine Verpflichtung des Frachtführers zur Abtretung des Deckungsanspruches aus seiner CMR-Haftpflichtversicherung an den Gläubiger des Ersatzanspruches besteht weder aus der CMR selbst heraus, noch ist es eine allgemeine Vertragspflicht,[53] denn der CMR-Vertrag verpflichtet zur Ausführung der Beförderung, und der Verstoß gegen die ordnungsgemäße Erbringung dieser Leistung führt zu Ansprüchen nach Art. 17 ff. CMR, nicht jedoch zu einer Verpflichtung, den Deckungsanspruch an den aus der CMR heraus Berechtigten abzutreten. Der Anspruch des CMR-Frachtführers gegenüber seinem CMR-Versicherer kann vom Haftpflichtgläubiger gepfändet werden, denn in diesem Falle vereint sich der Freistellungsanspruch des Versicherungsnehmers gegen den Versicherer in einem Zahlungsanspruch, da sich Haftpflicht- und Deckungsanspruch in der Person des Haftpflichtgläubigers vereinigen.[54]

2. Beweislast

32 Die letzte Alternative des Art. 41 Abs. 2 CMR erklärt ausdrücklich jede Vereinbarung, die zu einer Verschiebung der Beweislast führt, für nichtig. Art. 18 CMR regelt zwingend die Frage der Beweislast, mithin also, wer beweispflichtig ist und die Nachteile des „nicht beweisen können" zu tragen hat.[55] *Loewe*[56] erwägt den Gedanken, dass eine Vereinbarung über die Beweislastverteilung den materiellen Inhalt der CMR nicht verändern würde. Dieser Überlegung ist nicht zuzu-

---

49 *Piper*, VersR 1988, 201, 204.
50 *Piper*, VersR 1988, 201, 204; a.A. *Loewe*, ETR 1976, 503, 594; *Koller*, Art. 41 CMR Rdn. 2, der auch den einseitigen Verzicht ohne Einwirkung des Frachtführers für zulässig erachtet.
51 Vgl. hierzu *Piper*, VersR 1988, 201, 204.
52 BGH, VersR 1975, 655, 656 f.; BGH, VersR 1980, 522, 523.
53 Vgl. *Piper*, VersR 1988, 201, 204.
54 BGH, VersR 1985, 753, 754.
55 Vgl. Art. 18 Rdn. 1 ff.
56 *Loewe*, ETR 1976, 503, 594.

Nichtigkeit von dem Übereinkommen widersprechenden Vereinbarungen **Art. 41**

stimmen, denn die entsprechenden Beweislastregeln sind innerhalb der CMR zu deren Bestandteil geworden und unterliegen mithin nicht mehr der Disponibilität von Vereinbarungen, weswegen Beweislastvereinbarungen insoweit nichtig sind.[57] Im Übrigen – sofern die CMR keine Beweislastregeln enthält – können die Parteien Beweislastabreden treffen[58] (Art. 18 Rdn. 2, m.w.N.).

Die Frage der Beweiswürdigung wird in der CMR nicht geregelt, so dass diese Regelung dem insoweit ergänzend anwendbaren innerstaatlichen Recht überlassen wird, also insbesondere § 286 ZPO gilt.[59] **33**

---

57 *Piper*, in: Festschrift Helm, 2001, S. 289 ff.
58 Vgl. Art. 18; a.A. *Koller*, Transportrecht, Art. 41 Rdn. 1; nach dessen Auffassung wäre Art. 41 Abs. 2 CMR funktionslos, wenn er nur die Geltung der in der CMR enthaltenen Beweislastregeln absichern sollte.
59 *Piper*, TranspR 1990, 357, 359.

Kapitel VIII:
Schlussbestimmungen

Artikel 42

1. Dieses Übereinkommen steht den Mitgliedstaaten der Wirtschaftskommission für Europa sowie den nach Absatz 8 des der Kommission erteilten Auftrages in beratender Eigenschaft zu der Kommission zugelassenen Staaten zur Unterzeichnung oder zum Beitritt offen.

2. Die Staaten, die nach Absatz 11 des der Wirtschaftskommission für Europa erteilten Auftrages berechtigt sind, an gewissen Arbeiten der Kommission teilzunehmen, können durch Beitritt Vertragsparteien des Übereinkommens nach seinem Inkrafttreten werden.

3. Das Übereinkommen liegt bis einschließlich 31. August 1956 zur Unterzeichnung auf. Nach diesem Tage steht es zum Beitritt offen.

4. Dieses Übereinkommen ist zu ratifizieren.

5. Die Ratifikation oder der Beitritt erfolgt durch Hinterlegung einer Urkunde beim Generalsekretär der Vereinten Nationen.

Artikel 43

1. Dieses Übereinkommen tritt am neunzigsten Tage nach Hinterlegung der Ratifikations- oder Beitrittsurkunden durch fünf der in Artikel 42 Absatz 1 bezeichneten Staaten in Kraft.

2. Dieses Übereinkommen tritt für jeden Staat, der nach Hinterlegung der Ratifikations- oder Beitrittsurkunden durch fünf Staaten ratifiziert oder beitritt, am neunzigsten Tage nach Hinterlegung seiner Ratifikations- oder Beitrittsurkunde in Kraft.

Artikel 44

1. Jede Vertragspartei kann dieses Übereinkommen durch Notifizierung an den Generalsekretär der Vereinten Nationen kündigen.

2. Die Kündigung wird zwölf Monate nach dem Eingang der Notifizierung beim Generalsekretär wirksam.

Artikel 45

Sinkt durch Kündigungen die Zahl der Vertragsparteien nach Inkrafttreten dieses Übereinkommens auf weniger als fünf, so tritt das Übereinkommen mit dem Tage außer Kraft, an dem die letzte dieser Kündigungen wirksam wird.

Artikel 46

1. Jeder Staat kann bei Hinterlegung seiner Ratifikations- oder Beitrittsurkunde oder zu jedem späteren Zeitpunkt durch Notifizierung dem Generalsekretär der Vereinten Nationen gegenüber erklären, daß dieses Übereinkommen für alle oder für einen Teil der Hoheitsgebiete gelten soll, deren internationale Beziehungen er wahrnimmt. Das Übereinkommen wird für das Hoheitsgebiet oder die Hoheitsgebiete, die in der Notifizierung genannt sind, am neunzigsten Tage nach Eingang der Notifizierung beim Generalsekretär der Vereinten Nationen oder, falls das Übereinkommen noch nicht in Kraft getreten ist, mit seinem Inkrafttreten wirksam.

2. Jeder Staat, der nach Absatz 1 erklärt hat, daß dieses Übereinkommen auf ein Hoheitsgebiet Anwendung findet, dessen internationale Beziehungen er wahrnimmt, kann das Übereinkommen in bezug auf dieses Hoheitsgebiet gemäß Artikel 44 kündigen.

Artikel 47

Jede Meinungsverschiedenheit zwischen zwei oder mehreren Vertragsparteien über die Auslegung oder Anwendung dieses Übereinkommens, die von den Parteien durch Verhandlung oder auf anderem Wege nicht geregelt werden kann, wird auf Antrag einer der beteiligten Vertragsparteien dem Internationalen Gerichtshof zur Entscheidung vorgelegt.

Artikel 48

1. Jede Vertragspartei kann bei der Unterzeichnung, bei der Ratifikation oder bei dem Beitritt zu diesem Übereinkommen erklären, dass sie sich durch den Artikel 47 des Übereinkommens nicht als gebunden betrachtet. Die anderen Vertragsparteien sind gegenüber jeder Vertragspartei, die einen solchen Vorbehalt gemacht hat, durch den Artikel 47 nicht gebunden.

2. Jede Vertragspartei, die einen Vorbehalt nach Absatz 1 gemacht hat, kann diesen Vorbehalt jederzeit durch Notifizierung an den Generalsekretär der Vereinten Nationen zurückziehen.

3. Andere Vorbehalte zu diesem Übereinkommen sind nicht zulässig.

Artikel 49

1. Sobald dieses Übereinkommen drei Jahre lang in Kraft ist, kann jede Vertragspartei durch Notifizierung an den Generalsekretär der Vereinten Nationen die Einberufung einer Konferenz zur Revision des Übereinkommens verlangen. Der Generalsekretär wird dieses Verlangen allen Vertragsparteien mitteilen und eine Revisionskonferenz einberufen, wenn binnen vier Monaten nach seiner Mittei-

lung mindestens ein Viertel der Vertragsparteien ihm die Zustimmung zu dem Verlangen notifiziert.

2. Wenn eine Konferenz nach Absatz 1 einberufen wird, teilt der Generalsekretär dies allen Vertragsparteien mit und fordert sie auf, binnen drei Monaten die Vorschläge einzureichen, die sie durch die Konferenz geprüft haben wollen. Der Generalsekretär teilt allen Vertragsparteien die vorläufige Tagesordnung der Konferenz sowie den Wortlaut dieser Vorschläge mindestens drei Monate vor der Eröffnung der Konferenz mit.

3. Der Generalsekretär lädt zu jeder nach diesem Artikel einberufenen Konferenz alle in Artikel 42 Absatz 1 bezeichneten Staaten sowie die Staaten ein, die aufgrund des Artikels 42 Absatz 2 Vertragsparteien geworden sind.

Artikel 50

Außer den in Artikel 49 vorgesehenen Mitteilungen notifiziert der Generalsekretär der Vereinten Nationen den in Artikel 42 Absatz 1 bezeichneten Staaten sowie den Staaten, die aufgrund des Artikel 42 Absatz 2 Vertragsparteien geworden sind,

a) die Ratifikationen und Beitritte nach Artikel 42;
b) die Zeitpunkte, zu denen dieses Übereinkommen nach Artikel 43 in Kraft tritt;
c) die Kündigung nach Artikel 44;
d) das Außerkrafttreten dieses Übereinkommens nach Artikel 45;
e) den Eingang der Notifizierungen nach Artikel 46;
f) den Eingang der Erklärungen und Notifizierungen nach Artikel 48 Absatz 1 und 2.

Artikel 51

Nach dem 31. August 1956 wird die Urschrift dieses Übereinkommens beim Generalsekretär der Vereinten Nationen hinterlegt, der allen in Art. 42 Abs. 1 und 2 bezeichneten Staaten beglaubigte Abschriften übersendet.

Zu Urkund dessen haben die hierzu gehörig bevollmächtigten Unterzeichneten dieses Übereinkommen unterschrieben.

Geschehen zu Genf am neunzehnten Mai neunzehnhundertsechsundfünfzig in einer einzigen Urschrift in englischer und französischer Sprache, wobei jeder Wortlaut gleichermaßen verbindlich ist.

Länderberichte

Belgien

Rechtsanwalt Vincent De Smet, LL.M. (Freiburg i. Br.), Brüssel

Literatur: *Delanote, J.*, Laden, lossen en stuwen bij de CMR-vervoersovereenkomst: nieuwe horizonten, Limb. Rechtsl., 2011, S. 201–227; *Hendrikse, M.L./van Huizen, Ph.H.J.G.*, CMR: Internationaal vervoer van goederen over de weg, 2005; *Keyzer, L.*, ondervervoer – opvolgend vervoer (art. 3-34 e.v. CMR), ETL, 2007, S. 325–338; *Libouton, J.*, Les transports routiers internationaux. La convention relative au contrat de transport international de marchandises par route (C.M.R.) 1965–1971, JT, 1972, S. 397–406; *Libouton, J.*, Les transports routiers internationaux. La convention relative au contrat de transport international de marchandises par route (1974–1980), JT, 1982, Teil 1: S. 693–704, Teil 2: S. 713–725 und Teil 3: S. 733–739; *Libouton, J.*, Le commissionnaire-expéditeur: un phénix, in Hommage à Jacques Heenen, 1994, S. 251–275; *Libouton, J.*, Les commissionnaires en droit maritime belge, Colloque franco-belge, ABDM/BVZ, 2000, S. 135–148; *Loewe, R.*, Erläuterungen zum Übereinkommen vom 19. Mai 1956 über den Beförderungsvertrag im internationalen Straßengüterverkehr (CMR), ETL, 1976, S. 503–597; *Loyens, J.*, Handboek Transportrecht, 2011; *Noels, D.*, De commissionair-expeditéur, 2006; *Ponet, F.*, De overeenkomst van internationaal wegvervoer/CMR – Overzicht van Belgische en buitenlandse rechtspraak 1963–2003, 2003; *Putzeys, J.*, Le contrat de transport routier de marchandises, 1981; *Rubens, P.*, Vervoer van zaken over de weg, 2009; *Stevens, F.*, De schriftelijke vordering (art. 32,2 CMR) in de Belgische rechtspraak, TVR, 2005, S. 3–11; *Stevens, F.*, Vorderingsrecht onder CMR, TVR, 2008, S. 81–90; *Van Ryn, J./Heenen, J.*, Principes de droit commercial – Tôme quatrième, 1988; *Verguts, P.*, De overeenkomst tot internationaal vervoer van goederen over de weg – C.M.R.-Verdrag, 1995.

Übersicht

	Seite		Seite
I. Einleitung	995	VI. CMR – Haftung des Frachtführers (Art 17.1., 17.2., 17.3., 17.4.c), 17.4.d), 18, 23, 25, 27, 28, 29 und 30)	1009
II. Überblick über das belgische Straßengütertransportrecht	996		
III. CMR – Geltungsbereich (Art. 1 und 2)	999	VII. CMR – Reklamationen und Klagen (Art. 31 und 32)	1021
IV. CMR – Haftung des Frachtführers für andere Personen (Art. 3)	1002	VIII. CMR – Aufeinanderfolgende Frachtführer (Art. 34)	1025
V. CMR – Abschluss und Ausführung des Frachtvertrags (Art. 4, 5, 6, 8, 12 und 13)	1004		

I. Einleitung

In Belgien werden in den wirtschaftlich bedeutsamen Seehäfen Antwerpen, Zeebrügge und Gent, sowie in Lüttich dem drittgrößten Binnenschiffhafen Europas, große Warenströme per Schiff angeliefert oder in Richtung der Weltmärkte verschifft. Ein Großteil dieser Waren wird vor und nach dem Seetransport über die

Straße befördert. Zum umfangreichen Hinterland, in das diese Warenströme ausmünden oder in dem sie entspringen, zählen nicht nur Belgien, Nordfrankreich und die Niederlande, sondern in hohem Maße auch Deutschland.

Auf diese internationalen Straßengüterbeförderungen zwischen Belgien und Deutschland findet das CMR-Übereinkommen zwingend Anwendung. Gemäß Art. 31 Abs. 1 lit. b) CMR gibt es für Streitigkeiten aus solchen Transporten grundsätzlich einen Gerichtsstand in Belgien und es lohnt sich also für den deutschen Rechtsanwender, einen Blick auf die Anwendung und Auslegung des CMR-Übereinkommens in Belgien zu werfen. Nicht nur aus „*forum shopping*"-Gründen, sondern auch wegen der Möglichkeiten und Besonderheiten für die Sicherstellung und Durchsetzung des Regressanspruchs eines Hauptfrachtführers gegen den von ihm beauftragten belgischen Unterfrachtführer, empfiehlt es sich, ein verstärktes Augenmerk auch auf die belgische Rechtspraxis zu legen.

Dieser Länderbericht hat sich somit zum Ziel gesetzt, den deutschen Rechtsanwendern einen ersten Einblick in das belgische Straßengütertransportrecht und seine verfahrensrechtlichen Eigentümlichkeiten zu vermitteln, wobei insbesondere die wesentlichsten Unterschiede und Besonderheiten der belgischen CMR-Rechtspraxis im Vergleich zur deutschen Rechtsanwendung unter die Lupe genommen werden.

II. Überblick über das belgische Straßengütertransportrecht

Der Beförderungsvertrag nimmt im belgischen Privatrecht seinen Platz als spezielle Form des Werkvertrags (Art. 1779 ff. des belgischen Zivilgesetzbuches vom 21. März 1804 über die „*Vermietung von Arbeit und Diensten*") ein. Nach Art. 1782 des Zivilgesetzbuches „*unterliegen Transporteure zu Land und zu Wasser, was die Verwahrung und Erhaltung der ihnen anvertrauten Sachen betrifft, denselben Verpflichtungen wie die Gastwirte, von denen im Titel ‚Verwahrung und Sequestration' die Rede ist*" und gemäß Art. 1784 des Zivilgesetzbuches „*haften sie für den Verlust und die Beschädigung der ihnen anvertrauten Sachen, es sei denn, sie weisen nach, dass diese durch Zufall oder höhere Gewalt verloren gegangen oder beschädigt worden sind*". Diese werkvertraglichen Regelungen sind jedoch von untergeordneter Bedeutung, da sie im Prinzip von den für die Frachtverträge geltenden nationalen und internationalen Sondergesetzen vollständig verdrängt werden.

Belgien ist ein Signaturstaat des CMR-Übereinkommens,[1] das deshalb bei internationalen Straßengütertransporten mit vertraglich vereinbartem Ort der Übernahme oder Ablieferung des Gutes in Belgien, zwingend heranzuziehen ist.

---

[1] In Belgien wurde das CMR-Übereinkommen v. 19.5.1959 durch ein Gesetz v. 4.9.1962 und das Protokoll zum CMR-Übereinkommen v. 5.7.1978 durch ein Gesetz v. 25.4.1983 gebilligt. Das Zusatzprotokoll zum CMR-Übereinkommen v. 20.2.2008 betreffend den elektronischen Frachtbrief wurde zwar von Belgien am 27.5.2008 unterzeichnet, ist aber bislang noch nicht ratifiziert worden und daher auch noch nicht in Kraft getreten.

Gemäß Art. 38 Absatz 1 des Gesetzes vom 3. Mai 1999 über den Güterkraftverkehr finden Art. 1 Absatz 2 und 3 sowie Art. 2–41 des CMR-Übereinkommens ebenfalls zwingend Anwendung auf den innerbelgischen Straßengüterkraftverkehr. Die Beförderungen von Postsendungen, die im Rahmen des öffentlichen Dienstes durchgeführt werden, die Beförderung von Leichen und Umzüge sind nach Abs. 3 des vorerwähnten Art. 38 von dieser Regelung ausgenommen. Auch der Königliche Erlass vom 7. Mai 2002 über den Güterkraftverkehr hat bestimmte weitere Kategorien von Straßengütertransporten, welche ausschließlich auf belgischem Staatsgebiet durchgeführt werden, aus dem Geltungsbereich des Güterkraftverkehrsgesetzes vom 3. Mai 1999 und demzufolge der Anwendung des CMR-Übereinkommens ausgeschlossen.[2] Landfrachtverträge, auf die das Güterkraftverkehrsgesetz keine Anwendung findet, werden im Prinzip weiterhin durch das alte Landtransportgesetz vom 25. August 1891 beherrscht, das rein dispositives Recht ist und u.a. für die Geltendmachung von Ansprüchen mit Bezug auf inländische Beförderungen eine sechsmonatige Verjährungsfrist bestimmt und keine gewichtsabhängige Haftungsbeschränkung vorschreibt. Lediglich Art. 8 dieses alten Landtransportgesetzes, der eine eher selten eingesetzten Regelung für die Begutachtung, Verwahrung oder Verkauf von Gütern enthält, deren Annahme verweigert oder beanstandet wurde, findet weiterhin Anwendung auf alle innerstaatlichen Straßengütertransporte.

Art. 38 Absatz 5 des Güterkraftverkehrsgesetzes stellt den Spediteur, was seine vertraglichen Verpflichtungen und seine vertragliche Verantwortlichkeit betrifft, einem Frachtführer gleich. Diese Gleichstellung gilt nach belgischem Recht gleichermaßen für nationale und internationale Transporte. Es sei jedoch zu beachten, dass hier mit Spediteur lediglich der belgische *„Kommissionär-Transporteur"*[3] und nicht der belgische *„Abfertigungsspediteur"*[4] gemeint ist.[5] Der belgische *„Kommissionär-Transporteur"* verpflichtet sich gegen Vergütung, eine Güterbeförderung vorzunehmen und diese Beförderung in eigenem Namen von Dritten durchführen zu lassen, wohingegen der belgische *„Abfertigungsspediteur"* sich gegen Vergütung verpflichtet, in eigenem Namen aber für Rechnung seines Auftraggebers Güter transportieren zu lassen und eine oder mehrere mit der Beförderung verbundene Verrichtungen wie Empfang, Übergabe an dritte Verkehrsunternehmer, Zwischenlagerung, Versicherung und zollamtliche Abfer-

---

2 Erwähnenswert sind hier der Güterverkehr abseits der öffentlichen Straße, wie z.B. auf privaten Hafenterminal- oder Flughafengeländen, die Beförderung von beschädigten und reparaturbedürftigen Fahrzeugen, Werttransporte mit speziell dafür konstruierten Fahrzeugen und der Güterverkehr mit Kraftfahrzeugen, deren Nutzlast 500 Kilogramm nicht überschreitet.
3 Auf Niederländisch: *„vervoerscommissionair"*; auf Französisch: *„commissionaire de transport"*.
4 Auch als *„Kommissionär-Spediteur"* ins Deutsche übersetzt; auf Niederländisch: *„commissionair-expediteur"* oder *„expediteur"*; auf Französisch: *„commissionaire-expéditeur"*.
5 Das belgische Recht kennt keine ähnlichen Bestimmungen wie § 458 (selbsteintretender Spediteur), § 459 (Fixkostenspediteur) und 460 HGB (Sammelladungsspediteur) im deutschen Recht.

tigung durchzuführen oder durchführen zu lassen.[6] Der grundlegende Unterschied zwischen beiden Speditionsarten besteht darin, dass der belgische *„Kommissionär-Transporteur"* einen Erfolg schuldet, nämlich dass die zu befördernden Güter beim Empfänger unbeschädigt ankommen. Der belgische *„Abfertigungsspediteur"* schuldet hingegen nur ein *„sich Bemühen"*: er hat die Güterversendung zu besorgen oder – vereinfacht gesagt – lediglich dafür zu sorgen, dass die Waren beim Absender abfahren.[7] Anders als es beim belgischen *„Kommissionär-Transporteur"* der Fall ist, unterliegen die vertraglichen Schadensersatzansprüche gegen einen *„Abfertigungsspediteur"* nicht der kurzen einjährigen Verjährungsfrist, sondern verjähren grundsätzlich erst nach zehn Jahren gemäß der gemeinrechtlichen Verjährungsfrist für persönliche Forderungen (Art. 2262*bis* Abs. 1 des Zivilgesetzbuches[8]). Auch das Pfandrecht ist bei den beiden Speditionsarten sehr unterschiedlich ausgeprägt. Der belgische *„Kommissionär-Transporteur"* verfügt lediglich über ein Vorrecht an denjenigen Gütern in seinem Besitz, auf die sich seine Forderung bezieht (Art. 20, 7° des Hypothekengesetzes vom 16. Dezember 1851). Auf eine solche Beschränkung hat der belgische *„Abfertigungsspediteur"* bei der Ausübung seines Pfandrechts keine Rücksicht zu nehmen (Art. 14 des Gesetzes vom 5. Mai 1872 über das Handelspfand[9]). Vor allem um der Frachtführerhaftung zu entgehen, versuchen Verkehrsunternehmen sich immer wieder – mal zu Recht, mal zu Unrecht – im Streitfall als belgischer *„Abfertigungsspediteur"* darzustellen. Es handelt sich dabei stets um eine Einzelfallbeurteilung, so dass eine sehr umfangreiche Rechtsprechung zu diesem Thema vorhanden ist. Es wird grundsätzlich auf den Parteiwillen abgestellt so wie dieser sich beispielsweise aus der Formulierung und den Umstän-

---

6 Art. 1, 1° und 3° des Gesetzes v. 26.6.1967 über die Gütertransportvermittler und Art. 2, 13° und 14° des oben erwähnten Güterkraftverkehrsgesetzes v. 3.5.1999 enthalten diese Legaldefinitionen.

7 S. für diesen Ausdruck: *Libouton, J.*, Les commissionnaires en droit maritime belge, Colloque franco-belge, ABDM/BVZ, 2000, S. 144, Nr. 11.

8 Diese Verjährungsfrist ist lediglich dispositiven Rechts. Die belgischen Spediteure bestimmen sehr oft, dass ihre Geschäfte den allgemeinen belgischen Speditionsbedingungen unterliegen. Diese Bedingungen wurden vom belgischen Speditionsverband CEB (*„Confederatie der Expediteurs van België"/„Confédération des Expéteurs de Belgique"* – www.conexbe.be) verfasst. Die letzte Fassung *„2005"* wurde am 24.6.2005 in der Anlage des belgischen Gesetzesblatts (*„Belgisch Staatsblad"/„Moniteur belge"*) veröffentlicht. Falls diese allgemeinen Speditionsbedingungen rechtswirksam in den Vertrag einbezogen wurden, ist die kurze sechsmonatige Verjährungsfrist des Art. 37 zu beachten und sind die noch kürzeren Fristen des Art. 36 für die Mitteilung des Schadensersatzanspruchs an den Spediteur (14 Tage nach der Aushändigung oder dem Versand der Güter – im Falle der Nichteinhaltung dieser Frist ist aber keine Sanktion vorgesehen) und die Formulierung eines begründeten Vorbehalts (zehn Tage nach dem Versand der Unterlagen bezüglich einer bestimmten Verrichtung – Folge bei Nichteinhaltung dieser Frist: *„jede eventuelle Haftung des Spediteurs erlischt automatisch und endgültig"*) einzuhalten. Im Übrigen ist an dieser Stelle noch auf Art. 28 der allgemeinen belgischen Speditionsbedingungen zu verweisen, der die Haftung des *„Abfertigungsspediteurs"* auf 5,00 € für jedes beschädigte oder fehlende Kilogramm des Rohgewichts und auf maximal 25.000,00 € pro Auftrag beschränkt.

9 Dieses Gesetz enthält eine sehr einfache und schnelle Regelung für den Pfandverkauf.

den der Annahme der Auftragsannahme und/oder der tatsächlichen Vertragserfüllung ermitteln lässt.

III. CMR – Geltungsbereich

Art. 1

Laut Art. 1 Abs. 1 CMR gilt dieses Übereinkommen für jeden Vertrag über die entgeltliche Beförderung von Gütern auf der Straße mittels Fahrzeugen, wenn der Ort der Übernahme des Gutes und der für die Ablieferung vorgesehene Ort, wie sie im Vertrag angegeben sind, in zwei verschiedenen Staaten liegen, von denen mindestens einer ein Vertragsstaat ist.

Der belgische oberste Gerichtshof, der Kassationshof,[10] gibt eine sehr enge Auslegung der Formulierung *„Vertrag über die entgeltliche Beförderung von Gütern auf der Straße"* und vertritt so die Auffassung, dass das CMR-Übereinkommen nur dann gilt, wenn der zwischen Absender und Frachtführer abgeschlossene Frachtvertrag auch tatsächlich einen Straßengütertransport zum Gegenstand hat.[11] In dieser Entscheidung ging es um eine Beförderung von Waren von Londerzeel/Belgien nach Belm/Deutschland. Mit der Ausführung dieses Transports wurde ein Kurier- und Paketdienstunternehmen beauftragt. Das vor dem Kassationshof angefochtene Urteil hatte entschieden, dass der mit einem Kurier- und Paketdienstunternehmen abgeschlossene Vertrag kein Beförderungsvertrag ist,[12] da nur die Versendung der Waren geschuldet wird und das Kurier- und Paketdienstunternehmen selbstständig und ohne Möglichkeit zur Einflussnahme des Absenders entscheidet, wie es diese Versendung besorgt. Die Vereinbarung über eine Beförderung von Gütern auf der Straße ist laut dem angefochtenen Urteil eine Grundvoraussetzung für die Geltung des CMR-Übereinkommens. Letzterer Ansicht hat der Kassationshof sich nun ausdrücklich angeschlossen. Diese Grundvoraussetzung ist nicht erfüllt, wenn der Vertrag das Beförderungsmittel nicht bestimmt und auch die übrigen Umstände des Falles nicht ergeben, dass die Parteien von Anfang an die Ausführung eines Straßentransports beabsichtigt haben. Unangenehme Folge dieser Entscheidung für das Kurier- und Paketdienstunternehmen war, dass es sich nicht auf die beschränkte Frachtführerhaftung des CMR-Übereinkommens berufen konnte. Dem angefochtenen Urteil zufolge wären im Gegenteil grundsätzlich die gesetzlichen Bestimmungen über den Werkvertrag heranzuziehen, welche keine Beschränkung der Haftung enthalten. Auf Haftungsbeschränkungen in allgemeinen Geschäftsbedingungen könnte das Kurier- und Paketdienstunternehmen sich dennoch berufen, vorausgesetzt, diese all-

---

10 Auf Niederländisch: *„Hof van Cassatie"*; auf Französisch: *„Cour de Cassation"*.
11 Kassationshof, 8.11.2004, AC, 2004, S. 1767; s. auch Handelsgericht Antwerpen, 21.12.2007, RABG, 2008, S. 294; Handelsgericht Brüssel, 14.3.2001, RHA, 2002, S. 70; das Brüsseler Berufungsgericht vertritt diese enge Sichtweise nun auch bei nationalen Transporten = s. Berufungsgericht Brüssel, 16.6.2010 und 2.9.2011, DAOR, 2012, S. 21.
12 Diese Ansicht wurde in der Lehre kritisiert.

gemeinen Geschäftsbedingungen wurden rechtswirksam in den Vertrag einbezogen.

Interessant ist auch die Entscheidung des Antwerpener Berufungsgerichts,[13] laut der das CMR-Übereinkommen auf die Beförderung von zwischengelagerten und noch nicht für die Belieferung an den Kunden freigegeben Kopiergeräten, von einem Distributionslager zu einem anderen keine Anwendung findet, es sei denn, das Logistik- und Distributionsunternehmen handelte auf Weisung des Auftraggebers. Insoweit die Ortsveränderung der Vertriebswaren, wie im vorliegenden Fall, auf einer Eigeninitiative des Logistik- und Distributionsunternehmens beruht und lediglich aus Gründen der internen Betriebsorganisation vorgenommen wird, so wird seine Haftung für Verlust oder Beschädigung der gelagerten Waren nicht nach den gesetzlichen Bestimmungen über den Beförderungsvertrag, sondern nach denen welche für den Lagervertrag gelten, beurteilt. Die vom Logistik- und Distributionsunternehmen erhobene Einrede der Verjährung gemäß Art. 32 CMR bzw. Art. 9 des alten Landtransportgesetzes vom 25. August 1891 wurde daher vom Antwerpener Berufungsgericht für unbegründet gehalten.

Zum Gut im Sinne des Art. 1 Abs. 1 CMR zählt die Rechtsprechung auch den vom Kunden gestellten und fertig beladenen Anhänger, der vom beauftragten Frachtführer mit eigenem Fahrer und Zugmaschine beim Kunden abgeholt und zu einem anderen Ort befördert wird.[14]

Art. 2

Art. 2 CMR bestimmt, dass der Straßenfrachtführer beim Huckepacktransports (Ro/Ro-Verkehr) nach dem Recht des Trägerbeförderungsmittels haftet, wenn die eingetretenen Verluste, Beschädigungen oder Überschreitungen der Lieferfrist nicht durch eine Handlung oder Unterlassung des Straßenfrachtführers, sondern durch ein Ereignis verursacht worden ist, das nur während und wegen der Beförderung durch das Trägerbeförderungsmittel eingetreten sein kann. Der Straßenfrachtführer haftet dann genau so wie der Frachtführer des Trägerbeförderungsmittels gehaftet hätte, wenn für die betreffende Teilstrecke des Transports zwischen Letztgenanntem und dem Absender ein („*fiktiver*") Beförderungsvertrag nach den zwingenden Vorschriften des für den Transport durch das Trägerbeförderungsmittel geltenden Rechts abgeschlossen wäre.

In Belgien orientiert sich die Rechtsprechung an der französischen Fassung des Art. 2 CMR[15] und setzt daher voraus, dass das CMR-Übereinkommen nach Maßgabe des Art. 2 CMR nur durch das zwingende nationale oder internationale Recht des Trägerbeförderungsmittels und nicht durch rein dispositives Recht ver-

---

13 Berufungsgericht Antwerpen, 11.10.2004, RHA, 2006, S. 47.
14 Kassationshof, 2.2.1990, AC, 1989–90, S. 722; Handelsgericht Antwerpen, 27.11.2007, TBH, 2008, S. 667; Handelsgericht Löwen, 27.11.2007, TBH, 2008, S. 667.
15 „*Conformément les dispositions impératives de la loi concernant le transport de marchandises par le mode de transport autre que la route.*"

drängt werden kann. Das Antwerpener Berufungsgericht[16] hat in einem Fall, dem ein Transport von photographischem Material von Belgien nach England zugrunde lag und wobei die Auflieger samt geladenen Gütern während der Überfahrt per Fähre schwer beschädigt wurden, entschieden, dass mit den zwingenden Vorschriften des für die Beförderung durch das Trägerbeförderungsmittel geltenden Rechts ausschließlich *„ein auf international vereinbartem und einheitlichem Transportrecht beruhendes gesetzliches Haftungsregime"*, gemeint ist, welches „in abstracto", d. h. ohne Rücksicht auf den tatsächlich zwischen dem Straßenbeförderer und dem Seefrachtführer abgeschlossenen Frachtvertrag, anzuwenden ist. Auf die Frage, ob alle objektiven Voraussetzungen für die zwingende Anwendung dieses vereinheitlichten Rechts, nämlich die in Art. 91 des belgischen Seegesetzes vom 21. August 1879 übernommenen Haag-Visby Regeln, im konkret vorliegenden Fall erfüllt sind, wie beispielsweise die Ausstellung eines begebbaren Konnossements oder die Abwesenheit einer tatsächlichen und vereinbarten Ladung auf Deck des Straßenfahrzeugs, kommt es nach Ansicht des Antwerpener Berufungsgerichts nicht an. Bei der Beurteilung der Haftung des Straßenfrachtführers nach den zwingenden Regeln des belgischen Seerechts ist es dem Straßenfrachtführer dennoch untersagt, sich auf die Haftungsbeschränkungen und Haftungsausschlusstatbestände der Haag-Visby Regeln zu berufen, da die beladenen Sattelauflieger tatsächlich und ohne entsprechende Angabe im Konnossement auf Deck befördert wurden.[17] Der Fall wurde letztendlich, was die Haftung betrifft, nach nationalem dispositiven Seerecht, gemäß Art. 66 des belgischen Seegesetzes über die Haftung des Seefrachtführers bei unerlaubter Decksverladung, zu Lasten des Straßenfrachtführers entschieden. Angesichts der Tatsache, dass die Wetterbedingungen (Windstärke 8 bis 9 nach der Beaufortskala) nicht extrem oder außergewöhnlich waren und die betroffenen Sattelauflieger von der Schiffsbesatzung offensichtlich nicht ordnungsgemäß auf Deck festgezurrt worden waren, hätte, nach der Meinung des Antwerpener Berufungsgerichts, der Straßenfrachtführer sich ohnehin erfolglos auf den Haftungsausschlusstatbestand *„Schäden aus den besonderen Gefahren der See"* berufen.

---

16 Berufungsgericht Antwerpen, 24.11.2003, RHA, 2005, S. 142; s. auch: Berufungsgericht Antwerpen, 22.12.1997, ETL, 1998, S. 399; Contra: In der älteren Rechtsprechung wurde das CMR-Übereinkommen nicht verdrängt insoweit die objektiven Voraussetzungen für eine zwingende Anwendung des Seerechts auf den zwischen Straßen- und Seefrachtführer tatsächlich abgeschlossenen Vertrag nicht erfüllt sind: s. Berufungsgericht Antwerpen, 15.3.1989, ETL, 1989, S. 574; Handelsgericht Gent, 19.6.1990, ETL, 1991, S. 377; Handelsgericht Antwerpen, 28.1.1985, ETL, 1985, 117.

17 Dem Antwerpener Berufungsgericht schließt sich hier einer in der Lehre heftig kritisierte Rechtsprechung des belgischen Kassationshofs an, laut der ein Drittinhaber eines reinen Konnossements darauf vertrauen darf, dass die verschifften Waren unter Deck befördert werden und daher nicht den Risiken einer Decksverladung ausgesetzt sind, es sei denn es handelt sich um ein speziell für Transport mit offenem Deck gebautes Schiff. Wenn das Konnossement die Decksverladung nicht erwähnt, kann der Seefrachtführer sich nicht auf die Haftungsbeschränkungen und Haftungsausschlusstatbestände des Art. 91 des belgischen Seegesetzes berufen. s. Kassationshof, 25.5.1979, ETL, 1980, S. 175; Kassationshof, 1.12.2000, AC, 2000, S. 1893.

IV. CMR – Haftung des Frachtführers für andere Personen

Art. 3

Neben der Haftung für die Handlungen und Unterlassungen seiner Bediensteten, haftet der Frachtführer, laut Art. 3 CMR, auch für die Handlungen und Unterlassungen aller anderen Personen, deren er sich bei Ausführung der Beförderung bedient. Zum Kreis dieser *„anderen Personen"* zählt in Belgien auch der vom Hauptfrachtführer beauftragten Unterfrachtführer und dessen Personal.[18]

Die Frage nach der persönlichen Haftung des Unterfrachtführers gegenüber dem Hauptfrachtführer wird nicht durch Art. 3 CMR selbst geregelt und ist, mangels Bestimmungen im CMR-Übereinkommen über das Rechtsverhältnis zwischen (Haupt- und Unter-)Frachtführern untereinander, mit Ausnahme der Rechtsbeziehungen von aufeinanderfolgenden Frachtführern (s. Art. 34 ff. CMR), grundsätzlich nach nationalem Recht zu beurteilen. Nach mittlerweile verbreiteter Ansicht der Rechtsprechung, ist die Vereinbarung zwischen einem Hauptfrachtführer und einem Unterfrachtführer zur Ausführung eines vom Hauptfrachtführer übernommenen Transports, ebenso ein Beförderungsvertrag[19] welcher den zwingenden Regelungen des CMR-Übereinkommens unterstellt ist,[20] ungeachtet dessen, ob es sich dabei um einen nationalen oder internationalen Transport handelt (s. Art. 38 Absatz 1 des Gesetzes vom 3. Mai 1999 über den Güterkraftverkehr). Hieraus ergibt sich, dass Art. 3 CMR auch zwischen Haupt- und Unterfrachtführer Geltung hat, wenn beispielsweise der Unterfrachtführer selbst sich eines weiteren Unterfrachtführers bedient.[21]

Wenn der Hauptfrachtführer für seinen Unterfrachtführer haftet, dann geht die Rechtsprechung davon aus, dass diese beiden Frachtführer dem Absender gegenüber als Gesamtschuldner haften.[22] Diese gesamtschuldnerische Haftung gilt nach der Rechtsprechung jedoch nur dann, wenn der Unterfrachtführer in den ursprünglich zwischen Hauptfrachtführer und Absender abgeschlossenen Frachtvertrag eingetreten ist.[23] Dieser Eintritt wird angenommen, sobald der Unterfrachtführer von der nach dem Hauptfrachtvertrag geschuldeten Transportleistung Kenntnis hat und sich – bewusst und ohne Vorbehalt – zum Ausführen derselben verpflichtet hat.

---

18 Berufungsgericht Antwerpen, 2.3.2009, RHA, 2009, S. 195; Berufungsgericht Antwerpen, 24.11.2003, RHA, 2005, S. 142.
19 Kassationshof, 2.2.1990, A.C., 1989–90, S. 722.
20 Handelsgericht Antwerpen, 21.1.2011, TBH, 2011, S. 261.
21 Berufungsgericht Antwerpen, 4.5.2009, RHA, 2009, 219.
22 Kassationshof, 16.11.1984, AC, 1984–85, 374; als rechtliche Grundlage für die gesamtschuldnerische Haftung der Frachtführer verweist die Rechtsprechung regelmäßig auf die Bestimmungen der Art. 1200 ff. des Zivilgesetzbuches über das Gesamtschuldverhältnis auf Seiten der Schuldner und vereinzelt auch auf die nach handelsrechtlichem Gewohnheitsrecht geltende passive Solidarität zwischen Händlern.
23 Kassationshof, 17.9.1987, AC, 1987–88, S. 77.

Aus dieser gesamtschuldnerischen Haftung und dem Eintritt in den ursprünglichen Beförderungsverstrag leitet die Rechtsprechung weiter ab, dass der Absender[24] seine Ansprüche auch unmittelbar gegen den Unterfrachtführer geltend machen kann, im Prinzip auch dann, wenn dieser nicht der ausführende Frachtführer ist. Umgekehrt kann der ausführende Frachtführer aufgrund seines Eintritts in den Hauptfrachtvertrag, vertragliche Schadensersatzansprüche wegen Beschädigungen seines Fahrzeugs durch die beförderten Waren, sowohl gegen seinen eigenen Auftraggeber-Hauptfrachtführer als auch direkt gegen den Absender geltend machen.

Noch nicht eindeutig geklärt ist die Situation, in der ein Unterfrachtführer nicht die volle Beförderungspflicht des Hauptfrachtvertrags übernommen hat und auch nicht in sonstiger Weise in den Hauptfrachtvertrag eingetreten ist, sondern sich nur zur Beförderung des Gutes auf einer Teilstrecke des nach dem Hauptfrachtvertrag geschuldeten Transports verpflichtet hat. Bei einer strikten Anwendung der oben erwähnten und vom belgischen Kassationshof herausgearbeiteten Grundsätze könnte der Absender – und im Allgemeinen jeder Ladungsinteressent – nicht direkt gegen diesen Teilstrecken-Unterfrachtführer vorgehen, auch nicht wenn der Schaden am Gut auf dieser Teilstrecke eingetreten ist.

Der Hauptfrachtführer kann dagegen, nach Meinung des belgischen Kassationshofs, auch den ausführenden (Teilstrecken-)Unterfrachtführer, der den Schaden, den Verlust oder die Lieferfristüberschreitung tatsächlich zu vertreten hat, in Regress nehmen.[25]

Der Teilstrecken-Unterfrachtführer soll sich aber davor hüten, einen Frachtbrief für die ganze im Hauptfrachtvertrag vereinbarte Transportstrecke auszustellen. Wenn der Teilstrecken-Unterfrachtführer im Nachhinein nicht mit Unterlagen, wie z.B. einer eindeutige Auftragserteilung, ausreichend beweisen kann, dass er sich nur zur Ausführung einer Teilstrecke des im Frachtbrief angegebenen Transports verpflichtet hat, achtet die Rechtsprechung oft lediglich auf die einzelnen Angaben des Frachtbriefs, welcher bis zum Beweise des Gegenteils als Nachweis für den Inhalt des Frachtvertrags dient (s. Art. 9 Abs. 1 CMR), und urteilt, dass der Teilstrecken-Unterfrachtführer zusammen mit dem Hauptfrachtführer als Gesamtschuldner für die vollständige Beförderung des Gutes in der Haftung ist.

---

24 Es sei noch darauf hinzuweisen, dass die Lehre und die Rechtsprechung der erstinstanzlichen und Berufungsgerichte (s. Handelsgericht Antwerpen, 17.12.1999, RHA 1999, 448; Berufungsgericht Antwerpen, 2.3.2009, R.H.A., 2009, 195), die Gesamtschuldnerische Haftung des Haupt- und Unterfrachtführers und den daraus abgeleiteten Direktanspruch gegen den Unterfrachtführer auf den Personenkreis der Ladungsberechtigten im Allgemeinen, also nicht nur den Absender im Sinne von Auftraggeber des Transports, sondern auch den ausdrücklich oder konkludent in den Frachtvertrag eingetretenen Empfänger, erweitern. Dies ist sicherlich der Fall für den Empfänger, der die Waren vom Unterfrachtführer ausgehändigt bekommt.

25 Kassationshof, 25.5.1984, AC, 1983–84, S. 1238.

V. CMR – Abschluss und Ausführung des Frachtvertrags

Art. 4, 5 und 6

Das CMR-Übereinkommen enthält zwar Vorschriften über die Form (Art. 5 CMR) und den Inhalt (Ar. 6 CMR) eines Frachtbriefs, schreibt aber nirgends dessen zwingende Ausstellung für jede Straßengüterbeförderung vor. Nach Art. 4 CMR steht jedenfalls fest, dass dem Frachtbrief nur eine *„deklaratorische"* Wirkung zugesprochen wird: Das Fehlen, die Mangelhaftigkeit oder der Verlust des Frachtbriefs beeinträchtigt weder den Bestand noch die Gültigkeit des Beförderungsvertrags.

In Anbetracht der oben erwähnten Regelungslücke muss das Bestehen einer Pflicht zum Ausstellen eines Frachtbriefs nach dem anwendbaren nationalen Recht geprüft werden. Wenn auf Grund von international-privatrechtlichen Grundsätzen das belgische Recht zum Tragen kommt, ist Folgendes zu beachten:

Der Beförderungsvertrag ist in Belgien ein formfreier Konsensualvertrag, welcher auch mündlich und ohne Ausstellung eines Frachtbriefs rechtsverbindlich zustande kommt.

Gemäß Art. 23 des Güterkraftverkehrsgesetzes vom 3. Mai 1999 hat der Frachtführer dennoch die öffentlich-rechtliche Verpflichtung, für jede Sendung einen Frachtbrief zu erstellen. Mit Sendung ist nach Art. 2 Abs. 12 des Güterkraftverkehrsgesetzes gemeint: *„ein oder mehrere Güter, die an einer oder mehreren Stellen für ein und denselben Auftraggeber verladen werden, um in einer einzigen Fahrt mit einem einzigen Kraftfahrzeug für ein und denselben Empfänger zu einem oder mehreren Entladeplätzen befördert zu werden"*. Der Frachtbrief hat sich im Fahrzeug zu befinden und die Ware zu begleiten, und muss vom Frachtführer mindestens fünf Jahre ab Transportdatum aufbewahrt werden.[26] Der Verstoß gegen diese Pflichten ist strafbar und kann durch den kontrollierenden Polizeibeamten u. a. mit einer sofortigen Zahlung oder Hinterlegung eines Bußgeldes geahndet werden. Im Falle fehlender oder nicht rechtzeitiger Bezahlung des Bußgeldes muss sogar zusätzlich mit einer möglichen Beschlagnahme des Fahrzeugs gerechnet werden.

Diese Verpflichtung zur Erstellung eines Frachtbriefs gilt naturgemäß nicht für den Straßengüterkraftverkehr welcher nicht unter die Anwendung des Güterkraftverkehrsgesetzes und seiner Ausführungserlasse fällt (s. oben: II.). Für den Güterkraftverkehr, der auf dem Gebiet der Europäischen Union oder des Europäischen Wirtschaftsraums mit einem im Ausland zugelassenen Fahrzeug durchgeführt wird, muss zudem kein mit dem nach dem Güterkraftverkehrsgesetz festgelegten Muster übereinstimmender Frachtbrief erstellt werden, wenn den beförderten Gütern ein Frachtbrief beigefügt ist, wie er erwähnt ist in den Artikeln 5 und 6 des CMR-Übereinkommens, in den von Belgien mit dem Land, in dem das Fahrzeug zugelassen ist, abgeschlossenen Abkommen und in den

---

26 S. Art. 35 des Ministerial-Erlasses v. 8.5.2002 über die Güterbeförderung per Straße.

Vorschriften der Verordnung Nr. 11 vom 27. Juni 1960 des Rates der Europäischen Wirtschaftsgemeinschaft.[27]

Auf dem Absender-Verlader ruht die öffentlich-rechtliche und ebenso durch das Güterkraftverkehrsgesetz vom 3. Mai 1999 unter Strafe gestellte Verpflichtung, sich vor Durchführung der Beförderung zu vergewissern, dass der erforderliche Frachtbrief erstellt worden ist.

Art. 8

Das CMR-Übereinkommen bestimmt nicht, wer zur Beladung, Stauung (einschließlich der Sicherung, falls erforderlich) und Entladung der Waren verpflichtet ist.[28] Art. 8 Abs. 1 lit. b) CMR legt dem Frachtführer lediglich eine Kontrollpflicht hinsichtlich des äußeren Zustands des Gutes und seiner Verpackung und, seinem Wortlaut zufolge, nicht der Beladung oder Stauung auf. Diesem oder sonstigen Artikeln des CMR-Übereinkommens lässt sich ebenso wenig eine Regelung für die Haftung des Frachtführers wegen Lade-, Stau- oder Entladeschäden entnehmen.

Auch hier ist eine ergänzende Heranziehung des anwendbaren nationalen Rechts gefragt.

In Belgien gibt es allerdings keine gesetzliche Aufteilung dieser Aufgaben zwischen Absender, Frachtführer und Empfänger nach Maßgabe des § 412 HGB im deutschen Recht. Es steht den Parteien hingegen grundsätzlich frei, die Verpflichtungen und die Haftung im Zusammenhang mit der Beladung, Stauung und Entladung gesondert vertraglich zu regeln. So hat das Antwerpener Berufungsgericht[29] der Rechtswirksamkeit einer Klausel auf der Rückseite eines Frachtbriefes mit folgendem Inhalt zugestimmt: *„vorbehaltlich anderslautender schriftlicher Vereinbarungen, wird das Laden vom Absender vorgenommen, das Löschen vom Empfänger vorgenommen, das Stauen, insofern notwendig, vom Frachtführer vorgenommen; es ist dem Frachtführer untersagt, sich an den Be- und Entladetätigkeiten zu beteiligen; falls der Frachtführer sich dennoch an diesen Tätigkeiten beteiligt, handelt er dabei ausschließlich als Angestellter des Absenders oder Empfängers."*[30] Diese Klausel kann dem Ladungsberechtigten, der den Frachtbrief unterschrieben hat, entgegengehalten werden.

Die öffentlich-rechtlichen Verpflichtungen des Frachtführers und des Absenders[31] zur Gewährleistung eines verkehrssicheren Güterkraftverkehrs bleiben

---

27 S. Art. 56 des Königlichen Erlasses v. 7.5.2002 über den Güterkraftverkehr; diese Bestimmungen sind aber nicht auf Straßenkabotage anwendbar.
28 Kassationshof, 19.5.2000, AC, 2000, S. 944.
29 Berufungsgericht Antwerpen, 19.12.2005, RHA, 2007, S. 362.
30 Bei den auf der Rückseite des Frachtbriefes abgedruckten allgemeinen Geschäftsbedingungen handelte es sich um die der Berufsorganisation des Frachtführers, welche die Frachtbriefe druckt und unter ihren Mitgliedern verteilt.
31 Nach Art. 37 Abs. 2 des Güterkraftverkehrsgesetzes v. 3.5.1999 ist es dem Auftraggeber eines Transports, dem Verlader, dem Spediteur und dem Abfertigungsspediteur untersagt, An-

trotz abweichender Parteiabreden uneingeschränkt gültig. So hat jeder Frachtführer die in den Art. 45 ff. der belgischen Straßenverkehrsordnung vom 1. Dezember 1975 aufgenommenen detaillierten Vorschriften bezüglich der verkehrssicheren Ladung, Abmessung und Kennzeichnung von Fahrzeugen und der technischen Anforderungen von Ladungssicherungsystemen und Stauvorrichtungen mit denen das Fahrzeug ausgestattet ist, zu berücksichtigen. Umgekehrt lässt sich aus diesen öffentlich-rechtlichen Pflichten nicht ableiten, dass auch zivilrechtlich die *„betriebssichere"* oder *„verkehrssichere"* Beladung, mangels abweichender Parteiabrede, immer vom Frachtführer geschuldet wird und die *„beförderungssichere"* Beladung in diesem Falle stets zum Aufgabenkreis des Absenders gehört.

Haben die Parteien zu diesem Punkt vertraglich nichts vereinbart, muss anhand der tatsächlichen Umstände des Einzelfalls geprüft werden, wer die Beladung, Stauung oder Entladung tatsächlich durchgeführt und zu verantworten hat. Wenn diese tatsächlichen Umstände jedoch nicht bekannt oder strittig sind, darf der Beweis auch mit anderen Beweismitteln, einschließlich tatsächlicher Vermutungen, geführt werden. So greift die Rechtsprechung in solchen Fällen auf konkrete Anhaltspunkte wie beispielsweise die Art der Beförderung, die Art und das Gewicht der Güter[32] oder die zwischen Parteien übliche Handlungsweise im Rahmen laufender Geschäftsbeziehungen zurück.

Auch wenn der Absender die Beladung und die Verstauung des Gutes eigenverantwortlich durchgeführt hat, legt die Rechtsprechung dem Frachtführer noch immer eine Kontrollpflicht auf. Diese Kontrollpflicht bezieht sich ausschließlich auf sichtbare und für den Frachtführer – *„prima facie"* – erkennbare Lade- und Staufehler welche eine Gefahr für das beförderte Gut oder Dritte darstellen. Wenn dem so ist, hat der Frachtführer den Absender zu warnen und gegebenenfalls die Durchführung des Transports abzulehnen, bis ausreichende Abhilfemaßnahmen ergriffen wurden. Vorzugsweise trägt der Frachtführer jedenfalls einen entsprechenden Vorbehalt in den Frachtbrief oder ein anderes Begleitpapier ein.[33]

Bei der Beantwortung der Frage, ob der Lade- oder Staufehler für den Frachtführer erkennbar war, kommt es regelmäßig auf die Beladungsumstände, die Art der Güter[34] oder das Fachwissen, welches vom Frachtführer erwartet werden darf, an. So hat das Handelsgericht in Löwen[35] entschieden, dass von einem Frachtführer, der regelmäßig Kühltransporte durchführt, erwartet werden darf, dass er weiß, wie wichtig die Kaltluftzirkulation zur Erzielung einer bestmöglichen Kühlung

---

weisungen zu geben oder Handlungen zu verrichten, die zur Überschreitung der zugelassenen Höchstgewichte und -abmessungen der Fahrzeuge, sowie zur Nichteinhaltung der Vorschriften in Bezug auf die Sicherheit der Ladung der Fahrzeuge führen.
32 Berufungsgericht Antwerpen, 27.5.2002, RHA, 2002, S. 131.
33 Berufungsgericht Antwerpen, 10.5.1999, RHA, 2000, S. 212; Berufungsgericht Antwerpen, 28.6.1999, RHA, 1999, 339.
34 Handelsgericht Oudenaarde, 14.11.1995, RHA, 1996, 63.
35 Handelsgericht Löwen, 5.4.1988, ETL, 1988, 493.

ist. Wenn dieser Frachtführer bei der Überprüfung der vom Absender vorgenommenen Beladung feststellt, dass die Kartons mit tiefgefrorenem Blumenkohl zu eng verladen und verstaut wurden, muss er vom Absender verlangen, dass zur Gewährleistung der Luftzirkulation die Kartons auf Paletten verladen werden. Wenn der Absender dieser Forderung nicht nachkommt, ist zumindest ein entsprechender schriftlicher Vorbehalt zu formulieren. Wenn es aber während eines Kühltransports zu Schäden an den beförderten Fleischstücken gekommen ist, weil diese Fleischstücke mangelhaft vom Absender mit Haken am Dach des Kühlfahrzeugs aufgehängt und befestigt wurden und diese deshalb während der Fahrt dauernd gegeneinander gestoßen sind, wäre dies nach Überzeugung des Antwerpener Berufungsgerichts[36] kein *„schwerwiegender und klar ersichtlicher"* Ladefehler, den der Frachtführer im Rahmen seiner Kontrollpflicht hätte aufdecken müssen. Anders erging es dem üblichen Frachtführer eines Stahlproduzenten, von dem ein Spezialwissen über die ordentliche Stauung von großen Stahlplatten und eine besondere Aufmerksamkeit für Maßnahmen zur Vermeidung von Verbiegungen der Stahlplatten während des Transports verlangt wurden, und der also wissen musste, dass die Stahlplatten nicht ohne Eckstützen befördert werden durften.[37]

Die rechtliche Begründung dieser Kontrollpflicht des Frachtführers lässt sich, nach Meinung des Autors, nicht aus Art. 8 Abs. 1 lit. b) CMR folgern.[38] Richtiger ist es auf eine vertragliche Nebenpflicht des Frachtführers abzustellen, der, nach den Grundsätzen von Treu und Glauben[39] und insbesondere infolge seiner allgemeinen Sorgfaltspflicht für die in seiner Obhut übernommenen Güter, den Absender auf die Gefahren einer fehlerhaften Beladung und Stauung hinzuweisen hat.[40]

Art. 12 und 13

Die Aktivlegitimation des Empfängers für Schadenersatzansprüche nach Art. 17 CMR wird in Belgien aus Art. 13 CMR abgeleitet.[41] Wenn der Empfänger von seinem Recht Gebrauch macht, die Ablieferung des Gutes vom Frachtführer zu verlangen, tritt er somit in den Beförderungsvertrag ein und kann die Rechte aus dem Beförderungsvertrag im eigenen Namen gegen den Frachtführer geltend machen.

---

36 Berufungsgericht Antwerpen, 22.3.1999, RHA, 1999, 291.
37 Berufungsgericht Antwerpen, 28.6.1999, RHA, 1999, 339.
38 Berufungsgericht Antwerpen, 2.2.2009, RHA, 2009, 99.
39 S. Art. 1134 Abs. 3 des Zivilgesetzbuches: *„Vereinbarungen, die gesetzlich geschlossen worden sind, müssen gutgläubig erfüllt werden"*.
40 Berufungsgericht Gent, 19.1.1999, ETL, 1999, 264.
41 Was die Passivlegitimation des Unterfrachtführers angeht, sei an dieser Stelle erneut auf die belgische Rechtsprechung hinzuweisen, nach der sowohl der Absender, als auch der in den Beförderungsvertrag eingetretenen Empfänger, Schadensersatzansprüche direkt gegen den gesamtschuldnerisch haftenden Hauptfrachtführer und Unterfrachtführer geltend machen können (s. oben: IV.).

Die Klageberechtigung des Absenders ergibt sich bereits unmittelbar aus dem mit dem Frachtführer abgeschlossenen Frachtvertrag. Mit Absender ist hier nur der Auftraggeber des Frachtführers gemeint. Auch wenn dieser nicht als Absender in den Frachtbrief eingetragen wurde, bleibt er weiterhin aktivlegitimiert. Umgekehrt gilt demnach, dass der im Frachtbrief angegebene Absender, der lediglich ein Verlader ist und in keinerlei vertraglicher Beziehung zum Frachtführer steht, nicht anspruchsberechtigt ist.

Ob der Absender nach Art. 12 CMR noch weisungs- und verfügungsbefugt ist, spielt indessen keine entscheidende Rolle für die Beurteilung seiner Aktivlegitimation. Das Anspruchsrecht vom Absender und Empfänger besteht somit parallel nebeneinander.[42,43]

Die Begründetheit der Schadensersatzansprüche scheitert auch nicht daran, dass der klagende Absender oder Empfänger keinen eigenen Vermögensschaden erlitten hat, beispielsweise weil der Absender als Verkäufer nicht das Transportrisiko trug oder der Empfänger bereits von seinem Verkäufer mit Ersatzgütern beliefert wurde,[44] es sei denn, die Schadensersatzansprüche werden vom Absender und Empfänger gleichzeitig gegen den Frachtführer geltend gemacht. Hier muss dann sichergestellt werden, dass der Frachtführer im Falle einer Verurteilung nur an den tatsächlich Geschädigten Schadensersatz zu leisten hat.

Diese Ansicht ist vom belgischen Kassationshof ausdrücklich bestätigt worden.[45] In der Urteilsbegründung hat der Kassationshof klargestellt, dass aus dem Regelungssystem des CMR-Übereinkommens hervorgeht, dass sowohl der Absender als auch der Empfänger für die Durchsetzung von Schadensersatzansprüchen nach Art. 17 CMR gegen den Frachtführer aktivlegitimiert sind. Nur wenn beide gleichzeitig gegen den Frachtführer vorgehen, ist nur noch diejenige Partei anspruchsberechtigt, die auch einen eigenen Vermögensschaden erlitten hat.

Auch nur in dieser Fallkonstellation könnte der Frachtführer sich mit Erfolg auf den zwischen Absender und Empfänger abgeschlossenen Kaufvertrag und den darin vereinbarten Übergang des Transportrisikos mit dem Zweck berufen, die gegen ihn geltend gemachten Ansprüche des nicht geschädigten Absenders bzw. Empfängers erfolgreich abzuwehren.[46]

---

42 Kassationshof, 13.6.1980, AC, 1979–80, S. 1276.
43 Nach Meinung des Autors sind Absender und Empfänger hier als Gesamtgläubiger im Sinne von Art. 1197 des Zivilgesetzbuches zu betrachten. Die Entschädigung, die an einen von ihnen geleistet wird, befreit den Frachtführer.
44 Berufungsgericht Gent, 10.3.2008, RW, 2009–10, S. 1473.
45 Kassationshof, 29.9.2006, ETL, 2007, S. 390.
46 Kassationshof, 29.10.2004, RHA, 2007, S. 99: In diesem Urteil hat der Kassationshof dargelegt, dass es einem Dritten grundsätzlich erlaubt ist, sich auf das Bestehen eines Vertrages und dessen Folgen zwischen den Vertragsparteien als Verteidigungsmittel gegen die Inanspruchnahme einer dieser Vertragsparteien zu berufen. Der Dritte kann die Bindungswirkung eines Vertrages indessen nicht heranziehen, um seine eigenen Verpflichtungen gegenüber einer der Vertragsparteien einzuschränken. Das mit der Revision angefochtene Berufungsurteil hatte entschieden, dass der Schadensersatzanspruch des Absenders gegen den Frachtführer unbegründet ist, da der Absender die während des Transports beschädigten Güter unter Zu-

Nach dem belgischen Transportversicherungsrecht[47] geht der frachtvertragliche Ersatzanspruch des Absenders in Höhe der erbrachten Versicherungsleistung kraft Gesetzes auf den Versicherer über. Der belgische Kassationshof hat dann auch einem Absender die frachtvertragliche Anspruchsberechtigung aberkannt, soweit dessen Transportversicherer den Schaden ersetzt hatte.[48]

Schließlich stellt sich noch die Frage, inwieweit die vorerwähnten Grundsätze bezüglich der Aktivlegitimation des Absenders eins zu eins auf die Anspruchsberechtigung des Hauptfrachtführers gegen den von ihm beauftragten Unterfrachtführer zu übertragen sind. Es ist zwar richtig, dass der zwischen dem Haupt- und Unterfrachtführer abgeschlossene Vertrag ebenfalls ein Frachtvertrag ist, im Rahmen dessen der Hauptfrachtführer gegenüber seinem Unterfrachtführer als *„Absender"* auftritt. Nach Überzeugung des Autors kann der Hauptfrachtführer sich aber zur Begründung des Anspruchsrechts gegen seinen Unterfrachtführer nicht damit zufrieden geben, dass er als Absender immer aktivlegitimiert sei. Er müsste hingegen stets noch zusätzlich einen eigenen Vermögensschaden darlegen und beweisen.[49] Andernfalls gäbe es die Gefahr einer ungerechtfertigten Bereicherung des Hauptfrachtführers und zwar immer dann, wenn er selbst von dem Ladungsberechtigten, beispielsweise wegen eingetretener Verjährung nicht mehr in Anspruch genommen werden kann und dennoch Schadenersatz vom Unterfrachtführer verlangt.

VI. CMR – Haftung des Frachtführers

Art. 17

Art. 17.1. – der Haftungszeitraum

Der Obhuts- und gleichzeitig auch Haftungszeitraum des Frachtführers beginnt mit der Übernahme des Gutes und endet mit seiner Ablieferung. Als Zeitpunkt der Übernahme des Gutes wird im Allgemeinen auf die Inbesitznahme des Gutes durch den Frachtführer zum Zwecke der Beförderung abgestellt. Entschei-

---

grundlegung der Lieferbedingung CIP (Cost Insurance Paid to) – *„Sankt Petersburg"* an den Empfänger verkauft hatte. Das Berufungsgericht hatte den Absender deshalb an seinen Käufer verwiesen, von dem er, trotz des Frachtführerfehlers, Zahlung des Kaufpreises verlangen konnte. Auf diese Weise hat, nach Meinung des Kassationshofes, das Berufungsgericht gegen Art. 1165 des Zivilgesetzbuches (*„Vereinbarungen sind nur unter den vertragsschließenden Parteien wirksam; sie bringen Dritten keinen Nachteil und verschaffen ihnen nur in dem in Artikel 1121 vorgesehenen Fall* (eines Vertrages zugunsten Dritter) *einen Vorteil."*) verstoßen. Das kaufvertragliche Anspruchsrecht des Absenders ist im Gegenteil grundsätzlich ohne Auswirkung auf die Schadensersatzpflicht des haftenden Frachtführers.

47 S. Art. 22 Abs. 1 des belgischen Versicherungsvertragsgesetzes v. 11.6.1874: *„der Versicherer, der den Schaden bezahlt hat, tritt in alle Rechte ein, die der Versicherte aufgrund dieses Schadens Dritten gegenüber hat, und der Versicherte haftet für alle Handlungen, die die Rechte des Versicherers Dritten gegenüber beeinträchtigen"*.
48 Kassationshof, 21.1.2010, ETL, 2010, S. 311.
49 In diesem Sinne: Handelsgericht Antwerpen, 21.1.2011, TBH, 2011, S. 261.

dend ist jedoch immer der Wille der Parteien. Dies gilt desto mehr für die Bestimmung des Ablieferungszeitpunkts. So hat das Antwerpener Berufungsgericht entschieden,[50] dass die Ablieferung ein juristischer Begriff sei, der nicht mit der materiellen Löschung des Gutes aus dem Fahrzeug gleichzustellen ist. Es kommt vielmehr auf den Moment an, ab welchem das angelieferte Gut tatsächlich in die Obhut des Empfängers gelangt ist und dieser hierüber Verfügen kann.

Die Ausstellung und Unterzeichnung des Frachtbriefes kann zwar als Hinweis für die Übernahme und Ablieferung des Gutes dienen,[51] aber die Angaben des Frachtbriefes gelten nur bis zum Beweis des Gegenteils (Art. 9 Abs. 1 CMR).[52]

Art. 17.2. – unvermeidbare Umstände mit unabwendbaren Folgen

Der allgemeine Haftungsausschlussgrund des Art. 17 Abs. 2 letzte Alternative CMR bestimmt, dass ein Frachtführer von seiner Haftung befreit ist, wenn der Schaden *„durch Umstände verursacht worden ist, die der Frachtführer nicht vermeiden und deren Folgen er nicht abwenden konnte"*. Der Frachtführer muss in dieser Hinsicht darlegen und beweisen, dass er alle unter den konkreten Umständen des Einzelfalls zweckdienlichen Vorkehrungen zur Vermeidung des Schadens getroffen hat, genauso wie es ein besonders gewissenhafter und äußerst sorgfältiger Frachtführer gemacht hätte, und dass die schadensverursachenden Umstände und deren Folgen dennoch für ihn nicht zu vermeiden bzw. nicht abzuwenden waren.[53]

In Anbetracht dieses sehr strengen Sorgfaltsmaßstabes bleibt es in Belgien, ähnlich wie auch in vielen anderen CMR-Vertragsstaaten, weiterhin sehr schwierig, sich mit Erfolg auf die vorerwähnte Haftungsfreizeichnung des Art. 17 Abs. 2 CMR zu berufen.

Bei einer Mehrzahl der Streitfälle geht es in diesem Zusammenhang um Diebstahl oder Raub des Frachtgutes. Die belgische Rechtsprechung legt an Frachtführer einen strengen Sorgfaltsmaßstab an, insbesondere wenn sie durch beson-

---

50 Berufungsgericht Antwerpen, 1.3.1999, ETL, 2000, S. 544.
51 Berufungsgericht Antwerpen, 19.12.2005, RHA, 2007, S. 362.
52 Handelsgericht Antwerpen, 8.1.1993, RHA, 1995, S. 332: In diesem Fall ging es um eine Ladung Jeanshosen, die von Hamburg/Deutschland per LKW nach Deurne/Belgien zu transportieren waren. Der Absender hatte die Beladung des Anhängers in Abwesenheit des Frachtführers und auf seinem eigenen Betriebsgelände in eigener Verantwortung ausgeführt. Die Übernahme der geladenen Güter hat nach Ansicht des Gerichts stattgefunden, als der Frachtführer nach Kontrolle der Beladung den Anhänger an sein Zugfahrzeug angekoppelt hatte. Die Tatsache, dass im Zeitpunkt des Diebstahls noch kein Frachtbrief ausgestellt wurde und der angekoppelte Anhänger noch immer auf dem eingezäunten Betriebsgelände des Absenders stand, da der Frachtführer erst am nächsten Morgen losfahren sollte, änderte nichts daran. Als die sieben der 328 beladenen Kartons aus dem Anhänger entwendet wurden, befanden sie sich also bereits in der Obhut des Frachtführers.
53 Berufungsgericht Gent, 10.3.2008, TBH, 2009, S. 1031; Berufungsgericht Antwerpen, 10.1.2000, RHA, 1999, S. 414.

ders diebstahlgefährdete Regionen wie Italien fahren.[54] So entfällt die Haftung eines Frachtführers für den Verlust des Ladegutes nicht, wenn er sein beladenes Fahrzeug in einem solchen Risikogebiet, beispielsweise um Essen zu gehen an einer Raststätte, unbeaufsichtigt zurücklässt und das Ladegut während seiner Abwesenheit gestohlen wird, ungeachtet dessen, dass sein Fahrzeug abgeschlossen und mit einer Alarmanlage ausgerüstet war. Aber auch bei Diebstählen in weniger diebstahlgefährdeten Gegenden kommt die Rechtsprechung sehr oft zum Schluss, dass der Diebstahl vermeidbar war.[55]

Die alleinige Tatsache, dass die Güter wegen eines Verkehrsunfalls beschädigt wurden, reicht an sich für die Haftungsfreizeichnung nach der letzten Alternative des Art. 17 Abs. 2 CMR noch nicht aus. Der Frachtführer muss außerdem begründen, warum dieser Verkehrsunfall unvermeidbar und der Schaden am Ladegut unabwendbar gewesen ist.[56]

Auch die Beschädigungen der Waren durch *„blinde Passagiere"* im Laderaum des LKW, wie illegale Einwanderer, sind nicht ohne Weiteres als haftungsbefreiende Umstände im Sinne der letzten Alternative des Art. 17 Abs. 2 CMR zugunsten des betroffenen Frachtführers zu werten. So hat das Antwerpener Berufungsgericht[57] entschieden, dass ein Frachtführer bei Fahrten nach Großbritannien mit einem möglichen Eindringen von illegalen Einwanderern in den Laderaum zu rechnen hat und im Hinblick hierauf die entsprechenden Vorkehrungen zu ergreifen hat. Dem Urteil lag folgender Sachverhalt zugrunde: Bei der Ausführung einer Beförderung von Belgien nach Großbritannien von 26 Paletten mit Aluminiumfolie zum Verpacken von Lebensmitteln, hat der Frachtführer den beladenen Sattelauflieger bereits fünf Tage vor dessen Verschiffung auf dem Hafenterminalgelände eines Stauunternehmens in Zeebrügge abgestellt. Dort haben sich illegale Einwanderer im Sattelauflieger versteckt, in der Hoffnung so unbemerkt mit der Fähre nach Großbritannien zu gelangen. Nach Ankunft des Sattelaufliegers beim Empfänger wurde festgestellt, dass ein Teil der Güter mit menschlichen Fäkalien und Essensresten verunreinigt und auch ansonsten durch teilweise Entfernung von den Paletten beschädigt wurde. Das Berufungsgericht hat klargestellt, dass der Frachtführer den Sattelauflieger bis zur Verschiffung auf einem gut gesicherten und abgeschlossenen Abstellplatz hätte unterbringen

---

54 Berufungsgericht Mons, 14.5.2002, ETL, 2004, S. 99; Berufungsgericht Antwerpen, 21.12.1998, RHA, 1999, S. 132.
55 Berufungsgericht Antwerpen, 16.2.2004, NjW, 2005, S. 23: Ein mit Stereoanlagen beladener Container wurde während der Nacht entwendet und später leer aufgefunden. Der Container war am Tag zuvor im Antwerpener Hafen abgeholt worden und sollte über die Straße nach Köln/Deutschland befördert werden. Der Fahrer hat den Sattelauflieger mit dem Container während der Nacht in seinem Wohnort auf einem öffentlichen und unbewachten Parkplatz abgestellt. Zusätzliche Antidiebstahlmaßnahmen wurden nicht ergriffen. Der Fahrer hat die Nacht auch nicht in seinem Fahrzeug sondern bei ihm zuhause verbracht. Das Berufungsgericht hat geurteilt, dass der Fahrer nicht die erforderliche Sorgfalt angewendet hat und der Diebstahl deshalb nicht unvermeidbar war.
56 Berufungsgericht Gent, 23.2.2009, RHA, 2009, S. 248.
57 Berufungsgericht Antwerpen, 6.3.2006, ETL, 2006, S. 429.

müssen. Das Parken über einen Zeitraum von fünf Tagen auf einem Hafenterminalgelände, das eingezäunt und überwacht war, genügt dazu nicht. Das Berufungsgericht hat vor allem bemängelt, dass das Hafenterminalgelände nicht ständig – Tag und Nacht – gegen das Eindringen von „*blinden Passagieren*", beispielsweise mittels elektronischer Schutzeinrichtungen oder Überwachungskameras, überwacht und kontrolliert wurde. Es bestand somit noch immer das erhöhte Risiko, dass illegale Einwanderer über den Terminalzaun klettern oder ihn durchschneiden und so zu den dort geparkten Sattelaufliegern gelangen.

Art. 17.3. – Fahrzeugmangel

Das Antwerpener Berufungsgericht hat den Begriff des Fahrzeugmangels im Sinne des Art. 17 Abs. 3 CMR sehr eng ausgelegt. Ein für die betreffende Beförderung bloß ungeeignetes Fahrzeug ist hiermit nach Ansicht des Berufungsgerichts nicht gemeint.[58]

Art. 17.4.c) – Verladen und Verstauen durch den Absender

Bei der Besprechung der Lade- und Staupflichten (s. oben: Art. 8 CMR) wurde bereits auf die Kontrollpflicht des Frachtführers hingewiesen. Auch wenn der Frachtführer für die Lade- und Stautätigkeiten nicht verantwortlich ist, obliegt es ihm, die Ladung auf sichtbare und für ihn – „*prima facie*" – erkennbare Lade- und Staufehler, welche eine Gefahr für das beförderte Gut oder Dritte darstellen, zu untersuchen und gegebenenfalls den Absender zu warnen. Wenn er dieser Kontrollpflicht nicht nachgekommen ist und der Schaden auf einen solchen für den Frachtführer offensichtlichen Lade- oder Staufehler zurückzuführen ist, wird er sich seiner Haftung nicht auf Grund des privilegierten Haftungsbefreiungsgrundes des Art. 17 Abs. 4 lit. c) CMR entziehen können.

Art. 17.4.d) – natürliche Beschaffenheit gewisser Güter

Die „*natürliche Beschaffenheit*" eines Gutes als privilegierter Haftungsbefreiungsgrund gemäß Art. 17 Abs. 4 lit. d) CMR ist klar von dem „*besonderen Mangel*" eines Gutes als allgemeiner Haftungsbefreiungsgrund nach der 3. Alternative des Art. 17 Abs. 2 CMR abzugrenzen, nicht zuletzt weil sie beide einem anderen Beweisregime unterstellt sind (s. Art. 18 Abs. 1 und 2 CMR).

Die „*natürliche Beschaffenheit*" einer Sache deutet auf ihren normalen und natürlichen Zustand hin. Ein Beispiel zur Illustration ist folgender, dem Brüsseler Berufungsgericht vorgelegter Fall:[59] Bei einem Kühltransport von diversen Sorten Gemüse war es zu Temperaturschäden bei einem kleinen Teil der Güter gekommen. Ein Gutachten legte dar, dass es risikoreich sei, Sellerie mit anderen

---

[58] Berufungsgericht Antwerpen, 19.2.2007, ETL, 2007, S. 427; s. auch: Berufungsgericht Gent, 20.6.2011, ETL, 2011, S. 543. Contra: *Putzeys, J.*, S. 256, Nr. 770*bis*.
[59] Berufungsgericht Brüssel, 17.12.1984, ETL, 1985, 354.

Gemüsesorten im gleichen Kühlwagen zu befördern. Sellerie hat nämlich die natürliche Eigenschaft bzw. Beschaffenheit, Wärme abzugeben. Hinzu kam noch die sehr große Temperaturempfindlichkeit der grünen Bohnen und Artischocken, die aus diesem Grund nicht neben dem Sellerie in einem geschlossenen Raum hätten verstaut werden dürfen. Der Frachtführer hat sich also in diesem Fall mit Erfolg auf Art. 17 Abs. 4 lit. d) berufen und wurde vom Berufungsgericht von seiner nach Art. 17 Abs. 1 CMR grundsätzlich vermuteten Haftung befreit.

Der „*Mangel*" einer Sache ist genau das Gegenteil und zielt auf eine der Sache im Normalzustand nicht anhaftende Eigenschaft. Mit dem Unterschied zwischen einem Mangel und der natürlichen Beschaffenheit einer Sache hat sich das Berufungsgericht Gent in einem Fall bezüglich eines Straßentransports von 151 Farbenfernsehern von Brügge/Belgien nach Dietzenbach/Deutschland befasst.[60] Der hintere Teil des LKW hat 300 Meter vor dem Ziel angefangen zu brennen. Das Feuer war nicht mehr rechtzeitig zu löschen und die gesamte Ladung ging in Flammen auf. Die genaue Brandursache konnte nicht aufgedeckt werden. Der Beweis, dass eine oder mehrere der transportierten Farbenfernseher mit einem besonderen internen Mangel im Sinne der 3. Alternative des Art. 17 Abs. 2 CMR behaftet waren, konnte nach Ansicht des Berufungsgerichts nicht geliefert werden. Auch eine Haftungsbefreiung nach Art. 17 Abs. 4 lit. d) CMR komme nicht in Frage, da nach Überzeugung des Berufungsgerichts Farbfernseher wegen ihrer natürlichen Beschaffenheit keinem besonderen Brandrisiko während des Transports ausgesetzt sind.

Art. 18

Das für die in Art. 17 Abs. 2 CMR genannten Haftungsbefreiungsgründe erforderte Beweismaß ist sehr hoch. Art. 18 Abs. 1 CMR setzt zwingend voraus, dass der Frachtführer die haftungsbefreienden Umstände substantiiert darlegt und beweist. Zudem muss er auch den Kausalzusammenhang zwischen diesen Umständen und dem entstandenen Schaden beweisen.

Die alleinigen Aussagen des eigenen Fahrers genügen dazu in der Regel nicht.[61]

Ein Teil der Rechtsprechung lässt jedenfalls auch einen Negativbeweis in folgendem Sinne zu: So kann der Frachtführer unter Anwendung eines Ausschlussverfahrens nachweisen, dass alle anderen denkbaren und möglichen Umstände den eingetretenen Schaden nicht hätten verursachen können und also nur noch der betreffende Haftungsbefreiungsgrund nach Art. 17 Abs. 2 CMR hierfür in Frage kommt.[62]

---

60 Berufungsgericht Gent, 10.4.2006, ETL, 2006, S. 829.
61 Handelsgericht Dendermonde, 5.6.2003, TBH, 2005, S. 548; Handelsgericht Löwen, 27.11.2007, TBH, 2008, S. 667; Berufungsgericht Gent, 10.3.2008, TBH, 2009, S. 1031; Berufungsgericht Antwerpen, 6.2.1996, ETL, 1998, 118.
62 Berufungsgericht Antwerpen, 2.3.2009, RHA, 2009, S. 195. Contra: Berufungsgericht Gent, 10.4.2006, ETL, 2006, S. 829.

Art. 23 und 25

Der Haftungsumfang des Frachtführers für gänzlichen oder teilweisen Verlust des Gutes oder für dessen Beschädigung ist nach Art. 23 und 25 CMR auf eine Haftungshöchstsumme von 8,33 Sonderziehungsrechten für jedes fehlende Kilogramm des Rohgewichts beschränkt.

Eine Durchbrechung dieser Haftungsbegrenzung ist in Belgien nur bei einem durch den Frachtführer oder durch seine Hilfspersonen (Art. 3 CMR) vorsätzlich verursachten Schaden möglich und wird daher eher die Ausnahme sein (s. unten: Art. 29 CMR).

Die Haftungsbeschränkung hat selbstverständlich nur dann Bedeutung, wenn die nach dem Wert des Gutes am Ort und zur Zeit der Übernahme zur Beförderung berechnete Entschädigung den Haftungshöchstbetrag übersteigt.

Obwohl dieser Wert des Gutes sich gemäß Art. 23 Abs. 2 CMR im Prinzip abstrakt nach dem Börsenpreis, mangels eines solchen nach dem Marktpreis oder mangels beider nach dem gemeinen Wert von Gütern gleicher Art und Beschaffenheit bestimmt, lassen die Gerichte regelmäßig die Vorlage der Verkaufsrechnung[63] als Nachweis für den Wert des Gutes am Übernahmeort ausreichen.[64]

Wenn landwirtschaftliche Produkte mit Unterstützung von Agrarexportsubventionen der Europäischen Union zu billigeren Preisen auf dem Weltmarkt abgesetzt werden, dann setzt sich nach Ansicht des Antwerpener Berufungsgerichtshofs der Wert des Gutes am Übernahmeort im Sinne von Art. 23 CMR aus dem Weltmarktpreis dieser Agrarprodukte zuzüglich der Agrarexportsubventionen zusammen.[65]

Zum Wert des Gutes am Übernahmeort im Sinne von Art. 23 CMR gehören aber nicht jene Zölle, Umsatz- und Verbrauchssteuern die bei der Übernahme des Gutes durch den Frachtführer noch nicht angefallen sind und erst während des Transports, beispielsweise infolge Verlusts der Waren durch Diebstahl, aufgewandt worden sind.[66]

Diese während des Transports angefallenen Zölle, Umsatz- und Verbrauchssteuern sind jedoch nach Urteil des belgischen Kassationshofs[67] gemäß Art. 23 Abs. 4 CMR als *„sonstige aus Anlass der Beförderung des Gutes entstandene*

---

63 Ggf. unter Abzug der darin enthaltenen Transportkosten.
64 Der Frachtführer kann selbstverständlich – substantiiert – bestreiten dass der Verkaufspreis im Rahmen der Wertbestimmung nach Art. 23 Abs. 1 und 2 nicht herangezogen werden darf.
65 Berufungsgericht Antwerpen, 4.10.1999, RHA, 2000, S. 238.
66 Kassationshof, 27.5.2011, A.R. C.09.0618.N und C.09.0620.N, http://jure.juridat.just.fgov.be: in diesem Fall wurde eine vom Frachtführer übernommene Ladung Zigaretten in Belgien gestohlen; s. auch: Berufungsgericht Antwerpen, 15.6.2009, ETL, 2010, S. 199; Berufungsgericht Antwerpen, 29.6.2009, ETL, 2010, S. 182. In Frankreich ist der Kassationshof anderer Meinung und rechnet den während des Transports aufgewandten Verbrauchsteuern den ursprünglichen Wert der gestohlenen Zigaretten hinzu: s. Kassationshof (Fr.), 5.10.2010. ETL, 2011, S. 110.
67 Kassationshof, 30.5.2002, RHA, 2002, S. 327.

Kosten" zurückerstattungsfähig, soweit die Steuerschuld durch die (fehlerhafte) Durchführung des Transports entstanden ist.

Auch die Sachverständigenkosten sind nach Auffassung eines Teils der Rechtsprechung vom Frachtführer nach Maßgabe des Art. 23 Abs. 4 CMR als *„sonstige aus Anlass der Beförderung des Gutes entstandene Kosten"* zu ersetzen, vorausgesetzt, diese Kosten waren für die Feststellung des Schadensumfangs oder zur Schadenminderung nützlich und notwendig.[68]

Ob die Vernichtungskosten beschädigter Waren zum Kreis der nach Art. 23 Abs. 4 CMR erstattungsfähigen Kosten gehören, lässt sich aufgrund der uneinheitlichen Rechtsprechung nicht uneingeschränkt bejahen.[69]

Die Haftung des Frachtführers wegen Güterfolgeschäden[70] ist grundsätzlich nach den Bestimmungen des CMR-Übereinkommens zu beurteilen. Selbst wenn er haftet, hat der Frachtführer gemäß Art. 23 Abs. 4 CMR (*„ohne weiteren Schadensersatz"*) die Güterfolgeschäden dennoch nicht zu ersetzen.[71] Dies gilt nach neuester Rechtsprechung des belgischen Kassationshofes[72] jedoch nicht für Schäden, die infolge Verlusts oder Beschädigung des Ladeguts an anderen Gütern zugefügt werden. Die Haftung wegen solcher weiteren Schäden an anderen Gütern werden nach Ansicht des Kassationshofes gar nicht durch das CMR-Übereinkommen, sondern durch das anwendbare nationale Recht geregelt. Dem vom Kassationshof entschiedenen Fall lag folgender Sachverhalt zugrunde: Bei einem Transport von Zucker enthielt das Silofahrzeug wegen einer mangelhaften Reinigung noch Düngstoffreste einer vorhergehenden Ladung. Erst nach Entladung des verschmutzten Zuckers in das Lagersilo der empfangenden Zucker-Raffinerie wurde die Verunreinigung des abgelieferten Zuckers und den daraus folgenden Vermischungsschaden an dem bereits im Lagersilo vorhandenen Zucker festgestellt. Das mit der Revision angefochtene Urteil des Antwerpener Berufungsgerichts[73] hatte entschieden, dass der Schaden an anderen Gütern als dem Ladegut aufgrund des Art. 23 Abs. 4 CMR nicht ersatzpflichtig ist. Der Kassationshof ist hier anderer Meinung und folgert aus Art. 17 und 23 CMR, dass das CMR-Übereinkommen nur die Haftung des Frachtführers wegen Verlust, Beschädigung oder verspäteter Ablieferung der beförderten Güter regelt.

---

68 Berufungsgericht Antwerpen, 2.3.2009, RHA, 2009, S. 195; Berufungsgericht Antwerpen, 19.10.2009, ETL, 2010, S. 426.
69 Bejahend: Berufungsgericht Antwerpen, 19.10.2009, ETL, 2010, S. 426; Berufungsgericht Antwerpen, 29.6.2009, ETL, 2010, S. 182; Berufungsgericht Gent, 23.2.2009, RHA, 2009, S. 248. Verneinend: Berufungsgericht Gent, 10.4.2006, ETL, 2006, S. 829; Handelsgericht Gent, 29.6.1999, ETL, 2000, S. 566; Handelsgericht Oudenaarde, 15.6.2010, TBH, 2010, S. 899.
70 Mit Güterfolgeschäden sind die weiteren Schäden gemeint, die auf dem Verlust oder der Beschädigung des Ladegutes beruhen: z.B. Produktionsausfall, entgangener Gewinn, Reinigungskosten, usw.
71 Kassationshof, 6.12.2002, TBH, 2004, S. 474; Kassationshof, 30.5.2002, ETL, 2002, S. 475; Berufungsgericht Antwerpen, 3.10.2005, ETL, 2006, S. 284.
72 Kassationshof, 16.1.2009, ETL, 2009, S. 204.
73 Berufungsgericht Antwerpen, 19.2.2007, ETL, 2007, S. 427.

Länderberichte **Belgien**

Die Haftung des Frachtführers für Schäden an anderen als den beförderten Gütern fällt hingegen nicht in den Geltungsbereich des CMR-Übereinkommens. Die Schadensersatzansprüche mit Bezug auf solche *„andere"* Güter richten sich ausschließlich nach dem anwendbaren nationalen Recht und werden also nicht, wie das Antwerpener Berufungsgericht es geurteilt hatte, von vornherein durch Art. 23 Abs. 4 CMR von der Ersatzpflicht ausgeschlossen. Wenn in dem Fall das belgische Recht zum Tragen käme, könnte der Frachtführer sich im Prinzip auf keine Haftungsbeschränkung berufen und würde sich der Umfang seiner Schadensersatzpflicht nach den Art. 1149 ff. des Zivilgesetzbuches[74] bestimmen. Nach Aufhebung des Urteils des Antwerpener Berufungsgerichts hat der Kassationshof den Fall zur Neuentscheidung an das Berufungsgericht Gent[75] verwiesen. In seinem Urteil vom 20. Juni 2011 ist das Berufungsgericht Gent der Ansicht des Kassationshofs jedoch nicht gefolgt. Es hat sich hingegen der auch in Deutschland vertretenen Meinung angeschlossen, dass das CMR-Übereinkommen eine umfassende und abschließende Regelung der Haftung des Frachtführers enthält. Die Haftung des Frachtführers erstreckt sich somit auf alle schädlichen Folgen, welche aus dem Verlust, der Beschädigung oder der verspäteten Ablieferung resultieren. Demzufolge fallen alle Güterfolgeschäden ohne Unterschied, je nach der Art des Folgeschadens, in den Geltungsbereich des CMR-Übereinkommens. Im streitgegenständlichen Fall haftet der Frachtführer nach Urteil des Berufungsgerichts Gent deshalb zwar grundsätzlich für die Beschädigung des sich bereits im Lagersilo befindlichen Zuckers, er hat aber diesen Schaden nicht zu ersetzen, da solche Schäden nach Art. 23 Abs. 4 CMR von der Erstattungspflicht ausgenommen sind.

---

74 Auch sonstige Vermögensschäden, wie z.B. entgangener Gewinn infolge Verlusts oder Beschädigung der *„anderen"* Güter (s. Art. 1149 des Zivilgesetzbuches), wären dann unter Umständen vom Frachtführer zu ersetzen. Es muss aber nur der Schadensersatz geleistet werden, der bei Schließung des Vertrags vorgesehen worden ist oder vorgesehen werden konnte, wenn die Verbindlichkeit nicht durch arglistige Täuschung unerfüllt geblieben ist (s. Art. 1150 des Zivilgesetzbuches) und, auch bei arglistiger Täuschung des Schuldners, darf der Schadensersatz in Bezug auf den vom Gläubiger erlittenen Verlust und auf den Gewinn, der ihm entgangen ist, nur das umfassen, was die unmittelbare und direkte Folge der Nichterfüllung der Vereinbarung ist (s. Art. 1151 des Zivilgesetzbuches). Es sei noch darauf hinzuweisen, dass die Art. 1149 ff. des belgischen Zivilgesetzbuches weitestgehend dispositiven Rechts sind, so dass sich hier für den Frachtführer Möglichkeiten zum Ausschluss oder Beschränkung seiner Haftung für Schäden an anderen Gütern als dem Ladegut und der daraus resultierenden Folgeschäden öffnen.
75 Berufungsgericht Gent, 20.6.2011, ETL, 2011, S. 543. Die betroffene Zucker-Raffinerie und ihre Versicherer haben am 1.8.2012 Revision gegen dieses Urteil eingelegt. Wenn der Kassationshof weiterhin an seiner früheren Ansicht festhält und das Urteil des Berufungsgerichts Gent aus denselben Gründen wie bei der Revision des ursprünglichen Urteils des Antwerpener Berufungsgerichts aufheben würde, würde das neue und gleichzeitig dritte Berufungsgericht, das sich dann mit dieser Sache zu befassen haben würde, nicht länger über die Möglichkeit verfügen, vom Standpunkt des Kassationshofes abzuweichen (s. Art. 1120 des belgischen Gerichtsgesetzbuches).

Art. 27

In Belgien gibt es kein Zinseszinsverbot, wie das in Deutschland gemäß § 289 BGB der Fall ist. Nach Art. 1154 des belgischen Zivilgesetzbuches können fällige Kapitalzinsen entweder aufgrund einer gerichtlichen Mahnung oder einer Sondervereinbarung Zinsen bringen, vorausgesetzt, dass es bei der Mahnung oder der Vereinbarung um Zinsen geht, die mindestens für ein ganzes Jahr geschuldet werden. Ob diese Bestimmung des belgischen Zivilrechts, die sich bei langen Gerichtsprozessen mit hohen Streitwerten für den Kläger sehr vorteilhaft auswirken kann, auch auf die nach Art. 27 Abs. 1 CMR geschuldeten Zinsen anwendbar ist, wird von der bisherigen Rechtsprechung nicht einheitlich beantwortet. Es zeichnet sich dennoch, nach Meinung des Autors, eine knappe Mehrheitsauffassung im Schrifttum und in der Rechtsprechung[76] dafür ab, dass Art. 27 Abs. 1 CMR eine abschließende Zinsregelung enthält, infolgedessen der zusätzliche Rückgriff auf ergänzende oder abweichende Zinsregelungen des jeweiligen nationalen Rechts verschlossen bleibt, zumindest was die Verzinsung der von Art. 27 Abs. 1 CMR erfassten Ansprüche betrifft.

Art. 28

Der Frachtführer und seine Hilfspersonen, dürfen dank Art. 28 CMR die Bestimmungen des CMR-Übereinkommens, welche ihre Haftung ausschließen oder den Umfang der zu leistenden Entschädigung bestimmen oder begrenzen, auch zur Abwehr von außervertraglichen Ansprüchen bezüglich Verlusten, Beschädigungen oder Lieferfristüberschreitungen, die bei einer diesem Übereinkommen unterliegenden Beförderung eingetreten sind, heranziehen.

In der belgischen Rechtsprechung sind nur sehr wenige Gerichtsentscheidungen im Zusammenhang mit Art. 28 CMR auffindbar. Dies liegt sehr wahrscheinlich daran, dass es in Belgien nach ständiger höchstrichterlicher Rechtsprechung[77] zwischen Vertragsparteien grundsätzlich zu keiner Konkurrenz von vertraglichen und außervertraglichen Ansprüchen kommen kann. Dieses Konkurrenzverbot kann nach dem belgischen Kassationshof allein in den folgenden zwei Fallkonstellationen aufgehoben werden: So wird das Konkurrenzverbot zur Seite geschoben, wenn der Schaden durch eine Straftat verursacht wurde. Dies ist auch der Fall, wenn eine Pflichtverletzung begangen wurde, welche nicht nur einen Verstoß gegen die vertraglichen Pflichten, sondern gleichzeitig auch gegen die für jedermann geltende allgemeine Sorgfaltspflicht darstellt, und einen anderen Schaden verursacht hat, als denjenigen der aus einer schlechten Vertragserfüllung hervorgeht.

---

76 Berufungsgericht Antwerpen, 23.3.1998, RHA, 1999, S. 195; Berufungsgericht Antwerpen, 18.4.2005, TVR, 2006, S. 63. Contra: Berufungsgericht Brüssel, 2.6.1999, RHA, 1999, S. 329; Berufungsgericht Gent, 3.10.2005, TBH, 2006, S. 732; Berufungsgericht Gent, 10.3.2008, TBH, 2009, S. 1031.
77 Kassationshof, 29.9.2006, NjW, 2006, S. 946; Kassationshof, 26.10.1990, AC, 1990–91, S. 244; Kassationshof, 7.12.1973, AC, 1974, S. 395.

Ähnlich sieht es für die unmittelbare Geltendmachung von außervertraglichen Ansprüchen gegen einen Erfüllungsgehilfen des anderen Vertragspartners, wie z.B. einen vom Frachtführer für eine beförderungsbedingte Lagerung der Güter eingesetzten Lagerhalter, aus. In dieser Fallkonstellation wären unmittelbare vertragliche Ansprüche selbstverständlich nur insoweit denkbar, als der Erfüllungsgehilfe auch in den Hauptfrachtvertrag eingetreten ist, wie es beispielsweise bei einem Unterfrachtführer durchaus der Fall sein kann. Unmittelbare außervertragliche Ansprüche können dennoch nur unter Einhaltung der vorerwähnten strengen Bedingungen für die Aufhebung des Konkurrenzverbots zwischen vertraglichen und außervertraglichen Ansprüchen erhoben werden.

Art. 29

In Belgien kommt es eher selten zu einer Durchbrechung der im CMR-Übereinkommen zugunsten des Frachtführers vorgesehene Haftungsbeschränkung. Allein wenn der Schaden durch Vorsatz des Frachtführers oder seiner Hilfspersonen (Art. 3 CMR) verursacht wurde, kommen nach ständiger höchstrichterlichen Rechtsprechung[78] die Bestimmungen des Kapitels IV („*Haftung des Frachtführers*") des CMR-Übereinkommens, die seine Haftung ausschließen oder begrenzen oder die Beweislast umkehren, dem Frachtführer nicht zugute.

Der belgische Kassationshof[79,80] legt Art. 29 CMR ausgenommen restriktiv aus. Nach seiner – in der Lehre nicht ganz unumstrittenen – Ansicht kommt nach Art. 29 CMR das vorsatzgleiche Verschulden für die Durchbrechung der beschränkten Haftung des Frachtführers nicht in Frage, wenn das Recht des angerufenen Gerichtes bereits den Begriff Vorsatz kennt. Da dem im belgischen Zivil-

---

78 Der Kassationshof bezieht sich für den Begriff des Vorsatzes auf den französischen Text des Art. 29 CMR: „*dol ou faute qui, d'après la loi de la juridiction saisie, est considérée comme équivalente au dol.*"
79 Kassationshof, 27.1.1995, ETL, 1996, S. 694: Nach dem mit der Revision erfolgreich angegriffenen Berufungsurteil haftete ein Frachtführer wegen groben Verschuldens für den Diebstahl des Transportgutes unbegrenzt. Dem Frachtführer wurde besonders schwer zur Last gelegt, den beladenen Anhänger an einem Samstagmittag auf einem öffentlichen und unbewachten Parkplatz abgestellt, den Rest des Wochenendes dort stehen gelassen und den Empfänger hierüber lediglich per Fax verständigt zu haben, ohne sich zu vergewissern, ob der Empfänger das Fax tatsächlich zur Kenntnis genommen hatte und Maßnahmen für die Abholung des Anhängers eingeleitet hatte. Der Kassationshof war hier anderer Meinung und hat entschieden, dass diese Umstände nicht bedeuten, dass der Fahrer vorsätzlich gehandelt hat.
80 Kassationshof, 30.3.2000, ETL, 2000, S. 392: Dem Fall lag eine Entwendung von Anti-Diebstahl-Geräten aus einem LKW, der im Stadtzentrum von Milan unbeaufsichtigt abgestellt wurde, zugrunde. Das erstinstanzliche Gericht hatte die unbegrenzte Haftung des Frachtführers gemäß Art. 29 CMR aufgrund von grober Fahrlässigkeit bejaht. Der Frachtführer hat mit Erfolg Berufung gegen dieses Urteil eingelegt. Das Berufungsgericht bestätigte die Rechtsprechung des Kassationshofes, dass ein Frachtführer nur bei Vorsatz unbeschränkt nach Maßgabe des Art. 29 CMR haftet. Die gegen das Berufungsurteil eingelegte Revision des Ladungsberechtigten wurde vom Kassationshof als unbegründet zurückgewiesen.

recht[81] der Fall sei und zudem grobe Fahrlässigkeit nach belgischem Rechtsverständnis nicht mit Vorsatz gleichzustellen ist,[82] darf ein belgischer Richter bei der Anwendung von Art. 29 CMR nicht prüfen, ob dem Frachtführer ein dem Vorsatz gleichstehendes Verschulden vorzuwerfen ist.

Bei der Beurteilung der Frage, ob der Frachtführer oder seine Hilfspersonen den Schaden vorsätzlich verursacht haben, wird auf ein subjektives Kriterium abgestellt, nämlich die Absicht der Schadenszufügung,[83] welches sich inhaltlich an den deutschen Rechtsbegriff des direkten Vorsatzes anlehnt. Nicht vorsätzlich handelt daher ein Frachtführer, der eine bewusste Pflichtwidrigkeit begeht, welche eine erhebliche Risikoerschwerung mit sich bringt und von der der Frachtführer wusste oder hätte wissen müssen, dass ein Schaden mit Wahrscheinlichkeit eintreten werde, ohne jedoch den tatsächlichen Willen zu haben, einen Schaden herbeizuführen.

Wenn also der Schaden auf ein bewusst leichtfertiges Handeln oder Unterlassen des Frachtführers im Sinne des § 435 des deutschen HGB beruht, steht dies in Belgien dem Vorsatz nicht gleich und wird ein solches Verhalten für eine Durchbrechung der Haftungsbeschränkung nach Art. 29 CMR nicht ausreichen.

In Anbetracht der recht eingeschränkten Möglichkeit, vor den belgischen Gerichten eine Haftungsdurchbrechung nach Art. 29 CMR zu erreichen, ist es für den beweisbelasteten Ladungsberechtigten im Hinblick auf den vollständigen Ausgleich seines die Haftungshöchstsumme überschreitenden Schadens oft prozessentscheidend, ob das angerufene Gericht sehr strenge Anforderungen an den Beweis des Vorsatzes setzt oder sich bei der freien Würdigung der vorgebrachten Beweismittel eher leicht überzeugen lässt. Ein Schuldgeständnis des Frachtführers oder dessen strafrechtliche Verurteilung wird jedenfalls nicht zwingend vorausgesetzt. Der Vorsatz beurteilt sich vielmehr aufgrund der konkreten Umstände des Einzelfalls und kann auch aus Indizien abgeleitet werden. So ist das Handelsgericht Dendermonde[84] aufgrund von unglaubwürdigen Aussagen der

---

81 S. Art. 1116 des Zivilgesetzbuches: „*Arglistige Täuschung ist ein Grund für Nichtigkeit der Vereinbarung, wenn ohne die von einer der Parteien praktizierten Machenschaften die andere Partei den Vertrag offensichtlich nicht geschlossen hätte. Arglistige Täuschung kann nicht vermutet, sondern muss bewiesen werden.*"; s. auch Art. 1150 des Zivilgesetzbuches: „*Der Schuldner muss nur den Schadenersatz leisten, der bei Schließung des Vertrags vorgesehen werden konnte, wenn die Verbindlichkeit nicht durch arglistige Täuschung seinerseits unerfüllt geblieben ist.*"
82 Kassationshof, 25.9.1959, AC, 1960, S. 86: Der Kassationshof hat sich in diesem Urteil klar gegen die Anwendung des Rechtsgrundsatzes „*culpa lata dolo aequiparatur*" im belgischen Recht ausgesprochen.
83 Berufungsgericht Antwerpen, 19.2.2007, ETL, 2007, S. 427; Berufungsgericht Antwerpen, 4.5.2009, RHA, 2009, S. 219; Berufungsgericht Gent, 20.6.2011, ETL, 2011, S. 543.
84 Handelsgericht Dendermonde, 5.6.2003, TBH, 2005, S. 548; s. auch Berufungsgericht Gent, 7.2.2007, ETL, 2007, S. 774: Der Fall betraf drei Luxusuhren, die nach Reparatur während des Rücktransports zum Eigentümer verloren gegangen sind. Nachdem das erstinstanzliche Gericht festgestellt hatte, dass der Verlust nur durch einen Diebstahl zu erklären war, ist es aufgrund der Feststellung, dass die gestohlenen Luxusuhren nur auf eine sehr kurze Distanz zwischen Brügge/Belgien und Brüssel/Belgien zu transportieren waren, vom Vorsatz eines

LKW-Fahrer zu der Überzeugung gelangt, dass beim streitgegenständlichen Diebstahl diese Fahrer vorsätzlich gehandelt haben. Das Gericht hat zuerst darauf hingewiesen, dass die Fahrer sehr leichtfertig gehandelt und einen schwerwiegenden Fehler begangen haben, in dem sie ihren mit teuren Hi-Fi-Geräten beladenen LKW während einer Kaffeepause auf einer Raststätte unbeaufsichtigt im stark diebstahlgefährdeten Gebiet des „Bermuda-Dreiecks" Rom-Neapel-Bari abgestellt hatten. Das Gericht hat den Fahrern auch ihre Behauptungen, sie seien von bewaffneten Räubern überfallen und entführt worden, nicht abgenommen. Diese Behauptungen kamen dem Gericht als absolut unglaubwürdig vor, da die Fahrer keine Beschreibung der Täter abgeben konnten, obwohl sie diese ohne Zweifel gesehen haben müssen. Die Fahrer konnten auch keinerlei Angaben zu den genauen Umständen des LKW-Diebstahls selbst und insbesondere zur Aushändigung der Zündschlüssel machen. Schließlich wird vom Gericht dargelegt, dass nach den Aussagen der beiden Fahrer nur zwei Täter am Überfall beteiligt gewesen sein sollten, obwohl die Mitwirkung einer dritten Person unbedingt notwendig gewesen wäre, weil ansonsten niemand mit dem LKW hätte wegfahren können, während die Fahrer von den anderen zwei Tätern entführt wurden.

Art. 30

In Belgien leitet die Rechtsprechung aus Art. 30 Abs. 5 CMR („*gegenseitige Gewährung jeder angemessenen Erleichterung für alle erforderlichen Feststellungen und Überprüfungen*") nicht die Pflicht her, den Schaden immer gemeinsam mit dem Frachtführer zu überprüfen und festzustellen. So ist es, mangels gemeinsamer Überprüfung, nicht absolut notwendig stets die Einholung eines Gerichtsgutachtens anzustreben. Der Beweis des Schadenumfangs kann unter Umständen auch durch ein Parteigutachten geliefert werden, welches als tatsächliche Vermutung gemäß Art. 1353 des belgischen Zivilgesetzbuches dem Urteil und der Umsicht des Richters überlassen ist.[85]

So hat das Antwerpener Berufungsgericht[86] entschieden, dass die Feststellungen einer nicht kontradiktorischen Sachverständigenbegutachtung dem – trotz ordnungsgemäßer Einladung zu dieser Begutachtung – abwesend gebliebenen Frachtführer entgegengehalten werden können, vorausgesetzt, das Sachverständigengutachten enthält glaubwürdige Ansichten und Schlussfolgerungen welche von präzisen und seriösen Vorgaben ausgehen. Auch die Tatsache, dass an einer Sachverständigenbegutachtung mehrere Parteien mit gegenteiligen Interessen beteiligt waren, wie beispielsweise ein Transportversicherer und dessen Versicherte[87] oder

---

Angestellten des Frachtführers ausgegangen. Dieses Urteil hat der Berufungsinstanz standgehalten.
85 Kassationshof, 5.2.1971, AC, 1971, S. 545; Kassationshof, 14.9.1984, AC, 1984–85, S. 88.
86 Berufungsgericht Antwerpen, 2.6.20003, ETL, 2004, S. 407. s. auch Berufungsgericht Antwerpen, 30.11.1998, ETL, 1999, S. 346.
87 Handelsgericht Brüssel, 20.4.2009, RHA, 2009, S. 169.

ein Absender und der Haupt- oder Unterfrachtführer,[88] wird die Objektivität und die Glaubwürdigkeit eines Parteigutachtens erhöhen und sich daher in der Regel positiv auf die richterliche Würdigung dessen Beweiskraft auswirken.

VII. CMR – Reklamationen und Klagen

Art. 31

Der Kläger in einer CMR-Streitigkeit kann neben den in Art. 31 Abs. 1 lit. a) und b) CMR genannten Gerichtsständen auch wahlweise ein Gericht jenes Vertragsstaates anrufen, das durch Vereinbarung der Vertragsparteien bestimmt wurde. Umgekehrt gilt aber auch, dass eine solche Gerichtsstandsvereinbarung dem Kläger nicht den Weg zu den anderen gemäß Art. 31 Abs. 1 lit. a) und b) CMR international zuständigen Gerichten versperrt. Diese grundsätzliche Wahlfreiheit ist vom belgischen Kassationshof bereits mehrfach bestätigt worden.[89] Vereinbarungen die einen ausschließlichen internationalen Gerichtsstand festlegen, sind demzufolge rechtsunwirksam (s. Art. 41 CMR).

Das CMR-Übereinkommen regelt jedoch nicht die Form und das Zustandekommen von Gerichtsstandsvereinbarungen. Diese Regelungslücke ist auch hier durch das anwendbare nationale Recht zu füllen.[90]

Bei Geltung des belgischen Rechts ist für die vertragliche Einbeziehung einer in allgemeinen Geschäftsbedingungen aufgenommenen Gerichtsstandsklausel auf die besondere Beweisregelung des Art. 25 Abs. 2 des Handelsgesetzbuches vom 10. September 1807 hinzuweisen. Laut dieser Vorschrift „*können Ankäufe und Verkäufe*[91] *anhand einer angenommenen Rechnung nachgewiesen werden, unbeschadet der anderen durch die Handelsgesetze zugelassenen Beweismittel*". Wenn unter Kaufleuten eine Rechnung nicht rechtzeitig[92] beanstandet wird, gilt sie als – stillschweigend – angenommen. Infolge der vorerwähnten Beweisregel gilt, bis zum Beweis des Gegenteils, dass die in dieser Rechnung enthaltenen Angaben, einschließlich der darauf abgedruckten allgemeinen Geschäftsbedingun-

---

88 Berufungsgericht Mons, 4.3.2002, TBH, 2004, S. 490; Handelsgericht Kortrijk, 10.4.1995, RHA, 1996, S. 51.
89 Kassationshof, 21.1.2010, Pas, 2010, S. 211; Kassationshof, 8.12.2006, ETL, 2007, S. 401.
90 Kassationshof, 29.4.2004, RHA, 2008, S. 225.
91 Diese Beweisregel findet nicht nur auf Handelskäufe sondern im Allgemeinen auf alle Handelsgeschäfte, wie beispielsweise einen zwischen Kaufleuten abgeschlossenen Beförderungsvertrag, Anwendung. Lediglich beim Handelskauf geht es um eine gesetzliche Vermutung. Im Falle anderer Handelsgeschäfte ist nur die Rede von einer tatsächlichen Vermutung, welche gemäß Art. 1353 des belgischen Zivilgesetzbuches ausschließlich dem Urteil und der Umsicht des Richters überlassen bleibt. s. Kassationshof, 24.1.2008, RW, 2010–11, S.366; Kassationshof, 7.1.2005, AC, 2005, S. 39.
92 Ein reibungsloser Handelsverkehr erfordert, dass die Beanstandung einer Rechnung sofort oder jedenfalls zügig nach deren Erhalt dem Rechnungssteller bekannt gegeben wird.

Länderberichte **Belgien**

gen, mit dem Inhalt des abgeschlossenen Vertrags übereinstimmen.[93] Oft verlangen die Gerichte aber noch den Nachweis zusätzlicher Umstände, welche die Kenntnisnahme und Annahme dieser allgemeinen Geschäftsbedingungen beim Vertragsabschluss weiter begründen, wie beispielsweise eine ständige Geschäftsbeziehung zwischen den Parteien oder die anstandslose Bezahlung von früheren Rechnungen mit den gleichen allgemeinen Geschäftsbedingungen.

Wegen des sehr eingeschränkten Risikos auf eine Durchbrechung der Haftungsbegrenzung gemäß Art. 29 CMR[94] könnte so mancher Frachtführer dazu geneigt sein, wenn ein Gerichtsstand in Belgien zur Auswahl steht, die Flucht nach vorne anzutreten und im Wege einer negativen Feststellungsklage den Rechtstreit bei einem belgischen Gericht anhängig zu machen, um so, im Lichte der belgischen CMR-Praxis, feststellen zu lassen, dass er nicht oder allerdings nur begrenzt haftet. Anders als es in Deutschland und den Niederlanden der Fall ist, lässt die belgische Rechtsprechung[95] eine solche negative Feststellungsklage aber nicht zu. Eine Feststellungsklage ist nach Maßgabe des Art. 18 Abs. 2 des belgischen Gerichtsgesetzbuches vom 10. Oktober 1967 allein unter den folgenden Bedingungen möglich: *„Eine Klage kann angenommen werden, wenn sie erhoben wurde – selbst zwecks Feststellung eines Rechts – um der Verletzung eines ernsthaft bedrohten Rechts vorzubeugen."* Von einem *„ernsthaft bedrohten Recht"* kann bei der vorerwähnten negativen Feststellungsklage nach Ansicht der Rechtsprechung nicht die Rede sein, auch nicht, wenn die Gegenpartei mit der Einleitung eines Gerichtsverfahrens droht. Der Zweck einer Feststellungsklage muss übrigens auch präventiver Natur sein. Hiermit ist die Verhinderung eines drohenden Schadens gemeint, was nach dem Eintritt des Schadenfalles selbstverständlich nicht mehr möglich ist.[96]

An dieser Stelle sei noch kurz zu erwähnen, dass nach belgischem Zivilprozessrecht der verklagte Hauptfrachtführer seine Regressansprüche auch gleich im Rahmen des Hauptverfahrens sicherstellen und gerichtlich geltend machen kann. Im Gegensatz zum deutschen Zivilprozessrecht, hat der Hauptfrachtführer sich also im Hauptverfahren („*Vorprozess*") nicht darauf zu beschränken, seine Regressansprüche gegen den Unterfrachtführer durch eine – nach belgischem Zivilprozessrecht übrigens unbekannte – Streitverkündung lediglich sicherzustellen, um sie dann erst anschließend in einem Folgeprozess gerichtlich geltend zu ma-

---

[93] Dies gilt aber nicht für Schadensrechnungen, die nach Eintritt des Schadensfalls als Reklamation dem Schädiger ausgestellt werden. Mit solchen Schadenrechnungen werden keine Primärleistungen des betreffenden Handelsgeschäftes abgerechnet. Deshalb sind es keine Rechnungen im Sinne des Art. 25 Abs. 2 des Handelsgesetzbuches. s. Berufungsgericht Antwerpen, 4.10.1999, RHA, 2000, S. 238; Berufungsgericht Brüssel, 20.2.2012, (2009/A.R./1159), *nicht veröffentlicht.*
[94] S. oben bei der Kommentierung von Art. 29 CMR.
[95] Berufungsgericht Antwerpen, 15.2.2010, TBH, 2010, S. 435; Handelsgericht Kortrijk, 11.12.2007, TBH, 2008, S. 669.
[96] Ein möglicher Ausweg könnte, unter Umständen, die Erhebung in Belgien einer Leistungsklage auf Zahlung der für den streitgegenständlichen Transport ausgestellten und unbezahlt gebliebenen Frachtrechnung eröffnen.

chen. Wenn der Unterfrachtführer sich weigert, dem Rechtstreit freiwillig beizutreten, kann der Hauptfrachtführer ihm mit der Zustellung einer *„Ladung zu erzwungener Intervention und Gewährleistung"*[97] dazu verpflichten.[98] Infolge der Intervention nimmt der Unterfrachtführer als vollwertige Prozesspartei an dem bereits anhängigen Rechtstreit teil und kann gegebenenfalls durch den Kläger in Anspruch genommen werden oder selbst eine Widerklage erheben.

Art. 32

Für die Einhaltung der kurzen einjährigen Verjährungsfrist des Art. 32 Abs. 1 CMR wird es nicht selten prozessentscheidend sein, ob ein Hemmungs- oder Unterbrechungstatbestand eingreift.

Laut Art. 32 Abs. 2 CMR wird die Verjährung durch eine schriftliche Reklamation bis zu dem Tage gehemmt, an dem der Frachtführer die Reklamation schriftlich zurückweist und die beigefügten Belege zurücksendet.

Welchen inhaltlichen Anforderungen eine solche schriftliche Reklamation genügen muss, war lange Zeit unklar und strittig. Es stellte sich immer wieder die Frage, ob die schriftliche Reklamation bereits einen genau bezifferten Schadensersatzanspruch enthalten muss oder ob auch bereits die einfache Umschreibung der Art und des Umfangs des Schadens, welche es dem Frachtführer ermöglicht, hierauf angemessen zu reagieren, ausreicht. Der belgische Kassationshof hat sich nun klar für diese letztgenannte Auffassung ausgesprochen.[99]

Der Kreis der reklamationsberechtigten Personen beschränkt sich nicht nur auf den Absender und Empfänger, sondern umfasst auch deren Bevollmächtigten und Beauftragten.[100] So wird durch die Rechtsprechung angenommen, dass die schriftliche Reklamation von einem Havariekommissar,[101] Versicherungsagenten[102] oder Schadenregulierer,[103] handelnd im Auftrag eines Transportversicherers, die Verjährungsfrist zugunsten des versicherten Absenders oder Empfängers hemmt. Ob der Transportversicherer bereits in die Rechte des versicherten Absenders oder Empfängers getreten ist, ist in diesem Zusammenhang unerheblich.[104]

Zum Beenden der Verjährungshemmung genügt es für den Frachtführer nicht immer, die Reklamation schriftlich abzulehnen. Falls der schriftlichen Reklamation

---

97 Auf Niederländisch: *„dagvaarding in gedwongen tussenkomst en vrijwaring"*; auf Französisch: *„citation en intervention forcée et garantie"*.
98 S. Art. 811–814 des belgischen Gerichtsgesetzbuches.
99 Kassationshof, 10.6.2010, ETL, 2010, S. 623; Berufungsgericht Antwerpen, 23.2.2009, RHA, 2009, S. 248.
100 Kassationshof, 7.11.1983, AC, 1983–84, S. 271.
101 Handelsgericht Antwerpen, 20.4.2009, RHA, 2009, 169.
102 Berufungsgericht Antwerpen, 20.9.1999, RHA, 2000, 358.
103 Berufungsgericht Antwerpen, 1.2.1999, RHA, 1999, S. 156: Das Berufungsgericht setzt für die Hemmungswirkung voraus, dass der Schadenregulierer in seiner schriftlichen Reklamation deutlich angibt, in welcher Eigenschaft und für wen er auftritt.
104 Berufungsgericht Antwerpen, 27.9.1999, TBH, 2002, 215; Berufungsgericht Antwerpen, 30.6.1982, ETL, 1983, S. 84.

Belege beigefügt wurden obliegt es ihm, zusätzlich diese Belege zurückzusenden. Art. 32 Abs. 2 CMR macht keinen Unterschied nach der Art oder dem Inhalt der beigefügten Belege,[105] so dass ebenfalls Fotokopien an den Reklamierenden zurückzusenden sind.[106]

Auch wenn Haupt- und Unterfrachtführer als Gesamtschuldner haften, hemmt nach dem Urteil des belgischen Kassationshofes[107] die schriftliche Reklamation die Verjährung ausschließlich gegenüber demjenigen Frachtführer, an den die schriftliche Reklamation adressiert ist.

Zuletzt sei noch die in der Lehre und der Rechtsprechung[108] vertretene Ansicht zu beachten, nach der eine schriftliche Reklamation keinerlei Hemmungswirkung entfaltet, sofern die Reklamation erfolgt ist, bevor die Verjährungsfrist nach Art. 32 Abs. 1 CMR zu laufen begonnen hat.

Ob zusätzlich noch andere Hemmungs- oder Unterbrechungsgründe eingreifen, entscheidet sich laut Art. 32 Abs. 3 CMR nach dem *„Recht des angerufenen Gerichts"*.[109,110]

An dieser Stelle sei noch auf eine Besonderheit hinsichtlich der Verjährung von Regressansprüchen eines Frachtführers hinzuweisen. Art. 38 Abs. 4 des belgischen Güterkraftverkehrsgesetzes vom 3. Mai 1999 bestimmt in dieser Hinsicht: *„Regressklagen, die sich aus einem Beförderungsvertrag im Güterkraftverkehr ergeben, müssen zur Vermeidung des Verfalls innerhalb eines Monats nach der Ladung, die Anlass zum Regress gibt, eingereicht werden."*.[111] Die Ein-Monats-Frist sollte es dem Frachtführer, der kurz vor Eintritt der Verjährung durch den

---

105 Kassationshof, 27.9.1984, AC, 1984–85, S. 159.
106 Berufungsgericht Antwerpen, 2.6.2003, ETL, 2004, S. 407.
107 Kassationshof, 30.5.2002, AC, 2002, S. 1394; vorher wurde in der Rechtsprechung und der Lehre die Sichtweise vertreten, dass eine schriftliche Reklamation nicht nur gegenüber dem in Anspruch genommenen Frachtführer Hemmungswirkung entfaltet, sondern auch Drittwirkung zulasten der übrigen Frachtführer hat, vorausgesetzt, sie haften zusammen mit dem in Anspruch genommenen Frachtführer als Gesamtschuldner: s. Berufungsgericht Gent, 21.12.1995, RW, 1996–97, S. 360; Handelsgericht Antwerpen, 22.12.1995, RHA 1996, S. 235.
108 Berufungsgericht Antwerpen, 24.10.2005, ETL, 2006, S. 296; Handelsgericht Antwerpen, 16.5.2003, ETL, 2003, S. 360; Handelsgericht Antwerpen, 30.1.1998, TBH, 1998, 771; Handelsgericht Antwerpen, 22.12.1995, RHA, 1996, S. 235.
109 Was die gemeinrechtlichen Hemmungstatbestände betrifft: s. Art. 2251–2259 des Zivilgesetzbuches.
110 Was die gemeinrechtlichen Unterbrechungstatbestände betrifft: s. Art. 2242–2250 des Zivilgesetzbuches. So bestimmt Art. 2244 des Zivilgesetzbuches, dass einerseits *„eine Klage vor Gericht, ein Zahlungsbefehl oder eine Pfändung, zugestellt an diejenige Partei zugunsten welche die Verjährung nicht eintreten sollte, eine zivilrechtliche Unterbrechung herbeiführt"* und andererseits *„eine Klage vor Gericht die Verjährung bis zum Zeitpunkt der Verkündung einer definitiven Entscheidung unterbricht"*. Art. 2246 des Zivilgesetzbuches bestimmt: *„Auch eine Klage vor einem unzuständigen Gericht hemmt die Verjährung"*. Dies gilt ohne Unterschied für unzuständige inländische und ausländische Gerichte: s. Kassationshof, 13.10.2011. A.R. C.10.0579.N, http://jure.juridat.just.fgov.be.
111 Dieser Artikel sei eine nahezu wortwörtliche Kopie des Art. 9 Abs. 6 des alten Transportgesetzes v. 25.8.1891.

Ladungsberechtigten vor Gericht geladen wird, ermöglichen, noch rechtzeitig Regressansprüche gegen den von ihm beauftragten Unterfrachtführer[112] zu erheben. Es ist jedoch immer noch nicht eindeutig geklärt, ob diese Frist einen Hemmungsgrund darstellt oder ob es sich, wie der Gesetzeswortlaut *„zur Vermeidung des Verfalls"* vermuten lässt, eher um eine Ausschlussfrist handelt, die keinen Anlass zu einer Hemmung oder Unterbrechung der Verjährung gibt. In letzterem Fall würde dies bedeuten, dass der Regressanspruch bei Nichteinhaltung der einmonatigen *„Ausschluss"*-Frist verfällt, selbst wenn die Verjährung nach Art. 32 CMR noch nicht eingetreten sei. Ein Teil der Rechtsprechung vertritt jedenfalls die – nach Meinung des Autors gerechtere und vorzuziehende – Ansicht, dass Art. 38 Abs. 4 des Güterkraftverkehrsgesetzes in Wirklichkeit einen Hemmungsgrund enthält, der infolge des Art. 32 Abs. 3 CMR auch die CMR-Verjährungsfrist hemmt.[113] In Anbetracht dieser Rechtsunsicherheit empfiehlt es sich allerdings, wenn möglich, die Ein-Monats-Frist vorsichtshalber immer einzuhalten, auch wenn die CMR-Verjährungsfrist noch nicht abgelaufen ist.

VIII. CMR – Aufeinanderfolgende Frachtführer

Art. 34

Wird eine Beförderung, die Gegenstand eines einzigen Vertrages ist, von aufeinanderfolgenden Straßenfrachtführern ausgeführt, so haftet laut Art. 34 CMR jeder von ihnen für die Ausführung der gesamten Beförderung. Art. 34 CMR fügt hinzu, dass der zweite und jeder folgende Frachtführer durch die Annahme des Gutes und des Frachtbriefes nach Maßgabe der Bedingungen des Frachtbriefes Vertragspartei wird.

Ob mit der *„Annahme des Gutes"* die tatsächliche Übernahme des Gutes und dessen Beförderung auf einem Teil der vereinbarten Transportstrecke zu verstehen ist, bleibt weiterhin strittig. Der belgische Kassationshof[114] scheint dies allerdings vorauszusetzen. So hat es die Frage, ob Art. 39 Abs. 4 CMR auf den Regressanspruch eines Hauptfrachtführers Anwendung findet, der den Beförderungsauftrag nicht selbst ausgeführt hat, sondern diesen vollständig an den in Anspruch genommenen Unterfrachtführer weitergegeben hat, mit einem klaren Nein beantwortet.

---

112 Mit Unterfrachtführer ist hier nicht der aufeinanderfolgende Frachtführer gemeint. Die Verjährung von Rückgriffsansprüchen gegen einen aufeinanderfolgenden Frachtführer werden zwingend von Art. 39 Abs 4 in Verbindung mit Art. 32 CMR geregelt.
113 Berufungsgericht Antwerpen, 24.10.2005, ETL, 2006, S. 296; Handelsgericht Antwerpen, 4.6.2010, ETL, 2010, S. 573; Handelsgericht Antwerpen, 16.5.2003, ETL, 2003, S. 360; Handelsgericht Antwerpen, 22.12.1995, RHA, 1996, 235.
114 Kassationshof, 30.6.1995, ETL, 1996, S. 545.

Länderberichte **Belgien**

Das Erfordernis der „*Annahme des Frachtbriefes*" ist nach Auffassung eines Großteils der Lehre und Rechtsprechung[115] formal zu verstehen. Der Frachtbrief muss sich einerseits auf den vollständigen nach dem Hauptfrachtvertrag geschuldeten Transport beziehen und andererseits wie ein „*Staffelstab*"[116] von Frachtführer zu Frachtführer weitergegeben werden.

---

115 Berufungsgericht Gent, 5.4.2004, ETL, 2005, S. 846; Berufungsgericht Brüssel, 9.5.2000, RW, 2003–04, S. 1694; Berufungsgericht Gent, 2.11.1995, RW, 1995–96, S. 781; Berufungsgericht Antwerpen, 9.5.1979, RHA, 1979–80, S. 315.
116 Dieser Ausdruck wurde zutreffend benutzt von *Keyzer, L.*, S. 331: „*Das Ladegut und der Frachtbrief als Staffelstab?*".

Frankreich

Jean-Frédéric Mauro, Avocat à la Cour
DES de droit privé. DEA de droit comparé

Quellen: *Lamy Social*, Auflage 2012 – Band 1, Absätze 686 bis 820 bezüglich des CMR-Übereinkommens; *Bulletin des Transports*, Website „Legifrance" (es handelt sich um die offizielle Website der französischen Regierung, die zahlreiche Rechtssprechungen des französischen Kassationsgerichts veröffentlicht); *Précis Dalloz – Droit des Transports*, Auflage 2010, Herausgeber: Professoren *Bon-Garcin, Bernadet, Reinhard* (dieses Nachschlagewerk ist zwar für Studenten bestimmt, gibt aber eine klare und synthetische Übersicht des Transportsrechts und des CMR-Übereinkommens); „Travaux de l'Association IDIT" der „Association internationale des transports" (Internationaler Transportverein, dieser Verein veranstaltet insbesondere Seminare, deren Zusammenfassungen oft auf der folgenden Website veröffentlicht werden: www.idit.asso.fr.).

Übersicht

	Seite
I. Historische Darstellung der CMR in Frankreich	1028
II. Geltungsbereich der CMR	1029
III. Die Anwendung der CMR durch die französischen Gerichte	1030
1. Art. 2 CMR – Kombinierte Transporte	1030
2. Art. 4 CMR – die beweiskräftige Rolle des CMR-Frachtbriefs	1031
3. Art. 5 CMR	1031
4. Art. 6 CMR	1031
5. Art. 8 CMR – Überprüfung des äußeren Zustands des Gutes	1032
6. Eine Lücke der CMR: Die Frage der Ladung	1032
7. Art. 10 CMR (bezüglich der Übernahme der Ladung)	1032
8. Art. 11 CMR – Abwicklung der Zollformalitäten	1033
9. Art. 13–16 CMR (Ladung und Lieferung)	1033
10. Art. 17–22 CMR – Haftung des Frachtführers nach der französischen Rechtsprechung bezüglich der CMR	1034
a) Art. 17 CMR	1034
b) Art. 17-4 CMR – Besondere Risiken („risques particuliers")	1035
aa) Die Ladung durch den Absender	1035
bb) Kühltransporte	1036
cc) Verwendung eines offenen und nicht mit Planen versehenen Fahrzeugs	1036
dd) Fehlende oder mangelhafte Verpackung	1036
ee) Natürliche Beschaffenheit gewisser Güter	1036
ff) Beförderung von lebendigen Tieren	1037
11. Art. 23–29 CMR – Entschädigung des Schadens	1037
a) Anwendung der Haftungsbegrenzung	1037
b) Teilverlust	1037
c) Bei Havarie der Ware	1037
d) Die Entschädigung aufgrund einer Verspätung – Art. 23-5 CMR	1038
12. Art. 29 CMR – Überschreitung der Haftungsbeschränkung bei Arglist oder einem der Arglist ähnlichen schweren Fehler	1038
13. Art. 30– 32 CMR – Vorbehalte und Gerichtsstand	1040
a) Art. 30 CMR – Vorbehalte	1040
aa) Der gänzliche Verlust	1040

bb) Der Teilverlust oder die
    äußerlich erkennbare
    Beschädigung 1040
cc) Die äußerlich nicht erkenn-
    bare Beschädigung 1041
dd) Die Überschreitung der
    Lieferfrist 1041
b) Art. 31 CMR – Gerichtsstand 1041
c) Art. 32 CMR – Verjährung .. 1042
aa) Der Regress des
    Spediteurs 1044

bb) Klagezustellungen 1044
d) Art. 34 und 35 CMR –
   Aufeinanderfolgende Frachtführer 1044
e) Der Versicherer als Partei in
   einem CMR-Prozess 1046
aa) Der Versicherer als
    Beklagter 1046
bb) Der Versicherer als
    Kläger 1046
IV. Zusammenfassung 1047

I. Historische Darstellung der CMR in Frankreich

Die CMR vom 19. Mai 1956 trat in Frankreich durch eine im öffentlichen Gesetzblatt „Journal Officiel" vom 26. Dezember 1958 publizierte Verordnung vom 23. Dezember 1958 in Kraft.

Trotz ihrer Einfachheit und Klarheit wurde die CMR leider auf die innerfranzösischen Beförderungen nicht ausgedehnt. In dieser Beziehung ist Frankreich dem Beispiel von Österreich und Dänemark nicht gefolgt.

Die CMR wird in ihrer Gesamtheit von den französischen Gerichten angewandt. Diese französische Rechtsprechung weist aber einige Besonderheiten auf.

Schließlich regelt die CMR nicht alle Fragen des internationalen Straßenverkehrs und die Gerichte haben deshalb spezielle Lösungen finden müssen.

Ziel dieser Studie ist es, den Leser auf die in Frankreich von den Gerichten angewandten besonderen Lösungen und auf die Lösungen auf den Gebieten, die nicht von der CMR geregelt werden, besonders aufmerksam zu machen. Dabei ist zu beachten, dass Frankreich die Zusatzvereinbarung bezüglich des elektronischen CMR-Briefes noch nicht aufgenommen hat.

Im französischen innerstaatlichen Recht wurde mit Gesetz vom 8. Dezember 2009 Nr. 2009-503 (Journal Officiel vom 9. Dezember 2009) eine wichtige Neuregelung eingeführt, die den Begriff des „schweren Fehlers" („faute lourde") durch den des „unentschuldbaren Fehlers" („faute inexcusable") ersetzt. Diese Reform wird einen großen Einfluss auf die Anwendung der Art. 17 u. 29 CMR haben.

Diese Neuregelung wurde so gedeutet, dass sie für die Frachtführer und Spediteure günstiger ist als die alte Regelung mit dem Begriff des schweren Fehlers („faute lourde"). In den Jahren ab 2000 hatten nämlich in der Rechtsprechung Verurteilungen wegen „schweren Fehlers" seitens des Frachtführers zugenommen. In diesen Jahren hatte sich die Sicherheit der Beförderungen verschlechtert und ein großer Teil der Fälle betrafen Diebstähle der Wagenladungen, die sich insbesondere auf Autobahnenparkplätzen ereignet hatten, Begebenheiten, die früher eher nur in entfernten Ländern stattgefunden hatten.

II. Geltungsbereich der CMR

Nach französischer Rechtsprechung wird die CMR auf einen Straßengütertransport zwischen zwei Ländern angewandt, wenn wenigstens eines dieser Länder Mitglied der CMR ist.

Jedweder Straßentransport von Frankreich ins Ausland (und umgekehrt) mit Ladung oder Abladung in Frankreich unterliegt also den Bestimmungen der CMR.

Diese Bestimmungen der CMR sind zwingendes Recht (auf französisch: „d'ordre public"). Die CMR regelt auch die Beförderungen zwischen Frankreich und Monaco.[1]

Die französische Rechtsprechung hat die Anwendung der CMR bei Fällen abgelehnt, in denen die Ware an der Grenze in einen anderen Lastwagen umgeladen wird.[2]

Die CMR kommt nicht zur Anwendung, wenn es zwischen zwei Transportunternehmen beim Betreiben einer regelmäßigen Warentransportslinie zu Streitigkeiten kommt.

Die CMR regelt manche Bereiche nicht und verweist auf das innerfranzösische Recht

– was die Pflichten der Parteien beim Auf- und Abladen,
– die Unterbrechungsfälle und Aufhebungen der Verjährung

betrifft.

Schließlich verweisen manche Artikel der CMR – insbesondere Art. 5-1, 16-5, 20-4, 29-1 und Art. 3 – auf das innerfranzösische Recht.

Im Prinzip regelt die CMR die Beziehungen zwischen dem Spediteur und dem Frachtführer nicht. Sollte jedoch der Spediteur als Garant aufgrund eines von einem von ihm ausgewählten Frachtführer verursachten Schadens belangt werden, so bleibt seine Haftung im Rahmen der CMR begrenzt.

Es wird der Standpunkt vertreten, dass der Spediteur für den Frachtführer haftet, dass er aber (es sei denn es läge ein persönlicher Fehler vor) nicht mehr haftet als der Frachtführer selbst. Die Haftungsbegrenzungen der CMR werden in einem solchen Fall indirekterweise auf den Spediteur angewendet.

Nach der französischen Rechtsprechung gilt ein Vertrag als Spediteurvertrag, wenn folgende Voraussetzungen vorliegen:

– der Spediteur richtet den Transport ein,
– der Spediteur wählt allein das Transportmittel frei aus,

---

[1] S. dazu das Urteil des französischen Kassationsgerichts vom 3. November 1992 – Bulletin Civil 1992-IV – Nr. 348, Seite 249.
[2] S. dazu das Urteil des französischen Kassationsgerichts vom 25. März 1997 – Bulletin Civil 1997-IV Nr. 86, Seite 7.

– der Spediteur ist ein Fachmittelsmann, der in seinem eigenen Namen Verträge abschließt.

Das französische Recht ist für den Spediteur streng und zwingend, aber der Spediteur hat die Möglichkeit, gegen den Frachtführer mit einer Garantieklage zu klagen.

Im Rahmen von Sachverhalten, die der CMR unterliegen, befindet sich der Spediteur oft in einer etwas heiklen Lage, denn sollte er am letzten Tag der einjährigen Verjährung verklagt werden, so kann er den Frachtführer, der die Beförderung ausgeführt hat im Rahmen einer Garantieklage nicht mehr verklagen.

III. Die Anwendung der CMR durch die französischen Gerichte

1. Art. 2 CMR – Kombinierte Transporte

Seit den 1960er Jahren hat sich der kombinierte Transport auch in Frankreich entwickelt. Der Straßentransport kann zum kombinierten Transport werden. Der Lastwagen und seine Ladung werden auf ein Schiff oder auf einen Zug geladen.

Die französische Rechtsprechung wendet die CMR an. Das leitende Prinzip ist, dass der Frachtführer für die Ware von ihrer Abfahrt bis zu ihrer Ankunft haftet. Sollte sich der Schaden während des See- oder Bahntransports ereignen, so wird die Haftung des Frachtführers nach den spezifischen Modalitäten des See- oder Bahntransports behandelt. Jedoch kann der Frachtführer seinem Verfügungsberechtigten eine Klausel des Seefrachtbriefs nicht entgegenhalten.[3]

Wenn sich die Container und Mobilkisten nicht mehr auf dem Lastwagen oder auf dem Anhänger befinden, ist Art. 2 CMR nicht anwendbar.

Wenn bewiesen wird, dass der Schaden sich während des See- oder Bahntransports ereignet hat und nicht auf einen Fehler des Frachtführers zurückzuführen ist, werden die Vorschriften und Haftungsbegrenzungen der CMR angewandt.

Die französische Rechtsprechung besteht darauf, dass der Frachtführer oder der Spediteur, die einen CMR-Transport mit einem See- oder Bahn-Anteil organisieren, den Verfügungsberechtigten über diese Wahl informieren müssen.

Die spezifische Situation beim Transport durch den Tunnel des Ärmelkanals „Eurotunnel": Bei der Fahrt eines Lastwagens im Ärmelkanaltunnel wird die CRM nicht angewendet, obwohl es sich ja um einen Bahntransport handelt. Es werden die „AGB Eurotunnel" angewandt, die vertraglich verbindlich sind; diese Bedingungen sind ziemlich streng. Der Frachtführer muss die Haftung der den

---

[3] S. das Urteil vom 5. Juli 1988 Nr. 87-10566 des französischen Kassationsgerichts Chambre Commerciale in *Lamy Transport 2012* Absatz 695 a), auf Seite 436 zitiert. Diese Rechtsprechung setzt voraus, dass es keine Umladung der Ware gegeben hat.

Eurotunnel betreibenden Gesellschaften nachweisen. Der Frachtführer muss sofort den ersichtlichen Schaden melden und den nicht ersichtlichen Schaden innerhalb von sieben Tagen. Sollte er keine Vorbehalte innerhalb dieser Fristen machen, so wird der Anspruch des Frachtführers unzulässig. Die Entschädigung ist dem CMR-System ähnlich, d.h. 8,33 DTS pro Kilo jedoch mit einer Höchstgrenze von 70.000 DTS. Die Eurotunnel-AGB schließen den Schaden aufgrund einer Verspätung aus. Spätere Klagen sind entweder vor englischen oder vor französischen Gerichten einzuleiten. Für Frankreich ist das Handelsgericht Paris ausschließlich zuständig.

2. Art. 4 CMR – die beweiskräftige Rolle des CMR-Frachtbriefs

Art. 4 CMR bestimmt, dass der Beförderungsvertrag in einem Frachtbrief festgehalten wird.

Das Erstellen eines Frachtbriefes hat eine beweiskräftige Rolle und das französische Kassationsgericht vertritt den Standpunkt, dass der Beweis des Beförderungsvertrags beim Fehlen des CMR-Frachtbriefs durch jedwedes Mittel geführt werden kann. Der Frachtbrief ist also nicht unerlässlich zum Beweis der Gültigkeit des Beförderungsvertrags.

Dagegen fordert Art. L 3242-1 des Transportsgesetzbuch,[4] dass im Lastwagen ein ausgefüllter und unterzeichnete CMR-Frachtbrief vorhanden ist. Das Fehlen des CMR-Frachtbriefs im Lastwagen wird durch den sofortigen Stillstand des Lastwagens und der Ladung gestraft. Dieses Verbot der Weiterfahrt wird auch angeordnet, wenn darüber hinaus Geschwindigkeitsüberschreitung, Nicht-Einhalten der Pausen und Fahrzeitüberschreitung und stattgefunden haben.

3. Art. 5 CMR

Die CMR bestimmt nicht, wer den CMR-Frachtbrief auszustellen hat. Nach der französischen Rechtsprechung hat entweder der Absender oder der Frachtführer den Frachtbrief auszustellen – s. dazu Lamy Transport 2012 – Absatz 718.

4. Art. 6 CMR

Im Art. 6 werden die Angaben des Frachtbriefs erwähnt. Nach dem französischen Kassationsgericht sind gemäß Art. 9-1 die Angaben auf dem Frachtbrief gültig, sofern der Beweis des Gegenteils nicht vorliegt.

---

4 Verordnung Nr. 2010-1307 vom 28.Oktober 2010.

5. Art. 8 CMR – Überprüfung des äußeren Zustands des Gutes

Art. 8 CMR sieht die Pflicht des Frachtführers vor, den äußeren Zustand des Gutes und seiner Verpackung zu überprüfen. Nach der CMR kann der Frachtführer beim Feststellen eines Verpackungsmangels Vorbehalte auf dem Frachtbrief vermerken.

Die französische Rechtsprechung hat hierzu eine strengere Haltung eingenommen, wonach der Frachtführer diese Vorbehalte gemeldet haben muss. Sollte der Frachtführer bei der Übernahme des Gutes keine Vorbehalte vermerkt haben, so verliert er das Recht, sich auf die Mängel der Verpackung zu berufen.[5] Die Doktrin hat diese Einstellung als überaus streng für den Frachtführer betrachtet, da sie die im Art. 9-2 CMR vorgesehene einfache Vermutung überschreitet.

Nach der Rechtsprechung hat der Frachtführer in Anwendung des Artikels 8-1 CMR die auf dem CMR-Frachtbrief erwähnte Zahl der Pakete zu überprüfen. Sollte er keine Vorbehalte vermerkt haben, so haftet er für die angegebene Zahl der Pakete.

6. Eine Lücke der CMR: Die Frage der Ladung

Wem obliegt die Ladung? Die Rechtsprechung untersucht den zwischen den Parteien abgeschlossenen Vertrag. Wenn der Vertrag nichts Bestimmtes erwähnt, so muss nach dem anwendbaren Recht gesucht werden. Seit Ende 2009 wird die europäische Regelung ROM I dafür angewandt.

Bei der Ladung obliegt dem Frachtführer nach der französischen Rechtsprechung die Pflicht, die vom Absender durchgeführte Ladung zu überprüfen. Nach der französischen Rechtsprechung kann der Frachtführer als teilweise haftbar für die den Gütern wegen eines offensichtlichen Mangels bei der Ladung zugefügten Schäden erklärt werden, wenn er bei der Ladung keine Vorbehalte vermerkt hatte. Diese Lösung wurde durch ein veröffentlichtes Urteil vom 1. Februar 2011 des französischen Kassationsgerichts Chambre Commerciale Nr. 09.16833 bestätigt – cf. Légifrance.

Sollte der Frachtführer zum Zeitpunkt der Ladung keine Vorbehalte gemacht haben, so besteht für ihn nicht mehr die Möglichkeit, bei einem Schaden die Bestimmungen des Art. 17-4 CMR geltend zu machen.

7. Art. 10 CMR (bezüglich der Übernahme der Ladung)

Die Ansprüche eines Frachtführers gegen den Absender aufgrund einer mangelhaften Ladung oder einer mangelhaften Verstauung der verjähren nach Art. 32-1

---

[5] S. dazu das Urteil des französischen Kassationsgericht, Chambre Commerciale vom 12. Oktober 1981 – Urteil 19.16599 Légifrance auch zitiert in Lamy Transport 2012 – Absatz 709.

CMR. Jedoch unterbricht ein schriftlicher Beanstandungsbrief des Frachtführers an den Absender die Verjährung nicht (Art. 32-2 CMR) – so wie die CMR das bei Transportschäden vorsieht.[6]

8. Art. 11 CMR – Abwicklung der Zollformalitäten

Der Frachtführer ist nicht dazu verpflichtet zu überprüfen, ob die vom Absender gelieferten Unterlagen oder Informationen stimmen oder ausreichen.[7]

Nach der französischen Rechtsprechung haftet der Frachtführer für den Verlust oder die falsche Behandlung der im CMR-Frachtbrief erwähnten Unterlagen.[8]

Für Fehler des Frachtführers bei der Durchführung der Zollformalitäten wendet die französische Rechtsprechung (ohne Besonderheiten) die in Art. 11-3 CMR vorgesehenen Entschädigungsregeln an.

9. Art. 13–16 CMR (Ladung und Lieferung)

Diese Art. 13–16 behandeln die Lieferung und die Abladung der Güter. Jedoch enthält die CMR manche Lücken, die von dem jeweiligen nationalen Recht zu füllen sind.

Der Begriff der „Lieferung" wird in der CMR definiert. Bei Anwendung des französischen Rechts wird die Lieferung als die „physische Inbesitznahme der Ware durch den Empfänger" begriffen.

Die CMR regelt das Problem nicht, wem die Abladung obliegt. Wenn das französische Recht für die Abladung angewandt wird, beziehen sich die französischen Gerichte auf die Regeln des „Standardvertrags" („contrats types") des innerfranzösischen Transportrechts. Im innerfranzösischen Straßentransportsrecht gelten fast automatisch Standardverträge, genannt „Standardverträge für Paketsendungen" („contrat type messagerie") oder „Generalstandardverträge" („contrat type général"). Dieser Standardvertrag sieht für Sendungen unter drei Tonnen vor, dass dem Frachtführer das Abladen obliegt. Bei Sendungen über drei Tonnen haftet der Absender oder der Empfänger für die Ladung und die Entladung.

Der Frachtführer ist gelegentlich daran gehindert, zu liefern; Art. 15 CMR sieht vor, dass der Frachtführer dann Anweisungen von seinem Auftraggeber einholen muss. Die CMR sieht dagegen aber keine Frist vor, innerhalb derer die Anwei-

---

6 S. dazu Berufungsgericht Paris Cour d'Appel de Paris Pôle 4 – Chambre 9 vom 4. März 2010 Urteil Nr. 08.06532, das auf Lexbase veröffentlicht wurde. Dieses Urteil bezieht sich auf einen Schadensfall, bei dem der Gabelstapler des Absenders den Lastwagen des CMR-Frachtführers beschädigt hat.
7 S. dazu das Urteil des Kassationsgerichts – Chambre Commerciale vom 28. September 2004 Nr. 03-10473 zitiert in Lamy Transport 2012, Absatz 726.
8 S. dazu das Urteil des Kassationsgerichts – Chambre Commerciale vom 10. Juni 1976 Nr. 75-11352 auf Légifrance veröffentlicht.

sungen einzuholen sind. Nach der französischen Rechtsprechung müssen die Anweisungen nach Feststellung der Unmöglichkeit der Lieferung unverzüglich eingeholt werden.

Nach der französischen Rechtsprechung wird dem Frachtführer ein Anspruch gewährt, eine Entschädigung vom Empfänger oder vom Absender zu verlangen, wenn der Stillstand des Lastwagens auf deren Fehler/Schuld zurückzuführen ist.

Sollte der Empfänger und/oder der Absender bei einer solchen Unmöglichkeit der Lieferung keine Anweisungen erteilen, und sollten sich diese Umstände hinziehen, kann der Frachtführer gemäß Art. 16-3 CMR die Ladung versteigern oder verkaufen lassen. Befindet sich die Ware in Frankreich, so verläuft der Verkauf der Ware nach Art. L 133-4 des Handelsgesetzbuchs. Diese Möglichkeit gilt insbesondere für verderbliche Waren.

10. Art. 17–22 CMR – Haftung des Frachtführers nach der französischen Rechtsprechung bezüglich der CMR

a) Art. 17 CMR

Art. 17 CMR sieht vor, dass der Frachtführer für gänzlichen oder teilweisen Verlust der Ware zwischen der Übernahme des Gutes und deren Ablieferung haftet.

In Art. 17-2 sieht die CMR vier Fälle vor, nach denen der Frachtführer von seiner Haftung befreit werden kann:

– bei Verschulden des Verfügungsberechtigten,
– bei Weisung des Verfügungsberechtigten,
– bei besonderen Mängeln der Transportgüter,
– bei unabwendbaren Umständen.

Das Verschulden des Verfügungsberechtigten hat zu einer umfangreichen Rechtsprechung geführt, z.B.:

– *Verschulden des Frachtführers*: Das französische Kassationsgericht hat einen Frachtführer verurteilt, weil er die Ware auf den Kühlanhänger geladen hat, obwohl er wusste, dass der Kühlanhänger mangelhaft war.[9]
– *Falsche Weisung des Verfügungsberechtigten*: Der Absender wird verurteilt, weil er an den Frachtführer falsche Anweisungen für die Temperatureinstellung erteilt hatte.[10]
– *Mangel des Gutes*: Die neuere Rechtsprechung auf diesem Gebiet ist nicht sehr umfangreich. Es wird das Beispiel von mit einer Seuche befallenden-

---

9 Französisches Kassationsgericht Chambre Commerciale 16. März 1993 Nr. 91.14286 zitiert in Bulletin des Transports 1993, Seite 262.
10 Urteil des französischen Kassationsgerichts vom 19. April 1982 Nr. 79.15808. Dieses Urteil wird in Lamy Transport 2012 Absatz 763 zitiert.

Früchten zitiert, sind, die zu einem raschen Verfaulen führten. Dieser Mangel muss nachgewiesen werden.
- *Unabwendbare Umstände*: Die französische Rechtsprechung stützt sich auf dem Begriff der Höheren Gewalt. Das Ereignis muss unvermeidbar und die Nachwirkungen unüberwindbar sein. Die französische Rechtsprechung fordert aber nicht, dass das Ereignis unvorsehbar ist. In den letzten Jahren haben diesbezügliche Streitfälle aufgrund von zahlreichen Diebstählen bei auf Parkplätzen stehenden Lastwagen zugenommen.
- In einem Urteil vom 13.9.2011[11] hat das französische Kassationsgericht (Chambre Commerciale) das Urteil eines Berufungsgerichts bezüglich des Brands von zwei auf einem Lastwagen geladenen Wohnmobile aufgehoben. Das Kassationsgericht hat unterstrichen, dass die ersten Richter nachprüfen müssen, ob der Brand durch Umstände entstanden ist, die der Frachtführer nicht vermeiden konnte und deren Folgen er nicht abwenden konnte. Beide Bedingungen müssen also bestehen.
- Bei *Diebstählen* ist die Rechtsprechung unterschiedlich und schätzt die Umstände je nach Fall gemäß folgenden Kriterien ein:
  – Wahl des Parkplatzes,
  – mehr oder weniger gewaltsamer Charakter des Überfalls,
  – Anwesenheit des Fahrers,
  – Möglichkeit eines nahen überwachten Parkplatzes.

Die Rechtsprechung neigt aber dazu, wenig Gebrauch von Art. 17-2 zu machen und den Standpunkt zu vertreten, dass ein schwerer Fehler („faute lourde") (inzwischen unentschuldbarer Fehler geworden – „faute inexcusable") besteht und die Entlastung des Frachtführers abzulehnen.

b) Art. 17-4 CMR – Besondere Risiken („risques particuliers")

Die französische Rechtsprechung entlastet den Frachtführer beim Bestehen einer der sechs Risiken. Sie fordert, dass das Bestehen eines besonderen Risikos nachgewiesen und mit Nachweisen belegt wird. Einfache Behauptungen des Frachtführers reichen nicht aus.

Darüber hinaus muss der festgestellte Schaden in einer direkten Beziehung zum besonderen Risiko stehen.

aa) Die Ladung durch den Absender

Die französische Rechtsprechung bezieht sich in einer ihr besonderen Weise auf das Risiko der „Ladung, Verstauung oder Abladung durch den Absender oder durch den Empfänger". Sie fordert nämlich, dass der Frachtführer die vom Spediteur durchgeführte Ladung kontrolliert und er kann im Sinne des Artikels 17-4

---

11 Nr. 10-16745 auf Légifrance veröffentlicht.

CMR nicht entlastet werden, wenn er bezüglich des ersichtlichen Zustands der Ladung keine Vorbehalte gemacht hat.

bb) Kühltransporte

Die französische Rechtsprechung unterscheidet zwischen dem Generalzustand des Fahrzeugs und dem der Kühlanlage nicht. Der Frachtführer muss nachweisen, dass er alle Maßnahmen zur Fahrtüchtigkeit des gesamten Fahrzeugs, insbesondere zum guten Funktionieren der Kühlanlage getroffen hat.

cc) Verwendung eines offenen und nicht mit Planen versehenen Fahrzeugs

Eine Ladung ohne Schutz ist Beschädigungsrisiken ausgesetzt. Nach der französischen Rechtsprechung wird der Frachtführer entlastet, wenn der Absender gewusst hat, dass ein nicht mit Planen versehener Anhänger verwendet wurde. Die Verwendung eines Anhängers ohne Planen muss zwischen dem Absender und dem Frachtführer vereinbart gewesen sein. Diese Verwendung muss in dem CMR-Frachtbrief erwähnt werden.[12]

dd) Fehlende oder mangelhafte Verpackung

Gemäß der französischen Rechtsprechung muss der Frachtführer die Verpackung auf offene Mängel überprüfen und ggf. Vorbehalte machen. Sollte er keine Vorbehalte gemacht haben, so kann er sich auf dieses besondere Risiko nicht beziehen. Es muss der Mangel der Verpackung ersichtlich sein, damit der Frachtführer in die Gunst des Artikels 17-4 kommen kann.[13]

ee) Natürliche Beschaffenheit gewisser Güter

Das besondere Risiko unterscheidet sich vom Mangel des Gutes selbst, der bestimmten Kategorien von Waren anhaftet. Im Falle des besonderen Risikos, weist jedwedes Gut gleicher Natur Eigenschaften auf, die einen Schaden verursachen können, z.B. ein von Natur aus sehr zerbrechliches Gut.[14] Die französische Rechtsprechung wendet dieses Risiko an. Im Nachschlagewerk *Lamy Transport* 2012, Absatz 772 – Band 1 werden einige Beispiele für die CMR angegeben:

– Rost bei metallischen Gegenständen,
– Austrocknen bei Früchten,
– Zerbrechen von fragilen Gegenständen.

---

12 Cf. Lamy Transport 2012 – Band 1 – Absatz 767.
13 Urteil des französischen Kassationsgerichts Cour commerciale vom 5. Mai 2004 Nr. 02-18.951 auf Légifrance veröffentlicht.
14 S. Précis Dalloz – Droit des Transports 2010 – Isabelle BON GARCIN.

ff) Beförderung von lebendigen Tieren

Lebendige Tiere können während des Transports fallen, von Seuchen befallen oder zertrampelt werden. Der Frachtführer wird entlastet, wenn er nachweist, dass er alle Maßnahmen zur Vorbeugung dieser Ereignisse getroffen hat. Der Frachtführer muss nachweisen, dass er die nationalen und europäischen Regelungen bezüglich Beförderungen von lebendigen Tieren eingehalten hat.

11. Art. 23–29 CMR – Entschädigung des Schadens

a) Anwendung der Haftungsbegrenzung

Art. 23-1 CMR begrenzt die Haftung auf den direkten materiellen Schaden. Dieses Prinzip der CMR unterscheidet sich vom innerfranzösischen Straßentransportrecht, das der Entschädigung des gewerblichen Schadens, die Entschädigung bezüglich der finanziellen Kosten und der Versicherungsprämien stattgibt.

Das französische Kassationsgericht achtet darauf, dass die Gerichte nur diese Entschädigungsmodalitäten anwenden, die im Art. 23-1 und 4 CMR nicht enthalten sind. Die französische Rechtsprechung lässt andere Schäden nur restriktiv zu. Sie lässt insbesondere Zollgebührenerstattungen zu. Zum Beispiel bei Alkoholdiebstahl fordert die französische Verwaltung die Zahlung von Steuer und Zollgebühren. Der Diebstahl wird als eine Konsumverfügung des Alkohols betrachtet und es besteht ein echter Schaden.

Auch zugelassen sind die Kosten der privaten Havariesachverständigen, sowie die Reisekosten der Techniker zur Wiederinbetriebnahme von Maschinen auf Messen.[15]

Die Begrenzung auf 8,33 DTS pro Kilogramm wird auch von der französischen Rechtsprechung angewandt.

b) Teilverlust

Bei Teilverlust multiplizieren die Gerichte das Gewicht der verloren gegangenen Ware pro 8,33 DTS.

c) Bei Havarie der Ware

Die Gerichte wenden die Bestimmungen der CMR strikt an und berücksichtigen den Wert der Ware am Ort und am Zeitpunkt der Übernahme der Ware, entweder nach dem Börsenkurs oder nach dem üblichen Wert der Ware.[16] Meist berück-

---

15 Zitiert in Précis Dalloz – Droit des Transports Ausgabe 2010 – Absatz 580.
16 S. Urteil des französischen Kassationsgerichts – Handelskammer / Chambre Commerciale) vom 11. Januar 1994 Nr. 92-12251 auf Légifrance veröffentlicht. S. auch das Urteil des Pariser Berufungsgerichts vom 2. Oktober 2003. 5. Kammer B auf Lexbase veröffentlicht.

sichtigen die Gerichte die Rechnung des Verkäufers, aber sie misstrauen häufig den für die Zollbehörden bestimmten Rechnungen.

Es ist möglich, in Frankreich eine höhere Entschädigung zu bekommen, wenn der Transport mit Wertangabe („déclaration de valeur" oder „déclaration d'intérêt à la livraison") durchgeführt wurde. Jedoch müssen diese Modalitäten, wenn vereinbart, in den CMR-Frachtbrief aufgenommen werden.

Die Entschädigung liegt höher, wenn ein Arglist ähnlicher Fehler vom Frachtführer begangen wurde.

d) Die Entschädigung aufgrund einer Verspätung – Art. 23-5 CMR

Die französischen Gerichte wenden die Bestimmungen der CMR an und unterscheiden zwischen materiellen Schäden und anderen Schäden. Bei Letzteren muss der Absender den erlittenen Schaden aufgrund der Verspätung schlüssig nachweisen. Die Entschädigung begrenzt sich auf den Preis des Transports.

Bei materiellem Schaden entschädigen die französischen Gerichte die aufgrund von Verspätungen geschuldeten Schäden, wie z.B. eine Havarie oder einen Teilverlust. Sie gewähren dem Absender den aus der Havarie entstandenen Verlust: Wertverlust der Ware, Teilverlust der Ware.

Bei Schäden wie z.B. ausgefallenen Verkäufen oder Kursverlusten wird die Haftung auf den Transportpreis begrenzt und die französischen Gerichte wenden die CMR strikt an.

12. Art. 29 CMR – Überschreitung der Haftungsbeschränkung bei Arglist oder einem der Arglist ähnlichen schweren Fehler

Gemäß Art. 29-1 CMR wird auf das Recht des jeweiligen Gerichts verwiesen, vor dem der Prozess anhängig ist. Wird ein französisches Gericht angerufen, wird das französische Recht anwendbar.

Mit Bezug auf das französische Gesetz bestanden die französischen Gerichte auf den Nachweis eines schweren Fehlers („faute lourde"), um die Höchsthaftungsbegrenzungen oder die Fälle von Haftungsentlastung umgehen zu können. Die französische Rechtsprechung definierte den schweren Fehler als „eine grobe Nachlässigkeit, eine Sorglosigkeit (Fahrlässigkeit) die die berufliche Unfähigkeit des Frachtführers aufweist".[17] Die französische Rechtsprechung verlangte von ihren Richtern, dass sie sehr genau den schweren Fehler überprüften darlegten. In den letzten Jahren haben jedoch die französischen Gerichte immer und manchmal ohne viel Überprüfungen Fälle mit schweren Fehlern zugelassen. Diese Tendenz ist auf die stark zunehmende Zahl der Lastwagendiebstähle zurückzuführen. In den 1980er Jahren hatte es in Frankreich kaum Lastwagen- oder

---

17 Cf. *Lamy Transport 2012*, Absatz 795 – Band 1.

Ladungsdiebstähle gegeben. Es gab lediglich einige Fälle von hochwertigen Ladungen, die in Südeuropa gestohlen wurden.

Da heutzutage die Diebstähle zugenommen haben und Diebstähle von Lastwagen oder Ladungen ein tagtägliches Risiko geworden sind, verlangen die französischen Gerichte inzwischen von den Frachtführern, dass sie die Transporte sichern, insbesondere Transporte kostbarer Ladungen wie Handys, Computer, Fotoapparate, Alkohol, Parfums. Den Fahrern muss die Anweisung gegeben worden sein, nur auf gesicherten Parkplätzen Pausen einzuhalten und im Lastwagen zu bleiben.

Das französische Gesetz wurde geändert und der Begriff des unentschuldbaren Fehlers („faute inexcusable") durch das Gesetz vom 8. Dezember 2009 Nr. 2009-1503 in Art. L.1338 des französischen Handelsgesetzbuchs eingeführt. Dort steht:

„Der Arglist ist nur der unentschuldbare Fehler des Frachtführers oder des Spediteurs gleichrangig. Als unentschuldbar gilt der offensichtliche Fehler, welcher das Bewusstsein oder die Wahrscheinlichkeit eines Schadens und dessen grundloses und leichtsinniges Akzeptieren impliziert. Jede gegensätzliche Klausel gilt als nicht geschrieben."

Kommentatoren sind der Meinung, dass es immer schwerer fallen wird, zur Ablehnung der Haftungshöchstgrenzen einen unentschuldbaren Fehler nachzuweisen.

Der unentschuldbare Fehler setzt ein bewusstes und fast absichtliches Verhalten voraus. Es muss nachgewiesen werden, dass der Frachtführer grundlos ein überflüssiges Risiko akzeptierte. In Hinsicht auf diese neue Gesetzgebung liegt noch keine Rechtsprechung des französischen Kassationsgerichts bezüglich des unentschuldbaren Fehlers vor. So wird die ehemalige Rechtsprechung bezüglich des „schweren Fehlers" auf Schäden weiterhin angewandt, die sich noch vor Dezember 2009 ereignet haben. Das Werk *Lamy Transport 2012* im Absatz 796 zitiert Fälle von schweren Fehlern.

Es ist anzunehmen, dass die ehemalige Rechtsprechung bezüglich des schweren Fehlers Einfluss auf die zukünftige Rechtsprechung für Fälle mit unentschuldbaren Fehlern ausüben wird. Das Bestehen eines schweren Fehlers (bei Schäden bis Dezember 2009) oder eines unentschuldbaren Fehlers verbietet dem Frachtführer, die Haftungsbegrenzung geltend zu machen, erhöht die Verjährungsfrist auf drei Jahre, und lehnt Haftungsentlastungen des Art. 17 ab. Die Einschätzung der (Erfolgs-)aussichten in einem Prozess, in dem der unentschuldbare Fehler geltend gemacht wird, ist ziemlich schwierig. In jedem einzelnen Fall untersuchen die Gerichte die besonderen Umstände der Sache. Auf diesem Gebiet ist die Rechtsprechung nicht einheitlich.

13. Art. 30–32 CMR – Vorbehalte und Gerichtsstand

a) Art. 30 CMR – Vorbehalte

Die Vorbehalte werden als Voraussetzung eines gerichtlichen Verfahrens betrachtet.

Die Rechtsprechung unterscheidet zwischen vier Situationen

1. gänzlicher Verlust
2. Teilverlust oder die äußerlich erkennbare Beschädigung
3. äußerlich nicht erkennbare Beschädigung
4. Überschreitung der Lieferfrist

aa) Der gänzliche Verlust

Bei Totalverlust der Ware sind Vorbehalte nicht obligatorisch, da bei Totalverlust eine Lieferung der Ware nicht stattfindet.

bb) Der Teilverlust oder die äußerlich erkennbare Beschädigung

Bei der Lieferung muss der Empfänger seine Vorbehalte geltend machen. Schriftliche Vorbehalte sind nicht obligatorisch aber zum Nachweis der Beschädigung stark empfohlen. Nach der französischen Rechtsprechung müssen Vorbehalte genügende Angaben bezüglich der Art oder des Umfangs der Beschädigung machen. Sonst laufen die Vorbehalte die Gefahr, als wirkungslos erklärt zu werden.[18]

Das Kassationsgericht hat in einem Urteil des Chambre Commerciale vom 16. Mai 2006[19] darauf hingewiesen, dass die erstinstanzlichen Richter detaillierte Äußerungen und Motivation bezüglich der auf dem Frachtbrief angebrachten Vorbehalte in ihrem Urteil darlegen müssen und dass sie sich nicht damit begnügen dürfen, im Urteil zu schreiben, dass der Vorbehalt „mehr als genügend" ist. Dieses Urteil des Kassationsgerichts hob ein Urteil des Berufungsgerichts Grenoble auf.

Mit Urteil vom 28. September 2006 Nr. 06/198 hat das Berufungsgericht Paris 5. Kammer B entschieden, dass ein vom Frachtführer und Empfänger unterschriebenes Dokument, das am Tag der Lieferung ausgestellt ist und das die Beschädigung beschreibt, den gleichen Wert hat wie auf dem CMR-Frachtbrief eingetragene Vorbehalte.

Es ist auch möglich ein gerichtliches Sachverständigenverfahren zur Feststellung der Beschädigungen beim Handelsgericht zu beantragen (Art. L.133-4 franz.

---

18 S. dazu das Urteil vom 15. Juli 1985 des französischen Kassationsgerichts – Chambre Commerciale – Bulletin Civil IV Nr. 161 zitiert in *Précis Dalloz Transport* – Auslage 2010 Absatz 549.
19 Nr. 04.12545 auf Légifrance veröffentlicht.

Handelsgesetzbuch). Der Antrag auf die Bestellung des Sachverständigen muss innerhalb von drei Tagen ab Ankunft der Ware beim Gericht gestellt werden.

cc) Die äußerlich nicht erkennbare Beschädigung

Die französische Rechtsprechung verweist auf die siebentägige Frist zur Einsendung von schriftlichen Vorbehalten. Sollte der Empfänger diese Vorbehalte innerhalb der siebentägigen Frist nicht gemacht haben, muss er nachweisen, dass die Beschädigung tatsächlich auf die Beförderung zurückzuführen ist.

dd) Die Überschreitung der Lieferfrist

Die französische Rechtsprechung zwingt den Empfänger nicht zum Absenden einer Mahnung auf Lieferung. Vorbehalte müssen schriftlich und innerhalb einer Frist von 21 Tagen abgesandt werden, die ab dem Tag nach der zur Verfügungsstellung der Ware zu laufen anfängt. Nach der französischen Rechtsprechung können die Vorbehalte vom Absender oder vom Empfänger abgesandt werden. Bei fehlenden Vorbehalten ist ein Anspruch auf Entschädigung wegen Überschreitung der Lieferzeit nicht durchsetzbar.

Die Eintragung von schriftlichen Vorbehalten auf dem Frachtbrief bei Ankunft der Ware genügt nicht und ein schriftlicher Beanstandungsbrief muss innerhalb der schon erwähnten 21 Tage abgesandt werden.

b) Art. 31 CMR – Gerichtsstand

Art. 31 CMR regelt die allgemeine Zuständigkeit der Gerichte des betroffenen Landes nach der Regel

– Sitz des Beklagten,
– Land des Ortes, wo die Ware übernommen wurde oder geliefert wurde.

Die CMR erwähnt das genau zuständige Gericht in dem von der Regel des Art. 31 CMR genannten Land nicht.

Bei einem in Frankreich eingeleiteten CMR-Verfahren müssen die Bestimmungen der französischen Zivilprozessordnung angewandt werden, das folgende Zuständigkeiten vorsieht:

– nach Art. 42 und 43 der französischen Zivilprozessordnung ist das Gericht des Orts des Wohnsitzes des Beklagten oder des Gerichts des Orts des Firmensitzes zuständig;
– nach Art. 46 der französischen Zivilprozessordnung ist das Gericht des Orts der Lieferung oder des Orts der Dienstleistungsdurchführung zuständig.

Art. 333 der französischen Zivilprozessordnung sieht vor, dass gemäß Art. 42, 43 und 46 der Zivilprozessordnung bei einer Garantieklage (Regressklage) einer Partei vor dem angerufenen Gericht, die Partei dessen Zuständigkeit nicht bestreiten kann.

Nach hiesigen Kommentatoren neigen die französischen Gerichte dazu, bei CMR-Akten ihre Zuständigkeit auszudehnen. Französische Gerichte haben sich als Gericht der Lieferung für zuständig erklärt, obwohl die Ware nicht an ihrem Lieferziel angekommen war.[20]

Nach der französischen Rechtsprechung ist ein von zwei Parteien für ein Hauptverfahren angerufenes französisches Gericht örtlich zuständig, um auch bezüglich einer Garantieklage (Regressklage) zu urteilen.

Gemäß Art. 74 der französischen Zivilprozessordnung sind Bestreitungen bezüglich der Zuständigkeit am Anfang des Verfahrens *in limine litis* geltend zu machen. Die Frage der Zuständigkeit muss vor den anderen Rechtsargumentationen in der Sache selbst erörtert werden.

Die allgemeinen Zuständigkeitsregeln gelten in den Beziehungen zwischen Spediteur und Absender. Die französische Rechtsprechung lehnt bei von einem französischen Absender gegen einen ausländischen Spediteur eingeleiteten Verfahren die Zuständigkeitsregeln der CMR ab. Wenn in diesem Fall die beiden Parteien ihren Sitz in der Europäischen Union haben, wird die europäische Richtlinie 44/2001 bezüglich der Zuständigkeit angewandt.[21] Die französische Rechtsprechung erkennt zwar die Gültigkeit der Zuständigkeitsklausel zwischen dem Absender und dem Frachtführer an, sie fordert aber, dass der Empfänger von der Klausel gewusst hat, damit sie anwendbar ist.

Nach der französischen Rechtsprechung muss die Zuständigkeitsklausel präzise sein und auf ein bestimmtes ausdrücklich genanntes Gericht verweisen.

Die französische Rechtsprechung erkennt die Gültigkeit einer Schiedsgerichtsklausel zwischen an einem CMR-Transportsvertrag beteiligten Parteien an. Sie fordert jedoch, dass das Schiedsgericht die CMR anwendet, und dass deren Anwendung in der Schiedsgerichtsklausel ausdrücklich vorgesehen ist.[22]

c) Art. 32 CMR – Verjährung

Die französischen Gerichte wenden die im Art. 32 der CMR vorgesehene einjährige Verjährung an. Die einjährige Verjährungsfrist wird auf drei Jahre ausgedehnt, wenn ein der Arglist („dol") ähnlicher unentschuldbarer Fehler („faute inexcusable") vorliegt.

Die CMR-Verjährung mit ihren spezifischen Berechnungsmodalitäten, insbesondere die Verlängerung der einjährigen Frist um drei Monate wird in Frankreich

---

20 S. dazu das Urteil vom 15. Mai 2001 Nr. 98.17537 des französischen Kassationsgerichts Chambre Commerciale, in *Bulletin des Transports et de la logistique* 2001, Seite 418 veröffentlicht, zitiert in *Lamy Transport 2012*, Band 1, Absatz 833, Seite 515.
21 S. dazu das Urteil vom 18. September 2007 Nr. 06.13097 des französischen Kassationsgerichts Chambre Commerciale auf Légifrance veröffentlicht.
22 S. dazu das Urteil vom 27. Oktober 2011 Nr. 10/08633 des Berufungsgerichts Versailles, 12. Kammer 1. Abteilung, zitiert in *Lamy Transport 2012*, Absatz 835, Seite 517.

auf Klagen bezüglich der Durchführung der Beförderung aufgrund von Verlust, Havarie, Überschreitung der Lieferfrist angewandt.

Die Gerichte wenden die CMR-Frist auf Klagen zur Bezahlung der Transportskosten, der Entschädigung der Schäden am Fahrzeug, zur Entschädigung eines Schadens aufgrund mangelnder Verpackung, mangelnder Ladung und auf Klagen bezüglich der Durchführung der Zollformalitäten an.[23]

Die Unterbrechung und Aufhebung der Verjährung und deren Aufhebung werden nicht von der CMR sondern vom Gesetz des Gerichts geregelt, vor dem das Verfahren eingeleitet wurde.

Das generelle Prinzip des französischen Transportsrechts besteht darin, dass lediglich eine Klage die Verjährung unterbricht oder aufhebt.

Ausnahmsweise wendet die französische Rechtsprechung das Prinzip an, dass die schriftliche Beanstandung („réclamation écrite") gemäß Art. 32-2 CMR die Verjährung aufhebt.

Gemäß der französischen Rechtsprechung setzt diese Aufhebung eine schriftliche und genaue Beanstandung des Absenders voraus. Der Spediteur als Vertreter des Absenders, die Versicherung, die in deren Rechte eingetreten ist, sind berechtigt, mit einer einfachen schriftlichen Reklamation die Verjährungsfrist aufzuheben.

Die Beanstandung des Empfängers gilt dem Absender gegenüber als nicht verjährungsunterbrechend.

Nach der Rechtsprechung muss der Beanstandungsbrief an den Frachtführer abgesendet werden, der den Transport durchgeführt hat. Eine an den Spediteur gerichtete Beanstandung unterbricht die Verjährung nicht.

Das Beanstandungsschreiben muss gemäß Art. 32-2 genau formuliert und beziffert sein und eine klare und deutliche Darstellung des erlittenen Schadens enthalten.

Wenn der Frachtführer diese Beanstandung ablehnt, muss er seine Beanstandung auch eindeutig und klar formulieren. Es wird ein Einschreiben empfohlen, das die Ablehnung der Beanstandung nachweist.

Das Kassationsgericht hat bislang noch nicht in der Frage entschieden, ob die Ablehnung der Beanstandung durch den Versicherer des Frachtführers die Aufhebung der Verjährung beendet.

Bei mehreren sich ablösenden Frachtführern unterbricht die an einen Frachtführer gesandte Beanstandung die Verjährung den anderen Frachtführern gegenüber nicht.

---

23 S. dazu *Précis Dalloz – Droit des Transports* Auflage 2010, Seite 526 Absatz 613.

aa) Der Regress des Spediteurs

Die Verjährung der Ansprüche zwischen einem französischen Absender und dessen Spediteur unterliegt dem französischen Recht und einer strikten einjährigen Verjährung ohne Verlängerung.

Es kann vorkommen, dass der Spediteur am Vortag des Fristablaufs eine Klagezustellung erhält und somit nicht mehr genügend Zeit hat, gegen den ausländischen Frachtführer die notwendige Garantieklage einzubringen.

Die Verjährung der CMR ist zwischen dem Absender und dem Spediteur nicht anwendbar. Es wird also dem Spediteur empfohlen, vorsichtshalber eine deklaratorische Klage gegen den Frachtführer einzuleiten, wenn er den Schaden noch nicht bezahlt hat oder wenn er noch nicht vom Absender verklagt ist.

bb) Klagezustellungen

Die Zustellungen der Klagen gegen ausländische Parteien sind heutzutage gemäß den Regeln der europäischen Richtlinie CE Nr. 1393-2007 vom 13. November 2007 vorzunehmen (von der französischen Fachwelt „Schengen-Zustellungen" genannt).

Interessanterweise gilt das Datum, an welchem der französische Gerichtsvollzieher die Klage an die zur internationalen Zustellung berechtigte Behörde absendet. Dieser Vorgang durch den Gerichtsvollzieher unterbricht oder hebt die Verjährung auf. Das Datum der tatsächlichen Aushändigung der Klage an die ausländische Partei gilt nicht als das Zustellungsdatum.

In manchen Ländern werden die Zustellungen rasch abgewickelt. Dies ist aber nicht immer in allen Länder der Europäischen Union der Fall. Aus diesem Grund gilt das Absendungsdatum durch den Gerichtsvollzieher als verjährungsunterbrechend.

Die „Schengen-Zustellungen" sehen übrigens vor, dass die Klage übersetzt zugestellt werden muss. In einem vor kurzem gefällten Urteil hat das Pariser Berufungsgericht hierzu entschieden, dass eine an eine ausländische Partei nicht übersetzte Klage die Verjährungsfrist nicht unterbricht.[24]

d) Art. 34 und 35 CMR – Aufeinanderfolgende Frachtführer

Wenn mehrere Straßenfrachtführer einen internationalen Straßentransport übernehmen, vertritt die französische Rechtsprechung, die den Art. 34 CMR anwendet, den Standpunkt, dass es möglich ist, gegen jeden der beteiligten Frachtführer auf Entschädigung bezüglich eines Verlustes, einer Havarie oder einer Verspä-

---

24 S. dazu das Urteil des Pariser Berufungsgerichts 5. Kammer B vom 20. September 2007 Nr. 04/06779 zitiert in *Lamy Transport 2012*, Absatz 826, Seite 511.

tung zu klagen. Jedoch darf es bei diesem Transport nur einen einzigen Transporttitel geben.[25]

Gemäß Art. 36 CMR kann der Absender gegen den ersten Frachtführer, den letzten Frachtführer oder gegen denjenigen Frachtführer klagen, der den Teil des Transports durchgeführt hat, während welchem sich der Schaden ereignet hat.[26]

Als Gegenleistung für diese kollektive Haftung, kann gemäß Art. 37 CMR der von einem Gericht verurteilte Frachtführer gegen die anderen Frachtführer einen Regress geltend machen, die an der Durchführung des CMR-Transports teilgenommen haben.

Es ist nach der französischen Rechtsprechung jedoch zulässig, dass wenn zwei Frachtführer am Schaden beteiligt sind, diese sich finanziell im Verhältnis zu ihrer jeweiligen Haftung beteiligen müssen.[27] Um die Anwendung des Art. 39-4 CMR zu gewährleisten, fordert die Rechtsprechung, dass alle Parteien, die den Transport durchgeführt haben, als Frachtführer auf dem CMR-Frachtbrief angegeben sind.[28] Dieses Urteil lehnt das Rechtsmittel einer Partei ab, die geltend gemacht hatte, dass sie an der Beförderung der Ware nicht teilgenommen hatte. Das Kassationsgericht hat jedoch unterstrichen, dass diese Partei auf dem CMR-Frachtbrief als Frachtführer erwähnt war.

Regresse zwischen Frachtführern unterliegen den Bestimmungen der CMR und der einjährigen und dreijährigen Verjährung. Der Startzeitpunkt der Verjährung ist unterschiedlich. Französische Gerichte weisen regelmäßig darauf hin, dass die Verjährung ab der rechtskräftigen Gerichtsentscheidung zu laufen anfängt, die die Entschädigung festgelegt hat, oder ab dem Zahlungsdatum der Entschädigung.[29]

Sollte die Ursache des Schadens nicht bekannt sein, so wird die Entschädigung zwischen den Frachtführern im Verhältnis zu ihrem Entgelt zu ihren Lasten verteilt.

Sollte der Frachtführer zahlungsunfähig sein, so haben die anderen Frachtführer die Entschädigung zu tragen, die im Verhältnis zu ihrem Entgelt zu ihren Lasten verteilt wird.

---

25 S. dazu Pariser Berufungsgericht 5. Kammer A Urteil vom 4. Juni 2008 Nr. 06/07213 in *Lamy Transport 2012*, Absatz 836 Seite 518 zitiert.
26 S. *Précis Dalloz Droit des Transports* Auslage 2010 Absatz 605, Seite 519.
27 S. dazu das Urteil FAGIOLI S.p.A. des Pariser Berufungsgerichts Paris 5. Kammer A vom 4. Juni 2008 Nr. 06/07213 in *Lamy Transport 2012* Absatz 519 Seite 838 zitiert. Dieses Urteil ist auch auf Lexbase veröffentlicht.
28 S. dazu das Urteil VAN DER VLEUTEN / RANK XEROX des Kassationsgerichts Chambre Commerciale vom 3. März 1998 Nr. 95-20628 auf Légifrance veröffentlicht.
29 S. dazu das Urteil GROUPAMA / HELVETIA u.a. des Berufungsgerichts Pau vom 10. November 2007 Nr. 02/00728 s. Légifrance.

e) Der Versicherer als Partei in einem CMR-Prozess

Versicherer treten oft als Partei in einem CMR-Prozess auf.

aa) Der Versicherer als Beklagter

Nach Art. L 124-5 des französischen Versicherungsgesetzbuchs kann ein Versicherer direkt von einem Absender verklagt werden. Diese direkte Klage ist zulässig, wenn der Schaden sich in Frankreich ereignet hat. s. dazu das Urteil des französischen Kassationsgerichts Chambre commerciale vom 5. April 2011 Nr. 09.16484.[30] In diesem Urteil hat das französische Kassationsgericht ein Urteil eines Berufungsgerichts aufgehoben, das eine Klage gegen einen deutschen Versicherer abgelehnt hatte. Der deutsche Versicherer war nach einem Diebstahl in Italien von einem türkischen Versicherten belangt worden. Der deutsche Versicherer hatte geltend gemacht, dass der Schaden sich in Italien ereignet hatte, in einem Land dessen Recht die direkte Klage („action directe") nicht kennt. Das französische Kassationsgericht hat das Urteil des Berufungsgerichts aufgehoben, weil die Richter des Berufungsgerichts nicht genügend überprüft hätten, ob der Schaden nicht auch tatsächlich in Frankreich erlitten worden war.

Der beklagte Versicherer kann alle Argumente und Rechtsmittel geltend machen, die auch von dem Versicherten geltend gemacht werden können. Der Versicherer kann sich auf die Haftungsbegrenzungen berufen und zum Beispiel auch auf die im Versicherungsvertrag vorgesehene Selbstbeteiligung.

bb) Der Versicherer als Kläger

Der Versicherer, der seinen Versicherungsnehmer entschädigt hat, kann gegenüber dem Frachtführer seine Ansprüche auf Erstattung geltend machen.

Sollte das französische Gesetz anwendbar sein, so tritt der Versicherer, der gemäß dem Versicherungsvertrag eine Entschädigung bezahlt hat, in die Rechte der von dem Absender entschädigten Partei ein. Er kann also den Frachtführer vorgehen. Diese Surrogation ist von Art. L. 121-12 des französischen Versicherungsgesetzbuchs vorgesehen. Die zwei Bedingungen der Surrogation sind folgende:

– der Versicherer muss die Entschädigung zahlen und sie nachweisen;
– der Versicherer muss nachweisen, dass die Entschädigung wie vom Versicherungsvertrag vorgesehen bezahlt wurde. Der Versicherungsvertrag muss dem Gericht vorgelegt werden.

Ein Urteil vom 31. Mai 2000 des Berufungsgerichts Paris, 5. Kammer A, in der Sache WINTHERTUR/GENERALI VERSICHERUNG AG ASH TRANSPORTS hat die auf die Surrogation eines deutschen Versicherers begründeten Ansprüche abgelehnt, weil Art. L.121-12 des französischen Versicherungsgesetz-

---

30 Auf Légifrance veröffentlicht.

buchs auf einen Versicherungsvertrag deutschen Rechts nicht anwendbar sei. Das gleiche Urteil hat jedoch trotzdem dem Antrag des deutschen Versicherers stattgegeben, mit der Begründung, dass dieser gültige Rechtsabtretungen vorgelegt habe, die den Nachweis einer vorherigen Zahlung der Entschädigung erübrigten. Das Berufungsgericht hat die Tatsache hervorgehoben, dass der deutsche Versicherer noch im übrigen den Beweis der Zahlung der Entschädigung erbracht habe.

Manche französischen Beklagten machen bei Transportsrechtsakten geltend, dass der Antrag eines ausländischen Versicherers unzulässig ist, wenn er zuerst eine Entschädigung zahlt und erst einige Wochen später eine Rechtsabtretung unterschreiben lässt. Der Antrag des Versicherers sei unzulässig, da die entschädigte Partei nach der Zahlung keine Rechte mehr abzutreten habe und die Rechtsabtretung daher nichtig sei, da es keine Rechte mehr abzutreten gäbe. Folglich könne der Versicherer die Rechtsabtretung nicht gerichtlich geltend machen. Aus diesem Grund lassen französische Versicherer im allgemeinen zuerst die Surrogationsquittung unterschreiben und zahlen erst danach die Entschädigung binnen einer kurzen Frist.

Französische Versicherer machen von der Rechtsabtretung („cession de droits"), so wie sie insbesondere von den deutschen Versicherern gehandhabt wird, keinen Gebrauch.

Der Versicherer mit einer gültigen Surrogation bzw. der Versicherer, der gültig in die Rechte seines Versicherungsnehmers getreten ist, kann alle Klagen führen und alle Argumente und Rechtsmittel des Versicherungsnehmers geltend machen, die der Versicherungsnehmer selbst im Rahmen der CMR gegen einen Frachtführer im Entschädigungsverfahren führen könnte.

Der führende Versicherer kann vor einem französischen Gericht im Namen der anderen Versicherer Klage einreichen, wenn er nachweisen kann, dass ihm im Versicherungsvertrag die Genehmigung dieser Prozessführung von den anderen Versicherern erteilt worden ist.

IV. Zusammenfassung

Im Großen und Ganzen wenden die französischen Gerichte die CMR in einer zufriedenstellenden Weise an, obwohl manchmal mit Nuancen.

Interessant wird es sein, die Entwicklung der zukünftigen Rechtsprechung bezüglich des Begriffs des unentschuldbaren Fehlers („faute inexcusable"), der den des schweren Fehlers („faute lourde") ersetzt hat, zu verfolgen.

Schließlich möchte ich diese kleine Studie dem inzwischen verstorbenen Herrn Professor RODIERE, widmen, der mein Interesse für das Transportrecht zu wecken gewusst hatte.

Großbritannien

Jan Becher, Rechtsanwalt and Solicitor (England & Wales)
Darren Kenny, Solicitor (England & Wales)

(Revised version of the original contribution by Prof. Malcolm Clarke, Cambridge)

Bibliography: *M.A. Clarke*, International Carriage of Goods by Road: CMR, 5th ed., London 2009 (= Clarke 2009); *M.A. Clarke/D. Yates*, Contracts of Carriage by Land and Air, 2nd ed., London 2008, Part 1 (= Clarke 2008); *A. Messent/D.A. Glass*, CMR: Contracts for the International Carriage of Goods by Road, 3rd ed., London 2000 (= Hill).

Vor Art. 1

By a reservation in the Protocol of Signature, CMR does not apply to traffic between the United Kingdom of Great Britain and Northern Ireland and the Republic of Ireland. However, the United Kingdom extended the operation of CMR to Gibraltar, the Isle of Man and Guernsey[1] but not Jersey. Carriage between mainland United Kingdom and Jersey, therefore, is not governed by CMR.[2]

Art. 1

Beförderungsvertrag, Rdn. 1

The length or duration of a "non-road leg" in the overall goods movement relative to the "land leg" is arbitrary and thus largely irrelevant to the application of CMR. In *Quantum v. Plane Trucking*,[3] the second stage, a ro-ro movement from Paris to Manchester scheduled to be continued across the Sea to Dublin, was preceded by an air stage undertaken by the same (air) carrier from Singapore to Paris. The Commercial Court held that Art. 1 "attaches to *contracts* so that it is the nature of the contract which must be examined".[4] On this basis, the Court saw a single contract of carriage from Singapore to Dublin, which was "predominantly" a contract for carriage by air and thus not within Art. 1 CMR. The decision was reversed on appeal. The Court of Appeal was of the opinion that the "predominant" contract approach "would open up a prospect of metaphysical arguments about the essence of a multimodal contract", arguments best avoided.[5]

---

1 By delegated legislation under section 9 of the Carriage of Goods by Road Act 1965.
2 *Chloride Industrial Batteries Ltd. v. F. & W. Freight Ltd.* [1989] 1 All ER 481.
3 [2001] 2 Lloyd's Rep. 133, reversed [2002] 2 Lloyd's Rep. 24 (CA).
4 [2001] 2 Lloyd's Rep. 133. at [19].
5 [2002] 2 Lloyd's Rep. 24 at [62].

Moreover, commentators have pointed out that distance (by air between Singapore and Paris) was not the only relevant factor. As regards duration and, more importantly, risk, i.e. where loss or damage was most likely to occur, of greater significance were the land and sea stages between Paris and Dublin.[6]

In *Gefco v Mason (No.1)*,[7] the Court of Appeal applied CMR to an "umbrella" contract, i.e., a contract providing for carriage on more than one occasion. Even though CMR would also apply to the individual contracts for each trip undertaken as a result of the umbrella contract, in the view of the Court, it does not follow that CMR does not apply to the umbrella contract itself. On the contrary, by the terms of Art. 1.1, CMR applies to "every" contract of carriage within the definition,[8] which an umbrella contract is: a "carrier" means a person who contracts to carry, whether or not that person actually carries the goods.[9]

In *Datec Electronics Holdings Ltd. and others v. United Parcels Service Ltd*,[10] Datec frequently used the express package services of the UPS. Dealings between them were regulated by a framework agreement which contained conditions and restrictions concerning, for example, the size, contents and value of packages. In particular, clause 3 stated that the value of any one package should not exceed US$ 50,000, and that if it came to the attention of defendant UPS that a package did not meet the specified conditions UPS was entitled *inter alia* to suspend carriage. Clause 3 further stated that the defendant would not meet any losses arising out of the carriage of packages that did not meet the conditions. 3 packages in breach of clause 3 accepted by UPS for delivery in Amsterdam disappeared. UPS resisted a claim based on Art. 17 by contending that there was no contract and, if there were a contract, it was not a contract in the sense of Art. 1. The House of Lords rejected the contentions of UPS. As regards the first contention, clause 3 of the agreement expressly stated that the consequence of non-compliance was to give the defendant the right *inter alia* to suspend carriage, so that the implication was that unless and until defendant UPS exercised that right, there was a contract to carry the packages.[11] As regards the second contention, the natural inference to be drawn from clause 3 was that it provided a contractual regime governing carriage of non-conforming goods; and that such a contract performed internationally was nonetheless a contract to which by virtue of Art. 1 applied. Hence, in so far as clause 3 purported to remove liability for loss, damage or delay under Art. 17, it was null and void under Art. 41.

---

6 Clarke 2009 para 13.
7 [1998] 2 Lloyd's Rep. 585.
8 Ibid. at [14] and [16].
9 *Ulster-Swift v. Taunton Meat Haulage* [1977] 1 Lloyd's Rep. 346, 359 (CA).
10 [2007] UKHL 23, [2007] 1 W.L.R. 1325.
11 That interpretation of the conditions was in accordance with commercial reality and the business expectations of the parties.

Straße, Rdn. 8

In *Thermo Engineers v. Ferrymasters*,[12] an open trailer was left in the custody of a port company which sought to load it onto the lower cargo deck of a ro-ro vessel by means of a tugmaster vehicle. In the course of this manoeuvre, the goods struck the deck head at the lower end of the ramp down to the deck and the goods were damaged. Even though the trailer was moving on its own wheels, the ship was stationary and was not the "effective" means of transport and the deck head above the ramp was not unlike a bridge over a road, the court held that the damage had occurred during the sea stage. The decision is accepted but nonetheless controversial.[13]

Art. 13

Aktivlegitimation

In respect of title to sue, opinion under English law is that the CMR is incomplete and that the consignee's right of action is not exclusive. The English rule is that actions may be brought by the person who contracted the carriage. Moreover there is a presumption that that person is the person who owns the goods at the time of contracting.[14] The presumption is said to correspond to commercial reality.[15]

Art. 17

Haftungszeitraum, Rdn. 15

As in the case of carriage by sea, with which English courts are more familiar, the liability provisions of CMR are seen in England as terms of a contract of carriage, with a substratum of bailment.[16] An interesting case dealing with the extent of the carrier's liability is *Shell Chemicals U.K. Ltd. v. P & O Roadtanks*,[17] in which the CMR journey was in two stages. The correct chemicals were carried on the first stage but the wrong chemicals were taken on for the second stage and delivered to a storage tank where, being chemicals of an unexpected kind, they caused damage. The court held that the loss was not one regulated by Art. 17 (1) because this was not a situation of loss or damage to the goods or delay in delivery. As a consequence the rules in Chapter IV of the CMR limiting

---

12 [1981] 1 Lloyd's Rep. 200.
13 Clarke 2009 para 15(i); cf Hill para 2.20.
14 *The Albazero* [1977] A.C. 774, 785, 847; *Texas Instruments Ltd. v. Nason (Europe) Ltd* [1991] 1 Lloyd's Rep. 146, 148–149. Clarke 2009, para 216; Hill para 5.23.
15 *The Kapetan Markos N.L. (No. 2)* [1987] 2 Lloyd's Rep. 321, 329 (C.A).
16 Clarke 2009 para 54 a; Hill para 1.2.
17 [1993] 1 Lloyd's Rep. 114, affirmed [1995] 1 Lloyd's Rep. 297, C.A.

liability were not applied altogether. Rather the Common Law applied and the carrier – without the benefit of CMR limitations on liability – was held fully liable.

Verlust, Rdn. 72

When goods were damaged to such an extent that they had only scrap value left, this was regarded not as a case of loss but a case of damage: very serious damage, but not loss.[18]

Besondere Mängel des Gutes, Rdn. 90

In England, some cases of inherent vice are just as likely to be seen as a case of sensitive goods: goods of a nature "which particularly exposes them to total or partial loss or to damage" (Art. 17.4(d)). However, sensitivity is a permanent feature of all goods of that kind, whereas an inherent vice is not one that is found in all goods of that type all of the time.[19]

In *Exportadora Valle de Colina SA v AP Moller-Maersk A/S*,[20] it was held that Art. 18.2 ("When the carrier establishes that in the circumstances of the case, the loss damage *could be* attributed to one or more of the special risks referred to in article 17, paragraph 4, it shall be presumed that it was so caused…" [emphasis added]) means that the carrier need only prove that one or more of the excluded matters relied upon could plausibly have caused the damage, not that on a balance of probabilities the excluded matter did cause the damage.

Unabwendbare Umstände, Rdn. 95

In *Silber v. Islander Trucking Ltd*,[21] the court held that to establish this defence a carrier must show that he had taken "utmost care" of the goods. This interpretation is essentially the same as that taken by German courts.[22]

Fahrzeugmängel, Rdn. 117

A sub-contractor has been held liable to the principal carrier for loss or damage resulting from a defect in the vehicle supplied by the principal carrier, which defect could not have been discovered by reasonable examination.[23]

---

18 *William Tatton & Co. v. Ferrymasters* [1974] 1 Lloyd's Rep. 203; *Worldwide Carriers v. Ardtran International* [1983] 1 Lloyd's Rep. 61.
19 See Clarke 2009 para 89 a.
20 [2010] EWHC 3224 (Comm) at [24]–[26]
21 [1985] 2 Lloyd's Rep. 243.
22 In e.g. *BGH 10.4.2003*, TranspR 2003.303.
23 *Walek v. Chapman & Ball (International)* [1980] 2 Lloyd's Rep. 279, discussed critically by Glass [1981] LMCLQ 384. See Clarke 2009, para 75f.

Art. 18

Kühltransporte, Rdn. 79

As regards the meaning of "steps incumbent" (den Umständen obliegende Maßnahmen) and the level of duty to be expected of the carrier, the English courts do not speak with one voice. In one case the court took a strict view of what was expected of the carrier,[24] a view not unlike (but by implication not identical to) that relevant to defects in the vehicle under Art. 17.3. In another case, however, the language used by the court indicates a duty that is less strict.[25] It has been argued that the duty in Art. 18.4 is the "residual duty" that underlies the entire CMR,[26] the level of which is that applied in both the UK and Germany to unavoidable circumstances in Art. 17.2, described in the UK as one of "utmost care" and in Germany as requiring "die äußerste zumutbare Sorgfalt".[27]

Art. 23.4

Sonstige Kosten, Rdn. 25

The judgments in *James Buchanan & Co. v. Babco Forwarding & Shipping (U.K.)*[28] contain two views, the narrow view of the two dissenting judges, and a broader view of three judges which became the decision of the House of Lords in that case. The narrow view was that "other charges" referred only to items such as the cost of packing, i.e., charges incurred "with a view to or for the purpose of carriage". This is essentially the same position taken by the German courts.[29] In contrast, the broad view of the majority (and thus the decision) in the *Buchanan* case, was that the charges (excise duty) "became chargeable" having regard to the way in which the goods were carried by the defendants. "In respect of" is wide enough to include the way in which the goods were carried, miscarried or lost.[30]

The issue was revisited by the Court of Appeal in *Sandeman SA v. Transitos y Transportes Integrales*,[31] which concerned the carriage from Spain to the UK of tax seals to be fixed to "Seagram" whisky bottles indicating their exempt tax status in Spain. The carrier lost the seals with the consequence that the consignees had to pay a large sum to the Spanish tax authority. The Court distinguished the

---

24 *Ulster-Swift v. Taunton Meat Haulage* [1975] 2 Lloyd's Rep. 502, 507; affirmed [1977] 1 Lloyd's Rep. 346, 350, 353 C.A.
25 *Centrocoop Export-Import SA v. Brit European Transport* [1984] 2 Lloyd's Rep. 618, 626.
26 Clarke 2009 para 89(b)(i).
27 E.g. VersR 1984.551.
28 [1978] AC 141.
29 E.g. *BGH 18.12.2003* (2004) 34 ETL 684.
30 *Supra* n.29 at [158]. For critical comment, see Clarke 2009 para 98, Hill para 9.25 ff.
31 [2003] QB 1270 (CA).

Buchanan case and held that the sum could be recovered from the carrier as an "other charge".[32]

Art. 29

Wilful misconduct

Whilst German legal literature on the basis of the German CMR translation distinguishes between "Vorsatz" and "dem Vorsatz gleichstehendes Verschulden", little distinction is made between the two in England. The point in question alone is whether there is wilful misconduct or not.

The test for wilful conduct in England is different from the test in Germany and the courts are less likely to find wilful misconduct in England than in Germany.[33] Therefore a number of carriers/insures are keen to use England for negative claims.[34]

The test for wilful misconduct in England is as follows:[35]

There is only wilful misconduct where the carrier (or its agent or servant) knows that its behaviour is objectionable; and he either continues with his behaviour or acts with reckless carelessness inspite of the consequences. It is an act of reckless carelessness where the carrier knows that the goods may be lost or damaged, but nevertheless carries on with his behaviour or omission and runs the risk even if it is unreasonable.

What is important is that the carrier (or its agent or servant) needs to be aware of the wrongful character. The emphasis is not on the objective probability of the loss or damage but on the state of mind of the actor and the wrongful character of the conduct; that is what makes the misconduct wilful.[36]

The corollary is that negligence or even gross negligence (grobe Fahrlässigkeit) does not amount to wilful misconduct. A very instructive case is the case of *Micro Anvika Ltd. V. TNT Express Worldwide*[37] where the driver had been the victim of a "round the corner scam" and did not realize the theft although the warning signs were plainly obvious and the driver was acting in a strikingly naïve manner. The court did not find wilful misconduct. It found that the driver, no

---

32 A commentator has argued that the distinction owes more to dislike of the *Buchanan* case than to logic; Clarke 2008, para 1.151.
33 Tuma, The Degree of Default under Article 29 CMR, Uniform Law Review 2006, 585, 599 et seq.
34 An example for a negative claim can be found in *Royal and Sun Alliance Insurance plc v. MK Digital FZE (Cyprus) Ltd* (2006) EVCA Civ. 629.
35 The best recent summary of the wilful misconduct under English law is to be found in *TNT Global SPA & Another vs. Denfleet International Ltd and Another* [2007] EWCA 405, paras 8–12.
36 Clarke 2009 para 101.
37 [2006] EWHC 230 (Comm).

matter how naive he had been, had not shown wilful misconduct as he had not seen the risk.

This subjective view of "wilful misconduct", which is concerned with the actual state of mind of the actor, can also be found in decisions on the original version of the Warsaw Convention and can be traced back to English decisions on railway accidents in the 19th century.[38] Indeed, in *Jones v. Bencher*[39] the court quoted the opinion of a prominent judge in such a case that wilful misconduct "means misconduct to which the will is a party, something opposed to accident or negligence the misconduct, not the conduct must be wilful".[40]

In *Jones v. Bencher* the court held that a driver who, in the hope of being able to spend the night at home, exceeded the length of time permitted for continuous driving and fell asleep at the wheel, committed wilful misconduct. The reason was that the "driver was well aware of the regulations ... He chose to ignore them and did so deliberately. He knew that, by ignoring them, he exposed the load that he was carrying, the vehicle he was driving, himself, and other road users, to a greater risk than if he had complied with the regulations".[41] Again, in *Alena v. Harlequin Transport Services* [42] the court took the view that persistent failure to maintain a vehicle would be wilful misconduct because "everyone engaged in the transport business *must know* that a persistent lack of maintenance *may* cause the vehicle to be in a dangerous condition".[43]

Other decisions where English courts have found wilful misconduct have been the following:

– leaving a lorry at a dangerous place at night;[44]
– going across a red traffic light at a junction;[45]
– the delivery of goods to the wrong recipient without checking the recipient's identity.

It has been considered whether the burden of proof in the cases of wilful misconduct should be the same under English law as in German law, i.e. that the claimant bears the burden of proof but the other party has to explain its actions.[46] A recent decision suggests that it is sufficient to simply deny (*einfaches Bestreiten*) the other party's claim: The driver of a truck fell asleep on the wheel. The truck went off the road and caught fire. The loaded goods were destroyed. None of the parties named the driver as a witness. The defendant did not give an explanation for the accident. The Court of Appeal found that given the lack of evidence to

---

38 Clarke 2009 para 101 ff.
39 [1986] 1 Lloyd's Rep. 54.
40 *Lewis v. G.W.R.* (1877) 3 CPD 195, 206.
41 *Supra* n.40 at [60].
42 *Alena v. Harlequin Transport Services* (2003) 21 ETL 218.
43 Ibid. at [29] (emphasis added).
44 *Texas Instruments Ltd. V. Nason (Europe) Ltd.* (1991) 1 Lloyd's Rep 146, Annotation 3.
45 Quoted as an example in *Jones v. Bencher.*
46 Clarke, Annotation 101.

the contrary it could be assumed that the driver had believed that he could drive on and overcome his tiredness. There were no findings that driving times had been exceeded or had ignored any warning signs. The Court of Appeal did not ask the defendant to explain what had been going on in the driver's mind. It was sufficient for the defendants to simply deny that there was any wilful misconduct.[47]

Art. 31

Anderweitige Anhängigkeit, Rdn. 52

In *Andrea Merzario v. Internationale Spedition Leitner GmbH*,[48] the Court of Appeal noted that for the purposes of the Brussels Convention 1968 (Arts. 21 and 22) an action is "pending" in English law only from the date of service of a claim form; and concluded that, in order to do justice at international level, the same rule should apply to Art. 31.2 of CMR.[49] This conclusion, according to the Court,[50] was supported first by the language of Art. 31.2 insofar as it draws a distinction between the concept of an action being pending and the concept of an action being started; and second by the understanding of *lis pendens* in civil law jurisdictions as reflected in decisions of the ECJ such as that it *Zelger v. Salitrini*.[51]

For Art. 31.2 to apply, the action pending must be an action between the same parties and on the "same grounds", words which to an English court provide an uncertain indicator of duplication; as it seems, an action in England for breach of the contract of carriage, such as failure to take over the goods, might be restarted in Germany on a different basis, such as delict. So, the "same grounds", it has been argued,[52] are best read in the light of the phrase in the French text "pour la meme cause". However, the form of relief sought may differ. In the *Andrea Merzario case*,[53] two judges out of the three that made up the Court of Appeal took the view that there was no good reason for restricting the application of Art. 31.2 to cases where the claims in both the pending action and the proposed new action are claims for substantive relief; and that, claims for declarations of non-liability being common in continental jurisdictions, it must have been intended to include them.[54] On the other hand, Art. 31.2 applies only to an action "pending before a court or tribunal" and not, therefore, to arbitration. Nonetheless, a similar object

---

47 *TNT Global SPA & Another vs. Denfleet International Ltd and Another* [2007] EWCA Civ 405.
48 [2001] 1 Lloyd's Rep. 490.
49 Ibid. at [47].
50 Ibid. at [48].
51 (Case 129/83) [1984] ECR 2397.
52 Clarke 2008 para 1.194; Hill para 10.39.
53 *Supra* n.52.
54 Ibid. at [96].

may be achieved in England under section 9 of the Arbitration Act 1996. If proceedings are commenced in England, any party to an agreement to arbitrate the relevant dispute abroad may apply for a stay of the proceedings in England.

It has been held that there is a gap in the jurisdiction provisions of CMR in relation to "related actions" within the meaning of Art. 28 of the Brussels Regulation. Art. 31.2 of CMR provides that where an action is pending before a competent court under Art. 31.1, "no new action shall be started between the same parties on the same grounds" save in limited circumstances. In *Sony Computer Entertainment Limited v R H Freight Services Limited*,[55] the Court stated that CMR "provides all of the answers in relation to the same claims but none of the answers in relation to similar claims". An application was made to the English court to stay similar claims (as opposed to a claim on the same grounds between the same parties) and the English court then had to apply Art. 28 of the Regulation because that filled the gap.

In *TNT Express Nederland BV v AXA Versicherung AG*,[56] the ECJ held that under Art. 71 of the Brussels Regulation rules governing jurisdiction, recognition and enforcement laid down by a convention, such as the *lis pendens* rule in Art. 31(2) of CMR, and the rule relating to enforceability in Art. 31(3), applied provided that they were highly predictable, facilitated the sound administration of justice and enabled the risk of concurrent proceedings to be minimised and that they ensured, under conditions at least as favourable as those provided for by the Regulation, the free movement of judgments in civil and commercial matters and mutual trust in the administration of justice in the European Union. It was also held that the ECJ did not have jurisdiction to interpret Art. 31 of CMR.

The meaning of the word "defendant" in Art. 31(1) of CMR was considered in *Hatzl and another v XL Insurance Co Ltd and others*,[57] where it was held that that it should be given a broad and purposive, rather than a purely literal, interpretation; that since the context of Art. 31(1) indicated that it was primarily, and perhaps exclusively, concerned with jurisdiction in actions between parties to whom CMR had ascribed rights or liabilities, namely, the carrier (including successive carriers), the sender and (to a lesser extent) the consignee, it should be limited to those parties; that to include also the assignee or insurer of a party to a contract governed by CMR would be to defeat the object of the provision, which was to confer jurisdicton on the courts of a country which had some relationship with the dispute.

In *British American Tobacco Switzerland SA v Exel Europe Ltd*,[58] the claimant chose to sue in a jurisdiction (England) where it could only meet the requirements of Art 31.1(a) in respect of one defendant, as opposed to suing in a jurisdiction falling within Art. 31.1(b) (not England). It was held that the fact that the

---

55 [2007] 2 Lloyd's Rep 463.
56 Case C-533/08 [2011] R.T.R. 11.
57 [2009] EWCA Civ 223; [2010] 1 W.L.R. 470; [2009] 3 All E.R. 617.
58 [2012] EWHC 694 (Comm) QB; [2012] WLR (D) 98.

English court had jurisdiction under Art. 31.1(a) in respect of an action against one carrier did not mean that successive carriers, in respect of whom the English court did not otherwise have jurisdiction under Art. 31.1, could be joined in the same proceedings.

Art. 34

Mehrheit von Frachtführern, Rdn. 6

The requirement at the end of Art. 34, that there be acceptance of both goods and note for liability as a successive carrier under Chapter VI, gives rise to difficulties when, as is not uncommon, principal contractor A sub-contracts the entire contract to B, and B likewise sub-contracts the entire contract to C. English courts, once convinced that a particular result is a sensible outcome, have always been willing to reach such a result by resort to the device of implied or presumed agency. This kind of response has been observed to meet difficulties perceived in the application of Art. 34.

First, in many cases B does not appear to accept the goods and note and cannot therefore strictly speaking be a successive carrier under Art. 34. Only C has accepted the goods. There is merit in the view taken by some Belgian courts that the requirement should be relaxed where it is clear from other evidence that B has been sufficiently "associated" with the operation.[59] However, the English court has insisted that the letter of Art. 34 be observed.[60] Nonetheless, given that consignment note and goods are accepted when taken over by a carrier himself or *"through a servant or agent"*,[61] it has been recognised in a later case that, when C accepts goods and note, C does so also on behalf of (as agent for) B, the sub-contractor higher up the chain of delegation.

The second problem lies in the objection[62] that C cannot be a successive carrier in the sense of Art. 34 unless the consignment note has been issued by someone higher up the chain, such as A or B; and that C cannot accept a note that C himself has issued. In England, in the *Ulster-Swift* case,[63] the note was issued by the sub-contractor, but the point was simply brushed aside by the Court of Appeal as being without importance. The Court saw in Art. 34 the creation of "an artificial statutory contract between the actual carrier and the owner of the goods", which

---

59 See Clarke 2009, para 50 b.
60 *Harrison & Sons Ltd. v. RT Steward Transport Ltd.* (1993) 28 ETL 747.
61 *Coggins T/A PC Transport v. LKW Walter International Transportorganisation Ag.* [1999] 1 Lloyd's Rep. 255, 260, accepting the contention in an earlier edition of Clarke 2009. In this sense: Clarke 2009 para 50b(i) and Hill para 11.20. See also *Flegg Transport Limited v Brinor International Shipping and Forwarding Ltd, S Collins Ltd, Sean Collins t/a Collins Transport (In Bankruptcy), Manroland Great Britain Limited* [2009] EWHC 3047 (QB), which distinguishes *Coggins* on the facts.
62 Taken in e.g. *BGH 28.4.1988* (1989) 25 ETL 89, 95.
63 *Supra* n. 25.

was unnecessary under English law because "the owner of the goods would always have a right in bailment".[64] If pressed, the Court would probably seek to overcome the objection resort to the agency device again and see the issue of the consignment note by C as an act done as agent for A and/or B.

Art. 37

Schadensverursacher, Rdn. 4

The "carrier responsible" is understood to mean the carrier on the stage of the journey where the loss, damage or delay occurred or is presumed to have occurred.[65] Being "solely" liable, the provision is interpreted literally: only the carrier responsible can be sued under Art. 37,[66] unless that carrier is insolvent, in which case Art. 38 applies.

Art. 39

Zuständigkeit, Rdn. 5

Although Art. 39.2 refers to the courts where the carrier seeking recourse *may* make a claim, "may" has been interpreted as "must".[67] Moreover, according to the narrow interpretation of English courts, this refers to carriers that are defendants in the recourse action and excludes the (court of the) carrier bringing the recourse action.[68]

In the *Cummins*[69] case, the last (road) stage of carriage to Amsterdam was subcontracted by defendant carrier A (principal place of business in England) to B, by B to C and by C to D (principal place of business in Holland). The goods were damaged while being carried by D in Holland. A was sued in England and sought permission to bring B, C and D before the English court, but permission was refused by the Court of Appeal. Under Art. 39.2, a recourse claim may be made before the competent court in the country in which is the principal place of business of "one of the carriers concerned". On a wide view of these words, they include the carrier seeking recourse, so that, in a case like *Cummins*, the English court would have jurisdiction over not only A but also D. However, the Court took the narrower view of these words as being confined to the carrier *against* which the recourse claim is brought. The Court conceded that the result might

---

64 Ibid. p. 361.
65 *Cummins Engine Co. v. Davis Freight Forwarding (Hull)* [1981] 3 All E.R. 567, 571 (CA); *ITT Schaub-Lorenz Vertriebgesellschaft mbH v. Birkart Johann Internationale Spedition GmbH* [1988] 1 Lloyd's Rep. 487, 494 (CA).
66 *Cummins*, Ibid.
67 *Ibid* at 494.
68 *Ibid*.
69 *Supra* n. 69.

cause business inconvenience, but felt compelled to this conclusion by the wording of Art. 39.2.[70]

In the later case of *Harrison*,[71] the Court described the narrow interpretation as "curious" and felt able to reach a broader and more "natural" view based on section 14(2) of the Carriage of Goods by Road Act, which implements CMR in the UK. Section 14(2) provides that the persons concerned in the carriage of goods by road to which CMR applies are not only the defendants to the action in recourse but also the sender, the consignee and, significantly, "any carrier who, in accordance with article 34 …or otherwise, is a party to the contract of carriage".

See also the note "Art. 31, Anderweitige Anhängigkeit" above.

Art. 41

The Unfair Contract Terms Act 1977 applies to business liability and thus to carriers as regards contracts of carriage on the carrier's written standard terms of business. The effect of the Act is that certain clauses, notably ones which "exclude" the carrier's liability, will not apply except to the extent that a court finds them reasonable. The Act does not apply, however, to specified types of contract including "international supply contracts", which are defined in two parts. First, they must be contracts "under or in pursuance of which the possession …of goods passes"[72] and under which the goods in question "will be carried from the territory of one State to the territory of another".[73] Second, they must be contracts "made by parties whose places of business (or, if they have none, habitual residences) are in the territories of different states".[74] Thus, a contract of carriage between a sender based in Manchester and a carrier based in Mannheim for carriage from Manchester to Mannheim will be largely unaffected by the Act, but a contract for the same journey between the same sender and a carrier based in Mannheim will be subject to the Act.

It is theoretically possible but unlikely that the English court would invalidate terms imposed by or taken from CMR itself, however, it is possible that the court would interfere with other terms agreed by the parties for aspects of their contract not governed by CMR.[75]

---

70 One reason for this interpretation was the mention of "the carriers concerned" in the second sentence of Art. 39.2, where they are referred to as "defendants in the same action". Literally it was clear that the carrier seeking recourse could not be a "defendant in the same action for recourse", the words "carrier concerned" meant different things in two successive sentences of Art. 39.2.
71 *Supra* n.64.
72 Section 26(3)(a).
73 Section 26(4).
74 Section 26(3)(b).
75 Cf., however, *Overland Shoes Ltd. v. Schenkers Ltd.* [1998] 1 Lloyd's Rep. 498 (CA); *Granville Oil & Chemicals Ltd. v. Davis & Turner & Co. Ltd.* [2003] 2 Lloyd's Rep. 356 (CA). Clarke 2009 para 239.

Italien

Rechtsanwalt Dr. Alessandro Pesce, Mailand

Literatur: *A. Asquini*, Del contratto di trasporto, in: Il codice di commercio – Bolaffio, Rocco, Vivante, Turin, 1935; *M. Bessone*, Il contratto di trasporto, in: Diritto Privato, casi e questioni – Il contratto di trasporto, Mailand, 1997; *Bianca*, La vendita e la permuta, in: Trattato Vassalli, Turin 1972; *Busti*, Il trasporto cumulativo nella CMR, Trasporti, 1980, 137; *S. Busti*, Contratto di trasporto terrestre, Mailand, 2007; *Camarda*, Considerazioni in tema di responsabilità dei gestori di terminali di trasporto, in: Il limite risarcitorio nell'ordinamento dei trasporti (Atti del Convegno), Mailand, 1994; *E. Costanzo*, Il contratto di trasporto internazionale nella C.M.R., Mailand, 1984; *M. Frigo*, La pretesa derogabilità della CMR e i caratteri del diritto uniforme, Riv. Dir. Int. Priv. proc., 1983, S. 98; *A. Improda*, Rifiuto del destinatario di ricevere le merci: furto delle stesse e responsabilità del vettore, in: Dir. dei Trasporti 1991; *Jannuzzi*, Del Trasporto, in: Commentario del Codice Civile a cura di A. Scialoja e G. Branca, Bologna/Rom 1970; Lamy Transport, I, Route, Transport Interieur et International, 2011; *A. Pesce*, Il trasporto internazionale di merci, Turin, 1995; *ders.*, Il contratto internazionale di merci su strada; *G. Rigetti*, La responsabilità del vettore marittimo nel sistema dei pericoli eccettuati, Padua, 1960; *M. Riguzzi*, Il contratto di trasporto stradale, in: I Contratti Speciali, Turin, 2000; *C. Rossello*, Responsabilità contrattuale ed extracontrattuale, in: G. Alpa/M. Bessone (Hrsg.), La responsabilità civile, Turin, 1987, S. 316; *M. Rubino*, Compravendita, in: Trattato Cicu-Messineo, Mailand, 1971; *G. Silingardi/A. Corradi/A. M. Meotti/F. Morandi*, La disciplina uniforme del contratto di trasporto di cose su strada, Turin, 1994; *G. Silingardi/M. Riguzzi/E. Gragnoli*, Trasporto internazionale di merci su strada e CMR, Rom, 1989; *Chiara Tincani*, Imprevedibilità e inevitabilità della rapina e responsabilità del vettore stradale di merci, Dir. Maritt., 2002, S. 258; *L. Tullio/M. Deiana*, Codice dei Trasporti, Mailand, 2011; *P. Zucconelli*, Trasporto internazionale di merci su strada: il ruolo della CMR tra diritto uniforme e disciplina pattizia, in: Obbligazioni e Contratti, Turin, 2008, 1, 34.

Art. 1

Grundprinzip der CMR ist das zweifache Erfordernis, dass ein Vertrag über die Beförderung von Gütern auf Straße vorliegt und dass das hieraus resultierende Vertragsverhältnis internationalen Charakter besitzt. Dieses Prinzip kommt in Art. 1 Abs. 1 CMR zum Ausdruck, der bestimmt – und gebietet (siehe Art. 41 CMR) –, dass die Einheitsnormen objektiv für alle Transportverträge gelten, die, was Ort der Übernahme und Ort der Ablieferung betrifft, zwischen dem Hoheitsgebiet zweier verschiedener Staaten ausgeführt werden, von denen möglicherweise auch nur einer dem Übereinkommen beigetreten ist.

Seit 1975 vertritt das italienische Kassationsgericht in seiner Rechtsprechung den Standpunkt, dass die CMR keine Vorschrift ist, die zwingend zur Anwendung kommen muss, sondern vielmehr eine Norm, deren Anwendung dem Willen der Parteien unterliegt; die entsprechende Vereinbarung müsse entweder aus dem Frachtbrief ersichtlich sein oder in dessen Ermangelung – ist der Frachtbrief doch nicht *ad substantiam*, sondern nur *ad probationem* wirskam – aus einer auch mündlichen, mit jedem Beweismittel nachweisbaren Absprache hervorgehen (KassE Nr. 3983, 28.11.1975 und, daran anschließend, KassE Nr. 6102, 19.12.1978; schließlich die jüngeren, mit den Vorgängern übereinstimmenden

Entscheidungen KassE Nr. 11282, 27.5.2005, KassE Nr. 2529,[1] 7.2.2006 und KassE Nr. 15695, 2.7.2010).

Zu diesem Schluss müsse man, nach Ansicht der Richter, durch Auslegung von Art. 6 Abs. 1 lit. k) CMR kommen, wonach der Frachtbrief „die Angabe enthalten muss, dass die Beförderung trotz gegenteiliger Abmachung den Bestimmungen dieses Übereinkommens unterliegt". Das Kassationsgericht bemerkt hierzu, dass diese obligatorische Angabe unnötig wäre, wenn der Transport auch in deren Ermangelung dennoch der Einheitsvorschrift unterstellt sein würde. Die Absicht der Klausel bestehe darin, die Anwendung der CMR sowohl bei einem schriftlichen Nachweis, z.B. im Frachtbrief, als auch bei einer mündlichen Transportvereinbarung der ausdrücklichen, schriftlichen oder mündlichen Zustimmung der Parteien unterzuordnen. Das Fehlen dieses Verweises im Frachtbrief sei daher ein klares Zeichen für den Willen der Parteien, die Anwendung der CMR auszuschließen und die Vertragsbeziehung den nationalen Vorschriften zu unterstellen, die nach den Kriterien des IPR festzustellen sind. Das Kassationsgericht lässt allerdings die Anwendbarkeit der CMR zu, wenn die Parteien eines Verfahrens die Streitsache unter Bezugnahme auf die Einheitsvorschrift erörtern (KassE Nr. 4029, 19.6.1981), auch wenn nicht ersichtlich ist, dass vorher der Wille bestand, das Übereinkommen auf die spezifische Vertragsbeziehung anzuwenden.

Eine entgegengesetzte Meinung vertritt die vorherrschende Rechtsprechung der Instanzgerichte, der zufolge die CMR auf grenzüberschreitende Gütertransporte anzuwenden ist, obwohl die Vertragsparteien einen Willen in diesem Sinne mitnichten zum Ausdruck gebracht haben. Diese Rechtsprechung ist korrekterweise der Auffassung, dass die Klausel k) des Art. 6 CMR einerseits Harmonisierungsziele verfolgt, andererseits es ermöglicht, die Anwendung des Übereinkommens auf Staaten auszudehnen, die Letzterem nicht beigetreten sind (OLG Florenz, 2.2.1981 und LG Biella, 15.5.1998). Der zwingende Charakter der Einheitsvorschriften ist aus Art. 41 CMR ersichtlich, wonach alle Vereinbarungen, die die Anwendung der Einheitsvorschrift ausschließen, nichtig sind, und ferner aus Art. 4 CMR, der bestimmt, dass der Transportvertrag auch dann den Bestimmungen des Übereinkommens unterworfen bleibt, wenn kein Frachtbrief ausgestellt wurde. Diese Tatsache beeinträchtigt weder den Bestand noch die Gültigkeit des Vertrags (OLG Brescia, 1.6.2001; OLG Triest, 11.9.2002 und LG Bergamo, 4.6.2005).

---

1 In seinem Kommentar zu dieser Entscheidung („…il ruolo della CMR tra diritto uniforme e disciplina pattizia, in: Obbligazioni e Contratti, Turin, 2008, 1, 34) bemerkt *Paolo Zucconelli* zu Recht, dass das Kassationsgericht, indem es die zwingende Anwendung der CMR bestreitet, gegen die allgemeine Vorschrift des IPR verstößt, die Richtern gebietet, Übereinkommen einheitlich anzuwenden (Art. 2 Abs. 2 it. Ges. Nr. 218 vom 31.5.1995).

Länderberichte **Italien**

Art. 2

Die Verwendung mehrerer Transportmodelle für internationale Warenverbringungen ist sicherlich kein seltener Fall und erfolgt sowohl aus Notwendigkeit als auch aus wirtschaftlicher Zweckmäßigkeit bzw. Transportsicherheit. Mit ihrem Art. 2 ist die CMR das erste Übereinkommen in Transportsachen, das die sog. gemischten Transporte berücksichtigt hat, wenn auch mit Beschränkungen und Zweifeln, wenn es zum Umladen bei gemischten Transporten kommt. Es scheint vielmehr so, dass ein Transport, der zwar von einem einzigen Frachtführer, jedoch mit unterschiedlichen Transportmitteln durchgeführt wird und bei dem es zu einer Umladung beim Transportmittelwechsel kommt, laut Übereinkommen nicht den Einheitsvorschriften unterliegt. Das operative Modell, das von der Einheitsvorschrift berücksichtigt wird, ist mit anderen Worten jenes, das sich vom multimodalen Transport im technischen Sinne unterscheidet, und bei dem sich ein Transportmittel auf einem anderen befindet; im spezifischen Fall ein Straßentransportmittel auf einem Schiff (sog. *RoRo-Verkehr*) oder einem Eisenbahnwaggon (sog. *Huckepackverkehr*), von dem die Ware erst dann abgeladen wird, wenn der Endbestimmungsort erreicht wurde.[2]

Nicht angewendet wird es hingegen auf den Containerverkehr, da Container als ein vom Fahrzeug getrenntes Transportmittel anzusehen sind.

Art. 3

Die Anschuldigung des Frachtführers für die Rechtsfolgen der Handlungen und Unterlassungen seiner Bediensteten sowie aller anderen Personen, deren er sich bei der Ausführung der Beförderung bedient, ist in Art. 3 CMR bestimmt[3] und wird in der italienischen Rechtsordnung von Art. 1228 it. ZGB[4] widergespiegelt.

---

2 Oberlandesgericht Brescia, 1.6.2001, Il Diritto Marittimo, 2002, S. 366.
3 Oberlandesgericht Mailand, 20.4.2005, im Prozess Chargeurs Interfodere SpA / MS Spedition GmbH; Landgericht Mailand, 1.10.2009, präzisiert, dass der Nachweis über die Unvermeidbarkeit des Ereignisses (Art. 17 Abs. 2 CMR) zu den Zwecken der Haftungsbefreiung nicht durch den Umstand gegeben ist, dass der Frachtführer den Transport anderen anvertraut hat, haftet dieser doch gerade kraft des Art. 3 CMR gegenüber dem Auftraggeber für die Nichterfüllung seiner Bediensteten.
4 Art. 1228 it. ZGB: „Haftung für Gehilfen. Vorbehaltlich eines abweichenden Willens der Parteien haftet der Schuldner, der sich zur Erfüllung der Verbindlichkeit der Tätigkeit Dritter bedient, auch für deren vorsätzliches oder fahrlässiges Verhalten." Die Formulierung dieser Regel unterscheidet sich sowohl unter dem Aspekt der Ausführlichkeit als auch unter dem der Allgemeinheit von der Bestimmung der CMR, die ausdrücklich erklärt, dass der Frachtführer u.a. für die Handlungen und Unterlassungen seiner Bediensteten (*servants*) haftet. Jedoch identifiziert die Sonderregel im italienischen Transportrecht (Art. 10 Gesetzesverordnung Nr. 286, 21.11.2005, welche die Bestimmungen zur Liberalisierung der Frachtführertätigkeit neu regelt), wo sie über Verschuldensgradation und Beweislast spricht, die Gehilfen mit den *Beschäftigten* des Frachtführers bzw. „mit jedem anderen Subjekt, dessen er sich zur Ausführung der Beförderung bedient, sofern diese Subjekte in Ausübung ihrer Funktionen gehandelt haben".

Kraft dieser Bestimmung haftet der Leistungsverpflichtete für das vorsätzliche oder fahrlässige Verschulden jener Personen, derer er sich zur Ausführung der Leistung bedient. Der Frachtführer haftet für den Verlust oder die Beschädigung der ihm überlassenen Sachen, sofern diese auf das vorsätzliche oder fahrlässige Verschulden der Mitarbeiter, derer er sich zur Ausführung der Beförderung bedient, zurückzuführen sind. Es handelt sich nicht um eine sog. *culpa in eligendo* des Frachtführers, sondern um eine Haftung ohne Verschulden: Das Handeln des Gehilfen, der anstelle des Frachtführers die vertragliche Erfüllung leistet, ist nach Maßgabe derselben Kriterien zu bewerten, die im Falle einer direkten Nichterfüllung der Verbindlichkeit durch den Schuldner Anwendung finden.[5]

Art. 4

Der Beförderungsvertrag im internationalen Straßengüterverkehr wird in einem Frachtbrief in dreifacher Ausfertigung festgehalten (im französischen und englischen offiziellen Text heißt es bekanntlich *constaté* und *confirmed*): Die erste ist für den Absender bestimmt, die zweite begleitet die Ladung, und die dritte behält der Frachtführer ein. Die Bestimmung des Art. 4, wonach das Fehlen, die Mangelhaftigkeit oder der Verlust des Frachtbriefs weder den Bestand noch die Gültigkeit des Beförderungsvertrags berührt, infolgedessen dieser nach wie vor den Bestimmungen des Übereinkommens unterworfen bleibt, bringt zwei relevante Folgen[6] mit sich, nämlich dass

– das Fehlen oder die Mangelhaftigkeit des Frachtbriefs im Hinblick auf die Anwendung der CMR bei Vorliegen der in Art. 1 und 2 CMR angegebenen Voraussetzungen irrelevant ist. Die CMR hat zwingenden Charakter, und somit ist sie unabhängig von einer Zustimmung vonseiten der Parteien im Transportvertrag anwendbar:[7] das exakte Gegenteil dessen, was das italienische Kassationsgericht[8] in seinen Entscheidungen bislang ebenso beharrlich wie fälschlicherweise erklärt hat;
– der Frachtbrief nur beweisführende Funktion hat.[9] Woraus wiederum folgt, dass die dort enthaltenen Angaben im Hinblick auf die Vertragsbedingungen Feststellungswirkung, nicht jedoch eine rechtsbegründende Wirkung haben.

---

5 KassE Nr. 5329, 4.4.2003, in: Diritto dei trasporti 2004, S. 279.
6 Vgl. *Silingardi/Meotti/Moranti*, La disciplina uniforme del contratto di trasporto su strada, S. 54.
7 *M. Frigo*, La pretesa derogabilità della CMR, Riv. Dir. Int. Priv. e proc., 1983, S. 98.
8 Vgl. Ausführungen zu Art. 1 CMR.
9 Das Zusatzprotokoll zur CMR vom 20. Februar 2008 betreffend den elektronischen Frachtbrief – e-CMR genannt, am 5. Juni 2011 in Kraft getreten und gegenwärtig nur in Bulgarien, Spanien, Lettland, Litauen, den Niederlanden, der Tschechischen Republik und der Schweiz anwendbar – bestimmt, dass ein mit dem Zusatzprotokoll übereinstimmder Frachtbrief dieselbe Beweiskraft besitzt und dieselbe Wirkung entfaltet wie der in Konformität mit dem Übereinkommen ausgestellte (Art. 2 Zusatzprotokoll).

Abgesehen von den Fällen, bei denen das Konvergieren des Geschäftswillens der Parteien gesetzeswidrig oder nichtig ist, weil es einer bestimmten Form entbehrt (z.B. die mündliche Vereinbarung zur Übertragung des Eigentums an einer Liegenschaft, obzwar gem. Art. 1350 it. ZGB zwingend die Schriftform *ad substantiam* vorgeschrieben ist), sind die Verträge, sofern sie auf die Verwirkung von nach der Rechtsordnung schutzwürdigen Interessen gerichtet sind, in jeder Hinsicht gültig, vorausgesetzt, dass die Vereinbarung als solche erkennbar ist. Die Möglichkeit der Erkennbarkeit, die die CMR, wenn auch nicht zwingend gibt, ist der Frachtbrief: Während der Beförderungsvertrag durchaus im Frachtbrief „festgehalten" wird, stellt i.S.d. Art. 4 CMR weder besagtes Festhalten noch die etwaige Vervollständigung des Frachtbriefs eine unabdingbare Voraussetzung für das Bestehen und die Gültigkeit des Beförderungsvertrags dar.

Art. 5

Art. 5 CMR sieht vor, dass die drei Originalausfertigungen des Frachtbriefs von den Vertragsparteien zu unterzeichnen sind. Dabei haben die Unterschriften nicht zwangsläufig handschriftlich zu erfolgen, sondern können auch gedruckt oder durch den Stempel des Absenders oder des Frachtführers ersetzt werden, wenn dies nach dem Recht des Staates, in dem der Frachtbrief ausgestellt wird, zulässig ist. Aus italienischer Sicht ist kraft Art. 2702 ZGB[10] die Wirksamkeit des Frachtbriefs als Beweismittel nur durch die effektive Unterzeichnung gegeben.[11]

Art. 7

Der Absender ist verpflichtet, den Frachtführer in die Lage zu versetzen, die Beförderung sachgemäß und ohne zusätzliche Kosten oder Schwierigkeiten, die aus der Unrichtigkeit oder Unvollständigkeit der zur Ausführung der Beförderung erforderlichen Angaben erwachsen, durchzuführen.[12]

---

10 Art. 2702 it. ZGB: „Die Privaturkunde begründet bis zur Fälschungsklage vollen Beweis über die Herkunft der Erklärungen von demjenigen, der sie unterschrieben hat, wenn derjenige, gegen den die Urkunde verwendet wird, die Unterschrift anerkennt oder wenn diese rechtlich als anerkannt gilt."
11 *Costanzo*, Il contratto di trasporto internazionale, cit., S. 14f.
12 In der italienischen Rechtsordnung ist die entsprechende Bestimmung in Art. 1683 it. ZGB enthalten, der wie folgt lautet: „Der Absender hat dem Beförderer den Namen des Empfängers und den Bestimmungsort, die Art, das Gewicht, die Menge und die Zahl der zu befördernden Sachen und die anderen zur Durchführung der Beförderung notwendigen Daten genau anzugeben. Sind zur Durchführung der Beförderung besondere Urkunden erforderlich, hat der Absender diese dem Beförderer bei der Übergabe der zu befördernden Sachen auszuhändigen. Schäden, die aus der Unterlassung oder der Ungenauigkeit der Angaben oder aus der nicht erfolgten Übergabe oder Fehlerhaftigkeit der Urkunden entstehen, gehen zu Lasten des Absenders."

Abgesehen von Selbstverständlichkeiten wie der korrekten Angabe des Namens und der Anschrift des Empfängers kommt der Beschreibung der Waren sowie der korrekten Bezeichnung ihrer Art und ihres Gewichts große Bedeutung zu. Was die Art der Waren anbelangt, so dient deren korrekte Bezeichnung dem Vorbeugen von Schäden, die aus den Eigenschaften der Ware selbst hervorgehen könnten, sei es, dass diese in der Gefährlichkeit bestehen, sei es, dass sie in irgendeiner Weise für die Beförderung von Bedeutung sein könnten, wie etwa ihre Verderblichkeit oder zollamtliche Klassifizierung. So ließe sich beispielsweise eine auf die Beanstandung der zollamtlichen Klassifizierung zurückzuführende Verspätung in der Beförderung mitnichten dem Frachtführer anlasten, und zwar selbst dann nicht, wenn ihm die augenfällige Mangelhaftigkeit der Urkunden bekannt sein konnte (Art. 11 Abs. 2 CMR). Dies bedeutet, dass für etwaige Mehrkosten, die dem Frachtführer aus diesem Grunde entstehen, allein der Absender haftbar zu machen ist.[13]

Was den Verlust des beförderten Guts anbelangt, so ist das Verhältnis zwischen der Nichtangabe seines Wertes (Art. 6 Abs. 2 lit. d) CMR) im Frachtbrief durch den Absender – selbst wenn die Angabe nur „zutreffendenfalls" zu machen ist – und der Haftung des Frachtführers mehrmals vom Kassationsgericht untersucht worden (KassE Nr. 2474, 11.9.1963, KassE Nr. 359, 17.1.1983, KassE Nr. 10533, 8.10.1991, KassE Nr. 5262, 28.5.1998 und Nr. 1712, 16.2.2000). Dieses hat die Rechtseinsicht ausgesprochen, wonach der Richter das Verschulden des Absenders für den Verlust des beförderten Guts von Fall zu Fall zu untersuchen hat. Der Richter hat mit anderen Worten einerseits zu prüfen, ob das Auslassen der Angaben Ursache des Verlustes gewesen ist, der sich in Ermangelung der besonderen und angemessenen Verwahrungsmaßnahmen, die der Frachtführer zur Vermeidung des Verlusts des beförderten Guts hätte ergreifen sollen, ereignet hat; andererseits, ob der Frachtführer besagte Maßnahmen möglicherweise gerade deshalb nicht ergriffen hat, weil ihm keine entsprechenden Angaben vorlagen.

Art. 8

Die Übersetzungen in deutscher und italienischer Sprache des CMR-Abkommens wie auch der offizielle französische Wortlaut des Art. 8 Abs. 1 CMR verwenden die Formulierungen „Der Frachtführer ist verpflichtet zu überprüfen", „il vettore deve verificare" und „le transporteur est tenu de vérifier". Diese scheinen die Obliegenheit des Frachtführers, die Richtigkeit der Angaben im Frachtbrief, den äußeren Zustand der Ware und deren Verpackung zu überprüfen, als eine Pflicht zu qualifizieren. Die italienische Rechtslehre neigt dazu, unter Zugrundelegung des englischen (offiziellen) Textes, der die Formulierung „*shall check*" verwendet, die Erfüllung lediglich als eine Last für denjenigen Frachtführer zu qualifizieren, der sich der Richtigkeitsvermutung der im Frachtbrief ent-

---

13 A. Pesce, Il contratto di trasporto internazionale di merci su strada, cit., S. 127.

haltenen Angaben (Art. 9 Abs. 1 CMR) sowie des äußeren guten Zustands von Waren und Verpackung entziehen will.[14]

Eine echte Pflicht besteht für den Frachtführer dagegen im Hinblick auf das Überprüfen von Gewicht und Menge der Waren, sofern dies vom Absender verlangt wird, unbeschadet des Anspruchs auf Ersatz der Kosten, die im Zusammenhang mit dieser Tätigkeit entstehen (Art. 8 Abs. 3 CMR).

Unstrittig ist in der italienischen Rechtslehre des Weiteren die Auffassung, wonach die Erklärungen über die Ergebnisse der Überprüfungen, die bei Unterzeichnung durch Frachtführer und Absender im Frachtbrief anzugeben sind, im Rahmen des Vertrags eine feststellende Wirksamkeit, bei Unterzeichnung allein durch den Frachtführer dagegen die Wirksamkeit von einseitigen Erklärungen haben.

Art. 10

Die Haftung des Absenders gegenüber dem Frachtführer besteht nicht nur in Bezug auf den Mangel der Angaben im Frachtbrief (Art. 7 CMR), sondern auch in Bezug auf „Schäden an Personen, am Betriebsmaterial und an anderen Gütern sowie für alle durch mangelhafte Verpackung verursachte Kosten". Ist jedoch dem Frachtführer die nicht ordnungsgemäße Verpackung bekannt, so erwächst aus der Annahme der Beförderung ohne begründete Vorbehalte eine zumindest teilweise Haftung für die Verletzung der beruflichen Sorgfalt wegen der Annahme einer Beförderung mit unsachgemäß verpackter Ladung.[15] Die CMR weist dem Frachtführer die spezifische Verpflichtung zu, die Angemessenheit der Verpackung in Bezug auf die Eigenschaften der Ware und die Dauer der Beförderung zu überprüfen, und zwar auch in Abhängigkeit von den klimatischen und saisonalen Witterungsverhältnissen.

Art. 11

Die Einheitsvorschrift sieht vor, dass die für die Zollbehandlung erforderlichen Urkunden vor Beginn der Beförderung vom Absender – im Rahmen von dessen Kooperationspflichten[16] – dem Frachtbrief beizugeben sind. Der Absender haftet

---

14 *A. Pesce*, Il contratto di trasporto internazionale, cit., S. 136 und *Silingardi*, La disciplina uniforme del contratto di trasporto di case su strada, cit. S. 67.
15 *A. Pesce*, Il contratto di trasporto internazionale, cit., S. 150, Bemerkungen.
16 *Jannuzzi*, Del Trasporto, in: Commentario al Codice Civile, cit., kommentiert die einschlägige Vorschrift in der italienischen Rechtsordnung (Art. 1683, Abs. II it. ZGB) mit dem Hinweis, dass der Frachtführer, wenngleich die Verwendung der zollrelevanten Urkunden für einen Zeitpunkt nach Beginn des Beförderungsvertrags vorgesehen ist, nicht gehalten ist, sich auf eine etwaige Zusendung derselben bei bereits begonnener Beförderung zu verlassen. Und dies gilt auch für die CMR, da Art. 11 bestimmt, dass dem Frachtbrief, dessen Ausstellung prodromal auf die Beförderung des Gutes verweist, die Urkunden *zwingend* beizugeben sind.

dem Frachtführer gegenüber für sämtliche Schäden, die aus dem Fehlen, der Unvollständigkeit oder der Unrichtigkeit sowohl der Urkunden als auch der Angaben entstehen. Die Haftung des Absenders ist nicht gegeben im Falle eines Verschuldens[17] des Frachtführers oder im Falle, dass der Frachtführer das Heranziehen der Urkunden und Angaben unterlässt (Art. 11 Abs. 2, a.E.).

Art. 12 f.

Zu den im internationalen Warentransport am häufigsten debattierten Fragen zählt die der Klagelegitimation gegenüber dem Frachtführer. Diese ist häufig Gegenstand von Auseinandersetzungen zwischen dem Absender und seinen Rechtsnachfolgern (zumeist Versicherer) einerseits und dem Empfänger oder seinen Rechtsnachfolgern andererseits. Mit einer Entscheidung, die für die im Transportrecht tätigen Juristen als historisch bezeichnet werden kann, hat das italienische Kassationsgericht (KassE Nr. 10621, 26.10.1993[18]) im Rahmen der Auslegung des Art. 13 Abs. 1 CMR einen Mitanspruch des Absenders und des in den Vertrag eingetretenen Empfängers ausgeschlossen. Das Kassationsgericht hat festgelegt, dass das Verfügungsrecht über die Ware (und damit die Klagelegitimation) mit der Anforderung der zweiten Ausfertigung des Frachtbriefs bzw. für den Fall, dass der Verlust der Ware festgestellt wurde oder die Lieferfrist der Ware gem. Art. 19 CMR abgelaufen ist, auch nur mit der Anfrage zur Ablieferung der Ware[19] auf den Empfänger übergeht. In diesem Sinne haben sich mit Bezug auch auf internationale Straßentransporte die Tatsachengerichte ausgesprochen, darunter die Landgerichte Verona und Venedig[20] sowie das Oberlandesgericht Brescia.[21]

Die transportvertraglichen Rechte gehen nicht auf den Empfänger über, sondern verbleiben beim Absender im Falle eines Totalverlusts der Ware (z.B. bei Diebstahl oder Raub der gesamten Ladung), es sei denn, der Empfänger hat nach Ablauf der Frist, binnen derer die Ladung hätte abgeliefert werden sollen, die Ablie-

---

17 KassE Nr. 11073, 15.7.2003 hat in Bezug auf Art. 11 CMR in einem Fall erklärt, dass der Tatrichter – da der Fahrer wortwörtlich und vollständig den vom Absender ausgestellten Frachtbrief abgeschrieben und der Absender demselben einen verschlossenen Umschlag mit Urkunden für den Zoll beigegeben hatte, die der Frachtführer nicht gehalten war zu prüfen – ein Verschulden des Frachtführers zu Recht ausgeschlossen hatte.
18 In: Il Diritto Marittimo, 1994, S. 1070.
19 Auch im Transportrecht gilt die Ablieferung der Ware als eine materielle Tätigkeit, die, wie jeder andere Tatumstand auch, mit beliebigen Mitteln, ggf. auch unter Heranziehung von Vermutungen, bewiesen werden kann (KassE Nr. 1943, 10.2.2003, in: Guida al Diritto, Il Sole-24-Ore, 2003, Nr. 16, S. 54.
20 Respektive mit den Urteilen vom 12.12.2001, in: Diritto Marittimo 2003, S. 928, und vom 12.3.2002, in: Diritto Marittimo 2004, S. 1022.
21 In der bereits erwähnten Entscheidung vom 1.6.2001.

ferung an den Frachtführer verlangt (KassE Nr. 8212, 18.6.2001 und KassE Nr. 15946, 19.12.2000).[22]

Dieser Grundsatz war ansatzweise schon in früheren Entscheidungen[23] des Kassationsgerichts enthalten, allerdings blieb dort der Aspekt der ausschließlichen Zuweisung der Klagelegitimation an die eine oder andere Vertragspartei noch unberücksichtigt.

Die Argumentation gründet auf der Bestimmung des Art. 12 Abs. 2 CMR, wonach mit der Übergabe der zweiten Ausfertigung des Frachtbriefs an den Empfänger das Recht des Absenders auf Gegenweisung gem. Art. 12 Abs. 1 CMR erlischt. Daraus folgt, dass der Absender das Verfügungsrecht über die Ware und damit die Klagelegitimation gegenüber dem Frachtführer nur im Falle einer Verweigerung der Ware durch den Empfänger wiedergewinnt. Mit anderen Worten: Mit dem Eintritt des Empfängers in den Vertrag erlischt das Verfügungsrecht des Absenders, so dass hinsichtlich dieses Rechts keine Überschneidungen bestehen können. Die mit dem Verfügungsrecht einhergehenden Rechte, wie etwa der auf Schadenersatz für die Ware, haben Ausschließlichkeitscharakter und kollidieren nicht mit den Rechten des Absenders. Für den Fall, dass der Frachtführer die Klageberechtigung des Absenders zugunsten des Empfängers bestreitet, ist er bei gerichtlicher Inanspruchnahme durch den Absender verpflichtet, Beweis für die vom Empfänger getätigte Anfrage zur Ablieferung der Ware zu erbringen.[24]

Art. 16

Für den Verkauf der Güter in den nach Art. 16 CMR vorgesehenen Fällen sieht Absatz 5 derselben Vorschrift vor, dass dieser sich nach den Regeln oder Gebräuchen des Ortes bestimmt, an dem sich das Gut befindet. Für den Verkauf von Gütern, die sich im Hoheitsgebiet des italienischen Staates befinden, gelten somit die Bestimmungen des Art. 1515 it. ZGB.[25] Der Verkauf erfolgt im Wege der Versteigerung durch Warenvermittler, die bei der Handelskammer eingetragen

---

22 Im Falle einer Beförderung mit Subtransport hat der anspruchsberechtigte Absender selbstverständlich keinen Direktanspruch auf Schadensersatz gegenüber dem ausführenden Frachtführer. In Ermangelung eines Vertragsverhältnisses zwischen Absender und ausführendem Frachtführer ist ferner auszuschließen, dass sich eine gesamtschuldnerische vertragliche Haftung zwischen vertraglichem Frachtführer und ausführendem Frachtführer abzeichnen kann (KassE Nr. 108, 8.1.1999, in: Diritto Marittimo 2001, S. 1367).
23 KasseE Nr. 3761, 2.6.1988, Nr. 6081, 11.11.1988.
24 KassE Nr. 10980, 14.7.2003 zu einem Rechtsstreit bezüglich eines Inlandtransports unter Auslegung der Bestimmung des Art. 1689 it. ZGB, der im ersten Absatz festlegt, dass „die sich aus dem Beförderungsvertrag gegen den Beförderer ergebenden Rechte […] ab dem Zeitpunkt dem Empfänger zustehen, an dem die Sachen am Bestimmungsort angekommen sind oder der Empfänger, nach Ablauf der Frist, innerhalb derer sie ankommen hätten müssen, ihre Ablieferung vom Beförderer verlangt."
25 Der Art. 1515, der im 4., dem Schuldrecht gewidmeten Buch des italienischen ZGB enthalten ist, regelt die Zwangsdurchführung wegen Nichterfüllung des Käufers beim Verkauf von beweglichen Gütern.

sind, oder durch Gerichtsvollzieher. Der Verkäufer hat den Verfügungsberechtigten des Gutes zeitgerecht über Tag, Ort und Stunde des durchzuführenden Verkaufs zu verständigen. Haben die Sachen einen sich aus den Listen über die Börsenkurse oder aus den Marktberichten ergebenden gängigen Preis, so kann der Verkauf ohne Versteigerung zum gängigen Preis durch einen Warenvermittler oder durch einen durch das Gericht ernannten Kommissionär durchgeführt werden.

Art. 17

Wenn die CMR einerseits die Obhutshaftung des Frachtführers ohne Verschulden statuiert, so sieht andererseits Art. 17 Abs. 2 CMR ausdrücklich allgemeine haftungsausschließende Umstände und Art 17 Abs. 4 CMR spezifische, durch besondere Gefahren begründete Haftungsausschlüsse vor.

Aus italienischer Sicht ist die Obhutshaftung des Frachtführers (ungeachtet der Tatsache, dass es sich um eine Haftung *ex recepto* handelt) stets vertraglicher Natur: Ist die Gefährdungshaftung rein außervertraglicher Natur, so stellt sich diese für den Frachtführer nicht als solche dar.

Auch wenn diesbezüglich in der CMR keine spezifische Bestimmung vorliegt, qualifiziert sich die Obhutspflicht des Frachtführers für die in Empfang genommenen Sachen als ein struktureller Bestandteil des Beförderungsvertrags. Eine ausdrücklich zwischen den Parteien vereinbarte Obhutspflicht des Frachtführers erweist sich, auch im Sinne der Einheitsvorschrift, insofern als überflüssig, als diese im internationalen Beförderungsvertrag implizit schon enthalten ist.[26]

Der Frachtführer haftet für den Verlust oder die Beschädigung des Gutes bis zum Zeitpunkt der Ablieferung des Gutes an den Empfänger, welches bis dahin der Obhut[27] des Frachtführers unterstellt bleibt.[28] Phasen des Transports, die vor,

---

26 *A. Pesce*, Il contratto di trasporto internazionale, cit., S. 202; *Silingardi/Meotti*, La disciplina uniforme, cit., S. 123.
27 Neben der Haftung des Frachtführers für den Verlust, die Entwendung oder die Beschädigung des Gutes, die aus seiner Obhutspflicht für die beförderten Sachen hervorgeht, besteht eine Haftung des Frachtführers wegen Nichterfüllung bzw. Verhinderung in der Durchführung der Beförderung oder wegen Überschreitung der Lieferfrist gem. Art. 19 CMR. Interessant in diesem Zusammenhang ist die Bemerkung von *Silingardi/Riguzzi/Gragnoli*, Trasporto internazionale di merci su strada e CMR, cit., S. 90, wonach die Erwähnung des ersten Teils in Art. 19 CMR insofern völlig überflüssig ist, als selbst in Ermangelung eines ausdrücklichen Verweises auf die vereinbarte Lieferfrist eine Ablieferung des Gutes durch den Frachtführer nach Ablauf der vereinbarten Lieferfrist zweifellos und ohne Weiteres den Tatbestand der Lieferfristüberschreitung begründet.
28 Diesbezüglich wird auf die vorherrschende Meinung in der italienischen Rechtsprechung verwiesen. Hier wurde – wenngleich nur in Bezug auf Inlandtransporte – entschieden, dass die Obhuts- und Bewahrungspflicht für die beförderten Sachen und die damit zusammenhängende Haftung des Frachtführers für den Verlust derselben nicht etwa mit dem Eintreffen der Sachen am Bestimmungsort, sondern nur mit der materiellen Übergabe an den Empfänger erlischt. Selbst im Falle einer unbegründeten Weigerung des Empfängers, die beförderten

Länderberichte **Italien**

nach oder zwischen der Beförderung liegen, während derer die Güter beispielsweise in einem Lager verbleiben, sind insoweit als akzessorische, der Erfüllung des Transportvertrags untergeordnete Aktivitäten anzusehen, als der Transportvertrag sich nicht mit dem schlichten Transfer des Gutes erschöpft. Eine Entwendung des Gutes „während seines Verbleibs in einem Lager des Sub-Frachtführers schließt nicht aus, dass sich der Verlust während der Beförderung ereignet hat, ist doch die Obhutspflicht für die in Empfang genommenen Sachen eine typische Verpflichtung des Frachtführers".[29]

Schadensersatzberechtigt für die Folgen aus dem (gänzlichen oder teilweisen) Verlust des Gutes, aus der Beschädigung des Gutes während der Beförderung sowie aus der Überschreitung der Lieferfrist ist auf alle Fälle der Verfügungsberichtigte des Gutes, mithin derjenige, der Anspruch auf Ablieferung des Gutes hat.[30]

Auf die Statuierung der allgemeinen Vertragshaftung *ex recepto* des Frachtführers folgt in den Einheitsvorschriften eine Auflistung von allgemeinen haftungsbefreienden Umständen einerseits (Art. 17 Abs. 2 CMR) und von besonderen haftungsbefreienden Tatbeständen bzw. Gefahren andererseits (Art. 17 Abs. 4 CMR).[31] Wenngleich die Beweislast hinsichtlich des haftungsbefreienden Umstandes stets beim Frachtführer liegt (Art. 18 CMR), muss auf Verfahrensebene[32] zwischen allgemeinen Umständen und besonderen Gefahren unterschieden werden.

Mit Bezug auf die allgemeinen Umstände obliegt es dem Frachtführer, das Hervorgehen des Schadensfalls aus einem der ausdrücklich als haftungsbefreiend qualifizierten Umstände und damit das Bestehen eines direkten Kausalzusammenhangs zwischen dem festgestellten Umstand und dem Schaden an den beförderten Sachen in positiver Form zu beweisen. Bei den in Art. 17 Abs. 4 CMR ty-

---

Sachen entgegenzunehmen, lastet die Obhutspflicht und die damit zusammenhängende Haftung (gem. Art. 1690 it. ZGB und 17 Abs. 1 CMR) so lange auf dem Frachtführer, bis die befreiende Einlagerung erfolgt ist (Art. 16 Abs. 2 CMR). In diesem Sinne KassE Nr. 2079, 23.3.1985 und KassE Nr. 2998, 10.4.1990.

29 Landgericht Pistoia, 12.5.1989.
30 Siehe oben zu Art. 12f. CMR.
31 Nach der italienischen Bestimmung (Art. 1693 it. ZGB) kann sich der Frachtführer von der Haftung für den Verlust oder die Beschädigung der ihm zur Beförderung überlassenen Sachen nur dann befreien, wenn er beweist, dass sich der Schadensfall aus einem Zufall, aus der Beschaffenheit oder aus Mängeln der Sachen selbst oder ihrer Verpackung oder aus dem Verhalten des Absenders oder aus jenem des Empfängers ergeben hat. Im Falle von Überschreitung der Lieferfrist finden die allgemeinen Bestimmungen zur Nichterfüllung der Obliegenheiten (Art. 1218ff. it. ZGB) Anwendung, kraft derer sich der Frachtführer von der einschlägigen Haftung befreien kann, sofern er beweist, dass der Schaden durch Unmöglichkeit der Leistung, die auf einen von ihm nicht zu vertretenden Grund zurückgeht, verursacht worden ist.
32 Nach *A. Pesce*, Il contratto di trasporto internazionale, cit., S. 203, begründet die prozessuale Natur des Art. 18 CMR für die italienischen Richter die – auch öffentlich-rechtliche – Pflicht, den Inhalt der Einheitsvorschrift anzuwenden. Die diesbezügliche Nichtanwendung begründet einen *error in procedendo*.

pisierten Fällen (*risques particuliers*) handelt es sich dagegen um eine „Aufteilung" oder, wenn man so will, um eine „Abschwächung" der Beweislast: dennoch nicht um eine Haftungsausschlussvermutung *juris tantum* für den Frachtführer,[33] da die Handlung, die den haftungsbefreienden Umstand begründet, durch den Frachtführer zu beweisen[34] ist (Art. 18 Abs. 2 CMR). Die Vermutung betrifft indes ausschließlich den Kausalzusammenhang, dessen Beweislast nicht beim Frachtführer liegt: Der Verfügungsberechtigte des Gutes ist verpflichtet, das gänzliche oder teilweise Nichtbestehen des Kausalzusammenhangs zwischen dem haftungsbefreienden Umstand bzw. der besonderen Gefahr einerseits und dem Verlust oder der Beschädigung des Gutes andererseits zu beweisen. Liefert somit der Frachtführer den Beweis dafür (*établit*), dass die Beschädigung des Gutes sich aufgrund von einem oder aufgrund von mehreren der in Art. 17 Abs. 4 CMR vorgesehenen Gefahren hat ereignen können (*a pu résulter*), so ist zu vermuten, dass die Beschädigung von eben einer dieser Gefahren verursacht worden ist (KassE Nr. 9667, 3.10.1997[35]). Dagegen muss nach dem System, das durch das italienische ZGB in Art. 1693 vorgegeben wird, sowohl das Eintreten des haftungsausschließenden Umstandes als auch der kausale Zusammenhang zwischen dem Umstand und dem Schaden bewiesen werden.[36]

Die allgemeinen haftungsbefreienden Umstände (Art. 17 Abs. 2 CMR) bestehen:

– im Verschulden des über das Gut Verfügungsberechtigten oder in der – nicht vom Frachtführer verschuldeten – Folge einer Weisung desselben.

Für die Determinierung des über das Gut Verfügungsberechtigten gelten unter Verweis auf Art. 14 Abs. 2 CMR die Bestimmungen des Art. 12 CMR, der das Verfügungsrecht über das Gut einer Reihe von Subjekten innerhalb der Beförderungskette zuerkennt, nämlich dem Absender, dem im Frachtbrief angegebenen Empfänger oder den sukzessiv durch den Verfügungsberechtigten benannten Empfängern.[37] Was das Element des subjektiven Verschuldens anbelangt, so ist

---

[33] In diesem Sinne, fälschlicherweise: *E. Costanzo*, Il contratto di trasporto internazionale nella CMR, cit., S. 26 und KassE Nr. 10360, 7.8.2000, in: Dir. Marittimo 2002, S. 920. In der einen internationalen Transport betreffenden Entscheidung erklärt das Kassationsgericht *tout court*, dass „der Frachtführer weder den spezifischen Umstand beweisen muss, der den Verlust oder die Beschädigung verursacht hat, noch beweisen muss – etwa in Bezug auf die Verladung des Gutes –, dass dieser Umstand die Folge einer bestimmten, bei der Verladung angewandten, unangemessenen Verfahrensweise ist".

[34] Der Beweis kann unmittelbar aus dem Frachtbrief, d.h. aus den darin enthaltenen Angaben oder Vorbehalten, hergeleitet werden. In Ermangelung derselben kann der Umstand mittels Unterlagen oder Zeugenbeweis nach Maßgabe der allgemeinen Bestimmungen bewiesen werden. In diesem Zusammenhang wird daran erinnert, dass in Bezug auf einige besondere Gefahren (wie das Fehlen oder die Mangelhaftigkeit der Verpackung von Gütern, die aufgrund ihrer Beschaffenheit dazu neigen, abzunehmen oder sich zu beschädigen), die Nichtangabe von Vorbehalten im Frachtbrief die Vermutung begründet, dass Güter und Verpackung zum Zeitpunkt ihrer Übernahme in einem äußerlich guten Zustand waren (Art. 9 Abs. 2 CMR).

[35] In: Diritto Marittimo, 1999, S. 1150.

[36] KassE Nr. 641, 30.1.1990; KassE Nr. 6892, 11.8.1987.

[37] *A. Pesce*, Il contratto di trasporto internazionale di merci su strada, cit., S. 207.

dieses durch jedwede positive oder negative, aktive oder unterlassene Handlung des Absenders oder Empfängers gegeben, die den Verlust oder die Beschädigung des beförderten Gutes oder die Überschreitung der Lieferfrist verursacht hat.[38] KassE Nr. 11073 vom 15.7.2003 hat das Bestehen der Frachtführerhaftung für den Fall einer Beschlagnahmung des Frachtfahrzeugs durch die Zollbehörden wegen Unvorschriftsmäßigkeit der Zollunterlagen ausgeschlossen und das Bestehen der Haftung des Absenders erklärt, aufgrund dessen dieser zur Zahlung der Frachtnebenkosten sowie der mit der Beschlagnahmung des Frachtfahrzeugs entstandenen Kosten verurteilt wurde.

– in dem Gut anhaftenden Mängeln.

Einen für den Frachtführer weiteren haftungsbefreienden Umstand stellen dem Gut anhaftende Mängel dar. Diese können als intrinsische,[39] sprich der Natur des Gutes inhärente Mängel angesehen werden, wie etwa die Rostbildung, oder, mit Bezug auf Kühlgüter, die unzureichende Kühlung des Gutes im Vorfeld der Übernahme. Diese Mängel dürfen zum Zeitpunkt der Übernahme des Gutes nicht sichtbar sein, andernfalls ist der haftungsbefreiende Umstand nur unter der Bedingung wirksam, dass der Frachtführer rechtzeitig Vorbehalte erklärt und der Absender diese zurückgewiesen hat (Art. 8 Abs. 2 CMR).

– in Umständen, die der Frachtführer nicht vermeiden und deren Folgen er nicht abwenden konnte.

Zu den auch in Italien am häufigsten debattierten Aspekten der Frachtführerhaftung zählen diejenigen, die sich auf die in Art. 17 Abs. 2 CMR zuletzt genannten allgemeinen haftungsbefreienden Umstände zurückführen lassen, allen voran der Diebstahl und der Raub der beförderten Güter sowie der zur Beförderung eingesetzten Fahrzeuge.

Zwar enthalten die italienischen Bestimmungen[40] zum Innentransport einen Verweis auf den Zufall, bei dem derselbe als ein objektiver, unvorhersehbarer und vom Handeln des Subjekts unabhängiger Tatbestand aufgefasst wird, der alleine den Umstand herbeizuführen vermag. Doch verlangt Art. 17 Abs. 2 CMR zusätzlich, dass die Folgen des Umstandes durch den Frachtführer nicht abwendbar sind (bzw. nach dem englischen Text, dass der Frachtführer unfähig ist, ihnen vorzubeugen [*unable to prevent*]), so dass sich in der Einheitsvorschrift gegenüber der inneren eine – zumindest formelle – Verschärfung[41] abzeichnet. Die ita-

---

38 *Silingardi/Corrado/Meotti*, La disciplina uniforme, cit., S. 147.
39 Nach *A. Pesce*, Il contratto di trasporto internazionale, cit., S. 210, Bemerkungen, ist der betreffende Mangel als „intrinsisch" zu bezeichnen und nicht auf die Unfähigkeit des Gutes, die normalen Gefahren der Beförderung ohne Schäden zu überstehen, zu beziehen, da dies die „natürliche Beschaffenheit" bestimmter Güter nach Art. 17 Abs. 4 lit. d) CMR betrifft.
40 Art. 1693 it. ZGB.
41 In der Tat reicht es nicht aus, dass der Umstand verhaltensunabhängig ist und sich derart gestaltet, dass der kausale Zusammenhang zwischen dem Verhalten des (verpflichteten) Subjekts und der Nichterfüllung unterbrochen wird, was für sich genommen lediglich die Nichterfüllung der Leistung determiniert; sondern es muss ein zusätzliches Element gegeben sein,

lienische Rechtsprechung scheint sich den offiziellen englischen Text[42] zu eigen zu machen, wenn sie auf die Momente der Unvermeidbarkeit und Unvorhersehbarkeit besteht (LG Mailand, 16.12.1998, KassE Nr. 14397, 21.12.1999 und KassE Nr. 14386, 21.12.1999) und erklärt, dass der Raub nur dann einen haftungsbefreienden Umstand darstellt, wenn dieser unter Berücksichtigung der fallspezifischen Gegebenheiten auch als unvorhersehbar zu qualifizieren ist.

Wie schon oben erwähnt, enthält Art. 17. Abs. 4 CMR eine Kasuistik von Fällen, die in der italienischen Fassung als *rischi particolari*[43] qualifiziert werden und von deren Beweis sich die Vermutung der Kausalität des Umstandes gegenüber der Beschädigung oder dem Verlust herleitet.[44]

– Der Haftungsausschluss nach Art. 17 Abs. 4 lit. a) CMR steht im Zusammenhang mit der Vereinbarung zur Verwendung von offenen, nicht mit Planen gedeckten Fahrzeugen, die ausdrücklich im Frachtbrief vermerkt wird. Unter Abstandnahme gegenüber der Orientierung der deutschen und französischen Rechtsprechung[45] wird in der Rechtslehre[46] ausgesagt, dass der Vermerk im Frachtbrief nicht konstitutiv ist. Die entgegengesetzte These widerspricht der in Art. 9 CMR enthaltenen Bestimmung, wonach die im Frachtbrief enthaltenen Angaben lediglich bis zum Beweis des Gegenteils wirksam sind. Im Falle einer Reklamation des Anspruchsberechtigten wird der Frachtführer folglich beweisen können, dass der Absender ihn mit einer Beförderung mittels offenem, nicht mit Planen gedecktem Fahrzeug beauftragt hat, so dass der Beweis dafür, dass der Verlust und die Beschädigung des Gutes auf eine andere Ursache zurückzuführen sind, vom Anspruchsberechtigten zu erbringen ist. Der Vermerk im Frachtbrief gestattet dem Empfänger, vor Annahme der Lieferung festzustellen, ob der Frachtführer für die von den beförderten Gütern erlittenen Schäden haftbar zu machen ist oder nicht. Das Fehlen besagten Vermerks belässt dem Frachtführer jedoch die Möglichkeit, den Einwand seiner Nichthaftung zu erheben und den

---

nämlich eine hinlängliche (nach dem englischen Text eine hinlänglich vorbeugende) Tätigkeit zur Begrenzung der Folgen des Umstandes, der unausweichlich eingetreten ist.

42 Dieser scheint den Schluss zuzulassen, wonach der Frachtführer sich keiner Gefahr aussetzen darf, die er in der Lage ist zu verhindern, d.h. er ist verpflichtet, im Rahmen des technisch Möglichen über Schutzmittel zu verfügen. Der französische Text geht hingegen davon aus, dass nicht die Gefahr der haftungsbegründende Umstand ist, sondern die Unmöglichkeit, das Geschehene im Nachhinein wettzumachen *(obvier)*, was im Falle des Raubs oder Diebstahls bedeutet, die Ladung, etwa vom Hehler, zurückzugewinnen.

43 So der Wortlaut des inoffiziellen Texts, der übrigens gleichlautend ist mit dem offiziellen französischen, wo von *risques particuliers* gesprochen wird.

44 Nicht haltbar, angesichts des Tenors von Art. 18 Abs. 2 CMR ist die in *Silingardi/Corrado/Meotti*, La disciplina uniforme del contratto di trasporto, cit., S. 167, aufgestellte These, wonach dem Frachtführer auch der effektive Nachweis für das Bestehen eines ätiologischen Zusammenhangs zwischen dem Umstand und der besonderen, haftungsbefreienden Gefahr obliegt. In diesem Sinne aber OLG Mailand, 26.2.1988, in: *M. Bessone*, Il Contratto di trasporto, cit.

45 OLG Düsseldorf, 30.5.1988, TranspR 1988, 423; Cour d'Appel Aix-en-Provence, 15.1.1991, Lamy Transport, I, 2005, S. 1988.

46 *A. Pesce*, Il Contratto di trasporto internazionale, cit., S. 220.

Beweis über die Vereinbarung, wie oben erwähnt, anhand anderweitiger Mittel zu erbringen.

– Die in Art. 17 Abs. 4 lit. b) CMR erwähnte besondere Gefahr in Bezug auf Güter, die bei fehlender oder mangelhafter Verpackung ihrer Natur nach Verlusten oder Beschädigungen ausgesetzt sind, überträgt das Beschädigungsrisiko, das als Folge daraus erwächst, auf den Absender. Der Frachtführer wird die Begünstigung jedoch nicht für sich in Anspruch nehmen können, sofern die Mangelhaftigkeit der Verpackung bei Übernahme des Gutes offensichtlich war und der Frachtführer es unterlassen hat, die entsprechenden Vorbehalte im Frachtbrief zu vermerken (Art. 10 CMR). Die Vermutung der Haftungsbefreiung wird folglich vom Richter zu erklären sein, sofern festgestellt wird, dass die Mangelhaftigkeit der Verpackung entweder nicht offensichtlich war oder, für den Fall, dass sie es war, auf dem Frachtbrief ein diesbezüglicher Vermerk vorgenommen worden ist. „Der Beweis über die Entstehung des Schadens aus der Mangelhaftigkeit der Verpackung ist nicht gegeben, wenn dieselbe nicht im Frachtbrief vermerkt ist und diese vom Frachtführer nicht beanstandet wurde."[47]

– Art. 17 Abs. 4 lit. c) CMR qualifiziert als weitere besondere Gefahr die Behandlung, das Verladen, Verstauen oder Ausladen[48] des Gutes durch den Absender, den Empfänger oder Dritte, die für den Absender oder Empfänger handeln. KassE Nr. 10360, 7.8.2000,[49] erhellt die der Vorschrift zugrunde liegende Ratio und erklärt, dass der Frachtführer nicht für den Verlust oder die Beschädigung des Gutes haftet, sofern dieselben Folgen von Umständen sind, die im Verlauf der Beförderung eintreten können und sofern die Ladung im Hinblick auf den vom Absender für die Beförderung verlangten Fahrzeugtyp, auf die Beschaffenheit des Gutes oder dessen Verpackung unzureichend versichert ist. In der Entscheidung wird hinzugefügt, dass der Frachtführer weder verpflichtet ist, den spezifischen, zum Verlust oder zur Beschädigung führenden Umstand zu beweisen, noch verpflichtet ist zu beweisen, dass derselbe Folge eines bestimmten, während des entsprechenden Arbeitsgangs befolgten Prozedere ist. Da die Vermutung der Nichthaftung wirksam ist, obliegt demjenigen, der die Haftung geltend macht, der Beweis dafür, dass sich der Verlust oder die Beschädigung des Gutes zur Gänze oder zum Teil bzw. ausschließlich oder auch aufgrund eines bestimmten fahrlässigen Verhaltens des Frachtführers oder der von ihm mit der Beförderung betrauten Personen ereignet hat. So in einem Fall, bei dem das Kassati-

---

47 Offizieller Leitsatz der Entscheidung des OLG Brescia, 1.6.2001, in: Dir. Marittimo 2002, S. 566. Auch in diesem Falle weist der Tatrichter dem Frachtführer die Pflicht zu, den Kausalzusammenhang zwischen der Beschädigung des Gutes und der Mangelhaftigkeit der Verpackung zu beweisen und vergisst somit, dass der haftungsbefreiende Umstand Vermutungscharakter hat und dem Anspruchsberechtigten die Möglichkeit belässt, das Gegenteil zu beweisen.
48 Erhellend in dieser Hinsicht die inlandsrechtliche Vorschrift (Art. 1687, Abs. 1 it. ZGB), wonach die Ablieferung der Ware darin besteht, dass „die beförderten Sachen dem Empfänger an dem Ort, zu dem Zeitpunkt und auf die Art und Weise, wie sie vom Vertrag oder, wenn er nichts vorsieht, von den Gebräuchen bestimmt werden, zur Verfügung [ge]stell[t]" werden.
49 Dir. Mar. 2002, 920 ff.

onsgericht das Gegebensein des Beweises darüber erklärt hatte, dass das Herabstürzen des Gutes vom Anhänger sowie die sich daraus ergebende Beschädigung desselben in erster Linie auf ein unbesonnenes Fahrmanöver zurückzuführen war, infolgedessen die Ladung auf dem Anhänger verrutschte, die Verankerungen sprengte und vom Anhänger herabstürzte.

Art. 19

Bekanntlich gehört die Frist, binnen derer die Beförderung durchzuführen ist, zu den obligatorischen Angaben im Frachtbrief (Art. 6. Abs. 2 lit. f) CMR).[50] Dennoch kann, gem. dem von Art. 4 CMR ausgedrückten Grundsatz, die Vereinbarung der Lieferfrist mit bindender Wirkung auch in einem gesonderten Dokument bzw. auch nur mündlich[51] festgehalten werden. Sofern mit dem Frachtführer keine Lieferfrist vereinbart wurde, findet die in Art. 19 CMR enthaltene allgemeine Regel Anwendung, kraft derer die Lieferfrist in den Rahmen der tatsächlichen Beförderungsdauer, die vernünftigerweise einem sorgfältigen Frachtführer zuzubilligen ist, zurückgeführt wird. Damit beruft sich das Übereinkommen auf den Begriff der *gewöhnlichen Dauer* einer Beförderung, welche von Fall zu Fall zu ermessen ist, und zwar je nach dem Verlauf der Strecke, den Straßenverhältnissen oder anderen objektiven Tatbeständen wie etwa „die Notwendigkeit, sich an bulgarische oder türkische Traktorfahrer zu wenden, die als Einzige über Genehmigungen zum Passieren der Grenze sowie zur Durchquerung des irakischen Staatsgebiets im Verlauf von Luftangriffen verfügen".[52]

Art. 21

Bei Straßengütertransporten kommt es vor, dass der Absender/Verkäufer den Frachtführer mit der Einziehung einer Nachnahme beauftragt, die ihm aufgrund eines anderweitigen Vertragsverhältnisses – gewöhnlich ein Kaufvertrag – geschuldet wird. Die Angabe der Nachnahmeklausel[53] im Frachtbrief oder in einem anderen dem Beförderungsvertrag[54] zugehörigen Dokument beweist gegenüber

---

50 Auch in der gültigen italienischen Rechtsordnung (Art. 6 Abs. 4 lit. b) it. Gesetzesverordnung Nr. 286/2005, welche die Bestimmungen zur Liberalisierung der Frachtführertätigkeit neu regelt), sind die zeitlichen Bedingungen für die Ablieferung des Gutes lediglich zutreffendenfalls in den schriftlich abgeschlossenen Straßentransportverträgen anzugeben.
51 *A. Pesce*, Il contratto di trasporto internazionale, cit., S. 245.
52 OLG Trient – Außenstelle Bozen, Urteil Nr. 149/98 im Verfahren LKW Walter/Fercam, ETL 1999.
53 Diese hat keine selbstständige Bedeutung, sondern stellt eine Nebenpflicht zum Beförderungsvertrag dar: KassE Nr. 12125, 19.8.2003, Arch. Civ. 2004, 835; T.A.R. Emilia-Romagna Reggio Emilia, Nr. 478, 14.3.2003, Dir. Trasporti, 2004, 997.
54 Über die Notwendigkeit der Angabe der Nachnahmeverpflichtung zulasten des Frachtführers im Frachtbrief (arg. gem. Art. 6 Abs. 2 lit. c) CMR) hat sich das italienische Kassationsgericht bislang ein einziges Mal – und zwar affirmativ – ausgesprochen (KassE Nr. 940, 15.2.1982, Foro Padano 1982, I, 18); in entgegengesetztem Sinne hat sich das OLG Turin

Länderberichte **Italien**

dem Empfänger des Gutes die Befugnis/Pflicht des Frachtführers, die dort zu dessen Lasten angegebene Nachnahme einzuziehen wie auch die Rechtmäßigkeit der Verweigerung, das Gut abzuliefern, sofern die Zahlung der Nachnahme verweigert wird.[55]

Die Zahlung des dem Einziehungsausfall entsprechenden Betrags ist eine direkte, auf die Höhe des Einziehungsausfalls begrenzte Verpflichtung des Frachtführers[56] gegenüber dem Absender.[57] Bezüglich des in Art. 21 CMR vorgesehenen Falls ist im Hinblick auf die Klagelegitimation gegenüber dem Frachtführer ein Verweis auf KassE Nr. 1272, 29.1.2003[58] insofern interessant, als diese bestimmt hat, dass – wenn der Vertrag mit dem Frachtführer durch den Spediteur, zwar im eigenen Namen, jedoch für Rechnung des Verkäufers des Gutes und Gläubigers des Kaufpreises geschlossen wird – der Spediteur gegenüber dem Frachtführer im Nachnahmeauftrag die Rolle des Auftraggebers einnehmen kann. Der Verkäufer des Gutes und effektive Gläubiger des Kaufpreises sind berechtigt, gegenüber dem Frachtführer die Höhe der Nachnahme einzuklagen, indem er/sie in die Rechte des zwischen Spediteur und Frachtführer kraft Ausführung des Nachnahmeauftrags vonseiten des Spediteurs entstandenen Vertragsverhältnisses eintritt/ eintreten (Art. 1705, Abs. 2 it. ZGB).[59] Der Spediteur behält als am Beförderungsvertrag beteiligte Partei seine Klagelegitimation gegenüber dem Frachtführer jedoch so lange bei, bis der Auftraggeber diese Rechte nicht unmittelbar gegenüber dem Frachtführer geltend macht.

Weitere den Richtern unterbreitete Aspekte betreffen die für den Frachtführer geltenden Bedingungen zur Erfüllung der Nachnahmeverpflichtung für den Fall, dass derselbe vom Absender Anweisung erhalten hat, vom Empfänger eine be-

---

Nr. 1436, 24.10.2003 im Verfahren Gebr. Weiss/Sibo ausgesprochen. Hier hat das Gericht die Gültigkeit einer in einem *Borderau* eingefügten Klausel erklärt, das der Spediteur für die Einziehung eines Bankschecks am Bestimmungsort ausgestellt hatte.

55 Darüber hinaus beweist sie auch das Regressrecht *ex lege* gegenüber dem Empfänger, sofern die Rückerstattung gegenüber dem Absender vom Frachtführer geleistet wurde.
56 In der italienischen Rechtsordnung ist die Einziehung der auf dem Gut lastenden Nachnahme als Haftungsgrund des Frachtführers gegenüber dem Absender von Art. 1692 it. ZGB vorgesehen, der Folgendes bestimmt: „Der Beförderer, der die Ablieferung beim Empfänger vornimmt, ohne die eigenen Forderungen oder die auf der Sache lastenden Nachnahmen einzuziehen oder ohne die Hinterlegung des strittigen Betrags zu verlangen, haftet dem Absender gegenüber für den Betrag der diesem geschuldeten Nachnahmen und kann sich nicht an diesen wegen der Zahlung der eigenen Forderungen wenden; der Klageanspruch gegen den Empfänger bleibt unberührt."
57 Gleichermaßen wird sich der Anspruch des Frachtführers gegenüber dem Empfänger auf die Höhe des vom Frachtführer an den Absender gezahlten Betrags beschränken.
58 Veröffentlicht in: Giustizia Civile, 2003, 2766.
59 Art. 1705 it. ZGB lautet: „Der Beauftragte, der im eigenen Namen handelt, erwirbt die Rechte und übernimmt die Pflichten, die aus den mit Dritten vorgenommenen Rechtshandlungen entstehen, auch wenn diese vom Auftrag Kenntnis hatten. Die Dritten stehen in keinerlei Rechtsbeziehung zum Auftraggeber. Der Auftraggeber kann jedoch anstelle des Beauftragten die aus der Durchführung des Auftrags erwachsenden Forderungen geltend machen, es sei denn, dies könnte die von den Bestimmungen der nachstehenden Artikel dem Beauftragten zugesprochenen Rechte beeinträchtigen."

stimmte Zahlungsweise anzunehmen. In einem spezifischen Fall, bei dem der Absender die Annahme der Nachnahme in Bargeld oder per Barscheck vorgeschrieben hatte, wurde die Haftung des Frachtführers wegen mangelnder Einlösbarkeit eines Bankschecks[60] erklärt und derselbe folglich, unbeschadet seines Regressanspruchs gegenüber dem Empfänger, zur Zahlung der nicht eingezogenen Nachnahme verurteilt.[61] Keine Haftung trifft dagegen den mit der Einziehung des Kaufpreises des beförderten Guts beauftragten Frachtführer, der – gem. der mit dem Absender getroffenen Vereinbarung – einen Bankscheck annimmt, ohne sich dabei der Deckung desselben oder der Echtheit der darauf angebrachten Unterschrift zu vergewissern, es sei denn, der Scheck oder die Unterschrift sind augenfällig gefälscht.[62]

Art. 23

Die Regeln über die Wiederherstellung des Vermögens des Subjekts, das von den negativen Folgen der Nichterfüllung der Frachtführerverpflichtung zur fristgerechten Ablieferung des Gutes betroffen ist, sind in Art. 23 CMR enthalten. Dieser beruft sich, auch im italienischen Text, auf den Begriff der „Entschädigung" bzw. auf die *indemnité* des offiziellen französischen Texts. Die Entschädigung berechnet sich gem. der Einheitsvorschrift nach dem Wert des Gutes am Ort und zur Zeit der Übernahme durch den Frachtführer (Art. 23 Abs. 1 CMR). Die entsprechende Vorschrift des italienischen Zivilgesetzbuches bestimmt hingegen, dass „der durch Verlust oder Beschädigung eingetretene Schaden [...] nach dem am Ort und zur Zeit der Ablieferung gängigen Preis der beförderten Sachen berechnet [wird]" (Art. 1696 Abs. 1 it. ZGB), d.h. unter Bezugnahme auf einen gängigen Marktwert oder Preis des Gutes, der auch die Gewinnmarge am Bestimmungsort miteinschließt.[63] Unter Berufung auf die italienische Rechtslehre und Rechtsprechung hinsichtlich der Preisfestsetzung bei Handelskäufen im Inland bei Fehlen einer ausdrücklichen Preisbestimmung (Art. 1474 it. ZGB) kann gesagt werden, dass der Marktpreis (oder gängige Preis) sich einer unbestimmten Anzahl und Kontinuität von Handelsabschlüssen hinsichtlich desselben Gutes entnehmen lässt.[64] Letztere können aus offiziellen Marktberichten bzw.

---

60 Dieser stellt bekanntlich nur ein Zahlungsversprechen dar.
61 KassE Nr. 12125, 19.8.2003, Arch. Civ. 2004, 835; KassE Nr. 2137, 10.5.1989, Giust. Civ. Mass. 1989, V.
62 KassE Nr. 16572, 25.11.2002, in: Diritto dei trasporti, 2003, S. 1074.
63 OLG Mailand Nr. 3140, 3.12.2004 (nicht veröffentlicht), das ein Verfahren über den Verlust einer Partie Autobahnschilder von beachtlichem Handelswert entschieden hat, erklärt dagegen, dass „der gängige Preis, auf den Art. 1696 Abs. 1 it. ZGB zur Bestimmung des Schadens verweist, im Hinblick auf den eingetretenen Schaden die warenkundliche Essenz der Sachen betrifft und dass es sich bei den beförderten Sachen – unter warenkundlichem Aspekt – um nichts anderes handelte als um Etiketten, wie bezeichnenderweise im Frachtbrief vermerkt."
64 *M. Rubino*, Compravendita, in: Trattato Cicu-Messineo, Mailand 1971, S. 258, und KassE Nr. 13807, 23.7.2004.

aus dem Vergleich von Preislisten für analoge Güter gewonnen werden, wobei derjenige Preis zu überwiegen hat, der in den tatsächlichen Handelsabschlüssen üblicherweise erzielt wird.[65]

Neben dem in Art. 23 Abs. 1 CMR genannten und gem. Art. 23 Abs. 3 CMR (vgl. unten zu Art. 29) beschränkten Schadenersatz sind Bestandteil desselben – als Rückerstattung, folglich nur sofern schon bezahlt – Fracht, Zölle und sonstige aus Anlass der den Verlust oder die Beschädigung betreffenden Beförderung entstandene Kosten (Art. 23 Abs. 4 CMR). Im Hinblick auf die Rückerstattungsfähigkeit der Mehrwertsteuer, die sich in Auslegung des Postens „Zölle" unter dieselben subsumieren lässt, wurde in der Rechtslehre[66] darauf hingewiesen, dass der Antrag auf Rückvergütung vonseiten des Anspruchsberechtigten sowie die entsprechende Rückerstattung zulasten des Frachtführers voraussetzen, dass der Geschädigte durch die Zahlung der Steuer eine effektive Beeinträchtigung erlitten hat. Dies trifft nicht zu, sofern die Rückerstattung des vom Steuerzahler entrichteten Betrags direkt von der Finanzverwaltung geleistet wird.

Wie im Falle von Verlust und Beschädigung des beförderten Gutes (Art. 23 Abs. 3 CMR) ist der infolge Überschreitung der Lieferfrist entstandene Schaden innerhalb der von der Einheitsvorschrift festgelegten Beschränkungen bzw. – unter der Bedingung, dass der Anspruchsberechtigte eine daraus hervorgehende, ihn betreffende Beeinträchtigung beweist – bis zur Höhe der Fracht ersatzfähig.

Art. 24–26

Die CMR (Art. 23 Abs. 6 und 24) gestattet es dem Absender, sein Interesse im Falle des Verlusts oder der Beschädigung in verstärktem Maße zu schützen, indem sie die Haftungsbeschränkung ausschließt, wenn der Wert des Gutes[67] oder ein besonderes Interesse an der Lieferung angegeben worden ist. In beiden Fällen ist[68] mit dem Frachtführer ein Zuschlag zur Fracht zu vereinbaren: Der Frachtzu-

---

65 *Bianca*, La vendita e la permuta, in: Trattato Vassalli, Turin 1972, S. 476.
66 *Silingardi/Corrado/Meotti/Morandi*, La disciplina uniforme del contratto di trasporto, cit., S. 211, und *A. Pesce*, Il contratto di trasporto internazionale, cit., S. 279 ff.
67 Auf der anderen Seite ist zu sagen, dass die mangelnde Wertangabe des zu befördernden Gutes den Frachtführer in der Ausführung des Beförderungsvertrags weder zu einer verminderten, unterhalb der Norm liegenden Sorgfalt noch zur Unterlassung jener angemessenen Beaufsichtigungsmaßnahmen befugt, zu welchen er unabhängig vom Wertumfang des beförderten Gutes auf alle Fälle verpflichtet ist (KassE Nr. 359, 17.1.1983, Gius. Civ. 1983, 732, und KassE Nr. 3168, 8.6.1979, Gius. Civ. mass. 1979).
68 Nach *A. Pesce*, Il trasporto internazionale, cit., S. 205, bezweckt die im Falle der Überschreitung der Lieferfrist auf die Fracht bezogene Haftungsbeschränkung (Art. 23 Abs. 5 CMR) die Schaffung eines Gleichgewichts zwischen den Interessen des Frachtführers und denen der anderen Parteien des Beförderungsvertrags in Bezug auf die Beförderungskosten. Wird eine Fracht mit niedrigem Zuschlag vereinbart, so folgt daraus, dass auch die Haftung des Frachtführers sich niedrig hält; betrifft die Vereinbarung dagegen eine Fracht mit höherem Zuschlag, so steigt die Haftung des Frachtführers bei Überschreitung der Lieferfrist dementsprechend.

schlag deckt das erhöhte Schadenersatzrisiko und nimmt dabei den Stellenwert einer Quasi-Versicherung an. Der wegen Verlust, Beschädigung oder Überschreitung der Lieferfrist effektiv erlittene Schaden bleibt jedoch gem. den ordentlichen Vorschriften[69] auch bei Angabe des Wertes oder eines besonderen Interesses an der Lieferung der Beweispflicht unterworfen.

Art. 27

Neben dem Schadensersatz, der gem. den in Art. 23 Abs. 3, Art. 24 und 26 CMR enthaltenen Vorschriften berechnet wird, können Zinsen in Höhe von 5% mit Laufzeit ab dem Tag der schriftlichen Reklamation verlangt werden. Im Übrigen ist der in Sonderziehungsrechten regulierte Schaden insofern nicht weiter aufwertbar, als zwischen dem Währungsausdruck des Schadensumfangs zum Zeitpunkt des Schadenfalls und dem Währungsausdruck desselben zum Zeitpunkt der gerichtlichen Schadensberechnung keine Dyskrasie bestehen darf.[70]

Art. 27 CMR regelt die Verzinsung einer Entschädigungsforderung, die nach den in oben genannten Bestimmungen enthaltenen Kriterien zu berechnen ist, und betrifft keinen weiteren – in der Praxis übrigens häufig miteinbezogenen – Aspekt des Frachtzahlungsverzugs. Bei dem Letzteren handelt es sich um einen Aspekt, der dem – gem. den allgemeinen Kollisionsnormen bzw., innerhalb der EU, gem. den Vorschriften der EU-Richtlinie 2000/35/EG zur Bekämpfung von Zahlungsverzug im Geschäftsverkehr – anwendbaren innerstaatlichen Recht unterworfen bleibt.[71]

Art. 28

Die Begrenzung der außervertraglichen Haftung des Frachtführers besteht für die im Verlauf der Beförderung zum Schaden führenden Tatbestände, die in Art. 28 CMR einzeln aufgezählt werden, nämlich für Verlust oder Beschädigung des Gutes sowie für Überschreitung der Lieferfrist. Die außervertragliche Reklamation wird bestimmt durch einen dieser Tatbestände in Verbindung mit dem nach den Vorschriften des Internationalen Privatrechts (IPR) des angerufenen Gerichts anzuwendenden Recht. Hinsichtlich der „aus dem Gesetz hervorgehenden" und nicht anderweitig geregelten Verpflichtungen macht sich die italienische IPR-Regel das Kriterium der Anknüpfung an „das Gesetz des Staates, in dem sich der verpflichtungsbegründende Tatbestand ereignet hat",[72] zu eigen. Im Übrigen lässt die italienische Rechtsprechung in Bezug auf Warentransporte das

---

69 A. Pesce, Il contratto di trasporto internazionale, cit., S. 287–290.
70 OLG Rom, 18.12.1990, Giust. Civ. 1991, I, 449.
71 In Italien durchgeführt mit Gesetzesverordnung Nr. 231, 9.10.2002.
72 Art. 61 it. Ges. Nr. 218, 31.5.1995 (Reform des Internationalen Privatrechts).

Zusammentreffen von vertraglicher und außervertraglicher Haftung zu:[73] Allerdings wird hierbei verlangt, dass der außervertragliche Klagegrund – da er gegenüber dem vertraglich begründeten Anspruch eher eine Ausnahme bildet – derart unmissverständlich ausgedrückt wird, dass kein Zweifel über den tatsächlichen Willen der Partei aufkommen kann.

Art. 29

Die in der Einheitsvorschrift vorgesehenen Haftungsausschlüsse bzw. Haftungsbeschränkungen des Frachtführers sowie die Umkehrung der Beweispflicht zu seinen Gunsten finden keine Anwendung, sofern sich der Schadensfall wegen vorsätzlicher Verletzung sowohl der Anweisungen für die Beförderung als auch der allgemeinen beruflichen Sorgfaltspflicht ereignet hat. Neben dem Vorsatz sieht Art. 29 CMR die grobe Fahrlässigkeit für den Fall vor, dass dieselbe von der Rechtsordnung des angerufenen Gerichts dem Vorsatz gleichgestellt wird. Im Rahmen der vertraglichen Haftung weist das italienische Recht einen allgemeinen Grundsatz der Gleichstellung von grober Fahrlässigkeit und Vorsatz zurück. Die Rechtsprechung hat zu dem Begriff der *dem Vorsatz gleichstehenden Fahrlässigkeit* Stellung genommen, indem sie auf das Kriterium der außerordentlichen und unentschuldbaren Unvorsichtigkeit sowie auf das der Nichteinhaltung der Mindestsorgfalt verwiesen hat.[74] In diesem Kontext ist die Bedeutung der groben Fahrlässigkeit gleichzusetzen mit einer groben und unentschuldbaren Nachlässigkeit, weshalb i.S.v. Art. 29 CMR geschlussfolgert werden darf, „dass jedwede Haftungsbeschränkung auszuschließen ist, sofern die Schäden infolge von grober Fahrlässigkeit des Frachtführers, seiner Mitarbeiter oder Vorgesetzten entstanden sind".[75] Unter Wahrung derselben Ausrichtung sind bis heute zahlreiche weitere Entscheidungen der Tat- und Kassationsrichter gefolgt. Letztere neigen dazu, das Verhalten des Straßenfrachtführers sowohl im Hinblick auf die CMR als auch in Bezug auf Fälle des Inlandtransports auf der Straße besonders streng zu bewerten, wenn es darum geht, die Bestimmungen zur Haftungsbeschränkung anzuwenden, die ab dem 24.1.2006 mit Erlass der schon erwähnten Gesetzesverordnung Nr. 286, 21.11.2005 in Art. 1696 it. ZGB[76] anerkannt worden ist.

---

73 Zuletzt KassE Nr. 6099, 16.4.2003, in: Diritto dei Trasporti, 2004, S. 994, und LG Neapel, 2.2.2000, in: Giur. Napoletana, 2001, S. 38.
74 KassE Nr. 11362, 16.5.2006.
75 KassE Nr. 5269, 16.9.1980, in: Foro Padano 1980, S. 170.
76 Art. 1696 Abs. 2–4 it. ZGB lauten: „Der vom Frachtführer geschuldete Schadensersatz darf einen Euro für jedes Kilogramm des Rohgewichts des verlorenen oder beschädigten Gutes bei Inlandtransporten sowie den in Art. 23 Abs. 3 des mit Gesetz Nr. 1621 (19), 6.12.1960 ratifizierten Übereinkommens über den Beförderungsvertrag im internationalen Straßengüterverkehr und nachfolgende Änderungen genannten Betrag bei internationalen Transporten nicht übersteigen. Die in obigem Absatz enthaltene Bestimmung ist lediglich in den von den anwendbaren Sondergesetzen und internationalen Übereinkommen vorgesehenen Fällen und unter den dort angegebenen Bedingungen zugunsten des Frachtführers abdingbar. Der

Die unbeschränkte Haftung muss konkret festgestellt werden, d.h. ohne, dass man sich auf die Vermutung eines geringeren, zum Profil der Nichterfüllung des Frachtführers ausreichenden Verschuldensgrades berufen könnte.[77]

Was das Abhandenkommen des Gutes anbelangt, so ist der durchgängig befolgte Leitsatz derjenige, wonach grobe Fahrlässigkeit für den Fall besteht, dass der Frachtführer die zeitlichen Umstände sowie den Ort des Verlustes nicht hat angeben können.[78] Im Hinblick auf den Diebstahl von Gütern wird auf die Entscheidungen verwiesen, in denen das Bestehen der groben Fahrlässigkeit des Straßenfrachtführers für den Fall erklärt wurde, dass unabhängig von der Parkdauer das zur Beförderung verwendete Fahrzeug auf dem Parkplatz eines Großeinkaufmarktes ohne Aktivierung einer angemessenen Alarmanlage geparkt wird,[79] sowie für den Fall, dass die mangelnde Beaufsichtigung einer hochwertigen Lederladung ohne Einsatz von Sicherheitsvorrichtungen oder das Parken des Lkws auf offener Straße sowie, auf alle Fälle, auf unbewachten Parkplätzen festgestellt wird.[80] Ferner – speziell zu einer von der CMR geregelten Beförderung – wird das Verhalten eines Frachtführers als grob fahrlässig erklärt, welcher angesichts einer Verhinderung, das Gut abzuliefern und ohne Weisungen vom Absender einzuholen, das Fahrzeug auf offener Straße parkt.[81] Als grob fahrlässig wird schließlich auch das Verhalten jenes Frachtführers befunden, der die Sachen einer Person übergibt, die sich nicht ausgewiesen hat, vom Empfänger nicht zum Empfang befugt worden ist und sich nicht in den Räumlichkeiten des Empfängers befand.[82]

Der Art. 29 Abs. 1 CMR zugrunde liegende Gedanke – nämlich im Fall einer Schadensverursachung durch bewusste Fahrlässigkeit die Strafe des Verlusts der Begünstigungen bezüglich Haftungsbeschränkung und Umkehrung der Beweis-

---

Frachtführer darf nicht von der von diesem Artikel zu seinen Gunsten vorgesehenen Haftungsbeschränkung Gebrauch machen, sofern bewiesen wird, dass der Verlust oder die Beschädigung des Gutes durch Vorsatz oder grobe Fahrlässigkeit des Frachtführers, seiner Mitarbeiter oder Vorgesetzten bzw. von jedwedem anderen in seiner Funktion handelnden Subjekt, dessen er sich für die Ausführung der Beförderung bedient, verursacht wurden."

77 KassE Nr. 11362, 16.5.2006, KassE Nr. 21679, 13.10.2009 und LG Mailand, 15.10.2009.
78 OLG Mailand, 12.6.1998, Assitalia Assicurazioni spa / Gautier Corriere Espresso srl, in: Dir. Mar. 2000, S. 867; LG Bologna, II. Kammer, 13.9.2012, Au. As. SpA / Ba SpA (zum Zeitpunkt, als die 3. Auflage dieses Kommentars in Druck ging, war das Urteil noch nicht veröffentlicht worden); LG Bassano del Grappa, 25.11.1997, Transfargo srl / Itas spa, in: Dir. dei Trasporti 1999, S. 249; LG Mailand, 19.3.1995, Assitalia Assicurazioni spa / Pony Express spa – SDA Express, in: Dir. dei Trasporti 1997.
79 LG Mailand, 23.3.2000, Winterthur Ass.ni spa / DHL International srl, in: Dir. Marittimo 2000, S. 957.
80 OLG Genua, 20.5.1999, Nuti / Nasta – Associated Container, in: Dir. Marittimo 2000, S. 909; OLG Mailand, 26.5.1981, Start spa / Andrea Merzario spa, in: Dir Marittimo 1982, S. 427 und LG Mailand 9.4.2001, NRG Italia / Nedlloyd Road Cargo spa – Valther Vauthier, in: Dir. Marittimo 2003, S. 176 contra LG Mailand, 14.6.2001, Danzas / Samuel Gay, in: Dir. Marittimo 2003, S. 188.
81 LG Como, 5.5.1997, Winterthur Ass.ni / Ennetre srl, in: Dir. Marittimo 1999, S. 421; LG Lecco, 25.3.1995, Haniel Transport / Antonio Fumagalli, in: Dir. Marittimo 1997, S. 1068.
82 KassE Nr. 24765, 7.10.2008.

last – wurde von der Rechtsprechung auch für den Fall des Raubes übernommen. Noch nicht einmal dieser Vorfall wird als Zufall gelten gelassen, sofern der Frachtführer nicht die absolute Unvorhersehbarkeit und Unvermeidlichkeit des angezeigten Vorfalls beweist.[83]

Art. 31

Der Anwendungsbereich der in der CMR enthaltenen internationalen Zuständigkeitsvorschriften ist derselbe wie der der materiellrechtlichen Vorschriften gem. dem Grundsatz der Sonderregelung, die sie auszeichnet. Auf denselben Grundsatz verweist andererseits auch die Verordnung (EG) Nr. 44/2001,[84] welche in Art. 67 erklärt, die Anwendung der Bestimmungen, die für besondere Rechtsgebiete die internationale Zuständigkeit, die Anerkennung und Vollstreckung von Entscheidungen regeln, nicht zu berühren. Daraus folgt, dass für sämtliche in Bezug auf einen der CMR unterworfenen Beförderungsvertrag entstandenen Streitigkeiten der Kläger neben dem einvernehmlich von den Parteien angegebenen Gericht auch das Gericht jenes Staates anrufen kann, in dem sich der Ort befindet, zu dem das Gut zu befördern war.[85] Die in Art. 31 Abs. 1 CMR vorgesehenen gerichtlichen Zuständigkeiten stehen wahlweise[86] zur Verfügung und können von der Partei, die ein Verfahren einleiten möchte, wegen der Wirtschaftlichkeit und Dauer des Verfahrens, einer leichteren Auffindbarkeit von Beweisen oder aufgrund der Orientierung in der Rechtsprechung gewählt werden.

Hinsichtlich der Frage des Bestehens oder Nichtbestehens der Gerichtsbarkeit des italienischen Gerichts ist die Frage bezüglich des Bestehens eines Vertrages zwischen den Parteien unerheblich, vorausgesetzt die Gerichtsbarkeit bestimmt sich nach Darlegung des Klagebegehrens, und zwar unabhängig von dessen Begründetheit.[87]

Art. 32

Die Auslegung des Art. 32 CMR, und insbesondere die des zweiten Absatzes über die Wirkung der in Art. 30 CMR genannten, wiederholt vorgebrachten schriftlichen Reklamationen, ist in Italien, auch unter den Richtern, Gegenstand

---

83 Diese Orientierung ist inzwischen zu einer Konstanten avanciert und befindet sich, u.a., in KassE Nr. 14397, 21.12.1999, in: Dir. Trasporti 2000, S. 839; KassE Nr. 8750, 7.10.1996, in: Riv. giur. circ. e trasp. 1998, S. 224 und KassE Nr. 10262, 7.9.1992, in: Dir. Marittimo 1993, S. 698.
84 EG-Verordnung Nr. 44/2001, 22.12.2000 über die gerichtliche Zuständigkeit und die Anerkennung und Vollstreckung von Entscheidungen in Zivil- und Handelssachen.
85 LG Massa, 5.2.1988, Alpina Versicherungen / Kurz Spedition, in: Arch. Giur. circol. e sinistri 1988, S. 559.
86 *A. Pesce*, Il contratto di trasporto internazionale, cit., S. 326.
87 OLG Triest, 11.9.2002, Assicurazioni Generali / Hermanos Rodriguez SA, in: Dir. Marittimo 2003, S. 902.

einer bis dato ungelösten Kontroverse. Der Meinungsaustausch zwischen Richtern und Rechtsanwälten, die auf dem Gebiet des internationalen Transportrechts tätig sind, hat seinen Ursprung in einer Entscheidung des Kassationsgerichtshofs aus dem Jahre 2003.[88] In derselben wurde erklärt, dass eine wiederholt vorgebrachte Reklamation, deren Anspruch derselbe wie der einer vom Verfügungsberechtigen des transportierten Gutes bereits zuvor gemachten und vom Frachtführer schon einmal zurückgewiesenen Reklamation ist, keine weitere verjährungshemmende Wirkung hervorruft und dass dasselbe *auch* im Hinblick auf die Verjährungsunterbrechung gilt. Die gegenteilige These zu dem, was das Kassationsgericht in der oben erwähnten Entscheidung erklärt, wird außer von A. *Sardella*[89] auch in einer darauffolgenden, fragwürdigen Entscheidung desselben Gerichts verfochten.[90] Diese vertritt unter Heranziehung des in der Einheitsvorschrift enthaltenen Verweises auf das Gesetz des angerufenen Gerichts den Standpunkt, dass die Rechtshandlung zur In-Verzug-Setzung des Schuldners, der die Vorschrift des Zivilgesetzbuches verjährungsunterbrechende Wirkung zuweist (Art. 2943, Abs. 4 it. ZBG),[91] ihre Wirkungen im Rahmen einer Wiederholung der Reklamation gegenüber dem Frachtführer entfaltet.[92]

Art. 34

Im Kapitel VI der CMR, betreffend die Bestimmungen über die Beförderung durch aufeinanderfolgende Frachtführer, erscheint Art. 34 CMR als besonders folgenschwer, denn dieser bestimmt, dass jeder der aufeinanderfolgenden Frachtführer für die Durchführung der Gesamtbeförderung haftet.[93] Die Übernahme der

---

88 KassE Nr. 1272, 29.1.2003, in: Il Dir. Marittimo, 2005, S. 498.
89 A. *Sardella*, Osservazioni in tema di prescrizione nella disciplina dell'art. 32.2 CMR, in: Dir. Marittimo 2005, S. 498.
90 In KassE Nr. 2758, 7.4.2005, wird unter Koordination des zweiten und dritten Absatzes von Art. 32 CMR der Standpunkt vertreten, dass Reklamationen, die auf eine erste, vom Frachtführer zurückgewiesene folgen, zwar keine verjährungshemmende, wohl aber – weil es das Inlandsrecht so bestimmt – eine verjährungsunterbrechende Wirkung entfalten.
91 Art. 2943 it. ZGB lautet: „Die Verjährung wird durch die Zustellung eines Schriftstücks unterbrochen, mit welchem ein Erkenntnisverfahren, ein Sicherungsverfahren oder ein Vollstreckungsverfahren eingeleitet wird. Sie wird auch durch die Geltendmachung eines Anspruchs im Verlauf eines gerichtlichen Verfahrens unterbrochen. Die Unterbrechung tritt auch bei Unzuständigkeit des angerufenen Gerichts ein. Die Verjährung wird außerdem durch jede andere Rechtshandlung unterbrochen, die geeignet ist, den Schuldner in Verzug zu setzen, wie auch durch das zugestellte Schriftstück, mit dem eine Partei bei Vorliegen eines Vergleichs oder einer Schiedsgerichtsklausel ihre Absicht erklärt, das Schiedsgerichtsverfahren einzuleiten, den Anspruch geltend macht und, sofern es ihr zusteht, die Benennung der Schiedsrichter vornimmt."
92 In diesem Sinne haben sich KassE Nr. 7258, 7.4.2005, Riv. dir. int. priv. e proc., 2006, 201, sowie LG Mailand, 9.1.1997, Zurigo Assicurazioni / Intermontana, Resp. Civ. e prev. 1997, 771 ausgesprochen.
93 Im italienischen Recht bestimmt die Parallelnorm Folgendes: „In den Beförderungen, die mittels eines einzigen Vertrages kumulativ von mehreren, aufeinanderfolgenden Frachtführern übernommen werden, haften die Frachtführer ab dem ursprünglichen Abgangsort bis

Länderberichte **Italien**

Verbindlichkeit seitens der aufeinanderfolgenden Frachtführer und die damit einhergehende gesamtschuldnerische Haftung ist dem Bestehen eines einzigen Transportvertrages untergeordnet und kann nicht auf Beförderungen mit Subtransporten ausgedehnt werden:[94] Diese Vereinbarung zwischen dem Auftraggeber und aufeinanderfolgenden Frachtführern braucht laut Kassationsurteil Nr. 6365 vom 21. März 2011 – und hierin liegt die Neuigkeit – nicht ausgedrückt zu werden, sondern ist per *facta concludentia* geschlossen, wenn der darauffolgende Frachtführer CMR-Frachtbrief und Ladung übernimmt.

---

hin zum Bestimmungsort gesamtschuldnerisch für die Erfüllung des Vertrages (Art. 1700 Abs. I, it. ZGB).
94 So KassE Nr. 19050, 12.12.2003, KassE Nr. 7247, 7.8.1996 und OLG Mailand, 20.4.2005 im Prozess Chargeurs Interfodere SpA / MS Spedition GmbH, in: Dir. Mar. 2006, S. 514.

Niederlande

W. M. van Rossenberg, Rechtsanwalt, Rotterdam

Übersicht

	Seite		Seite
I. Einleitung	1085	V. Haftung des Frachtführers	1091
II. Geltungsbereich	1085	VI. Beförderung durch aufeinanderfolgende Frachtführer	1099
III. Haftung des Frachtführers für andere Personen	1089		
IV. Abschluss und Ausführung des Beförderungsvertrages	1089		

I. Einleitung

Dieser Bericht gibt artikelweise einen Überblick über die wesentlichsten Unterschiede der Interpretation der CMR in den Niederlanden und in Deutschland. Der Schwerpunkt wird dabei auf die Bestimmungen gelegt, die für die Beurteilung der Haftung des Frachtführers von Bedeutung sind. Ein Aspekt, der – aufgrund der Natur der Sache – nicht behandelt wird, ist das Thema der verfahrensrechtlichen Unterschiede in Deutschland und den Niederlanden, die allerdings auch zu beträchtlichen Haftungsunterschieden führen können. Hierbei ist beispielsweise an die Wirkung des sog. „Gewährleistungsverfahrens" in den Niederlanden zu denken, das nicht unmittelbar mit der Streitverkündung in Deutschland zu vergleichen ist, sowie an die Möglichkeiten, die Probleme und die Folgen im Hinblick auf die „negative Feststellungsklage".

Dieser Landesbericht enthält insbesondere die Rechtsprechung des niederländischen Obersten Gerichtshofs (Hoge Raad). Zwar besteht im CMR-Bereich auch eine umfangreiche Rechtsprechung der Landgerichte (Rechtbanken) und Gerichtshöfe (Gerechtshoven), doch ist diese sehr unterschiedlich. Dies gilt auch für die Literatur im Hinblick auf das CMR-Übereinkommen. In diesem Beitrag müssen leider aus Platzgründen die Streitpunkte in der niederländischen Literatur und abweichende Entscheidungen von Richtern in unteren Instanzen größtenteils vernachlässigt werden.

II. Geltungsbereich

Art. 1

Gemäß Art. 1 CMR muss für die Anwendbarkeit der CMR zwischen den Parteien ein Vertrag für den Transport von Gütern über die Straße abgeschlossen worden sein. Es ist jedoch nicht notwendig, dass die Parteien ausdrücklich vereinba-

Länderberichte **Niederlande**

ren, dass der Transport über die Straße erfolgt. Wenn ein Auftraggeber (= Absender) einem Frachtführer den Auftrag zum Transport erteilt, ohne dass dabei die Transportmodalität ausdrücklich behandelt und de facto dem Frachtführer überlassen wird welche Beförderungsart er hierfür wählt, wird die CMR Anwendung finden, wenn dieser Frachtführer beschließt, den Transport über die Straße erfolgen zu lassen.

Nach Art. 1 CMR ist erforderlich, dass der Transport mit Hilfe von Fahrzeugen erfolgen muss, wie er im Art. 1 Abs. 2 CMR beschrieben ist. Die vorherrschende Auffassung in den Niederlanden ist, dass das transportierte Gut „auf Rädern" transportiert werden muss. Um ein Beispiel zur Verdeutlichung zu geben: Angenommen, ein Container muss vom Landesinneren der Niederlande zu einem im Landesinneren Englands gelegenen Ort transportiert werden. Dazu wird der Container auf ein Chassis gestellt, womit der Transport über die Straße zum Seehafen erfolgt. Dort bestehen zwei Möglichkeiten: Der Trailer mit dem Container wird an Bord eines sog. Ro/Ro-Schiffes gefahren, bzw. der Container wird lose – d.h. ohne das Chassis – an Bord der Fähre gebracht. Nach Ankunft im Hafen von England wird, je nachdem welche Option gewählt wurde, entweder der Trailer von Bord gefahren und es erfolgt der weitere Transport über die Straße zum Endziel, oder der Container wird wieder auf ein Chassis gestellt, womit der weitere Transport erfolgt. Nach allgemeiner Auffassung in den Niederlanden findet die CMR nur dann zwingend Anwendung, wenn der Container auf dem Chassis stehend mit einem Ro/Ro-Schiff nach England transportiert wird. Wenn der Container lose mit der Fähre transportiert wird, handelt es sich um einen kombinierten Beförderungsvertrag.

Ordnungshalber sei darauf hingewiesen, dass diesbezüglich gelegentlich anders geurteilt wird. Ein Beispiel dafür ist die folgende Situation:

> Ein mobiler Kran wird von Kairo/Ägypten, nach Geleen/Niederlande, transportiert. Der Kran wird per LKW über die Straße von Kairo nach Alexandria befördert. Dort wird der Kran „lose" auf ein Schiff verladen, womit er nach Antwerpen transportiert wird. Von Antwerpen aus erfolgt der Transport des Krans über die Straße nach Geleen. Während des Transports von Kairo nach Alexandria entsteht ein Schaden. Das Gericht urteilte, dass es sich um Straßentransport zwischen Orten in verschiedenen Ländern handelt, so dass auf die Straßenstrecken die CMR Anwendung findet.[1]

Ein weiteres Erfordernis nach Art. 1 CMR ist, dass es sich (kurz ausgedrückt), um einen internationalen Transport handeln muss. Oder im Wortlaut des CMR Übereinkommens: Der Ort der Übernahme der Güter und der vertraglich für die Ablieferung vorgesehene Ort müssen in zwei verschiedenen Ländern liegen. Auch dieses Erfordernis kann Fragen aufwerfen:

> Im Zusammenhang mit Importquoten wurde einem Frachtführer der Auftrag erteilt, (Textil-)Güter, die sich in Transit befanden, von den Niederlanden

---

1 Gericht Rotterdam, 24.1.1992, Schip & Schade 1993, Nr. 89.

nach Italien zu befördern, diese dort zu verzollen und anschließend die Güter ohne sie auszuladen wieder in die Niederlande zurückzubringen. In einem solchen Fall wird auch vom Hufeisentransport gesprochen. Der Gerichtshof in Den Haag urteilte, dass es sich in diesem Fall nicht um einen der CMR unterliegenden Transport handelt, da das zwingende Erfordernis verschiedener Länder, in denen Verladung und Ablieferung zu erfolgen haben, nicht erfüllt wird.[2]

Interessant ist auch die folgende Situation:

> Ein deutscher Frachtführer nimmt in den Niederlanden – in einer Entfernung von ca. 250 Metern von der niederländisch-deutschen Grenze – Transportgüter in Empfang. Diese Güter wurden zunächst von einem anderen Frachtführer innerhalb der Niederlande transportiert, und der deutsche Frachtführer soll den Transport in die BRD ausführen. Obwohl die Güter vom deutschen Frachtführer in den Niederlanden zum Transport in Empfang genommen wurden, entschied der Oberste Gerichtshof, dass die CMR in diesem Fall keine Anwendung findet. Weil die CMR der einheitlichen Regelung des Vertrags über den internationalen Transport von Gütern über die Straße dient, sei nicht anzunehmen, dass mit Art. 1 Abs. 1 CMR beabsichtigt wird, das Übereinkommen auch auf einen Vertrag zum Straßentransport zu einem Ort in einem dem Übereinkommen angeschlossenen Land von der Landesgrenze des Landes selbst für anwendbar zu erklären. Dem könne die Tatsache, dass im konkreten Fall der Ort der Übernahme der Güter genau auf der anderen Seite der Grenze liegt, keinen Abbruch tun.[3]

Art. 2

Bezüglich Art. 2 CMR der den sog. Stapeltransport innerhalb des CMR-Transports regelt, wurden in den Niederlanden interessante Entscheidungen gefällt, unter anderem vom niederländischen Obersten Gerichtshof.

Ein Kriterium für die Anwendung von Art. 2 ist, ob (und wann) es sich um ein Ereignis handelt, das nur während und wegen der Beförderung durch das andere Beförderungsmittel eingetreten sein kann. Die Frage, wann eine solche Tatsache vorliegt, wurde vom niederländischen Obersten Gerichtshof beantwortet:[4]

> In dieser Entscheidung ging es um den Transport von Textilien von Meerssen in den Niederlanden nach Tunesien. Der LKW, mit dem der Transport erfolgte, fuhr nach Marseille und dort an Bord der Fähre St. Clair. Die Fähre brannte aus; infolgedessen ging auch der LKW mit den Textilien verloren. Der niederländische Oberste Gerichtshof hat im Gegensatz zum Gerichtshof geurteilt, dass es sich in diesem Fall um ein Ereignis handelt, das aus-

---

[2] Gerichtshof Den Haag, 29.9.1998, Schip & Schade 1999, Nr. 33.
[3] Niederländischer Oberster Gerichtshof, 16.3.1979, Schip & Schade 1979, Nr. 64.
[4] Niederländischer Oberster Gerichtshof, 14.6.1996, Schip & Schade 1996, Nr. 86.

schließlich während und wegen der Beförderung durch das andere Beförderungsmittel eingetreten ist. Hinreichend für die Anwendung dieses Kriteriums ist somit nach Ansicht des niederländischen Obersten Gerichtshofs, dass der Schadensfall sich im konkreten Fall während und infolge des andersartigen Transports ereignet hat. Weitere Anforderungen wurden vom niederländischen Obersten Gerichtshof zur Anwendung *dieses* Kriteriums nicht gestellt.

Ein weiteres Kriterium, das von Bedeutung ist, um zur Anwendung von Art. 2 CMR zu gelangen, enthält im Satz 2 der Satzteil: „wenn ein lediglich das Gut betreffender Beförderungsvertrag zwischen dem Absender und dem Frachtführer des anderen Verkehrsmittels nach den zwingenden Vorschriften des für die Beförderung durch das andere Verkehrsmittel geltenden Rechts geschlossen worden wäre".

Dieser Satzteil ist insbesondere für die Fälle von Bedeutung, in denen für den Transport über See *kein* Konnossement ausgegeben wird. Das ist beim übergroßen Teil der Fährtransporte der Fall, denen selbstverständlich insbesondere bei CMR-Beförderungen eine große Bedeutung zukommt. Zur Verdeutlichung sei darauf hingewiesen, dass die Hague-Visby-Rules, wenn kein Konnossement ausgestellt wurde, nicht zwingendrechtlich Anwendung finden.

Die Interpretation des oben genannten Satzteils von Art. 2 CMR könnte dahingehend lauten, dass das seerechtliche Regime nur dann im Rahmen eines CMR-Transports Anwendung findet, wenn tatsächlich ein Konnossement abgegeben wurde. Das würde bedeuten, dass im Falle eines Fährtransports, der Bestandteil eines internationalen Straßentransports ist, der Straßenfrachtführer sich fast niemals auf die Hague-Visby-Rules berufen könnte, da bei Fährtransporten kein Konnossement abgegeben wird und somit keine gesetzlichen Bestimmungen zwingenden Rechts vorliegen.

Der niederländische Oberste Gerichtshof urteilt jedoch anders.[5] Er meint, dass mit „gesetzlichen Bestimmungen zwingenden Rechts" ein gesetzliches Haftungsregime gemeint ist, das auf international vereinbartem, einheitlichem Transportrecht beruht oder diesem entnommen wurde. Da Art. 2 von einem fiktiven Vertrag ausgeht, nämlich von einem (nicht bestehenden) Vertrag zwischen dem Absender und dem Frachtführer des anderen Verkehrsmittels, spielt die tatsächlich erfolgte oder nicht erfolgte Abgabe eines Konnossements in der Beziehung zwischen dem Straßenfrachtführer und dem Fährfrachtführer keine Rolle.

Wenn auf den oben erwähnten fiktiven Vertrag mehr als nur ein (seerechtliches) Abkommen Anwendung finden könnte (z.B. die Hamburg-Rules und die Hague-Visby-Rules), so hat nach Ansicht des niederländischen Obersten Gerichtshofs das Haftungsregime des Landes Anwendung zu finden, in dem das Gut verladen worden ist.

---

5 Niederländischer Oberster Gerichtshof, 29.6.1990, Schip & Schade 1990, Nr. 110.

III. Haftung des Frachtführers für andere Personen
Art. 3

Von besonderer Bedeutung für die Anwendung des Art. 3 CMR ist der Satzteil „wenn diese Bediensteten oder andere Personen in Ausübung ihrer Verrichtungen handeln". Bezüglich der Interpretation dieses Kriteriums wurde vom niederländischen Obersten Gerichtshof noch keine Entscheidung gefällt. Möglicherweise kann jedoch durchaus eine Parallele zum Urteil des niederländischen Obersten Gerichtshofs gezogen werden, das in Bezug zum nationalen niederländischen Transportrecht erlassen wurde. Dieses Urteil[6] betrifft die folgende Situation:

> Ein niederländischer Geldtransporteur bewahrte in seinem Depot in den Niederlanden einen für eine niederländische Bank bestimmten Geldbetrag auf. Dieser Geldbetrag war am Tag zuvor bei Filialen eines Großhandels in den Niederlanden abgeholt worden. Anschließend fand ein bewaffneter Überfall in diesem Depot statt, bei dem Geld von den Tätern erbeutet wurde. An diesem Überfall war ein Arbeitnehmer des betreffenden Geldtransporteurs beteiligt. Die Frage lautete, ob dieser Arbeitnehmer eine Hilfskraft (im Sinne des niederländischen Gesetzes) des Geldtransporteurs war. Der niederländische Oberste Gerichtshof gelangte letztendlich, im Gegensatz zum Gerichtshof, zu dem Urteil, dass der betreffende Arbeitnehmer in diesem Fall *keine* Hilfskraft war. Die Verpflichtung des Geldtransporteurs, um die es ging, erstreckte sich ausschließlich auf die Beförderung und Lagerung von Geld. Bei der Ausführung *dieser* Verpflichtung war der betreffende Arbeitnehmer nicht vom Geldtransporteur hinzugezogen worden. Dass dieser Arbeitnehmer als Mitglied des Personals des Geldtransporteurs für die Ausführung anderer Verpflichtungen hinzugezogen wurde und aus diesem Grunde Zugang zum Depot des Geldtransporteurs hatte, machte keinen Unterschied. Der niederländische Oberste Gerichtshof urteilt, dass der Kreis der Personen, bei denen es sich nach niederländischem Recht um eine Hilfsperson handelt, nicht weit gezogen werden darf. Es ist möglich, dass dieses Kriterium somit auch im Rahmen von Art. 3 CMR Anwendung finden kann.

IV. Abschluss und Ausführung des Beförderungsvertrages
Art. 12

Art. 12 CMR behandelt, auch im Zusammenhang mit den darauffolgenden Artikeln, das Verfügungsrecht des Absenders bzw. Empfängers. Dieses Verfügungsrecht entspricht nicht (gänzlich) dem sog. Anspruchsrecht, d.h. dem Recht, im

---

6 Niederländischer Oberster Gerichtshof, 14.6.2002, Schip & schade 2003, Nr. 2.

Länderberichte **Niederlande**

Falle eines Schadens entsprechenden Schadenersatz zu fordern. Nach niederländischer Auffassung steht dieses Anspruchsrecht sowohl dem Absender als auch dem Empfänger zu. Mit Absender ist hier jedoch nicht derjenige gemeint, der die Güter verladen hat, sondern der Vertragspartner des Frachtführers, d.h. dessen Auftraggeber. Dieser Vertragspartner kann nicht nur ein Ladungsinteressent, sondern auch ein anderer Frachtführer sein.

Wenn ein Verkäufer auf CIF-Basis Güter an einen Käufer verkauft, werden diese Güter auf Rechnung und Gefahr des Käufers befördert. Es ist jedoch der Verkäufer, der den Frachtführer beauftragt. Mit anderen Worten: Der Verkäufer ist der Absender, und der Käufer ist in einem solchen Fall der Empfänger. In den Niederlanden wurde die Frage aufgeworfen, ob nur der Käufer Schadensersatz fordern kann, wenn während eines solchen Transports ein Schaden entsteht, oder auch dem Absender ein Anspruchsrecht zusteht, auch wenn dieser keinen Schaden erlitten hat. Diese Frage wird in den Niederlanden in letztgenanntem Sinne beantwortet. Dies bedeutet, dass der Frachtführer der beanspruchenden Partei keine Einreden entgegenhalten kann, die dem zugrunde liegenden Kaufvertrag entnommen wurden. Die alleinige Tatsache, dass der Absender bzw. Empfänger einen Anspruch geltend macht, ist hinreichend. Der Frachtführer kann selbstverständlich nur ein Mal zur Zahlung eines Schadenersatzes verpflichtet werden.

Eine Frage, die davon nicht losgelöst betrachtet werden kann, ist die nach dem Anspruchsrecht eines Frachtführers, der den Transport nicht selbst ausgeführt hat, sondern diesen Auftrag an einen anderen Frachtführer vergeben hat. Wie ist mit diesem Anspruchsrecht umzugehen? Der Frachtführer, der den Transport vergeben hat, wird in seiner Beziehung zum Frachtführer, an den er den Transport vergeben hat, ebenfalls als Absender betrachtet.

Die herrschende Auffassung in den Niederlanden – nach Meinung des Autors: zu Unrecht – ist wohl, dass auch in einem solchen Fall gilt, dass der tatsächliche Frachtführer, der von seinem Auftraggeber (dem vertraglichen Frachtführer) beauftragt wird, diesem nicht entgegenhalten kann oder darf, dass er keinen Schaden erlitten hat. Auch hier ist die alleinige Tatsache, dass der Frachtführer, der den Transportauftrag vergeben hat, als Absender zu betrachten ist, ausreichend für das Anspruchsrecht.

Diese Auffassung kann zu unerwünschten Konsequenzen führen. So ist es möglich, dass das Anspruchsrecht des Ladungsinteressenten gegenüber dem ersten Frachtführer verjährt ist, bzw. der erste Frachtführer den Schaden zu einem kleinen Teil mit diesem Ladungsinteressenten geregelt hat. Dann steht jedoch nichts im Wege, dass dieser erste Frachtführer den *gesamten* Schaden vom tatsächlichen Frachtführer fordert. Obwohl dies zur Folge hat, dass der erste Frachtführer unberechtigterweise bereichert wird, wird dies von der niederländischen Rechtsprechung geduldet, die dies, wie es scheint, nicht beanstandet.

Im Falle Beförderung durch aufeinanderfolgende Frachtführer i.S.v. Kapitel VI, Art. 34 ff. CMR kann in Bezug auf die Regress-Ansprüche des (ersten) Frachtführers gegenüber dem von ihm eingesetzten Frachtführer ein Problem auftreten. Immer, wenn der letztgenannte Frachtführer nicht als Schadensverursacher in

Betracht kommt, und auch die übrigen Voraussetzungen des Art. 37 CMR nicht erfüllt sind, besteht die Möglichkeit, dass gegen diesen Frachtführer kein Regress gemäß Art. 37 CMR möglich ist. In diesem Zusammenhang ist auf die Anmerkungen zu Art. 37 CMR zu verweisen.

V. Haftung des Frachtführers

Art. 17

Wie bekannt, ist gem. Art. 17 Abs. 1 CMR der Frachtführer für Schäden haftbar, die zwischen dem Zeitpunkt der Übernahme der Güter und dem der Ablieferung entstanden sind. Von Bedeutung ist es deshalb festzustellen, was unter Übernahme und Ablieferung zu verstehen ist. Nach Auffassung des niederländischen Obersten Gerichtshofs[7] ist es nicht richtig, dass unter Ablieferung lediglich das tatsächliche Ausladen oder Abgeben der transportierten Güter zu verstehen ist. Wenn z.B. das Ausladen der Ladung durch den Empfänger zu erfolgen hat, so ist der Zeitpunkt, zu dem der Empfänger die tatsächliche Verfügung über die Güter erhält, als Zeitpunkt der Ablieferung zu betrachten. Es ist zudem möglich, dass die Ablieferung im oben genannten Sinne bereits erfolgt ist, jedoch die transportierten Güter kraft eines *anderen* Vertrags unter Aufsicht des „Frachtführers" bleiben.

Was den Begriff Ablieferung betrifft, muss ferner eine Entscheidung des niederländischen Obersten Gerichtshofs auf seerechtlichen Gebiet berücksichtigt werden.[8]

Nach diesem Urteil ist der Zeitpunkt der Ablieferung anhand der Umstände des Falles festzusetzen. Eine Ablieferung kann dadurch erfolgen, dass die transportierten Güter der tatsächlichen Gewalt des Empfangsberechtigten oder eines dabei für den Empfangsberechtigten handelnden Dritten übergeben werden. Der niederländische Oberste Gerichtshof fügt dem hinzu, dass es nicht ausgeschlossen ist, dass die transportierten Güter nach Ankunft am Zielort kraft eines anderen Vertrags mit dem Empfangsberechtigten unter Aufsicht des „Frachtführers" bleiben. In diesen Fällen endet zum Zeitpunkt des Inkrafttretens des anderen Vertrages der Beförderungsvertrag.

Mutatis mutandis kann zudem angemerkt werden, dass der Zeitpunkt der Übernahme der Güter zum Transport nicht mit der tatsächlichen Beladung des Fahrzeugs zusammenfallen muss.

Art. 17 Abs. 1 CMR befasst sich mit Schäden, die an transportierten Gütern während des Transports entstehen. Es ist jedoch auch die Situation denkbar, dass während des Transports beschädigte Güter ihrerseits, z.B. nach dem Ausladen,

---

[7] Niederländischer Oberster Gerichtshof, 24.3.1995, Schip & Schade 1995, Nr. 74.
[8] Niederländischer Oberster Gerichtshof, 5.9.1997, Schip & Schade 1997, Nr. 121.

wieder Schäden an anderen Produkten verursachen. Das bekannte Beispiel dafür ist das Ausladen verunreinigter Bulkladung in einen Landtank, in dem sich ein unversehrtes Produkt befindet, wodurch das unversehrte Produkt beschädigt wird. Der niederländische Oberste Gerichtshof[9] hat geurteilt, dass, was die Haftung des Frachtführers für diesen „Folgeschaden" anbelangt, das nationale Recht berücksichtigt werden muss. Unter Umständen kann der Frachtführer auf der Grundlage einer unerlaubten Handlung für diesen „Folgeschaden" haftbar sein.

Eine Überschreitung der Lieferfrist i.S.v. Art. 17 Abs. 1 CMR liegt auch dann vor, wenn z.B. die transportierten Güter während des Transports gestohlen werden, jedoch innerhalb von 30 Tagen nach Ablauf der vereinbarten Lieferfrist bzw., in Ermangelung einer solchen Frist, innerhalb von 60 Tagen nach Übernahme zum Transport wieder aufgefunden und abgeliefert wurden.[10]

Infolge von Art. 17 CMR Abs. 2 haftet der Frachtführer nicht im Falle einer sog. „höheren Gewalt auf Seiten des Frachtführers". Wann handelt es sich um einen Schaden, der durch Umstände verursacht wurde, die der Frachtführer nicht vermeiden konnte und deren Folgen er nicht verhindern konnte? Diesbezüglich hat der niederländische Oberste Gerichtshof[11] eine sehr klare Entscheidung erlassen. Der Oberste Gerichtshof urteilt, dass der Frachtführer, um sich erfolgreich auf höhere Gewalt auf Seiten des Frachtführers im Sinne des Obigen berufen zu können, nachweisen muss, dass er *alle* unter den gegebenen Umständen *billigerweise* von einem sorgfältigen Frachtführer – einschließlich der Personen, deren Hilfe er bei der Ausführung des Vertrags in Anspruch nimmt – zu verlangenden Maßnahmen getroffen hat, um den Verlust zu verhindern.

Der Niederländischer Oberster Gerichtshof hat das vorgenannte Kriterium für höhere Gewalt auf Seiten des Frachtführers in seinem Urteil vom 24.4.2009[12] wiederholt, so dass deutlich ist, dass eine Änderung der Rechtsauffassung des Obersten Gerichtshofes in Bezug auf höhere Gewalt – jedenfalls in nächster Zeit – nicht zu erwarten ist.

Das vorstehend erwähnte, durch den Obersten Gerichtshof formulierte Kriterium der höheren Gewalt auf Seiten des Frachtführers ist zwar ein recht strenges Kriterium, aber es beantwortet noch nicht die Frage, welche Maßnahmen unter den gegebenen Umständen billigerweise zu verlangen sind. Die Umsetzung dieses Kriteriums ist tatsächlicher Art; die Rechtsprechung (unterer Instanzen) in diesem Bereich ist sehr uneinheitlich. Allerdings kann gesagt werden, dass „die Messlatte für höhere Gewalt hoch liegt", mit anderen Worten, der Frachtführer wird schnell für haftbar erachtet werden.

---

9 Niederländischer Oberster Gerichtshof, 15.4.1994, Schip & schade 1994, Nr. 72.
10 Niederländischer Oberster Gerichtshof, 4.10.2002, Schip & Schade 2003, Nr. 39, vgl. auch Art. 20 Abs. 1 CMR.
11 Niederländischer Oberster Gerichtshof, 17.4.1998, Schip & Schade 1998, Nr. 75.
12 Niederländischer Oberster Gerichtshof, 24.4.2009, Schip & Schade 2009, Nr. 96.

Art. 18

Infolge von Art. 18 Abs. 2 CMR wird vermutet, dass die besonderen Gefahren i.S.v. Art. 17 Abs. 4 CMR aufgetreten sind, wenn, in Anbetracht der Umstände des Falles, der Verlust oder die Beschädigung eine Folge dieser besonderen Gefahren hätte sein *können*. Hinsichtlich der besonderen Gefahr i.S.v. Art. 17 Abs. 4 lit. c) CMR (Behandlung, Verladen, Verstauen oder Ausladen der Güter durch den Absender bzw. den Empfänger) hat der niederländische Oberste Gerichtshof, in Anbetracht von Art. 18 Abs. 2 CMR, geurteilt, dass der Frachtführer sich darauf beschränken kann, nachzuweisen, dass dieses Behandeln, Verladen, Verstauen oder Ausladen durch den Absender bzw. Empfänger erfolgt ist und dass in Anbetracht der Umstände des Falles der Schaden die Folge dessen sein *könnte*. Mit anderen Worten, der Frachtführer braucht *nicht zu beweisen*, dass das Behandeln, Verladen, Verstauen oder Ausladen unsachgemäß erfolgt ist.[13]

In Art. 18 Abs. 4 CMR wird eine spezielle Regelung im Hinblick auf Fahrzeuge gegeben, die mit besonderen Einrichtungen zum Schutze des Gutes gegen die Einwirkung von Hitze, Kälte, Temperaturschwankungen etc. versehen sind d.h. Fahrzeuge, die über eine Kühleinheit verfügen. Wenn durch eine mangelhafte Funktion einer solchen Einheit ein Schaden entsteht, muss der Frachtführer nachweisen, dass alle Maßnahmen, zu denen er, unter Berücksichtigung der Umstände, verpflichtet war, im Hinblick auf die Wahl, die Wartung und die Nutzung dieser Einrichtungen ergriffen wurden, und dass er sich nach den besonderen Anweisungen gerichtet hat, die ihm ggf. erteilt wurden. Obwohl diesbezüglich in der Rechtsprechung auch anders geurteilt wurde, bedeutet diese Regelung, dass ein Mangel an einer Kühleinheit somit nicht als ein Mangel am Fahrzeug i.S.v. Art. 17 Abs. 3 CMR betrachtet werden kann. Andernfalls wäre Art. 18 Abs. 4 CMR eine bedeutungslose Bestimmung und könnte de facto nicht zur Anwendung gelangen. Schließlich obliegt dem Frachtführer im Falle von Mängeln am Fahrzeug nach Art. 17 Abs. 3 CMR eine Risikohaftung.

Art. 23

Gemäß Art. 23 CMR ist der Frachtführer im Falle eines Schadens beschränkt haftbar, und zwar bis 8,33 SZR pro Kilogramm. Anders als es in der BRD der Fall zu sein scheint, ist die beschränkte Haftung des Frachtführers in den Niederlanden, wie sich noch bei der Besprechung von Art. 29 CMR zeigen wird, die Hauptregel und deren Durchbrechung die – große – Ausnahme.

Was die Art und Weise anbelangt, wie der Wert der beschädigten Güter festgesetzt wird, verweist Art. 23 Abs. 2 CMR auf den Börsenkurs, den gängigen Marktpreis und den gemeinen Wert von Gütern identischer Art und Qualität. Der

---

13 Niederländischer Oberster Gerichtshof, 18.5.1979, Nederlandse Jurisprudentie 1980, Nr. 574.

Länderberichte **Niederlande**

Gerichtshof in Den Haag[14] urteilt, dass es dem nicht widerspricht, bei der Berechnung des Schadenersatzes vom Rechnungswert auszugehen. Der Gerichtshof widerspricht der Auffassung dass in diesem Rechnungswert Gewinn enthalten sei, der durch den Frachtführer nicht erstattet werden solle, und das deshalb vom Versandwert ausgegangen werden müsse und von Gütern identischer Art, die am Ort des Versands ohne diesen Gewinnbestandteil erhältlich sind bzw. hergestellt werden können.

Bei Art. 23 Abs. 4 CMR, ist von Bedeutung, was unter den Zöllen und sonstige aus Anlass der Beförderung des Gutes entstandenen Kosten zu verstehen ist. Diese Frage spielt insbesondere bei Gütern eine Rolle, die im Transit unter Begleitung eines Zolldokuments befördert werden. Wenn während des Transports die beförderten Güter z.B. gestohlen werden, kann infolge dessen das Zolldokument nicht abgefertigt werden. Das bedeutet, dass dann der Fiskus normalerweise denjenigen der das Dokument ausgestellt hat, im Hinblick auf die Zahlung von Einfuhrzöllen, Mehrwertsteuer oder Verbrauchssteuern belangen wird.

Der Versandwert der Güter ist in einem solchen Fall der Wert im Transit, also ohne Einfuhrzölle, Mehrwertsteuer und Verbrauchssteuern, so dass die betreffenden Beträge nicht auf der Grundlage von Art. 23 Abs. 1 CMR zu Lasten des Frachtführers gehen können. Es stellt sich denn auch die Frage, ob diese Einfuhrzölle, die Mehrwertsteuer und Verbrauchssteuern noch auf der Grundlage von Art. 23 Abs. 4 CMR vom Frachtführer vergütet werden müssen, wenn er für den entstandenen Schaden haftet. Die Antwort auf diese Frage ist umso wichtiger, wenn bedacht wird, dass, wäre dies der Fall, keine Beschränkung in Anspruch genommen werden kann. Art. 23 Abs. 4 CMR setzt schließlich fest, dass neben dem (beschränkten) Schadenersatz *zusätzlich* die in diesem Artikelabsatz aufgeführten Kostenpositionen geschuldet werden.

Der niederländische Hoge Raad hat jedoch entschieden, dass die Einfuhrzölle, Mehrwertsteuer und Verbrauchssteuern, die im Zusammenhang mit der Nicht-Abfertigung von Dokumenten zahlbar geworden sind, nicht unter die in Art. 23 Abs. 4 CMR aufgeführten Zölle bzw. getätigten Kosten fallen.[15]

Art. 27

Gemäß Art. 27 Abs. 1 CMR sind Zinsen in Höhe von 5% pro Jahr zahlbar. Der niederländische Oberste Gerichtshof[16] hat geurteilt, dass es bei 5% auch dann bleibt, wenn dem Frachtführer Vorsatz oder damit gleichzusetzendes Verschulden i.S.v. Art. 29 CMR vorgeworfen werden kann. Die Festsetzung des Zinssatzes, so der niederländische Oberste Gerichtshof, dient nicht dazu, die Haftung zu beschränken, sondern diese Haftung auf international einheitliche Weise zu regeln.

---

14 Gerichtshof Den Haag, 13.6.1995, Schip & Schade 1995, Nr. 90.
15 Niederländischen Obsterster Gerichtshof, 14.7.2006, Schip & Schade 2007, Nr. 30.
16 Niederländischer Oberster Gerichtshof, 20.11.1998, NJ 1999, Nr. 175.

Art. 28

Für die Bedeutung von Art. 28 Abs. 1 CMR vgl. Anmerkungen zu Art. 32 CMR (Verjährung).

Art. 29

Infolge von Art. 29 CMR kann der Frachtführer sich nicht auf die Haftungsbeschränkungen berufen, wenn der Schaden vorsätzlich oder durch ein damit gleichzusetzendes Verschulden des Frachtführers oder seiner Hilfskräfte verursacht wurde. Für die Frage, was ein mit Vorsatz gleichzusetzendes Verschulden ist, ist das Recht des Landes zu berücksichtigen, in dem die Forderung bei Gericht anhängig ist.

Nach niederländischer Auffassung ist unter „mit Vorsatz gleichzusetzendem Verschulden" eine Handlung oder eine Unterlassung zu verstehen, die leichtfertig und in dem Bewusstsein erfolgt, dass dieser Schaden mit Wahrscheinlichkeit eintreten werde. Hierbei wurde berücksichtigt, was diesbezüglich im Hinblick auf den internen Straßentransport in den Niederlanden gem. Art. 8:1108 des niederländischen BGB geregelt ist.

Das oben genannte Kriterium muss jedoch, um Anwendung finden zu können, noch näher konkretisiert werden. Die Frage erhebt sich, was unter leichtfertig und in dem Bewusstsein, dass dieser Schaden mit Wahrscheinlichkeit eintreten werde, zu verstehen ist. Ist dies objektiv oder subjektiv zu interpretieren?

Der niederländische Oberste Gerichtshof[17] hat sich für ein subjektives Kriterium entschieden. Er urteilt, dass ein solches leichtfertiges Handeln in dem Bewusstsein, dass dieser Schaden mit Wahrscheinlichkeit eintreten werde, nur dann vorliegt, wenn die jeweilige Person, die sich so verhält, die mit dem Verhalten verbundene Gefahr *kennt* und sich *bewusst ist*, dass die Wahrscheinlichkeit, dass die Gefahr eintreten wird, größer ist als die Wahrscheinlichkeit, dass dies nicht geschehen wird, sich dadurch von diesem Verhalten jedoch nicht abhalten lässt.

In diesem Zusammenhang ist, eines der Urteile vom 5.1.2001 des niederländischen Obersten Gerichtshofes bedeutsam:

> Der Frachtführer und dessen Auftraggeber – ein Zigarettenfabrikant – hatten seit langem eine Geschäftsbeziehung. Der Frachtführer transportierte dabei Zigarettensendungen nach Italien. Im Rahmen dieser Beziehung wurden am 15.10.1991 zwei LKW-Kombinationen mit 1800 Zigarettenpackungen für Mailand beladen. Die beiden LKW-Kombinationen waren mit drei Fahrern besetzt. Der Auftrag, den der Frachtführer den Fahrern erteilt hatte, enthielt unter anderem die Mitteilung, dass das Fahrzeug nicht unbeaufsichtigt zurückgelassen werden durfte. Beide LKWs waren übrigens nicht mit

---

17 Niederländischer Oberster Gerichtshof, 5.1.2001, Schip & Schade 2001, Nr. 61 und Nr. 62.

Anti-Diebstahl-Vorrichtungen oder Alarmanlagen ausgestattet. Während der Fahrt von den Niederlanden nach Italien hat sich dann in Frankreich ein dritter LKW desselben Frachtführers den beiden anderen LKWs angeschlossen. Dieser dritte LKW war nicht mit Zigaretten beladen.

Am Abend des 16.10.1991 hielten die LKWs um etwa 20.30 Uhr auf einem Parkplatz in Santia/Italien, da der Empfänger an dem Abend nicht mehr rechtzeitig erreicht werden konnte. Die Fahrer sind danach gleichzeitig essen gegangen. Von dem Restaurant aus, in dem sie saßen, hatten sie mindestens 1,5 Stunden lang keine Sicht auf die LKWs. Als die Fahrer zu den LKWs zurückkamen, stellten sie fest, dass die beiden Kombinationen mit Zigaretten gestohlen waren. Die Fahrer wurden fristlos entlassen.

Der Frachtführer hat beim Landgericht und im Berufungsverfahren unter anderem vorgebracht, dass die Fahrer die LKWs derart hinter anderen LKWs geparkt hatten, dass man nicht damit wegfahren konnte. Der Parkplatz sei, obwohl nicht bewacht, den Fahrern als sicher bekannt gewesen. Er sei auch gut beleuchtet und stark besucht gewesen, und die LKWs seien mit Tür- und Lenkradschloss verschlossen gewesen.

Der Oberste Gerichtshof ist der Meinung, dass aufgrund dieser Tatsachen und Umstände zwar einerseits angenommen werden kann, dass die Fahrer wussten, dass mit dem Parken der LKWs auf diese Weise ein Diebstahlrisiko verbunden war, dass sie jedoch andererseits glaubhaft gemacht haben, dass sie der Meinung waren, ausreichende Maßnahmen zur Diebstahlvorbeugung getroffen zu haben.

Aus dem Urteil der Vorinstanz, es sei eine Handlung leichtfertig erfolgt und in dem Bewusstsein dass dieser Schaden mit Wahrscheinlichkeit eintreten werde, geht nach Meinung des Obersten Gerichtshofes eine falsche Interpretation dieses Begriffes hervor, oder das Urteil des Gerichtshofes ist nicht, wie gesetzlich gefordert, ausreichend begründet. Der Oberste Gerichtshof hat daher das vorausgehende Urteil des Gerichtshofes aufgehoben und die Sache an einen anderen Gerichtshof verwiesen.

Der niederländische Oberste Gerichtshof hat auch in späteren Urteilen zuvor erwähntes Kriterium (eine Handlung oder eine Unterlassung, die leichtfertig und in dem Bewusstsein dass dieser Schaden mit Wahrscheinlichkeit eintreten werde, erfolgt) so gestaltet und angewandt.[18]

In Anbetracht der Konkretisierung, die der niederländische Oberste Gerichtshof dem betreffenden Kriterium gegeben hat, dürfte deutlich sein, dass von einem mit Vorsatz gleichzusetzenden Verschulden nach niederländischen Auffassungen nur in Ausnahmefällen gesprochen wird oder werden kann.

---

18 Niederländischer Oberster Gerichtshof, 22.2.2002, Schip & Schade 2002, Nr. 94.
Niederländischer Oberster Gerichtshof, 11.10.2002, Schip & Schade 2003, Nr. 61.

Ausnahmen lassen sich in der Rechtsprechung der unteren Instanzen durchaus finden. So hat der Gerichtshof Amsterdam[19] im folgenden Fall grundsätzlich einer Berufung auf Art. 29 CMR entsprochen:

> Ein Fahrer hatte, obwohl er wusste, dass er Sachen, die im Transit befördert werden, beim Zoll melden und dem Zoll die Zollunterlagen aushändigen musste, entgegen den ihm erteilten Anweisungen und den gemeinschaftlichen Zollvorschriften, die von ihm beförderten Sachen ohne Anwesenheit des Zolls an Adressen abgeliefert, von denen nicht angenommen werden konnte, dass es sich um Zolllager handelte; er hatte die Unterlagen nicht dem Zoll, sondern dem Ladungsinteressenten ausgehändigt, und er hatte es zugelassen, dass der Ladungsinteressent die Zollsiegel am LKW aufbrach.

Durch dieses Vorgehen des Fahrers wurden die Zolldokumente, mit denen die Ladung – bestehend aus Textilien – befördert wurde, nicht abgefertigt. Diese Dokumente waren vom Auftraggeber des Frachtführers ausgestellt. Die Steuerbehörden haben diesen Auftraggeber mit der Zahlung von Einfuhrzöllen etc. belastet, da diese Dokumente nicht abgefertigt waren. Seinerseits hat der Auftraggeber des Frachtführers, von demselben Entschädigung für den entstandenen Schaden gefordert. Wie sich bereits bei der Besprechung von Art. 23 CMR herausgestellt hat, kommen solche Zollforderungen in den Niederlanden normalerweise nicht für eine Entschädigung in Betracht, es sei denn, es liegt eine der Absicht gleichzusetzende Schuld i.S.v. Art. 29 CMR vor.

Der Gerichtshof urteilte, dass es sich um ein mit Vorsatz gleichzusetzendes Verschulden handelte, da die Wahrscheinlichkeit, dass die beförderten Sachen der Kontrolle durch den Zoll entzogen werden und die Unterlagen nicht abgefertigt werden würden, unter den dargelegten Umständen schließlich erheblich größer war als die Wahrscheinlichkeit, dass dies nicht geschehen würde. Der Fahrer habe sich aber trotz seiner Kenntnisse bezüglich der Vorschriften und Anweisungen, nicht davon abhalten lassen, so zu handeln wie geschehen.

Hier erhebt sich die Frage, ob der Gerichtshof das vom niederländischen Obersten Gerichtshof konkretisierte Kriterium nicht zu weitläufig interpretiert hat, da es nicht, wie bereits dargelegt, um die Frage gehen muss, ob der Fahrer sich dessen bewusst gewesen *sein muss*, sondern ob er sich dessen bewusst *war*.

In der BRD werden, nach Kenntnis des Autors, strenge Anforderungen an die Informationsverschaffung durch den Frachtführer gestellt. Der Frachtführer muss darlegen können, was sich beispielsweise während der verschiedenen Teile des Transports ereignet hat. Kann er dies nicht, so ist er, falls ein Schaden entsteht, auf der Grundlage von Art. 29 CMR insgesamt für diesen Schaden haftbar. Diese Situation tritt in den Niederlanden in dieser Form im Allgemeinen nicht auf. Es obliegt schließlich dem Ladungsinteressenten zu beweisen, dass es sich um Vor-

---

19 Gerichtshof Amsterdam, 13.12.2001, Schip & Schade 2002, Nr. 120.

satz oder mit Vorsatz gleichzusetzendes Verschulden seitens des Frachtführers handelt; außer im Falle besonderer Umstände wird diese Beweislast nicht umgekehrt. Bemerkenswert ist, dass es in den Niederlanden für den Frachtführer nachteilig sein kann, wenn er *zuviel* weiß.

Andererseits soll der Frachtführer aber natürlich diejenigen Behauptungen der Gegenpartei begründet bestreiten, die erhoben werden, um den Vorwurf einer i.S.v. Art 29 CMR dem Vorsatz gleich zu stellenden Schuld des Frachtführers zu begründen.[20] Tut er dies nicht, dann ist unter Umständen denkbar, dass der Richter urteilen wird, dass, nachdem den betreffenden Behauptungen unzureichend widersprochen wurde, von mit Vorsatz gleichzusetzender Schuld die Rede ist.

Insbesondere bei Paketbeförderern ist es nicht ungebräuchlich, dass diese über ein Tracking- und Tracingsystem verfügen.

Wenn aber das transportierte Gut verschwindet, ohne dass deutlich wird, was geschehen ist, trägt der Frachtführer in jedem Fall eine erhöhte Beweislast im Rahmen des Bestreitens des ihm zur Last gelegten Vorsatzes oder damit gleichzusetzenden Schuld. Wenn dieser erhöhten Beweislast nicht ausreichend erfüllt wird, wird dies so beurteilt, als stünde damit der dem Frachtführer vorgeworfene Vorsatz bzw. damit gleichzustellenden Schuld fest. Ein Entlastungsbeweis durch den Frachtführer wäre dann sogar nicht mehr möglich.[21]

Art. 32

Die Reichweite der Verjährungsbestimmungen festzulegen ist von großer Bedeutung. Um dazu ein Beispiel zu geben, möge die folgende Situation dienen:

> Ein Frachtführer meldet sich mit einem Tankwagen bei einem Verlader. Dieser Verlader ist nicht zugleich der Absender und steht somit außerhalb des mit dem Frachtführer geschlossenen Beförderungsvertrags. Dadurch, dass der Verlader eine zu große Menge in den Tankwagen lädt, wird dieser Tankwagen schwer beschädigt. Nach geraumer Zeit hat der Versicherer des Tankwagens, der inzwischen den Schaden am Tankwagen vergütet hatte, Klage auf Schadenersatz gegen den Verlader in Höhe des von ihm dem Frachtführer erstatteten Entschädigungsbetrages erhoben, behauptend, dass dieser seine Verpflichtung zur ordnungsgemäßen Ladung verletzt hatte. Der niederländische Oberste Gerichtshof [22] gelangt letztendlich zum Urteil, dass die betreffende Forderung des Versicherers des Frachtführers gegen den Verlader auf der Grundlage von Art. 32 Abs. 1 CMR verjährt war. Somit findet die Verjährungsregelung auch auf die außervertragliche Haftung Anwendung.[23]

---

20 Niederländischer Oberster Gerichtshof 29.5.209, Schip & Schade 2009, Nr. 97.
21 Gerichtshof Den Haag, 31.7.2008, Schip & Schade 2009, Nr. 29.
22 Niederländischer Oberster Gerichtshof, 11.2.2000, Schip & Schade 2000, Nr. 83.
23 Siehe auch Art. 28 CMR.

Es stellt sich jedoch die Frage, wie die Situation aussieht, wenn z.B. ein Frachtführer eine während des Transports verunreinigte Menge Güter in ein Silo entlädt, in dem sich gesundes Produkt befindet, das durch diese Beimischung beschädigt wird. Wie bereits angemerkt, könnte der Frachtführer außervertraglich, nämlich auf der Grundlage unrechtmäßigen Handelns, für den Schaden am ursprünglich gesunden Produkt im Silo haftbar sein. In Anbetracht des Urteils des niederländischen Obersten Gerichtshofs[24,25] bezüglich dieser Angelegenheit würde vermutlich auf die betreffende Forderung gegen den Frachtführer nicht die Frist von Art. 32 CMR Anwendung finden, sondern die generelle Verjährungsbestimmung infolge des niederländischen Gesetzes.

Zu erwähnen ist, dass die Verjährungsvorschrift des Art. 32 CMR einen weiten Anwendungsbereich hat. Der Oberste Gerichtshof hat in seinem Urteil vom 18.12.2009[26] geurteilt, dass auch ein Anspruch eines Frachtführers auf Feststellung, dass er nicht bzw. beschränkt haftet, der Verjährungsvorschrift des Art. 32 CMR unterliegt.

Art. 32 Abs. 2 CMR bestimmt, dass die Hemmung der Frist an dem Tag endet, an dem der Frachtführer die Reklamation schriftlich zurückweist und die beigefügten Belege zurücksendet. Nach Auffassung der niederländischen Rechtsprechung, ist nicht notwendig dass Abschriften zurückgesandt werden müssen, um die Rechtsfolge der Beendigung der Hemmungsfrist zu erreichen. Nur wenn der Frachtführer Originale erhält, muss er diese zurücksenden.

VI. Beförderung durch aufeinanderfolgende Frachtführer

Art. 34

Die Anwendung der Bestimmungen im Hinblick auf aufeinanderfolgende Frachtführer ist problematisch. Es ist schließlich schwer einzuschätzen, welche (Unter-)Frachtführer in der Rechtsprechung zugleich als aufeinanderfolgende Frachtführer i.S.v. Art. 34ff des CMR-Übereinkommens gelten. Die niederländische Rechtsprechung interpretiert die Erfordernisse i.S.v. Art. 34 und 35 CMR weitläufig. Ein Beispiel dafür lässt sich in einem Urteil des Gerichtshofs in Den Haag[27] finden.

In dem dort entschiedenen Fall hat der Ladungsinteressent den Transport einem Frachtführer übertragen. Dieser hatte den Transport nicht selbst ausgeführt, sondern an einen anderen Frachtführer vergeben. Auch der letztgenannte Frachtführer transportierte die Güter nicht, sondern erteilte Anweisungen bezüglich dieses Transports wieder einem Frachtführer, der

---

24 Niederländischer Oberster Gerichtshof, 15.4.1994, Schip & Schade 1994, Nr. 72.
25 Vgl. Supra S. 9.
26 Niederländischer Oberster Gerichtshof, 18.12.2009, Schip & Schade 2010, Nr. 25.
27 Gerichtshof Den Haag, 3.9.1991, Schip & Schade 1992, Nr. 16.

die Güter und den Frachtbrief direkt vom Ladungsinteressenten (ohne Intervention des ersten und zweiten Frachtführers) in Empfang nahm. Dennoch gilt dieser tatsächliche Frachtführer nach Ansicht des Gerichtshofs als aufeinanderfolgender Frachtführer, wobei der Gerichtshof sich wohlgemerkt auf Ziel und Inhalt des CMR-Übereinkommens berief und sich auf ausländische Rechtsprechung bezog.

Die Frage, ob ein Frachtführer als aufeinanderfolgender Frachtführer zu betrachten ist, ist u.a. von Bedeutung für die Frage, wer für den entstandenen Schaden von wem haftbar gemacht werden kann.

Art. 37

Nach Art. 37 CMR kann der Frachtführer, der Schadenersatz gezahlt hat, wenn dazu Anlass besteht, Regress ausüben gegen die in diesem Artikel genannten anderen Frachtführer. Die Frage erhob sich, ob dieser Artikel auch besagt, dass ein Frachtführer, der Schadenersatz gezahlt hat, den von ihm hinzugezogenen Frachtführer, d.h. seinen Vertragspartner, in Regress nehmen kann, wenn dieser nicht – wie in Art. 37 CMR erwähnt – ein Frachtführer ist. Die niederländische Rechtsprechung ist überwiegend der Ansicht, dass, auch wenn es sich um Transport i.S.v. Art. 34 CMR handelt der Frachtführer immer seinen Vertragspartner in Regress nehmen kann. Es gibt jedoch auch Entscheidungen in anderem Sinne.[28] Übrigens wird in den Niederlanden der Grundsatz, dass der Frachtführer vor Geltendmachung des Regresses Schadenersatz *gezahlt haben* muss, nicht angewandt.

---

28 Z.B. Landgericht Rotterdam, 28.3.2002, Schip & Schade 2003, Nr. 114.

Österreich

ao. Univ.-Prof. Dr. Helga Jesser-Huß, Graz

Literatur: *Csoklich*, CMR und vertragliche Aufrechnungsbeschränkungen, VersR 1985, 909; *ders.*, Einführung in das Transportrecht (1990); *ders.*, Rechtsvergleichende Grundlagen des Speditions- und Frachtrechts, ETR 2001, 683; Jabornegg/Artmann/*ders.*, UGB – Unternehmensgesetzbuch mit Firmenbuchgesetz, CMR, AÖSp, I, 2. Auflage (2010); *Enzinger*, Zur Haftung des Frachtführers, RdW 1986, 360; *Greiter*, CMR-Gerichtsurteile (1985); *Hügel*, Drei OGH-Entscheidungen zur Frachtführerhaftung nach der CMR und den AÖSp, JBl 1984, 57; *Jesser*, Frachtführerhaftung nach der CMR. Internationaler und nationaler Straßengütertransport (1992); *dies.*, Rechtsprechungsübersicht Transportrecht, ecolex 1992, 225; ecolex 1995, 163; ecolex 1996, 844; ecolex 2000, 22; *dies.*, Aktuelle transportrechtliche Probleme in Österreich, TranspR 2009, 109; *Loewe*, Erläuterungen zum Übereinkommen vom 19. Mai 1956 über den Beförderungsvertrag im internationalen Straßengüterverkehr, ETR 1976, 503; *ders.*, La CMR a 40 ans, ULR 1996, 429; *Platte*, Jüngere Rechtsprechung zum Transportrecht, ecolex 2008, 123; ecolex 2008, 223; ecolex 2009, 217; ecolex 2010, 539; ecolex 2011, 993; *Rogov*, Zollhaftung und Verhalten des Frachtführers bei CMR-Transporten nach Russland, ETR 1998, 649; *ders.*, Ist die Russische Föderation ein Vertragsstaat der CMR?, TranspR 2002, 62 = ETR 2001, 731; *ders.*, Neuauslegung des Art. 1 Abs. 5 CMR?, TranspR 2005, 185; Straube/*Schütz*, Wiener Kommentar zum Unternehmensgesetzbuch I, 4. Aufl., § 452 UGB Anh. I CMR; *Seltmann*, Die CMR in der österreichischen Praxis (1988); *Walch*, Aktivlegitimation und Regressvoraussetzungen betreffend transport- und versicherungsrechtliche Ansprüche nach österreichischer Rechtslage und Rechtsprechung, TranspR 2005, 229; *Wiesbauer/Zetter*, Transporthaftung (1984) mit Ergänzungsband (1990).

Art. 1 CMR

Literatur: *Aubauer*, Zum Entwurf eines Binnen-Güterbeförderungsgesetzes – BinGüBefG, AnwBl 1990, 256; *Csoklich*, CMR gilt nun auch für innerösterreichische Straßengütertransporte, RdW 1990, 368; *Horak*, § 439a HGB – Erweiterte Haftung des Spediteurs, AnwBl 1990, 541; *Jesser*, Anmerkungen zum Binnen-Güterbeförderungsgesetz, ecolex 1990, 600; *dies.*, Zur Anwendbarkeit der CMR auf die Rollfuhr, ÖJZ 1994, 622; *Seltmann*, Neuregelung des österreichischen Frachtrechtes durch das Binnen-Güterbeförderungsgesetz, TranspR 1990, 405.

Die CMR ist in Österreich am 2.7.1961 in Kraft getreten (öBGBl. 1961/138), das Protokoll am 19.9.1981 (öBGBl. 1981/192). Das international seit 5.6.2011 in Kraft stehende Zusatzprotokoll betreffend den elektronischen Frachtbrief wurde von Österreich bisher nicht ratifiziert.

Die CMR gilt in Österreich mit der Besonderheit, dass sie nicht nur auf grenzüberschreitende Straßengütertransporte, sondern inhaltlich unverändert auf Beförderungen, die ohne Grenzübertritt unabhängig von der Länge des Beförderungswegs innerhalb Österreichs durchgeführt werden, Anwendung findet.[1] Die

---

[1] Bundesgesetz, 28.6.1990, mit dem das Handelsgesetzbuch sowie das Binnenschifffahrtsgesetz hinsichtlich der innerstaatlichen Anwendung des Beförderungsvertrages im internationalen Straßengüterverkehr – CMR geändert werden (Binnen-Güterbeförderungsgesetz), öBGBl. 1990/459.

Länderberichte **Österreich**

Verweisungsnorm des UGB,[2] die die Anwendbarkeit der *CMR auf innerstaatliche Beförderungen* erstreckt, lautet:

„§ 439a (1) Auf den Abschluss und die Ausführung des Vertrages über die entgeltliche Beförderung von Gütern auf der Straße – ausgenommen Umzugsgut – mittels Fahrzeugen, die Haftung des Frachtführers, Reklamationen und das Rechtsverhältnis zwischen aufeinanderfolgenden Frachtführern sind die Art. 2 bis 30 und 32 bis 41 des Übereinkommens vom 19. Mai 1956, BGBl. Nr. 138/1961, über den Beförderungsvertrag im internationalen Straßengüterverkehr (CMR) in der Fassung des Protokolls vom 5. Juli 1978, BGBl. Nr. 192/1981, in der für Österreich jeweils geltenden Fassung auch dann anzuwenden, wenn der vertragliche Ort der Übernahme und der vertragliche Ort der Ablieferung des Gutes im Inland liegen.

(2) Im Sinne des Abs. 1 sind unter Fahrzeugen Kraftfahrzeuge, Sattelkraftfahrzeuge, Anhänger und Sattelanhänger gemäß Art. I lit. p), q), r) und u) des Übereinkommens über den Straßenverkehr, BGBl. Nr. 289/1982, zu verstehen."

Sie ist demnach auch für innerhalb Österreichs durchgeführte *Kabotagetransporte* zu beachten; infolge des zwingenden Charakters der CMR ist die Rechtswahl insoweit unzulässig.[3] Die Geltung der frachtrechtlichen Bestimmungen des UGB beschränkt sich daher im Wesentlichen auf Transporte mit Tierfuhrwerken, Fahrrädern oder durch Menschenkraft sowie auf die Beförderung von Umzugsgut;[4] im Rahmen von CMR-Beförderungen sind sie nur subsidiär heranzuziehen, soweit österreichisches Recht auf den Beförderungsvertrag anzuwenden ist und das Übereinkommen keine Vorschriften enthält.

Ist bei *multimodalen Transporten* die Teilstrecke bekannt, auf der der Schaden eingetreten ist, wendet der OGH in st. Rsp. das Network-System an[5] und stellt somit auf den zwischen den Parteien des multimodalen Frachtvertrags hypothetisch abgeschlossenen Vertrag über die betreffende Teilstrecke ab. Handelt es sich um ein Straßenteilstück, findet nach österreichischem Recht die CMR sowohl bei Grenzüberschreitung als auch – nach § 439a UGB – bei rein innerstaatlichen Strecken Anwendung, nach der Rsp. allerdings nur, wenn es sich um ein innerösterreichisches Teilstück handelt.[6] Die Begründung dafür wird im Wortlaut des § 439a UGB gesehen, wonach Übernahme- und Ablieferungsort „im Inland", also in Österreich, liegen müssen. Daraus ergebe sich, dass der Gesetzgeber nur den Transport für das österreichische Inland regeln wollte, sodass ein nicht grenzüberschreitender Transport im Ausland bei Anwendbarkeit österreichischen

---

2 Mit 1.1.2007 wurde das Handelsgesetzbuch in Unternehmensgesetzbuch umbenannt (öBGBl. I 2005/120.
3 Art. 9 Abs. 1 lit. a) VO (EG) 1072/2009 ABl. L 300/72 vom 14.11.2009.
4 Straube/*Schütz*, § 425 UGB Rdn. 1.
5 OGH, 19.1.2011, TranspR 2011, 372 = ecolex 2011/127; OGH, 19.1.2011, EvBl. 2011/81 = RdW 2011/343; st. Rsp. seit OGH, 19.1.1994, SZ 67/4 = RdW 1994, 351 = ecloex 1994, 312 = ZfRV 1994/42.
6 OGH, 19.1.2011, TranspR 2011, 372 = ecolex 2011/127; OGH, 19.1.2011, EvBl. 2011/81 = RdW 2011/343.

Rechts nicht der CMR unterliegt, sondern dem dispositiven Vorschriften des UGB. Dieser Schluss ist allerdings nicht zwingend; ungeachtet der gewählten Formulierung wollte der Gesetzgeber den Anwendungsbereich der CMR auf reine Binnentransporte, naturgemäß innerhalb Österreichs, erstrecken. An rein innerstaatliche Teilstrecken im Ausland im Zuge eines multimodalen Transports hat man nicht gedacht; ebenso wenig machte die zum Zeitpunkt des Inkrafttretens der Vorschrift restriktive Haltung hinsichtlich der Kabotage Überlegungen zur Anwendbarkeit der CMR auf von österreichischen Frächtern im Ausland durchgeführte Transporte notwendig. In beiden Fällen ist richtigerweise von einer ungewollten, durch Analogie zu füllenden, Lücke auszugehen.[7]

Auf Speditionsverträge finden die Vorschriften der CMR keine Anwendung, da es am geschuldeten Beförderungserfolg mangelt. Abweichendes gilt für den *Selbsteintritt* sowie die *Fixkosten-* bzw. *Sammelladungsspedition*, da die §§ 412f. UGB ausdrücklich die Anwendung frachtrechtlicher Vorschriften anordnen. Infolge des Verweises auf zwingendes Frachtrecht sind die beiden UGB-Vorschriften unabdingbar.[8] Die CMR gilt nicht für sog. *Lohnfuhr*verträge, bei denen lediglich ein bemanntes Fahrzeug für eine bestimmte Zeit überlassen wird (Zeitcharter), hingegen nicht der Beförderungserfolg geschuldet ist.[9] Die von Spediteuren durchgeführte *Rollfuhr* i.S.d. § 131 Abs. 1 Ziffer 1 GewO 1994, also die Beförderung von Gütern zu und von der Station eines Eisenbahn-, Schifffahrts- und Luftverkehrsunternehmens oder zu und von den Lagern und Sammelstellen des Spediteurs, unterliegt hingegen der CMR. Ausnahmen gelten nur für die von den Eisenbahnen mit Straßenfahrzeugen durchgeführte Rollfuhr. Sie unterliegt kraft ausdrücklicher gesetzlicher Anordnung dem Eisenbahnbeförderungsgesetz (§ 4 Abs. 6 und 7 EBG).[10]

Die Bestimmungen der CMR finden nur dann Anwendung, wenn die Beförderung von Gütern die *Hauptpflicht* der vertraglichen Vereinbarung umfasst und nicht bloß eine Nebenpflicht; nur dann liegt ein Frachtvertrag vor.[11]

Beim *Logistikvertrag*, der als gemischter Vertrag Elemente mehrerer gesetzlich geregelter Vertragstypen enthält, kann die CMR zur Anwendung gelangen. Bei der Beurteilung der einzelnen Leistungspflicht ist die sachlich am meisten befriedigende Vorschrift heranzuziehen. Nach der herrschenden Kombinationstheorie ist das die Regelung jenes Vertragstyps, dem die in Frage stehende Pflicht entstammt.[12]

---

7 Zutreffend Jabornegg/Artmann/*Csoklich*, § 439a UGB Rdn. 5.
8 Ständige Rechtsprechung vgl. etwa OGH, 4.11.1981, TranspR 1982, 80 = SZ 54/160 = EvBl. 1982/45 = JBl. 1984, 88; OGH, 4.6.1987, TranspR 1988, 273 = RdW 1988, 89.
9 OGH, 16.9.1980, ZfRV 1981, 44 = HS X/XI/29; OGH, 8.9.1983, TranspR 1984, 281 = ETR 1985, 282 = SZ 56/129 = EvBl. 1984/13; OGH, 17.11.1987, HS XVIII/XIX/5; OGH, 9.11.1995, ecolex 1996, 849 = HS 26.117; OLG Innsbruck, 20.6.1995, TranspR 1997, 343.
10 Vgl. dazu *Jesser*, ÖJZ 1994, 622ff.
11 Jabornegg/Artmann/*Csoklich*, Art. 1 CMR Rdn. 5; Straube/*Schütz*, Art. 1 CMR Rdn. 1; wohl auch OGH, 26.5.1983, SZ 56/83 = RdW 1984, 44 = *Greiter*, Nr. 39; a.A. *Loewe*, ETR 1976, 512f.
12 OGH, 11.12.2007, RdW 2008/280.

Der Begriff der *Entgeltlichkeit* ist weit auszulegen und kann in der Einräumung eines jedweden Vorteils liegen, der in einem angemessenen Verhältnis zur vereinbarten Beförderung steht;[13] auch der entgeltliche Gelegenheitsverkehr unterliegt der CMR.[14]

Art. 2 CMR

Art. 2 CMR dehnt den Anwendungsbereich des Übereinkommens über den reinen Straßengütertransport hinaus auch auf *bestimmte multimodale Beförderungen* aus, bei denen das mit dem Transportgut beladene Fahrzeug auf einem Teil der vereinbarten Strecke mit einem anderen Transportmittel zur See, mit der Eisenbahn, auf Binnenwasserstraßen oder auf dem Luftweg befördert wird. Voraussetzung ist ein *einheitlicher* (durchgehender) *Beförderungsvertrag* zwischen Absender und Frachtführer, aufgrund dessen das *beladene Straßenfahrzeug* (Art. 1 Abs. 2 CMR)[15] mit anderen Beförderungsmitteln transportiert wird.[16] Das Gut darf außer in den Fällen des Art. 14 CMR nicht umgeladen werden. Es ist nicht erforderlich, dass die Zugmaschine mitverladen wird, da unter den Begriff des Straßenfahrzeugs auch Anhänger und Sattelauflieger fallen. Wechselaufbauten und Wechselbrücken erfüllen hingegen nicht die Voraussetzungen;[17] ebenso wenig Container.[18] Art. 2 CMR erfasst somit den *Fährverkehr* (roll on/roll off) sowie den *Huckepackverkehr* der Bahn („Rollende Landstraße").[19]

Unter den genannten Voraussetzungen gilt die CMR für die gesamte Beförderungsstrecke; der Frachtführer hat jedoch die Möglichkeit, sich bei *bekanntem Schadensort* auf andere zwingende Sonderbestimmungen zu berufen, wenn die entstandenen Schäden gerade während und aufgrund des Transports mit dem anderen Transportmittel verursacht worden sind (Network-System).

Art. 3 CMR

Der Frachtführer haftet für seine Bediensteten und für alle anderen Personen, derer er sich bei Ausführung der Beförderung bedient; Art. 3 CMR gilt nur für die *Haftungstatbestände der CMR*, nicht hingegen, wenn sich die Haftung des

---

13 *Loewe*, ETR 1976, 512.
14 *Jesser*, Frachtführerhaftung, S. 24.
15 Dazu OGH, 19.5.1982, SZ 55/76 = JBl. 1983, 160 = HS 12.566 = *Greiter*, Nr. 33.
16 Maßgeblich ist die vertragliche Vereinbarung: *Csoklich*, Einführung, S. 322.
17 Wie hier Jabornegg/Artmann/*Csoklich*, Art. 1 CMR Rdn. 4; a.A. *ders.*, Der multimodale Transport als Prüfstein der Rechtsvereinheitlichung auf dem Transportsektor, in: Griller/Lavric/Neck (Hrsg.), Europäische Integration aus österreichischer Sicht (1991), S. 411 (S. 418).
18 *Loewe*, ETR 1976, 523; Jabornegg/Artmann/*Csoklich*, Art. 2 CMR Rdn. 4.
19 Straube/*Schütz*, Art. 2 CMR Rdn. 1; Jabornegg/Artmann/*Csoklich*, Art. 2 CMR Rdn. 4.

Frachtführers nicht aus dem Übereinkommen ergibt.[20] Die Vorschrift betrifft nur das Verhalten von *Gehilfen des Frachtführers*, nicht jedoch jenes von Gehilfen der Verfügungsberechtigten; dieses unterliegt dem ergänzend anwendbaren nationalen Recht.[21]

Der *Personenkreis*, für den der Frachtführer nach Art. 3 CMR einzustehen hat, ist nach dieser Vorschrift zweigeteilt: Zum einen handelt es sich bei den „Bediensteten" um Personen, die in den Betrieb des Frachtführers eingegliedert sind, ohne unbedingt ein soziales Abhängigkeitsverhältnis zu erfordern.[22] Deren schädigendes Verhalten hat der Frachtführer unabhängig davon zu vertreten, ob es gerade im Zusammenhang mit der Abwicklung des betreffenden Transports gesetzt wird oder nicht. Demgegenüber stellt der Wortlaut der Vorschrift beim zweiten Personenkreis, den „anderen Personen", zu dem etwa Unterfrachtführer und deren Gehilfen zählen,[23] auf den Zusammenhang der Verpflichtungen aus dem konkreten Beförderungsvertrag ab.[24] In beiden Fällen hat der Frachtführer nur jenes Verhalten des ihm zurechenbaren Personenkreises zu vertreten, welches *„in Ausübung ihrer Verrichtungen"* und nicht bloß gelegentlich bei der Ausübung der ihnen übertragenen Tätigkeiten gesetzt wird. Erforderlich ist also ein gewisser innerer und nicht nur ein rein äußerlicher, zufälliger Zusammenhang mit dem den Bediensteten oder anderen Personen übertragenen Aufgaben- und Pflichtenkreis.[25] Zum übertragenen Aufgabenbereich zählt insbesondere die Wahrung der Sicherheit des Guts; ist der innere Zusammenhang mit dem übertragenen Aufgabenbereich gegeben, haftet der Frachtführer auch für vorsätzlich begangene unerlaubte Handlungen seiner Leute, wie etwa bei Menschenschmuggel[26] oder Alkoholschmuggel.[27] Das gilt auch dann, wenn der Gehilfe gegen die ausdrückliche Weisung des Geschäftsherrn verstößt.[28]

---

20 OGH, 26.5.1983, SZ 56/83 = RdW 1984, 44 = *Greiter*, Nr. 39; Jabornegg/Artmann/*Csoklich*, Art. 3 CMR Rdn. 3.
21 OGH, 16.9.1980, ZfRV 1981, 44 = HS X/XI/29; OGH, 29.4.1982, TranspR 1984, 105 = HS XII/XIII/16 = *Greiter*, Nr. 30; *Jesser*, Frachtführerhaftung, S. 99; Jabornegg/Artmann/*Csoklich*, Art. 3 CMR Rdn. 2.
22 *Loewe*, ETR 1976, 525; *Jesser*, Frachtführerhaftung, S. 141; Jabornegg/Artmann/*Csoklich*, Art. 3 CMR Rdn. 4.
23 OGH, 20.1.1982, TranspR 1985, 333 = EvBl. 1982/62 = JBl. 1984, 92 = *Greiter*, Nr. 25; OGH, 17.2.1982, SZ 55/20 = *Greiter*, Nr. 26; OGH, 16.1.1985, TranspR 1986, 21 = SZ 58/6 = RdW 1985, 243 = *Greiter*, Nr. 54; OGH, 4.6.1987, TranspR 1988, 273 = RdW 1988, 89; OGH, 20.7.1989, VersE 1431; OGH, 28.5.1999, ZfRV 1999/73; *Loewe*, ETR 1976, 526; Jabornegg/Artmann/*Csoklich*, Art. 3 CMR Rdn. 5.
24 *Jesser*, Frachtführerhaftung, S. 142; Straube/*Schütz*, Art. 3 CMR Rdn. 1; Jabornegg/Artmann/*Csoklich*, Art. 3 CMR Rdn. 5.
25 OGH, 22.11.1977, TranspR 1980, 31 = EvBl. 1978/113 = HS 11.217 = *Greiter*, Nr. 11; Jabornegg/Artmann/*Csoklich*, Art. 3 CMR Rdn. 6.
26 OGH, 22.11.1977, TranspR 1980, 31 = EvBl. 1978/113 = HS 11.217 = *Greiter*, Nr. 11.
27 OGH, 18.5.1982, TranspR 1983, 48 = SZ 55/73 = JBl. 1984, 90 = *Greiter*, Nr. 31; OGH, 12.12.1984, TranspR 1986, 426 = VersR 1986, 798 = SZ 57/196 = JBl. 1986, 101 (*Koziol*).
28 OGH, 12.12.1984, TranspR 1986, 426 = VersR 1986, 798 = SZ 57/196 = JBl. 1986, 101 (*Koziol*).

Art. 4 CMR

Der Beförderungsvertrag nach der CMR ist ein *formfreier Konsensualvertrag*.[29] Zwar bestimmt Art. 4 CMR, dass er in einem Frachtbrief festgehalten wird; allerdings berühren weder das Fehlen, die Mangelhaftigkeit noch der Verlust desselben den Bestand oder die Gültigkeit des Beförderungsvertrags, der der CMR unterworfen bleibt. Der *Frachtbrief* hat somit keine konstitutive, sondern nur *deklaratorische Bedeutung*.[30] Auch die Übernahme des Frachtguts ist für die Gültigkeit des Beförderungsvertrags irrelevant.[31]

Als Frachtvertrag unterliegt der CMR-Beförderungsvertrag subsidiär den Vorschriften über den *Werkvertrag*.[32] Soweit die CMR dem Empfänger die Befugnis einräumt, gewisse Rechte im eigenen Namen gegenüber dem Frachtführer geltend zu machen, tritt er als Begünstigter eines *echten Vertrags zugunsten Dritter* auf, d.h. ihm steht als Begünstigtem das Forderungsrecht zu.[33]

Art. 5 CMR

In Österreich sind *Unterschriftsnachbildungen* durch mechanische Vervielfältigung (Faksimile) infolge § 426 Abs. 2 Ziffer 9 UGB als zulässig anzusehen.[34] Fehlen Unterschriften, entfaltet der CMR-Frachtbrief nicht die Beweiswirkungen, die ihm dieses Übereinkommen beimisst; er kann aber als gewöhnliche Beweisurkunde dienen.[35]

Die erste Ausfertigung des Frachtbriefs hat *Sperrwirkung*.[36]

Art. 6 CMR

Da nach Art. 4 CMR weder das Fehlen noch die Mangelhaftigkeit des Frachtbriefs Bestand und Gültigkeit des Beförderungsvertrags berühren, kommt den Eintragungen im Allgemeinen lediglich *deklaratorische Bedeutung* zu. Die Ver-

---

29 H.M. vgl. etwa OGH, 19.3.1998, HS 29.236, RdW 1998, 739 = ZfRV 1998/40; *Loewe*, ETR 1976, 510; Straube/*Schütz*, Art. 4 CMR Rdn. 1; *Jesser*, Frachtführerhaftung, S. 32; Jabornegg/Artmann/*Csoklich*, Art. 4 CMR Rdn. 1.
30 OGH, 19.3.1998, HS 29.236, RdW 1998, 739 = ZfRV 1998/40; *Jesser*, Frachtführerhaftung, S. 35.
31 OGH, 4.10.1983, Verkehr 1985, 451 = *Greiter*, Nr. 44.
32 OGH, 13.6.1985, TranspR 1988, 13 = SZ 58/102 = RdW 1986, 12; *Jesser*, Frachtführerhaftung, S. 33f.; *Csoklich*, Einführung, S. 50.
33 Siehe die Nachweise in Fn. 57.
34 Jabornegg/Artmann/*Csoklich*, Art. 4 CMR Rdn. 2; Straube/*Schütz*, Art. 5 CMR Rdn. 2; *Jesser*, Frachtführerhaftung, S. 31.
35 Straube/*Schütz*, Art. 5 CMR Rdn. 2; Jabornegg/Artmann/*Csoklich*, Art. 5 CMR Rdn. 2.
36 Jabornegg/Artmann/*Csoklich*, Art. 5 CMR Rdn. 4; *Jesser*, Frachtführerhaftung, S. 87.

einbarung einer Lieferfrist ist auch ohne Frachtbriefeintrag wirksam,[37] ebenso eine Nachnahmevereinbarung.[38]

Art. 7 CMR

Die Haftung des Absenders für unrichtige bzw. unvollständige Frachtbriefangaben ist *verschuldensunabhängig*[39] und der Höhe nach unbegrenzt.[40]

Art. 8 CMR

Die Vorschrift, die die Ausstellung eines Frachtbriefs voraussetzt, statuiert eine *Obliegenheit* des Frachtführers zur Untersuchung des Frachtguts bei der Übernahme zur Beförderung;[41] bei der Überprüfung auf Verlangen des Absenders nach Abs. 3 handelt es sich hingegen um eine echte *Schuldnerpflicht*.[42]

Vorbehalte müssen *ausreichend begründet* sein um entsprechende Wirkungen zu entfalten.[43]

Wirksame Vorbehalte, die vom Absender nicht anerkannt werden, haben zur Folge, dass die Beweiswirkungen des Frachtbriefes gemäß Art. 9 Abs. 2 nicht eintreten;[44] die Beweislage ist offen, als sei überhaupt kein Frachtbrief vorhanden.[45] Anerkannte Vorbehalte führen zu einer unwiderleglichen Vermutung ihrer Richtigkeit.[46]

Art. 9 CMR

Nach Art. 9 Abs. 1 CMR ist der Frachtbrief eine *widerlegliche Beweisurkunde*; er dient bis zum Beweis des Gegenteils als Nachweis für den Abschluss und den Inhalt des Beförderungsvertrags sowie die Übernahme des Guts durch den

---

37 OGH, 8.4.1987, SZ 60/64 = HS 18.479; Straube/*Schütz*, Art. 6 CMR Rdn. 1.
38 OGH, 27.3.1990 – 5 Ob 549/90, ecolex 1992, 226; OGH, 11.7.1990, TranspR 1992, 322 = ecolex 1992, 226; *Jesser*, Frachtführerhaftung S. 94.
39 Jabornegg/Artmann/*Csoklich*, Art. 7 CMR, Rdn. 2; *Jesser*, Frachtführerhaftung, S. 167; Straube/*Schütz*, Art. 7 CMR Rdn. 1.
40 Jabornegg/Artmann/*Csoklich*, Art. 7 CMR Rdn. 3; *Loewe*, ETR 1976, 535.
41 *Loewe*, ETR 1976, 537; Jabornegg/Artmann/*Csoklich*, Art. 3 CMR Rdn. 2; ohne Stellungnahme OGH, 3.7.1985, TranspR 1987, 374 = ZVR 1986/97 = HS 16.454.
42 *Jesser*, Frachtführerhaftung, S. 56.
43 Straube/*Schütz*, Art. 8 CMR Rdn. 1; Jabornegg/Artmann/*Csoklich*, Art. 8 CMR Rdn. 9.
44 *Jesser*, Frachtführerhaftung, S. 37 f.; Jabornegg/Artmann/*Csoklich*, Art. 8 CMR Rdn. 15.
45 Straube/*Schütz*, Art. 8 CMR Rdn. 1.
46 Straube/*Schütz*, Art. 8 CMR Rdn. 1; Jabornegg/Artmann/*Csoklich*, Art. 8 CMR Rdn. 14; a.A. *Loewe*, ETR 1976, 539.

Frachtführer.[47] Die Vermutung greift nur ein, wenn überhaupt ein Frachtbrief ausgestellt wurde.[48]

Art. 10 CMR

Die Bestimmung verpflichtet den Absender zum Ersatz von Schäden, die durch die nicht ordnungsgemäße Verpackung des Guts entstehen; sie ist *nicht analog* auf Schäden infolge *Verladefehlern* anzuwenden.[49] Die Vorschrift geht zwar implizit davon aus, dass grundsätzlich der Absender die Güter zu verpacken hat, statuiert allerdings nicht eine dahingehende unabdingbare Verpflichtung, sondern lediglich seine Haftung für Schäden, die infolge mangelhafter Verpackung entstehen. Daher steht diese Vorschrift einer Vereinbarung, dass den Frachtführer die Verpackungspflicht treffen soll, nicht entgegen.[50]

Art. 11 CMR

Der Absender haftet nach Art. 11 Abs. 2 CMR *verschuldensunabhängig*.[51] Art. 11 Abs. 3 CMR verweist hinsichtlich der Haftung des Frachtführers für den durch Verlust oder unrichtige Verwendung der Begleitpapiere eintretenden Schaden auf nationales Kommissions- bzw. *Speditionsrecht*; nach österreichischem Recht ist § 407 Abs. 2 i.V. m. § 390 Abs. 1 UGB maßgebend.[52] Die Rechtsfolgen dieser Vorschriften sind wegen Art. 41 CMR unabdingbar.[53] Für ein Gehilfenverschulden hat der Frachtführer nach § 1313a ABGB einzustehen; Art. 3 CMR ist insoweit unanwendbar.[54]

Art. 12 CMR

Nach Art. 12 Abs. 7 CMR haftet der Frachtführer für die Nichtausführung von Verfügungen, die ihm unter den besonderen Voraussetzungen des Art. 12 CMR erteilt worden sind, bzw. für Weisungen, die er ohne Vorlage der ersten Ausfertigung des Frachtbriefs ausgeführt hat. Der Schadensersatzanspruch setzt die Ausstellung eines Frachtbriefs voraus, ist von einem Verschulden des Frachtführers

---

47 OGH, 30.5.1985, TranspR 1986, 225 = VersR 1987, 112 = ZVR 1986/7 = HS 16.184; OGH, 14.8.1996, ZfRV 1997/1 = HS 27.315/2.
48 Straube/*Schütz*, Art. 9 CMR Rdn. 3.
49 OGH, 2.4.1982, TranspR 1984, 151 = SZ 55/48 = HS 12.570 = *Greiter*, Nr. 28; OGH, 18.12.1984, TranspR 1986, 372 = SZ 57/205 = *Greiter*, Nr. 53.
50 *Jesser*, Frachtführerhaftung, S. 66.
51 Jabornegg/Artmann/*Csoklich*, Art. 11 CMR Rdn. 7.
52 Straube/*Schütz*, Art. 11 CMR Rdn. 2; *Jesser*, Frachtführerhaftung, S. 82.
53 *Jesser*, Frachtführerhaftung, S. 82.
54 Straube/*Schütz*, Art. 11 CMR Rdn. 2; *Jesser*, Frachtführerhaftung, S. 82; Jabornegg/Artmann/*Csoklich*, Art. 11 CMR Rdn. 12.

unabhängig und der Höhe nach unbegrenzt.[55] Resultieren aus einem Weisungsvergehen auch Güter- und Verspätungsschäden, stellt sich die Frage nach der Anspruchskonkurrenz. Zweifellos soll Art. 12 Abs. 7 CMR einen besonders schweren Verstoß gegen beförderungsvertragliche Pflichten sanktionieren; eines Vorrangs der Vorschrift vor Art. 17 ff. bedarf es aber nicht, da bei schwerem Verschulden auch in der Obhuts- und Verspätungshaftung jegliche Haftungsgrenzen entfallen.[56]

Art. 13 CMR

Literatur: *Csoklich*, Zur Anspruchsberechtigung im Straßengüterverkehr, RdW 1997, 188.

Der Empfänger kann die Rechte aus dem Beförderungsvertrag im eigenen Namen geltend machen; der Frachtvertrag ist sowohl nach der CMR als auch nach den §§ 425 ff. UGB ein *echter Vertrag zugunsten Dritter*, aus dem dem Empfänger, der selbst nicht Vertragspartei ist, bestimmte Rechte erwachsen.[57]

Die *Empfängerrechte* nach Art. 13 Abs. 1 Satz 1 CMR setzen das *Eintreffen der Güter am vertraglich vereinbarten Bestimmungsort* voraus; ausreichend ist, wenn die Güter in der politischen Gemeinde, in der sich die genaue Ablieferungsstelle befindet, eintreffen.[58] Verlangt der Empfänger die Ablieferung, resultiert daraus auch seine Berechtigung, *Schadensersatz zu fordern*, falls das Gut beschädigt wurde, da unter dem in dieser Vorschrift normierten Recht auf Herausgabe des Guts die vollständige und unbeschädigte Herausgabe zu verstehen ist.[59] Voraussetzung ist die Ablieferung; verweigert der Empfänger jedoch die Annahme, ist er nicht berechtigt, Schadensersatz zu fordern, wenn die Verfügungsbefugnis nicht auf ihn übergegangen ist.[60] Die Aktivlegitimation des Empfängers bei Verlust und Verspätung ergibt sich aus Satz 2.[61] Der *Absender* ist als Vertragspartner des Frachtführers jedenfalls anspruchslegitimiert.[62]

---

55 *Loewe*, ETR 1976, 545; Jabornegg/Artmann/*Csoklich*, Art. 12 CMR Rdn. 14.
56 *Jesser*, Frachtführerhaftung, S. 93, Fn. 444; Straube/*Schütz*, Art. 12 CMR Rdn. 2; a.A. OGH, 13.6.1985, TranspR 1988, 13 = SZ 58/102 = RdW 1986, 12.
57 OGH, 14.9.1995, RdW 1996, 207 = HS 26.329; OGH, 29.10.1998, ZfRV 1999/25 = HS 29.238; OGH, 12.9.2002, RdW 2003/65; *Jesser*, Frachtführerhaftung, S. 34; Straube/*Schütz*, Art. 13 CMR Rdn. 1; Jabornegg/Artmann/*Csoklich*, Art. 13 CMR Rdn. 1.
58 *Loewe*, ETR 1976, 545; Jabornegg/Artmann/*Csoklich*, Art. 13 CMR Rdn. 1; a.A. Straube/*Schütz*, Art. 13 CMR Rdn. 1b: genaue Anschrift der Ablieferungsstelle.
59 *Loewe*, ETR 1976, 552; vgl. nur OGH, 17.2.1982, SZ 55/20 = *Greiter*, Nr. 26; OGH, 22.11.1984, HS XIV/XV/30 = *Greiter*, Nr. 50; OGH, 14.9.1995, RdW 1996, 207 = HS 26.329.
60 OGH, 27.1.1998, ZfRV 1998/31 = HS 29.237 = ecolex 2000, 25.
61 OGH, 29.10.1998, ZfRV 1999/25 = HS 29.238.
62 OGH, 12.4.1984, TranspR 1985, 344 = SZ 57/75 = *Greiter*, Nr. 45; OGH, 28.6.1988, TranspR 1989, 222 = VersR 1989, 980; OLG Linz, 27.11.1989, TranspR 1990, 154; *Csoklich*, Einführung, S. 207; *Jesser*, Frachtführerhaftung, S. 175; Straube/*Schütz*, Art. 13 CMR Rdn. 3.

Zulässig ist die *Drittschadensliquidation,* die Anspruchsberechtigung ist von der Schädigung des Aktivlegitimierten unabhängig, sofern dessen Interessen mit denjenigen des Geschädigten so verknüpft sind, dass sie die Wahrnehmung dieser Drittinteressen rechtfertigen, wie dies etwa bei einem Speditions-, Fracht- oder Kaufvertrag der Fall ist. Zulässig ist die Drittschadensliquidation insbesondere durch den Spediteur bzw. Frachtführer für den jeweiligen Auftraggeber,[63] aber auch für einen Transportversicherer, der dem Absender dessen Schaden ersetzt.[64] Der Hauptfrachtführer ist berechtigt, den seinem Auftraggeber erwachsenden Schaden gegenüber dem Unterfrachtführer geltend zu machen, auch wenn er selbst seinem Auftraggeber den Schaden nicht ersetzt hat.[65] In einer Kette aufeinanderfolgender Frachtführer steht jedem Unterfrachtführer dieses Recht zur Schadensliquidierung von seinem unmittelbar nachfolgenden Unterfrachtführer, mit dem er einen Frachtvertrag abgeschlossen hat, zu. Dieses Recht kann auch schon vor Zahlung an einen Vormann abgetreten werden.[66] Da der Unterfrachtvertrag wie jeder Frachtvertrag ein Vertrag zugunsten des Empfängers ist, steht dem *Empfänger* unter den genannten Voraussetzungen die *Aktivlegitimation gegen den – passivlegitimierten – Unterfrachtführer* zu.[67]

Macht der Empfänger seine Rechte aus Art. 13 Abs. 1 CMR geltend, ist er zur Zahlung der aus dem Frachtbrief hervorgehenden *Kosten* (vgl. Art. 6 Abs. 1 lit. i) bzw. Abs. 2 lit. b) und c)) verpflichtet (Art. 13 Abs. 2 CMR). Die gesetzliche Zahlungsverpflichtung des Empfängers besteht ab diesem Zeitpunkt neben der vertraglichen des Absenders.[68] Enthält der Frachtbrief diesbezüglich nur den Hinweis „unfrei ab ...", ohne dass das Entgelt angeführt wird, entspricht das nicht den Anforderungen dieser Vorschrift.[69] Ihr Wortlaut, wonach der Gesamtbetrag der „aus dem Frachtbrief hervorgehenden Kosten" zu zahlen ist, bedeutet, dass sie ziffernmäßig feststehen müssen oder sich aus ausdrücklich genannten anderen Bestimmungen oder Tarifen errechnen lassen. Art. 13 CMR ist zwingend und schließt abweichende Vereinbarungen über die Rechte des Frachtfüh-

---

63 OGH, 26.11.1996, TranspR 1997, 281 = SZ 69/266 = JBl. 1997, 532 = RdW 1997, 275.
64 OGH, 27.4.2011, TranspR 2011, 373.
65 OGH, 26.11.1996, TranspR 1997, 281 = SZ 69/266 = JBl. 1997, 532 = RdW 1997, 275; abweichend noch OGH, 28.3.1995, WBl. 1996, 330 = ZfRV 1995/38 = HS 26.122 = ecolex 1996, 850.
66 OGH, 25.11.1997, SZ 70/247 = RdW 1998, 337 = ZfRV 1998/14 = ecolex 2000, 26.
67 OGH, 17.2.1982, SZ 55/20 = HS 12.279 = *Greiter,* Nr. 26; Straube/*Schütz,* § 432 UGB Rdn. 1; ablehnend *Csoklich,* RdW 1997, 194; Jabornegg/Artmann/*ders.,* Art. 13 CMR Rdn. 6; die neuere Rechtsprechung stützt sich fälschlicherweise auf die Rechtsfigur des Vertrags mit Schutzwirkung zugunsten Dritter: OGH, 4.6.1996, WBl. 1996, 410 = ecolex 2000, 25 (*Jesser-Huß*); OGH, 14.10.1997, JBl. 1998, 310 = ZfRV 1998/3 = HS 28.238; OGH, 24.3.1998, ZfRV 1998/48.
68 OGH, 3.10.1973, TranspR 1978, 78 = SZ 46/95 = *Greiter,* Nr. 4; OGH, 12.12.1973, HS 8412 = *Greiter,* Nr. 5; *Jesser,* Frachtführerhaftung, S. 175; Jabornegg/Artmann/*Csoklich,* Art. 13 CMR Rdn. 10.
69 OGH, 5.7.1977, HS X/XI/10 = Greiter, Nr. 10.

rers gegenüber dem Empfänger aus.[70] Die Zahlungspflicht nach Art. 13 Abs. 2 CMR setzt einen gültigen CMR-Frachtbrief voraus.[71]

Art. 14f. CMR

Art. 14 Abs. 1 und Art. 15 Abs. 1 CMR betreffen nur solche *Beförderungs- bzw. Ablieferungshindernisse*, welche die Beförderung oder Ablieferung zu den im Frachtbrief festgelegten Bedingungen unmöglich machen, also in absehbarer Zeit nicht behebbar sind; die Vorschriften verlangen *objektive Unmöglichkeit*;[72] eine bloße Erschwerung erfüllt nicht die Voraussetzungen.[73] Ist keine bestimmte Route im Frachtbrief festgelegt, ist der Frachtführer bei der Wahl der Beförderungsstrecke frei und muss keine Weisung des Absenders einholen.[74] Der Begriff *„angemessene Zeit"*, innerhalb derer der Frachtführer eine Weisung nicht erhalten kann, ist nach den Umständen des Einzelfalls zu beurteilen, da Art. 14 Abs. 2 CMR insoweit keine Beurteilungskriterien enthält;[75] droht der Ladung Schaden, verkürzt sich die Frist.[76]

Art. 16 CMR

Art. 16 Abs. 1 CMR gewährt dem Frachtführer einen Anspruch auf Erstattung der *Kosten*, die ihm dadurch entstehen, dass er Weisungen einholt oder ausführt, es sei denn, dass er diese Kosten verschuldet hat.[77] Den Ersatz anderer Aufwendungen regelt die CMR nicht.[78]

Art. 16 Abs. 2 CMR gewährt dem Frachtführer in den Fällen der Art. 14f. CMR das Recht, das Gut auszuladen; Klärung bedarf die Frage nach dem Verhältnis zur Verpflichtung, in diesen Fällen Weisungen einzuholen. Richtigerweise ist davon auszugehen, dass diese Verpflichtung neben dem *Ausladerecht* besteht;[79] macht der Frachtführer davon Gebrauch und lagert die Güter zwischenzeitlich ein, gilt die Beförderung und damit der Haftungszeitraum i. S. d. Art. 17 CMR als beendet;[80] den Frachtführer trifft die Pflicht zur *Verwahrung*. Bei Verwahrung

---

70 OGH, 3.10.1973, TranspR 1978, 78 = SZ 46/95 = *Greiter*, Nr. 4; OGH, 5.7.1977, HS X/XI/10 = *Greiter*, Nr. 10.
71 Jabornegg/Artmann/*Csoklich*, Art. 13 CMR Rdn. 8.
72 OGH, 27.8.1981, HS XII/XIII/9 = *Greiter*, Nr. 20; OGH, 16.5.2002, TranspR 2002, 403 = EvBl. 2002/192 = RdW 2002/598; *Jesser*, Frachtführerhaftung, S. 88; Jabornegg/Artmann/*Csoklich*, Art. 14–16 CMR Rdn. 2.
73 OGH, 27.8.1981, HS XII/XIII/9 = *Greiter*, Nr. 20.
74 OGH, 17.12.1997, ZfRV 1998/27.
75 OGH, 10.2.1981, HS XII/XIII/1 = *Greiter*, Nr. 18.
76 *Jesser*, Frachtführerhaftung, S. 90.
77 Vgl. dazu OGH, 28.1.1999, RdW 1999, 408 = ZfRV 1999/35.
78 OGH, 16.1.1996, RdW 1996, 361 = ecolex 1996, 757 = WBl. 1996, 372 = ZfRV 1996/31.
79 *Jesser*, Frachtführerhaftung, S. 89; für Wahlrecht: *Loewe*, ETR 1976, 547.
80 OGH, 26.11.1996, SZ 69/265 = WBl. 1997, 125 = RdW 1997, 454 = ZfRV 1997/16; a.A. OGH, 16.5.2002, TranspR 2002, 403 = EvBl. 2002/192 = RdW 2002/598.

Länderbericht **Österreich**

des Guts durch einen Dritten haftet er für seine sorgfältige Auswahl.[81] Verwahrt er hingegen selbst, gelten die Bestimmungen des jeweils anwendbaren nationalen Rechts.[82]

Art. 17 CMR

Literatur: *Jesser*, Unzulängliche Reinigung des Transportfahrzeugs als Mangel i.S.d. Art. 17 Abs. 3 CMR, TranspR 1997, 98; *Zehetbauer*, Entscheidung des Obersten Gerichtshofes vom 17.2.2006 zum Beginn des Obhutszeitraumes des Straßenfrachtführers, TranspR 2006, 233.

Die Haftung des Frachtführers nach Art. 17 ist eine *Verschuldenshaftung* mit umgekehrter Beweislast.[83] Der *Sorgfaltsmaßstab* ist gegenüber jenem nach § 429 UGB verschärft; dem Frachtführer wird die „äußerste, nach den Umständen des Falles mögliche und zumutbare Sorgfalt" abverlangt.[84]

Der Frachtführer haftet nach Art. 17 Abs. 1 CMR für den gänzlichen oder teilweisen Verlust und für die Beschädigung des Guts, sofern der Verlust oder die Beschädigung zwischen dem Zeitpunkt der Übernahme des Guts und dem seiner Ablieferung eintritt. Voraussetzung der Haftung nach dieser Bestimmung ist also der Eintritt eines Schadens innerhalb des Zeitraums, in dem sich das Gut in der Obhut des Frachtführers befindet. Der Obhutszeitraum entspricht dem *Haftungszeitraum*. Er beginnt mit der Übernahme des Guts durch den Frachtführer zur Erfüllung des Beförderungsvertrags, somit zum Zweck der Beförderung, und zu dem Zeitpunkt, an dem das Gut aus dem Gewahrsam des Absenders in den Gewahrsam des Frachtführers übergeht; unbeachtlich ist, wann die eigentliche Beförderung beginnt.[85] Für die exakte Bestimmung des Haftungszeitraums kommt es auf die nach dem Frachtvertrag konkret begründeten Pflichten an. Die CMR gilt nicht für Lager- und Verwahrungsgeschäfte; Vorlagerungen fallen daher im Allgemeinen nicht in den Haftungszeitraum,[86] beförderungsbedingte Zwischenlagerungen hingegen schon.[87]

---

81 OGH, 15.4.1993, TranspR 1993, 425 = WBl. 1993, 360 = ZfRV 1993/74 = ecolex 1995, 165.
82 Straube/*Schütz*, Art. 16 CMR Rdn. 2.
83 Vgl. etwa OGH, 21.3.1977, TranspR 1982, 111 = SZ 50/43 = *Greiter*, Nr. 9; OGH, 8.4.1987, SZ 60/64; OGH, 21.2.1996, TranspR 1996, 422 = SZ 69/34 = WBl. 1996, 330 = ecolex 1996, 844; OGH, 12.11.1996, ZfRV 1997/10 = HS XXVII/3; OGH, 28.2.2001, EvBl. 2001/147 = ZfRV 2001/60; OGH, 13.2.2003, TranspR 2003, 311 = RdW 2003/374 = WBl. 2003/202; OGH, 17.2.2006, RdW 2006/523; *Jesser*, Frachtführerhaftung, S. 49; Straube/*Schütz*, Art. 17 CMR Rdn. 4; a.A. *Loewe*, ETR 1976, 561; *Seltmann*, CMR, S. 15 (Gefährdungshaftung).
84 Vgl. etwa OGH, 27.8.1981, HS XII/XIII/9 = *Greiter*, Nr. 20; OGH, 29.6.1983, SZ 56/113 = JBl. 1984, 152 = HS 14.494 = *Greiter*, Nr. 40; OGH, 22.11.1984, HS XIV/XV/30 = *Greiter*, Nr. 50; OGH, 10.7.1991, SZ 64/95 = ZfRV 1992/3; OGH, 12.11.1996, ZfRV 1997/10 = HS XXVII/3.
85 OGH, 3.7.1985, TranspR 1987, 374 = ZVR 1986/97; OGH, 17.2.2006, RdW 2006/523.
86 OGH, 15.4.1993, TranspR 1993, 425 = WBl. 1993, 360 = ZfRV 1993/74 = ecolex 1995, 165; OGH, 11.12.2007 – 4 Ob 180/07k. Zu Zwischenlagerungen infolge Beförderungs- oder Ablieferungshindernissen vgl. Art. 16 CMR.
87 OGH, 30.11.2006, ecolex 2007/78 = WBl. 2007/134.

Mit der *Ablieferung* des Guts an den Empfänger endet der Haftungszeitraum. Entscheidend ist, dass der Frachtführer im ausdrücklichen oder stillschweigenden Einvernehmen mit dem Empfänger den Gewahrsam am Transportgut wieder aufgibt und diesen in die Lage versetzt, die tatsächliche Gewalt über dasselbe auszuüben.[88] Dies ist dann der Fall, sobald der Frachtführer die Ladeflächen des beladenen Transportfahrzeugs für den Empfänger zugänglich macht, falls dieser für die Entladung zu sorgen hat.[89] Das Gut kann daher dem Berechtigten mit dessen Einverständnis auch durch Abstellen auf einem bestimmten Platz zur Verfügung gestellt werden.[90] Gestattet der Empfänger des Frachtguts dessen Abstellen auf seinem Betriebsgelände und stellt er die Übernahme der Ladung in Aussicht, so kann daraus noch nicht auf eine ordnungsgemäße Ablieferung i.S.d. CMR geschlossen werden. Bringt er es in der Folge in sein Lager, ist das als stillschweigende Einwilligung in die Übernahme des Guts in seine Obhut und damit als Ablieferung zu beurteilen.[91] Die Ablieferung des Guts kann mit befreiender Wirkung an jede zum Geschäft oder Haushalt gehörige, in den Räumen des Empfängers anwesende erwachsene Person erfolgen. Die Regelung des § 33 AÖSp steht Art. 41 Abs. 1 CMR nicht entgegen und kann daher auch im Anwendungsbereich der CMR wirksam vereinbart werden.[92] Die Behauptungs- und Beweislast für die ordnungsgemäße Ablieferung trifft den Frachtführer.[93]

Bei Schäden, die infolge *mangelhafter Verladung bzw. Verstauung* auftreten, ist die Frage zu klären, ab welchem Zeitpunkt das Transportgut als zur Beförderung übergeben gilt. Einigkeit besteht darüber, dass die CMR die Frage, wer das Gut zu verladen hat, nicht regelt, und daher Vereinbarungen auch hinsichtlich einer Überprüfungspflicht[94] zulässig sind. Der bevorrechtigte Haftungsausschlussgrund des Art. 17 Abs. 4 lit. c) CMR lässt lediglich den Schluss zu, dass der Frachtführer für Schäden im Zusammenhang mit mangelhafter Verladung haften kann, wenn er tatsächlich verladen hat.[95] Rückschlüsse darauf, wer zur Verladung verpflichtet ist, sind jedoch nicht möglich. Vereinbaren die Vertragsparteien, dass der Frachtführer zu verladen hat, fällt die Verladung bereits in den Obhuts- bzw. Haftungszeitraum der CMR.[96] Fehlt es an einer ausdrücklichen Vereinbarung und haben tatsächlich Leute des Frachtführers und des Absenders mit unterschiedlicher Beteiligung das Gut verladen, ist zu prüfen, ob zumindest eine kon-

---

88 OGH, 4.11.1981, TranspR 1982, 80 = SZ 54/160 = JBl. 1984, 88 = EvBl. 1982/45; OGH, 12.9.2002, RdW 2003/65; OGH, 19.9.2002, RdW 2003/64 = EvBl. 2003/4.
89 OGH, 12.6.2006, ZVR 2007/235.
90 OGH, 11.12.1986, HS XVI/XVII/17; OGH, 12.6.2006, ZVR 2007/235.
91 OGH, 28.3.2000, ETR 2003, 231 = RdW 2000/511 = ZfRV 2000/73.
92 OGH, 29.10.1992, TranspR 1993, 424 = RdW 1993, 276 = ZfRV 1993/45.
93 OGH, 6.4.2006, ecolex 2006/433 = RdW 2006/584 = WBl. 2007/16.
94 Dazu OGH, 8.10.1984, TranspR 1985, 103 = VersR 1985, 795 = SZ 57/150 = *Greiter*, Nr. 48; OGH, 21.2.1985, VersR 1986, 559 = SZ 58/28 = *Greiter*, Nr. 56.
95 OGH, 3.7.1985, TranspR 1987, 374 = ZVR 1986/97.
96 OGH, 18.12.1984, TranspR 1986, 372 = SZ 57/205 = *Greiter*, Nr. 53; OGH, 21.2.1985, VersR 1986, 559 = SZ 58/28; OGH, 3.7.1985, TranspR 1987, 374 = ZVR 1986/97; OGH, 23.1.2002, ZVR 2003/44 = RdW 2002/449; LG Salzburg, 29.6.1990, TranspR 1991, 62 (Zuladungen bei Sammelladung).

kludente Vereinbarung vorliegt oder ob ergänzende Vertragsauslegung ein eindeutiges Ergebnis ermöglicht.[97] Als Indiz für den vermuteten Parteiwillen ist von der Rechtsprechung die Verfügbarkeit der Mittel anerkannt: So wird darauf abgestellt, wer im Einzelfall besser zur Durchführung der Verladung geeignet war,[98] wer mehr Erfahrung im Umgang mit den jeweiligen Gütern hat bzw., wenn Spezialfahrzeuge zum Einsatz gelangen, wer über dieselben verfügt.[99] Anerkannt ist eine konkludente Vereinbarung infolge längerer Übung.[100] Lässt sich im Wege der Vertragsauslegung nicht ermitteln, wer zur Verladung verpflichtet ist, gilt die Zweifelsregel, wonach der Absender zu verladen hat.[101] Trifft den Frachtführer nicht die Verpflichtung zu verladen, ist seine Haftung nur dann gerechtfertigt, wenn er oder sein Fahrer eigenmächtig und selbstständig diese Tätigkeiten durchführen,[102] nicht hingegen, wenn sie aus bloßer Gefälligkeit bei der Verladung mitwirken[103] und sofern die Mithilfe nicht aufgrund frachtvertraglicher Nebenpflichten erfolgt; die Rechtsprechung stellt dabei darauf ab, wer „Herr des Verladevorgangs" ist[104] bzw. die „Oberaufsicht" hat.[105]

Derjenige, der zur Verladung verpflichtet ist, hat die Güter *beförderungssicher* zu verladen und so zu sichern, dass sie gegen die gewöhnlich eintretenden Transporteinwirkungen einer ordnungsgemäß durchgeführten Beförderung gesichert sind. Dazu zählen abrupte Bremsstöße, Auswirkungen der Fliehkraft beim Durchfahren von Kurven oder bei Ausweichmanövern, aber auch Erschütterungen infolge schlechter Straßenverhältnisse, Schütteln, Stoßen, Scheuern, Reiben und Drücken des Guts.[106]

---

97 *Jesser*, Frachtführerhaftung, S. 61.
98 OGH, 6.3.1991, TranspR 1991, 424 = RdW 1992, 240 = WBl. 1991, 239 = ecolex 1992, 225 (*Jesser*).
99 OGH, 8.10.1984, TranspR 1985, 103 = VersR 1985, 795 = SZ 57/150 = *Greiter*, Nr. 48; OGH, 21.2.1985, VersR 1986, 559 = SZ 58/28 = *Greiter*, Nr. 56; OGH, 3.7.1985, TranspR 1987, 374 = ZVR 1986/97.
100 OGH, 29.4.1982, TranspR 1984, 105 = HS XII/XIII = *Greiter*, Nr. 30.
101 Ständige Rechtsprechung OGH, 3.7.1985, TranspR 1987, 374 = ZVR 1986/97; OGH, 2.9.1987, SZ 60/159 = JBl. 1988, 115 = RdW 1988, 9; OGH, 4.6.1996, WBl. 1996, 410 = ZfRV 1996/65 = HS 27.317; OGH, 21.5.1997, ZVR 1998/93.
102 *Csoklich*, Einführung, S. 136; OGH, 29.4.1982, TranspR 1984, 105 = *Greiter*, Nr. 30; im Ergebnis OGH, 14.9.1995 – 2 Ob 515/94, ecolex 1996, 847 (*Jesser*) = RdW 1996, 207; OGH, 18.11.2009 – 7 Ob 184/09y; vgl. dazu auch OGH, 17.2.2006 – 10 Ob 75/05 k, RdW 2006/523 (versuchte Manipulation des Ladeguts auf der Ladefläche durch den Fahrer im Verantwortungsbereich des Frachtführers); dazu *Zehetbauer*, TranspR 2006, 233; *Jesser-Huß*, TranspR 2009, 109 (113f.).
103 OGH, 29.4.1982, TranspR 1984, 105 = *Greiter*, Nr. 30; OGH, 3.7.1985, TranspR 1987, 374 = ZVR 1986, 97; OGH, 4.6.1996, WBl. 1996, 410 = ZfRV 1996, 197; OGH, 22.10.2003, RdW 2004/190; OGH, 20.4.2004 – 3 Ob 166/04i; OGH, 29.4.2009, ZVR 2010/83 = RdW 2009/672.
104 OGH, 14.9.1982, TranspR 1984, 95 = SZ 55/123 = *Greiter*, Nr. 36; OGH, 21.2.1985, VersR 1986, 559 = SZ 58/28 = *Greiter*, Nr. 56.
105 OGH, 6.3.1991, TranspR 1991, 424 = RdW 1992, 240 = WBl. 1991, 239 = ecolex 1992, 225 (*Jesser*); OGH, 20.4.2004 – 3 Ob 166/04i.
106 OGH, 18.12.1984, TranspR 1986, 372 = SZ 57/205 = *Greiter*, Nr. 53; OGH, 2.9.1987, SZ 60/159 = JBl. 1988, 115 = RdW 1988, 9; OGH, 4.6.1996, WBl. 1996, 410 = ZfRV 1996,

Ist der Frachtführer nicht zur Verladung verpflichtet, trifft ihn dennoch im Hinblick auf die Betriebssicherheit des Fahrzeugs eine *Überprüfungspflicht*: Öffentlich-rechtliche Bestimmungen verpflichten dazu, Transportgüter so auf das Fahrzeug zu verladen, dass sein sicherer Betrieb nicht beeinträchtigt, niemand gefährdet, niemand behindert oder belästigt und die Straße weder beschädigt noch verunreinigt wird (§ 61 Abs. 1 StVO). Da der Frachtführer eine den gesetzlichen Bestimmungen entsprechende Beförderung schuldet, haben diese öffentlich-rechtlichen Pflichten Einfluss auf den Beförderungsvertrag. Diese Überprüfungspflicht hinsichtlich der Betriebssicherheit besteht auch dann, wenn die Verladung durch den Absender durchgeführt worden ist.[107] Fährt der Frachtführer trotz Kenntnis der insoweit mangelhaften Verladung/Verstauung los, liegt darin ein Mitverschulden.[108] Keine Überprüfungspflicht besteht in diesen Fällen im Hinblick auf die beförderungssichere Verladung; allerdings kann bei offensichtlichen, ohne gesonderte Überprüfung augenfälligen Verladefehlern eine *Warnpflicht* nach ergänzend anwendbarem, nationalem Recht (§ 1168a ABGB) in Betracht zu ziehen sein.[109]

Der Absender seinerseits hat im Rahmen der vertraglichen Schutz- und Sorgfaltspflichten dem Frachtführer das Gut bei sonstiger Schadenersatzpflicht so zu übergeben, dass diesem selbst und auch an seinem *Beförderungsmittel* keine Schäden entstehen.[110]

In der Obhutshaftung hat der Frachtführer für Güterschäden einzustehen; nach Art. 17 Abs. 1 CMR haftet er für *Verlust* und *Beschädigung* des Transportguts, also für wertmindernde Substanzbeeinträchtigungen, die während des Obhutszeitraums eingetreten sind. Wie allgemein im Frachtrecht tritt bei Verlust eine Verminderung der Quantität, bei Beschädigung hingegen eine Qualitätsveränderung des Transportguts ein. Eine exakte Abgrenzung ist im Einzelfall wegen der unterschiedlichen Rechtsfolgen, insbesondere hinsichtlich der Verjährungsfristen, zu treffen. Den Extremfall einer Beschädigung stellt die völlige Entwertung

---

197; OGH, 22.10.2003, RdW 2004/190; OGH, 20.4.2004 – 3 Ob 166/04i; OGH, 27.11.2008 – 7 Ob 182/08b; OGH, 29.4.2009, ZVR 2010/83 = RdW 2009/672; zur sachgerechten Verladung von Marmorplatten OGH, 4.10.1983, *Greiter*, Nr. 44 = Verkehr 1985, 451.

107 Dazu OGH, 14.9.1982, TranspR 1984, 195 = SZ 55/123 = *Greiter*, Nr. 36; OGH, 17.11.1986, TranspR 1987, 427 = JBl. 1987, 187 = RdW 1987, 410; OGH, 24.4.2001, ZfRV 2001/73; *Csoklich*, Einführung, S. 136f.; *Jesser*, Frachtführerhaftung, S. 62f.; a.A. mittlerweile OGH, 4.6.1996, ecolex 2000, 24 (kritisch *Jesser-Huß*) = WBl. 1996, 410 = ZfRV 1999/65; OGH, 21.5.1997, ecolex 2000, 24 = ZVR 1998/93 = ZfRV 1997/66; ablehnend auch *Loewe*, ETR 1976, 558.

108 OGH, 24.4.2001, ZfRV 2001/73.

109 OGH, 2.4.1982, TranspR 1984, 151 = SZ 55/48 = *Greiter*, Nr. 28; *Jesser*, Frachtführerhaftung, S. 63.

110 OGH, 2.4.1982, TranspR 1984, 151 = SZ 55/48 = *Greiter*, Nr. 28; OGH, 14.9.1982, TranspR 1984, 195 = SZ 55/123 = *Greiter*, Nr. 36; OGH, 8.10.1984, TranspR 1985, 103 = VersR 1985, 795 = SZ 57/150 = *Greiter*, Nr. 48; OGH, 6.3.1991 TranspR 1991, 424 = RdW 1992, 240 = WBl. 1991, 239 = ecolex 1992, 225 (*Jesser*); OGH, 29.4.2009, ZVR 2010/83 = RdW 2009/672.

des Transportguts durch *Zerstörung* dar.[111] Beschädigung im Sinne einer wertmindernden Substanzveränderung liegt etwa bei Verderb von Lebensmitteln,[112] Nässeschäden,[113] Verschmutzung[114] oder Verunreinigung von Schüttgut[115] vor. Das Transportgut erleidet einen Totalverlust, wenn kein wie auch immer geartetes Substrat mehr abgeliefert werden kann.[116]

Der Nachweis eines sog. *nicht bevorrechtigten Haftungsausschlussgrunds* nach Art. 17 Abs. 2 CMR befreit den Frachtführer von seiner Haftung für Güter- und Verspätungsschäden; die österreichische Judikatur konzentriert sich dabei auf den vierten Tatbestand, „die Umstände, die der Frachtführer nicht vermeiden und deren Folgen er nicht abwenden konnte". Zur Interpretation wird häufig die ähnlich lautende Bestimmung des nationalen Deliktsrechts, das unabwendbare Ereignis des § 9 EKHG, herangezogen. Diese Vorgehensweise ist abzulehnen, da eine Auslegung eines internationalen Übereinkommens mit Hilfe nationaler Bestimmungen im Hinblick auf eine international möglichst einheitliche Interpretation nicht wünschenswert ist.[117] Den Frachtführer trifft ein strenger, objektiver *Sorgfaltsmaßstab*; ihm wird die „äußerste, nach den Umständen des Falls mögliche und zumutbare Sorgfalt" abverlangt.[118] Unabwendbarkeit bedeutet allerdings nicht die absolute Unvermeidbarkeit, so dass vom Frachtführer keine wirtschaftlich unzumutbaren oder absurden Maßnahmen gefordert werden.[119]

Beispiele für die Missachtung der gebotenen Sorgfalt finden sich häufig:[120] So sind Schäden *vermeidbar*, wenn Transportgüter durch die Zollwache abgeladen und unter Aufsicht des Fahrers wieder aufgeladen werden, da die Weiterfahrt unter Kontrolle der Ladung alle 100 km nicht dem erforderlichen Sorgfaltsmaßstab entspricht, wenn der Fahrer wusste, dass die Ladung anders als ursprünglich verstaut war;[121] Diebstahl eines LKW-Zugs in einer Seitengasse in Mailand während zweistündiger Abwesenheit des Fahrers;[122] Diebstahl des Ladeguts aus einem bei

---

111 OGH, 22.11.1984, HS XIV/XV/30 = *Greiter,* Nr. 50; *Jesser,* Frachtführerhaftung, S. 73; a.A. OGH, 28.6.1988, TranspR 1989, 222 = VersR 1989, 980; OGH, 20.6.1996, ZfRV 1996/62 (Gleichsetzung mit Totalverlust).
112 Vgl. etwa OGH, 31.3.1982, TranspR 1984, 196 = HS XII/XIII/15 = *Greiter,* Nr. 27 (Fäulnis von Kartoffeln); OGH, 8.10.1984, TranspR 1985, 103 = VersR 1985, 795 = SZ 57/150 = *Greiter,* Nr. 48 (Tiefkühlfisch); OGH, 22.11.1984, *Greiter,* Nr. 50 (Pfefferoni, Feigen); OGH, 21.2.1985, VersR 1986, 559 = SZ 58/28 = *Greiter,* Nr. 56 (Erdbeeren).
113 OGH, 2.9.1987, SZ 60/159 = JBl. 1988, 115 = RdW 1988, 9.
114 OGH, 17.11.1981, HS XII/XIII/11 = *Greiter,* Nr. 23 (Stoffballen).
115 OGH, 8.9.1983, EvBl. 1984/13 = *Greiter,* Nr. 42 (Wodka); OGH, 21.2.1996, TranspR 1996, 422 = SZ 69/34 = WBl. 1996, 330 = ecolex 1996, 844 (Kunststoffgranulat); OGH, 28.2.2001, RdW 2001/613 = EvBl. 2001/147 = ZfRV 2001/60.
116 OGH, 14.10.1997, JBl. 1998, 310 = ZfRV 1998/3 = ecolex 2000, 28; *Jesser,* Frachtführerhaftung, S. 70.
117 *Csoklich,* Einführung, S. 185; *Jesser,* Frachtführerhaftung, S. 104.
118 Vgl. oben Fn. 84.
119 OGH, 19.1.1994, TranspR 1994, 282 = ZVR 1994/139 = WBl. 1994, 342 = ecolex 1995, 163 (*Jesser*); OGH, 28.9.2006, RdW 2007/304.
120 Vgl. dazu ausführlich Jabornegg/Artmann/*Csoklich,* Art. 17–19 CMR Rdn. 12–18.
121 OGH, 18.3.1986, TranspR 1986, 379 = SZ 59/52 = EvBl. 1987/24 = ZVR 1987/120.
122 OGH, 16.3.1977, TranspR 1979, 46 = SZ 50/40 = JBl. 1978, 211 = EvBl. 1978/30.

Dunkelheit unbeaufsichtigt am Straßenrand in der Nähe des österreichischen Zollgebäudes an der österreichisch-tschechischen Grenze abgestellten Planenauflieger;[123] Diebstahl von Ladegut von einem auf einem Großparkplatz für LKW-Züge abgestellten, nur mit einer Plane gesicherten Anhänger;[124] Diebstahl eines LKW-Zugs in der Nähe von Mailand während einer halbstündigen Abwesenheit des Fahrers.[125] Bereits der Entschluss zur Nachtfahrt durch Italien ohne Beifahrer kann ein Verstoß gegen den verschärften Sorgfaltsmaßstab des Frachtführers sein, wenn die Möglichkeit einer Fahrtunterbrechung zur Rast vorhersehbar ist.[126] Der OGH verlangt eine ununterbrochene Beobachtung des abgestellten Fahrzeugs, Diebstahlssicherungen allein, auch mehrere, werden nicht als ausreichend anerkannt, da weder die Möglichkeit ihres Versagens noch ihrer technischen Überwindbarkeit durch sachkundige Personen jemals ausgeschlossen werden kann.[127] Während der Fahrt in Gebieten mit Diebstahlshäufigkeit hat während der Fahrt die Beifahrertüre verschlossen zu sein, um etwa einen Raubüberfall auf einen bei Rotlicht an einer Kreuzung haltenden LKW durch Eindringen durch die unversperrte Türe zu verhindern.[128] Ein bewaffneter Raubüberfall, der während der Fahrt des LKWs verübt wird, indem der Fahrer gezwungen wird anzuhalten, ist hingegen *unvermeidbar* und führt zur Haftungsbefreiung des Frachtführers.[129] Unvermeidbar kann auch eine polizeiliche Beschlagnahme des Transportguts sein.[130] Reifenschäden kommen als Haftungsbefreiungsgrund i. S. d. Art. 17 Abs. 2 CMR nur dann in Betracht, wenn sie auf eine von außen kommende, unabwendbare Fremdeinwirkung zurückzuführen sind.[131] Unvermeidbar ist ferner ein Diebstahl des Guts während einer arbeitszeitbedingten Pause des Fahrers auf einem bewachten Parkplatz in Südholland, wenn der Absender einen zweiten Fahrer wegen der Mehrkosten abgelehnt hat.[132]

Für schadenskausale *Mängel am Transportfahrzeug* haftet der Frachtführer verschuldensunabhängig (Gefährdungshaftung).[133] Eine Entlastung ist nur bei mangelnder Kausalität möglich; die Berufung auf die Entlastungsgründe nach Abs. 2 ist ihm verwehrt. Insbesondere entfällt die Einwendung, dass die Mangelhaftig-

---

123 OGH, 15.12.1981, TranspR 1984, 282 = *Greiter*, Nr. 24.
124 OGH, 18.9.1996, ZfRV 1997/3 = HS 27.133.
125 OGH, 29.6.1983, TranspR 1984, 191 = VersR 1984, 548 = JBl. 1984, 152 = *Greiter*, Nr. 40.
126 OGH, 8.3.1983, TranspR 1983, 138 = *Greiter*, Nr. 37 = RdW 1983, 42 = ZÖR 34, 411.
127 OGH, 6.9.1983, TranspR 1984, 11 = VersR 1985, 556 = *Greiter*, Nr. 41.
128 OGH, 13.9.1990, JBl. 1992, 124 = RdW 1991, 46 = ecolex 1992, 225.
129 OGH, 19.1.1994, TranspR 1994, 282 = ZVR 1994/139 = WBl. 1994, 342 = ecolex 1995, 163 (*Jesser*).
130 OGH, 12.11.1996, HS XXVII/3 = ZfRV 1997/10.
131 OGH, 6.9.1967, *Greiter*, Nr. 1; OGH, 26.6.1986, TranspR 1988, 147 = VersR 1987, 1255 = RdW 1987, 13 = VersE 1287; OGH, 10.7.1991, TranspR 1991, 422 = SZ 64/95 = ZfRV 1992/3; vgl. auch *Loewe*, ETR 1976, 556.
132 OLG Wien, 26.3.2004, TranspR 2004, 364.
133 *Jesser*, Frachtführerhaftung, S. 51; Straube/*Schütz*, Art. 17 CMR Rdn. 4; Jabornegg/Artmann/*Csoklich*, Art. 17–19 CMR Rdn. 19 (Erfolgshaftung); OGH, 21.2.1996, TranspR 1996, 422 = SZ 69/34 = WBl. 1996, 330 = ecolex 1996, 844 (*Jesser*); OGH, 28.2.2001, ETR 2003, 131 = RdW 2001/613 = EvBl. 2001/147 = ZfRV 2001/60; OGH, 13.2.2003, TranspR 2003, 311 = RdW 2003/374 = WBl. 2003/202.

keit des Fahrzeugs nicht zu vermeiden war. Der Begriff des Fahrzeugmangels ist weit auszulegen. Entscheidend ist, ob das Fahrzeug die vereinbarten Eigenschaften aufweist, wobei ein Zustand als vereinbart gelten muss, der es im konkreten Fall zur Beförderung des jeweiligen Guts geeignet macht. Weist das Fahrzeug aus welchen Gründen auch immer diesen Zustand nicht auf, liegt ein Mangel i. S. d. Art. 17 Abs. 3 CMR vor.[134] Das ist etwa bei *technischen Gebrechen*, wie einem Kabelbrand,[135] technischem Versagen einer Diebstahlssicherung,[136] einem Reifenplatzer infolge eines Reifenschadens[137] oder auch bei *fehlenden Zusatzeinrichtungen* für den Verladevorgang (Spanngurte)[138] oder einer *Verschmutzung* des Fahrzeugs, die dieses zur Beförderung ungeeignet macht und einen Schaden am beförderten Gut verursacht, der Fall.[139] Hat sich der Verfügungsberechtigte nicht nur die Art der Reinigung, sondern auch die Bestimmung dessen, der sie durchzuführen hat, vorbehalten, muss er sich einen daraus resultierenden Mangel des Fahrzeugs zurechnen lassen; insoweit soll es sich um ein „Fahrzeug des Verfügungsberechtigten" handeln.[140]

Art. 17 Abs. 4 CMR normiert sog. *bevorrechtigte Haftungsausschlussgründe*, deren Nachweis dem Frachtführer eine Entlastung bei Güterschäden ermöglicht. Die Berufung auf die in lit. a) normierte Haftungsbefreiung infolge der Verwendung von *offenen Fahrzeugen* setzt voraus, dass die Vereinbarung des Transports mit diesen Fahrzeugen ausdrücklich erfolgte und in den Frachtbrief eingetragen wurde. Konkludentes Verhalten oder ständige Übung der Vertragspartner ist nicht ausreichend.[141]

Die *Verpackung*sbedürftigkeit von Gütern ist anhand der Umstände des Einzelfalls zu beurteilen, wobei auf die konkrete Beförderungsstrecke und die Straßenverhältnisse bei normalem Transportverlauf abzustellen ist. Eine Haftungsbefreiung ist nur dann möglich, wenn die Schäden typischerweise auf eine mangelhafte oder fehlende Verpackung zurückzuführen und diese Mängel der Sphäre des Absenders zuzurechnen sind. Beim Transport in einem geschlossenen Fahrzeug sind mit Kartonagen gegen Verschmutzung abgedeckte Stoffballen aus-

---

134 OGH, 21.2.1996, TranspR 1996, 422 = SZ 69/34 = WBl. 1996, 330 = ecolex 1996, 844 (*Jesser*).
135 OGH, 30.11.1989, VersR 1990, 1259 = WBl. 1990, 150 = HS 20.379.
136 OGH, 6.9.1983, TranspR 1984, 11 = VersR 1985, 556 (L) = VersE 1123.
137 OGH, 10.7.1991, TranspR 1991, 422 = SZ 64/95 = ZfRV 1992/3.
138 OGH, 13.2.2003, TranspR 2003, 311 = RdW 2003/374 = WBl. 2003/202.
139 OGH, 21.2.1996, TranspR 1996, 422 = SZ 69/34 = WBl. 1996, 330 = ecolex 1996, 844; vgl. dazu auch OGH, 6.10.2000, RdW 2001/167 = ZfRV 2001/39 = ecolex 2001/148; OGH, 28.2.2001, ETR 2003, 131 = RdW 2001/613 = EvBl. 2001/147 = ZfRV 2001/60; OGH, 23.2.2006 – 8 Ob 131/05 f.
140 OGH, 28.2.2001, RdW 2001/613 = EvBl. 2001/147 = ZfRV 2001/60; vgl. dazu die berechtigte Kritik an der Begründung bei *Koller*, Transportrecht, 7. Aufl., Art. 17 CMR Rdn. 34; richtigerweise hätte die Haftung des Frachtführers abgelehnt werden müssen, weil er ein vertragsgemäßes Fahrzeug gestellt hat.
141 OGH, 23.1.2002, ZVR 2003/44 = RdW 2002/449; notwendiger Frachtbriefeintrag auch *Loewe*, ETR 1976, 557 und Straube/*Schütz*, Art. 6 CMR Rdn. 1; *Jesser*, Frachtführerhaftung, S. 107.

reichend geschützt, da der Absender nicht mit einer unsachgemäßen Zwischenentladung rechnen muss.[142]

Die Haftungsbefreiung nach Art. 17 Abs. 4 lit. c) CMR richtet sich ausschließlich nach den tatsächlichen Verhältnissen. Der Frachtführer, der die *Verladung* weder übernommen noch tatsächlich ausgeführt hat, haftet nicht für Schäden am Frachtgut, die aus einer durch die Verladung begründeten Gefahr entstanden sind.[143] Keine Entlastungsmöglichkeit besteht, wenn Transportgüter nur infolge mangelnden Einschätzungsvermögens des Frachtführers über die Beladungshöhe seines Fahrzeugs beschädigt wurden, wenn er z.B. mit dem beladenen Fahrzeug gegen eine Brücke stößt. Diese Schäden sind nicht durch unsachgemäßes Beladen seitens des Absenders entstanden.[144] Auch hat der Frachtführer Schäden zu vertreten, die infolge einer nicht an den durch eine fachgerechte und sorgfältige Beladung erhöhten Schwerpunkt des Fahrzeugs angepassten Fahrweise entstanden sind.[145] Hingegen liegt bei Beschädigung wasserempfindlichen Frachtguts durch Nässe eine haftungsbefreiende Fehlverladung vor, wenn die Ware bis zur Berührung mit der oberen Plane gestapelt wird und der Absender annehmen musste, dass eine bei Innenberührung mit der Ware wasserdurchlässige Plane verwendet wurde.[146]

Das Risiko *schadensanfälliger Güter* i.S.d. Art. 17 Abs. 4 lit. d) CMR trifft nur dann den Absender, wenn deren Eigenschaft, leicht zu verderben, Schadensursache ist, selbst wenn sie durch äußere Einflüsse wie Wärme, Kälte etc. ausgelöst wurde. Der Frachtführer kann sich hingegen nicht von seiner Haftung befreien, wenn eine Transportverzögerung zum Schaden geführt hat.[147]

Ist der Schaden auf ein Zusammenwirken von haftungsbegründendem Frachtführerverschulden und haftungsbefreienden Transportgefahren zurückzuführen, so sieht Art. 17 Abs. 5 CMR eine *Schadensteilung* vor. Frachtführer und Absender haften in dem Umfang, in dem die von jedem zu vertretenden Umstände zum Schaden beigetragen haben.[148] Lässt sich das Verhältnis angesichts der heterogenen Beiträge nicht verlässlich bestimmen, erscheint eine Aufteilung des Schadens zu gleichen Teilen geboten, wenn bei einer Problemladung (Hecklastigkeit des Fahrzeugs), deren Transport nur mit besonderer Vorsicht zu bewerkstelligen

---

142 OGH, 17.11.1981, HS XII/XIII/11 = *Greiter*, Nr. 23.
143 Strittige Rechtsprechung vgl. etwa OGH, 25.9.1968, ETR 1973, 309 = RDU 1971, 271 = *Greiter*, Nr. 2; OGH, 15.10.1969, ZVR 1970/94 = HS 7.426/21 = *Greiter*, Nr. 3; OGH, 29.4.1982, TranspR 1984, 105 = HS XII/XIII/16 = *Greiter*, Nr. 30; OGH, 14.9.1982, TranspR 1984, 195 = SZ 55/123 = HS 12.569 = *Greiter*, Nr. 36; OGH, 21.2.1985, VersR 1986, 559 = SZ 58/28 = *Greiter*, Nr. 56; OGH, 3.7.1985, TranspR 1987, 374 = ZVR 1986, 97; OGH, 6.3.1991, TranspR 1991, 424 = ecolex 1992, 225 (*Jesser*).
144 OGH, 17.11.1986, TranspR 1987, 427 = JBl. 1987, 187 = RdW 1987, 410.
145 OGH, 28.6.1988, TranspR 1989, 222 = VersR 1989, 980 = RdW 1989, 100.
146 OGH, 2.9.1987, SZ 60/159 = JBl. 1988, 115 = RdW 1988, 9.
147 OGH, 31.3.1982, TranspR 1983, 196 = HS XII/XIII/15 = *Greiter*, Nr. 27.
148 OGH, 21.3.1977, TranspR 1982, 111 = SZ 50/43 = *Greiter*, Nr. 9; OGH, 17.2.1982, SZ 55/20 = *Greiter*, Nr. 26; *Jesser*, Frachtführerhaftung, S. 120.

ist, eine relativ hohe (überhöhte) Geschwindigkeit eingehalten wird.[149] Gleichteiliges Verschulden bei Transportschaden infolge unsachgemäßer Verladung (kopflastige Schüttsilos) und Fahrfehler des LKW-Lenkers;[150] ebenso bei unzureichender Befestigung des Transportguts bei gleichzeitiger Überladung des Fahrzeugs.[151] Zur Schadensteilung bei Vorsatz oder gleichstehendem Verschulden siehe bei Art. 29 CMR.

Art. 18 CMR

Den *Anspruchswerber* trifft die in der CMR nicht geregelte Beweislast für den Verlust bzw. die Beschädigung des Frachtguts oder die Überschreitung der Lieferfrist sowie dafür, dass das schädliche Ereignis während des Obhutszeitraums des Frachtführers eingetreten ist. Gelingt ihm der Beweis dieser *anspruchsbegründenden Tatsachen*, greifen die Beweislastregeln des Art. 18 CMR ein.[152] Der *Entlastungsbeweis* für Güter- bzw. Verspätungsschäden wegen der haftungsbefreienden Umstände des Art. 17 Abs. 2 CMR obliegt nach Art. 18 Abs. 1 dem *Frachtführer*.[153]

Demgegenüber besteht für die Ausschlusstatbestände des Art. 17 Abs. 4 CMR eine *Beweiserleichterung*: Sie beinhalten typische Transportrisiken, die mit einer gewissen Regelmäßigkeit zu Schäden führen. Das Vorliegen eines erhöhten Beförderungsrisikos muss bewiesen werden. Steht fest, dass eine der Transportgefahren gegeben war, so hat der Frachtführer substantiiert darzulegen – nicht zu beweisen –, dass die bewiesene besondere, dem Gefahrenbereich des Absenders zuzuordnende Gefahr nach den Umständen des Falls für den eingetretenen Schaden ursächlich gewesen sein konnte; dann wird vermutet, dass der Schaden hieraus entstanden ist. Der Kausalitätsnachweis ist demnach durch eine Beweisvermutung zugunsten des Beförderers erleichtert; im Gesetz verankert ist somit ein *Prima-facie-Beweis*. Die Vermutung der Kausalität ist widerlegbar; dem Verfügungsberechtigten steht der Beweis offen, dass der Schaden nicht oder nicht ausschließlich durch eine dieser Gefahren entstanden ist.[154]

Bei der Verwendung *offener Fahrzeuge* verliert der Frachtführer den Beweisvorteil des Art. 18 Abs. 2 CMR bei außergewöhnlich großem Abgang bzw. beim

---

149 OGH, 4.6.1996, WBl. 1996, 410 = ecolex 2000, 25 (*Jesser-Huß*).
150 OGH, 21.3.1977, TranspR 1982, 111 = SZ 50/43 = *Greiter*, Nr. 9.
151 OGH, 14.9.1995, RdW 1996, 207 = HS 26.331.
152 OGH, 28.3.2000, ZfRV 2000/73.
153 OGH, 10.7.1991, TranspR 1991, 422 = SZ 64/95 = ZfRV 1992/3; OGH, 24.4.1997, ZfRV 1997/61.
154 Vgl. dazu OGH, 2.9.1987, SZ 60/159 = JBl. 1988, 115 = RdW 1988, 9; OGH, 22.11.1995 – 7 Ob 1019/95, ecolex 1996, 849; OGH, 4.6.1996, WBl. 1996, 410 = ZfRV 1996/65 = HS 27.317; *Csoklich*, Einführung, S. 187f.; *Jesser*, Frachtführerhaftung, S. 122; Straube/*Schütz*, Art. 18 CMR Rdn. 3.

Verlust ganzer Frachtstücke, da sich diese Schäden nicht mehr allein auf ein erhöhtes Beförderungsrisiko zurückführen lassen.[155]

Bei Transporten durch Fahrzeuge mit *klimatechnischen Einrichtungen* hat der Frachtführer nach Abs. 4 zu beweisen, dass er alle ihm nach den Umständen obliegenden Maßnahmen hinsichtlich der Auswahl, Instandhaltung und Verwendung dieser besonderen Einrichtungen getroffen und ihm erteilte besondere Weisungen beachtet hat, um sich auf den Ausschlusstatbestand des Art. 17 Abs. 4 lit. d) berufen zu können; maßgebend ist der strenge Sorgfaltsmaßstab des Art. 17 Abs. 2.[156] Für Mängel an diesen Einrichtungen gilt demnach nicht Art. 17 Abs. 3 CMR.[157]

Art. 19 CMR

Literatur: *Thiele*, Schadenshaftung des Fixkostenspediteurs bei verspäteter Ladungsübernahme, RdW 2000, 75.

Die CMR kennt *keine gesetzlichen Lieferfristen*, sondern überlässt diese der *Vereinbarung* durch die Vertragsparteien. Die für einen sorgfältigen Frachtführer vernünftigerweise zuzubilligende Frist nach Art 19 CMR ist nur dann maßgeblich, wenn keine Lieferfrist vereinbart wurde.[158] Sie ist von einem *Ex-ante*-Standpunkt aus zu beurteilen.[159]

Die Verspätungshaftung nach Art. 17 Abs. 1 CMR kommt nur bei einer verspäteten Ablieferung des Guts im Sinne einer Überschreitung der Lieferfrist nach Art. 19 CMR zum Tragen, nicht hingegen, wenn der Frachtführer die Ladung verspätet übernimmt. Der Verzug bei der Ladungsübernahme ist nach dem jeweils ergänzend anwendbaren nationalen Recht zu beurteilen.[160]

Art. 20 CMR

Die Bestimmung statuiert Fristen, nach deren Ablauf der Verlust des Guts *unwiderleglich*[161] *vermutet* wird; sie wirken zugunsten des Verfügungsberechtigten,

---

155 *Loewe*, ETR 1976, 562; *Jesser*, Frachtführerhaftung, S. 107f.
156 Vgl. dazu OGH, 22.11.1984, HS XIV/XV/30 = *Greiter*, Nr. 50; Straube/*Schütz*, Art. 18 CMR Rdn. 4.
157 OGH, 22.11.1984, HS XIV/XV/30 = *Greiter*, Nr. 50; *Loewe*, ETR 1976, 556; *Csoklich*, Einführung, S. 196; *Jesser*, Frachtführerhaftung, S. 117.
158 OGH, 8.4.1987, SZ 60/64 = HS 18.483; OGH, 14.7.1988, VersR 1989, 977 = VersE 1393 = VR 1989/151 = WBl. 1988, 405 (L).
159 *Jesser*, Frachtführerhaftung, S. 77; Jabornegg/Artmann/*Csoklich*, Art. 17–19 CMR Rdn. 31; ex-ante OGH, 14.7.1988, VersR 1989, 977 = VersE 1393; ex-post OGH, 31.3.1982, TranspR 1984, 196 = HS XII/XIII/15 = *Greiter*, Nr. 27.
160 OGH, 14.11.1984 TranspR 1985, 346 = SZ 57/173 = JBl. 1986, 98 = *Greiter*, Nr. 49; *Jesser*, Frachtführerhaftung, S. 75; *Thiele*, RdW 2000, 76; unklar OGH, 23.3.1999, ZfRV 1999/56 (verspätete Bereitstellung von Fahrzeugen als Teil der Lieferfrist aber nach § 428 HGB/UGB).
161 Jabornegg/Artmann/*Csoklich*, Art. 17–19 CMR Rdn. 1; OGH, 30.11.2006 – 3 Ob 132/06t; a.A. *Loewe*, ETR 1976, 564.

sofern er von seinem Recht Gebrauch macht, sich auf sie zu berufen und Schadensersatz wegen Verlusts begehrt.[162]

Art. 21 CMR

Literatur: *Wilhelm*, Glosse zu OGH, 26.5.1999 – 3 Ob 116/99 a, ecolex 2000, 30.

Nachnahmevereinbarungen sind *formlos* gültig; sie bedürfen nicht der Eintragung in den Frachtbrief; dem Absender obliegt die entsprechende Beweislast.[163] Unter Nachnahme i.S.d. Art. 21 CMR sind Waren- oder Wertnachnahmen zu verstehen, also etwa die Einziehung des Kaufpreises, oder Frachtnachnahmen, also die Einziehung von Transportkosten.[164] Nicht dem Anwendungsbereich unterfällt hingegen die Einziehung von Zöllen eines nicht am Frachtvertrag beteiligten Verzollungsspediteurs.[165]

Gegenstand einer Vereinbarung nach Art. 21 CMR ist der Einzug von *Bargeld* („cash"; „remboursement"); diesem stehen Zahlungspapiere gleich, die nach der Verkehrsauffassung wie Geld zu behandeln sind.[166]

Die Haftung des Frachtführers aus Art. 21 CMR ist *verschuldensunabhängig*;[167] der vereinbarte Betrag bildet, außer in den Fällen des Art. 29 CMR, die *Höchstgrenze* für den zu leistenden Schadensersatz; der Absender hat die Höhe des im Einzelnen entstandenen Schadens zu beweisen. Den Nachnahmebetrag erhält er nur dann, wenn er nachweist, dass der Empfänger den Betrag nach einem Beharren des Frachtführers auf Bezahlung geleistet hätte. Scheitert hingegen dieser Beweis und repräsentiert die Nachnahme den Kaufpreis des Frachtguts, so ist der ersatzfähige Nichterfüllungsschaden des Absenders der Nachnahmebetrag abzüglich jener Kosten, die der Absender auch zu tragen hätte, wenn der Frachtführer den Beförderungsvertrag nach einer Zahlungsweigerung des Empfängers alternativ durch den Rücktransport der Ware an ihn erfüllt hätte.[168]

---

162 *Jesser*, Frachtführerhaftung, S. 69.
163 OGH, 27.3.1990 – 5 Ob 549/90, ecolex 1992, 226; vgl. auch OGH, 11.7.1990, TranspR 1992, 322 = ecolex, 1992, 226; *Jesser*, Frachtführerhaftung, S. 94; Jabornegg/Artmann/*Csoklich*, Art. 21 CMR Rdn. 1.
164 Jabornegg/Artmann/*Csoklich*, Art. 21 CMR Rdn. 1.
165 OGH, 5.5.1983, TranspR 1984, 42 = SZ 56/73 = *Greiter*, Nr. 38.
166 OGH, 26.5.1999, SZ 70/93 = RdW 1999, 788 = ZfRV 1999/71 = ecolex 2000/1; abzulehnen ist daher die Entscheidung des OGH, 27.3.1990 – 5 Ob 549/90, ecolex 1992, 226, wonach die Vereinbarung „Ablieferung gegen Bankbestätigung über die Zahlung von ... zugunsten der Firma M" lautete; ablehnend gegenüber Dokumenteninkasso als Anwendungsfall des Art. 21 CMR auch *Loewe*, ETR 1976, 566.
167 OGH, 26.5.1999, SZ 70/93 = RdW 1999, 788 = ZfRV 1999/71 = ecolex 2000/1; Jabornegg/Artmann/*Csoklich*, Art. 21 CMR Rdn. 6.
168 OGH, 26.5.1999, SZ 70/93 = RdW 1999, 788 = ZfRV 1999/71 = ecolex 2000/1 (krit. *Wilhelm*).

Art. 23 CMR

Literatur: *Csoklich*, Haftungsbeschränkungen internationaler Transportrechtsabkommen im Wandel, RdW 1986, 168; *Rogov*, Paradoxon der dualen Haftungsobergrenze des Art. 23. Abs. 3 CMR, TranspR 2002, 286.

Der Umfang der Ersatzpflicht des Frachtführers ist nach Art. 23 CMR mit bestimmten Summen der Höhe nach begrenzt; bei Verlust des Guts ist zunächst sein Wert am Ort und zur Zeit der Übergabe zur Beförderung maßgeblich. Dieser Wert wird nach Abs. 3 anhand eines Börsenpreises, mangels eines solchen anhand des Marktpreises oder nach dem gemeinen Wert von Gütern gleicher Art und Beschaffenheit ermittelt. Wertsteigerungen während des Transports bleiben unberücksichtigt; es handelt sich um eine objektiv-abstrakte Schadensberechnung.[169] Folgeschäden des Verlusts oder der Beschädigung sowie entgangener Gewinn sind von der Ersatzpflicht ausgeschlossen.[170] Der Begriff des *Marktpreises* findet im „gemeinen Handelswert" des § 430 UGB seine Entsprechung.[171] Bei verschiedenen Marktpreisen am Übernahmeort ist jene *Handelsstufe*, in der sich das betreffende Gut zum Zeitpunkt der Übernahme befindet, ausschlaggebend;[172] beim Streckengeschäft ist der Verkaufspreis des Zwischenhändlers heranzuziehen, wenn das Gut noch vor Übernahme durch den Frachtführer weiterverkauft wurde.[173] Bei der Berechnung anhand des gemeinen Werts ist der *Rechnungswert* zumindest ein wertvoller Anhaltspunkt zu seiner Ermittlung und wird gewöhnlich, aber nicht notwendig, diesem entsprechen.[174] Der Ersatz der Herstellungskosten[175] oder des Wiederbeschaffungswerts[176] ist ausgeschlossen.

Bei Totalverlust ist zur Berechnung der Entschädigung das Gesamtgewicht der Güter heranzuziehen, bei *Teilverlust* lediglich das Rohgewicht, also das Bruttogewicht einschließlich der Verpackung,[177] der verlorengegangenen Teile der Ladung. Dabei werden diese als Einheit betrachtet, eine weitere Unterteilung – etwa nach in Rechnungen oder Verpackungseinheiten zusammengefassten Stücken – erfolgt nicht, da die CMR einen pauschalierten, der Höhe nach begrenzten Schadensersatz vornimmt.[178]

---

169 Jabornegg/Artmann/*Csoklich*, Art. 23 CMR Rdn. 5.
170 OGH, 15.2.1979, SZ 52/19 = EvBl. 1979/136 = *Greiter*, Nr. 15 = Verkehr 1980, 29; OGH, 22.3.1994, ZfRV 1994/47 = ecolex 1995, 169; *Loewe*, ETR 1976, 567; *Jesser*, Frachtführerhaftung, S. 133.
171 OGH, 13.7.1994, TranspR 1995, 285 = ZfRV 1994/68 = HS 25.318 = ecolex 1995, 168; *Jesser*, Frachtführerhaftung, S. 125; dazu Jabornegg/Artmann/*Csoklich*, § 430 UGB Rdn. 3.
172 Jabornegg/Artmann/*Csoklich*, Art. 23 CMR Rdn. 6.
173 OGH, 8.7.2004, TranspR 2006, 72 = RdW 2005/119 = EvBl. 2005/41.
174 OGH, 28.6.1988, TranspR 1989, 222 = VersR 1989, 980 = RdW 1989, 100; OGH, 13.7.1994, TranspR 1995, 285 = ZfRV 1994/68 = HS 25.318 = ecolex 1995, 168; OGH, 20.6.1996, ZfRV 1996/69 = ecolex 2000, 28; OGH, 8.7.2004, TranspR 2006, 72 = RdW 2005/119 = EvBl. 2005/41.
175 OGH, 28.6.1988, TranspR 1989, 222 = VersR 1989, 980 = RdW 1989, 100.
176 OGH, 18.3.1999, ZfRV 1999/52.
177 OGH, 26.11.2002 – 1 Ob 134/02s.
178 OGH, 18.3.1986, TranspR 1986, 379 = SZ 59/52 = RdW 1986, 242 = EvBl. 1987/24; im Ergebnis *Loewe*, ETR 1976, 568f.; kritisch *Jesser*, Frachtführerhaftung, S. 129.

Nach Abs. 4 sind ausschließlich *sonstige aus Anlass der Beförderung des Guts entstandene Kosten* zu ersetzen; bei Totalverlust zur Gänze, bei Teilverlust anteilig. Neben der Fracht auch Zoll bzw. Zollstrafen[179] oder Einfuhr-Umsatzsteuer.[180] Nicht ersatzfähig sind Kosten im Zusammenhang mit der Schadensfeststellung[181] oder eine Verarbeitungskaution.[182] Entscheidend für die Ersatzfähigkeit ist, dass es sich um Kosten handelt, die auch bei ordnungsgemäßem Transport des Guts angefallen wären; der Ersatz von Folgeschäden soll über ein zu weites Verständnis des Abs. 4 nicht ermöglicht werden.[183]

In der *Verspätungshaftung* begrenzt Abs. 5 den Ersatz mit der Höhe des Frachtentgelts. Treten Güter- und Verspätungsschäden auf, sind Güterschäden unabhängig von ihrer Ursache allein nach den in Art. 23 und 25 festgelegten Grundsätzen des Wertersatzes zu behandeln;[184] Folgeschäden sind nicht zu ersetzen. Verspätungsschäden sind nur dann (zusätzlich zu Güterschäden) ersatzfähig, wenn sie nicht in ursächlichem Zusammenhang mit den Güterschäden stehen.[185] Der Ersatz von Kosten, die aus Anlass der Beförderung des Guts entstanden sind, ist nach Abs. 5 nicht vorgesehen.[186]

Prozesskosten, die dem Regressberechtigten in Vorprozessen erwachsen sind, sind auch ersatzfähig, wenn die Art. 34 ff. CMR nicht anwendbar sind; das gilt für den Fall, dass sich der Regressverpflichtete trotz Streitverkündung nicht am Vorprozess beteiligt hat,[187] und auch dann, wenn der Unterfrachtführer als Nebenintervenient auf Seiten des Hauptfrachtführers beigetreten ist.[188] Deren Ersatz unterliegt nicht den betraglichen Beschränkungen der Art. 23 ff. CMR, da er sich auf Bestimmungen des ergänzend anwendbaren nationalen Rechts (lex fori), für den Fall österreichischen Rechts auf § 1037 ABGB gründet.[189]

---

179 OGH, 15.12.1981, TranspR 1984, 282 = *Greiter*, Nr. 24.
180 OGH, 25.1.1990, TranspR 1990, 235 = VersR 1990, 1259.
181 OLG Wien, 23.2.1989, TranspR 1990, 156 = VersR 1990, 1376 (L); a.A. *Loewe*, ETR 1976, 569.
182 OLG Innsbruck, 26.1.1990, TranspR 1991, 12.
183 OGH, 25.1.1990, TranspR 1990, 235 = VersR 1990, 1259; OGH, 18.3.1999, ZfRV 1999/52; *Jesser*, Frachtführerhaftung, S. 131; vgl. dazu im Einzelnen Jabornegg/Artmann/*Csoklich*, Art. 23 CMR Rdn. 10–12.
184 OGH, 24.3.1981, HS XII/XIII/5 = *Greiter*, Nr. 19; OGH, 31.3.1982, TranspR 1983, 196 = HS XII/XIII/15 = *Greiter*, Nr. 27.
185 OGH, 15.2.1979, SZ 52/19 = EvBl. 1979/136 = *Greiter*, Nr. 15 = Verkehr 1980, 29; *Jesser*, Frachtführerhaftung, S. 133 ff.; Jabornegg/Artmann/*Csoklich*, Art. 23 CMR Rdn. 15.
186 OGH, 16.3.2004, SZ 2004/32 = RdW 2004/485 = ecolex 2004/332; Jabornegg/Artmann/*Csoklich*, Art. 23 CMR Rdn. 14.
187 OGH, 16.3.2004, SZ 2004/32 = RdW 2004/485 = ecolex 2004/332.
188 OGH, 14.7.1999, ecolex 2000/3 = RdW 1999, 790 = ZfRV 1999/85; OGH, 17.5.2000 – 2 Ob 108/00x; vgl. auch *Csoklich*, RdW 1997, 192 (Fn. 40).
189 OGH, 15.2.2000 – 2 Ob 108/00x; OGH, 16.1.2001, EvBl. 2001/111 = RdW 2001/449 = ZfRV 2001/49; OGH, 16.3.2004, SZ 2004/32 = RdW 2004/485 = ecolex 2004/332; Jabornegg/Artmann/*Csoklich*, Art. 23 CMR Rdn. 16; schon *ders.*, RdW 1997, 188 (192).

Nach Abs. 7 ist für die Umrechnung des Haftungsbetrages von SZR in Euro dessen Wert am Tag des Urteils maßgebend; abzustellen ist auf den Tag des letztinstanzlichen Urteils.[190]

Art. 24 CMR

Eine Wertdeklaration nach Art. 24 CMR bedarf der *Vereinbarung* zwischen Absender und Frachtführer. Daher hat der Absender nicht das Recht, durch seine Angabe einseitig einen den in Art. 23 Abs. 3 CMR normierten Höchstbetrag übersteigenden Wert für maßgeblich zu erklären. Macht der Absender vor Abschluss des Frachtvertrags eine Wertangabe, so liegt darin ein Angebot, das der Frachtführer annehmen oder ablehnen kann; dies kann ausdrücklich oder konkludent erfolgen. Aus dem Schweigen des Frachtführers auf die Angabe eines Werts kann jedoch regelmäßig nicht auf eine Annahme geschlossen werden.[191] Zur Wirksamkeit der Vereinbarung einer Wertdeklaration bedarf es der *Eintragung im Frachtbrief (konstitutive Wirkung)*;[192] nur damit wird die Warnfunktion hinsichtlich der Erweiterung der Haftung des Frachtführers erfüllt.[193] Eine Wertangabe in Zoll- oder Warenlisten ist nicht ausreichend,[194] wohl aber ein im Frachtbrief enthaltener Hinweis auf solche Listen.[195] Wird der Warenwert im Frachtbrief in der Spalte Invoice Value of Dutiables (no declared value for liability), auf Deutsch „Rechnungsbetrag für Zollgut (keine Wertangabe betreffend die Haftung)" eingetragen, wird eindeutig und unmissverständlich zum Ausdruck gebracht, dass diese Eintragung für die Haftungsfrage ohne Belang ist und nicht auf die Haftungsfolgen abzielt.[196] Kein Wirksamkeitserfordernis ist die Vereinbarung bzw. die Zahlung eines in Art. 24 CMR erwähnten *Zuschlags* zum Frachtentgelt.[197]

Die Vereinbarung einer Wertdeklaration i.S.d. Art. 24 CMR bewirkt lediglich eine *Erhöhung der Haftungssumme bei Güterschäden* von 8,33 SZR auf den vereinbarten Betrag; im Schadensfall ist der Ersatz mit dem tatsächlichen Wert der Güter beschränkt, auch wenn der nach Art. 24 CMR vereinbarte Betrag diesen übersteigen sollte. Ein Ersatz von Güterfolgeschäden oder entgangenem Gewinn kann mit der Wertdeklaration nicht vereinbart werden.[198]

---

190 OGH, 26.11.2002 – 1 Ob 134/02s; Jabornegg/Artmann/*Csoklich*, Art. 23 CMR Rdn. 7.
191 OGH, 26.4.2001, ZfRV 2002/2.
192 OGH, 30.8.1990, TranspR 1992, 406 = SZ 63/147 = ecolex 1992, 227 = ZfRV 1992/56; OGH, 26.4.2001, ZfRV 2002/2; Straube/*Schütz*, Art. 24 CMR Rdn. 4; Jabornegg/Artmann/*Csoklich*, Art. 24 CMR Rdn. 3.
193 OGH, 26.4.2001, ZfRV 2002/2; *Jesser*, ecolex 1992, 228.
194 OGH, 30.8.1990, TranspR 1992, 406 = SZ 63/147 = ecolex 1992, 227 = ZfRV 1992/56; Jabornegg/Artmann/*Csoklich*, Art. 23 CMR Rdn. 3.
195 *Jesser*, ecolex 1992, 228.
196 OGH, 26.4.2001, ZfRV 2002/2.
197 *Loewe*, ETR 1976, 570; *Jesser*, Frachtführerhaftung, S. 137; Jabornegg/Artmann/*Csoklich*, Art. 24 CMR Rdn. 4.
198 H.M. *Csoklich*, Einführung, S. 205; *Jesser*, Frachtführerhaftung, S. 136.

Art. 25 CMR

Bei Beschädigung wird der Betrag der *Wertverminderung* ersetzt, der unter Zugrundelegung des nach Art. 23 Abs. 1, 2 und 4 festgestellten Werts des Guts berechnet wird. Sie errechnet sich aus einem Vergleich zwischen dem Wert des unbeschädigten und jenem des beschädigten Guts am Ort und zur Zeit der Übernahme zur Beförderung (hypothetischer Versandwert).[199] Die Wertminderung ist nicht mit den Kosten der Reparatur des beschädigten Frachtguts gleichzusetzen; Reparaturkosten sind als solche nicht erstattungsfähig. Sie können allenfalls ein Indiz für die Höhe der Wertminderung sein. Der Grundsatz, dass die zur Schadensbehebung aufgewendeten Reparaturkosten nicht einfach mit der Wertminderung i.S.d. Art. 25 Abs. 1 CMR gleichzusetzen sind, gilt ganz besonders für ältere gebrauchte Sachen, deren Zeitwert von den Reparaturkosten nicht selten überschritten wird.[200] *Schadensminderungskosten* sind als ein im Rahmen der Wertverminderung zu berücksichtigender Faktor erstattungsfähig.[201]

Art. 26 CMR

Die Voraussetzungen einer wirksamen Vereinbarung eines Lieferinteresses entsprechen jenen für eine Wertdeklaration i.S.d. Art. 24 CMR; in der *Verspätungshaftung* setzt sie zudem eine *vereinbarte Lieferfrist* voraus.[202]

Eine wirksame Deklaration eines Lieferinteresses bewirkt nicht nur den Entfall der Haftungsgrenzen des Art. 23 für Güter- und Verspätungsschäden, sondern ermöglicht darüber hinaus auch den *Ersatz von entgangenem Gewinn* und allen Folgeschäden.[203] In der Verspätungshaftung bewirkt sie eine Erhöhung des nach Art. 23 Abs. 5 CMR mit dem Frachtentgelt limitierten Betrags. Im Schadensfall ist der entstandene und bewiesene Schaden bis zur vereinbarten Summe zu ersetzen; die Deklaration eines Lieferinteresses bewirkt hingegen keine Schadenspauschalierung.[204]

Art. 27 CMR

Der Zinsanspruch nach Art. 27 CMR von maximal 5% pro Jahr betrifft nur Schadensersatzansprüche gegen den Frachtführer, nicht hingegen Ansprüche des

---

199 Vgl. dazu OGH, 13.7.1994, WBl. 1994, 415 = ZfRV 1994/68 = ecolex 1995, 168 = HS 15.096.
200 OGH, 18.3.1999, ZfRV 1999/52; Jabornegg/Artmann/*Csoklich*, Art. 25 CMR Rdn. 2.
201 OGH, 21.2.1985, VersR 1986, 559 = SZ 58/28 = *Greiter*, Nr. 56 (Umpacken von Erdbeeren); OGH, 8.7.2004, TranspR 2006, 72 = RdW 2005/119 = EvBl. 2005/41; Jabornegg/Artmann/*Csoklich*, Art. 25 CMR Rdn. 2; Straube/*Schütz*, Art. 25 CMR Rdn. 2.
202 *Jesser*, Frachtführerhaftung, S. 138; Jabornegg/Artmann/*Csoklich*, Art. 26 CMR Rdn. 1.
203 *Loewe*, ETR 1976, 571; Jabornegg/Artmann/*Csoklich*, Art. 26 CMR Rdn. 1; Straube/*Schütz*, Art. 26 CMR Rdn. 1.
204 *Jesser*, Frachtführerhaftung, S. 138; Jabornegg/Artmann/*Csoklich*, Art. 26 CMR Rdn. 1.

Frachtführers selbst. Demzufolge ist ein Rettungsaufwand von dieser Beschränkung nicht erfasst.[205] Die Geltendmachung höherer Zinsen wird insoweit ausgeschlossen; ein höherer Zinsanspruch kann allerdings bei schwerem Verschulden i. S. d. Art. 29 CMR gegeben sein.[206]

Art. 28 CMR

Literatur: *Tuma*, Können deliktische Ansprüche nicht am Frachtvertrag Beteiligter durch vertragliche Bestimmungen eingeschränkt werden?, VersR 1983, 408.

Art. 28 CMR unterwirft auch *außervertragliche Ansprüche* den Haftungsbeschränkungen des Übereinkommens; das gilt allerdings nur für Ansprüche wegen Verlust, Beschädigung und Verspätung, nicht hingegen wegen positiver Vertragsverletzung[207] oder Personenschäden. Diese unterliegen dem jeweils anwendbaren nationalen Recht.[208] Die Bestimmung beschränkt die Ansprüche der am Beförderungsvertrag Beteiligten; die Beschneidung der Rechte *Dritter* ist nur insoweit gerechtfertigt, als der Absender für sie in verdeckter Stellvertretung oder mit ihrem Einverständnis das Frachtgut der Gefährdung ausgesetzt hat.[209]

Art. 29 CMR

Literatur: *Jesser*, Art. 29 CMR – Welches Verschulden steht dem Vorsatz gleich?, TranspR 1997, 169; *Jesser-Huß*, Haftungsbegrenzungen und deren Durchbrechung im allgemeinen Frachtrecht und nach der CMR in Österreich, TranspR 2004, 111; *Schärmer/Zehetbauer*, Judikatur des Obersten Gerichtshofes zur Darlegungsobliegenheit, TranspR 2005, 400; *Tuma*, Art. 29 CMR. Bestandsaufnahme und Ausblick, ETR 1993, 649; *ders.*, Variations on the Theme: „Wilful misconduct" and „Grobe Fahrlässigkeit", in: Haak/Swart (Hrsg.), Road Carrier's Liability in Europe, Part 2 (1995) 1; *ders.*, Ist grobe Fahrlässigkeit ein Tatbestand des Art. 29 CMR?, ETR 2002, 139; *ders.*, Der Verschuldensgrad des Art. 29 CMR, TranspR 2007, 333 (ULR 2006, 585; ETR 2007, 153, 355).

Das dem Vorsatz gleichstehende Verschulden ist nach strittiger Rechtsprechung *grobe Fahrlässigkeit*;[210] der OGH stützt sich in seiner Begründung auf Vorschriften des autonomen österreichischen Rechts, insbesondere §§ 1331 f. ABGB und § 430 UGB.[211] Bisher hat er es abgelehnt, Art. 29 CMR den in anderen Überein-

---

205 OGH, 20.7.1989, TranspR 1991, 37 = ZfRV 1991/28.
206 Straube/*Schütz*, Art. 27 CMR Rdn. 1; Jabornegg/Artmann/*Csoklich*, Art. 27 CMR Rdn. 5.
207 OGH, 12.12.1984, TranspR 1986, 426 = VersR 1986, 798 = SZ 57/196 = JBl. 1986, 101.
208 *Csoklich*, Einführung, S. 204.
209 OGH, 10.11.1981, TranspR 1982, 111 = SZ 54/165 = HS 12.582 = *Greiter*, Nr. 22; Straube/*Schütz*, Art. 28 CMR Rdn. 4; Jabornegg/Artmann/*Csoklich*, Art. 28 CMR Rdn. 3; vgl. dazu *Tuma*, VersR 1983, 410; *Jesser*, Frachtführerhaftung, S. 139; a. A. *Loewe*, ETR 1976, 574.
210 Ständige Rechtsprechung seit OGH, 10.10.1974, SZ 47/106 = EvBl. 1975/135 = HS 9.815 = *Greiter*, Nr. 6; zuletzt OGH, 31.7.2001, TranspR 2002, 113 = RdW 2002/13 = RZ 2002/7 = ZfRV 2002/21; OGH, 28.9.2011 – 7 Ob 176/11z; kritisch dazu Jabornegg/Artmann/*Csoklich*, Art. 29 CMR Rdn. 8–10.
211 Vgl. etwa OGH, 10.10.1974, SZ 47/106 = EvBl. 1975/135 = HS 9.815 = *Greiter*, Nr. 6; OGH, 23.3.1999, ZfRV 1999/56; dazu *Jesser-Huß*, TranspR 2004, 111 f.

kommen üblichen Verschuldensmaßstab zugrunde zu legen.[212] Grobe Fahrlässigkeit („auffallende Sorglosigkeit") liegt vor, wenn eine Sorgfaltswidrigkeit so schwerwiegend ist, dass sie einem ordentlichen Menschen in dieser Situation keinesfalls unterläuft; es handelt sich um schlechthin unentschuldbare Fehlleistungen, die ein extremes Abweichen von der gebotenen Sorgfalt darstellen, welche im Allgemeinen einen Schadenseintritt wahrscheinlich erscheinen lassen. Das Vorliegen eines schweren Verschuldens i.S.d. Art. 29 CMR wurde von der Rechtsprechung etwa in folgenden Fällen bejaht: Fahren in stark alkoholisiertem Zustand (2,8 Promille);[213] Fahren mit starker Alkoholisierung und stark überhöhter Geschwindigkeit;[214] vermeidbare Verzögerungen trotz Kenntnis der Dringlichkeit der Beförderung;[215] versuchte Durchführung eines TIR-Transports trotz Fehlens der dem TIR-Abkommen entsprechenden Voraussetzungen;[216] Nichteinziehung einer vereinbarten Nachnahme;[217] Schmuggel;[218] Unterlassung einer vertraglich vereinbarten besonderen Reinigung eines Silofahrzeugs;[219] gänzliches Unterlassen einer gebotenen Reinigung der Auslaufhähne eines Silofahrzeugs;[220] Verwendung einer ungeeigneten Sicherungsmethode (Klemmbalken) statt vereinbarter Spanngurten;[221] Unterlassen von Sicherungsmaßnahmen bei offenkundiger Kippgefahr des Ladegutes im Zuge einer Umladung im Verantwortungsbereich des Frachtführers.[222] Häufig sind Gegenstand entsprechender Verfahren Diebstähle von oder aus abgestellten Fahrzeugen oder Raubüberfälle. Die Entscheidungen dazu sind einzelfallbezogen und auch uneinheitlich: So liegt schweres Verschulden vor bei Verlassen eines beladenen, unbewachten und nicht mit Diebstahlssicherungen ausgestatteten Fahrzeugs für 30 Minuten in Italien;[223] bei Abstellen eines Sattelanhängers ohne technische Diebstahlsicherungen auf nicht ständig bewachtem Parkplatz für eine Woche in Oberitalien;[224] bei Abstellen eines LKWs auf einem nicht bewachten Parkplatz im Großraum Mailand zur Nachtzeit für eine Kaffeepause von einer Stunde;[225] bei unbeaufsichtigtem Abstellen eines mit elektronischen Geräten beladenen LKW mit offener Ladebordwand bzw. Abstellen eines mit ebensolchem Transportgut beladenen Planen-

---

212 OGH, 31.7.2001, TranspR 2002, 113 = RdW 2002/13 = RZ 2002/7 = ZfRV 2002/21; zuletzt OGH 25.4.2012 – 7 Ob 27/12; vgl. dazu *Jesser-Huß*, TranspR 2004, 112f.
213 OGH, 10.10.1974, SZ 47/106 = EvBl. 1975/135 = HS 9.815 = *Greiter*, Nr. 6.
214 OGH, 14.10.1997, JBl. 1998, 310 = ZfRV 1998/3 = HS 28.241.
215 OGH, 8.4.1987, SZ 60/64.
216 OGH, 25.4.1984, TranspR 1985, 265 = *Greiter*, Nr. 46.
217 OGH, 11.7.1990, TranspR 1992, 322 = ecolex 1992, 226 = HS 20.383.
218 OGH, 22.11.1977, TranspR 1980, 31 = EvBl. 1978/113 = HS 11.217 = *Greiter*, Nr. 11; OGH, 12.12.1984, TranspR 1986, 426 = VersR 1986, 798 = SZ 57/196 = JBl. 1986, 101.
219 OGH, 6.10.2000, RdW 2001/167 = ZfRV 2001/39 = ecolex 2001/148.
220 OGH, 23.2.2006 – 8 Ob 131/05f.
221 OGH, 23.2.2006 – 8 Ob 125/ 05y.
222 OGH, 27.1.2010, RdW 2010/434, 399.
223 OGH, 25.1.1990, TranspR 1990, 235 = VersR 1990, 1259; ähnlich OGH, 27.6.1996, HS 27.132 = WBl. 1997, 34.
224 OLG Innsbruck, 26.1.1990, TranspR 1991, 12.
225 OGH, 31.7.2001, TranspR 2002, 113 = RdW 2002/13 = RZ 2002/7 = ZfRV 2002/21.

LKW auf einer Nebenfahrbahn über das Wochenende;[226] bei Nichtversperren der Beifahrertüre während der Fahrt;[227] Abstellen des beladenen Fahrzeugs auf einem abgelegenen und unübersichtlichen, im Wesentlichen unbewachten Industriepark, bei dem ein- und ausfahrende Fahrzeuge nicht kontrolliert werden;[228] nächtliche Lagerung einer wertvollen Edelmetallsendung in einer frei und ohne Kontrolle zugänglichen Halle.[229] Als nicht grob schuldhaft wurde hingegen das Abstellen in einer nicht diebstahlsgefährdeten Gegend über das Wochenende beurteilt.[230] Auch das Fehlen von Kontrolleinrichtungen bei Schnittstellen und Umladevorgängen ist nicht schlechthin als grobes Organisationsverschulden anzusehen.[231]

Ist dem Frachtführer ein schweres Verschulden i.S.d. Art. 29 CMR vorwerfbar, kann er sich auf die Vorschriften des IV. Kapitels des Übereinkommens nicht berufen, die seine Haftung ausschließen oder begrenzen; das gilt grundsätzlich auch für die Schadensteilung nach Art. 17 Abs. 5,[232] wobei in Österreich Judikatur zur Frage, ob das auch bei schwerem Verschulden auf Seiten des Verfügungsberechtigten oder bei Verletzung vorvertraglicher Aufklärungspflichten gilt, bislang fehlt.[233] Die Rügeobliegenheiten bleiben jedenfalls aufrecht.[234]

Die Behauptungs- und *Beweislast* für das Vorliegen groben Verschuldens trifft den Geschädigten; dem Frachtführer wird eine dem Prozessrecht entstammende[235] Darlegungspflicht hinsichtlich jener Umstände auferlegt, die aus seiner Sphäre stammen und die der Geschädigte ohne ausreichende Aufklärung nicht kennen kann. Der Nachweis solcher Tatsachen liegt im Rahmen des dem Frachtführer obliegenden Beweises mangelnden leichten Verschuldens.[236] Ein Frachtführer, der seiner Aufklärungs- bzw. Darlegungspflicht nachgekommen ist, hat seiner Mitwirkungspflicht Genüge getan; der Auskunftsanspruch des Geschädigten geht nicht so weit, dass er faktisch eine Entlastungspflicht des Frachtführers für grobes Verschulden und damit eine Beweislastumkehr schafft. Der mangelnde Nachweis einer prima facie fehlenden oder zumindest wahrscheinlichen Kausalität geht immer zu Lasten des hinsichtlich eines haftungserweiternden Verschuldens grundsätzlich beweisbelasteten Geschädigten. Er hat seiner Beweispflicht nicht schon dann Genüge getan, wenn der Frachtführer die Schadens-

---

226 OGH, 2.7.2008 – 7 Ob 69/08k.
227 Obiter OGH, 13.9.1990, JBl. 1992, 124 = RdW 1991, 46 = ecolex 1992, 225 (*Jesser*).
228 OGH, 15.12.2010, RdW 2011/269.
229 OGH, 27.1.2010 – 7 Ob 265/09k.
230 OGH, 13.9.2001 – 8 Ob 65/01v.
231 OGH, 17.3.2005, TranspR 2005, 408 = ecolex 2005/320.
232 OGH, 17.2.1982, SZ 55/20 = HS 12.579 = *Greiter*, Nr. 26; OGH, 27.1.2010, RdW 2010/434; *Csoklich*, Einführung, S. 206; einschränkend, nur bei Vorsatz OGH, 21.3.1977, TranspR 1982, 111 = SZ 50/43 = HS 11.211 = *Greiter*, Nr. 9.
233 Vgl. dazu Jabornegg/Artmann/*Csoklich*, Art. 29 CMR Rdn. 11.
234 Vgl. dazu die Hinweise bei Art. 30 CMR.
235 § 184 ZPO; vgl. dazu ausführlich OGH, 11.5.2005, TranspR 2005, 411 = JBl. 2005, 738 = EvBl. 2005/175 = SZ 2005/73.
236 Ständige Rechtsprechung vgl. etwa OGH, 14.7.1993, SZ 66/89 = RdW 1993, 334 = ZfRV 1994/2 = WBl. 1993, 403; OGH, 23.3.1999, ZfRV 1999/56; OGH, 27.9.2000, ecolex 2001/151 = RdW 2001/168 = ZfRV 2001/27.

ursache nicht erklären kann und dies praktisch bedeutet, dass nur eine vollständige Aufklärung der Schadensursache zur Entlastung des Frachtführers führen kann. Lässt sich die Schadensursache letztlich nicht aufklären, trifft das non liquet den Anspruchsteller.[237] Die Verletzung dieser prozessualen Mitwirkungspflicht ist im Rahmen der Beweis- und Verhandlungswürdigung bei der Sachverhaltsfeststellung zu berücksichtigen[238] und kann unter Umständen den Schluss auf ein schadenskausales qualifiziertes Verschulden gerechtfertigt erscheinen lassen.[239]

Art. 30 CMR

Literatur: *Loewe*, Die Bestimmungen der CMR über Reklamationen und Klagen (Art. 30–33 CMR), TranspR 1988, 309.

Bei Ablieferung des Transportguts wird dem Empfänger eine Pflicht zur Überprüfung und im Fall von Güterschäden eine *Rügeobliegenheit* innerhalb bestimmter Fristen auferlegt, deren Missachtung zu einer *Verschlechterung der Beweislage*, aber grundsätzlich nicht zum Anspruchsverlust führt. Bei Schadensersatzansprüchen infolge Überschreitens der Lieferfrist ist hingegen ein schriftlicher Vorbehalt innerhalb von 21 Tagen nach dem Zeitpunkt, zu dem das Gut dem Empfänger zur Verfügung gestellt worden ist, Anspruchsvoraussetzung. Der Frachtführer stellt das Gut dem Empfänger schon dann zur Verfügung, wenn er es ihm zur Ablieferung anbietet.[240] Das Unterlassen des Vorbehalts bei Verspätung führt zum *Anspruchsverlust*, der von Amts wegen zu berücksichtigen ist; das gilt auch bei schwerem Verschulden des Frachtführers, da Art. 30 CMR keinen Haftungsausschluss, sondern ein zusätzliches, von den Bestimmungen des IV. Kapitels unabhängiges rechtliches Erfordernis statuiert.[241] Bei Verspätung können Vorbehalte nach Abs. 3 von jedem an dem Gut Berechtigten und damit auch vom Absender, dem Vertragspartner des Frachtführers, erklärt werden.[242]

Die *Schriftlichkeit* der Vorbehalte ist nicht i. S. d. „Unterschriftlichkeit" zu verstehen, so dass die Übermittlung von Erklärungen durch *Telefax* dem Formerforder-

---

237 OGH, 27.9.2000, ecolex 2001/151 = RdW 2001/168 = ZfRV 2001/27; OGH, 17.3.2005, TranspR 2005, 408 = ecolex 2005/320; OGH, 1.7.2009, ecolex 2009/413 = RdW 2009/806; Jabornegg/Artmann/*Csoklich*, Art. 29 CMR Rdn. 12.
238 OGH, 11.5.2005, TranspR 2005, 411 = JBl. 2005, 738 = EvBl. 2005/175 = SZ 2005/73.
239 OGH, 27.9.2000, ecolex 2001/151 = RdW 2001/168 = ZfRV 2001/27; OGH, 29.11.2001, ZVR 2002/74 = RZ 2002/28 = RdW 2002/209 = ZfRV 2003/8 (zum Warschauer Abkommen); OGH, 11.5.2005, TranspR 2005, 411 = JBl. 2005, 738 = EvBl. 2005/175 = RdW 2005/617.
240 OGH, 19.9.2002, TranspR 2003, 243 = EvBl. 2003/4 = RdW 2003/64.
241 OGH, 13.10.1999, ecolex 2000/113 (*Jesser-Huß*) = RdW 2000/124 = ZfRV 2000/25; OGH, 19.9.2002, TranspR 2003, 243 = EvBl. 2003/4 = RdW 2003/64; OGH, 16.3.2004, SZ 2004/32 = RdW 2004/485 = ecolex 2004/332.
242 OGH, 26.11.1996, ZfRV 1997/15.

nis genügt.²⁴³ Entsprechende Vorbehalte müssen noch kein konkretes Schadenersatzbegehren enthalten, es ist aber erforderlich, dass die Art der festgestellten Mängel und deren ungefähres Ausmaß angeführt werden. Deshalb ist auch ein Stempelaufdruck mit dem Text „mit Vorbehalt übernommen" nicht ausreichend konkretisiert und somit wirkungslos.²⁴⁴ Ausreichend ist, dass der Frachtführer durch die generelle Erwähnung von Schäden auf die mögliche Ersatzpflicht aufmerksam gemacht wird.²⁴⁵ Bei Berechnung der 7-Tage-Frist werden Sonntage und gesetzliche Feiertage nicht mitgerechnet.²⁴⁶

Art. 30 Abs. 5 CMR stellt grundsätzlich die Mitwirkungspflicht des Frachtführers zur Schadensfeststellung auf, knüpft aber an die Verletzung keine Sanktionen. Der Frachtführer hat die beweisrechtlichen Folgen dafür zu tragen, dass er seiner Mitwirkungspflicht nicht entsprochen hat.²⁴⁷

Art. 31 CMR

Literatur: *Cizek/Lederer*, Internationale Streitanhängigkeit im Lichte der CMR, RdW 2006/ 445, 489; *Csoklich*, Glosse zu OGH, 1.4.1999 – 4 Nd 503/99, RdW 1999, 659; *ders.*, Einige Fragen zur Zuständigkeit nach CMR und EuGV-VO, RdW 2003, 129 und 186; *ders.*, Wahl des Gerichtsstandes nach der CMR und Rechtshängigkeitseinrede (Österreich), ETR 2005, 609; *Garber*, Glosse zu OGH 27.11.2008 – 7 Ob 194/08t, EvBl 2009/68, ÖJZ 2009, 468; *Girsch*, Internationale Streitanhängigkeit im grenzüberschreitenden Straßengüterverkehr, ecolex 2006, 622; *Jesser-Huß*, Glosse zu OGH 27.11.2008 – 7 Ob 194/08t, TranspR 2009, 413 (415); *Loewe*, Die Bestimmungen der CMR über Reklamationen und Klagen (Art. 30–33 CMR), TranspR 1988, 309; *Schoibl*, Gerichtsstandsfragen im österreichischen Straßengüterbeförderungsrecht (Binnen-Güterbeförderungsgesetz 1990), ZVR 1992, 257.

Art. 31 CMR begründet nur die *internationale*, nicht jedoch die örtliche oder sachliche *Zuständigkeit*.²⁴⁸ Letztere ist nach den nationalen Bestimmungen des nach Art. 31 CMR international zuständigen Staats zu beurteilen. Ist Österreich international zuständig, jedoch keine örtliche Zuständigkeit eines österreichischen Gerichts nach den Vorschriften der Jurisdiktionsnorm (JN) gegeben, ist vom OGH im Wege der *Ordination* nach § 28 JN das örtlich zuständige Gericht zu bestimmen.²⁴⁹ Um künftig Ordinationsanträge zu vermeiden wurde mittler-

---

243 OGH, 26.4.1996, SZ 69/107 = JBl. 1996, 659 = ZVR 1997/96 = ecolex 1996, 667; OGH, 19.9.2002, TranspR 2003, 243 = EvBl. 2003/4 = RdW 2003/64; OGH, 16.3.2004, SZ 2004/ 32 = RdW 2004/485 = ecolex 2004/332.
244 OLG Wien, 22.6.1989, TranspR 1990, 158; *Jesser*, Frachtführerhaftung, S. 60; vgl. dazu *Loewe*, ETR 1976, 577; Jabornegg/Artmann/*Csoklich*, Art. 30 CMR Rdn. 6.
245 OGH, 19.9.2002, TranspR 2003, 243 = EvBl. 2003/4 = RdW 2003/64.
246 OLG Linz, 27.11.1989, TranspR 1990, 154.
247 *Loewe*, ETR 1976, 579.
248 Ständige Rechtsprechung seit OGH, 16.12.1997 – 7 Nd 510/97; OGH, 27.11.2008, TranspR 2009, 413 = EvBl. 2009/68 = ZVR 2009/100 = WBl. 2009/113.
249 Ständige Rechtsprechung seit OGH, 16.6.1987, RdW 1987, 411 = IPRE 2/228; jüngst OGH, 8.4.2002, TranspR 2003, 67; OGH, 18.12.2000, TranspR 2003, 66; vgl. dazu *Csoklich*, RdW 2003, 130.

weile ein echter Wahlgerichtsstand geschaffen; die seit 1.1.2005 geltende Bestimmung der *Jurisdiktionsnorm* lautet:[250]

„§ 101. Für Rechtsstreitigkeiten aus einer Beförderung, die dem Übereinkommen vom 19. Mai 1956 über den Beförderungsvertrag im Internationalen Straßengüterverkehr (CMR) unterliegt, ist auch das Gericht zuständig, in dessen Sprengel der Ort der Übernahme des Gutes oder der für die Ablieferung vorgesehene Ort liegt."

Gerichtsstandsvereinbarungen sind im Rahmen des Art. 31 Abs. 1 CMR zulässig, sofern die Vertragsparteien die internationale Zuständigkeit zusätzlicher Gerichte von Vertragsstaaten vereinbaren;[251] eine Art. 31 Abs. 1 CMR widersprechende Zuständigkeitsvereinbarung ist nach Art. 41 CMR unwirksam. Gerichtsstandsklauseln, die wie § 65 lit. b erster Halbsatz einen nicht ausschließlichen Gerichtsstand am Ort der Niederlassung des Spediteurs/Frachtführers schaffen, an den der Auftrag gerichtet ist, sind gültig. Abweichendes gilt für § 65 lit. b zweiter Halbsatz AÖSp; er ist insoweit wegen Art. 41 CMR teilunwirksam, als er einen ausschließlichen internationalen Gerichtsstand festlegt und Gerichtsstände in anderen Vertragsstaaten verdrängt. In der Vereinbarung eines konkreten Gerichts oder eines örtlichen Gerichtsstands ist implizit auch die Vereinbarung der internationalen Zuständigkeit des Staats zu verstehen, in dem das betreffende Gericht belegen ist.[252] Die (Teil-)Nichtigkeit nach Art. 41 CMR reicht nur soweit, als die Vereinbarung nach dem Übereinkommen bestehende Zuständigkeiten ausschließt; sofern ein nach Art. 31 Abs. 1 CMR zulässiger Gerichtsstand vereinbart wurde, bleibt sie als Vereinbarung eines Wahlgerichtsstandes teilwirksam.[253] Auch die Bestimmung eines ausschließlichen nationalen Gerichtsstands, wie etwa nach § 65 lit. b zweiter Halbsatz AÖSp, ist jedoch wirksam, sofern die internationale Gerichtsbarkeit in dem Land, in dem der Spediteur seine Hauptniederlassung hat, gegeben ist.[254]

Vereinbaren die Parteien über die internationale Zuständigkeit hinaus die örtliche und sachliche Zuständigkeit eines bestimmten Gerichts, beurteilt sich die Zulässigkeit einer solchen Vereinbarung nach dem Recht des angerufenen Gerichts, im Geltungsbereich der EuGV-VO nach dieser. Nach § 104 JN kann die Vereinbarung zwar formfrei geschlossen werden, sie ist im Bestreitungsfall aber urkundlich nachzuweisen; ausreichend ist eine zumindest vom Beklagten unterschriebene Vereinbarung, nicht hingegen ein vom Kläger unterschriebener

---

250 Eingeführt durch die Zivilverfahrensnovelle 2004, öBGBl. I 2004/128; vgl. dazu OGH, 1.7.2004, EvBl. 2005/25; OGH, 14.2.2005, ecolex 2005/318 (*Mayr*).
251 *Csoklich*, RdW 2003, 187; OGH, 27.11.2008, TranspR 2009, 413 = EvBl. 2009/68 = ZVR 2009/100 = WBl. 2009/113.
252 OGH, 27.11.2008, TranspR 2009, 413 = EvBl. 2009/68 = ZVR 2009/100 = WBl. 2009/113; zustimmend *Garber*, ÖJZ 2009, 466 (467f.); so schon *Csoklich*, RdW 2003, 187.
253 OGH, 27.11.2008, TranspR 2009, 413 = EvBl. 2009/68 = ZVR 2009/100 = WBl. 2009/113; *Csoklich*, RdW 2003, 188; Jaborngegg/Artmann/*ders.*, Art. 31 CMR Rdn. 8.
254 *Csoklich*, RdW 2003, 188.

Transportauftrag.[255] Im Gegensatz zu Art. 23 EuGV-VO, wonach die Bestimmbarkeit des angerufenen Gerichts ausreichend ist, verlangt § 104 JN die Vereinbarung eines namentlich genannten Gerichts.[256] Im Anwendungsbereich der EuGV-VO kann daher über § 65 AÖSp wirksam eine Gerichtsstandsvereinbarung geschlossen werden.[257]

Voraussetzung für die Anwendbarkeit des Art. 31 CMR ist ein wirksamer, der CMR unterliegender *Beförderungsvertrag*; ob die Beförderung tatsächlich begonnen oder durchgeführt wurde, ist unerheblich.[258] Die Bestimmung gilt nicht nur für Ansprüche, die sich aus der CMR, sondern für alle, die sich aus der Tatsache einer der CMR unterliegenden Beförderung eines bestimmten Guts ergeben, daher auch für außervertragliche Ansprüche oder Entgeltsansprüche des Frachtführers[259] sowie für Nichterfüllungsansprüche;[260] nicht hingegen für Ansprüche aus *culpa in contrahendo*, da es hier an einem wirksamen Beförderungsvertrag mangelt.[261]

Beim Gerichtsstand des *Übernahmeorts* ist auf den tatsächlichen, bei jenem des *Ablieferungsorts* auf den vertraglich vereinbarten abzustellen; bei Klagen gegen einen Unterfrachtführer ist das Gericht am Ort der Übernahme beim ursprünglichen Absender zuständig, auch wenn der Unterfrachtführer das Gut an einem anderen Ort übernommen hat.[262]

Abs. 2 ist autonom auszulegen;[263] eine Klage „*in derselben Sache*" ist bei einer negativen Feststellungsklage und einer späteren Leistungsklage denselben Schadensfall betreffend gegeben, weshalb eine frühere negative Feststellungsklage im Verhältnis zur entsprechenden Leistungsklage, die später anhängig gemacht wird, Streitanhängigkeit bewirkt.[264] „*Anhängig*" ist eine Klage mit Einbringung bei Gericht, nicht erst mit Zustellung an den Beklagten.[265]

Im *Verhältnis* zum EuGVÜ/LGVÜ bzw. zur EuGV-VO genießt Art. 31 CMR Vorrang, weil die CMR als „Spezialübereinkommen" i.S.d. Art. 57 EuGVÜ/LGVÜ bzw. Art. 71 EuGV-VO anzusehen ist.[266] Dies gilt jedoch nicht für nur vorläufig

---

255 OGH, 23.2.1998, ZfRV 1998/39.
256 *Csoklich*, RdW 2003, 187f.
257 Jabornegg/Artmann/*Csoklich*, Art. 31 CMR Rdn. 10.
258 A.A. Straube/Schütz, Art. 31 CMR Rdn. 1.
259 *Loewe*, ETR 1976, 579; *Csoklich*, RdW 2003, 129.
260 OGH, 12.6.2001 – 4 Nd 508/01; *Csoklich*, RdW 2003, 129; a.A. *Loewe*, ETR 1976, 580.
261 *Csoklich*, RdW 2003, 129; Jabornegg/Artmann/*ders.*, Art. 31 CMR Rdn. 1.
262 OGH, 1.4.1999, TranspR 2000, 34 = RdW 1999, 659 (zustimmend *Csoklich*); ebenso *Loewe*, TranspR 1988, 312; a.A. Straube/*Schütz*, Art. 31 CMR Rdn. 4; vgl. dazu Jabornegg/Artmann/*Csoklich*, Art. 31 CMR Rdn. 4–5.
263 Jabornegg/Artmann/*Csoklich*, Art. 31 CMR Rdn. 11.
264 Mit ausführlicher Begründung OGH, 17.2.2006, TranspR 2006, 257 = ETR 2006, 561 = EvBl. 2006/101 = ecolex 2006/268; ebenso schon *Csoklich*, RdW 2003, 189; zustimmend Cizek/Lederer, RdW 2006/445, 489 ff; *Girsch*, ecolex 2006, 622.
265 *Csoklich*, RdW 2003, 189; a.A. Straube/*Schütz*, Art. 31 Rdn. 5, der den Begriff mit der „Streitanhängigkeit" i.S.d. §§ 232, 240 Abs. 3 ZPO gleichsetzt.
266 So die h.M.: vgl. etwa *Csoklich*, RdW 2003, 130; Jabornegg/Artmann/*dens.*, Art. 31 CMR Rdn. 2; OGH, 8.4.2002, TranspR 2003, 67; OGH, 18.7.2002, ZfRV-LS 2003/19; OGH,

vollstreckbare Entscheidungen, deren Vollstreckung Art. 31 CMR gerade nicht regelt. Da sich die Anerkennungsregel des Art. 31 Abs. 3 CMR gemäß Art. 31 Abs. 4 CMR nicht auf bloß vorläufig vollstreckbare Urteile bezieht – deren internationale Anerkennung also nicht regelt –, kommen die Bestimmungen der EuGV-VO auf vorläufig vollstreckbare Gerichtsentscheidungen zur Anwendung.[267]

Art. 32 CMR

Literatur: *Blasche,* Art. 32 Abs. 2 CMR: Fortlaufhemmung, nicht Ablaufhemmung!, AnwBl 1986, 389; *Csoklich,* Glosse zu OGH, 27.4.1987 – 1 Ob 558/87, RdW 1987, 371; *Horak,* Art. 32 Abs. 2 CMR – Fortlaufs- oder Ablaufshemmung?, AnwBl 1986, 166; *Huber,* Glosse zu OGH, 10.7.1985 – 1 Ob 563/85, JBl. 1986, 319; *Jesser,* Glosse zu OGH, 29.8.1994 – 1 Ob 516/94, TranspR 1995, 110; *Jesser-Huß,* Verjährung von Ansprüchen des Haupt- gegen den Unterfrachtführer – Änderung der Rsp., ecolex 2000, 864; *dies.,* Glosse zu OGH, 20.6.2000 – 2 Ob 75/99 i, TranspR 2001, 79; *Loewe,* Die Bestimmungen der CMR über Reklamationen und Klagen (Art. 30–33 CMR), TranspR 1988, 309; *Tuma,* Wann beginnen Ersatzansprüche zu verjähren?, Verkehr 13/96, 11; 14/96, 7; 15/96, 11.

Der Verjährungsbestimmung der CMR unterliegen *alle Ansprüche,* die sich aus einer diesem Übereinkommen unterliegenden Beförderung ergeben, daher auch solche, die gar nicht aus der CMR abgeleitet werden.[268] Dazu zählen der Entgeltsanspruch des Frachtführers,[269] Schadenersatzansprüche des Frachtführers gegen den Absender aus der Beschädigung seines Fahrzeugs,[270] Ansprüche auf Standgeld,[271] Ansprüche gegen den Frachtführer auf Rückzahlung zuviel bezahlter Fracht,[272] Rückgabeansprüche auf Paletten,[273] Deliktsansprüche gegen Erfüllungsgehilfen des Frachtführers[274] sowie Regressansprüche,[275] der Kostenersatz-

---

18.12.2000, TranspR 2003, 66; zuletzt OGH, 17.2.2006 – 10 Ob 147/05y; OGH, 27.11.2008, TranspR 2009, 413 = EvBl. 2009/68 = ZVR 2009/100 = WBl. 2009/113.
267 OGH, 20.10.2004 – 3 Ob 189/04x, ZfRV-LS 2005/1; Jabornegg/Artmann/*Csoklich,* Art. 31 CMR Rdn. 12.
268 H.M. OGH, 27.9.1983, TranspR 1984, 191 = VersR 1984, 548 = *Greiter,* Nr. 43; OGH, 25.11.1997, SZ 70/247 = RdW 1998, 337 = ZfRV 1998/14 = HS 28.240; OGH, 6.7.2011, TranspR 2011, 377 = EvBl. 2011/148 = ecolex 2011/395; Straube/*Schütz,* Art. 32 CMR Rdn. 1; *Jesser,* Frachtführerhaftung, S. 180; Jabornegg/Artmann/*Csoklich,* Art. 32 CMR Rdn. 1.
269 OGH, 22.5.1978, TranspR 1980, 143 = RZ 1978/99 = *Greiter,* Nr. 13 = Verkehr 1978, 1553; OGH, 5.11.1980, HS X/XI/30 = *Greiter,* Nr. 16; OGH, 19.5.1982, TranspR 1984, 193 = HS XII/XIII/17 = *Greiter,* Nr. 32.
270 OGH, 5.8.2004, RdW 2005/120.
271 OGH, 12.2.1985, TranspR 1986, 374 = SZ 58/22 = EvBl. 1986/3 = *Greiter,* Nr. 55.
272 OGH, 14.1.1976, SZ 49/3 = EvBl. 1976/215 = HS 9.537 = *Greiter,* Nr. 7; OGH, 2.4.1982, TranspR 1984, 42 = SZ 55/49 = EvBl. 1982/162 = *Greiter,* Nr. 29.
273 Dazu OGH, 12.3.1996, SZ 69/60 = RdW 1997, 135 = ecolex 2000, 22.
274 OGH, 12.2.1985, TranspR 1986, 374 = SZ 58/22 = EvBl. 1986/3 = *Greiter,* Nr. 55; OGH, 10.11.1981, TranspR 1982, 111 = SZ 54/165 = HS 12.582 = *Greiter,* Nr. 22.
275 Seit OGH, 20.6.2000, TranspR 2001, 79 = ecolex 2000, 866 = RdW 2000/720 = ZfRV 2001/7; a.A. noch OGH, 27.6.1996, WBl. 1997, 34 = HS 27.116 = ecolex 2000, 23.

anspruch des Regressberechtigten wegen Prozesskosten des Vorverfahrens,[276] nicht hingegen Ansprüche aus Geschäftsbesorgung.[277] Unter Art. 32 CMR fallen auch Ansprüche aus nicht ausgeführten Beförderungsverträgen. Die Bestimmung spricht zwar von Ansprüchen aus einer der CMR unterliegenden Beförderung, doch ergibt sich aus Art. 1 Abs. 1, dass nicht auf die Beförderung selbst, sondern vielmehr auf den zugrunde liegenden Vertrag abzustellen ist; daher unterliegen auch Schadensersatzansprüche wegen Vertragsrücktritts infolge nicht verschuldeter Nichterfüllung eines Frachtvertrags der Verjährungsvorschrift der CMR.[278] Bei *Deliktsansprüchen* muss unterschieden werden, von wem diese geltend gemacht werden. Schadensersatzansprüche des Absenders gegen Gehilfen des Frachtführers wegen nicht der CMR unterliegender Schäden unterliegen der CMR.[279] Da nach der CMR in erster Linie der Beförderungsvertrag maßgebend ist, scheint eine Beschneidung der Rechte nicht am Frachtvertrag beteiligter Dritter ungerechtfertigt. Deshalb ist zwar eine Verjährung der Deliktsansprüche von Personen, die auch Ansprüche aus dem Frachtvertrag besitzen oder an diesem wenigstens insofern beteiligt sind, als der Absender für sie in verdeckter Stellvertretung oder mit ihrem Einverständnis das Frachtgut der Gefährdung ausgesetzt hat, innerhalb eines Jahres gerechtfertigt, nicht jedoch von Personen, bei denen dies nicht der Fall ist.[280]

Art. 32 Abs. 1 lässt offen, ob die Verjährung einredeweise geltend zu machen oder von Amts wegen zu beachten ist. Diese Frage ist nach ergänzend anwendbarem nationalem Recht zu beurteilen; in Österreich ist die Verjährung durch *Einwendung* geltend zu machen (§ 1502 ABGB).[281]

Wird die Sendung nicht an den Empfänger abgeliefert, sondern an den Absender zurückgestellt, soll für den Beginn der (ein- oder dreijährigen) Verjährungsfrist Art. 32 Abs. 1 lit. c) CMR anzuwenden sein, wonach sie mit dem Ablauf einer Frist von drei Monaten nach dem Abschluss des Beförderungsvertrags zu laufen beginnt.[282]

---

276 Straube/*Schütz*, Art. 31 CMR Rdn. 1; Jabornegg/Artmann/*Csoklich*, Art. 32 CMR Rdn. 2; a.A. OGH, 16.1.2001, EvBl. 2001/111 = RdW 2001/449 = ZfRV 2001/49.
277 OGH, 18.9.1985, TranspR 1987, 219 = SZ 58/146 = EvBl. 1986/93.
278 OGH, 2.4.1982, TranspR 1984, 43 = SZ 55/49 = EvBl. 1982/162 = *Greiter*, Nr. 29; OGH, 12.2.1985, TranspR 1986, 374 = SZ 58/22 = EvBl. 1986/3 = *Greiter*, Nr. 55; *Jesser*, Frachtführerhaftung, S. 181; a.A. *Loewe*, TranspR 1988, 313; *Csoklich*, Einführung, S. 252.
279 OGH, 15.3.2005, RdW 2005/556 = ecolex 2005/319.
280 OGH, 10.11.1981, TranspR 1982, 111 = SZ 54/165 = HS 12.582 = *Greiter*, Nr. 22; OGH, 27.9.1983, TranspR 1984, 191 = VersR 1984, 548 = *Greiter*, Nr. 43; OGH, 18.9.1985, TranspR 1987, 219 = SZ 58/146 = EvBl. 1986/93; Jabornegg/Artmann/*Csoklich*, Art. 32 CMR Rdn. 2.
281 OGH, 14.1.1976, SZ 49/3 = EvBl. 1976/215 = HS 9.537 = *Greiter*, Nr. 7.
282 OGH, 13.6.1985, TranspR 1987, 217; OGH, 24.4.2001 – 4 Ob 318/00v; Straube/*Schütz*, Art. 32 CMR Rdn. 4; a.A. inhaltlich richtig – maßgeblich Ablieferung beim Absender und Verjährungsbeginn nach lit. a) OLG Wien 10.7.1997, TranspR 1997, 435, 437; für lit. b) infolge Totalverlusts OGH 14.10.1997, JBl. 1998, 310 = ZfRV 1998/3; 24.3.1998, ZfRV 1998/48 obwohl Trümmer des Ladeguts rückbefördert wurden.

Die Verjährungsfrist beträgt grundsätzlich ein Jahr; bei Vorsatz oder einem gleichstehenden Verschulden (vgl. dazu Art. 29 CMR) hingegen drei Jahre. Die dreijährige Verjährungsfrist ist auch auf den Anspruch des Frachtführers auf Zahlung des vereinbarten Entgelts anwendbar.[283]

Abs. 2 enthält Vorschriften über die *Hemmung* der Verjährung von Ansprüchen gegen den Frachtführer. Betreffend den Eintritt und das Ende der Hemmung gilt die Empfangstheorie, maßgeblicher Zeitpunkt ist das Einlangen der Reklamationen beim Frachtführer bzw. das Einlangen der Antwort und der zurückgesandten Belege beim Reklamierenden.[284] Erforderlich für eine Hemmung ist das Einlangen einer schriftlichen *Reklamation* hinsichtlich des Zustands oder des Verlusts des Guts oder der Überschreitung der Lieferfrist. Zur Rechtswirksamkeit bedarf sie einer Klarstellung darüber, welche Schäden ersetzt werden sollen, sowie aller Dokumente, die für eine Stellungnahme des Frachtführers notwendig sind. Die betragsmäßige Höhe der Forderung muss die Reklamation jedoch nicht enthalten.[285] Geltend zu machen ist sie von jemandem, gegen den die Verjährung läuft. Das kann auch der Transportversicherer sein; jedenfalls dann, wenn die Rechte des Geschädigten auf ihn übergegangen sind.[286] Die Hemmung dauert bis zu dem Tag, an dem der Frachtführer die Reklamation schriftlich zurückweist und die beigefügten Belege zurücksendet, wobei er nur Originalbelege zurücksenden muss.[287] Die Wirkung der Hemmung erzeugt nur die erste Reklamation, jede weitere, die denselben Anspruch zum Gegenstand hat, ist wirkungslos.[288] Die Schriftform im Zusammenhang mit Reklamationen i.S.d. Art. 32 CMR ist richtigerweise nicht i.S.d. § 886 ABGB zu verstehen, da sie lediglich der Beweissicherung dient und daher auch Mitteilungen per Fax oder E-Mail als ausreichend anzusehen sind.[289] Die Hemmung nach der CMR ist nach den insofern eindeutigen englischen und französischen Originalfassungen eine *Fortlaufhemmung*.[290]

---

[283] OGH, 6.7.2011, TranspR 2011, 377 = EvBl. 2011/148 = ecolex 2011/395; a.A. OGH, 5.11.1980, HS 11.216 (30).
[284] *Loewe*, ETR 1976, 586; ihm folgend OGH, 27.4.1987, TranspR 1987, 372 = SZ 60/70 = JBl. 1987, 664 = RdW 1987, 371 (*Csoklich*).
[285] OGH, 29.8.1994, TranspR 1995, 110 (*Jesser*) = ecolex 1996, 846 (*Jesser*) = EvBl. 1995/18 = RdW 1995, 180; *Loewe*, TranspR 1988, 316; *Jesser*, Frachtführerhaftung, S. 185; a.A. Jabornegg/Artmann/*Csoklich*, Art. 32 CMR Rdn. 9: keine Belege erforderlich.
[286] OGH, 27.4.1987, TranspR 1987, 372 = SZ 60/70 = JBl. 1987, 664 = RdW 1987, 371 (*Csoklich*).
[287] OGH, 27.4.1987, TranspR 1987, 372 = SZ 60/70 = JBl. 1987, 664 = RdW 1987, 371 (*Csoklich*); *Loewe*, ETR 1976, 586.
[288] OGH, 7.3.1990, ecolex 1990, 284 = WBl. 1990, 188 (L).
[289] OGH, 26.4.1996, JBl. 1996, 659 = ecolex 1996, 667 = RdW 1997, 76 (Fax) zur Schadensanzeige nach Art. 30 CMR. Für die Reklamation nach Art. 32 CMR gelten insoweit dieselben Überlegungen; vgl. *Jesser*, Frachtführerhaftung, S. 184; Jabornegg/Artmann/*Csoklich*, Art. 32 CMR Rdn. 9.
[290] Ständige Rechtsprechung seit OGH, 27.4.1987, TranspR 1987, 372 = SZ 60/70 = JBl. 1987, 664 = RdW 1987, 371 (*Csoklich*).

Art. 33 CMR

Literatur: *Halbartschlager*, Glosse zu OGH 5.5.2010 – 7 Ob 216/09d, ecolex 2010/325.

Eine Schiedsabrede nach Art. 33 CMR ist nur dann wirksam, wenn sie ausdrücklich die Verpflichtung des Schiedsgerichts enthält, die CMR anzuwenden. Fehlt diese ausdrückliche Verweisung auf die CMR, ist die Schiedsgerichtsvereinbarung nach Art. 41 Abs. 1 CMR nichtig.[291] Eine Formulierung des Inhalts, dass ein genau bezeichnetes Schiedsgericht („Junta Arbitral del Transporte de Mercancias de Madrid") die CMR-Konvention anzuwenden hat, genügt diesen strengen Anforderungen.[292] Strittig ist hingegen, wie weitere Wirksamkeitsvoraussetzungen sowie die Wirkungen einer wirksamen Schiedsabrede zu beurteilen sind. Nach verbreiteter Ansicht sind diese Fragen nach dem jeweils anwendbaren nationalen Recht zu beurteilen, im Falle der Anwendbarkeit österreichischen Rechts nach §§ 581 ff. ZPO.[293] Nach § 584 ZPO schließt eine Schiedsabrede die Zuständigkeit staatlicher Gerichte aus.[294] Der OGH wendet allerdings nicht § 584 ZPO an, sondern Art. 31 Abs. 1 CMR und erklärt somit eine Schiedsabrede, soweit mit ihr ein Ausschluss der in Art. 31 Abs. 1 CMR normierten internationalen Zuständigkeit erreicht werden soll, für nichtig gemäß Art. 41. Diese Nichtigkeit nach Abs. 1 soll jedoch nur jenen Teil der Schiedsvereinbarung umfassen, mit dem die ausschließliche Zuständigkeit des Schiedsgerichts begründet werden soll, nicht hingegen die Vereinbarung einer Wahlzuständigkeit.[295]

Art. 34–40 CMR

Literatur: *Csoklich*, Anmerkungen zu Art. 34 CMR, ÖJZ 2003, 41.

Die Anwendung der Art. 34 ff. CMR setzt voraus, dass die gesamte Beförderung, also vom Beladeort bis zum Entladeort, Gegenstand eines *einzigen Vertrags* ist, über die gesamte Strecke ein einziger, durchgehender Frachtbrief ausgestellt und der Transport von aufeinanderfolgenden Straßenfrachtführern ausgeführt wird, welche das Gut und den Frachtbrief übernehmen. Da nach § 413 UGB *Fixkostenspediteure* Frachtrecht unterliegen, kann Art. 34 CMR auch bei einem Speditionsvertrag zu fixen Kosten bei Vorliegen der übrigen Voraussetzungen anzuwenden sein.[296] Ausgeschlossen ist das hingegen beim *Sammelladungsspediteur*, da dieser dem Frachtführer eine andere Sendung übergibt, als er vom Versender erhalten hat; Sammelladungsspediteur und nachfolgender Frachtführer sind

---

[291] OGH, 20.3.2007, TranspR 2007, 326 = EvBl. 2007/105 = RdW 2007/683 = SZ 2007/42; OGH, 5.5.2010 – 7 Ob 216/09d, ecolex 2010/325 (*Halbartschlager*) = RdW 2010/725; Jabornegg/Artmann/*Csoklich*, Art. 33 CMR Rdn. 1; *Halbartschlager*, ecolex 2010/325, 873.
[292] OGH, 5.5.2010 – 7 Ob 216/09d, ecolex 2010/325 (*Halbartschlager*) = RdW 2010/725.
[293] Vgl. dazu Jabornegg/Artmann/*Csoklich*, Art. 33 CMR Rdn. 1.
[294] Vgl. dazu *Halbartschlager*, ecolex 2010, 873.
[295] OGH, 5.5.2010 – 7 Ob 216/09d, ecolex 2010/325 (krit. *Halbartschlager*) = RdW 2010/725.
[296] OGH, 28.6.1988, TranspR 1989, 222 = VersR 1989, 980; *Csoklich*, ÖJZ 2003, 43; Jabornegg/Artmann/*ders.*, Art. 34–40 CMR Rdn. 2.

daher hinsichtlich des Transports nicht aufeinanderfolgende Frachtführer i. S. d. Art. 34 CMR.[297]

Die Vorschriften des sechsten Kapitels sind nicht anwendbar, wenn ein *Frachtbrief* überhaupt nicht oder nicht über die gesamte Beförderungsstrecke ausgestellt wird; den Anforderungen genügt demnach nur ein von Absender und Hauptfrachtführer über den Hauptfrachtvertrag ausgestellter und von diesen unterschriebener (Art. 5 Abs. 1 CMR) Frachtbrief.[298] Vertretung bei der Frachtbriefausstellung ist zulässig.[299] Ein von Sammelladungsspediteur und (ausführendem) Frachtführer ausgestellter Frachtbrief über die gesamte Sendung erfüllt nicht das Erfordernis des Art. 34 CMR; ebenso wenig ein von einem Unterfrachtführer nur über eine Teilstrecke ausgestellter Frachtbrief.[300] Das Gut und der durchgehende Frachtbrief müssen von den nachfolgenden Frachtführern *übernommen* werden; dann werden sie zu den Bedingungen des Frachtbriefs *Vertragspartei* des zwischen Absender und Hauptfrachtführer abgeschlossenen Beförderungsvertrags.[301] Nachfolgende Frachtführer haften somit auch nach der CMR, wenn sie den Transport nur auf einem innerstaatlichen Teilstück durchführen.[302] Unterfrachtführer, die Gut und Frachtbrief nicht übernommen haben, sind nicht aufeinanderfolgende Frachtführer i. S. d. Art. 34 CMR.[303] Nicht erforderlich ist, dass der Hauptfrachtführer selbst den Transport auch nur auf einem Teilstück durchführt.[304]

Die Unterlassung der in *Art. 35 CMR* vorgeschriebenen Eintragung des nachfolgenden Frachtführers in den Frachtbrief ändert nichts an dessen Eintritt in den Frachtvertrag, da es sich bei dieser Vorschrift nur um eine der Beweissicherung im Verhältnis zwischen Hauptfrachtführer und Unterfrachtführer dienende Ordnungsvorschrift handelt.[305]

---

297 *Csoklich*, ÖJZ 2003, 43; Jabornegg/Artmann/*ders.*, Art. 34–40 CMR Rdn. 2; verfehlt und dieses Problem überhaupt nicht erkennend: OGH, 29.1.2002, TranspR 2003, 463 = EvBl. 2002/109 = RdW 2002/450.
298 Vgl. nur OGH, 4.6.1987, TranspR 1988, 273 = ETR 1988, 714 = RdW 1988, 89 = VR 1989, 25; OGH, 14.12.1988, SZ 61/272 = RdW 1989, 160 = WBl. 1989, 98; OGH, 28.5.1999, ecolex 2000, 277 = ZfRV 1999/73; *Jesser*, Frachtführerhaftung, S. 148; *Csoklich*, ÖJZ 2003, 44; Jabornegg/Artmann/*ders.*, Art. 34–40 CMR Rdn. 3.
299 OGH, 4.6.1987, TranspR 1988, 273 = ETR 1988, 714 = RdW 1988, 89 = VR 1989, 25; *Csoklich*, ÖJZ 2003, 44.
300 Zur Problematik *Csoklich*, ÖJZ 2003, 44; verfehlt OGH, 29.1.2002, TranspR 2003, 463 = EvBl. 2002/109 = RdW 2002/450.
301 OGH, 14.12.1988, SZ 61/272 = RdW 1989, 160 = WBl. 1989, 98; OGH, 14.8.1996, ZfRV 1997/1 = HS XXVII/2 = ecolex 2000, 24.
302 OGH, 14.12.1988, SZ 61/272 = RdW 1989, 160 = WBl. 1989, 98; in Österreich gilt ohnehin für innerstaatliche Beförderungen die CMR; vgl. dazu oben bei Art. 1 CMR.
303 OGH, 4.6.1987, TranspR 1988, 273 = ETR 1988, 714 = RdW 1988, 89 = VR 1989, 25.
304 OGH, 4.6.1987, TranspR 1988, 273 = ETR 1988, 714 = RdW 1988, 89 = VR 1989, 25; OGH, 19.5.1998, ZfRV 1998/63; OGH, 28.5.1999, ZfRV 1999/73; Straube/*Schütz*, Art. 34 CMR Rdn. 1; a.A. *Loewe*, ETR 1976, 589; *Csoklich*, ÖJZ 2003, 46.
305 OGH, 14.12.1988, SZ 61/272 = RdW 1989, 160 = WBl. 1989, 98.

Die *Art. 37f. CMR* regeln den Regress zwischen aufeinanderfolgenden Frachtführern unter den Voraussetzungen des Art. 34 CMR; das ergibt sich aus der systematischen Einordnung der Vorschrift im VI. Kapitel. Sie sind auf einfache Unterfrachtführer nicht analog anzuwenden.[306]

Art. 39 Abs. 2 CMR begründet für den Regressprozess unter mehreren aufeinanderfolgenden Frachtführern eine besondere, von Art. 31 Abs. 1 CMR abweichende gerichtliche Zuständigkeit; er schafft keinen Aktivgerichtsstand, sondern ermöglicht dem Rückgriff nehmenden Frachtführer, alle oder – wenigstens – mehrere der übrigen aufeinanderfolgenden Frachtführer vor dem zuständigen Gericht des Staats zu belangen, in dem einer von diesen seinen gewöhnlichen Aufenthalt, seine Hauptniederlassung oder eine Zweigniederlassung oder Geschäftsstelle hat, durch deren Vermittlung der Beförderungsvertrag abgeschlossen worden ist. „Beteiligter Frachtführer" ist nach dieser Bestimmung nur der in Anspruch genommene Frachtführer.[307]

Nach *Art. 39 Abs. 4 CMR* beginnt die Verjährung von Regressansprüchen zwischen aufeinanderfolgenden Frachtführern i. S. d. Art. 34 CMR entweder mit dem Tag des Eintritts der Rechtskraft eines Urteils über die nach der CMR zu zahlende Entschädigung oder, in Ermangelung eines solchen Urteils mit dem Tag der tatsächlichen Zahlung. Für eine Auslegung dieser Vorschrift in dem Sinn, dass es auch bei einem rechtskräftigen Urteil auf die Zahlung ankomme, ist kein Raum.[308] Maßgebend ist die Zahlung der Entschädigung durch den Regressgläubiger; unerheblich ist hingegen die Zahlung des Transportversicherers des Absenders oder Empfängers.[309]

Art. 41 CMR

Die Vorschriften der CMR haben sowohl in ihrem internationalen als auch in ihrem nationalen Anwendungsbereich *zweiseitig zwingenden* Charakter, so dass vertragliche Vereinbarungen weder zugunsten noch zulasten eines Vertragspartners zulässig sind.[310] Soweit die CMR Regelungen enthält, ist damit der Privatautonomie der Parteien der Boden entzogen. Mit dem Übereinkommen unvereinbare Klauseln sind teilnichtig; an deren Stelle tritt die entsprechende CMR-Vorschrift. Der restliche Vertrag bleibt von der Nichtigkeitssanktion unberührt.[311]

---

306 OGH, 4.6.1987, TranspR 1988, 273 = ETR 1988, 714 = RdW 1988, 89 = VR 1989, 25; OGH, 16.1.2001, EvBl. 2001/111 = RdW 2001/449 = ZfRV 2001/49; Jabornegg/Artmann/*Csoklich*, Art. 34–40 CMR Rdn. 7.
307 OGH, 11.10.1990, SZ 63/176 = RdW 1991, 206 = EvBl. 1991/46 = ecolex 1992, 228.
308 OGH, 19.5.1998, RdW 1998, 547 = ZfRV 1998/63; Jabornegg/Artmann/*Csoklich*, Art. 34–40 CMR Rdn. 10.
309 OGH, 1.7.1982, TranspR 1984, 193 = *Greiter*, Nr. 34.
310 Jabornegg/Artmann/*Csoklich*, Art. 41 CMR Rdn. 1.
311 OGH, 4.11.1981, TranspR 1982, 80 = SZ 54/160 = JBl. 1984, 88 = EvBl. 1982/45; OGH, 14.9.1982, TranspR 1984, 195 = SZ 55/123 = HS 12.569 = *Greiter*, Nr. 3; OGH,

In der Praxis stellt sich häufig die Frage nach der inhaltlichen Reichweite der CMR-Bestimmungen, insbesondere im Zusammenhang mit der *Vereinbarung der AÖSp*. Unanwendbar, weil im Widerspruch zur CMR stehend, ist deren System der Haftungsersetzung durch Versicherung sowie generell die im Teil XIII enthaltenen Klauseln über die Haftung.[312] Abweichend und deshalb nichtig ist auch die Verjährungsfrist von sechs Monaten des § 64 AÖSp, da Art. 32 CMR längere Fristen vorsieht. Auch § 37 lit. d) AÖSp, wonach bei Selbstversicherung des Auftraggebers jeder Schadenersatzanspruch aus den durch diese Versicherung gedeckten Gefahren gegen den Spediteur ausgeschlossen ist und nicht auf den Versicherer übergeht, ist nicht mit Art. 41 CMR vereinbar und damit nichtig.[313] Im Einklang mit der CMR steht hingegen die Aufrechnungsbeschränkung des § 32 AÖSp, wonach eine Aufrechnung oder Zurückbehaltung gegenüber Ansprüchen des Spediteurs/Frachtführers nur mit fälligen Ansprüchen des Auftraggebers, denen ein Einwand nicht entgegensteht, zulässig ist, da die CMR lediglich festhält, dass mit verjährten Ansprüchen nicht aufgerechnet werden kann.[314] Auch § 33 AÖSp, wonach die Ablieferung des Guts mit befreiender Wirkung an jede zum Geschäft oder Haushalt gehörige, in den Räumen des Empfängers anwesende erwachsene Person erfolgen kann, steht Art. 41 CMR nicht entgegen und kann daher wirksam vereinbart werden.[315] Einigkeit besteht ferner darüber, dass im Rahmen der CMR Vereinbarungen darüber, wer die Verladung der Güter vorzunehmen hat, zulässig sind, da das Übereinkommen darüber keine Regelung enthält.[316] Nichtig sind hingegen Vereinbarungen, wonach sich der Frachtführer Ansprüche aus einer Transportversicherung abtreten lässt (Abs. 2).[317]

27.11.2008, TranspR 2009, 413 = EvBl. 2009/68 = ZVR 2009/100 = WBl. 2009/113; *Jesser*, Frachtführerhaftung, S. 13f.; Jabornegg/Artmann/*Csoklich*, Art. 41 CMR Rdn. 1.

312 Vgl. etwa OGH, 20.1.1982, TranspR 1985, 333 = JBl. 1984, 92 = EvBl. 1982/62 = *Greiter*, Nr. 25; a.A. *Csoklich*, VersR 1985, 909ff.

313 OGH, 24.6.1999, TranspR 2000, 370 = ecolex 2000/114 (*Jesser-Huß*) = RdW 1999, 658 = ZfRV 1999/80.

314 Vgl. etwa OGH, 27.3.1996, ecolex 1996, 848 = ZfRV 1996/51; a.A. *Csoklich*, VersR 1985, 909ff.

315 OGH, 29.10.1992, TranspR 1993, 424 = RdW 1993, 276 = ZfRV 1993/45 = ecolex 1995, 169.

316 Ständige Rechtsprechung OGH, 14.9.1982, TranspR 1984, 195 = SZ 55/123 = HS 12.569 = *Greiter*, Nr. 36; OGH, 4.6.1996, WBl. 1996, 410 = ZfRV 1996/65 = ecolex 2000, 24; OGH, 21.5.1997, ZVR 1998/93 = ZfRV 1997/66 = ecolex 2000, 24.

317 OGH, 15.12.1977, VersR 1978, 980 = VersE 844 = VR 1981, 187 = *Greiter*, Nr. 12; OGH, 26.4.1984, TranspR 1985, 348 = VersR 1985, 1076 = JBl. 1984, 675 = *Greiter*, Nr. 47.

Polen

Rechtsanwältin Katarzyna Woroszylska, Warschau

Übersicht

	Seite		Seite
I. Einleitung	1141	V. Schadensersatz – Art. 23 ff. CMR	1144
II. Geltungsbereich – Art. 1 und 2 CMR	1141	VI. Zuständigkeit – Art. 31 CMR	1145
III. Vertragsparteien – Art. 4 und 9 CMR	1142	VII. Erfüllungsgehilfen und Sukzessive Frachtführer – Art. 3 und Art. 34 ff. CMR	1145
IV. Haftung des Frachtführers – Art. 17 ff. CMR	1142	VIII. Reklamationen – Art. 32 ff. CMR	1146

I. Einleitung

Ziel dieses Beitrags ist es, eine kurze Übersicht über die in der polnischen Gerichtspraxis am häufigsten vorkommenden Problemstellungen im Rahmen der Auslegung der CMR zu geben. Grundsätzlich sollte berücksichtigt werden, dass die Rechtssicherheit und -beständigkeit der polnischen Rechtsprechung noch nicht das in Deutschland bekannte Maß erreicht hat, insbesondere werden erstinstanzliche Entscheidungen oftmals nicht oder ohne Begründung veröffentlicht, so dass im Wesentlichen nur auf die Rechtsprechung des Obersten Gerichts und der Berufungsgerichte zugegriffen werden kann. Zu manchen Artikeln der CMR gibt es noch keine Rechtsprechung, zu einer Vielzahl lediglich eine oder zwei Entscheidungen. Der Großteil der Entscheidungen des Obersten Gerichtshofs, des polnischen Pendants zum BGH, beschäftigt sich erwartungsgemäß mit der Haftung des Frachtführers, hierauf wird auch in diesem Beitrag der Schwerpunkt gelegt.

II. Geltungsbereich – Art. 1 und 2 CMR

Von wesentlicher Bedeutung ist in diesem Bereich die Abgrenzung des Frachtführervertrages vom Speditionsvertrag. Gemäß Art. 799 des polnischen Zivilgesetzbuchs ist die Haftung des Spediteurs als *culpa in eligendo,* also lediglich im Rahmen eines Auswahlverschuldens ausgestaltet. Der polnische Spediteur haftet dementsprechend nur dann, wenn er die Frachtführung einem unzuverlässigen Frachtführer anvertraut, wobei oftmals bereits eine einmalige erfolgreiche Zusammenarbeit des Spediteurs mit dem gegebenen Frachtführer genügt, um den Vorwurf eines Auswahlverschuldens zu entkräften.

Schwierigkeiten bereitet in der Praxis die Abgrenzung des Spediteurs vom Frachtführer, insbesondere dann, wenn der Auftragnehmer den Frachtauftrag nicht selbst ausführt, was gem. Art. 3 CMR zulässig ist.[1] Die wesentlichen Unterschiede zwischen der Haftung des Frachtführers und der des Spediteurs führen dazu, dass in der polnischen Praxis möglichst viele Frachtführer als Spediteure auftreten wollen. Maßgeblich ist für die Abgrenzung nicht der Charakter der ausgeführten Tätigkeiten, sondern der Inhalt der vom Auftragnehmer übernommenen Verpflichtung. So soll ein Speditionsvertrag nur dann angenommen werden können, wenn sich der Auftragnehmer ausdrücklich lediglich dazu verpflichtet hat, den Transport zu organisieren. Für die Auslegung des Vertrages unwesentlich ist, ob der Auftragnehmer erforderliche Konzessionen besitzt.[2] Ähnlich wie im deutschen Recht ist auch nicht ausschlaggebend, wie die Parteien den Vertrag bezeichnet haben. Um zu bestimmen, welche Art von Vertrag abgeschlossen wurde, sind insbesondere folgende Vertragsbestandteile zu berücksichtigen (soweit vorhanden): Angaben zum Frachtführer, Datum der Annahme und der Übergabe des Frachtguts, Bezug auf CMR-Regeln.[3]

Ohne Bedeutung ist im polnischen Recht, ob die Vergütung als Pauschale vereinbart wird, was auf dem polnischen Markt die absolute Regel ist.

III. Vertragsparteien – Art. 4 und 9 CMR

Laut Rechtsprechung des Obersten Gerichts ist Art. 4 i.V.m. Art. 9 CMR dergestalt auszulegen, dass das Fehlen eines Frachtbriefs oder Fehler im Frachtbrief für die Bestimmung der Parteien des Beförderungsvertrages von untergeordneter Bedeutung sind.[4] Als Parteien des Beförderungsvertrages gelten der Absender und der Frachtführer. Wird im Frachtbrief eine falsche Person als Absender eingetragen, so berührt dies weder die Wirksamkeit des Frachtvertrages, noch ändert dies die Parteien des Beförderungsvertrages. Absender kann dabei jede Person sein, die berechtigt ist, über das Frachtgut zu verfügen, also insbesondere auch ein Spediteur, der zudem auch lediglich Besitzdiener sein darf.

IV. Haftung des Frachtführers – Art. 17ff. CMR

Die Problematik der Haftung des Frachtführers hat in der polnischen Rechtsprechungspraxis bei Weitem die größte Bedeutung.

Als „Berechtigte" aktiv legitimiert zur Geltendmachung von Ansprüchen gegenüber dem Frachtführer auf Grundlage der CMR ist in erster Linie der Absender (vgl. hierzu die Anmerkungen zu Art. 4 und 9 CMR), ferner der Empfänger[5] sowie Personen, die die Berechtigung zur Geltendmachung von Ansprüchen im

---

1 Vgl. Urteil des Obersten Gerichts (*Sad Najwyzszy*) vom 6.10.2004, I CK 199/04.
2 Vgl. Urteil des Berufungsgerichts (*Sad Apelacyjny*) in Katowice vom 18.4.2005, I AC 2051/04.
3 Vgl. Urteil des Bezirksgerichts (*Sad Okregowy*) in Poznan vom 12.4.2007.
4 Vgl. Urteil des Obersten Gerichts vom 3.9.2003, II CKN 415/01.
5 Vgl. Urteil des Obersten Gerichts vom 5.10.2011.

Wege eines Rechtsgeschäfts (insbesondere durch Abtretung) erworben haben. Unklar ist bislang, ob der Anspruchsteller in der Lage sein muss, einen Schaden nachzuweisen – auf der einen Seite wird von der Rechtsprechung explizit gefordert, dass die Aktivlegitimation vom Nachweis eines Schadens beim Anspruchsteller losgelöst werden sollte,[6] andererseits wird bei der Definition des „Berechtigten" auf die allgemeinen Regeln des Schadensersatzrechts verwiesen und festgestellt, dass anspruchsberechtigt nach der CMR derjenige sein soll, der die Vermögenseinbuße erlitten hat.[7]

Die bloße Verspätung bei der Beförderung löst erst durch den Nachweis eines Schadens einen Haftungsanspruch gegenüber dem Frachtführer aus (Art. 23 Abs. 5 CMR).[8]

Die Exkulpationstatbestände sind in der CMR weiter gefasst als im polnischen Frachtrecht. Grundsätzlich wird die Haftung des Frachtführers als Risikohaftung[9] bzw. als vermutete Verschuldenshaftung[10] anerkannt. Das Vorliegen exkulpierender Umstände außerhalb der Regelung des Art. 18 Abs. 2 i.V.m. Art. 17 Abs. 2 muss der Frachtführer beweisen und nicht lediglich glaubhaft machen. Die Anforderungen an die Beweisführung können als recht hoch bezeichnet werden. So wurde beispielsweise der Nachweis der Abstellung des Frachtfahrzeugs auf einem vom Frachtführer gemieteten und von seinen Mitarbeitern bewachten umzäunten Gelände für nicht ausreichend erachtet, da nicht nachgewiesen worden war, ob das Gelände die für eine Lagerung wertvoller Güter erforderlichen Sicherungen besaß und ob der Wachdienst von entsprechend geschulten Personen wahrgenommen wurde.[11]

Insgesamt muss die aktuelle Rechtsprechung als uneinheitlich bezeichnet werden, soweit es um die Einordnung verschiedener Verhaltensweisen des Frachtführers als einfache oder grobe Fahrlässigkeit geht.

Als grobe Fahrlässigkeit im Sinne des „Verschuldens" in Art. 29 Abs. 1 CMR gilt beispielsweise die Abweichung von der vereinbarten Fahrtroute,[12] ferner die Übergabe des Frachtguts an einen Unberechtigten, den der Frachtführer nur oberflächlich ausgewiesen hat, auch wenn dieser sich eines gefälschten Stempels bediente.[13] Grob fahrlässig handelt auch der Frachtführer, der im am unbeleuchteten Straßenrand abgestellten Fahrzeug schläft, denn Ruhe- und Schlafzeiten sind vorauszuplanen und müssen an geeigneten Orten stattfinden.[14] Entsprechend gilt

---

6 Vgl. Urteil des Berufungsgerichts in Warschau vom 4.8.2001.
7 Vgl. Urteil des Berufungsgerichts in Warschau vom 12.11.1996.
8 Vgl. Urteil des Berufungsgerichts in Warschau vom 14.12.2001, I ACa 512/01.
9 Vgl. Urteil des Berufungsgerichts in Warschau vom 7.11.1995, Urteil des Obersten Gerichts vom 27.5.1985, I CR 144/85.
10 Vgl. Urteil des Berufungsgerichts in Warschau vom 7.10.2002, I ACa 1188/02.
11 Vgl. Urteil des Berufungsgerichts in Warschau vom 7.11.1995.
12 Vgl. Urteil des Berufungsgerichts in Bialystok vom 15.3.1006, I ACa 48/06.
13 Vgl. Urteil des Berufungsgerichts in Warschau vom 11.3.1998.
14 Vgl. Urteil des Berufungsgerichts in Warschau vom 19.5.2010, I ACa 80/2010.

auch das Abstellen des Frachtfahrzeugs über Nacht auf einem unbewachten Parkplatz als grob fahrlässig.[15]

In der Rechtsprechung wird betont, dass die Anforderungen an die Sorgfalt des Frachtführers nicht dazu führen dürfen, von ihm die „allerhöchste Sorgfalt" zu verlangen,[16] der Frachtführer muss jedoch bei der Ausführung seines Auftrags insbesondere auch den Wert des beförderten Guts berücksichtigen und entsprechende Vorkehrungen zur Sicherung dieser Ware treffen. Zu diesen gehören insbesondere die angemessene Planung der Route, die Auswahl des Fahrers, Fahrzeugsicherungen und die angemessene Auswahl der Rastplätze.[17] Bereits das Vorliegen einfacher Fahrlässigkeit schließt jedoch die Exkulpation auf Grundlage von Art. 17 Abs. 2 CMR aus.[18]

Umstritten und bis vor wenigen Jahren höchst praxisrelevant war die Frage, ob ein Überfall den Frachtführer von der Haftung befreit. Während dies vom Obersten Gericht für die Haftung auf Grundlage der CMR anerkannt wurde,[19] hat das Oberste Gericht mehrfach auf Grundlage des polnischen Frachtrechts entschieden, dass Überfälle nicht als Akte höherer Gewalt angesehen werden können und damit die entsprechende Haftung des Frachtführers zugelassen.[20]

V. Schadensersatz – Art. 23 ff. CMR

Die bloße Verspätung bei der Beförderung löst erst durch Nachweis eines Schadens einen Haftungsanspruch gegenüber dem Frachtführer aus (Art. 23 Abs. 5 CMR).[21]

Zu der in der polnischen Praxis höchst relevanten Frage, ob die Vereinbarung von Vertragsstrafen im Fall der Nicht- oder Schlechterfüllung des Frachtvertrages zulässig ist, gibt es lediglich eine Entscheidung des Warschauer Berufungsgerichts, in der das Gericht leider ohne weitere Begründung festgestellt hat, dass die Vereinbarung einer Vertragsstrafe (in diesem Fall für den Fall, dass Zigaretten geschmuggelt werden) unzulässig sei.[22]

Einheitlich verneint wird die Möglichkeit, neben oder anstelle der in Art. 27 Abs. 1 CMR genannten Zinsen, Verzugszinsen auf Grundlage des Zivilgesetzbuchs zu fordern.[23]

---

15 Vgl. Urteil des Berufungsgerichts in Warschau vom 4.8.2006, I ACa 245/06.
16 Vgl. Urteil des Obersten Gerichts vom 17.10.2003.
17 Vgl. Urteil des Berufungsgerichts in Warschau vom 4.8.2006, I ACa 245/06.
18 Vgl. Urteil des Berufungsgerichts in Warschau vom 11.3.1998, I ACa 914/97.
19 Vgl. Urteil des Obersten Gerichts vom 17.11.1998, III CKN 23/98.
20 Vgl. Beschluss des Obersten Gerichts vom 13.12.2007, III CZP 100/2007, Urteil des Obersten Gerichts vom 7.10.2009, III CSK 19/2009.
21 Vgl. Urteil des Berufungsgerichts in Warschau vom 14.12.2001, I ACa 512/01.
22 Vgl. Urteil des Berufungsgerichts in Warschau vom 30.8.2005, I ACa 60/2005.
23 Vgl. Vgl. Urteil des Berufungsgerichts in Warschau vom 25.10.2002, I ACa 1851/01.

VI. Zuständigkeit – Art. 31 CMR

Die polnische Rechtsprechung bestätigt, dass die in Art. 31 CMR begründete Zuständigkeit, eine ausschließliche Zuständigkeit ist.[24] Die Regelung des Art. 31 Abs. 3 ist so zu verstehen, dass die in einem anderen Mitgliedstaat erlassene rechtskräftige Entscheidung dann in Polen vollstreckbar wird, wenn das entsprechende Klauselerteilungsverfahren in Polen durchgeführt wurde. Dieses verlangt das Vorliegen eines völkerrechtlichen Vertrages, der die Vollstreckung solcher Titel vorsieht. Als solcher wird auch die CMR anerkannt.[25]

VII. Erfüllungsgehilfen und Sukzessive Frachtführer – Art. 3 und Art. 34 ff. CMR

Das Oberste Gericht hat sich in einigen Entscheidungen mit der Frage befasst, wie der Erfüllungsgehilfe des Frachtführers vom sukzessiven Frachtführer abzugrenzen ist. Maßgeblich für diese Abgrenzung ist, ob die jeweiligen am Transport beteiligten Frachtführer sukzessive in den Beförderungsvertrag eintreten und damit weitere Partei eines Beförderungsvertrages werden – dann sind sie als sukzessive Frachtführer im Sinne des Art. 34 CMR anzusehen, anderenfalls gelten sie als Erfüllungsgehilfen im Sinne des Art. 3 CMR.[26] Der Beförderungsvertrag wird dabei mit dem Inhalt übernommen, den der ursprüngliche Frachtführer mit dem Auftraggeber vereinbart hat. Mit dieser Rechtsprechung wurde die frühere Rechtsprechung des Obersten Gerichts aufgegeben, der zufolge als sukzessive Frachtführer alle Frachtführer zu gelten hatten, die einen (oder mehrere) Verträge mit dem Versender oder dem Empfänger oder auch dem ersten Frachtführer geschlossen haben.[27] Nach neuester Rechtsprechung ist es für die Haftung als sukzessiver Frachtführer ohne Bedeutung, ob der in Haftung genommene Frachtführer wusste, dass er sukzessiv tätig wird – allein die Übernahme des Frachtguts und des Frachtbriefs begründet *ex lege* die Haftung nach Art. 34 CMR.[28]

Die Grundlagen der Abrechnung zwischen den sukzessiven Frachtführen ergeben sich aus Art. 37 CMR, dies folge auch aus der gesonderten Regelung des Verjährungsbeginns in Art. 39 CMR, der auf Art. 37 CMR Bezug nimmt.[29]

Im Fall des Regresses zwischen dem Frachtführer und seinen Erfüllungsgehilfen finden die Regelungen des Art. 37 CMR keine Anwendung, vielmehr gelten die allgemeinen zivilrechtlichen Grundsätze.[30]

---

24 Vgl. Urteil des Berufungsgerichts in Katowice vom 30.11.2001.
25 Vgl. Urteil des Obersten Gerichts vom 27.9.1995, I CRN 132/95.
26 Vgl. Urteil des Obersten Gerichts vom 6.2.2008, II CSK 469/07, Urteil des Berufungsgerichts in Warschau vom 13.10.2010, VI Aca 306/10.
27 Vgl. Urteil des Obersten Gerichts vom 26.3.1985, I CR 304/84.
28 Vgl. Urteil des Obersten Gerichts vom 7.10.2011, II CSK 723/10.
29 Vgl. Urteil des Obersten Gerichts vom 26.3.1985, I CR 304/84.
30 Vgl. Urteil des Berufungsgerichts in Poznan vom 16. September 2010, I ACa 615/10.

VIII. Reklamationen – Art. 32 ff. CMR

Die Reklamation, deren notwendige Bestandteile nirgends in der CMR definiert werden, wird von der polnischen Rechtsprechung weit gefasst als Schreiben definiert, aus dem die Forderung erkennbar ist, im Zusammenhang mit der Beförderung von Waren auf Grundlage der CMR Schadensersatz zu fordern. Aus der Formulierung des Art. 32 Abs. 1 erster Halbsatz wird geschlussfolgert, dass der Reklamation Unterlagen zum Schadensfall beigelegt werden müssen. Die Durchführung des Reklamationsverfahrens ist aber nicht notwendige Voraussetzung der gerichtlichen Geltendmachung von Haftungsansprüchen auf Grundlage der CMR.[31]

---

31 Vgl. Urteil des Obersten Gerichts vom 5.12.2003, IV CK 264/02.

Schweiz

Prof. Dr. Andreas Furrer, Prof. Universität Luzern, RA MME Rechtsanwälte, Zürich/Zug*

Literatur: *Amstutz et al.* (Hrsg.), Handkommentar zum schweizerischen Privatrecht, Band IPRG, Zürich 2010 (zit. *Doss/Schnyder*, HandKom, Art. ..., Rz. ...); *Baumann*, Die Tragweite der Schubert-Praxis, AJP 2010, 1009; *Bucher*, Obligationenrecht, Besonderer Teil, 3. Aufl., Zürich 1988; *Fischer*, Ergänzung der CMR durch schweizerisches Recht – Rechtsgrundlagen und Anwendungsbeispiele, TranspR 1995, 424; *Furrer/Girsberger/Siehr*, Internationales Privatrecht, Allgemeine Lehren, Schweizerisches Privatrecht, Bd. XI/1, Basel 2008; *Honsell/Vogt/Wiegand* (Hrsg.), Basler Kommentar zum Schweizerischen Privatrecht, Obligationenrecht, Art. 1-529 OR, 5. Aufl., Basel 2011 (zit. *Staehelin*, BaKom, Art. ..., Rz. ...); *Honsell* (Hrsg.), Kurzkommentar OR Art. 1-529, Basel 2008 (zit. *Bearbeiter*, KurzKom, Art. ..., Rz. ...); *Honsell*, Schweizerisches Obligationenrecht, Besonderer Teil, 9. Aufl., Bern 2010 (zit. *Honsell*, OR BT); *Isler*, Kritisches zur vertrauenstheoretischen Abgrenzung von Speditions- und Frachtvertrag, SJZ 1990, 423; *Montanaro*, Die Haftung des Spediteurs für Schäden an Gütern, Diss., Zürich 2001; *Sutter*, Besteht eine Darlegungspflicht des angegriffenen Frachtführers beim Verschuldensnachweis? – Betrachtungen zum internationalen und schweizerischen Frachtrecht, AJP 2010, 325.

Übersicht

	Seite		Seite
I. Vorbemerkungen	1147	III. Haftung des Frachtführers für andere Personen (Art. 3 CMR)	1153
1. Inkrafttreten des CMR in der Schweiz	1147	IV. Abschluss und Ausführung des Beförderungsvertrages (Art. 4–16 CMR)	1154
2. Die Rechtwirkungen des CMR als völkerrechtlicher Vertrag im schweizerischen Recht	1148	1. Zu Art. 14 CMR	1154
3. Schweizerisches Kollisionsrecht und internationale Zuständigkeit	1149	2. Zu Art. 16 Abs. 5 CMR	1154
4. Der Frachtvertrag als auftragsrechtlicher Vertrag	1151	V. Haftung des Frachtführers (Art. 17–29 CMR)	1159
5. Allgemeine Geschäftsbedingungen	1152	VI. Reklamationen und Klagen (Art. 30–33 CMR)	1160
II. Geltungsbereich des CMR (Art. 1 und 2 CMR): Abgrenzung zum Speditionsvertrag	1152	VII. Bestimmungen über die Beförderung durch aufeinanderfolgende Frachtführer (Art. 34–40 CMR)	1161

I. Vorbemerkungen

1. Inkrafttreten des CMR in der Schweiz

Die Schweiz gehört zwar zu den Erstunterzeichnerstaaten des CMR, doch dauerte es dreizehn Jahre, bis der Bundesrat den innerstaatlichen Ratifikationsprozess

---

* Der Autor dankt stud. iur. *Michael Rohrer* für seine Unterstützung.

in Gang setzte.¹ Die Bundesversammlung genehmigte 1969 schnell und ohne größere Diskussionen die Ratifizierung des CMR und am 27. Februar 1970 wurde die Ratifikationsurkunde hinterlegt. So trat das CMR für die Schweiz im Verhältnis zu den anderen Vertragsstaaten am 28. Mai 1970 in Kraft.²

Die Gründe für die langjährige Verzögerung des Ratifikationsprozesses können heute nicht mehr im Einzelnen rekonstruiert werden. In der Botschaft wird auf den Aufschwung des Straßentransports nach dem zweiten Weltkrieg und auf die Notwendigkeit hingewiesen, analog zum Schienen- und Luftverkehr eine internationale Rechtsvereinheitlichung anzustreben.³ Das CMR kann überdies in den damaligen politischen Gesamtzusammenhang der politischen Neuordnung Europas gesetzt werden: Vieles weist darauf hin, dass die Ratifizierung des CMR in den politischen Zusammenhang der damaligen Neuordnung Europas, der Gründung der EFTA und der veränderten Beziehungen der Schweiz zur damaligen EWG zu stellen ist.

Die Schweiz hat schließlich auch das Zusatzprotokoll zum CMR betreffend den elektronischen Frachtbrief vom 20. Februar 2008 unterzeichnet.⁴ Dieses ist in der Schweiz am 5. Juni 2011 in Kraft getreten.

2. Die Rechtwirkungen des CMR als völkerrechtlicher Vertrag im schweizerischen Recht

Das CMR ist als von der Schweiz ratifizierter Staatsvertrag auch ohne nationalen Umsetzungsakt ein unmittelbarer Teil der inländischen Rechtsordnung,⁵ weil die Schweiz der monistischen Theorie folgt. Das Bundesgericht relativierte jedoch den Vorrang völkerrechtlicher Normen in den Fällen, in denen das Parlament eine nationale Norm im Wissen um deren Unvereinbarkeit mit völkerrechtlichen Vorgaben erlassen hat (sog. „Schubert-Praxis").⁶ In den letzten Jahren hat das Bundesgericht jedoch offen gelassen, ob (bzw. unter welchen Voraussetzungen) es an dieser „Schubert-Praxis"⁷ festhalten will.⁸

Da das CMR unmittelbar anwendbare Normen enthält, sind diese in der Schweiz auch ohne Umsetzungsakt direkt anwendbar. Soweit ersichtlich bestehen auch keine schweizerischen Normen, welche im Sinne der „Schubert-Praxis" diesen Regeln vorgehen würden. Daher steht einer umfassenden Anwendung der CMR-Normen im schweizerischen Recht nichts entgegen.

---

1 Botschaft des Bundesrates an die Bundesversammlung betreffend die Genehmigung des Übereinkommens über den Beförderungsvertrag im internationalen Straßengüterverkehr vom 16. April 1969, BBl 1969 S. 773–818 („Botschaft CMR").
2 SR 0.741.611.
3 Botschaft CMR (Fn. 1), S. 773 f.
4 Zusatzprotokoll zum Übereinkommen über den Beförderungsvertrag im internationalen Straßengüterverkehr (CMR) betreffend den elektronischen Frachtbrief, SR 0.741.611.2.
5 Hierzu ausführlich *Furrer/Girsberger/Siehr*, IPR, Rz. 116 ff.
6 Zum Ganzen *Furrer/Girsberger/Siehr*, IPR, Rz. 122.
7 Grundlegend: BGE 99 Ib 39, E. 3, 4.
8 Vgl. BGE 125 II 417, vgl. hierzu *Robert Baumann*, AJP 2010, 1009 ff.

Die Schweiz pflegt in der Anwendung völkerrechtlicher Übereinkommen eine offene Tradition der völkerrechtskonformen autonomen Auslegung.[9] Damit muss für die Auslegung des CMR die innere Systematik und Terminologie des Übereinkommens ermittelt und die Norm anhand dieser Grundsätze ausgelegt werden. Im Rahmen einer rechtsvergleichenden Analyse ist das Verständnis dieser Norm in den anderen Vertragsstaaten zu ermitteln und – soweit diese Auslegung inhaltlich nachvollziehbar ist – auch zu übernehmen. Diese autonome völkerrechtskonforme Auslegung kann zu einem im Vergleich zum materiellen schweizerischen Recht abweichenden Ergebnis führen.

Obwohl (auch) der schweizerische Richter aus den vorstehenden Gründen an die konventionskonforme Auslegung des CMR gebunden ist,[10] spielt das nationale Recht aus mindestens zwei Gründen eine nicht zu unterschätzende Rolle. Auf der einen Seite ist es für die Beurteilung von Prozesschancen immer hilfreich zu wissen, vor welchen rechtlichen Ausgangsprämissen der nationale Richter ein internationales Übereinkommen auslegt. Denn dieses Vorverständnis ist für die Auslegung – trotz des vorstehenden Grundsatzes der völkerrechtskonformen Auslegung – gleichwohl immer prägend. Auf der anderen Seite greift das nationale Recht in allen Fällen, in denen das CMR keine Regelung enthält.[11]

Während für die Untersuchung der ersten Frage immer die lex fori zu konsultieren ist, führt die zweite Frage zur internationalprivatrechtlichen Frage des anwendbaren Rechts.[12]

3. Schweizerisches Kollisionsrecht und internationale Zuständigkeit

Soweit das CMR Lücken aufweist, die nicht durch eine konventionskonforme Auslegung geschlossen werden können, ist die Frage zu prüfen, welches nationale Recht zur Lückenfüllung herangezogen werden muss. Eine solche subsidiäre Anwendung des nationalen Rechts ergibt sich bspw. auf Forderungsansprüche zwischen dem Frachtführern und dem Unterfrachtführer, welche vom CMR nicht erfasst werden.[13] Soweit das CMR keine entsprechenden Kollisionsregeln enthält,[14] entscheidet ein Richter über die Frage des anwendbaren Rechts nach dem IPR der lex fori,[15] der schweizerische Richter somit nach dem IPRG.[16]

---

9 Vgl. hierzu *Furrer/Girsberger/Siehr*, IPR, Rz. 127 ff.
10 Vgl. Kommentierung vor Art. 1, Rz. 86 f.
11 Vgl. hierzu und speziell mit Blick auf das schweizerische Recht *Fischer*, TranspR 1995, 425 f.
12 Vgl. hierzu Kap. I.4.
13 BGE 107 II 238, E. 3, 5; BGE 132 III 626, E. 4.2.
14 Vgl. die Sachnormverweisungen in Art. 5 Abs. 1 Satz 2, 16 Abs. 5, 20 Abs. 4, 29 Abs. 1, 32 Abs. 1 Satz 2 und 32 Abs. 3 CMR und die entsprechenden Kommentierungen in diesem Kommentar.
15 BGE 127 III 365, E. 3a; BGE 107 II 238, E. 2; BGE 132 III 626, E. 4.1; Sutter, AJP 2010, 325.
16 Bundesgesetz über das Internationale Privatrecht, SR 291.

Länderberichte **Schweiz**

Das schweizerische IPRG enthält keine eigenständigen Kollisionsnormen für das Transportrecht, so dass das anwendbare Recht nach den allgemeinen vertragsrechtlichen Grundsätzen gemäß Art. 116 ff. IPRG zu bestimmen ist.[17]

Im schweizerischen Internationalen Vertragsrecht steht die freie Rechtswahl im Vordergrund.[18] Die Parteien haben einen großen Gestaltungsspielraum und können auch Teilfragen unterschiedlichen Rechtsordnungen unterstellen.

Der Rechtswahlvertrag selbst untersteht grundsätzlich dem auf den Transportvertrag anwendbaren Recht, doch hält Art. 116 Abs. 2 Satz 1 IPRG ausdrücklich fest, dass sich diese Rechtswahl auch aus den Umständen ergeben kann. Damit ist die Frage der Voraussetzungen eines Konsenses über den Rechtswahlvertrag direkt gesetzlich geregelt. Eine Sonderanknüpfung ist überdies zu beachten für die Frage der Handlungsfähigkeit[19] der Parteien.[20]

Subsidiär zur Rechtswahl knüpft Art. 117 Abs. 1 IPRG an das Recht an, mit dem der Vertrag am engsten zusammenhängt. Dieser enge Zusammenhang wird in Art. 117 Abs. 2 IPRG konkretisiert. Es ist vermutungsweise das Recht desjenigen Staates anzuwenden, in dem diejenige Partei ihren gewöhnlichen Aufenthalt bzw. ihre Niederlassung hat, welche die charakteristische Vertragsleistung zu erbringen hat. Diese charakteristische Leistung wird in einer exemplarischen Aufzählung in Art. 117 Abs. 3 IPRG weiter präzisiert. Nach Art. 117 Abs. 3 lit. c IPRG gilt bei Aufträgen, Werkverträgen und ähnlichen Dienstleistungsverträgen die Dienstleistung als die maßgebliche charakteristische Leistung. Dies führt zur Regelanknüpfung am Ort der Niederlassung des Frachtführers.

Den Parteien steht jedoch der Nachweis offen, dass im Sinne von Art. 117 Abs. 1 IPRG der Vertrag in einem engeren Zusammenhang zu einer anderen Rechtsordnung steht. Ein solcher Nachweis kann bspw. darin bestehen, dass aus dem Gesamtzusammenhang des Vertrages erkennbar ist, dass dieser vor dem Hintergrund einer anderen Rechtsordnung geschlossen wurde. Indizien hierfür können Verweise auf Bestimmungen einer anderen Rechtsordnung oder die Verwendung von Rechtsbegriffen sein, die einer spezifischen Rechtsordnung zugeordnet werden können (bspw. der deutsche Begriff der „Aufrechnung" anstelle des schweizerischen Begriffs der „Verrechnung").

Das schweizerische IPRG sieht schließlich für arbeits-[21] und verbraucherrechtliche[22] Rechtsfragen eine Sonderanknüpfung vor, die den Arbeitnehmer bzw. Verbraucher (der in der Schweiz Konsument genannt wird) schützt. So ist insbesondere die Rechtswahl stark eingeschränkt. Eine Sonderanknüpfung für verbraucherrechtliche Fragen ist bei Privattransporten und insbesondere bei Umzügen zu berücksichtigen.

---

17 Vgl. hierzu ausführlich *Fischer*, Transportrecht 1995, 425–431.
18 Art. 116 IPRG.
19 Art. 35 f. IPRG.
20 Vgl. etwa *Doss/Schnyder*, HandKom, Art. 116, Rz. 7.
21 Art. 121 IPRG.
22 Art. 120 IPRG.

In einer neueren Entscheidung hat das Handelsgericht Aargau[23] in Anlehnung an einen Entscheid des Handelsgerichts Zürich[24] entschieden, dass trotz fehlenden gesetzlichen Regelungen im Lugano Übereinkommen und im IPRG eine örtliche Zuständigkeit des Gerichts am Übernahmeort vorliegt. Dies ergebe sich in richterlicher Lückenfüllung aus Sinn und Zweck des CMR.

4. Der Frachtvertrag als auftragsrechtlicher Vertrag

Im schweizerischen Recht wird der Frachtvertrag[25] als Auftrag (und nicht als Werkvertrag wie bspw. im deutschen Recht) qualifiziert. Dies ergibt sich aus Art. 440 Abs. 2 OR,[26] der subsidiär zu den frachtvertraglichen Bestimmungen auf das Auftragsrecht verweist.

Diese Qualifikation des Frachtertrages als auftragsrechtliches Vertragsverhältnis hat unmittelbare Auswirkungen auf das Verständnis der Hauptleistungspflicht des Frachtführers: Es wird (lediglich) die getreue und sorgfältige Ausführung des Frachtvertrages, nicht aber die erfolgreiche Durchführung des Transportes (als frachtvertraglichen Hauptleistung) geschuldet.[27] Diese Unterscheidung ist insbesondere dann maßgebend, wenn Rechtsfragen zu klären sind, die nicht vom CMR erfasst sind (bspw. Forderungen zwischen den Frachtführern; Schadenersatzanspruch gegen Unterfrachtführer wegen Verlust zukünftiger Aufträge).[28]

Der Transportvertrag ist trotz der auftragsrechtlichen Qualifikation – entgegen der gesetzlichen Vermutung in Art. 394 Abs. 3 OR – immer entgeltlich.[29] Wird der Transport unentgeltlich durchgeführt, kommt ausschließlich Auftragsrecht zur Anwendung.[30]

Das schweizerische Auftragsrecht zeichnet sich überdies durch die Besonderheit des (zwingend und nicht abdingbaren) Rechts auf eine jederzeitige Auflösung des Vertrages aus (Art. 404 Abs. 1 OR). Diese in der Lehre stark kritisierte, aber erst kürzlich wieder bestätigte bundesgerichtliche Rechtsprechung[31] hat zur Folge, dass auch ein Frachtvertrag jederzeit gekündigt werden kann. Eine Schadenersatzpflicht besteht nur bei einer Kündigung zur Unzeit (Art. 404 Abs. 2 OR). Wenn somit ein Frachtführer seinen Auftrag im Verlaufe des Transportes widerruft, hat er lediglich Anspruch auf eine Vergütung im Umfang der bis dahin aufgewendeten Tätigkeit. Wird dieser Auftrag aber zur Unzeit widerrufen, wird der

---

23 Handelsgericht des Kanton Aargau, Urteil v. 7.6.2011 – HOR.2010.47, abgedruckt in Transportrecht 2012, S. 339ff. m.Anm. *Stephan Erbe*.
24 Handelsgericht Zürich, Urteil v. 30.5.2001, ZR 100 (2001) N. 98, S. 270ff.
25 Art. 440 bis 456 OR.
26 „Für den Frachtvertrag kommen die Vorschriften über den Auftrag zur Anwendung, soweit nicht die Bestimmungen dieses Titels etwas anderes enthalten."
27 Art. 398 OR, vgl. hierzu BGE 107 II 238, E. 5a.
28 Vgl. BGE 107 II 238, E. 3, 5.
29 Art. 440 Abs. 1 OR; BGE 109 II 231, E. 3c.
30 *Benz*, KurzKom, Art. 440, Rz. 2; *Montanaro*, S. 4 m.w.N.
31 Unveröffentlicher Entscheid 4A_141/2011 vom 6. Juli 2011.

Frachtführer überdies schadenersatzpflichtig.[32] Dieselben Grundsätze finden selbstverständlich auch Anwendung, wenn der weisungsberechtigte Absender (oder Empfänger) den Transportauftrag widerruft.

Die vorstehenden Ausführungen werden schließlich dadurch relativiert (und im Ergebnis auch komplexer), als die Nähe des Frachtvertrages zum Werkvertrag auch im schweizerischen Recht Berücksichtigung finden kann. So verwies der Cour de Cassation Civile des Kantons Neuenburg auf die Nähe zum Werkvertrag und kam in Anlehnung an *Bucher*[33] zum Schluss, dass der Frachtvertrag als gemischter Vertrag anzusehen sei und sich die Rechtsfolgen nach den vertraglich zugesicherten Leistungen bemäßen.[34]

5. Allgemeine Geschäftsbedingungen

Die geringe Regelungsdichte des Frachtvertrages in Art. 440–456 OR, die über 100-jährige Geltungsdauer dieser Bestimmungen sowie die dispositive Ausgestaltung des Frachtrechts hat zur Folge, dass den allgemeinen Geschäftsbedingungen eine wichtige Rolle zukommt. Für die Rechtspraxis sind insbesondere die AB Spedlogswiss[35] sowie die ASTAG-Bedingungen[36] von besonderer Bedeutung.

II. Geltungsbereich des CMR (Art. 1 und 2 CMR): Abgrenzung zum Speditionsvertrag

Die schweizerische Lehre und Rechtsprechung hat sich nur wenig mit dem CMR im Allgemeinen und dessen Geltungsbereich im Besonderen befasst.

Wie in anderen Ländern bereitet auch im schweizerischen Recht die Abgrenzung zwischen dem Fracht- und Speditionsvertrag – trotz der an sich klaren theoretischen Unterscheidung – Probleme in der Praxis.[37] Das schweizerische Bundesgericht bestätigte die autonome Auslegung des CMR auch in Bezug auf den Begriff Frachtvertrag im CMR.[38]

Dabei ist unbestritten, dass der Speditionsvertrag nicht unter das CMR fällt. Der Speditionsvertrag hat (wie auch in anderen Rechtsordnungen) nicht den eigentlichen Transport der Güter zum Gegenstand, sondern beschränkt sich auf die Vermittlung der Versendung oder Weitersendung von Gütern auf Rechnung des Versenders. Der Spediteur besorgt den Transport auf Rechnung des Versenders, aber in eigenem Namen.

---

32 BGE 109 II 231, in deutscher Übersetzung Pra 73 (1984), Nr. 12.
33 *Bucher*, OR, Bes. Teil, S. 249.
34 In casu ging es neben dem Transport des Umzuggutes auch um die Zollformalitäten sowie um das Ein- und Auspacken der Möbel. Das schweizerische Recht kennt keine rechtlichen Sonderregelungen für Umzüge.
35 S. www.spedlogswiss.com/wcms/sped.cfm/h,74/s,0/c,0/sc,de/blue.htm (zuletzt abgerufen am 5.4.2012).
36 S. www.astag.ch/?rub=392 (zuletzt abgerufen am 5.4.2012).
37 Vgl. hierzu *Benz*, KurzKom, Art. 448, Rz. 5; *Montanaro*, S. 1 ff.
38 BGE 132 III 626, E. 3.3.

Der schweizerische Gesetzgeber hat dem Speditionsvertrag lediglich zwei Artikel gewidmet. In Art. 439 OR wird der Speditionsvertrag als Spezialfall des Kommissionsvertrages angeführt mit der Besonderheit, dass für den Transport der Güter die frachtvertraglichen Regeln[39] zur Anwendung gelangen. Art. 457 OR regelt die Spezialfrage der Verschuldenshaftung, wenn sich der Spediteur für die Ausführung des Transportes einer öffentlichen Transportanstalt bedient.[40]

Diese enge Anbindung des Speditionsvertrages an den Frachtvertrag erschwert im schweizerischen Recht die Abgrenzung dieser zwei Vertragsarten, insbesondere wenn der Spediteur sowohl Aufgaben des Spediteurs als auch des Frachtführers ausübt oder wenn er durch Selbsteintritt den Frachtvertrag selber erfüllt. In diesen Fällen ist jeweils auf der Grundlage des Einzelfalls zu prüfen, ob ein Fracht- oder Speditionsvertrag vorliegt. Dabei ist nach richtiger Ansicht vermutungsweise von einem Speditionsvertrag auszugehen, das Vorliegen eines reinen Frachtvertrages ist beweispflichtig.[41]

Ob das CMR jeweils auch auf Fixkostenspeditionsverträge anwendbar ist, hat das Handelsgericht Zürich bejaht, das Bundesgericht explizit offen gelassen.[42]

III. Haftung des Frachtführers für andere Personen (Art. 3 CMR)

Auch im schweizerischen Recht wird anerkannt, dass das CMR keine Anwendung auf das Rechtsverhältnis zwischen dem Frachtführer und den von ihm zur Ausführung des Frachtvertrages beauftragten Personen (wie bspw. den Unterfrachtführer)[43] findet.[44]

Die Schadenersatzansprüche gegen den Frachtführer für die transportbezogenen Leistungen – auch für Fehler des beauftragten Unterfrachtführers – richten sich im schweizerischen Recht nach Art. 449 OR.[45] Alle anderen Schadenersatzansprüche richten sich nach dem Auftragsrecht. Die Frage der Zulässigkeit der Substitution und der entsprechenden Sorgfaltspflichten richten sich in diesen Fällen nach Art. 398 und 399 OR. Demnach haftet der Frachtführer lediglich für die richtige Auswahl und Instruktion des Substituten, doch schließt das Bundesgericht eine analoge Anwendung der strengeren Haftung nach Art. 449 OR nicht aus, soweit die Substitution lediglich im Interesse des Frachtführers (zur Ausweitung seines Umsatzes) und nicht im Interesse des Absenders und/oder Empfängers (bspw. zur Durchführung eines Spezialtransportes) erfolgte.[46]

---

39 Art. 440–457 OR.
40 Vgl. hierzu *Benz*, KurzKom, Art. 457, Rz. 1 ff.; *Staehelin*, BaKom, Art. 457, Rz. 1 ff.
41 Vgl. aber Zivilgericht Basel, Urteil vom 14.2.1989, BJM 1991 S. 289, hierzu zu Recht kritisch *Isler*, SJZ 1990, 243 ff.
42 BGE 132 III 626, E. 3.4.
43 BGE 132 III 626, E. 4.2, hierzu auch *Sutter*, AJP 2010, S. 326.
44 So auch, aber ohne Bezugnahme auf Art. 3 CMR, BGE 107 II 238, E. 3, 5.
45 Der jedoch als dispositive Norm abbedungen werden kann, vgl. BGE 94 II 197, E. 13.
46 Haftung lediglich für Auswahl und Instruktion des Substituten, vgl. Art. 399 Abs. 2 OR (BGE 107 II 238, E. 5b).

IV. Abschluss und Ausführung des Beförderungsvertrages (Art. 4–16 CMR)

1. Zu Art. 14 CMR

Das CMR und das schweizerische Frachtvertragsrecht unterscheiden sich bezüglich der Pflichten des Frachtführers, wenn dieser die Ware nicht nach den im Frachtvertrag festgelegten Bedingungen abliefern kann und auch keine entsprechenden Instruktionen vom Verfügungsberechtigten einholen kann. Nach Art. 14 Abs. 2 CMR hat der Frachtführer in solchen Fällen diejenigen Maßnahmen zu ergreifen, die im Interesse der über die Ware verfügungsberechtigen Person liegen. Demgegenüber verpflichtet Art. 446 OR den Frachtführer, in diesen Fällen die Interessen des Eigentümers zu wahren.[47]

Diese Diskrepanz in der gesetzlich vorgeschriebenen Interessenswahrung hat praktische Auswirkungen, wenn bspw. im Innenverhältnis zwischen dem Frachtführer und seinem Beauftragten (bspw. Unterfrachtführer) das schweizerische OR Anwendung findet,[48] während im Verhältnis zwischen Absender und Frachtführer das CMR zur Anwendung gelangt. Aus dem Vorrang des CMR ergibt sich, dass zwischen dem Absender und dem Frachtführer immer das CMR Anwendung findet. Soweit ein Schaden aus der (nach dem CMR) falschen Interessenswahrung durch den Frachtführer entsteht, haftet hierfür der Frachtführer gegenüber dem Absender nach CMR, während der Unterfrachtführer im Innenverhältnis nach OR nicht haftet. Ohne vertragliche Absicherung verbleibt damit das Risiko beim Frachtführer.

2. Zu Art. 16 Abs. 5 CMR

Das CMR verweist bezüglich der Voraussetzungen für den Verkauf der Güter, die der Frachtführer nach Art. 14 und 15 CMR nicht abliefern kann, auf die Gesetze und Gebräuche an dem Ort, wo sich das Gut befindet (Art. 16 Abs. 5 CMR). Wenn sich das Gut in der Schweiz befindet, richtet sich die Frage im Wesentlichen nach Art. 444 Abs. 2, 445, 451 und 453 OR.

(1) Auf der Grundlage von Art. 444 Abs. 2 OR kann der Frachtführer nach einer den Umständen angemessenen Frist *„unter Mitwirkung der am Orte der gelegenen Sache zuständigen Amtsstelle das Frachtgut zugunsten des Berechtigten wie ein Kommissionär verkaufen lassen"*. Damit wird auf das Kommissionsrecht (Art. 435 OR) verwiesen. Demnach hat der Frachtführer bei der zuständigen Amtsstelle einen Antrag auf öffentliche Versteigerung des Frachtgutes zu stellen. Dieser Versteigerung muss nach Art. 435 Abs. 3 OR eine Mitteilung im Amtsblatt vorausgehen, sofern das Gut nicht einer schnellen Entwertung ausgesetzt ist. Auf eine Anhörung der Gegenpartei kann verzichtet werden, wenn weder der

---

[47] Vgl. hierzu *Staehelin*, BaKom, Art. 446, Rz. 8.
[48] Vgl. Kap. III.

Absender noch ein Stellvertreter am Ort der gelegenen Sache anwesend ist (Art. 435 Abs. 2 OR). Ein freihändiger Verkauf ist nur möglich, wenn dies zwischen den Parteien oder im Frachtvertrag vereinbart wurde.

(2) Gestützt auf Art. 445 OR steht dem Frachtführer ein abgekürztes Verfahren zur Verfügung, wenn es um schnell verderbliche Frachtgüter geht oder wenn der Wert der Ware die Kosten des ordentlichen Verfahrens nicht zu decken vermag. In diesen Fällen kann der Frachtführer gemäß Art. 445 Abs. 1 OR von der zuständigen Stelle diesen Tatbestand feststellen lassen und sofort die Versteigerung des Gutes (wie unter Art. 444 Abs. 2 bzw. Art. 435 OR) in die Wege zu leiten. Die Beteiligten sind nur „soweit möglich" zu benachrichtigen (Art. 445 Abs. 2 OR), was heute angesichts der der modernen Kommunikationsmittel allerdings meistens der Fall sein wird. Art. 445 OR ist dispositiver Natur und kann somit vertraglich abgedungen werden.[49]

(3) Auf der Grundlage von Art. 451 OR kann der Frachtführer ein Retentionsrecht für die auf dem Frachtgut haftende Forderung geltend machen. Grundlage für das Retentionsrecht bildet Art. 895 ff. ZGB und – aus dem Auftragsrecht – Art. 401 OR.

Damit kann der Empfänger die Ablieferung nur verlangen, wenn er den streitigen Betrag amtlich hinterlegt. Dieser hinterlegte Betrag tritt dann an die Stelle des Retentionsrechts des Frachtführers.

(4) Schließlich eröffnet Art. 453 OR die Möglichkeit, eine behördliche Hinterlegung des Frachtgutes oder Feststellung des Zustandes des Frachtgutes sowie die Ermächtigung für den Verkauf des Frachtguts zu beantragen.

In der neuen eidgenössischen ZPO[50] sind die entsprechenden behördlichen Zuständigkeit weder für Art. 435 OR noch für die Art. 444, 445 oder 453 OR ausdrücklich geregelt.[51] In diesen Fällen richtet sich die Frage der behördlichen Zuständigkeit nach dem kantonalen Recht, wobei hierfür die Einführungsgesetze zum ZGB/OR, zur ZPO oder aber zum Schuldbetreibungs- und Konkursgesetz (SchKG)[52] in Frage kommen.

Leider haben die meisten kantonalen Gesetzgeber diese Lücke übersehen, so dass es in den kantonalen Einführungsgesetzen nicht (mehr)[53] in allen Kantonen klare Zuständigkeitsvorschriften gibt.

In den nachstehenden Tabelle ist der gegenwärtige Stand der Zuständigkeiten aufgelistet:

---

49 Vgl. hierzu *Staehelin*, BaKom, Art. 445, Rz. 13.
50 SR 272, in Kraft seit dem 1. Januar 2011.
51 Anders noch Art. 219 lit. b Ziff. 10 ZPO/ZH: Einzelrichter im summarischen Verfahren.
52 SR 281.1.
53 Unter der Geltung der kantonalen ZPO war diese Frage in fast allen Kantonen geregelt.

Länderberichte Schweiz

Kanton	OR	Zuständige Stelle
Aargau	435 444 445 453	Gerichtspräsident (§ 13 EG OR[54]) Betreibungsbeamter (§ 14 EG OR) Betreibungsbeamter (§ 15 EG OR) Gerichtspräsident (§ 16 EG OR)
Appenzell Innerrhoden	435, 444, 445, 453	Standeskommission (Art. 19 EG ZGB[55])[56]
Appenzell Ausserrhoden	435, 444, 445, 453	Einzelrichter des Kantonsgerichts (Art. 14 Abs. 2 lit. f und g Justizgesetz[57])
Basel-Land	435, 444, 445, 453	Bezirksgerichtspräsidium im summ. Verfahren (§ 3 Abs. 1 EG ZPO[58])
Basel-Stadt	435, 444, 445, 453	Einzelrichter im summarischen Verfahren (Art. 9 Abs. 1 lit. c EG ZPO[59]) oder § 1 Abs. 1 Gantgesetz[60]
Bern	435, 444, 445, 453	Regionalgericht: Einzelgericht (Art. 11 Ziff. 2 i.V.m. Art 8 EG ZSI[61])
Fribourg	435, 444, 445, 453	Präsident Bezirksgericht im summarischen Verfahren (Art. 51 Abs. 1 lit. b JG[62])[63]
Genf	435, 444, 445, 453	Art. 1 LaCC: Clause générale de compétence[64]

---

54 Einführungsgesetz zum Schweizerischen Obligationenrecht (EG OR, 210.200) vom 27.12.2011, Stand 1.1.2011.
55 Einführungsgesetz zum Schweizerischen Zivilgesetzbuch (EG ZGB, 211.000) vom 30.4.1911, Stand 1.1.2011.
56 Art. 19 „In denjenigen Fällen, in welchen zur Ausführung der Bestimmungen des Zivilgesetzbuches und des kantonalen Einführungsgesetzes eine Amtsstelle oder Behörde nicht speziell bezeichnet ist, ist die Standeskommission berechtigt, in sinngemässer Anwendung der Bestimmungen der Kompetenzzuscheidungen die erforderlichen Verfügungen an die betreffende Behörde anzuordnen.
57 Justizgesetz (145.31) vom 13.9.2010, Stand 1.6.2011.
58 Einführungsgesetz zur Schweizerischen Zivilprozessordnung (EG ZPO, 221) vom 23.9.2010, Stand 1.1.2011.
59 Gesetz über die Einführung der Schweizerischen Zivilprozessordnung (EG ZPO, 221.100) vom 13.10.2010, Stand 1.1.2011.
60 Gesetz betreffend das Gantwesen (230.900) vom 8.10.1936, Stand 26.6.2005.
61 Einführungsgesetz zur Zivilprozessordnung, zur Strafprozessordnung und zur Jugendstrafprozessordnung (EG ZSJ, 271.1) vom 1.6.2009, Stand 1.1.2012.
62 Justizgesetz (JG, 130.1) vom 31.5.2010, Stand 1.1.2011; Früher: Bezirksgerichtspräsident (Art. 349ter Ziff. 10f. EG ZGB (Einführungsgesetz vom 22. November 1911 zum Schweizerischen Zivilgesetzbuch für den Kanton Freiburg (210.1)).
63 Mangels spezifischer Bestimmungen ist der Gerichtspräsident in Anwendung von Art. 248 lit. e ZPO und 51 Abs. 1 lit. b JG zuständig.
64 Loi d'application du code civil suisse et autres lois fédérales en matière civile (LaCC, E 1 05) du 28.11.2010, Stand 1.1.2011: „Dans tous les cas prévus par le code civil, le code des

Kanton	OR	Zuständige Stelle
Glarus	435, 444, 445, 453	Betreibungs- und Konkursamt (Art. 6 Abs. 1 Ziff. 5 EG OR[65]) Betreibungs- und Konkursamt (Art. 6 Abs. 1 Ziff. 6 EG OR)
Graubünden	435, 444, 445, 453	Bezirksgericht: Einzelrichter für summarisches Verfahren (Art. 4 Abs. 1 lit. a EGzZPO[66]).[67] Die Versteigerung als solche wird nicht vom Einzelrichter, sondern vom Kreispräsidenten vollzogen (Art. 6 EGzOR[68])
Jura	435, 444, 445, 453	Art. 5 LiCPC:[69] Le juge civil du Tribunal de première instance traite toutes les affaires dont la connaissance n'est pas attribuée à une autre autorité par la présente loi
Luzern	435, 444, 445, 453	Einzelrichter für summarisches Verfahren (§ 34 Abs. 2 OGB[70] oder § 35 Abs. 1 lit. c OGB)
Neuenburg	435, 444, 445, 453	Zuständigkeit nicht geregelt
Nidwalden	435, 444, 445, 453	Kantonsgerichtspräsident (§ 31 bis 34 EG OR[71])
Obwalden	435, 444, 445, 453	Notare (Art. 5 Abs. 1 EV OR[72])
Schaffhausen	435, 444, 445, 453	Art. 29 Abs. 1 lit. c des Justizgesetzes vom 9. November 2009 (SHR 173.200): Einzelrichter für summarisches Verfahren[73]

---

obligations ou le code de procédure civile qui ne sont pas réglés par la présente loi, l'autorité compétente est celle qui est désignée par la loi d'organisation judiciaire."
65 Gesetz über die Einführung des Schweizerischen Obligationenrechtes (Zivilgesetzbuch V. Teil, EG OR) vom 6.5.1923 (Einführungsgesetz zum Obligationenrecht, EG OR), Stand 1.1.2011.
66 Einführungsgesetz zur Schweizerischen Zivilprozessordnung (EGzZPO, BR 320.100) vom 16.6.2010, Stand 1.1.2011.
67 Diese Geschäfte zählen zur freiwilligen Gerichtsbarkeit, für welche das Summarverfahren anzuwenden ist (Art. 248 lit. e ZPO). Von dieser Bestimmung leitet sich die einzelrichterliche Kompetenz ab.
68 Einführungsgesetz zum Schweizerischen Obligationenrecht (EGzOR, BR 210.200) vom 20.10.2004, Stand 1.1.2011.
69 Loi d'introduction du Code de procédure civile suisse (LiCPC) (271.1).
70 Gesetz über die Organisation der Gerichte und Behörden in Zivil- und Strafverfahren (OGB, 260) vom 10.5.2010, Stand 1.1.2011.
71 Einführungsverordnung zum Bundesgesetz betreffend die Ergänzung des Schweizerischen Zivilgesetzbuches (Fünfter Teil: Obligationenrecht) (Einführungsverordnung zum Obligationenrecht, 221.1) vom 3.7.1976, Stand 1.8.2009.
72 Verordnung über die Einführung des Bundesgesetzes über das Obligationenrecht (220.11) vom 4.4.1938, Stand 1.1.2011.
73 Früher: Einzelrichter (Art. 291 Abs. 2 ZPO SH (ZPO für den Kanton SH (273.100))).

Länderberichte Schweiz

Kanton	OR	Zuständige Stelle
Schwyz	435, 444, 445, 453	Bezirksgericht: Einzelrichter (§ 3 lit. d EV OR[74])
St. Gallen	435, 444, 445, 453	Einzelrichter des Kreisgerichts im summ. Verfahren (Art. 6 Abs 1 lit. a EG ZPO[75])
Solothurn	435, 444, 445, 453	Summarisches Verfahren (§ 6 Abs. 1 lit. b Ziff. 6 und 7 EG ZPO[76]): i.d.R. Amtsgerichtspräsident als Einzelrichter (§ 10 Abs. 2 lit. b)
Tessin	435, 444, 445, 453	Amts- oder Bezirksrichter (pretore) (Art. 9[77])
Thurgau	435, 444, 445, 453	Einzelrichter Bezirksgericht im summ. Verfahren (§ 20 Abs. 2 ZSRG[78])
Uri	435, 444, 445, 453	Nicht ausdrücklich geregelt: Gemeinderat der Wohnsitzgemeinde[79] (Art. 3 Abs. 4 EG/ ZGB[80]) oder Landesgerichtspräsidium im summ. Verfahren (Art. 19a Bst. B GOG[81])
Waadt	435, 444, 445, 453	Friedensrichter (Art. 5 Abs. 1 Ziff. 28 CDPJ[82])
Wallis	435, 444, 445, 453	Gemeinderichter (Art. 90 Abs. 2 EG ZGB (i.V.m. Art. 176 und 188 EG ZGB[83]) Bezirksgericht gemäß Art. 4 Abs. 1 EG ZPO[84]

---

74 Kantonale Vollzugsverordnung zum Schweizerischen Obligationenrecht und zu den dazugehörenden Ergänzungs- und Ausführungserlassen (217.110) vom 25.10.1974, Stand 1.1.2011.
75 Einführungsgesetz zur Schweizerischen Zivilprozessordnung (EG ZPO, 961.2) vom 15.6.2010, Stand 1.1.2011.
76 Einführungsgesetz zur Schweizerischen Zivilprozessordnung (EG ZPO, 221.2) vom 10.3.2010, Stand 1.1.2012.
77 Legge di applicazione e complemento del Codice civile svizzero (3.3.2.1) del 18.4.1911, Stand 1.1.2011.
78 Gesetz über die Zivil- und Strafrechtspflege (ZSRG; 271.1) vom 17.6.2009, Stand 1.1.2011.
79 Dieser ist „zuständig, jene Verfügungen zu treffen, die (...) das Obligationenrecht der zuständigen Behörde überträgt und für die das kantonale Recht keine besondere Zuständigkeit festlegt". Früher bestand eine ausdrückliche Regelung in Art. 161 Ziff. 3 i.V.m. Art. 173 Ziff. 11 ZPO-TG.
80 Gesetz über die Einführung des Schweizerischen Zivilgesetzbuches (EG/ZGB) vom 3.3.1989, Stand 1.1.2011.
81 Gesetz über die Organisation der richterlichen Behörden (Gerichtsorganisationsgesetz, GOG, 2.3221) vom 17.5.1992, Stand 1.1.2011.
82 Code de droit privé judiciaire vaudois (CDPJ, 211.02) du 12.1.2010, Stand 1.1.2011.
83 Einführungsgesetz zum Schweizerischen Zivilgesetzbuch (EG ZGB, 211.1) vom 24.3.1998, Stand 1.1.2011.
84 Einführungsgesetz zur Schweizerischen Zivilprozessordnung (EGZPO, 270.1) vom 11.2.2009, Stand 1.1.2011. Früher: Bezirksgericht für Art. 444 und 445 OR (Art. 89, Ziff. 37 EG ZGB). Aufgehoben mit neuem EG ZGB.

Kanton	OR	Zuständige Stelle
Zug	435, 444, 445, 453	Einzelrichter Kantonsgericht im summ. Verfahren (§ 28 Abs. 2 lit. b GOG[85])[86]
Zürich	435, 444, 445, 453	Einzelgericht (§ 140 lit. c bis lit. d GOG[87])

Die fehlende Reglung in Art. 250 ZPO, die von den kantonalen Gesetzgebern nicht immer mit der genügenden Sorgfalt beachtet wurde, hat in verschiedenen Kantonen eine gewisse Rechtsunsicherheit geschaffen, die gerade im Hinblick auf die Dringlichkeit der entsprechenden Maßnahmen bedauerlich ist und zu unnötigen Verzögerungen führen kann.

Das CMR schweigt zur Frage, wann die Fracht fällig ist.[88] Aus dem Grundsatz Zug um Zug[89] ergibt sich, dass die Fracht erst mit der Ablieferung des Frachtgutes fällig wird.

V. Haftung des Frachtführers (Art. 17–29 CMR)

Die zwingend anwendbare Haftungsbeschränkung in Art. 23 Ziff. 3 CMR ist dem schweizerischen Frachtrecht fremd.

Dagegen kennt auch das schweizerische Recht einen vergleichbaren Grundsatz der Schadensberechnung wie Art. 25 Ziff. 1 CMR. Danach hat der Frachtführer im Falle der Beschädigung des Frachtgutes grundsätzlich den Betrag der Wertverminderung zu zahlen, die sich aus der Differenz zwischen dem Wert des Gutes bei der Übernahme und dem Wert infolge der Beschädigung ergibt. Denn soweit die Wiederherstellungskosten den ursprünglichen Wert des Gutes übersteigen, ist sowohl unter dem CMR als auch unter schweizerischem Recht von einem Totalschaden auszugehen, der dem Verlust der Ware entspricht.[90]

Nach Art. 29 CMR greifen die Haftungsbeschränkungen aus dem CMR nicht,[91] wenn der Schaden vorsätzlich oder ein dem Vorsatz gleichgestelltes Verschulden vorliegt. Dieses dem Vorsatz gleichgestellten Verschulden wird in der Schweiz

---

85 Gesetz über die Organisation der Zivil- und Strafrechtspflege (Gerichtsorganisationsgesetz, GOG, 161.1) vom 26.8.2010, Stand 1.1.2012.
86 Nach § 135 Abs. 2 Ziff. 40 ZPO-ZG traf bis 31. Dezember 2010 der Einzelrichter im summarischen Verfahren die Anordnungen beim Verkauf von Kommissions- und Frachtgut. Gestützt auf Art. 250 ZPO (das summarische Verfahren gilt insbesondere ...) und § 28 Abs. 2 lit. c GOG nimmt das Kantonsgericht Zug an, dass weiterhin der Einzelrichter im summarischen Verfahren für die Versteigerung zuständig ist.
87 Gesetz über die Gerichts- und Behördenorganisation im Zivil- und Strafprozess (GOG, 211.1) vom 10.5.2010, Stand 1.1.2011.
88 Vgl. *Fischer*, TranspR 1995, 431.
89 Art. 82 OR.
90 BGE 127 III 365, E. 2a.
91 Vorbehalten bleibt Art. 17 Abs. 2 CMR.

der groben Fahrlässigkeit gleichgesetzt.[92] Das Vorliegen des Vorsatz bzw. der groben Fahrlässigkeit wird jedoch nicht vermutet, sondern muss vielmehr im Einzelnen nachgewiesen werden (Art. 8 ZGB).[93]

Die Beweislast für den zu ersetzenden Schaden obliegt der geschädigten Partei. Das schweizerische Bundesgericht betonte,[94] dass sich der Umfang der Substantiierungspflicht nach dem schweizerischen Recht richtet: Diese Substantiierungspflicht ergebe sich sowohl aus den tatbestandsbegründenden Normen als auch aus dem Prozessverhalten der Gegenpartei. Letzteres ist beispielsweise dann entscheidend, wenn die beweisbelastete Partei den Schaden zwar nur pauschal aber schlüssig darlegt und die Gegenpartei diese Behauptungen substantiiert bestreitet. In diesen Fällen hat die beweispflichtige Partei sodann die schadensbegründenden Tatsachen detailliert nachzuweisen, sodass das Gericht den Schaden entsprechend quantifizieren kann.[95]

Da das CMR den indirekten Schadenersatz nicht kennt, greift im Anwendungsbereich des CMR die entsprechende in Art. 448 OR geregelte Schadenersatzpflicht für indirekte Schäden nicht. Dieser Schadenersatzanspruch kann auch nicht mit dem Frachtlohn verrechnet[96] werden, obwohl sowohl der Frachtlohn als auch die Entschädigung von indirekten Schäden im CMR nicht geregelt sind. Das Bundesgericht begründet dieses Verrechnungsverbot damit, dass man andernfalls zwingendes Recht des CMR unterlaufen könnte.[97]

Da in Art. 17 ff. CMR die Frage der positiven Vertragsverletzung nicht geregelt ist,[98] richtet sich diese Frage im schweizerischen Recht nach Art. 97 ff. OR. Die ebenfalls nicht geregelte Frage des Verzugszinses ist in Art. 104 OR geregelt. Grundsätzlich gilt ein Mindestzinssatz von 5%, Anwendung findet aber der höhere übliche Bankdiskontsatz.

VI. Reklamationen und Klagen (Art. 30–33 CMR)

Auch wenn sich das CMR und das schweizerische Frachtrecht bezüglich der Reklamationen und Klagen weitgehend ähneln, so unterscheiden sie sich in verschiedenen Detailbestimmungen: So beträgt die Rügefrist für äußerliche Mängel nach Art. 30 Abs. 1 CMR sieben Tage, während hierfür Art. 452 Abs. 3 OR acht Tage vorsieht. Die Verjährungsfrist bei Vorsatz oder ein dem Vorsatz gleichgestelltes Verschulden beträgt nach Art. 32 Abs. 1 CMR drei Jahre, während die

---

92 Appellationsgericht Basel Stadt vom 12.5.2000, vgl. BJM 2000, S. 316, E. 2b; Handelsgericht des Kantons Aargau (Fn. 23), S. 339 f.
93 *Sutter*, AJP 2010, 326.
94 BGE 127 III 365, E. 2b.
95 BGE 127 III 365, E. 2b: Der Totalschaden muss bewiesen werden, wenn die Kosten für eine Ersatzanschaffung als Schaden geltend gemacht wird.
96 Die Verrechnung im schweizerischen Obligationenrecht (Art. 120 ff. OR) entspricht im Wesentlichen der Aufrechnung nach deutschem Recht (§ 387 ff. HGB).
97 BGE 127 III 365, E. 3.
98 Vgl. hierzu *Fischer*, TranspR 1995, 432.

entsprechende Frist im schweizerischen Frachtrecht zehn Jahre beträgt (Art. 454 Abs. 3 OR i.V.m. 127 OR).[99] Dieses dem Vorsatz gleichgestellten Verschulden wird in der Schweiz der groben Fahrlässigkeit gleichgesetzt.[100]

Die Hemmung und Unterbrechung der Verjährung ist im CMR nicht geregelt und richtet sich daher nach Art. 135–138 OR. Demnach wird die Verjährung unterbrochen durch Anerkennung des Schuldners (Art. 135 Ziff. 1 OR) oder durch die Schuldanerkennung, durch die Klageinleitung oder durch eine Einrede vor einem Gericht[101] oder Schiedsgericht sowie durch eine Eingabe der Forderung im Konkurs (Art. 135 Ziff. 2 OR).

VII. Bestimmungen über die Beförderung durch aufeinanderfolgende Frachtführer (Art. 34–40 CMR)

Die Regelung des Regresses nach Art. 37 CMR beschränkt sich nach herrschender Lehre auf aufeinanderfolgende Frachtführer, die nur einem Vertrag unterstehen (Art. 34 Abs. 1 CMR).[102] Alle anderen Fragen des Regresses unter Frachtführern unterliegen demnach dem Landesrecht.

Die Haftung des Zwischenfrachtführers nach Art. 449 OR geht relativ weit. Sie geht sogar weiter als im schweizerischen Auftragsrecht, weil sich der regresspflichtige Frachtführer nicht auf die sorgfältige Auswahl und Instruktion des in Anspruch genommenen Zwischenfrachtführers berufen kann.[103] Daher ist der Zwischenfrachtführer im schweizerischen Recht auch nicht als Hilfsperson zu qualifizieren.[104]

---

99 Von *Ziegler*, KurzKom, Art. 127, Rz. 1 ff.
100 Appellationsgericht Basel Stadt vom 12.5.2000, vgl. BJM 2000, S. 316, E. 2b.
101 Wobei das Schlichtungsgesuch beim Friedensrichter genügt.
102 Vgl. Kommentierung Art. 37, Rz 2 ff.
103 BGE 109 II 471, E. 2; *Honsell*, OR BT, S. 383.
104 *Honsell*, OR BT, S. 383; *Staehelin*, Bakom, Art. 449, Rz. 1 f.

Skandinavien und Finnland

Von Dozent Johan Schelin,[1] Stockholm

Literatur: *Bull*, Innføring i veifraktrett, 2. Aufl., Oslo 2000; *Ekelund*, Transportaftaler, 2. Aufl., Kopenhagen 1997; *Grönfors*, Inledning till transporträtten, Stockholm 1984; *Hellner*, Stulna diamanter, Juridisk Tidskrift 1998–1999, Seite 150; *Ramberg*, Ansvarsbegränsning – en fråga om skälighet eller praktikabilitet?, Festskrift till Nordenson, Stockholm 1999; *Fabricius*, Lov om fragtaftaler ved internasjonal veitransport, 3. Aufl., Kopenhagen 2005; *Schelin*, Last och ersättning, Stockholm 2000; *Schelin*, Lastskadekravet, Stockholm 2001; *Waldersten*, Köp och försäljning av transporter på väg, Norstedts Stockholm 1990; *Wetterstein*, Grov vårdslöshet vid vägtransporter – än en gång, JFT 2001, Seite 721.

Übersicht

	Seite		Seite
I. Einführung	1162	a) Schäden an den Gütern	1171
II. Art. 17	1163	b) Schäden wegen Verspätung	1172
1. Die Haftungsperiode	1163	c) Sonstige aus Anlass der Beförderung des Gutes entstandene Kosten	1172
2. Die Haftungsregeln	1166		
a) Art der Haftung	1166	V. Art. 29	1173
b) Verluste und Schäden, die nicht verhindert werden können	1167	1. Allgemeines	1173
		2. Grobe Fahrlässigkeit in Verbindung mit der Führung des Fahrzeugs	1176
c) Mitwirkung des Absenders oder Empfängers	1169		
III. Art. 18	1170		
1. Besondere Gefahren und die Beweislast	1170	3. Grobe Fahrlässigkeit in Verbindung mit dem Hantieren der Güter	1177
IV. Art. 23	1171		
1. Typ des Schadens	1171	VI. Art. 32	1180

I. Einführung

Die skandinavischen Staaten und Finnland sind Länder von großer geographischer Fläche, aber kleiner Bevölkerung. Daraus folgt, dass der Straßengüterverkehr eines der wichtigsten Transportmittel ist. In Schweden wurden zum Beispiel im Jahr 2010 etwa 322 Millionen Tonnen Güter per Schwedischen LKW transportiert.[2] Etwa 2% dieser Beförderungen waren internationale Transporte mit Norwegen, Deutschland und Dänemark als größte Absender- und Empfängerländer.

Sämtliche skandinavischen Staaten und Finnland haben die CMR ratifiziert, die Methode der Implementierung der Regeln variiert aber. In Finnland und Norwegen wurden die Regeln der Konvention durch allgemeine Straßentransportgeset-

---

1 Dozent im Zivilrecht und Direktor für das Institut für See- und Transportrecht an der Universität Stockholm (www.juridicum.su.se/transport).
2 Trafikanalys, Lastbilstrafik 2010.

ze für sowohl internationale als auch nationale Transporte in das nationale Recht transformiert.[3] Im Unterschied dazu gibt es in Schweden ein doppeltes System mit einem CMR-Gesetz für internationale Transporte und einem besonderen Gesetz für den Binnenstraßenverkehr.[4] Das CMR-Gesetz inkorporiert hier direkt die CMR als schwedisches Recht. Der inhaltliche Unterschied dieser Gesetze ist aber minimal, das Gesetz für Binnenstraßenverkehr baut zum großen Teil auf die CMR auf. In Dänemark sind die Regeln der CMR durch ein CMR-Gesetz transformiert, der Binnenstraßengüterverkehr ist dagegen durch ein altes allgemeines Gesetz für Verkehr geregelt.[5]

Im Unterschied zum Seerecht gibt es in Schweden keine Spezialgerichtshöfe für Rechtssachen über Straßengüterverkehr. Diese Rechtssachen werden von den allgemeinen Gerichthöfen entschieden.[6] Auch in Finnland und Norwegen werden Rechtssachen über Straßengüterverkehr von den allgemeinen Gerichtshöfen behandelt. In Dänemark ist die Rechtslage etwas anders, hier können die Parteien die Rechtssache entweder vor den Spezialgerichtshof See- und Handelsgericht in Kopenhagen oder vor einen allgemeinen Gerichtshof bringen. In beiden Fällen ist der Rechtsweg zum Obersten Gerichtshof zulässig.

Der folgende Bericht ist nicht vollständig. Stattdessen werden hier nur die praktisch wichtigsten Rechtsprobleme der CMR-Konvention, die von den skandinavischen und finnischen Gerichtshöfen beurteilt wurden, diskutiert. Der Bericht fokussiert auf Probleme, die entweder sehr wesentlich sind oder die aus einer anderen Auslegung der CMR als in Deutschland resultieren.

II. Art. 17

1. Die Haftungsperiode

Der Frachtführer haftet nach Art. 17 Abs. 1 nur für Verlust, Schaden und Verzögerung zwischen der Abholung und der Lieferung der Güter. Die Haftung für Güter, die der Frachtführer niemals abholt, ist in der Konvention daher nicht reguliert. Trotzdem hat der norwegische Oberlandesgericht Midt-Trøndelag in der Rechtssache ND 1984.265, festgestellt, dass der Frachtführer hier nach Artikel 17 haftet.

> Hier hatte der Frachtführer, Autotransit, den Transport einer Ladung von Aluminiumdraht übernommen. Die Güter hätten mit zwei LKW zwischen Karmøy in Norwegen und Oulo in Finnland transportiert werden sollen. In-

---

3 Lag om vägbefordringsavtal (345/79) und Lov nr 68 av 20 december 1974 om vegfraktavtaler.
4 Lag om inrikes vägtransporter (1974:610) und Lag den 24 januari 1969 med anledning av Sveriges tillträde till konventionen den 19 maj 1956 om fraktavtalet vid internationell godsbefordran på väg (1969:12).
5 Lov om fragtaftaler ved international vejtransport und Færdselloven.
6 Die allgemeine Gerichtshöfen sind hier Tingsrätt (Landesgericht), Hovrätt (Oberlandesgericht) und Högsta domstolen (der Oberste Gerichtshof)

folge eines Unfalles einer der LKW konnte der Frachtführer aber nicht die ganze Ladung abholen. Der Absender, Djupvasskaia, annullierte deshalb den Vertrag und schloss einen neuen Transportvertrag mit einem anderen Frachtführer ab. Djupvasskaia verlangte dann Schadenersatz für die höhere Fracht, die die Firma zu bezahlen hatte.

Das Landesgericht meinte hier, Verspätung nach der CMR liege auch in einer Situation vor, in der die Güter nicht abgeholt werden. Schon in der norwegischen Jurisprudenz ist dieser Schlusssatz aber kritisiert worden.[7] *Bull* meint, dass es möglich ist, die Haftungsregeln der CMR hier analog anzuwenden. Das bedeutet, dass der Frachtführer immer noch eine verschuldensunabhängige Haftung hat, allerdings mit einer Haftungsbegrenzung. Es muss hier aber betont werden, dass die Rechtlage an diesem Punkt nicht sicher ist. Eine andere denkbare Schlussfolgerung wäre, dass der Frachtführer nach allgemeinen zivilrechtlichen Grundsätzen für seine Fahrlässigkeit ohne Haftungsbegrenzung haftet.

Infolge dieses Problems ist es notwendig zu klären, wann der Frachtführer die Güter nach der CMR abgeholt hätte. Die allgemeine Auffassung in Skandinavien und Finnland ist, dass der Frachtführer die Güter zum Transport übernommen haben muss. Hat er die Güter zur Lagerung übernommen, ist die CMR nicht anwendbar.

Stattdessen besteht für Lagerung in kommerziellen Umständen Vertragsfreiheit. Gewöhnlich wenden Unternehmer in Skandinavien und Finnland die Skandinavischen Allgemeinen Spediteurbedingungen, die NSAB 2000, an.[8] Die NSAB enthalten einen speziellen Abschnitt für Lagerung, dem zufolge der Lagerhalter für seine Nachlässigkeit haftet. Der Lagerhalter hat aber eine Versicherungspflicht für den Rechnungsbetrag der Güter plus zehn Prozent. Die Versicherung soll Feuer, Wasser- und Einbruchschäden decken und der Auftraggeber soll als Versicherter notiert werden. Tatsächlich wird hier der Lagerhalter für diese Schäden praktisch eine strikte Haftung haben. Ein Problem hier ist aber, wenn der Lagerhalter keine Versicherung abgeschlossen hat. Nach der NSAB haftet dann der Lagerhalter nur für Schäden, die er durch seine Nachlässigkeit verursacht hat. Wahrscheinlich werden skandinavische Gerichte einen Verstoß gegen die Versicherungspflicht aber als grobe Fahrlässigkeit betrachten. In dieser Situation wird der Lagerhalter kein Recht haben, seine Haftung zu begrenzen. Mit anderen Worten sollte er hier auch indirekte Schäden ersetzen.[9]

Werden die Güter nur für kurze Zeit gelagert und dann zum Empfänger transportiert, würden die Gerichte für gewöhnlich behaupten, dass sie vom Frachtfüh-

---

[7] *Bull, H.J.*, Innføring i veifraktrett, 2. Aufl., Oslo 2000, S. 69–70.
[8] Nordiskt Spediterförbunds Allmänna Bestämmelser (Allgemeine Bedingungen des nordischen Spediteurverbandes). Eine deutsche Fassung des Vertrags ist zugänglich an der Internetadresse www.nordicfreight.org/. Wahrscheinlich wird der NSAB 2000 im Jahr 2012 mit eninen neuen Version erstattet werden.
[9] I.d.R. hat der Lagerhalter nach der NSAB ein Recht die Haftung zu 50,000 SDR zu begrenzen.

rer zum Transport übernommen wurden. Sind Güter aber für längere Zeit gelagert, nimmt die Wahrscheinlichkeit zu, dass nicht von einem Transportvertrag, sondern von einem Lagerungsvertrag auszugehen ist. Das gilt besonders in Situationen, in denen der Frachtführer auch andere Pflichten bezüglich der Güter hat, zum Beispiel Bearbeitung oder Zusammensetzung.

Die entsprechende Auseinandersetzung könnte natürlich auch in Bezug auf die Lieferung der Güter geführt werden. Im NSAB 2000 gibt es auch eine ausdrückliche Klausel, der zufolge die Haftung nach den transportrechtlichen Regeln spätestens 15 Tage nach der Lieferung endet. Diese Klausel stimmt mit den Standardklauseln der schwedischen Warenversicherungen überein. Nach diesen Klauseln endet die Warenversicherung nach 15 Tagen.

Eine andere wichtige Frage hier ist, ob die Lieferung zu einem falschen Empfänger von der Haftung umfasst ist. Die allgemeine Auffassung in Skandinavien und Finnland ist, dass die CMR auch in dieser Situation anwendbar ist. Das zeigte sich am dänischen Rechtsfall ND 1999.94 SøHa:[10]

> Hier hatte Danfoss eine Ladung von Rohren zum Transport nach Moskau übernommen. In Moskau rief der Fahrer den im Frachtbrief genannten Herrn an. Nach 35 Minuten kamen zwei Männer in einem Taxi zum Platz. Die Männer, die sich legitimierten, stellten sich als Repräsentanten der Empfängerfirma vor. Der Fahrer folgte dann den zwei Männern zur Zollverwaltung. Eine dritte Person blieb beim LKW, um die Güter zu bewachen. Einer der Männer sagte, als man in der Zollverwaltung angekommen war, dass der Beamte noch nicht mit der Zollinhaltserklärung fertig sei. Die Gruppe aß deshalb in einem Restaurant zu Mittag. Nach dem Mittagessen sagte einer der Männer, er wolle am Bahnhof Dynamo Geld wechseln. Die Beteiligten nahmen deshalb ein Taxi zum Bahnhof, dort verschwanden die Männer aber plötzlich. Als der Fahrer zum LKW zurückkam, waren die Güter gestohlen.

Das See- und Handelsgericht entschied, dass die Handlung des Fahrers als grob fahrlässig zu betrachten sei und dass der Frachtführer die Haftungsbegrenzung verloren hätte. Folgerichtig betrachtete hier das See- und Handelsgericht die CMR auch in Bezug auf eine Lieferung an einen falschen Empfänger als prinzipiell anwendbar.

Ob der Empfänger die Güter akzeptiert haben muss, damit sie für geliefert erachtet werden, ist eine weitere sehr interessante Frage. Die Rechtslage ist hier ungewiss. Die schwedische Straßengüterkommission meinte dazu, dass die Weigerung des Empfängers, die Güter anzunehmen, einer Lieferung im Sinne der CMR entgegensteht. Im schwedischen Rechtsfall ND 1974.86 meinte aber das Oberlandesgericht Västra Sverige in Hinblick auf die Verjährungsregel in

---

10 Vgl. aber ND 1996.161, in der das dänische Landesgericht, Vestre Landsret, meinte, dass die Haftung für die Lieferung der Güter nicht von der CMR reguliert war.

Art. 32(1)(a), dass es ausreicht, wenn der Frachtführer am Ort der Lieferung dem Empfänger die Güter zur Annahme angeboten hat.

Der Frachtführer transportierte hier eine Ladung von frostempfindlichen Chemikalien von Großbritannien nach Schweden. Bei der Ankunft in Göteborg stand der LKW während der Nacht auf dem Kai. Aufgrund der tiefen Temperatur wurden die Güter beschädigt. Deshalb weigerte sich der Empfänger, diese anzunehmen, bot aber an, dem Frachtführer die Ladung bis zum Rücktransport aufzubewahren.

Das Oberlandesgericht war hier der Ansicht, dass der Empfänger mit den Gütern in einer solchen Weise zu tun hatte, dass er nach Art. 32(1)(a) die Ladung angenommen hatte.

Die Auslegung der Straßengüterkommission führt dagegen dazu, dass die Güter, wenn sie im Terminal des Frachtführers gelagert werden, noch von der Haftungsversicherung des Frachtführers gedeckt sind. Darüber hinaus hätte der Frachtführer mit der umgekehrten Auslegung in einer Situation, in der der Empfänger die Güter zurückwies (und sie dennoch als geliefert galten), eine unbegrenzte Haftung gehabt.

2. Die Haftungsregeln

a) Art der Haftung

Eine umstrittene Frage im skandinavischen Recht ist, ob Artikel 17 CMR eine streng verschuldensunabhängige Haftung oder eine Haftung nur für Fahrlässigkeit vorsieht. In der skandinavischen Jurisprudenz haben zum Beispiel Professor *Hans Jacob Bull*, *Bengt Waldersten* und *Per Ekelund* die Haftung nach der CMR als strikt charakterisiert, während sie *Professor Kurt Grönfors* und *Ulla Fabricius* als Haftung für Fahrlässigkeit beschrieben haben.[11] In der dänischen Rechtsprechung wird Artikel 17 als strikte Haftungsregel interpretiert. Das zeigte sich im Rechtsfall ND 1997.167 DH vor dem dänischen Obersten Gerichtshof:

Hier hatte der Frachtführer eine Ladung Pökelfisch zum Transport von Dänemark nach Italien übernommen. Siebzig Kilometer nördlich von Napoli übernachtete der Fahrer auf einem Parkplatz. Der Parkplatz war eingezäunt und wurde von der Servicestation mit Videokameras überwacht. Es gab keinen speziellen Wächter, doch die Polizei patrouillierte regelmäßig den Bezirk. Während der Nacht wurde der Fahrer trotzdem überfallen und die Güter gestohlen.

---

11 *Bull, H.J.*, Innføring i veifraktrett 2. Aufl., Oslo 2000, S. 65; *Ekelund, P.*, Transportaftaler, 2. Aufl., Kopenhagen 1997, S. 201; *Grönfors, K.*, Inledning till transporträtten, Stockholm 1984, S. 73; *Fabricius, U.*, Lov om fragtaftaler ved internasjonal veitransport, 3. Aufl., Kopenhagen 2005, S. 249; *Waldersten, B.*, Köp och föräljning av transporter på väg, Norstedts Stockholm 1990, S.120.

Das Landesgericht meinte hier, dass der Frachtführer für den Diebstahl nicht haftet, weil er den Umständen entsprechend alles Mögliche getan hatte, um den Diebstahl zu verhindern. Der dänische Oberste Gerichtshof war aber der gegenteiligen Ansicht. Er stellte fest, dass der Frachtführer keine Information in Bezug auf bewachte Parkplätze eingeholt hatte und den Fahrer nicht instruiert hatte, solche Parkplätze zu benutzen. Mit anderen Worten hatte der Frachtführer den Standard der Branche nicht erfüllt, er haftete hier folglich für den Diebstahl der Güter.

Der Oberste Gerichthof von Norwegen diskutierte aber in ND 1998.226 NH die Haftung des Frachtführers als Fahrlässigkeitshaftung. Die Umstände des Rechtsfalls waren die Folgenden:

> Der Frachtführer übernahm hier den Transport einer Ladung Trockenfisch von Norwegen nach Italien. Der Fahrer wurde instruiert, sich mit einem Spediteur in Aosta in Verbindung zu setzen. Bei der Ankunft in Aosta fand der Fahrer die Speditionsfirma geschlossen vor. An der Tür hing ein Stück Papier, das auf eine andere Firma hinwies, zu der er fuhr. Das Personal der anderen Firma rief eine Person an, die der Fahrer für den Empfänger hielt. Er bekam sodann die Anweisung, nach Neapel weiterzufahren. Nach fünfzehn Minuten Fahrt auf der Autobahn sah der Fahrer ein Auto, das ihm folgte. Er vermutete, dass es der in den Instruktionen erwähnte Repräsentant für den Empfänger der Güter war.
>
> Etwa sieben Meilen vor Rom übernachtete der Fahrer auf einem Parkplatz mit einer Servicestation. Die Station war wie die im dänischen Rechtsfall. Während der Nacht wurden die Güter gestohlen.

Die Mehrheit des norwegischen Obersten Gerichtshofs stellte hier fest, dass der Frachtführer nicht für den Verlust haftete. Das Gericht konstatierte, dass es zwar Servicestationen mit spezieller Personenbewachung gab, diese aber an den Provinzwegen lagen und für Ausländer geschlossen waren. Der staatliche norwegische Exportrat hatte den Frachtführern von der Verwendung der Provinzwege auch abgeraten. Mit anderen Worten hatte der Fahrer in dieser Situation alles Mögliche getan, um den Diebstahl zu verhindern.

Ein Vergleich zwischen dem dänischen und dem norwegischen Rechtsfall zeigt, dass der dänische Oberste Gerichtshof hier darauf abstellte, ob der Frachtführer den Standard der Branche erfüllt hatte, während der norwegische Oberste Gerichtshof eine Verhaltensnorm für die konkrete Situation festlegte. Es ist offensichtlich, dass sich die norwegische Interpretation hier sowohl prinzipiell als auch materiell von der allgemeinen europäischen Auffassung des Art. 17 Abs. 2 unterscheidet.

b) Verluste und Schäden, die nicht verhindert werden können

Nach Art. 17 Abs. 2 CMR haftet der Frachtführer nicht für Verluste und Beschädigungen der Güter, die er nicht verhindern konnte. In welchen Situationen wird dann der Frachtführer von der Haftung enthoben? Die Auffassung in Skandinavien und Finnland (vielleicht mit Ausnahme von Norwegen) ist hier, dass die Haftung der CMR strenger als die Haftung des Seerechts ist. Es ist nicht genug, dass der Frachtführer sich allgemein vorsichtig benimmt, es muss vielmehr praktisch unmöglich sein, den Verlust oder Schaden zu verhindern. Das war der Fall im ND 1996.123 SøHa des dänischen See- und Handelsgerichts:

> Hier übernahm der Frachtführer, JN Spedition, den Transport einer Ladung Shrimps von Hirtshals in Dänemark nach Moskau. Den letzten Teil des Transports verantwortete der finnische Unterfrachtführer, Grahn Kuljetus Transport Oy in Hangö. Bei der Ankunft in Moskau kontaktierte der finnische Fahrer den Transportvertreter. Er erhielt sodann Anweisungen, wie er zum Empfänger, Hokkey, fahren sollte. Im Büro des Empfängers traf er zwei Männer, die sich als Ivanov und Marosov präsentierten. Ivanov erzählte, dass man einige Probleme mit den tierärztlichen Behörden hatte und dass sich die Hantierung der Importdeklaration verzögert hatte. Marosov begleitete dann den Fahrer zu einem Parkplatz und bat ihn, da zu warten. Nach zwei Stunden kehrte der Fahrer zum Büro zurück. Er wurde angewiesen, am Parkplatz weiter zu warten, jemand würde in einigen Stunden kommen. Es kam aber niemand zum Parkplatz. Am nächsten Tag ging er wieder zum Büro zurück. Man sagte ihm wieder, dass er am Parkplatz warten solle. Eine Stunde später kam Marosov. Er zeigte dem Fahrer den Weg zu einem Lagerhaus, wo der LkW ausgeladen wurde. Die Rückreise nach Finnland war undramatisch. Erst später behauptete der Empfänger, dass die Güter in Verbindung mit der Ausladung verschwunden wären.

Das See- und Handelsgericht enthob hier den Frachtführer von der Haftung. Der entscheidende Grund war vermutlich, dass es keine Umstände gab, die auf etwas Zweifelhaftes hingedeutet hatten. Es gab hier eine feste Betriebsstelle und alle Dokumente waren in Ordnung. Es ist in Russland auch nicht ungewöhnlich, dass die Entladevorgänge lange dauern. Das See- und Handelsgericht konstatierte auch, dass es bedeutungslos war, dass der Fahrer die Güter nicht an die Lieferadresse geliefert hatte, weil die Adresse des Büros auch im Frachtbrief notiert war.

Der Urteilsspruch ist logisch, da es für den Fahrer in dieser Situation praktisch unmöglich war, den Betrug zu entdecken.

In diesem Zusammenhang ist es wichtig zu betonen, dass es nicht genügt, dass das Ereignis selbst unvermeidlich ist; es müssen auch die Folgen des Ereignisses unvermeidlich sein. Das wird vom norwegischen Rechtsfall ND 1985.212 Frostating illustriert:

> Hier transportierte der Frachtführer Transformatoren von Steinkjer in Norwegen nach Jämtland, Schweden. Diese wurden beschädigt, weil der Fahrer ein kräftiges Ausweichmanöver machte, um einen Zusammenstoß mit einem Elch zu verhindern, der den Weg sehr rasch kreuzte. Der Anhänger des LKW kam dann ins Schleudern und kippte um.

Der Frachtführer war hier der Meinung, dass es hier unmöglich war, den Schaden zu verhindern, weil der Elch den Weg so plötzlich kreuzte. Das Ausweichmanöver wäre deshalb adäquat gewesen, besonders im Hinblick auf die kurze Zeit, die der Fahrer für die Reaktion hatte. Das Oberlandesgericht Frostating fand aber, dass der Frachtführer für den Schaden haftete. Der Fahrer hätte diese vermeiden können, wenn er auf andere Weise gehandelt hätte. Der Abstand zwischen dem LKW und dem Elch, als dieser den Weg kreuzte, sei so groß gewesen, dass der Fahrer besser geradeaus fahren als ausweichen versuchen hätte sollen.

c) Mitwirkung des Absenders oder Empfängers

Nach Art. 17 Abs. 2 wird der Frachtführer auch von der Haftung enthoben, wenn der Befugte die Verluste oder Schäden durch Nachlässigkeit oder durch irrtümliche Anweisungen verursacht hat. Es ist hier aber wichtig festzuhalten, dass sich der Frachtführer nach der herrschenden Ansicht nicht mit dem Argument gegen den Empfänger wenden kann, dass der Absender den Schaden verursacht hat und umgekehrt. Vielleicht bildet Dänemark hier eine Ausnahme zu dieser Grundregel, wie dies der dänische Rechtsfall ND 1989.117 DH zeigt:

> Hier forderte der Absender Schadenersatz für Güter, die bei der Entladung in Verlust gerieten. Der Frachtführer behauptete aber, dass er nicht für den Schaden hafte, da er keine Anweisungen über die Entladung der Güter vom Empfänger erhalten hätte. Der dänische Oberste Gerichtshof konstatierte hier aber, dass der Empfänger keine solche Pflicht gehabt hatte. Die Äußerung des Obersten Gerichtshofs könnte dahin gehend verstanden werden, dass es keine Rolle spielt, ob der Absender oder der Empfänger den Fehler oder die Unterlassung verursacht hat. Andernfalls hätte der Oberste Gerichtshof sein Urteil damit begründen müssen, dass dem Absender Fehler oder Unterlassungen des Empfängers nicht zugerechnet werden können. Es muss aber betont werden, dass die Frage für den Ausgang der Sache nicht entscheidend war.

Es ist hier interessant anzumerken, dass die skandinavischen Gerichte bei der Beurteilung der Mitwirkung des Absenders oder Empfängers restriktiv sind. Auch in einer Situation, in der eine der besonderen Gefahren nach Art. 17 Abs. 4 vorliegt, meinen die Gerichtshöfe oft, dass der Frachtführer den Schaden allein oder wenigstens mitverschuldet hat. Das lässt sich am dänischen Rechtsfall, UfR 1979.335, zeigen:[12]

> Hier übernahm der Frachtführer den Transport von Stahlrohren von Dortmund nach Sallingsund in Dänemark. Die Rohre wurden für einen Brückenbau über eine Meerenge gebraucht. Sie wurden vom Absender auf einem Anhänger mit Plane geladen. In eine Rechtskurve auf der Autobahn 20 Kilometer südlich von Hamburg stürzten vier Rohre durch die Seite der Plane und wurden beschädigt.

---

12 Vgl. auch den dänischen Rechtsfall ND 1994.50 SøHa.

Der Frachtführer behauptete im folgenden Rechtsstreit, dass er den Schaden nicht verantwortete, weil der Absender die Rohre geladen hatte. Der Absender hätte dem Frachtführer zufolge die Güter auf dem Anhänger nicht ordentlich gesichert. Der dänische Oberste Gerichtshof meinte hier aber, dass der Fahrer hätte erkennen müssen, dass die Güter beschädigt werden können, als er die Beschaffenheit und das Gewicht der Güter, die fehlerhafte Lademethode und die Konstruktion des Anhängers sah. Mit anderen Worten meinte das Gericht hier, dass der Frachtführer die Pflicht gehabt hätte, den Absender auf das große Risiko einer Beschädigung der Güter aufmerksam zu machen.

Auch im Schwedischen Rechtsfall ND 2001.6 Svea kam der Gerichtshof zu demselben Schlusssatz:[13]

> Hier hatte der Frachtführer, Firma J. & S., den Transport eines Transformators übernommen. Das Gewicht des Transformators betrug 22 Tonnen. Die Firma J. & S., die für die Ladung der Güter verantwortlich war, stellte den Transformator auf zwei Balken, die vom Absender, ABB, zur Verfügung gestellt worden waren. Während des Transports wurde der Transformator beschädigt.

Der Frachtführer behauptete hier, dass Ursache des Schadens die vom Absender zur Verfügung gestellten Balken gewesen seien, die zu schwach waren. Das Oberlandesgericht meinte aber, dass der Absender am Schaden nicht mitgewirkt hatte: Die Firma J. & S. war Spezialist für schwere Transporte und hatte die Balken ohne Einwendungen akzeptiert.

III. Art. 18

1. Besondere Gefahren und die Beweislast

Nach Art. 18 Abs. 2 CMR wird dann, wenn der Frachtführer darlegt, dass ein Schaden aus einer besonderen Gefahr im Sinne des Art. 17 Abs. 4 entstehen konnte, vermutet, dass er daraus entstanden ist. Es ist aber nach skandinavischem Recht nicht hinreichend, dass der Frachtführer das Vorliegen einer der besonderen Gefahren beweist; er muss auch beweisen, dass die Schäden wahrscheinlich durch eine dieser besonderen Gefahren verursacht wurden. Das ergibt sich aus dem schwedischen Rechtsfall ND 1999:51 Stockholm in Bezug auf die entsprechende Regel in der CIM Konvention:

> Hier hatte die staatliche Eisenbahn (SJ) einen Transport Papierrollen von Frövi in Schweden nach Limburg in Deutschland übernommen. Bei der Ankunft in Limburg wurde entdeckt, dass einige der Rollen durch Druck beschädigt waren. Der Frachtführer behauptete hier, dass er für die Schäden nicht verantwortlich sei, weil der Absender die Rollen geladen hatte. Der

---

13 Vgl. auch RH 1998:7.

Warenversicherer wandte dagegen aber ein, dass er die Güter nach den Anweisungen des Frachtführers verladen hätte.

Das Landesgericht war hier aufgrund der Zeugenaussagen der Meinung, dass die Schäden wahrscheinlich durch die Verladung des Absenders verursacht wurden. Gleichzeitig gab es keine Umstände, die darauf gehindeutet hätten, dass die Ladeanweisungen nicht korrekt waren. Der Frachtführer hatte damit seine Beweislast im Sinne des Art. 18 Abs. 2 erfüllt; die Schäden wurden daher als durch fehlerhafte Verladung verursacht angesehen.

IV. Art. 23

1. Typ des Schadens

a) Schäden an den Gütern

Nach Art. 23 Abs. 4 sind nur Schäden an den Gütern zu ersetzen. Bezüglich anderer Verluste hat der Frachtführer das Recht, den Schadenersatz zu begrenzen. Das wird am Rechtsfall ND 1995.173 des dänischen Obersten Gerichtshofs gezeigt:

> Hier hatte die schwedische Firma Cementa Zement von einer dänischen Firma gekauft. Der Zement wurde dann an die Firma Systembetong weiterverkauft. Systembetong wollte den Zement in der Produktion eines Fassadenelements verwenden. Während des Transports nach Schweden wurde der Zement aber verunreinigt. Infolgedessen wurden die Fassadenelemente verfärbt. Cementa forderte hier nicht nur für den Wert des Zements, sondern auch für die Verluste in der Herstellung des Fassadenelements Ersatz.

Der Oberste Gerichtshof meinte hier, dass der Frachtführer nur den Wert des Zements ersetzen solle. Die Firma Cementa konnte auch nicht aus außervertraglicher Haftung, insbesondere aus Produkthaftung, Ersatz für die anderen Verluste erhalten, da der Zement den wesentlichen Bestandteil des Fassadenelements ausmachte und deshalb diesem gleichgesetzt wurde.

Das bedeutet aber nicht, dass nur physische Schäden der Güter ersetzt werden können. Auch Wertverminderungen an Gütern werden ersetzt. Dies ergibt sich aus dem dänischen Rechtsfall ND 1987.114 DH:[14]

> Hier hatte der Frachtführer den Transport einer Ladung Schweinefleisch von Dänemark nach Deutschland übernommen. Bei der Ankunft in Deutschland wurde entdeckt, dass die Temperatur im Anhänger zu hoch war und dass die Haltbarkeit des Fleisches dadurch verkürzt wurde. Daraus folgte, dass das Risiko für Rücksendungen zunahm.

---

14 Vgl. ND 1988 s. 109 SøHa.

Der dänische Oberste Gerichtshof war hier der Ansicht, dass die Wertminderung ersetzbar war, obwohl das Fleisch bei der Ankunft zur Gänze genießbar war. Mit anderen Worten war hier dem Obersten Gerichtshof zufolge die Wertminderung einem Schaden im Sinne der CMR gleichzuhalten.

b) Schäden wegen Verspätung

Werden die Güter nicht rechtzeitig abgeliefert, liegt eine Verspätung nach Art. 17 Abs. 1 vor. Nach Art. 23 Abs. 5 hat der Frachtführer das Recht, die Entschädigung bis zur Höhe des Wertes der Fracht zu begrenzen. Ein interessantes Problem ist hier, ob für den Fall, dass die Lieferfrist auf Grund der Schäden der Güter überschritten wird, der Absender sowohl für die physischen Schäden als auch für die Verspätung einschließlich der Folgeschäden Ersatz verlangen kann. Nach den Erläuternden Bemerkungen kann hier der Absender für beide Schadensarten Entschädigung verlangen, jedoch nur bis zur Höhe des Begrenzungsbetrags bei einem Totalverlust, das heißt 8.33 SDR pro Kilogramm der beschädigten Güter.[15]

c) Sonstige aus Anlass der Beförderung des Gutes entstandene Kosten

Nach Art. 23 Abs. 4 soll der Frachtführer außer dem Schadenersatz auch Fracht, Zölle und sonstige aus Anlass der Beförderung der Güter entstandene Kosten zurückerstatten. Für diese Kosten hat der Frachtführer kein Begrenzungsrecht. Ein wichtiges Problem hier ist, welche Kosten vom Begriff „sonstige aus Anlass der Beförderung der Güter entstandene Kosten" umfasst sind. In Dänemark haben die Gerichthöfe den Begriff sehr weit interpretiert. Im Rechtsfall ND 1987.108 DH folgte der dänische Oberste Gerichtshof dem englischen House of Lords im Rechtsfall *Buchanan v. Babco*:[16]

> Im dänischen Rechtsfall transportierte der Frachtführer eine Ladung Likör von den Niederlanden nach Dänemark. Bevor die Güter die Grenze passiert hatten, wurden sie gestohlen. Der Absender musste deshalb Steuer in den Niederlanden bezahlen, wie wenn der Likör an den niederländischen Markt verkauft worden wäre.

Der dänische Oberste Gerichtshof war hier der Meinung, dass der Frachtführer außer dem Ersatz für die Schäden der Güter auch die Steuer erstatten solle. Im folgenden Rechtsfall, ND 1996.172 VL kam das Oberlandesgericht Vestre Landsret zum Schluss, dass der Frachtführer nach Art. 23 Abs. 4 auch die Kosten der Zerstörung des Gutes zurückerstatten soll.

> Hier hatte der Frachtführer den Transport von frostempfindlichen Chemikalien übernommen. Die Güter wurden von Stuttgart nach Dänemark trans-

---

15 SOU 1972:24, Vägfraktavtalet II, Seite 110.
16 *Buchanan v. Babco*, [1978] 1 Lloyd's Rep. 119 H.L.

portiert. Während eines Aufenthalts in Kolding ließ eine außenstehende Person die Kühlanlage an, wobei die Güter beschädigt wurden.

Zwei Richter fanden hier, dass auch Zerstörungskosten ein Schaden sind, mit dem man bei Chemikalienbeförderungen rechnen müsse.

V. Art. 29

1. Allgemeines

Das Problem der Durchbrechung der Haftungsbegrenzung nach der CMR und nach den skandinavischen Gesetzen für den Binnenstraßengüterverkehr, die aus der CMR entwickelt wurden, ist eine sehr umstrittene Frage im skandinavischen Recht, dies sowohl in der Praxis, als auch in der Jurisprudenz. Es gibt viele Rechtsfälle vor den obersten Gerichtshöfen in den skandinavischen Staaten und Finnland, wo diese Frage diskutiert wird. Viele Akademiker, zum Beispiel *Professor Jan Hellner* und *Professor Jan Ramberg*, haben wissenschaftliche Artikel zu diesem Problem geschrieben.[17] Der Grund, warum das Problem so sehr diskutiert wird, ist vermutlich, dass es viel leichter ist, als Frachtführer die Haftungsbegrenzung nach der CMR und dem Gesetz über den Binnenstraßengüterverkehr zu verlieren als nach anderen Transportgesetzen oder Konventionen, zum Beispiel den Haager-Visby Regeln. Der Frachtführer haftet nach den Gesetzen über den Binnenstraßengüterverkehr und nach der CMR nicht nur für seine eigene grobe Fahrlässigkeit, sondern auch für die grobe Fahrlässigkeit seiner Erfüllungsgehilfen. Das führt dazu, dass der Berechtigte in einem Rechtsstreit oft behauptet, dass der Frachtführer die Schäden wegen grober Fahrlässigkeit verursacht habe.

Im Unterschied zum englischen Recht werden in den skandinavischen Staaten Art. 29 CMR und seine Entsprechungen in den Gesetzen über den Binnenstraßengüterverkehr in der Weise ausgelegt, dass der Frachtführer seine Haftungsbegrenzung verliert, wenn er den Schaden durch Vorsatz oder durch grobe Fahrlässigkeit verursacht hat. Im schwedischen CMR-Gesetz, das die CMR inkorporiert, ist das sogar ausdrücklich vorschrieben. Das bedeutet, dass es nicht notwendig ist, dass der Frachtführer oder die Personen, für die der Frachtführer haftet, sich der Gefahr bewusst waren. Im englischen Recht besteht die Auffassung, dass es einen Begriff, der dem Ausdruck „wilful misconduct" entspricht, nicht gibt. Folgerichtig hat der Ausdruck in Artikel 29 „or by such default on his part as ... is considered as equivalent to wilful misconduct" keine selbstständige Bedeutung. Der Unterschied zwischen dem englischen und dem skandinavischen Recht kann mit dem folgenden Exempel illustriert werden: Werden die Güter be-

---

17 *Hellner, J.*, Stulna diamanter, Juridisk Tidskrift 1998–1999, S. 150; und *Ramberg, J.*, Ansvarsbegränsning – en fråga om skälighet eller praktikabilitet?, Festskrift till Nordenson, Stockholm 1999, S. 383.

Länderberichte **Skandinavien und Finnland**

schädigt, weil der Fahrer gegen eine rote Ampel in eine Kreuzung fährt, wird der Frachtführer nach englischem Recht nur die Haftungsbegrenzung verlieren, wenn der Fahrer die Gefahr eines Zusammenstoßes eingesehen hat. Im skandinavischen Recht wird der Frachtführer die Haftungsbegrenzung bereits dann verlieren, wenn die Handlung als hinreichend rücksichtslos charakterisiert werden kann. Im Prinzip wird der Frachtführer daher die Haftungsbegrenzung in Skandinavien leichter verlieren als in England.

Eine andere interessante Frage in diesem Zusammenhang ist, wie der Begriff „grobe Fahrlässigkeit" im Recht des Straßengüterverkehrs im Vergleich zum allgemeinen skandinavischen Zivilrecht ausgelegt wird. Der Schwedische Oberste Gerichtshof meinte in NJA 1992.130, dass es nicht möglich sei, dem Begriff „grobe Fahrlässigkeit" eine einheitliche Bedeutung zu geben. Allgemein gelte jedoch, dass die Handlung an Vorsatz grenzen, das heißt eine Rücksichtslosigkeit oder schwere Nachlässigkeit, einschließen müsse.[18] Aber diese Restriktivität gilt nicht auf dem Gebiet des kommerziellen Zivilrechts. Hier reicht es aus, dass eine qualifizierte Abweichung von der gewöhnlichen Sorgfalt vorliegt. In dem erwähnten Rechtsfall übernahm es ein Bauunternehmer, in einer Schule einen Speisesaal zu bauen. Einige Monate nach der Fertigstellung des Speisesaals stürzte das Dach ein. Ursache des Schadens war, dass der Bauunternehmer nur jeden zweiten Nagel in das Dachwerk eingeschlagen hatte. Der Oberste Gerichtshof meinte hier, dass der Bauunternehmer grob fahrlässig gehandelt habe, besonders im Hinblick auf die Gefahr für Personenschäden.[19]

Obwohl der Straßengüterverkehr klar zum Gebiet des kommerziellen Zivilrechts gehört, hat der Schwedische Oberste Gerichtshof in NJA 1986.61 den Begriff „grobe Fahrlässigkeit" in einem engeren Sinne als in NJA 1992.130 ausgelegt. Hier schloss sich der Oberste Gerichtshof mehr dem allgemeinen Grundsatz an, dass die Handlung an Vorsatz grenzen muss:

> In diesem Rechtsfall übernahm der Frachtführer den Transport eines Baggers von Sollentuna nach Täby außerhalb von Stockholm. Das Gewicht des Baggers betrug ungefähr 16–17 Tonnen, der Wert der Maschine war etwa 250.000 Kronen. Der Anhänger, auf den der Bagger geladen wurde, war 19 Meter lang und das ganze Gefährt wog, zusammen mit dem Bagger, 36 Tonnen. In Täby stieß der Bagger gegen die Decke einer Unterführung und wurde ernstlich beschädigt. Im folgenden Verhör teilte der Fahrer mit, dass er die Höhe des Gefährts kenne und er die Schilder, die die freie Höhe der Unterführung mitteilten, gesehen habe.

Der Oberste Gerichtshof stellte hier fest, dass der Fahrer große Erfahrung mit dieser Art von Transporten hatte.[20] Des Weiteren war der Bagger eine schwere und wertvolle Ladung. Trotzdem war die Mehrheit der Richter des Obersten Gerichtshofs der Meinung, dass der Fahrer nicht mit grober Fahrlässigkeit gehandelt

---

18 Referat, S. 137–138.
19 Referat, S. 138.
20 Referat, S. 67–68.

hatte, als er durch die Unterführung zu fahren versuchte. Obwohl der Fahrer die Schilder gesehen hatte, war klar, dass er diese Information nicht mit der Höhe des Gefährts in Verbindung gebracht hatte. Einer der Richter war jedoch der Meinung, dass der Fahrer grob fahrlässig gehandelt hatte.[21]

Wahrscheinlich war die grundlegende Motivierung für das Urteil, dass der Oberste Gerichtshof die Risikoverteilung, die durch die Haftungsregeln der CMR und des Gesetzes über den Binnenstraßengüterverkehr festgelegt ist, aufrechterhalten wollte. Die Verteilung des wirtschaftlichen Risikos zwischen Frachtführer und Absender, und letztlich zwischen Haftpflichtversicherung und Warenversicherung, baut darauf auf, dass der Frachtführer eine sehr strenge Haftung hat, jedoch mit dem Recht, die Haftung zu begrenzen.[22] Das wird von der Tatsache, dass die Haftpflichtversicherung in der Regel grobe Fahrlässigkeit nicht deckt, unterstrichen.

Der Berechtigte ist beweispflichtig dafür, dass der Frachtführer grob fahrlässig gehandelt hat. Die Haftungsbegrenzung wird generell damit begründet, dass der Berechtigte den Frachtführer für indirekte Schäden, wie zum Beispiel Ausfallschädigungen, nicht zu leicht verantwortlich machen können soll. Aber in diesem Zusammenhang ist es wichtig zu bemerken, dass in der Praxis die Beweispflicht oft zwischen Frachtführer und Empfänger wechselt. Der Rechtsfall NJA 1998.390 vor dem schwedischen Obersten Gerichtshof zeigt das:

> Hier hatte eine Firma Diamanten mit der schwedischen Post befördern lassen. Die Diamanten waren von einem Unbekannten gestohlen worden, während sie im Besitz der Post waren. Die Post wollte später die Haftung nach ihren Vertragsbedingungen begrenzen, aber die Firma behauptete, ein Erfüllungsgehilfe, für den die Post haftet, müsse die Diamanten gestohlen haben. Die Post dagegen behauptete, dass die Diamanten ebenso wahrscheinlich von einem Außenstehenden hätten gestohlen werden können.

Der Oberste Gerichtshof war hier der Meinung, dass die Post für den Diebstahl haftet.[23] Schon das Oberlandesgericht hatte befunden, die Firma habe es wahrscheinlich gemacht, dass die Diamanten in einem Terminal der Post gestohlen worden seien.[24] In dieser Situation sei es Sache der Post zu beweisen, dass außenstehende Personen die Diamanten gestohlen hätten. Dies hätte die Post nicht getan.

---

21 Referat, S. 68.
22 *Ramberg*, Festskrift till Nordenson, S. 386, und *Schelin*, Last och ersättning, Stockholm 2000, S. 31–32.
23 Referat, S. 399.
24 Referat, S. 394–395.

2. Grobe Fahrlässigkeit in Verbindung mit der Führung des Fahrzeugs

Im Prinzip war der schwedische Oberste Gerichtshof, in NJA 1986.61 der Meinung, dass der Begriff „grobe Fahrlässigkeit" in einem engen Sinne ausgelegt werden müsse. Aber ein Studium der skandinavischen Rechtspraxis zeigt, dass die Beurteilung der Gerichtshöfe danach variiert, ob die Handlung des Frachtführers mit der Führung des Fahrzeugs oder mit dem Hantieren der Güter im Zusammenhang steht. Das wird bei einem Vergleich zwischen dem schwedischen Rechtsfall NJA 1986.61 und dem Rechtsfall ND 1995.238 vor dem norwegischen Obersten Gerichtshof deutlich:

> Im letztgenannten Rechtsfall übernahm ein deutscher Frachtführer den Transport einer Maschine von Deutschland nach Harstad in Norwegen. Die Maschine wurde auf einen Anhänger geladen und auf schlechten Winterwegen durch Schweden und das nördliche Norwegen transportiert. Bei der Ankunft in Harstad wurde entdeckt, dass die Maschine während des Transports durch Rütteln zu Schaden gekommen war. Eine Untersuchung brachte hervor, dass die Federung des Anhängers auf eine Ladung von 22 Tonnen eingestellt war, das Gewicht der Maschine aber nur 10,7 Tonnen betrug. Die Federung war mit anderen Worten im Verhältnis zur Ladung zu steif.

Der erstvotierende Richter meinte, dass der Begriff „grobe Fahrlässigkeit" hier im Prinzip wie im allgemeinen Schadenersatzrecht ausgelegt werden müsse.[25] Ihm zufolge hatte der Fahrer mit grober Fahrlässigkeit gehandelt, als er auf schlechten Winterwegen den LKW mit einer unverantwortlichen Geschwindigkeit geführt hatte, dies zumal im Hinblick darauf, dass die Federung des Anhängers an eine erheblich schwerere Ladung angepasst war.

Es ist nicht klar, ob der erstvotierende Richter in seiner Äußerung auf die Prinzipien der Haftung im vertraglichen Schuldrecht oder auf die Prinzipien der Haftung im außerobligatorischen Schadenersatzrecht abzielte. Vorausgesetzt, dass er auf die Prinzipien der Haftung im vertraglichen Schuldrecht abstellte, bedeutet das, dass der Begriff „grobe Fahrlässigkeit" im norwegischen Recht eine andere Bedeutung als im schwedischen Recht hat. Die Konsequenz der Äußerung wäre dann, dass es in Norwegen leichter ist, die Haftungsbegrenzung zu verlieren als in Schweden. Wenn aber der Richter auf die Prinzipien der Haftung im außerobligatorischen Schadenersatzrecht abzielte, ist es möglich, dass die Rechtslage die gleiche wie in Schweden ist. Der Unterschied zwischen dem schwedischen und dem norwegischen Rechtsfall wäre dann, dass im letztgenannten Fall die grobe Fahrlässigkeit mehr mit dem Hantieren der Güter als mit der Führung des Fahrzeugs in Verbindung gebracht wurde. Im schwedischen Fall mit dem Bagger brauchte der Fahrer nur einige Sekunden lang zu reagieren, während im norwegischen Fall der Fahrer mehrere Tage zu schnell mit dem LKW gefahren war, dies

---

25 Referat, S. 247.

besonders in Hinblick auf die Federung des Anhängers. Mit anderen Worten, im norwegischen Rechtsfall lagen mehr Umstände als im schwedischen Fall vor, die dem Fahrer hätten Anlass geben sollen, mit den Gütern vorsichtig umzugehen.

Die Folgerung hieraus ist, dass es sehr schwierig ist, als Frachtführer die Haftungsbegrenzung zu verlieren, vorausgesetzt, dass die grobe Fahrlässigkeit nur mit der Führung des Fahrzeugs verbunden ist.

3. Grobe Fahrlässigkeit in Verbindung mit dem Hantieren der Güter

Es ist leichter, die Haftungsbegrenzung zu verlieren, wenn die Handlung des Frachtführers mit dem Hantieren der Güter verbunden ist. Das wird am Beispiel des dänischen Rechtsfalls ND 1993.87 DH illustriert. Hier fand der dänische Oberste Gerichtshof, dass der Frachtführer grob fahrlässig gehandelt hatte, als er gegen ein Verbot verstieß, die Güter umzuladen. Der Frachtführer hatte es hier übernommen, eine Maschine von Deutschland nach Volda in Norwegen zu transportieren. Im Frachtbrief hatte der Absender vorgeschrieben, dass die Maschine ohne Umladen mit einem LKW zu transportieren sei. Trotz des Verbots wurde die Maschine nach Fredericia in Dänemark und dann auf dem Deck eines Schiffes nach Volda transportiert. Bei der Ankunft in Volda war die Maschine sehr beschädigt.

Die Handlung des Frachtführers kann hier am ehesten als vorsätzlich charakterisiert werden. Der Frachtführer kannte hier das Verbot, beorderte den Fahrer aber dennoch, zum Hafen in Fredericia zu fahren. Mit anderen Worten scheint es hier, dass es dem Frachtführer gleichgültig war, ob die Maschine beim Seetransport beschädigt wurde. Eine interessante Frage in diesem Zusammenhang ist, ob der Oberste Gerichtshof zum selben Schluss gekommen wäre, wenn der Frachtbrief kein Umladeverbot enthalten hätte. Wahrscheinlich hätte der Oberste Gerichtshof gemeint, dass der Frachtführer grob fahrlässig gehandelt hatte. Der Oberste Gerichtshof merkte an, dass ohne Rücksicht auf das Umladeverbot der Frachtführer die Maschine durch den Transport auf Deck eines Schiffes einem großen Schadensrisiko ausgesetzt habe.[26]

Nicht nur Situationen, in denen die Güter beschädigt sind, sondern auch Situationen, in denen die Güter nicht geliefert werden, werden vom Begriff „Hantieren der Güter" erfasst. Im Rechtsfall ND 1983.62 FH äußerte der Oberste Gerichtshof Finnlands, dass ein drei Monate langer Verzug mit der Lieferung der Güter als „grobe Fahrlässigkeit" zu charakterisieren sei.

> Hier hatte es der Frachtführer übernommen, eine Ladung Textilwaren von Helsingborg in Schweden nach St. Michel in Finnland zu transportieren. Die Güter waren am 25. Juni von Schweden gesendet worden. Bei der An-

---

26 Referat, S. 92.

kunft am Terminal des Frachtführers in Vanda wurde dem Käufer der Güter mitgeteilt, dass die Güter am nächsten Tag nach St. Michel weitergesendet werden sollten. Durch einen Irrtum wurden die Güter jedoch nach Tammerfors und von dort später zurück nach Vanda gesendet. Nach drei Monaten entdeckte man, dass die Güter immer noch im Terminal in Vanda gelagert waren.

Der Oberste Gerichtshof Finnlands war hier der Meinung, dass der Frachtführer eine Pflicht habe, dem Absender immer mitteilen zu können, wo sich die Güter befinden.[27] Diese Äußerung ist von vielen Akademikern kritisiert worden.[28] Diese meinen, es sei dem Frachtführer unmöglich immer zu wissen, wo sich die Güter befinden. Die spätere Rechtsprechung deutet auch darauf hin, dass der Oberste Gerichtshof heute zu einer anderen Beurteilung gekommen wäre.

In einem ähnlichen Rechtsfall vor dem dänischen See- und Handelsgericht, ND 1995.151 SøHa meinte das Gericht, dass der Frachtführer die Haftungsbegrenzung nicht verloren habe. In diesem Rechtsfall hatte der Frachtführer den Transport von Textilien nach Polen übernommen. Infolge einer fehlerhaften Angabe im Frachtbrief bezüglich der Lieferadresse war die Lieferung der Güter 60 Tage verspätet. Mit anderen Worten war, dem See- und Handelsgericht zufolge, mehr als ein einzelnes Versehen erforderlich, um die Haftungsbegrenzung zu verlieren.

Das ergibt sich auch aus einem Vergleich mit UfR 1984.903 SøHa. Hier hatte der Frachtführer versprochen, Vorzeigewaren nach Aberdeen in Schottland zu transportieren. Aber infolge interner Verhältnisse wurden die Güter vom Unterfrachtführer nicht abgesendet. Die Waren wurden dem Empfänger deshalb erst mit großer Verpätung geliefert. Das See- und Handelsgericht betonte hier, dass die Handlung des Unterfrachtführers von einer Gleichgültigkeit zeugte, die als grobe Fahrlässigkeit zu charakterisieren sei.

Der Begriff „Hantieren der Güter" muss auch die Pflicht des Frachtführers umfassen, die Güter gegen Diebstahl zu schützen. Wie in ND 1993.87 DH betreffend des Umladeverbots nahm der dänische Oberste Gerichtshof auch in ND 1991.123 DH eine relativ strenge Haltung ein. Hier hatte der dänische Frachtführer Musikinstrumente von Dänemark nach Schweden übernommen. Spät am Freitagabend wurden die Güter auf einen von einer Plane geschützten LKW geladen. Der Fahrer ließ dann den LKW über das Wochenende in einem unbewohnten Industriegebiet stehen. Am Montagmorgen entdeckte man, dass jemand ein Loch in die Plane geschnitten und viele der Musikinstrumente gestohlen hatte. Der Oberste Gerichtshof war hier der Meinung, dass der Fahrer grob fahrlässig gehandelt hatte, als er den LKW trotz der Kenntnis des Umstandes, dass der LKW mit wertvollen Güter geladen war, das ganze Wochenende in einem unbe-

---

27 Referat, S. 63–64.
28 *Schelin, J.*, Last och ersättning, S. 57, und *Wetterstein, P.*, Grov vårdslöshet vid vägtransporter – än en gång, JFT 2001, S. 728.

wohnten Industriegebiet hatte stehen lassen.[29] Die Tatsache, dass der Frachtführer gelegentlich den LKW kontrolliert hatte, änderte die Auffassung des dänischen Obersten Gerichtshofs nicht.

Das bedeutet nicht, dass es die Auffassung der skandinavischen Staaten ist, dass es immer grob fahrlässig sei, Güter ohne Bewachung zu verlassen. Das wird vom ebenfalls dänischen Rechtsfall ND 1988.78 SøHa illustriert:

> Hier hatte der Frachtführer die Beförderung eines Containers mit Videorecordern von Hamburg nach Kopenhagen übernommen. Der Transportauftrag umfasste auch einen anderen Container, der auf dem Weg nach Kopenhagen in Glostrup abgeliefert werden sollte. In Verbindung mit der Ausladung des letztgenannten Containers wurde der Anhänger während des Wochenendes auf einem offenen Platz in einem Industriegebiet stehengelassen. Am Montagmorgen wurde entdeckt, dass das Schloss des Containers aufgebrochen und 37 Videorecorder gestohlen worden waren.

Der Warenversicherer behauptete im Prozess, dass der Frachtführer grob fahrlässig gehandelt habe, als er wertvolle Güter ohne Bewachung stehen ließ. Aber das See- und Handelsgericht nahm hier einen anderen Standpunkt ein. Es meinte, dass weder das Abstellen noch das Schließen des Containers als grob fahrlässig zu charakterisieren sei. Vielmehr hätte der Frachtführer dem Usus der Branche gemäß gehandelt.[30] Wahrscheinlich berücksichtigte das See- und Handelsgericht hier transportwirtschaftliche Gründe. Um die Transportkosten und damit auch die Fracht zu senken, ist es notwendig, Container zusammen zu transportieren und das bringt mit sich, dass einige der Container von Zeit zu Zeit ohne Bewachung gelassen werden müssen. Der entscheidende Faktor sei hier, dass der Frachtführer oder die Personen, für die er haftet, im Hinblick auf die praktischen Umstände *angemessene Maßnahmen* zum Schutze der Güter ergriffen hätten. Zum Beispiel müsste der Fahrer in seiner Wahl des Stellplatzes den Wert der Güter, ihre Verpackung und die zu vermutende Kriminalität im relevanten Gebiet in Betracht ziehen.

Der Fahrer darf die Güter auch nur liefern, wenn der Empfänger dazu bereit ist. Das zeigt sich im norwegischen Rechtsfall ND 1997.355 Borgarting. Hier war der Oberlandesgerichtshof Borgarting der Meinung, dass der Frachtführer grob fahrlässig gehandelt hatte, als er die Güter am Freitagnachmittag an der Laderampe ablieferte, ohne Kontakt mit dem Empfänger aufzunehmen.[31] Am Montagmorgen waren die Güter gestohlen.

Der Fahrer muss auch die Identität des Empfängers kontrollieren. Im oben diskutierten dänischen Rechtsfall ND 1999.94 SøHa stellte das See- und Handelsgericht fest, dass der Frachtführer den Schaden durch grobe Fahrlässigkeit verursacht hatte. Das dänische See- und Handelsgericht betonte hier, dass dem Fahrer

---

29 Referat, S. 127.
30 Referat, S. 80.
31 Referat, S. 360–362.

das Diebstahlsrisiko in der Region Moskau bekannt war und dass er das Gefühl gehabt habe, dass nicht alles mit rechten Dingen zugehe.[32] Das Handeln des Fahrers war deshalb als grob fahrlässig zu betrachten.

VI. Art. 32

Nach Art. 32 verjähren Ansprüche aus einer der CMR unterliegenden Beförderung grundsätzlich in einem Jahr. Interessant ist hier die Frage, in welchen Situationen diese Verjährungsbestimmung anzuwenden ist.

Im Rechtsfall ND 2007.11SH hatte der Frachtführer Bunker-Öl in einem Terminal geladen. Dieses Gut wurde vom Terminal zu einem Hafen transportiert und an Bord einer Fähre gepumpt.

Infolge einer Vermischung des Öls während der Ladung im Terminal wurde die Maschine der Fähre beschädigt. Der Verkäufer des Öls verlangte nun vom Frachtführer Schadenersatz. Aber der Frachtführer erklärte, der Anspruch sei verjährt. Da die Beschädigung der Maschine eine Folge der Falschvermischung und nicht des Transportes sei, behauptete sodann der Verkäufer, dass § 41 des Gesetzes über den Binnenstraßengüterverkehr (Art. 32 CMR) nicht anwendbar sei. Die Beschädigung sei auch erst nach dem Aufladen des Öls entstanden.

Der Oberste Gerichtshof stellte fest, dass die Verjährungsbestimmung in § 41 des Gesetzes über den Binnenstraßengüterverkehr (Art. 32 CMR) auf alle Ansprüche anwendbar ist, die mit der Beförderung zusammenhängen. Es spiele keine Rolle, ob die Ansprüche sich aus den Haftungsbestimmungen des Gesetzes ergeben oder aus anderen Haftungsbestimmungen.

Die Verjährungsfrist beginnt nach Abs. 1 Punkt a) bei teilweisem Verlust, Beschädigung oder Überschreitung der Lieferfrist mit dem Tage der Ablieferung des Gutes. Eine sehr interessante Frage ist hier, wann das Gut i. S. d. Pkt. a) abgeliefert ist.[33] Nach dem Oberlandesgericht Västra Sverige reicht es aus, dass der Empfänger die Möglichkeit zur Untersuchung des Gutes gehabt hat:

Im Rechtsfall ND 1974.86 hat der Frachtführer den Transport von frostempfindlichen Chemikalien übernommen. Das Gut war von Welwyn Garden City in Großbritannien nach Göteborg in Schweden transportiert worden. Bei der Ankunft in Göteborg stand der Anhänger während der Nacht im Hafen. Zufolge der tiefen Temperatur wurden die Chemikalien beschädigt, der Empfänger weigerte sich deshalb, das Gut anzunehmen. Er bot aber an, das Gut bis zur Rücksendung zu verwahren. Das Gut wurde auch später nach Großbritannien zurückgesendet.

---

32 Referat, S. 99–100.
33 Weiter *Schelin, J.*, Lastskadekravet – en studie av reklamations- och preskriptionsreglerna i lagen om inrikes vägtransporter, S. 36–44.

Das Oberlandegericht war hier der Meinung, dass der Empfänger in einer solchen Weise mit dem Gut zu tun hatte, dass das Gut im Sinne des Art. 32 als empfangen gelten müsse. Einen ähnlichen Gedankengang des dänischen Oberlandesgerichts zeigt der Rechtsfall ND 1996.150:

> Hier hatte der Frachtführer den Transport einer Kühlanlage von Haderslev in Dänemark nach Elze in Deutschland übernommen. Auf der Autobahn zwischen Hamburg und Hannover kollidierte der LKW mit einem Auto, dabei wurde die Kühlanlage sehr beschädigt. Der dänische Absender gab dann in Auftrag, dass die Kühlanlage nach Haderslev zurücktransportiert werden sollte.

Im folgenden Prozess behauptete der Frachtführer, dass der Schadenersatzanspruch verjährt war. Der Grund dafür war, dass der Absender das Bestimmungsrecht über das Gut wiedererlangt hatte, als er den Rücktransport anordnete, und dass er von diesem Zeitpunkt an Schadenersatz vom Frachtführer verlangen konnte.

Ein anderes interessantes Problem ist hier die Beziehung zwischen dem Hauptfrachtführer und dem Unterfrachtführer.[34] Der schwedische Oberste Gerichtshof war in NJA 1996.211 der Meinung, dass Schadenersatzansprüche des Hauptfrachtführers gegen den Unterfrachtführer nach Art. 32 und nicht nach den Regeln der aufeinanderfolgenden Frachtführer im Sinne von Kapitel 6 CMR beurteilt werden müssen.

> Der Hauptfrachtführer übernahm hier den Transport einer Partie Wolle von Schweden nach Italien. Der Transport wurde dann von einem Unterfrachtführer ausgeführt. In der Nähe von Bologna wurde das Gut in Zusammenhang mit einem Verkehrsunfall beschädigt. Der Hauptfrachtführer bezahlte dem Absender den Schadenersatz und richtete sich dann mit seinen Regressansprüchen gegen den Unterfrachtführer. Der Unterfrachtführer behauptete aber, dass die Ansprüche nach Art. 32 verjährt waren. Der Hauptfrachtführer wandte dagegen ein, dass er nach Art. 39 ein Extra-Jahr nach der Bezahlung des Schadenersatzes hatte, um den Unterfrachtführer gerichtlich zu belangen.

Der Oberste Gerichtshof war hier der Meinung, dass Kapitel 6 CMR in dieser Situation nicht anwendbar war, nicht einmal analog. Der Hauptfrachtführer hatte einen Frachtbrief ausgestellt und diesen zum Absender gegeben. In Verbindung mit der Ladung des Gutes hatte der Unterfrachtführer einen zweiten Frachtbrief ausgestellt, aber nun mit dem Hauptfrachtführer als Absender. Mit anderen Worten ging es hier um eine Frage der zwei einzelnen Vertragsverhältnisse und folgerichtig sollte Art. 32 angewendet werden.

---

34 Weiter *Schelin*, Lastskadekravet, S. 44–51.

Spanien

Carl Lubach, M.L.E., Abogado, Barcelona

Literatur: *Aránzazu Pérez Moriones*, La regulación de la prescripción de las acciones en el Convenio de Ginebra de 19 de mayo de 1956, relativo al contrato de transporte internacional de mercancías por carretera – CMR, in Revista de Derecho Patrimonial Nummer 2, Verlag Aranzadi (Thomson Reuters), Cizur Menor (Navarra) BIB 1999\1087; *Duque Domínguez, Justino F.*, Comentarios a la Ley de Transporte Terrestre, Verlag Aranzadi (Thomson Reuters), Cizur Menor (Navarra); *Górriz López, Carlos*, La responsabilidad en el contrato de transporte de mercancías (carretera, ferrocarril, marítimo, aéreo y multimodal), Publicaciones del Real Colegio de España, Bolonia, 2001; *Lubach, Carl*, Zur Behandlung des Organisationsverschuldens des Frachtführers in der spanischen Rechtsprechung, Transportrecht 6/2007, S. 236 ff.; *ders.*, Das neue spanische Gesetz über den Überlandtransport von Gütern („Ley 12/2009 del Contrato de Transporte Terrestre de Mercancías"), Transportrecht 5/2010, S. 185 ff.; *Martínez Sanz, Fernando*, Transporte de Mercancías por Carretera (II) – Transporte Internacional, in: Martínez Sanz/Puetz, Manual de Derecho de Transporte, S. 187 ff., Verlag Marcial Pons, Madrid/Barcelona, 2010; *Rodríguez Sánchez, Sonia*, La Orden FOM/3386/2010, de 20 de Diciembre, por la que se establecen normas para la realización por las juntas arbitrales del transporte de funciones de depósito y enajenación de mercancías, in: Revista de Derecho del Transporte, Nº 7, Verlag Marcial Pons, Madrid/Barcelona, 2011; *Sánchez-Gamborino, Francisco*, in: Jornadas sobre Problemas en Aplicación del CMR, S. 146 ff., Tagungsbericht, Castellón 29. Januar 2001 und Barcelona 14. Februar 2002, Fundación Francisco Corell, Madrid, 2002; *ders.*, El Seguro de Transporte – Manual Práctico, Fundación Francisco Corell, Madrid, 2010; *Sánchez-Gamborino, Francisco José*, El Convenio CMR – El Contrato de Transporte de Mercancías por Carretera, 2012, Marge Books, Barcelona; *ders.*, FACTBOOK-Transporte de mercancías por carretera, 2010, Verlag Aranzadi (Thomson Reuters), Cizur Menor (Navarra); *Zurimendi Isla, Aitor*, Régimen jurídico de la pluralidad de porteadores en el CMR, in: Revista de Derecho del Transporte, Nº 1, 2008, Verlag Marcial Pons, Madrid / Barcelona.

Übersicht

	Seite		Seite
I. Einleitung	1183	**XIII. Art. 9.1 CMR**	1192
II. Schiedsgerichtsbarkeit	1184	**XIV. Art. 9.2 CMR**	1192
III. Ordentliche Gerichtsbarkeit	1185	**XV. Art. 10 CMR**	1193
IV. Sachverständigengutachten	1186	**XVI. Art. 16 CMR**	1193
V. Transportversicherungsrecht	1186	1. Verwahrung, Hinterlegung und Verwertung des Transportgutes.	1193
VI. Vor Art. 1 CMR	1187	**XVII. Art. 17 CMR**	1193
1. Vertragsparteien: Legitimation im gerichtlichen Verfahren	1187	1. Obhutshaftung des Frachtführers – Beweislastumkehr	1193
2. Unklarer Schadenszeitpunkt	1188	2. Haftungsfreistellung	1194
3. Pflicht zur Entrichtung des Frachtlohnes mangels Vereinbarung zwischen den Parteien	1188	3. Höhere Gewalt	1194
		4. Diebstahl von Transportgut – Verneinung höherer Gewalt	1195
VII. Art. 1 CMR	1188	5. Raub – Annahme des Vorliegens höherer Gewalt	1195
VIII. Art. 2 CMR	1188		
IX. Art. 3 CMR	1189		
1. Gehilfenhaftung – Fragen zur Zurechnung	1189	6. Vandalismus – Annahme höherer Gewalt	1196
X. Art. 4 CMR	1190	**XVIII. Art. 17.3 CMR**	1196
XI. Art. 6 CMR	1190	**XIX. Art. 17.4 CMR**	1196
XII. Art. 8 CMR	1191	**XX. Art. 18. 4 CMR**	1197

1. Kühltransporte 1197
XXI. Art. 19 CMR 1198
XXII. Art. 20 CMR 1198
XXIII. Art. 21 CMR 1198
XXIV. Art. 23.1 CMR 1199
  1. Wertbestimmung des
     Transportgutes 1199
XXV. Art. 23.3 CMR 1199
  1. Haftungsbegrenzung des
     Frachtführers 1199
XXVI. Art. 23.4 CMR 1200
  1. Zur Erstattung sonstiger aus der
     Beförderung entstandener
     Kosten 1200
XXVII. Art. 23.5 CMR 1200
  1. Zur Entschädigung bei
     Lieferfristüberschreitung 1200
XXVIII. Art. 24 CMR 1201
  1. Zur Haftung entsprechend einer
     Wertdeklaration 1201
XXIX. Art. 27.1 CMR 1201
XXX. Art. 29 CMR 1201
  1. Zur Gleichstellung von Vorsatz
     mit grobem Verschulden 1202
  2. Zur Frage des
     Organisationsverschulden 1203
XXXI. Art. 30 CMR 1203
  1. Gemeinsame Überprüfung des
     Zustandes des Gutes durch
     Empfänger und Frachtführer ... 1203
  2. Schadensersatz wegen
     Lieferfristüberschreitung 1204
  3. Übermittlung des Vorbehalts
     per E-Mail 1204
  4. Schadensberechnung 1204
XXXII. Art. 31 CMR 1204
XXXIII. Art. 32 CMR 1205
  1. Verjährungshemmung/-unter-
     brechung nach Art. 32.2 CMR. 1205
XXXIV. Art. 33 CMR 1206
XXXV. Art. 36 CMR 1206
XXXVI. Art. 37 CMR 1207

I. Einleitung

Spanien hat die CMR Konvention am 12.9.1973 ratifiziert und am 7.5.1974 durch Veröffentlichung im spanischen Staatsanzeiger umgesetzt. Ebenso wurde das Änderungsprotokoll vom 5.7.1978 am 23.9.1982 ratifiziert und durch Veröffentlichung am 18.12.1982 im spanischen Staatsanzeiger in das spanische Recht transformiert.[1]

Das spanische Recht über den Straßentransport von Gütern, welches sekundär auch für den Bereich des internationalen Straßengütertransport zur Anwendung kommt, erfuhr im Jahr 2009 eine umfangreiche Neuregelung durch das Gesetz 15/2009.[2] Vorher war die Materie durch das Gesetz 16/1987 („LOTT"),[3] die dazugehörende Ausführungsverordnung Real Decreto 1211/1990[4] („ROTT") sowie durch die Art. 349 bis 379 des spanischen Handelsgesetzbuches von 1885 („Código de Comercio") geregelt. Während letztere mit Eintritt des neuen Gesetzes am 12.2.2010 außer Kraft gesetzt wurden, besteht das Gesetz 16/1987 sowie die entsprechenden Vorschriften der erwähnten Ausführungsverordnung in Teilen fort; dieses insofern als das Gesetz 15/2009 das private Überlandtransportrecht regelt (neben dem Straßentransport auch den Schienentransport und den Transport auf Binnengewässern), während das Gesetz 16/1987 nunmehr nur noch den Bereich des öffentlichen Transportrechts (Verwaltungskompetenzen, Ordnungs-

---

1 Boletin Oficial del Estado (BOE), N° 303 vom 18.12.1982.
2 Ley 15/2009 del Contrato de Transporte Terrestre de Mercancías, veröffentlicht in Boletín Oficial del Estado (BOE) N° 273 vom 12.11.2009.
3 Ley 16/1987 de Ordenación de los Transportes Terrestres.
4 Real Decreto 1211/1990 vom 28.9.1990.

widrigkeiten, Zuständigkeit der Schiedsgerichte in Transportstreitigkeiten als öffentlich-rechtliche Spruchkörper) ausgestaltet.

Das spanische Transportrecht unterscheidet nicht zwischen Spediteur und Frachtführer. Art. 379 des spanischen Handelsgesetzbuch von 1885 ist zwar wie erwähnt mit der aufgezeigten gesetzlichen Neuregelung 15/2009 außer Kraft getreten, wird inhaltlich jedoch durch Art. 5 des Gesetzes 15/2009 fortgeführt. Diese Norm bestimmt, dass der Vertragspartner des Versenders diesem gegenüber als Frachtführer haftet, unabhängig davon, ob er die Fracht nur vermittelt, den Transport selbst durchführt oder einen oder mehrere Dritte untervertraglich damit beauftragt.[5]

Auch wenn die spanische Rechtsordnung eine solche des kontinentaleuropäischen Typs ist, ist für die Rechtsanwendung neben dem geschriebenen Recht die Rechtsprechung, welche zu vergleichbaren Sachverhalten ergangen ist, von besonderer Bedeutung. Daher wird in gerichtlichen Schriftsätzen regelmäßig umfangreich Bezug auf vorangegangene Entscheidungen genommen, seien es Urteile von Berufungsgerichten („Audiencias Provinciales"), seien es Urteile, welche das Tribunal Supremo als darüberstehende Kassationsinstanz erlassen hat. Hingegen finden sich Bezugnahmen auf Rechtsprechung der ersten Instanz und auf Lehrmeinungen sowohl in anwaltlichen Schriftsätzen, als auch in gerichtlichen Entscheidungen eher selten. Aus diesem Grunde orientiert sich die nachfolgende Kommentierung erstrangig an der in CMR Fallgestaltungen ergangenen höheren Rechtsprechung, um somit der deutschen Leserschaft vor allem eine an praktischen Gesichtspunkten orientierte Übersicht zur Anwendung der CMR Konvention in Spanien zur Verfügung zu stellen.

II. Schiedsgerichtsbarkeit

Jede Autonome Gebietskörperschaft unterhält ein öffentliches Schiedsgericht für das Transportwesen („Junta Arbitral de Transportes"), welches unter anderem für die Entscheidung von Streitigkeiten beruhend auf Verpflichtungen aus dem Transportvertrag bis zu einem Streitwert von € 6.000 eine generelle Zuständigkeit innehat. Zwar erscheint die Zuständigkeit der Schiedskammern für CMR Transporte mangels einer eindeutigen Zuweisungsvorschrift fraglich, sie wurde jedoch bestätigt von der Audiencia Provincial von Madrid durch Urteil vom 1.12.2000 (JUR\2001\106052)[6] sowie von der Audiencia Provincial von Alicante durch Ur-

---

5 S. auch nachfolgend unter: vor Art. 1 CMR: Legitimation der Vertragsparteien.
6 Die Zitierung von spanischen Gerichtsentscheidungen erfolgt nach dem folgenden Schema: Audiencia Provincial (Berufungsinstanz), danach wird der Ort genannt sowie das Datum der Entscheidung. Die Sektion entspricht in etwa der Kammer bei deutschen Berufungsgerichten. Entscheidungen des Tribunal Supremo (Kassationsgericht) werden üblicherweise nur mit einer Datumsangabe versehen, da das Tribunal Supremo ausschließlich in Madrid sitzt. Angaben in Klammern, die mit den Buchstaben AC JUR oder RJ beginnen, verweisen auf die Fundstelle in der nicht offiziellen Entscheidungssammlung Westlaw der Gruppe Thomson Reuters, Verlag Aranzadi, Cizur Menor (Navarra). Angaben in Klammern, die mit den Buch-

teil vom 26.10.2004 (JUR\2004\2112). Das Schiedsverfahren ist gebührenfrei. Es können keine Verfahrenskosten im Schiedsverfahren geltend gemacht werden. Der Schiedsspruch kann bei Nichterfüllung Gegenstand der gerichtlichen Zwangsvollstreckung sein. Die Entscheidungen der Schiedsgerichte sind hinsichtlich formeller Fehler einer Überprüfung durch das höchste Gericht der jeweiligen Autonomen Gebietskörperschaft („Tribunal Superior de Justicia") zugänglich.

III. Ordentliche Gerichtsbarkeit

Für alle zivilrechtlichen gerichtlichen Streitigkeiten aus dem Bereich Transportrecht gilt eine Eingangszuständigkeit der Handelsgerichte („Juzgados de lo Mercantil") und zwar unabhängig vom Streitwert. Die Sonderzuständigkeit der Handelsgerichte für transportrechtliche Streitigkeiten wurde bestätigt unter anderem von der Audiencia Provincial von Valencia durch Urteil vom 24.11.2008 (JUR\2008\156126) und vom 2.10.2009 (JUR\2010\4908) sowie durch die Audiencia Provincial von Murcia durch Urteil vom 29.4.2010 (JUR\2010\231949). Die Handelsgerichte sind von jeweils einem Berufsrichter besetzt.

Wird irrtümlich Klage in einer transportrechtlichen Streitigkeit vor einem allgemeinen Zivilgericht („Juzgado de Primera Instancia") erhoben, so kann der Mangel der Zuständigkeit auf Rüge des Beklagten oder aber auch von Amts wegen festgestellt werden. Kommt es zu einer Zurückweisung von Amts wegen vor der Zustellung der Klage an den Beklagten, so kommt gemäß der Entscheidung der Audiencia Provincial von Murcia vom 29.4.2010 (JUR\2010\231949) der Klageeinreichung keine verjährungsunterbrechende Wirkung zu, da die Klage nicht in die Sphäre des Empfängers gelangt ist.

Urteile der Handelsgerichte in Verfahren mit einem Streitwert über € 6.000 sind der Berufung zugänglich. Die Berufungskammern („Audiencias Provinciales") sind mit drei Berufsrichtern besetzt. Teilweise bestehen Sonderzuständigkeiten für den Bereich des Transportrechts, zum Beispiel die der 15. Kammer („Sección 15") des Berufungsgerichts („Audiencia Provincial") von Barcelona, der 6. Kammer der Audiencia Provincial von Valencia, etc.

Die spanische Ziviljustiz arbeitet gebührenfrei für natürliche Personen. Juristische Personen müssen hingegen für jede Instanz eine streitwertabhängige Gerichtsgebühr entrichten. Für Vollstreckungen und einstweilige Anordnungen werden keine Gerichtsgebühren erhoben.

Bei einem Streitwert über € 600.000 und in Fällen besonderen Interesses (zum Beispiel bei Vorliegen konträrer Rechtsprechung verschiedener Berufungsgerichte) kann das jeweilige Urteil im Kassationsverfahren durch das höchste spanische Gericht in Zivilsachen („Tribunal Supremo") überprüft werden. Gemäß Art. 1.6

---

staben EDJ beginnen, beziehen sich auf ein Fundstelle in der nicht offiziellen Entscheidungssammlung El Derecho, Madrid.

des spanischen Zivilgesetzbuches („Código Civil") kommt den Entscheidungen des Tribunal Supremo Gesetzeskraft zu.

IV. Sachverständigengutachten

Üblich und zulässig im spanischen Zivilprozess[7] ist das Vorlegen von Sachverständigengutachten durch die Parteien. Erwägt die klagende Partei dem Gericht ein Gutachten vorzulegen, so ist sie grundsätzlich dazu verpflichtet, das Gutachten mit der Klage einzureichen. Die Gegenpartei kann, sollte es ihr nicht möglich sein, über ein Gegengutachten innerhalb der Frist zur Beantwortung der Klage, welche zwanzig Werktage beträgt, zu verfügen, dieses bis zu fünf Werktage vor der obligatorischen Vorverhandlung („Audiencia Previa al Juicio") zur Akte reichen.

Das Gericht hat derartige Gutachten, soweit diese von dem jeweiligen Verfasser durch Erscheinen in der Hauptverhandlung ratifiziert werden, als Sachverständigenbeweis zu werten. Die Bestellung eines weiteren, unabhängigen Sachverständigen durch das Gericht erfolgt eher selten. Sie kann von den Parteien beantragt werden oder von Amts wegen verfügt werden.

V. Transportversicherungsrecht

Das spanische Versicherungsvertragsrecht wird vorrangig durch das Gesetz 50/1980 zur Regelung des Versicherungsvertrags („Ley 50/1980, de 8 de octubre, de contrato de seguro") geregelt. Eine Neuregelung der gesamten Materie steht bevor; ein entsprechender Gesetzesentwurf wurde von dem spanischen Justizministerium im April 2011 veröffentlicht.[8]

Das spanische Recht statuiert weder für nationale noch für internationale Transporte eine Versicherungspflicht. Üblicherweise sichern spanische Frachtführer sich jedoch gegen Verlust, Beschädigung oder die verspätete Ablieferung von Transportgut ab.

Unterschieden wird ähnlich wie in Deutschland zwischen der Versicherung der Haftpflicht des Versicherten („seguro de responsabilidad civil") und der Transportversicherung („seguro de mercancías"), die entweder von dem Versender oder dem Empfänger des Transportgutes abgeschlossen werden kann oder auch vom Frachtführer oder Spediteur zugunsten desjenigen, der das Sacherhaltungsinteresse am Transportgut hat.[9]

---

7 Art. 335ff. Ley 1/2000 de Enjuiciamiento Civil (spanisches Zivilprozessgesetz).
8 Anteproyecto de la Ley de Contrato de Seguro vom 8.4.2011, einsehbar auf der Internetpräsenz des spanischen Justizministeriums unter www.mjusticia.gob.es.
9 Letzteres sieht Art. 56 des Gesetz 50/1980 zur Regelung des Versicherungsvertrags ausdrücklich vor.

Die Transportversicherung ist im erwähnten Gesetz 50/1980 zur Regelung des Versicherungsvertrags in den Artikeln 54–62 erfasst.

Die Verkehrshaftpflichtversicherung des Frachtführers ist als solche nicht spezialgesetzlich geregelt; es gelten jedoch die Regelungen der Art. 73–76 des Gesetz 50/1980 zur Regelung des Versicherungsvertrags über die Versicherung der zivilrechtlichen Haftpflichten im Allgemeinen. Darunter fällt der Direktanspruch des Geschädigten gegen den Versicherer der Haftpflicht des Schädigers aus Art. 76 des vorangehend erwähnten Gesetzes, so dass der Geschädigte seine Klage gleichzeitig gegen den Frachtführer und den Verkehrshaftpflichtversicherer als Gesamtschuldner richten kann. Bei der Transportversicherung kann der Geschädigte hingegen seinen Anspruch klageweise entweder gegen den Frachtführer oder gegen den Verkehrshaftpflichtversicherer richten wie das Tribunal Supremo durch Urteil vom 27.11.1965 festgestellt hat. Leistet der Frachtführer Schadensersatz, so hat er keinen Rückgriffanspruch gegen den Versicherer wie die Audiencia Provincial von Guadalajara durch Entscheidung vom 25.10.2006 (JUR\2006\285444) festgestellt hat.

Nach allgemeiner Auffassung von Rechtsprechung und Lehre kann der Versicherer die Gutachterkosten nicht im Wege des Regresses gegen den Schädiger geltend machen (siehe dazu zum Beispiel: Entscheidung der Audiencia Provincial von Pontevedra vom 5. September 2002 (JUR\2002\280159). Dieses wird damit begründet, dass der Versicherer das Gutachten aus eigenem Interesse erstellen lässt, um zu ermitteln, ob der Schadensfall Deckung gemäß den Bestimmungen des Versicherungsvertrages erfährt.

VI. Vor Art. 1 CMR

1. Vertragsparteien: Legitimation im gerichtlichen Verfahren

Das spanische Recht kennt keine Unterscheidung zwischen Spediteur und Frachtführer, so dass beide gegenüber Ansprüchen aus Art. 17.1 CMR passivlegitimiert sind. Die gesetzlich vorgesehene Gleichstellung von Spediteur und Frachtführer ist wiederholt durch die Rechtsprechung bestätigt worden: Tribunal Supremo, Urteil vom 14.7.1987, 19.4.1990 sowie Audiencia Provincial von Barcelona, Urteil vom 21.9.2006 (AC\2007\464) und Urteil vom 16.12.2009 (JUR\2010\128238). Dabei kann sich der Versender an den Spediteur wenden, als wäre dieser der Frachtführer. Hat der Spediteur den Versender entschädigt, so geht der Anspruch auf den Spediteur über und berechtigt diesen zur Regressnahme gegen den Frachtführer. Vor Entschädigung fehlt dem Spediteur die Aktivlegitimation, da das spanische Recht keine Drittschadensliquidation kennt, so dass Anspruch und Schaden in einer Person zusammenfallen müssen.[10]

---

10 Davon abweichend: Audiencia Provincial von Barcelona, Urteil vom 21.9.2006 (AC\2007\464). Dieses Urteil dürfte aber einen Einzelfall darstellen.

2. Unklarer Schadenszeitpunkt

Bei unklarem Schadenszeitpunkt besteht eine gesamtschuldnerische Verantwortlichkeit aller am Transport beteiligter Parteien wie das Tribunal Supremo durch Urteil vom 15.6.1994 und vom 31.7.1996 feststellte.

3. Pflicht zur Entrichtung des Frachtlohnes mangels Vereinbarung zwischen den Parteien

Hinsichtlich der Pflicht zur Entrichtung des Frachtlohnes bei nicht vorhandener ausdrücklicher Regelung, ob Absender oder Empfänger verpflichtet sind, trifft die Pflicht den Absender wie das Tribunal Supremo durch Urteil vom 12.7.1986 bestätigt hat. Zum gleichen Ergebnis gelangt die Audiencia Provincial von Valencia in ihrem Urteil vom 24.3.2003 (AC\2003\1313). In jenem Fall konnte zwar eindeutig festgestellt werden, dass das Transportgut vom Empfänger unter dem Incoterm „ex-works" erworben wurde, jedoch fehlten zahlreiche Angaben zu den zwischen den Parteien vereinbarten vertraglichen Modalitäten im CMR Frachtbrief, weswegen das Berufungsgericht den Absender zur Zahlung des Frachtlohnes verurteilte und seine Auffassung mit einer Gesamtwertung der Regelungen aus Art. 6 und 7 CMR begründete.

Diese Wertung erscheint dem Verfasser äußerst fraglich, zum einen, da Art. 7.1 CMR lediglich die Haftung des Absenders für dem Frachtführer entstandene Kosten und Schäden regelt, zum anderen, da nach der Norm ein Kausalzusammenhang zwischen den unrichtigen oder unvollständigen Angaben und den erwähnten Kosten und Schäden bestehen muss. Auf jenen Gesichtspunkt geht das Berufungsgericht in seiner Entscheidung nicht ein.

VII. Art. 1 CMR

Die vorrangige Anwendung der CMR Konvention auf internationale Verträge gegenüber spanischem Recht wurde mehrfach durch höchstrichterliche Rechtsprechung bestätigt (Tribunal Supremo, Urteil vom 20.12.1985; 16.6.2001; 25.10.2004; 22.9.2006; 6.6.2007). Sekundär kommt spanisches Recht zur Anwendung.

VIII. Art. 2 CMR

Abweichend vom Regelungsinhalt des Art. 2 CMR für den Ro/Ro Verkehr hat das Tribunal Supremo durch Urteil vom 18.11.1988 entschieden: Der der Entscheidung zugrunde liegende Sachverhalt betraf die Ausführung eines kombinierten Transportes per Straße und auf dem Seeweg von Valencia (Spanien) nach Nador (Marokko) von Maschinen mit mehreren LKW. Die LKW wurden auf dem Schiff nicht ordnungsgemäß gesichert, weswegen die Ladung durch Seeschlag erheblich beschädigt wurde. Das höchste spanische Gericht verurteilte den Frachtführer auf Zahlung von Schadenersatz ohne auf Art. 2 CMR einzugehen und folglich ohne Berücksichtigung seerechtlicher Haftungsbegrenzung.[11]

Der der Entscheidung des Tribunal Supremo vom 31.7.1996 zugrundeliegende Sachverhalt betraf den Transport von gefrorenem Fisch in einem Kühlcontainer von Montevideo (Uruguay) auf dem Seeweg bis nach Le Havre (Frankreich) und von dort aus per Straße zum Zielort Irun in Nordspanien. Festgestellt werden konnte, dass die Kühlvorrichtung des Containers defekt war, sich aber zudem der Straßenfrachtführer bei Übernahme des Gutes nicht von dessen Zustand sowie von dem Funktionieren der Kühlvorrichtung überzeugt hatte. Das Tribunal Supremo verurteilte unter Anwendung von Art. 2.1 S. 1 CMR den Reeder und den Straßenfrachtführer als Gesamtschuldner.

IX. Art. 3 CMR

1. Gehilfenhaftung – Fragen zur Zurechnung

Gemäß Urteil des Tribunal Supremo vom 30.12.1986 ist ein schriftliches Schuldeingeständnis des Fahrers dem Frachtführer zuzurechnen.

Der vertragliche Frachtführer muss sich das Handeln des ausführenden Frachtführers auch dann zurechnen lassen, wenn jener nicht im CMR Frachtbrief genannt ist wie das Tribunal Supremo durch Urteil vom 14.7.1987 festgestellt hat.

In dem Fall, der der Entscheidung des Tribunal Supremo vom 9.2.1999 zugrunde lag, befasste sich das höchste spanische Zivilgericht mit der von dem Frachtführer erhobenen Einwendung, der Fahrer habe nicht in Ausübung seiner Verrichtung gehandelt bei der Verursachung eines Unfalles, welcher dadurch entstand, dass ein Zug mit dem LKW, der einen ungesicherten Bahnübergang blockierte, zusammenstieß, wobei der Fahrer eigenmächtig von der vorgegebenen Fahrtroute abgewichen war. Das Tribunal Supremo wies den erhobenen Einwand zurück und stellte fest, dass der Totalverlust des Transportgutes durch unfallbedingte Zerstörung dem Frachtführer zuzurechnen sei.

Hat sich der ausführende Frachtführer gegenüber dem Spediteur gemäß dessen allgemeiner Vertragsbedingungen verpflichtet, beim Beladen anwesend zu sein, war der Fahrer im konkreten Fall jedoch nicht anwesend, so ist dieses pflichtwidrige Unterlassen dem Frachtführer gemäß Art. 3 CMR zuzurechnen. Kommt es in diesem Zusammenhang bei dem nachfolgenden Transport zu einer Beschädigung des Aufliegers durch Umfallen der Ladung, so kann der Frachtführer den Schaden nicht gegenüber dem Spediteur geltend machen, wie die Audiencia Provincial von Murcia durch Urteil vom 14.7.2008 (JUR\2008\344702) festgestellt hat.

---

11 Kritisch dazu: *Sánchez-Gamborino*, Jornadas sobre problemas en aplicación del CMR, a.a.O., S. 155.

Es besteht keine notwendige materiellrechtliche Streitgenossenschaft zwischen dem vertraglich verpflichteten und dem ausführenden Frachtführer, weswegen der Geschädigte nicht dazu angehalten werden kann, beide zu verklagen wie die Audiencia Provincial von Barcelona durch Urteil vom 16.12.2009 (JUR\2010\128238) festgestellt hat.

Nach einer in der spanischen Rechtsprechung umstrittenen Auffassung kann die Zurechnungsnorm nach Art. 3 CMR zu einer Versagung des Regresses des Transporthaftpflichtversicherers führen, der seinen Versicherungsnehmer entschädigt hat. Die Audiencia Provincial von Murcia hat durch Entscheidung vom 7.10.2010 (AC\2010\1749) die Regressklage des Versicherers unter Hinweis auf Art. 43 Absatz 3 des spanischen Versicherungsvertragsgesetzes (Ley 50/1980 de Contrato de Seguro) zurückgewiesen, insofern als jene Norm den Regress gegen jene Personen verbietet, für dessen Handeln und Unterlassen der Versicherungsnehmer kraft Gesetzes verantwortlich ist. Eine frühere Entscheidung desselben Gerichts (Audiencia Provincial von Murcia, Urteil vom 28.2.2006) gelangt zu derselben Annahme. Die gleiche Auffassung vertrat die Audiencia Provincial von Valencia in dem Urteil, welches am 12.9.2007 ergangen ist (EDJ 2007/221351).

X. Art. 4 CMR

Die Rechtsprechung des Tribunal Supremo zur Problematik des Fehlens, der Mangelhaftigkeit oder des Verlustes des Frachtbriefes entspricht dem Regelungsinhalt des Art. 4 S. 2 CMR, wonach das Vorliegen des Frachtbriefes keine Voraussetzung für die Annahme des Vorliegens eines Beförderungsvertrages darstellt, sondern vielmehr sein Fehlen, seine Mangelhaftigkeit oder sein Verlust weder dessen Bestand noch dessen Gültigkeit berühren, siehe dazu Entscheidungen des Tribunal Supremo vom, 29.4.1986, 14.7.1987 und vom 17.5.1993. Allerdings hat die Audiencia Provincial von Barcelona in einer Sache, bei der es zwar um einen internationalen Straßentransport ging, der Schaden aber unstreitig im nationalen Nachlauf entstand und die Parteien den CMR Frachtbrief nicht zur Gerichtsakte reichten, nationales Recht angewandt (AP Barcelona, Entscheidung vom 9.3.2000, JUR\2000\182735).

Auch wenn das Vorliegen des Frachtbriefes keine Voraussetzung für die Annahme des Vorliegens eines Beförderungsvertrages darstellt, so kommt dem CMR Frachtbrief im Prozess Beweiskraft zu wie das Tribunal Supremo in den Entscheidungen vom 2.6.1990 und vom 29.6.1998 festgestellt hat.

XI. Art. 6 CMR

In dem Fall, der zur Entscheidung der Audiencia Provincial von Murcia vom 7.4.2011 (JUR\2011\186712) führte, erhob der Berufungsbeklagte den Einwand, dass nicht alle mit der Beförderung verbundenen Kosten, die Gegenstand der

Schadenersatzklage waren, im Frachtbrief angegeben waren. Namentlich ging es um die Zollgebühren, die gemäß Art. 6.1.i) CMR im CMR Frachtbrief anzugeben sind. Das Berufungsgericht wies jenen Einwand zurück und gab dem Berufungskläger Recht, der anhand einer Zollquittung nachweisen konnte, dass die Zollgebühren erst nach Ausstellung des CMR Frachtbriefes anfielen und beglichen wurden. Damit hat das Gericht die Vorschrift als Sollvorschrift und nicht als zwingende Voraussetzung interpretiert.

Unterstützend hätte nach Ansicht des Verfassers das Berufungsgericht auch Art. 7.1a) CMR heranziehen können, in dessen Aufzählung der Buchstabe i) nicht genannt ist.

XII. Art. 8 CMR

Die Audiencia Provincial von Barcelona stellt durch Urteil vom 9.1.1997 (AC\1997\206) fest, dass, wenn der Empfänger auf dem Frachtbrief den Vorbehalt notierte, dass zwei Transportbehältnisse eindeutige Spuren gewaltsamer Öffnung aufwiesen, während der Fahrer, der bei der Beladung und Entladung zugegen war, bei ersterer keinen entsprechenden Vorbehalt notierte und bei letzterer keinen Widerspruch oder Protest gegen den Vorbehalt des Empfängers niederschrieb, anzunehmen sei, dass der Frachtführer seiner Pflicht zur Überprüfung des äußeren Zustandes des Gutes und seiner Verpackung nicht nachgekommen sei.

Nach Auffassung der Audiencia Provincial von Cordoba obliegt dem Frachtführer die Pflicht, die Richtigkeit aller Angaben im Frachtbrief zu überprüfen (AP Cordoba, Urteil vom 30.6.2000, AC\2000\4680). Im konkreten Fall ging es darum, dass der Frachtführer gegen Ende der Fahrt bemerkte, dass der Absender das Gewicht der Sendung (Holzbalken), welches handschriftlich im Frachtbrief vermerkt war, zu niedrig angegeben hatte, weswegen der LKW überladen war. Der Frachtführer brach die Fahrt ab und beantragte beim zuständigen Gericht zur Ausübung seines Pfandrechts, die Verwahrung des Transportgutes anzuordnen. Der Absender verweigerte die Zahlung des Frachtlohnes, was von der Berufungsinstanz als rechtmäßig bestätigt wurde, da der Frachtführer das Gewicht der Sendung hätte vor Fahrtantritt überprüfen müssen. Offenbar leitet die Kammer diese Verpflichtung entgegen dem Wortlaut aus Art. 8.1a) CMR ab, da es in jenem Fall nicht um falsche Angaben zur Anzahl der Frachtstücke oder ihre Zeichen und Nummern ging und in der Entscheidung nicht erwähnt wird, dass der Absender den Frachtführer aufgefordert hätte, das Rohgewicht des Transportes zu prüfen.

Nach Ansicht des Verfassers hätte die fehlende Aufforderung den Umkehrschluss zugelassen, dass mangels derselben der Frachtführer gerade nicht zur Prüfung des Gewichts der Sendung verpflichtet war.

Die Audiencia Provincial von Barcelona nimmt in der Entscheidung vom 5.9.2011 (JUR\2011\400692) zur Pflicht des Frachtführers zur Überprüfung der Angaben im Frachtbrief hinsichtlich Anzahl der Frachtstücke und ihres äußeren

Zustandes bei Übernahme des Transportgutes Stellung: In der Sache ging es um einen individuell angefertigten Messestand, der vom Frachtführer ohne Eintragung von Vorbehalten in den Frachtbrief zum Transport übernommen wurde. Obwohl diverse Umstände darauf deuteten, dass das Transportgut dem Frachtführer bereits in beschädigtem Zustand übergeben wurde, stellt das Berufungsgericht klar, dass Art. 8.1b) CMR den Frachtführer verpflichtet, den äußeren Zustand des Transportgutes bei dessen Übernahme zu prüfen. Da der Frachtbrief in jenem Fall keinen von dem Frachtführer entsprechenden Vorbehalt enthielt, gelangte das Gericht durch Anwendung von Art. 9.2 CMR zu der Annahme, dass zu vermuten sei, dass das Transportgut sich bei Übergabe in einem ordnungsgemäßen Zustand befunden habe. Dem Frachtführer gelang es mangels Vorliegens geeigneter Gegenbeweise nicht, diese Vermutung zu entkräften, weswegen die Kammer das Urteil erster Instanz, durch welches der Frachtführer zur Zahlung von Schadenersatz verurteilt wird, bestätigte.

XIII. Art. 9.1 CMR

Durch Entscheidung vom 29.4.1986 hat das Tribunal Supremo festgestellt, dass ein Telex ausreichend zum Nachweis des Vertragsschlusses zwischen Absender und Frachtführer ist, diesem also Beweisfunktion zukommt.

XIV. Art. 9.2 CMR

Durch Entscheidung vom 31.7.1996 bestätigte das Tribunal Supremo die Gültigkeit der Vermutung mangels schriftlicher Vorbehalte im Frachtbrief, dass das Gut sich bei Übernahme in gutem Zustand befand. Zum gleichen Ergebnis gelangt die Audiencia Provincial von Barcelona in einem ähnlich gelagerten Fall, der der Entscheidung vom 5.9.2011 (JUR\2011\400692) zugrunde lag.

In der Sache, mit der sich die Audiencia Provincial von Burgos in ihrem Urteil vom 7.12.2011 (JUR\2011\440707) beschäftigte, sah das Berufungsgericht die von Art. 9.2 CMR statuierte Vermutung, dass sich mangels schriftlicher Vorbehalte im Frachtbrief das Gut bei Übernahme in gutem Zustand befand, als durch ein Sachverständigengutachten widerlegt an. In der Sache ging es um einen Transport von zwei verschiedenen Arten von Speisepilzen in einem Kühlauflieger. Bei Ankunft am Zielort wurde festgestellt, dass die Pilze der einen Art in ihrer Konsistenz beeinträchtigt waren und Spuren von Schimmel aufwiesen, die der anderen Art jedoch keine Schäden erlitten hatten. Der mit der Schadensermittlung von dem beklagten Frachtführer beauftragte Sachverständige gelangte zu der Annahme, dass daher ausgeschlossen werden kann, dass die festgestellten Schäden durch unzureichende Kühlung während des Transport verursacht worden seien, da in jenem Fall die Qualität der Pilze beider Arten Einbußen erlitten hätte, weswegen das Gericht die Vermutung nach Art. 9.2 als widerlegt ansah.

XV. Art. 10 CMR

Durch Entscheidung vom 2.11.2006 (AC\2006\2233) stellte die Audiencia Provincial von Guadalajara fest, dass Art. 10 CMR keine analoge Anwendung findet, wenn ein Schaden durch mangelhafte Sicherung des Transportgutes, welche zu seinem Herabfallen geführt hat, verursacht worden ist. Zwar gelangt das Berufungsgericht mangels entsprechender Regelung in der CMR Konvention durch analoge Anwendung der Vorschriften zum spanischen nationalen Straßentransport von Gütern[12] zu der Annahme, dass grundsätzlich der Absender zur Beladung und Sicherung des Transportgutes verpflichtet ist, betrachtet jedoch dieses lediglich als Vermutung, welche in dem zu entscheidenden Fall durch Dokumentenbeweis widerlegt wurde.

XVI. Art. 16 CMR

1. Verwahrung, Hinterlegung und Verwertung des Transportgutes

Hinsichtlich der in der Norm aufgezeigten Möglichkeiten der Verwahrung und Verwertung durch Verkauf des Transportgutes unter den dort genannten Voraussetzungen sei ergänzend auf das nationale spanische Landtransportrecht („Art. 44 Ley del Contrato de Transporte Terrestre de Mercancías"[13]) verwiesen, welches dem Frachtführer unter vergleichbaren Umständen zusätzlich die Möglichkeit einräumt, die gerichtliche oder schiedsgerichtliche Verwahrung und Veräußerung des Transportgutes zu beantragen.[14] Gelangt das Transportgut in eine solche hoheitliche Verwahrung, so steht dieses gemäß der genannten Norm der Übergabe am Empfangsort gleich, so dass der Verfügungsberechtigte keine Nichterfüllung einwenden kann.

XVII. Art. 17 CMR

1. Obhutshaftung des Frachtführers – Beweislastumkehr

Die spanische Rechtsprechung betrachtet die Obhutshaftung nach Absatz 1 nicht isoliert, sondern im Zusammenhang mit den Haftungsbefreiungstatbeständen nach Absatz 2 und 4 desselben Artikels. Die Audiencia Provincial von Lleida stellt in ihrer Entscheidung vom 8.2.2010 (AC\2010\832) in diesem Zusammenhang klar, dass der Frachtführer den vertraglichen Erfolg schuldet, die erhaltenen

---

12 Die in der Entscheidung zitierten Normen sind mittlerweile durch Art. 20.1 des Gesetzes 15/2009 (s. dazu auch unter Einführung sowie Fn. 2) ersetzt worden, der vorsieht, dass die Beladung dem Versender und die Entladung dem Empfänger obliegt.
13 S. oben Fn. 2.
14 Die Norm wird näher ausgestaltet durch die Verordnung des Ministeriums für wirtschaftliche Entwicklung (Ministerio de Fomento) Orden FOM 3386/2010 vom 20.12.2010.

Güter innerhalb der vorgesehenen Zeit am Bestimmungsort in jenem Zustand abzuliefern wie er sie erhalten hat. Art. 17.1 CMR sieht daher eine Beweislastumkehr vor: Wird das erwähnte Resultat nicht vollumfänglich erbracht, da das Transportgut ganz- oder teilweise in Verlust geraten oder beschädigt worden ist, so wird ein Verschulden des Frachtführers vermutet, wobei aber die Möglichkeit der Exkulpation besteht.

Diesen Grundsatz hat auch die Audiencia Provincial von Valencia in ihrer Entscheidung vom 26.1.2010 (JUR 2010\223442) hervorgehoben. In dem Fall, über den die Audiencia Provincial von Valencia durch Urteil vom 9.11.2009 zu entscheiden hatte (AC\2010\266), gelangte die Kammer zu der Auffassung, dass sich der Frachtführer, dem der Verderb der Ware durch Vereisung während eines Kühltransportes zu Last gelegt wurde, durch ein entsprechendes Sachverständigengutachten, in dem festgestellt wurde, dass die Kühleinrichtung ordnungsgemäß funktionierte, entlastet hat.

Nach Auffassung der Audiencia Provincial von Barcelona (AP Barcelona, Urteil vom 9.1.1997, AC\1997\206) kann sich der Frachtführer bei Teilverlust der Sendung nicht mit dem Argument exkulpieren, dass der Transport mit einem Fahrzeug durchgeführt wurde, dessen Türen verplombt waren. Die Kammer (15. Sektion) hebt zudem hervor, dass der Empfänger auf dem Frachtbrief den Vorbehalt notierte, dass zwei Transportbehältnisse eindeutige Spuren gewaltsamer Öffnung aufwiesen. Der Fahrer, der bei der Beladung und Entladung zugegen war, habe bei ersterer keinen entsprechenden Vorbehalt notiert und bei letzterer keinen Widerspruch oder Protest niedergeschrieben. Die Audiencia Provincial von Barcelona gelangte zu der Schlussfolgerung, dass der Schaden sich beim Beladen ereignete, wobei der Fahrer die ihm obliegende Kontrollpflicht nach Art. 8.1b) CMR sowie die allgemeine Obhutspflicht verletzt habe. Zudem führt das Berufungsgericht aus, dass es sich um einen Sammeltransport handelte, bei dem die Türen erst nach Beendigung des gesamten Beladevorganges verplombt wurden.

2. Haftungsfreistellung

Nach Auffassung des Verfassers tendieren spanische Gerichte seit ca. zehn Jahren dahin, die Voraussetzungen, unter denen eine Haftungsfreistellung im Sinne des Art. 17.2 CMR angenommen werden kann, zunehmend restriktiver auszulegen.[15] Nachfolgend soll diese Entwicklung kasuistisch skizziert werden.

3. Höhere Gewalt

Zur Definition des Begriffes der höheren Gewalt sei auf die Entscheidung der Audiencia Provincial von Barcelona vom 7.6.2004 (AC\2004\1859) verwiesen, welche auf das Kriterium der Unvorhersehbarkeit eingeht, welche objektiv einzu-

---

15 So auch *Martínez Sanz/Puetz*, Manual de Derecho de Transporte, S. 198.

treten hat, weswegen vorab zu prüfen ist, dass den Schuldner kein Verschulden an der konkreten Situation trifft.

4. Diebstahl von Transportgut – Verneinung höherer Gewalt

Die Audiencia Provincial von Madrid verneinte durch Urteil vom 3.5.2006 (AC\2006\958) das Vorliegen höherer Gewalt: In der Sache ging es um den Diebstahl von Transportgut aus einem auf einem unbewachten Autobahnparkplatz nachts während mehrerer Stunden abgestellten LKW mit Planenaufbau, der über keine besonderen Diebstahlsicherungsmechanismen verfügte, wobei allerdings der Fahrer in der Kabine schlief, der den Diebstahl nicht bemerkte. Der Diebstahl war nach Auffassung der Kammer grundsätzlich vorhersehbar.

In ihrem Urteil vom 28.6.2006 stellt die Audiencia Provincial von Barcelona (JUR 2007\186277) fest, dass für die Annahme höherer Gewalt Umstände vorliegen müssen, die der Frachtführer nicht vermeiden konnte, wobei dieser die Beweislast dafür trägt. Zwar kann Diebstahl darunter fallen. Jedoch ist in diesem Zusammenhang hinsichtlich der Bewertung der vorhersehbaren Umstände nicht von einem allgemeinen durchschnittlichen Sachverstand auszugehen,[16] sondern vielmehr auf den Horizont einer beruflich entsprechend qualifizierten Person abzustellen.

Das Vorlegen einer Diebstahlanzeige allein reicht nicht aus für die Annahme, dass der Diebstahl sich so wie vorgetragen tatsächlich ereignet hat, weswegen wiederholt von der Rechtsprechung die Exkulpation des Frachtführers in entsprechend gelagerten Fallgestaltungen zurückgewiesen wurde: Entscheidung des Tribunal Supremo vom 8.10.2003 (RJ 2003/7383), Entscheidung der Audiencia Provincial von Alicante vom 4.6.2004 (AC\2004\1935) sowie der Audiencia Provincial von Valencia (Entscheidung vom 4.2.2008, JUR\2008\155655).

5. Raub – Annahme des Vorliegens höherer Gewalt

In der Sache, die die Audiencia Provincial von Barcelona durch Urteil vom 7.6. 2004 (AC\2004\1859) zu entscheiden hatte, gelangt die Kammer (15. Sektion) zur Annahme des Vorliegens höherer Gewalt: Es ging um den Raub des Transportgutes bei nachts vor dem Wareneingangstor des Empfängers auf öffentlicher Straße abgestellten LKW unter Bedrohung des Fahrers durch Verwendung einer Waffe. Die Kammer wies den Einwand der Schadenersatz begehrenden Klägerin, der Fahrer hätte den Vorfall erst verspätet zur Anzeige gebracht, zurück, da dieser Umstand allein nicht auf ein kausales Verschulden oder Mitverschulden deutet. Auch habe die Klägerin nicht vorgetragen, dass sich bei Einsatz eines zweiten Fahrers der Schaden nicht ereignet hätte.

---

16 „Buen padre de familia", wörtlich übersetzt, „gewissenhafter Familienvater".

6. Vandalismus – Annahme höherer Gewalt

Zur Frage der Bewertung von durch Vandalismus verursachten Schäden verweist die Audiencia Provincial von Barcelona auf die für die Bewertung von Diebstahlschäden entwickelten Kriterien, wonach es auf die Einzelfallumstände, das Verhalten des Frachtführers und je nach Fallgestaltung auch auf die Beurteilung der Frage ankommt, ob der Schadenseintritt für den Frachtführer unvermeidbar war. Das Vorliegen höherer Gewalt wurde von der Audiencia Provincial von Barcelona in einem Fall bejaht, bei dem der Fahrer das Fahrzeug in Luxembourg auf einem privaten, nicht bewachten, aber nicht allgemein zugänglichen Parkplatz parkte, wo es von Unbekannten neben zwei weiteren Fahrzeugen in Brand gesetzt wurde (AP Barcelona, Entscheidung vom 25.9.2009, JUR\2009\491717).

XVIII. Art. 17.3 CMR

In seiner Entscheidung vom 14.6.2011 (RJ\2011\4529) stellt das Tribunal Supremo fest, dass der Frachtführer sich nicht auf den Haftungsbefreiungstatbestand nach Art. 17.2 CMR letzte Alternative berufen kann, um der besonderen Gewährhaftung des Art. 17.3 CMR zu entgehen. In dem entschiedenen Fall argumentierte der Frachtführer, dass der Schaden, der durch einen Bremsendefekt des Aufliegers verursacht wurde, der zur Vernichtung des gesamten Transportgutes durch Brand führte, für ihn unvermeidbar gewesen sei, da ihm der Auflieger nicht gehörte und ihm daher nicht die Wartung und Instandhaltung oblag.

XIX. Art. 17.4 CMR

Alternative c): Bei Einwendung nicht korrekten Stauens als Schadensursache trägt die Beweislast dafür der Frachtführer wie die Rechtsprechung wiederholt festgestellt hat: Entscheidung des Tribunal Supremo vom 20.6.1989, Entscheidung der Audiencia Provincial von Guadalajara vom 2.11.2006 (AC\2006\2233) sowie Entscheidung der Audiencia Provincial von Barcelona vom 5.9.2011 (JUR\2011\400692).

Alternative d): Wendet der Frachtführer ein, der Schaden (Verderb des Transportgutes) sei durch die natürliche Beschaffenheit desselben verursacht worden, so trägt er dafür die Beweislast wie die Audiencia Provincial von Barcelona durch Urteil vom 5.9.2011 (JUR\2011\400692) feststellte.

Alternative f): Auf das Zusammenspiel von Art. 17.4f) CMR mit Art. 18.5 CMR bei einem Transport zur Beförderung von lebenden Tieren ging die Audiencia Provincial von Cáceres in ihrem Urteil vom 29.6.2011 (JUR\2011\277344) ein: Ein Fohlen verendete nach viertägigem Transport von Deutschland nach Spanien wegen Dehydratation. Die Kammer vertrat die Ansicht, der Frachtführer hafte auf den vollen Schaden und verweigerte ihm die Berufung auf Art. 17.4f) CMR, da es ihm oblag, den Zustand des Tieres während des Transportes regelmäßig zu kontrollieren und ihm ausreichend Flüssigkeit zuzuführen.

XX. Art. 18.4 CMR

1. Kühltransporte

An den Entlastungsbeweis des Frachtführers nach Art. 17.4d) CMR über Art. 18.4 CMR stellt die spanische Rechtsprechung im Allgemeinen strenge Anforderungen.

Er ist als nicht geführt anzusehen, wenn weder beim Beladen noch beim Entladen, noch während der vier Stunden nach dem Entladen am Ort der Übergabe durchgeführten Begutachtung durch einen Sachverständigen durch den Fahrer ein entsprechender Vorbehalt schriftlich geäußert wurde (Audiencia Provincial von Murcia, Urteil vom 29.11.1999, AC\1999\7926). Auch die Audiencia Provincial von Alicante versagte dem Frachtführer in einem anderen Fall die Entlastung; dieses unter Hinweis auf das von der Gegenpartei vorgelegte Sachverständigengutachten, aus dem hervorgehe, dass der Frachtführer nicht alle ihm nach den Umständen üblicherweise obliegenden Maßnahmen getroffen habe (Audiencia Provincial von Alicante, 19.2.1999, AC\1999\348).

Die Audiencia Provincial von Almeria verwirft in ihrem Urteil vom 12.4.2000 (JUR\2000\200818) den Entlastungsbeweis des Frachtführers, wonach die transportierten Tomaten bereits vor der Verladung von einem Pilz befallen gewesen seien. Die entsprechenden Dokumentenbeweise (ausländische Urkunden) wurden ohne Übersetzung dem Gericht vorgelegt. Der angehörte Sachverständige habe sich zudem ausschließlich auf die mangels Übersetzung im Prozess nicht verwertbaren Dokumente berufen, wobei hingegen die Gegenseite durch Sachverständigenbeweis nachweisen konnte, dass die Kühlanlage während des Transports nicht funktionsgerecht arbeitete.

Die Audiencia Provincial von Castellón (Urteil vom 8.4.2002, AC\2002\997) hat dem Frachtführer die Entlastung versagt und es als ausreichend für seine Verurteilung betrachtet, dass der einwandfreie Zustand der Ware bei Übergabe an den Frachtführer (Mandarinen, welche von Spanien nach Deutschland gekühlt zu transportieren waren) durch ein Qualitätszertifikat des Versenders sowie mangels eines entsprechendem Vorbehalt auf dem Frachtbrief durch den Frachtführer nachgewiesen wurde.

Die Audiencia Provincial von Granada verweigert durch Urteil vom 7.3.2005 (AC\2005\1008) unter Hinweis auf den klaren Wortlaut der Norm die Berufung auf eine Exkulpation nach Art. 17.4f) CMR, da die Kammer es als bewiesen ansah, dass die Temperatur während des Kühltransportes nicht korrekt war (−4°C), obwohl der Versender auf dem CMR Frachtbrief die Anweisung notiert hatte, das Transportgut unter konstanter Kühlung auf +8°C zu transportieren.

XXI. Art. 19 CMR

In der Entscheidung vom 28.10.2011 bestimmt die Audiencia Provincial von Murcia (JUR\2011\4955), dass die Lieferfrist nicht zwingend im Frachtbrief festzuhalten ist. Die Parteien können dieselbe auch in einem zusätzlichen Dokument wirksam vereinbaren.

XXII. Art. 20 CMR

In seiner Entscheidung vom 16.4.2008 (RJ\2008\5217) stellt das Tribunal Supremo fest, dass die in Art. 20.1 CMR enthaltene Verlustfiktion auch auf die Reklamation des Spediteurs gegen seinen Verkehrshaftpflichtversicherer anzuwenden ist. Dieses hat zur Konsequenz, dass eine Regelung im Versicherungsvertrag, wonach der Versicherungsnehmer verpflichtet ist, die den Verlust begründenden Umstände dezidert darzulegen, nichtig ist, da die Verlustfiktion bereits im Verhältnis zwischen dem ausführenden Frachtführer und dem Spediteur gilt, so dass jener nicht von seinem Versicherer angehalten werden kann, Umstände vorzutragen, die ihm von dem Frachtführer als seinem Vertragspartner nicht bekanntgegeben werden mussten.

XXIII. Art. 21 CMR

In dem Sachverhalt, der dem Urteil der Audiencia Provincial von Alicante vom 15.6.2005 zugrunde lag (JUR\2005\205560) ging es um einen Transport nach Italien gegen Zahlung per Nachnahme, wobei im Frachtbrief die Klausel COD („cash on delivery") und der Ort des Sitzes des Empfängers angegeben war. Dem Fahrer wurde ein Scheck übergeben, bei dem die gedruckte Währungsangabe Lira durch Pesetas ersetzt wurde und auf dem ein Hinweis aufgedruckt war, dass der Scheck auf einen Maximalbetrag von fünfhunderttausend Lira ausgestellt werden dürfe. Die Bank des Scheckausstellers verweigerte die Zahlung. Das Berufungsgericht stellt zunächst fest, dass die Zahlung per Scheck einer Zahlung in bar gleichstehe. Sodann verurteilt es den Frachtführer zur Zahlung des per Nachnahme zu erhebenden Betrages und führt zur Begründung unter Verweis auf die Rechtsprechung des Tribunal Supremo sowie auf Art. 1104 und 1258 des spanischen Zivilgesetzbuches aus, dass dem Fahrer, dessen Verhalten und Unterlassen dem Frachtführer gemäß Art. 3.1 CMR zuzurechnen ist, bei Anwendung der pflichtgemäßen Sorgfalt die aufgezeigten Unregelmäßigkeiten hätten auffallen müssen.

XXIV. Art. 23.1 CMR

1. Wertbestimmung des Transportgutes

In dem Urteil des Tribunal Supremo vom 20.6.1989 befasst sich das Gericht mit der Wertbestimmung des in Verlust geratenen Transportgutes und bestätigt die Vorgabe der Norm, dass, sollte der Wert des Transportgutes während des Transportes Veränderungen unterliegen, auf den Wert desselben zum Zeitpunkt der Übernahme durch den Frachtführer abzustellen ist.

Nach Auffassung der Audiencia Provincial von Lleida (Urteil vom 10.6.2011, JUR\2011\290773) hat die Wertbestimmung nach Marktpreis (bei einem Laptop unter Angleichung an ein neueres Modell wegen der schnellen Entwicklung der Technik) zu erfolgen. Der Versicherer kann bei einer Regressklage gegen den Frachtführer nicht den zwischen dem Versicherer und Versicherungsnehmer vereinbarten Wert zugrunde legen, sondern hat sich am Marktpreis zu orientieren.

XXV. Art. 23.3 CMR

1. Haftungsbegrenzung des Frachtführers

Das Tribunal Supremo weist in seinem Urteil vom 25.10.2004 den Einwand der Haftungsbegrenzung des Frachtführers zurück, da dieser nicht erklären konnte, wem er das Transportgut unter welchen Umständen am Zielort Moskau übergeben hat.

Die Audiencia Provincial von Barcelona verwehrte in ihrem Urteil vom 16.12.2009 (JUR\2010\128238), dem beklagten Frachtführer die Berufung auf seine Haftungsbegrenzung beim Diebstahl des kompletten beladenen Aufliegers, welchen er während des gesamten Sonntag in einem Industriegebiet unter Entfernen der Zugmaschine ohne weitere Sicherungsvorrichtung geparkt hatte, wobei sich ein bewachter LKW Parkplatz in einer Entfernung von 20 km befand.

Die Audiencia Provincial von Valencia hebt in ihrer Entscheidung vom 26.1.2010 (JUR\2010\223442) hervor, dass der Frachtführer, der das Transportgut entgegen der ausdrücklichen Weisung des Versenders an eine andere Person als die des Empfängers übergibt, grob fahrlässig handelt und sich daher nicht auf die Haftungsbeschränkung nach Art. 23.3 CMR berufen kann.

Auch in ihrem Urteil vom 14.4.2011 (AC\2011\1940) vertritt die Audiencia Provincial von Barcelona die Auffassung, dass den Frachtführer, der die Weisung erhalten habe, das Transportgut direkt zum vereinbarten Übergabeort zu verbringen, ohne auf der Fahrtroute einen Parkplatz anzusteuern, die volle Haftung trifft, da er den Diebstahlschaden bedingt vorsätzlich verursacht habe, als er das Fahrzeug vier Tage lang auf einem unbewachten und unbeleuchteten Parkplatz eines geschlossenen Einkaufszentrum abgestellt habe. Der Schadenseintritt sei grundsätzlich vorhersehbar gewesen, soweit auf den Horizont eines sorgfältig agierenden Gewerbetreibenden abgestellt wird.

In dem von der Audiencia Provincial von Barcelona (Urteil vom 22.2.2012) zu entscheidenden Fall bestätigte das Berufungsgericht die Auffassung der ersten Instanz, in der der Frachtführer zur Zahlung des gesamten Schadens ohne Zuerkennen der Haftungsbegrenzung nach Art. 23.3 CMR verurteilt wurde, insofern als der Haftbarkeitshaltung zu entnehmen war, dass die Fahrer den LKW auf einem unbewachten, allgemein zugänglichen Parkplatz auf dem Gelände eines Autohofes abstellten und der Diebstahl sich ereignete, während beide Fahrer zusammen zu Mittag aßen.

XXVI. Art. 23.4 CMR

1. Zur Erstattung sonstiger aus der Beförderung entstandener Kosten

Das Handelsgericht Nº 9 von Cordoba stellt in seiner Entscheidung vom 18.3.2005 (JUR\2005\221895) fest, dass es sich bei den Kosten für das Verbringen zum Zielort einer während des Transports verunfallten Maschine nicht um eine Schadenersatzforderung im Sinne des Absatz 4 des Art. 23 handelt.

XXVII. Art. 23.5 CMR

1. Zur Entschädigung bei Lieferfristüberschreitung

Die Audiencia Provincial von Barcelona beschäftigt sich in dem Urteil vom 23.7.1997 (AC\1997\1635) mit der Auslegung des Wortlauts von Art. 23.5 CMR und stellt fest, dass an den Beweis des Schadens strenge Anforderungen zu stellen sind. Im konkreten Fall erachtete das Gericht den Vortrag des Klägers als nicht ausreichend, wegen der verspäteten Lieferung sei gegen ihn eine Schadensersatzklage eingereicht worden. Auch wenn dieser Umstand von der Beklagten nicht bestritten wurde, hätte der konkrete Schaden bewiesen werden müssen.

In all jenen Fällen, in denen der Schaden nicht eine logische und unvermeidbare Folge der Pflichtverletzung ist, muss dieser vom Kläger bewiesen werden wie die Audiencia Provincial von Barcelona in ihrem Urteil vom 31.1.2001 (AC\2001\378) mit Verweis auf die ständige Rechtsprechung des Tribunal Supremo (Entscheidungen vom 1.12.1977 (RJ 1977, 4654), 5.7.1980 (RJ 1980, 3085), vom 29.11.1991 (RJ 1991, 8577) und vom 17.2.1992 (RJ 1992, 1261) feststellt. Im konkreten Fall reklamierte die Verfügungsberechtigte nutzlos aufgewendete Reisekosten von zwei Mitarbeitern sowie von einem Vertreter der Käuferin des Transportgutes zum Ablieferungsort. Zwar sah die Kammer die in diesem Zusammenhang erbrachten Beweise, ein Schreiben der Käuferin, gerichtet auf die

Geltendmachung von Schadenersatz sowie ein von der Klägerin selbst verfasstes Schreiben als unvollständig an, erachtete jedoch den Schaden gemäß dem Grundsatz „id quod plerumque accidit" als allgemein denkbare Folge der Überschreitung der Lieferfrist und gab der Berufung statt.

Die Audiencia Provincial von Alicante gelangte in einem anderen Fall hingegen zu dem Ergebnis, die Schadenersatzklage mangels Beweises des Verzögerungsschaden zurückzuweisen, da alle entsprechenden Dokumente eigenhändig von der Klägerin erstellt wurden (Urteil vom 17.7.2003 (JUR\2003\235077).

Die Audiencia Provincial von Asturias gab in ihrer Entscheidung vom 14.1.2004 (JUR\2004\79845) den auf Schadenersatz klagenden Verfügungsberechtigten Recht, der eine Vertragsstrafe wegen nicht fristgemäßer Lieferung an den Käufer der transportierten Sache zahlen musste und dieses entsprechend darlegte.

XXVIII. Art. 24 CMR

1. Zur Haftung entsprechend einer Wertdeklaration

Die Audiencia Provincial von Barcelona hat durch Urteil vom 14.7.2004 (JUR\2004\306003) bestimmt, dass die Wertdeklaration im Frachtbrief notiert sein muss, nicht ausreichend ist eine Wertdeklaration in einem anderen zum Transport gehörenden Papier. Zudem muss der entsprechende Frachtzuschlag tatsächlich entrichtet worden sein. (Allgemein zur Möglichkeit der Wertdeklaration: Audiencia Provincial von Valencia, Urteil vom 22.3.2003, Audiencia Provincial von Barcelona, Urteil vom 23.11.2005).

XXIX. Art. 27.1 CMR

Nach Auffassung der Audiencia Provincial von Pontevedra (Urteil vom 5.9.2002, JUR 2002\280159) steht dem regressierenden Versicherer, auf den mit Zahlung der Entschädigung gemäß Art. 43.1 des Gesetzes 50/1980 zur Regelung des Versicherungsvertrags der Anspruch des Geschädigten gegen den Schädiger kraft Surrogation übergeht, auch der gesamte Zinsanspruch nach Art. 27.1 CMR zu.

Bietet der Frachtführer nach Erhalt der schriftlichen Reklamation im Sinne des Art. 27.1 S. 2 CMR dem Geschädigten die Zahlung eines Teilbetrages an, lässt sich dieser darauf aber nicht ein, sondern klagt den gesamten Schaden erfolgreich ein, so ist der Zinsanspruch nach dem Gesamtschadensbetrag zu berechnen (Urteil des Handelsgericht N° 9 von Cordoba vom 18.3.2005, JUR\2005\221895).

XXX. Art. 29 CMR

Im Zivilprozess darf vorsätzliches Handeln nicht aufgrund der Sachverhaltsumstände unterstellt werden, sondern bedarf stets des konkreten Beweises wie die Au-

Länderberichte **Spanien**

diencia Provincial von Cáceres im Urteil vom 29.6.2011 (JUR\2011\277344) ausführt sowie die Audiencia Provincial von Barcelona durch Urteil vom 28.7.2011 (JUR\2011\367555).

1. Zur Gleichstellung von Vorsatz mit grobem Verschulden

Art. 29.1 letzter Teilsatz CMR verweist hinsichtlich der Gleichstellung eines dem Frachtführer zur Last fallenden Verschuldens mit Vorsatz auf das Recht des angerufenen Gerichts. Nach ständiger Rechtsprechung steht grobes Verschulden dem Vorsatz gleich („culpa lata a dolo equiparatur", siehe dazu: Entscheidungen des Tribunal Supremo vom 10.7.1985 (RJ 1985\3965) und vom 22.12.1986 (RJ 1986\7796) sowie speziell zur Anwendung dieser Doktrin auf transportrechtliche Streitigkeiten: Entscheidungen der Audiencia Provincial von Alicante vom 20.3.2003 (JUR 2003\137048) sowie der Audiencia Provincial von Albacete vom 6.7.1998 (AC 1998\7719).

Hingegen führt die Audiencia Provincial von Barcelona in ihrem Urteil vom 28.7.2011 (JUR\2011\367555) aus, dass ein Grundsatz, wonach grobes Verschulden Vorsatz gleichstehe, nicht Teil des positiven Rechts sei. Trotzdem könne eine solche Wertung unter Berücksichtigung der Tatumstände des Einzelfalls erfolgen. In der Sache ging es um die Durchführung eines Sammeltransportes von Deutschland nach Nordspanien. Während desselben kam es zum Verlust von 7 Paletten beladen mit Fernsehgeräten und 3 Paletten beladen mit Fotografieprodukten unter ungeklärten Umständen bei einer Dauer des Transports von 7 Tagen und mehrmaligem längerem Abstellen des Lastzuges bzw. nur des verschlossenen Aufliegers an verschiedenen Stellen im öffentlichen Straßenraum. Das Gericht sah das grobe Verschulden des Frachtführers hinsichtlich der Schadensverursachung als erwiesen an und gelangte zudem zu der Annahme, dass jenes grobe Verschulden in diesem Fall Vorsatz gleichstehe.

Durch Art. 62 des Gesetzes 15/2009[17] wird der Grundsatz „culpa lata a dolo equiparatur" für den Bereich des Inlandstransportes dahingehend kodifiziert, dass bestimmt wird, dass der Frachtführer sich nicht auf die Begrenzung seiner Haftung oder eine Umkehr der Beweislast berufen kann, wenn der Schaden durch ihn, seine Gehilfen, Angestellten oder durch in seinem Namen eigenständig tätige Personen durch vorsätzliches Handeln oder durch eine bewusste und freiwillige Pflichtverletzung hervorgerufen wurde. Ausreichend ist, dass sich der Schaden als notwendige Konsequenz des Handelns darstellt. Er muss nicht willentlich vom Frachtführer oder dessen Hilfspersonen herbeigeführt worden sein.

---

17 Siehe vorangehend unter Fn. 2.

2. Zur Frage des Organisationsverschulden

Während sich in Deutschland durch zahlreiche BGH Entscheidungen eine jahrelange gefestigte Rechtsprechung zum Problemkreis des Organisationsverschuldens des Frachtführers herausgebildet hat, existiert in Spanien keine eindeutige höchstrichterliche Doktrin zu diesem Thema. Daher kommt unter der jeweiligen konkreten Fragestellung der Bewertung der Umstände des Einzelfalles durch das mit der Sache befasste Gericht erhebliche Bedeutung zu. Grundsätzlich sieht das spanische Zivilprozessrecht vor, dass jede Partei die ihr zugänglichen Beweise vorzutragen hat (Art. 217 Ley de Enjuiciamiento Civil) und keiner Partei auferlegt werden kann, Beweise zu erbringen, die grundsätzlich nur der Gegenpartei zugänglich sind (sogenannte „prueba diabólica").

Erbringt eine Partei einen Anscheinsbeweis, so kann daraus die Pflicht der Gegenpartei erwachsen, einen entsprechenden Entlastungsbeweis zu führen, was aus der allgemeinen prozessualen Mitwirkungspflicht sowie der Nähe zum Beweisobjekt folgt wie die Audiencia Provincial von Barcelona in ihrer Entscheidung vom 18.6.1999 (AC\1999\1200) manifestiert.

In ihrer Entscheidung vom 23.11.2005 (JUR\2005\260127) verweist die Audiencia Provincial von Barcelona auf mehrere frühere Entscheidungen (Urteile vom 10.2. und 15.5.1988, 5.7.1999 und vom 29.11.2004), in denen bereits festgestellt wurde, dass zwar grundsätzlich die Partei, die die jeweilige Tatsache anführt, jene auch beweisen muss, wobei aber ein indirekter Beweis im Sinne einer Vermutung ausreicht, wenn der Versender Umstände zu beweisen hat, die sich ereignet haben, während sich das Transportgut in der Obhut des Frachtführers befand. Jener hat dann den entsprechenden Entlastungsbeweis zu führen. Das Gericht stellt fest, dass es sich dabei nicht um eine Beweislastumkehr handelt, sondern um eine Anpassung der Beweislastgrundsätze an den konkreten Fall.

In diesem Sinne stellt die Audiencia Provincial von Barcelona durch Urteil vom 22.2.2012 fest, dass dem Frachtführer, der Zugang zu den geeigneten Beweismitteln hat, die Pflicht obliegt, entsprechende Beweise vorzutragen, um den Sachvortrag der Klägerin zu entkräften.

XXXI. Art. 30 CMR

1. Gemeinsame Überprüfung des Zustandes des Gutes durch Empfänger und Frachtführer

Ein einseitige Begutachtung durch den Empfänger ist keine solche im Sinne des Art. 30.2 CMR (Tribunal Supremo, Urteil vom 3.1.1984; Urteil der Audiencia Provincial von Barcelona vom 13.10.2000, AC\2001\32; Urteil der Audiencia Provincial vom Girona vom 8.7.2004).

Nach Auffassung der Audiencia Provincial von Barcelona (Urteil vom 22.2.2012) reicht ein allgemeiner schriftlicher Vorbehalt auf dem CMR Frachtbrief aus, wenn auf Beiblätter verwiesen wird, auf denen mehrere Vorbehalte (äußere Beschädigungen, geöffnete Transportbehältnisse, Verluste) hinreichend detailliert dargelegt werden.

2. Schadensersatz wegen Lieferfristüberschreitung

Durch Urteil vom 17.7.2003 (JUR\2003\235077) weist die Audiencia Provincial von Alicante eine Schadenersatzklage wegen Überschreitung der Lieferfrist zurück, unter anderem mangels Nachweises des von der Norm geforderten schriftlichen Vorbehalts innerhalb der statuierten Frist.

3. Übermittlung des Vorbehalts per E-Mail

Die Audiencia Provincial von Barcelona setzt sich in ihrem Urteil vom 31.1.2001 (AC\2001\378) mit der Frage auseinander, ob der in der Norm genannte schriftliche Vorbehalt auch per E-Mail übermittelt werden kann. Dazu stellt die Kammer fest, dass dem Vorbehalt zum einen als objektives Kriterium zu entnehmen sein muss, dass aus Sicht der reklamierenden Partei die Lieferfrist überschritten ist sowie im Sinne eines subjektiven Kriteriums die Absicht erklärt werden muss, Schadenersatz wegen Überschreitung der Lieferfrist einzufordern. Beides war der E-Mail zu entnehmen, weswegen die Kammer in jenem Fall die in Art. 30.3 CMR statuierte Voraussetzung des schriftlichen Vorbehalts als erfüllt ansah.

4. Schadensberechnung

Kann der Schadensumfang nicht anhand von Rechnungen nachgewiesen werden (in dem von der Audiencia Provincial von Barcelona entschiedenen Fall handelte es sich um die Rückgabe von nicht verkaufter Saisonmode zwischen Unternehmen derselben Gruppe), so ist die Aussage eines Zeugen, wonach der Wert mit fünfzig Prozent vom Neuwert anzusetzen sei, eine ausreichende Grundlage für die Berechnung des Anspruchsumfanges (Audiencia Provincial von Barcelona, Urteil vom 22.2.2012)

XXXII. Art. 31 CMR

Nach Entscheidung des Tribunal Supremo vom 12.7.1986 begründet der Hinweis auf das Bestehen einer Transportversicherung im Frachtbrief bei Klage gegen den Versicherer als Mitbeklagten keine besondere örtliche Zuständigkeit der Gerichte am Sitz des Versicherers. Es gelten nur die Bestimmungen, die die Parteien des Transportvertrages binden.

XXXIII. Art. 32 CMR

1. Verjährungshemmung / -unterbrechung nach Art. 32.2 CMR

Das Tribunal Supremo beschäftigte sich in der Sache, welche zum Urteil vom 29.6.1998 (RJ 1998\5282) führte, mit den Rechtsfolgen, welche eine schriftliche Reklamation des Schadens gegenüber dem Frachtführer mit sich bringt: Unter Bezugnahme auf den englischen Wortlaut („rejects") sowie den französischen Text („repousse") stellt das höchste spanische Zivilgericht klar, dass die Norm nur drei mögliche Rechtsfolgen zulässt: Schriftliches Zurückweisen mit Rechtsfolge der Aufhebung der Verjährung, schriftliches Anerkenntnis unter Weiterbestehen der Verjährungshemmung, schriftliches Teilanerkenntnis und Aufhebung der Verjährungshemmung hinsichtlich des zurückgewiesenen Teilbetrages. Eine nicht eindeutige Antwort des Frachtführers führt keine Aufhebung der Verjährungshemmung herbei. Diese Entscheidung zitiert die Audiencia Provincial von Barcelona in ihrem Urteil vom 27.7.2010.

Die Audiencia Provincial von Barcelona kommentiert im Urteil vom 23.11.2005 (JUR\2005\260127) die Anwendung von Art. 32 Absatz 2 und 3 CMR unter Zugrundelegens spanischen Rechts und unter Bezugnahme auf die allgemeine Rechtsprechung des Tribunal Supremo (Entscheidungen vom 4.12.1995, 31.12. 1998, 21. und 31.3.2001 und 28.10.2002), wonach jede Art von Geltendmachung einer Forderung die jeweilige Verjährungsfrist unterbricht. Dabei muss die entsprechende Willenserklärung des Gläubigers verständlich zum Ausdruck kommen und innerhalb der Verjährungsfrist abgegeben werden. Sie muss dem Schuldner zugehen, wobei aber nicht erforderlich ist, dass der Zugang innerhalb der Verjährungsfrist erfolgt. Nach diesen grundsätzlichen Erwägungen, die auf der Rechtsprechung des Tribunal Supremo beruhen und daher prinzipiell von allen spanischen Instanzgerichten entsprechend angewendet werden, nimmt die Audiencia Provincial in dem besagten Urteil zur Frage der Verjährung nach Art. 32 CMR unter sekundärer Anwendung von spanischem Recht wie folgt Stellung:

1. Die Verjährungsfrist von einem Jahr wird unterbrochen durch die erste Reklamation des Geschädigten.
2. Ist diese erfolgt, so kommt es erst zu einer neuen Fristeinsetzung, wenn der Frachtführer die Reklamation schriftlich zurückweist. In jenem Fall beginnt die Frist erneut in vollem Umfang zu laufen, wobei aber weitere Reklamationen des Geschädigten in derselben Sache keine erneute Verjährungsunterbrechung herbeiführen können.
3. Akzeptiert der Frachtführer die Forderung, so kommt es zu keiner erneuten Fristeinsetzung.
4. Akzeptiert der Frachtführer einen Teilbetrag, so beginnt die Frist hinsichtlich des nicht akzeptierten Teils der Forderung so wie unter 2. aufgezeigt einmalig neu zu laufen.
5. Stellt die Antwort des Frachtführers weder ein Anerkenntnis noch ein Zurückweisen der Forderung dar, so handelt es sich nicht um eine Antwort im Sinne

des Art. 32 CMR, so dass es auch zu keiner von der Norm vorgegebenen Rechtsfolge kommt.

Die Verjährungsberechnung von aus CMR Transporten resultierenden Frachtlohnforderungen bestimmt sich gemäß Urteil der Audiencia Provincial von Barcelona vom 27.7.2010 sowie Urteil der Audiencia Provincial von Murcia vom 29.4.2010 (JUR\2010\231949) nach Art. 32.1c) CMR. Keine Anwendung findet daher die allgemeine fünfzehnjährige Verjährungsfrist nach Art. 943 Código de Comercio in Verbindung mit Art. 1964 Código Civil.

Sehr ausführlich nimmt die Audiencia Provincial von León in ihrem Urteil vom 20.10.2011 (JUR\2011\391932) zur Frage der Verjährungsunterbrechung im Rahmen einer Reklamation von Frachtlohnforderungen aus CMR Transporten Stellung und nimmt dieses zum Anlass, die Rechtsprechung des Tribunal Supremo nachzuzeichnen: Im Ergebnis wird festgestellt, dass eine entsprechende Willenserklärung des Gläubigers dem Schuldner zugehen muss, wobei absolute Formfreiheit bestehe, der Gläubiger aber im Prozess die Beweispflicht für den Zugang derselben trage, wenn der Schuldner den Zugang bestreitet.

XXXIV. Art. 33 CMR

Wie bereits in der Einführung zu dieser Kommentierung erwähnt, erscheint die Zuständigkeit der Schiedskammern für CMR Transporte mangels einer eindeutigen Zuweisungsvorschrift im spanischen Recht fraglich, wurde jedoch von der Audiencia Provincial von Madrid durch Urteil vom 1.12.2000 (JUR\2001\106052) sowie von der Audiencia Provincial von Alicante durch Urteil vom 26.10.2004 (JUR\2004\2112) bestätigt.

Ebenfalls fraglich erscheint, ob eine Schiedsgerichtsvereinbarung der Parteien des Transportvertrages für den regressführenden Versicherer nach Rechtserwerb durch Abtretung der Rechte des Versicherten verbindlich ist. Die Audiencia Provincial von Oviedo bejahte diese Frage durch Urteil vom 11.4.1995, während die Audiencia Provincial von Bilbao den Versicherer nicht an eine solche Vereinbarung gebunden sah (Urteil vom 26.6.1994).

XXXV. Art. 36 CMR

In ihrer Entscheidung vom 27.7.2010 beschäftigt sich die Audiencia Provincial von Barcelona mit der Aufrechnung von Ersatzansprüchen wegen eines Verlustes von Transportgut durch Fahrzeugbrand. Das spanische Recht kennt neben der Aufrechnung durch Parteienvereinbarung („compensación legal") auch die Aufrechnung im Prozess durch gerichtliche Feststellung („compensación judicial"). Der Art. 1196 des Zivilgesetzbuches statuiert als Voraussetzungen für die Aufrechnung die Fälligkeit, Gleichartigkeit und Durchsetzbarkeit beider Forderungen, wobei jedoch gemäß Entscheidungen des Tribunal Supremo vom 15.2.2005 und vom 5.1.2007 für die gerichtliche Aufrechnung nicht erforderlich sei, dass diese Voraussetzungen vollständig zu Beginn des Rechtsstreits vorliegen. Ausreichend sei auch, dass sie während des Rechtsstreits eintreten.

Die Aufrechnung durch Parteienvereinbarung („compensación legal") kann im spanischen Recht nur durch zweiseitiges Rechtsgeschäft erfolgen. Nimmt eine Partei das Aufrechnungsangebot nicht an, so kann dieselbe nur durch gerichtliche Feststellung („compensación judicial") erfolgen.

XXXVI. Art. 37 CMR

Die Audiencia Provincial von Barcelona stellt in ihrem Urteil vom 27.7.2010 fest, dass der Rückgriff nehmende Frachtführer nur dann aktivlegitimiert ist, wenn er die Entschädigung auch tatsächlich gezahlt hat. Nicht ausreichend für den Rückgriffsanspruch ist, dass der Frachtführer lediglich verpflichtet ist, die Entschädigung zu zahlen, ohne sie jedoch bereits gezahlt zu haben.

Tschechische Republik

Dr. Christian Mayer, Zöbing (A) und Prag (CZ)

Übersicht

	Seite		Seite
I. Einleitung	1208	**III. Die CMR im tschechischen Recht**	1211
1. Historischer Abriss	1208	1. Anwendungsvoraussetzungen	1211
2. Quellen	1209	2. Judikatur des Obersten Gerichts (Neijvyšší Soud) zur CMR	1212
3. Zur Struktur des tschechischen Gerichtswesens	1209	a) Art. 1 CMR	1212
II. Zur Systematik des tschechischen Transportrechts	1210	b) Art. 11 CMR	1214
1. Speditionsvertrag (§§ 601–609 HGB)	1210	c) Art. 17 CMR	1215
2. Transportvertrag (§§ 610–629 HGB)	1211	d) Art. 32 CMR	1216

I. Einleitung

1. Historischer Abriss

Im Jahr 1974 ist die damalige Tschechoslowakische Sozialistische Republik (ČSSR) dem CMR-Abkommen beigetreten; das entsprechende tschechoslowakische Gesetz ist 1975 in Kraft getreten (VO 11/1975 GBl.). In den folgenden 15 Jahren ist die CMR allerdings von geringer Bedeutung gewesen, weil der grenzüberschreitende Transport auf der Straße marginal war. Das ist auch der Grund, warum die Rechtsprechung in diesem Bereich (dies betrifft Quantität und Qualität gleichermaßen) vernachlässigbar ist.

Die damals in Kraft befindliche nationale Rechtsordnung wurde nach dem Fall des „Eisernen Vorhangs" Ende 1989 weitgehend durch eine neue Rechtsordnung abgelöst, die in vielen Bereichen an die deutsche und österreichische Rechtsordnung angelehnt ist. Das für den Themenbereich des Transportrechts nach wie vor wichtigste Gesetzeswerk, das tschechische Handelsgesetzbuch (Gesetz 513/1991) vom 5.11.1991, wurde mit Wirkung vom 1.1.1992 in Kraft gesetzt. Bemerkenswert ist dabei, dass es gerade im Bereich der Bestimmungen über Spediteure und Frachtführer eine eigentümliche Struktur aufweist (siehe dazu weiter unten) und dass im Gegensatz zu Deutschland und Österreich die CMR nach wie vor nicht für nationale Transporte gilt.

Die Stellung der CMR für internationale Transporte ist aus dem vierten Teil des tschechischen HGB abzuleiten; § 756 normiert konkret, dass internationale Abkommen, die von Tschechien unterzeichnet und in der tschechischen Gesetzessammlung veröffentlicht wurden, Vorrang gegenüber nationalen Bestimmungen zum gleichen Thema haben.

Seit dem Beginn der 1990er Jahre ist das Aufkommen sowohl im nationalen als auch im grenzüberschreitenden Straßengüterverkehr stetig gestiegen. Diese Entwicklung wurde durch den EU-Beitritt Tschechiens zum 1.5.2004 sowie den Beitritt zum Schengener Abkommen zum 21.12.2007 weiter verstärkt. Dies hat in der Folge auch zu einer Belebung der diesbezüglichen Judikatur geführt.

Dennoch muss gesagt werden, dass die Anzahl und auch die Tragweite der tschechischen Urteile zur CMR nach wie vor nicht vergleichbar sind mit der einschlägigen Rechtsprechung in anderen Ländern. Unverändert lässt die Qualität in diesem Bereich in den unteren Instanzen zu wünschen übrig. Generell ist festzustellen, dass die tschechischen Gerichte versuchen, bei der Auslegung der Bestimmungen der CMR die jeweilige Rechtsprechung insbesondere in Deutschland und Österreich zu berücksichtigen. Aus diesen Gründen und um den Rahmen nicht zu sprengen, soll hier nur auf die Rechtsprechung des Obersten Gerichts der Tschechischen Republik (Neijvyšší Soud) mit Sitz in Brno (Brünn) eingegangen werden.

2. Quellen

Die Literatur zu diesem Thema in der Tschechischen Republik ist spärlich. Als einziges Standardwerk dazu kann die 2007 in dritter Auflage erschienene Publikation von Václav Roubal, „Přepravní Smlouva v Mezinárodní Silniční Dopravě Nákladů", betrachtet werden. Sehr hilfreich bei der Beschäftigung mit der Materie ist auch die deutsche Übersetzung des tschechischen Handelsgesetzbuches.[1]

Ein Großteil der relevanten nationalen gesetzlichen Bestimmungen stammt aus der Zeit der Tschechischen und Slowakischen Föderativen Republik (ČSFR) ab 1990. 1992 erfolgte dann die Trennung in die Tschechische Republik einerseits und die Slowakische Republik andererseits.

Die jeweils aktuellen Gesetzestexte können auf der Website des tschechischen Verkehrsministeriums, Ministerstvo Dopravy (www.mdcr.cz), eingesehen werden.

Aktuelle allgemeine rechtliche Informationen sowie das allgemein zugängliche Firmenregister und Informationen zur Judikatur finden sich (allerdings nur in tschechischer Sprache) auf www.justice.cz.

Auf diesen Quellen sowie vor allem auf den entsprechenden veröffentlichten Urteilen des Obersten Gerichts der Tschechischen Republik (www.nsoud.cz) beruhen die folgenden Ausführungen.

3. Zur Struktur des tschechischen Gerichtswesens

Das tschechische Gerichtssystem ist zweistufig aufgebaut. Auf der ersten Stufe stehen die Bezirksgerichte, wobei es hier eine Unterteilung in zwei Kategorien,

---

[1] *Hilar Baburek*, Tschechisches Handelsgesetzbuch, 2011.

abhängig vom Streitwert (bis oder über CZK 100.000,–), gibt. Die jeweils als 2. Instanz oder Berufungsinstanz fungierenden Amtsgerichte und Landesgerichte zählen ebenso zur zweiten Stufe wie das Oberste Gericht.

Grundsätzlich ist festzustellen, dass es auch auf der Seite der Rechtsanwälte kaum Spezialisierungen auf transportrechtliche Fragen gibt. Die allgemein geringen Kenntnisse des Transportrechts korrespondieren mit oftmals extrem langen Verfahrensdauern (ein Zeitraum von zehn Jahren für den Zug durch die Instanzen ist keine Seltenheit).

II. Zur Systematik des tschechischen Transportrechts

Die Grundlagen des tschechischen Transportrechts finden sich im tschechischen HGB im 3. Teil, Geschäftliche Schuldverhältnisse (Handelsgeschäfte) im Titel 2. – „Besondere Festlegungen über einige geschäftliche Schuldverhältnisse".

Das tschechische HGB definiert vier verschiedene Vertragstypen, mit denen das Transportrecht abgedeckt wird:

– Speditionsvertrag: Abschnitt XIII (§§ 601–609),
– Frachtvertrag: Abschnitt XIV (§§ 610–629),
– Vertrag über die Miete eines Verkehrsmittels: Abschnitt XV (§§ 630–637),
– Vertrag über den Betrieb eines Verkehrsmittels: Abschnitt XVI (§§ 638–641).

Die Betrachtung der Bestimmungen über den Speditions- und Frachtvertrag reicht in der Praxis nicht aus, weil eine Reihe von wichtigen Themen, wie z.B. die Anforderungen an ein Transportmittel, in den Abschnitten über die Miete und den Betrieb eines Verkehrsmittels behandelt wird.

Die für Lagerungen relevanten Bestimmungen finden sich im Abschnitt VIII „Lagervertrag" (§§ 527–535), wobei die Haftung des Lagerhalters grundsätzlich analog zur Haftung des Frachtführers geregelt ist. Das dem Lagerhalter zustehende gesetzliche Pfandrecht zur Absicherung seiner Ansprüche aus dem Lagervertrag ist ebenfalls in diesem Abschnitt geregelt.

1. Speditionsvertrag (§§ 601–609 HGB)

Analog zu den entsprechenden österreichischen oder deutschen Bestimmungen wird als Spediteur bezeichnet, wer die Versendung von Gütern im eigenen Namen und auf fremde Rechnung von einem bestimmten Ort zu einem bestimmten Ort besorgt.

Die Frage der Klassifikation eines Vertrages als Speditionsvertrag wird vorrangig nach dem erkennbaren Willen der Vertragsparteien im Hinblick auf die Besorgung der Güterversendung (z.B. durch das Vorliegen entsprechender Dokumente) beurteilt. Gewerbsmäßigkeit ist dabei nicht Voraussetzung für das Vorliegen eines Speditionsvertrages. Als typisch für einen Speditionsvertrag wird der Umstand angesehen, dass sich der Versender gegenüber dem Spediteur zur Zahlung einer „Provision" für seine Vermittlungstätigkeit verpflichtet (§ 601

Abs. 1). Daraus leitet sich auch der Verweis im § 609 ab, wonach für alle nicht in diesem Abschnitt geregelten Fragen die Bestimmungen über den Kommissionsvertrag (Abschnitt XI, §§ 577–590) heranzuziehen sind.

Im § 605 HGB wird einerseits die Möglichkeit des Selbsteintrittes des Spediteurs bei der Ausführung der Beförderung geregelt sowie andererseits die Haftung des Spediteurs für einen von ihm eingesetzten weiteren (Zwischen-)Spediteur. Für einen solchen Zwischenspediteur haftet der Spediteur in vollem Umfang „als ob er selbst diesen Versand besorgen würde" (§ 605 Abs. 2). Die Haftung des Spediteurs erstreckt sich hingegen nicht auf den Frachtführer; auch der Begriff des „Fixkostenspediteurs" ist im tschechischen Recht nicht bekannt.

Neben den Bestimmungen des HGB sind auch noch die vom tschechischen Spediteurverband (Svaz Spedice a Logistiky Ceské Republiky, www.sslczech.cz) herausgegebenen Allgemeinen Speditionsbedingungen (2005) relevant, die allerdings materiell weitgehend eine Wiederholung der Bestimmungen des HGB enthalten.

2. Transportvertrag (§§ 610–629 HGB)

Auch dieser Teil entspricht weitgehend den österreichischen bzw. deutschen Regelungen: Mit dem Transportvertrag übernimmt der Transporteur (Frachtführer) die Beförderung von bestimmten Sachen von einem bestimmten Versandort an einen bestimmten Ablieferungsort; der Versender verpflichtet sich im Gegenzug zur Zahlung des Transportentgeltes. Ein Transportvertrag ist nicht an die Schriftform gebunden; entscheidend für die Klassifikation eines Vertrages als Transportvertrag ist die Tätigkeit der Beförderung sowie die Vergütung (Frachtgebühr).

Bemerkenswert ist hier vor allem die Bestimmung des § 624 Abs. 1, wonach der Frachtführer mit dem vollen Wert der transportierten Güter für Beschädigung und Verlust haftet. Abgesehen von den im § 622 angeführten Ausschlüssen (unabwendbares Ereignis, vom Versender/Abnehmer/Wareneigentümer verursachte Schäden, Beschaffenheitsschäden, Verpackungsmängel) kann der Haftungsumfang nicht durch vertragliche Vereinbarung oder durch allgemeine Geschäftsbedingungen eingeschränkt werden (§ 629).

Der Frachtführer haftet seinem Auftraggeber (Versender/Abnehmer/Spediteur) gegenüber auch für seine Subfrachtführer sowie für alle Personen, deren er sich zur Vertragserfüllung bedient.

III. Die CMR im tschechischen Recht

1. Anwendungsvoraussetzungen

Die vorliegenden jüngeren Entscheidungen des Obersten Gerichts zeigen klar die Vorgangsweise bei der Prüfung der Frage, welche gesetzlichen Grundlagen bei der Lösung von Streitfällen heranzuziehen sind. In jedem Fall wird zuallererst überprüft, ob in einem Streitfall ein Beförderungsvertrag im Sinne der § 610 ff. HGB vorliegt. Dies ist regelmäßig dann der Fall, wenn der Gegenstand des Vertrages der entgeltliche Transport zwischen zwei genau bestimmten Orten ist.

Erst wenn festgestellt ist, dass es sich bei dem zu prüfenden Vertrag um einen Beförderungsvertrag handelt, erfolgt die Klärung der Frage, inwieweit dieser Vertrag der CMR unterliegt. Dazu wird formal auf den § 756 HGB Bezug genommen, wonach die Bestimmungen des HGB keine Anwendung finden, sofern ein internationaler Vertrag, der für die Tschechische Republik verbindlich und ordnungsgemäß in der Gesetzessammlung veröffentlicht ist, andere Regelungen enthält.

Für jene Fragestellungen, die mit Hilfe der Bestimmungen der CMR bzw. des tschechischen HGB nicht geklärt werden können, ist nach wie vor auf das Wirtschaftsgesetzbuch (Gesetz 109/1964 GBl.) sowie auf die darauf beruhenden Verordnungen zurückzugreifen.

2. Judikatur des Obersten Gerichts (Neijvyšší Soud) zur CMR

Die in den letzten Jahren veröffentlichten Entscheidungen des Obersten Gerichts zur CMR befassen sich vor allem mit Fragen der grundsätzlichen Anwendbarkeit (Art. 1), der Verantwortung bezüglich der Beförderungsdokumente (Art. 11), der Haftung für Schäden (Art. 17) sowie mit der Verjährung (Art. 32). Sowohl die Anzahl der veröffentlichten Entscheidungen zur CMR als auch deren materielle Bedeutung ist als marginal einzustufen und nicht mit der Judikatur in anderen Ländern vergleichbar.

Um Wiederholungen zu vermeiden, werden im Folgenden nur jene Entscheidungen behandelt, die seit dem Erscheinen der vorhergehenden Auflage des Kommentars zur CMR publiziert wurden.

a) Art. 1 CMR

In einer Entscheidung aus dem Jahr 2009 (23 Cdo 2704/2009) befasste sich das Oberste Gericht der Tschechischen Republik mit der Frage, wie die Beziehungen zwischen den Vertragsparteien auszusehen haben, damit die Bestimmungen der CMR Anwendung finden können.

Dabei hat das Oberste Gericht mit Hinweis auf Art. 1 Abs. 1 CMR festgestellt, dass die CMR auf die Verträge über die entgeltliche Beförderung von Sendungen mittels eines Straßenkraftfahrzeuges anzuwenden ist, bei denen der vereinbarte Abholungsort und der voraussichtliche Lieferort der Sendung in zwei verschiedenen Ländern liegen, von denen mindestens eines Mitgliedstaat dieses Übereinkommens ist.

Diese Bestimmung gilt demnach ungeachtet des Wohnsitzes und der Staatsangehörigkeit der Parteien. Es muss sich daher ausschließlich um einen Beförderungsvertrag handeln, der dadurch charakterisiert wird, dass sich der Frachtführer zu einem Transport einer Sache von einem bestimmten Absendeort zu einem bestimmten Ablieferort verpflichtet und dass sich der Absender verpflichtet, ihm dafür eine Vergütung zu zahlen. Dabei ist es offensichtlich, dass die Vertragsparteien die Sendung sowie den Absende- und Bestimmungsort immer genau zu definieren haben.

Im gegenständlichen Fall wurde zwischen den beiden Vertragsparteien ein Vertrag über insgesamt 75 Transporte von zwei verschiedenen Absendeorten an drei Bestimmungsorte geschlossen. Dabei sollte der Versender jeweils drei Tage vor dem einzelnen Transport ein Aviso per Fax an den Frachtführer senden und dieser sollte den Transport zu dem im Aviso angeführten Termin sicherstellen.

Diesen Vertrag hat das Oberste Gericht als Rahmenvertrag qualifiziert, für den die Bestimmungen der CMR nicht anzuwenden sind. Lediglich die einzelnen Beförderungsverträge, die aufgrund des vom Versender an den Frachtführer übermittelten Avisos zustande gekommen sind, unterliegen demnach den Bestimmungen der CMR.

Das Oberste Gericht hat sich in einer Entscheidung aus dem Jahr 2008 (23 Cdo 5211/2008) ebenfalls zur grundsätzlichen Anwendbarkeit der CMR geäußert. Ausgangsbasis dafür war ein Gerichtsverfahren, das erstinstanzlich vor einem Prager Amtsgericht geführt wurde (23 C 54/2007) und bei dem es um die Auswirkung eines vom Frachtführer nicht ordnungsgemäß besorgten Zolldokumentes hinsichtlich der Verpflichtung des Versenders zur Zahlung des Frachtentgeltes ging.

Die in erster Instanz nach Vorlage des ursprünglich fehlenden Dokumentes im Zuge des Gerichtsverfahrens verfügte Verpflichtung des Versenders zur Zahlung der Fracht wurde von der verurteilten Partei im Wege eines Berufungsverfahrens beim Stadtgericht Prag angefochten (39 Co 137/2008-81) und zwar mit der Begründung, dass der Sachverhalt nicht genau festgestellt worden und die Rechtsbeurteilung folglich falsch gewesen sei.

Das Berufungsgericht hat das Urteil des Gerichts 1. Instanz überprüft und festgestellt, dass das Gericht 1. Instanz bei seiner Entscheidung von ausreichenden Sachverhaltsunterlagen ausgegangen war und entsprechend richtig gefolgert hat, dass zwischen den Parteien ein Beförderungsvertrag gemäß § 610ff. HGB besteht. Entsprechend den Bestimmungen des § 756 HGB beurteilte es dann die Vertragsbeziehung der Parteien nach der VO 11/1975 GBl. zum Übereinkommen über den Beförderungsvertrag im internationalen Straßengüterverkehr (CMR), obwohl es sich um eine Beziehung zweier inländischer Unternehmen handelt.

Das Oberste Gericht stellt fest, dass dies vom Prager Stadtgericht zutreffend damit begründet wird, das der Abholort und der voraussichtliche Lieferort der Sendung, wie in der Bestellung bzw. dem Vertrag angegeben, in zwei verschiedenen Ländern liegen, von denen mindestens eines Mitgliedstaat dieses Übereinkommens ist (Art. 1 Abs. 1 CMR). Die CMR findet folglich auch auf den Streit über die Zahlung des Beförderungspreises Anwendung. Dabei wird explizit auf ein früheres Urteil des Obersten Gerichts der Tschechischen Republik aus dem Jahr 2000 verwiesen (33 Cdo 1262/2000).

Auch in einer weiteren Entscheidung aus dem Jahr 2008 (23 Cdo 1104/2008) hat sich das Oberste Gericht mit der Frage der Anwendbarkeit der CMR befasst. Ausgangsbasis war in diesem Fall ein Urteil des Stadtgerichts Brünn aus dem Jahr 1997 (47 C 292/93), in dem über die Erstattung von Tankkosten entschieden wurde, die der beklagte Frachtführer im Rahmen seiner internationalen Transporttätigkeiten mit Tank-Kreditkarten verursacht hatte, die der Kläger als Leasinggeber der vom Frachtführer eingesetzten Fahrzeuge zur Verfügung gestellt hatte. Die Besonderheit in diesem Fall bestand darin, dass der zwischen den Parteien abgeschlossene Vertrag noch vor Inkrafttreten des tschechischen HGB zustande gekommen war und die Frage der Anwendbarkeit der CMR hier unter Heranziehung der einschlägigen Bestimmungen des (mit Einführung des HGB außer Kraft gesetzten) Wirtschaftsgesetzbuches zu prüfen war.

Das Gericht erster Instanz beurteilte ausgehend vom zugrunde liegenden Sachverhalt die Beziehung zwischen den Parteien als eine Beziehung zwischen Unternehmern, die 1991 entstand, und hat daraufhin gemäß der Bestimmung des § 773 Abs. 1 des HGB die frühere Rechtsvorschrift – das Wirtschaftsgesetzbuch – angewendet. Die im internationalen Straßengüterverkehr entstehenden Beziehungen werden mit der VO 11/1975 GBl. zum Übereinkommen über den Beförderungsvertrag im internationalen Straßengüterverkehr (CMR) geregelt. Für die mit diesem Übereinkommen nicht geregelten Fragen gilt das Gesetz 101/1963 GBl. über die Rechtsbeziehungen im internationalen Handel (ZMO).

Sowohl das Berufungsgericht als auch später das Oberste Gericht haben im Zuge des von der beklagten Partei angestrengten Revisionsverfahrens die Entscheidung der ersten Instanz bestätigt, wonach die zwischen den Parteien schriftlich verfasste Vereinbarung großteils nicht erfüllt wurde und die einzelnen Transporte unterschiedlich erfolgt sind. Laut dem Berufungsgericht kann daraus hergeleitet werden, dass die einzelnen Transporte individuell vereinbarte Beförderungsverträge darstellen, auf die die CMR anzuwenden ist, da es sich um internationalen Güterverkehr handelte. Die eigentliche Vereinbarung zwischen den Parteien kann nach Auffassung des Berufungsgerichtes als ein Rahmenvertrag betrachtet werden, der allgemein die Art ihrer Zusammenarbeit definiert, wobei der vermittelnde Charakter zwischen den Teilnehmern nicht real erfüllt wurde. Dieser (Rahmen-)Vertrag ist dann als ein Vertrag gemäß der Bestimmung des § 352 des Wirtschaftsgesetzbuches zu verstehen, d.h. ein Vertrag über „andere Arten der Zusammenarbeit" zwischen den Vertragsparteien.

b) Art. 11 CMR

In dem weiter oben zitierten Fall aus 2008 (23 Cdo 5211/2008) hat sich das Oberste Gericht auch mit den Bestimmungen des Art. 11 CMR befasst. Die grundsätzliche Frage bezüglich der beurteilten Sache lautete, ob der auf Zahlung des Frachtentgelts klagende Unterfrachtführer im vorliegenden Fall verpflichtet war, dem beklagten Erstfrachtführer beim Warenausgang aus dem Zollgebiet der EU den vom Zollamt bestätigten Dokumentenabschnitt 3/8 JSD vorzulegen, was durch die Verfahrensteilnehmer als Bedingung für die Zahlung der Beförderungsrechnung festgelegt wurde.

Das Oberste Gericht hat die Ausführung des Berufungsgerichts bestätigt, wonach der ausführende Frachtführer erst dann die Zahlung der Fracht begehren konnte, nachdem er den Transport durchgeführt und das Zolldokument vorgelegt hatte, weil die Entstehung des Anspruchs auf Zahlung der Fracht laut dem zugrunde liegenden Vertrag auf die Vorlage des vom Zollamt bestätigten Dokumentabschnitts 3/8 JSD beim Warenausgang aus dem Zollgebiet der EU gebunden war. Diese Ansicht des Berufungsgerichts wäre laut Oberstem Gerichtshof nur dann zu korrigieren, wenn der klagende Unterfrachtführer hätte nachweisen können, dass die Übergabe des Dokuments objektiv unmöglich war (z.B. weil ein solches Dokument gar nicht ausgestellt wird oder nicht existiert). In einem solchen Fall wäre der betreffende Vertragsabschnitt ungültig und dem klagenden Unterfrachtführer würde auch ohne Vorlage des gegenständlichen Dokuments ein Anspruch auf die Zahlung der Fracht entstehen.

Das Oberste Gericht stellt dazu fest, dass Art. 11 Abs. 3 CMR die Haftung des Frachtführers für die Folgen des Verlustes oder der falschen Anwendung der im Frachtbrief angeführten und demselben beigefügten oder dem Frachtführer übergebenen Dokumente behandelt. Hat der Erstfrachtführer zur Durchführung der Beförderung einen Vertragspartner beauftragt, so liegt es in der Verantwortung des Erstfrachtführers, für die Dokumentenübergabe zu sorgen. Daraus schließt das Oberste Gericht, dass dieser Artikel auf die Rechtsbeziehung zwischen dem Erstfrachtführer und dem Unterfrachtführer keine Anwendung findet.

c) Art. 17 CMR

In einer Entscheidung aus dem Jahr 2005 befasste sich das Oberste Gericht mit der Frage der Erstattung eines Schadens an einer transportierten Sendung (32 Odo 1606/2005), ausgehend von einem Verfahren vor dem Stadtgericht Prag (35 Cm 21/2001), dem ein mündlicher Beförderungsvertrag zu einem grenzüberschreitenden Transport zugrunde lag, der auch durch einen entsprechenden internationalen Frachtbrief dokumentiert wurde. In der ersten Instanz wurde die Klage des Versenders auf Schadenersatz durch den Frachtführer nach der rechtlichen Beurteilung des mit der Klage gemachten Anspruches unter Verweis auf die einschlägigen Bestimmungen der CMR abgewiesen. Das Gericht kam zu dem Schluss, dass der klagende Versender nicht nachgewiesen hat, dass an der Sendung ein Schaden in der geltend gemachten Höhe entstanden ist und dieser während der Beförderung durch den beklagten Frachtführer entstand.

Das Verfahren wurde durch den Kläger in die Berufungsinstanz (Obergericht Prag, 12 Cmo 11/2005-98) gezogen. Das Berufungsgericht hielt den Einwand des Klägers, für die Beurteilung des mit der Klage geltend gemachten Anspruchs wären die Bestimmungen des tschechischen HGB sowie die allgemeinen Schadenersatzbestimmungen des Bürgerlichen Gesetzbuchs anzuwenden, zunächst für unbegründet. Im Sinne des § 756 HGB finden diese Bestimmungen nur dann

Anwendung, wenn ein für die Tschechische Republik verbindlicher und im Gesetzblatt veröffentlichter internationaler Vertrag keine abweichende Regelung enthält. Dementsprechend hat das Gericht erster Instanz bei der Beurteilung der Haftung des beklagten Frachtführers für den behaupteten Schaden bei der gegenständlichen Beförderung richtigerweise die einschlägigen Bestimmungen der CMR angewendet, da Art. 1 CMR auf alle Verträge über die entgeltliche Beförderung von Sendungen mittels eines Straßenkraftfahrzeuges anzuwenden ist, bei denen der vereinbarte Abholungsort und der voraussichtliche Lieferort der Sendung in zwei verschiedenen Ländern liegen, von denen mindestens eines Mitgliedsstaat dieses Übereinkommens ist.

Des Weiteren hat das Berufungsgericht der Ansicht des erstinstanzlichen Gerichts zugestimmt, wonach der beklagte Frachtführer für den behaupteten Schaden nicht im Sinne des Art. 17 CMR haftet, da durch die Beweisführung im Verfahren nicht erwiesen wurde, dass der Schaden bei der durch den beklagten Frachtführer durchgeführten Beförderung, d.h. zwischen der Übernahme der Sendung durch den Frachtführer und ihrer Übergabe an den Empfänger, entstand.

In der schließlich durch den klagenden Versender eingelegten Revision hat das Oberste Gericht festgestellt, dass die Gerichte in beiden vorhergegangenen Instanzen bei der Beurteilung des Klageanspruchs die richtige Rechtsvorschrift, d.h. das HGB und darauf basierend die CMR angewendet und deren einschlägige Bestimmungen richtig ausgelegt haben. Wie aus dem Inhalt der Revision hervorgeht, hat der Revisionsantragsteller den Charakter der Haftung eines Frachtführers für Sendungsschäden gemäß der CMR (Art. 17), die objektiv mit einer Haftungsbefreiung verbunden ist, offensichtlich nicht richtig interpretiert, wobei die Beweislast für das Vorliegen eines Freistellungsgrundes beim beklagten Frachtführer liegt, der diese im Spruchverfahren getragen hat. Die Revision wurde erwartungsgemäß verworfen.

d) Art. 32 CMR

In der bereits weiter oben zitierten Entscheidung des Obersten Gerichts aus dem Jahr 2009 (23 Cdo 2704/2009) wird auch auf die Frage der anzuwendenden Verjährungsfristen eingegangen.

Das Obergericht in Prag hatte am 18.12.2008 als Berufungsinstanz in gegenständlichem Fall (12 Cmo 243/2008) die angefochtene erstinstanzliche Entscheidung des Bezirksgerichts in Ustí nad Labem vom 29.2.2008 (19 Cm 659/2000) bestätigt, wonach der vom beklagten Absender erhobene und mit Art. 32 CMR begründete Einwand der Anspruchsverjährung für unbegründet erklärt wurde, da es sich um keinen Anspruch handelt, der im Zusammenhang mit einem gemäß CMR erfolgten konkreten Transport entstand und der zwischen dem Versender und dem Frachtführer geschlossene Vertrag lediglich einen Rahmenvertrag darstellt, auf den vielmehr die Bestimmungen des tschechischen HGB anzuwenden sind.

Das Prager Obergericht hat dazu ausgeführt, dass in diesem Fall durch den klagenden Frachtführer ein Anspruch auf Schadenersatz wegen der Verletzung eines Beförderungsrahmenvertrages gemäß § 269 Abs. 2 HGB geltend gemacht wird. Für die Beurteilung dieses Anspruchs und insbesondere seiner Verjährung werden somit nicht die Bestimmungen der CMR, sondern die einschlägigen Schadenersatzbestimmungen gem. §§ 373 ff. HGB sowie bezüglich der Anspruchsverjährung die Bestimmungen der §§ 387 ff. HGB, herangezogen. Die in den genannten Bestimmungen des HGB festgelegte Verjährungsfrist beträgt vier Jahre, was im gegenständlichen Fall zur Folge hatte, dass der geltend gemachte Anspruch seitens des klagenden Frachtführers nicht verjährt war.

In der weiter oben erläuterten Entscheidung aus dem Jahr 2008 (23 Cdo 1104/2008) befasste sich das Oberste Gericht auch mit der Frage der Verjährung gemäß Art. 32 CMR. Das Gericht erster Instanz hatte in diesem Fall insbesondere zu prüfen, ob die Forderung des Klägers über die entstandenen Tankkosten nicht durch eine Aufrechnung seitens des Beklagten erloschen ist. Zur Aufrechnung verwendete der beklagte Frachtführer seine Frachtforderungen. Gegen die Tatsache, dass die Beförderungen stattgefunden haben, und gegen die Frachtbeträge hatte der Kläger nichts einzuwenden gehabt, er behauptete jedoch, dass der beklagte Frachtführer keinen Anspruch auf ihre Zahlung hätte, weil die erfolgte Beförderung mangelhaft gewesen sei. Diese Behauptung konnte der Kläger jedoch nicht nachweisen. Dem beklagten Frachtführer entstand ein Anspruch auf Zahlung der Fracht, den er gemäß der Bestimmungen des § 265 ZMO auch gegen den Willen der anderen Partei des Schuldverhältnisses gegen den Anspruch des Klägers aufrechnen konnte. Da gemäß Art. 32 Ziff. 4 CMR verjährte Ansprüche weder durch eine gegenseitige Klage noch durch Einwände geltend gemacht werden können, befasste sich das Gericht 1. Instanz ferner mit der Beurteilung, ob der Anspruch auf Frachtzahlung nicht verjährt ist. Gemäß Art. 32 Ziff. 1 CMR verjähren Ansprüche aus Beförderungsverträgen nach einem Jahr, wobei die Verjährungsfrist bei der Fracht nach Ablauf von drei Monaten ab dem Abschluss des Beförderungsvertrags beginnt.

Die unter Anwendung der einschlägigen Bestimmungen der CMR vom Gericht 1. Instanz getroffene Entscheidung, dass die Ansprüche des beklagten Frachtführers auf Zahlung der Fracht nicht verjährt seien, wurde vom Berufungsgericht bestätigt; allerdings unter Anwendung der Bestimmungen des § 131a des Wirtschaftsgesetzbuches, nach der der Lauf und der Beginn der Verjährungsfrist nicht nach dem CMR-Übereinkommen zu beurteilen sind.

In der abschließenden Revision prüfte das Oberste Gericht unter anderem auch die vom Kläger wiederholt vorgebrachten Einwände der Verjährung der gegenzurechnenden Frachtforderungen des beklagten Frachtführers sowie die Zulässigkeit der Aufrechnung der gegenseitigen Forderungen. Dabei wurde die Entscheidung des Berufungsgerichts bestätigt, wonach sowohl die Verjährung auf Basis des Wirtschaftsgesetzbuches zu beurteilen ist (und demnach nicht eingetreten ist) als auch die Beurteilung der Zulässigkeit der gegenseitigen Aufrechnung auf derselben Basis zu entscheiden ist. Die entsprechende Bestimmung des § 361

Abs. 3 (das Urteil verweist fälschlicherweise auf Abs. 1) verlangt zur Aufrechnung eine vorherige schriftliche Vereinbarung beider Parteien. Die einseitige Aufrechnung war nicht zulässig und konnte somit die vom Teilnehmer beabsichtigten Wirkungen nicht hervorrufen.

Türkei

Av. Burcu Bilgin* / Dr. Kerim Atamer**

Übersicht

I. Anwendung der CMR in der Türkei 1219
II. Kombinierter Transport (Art. 2) 1221
III. Gehilfenhaftung (Art. 3).......... 1221
IV. Frachtbrief (Art. 4)................ 1221
V. Frachtbriefangaben (Art. 6 und 7).................................. 1222
VI. Überprüfungspflichten des Frachtführers (Art. 8)............. 1222
VII. Beweiswirkung des Frachtbriefs (Art. 9) 1222
VIII. Begleitpapiere (Art. 11)........... 1222
IX. Verfügungsrecht über das Gut (Art. 12).............................. 1223
X. Rechte und Pflichten des Empfängers (Art. 13).............. 1223
XI. Ablieferungshindernisse (Art. 14, 15 und 16) 1223
XII. Haftung des Frachtführers (Art. 17)............................... 1224
XIII. Überschreitung der Lieferfrist (Art. 19).............................. 1225

XIV. Verlustvermutung und Wiederauffinden von Gut (Art. 20)............................... 1225
XV. Haftungsumfang bei Verlust von Gut (Art. 23) 1225
XVI. Zinsen (Art. 27)..................... 1226
XVII. Wegfall der Haftungsbeschränkungen (Art. 29).................... 1227
XVIII. Verjährung (Art. 32) 1228
XIX. Aufeinanderfolgende Straßenfrachtführer (Art. 34–40) 1228
XX. Zwingende Vorschriften (Art. 41)............................... 1229
XXI. Prozessuale Fragen im Regressprozess..................... 1229
   1. Gesetzlicher Forderungsübergang.............................. 1229
   2. Direktanspruch gegen den CMR-Versicherer................. 1229
   3. Streitverkündung................. 1230
   4. Drittschadensliquidation 1230

I. Anwendung der CMR in der Türkei

Die Türkei[1] hat der Ratifizierung des Übereinkommens über den Beförderungsvertrag im internationalen Straßengüterverkehr („CMR") durch das Gesetz

---

* *Avukat*, Partnerin, RAe Erçin Bilgin Bektaşoğlu (www.ebb-law.com), Istanbul, e: burcu.bilgin@ebb-law.com.
**Dr. *iur.* (Hamburg, 1999), *Doçent*, Mitglied des Ausschusses für die Vorbereitung des neuen türkischen Handelsgesetzbuchs, e: kerimatamer@yahoo.com.
1 Vgl. zum türkischen Transport- und Seehandelsrecht *Kerim Atamer*, Das neue türkische Handelsgesetzbuch, TranspR 2011, 104; *ders.*, Reform des türkischen Transport- und Seefrachtrechts, TranspR 2010, 50; *ders.*, Reform des Seehandelsrechts im Entwurf des Türkischen Handelsgesetzbuchs, in: Yeşim M. Atamer / Klaus J. Hopt (Hrsg.), Kompatibilität des türkischen und europäischen Wirtschaftsrechts – Der neue türkische HGB-Entwurf und benachbarte Rechtsgebiete, Tübingen 2009, S. 91; *Arslan Kaya*, Analysis of the Provisions regarding Carriage of Goods by Road in the Turkish Commercial Code and the Draft Turkish Commercial Code, in: Yeşim M. Atamer / Klaus J. Hopt (Hrsg.), Kompatibilität des türkischen und europäischen Wirtschaftsrechts – Der neue türkische HGB-Entwurf und benachbarte Rechtsgebiete, Tübingen 2009, S. 69.

Nr. 3939 vom 7. Dezember 1993 zugestimmt. Der Text der CMR wurde im Amtsblatt Nr. 22161 vom 4. Januar 1995 veröffentlicht. Die formellen Schritte zur Ratifizierung wurden vollzogen und die CMR ist am 31. Oktober 1995 für die Türkei in Kraft getreten.[2]

Gemäß Art. 90 Abs. 5 der türkischen Verfassung haben die ordnungsgemäß in Kraft gesetzten internationalen Übereinkommen Gesetzeskraft. Zugleich stellt Art. 1 Abs. 2 des türkischen Gesetzes zum Internationalen Privat- und Zivilverfahrensrecht[3] Nr. 5718 vom 27. November 2007 klar, dass die Bestimmungen der von der Türkei ratifizierten internationalen Übereinkommen vorbehalten sind. Mithin ist die CMR in der Türkei vorrangig anwendbar, soweit die Beförderung in den Anwendungsbereich der CMR fällt. Im Hinblick auf Art. 1 Abs. 1 findet somit die CMR praktisch Anwendung auf jede grenzüberschreitende Beförderung, die in der Türkei beginnt oder endet.

In diesem Sinne hat auch die mit dem Transportrecht befasste 11. Kammer des türkischen Kassationshofes („TKH") in zahlreichen Entscheidungen[4] die vorrangige Anwendung der CMR bestätigt.[5]

Ebenfalls entschieden hat der TKH,[6] dass die Anwendbarkeit der CMR selbst dann vereinbart werden darf, wenn nur ein inländischer Transport vorliegt. Doch gelten die Bestimmungen der CMR in solchen Fällen nur als Vertragsbestimmungen insoweit, als sie nicht den zwingenden Bestimmungen des türkischen Handelsgesetzbuches („THGB") entgegenstehen.[7] In diesem Zusammenhang sieht Art. 766 THGB zwingend vor, dass sämtliche Bestimmungen, die die Haftung bei Beförderungsverträgen aufheben oder einschränken, ungültig sind. Mithin sind die Bestimmungen der CMR über die Haftungsbeschränkung und den

---

2 Zur Anwendung der CMR durch die türkischen Gerichte vgl. *Bilgehan Çetiner*, Die Gerichtspraxis der CMR in der Türkei, Annales de la Faculté de Droit d'Istanbul 2007, Volume: 39, No.: 56, S. 231 (abrufbar unter www.iudergi.com/tr/index.php/hukuk/article/viewFile/ 10598/ 9834); *Kemal Şenocak*, Die Haftung des Frachtführers für Güter- und Verspätungsschäden nach CMR in der Türkei, VersRAI 2010, 7.
3 Vgl. dazu etwa *Gülören Tekinalp*, The 2007 Turkish Code Concerning Private International Law and International Civil Procedure, in: Yearbook of Private International Law, Volume 9 (2007), S. 313.
4 Sämtliche nachfolgend genannten Entscheidungen sind erhältlich bei *Kazanci Mevzuat ve İçtihat Bankasi*, www.kazanci.com, Hakan Karan, Karayolunda Uluslararası Eşya Taşıma Sözleşmesi Hakkında Konvansiyon CMR Şerhi, 2011; Engin Erdil, CMR Konvansiyonu Şerhi, 2007.
5 Yargitay 11. Hukuk Dairesi („HD"), 1998/6184 E. 1999/940 K., 16.2.1999; Yargitay 11. HD, 1999/825 E. 1999/3429 K., 30.4.1999; Yargitay 11. HD, 2001/8481 E. 2002/453 K., 24.1.2002; Yargitay 11. HD, 2001/10668 E. 2002/2513 K., 19.3.2002; Yargitay 11. HD, 2003/ 1471 E. 2003/7182 K., 1.7.2003; Yargitay 11. HD, 2003/6196 E. 2004/567 K., 22.1.2004; Yargitay 11. HD, 2003/13029 E. 2004/9437 K., 7.10.2004; Yargitay 11. HD, 2004/7638 E. 2005/ 4531 K., 2.5.2005; Hukuk Genel Kurulu (Vereinigter Zivilsenat des TKH) („HGK"), 2008/ 11-52 E. 2008/119 K., 13.2.2008.
6 Yargitay 11. HD, 2003/13744 E. 2003/12152 K., 26.12.2003.
7 Vgl. zum gegenwärtigen türkischen Landfrachtrecht *Kerim Atamer*, Darstellung des innerstaatlichen Rechts des Straßentransports und der Spedition – Türkei, in: Rolf Herber/Henning Piper, CMR – Internationales Straßentransportrecht, München 1996, S. 717.

Haftungsausschluss Şpraktisch nicht anwendbar auf rein inländische Beförderungen.

Am 13. Januar 2011 hat das türkische Parlament das neue Türkische Handelsgesetzbuch („n-THGB") verabschiedet.[8] Das n-THGB ist am 1. Juli 2012 in Kraft getreten. Das Straßentransportrecht ist in Art. 856 ff. n-THGB geregelt, wobei die Bestimmungen der CMR und Art. 407 ff. des deutschen Handelsgesetzbuches als Grundlage genommen wurden. Nach Inkrafttreten des n-THGB wird also eine ähnliche Regelung auch für das inländische Straßentransportrecht einschlägig sein.

II. Kombinierter Transport (Art. 2)

Wenn es um einen kombinierten Transport geht, gilt das Übereinkommen gemäß Art. 2 CMR für die gesamte Beförderung, soweit das Gut nicht umgeladen wird. In einem Fall, wobei das Transportministerium die Durchfahrt durch das ehemalige Jugoslawien nicht genehmigt hatte, und der Frachtführer das Gut zwingendermaßen durch Seetransport befördern lassen musste, hat der TKH entschieden, dass der Frachtführer gemäß Art. 2 CMR wie ein Seebeförderer haftet, weil der Seetransport dem Absender bekannt war und hiergegen keine Einwände erhoben wurden, weshalb angenommen wurde, dass er den Seetransport genehmigt hätte.[9]

III. Gehilfenhaftung (Art. 3)

Gemäß Art. 3 CMR muss der Frachtführer für die Handlung und Unterlassung seiner Gehilfen und aller anderen Personen, deren er sich bei Ausführung der Beförderung bedient, wie für seine eigene einstehen. Der Vereinigte Zivilsenat des TKH hat darauf hingewiesen, dass der Hauptfrachtführer für die Verspätung seines Unterfrachtführers so haftet, als ob er selbst die schädigende Unterlassung begangen hätte.[10]

IV. Frachtbrief (Art. 4)

Art. 4 CMR sieht vor, dass der Beförderungsvertrag in einem Frachtbrief festgehalten wird. Der TKH hat in einer Entscheidung[11] die Anwendung von Art. 4 Satz 2 CMR mit den Worten bestätigt, dass das Fehlen eines Frachtbriefes die Gültigkeit des Beförderungsvertrags nicht berührt, und dass auch in diesem Falle

---

8 Vgl. ausführlich dazu die in Fn. 1 genannte Literatur.
9 Yargitay 11. HD, 1993/6337 E. 1994/4720 K., 6.6.1994.
10 HGK, 2008/11-52 E. 2008/119 K., 13.2.2008.
11 Yargitay 11. HD, 2003/6196 E. 2004/567 K., 22.1.2004.

im Hinblick auf den Anwendungsbereich der CMR für den gesamten Vertrag die CMR Anwendung findet.

V. Frachtbriefangaben (Art. 6 und 7)

Art. 6 CMR bestimmt, welche Angaben der Frachtbrief enthalten muss. Der TKH hat darauf hingewiesen, dass der Absender gemäß Art. 6 und 7 CMR für die Unrichtigkeit oder Unvollständigkeit der Frachtbriefangaben haftet.[12]

VI. Überprüfungspflichten des Frachtführers (Art. 8)

Art. 8 Abs. 1 CMR begründet nach in der Türkei herrschender Auffassung keine materiellrechtliche Verpflichtung, sondern eine Obliegenheit des Frachtführers hinsichtlich der Überprüfung des Gutes bei der Übernahme. Der Frachtführer ist berechtigt, Vorbehalte in den Frachtbrief einzutragen. Wenn der Frachtführer diese Obliegenheit verletzt, haftet er nicht auf Schadenersatz; jedoch obliegt ihm dann die Beweislast.[13]

VII. Beweiswirkung des Frachtbriefs (Art. 9)

Gemäß Art. 9 Abs. 1 CMR dient der Frachtbrief bis zum Beweis des Gegenteils als Nachweis für den Inhalt und den Abschluss des Beförderungsvertrages. Der TKH hat in zahlreichen Entscheidungen darauf hingewiesen, dass wenn im Sinne von Art. 8 Abs. 2 CMR keine Vorbehalte in den Frachtbrief eingetragen sind, vermutet wird, dass das Gut und seine Verpackung bei der Übernahme durch den Frachtführer äußerlich in gutem Zustande waren.[14]

VIII. Begleitpapiere (Art. 11)

Art. 11 Abs. 1 CMR regelt, welche Urkunden dem Frachtbrief beizugeben sind. Der TKH hat entschieden, dass der Absender für die Unvollständigkeit oder Unrichtigkeit der Urkunden und Angaben haftet.[15] Der Frachtführer muss die von dem Absender zur Verfügung gestellten Urkunden überprüfen. Maßstab für die

---

12 Yargitay 11. HD, 2004/2454 E. 2005/642 K., 3.2.2005; Yargitay 11. HD, 2005/12168 E. 2006/202 K., 17.1.2006.
13 Yargitay 11. HD, 2004/2454 E. 2005/642 K., 3.2.2005; Yargitay 11. HD, 2005/12168 E. 2006/202 K., 17.1.2006.
14 Yargitay 11. HD, 1999/5717 E. 1999/7458 K., 4.10.1999; Yargitay 11. HD, 1999/8071 E. 2000/1725 K., 2.3.2000; Yargitay 11. HD, 2000/994 E. 2000/2205 K., 23.3.2000; Yargitay 11. HD, 2001/1032 E. 2001/3048 K., 12.4.2001; Yargitay 11. HD, 2003/6234 E. 2003/9575 K., 20.10.2003; Yargitay 11. HD, 2006/12423 E. 2007/15015 K., 28.11.2007.
15 Yargitay 11. HD, 2005/12168 E. 2006/202 K., 17.1.2006.

Überprüfung ist die in Art. 20 THGB (Art. 18 Abs. 2 n-THGB) vorgesehene Sorgfaltspflicht, wonach sich jeder Kaufmann in seinen handelsgeschäftlichen Angelegenheiten wie ein ordentlicher Kaufmann zu verhalten hat.[16]

IX. Verfügungsrecht über das Gut (Art. 12)

Nach Art. 12 CMR ist der Absender grundsätzlich berechtigt, über das Gut zu verfügen. Er kann insbesondere verlangen, dass der Frachtführer das Gut nicht weiterbefördert, den für die Ablieferung vorgesehenen Ort ändert oder das Gut einem anderen als den im Frachtbrief angegebenen Empfänger abliefert. Der Vereinigte Zivilsenat des TKH hat entschieden, dass der Frachtführer haftet, wenn er das Gut an den im Frachtbrief erwähnten Empfänger abgeliefert hat, obwohl der Absender nachträglich einen anderen Empfänger bestimmt hat.[17]

X. Rechte und Pflichten des Empfängers (Art. 13)

Der Empfänger ist nicht Vertragspartei des Beförderungsvertrages, sondern Begünstigter aus diesem Vertrag. In erster Linie hat er somit Rechte aus dem Beförderungsvertrag, deren Wahrnehmung jedoch auch mit Pflichten des Empfängers verknüpft sein kann. Nach Art. 13 Abs. 2 CMR hat der Empfänger, der die Rechte aus Abs. 1 dieser Vorschrift geltend macht, den Gesamtbetrag der aus dem Frachtbrief ersichtlichen Kosten zu zahlen. Der TKH hat entschieden, dass vor der Ablieferung des Gutes der Absender für die Wartezeit haftet und dem Frachtführer ein Wartegeld gebührt, weil diesbezüglich keine Vereinbarung zwischen dem Empfänger und dem Frachtführer gegeben ist.[18] Es wird auch von dem TKH betont, dass das Gut an den Empfänger abgeliefert werden muss, damit dieser für die im Frachtbrief erwähnten Kosten haftbar gehalten werden kann, so dass im Falle der Nichtablieferung der Absender für diese Kosten einstehen muss.[19]

XI. Ablieferungshindernisse (Art. 14, 15 und 16)

Art. 14, 15 und 16 CMR regeln die Ablieferungshindernisse vor und nach Ankunft des Gutes am Bestimmungsort und die Rechte des Frachtführers in solchen Fällen. Der TKH hat entschieden, dass die Weisung der Zollbehörden über den Abbruch der Fahrt und die damit verbundene Entladung des Gutes ein Ablieferungshindernis bildet.[20] Falls ein Ablieferungshindernis nach Ankunft des Gutes

---

16 Yargitay 11. HD, 2006/12776 E. 2007/15749 K., 13.12.2007.
17 HGK, 1994/11-874 E. 1995/108 K., 1.3.1995.
18 Yargitay 11. HD, 2003/6913 E. 2004/1423 K., 17.2.2004.
19 Yargitay 11. HD, 2004/11912 E. 2005/11333 K., 22.11.2005.
20 Yargitay 11. HD, 2006/10775 E. 2007/894 K., 26.1.2007.

am Bestimmungsort entsteht, muss der Frachtführer gemäß Art. 15 CMR Weisungen des Absenders einholen. In diesem Zusammenhang hat der TKH in zahlreichen Entscheidungen darauf hingewiesen, dass im Falle der Annahmerverweigerung des Empfängers der Frachtführer die Weisung des Absenders einzuholen hat.[21] Nach dem TKH liegt die Beweislast beim Frachtführer, dass ein Ablieferungshindernis vorliegt, damit er von den in Art. 16 vorgesehenen Rechten Gebrauch machen kann.[22]

XII. Haftung des Frachtführers (Art. 17)

Gemäß Art. 17 Abs. 1 CMR ist die Hauptpflicht des Frachtführers der Transport des Gutes unter Einhaltung der Lieferfrist sowie die Ablieferung des Gutes beim Empfänger. Die Haftung des Frachtführers aus Art. 17 Abs. 1 CMR besteht von der Übernahme des Gutes bis zu dessen Ablieferung. Von einer Ablieferung in diesem Sinne kann noch nicht gesprochen werden, wenn das Gut am Bestimmungsort eintrifft und der Empfänger davon unterrichtet wird mit der Aufforderung, die Ware abzuholen.

Ein Schaden ist unvermeidbar im Sinne von Art. 17 Abs. 2 CMR und führt dann zu einem Haftungsausschluss, wenn er durch die äußerste dem Frachtführer zumutbare Sorgfalt nicht hätte abgewendet werden können. Allgemein kann Unvermeidbarkeit bei einem nächtlichen Raubüberfall auf einen fahrenden Lastzug angenommen werden, sofern nicht die konkreten Umstände des Einzelfalles für eine Außerachtlassung des äußersten zumutbaren Sorgfalt sprechen. Die Unvermeidbarkeit von Schäden bei Italientransporten wird aber abgelehnt.[23]

In zahlreichen Entscheidungen hat der TKH entschieden, dass der Frachtführer zur Überprüfung der Ladung und Stauung verpflichtet ist, auch wenn diese Tätigkeiten von dem Absender unternommen worden sind. In solchen Fällen, wo bewiesen werden kann, dass die Ladung und Stauung von dem Absender unternommen wurde, vertritt der TKH die Ansicht, dass den Frachtführer ein Mitverschulden trifft.[24] Dieses Mitverschulden wird meistens als 50% angenommen.

---

21 Yargitay 11. HD, 2002/3804 E. 2002/6351 K., 20.6.2002; Yargitay 11. HD, 2005/5620 E. 2006/5676 K., 15.5.2006; Yargitay 11. HD, 2006/12885 E. 2007/15852 K., 14.12.2007; Yargitay 11. HD, 2007/887 E. 2008/2399 K., 29.2.2008.
22 Yargitay 11. HD, 2004/956 E. 2004/12055 K., 7.12.2004.
23 Yargitay 11. HD, 2000/2114 E. 2000/3241 K., 20.4.2000; Yargitay 11. HD, 2003/5211 E. 2004/125 K., 12.1.2004; Yargitay 11. HD, 2005/13896 E. 2007/564 K., 22.1.2007; Yargitay 11. HD, 2007/10571 E. 2008/2204 K., 26.2.2008.
24 Yargitay 11. HD, 2009/245 E. 2010/6559 K., 7.6.2010; Yargitay 11. HD, 2005/866 E. 2006/688 K., 30.1.2006; Yargitay 11. HD, 2004/9126 E. 2005/5843 K., 6.6.2005; Yargitay 11. HD, 2005/5586 E. 2005/5462 K., 24.5.2005; Yargitay 11. HD, 2003/5444 E. 2004/399 K., 19.1.2004.

XIII. Überschreitung der Lieferfrist (Art. 19)

Die Vereinbarung einer Lieferfrist bedarf zu ihrer Wirksamkeit nicht der Aufnahme in den Frachtbrief. Nach der Auffassung des TKH liegt im Falle der Nichtvereinbarung der Lieferfrist eine Überschreitung vor, wenn die tatsächliche Beförderungsdauer die Frist überschreitet, die einem sorgfältigen Frachtführer unter Berücksichtigung der konkreten Umstände vernünftigerweise zuzubilligen ist.[25]

Damit der Empfänger Schaden für Überschreitung der Lieferfrist verlangen kann, muss er beweisen, dass daraus tatsächlich ein Schaden entstanden ist. Andererseits muss er darlegen, dass die Kausalität zwischen der Überschreitung der Lieferfrist und dem Schaden vorliegt. In einer Entscheidung hat der TKH darauf hingewiesen, dass die Klage abzuweisen ist, wenn zwischen der Verspätung und dem Schaden keine Kausalität gegeben ist.[26]

XIV. Verlustvermutung und Wiederauffinden von Gut (Art. 20)

Gemäß Art. 20 Abs. 1 CMR kann der Anspruchsberechtigte nach Ablauf einer Frist das Gut als verloren betrachten, wenn es nicht abgeliefert wurde. Der TKH hat entschieden, dass der Empfänger das Gut als verloren betrachten kann, wenn es binnen sechzig Tagen nach der Übernahme des Gutes durch den Frachtführer nicht abgeliefert worden ist, und dass in einem solchen Fall der Empfänger keine Verpflichtung zur Benachrichtigung gemäß Art. 20 Abs. 3 hat und Entschädigung gemäß Art. 23 CMR verlangen darf.[27]

XV. Haftungsumfang bei Verlust von Gut (Art. 23)

Die Warenrechnung bietet einen entscheidenden Anhaltspunkt für die Berechnung des Warenwertes im Rahmen von Art. 23 CMR, wenn konkrete Hinweise auf eine Abweichung des Rechnungsbetrages von dem tatsächlichen Wert nicht vorliegen. Der TKH hat darauf hingewiesen, dass der Rechnungsbetrag nur insoweit berücksichtigt werden kann, als er den Marktpreis reflektiert.[28]

Die Haftungssystematik der CMR sieht bei Verlust nur Wertsatz und diesen nur bis zu einem Höchstbetrag von SDR 8,33 für jedes fehlende Kilogramm des Rohgewichts vor. Der TKH hat in ständiger Rechtsprechung bestätigt, dass die

---

25 HGK, 2008/11-52 E. 2008/119 K., 13.2.2008; Yargitay 11. HD, 2005/12623 E. 2006/13193 K., 12.12.2006; Yargitay 11. HD, 2006/8200 E. 2006/15690 K., 11.12.2007.
26 Yargitay 11. HD, 2001/10866 E. 2002/3205 K., 8.4.2002.
27 Yargitay 11. HD, 2009/4921 E., 2010/11087 K., 1.11.2010.
28 Yargitay 11. HD, 2004/12377 E., 2005/11330 K., 22.11.2005.

Haftungshöchstgrenze gemäß Art. 23 Abs. 3 CMR Anwendung findet, wenn ein Verschulden im Sinne von Art. 29 nicht vorliegt.[29]

XVI. Zinsen (Art. 27)

Art. 27 Abs. 1 CMR regelt, dass der Verfügungsberechtigte auf die ihm gewährte Entschädigung Zinsen in Höhe von 5% jährlich verlangen kann. Der in Art. 27 vorgesehene Zinssatz von 5% wird von dem TKH für Ansprüche in ausländischer Währung ausnahmslos angewandt.[30] Der TKH vertritt aber die Auffassung, dass für Ansprüche in Türkischen Lira nicht der Zinssatz von 5%, sondern die Diskontzinsen, die von der Zentralbank veröffentlicht werden,[31] anzuwenden sind.[32] Der TKH hat für seine Ansicht zugrunde gelegt, dass wegen der hohen Inflation in der Türkei die Zinsen in Höhe von 5% bei Ansprüchen in Türkischen Lira die Verzugsschäden des Geschädigten für den Verfahrenszeitraum nicht decken. Im Hinblick auf den internationalen zwingenden Charakter der CMR (Art. 41 CMR) kann dieser Ansicht des TKH nicht zugestimmt werden. Die Bestimmung des Art. 27 CMR ist ohne Bezugnahme auf eine Währung abstrakt formuliert, weshalb auch nicht etwa zusätzliche höhere Verzugszinsen verlangt werden können.

Ab welchem Datum die Zinsen anfallen, ändert sich nach den Umständen. Der TKH hat entschieden, dass, wenn eine schriftliche Reklamation gegenüber dem Frachtführer vorliegt, die Zinsen von dem Tag der Zustellung der Reklamation, wenn keine Reklamation vorliegt, vom Tag der Klageerhebung anlaufen.[33] Wenn in der Reklamation gegenüber dem Frachtführer eine Frist für die Zahlung eingeräumt wurde, dann laufen die Zinsen ab dem Datum, an dem die eingeräumte Frist abläuft.[34]

---

29 Yargitay 11. HD, 2007/4187 E., 2007/7215 K., 10.5.2007; Yargitay 11. HD, 2004/7300 E., 2005/3742 K., 18.4.2005; Yargitay 11. HD, 2004/6554 E., 2005/3212 K., 4.4.2005; Yargitay 11. HD, 2004/7300 E., 2004/11701 K., 30.11.2004.
30 Yargitay 11. HD, 2001/4353 E. 2001/5649 K., 21.6.2001; Yargitay 11. HD, 2002/5996 E. 2002/9130 K., 17.10.2002; Yargitay 11. HD, 2004/9597 E. 2005/7642 K., 14.7.2005; Yargitay 11. HD, 2001/7914 E. 2001/8068 K., 19.10.2001; Yargitay 11. HD, 2002/3804 E. 2002/6351 K., 20.6.2002; Yargitay 11. HD, 2003/12435 E. 2004/8724 K., 23.9.2004; Yargitay 11. HD, 2001/4353 E. 2001/5649 K., 21.6.2001.
31 Die Diskontzinsen, die ab 29.12.2011 anzuwenden sind, belaufen sich auf 17,75%.
32 Yargitay 11. HD, 2004/9597 E. 2005/7642 K., 14.7.2005; Yargitay 11. HD, 2003/3664 E. 2003/9633 K., 21.10.2003; Yargitay 11. HD 2005/13534 E. 2007/492 K., 22.1.2007; Yargitay 11. HD, 1992/1243 E. 1993/1987 K., 30.3.1993; Yargitay 11. HD, 2000/1471 E. 2000/7182 K., 2.6.2000; Yargitay 11. HD, 2008/5920 E. 2010/2032 K., 23.2.2010.
33 Yargitay 11. HD, 2005/13580 E. 2007/149 K., 15.1.2007; Yargitay 11. HD, 2005/3959 E. 2006/6037 K., 23.5.2006; Yargitay 11. HD, 2004/12249 E. 2005/9699 K., 13.10.2005; Yargitay 11. HD, 2003/12199 E. 2004/6351 K., 7.6.2004; Yargitay 11. HD, 1999/8068 E. 1999/9566 K., 25.11.1999.
34 Yargitay 11. HD, 2003/3664 E. 2003/9633 K., 21.10.2003; Yargitay 11. HD, 2002/5996 E. 2002/9130 K., 17.10.2002.

Der TKH hat in ständiger Rechtsprechung festgehalten, dass beim Regressanspruch des Transportversicherers gegen den Frachtführer die Zinsen ab Zeitpunkt der Ersatzleistung anlaufen.[35]

Im Falle, dass der Anspruchsteller einen Anspruch in Türkischen Lira geltend macht und die Haftung des Frachtführers über den SDR-Höchstbetrag gemäß Art. 23 Abs. 5 CMR festgestellt wird, wird der SDR-Betrag zum Kurs an dem Urteilsdatum in Türkische Lira umgerechnet.[36] Der TKH hat in wenigen Entscheidungen ausgeführt, dass in einem solchen Fall der Beginn der Zinsen nicht rückgängig berechnet werden kann und dass Zinsen ab Urteilsdatum anfallen.[37]

XVII. Wegfall der Haftungsbeschränkungen (Art. 29)

Nach Art. 29 CMR kann sich der Frachtführer nicht auf die seine Haftung ausschließenden oder begrenzenden oder die Beweislast umkehrenden Bestimmungen berufen, wenn er den Schaden vorsätzlich oder durch ein ihm zur Last fallendes Verschulden verursacht hat, das nach dem Recht des angerufenen Gerichts dem Vorsatz gleichsteht. Vergleichbares gilt nach Abs. 2 der genannten Vorschrift für Gehilfen des Frachtführers. In seinem solchem Fall wird sich der Frachtführer nicht auf die Haftungshöchstgrenze von SDR 8,33 pro Kilogramm des verlorenen oder beschädigten Frachtgutes berufen können und hat somit für dessen vollen Wert einzustehen. Die Auslegung von Art. 29 CMR ist den Gerichten der einzelnen Vertragsstaaten überlassen.

Der TKH interpretiert das dem Vorsatz gleichstehende Verschulden im Sinne von Art. 29 CMR parallel zu Art. 786 THGB und vertritt die Auffassung, dass das dem Vorsatz gleichstehende Verschulden die grobe Fahrlässigkeit ist. In seinen Entscheidungen hat der TKH darauf hingewiesen, dass ein Verschulden gemäß Art. 29 CMR vorliegt, wenn der Frachtführer keine Erklärung oder Begründung für die Nichtablieferung oder den Schadenstatbestand bringen kann,[38] wenn der Frachtführer in einem Transport, wofür Zahlung gegen Dokumente gilt, das Gut ohne Vorlage des Zahlungsbelegs abgeliefert hat,[39] wenn der Fahrer an einem unbewachten Parkplatz übernachtet hat.[40]

Das n-THGB, das am 1. Juli 2012 in Kraft getreten ist, hat für das dem Vorsatz gleichstehende Verschulden in allen Transportarten (Art. 855, 886, 887, 930, 1187 und 1267) eine einheitliche Definition gebracht und geregelt, dass die haf-

---

35 Yargitay 11. HD, 2003/12443 E. 2004/9825 K., 14.10.2004.
36 Yargitay 11. HD, 2005/12435 E. 2006/12818 K., 5.12.2006.
37 Yargitay 11. HD, 2000/8197 E. 2000/10061 K., 14.12.2000; Yargitay 11. HD, 2001/845 E. 2001/1012 K., 9.2.2011; Yargitay 11. HD, 2003/6161 E. 2003/9576 K., 20.10.2003.
38 Yargitay 11. HD, 1998/5499 E. 1999/136 K., 26.1.1999; Yargitay 11. HD, 2000/4546 E. 2000/5446 K., 12.6.2000; Yargitay 11. HD, 2005/6554 E. 2005/3212 K., 4.4.2005; Yargitay 11. HD, 2005/9589 E. 2006/11435 K., 9.11.2006; Yargitay 11. HD, 2005/12435 E. 2006/12818 K., 5.12.2006; Yargitay 11. HD, 2006/4246 E. 2007/15161 K., 30.11.2007.
39 Yargitay 11. HD, 2006/12610 E. 2007/15265 K., 3.12.2007.
40 Yargitay 11. HD, 2006/11096 E. 2007/1431 K., 6.2.2007.

tungsausschließenden oder -begrenzenden Bestimmungen nicht anwendbar sind, wenn der Schaden vorsätzlich verursacht worden ist oder leichtfertig und in dem Bewusstsein, dass ein Schaden mit Wahrscheinlichkeit eintreten werde. Die Gesetzesbegründung weist darauf hin, dass dieses Verschulden als dem Vorsatz gleichstehendes Verschulden zu interpretieren ist.

Diese Definition entspricht dem *„wilful misconduct"* des englischen Rechts und hat sich als eine rechtsvereinheitlichende Formulierung im internationalen Transportrecht durchgesetzt.[41] Mit dem n-THGB wurde sie nun auch in das türkische Recht übernommen. Nach dem Inkrafttreten des n-THGB ist zu erwarten, dass die Auslegung des Art. 29 CMR seitens der türkischen Gerichte in rechtsvereinheitlichender Weise unter Zugrundelegung des allgemeinen Rechtsgrundsatzes im internationalen Transportrecht, wonach die Haftungsprivilegien des Frachtführers bei Vorsatz und einem Handeln in dem Bewusstsein der Schadenswahrscheinlichkeit aufgehoben sein sollen, geschieht. Dieser geänderte Verschuldensmaßstab muss nun von der türkischen Judikatur bei der Interpretation des Art. 29 CMR berücksichtigt werden.

XVIII. Verjährung (Art. 32)

Nach Art. 32 Abs. I CMR verjähren Ansprüche aus einer der CMR unterliegenden Beförderung grundsätzlich in einem Jahr. Dies erfasst alle Ansprüche, die in einem sachlichen Zusammenhang mit der Beförderung stehen. Der TKH hat darauf hingewiesen, dass der Inhalt der Reklamation des Anspruchstellers geprüft werden muss, um festzustellen, ob sie die Verjährung hemmt.[42] Der TKH hat in einer Entscheidung bestätigt, dass der Lauf der Verjährungsfrist zwischen der Reklamation und Zurückweisung der Reklamation gehemmt wird.[43]

XIX. Aufeinanderfolgende Straßenfrachtführer (Art. 34–40)

Voraussetzung für die Anwendbarkeit der Art. 34 ff. CMR ist die Ausstellung eines durchgehenden Frachtbriefs, den jeder der Unterfrachtführer mit dem Gut annehmen muss. Art. 34 spricht von einem einzigen Vertrag, der zwischen Absender und Frachtführer für die gesamte Transportstrecke zu schließen ist. Anders als in Deutschland ist vorzumerken, dass die türkische Rechtsprechung keinen Hinweis zur Frage gibt, wann die Art. 34 ff. CMR gelten. Die Vorschriften des Kapitels IV der CMR, d. h. Art. 34–40 werden von den türkischen Gerichten

---

41 Straßentransportrecht: Art. 29 CMR; Lufttransportrecht: Art. 25 des 1929 Warschauer Abkommens, Art. 22/5 des 1999 Montrealer Übereinkommens; Schiffstransportrecht: Art. 4/5(e) der 1968 Visby Regeln, Art. 4 des 1976 Londoner Übereinkommens, Art. 13 des 1974 Athener Übereinkommens sowie von dazugehörige 2002 Protokoll; Eisenbahntransportrecht: Art. 44 CIM.
42 Yargitay 11. HD, 2000/8660 E. 2000/8576 K., 6.11.2000.
43 Yargitay 11. HD, 2005/13844 E. 2006/284 K., 19.1.2006.

sehr oft angewandt, ohne dass berücksichtigt wird, ob die Voraussetzungen für die Anwendung von Art. 34ff. CMR vorliegen.[44]

XX. Zwingende Vorschriften (Art. 41)

Der zwingende Charakter der CMR-Bestimmungen wurde von dem TKH bestätigt. Der TKH hat entschieden, dass der Vermerk auf dem Frachtbrief, der die Haftung des Frachtführers nach CMR ausschließt, nicht gültig ist,[45] dass die Haftung des Frachtführers im Falle der Überschreitung der Lieferfrist gemäß Art. 23 Abs. 5 beschränkt ist und eine hinausgehende Vertragsstrafe nicht vereinbart werden kann.[46]

XXI. Prozessuale Fragen im Regressprozess

1. Gesetzlicher Forderungsübergang

Der Schadensersatzanspruch gegen den Schädiger wird kraft gesetzlichen Forderungsübergangs auf einen Dritten übertragen. Dies gilt insbesondere für den Transportversicherer, der dem geschädigten Versicherungsnehmer bzw. Versicherten den Güterschaden ersetzt und dadurch nach türkischem Recht dessen Ansprüche gegen den Schädiger gemäß Art. 1361 THGB (Art. 1472 n-THGB) erwirbt. Nach ständiger Rechtsprechung ist die Verjährung, die für den Versicherten gilt, auch auf den Versicherer anwendbar.[47]

2. Direktanspruch gegen den CMR-Versicherer

Die CMR-Versicherung ist keine Pflichtversicherung. Deshalb wird es in Frage gestellt, ob ein Direktanspruch gegen den CMR-Versicherer besteht. Hierzu hat der Vereinigte Zivilsenat des TKH in einer Grundsatzentscheidung[48] festgehalten, dass der Geschädigte einen Direktanspruch gegen den CMR-Versicherer hat. Bei dieser Interpretation hat der Kassationshof analog zugrunde gelegt, dass das Direktanspruchsrecht des Geschädigten bei Feuer-Haftpflichtversicherungen auf alle Haftpflichtversicherungen Anwendung finden soll. Seitdem wurde in türkischen Verfahren der Weg eröffnet, den CMR-Versicherer direkt mitzuverklagen.

---

44 Yargitay 11. HD, 2004/11981 E. 2005/9580 K., 11.10.2005; Yargitay 11. HD, 2004/9332 E. 2005/7233 K., 5.7.2005; Yargitay 11. HD, 2004/6554 E. 2005/3212 K., 4.4.2005; Yargitay 11. HD, 2005/14441 E. 2007/3246 K., 22.2.2007.
45 Yargitay 11. HD., 2000/4105 E. 2000/5022 K., 1.6.2000.
46 Yargitay 11. HD, 2004/4742 E. 2005/1373 K., 17.2.2005; Yargitay 11. HD, 2004/5772 E. 2005/5610 K., 30.5.2005; Yargitay 11. HD, 2005/4375 E. 2006/4741 K., 27.4.2006.
47 YİBK, 1970/2 E. 1972/1 K., 17.1.1972; Yargitay 11. HD, 2001/10996 E. 2001/2183 K., 20.3.2001.
48 HGK, 1995/11-980 E. 1996/18 K., 31.1.1996.

Diese vom TKH zugelassene Möglichkeit, den CMR-Versicherer direkt zu verklagen, wird nun auch durch das n-THGB, das am 1. Juli 2012 in Kraft getreten ist, ausdrücklich geregelt. Art. 1478 n-THGB gewährt dem Geschädigten einen Direktanspruch gegen den Versicherer, und zwar nicht nur bei Pflichtversicherungen sondern auch bei freiwilligen Haftpflichtversicherungen. Deswegen wird es auch nach Inkrafttreten des n-THGB möglich sein, den CMR-Versicherer direkt zu verklagen.

3. Streitverkündung

Im türkischen Recht regelt Art. 61 ZPO die Zulässigkeit der Streitverkündung. Danach kann eine Partei, die glaubt, für den Fall des ungünstigen Prozessausganges Rückgriff gegen einen Dritten nehmen zu können, bis zur rechtskräftigen Entscheidung des Rechtsstreits dem Dritten gerichtlich den Streit verkünden. Die Streitverkündung ist also die formelle Möglichkeit, einen Dritten in einen Prozess einzubeziehen oder ihm gegenüber gewisse Rechtsfolgen zu wahren. Dies ist in einem transportrechtlichen Prozess besonders bedeutsam, weil angesichts der üblichen Auftragsketten viele Parteien Rückgriffsmöglichkeiten haben. Es ist aber darauf hinzuweisen, dass die Streitverkündung nach türkischem Recht die Verjährung nicht hemmt. Nach türkischem Recht kann auch keine Entscheidung gegen den Streitverkündeten gefällt werden.

4. Drittschadensliquidation

Die Frage, ob dem Hauptfrachtführer das Recht zuerkannt wird, den seinem Auftraggeber erwachsenen Schaden geltend zu machen, also ob das Rechtsinstrument der Drittschadensliquidation nach türkischem Recht für zulässig erachtet wird, ist zu verneinen. Nach türkischem Recht werden Hauptfrachtführer für einen Regressanspruch nur dann für aktiv legitimiert erachtet, wenn sie dem Geschädigten Ersatz geleistet haben; vor diesem Zeitpunkt können diese mangels eines eigenen Schadens nicht Regress nehmen. Der Hauptfrachtführer selbst ist gegenüber dem Unterfrachtführer im Wege der Drittschadensliquidation nicht anspruchsberechtigt. Mithin ist nach türkischem Prozessrecht die Drittschadensliquidation nicht zulässig.

Anhang

Übersicht

Anhang I: CMR-Frachtbrief 1233
Anhang II: Ergänzung der CMR durch unvereinheitlichtes
deutsches Recht 1235

Anhang I
CMR-Frachtbrief

Anhang II
Ergänzung der CMR durch unvereinheitlichtes deutsches Recht

Bearbeitet von RA Dr. Reinhard Th. Schmid, Stuttgart

Übersicht

	Rdn.
I. Allgemeines	1
II. Abgrenzung des Umfangs des ergänzend anwendbaren deutschen Rechts	4
III. Bestimmung des ergänzend heranzuziehenden deutschen Rechts	7
IV. Ergänzung der CMR durch das deutsche Recht in Einzelheiten	9
1. Beförderungsvertrag: Rechtsnatur und Abschluss	10
a) Parteien und Vertragsschluss	10
b) Schweigen auf ein kaufmännisches Bestätigungsschreiben	13
c) Formal- oder Realvertrag; Konsensualvertrag und dessen Inhalt	14
2. Beförderungsvertrag: Haupt- und Nebenleistungspflichten (Leistungsstörungen)	15
a) Be- und Entladen, Verstauen	15
b) Transport der Güter; vertragswidriges Beförderungsmittel	16
c) Schutzpflichten	23
d) Übernahme weiterer, nicht in der CMR geregelter Pflichten	24
e) Leistungsstörungen	25
aa) Culpa in contrahendo (c.i.c.)	27
bb) Objektive Unmöglichkeit	28
cc) Anfängliches Unvermögen	29
dd) Unmöglichkeit der Beförderung nach der Übernahme des Gutes	30
ee) Verspätete Ausführung der Beförderung und Verzögerung derselben	31
ff) Verzögerung der Beladung	32
gg) Positive Vertragsverletzung	33
3. Umfang der Haftung aus allgemeinem Schuldrecht	53
4. Beendigung des Vertrages: Kündigung, Rücktritt	55
5. Vergütung (Fracht)	57
6. Standgeld	63
7. Aufrechnung und Widerklage	74
8. Pfand- und Zurückbehaltungsrechte	76
9. Haftpflichtversicherung des Frachtführers	77

I. Allgemeines

Erklärtes Ziel bei der Formulierung des CMR-Vertragswerkes war: Die Ordnung der Verkehrsmärkte in den Vertragsstaaten, bezogen auf den internationalen Straßengütertransport, durch Vereinheitlichung zu vereinfachen. Dieses Basisprinzip bestimmt – damals, wie heute – den Charakter des internationalen Übereinkommens im Straßengüterverkehr. Die Vereinheitlichung bezieht sich „insbesondere hinsichtlich der in diesem Verkehr ver- **1**

Anhang II   Ergänzung der CMR durch unvereinheitlichtes deutsches Recht

wendeten Urkunden und der Haftung des Frachtführers", wie in der Präambel zur CMR formuliert.[1] In diesem Kernbereich hat die CMR – unumstritten – Erfolge bei einer weitgehenden Vereinheitlichung des Straßengüterbeförderungsrechtes in Europa erzielt.[2] Ganz in diesem Sinne erhebt die CMR keinen Anspruch auf eine abschließende Kodifikation des grenzüberschreitenden Straßengüterverkehrs, sondern verfolgt dieses Ziel in den von der CMR selbst als bedeutend formulierten Grundfragen (wie z.B. Verlust, Beschädigung oder Überschreitung der Lieferfrist). Größere Rechtssicherheit durch diese Vereinheitlichung zu erzielen, ist Aufgabe der CMR.[3] Da die CMR damit – aufgrund ihrer Selbstbeschränkungen – nur einige, allerdings die zentralen frachtrechtlichen Fragen regelt, bedarf es zur Ergänzung der CMR-Normen der Anwendung materieller nationaler Rechtsnormen.[4] Die CMR selbst verweist in einigen Artikeln auf die nationalen Rechte, so z.B. in Art. 16 Abs. 5 CMR auf die Gebräuche des Ortes, in dem sich das Gut befindet, in Art. 29 Abs. 1, Art. 32 Abs. 1 und 3 auf die sog. lex fori, sowie in Art. 5 Abs. 1 Satz 2 auf das Land der Ausstellung des Frachtbriefes. Nur soweit die Bestimmungen der CMR reichen, sind sie zwingend und unabdingbar (Art. 41 CMR).

2 Soweit streitige Sachverhalte und konkrete Probleme in der CMR nicht bzw. nicht abschließend geregelt sind, gilt das maßgebende nationale Recht.[5] Dabei ist es verfehlt, in diesem Zusammenhang von „Lücken in der CMR" zu sprechen,[6] denn die CMR enthält keine Lücken, sondern beschränkt sich auf die von ihr selbst formulierten Ziele einer Grundvereinheitlichung. Soweit die CMR jedoch vom Gesetzgeber nicht gewollte Lücken aufweist, dürfen diese nicht durch unvereinheitlichtes nationales Recht geschlossen werden, sondern sind dann im Wege der Analogie und aus den Prinzipien der CMR selbst heraus zu schließen.[7]

3 Die CMR unterliegt als völkerrechtliches Übereinkommen den für solche Konventionen geschaffenen Auslegungsregeln, nämlich dem Wiener Übereinkommen über das Recht der Verträge vom 23.5.1969.[8]

II. Abgrenzung des Umfangs des ergänzend anwendbaren deutschen Rechts

4 Rechtsangleichung ist das Ziel des Internationalen Einheitsrechtes der CMR. Damit verbunden ist das Gebot der Zurückhaltung der nationalen Gerichte aus dem Blickwinkel nationalen Rechtes heraus, die CMR zu interpretieren und auszulegen.[9] Die Anwendungsdisziplin bei der Anwendung Internationalen Einheitsrechtes aus sich selbst heraus und

---

1 Vgl. auch Denkschrift, BT-Drucks. III/1144, 34.
2 *Herber*, TranspR 1987, 55.
3 *Kropholler*, Internationales Einheitsrecht, Allgemeine Lehren, 1975, S. 2; *Lenz*, Straßengütertransportrecht, 1988, S. 20.
4 Unstr.: *Helm*, in: Großkomm. HGB, Art. 1 CMR Rdn. 3; *Koller*, Vor Art. 1 CMR Rdn. 5.
5 Denkschrift, BT-Drucks. III/1144, 34.
6 So z.B. *Lenz*, Straßengütertransportrecht, S. 27; *Lieser, S.* 3ff.; *Thume*, in: Fremuth/Thume, Transportrecht, 2000, 572.
7 BGH vom 28.2.1975 = NJW 1975, 1597, 1598 = MDR 1975, 554 = WM 1975, 521 = DB 1975, 1074; *Helm*, in: Großkomm. HGB, Art. 1 CMR Rdn. 4.
8 Zitiert nach und aufgeführt bei MünchKommHGB, *Jesser-Huß*, CMR, Einl. CMR Rdn. 18.
9 *Heuer*, Haftung, S. 34f.; *Helm*, in: Großkomm. HGB, Art. 1 CMR Rdn. 4.

ohne „Flucht in das nationale Recht" wird zu Recht angemahnt.[10] Die CMR ist mithin aus ihrem internationalen Geist – unter Berücksichtigung der internationalen Vereinheitlichung heraus – anzuwenden, unter Zurückdrängung autonom staatlichen Zivilrechts. Die Zurückhaltung der Rechtsprechung erleichtert es, das mit der CMR geschaffene Einheitsrecht in erster Linie als Recht eines alle Mitgliedstaaten umfassenden einheitlichen Rechtsgebietes aus sich selbst heraus auszulegen und nur ausnahmsweise auf Vorschriften des nationalen Rechts zurückzugreifen.[11]

Da die CMR bekanntlich nicht alle regelungsbedürftigen Fragen eines internationalen Straßengüterbeförderungsvertrages regelt und löst, bedarf es ihrer Ergänzung. Zunächst ist der Lösungsansatz aus der CMR selbst heraus zu entwickeln.[12] Folgerichtig muss zur Bestimmung welches Staates Recht zur Ergänzung der CMR heranzuziehen ist, die Normen des internationalen Privatrechtes herangezogen werden (beachte: Die deutschen Gerichte sind verpflichtet, das einschlägige Kollisionsrecht von Amts wegen anzuwenden).[13] Einige Kollisionsnormen für in der CMR materiellrechtlich nicht geregelte einzelne Rechtsfragen können der CMR selbst entnommen werden.[14] Diese speziellen Kollisionsnormen gehen den allgemeinen Kollisionsnormen stets vor.[15] Kommt man damit im konkreten Einzelfall nicht weiter, ist das ergänzend zur CMR anzuwendende Recht mit Hilfe des Form Status geltenden allgemeinen Kollisionsnormen zu bestimmen.[16] **5**

Die CMR enthält innerstaatliches materielles Recht und zugleich wie bspw. angeführt in Art. 1 Abs. 1, 5 Abs. 1 S. 2, 16 Abs. 5, 29, 32 Abs. 1 und 3 gleichzeitig Kollisionsrecht. Damit ist die CMR im Verhältnis zu den Art. 3 ff. Rom I Verordnung (Art. 27 ff. EGBGB a.F.) lex specialis und ist auf die nach dem 17.12.2009 abgeschlossenen Frachtverträge anzuwenden.[17] Allerdings: Nach Art. 41 CMR ist wählbar nur das ergänzend zur CMR anwendbare Recht; insoweit ist und bleibt die CMR – soweit sie rechtliche Wirkungen hat – unabdingbar. **6**

Bei der Anwendung der CMR sind Wortlaut und Systematik der CMR besonders zu beachten;[18] eine am Sinn und Zweck der Vorschrift orientierte Auslegung ist trotz des Charakters der CMR durchaus zulässig und notwendig.[19]

---

10 *von Caemmerer*, in: Probleme des Europäischen Rechts, 1966, S. 79; *Kropholler*, Internationales Einheitsrecht, Allgemeine Lehren, S. 358 ff.; *Helm*, in: Großkomm. HGB, Art. 1 CMR Rdn. 4.
11 *Heuer*, Haftung, S. 34; *Helm*, Ergänzung der CMR durch deutsches Recht nach Aufhebung von § 1 Abs. 2 KVO, TranspR 1989, 389 f.; *Piper*, TranspR 1990, 356; *Fischer*, TranspR 1999, 262.
12 *Herber/Piper*, CMR, Vor Art. 1 CMR Rdn. 17; *Basedow*, CMR, Einleitung Rdn. 37, *Lieser*, Ergänzung der CMR, S. 23.
13 BGH, RIW 1998, 318, 319; BGH, NJW 1998, 1395, 1396.
14 Art. 5 Abs. 1 S. 2; Art. 16 Abs. 5; Art. 20, Abs. 4; Art. 29 Abs. 1; Art. 32 Abs. 1 S. 2; Art. 32 Abs. 3 CMR.
15 *Koller*, Transportrecht, Vor Art. 1 CMR Rdn. 5 f.
16 *Basedow*, CMR, Einleitung Rdn. 36, 41 ff.
17 *Koller*, Transportrecht, Vor Art. 1 CMR Rdn. 3.
18 *Koller*, Vor Art. 1 CMR Rdn. 4; BGH, NJW 1975, 1597; BGH, NJW 1976, 1583 f.; BGH, VersR 1989, 309, 310.
19 *Koller*, Vor Art. 1 CMR Rdn. 4; BGH, NJW 1976, 1583, 1584.

III. Bestimmung des ergänzend heranzuziehenden deutschen Rechts

7 Ist nach den oben dargestellten Kollisionsnormen (Art. 3 ff. Rom I Verordnung) deutsches Recht ergänzend anzuwenden, so kommt Folgendes zur Anwendung:
- erstrangig gelten Individualvereinbarungen der Parteien, soweit sie nicht durch spezielle Regelungen verdrängt werden (z. B. § 449 Abs. 1 HGB);
- danach – sofern keine individuellen Regelungen bzw. Allgemeine Geschäftsbedingungen vorgehen – gilt das Frachtrecht des HGB und soweit dieses keine Regelungen enthält, die
- subsidiären und allgemeinen Regeln des BGB.

8 Die Anwendung des frachtrechtlichen Ergänzungsrechtes nach §§ 407 ff. HGB wird dadurch erleichtert, dass in weiten Bereichen das HGB Frachtrecht im Transportrechtsreformgesetz aus der CMR heraus entwickelt wurde.

IV. Ergänzung der CMR durch das deutsche Recht in Einzelheiten

9 Soweit die CMR keine Regelung enthält, unterliegt die Beförderung dem nach internationalen Privatrecht maßgeblichen nationalen Recht (vgl. oben Rn. 4 f.). Insbesondere[20] ist die Haftung des Frachtführers für Verlust, Beschädigung und Überschreitung der Lieferfrist lex specialis gegenüber innerstaatlichen Haftungsregelungen, die Schadensursachen gleicher Art betreffen.[21] Vertragsessentialia und Leistungsstörungen außerhalb der CMR, wie etwa der Rechtscharakter des Beförderungsvertrages, die Rechtsfolgen der Nicht- oder Schlechterfüllung, die Frage von Willensmängeln bei Abschluss des Vertrages sind in der CMR nicht geregelt.

1. Beförderungsvertrag: Rechtsnatur und Abschluss

a) Parteien und Vertragsschluss

10 Der Absender und der Frachtführer (möglicherweise auch mehrere Frachtführer, vgl. Art. 34 ff.) sind die Vertragsparteien des CMR-Beförderungsvertrages. Der Empfänger des Gutes ist nicht Partei des CMR-Beförderungsvertrages; soweit ihm Rechte in der CMR eingeräumt werden, wird er dadurch nicht Vertragspartei, sondern ist Anspruchsberechtigter und Begünstigter eines Vertrages zu Gunsten Dritter (vgl. im Einzelnen zu den Empfängerrechten Art. 13). Der Versender oder Eigentümer des Frachtgutes – in dessen Auftrag der Spediteur oder Absender tätig wird – ist ebenfalls nicht Partei des Beförderungsvertrages. Die Durchsetzung der Rechte des Versenders kann deshalb nur über den Absender als Vertragspartner erfolgen, welcher die Ansprüche entweder auf dem Wege der

---

20 Vgl. Rdn. 41 Rdn. 1 ff.
21 *Piper*, VersR 1988, 201, 208; *Fischer*, TranspR 1999, 264 ff.; *Koller*, Transportrecht, Vor Art. 1 CMR Rdn. 7; *Thume*, in: Fremuth/Thume, Transportrecht, Vor Art. 1 CMR Rdn. 14 ff.

Drittschadensliquidation im eigenen Namen geltend machen kann oder aber dem Versender/Eigentümer diese Ansprüche aus dem Beförderungsvertrag abtritt.

Der Vertragsschluss an sich ist in der CMR nicht geregelt. Klar ist nach Art. 4 Satz 2 CMR, dass ein Formzwang für den Vertragsschluss nicht besteht. Die Formfreiheit des Vertragsschlusses begünstigt die leichtere Handhabung im internationalen Güteraustausch. Soweit deutsches Recht anzuwenden ist, gelten die Vorschriften des Allgemeinen Teils des BGB insgesamt, so dass es für die Fragen der Nichtigkeit eines Vertrages oder dessen Anfechtbarkeit nach §§ 119 ff., 142 BGB auf das Vorliegen der in diesen Normen genannten Voraussetzungen ankommt. Der Vertragsschluss vollzieht sich nach §§ 145 ff. BGB. Für die Frage, wie der Vertrag auszulegen ist, ob er sittenwidrig oder gesetzeswidrig ist, ob Willensmängel vorliegen, ist deutsches Recht anwendbar.[22]

11

Beim Unterschriftenersatz zum Abschluss des Vertrages verweist Art. 5 Abs.1 S. 2 CMR auf deutsches Recht, also § 408 Abs. 2 S. 3 HGB. Danach sind Nachbildungen der eigenhändigen Unterschrift des Frachtführers und Absenders auf dem Frachtbrief ausreichend.[23] Der Stempel muss ein Faksimilestempel sein.[24] Einfache Firmendrucke oder einfache Firmenstempel genügen nicht.[25]

12

b) Schweigen auf ein kaufmännisches Bestätigungsschreiben

Der Vertragsschluss im Rahmen der CMR kann auch über die Grundsätze des Vertragsschlusses durch Schweigen auf ein kaufmännisches Bestätigungsschreiben zustande kommen.[26] Allerdings ist für den Fall des Vertragsschlusses unter den genannten Voraussetzungen Art. 4 Rom I Verordnung heranzuziehen: Ergibt sich nämlich aus den Umständen, dass es nicht gerechtfertigt wäre, die Wirkung des Verhaltens einer Partei nach dem allgemeinen Schuldstatut zu bestimmen, so kann sich diese Partei gem. Art. 4 Rom I Verordnung für die Behauptung, sie habe dem Vertrag nicht zugestimmt, auf das Recht ihres gewöhnlichen Aufenthaltsortes berufen. So ist in jedem Fall zu prüfen, ob die Rechtsordnung, der der ausländische Vertragspartner untersteht, gleichzeitig die konstitutive Wirkung des Schweigens auf ein kaufmännisches Bestätigungsschreiben kennt. Nach deutschem Recht kann der Vertragsschluss nach § 362 Abs. 1 und 2 HGB zustande kommen.[27]

13

c) Formal- oder Realvertrag; Konsensualvertrag und dessen Inhalt

Inhalt und Gegenstand des CMR-Frachtvertrages ist die Beförderung vom Ort der Übernahme zu dem Ort der Ablieferung zwischen zwei verschiedenen Staaten, sofern einer dieser Staaten ein Vertragsstaat ist (vgl. Art. 1 CMR).

14

Aus Art. 4 S. 2 CMR ergibt sich, dass der Abschluss des Beförderungsvertrages von der Ausstellung und Übergabe eines Frachtbriefes unabhängig und auch die Übernahme des Gutes nicht notwendig ist (vgl. Art. 9 CMR). Der CMR-Vertrag ist damit kein Formalbzw. Realvertrag, sondern ein Konsensualvertrag, da es ausschließlich auf die Überein-

---

22 *Koller*, Transportrecht, Vor Art. 1 CMR Rdn. 7; *Thume*, in: Fremuth/Thume, Transportrecht, Vor Art. 1 CMR Rdn. 18.
23 *Czerwenka*, TranspR 1997, 353, 355.
24 *Thume*, BB 1998, 2117, 2118; *Herber*, NJW 1998, 3297, 3300.
25 *Thume*, BB 1998, 2117, 2118.
26 Vgl. hierzu *Lieser*, Zur Anwendbarkeit, Rdn. 71 ff.
27 Zum Zeitpunkt des Vertragsschlusses vgl. Art. 32 Rdn. 36; zu den Grundsätzen des kaufmännischen Bestätigungsschreibens: OLG Hamm, VersR 2001, 1240.

Anhang II Ergänzung der CMR durch unvereinheitlichtes deutsches Recht

stimmung der Willenserklärungen ankommt.[28] Ob ein wirksamer Konsens zustande gekommen ist, ist entsprechend Art. 4 Rom I Verordnung nach nationalem Recht zu beurteilen.

2. Beförderungsvertrag: Haupt- und Nebenleistungspflichten (Leistungsstörungen)

a) Be- und Entladen, Verstauen

15   Das Be- und Entladen als CMR-beförderungsvertragsrechtliche Nebenleistung ist in der CMR selbst nicht geregelt. Die Be- und Entladepflichten ergeben sich deshalb aus dem ergänzend anwendbaren Recht.[29]

Nach deutschem Recht gilt ergänzend zur CMR § 412 Abs. 1 S. 1 HGB.[30] Danach ist der Absender verpflichtet, das Gut beförderungssicher zu laden, zu stauen und zu befestigen[31] (Arg.: Der Absender ist Hersteller und Warenfachmann des zu transportierenden Gutes, so dass er am besten beurteilen kann, wie das Gut vor Beförderungseinflüssen zu schützen etc. ist).

Der Frachtführer hat gem. § 412 Abs. 1 S. 2 HGB für die betriebssichere Verladung zu sorgen; hier hat er die speziellen Sach- und Fachkenntnisse.[32]

Die Entladepflicht hat gem. § 412 Abs. 1 S. 1 HGB der Empfänger, nicht der Frachtführer (Arg.: In jedem Fall ist der Frachtführer nicht Warenexperte und somit fällt die Entladung nicht in seinen Pflichtenkreis).

Gemäß § 412 Abs. 1 HGB sind nur die gesetzlichen Grundregeln über die Aufgaben- bzw. Pflichtenverteilung bei der Verladung und Entladung des Gutes statuiert. Abweichende Vereinbarungen im Rahmen von CMR-Transporten zu den Verlade- und Entladepflichten sind deshalb unproblematisch zulässig[33] und erfolgen individualvertraglich oder durch AGB bzw. Rahmenvertrag. Trotz alledem wird in der Kautelarpraxis im Speditions- und Frachtgewerbe der CMR dieser äußerst schadensträchtige Bereich nur untergeordnet beachtet.

b) Transport der Güter; vertragswidriges Beförderungsmittel

16   Gegenstand des CMR-Frachtvertrages ist die Beförderung von Gütern gegen Entgelt (vgl. Wortlaut Art. 1 Abs. 1). Durch den Transportvertrag wird der CMR-Frachtführer verpflichtet, gegen Entrichtung der vereinbarten Vergütung Güter in eigener Verantwortung zu befördern, das Gut in seine Obhut zu nehmen und es am vereinbarten Bestimmungsort rechtzeitig und unbeschädigt abzuliefern. Der Transportvertrag enthält zwei charakteristische Merkmale: Das Versprechen der Ortsveränderung und die Übernahme der dazu erfor-

---

28 BGH, VersR 1982, 669, 670; letztendlich auch *Lieser*, Ergänzung der CMR durch unvereinheitlichtes deutsches Recht, S. 63, 67; *Heuer*, Haftung, S. 38 m.w.N.; *Koller*, Vor Art. 1 CMR Rdn. 7.
29 Vgl. im Einzelnen Art. 17 Abs. 4 lit. c CMR.
30 BGH, TranspR 2007, 314, 316.
31 Vgl. hierzu bspw. *Fremuth*, in Fremuth/Thume, Transportrecht, § 412 Rdn. 1 ff.
32 Kritisch zur Differenzierung der Beförderungssicherheit von der Betriebssicherheit: *Heuer*, TranspR 1998, 45, 46 f.
33 *Fremuth*, TranspR 1997, 48, 51.

derlichen Handlungen in eigener Regie und Verantwortung.[34] Der Beförderungserfolg – als geschuldete Hauptleistung – steht damit der Gegenleistung (Frachtzahlung) in Form eines Austauschverhältnisses (Synallagmas) gegenüber (vgl. Art. 13 Abs. 2 i.V.m. Art. 6 Abs. 1 i). Da die Ortsveränderung der geschuldete Erfolg ist, ist der Frachtvertrag Werkvertrag i.S.d. §§ 631 ff. BGB.[35] Der Frachtführer schuldet die Beförderung gegen Entgelt, und in diesem Sinne ist der CMR-Beförderungsvertrag ein Sonderfall des Werkvertrages. Das Recht der werksvertragsrechtlichen Leistungsstörungen nach §§ 631 ff. BGB wird zurückgedrängt durch die spezialgesetzliche Regelung innerhalb der CMR, also für die Haftung des Frachtführers für Verlust und Beschädigung des Gutes, für Überschreitung der Lieferfrist, für den Inhalt der Beförderungsurkunden, sowie bestimmte Nebenpflichten des Frachtführers, des Absenders und Empfängers.[36]

17 Bei Abschluss des CMR-Beförderungsvertrages umfasst der Vertragswille beider Parteien auch die Elemente Straße bzw. Lkw. Setzt nun der CMR-Frachtführer ein vertragswidriges Transportmittel ein (Binnenschiff, Eisenbahn oder Flugzeug), so stellt sich die Frage der Haftung beim Transport mit vertragswidrigen Transportmitteln.

Vertragswidrig ist das Transportmittel jedoch nur dann, wenn die Parteien des Frachtvertrages bei Vertragsabschluss das Beförderungsmittel festgelegt haben, so dass der Frachtführer nicht mehr nach billigem Ermessen (§ 315 BGB) berechtigt sein durfte, ein anderes geeignetes Transportmittel zu wählen. Vereinbaren die Parteien – entweder ausdrücklich, im Rahmen von Allgemeinen Geschäftsbedingungen oder als konkludente Einwilligung in den Wechsel des Beförderungsmittels – nichts anderes, so bleibt dem Frachtführer die Wahl des Beförderungsmittels überlassen.[37] Es kann also nicht davon gesprochen werden, dass der Einsatz eines anderen Transportmittels stets „vorsätzlicher Vertragsbruch" ist, da dies nur dann gilt, wenn die Parteien zum Vertragsgegenstand ein bestimmtes Beförderungsmittel gemacht haben und der Frachtführer von dieser Vereinbarung nicht abweichen darf.

18 Nach der Rechtsprechung bestimmt der Vertragsinhalt (also die Absprache der Beförderung im internationalen Straßengüterverkehr) die wechselseitig vertraglichen Verpflichtungen der Parteien.[38] Nach höchstrichterlicher Rechtsprechung gilt: Ist der Einsatz eines anderen als des vereinbarten Transportmittels nach dem Vertrag unzulässig, muss sich der Frachtführer im Schadensfall an der getroffenen Vereinbarung festhalten lassen. Er kann den Auftraggeber nicht einseitig auf eine andere, möglicherweise ungünstigere Haftungsordnung, verweisen. Grundlage bleibt – wie hier – der CMR-Beförderungsvertrag.[39] In der Entscheidung vom 17.5.1989[40] ist der Bundesgerichtshof noch einen Schritt weiter gegangen: Der Unternehmer verletzt den mit seinem Vertragspartner geschlossenen Vertrag, wenn er ein anderes als das vereinbarte Transportmittel einsetzt; grundsätzlich haftet daher der Unternehmer für den eingetretenen Schaden aus positiver Vertragsverletzung (§§ 280, 281 BGB). Hier kann sich der Anspruchsgegner entlasten, sofern er beweist, dass der Schaden in jedem Falle, also auch bei vertragsgemäßer Beförderung, eingetreten wäre (z.B. am Lager), denn in diesem Fall fehlt es an der Kausalität zwischen Vertragsverlet-

---

34 Vgl. *Basedow*, Der Transportvertrag, 1987, S. 34f.; *Heuer*, Haftung, S. 42.
35 *Lenz*, Straßengütertransportrecht, 70 f.; *Müglich*, Das neue Transportrecht, 1999.
36 *Loewe*, ETR 1976, S. 503, 507; *Piper*, TranspR 1990, 357; *Konow*, TranspR 1987, 14 f.
37 Zutreffend: OLG Düsseldorf TranspR 1993, 287 f.
38 BGH, VersR 1971, 755; BGH, VersR 1984, 680, 681; BGH, VersR 1990, 331, 332 = TranspR 1990, 19 ff.; OLG Hamburg, TranspR 1992, 66 = VersR 1992, 1543.
39 *Koller*, Transportrecht, § 407 Rdn. 25 f.
40 VersR 1990, 331, 332 = TranspR 1990, 19 = NJW 1990, 639 = ETR 1990, 76.

Anhang II   Ergänzung der CMR durch unvereinheitlichtes deutsches Recht

zung und Schaden.[41] Grundsätzlich gilt also, dass der Frachtführer beim Transport auf vertragswidrige Weise Schäden primär nach dem Recht der vertragsgemäßen Beförderungsart zu ersetzen hat und er darüber hinaus im Falle schuldhaften Einsatzes vertragswidriger Beförderungsmittel zusätzlich nach dem Recht der tatsächlichen Beförderungsart haftet.[42] Die der genannten Rechtsprechung zugrunde liegenden Sachverhalte haben sich vor allem aus den Problemen des sog. Luftfrachtersatzverkehrs entwickelt. Die Luftfrachtführer – die fast ausschließlich mit Kaufleuten kontrahieren – haben darauf durch die entsprechende Gestaltung der Allgemeinen Geschäftsbedingungen reagiert bzw. steht ihnen die Auswahl des Beförderungsmittels frei, sofern der kaufmännische Absender keine ausdrückliche Vereinbarung des Beförderungsmittels zum Vertragsinhalt machte (vgl. Art. 1, Rn. 14). Im Rahmen des CMR-Beförderungsvertrages spielt jedoch der vertragswidrige Einsatz – dies ergibt sich aus den vorliegenden Urteilen, sowie aus der Beförderungspraxis – keine nennenswerte Rolle, da der CMR-Frachtführer keine „Ersatzverkehre" zu Luft oder zu Wasser betreibt. Grundsätzlich hat das neue Transportrecht an dieser rechtlichen Situation nichts geändert, obwohl nach wie vor ganz unterschiedliche Auffassungen vertreten werden:

19 – *Helm*[43] lässt den Frachtführer nach dem zwingenden Recht des tatsächlich eingesetzten Transportmittels haften und gibt ihm – flankierend und zusätzlich – Ansprüche wegen positiver Forderungsverletzung aus dem Recht des vertragsgemäßen Transportmittels.[44]

20 – *Blaschczok*[45] statuiert im Rahmen der Verwendung eines vertragswidrigen Transportmittels eine – historisch begründete – Quasi-Garantiehaftung ohne Haftungsbeschränkungen.[46]

21 – *Koller*[47] schließt sich vom Grundsatz her der höchstrichterlichen Rechtsprechung an und lässt den Transportunternehmer beim Einsatz mit vertragswidrigen Transportmitteln nach dem Recht des vertragsgemäßen Transportmittels haften; beim vorsätzlichen oder grob fahrlässigen Einsatz eines vertragswidrigen Transportmittels entfallen die Haftungsbeschränkungen der CMR, weil der Schaden aufgrund des erhöhten Risikos des vertragswidrigen Transportmittels eintritt. Die Haftungsbeschränkungen gelten dann, wenn es sich um transportmittelspezifische Risiken und nicht lediglich um unternehmensspezifische Besonderheiten handelt; im Falle des schlicht fahrlässigen Versehens beim Einsatz eines anderen Transportmittels – sofern nichts anderes vereinbart – bleibt es ebenfalls bei den Haftungsbeschränkungen der Art. 17 ff. CMR.[48] Jedoch gibt es rechtsdogmatisch keine zusätzliche Haftung wegen Neben- und Schutzpflichtverletzung (§ 280 Abs. 1 BGB i. V. m. § 433 HGB, weil insoweit Art. 17 ff. CMR leges speciales sind).[49]

---

41 *Koller*, a.a.O., Rdn. 26; BGH vom 17.5.1989 – I ZR 211/87.
42 BGH, VersR 1990, 331; *Fremuth*, in: Fremuth/Thume, Transportrecht, § 407 Rdn. 41, *Koller*, Transportrecht, § 407 Rdn. 26 f.
43 *Helm*, in: Großkomm. HGB, § 452 Anh. V. Rdn. 81, 83.
44 So auch OLG Hamburg, VersR 1985, 832; OLG Hamburg, VersR 1987, 1111.
45 *Blaschczok*, TranspR 1987, 401 ff., für den Rechtszustand vor Geltung des neuen Transportrechtes 1.7.1998.
46 *Blaschczok*, TranspR 1987, 402, 408; ähnlich *Ruhwedel*, Luftbeförderungsvertrag, S. 136.
47 *Koller*, VersR 1988, 432; *ders.*, Transportrecht, § 407 HGB Rdn. 26.
48 So der Gedanke aus Art. 1 Rdn. 19, in Weiterführung von *Koller*, a.a.O.
49 *Koller*, a.a.O.; *Müller-Rostin*, TranspR 1996, 217, 222; strittig und a.A.: BGH, TranspR 1995, 283, 285; *Helm*, in: Großkomm. HGB, § 452 HGB Rdn. 85; *Fremuth*, in: Fremuth/Thume, Transportrecht, § 407 Rdn. 43.

– Richtig ist m.E. Folgendes: Der zwischen den Parteien geschlossene Vertrag bestimmt **22**
die Anspruchsvoraussetzungen gerade in dem Fall, in dem der Frachtführer ein vertragswidriges Transportmittel wählt. Dies ist bereits die positive Vertragsverletzung des CMR-Beförderungsvertrages. Im Rahmen des CMR-Beförderungsvertrages und im Rahmen der CMR allgemein ist der Einsatz des vertragwidrigen Transportmittels nicht geregelt. Wenn demnach nach Art. 27 ff. EGBGB deutsches Recht ergänzend anzuwenden ist, dann haftet der Frachtführer dem Auftraggeber bei Vorliegen der Voraussetzungen der positiven Vertragsverletzung in unbegrenzter Höhe für Sachschäden und Sachfolgeschäden. Entscheidend ist stets der Parteiwille und ob das Beförderungsmittel bereits bei Vertragsabschluss festgelegt worden ist. Grundsätzlich ist – wenn nichts zwischen den Parteien über die Art des Beförderungsmittels vereinbart ist – der Frachtführer berechtigt, nach billigem Ermessen (vgl. § 315 BGB) ein geeignetes Transportmittel zu bestimmen. In der Rechtswirklichkeit ist die Auswahl des Transportmittels durch den Frachtführer die Ausnahme, denn wer mit einem Straßenfuhrunternehmer kontrahiert, geht in der Regel von dem Transportmittel Lkw aus und nicht von einer Beförderung durch Seeschiff, Flugzeug oder Eisenbahn. Selbst bei der vertraglichen Festlegung des Transportmittels kann der Frachtführer von dem Vereinbarten abweichen, wenn ihm dies konkludent, im Rahmen von AGB, gestattet ist bzw. die Voraussetzungen des § 665 BGB vorliegen. Gerade der Rechtsgedanke des § 665 BGB trägt (z.B. beim Einsatz der Eisenbahn, der Gestaltung im multimodalen Verkehr) dem Umstand Rechnung, dass der Transportablauf zügig abgewickelt werden soll. Diese „redliche Abweichung" vom Vertrag durch Einsatz eines anderen Transportmittels ist deshalb kein vorsätzlicher Vertragsbruch.

c) Schutzpflichten

Der Frachtführer, seine Bediensteten, die Fahrer und die Personen des Art. 3 CMR reisen **23**
mit dem Transportgut: Mithin kennen sie alle Gefährdungen, Einwirkungen, transportbedingte Hindernisse, sich anbahnende Lieferfristüberschreitungen etc. Daraus ergeben sich transportvertragsrechtliche Nebenpflichten, die sich im Schutz des Transportgutes, in der Information des Absenders und anderer am Transport Beteiligter beziehen. Diese Nebenpflichten ergeben sich insbesondere aus der Obhutspflicht des Gutes heraus.[50] Die CMR regelt die Fälle der Nichterfüllung von Nebenleistungspflichten und Schutzpflichtverletzungen (positive Vertragsverletzung i.S.d. § 280 BGB) nicht abschließend, sondern nur bestimmte Formen der Nicht- bzw. Schlechterfüllung (bspw. Art. 10, 11, 12 Abs. 7, 16 Abs. 2, 21, 22 Abs. 2 CMR). Unter Geltung deutschen Rechtes (soweit im Streitfall Schäden nicht aus den in der CMR normierten Schlechterfüllungs- und Schutzpflichtverletzungen resultieren, insbesondere also für die Schäden vor und nach Übernahme der Obhut[51]) und unter Berücksichtigung des § 433 HGB, bestehen die Ansprüche aus positiver Vertragsverletzung nach § 280 BGB.

d) Übernahme weiterer, nicht in der CMR geregelter Pflichten

Der Grundsatz ist einfach formuliert: Alle Frachtführerverpflichtungen, die sich direkt aus **24**
der CMR ergeben, sind nicht disponibel (vgl. Art. 41). Zu allen nicht in der CMR geregel-

---

50 Vgl. Art. 1, 17 Rdn. 3; *Koller*, Vor Art. 1 CMR Rdn. 30; *Helm*, in: Großkomm. HGB, § 425 Rn. 74; *Lenz*, Straßengütertransportrecht, S. 159 ff.
51 *Koller*, Transportrecht, Vor Art. 1 CMR Rdn. 30.

Anhang II   Ergänzung der CMR durch unvereinheitlichtes deutsches Recht

ten Frachtführerverpflichtungen können die Vertragsparteien gesonderte Vereinbarungen treffen. Die Dienstleistungsmöglichkeiten der großen Transport- und Fuhrunternehmungen sind mannigfaltig; angeboten wird die perfekte Lagerverteilungslogistik, die „just in time"-Lieferung, die Distribution von Sendungen, die Fakturierung für den Eigentümer und Vertreiber; kurzum: umfassende logistische Konzepte, als Zusatzleistungen für die „einfach strukturierte" Beförderung von A nach B. Soweit es sich hier um vertragliche Pflichten handelt, die neben den typischen CMR-frachtvertragsrechtlichen Bestimmungen stehen, so ist der Vielfalt der vertraglichen Regelungen keine Grenze gesetzt.[52]

Beispiele aus der logistischen Vertragspraxis sind folgende:

- Vereinbarung der Übernahme handelsrechtlicher Rüge und Kontrollpflichten im Rahmen der Ein- und Ausgangskontrolle;
- Abschluss Versicherungen;
- Verpackungsaufgaben;
- Regelungen über die Be- und Entladung.

Bei Verstoß gegen solche übernommenen vertraglichen Pflichten gilt das Recht der Leistungsstörungen bei gemischten Verträgen.

e) Leistungsstörungen

25 Für das Recht der in der CMR geregelten Leistungsstörungen gilt: Die Vorschriften der CMR sind unabdingbar und zwingend (Arg.: Art. 41 CMR; Art. 41 CMR, Rn. 1 ff.). Bei abweichenden Vereinbarungen über die in Art. 17 ff. geregelten Fälle (Verlust und Beschädigung des Gutes und Überschreitung der Lieferfrist) scheidet daher die Heranziehung anderer – nationaler – Rechtsgrundlagen im Rahmen des Gewährleistungsrechtes aus (vgl. vor Art. 17). Jeder Güterschaden kann – aus dem Recht der Leistungsstörungen heraus – und unter der Voraussetzung, dass ein Verschulden des Frachtführers vorliegt, zugleich den Tatbestand der positiven Vertragsverletzung, §§ 280, 281 BGB, begründen, und jeder unmittelbare Vermögensschaden, der auf einer Lieferfristüberschreitung basiert, kann auch die Rechtsfolgen des Verzuges auslösen.[53]

26 Folgende Leistungsstörungen sind in der CMR direkt geregelt:

- Die Haftung für unzulängliche Frachtbriefangaben (Art. 7 CMR).
- Für unzulängliche Begleitpapiere bzw. den unzulänglichen Umgang mit diesen Papieren (Art. 11 CMR).
- Die Nichtbeachtung bzw. die unvollständige Beachtung von Weisungen (Art. 12 Abs. 7 CMR).
- Die Einziehung von Nachnahmen und die entsprechenden Weisungen hierzu (Art. 21 CMR).
- Die Übergabe gefährlicher Güter ohne Aufklärung über die Gefahr (Art. 22 Abs. 2 CMR).
- Einige Folgen von Beförderungs- und Ablieferungshindernissen (vgl. Art. 14, 15, 16 Abs. 1 CMR).
- Verlust, Beschädigung und Lieferfristüberschreitung (vgl. Art. 17 i. V. m. Art. 19 CMR).

---

52 Über die Wirksamkeit der Vereinbarung von zusätzlichen Überprüfungspflichten nach Art. 8 CMR, vgl. Art. 41 CMR.
53 *Helm*, in: Großkomm. HGB, § 429 HGB Rdn. 77, 78, zur Frage der frachtrechtlichen Haftungstatbestände als lex specialis; *Lenz*, Straßengütertransportrecht, S. 251; Vor Art. 17 Rdn. 3.

– Die – sanktionslose – wechselseitige Verpflichtung (Mitwirkungspflicht) der am Frachtvertrag Beteiligten, sich gegenseitig jede angemessene Erleichterung für alle erforderlichen Feststellungen und Überprüfungen zu gewähren, Art. 30 Abs. 5 CMR (vgl. Art. 30).

Bereits aus dieser abschließenden Aufzählung der in der CMR geregelten Verstöße gegen haupt- und nebenvertragliche Pflichten aus dem CMR-Beförderungsvertrag ergibt sich, dass dieses System der „CMR-Haftung" auf haftungsrechtliche Kernstücke beschränkt ist und die CMR folglich (vgl. oben Rdn. 1) kein abschließendes System der Erfassung von Leistungsstörungen bietet.

Die – gewollten und nicht gewollten (vgl. oben Rdn. 1) – Lücken der CMR sind deshalb nach den Allgemeinen Regeln unter Anwendung der Art. 3 Rom I Verordnung – sofern deutsches Recht Anwendung findet – wie folgt zu behandeln:

aa) Culpa in contrahendo (c.i.c.)

Die culpa in contrahendo, also das rechtsgeschäftliche und rechtsgeschäftsähnliche Rechtsverhältnis i.S.d. § 311 Abs. 1–3 BGB (Voraussetzungen: vorvertragliches Schuldverhältnis; schuldhafte Pflichtverletzung; Schaden) regelt Voraussetzungen und Rechtsfolgen anfänglicher vertraglicher Leistungsstörungen. Das vorvertragliche Schuldverhältnis entsteht mit der Aufnahme von Vertragsverhandlungen bzw. mit der Herstellung eines geschäftlichen Kontaktes oder der Begründung einer dauernden Geschäftsbeziehung.[54] Zu denken ist an vorvertragliche Aussagen über die Befahrbarkeit von Straßen und die komplikationslose Durchführung des Transportes.[55]

bb) Objektive Unmöglichkeit

Eine objektive Unmöglichkeit liegt vor, wenn niemand in der Lage ist, die geschuldete Leistung zu erbringen, gleichviel worauf das Leistungshindernis beruht. Man spricht von einer sog. tatsächlichen Unmöglichkeit (die zu transportierende Maschine wird zerstört), von einer rechtlichen Unmöglichkeit (das Transportgut wird beim Frachtführer vom Eigentumsvorbehaltsverkäufer gepfändet). Zu denken ist auch an die Unmöglichkeit wegen Zweckerreichung (aus Versehen hat ein anderer Frachtführer den Transport ausgeführt) oder an die Unmöglichkeit des Transportes, weil das Transportgut gestohlen wurde. Die Unmöglichkeit der Beförderung bzw. deren Ausführung (§ 275 BGB) ist ein Beförderungshindernis nach §§ 419, 420 Abs. 2 HGB. Eine Beförderung ist nur dann unmöglich, wenn ein dauerndes und nicht temporäres behebbares Hindernis besteht. Insoweit wird § 275 BGB durch § 419 HGB verdrängt. Wer keine Weisungen nach § 419 Abs. 1–4 HGB einholt, haftet nach §§ 311 Abs. 2, 280 Abs. 1 BGB.

cc) Anfängliches Unvermögen

Ein Unvermögen im Sinne des Gesetzes liegt vor, wenn nur der Schuldner nicht, wohl aber ein Dritter in der Lage ist, die Leistungsverpflichtung (hier: Durchführung der Beförderung) zu erbringen und das Leistungshindernis nicht vorübergehender Natur ist.[56] Der Frachtführer hat sein anfängliches Unvermögen nach der „Theorie der Garantiehaftung"

---

54 *Larenz*, Schuldrecht I., § 9 Abs. 1a; *Helm*, in: Großkomm. HGB, § 425 Rdn. 60.
55 *Schmid/Kehl*, TranspR 1996, 89 ff. mit Hinweisen auf Fallgruppen.
56 Palandt/*Grüneberg*, 70. Aufl. 2011, § 275 Rdn. 10.

Anhang II   Ergänzung der CMR durch unvereinheitlichtes deutsches Recht

immer zu vertreten, so dass er zu Schadenersatz verpflichtet ist bei Vorliegen der Voraussetzungen eines anfänglichen – subjektiven – Unvermögens.[57]

dd) Unmöglichkeit der Beförderung nach der Übernahme des Gutes

30   Wird dem Frachtführer die Weiterbeförderung nach Übernahme des Gutes unmöglich, so hat er zunächst Weisungen nach Art. 14 Abs. 1 CMR einzuholen (vgl. Art. 14). Hat der Frachtführer die Unmöglichkeit der Weiterbeförderung nach Übernahme des Gutes zu vertreten, so haftet er nach §§ 280, 283 BGB wie derjenige Frachtführer, dem die Unmöglichkeit der Beförderung vor Übernahme des Gutes unmöglich wurde.[58] Eine zu vertretende Unmöglichkeit liegt vor, wenn ein Lkw wegen beigeschmuggelten Alkohols beschlagnahmt wird und deshalb anderes Frachtgut nicht ausgeliefert werden kann.[59]

ee) Verspätete Ausführung der Beförderung und Verzögerung derselben

31   Ansprüche aus Schuldnerverzug nach den Regeln des allgemeinen Schuldrechtes werden durch die Spezialregelungen der CMR verdrängt, soweit es sich um eine Überschreitung der Lieferfrist handelt (vgl. Art. 17 CMR). Die Entschädigungsansprüche wegen Überschreitung der Lieferfrist sind durch die Vorschriften der CMR erschöpfend geregelt und stehen nicht zur Disposition der Parteien.[60]

ff) Verzögerung der Beladung

32   Stellt der Frachtführer seinen Lkw nicht rechtzeitig (also zum vereinbarten Zeitpunkt und innerhalb des Rahmens, in dem er die – vertraglich vereinbarte oder gesetzliche – Lieferfrist erfüllen kann) zur Verfügung, so dass der Absender nicht laden kann, ist dieser Sachverhalt von Art. 17, 19 CMR nicht regelnd erfasst.[61] Die CMR gewährt keinen Schadenersatzanspruch für die Fälle, in denen der Frachtführer den Transport nicht oder nicht termingerecht beginnt. Im Falle von Beladungsverzögerungen haftet der Frachtführer daher nach ergänzend anwendbarem nationalen Recht.[62] Maßgebend für die Ersatzverpflichtung des Frachtführers sind daher bei Nichtausführung oder verzögerlicher Erfüllung von CMR-Beförderungspflichten – sofern nicht Ansprüche nach Art. 17 CMR gegeben sind – die allgemeinen schuld- und frachtrechtlichen Bestimmungen.[63] Der Schadenersatzanspruch wegen Verzögerung der Stellung eines Fahrzeuges durch den Frachtführer (Beladungsverzögerung) ergibt sich deshalb aus §§ 280, 281 BGB als einem Fall der Nichterfüllung.

gg) Positive Vertragsverletzung

33   Die in der CMR geregelten Haftungstatbestände sind Sonderfälle der allgemeinen Vertragsbruchhaftung, die im deutschen Recht als positive Vertragsverletzung bezeichnet wird

---

57   H.M.: BGH, VersR 1979, 445, 446 = NJW 1979, 2470; *Koller*, Vor Art. 1 CMR Rdn. 24.
58   BGH, VersR 1979, 445, 446.
59   Vgl. LG Nürnberg/Fürth, TranspR 1985, 113 f.
60   H.M., vgl. nur *Thume*, in: Fremuth/Thume, Transportrecht, Vor Art. 1 CMR Rdn. 24.
61   *Koller*, Vor Art. 1 CMR Rdn. 26; Art. 17 CMR Art. 19.
62   *Lieser*, S. 127; *Piper*, VersR 1988, 200, 209; *Glöckner*, CMR, Art. 19 Rdn. 4; *Koller*, Art. 19 Rdn. 3; vgl. im Einzelnen Art. 19.
63   *Koller*, VersR 1988, 201, 209.

(jetzt § 280 BGB). Soweit sie eingreifen, sind sie lex specialis zum allgemeinen Recht der Leistungsstörungen, das durch sie ausgeschaltet wird. Soweit diese Sondertatbestände nicht eingreifen, ist das Rechtsinstitut der positiven Vertragsverletzung anwendbar.[64]

Die Voraussetzungen und die Rechtsfolgen der pVV sind Folgende: **34**
- Bestehen eines Schuldverhältnisses;
- Nicht in der CMR geregelte schuldhafte und rechtswidrige Pflichtverletzung;
- Ersatz des Schadens, der durch die schuldhafte Pflichtverletzung entstanden ist.

Es gibt zu der Frage, wann die spezialrechtliche Regelung eingreift und wann nicht, zahlreiche veröffentlichte Urteile, wobei sich eine einheitliche Linie, nicht feststellen lässt. Ziel der Rechtsdurchsetzung der frachtrechtlichen Spezialbestimmung ist jedoch, alle Folgen zu erfassen, die sich unmittelbar aus dem Verlust, der Beschädigung des Gutes und der Lieferfristüberschreitung ergeben, denn sonst würden die Haftungsbeschränkungen für Güterschäden „durch eine ausufernde allgemeine Begleitschadens-" bzw. Vertragsverletzungshaftung entwertet werden.[65] **35**

Im Folgenden werden besonders typische Fälle aus der Rechtsprechung dargestellt: **36**

– **Schadenseintritt vor Übernahme oder nach Ablieferung des Gutes:** Da die CMR Konsensualvertrag ist, kommt der CMR-Beförderungsvertrag in der Regel bereits zustande, bevor der Frachtführer das Gut übernimmt. Hat der Frachtführer das Gut zur Einlagerung übernommen, so beginnt der Haftungszeitraum für auftretende Güterschäden der pVV.[66] Haftung nach erfolgter Ablieferung: Für Güterschäden, die bei einem besonders schwierigen Abladevorgang nach erfolgter Ablieferung auftreten, haftet der Beförderer nach den Grundsätzen der pVV (§ 280 BGB), wenn eine Mitwirkungspflicht bestanden hatte.[67] **37**

– **Falschauslieferung:** Liefert der Frachtführer nicht an den frachtbriefmäßigen Empfänger aus, sondern an einen Nichtberechtigten, so liegt ein Verlust im frachtrechtlichen Sinne nach Art. 17 CMR vor (vgl. Art. 17 CMR) mit einer abschließenden Regelung. Entsteht jedoch ein Schaden durch die Auslieferung des für ihn nicht bestimmten Gutes beim Empfänger, dann ist anspruchsbegründender Tatbestand nicht der Verlust des zu befördernden Gutes, sondern die Auslieferung der nicht für den Empfänger bestimmter Güter und dieser durch die Falschauslieferung verursachte Schaden ist ein Fall der positiven Vertragsverletzung, der in der CMR nicht geregelt ist.[68] Bezüglich der Verjährung vgl. Art. 32 CMR. **38**

– **Stornierung von Aufträgen:** Der OGH Wien hat mit Urteil[69] entschieden, dass die Haftung des Frachtführers für Schäden seines Auftraggebers wegen Stornierung von Folgeaufträgen nicht in der CMR geregelt sei; sie sei aber nach den allgemeinen Grundsätzen des bürgerlichen Rechtes zur Haftung für fahrlässige Verletzung vertraglicher Verpflichtungen zu beurteilen. Bei dem der Entscheidung zugrunde liegenden Fall ging es um die verzögerte Beförderung von Gut durch den Frachtführer. Sein Auftraggeber hatte mit einem Kunden eine Absprache getroffen, in der dieser monatlich eine bestimmte Zahl von **39**

---

64 Helm, in: Großkomm. HGB, § 429 Rdn. 76ff.; ders., Haftung, S. 173ff.; Heuer, Haftung, S. 183ff.; Konow, TranspR 1987, 14ff.
65 Konow, TranspR 1987, 14, 15; Helm, in: Großkomm. HGB, § 429 Rdn. 88, und Art. 17 Rdn. 31.
66 Lenz, Straßengütertransportrecht, S. 252.
67 OLG Düsseldorf, TranspR 1987, 23ff.; LG Hamburg, TranspR 1995, 293, 294.
68 BGH, NJW 1979, 2473f. – Falschauslieferung verschiedener Sorten Buschbohnen.
69 Vom 14.11.1984, TranspR 1985, 346.

Anhang II   Ergänzung der CMR durch unvereinheitlichtes deutsches Recht

Transportaufträgen zusicherte. Wegen der vom Frachtführer verursachten Lieferfristüberschreitung wurde diese Absprache vom Kunden des Auftraggebers storniert. Diese Auffassung des OGH geht zu weit und ist deshalb abzulehnen.[70]

40 – **Schaden am Transportmittel durch mangelhafte Verladung der Gutes:** Da die CMR nur die Haftung des Absenders für die dem Frachtführer durch mangelhafte Verpackung des Gutes verursachten Schäden an Personen und Gütern regelt und die durch mangelhafte Verladung des Gutes an den Transportmitteln des Frachtführers entstandenen Schäden und sonstigen Kosten in der CMR nicht erwähnt werden, kommt nationales Recht (pVV) dann zur Anwendung, wenn durch die mangelhafte Verladung des Gutes an dem Transportmittel des Frachtführers Schäden entstehen.

41 – **Falsche Beratung:** Beratungspflichten sind weder als Haupt- noch als Nebenpflichten in der CMR statuiert; berät deshalb der Frachtführer den Absender falsch, so haftet er nach pVV.[71]

41 – **Unrichtige Informationen:** Für die unrichtige Information über den Transportablauf (Route durch ein Krisengebiet, Verlängerung von Lieferungsfristen) haftet der Frachtführer nicht nach den Vorschriften der CMR. Hier gilt nationales Recht und damit die pVV. Soweit der CMR-Frachtführer zusätzliche AGB vereinbart hat, wird die positive Vertragsverletzung nicht ausgeschlossen.[72]

43 – **Verstoß gegen Vermögenswahrungsinteressen:** Wird mit dem Frachtführer eine Nachnahmevereinbarung getroffen, so hat der Frachtführer mit dem Nachnahmeauftrag zumindest die Verpflichtung übernommen, die Vermögensinteressen des Absenders wahrzunehmen. Es ist ihm deshalb – ganz unabhängig von der Wirksamkeit der Nachnahmevereinbarung – versagt, das Gut dem Empfänger ohne jegliche Gegenleistung oder zumindest ohne eine Sicherstellung auszuhändigen. Diese Vertragspflicht wird sanktioniert im Rahmen einer wirksamen Nachnahmevereinbarung durch Art. 21 CMR und bei einer unwirksamen Nachnahmevereinbarung durch die pVV.[73]

44 – **Kontaminierungsschäden:** Dringen beförderte giftige Substanzen infolge eines vom Frachtführer verschuldeten Verkehrsunfalls in die Umwelt (Erdboden) ein, muss deswegen die Feuerwehr einschreiten, so ist dies kein ersatzfähiger mittelbarer Schaden als Folge des Verlustes der Ladung nach Art. 17 Abs. 1 CMR. Vielmehr liegt zugleich eine Verletzung einer dem Frachtführer gegenüber dem Absender obliegenden Pflicht zur Vermeidung von Umweltschäden vor. Der Frachtführer haftet dem Absender aus positiver Vertragsverletzung für den Ersatz der an die Feuerwehr gezahlten Schadensbeseitigungskosten.[74] Anspruch auf Erstattung der Kosten für die Bergung der in ein öffentliches Gewässer gestürzten Ladung können aufgrund positiver Vertragsverletzung durchgesetzt werden.[75] Das betrifft schadensbedingte Aufwendungen für die Beseitigung der Umweltschäden und Bergungskosten.[76]

---

70 So auch *Widmann*, in: EBJS, Vor Art. 1 CMR Rdn. 23; *Koller*, Transportrecht, Vor Art. 1 CMR Rdn. 30.
71 OLG Hamm, TranspR 1983, 151.
72 LG Frankfurt, TranspR 1985, 110 ff. mit Anm. von *Schiller* (str.).
73 OLG Hamm, TranspR 1985, 97 ff., 99.
74 OLG Hamburg, TranspR 1985, 185; streitig vgl. Art. 23.
75 OLG Düsseldorf, TranspR 1987, 24, 27; vgl. hierzu aber auch Art. 23.
76 *Boesche*, in EBJS, Vor Art. 1 CMR Rdn. 24; für die Ersatzpflicht ebenfalls: BGH, VersR 1992, 767, 768; OLG Hamburg, VersR 1986, 357, *Herber/Piper*, Art. 23 Rdn. 32.

– **Kautionsverfall:** Verfällt eine Kaution – die zur Vertragserfüllung hinterlegt ist – wegen 45
eines vertretbaren Verhaltens des Frachtführers, so handelt es sich hierbei nicht um aus
Anlass der Beförderung des Gutes entstandene Kosten, sondern um einen Folgeschaden,
der nicht nach der CMR zu ersetzen ist. Hier greifen die Regeln der pVV ein.[77]
– **Verletzung von Übernahmekontrollpflichten:** Wird der Frachtführer vom Vertrags- 46
partner beauftragt, Übernahmetemperatur und Verladeweise zu überprüfen, verletzt er
diese Verpflichtung, so ist dies eine Pflichtverletzung, die nicht den Beförderungsvorgang betrifft, der von Art. 17 CMR erfasst wird. Anwendbar ist deutsches Recht, und der
Anspruch ist begründet aufgrund einer positiven Vertragsverletzung.[78]
– **Verstoß gegen die Pflicht zur Einholung von Weisungen:** Bei Ablieferungshindernis- 47
sen muß der Frachtführer Weisungen gem. Art. 14 Abs. 1 bzw. 15 Abs. 1 CMR einholen,
es sei denn, die Voraussetzungen des Art. 16 Abs. 2 und 3 liegen vor. Die CMR ordnet
selbst nicht an, welche Folgen eine Verletzung dieser und anderer im Zusammenhang
mit der Ausführung des Beförderungsvertrages bestehender Pflichten für den Frachtführer hat. Im Falle von Schäden, die aufgrund verschuldeter Vertragspflichtverletzung entstehen, ist es sachgerecht, dies der schuldhaft handelnden Vertragspartei aufzuerlegen. In
diesem Fall findet ebenfalls das Rechtsinstitut der pVV Anwendung (vgl. Art. 14 CMR).
Der Frachtführer kann – insbesondere durch besondere Vereinbarung – auch verpflichtet
sein, in speziellen Fällen Weisungen einzuholen; dazu kann es erforderlich sein, das Gut
zu kontrollieren. Nichtwahrnehmung dieser Pflichten ist, wenn die CMR dafür keine besondere Regelung aufstellt, positive Vertragsverletzung. Das OLG München[79] nimmt aus
diesem Grunde eine Ersatzpflicht des Frachtführers für Zölle und Sachverständigenkosten an, wenn er bereits verdorbenes Kühlgut entnimmt, entgegen einer vertraglich übernommenen Pflicht, Weisungen für dessen Behandlung einzuholen.

Für weisungswidriges Verhalten wird grundsätzlich nicht nach positiver Vertragsverletzung, sondern nach Art. 12 Abs. 7 CMR gehaftet (vgl. Art. 12 Rdn. 1 ff.).

– **Haftung bei Gefahrgutbeförderung:** Insbesondere im Rahmen der Gefahrgutbeförde- 48
rung ist ein engmaschiges Informations- und Auskunftsnetz zwischen den Parteien
wegen der wechselseitig hohen Gefährdung von Personen und Gütern Verpflichtung;
Verstöße hiergegen sind nicht abschließend in der CMR geregelt, und damit findet ergänzend nationales Recht, also pVV, Anwendung.[80]
– **Absprachewidrige Durchführung der Transporte:** Eine positive Vertragsverletzung 49
wurde darin gesehen, dass ein Beförderer entgegen der vertraglichen Vereinbarungen,
das Gut mit einem deutschen Lkw zu transportieren, einen türkischen Lkw einsetzte.[81]

Zur Verjährung der Ansprüche aus pVV vgl. Art. 32 Rdn. 47. Es gilt grundsätzlich die 50
3-jährige Verjährungsfrist nach §§ 195, 199 BGB.

Aus dieser Kasuistik ergibt sich die Typik der positiven Vertragsverletzung: Immer dann, 51
wenn CMR-gesetzlich nicht geregelte weitere Vertragspflichten verletzt werden, liegt eine
Sachverhaltsgruppe der positiven Vertragsverletzung vor, die sich zusammensetzt aus:
Aufklärungspflichten, Schutzpflichten, Leistungstreuepflichten und Mitwirkungspflichten.
Die Abgrenzung der mittelbaren Schäden infolge Beschädigung oder Verlust der Güter,
die von Art. 17 CMR erfasst werden und sonstiger Vermögensschäden, erfolgt zum einen

---

77 Vgl. *Heuer*, TranspR 1987, 357 ff., 361; *Decker*, TranspR 1985, 311, 315.
78 OLG München, TranspR 1991, 61 ff. streitig: vgl. Vor Art. 1 CMR.
79 Vom 3.5.1989, TranspR 1991, 61 ff.
80 *Schünemann*, TranspR 1992, 53, 56 f.; vgl. zur Gefahrgutbeförderung Art. 22 Rdn. 1 ff.
81 OLG Hamburg, TranspR 1987, 457.

nach dem Obhutsprinzip in Art. 17 CMR, sowie in den positiv rechtlichen Regelungen der CMR selbst. Der Kernbereich dieses Verhaltens ist abschließend in der CMR geregelt; zusätzliches und sog. überschießendes Fehlverhalten des Frachtführers begründet die Anwendung ergänzenden Rechtes, vor allem der positiven Vertragsverletzung (§ 280 BGB).

51a – **Kostenhaftung bei Regelhaftung des CMR-Frachtführers:** Der Bundesgerichtshof hat mit Urteil für den Fall der Regelhaftung des CMR-Frachtführers die Erstattung von Kosten eines Vorprozesses abgelehnt.[82] Mit zutreffenden Argumenten kommt *Thume*[83] zu dem Ergebnis, dass dieses Urteil materiellrechtlich nicht überzeugt, weil Verzugsschäden, die dem Hauptfrachtführer entstehen nach dem ergänzend anwendbaren nationalen Recht in voller Höhe zu erstatten sind.

3. Umfang der Haftung aus allgemeinem Schuldrecht

52 Die ausnahmsweise von der CMR nicht erfassten Haftungstatbestände, wie c.i.c. (§ 311 BGB), positive Vertragsverletzung (§ 280 BGB) etc. unterliegen nicht den in der CMR vorgesehenen Haftungsausschlüssen und Haftungsbeschränkungen. Die Vertragshaftung des Frachtführers richtet sich allein nach den allgemeinen Regeln des jeweils anwendbaren nationalen Rechts.[84] In erster Linie nach §§ 407ff. HGB. Die Haftung nach allgemeinem Schuldrecht wird von der CMR der Höhe nach nicht begrenzt.[85] Eine zentrale und wichtige Abweichung besteht seit der Kodifizierung des neuen Transportrechtes darin, dass die bisher unbegrenzte Verschuldenshaftung des Frachtführers aus positiver Vertragsverletzung sich für primäre Vermögensschäden auf das 3-fache des Betrages begrenzt, der bei Verlust des Gutes zu bezahlen wäre, § 433 HGB. Nach dieser Vorschrift ist der „primäre oder unmittelbare Vermögensschaden" der, der als anderer Schaden als Sach- oder Personenschaden bezeichnet ist. Damit wird weiter klargestellt, dass keine Folgeschäden von Gütern – oder Verspätungsschäden –, sondern nur solche Vermögensschäden erfasst sind, die unabhängig von einem Substanzschaden an den Gütern oder einer Lieferfristüberschreitung eingetreten sind.[86] Damit steht fest: Auch unter Geltung des neuen HGB ist eine die CMR erweiternde Haftung des Frachtführers aus dem Gesichtspunkt der positiven Vertragsverletzung denkbar und möglich.[87] Dabei ist anerkannt, dass der Haftungssachverhalt der positiven Vertragsverletzung sich wie bisher nach den von der Rechtsprechung und Lehre entwickelten Maßstäben richtet.[88] Vor allem ist hierbei an branchenfremde Tätigkeiten zu denken, die im Rahmen umfassender Logistikkonzepte der Transportunternehmen vom Frachtführer ausgeführt werden.[89]

53 Die Haftung nach § 280 BGB (positive Vertragsverletzung) ist im Rahmen des nationalen Rechtes abdingbar, mit den Einschränkungen nach §§ 276 Abs. 1 und 3 BGB, 309 Nr. 7 BGB. Eine nach § 449 Abs. 1 und 2 HGB nur beschränkt abdingbare Haftungsbegrenzung für Fälle der pVV enthält § 433 HGB hinsichtlich primärer Vermögensschäden aus der

---

[82] BGH, TranspR 2011, 78.
[83] *Thume*, TranspR 2012, 61 ff.
[84] *Heuer*, Haftung, S. 183 ff.; *Helm*, in: Großkomm. HGB, Art. 17 CMR Rdn. 31.
[85] BGH, NJW 1979, 2473 ff. = TranspR 1982, 108 ff. = VersR 1979, 276 ff.
[86] Reg.Begr. TRG, BT-Drs. 13/8445, 69; *Dubischar*, Festschrift für Helmut Henrichs, 1998, S. 207, 210; *Müglich*, Transprecht, 1999, § 433 HGB Rdn. 5.
[87] *Herber*, TranspR 1997, 45, 46.
[88] *Fischer*, TranspR 1999, 261, 277.
[89] Reg.Begr. TRG, BT-Drs. 13/8445, 68; *Fremuth*, TranspR 1997, 48, 55.

Verletzung einer mit der Ausführung der Beförderung zusammenhängenden vertraglichen Pflicht.[90]

4. Beendigung des Vertrages: Kündigung, Rücktritt

Durch vollständige Erfüllung – Ablieferung des Transportgutes beim Empfänger oder Ausladung gem. Art. 16 Abs. 2 CMR – erlöschen die Frachtführerpflichten.[91] Von der Erfüllung der Hauptleistungspflicht (Ablieferung) abgesehen, bleibt die Frachtzahlungsverpflichtung des Absenders/Empfängers bestehen und sog. nachvertragliche Verpflichtungen (wie z.B.: Übergabe der Begleitpapiere, der Zolldokumente, Geheimhaltungspflichten) verbleiben weiter.

Daneben gibt es im Geltungsbereich der CMR – nach Übernahme des Gutes durch den Frachtführer – keine allgemeinen Beendigungsgründe mehr, wie etwa Kündigung oder Rücktritt.[92] Nach Übernahme des Gutes durch den Frachtführer gelten – unabdingbar – die Art. 17ff. CMR mit ihren speziellen Regelungen für Leistungsstörungen. Innerhalb des Haftungszeitraumes ist der Frachtführer nach § 16 Abs. 2 CMR berechtigt, bei nicht behebbaren Beförderungs- und Ablieferungshindernissen das Gut auszuladen, was zu einer Beendigung der Beförderung führt.[93] Der Absender hat ebenfalls keine Kündigungsmöglichkeit, sondern kann lediglich von seinem Weisungsrecht nach Art. 12 Abs. 1 CMR Gebrauch machen und durch nachträgliche Verfügungen in Form einseitiger, empfangsbedürftiger Willenserklärungen den Inhalt des Beförderungsvertrages abändern. Diese Regelungen gelten ebenfalls als abschließend (vgl. oben), so dass eine Kündigung des Beförderungsvertrages etwa nach Maßgabe der §§ 643, 649 BGB ausgeschlossen ist.

Hat der Haftungszeitraum noch nicht begonnen, also der Frachtführer das Gut im Sinne des 4. Kapitels der CMR noch nicht übernommen, so enthält die CMR keine Regelungen. Für die Zeit vor Übernahme des Frachtgutes ist das nach Art. 12 Rom I Verordnung bestimmte nationale Recht maßgebend, da die CMR hierzu keine Regelungen enthält.[94]

In diesen Fällen ist der Anwendungsbereich des § 415 Abs. 1 HGB zu beachten: Diese Vorschrift räumt dem Absender ausdrücklich ein jederzeitiges ordentliches Recht zur Kündigung des Frachtvertrages ein. Auf einen besonderen Kündigungsgrund kommt es nicht an; eine Abmahnung ist entbehrlich.[95]

5. Vergütung (Fracht)

Da die CMR (Ausnahme Art. 13 Abs. 2 CMR) Vergütungsansprüche nicht geregelt hat, gilt das nach dem IPR anwendbare nationale Recht.[96]

---

90 *Boesche*, in: EBJS, Vor Art. 1 CMR Rdn. 22.
91 *Heuer*, Haftung, S. 46; *Helm*, in: Großkomm. HGB, § 425, Rdn. 61; *Lenz*, Straßengütertransportrecht, S. 76.
92 *Heuer*, Haftung, S. 46; ähnlich *Helm*, in: Großkomm. HGB, Art. 14 CMR Rdn. 3; *Koller*, Transportrecht, Vor Art. 1 CMR Rdn. 20.
93 *Heuer*, Haftung, S. 47; *Koller*, Vor Art. 1 CMR Rdn. 20.
94 *Herber/Piper*, Vor Art. 1 CMR Rdn. 29; *Koller*, Transportrecht, Vor Art. 1 CMR Rdn. 20.
95 *Fischer*, TranspR 1999, 261, 269.
96 *Koller*, Transportrecht, Vor Art. 1 CMR Rdn. 11; *Glöckner*, CMR, Einleitung Rdn. 4; *Fischer*, TranspR 1999, 261, 270.

Anhang II   Ergänzung der CMR durch unvereinheitlichtes deutsches Recht

57 Die Fälligkeit des Vergütungsanspruches ist in der CMR nicht geregelt; gem. IPR findet § 420 Abs. 1 S. 1 HGB Anwendung. Danach ist die Fracht bei Ablieferung des Gutes zu bezahlen. Abweichende Vereinbarungen zur Fälligkeit der Fracht sind möglich.[97]

58 Die dem Frachtführer geschuldete Vergütung (Fracht) ist eine Art Werklohn nach § 631 BGB.

59 Grundlage für die Höhe der Fracht ist die Vereinbarung der Parteien; transportiert der Frachtführer – ohne sein Wissen – ein vertragswidriges „mehr oder weniger", so findet eine Anpassung entsprechend den werkvertragsrechtlichen Regelungen statt. Für eine „Mehrfracht" ohne Zustimmung des Frachtführers kann der Frachtführer Ausgleich nach den Regeln der ungerechtfertigten Bereicherung verlangen bzw. aus GoA.[98]

60 Der Vertragsfreiheit unterliegen alle vereinbarten Aufwendungen der Parteien, wie Zollstrafen, Geldstrafen, aufzubringende Bestechungsgelder etc., sofern die Grenzen des nationalen Rechtes eingehalten sind.

61 Die Ansprüche verjähren nach Art. 32 CMR innerhalb eines Jahres.

Zu Verlust des Frachtanspruches bei Verlust des Gutes vgl. Art. 23 Abs. 4 CMR.

6. Standgeld

62 Die Frage, ob und unter welchen Umständen der CMR-Frachtführer für Standzeiten Vergütung verlangen kann, ist anhand des zwingenden Transportrechtes zu beantworten. An Standgeld kommen die Anspruchsgrundlagen Art. 10, 11 Abs. 2 S. 2, 16 Abs. 1 CMR in Frage, sofern entsprechende Sachverhaltskonstellationen vorliegen. Nur für die Fälle, in denen die CMR keine zwingenden Regeln vorsieht, ist auf die gesetzlichen Bestimmungen, vgl. § 412 Abs. 3 HGB, zurück zu greifen. Hier ist Raum für privatautonome Vereinbarungen,[99] die im Übrigen angeraten sind. Nach allgemeiner Meinung ist der CMR-Beförderungsvertrag als Frachtvertrag ein Unter- oder Sonderfall des Werkvertrages, so dass – falls zwingend keine anderen Regelungen gelten oder vereinbart sind – der „Rückgriff" auf die genannten gesetzlichen Wertungen sich anbietet. Nach § 642 Abs. 1 u. 2 BGB soll der Unternehmer dafür entschädigt werden, dass seine zeitlichen Dispositionen beeinträchtigt werden und Nachteile durch das Bereithalten von Arbeitskraft und Kapital entstehen. Leistung im Sinne des CMR-Beförderungsvertrages ist nicht nur die Beförderungsleistung (Verbringen des Transportgutes von Ort A zu Ort B), sondern die zeitliche Inanspruchnahme des Frachtführers über die vereinbarte oder zugrunde zu legende Beförderungszeit hinaus.[100]

Zu differenzieren ist, ob sich aus der CMR selbst heraus Ansprüche auf Standgeld ergeben:

63 a) Ergeben sich Standzeiten aus den Auswirkungen von Ereignissen im Sinne der Art. 11, 14, 15 CMR, so sind Art. 11 Abs. 2 Satz 2 und Art. 16 Abs. 1 CMR lex specialis und ver-

---

97 Reg.Begr. TRG, BT-Drs. 13/8445, 53; *Herber*, NJW 1998, 3297, 3301.
98 *Koller*, Transprecht, Vor Art. 1 CMR Rdn. 12.
99 *Koller*, Vor Art. 1 CMR Rdn. 14; *ders.*, TranspR 1988, 129ff.; *Glöckner*, Einleitung Rdn. 4; *Braun*, Prozessuale Probleme im Bereich der CMR II, VersR 1988, 878, 883 ff; Vor Art. 1 Rdn. 32.
100 Vgl. Vor Art. 1 CMR Rdn. 32; OLG München, TranspR 1987, 384, 385 = VersR 1987, 932; OLG Düsseldorf TranspR 1993, 97f.; a.A. *Braun*, VersR 1988, 878, 883f.

drängen privatautonome Regeln.[101] Haben die Parteien des Frachtvertrages eine von diesen Fällen abweichende Vereinbarung getroffen, so ist diese gem. Art. 41 CMR unwirksam (vgl. Art. 11, 16 CMR).

aa) Nach Art. 11 Abs. 2 Satz 2 CMR haftet der Frachtführer für alle aus dem Fehlen, der Unvollständigkeit oder Unrichtigkeit der Urkunden und Angaben entstehenden Schäden. Sollte sich die Abfahrt von Lastzügen dadurch verzögern, dass der Absender die erforderlichen Urkunden nicht oder unvollständig vorgelegt hat, so muss der Absender die daraus entstehenden Standgelder bezahlen. Sonn- und Feiertage sind bei der Berechnung in Deutschland nicht zu berücksichtigen.[102] Wartet der Fahrer des Frachtführers am Verladeort auf Anweisung des Frachtführers auf eine Quittung, so kann diese Wartezeit dem Absender nicht angelastet werden; eine Vergütung für diese Standzeit entfällt daher.[103] Dabei ist vor allem an jene Fälle gedacht, in denen infolge des Fehlens von Zollpapieren und anderen das Gut begleitenden Papieren, der Frachtführer gezwungen ist, Maßnahmen zur Zwischenlagerung des Gutes, zur Sicherung des Gutes etc. zu ergreifen. Seinem Wesen nach ist Art. 11 Abs. 2 Satz 2 CMR ein Schadenersatzanspruch (vgl. Art. 11 CMR), der nicht an ein Verschulden des Absenders gebunden ist. Dieser haftet ohne Rücksicht auf eigenes Verschulden, wobei die Höhe der Haftung unbeschränkt ist.[104] Die Haftung erstreckt sich des Weiteren auf die Nachteile, die ein Subunternehmer des Frachtführers dadurch erleidet, dass Urkunden falsch oder nicht vollständig sind.[105] Zwar braucht der Frachtführer die Vollständigkeit und die Richtigkeit der erforderlichen Urkunden nicht zu überprüfen, in Einzelfällen, d.h. bei evidenter Unrichtigkeit oder bei evidentem Fehlen derselben, ist an ein Mitverschulden des Frachtführers zu denken (vgl. Art. 11 CMR).

bb) Nach Art. 16 Abs. 1 CMR hat der Frachtführer einen Anspruch auf Ersatz derjenigen Kosten, die dadurch entstehen, dass er Weisungen einholt oder ausführt. Art. 16 Abs. 2 CMR nimmt Bezug auf Art. 14 Abs. 1 und Art. 15 CMR. Hiernach ist zwischen zwei Begriffen zu differenzieren (vgl. Art. 14, 16 CMR) dem Beförderungshindernis und dem Ablieferungshindernis. Beförderungshindernis ist jene Störung des Transportablaufes, die die Ablieferung des Guts bis zum Ablauf der vereinbarten oder gemäß Art. 19 CMR maßgeblichen Lieferung dauernd oder zeitweise unmöglich macht. Ein Verschulden des Frachtführers ist unerheblich.[106] Zwingend ist jedoch, dass es sich um die Unmöglichkeit der Vertragserfüllung zu den im Frachtbrief genannten Bedingungen handelt. Hier ist insbesondere an die Unmöglichkeit zu denken, eine bestimmte Transportroute einzuhalten oder einen bestimmten Grenzübergang anzufahren. Typische Hindernisse sind technische Mängel am Fahrzeug, Naturereignisse, Wetter, Witterung, Streiks, Straßenblockaden, Transitverbot (vgl. Art. 14 CMR). Demnach liegt kein Beförderungshindernis vor, wenn die Erfüllung des Transportvertrages durch einen anderen Frachtführer, ein anderes Fahrzeug oder das Befahren einer anderen Route noch möglich ist.[107]

Bei der Bestimmung des Begriffes des Ablieferungshindernisses ist zu prüfen, ob nach Ankunft des Gutes am Ort der Ablieferung das Gut innerhalb angemessener Frist ausgeladen werden kann. Ist dies nicht der Fall, so liegt ein Ablieferungshindernis vor. Art. 15

---

101 Vgl. Art. 11, 16; *Koller*, Vor Art. 1 CMR Rdn. 14; *ders.*, TranspR 1988, 129, 130 ff.; *Glöckner*, CMR, Einleitung Rdn. 4; a.A. *Lenz*, Straßengütertransportrecht, S. 422.
102 *Glöckner*, Art. 11 CMR Rdn. 5; *Koller*, TranspR 1988, 130.
103 *Glöckner*, Art. 11 CMR Rdn. 5 m.w.N.
104 *Glöckner*, Art. 11 CMR Rdn. 4.
105 *Widmann*, CMR, 1993, Art. 11 Rdn. 50.
106 Vgl. Art. 16; *Koller*, TranspR 1988, 129, 132.
107 Vgl. Art. 14; *Widmann*, CMR, 1993, Art. 14 Rdn. 68; *Glöckner*, Art. 14 CMR Rdn. 5.

Anhang II   Ergänzung der CMR durch unvereinheitlichtes deutsches Recht

Abs. 1 Satz 2 CMR stellt klar, dass die Weigerung des Empfängers, das Gut anzunehmen, immer zu einem Ablieferungshindernis führt.[108] Von Art. 16 Abs. 1 CMR sind demnach die Kosten des Wartens von dem Zeitpunkt an umfasst, in dem der Frachtführer verpflichtet war, Weisungen einzuholen; dies beginnt zeitlich unmittelbar nach Eintritt des Hindernisses und Bekannt werden desselben.[109] Dabei ist an eine Erstattung der Kosten zu denken, die dadurch entstanden sind, dass dem Frachtführer verzögerungsbedingt andere Aufträge entgangen sind. Auch verzögerungsbedingte höhere Aufwendungen für Transportmittel sind demnach erstattungsfähig. Was die Höhe der Kosten anbelangt, so findet sich in der CMR hierfür keine ausdrückliche Regelung. *Koller* schlägt in diesem Zusammenhang einen Rückgriff auf Preise, die für die Beschaffung von Fahrzeugen und Fahrern regelmäßig gefordert werden unter Abzug eines angemessenen Gewinnabschlages vor.[110] Im Zweifel werden die Selbstkosten nach billigem Ermessen bestimmt (hierzu Art. 15 CMR). Eine Haftung des Absenders entfällt gem. Art. 16 Abs. 2 CMR bei Verschulden des Frachtführers (vgl.: Wortlaut dieses Artikels). Ein Anspruch auf Erstattung von Standgeld entfällt demnach in den Fällen, in denen der Frachtführer die Standzeit schuldhaft überzieht bzw. ausdehnt.

67   b) Liegen die Voraussetzungen der Art. 11, 14, 15 CMR nicht vor, so herrscht Privatautonomie, und die Parteien können die Standgeldfrage durch Vereinbarung frei regeln.[111] Vereinbarungen über den Transportablauf (sog. Weg-Zeit-Komponenten) beinhalten den Zeitaufwand für die Beladung, für die Verzollung, für die Grenzabfertigung, für die Entladung und regeln dem Grunde und der Höhe nach für sog. „Mehrzeiten" in diesen Fällen die Standgeldfrage. Diese Standgeldabrede ist der Vergütungsanspruch des Frachtführers für zeitlichen Mehraufwand über die genannten Beförderungsphasen hinaus; wird die Zeit überschritten, fällt Standgeld an. Einige typische in der Praxis angewendete Standgeldabreden lauten wie folgt:

– „Beladung 1/2 Tag, Verzollung 1 Tag, Grenzabfertigung 1 Tag, Entladung 1/2 Tag jeweils frei; ansonsten Standgeld pro angefangener Tag EUR 500,00."
– „Das Standgeld je angefangene Stunde beträgt bei einer Nutzlast von 10 Tonnen EUR 100,00; bei einer Nutzlast von mehr als 10 bis 15 Tonnen EUR 120,00; bei einer Nutzlast von mehr als 15 bis 20 Tonnen EUR 150,00 und bei einer Nutzlast von mehr als 20 Tonnen EUR 200,00."
– „Angenommene Beförderungszeit 18 Stunden; für jede weitere Stunde EUR 100,00."
– „Lieferfrist 18 Stunden" – dabei gehen die Parteien von einer Lieferfrist von 10 Stunden aus, so dass 8 Stunden „standgeldfrei" vom Frachtführer zu erbringen sind.

68   c) Soweit die CMR keine spezielle Regelung vorsieht (vgl. oben a) und die Parteien nichts vereinbart haben (vgl. oben b), ergibt sich der Standgeldanspruch primär aus § 412 HGB und ergänzend aus §§ 632 Abs. 1, 642 Abs. 1 BGB.[112] Das Standgeld ist folglich Zusatzentgelt für zusätzlichen Zeitaufwand im Rahmen der Vergütungsabrede.[113] Soweit deutsches Recht anwendbar ist, gilt primär § 412 HGB, wonach sich der Standgeldanspruch nach der Dauer des Verzuges im Verhältnis zur vorgesehenen Beförderungszeit einerseits und nach der vereinbarten Vergütung abzüglich ersparter Aufwendungen andererseits bemisst.

---

108 *Koller*, TranspR 1988, 129, 132; Art. 15 CMR Rdn. 7.
109 OLG München, TranspR 1984, 186, 187; *Koller*, TranspR 1988, 129, 132.
110 *Koller*, TranspR 1988, 129, 132, 133.
111 *Koller*, Vor Art. 1 CMR Rdn. 15; *ders.*, TranspR 1988, 129, 136 f.
112 So zutreffend: OLG Düsseldorf, TranspR 1993, 97 f.
113 OLG München, TranspR 1987, 384, 385.

d) Der Absender schuldet Standgeld nur, wenn er die Standzeiten zu vertreten hat, so dass **69** im Zweifel Standgeldabreden nur die Höhe des Standgeldes betreffen, nicht aber die Voraussetzungen des Standgeldes selbst.[114] Zu prüfen ist also stets, was vom Frachtführer zu vertreten ist und dies regelt sich – soweit deutsches Recht ergänzend anwendbar ist – nach allgemeinem Schuldrecht.

e) Da die CMR nur bestimmte Formen der Leistungsstörungen regelt (Art. 7, 11, 12 **70** Abs. 7, 16 Abs. 1, 14, 15, 17, 19 CMR), kann bei Fehlen privatautonomer Abreden – in Einzelfällen – auf das System der Leistungsstörungen des ergänzend anwendbaren deutschen Rechtes zurückgegriffen werden:

– Denkbar ist ein Anspruch auf Standgeld nach den Regeln des „Verschuldens bei Vertragsschluss" (c.i.c., § 311 BGB) für den Fall, dass vor Abschluss des Beförderungsvertrages – der dann nicht zustande kommt – der Frachtführer gebeten wird, ein Fahrzeug ab einem bestimmten Zeitraum zur Verfügung zu stellen; dies ist noch kein Wagenstellungsvertrag (vgl. Art. 14 CMR), da zu diesem Zeitpunkt noch kein Beförderungsvertrag abgeschlossen wurde.

– Für den Fall des Standgeldes im Rahmen einer „objektiven Unmöglichkeit" ist Art. 14 Abs. 1 CMR abschließend (vgl. Art. 14 CMR).

– Standgeldansprüche können nach den ergänzend anwendbaren Regeln der pVV (§ 280 BGB), als Schadensersatz zu ersetzen sein, wenn es durch ein Verhalten des Absenders – welches in der CMR nicht geregelt ist – zu Transportverzögerungen kommt. So hat das OLG Düsseldorf[115] – entschieden, dass dem Frachtführer Standgeld aus pVV zusteht, wenn das Transportgut den Lkw beschädigt und es dadurch – zwangsläufig – zu reparaturbedingten Standzeiten kommt. Daneben kann ein Fall der positiven Vertragsverletzung vorliegen, wenn die Verzögerung der Beladung den Vertragszweck gefährdet oder der Absender endgültig die Beladung verweigert.[116]

f) Standgeldansprüche verjähren nach Art. 32 Abs. 1 CMR innerhalb eines Jahres.[117] **71**

g) Ist die Zahlung von Standgeld vereinbart, keine Regelung getroffen über die Höhe des- **72** selben, so ist eine angemessene Vergütung geschuldet.[118] Die Angemessenheit der Vergütung bestimmt sich nach den Kriterien des § 412 Abs. 2, 2. Alt. HGB.

7. Aufrechnung und Widerklage

Die CMR geht selbst mangels entgegenstehender Bestimmungen grundsätzlich von einer **73** unbeschränkten Aufrechnungsmöglichkeit aus und enthält auch keine Regelung über die Widerklage, so dass dieses prozessuale Mittel ebenfalls durch die CMR nicht ausgeschlossen ist (Art. 41 CMR). Aufrechnung und Widerklage wird in Art. 32 Art. 4 CMR genannt und dort eingeschränkt, so dass verjährte Ansprüche auch nicht im Wege der Widerklage oder der Einrede (Aufrechnung) geltend gemacht werden können (vgl. Art. 32 CMR).

Die Aufrechnung richtet sich – ebenso wie die Widerklage – nach dem gem. Art. 32 Abs. 1 Ziff. 4 EGBGB maßgeblichen Normen.[119]

---

114 *Koller*, Vor Art. 1 CMR Rdn. 15; *ders.*, TranspR 1988, 129, 138.
115 VersR 1982, 1202.
116 BGHZ 11, 80ff.; BGHZ 50, 175, 178f.
117 Vgl. Art. 32 Rdn. 39f.; OLG Hamburg, TranspR 1985, 341, 343.
118 BGHZ 94, 98, 103.
119 *Boesche*, in: EBJS, Vor Art. 1 CMR Rdn. 25; OLG München, TranspR 1991, 16, 17; h.M.: BGH, TranspR 1986, 68 = VersR 1985, 684 = NJW 1985, 209; *Koller*, Vor Art. 1 CMR

Anhang II Ergänzung der CMR durch unvereinheitlichtes deutsches Recht

74 Da sich aus der CMR heraus kein Aufrechnungsverbot ergibt, stehen den Parteien privatautonome Regelungen offen. Sinn und Zweck des Art. 36 Abs. 4 CMR ist es, nationalen Regelungen, die eine einredeweise Geltendmachung der Aufrechnung auch noch nach Eintritt der Verjährung erlauben, die Wirksamkeit zu nehmen und damit vereinheitlichend zu wirken auf die in der Präambel der CMR formulierten Ziele. Die Vereinbarung von Aufrechnungsverboten ist deshalb möglich, denn die CMR regelt die Aufrechnung mit Gegenforderungen gegen Ansprüche des Frachtführers weder allgemein noch hinsichtlich solcher Ansprüche, die auf Ersatz von Schäden aus Anlass eines grenzüberschreitenden Straßengütertransportes gerichtet sind.[120] Privatautonome Gestaltungen, wie Individualvereinbarungen oder Allgemeine Geschäftsbedingungen, kommen deshalb in CMR-Verträgen, soweit vereinbart, uneingeschränkt zur Geltung.[121]

Aufrechnung und Widerklage stehen in einem materiellen und prozessualen Ergänzungsverhältnis; stets geht es um dieselben Gegenansprüche, so dass für die Zulässigkeit der Widerklage – unter den Einschränkungen des Art. 32 Abs. 4 CMR nichts anderes gelten kann wie für die Aufrechnung: Sie ist im Rahmen des jeweils nationalen Prozessrechtes uneingeschränkt zulässig.

8. Pfand- und Zurückbehaltungsrechte

75 Diese bestimmen sich nach nationalem Recht, da die CMR keine Regelungen enthält. Nach deutschem Recht sind maßgeblich §§ 441, 366 Abs. 3 HGB, Nr. 20 ADSp, § 273 BGB, § 369 HGB.

9. Haftpflichtversicherung des Frachtführers

76 Eine Versicherungspflicht des CMR-Frachtführers besteht nicht, mangels Regelungen in der CMR. Privatautonomes Gestalten zur Begründung von Versicherungsansprüchen und Abtretung der Versicherungsansprüche an den Auftraggeber ist uneingeschränkt möglich.

Rdn. 17; *ders.*, VersR 1988, 556, 559; *Braun*, VersR 1988, 878, 882f.; *Csoklich*, VersR 1985, 909, 912.
120 BGH, TranspR 1986, 68 = VersR 1985, 684 = NJW 1985, 209; BGH, TranspR 1983, 44ff.; OLG Hamburg, TranspR 1985, 130.
121 *Koller*, CMR- und Speditionsrecht, VersR 1988, 556, 559.

Literaturverzeichnis

I. Quellen

Amtliche Begründung	der Bundesregierung zum Gefahrgutgesetz (BT-Drucksache VII/2517)
Amtliche Begründung	zum Regierungsentwurf des Transportrechtsreformgesetzes, BT-Drucks. 13/8445 = Bundesratsdrucksache BR-Drucksache 368/97, S. 99
Antwort	der Bundesregierung vom 21. 8. 1985 auf Kleine Anfrage zu Gefahrguttransporten (BT-Drucksache 10/3745)
BDF	Verkehrswirtschaftliche Zahlen (VWZ, 1992)
Bericht der Sachverständigenkommission	zur Reform des Transportrechts, Bundesanzeiger Nr. 228a
BGBl.	1961 II, S. 1119 (mit späteren Änderungen)
Bressin	Unfälle beim Transport gefährlicher Güter auf der Straße 1982–1984; Bericht der Bundesanstalt für Straßenwesen (1985)
Denkschrift	zu dem Übereinkommen vom 19. 5. 1956 über den Beförderungsvertrag im internationalen Straßengüterverkehr (CMR) und zu dem zugehörigen Unterzeichnungsprotokoll vom gleichen Tage (BT-Drucksache III./1144)
Dokumente	der 8. Revisionskonferenz zu CIM und CIV (Zentralamt für den Internationalen Eisenbahnverkehr, Bd. I; Bern 1983)
ECE/IMCO	Entwurf eines Übereinkommens über die gemischte Beförderung im internationalen Güterverkehr (Übereinkommen TCM) (ETR 1972, 702)
Geschäftsbericht	1984 des Zentralamtes für den Internationalen Eisenbahnverkehr, Beilage 1 (Bern)
Herber	Transportgesetze, Deutsche Gesetze, internationale Übereinkommen und Geschäftsbedingungen des Gütertransportrechts (1992), Beck'sche Textausgabe
Incoterms 1990	ICC-Publikation Nr. 460 (1990)
Loewe	Erläuterungen zum Übereinkommen vom 19. 5. 1956 über den Beförderungsvertrag im internationalen Straßengüterverkehr (CMR) (ETR 1976, 503 ff.)
Statistisches Bundesamt	(Nicodemus/Eberlein) Schätzung von Umfang und Struktur des Transportaufkommens gefährlicher Güter (1993)
Wiener Übereinkommen	über das Recht der Verträge vom 23. 5. 1969 und Ausführungsgesetz vom 3. 8. 1985, BGBl. II 1985 S. 809 ff.

II. Entscheidungssammlungen

BGHZ	Entscheidungen des Bundesgerichtshofs in Zivilsachen, Amtliche Sammlung
BullT	Bulletin des Transports et de la Logistique, Zeitschrift (Jahr, Seite)
ETL/ETR	EUROPEAN Transport Law bzw. Europäisches Transportrecht, Zeitschrift (Jahr, Seite)
EuGHE	Entscheidungen des Gerichtshofs der Europäischen Gemeinschaften, Amtliche Sammlung

Literaturverzeichnis

Greiter	CMR-Gerichtsurteile, Entscheidungen zum internationalen Transportrecht, die CMR-Urteile des österreichischen Obersten Gerichtshofs einschließlich der unveröffentlichten Entscheidungen bis 21. 2. 1985 (Innsbruck 1985)
Jesser	Rechtsprechungsübersicht Transportrecht, ecolex 1992
Kirchner	Leitsätze aus der Rechtsprechung zum Güterverkehr (Stand 1992)
Lloyd's	Maritime and Commercial Law, Zeitschrift (Jahr, Seite)
OLGE/OLGR	Rechtsprechung der Oberlandesgerichte, ältere Reihe
OLGZ	Rechtsprechung der Oberlandesgerichte in Zivilsachen, neue Reihe
RGZ	Entscheidungen des Reichsgerichts in Zivilsachen, Amtliche Sammlung
Seufferts Archiv	für Entscheidungen der obersten Gerichte in den deutschen Staaten
Stanzl/Friedl/Steiner	Handelsrechtliche Entscheidungen (HS), Doppelband XIV/XV, Entscheidungen aus dem Jahre 1977–1984 (Wien)
Steiner	Handelsrechtliche Entscheidung (HS), Doppelband X/XI, Entscheidungen aus den Jahren 1977–1980 (Wien 1986)
SZ	Entscheidungen des österreichischen Obersten Gerichtshofes in Zivil- (und Justizverwaltungs-)sachen, veröffentlicht von seinen Mitgliedern (Wien)
Warneyer	Die Rechtsprechung des Reichsgerichts
www.bundesgerichtshof.de	Entscheidungen des Bundesgerichtshofs (ab 1. 1. 2000)

III. Kommentare und Handbücher

Alff	Fracht-, Lager- und Speditionsrecht. Kommentar zu den §§ 407–460 HGB und weiteren fracht- und speditionsrechtlichen Bestimmungen (2. Aufl. 1991)
Andresen/Valder	Speditions-, Fracht- und Lagerrecht 2005
Bartholomeyczik	Binnenschiffahrtsrecht (2. Aufl. 1963)
Baumbach/Hefermehl/Casper	Wechselgesetz und Scheckgesetz (23. Aufl. 2008)
Baumbach//Hopt/*Bearbeiter*	Handelsgesetzbuch (35. Aufl. 2012)
Baumbach/Lauterbach/Albers/Hartmann	Kommentar zur Zivilprozessordnung (70. Aufl. 2012; 64. Aufl. 2006)
Baumgärtel/*Bearbeiter*	Handbuch der Beweislast im Privatrecht (Bd. 2: 3. Aufl. 2007/ Bd. 4: 2008)
BGB-RGRK/*Bearbeiter*	Das Bürgerliche Gesetzbuch mit besonderer Berücksichtigung der Rechtsprechung des Reichsgerichts und des Bundesgerichtshofs (12. Aufl.)
Bischof	Güterkraftverkehrstarif für den Umzugsverkehr und für die Beförderung von Handelsmöbeln in besonders für die Möbelbeförderung eingerichteten Fahrzeugen im Güterfernverkehr und Güternahverkehr (GÜKUMT) (1986)
Bönisch	Kundensatzfibel (6. Aufl. 1969)
Bruck/Möller/Johannsen	VVG, Bd. IV, Allgemeine Haftpflichtversicherung (1970)
Dauses/*Bearbeiter*	Handbuch des EG-Wirtschaftsrechts (1993)
Düringer/Hachenburg	Das Handelsgesetzbuch vom 10. 5. 1897, Bd. V/II (3. Aufl. 1932)
EBJ	Ebenroth/Boujong/Joost, Handelsgesetzbuch, Kommentar, Bd. 2 (2001)
EBJS	Ebenroth/Boujong/Joost/Strohn, Handelsgesetzbuch, Kommentar (2. Aufl. 2009)
Erman	Bürgerliches Gesetzbuch (13. Aufl. 2011)

Ferrari/Kieninger/ Mankowski et al.	Internationales Vertragsrecht, Kommentar (2. Aufl. 2012)
Finger	Eisenbahnverkehrsordnung (1992)
Fremuth/Thume	Frachtrecht 1997
dies.	Kommentar zum Transportrecht (2000)
Gabler	Wirtschaftslexikon (13. Aufl. 1992)
Geimer/Schütze	Internationale Urteilsanerkennung (Bd. I. 1–II 1971–1984)
Giemulla/Schmid	Frankfurter Kommentar, Warschauer Abkommen (1989 mit Nachträgen) Stand Juni 2004
Glöckner	Übereinkommen über den Beförderungsvertrag im internationalen Straßengüterverkehr (CMR) (7. Aufl. 1991)
Goltermann/Konow	Eisenbahnverkehrsordnung (EVO), Stand 1992
Großkomm. HGB	Großkommentar zum Handelsgesetzbuch, begr. von Staub (3. Aufl. ab 1967), Bearbeiter: *Brüggemann* (§ 1), *Helm* und *Koller* (§§ 383–424); *Helm* (§§ 425–452), *Ratz* (§§ 425–460)
Heidelberger	Kommentar zum Handelsgesetzbuch (HK-HGB) (6. Aufl. 2002; 7. Aufl. 2007)
Heimes	Handlexikon des Güterkraftverkehrs (3. Aufl. 1989)
Hein/Eichhoff/Pukall/Krien	Güterkraftverkehrsrecht (1991 mit Nachträgen)
Helm	Frachtrecht (Sonderausgabe aus dem HGB-Großkommentar, 4. Aufl. 2000)
ders.	Speditionsrecht (Sonderausgabe aus dem HGB-Großkommentar, gesonderte 2. Aufl. 1986)
Hentschel	Komm. zum Straßenverkehrsrecht (38. Aufl. 2005)
Herber/Czerwenka	Int. Kaufrecht (CISG) – Komm. 1991
Herber/Piper	CMR, Kommentar (1996)
Heymann	Handelsgesetzbuch, bearbeitet von *Berger, Emmerich, Herrmann, Honsell* (2. Aufl. 1995)
Heymann/Kötter	Handelsgesetzbuch mit Erläuterungen (21. Aufl. 1971)
Hopt	Vertrags- und Formularbuch zum Handels- Gesellschafts-, Bank- und Transportrecht (3. Aufl. 2007)
Jagusch/Hentschel	Straßenverkehrsrecht (32. Aufl. 1993)
Knorre/Temme/Müller/ Schmid/Demuth	Praxishandbuch Transportrecht (2008)
Koller	Transportrecht (7. Aufl. 2004)
Koller/Roth/Morck	HGB Kommentar (7. Aufl. 2011)
Kraus/Müller/Pickerd-Busch	Großes Handbuch für den Möbeltransport, Loseblattsammlung o.J.
Krien/Valder	Speditions- und Lagerrecht (1975 mit Nachträgen)
Kropholler	Europäisches Zivilprozessrecht (9. Aufl. 2011)
Lammich/Pöttinger	Gütertransportrecht, Loseblatt, Stand 2004
Lenz	EG-Handbuch, Recht im Binnenmarkt 1991 (zit. *Bearbeiter*, in: Lenz, EG-Handbuch)
Loening	Internationales Übereinkommen über den Eisenbahnfrachtverkehr (1927)
Maiworm	GüKG, in: *Hein/Eichhoff/Pukall/Krien*, Güterkraftverkehrsrecht (1983 mit Nachträgen)
Makower	Handelsgesetzbuch mit Kommentar, 2. Bd. Buch III Handelsgeschäfte (13. Aufl. 1907)
Müglich	Das neue Transportrecht-TRG, Kommentar (1999)
Müller	AGNB – Allgemeine Beförderungsbedingungen für den gewerblichen Güternahverkehr mit Kraftfahrzeugen (1989)
MünchKommBGB/ *Bearbeiter*	Münchener Kommentar zum Bürgerlichen Gesetzbuch, Bd. 2 (5. Aufl. 2007)

Literaturverzeichnis

MünchKommHGB/*Bearbeiter*	Münchener Kommentar zum Handelsgesetzbuch, Bd. 7: Transportrecht (2. Aufl. 2009)
MünchKommZPO/*Bearbeiter*	Münchener Kommentar zur Zivilprozeßordnung (2. Aufl. 2000/2001)
Nanassy	Das Internationale Eisenbahnrecht (1956)
Otten/Seidelmann	Einführung in den kombinierten Verkehr, in: Verkehrsbetriebe im Wettbewerb, Handbuch für Betriebspraxis und Rationalisierung in Spedition, Lagerei und Straßenverkehrsgewerbe, *Hilger* (Hrsg.) (Loseblattausgabe)
Palandt/*Bearbeiter*	Komm. zum BGB (71. Aufl. 2012)
Piper	Höchstrichterliche Rechtsprechung zum Speditions- und Frachtrecht, RWS-Skript Nr. 61 (7. Aufl. 1994)
Precht/Endrigkeit	CMR-Handbuch über den Beförderungsvertrag im internationalen Straßengüterverkehr (3. Aufl. 1972)
Prölss/Martin	VVG (28. Aufl. 2010; 25. Aufl. 1992)
Quester	Gefahrgutvorschriften für den Straßenverkehr, Loseblattsammlung, Düsseldorf
Rabe	Seehandelsrecht (4. Aufl. 2000)
Reithmann/Martiny	Internationales Vertragsrecht (7. Aufl. 2010)
Ruhwedel	Der Luftbeförderungsvertrag (2. Aufl. 1987)
Rundnagel	Beförderungsgeschäfte, in: Ehrenbergs Handbuch des gesamten Handelsrechts, V. Bd. 2 Abt. (1915)
Schaps/Abraham	Das Seerecht in der Bundesrepublik Deutschland (4. Aufl. 1978)
Schimansky/Bunte/Lwowski	Bankrechts-Handbuch, Bd. 1 (4. Aufl. 2011)
Schlegelberger/*Bearbeiter*	Kommentar zum HGB, Bd. VI (5. Aufl. 1977)
Soergel/Siebert	Kommentar zum Bürgerlichen Gesetzbuch mit Einführungsgesetz und Nebengesetzen (11. Aufl. 1983)
Staub/*Bearbeiter*	Großkommentar zum HGB (4. Aufl. 1983 ff.)
Staub/*Helm*	Großkommentar zum Handelsgesetzbuch, begr. von Staub Bd. 7/2 (4. Aufl. 2002)
dies.	Großkommentar zum HGB (4. Aufl. 1994, Anh. V, § 452), spartenübergreifende Transporte
Staudinger/*Bearbeiter*	Kommentar zum Bürgerlichen Gesetzbuch mit Einführungsgesetz und Nebengesetzen (13. Aufl. ab 1993)
Stein/Jonas	Kommentar zur Zivilprozessordnung (22. Aufl.)
Straube/*Bearbeiter*	Kommentar zum Handelsgesetzbuch (Wien 1987)
Thomas/Putzo/*Bearbeiter*	Zivilprozessordnung mit Gerichtsverfassungsgesetz und den Einführungsgesetzen (33. Aufl. 2012)
Thume	bei *Willenberg* KVO (4. Aufl. 1991), Das Recht des Containers, § 1 KVO Rdn. 159 ff.
Ulmer/Brandner/Hensen	AGB-Recht (11. Aufl. 2011; 8. Aufl. 1997)
Vortisch/Zschucke	Binnenschiffahrts- und Flößereirecht (3. Aufl. 1964)
Widman	CMR (1993)
Wiesbauer/Zetter	Transporthaftung, Nationales und internationales Recht unter Berücksichtigung der Rechtslage im deutschen Sprachraum (Wien 1984; Ergänzungsband Wien 1990)
Willenberg	Kraftverkehrsordnung für den Güterfernverkehr mit Kraftfahrzeugen (4. Aufl. 1991)
v. Witzleben	Die Praxis des Güterfernverkehrs, Loseblattsammlung
Wolf	ADSp – Allgemeine Deutsche Spediteurbedingungen, SVS/RVS Speditions- und Rollfuhrversicherungsschein (16. Aufl. 1993)
Wolf/Lindacher/Pfeiffer	AGB-Recht, Kommentar (5. Aufl. 2009; 4. Aufl. 1999 als Wolf/Horn/Lindacher)
Zöller/*Bearbeiter*	Zivilprozessordnung (29. Aufl. 2012; 25. Aufl. 2005)

IV. Monographien

Adekra-Schuncks	(*de la Motte*) Haftung und Versicherung beim Transport gefährlicher Güter, März 1989
Aisslinger	Die Haftung des Straßenfrachtführers und die Frachtführerhaftpflicht-Versicherung (Diss. Zürich 1975)
Basedow	Der Transportvertrag (1987)
Bremer	Die Haftung beim Gefahrguttransport; Münsteraner Reihe Heft 14 (1992)
van Buiren	in: Rechtsprobleme des kombinierten Verkehrs; Schriftenreihe der DVWG Reihe B 39 (1977)
von Caemmerer	Rechtsvereinheitlichung und internationales Privatrecht, in: Probleme des Europäischen Rechts (1966)
Capelle/Canaris	Handelsrecht (20. Aufl. 1985)
Clarke	International carriage of goods by road: CMR (4th Ed. London Hong Kong 2003)
Cosack	Lehrbuch des Handelsrechts (7. Aufl. 1910)
Csoklich	Einführung in das Transportrecht: Spedition Straße – Schiene – Luft (Wien 1990)
Czapski	Die Vertragshaftung beim Transport von Fahrzeugen durch Autofähren, Internationale Straßentransportunion (IRU) Heft Nr. 24, 1988
Decker	Das Übereinkommen über den Beförderungsvertrag im internationalen Straßengüterverkehr (CMR) (1975)
Donald	The CMR (London 1981)
Dorrestein	Recht van het internationaal wegvervoer met name het tractaat CMR d.d. 19 mei 1956 (Zwolle 1977)
Dubischar	Grundriß des gesamten Gütertransportrechts (1987)
Eickelbaum	Lückenfüllung im Einheitstransport in Deutschland, England und den USA 2004
Enge	Transportversicherung (2. Aufl. 1987)
Franken	Dingliche Sicherheiten und Dokumente des kombinierten Transports (1982)
Ganten	Die Rechtsstellung des Unternehmers beim kombinierten Verkehr (CTO) (Diss. Hamburg 1978)
Gehrke	Das elektronische Transportdokument – Frachtbrief und Konnossement in elektronischer Form im deutschen und internationalen Recht (2005)
von Gierke	Handels- und Schiffahrtsrecht (8. Aufl. 1958)
Gleisberg	Die Prüfung von Dokumenten des kombinierten Transports beim Dokumentenakkreditiv (1980)
Hackert	Die Reichweite der Haftungsbegrenzung bei sonstigen Vermögensschäden gem. § 422 HGB, Univ. Diss. Hamburg (2001)
Helm	Haftung für Schäden an Frachtgütern (1966)
ders.	in: Der Spediteur als Frachtführer (1978)
ders.	Gedächtnisschrift für, 2001
Herber	Festschrift für, Transport- und Vertriebsrecht 2000
ders.	Seefrachtvertrag und Multimodalvertrag, RWS-Skript Nr. 170 (2. Aufl. 2000)
ders.	Haftung beim kombinierten Verkehr, Schriftenreihe der DVWG Reihe B 89 (1986)
ders.	Seehandelsrecht (1999)
Heuer	Die Haftung des Frachtführers nach der CMR (1975)

Literaturverzeichnis

Hill & Messent	(Messent and Glass) CMR: Contracts for the International Carriage of Goods by Road (3rd Ed. London 2000)
Jaegers	Probleme der Beförderer- und Spediteurhaftung im Container- und Trägerschiffsleichterverkehr (Diss. Nürnberg 1986)
Jesser	Frachtführerhaftung nach der CMR: Internationaler und nationaler Straßengütertransport (Wien 1992)
Kröger	Haftungsprobleme im Übersee-Container-Verkehr (1967)
Kropholler	Internationales Einheitsrecht, Allgemeine Lehren (1975)
Lamy	Transport „Route" Tome 1 (Paris 1988)
ders.	Transport (Paris 2002)
Lenz U.	Straßengütertransportrecht (1988)
Lieser	Ergänzung der CMR durch unvereinheitlichtes deutsches Recht (1991)
Luftersatzverkehr	Fachtagung der SGKV vom 29. 6. 1981, Schriftenreihe der SGKV Nr. 36
Mast	Der multimodale Frachtvertrag nach deutschem Recht (2002)
Modjaz	Die unbeschränkte Haftung des Beförderers im internationalen Luft- und Straßentransport (Diss. Frankfurt 1967)
de la Motte	in: Der Spediteur als Frachtführer (1978)
Müglich	Transport- und Logistikrecht (2002)
Norf	Das Konnossement im gemischten Warenverkehr (1976)
Pelz	Frachtbrief und Übergabe des Frachtgutes in ihrer Bedeutung für den Frachtvertrag (Diss. Bochum 1980)
Pesce	Il Contratto di Trasporto Internazionale di Merci su Strada (Padua 1984)
ders.	Il Contratto di Trasporto Internazionale di Merci (Sonderdruck aus *Alpa-Bessone*, I Contratti in Generale, Turin 1993)
Piper	Höchstrichterliche Rechtsprechung zum Speditions- und Frachtrecht (6. Aufl. 1988)
ders.	Ausgewählte Fragen zur Haftung und zur Darlegungs- und Beweislast im Prozess des Frachtführers und Spediteurs unter Berücksichtigung der Transportrechtsreform, Transport- und Vertriebsrecht 2000, Festgabe für Prof. Dr. Rolf Herber, Hrsg: Karl-Heinz Thume (1999), 135
Prokant/Gran	Transport- u. Logistikrecht (9. Aufl. 2009)
Putzeys	Le Contrat de Transport Routier de Marchandise (Brüssel 1981)
Ramberg	The Law of Freight Forwarding and the 1992 FIATA Multimodal Transport Bill of Lading (1993)
Reithmann/Martiny	Internationales Vertragsrecht (6. Aufl. 2004)
Richter-Hannes	Die UN-Konvention über die Internationale Multimodale Güterbeförderung (1982)
Richter-Hannes/Richter	Recht des multimodalen Transports unter Seestreckeneinschluß (Berlin-Ost 1978)
Rodière	Droit de transport (Paris 1977)
Roltsch	Die Haftpflichtversicherung des Straßenfrachtführers (1983)
Scheer	Die Haftung des Beförderers im gemischten Überseeverkehr, Studien zum Container-Durchfrachtverkehr (1969)
Schmidt	Handelsrecht (3. Aufl. 1987)
Schmitthoff/Goode	International carriage of goods: some legal problems and possible solutions (Centre for Commercial Law Studies 1988)
Schneider	Verkehrshaftungsversicherungen (1992)
Seltmann	Die CMR in der österreichischen Praxis (Wien 1988)
Senckpiehl	Das Speditionsgeschäft nach deutschem Recht (1907)

ders.	Pfandrecht und Zurückbehaltungsrecht im Güterverkehr (2. Aufl. 1952)
Seyffert	Die Haftung des ausführenden Frachführers im neuen deutschen Frachtrecht, Münster 2000
Stachow	Schweres Verschulden und Durchbrechung der beschränkten Haftung in modernen Transportrechtsabkommen, Univ. Diss., Hamburg (1998)
Starck	Qualifiziertes Verschulden nach der Transportrechtsreform – Bemerkungen zum Begriff und Geltungsbereich, Transport- und Vertriebsrecht 2000, Festgabe für Prof. Dr. Rolf Herber, Hrsg: Karl-Heinz Thume (1999), 128
Steenken	Der Containerverkehr aus der Sicht des deutschen Seerechts (Diss. München 1972)
Steinschulte	Haftungskonflikte beim sogenannten Durchfrachtverkehr (Diss. Bochum 1980)
Teichmann	Rechtsprobleme bei Mehrwegverpackungen, Münsterische Beiträge zur Rechtswissenschaft, Bd. 43, 1990
Thesing	Das Recht des nationalen und internationalen Straßengüterverkehrs (1991)
Theunis (Hrsg.)	International carriage of goods by road (CMR) (London 1987)
VKS	Gefahrguttransport im Straßenverkehr, Kurzeinführung in die GGVS, Schriftenreihe der VKS, Heft 11, Juli 1993
Wassermeyer	Der Kollisionsprozeß in der Binnenschiffahrt (4. Aufl. 1971)
Weber	Warenpapiere ohne Traditionsfunktion (Diss. Bonn 1978)
Wick	Das internationale Eisenbahnfrachtrecht 1975 (Wien 1974)
Widmann	Verpacken – Annahme – Verladen von Gütern, Rechtsfragen vor Beförderungsbeginn (1985)
Zöllner	Wertpapierrecht (14. Aufl. 1987)

Sachregister

(ausgenommen Länderberichte)

Die fettgedruckten Zahlen weisen auf die Artikel, die normal gedruckten auf die Randnummern hin.

Abfall **1**, 2; **17**, 60
Ablieferung **17**, 20 ff.; **Vor Art. 1**, 28; **Vor Art. 1**, 42
– abredewidrige **17**, 50
– Container **17**, 51
– Empfänger, rechtmäßiger, des Gutes **17**, 25
– Gut, Empfangsort **13**, 8 ff.
– Nachnahme **21**, 105
– Ort **13**, 7
– Rechtsgeschäft **17**, 24
– Silo-, Tankfahrzeuge **17**, 53
– Spezialfahrzeuge **17**, 52 ff.
– Verjährung **32**, 25
– Vorbehalt **30**, 23
Ablieferungsfehler, grobe Fahrlässigkeit **29**, 37
Ablieferungshindernis **15**, 3 ff.; **17**, 28
– Frachtführer, Obliegenheiten **15**, 7
– gefährliche Güter **22**, 39
– Nachnahme **21**, 118 ff.
– Unmöglichkeit **15**, 3
– Verzögerung **15**, 4
Ablieferungsorte, mehrere **17**, 48
Abrechnungsgebühren, Zinsen **27**, 33
Abschlussvollmacht, Fahrer **3**, 44
Absender **Vor Art. 1**, 29 f.; **2**, 94; **4**, 8
– Aktivlegitimation **Vor Art. 17**, 7
– durchgehender Beförderungsvertrag, Haftung **2**, 41
– Frachtbrief, Garantiehaftung **7**, 4
– Frachtbriefangaben, Haftung ohne Verschulden **7**, 1
– Garantiehaftung **7**, 1
– gefährliche Güter **22**, 12
   – Spediteur, Informationspflicht **22**, 26
– Haftung, Beförderungskosten **7**, 3
   – entgangener Gewinn **7**, 8
   – Frachtbrief, Ausstellung, Tag und Ort **7**, 3
   – Frachtführer, Name, Anschrift **7**, 3
   – Überladung **7**, 3
   – Unvollständigkeit **7**, 7
– gefährliche Güter **22**, 45 ff.
– sonstige Vermögensschäden **7**, 8
– unbegrenzte, Frachtbrief **7**, 8

– Ladepflichten **17**, 150 ff.
– Obliegenheit, Prüfung **7**, 1
Abtretung **Vor Art. 17**, 19 ff.
Abstellen des Fahrzeugs **29**, 39 ff.
ADR **6**, 12; **22**, 4; **22**, 31
ADSp **Vor Art. 1**, 72 f.; **Vor Art. 1**, 88
– Gerichtsstand **31**, 48
ADSp-Spediteur **2**, 57
– Begriff **Vor Art. 1**, 71
Aktivlegitimation, Absender **Vor Art. 17**, 7
– Empfänger **Vor Art. 17**, 8
Aktivlegitimierter **2**, 41
Alkoholschmuggel, grobe Fahrlässigkeit **29**, 46
– Hilfspersonen, Haftung **29**, 34
Allgemeine Geschäftsbedingungen, Verjährung **32**, 48
Anfängliches Unvermögen **Anh. II**, 27
– Gerichtsstand **31**, 32; **31**, 44
– Schiedsabrede **33**, 1
– Verjährung **32**, 48
Anhänger **1**, 24 f.
– Huckepack-, Ro/Ro-Verkehr **2**, 9; **2**, 59
Anhängigkeit **31**, 53
Anscheinsbeweis **18**, 4
Anscheinsvollmacht, Fahrer **3**, 45 f.
– Frachtbriefblankette **24**, 4
– Frachtbrief, Unterschrift **5**, 14
Anschlusstransport, Huckepack-, Ro/Ro-Verkehr **2**, 34
Ansprüche
– außervertragliche, Gerichtsstand **31**, 7; **31**, 9
– außervertragliche, Schiedsabrede **33**, 8
– außervertragliche, Verjährung **32**, 1
– spät entstehende, Verjährung **32**, 58
Anspruchskonkurrenz **28**, 19
Anwaltskosten, Verzug **27**, 34
Anweisung, Nachnahme **21**, 102 f.
Arglisteinwand, Verjährung **32**, 89; **32**, 92
Aromaverlust, innere Substanzverschlechterung **17**, 75
ATP **17**, 189
Aufrechnung **Anh. II**, 73 f.
– Verjährung **32**, 89a; **32**, 91
Aufrechnungsverbot **41**, 24 f.

1265

Sachregister

– Prozessaufrechnung, unzulässige 32, 89a
Auskünfte, erforderliche 11, 10
– Geheimhaltungspflicht 11, 12
– Überprüfungspflichten 11, 22
– Verletzung der Interessenwahrnehmung
  11, 22
– Frachtführer, Haftung 11, 28
Ausladung 16, 13 ff.
– Beendigung 16, 15
– Begriff 17, 33
– und Verwahrung 16, 1 ff.
    – Frachtführer, Vergütung 16, 24 ff.
    – Fracht 16, 24
Ausländerkostensicherheit 31, 72; 31, 77
Auslaufen, Güterschaden 17, 178
Auslieferung, Dritter 17, 27
Aussortierkosten, Schadensminderungs-
  kosten 25, 16
Austrocknen, Güterschaden 17, 178
Ausübung der Verrichtung, Definition,
  Haftung des Frachtführers 3, 32

Be- und Entladen 17, 30 ff.
– durch Absender/Empfänger 17, 148
– Personen, Haftung des Frachtführers 3, 19
– Verpflichtung 17, 30; 17, 36 ff.; 17, 149
    – gesetzliche Regelung in Deutschland
      17, 37
    – Vereinbarungen 17, 37 f.
Bearbeitungsgebühren, Zinsen 27, 33
Bedienstete, Haftung des Frachtführers 3, 15;
  3, 28; s.a. Hilfspersonen
Befestigungsmittel 17, 60
Beförderer, gefährliche Güter 22, 12; 22, 31
– actual/contracting carrier 22, 14
Beförderung Vor Art. 1, 27 f.; 1, 2
– Ausführung, Haftung des Frachtführers für
  Personen 3, 28
– Gerichtsstand 31, 2
– Inhalt des Beförderungsvertrages 4, 14
– mittels Fahrzeugs 1, 10
– Teilstrecke, durchgehender Beförderungs-
  vertrag 34, 6
– Unmöglichkeit, nach Gutübernahme
  Anh. II, 28
– verspätete Anh. II, 31
– vertragswidrige, Inhalt des Beförderungs-
  vertrags 4, 18
– mit verschiedenartigen Beförderungsmit-
  teln
– FBL siehe bei FBL
Beförderungsfehler, grobe Fahrlässigkeit
  29, 47
– Leichtfertigkeit 29, 48

Beförderungsgut, Begriff 17, 60
Beförderungshindernisse 1, 17 f.; 14, 1 ff.
– behebbare 14, 14
– gefährliche Güter 22, 39
– Haftung des Frachtführers für Dritte 3, 21
– Huckepack-, Ro/Ro-Verkehr 2, 48
– Transport, Erschwerung 14, 17
– Umladung 2, 83 ff.
– Unmöglichkeit 14, 5 ff.
    – objektive 14, 8
    – subjektive 14, 9
    – zeitliche 14, 6
– Unvermögen 14, 9
– Geschäftsführung ohne Auftrag 14, 15
Beförderungsmittel, vertragswidriges
  Anh. II, 16 ff.
Beförderungspapiere, Grenz-Kombi-Verord-
  nung 2, 27
– Richtlinie 92/106/EWG 2, 22
Beförderungsvertrag Vor Art. 1, 17;
  Vor Art. 1, 19 ff.; 1, 1 ff.; 4, 1 ff.
– Abschluss Anh. II, 10 ff.
– Abschlussfreiheit 4, 10
– Beförderungsmittel, unbenanntes 2, 34
– Bestätigungsschreiben, Schweigen
  Anh. II, 13
– Beteiligte 4, 8
    – Absender 4, 8
    – Carriage of Goods by Road Act 4, 8
    – Empfänger 4, 8
    – Frachtführer 4, 8
– durchgehender 34, 2 ff.
– einheitliche Rechtsanwendung 4, 2
– Einheitsrecht 4, 6
– Entgeltlichkeit 1, 4; 1, 7
– ergänzendes nationales Recht, CMR 4, 2
– Formal-, Realvertrag Anh. II, 14 f.
– Formfreiheit 4, 11
– Formvertrag 4, 7
– Gerichtsstand 31, 2
– Geschäftsbesorgungsvertrag 4, 7
– Gewerbsmäßigkeit 1, 7
– Güter 1, 3
– Haupt-, Nebenleistungspflichten
  Anh. II, 15 ff.
– Inhalt 4, 13 ff.
– Internationales Privatrecht 4, 4 f.
– Konsensualvertrag Anh. II, 14
– Parteien Anh. II, 10
– Rechtsnatur Anh. II, 10 ff.
– Speditionsvertrag, Abgrenzung 4, 12
– Straße 1, 8
– Transportvertrag 4, 7
– Verjährung 32, 4

1266

- Vertrag zugunsten Dritter **4**, 7
- Vertragsabschluss **Anh. II**, 10 f.
- Werkvertrag **4**, 7
Befreiungsansprüche, Verjährung **32**, 3
Begleitpapiere, Urkunden **11**, 1
Behandlung, Begriff, CMR **17**, 32
Beladefehler, Kühlgut **17**, 35; **17**, 195
Beladung, Betriebssicherheit **17**, 168
- Überwachungspflichten **17**, 168
- Verzögerung **Anh. II**, 32
Beladepflichten in Deutschland, **17**, 36
Belarus **Vor Art. 1**, 7
Belgien, Frachtbrief **4**, 28
Beratung, falsche **Anh. II**, 41
Beschädigung **17**, 61 ff.; **17**, 73
- Beseitigung, nachträgliche **17**, 78
- Beweislast **25**, 33 f.
- Entwertung, Teil der Sendung **25**, 24 ff.
- Entwertung der Sendung **25**, 20 ff.
- Haftungsteilung **25**, 32
- Reklamation **30**, 5
- Teil-, Entschädigung **25**, 25
- Teil-/Gesamt- **17**, 79
- Tiefkühlprodukte **17**, 76 f.
- Verjährung **32**, 23
- Verspätungsschaden **25**, 28 ff.
- Zinsanspruch **27**, 5
Beschlagnahme **17**, 67
Besonderes Interesse an der Lieferung
  26, 1 ff.
Betriebssicherheit, Beladen **17**, 168
Bewachungspflicht, Ausübung der
  Verrichtung **3**, 35 f.
Beweis, Beweisführung, Frachtbrief **9**, 1
- Frachtbrief **9**, 1 ff.
  - Auslegung **9**, 1
Beweiserleichterungen **18**, 21 f.
- Entladepflicht **18**, 23
Beweislast **18**, 1 ff.
- Anspruchsberechtigung **18**, 8
- Anspruchsteller **18**, 6
- Bewusstsein, dass ein Schaden mit Wahrscheinlichkeit eintreten werde **29**, 97
- Beschädigung **25**, 33 f.
  - Art, Umfang **25**, 33
  - Haftungsbegrenzung **25**, 34
  - Wertminderung **25**, 33
- CMR, Anwendbarkeit **18**, 7
- Eintragung durch Frachtführer **7**, 11
- Fahrzeugmängel **18**, 37 ff.
- Frachtbrief, Mängel, Fehlen **18**, 15
  - Vorbehalte **18**, 14
- Frachtbriefeintrag, Nachnahme **21**, 75
- Frachtführer, Haftung **34**, 10

- Haftung für Personal **3**, 38 ff.
- Schadenersatz **7**, 6
- Frachtstücke, übergebene, Anzahl **18**, 12
- Gerichtsstandsvereinbarung **31**, 73
- grobes Verschulden **29**, 84 ff.
- Gut, Verpackung, Zustand **18**, 13
- Haftungsausschlüsse, Art. 17 Abs. 2 CMR
  18, 30 ff.
  - Art. 17 Abs. 4 CMR **18**, 44 ff.
  - Be-, Entladung, Schaden **18**, 60 ff.
  - Be-, Entladung, Stauen **18**, 64
  - Beförderung, Schaden **18**, 63
  - Beschaffenheit, natürliche **18**, 72 ff.
  - Bezeichnung, Numerierung **18**, 82
  - Fahrzeuge, offene **18**, 52 f.
  - Gegenbeweise **18**, 36
  - Kühlgut, Vorkühlung **18**, 76 ff.
  - Kühltransporte **18**, 79 ff.
  - Ladefehler **18**, 59
  - Mängel des Gutes **18**, 33
  - Schutzmaßnahmen **18**, 75
  - Tiere, lebende **18**, 83
  - Überwachungspflichten **18**, 70
  - Umstände, unabwendbare **18**, 34
  - Verfügungsberechtigung, Verschulden
    18, 31
    - Weisungen **18**, 32
  - Verpackungsmängel **18**, 55 ff.
- Höhe des Schadens **23**, 62
- Huckepack-, Ro/Ro-Verkehr **2**, 128 ff.
- Kausalität des groben Verschuldens **29**, 101
- Leichtfertigkeit **29**, 84 ff.
- Lieferfristüberschreitung **18**, 85 ff.
- Lieferungsinteresse **26**, 17 f.
- Mithaftung **29**, 104
- Passivlegitimation **18**, 9
- Reklamation **32**, 86
- Schadensart, -umfang **18**, 26 ff.
- Schadenseintritt, Darlegungen **18**, 24 f.
  - Zeitpunkt **18**, 10
- Schadensteilung, Art. 17 Abs. 5 CMR
  18, 89 ff.
- sekundäre Darlegungslast **29**, 86 ff.
- Verjährung **32**, 104 ff.
- Verlustvermutung **20**, 27 ff.
- Vorbehalt **30**, 55 ff.
Beweislastfragen, Ablieferung **18**, 18
- Ablieferungshindernisse **18**, 20
- Empfangsquittungen **18**, 18
- Obhut, Beginn **18**, 16 f.
- Schadenseintritt vor Ablieferung **18**, 18
- Schiedsgericht **33**, 12
- Verlustfiktion **20**, 27 ff.
Beweislastregel, Frachtbrief **9**, 7

1267

Sachregister

Beweislastregelung, grobes Verschulden **29**, 84 ff.
Beweisvermutung, äußerlich guter Zustand **9**, 9
- Frachtbrief **9**, 6
- Frachtstücke, Anzahl, Zeichen, Nummern **9**, 12
- Gut und Verpackung **9**, 8
- Überprüfungspflichten, Frachtführer **8**, 3
Beweiswirkung, Frachtbrief, fehlender/nicht unterzeichneter **9**, 2 f.
Beweiswürdigung **18**, 3
Bewusstsein, dass ein Schaden mit Wahrscheinlichkeit eintreten werde, siehe auch Leichtfertigkeit
- Begriff **29**, 21 ff.
- Beweis **29**, 97
- sekundäre Darlegungslast **29**, 86 ff.
Bezeichnung, Numerierung, ungenügende **17**, 202 ff.
Blankett, Frachtbrief **5**, 14
Blanketturkunde, Vertretungsmacht des Fahrers **3**, 47
Blockaden **17**, 98
Brand **17**, 91; **18**, 34, 38
Bruch, Güterschaden **17**, 175

Carriage of Goods by Road Act 1965 **4**, 8
CIM **Vor Art. 1**, 1
CMR
- englischer, französischer Wortlaut **2**, 104 ff.
- Entstehungsgeschichte **2**, 107
CMR-Beförderer, Huckepack-, Ro/Ro-Beförderer, Identität **2**, 134 ff.
CMR-Beförderungsvertrag, Huckepack-Beförderungsvertrag **2**, 52
CMR-Frachtbrief, Muster **Anh. I**
CMR-Frachtführer **2**, 94
- Haftung nach Seerecht, französische Fassung **2**, 108
CMR-Frachtvertrag, echter **2**, 49 ff.
CMR-Versicherung
CMR-Vorschriften, Wortlaut, Auslegung, Zuschlagevereinbarung **24**, 10
Commissionnaire de transports **4**, 12; **5**, 6
Common Carrier **4**, 10
Container **1**, 29; **17**, 60, 117
- Abgrenzung Huckepack-, Ro/Ro-Verkehr **2**, 8
- Ablieferung **17**, 51
- Container-Dienst **1**, 30
- Frachtstück **8**, 9
- Huckepack-, Ro/Ro-Verkehr **2**, 60

- isolierte Beförderung **2**, 16
- Kaskoversicherung **1**, 39
- Wechselbehälter **2**, 75
culpa in contrahendo **Anh. II**, 27
- Verjährung **32**, 4

Damnum, Zinsen **27**, 33
Darlegungslast, sekundäre **29**, 28, 43, 52, 68, 89, 93, 95, 98
Deutsches Recht, ergänzende Anwendbarkeit, Abgrenzung **Anh. II**, 4 f.
- ergänzendes, Bestimmung **Anh. II**, 5 ff.
Diebstahl **17**, 100
- bei Zwischenlagerung, grobe Fahrlässigkeit **29**, 51
   - Leichtfertigkeit **29**, 52
- Hilfspersonen, Haftung **29**, 34
- Personal des Frachtführers, Haftung **3**, 38
Disagio, Zinsen **27**, 33
Doppellegitimation, Verfügungsberechtigung **Vor Art. 17**, 9 ff.
Drittschadensliquidation **Vor Art. 17**, 17 f.
- Rechtsprechung **Vor Art. 17**, 15
Duldungsvollmacht, Fahrer **3**, 45
Durchfrachtvertrag **2**, 15, 17, 36 ff., 48, 94
- echter CMR-Frachtvertrag **2**, 49 ff.
- multimodaler **2**, 34
- unechter durchgehender Beförderungsvertrag **34**, 2 ff.

ECE **Vor Art. 1**, 2
EDV-Zubehör, Inhalt des Beförderungsvertrages **4**, 15
Einheitsrecht, Beförderungsvertrag **4**, 6
Eintragung, Frachtbrief, Frachtführer **8**, 23
- Container **8**, 25
- Verbindlichkeit des Vorbehalts **8**, 27
- Vorbehalt, anerkannter **8**, 28
   - Beweisvermutung **8**, 28
- Vorbehalt, nicht anerkannter **8**, 29
- Vorbehalte mangels angemessener Mittel **8**, 25
- Vorbehalte nach Abs. 1 lit. a) **8**, 24
- Vorbehalte nach Abs. 1 lit. b) **8**, 26
Eisenbahn-Binnenverkehr, Huckepackverkehr Lkw/Bahn **2**, 98
Eisenbahnverkehr, internationaler, Huckepackverkehr Lkw/Bahn **2**, 99 f.
Empfänger **Vor Art. 1**, 29; **4**, 8
- Aktivlegitimation **Vor Art. 17**, 8
- Ladepflichten **17**, 150 ff.
- Schadenersatzansprüche **13**, 12 ff.
   - Aktivlegitimation **13**, 13
   - Doppellegitimation **13**, 26 f.

- Drittschadensliquidation **13**, 28
- Literatur **13**, 17
- Notify address **13**, 14
- Passivlegitimation **13**, 16
- Prozessstandschaft **13**, 29 f.
- Rechtsprechung **13**, 16
- Schiedsabrede **33**, 6
- Zahlungspflicht **13**, 31 ff.
  - Fälligkeit **13**, 37
  - Frachtbrief, Aushändigung **13**, 32
  - Geschäftsführung ohne Auftrag **13**, 36
  - Hinterlegung **13**, 34
  - Leistungsverweigerungsrecht **13**, 38
  - Pfandrecht **13**, 35
- Sicherheit **13**, 34
- Verjährung **32**, 16; **32**, 19
  - Vorbehalt **30**, 14; **30**, 47
- Empfangsort, Ablieferung des Gutes **13**, 9
- Englischer Wortlaut, CMR, Bedienstete **3**, 15
  - Ro/Ro-Verkehr Lkw/Seeschiff **2**, 103 ff.
- Entgangener Gewinn, Verzug **27**, 36
- Entgeltlichkeit, Inhalt des Beförderungsvertrages **4**, 16
- Entladepflicht **17**, 30 ff., 36
  - Überwachungspflicht **17**, 46
- Entladung **17**, 22
  - Silo-, Tankfahrzeuge **17**, 54
- Entladung/Ladung/Stauen **17**, 145 ff.
- Entschädigung, Aufräumung, Kosten **23**, 35
  - Aufwendungen, zusätzliche **23**, 28 f.
  - Beförderungsaufwendungen **23**, 31 ff.
  - Begutachtung, Kosten **23**, 35
  - bei Beschädigung **25**, 4 ff.
  - Bergungskosten **23**, 34
  - Beweislast **23**, 62 ff.
    - Kausalität **23**, 65
  - Einfuhrumsatzsteuer **25**, 13
  - Einlagerung **23**, 32
  - Entladekosten **23**, 29; **25**, 13
  - Entsorgung, Kosten **23**, 35
  - Ersatz mittelbarer Schäden **23**, 5
  - Fracht, Beweislast **23**, 64
  - Fracht/Zölle/Kosten, sonstige **23**, 25 ff.
  - Frachten **25**, 12 ff.
  - Frachtkosten, offene **23**, 30
  - Garantievereinbarung **23**, 55 ff.
  - Güterschäden, Aufwendungen **23**, 37
    - infolge Verderbs **23**, 46
  - Haftungshöchstgrenzen **23**, 14 ff.
  - Haftungsteilung, Lieferfristüberschreitung **23**, 58 ff.
    - Verlust, Beschädigung **23**, 56 f.
- Import-, Exportsteuern **23**, 29; **23**, 33; **25**, 13
- Kosten, Beweislast **23**, 63
  - sonstige **25**, 12 ff.
- Lieferfristüberschreitung **23**, 41 ff.
- Nachnahmegebühren **23**, 28; **23**, 33; **25**, 13
- Neuverpackung **23**, 34
  - Kosten **23**, 32
- Neuversendung **23**, 34
- positive Vertragsverletzung, Kosten **23**, 38
- Reparaturkosten **25**, 11
- Rohgewicht, Frachtbrief **6**, 15
- Rollgelder **23**, 28; **23**, 33; **25**, 13
- Rückbeförderung, Kosten **23**, 32 f.
- Rückversendung zur Reparatur **23**, 34
- Sachverständigenkosten **23**, 34
- Säuberung, Kosten **23**, 35
- Schadensbeseitigung **23**, 35
- Schadensbesichtigung **23**, 32 f.
- Schadensfeststellung, Kosten **23**, 35
- Schadensminderungskosten **23**, 39
- Schadensumfang, Beweislast **23**, 65
- Siegelgebühren **23**, 29; **23**, 33
- Teilbeschädigung **25**, 25
- Teilverlust **23**, 40
- Transportversicherungsprämien **23**, 29; **25**, 13
- Verlust, Teilverlust **23**, 2 ff.
- Verpackungskosten **23**, 28
- Verspätungsschäden, Einfuhrabgaben **23**, 43
  - entgangener Gewinn **23**, 43
  - Preisverfall **23**, 43
  - Stillstandsverluste **23**, 43
  - Verlust **23**, 49
  - Vermögensschaden **23**, 43
  - Vertragsstrafe **23**, 43
  - Vorhaltekosten **23**, 43
- Vertragsstrafe **23**, 55
- Vorfrachten **23**, 28
- Vorlagerungskosten **23**, 28
- Vorprozesskosten **23**, 34
- Vorteilsausgleichung **23**, 61
- Währungsumrechnung **27**, 42 f.
- Werkleistung, mangelhafte **23**, 55
- Wertberechnung **23**, 7 ff.
- Wertbestimmung, Börsenpreis/Marktpreis **23**, 8
  - Verkaufspreis **23**, 11
- Wertersatz **23**, 3
- Wiegegebühren **23**, 33
- Wiegegelder **23**, 29; **25**, 13
- Zinslauf, Beginn **27**, 16 ff.
- Zinsregelung **27**, 1 ff.

Sachregister

- Zölle **23**, 28; **23**, 36; **25**, 12 ff.
  - Beweislast **23**, 63
  - gestundete **23**, 30
- Zollstrafe **23**, 34
- Zollverkehr **23**, 9

Entschädigungsleistungen, Zinsbestimmung **27**, 1

Entwertung der Sendung, Beschädigung **25**, 20 ff.

Erstattung, s. Entschädigung

Europäischer Binnenmarkt **Vor Art. 1**, 12 f.
- Eignung, fachliche **Vor Art. 1**, 13; **Vor Art. 1**, 16
- Gemeinschaftslizenz **Vor Art. 1**, 12
- GemeinschaftslizenzVO **Vor Art. 1**, 12
- Leistungsfähigkeit, finanzielle **Vor Art. 1**, 13 ff.
- Marktzugang **Vor Art. 1**, 13
- Zuverlässigkeit **Vor Art. 1**, 13 f.

Exportsubvention, Entschädigung, Wertbestimmung **23**, 9

Fahrer, Abschlussvollmacht **3**, 44
- Blanketturkunde **3**, 47
- Duldungs- oder Anscheinsvollmacht **3**, 45 f.
- Eigenhaftung **3**, 42
- Vertretungsmacht **3**, 43 ff.; **24**, 4

Fahrfehler, grobe, s. Beförderungsfehler

Fahrlässigkeit, grobe, s. grobe Fahrlässigkeit

Fahrroute, Ausübung der Verrichtung **3**, 33

Fahrzeug **1**, 9 f.; **1**, 24 f.; **17**, 113
- Begriff, austauschbare Ladungsträger **2**, 78 f.
  - Huckepack-, Ro/Ro-Verkehr **2**, 59 ff.
- Brand **17**, 99
- Container **17**, 117
- Inhalt des Beförderungsvertrages **4**, 17
- Teile, Zusatzausrüstungen, Mängel **17**, 117
- Wechselbrücken **17**, 117

Fahrzeugmängel **17**, 101; **17**, 112 ff.
- äußere Einwirkungen **17**, 120 f.
- Begriff **17**, 114 ff.
- Fahrzeug, ungeeignetes **17**, 115
- Fahrzeugeigenschaften, fehlende **17**, 114
- Gewährhaftung **17**, 112
- klimatechnische Einrichtungen **17**, 119
- technische **17**, 116

Falschablieferung **17**, 68

Falschauslieferung **Anh. II**, 38
- Bezeichnung/Numerierung, ungenügende **17**, 203

FBL Multimodaltransport-Durchkonnossement, Ro/Ro-Verkehr, Lkw/Seeschiff **2**, 115
- Frachtbrief **4**, 23

FBL-FCA **1**, 28

Fehlverladung **1**, 19

Fixgeschäft **19**, 3

Fixkostenspediteur **Vor Art. 1**, 82 f.; **2**, 53; **Vor Art. 34**, 13
- Frachtführer, Haftung **3**, 5; **17**, 2
- Gerichtsstand **31**, 4

Fixkostenvereinbarung **Vor Art. 1**, 41

Fluchthilfe, Ausübung der Verrichtung **3**, 34 f.

Flüssiggase, Überprüfungspflicht, Frachtführer **9**, 9

Flüssigkeiten, Eintragungen, Frachtbrief, Frachtführer **8**, 25
- Rohgewicht, Frachtbrief **6**, 15
- Überprüfung **8**, 33
- Überprüfungspflicht, Frachtführer **8**, 9; **8**, 12

FOR/FOT **1**, 28

Forderungsübergang, gesetzlicher **Vor Art. 17**, 19 ff.

Formalvertrag **Vor Art. 1**, 25

Fracht **Vor Art. 1**, 30 f.; **Vor Art. 1**, 33 ff.
- Aufwendungen **Vor Art. 1**, 35
- Auslagen **Vor Art. 1**, 35
- Beförderungs-, Ablieferungshindernisse **Vor Art. 1**, 38; **Vor Art. 1**, 42
- Distanzfracht **Vor Art. 1**, 42
- Entschädigung **23**, 25 ff.
- ersparte **Vor Art. 1**, 50
- Fahrzeugausstattung **Vor Art. 1**, 36
- Frachtschuldner **Vor Art. 1**, 43
- Frachtüberweisung **Vor Art. 1**, 43 ff.
- Frachtzahlung **Vor Art. 1**, 31
- Gefäße **Vor Art. 1**, 36
- Geräte **Vor Art. 1**, 36
- Höhe, vereinbarte, Entschädigung, Beweislast **23**, 65
- Kosten **Vor Art. 1**, 32
- Ladehilfsmittel **Vor Art. 1**, 36
- Nebengebühren **Vor Art. 1**, 32
- Nebenkosten **Vor Art. 1**, 54
- Nebenleistungen **Vor Art. 1**, 34 f.; **Vor Art. 1**, 39
- Rückforderungsanspruch **Vor Art. 1**, 50 ff.
- Standgeld **Vor Art. 1**, 40
- Transportbegleitung **Vor Art. 1**, 37
- unfreie **Vor Art. 1**, 45
- Verjährung **32**, 47
- Verzögerung **Vor Art. 1**, 40

Sachregister

- vorausbezahlte **Vor Art. 1**, 50
- Wechselverkehrszeichenanlage **Vor Art. 1**, 37
- Zölle **Vor Art. 1**, 32
- zuviel gezahlte, Rückzahlungsforderung, Zinsen **27**, 11

Frachtansprüche, Minderung der, Entschädigung **23**, 26

Frachtbrief **Vor Art. 1**, 25; **Vor Art. 1**, 32; **Vor Art. 1**, 43; **4**, 23 ff.
- Ablieferungsstelle und Tag **6**, 7
- Absender, Name und Anschrift **6**, 5
- Änderung durch Weisungen **5**, 8
- Angaben, einzelne **6**, 4 ff.
  - Frachtüberweisung **6**, 28
  - Gefahrenguttransport **6**, 36
  - Gerichtsstandsvereinbarung **6**, 36
  - Haftungsbefreiung **6**, 36
  - Kosten **6**, 28
  - Kühltemperatur **6**, 36
  - Lieferfrist **6**, 34
  - Nachnahme **6**, 29; **21**, 74 ff.
  - Rohgewicht **6**, 30
  - Rücktransport **6**, 36
  - Schiedsgerichtsklausel **6**, 36
  - Überprüfungspflicht, Frachtführer **8**, 8
  - Umladeverbot **6**, 26
  - Unterfrachtführer, Einsatzverbot **6**, 36
  - unvollständige, Haftung **7**, 1 ff.
  - Urkundenverzeichnis **6**, 35
  - Verfügungsrecht **6**, 36
  - Verpackung, Ladehilfsmittel **6**, 36
  - verpflichtende **6**, 1 ff.
    - Sollvorschriften **6**, 1
    - Verstoß **6**, 3
  - Verpflichtung zutreffendenfalls **6**, 25
  - Weisungen **6**, 33
  - Wertangabe, besonderes Interesse **6**, 30
  - zweckmäßige **6**, 36 f.
- Anscheinsvollmacht, Unterschrift **5**, 14
- Ausfertigungen **5**, 5
- Aussteller **5**, 6
- Belgien **4**, 28
- Beweis **6**, 3; **9**, 1 ff.
- Beweisfunktion **4**, 24
- Beweiswirkung **4**, 28; **5**, 16
- Bezeichnung von Gut und Verpackung **6**, 11
- Blankett **5**, 14
- CMR, wahrheitswidrige Ausstellung **4**, 27
- Datum, Lieferfristen **6**, 8
  - Verjährung **6**, 8
  - Wertberechnung **6**, 8
- durchgehender, Nachnahme **21**, 83 ff.
- Übernahme **34**, 4 ff.
- Eintragung, Lieferungsinteresse **26**, 11
- elektronisch erzeugtes Dokument **4**, 24
- Empfänger, Name und Anschrift **6**, 10
- Entschädigung, Rohgewicht **6**, 15
- fehlender, Haftung, Frachtführer **12**, 57 ff.
- Form **5**, 2
- Formverletzung, ohne Sanktionen **6**, 2
- Frachtführer, Name und Anschrift **6**, 6
- Frachtstücke, Anzahl, Zeichen, Nummern **6**, 14
- Funktion **4**, 24
- gefährliche Güter, Informationspflicht **22**, 34
- Gestaltung **5**, 1
- Güter, gefährliche, Flammpunkt **6**, 12
- Informationsträger **4**, 24
- IRU-Formular **5**, 3
- IRU-Fragenkatalog **5**, 2
- konstitutive Wirkung **4**, 27
- Kosten der Beförderung **6**, 17 f.
- Kosten, Einfuhrumsatzsteuer **6**, 18
  - Fracht **6**, 18
  - Nebengebühren **6**, 18
  - Zölle **6**, 18
- nachfolgender Frachtführer i. S. d. Art. 34 **6**, 23
- Nachnahmeverpflichtung **21**, 98 ff.
- Originalausfertigungen **5**, 7
- österreichisches IRU-Formular 1976 **5**, 5
- Paramount-Klausel, Drittstaaten **6**, 20 ff.
- Quittung **4**, 24; **9**, 5
- Rechtsgrundlage **4**, 29
- Rohgewicht, Mehrmenge **6**, 16
  - Menge des Gutes **6**, 15
  - Überladung **6**, 15
- Sperrwirkung **5**, 8
- Tag und Ort der Ausstellung **6**, 4
- Übergabe **13**, 6 ff.
  - Ablieferung, Ort **13**, 7
- Übernahme, Stelle und Tag **6**, 7
- Übernahmeort, Gerichtsstand **6**, 8
- Überprüfungspflichten, Frachtführer **6**, 8
- Unterschrift **5**, 10
- Urkunde **9**, 4
- Vorbehalt **30**, 28
- Urkunden, notwendige **6**, 19
- Weisungen **6**, 19
- Weitergabe, Formalien **35**, 2
- Wertangabe **24**, 11 f.
- Wertpapier **6**, 10
- Zeitpunkt der Ausstellung **5**, 6

Frachtbriefe, mehrere **5**, 9

Frachten, Entschädigung **25**, 12 ff.

Sachregister

Frachtführer **Vor Art. 1**, 17; **Vor Art. 1**, 19f.; **Vor Art. 1**, 30; **Vor Art. 1**, 64; **Vor Art. 1**, 74; **4**, 8
- Beförderungsvertrag, fehlender, Haftung **3**, 12
- Eigenhaftung des Fahrers **3**, 42
- Fixkostenspediteur, Haftung **3**, 5; **17**, 2
- Fracht-/Speditionsvertrag, Abgrenzung **Vor Art. 1**, 64
- Gleichstellungen **2**, 53ff.
- Haftpflichtversicherung **Anh. II**, 76
- Haftung für Personal, außerhalb CMR **3**, 41
  - Beweislast **3**, 39ff.
- Haftung, Auskünfte **11**, 28
  - Diebstähle durch Personal **3**, 38
  - Frachtbriefangaben **7**, 12ff.
  - Frachtbriefvorlage durch Nichtberechtigten **12**, 62
  - Gesamtschuldner **36**, 1
  - Handlungen von Personen **3**, 1ff.
  - Huckepack-, Ro/Ro-Verkehr **2**, 32
  - ohne Frachtbriefausfertigung **12**, 57ff.
  - unbeschränkte **29**, 6ff.
    - Frachtbriefangaben **7**, 14
    - Vorsatz **29**, 6
    - Vorsatz, gleichstehend **29**, 7
  - Urkunden **11**, 25
  - Weisungen, Nichtausführung **12**, 54ff.
    - Verletzung **12**, 52ff.
- Ladepflicht, Obhutszeitraum **17**, 160ff.
- Mehrheit **8**, 1ff.; **Vor Art. 34**, 6ff.
- Mehrheit, s.a. Frachtführerkette
  - Fixkostenspediteur **Vor Art. 34**, 13
  - Sammelladungsspediteur **Vor Art. 34**, 14
  - Samtfrachtführer **Vor Art. 34**, 8
  - Spediteur, Selbsteintritt **Vor Art. 34**, 12
  - Teilfrachtführer **Vor Art. 34**, 9
  - Unterfrachtführer **Vor Art. 34**, 7
  - Zwischenfrachtführer **Vor Art. 34**, 10
- Nachnahme, Haftung **3**, 10
- Obhutshaftung **17**, 1ff.
- Pflichten zusätzliche, Verladepflichtvereinbarungen **41**, 17
  - Inkassopflicht **41**, 18
  - Prüfungspflichten **41**, 14
  - Überprüfung, Verladung **41**, 15
  - Umladeverbot **41**, 18
  - Zollpapierprüfung **41**, 16
- Rechteerweiterung **41**, 19ff.
- Reklamation **32**, 73
- Rückgriffsanspruch, Empfänger, Schadensersatz **21**, 159ff.
- Sammelladungsspediteur **3**, 7
- Schadensersatz wegen Nichterfüllung, Haftung **3**, 9
- Selbsteintritt, Haftung **3**, 7
- Überprüfungspflichten **8**, 1ff.
- Umzugsgut, Haftung **3**, 11
- Vergütung, Ausladung und Verwahrung **16**, 24ff.
  - Notverkauf des Gutes **16**, 26ff.
- Verspätungshaftung **17**, 1ff.
- Vertretungsmacht des Fahrers **3**, 43ff.
- Vorschuss **12**, 29ff.

Frachtführerkette, mehrgliedrige, Nachnahme **21**, 115
- Nachnahmeverpflichtung **21**, 83ff.

Frachtführerkette, s.a. Frachtführer, Mehrheit

Frachtlohn, Verjährung **32**, 47

Frachtrecht, Nachnahme **21**, 95ff.
- nationales, Ergänzung **Vor Art. 17**, 3

Frachtstücke, Anzahl, Überprüfungspflicht, Frachtführer **8**, 9
- Anzahl, Zeichen, Nummern, Frachtbrief **6**, 14
- Container **8**, 20
- Inhalt, Überprüfung **8**, 33
- Paletten **8**, 20

Frachtüberweisung, auf Empfänger **21**, 71
- auf Empfänger, Nachnahme **21**, 27ff.

Frachtvertrag über Beförderung mit verschiedenen Beförderungsmitteln, siehe Beförderung mit verschiedenartigen Beförderungsmitteln

Frachtvertrag **Vor Art. 1**, 17; **Vor Art. 1**, 19ff.; **Vor Art. 1**, 31; **Vor Art. 1**, 58ff.; **4**, 7
- Abfallbeseitigung **Vor Art. 1**, 63
- Charter, Frachtcharter **Vor Art. 1**, 60
- Dienstverschaffung **Vor Art. 1**, 59
- einheitlicher **Vor Art. 34**, 5
- fiktiver, Ermittlung zwingenden Seerechts, Ro/Ro-Verkehr Lkw/Seeschiff **2**, 114ff.
- Gerichtsstand **31**, 2, 3
- Konnossement **2**, 110
- Lohnfuhr **Vor Art. 1**, 61
- Miete des Beförderungsmittels **Vor Art. 1**, 59
- realer, Ermittlung zwingenden Seerechts, Ro/Ro Lkw/Seeschiff **2**, 114
- Schleppvertrag **Vor Art. 1**, 62
- Subschiffahrt, Schubvertrag **Vor Art. 1**, 62
- Verjährung **32**, 4
- Werkvertrag **Vor Art. 1**, 62

Französischer Wortlaut, CMR, Bedienstete **3**, 15; **3**, 28

Sachregister

– Ro/Ro-Verkehr Lkw/Seeschiff **2**, 103 ff.
Free Carrier **1**, 28
Freistellungsansprüche, Hilfspersonen **28**, 20
Frischeverlust, innere Substanzverschlechterung **17**, 75
Fristdauer
– nicht vereinbarte Frist **19**, 15 ff.
– vereinbarte Frist **19**, 10 ff.

Garantievereinbarung, Entschädigung **23**, 55
Garantiezusage, Haftung **41**, 7
Gebrochener Verkehr **34**, 2 ff.
– Verjährung **32**, 12
Gefährdungshaftung **17**, 9 ff.
– wirtschaftliche Zumutbarkeit **17**, 12
Gefahrgutbeförderung, Haftung **Anh. II**, 48
Gefahrgutgesetz **22**, 4
Gefahrgutklassen **22**, 6
– ätzende Stoffe **22**, 6; **22**, 21
– entzündbare feste Stoffe **22**, 6; **22**, 21
– entzündbare flüssige Stoffe **22**, 6; **22**, 19; **22**, 21
– giftige Stoffe **22**, 6; **22**, 21
– Nur-Klassen/freie Klassen **22**, 6
– statistische Zahlen **22**, 21
Gefahrgutunfälle **22**, 23
Gefahrgutverordnung Straße **22**, 4
Gefährliche Güter **22**, 1 ff.; **22**, 8
– Ausladen, Informationspflichtverletzung **22**, 39
– Bezeichnung, Frachtbrief **6**, 12
– Gefahrzettel **22**, 28
– Schutzgesetze **22**, 3
– statistische Zahlen **22**, 19 ff.
– Schätzverfahren **22**, 20
– Verjährung **32**, 45
– Vernichtung, Informationspflichtverletzung **22**, 38
Gefahrzettel, gefährliche Güter **22**, 28; **22**, 33
Gehilfen, s. Hilfspersonen
Geld, Einzug, Nachnahme **21**, 24
Gemischter Transport **Vor Art. 34**, 5
Gericht, ausländisches **31**, 56
Gerichtsstand, Ablieferungsort **31**, 28
– Ansprüche, außervertragliche **31**, 7
– Art. 1 a des Gesetzes zur CMR vom 5. 7. 1989 **31**, 41
– Art. 57 EuGVÜ **31**, 13
– Beförderungsvertrag, fehlender **31**, 3
– Eilverfahren **31**, 11
– Einlassung, rügelose **31**, 36
– Erfüllungsort **31**, 39
– Frachtvertrag **31**, 2
– Geschäftsstelle **31**, 22 ff.

– gewöhnlicher Aufenthalt **31**, 17
– Hauptniederlassung **31**, 18
– internationaler **36**, 4
– Mahnverfahren **31**, 11
– Streitgenossen **31**, 9, 39
– Übernahmeort **31**, 24
– unerlaubte Handlung **31**, 7, 39
– Urkundenprozess **31**, 11
– Vermögen **31**, 40
– Vertragsstaaten **31**, 14
– Vollstreckungsklage **31**, 11
– Wechselprozess **31**, 11
– Widerklage **31**, 40
– Wohnsitz **31**, 40
– Zuständigkeit
– internationale **31**, 10 ff.
– nationale **31**, 37 ff.
– Zweigniederlassung **31**, 20 ff.; **31**, 40
Gerichtsstandsvereinbarung **36**, 4; **41**, 27
– § 65 ADSp **31**, 43 ff.
– Art. 17 EuGVÜ **31**, 31
– Art. 23 EuGVVO **31**, 43
– Erfüllungsortvereinbarung **31**, 52 ff.
– Form **31**, 30 ff.
– nachträgliche **31**, 35 f.
– Z. 30 ADSp **31**, 49 ff.
– Zuständigkeit
– internationale **31**, 29 ff.
– nationale **31**, 43 ff.
Geruchsschäden, innere Substanzverschlechterung **17**, 75
Gesamtbeschädigung **17**, 79
Gesamtkausalität **17**, 185
Gesamtschuldner, Frachtführer, Haftung **36**, 1
Samtfrachtführer **34**, 7
Gesamtschuldnerausgleich, interner **41**, 28
Gesamtverkehrssystem **2**, 12 ff.
Geschäftsbesorgung, Verjährung **32**, 5
Geschäftsbesorgungsvertrag **4**, 7
Gesetzeslücken, CMR, Analogie **Vor Art. 17**, 4
– Auslegung **Vor Art. 17**, 4
Gewährhaftung **17**, 13
– Fremdverursachung **17**, 14
– Wirtschaftliche Zumutbarkeit **17**, 12
GGG **22**, 4
GGVS **22**, 4; **22**, 12; **22**, 31
– Anlage A **22**, 17
– Gefahrzettel **22**, 28
– Anlage B, Unfallmerkblätter **22**, 29
GGVS/ADR **22**, 24
Grenz-Kombi-Verordnung **2**, 16; **2**, 66
– Begriff **2**, 25

1273

Sachregister

- Privilegierung, Richtlinie 92/106/EWG **2**, 26
- Zielsetzung **2**, 24
- Grenzüberschreitung **1**, 21
- Inhalt des Beförderungsvertrages **4**, 21
- Grobe Fahrlässigkeit **29**, 11
  - Ablieferungsfehler **29**, 37
  - Abstellen des Fahrzeugs **29**, 39 ff., 44
  - Alkoholschmuggel **29**, 46
  - Beförderungsfehler **29**, 47, 49
  - Begriff **29**, 15 ff.
  - Beweislast **29**, 84 ff.
  - Diebstahl bei Zwischenlagerung **29**, 51
  - Einzelfälle **29**, 36 ff.
  - Fahrfehler, s. Beförderungsfehler
  - Hilfspersonen, Haftung **29**, 32
  - Kühltransporte **29**, 54
  - Lieferfristüberschreitung **29**, 56
  - Mithaftung **29**, 74
  - Organisationsverschulden **29**, 58
  - Pfandrecht **29**, 69
  - Raubüberfall **29**, 70
  - Rechtsfolgen **29**, 71 ff.
  - Schadensteilung **17**, 232
  - Schmuggel **29**, 46
  - sekundäre Darlegungslast **29**, 86 ff.
  - Transportunfälle, s. Beförderungsfehler
  - Verjährung **32**, 15
- Grobes Verschulden
  - Gehilfenhaftung **29**, 32
  - Schadensberechnung **23**, 1; **29**, 71
  - Zinsen **27**, 38
- GüKG **2**, 28 f.
- Gut, Befestigungsmittel **17**, 60
  - Container **17**, 60
  - Haftungsgegenstand **17**, 60
  - Mängel, besondere **17**, 90 ff.
  - Packmittel **17**, 60
  - Palette **17**, 60
  - Schutzhülle **17**, 60
  - Verpackung **17**, 60
  - Wert des ~ **29**, 79c
- Güter, Beschaffenheit, natürliche **17**, 173 ff.
  - Inhalt des Beförderungsvertrages **4**, 15
- Güterfolgeschaden **23**, 39
- Güterschaden, Austrocknen/Auslaufen **17**, 178
  - Bruch **17**, 174
  - Oxydation **17**, 174
  - Rost **17**, 176
  - Schwund, normaler **17**, 179
  - Ungeziefer/Nagetiere, Einwirkung **17**, 180
  - Verderb, innerer **17**, 177
  - Verspätungsschäden, Abgrenzung **23**, 45 ff.

Gütertransport, Beförderungsmittel, vertragswidriges **Anh. II**, 16 ff.
Güterversicherung **Vor Art. 17**, 41 ff.

Haager Regeln, Ro/Ro-Verkehr Lkw/Seeschiff **2**, 113 ff.
Haftpflichtversicherung, kein Direktanspruch **Vor Art. 17**, 40 ff., 44
Haftung, außervertragliche **Vor Art. 17**, 37
- Beginn **17**, 16 f.
- Eisenbahnrecht, Huckepackverkehr Lkw/Bahn **2**, 102
- Frachtführer, außerhalb Obhuts-, Gewährhaftung **7**, 12
  - Auskünfte **11**, 28
  - Huckepack-, Ro/Ro-Verkehr **2**, 32
  - Urkunden **11**, 25
  - Verletzung der Weisung **12**, 52 ff.
- Garantiezusage **41**, 7
- Obhutszeitraum, außerhalb **17**, 59
- ohne Verschulden, Absender, Frachtbriefangaben **7**, 1
- positive Vertragsverletzung **Vor Art. 17**, 36; **Anh. II**, 33
- Recht des Trägerbeförderungsmittels **2**, 38 ff.
- sonstige Schäden **Vor Art. 17**, 35 ff.
- unbeschränkte, Frachtführer **29**, 6 ff.
  - für Gehilfen **29**, 32
  - Huckepack-, Ro/Ro-Verkehr **2**, 32
- Verfügungsberechtigter **12**, 49 ff.
- Verjährung **32**, 50–52
- Verpackung, mangelhafte, andere Güter **10**, 21
  - Betriebsmaterial **10**, 18
  - Personen **10**, 15
- Vertragsstrafen **41**, 8
- Zusammentreffen mehrerer Ursachen **17**, 185
- zwingende **17**, 2
Haftungsausschluss **41**, 10
- Art. 17 Abs. 2 CMR, Beweislast **18**, 30 ff.
- Art. 17 Abs. 4 CMR, Beweislast **18**, 44 ff.
- bevorrechtigter **17**, 122
  - offene Fahrzeuge **17**, 123
  - Verpackungsmängel **17**, 125 ff.
- einfacher **17**, 80
  - unabwendbare Umstände **17**, 95 ff.
  - Verschulden des Anspruchsberechtigten **17**, 81 ff.
  - Weisung des Verfügungsberechtigten **17**, 87 f.
Haftungsbegrenzung, Entschädigung, Beweislast **23**, 63

Sachregister

Haftungsbeschränkungen, Nichtigkeit **41**, 6
Haftungserweiterungen, Nichtigkeit **41**, 6
Haftungsgegenstand, Gut **17**, 60
Haftungsgrenze, Teilverlust **23**, 22
Haftungshöchstgrenze, Berechnung **23**, 20
– Entschädigung **23**, 14 ff.
– Berechnung **23**, 19
Haftungsmilderung, Ausnahmetarife, Huckepackverkehr Lkw/Bahn **2**, 101
Haftungsteilung, Beschädigung **25**, 32
– Lieferfristüberschreitung, Entschädigung **23**, 58 ff.
– Verlust/Beschädigung, Entschädigung **23**, 56 f.
Haftungszeitraum, seerechtlicher, Ro/Ro-Verkehr Lkw/Seeschiff **2**, 126 ff.
– Obhutshaftung **17**, 15 ff.
Handelsklauseln, kaufvertragliche **21**, 90 ff.
Hauptfrachtführer, Nachnahme **21**, 85
– Reklamation **32**, 73
– Vorbehalt **30**, 17
Haus-zu-Haus-Verkehr **2**, 15
Havariekommissar, Haftung des Frachtführers **3**, 22
Herausgabeansprüche, Verjährung **32**, 3
Hilfspersonen, Ansprüche gegenüber **28**, 20 ff.
– Fahrer, Ansprüche gegenüber **28**, 20
– Freistellungsansprüche **28**, 20
– Gerichtsstand **32**, 9
– Haftung, Alkoholschmuggel **29**, 34
– Diebstähle **29**, 34
– unbeschränkte **29**, 32 ff.
– s. a. Bedienstete
– Unterfrachtführer, Ansprüche gegenüber **28**, 21
– Verjährung **32**, 20
– Vorsatztaten, Haftung **29**, 34
Hoheitsträger **1**, 40
Höhere Gewalt, Verjährung **32**, 58; **32**, 89
Huckepack(Ro/Ro)Fallgestaltungen **2**, 100 ff.
– Ärmelkanal- oder Kanaltunnelverkehr **2**, 119
– Budapester Abkommen **2**, 105
– Huckepack Lkw/Bahn **2**, 111 ff.
– Beweislast **2**, 121
– nationaler Eisenbahnverkehr **2**, 113
– Obhutshaftung allgemein **2**, 115 ff.
– Obhutshaftung Int. Verkehr **2**, 115 ff.
– Railion Deutschland **2**, 111
– vertragliche Beziehungen **2**, 111 ff.
– Huckepack Lkw/Binnenschiff **2**, 100 ff.
– Budapester Abkommen **2**, 105

– internationaler Binnenschiffsverkehr **2**, 103 ff.
– nationale Binnenschiffsstrecke (HGB) **2**, 100 ff.
– Huckepack-Lufttransport **2**, 106 ff.
– nationaler Lufttransport **2**, 106
– internationaler Lufttransport **2**, 108 ff.
– interstaatlicher Lufttransport **2**, 106 ff.
– internationaler Lufttransport **2**, 108 ff.
– internationaler Binnenschiffsverkehr **2**, 103 ff.
– internationaler Bahnverkehr **2**, 117 ff.
– Beweislast **2**, 121
– Kombiverkehr **2**, 111
– Lkw-Seetransport **2**, 39 ff., 149
– Montrealer Übereinkommen **2**, 110
– nationaler Binnenschiffsverkehr **2**, 100 ff.
– Warschauer Abkommen **2**, 108 f.
Huckepack-Gesellschaften **2**, 108 ff., 113 ff.
Huckepackverkehr **1**, 22
– Abgrenzungsfragen **2**, 30 ff.
– Ärmelkanaltunnelverkehr **2**, 119
– Anwendungsbereich **2**, 30 ff.
– Anwendungsvoraussetzungen **2**, 58
– Architektur **2**, 36 ff.
– Grundtatbestand **2**, 37
– Ausnahmetatbestand **2**, 38 ff.
– aufeinanderfolgender Frachtführer **2**, 52
– Begriff **2**, 4 ff.
– Budapester Abkommen (CMNI) **2**, 105
– CMR-Frachtvertrag **2**, 49 ff.
– Container **2**, 60
– Ermittlung des fiktiven Teilstreckenrechts **2**, 88 ff.
– zwingende Haftungsregeln des Trägerbeförderungsmittels **2**, 90 ff.
– Fahrzeug **2**, 59 ff.
– Fahrzeugbegriff **2**, 59
– Fixkostenspedition **2**, 53 ff.
– Geltung der CMR **2**, 43 ff.
– Grenz- und KabotageV GüKG **2**, 24 ff.
– Huckpackverkehr vertraglich gestattet **2**, 31 ff.
– Huckpackverkehr vertragswidriger **2**, 32
– Identität von CMR- und Huckepackbeförderer **2**, 46 ff., 149 ff.
– Kombiverkehr **2**, 111 ff.
– multimodaler Beförderungsvertrag **2**, 51 ff.
– Normzweck **2**, 1 ff.
– öffentlich rechtliche Regelungen **2**, 19 ff.
– praktische Bedeutung **2**, 11
– RL 92/106/EWG **2**, 19 ff.

1275

Sachregister

- Rückgriff **2**, 151
- Sammelladungsspedition **2**, 54 ff.
- Schadenseintritt während des Bahn- und Schiffstransports **2**, 39
- Schadensverursachung, keine durch CMR-Frachtführer **2**, 40
- Schadenseintritt während und wegen der Huckepackbeförderung **2**, 41
- Schadenszuordnung zum CMR- oder Trägerbeförderungsregime **2**, 41 ff.
- Selbsteintritt-Spediteur **2**, 53 ff.
- Spediteur-Frachtführer **2**, 53 ff.
- Spezialregeln **2**, 156
- Teilstreckenrecht (fiktives) des Huckepack-Beförderers **2**, 88 ff.
- Teilstreckenrecht (fiktives) des Binnenschiff-Beförderers **2**, 100 ff., 103 ff.
- Teilstreckenrecht (fiktives) des Luftbeförderers **2**, 106 ff., 108 ff.
- Teilstreckenrecht (fiktives) des Bahnbeförderers **2**, 111 ff., 117 ff.
- Teilstreckenrecht (fiktives) des Seebeförderers **2**, 122 ff.
- Umladung **2**, 83 ff.
- Umladung bei Beförderungshindernissen **2**, 35a, 83 ff.
- Umladungsverkehr (kein) **2**, 80 ff.
- Umladung, vertragswidrige **2**, 33
- Umladung, vertraglich gestattet **2**, 34 f.
- UIRR-Gesellschaften **2**, 114 ff.
- Verjährung **2**, 155 ff.
- verkehrspolitische Regelungen **2**, 12 ff.
- verkehrspoltische Zielsetzung **2**, 12 ff.
- vertraglich gestatteter Ro/Ro-Verkehr **2**, 31
- Voraussetzungen des Huckpackverkehrs **2**, 48 ff.
- Vorrang des Art. 2 CMR gegenüber multimodalen Beförderungsregeln **2**, 51
- Wechselbrücken/Wechselaufbauten **2**, 61 ff.

IATA, Resolution 507 B **1**, 14
Incoterms **1**, 28
Informationen, unrichtige **Anh. II**, 42
Informationspflicht, gefährliche Güter, von Büro zu Büro **22**, 25; **22**, 30
- Spediteur, gefährliche Güter **22**, 15
- Transportkette, gefährliche Güter **22**, 14
- Zweispurigkeit, gefährliche Güter **22**, 12
Inhaltskontrolle **17**, 13
Inkasso, kaufrechtliche Wirkungen **21**, 89 ff.
- Nachnahme, Rechtswirkungen **21**, 88 ff.
Inkassobefugnis, Nachnahme **21**, 102 ff.

Inkassobüro, Verzug, Aufwendungen **27**, 36
Inkassopflicht, Nachnahme **21**, 102 ff.
IPRG, Beförderungsvertrag **4**, 5
IRU **Vor Art. 1**, 2
Isotherm-Fahrzeuge **17**, 188
IUMI **Vor Art. 1**, 2

Kausalität, Gesamt- **17**, 185
- konkurrierende **17**, 187
Kautionsverfall **Anh. II**, 45
Klageerhebung, Zinszahlungspflicht **27**, 24
Klagehäufung **36**, 4
Kleiner Grenzverkehr **1**, 57
Kollo **6**, 11
Kombinierter Transport
- s. Beförderung mit verschiedenartigen Beförderungsmitteln
- s. Huckepackverkehr
Kombinierter Verkehr **2**, 1; **Vor Art. 34**, 5
- Anwendungsbereich **2**, 12 ff.
- verkehrstechnische Abwicklung **2**, 15
- Verjährung **32**, 13
- s.a. Beförderung mit verschiedenartigen Beförderungsmitteln
Konfusion **7**, 9
Konkurrenz, der CMR-Haftungsregeln **Anh. II**, 68
Konnossement, Ermittlung zwingenden Seerechts, Ro/Ro-Verkehr, Lkw/Seeschiff **2**, 110 ff.
- Frachtvertrag **2**, 110
- Paramount-Klausel **6**, 20
- Ro/Ro-Verkehr **2**, 103
- Wertpapier **4**, 23
Konsensualvertrag **Vor Art. 1**, 24
- Beförderungsvertrag **4**, 1 f.
- Beförderungsvertrag **Anh. II**, 11 f.
- fehlende Unterschrift **5**, 15
Kontaminierungsschäden **Anh. II**, 44
Kontokorrent, Verjährung **32**, 89
Kosten, Beförderung, Frachtbrief **6**, 17
- Frachtbrief, Angaben **6**, 28
- sonstige, Entschädigung **23**, 25 ff.; **25**, 12 ff.
Kostenerstattung **16**, 1 ff.
- Abdingbarkeit **16**, 12
- Aufwendungen **16**, 5
- Auslagen **16**, 6
- entgangener Gewinn **16**, 7 ff.
- Erstattungspflichtiger **16**, 10 f.
- Gewinnabschlag **16**, 6
- s.a. Entschädigung
Kostenfestsetzungsbeschluss
- Gleichstellung mit Urteil **31**, 69

Sachregister

Kraftfahrer, Vollmacht, gefährliche Güter **22**, 42
Kraftfahrzeuge **1**, 24 f.
- Huckepack-, Ro/Ro-Verkehr **2**, 59
- Vermieter, Haftung des Frachtführers **3**, 25
Kraftfahrzeugsteuer, Ermäßigung, Richtlinie 92/106/EWG **2**, 23
Kraftverkehrsordnung **Vor Art. 1**, 1
Kredit, Zinsen **27**, 33
Kreditkostenpauschale, Zinsen **27**, 33
Kroatien **Vor Art. 1**, 7
Kühlanlage, Mängel **17**, 197
Kühlgut, Beladefehler **17**, 35; **17**, 195
- Überprüfungspflicht, Frachtführer **8**, 13
- Verpackungsbedürftigkeit **17**, 130
- Vorkühlung, ungenügende **17**, 92
Kühlprodukte, Vorkühlung **17**, 141
Kühltransporte, Besonderheiten **17**, 192 ff.
- grobe Fahrlässigkeit **29**, 54
- Haftungsausschlüsse, Beweislast **18**, 79 ff.
- Kühlanlagen, Mängel **17**, 197
- Kühlanlagen, Überwachung **17**, 199
- Leichtfertigkeit **29**, 55
- Tiefkühlprodukte, Beschädigung **17**, 192
- Vorbehalte **30**, 22
- Vorkühlung **17**, 193
- Weisungen **17**, 201
Kühlung, Überwachung, Kühltransport **17**, 199

Laden **17**, 30 ff., 145 ff.
Ladepflichten **11**, 36 ff.
- Absender, Empfänger, Schadenseintritt **17**, 150 ff.
- Frachtführer, Grenzfälle **17**, 163 ff.
- Frachtführer, Obhutszeitraum **17**, 160 ff.
- Schadenseintritt während Beförderung **17**, 154 ff.
  - während Ladevorgängen **17**, 150 ff.
Ladevorrichtungen, Spezialfahrzeuge **17**, 52
Ladungsfehler **17**, 34; **17**, 102
- Kühlgut **17**, 195
Ladungsfrist **19**, 8
- Nichteinhaltung **17**, 222
Ladungsfristüberschreitung, Rechtsfolgen **19**, 31
- Vorbehalte **30**, 42
Ladungsträger, austauschbare, Fahrzeugbegriff **2**, 78 f.
- Verzeichnis des BMV **2**, 74
Ladungsüberwachung, Kühlaggregate, Funktionsfähigkeit **17**, 169

Lagerhalter, Haftung des Frachtführers **3**, 23
Lagerung **Vor Art. 1**, 57
- verfügte, disponierte **Vor Art. 1**, 57
- Verjährung **32**, 10
- verkehrsbedingte **Vor Art. 1**, 57
- Vor-, Zwischen-, Nach-, Obhutspflicht **17**, 57
Landfrachtbrief **4**, 23
Landfrachtführer, Haftung, Handlung von Personen **3**, 3
Langstreckentransport, Integration verschiedener Verkehrsmittel **2**, 12 ff.
Lebensmittel **17**, 129 f., 177, 188
Leichen **1**, 46 ff.
Leichtfertigkeit (in dem Bewusstsein, dass ein Schaden mit Wahrscheinlichkeit eintreten werde)
- Ablieferungsfehler **29**, 38
- Abstellen des Fahrzeugs **29**, 43, 45
- Beförderungsfehler **29**, 48, 50
- Begriff **29**, 19 ff.
- Beweis **29**, 84 ff.
- Diebstahl bei Zwischenlagerung **29**, 52
- Einzelfälle **29**, 36 ff.
- Fahrfehler, siehe Beförderungsfehler
- Hilfspersonen, Haftung **29**, 32
- Kühltransporte **29**, 55
- Lieferfristüberschreitung **29**, 56
- Mithaftung **29**, 74 ff.
- Organisationsverschulden **29**, 63, 64, 66
- Raubüberfall **29**, 70
- Rechtsfolgen **29**, 71 ff.
- sekundäre Darlegungslast **29**, 86 ff.
- Transportunfälle, s. Beförderungsfehler
Leistungsbeschreibung **17**, 13
Leistungsstörungen **Anh. II**, 25 f.
Lieferfrist **19**, 2 ff.
- Beförderung, Zeitraum **19**, 4
- Beginn **19**, 5 f.
- Ende **19**, 7
- Fixgeschäft **19**, 3
- Frachtbrief, Angaben **6**, 34
- Fristdauer **19**, 9 ff.
- Überschreitung **19**, 19 ff.
- vereinbarte **19**, 7
- vereinbarte, Verjährung **32**, 32
Lieferfristüberschreitung **17**, 211; **19**, 1 ff.
- Beschädigung **25**, 29 ff.
- Beweislastfragen **19**, 32 ff.
- Entschädigung, Beweislast **23**, 65
- Fahrzeugmängel **17**, 218
- grobe Fahrlässigkeit **29**, 56
- Haftungsausschließungsgründe **17**, 214

1277

Sachregister

- Interessendeklaration, Vereinbarung 26, 4f.
- Leichtfertigkeit 29, 56
- Mängel des Gutes 17, 216
- Rechtsfolgen 19, 26ff.
- Schadenersatz 17, 213
- Umstände, unabwendbare 17, 217
- Verjährung 32, 24
- Verschulden, Anspruchsberechtigter 17, 214
- Vorbehalte 30, 42
- Weisungen 17, 215
- Zinsanspruch 27, 5

Lieferfristvereinbarung, fehlende, Verjährung 32, 33
Lieferungsinteresse, besonderes 26, 1ff.
- Frachtbrief, Eintragung 26, 11
- Rechtsfolgen 26, 12ff.
- Schadensarten 26, 12ff.
- Schadenshöhe 26, 15
- Zuschlag, Vereinbarung 26, 7ff.

Lieferverzögerung, Ausübung der Verrichtung 3, 35
Litauen Vor Art. 1, 7
Lkw, Raub 17, 105
Luftfracht, Inhalt des Beförderungsvertrages 4, 18
Luftfrachtersatzverkehr 1, 14
Luftfrachtführer, Haftung, Handlung von Personen 3, 3
Luftverkehrsgesetz Vor Art. 1, 18

Mängel des Gutes, besondere 17, 90ff.
- Rostschäden 17, 91
- Vorkühlung, Kühlgut 17, 92
Mehrmenge, Rohgewicht, Frachtbrief 6, 16
Menge, angegebene, Überprüfung 8, 32
Mitverschulden 29, 74ff.
- Beweislast 29, 104
Mitwirkungspflicht, Beweislast 30, 62
Moldau Vor Art. 1, 7
Montrealer Übereinkommen 2, 110
MTO 4, 18, 20
Müll 1, 2
Multimodal Transport Operator 4, 18, 20
Multimodaler Transport, s. Beförderung mit verschiedenartigen Beförderungsmitteln
Multimodaler Verkehr, s. Beförderung mit verschiedenartigen Beförderungsmitteln
Musskaufmann Vor Art. 1, 30

Nachnahme Vor Art. 1, 46; 21, 1ff.
- Ablieferung 21, 105
- Ablieferungshindernis 21, 118ff.
- Annahmeverweigerung 21, 113
- Anweisung 21, 102f.
- Auslieferung gegen Bankscheck 21, 41ff.
- Auslieferung gegen Travel-Schecks 21, 48ff.
- Bargeld 21, 38
  - Wertpapiere 21, 39ff.
- Begriff 21, 18ff.
- CMR-Frachtvertrag 21, 12ff.
- Einziehungsermächtigung 21, 102
- Einzug 21, 31ff.
  - Währung 21, 33f.
  - Höhe 21, 35
- Fracht-Nachnahme 21, 37
- Frachtbrief, Angaben 6, 29
  - durchgehender 21, 84ff.
- Frachtbriefeintrag 21, 74ff.
- Frachtführerkette 21, 83ff.
- Frachtnachnahme Vor Art. 1, 46
- frachtrechtliche Wirkungen 21, 95ff.
- Frachtüberweisung auf Empfänger 21, 27
- Frachtvertrag, HGB 21, 13ff.
- gezogene, Herausgabe 21, 114ff.
- Haftung ohne Verschulden 21, 125ff.
- Haftungsbeschränkung 21, 152f.
- Inkasso, Rechtswirkungen 21, 88ff.
- Inkassopflicht/Inkassobefugnis 21, 102ff.
- Kasse gegen Dokumente 32, 67ff.
- kaufrechtliche Wirkungen 21, 89ff.
- kaufvertragliche Handelsklauseln 21, 90ff.
- Kosten der Nachnahme 21, 36f.; 21, 109
- Leistungsverweigerungsrecht 21, 109
- nachnahmeähnliche Weisungen 21, 51ff.
- Pflichtenverstoß 21, 123ff.
- rechtliche Mängel 21, 120ff.
- Rückgriffsanspruch, Frachtführer, Empfänger 21, 159ff.
  - Wert-/Frachtnachnahme 21, 169ff.
- Rückgriffsrecht 21, 5
- Schaden, Rechtsverfolgungskosten 21, 130
  - Zinsschaden 21, 130
- Schadensberechnung 21, 149ff.
  - Methoden 21, 130ff.
- Schadensersatz 21, 123ff.
  - unbeschränkt 21, 154ff.
  - Vorsatz/grobe Fahrlässigkeit 21, 154ff.
- Scheck mit Einlösungsgarantie 21, 46ff.
- Schuldverhältnis 21, 112
- Tatbestandsvoraussetzungen 21, 7ff.
- Teilfrachtführer 21, 87
- Unterfrachtführer 21, 85

- Unwirksamkeit der Nachnahmevereinbarung **21**, 47
- Verjährung **21**, 55
- Verlust/Falschablieferung **21**, 29 f.
- Weisung, nachträgliche **21**, 78 ff.
  - Frachtbrief **21**, 80 ff.
- Wert **Vor Art. 1**, 46; **21**, 36 f.; **21**, 107
- Zinspflicht **27**, 7
- Zurückbehaltungsrecht **21**, 107
- Zwischenfrachtführer **21**, 86

Nachnahmeähnliche Gestaltungen **21**, 25 ff.; **21**, 51 ff.; **21**, 112
- Kasse gegen Dokumente **21**, 67 ff.
- Schadensersatz **21**, 158

Nachnahmeklauseln, Cash on delivery **21**, 70
- Lieferung ab Werk **21**, 71 ff.
- Pay on delivery **21**, 70
- typische **21**, 70 ff.
- Zusendung per Nachnahme **21**, 70

Nachnahmeverpflichtung, Begründung **21**, 73 ff.
- Frachtbrief **21**, 98 ff.

Nachtablieferung **17**, 49
Nagetiere, Einwirkung, Güterschaden **17**, 180
Nässeschäden **17**, 103
Nebenleistungen, speditionelle, Verjährung **32**, 10, 11
Network-System, Huckepack-, Ro/Ro-Verkehr **2**, 51
Nichtigkeit, dem Übereinkommen widersprechende Vereinbarung **41**, 5
- Haftungsbeschränkungen **41**, 6
- Haftungserweiterungen **41**, 6
Notariatsurkunden **31**, 63
Notverkauf, des Gutes, Frachtführer, Vergütung **16**, 26 ff.
- verderbliche Waren **16**, 27 f.
  - Abwicklung **16**, 33 ff.
  - Erlös **16**, 34
  - Unverhältnismäßigkeit **16**, 31
- Zustand des Gutes **16**, 30
Nummerierung, Bezeichnung, ungenügende **17**, 202 ff.

Obhut **Vor Art. 1**, 28
- Begriff **17**, 3
Obhutshaftung **17**, 1 ff.
- Frachtführer **8**, 7
  - Handlungen von Personen **3**, 5
- Huckepackverkehr Lkw/Bahn **2**, 97 ff.
- Rechtsnatur **17**, 4 ff.
- wirtschaftliche Zumutbarkeit **17**, 12

- Zubringerdienste **17**, 56
Obhutspflicht **17**, 3; **17**, 142
- Vor-, Zwischen-, Nachlagerung **17**, 57
Obhutszeitraum, Haftung außerhalb **17**, 59
- Haftungszeitraum **17**, 15 ff.
- Ladepflicht des Frachtführers **17**, 160 ff.
- Umladen **17**, 166 ff.
Objektive Unmöglichkeit **Anh. II**, 28
Obliegenheit, Überprüfungspflichten, Frachtführer **8**, 3; **8**, 6
Obst **17**, 59, 129 f., 177, 183, 188
Ordnungsvorschrift, Art. 35 CMR **35**, 1
Organisationsverschulden,
- grobe Fahrlässigkeit **29**, 58 ff.
- Leichtfertigkeit **29**, 63 ff.
Oxydation, Güterschaden **17**, 174

Packmittel **17**, 60
Packstück **6**, 11
Paletten **17**, 60
Pannen **17**, 104
Paramount-Klausel **7**, 12
- Konnossemente **6**, 20
Parteivereinbarung, Beförderungsvertrag, Einheitsrecht **4**, 6
- internationales Privatrecht **4**, 5
Passivlegitimation **36**, 2 f.
Personen, andere, Haftung des Frachtführers **3**, 16
- Haftung des Frachtführers **3**, 28
Pfandrecht **Anh. II**, 75
Pflichten, Übernahme, keine CMR-Regelung **Anh. II**, 24
Positive Vertragsverletzung **Vor Art. 17**, 6; **Anh. II**, 33
- Absprachewidrigkeit **Anh. II**, 49
- Falschauslieferung **Anh. II**, 38
- falsche Beratung **Anh. II**, 41
- Gefahrgutbeförderung **Anh. II**, 48
- Informationen, unrichtige **Anh. II**, 42
- Kautionsverfall **Anh. II**, 45
- Kontaminierungsschäden **Anh. II**, 44
- Schaden nach Ablieferung **Anh. II**, 37
- Schaden vor Gutübernahme **Anh. II**, 37
- Stornierung **Anh. II**, 39
- Transportmittelschaden **Anh. II**, 40
- Übernahmekontrolle **Anh. II**, 46
- Verjährung **32**, 47
- Vermögenswahrung **Anh. II**, 43
- Weisungen **Anh. II**, 47
Post, Paketarten **1**, 45
- Postmonopol **1**, 43
- Postpaketabkommen **1**, 45

1279

Sachregister

- Postübereinkommen 1, 42; **1**, 45
- Weltpostverein **1**, 45
- Weltpostvertrag **1**, 45
Pressefreiheit **1**, 44
Privatautonomie **40**, 1
Prozessstandschaft **Vor Art. 17**, 17
- Rechtsprechung **Vor Art. 17**, 18

Quittung
- Frachtbrief **4**, 24
- Überprüfung, Ergebnis **8**, 35
Quotenbildung **29**, 79i

Rahmenverträge, Verjährung **32**, 42
Rail **1**, 28
Rangieraufstöße, Huckepackverkehr Lkw/ Bahn **2**, 102
Raub, Lkw **17**, 105
Raubüberfall
- grobe Fahrlässigkeit **29**, 70
- Leichtfertigkeit **29**, 70
Realvertrag **Vor Art. 1**, 26
Rechtshängigkeit
- Beweislast **31**, 74
- negative Feststellungsklage **31**, 58
Rechtskraft **31**, 74
- Beweislast **31**, 59
- klageabweisende Urteile **31**, 53
Rechtsverfolgungskosten, Verzug **27**, 34
Regress gegen mehrere Schädiger **37**, 5
- gegen Schadensverursacher **37**, 4
- Schadensort, unbekannter **37**, 6
Regressprozess, Zuständigkeit, internationale **39**, 5
Reifen
- Brand **17**, 120; **18**, 38, 42; **29**, 50
- Panne **17**, 104, 120; **18**, 43
Reklamation, Anerkennung **32**, 83f.
- Belege **32**, 62f.
- Beweislast **32**, 86ff.
- Form **32**, 64
- Fotokopien **32**, 79
- Frachtführer **32**, 73
- Hauptfrachtführer **32**, 73
- Hemmung **32**, 74
- Reklamierender, Person **32**, 65ff.
- Rückgabe der Belege **32**, 77ff.
- Transportversicherer **32**, 69
- Unterfrachtführer **32**, 73
- Verjährung **32**, 59ff.
- Zurückweisung **32**, 75ff.
Reklamationen
- weitere **32**, 85
- weitere, Beweislast **32**, 106

Reparaturkosten, Entschädigung **25**, 11
Resolution 507 B der IATA **1**, 14
Richtlinie 92/106/EWG **2**, 66
- kombinierter Verkehr **2**, 19
Richtlinien, Sicherungsvorkehrungen, Beförderung von Straßenfahrzeugen **2**, 127
- s. Huckepackverkehr
- s. multimodaler Verkehr
Ro/Ro-Verkehr **1**, 22
Rohgewicht, Entschädigung, Haftungshöchstgrenzen **23**, 18
- Flüssigkeiten, Frachtbrief **6**, 15
- Frachtbriefangaben **6**, 30
- Menge des Gutes, Frachtbrief **6**, 15
- Überladung, Frachtbrief **6**, 15
- Überprüfung **8**, 32
- s. Huckepackverkehr
- s. multimodaler Verkehr
Ro-Ro-Lkw/Seeschiff **2**, 122ff.
- Beweislast **2**, 121, 145ff.
- Entstehungsgeschichte des Art. 2 **2**, 95ff., 122ff.
  - englische Interpretation **2**, 90ff., 95ff., 122
  - französische Interpretation **2**, 90ff., 123ff.
- Ermittlung zwingenden Seerechts **2**, 125ff.
- Lösungsversuche zur Ermittlung zwingenden Seerechts **2**, 131ff.
Rost, Güterschaden **17**, 176
Rostschäden **17**, 106
Rückgriff, CMF-Frachtführer, Huckepack-, Ro/Ro-Beförderer **2**, 133
Rückgriffsklagen, Verjährung **32**, 58
Rückgriffsverfahren **39**, 1f.
- Unterfrachtverträge **39**, 3

Sachherrschaft **17**, 23
Sammelladung **Vor Art. 1**, 87
Sammelladungsspediteur **2**, 54; **Vor Art. 34**, 15
- Frachtführer, Haftung **3**, 7; **17**, 2
Samtfrachtführer **Vor Art. 34**, 9
- Gesamtschuldner **34**, 7
- Haftung, Gesamtschuldner, Ausgleich **37**, 1
Sattelanhänger **1**, 24f.
- Huckepack-, Ro/Ro-Verkehr **2**, 9; **2**, 59
Sattelkraftfahrzeug **1**, 24f.
- Huckepack-, Ro/Ro-Verkehr **2**, 59
Schaden, Begriff **29**, 82
- mittelbarer, Ersatz **23**, 5
- wetterbedingter **17**, 110

Sachregister

- ungewöhnlich hoher 29, 79b, 79e
Schadenersatzansprüche, außervertraglich 28, 1 ff.
  - Beweislast 28, 12
  - freie Anspruchskonkurrenz 28, 7
  - Haftungseinschränkung 28, 7
  - Präklusion 28, 13
  - Schmerzensgeld 28, 5
  - Verjährung 28, 14; 32, 50 ff.
  - Verunreinigung 28, 5
  - Vorbehalt 30, 5
- deliktische 28, 3
- Empfänger 13, 12 ff.
- geschädigter Dritter 28, 16 ff.
Schadensberechnung
- bei groben Verschulden 29, 71
Schadensbewusstsein, siehe Bewusstsein, dass ein Schaden mit Wahrscheinlichkeit eintreten werde
Schadenseintritt nach Gutablieferung Anh. II, 37
- vor Gutübernahme Anh. II, 37
Schadensfeststellung, Erleichterung, Pflicht zur Gewährung 30, 51 ff.
- gemeinsame 30, 31 ff.
- Mitwirkungspflicht 30, 53
Schadensfeststellung, Form 30, 35
- Personen, handelnde 30, 37
- Vorbehalt, nachträglicher 30, 41
- Wirkung 30, 38 ff.
- Zeitpunkt 30, 36
- Nachnahme 21, 149 ff.
Schadensminderungskosten, Aussortier-, Umfuhrkosten 25, 16
- Entschädigung 23, 39
- Lohnkosten 25, 17
- Umpackkosten 25, 17
Schadensort, unbekannter
- Regress 37, 6
- Verjährung 32, 13
Schadensteilung 17, 224 ff.
- Vorsatz, grobe Fahrlässigkeit, Leichtfertigkeit 17, 232; 29, 74 ff.
Schadensverursacher, Regress 37, 4
Schadensverursachung, vorsätzliche, Frachtführer, Haftung 29, 6, 34, 35
Schädiger, mehrere, Regress 37, 5
Schiedsgericht, Ansprüche, deliktische 33, 8
- Beweislastfragen 33, 12
- CMR, Anwendung, Pflicht 33, 3
- Schiedsverfahren 33, 5 ff.
Schiedsgerichtsvereinbarung
- Empfänger 33, 6
- Form 33, 1 f.

- nach Streitfall 33, 4
Schiedsspruch, Nichtigerklärung 33, 9
- Vollstreckbarerklärung 33, 10 f.
Schiedsverfahren 33, 5 ff.
Schmerzensgeld, Schadensersatzansprüche, außervertragliche 28, 5
Schmuggel, grobe Fahrlässigkeit 29, 46
Schnittstellenkontrolle 29, 30, 63, 79d
Schüttgüter, Eintragungen, Frachtbrief, Frachtführer 8, 25
- Überprüfungspflicht, Frachtführer 8, 9; 8, 12; 8, 19; 8, 21
- Verpackungsbedürftigkeit 17, 128
Schutzgesetze, gefährliche Güter 22, 3
Schutzhülle 17, 60
Schutzpflichten, Frachtführer, Bedienstete Anh. II, 23
Schweiz Vor Art. 1, 7
Schwund, normaler, Güterschaden 17, 179
Sea-Land 1, 29 f.
Seefrachtvertrag, Ermittlung zwingenden Seerechts, Ro/Ro, Lkw/Seeschiff 2, 110
Seekonnossement, Ermittlung zwingenden Seerechts, Ro/Ro, Lkw/Seeschiff 2, 114
Seerecht, Haftung d. CMR-Frachtführers, französische Fassung CMR 2, 108
- Haftungszeitraum, Ro/Ro-Verkehr Lkw/Seeschiff 2, 126 ff.
- Ro/Ro-Verkehr Lkw/Seeschiff 2, 103
- zwingendes, Ermittlung, Ro/Ro, Lkw/Seeschiff 2, 109 ff.
Sekundäre Darlegungslast bei grobem Verschulden 29, 86 ff.
Selbsteintretender Spediteur Vor Art. 1, 80; 3, 6
- Haftung 17, 2
Sicherheitsleistung 31, 65
- Befreiung, von 31, 72
- Beweislast 31, 70
Slowenien Vor Art. 1, 7
Sondervereinbarungen 1, 56
Sonderziehungsrecht, Entschädigung, Haftungshöchstgrenzen 23, 17
Spediteur Vor Art. 1, 64; Vor Art. 1, 70 ff.
- ADSp Vor Art. 1, 71
- Begriff Vor Art. 1, 70
- Fracht-/Speditionsvertrag, Abgrenzung Vor Art. 1, 64
- Frachtführer, Unterfrachtführer 2, 55
- Haftung 17, 2
- HGB Vor Art. 1, 70
- selbsteintretender 2, 53; Vor Art. 34, 13
Speditions-/Frachtvertrag, Abgrenzung Vor Art. 1, 76

1281

Sachregister

Spediteur-Frachtführer **2**, 54
- Haftung **2**, 56; **17**, 2
Speditionsverträge, Verjährung **32**, 5
Speiseeis **17**, 77, 130, 193
Sperrwirkung, Frachtbrief **5**, 8
Spezialfahrzeuge, Ablieferung **17**, 52 ff.
- klimatechnische, Transporte **17**, 188 ff.
Staatsangehörigkeit **1**, 23
Standgeld **Vor Art. 1**, 32; **41**, 23; **Anh. II**, 62 ff.
- Verjährung **32**, 47
Stauen/Entladen/Laden **17**, 145 ff.
Stornierung von Aufträgen **Anh. II**, 39
Straßenfahrzeug **1**, 9
Straßenfrachtführer, Haftung **2**, 38 ff.
Straßenfrachtrecht, Huckepack-, Ro/Ro-Verkehr **2**, 37
Straßenüberlastung, Integration verschiedener Verkehrsträger **2**, 14
Straßenverkehr **17**, 107
- Sicherheit, Integration verschiedener Verkehrssysteme **2**, 14
Streckengeschäft, Entschädigung, Wertbestimmung **23**, 10
Subschiffahrt **Vor Art. 1**, 62
- Frachtvertrag, Schubvertrag **Vor Art. 1**, 63
Substanzverschlechterung, äußere **17**, 74
- innere **17**, 75
  - Aromaverlust **17**, 75
  - Frischeverlust **17**, 75
  - Frischfleisch, Verderb **17**, 75
  - Geruchsschäden **17**, 75
Sukzessivlieferungsverträge, Verjährung **32**, 43

Tankladungen, Überprüfungspflicht, Frachtführer **8**, 19
Tarif, obligatorische Tarife **Vor Art. 1**, 33
- Referenztarifsystem **Vor Art. 1**, 33
- Tariffreiheit **Vor Art. 1**, 32 f.
Teilbeförderungen, Gesamtverkehrssystem **2**, 12 ff.
Teilbeschädigung **17**, 79
Teilfrachtführer **Vor Art. 34**, 10
- Nachnahme **21**, 87
Teilverlust **17**, 71
- Verjährung **32**, 22, 25
Tiefkühlfahrzeuge **17**, 188
Tiefkühlgut, Verpackungsbedürftigkeit **17**, 130
Tiefkühlprodukte, Beschädigungen **17**, 76 f.; **17**, 192
Tiefkühltransporte **17**, 188 ff.

Tiere, lebende, Beförderung **17**, 207 ff.
TIR **5**, 4
Totalbeschädigung **17**, 66
Totalschaden
- Verjährung **32**, 31
- Verlust **17**, 66
- Verlustvermutung **20**, 11
- Vorbehalt **30**, 6
Totalverlust, Verjährung **32**, 31
- wirtschaftlicher **17**, 72
Traditionspapier, Frachtbrief **4**, 23
Trägerbeförderungsmittel **2**, 37
- Fehlen zwingender Haftungsregeln **2**, 43 ff.
- Umladung, multimodaler Transport **2**, 51
Trailer **1**, 32
- Huckepack-, Ro/Ro-Verkehr **2**, 59
Transport, Absprachewidrige Durchführung **Anh. II**, 47
- kombinierter/gemischter/multimodaler **Vor Art. 34**, 5
- multimodaler **1**, 14 ff.
  - Beförderungsvertrag **4**, 20
  - Huckepack-, Ro/Ro-Verkehr **2**, 51
- unimodaler Beförderungsvertrag **4**, 19
Transportablauf, normaler **17**, 182
Transportdauer, Prognose, ex ante **19**, 17
Transportdokumente, Carnet-TIR **5**, 4
- FBL **5**, 4
- FTC **5**, 4
- FWR **5**, 4
Transportleistungen, auf Abruf, Verjährung **32**, 41
Transportmittel, Schaden, mangelhafte Verladung **Anh. II**, 40
- vertragswidriges **1**, 13
Transportpflicht **17**, 3
Transportunfälle, Grobe Fahrlässigkeit, Leichtfertigkeit **29**, 47 ff.
Transportversicherer, Reklamation **32**, 69
- Zinsforderung, Entschädigung **27**, 3
Transportversicherung **Vor Art. 17**, 41 ff.; **41**, 30 f.
Transportvertrag **4**, 7
Truck **1**, 28
Trucking **1**, 14; **1**, 29; **1**, 31

Übernahme **17**, 18 f.
- Gut, Überprüfungspflicht, Frachtführer **8**, 7
Übernahmekontrollpflichten, Verletzung **Anh. II**, 46
Überprüfung

- gemeinsame **30**, 31
- Ergebnis **8**, 35
- Flüssigkeit **8**, 33
- Frachtstücke, Inhalt **8**, 33
- Kosten **8**, 34
- Menge, anders angegebene **8**, 32
- nach Abs. 3, Anspruch des Absenders **8**, 32 ff.
- Rohgewicht **8**, 32

Überprüfungspflicht, Frachtführer, äußerer Zustand **8**, 11
  - angemessene Mittel **8**, 20
  - Anzahl der Frachtstücke **8**, 9
  - Container **8**, 15
  - Frachtbriefangaben **8**, 8
  - Hilfsmittel **8**, 22
  - Kühltemperatur **8**, 4
  - rechtliche Schranken **8**, 14
  - Verladung/Verstauung **8**, 16
  - Verpackung **8**, 15
  - Vorbehalte **8**, 20 ff.
  - Warenkenntnisse **8**, 12
  - Zeichen und Nummern **8**, 10
- Sollvorschriften **8**, 1

Überwachungspflicht **17**, 46
- Beladen **17**, 168

Umfuhrkosten, Schadensminderungskosten **25**, 16

Umladeverbot, Frachtbrief, Angaben **6**, 26

Umladung, Beförderungshindernisse **2**, 83 ff.
- durch Dritte, Unfall, Haftung des Frachtführers **3**, 19
- gestattete, Huckepack-, Ro/Ro-Verkehr **2**, 34 f.; **2**, 80
- Huckepack-, Ro/Ro-Verkehr **2**, 48
- multimodaler Transport **2**, 51
- Obhutszeitraum **17**, 166 ff.
- Verbot, Beförderungshindernisse **2**, 84
- vertragswidrige, Huckepack-, Ro/Ro- Verkehr **2**, 33; **2**, 48

Umladungsverkehr, Huckepack-, Ro/Ro-Verkehr **2**, 80 ff.

Umschlag/Umladen **2**, 81

Umweltschutz, Integration verschiedener Verkehrsträger **2**, 14

Umzugsgut **1**, 49 ff.
- ABIU **1**, 50
- Beförderung, Umzug **1**, 53
- Umzugsvertrag **1**, 54

Unabwendbarkeit, wirtschaftliche Zumutbarkeit **17**, 12

Unabwendbare Umstände, Haftungsausschluss, einfacher **17**, 95 ff.

Unfall, Umladung durch Dritte, Haftung des Frachtführers **3**, **20**

Unfallmerkblätter, gefährliche Güter **22**, 29; **22**, 33

Ungeziefer, Einwirkung, Güterschaden **17**, 180

UNIDROIT **Vor Art. 1**, 2

Unimodaler Transport, Inhalt des Beförderungsvertrages **4**, 19

Unmöglichkeit **Anh. II**, 28

Unterfrachtführer **Vor Art. 34**, 8
- Ansprüche des Straßenfrachtführers **2**, 38 ff.
- Haftung **34**, 7
  - des Frachtführers **3**, 17
- Wertdeklaration **34**, 8
- Nachnahme **21**, 85

Unterfrachtvertrag, Rückgriff **39**, 3
- Vertrag zugunsten Dritter **4**, 9

Unterlassungsansprüche, Verjährung **32**, 3

Unterschrift, Druck, Frachtbrief **5**, 12
- Eigenhändigkeit, Frachtbrief **5**, 11
- fehlende, Frachtbrief **5**, 15
- Frachtbrief **5**, 10
- unterlassene, Frachtbrief **5**, 16

Unterfrachtführer, Haftung des Frachtführers **3**, 17

Urkunden, Begleitpapiere **11**, 1 ff.
- Frachtbrief **9**, 4
- Frachtführer, Haftung **11**, 25
- notwendige **11**, 1 ff.
  - Aufklärungspflicht **11**, 7
  - Gefahrengutpapiere **11**, 3
  - Genehmigungen **11**, 3
  - Genusstauglichkeitsbescheinigung **11**, 4
  - notwendige, Frachtbrief, Angaben **6**, 35
  - nützliche **11**, 8
  - Lieferfristüberschreitung **11**, 9
  - Überprüfungspflichten **11**, 22
  - Verletzung der Interessenwahrnehmungspflicht **11**, 22
  - Warenbegleitpapiere **11**, 3
  - Zollpapiere **11**, 3

Urkundenverzeichnis, Frachtbrief, Angaben **6**, 35

Urteil, Feststellungs- **31**, 68
- Legaldefinition **31**, 67 ff.

Verbotsgut **29**, 79b, 79d

Verderb, Frischfleisch, innere Substanzverschlechterung **17**, 75
- innerer, Güterschaden **17**, 177

Verderbliche Waren, Notverkauf **16**, 27 f.
- Abwicklung **16**, 33 ff.

1283

Sachregister

- Erlös **16**, 34 f.
- Tiefkühlgut **16**, 27
- Unverhältnismäßigkeit **16**, 31
- Zustand des Gutes **16**, 30

Vereinbarung besonderen Interesses, s. Lieferungsinteresse

Verfügungsberechtigter **12**, 31 ff.
- Absender, Weisungen **12**, 32 ff.
- Doppellegitimation **Vor Art. 17**, 9 ff.
- Empfänger, Weisungen **12**, 36
- Haftung, entgangener Gewinn **12**, 50
  - Gemeinkosten **12**, 49
  - Selbstkosten **12**, 49
- Weisungen Dritter **12**, 45
  - Konkurrenz **12**, 42 ff.

Verfügungshindernis, Benachrichtigungspflicht **12**, 46 ff.

Verfügungsrecht **12**, 1 ff.
- Begriff **12**, 1
- Legitimationsfunktion **12**, 37
- Weisungen, Konkurrenz **12**, 42 ff.

Vergleich, gerichtlicher **31**, 69
Vergleichsverhandlungen, Verjährung **32**, 92
Vergütung, Fracht **Anh. II**, 56 ff.
Verjährung **39**, 7
- § 32a AöSp **32**, 103
- § 332 ASDp **32**, 103
- § 64 ADSp **32**, 48
- Abholung/Zurollung **32**, 11
- Ablieferung **32**, 25
  - fehlende **32**, 28
- Allgemeine Geschäftsbedingungen **32**, 48
- Ansprüche Dritter **32**, 18
- Ansprüche, außervertragliche **32**, 50 ff.
  - sonstige **32**, 45 ff.
  - spät entstehende **32**, 58
  - verjährte, Verbot der Geltendmachung **32**, 97 ff.
- Arglisteinwand **32**, 92
- Aufrechnung **32**, 91; **32**, 99
- Aufrechnungsverbot, vertragliches **32**, 103
- Bedienstete **32**, 20
- Befreiungsansprüche **32**, 3
- Beschädigung **32**, 23
- Beweislastfragen **32**, 104 ff.
- culpa in contrahendo **32**, 4
- Einrede **32**, 2
- einredeweise Geltendmachung **32**, 91
- Einwendung **32**, 2
- Frachtführerpfandrecht **32**, 102
- Frachtlohn **32**, 47
- Frist **32**, 14 f.
- Geschäftsbesorgung **32**, 5

- gleichstehendes Verschulden **32**, 15
- grobe Fahrlässigkeit **32**, 15
- Hemmungstatbestände, nationales Recht **32**, 87 ff.
- Herausgabeansprüche **32**, 3
- höhere Gewalt **32**, 58
- Huckepackverkehr **32**, 12
- Kontokorrent **32**, 89
- Leichtfertigkeit **32**, 15
- Lieferfristüberschreitung **32**, 24
- Lieferfristvereinbarung **32**, 32
  - fehlende **32**, 33
- multimodaler Transport **32**, 13
- Nebenleistungen, speditionelle **32**, 11
- Novation **32**, 96
- positive Vertragsverletzung (§ 280 BGB) **32**, 47
- Rahmenverträge **32**, 42
- Rechtskraft **32**, 95
- Reklamation **32**, 59 ff.
- Rückgewähr überzahlter Frachten **32**, 47
- Rückgriffsklagen **32**, 58
- Speditionsverträge **32**, 5
- Standgeld **32**, 47
- Streitverkündung **32**, 89a
- Sukzessivlieferungsverträge **32**, 43
- Teilverlust **32**, 22
- Totalverlust **32**, 31
- Transportleistungen auf Abruf **32**, 41
- Unterbrechungstatbestände, Neubeginn der Verjährung **32**, 90 f.
- Unterlassungsansprüche **32**, 3
- Vergleichsverhandlungen **32**, 92
- Verhandlungen **32**, 89
- Verträge, gemischte **32**, 7 ff.
  - nichtige **32**, 4
  - verwandte **32**, 6
- Vertragsabschluss, Zeitpunkt **32**, 35
- Vertragsänderungen **32**, 39
- Verzicht **32**, 93
- Vor-, Zwischen-, Nachlagerungen **32**, 10
- Vorfrist, 3 monatige **32**, 53 ff.
- Vorsatz **32**, 15
- Weisungen **32**, 40
- Z. 19 ADSp **32**, 103
- Zinsen **32**, 47
- Zurückbehaltungsrechte **32**, 100

Verjährungsregelung **41**, 26
Verkehrshaftungsversicherung **Vor Art. 17**, 40 ff.
Verkehrsstau **17**, 108
Verkehrsträger, Integration zu Gesamtverkehrssystem **2**, 12 ff.
Verkehrsunfall **29**, 49 f.

Verkehrsvertrag **Vor Art. 1**, 56; **Vor Art. 1**, 73; **Vor Art. 1**, 77 ff.
– Fixkostenspedition **Vor Art. 1**, 82
– Frachtvertrag **Vor Art. 1**, 79
– gemischter Vertrag **Vor Art. 1**, 80
– Sammelladungsspedition **Vor Art. 1**, 82; **Vor Art. 1**, 87
– Selbsteintritt **Vor Art. 1**, 81
Verladen, Begriff **17**, 33
Verlader, gefährliche Güter **22**, 12
– gefährliche Güter, Informationspflicht **22**, 27
Verladung, beförderungssichere **17**, 34
– mangelhafte **10**, 30
Verlust, Ablieferungsanspruch, Verfügungsberechtigter **20**, 19 ff.
– Benachrichtigungsverlangen **20**, 9 ff.
– Beschlagnahme **17**, 67
– Entschädigung **23**, 49
– Falschablieferung **17**, 68; **21**, 29 f.
– Gut **17**, 61 ff.
– Nachnahmefehler **17**, 70
– Teilverlust **17**, 71
– Totalschaden **17**, 66
– unwiderlegliche Verlustfiktion **20**, 1 ff.
– Verfügungsrecht, Frachtführer **20**, 24 ff.
– Verlustvermutung, Geltendmachung **20**, 6
– Verschwinden **17**, 64
– Weisungen, Nichtbeachtung **17**, 70
– Wiederauffindung **17**, 69; **20**, 9
– Benachrichtigung **20**, 9 ff.
– Wiederbeschaffung, nachträgliche **17**, 69
– Zerstörung **17**, 65
– Zinsanspruch **27**, 5
Verlustfiktion, Beweislastfragen **20**, 27 ff.
– unwiderlegliche **20**, 1 ff.
Vermieter von Kraftfahrzeugen, Haftung des Frachtführers **3**, 25
Vermischungsschäden **17**, 74; **23**, 40
Vermittlungsgebühren, Zinsen **27**, 33
Vermögenswahrungsinteressen, Verstoß **Anh. II**, 43
Vermutung, Eintragung durch Frachtführer **7**, 10
Verpackung **17**, 60
– Einwirkung des Straßengüterverkehrs **10**, 8
– Empfindlichkeit, übermäßige **10**, 8
– mangelhafte **10**, 4
– Haftung **10**, 15 ff.
– kein Vorbehalt **10**, 39
– offensichtlicher Mangel **10**, 36
– Verpackungsbedürftigkeit **17**, 127 ff.
– Verpackungspflicht, Umfang **17**, 126

– Vorbehalt, Schriftlichkeit **10**, 41
– ordnungsmäßige **10**, 8
– Transportverhältnisse, außergewöhnliche **10**, 10
– Überprüfungspflicht **17**, 140
– Umladung, mehrfache **10**, 8
– Verpackungserfordernisse **10**, 6
– Verpackungsqualität **10**, 10
– Verpackungsschutz **10**, 5
– Verpackungsvorschriften **10**, 4
– Gefahrgutrecht **10**, 12
Verpackungsbedürftigkeit **17**, 127 ff.
– Schüttgut **17**, 128
Verpackungssicherheit **17**, 135
Verpackungsumfang **17**, 134
Verpackungszweck **17**, 134
Verrichtung, Ausübung der, Definition, Haftung des Frachtführers **3**, 32
Verschmutzungsschäden **17**, 103
Verschulden, grobes, s. Grobes Verschulden
Versendungskauf **Vor Art. 1**, 43; **Vor Art. 1**, 48
Versicherung **Vor Art. 17**, 40 ff.
Verspätung, Entschädigung **23**, 49
Verspätungshaftung **1**, 1 ff.; **17**, 211 ff.
– Frachtführer, Handlungen von Personen **3**, 5
– Rechtsnatur **17**, 212
– Schadensersatz **17**, 213
Verspätungsschaden, Beschädigung **25**, 28 ff.; **29**, 79g
– Güterschäden, Abgrenzung **23**, 45 ff.
– Haftungsbegrenzung **23**, 52 ff.
Verstauen, Begriff **17**, 33
Vertrag zugunsten Dritter **4**, 7
– Unterfrachtvertrag **4**, 9
Verträge, Beendigung, Kündigung/Rücktritt **Anh. II**, 54 f.
– gemischte, Verjährung **32**, 7
– nichtige, Verjährung **32**, 4
– Speditions-, Verjährung **32**, 5
– verwandte, Verjährung **32**, 6
Vertragsabschluss, Zeitpunkt, Verjährung **32**, 35
Vertragsänderungen, Verjährung **32**, 39
Vertragsbruch **1**, 20
Vertragsfreiheit, Beförderungsvertrag **4**, 22
Vertragsgestaltung **17**, 13; **29**, 29
Vertragshaftung, Ansprüche geschädigter Dritter **28**, 16
Vertragsrecht **Vor Art. 1**, 9
Vertragsstaat **1**, 22
Vertragsstrafe **41**, 12
– Entschädigung **23**, 55
– Haftung **41**, 8

1285

Sachregister

Vertragsstatus, Beförderungsvertrag 4, 5
Verunreinigungen, Schadenersatzansprüche, außervertragliche 28, 5
Verwahrung 16, 13 ff.
– Dritter 16, 22
– Frachtführer 16, 19 ff.
– Zwischenlagerung, transportbedingte 16, 23
Verwiegung, Überprüfungspflicht, Frachtführer 8, 21
Verzinsung, Ende 27, 25
Verzollung, Haftung des Frachtführers für Spediteur 3, 23
Verzug, Anwaltskosten 27, 34
– Aufwendungen, Inkassobüro 27, 36
– entgangener Gewinn 27, 36
– Rechtsverfolgungskosten 27, 34
– Vorprozeßkosten 27, 35
Verzugsschäden, andere 27, 31 ff.
Veterinärbeamte, Haftung des Frachtführers 3, 25
Vollmacht, Kraftfahrer, Gefährliche Güter 22, 42
Vollstreckbarkeit 39, 6
– Beweislast 31, 75
– Formerfordernisse 31, 63
– Nachprüfung 31, 65
– ordre public 31, 65
– Streitsache i.S.d. Art. 31 Abs. 1 31, 61
– vorläufige 31, 56
Vor-, Zwischen-, Nachlagerung, Obhutspflicht 17, 57
Vorbehalt, Adressat 30, 16 ff.
– Anspruchsgrundlagen, sonstige 30, 7
– bei Ablieferung 30, 23
– Beschädigung 30, 5
– Beweislast 30, 55 ff.
– Empfänger 30, 48
– Erklärung, unterlassene, Folgen 30, 49 f.
  – Zeitpunkt, Frist 30, 19 ff.
– Form 30, 11; 30, 46
– Frachtbrief 9, 6; 30, 28
  – ohne 30, 30
– Frachtbriefeintragungen, Frachtführer 8, 23 ff.
– Frist 30, 44
– Inhalt 30, 10; 30, 43
– Lieferfristüberschreitung 30, 42 ff.
– Person des Erklärenden 30, 14 f.; 30, 47
– Rechtsnatur 30, 9
– Teilverlust 30, 5
– Totalverlust 30, 6
– Verlust, Beschädigung, äußerlich erkennbar 30, 19 ff.

– Verlust, Beschädigung, äußerlich nicht erkennbar 30, 24 ff.
– Vorsatz, Grobe Fahrlässigkeit 30, 54
– Vorsatz, Leichtfertigkeit in dem Bewusstsein 30, 54
– widerlegliche Beweisvermutung 30, 1 ff.
Vorkühltemperatur, Prüfungspflicht 17, 141
Vorkühlung, Kühlprodukte 17, 141
– Prüfungsobliegenheit 17, 194
– ungenügende 17, 193
Vorprozesskosten, Verzug 27, 35
Vorsatz, gleichstehendes Verschulden, grobe Fahrlässigkeit, Leichtfertigkeit 29, 7 ff.
– gleichstehendes Verschulden, historische Entwicklung 29, 7 ff.
– Schadensteilung 17, 232
– Schadensverursachung, Haftung, Frachtführer 29, 7 ff.
– Verjährung 32, 15
Vorsatztaten, Hilfspersonen 29, 34
Vorteilsausgleichung, Entschädigung 23, 61

Währungsumrechnung, Entschädigung 27, 42 f.
Waren, temparaturempfindliche, Transport 17, 188
– verderbliche, Notverkauf 16, 27 f.
  – Abwicklung 16, 33 ff.
  – Erlös 16, 34 f.
  – Tiefkühlgut 16, 27
  – Zustand des Gutes 16, 30
– Verderblichkeit, Unverhältnismäßigkeit 16, 31
Warschauer Abkommen Vor Art. 1, 1; 2, 108 ff.
Wechselaufbauten, austauschbare Ladungsträger, Verzeichnis des BMV 2, 74
– Huckepack-, Ro/Ro-Verkehr 2, 61
– Problem der Definition 2, 64 ff.
– Wechsel, Container, Unterschied 2, 75 ff.
Wechselbehälter, austauschbare Ladungsträger, Verzeichnis des BMV 2, 74
– Umschlag 2, 82
– Container 2, 75
Wechselbrücke 1, 12; 1, 33 ff., 2, 61 ff.
– Fahrzeug/-teil 2, 64 ff.
– Fahrzeugmängel 17, 117
– Huckepack-, Ro/Ro-Verkehr 2, 61
– isolierte Beförderung 2, 16
– Problem der Definition 2, 64 ff.
– Transportbehälter, Fahrzeugteil, Ladungsgefäße 2, 64 ff.
– Wechselbrücken-Gegenverkehr 1, 39

Weisungen, Ausführbarkeit, Zumutbarkeit **12**, 21 ff.
- Dritter **12**, 45
- Form **12**, 9 ff.
- Frachtbrief **6**, 19
  - Angaben **6**, 33
- Frachtführer, Vorschuss **12**, 29
- Konkurrenz **12**, 42 ff.
- Kühltransport **17**, 201
- nachnahmeähnliche, Beispiele **21**, 56 ff.
- Nichtbeachtung **17**, 109
- Pflicht zur Einholung, Verstoß **Anh. II**, 47
- schriftliche **12**, 45
- telefonische/per Telefax **12**, 9
- Verfügungsberechtigte, Absender, Empfänger **12**, 31 ff.
- Verfügungsrecht **12**, 6 ff.
- Verjährung **32**, 40
- Wirksamkeit, relative/absolute **12**, 14 ff.
Werkleistung, mangelhafte, Minderung, Entschädigung **23**, 55
Werkvertrag **Vor Art. 1**, 28; **Vor Art. 1**, 42; **4**, 7
Wertangabe, Frachtbrief **24**, 11 f.
Wertberechnung, Entschädigung **23**, 7 ff.
Wertbestimmung, Entschädigung, Börsenpreis **23**, 8
Wertdeklaration **24**, 11 f.; **29**, 79 b f.
- Unterfrachtführer, Haftung **34**, 8
- unterlassene **29**, 79 c
Werterhöhung, Rechtsfolgen **24**, 13
Wertersatz, Entschädigung **23**, 3
Wertminderung, Berechnung **25**, 5 ff.
- Beschädigung, Teil- **25**, 7 ff.
- Entschädigung, bei Beschädigung **25**, 4 ff.
- Haftungshöchstgrenzen **25**, 19 ff.
Wertpapier, Frachtbrief **6**, 10
- Frachtbrief, Sperrwirkung **5**, 8
- Konnossement **4**, 23
Wertvereinbarung, Frachtbrief **24**, 3
- Beweislast **24**, 26
Wetterbedingte Schäden **17**, 110
Widerklage **41**, 24 f.; **Anh. II**, 73 f.
Wohnsitz **1**, 23
Wortlaut, englischer/französischer, CMR **2**, 103 ff.
- Vorbehalte **30**, 3; **30**, 33

Zahlungspflicht, Empfänger **13**, 1 ff.; **13**, 31 ff.
Zahlungsunfähigkeit **38**, 1

Zeichen und Nummern, Überprüfungspflicht, Frachtführer **8**, 10
Zinsanspruch, Verlust, Beschädigung, Lieferfristüberschreitung **27**, 5
Zinsbegriff **27**, 33
Zinsbestimmung, Entschädigungsleistungen **27**, 1
Zinsen **17**, 240
- Abrechnungs-, Bearbeitungs-, Vermittlungsgebühren **27**, 33
- Damnum **27**, 33
- Disagio **27**, 33
- grobes Verschulden **27**, 38
- Kreditgebühren **27**, 33
- Kreditkostenpauschale **27**, 33
- Rückzahlungsforderung zuviel gezahlter Fracht **27**, 11
- Verjährung **32**, 47
Zinslauf, Beginn **27**, 21
- Entschädigung **27**, 16 ff.
- Reklamation **27**, 17 ff.
- Reklamationsberechtigung **27**, 22
- Ende **27**, 25
Zinspflicht, Nachnahme **27**, 7
Zinsregelung, Ausschließlichkeit **27**, 26
- Entschädigung, Bedeutung, Reichweite **27**, 4 ff.
- Verzug **27**, 27 ff.
Zinszahlungspflicht, Klageerhebung **27**, 24
Zolllager **17**, 26
Zollbeamte, Haftung des Frachtführers **3**, 26
Zölle, Entschädigung **23**, 25 ff.; **25**, 12 ff.; **32**, 47; **32**, 56
Zollverkehr, Entschädigung **23**, 9
Zubringerdienste **17**, 56
Zurückbehaltungsrecht **41**, 21; **Anh. II**, 75
- Nachnahme **21**, 107
Zuschlagsvereinbarung, Lieferungsinteresse **26**, 7 ff.
- Wertvereinbarung **24**, 6 ff.
Zustand, äußerer, Überprüfungspflicht, Frachtführer **8**, 11
Zuständigkeit, internationale, Regressprozesse **39**, 5
- örtliche **36**, 4
- Regressprozesse **39**, 5
Zwangsvollstreckung **38**, 1
Zwischenfrachtführer **Vor Art. 34**, 11
- Nachnahme **21**, 86
Zwischenlagerung, im Freien **17**, 123
- Obhutspflicht **17**, 58

Der Klassiker im Vertriebsrecht!

Küstner/Thume
Handbuch des gesamten Vertriebsrechts

Band 1: Das Recht des Handelsvertreters
(ohne Ausgleichsrecht)
4., völlig neu bearbeitete Auflage 2011, BB-Handbuch,
XXXIII, 953 Seiten, Geb.
ISBN: 978-3-8005-1479-3
€ 159,–

Band 2: Der Ausgleichsanspruch des Handelsvertreters
Warenvertreter, Versicherungs- und Bausparkassenvertreter
8., völlig neu bearbeitete Auflage 2008, BB-Handbuch,
XXXVIII, 960 Seiten, Geb.
ISBN: 978-3-8005-1459-5
€ 159,–

Band 3: Vertriebsrecht
Reisende, Vertragshändler, Kommissionsagenten, Versicherungsmakler,
Franchising, Direkt-, Struktur- und Internetvertrieb
3., völlig neu bearbeitete und erweiterte Auflage 2009, BB-Handbuch,
XXXIII, 570 Seiten, Geb.
ISBN: 978-3-8005-1478-6
€ 149,–

> Alle 3 Bände im Paket lieferbar!
> Paketpreis € 398,–
> ISBN: 978-3-8005-6996-0!

„Anwälte, die sich auf diesem Gebiet tummeln, müssen den ‚Küstner' zu Rate ziehen oder sie laufen Gefahr, zur Haftung herangezogen zu werden wegen fehlender Durchdringung des zu bearbeitenden Mandats."
    Prof. Dr. *Friedrich Graf von Westphalen*, RA, Köln, in: BB 47 (2009)

Deutscher Fachverlag GmbH
Fachmedien Recht und Wirtschaft
www.ruw.de
buchverlag@ruw.de

R&W

Das Standardwerk!

INHALT

- In einem Band: Kommentierung der EuGVO, der EuVTVO und – erstmals in dieser Auflage – der Verordnung (EG) Nr. 1896/2006 zur Einführung eines Europäischen Mahnverfahrens vom 12.12.2006 (EuMVVO) sowie der Verordnung (EG) Nr. 861/2007 zur Einführung eines europäischen Verfahrens für geringfügige Forderungen vom 11.7.2007 (EuGFVO)
- Systematisch geschlossen wegen der Bearbeitung durch einen Autor

AUTOR

- Prof. Dr. **Jan von Hein** hat den Lehrstuhl für Zivilrecht, insbes. Internationales Privatrecht und Rechtsvergleichung, an der Universität Trier inne. Er ist Schüler von Prof. Dr. **Jan Kropholler** †, der dieses Werk begründet hat.

ZIELGRUPPEN

- Rechtsanwälte, Notare, Richter, Rechtspfleger, Leiter und Berater von international tätigen Unternehmen, Versicherungen und Banken sowie rechtswissenschaftliche Bibliotheken, Hochschullehrer

9., völlig neu bearbeitete und erweiterte Auflage 2011,
RIW-Buch, XXX, 1328 Seiten, Geb. € 178,–
ISBN: 978-3-8005-1508-0

Deutscher Fachverlag GmbH
Fachmedien Recht und Wirtschaft
www.ruw.de
buchverlag@ruw.de

R&W

Handelspartner England!

INHALT
- Besonderheiten des englischen Vertragsrechts
- Warenkauf
- Arbeitsrecht
- Gesellschaftsrecht
- Insolvenzrecht
- Wettbewerbsrecht
- Internationales Privat- und Verfahrensrecht
- Schiedsgerichtsbarkeit
- Jüngste Entwicklungen im englischen Recht
- Rechtsvergleich mit deutschem Recht

AUTOREN
- Dr. iur. **Volker Triebel**, RA und Barrister (London), Chartered Arbitrator; RA Dr. iur. **Martin Illmer**, Wissenschaftlicher Referent am Max-Planck-Institut für ausländ. und intern. Privatrecht, Hamburg; RAin Dr. iur. **Alice Jenner**, LL.M.; RAin Dr. iur. **Sabine Otte**, LL.M.; Dr. iur. **Wolf-Georg Ringe**, University of Oxford, Faculty of Law, Institute of European and Comparative Law; Prof. **Stefan Vogenauer**, Professor of Comparative Law an der University of Oxford und Fellow of Brasenose College, Oxford; RAin Dr. iur. **Katja Ziegler**, Reader in European and Comparative Law

ZIELGRUPPEN
- Leiter und Berater von international tätigen Unternehmen, Rechtsanwälte, Hochschulen, Bibliotheken, Gerichte

3., komplett neu bearbeitete Auflage 2012, RIW-Buch, XXXIV, 580 Seiten, Geb. € 159,– ISBN: 978-3-8005-1346-8

Deutscher Fachverlag GmbH
Fachmedien Recht und Wirtschaft
www.ruw.de
buchverlag@ruw.de

R&W

Haftungsrecht aktuell!

INHALT
- Grundlagenwerk für den Einstieg in die zivilrechtlichen Grundlagen der Berufshaftung
- Vertragsschluss einschließlich der Einbeziehung Dritter
- Beratungspflichten des Rechtsanwalts und des Steuerberaters
- Probleme des Zurechnungszusammenhangs, Verjährung
- Haftung der Sozietät und der ihr angehörenden Berufsträger
- Umfang der Schadensersatzpflicht
- Berücksichtigung der neuesten Rechtsprechung des BGH

AUTOR
Prof. Dr. **Markus Gehrlein** ist Richter am BGH in Karlsruhe, in dessen Zuständigkeitsbereich die Materie gehört, sowie Honorarprofessor der Universität Mannheim.

ZIELGRUPPEN
Rechtsanwälte, Steuerberater

2., aktualisierte und erweiterte Auflage, September 2012,
Schriften des Betriebs-Beraters, XV, 197 Seiten, Kt., € 59,–
ISBN: 978-3-8005-1522-6

Deutscher Fachverlag GmbH
Fachmedien Recht und Wirtschaft
www.ruw.de
buchverlag@ruw.de

R&W